中国口岸年鉴

（2003年版）

中国口岸协会编

中国海关出版社
2003年12月

图书在版编目（CIP）数据

中国口岸年鉴. 2003/中国口岸协会编. —北京：中国海关出版社，2003.11

ISBN 7－80165－143－X

Ⅰ. 中… Ⅱ. 中… Ⅲ…通商口岸－中国－年鉴－2003 Ⅳ. **F**752－54

中国版本图书馆 **CIP** 数据核字（2003）第 097830 号

书　　名：中国口岸年鉴（2003 年版）
编　　者：中国口岸协会
策　　划：陶济生
责任编辑：孙　红　黄华莉　高传杰
出版发行：中国海关出版社
地　　址：北京市朝阳区东土城路甲 9 号（100013）
电　　话：中国口岸协会：010－65195917
印　　刷：中煤涿州制图印刷厂
版　　本：2003 年 12 月 3 第 1 版　2003 年 12 月第 1 次印刷
开　　本：889 毫米×1194 毫米　1/16
印　　张：80
字　　数：2000 千
京工商广临字：朝 2003－038 号
标准书号：**ISBN 7－80165－143－X**
定　　价：360.00 元

《中国口岸年鉴》编辑委员会

编 辑 说 明

一、《中国口岸年鉴》是由中国口岸协会组织编纂的、新中国诞生以来第一部全面记录中国口岸状况的编年书，是一部具有权威性的大型资料性工具书。年鉴系统、真实地记录了中国29个省、自治区、直辖市（宁夏和青海尚无口岸）口岸运行、发展、改革和取得成绩的整体情况。年鉴向广大读者展示了改革开放以来中国向世界敞开大门的成就。

二、本年鉴采用条目体结构，分省、自治区、直辖市编纂，点面结合、条块结合，逐个记载了全国各地口岸、各主要查验部门的情况，并选载适当专稿。主要内容还包括：党和国家领导人视察口岸的图片，中央有关部委的工作综述，有关口岸工作的法规，口岸工作论文，口岸各类统计数据等。

三、本年鉴引用的各类数据和资料，截至2002年底。统计数据，分别来自海关、边检、检验检疫和各省级口岸办公室。由于各部门职能不同、统计口径、范围和方法亦有所不同，因此书中有些数据不尽一致。进出口贸易统计数据，以海关统计为准。

四、由于时间仓促，台湾省、香港特别行政区和澳门特别行政区口岸资料和统计数据暂缺，特向广大读者致以歉意。

五、本年鉴2002年创刊时，为表明与21世纪同步，创刊号标注为"2001年"版。从2003年起，按照编纂年鉴的惯例，以出版年鉴的年代为年鉴的版号，故记述2002年口岸运作情况的年鉴标注为"2003年"版，特向广大读者说明。

六、本年鉴的稿件资料，主要由各有关部委、各省、自治区、直辖市口岸办公室提供。后期集中了部分在口岸工作多年的专家对稿件进行了必要的加工和修订。本年鉴在编辑过程中，得到海关总署、公安部，国家质检总局、交通部、各地口岸办公室、各直属海关、以及长期在口岸工作的老领导和专家的大力支持与合作，在此向他们表示诚挚的感谢！

七、本年鉴在全书体例、资料收集等方面都还有许多不尽如人意之处。加之编辑水平有限，疏漏或瑕疵在所难免，敬请广大读者予以批评指正。

中国口岸协会

二〇〇三年十二月

序

口岸是国家的门户。党中央、国务院历来十分重视口岸工作。改革开放以来，为满足日益增长的对外经贸、人员往来的需要，国家投入了大量人力物力进行口岸建设，已经形成沿海沿江水运、航空和内陆边境立体化的开放口岸体系。口岸开放与全方位、宽领域、多层次的对外开放格局基本相适应，为促进对外经济贸易和国际交往的发展起到了重要的保障作用。

当前，进一步提高口岸工作效率的要求更为紧迫。经济全球化对口岸工作必然会提出更多更高的新要求，为适应参与国际竞争的需要，我国口岸工作要全面贯彻“三个代表”重要思想，落实十六大提出的“发展要有新思路，改革要有新突破，开放要有新局面，各项工作要有新举措”的要求，结合我国口岸工作的实际，紧紧围绕提高口岸工作效率，加快通关速度，处理好把关与服务的关系，为促进对外经济贸易和国际交往发展作出新贡献。为提高口岸工作效率，国务院曾在深圳进行口岸管理体制改革试点。1998年政府机构改革，对口岸管理体制作了重大调整。2001年，国务院办公厅为推广口岸电子执法系统和提高口岸工作效率相继发出了两个文件。今年5月，国务院批准海关总署等8部门在上海召开了提高口岸工作效率现场会。我国口岸要通过建立“大通关”机制，提高工作效率，改变传统管理模式，整顿和规范进出口秩序，促进口岸管理各部门转变职能、改进服务、提高管理水平，形成适应我国社会主义市场经济发展需要的新的口岸管理和运行机制，提供与发达国家相类似的口岸通关服务。

中国口岸协会从新世纪开始组织编撰《中国口岸年鉴》，是一件很有意义的工作。它不仅直接记录口岸管理运行的资料和数据，而且是在我国加入“WTO”以后，书写中国口岸深化体制改革、努力提高工作效率、为“大通关”服务的历史。

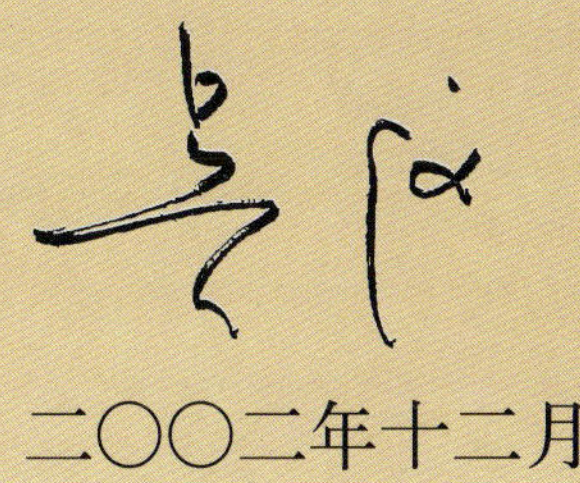

二〇〇二年十二月

2002年6月28日，朱镕基总理、李岚清副总理和罗干、吴仪、王忠禹国务委员等5位国务院领导同志，带领中央16个部门的负责同志，视察海关总署，听取了海关工作汇报，并分别做重要讲话。（王震摄）

朱镕基总理、李岚清副总理和罗干、吴仪、王忠禹国务委员，与海关总署机关各部门和直属海关主要负责人进行座谈。
（刘建生摄）

朱镕基总理、李岚清副总理和罗干、吴仪、王忠禹国务委员与海关总署党组成员合影。
（王震摄）

2002年3月28日，国家副主席胡锦涛考察广西自治区边境口岸城市——东兴市。图为胡锦涛同志在东兴口岸了解经济发展情况。

2002年5月22日，国务院在上海召开了“提高口岸工作效率现场会”。中共中央政治局候补委员、国务委员吴仪出席了会议。图为现场会会场。

（王震摄）

2002年10月，全国政协副主席张思卿视察东兴口岸。图为张思卿同志慰问东兴边检站官兵。

2002年5月22日，中国电子口岸数据中心上海分中心成立，海关总署署长牟新生、上海市市长陈良宇共同为分中心揭牌。（王震摄）

2002年6月27日，公安部部长贾春旺、常务副部长田期玉一行视察罗湖口岸。图为贾春旺同志在罗湖口岸入境检查大厅随机向一名入境旅客征询对边检工作的意见和建议。

2002年1月21日，公安部副部长赵永吉率公安部慰问团，在广东省、深圳市有关领导的陪同下，到罗湖口岸看望和慰问在一线值勤的边防民警。

由财政部部长项怀诚和国务院港澳办主任廖晖率领的国家8部委调研组，在深圳口岸进行考察。图为调研组在深圳检验检疫局。

2002年4月9日，国家质检总局党组书记李传卿同志深入广西自治区防城港码头一线开展业务调研。

2002年3月5日，全国人大法工委卞耀武副主任在国家质检总局葛志荣副局长陪同下，在深圳检验检疫局召开《商检法》修订调研座谈会。

2002年6月，河北省海事局组织召开了海上搜救中心工作会议，并举办了“2002年秦皇岛水域海上搜救综合演习”。图为交通部副部长洪善祥与河北省副省长何少存指挥搜救演习。

2002年7月3日，团中央书记处书记胡伟授给深圳笋岗检验检疫局动检科“青年文明号”牌匾。

2002年2月14日，海南省省长汪啸风、常务副省长王厚宏等，到海口美兰机场边检一线检查工作。

海口出入境边防检查总站圆满完成2002年“博鳌亚洲论坛”首届年会的出入境边检任务。图为值勤女民警。

2002年11月24日至28日，由公安部主办、深圳出入境边防检查总站协办的亚太地区打击偷渡、贩卖人口及相关跨国犯罪问题部长级会议“第二次专家组会议”暨“执法和识别伪假证件”国际研讨会在深圳召开。来自亚太地区32个国家、地区的80多名代表出席了会议。图为会议代表参观皇岗口岸“出入境车辆自动检查系统”运作及货柜车通关情况。

2002年3月6日，国务院批复同意河北黄骅港口岸对外开放。图为黄骅港一期工程——煤炭输出码头正在进行装卸作业。

中越边境重要陆路口岸——友谊关口岸全貌。

高科技设备在口岸的广泛运用，既加强了对进出口货物的监管，又有效地提高了口岸工作效率。图为上海海关关员在码头监管现场。

中国工商银行

INDUSTRIAL AND COMMERCIAL BANK OF CHINA

中国工商银行是中国最大的商业银行，2002年集团总资产47768亿元，占中国境内商业银行总资产的四分之一，按英国《银行家》杂志以一级资本排序，工商银行位列全球1000家大银行第16名。中国工商银行是中国金融系统中第一家实现全国经营数据统一、实时处理的银行，日处理交易量超过1亿笔，技术能力达到国际大银行的先进水平。

中国工商银行与海关总署有着多年良好的业务合作关系，双方于2002年8月在北京签订了《关于开展联网业务的合作协议》，并根据此协议内容专门开发了“银关通”系统。经过联调测试、业务测试、模拟测试，“银关通”系统于2003年4月正式投产。

“银关通”是工行为进出口企业实现电子化报关和无纸化通关而专门开发的一项金融产品。它利用了现代信息技术，将海关业务系统、中国电子口岸网上支付系统和工行业务系统联为一体，共同为进出口企业客户提供快捷的通关缴纳税费服务。该系统采用了大量先进的科技手段，企业网上支付税费的整个过程完全是由系统自动完成，中间流程也无须银行业务人员操作。这样既提高了付税速度，也保证了资金的安全。

进出口企业只需通过“中国电子口岸”网站向工行提出企业基本信息、帐户信息、操作员信息等备案及授权的申请，经工行审批通过，并与工行签订《网上支付税费服务协议书》即可开通该业务。工行“银关通”系统将24小时不间断运行，以方便进出口企业随时能够进行网上付税。

工商银行“银关通”系统经过在广东黄埔海关试运行，得到了海关系统的一致好评。海关总署于2003年8月批准了深圳、拱北、黄埔、上海、南京、杭州、宁波、青岛、大连9个首批试点海关，推广使用工行“银关通”系统，其他海关也将会在近期陆续开通。

“银关通”通过专线与国际先进水平的工商银行数据中心相连，进行数据实时集中处理

工商银行与海关总署有着长期良好合作关系，2002年8月又签订协议，开展联网业务合作

首批试点海关已开始推广使用工行“银关通”系统，其他海关也将会在近期陆续开通

黄埔海关所在地银行办柜员在办理进出口企业“银关通”关税入库业务

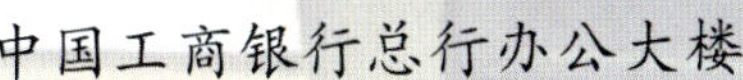
中国工商银行总行办公大楼

招商银行与海关总署全面合作推广"银关通"业务

作为唯一一家与国家海关总署在电子口岸网上支付系统方面深度合作的股份制商业银行，招商银行以其独特的科技优势和快速反应能力，将"银关通"迅速推向市场，极大地方便了广大外贸进出口客户的商品报关和关税交缴。招商银行的"银关通"也因此成为国内同业中业务范围最广，业务量最大的商业银行之一。

为了加快外贸商品的通关速度，提高海关与进出口企业的工作效率，加强海关对全国进出口商品的监控管理和关税征集，促进国内进出口业务快速健康发展，国家海关总署逐步推广网上报关系统，并就电子口岸网上支付在国内商业银行间招标，其中招商银行、中国银行和交通银行等几家商业银行中标。2003 年年初，招商银行的网上支付系统与中国电子口岸系统对接调试顺利完成，成为当前国内唯一能够同海关总署上海、深圳、黄埔、拱北、杭州、宁波、南京、青岛、大连等全辖关区全面合作的股份制商业银行，招商银行的"银关通"业务正式投入实际应用。

2 月 19 日下午，招商银行青岛分行的客户中化山东进出口有限公司办理了首笔"银关通"网上付税业务。当天从 14 点 43 分到 16 点 30 分不到 2 个小时的时间内，招商银行青岛分行共有 2 家企业通过"银关通"业务系统办理了 3 笔网上付税业务，总金额为 91 万元。

2 月 27 日，招商银行与国家海关总署在上海联合召开新闻发布会，宣布中国电子口岸支付系统正式启动，招商银行的"银关通"业务实现了与海关系统、电子口岸数据中心与银行业务系统的顺利对接和数据的实时交换。从此启用招商银行"银关通"业务的进出口企业可以放弃使用传统的进出口税费支付方式，享受准确、方便、快捷的网上缴纳税费服务。

3月18日，招商银行广州分行与黄埔海关联合举办的“银关通 -- 电子口岸网上支付业务”新闻发布会。广东省对外经济贸易合作厅海关总署电子口岸数据中心、海关广东分署、广州海关、拱北海关等单位领导领导和广州地区约300家进出口企业单位参加会议。黄埔海关郑汉龙副关长表示：招商银行的“银关通”是中国电子口岸的重要组成部分，它使电子口岸实现了资金流、信息流、货物流的相结合，通过电子口岸，企业税费的征收、缴付全部流转过程均可通过网上实时查询，增加税费征收透明度，使管理部门在进出口环节的管理上更加完整和严密，有利于增强管理部门的综合管理效能实现政府对企业的“一站式”服务。

4月9日，招商银行深圳管理部与深圳海关在五洲宾馆举行“银关通”新闻发布会，启动深圳地区的“银关通”业务。

截止11月底，与招商银行签约使用“银关通”业务的客户近600户，开通使用这项业务的客户逾200户，客户通过“银关通”系统缴纳关税近2万笔，税款金额超过15亿元人民币。

目前，招商银行全系统已经做好充分准备，积极配合电子口岸支付系统和海关总署“大通关”政策在全国的推广和实施，率先推出“5+2工作日”网上支付业务；同时，为有效推广“银关通”业务在优质进出口企业的应用，针对各地海关对当地“AAA”级企业给予进出口货物通关应缴税款14天的“先放后征”优惠政策，招商银行更是在现有电子口岸网上支付业务流程的基础上，国内首家开发并推出了“先放后征”业务功能，使得该类企业在使用“银关通”业务高效、便捷服务的同时又能充分享有海关所给予的“先放后征”缓税便利，更多的客户将可以享受到招商银行先进的科技成果所带来的优质金融服务。

中国银行 BANK OF CHINA

为了配合国家“金关工程”的实施，支持中国电子口岸的建设，充分发挥中国银行在国际结算、贸易融资及网上银行等方面的优势，中国银行总行与海关总署密切合作，联合开发了中国电子口岸网上支付系统“报关即时通”，并于2002年5月开始在全国进行试点推广工作。

中国银行广东省分行作为“金关工程”推广的首批试点行，在各级部门的密切配合及领导的高度重视下，首先与黄埔海关及拱北海关开展了推广试点的测试联调、投产运行。2002年6月28日，中国银行广东省分行与黄埔海关、中国电子口岸及14家首批试点企业隆重举行了“网上支付税费服务”签约仪式，随后，广州本田汽车有限公司在7月1日成功提交了两笔支付指令，标志“网上支付系统”正式投入运行，黄埔海关成为“网上支付系统”国内第一家试点工作正式启动的海关。

7月23日，中国银行珠海市分行、拱北海关、中国电子口岸及三家试点企业举行签约仪式，共同签订网上支付税费合作协议，同日，四笔海关税费由网上进行支付。

系统投产后，海关、企业反应十分积极。黄埔海关、拱北海关与当地中国银行分别在广州、东莞、珠海三地组织了六次客户推广演示会，前后共邀请了超过百家企业参加；其他非试点企业从我行或媒体上了解这一系统情况后，也纷纷联系海关和银行要求尽快使用网上支付系统，以提高缴纳海关税费的效率，进而提高进出口货物的通关效率。

2002年11月份湛江海关与中国银行湛江分行签署合作协议。2003年5月8日、5月25日汕头海关与中国银行汕头分行、江门海关与中国银行江门分行先后举办签约仪式，并邀请了当地政府出席仪式。截止到2003年6月份，中国银行广东省分行

已与黄埔海关、拱北海关、湛江海关、汕头海关、江门海关、广州海关等六大直属海关签订三方协议，至此，已完成与广东省辖内所有直属海关的合作。目前，不少知名企业均使用该产品进行海关税费的网上支付，截止到8月份，包括广州本田汽车有限公司、东风本田发动机有限公司、广州宝洁有限公司、东莞诺基亚移动电话有限公司、东莞美时家具有限公司等47家知名企业分别与广东省分行签订了四方协议，其中33家企业已正式开展网上支付税费业务。同时，企业使用“报关即时通”的业务量大幅上升，产生了良好的社会效益，至9月1日，企业通过“报关即时通”共发出2008笔支付指令，涉及税费金额共计303,482,332.99元人民币。

中国银行广东分行“金关工程”

中国银行 BANK OF CHINA

中国银行 全球服务

ALWAYS WITH YOU

www.bocgd.com

中国银行“报关即时通”产品的推出极大地提高了企业缴纳海关税费的效率及进出口货物的通关效率，大大节省了企业的人力、物力，真正体现了银行、企业、海关三赢。

（中国银行广东省分行）

交流融通　诚信永恒

交通银行始建于1908年，重新组建于1987年，是中国最大的国有股份制商业银行。截至2002年，全行资产总额1669亿元，近三年平均递增12.67%。境内近三年累计创利203亿元。

进入新千年以来，交通银行在内部管理、公司治理方面锐意改革，推广了世界银行信贷业务流程和ISO9000质量体系，积极引进国际战略投资者，再造内部组织架构，以期建立一个以客户为中心，以利润和股东回报最大化为目标的现代化商业银行。

交通银行弘扬发展主旋律，确立了“面向新兴市场、综合功能领先、国际业务占优”的发展战略。在国际结算、贸易融资、外汇代客理财、离岸业务等领域不断推出新的业务品种。“报关一点通”网上支付系统，就是交通银行为广大进出口企业打造的一项精品。他通过安全、高效的网络平台，大大缩短企业支付税费的时间，实现异地报关资金实时到帐，还能向企业提供透支缴纳税费、递送税费凭证的特殊关爱。

作为首批与海关总署签署合作协议的银行，交通银行将联手海关总署、电子口岸，为进出口企业提供更多、更好、更快的"通关"产品。

目 录

第一篇 口岸主管部门工作回顾

第二篇 各省、自治区、直辖市口岸运行情况

北京市

天津市

河北省

山西省

内蒙古自治区

辽宁省

吉林省

黑龙江省

上海市

江苏省

浙江省

安徽省

福建省

江西省

山东省

河南省

湖北省

湖南省

广东省

海南省

广西壮族自治区

四川省

重庆市

贵州省

云南省

陕西省

甘肃省

新疆维吾尔自治区

西藏自治区

第三篇 口岸工作论文选编

第四篇　2002 年颁布的口岸工作有关法规

第五篇　全国口岸运行主要数据统计表

附录

第一篇

口岸主管部门工作回顾

2002 年海关工作回顾

中华人民共和国海关总署

2002 年，全国海关以十六大精神和“三个代表”重要思想为指导，认真贯彻党中央、国务院关于加强海关工作的一系列重大决策和指示，将“依法行政，为国把关，服务经济，促进发展”海关工作方针真正落到实处，队伍建设得到加强，各项改革进一步深化，较好地完成了各项任务，初步实现了建立现代海关制度第一步发展目标。

一、贯彻落实整顿和规范进出口秩序各项措施，较好地完成了海关各项工作任务

打击走私成果显著。2002 年，全国海关继续保持打击走私高压态势，全年查获走私案件 10117 起，案值 64 亿元，涉嫌偷逃税款 18.3 亿元，大规模走私势头继续得到有效遏制。

海关税收继续保持大幅度增长。2002 年，全国海关积极应对加入世贸组织的挑战，努力克服关税税率大幅下调、实施世贸组织估价规则等因素的影响，千方百计克服困难，团结奋战，共同努力，全年征收关税和进口环节税净入库达 2590.57 亿元，再创历史新高，为增加中央财政收入做出了重大贡献。

海关监管有力地促进了外贸进出口和对外交往的快速健康发展。全国海关采取了 24 小时通关或值班、预约报关、“门到门”监管、设立出口快速通道、预归类等各种有效措施，不断提高监管水平和通关效率，较好地适应了外贸进出口的迅猛增长和对外交往的需要。全年共监管进出口货物 159316.1 万吨，同比增长了 121.7%；监管运输工具 22113013(辆、艘)，同比增长了 10.73%；监管集装箱 34440244 标箱，同比增长了 32.39%。

海关统计在进出口分析、预警监测等方面发挥了重要作用，执法评估系统的效果日益明显。特别是在加入世贸组织以后，海关统计分析信息更加受到中央的重视。2002 年，中办、国办采用海关总署信息共 365 条，同比增长 93%。其中，66%是海关统计分析信息。

以《海关法》为核心的海关法律体系初步建立。基本适应了加入世贸组织后海关执法的需要，海关行政复议、应诉工作更加规范，知识产权海关保护成效明显，国家进出口贸易管制措施得到了有效执行，海关人员的法制意识进一步提高。

二、以通关作业改革为突破口的各项业务改革成效显著，建立现代海关制度第一步目标基本实现

新的通关管理模式基本建成，通关作业更加统一、规范。2002 年，全国海关大力推行便捷通关改革方案，科学调整通关作业流程，合理设置通关方式，精简作业环节，减少了货物在海关监管场所的滞留时间，加速了口岸验放；积极推进“无纸通关”改革的实施，将试点范围扩大到沿海业务量大的 16 个海关，制定了具体的管理制度、操作规范及通关现场各部门的协调配合机制和应急处理机制，保证了试点工作的正常运作；认真抓好电子口岸应用项目的试点推广工作，开展“外汇联网核查”、“联网报关”、“出口退税联网核查”、“通关单联网传输”、“网上支付”等项目的试点工作；运用风险管理手段，将把应税、应证货物的各项管理规定落到实处，推动内地与口岸、海关与海关之间的转关运输实现了“一次申报、一次查验、一次放行”，“严密监管，高效运作”，达到新的水平。

海关信息化建设成效显著。“电子海关”在全国海关顺利推广，应用了 H883/EDIV5.2 版系统并完成了 H2000 切换试点工作，增强了海关执法的有效性。“电子口岸”大力推广舱单申报、进出口快件通关系统、IT 企业联网监管、加工贸易管理、广东地区小型船舶监管和减免税申请等试点项目，实现了跨部门、跨地区数据交换和联网核查，提高了口岸执法管理的整体效能和企业办理进出口手续的效率。“电子总署”再上新台阶，风险管理信息平台建设初见成效，涉税项目的开发应用全面完成，实现了总署业务监控分析及辅助决策的信息化，提高了总署监控分析和科学决策水平。

海关行政审批制度改革不断深化。按照国务院要求，在确保有效监管的前提下切实做到“应减必减”，并做好取消审批项目的后续管理。2002 年根据《国务院关于取消第一批行政审批项目的决定》(国发[2002]24 号)，取消行政审批项目 9 项。同时，积极探索运用信息化、网络化手段创新海关行政审批运行机制和监督机制。

三、加强海关各级领导班子和干部队伍建设

各级海关领导班子建设得到加强。以提高班子整体素质为目标，进一步落实民主集中制、党组中心组理论学习等制度。以组建总署和 8 个直属海关政治部为契机，逐步建立健全海关系统政治工作机制。以强化监督为目的，进一步调整和规范了关长任期经济责任审计、直属海关纪检组长异地任职、直属海关向隶属海关派驻纪检监察特派员、关长行为规范等规章制度，组建了总署驻天津、上海两个特派办。

干部人事制度改革力度不断加大。改革进人制度，坚持“凡进必考”，初步建立适合海关行业特点、公平择优的人员录用新机制。完善选拔任用制度，广泛推行竞争上岗，普遍实行干部任前公示、试用期制度，逐步扩大群众的知情权、参与权、选择权和监督权。

教育培训工作取得显著成效。加强教育培训制度建设和基础建设，积极推进院校改革，带动了全员培训工作。全国海关认真贯彻落实教育培训工作会议精神，针对加入世贸组织后的新要求，组织了各级、各类干部培训，加大了教材和考试题库建设力度，调整了院校办学方向，加强了专、兼职师资力量。

思想政治工作收到积极成效。通过开展“三讲”教育、“三个代表”重要思想学习和经常性的理想信念教育、海关职业道德教育等一系列思想教育活动，大大提高了海关干部职工的思想觉悟。建成了边疆海关文化长廊，举办了一些在全系统产生良好反响的文体活动。一批在本职岗位上作出突出成绩的先进集体和先进个人受到表彰和奖励。

党风廉政建设和反腐败工作效果明显。全国海关认真汲取湛江、厦门等海关执法腐败案件的教训，在党风廉政建设和反腐败工作中，坚持标本兼治，综合治理，不断加大源头治腐的力度，全面推进反腐败三项工作。党风廉政建设责任制进一步落实，监督制约机制更加健全，党组统一领导、党政齐抓共管、纪检监察组织协调、部门各负其责、群众积极参与的反腐败领导体制和工作机制在海关系统初步形成。认真开展了自查自纠、警示教育、纠风整纪专项治理等一系列教育整顿活动，重点纠正接受工作对象宴请、境内外旅游和到营业性娱乐场所活动，以及收受“红包”、“礼金”、“礼品”等行为。严格执纪，坚决清除害群之马，局部执法腐败案件多发势头得到遏制。推行关务公开和警务公开，增加海关执法透明度，海关行风明显好转。

此外，海关应对加入世贸组织的工作积极有效，为我国顺利通过 WTO 首次过渡性审议作出贡献。海关国际交往与国际合作日益扩大。海关督察审计在加强执法监督方面发挥了积极作用。经费预算体制、装备管理、职工住房、政府采购等改革取得积极成效，初步建立了保障有力、运行规范的海关财务装备管理体制，海关后勤改革继续深化。政策研究、政务信息、新闻出版等工作成效明显，电视专题片《边关》在海关系统和全社会产生良好反响。海关学会、口岸协会、报关协会等社会团体发挥了积极作用。

2002年全国海关主要业务情况一览表

项目	海关统计			监管进出口货物	监管进出境运输工具	监管进出境人员	其中港澳旅客	监管进出境邮快递总数	其中监管非贸易性印刷品	罚没收入	征收两税	两税入库	减免税总额	进出口报关单	查获走私案件	查获走私案值
	进出口总值	进口总值	出口总值													
单位	亿美元	亿美元	亿美元	万吨	万艘（辆架）	万人次	万人次	万件	万件	亿元	亿元	亿元	亿元	万张	件	亿元
2002	6207.8	2952.2	3256	161614	2226	23475	—	14250	8970	21.5	—	2591	730	2394	10120	64.1

2002 年出入境边防检查工作回顾

中华人民共和国公安部出入境管理局

2002年，各级出入境边防检查机关在公安部党委的正确领导下，认真学习贯彻“三个代表”重要思想，以维护国家政治稳定和社会安定为首要任务，以服务国家改革开放和经济建设、便利人员出入境为工作重点，围绕公安中心工作，深入贯彻全国公安出入境管理工作会议精神，坚持与时俱进，不断改进、加强出入境边防检查工作，圆满完成了各项边防检查任务。

一、认真组织，精心部署，圆满完成了以重大国际会议、国际活动和特殊、敏感时期为重点的各项边防检查任务

2002年，全国出入境人员和交通运输工具数量继续呈增长趋势，各种重大国际会议、国际活动和特殊、敏感时期的边防检查任务较多，边检机关面临的对敌斗争形势严峻复杂，任务日益繁重，工作难度不断加大。全国边检机关团结一致，克服困难，认真组织，精心部署，以高度的政治责任感和脚踏实地的工作作风，认真履行职责，圆满完成了党的“十六大”、人大、政协“两会”、第35届亚行年会、亚洲议会和平协会第三届年会、博鳌亚洲论坛首届年会、全球环境基金成员国大会、韩日世界杯、纪念中日邦交正常化30周年、香港回归5周年庆典等到重要国际、国内活动及“四·二五”、“六·四”等政治敏感期的出入境边防检查任务，为维护国家政治稳定和社会安定，促进国家对外开放和经济建设做出了新的贡献，口岸出入境秩序继续保持安全、畅通、有序。

各地采取有力措施，确保各项勤务工作顺利完成，进一步提高工作水平和服务质量。北京总站在狠抓勤务改革和落实各项规章制度的同时，着眼重点勤务，加强组织领导，成立勤务工作领导小组，设立现场指挥部，在《处置突发事件预案》的基础上制定了专门方案，对执勤岗位、执勤人员的任务分工、职责及操作程序都予以明确，并分别组成了专机检查、安全警戒、涉外问题处置和现场抢救等几个小组，圆满完成了首都的各项边防检查和安全保卫任务。上海、海口总站、海南、广西、重庆边防总队圆满完成了亚行年会、亚洲论坛首届年会、博鳌亚洲旅游论坛、亚洲议会和平协会第三届年会的边防检查工作。由于勤务组织严密，作风优良，受到了各界的高度好评。厦门总站、福建边防总队严格掌握对台政策，积极为两岸三通服务，先后圆满完成了厦金客运航线、莆田湄洲与金门、泉州与澎湖首次客运直航、福州港货运首航台湾等边防检查任务。2002年，全国出入境边防检查机关共检查出入境人员22827.69万人次，比2001年增长13.07%，检查出入境交通运输工具1679.20万辆(艘、架、列)次，比2001年增长10.25%。

二、严密查控，严格把关，为维护国家政治稳定和社会安全做出了新的贡献

全国出入境边防检查机关不断采取有力措施，强化查控手段，进一步提高发现和处置能力；同时充分发挥职能优势，积极配合公安机关开展“网上追逃”、“打黑除恶”斗争，查获了一大批企图潜往境外的违法犯罪分子，受到中央、公安部领导和侦查办案部门的高度评价。(略)

三、与时俱进，改革创新，努力强化服务意识，使人员和交通运输工具的出入境更加便利

针对我国加入世贸组织后国家经济建设的新形势，全国出入境边防检查机关坚持服从和服务于国

家改革开放和经济建设大局，积极改进执勤方式，简化查验手续，服务意识进一步增强，服务质量进一步提高，口岸通关环境得到进一步改善。

一是落实有关进一步放宽出入境边防检查的政策和规定。取消了中国内地居民因私首次出境查验出境卡的制度，取消了在《港澳同胞回乡证》上加盖验讫章的做法；准许我旅游团赴泰国、越南、菲律宾、韩国济州岛等国家、地区办理落地签证，更加便利了出入境旅客通行。措施出台后，各地边检机关认真研究可能出现的新问题、新情况，严密规范勤务工作，保障了业务改革全面的落实。各地针对简化措施出台后中国公民出入境人数和外籍旅游团队明显增加的情况，适时出台了团体预申报和预查验服务，便利了旅游团队出入。各地边检机关通过边检咨询台、电子公告栏及电台报纸等各种方式进行对外宣传，积极与相关部门加强沟通，努力为出入境旅客和相关企业提供便利，受到了各界好评。

二是进一步改革查验方式和勤务组织，不断强化服务意识，改进出入境边防检查工作，提高文明执勤水平。继北京、浦东边检站之后，白云、高崎、外砂、昆明、桂林等12个边检站也先后设立了“中国公民入境专用通道”；北京、罗湖、美兰机场等口岸设置了“蛇形通道”，与国际通行做法相接轨，缓解了候检场地拥堵的矛盾。厦门总站研制启用了“出入境船舶网上预报预检系统”。上海总站研制开发了船舶监护、巡查“电子门禁”系统，进一步优化了港口通关环境，提高了对国际航行船舶的检查管理水平。广州、深圳、珠海、汕头总站和广东边防总队启用“144小时便利网”，保证了在香港、澳门的外国人组团前往珠江三角洲地区144小时免办签证政策的落实。广东、广西边防总队海港边检站初步建立了船舶梯口监护、巡视巡查、卡口管理、港区监控相结合的执勤方式。黄岛边检站开展“绿色通道”礼遇活动，对获得“绿色通道”礼遇资格的船舶提供电传预检、优先办理各种手续和证件、出境免于船体检查等10项优惠政策。宁波边检站实行24小时办理行政许可预约制度和“回执单”制度，为宁波口岸节省资金数百万元，受到各业务单位和船方好评。北京、外砂等边检站重新组建了核审队，进一步完善了一线检查、二线处理的格局，提高了查验工作效率。江苏边防总队开展为出入境旅客提供优质服务活动，受到各界欢迎。世界知名学者、物理学家、诺贝尔奖获得者丁肇中教授和东南大学校长登门感谢南京边检站多年给予的支持，并赠送了一面“热情支持教育，促进对外交流”的锦旗。上海总站在处理美国前国务卿基辛格入境无我有效入境签证一事时，以热情友好的工作态度受到基辛格博士的高度赞扬。

三是加强科技强警，不断提高边防检查工作科技含量，同时加大资金投入，进一步改善口岸硬件建设。全国边检机关顺利完成了出入境边防检查信息系统的升级，九个总站实现了与发证部门的信息共享。深圳、海口、珠海等总站研制开发了边检综合信息系统、大型旅游船旅客电子名单与边防检查信息管理平台对接系统和验讫章电子管理系统，进一步提高了执勤工作的科技含量。新疆边防总队研制开发了《边防检查业务综合管理系统》，基本实现了全区有关边检数据、资料的统一收集。深圳总站在“快捷通”系统的基础上建立了桥头报警系统，并研制新电脑查验系统，加强“畅通网”建设，完成了所属边检站口岸限定区域标识更新和通道显示屏的改造工作，实施全总站执勤现场闭路电视监控。天津、广州、海口总站完成了监控系统、现场查验设施的改造和扩建。上海总站顺利完成航班东移工作，并积极做好洋山港的筹建开放工作。珠海总站万山站客运口岸的全套硬件设施建设已基本完成。浙江边防总队为正在筹备之中的6个口岸或码头的开放提供积极的支持配合，并加强与有关部门的沟通，解决边防检查执勤设施。

四、加大口岸反偷渡力度，严厉打击了非法出入境活动全国出入境边防检查机关坚决贯彻全国反偷渡工作会议精神，不断加大反偷渡力度，有力地打击了以持用伪假证件和藏匿交通运输工具为主要形式的口岸非法出入境活动。全年共查处非法出入境人员4623人次，查处组织、运送非法出入境人员263人次。福州机场边检站查获一起特大制贩伪假证件案，抓获犯罪嫌疑人12名，缴获伪假护照513本、出境卡6500张和一大批伪假护照资料。

一是加强领导，积极配合专项行动。全国反偷渡工作会议后，各地边检机关及时成立反偷渡领导小组，制定《反偷渡联合行动方案》，特别是在南方行动和北方行动期间，南方七省和北方六省边检站充分发挥自身优势，与兄弟单位密切配合，联合作战，互通情报，共同打击偷渡活动，共查获偷渡人员500余人。虹桥、浦东边检站调研队分别荣获“上海市反偷渡专项行动”一、二等奖。哈尔滨边检站在北方反偷渡专项行动中被省公安厅评为“全省公安系统反偷渡北方行动先进集体”。

二是分析研究对策，有针对性地开展反偷渡活动。北京总站根据口岸特点，积极与口岸有关单位和出入境管理、刑侦、治安等部门建立协作关系，并通过口岸反偷渡工作领导小组，进一步完善内部反偷渡网络。一年内，机场各单位共协助查获非法出入境案件85起100人次。高崎边检站将持用伪假证件和在机场隔离区调换登机牌的偷渡活动作为打击重点，年内查获偷渡人员232人次，比2001年增长45%，东渡边检站则根据船员参与组织、协助偷渡活动的现象有所回潮的情况，加强了对重点船舶的巡查监护，在港区巡逻中成功抓获了3名企图藏匿外轮偷渡的不法分子。天津总站与51个集装箱场站签订了“反偷渡责任状”，举办了“天津口岸集装箱场站反偷渡工作培训班”。大窑湾边检站对运送敏感国家的集装箱加封“反偷渡封志”，一次抓获藏匿在集装箱内的偷渡分子15名。福州边检站制定出台了《集装箱边防检查管理暂行办法》，实行签发《集装箱装船许可证》制度。珲春边检站与当地海关对未铅封货物车辆实施联合检查。

三是加大科技投入，提高反偷渡工作的科技含量，同时加强对出入境证件的研究工作，提高识别伪假证件的能力。

公安部出入境管理局拨专款为全国所有承担旅检任务的边检站配齐了证件阅读机，配备了便携式文检包，对38个边检站进行了EDISON证件样本系统升级，为47个旅客流量大、偷渡活动突出的海港和空港站配备了具有世界先进水平的护照、证件鉴别仪器，提高了出入境数据采集的准确率和识别伪假出入境证件的可靠性。上海总站为虹桥旅检现场配备了多媒体微量物证检测系统和组合式伪证识别仪，大大提高了伪假证件识别的技术含量和鉴别能力。珠海总站对遣返审查所档案管理系统加入指纹采集功能，有效杜绝了遣返人员利用其他姓名办理证件再次偷渡。湖北、辽宁等边防总队结合实际，为所属边检站投资购置了高倍显微镜、紫光灯、扫描仪、身份鉴别仪、证件检验系统，提高了对伪假证件的发现控制能力。各地边检机关大都建立了证件研究和识别伪假证件培训制度。广州总站分别在天河、白云、番禺三站设立了证件研究室，年内共收集各国真伪护照、签证、验讫章870多份，为前台验证队鉴别证件、签证320多人次，白云边检站已形成一个存储资料图片7000多幅、分类清晰、查找方便的资料库，并在着手研制开发“证件查询系统”，更便于一线的证件比对工作。内蒙边防总队成立了证件研究小组，在满洲里、二连边检站分别设立了出入境证件收集分析机构，狠抓证件资料收集，全年收集各国各类护照资料100余份，签证资料120余种，下发出入境证件信息资料31期，举办伪假证件识别培训班15期，培训检查人员500余人次，全面提高了一线检查员识别伪假证件的能力。珠海总站举办了伪假证件培训班，采取开放式教学，总站所属各单位都自发组织前来听课。四川、湖北、湖南、广东、海南、广西、新疆、辽宁、河北、重庆、河南等边防总队举办了反偷渡或识别伪假证件培训班。

五、法制工作进一步加强，执法监督工作渐入正轨，边防检查行政执法水平有了新的提高

2002 年，全国边检机关共处理违法违规人员及交通运输工具 75743 人次。各级边检机关进一步加大对执法工作的指导监督力度。深圳总站及所属各站都成立执法工作领导小组，各站党委、主管领导与部门、科队领导逐级签订《执法责任书》，同时规范健全各项执法制度，形成了一整套由立案登记、呈报审批、办案回避、双人办案等组成的办案制度。高崎边检站成立了法律咨询小组，负责研究执法工作中出现的各种问题，为各业务执勤队提供法律咨询和服务，做好听证的组织准备和行政诉讼案件的出庭等工作。在沈阳国际经济技术合作公司劳务人员王银胜等人诉高崎边检站阻止其出境一案的审理中，高崎边检站在公安部出入境管理局及总站的指导协调下，认真组织答辩应诉，积极与法院进行沟通，最终赢得了诉讼。福建边防总队在全省范围内开展了一次边防检查执法普查工作，有针对性地查摆和堵防执法中的问题和漏洞。杭州边检站制定《暂扣财物管理规定》、《执勤执法禁止性规定》，规范了暂扣财物管理等执法环节。宁波边检站制定《案件限时办结制度》，提高了办案效率。

年内，公安部出入境管理局先后制定下发《出入境边防检查机关执法质量考核评议规定》和《出入境边防检查行政处罚实施办法》，进一步完善了执法监督机制，规范了执法裁量权。两个规范性文件下发后，各地非常重视，掀起了研究执法工作的浪潮。上海总站逐条研究《边防检查行政处罚实施办法》，制定实施细则，以更好、更直接地指导执法工作。大多数单位专门就落实《边防检查执法质量考核评议实施办法》制定了细则。北京总站建立案卷质量通报制度，将检查情况在业务例会上进行讲评，对案卷中存在的问题以书面形式通报办案单位，令其改正。执法质量考核评议结束后，召开了由各单位一把手和法制员参加的总结讲评会，肯定成绩，指出问题，提出要求，限期整改，还举办了优劣法律文书展览，圆满务实地完成了考评任务。上海总站为明确考评具体依据，专门下发了《执法案卷制作规范》，进行平时检查时，检查和扣分情况形成《扣分通知及整改意见书》给具体站，被通知的边检站对此要有反馈，上报《执法质量整改措施》，总站还对各站自查工作进行复核，监督各站整改措施的落实。湖北边防总队制定下发了《执法质量考核评议工作实施细则》、《执法质量考核评议工作实施方案》、《执法质量考核记分表》、《执法质量考评阅卷登记表》，各站将此项工作列为党委重要议事日程，执法人员的执法情况被写进个人年度目标责任书，执法内容被列为检查员等级考试重要内容，公正、文明、公开执法的意识深入人心。

六、加强业务培训工作，边检人员素质和执勤水平得到提高

全国边检机关继续加大业务培训力度，把提高人员素质作为长期和基础性工作来抓，边防检查人员素质进一步提高。年内，公安部出入境管理局举办了一期全国后台鉴定人员培训班和第七期英语学习班。各地也都举办了形式多样的识别伪假证件、执法及英语培训班。北京总站大力倡导群众性的业务研究活动，发动广大干警积极从事业务研究，为业务建设和勤务改革献计献策，各单位共制作出《空港英语使用教材》、《边检业务常用外语学习系统》、《伪假证件识别系统》、《边检业务学习系统》、《边防检查考试系统》等 5 项业务研究成果。天津总站在年初就制定出培训计划，将脱产培训、各站培训和民警自学作为培训的主要内容，重点抓好站、队值班领导的教育培训。珠海总站举办了 3 期科队领导业务培训班。汕头总站结合部分民警交流的情况，制定了《岗前业务培训实施办法》，组织 4 期赴深圳、厦门的对口见习培训，全年总站和各站举办各类业务培训班 35 期。深圳总站采取多种形式抓科队领导培训、抓计算机培训、加强法律知识、外语知识的培训，举办了业务值班员培训、执法培训、情报调研和识别伪假

证件的培训。安徽边防总队专门制定了边防检查业务培训实施办法，建立业务培训档案，培训成绩与干部奖励、晋职、晋衔、考核挂钩。湖北边防总队提出了全总队检查员在 3 年之内全部通过国家英语四级考试的培训目标。汕头总站、浙江、江西、西藏、甘肃、河南、陕西、山西边防总队举办了查控培训班。广州总站举办了 144 小时便利网培训班。

七、积极开展对外交流和口岸会谈会晤工作，及时妥善处理了边防检查涉外事件

2002 年，全国边检机关继续加强对外交流与合作，加强与毗邻国家及有关国家、地区边检、移民部门的联系交往，在共同打击口岸偷渡等违法犯罪活动方面取得了成效。全年涉外会谈会晤 16223 次。公安部出入境管理局派员参加了中欧打击非法移民研讨会、国际海事组织 29 届便利运输委员会会议，APEC 商务人员流动专家组、国际刑警组织打击人口走私第五次“桥”计划等国际会议，并在深圳成功承办了由来自 31 个国家和地区、近 100 名代表参加的巴厘会议第二专家组执法和伪假证件识别国际研讨会。为配合香港入境事务处做好在港居留权人员的遣返接收工作，公安部出入境管理局也发了专门通知，深圳总站制定了专门的遣返接收方案，顺利接收遣返滞港人员 2750 名。全年深圳总站与港方会晤 99 次，友好往来 10 次。北京总站与蒙古乌兰巴托机场边检站、韩国汉城仁川机场边检站、朝鲜平壤边检站通过交流互访，建立了工作联系，加强了双方在打击非法出入境活动和接收遣返人员方面的合作。上海总站应英国维珍航空公司和德国汉莎航空公司的邀请，分别派人赴伦敦和法兰克福、慕尼黑对有关航空公司人员进行了识别中国出入境证件的培训，受到外方的好评。珠海总站与澳方会晤 24 次，电话联系 200 多次，为双方及时沟通情报信息，交换工作意见，调整相关政策措施起到了较好的推动作用。黑龙江边防总队加强与俄罗斯太平洋地区管理局会谈会晤，推动实现了东宁口岸 12 小时通关。内蒙边防总队制定了与俄联邦边防总局后贝加尔地区局和蒙古国边防军管理局授权代表会谈方案，通过双方会晤，就室韦—奥洛契口岸界河桥的正式启用达成了一致意见，就蒙方口岸对我车辆进行重复检查、乱罚款、无理刁难问题，多次与蒙方进行会晤，敦促蒙方解决了这一问题。吉林边防总队针对圈河口岸已经国家验收，中朝两国因私旅客还不能通行的情况，及时派代表团赴朝与朝保卫部门进行工作会谈，达成一致意见，圈河口岸已于 3 月 1 日开始通行中朝两国因私旅客。

2002 年出入境检验检疫工作回顾

中华人民共和国国家质量监督检验检疫总局

2002 年，全国出入境检验检疫系统在“三个代表”重要思想的指引下，按照“忠于职守、勇于负责、严格把关、保国安民”的要求，以“狠抓源头，深入打假，严把国门，服务外贸，确保安全，带好队伍”为重点，进一步解放思想，转变职能，改善服务，紧紧围绕扩大内需，促进出口和加入 WTO 的新形势，加强行风和作风建设，团结奋斗，扎实工作，各方面工作取得显著成效，较好地完成了国务院的工作部署和任务，对国民经济和社会发展发挥明显作用。

【从源头抓质量的工作取得实质进展】 初步形成和建立了我国产品质量的市场准入体系并付诸实施，建立并实施了新的强制性产品认证制度。对重要进口商品和对我国经济、社会、环境安全具有潜在风险的进口动植物及其产品实行境外预检和装运前检验，加强监装和疫情调查，逐步形成境外预检、到岸查验和后续监管的全过程监控检验检疫体系。

对重要出口产品从源头抓起，从生产厂、饲养厂、加工厂抓起，推行前期监管和后续管理，普遍加强了对出口基地、农场、饲养场、屠宰场的管理，规范饲料、添加剂、农兽药、疫苗的管理和使用，推行从产地到出口全过程监管，提高了出口农产品的质量。完善了出口食品卫生注册登记制度，建立和完善出口农产品安全卫生质量管理体系，强化注册审查制度，对重要、敏感的出口商品生产企业，建立年检、年审制度，实行动态管理，不符合条件的，不允许其产品出口。

【严把国门，维护国家利益成效显著】 各地检验检疫机构强化了口岸卫生检疫、卫生监督和传染病监测，提高了口岸卫生监督水平。妥善处理了部分动植物产品、食品出口受阻等突发性事件，完善了动植物产品和食品的风险管理，加强了进口食品国外生产企业注册工作，强化了民用商品入境验证制度。以安全、卫生、健康、环保和反欺诈为重点，改进了进出口商品检验管理，维护了进出口秩序，确保了进出口商品质量。

全国检验检疫系统开展了以查问题、查原因、查措施为主要内容的“三查”活动，加强了对重点商品的质量分析工作，进一步提高了检验检疫工作质量。开展了检验检疫执法检查活动，提高了检验检疫执法水平。

【落实“走出去”战略，促进扩大出口取得可喜成果】 努力打破国外技术壁垒，促成国外对我国的苹果、鸭梨、饲草、活牛等出口农产品解除检验检疫禁令，我水产、肉食、罐头、果菜、陶瓷工厂等得到国外注册，开拓了新的国际市场。建立检验检疫风险预警和快速反应机制，及时发布疫情警示通知，加强重点商品的质量分析工作，开展对出口退货问题的调查。配合口岸查验改革，加快“电子报检”、“电子转单”、“电子通关”的建设，对大型出口企业实行绿色通道措施，积极实行“大通关”，为出口企业提供便捷的服务，实现检验检疫通关的“提速、增效、减负、严密监管”的功能。

积极开展原产地标记保护和利用普惠制的工作，使我国出口产品享受更多的关税减让优惠。在总结批批(逐批)检验、抽批检验、分类管理、共同检验等经验的基础上，加快检验检疫制度创新，积极研究和推广了检验监管的新模式，扩大分类管理范围，强化了对出口企业生产过程的监管，提高了把关服务水平。与地方政府密切配合，帮助建立具有一定规模管理规范的出口基地。积极支持地方政府加快农业产业结构调整，促进安全引进优良种畜禽。普遍推行政务公开，方便企业办理业务，接受社会的监督。实行了急事急办、特事特办、预约报检、上门服务、业务值班等方便外经贸企业的措施。

针对欧盟、日本、韩国等国相继对我出口动物源性食品、水产品、植物食品等采取进口限制措施和加严检验的措施的严峻形势，配合有关部门，共同与欧盟、日本等国展开针锋相对的斗争，积极进行谈判，促使欧盟等国部分或全部解除对我出口产品的禁令和限制。进一步加强了同有关国家和地区的对话与磋商，消除贸易障碍，为促进我国对外贸易稳定、顺利、持续地发展作出贡献。努力扩大国际交流与合作，先后与美、加、法、澳、韩等几十个国家举行双边会谈，签署或修改签署了10个双边检验检疫议定书、协议，提高参与国际组织活动的有效性。

【应对入世工作迈出坚实步伐】 根据入世承诺，组织了对《商检法》等法律的修改，并经九届全国人大批准颁布实施。清理了一批与形势发展不相适应,不符合 WTO 规则的行政规章。加大了行政法规的制修订力度,《认证认可监督管理条例》等 4 部行政法规纳入了国务院立法计划。颁布实施了《进口食品国外生产企业注册管理办法》等 33 部行政规章,进一步完善了质检法律法规体系。

按照 WTO 协定的要求,及时通报由总局或全国有关部门制定的 TBT、SPS 规章、标准,积极参与 WTO 召开的各种会议和谈判活动,圆满完成了国际组织对我国 WTO/TBT、WTO/SPS 的评审工作,加强了 WTO/TBT、WTO/SPS 咨询点的工作。

【全国认证认可工作的"四统一"取得实质进展】 认证市场整顿工作初战告捷。与国家工商总局等四部委联合下发了《认证机构及认证培训、咨询机构审批登记与监督管理办法》,建立起新的认证市场准入和监督制度。对认证机构、认证培训与咨询机构进行了重新登记和审批,认证工作进入依法有序发展的轨道。在积极推行强制性产品认证制度、大力整顿认证市场的同时,完成了国内认证机构认可、实验室认可和认证人员注册机构的整合工作,建立了集中统一的国家认可体系。开展了农产品认证认可工作。在全国范围内开展了实验室资源调查。大力加强了认证认可部际协调工作。成功举办了 IEC 第 66 届国际电工委员会大会,扩大和提高了我国在 IEC 中的影响和地位,与俄罗斯等国的双边、多边合作取得了实质性的进展,在国际认证认可组织中发挥了积极的作用。

【全局性的改革措施取得新的突破】 实行了检验检疫财务体制收支两条线改革。制定了直属科研单位的改革方案,技术机构和实验室改革试点取得成效,出台了检验鉴定业务改革的指导性意见,商检公司管理体制改革开始起步。一批重要的科研项目列入了国家科研计划,取得了一大批科研成果。一批科技项目取得突破性进展,技术基础工作得到了提高和加强。

【队伍和作风建设进一步加强】 认真贯彻党政领导干部选拔任用工作条例,调整了部分直属局、直属单位的领导班子,实行公开、竞争、择优的原则,推进干部人事制度改革。加强基层组织建设。进一步加大党风廉政建设力度。加强了责任考核和责任追究。加快推进行政审批制度的改革。加大了对财政资金的监管力度,对系统中少数领导干部存在的违规违纪问题做出了严肃处理。精神文明建设和行风建设取得成效,认真执行《检验检疫工作人员"十不准"》。积极组织参加地方政府组织的行风评议活动,全系统涌现出一批先进集体和先进个人,精神文明建设取得新的成效,保持和发扬了团结奋斗、昂扬向上的精神风貌。

2002 年,国家质检总局着眼于新的实践和新的发展,率领全系统广大干部职工,风雨兼程,奋力前进,把检验检疫工作推向了新的高度,开创了检验检疫工作新的局面,发挥了检验检疫工作在促进先进生产力发展、弘扬先进文化和维护广大人民群众根本利益中的应有作用,为我国改革开放和现代化建设作出了应有的贡献。

【2002 年全国检验检疫系统业务概况】 2002 年全国检验检疫系统共完成出入境货物检验检疫 942 万批、34.54 亿美元,检出不合格货物 75792 万批、46.51 亿美元,完成出入境人员卫生检疫及监测体检 127.14 万人次,发现病例 12.11 万人次;完成检疫出入境火车 49 万节,汽车 1679 万辆,轮船 45 万艘,飞机 20 万架。检疫出入境集装箱 2827 万箱,检出问题 36968 箱。完成鉴定 82.27 万批,外商投资财产鉴定 11808 批。签发检验检疫单证 1412 万份,签发普惠制原产地证 279 万份,签发一般原产地证书 80 万份。

2002年检验检疫系统业务统计表

	项目		出境	入境	出入境合计	数量单位
货物检验检疫	总量	批量	613	329	942	万批
		货值	1666	1788	3454	亿美元
	不合格	批量	12169	63623	75792	批
		货值	3.48	43.03	46.51	亿美元
卫生检疫	人员	人员监测体检			127.14	万人次
		艾滋病监测			89.64	万人次
		预防接种			125.44	万人次
		发现病例			12.11	万人次
	交通工具	火车	11	38	49	万节
		汽车	865	814	1679	万辆
		轮船	22	22	45	万艘
		飞机	10	10	20	万架
	集装箱	总量	1367	1460	2827	万标箱
		发现问题	375	36593	36968	标箱
鉴定业务	重量鉴定		8.84			万批
	运输工具适载鉴定		5.65			万批
	残损鉴定		238			批
	货载衡量及纠正运费		5			批
	出境货物包装鉴定		63.45			万批
	外商投资财产鉴定		11808			批
	其它鉴定		29529			批
签证业务	检验检疫单证	证书	172			万份
		出境通关单	678			
		入境通关单	363			
		出境换证凭单	199			
		合计	1412			
	产地证	普惠制产地证	279			
		一般产地证	80			
		合计	359			

2002年海事工作回顾

中华人民共和国交通部海事局

2002年，全国海事系统以邓小平理论和"三个代表"重要思想为指导，围绕水上交通安全监督管理中心工作，坚持依法行政、深化体制改革、狠抓两个文明建设，与时俱进，开拓创新，努力开创海事工作新局面。

【水监体制改革取得重大成果，水上交通安全监督管理一体化格局基本形成】 根据国务院决定，在部党组领导下，组织实施了水监体制改革，经过艰苦努力，先后完成辽宁等20个海事局的划转、调整、合并和112个分支机构、275个派出机构的设置以及管理职责分工、管理区域划分等工作，实行了"一水一监，一港一监"的垂直管理体制。从2001年年底开始，在沿海海事系统实行"一省一局"的管理模式的调整，截止2002年9月，完成了对辽宁、山东、江苏、福建和广东海事局的"一省一局"调整工作。至此，直属海事系统管辖水域已经覆盖了我国沿海(包括岛屿)海域和港口、对外开放水域和主要跨省、自治区、直辖市内河(长江、珠江、黑龙江)干线及港口和水域。航标管理体制改革实行了海区管理，沿海航标管理关系基本理顺。与此同时，在中央管理水域以外的内河、湖泊和水库，有关省、自治区、直辖市人民政府设立的地方海事机构已经先后挂牌，总体组建完毕。全国海事系统统一了以海事局(处)名义履行海事行政执法。

水监体制改革取得了非常明显的成效，达到了预期目的。实现了理顺关系、明确职责，统一政令、统一布局、统一监督管理；避免了机构重叠，克服了职能交叉；对提高队伍素质、规范执法行为、增强监管能力将起到长远的影响和积极的作用。

【健全执法监督机制，海事法律体系框架基本确立】 海事立法工作取得重大进展。2002年6月19日，新修订的《内河交通安全管理条例》正式出台。同年，交通部颁发了《海上滚装船舶安全监督管理规定》和修改后的《水上交通事故统计办法》；部局承担的列入2002年部一、二类立法计划的《海区航标管理办法》、《海船船员适任考试、评估和发证规则》等5个部门规章已报部等待发布，组织草拟了《船舶法》、《海上搜寻救助条例》；同时，修改《海上交通安全法》、《防治船舶污染海域管理条例》、《船舶与海上设施检验条例》等7项海事立法计划的前期工作也在积极地推进之中，年度立法计划任务总体完成。此外，还制定了海事法规体系框架和海事法规制订工作程序等规定。目前，涉及海事的法律、法规、规章、规范性文件已达800多部，海事法规体系框架基本形成。

海事局组建以来，组织推进海事系统执法监督制度落实和统一政务公开活动，试行了执法错案责任追究制度。并按照交通部的工作部署，对63项海事行政许可事项进行了全面清理，经过国务院行政审批制度改革小组的审核同意，现保留海事行政许可项目23项。

【海事监管业务全面加强，水上交通安全形势基本稳定】 针对国外海难事故和国内水上交通事故多发的情况，认真汲取烟台"11.24"特大海难事故教训，结合"水上运输安全管理年"活动，采取了一系列加大监管力度的措施。

——船舶监督管理力度明显加强。目前，共有 34 个海事局开展港口国监督检查业务。2002 年共检查外国籍船舶 2531 艘次，检查量同比增加了 46.5%；滞留外轮 147 艘次，同比增加 37.4%，形成了“重点检查，企业负责，船级社跟踪”的保持低滞留率的海事管理机制，降低中国船滞留率工作成效显著，我国国际航行船舶已连续两年在世界范围内脱离了港口国检查黑名单；2002 年中国籍船舶被滞留同比下降了 40%，巩固了“一年见成效，三年改面貌”的降滞成果。对国内海船安全检查 13731 艘次，滞留船舶 164 艘次，内河船安检 44112 艘次，滞留 145 艘次，为稳定全国水上安全形势奠定了良好的基础。还组织开展了 STCW 78/95 公约船员履约和 ISM 安全管理履约两项检查大会战，滞留外轮 90 艘，展现了中国港口国监管能力和履行国际公约能力。船舶登记工作进一步规范，对直属和地方船舶登记机关进行了清理整顿，共取消了 900 个船舶登记机关，占原登记机关总数的 80%；去年统一了执法文书和证章。同时，还规范了船舶签证和办理进出港(境)手续以及外国籍船舶临时进入我国非开放水域审批工作。

——危险品管理和防止船舶污染工作方面坚持预防为主。贯彻实施《国际海运危险货物规则》第 30 套修正案，抓紧制定有关规章，组织开展了培训工作，提高了海事执法人员和有关单位从业人员技术水平。完成了“船舶污染应急计划编写指南”的编写工作。制定并颁布了中国海上船舶应急计划及沿海重要水域的溢油应急计划，初步建立了对污染事故的应急反应机制。经过组织专题调研，与财政部等部委联合请示国务院建立我国船舶污染损害赔偿机制。

——船舶检验行业管理力度逐步加大。先后制定了《船舶检验工作管理暂行办法》等管理规定，完善了船舶检验管理制度；组建了 5 个船检管理处，明确了各级船检管理部门的职责，充实和培养了船检管理人员，初步建立了适应新形势要求的船检管理工作机制；组织了对现有验船人员的过渡考试，共有 3406 人取得了不同等级和专业类别的适任证书，验船人员的整体素质有了一定程度的提高；研究制定了适应我国船舶检验工作特点的船检机构质量体系标准，完成了船舶检验机构资质认可的试点工作；开展验船工作过错的跟踪处理和对船舶检验质量，集中检查，初步建立了船舶检验质量的监督制约机制，抑制了船舶检验质量下滑趋势。

——船员管理工作进一步规范。拟订和组织实施了一批行政和技术管理规章，建立健全了 10 个专业和特殊培训规定及 175 个考试培训大纲。积极履行国际海事组织 STCW95 公约，在海事系统各单位和各船员教育培训单位分别建立船员考试发证质量管理体系和船员培训教育质量管理体系，组织 50 多万海船船员完成了履约过渡培训、考试，加强了对我国现有 68 家船员教育和培训机构管理。建成了一批计算机考场。提高了“四客一危”船舶船员的适任标准，组织开展了重点船舶船员的特殊培训和操作性检查，促进船员保持应有适任水平。2002 年，出台了《船员违章记分管理办法(试行)》，加强了对船员跟踪管理。与荷兰、挪威及我国香港等 11 个国家和地区海事主管机关签订了船员适任证书认可协议。在继续做好内地船员培训、考试、发证的同时，还举办了 9 期 216 名台湾船员履约培训，颁发证书 332 本。

——船公司安全管理体系逐步健全。建立了 ISM 规则审核机制，审核力度逐步加大，审核质量稳步提高。截止 2002 年 7 月 1 日，我国 170 家公司的 1300 多艘国际航行船舶全部纳入 ISM 规则所规定的管理体系。在 2002 年 PSC 全面会战检查中无一中国籍船舶被滞留。2001 年组织开展了 ISM 国内化工作，出台了《国内安全管理规则》，2002 年完成了推动第一批船公司按照国内规则的要求建立并运行安全体系的工作，共有109家航运公司通过审核并取得了DOC，同时也淘汰了一批不符合安全资质要求的船公司。航运公司安全管理意识得到强化，促进了航运企业和船舶提高安全管理水平。

——通航水域逐步实现有效监管。拟订和组织实施《水上水下施工作业通航安全管理规定》、《海上航行通(警)告管理办法》、《水工建筑物碍航评价标准》等一批规章及规范性文件。实行了成山角、长江口、珠江口及琼州海峡《船舶定线制》、《船舶强制报告制》，有效规范重点水域船舶航行、停泊、作业行为。建立了海区巡航制度，落实通航水域巡航检查制度，有效监管范围逐步扩大。水上水下施工作业(含使用岸线)碍航性审核和监督检查工作得到加强，逐步延伸至对海上石油平台、光缆工程等设施与作业的监管。在对东海沉船打捞进行监管中，维护了国家主权。同时，在重点水域充分发挥了VTS、CCTV、飞机等先进技术手段的作用，推行与现场巡逻船舶有机配合的动态管理、立体监管办法，重点水域监管与服务水平逐步提高。合理划定一批航道(路)、禁航区、交通管制区、港外锚地和安全作业区等交通水域，确保了航运经济可持续发展。整顿碍航养殖、捕捞和非法采砂，通航环境逐步改善。重视全国水上交通季节性安全管理和防范工作，非水网地区航行秩序有所改善。

——水上搜救组织协调能力逐步提高。2001年6月开通使用中国船舶报告中心，2002年11月通过了竣工验收，开始发挥作用。目前该系统已经有1000余艘船舶加入，并存储了2000余艘船舶的静态信息。全国主要港口城市都开通了统一的水上遇险求救电话“12395”。成功举行了“2002年上海海上综合演习”。

2002年有效完成了对天津港锚地油轮重大污染、深圳大鹏湾外海域液化气船重大火灾事故、大连“飞云岭”木材船沉没、“梧桐山”客滚船着火事故等一系列重特大水上事故和险情搜救的指挥协调工作。在参与搜寻救助空军飞行员王伟同志，特别是在“5.7”空难中，第一时间反应，及时组织、协调搜救力量出色地完成了搜救任务，受到党和国家有关领导及当地政府表彰。

——海事调查水平逐步提高。颁布实施了海事调查、统计、事故报告方面的规则和规范性文件。明确了各级海事机构事故调查权限，建立了事故调查结果公开制度。组织或参与多起重特大水上交通事故调查处理工作，提高了海事调查规范化程度和影响力。

——坚持开展专项整治，整顿效果明显。坚持组织开展“安全生产周”和“反三违月”活动。并按照部党组要求，组织协调了连续3年的“水上运输安全管理年”活动。在大力宣传水上交通安全法律、法规的基础上，按照长效管理与专项整治相结合、突出专项整治的工作思路，以“四区一线”为重点地区、以“四客一危”为重点船舶、以年节假日等水上交通繁忙时间为重点时段，组织实施了一系列专项整治。严厉打击了“三无”船舶、非客运船舶非法载客和船舶超载现象，重点督促县乡政府落实乡镇船舶安全管理责任制，坚持促进航运公司健全安全管理新机制，增强了行政管理相对人的法制观念，提高了群众的安全意识，解决了一批水上交通安全管理的重点、难点和热点问题。有力地促进“水上运输安全管理年”活动实现了“四个明显一个确保”预期目标。据统计，2002年全国水上交通事故四项指标两升两降，共发生事故734.5件，与2001年同比上升14%；死亡463人，同比下降6%；沉船384艘，同比上升32%；经济损失16135万元，同比下降2%。

【航海保障能力和服务质量明显提高】 发挥海区航标、测绘和VTS专项项目和“三项”项目资金优势，引进先进设备，推广先进技术，利用卫星定位、无线电遥测遥控、低能耗光源、太阳能电池和多波束等现代科技手段，航海保障能力和服务质量显著提高。2002年，航标正常率、维护正常率和信号可用率均高于部颁标准。航标、海测应急反应能力明显增强，在“5.7”空难等重特大事故中多次成功地完成了准确扫测定位和应急布标等任务。

航标管理实现了“使沿海航标亮起来”的预期目标。沿海20个无线电指向标差分全球定位系统(RBN/DGPS)台站已全部建立，覆盖了沿海200海里以内海域及港口水域，提供高精度定位服务。建成了珠江口航标遥测遥控系统一期工程。

各海测大队按照ISO9000标准建立健全质量管理体系并先后完成了换版工作，保持了体系的符合性和运行的有效性，测绘质量和服务水平明显提高。初步建成中国海事电子海图中心，2002年制作电子海图120幅。成功举办了“2002年中国海事测绘论坛”，扩大了海事测绘工作的影响。

【基本建设力度加大，基础设施明显改善】 直属海事系统基本建设明显加强。2002年，大连、厦门VTS工程完成安装；上海VTS一期改扩建、南通VTS改造、广州VTS一期完善工程和深圳东部VTS顺利启动。目前，我国主要港口和重要通航水域已建成VTS中心站18个、雷达站50个。

海事系统信息化工作全面铺开。水监信息系统一期工程建设已完成内部验收，建成了覆盖全国的海事主干信息网络，实现了部局与各直属局之间的信息沟通；开发了一批海事监管业务和办公、保障系统应用软件；海船船员考试题库等数据库初步建成。海事监管、服务的基础设施得到改善，监管能力和手段得到加强。

【强化规章制度建设，综合管理更加规范】 直属海事系统综合管理逐步规范，建立决策机制，确保政令畅通；在坚持局长负责制的同时，完善工作制度，促进两个文明协调发展，保证了海事系统内部运转总体协调。结合海事业务职责分工，推行了目标管理和量化考核办法，有效促进了工作落实。在组织人事、宣传教育、财务审计、计划基建、政务管理、行风建设、廉政建设等方面制定实施了一批规章制度和管理规定。档案管理达标升级工作也取得较好成绩。

认真做好各项财政改革的落实工作。以改革和加强内部财务管理为核心，努力构建与国家公共财政框架体系相适应的海事财务会计管理体制。认真贯彻落实《会计法》，强化了会计基础规范化工作，实行了会计电算化；加强了年度预算编制管理，顺利完成了划转机构财务交接，整顿了系统银行帐户；组织实施了政府采购试点，深化“收支两条线”管理，加大了费收征管和依法征管的工作力度，确保规费应征不漏，规费收入持续大幅增长，为海事发展提供了经费保障。加强了国有资产管理，严格控制经费支出，为海事系统业务正常开展和进一步发展打下基础。开展了财务收支审计、专项审计、工程项目审计、领导干部离任经济责任审计等工作，纠正一批违纪违规行为，节约了建设资金，堵塞了费收和支出漏洞，发挥了审计工作监督作用。清理整顿“三产”，“三产”经营和分配逐步规范。

【队伍建设目标稳步推进，文明行业创建活动层层深入】 调整人员结构，深化人事制度改革。从1999年开始，陆续在直属局和一些基层单位进行了以执法人员考任制、其他人员聘用制为主要内容的干部人事制度改革试点。在认真总结试点工作的基础上，研究制订了实施考任制工作指导意见和《考试大纲》，从2002年开始，全面启动了以执法人员考任制为主要内容的直属海事系统干部人事制度改革。与此同时，实施了海事系统人才工程和执法人员大专文化层次培训，全国海事系统在学人数共2041人，第一批已经陆续毕业。促进了队伍结构调整和队伍总体素质的增强。航标、测绘、通信、后勤服务等机构的改革正逐步展开。2002年，组织实施了执法人员《海事基础》考试，合格6907人，占执法人员数的97.4%。目前，直属海事系统执法人员数占人员总数比例由2001年的37.2%上升到2002年的40%；具有中、高级技术职称人员比例也由2001年的23%上升到25%;45岁以下专业技术人员比例明显提高;直属海事系统人才培养工程中的三个层次的选拔工作正在进行中。

建立健全监督制约机制,端正行业风气。推行政务公开,建立健全了海事行政审批工作程序和流程图。重点加大了对各级领导干部和重要部门、岗位的监督,加强了海事执法、计划基建、财务管理等方面廉政制度建设,实行了行政执法责任制和责任追究制。公开接受投诉,认真开展行政复议,积极应对行政诉讼,近年来行政投诉有效率明显减少,行政复议和行政诉讼数量保持平稳。及时查处违法违纪案件,直属海事系统两级班子和领导干部廉洁从政意识明显增强,2002年没有发现两级班子新的不廉洁问题。

围绕中心工作,贯彻落实交通部和全国海事系统创建文明行业会议要求,以加强职业道德建设、规范执法行为、树立行业新风为重点,以建设海事行政执法素质形象工程为载体,创建文明达标单位、规范执法示范窗口建设活动不断深化。日前,上海海事局、江苏省地方海事局被中央文明委命名为"全国创建文明行业工作先进单位",广西贵港海事局被命名为"全国精神文明建设工作先进单位"。至此,连同江苏张家港海事局,海事系统已有国家级文明单位4个,108个单位被交通部命名为"全国海事系统文明达标单位",74个单位被命名为"全国海事系统文明执法示范窗口"。还涌现出一大批在全国、交通系统、海事系统或地方获得"劳动模范"、"五一"劳动奖章、"青年岗位能手"、"巾帼建功标兵"和"先进工作者"等称号的先进人物和先进集体。

【注重国际交流合作,国际地位明显提升】 积极参与国际海事活动,扩大国际交流范围。2002年,海事系统参加了IMO、IALA、IHO和其他国际组织的各种会议和活动,并成功承办了亚太地区海事首脑论坛、第四次亚洲地区海事调查官会议、国际压载水大会、IHO第十四次CHRIS(海道测量需求信息系统委员会)会议、第11次FERNS(远东无线电导航协作理事会)会议和IMO地区性ISM培训班、国际海上溢油应急反应培训班;参与了西北太区域海洋污染防备反应与合作,基本完成了"区域海洋污染应急计划"和谅解备忘录(MOU)。在履行STCW公约方面,顺利进入国际海事组织(IMO)STCW"白名单"。在打击海盗和海上划界等方面,与有关国际组织和政府进行了有效的合作。在东亚海道测量委员会(EAHC)第七届大会上,我国当选为EAHC主席国,在IALA第15届大会上,我国又被推举为国际航标协会理事会副主席。

2002年口岸规划工作回顾

中华人民共和国海关总署口岸规划办公室

一、编制上报了《国家"十五"口岸发展规划》、研究制定2002年年度口岸开放计划

向国务院上报的《国家"十五"口岸发展规划》,经国务院朱　基总理等六位领导批准同意后,已转发全国各省、自治区、直辖市按照执行。根据《"十五"口岸发展规划》编制了2002年的年度口岸开放计划,

经商中央有关部委同意下发全国各省按照执行。列入2002年新开口岸计划的共3个,列入扩大开放口岸计划的共11个。

海关总署党组开会听取了关于组织实施国家“十五”口岸发展规划及口岸工作有关情况的汇报。

二、清理编制《国家“十五”口岸发展规划》前后有关省市上报的开放件

编制《国家“十五”口岸发展规划》前后,全国有关省市上报申请开放、扩大开放口岸共110个(其中新开54个,扩大开放56个)。除经国家15个部委讨论并经国务院领导同意列入“十五”口岸发展规划的43个项目(新开17个,扩大开放26个)外,其余的申报项目只能暂缓考虑。凡按程序正式向国务院申请批准开放但未列入“十五”规划的项目,将在报国务院同意后正式函复有关省、自治区、直辖市。

三、开展口岸布局调整工作

根据国务委员吴仪同志的批示,会同广东省政府和公安部、交通部、质检总局、台办等有关部门,共同对粤东地区进行了口岸码头开放的清理整顿工作,已拟文专题向国务院报告。海关总署领导对清理整顿工作非常重视,批示“这次清理整顿态度要坚决,力度要大”,“要通过这次清理,不仅要真正关闭一批,整顿规范一批,而且要为今后口岸开放的规范化管理提供实践经验和依据”。《国家“十五”口岸发展规划》中把推进现有口岸布局作为一项重要任务提出并已得到国务院认可,口岸规划办将根据粤东地区口岸码头清理整顿经验,在充分征求各有关部门及地方人民政府意见的基础上,对全国已开放的口岸进行布局调整。

四、口岸开放范围的划定和老口岸开放范围内新建码头启用

国务院对一个口岸的同一开放范围只作一次批复。对已开放港口口岸范围内新建的外贸作业区或码头的启用,必须在具备查验和监管条件的前提下,由省(自治区、直辖市)政府口岸主管部门牵头,会同口岸有关单位对新建作业区或码头的生产、安全、查验和监管条件验收合格后,报省(自治区、直辖市)人民政府批准启用,同时报海关总署备案。由于历史原因,有些老口岸的开放水域至今未划定,直接影响查验单位对监管范围的界定。对未划定水域和陆域的已开放水运口岸,准备请有关省(区)、市口岸主管部门会同有关单位,摸清情况,逐个提出界定意见,口岸规划办商有关部门取得一致意见后报国务院批准。经商有关部委起草了一个报国务院的原则意见和实施办法,正在有关部委会签中。

五、做好清理整顿二类口岸的后续工作

根据《国务院关于清理整顿二类口岸的通知》(国函[1998]74号),并结合《国家“十五”口岸开放规划》,逐步对清理整顿后二类口岸遗留问题进行了处理。年内对粤东地区口岸清理整顿工作中涉及到的二类口岸,就是按照上述文件精神办理的。对二类口岸的后续处理工作将结合新开、扩大开放口岸进行。

六、口岸联络协调机制工作

口岸规划办二处设置前,根据国务院办公厅《关于进一步提高口岸工作效率的通知》(国办发明电[2001]38号),组织召开了两次口岸联络协调机制成员单位参加的会议,参与由海关总署等八部委联合在上海召开的、吴仪国务委员参加的口岸“大通关”现场会议的筹备工作。到福州、厦门、深圳等地进行了现场调研。联系全国各省、直辖市、自治区和中央有关部委,了解落实“大通关”工作情况和进展,即时向国务院报告并通报有关部委和地方政府。编报了7期“口岸简讯”材料。

七、办理口岸开放、扩大开放和临时审批工作

共审理黄骅港、延吉机场、黑河边境、长白边境、龙邦边境等新开口岸5件；审理海口美兰机场、太原机场、南昌机场、贵阳机场、深圳盐田港危险品港区、海口港马村港区、宁波港大榭港区、舟山港马迹山港区、福清松下港江阴港区、蓬莱港栾家口港区、吉木乃边境等扩大开放口岸11件；审理龙口港、秦皇岛港、上海外高桥、唐山港、上海港(船厂、港机)、广州新白云机场、罗湖皇岗口岸延关等增加编制7件。

其中报国务院已批复的有：黄骅港(新开)、海口美兰航空口岸(扩大开放)、宁波港大榭港区(扩大开放)、新疆吉木乃(扩大开放)、唐山港口岸(增编)、上海船厂、港机(增编)皇岗、罗湖延关(增编)等共5件。

审批了临时国际客、货运包机经佳木斯、齐齐哈尔、延吉、丹东、喀什、兰州、郑州、太原、石家庄、合肥、杭州、宁波、普陀山、南昌、贵阳、海口机场临时出入境问题和额布都格、老爷庙、珠恩嘎达布其等季节性口岸临时开放43件；还函复交通部海事局审批临时开放水运口岸征求意见函32批次。

八、组织口岸调研

国家计委批准建设规模达220亿元的广州花都新白云机场将于2003年10月正式建成启用。新机场的客、货通过能力将比现机场有较大增长，出入境查验场地和设施、查验机构编制等相关问题急需解决；中蒙边境口岸协定签订近十年，有不少问题需与对方谈判加以调整。为了解现场实际情况，组织中编办、公安部、质检总局有关部门对新白云机场和中蒙边境口岸进行了调研；组织署内监管司、人教司赴上海对洋山港有关问题进行了调研。

九、参加涉外活动

组织有关部委，赴莫斯科参加中俄总理定期会晤委员会运输分委会口岸工作组第五次会议口岸组会谈，以及对双方部分口岸和中俄边境互市贸易区进行联合调研；参加办公厅领导带队到新加坡的WTO学习、考察。

十、办理人大政协提案(19件)

全年共办理第九届人大第五次会议提案11件，第九届政协第五次会议提案8件；应全国政协外事委员会要求，向外委会田曾佩主任等领导同志介绍内蒙边境口岸有关情况(外委会组织调研前了解情况)。

十一、特别交办工作

办理国务院和署领导特别交办工作3件：准备关于组织实施国家"十五"口岸发展规划及口岸工作有关情况的汇报材料；专题向国务院和署领导报告山东省和黑龙江省要求对外开放威海机场和黑河机场问题。这两个机场由于布局、腹地和效益等原因，在编制"十五"口岸发展规划时，14个部委共同研究时没有同意，但地方一再强调自己的理由，并向署领导和国务院领导反映。经再次征求有关部门意见后，向国务院领导写了专题报告。

十二、组织口岸验收

组织公安部、质检总局、铁道部、民航总局等有关部门对郑州铁路口岸和郑州航空口岸进行了对外开放前准备工作的验收。

附件

大通关工作情况

一、“大通关”组织推动工作不断深入

为推动“大通关”工作的深入开展，口岸联络协调机制联合调查组赴上海，考察该市大通关的基本做法，并对上海的成功经验向国务院作了专门报告。2002年5月22日至23日，经国务院批准，在上海召开了“提高口岸工作效率现场会”，12个省、自治区、直辖市、7个重点口岸和国务院有关部门的负责同志参加了会议。上海市政府作了提高口岸工作效率的汇报演示，国务院7个部门和有关省、市作了重点发言，吴仪国务委员出席会议并作重要讲话。上海会议的召开，使“大通关”工作得到进一步推动，标志着全国“大通关”工作进入了一个新阶段。

上海“提高口岸工作效率现场会”召开以后，大通关工作迅速深入人心，全国各地、各部门纷纷召开大通关会议，推出大通关措施，如2002年10月在绥芬河召开的全国铁路口岸大通关现场会等，均在各自系统、各地区形成了广泛、持久、深入的影响，并进而影响和带动了全国大通关建设向前发展。海关总署作为联络协调机制牵头单位，起草了《关于贯彻落实“提高口岸工作效率现场会”情况的报告》（署厅发[2002]244号），就各地、各部门贯彻落实上海会议的有关情况及时向国务院进行了汇报，开展了对上海、广州、深圳、满洲里等重点口岸的一系列联合调研，了解和掌握了一些好的做法和在口岸工作中存在的一些问题。

二、“大通关”基础建设和制度创新取得新突破

一是在全国范围内建立了大通关长效机制。各地普遍采取政府牵头、逐级负责的模式，其中由省、市主管领导担任协调机制负责人的占90%以上。一些跨省市的横向联动模式也开始出现，比如上海与苏州、宁波与金华、重庆与凭祥等，两地互助合作，共同签订口岸大通关协议，成立联合工作组。二是加大了口岸基础设施建设。如铁道部投资25亿元对四大口岸和相关后方铁路通道进行扩能改造，投资6500万元兴建满洲里铁路联检大楼等。三是联检部门加快了通关监管模式改革。如海关在广东试行了“一次审批、分别报关、自动对碰、重点检查”的深加工结转监管新模式，并逐步进行了推广。质检总局加快检验检疫制度的革新，针对不同企业，建立了逐批检验、型式试验、抽批检验、过程检验、质量管理体系监督相结合的新型监管模式，同时还进行了“绿色通道”制度的试点工作，使一批大规模企业、高新技术企业和诚信度高的企业充分享受优惠便捷的通关措施。四是充分动用科技手段加速通关建设。如边防检查机关为任务较重的边防检查站更新、装备了查验和监控系统，并为各口岸旅客检查通道配备了OCR机读设备，既节省了大量时间，又提高了工作质量。

三、信息化建设步伐明显加快，口岸相关部门合作的范围日益广泛深入

铁路和海关两家联合实施铁路口岸信息平台建设项目已在满洲里口岸投入使用；海关正全力进行“口岸电子执法系统”、H2000通关作业系统以及EDI无纸通关试点等一系列信息化建设的开发和推广工作。质检总局加快推广“三电”工程，投资4000万元建立了新的电子业务平台，增强电子申报、转单和通关三项功能，并且与口岸港务部门实现了信息资源共享，开发应用了电子申报快速查验系统。商务部正抓紧制订《中华人民共和国电子签章条例（草案）》，并巩固和完善了与海关总署的联网核查成果，就许

可证签发、数据传输及通关反馈等问题达成广泛共识。

为配合上海市大通关工作，应该市政府要求，民航总局从2002年10月起将原在上海虹桥机场起降的全部国际和港澳地区航班及部分国内航班东移至浦东机场起降。为配合落实中央政府与香港特区政府签订的《内地与香港关于建立更紧密经贸关系的安排》，有关联检单位及铁路部门密切配合，使京九、沪九列车的出入境手续改在始发、终点站办理即将成为现实。此外，在一些重点口岸，海关和检验检疫部门通过协商采取共用查验平台、共同开启车门和集装箱门，共同查验的办法，有效解决了货运通关时间过长的问题。

四、国内各重点口岸通关效率大幅提升

据对部分重点口岸的调查显示，2002年国内各重点口岸通关效率和业务量均有明显提升。如北京市自启动"大通关"工程后，首都机场进出口货物通关提发货平均时间由原来一周左右缩短至十几个小时。一些担保验放、鲜活等应急货物，进口通关平均只用4—8小时，出口通关平均仅为2—3小时；宁波口岸货运通关平均时间由2001年90小时缩短至2002年的53小时；广州口岸货运通关平均时间由2001年的84小时缩短至2002年的50小时左右；深圳市陆路口岸80%的车辆均可在1小时内通过深港两地双方查验关口，其中非查验车辆单车通关时间均在40分钟以内；满洲里铁路口岸站的俄罗斯进境货运列车在站停留时间由2001年的3.3天缩短为2.3天。通过与目前所掌握的国外资料比较，日本的海运货物平均通关时间为73.8小时，空运货物平均通关时间为25.7小时，而我国8大海港的货运平均通关时间为48—60小时，3大空港的货运平均通关时间为12—24小时，均已超过日本的平均通关水平。

第二篇

各省、自治区、直辖市
口岸运行情况

北京市

图 例

- 省级行政中心
- 口岸
- 铁路口岸
- 航空口岸
- 公路口岸
- 海（河）运口岸

北京口岸工作综述

【全面启动“大通关”工程】 按照国务院明传电报38号文的要求和上海“大通关”现场会精神，及时组建了以张茅副市长任组长、丁向阳副秘书长任常务副组长，市外经贸委、市口岸办、民航华北管理局、北京海关和北京出入境检验检疫局领导任副组长，包括北京市和中央单位在内的20多个部门领导参加的“北京市口岸工作领导小组”。办公室设在市政府口岸办，由市口岸办正、副主任和市外经贸委副主任任办公室正、副主任。建立了领导小组议事规则和运作办法及由处级干部组成的联络制度。

召开领导小组会，提出了《关于做好当前“大通关”工作的几点意见》对年内要完成重点工作事项作了分解，落实了责任，明确了时限要求。为摸清影响口岸通关的环节、流程、障碍因素和服务状况，组织联合调研，逐票全程跟踪、电脑抽票统计、实地现场考察、座谈研讨和直接到兄弟省市口岸学习等方式，针对空运进出口货运通关时间及通关费用进行认真分析研究，找出了影响通关效率的主要原因，及时提出了进一步改进通关环境的措施和解决意见。由于各相关单位高度重视，克服多种困难，采取一系列富有成效的措施，坚持边调研、边改进、边提高，在办公室的督促检查、通报交流和会商协调下，仅仅半年时间就使通关效率出口基本上达到了上海现有水平。

【朝阳口岸与天津海港直通】 进一步加强了北京与天津两市口岸密切合作，两市口岸领导小组办公室以积极务实的工作，经过多方研究洽商，在北京朝阳口岸举办了“北京朝阳口岸与天津海港直通暨北京朝阳口岸集装箱中转站启动仪式”，两市口岸办、海关、检验检疫局和口岸运营主体共八家单位会签了直通协议书，将天津海港功能延伸到了北京，结束了北京没有自己出海口的历史，为促进两市口岸建设和经贸发展，推动建设环渤海经济圈做出贡献，同时也为探索内陆口岸与沿边口岸直通合作模式提供了经验。

【丰台货运口岸业务综合楼竣工】 北京丰台货运口岸业务综合楼建设项目，总站地面积2052.11平方米，总建筑面积4577.38平方米，地上五层，地下一层。该工程总投资约为1920万元，当年完成了工程招投标和各种审批程序手续，年初开工、年底竣工并通过验收。

【北京朝阳口岸H986项目通过验收】 市政府采取特事特办原则，批准实施北京朝阳口岸H986大型集装箱检测设备配套工程，以最快的速度，完成了规划立项、投资施工等一系列必经程序，在短期内竣工并且通过验收。

【北京口岸管理办法立项】 为加强口岸管理的法制化、规范化建设，借鉴外省、市的宝贵经验，在市领导和有关单位、部门的支持下，市口岸办会同市政府法制办深入开展调查研究，积极起草制定《北京口岸管理办法》。已按立法程序，通过了论证和立项审批，规章文本正在起草。

【北京首都机场口岸反偷渡反走私工作的力度进一步加大】 由北京市口岸办牵头组织的首都机场空港口岸反偷渡反走私工作不断加大力度，通过召开领导小组会议、表彰动员会和工作骨干培训及日常监管、查处工作，“双反”工作水平有了新的提高。主要是：建立“双反”工作奖励基金和群众举报制度；明显增强了首都机场口岸各单位领导和工作骨干的共识与自觉性，形成了群防群治、打防结合的工作网络；制定并落实各项规章制度，进一步加强了控制区监管和对内部人员参与偷渡、走私活动的查处；有效封查了“法轮功”组织偷渡到境外搞破坏、闹事的阴谋活动，重拳打击幕后“蛇头”与团伙犯罪，维护了国家和首都的形象、利益。

【深入推进精神文明建设和社会治安综合治理工作的开展】 首都机场地区对获得“首都文明单位标兵”、“首都文明单位”、“首都机场地区文明单位”的单位和“十佳文明岗台”“十佳服务标兵”以及社会治安综合治理工作的安全单位、先进个人予以表彰，有力地激发了口岸各单位和广大员工做文明北京人，创一流文明窗口的热情。

以服务于国际大型会议、大型活动和迎接党的十六大召开为契机，以规范化服务标准和建设文明机场标准为准则，定期联合检查，组织开展了地区基本道德规范教育，圆满地完成了公民道德建设宣传周和百城万店无假货活动，影响机场文明形象的重点难点问题有所突破。组织了地区精神文明建设知识测验，推动了地区整治市容市貌和纠正不文明行为的好转。围绕十六大的迎送工作，完成了地区政治宣传环境布置工作。大大加强了机场地区精神文明建设和社会治安综合治理的力度，提高了创建水平，取得了明显成果。

【北京口岸协会工作步入正轨】 在清理整顿的基础上，召开了北京口岸协会第二次会员代表大会。选举产生了理事会、常务理事会和张茅副市长任名誉会长、吴依孚同志任会长的新一届组织领导机构，通过了新的北京口岸协会章程，进一步明确了协会的目标任务和职能作用。

开展了一些公关联络、服务开发、物业管理和广告宣传工作，组织召开了信息宣传工作会议，建立了信息宣传工作网络和信息工作制度，为发挥桥梁、纽带、基地作用创造了条件。

2002年北京口岸运行情况统计表

	2002年累计	2001年累计	同比增长(%)
一、首都机场			
1、旅客吞吐量(万人次)2715.96	2417.67	12.34	
2、进出境旅客吞吐量(万人次)	793.77	685.61	15.78
3、外籍人员进出境(万人次)	452.99	390.61	15.97
4、货邮运量(万吨)	88.61	81.1	9.26
5、飞机起降(架次)	242338	221850	9.24
6、进出境飞机起降(架次)	54434	48769	11.62
7、海关监管空运货物(万吨)	15.09	18.93	−20.29
8、海关征收税费(亿元)	91.12	108.82	−16.27
二、丰台口岸			
1、进出口货运量(万吨)	2.82	2.22	27.03
2、海关监管量(万吨)	2.42	4.87	−50.31
3、海关征收税费(亿元)	0.43	0.49	−12.24
三、朝阳口岸			
1、进出口货运量(标箱)	26682	23462	13.72
2、海关监管量(标箱)	33360	37946	−12.09
3、海关监管量(万吨)	36.85	34.15	7.91
4、海关征收税费(亿元)	23.72	22.09	7.38

北京市2002年进出口情况

2002年地方企业累计进出口贸易总额为140.42亿美元,同比增长4.8%。其中出口58.99亿美元,同比增长21.1%;进口81.43亿美元,同比下降4.5%。

地方企业出口进度情况表

单位:亿美元

月份	2001年出口进度		2002年出口进度	
	累计出口（同比增减%）	月出口（同比增减%）	累计出口（同比增减%）	月出口（同比增减%）
1月	3.28(26.6%)	3.28(26.6%)	4.05(23.3%)	4.05(23.3%)
2月	7.33(45.4%)	4.04(65.3%)	7.78(6.2%)	3.73(−7.7%)
3月	11.71(33.9%)	4.39(18.4%)	12.34(5.4%)	4.56(4.0%)
4月	15.90(31.7%)	4.18(25.8%)	16.39(3.1%)	4.04(−3.4%)
5月	19.64(26.8%)	3.74(9.6%)	19.79(0.8%)	3.4(−9.1%)
6月	23.25(15.3%)	3.61(−22.7%)	24.33(4.6%)	4.55(25.8%)
7月	27.99(15.1%)	4.74(14.1%)	29.37(4.9%)	5.04(6.4%)
8月	32.16(8.4%)	4.17(−22.1%)	35.16(9.3%)	5.79(38.8%)
9月	36.45(7.1%)	4.29(−2.1%)	40.61(11.4%)	5.45(26.9%)
10月	40.45(5.9%)	3.99(−4.0%)	45.99(13.7%)	5.39(34.9%)
11月	44.47(6.0%)	4.02(7.1%)	52.76(18.7%)	6.77(68.4%)
12月	48.73(5.3%)	4.26(−1%)	58.99(21.1%)	6.23(46.2%)

北京地区内企业累计进出口总值为525.1亿美元，比上年增长2%(2001年增长3.9%)。出口首次突破120亿美元，达到126.1亿美元，比上年增长7.2%(2001年下降1.5%)，出口总额连续4年保持全国第7位。累计进口398.9亿美元，比上年增长0.4 %(2001年增长5.6%)。

北京口岸查验单位工作综述

北京海关

【综　述】2002年，北京海关共监管进出境货物154万吨，进出口商品总值176亿美元；备案加工贸易手册8281本、金额96.5亿美元，核销手册8379份；验放进出境旅客831万人次，飞机5.23万架次，印刷品3538万件，快递物品440万件。

【征收关税】 2002年，受主要税源商品税率大幅下调、征税进口货值增长空间有限、新的税源增长点亮点不多等不利因素影响，关税征收工作形势严峻。面对挑战，全关上下“一盘棋”，各部门相互配合，齐心协力，沉着应对。一是加强综合治税，实行税源分片管理、积极开展税源调研、努力扩大税基；二是改善服务质量，切实保障税源大户通关便利，提高通关效率；三是继续完善“四位一体”的审价模式，积极开展价格监控，实施税收分析监控和预警；四是加大清缴欠税工作力度，全年实现清欠4500万元；五是提高审单、审价、归类、减免税、查验、加工贸易监管等各环节的征管质量。全年实现税收入库124.74亿元，超额完成107亿的税收任务。

【海关监管】 北京海关在监管工作中充分运用风险分析方法，调整监管一线战略布局，规范了业务流程；开展了监管制度落实、通关作业流程、转关监管、查验管理等方面执法大检查，全面加强了对进出口货物的实际监管。

积极推动“大通关”改革。成立了由“一把手”牵头的“大通关”工作领导小组和“大通关”工作小组，为实施海关通关作业改革确立了强有力的组织保障。工作小组根据进出口货物的通关流程，采取了走访、随机抽样、逐票跟踪的方式，对通关各个环节的情况进行了全面调研。在认真分析口岸通关现状、问题的基础上，我关采取了一系列提高通关效率的措施，同时向市委、市政府提出了口岸通关改革报告。

进一步落实各类便捷通关措施。围绕2002年出台的《北京海关支持首都经济发展十项措施》的贯彻落实，对有条件的企业采用“两个提前”、“四个预先”、“一个放开”等管理措施，有效的降低了企业通关成本，方便了企业通关。目前在首都机场可享受各类便捷措施的通关货物已占口岸进出口清关货物总量的11%左右。便捷通关措施实施一年来，我关已审批适用便捷通关措施企业46家，其中在全国范围适用便捷通关措施的企业11家，在北京关区适用便捷通关措施的企业35家；办理担保验放等各类便捷通关手续近3万件，进出口总值57亿美元，分别占北京地方企业进口总值的72%，出口总值的40.2%。

北京朝阳口岸直通步伐明显加快，口岸功能进一步提升。10月正式启动北京朝阳口岸集装箱中转站，实现了京津跨关区物流快速通关。

【打击走私】 加快调查、侦查职能调整，完善协调配合机制，充分运用行政执法、刑事执法手段，以反价格瞒骗为重点，以风险分析为依托，开展市场调研，对重点商品实施布控，进行专项斗争，集中力量打击和防范货运、加工贸易、旅检、行邮、快件等渠道走私违法行为，维护了首都政治、经济稳定。全年共查获走私案件53起，案值28365万元；查获违规案件643起，案值22513万元；罚没收入入库4087.6万元；查获淫秽色情物品2564件；在查缉“法轮功”及其他非法政治性出版物方面取得了突出成绩，查获非法出版物483892件；查获濒危动植物及其制品728件；查获文物782件；查获枪支弹药3件、管制刀具30把、仿真武器等7件；查获毒品2119.97克；抓获走私犯罪嫌疑人34人。

【海关统计】 下大气力抓好基础数据管理，进一步提高了统计数据质量。积极开展专项执法评估，发挥统计分析和统计监督作用，不断加强服务经济的实效性。完成《统计监督信息》15篇；建立了《海关统计专报》载体；摘编呈报要情10余篇；完成执法评估报告3篇；完成统计分析文章46篇。其中朱总理批示1篇，吴仪国务委员批示2篇，北京市长刘淇等批示3篇，中办国办采用7篇次，总署呈报要情采用14篇次，为领导决策提供了科学依据。

北京海关 2002 年主要工作量统计表

统计类别		数量	单位
进出口货物总重量		154	万吨
其中:进口货物		109	万吨
出口货物		45	万吨
监管集装箱	标准箱总数量	35596	箱次
	箱载货物重量	33	万吨
进出境飞机		52318	架次
进出境人员		831	万人次
非贸易性邮递物品		237	万件
其中:监管印刷品		3538	万件
征收税款总金额		124.74	亿元
其中:关税税款		25.65	亿元
代征税款		99.09	亿元
减免关税		101578.59	万元
减免代征税		322241.19	万元
查获走私案件		53	起
查获走私案值		28365	万元
查获违规案件		643	起
查获违规案值		22513	万元
实际罚没收入		4087.6	万元

北京出入境边防检查总站

2002 年,北京出入境边防检查总站以邓小平理论和“三个代表”重要思想为指导,认真贯彻落实全国公安出入境管理工作会议精神,结合实际,积极推行了一系列改革措施,圆满完成了以边防检查为中心的各项任务,为维护国家政治稳定和社会安定,服务于改革开放和经济建设,服务于中外出入境作出了新的贡献。全年共检查出入境人员 7,892,195 人次,同比增长 15.85%;出入境航班 42,088 架次,同比增长 35.29%。

【明确任务特点要求,深入开展调查研究】 根据北京口岸政治斗争尖锐,维护国家政治稳定和社会安定任务艰巨,重大活动的安全保卫任务多,查堵工作任务重,旅客流量大,敏感程度高的特点,按照以改革适应变化,以改革求得发展的思路,在如何挖掘内部潜力,增加整体效能,提高工作效率和质量;如何提高查控工作准确性及更有效地打击偷渡活动;如何为中外出入境旅客提供服务上下功夫,不断推进总站业务建设水平。总站先后派出考察组，分赴上海、厦门、深圳、珠海、广州总站，学习先进经验，指导各项基础业务工作。进一步增强北京、上海、广州三总站空港检查合作机制，在去年三总站联席会议的基础上，与上海、广州建立了信息核查通报制度，加强了业务交流。制定了调研工作制度，围绕边检中心工作深入开展调研，用调查研究的成果来为改革提供思路，论证改革方案，分析改革成效，在加强理论对实践的指导方面取得了积极进步。

【加大改革力度，提高工作效率】 在部局的支持下，经反复酝酿和充分调研论证，按照“查处分离”的原则，组建了核审检查队，统管总站一线行政处罚、证件鉴别和案件审理工作，集中对各项执勤数据、资料进行定量分析。“查处分离”的实施，进一步理顺了勤务组织体系，提高了处理问题的时效性、权威性和准确性，加快了总站执勤工作专业化、规范化、法制化进程。针对勤务工作中旅客大量增加，客流出入境高峰期警力不足、检查员上台时间过长，易疲劳的情况，总站在努力提高检查员业务素质的同时，通过对出入境客流高峰规律的研究，在多次征求检查员的意见后，调整了现有的执勤倒班方式，将一班四倒制改为二班四倒制，增加了客流高峰期检查人员的绝对数量，缓解了检查员的疲劳状况，提高了验放速度和质量，解决了交接班时间和航班密集期旅客排长队的矛盾。

【内合外联，把反偷渡斗争引向深入】 认真贯彻落实全国反偷渡工作会议精神，积极配合全国范围的打击偷渡专项斗争，加大反偷渡工作力度，重点打击了中国公民偷渡和外国人转道我国偷渡第三国的非法活动。工作中，强化边检机关职能，充分发挥 EDISON 识别系统、DOCUCENTER3000 文检仪的作用，重视高科技手段在工作中的应用；加大培训力度，利用典型案例、证件实物及自行开发的科研成果加强对一线检查员的培训，提高检查员对伪假护照证件的识别能力；发挥调研、审查专门机构功能，做好案件审理和情报调研工作。依照公安部反偷渡工作的总体部署，结合北京空港口岸特点，积极开展了以抓蛇头、打团伙为重点的反偷渡专项行动，狠狠打击了偷渡分子的气焰。

在整合内部反偷渡工作的同时，积极加强与外埠的工作联系。与口岸有关单位建立了协作关系，与北京、吉林、福建等省市公安机关建立了移交案件、通报线索制度。加大了与国外移民组织的联系，先后与蒙古、朝鲜边防机关建立了工作联系制度，正在筹备与韩国移民机关建立工作联系，经部局批准，与外国驻华使领馆建立了联系机制，共同打击国际偷渡活动。另外，继续依托首都机场口岸反偷渡工作网络，搞好机场地区的综合治理。下半年与北京市口岸办等单位联合召开了“首都机场口岸反偷渡反走私总结表彰大会”，落实了机场有关单位查获偷渡案件的奖励资金，调动了口岸工作人员打击偷渡活动的积极性。在各方的共同努力下，非法出入境活动得到有效遏制。

【努力提高执法能力和文明执勤水平】 处置突发事件与查控工作相结合，确保专项查堵任务的圆满完成。针对重点防范和专项查堵工作的特点，按照《规范》要求，先后制定了查堵“法轮功”和“恐怖分子”等方案，并多次进行演练，确保查控工作责任清，任务明，措施得力，较好地完成了全年查控及重点查堵工作。

狠抓业务基础建设，深入落实“两个规范”。以大型信息管理系统升级为契机，对全体检查员进行系统功能培训，确保新旧系统衔接过程中不发生问题。积极与驻场航空公司及地面代理机构联系，协商解决旅客人数申报不准的问题，努力消除查控工作中的事故隐患。修订了《查控工作奖励实施办法》，大幅提高查控奖励标准，充分调动检查员的查控工作积极性。强化卡片质量三级检查制度，建立《检查员卡片质量检查档案》，将卡片录入、填写质量列入勤务考评，促进旅客资料录入和统计工作水平的提高。在确保查控安全的前提下，启用非在控人员库，减少了与在控人员同名同姓旅客通关受阻现象，消除了因重复核查给正常旅客造成的不便。完善入境旅客分区检查制度，增设中外公民通道标识，方便了中国公民回国，保证了外国人快捷通关。在出境检查现场设立蛇形候检通道，缓解了因场地不足对边检工作的压力，积极向机场有关管理部门反映出境检查场地不足的问题，督促机场有关部门下决心扩大出境边检现场，增加检查通道，使出境现场的“瓶颈”问题有望得到解决。积极参与拟新建的 3＃航站楼的设计论证工作，促使勤务现场硬件设施、场地、旅客流程更加完善、合理。

继续开展“树新风”活动，积极为旅客提供优质服务。紧紧抓住开展作风建设的有利时机，严格按照“内强素质、外树形象”的要求，重点解决检查质量和服务态度问题，以“进京第一印象工程”为载体，开展了为旅客提供优质服务、创造优良秩序、营造优美环境为主要内容的文明执勤、优质服务活动。继续开展“一笑三声”、“我为旅客填一笔”等活动，积极解决旅客关心的热点、难点问题，积极为中外旅客排忧解难。

【加大科技投入，完善执勤设施】加快科技应用步伐，努力提高执勤工作中的科技含量。充实完善执勤现场证件鉴别室设备，加强对伪假证件的鉴别工作。在入境检查现场安装了 16 块 LED 电子显示屏，完成了旅客分区候检设施改造工程。按照实用、先进、超前的原则，制定了录像监控系统改造方案。根据实际工作需要，组织进行了人像识别系统测试。为执勤一线后台问题处置室安装了液晶显示器，申领了一批新型机读机，维修更换了键盘，对所有站点主机进行了集中维护，提高了系统的运行速度。进一步完善提高了验放系统和通讯系统的应急方案，并经常测试和定期演练。完成了计算机验放系统升级改造和对检查员录入验放的培训工作。在北京政府网上建立了北京边检网站，根据警务公开制度，向社会提供口岸信息服务，受理政策法规咨询和投诉。选调技术人员参加了部局组织的验放系统专业培训。

北京出入境检验检疫局

2002 年，北京出入境检验检疫局高举邓小平理论伟大旗帜，以“三个代表”重要思想为指导，紧紧围绕国家质检总局总体工作部署，进一步解放思想，抓住机遇，大胆改革，夯实基础，扎实工作，较好地完成了全年的各项检验检疫工作任务。

【概况】 1—10 月，共检验检疫出入境商品 96430 批次，同比增加 30.74%；货值 48.14 亿美元，同比增加 15%。其中检验检疫不合格货物 761 批次，同比增加 61.57%；货值 1213 万美元，同比增加 10.17%。监测体检出入境人员 53250 人次，检出各种病例 1237 例，其中艾滋病病毒感染者 18 例。预防接种 64522 人次。

检疫入境飞机 16210 架次，检疫出境飞机 15252 架次。对外出具运输工具检疫证书 354 份。检疫监管出入境旅客和机组人员 371 万人次，发放入境健康申明卡 350 万份，通过查验申明卡，阻止 5 名患有艾滋病、精神病等疾病的外国人入境。对 71 具出入境尸体、棺柩、骨灰实施了检疫监管。

集装箱检疫 25973 标箱；签发检验检疫证书 13200 份，签发通关单 67616 份，签证金额 38.23 亿美元；签发换证凭单 27759 份，签证金额 8.17 亿美元。

【充分利用技术措施严把国门，努力打破国外技术壁垒】 加强进境货物查验，严防疫病疫情传入。1 至

10月，从入境货物和旅客携带物中共截获带有危险性病虫害的1168批，同比增长35%。其中，一类危险性病虫害4批，二类82批次，一般性病虫害1082批。其中多次查出地中海实蝇、芒果果核象甲核辣椒实蝇等一、二类病虫害。

加强对美、日、韩输华货物木质包装的检疫监管。1—10月，查验进境的木质包装14475批，检出二类检疫性虫害松材线虫等病虫害，销毁323批有病虫害或声明不符的美、日、韩木质包装。

加强出口动物及动物源性产品的检验检疫和监督管理。加强了对出口肉食的禽流感、新城疫、口蹄疫的抗体检测及病毒分离，加强了对供港鲜活冷冻商品必检违禁化学物项目和受限兽药的检测力度。先后从出口鸵鸟、肠衣、牛肉、鱼中检出禽流感、新城疫、李斯特杆菌、沙门氏菌以及氯霉素、大肠菌超标，均按规定未予出口，维护了我国出口食品声誉。

加强出口植物及植物产品的检验检疫和监督管理。1—10月，完成1.5万亩出口蔬菜种植基地和29家出口蔬菜加工厂库的卫生登记。加强了检疫性虫害的布点和监测工作。

加强对大型进口成套设备、尤其是对涉及安全、卫生及二手机电设备的装船前检验和外商投资财产价值鉴定工作。协助国家质检总局对奔驰MB100刹车制动问题、西门子CT滑环烧毁问题和美国圣犹达心脏起搏器短路耗电问题进行了处理。

加强危险品运输包装的检验管理。严格电石包装桶密封口鉴定，严防运输途中包装桶变形、破损、爆炸现象发生。

强化进口商品的后续监管，积极参与整顿和规范流通领域进口商品市场秩序。1—10月，共对北京市主要商场、饭店、冷库和集贸市场经销的进口商品监督检查115次，其中查处未经检验检疫的案例3起，查处假冒进口酒和假冒检验检疫卫生证书各1起。

【坚持检验检疫业务改革，积极推动“大通关”战略的实施】 实施出口“绿色通道”制度。为促进京津地区的对外出口，提出铺设京津两地出口“绿色通道”的设想。在得到总局的认可和支持后，与天津检验检疫局一起认真做好与“绿色通道”相关的方案设计、条件拟定、协调沟通机制建立、企业资格评定、保障措施等准备工作。8月12日，经国家质检总局批复，出口“绿色通道”制度正式实施。

积极参与和推动京津两地口岸出入境集装箱货物实现直通。10月22日，北京朝阳口岸和天津海港口岸集装箱货物正式实现直通。这一重要通关模式的改革，加快了通关速度，大大改善了北京的物流环境，加速了北京物流和国际物流的接轨。

为配合海关快速通关机制的实施以及适应部分外资企业“零库存”经营方式的要求，经过科学论证，在首都机场采取了“先验后报”的监管模式。经过与机场海关多次协商，并经过严格考核，首批对30家符合条件的进口企业进口的产品实施先查验放行，后办理报检通关手续。“先验后报”模式的实施，既有效地防止了疫情传入，又实现了快速通关。

加强信息化建设，积极推动“三电”工程进程。截至目前，电子报检普及率达到了80%，电子签证达到了80%，实施“电子转单”的批次已经达到100%。积极通过培训，帮助企业实现网上注册(备案)，大大缩短了注册时间，推动了“三电”的普及。

【坚持“科技兴检”战略，不断提高检验检疫技术实力和检测水平】 科研工作再创佳绩，共有9个科研项目分别列入国家“十五”科技攻关计划、“863”计划和“973”计划。承担的疯牛病、禽流感病原检测方法的研究、转基因成分放射免疫检测试剂盒的研究等3个科研项目列入国家“十五”科技攻关计划；《出入境检疫重大疫原快速检测技术的研究和预警体系的建立》课题等5个项目已经列入国家“863”计划;《农林危险性入侵生物快速检测的分子基础研究》课题已经列入国家“973”计划。截至目前,共向国家质检总局上报科研项目17项,批复5项;标准制定16项,批复11项。

检疫犬率先应用。在质检总局领导的关怀下,经过反复研究、论证和积极的训练,元月1日,检疫犬正式在首都机场旅检现场应用,使我国成为继美国、加拿大、澳大利亚、新西兰、日本等国之后开展检疫犬应用的第6个国家。截至10月底,检疫犬共对近614个航班进境旅客的48315多件行李进行了检查,其中查获禁止携带进境物1428批次,共2202公斤,检出批次、数量和疫情截获率分别比去年同期增长了23%、19%和115%。9月24日,中共中央政治局委员、国务委员吴仪在李长江局长陪同下,考察了检疫犬现场检疫的情况,并对加强检疫手段的成功做法给予充分肯定。

实验室建设进一步加强。坚持“借船出海,借梯上楼”的方式,积极与科研院所、大专院校联合,努力充实自己的科研和检测实力。疯牛病实验室方面,聘请诺贝尔奖获得者、美籍科学家盖达塞克博士为荣誉顾问,聘请中国工程院、第三世界科学院洪涛院士为技术顾问,正在酝酿将疯牛病检测实验室扩建为中国朊病毒研究所,以发挥更大的作用。

转基因实验室利用现有检测技术优势,不断扩大检验市场。植检实验室应用分子生物学技术,建立了5种检疫性病毒酶联初筛检测法。艾滋病确认实验室被中国疾病预防控制中心评为优秀确认实验室,同时被亚洲急救中心(AEA)指定为HIV抗体检测的确认实验室。在积极筹建马匹检疫实验室的同时,与之相关的科研课题也已经启动。玩检实验室被中国消费者协会授予“中国消费者协会首批指定实验室”。

科研成果转化有新发展。与重庆大学联合开发利用电生物芯片检测疯牛病的工作已经启动。此外,与香港基因晶片开发有限公司进行合作研究疯牛病危险品物质的检测技术。借助中科院微生物研究所田波院士实验室,用分子生物学技术制备疯牛病朊病毒蛋白。同时,正在通过各种方式,积极推广禽流感快速检测方法。

【坚持加强内部管理,认真开展“三查”活动,确保检验检疫工作质量】 按照质检总局关于“查问题,查原因,查措施”的“三查”要求,进一步细化检验检疫工作流程,制订了《出入境货物检验检疫工作时限一览表》;加强跟踪检查,确保不超流程、不越流程,不仅规范了执法行为,还提高工作效率;将今年重新调整的法检商品对应《目录》中的检验检疫类别,在CIQ2000系统上加输主检部门,保证工作不出现断档。

严格行政执法,加大对逃漏检等违法行为的处罚力度。截至目前,应用一般程序立案查处违反出入境检验检疫法律法规的行为88起,结案77起,罚款金额近114万元人民币;应用简易程序处罚违法行为302起,罚款金额18万元。

积极参与整顿规范认证市场秩序。年初,在认监委的统一部署下,与市工商局联合对英国联邦国际认证有限公司URS和北京四方联通质量体系认证有限公司进行检查,对其中属于违规认证行为的已上报国家认监委统一处理。

【积极实施“走出去”战略,努力促进扩大出口】 为了落实中央提出的“走出去”战略,5月初专门召开会议,研究制定了促进扩大出口的10条具体措施,支持企业扩大出口。结合开展“调研年”活动,继续完善与重点企业的工作联系制度。15个业务部门先后与71家重点企业实施了联系,使企业提出的突出问题得到及时有效的解决。积极开展普惠制和原产地标记注册工作。1—10月,共签发普惠制证书31461

份,同比(下同)增长7.2%,签证金额9.99亿美元,增加5.9%;签发一般产地证书6780份,增长7.8%,签证金额2.66亿美元,增长12.2%。另代办使馆认证867份。加强认证注册工作,1—10月,完成22家出口食品生产企业的注册评审。完成15家(次)出口企业对蒙古、瑞士、日本及澳门特区的推荐、整改、增项工作。完成51家出口质量许可证考核。想方设法为外贸企业排忧解难。为促进禽肉出口,积极做好国外检查团的迎检工作;为促进蔬菜出口,积极帮助企业建立出口蔬菜安全卫生体系,加强基地管理,严格控制农药、化肥的使用;为推动首钢公司打开美国市场,采取了专人负责、优先安排检验等多项帮扶措施,并将首钢纳入第一批享受出口绿色通道制度的企业,保证了钢材的及时发运出口。积极推行ISO9000、ISO14000体系认证和HACCP认证,使更多企业取得通向国际市场的通行证。1—10月共认证企业206家,累计已达526家,其中ISO14000认证累计9家,OHSAS18000认证累计7家。

北京口岸大事记

1月10日

北京口岸协会第二次全体会员代表大会在北京国门路大饭店隆重召开。北京市副市长、北京口岸协会名誉会长张茅特致信祝贺。会议选举产生了吴依孚同志为会长、高俊岭同志为秘书长的新一届理事会,修改了协会章程。

2月6日

市政府召开北京市对外经济贸易工作会议和“北京2002中外企业家迎春联谊会”。市政府口岸办派员参加了工作会议和联谊活动。

2月8日

市政府口岸办和市统计局召开北京口岸统计工作座谈会,对先进单位和先进统计工作者作了表彰。口岸办和市统计局有关领导出席会议并讲话。

2月13日

市口岸办组织召开贯彻“两会”精神会议。市政协委员、北京陆港国际物流有限公司董事长姜惠比同志向朝阳口岸有关单位传达介绍了市人大、政协“两会”情况和市“十五”计划纲要关于口岸建设、物流发展等有关内容。

2月14日

北京市副市长、出口加工区领导小组组长张茅同志在市政府主持召开了北京天竺出口加工区领导小组第三次工作会议。出口加工区领导小组副组长、市政府副秘书长柳纪纲同志和市政府口岸办主任吴依孚同志及其他领导小组成员出席了会议。

2月17日

市委书记贾庆林,市长刘淇、副市长张茅、市政府秘书长黄承祥等市委、市政府领导和奥申委领导同志,亲自到首都机场检查“两会”代表迎送方案及相关准备工作情况。

2月26日

市长刘淇在市政府主持召开了“北京市吸引外资协调会议”。会后，吴依孚主任及时组织召开了口岸办党组会，传达了会议精神，提出了贯彻落实的意见措施。

2月27日

市口岸办主任吴依孚同志到北京朝阳口岸调查研究，并与陆港公司姜惠比董事长就朝阳口岸的规划、发展和落实北京市“十五”计划及解决朝阳口岸征地遗留问题等广泛地交换了意见。

3月1日

北京丰台货运口岸业务综合楼奠基仪式在北京丰台货运口岸隆重举行。

3月19日至26日

市政府口岸办带队，北京陆港国际物流有限公司、世联国际商业网络中心和市计委等部门负责同志到上海、宁波等地口岸学习考察。

3月25日

北京丰台货运口岸业务综合楼工程正式“验槽”。市政府口岸办公室领导到现场“验槽”。

4月3日

北京朝阳口岸 H986 配套工程开工奠基仪式隆重举行。

4月5日

北京市外经贸委主任李昭，市口岸办主任吴依孚，经贸委副主任周河、陈泽星等领导同志到朝阳区调研。

4月9日

市外经贸委主任李昭在市口岸办领导的陪同下视察了北京丰台口岸业务综合楼工地。

4月10日

机场地区“双反”工作总结表彰会议召开，

4月12日

北京市旅游工作会议召开。市口岸办和首都机场股份有限公司领导同志出席了会议，并具体承办空港旅游接待服务工作。

4月23日

首都机场地区精神文明建设与社会治安综合治理工作总结表彰大会召开。

4月24日

市口岸办就 CA129 航班“4.15”空难事件向中国国际航空公司致慰问函。25日，收到国航感谢函。

5月22日至23日

市政府副秘书长丁向阳，市外经贸委和口岸办领导吴依孚、陈泽星及北京海关副关长解进勇参加了在上海召开的“提高口岸工作效率现场会”。

6月5日至6日

中国口岸协会第二届常务理事会第二次(扩大)会议暨会长办公会在海关总署天津教育培训基地召开。北京口岸协会会长吴依孚，中国口岸协会常务理事、北京口岸协会副会长兼秘书长高俊岭和工作人员陈丽梅出席了会议。

6月14日

北京市口岸工作领导小组第一次全体会议在市政府第一会议室召开。领导小组组长、北京市副市长张茅到会并讲话，口岸“大通关”工程正式启动。

6月17日

北京市政府口岸办领导同志到北京朝阳口岸，同北京市计委常务副主任郭俊清晤谈，就朝阳口岸信息中心建设项目的立项问题以及加强北京口岸基础设施建设问题达成共识。

6月25日

北京口岸协会召开信息工作会议，建立了口岸信息工作网络，通过了信息工作制度。

6月27日

北京市口岸工作领导小组办公室召开部分联络员工作会议。讨论修改口岸“大通关”工作任务的落实意见，提出了十三条工作责任措施。

7月4日

北京市政府副秘书长、北京市口岸工作领导小组副组长丁向阳到北京口岸调研。市口岸办领导陪同调研。

7月18日

刘淇市长听取北京海关工作汇报。张茅副市长、丁向阳副秘书长、市外经贸委和市口岸办领导等参加了汇报会。

7月10、11日

张茅副市长在香山饭店主持召开了涉外部门半年工作汇报会。市口岸办主任吴依孚参加了会议并作了汇报。

7月25日

北京市副市长张茅、市政协副主席万嗣全到首都机场口岸视察“大通关”工作。北京市口岸办、北京市外经贸委和规划委领导陪同考察。

7月31日

北京出入境检验检疫局魏局长一行参观北京丰台货运口岸业务综合楼工地现场，感谢北京市口岸办为改善丰台口岸检验检疫局办公条件所做的工作。

8月6日至20日

由市口岸办主任吴依孚带队，首都机场股份有限公司、北京海关、北京市计委等部门领导，对澳大利亚悉尼机场、墨尔本机场，新西兰奥克兰机场和日本东京的成田机场进行了友好访问。

8月21日

北京市政府丁向阳副秘书长受张茅同志委托，为配合空港“大通关”工作，主持召开了首都机场空港口岸货运规划布局协调会。市政协副主席万嗣全出席会议并讲话。

8月30日

北京市政府口岸办公室和首都机场集团公司受北京市口岸工作领导小组的委托，联合主持召开了关于首都机场空港口岸货运规划布局协调会。

8月30日至9月2日

"首都机场口岸反偷渡反走私工作领导小组"全体成员及办公室成员在海拉尔召开会议。

9月6日

北京市口岸工作领导小组办公室举行全体成员阶段总结会议。

9月16日

丁向阳副秘书长受市政府张茅副市长委托，在首都机场召开货运安检问题协调会。市口岸办、外经贸委、国航、民航华北局等单位领导参加了会议。

9月17日

北京口岸统计分析座谈会召开。

9月21日至25日

第五届旅游文化节在北京举行，北京口岸各单位保障了参加旅游文化节表演团队顺利进出机场。

9月22日

纪念中日邦交正常化30周年友好交流大会在人民大会堂举行。市口岸办组织机场各单位团结协作、密切配合，与组委会一起圆满完成了相关服务保障任务。

9月27日

首都机场地区精神文明建设委员会办公室，组织有关部门对首都机场候机楼，进行了自创建"文明机场"达标以来的第二次联合检查。

10月22日

由北京市口岸工作领导小组办公室和天津市口岸工作领导小组办公室联合主办的，北京朝阳口岸与天津海港口岸直通暨朝阳口岸集装箱中转站启动仪式在北京朝阳口岸举行，标志着北京朝阳口岸与天津海港实现直通，使天津海港口岸功能延伸至北京，结束了北京没有"国际物流出海口"的历史。

10月28日

首都机场地区精神文明建设委员会召开会议，确定迎接党的十六大胜利召开政治宣传环境布置实施方案。

10月22日至24日

全国口岸办(委)主任工作联席会在海南省召开。北京市口岸办派员出席会议并发言。

10月30日

市政府口岸办和市政府法制办共同主持召开了有关《北京口岸管理办法》的立项论证会。

10月31日

首都机场地区文明办对首都机场候机楼进行了本年度第三次"文明机场"联合检查。

11月6日

北京市口岸工作领导小组办公室召开会议。就《驻首都国际机场民航、检查检验和服务单位提高通关效率的措施和要求》(试行稿)进行了讨论。

11月11日

市口岸工作领导小组办公室在朝阳口岸，就信息中心项目实施的可行性，召开论证会。

11月28日

市政府副秘书长张建东主持召开关于研究协调"亚洲杯足球预赛抽签仪式"工作会，市口岸办派员参加会议。

12月4日

北京市口岸工作领导领导小组第二次全体(扩大)会议在市政府北楼会议室召开。领导小组组长、北京市副市长张茅,常务副组长、市政府副秘书长丁向阳出席了会议,领导小组副组长、市口岸办主任吴依乎做了工作报告。会议部署了新阶段口岸"大通关"工作任务。

12月10日、11日

市口岸办空港处分别召开首都机场精神文明建设社会治安综合治理工作总结交流会。

12月17日

市口岸办受北京市口岸工作领导小组的委托,召开了关于首都机场空港口岸"大通关"货运区集中监管、"一站式"办公规划协调会。

12月20、21日

中共北京市第九届委员会第二次全体会议在北京会议中心召开。市政府口岸办公室主任吴依乎参加了会议。

12月22日

在首都机场举行仪式,迎接2002年北京市第300万名海外游客。北京市副市长张茅为刚刚下飞机的意大利姑娘贝尔娜蒂丝·朱莉娅佩带上了红绶带。

12月23日

市政府督察室主任薄刚、市外经贸委副主任赵欣欣和袁晓鲁、张萍等同志到首都机场督察口岸"大通关"工程进展及完成情况。

12月25日

张茅副市长到北京空港口岸调研货运集中监管、"一站式"办公楼建设项目进展情况。市口岸办和空港口岸各大单位领导一起调研。

12月25日

北京口岸协会召开会长扩大会议。协会会长、部分副会长、常务理事参加了会议。吴依乎会长主持会议。

12月26日

京泰实业(集团)有限公司、北京京泰物流置业有限公司隆重举行北京物流港大羊坊路开工仪式。出席开工仪式的有北京市副市长张茅,北京市有关委办局、朝阳区委、区政府负责同志,以及企业界代表共计200余人。

12月27日

天津口岸办周德洪主任一行来北京口岸考察工作。

天津市

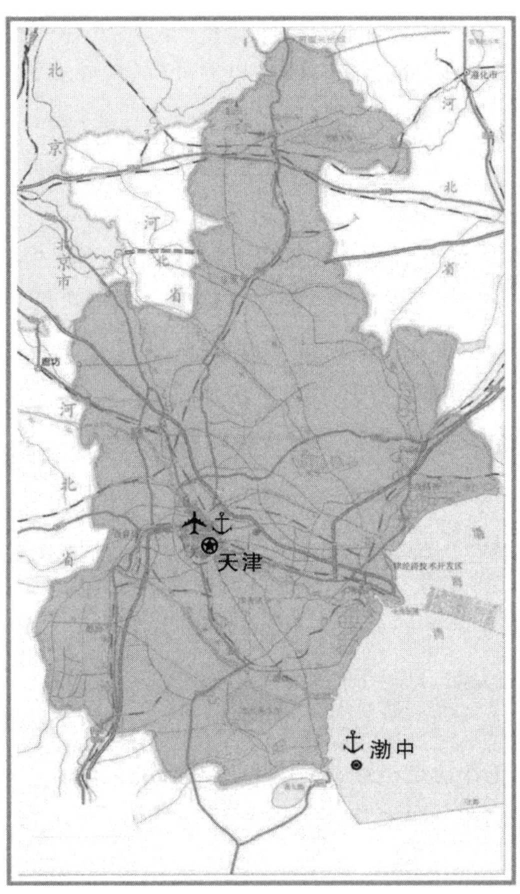

图 例

- 省级行政中心
- 口岸
- 铁路口岸
- 航空口岸
- 公路口岸
- 海（河）运口岸

天津口岸工作综述

【概述】 2002年，天津口岸以邓小平理论和“三个代表”重要思想为指导，以口岸“大通关”工作为中心任务，按照建设“成本低、服务好、速度快”一流口岸的目标，深入贯彻《国务院办公厅关于进一步提高口岸工作效率的通知》的文件要求、上海通关现场会精神和市委、市政府关于改善口岸环境的工作部署，突出“大通关”、扩大开放、高效服务这个主题，不断改进作风，转变观念，创新工作，努力推动口岸工作实现跨越式发展，有效地促进口岸经济的稳步增长，为天津和我国中西部地区的经贸发展做出了积极贡献。全年重点抓了以下工作：全面实施口岸“大通关”，改善口岸环境、提高通关效率，提升口岸服务功能；提高口岸管理水平，进一步优化口岸整体环境，提高口岸综合服务功能；健全口岸管理机制，加强通关协调工作；着眼发展，进一步扩大口岸开放；积极推进口岸信息化建设和物流企业质量建设；深入开展口岸文明共建活动，促进两个文明建设健康发展。

【口岸基础建设顺利】 天津港深水航道二期疏浚工程、南疆煤码头工程相继竣工，集装箱码头改扩建工程、辟建30平方公里新港区的北大防波堤工程等重点工程先后开工建设。天津港散货物流中心、集装箱物流中心、空港物流加工区等口岸现代物流形象工程正加紧进行。与空港相配套的海关和检验检疫楼相继投入使用。为港口煤炭下海的地方铁路完成了技术改造。

【口岸客货运量稳步上升】 2002年，天津港口完成货物吞吐量1.29亿吨，同比增长13.5%；集装箱吞吐量240.8万标箱，同比增长19.7%；空港旅客吞吐量109.2万人次，同比增长16%，货邮吞吐量4.97万吨，同比增长10.1%：口岸外贸值完成365.35亿美元，同比增长12.9%；受理报关111.9万票，报检51万批，国际航线船舶检查124768艘次，旅客、员工过境查验588961人次。

【规范和加强口岸大通关工作】 天津市政府口岸办在组织力量进行口岸大通关调研的基础上，组织筹备并召开了天津口岸工作会议和天津口岸工作领导小组第一次会议，报请市政府批转了《关于进一步改善口岸环境提高工作效率的意见》(津政发[2002]32号)，筹备成立了由主管副市长挂帅的口岸工作领导机构，建立并全面启动了口岸工作协调机制、口岸服务快速反应机制、口岸工作督察机制和口岸联席会制度(货物通关、船舶查验、反偷渡)、口岸重点企业联系点制度、口岸信息联络制度、口岸长假期间加班制度等“三个机制、四项制度”，从工作体制和机制上进一步规范和加强了口岸工作，有力地推动了大通关工作的进行。

【口岸通关实现提速】 天津海关年初将享受便捷通关措施的高新技术企业由8家扩大到17家，9月底又扩大到27家，进一步提高了通关效率。全年进口终报至放行平均周期21小时，同比快5小时，比关区平均水平快4小时；出口终报至放行平均周期3小时，同比快2小时，比关区平均水平快1小时。天津海关对保税区物流配送实行“分批出区、集中报关”试点，平均通关时间由2—3天缩短到3小时，试点企业实行新的通关模式后，出区货物票数和货值同比分别增长24.6倍和27.4倍；天津机场海关采取多项措施支持、服务外贸，实现两次通关提速，8月份以来，经快件中心货物进口通关缩短到2小时，出口一般不超过1小时。天津出入境检验检疫局积极推行分类检验监管模式，为高新技术企业提供绿色通道、急事急办、预约报检等方便快捷的通关服务措施，对一类机电企业，出口机电产品平均验放速度由

2—3 天缩短到 4 小时以内;简化非法检货物报检审单程序,报检放行流程由 1 天缩短到 0.5 天,签证流程由 2 天缩短到 1 天。天津出入境检验检疫局把办公地点前移到现场,实现了“一站式”集中办公,受理换证凭单货物的报检,使接报、审单、放行流程缩短到 4 分钟,方便了企业,加快了通关速度。

【电子口岸建设进展迅速】 为从根本上提高口岸管理水平,加快通关速度。天津口岸加大口岸通关科技含量,加快了口岸科技建设步伐。天津海关积极推进电子口岸建设,协调国税、外管局等部门完成了入网用户集中审批工作;积极筹建中国电子口岸天津分中心;为各通关现场配齐了计算机和网络设备,开发启动了保税区物流监控系统,使海关监管库场、集装箱验放中心和港内集装箱出口通道基本实现自动化监控管理。检验检疫局努力巩固和拓展“三电工程”成果,进一步加大直通式电子报检、电子转单和电子签证推广力度,电子报检率(除包装外)达到 100%,每票录入由 2 分钟缩短到 20 秒内。边检总站为各基层站更换了计算机并配备了手提电脑,安装了码头检查监控系统。港务局加快了信息建设步伐,全面推行集装箱码头自动化作业操作管理系统,开发并启动了集装箱货运信息查询系统,投资建设港务宽带网。民航部门完成了通讯光缆铺设,快件中心和机场海关实现了舱单联网。天津口岸信息一体化平台建设筹备工作正加紧进行。

【通关模式和通关手段不断创新】 在组织实施大通关上,口岸各单位坚持观念创新和工作创新,从不同方面、不同角度入手,大胆改革传统的通关模式,努力实现通关提速。一是改进保税区货物进出口监管模式。检验检疫局将汽车出区检验改为进区检验,采取集中一次报检、一次计收费、一次检验检疫等办法,提高了检务效率。二是推进与加工贸易企业联网、推行无纸通关试点初见成效。企业过去办理纸制《手册》要 4—5 天,核销手册要 1 个月,现在试点企业每年只用 5 分钟在海关备案一本电子底帐就可以随时办理货物进出口手续,目前首批 7 家试点企业年加工贸易进出口值占天津加工贸易进出口值的 49%(实际联网运作仅 2 家)。三是从 12 月 1 日起对海运进口货物(除废旧和转关货物)施行“提前报检、提前报关、实货放行”新的通关模式,进口货物通关时效由 3 天多缩短到 1 天以内。四是改进审批办法。天津海事局对基础化工品等出口货物审批时限由 3 天缩短到 24 小时,同时采用专家评估等形式加快对进出口新货类的审批;改革口岸仓储照前审批制为备案制;另外,天津边检总站还建立了船舶、旅游团组预报检制度和“非在控人员数据库”,设立了“中国公民专用通道”,加快了船舶、人员过境速度。港务、铁路部门密切配合,建立路港运输协调制度,实行联合办公,深入挖潜扩能,集中全力抓好港口集疏运,加快了车、船、货周转。

【塑造文明高效的口岸形象】 口岸各单位制定新的服务措施,实行新的对外承诺,分别推出新的服务措施,印发了第三轮服务承诺汇编,积极推行政务、警务公开。按照通关工作要求,运用口岸文明共建载体,广泛深入地开展优质服务竞赛活动。天津出入境检验检疫局继 6 月份推出一系列对外服务承诺措施及制度后,11 月份又推出 9 项优化通关服务措施,同时该局还积极支持鲜活产品、自行车等出口,使天津出口活鲫鱼量占全国出口量的 60%以上,自行车出口同比翻了两番,同时指导帮助 4 家企业获得国外检查、认证,推荐 10 家卫生注册企业开辟或扩大国外市场,为解决木质包装检疫问题,允许企业建立木包装检疫监管专用库,这些都有力地支持了外贸发展。

为进一步改进服务工作,天津口岸各有关单位和部门积极推行“走出去”战略,多次对天津和内地企业进行走访座谈,广泛征求意见,不断改进和完善服务措施。天津海关通过现场办公和专题业务会深入企业征求意见,解决问题;天津出入境检验检疫局深入外贸出口生产企业进行走访调研,从源头上有针对性地搞好服务，同时聘请了100多名廉政监督员，广泛自觉地接受社会监督；天津边检总站在全系统内组织实施执法考评，进一步优化通关服务；天津海事局加大推行政务公开工作力度，先后邀请39家港航单位、船公司的代表175人次，召开座谈会5次，征求各种意见和建议47条，积极改进执法服务工作，11月份该局召开社会监督员大会，将社会监督员增聘到30名。

【扩大开放，推动口岸延伸】 在国家有关部门的大力支持和天津口岸各有关单位的共同努力下，为渤海海域QHD32—6油田办理了数次延长临时开放期限的申请，现该油田正式对外开放；为PL19—3油田办理了临时对外开放，以保证油田的正常生产和原油外输。2002年QHD32—6油田外输原油100万吨。天津检验检疫局与北京局合作，为京、津19家企业铺就出口绿色通道，在对方口岸通关时，相互免检。天津口岸在与成都、西安、兰州、郑州等地已实现快速转关的基础上，第四季度又与乌鲁木齐签订了直通转关协议，新开通了天津至二连的“五定班列”，通过京津两地口岸部门的协作，北京陆港与天津海港口岸实现了跨关区直通。加快了通关速度，节约了企业费用，降低了物流成本。

【口岸管理和执法得到加强】 市政府口岸办重视抓好特资、大宗散货、重要设备、农用物资等重点货类的集疏运协调；认真抓好货物通关、船舶查验、快件航班保障等查验协调；认真做好国际班轮、游船、要客团组和赴韩参加亚运会队伍的进出境接待协调；坚持做好节假日通关协调。把问题解决在现场，解决在可能发生之前。按照市政府要求，积极推动“北煤南移”，对港外煤炭库场进行了清理；为认真贯彻落实市领导有关批示精神，为巩固货源，积极做好南疆煤炭储运价格的调整工作。天津口岸成立了天津海上搜救第四分中心(海上船舶污染应急指挥部)，建立海上医疗救助联动机制，完善了海上搜救应急预案，多次成功组织救助了遭遇海难的船舶和人员，及时清除了撞船事故造成的油污染，并积极做好善后工作及索赔。严厉打击了走私、偷渡、扒窃外贸物资等违法活动。侦查、调查走私案件分别为11起、44起，案值分别为7169万元、4530万元，抓获犯罪嫌疑人32人，移送起诉11起、65人；查获违规案件137起，案值1.12亿元。查获偷渡人员60人次。加强检验检疫执法，对出入境人员体检查出问题2356人次；进出口货物检验检疫不合格643批，其中检出一、二类动物疫情21种，一、二类植物病虫害18种，不合格进口食品38批等，确保了国门安全；加强了口岸涉外纪律教育和检查，没有发生违纪事件。

【口岸精神文明建设成效显著】 2002年天津口岸文明共建活动紧贴口岸经济工作，深入开展以提高口岸职工道德和口岸整体服务水平为重点的形象工程建设，贯彻实施《公民道德建设实施纲要》，全面加强口岸职工道德建设，提出了在全口岸大力倡导“爱岗守法，明礼诚信，办事公道，团结协作，服务上乘，勤俭求效，敬业奉献”的天津口岸基本道德规范，不断增强广大干部职工口岸意识、服务意识、竞争意识、效率意识、法制意识和迎难而上、开拓创新精神，提高干部职工的政治素质、业务素质和文化素质。为实施口岸“大通关”，努力营造“成本低、服务好、速度快”和与入世接轨的口岸环境。为此，制定出台了《天津口岸职工道德建设实施纲要》，口岸各单位在此基础上，结合推行服务承诺和政务公开工作，建立健全与之相配套的道德规范和道德公约；为了扩大口岸文明共建在社会的影响力，积极争取市主管领导部门对口岸文明共建活动的领导，把口岸文明共建活动纳入了全市精神文明建设的总体规划中，提升口岸文明共建活动在全市精神文明建设中的位置；面对新的口岸经济特点，实施新一轮“共建结对”活动，强化“共建对子”单位间的协作配合；全面实施形象工程建设，不断提高实施服务承诺的质量和水平，认真兑现服务承诺和政务公开的质量标准，认真执行行业规范要求和国际认证体系标准，履行服务公约，全力打造文明服务执法岗位和对外服务窗口，开展“百日优质服务竞赛”，向社会推出“天津口岸十大诚信服务名牌企业”、“ 天津口岸十大快速通关优质执法窗口”、“天津口岸十佳服务先进标兵”的评选活动。

（黄占学　米树彤）

天津口岸查验单位工作综述

天津海关

2002年，天津海关坚持以邓小平理论和“三个代表”重要思想为指导，在海关总署党组的正确领导下，在天津市委、市政府的领导和大力支持下，坚持“依法行政、为国把关、服务经济、促进发展”的工作方针，以监管有力与高效运作为目标，以改革为动力，以科技为先导，以税收为轴心，坚持业务改革和队伍建设“两手抓”，各项工作取得了显著成效。??

【实施业务机构重组，建立统一、规范、高效的口岸监管格局】 对海运口岸监管格局进行了重大调整，将原来三个独立业务机构合并重组为天津新港海关，统一对外实施天津港区的海关监管，实现了海运口岸集中审单、集中接单、集中查验“三个集中”，和“一个现场、一个标准、一个尺度”的“一站式”、“一条龙”的监管格局。新港海关机构的重组，加快了通关速度，实现了海关执法的统一规范，目前，占天津口岸进出口总量80%以上的海运进出口货物的报关都集中在开发区综合业务大楼内办理，为更好地服务于天津口岸的建设提供了组织上的保障，取得了良好的经济效益和社会效益。

【坚持综合治税，税收创历史新高】 2002年，加强了对重点企业和重点税源商品纳税的监控与分析，不断调整工作重点，保证了税收工作的针对性和有效性，增强了税收征管的主动性。实行了税收征管工作一把手负责制，制定了《天津海关加强税收征管工作的六项规定》，同时以外部审计为契机，开展了税收执法监督和基础工作检查，加强了对关区税收征管作业的监控力度，建立了关区税收征管的监控网络，规范了现场征管作业，保证了税款应收尽收和及时安全入库。2002年天津海关为国家征收税款221.14亿元，比2001年增长15.57%。

【加强对进出口货物的正面监管】 建立健全风险管理机制，加大查验现场的风险管理力度，建立并完善了多层次、全方位、立体式和三个不同时态的风险布控模式，提高了监管的有效性。基本建成了全方位、全过程的海、空口岸物流监控体系，做到了海关实货监管与口岸物流的有机结合。重点抓好港区卡口改扩建工程和保税区海关电子卡口的建设，初步建立了以光纤为主干网络的监管区视像监控系统，实现了对天津港第一港埠公司、天津港第三港埠公司、客运码头和空港物流区的全方位、全时空视像监控，保证了对口岸物流的有效监管。开发完成了电子舱单、电子船舶动态管理系统。实现了海运舱单集中规范管理，为提前传输、提前报关创造了条件，同时实现了全关区舱单信息、船舶动态信息共享，为严密监管和快速通关提供了可靠的技术保障。为适应入世需要，加大知识产权保护力度，加强非贸物品监管，全年共立案查处侵权案件60起，案件总值734万元人民币；查获卫星电视地面接收器28台，调制解调器501套，淫秽内容宣传品826件，宗教宣传品2.7万件，反动宣传品2.1万册，法轮功邪教印刷品、音像制品3.6万件。

【推进快速通关改革，提高通关效率】 科学调整作业流程，积极推行进口“提前报关、实货放行”通关模式，进一步推广实施对高新技术企业的便捷通关措施，积极稳妥地推进出口“无纸通关”改革试点工作，加大加工贸易监管模式改革力度，对部分加工贸易企业施行计算机联网监管。探索保税区监管模式改革，建立了“入区核对，入库检查，出区查验”的监管模式，对大型物流企业实行了“分散出区、集中报关”便捷通关措施，改善了保税区的投资环境，为吸引全球知名物流公司投资天津作出了积极的努力。

【继续保持打私的高压态势，维护口岸正常贸易秩序】为继续保持天津口岸打私高压态势，坚持以情报为先导，以现场为依托，以打击货运渠道走私大要案及团伙走私案件为重点，积极推进综合治理，密切与市政府有关执法部门的联系配合，加强跨关区的合作交流，维护了天津口岸正常贸易秩序。2002 年共查获走私案件 44 起，违规案件 137 起，总案值 1.6 亿元，罚没收入 7778.24 万元。缉私警察在破大案、打团伙、抓逃犯方面取得突出成绩。2002 年缉私部门共受理案件 31 起，受案案值 8359.7 万元人民币，涉嫌偷逃税额 4944.25 万元人民币；立案 11 起，立案案值 7169.39 万元人民币，涉嫌偷逃税额 3800.12 万元人民币；抓获犯罪嫌疑人 32 人，移送起诉 11 案 65 人，案值 3021.50 万元人民币，涉嫌偷逃税额 1777.56 万元人民币。

【大力加强领导班子建设和队伍建设】 2002 年，天津海关认真贯彻《党政领导干部选拔任用工作条例》和全国海关干部人事制度改革试点工作会议精神，大力推进干部人事制度改革，建立健全科学公正的干部选拔任用机制，为继续深化改革和保证各项任务的完成提供了强有力的队伍和组织保障。为坚持教育培训“为海关队伍建设服务，为海关业务改革和发展服务”的宗旨，在队伍建设工作中，组织了新关员岗前培训、新处长任职培训，举办了领导干部知识更新系列讲座和 14 期专题讲座，培训人数达 390 人，受训人员达到 1130 人次。以加强队伍建设为核心，以打造服务型海关为目标，积极开展了以“依法行政、廉洁从政、文明高效”为内容的创建文明窗口活动，提高干部队伍整体素质和依法行政、文明服务的水平，涌现出一批先进模范典型。侦查分局刘晓辉同志被国务院授予“中国杰出青年卫士”称号；新港海关查验处查验一科被评为天津市 2001 年度“十五立功”先进集体，6 人被评为“天津市“十五立功”先进个人”；天津海关纪检组、监察室被评为天津市先进纪检监察组织；天津经济技术开发区海关核销科被评为“全国海关加工贸易和保税管理先进集体”；法规处被评为“全国海关法制工作先进集体”。

（姚书媛）

天津关区业务统计表

项目	单位	累计	同比
进出口报关单总数	份	1087803	22.2
进出口商品总值	万美元	3646526	12.8
进口	万美元	1635425	12.6
出口	万美元	2011102	13
进出口货运量	吨	63221802	11.3
进口	吨	24453416	24.1
出口	吨	38768386	4.5
集装箱箱数	标箱	1464470	14.6
进口	标箱	763493	16.9
出口	标箱	700977	12.1
监管运输工具	辆艘架	15663	5.7
监管飞机	架	3006	−9.8
监管船舶	艘	12657	10.2
税收入库	万元	2211392	15.6
关税	万元	798475	3.9
进口环节税	万元	1412917	23.4
上缴罚没收入	万元	80093	4.2
进出境人员	人次	718237	19.2
监管邮递物品	件	122667	−16.8
监管印刷品音像制品	件	5041427	−8.1
监管快递物品	件	468310	0.5
处理违规案数	起	82	78.3
处理违规案值	万元	11942	238.6
查获走私案数	起	36	−72.1
查获走私案值	万元	6258	−50.7

天津出入境边防检查总站

2002年，天津出入境边防检查总站按照天津市政府提出的“口岸大通关”的要求，以业务建设和队伍建设为出发点，严格、公正、文明执法，有效地维护了天津口岸的出入境秩序，营造了便捷、畅通的通关环境，为保证社会稳定、促进天津市的经济发展和口岸的进一步开放做出了应有的贡献。

2002年，共检查出入境旅客392784人次（入境人员198069人次，出境人员194715人次），比2001

年增加了6.98%;检查出入境飞机3109 架次(入境飞机1553架次,出境飞机1556架次),比上年减少了12.15%;检查出入境船舶6969 艘次(入境船舶3640艘次,出境船舶3329艘次),比上年增加了4.84%;查处偷渡人员55人次,查处协助他人偷渡人员5人次,接收并处理境外遣返人员37人次;发现处理其他违规违章人员446人次。

【提高人员素质,规范执法行为】 为提高干警综合素质,全面推进"严格、公正、文明执法",天津边检总站开展了以"创建文明窗口、加强法制建设,规范执法行为,营造良好的口岸环境,促进天津的经济发展"为主题的活动,紧密结合《天津口岸职工道德建设实施纲要》,认真抓好以业务培训为主的培训工作。2002年选派了18名处级干部参加了市委党校和政法委党校的学习。总站自己举办了两期科队长在职培训班,对64名科队级领导进行了培训。到2002年年底,总站共有360余人取得了大学本、专科学历,160余名同志取得了国家英语二级以上证书,较好地完成了总站三年教育培训规划,干警的知识层次和专业技能有了明显提高。为了做好对新招民警和职改民警的培训,年内组织了三期培训班,对80名民警进行了脱产培训。在大力提高人员素质基础上,进一步规范执法行为。规范法律文书的运用、制作和填写,规范行政处罚的幅度,统一行政处罚的标准,加强执法检查和监督,规范执法行为,公开边防检查法律法规,认真落实警务公开制度,自觉接受社会监督,从而进一步增强了民警的口岸意识、服务意识、效率意识和法律意识。同时,认真落实公安部《公安机关执法质量考核评议规定》和公安部出入境管理局《出入境边防检查机关执法质量考核评议实施办法(试行)》,制定了《天津出入境边防检查总站执法质量考核评议实施细则(试行)》及《执法质量考核评议标准》,成立了执法质量检查组,建立了执法检查档案,通过"听汇报、看落实、查案卷、找缺点、计分数"的检查方式,对下属单位的执法质量情况进行了全面详细的检查和量化评比,有力地促进了口岸执法工作的开展。2002年共查获出入境手续不符及扰乱口岸管理秩序人员470人次,比2001年增加了37.42%,未发生一起行政复议和行政诉讼败诉案件。为进一步深化业务规范化建设成果,净化口岸登轮秩序,制定了《国际航行船舶登轮管理工作规范(试行)》,旨在进一步加强对上下国际航行船舶人员的管理,为出入天津口岸的国际航行船舶创造良好的口岸通关环境和作业环境。同时,为使登轮管理工作更加顺畅,天津总站对所有登轮单位和登轮人员进行了重新梳理,并对四个海港边检站的内部工作进行了相应调整,使四个海港站步调一致,政令统一,有效防止了登轮管理工作中的漏洞。

【强化综合治理,严打偷渡行为】 2002年,天津出入境边防检查总站以全国反偷渡南北联合行动为契机,深入贯彻"全国反偷渡工作会议"精神和公安部《反偷渡联合行动方案》的工作部署,于3月份协同天津市政府口岸办公室组织召开了"天津口岸反偷渡工作会议",出台了天津口岸加强反偷渡工作的十五项措施,并建立了"天津口岸反偷渡领导小组联席会议制度",进一步巩固了天津口岸反偷渡工作齐抓共管、共同防治的格局。为贯彻此次会议精神,4月份,天津出入境边防检查总站召开天津口岸公安机关预防和打击偷渡工作会议,就发挥公安机关的整体合力,全力打击和遏制天津地区的偷渡活动做出了具体部署。制定了加强天津边检总站反偷渡工作的具体措施。

针对偷渡分子将集装箱作为主要偷渡工具之一的特点,天津边检总站除了进一步完善出口空箱的检查、巡查工作,严把"报验关"之外,注意充分调动各集装箱堆场的反偷渡积极性,把好"装箱关",组织人员对分布于天津口岸及其周围地区的各集装箱堆场进行了走访和调查,探讨了双方在防范和打击集装箱偷渡活动中的责任和义务,并与47家单位共51个集装箱场站签订了"反偷渡责任书",进一步明确了各集装箱堆场在反偷渡工作中所担负的任务和职责，充分调动了他们的反偷渡积极性。在此基础上，还协同市政府口岸办联合举办了“天津口岸集装箱场站反偷渡工作培训班”，40 多家场站的近 60 名集装箱监装员参加了培训，通过培训增强了他们的反偷渡意识，为从源头上打击和遏制偷渡活动打下了良好的基础。通过一年的工作，共查获各类偷渡人员 55 人次，抓获组织、协助 5 人次，接收境外遣返人员 37 人次，其中移交天津市公安局 7 人次，移交外省市公安机关 27 人次，与市公安局联合侦破偷渡案件 1 起，抓获偷渡人员 13 人次，涉嫌组织偷渡人员 8 人次。

【强化服务，促进口岸重点行业发展】 截止 2002 年，天津边检总站负责人员查验的海上油田交货点有：BZ34 油田、BZ281 油田、绥中 361 油田、秦皇岛 32－6 油田和蓬莱 19－3 油田。在这些油田中产油量最大、出入境船舶最多的是秦皇岛 32－6 油田，该地距离塘沽 130 公里，自 2001 年 12 月 4 日第一次出口原油至今，天津边检总站共为其检查、监护出入境船舶 36 艘次。为了实现便捷查验服务，天津边检总站进一步简化工作程序，加强对出入境船舶的管理。根据边防检查有关法律法规、规定和业务规范，在统筹规划的基础上，以服务天津经济发展和口岸开放为原则，以创造更好地通关环境为目标，结合这些海上交货点的实际情况，先后制定了有关船舶停靠的管理办法、船舶监护管理规定等规章。同时，天津总站还在天津市口岸管理办公室的统一组织下，对天津口岸的船舶代理业务员进行了培训，颁发上岗资格证，进一步理顺了边检、船方、船代等方面的关系，提高了代理人员的责任心和警惕性，对船舶加快生产、防止偷渡等违法案件的发生起到了积极的推动作用。

【加强基础建设，提高边检查验能力】 2002 年，天津出入境边防检查总站根据办公楼和警察培训中心总体建设的要求，工程中的监督检查，确保了基建项目的质量和进度，到 2002 年年底 5118 平米总站办公楼和 8200 平米警官培训中心主体施工已经完成。并经多方协调，现已完成南疆边检站、塘沽边检站办公楼的选址、征地工作。为了进一步促进业务工作的发展，提高一线执勤的反应能力，在做好电视闭路监控系统的基础上，想方设法克服各种困难，装备了 10 辆业务用车到一线，从而保证了以勤务为中心的各项工作的开展。

（李惠）

2002 年天津口岸出入境旅客统计表

单位:人次

项目		出入境旅客		合计
		入境	出境	
中国籍	因公	4577	4540	9117
	因私	16630	21344	37974
	香港	6925	5240	12165
	澳门	136	135	271
	台湾	13047	11055	24102
外国籍		152961	150117	303078
华侨		3793	2284	6077
合计		198269	194715	392784

2002 年天津口岸出入境员工表

单位:人次

项目		入境方式			出境方式			合计
		船舶	飞机	小计	船舶	飞机	小计	
中国籍	因公	41990	4327	46317	38744	4311	43055	89372
	因私	0	6	6	0	7	7	13
	香港	29	273	302	36	259	295	597
	澳门	78	0	78	78	0	78	156
	台湾	148	1	149	107	0	107	256
外国籍		44400	12062	56462	37403	11918	49321	105783
合计		86645	16669	103314	76368	16495	92863	196177

2002年天津口岸出入境交通运输工具统计表

单位：艘次、架次

<table>
<tr><th colspan="2" rowspan="2">项目</th><th colspan="3">船舶（艘次）</th><th colspan="3">飞机（架次）</th><th rowspan="2">合计</th></tr>
<tr><th>入境</th><th>出境</th><th>小计</th><th>入境</th><th>出境</th><th>小计</th></tr>
<tr><td rowspan="4">中国籍</td><td>内地</td><td>547</td><td>467</td><td>1014</td><td>470</td><td>473</td><td>943</td><td>1957</td></tr>
<tr><td>香港</td><td>107</td><td>84</td><td>191</td><td>0</td><td>1</td><td>1</td><td>192</td></tr>
<tr><td>澳门</td><td></td><td></td><td></td><td></td><td></td><td></td><td></td></tr>
<tr><td>台湾</td><td></td><td></td><td></td><td></td><td></td><td></td><td></td></tr>
<tr><td colspan="2">外国籍</td><td>2986</td><td>2778</td><td>5764</td><td>1083</td><td>1082</td><td>2165</td><td>7929</td></tr>
<tr><td colspan="2">合计</td><td>3640</td><td>3329</td><td>6969</td><td>1553</td><td>1556</td><td>3109</td><td>10078</td></tr>
</table>

2002年查获及处理违法违规人员统计表（偷渡人员）

单位：人次

<table>
<tr><th colspan="3" rowspan="2">项目</th><th colspan="3">偷渡人员类别</th><th rowspan="2">协助他人偷渡</th><th rowspan="2">由境外遣返</th><th rowspan="2">合计</th></tr>
<tr><th>非法获取证件</th><th>揭换照片</th><th>整本伪造证件</th></tr>
<tr><td rowspan="5">真实国籍</td><td rowspan="4">中国籍</td><td>内地</td><td>46</td><td>8</td><td>1</td><td>5</td><td>36</td><td rowspan="5">97</td></tr>
<tr><td>香港</td><td></td><td></td><td></td><td></td><td></td></tr>
<tr><td>澳门</td><td></td><td></td><td></td><td></td><td></td></tr>
<tr><td>台湾</td><td></td><td></td><td></td><td></td><td>1</td></tr>
<tr><td colspan="2">外国籍</td><td></td><td></td><td></td><td></td><td></td></tr>
<tr><td rowspan="2">类别</td><td colspan="2">入境小计</td><td></td><td></td><td></td><td></td><td>25</td><td>25</td></tr>
<tr><td colspan="2">出境小计</td><td>46</td><td>8</td><td>1</td><td>5</td><td>12</td><td>72</td></tr>
</table>

2002 年查获及处理违法违规人员统计表(非偷渡人员)

单位:人次

		小计	未持证件		无效证件				扰乱管理秩序		擅自分团组团社	其他
			未持证件	未持签证或签注	证件无效	签证或签注无效	非法居留	未持有效出境证明或出境卡	违反登陆规定	违反口岸区域管理规定		
总计		456	1	3	9	13	38	4	16	362	28	
中国籍	合计	401		2	9	11	9	3		358	27	
	内地	392		2	8	11	1	3		358	2	7
	香港	2			1		1					
	澳门											
	台湾	7					7					

天津公安边防总队

2002 年天津市公安边防总队在公安部和天津市公安局的领导下,以邓小平理论和“三个代表”重要思想为指导,认真贯彻落实党的十五届六中全会和公安边防部队 2002 年党委扩大会议精神,以维护口岸安全为中心,牢牢地把握住边防业务建设这个中心环节,圆满完成了各项任务,确保了天津沿海和海上社会治安的稳定。

【严打整治】 2002 年,天津公安边防总队按照公安部边防管理局和天津市公安局统一部署,先后在辖区开展了打击盗窃机动车、禁毒、“严打”整治、反偷渡、打击盗抢渤海海面石油、季度治安专项治理等行动。在各次活动中,共出动警力 5475 人次,出海执行任务 97 航次,累计航程 3120 海里,走访渔船 5473 条次,渔民 1346 户 7410 人次,查处违反渔民管理的行政案件 294 起,查处治安案件 15 起,查处“三无”船舶 37 条,违规船舶 149 条,查处违规暂住人员 31 人,排除治安隐患 56 起。在反偷渡专项行动中,天津公安边防总队先后 2 次会同辽、冀、鲁三省公安边防总队在渤海湾开展了海上反偷渡联合统一行动。2 次参加了塘沽公安分局、渔政、港监等有关部门组织的联合执法行动。5 月 18 日,主动配合福建边防总队侦办“5.18”偷渡案。在部局、市局统一指挥下,会同有关部门在津抓获偷渡和组织运送人员 38 名。

【服务地方经济】 为贯彻落实十六大精神,全面实践“三个代表”重要思想,促进天津海洋经济发展,天津公安边防总队结合市公安局“服务经济建设,加快天津发展”新举措,针对出现的新情况、新问题,天津公安边防总队领导审时度势,带队深入到天津沿海塘沽、汉沽、大港三区党委、政府和企事业单位,在广泛听取各方面意见的基础上,认真研究,于今年初出台了《天津公安边防总队服务经济建设执政为民 19 条新举措》,新举措推出后,改进了服务手段,简化了工作程序,缩短了办理各类出海证件时间,提高了办事效率,实施跟进服务。海警支队、边防支队还结合工作实际,深入到辖区渔船民当中,发放《执勤执法征求意见表》120余份,总队还创办了《执勤执法个案分析简报》,有效的提高了官兵的执勤执法水平。干警们深入到居(村)委会、企事业单位、沿海滩涂开发现场,建立警务站,不断前移警务,下沉警力,为天津沿海经济发展创造良好的社会治安环境。同时,进一步延伸服务空间,加大对石油生产重点单位和工作现场的巡逻检查,在钻井平台作业高峰期,渔船捕捞作业高峰期和外地船舶来津聚集高峰期开展锚泊警戒工作,对重点生产作业船舶实施重点护航等,维护海上治安和生产作业的正常秩序,为各类中外船舶在天津海域正常航行、安全作业提供一个良好的海上环境。

【贴近百姓,服务群众】 天津公安边防总队在认真落实服务地方经济工作中,实现了警务公开,对执法依据和一些必要的收费标准进行公开,并实行警民联系卡,向渔民承诺24小时服务内容和便民措施,缩短了与群众的距离,受到了群众的好评。海警支队和边防支队以“双让”教育为契机,深入辖区渔船民中间,开展为渔船民服务,慰问驻地孤老户活动,深化了教育效果。一年来,总队共收到表扬信80余封,锦旗(匾)77面(块),官兵为群众做好事1103件(次),开展爱民活动34次,参加官兵1400余人,发放“双让”征求意见表423份,在“人人为困难群众做贡献”活动中,共捐款11818余元。

(夏艾生)

天津出入境检验检疫局

2002年,天津出入境检验检疫局在国家质检总局和天津市委、市政府的领导下,以“三个代表”重要思想和党的“十六大”精神为指导,转变观念,适应形势,锐意进取,不断创新,加快检验检疫工作重点转移,探索新的管理机制,强化各项检验监管措施,加大“科技兴检”力度,较好地完成了党和国家赋予的执法把关任务,在许多领域取得了突破性进展,为天津经济的健康发展做出了新的贡献。全年共接受报检51.2万批;检验检疫进出口商品22.4万批,金额140亿美元,其中检出不合格商品643批次,货值2.08亿美元;检验检疫交通工具1.14万余艘(架)次,集装箱67万标箱;完成出入境人员体检1.56万人次,预防接种2.84万人次。

【加强重点对象的检验检疫,维护国家利益和人民身体健康】 在动植物及其产品和食品检验检疫方面,全年共检出一、二类植物危险性病虫害18种,一、二类动物传染病22种,检出卫生安全指标不合格食品38批次。其中,在全国首次检出麦角菌超标,首次从智利进口水果中发现不符合议定书要求的项目,首次在进口加拿大雀麦种子中截获腥黑粉菌;在天津口岸首次截获黑高粱、剑线虫,首次从来自日本的牡丹苗和水仙种球中分别截获穿刺短体线虫和鳞球茎茎线虫,首次从入境旅客携带物中截获200余张生兽皮;在进口美国水果、种苗和木质包装中多次检出有害生物,在进境美国冻猪副产品中检出李斯特杆菌,从韩国输华货物木质包装中截获松材线虫,从进口新西兰、美国薯条中检出二氧化硫超标,在进口种苗中多次发现禾草腥黑穗病;完成了我国有史以来最大一宗进口澳大利亚种牛(2135头)的隔离检疫工作,并对其患有传染性疾病的种牛,进行了处理;在检验检疫工作交流中,为中美成都检验检疫会谈提供了必要的资料。还对韩国输华货物木质包装采取严格检验检疫措施,避免木质包装虫害进境。

在国境口岸传染病疫情防控方面,制定了天津口岸鼠疫、霍乱、炭疽病的防控预案,出台了传染病防治、医学媒介生物监测工作意见,加强对出入境人员、交通工具、货物的检疫查验力度,实施动态监测和控制。一年来,先后在国际航行船舶上发现蟑螂超标96艘次,其中严重超标28艘次,发现老鼠8艘次,在交通员工中检出梅毒抗体阳性1例,澳抗阳性13例,在出入境人员体检中检出各类传染病八百余人次,有关检验检疫做法得到了总局的充分肯定。

在涉及安全、环保商品的检验检疫方面,严格执行《进口汽车检验管理办法》和检验程序,探索新的检验模式,加强安全管理和检验,保证了汽车安全性能和品质;加强对出口打火机、点火枪等危险品的检验,针对发现的安全质量问题,指导企业改进技术,强化了产品的安全使用性能;合理调配人员、增添设备、提高监管技能,及时对新列入法检的进口石材、涂料实行检验监管,保证了人民健康和生态环境安全。

【强化业务管理,促进检验检疫工作水平提高】 为更好地实现局机关办公迁入滨海新区,便利进出口一线检疫的举措,在认真进行摸底调研的基础上,调整了部门分工,理顺了业务关系;制定了检验检疫工作流程和有关规范性文件,规范了各级岗位职责、权限;加强了业务分析和研究,通过建立完整的内部记录和分析体系,对质量数据进行综合统计,探讨建立风险分析机制,加大了对高风险商品的管理力度,增强了检验检疫工作的科学性和有效性;对报检、审证、归档率、空白单证管理等重点岗位和关键环节,全面检查,及时整改,严格了各环节间的监督制约,认真开展了"三查"活动,加大了业务检查的频次和力度,为检验检疫工作质量提供了可靠保证。

【严格依法行政,规范检验检疫工作秩序】 认真组织学习了《商检法》修订案,加强了相关法律知识的培训,以法律服务热线、法律服务信箱为载体,广泛宣传法律知识,强化了干部职工学法、守法、自觉依法行政的意识。对全局的行政执法稽查队伍进行调整,组织开展了执法专项检查,建立了案件通报、反馈制度,对执法程序、司法接待等工作进行规范,使全局的行政执法体系更加健全。在行政处罚方面,加大工作力度,坚持严格依法办事,做到执法必严,违法必究,对逃检、证单造假等违法行为进行了专项治理。全年共受理行政处罚案件1000多起,有效维护了法律的尊严。

【探索服务外贸的新途径,促进外贸发展】 积极实施"走出去"战略,加强服务型政府工程建设,落实该工程项目的标准及措施,在继续推行政务公开、急事急办、特事特办,24小时值班、预约报验、上门服务等制度的同时,先后推行实施了对外服务承诺制、预约服务制、首问负责制和行风公示等数项制度。

在保证工作质量的前提下,采取了一系列帮扶措施,建立了外贸企业主管部门协调会议制度,选取为外贸企业服务的最佳切入点,及时通报入世以来检验检疫政策和法律法规的变化情况、国际贸易规则及最新动态,了解需要重点扶持的项目和企业需求,积极推动外贸企业加快走向国际市场。

为提高通关速度,专门成立了通关处,负责受理换证凭单货物的报检查验,;积极推广"三电工程"建设,电子报检率除包装外达到100%;与北京局一起,进行了"绿色通道"试点,对诚信好、管理体系健全、产品质量稳定的19家大型企业提供便利,在对方口岸通关时,相互免于查验,缩短了通关时间,降低了出口成本,得到总局领导的充分肯定和外贸企业的好评。

不断调整检验检疫监管模式,扩大分类管理范围,在不断完善出口机电、轻纺产品生产企业分类管理的同时,对涉及安全、卫生、健康、环保的部分企业,实行从原料到产品的全程监控,将可能出现的问题消灭在生产过程中,确保天津地区养殖淡水鱼对韩国出口稳步增长,成为全国重要的出口活鱼基地。

考核发放临时质量许可证70余份,促使实施质量许可目录产品的出口量较去年同期增长了一倍以上;加强对有关食品生产企业的指导,使4家企业顺利通过了日本农林水产省的检查;对刚刚获得自营进出口权的企业加强指导，提高了有关企业利用普惠制的水平；在年初完成天津小站米原产地标记的基础上，年内完成了天津津酒集团和王朝葡萄酒公司原产地标记材料初审上报和十多家企业原产国标记的调查发证工作；积极与韩国检疫机关合作和交流，在全国首次恢复了对韩饲草出口，为输韩饲草解禁作出了贡献。

【加大科技工作力度，增强检验检疫实力】 在科技人才培养方面，狠抓学科带头人的培养，对首届 24 名学科带头人的工作进行了总结，进一步完善了培养办法，评选产生了新一届的 9 名学科带头人及若干培养对象，另有 25 人成为天津市科技发展计划项目评估专家。

在实验室建设方面，加大资金投入，对动植食分中心进行了改造，扩建了危险品包装实验室，筹建了自行车实验室、结核实验室，增添了高、精、尖的仪器设备，增强了检验检疫手段和能力，扩大了检验检疫范围；化工危险品实验室针对欧盟对我出口打火机设置的技术壁垒，开展打火机对儿童危害性的分析，为我国对外交涉提供了有力的技术支撑，该实验室还被总局指定为首批进口涂料专项检测实验室和备案机构；一些实验室通过参加国内外水平测试活动，扩大了自身影响。

在科研、制标方面，把重点放在打破国外技术壁垒、探索快速检验检疫方法上，科研和制标项目的档次有较大提高，有的属于“十五”国家重大科技专项，有的填补了国内空白，个别项目已达到国际先进水平；在全国卫生检疫专业的行业标准立项中，天津局承担项目之多在系统内排名第一，牵头制定的《国境卫生检疫行业标准编写基本规则》填补了国内空白；在 55 个危险品强制性国家标准中，天津局承担了 40 个标准的制定任务，而且是经国家质检总局和国家标准委批准唯一能够采取快速程序制标的单位；该局自行研制的用于危险特性检测的氧化剂设备还获得尤利卡国际发明金奖。

【创新管理体制，推动了管理工作的科学化和规范化】 按照科学管理的原则，在建立科学、有效的管理模式方面进行了积极探索，制定出台了符合自身特点的管理机制概要，依据概要确定的原则，各个部门建立了内控机制手册，全局初步形成了岗位职责清、行为有准则、事事有人管、一级抓一级的管理网络。

为确保机制的建立和有效运行，天津检验检疫局将其纳入目标管理考核，组建了专门机构，负责考核的组织、协调、推动。通过三个季度的考核，各部门对推行管理机制的认识逐步深化，全局的管理工作，正在朝着科学化、规范化的方向发展。随着管理氛围的形成，各部门主动抓管理的意识明显增强，结合部门特点和工作实际，积极改进管理方式，强化管理措施，发挥管理效能。规范了中大修改造项目招投标制度，增强了资金使用的透明度，避免了暗箱操作；认真落实审计决定的基础上，进一步完善了财务制度，规范了财务管理；加强信息宣传管理，信息报送的数量和质量都有显著的提高等。

【注重提高人员素质，保持队伍健康发展】 注意摸清干部职工思想现状，把引导干部职工转变观念、强化创新意识作为思想教育的着力点，充分发挥党、政、工、团等部门的作用，通过组织不同层次的政治理论学习、演讲、主题教育、文明创建等活动，深化了对“三个代表”重要思想内涵的认识，营造了健康向上的良好氛围，逐步增强了干部职工的大局意识、创新意识、竞争意识、机遇意识、忧患意识；深入开展党员示范岗创建活动，全局确立 93 名个人和 37 个集体，辐射到各个部门和各项工作，在醒目位置公布成员名单、创建目标、服务承诺、示范标牌，公开接受监督，并将创建情况纳入年终考核，对不合格的给予摘牌处理。

在加强廉政建设和反腐败工作中，通过组织开展权力观教育和党员民主评议活动，调整党风廉政建设领导小组，重新层层签订廉政责任书，重新确定兼职监察员，聘请社会廉政监督员，与检察机关建立例会制度，签订了预防职务犯罪的合作协议书，建立了廉政公示制度等一系列工作，使内部监督网络更趋健全，使队伍建设得到了进一步加强。

（吴中津）

2002年天津出入境检验检疫主要业务统计表

金额单位：亿美元

进出口商品检验				进出境动植物及其产品检疫					
批次	金额	检出不合格		动物及其产品			植物及其产品		
		批次	金额	批次	金额	检出一二类疫情批次	批次	金额	检出一二类疫情批次
224273	140	643	2.1	7834	4	28	42484	3.2	35

出入境卫生检疫						
疫病监测					交通工具	
查验出入境人员(人)	监测体检(人)	爱滋病监测(人)	预防接种(人)	发现问题(人)	船舶(艘)	飞机(架)
492158	15550	13508	28360	2358	8410	3012

天津海事局

2002年，天津海事局以水上交通安全监督管理为中心，以确保辖区水上安全形势持续稳定、航海保障坚强有力为目标，团结奋进、开拓创新，取得了两个文明建设协调发展的好局面。全年共办理国际航行船舶进出口手续11312艘次、国内船舶签证13240艘次；危险货物进出口签证6220艘次，监装船舶596艘次；处理海上交通事故47起。

【深化现场监督检查，保障船舶安全】 以“四客一危”及沿海船舶监督管理为重点，保障开航前检查率、重点跟踪船舶、重点船舶的安检率均达到100％。使本港籍船舶在国外PSC检查中无被滞留情况，开航前检查船舶的缺陷率从2000年9.8项已下降为5.2项。同时，在对重点地区沿海船舶登轮签证情况进行统计分析的基础上，有针对性地加强监督管理，有效遏制了沿海船舶进出港违章现象，“脱黑降滞”工作取得显著效果。根据中国海事局部署，先后完成了船舶检验质量检查、改装油轮技术状况复核、液货船专项检查等活动，发现和纠正了载重线勘划不规范、船龄与实际不符、缺乏稳性计算资料等检验问题，对其中2艘船舶存在较严重问题的情况向部局作了专题报告。在船舶检验管理中，注意将验船质量检查与船舶签证及船舶安检结合起来，实现了从源头上把好船舶安全关的目标。

【进一步加大防治船舶污染水域管理力度】 开展了本港籍小型船舶防污染集中检查，及时发现并解决问题，保证了辖区水域清洁。转变观念完善船舶运输危险货物管理模式，取消了监装的监管方式，针对危险货物在不同季节和环境下的危险性强化了现场抽查。坚持开展危险货物集装箱装箱场站信誉等级评定制度，督促装箱场站严格内部管理，增强了装箱人员提高装箱质量的自觉性，取得了显著成效。

【水域巡航工作日趋规范】 海区巡航突出了对海上油田水域及习惯航路的巡视，巡航覆盖面不断扩大。在港池和锚地巡航中与公安部门协同清理碍航渔船，加大了对“三无”船的打击力度。全年共清理碍航渔船 479 艘次，销毁“三无”船 2 艘。随着天津港的发展，大型港口工程建设不断增多，天津海事局坚持在工程前期论证时就积极参与，使工程设计和施工方案能够充分考虑通航管理的意见和建议。充分发挥 VTS 作用，密切注意重点船舶动态，合理组织交通流，及时协调解决天津港航道改造等重点工程施工与通航的矛盾，为天津港口生产和工程建设顺利进行做出了贡献。

【海上搜救中心的职能进一步完善，综合协调指挥能力进一步提高】 搜救投入的加大，海上医疗联动制度的建立，增强了搜救中心的运作实力。全年共组织海上搜寻救助 44 起，救助船舶 30 艘次、人员 30 人，救助成功率 95%以上。在处理 11·23“塔斯曼海”轮原油泄漏事故中，快速调集天津地区所有应急反应力量对溢油采取有效措施，迅速及时地控制了污染，得到了市政府的充分肯定。

【加强法制建设，严格依法行政，提高执法队伍素质】 严格按船员质量管理体系规定开展船员考试评估和发证工作。以循序渐进，逐步提高船员素质的思路，完成了本局管辖的包括乡镇船船员在内的船员专业培训和特殊培训，做到了持证上岗。以“四客一危”为重点，继续深化船员证书、船员实际操作和安全知识检查，“四客一危”船舶的检查率为 100%，对违章及不合格的船员进行了严肃处理。全年实施行政处罚 178 起，实施禁止船舶离港 17 艘次，无一引起复议和诉讼案件。

【航海保障工作坚强有力】 天津海事局共管辖各类航标 854 座，全年航标维护量 286472 座天，航标维护正常率 99.99%，航标正常率 99.98%，RBN/DGPS 台站信号可利用率 99.98%，VTS 监控系统可利用率 99.98%。海道测量工作严把质量关，全年完成测绘工作 1580.65 平方公里，绘港口序列图 12 幅，制图合格率 100%，优良率 90%以上。通信部门加大业务管理力度，努力提高报、话服务质量，确保水上遇险安全通信畅通、高效，全年通信差错率为 0，通信设备完好率为 99.3%。

【依靠科技进步，提升管理水平】围绕天津港口水上交通运输发展目标，组织力量超前进行相关研究，参与了天津港北大防波堤、东突堤北侧泊位改造、主航道十五万吨级航道一期工程、“基辅”号航母落位、“东方公主”游船落位塘沽等大型工程项目的前期论证。针对曹妃甸水域频繁发生海上交通事故的情况，根据该水域气象条件、自然条件、船舶交通流量分布、现有助航设施、现用海图等情况，结合 10 年来发生海事的地点、类型、特点，进行了全面综合的分析，对建立曹妃甸水域船舶定线制必要性、可行性进行了论证，确定了曹妃甸水域船舶定线制方案(初稿)。另外，测绘新技术、新设备的推广应用工作也取得实效。多波束、小型多波束系统和侧扫声纳系统的应用，在“5·7”空难抢险扫测任务和黄骅港应急扫海服务等工程中发挥了重要作用，手持 GPS 单点定位精度由 5M 提高到 1—2M。“天津港船舶引航系统”经过 50 多艘船舶引航使用，通过了天津港务局组织的项目验收，为大型集装箱船及超大型船舶进出天津港提供了安全引航保证。局视频电话会议系统的建设拉近了局各单位间的距离，为数据交换、电子办公的实现创造了条件。

(于大威)

2002 年全年航政管理工作

船舶监督管理（艘次）	船舶进出口艘次			交通管制	船舶安全检查	船舶登记
	船舶进出口联检	船舶进出口签证	本港籍船舶定期签证			
	11312	13240	124768	43440	347	1687

船舶危防管理（艘次）	危货进出口签证		危品监装	集装箱检查	防污检查	船舶废弃物管理	
	进口	出口				油污水	垃圾
	3296	2924	596	322	1357	1407	5109

通航管理（次）	航行警通告	海事签证	海上搜救	水域巡查		处理海上交通事故				
				港区	海区	重大	大	一般	小	经济损失（万元）
	329	99	44	1041	16	2	2	11	32	34.8（不含待定部分）

船员证件管理	各类专业培训	各类专业培训发证	签发海员证	船员考试	签发适任证书	服务簿签发
	8780	21308	6069	1497	5952	3826

行政处罚（件）	行政强制		行政处罚
	滞留	其他	
	17		8

2002 年全年航海保障工作

<table>
<tr><th colspan="2">(一)航标工作</th><th>计划指标</th><th>实际完成</th><th>(二)海测工作</th><th>计划指标</th><th>实际完成</th></tr>
<tr><td colspan="2">航标维护工作量(座天)</td><td>286525</td><td>286472</td><td>外业测量(平方公里)</td><td>1580.65</td><td>1580.65</td></tr>
<tr><td colspan="2">航标维护正常率(%)</td><td>99.8</td><td>99.99</td><td rowspan="2">内业制图(幅)</td><td rowspan="2">12</td><td rowspan="2">12</td></tr>
<tr><td colspan="2">航标正常率(%)99.899.98</td><td></td><td></td></tr>
<tr><td colspan="2">RBN/DGPS 站信号可利用率
(1 米定位精度)(%)</td><td>99</td><td>99.98</td><td>(三)通信工作</td><td>计划指标</td><td>实际完成</td></tr>
<tr><td rowspan="2">VTS 设备
工作情况</td><td>系统可利用率(%)</td><td></td><td>—99.98</td><td rowspan="2">电报差错率(‰)</td><td rowspan="2">0.4(年)</td><td rowspan="2">0</td></tr>
<tr><td>设备完好率(%)</td><td></td><td>—94.4</td></tr>
<tr><td colspan="2">大中型航标船
海上作业情况</td><td colspan="2">更换灯浮标:97 座
作业航次:4
巡检航次:10
航程:2400 海里</td><td>(四)船舶完好率(%)</td><td colspan="2">100</td></tr>
</table>

天津口岸专稿

实施“大通关”战略服务和支持外经贸发展

天津市政府口岸工作领导小组副主任　周德洪

为实施“大通关”战略,进一步发挥口岸优势和功能,服务支持我市及腹地外向型经济发展,天津口岸认真贯彻国务院办公厅《关于进一步提高口岸工作效率的通知》精神,全面落实天津市领导提出的建设“成本低、服务好、速度快”一流口岸的要求,采取各种措施优化口岸环境、推动通关提速并取得明显成效。通关效率已接近和达到年初确立的“海港通关手续时效 24 小时左右、空港 12 小时左右”的目标,为外经贸发展创造了良好环境。主要工作情况是:

一、从工作机制上有利于外经贸发展

政府机构改革后,为贯彻落国务院办公厅《关于进一步提高口岸工作效率的通知》精神,更好地支持外经贸发展,2002 年天津市政府召开了天津口岸工作会议,专题部署推动口岸大通关工作,并批转了口岸办《关于进一步改善口岸环境提高工作效率的意见》,成立了以主管副市长为组长,17 个政府部门和口岸单位领导为成员的口岸工作领导小组。天津市原口岸管理委员会撤消后保留四个处室编入市外经贸委,市外经贸委加挂天津市人民政府口岸管理办公室的牌子,口岸办作为口岸工作领导小组下设机构处理口岸日常事务。同时,建立并启动了口岸通关“三个机制、四项制度”,即:口岸工作协调机制,口岸工作督察机制,口岸服务快速反应机制,口岸通关联席会制度(货物通关、船舶查验、反偷渡),口岸重点企业联系制度，口岸长假期间通关加班制度，口岸信息联络制度。

为进一步加强和完善口岸工作，今年，天津市政府提出“全面实施大通关措施，提高口岸通关效率，建设一流口岸”的任务，并将此写入市政府工作报告。制定并启动《天津口岸快速通关工程实施方案》，按照确定的总体目标和相关措施组织实施天津口岸快速通关工程。对口岸工作领导小组及所属机构进行调整，由天津市常务副市长任口岸工作领导小组组长，增加政府六个职能部门为成员单位；成立了由市政府办公厅副秘书长牵头的口岸大通关四人特别协调小组，处理口岸通关有关重要事项；增补天津海关、天津出入境检验检疫局、天津海事局、天津边检总站、天津港务局的副职为口岸办副主任，加强口岸大通关日常工作的组织管理与协调。同时，修改并完善了口岸工作“三个机制、四项制度”。从工作体制和机制上进一步规范和加强了口岸工作，推动了大通关工作顺利的进行。

二、优化口岸环境促进外经贸发展

1、明确通关量化目标和责任。

——确立通关时效目标。在工作调研和广泛征求意见的基础上，天津口岸确立了今年货物通关时限量化目标。2003 年，实现通关手续时限为：海港 24 小时、空港 12 小时；实现通关提发货周期为：海港进口 3 天、出口 2 天，空港进口 2 天、出口 1—2 天。

——强化目标责任。按照通关总目标，天津口岸各单位分别细化各自通关时限，向市政府签订《快速通关工程责任保证书》，切实履行服务承诺和责任保证。口岸办进行通关跟踪和调研，及时发现并解决相关问题，建立并落实口岸通关量化目标月报统计考核和通报制度，做好相关服务工作和督促检查，确保通关各阶段性目标的实现。

2、制定并落实各项优化通关服务措施。

——转变作风，实现政府提效与通关提速的统一。按照“转变职能、转变作风、提高效率”的要求，外经贸委组织口岸各有关部门参加“建设服务型政府、营造国际化环境”工程，各参建单位将通关服务列为“工程”的基本项目，认真抓好落实，努力实现政府提效；同时，外经贸委并口岸办经过两年艰苦努力，在天津市各政府部门中率先通过 ISO9000 国际质量体系认证，工作质量和工作效率明显提高。为使口岸服务快速反应机制落到实处，口岸办不分节假日，设立 24 小时通关工作值班室，随时受理通关服务和投诉；坚持历年来的做法，重点抓好特资、重要物资、大宗散货、船舶查验、快件航班、国际班轮（游船）、要客团组等出入境通关现场组织和协调工作。口岸各主要通关“窗口”，实行单位、部门主要领导现场办公制度，设立“通关应急岗”，实行“首问负责制”。

——推行务实、便民、高效的服务举措。天津口岸各有关单位以实际行动全力支持“大通关”，分别推出了特事特办、设置绿色通道、改革通关模式、调整监管格局和工作流程、减免通关费用等各项便捷通关措施，为不同需求的企业打造可供选择的“通关自选商场”。口岸办编印了第三轮服务承诺汇编和《2003 年天津口岸“大通关”目标与措施》，推行服务承诺和政务、检务公开。

——大力开展共建文明口岸活动。按照通关新要求，运用口岸文明共建载体，广泛深入地开展优质服务竞赛活动，定期进行工作督察和问卷调查，大力宣传口岸快速通关工程，营造良好的服务氛围，为中心工作服务。

3、通关效率有了新的提高。

前九个月，天津口岸通关速度进一步加快。

——办理货物通关手续实现提速。海港进口通关有效工作时间平均 17.33 小时(报检、报关至放行,港航办理收、发货;下同)比去年平均快 15.37 小时;出口通关有效工作时间平均 6.32 小时,比去年平均块 3.98 小时。空港进口通关有效工作时间平均 11.79 小时,比去年平均块 12.75 小时;出口通关有效工作时间平均 4.52 小时,比去年平均块 2.91 小时。

三、积极推进通关改革,为外经贸发展创造良好环境

继去年实施无纸通关试点,保税区分批出区、集中报关,提前申报、实货放行等一些列新的通关模式的基础上,今年,天津口岸继续推进通关工作改革,进一步加快了通关速度。

1、改进通关模式。

天津空港口岸实施"空中申报、落地放行"新通关模式,不需查验的货物落地 5 分钟放行,分拣后 10 分钟提货。天津海港口岸对开发区货物通关实行"直提直放",通关时间由 1 天缩短到 2 小时。天津出入境检验检疫局在市区和港口建立并启动 2 个快速验放中心,适用企业换发通关单由 1—2 天缩短到 2 小时以内;并对内地企业作出承诺,货物出口换发通关单由 4 小时缩短到 15 分钟。在前一阶段工作的基础上,我们将进一步组织工作调研,推动焦炭等大宗散货出口通关改革。

2、加大推行分类风险管理力度。

天津海关新批部分企业享受便捷通关措施,进一步扩大了"绿色通道"适用企业范围。天津出入境检验检疫局积极推行"源头管理、过程检验、抽批检验",扩大产品出口认证企业范围,由年初的近 30 家扩大到 118 家。在此基础上,又分步对木包装、金属材料和竹、木、草 100 余家生产出口企业进行认证考核。这些企业认证后将全部进入快速验放中心办理通关。天津海关、边检和海事部门试行信誉船舶查验风险管理,对进境船舶分别实行"海上申报"、"网上报检"、"进出境一次检验",船舶在港时间平均缩短 3.6 小时。提高了监管质量和工作效率。

3、建立"一站式"通关服务。

天津海关对海运口岸监管格局进行了重大调整,将原来 3 个分支海关合并重组为天津新港海关,实现了海运口岸集中审单、接单、查验"三个集中"和一个现场、一个标准、一个尺度的监管格局。在此基础上,市政府决定,将海关、检验检疫及相关单位的通关业务部门集中联合办公,实现报关、报检及相关通关业务相互贯通。2003 年底组建事业编制、企业化经营的"天津口岸通关服务中心",形成"一站式"办公模式,为企业提供"一条龙"通关服务。

4、加快电子口岸建设。

天津海关协调国税、外管、工商等部门共同做好入网用户集中审批工作,到目前已发展入网企业 3000 余家。同时,天津口岸各单位就电子口岸联合办公、业务联系配合、各职能部门联网等进行协商,并提出了工作意见,加快了电子口岸建设进度。另外,天津口岸职能部门积极推进与加工贸易企业联网和检验检疫"新三电工程"并取得明显成效。

5、改进港、航通关作业。

天津港修订《班轮管理办法》,将集装箱船舶在港作业时间由 24 小时压缩到 20 小时以内;打破常规制定新的《集装箱转栈规定》,在规定期限内免收转栈费用,大大降低了物流成本,加快了箱货流转;运用现代技术实现生产过程实时监控,加强现场管理,提高作业效率,集装箱装卸船舶单桥作业每小时由 29 箱增至 31 箱;集装箱检查桥过磅单车作业、各营业厅办理业务手续、港口收发箱作业时间分别控制在 2

分钟、10 分钟、1 小时以内。空港口岸针对企业需求，调整工作流程，增加晚班放单提货人员，增购装卸设备，改进装卸办法，调整货区布局并增设危品仓库，改进地面航班数据传输办法，对特殊产品设置快速提、发货通道，为转机旅客提供“一票到底”服务等措施，不断完善服务功能，加快人员、货物和交通工具通关速度。

四、扩大开放，进一步拓展服务领域

1、及时做好口岸开放。

在海关总署、质检总局以及交通部等大力支持下，及时为渤海海域新增海面油田交货点办理对外开放手续，拓展了天津口岸的对外开放，并有力地支持了外向型经济的发展。围绕天津港的大规模改扩建，及时组织实施新建港区各个码头的验收与开放，保证了各个泊位按期投产使用。

2、积极推进口岸延伸和口岸直通。

为了支持西部开发，服务内地外向型经济发展，近两年，我们与内地各口岸联手，相继组织实施快速转关和开通“五定班列”，为便捷内地货物通关构筑了绿色通道。同时，我们运用区位优势，加强与北京的合作，实现了北京朝阳口岸与天津海港口岸直通。近一个时期，我们又联合筹备京津空港口岸直通工作，并于 8 月份开始了京津空港口岸直通试运行。

五、加快口岸设施建设，为外经贸发展奠定基础条件

1、加快口岸信息平台建设。

为提升天津口岸信息化水平，从根本上实现通关提速，我们在调研论证的基础上，借鉴上海经验，组织筹建天津口岸信息平台。经过积极筹备，目前已进入开发信息软件阶段，计划年底建成并实现一期功能，明、后两年进一步整合相关信息资源实现二、三期功能。届时，天津口岸通关工作将全部进入信息平台运作，运用现代信息科技解决通关提速问题。

2、大规模实施港口改扩建工程。

为全面提升天津港口的综合通过能力，天津市政府决定从今年开始到 2010 年，投资 273 亿元，围绕天津港扩大规模，提升等级，调整结构，改善环境，建设港区内十大工程项目和港区外二十项配套项目。各相关项目已于 5 月份开工建设。到 2005 年，投资 140 亿元，大幅度提升港口吞吐能力，构成天津港集疏运的基本骨架；到 2010 年，把天津港建设成为现代化、国际化深水大港和东北亚地区国际集装箱枢纽港，中国北方最大的散货主干港，国际物流和资源配置的枢纽港，实现货物吞吐能力翻一番、集装箱吞吐能力翻两番的目标。为配合港口改扩建，我们相应制定了口岸查验配套建设项目实施方案，根据港口建设情况及时跟进，确保口岸通关查验设施完善配套。

下一步，我们将按照国办发明电 38 号通知精神和市委、市政府关于加速通关工作的要求，围绕建设“成本低、服务好、速度快”一流口岸目标，学习和借鉴上海、深圳等兄弟口岸先进经验，积极实施天津口岸快速通关工程，不断改进和推动天津口岸的工作，为所有客户特别是腹地外贸发展提供热情优质服务。

天津港：中国北方第一大港

【概况】 2002 年，天津港按照天津市政府确定的努力把天津建设成为现代化的港口城市的目标，加大

港口建设力度，积极发挥港口辐射功能，努力拓展服务范围，经济腹地延及华北、西北的北京、河北、山西、内蒙古、陕西、甘肃、青海、新疆、宁夏等省市区及河南、山东两省的部分地区，总面积达450万平方公里。

天津港同世界的交往不断扩大，现已同160多个国家和地区的300多个港口有贸易往来和业务合作。2002年来外贸进出口量位居国内港口前四名行列。在全国500强企业综合评价中位居第347位，居国内港口行业第二位。

截止2002年，天津港资产总值已达129亿元，港区面积220平方公里，其中陆域面积37平方公里；全港各类泊位140余个，其中公用泊位76个，53个为万吨级以上深水泊位；其中包括当前世界上最大的现代化焦碳泊位、2个专业化的煤码头、能停靠第五代和第六代大型集装箱船舶的8个集装箱专用泊位。天津港主航道为十万吨级航道，水深达到－15米，10万吨级船舶可全天候进出天津港，15万吨级船舶可乘潮进港。

【港口生产指标完成情况】 2002年全港吞吐量完成12906万吨，为天津市下达年计划10500万吨的122.9%，较上年同期增长13.5%，集装箱吞吐量完成240.8万TEU，较上年同期增长19.7%。其中，外贸进口完成2861.9万吨，较上年同期增长27.9%；外贸出口完成4144.9万吨，较上年同期增长5.3%；内贸进口完成1241.6万吨，较上年同期增长18.7%；内贸出口完成4657.8万吨，较上年同期增长12.2%。2002年天津港总吞吐量和集装箱吞吐量在全国主要沿海港口中均排名第四位，外贸吞吐量在全国主要沿海港口中均排名第三位。

2002年天津港货物吞吐量完成情况

		2002年	2001年	增长%
全港货物吞吐量(万吨)		12906	11369	13.5
外贸进出口量(万吨)	进口	2862	2237	27.9
	出口	4145	3935	5.3
	进出口合计	7007	6172	13.5
内贸进出口量(万吨)	进口	1242	1046	18.7
	出口	4658	4151	12.2
	进出口合计	5899	5197	13.5

天津港近 10 年吞吐量递增情况表

年份	吞吐量(万吨)	增长率(%)	集装箱吞吐量(万标箱)	增长率(%)
1993	3719	27.0	48.2	22.3
1994	4652	25.1	63.1	30.9
1995	5787	24.4	70.2	11.3
1996	6188	6.9	82.3	17.2
1997	6789	9.7	93.6	13.7
1998	6818	0.4	101.8	8.8
1999	7298	7.0	130.2	27.9
2000	9566	31.1	170.8	31.2
2001	11369	18.8	201.1	17.7
2002	12906	13.5	240.8	19.7

2002 年天津港集装箱航线统计

序号	航线		条数	
			2002 年	2001 年
1	远洋航线	波斯湾	4	32
2		欧地	3	4
3		美国	2	3
远洋航线小计			9	10
4	近洋航线	日本	12	11
5		韩国	18	14
6		香港	4	5
7		东南亚	5	4
8		台湾	1	1
近洋航线小计			40	40
9	国内航线	内支线	32	10
10		内贸	13	10
国内航线小计			16	12
合计			65	62

2002年天津港集装箱完成比较

航线	2002年		2001年		同比增长%
	完成箱量（万标箱）	占总箱量%	完成箱量（万标箱）	占总箱量%	
远洋	62.9	26.1	51.5	25.6	22.1
近洋	127	52.7	111.0	55.2	14.4
内支线	6.4	2.7	5.9	2.9	8.5
内贸	43.9	18.2	32.5	16.2	35.1
总箱量	240.8	100	201.1	100	19.7

港口基本建设情况

2002年共完成港口基本建设投资16亿元，为天津港历年之最，超过年初计划13亿元的23%，超过市计委下达指标15.2亿元的5.3%。主要工程项目进展全部达到计划要求，《天津港总体规划》修编通过审查，南疆煤码头工程项目获得了交通部水运工程质量奖。

（一）2002年完工项目

1、南疆煤码头工程于1994年4月开工建设，总投资21.5亿元，于2002年7月完工，形成2,000万吨吞吐能力。

2、10万吨级航道工程于2000年8月开工建设，总投资为3.86亿元，于2002年6月底竣工，全长27km的天津港主航道，水深达到－15m，底宽为210m。

3、南疆散货物流中心2000年7月11日开工奠基。截止2002年底已经完成6平方公里煤炭交易、储存场地的建设开发。

4、临海路集装箱堆场工程于2001年4月开工建设，总投资1.99亿元，总面积27万平方米，2002年6月竣工投入使用。

5、南疆15万吨级通用散货泊位工程。于2001年4月开工，总投资3.75亿元，为15万吨级泊位，于2002年8月完工。

6、天津港6段及增6段泊位集装箱化改造于2000年10月开工，投资1亿元，吞吐能力为20万TEU，于2002年6月竣工投产。

7、南疆1号靠船墩改造为15万吨级石油专用泊位工程于2001年4月开工，总投资2.53亿元，形成800万吨的吞吐能力，2002年10月竣工。

8、天津港7、8号泊位集装箱化改造工程，总投资1.7亿元，设计能力为25万TEU，2002年2月开工，2002年底投产。

9、港区道路改造、环境美化工程。2002年2月开工建设的港区绿化美化工程，包括二号路2.2公里长的绿化带和若干个集中绿地，工程投资1500万元，于2002年10月完成了主要景点的建设。

（二）2002年新开工项目

1、东突堤北侧改造工程，总投资18.55亿元，将原来6个件杂货泊位改造为4个第五代、第六代集装箱专业泊位，设计能力为160万TEU。该工程于2002年6月开工，计划一年半完成，工程完成后，标志着天津港大规模的老码头改造工作基本完成，下一步天津港将进行大规模的南、北疆港区的新建工程。

2、北大防波堤一期工程，总投资约5亿元，在2002年6月开工，计划用2年时间完成。

3、散货物流中心皮带长廊工程。为使从天津港南疆散货中心到南疆煤码头、焦炭码头实现无污染运输，皮带长廊工程2002年6月开工建设，计划2003年10月投产，总投资4亿元。

4、15万吨级航道完善工程。在2002年6月完工10万吨级航道工程建设同时，开工十五万吨级航道一期工程。

（赵津）

天津港铁路货运运输

天津铁路分局塘沽站是天津港铁路货运运输的重要路段。地处天津市塘沽区，位于京山线中段为一等站，西距首都北京178公里，是天津铁路枢纽的一个客货综合性港口站，为纵列式二级三场。对外营业站有塘沽站、塘沽南站和新港站。车站主要服务于以港口为龙头的滨海新区，担负着天津港内外贸集散港物资的运输任务以及制碱、制盐、海洋石油、化工、造船等工业部门物料的运输，是天津滨海地区物流集散的主要站点。

塘沽站设计日编解能力　8912辆。主要货运设施　：货场2个，塘沽和塘沽南货场，总面积77915平方米；货物仓库4座，5129平方米；货物雨棚1座，714平方米；货物站台4座，5432平方米；装卸线10条，全长2494米，装卸有效长1601平方米；货场一次堆货量23069吨，年办理量214.4万吨，折合货位299个；大型装卸机械6台，最大起重能力40吨；小型装卸机械18台。全站共分为塘沽、南站、新港编组场、一区、二区、三区、四区、五区八个作业区，拥有大小十二个车场，车站线路总延长260公里，配备“东风7”型内燃调车机车7台，担负着55家215条专用线的取送作业和全站编、解、取、送、交流越区作业。具有线长、点多、专用线多、道口多、线路曲线多和管理分散的特点。塘沽站2002年日均装车658.2车，日均卸车1465.2车，完成运输收入64538万元，年内刷新了运输收入、装车、发吨、静载重等四项历史纪录。截止2002年12月31日，车站安全生产实现2358天，荣获天津口岸十大诚信名牌企业、路局级企业技协先进单位、路局级档案达标先进单位、天津市卫生达标先进单位、天津市企业科协先进单位等称号。

（齐学忠）

2002年塘沽站主要指标完成情况

	单位	计划	完成
办理车数	日车	—	—
货物发送量	万吨	1248.0	1377.9
旅客发送量	万人	139.0	142.8
行包发送量	吨	3200.0	3129.3
装车	日车	600.0	658.2
卸空车	日车	1450.0	1465.2
静载重	吨	57.0	57.4
中转时间	小时	—	—
停留时间	小时	18.8	17.2
部属车保有量	日车	440.0	403.4
运输收入	万元	64538	64538

天津口岸大事记

1月10日

天津海事局"VTS雷达数据解读软件"通过了部级鉴定,实现了雷达跟踪数据与电子海图的准确融合,为雷达目标跟踪数据的远程传输开辟了网络信息共享渠道。这一成果为国内首创,达到国内先进水平。该软件可通过拨号上网直接调取天津港交通实况。

1月11日

海河内的郑家台码头项目合作意向书签字仪式在东丽区举行。东丽区经济投资发展有限公司和天津港埠三公司组建合资企业,共同经营郑家台码头。港务局副局长田长松、东丽区常务副区长弥尚华分别在意向书上签字。

1月15日

天津出入境边防检查总站召开第二届特邀监督员座谈会,邀请的部分市人大代表、区人大代表和相关业务单位的代表,对总站的工作提出意见和建议,总站长宋庆维、政委李栓锁、副总站长宿鹏翔和总站各部门负责人参加会议。

1月19日

国际移民组织代表团一行三人来天津出入境边防检查总站交流座谈。副总站长宿鹏翔、总站业务处副处长张惠海参加了座谈。

1月22日至24日

由天津海事局承办的“2002年交通部直属海事系统工作会议”在天津开发区泰达国际酒店召开。交通部有关司局领导、部海事局有关领导及全国直属海事局党政领导参加了会议。天津市副市长王述祖到会看望了会议代表。

1月29日

中共中央委员、武警总部政委徐永清上将一行在海关总署副署长刘文杰、117师副师长邢伟志、天津海关关长赵桂芬等领导陪同下视察在津协助海关执行监管任务的武警官兵。

1月29日

以日本东京都港湾局经营部部长浅仓义信先生为团长的东京港振兴使节团一行访问天津港。浅仓义信先生代表东京港湾局长川崎余康先生与王恩德局长分别在2002年至2006年两港友好交流协议书上签字。

2月1日

天津检验检疫局局机关从市区迁址滨海新区(天津经济技术开发区第二大街兆发新村8号),实现办公临近港口,更加高效地为港口进出口把关服务。

2月7日

天津出入境边防检查总站召开“争先创优表彰大会”,表彰了在工作中成绩突出的“业务标兵”和“执勤能手”。

2月7日

国务院安全生产委员会副主任、国家安全生产监督管理局局长张宝明率国家安全生产督查组一行8人,在天津市副市长杨栋梁陪同下莅临天津港进行了为期两天的安全生产检查。

2月8日

天津市外经贸委暨天津市人民政府口岸管理办公室在新港国际海员俱乐部召开迎新春中外海员招待会。来自俄罗斯、菲律宾、印度等国家的海员朋友与中远公司的海员朋友以及天津口岸有关单位的领导、同志们欢聚一堂,共渡新春佳节。招待会上,周德洪同志代表天津市外经贸委、天津市人民政府口岸管理办公室发表了热情洋溢的新春致辞。

2月8日

中共天津市委副书记刘峰岩率领市政府春节慰问团,慰问天津市公安边防总队海警支队全体官兵。

2月11日

天津口岸文明共建活动领导小组向口岸各单位印发了《天津口岸2002年文明共建活动安排》,提出2002年天津口岸的文明共建活动,以口岸经济工作为中心,贯彻实施《公民道德建设实施纲要》,深入开展以提高口岸职工道德和口岸整体服务水平为重点的形象工程建设,努力营造“成本低、服务好、效率高”和与入世接轨的口岸环境,努力拼搏,开拓创新,与时俱进,为我市改革开放和建设现代化港口城市,实现口岸工作跨越式发展,建设全国一流、国际先进的现代化口岸而努力。主要内容:一是认真贯彻落实市领导指示精神,夯实基础,增强后劲,为共建活动深化发展提供保障;二是加大共建力度,增强凝聚力,合力应对“入世”新挑战;三是狠抓重点,促进服务工作实现新跨越。

2月27日

天津口岸办在天津滨海国际机场快件中心召开了由口岸查验单位机场办事处、机场客货运公司和航空货运代理公司参加的关于保证韩国进口快件货物及时通关会议。与会单位共同研究了具体保证措施，并形成会议纪要予以落实。

2月28日

天津港一港池7、8段码头集装化改造工程开工。改造后该码头全长367米，前沿水深－11.5米，计划投资1.84亿元，设计吞吐量为25万TEU。

中德动植物检疫加强项目专家组长WILLERS博士等人来访天津检验检疫局。双方提出了关于搞好中德项目的初步构想和要求，客人还考察了动植食分中心和进境动物检疫隔离场。

3月5日

中美检疫除害处理方法联合研究试验小组美方专家ALAN　V. DARAK先生一行来访天津检验检疫局，双方就加强检疫除害处理进行了有益探讨。

3月12日

天津机场海关在天津滨海国际机场召开新闻发布会，宣布同意日本日航公司在天津空港口岸开展快件业务。

韩国国立兽医科学检疫院兽医官禹万洙先生来访天津检验检疫局，并实地考核了天津口岸三家输韩饲草检疫除害企业。

3月14日

天津市政府口岸管理办公室和天津口岸文明共建活动领导小组办公室联合命名表彰了天津振华国际货运有限公司等53个单位为天津口岸2001年度五好库场单位。

3月17日

天津口岸文明共建活动领导小组办公室和天津口岸创建五好库场领导小组联名印发《天津口岸仓储业2002年创建五好库场活动安排》。

3月18日

天津港1000万吨原煤下海配套工程的蓟港铁路正式投入运营。该铁路是由天津市政府和铁道部共同出资10亿元对既有铁路进行改造建成的。

3月19日

天津口岸共建办召开口岸共建联络员会议。会议在全面分析天津口岸工作现状的基础上，就认真贯彻市委、市政府关于提高口岸整体服务功能的要求，加强口岸文明共建，促进口岸经济发展进行了深入的探讨，并对今后口岸共建工作的重点提出了要求。来自口岸各单位的共建联络员共计50余人参加了会议。

3月22日

天津市政府口岸办在天津泰达中心酒店召开天津口岸反偷渡工作会议。会议总结了2001年天津口岸反偷渡工作，部分单位介绍了工作经验，部署了2002年反偷渡工作任务，并建立了天津口岸反偷渡联席会议制度，制定出台了《天津口岸反偷渡工作措施》。

3月27日

辽宁省省委副书记、大连市市委书记孙春兰一行38人，在市委副书记刘峰岩陪同下，参观集装箱码头。

4月4日

天津港首条海南至天津的食品“绿色通道”航线开通。

4月8日

西班牙巴塞罗那港代表团莅临天津访问。天津市市长李盛霖于当晚亲切会见西班牙驻华大使布雷戈拉特和巴塞罗那港务局局长霍金.托萨斯一行,并出席了两港缔结友好港关系签字仪式。天津港务局局长王恩德与霍金.托萨斯分别在友好港协议书上签字。市政府秘书长陈洪江及市外办、开发区等领导参加会见。

4月10日

以色列警察代表团对天津出入境边防检查总站进行访问。期间,副总站长宿鹏翔和业务处负责人陪同客人参观了天津边检站,并与来访客人进行了业务交流。

4月11日

天津市政府口岸办发出通知,在“五.一”国际劳动节前后在口岸各涉外单位集中开展一次涉外纪律教育和检查活动。努力将涉外工作提高到一个新水平。

4月11日—12日

加拿大食品检验署代表团来访天津检验检疫局,双方就中加动植物检疫合作项目规划进行座谈,随后客人考察了天津检验检疫局实验室、检务工作现场和进境动物隔离场。

4月14日

原中央政治局常委、老同志宋平到天津港考察。

4月18日

经天津检验检疫局检验检疫的62.08吨苜蓿草顺利出口韩国。这是自2001年韩国爆发口蹄疫后公布《韩国进口饲用秸杆和草料的动物卫生要求》以来,我国饲草的首次出口。

4月19日

美国动植物检疫代表团来访天津检验检疫局,双方就进出境集装箱检验检疫工作进行了交流,客人考察了振华集装箱储运公司。

4月21日

天津市政府口岸办发出通知,为规范口岸仓储市场秩序,提高口岸外贸仓储企业的管理水平及服务功能,决定自2002年5月至2002年10月,对口岸外贸仓储企业开展普查及换发《天津口岸仓储业经营许可证》工作。对未按规定进行普查或普查不合格的单位,市政府口岸将取消其外贸物资储存资格。

4月23日

中央电视台“心连心”艺术团“五一”劳动节大型慰问演出在天津港集装箱公司举行。市委书记张立昌、市长李盛霖、市委常委、市委副书记刘峰岩、市委常委、滨海工委书记皮黔生、市委常委、市总工会主席散襄军、市委常委、宣传部部长肖怀远及全国和天津市的部分劳模,以及来自全市的职工代表观看了演出。

4月25日

天津市政府口岸办在天津滨海国际机场召开了进一步改善空港货物通关环境工作座谈会。天津机场海关、出入境检验检疫局机场办事处、国航货运分公司天津货运部及天津空港口岸各主要货代企业的负责同志出席了会议。会议就通关中存在的问题进行了研究和协商解决。

4月25日

天津海关与天津市外经贸委联合召开“知识产权海关保护通报会”。会议对近年来天津海关保护知识产权、查处侵权案件的情况作了通报。

4月27日

天津市政府口岸办在天津滨海国际机场召开了天津空港口岸反偷渡工作会议。天津市外事办公室、天津市对外经济贸易委员会外事处、天津民航管理局以及口岸空港查验单位、机场客货运公司和航空货运代理公司的负责同志参加了会议。会议就天津空港口岸反偷渡工作形势进行了认真的讨论和研究,提出了具体工作措施,并形成会议纪要遵照执行。

4月27日

国家计委考察组一行来天津港考察。天津港务局副局长于汝民陪同考察组考察了正在建设中的南疆十万吨级油码头、十五万吨级通用散货泊位和南疆散货物流中心。

4月30日

天津港东突堤码头及堆场工程日前荣获第三届詹天佑土木工程大奖,这是我国北方唯一获奖的海港工程。

5月1日

从即日起,根据交通部通知,原“中华人民共和国天津港务监督”改称为“中华人民共和国天津海事局”。

5月3日

青海省委常委、西宁市委书记张裔炯在天津市副市长夏宝龙及天津港务局负责人陪同下,乘船考察天津港。

5月7日

天津市人民政府批转了天津市人民政府口岸管理办公室《关于进一步改善口岸环境提高工作效率的意见》。该《意见》提出了七个方面的工作意见:一是提高认识,加强领导。成立了天津市口岸工作领导小组。二是健全制度,规范口岸服务协调工作。建立口岸工作协调机制、 口岸工作监督机制和口岸服务快速反应机制;建立和健全口岸联席会制度、重点企业联系点制度、口岸信息联络制度、长假日加(值)班制度。建立并完善口岸仓储库存场、企业码头、航空口岸、海面油田交货点等管理办法。三是扩大开放,推动口岸延伸。进一步扩大原油出口海面交货点的对外开放。做好海空口岸新辟国际航线、航班的工作。巩固口岸直通成果,实现天津口岸与更多腹地口岸直通,促进更多腹地货物在天津口岸通关。四是集中力量,加快口岸基础设施及配套设施建设。加快口岸工程建设、加快口岸物流中心建设、加快口岸信息港工程建设。五是采取措施,降低口岸物流成本。六是便捷通关,加快口岸物流速度。要求简化程序,缩短流程;加快电子通关步伐;提高报关、报检质量。七是提高效率,优化口岸物流服务。

5月8日

天津海事局“交管中心 SDPS 软件”获国家知识产权局颁发的发明专利证书。SDPS 软件是由交管中心自行开发研制的我国第一代经汉化的船舶数据处理应用软件,经省部级专家论证达到国内先进水平。该软件能够使天津港船舶航行计划信息实现全局共享。

5月10日

天津市政府召开天津口岸工作会议。会议围绕改善口岸环境、提高口岸工作效率这个主题，回顾了近年来天津口岸所取得的重大成就，查找并分析了当前影响和制约口岸发展的“瓶颈”问题，研究并提出了改进口岸工作的具体意见和措施，确立了建设“成本低、服务好、速度快”一流口岸的发展目标。王述祖副市长出席会议并做重要讲话，外经贸部驻津特派员刘贻南及腹地省、市、地区外经贸部门驻津办事处的负责同志应邀出席了会议。

5月13日

天津出入境边防检查总站邀请中国青年报、中央人民广播电台、新华社、法制日报等四家新闻单位来天津出入境边防检查总站开展座谈。总站长宋庆维、总站政委李栓锁、副总站长宿鹏翔及有关部门负责人参加了座谈。座谈会就加强天津出入境边防检查新闻工作和新闻监督与四家新闻单位交换了意见。

5月14日

全国人大内务司法委员会副主任委员李九龙率领全国人大常委会《消防法》执法检查组，在天津市人大常委会副主任罗远鹏等陪同下莅港检查消防工作。局领导王恩德、张瑞福分别汇报了天津港生产建设规模和《消防法》贯彻实施情况，并陪同执法检查组检查了集装箱码头、南疆石化码头消防设施。

由天津港技术中心与交通部天津水运工程科研所共同组建的天津港工程实验基地，是我国港口界第一个永久性实验基地，可承担天津港基本建设和设施维护等方面的科研、设计及勘测工作。

5月15日

天津市政府口岸办召开了由天津海关、天津出入境检验检疫局、天津港务局、天津铁路分局及部分货主单位参加的口岸货物通关联席会。会议就进一步改进工作，提高工作效率进行了研究，并形成会议纪要遵照执行。

5月19日

国家质检总局动物检疫工作调研组来天津检验检疫局调研，并检查了动物检疫临时隔离场以及出口韩国淡水鱼养殖单位和中转场。

5月20日

交通部通令嘉奖在“5·7”空难搜救抢险打捞中作出突出成绩的有关单位，天津海事局大连航标处“海标0507”轮被通令嘉奖。

5月22日

天津市政府口岸办举办天津口岸集装箱场站反偷渡工作培训班。来自天津口岸40多个集装箱场站近60名集装箱监装员参加了培训。

天津市政府口岸办发出通知，为贯彻落实天津市人民政府《关于清理整顿滨海新区煤炭仓储场的通告》(津政发[2001]38号)精神及《滨海新区煤炭仓储场清理整顿实施方案》的要求，决定自当年六月开始禁止港外煤炭仓储库场储存煤炭等有污染性货物(南疆散货物流中心内注册企业除外)。

5月27日

西班牙巴伦西亚机械公司总裁胡安·拉蒙·克利门德先生到天津海事局天津航标处进行考察访

问。来访客人现场考察了该公司生产的 BGA－1000 灯器的运行情况，并与天津海事局领导进行了航标技术应用等领域相关课题的研讨。

5 月 28 日

天津口岸文明共建活动领导小组召开工作会议，会议传达贯彻了全国提高口岸工作效率现场会精神；回顾总结了 10 余年口岸开展文明共建活动的情况；围绕建设“成本低、服务好、速度快”一流口岸目标，研究确定了今后口岸共建活动的重点，并对今年拟开展的第七次百日优质服务竞赛活动安排进行了讨论。

天津市政府口岸办组织召开了 P L 1 9—3 油田对外开放工作协调会。天津海关、天津出入境检验检疫局、天津海事局、天津出入境边防检查总站和中海石油（中国）有限公司天津分公司等单位负责同志，就协作配合、共同做好 PL 1 9—3 油田对外开放取得了一致意见。

5 月 29 日

天津市海上搜救中心经请示天津市政府同意，决定设立天津市海上搜救中心第四分中心（海上船舶污染应急指挥部）。主要负责防治和降低船舶、码头以及岸边作业设施因发生污染事故而对海洋环境造成的损害，保护天津市近岸海域环境和海洋资源；负责组织实施和指挥发生在本辖区水域的污染事故或可能导致海洋污染事故的应急行动；负责编制处理船舶污染及其它可能导致海洋污染事故的应急计划和实施措施。

国家计划发展委员会主任曾培炎在市领导张立昌、李盛霖、王述祖陪同下莅临天津港视察工作。

5 月 29 日

经市政府批准，天津市海上搜救中心第四分中心（海上船舶污染应急指挥部）正式成立。

5 月 30 日

泰国朱拉隆功大学食品检验检疫代表团来访天津检验检疫局，并参观了动植食分中心部分实验室、保税区办事处报检大厅。

5 月 31 日

“天津海事局‘5·7’空难抢险扫测总结表彰大会”在天津经济技术开发区召开。天津市总工会、市委交通工委、部海事局等领导同志莅临会议，代表天津市总工会和部海事局向天津海事局“5·7”空难抢险扫测作出突出成绩的集体和个人颁奖。交通部海事局对天津海事局海测大队“5·7”空难抢险扫测小组、“海标 0507”轮及赵亚兴、李鲜枫、姜镇泰、王远东、王新林、黄永军、张墨起等 7 位同志给予通报表彰。天津市总工会授予海测大队外业队七分队、大连航标处“海标 0507”轮“天津市‘十五’立功先进集体”光荣称号；授予海测大队队长李鲜枫“天津市‘十五’立功先进个人”荣誉称号。

6 月 5 日至 6 日

中国口岸协会第二届常务理事会第二次（扩大）会议暨会长办公会在津召开。全国人大财经委委员、协会高级顾问戴杰，海关总署党组成员、协会会长叶剑，以及国家机关有关部门和来自全国 28 个省、市、自治区、直辖市的常务理事、特邀理事共计 56 名代表出席了会议。会议听取了协会关于上半年工作情况和 2002 年工作计划的汇报，讨论通过了《中国口岸协会信息工作暂行办法》。

6 月 7 日

天津检验检疫局出台了《天津检验检疫局对外服务承诺制度》、《天津检验检疫局落实对外服务承诺制度的措施》、《天津检验检疫局首问负责制度》、《天津检验检疫局预约服务制度》、《天津检验检疫局行风公示制度》。这些措施及制度对于优化口岸通关环境具有很好的推动和示范作用。

6月12日

天津市边防委员会全体会议在天津市公安边防总队机关召开。市委副书记、市边防委员会主任宋平顺出席会议并作重要讲话。市政府副秘书长、市边防委员会副主任武书昌主持了会议。会议期间,宋副书记等领导视察了天津市边防总队海警二大队和边防支队北塘边防工作站。

6月13日

由国家安全生产监督管理局副局长闪淳昌、中华全国总工会书记处书记纪明波带队的国家“安全生产万里行”检查组一行40余人,在天津市副市长杨栋梁及市有关部门领导陪同下到天津港检查工作,并考察集装箱四港池和南疆港区。

6月20日

从即日起至9月26日,天津口岸拉开第七次百日优质服务竞赛活动的帷幕。本次竞赛活动以“成本低、服务好、速度快”为竞赛内容和竞赛目标;动员和号召口岸单位和干部职工,以竞赛活动为契机,继续深化查验通关改革,简化口岸作业环节,深挖潜力,降低成本,提高物流、通关速度。同时,积极推行第三轮服务承诺制和政务公开,贯彻实施《公民道德建设实施纲要》,深入开展以提高口岸职工道德和口岸整体服务水平为重点的形象工程建设,努力营造国际化的口岸服务环境。

天津港散货物流中心长廊胶带机系统工程开工,天津市副市长王述祖出席了开工仪式。该系统将南疆煤码头、焦炭秘头与物流中心的煤炭堆场I艺系统相连接,将储存在物坑中心门煤炭直接传输至码头装船。工程完工后,将形成每年2 5 00万吨煤和1 000万吨焦炭的运输能力,并预留了原油和水煤浆的运输管道,同时还留有改造后反向输送进口矿石的空间,长廊胶带机系统全长9公里,投资近5亿元,是目前我国规模最大、综合程度最高的长距离皮带运输系统,也是天津港散货物流中心到南疆煤码头、焦炭码头、15万吨级通用散货泊位,实现无污染运输的标志性环保工程。

6月21日

加拿大食品检验署 Michel R. Saumur 先生来津,考察天津口岸食品安全卫生和动物检验检疫工作。

市委常委、市委秘书长王文华陪同黑龙江省委常委、常务副书记刘东辉到天津港参观集装箱码头。

6月22日

中央党校第十八期中青班学员莅临天津港参观考察。

6月26日

天津机场候机楼国际厅改扩建工程全面完工并投入使用。

天津港东突堤北侧码头集装箱化改扩建工程开工。天津市副市长王述祖出席了开工仪式。该工程是2 001年经国务院总理办公会批准的国家重点项目,工程总投资1 8. 5 5亿元,建成后将形成4个可满足第五代、第六代及更大型的集装箱船舶靠泊需要的专业化、现代化集装箱泊位,新增吞吐能力150万TEU。该工程是天津港大规模老码头改造和功能结构调整基本完成的标志性工程。

在天津口岸各有关部门的通力合作下,我国进口澳大利亚种奶牛2134头在20小时之内安全运抵临时隔离场。这是天津口岸乃至全国首次引进数目最多的动物入境。

6月27日

天津出入境检验检疫局与天津开发区检察院共同签署了《天津出入境检验检疫局和天津经济技术开发区关于预防职务犯罪合作协议书》。

7月1日

天津出入境边防检查总站联合天津市公安刑侦局等部门，在北京边检总站的配合下，破获中国公民程钢铁、牛金香等13人持非法获取证件企图偷渡日本案。

7月5日

天津市政府口岸办召开天津口岸信息工作会议，会议传达贯彻上海通关现场会和天津口岸工作会议精神、吴仪国务委员和王述祖副市长的讲话精神，就今后全面落实《天津口岸信息联络制度》，进一步做好口岸信息工作进行了培训。市口岸办副主任周德洪同志出席会议并讲话。天津口岸领导小组成员单位的工作联系人及口岸单位的信息员共计30余人参加了会议。

7月10日

天津市政府口岸办召开了由天津海关、天津出入境检验检疫局、天津海事局、天津港务局等单位有关业务部门领导参加的天津口岸货物通关联席会。会议对口岸大通关存在的问题进行了分析，研究了下一步工作，并议定了近期将开展的几项工作。口岸办负责人周德洪到会并讲话。

海关总署驻天津特派员办事处揭牌仪式在开发区综合业务楼举行。海关总署副署长盛光祖、天津市市长李盛霖出席了仪式并共同为特派办揭牌。天津市委常委皮黔生及有关单位领导也到会表示祝贺。

7月12日

天津市政府口岸办召开天津口岸国际客货班轮旅检工作联席例会，会议总结了上半年工作，部署了下半年任务。口岸出入境旅客检查检验、客运服务、公安及船公司等单位的领导参加了会议。

7月17日

天津市政府口岸办召开天津口岸反偷渡联席工作会议，贯彻落实全国及天津口岸反偷渡工作会议精神，进一步总结和研究部署口岸反偷渡工作。

7月18日—20日

天津检验检疫局召开天津口岸进境废物原料检验检疫监管工作会议。国家质检总局和海关总署有关司、处领导应邀出席并讲话，天津外经贸委、天津口岸办、天津海关和天津环保局有关领导参加了会议。

7月23日

天津港客货运服务质量管理体系顺利通过英国BSI认证公司现场审核。

7月25日

天津口岸文明共建活动领导小组向天津口岸各单位印发《天津口岸职工道德建设实施纲要》。要求口岸各单位认真贯彻落实，并结合行业特点建立健全职工道德规范。该纲要共包括五个部分：一是口岸职工道德建设的指导思想和基本原则；二是口岸职工道德建设的主要内容；三是大力加强口岸职工道德教育；四是深入开展群众性的职工道德实践活动；五是切实加强对口岸职工道德建设的领导。

7月26日

天津市人大常委会副主任陈洪江、市政府顾问叶迪生在天津海关关长赵桂芬陪同下视察天津海关海运通关现场。

南疆煤码头辅助堆场和装船系统完善工程经过19个月的精心施工和调试，提前一个月竣工并通过验收。它标志着煤码头已具备了2000万吨的年吞吐能力。

7月30日

全国人大常委会副委员长、全国妇联主席彭佩云在天津市委常委皮黔生及史莲喜陪同下视察天津港。天津港务局党委书记王恩德在集装箱码头汇报了天津港生产建设情况。

8月1日—15日

天津检验检疫局由苏琪信副局长带队访问巴西、美国，就装船前检验问题和有关部门进行协商。

8月5日

天津港南疆通用散货泊位(南9#、南10#)通过验收并提前一个月投入使用。该工程投资3.87亿元，码头岸线总长445米，宽90.5米，码头前沿水深－16.3米，可停靠10—15万吨级散货船，年设计吞吐能力1000万吨。该工程的竣工标志着天津港为实现"北煤南移"战略目标又向前跨进一大步，还"滨海新区一片蓝天"的愿望即将变为现实。

8月8日

历时四年的《天津港总体布局规划》修编工作通过交通部、天津市联合组织的专家审查。此次修编，侧重于港口未来发展的分析和港口布局的安排，注重功能开发和功能拓展，充分考虑了市场对资源配置的影响，积极适应腹地经济发展和结构调整对港口建设提出的新要求，进一步明确了天津港今后发展的方向和目标。

8月8日

原国务院研究室主任袁木一行11人莅临天津港调研。副局长田长松汇报天津港工作并陪同客人乘船参观港口和设施。

8月9日

天津市口岸工作领导小组召开了由24个口岸工作领导小组成员单位和6个口岸重点企业领导参加的第一次(扩大)会议。会议传达了吴仪国务委员在上海提高口岸工作效率现场会上的重要讲话及上海现场会精神；总结回顾了两个多月来各单位贯彻天津口岸工作会议精神、推动各项工作落实情况，提出了进一步改善口岸环境、提高通关效率的工作意见；天津口岸工作领导小组组长、副市长王述祖出席会议并做重要讲话。

8月13日

天津机场海关召开通关提速信息发布会，公布天津机场海关提高通关效率的八条保障措施。

8月15日

举行十五万吨级航道一期工程开工暨十万吨级深水航道工程、南疆煤码头完善工程、十五万吨级通用散货泊位工程竣工仪式。市长李盛霖、市委常委、滨海新区管委会主任皮黔生、副市长王述祖、交通部水运司副司长徐光、中港集团总裁刘怀远及天津港务局负责同志出席庆典仪式。李盛霖市长宣布十五万吨级航道一期开工。

8月24日

京、津、冀政协委员一行20余人莅临天津港视察工作。

8月28日

天津出入境边防检查总站召开特邀监督员会议。天津市人大常委会副主任罗远鹏、天津市政协委员王元等同志应邀参加。总站长宋庆维、政委李栓锁出席会议，向监督员介绍了近年来队伍建设和业务工作，并向监督员征询意见。

8月30日

天津海关与天津市知识产权局签订《加强实施专利权海关保护合作办法》。双方就今后进一步加强联系配合，共同做好入世后的知识产权保护工作，促进外贸发展等问题达成了共识。

9月3日

台湾中华海员总工会代表团在中国海员工会副主席朱建光陪同下参观天津港。

9月4日

组织口岸共建活动督察员和联络员对口岸有关单位开展第七次

百日优质服务竞赛活动进行采访客户、检查交流活动。

9月6日

天津港在国家教育部、劳动和社会保障部、国家经贸委联合召开的全国职业教育工作会议上被评为“全国职业教育先进单位”。

9月7日

韩国食品医药安全厅代表团访问我局，并参观考察了天津口岸三家出口中药材仓储、加工和运输企业；杨金良副局长就输韩中药材检验检疫有关问题与其进行协商。

9月7日

全国港航系统第十三次纪检监察工作交流会在天津港闭幕。

9月11日

组织口岸共建活动督察员和联络员对铁路塘沽站、新港海关、中散外派公司开展第七次百日优质服务竞赛活动进行观摩检查。

9月12日

出征韩国釜山第14届亚运会的中国体育代表团国家马术队10名教练员、运动员和8匹参赛用马乘客货班轮“天仁”轮缓缓驶离天津港客运码头。

原中共中央政治局常委刘华清上将在市委常委、滨海新区管委会主任皮黔生陪同下视察天津港。

9月18日

天津口岸共建活动督察员和联络员一行到天津机场海关、机场出入境边防检查站、国航公司货运部对开展第七次百日优质服务竞赛活动进行观摩和检查。

9月24日

天津海事局“VTS效益及危险度评估”科研项目通过专家评审验收。该研究课题实现了VTS运行效益与辖区交通危险度评估的量化、计算和仿真，为实现全国港口VTS效益评估和危险度评估提供了范例。经专家认定 ：研究成果填补了国内这一领域的空白，达到了国际先进水平。

9月25日

公安部边防管理局局长朱家华少将到天津市公安边防总队东沽、北塘、高沙岭边防工作站视察营建工作。

9月26日

以永泽利雄为团长的东京港湾福利厚生协会代表团访问天津港。

10月2日

国家海关总署署长牟新生视察天津蓟县海关。并为蓟县海关题词:“廉洁高效”。天津海关赵桂芬关长、靳晨光副关长、纪检组长李佩林、蓟县县委常委、副县长张建国陪同视察。

10月10日至11日

为期两天的“发展东北亚综合港航系统”区域研讨会在天津港召开。国家交通部国际司司长局成志、天津港务局副局长田长松出席会议并致辞。会议由亚太经社会交通运输司司长凯勃主持。来自中国、朝鲜、日本、韩国和俄罗斯的专家以及联合国开发计划署图门江秘书处、亚洲开发银行、欧盟和东盟的官员应邀出席会议。

10月11日

天津市海上搜救中心在天津口岸建立海上医疗救援联动机制。该机制的建立将为更好地履行国际公约,保证天津海上搜救责任区内重大海难事故能够得到及时、有效的医疗救助,并对海上伤病事故提供必要的医疗咨询和援助发挥积极的作用。

中国企业联合会、中国企业家协会联合发布2002年中国企业500强,天津港位列第347位,在全国港口企业中仅次于上海港,居第二位。

10月13日

中共中央政治局常委、国务院副总理李岚清在天津市委书记张立昌陪同下莅临天津港视察。国家教育部部长陈至立、国务院有关部门领导以及市领导夏宝龙、王文华、皮黔生等陪同视察。

10月22日

北京市政府和天津市政府联合举办“北京朝阳口岸和天津港直通协议书”签字仪式。

10月22日

海关估价技术委员会国际合作课题组会议在武清基地召开。会议为应对WTO估价委员会即将对我国实施《估价协议》的过渡性贸易政策进行了审议研究,并提出参会应对方案。

10月24日

天津出入境边防检查总站所属张贵庄出入境边防检查站检查员孙桂馨(女)同志,被公安部选派赴东帝汶执行维和任务。她是天津出入境边防检查总站第一位参加国际维和民事警察行动的民警。

10月25日

天津港召开“纪念天津港对外开埠142周年庆祝天津新港重新开港50周年”大会。市委书记张立昌为港庆发来贺信,并题词“与时俱进,创建一流国际大港”,市长李盛霖也发来贺信。老同志谭松平、副市长王述祖、中国社会科学院副院长朱佳木、交通部水运司副司长任建华来港祝贺。沿海五大港口和有关单位发来贺信。来自市有关委办局领导以及曾在天津港工作过的老同志、先进模范代表、职工代表2000余人出席大会。

天津港与新疆地区实现海关直通。由天津港务局、天津海关、天津铁路分局和有关船公司负责人组成的代表团赴乌鲁木齐市，举办了“新疆—天津进出口直通转关签字仪式暨天津港提升服务新闻发布会”。

10月25至26日

IAMAT(国际旅行者医疗与救助协会)主席 MARCOLONGO 女士、美国华盛顿大学西雅图医学院旅行医学主任 ELAINE JONG 来访天津检验检疫局，就国际旅行卫生保健发展及合作事宜进行会谈，天津检验检疫局副局长毕玉国会见了客人并陪同考察了天津国际旅行卫生保健中心。

10月29日

外经贸部科技司负责同志来天津检验检疫局考察危险品实验室及打火机 CR 问题工作情况。

11月21日

国家科技部、质检总局负责同志来天津检验检疫局考察该局承担的科技部“十五攻关项目” 课题。天津检验检疫局局长赵国庆介绍了科研课题进度、经费等情况。

11月22日

在天津参加第二届国际近岸海域富营养化研讨会的中外代表50余人，乘船实地考察天津港和渤海湾。

11月28日

天津海关召开“提前报关、提前报验、实货放行”信息发布会。会议宣布12月2日启动该通关模式并介绍了运行流程、配套服务措施及服务热线；市政府口岸办、天津出入境检验检疫局等有关部门领导表示要积极支持海关实施的大通关提速优惠措施，并给予联动协作，争创一流口岸。

11月29日

全国人大常委会委员长李鹏在中共中央政治局委员、天津市市委书记张立昌、市长李胜霖的陪同下，视察了天津港集装箱码头。港务局负责同志汇报了天津港生产建设和总体规划情况。李鹏委员长对天津港近年来的发展变化给予了充分肯定，要求认真贯彻党的十六大精神，与时俱进，使天津港生产建设水平再上新的台阶，李鹏同志欣然为天津港题词：“努力建设天津国际深水大港”。

11月30日

中华全国总工会副主席、书记处书记苏立清在中国海员工会副主席朱建光、天津市总工会副主席赵洪莉等陪同下视察天津港。

12月2日

天津市外经贸委(口岸办)、天津海关、天津出入境检验检疫局宣布：从即日起，天津口岸对海运进口货物(不包括废旧物品和转关货物)实施“提前报捡、提前报关、实货放行”新通关模式。企业在进口货物启运盾抵港前，由船公司或代理人在远洋船提前96小时、近洋船提前24小时向海关申报准确的、具有法律效力的舱单数据的条件下，提前向海关报关，递送有关单证、办理税费手续，货物抵港后由海关监管现场直接验放通关；进口货物收货人或代理人备齐入境检验检疫所需单证，提前向检验检疫部门办理报检手续。

天津口岸文明共建活动领导小组办公室发出通知，在全口岸开展评选“天津口岸十大诚信服务名牌企业”、“天津口岸十大依法行政快速通关服务窗口”和“天津口岸十佳服务先进标兵”活动。

原市人大常委会副主任聂璧初为天津港题词“发挥天津优势，发展港口经济”。

12月7日

中国企联副会长、中国侨联副主席陈兰通在天津市企协有关负责同志陪同下考察天津港。

12月27日

天津市政府口岸办印发《天津口岸船舶代理员管理办法(试行)》。

12月31日

截至24时,天津港全年完成货物吞吐量1.29亿吨,集装箱240.8万标准箱,同比分别增长13.4%和19.8%,均创历史最高记录,港口货物吞吐量在我国北方港口中排名首位。

(米树彤)

河北省

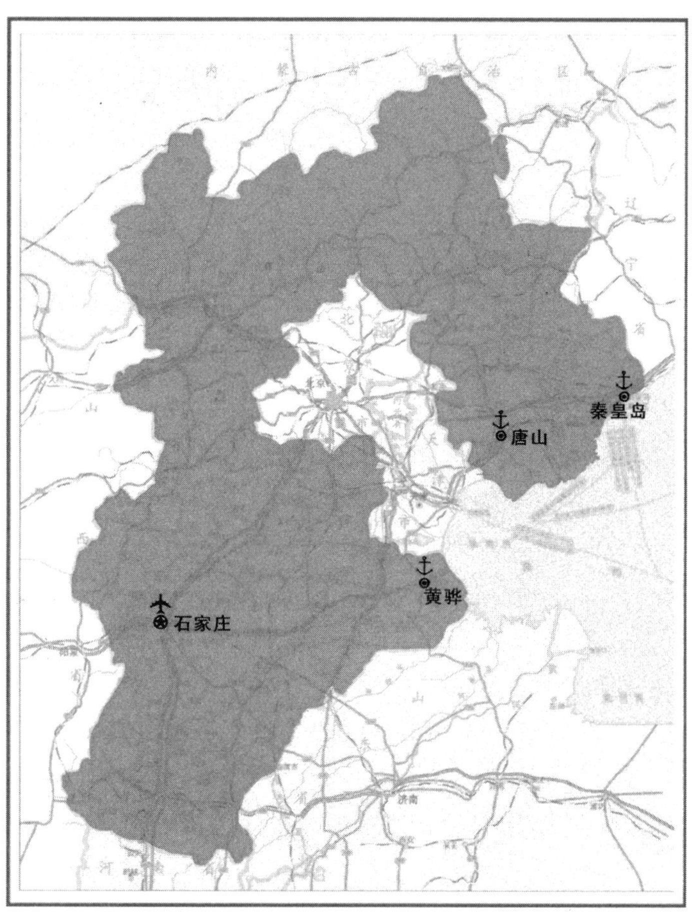

图 例

省级行政中心

口岸

铁路口岸

航空口岸

公路口岸

海（河）运口岸

河北口岸工作综述

2002年是河北口岸大力发展的一年。口岸建设和开放工作取得了新突破，口岸运输生产迈上了一个新台阶，成为历史上最好的一年。开展口岸“大通关”工作以来，初步改变了人们传统的思维方式，改善了口岸通关环境，提高了口岸通关效率，体现了生产关系不断地适应生产力发展的基本要求。

【口岸运输生产形势喜人】 2002年，全省海运口岸完成货物运输量14285.85万吨，比上年增加1811.22万吨，同比增长14.52%；其中外贸货物运输量5351.33万吨，比上年增加142.18万吨，同比增长2.73%。黄骅港口岸开放第一年即实现巨大飞跃，完成货物运输量1653万吨，出口煤炭93万吨。在全国港口实现货物运输量排位中，秦皇岛口岸列第五位，京唐港口岸、黄骅港口岸也分别挤身前二十位。石家庄航空口岸俄罗斯货运包机进出1178航班，完成货运量2.4万吨；至香港客班进出154航班，运送旅客1.2万人次，至韩国临时客班进出22航班，运送旅客2611人次。

【口岸开放和扩大开放取得突破性进展】 围绕市场的开拓与培育，秦、唐、沧口岸苦练内功，积极改善软环境，简化通关手续，发展和培育专业市场，发掘潜在市场。同时，大力加强基础设施建设，秦皇岛口岸煤四期码头、秦山化工码头、戊已杂货码头，京唐港口岸一号、二号港池的16个泊位，黄骅港口岸一期工程3个泊位相继建成投产并对外开放，成为经济发展新的增长点。

【口岸“大通关”建设初现成效】 认真贯彻国办[2001]38号《通知》和署岸函[2002]238号文件精神，结合我省口岸工作实际，提出了贯彻落实意见，在深入调研、广泛征求相关部门意见的基础上，省政府办公厅于2002年10月8日印发了《河北省人民政府办公厅关于进一步加强口岸建设，提高口岸工作效率的通知》。《通知》对口岸建设、管理、协调及提高口岸效率等方面工作提出了明确要求，为加快口岸建设，加强对口岸工作的领导、管理、协调，增强各级、各部门口岸意识具有重要的政策指导作用。

经省政府批准，成立了河北省口岸“大通关”工作协调小组，付双建副省长任组长，协调小组下设办公室，设在省口岸办。9月23日，召开了河北省口岸“大通关”工作协调小组第一次全体会议，省直有关单位、省各检查检验单位和口岸所在地市政府计28个部门参加了会议。付双建副省长做了重要讲话。海关、检验检疫、边防、海事等部门和秦、唐、沧、石各口岸都采取了一系列措施，努力加快口岸通关速度。内陆转关运输的“直通式”工作进展顺利。

为进一步优化口岸通关环境，加快口岸改革步伐，提高口岸工作效率，石家庄航空口岸结合现场管理工作需要，重新建立了《国际航班协作工作制度》，国际货运报验中心和航空口岸联检办公楼交付使用，为提高验放速度、完善口岸功能创造了条件。

【加强口岸管理制度化、法规化建设】 根据经济发展需要，为实现口岸工作有法可依，依法行政，修改完善了《河北省口岸管理暂行规定》。9月24日，省政府以[2002]第16号令颁布施行该规定，这标志着口岸管理法制化建设迈上了一个新台阶。

【加强口岸精神文明建设】 为加强全省口岸精神文明建设，认真践行“三个代表”重要思想，出台了在《全省口岸系统开展道德实践活动的实施意见》。开展“百家企业评口岸”、“三德三做”和增强“窗口意识”学习会等活动，促进了口岸系统广大干部职工整体素质的提高、工作作风的转变和服务意识的增强。

河北口岸查验单位工作综述

石家庄海关

2002年,石家庄海关坚持"依法行政,为国把关,服务经济,促进发展"的海关工作方针,结合实际情况,制定切实可行的工作目标,狠抓贯彻落实,各项工作均取得较好的成绩。

【强化税收征管,加强综合治税】 首先是牢固树立大税收意识,形成全关税收"一盘棋"思想。二是及早动手,走访企业,摸清辖区内税源大户进出口情况的底数,充分认识完成今年税收任务的有利因素和不利因素,明确了"巩固老税源,挖掘新税源,以增补减"的工作思路。三是热情支持,主动服务,千方百计吸引货源。一方面与口岸海关保持良好的协作关系,把符合转关条件的货物尽量都转过来。另一方面,积极支持口岸运营业务的发展,促成了中晨石油液化气专用码头的投入运营。同时,进一步提高通关效率,提高服务质量。落实政务公开制度,切实履行服务承诺。四是加强各部门间的联系配合,加大审单、审价力度,加强对货物的估价、化验,防止低瞒报价格情事的发生。

【深化通关作业改革,强化实际监管】 运用风险管理手段,不断规范查验程序,完善查验决策机制,明确查验重点。严格加工贸易管理,强化了备案审批制度和下厂制度,对手册展期、单耗以及逾期手册的处理严格按规定办理。严把审批关,不断提高减免税审批的工作质量和效率。规范企业进出口行为,落实和完善企业分类管理制度,促进企业守法自律。

【实施"便捷通关"措施,提高服务水平】 围绕落实"后八个字"做好服务工作,实施"便捷通关"措施,充分发挥服务职能作用。在业务现场实行24小时预约报关,保证正常出口通关畅通无阻。

【保持打私高压态势,严防走私回潮】 结合打击价格瞒骗专项活动,加大了稽查力度,以稽查为先导开展调查工作,充分发挥稽查、调查工作各自的优势和作用;加强和货管部门的联系配合,重点打击擅自处置保税货物、海关减免税货物、假核销、伪报品名、伪报数量、伪报价格以及转关"飞料"等进出口渠道的走私违法活动,保持对打击走私违法活动的高压态势。同时,按照上级统一指挥,把打击走私工作作为整顿和规范市场经济秩序工作的一个重要内容,和地方公安、工商一道,持续深入地开展打击走私活动。

【发挥打击走私职能,整顿规范进出口秩序】 2002年,海关保持打私高压态势,严防走私回潮。按照"打防结合,以防为主"的新思路,尤其是针对入世后反走私斗争出现的的新特点、新规律、新问题,密切海关与走私犯罪侦查支局的配合,综合运用行政执法和刑事执法两种手段,加强风险管理,集中力量打击重点商品走私违法活动及加工贸易渠道走私和价格瞒骗;加强了企业分类管理,完善海关风险管理机制,有针对性地开展风险布控,同时发挥调查部门作用,密切与地方党委、政府及公安、边防、检察院、法院等执法部门的联系配合,实行反走私斗争综合治理。有力维护了合法进出口秩序。

【争创文明窗口,接受"行风评议"】 继续持续深入地开展创建文明窗口活动。2002年,通过政工办对全关区文明窗口创建活动检查的信息,深入整改,弥补了在争创文明窗口活动中的漏洞和不足,使创建文明窗口活动得到切实改善。

行风评议活动是精神文明建设中一项重要任务。根据我关行风实际和工作对象反映出的问题及建议，主要在执法水平、服务态度、通关效率上下功夫，狠抓作风建设和廉政建设，解决个别岗位存在的拖拉、推诿等问题，兑现服务承诺。通过全关努力，在河北省行风评议中得到了省纠风领导小组和评议代表的认可，在社会上树立了海关的良好形象。

【加强队伍建设】 围绕学习贯彻江泽民同志“三个代表”重要思想，组织全体党员干部系统地学习“中国共产党第十六次全国代表大会文件汇编”，及时发放“十六大”学习资料，加深对“十六大”精神的理解和把握，把“十六大”的思想和要求联系到工作实际和个人的思想实际。与时俱进，在海关新的工作方针指导下，自觉维护海关良好的政风形象。配合地方政府开展“树立行业新风，优化发展环境”活动，成立活动领导小组，制定了实施方案，有计划、有步骤的开展行风评议活动。反复进行“公正、廉洁、高效”和“爱岗敬业，公正执法，文明服务”的教育，进一步提高广大关员的思想政治素质、法律、政策法规意识和职业道德水平。另外结合海关内部情况开展“三珍惜，三热爱”活动，组织全体关员参观大中型企业，开展社会调研活动，进一步增强了广大关员的服务意识。经过全关上下的共同努力，得到了社会各界的认同和认可。

2002年石家庄海关业务统计资料

项目	单位	数量		同比±%
		2002年	2001年	
一、关区进出口货运量:	万吨	5069	5436	-6.75
其中:进口	万吨	522	518	0.78
出口	万吨	4547	4917	-7.52
(一)石家庄关	万吨	105	27	288.9
(二)秦皇岛关	万吨	4725	5143	-8.13
(三)唐山关	万吨	236	265	-10.9
(四)保定关	万吨	1.7	1	70.0
二、关区进出口总值:	万美元	310258	344731	-10.0
其中:进口	万美元	119067	157839	-24.6
出口	万美元	191191	186892	2.3
三、关区监管运输工具:	辆(艘)	4746	5497	-13.8
四、关区监管集装箱:	箱次	22257	19545	13.9
五、关区进出境人员:	万人次	9.25	9.5	-2.6
六、关区加工贸易核销补税:	万元	3048	4033	-24.4
(一)石家庄关	万元	1623	1367	18.7
(二)秦皇岛关	万元	736	1992	-63.1
(三)唐山关	万元	308	329	-6.4
(四)保定关	万元	381	345	10.4
七、关区加工贸易合同备案:	份	3312	3106	6.6
(一)石家庄关	份	983	905	8.6
(二)秦皇岛关	份	1560	142	19.8
(三)唐山关	份	516	455	13.4
(四)保定关	份	253	325	-22.2
八、关区加工合同备案金额:	万美元	46315	39294	17.9
(一)石家庄关	万美元	16932	14420	17.4
(二)秦皇岛关	万美元	23009	16276	41.4
(三)唐山关	万美元	3997	5401	-26.0
(四)保定关	万美元	2377	3197	-25.6
九、报关单数	份	18232	16348	11.5
进口报关单	份	8923	6830	30.6
出口报关单	份	9309	9518	-2.2

全年关区税收总入库123,813万元,增长0.74%。

立案走私案件9起,案值9666万,同比分别增长28.57%和27.45%。

河北省公安边防总队

【概况】 2002年，河北省公安边防总队按照“向改革、管理、科技、素质要警力、要效率”的工作思路，以规范化建设和“树新风”活动为契机，坚持“严格执法，热情服务”，狠抓边检队伍建设和业务建设，大力提高边检管理水平，努力使边防检查工作达到公开、公正、文明的要求，圆满完成了各项工作任务，有效地维护了国家的政治稳定和社会安定，保障了口岸方便、快捷、有序的出入境秩序，为河北省改革开放和经济建设做出了积极的贡献。

全年各边防检查站共检查出入境交通运输工具3918艘(架)次，比上年(下同)减少14%。其中，检查出入境船舶2573艘次，减少5%。检查出入境飞机1345架次，减少27.2%。检查出入境人员82736人次，减少12.3%。其中，检查出入境旅客17353人次，减少21.5%；检查出入境员工65383人次，减少9.5%。检查入境外国人22115次。其中以亚洲发展中国家和东欧国家居多，大多数从事海员工作。从国籍分布上看，入境外国人最多的是菲律宾，有5926人次，占入境外国人总数的26.8%；其次是俄罗斯，有4987人次，占入境外国人总数的22.5%；第三是韩国，有4026人次，占入境外国人总数的18.2%。检查内地公民出境人数7106人次，前往国家(地区)最多的是韩国，共计6892人次；其次是香港，共计3290人次。

【积极响应“大通关”号召，制定并出台了一系列改革措施】 省政府提出了“大通关”的号召后，总队及时召开专门会议，分析研究了边检工作中与“大通关”工作不相适应的问题，制定了符合实际的改进和简化措施，提出了“大通关”工作奋斗目标，即“以服从改革开放和经济建设大局，维护国家安全、稳定为首要任务，以出入境旅客满意为最高标准，从规范管理、深化改革、运用科技、提高素质入手，增强执勤能力，提高工作质量，使执勤工作达到依法、公开、规范、文明的要求”。总队制定的边检改革措施主要有七条：(一)增强为改革开放和经济建设服务意识，开足出入境检查通道，在石家庄入境检查现场设立专门的转机通道，以缩短旅客通关时间。(二)出台并实施旅游团预报、预检措施。即有权组团的国际旅行社，可预先集中将旅游团名单、游客护照等材料送边检站，检查站按照规定提前录入审核，待正式出入境时只人证对照即予放行，大大提高旅客通关速度。(三)办理登陆证、登轮证、搭靠外轮许可证、随船工作证等边防证件，原则上一次性办妥。(四)大型交通工具因特殊原因备降、迫降、改停、改靠其他口岸的，边检站视情允许旅客进入隔离区休息或候检。(五)建立专门的边检签证室或员工检查室，提供24小时服务，保证办理员工出入境手续及时、便捷。(六)加大投入，增强边防检查科技含量，逐步增加闭路电视监控系统，缓解执勤警力不足问题。(七)制定服务标准，公开对外承诺，自加压力，接受社会监督，树立边检机关热情、文明、守法的良好形象。各边检站按照工作部署，进一步统一思想认识，围绕改革措施对边检工作进行周密部署，使工作思路更加清晰，工作重点更加突出，工作目标更加明确。总队业务部门以组织业务会议、业务培训、交流检查等形式，协调各边检站之间进一步增进交流，使许多先进的检查、管理经验得以推广，促进了边检整体工作水平的提高。

【边检执法工作不断规范，执法水平进一步提高】 一年来，各级边防检查机关始终严格落实江总书记“严格执法，热情服务”的总要求，坚持不懈地教育广大官兵树立对法律负责与对党和人民负责的思想，增强党和人民利益高于一切、忠于职守的党性觉悟和职业道德，坚决抵制各种消极因素对执法工作的干扰，把加强严格、公正、文明执法作为提高边检执法工作水平的突破口，从提高人员法律素质、规范执法行为、加强执法监督等多方面入手，努力提高边检整体执法水平。各边检站对依法实施边防检查的认识进一步增强，“依法行政，依法执勤”已摆在业务建设的突出位置，边防检查监督体制进一步得到完善，检查员队伍的执法办案水平得到很大提高，执法工作步入良性发展轨道。据统计，全年各边检站共实施行政处罚案件 19 起 40 人，都做到了事实清楚、定性准确、处罚得当、程序合法，没有出现过行政复议和行政诉讼。为贯彻部局关于边检业务工作与队伍建设“两手抓，两手都要硬”的指示精神，充分发挥业务工作在防范职务性违法违纪方面的作用，我们根据《出入境边防检查机关防范职务性违法犯罪措施》，在各边检站集中开展了执勤执法整顿教育，通过学习全国边检典型案例，汲取教训，制定细化符合本单位实际的制度措施，同时以闭路电视监控、明查暗访、调研等形式加强监督。石家庄边检站在执勤现场安装了闭路电视监控系统，使各个业务环节相互制约，相互监督，有效防范了职务性违法违纪事故的发生。

【加强科技强警，改善勤务设施，努力提高工作质量和效率】 一年来，各边检站按照公安部《关于边检执勤现场标牌、公告等设施的规定》和《港口边检站检查室、办证室设施标准》的规定，下大力气改造了证件检查值班室和现场巡查值班室，执勤现场全部设有公告牌、咨询台、投拆箱，公开了对外承诺标准和三级投诉电话，检查一线全部配有“四机”（计算机、摄像机、照相机、传真机），执勤现场环境整洁，业务档案资料齐全，管理规范。秦皇岛、唐山边检站为了适应形势发展，解决警力不足的矛盾，实行了梯口监护、码头巡查和闭路电视监控相结合的监护方式，他们先后投入资金 30 万元，不断扩大闭路电视监控范围，有效地保证了监护勤务的需要。石家庄机场边检站加强旅客检查现场硬件建设。一是在检查现场重新更换了咨询台、填卡台、投诉箱、公告牌，向社会公开边检依据和处罚标准和边检站、边防总队、部局三级投诉电话，同时向社会进行服务承诺，在检查现场公开承诺内容。二是对检查现场统一布置，保证检查现场良好的封闭性，对现场各种标志重新修缮，保证各种标志明显、醒目。三是根据口岸的现实情况，在检查现场逐步配备各种检查检验设备，积极运用科技手段，努力实现识别伪假证件仪器化。四是建立专门的机组检查室，并增设转机通道，不断提高工作质量和效率，为出入境人员创造了方便、快捷的通关环境。

【进一步加大反偷渡工作力度，确保口岸正常的出入境秩序】 为切实加强对反偷渡工作的领导，发挥整体优势，更加有效地防范和打击偷渡活动，总队和各边检站都成立了反偷渡工作领导小组，落实反偷渡工作领导责任制，使反偷渡工作常抓不懈，责任到人。据统计，2002 年各边检站共查获偷渡案件 3 起，抓获偷渡及协助偷渡人员 11 人，有力地打击了偷渡活动的猖獗势头。主要做法是：一是加强对偷渡活动的研究，有的放矢部署反偷渡工作。针对各地反偷渡情况通报，认真研究偷渡活动发展变化规律和特点，总结反偷渡工作经验，有针对性地部署反偷渡工作任务。二是充分发挥情报调研在反偷渡工作中的作用，争取斗争的主动权。2002 年 7 月 30 日晚 8 时，秦皇岛边检站根据情报信息，在外派船巴拿马籍“宏泰”轮在机舱通风口处查获偷渡分子 3 人。三是严密反偷渡措施，加大打击力度。2002 年 11 月 7 日“十六大”期间，石家庄边检站成功查获了 5 名新疆维吾尔族人员冒名顶替，持用他人护照，欲谋偷渡沙特阿拉伯打工案件，有力地震慑了不法分子的嚣张气焰，为党的“十六大”献上一份厚礼，得到省政府、公安部领导的好评。

河北出入境检验检疫局

【概况】 2002年，是我国加入世贸组织的第一年，面对新的形势和任务，河北检验检疫系统以“三个代表”重要思想为指导，认真落实朱镕基总理对质检部门提出的“忠于职守、勇于负责、严格把关、保国安民”的十六字方针，积极实施走出去战略、科技兴检战略和人才发展战略，在检验检疫执法把关、完善服务措施、突破国外技术壁垒等方面较好地发挥了检验检疫部门的职能作用，为促进对外开放和外向型经济发展做出了新的贡献。

全年，共检验检疫出入境商品6.78万批，金额47.42亿美元，与上年相比(下同)，批次、金额分别增加22.95%和12.65%。其中检验检疫出境商品6.25万批，金额33.49亿美元，分别增加21.81%和11.04%；检出不合格出境商品49批，金额0.35亿美元，分别增加6.52%和78.65%(主要是经秦皇岛口岸出口的烟煤)。检验检疫入境商品0.53万批，金额13.93亿美元，分别增加38.14%和16.72%；堵住不合格入境商品118批，金额0.41亿美元，分别增加37.21%和8.68%。不合格商品主要是大麦、大豆、羊毛、饲料添加剂、机电产品及其零件等。

全年截获有害生物及禁止进境物119批，其中二类有害生物9批，三类有害生物40批，禁止进境物13批，对交通工具包括船舶2794艘、飞机1360架次进行了检疫，防止了有害生物的传入和传出。完成监测体检和预防接种18068人次，查出传染病657例，有效防止了疫病的传播。

完成质量许可、卫生注册登记考核(复查)271家企业，56家企业获得对外注册，帮助250多家企业完成质量标准体系认证，取得了连续三年翻番的业绩。

完成外商投资财产鉴定评估业务39批，外商总报价1014.93万美元，鉴定价1020.65万美元，升值率0.56%。

签发普惠制产地证27069份，签证金额8.31亿美元，为外贸企业获得减免关税好处0.5亿美元。

【检验检疫执法把关】 面对我国出口产品尤其是农产品、食品等不断遭到日本、美国、欧盟等国的拒绝、加严和退货的严峻形势，采取积极有效措施，加强对产品原料进口、生产加工、成品检验等环节的控制，把检验检疫工作向生产过程、养殖过程和种植过程延伸，帮助企业建立符合国际规范的产业化网络，在突破国外技术壁垒，促进河北省输欧肠衣、花生，输美鸭梨、对日禽肉等产品顺利出口方面发挥了积极作用；加强了对出口烟花、危险品包装、纺织品、机电产品等涉及安全、卫生、环保商品的检验把关力度，防范了质量事故的发生；根据进境粮谷、皮张、食品、植物种苗等容易发生疫病疫情这一特点，将其商品作为检验检疫工作重点，完善重大疫病疫情应急预案，对来自疫区的人员、物品、包装、运输工具等严格把关，加强各环节的有效监控，对重要进口商品和具有潜在风险的进口动植物及其产品实行境外预检、装运前检验、到岸查验和后续监管的全过程监控，较好地执行了进口大宗产品检验检疫审批制度，妥善处理了引进苗木以及进口粮、大豆、大麦、水果、进境木质包装等带有潜在风险的有害生物问题，防止了有毒有害物质的传播。

【积极实施技术措施】 面对日趋严重的国外技术壁垒，积极实施技术措施，加大科技攻关力度。一是大力开展科研制标工作，完成了14项标准的制、修订，并通过了专家审定，其中蜂蜜12项品质检验检疫行业标准正式成为国家检测标准，并在检测速度和准确性等方面明显优于国际先进检测标准，使蜂产品受检面覆盖了22个省市区的近100家蜂蜜出口企业；2个省级科研项目均达到国际先进水平；翻译了5万多字的欧盟兽药残留限量要求。二是从商品分类及检测需要出发，合理调整实验室布局，将原来的32个实验室合并为25个，形成了以棉花、羊绒、肠衣、花生、鸭梨、动物皮张、陶瓷、煤炭检测为特色的重点实验室。其中省局技术中心以成功解决黄曲霉毒素检测成为国家质检总局首批向欧盟推荐的10个黄曲霉毒素检测权威实验室之一。植物检疫实验室从无到有，实现了零的突破，两次通过了美国、澳大利亚检验检疫技术官员的实地考察，并给予了高度评价。为适应检验检疫工作重点的转移，抓紧建立农药残留检测、转基因产品检测、艾滋病初筛等实验室。目前，已有21个实验室通过了注册考核、4个实验室通过了CCIBLAC认证，秦皇岛煤检中心受CCIBLAC的委托成为全国煤炭水平测试的制样单位，标志着技术能力和检测水平的进一步提高。三是为应对国外技术壁垒，中青年技术骨干刻苦攻关，潜心钻研，较好地解决了调味品中氯丙醇、肠衣中氯霉毒素、花生及制品中黄曲霉毒素以及农兽药残留等7项检验检疫技术难题，打破了多项国外技术壁垒，开展了鸭梨黑斑病的研究，促进了河北省出口花生、肠衣、鸭梨、肉类的顺利解禁。

【疫情截获情况】 全年截获有害生物及禁止进境物119批，其中二类有害生物9批，三类有害生物40批，禁止进境物13批。进境检疫截获国家和地区主要为美国、欧盟、日本、巴西、澳大利亚、菲律宾和厄瓜多尔。其中从美国、巴西、阿根廷进口大豆中截获二类危险性有害生物假高粱，三类危险性有害生物主要是澳大利亚进口大麦、美国进口大豆中混有法国野燕麦、豚草、三裂叶豚草以及韩国输华货物木质包装中携带滑刃线虫；具有潜在危险性的有害生物主要是从菲律宾、厄瓜多尔等国进口香蕉中检出蚧壳虫、椰圆盾蚧、新菠萝粉蚧、双刺灰粉蚧等；禁止进境物主要是土壤、介质土等。

【质量体系认证工作连续三年翻番】 加强认证资源的开发，努力开拓认证市场，充分利用社会力量，加大了在服务业的开发力度，在内部初步形成了两足鼎立、齐头并进的质量体系认证工作格局。2002年，有250多家企业获得河北检验检疫局所属认证机构的注册审核，取得ISO9000质量管理与质量保证体系认证证书，实现连续三年翻番的业绩。至此，获得质量体系认证证书企业已达450余家，实现了ISO9000、ISO14000和OHSAS18000整合体系认证新的突破，签署了2家整合体系认证协议，提高了相关企业在国际市场上的竞争力。

【原产地标记保护工作取得成效】 河北省共有19家企业、23个品牌的44种产品获得原产地标记审核认证，其中有2家企业2个品牌的6种产品获地理标志，17家企业21个品牌38种产品获原产国标记，河北省原产地标记保护工作取得可喜成绩，受到了国家质检总局的通报表扬。

【积极支持县域经济发展】 将检验检疫工作延伸到区域经济、特色经济的前沿，支持企业把特色主导产业做大做强。帮助地方政府发展壮大了辛集皮革、清河羊绒、临西轴承、安平丝网等一大批极具市场竞争潜力的特色经济，为地方经济发展做出了贡献。

河北海事局

【概况】 2002年，河北海事局以海事管理工作为中心，结合“水上运输安全管理年”活动的开展，以“规范执法，预控事故，服务水运”为主要管理方向，全面提高管理水平，有力地保证了水上交通安全，为辖区港航企业运输生产创造了良好条件。全年共监管船舶 22601 艘次，辖区港口吞吐量达 1.4 亿吨，分别增长 35.5%和 16.7%，创历史最好水平。全年未发生重特大水上交通事故和污染事故，是全国水上交通事故最少的辖区之一。

【加大通航环境治理力度】 严格按照《中华人民共和国水上水下施工作业通航安全管理规定》，加强对水上作业安全监督管理，全年共审批水上水下工程 58 项；发布航行警告 168 份；发布航行通告 91 期。黄骅港 VTS 系统顺利通过验收投入运行，并在秦皇岛、黄骅港交管中心引入了 AIS 系统，有力地加强了对辖区水域通航秩序的控制。制定了交通管制区内《船舶交通违章行政处罚内部执行工作程序》，有效地规范了交管系统的行政处罚工作，提高了交管系统的执法权威。全年我局共出动巡航船舶 1263 艘次，巡航里程达 26740 海里，发现、纠正和查处违章 171 次，处理异常情况 19 次，初步实现了水上交通安全和防污染监督管理工作由陆地到水上的动态管理。针对我局辖区小型旅游船艇数量多、管理难的问题，加大执法力度，认真督促我局颁布的《小型旅游船艇航行安全管理办法》的贯彻落实，基本实现了辖区小型游艇航行安全管理从无序到有序的转变，积累了一定的管理经验。

【海上搜救工作社会影响不断扩大】 全年共组织搜救行动 4 次，协调出动有关救助船舶 16 艘次，救助遇险船舶 5 艘，救助遇险人员 31 人。特别是 10 月 18 日前后，受大风天气影响，在辖区范围内连续发生海上渔船遇险事件。该局快速反应，先后协调 11 艘船舶前往搜寻救助，并指派工作人员随船直接参加和指挥海上搜救行动。经过两个昼夜的连续奋战，最终出色地完成了搜救任务，成功救助遇险渔民 20 人，对社会稳定起到了积极的作用。6 月下旬，该局组织召开了河北省海上搜救中心工作会议，并举办了“2002 年秦皇岛水域海上搜救综合演习”，演习出动船舶 26 艘，直升飞机 1 架，这是河北省海上搜救中心成立以来规模最大、科目最多、规格最高、真实性最强的综合性演习，充分展示了辖区海上搜救的水平，大大提高了搜救中心知名度。并得到了交通部洪善祥副部长和省政府何少存副省长等领导同志的高度评价。

【船舶管理水平进一步提高】 强化现场安全监督检查。坚持从严审批在港航行船舶各类作业，重点加强了船舶签证管理，严把签证关。全年办理进出港船舶签证 10256 艘次，安检船舶 621 艘次。其中外国籍船舶 172 艘次，中国籍船舶 449 艘次，因各种缺陷滞留船舶 20 艘次。重点跟踪船舶的监督管理工作继续向纵深发展。针对重点跟踪船舶监督管理实际，建立和制定了一系列的台帐和程序，加大了对在辖区登记的上了“黑名单”船舶的检查力度，并进行重点跟踪，通过努力有两个船公司已脱离了“黑名单”。

【预控污染事故能力大大增强】 建立健全危管防污管理机制，根据《渤海碧海行动计划》的行动安排，率先在秦皇岛港实施了港作船舶油类污染物“零排放”制度。大力加强防污染宣传工作，成功承办了全球压载水管理项目中国计划第四期宣传讲习班和全国船舶运输植物油监管座谈会。2002 年 11 月 1 日，秦皇岛海上溢油应急反应中心正式成立。该中心的成立，标志着秦皇岛海域的溢油应急反应工作走上了规范化、程序化的道路，将对秦皇岛海域的环境保护工作起到重要作用。

【积极探索船员管理新模式】 强化、规范游艇驾驶员管理，提高海上游艇船员管理水平。全面修订《游艇驾驶员适任考试、培训和发证办法》，进一步规范了对游艇驾驶员的管理。推进航运公司建立新型船员管理机制，率先试验性地对航运单位船员管理工作进行检查，为实现信誉管理做好了基础工作。开展船员实际操作和安全知识日常化检查，探索对在岗船员进行专业性评估。组织成立了河北地区船员适任评估委员会,已检查船员230人次,基本掌握和了解了目前辖区内及经常来本辖区船舶上的船员素质和水平。按时完成了STCW公约履约换证工作。全年签发船员适任证书1286本,签发船员服务簿253本,船员服务簿签证182人次,签发海员证609本,专业训练合格证1210本。

【规范依法行政和内部管理】 逐步建立现代管理制度体系,规范内部管理和依法行政。组织实施全局海事法规文件和内部规章制度的立、改、废工作,确保海事执法有法可依、内部管理有章可循。经过努力,省政府法制办已将《河北省海上交通安全管理条例》和《河北省防治船舶污染海域管理办法》列入河北省2003年度立法计划。推行政务公开工作,自觉接受行政相对人和社会的监督。建立健全执法监督制约机制,全年查处违法案件48宗,罚款31.9万元,错案发生率为零,处罚准确率100%。

河北海事局2002年海事业务数据统计表

项目	数据名称	数据量
一、搜救管理	搜救次数(次)	4
	搜救时间(小时)	38
	获救船舶(艘)	5
	获救人员(人次)	31
二、船舶监督管理	船舶办理进出港签证(艘次)	10256
	办理船舶登记证书及船舶最低安全配员证书(艘次)	46
	船舶安全检查(艘次)	621
	进、出港口船舶总吨(万吨)	20959
	进、出港口船舶(艘次)	18624
	船舶登记(艘)	52
三、通航管理	发布航行通(警)告次数(次)	259
	水上水下施工作业审批(次)	58
四、船员证件	船员考试(人次)	678
	船员发证量(本)	3364
五、事故调查	事故调查(宗)	24
六、危管防污	调查处理污染事故(宗)	5
	危险货物装箱检查(箱)	235

河北口岸大事记

1月8日

河北省人民政府在秦皇岛港口俱乐部主持召开秦皇岛港管理体制改革动员大会。中央企业工委、国家计委、财政部和省政府、秦皇岛市委市政府出席大会。

1月23日

受省政府委托，省口岸办在京唐港召开京唐港34#中晨液化石油气泊位对外开放验收工作会议，并组织省各查验部门对该泊位的查验设施和监管条件进行了验收。经报请省政府同意，2月7日以冀政口[2002]2号文，批准京唐港口岸34#中晨液化气石油泊位正式对外开放。

2月6日

河北省口岸系统精神文明建设委员会、河北省人民政府口岸办公室以冀政口[2002]1号文，批准黄骅港海事局、神华集团黄骅港建港指挥部为河北省口岸系统结对、结片共建精神文明先进集体。

2月7日

国务院办公厅以国办函[2002]14号文件批复河北唐山港口岸查验单位人员编制等问题，其中唐山港海关增加编制10人，边检增加现役编制35人。

3月6日

国务院以国函[2002]19号文件批复，同意河北黄骅港口岸对外开放。

4月1日

省口岸办以冀政口呈[2002]4号上报省政府《关于进一步遏制少数旅客滞韩不归的意见》。副省长何少存、杨迁、才利民、付双建做出了重要批示。

4月3日

省口岸办以冀政口呈[2002]5号文件呈报海关总署口岸规划办公室，申请石家庄至韩国、泰国、日本临时客运包机在石家庄航空口岸出入境。4月27日，海关总署办公厅以署办函[2002]126号文件批复，同意石家庄至韩国、泰国、日本临时客运包机共246个航班在石家庄航空口岸出入境。

4月25日

省口岸办经分别征求省各查验单位的意见，并认真进行研究，以冀政口呈[2002]6号文件请省政府向国务院申请开放秦皇岛32－6油田原油出口海面交货点。4月28日，省政府以冀政[2002]18号文正式呈报国务院申请对外开放。

4月21—30日

省口岸发展课题组赴上海市、浙江省口岸考察，提交考察报告。7月12日，副省长付双建在考察报告上做出重要批示。

5月15日

秦皇岛港务局长聂振一同志荣获“河北省优秀企业家创业奖”称号。

6月5日

河北省口岸系统精神文明建设委员会、河北省人民政府口岸办公室印发《全省口岸系统开展道德实践活动的实施意见》(冀政口[2002]4 号文件),在全省口岸系统内掀起开展公民道德实践活动的高潮。

7 月 11 日

《河北口岸管理规定修正案》经省政府第 54 次常务会议讨论通过。9 月 24 日,钮茂生省长签署河北省人民政府令[2002]第 16 号公布实施。

9 月 17 日

受省政府委托,省口岸办在秦皇岛港务局召开秦皇岛港口岸戊己码头对外开放验收工作会议,并组织省各查验部门对该码头的查验设施和监管条件进行验收。经报请省政府同意,10 月 15 日,以冀政口[2002]10 号文件批复,批准秦皇岛港口岸戊己码头正式对外开放。

9 月 23 日

省口岸办在石家庄市召开河北省口岸"大通关"工作协调小组第一次全体会议,成立了河北省口岸"大通关"工作协调小组及办公室。会议由省政府焦彦龙副秘书长主持,付双建副省长到会并作重要讲话。石家庄海关等 7 个单位做了典型发言,介绍了提高工作效率的经验,提出了加速通关的建议。

10 月 8 日

省政府办公厅印发冀政办函〔2002〕28 号《河北省人民政府办公厅关于进一步加强口岸建设提高口岸工作效率的通知》。

10 月 9 日

省文明办以冀文明办通字[2002]5 号文件批复同意口岸系统新增石家庄海关通关管理和技术处审单中心等 7 个三星级窗口单位。

10 月 10 日

省口岸办印发《〈关于成立河北省口岸"大通关"工作协调小组的决定〉的通知》(冀政口〔2002〕9 号)。

11 月 5 日至 25 日

省口岸办组织口岸系统有关单位的负责同志赴荷兰等国进行了为期 21 天的口岸基础设施规划建设及管理模式培训学习,先后考察了鹿特丹港、安特卫普港、戴高乐国际机场和法兰克福国际机场等 4 个世界著名海、空口岸,听取了关于口岸管理、查验和建设方面的情况介绍,实地考察了港口、机场的装卸、运输、仓储及查验各环节工作和规划布局情况,还安排有关口岸和荷兰海关人员举办了专题讲座。

11 月 19 日

省口岸办以冀政口呈[2002]12 号文件呈报海关总署规划办公室,申请石家庄至韩国、泰国、日本临时客运包机在石家庄航空口岸出入境。12 月 18 日,海关总署规划办公室以署办函[2002]414 号文件批复,同意石家庄至韩国、泰国、日本临时客运包机共 42 个班次在石家庄航空口岸出入境。

山西省

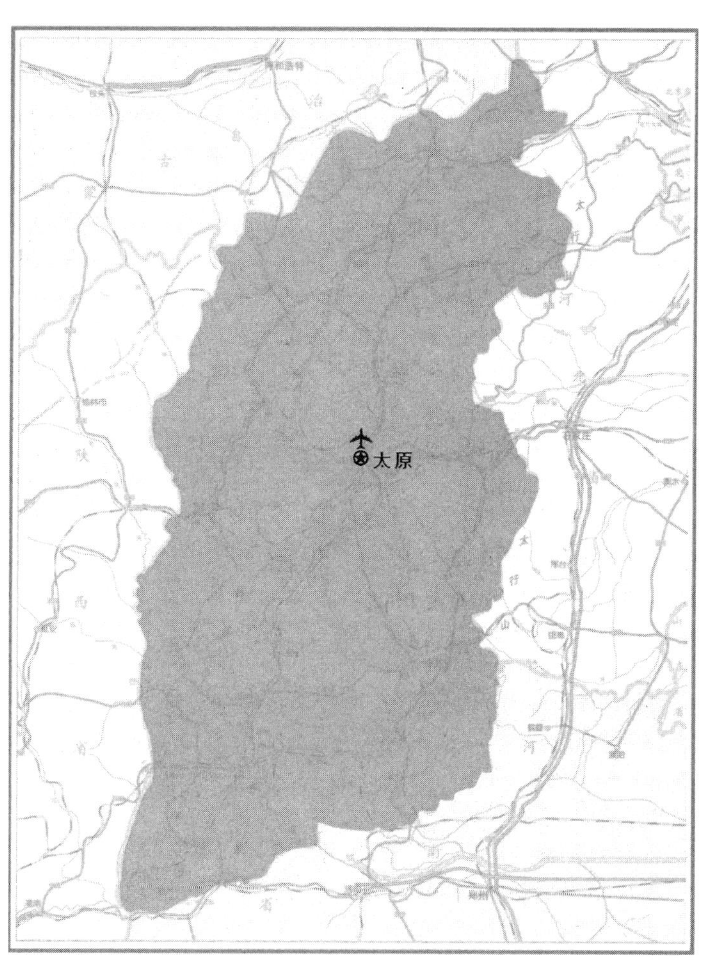

图　　例

省级行政中心

口岸

铁路口岸

航空口岸

公路口岸

海（河）运口岸

山西口岸工作综述

【概述】 2002年是我国加入世界贸易组织的第一年，也是实现"十五"规划目标的关键一年。一年来，山西口岸工作在省委、省政府、省经贸委的正确领导下，在国家有关部门及驻口岸各联检、服务单位和有关地市的大力支持下，在面临许多困难的情况下，全省口岸系统广大职工认真实践"三个代表"，与时俱进、开拓创新，在口岸建设、口岸运营、综合管理以及口岸宣传和文明共建等方面仍取得了一定的成绩，为山西省经济贸易、旅游事业的发展作出了较大的贡献。省政府分别授予太原海关、山西出入境检验检疫局、山西公安边防总队、民航山西省局、山西省人民政府口岸办公室"2002年度口岸工作先进单位"光荣称号。

【口岸开放与建设情况】 1、大同、侯马两地海关正式挂牌开关。加快大同、侯马海关建设步伐，是为应对我国加入世界贸易组织，完善山西省晋北、晋南地区投资环境，完成"十五"口岸规划目标，实现以太原为中心，大同、侯马为两翼的立体交叉、辐射带动的口岸开放格局的必要条件。1998年3月省政府向国务院上报了在大同、侯马设立海关的请示报告。几年来，为争取国务院批准大同、侯马两地设立海关机构，省口岸办、太原海关以及大同、临汾(侯马)两地政府都做了大量工作。2002年4月，国务院以国函[2002]25号文批复同意设立大同海关和侯马海关，省政府分别以晋政函[2002]94、95号文将批复转发大同市、临汾市政府，并指出设立大同、侯马海关机构，是国家支持山西经济发展，加大山西对外开放力度的重要举措，对山西省外向型经济的发展具有重大意义。为使两地海关早日挂牌运营，2002年省口岸办和太原海关一道，多次对两地建关工程进行了实地督察，积极协调两地政府加大对建关工程的投资力度，尽快完善建关工程，为通过国家海关总署验收创造条件。侯马海关筹建工程由于临汾和侯马两级政府的重视，虽然资金缺口较大，但工作得力，较早具备了验收条件。而大同海关筹建工程后期仍存有较大的资金缺口，在省口岸办和太原海关的协调下，大同市政府主要领导非常重视，召开了专题会议，在市里资金困难的情况下，积极调动多方力量筹集工程资金，海关筹建处在保证工程质量的同时，加班加点赶工期，使建关工程于2002年10月初全部完工。2002年10月27日和10月29日，大同、侯马海关分别举行了隆重的开关挂牌仪式并正式对外办理业务。

2、太原航空口岸扩大对外开放。太原航空口岸是1993年经国务院批复的仅限对国际地区性航线开放的一类口岸。随着山西省对外经贸、国际旅游和文化交流的发展，现有口岸开放程度已不能适应新的需要。为此，根据省政府领导的批示，由省口岸办牵头成立了各联检和民航等有关单位参加的太原航空口岸扩大对外开放领导组，多次向省政府有关领导及国家有关部门汇报情况，力争尽快实现太原航空口岸对外籍飞机全面开放。经过各方面的努力，国家海关总署已将太原航空口岸对外籍飞机扩大开放列入2002年口岸开放审理计划上报国务院，并拟组织国家有关部门对太原航空口岸扩大开放的条件进行验收。2002年省口岸办组织有关单位围绕口岸扩大开放验收进行了前期准备工作。

(1)积极协助山西出入境检验检疫局机场办公楼建设项目的立项工作。在省政府的大力支持下和有关单位的配合下，年底建设工程已破土动工，预计在2003年10月底竣工使用。

(2)积极开展太原航空口岸候机楼国际厅改造的前期工作。近年来，随着对外经贸及旅游业的发展，从太原航空口岸出入境的大型包机团队越来越多，但候机楼国际厅联检区的条件却因建设时的布局不尽合理，造成旅客候检时的不便，影响了口岸的通关效率。为改变这一现状，省口岸办组织口岸各单位，拟对口岸候机楼国际厅联检区进行改造。2002 年，省口岸办一方面向国家海关总署申请争取项目资金，另一方面请有关设计部门提出改造方案，并会同山西民航局及各联检单位多次对改造方案进行讨论修改，为改造项目的实施做好前期准备工作。

(3)请求省政府向国务院上报了太原航空口岸扩大对外开放联检单位增设机构和增加人员编制的报告。随着太原航空口岸客货运营业务量的不断增加，对外籍飞机的全面开放也即将实施，目前驻太原航空口岸联检单位人员配置较少，已远远不能满足工作的需要。根据各联检单位的请求，省口岸办代省政府起草了“山西省人民政府关于太原航空口岸扩大对外开放联检单位增设机构增加人员编制的请示”，并经省政府审查后以晋政[2002]21 号文上报国务院。

【太原航空口岸客货运营情况】 1、进入 2002 年以来，太原航空口岸运营面临前所未有的严峻形势：因韩国釜山事故，中国民航局整顿航空秩序停飞晚间加班飞机等原因，太原航空口岸原定“五一”、“十一”及观光韩日足球世界杯等包租的太原—韩国等地的临时客包机全部被取消，导致全年临时客包机数量较上年同期出现较大幅度下降。在这种情况下，省口岸办会同东航山西分公司，多次探讨太原至香港航线增班问题。经分公司多次努力，东航总公司批准对太原—香港航线进行增班调整，使该航线由每周一班改为每周二班，并在增班的同时调整了起降时间，方便了旅客出入，增强了该航线对旅客的吸引力，提高了上座率，增加了客运量。但同时也给联检单位及民航运输部门的同志带来了诸多困难，各单位在人员少、任务重的情况下，克服困难，加班加点，按时上岗，保证了增班调整的顺利进行。太原航空口岸全年共飞行各类客专包机 136 架次，运送出入境旅客 10015 人次，保持了 2001 年的水平。

2、太原航空口岸对独联体货运包机中，对俄货运包机占总量的 70%以上。2002 年由于俄罗斯民航局以太原机场运营的货包机存在超载现象危及航空安全为由，要求停运整顿。由此造成我方包机公司蒙受了巨大的经济损失，中国民航局果断地从 8 月 6 日停飞所有飞往中国的俄航货运包机，进行全面谈判整顿。对俄货包机停飞后，省口岸办会同民航山西省局和各联检单位积极采取措施，一方面坚持运营好其他独联体国家的货运包机，另一方面积极向国家民航总局、外经贸部等上级部门汇报情况，提供相关资料，争取中俄双方早日谈判，尽快复航。从 8 月中旬开始，中俄民航当局在北京就俄罗斯货包机安全管理问题进行了一系列会谈，双方明确了包机飞行安全责任，并制定了相应的安全措施，太原机场对俄货包机于 2002 年 11 月 16 日复飞。民航山西省局在对俄货包机停飞期间，要求下属各单位举一反三，查找不足，对独联体货包机的地面服务代理工作进行了全面检查整顿，并在民航华北管理局的指导下，完善了货包机“一条龙”服务和现场监装制度，改进了独联体货包机操作规程，进一步保证了对超载隐患的遏制。在加强自身管理的同时，民航山西省局重新与 4 家俄航空公司签订了地面代理协议，进一步明确了双方的职责，量化了装机各道工序的标准和要求，全面规范了独联体货包机的安全保障工作。在太原航空口岸对俄货包机运营停飞的情况下，各联检单位也进一步加强了货包机查验工作，坚持全天 24 小时值班制，努力为包机公司提供优质的服务，力求使太原航空口岸对独联体货包机运营损失降低到最小程度。太原海关针对独联体货包机的特点，突出查验重点，对海关监管场所实行封闭式和卡口式管理，同时利用技术手段加强对出口货物的监管力度，制订了预约报关制度和首问负责制度，使得海关在人员不足的情况下，做到有效监管和高效通关两不误。山西出入境检验检疫局为加强机场处的工作，从全局选调7名综合素质高、业务熟练的同志充实机场处，并调配新微机等办公设备，大大加强了机场处的工作。太原边防检查站总结几年来检查经验，制定了《太原边防检查站货包机值勤规范》，加强业务研讨和勤务讲评，不断提高依法处理问题的能力和执法水平。正是由于各单位的共同努力，使得太原航空口岸在对俄货包机一度停飞的不利情况下，全年飞行对独联体货运包机 1332 架次，出入境勤务人员 13250 人次，运输货物 29445 吨，运送货物量占国内对独联体航空包机货运量的30%以上，仍居全国同行前列。

【口岸综合管理情况】 口岸是一个跨部门、跨地区、条块结合的运作体系，各部门只有通力协作、密切配合，才能使口岸整体和谐、高效运作。作为口岸综合管理部门，及时协调解决口岸运营中的各种问题，是提高口岸工作效率的根本保证。2002年，省口岸办通过及时召开协调会、进驻现场跟踪协调等多种形式实施综合管理，取得了明显成效。为进一步加强口岸综合管理，落实国务院"大通关"精神，使口岸更好地为地方经济建设服务，省口岸办除日常协调外还重点抓了以下几项工作：

1、为贯彻落实国务院"关于进一步提高口岸工作效率的通知"和海关总署"提高口岸工作效率现场会"精神，进一步完善口岸通关环境和提高口岸工作效率，2002年省口岸工作领导组向口岸各部门传达了国务院办公厅《关于进一步提高口岸工作效率的通知》精神和国务委员吴仪在提高口岸工作效率现场会上的讲话，并以文件的形式转发各单位，要求认真学习，领会精神，切实提高山西口岸工作效率，为山西经济发展服好务。要求口岸综合部门要加强管理，及时协调解决口岸工作中遇到的问题，口岸各查验单位及民航、铁路、交通、外经贸、税务、工商、外汇、信息等部门，要按照行业有关要求密切协作配合、规范收费标准、提高服务质量，围绕提高口岸工作效率制定相应措施，并利用电子信息手段，最大限度地实现口岸工作的高效运行。通过各单位的认真学习和贯彻落实，口岸通关环境得以进一步完善，工作效率进一步提高。

2、调整和补充了山西省口岸工作领导组。由于机构改革、人员流动及口岸业务的拓展等原因，原山西省口岸工作领导组已不能适应口岸工作的需要。省口岸办请示省政府对山西省口岸工作领导组进行了调整和补充。首先根据原成员单位分管领导的变化对领导组成员做了相应的调整，又结合电子口岸及口岸网络信息化的实施，在口岸工作领导组中增加了外汇、工商、税务、电信等有关部门为成员单位，使口岸领导组这一组织机构更加完善，适应了口岸业务发展的新需求，为口岸建设及运行效率的提高提供了组织保障。

【口岸宣传和精神文明建设情况】 积极开展口岸宣传和文明共建工作。加强口岸宣传，对于扩大口岸影响力和知名度，进而对口岸潜力的挖掘和发挥都起到重要作用。2002年省口岸办共编发综合性刊物《山西口岸信息》4期，由于刊物在内容上得以充实和提升，提高了刊物的可读性、适用性和服务性，受到口岸各方面的好评。同时针对口岸发生的重大事件，省口岸办还充分利用报刊等媒体进行报道，展示口岸风采。根据中国口岸协会编制《中国口岸年鉴》、《口岸实用名录》的要求，省口岸办组织各有关单位编制了太原航空口岸部分，对宣传山西省口岸及口岸工作起到积极作用。为加强口岸宣传工作，2002年省口岸办还组织口岸系统通讯组的各位通讯员赴云台山进行了一次交流会，增加了各位通讯员之间的相互了解，增强了口岸宣传队伍的凝聚力和向心力，为今后进一步搞好口岸宣传工作提供了保障。

口岸是对外开放的桥梁、纽带，也是展示精神文明的窗口。省口岸办根据口岸工作的特点，通过各种形式促进口岸系统文明共建活动的开展。2002年省口岸办分别于年初和年中举办了口岸保龄球比赛和职工篮球比赛，这些活动参与的人员广，影响大，取得了较好的效果。同时省口岸办还组织口岸职工外出参观学习和进行业务知识培训等，在提高口岸系统职工的职业素质的同时，开阔了眼界，陶冶了情操，又加强了口岸各单位之间的交流沟通，增强了口岸系统的凝聚力、战斗力，促进了各项工作上水平、上等级。

（王锐颖　杨永辉）

2002年太原航空口岸客货包机运营情况表

项目	出境			入境			小计		
	架次	人数	上座率	架次	人数	上座率	架次	人数	同比增减(%)
香港客机	59	4368	54.44%	59	3480	43.36%	118	7848	+3.71
临时客包机	8	995	98%	10	1172	98%	18	2167	−11.44
货包机	架次		同比增减(%)		货运量(吨)		同比增减(%)		
	1332		−36.51		29445.2		−38.93		

山西口岸查验单位工作综述

太原海关

2002年，太原海关全体干部职工奋发努力，锐意进取，基本实现了2000年关党组确定的“一年打基础，两年上水平，三年争一流”的奋斗目标：税收和货运量创关区历史最高；文明建设跨入省直“标兵”单位行列；首次参加海关系统文艺汇演荣获二等奖；大同、侯马海关顺利开关，结束了太原海关没有隶属关的历史。通关作业改革、队伍建设及各项基础建设都取得可喜成果。

【坚持把思想政治建设放在首位，用“三个代表”重要思想统领各项工作】 一如既往坚持政治理论学习，保证了全关同志坚定的政治立场和饱满的工作热情。坚持了党组中心组政治理论学习和副科以上干部每周一次的政治学习制度，全年学习52次120学时。有计划、有组织地学习了党的十五届六中全会文件、江泽民同志5·31重要讲话、朱总理等国务院领导同志视察海关总署的重要讲话。党的十六大召开后，及时组织了收听、收看和专题学习。注意抓住“三个代表”重要思想这个灵魂，把握解放思想、实事求是、与时俱进这个精髓，着重研究十六大提出的一系列与海关工作密切关联的重大战略部署，思考如何将十六大的各项要求贯穿到海关工作的实际中，增强了全关同志贯彻“三个代表”重要思想的自觉性、坚定性和运用十六大精神研究新情况、解决新问题，积极推动海关改革与建设的自觉性。注重理论联系实际，把自觉贯彻落实海关工作新方针作为贯彻十六大精神和“三个代表”重要思想的切入点，持续不断地开展了新方针的宣传教育，激发了全关同志贯彻执行新方针的自觉性，准确把握和处理“把关”与“服务”

的关系，努力提高工作效率和工作水平。加强思想政治工作与业务工作的有机结合，尤其是加强了新形势下的“三关”教育，通过开展“三珍惜、三热爱”理想信念教育演讲比赛、请米里干同志做爱岗敬业事迹报告、组织收看电视片《边关》等活动，全关同志的工作热情和积极性进一步提高。

【坚持综合治税，确保应收尽收】 2002年，自报税收任务1亿元，努力克服关税税率大幅下调、实施世贸组织估价规则等因素的影响，振奋精神，扎实工作，1—6月完成税收9789万元，为全年任务的98%。7月份，本着为总署分忧、为国家财政减轻负担的态度，在税收形势出现不利因素的情况下，毅然自加税收任务5000万元。为最大努力做到应收尽收，太原海关以处为单位施行了目标责任制，合理量化分解税收任务；通过加强减免税管理、清理欠税和加大加工贸易实际核销补税力度，有效开展了综合治税；通过发挥“关税分析监控系统”和“执法评估系统”作用，建立健全新的海关估价机制；加强对估价理论、估价技术特别是反商业瞒骗和反价格瞒骗技术及相关技能的学习培训，不断提高一线关员的税收征管能力，全面提高了税收征管质量。全年税收缴库额19937万元，超额4937万元完成任务，创历史新高。税收征管水平排名第11位，跻身于全国海关前列。

【始终保持高压态势，打击走私工作成效显著】 结合总署关于继续保持打击走私高压态势的总体要求和关区具体情况，确定了打私工作的重点；加强了反走私情报搜集的综合力度，尝试应用了风险管理方法，进一步提高了情报工作的准确性和命中率；注重发挥相关执法部门和行业主管部门的作用，紧密依靠地方党政，广泛开展了综合治理；通过加强对关区文物、毒品以及非涉税货物、物品走私情况的动态分析，加大了查控力度；综合运用行政执法和刑事执法两种手段，有效开展了打击走私的集中行动和专项斗争。2002年全关共计查获各类走私、违规案件19起，案值1.06亿元，立案侦查走私案件2起，抓获犯罪嫌疑人8名，执行强制措施16人(次)，上缴罚没入库852.69万元，补税入库2584.29万元，两项合计入库3436.89万元，完成全年任务的215%。

【努力提高通关整体效率，促进地方经济发展】 继续加强与相关口岸单位的联系配合，切实提高了“大通关”的整体效率；积极转变观念，创新工作思路，从内部运作机制入手，不断加快审单和报关单证的流转速度，确保了通关快捷、顺畅；强化服务意识，积极深入企业，广泛开展综合调研，努力为企业提供优质、快捷的服务；按照严密高效的原则，不断完善加工贸易深加工结转管理办法，加强了加工贸易的单耗管理；坚持了24小时值班制度、预约报关制度和首问负责制等便利通关措施，加速了对进出口货物的实际验放速度。全年进出口货运量39.31万吨，为历史最高。

【不断完善通关作业改革，实际监管能力明显提高】 通过适时调整职能部门的力量，健全组织机构，建立健全了风险管理机制，提高了海关管理的有效性；不断摸索适合关区特点的风险管理方法，较好地发挥了风险布控的作用；加大了监管一线人力资源、科技应用手段和基础设施的投入；按照总署《通关作业改革指导方案》的总体要求，建立健全了通关监管过程中各部门、各岗位及其“结合部”的各项规章制度，明晰权责，规范操作，公开流程，狠抓落实，通关效率和实际监管能力得到进一步提高。

【加快“科技强关”进程，信息化建设再上台阶】 认真落实总署党组《关于加强科技工作的决定》，牢固树立“科技强关”意识，努力提高运用信息技术的水平。抓紧了H2000通关系统推广的基础建设，为H883系统到H2000系统的平稳过渡做好了准备；加快了关区口岸电子执法系统的建设步伐，进一步扩大了关区“电子口岸”的应用范围；认真落实《全国海关政务信息化总体规划》要求，加大资金投入，积极推进政务信息网(红机网)以及办公自动化应用项目的建设，先后完成了H883/EDI通关系统年度切换、估价决定书系统安装、海关财务通关软件 2000V401 版的升级安装、执法评估系统软件的安装等任务，信息化建设总体水平上了一个台阶，为各项业务工作正常、稳定运行提供了有效的技术支持。

【落实从严治关，坚持不懈抓队伍建设】 以“六个坚持，六个反对”为标准，着力加强领导干部和机关作风建设。注重了加强领导班子思想政治建设，有计划地组织班子成员学习和实践“三个代表”的重要思想；建立健全了对领导班子和领导干部的监督制约机制，年初，关与处、处与科之间都签订了责任状，落实了一级抓一级，一级对一级负责的领导干部分级负责制和责任追究制；制定了加强机关作风建设的制度和措施，定期不定期地进行综合检查、评比，并以公告和网上发布等形式，加强了对检查结果的反馈，做到了布置有要求，落实有检查，检查有结果。领导班子建设和机关作风建设有了较大幅度的提高。干部人事制度改革稳步前进，抓住大同、侯马海关成立的契机，大胆提拔任用了一批德才兼备的年轻干部，推动了处、科级领导干部年轻化进程。廉政建设深入扎实，继续保持了无违法违纪情事的纪录。文明建设整体推进，成功举办了建关 15 周年庆祝活动，80％的关员参加了文艺表演，展示了蓬勃向上的精神面貌，组建了军乐队、篮球队，开展了丰富多彩的文体活动，积极参加了总署举办的篮球赛和文艺汇演，选送的节目荣获二等奖，在连年省直系统文明建设先进单位的基础上，跨入标兵单位行列。

（王欢骋）

太原海关 2002 年主要业务统计表

类别	数据
监管货运量(吨)	393124
其中:进口	319916
出口	73208
货物总值(万美元)	63325
其中:进口	37489
出口	25836
报关单(份)	9695
征税(万元)	19937
其中:关税	4597
代征税	15340
审批减免税(万元)	84325
其中:减免关税	27552
减免代征税	56773
办理加工贸易合同(份)	598
加工贸易备案金额(万美元)	48967
征收监管手续费(万元)	545
监管进出境飞机(架次)	1463
监管进出境人员(人次)	23209
查处走私案件(起)	3
其中:案值(万元)	743
查处违规案件(起)	12
其中:案值(万元)	9489
审价补税(万元)	0
罚没收入(万元)	853

山西边防总队

山西边防总队为总队、站(太原边防检查站)合一单位,担负着对太原航空口岸的出入境人员和交通运输工具进行边防检查的任务。

2002 年,山西边防总队共检查出入境人员 23266 人次(入境人员 11110 人次,出境人员 12156 人次),同比减少 31.3%;检查出入境飞机 1 468 架次(入境飞机 735 架,出境飞机 733 架),同比减少 33.7 %。

2002年，山西边防总队在口岸开展了以“做让党放心，让人民满意的边防卫士”为主题的“双让”教育活动，并将教育活动贯穿到边检工作的各个环节，严格执法，热情服务，树立了口岸边检人员的良好形象，为维护社会稳定和山西经济建设创造了良好的口岸通过环境，被山西省政府评为“山西口岸工作先进单位”，被太原市小店区授予“文明单位”。

在执法工作中，注重加强业务研讨，进行勤务讲评，定期分析、研究执勤执法工作中出现的新情况、新问题，制定具体工作措施，不断提高依法处理问题的能力，提高执法水平。8月，根据公安部边防局《关于在全部队开展执勤执法专项整顿的通知》精神，以边检执勤为重点，迅速制定工作方案，在总队开展了执勤执法专项整顿，深刻吸取别的单位发生执勤事故的教训，深入排查隐患，堵塞漏洞，健全制度，落实责任，全面提高总队的执勤执法工作，收到了较好的效果。全年，共依法查处违法违规事件6起10人次，行政罚款23000元。做到了事实清楚，证据充分，定性准确，法律手续完备，无行政复议、诉讼、投诉等情况发生。

为提高检查员边检业务水平，2002年，全力加强对检查员的业务培训，为每位检查员建立了业务考核档案，分阶段对培训内容进行考试，公布考试成绩，排列名次，不合格者不准上岗，组织检查员赴北京总站实地跟班学习，赴上海边检总站进行业务考察，有效提高了检查员的学习自觉性和业务能力。

在严格履行职能的同时，牢固树立“服务”意识，积极向出入境人员和交通运输工具提供优质、高效的服务。临时货包机出入时间没有规律，经常是夜间入、凌晨出，检查员克服困难，任劳任怨，全天24小时一线值班，无论是深夜还是节假日，随到随检，未出现任何误岗误勤现象，受到中外人员的一致好评。为提高工作质量，年终，向航空公司、民航、口岸各有关单位、各包机公司和旅行社发送了“征求意见函”，诚心征求我们在执勤执法中的意见，通过信息反馈，进一步改进了工作方法，提高了服务经济建设的意识和质量。

为提高边检工作的科技含量，实现“科技强警”目标，2002年，加强了边防检查综合业务数据网的建设，实现了候机楼与办公楼、办公楼与公安厅的光纤联通，建成了总队局域网，并与公安网联通，设计了总队网站，网络建设在边防检查业务和机关工作中得到了充分运用并发挥了重要作用。执勤现场淘汰了一批比较落后的设备，配备了一批性能良好的复印机、传真机、碎纸机，加强了现场检查工作。

2002年，加强了基础设施建设，完成了总队办公楼附属楼的修建，建起了总队标准篮球场，装修了机关食堂和新建单身宿舍和会议室，建成了总队洗澡间，安装了机关自动伸缩不锈钢大门，基础设施大为改善，有力地保障了边防检查工作的进行。

（张晓春）

2002年太原口岸出入境旅客统计表

项目		出入境旅客		合计
		入境	出境	
中国籍	因公	46	154	200
	因私	727	2271	2998
	香港	1101	1068	2169
	澳门	1	1	2
	台湾	1155	840	1995
外国籍		452	234	686
华侨		6	5	11
合计		3482	4568	8050

2002年太原口岸出入境员工统计表

项目		出入境员工		合计
		入境	出境	
中国籍	因公	674	655	1329
	因私			
	香港			
	澳门			
	台湾			
外国籍		6954	6933	13887
华侨				
合计		7628	7588	15216

山西出入境检验检疫局

2002年，在国家质检总局和山西省委、省政府的正确领导下，山西检验检疫局党组以与时俱进，开拓创新，奋发有为，扎实工作的精神，团结和带领全局干部职工，以江泽民同志“三个代表”重要思想为指导，认真贯彻全国质检系统局长会议精神，严格检验检疫执法把关，积极为扩大外贸出口做贡献，按照“围绕一个中心，实现两个转变，抓住三个重点”的工作思路，围绕一个中心就是以检验检疫工作为中心，抓好主业，突出主题；实现两个转变：一是转变思想观念，二是转变工作作风；抓住三个重点：一是抓住加强队伍建设这个根本；二是抓住切实改善管理这个关键；三是抓住努力多干实事这个核心。各项工作均取得较好成绩。

一、围绕一个中心：以检验检疫工作为中心，抓好主业，突出主题。

全年共检验各类出入境货物13520批，货值70029万美元，查堵不合格进出境货物60批，货值611万美元，检出各种有害生物52种，查出出入境人员传染病病例79人，较好地发挥了国门卫士作用。

抓好主业——守好国门，依法把关。把检验检疫工作重点转移到涉及安全、卫生、健康、环保、反欺诈检验检疫监管上来，进行严格的检验检疫把关，确保工农业生产安全和人民健康，重点做了四方面的工作：

切实实现检验检疫工作重点转移。工作逐步从原来以“黑色”为主，逐步转到以“绿色”为主，“黑绿”相配。加大了对涉及安全、卫生、农残兽残检测能力设备的投入和信息化建设的投入，解决了检测中心对农产品和动植物疫病、农残、兽残进行检疫、检测的部分设备和保健中心检测传染病的部分检测设备，新开验检测了22种商品和40个项目。

强化监管，把握重点，确保把关质量。加大对重点敏感商品的检验检疫监管。按照有关规定对肉类加工企业实施了“三专”制度和驻厂兽医制度，加强了对养殖、屠宰、加工、储存及运输全过程监控，对养殖企业实施了“五统一”管理模式，完善对卫生注册企业供宰畜禽养殖场、饲料加工厂、种鸡种兔场的备案登记工作；强化了对疫情疫病、农残兽残的监测监控工作。对全省8家肉类加工企业、3家供港活牛育肥场、5家供宰动物养殖场进行了药残和动物口蹄疫、新城疫、禽流感等传染病监测；积极与地方农牧部门、卫生部门、质监部门协作，加大对出口敏感性商品源头的监管力度。供宰畜禽全部有地方农牧部门出具的《动物产地合格证》和《非疫区证明》等，确保万无一失，国外未有异议。

建立和完善了预警机制。成立了动、植、卫生疫情疫病监控领导组织和预警工作办公室，落实风险预警和快速反应机制，对出入境飞机进行严格的检疫查验和防疫处理，有效地防止了传染病及病媒生物由国外传入；进一步开展了口岸媒介生物调查、食蝇监测：捕获鼠类4种58只，蚤类19只，蝇类6276只，蚊子513只；在实蝇监测工作中捕获各种蝇类10277头，其中实蝇2种、327头，宽带寡实蝇65头，三点棍腹实蝇262头，为开展有害生物风险分析打下了基础。

积极探索检验检疫监管新模式。如针对出口普包拟定了《出口货物包装分类管理办法》，根据普包生产企业的信誉、质量、以及企业质量控制体系的建立及运行等情况试行了分类管理；对出口法兰根据其材质、生产工艺以及山西地区加工企业状况采取了“备案登记＋关键点控制”的监管模式；对出口纺织机械帮助企业在生产车间建立关键控制点19个，采取了“关键点控制＋过程监管”的检验监管模式；对出口轮胎针对其产品原料全部依靠进口，生产企业质量体系较为规范等特点，采取了“原料控制＋过程监管＋产品共检”的检验监管模式；对出口铝锭检验通过对企业实验、质量控制体系的评审和认可，实施了抽批检验的监管检验模式。

突出主题——改善服务，促进发展。为贯彻国务院领导从源头抓质量、千方百计促进外贸扩大出口的指示，出台了12条服务山西省实施“走出去”战略，促进扩大外贸出口的有力措施。

紧紧抓住对当地经济发展起龙头作用的产业、企业，进行跟踪服务。组织专业队伍到芦笋产地——永济市驻点，在生产场地现场对芦笋生产情况进行全过程检验检疫监管，现场出证放行。到“中国锻造之乡”定襄县实施驻点检验，坚持从源头抓质量，针对生产经营秩序、产品质量管理和检验秩序等环节进行全面整顿，实施了《原材料质量控制制度》和《出口法兰生产企业考核登记备案制度》，开拓出一套新的管理模式，促进了法兰出口，受到国家质检总局和省政府的重视，也赢得了法兰生产企业的广泛好评。

紧紧抓住关系国计民生的大宗出口商品和重点工程、重点项目，进行重点检验监管服务。为山西煤炭出口保驾护航，认真抓了出口煤炭企业《出口商品质量许可证》的考核和年度评审工作；实施了每月至少一次的煤质抽查；组织了煤炭实验室水平测试；举办了部分出口煤炭矿站化验员培训；加强了与口岸局的联系等，使山西煤炭顺利出口。对阳城电厂、万家寨引黄工程、太钢50万吨不锈钢设备改造项目、山西大唐神头发电有限公司二期扩建项目等地方政府乃至国务院关心的重点工程和重点项目，本着把关与服务的宗旨，进行了各具特色的监管、检验服务。

加快认证认可推广步伐，为企业打开国际市场通道创造条件。截止目前为止，全省获出口商品质量许可证的企业近200家，获卫生注册的企业近40家，获ISO9000系列认证60余家（其中2家为ISO9000、14000、OHSAS1800三合一认证），为企业产品顺利进入国际市场创造了条件。在出口食品生产企业大力开展HACCP知识培训，已有一家企业通过HACCP认证，四家企业正在建立HACCP管理体系。积极帮助企业进行输美陶瓷认证，全省陶瓷出口首次突破千万美元大关。

深入宣传和鼓励企业运用原产地规则，享受普惠制待遇和原产地标记保护登记注册，树立名牌产品。为水塔牌老陈醋等三个名优产品进行了原产地标记注册。全年共签发一般原产地证书1314份，货值4881万美元；签发普惠制证书5131份，货值18974万美元，增强了本省出口产品在国际市场的竞争能力。

强化业务监督，确保工作质量。一是强化了业务稽查工作的力度。抽出专门人员进行业务稽查，通过证书质量检查、实地跟踪检查、问卷调查等多种方式就受理报检、计收费、标准使用、检验检疫、证稿拟制、证书缮制、签证放行、证书归档、流程管理、空白证单及印鉴管理、重点商品检验检疫业务开展情况以及两证管理等各个环节进行了全方位稽查。二是扎扎实实地开展了检验检疫“三查”活动。全局共查出问题16类、155条次，对所查问题分别制定了相应措施，进行了全面整改。三是加强检务管理。围绕CIQ2000系统在入库、出库、领用、退领、核销、电子台帐及工作日志等建立了标准化管理模式，完善了全系统空白证单管理自查、稽查和季报制度；编写了检验检疫证书规范用语。四是切实落实《出口商品质量控制规范》。

二、实现两个转变：努力实现思想观念和工作作风的转变。

在思想观念的转变上，首先抓了封闭、陈旧思想观念的转变，打破传统思维定式，解放思想，努力开拓。一是按照新的商检法和TBT协定确立的5项合法目标，把“保护人类健康和安全、保护动物或植物的生命和健康、保护环境、防止欺诈行为、维护国家安全”作为检验检疫工作的重点。二是按照“忠于职守，勇于负责，严格把关，保国安民”的要求，把追求放在提高检验检疫工作的质量和效率上。三是结合山西对外贸易实际，认真研究WTO规则、国外技术法规、国际通行做法，使山西地区涉及安全、卫生、健康、环保、反欺诈等重要内容的工作，真正处于检验检疫的监管之中。其次，抓了领导干部中不敢作为观念的转变。开展思想教育，认真查找工作上的原因，查摆和分析问题，针对性提出改进意见，消除畏难情绪，大胆工作、大胆管理、大胆负责，重新打开了工作局面。

在转变作风方面，抓了领导班子的作风转变；抓了行风的转变；扭转了文山会海现象；连续出台了相关办法，规范了办文、办会和请示报告程序；提出了“说实话、办实事、摸实情、求实效”的工作要求；加大了对各项工作落实情况的督促检查力度。

三、抓住三个重点：队伍建设，改善管理，多干实事。

抓住加强队伍建设这个根本。加强理论学习，提高政治素质。认真抓了以学习江泽民同志“三个代表”重要思想为重点的理论学习。党组中心组组织了12次集中学习，党组成员分别撰写了学习体会。党的十六大召开以后，党组中心组及时进行了学习讨论，组织全局处以上领导干部进行了集中扩大学习，讨论问题，交流体会，每位同志都写了发言提纲和体会文章。加强班子建设，提高领导水平。分别召开了局党组民主生活会和各分支局党组、各处室党员领导干部民主生活会。加强廉政建设，做到廉洁从检。召开纪检监察会议，对党风廉政建设和反腐败工作进行了全面部署，制定并狠抓了党风廉政建设和反腐败责任分解实施意见的落实，在全局展开了行风教育和行风大检查活动。加强教育培训，提高适应能力。今年共组织各类培训班8期，派出64人参加各类培训，18名同志参加了在职学历教育。积极开展精神文明创建活动。在全局系统大力开展公民道德建设“双十佳”活动，各单位结合各自实际，分别实行了“全天候”工作制、无节假日承诺制、首问负责制、公示制、ABC角顶岗制等急事急办、特事特办服务外贸的措施。局机关扶贫助残、为贫困儿童捐款23000元；为榆社丁村小学助教捐款5000余元；义务献血20人。机场处、技术中心被省总工会授予财贸系统“十五”创新优质服务竞赛先进集体称号；机场处被省直工委评为“十佳”文明窗口，被省劳动竞赛委员会授予集体一等功。在全省老干部工作检验评比活动中，离退休干部处被评为省老干部工作先进集体。

抓住切实改善管理这个关键。建章立制，规范行为。出台了《关于建立规范性规章制度规定》，杜绝了在制定规章制度上的随意性；逐一清理完善现有的规章制度，共清理、建立、完善各项规章制度73项，其中行政管理60项，业务管理13项；将各项规章制度汇编成册，印发《检验检疫常用法律法规汇编》，人手一册；强化督查，狠抓落实；理顺机构，调整职能；加强财务管理，切实搞好保障；改进了后勤管理，为机关正常工作起到了很好的保障作用。

抓住努力多干实事这个核心。切实抓好基础工程，确定了实验室建设和投资主攻方向，加快信息化和“三电”工程建设，大力推广电子转单、电子报检和电子签证，全局人手一部电脑，一处一部电脑笔记本；加快基建工作，严格“五保”（即保质量、保工期、保投资、保安全、保廉洁）；切实加强基层建设，加强对基层局的领导，减轻基层负担；努力实施民心工程，切实解决好关系广大职工切身利益、直接影响到稳定和发展的一些具体问题，把思想政治工作转化为看得见摸得着的东西。（张建龙）

山西出入境检验检疫2002年业务情况表

金额单位:万美元

	货物检验检疫																			
	总计				商品检验				动物及动物产品检疫				植物及植物产品检疫				食品及化妆品			
	批次	金额	检验检疫不合格		批次	金额	检出不合格		批次	金额	检出疫情		批次	金额	检出疫情		批次	金额	检出问题	
			批次	金额			批次	金额			批次	金额			批次	金额			批次	金额
合计	13520	70030	60	611	12298	65528	60	611	273	1053			1369	5160			2087	5509	7	2
出境	12459	44651	38	508	11332	42012	38	508	226	550			1277	3332			2082	5480	7	2
入境	1061	25379	22	103	966	23516	22	103	47	503			92	1828			5	29		

	监测体检及预防接种（人次）				交通工具检疫				集装箱检疫		产地证			
											普惠制		一般产地证	
	监测体检	艾滋病监测	发现病例数	预防接种	火车（节）	汽车（辆）	轮船（艘）	飞机（架）	合计	检出问题	份数	金额	份数	金额
合计	3268	3270	474	1985				1466						
出境	3127	3129	451	1985				733			5131	18974	1314	4881
入境	141	141	23					733						

山西口岸大事记

1月31日

省口岸办组织召开了2001年度山西口岸系统工作总结表彰会议，省口岸工作领导组成员及口岸各单位人员参加了会议。省口岸办王锐颖副主任在会上对山西口岸一年来口岸运营、口岸建设、口岸综合管理、口岸宣传和精神文明共建等方面工作做了总结，并提出了2002年口岸工作重点。山西省口岸工作领导组副组长、省经贸委副主任蔡衡在会上宣读了省政府对山西出入境检验检疫局、太原海关、太原边防检查站、民航山西省管理局、东航山西分公司、省政府口岸办公室授予先进单位的通报，以及省口岸工作领导组和省政府口岸办公室对王欢骋等口岸先进工作者和优秀通讯员的表彰决定。薛荣哲副省长出席了会议，并就在当前形势下做好口岸工作的重要性以及要求各单位在口岸工作中做到执法和服务地方经济并举做了重要指示。

1月31日

省口岸办在御花园名人俱乐部组织口岸各单位召开了2002年山西口岸系统迎春联谊会，举行了口岸系统“迎春杯”保龄球比赛以及游泳、飞标、乒乓球等文体活动。山西出入境检验检疫局、太原海关、东航山西分公司等单位分获保龄球比赛冠、亚、季军。联谊活动加强了各单位的联络沟通，增进了友谊，受到大家的热烈欢迎。

2月25日

东航出售到拉托维亚三架YK42飞机中的最后一架次飞离太原航空口岸赴目的地。省口岸办组织各单位对其进行了查验。此次YK42飞机的离境，结束了东航山西分公司运营YK42飞机的历史，标志着我省航空飞行设备又向上迈了一个台阶。

4月8日

国务院批准山西省设立大同、侯马海关机构。山西省人民政府迅速将批复转发给大同和临汾(侯马)两地政府，并要求两地政府召集有关部门对建关事宜进行专题研究，认真领会国务院设关批复精神，加快建关办公、生活用房进展和资金到位，尽快与太原海关协商落实交通工具、通讯设备和开办费用，做好开关准备，争取早日接受海关总署的验收挂牌。

4月28日

太原—曼谷定期客包机航线开飞，该包机由东航驻曼谷办事处、泰国升龙航空旅游集团包租东航山西分公司波音737—300型飞机，拟在今后一年期间飞行94架次，它的开飞预示着太原航空口岸对外开放的步伐又向前迈进了一步。

5月23日

国家对外经济贸易合作部驻天津特派办特派员及随行人员对太原航空口岸对独联体货包机运营情况进行了实地考察。外经贸部驻天津特派办有关领导听取了口岸办的汇报，并和省外经贸厅、民航山西省局、太原海关等有关单位进行了座谈，详细了解了山西省对独联体货包机发展历史成因及发展现状，充分肯定了山西省口岸系统各单位在对独联体货包机的发展中所做的工作，并表示要向国家有关部门提出建议，将太原航空口岸培育成为我国北方对独联体货包机的主要基地之一。

6月17日—25日

经过精心的安排和准备，由省政府口岸办主办、民航山西省局协办的“2002年山西口岸系统职工‘联谊杯’篮球赛”在太原机场灯光篮球场举行。本次比赛共有民航山西省管理局、民航太原空管中心、太原海关、山西出入境检验检疫局、太原边防检查站5支篮球队参赛。本次比赛得到了各参赛单位领导和职工的大力支持，各单位主要领导或亲自参赛或亲临现场一线指挥，各参赛队员团结协作、奋力拼搏，使这届“联谊杯”篮球赛取得了圆满成功。通过比赛，各单位增进了友谊，加强了沟通和协作，陶冶了情操，锻炼了身体。大家一致认为，今后要多举办此类活动，进一步促进口岸精神文明建设。山西出入境检验检疫局、民航太原空管中心、民航山西省管理局分获比赛第一、二、三名，太原海关、太原边防检查站荣获组织奖。

7月28日至8月6日

国际奥比斯眼科飞机医院第五次专访山西，这也是该院在美国9.11事件后首次出行。为使他们在太原的专访成功并进一步推动山西眼科医学的发展，省口岸办积极召开专题协调会进行安排布置，各有关单位积极配合，提供了方便快捷的通关环境以及优质的服务，保证了本次接待工作的顺利进行，受到了奥比斯眼科飞机医院及接待单位的赞誉。

8月7日

东航山西分公司安全飞行十周年庆祝大会在太原机场职工俱乐部举行。国家民航总局、山西省政府主要领导出席了会议，省口岸办及一关两检等部门也应邀参加了会议。东航山西分公司十年来始终坚持“安全第一、预防为主”的方针，加强组织领导，狠抓安全教育，加强人才培训，创建安全文化，围绕安全生产积极开展思想政治工作，使东航山西分公司的安全管理走上了科学化、规范化的管理道路，创造了十年安全飞行的好成绩。

10月11日—13日

为总结山西口岸通讯工作组一年多的工作，也为感谢各位通讯员在过去一年里为口岸宣传所做的工作，省口岸办组织通讯员赴河南焦作云台山景区举行了一次观光交流培训活动。本次活动大家交流了如何开发和利用口岸信息资源，更好地服务地方经济建设；探讨了在加入WTO后如何进一步发挥口岸宣传工作的作用，扩大口岸影响和促进口岸潜力的挖掘。本次活动增强了通讯员队伍的凝聚力和向心力，为今后进一步做好山西口岸宣传信息工作打下了基础。

10月27日和29日

中华人民共和国大同海关和侯马海关分别正式开关并对外办理业务。省政府、国家海关总署、建关两地市党政领导和其它相关单位的领导出席了开关仪式，省口岸办王锐颖主任也应邀出席仪式。新成立的大同海关和侯马海关是国家设在大同市和侯马市的货物进出境监管管理机构，主要负责当地和周边地区内进出境货物、物品和运输工具的监督管理、征收关税和其它税费、查缉走私及编制海关统计等职责。在山西省晋北、晋南设立大同、侯马海关机构，是国家支持山西经济，加大山西对外开放力度的重要措施。两地海关的设立将有效地改善海关机构在该省的布局，形成了以太原为中心，以大同、侯马为两翼的口岸开放格局，对促进山西省外向型经济的发展有着十分重要的意义。

11月13日

国家外经贸部欧洲司一行3人赴山西调研太原航空口岸对俄货包机情况。今年8—11月三个月来，俄方以我包机货物无报关手续或单货不符等理由查封我大量包机货物，致使我方企业蒙受了不少损失。中国民航总局决定停飞所有对俄货包机，要求俄方进一步规范管理。为了进一步查清问题，规范包机货物出口管理，促进两国贸易的持续健康发展，根据国务院有关领导的批示，由外经贸部牵头，联合俄罗斯有关方面成立联合调查组，对有关问题进行调查，此次赴晋就是联合调查的一部分。省口岸办、太原海关、山西出入境检验检疫局、民航山西省局等单位都结合各自工作进行了汇报和座谈。会后外经贸部官员还深入机场包机现场进行了考察。

内蒙古自治区

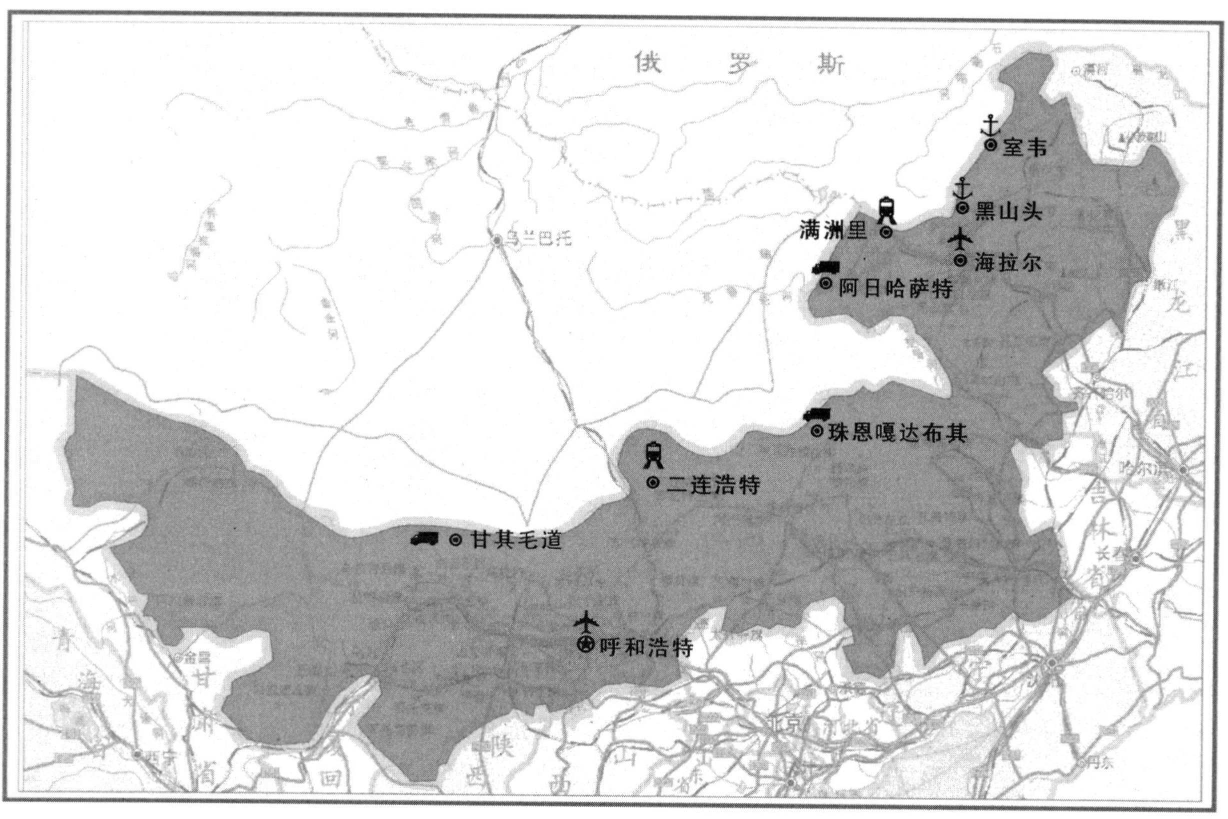

图　　例

符号	说明
⊛	省级行政中心
⊙	口岸
🚆	铁路口岸
✈	航空口岸
🚚	公路口岸
⚓	海（河）运口岸

内蒙古口岸工作综述

按照自治区政府关于贯彻落实国务院提高口岸工作效率、上海“大通关”会议精神的工作要求，自治区各口岸联检部门共同努力，采取有效措施加快口岸疏运，使口岸工作效率明显提高。2002年，全区口岸过货量再创历史新高。货运量达1373多万吨，同比增长约30%；进出境旅客约为214万人次，同比增长16%。

【领导重视，健全实施“大通关”的机制】 “大通关”是国务院为改善投资环境、便利贸易、适应现代物流发展、有利于经济增长方式转变和提高国民经济整体素质及运行效率的重大举措。2002年上半年上海“大通关”现场会议结束后，国家确定将满洲里铁路口岸列为全国重点建设和优先发展的口岸。9月26日，吴仪国务委员率领国家有关部委的同志到满洲里视察边境贸易和口岸工作，明确提出把满洲里口岸列为全国陆路口岸“大通关”试点，并提出工作要求。自治区党委和政府高度重视吴仪国务委员指示精神的落实工作，储波书记、乌云主席及时组织各有关部门在海拉尔召开专门会议，对满洲里口岸“大通关”工作进行了具体部署和安排，要求地方和各有关部门充分认识推进满洲里口岸“大通关”工作的重要意义，精心组织、认真落实吴仪国务委员指示精神。自治区政府立即成立了以政府分管主席为组长，各有关部门组成的内蒙古满洲里口岸“大通关”工作领导小组，明确了领导小组的职能职责和议事规则，并按照海关总署的意见修改完善了《满洲里口岸“大通关”实施方案》，此《方案》正在组织实施中。牛玉儒副主席多次召集外经贸厅、海关、检验检疫、边防总队、计委、经委、公安、交通、财政、税务、银行等部门和满洲里市的领导召开会议，研究和布置满洲里口岸“大通关”的具体工作，并带领有关人员四次赴京向国家有关部门汇报工作，积极寻求支持。

【以铁路口岸为重点，多方协调，优化环境】 口岸办积极协同有关部门多次对口岸收费问题进行深入细致的调研，并分门别类提出了整改意见，清理整顿后，年减轻企业负担近亿元，有力地促进了对外贸易的发展。受自治区政府牛玉儒副主席的委派，由自治区外经贸厅主管口岸工作的孟贵玺副厅长带队，赴哈尔滨铁路局就滨洲铁路海拉尔——满洲里复线和满洲里——后贝加尔宽轨改造问题进行了会谈。会谈取得了一致意见。第一，由哈尔滨铁路局就滨洲铁路海满复线建设问题积极争取铁道部尽早立项，抓紧建设。为配合工作，自治区计委以内计投字[2002]1735号文向国家计委上报了建设报告。第二，根据边检在国门进行查验定位，哈铁局原则同意在国门我方一侧新建进出境列车汇让所，修建宽轨停车线，以解决铁路口岸加快通关问题。哈尔滨铁路局先后两次派人与俄铁路部门就中俄双方铁路通关电子联网实现信息共享问题进行会谈，会谈富有成效，已进入实质性技术合作阶段，为铁路口岸双边实现“提前报检、提前报关、实货放行”奠定了良好的基础。满洲里铁路口岸进一步完善了在全国口岸系统率先实行的联合办公、“一条龙”服务以及口岸统一收费制度，共清理了收费项目5大项、46小项，进一步优化了口岸收费环境，成效明显。目前，俄重车在口岸站停留平均时间由过去的3.3天缩短到2.3天。口岸过货同比增长32.83%。二连口岸着重整顿二连车站“路风”，通过新闻媒体曝光，自查自纠活动，解决了多年来存在的问题，使二连铁路口岸“路风”有了明显好转。2002年由铁道部投资39820万元的满洲里站场扩能改造工程正紧张而有序地进行。建筑面积1万平方米，投资6000多万元的满洲里铁路口岸联检联运办公楼建设 2002 年 12 月 17 日正式投入使用。该楼是集信息化、网络化、智能化于一体的全国最现代的一流的铁路口岸办公场所。

【通力合作，整体推进通关效率】 “大通关”也是口岸联检联运各部门的“联动”工程。在吴仪国务委员的高度重视、亲切关怀和在国家有关部门的支持下，和自治区党委、政府的正确领导和口岸联检联运部门的密切配合下，满洲里口岸“大通关”形成了上下“三级联动”，整体推进工作进入了实质性实施阶段。首先，满洲里地方政府牵头，按照“建设大通道、吸引大物流、完善大通关、实现大发展”的目标，委托国家计委运输研究所编制了《满洲里物流规划研究》，这一规划是根据国家扩大向北开放的总体要求及欧亚大陆桥满洲里要冲持续增长的物流需要，立足高标准、高起点，整体规划了满洲里口岸建设。满洲里海关提出了《满洲里海关关于提高满洲里口岸“大通关”效率的建议》，已经总署和自治区政府同意，正在组织实施。成立了满洲里海关电子通关系统开发小组，在陆路口岸选取 4 家报关企业试点。目前，运行比较稳定，通关速度较原来提高了一倍，为满洲里口岸搭建公共信息平台奠定了基础。并引入“风险查验机制”，建立企业诚信系统和信誉评估系统，对通关模式进行了大胆改革。满洲里口岸管理部门与海关、边检、检验检疫及联运部门密切配合，共同努力下满洲里——后贝加尔斯克中俄互市贸易区封闭通道正式开通。至此，俄籍旅客可以由此通道直接进入互贸区，减轻了满洲里公路口岸的通关压力。满洲里海关制定了《互市贸易区专用通道监管流程》，积极探索，有效监管，方便进出的海关监管模式。同时积极与俄方洽谈，达成一致，开辟了旅游观光和农副产品出口“绿色通道”。检验检疫局围绕“大通关”这一目标，在管理机制、手段、通关模式方面也进行了新的尝试，赴俄罗斯对进口木材的原产地进行境外预检，实施查验“前置”。并与其它省市合作，对一些化工产品的查验“后移”，实现了查验方式的境外扩展和境内延伸，有效地提高了通关速度。

【对俄货运包机业务较有起色】 2002 年，包机领导小组多次派工作组赴京协调民航总局和走访各包机公司，就如何拓展自治区对俄货运包机工作进行专题调查。在自治区政府的重视和支持下，呼和浩特航空口岸为拓展包机业务，引入联洲公司进入自治区企业，出口额 100 多万美元。2002 年呼和空港共飞行 174 个架次，承运货物 8170 吨。

【加强季节性口岸管理工作】 2002 年 7 月份国家海关总署等四部委来自治区就修订《中蒙边境口岸及其管理条例制度协定》进行调研，口岸办就自治区季节性口岸有关问题进行了汇报，得到了调研组的充分肯定和支持。并对蒙古国《中蒙边境口岸及其管理制度协定》建议提出修改意见。积极请示策克、珠恩嘎达布其口岸及对应口岸常年开放，阿日哈沙特口岸集中开放时间，开放阿尔山—努木日格(努木尔根)口岸。二连公路口岸辟为允许第三国人员、车辆过境的国际口岸。8 月内蒙古庆华集团与蒙古国“蒙古之金”有限责任公司在北京正式签约勘探和开采蒙古境内那林苏海煤矿的合作项目，该矿所采原煤通过我区阿盟策克口岸入境，预计年进口原煤 200 万吨，这样策克将成为继满洲里、二连浩特口岸后的第三大陆路货运口岸。

【多方努力筹集口岸建设资金，口岸基础设施建设成绩显著】 按照自治区确定的全区口岸基础设施建设的总体目标，结合全区口岸“大通关”建设，自治区口岸办多方努力，配合有关部门筹集口岸建设资金。2002 年交通部为公路口岸投入建设资金 2390 万元，其中，满洲里新公路口岸 2000 万元，室韦口岸大桥 390 万元；通过国家口岸规划办从国家计委(计投资[2002]1419 号)给自治区下达 350 万元口岸补助资金，其中兴安盟阿尔山口岸基础设施建设 50 万元，满都拉基础设施建设 100 万元，二连浩特口岸联检设施建设100万元，满洲里口岸边检营房建设100万元；另，国家计委为二连国门建设下达300万元；自治区计委为满洲里、二连口岸建设各下达500万元。上述资金合计4040万元。地方政府在财政困难的情况下，挤出资金用于加快口岸基础设施建设。阿盟自筹1200万元解决口岸路及联检设施；包头市政府及达茂旗政府投资合计4150万元进行口岸“四通”建设；阿日哈沙特口岸自筹200万元进行联检设施建设。上述资金合计5550万元。为配合满洲里口岸“大通关”工作建设，自治区计委向国家计委上报《关于申请满洲里口岸“大通关”项目建设资金的报告》(内计投字[2002]1735号)，上报了“大通关”重点工程七项，总投资25.8亿，请求国家支持24.6亿，其中申请2003年安排4.9亿元。另，二连新公路口岸建设项目1200万元、阿日哈沙特口岸公路建设项目1000万元已列入交通部2003年建设项目。2002年二连公路口岸新通道竣工投入运营；室韦—奥洛契口岸大桥正式启用，实现了常年开通。满都拉口岸开关过货。呼伦贝尔市、兴安盟行署与蒙古国东方省正式签定了额布都格——白音胡舒、阿尔山——松贝尔口岸界河桥协议；+自治区政府批准的额布都格、策克2个季节性口岸被列入《国家“十五”口岸发展规划》；满洲里、二连铁路口岸先后投入使用了世界首套高科技H986货运列车在线检查系统。

【口岸队伍自身建设】 全体口岸工作者以江泽民总书记“三个代表”思想为指导，认真学习党的“十六大”精神，按照各个阶段的学习要求，结合口岸工作实际，很好的完成学习任务。认真落实口岸办党风廉政建设责任制，使口岸党风廉政建设得到进一步加强。为深化口岸改革，改善口岸管理，使口岸监管尽快与国际惯例接轨，以适应我国加入WTO后的新形势，口岸办组织口岸各联检、联运及相关部门赴欧洲考察学习交流口岸管理职能、运作程序、检验检疫、反走私、防止非法资金合法化(反洗钱)策略和其它相关内容，进一步加强各部门对我国入世后口岸管理、建设、规划工作重要性的认识。提高对事物的观察力，在工作中大胆创新，及时、准确地向自治区政府和有关部门反映口岸工作情况，报道口岸最新动态、通报口岸重大事项，充分发挥桥梁和纽带作用，使口岸各项工作迈上了一个新的台阶。

2002年内蒙古口岸运量情况表

项目	货运量(万吨)						客运量(万人次)					
类别	进出口累计	同比增减%	进口累计	同比增减%	出口累计	同比增减%	出入境累计	同比增减%	入境累计	同比增减%	出境累计	同比增减%
铁路口岸	1323.75	32.83	1251	39.51	72.8	—28	28.14	40	14.87	40	13.26	30
公路口岸	46.56	37.63	22.06	39.09	24.49	36.28	193.7	18.89	96.1	7.93	97.63	2.11
水路口岸	2.5	28.67	2.48	31.91	0.017	—66.4	1.22	20.79	0.62	21.57	0.6	17.65
航空口岸	0.83	166.7			0.83	166.67	1.21	78.37	0.59	78.79	0.62	72.22

2002年内蒙古各口岸业务统计表

项目 名称	货物进出口(万吨)		进口(万吨)		出口(万吨)		出入境旅客(万人次)		入境(万人次)		出境(万人次)	
	本年累计	同比(%)	本年累计	同比(%)	本年累计	同比(%)	本年累计	同比(%)	本年累计	同比(%)	本年累计	同比(%)
满洲里	974.59	33.42	911.38	42.61	63.22	−30.82	130.43	14.5	65.26	17.6	65.17	11.55
二连浩特	421.05	20.4	373.65	35.1	47.4	−28.17	76.48	38.21	3.84	36.87	38.09	39.59
黑山头	0.66	96	0.65	102	0.013	26.3	0.92	109	0.45	106	0.47	111
室韦	1.8		1.8		0.0022		0.11		0.11			
阿日哈沙特	1.24	0.14	0.72	−4.09	0.51	6.82	2.81	23.67	1.42	24.06	1.39	23.26
珠恩嘎达布其	2.26	27.52	2.01	65.75	0.25	403.67	0.97	118.93	0.48	23.51	0.49	833.85
甘其毛道	0.37	10.9	0.19	16.35	0.18	5.48	7.75	15.71	3.95	17.24	3.8	14.16
策克	0.16	29.3	0.12	16.6	0.0425	85	4.48	−8.9	2.23	−92.24	−8.8	
额布都格	0.0048		0.0014		0.0034		0.0684		0.058		0.0104	
满都拉	0.0009				0.0009		0.0219		0.0111		0.0108	
呼和航空	0.83	166.67			0.83	166.67	1.21	78.37	0.59	78.79	0.62	72.22

内蒙古口岸查验单位工作综述

呼和浩特海关

呼和浩特海关在广大干部群众的共同努力下，一年一个台阶，保持了持续发展与进步，取得了新的成绩。

【领导班子建设和干部队伍建设得到有效加强】 根据干部队伍现状和总署有关精神，2002年有区别、有重点、有针对性地开展了以下九个方面的工作：一是健全了党组领导班子，在年龄、专业结构、特长等方面考虑重新优化了班子的整体配备和分工；二是规范了党组工作制度和党组中心组学习制度，切实加强了党组领导的计划性和科学性；三是通过利用中心组学习、处级干部研讨班、全员培训和聘请专家讲课等方式有计划地学习了江泽民同志"三个代表"重要思想、党的十六大会议精神及国务院领导视察海关总署时的讲话等，系统地学习了世贸组织的基本规则及与海关工作相关的海关估价、归类、原产地确认等有关条款，继续全方位地做好入世后的海关应对工作；四是开展了以"三珍惜、三热爱"为主题的理想信念教育活动和丰富多采、寓教于乐的文体、公益活动，围绕《边关行》在关区的拍摄和播出，展开了热烈的大学习大讨论，进一步增强了关员的工作积极性和"关兴我荣、关衰我耻"忧患意识、责任意识和使命意识；五是深化了干部人事制度改革，完善了关区干部考核、任用、交流机制，制定了《呼和浩特海关处、科级领导干部选拔任用竞争上岗实施办法》、《呼和浩特海关干部交流实施细则》等10项人事工作规章制度和办法；六是进一步加大了党风廉政建设责任制的落实力度，强化了责任追究和监督检查机制，完成了隶属二连海关关长任期经济责任的实地审计工作，基层海关纪检监察干部全部配备到位，有力地加强了纪检监察工作力度；七是结合缉私警察开展的"三项教育"回头看活动，加强教育与监督，提高了缉私警察队伍的素质；八是逐步加大了海关基层建设工作力度，隶属包头海关开展的以"爱岗敬业、公正执法、高效服务、文明廉洁"为主要内容的"文明窗口"创建活动及关员日常考核办法等方面的先进经验进一步在关区推广；九是进一步增强了关员的法律意识和法制观念，结合"四五"普法计划和"12.4"全国法制宣传日开展了多种形式的普法教育活动，切实加强了对法制工作的领导和法制部门的建设，以更好地服从和服务于海关工作大局为目标的法制工作建设在关区全面展开。

【税收征管超额完成计划指标】 2002年，总署党组经过权衡利弊，决定不在采取税收计划切块下达的办法，依靠全国海关综合治税的力量，确保应收尽收。对此呼关没有丝毫的松懈情绪，深刻认识到，税收征管的任务和压力不是减轻了，而是要求更高了，责任更大了，考核更严了。特别是针对入世后全国海关税收工作面临的严峻形势，采取了理性分析，积极应对，全力抓部署，切实提高税收征管质量等措施，把确保完成全年税收任务做为一项重要的经济任务和政治任务加以对待。2002年，呼关进出口货运量394.07万吨，进口货物360.10万吨，出口货物33.97万吨，同比分别增长31.56%、31.83%和28.84%；进出口总值8.93亿美元，进口总值7.60亿美元，出口总值1.33亿美元，分同比分别增长33.48%、30.36%和54.65%，两税净入库数实现60540万元，其中关税5108万元，增值税55432万元，提前29天完成全年税收任务，超额完成了计划数7540万元，再创建关以来税收历史新高。主要措施有：一是党组高度重视，一把手亲自负总责，按照《海关总署关于加强和改进海关税收征管考核的通知》和全国海关加强税收征管工作电视电话会议的有关要求，先后在关区下发了《呼和浩特海关关于加强税收征管工作有关问题的通知》、《呼和浩特海关关于确保完成关区全年税收任务的通知》和《呼和浩特海关关于开展税收征管基础工作专项检查的紧急通知》，多次召开关区税收形势分析会和税收工作部署会，进一步严格了税收征管要求；二是继续坚持综合治税的工作思路，树立税收工作一盘棋的思想，强化各单位、各部门税收工作的责任意识、大局意识，坚持齐抓共管，举全关之力，确保了关区全年税收任务的顺利完成；三是切实加强关区各口岸和进出口环节的实际监管，加大一线监管、查验工作力度，进一步严密了季节性口岸的监管作业程序，严格了加工贸易的监管核销，基本杜绝了海关税收"跑、冒、滴、漏"现象和新的欠税情况；四是不断强化税收征管的全过程管理，充分利用关税分析监控系统及时做好关区税收定性、定量的动态分析工作。关区现场、通关、关税、监管及相关职能部门充分树立风险管理意识，发挥各自的工作优势，延伸工作触角，借助价格检查和价格专项稽查等多种手段，为关区税收工作提供了强有力的保障；五是进一步加强了现场、通关和关税职能部门的审估价工作力度，充分运用《WTO估价协定》赋予海关的质疑权和估价权，在坚持成交价格原则的前提下切实按照总署新的审价办法和估价工作程序，做到了程序到位、验估到位、审核到位和具体的核查取证到位，提高了现场审价工作水平。2002年，审价38892宗，共补征税款3485.96万元，同比分别增长83.01%和39.29%。其中补征关税266.51万元，补征进口环节税3219.45万元；六是加大了价格商业瞒骗和涉税案件的查处力度。重点打击和查处了进出口环节伪报价格、偷逃关税等走私违法案件，全面提高了海关的综合执法能力；七是坚持把关与服务并举，有效落实各项减免税政策。全年共办理各类减免税6980批次，审批货值9.78亿美元，减免税款总额10.85亿人民币，树立了海关良好的社会形象，有力地促进了地方经济和企业的健康发展。

【打私工作取得显著成效】 全年共查获各类案件91起，案值6395.73 万元。其中走私案件29起，案值5791万元；违规案件62起，案值604.73万元；实现罚没收入361.64万元，同比增长65.89%。侦查分局受案18起，案值6671.04万元，立案5起，案值6654.12万元，抓获犯罪嫌疑人25人。其中侦查部门侦破的满洲里市金象经贸有限责任公司"5.13"低报价格走私铂金大案，案值达6048.72万元人民币，涉嫌偷逃税额107.53万元。针对入世后反走私斗争出现的新问题、新特点、新规律，呼关积极探索与反走私斗争相适应的新模式、新方法、新策略，着重加强了以下三个方面的工作：一是继续集中力量打击重点地区、重点渠道和重点商品的走私违法活动。在便利合法企业正当贸易的同时，综合运用行政执法和刑事执法两个手段，坚持"打团伙、破大案、追逃犯"的打私方针，严厉打击各种形式的违法犯罪行为，震慑和预防了中蒙边境、口岸地区的走私犯罪活动，"蚂蚁搬家"式的不法活动得到有效遏制，中蒙边境二连公路、铁路口岸及季节性过货口岸通过货运渠道以伪报品名、低报价格、闯关绕关等方式进行的走私犯罪活动得到根本好转。2002年侦查分局共侦破3起以低报价格、伪报品名等方式实施的走私活动，案值6461.98万元，偷逃税额226.14万元；二是紧密依靠地方党政，充分发挥各执法部门和行业主管部门的作用，广泛开展综合治理，认真落实反走私责任制和责任追究制。在常规稽查和专项稽查相结合的基础上，积极运用风险分析机制推进稽查管理，努力实现从"以办案为主向以查缉为主转变，以查处个案为主向规范企业行为为主转变"。全年实现稽查补税285.74万元；三是加强整顿和规范进出境秩序的各项任务，清理不符合海关监管要求的监管场所和口岸，及时就呼和浩特火车站东货场、二连车站货物监管场所及旅客站台的监管设施、条件和秩序等问题与地方铁路局进行协商解决。认真按照国家口岸开放审理工作要求，做好包头满都拉口岸验收前的各项准备工作，确保了该口岸的按时开放。积极推进了报关市场的专业化建设，完善了报关企业分类管理制度，制定了《报关员管理实施细则》(试行)，切实有效地规范了企业的报关行为。

【继续完善通关作业改革，切实提高通关效率，全力支持扩大出口】 按照总署要求，在充分征求关区各部门意见基础上制定的《呼和浩特海关风险管理体系实施方案》已在关区贯彻实施，以企业为单元、信息化技术做支持、调查部门牵头、各部门共同参与的风险管理机制在我关初步建立；按照实际监管的机构人员、监控职责、制度措施和技术装备"4个到位"的要求，进一步加强了通关作业各个环节之间的协作配合，严密了口岸物流的实际监控，切实提高了实际监管能力。

随着通关改革的不断深入，按照总署提出的"大通关"要求，推行跨关区快速通关作业制度改革，采取有效措施，简化了通关环节，提升了通关效率。进出口当日放行率一直在全国海关中名列前茅，其中进口当日放行率始终保持在第一位，出口大多在前三位。采取的主要措施有：一是结合关区实际业务情况，进行风险分析，适时调整通关决策。根据二连口岸进口量大、货物品种较单一的情况，将原木、原油等4种大宗货物调整为现场接单通道，提高了审核速度；二是完善通关环节相关操作规程，进一步明确了审单中心与现场删改报关单和退补税操作的职责和权限，简化审批程序和验估流程，缩短报关单滞留环节，提高现场审核验放速度；三是经过认真分析口岸进出口形势和海关监管风险后，研究制定了大宗货物集中报关模式，切实解决了企业报关批次多，领取外汇核销单难的问题，加快了通关速度，有效减轻了口岸工作压力；四是加大宣传力度，鼓励企业采取提前报关方式转关；五是重视通关效率的监控和分析。编发了《呼关通关效率情况反馈》简报，建立职能部门和现场海关互动机制，随时发现、解决通关过程中出现的问题，确保企业在严密监管前提下的快速、高效通关；六是充分发挥综合统计的监督与服务功能，利用统计执法评估系统及时监控关区业务开展情况，定期向地方党政及相关部门报送海关统计分析，为各级领导正确决策发挥了重要作用。

【积极强化各项内部管理，进一步夯实政务工作基础】 按照总署有关精神，年内呼关进一步健全了各项内部规章制度，规范了内部管理，夯实了政务工作基础。主要有：加强了对财务制度的管理，强化了财务预算管理和会计基础工作，严明了差旅费报销条件，压缩并增强了财务开支的空间及透明度；开展了对机关服务中心及其所办经济实体的清理整顿工作，修定并实施了《呼和浩特海关车辆管理使用办法》；围绕安全、稳定和反恐需要，展开了关区保密自查和安全稳定大检查活动，出台了呼和浩特海关反恐应急处理预案；同时根据关区政务工作需要，进一步充实了《呼和浩特海关保密工作制度》、《呼和浩特海关督办工作制度》，完善了政务信息网建设，年底调试成功的电子公文传输系统和关区网上办公系统将于明年全面铺开，信息外宣、政策调研取得了长足的进步，关务公开、警务公开各项举措得到全面贯彻落实。

呼和浩特海关2002年业务统计表

项目	单位	数量	同比±%
一、进出口货运量	万吨	394.07	31.56
进口货物	万吨	360.10	31.83
出口货物	万吨	33.97	28.84
二、进出口总值	亿美元	8.93	33.48
进口总值	亿美元	7.60	30.36
出口总值	亿美元	1.33	54.65
三、两税入库额	万元	60540.66	10.31
关税	万元	5108.25	—19.4
进口环节税	万元	55432.41	14.2
四、处理走私违规	案件(起)	91	—45.18
	案值(万元)	6395.73	—105.89
走私案件	案件(起)	29	—74.11
	案值(万元)	5791	406.84
违规案件	案件(起)	6214.81	
	案值(万元)	604.73	—69.21
五、罚没收入	万元	361.64	21.46
六、稽查补税	万元	285.74	—87.65
七、侦查分局受案	案件(起)	18	—44
	案值(万元)	6671.04	546
八、侦查分局立案	案件(起)	5	—17
	案值(万元)	6544.12	610
九、抓获犯罪嫌疑人	人	25	108
十、进出境人	万人次	101.69	24.46
进境人员	万人次	50.96	21.04
出境人员	万人次	50.73	27.91
十一、进出境运输工具	万辆次	21.85	35.68
十二、邮递物品、印刷品	万件	9.38	—41.36

满洲里海关

2002年，在海关总署的正确领导下，以邓小平理论和“三个代表”重要思想为指导，紧紧围绕年初全国海关关长会议确定的各项工作任务，认真组织学习领会党的“十六大”精神，在实践中寻找“把关”与“服务”的平衡点，坚持以提高口岸“大通关”效率为主线，以强化税收征管为轴心，以提高科技管理含量为先导，以加强领导班子和干部队伍建设为保证，各项工作取得新进展

【全面完成各项工作任务】 共监管进出境货物934.15万吨，总值19.54亿美元，同比分别增长27.43%和0.77%。监管进出境运输工具55.5095万辆次，进出境人员132.6703万人次，同比分别增长21.24%和13.11%。税款入库16.53亿元，完成税收计划任务的114%；全年共审批减免税16555宗，货值45.8亿美元，同比增长41.96%，减免税额30.21亿元，同比增6%。查获走私、违规等各类案件48起，案值771.22万元，上缴罚没收入385.90万元。共受理走私犯罪案件52起，其中立案侦查11起，案值1180万元，涉税案件4起，偷逃税款397万元；侦查终结8起，对20名犯罪嫌疑人采取刑事强制措施，其中拘留16人次，取保候审6人次，执行逮捕13人次；移送地方检察机关审查起诉6起10人，法院对4起案件的6人做出有罪判决。同时，不断加大统计分析和统计监督力度，开展以“税收征管、价格评估”为主要内容的执法评估，通过经验的积累与总结，评估的主导方向更加明确，命中率也逐步提高。继续抓好对关区税收征管和财务收支的审计，重点抓好对基建维修工程的专项审计，并加强对加工贸易、罚没收入、保证金、收支两条线、固定资产管理等情况的审计，积极开展对打击价格瞒骗和执法评估工作的督察审计，年内共进行包括进出境快件监管专项督察在内的各类督察审计项目41项次，从中查出和纠正有问题金额544万元；审计基建修缮维修项目31项，审计金额1,071万元，核减金额110万元。财务工作坚持“统筹兼顾，保证重点，厉行节约”的原则，切实保障我关各项事业发展的经费需要。机关服务中心坚持先服务，再创收的思想，努力改善全关干部职工的工作生活条件。基建办完成我关办公楼及附楼基本建设工程和公路H986甩项工程。海关信息、新闻宣传在2001年基础上，继续呈现良好发展态势，为在海关系统、社会两个层面宣传满洲里海关起到了积极的推动作用。政策研究、海关学会工作不断深化，初步形成常规理论研究氛围，学术理论研究水平在大连分会各幅联海关中位于前列，驻十八里办事处被评为全国海关基层先进学会小组。口岸报关协会完成前期筹备工作。

【强化综合治理，确保税款应收尽收】 满洲里海关在人员少、任务重的情况下，深挖内部潜力，统一“多收一分，为全国海关税收工作多做一份贡献”的思想认识，强化综合治理，做到准确归类、正确估价、依率计征，保证税款应收尽收：一是开展人员岗位配置情况调研，科学合理调配人力资源，确保实际监管人员到位；二是积极发挥H986在通关环节中的作用，不断提高图像分析水平；三是强化与WTO估价协定有关法律、法规文件的学习、培训，提高税收征管人员的工作技能；四是努力拓宽价格资料的收集渠道，力争做到商品价格信息准确、快速、有效；五是认真贯彻执行国家的减免税政策，严格执行三级审批制度；六是利用《关税分析监控系统》和《执法评估系统》，全方位、多角度，点面结合，及时分析税收形式，掌握税收动态，把握关区税收征管大局；七是树立税收征管“一盘棋”思想，加强内外联系配合，形成法规、通关、调查、侦查部门及现场海关与银行、工商、税务等部门良性互动的税收工作局面；八是开展了对陈

欠税的催缴工作，制定《满洲里海关保证金联系配合办法》，开发《满洲里海关保证金管理系统》，实现了通关、财务、现场海关用户管理部门保证金管理数据资源的共享，强化了内部监督制约机制，确保保证金的及时清、转、退；九是加大加工贸易的实际监管核销力度，严防税款流失。

【充分发挥海关的龙头作用，以科技为先导，积极推动“大通关”建设】 一是抓住发展机遇，加强组织领导。根据吴仪国务委员视察满洲里口岸时的指示精神及总署加快“大通关”建设的要求，积极做好口岸“大通关”的组织准备工作。成立以关长为组长，有关部门负责人为成员的提高口岸“大通关”效率调研小组，经过充分调研，对口岸基础设施、计算机网络建设、口岸各管理部门协调配合、报关市场、海关现行通关作业制度，以及制约口岸通关效率的主要因素等，有了较为全面、客观地掌握，为拟定提高“大通关”效率总体方案打下基础。并及时向地方政府通报“大通关”情况，征求他们的意见和建议，发挥地方政府在这项工作中的作用，还分别与进出口企业、口岸运输、检验检疫、边防检查站、口岸管理委员会等单位多次召开座谈会，就提高通关效率、加强联系配合进行了协商；二是明确责任划分，确保总体方案有效落实。在广泛征求意见的基础上，草拟了《满洲里口岸“大通关”实施方案》，《方案》明确了每项措施的责任单位及具体要求，具有较强的针对性和可操作性。该《方案》呈报自治区政府后，受到了自治区政府的重视，经过调研讨论，正式形成了内蒙古自治区政府《满洲里口岸“大通关”实施方案》；三是试行“电子通关”，促进口岸贸易发展 。为促进“大通关”建设，我关率先开发建设了满洲里海关电子通关系统，并于2002年6月份开始，在满洲里铁路口岸选取4家报关企业进行电子通关系统试点。对原油、原木等大宗进口商品可根据舱单电子数据自动生成报关单，实现税费核销放行一体化作业，通关速度较原来提高了一倍；四是自行开发计算机管理系统，有效处理严密监管与高效运作的关系。投入运行了“满洲里海关公路进出境车辆管理系统”、“铁路车站进出境运输工具管理系统”、“满洲里海关铁路站区物流监控系统”、“满洲里公路口岸智能闭路监控系统”，初步构建了口岸物流监控体系，为完善通关作业改革夯实了基础。

【充分利用“行政”和“刑事”两种执法手段，整顿、规范进出口贸易秩序】 根据入世之后走私形势的新变化，自2002年5月起，调查部门开展了为期三个月的反价格瞒骗专项斗争，稽查企业80家，补税200.58万元。专项斗争结束后，又对6家涉嫌低、瞒报价格的企业进行专项稽查，对其中从满洲里口岸过货，存在低、瞒报价格嫌疑的2家内地公司，先后派出2个稽查小组共6人次分别赴哈尔滨、绥芬河、上海等地开展异地跨关区稽查；根据稽查结果，对于未按海关要求限期改正的，依据稽查条例坚决予以处罚；强化业务基础建设，提高稽查人员业务素质，有针对性地提高稽查人员反价格瞒骗能力；举办关区进出口公司(企业)经理、财务主管海关业务知识培训班和报关员业务知识培训班，提高企业从业人员素质，倡导企业守法自律；及时分析、总结专项斗争期间与监管、统计、通关等部门联系配合方面取得的经验，存在的不足，提出改进的措施和办法，为加强相关部门之间的联系配合，真正形成打击价格瞒骗合力，从源头上制止和防范价格瞒骗行为的发生创造有利条件。

针对关区走私珍贵动物制品案件多发，且物种和价值鉴定时间长、办案时限要求短的实际，侦查部门采取主动积极的措施，着力提高办案效率和效果。全年共计侦办此类案件14起，出动警力90余人次，外出取证、鉴定达40余人次，其中，立案侦查7起，对10人采取了刑事强制措施，其中对4人执行逮捕；3起案件已向检察机关移送审查起诉，1起案件2人已被法院做出有罪判决。涉案货物包括：鹿角、熊掌、鹿鞭、雪兔皮、雪豹皮等，价值共计72.46万元。截至目前，已结案5起，结案率达83%。按照公安部和海关总署对打击中朝边境汽车走私专项斗争的部署，侦查部门及时制定行动方案，周密安排，集中警力破获走私汽车案。一方面进一步密切了与关区内各盟、市公安机关的工作联系；另一方面加强了与相关侦查分局的联系与配合。全年连续破获 2 起走私汽车案件，受到海关总署侦查局的通报表彰。根据海关总署和侦查局关于打击涉税走私专项斗争的有关部署，一方面积极投入警力，对正在侦办的涉嫌偷逃税款达 347 万元的氧化铝飞料走私案件加大力度进行侦办。另一方面，将工作的重点放在情报工作上：一是加强情报基础性工作。建立完善了情报联络员工作制度，清理了情报工作档案，并在海关各业务现场和隶属机构设立了情报信息联络员；二是树立情报意识和经营意识，广泛建立各类情报工作关系，提高阵地控制能力，根据办案需要，有目标、有重点地搜集情报线索，认真对情报线索准确性和可操作性进行分析和研究，有效利用特情获取情报，情报先导作用已逐步显现。2002 年 1 月份根据情报，在阿日哈沙特口岸查获价值 31 万元的各类动物皮张 8000 余张，涉税额 7.6 万元，2 名犯罪嫌疑人被当场抓获。11 月份，通过物建的缉私特情，查获涉嫌走私玉石 162 公斤，案值 21 万元，涉税额 6.8 万元，2 名犯罪嫌疑人也相继被抓捕归案；三是根据侦查办案的需要，就“技侦”工作与相关部门建立起长期、可靠的协作关系。年内，针对 2 起案件成功地实施了技术侦查手段 5 次，及时获取有价值的情况，对侦破案件起到极大地推动作用。

满洲里海关业务量值统计表

项目		单位	2002年	增减%
进出口过货量	总计	万吨	934.15	27.43
	进口	万吨	867.88	35.77
	出口	万吨	42.71	−36.87
	转关	万吨	23.56	−10.04
进出口贸易值	总计	万美元	195413	0.77
	进口	万美元	179536	3.46
	出口	万美元	15877	−22.1
征收税款缴库额	总计	亿元	16.53	−4.28
	关税	亿元	3.18	−31.02
	代征税	亿元	13.35	5.45
实际减免税	总计	亿元	14.09	−16.68
	关税	亿元	2.83	−39.66
	增值税	亿元	11.26	−7.86
进出境人员		人次	1326703	13.11
进出境运输工具		辆次	555095	21.24
罚没收入		万元	385.9	−62.3
查获违规案件	起数	起	26	−43.48
	案值	万元	730.9	−61.75
查获走私案件	起数	起	22	−77.08
	案值	万元	40.32	−71.55
查获无合法证明车辆	数量	台	23	−70.51
	案值	万元	114.75	−90.63
走私犯罪侦查	立案数	起	11	37.5
	案值	万元	1180	340.3
	抓获犯罪嫌疑人	人	20	−16.67
报关单		份	178270	29.56

内蒙古边防总队

2002年，按照公安部边检工作要点和总队工作安排，在上级业务部门的正确指导下，结合工作实际，采取有效措施，加大对下工作指导力度。坚持以强化检查管理，维护口岸安全稳定为首要任务，深入开展边检业务规范化建设，全面提高检查员综合业务素质、服务水平和工作质量，严密口岸检查措施，有力地打击各类违法犯罪活动，维护口岸正常出入境秩序，圆满完成了全年工作任务。全区共检查出入境人员 2250898 人次，比去年增长 17.61%，出入境人员首次突破 200 万大关；检查交通运输工具 322081 辆(列、架)次，同比增长 18.89%；查处违法违规 2886 人，同比减少 10.95%；查获偷渡案件 28 起 80 人，同比起数增长 47.36%，人数增长 15.94%。

【确保了口岸地区的安全稳定】 2002 年全区各级边防检查机关认真贯彻各级党委、政府和上级主管部门关于维护国家安全稳定的指示精神，把查堵各类边控对象、国际恐怖分子及违禁物品作为口岸检查工作的重点，加强检查与控制。一是认真贯彻落实“规范”，做好经常性的查控工作。加强管理教育与监督检查相结合，以其他省市发生的漏控、丢失边控资料等事故教育和警醒检查人员，进一步提高大局观念和忧患意识，增强检查人员的责任心和使命感。同时，在总队与各边检站以及边检站与所属业务科所签全年目标责任书中，突出明确要确保查控工作万无一失，确定各单位主要领导为查控工作第一负责人，实行权责挂钩，一票否决。各单位都相应加强了接控、布控、查控、处理等各个环节的监督和检查，确保《查控工作规范》和各项查控工作制度得以有效贯彻落实。查获对象均按布控单位要求做了妥善处理，未发生任何失、漏控事故。二是针对美国遭受“9·11”恐怖袭击后的国际反恐斗争形势需要，有重点加大对国际恐怖分子和境内外敌对分子、民族分裂分子的查缉力度。首先，对上级下发的恐怖分子边控资料进行认真布控核查，确保录入查控准确无误。其次，对来自重点国家和地区的人员进行严格检查和询问，加大其所携行李物品的开包检查率，以此弥补边控资料不全问题，进一步严密边检查控工作。第三，对目前在控的恐怖分子、民运敌对分子、藏、蒙、疆民族分裂分子资料进行重新梳理并布置到一线，要求检查人员重点熟悉和对照检查。第四，在进一步对各站处置突发事件预案进行完善的基础上，适时组织实战演练，明显提高了部队的机动和处突能力。三是严密车体及货物检查，严防违禁物品特别是枪弹、炸药等危爆物品流入。根据我区对蒙陆路口岸特点，依法对双方汽运车辆进行了清理整治，停运了一批无中蒙口岸交通运输车辆通行标志、车况不能确保安全以及有夹层、暗箱的改装车辆，在一定程度上消除了不安全隐患。着重要求车体检查人员熟悉交通运输工具内外部结构，熟练对车体进行严格、细致的检查，做到既保证安全又不影响通关速度。有条件的边检站还利用车底检查探镜、地沟、警犬等手段进一步严密车体检查。各站还与海关等单位密切配合，不定期对交通运输工具所载货物进行监装监卸，有效防止利用货物进行贩枪、贩毒、走私等不法行为，对不法分子起到了极大的威慑作用。四是发挥情报工作优势，为口岸安全保卫工作提供信息保障。我们根据调研部门掌握的有关贩枪、走私情况信息、动态，有针对性地加强了重点口岸和重点时期的防范，并与调研部门联合实施查堵，有效防止了境外违禁物品流入，确保了口岸和边境地区的安全。

【规范化建设成果显著】 根据 2002 年，自治区口岸建设项目多的特点，有力地指导了二连新公路口岸、呼和浩特口岸、室韦口岸和满都拉口岸的规范化建设工作。先后上请部局争取近 300 万元资金和设备，加大科技含量投入，为满洲里、二连公路口岸铺设通讯光缆，架设监控设备；为满洲里、二连、呼和浩特边检站配发了文检仪；为全区中小口岸更新了近 70 台计算机设备。从边检业务经费中对下拨款 8 万余元，增加边检基础业务建设投入；为黑山头、策克、甘其毛道边检站各增配一台笔记本电脑，用于一线检查验证；二连、满洲里公路口岸停止无线数据传输后，积极协调部局为两站专门配发 6 台笔记本电脑服务器，在口岸检查现场架设局域网，缓解检查工作压力。针对季节性口岸边检站规范化建设滞后的状况，我们有重点地加强了对季节性口岸边检站规范化建设的检查和指导，下达了具体工作目标，要求各季节性口岸边检站结合本地实际，拟制长远建设方案和分步实施计划，确保思路清晰，措施到位。一是制定符合季节性口岸实际的规范化建设方案。针对季节性口岸边检业务工作有待进一步规范、口岸设施建设滞后、执法环境混乱的实际，在充分、深入调查研究的基础上，拟制了《中蒙季节性口岸边检规范化建设实施细则(试行)》，对季节性口岸边检站的设施建设、岗位设置、检查流程、勤务组织、工作制度等10个方面的工作进行了规范，使季节性口岸规范化建设目标明确、有章可循。二是对甘其毛道、策克两个季节性口岸秩序混乱问题进行了重点整治。由于蒙古国口蹄疫情尚未解除，偶蹄类动物产品禁止入境，一些不法分子受利益驱动，想方设法偷运违禁货物入境，造成口岸管理秩序混乱，多次发生闹事、闯关事件。为此，总队专门下发了做好季节性口岸边防检查工作的《紧急通知》，制定了七条管理措施，进一步加强了季节性口岸的管理。并先后三次派出工作组到两口岸督导工作，加强与口岸有关部门的协调与配合，依据有关法律、法规处理了一批扰乱口岸秩序的违法违规人员，进一步严格了入出境检查和孔道管理，纠正了个别边检站在工作中存在的随意性大、不坚持原则等问题，维护了正常的口岸出入境秩序。三是积极与地方政府协调，研究探讨季节性口岸发展建设的长远规划。多次与自治区口岸办、有关盟市、旗县领导进行接触，就口岸边检设施建设进行研究，积极参与口岸建设规划，对满都拉、甘其毛道、策克、室韦、二连新公路口岸的边检设施建设提出了22条修改意见，提高了地方政府对边检设施建设的重视程度，争得理解和支持，为边检设施规划建设奠定了基础。先后就加强口岸建设和管理等问题，草拟边防情况《我区季节性口岸秩序亟待规范》和《关于当前甘其毛道、策克口岸开放情况的报告》，以总队名义上报自治区政府，引起牛玉儒副主席等自治区领导的重视，责成有关部门尽快研究解决。6月17日，自治区政府《关于进一步加强口岸管理工作的通知》(内政办字[2002]167号)，对各季节性口岸设施建设、检查管理等进行了明确，形成了尽快解决存在问题的规范性文件依据。在充分调查研究的基础上，拿出符合季节性口岸实际的边检业务规范化建设意见，按照部局2002—2004三年规划要求，提出了季节性口岸三年三步走，即第一年建规章、打基础，第二年抓落实、见成效，第三年上台阶、出成果的工作目标，为领导决策起到了较好的参谋助手作用。

【涉外交往工作取得丰硕成果】 2002年初，根据总队工作安排，认真制定了年度外事工作计划，指导全区各站完成了与对应俄、蒙边防代表机构的会谈、会晤、友好活动和业务、信息交流工作。5月，按计划做好与俄联邦边防总局后贝加尔地区局授权代表会谈的各项前期准备工作，制定授权代表会谈方案，草拟了《授权代表会谈纪要》和各类会谈材料，圆满完成了与俄后贝加尔地区局的授权代表会谈工作。正式建立了黑山头、室韦边检站与俄下额尔古纳边防代表机构间的边防代表工作联系制度，递交了《边防代表任命书》，使口岸对应双方边防代表机构在处理口岸事务中发挥了积极而重要的作用。6月，通过双方领导人互致信函的方式，就室韦—奥洛契口岸界河桥的正式启用达成一致意见。具体指导黑山头站顺利完成与俄下额尔古纳地段边防代表机构的正式工作会谈，促成了室韦—奥洛契口岸的常年开放。8月，具体指导并协助包头边防支队制定了《满都拉口岸跨境施工管理办法》和包头边防支队与对应蒙古国边防代表机构就满都拉—杭吉口岸跨境施工事宜的《工作会谈纪要(草案)》，完备报批手续，实施工作会谈，促成该口岸跨境施工作业的顺利进行，受到了地方政府的高度赞扬。9月，增补、核定了全区各边检站会谈会晤机构成员，批准了季节性口岸边检站与蒙会晤方案，为全区各边检站的会谈会晤人员配发了服装。10月，顺利完成了与蒙古国边防总局司令部的授权代表会谈工作，根据自治区季节性口岸机构升格的情况，与蒙方各对应省边防代表机构建立了同等级别的边防代表工作联系制度。12 月，筹备并完成了总队代表团对俄联邦后贝加尔地区局工作访问任务，双方签署了第 15 个《工作会谈纪要》和第 1 个《边防合作与发展计划》，为期 4 天的工作访问取得圆满成功，双方工作配合得到了进一步加强。另外，还多次完成了蒙古国边防军管理局有关领导来呼的接待工作。全年共与俄、蒙边防代表机构会谈 14 次，会晤 231 次，举行友好活动 20 次，直通电话联系 473 次，做到严格遵守外事纪律，及时纠正存在问题，保证对外交往健康发展。

【基础业务建设得到进一步加强】 在努力抓好硬件设施建设的同时，注重加强基础业务建设。会同技术处顺利完成了边防检查信息管理系统 3.10 版的升级培训，指导各站完成系统升级后边检综合统计数据的合成工作；与警训处通力合作，对在二连、满洲里边检站设立警犬班进行了认真筹备，派人参加警犬培训，以总队名义上请部局并提出增加边防检查专用警犬训练科目以及加强边检专用警犬集中训练和统一管理的意见；与机要处密切配合制定了边控通知文电的管理办法；与边管和调研处就各类业务事宜进行了积极沟通。2002 年又统一印制下发了《勤务日志》、《勤务方案》、《处罚决定书》等 23 种执勤资料和法律文书，订购 600 本《新编边防应用人文地理》下发到检查人员手中；进一步规范和加强了全区边检业务情况、信息上报工作，对重大(案)事件、会谈会晤、遣返工作、口岸建设等 10 项专门工作和检查情况、查控工作、业务建设、综合统计等 9 项常规工作的上报做了具体规定。改变了过去不同程度上存在的上报信息情况不明、底数不清、要素不全、分析研究不深入、不透彻、时效性差等突出问题，上报情况、信息质量有了较大改观。为有效提高边检队伍整体素质，布置各站科学制定并督促落实业务学习培训计划，合理解决工学矛盾，进行分阶段、分层次、有重点的学习和培训。同时，加强竞争上岗和岗位练兵，调动检查人员提高自身素质、爱岗敬业的主动性与积极性。满洲里、二连边检站还根据学习情况进行阶段性的外语考试和业务考核，增强了培训效果，全员业务素质得到了普遍提高。组织呼和浩特、珠恩嘎达布其、甘其毛道边检站和包头支队部分人员到二连边检站观摩学习检查业务，达到了取长补短、共同提高的目的。同时，继续组织各站积极撰写业务理论研讨文章，宣传好的经验和做法，业务学习空气日渐浓厚，学习效果不断增强，全年，各站共计上报各类业务理论研讨文章 30 余篇。为进一步强化司令部边检处全体人员对相关法律、法规和政策规定的学习和应用，每月组织一次集中学习，提高计算机运用和写作水平，定期开展业务分析与研讨，增强政策理论水平和对下指导能力。

【进一步严格了出入境检查和口岸管理】 一是认真贯彻全国反偷渡工作会议精神，加大对偷渡活动的打击力度，指导各边检站继续增强识别伪假证件能力。针对取消出境卡和邀请函后，查处偷渡活动难度加大的新情况，采取调查询问、与发证机关核实情况等手段，增加查获机率，遏制这一偷渡苗头。二是按照“北方行动”统一部署，在口岸加强对韩、朝公民的出入境检查，防止朝鲜公民取道我国进行偷渡。全年共查获各类偷渡案件 28 起 80 人，均按有关法规进行了处理。三是严格出入境违法违规人员的审查处理，重点查处俄、蒙公民在华逾期居留、中国公民在境外非法滞留行为，认真核查接收境外遣返中国公民，加大行政执法力度。上半年共查处各类违法违规人员 2886 人次，核查、接收境外遣返中国公民 32 人次，通过宣传、教育与实施处罚，增强了出入境人员的守法意识，违法违规人员进一步减少。四是加强对各边检站的执法监督。利用深入基层的机会，对部分边检站执勤、执法工作进行检查，纠正了执法过程中存在的处罚尺度不一致、履行程序不完备、证据不确凿、法律文书填写不规范、不健全等问题，保证执法的公正性与严肃性，使各站行政执法工作得到进一步规范。

内蒙古边防总队 2002 年业务统计表

				总计	入境合计	出境合计	入出境旅客(人次)									
							合计	入境方式					出境方式			
								小计	飞机	火车	汽车	徒步	小计	飞机	火车	汽车
甲				1	2	3	4	5	6	7	8	9	10	11	12	13
总计			A	2251555	1128357	1123198	1829644	917787	3483	120926	793377	1	911857	3841	105226	802790
中国籍	合计		B	568107	277268	290839	441434	214541	1575	22989	189977		226893	1942	33694	191257
	内地公民	小计	C	567300	276896	290404	440650	214183	1340	22902	189941		226467	1648	33574	191245
		因公	D	206554	103537	103017	121351	60778	389	4638	55751		60573	396	6177	54000
		因私	E	360746	173359	187387	319299	153405	951	18264	134190		165894	1252	27397	137245
	香港		F	211	90	121	211	90	22	59	9		121	28	86	7
	澳门		G	268	146	122	253	138	135	3			115	112	2	1
	台湾		H	328	136	192	320	130	78	25	27		190	154	32	4
外国籍			I	1683448	851089	832359	1388210	703246	1908	97937	603400	1	684964	1899	71532	611533
华侨			J	8116	7417	699	8116	7417	18	567	6832		699	7	415	277

入出境服务员工(人次)									合计	飞机(架次)			火车(列次)			机动车辆(辆次)		
合计	入境方式				出境方式					小计	入境	出境	小计	入境	出境	小计	入境	出境
	小计	飞机	火车	汽车	小计	飞机	火车	汽车										
14	15	16	17	18	19	20	21	22	23	24	25	26	27	28	29	30	31	32
421911	210570	20	27762	180430	211341	2382	27738	181221	337699	566	282	284	10633	5238	5395	326500	163634	162866
126673	62727	21	7915	54791	63946	45	7776	56125	105484	9	2	7	1823	889	934	103652	51875	51777
126650	62713	10	7915	54788	63937	36	7776	56125	105482	7	1	6	1823	889	934	103652	51875	51777
85203	42759	10	7904	34845	42444	36	7772	34636										
41447	19954		11	19943	21493		4	21489										
15	8	8			7	7			2	2	1	1						
8	6	3		3	2	2												
295238	147843	2357	19847	125639	147395	2334	19962	125096	232215	557	280	277	8810	4349	4461	222848	111759	111089

附表一：查获物品

	违禁武器				毒　品				违禁文件、刊物			其它违禁物品		
	枪支（支）	子弹（发）	炸药（公斤）	其他弹药（枚）	海洛因（克）	雅片（克）	其他毒品（克）	制毒配制（克）	黄色书刊（册）	机密文件（件）	反动宣传品（件）	珍贵文物（件）	珍贵药材（克）	珍贵动植物
甲	1	2	3	4	5	6	7	8	9	10	11	12	13	14
数据		37											109500	3

附表二：涉外联系

	合计	会谈	会晤	友好活动	直通电话联系
甲	1	2	3	4	5
数量（次）	748	13	242	20	473

内蒙古出入境检验检疫局

【概况】 内蒙古出入境检验检疫局是国家质量监督检验检疫总局设在内蒙古地区负责出入境卫生检疫、动植物检疫、进出口商品检验鉴定认证监督管理工作，是国家质检总局垂直管理的正厅级执法机构，全区在口岸和进出境货物集中地设有8个分支局、3个办事处。内蒙古局机关内设15个处室和4个事业单位、1个企业单位。在职职工643人，离退休人员148人。

【进出口商品检验检疫业务】 2002年共检验检疫出入境货物12.4万批，货值21.4亿美元，同比分别增长83.6%和56.5%。检出不合格货物850批，货值366万美元。检验检疫出口货物2.8万批，货值5.5亿美元，同比分别增长67.3%和34.2%。主要出口货物有：玉米、铝锭、羊绒衫、硅铁、山羊绒等。检验检疫进口货物9.6万批，货值15.9亿美元，同比分别增长88.9%和65.5%。主要进口货物有：原木、木浆、原油、聚氯乙稀、铜精矿等。检验检疫边贸出入境货物10.9万批、货值13.4亿美元，同比分别增长82.6%及50%。

动植物检验检疫业务。2002年共检验检疫进出境动物及其产品1623批，货值3200万美元，与上年同比分别增长23.7%和34.9%。进出境植物及其产品9.9万批，货值6.1亿美元，与上年同比分别增长141.7%和233.2%。查验出入境邮件1.7万件。

卫生检疫监测和卫生监督管理。2002年对199.9万人次出入境人员进行卫生检疫查验，同比增长38.2%；办理出入境人员监测体检2.43万人，同比增长5%；发现病例1775例，其中性病18例、艾滋病病毒感染者3例。对出境人员预防接种1.5万人，同比增长18.2%；检疫交通工具飞机572架，火车23.4万节，汽车28.2万辆，实施集装箱卫生检疫8458个。销毁旱獭皮、狐狸皮、灰鼠皮17余万张。

【加强进境动物及其产品的检验检疫工作】 2002年7月，蒙古国再次爆发口蹄疫。内蒙古局始终保持严防死守的高压态势，充实口岸一线检疫力量。全年共检验检疫进口马皮、蓝湿牛羊皮307.6万张，洗净羊毛(绒)、驼毛(绒)、马鬃尾2711.2吨，以及鱼卵、鲜冻鱼、卤虫卵、过境马肉等。检疫从澳大利亚进口皮张80批39.4万张。共查获并退回各类违禁动物皮张55947张。销毁皮张2.5万张。2002年，全区出口肉类80%以上是禽肉类，经满洲里口岸出口的外省区肉类也不断增加，全年共检验检疫局出口牛、马、羊、鸡、鸭肉等5664.8吨，肠衣109.4吨，雏鸡42700只，种鸡蛋26280枚。查验经满洲里口岸的全国各地出口的肉类136批次，1.5万吨。经查验有2批97吨猪肉因有质量问题被退回原地。

【积极探索进口木材检验检疫新的监管方式】 针对口岸一些个体木材检尺公司参与进口木材检尺，造成口岸木材检尺秩序混乱的状况，内蒙古检验检疫局出台了相应的措施，培训组建了检尺队伍，取消个体木材检尺公司，对检尺实施有效的监督管理，整顿和规范了进口木材检验市场。通过采取境外预检和口岸熏蒸处理等一系列有力措施，有效地防止了外来疫情的传入，疏通了原木进口渠道，通关速度明显加快，平均每天木材进口量由2001年的211个车皮增加到337个车皮。全年从我区两个口岸进口木材891万立方米，货值4.5亿美元，较上年分别增长1倍，占全国木材进口量的40%左右。检出有害生物30余种。

【加强口岸旅贸查验，整顿进口商品市场】 重点对满洲里、二连口岸的旅贸商品进行查验，并把旅贸商品的查验前移至口岸一线，增加查验人员，追查进货渠道，有效地遏制了假冒伪劣商品的流出，全年查验中外旅客携运商业性货物47万包、货值5亿元人民币,同比货物增加20万包、货值增长327%。查获假冒伪劣商品1.8万包、货物标值4737万元。查出假冒拼装电视机71台,劣质旧鞋2000余双,以及一些假冒名牌服装。

【大力推广“三电”工程】 先后三次召开进出口企业“三电”推广应用座谈会,采取广泛宣传、征求意见、解答疑问、逐一摸底、跟踪服务、专人指导的方法,分期分批逐步落实。到12月份,电子申报软件用户已达281家,电子报检率、电子签证率、电子转单率分别达到47%、63%和49%。

【积极推行认证和注册工作】 在包头召开了质量体系认证颁证大会,向获得认证的21家单位颁发了质量体系认证证书。2002年完成ISO9000认证企业22家,复审换证企业8家,监督审核40家。有9家食品企业获得了HACCP验证证书。向26家出口食品生产企业颁发了检疫卫生注册登记证书,颁发出口质量许可证书32份,对全区53家肉类企业进行了重点监督检查和换证复查。对23家危险品包装生产厂进行了质量许可证考核和复查。

【原产地标记保护和原产地签证管理工作】 积极推进名牌战略,鄂尔多斯羊绒制品、通辽肥牛等6家企业的品牌获得国家地理标志产品注册,25家企业的26种商品获得原产国标记注册。自治区政府为此专门召开了首批原产地标记注册企业颁证大会“通辽肥牛”在全国“大畜”中首家获得国家地理标志产品注册。全区供港活牛注册育肥场达到18家,供港活牛5454头,合格率100%,优质率99.6%,各项指标在全国供港活牛中仍然保持领先地位。全年签发普惠制产地证书6356份,签证金额1.4亿美元,较上年同期证书增加2370份,签证金额增中919.5万美元。签发一般原产地证书557份,签证金额4594.7万美元,较上年同期增加114份,金额减少244.2万美元。

【科研制标和实验室注册工作】 2002年是内蒙古出入境检验检疫局历年来获得制标项目最多的一年,向国家质检总局上报科研制标项目16项,获得批准11项。完成了总局下达的8项检验检疫行业标准和10种传染病的编写任务,8个标准全部通过专家组评审, 填补了我国卫生检疫行业标准空白,其中一项达到系统领先、三项达到系统先进水平;本局立项的“转基因甜瓜检测方法的研究”已通过内蒙古自治区科委的鉴定;“PCR技术在口岸鼠疫监测中的应用”研究已通过了国家质检总局的科技成果鉴定,达到了国家领先水平;利用RT−PCR技术(反转录多聚酶链反应)成功地检测出FMD DEAD VACCINE(口蹄疫灭活苗)中的口蹄疫病毒特征性基因片段。将这项技术应用于口蹄疫病毒检测在全国检验检疫系统内尚属首家。全局有9个实验室通过华北大区注册考核,2个实验室完成从导则25向17025标准的转换及监督审核。至此,内蒙古局系统15个实验室全部通过注册考核,提高完成了系统内实验室注册工作。

【基础建设】 内蒙古局机关综合实验楼主体工程完工,二连局综合实验楼全部竣工。

内蒙古出入境检验检疫局业务统计表

	货物检验检疫																			
	总计				商品检验				动物及动物产品检疫				植物及植物产品检疫				食品			
	批次	金额	检验检疫不合格		批次	金额	检出不合格		批次	金额	检出不合格		批次	金额	检出疫情		批次	金额	检出疫情	
			批次	金额			批次	金额			批次	金额			批次	金额			批次	金额
合计	225741	280369	850	366	124257	214057	850	366	1623	3200			98534	60615			1327	2497		
出境	45636	73844	65	85	27929	54607	65	85	701	1639			15702	15182			1304	2416		
入境	180105	206525	785	281	96328	159450	785	281	922	1561			82832	45433			23	81		

	集装箱检疫		签发检验检疫证书（份）	签发通关单		签发换证凭单		产地证			
								普惠制		一般产地证	
	合计	检出问题		份数	金额	份数	金额	份数	金额	份数	金额
合计	8458		45990	132604	309300	25324		6221	10307.6	564	4651.1
出境	3849		43258	16580	17332	25324		6221	10307.6	564	4651.1
入境	4609		2732	116024	291968						

内蒙古口岸专稿

内蒙古自治区对外贸易经济合作概况

2002年，在自治区党委、政府的正确领导下，在各有关部门及各盟市行署、政府的大力配合下，全区外经贸部门的广大干部、职工认真实践“三个代表”重要思想，坚持实事求是，开拓创新，在世界经济增长明显放缓的情况下，面对复杂多变的国际形势，抓住机遇，沉着应对，扎实工作，积极采取措施，全区对外贸易、利用外资、国外经济合作均取得了较好成绩。

【进出口贸易继续保持快速增长】 据海关统计，2002年全区进出口总值24.69亿美元，同比增长20%。其中出口8.35亿美元，同比增长28.7%；进口16.34亿美元，同比增长16.1%。当月进出口额已连续7个月突破2亿美元。

据业务统计，2002年全区进出口完成30.05亿美元，同比增长17.9%，其中出口13.71亿美元(包括满洲里、二连旅游贸易出口35478万美元和鄂尔多斯煤炭出口18134万美元)，同比增长20.2%，进口完成16.34亿美元，与海关统计一致。全区外贸进出口运行呈现以下特点：

一般贸易出口较去年大幅度增长，加工贸易出口下降。2002年全区一般贸易出口61992万美元，同比增长45.6%，占全区外贸出口总值的74.3%；加工贸易出口13783万美元，同比下降9.9%，降幅比年初回落了34个百分点，占全区外贸出口总值的16.5%。

国有、集体和民营企业出口大幅增长，三资企业出口小幅下降。2002年全区国有企业出口55441万美元，同比增长32.5%，高出全区出口平均增速3.8个百分点，占全区外贸出口总额66.3%；集体、民营企业出口12793万美元，同比增长60.5%，占全区外贸出口总额15.3%，比重上升了2.6个百分点。外商投资企业出口12490万美元，同比下降3.1%，占全区外贸出口总额15%，出口下降呈逐月回落的态势，但这种情况是近年来少有的。

各盟市外贸出口发展不平衡，差距进一步拉大。2002年呼市、包头市、鄂尔多斯市、赤峰市、通辽市，巴盟、满洲里、二连8个盟市出口12.3亿美元(包括旅游贸易、煤炭出口)，占全区出口总额的90.0%，成为全区外贸出口的主要力量。除包头市、乌海市出口下降外，通辽市、兴安盟、赤峰市、巴盟、满洲里市等已连续数月出口保持强劲增长。有些盟市全部出口额不足1000万美元，与呼市、包头、鄂尔多斯等出口大市的差距进一步拉大。

实施市场多元化战略取得成效。2002年自治区已与全球139个国家和地区有贸易往来，比去年同期增加了28个，新增出口额740万美元。新增加的国家和地区有佛得角、加蓬、中非、阿尔及利亚、安哥拉、加纳、葡萄牙、扎伊尔、马耳他等。出口市场仍主要集中在亚洲和欧洲，对亚洲出口同比增长34%，占全区外贸出口总值的70.4%；对欧洲出口同比增长27.1%，占全区外贸出口总值的15.1%。出口增长较大的国家和地区有香港、东南亚、韩国、英国、意大利和俄罗斯，同比分别增长52.7%、80.5%、140.5%、94%、25.5%和74.6%。出口下降较大的国家和地区有日本、蒙古、马达加斯加、法国和美国，同比分别下降7.9%、21.9%、80.1%、25.5%和17.7%。

初级产品出口大幅增长，部分传统出口商品降幅较大。2002年全区初级产品出口3亿美元，同比增长一倍多，占全区出口总额的37.0%。全区农畜产品出口2.78亿美元，同比增长1.3倍，其中玉米出口1.6亿美元，同比增长6倍多，占全区外贸出口增量的80%。工业制成品出口5.2亿美元，同比增长4.7%，占全区出口总额63%，其中纺织品及服装出口2.1亿美元，同比下降5.8%；钢材出口2134万美元，同比下降35.3%；机电产品出口2963万美元，同比增长2.6%；高新技术产品出口136万美元，同比增长29.5%。

边境贸易仍然进口大于出口。2002年全区边境贸易16.3亿美元，比上年同期增长7.2%，其中边境小额贸易进口12.8亿美元，同比增长7%；边贸出口3.5亿美元(包括旅游贸易出口)，同比增长6.1%。

【实际利用外资首次突破2亿美元】 2002年全区共批准外商投资企业87家，同比增长7%；合同外资金额24754万美元，同比下降5%；实际利用外资金额22801万美元，较去年同期实现了翻番。2002年共有29个国家和地区在我区投资设立外商投资企业，香港地区的投资占绝大部分，加拿大、新加坡、韩国等国家的投资额较去年同期有明显增长。新批外商独资企业35家，较去年增加五成以上。在行业分布上，新设立的外商投资企业涉及农牧业、建筑业、制造业、房地产业、社会服务业等10个行业，其中制造业合同外资金额占总合同外资金额的一半以上，重点项目的跟踪服务工作取得成效。

【国外经济合作平稳发展】 2002年全区共签订国外工程承包、劳务合作和生产合作合同110个，合同总金额7440万美元，同比增长37.7%；完成营业额2622万美元，同比增长4.4%；外派劳务2470人次，同比增长1.3%。全区一些大的工程施工企业、生产实体、科研院所等在实施“走出去”战略方面继续发挥主导作用。2002年上报外经贸部批准的对外投资项目7个，我方协议投资额1038万美元，比上年度增长40.1%，投资项目主要以设备、材料等实物投入，主要涉及矿产开采、羊绒加工、毛毡加工、木材加工、育苗技术、肉食加工等项目。国别主要是蒙古、俄罗斯、澳大利亚、马达加斯加、意大利等国家。

满洲里铁路口岸“大通关”现状及对策建议

——满洲里海关驻车站办事处　王润铎

“切实提高通关效率，全力支持扩大出口”是全国海关关长会议上提出的海关工作新要求。由于世界多边贸易体制的形成，贸易和投资自由化进程进一步加快。海关应尽快适应我国加入WTO的新形势，大力推进业务制度改革和创新，努力提高通关效率，为经济发展做出贡献。然而，口岸工作涉及众多部门、多道环节，提高口岸整体工作效率需要口岸各管理部门的密切配合。如何完善和发挥口岸工作联络协调机制的作用，加强沟通，密切配合，大力推进口岸整体工作效率的提高，积极推动和参与口岸工作联络协调机制，推行“一站式”、“一条龙”、“一个窗口”的口岸管理联合办公形式，推行“大通关”管理模式已成为新的研究课题。

立足于满洲里铁路口岸，2001年，口岸进出口货运量突破720万吨。进口商品主要为原木、有色金属、化工原料、纸浆等原材料，出口主要为服装、蔬菜、水果、石油焦等低附加值产品。其进出口贸易值占中俄总贸易的30%，是中俄贸易最大的通商口岸。在2001年推广实施的“跨关区快速通关作业系统”中，铁路口岸办理转关进出口货物3250批，极大方便了进出口企业，有利支援了国家重点工程建设。2002年，满洲里铁路口岸将实现进出口货运量850万吨。口岸“大通关”管理事在必行。

一、从外部查找当前影响“大通关”的不利因素，创造良好的通关环境。

（一）与外经贸部门审批主管部门管理衔接中存在的问题

1.外经贸部门审批主管部门政策出台滞后，造成部分进口货物无法通关。2002年国家对进口化肥和部分钢铁制品改变了监管条件，但相应的管理办法没有同时出台，严重影响口岸货物通关。造成满洲里铁路口岸积压无法通关的钢铁制品197车。直至2002年2月1日国家经贸委同海关总署制定的《重要工业品自动进口许可证管理实施细则》颁布，企业方得知如何办理有关手续，缓解积压矛盾。

2.外汇管理有关文件相互矛盾，易货贸易收汇核销困难，通关不畅，影响外贸出口，企业反映强烈。在口岸曾出现外汇管理政策矛盾，企业以易货贸易方式出口换回的进口货物进口，无法得到海关签发的进口货物报关单证明联，从而无法办理外汇核销手续，影响企业通关，企业反映强烈。

（二）口岸管理环节多，不利于大通关步伐的推进

1.口岸管理体制不合理。首先是管理机构多。口岸通关涉及海关、国检、税务、银行、外汇、口岸办等多个部门，增加了口岸通关管理的难度；其次，通关环节多。管理机构多必将导致管理环节的增加，企业需要跑多个环节才能完成口岸通关手续。再次是信息不畅通。目前，口岸管理各部门和企业之间尚未联网，无法做到信息共享，增加了流转环节。

2.口岸管理部门各自为政，没有形成统一的通关链条，通关效率无疑会受到影响。例如：海关与检验检疫部门在现场监管中没有共享信息，不利于堵塞管理漏洞。现场通关中，“先报检，后报关”，海关凭检验检疫部门出据的《通关单》办理相关手续。但对海关提取货样的商品，检验检疫结果若于《通关单》不符，双方没有信息共享机制，不利于对所管理企业的考核及其资信资料的积累。另外，国检与海关对货物的查验在大多数情况下仍分别进行，在一定程度上影响通关速度。

（三）运输部门管理衔接中存在问题

满洲里铁路口岸是老口岸，存在老问题，严重影响“大通关”，制约口岸发展。

1.站区硬件设施建设不足，不能适应口岸外贸货物吞吐量快速增长的需要。因换装场地和换装能力有限，进口货物“遍地开花”。目前，海关正式的和非正式的监管场所就达20个之多。且监管点均未达到海关监管的需要即：配备必要的闭路电视监控系统、必要的办公场地和设施。不利于海关物流监控工作的开展。

2.软件配备不足，制约口岸发展。铁路部门法律意识淡薄，服务意识差，工作效率不高。在口岸不经过海关同意擅自换装、擅自将货物落地情况时有发生。铁路部门没有与口岸各部门实现计算机联网。对于海关查验或退运的货物，企业、海关甚至无法知道具体车位。严重制约海关监管工作。无法保证物流畅通。年初实行的舱单由铁路部门录入后以软盘方式向海关申报，海关确认、核销。因铁路部门人员的频繁调动，数据的录入速度和准确度不高，有时出现早晨进境的火车，舱单数据下午提供给海关，企业夜间报关的情况。增加了夜间工作量，影响了货物的换装，降低了通关效率。

（四）企业的服务意识和工作效率亟待提高。由于历史原因，铁路等企业在口岸服务中长期处于垄断地位，缺乏为企业着想的服务意识。同时，由于口岸管理机关因隶属关系的不同，对这些服务企业难以进行有约束力的管理。有时违反市场经济规则，增加通关管理难度。如人为地压单据等。

（五）报关市场不健全，报关员素质低影响口岸通关。口岸“通关慢”与整个报关市场的异化有很大关系。报关企业的服务意识不强，报关员素质普遍不高导致制单差错多。大量的更改、退单也影响海关

的通关效率。

二、从内部查找当前影响“大通关”的不利因素，创造良好的通关环境。从海关自身通关作业制度和流程分析，造成海关通关效率低、耗费时间长的主要原因有：

1.传统的通关流程流程设计是造成通关效率不高的主要原因。货物通关必须经过申报、查验、征税方可放行。海关必须在货物进出关境的短暂时间内完成，一旦某个环节出现阻塞，势必影响下一个环节的作业，给口岸通关造成压力。

2.各部门之间相互制约。如货物的申报必须在货物进境后进行，货物的查验必须联系上铁路部门下清单，等候铁路将换装车辆拽进道线，结合换装进行查验，对于检验检疫货物，还需先报检后方能向海关申报等。。

3.科技投入不够。人力资源不足。关员的劳动强度大。在铁路口岸，查验关员超负荷工作每人每周近12个小时。

三、海关为适应大通关的需要采取的措施

（一）深化通关改革，创造良好通关环境。

1.立足于通关作业改革的需要，根据工作实际重新配置人力，调整工作布局，严密监管。自2001年4月初开始恢复24小时对原木、板材、废钢、纸浆、原油等5类进口货物办理海关手续。同时，为保证行邮工作，查验部门也及时进行调整，实行以两班倒为主的工作制。2002年，由查验科与列车监控科共同负责H986的图象采集工作，利用H986进行风险布控实施查验，确保严密监管。

2.结合铁路口岸实际，推广实施“跨关区快速通关作业系统”。在纸面单证和电子数据单单相符情况下，我处对出口转关货物不予进行风险布控查验，采取抽查的形式对其外型进行核对；对纸面单证和电子数据不一致的，积极与经办海关进行联系，必要时对货物进行查验，确保出口转关货物在口岸不积压。

（二）立足于服务经济，促进口岸贸易发展

1.简化手续，方便企业合法进出。对中国联合石化有限责任公司进口的原油在保证海关监管和税款的前提下简化报关手续，即先用每次到货的报关分单的形式核销舱单，并征收相当于税款的保证金，然后根据企业付汇情况，对一定时间内的进口原油集中审单、征税、放行、结关、统计。此举措既方便了企业通关，又严密了海关监管。2001年全年，铁路口岸验放进口原油73万吨。

2.实行灵活有效的管理方式，加快出口货物快速通关。对出口货物，随时办理海关手续并适时径放。对出口石油焦较大的3家企业实行台帐式管理，企业每次出口石油焦，海关凭帐簿核销，每半月按照帐簿累积数量报关。同时，我处还对北京—莫斯科、温州—莫斯科出口集装箱专列随到随报，简化报关手续、加速验放。2001年，验放50余列的出口货物。

（三）建立健全风险管理机制。充分利用H986货运列车检查系统，做好图象分析和数据整理工作，结合企业分类管理及口岸进出口商品结构，加强对进出口货物的风险分析和评估，向总关上报风险信息，并根据这些信息，逐步摸索适合我口岸实际的监管措施。

（四）加强联系配合，搞好口岸服务。

2002年元月，与地方铁路部门达成一致。铁路部门按车型将敞车和盖车集中在几个换装点换装，并及时将送车地点通知海关，便于海关对进口货物的查验。对于超时落地的货物，铁路要提前向海关提出申请并要及时将落地地点通知海关，便于海关对超时落地货物的监管等项措施。

对进出口货物，申报一批，办理一批，放行一批，保证货物快速通关。

四、建立“大通关”管理的切入点。

改革和创新口岸管理思想。改变“行政主导”式的管理思想，树立“客户导向”的管理思想，真正确立服务经济、促进发展的思想观念。

1. 政府部门要加大站区改造的投入，以适应货运量不断增长的需要。要减少口岸收费项目，为进出口创造一个良好的环境。

2. 口岸联检部门要依法行政，公正、公平执法，让守法者获得最大的通关便利。要改革通关作业流程，实行“提前报关”、“实施预归类”、“降低查验率，提高查获率”等有效措施，在实现海关监管职能的前提下，保证物流畅通，将口岸通关时间和成本控制在企业可以接受的最低限度。

3. 铁路部门要适应市场的需要，改变“铁老大”的思想，加大科技投入，加强服务意识，改善服务态度，提高员工素质，明确承运部门所应承担的责任和义务，真正实现口岸国际物流的流畅。

内蒙古口岸大事记

1月1日

边境小额贸易进口货物销售环节增值税双倍抵扣优惠政策被取消，这给二连口岸一些边贸公司经营带来一定影响。

1月12日

蒙古国总理专机由呼和浩特机场出境回国。

1月23日

海关总署署长牟新生视察了满洲里口岸。

1月25日

二连海关与蒙古国扎门乌德海关举行会晤，双方通报了2001年在监管、征税、打私等方面的情况，一致认为，根据《中蒙联合公报》精神，今后的互助与合作将会进一步加强。

2月5日

由蒙古国议会议员、铁道部经济产业部、边防局、海关总署等部门领导组成的代表团一行13人赴二连市进行工作访问。访问期间，代表团参观了二连铁路口岸新联检楼、二连海关货运列车检测系统、铁路报关厅。

2月9日

满洲里海关驻通辽办事处获自治区党委、政府2002年度“自治区级文明单位”。

3月3日

满洲里海关蒋小林被评为2002年海关总署全国海关监管系统先进个人。

3月6日

满洲里公路口岸海关H986集装箱自动检查系统经过三个月的试运行正式启用。

3月8日

蒙古国苏赫巴托省副省长策格米德率团抵锡盟东乌旗工作考察,并与旗政府签定了苏赫巴托省省府巴润乌日图市城市道路建设和园林绿化项目合同,开辟了东乌旗对外承包工程之先河。

3月9日

海关总署《边关行》摄制组赴蒙古国扎门乌德海关开展拍摄工作。由于摄制内容突出,获海关总署表彰奖励。

3月18日

额布都格、策克2个由内蒙古自治区人民政府批准的二类季节性口岸被列入《国家"十五"口岸发展规划要点》(署岸函[2002]106号)。

3月20日

环日本海经济研究院三桥先生等一行4人赴满洲里口岸进行实地考察,主要是了解满洲里铁路口岸的运能、集装箱运输、机保车运输、换装、货物品类、主要出口流向及公路口岸客货运量,旨在充分利用满洲里口岸在东北经济圈中的区位优势,研究开辟日本—俄罗斯—欧洲的通道。

3月22日

蒙古国驻中国呼和浩特总领事馆那伊希道尔吉商务参赞到呼和浩特海关了解呼和浩特关区贸易及海关税率变化情况,进行了工作沟通,双方表示将进一步加强合作,打击向蒙方走私酒精和禁止偶蹄类动物产品进入中国境内,希望两国海关加强合作与联系。

3月27日

二连浩特铁路口岸投入使用了世界首套高科技H986货运列车在线检查系统,进一步完善了口岸查验设施。

4月1日

呼和浩特海关现场业务处白乙拉同志荣获2002年"全国海关监管系统先进个人"荣誉称号

4月1日

二连海关驻公路口岸办事处荣获"全国海关监管工作先进集体荣誉称号"

4月1日

蒙古国进口关税全面下调,二连公路口岸呈现了车流、物流猛增的良好势头。出口货物达3000多吨,其中90%以上是食品,创全年出口最高记录。

4月11日

为进一步加大对二连口岸走私违法行为的打击力度,净化口岸执法环境,维护正常的贸易秩序,二连海关集中销毁了一批走私进境的动物产品及部分伪劣物品,这次销毁的物品主要有旱獭皮3700余张,灰鼠皮1600余张,牛、羊、驼皮150余张,三无酒精3960升,假冒伪劣香烟117条等,总价值近40万元。

4月20日

根据“国家检验检疫局等五部委关于进口原木检疫的公告(2001年第2号)” 文件以及“国家检验检疫局等五部委关于执行进口原木检疫要求(2001年第2号)有关问题的通知(国质检联【2001】43号)”的有关内容,对于寒带地区冬季(10月至翌年4月)采伐并在本季内入境的原木,经口岸检验检疫合格的予以放行的文件精神。二连出入境检验检疫局对二连口岸进口的俄罗斯产原木进行熏蒸处理。

4月25日

以色列国实软集团代表拉法若先生抵二连口岸考察欧洲————远东快速货运项目。

5月4日

满洲里海关驻十八里办事处获共青团内蒙古自治区委员会2002年度“青年文明号”。

5月8日

满洲里海关获2002年度全国海关系统督察审计工作先进集体。

5月8日

满洲里海关迟学英获海关总署2002年“全国海关系统督察审计工作先进个人”。

5月13日

中国内蒙古公安边防总队总队长授权代表高连斌参谋长率团与俄联邦边防总局后贝加尔地区局局长授权代表比洛夫副局长率领的代表团,在满洲里市举行授权代表会谈。双方就正式建立黑山头、室韦边防检查站与俄方额尔古纳地段边防代表机构间的代表联系制度等问题进行了协商,达成一致意见并签署《工作会谈纪要》。

5月14日

自治区党委副书记、政府常务副主席岳福洪,自治区政府副主席牛玉儒到满洲里公路口岸视察工作。

5月18日

由天津新港到二连的铁路集装箱专列到达二连站,其中包括两个20尺集装箱的有价证券,是蒙古国政府委托香港政府制作的蒙古国流通货币。

5月27日

自治区党委副书记陈光林、自治区人大副主任王凤岐视察了满洲里公路口岸。

5月29日

新疆国际体育旅行社组织13名外籍人摩托车旅行团,使用12辆自备摩托车由满洲里口岸出境。

6月3日

《关于调整呼和浩特空港俄罗斯货运包机协调领导小组成员的通知》(内政办字[2002]147号)

6月1日

国家外交部驻外使节考察团到满洲里公路口岸参观考察。

7月2日

根据5月13日中国内蒙古公安边防总队与俄联邦边防总局后贝加尔地区局授权代表会谈所确定的原则,经双方领导人信函确定,黑山头、室韦边防检查站与俄联邦下额尔古纳地段边防代表机构举行站长级会谈,就启用室韦—奥洛契口岸大桥进行了协商,并签署《工作会谈纪要》促成大桥于7月8日作为入出境通道正式启用,并实现了常年开放。

7月5日

在呼和浩特召开内蒙古自治区首批原产地标记注册企业颁证大会。会议向27家企业颁发了地理标志注册证书和原产国标记准用证书。国家质检总局葛志荣副局长、自治区政府副主席牛玉儒出席了大会并作了讲话。

7月6日

国家质检总局副局长葛志荣一行赴乌兰察布盟考察了进口大型风力发电设备的安装和运行情况。

7月8日

满都拉—杭吉口岸跨境施工工作正式开始,包头公安边防支队负责施工期间的边防检查工作和施工限定区域的管理工作。

7月8日

中俄室韦—奥洛契口岸大桥正式开通投入运营,室韦口岸实现了货物常年开通。

7月9—18日

国家四部委(外交部、公安部、质检总局、海关总署)联合工作组赴阿日哈沙特、额布都格、阿尔山、珠恩嘎达布其、二连等口岸对《中蒙边境口岸及其管理协定》的修改进行了调研。

7月11日

国家信息产业部部长吴基传赴二连铁路口岸考察海关列车检测系统。

7月12日

国家发展计划委员会检查小组一行四人对二连边防检查收费情况进行了检查。

7月15日

呼伦贝尔市与蒙古国东方省正式签订了额布都格——白音胡舒口岸界河桥协议。

7月16日

兴安盟行署与蒙古国东方省正式签订了阿尔山——松贝尔口岸界河桥协议。

7月16日

国家交通部洪副部长到满洲里公路口岸视察。

7月26日

新建的二连铁路口岸海关监管场所正式挂牌,标志着新建二连铁路口岸海关监管场所正式业务运作的开始。

7月27日

内蒙古自治区边防总队至各季节性边防检查站明传电报业务开通。

8月4日

全国政协外事委主任田增佩一行到二连、满洲里口岸视察。

8月10日

内蒙古庆华集团与蒙古国"蒙古之金"公司合资开发蒙古国境内那林苏海特煤田项目在北京签署合作合同。该煤田储量在16亿吨以上,计划于2003年第一季度开始投入生产。进口原煤重点销往酒泉钢铁公司。

8月11日

国家质检总局副局长蒲长城考察了满洲里、海拉尔检验检疫局。

8月18—24日

公安部副部长赵永吉、公安部边防局局长朱家华视察二连、满洲里边防检查站等基层单位，并对进一步加强业务建设和队伍管理提出了明确要求。

8月25日

由泰国旅行社组织的泰国航空公司旅游包机从呼和浩特空港入境。此次包机是泰国第二次旅游直航包机。

8月25日

呼和浩特边防检查站对加拿大艾芬豪矿业公司董事长ROBERT先生一行5人及注册号为美国18RF的GLF—5(湾流—5)型私人专机进行了入境边防检查，这是呼和浩特白塔机场首次降落私人专机。

9月

中俄口岸联合调研组对中俄满洲里—后贝加尔斯克口岸及互市贸易区进行了联合调研，达成了互市贸易区建设、黑山头—旧粗鲁海图口岸旧桥改造、室韦—奥洛契口岸由货运口岸扩大为客货常年通行口岸、中俄铁路边境车辆间实行计算机联网等问题的协议。

9月25—26日

中共中央政治局候补委员、国务委员吴仪同志在自治区党委书记储波、政府主席乌云其木格同志的陪同下，对满洲里口岸和互市贸易区进行视察，并与有关部门的负责人就中俄贸易和口岸工作进行了座谈，视察期间明确表示，将满洲里口岸列为国家口岸“大通关”试点。

9月28日

二连公路口岸新联检通道剪彩开通。此工程于2000年5月破土动工，工程总投资5600万元人民币，总占地面积为34.3万平方米。设计最大通过能力货运240万吨，客运300万人次。主要设施有：旅客联检大楼3889平方米，海关待检区货检大楼274平方米，货运报关楼534平方米，边检营房2100平方米，以及相配套的口岸监管区。公路口岸新联检区集通关查验、仓储运输、生活服务于一体，可一次性完成报关报检和稽费征缴工作。通关条件和环境已达到国内同类口岸的先进水平，为提高“大通关”创造了有利条件。

9月28日

由包头市政府援建的蒙古国杭吉口岸基础设施建设全部竣工，该项目共投资36万元人民币。

10月15日

满洲里公路口岸农副产品出口“绿色通道”首次开通。当日45吨马铃薯由海拉尔天保绿色食品产业化基地经满洲里公路口岸直接运往俄罗斯赤塔州博尔贾市。

10月15日

国家质检总局党组书记李传卿、党组成员宋明昌率总局有关部门负责人到内蒙古局进行考察，看望和慰问了全体干部职工，并对内蒙古局的工作给予充分肯定。期间，自治区党委副书记、常务副主席岳福洪和自治区副主席牛玉儒会见了李传卿书记。

10月19日

内蒙古自治区边防总队总队长授权代表高连斌参谋长率代表团与蒙古国边防总局司令部代表团在二连举行授权代表会谈，就建立中蒙各对应季节性口岸边防代表机构代表联系制度和出入境检查与口岸管理等事宜进行了磋商，并达成一致意见签署《工作会谈纪要》。

10月20日

铁道部投资39820万元人民币的满洲里车站站场扩能改造工程全线开工。

10月21日

《满洲里海关H986工程钴－60货运列车检查系统》获海关总署优秀科技项目二等奖。

10月21日

《满洲里海关宽带IP城域网》获海关总署优秀科技项目三等奖。

10月21日

《满洲里海关铁路合同管理及报关单自动生成系统、重费证管理系统、额尔古纳海关临时进出境车辆管理系统》获海关总署优秀科技项目三等奖。

10月21日

《满洲里海关H986项目新公路口岸组合移动式集装箱检查系统》获海关总署优秀科技项目三等奖。

10月22日

满洲里海关吕阳明获海关总署2002年“依法行政，为国把关，服务经济，促进发展”海关工作方针论文研讨三等奖。

10月29—30日

国家6部委铁路口岸综合调研组就口岸大通关工作来满洲里进行调研。重点考察了满洲里国际公路口岸和铁路口岸换装场，听取了满洲里口岸情况，与有关部门和企业负责人进行了座谈。

10月30日

由新右旗旗委、旗政府垫资204万元的口岸硬件建设项目工程已全部竣工，这批项目有：深水井、口岸通道、1756延长米围墙、大门、300平方米监管仓库、20000平方米封闭式货场、检查平台、进出境道路、消毒池。经过建设，阿日哈沙特口岸已基本具备了长期开放的条件。

11月12日

满洲里—后贝加尔斯克中俄互贸区封闭通道正式开通，至此，俄籍旅客可以由此通道直接进入互贸区，减轻了满洲里公路口岸的通关压力。

11月23—24日

内蒙古自治区边防总队总队长授权代表总队司令部参谋长高连斌大校率代表团与俄罗斯后贝加尔地区局局长授权代表副局长比洛夫少将率领的俄方代表团，分别在俄后贝加尔斯克和满洲里举行了两轮授权代表会谈，期间，就双方领导人即将举行会谈的有关事宜进行了磋商，并达成一致意见。

12月

二连浩特检验检疫局副局长安格日格被人事部和国家质检总局授予系统先进工作者。

12月1日

满洲里出入境检验检疫局荣获国家质检系统2002年度先进集体。

12 月 2 日

内蒙古自治区满洲里口岸大通关领导小组会议在自治区政府召开，会议由自治区副主席牛玉儒主持。这次会议中心议题是听取满洲里口岸大通关有关问题的汇报。并对大通关的有关问题进行了认真的研究和探讨。

12 月 3—6 日

应俄罗斯联邦边防总局后贝加尔地区局局长 V·G·谢廖特金中将的邀请，经公安部批准，内蒙边防总队总队长那顺巴雅尔大校率内蒙古公安边防总队代表团一行 6 人，对俄罗斯联邦边防总局后贝加尔地区进行了为期 4 天的工作访问，双方在俄联邦赤塔市举行了工作会谈，并在取得广泛共识的基础上，签署了《工作会谈纪要》和《2003 年度边防合作与发展计划》。

12 月 17 日

满洲里铁路口岸新联检联办公楼正式投入使用。该联检联运办公楼建筑面积 1 万平方米，投资 6000 多万元，是集信息化、网络化、智能化于一体的全国最现代的一流的铁路口岸办公场所。

12 月 18 日

蒙古国海关总署巴图特木尔副署长一行 2 人在扎门乌德海关关长陪同下走访了二连海关，并与二连海关韩翔关长举行了短暂的工作会晤。

12 月 23 日

中蒙满都拉—杭吉公路口岸首次开关。

12 月 27 日

应蒙古国东方省政府请求，在新右旗外事口岸办的积极协调下，经国家外交部、总参批准，新右旗电力总公司经过紧张的施工，长 1.5 公里，规模为 10 千伏，总投资为 11 万人民币(蒙方投资)的阿日哈沙特口岸——哈比日嘎口岸跨国输电线路竣工，正式向蒙古国输电。该项目的实施，对中蒙两国、两地区的双边关系有着十分重要的意义，不仅通过劳务合作帮助蒙古国完善了口岸设施，而且突破了阿日哈沙特口岸开通十年来进出口商品的种类，实现了对蒙电力产品出口。更重要的是通过此项合作，为双方今后在更广泛领域发展打下了良好的基础。

辽宁省

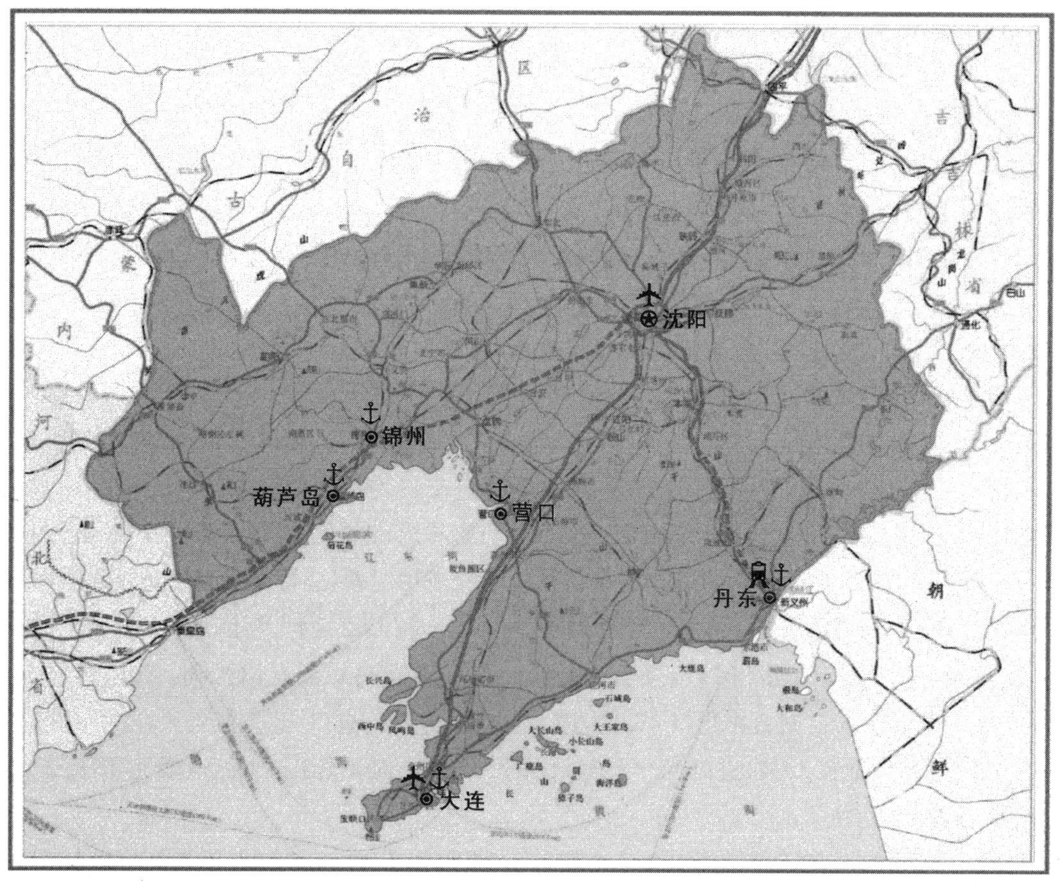

图　例

- 省级行政中心
- 口岸
- 铁路口岸
- 航空口岸
- 公路口岸
- 海（河）运口岸

辽宁口岸工作综述

2002年,辽宁省委、省政府认真贯彻中央经济工作会议和国务院办公厅《关于进一步提高口岸工作效率的通知》的精神,成立了辽宁省通关工作协调领导小组,并提出了全省主要口岸2003年底达到上海等先进地区通关水平的目标。辽宁省口岸办公室按照省委、省政府的要求,以改善服务功能、提高通关效率、促进经济发展为中心,组织协调口岸运输生产、查验、服务各行业和单位,采取切实有效措施,增强服务意识,加大管理力度,促使通关的速度不断加快,通关作业方式逐渐与国际通行惯例接轨,口岸通关环境的进一步改善,为加入WTO后的开放型经济发展创造了良好的投资环境。

【口岸客货运量】 全省口岸货物吞吐量16535.7万吨,同比增长11%。外贸进出口货运量完成5812.8万吨,同比增长20.3%。其中:外贸进口2412.5万吨,同比增长5.6%,出口3400.3万吨,同比增长33.4%。出入境旅客150.8万人次,同比增长18.5%。其中:海港10.8万人次,同比减少28%;陆路23.5万人次,同比增长97.5%;空港116.5万人次,同比增长16%。集装箱运输完成175.1万标箱,同比增长17.9%。其中:外贸123.3万标箱,同比增长14.9%。

【口岸外贸运输生产】 全省口岸外贸进出口实现增长,总额为265.15亿美元,同比增长19%。其中:进口120.79亿美元,同比增长22.7%,出口144.36亿美元,同比增长15.9%。辽宁省实现外贸进出口总额为217.4亿美元,同比增长9.8%,占口岸贸易额的74.4%。其中,出口123.7亿美元,增长12.4%;进口93.7亿美元,增长6.6%。从贸易方式看:加工贸易进出口均呈两位数增长。其中,出口68.1亿美元,增长12.9%;进口46.8亿美元,增长11.4%。一般贸易出口增长,进口下降。其中,出口50.5亿美元,增长7.6%;进口31.8亿美元,下降3.7%。从企业完成情况看:三资企业和国有企业进出口都呈不同程度增长。其中,三资企业出口72亿美元,增长14.3%;进口62.7亿美元,增长6.3%。国有企业出口44.1亿美元,增长4.3%;进口24亿美元,增长5.4%。从贸易对象看:对日本、韩国进出口增长;对美国出口增长,进口下降。对日本出口46.8亿美元,增长3.4%;进口32.3亿美元,增长12.6%。对韩国出口12.7亿美元,增长18%;进口15.8亿美元,增长17.6%;对美国出口18.1亿美元,增长23.7%;进口5.8亿美元,下降21%。

【口岸大通关】 按照省委、省政府的要求,2002年,认真贯彻国务院办公厅《关于提高口岸工作效率的通知》精神,落实省委、省政府主要领导关于口岸通关工作向上海等先进地区学习的重要批示,相继筹备召开了"改善服务功能提高大通关效率座谈会"、"提高口岸工作效率现场会"和"铁海联运省长办公会"等三个全省规模的重要会议。通过组织有关部门到口岸通关现场召开货主座谈会,了解通关速度和企业货主对口岸查验部门的意见。根据货主所提出的报关报检程序环节多、通关速度慢、行业部门强制保险、保价和乱收费、乱罚款等影响口岸通关效率等问题,将全省海港、空港口岸的通关情况和问题以实际数据量化,在此基础上制定了《全省口岸提高"大通关"工作效率实施意见》(辽政办[2002]55号)。由主管副省长任组长、省政府副秘书长为副组长、驻辽宁口岸查验部门和省直共16个单位为成员的通关工作协调领导小组办公室设在省口岸办。各口岸城市按照《实施意见》的要求,陆续召开了工作会议,并结合各口岸实际情况制定了实施方案;成立了协调领导机构,由各市主管副市长任领导小组组长,下设办公室，组织实施提高口岸工作效率的具体工作。全省提高口岸工作效率的具体工作，在两级领导小组的组织下，按照《实施意见》逐项得到了落实。大连口岸确定了以大市场带动大流通，以大流通带动大连周边地区市场的新思路。依托现有的物流集中区域和信息网络资源，加快对大连现代物流发展具有重要牵动作用的物流基础设施平台、信息平台和政策平台的建设。在通关工作协调领导小组的协调下，通过多次现场考察、实际流程跟踪，对进口流程、出口流程制定了改造方案，经过各查验部门会签同意，形成了大通关新流程，口岸大通关全面提速。沈阳口岸先期投入50万元，争取到国家批准加工贸易网上审批试点城市。协调机场投入资金和设施，解决查验单位装备问题，使机场通关业务从市内迁移到现场，通关速度成倍提高。营口通关工作重点解决口岸仓储物流信息网与海关电子口岸工程、检验检疫局三电系统、港务局EDI系统等信息资源的整合，创造条件搭建口岸物流信息公共平台。研究现代物流产业政策，推进口岸物流发展。下大力气对口岸仓储市场秩序、船舶供应和服务市场秩序、口岸治安秩序进行整顿，为提高通关效率提供保障。丹东、锦州、葫芦岛市加强口岸工作力度，进一步理顺关系。丹东口岸在市政府领导下，成立了通关工作领导小组，明确领导责任，及时解决通关工作中发生的问题；锦州、葫芦岛口岸各单位设立了主管领导接待日，解答企业在大通关过程中的疑难问题，接受货主对口岸工作人员的监督、投诉。一年来，通过协调单位的努力工作，大通关工作取得显著成效，在全社会产生了广泛的影响，口岸工作效率明显改善，通关速度大幅度提高。到2002年末，大连口岸海运进口货物通关平均时间从原来的96小时降低为48小时，出口货物从72小时降低为20小时；空港进口货物从8小时降低为2—4小时，出口货物从4小时降低为1.5—2小时，大连口岸通关速度基本上达到上海的水平；营口口岸外贸集装箱通关时间由原来的96小时降至53小时；沈阳机场口岸进出口货物平均通关速度由过去的40.8小时缩短为12小时。丹东海港实施通关流程优化，平均通关时间进口从72小时缩短至48小时，出口从48小时缩短至12小时。锦州口岸通关平均时间从年初的进口5天、出口2.9天，提高到进口1.5天、出口1天，出口当日放行率100%。空港和海港的客运都已将验放一名正常旅客的平均时间由45秒缩短至40秒以内，旅游团组经申请办理集中验放可以进一步加快通关速度。目前，随着各项改革措施的逐步到位，各口岸的通关速度正在进一步提速。大通关工作推动全省口岸各单位，特别是口岸查验单位，紧紧围绕全省经济工作中心任务，转变观念，树立服务意识，改善通关环境，为企业提供贸易便利，得到了社会各界的广泛认同。

【口岸开放】 按照全省对外开放工作会议的要求，2002年省市两级口岸办(局)都加大这方面工作力度。一是大连北良港通过国家正式验收并投入使用。建成的3个泊位于2002年5月19日起正式对外开放，增加全省粮食中转能力1110万吨，使我省拥有目前世界上技术、规模、功能都具一流的粮食储运和中转港口，港口对外开放提升到一个新水平。二是开始进行旅顺新港和庄河港对外开放前期工作。已经完成旅顺新港对外开放文件的起草，待征求有关部门意见后报省政府。庄河港开放的前期各项筹备工作正在抓紧进行。三是会同民航、旅游、航运等主管部门调研论证，在驻辽宁口岸查验单位的积极支持下，经向国家申报，一批对外开放的航线得以开通。2002年，沈阳陆续开通了至东京、釜山、大邱，大连开通了至名古屋和东京(货运)空中航线，并大力拓展旅游包机、货包机业务。大连开通了海上至平泽客班轮航线。营口开通至仁川的客货班轮航线已准备就绪，这将结束营口港百年无客运的历史。截止2002年底，全省空中国际、地区正班航线达到26条，海上杂货班轮航线和集装箱班轮航线达到60条，其中至仁川客货班轮航线3条，至平泽客运班轮航线1条。四是沈阳铁路东站口岸功能得到强化，使口岸功能从沿海向内陆延伸，方便了对外贸易，促进了集装箱运输的发展。全年集装箱班列承运5.18万标准箱，同比增长32%，其中外贸7812标准箱，是上年的10倍多。开放口岸的社会效益和经济效益得到充分体现，投资环境得到明显改善。

【口岸精神文明建设】 精神文明建设活动一直是口岸工作的一项重要内容。2002年，全省口岸精神文明建设工作以“三个代表”的重要思想为指导，紧密结合改善口岸环境、提高通关效率这一中心工作，不断提高口岸系统广大干部、职工和武警官兵的文明素质，增强服务意识。在年初进行的2000－2001年度省级文明单位评比中，16个口岸单位被评为先进单位，1人被评为先进工作者，受到省委、省政府的表彰。口岸各单位以此为动力，进一步加大工作力度，按照省文明办的安排和口岸系统年度工作计划，结合口岸系统大通关实际，开展了一系列的活动。如锦州、丹东等口岸按照省政府现场会的要求，开展“实施大通关，我该怎么办”的大讨论，大连、营口口岸开展“百家企业评口岸”活动，沈阳、葫芦岛等口岸开展各类文体比赛活动。这些有效的活动形式，促进口岸各单位之间相互交流，推动文明执法、文明服务、文明经营的进程，树立口岸通关作业文明服务的新形象，赢得了货主、旅客的好评。11月份，邀请省文明办副主任参加的大检查，对全省6个一类口岸精神文明建设工作进行考评和重点抽查，省文明办领导对口岸系统扎实工作、认真开展活动、讲求实效的作法给予了很高评价，在省文明办的简报上，专刊专题对口岸系统的做法进行推广。

辽宁省航空口岸开通国际、地区航线情况表

机场	航线	承运	备注
沈阳桃仙国际机场	1、沈阳——香港	北方航空公司	正班
	2、沈阳——汉城	北方航空、大韩航空	正班
	3、沈阳——札幌	北方航空公司	正班
	4、沈阳——大阪	北方航空、全日空	正班
	5、沈阳——平壤	高丽航空公司	正班
	6、沈阳——清州	北方航空、韩亚航空	正班
	7、沈阳——釜山	北方航空、大韩航空	正班
	8、沈阳——东京	北方航空公司	正班
	9、沈阳——大邱	北方航空公司	正班
	10、沈阳——曼谷	北方航空公司	正班
	11、沈阳——福冈	北方航空公司	正班
	12、沈阳——伊尔库茨克	俄西伯利亚航空公司	正班
机场	航线	承运	备注
大连周水子国际机场	1、大连——香港	北方航空、港龙航空	正班
	2、大连——东京	北航、国航、全日空、日航	正班
	3、大连——东京	全日空	正班(货运)
	4、大连——名古屋	北方航空公司	正班
	5、大连——釜山	北方航空公司	正班
	6、大连——汉城	北方航空公司	正班
	7、大连——曼谷	北方航空公司	正班
	8、大连——福冈	国航、全日空、北航	正班
	9、大连——大阪	国际航空公司、北航	正班
	10、大连——仙台	国际航空公司	正班
	11、大连——广岛	国际航空公司、北航	正班
	12、大连——平壤	国际航空公司	正班
	13、大连——伊尔库茨克——新西伯利亚	俄西伯利亚航空公司	正班
	14、大连——海参崴	俄符拉迪沃斯托克航空公司	正班

注:1、下划线部分尚未开通。 2、北方航空公司开通的大连——广岛航线延伸至哈尔滨。

辽宁海运口岸开通国际集装箱航线情况表

口岸	性质	航　　线	数量	备　注
大连（51条）	远洋航线	大连——美国西海岸	2	货运班轮
		AAT(美、日、香港等)	1	〃
		大连——欧、地中海	2	〃
		大连——西北欧	1	〃
		大连——中东	1	〃
		大连——美国东海岸	1	〃
		大连——红海	1	〃
	近洋航线	大连——香港	2	〃
		大连——韩国	11	〃
		大连——印度	1	〃
		大连——东南亚	1	〃
		大连——台湾	1	〃
		大连——日本	18	〃
		大连——韩国仁川	1	客货班轮
		大连——韩国平泽	1	旅游客运
	外贸内支线		6	货运班轮
营口（5条）	近洋航线	营口——日本	1	货运班轮
		营口——韩国	1	〃
		营口——香港	1	〃
		营口——香港	1	〃
		营口——韩国(仁川)	1	客货班轮
丹东（4条）	近洋航线	丹东——日本东海岸	1	货运班轮
		丹东——日本直江津	1	〃
		丹东——韩国斧山	1	〃
		丹东——韩国仁川	1	客货班轮
全省合计			60	

大连口岸工作综述

一、口岸运输生产稳步增长。2002年,全市海港完成货物吞吐量1.12亿吨,同比增长6.7%;外贸货物吞吐量3852万吨,同比增长24.6%;集装箱吞吐量135万标箱,同比增长10.9%;旅客吞吐量784万人次,同比增长2.2%。空港完成旅客吞吐量333.5万人次,同比增长8.8%;货邮吞吐量9.3万吨,同比增长16.8%。铁路完成货物发送量2217.5万吨,同比增长3.7%;旅客发送量1780万人次,同比下降4.9%。经大连口岸进出口商品总值达206亿美元,同比增长10.1%。

二、海空国际、国内新航线开辟工作实现新突破。2002年,先后开通了大连至名古屋、大连至新西伯利亚的空中客运航线和大连至东京的空中定期全货运航班,开辟了大连—敦煌和锡林浩特的2条国内空中航线。目前与大连机场通航的航空公司已增至24家,大连空港国际(地区)航线达到14条,稳居全国第4位。随着大连至东京的空中定期全货运航班的开通,大连成为国内第五个拥有空中定期货运航班的城市,具备了直接从大连空港进口超大精密货物和直接通过日本中转出口欧美货物的功能。

先后开通了大连—欧洲集装箱班轮航线和大连—韩国平泽海上旅游客运航线,增加了大连至仁川航班密度,开辟了3条环渤海公共内支线,集装箱船舶月航班密度超过240班,初步形成布局完善、班期密集的海上航线网络。

三、"大通关"工作实现新跨越。一是发挥地方政府的组织领导作用,形成了协同联动的口岸工作机制。2002年1月,在全省首先成立了加速通关协调领导小组,组织海关、检验检疫、海事、边检等口岸执法部门深化内部改革,定期召开协调会议,及时沟通信息,交流情况,认真解决口岸工作中关联性大、协调性强的急事、大事、难事。二是以创新口岸通关作业流程为突破口,推动"大通关"工程向纵深发展。利用2个月的时间,开展了大连口岸史上最大规模的业务流程调查活动,全面分析了大连口岸尤其是海运方面通关状况,查找出了制约通关效率的主要问题。经反复论证,推出了经过优化的"大通关"新的进出口流程。出口流程实行"卡口监管,集中查验",出口货物可在运抵海关卡口前5个工作日内进行提前申报。四是加大协调力度,解决海运进口存在的船公司或船舶代理舱单传输时间滞后、海运出口中外拖箱手续不简便、码头交提箱环节速度慢、海铁联运中转手续办理时间长等一些突出问题。经过抽样调查,2002年大连口岸的海运平均"大通关"时间,进口为48小时,出口为20小时。

四、航运交易市场筹建工作起步顺利。自2002年5月起,我们组织专门人力,对国内外航运交易市场以及其他相关市场进行大量调研,结合大连具体实际,经过充分论证,利用现代信息及网络通讯技术手段,改革传统航运交易模式。按照市场运作模式,确定了航运交易市场的四项基本功能:航运交易功能、通关服务功能、口岸信息服务功能、俱乐部功能。为适应国际航运发展趋势和通关现代化的要求,我们在前期明确大连口岸物流网为大连口岸公共信息平台的基础上,将大连口岸物流网引入大连航运交易市场,由其作为航运交易和口岸信息服务功能的运营商,实行市场化运作。经过努力,航运交易功能起步工程于2002年12月28日开始试运行。

五、口岸业务信息化程度有新提高。一是重点推进港航EDI 电子单证开发和完善工作。目前,大连口岸已经实现进口舱单和船图、出口舱单和船图等22个单证电子传输。二是推出了码头泊位预约系统和电子大门预约系统，方便客户办理作业手续，提高码头作业效率20%以上。三是拓展业务覆盖面。已分别与大连海关、辽宁省出入境检验检疫局、大连周水子国际机场、大连铁路集装箱运输公司、大连集装箱运输交易所签署了合作协议或备忘录，基本覆盖大连口岸船公司、船代、场站和车队。2002年，各类EDI报文传输总量近150万。

六、口岸基础设施建设全面加快。大窑湾二期工程11－16号泊位征林、征海、征地工作基本结束，11－12号泊位正在进行围堰、疏竣和回填施工；25万吨矿石码头工程征海、征地工作已结束，进入了水工工程、陆域工程、铁路工程施工阶段；30万吨进口原油码头工程，正在进行征海动迁工作和引堤工程施工；庄河港采取合资方式进行建设，取得良好进展；周水子机场7万平方米停机坪工程于2002年8月份竣工投入使用，3万平方米候机楼于12月12日正式开工；火车站站房改造工程、高架候车室主体工程和南广场工程已经完工；烟大火车轮渡工程项目的可行性研究报告已经完成，并已通过铁道部审查。

七、口岸开放工作取得新进展。一是2002年5月，亚洲最大的粮食中转港—北良港正式对外开放；二是2002年7月，正式启动申请庄河港开放程序，积极争取列入国家口岸开放计划；三是旅顺港对外开放列入国家“十五”口岸开放规划和2002年审理计划。

八、现代物流业得到历史性发展。按照尽快把大连建成东北地区国际物流中心的目标要求，完成了《大连市现代物流业发展规划》的编制工作，并正式发布实施。与此同时，规划中的大窑湾国际物流园区、甘井子陆港物流基地、大连粮食专业物流中心和大连水产品物流中心等重点物流基础设施建设取得良好进展；邮政物流、中铁快运、环东物流等企业已实现与大物流企业及生产企业的对接，中海、中远、宝供、日通、敦豪等一批国内外知名物流企业也纷纷登陆大连寻求发展。

2002年大连口岸主要运输生产指标完成情况

指标名称	完成数量	同比+－%
一、海港		
货物吞吐量	11188.5万吨	+6.4%
其中:大连港(全港)	10851.2万吨	+8.0%
外贸货物吞吐量	3852.1万吨	+24.6%
其中:大连港(全港)	3845.4万吨	+25.0%
集装箱吞吐量	135.2万标箱	+11.1%
旅客吞吐量	787.6万人	+2.7%
其中:国际航线	6.3万人	－2.6%
二、空港		
旅客吞吐量	333.5万人	+8.8%
其中:国际、地区	76.8万人	+20.6%
货邮吞吐量	93415.4吨	+16.8%
其中:国际、地区	43931.9吨	+14.5%
飞机起降	37592架次	+4.0%
三、铁路		
货运量	2217.5万吨	－3.7%
客运量	1780万人	－4.9%
四、公路		
货运量	16496万吨	+6.2%
客运量	9475万人	+6.1%
五、城市客运		
客运量	10.79亿人	－10.5%
六、口岸贸易		
进出口总值	206.0亿美元	+10.1%
其中:出口	114.5亿美元	+13.6%
进口	91.5亿美元	+6.1%

辽宁口岸查验单位工作综述

大连海关

2002年，在海关总署党组的正确领导下，大连海关党组团结和带领关区全体干部职工，高举邓小平理论伟大旗帜，认真贯彻“三个代表”重要思想，坚持“依法行政，为国把关，服务经济，促进发展”的海关工作方针。全面落实国务院领导视察海关总署要求和总署领导历次重要讲话精神，与时俱进，改革创新，以税收工作为轴心，以队伍建设为保证，以深化改革为动力，以强化监管为手段，全力加强和推动大连海关各项事业进步。经过一年的努力，圆满地完成了年初全国海关关长会议确定的各项任务，有力地推进了“大通关”建设，促进了进出口贸易的发展，并得到了地方党政和社会各界的普遍好评。

【加强后续稽查，继续保持打私的高压态势，严防走私回潮】 认真落实海关总署关于侦查、调查职能调整要求，以研究建立企业信用管理体系为目的，以企业稽查、减免税后续核查为重点，以贸易调查、市场调查、行政处罚、推行风险式管理、综合治理为手段，全面防范和打击走私违法违规行为，促使企业守法经营。年内，大连海关调查部门对汽车、PET废塑料、涤纶短纤等敏感商品开展了专项稽查，对造船、重工等十家国有大型企业进行了常规稽查，对羊排、香蕉、水产品等进行了贸易调查。同时，大连海关始终保持反走私高压态势，突出重点地区、重点渠道和重点商品，有针对性地开展了打击价格瞒骗、鸭绿江水域走私、涉税走私活动及镁砂、冻品、石蜡等重点敏感商品走私等多项专项斗争，严厉打击了走私等违法活动。全年共查获违规案件293起，案值4420.81万元；走私案件97起，案值3084.94万元，共受理涉嫌走私犯罪案件21起，案值1.14亿余元，对47名犯罪嫌疑人采取了强制措施。4月份，大连海关缉私局经过4个多月的突击攻坚，在中朝边境一举侦破了一宗罕见的成品油暗道绕关走私案，得到了国务委员吴仪的批示和朱总理的高度重视。

【把税收工作放到轴心位置，千方百计完成税收任务】 以贯彻朱总理和牟署长讲话精神为契机，努力克服税率下降、关区一般贸易进口下滑、口岸传统大宗进口商品减少等不利客观因素的影响，充分分析困难，挖掘有利因素，采取了一系列加强税收征管的措施。一是充分运用“关税分析监控系统”，建立税收质量考评体系，定期对各税收环节和业务现场进行税收征管水平和质量的分析对比，强化其时效性、针对性和预警性。二是建立和完善估价工作新机制。三是牢固树立依法行政和全国海关税收一盘棋的大局意识，坚持应转尽转，以优质高效的服务稳定和扩大税源。同时，大连海关还调动一切积极因素，综合运用各种执法手段，有针对性地加强监管、调查、稽查、侦查、督察审计、监察等职能和归类、审价、加工贸易补税、稽查补税、催缴欠款、扣押物品拍卖抵税、非贸易税等项工作，发展税收新的增长点，有效扭转了不利局面。全年共为国家征收税款达100.36亿元，同比多征收4.63亿元(增长5%)，实现了历史性的突破。

【强化业务基础和规范化建设，努力严密海关正面监管】 年内，大连海关根据自身实际情况，把加强业务基础和规范化建设作为全年工作的主题。在建立和落实业务分析例会制度、强力推进职能部门职责转变的基础上，健全和落实业务工作制度，规范和统一业务流程、操作，充分发挥各种监管手段，努力严密正面监管。其中包括：加大对进口涉税商品的风险分析和价格审查力度，重点打击伪瞒报等价格瞒骗行为，全年共计审核进出口报关单近15万份，补征税款6560余万元，移交涉嫌走私、违规案件线索122宗；规范作业流程，量化查验指标，加强监督制约，充分发挥H986高科技优势，降低查验率，提高查获率；强化对风险数据的动态分析和监测，发挥监控预警功能，不断提高信息化监管水平；研究开发H883保税业务监控子系统，建立加工贸易企业数据库，严格单耗管理，加大核销力度，提高监管水平，全年共备案加工贸易合同24352份，共核销到期合同23824份；发挥海关统计的监测、预警作用，全年共审核报关单记录条156万条，修改差错1.2万条；化验样品1371宗，发现申报不实或归类差错样品400宗；严查“法轮功”、淫秽物品等国家禁限物品，全年共查获违禁印刷品和音像制品46270本(盘)、文物221件。密切与武警部队协调配合，加强一线监管力量。

【不断深化通关作业改革，积极推进“大通关”建设】 按照总署的各项改革部署，紧密结合实际，围绕加强业务建设和提高通关效率、推进“大通关”工程这两大主题，更新观念，扎实工作，相继推出了一系列改革措施：一是制定《大连海关口岸快速通关实施方案》，实施口岸快速通关改革。将海关监管手续前置或后移，实现了以“提前报关、实货验放”为核心内容的新的口岸通关管理模式。二是整合和完善既有改革措施，继续推广实施“快速转关系统”。在大连地区完善企业选择窗口报关、直接到口岸交单提取或发送货物的业务方式。认真落实对“三高一大”企业的各项便捷通关措施，扩大快速通道(F通道)容量，使适用企业数发展到100家。三是继续扩展联网报关、网上支付、出口退税、无纸通关、快件无纸通关等电子口岸应用项目。此外，大连海关还建立和完善通关业务应急处理机制和首问责任制，加大关务公开力度。在大窑湾、机场等业务繁忙现场实行24小时通关和节假日加班制，对鲜活、易腐等特殊进出口货物上门监管。这些举措对其他口岸单位起到了引导和带动作用，得到了地方党政和企业界的广泛好评。《人民日报》、《新华每日电讯》、《国际商报》、《辽宁日报》、《大连日报》等多家新闻媒体分别以大篇幅报道了大连海关深化通关作业改革、提高通关效率、支持外贸出口的举措，取得了较好的社会效益。

【大力加强干部队伍建设，为完成各项任务提供思想、组织保证】 面对十分繁重的改革和建设任务，大连海关把干部队伍建设特别是领导班子建设放到重中之重的位置来抓。党组中心组坚持学习制度，带头深入学习领会十六大报告和“三个代表”重要思想的丰富内涵，并带动和督促各级领导班子和广大关员的学习。广泛持久地开展了以“三珍惜、三热爱”为主要内容的理想信念教育活动。狠抓了党风廉政建设责任制的落实，从源头治理腐败，积极组织“创建文明窗口”活动和“开门评议整顿作风，推进服务型机关建设”活动。年内，关区未发生大的违法违纪情事，隶属大窑湾海关被中央文明委授予“全国海关创建文明行业先进单位”，开发区海关关长高秀华还被大连市纪委、监察局授予全市6名“廉洁从政标兵”之一。优化人力资源配置，强化各类业务培训，全年共对1103人次进行了业务培训。年底前，大连海关还在关区开展了业务大练兵活动，并在总署业务技能竞赛决赛中取得了两个第二名的好成绩。加强海关文化建设，组织文艺节目下关区慰问演出，积极参加全国海关文艺汇演并获二等奖。

大连关区业务统计表

项目	单位	数量	同比%
进出口总值	万美元	2060027	10.1
进口	万美元	915233	6.1
出口	万美元	1144794	13.6
监管货运量	万吨	4860	18.6
进口	万吨	2034	10.7
出口	万吨	2826	25.0
进出口报关单	份	796789	
进出境人员	人	1489093	24.6
备案加工合同	份	24352	10.6
进口料件备案金额	万美元	546282	15.1
核销加工合同	份	23824	0
加工贸易内销补税	万元	37519	−16.6
查获案件数	起	411	−1.2
案值	万元	18938.08	64.0
罚没收入	万元	2025	−18.0
稽查企业	家	275	8.7
稽查补税	万元	10074.58	66.53
抓获犯罪嫌疑人	人	47	74.0
移送检察机关	人	25	−28.6
审价补税	万元	11822	46.6
归类补税	万元	1323.31	−50.9
减免税	万元	167403	−10.21
税收	百万元	10036.42	4.84

沈阳海关

2002年，沈阳海关在海关总署党组的领导下，认真贯彻落实全国海关关长会议精神，在“依法行政，为国把关，服务经济，促进发展”海关工作方针指导下，紧密结合我国加入世贸组织的新形势和沈阳关区实际，突出“抓基层，打基础”这一中心，以加强队伍建设和深化业务改革为主线，开创了沈阳海关改革和建设的新局面。实现了年初提出的“让守法企业满意，让地方政府满意，让海关总署满意，让全体关员满意”的工作目标。据统计，2002年共监管进出口货物521万吨，进出口货物总值25.19亿美元；监管进出境飞机3678架次，进出境人员461377人次；监管进出境邮递物品、印刷品和音像制品385.75万件

(盒);办理加工贸易合同备案1844份,合同金额98892万美元;为88146万美元进口货物办理了减免进口税手续,共减免进口税15.776亿元人民币;共征收进口税10.186亿元人民币;共查处走私、违规案件111起,案值8.278亿元人民币,缴库罚没收入908万元人民币。

一、完善监管制度,坚持“把关”与“服务”并重,提高工作效率,为经济建设服务

2002年,是我国加入世贸组织的第一年。为确保“依法行政,为国把关,服务经济,促进发展”工作方针的正确施行,做到“把关”与“服务”并重,使海关既严密监管,又方便合法进出,努力创造文明、高效的通关环境,主要抓了以下几个方面工作:

一是积极转变观念,创造适应入世后形势需要的监管模式。通过组织关区104名副科长以上干部进行封闭学习,深刻认识我国入世后海关工作面临的新形势,理解海关工作十六字方针的内涵与实质。结合“以案说法”活动和法制教育培训,提高全关人员的法律意识和依法行政水平。采取“走出去,请进来”的作法,向青岛、上海、天津等兄弟海关学习先进的管理方法,找到了差距。通过学习、交流和研讨,在海关工作新方针的指导下解决了三个认识问题:其一是树立大局意识,从“促进发展”这个根本目标出发,坚持以法行政,做到“把关”与“服务”并重;其二是树立相信大多数企业的观念,在诚信的基础上,与合法企业确立合作伙伴关系;其三是破除“关老大”思想,学会换位思考,彻底改变“衙门”作风,实事求是地帮助企业解决问题;其四是树立“有为才有位”的观念,在“把关”、“服务”中找准沈阳海关在全国海关系统和地方经济建设中的位置。

二是贯彻“守法便利”原则,支持扩大外贸出口。采取得力措施,提高通关速度。沈阳海关领导带队,到关区30多家大中型企业调研后,针对调研中反映突出的通关速度缓慢问题进行了认真研究,提出了“通关提速”的口号。成立了“通关应急事务小组”,加强了通关风险分析,改革了原有的通关管理模式,促进了通关速度的提高。实现了进口货物通关手续2.4天,出口货物通关手续1.1天,在全国41个直属海关中通关速度排名靠前。

三是调整了空运进出口货物业务流程,提高工作效率。从2002年7月1日起,对经沈阳桃仙国际机场空运进出口货物的业务流程进行了较大的调整。改变了过去机场办事处只承担验放任务的做法,实现了空运现场24小时预约通关,录入、审单、征税、查验一体化作业。

二、依法征管、科学验估、完成全年税收任务

我国加入世贸组织后,面对关税税率大幅下调和税收下降的严峻形势。沈阳海关从落实税收政策、严密税收征管制度、强化加工贸易监管、确保税款应收尽收等环节入手,较好地完成了全年税收任务。全年共征收进口关税1.62亿元人民币,征收进口环节增值税8.56亿元人民币。具体做法是:

一是针对我国加入世贸组织后海关工作面临的新形势,狠抓了税收征管意识。通过认真学习世贸组织关于税收减让的相关规则,学习我国的税收法律法规,增强了税收征管人员认真履行我国对世贸组织的承诺,严格执行税收政策的自觉性。与此同时,税收征管人员多次深入到关区内进行走访调研。了解企业的进出口计划,宣传“属地纳税”的政策规定,做好税源分析工作,做到了胸中有数。在此基础上,严密了减免税审批程序。在帮助企业用好优惠政策的同时,防止少数企业骗取减免税优惠的违法情事。

二是狠抓了内部业务环节的衔接,加强了商品归类和审价工作。针对我国加入世贸组织后,少数不法商人利用世贸组织成交价格为基础进行征税的惯例,在进口应税商品中,采取伪报商品名称、规格、低瞒报成交价格进行走私逃税作为非法牟利手段这一特点,加强了对重点商品、敏感商品的商品归类和申

报价格的审核，查获了一批企图通过这一渠道进行逃税走私的大要案。年内，查获大连海富德等四家公司利用两套发货票，以每公斤冻品低报 0.32 美元的进口冻品走私大案，涉案货物总值 5.3 亿元人民币，涉嫌偷逃税款 3344.7 万元人民币，有力地维护了国家利益。

三是加大了对加工贸易和减免税项下进口货物的监管力度，堵塞一切税收漏洞。开展了“清理加工贸易遗留合同专项行动”和“减免税货物后续稽查专项行动”，对违反加工贸易管理规定和减免税货物管理规定的行为，给予追缴补税的处理。全年共追补进口关税和进口环节增值税 2913 万元人民币。

三、打击走私违法活动，整顿和规范进出口秩序

2002 年，沈阳海关结合关区内走私活动的特点和我国加入世贸组织后海关缉私工作面临的新形势，确定了打击走私的重点为：打击价格瞒骗、利用加工贸易方式和减免税渠道进行走私；利用进出境旅客自身携带和国际邮递渠道化整为零走私。通过强化情报收集分析，加强内外部联系配合等办法，综合运用了行政执法和刑事执法等多种手段，始终保持了打私高压态势，取得了较好的成绩。先后查获了“7.13”古生物化石走私案、“4.16”香烟走私案、“白糖走私案”和“12.3”低报价格走私冻品案等一大批有影响的大案要案。同时，抓捕犯罪嫌疑人 24 人。还在旅检和国际邮递渠道中，首次查获“冰毒”1.5 克，国家二类管制精神药物“三唑仑”3.8 克，实现了沈阳海关查获毒品“零”的突破。查获反动、淫秽印刷品、音像制品十余万件。

（高殿恒）

2002年沈阳关区主要业务情况统计表

项目		单位	数量
贸易值	进口	万美元	172742
	出口	万美元	79137
	合计	万美元	251879
货运量	进口	万吨	252
	出口	万吨	269
	合计	万吨	521
报关单	进口	份	28194
	出口	份	16032
	合计	份	44226
运输工具	集装箱标	箱	10803
	飞机	架次	3678
	船舶	艘次	554
行邮监管	进出境人员	人次	461377
	邮递物品	件	2101394
	印(音)制品	件	1756146
税收	关税	万元	16241
	代征税	万元	85619
	合计	万元	101860
减免税	审批项目数	份	2089
	审批价值	万美元	88146
	减免税额	万元	157759
查处走私违规案件	案件数	起	87
	案值数	万元	6046
	缴库罚没收入	万元	908

辽宁省边防局

2002年，辽宁省边防局以维护国家政治稳定、促进经济建设为目标，认真落实公安部出入境管理工作会议精神和省政府“大通关”工作要求，紧紧围绕“提高边检人员业务素质，规范执勤行为，严格依法行政，热情服务群众”的工作思路，强化规范化执勤工作，为维护社会稳定和口岸正常出入境秩序，为辽宁省的改革开放和经济建设创造了良好的口岸通关环境。

辽宁省边防局担负着辽宁省对外开放口岸的交通运输工具、旅客、员工的出入境边防检查任务。

2002年共检查出入境人员192.59万人次(入境人员94.27万人次,出境人员98.32万人次),同比增长20%;检查出入境船舶10268艘次(入境船舶4872艘次,出境船舶5396艘次),同比增长18%;检查出入境飞机9393架次(入境飞机4689架次,出境飞机4704架次),同比增长26%;检查出入境火车1629辆次(入境756辆次,出境873辆次),同比增长51%;检查出入境汽车79886辆次(入境39785辆次,出境40101辆次),同比减少41%.

为切实提高各级人员服务意识,树立良好形象,辽宁省边防局深入开展“为人民服务,树公安新风”活动。认真贯彻落实“大通关”工作要求,积极参加省口岸办组织的“争先创优”活动。在沈阳、大连、大连周水子等6个有旅客检查任务的边防检查站设立了中国公民通道,改善了口岸出入境环境。同时,积极开展了岗位练兵活动。通过业务考试、离岗轮训等方式,强化了一线人员业务素质和服务意识,收到较好效果,为创造高效、快捷的口岸通关环境奠定了基础。

在执法工作中,辽宁省边防局强化执法监督。以公安部执勤执法专项整顿为契机,认真开展执法专项检查和整顿,查验执法工作中存在的问题和隐患。及时制定整改措施,切实提高执法能力和执法水平。2002年共查获出入境手续不符等违法违规人员278起336人,无行政复议和行政诉讼案件。

辽宁省边防局根据口岸偷渡的形势,切实加大反偷渡工作力度。结合工作实际,落实责任制度,制定了《反偷渡联合行动实施方案》。成立了反偷渡工作领导小组,适时召开反偷渡工作会议,分析形势,制定打击重点和措施。加大宣传力度,努力营造反偷渡氛围等一系列措施,进一步深挖、严惩“蛇头”。另外,根据利用集装箱偷渡活动出现的新动向,加大了对集装箱偷渡活动的打击力度。对大窑湾边防检查站在反偷渡工作中采取的“政府挂帅、明确责任、各方联动、齐抓共管、综合治理”的经验和作法进行了总结和推广。2002年,共查获利用集装箱偷渡案件5起、70人,有力地打击了利用集装箱偷渡活动。查获偷渡人员380人,其中立案6起、13人(批捕2人,刑事拘留6人,取保候审5人),严厉打击了口岸偷渡活动。

2002年辽宁省口岸出入境旅客统计表

单位:人次

项目		出入境旅客		合计
		入境	出境	
中国籍	因公	35353	34064	69417
	因私	203127	250588	453715
	香港	13648	12289	25937
	澳门	76	56	132
	台湾	23069	22971	46040
外国籍		462106	450830	912936
华侨		45452	18924	64376
合计		737379	770798	1508177

2002年辽宁省口岸出入境员工统计表

单位:人次

项目		入境方式					出境方式					合计
		飞机	船舶	火车	汽车	小计	飞机	船舶	火车	汽车	小计	
中国籍	因公	42462	47784	3497	26039	119782	42678	54673	3537	23678	124566	244348
	因私	253	57	1	266	577	243	57	0	265	565	1142
	香港	703	22	0	0	725	662	23	0	0	685	1410
	澳门	54	5	0	0	59	51	3	0	0	54	113
	台湾	39	57	0	0	96	37	68	0	0	105	201
外国籍		18716	51521	1970	11888	84095	18446	53790	2236	11994	86466	170561
合计		62227	99446	5468	38193	205334	62117	108614	5773	35937	212441	417775

辽宁出入境检验检疫局

2002年,辽宁出入境检验检疫局以推动辽宁外贸出口为目标,以我国加入WTO为契机,深化业务改革,努力提高把关服务水平,积极为外贸扩大出口服务,为促进辽宁外向型经济发展做出积极贡献。

【业务概况】 2002年,辽宁出入境检验检疫局检验检疫出入境货物、动植物及其产品262721批,货值152.2亿美元,同比增长28.7%和23.0%。经检验检疫检出不合格货物、动植物产品473批,货值4380万美元。其中:检验检疫出境商品、动植物及其产品164387批,货值79.0亿美元,同比增长8.4%和14.4%,检出不合格出境商品、动植物产品125批,货值530万美元;检验检疫入境商品、动植物及其产品98334批,货值73.3亿美元,同比增长85.2%和32.8%,检出不合格入境商品、动植物及其产品348批,货值3850万美元。

完成重量鉴定23059批,4110万吨,同比增长28.7%和28%;出口商品包装鉴定29852批,9807万件,同比增长47.3%和25.6%。对外索赔348批,金额3854万美元,同比增长48.7%和38.4%。外商投资财产鉴定171批,原报价金额5333.9万美元,鉴定价金额5348.4万美元,总降值0.27%。其中:高价低报3批,原报价金额340万美元,鉴定价金额353.5万美元,升值率3.97%;低价高报6批,原报价金额959万美元,鉴定价金额925万美元,降值率3.54%,挽回损失金额21.6万美元。签发普惠制产地证65134份,金额17.4亿美元,签发份数同比增长14.7%,金额与上年持平。签发一般产地证15515份,金额20.4亿美元,同比分别增长37.3%和36.1%。

监测体检出入境人员98826人次,同比增长3.3%,实施爱滋病监测81916人次,同比增长0.2%;检出各种疾病6481人次,同比增长14.2%;预防接种140425人次,同比增长4.7%;实施卫生检疫火车19912节,汽车83986辆,船舶9333艘,飞机9024架;实施船舶卫生监督1598艘次,鼠患检查船舶190艘次,签发除鼠/免于除鼠证书190份,船舶卫生证书56份,卫生处理证书23份。对包括动植物疫区的1209艘次船舶实施卫生监管措施。消毒废弃物(生活垃圾)22000立方米,消毒压舱水58.1万吨,除虫除鼠船舶19艘次。对入境的752批次,17万吨废物进行了消毒和杀虫处理。审批非监管区靠泊船272艘次。

在加强对进口动物疫病的检疫和防止国外动物疫病传入我国的同时,加强出口动物、动物产品疫情的检测和监测,防止国内动物疫病疫情的传播和扩散,为动物出口创造了良好的环境。检疫来自比利时赛鸽、美国和荷兰的种鸡雏、俄罗斯和日本的观赏性海洋动物等7批,共7685只(羽);出口伴侣动物、赛鸽、猪、牛、马、驴、兔和岩羊等1124批,共7066只(羽)。检疫供港活牛14批,共420头。注册登记出口水产品企业200家,肉类加工企业51家。获HACCP验证企业89家。

受理进出口食品标签审核申请656份。累计受理进出口食品标签审核申请1113份,出口食品企业注册评审43家。帮助3家出口食品企业建立HACCP质量保证体系,对4家企业的HACCP体系进行了验证。

【依法检验,严格把关,堵住国外疫病疫情及不合格商品和“洋垃圾”流入我国】 2002年经检验检疫检出不合格出入境商品473批次,检出动植物危险性有害生物173批次,监测检疫出病例6481人次。在进口货物木质包装上，先后检出活线虫 17 批，在出口货物木质包装中，发现虫眼和树皮 145 批；在进口原木中，分别检出天牛幼虫、云杉大墨天牛、六齿小蠹、松十二齿小蠹、云杉八齿小蠹等；在出口饲料检疫中，先后发现杂拟谷盗、赤拟谷盗、长角扁谷盗、书虱、玉米象、印度谷蛾、紫斑粉螟等仓储害虫。对国家质检总局检疫审批许可范围以外来自智利进口的 46 吨苹果和菲律宾进口的 18 吨 50%以上腐烂的香蕉，作退货处理。截获涉及动植物、食品、化妆品等禁止进出口邮件 304 批，依法查处违法案件 90 起。通过依法检验，维护了国家的尊严，抵御了国外不合格产品及洋垃圾流入我国，保证了我国对外贸易的正常发展。

【采取积极有效措施，帮助外贸企业扩大出口】 针对国外对我国农产品和纺织品、机电等产品的出口设限，积极采取应对措施，帮助出口企业扩大出口。当年促成韩国政府解除了对中国饲草的出口禁令，使大连口岸 4000 多吨饲草输往韩国，货值 60 多万美元；根据国外在粮谷农残检测等方面设置的新标准，及时投入资金，新建了农产品粮谷检测实验室，为保证出口农产品的质量提供技术支持；与日本谷物鉴定协会就出口大米农残问题的检验检疫技术进行磋商，使对日出口大米中存在的问题得到了很好的解决；对本地区的食盐状况进行了普查，有针对性地加强对“亚铁氰化物”的检验，保证了辽宁大连地区 40 多个生产厂家、价值 5000 多万美元的盐渍品正常出口；个别企业因违规输往日本的稻草被日本农林省宣布暂停进口后，出入境检验检疫局立即组织人力查清原因，多次与日方进行交涉，对所有稻草加工企业进行了全面清理整顿，帮助企业完善生产和管理措施，使输日稻草于 12 月初恢复出口；为规范水产品出口企业的标准化生产，开展了对全省水产品药物残留专项整治工作，从源头上控制水产品中氯霉素及其他药物的使用，提高水产品质量；根据总局的公告、局长令，按照通报的要求，加强对肉禽、水产品、粮油、蔬菜、饲草生产过程指导和监督，保证出口质量；积极协助企业开拓新的发展空间，向日本、俄罗斯、欧盟等国家和地区推荐出口企业 26 家；通过与国家质检总局汇报沟通，使一部分被日本、欧盟停止进口的企业解除了封锁；帮助企业建立出口苹果基地，开发欧盟苹果销售市场；不断改革和完善检验检疫监管模式，积极帮助企业建立质量保证体系，使全省累计 248 家企业通过 ISO9000 认证，12 家企业通过 ISO14000 认证；积极稳妥推进“分类管理”试点工作；积极推进公司加基地的生产模式；加强了对肉类、水产品和食品企业 HACCP 管理；落实驻场兽医、驻厂检验员制度，强化驻厂检验检疫监管，保证了这类企业的产品顺利出口，全省出口肉类产品 7.2 万多吨。

【深化口岸业务改革，大通关工作取得了实效】 推出了《完善通关协调机制，强化优质服务，提高工作效率》的八项措施和“365 天均可工作”、“24 小时预约验货”、“8 小时口岸查验放行”制度及严格工作流程、收费标准等措施。针对入世后我国进出口贸易出现的新情况，在不断完善一次报检、一次取(采)样、一次检验检疫、一次卫生除害处理、一次收费、一次签证放行“六个一”措施的同时，对原有工作时限和流程进行认真的清理和确认，进一步简化了工作流程，压缩了工作时限，加快了通关速度。鉴定业务中的水尺计重和容器计重，工作时限由原来的 5 天缩减为 3 天；机电产品中的机床和轴承检验分别由 7 天和 5 天缩减为 4 天和 3 天；不需实验室检测的纺织品和轻工产品类由原来的 5 天缩减为 1.5 天；口岸查验的货物如食品、化矿产品等，可在 1 天完成；鲜活类水产品检验检疫做到“当天检疫，当天放行”；机场出境的货物，做到“随报、随检、随放”，2 小时内即可完成检验检疫；10 分钟完成窗口申报，20 分钟内完成出口验证的整个手续。将过去多口管理的集装箱检验检疫改变为一个部门综合管理，实现了集装箱适载检验工作从报检、现场检验、制证、放行、登记管理 30 分钟内完成；为国家名牌产品出口创造便利条件，主动为大连海尔工业园区推出八项服务举措，从受理报检、检验检疫到放行，最快可在 3 小时内完成；对大宗货物的进出口检验检疫提供特事特办服务，随检随放，提高了通关速度。为方便企业报检签证，加大实施“三电工程”（电子申报、电子转单、电子通关）的力度，加强电子化服务平台的建设，提高技术服务的水平，全省 450 家进出口企业、报检单位实现了电子报检转单。出口货物只要检验检疫合格，20 分钟就可以在其他口岸办好通关手续，提高了工作效率。10 月份，辽宁出入境检验检疫局又出台在省局和大窑湾局之间实行“相互代理报检、放行”工作；在大连口岸对 10 家企业试行出口商品“绿色通道”制度；在周水子国际机场开展飞机航班的电讯检疫业务；将大连地区海港、空港部分进口货物的检验检疫工作后延到出口加工区、保税区指定地点进行；进一步加大三电工程全面普及力度等大通关六项举措。“大通关”方便了企业进出口，提高了通关速度。年底，辽宁检验检疫通关水平已达到南方大口岸检验检疫同等水平。

辽宁出入境检验检疫业务情况表

	货物检验检疫																			
	总计				商品检验				动物及动物产品检疫				植物及植物产品检疫				食品			
	批次	金额	检验检疫不合格		批次	金额	检出不合格		批次	金额	检出疫情		批次	金额	检出疫情		批次	金额	检出问题	
			批次	金额			批次	金额			批次	金额			批次	金额			批次	金额
合计	262721	152240	473	438	14890	38213	274	192	29458	10398			53473	20799	173	542	20290	7107	9	1
出境	164387	78954	125	53	25951	70430	118	51	21680	6173			48775	17154	10	322	16808	4635	7	
入境	98334	73285	348	385	88939	67783	156	141	7778	4225			4698	3645	163	220	3482	2472	2	

	监测体检及接种（人次）				交通工具检疫				集装箱检疫		签发检验检疫证书（份）	签发通关单		签发换证凭单		产地证			
																普惠制产地证		一般产地证	
	监测体检	艾滋病监测	发现病例数	预防接种	火车（节）	汽车（辆）	轮船（艘）	飞机（架）	合计	检出问题		份数	金额	份数	金额	份数	金额	份数	金额
合计	98826	81916	6481	40425	19912	83986	9333	9024	12024	7	4758	347128	176851	30315	11367	65111	17407	15508	20341
出境	88209	80215	6041	40425	8673	42024	4881	4662	6176	1	2127	187307	84757	30315	11367	65111	17407	15508	20341
入境	10617	1701	440		11239	41962	4452	4362	5849	6	2631	159821	92094						

注释：1. 金额单位：十万美元　2. 箱单位：百

辽宁海事局

2002年,辽宁海事局在巩固安全整顿和专项治理成果的基础上,继续加大安全监督管理力度。以"四客一危"及陆岛运输船舶、老旧船舶为重点管理对象,从抓好季节性安全管理工作和开展各项专项检查、整顿工作入手,不断加强和改进监督管理手段,收到了明显成效。全年无特大恶性责任事故发生,确保了辖区水上安全形势的进一步稳定。

【大力加强船舶安全监督管理】 继续加大船舶现场监督管理力度。全年实施各类安全检查1287艘次,依法滞留船舶32艘次,其中开航前检查310艘次,检查率为100%;安全管理体系审核工作进展顺利,完成了15家国际航线公司和近40艘船舶的年度审核,完成4家公司10艘船舶NSM审核工作;同时,加强了对液货船的监督管理。自9月1日起,在辖区内开展了为期30天液货船(油船、化学品船、液化气船)专项检查活动,检查船舶99艘,滞留船舶1艘,发现缺陷678项。

【推进船舶检验管理工作】 按照交通部海事局的统一部署,如期完成东三省现职验船人员适任证书过渡考试,有141名现职验船人员取得了验船师适任证书。加强对筏站的行业管理,完成对资质证书的到期换证申请、现场评估和材料上报工作,按期完成了辖区内筏站换发资质证书和审核工作。继续强化对船舶检验质量的监督管理,通过举报和安检反馈信息,先后对6艘船舶进行检验质量检查。在部分船舶的船龄、吨位和载重线方面查出了问题,已责令有关部门进行整改。

【切实提高船员管理水平】 完成了第29期船员统考和三期区域性统考工作,按期完成了各项船员培训、考试和发证工作。有4444人次(其中统考2794人)参加各类适任证书考试,签发各类证书38208本,办理出境证明2645份。加强对船员教育和培训机构的管理,督促和指导有关培训单位建立质量体系。加强对船公司、中介机构及船员的管理,加大了处罚力度,处罚了两家违规公司、50余名船员。

【加大危险品和防污染管理力度】 加强对船舶载运危险品的监督管理。坚持现场巡视制度,对抵港载运危险品船舶做到每船必查,每查必严,确保到港载运危险品船舶作业安全。完成了"大连海区水域污染应急计划"修订工作,该计划已经大连市政府批准,正待下发。另外,"辽宁海区污染应急计划"前期评估及各项准备工作也在按计划进行。加强和规范了对危险货物申报员、装箱检查员的管理工作。举办2期危险货物申报员、装箱检查员培训班,122人通过考试持证上岗。在做好"炭化稻壳"等多种产品的危险性评估鉴定的同时,圆满完成了第30套《国际危规》的宣传贯彻、师资培训和修正案及勘误表翻译出版发行工作,完成了《BC规则》翻译、校对和审稿工作。

【强化航海保障工作】 圆满完成了各项航海保障任务。公务船作业3286艘次,调度10615.14小时,机动8888.5小时,污油水回收5745.043吨。通信管理在加强DSC业务管理的同时,对现有设备进行技术改造,扩大了守听范围,并认真做好安全与遇险值守工作,为船舶安全和海上救助提供准确、畅通的服务。海上交管共受理船舶进出口29144艘次,船位报告116576次,为船舶提供信息、助航服务157艘次,避免险情23艘次。

【圆满完成"5.7"空难海上搜救的组织、协调和指挥工作】 2002年5月7日晚21:45时,辽宁海事局值班室接到大连周水子机场空管中心调度报来的一架北航客机在傅家庄上空客舱起火的消息后,立即通知有关单位、人员和船舶准备待命，以随时投入应急救险。21∶50时，又接到"辽大甘渔0498"船渔民通过"12395"专线海上搜救电话报一架飞机在大连石化公司附近坠入海中，并发现海面有尸体。辽宁海事局立即通知所有待命船舶迅速赶往出事海域，启动了海上搜救应急程序。在随后的海上搜救、救助的打捞工作中，在辽宁海事局的组织、协调和指挥下，先后出动151艘船舶、1,681艘次、18,810人次参与抢险搜救行动。搜寻时间总计7,066小时，在飞机失事海域附近180平方公里范围内进行了反复搜寻，对其中26.7平方公里的海域进行了重点搜寻。对24万平方米的海域实行了地毯式的潜水探摸打捞，对53公里有可能漂浮遗体、遗物的海岸线进行了认真的搜寻。共计打捞出96位经确认的遇难者遗体或遗骸及大量遇难者遗物，并打捞出包括两个"黑匣子"和飞机发动机等在内的几千件(片)飞机残骸，为空难原因调查提供了重要依据。由于圆满完成了"5.7"空难的搜寻救助和打捞任务，辽宁海事局得到了党中央、国务院及辽宁省、大连市政府等各级领导的高度肯定和社会的广泛赞誉。

辽宁海事局2002年有关海事业务数据统计表

船舶管理	办理船舶登记	778艘次
	安全体系审核企业	19家
	实施安全检查	1287艘次
	滞留船舶	32艘次
船员管理	组织船员考试	4444人次
	签发各类船员证书	38208本
	办理出境证明	2645份
海上救助 注：此数据不含"5.7"空难的救助数据	组织指挥海上救助	19次
	出动救助船舶	57艘次
	救助人员	102人
	救助船舶	15艘
海上巡航	巡航次数	1425次
	巡航里程	16722海里
船舶进出港	船舶进出港	127719艘次
	其中外轮进出港	11318艘次

辽宁口岸专稿

辽宁省对外经济贸易概况

2002年,是我国加入世界贸易组织的第一年。按照省委提出的"把辽宁整体对外开放的旗帜打出去"的总体要求,全省上下抢抓机遇,加快发展,对外开放取得较大成绩。

利用外资取得新突破。全年利用外资合同额71.9亿美元,同比增长28.1%;实际利用外商直接投资39.2亿美元,同比增长25.8%,增幅高于全国平均水平13个百分点;净增额达到8亿美元,是历史上净增额最高的一年。实际利用外资占全省固定资产投资的比重达到20.2%。

外贸出口保持增长。全年进出口总额217.4亿美元,同比增长9.8%。其中:出口123.7亿美元,同比增长12.4 %。

对外经济技术合作稳步发展。全年兴办境外投资企业20家,投资额5754万美元,带动了省内设备、材料出口;签订工程承包、劳务合作合同额5.45亿美元,同比增长8%;新批援外项目12项,结算金额2.5亿元;外派劳务5.2万人,同比增长22%。

对外交往进一步扩大。2002年,接待各国和华人华侨及港澳代表团2600多个、43000多人次;其中,国家元首和政府首脑代表团3个,副部长级以上团组47个。新建友好城市二对,友好伙伴关系36对。为世界了解辽宁、辽宁走向世界开辟了新的渠道。

一年来,辽宁省省对外开放主要抓了以下9个方面的工作:

1、加大招商引资力度,促成一批大项目。2002年,新批外商投资企业2125家。其中,1955家已缴资企业平均缴资额超过200万美元;投资额在500万美元以上的项目336个,合同外资额45.4亿美元。主要有大连元泰公司合同额1.98亿美元,沈阳金杯公司外方增资1.65亿美元,大连房地产公司合同额1.4亿美元,佳能大连公司日方增资1.04亿美元,大连固特异公司美方增资5300万美元等。世界500强已有96家在我省设立企业157个,累计合同外资额37.9亿美元。2002年,工业实际利用外资21.4亿美元,同比增长18.8%。农业新批外商投资项目81项,协议外资额3.45亿美元。乡镇企业实际利用外资6亿美元,新办三资企业467家。沈阳市实际利用外资14.1亿美元,同比增长65.3%;大连市实际利用外资16亿美元,同比增长10.3%;本溪、阜新和葫芦岛三市实际利用外资均同比增长50%以上。

2、战胜困难,千方百计扩大出口。2002年初,辽宁省外贸出口曾面临相当严峻的局面,经过全省上下的艰苦努力,特别是发挥多种所有制企业千军万马齐上阵的优势,到下半年终于扭转了下滑势头,并实现了全年出口的两位数增长。三资企业是我省出口的主力军,同比增长14.3%,占全省出口总额的58.2%;集体和私营企业同比增长近60%,占全省出口增量的两成。出口商品结构得到进一步优化,高新技术产品出口21亿美元,同比增长21.1%。其中软件出口8000万美元,同比增长14.3%;工业制成品出口比重达72%。大宗商品对出口的拉动作用十分明显,服装、成品油、原油、电视机、计算机零件、船舶等26种商品出口额,均超过1亿美元,占出口总值的比重达到62.5%。在全省14个市中,大连市出口71.5亿美元,同比增长21.1%;沈阳市12.9亿美元,同比增长12.2%;本溪市出口首次超亿美元,同比增长了1.3倍;阜新、抚顺、锦州和铁岭四市同比分别增长26.9%、5.8%、1.5%和2.9%,

辽阳、丹东、鞍山、营口和盘锦五市同比分别增长16.1%、15.4%、15.3%、9.4%和7.9%。大连中联油和西太平洋出口超5亿美元，中国华录、三宝电脑、东芝电视、中化辽宁公司、日本电产、时代服装出口超2亿美元；大连造船厂等11家企业出口超1亿美元。

3、发挥先导区的“先行”作用。省级以上开发区实现国内生产总值715亿元，完成税收110亿元，同比均增长20.8%；实际直接利用外资10.6亿美元，同比增长25.1%；出口49.5亿美元，增长22.5%。全省6个高新区完成技工贸总收入970亿元，同比增长41%；实际直接利用外资4亿美元，同比增长41.6%。台湾庆宏光电公司半导体材料项目落户大连双D港，总投资1.3亿美元；NEC、松下通讯、诺基亚、戴尔、GE等10多个国际著名企业落户大连软件园。沈阳市全面启动浑南新区的开发建设，全区120平方公里的总体规划已经完成，“三区一城一带”已见雏形；光科通讯等27个高科技项目已经落户新区，863软件园等8个高新技术产业园建设全部启动，加拿大工业园项目已引进外资800万美元。

4、成功举办“四周一会”。2002年，辽宁省相继举办了“台湾周”、“韩国周”、“日本周”，接待外商和台商1800多人次，签订合作项目286个，协议外资额18亿美元。推动了庄河港、沈阳工业园等项目的实施，促进了佳能、东芝、三洋、松下等一批公司的增资扩股。“海外学子创业周”签订合同508项，协议外资额l.06亿美元，吸引800人次海外留学人员来辽创业。“沈阳制博会”吸引了25个国家和地区的600多个国外制造商参加，签订工业利用外资项目329项，协议外资额15.5亿美元，产品订货成交额21亿美元。深化与“一院六校”的合作，签订重点项目147项，签约额3.8亿元。全年实施引进国外专家项目486项，引进国外技术管理专家508人次。举办了第二届引进俄罗斯专家项目洽谈会暨高新技术展，签订合同、协议和意向481项。

5、抢抓机遇，进一步扩大“内联”。抓住沿海省份加快产业转移、北上投资和西部大开发的巨大商机，积极推进同广东、江苏、浙江、上海等地的联合与合作。2002年，引进内资269亿元，促成1000万元以上大项目355个，创造就业岗位29万个，销售辽宁产品782亿元。在对内联合方面，阜新市成效很大，促成内联项目60个。其中8000万元以上项目5个，引进资金4.7亿元，创造就业岗位5000个。通过开展国内外招商活动，不仅带来了资金、人才和商机，同时也锻炼了队伍，开阔了眼界，启发了思路。

6、积极培育现代物流业。2002年，流通领域引进域外资金56.1亿元，兴办商业企业1021家。其中新批外商直接投资项目227个，实际利用外资2.36亿美元；外资开办的大中型零售连锁企业采购辽宁地方产品12.9亿元。上海华联、北京华联、广东新一佳和中海物流等国内大型商贸流通企业在我省投资15亿元。全年新建万米以上大型零售商业设施26个，总投资46.l亿元；新增连锁店铺1011家，连锁企业销售额位居全国第五位。

7、加快发展旅游产业。主打清代文化牌，突出海滨旅游，促进多元开发，构造“神奇辽宁、多彩关东”旅游精品体系。全省接待入境旅游者93万人次，旅游外汇收入5.5亿美元，同比分别增长25.5%和18.9%。接待国内旅游者6300万人次，同比增长26.5%；国内旅游收入397亿元，同比增长44.9%；旅游业总收入443亿元，同比增长41.9%；旅游新增就业人数10万人。绥中九门口长城被批准为我省第一个世界文化遗产项目。

8、加大政策支持力度，优化开放软环境。省政府在财政十分困难的情况下，出台并坚持实行鼓励出口创汇和利用外资的政策措施，各市也相继出台了相应政策。为企业出口贷款贴息l.5亿元，出口退税质押贷款10亿元。2002年，有875家企业获得出口经营权，其中民营企业703家。海关、商检、税务、银行等部门，在扩大开放中艰苦努力，锐意创新，发挥了重要作用。全省出台了关于对外商投资企业缓征河套维护费、免征两项行政事业性收费和进一步加强外商投诉工作的三个政策性文件。实施“大通关”工程，全省口岸通关环境得到明显改善。

9、积极应对入世挑战。省政府成立了WTO研究领导小组。启动了WTO知识和专项人才培训计划，举办了市厅级领导干部WTO研究班和市县长专题培训班。组织WTO知识巡讲团，在全省14个市进行了巡讲；举办了20期入世商务谈判人才培训和国际贸易与案例培训；举办了2期WTO师资培训班。全年培训各类人员近20万人次。完成了全省外经贸法律法规的清理工作，共清理141件，废止86件。成立了公平交易机构，组织5家企业进行了反倾销应诉工作。

2002年我省对外开放取得的这些成果，为做好今年工作积累了经验，打下了基础。这是全省各级领导和对外开放战线上的全体干部员工共同奋斗的结果。实践证明，省委、省政府制定的“把辽宁整体对外开放的旗帜打出去”等一系列方针政策是完全正确的，在实践中行之有效，符合全省人民根本利益，具有很强的现实意义和长远的指导意义。

对外开放的好形势来之不易，继续保持需要付出更大的努力。从总体上看，尤其是与东南沿海先进省份相比，我省对外开放工作仍存在相当明显的差距和问题。一是出口增幅低于全国平均水平。我省外贸出口增长12.4%，低于全国平均水平9.9个百分点，比出口额排在全国前3位的广东省、江苏省和上海市分别低11.8个、20.9个和3.6个百分点。广东、江苏、上海、浙江三省一市的出口额均超出我省1倍以上，其中广东省出口是我省的9.6倍。二是地区间发展很不平衡。大连出口71.5亿美元，占全省的57.8%，沈阳出口12.9亿美元，占全省的10.4%，其余12市的出口仅占全省的五分之一，有5个市外贸出口在7000万美元以下，最低的还不足2000万美元。从利用外资看，大连、沈阳两市各占全省的42%和36%，其他12市仅占不足四分之一，有9个市没有达到1亿美元。三是外引内联的项目储备不足，项目规划水平低，缺少产业关联度强、能够牵动行业和地区发展的重大项目。四是外商投资软环境亟待进一步改善。乱收费、乱检查现象还时有发生，全年外商投诉案件达439件。上述问题必须引起我们的高度重视，并在今后的工作中认真加以解决。

沈阳海关侦破“7.13”特大古生物化石走私案纪实

7月11日，沈阳海关走私犯罪侦查分局接到一名韩国人在辽西购买大量古生物化石准备从吉林省珲春市走私出境的线索。沈阳海关领导高度重视，果断决策，侦查分局领导缜密部署，组织警力，迅速出击。在辽宁省国土资源厅化石管理处和长春海关走私犯罪侦查分局、珲春海关、珲春海关走私犯罪侦查支局的全力支持和配合下，经过七昼夜的连续奋战，一举侦破了以韩国人李哉勋为首的走私团伙走私古生物化石的特大案件。追缴各种古生物化石2364块，其中：二级化石、相当于国家二级文物21块，三级化石、相当于国家三级文物108块，一般化石、相当于国家一般文物2235块。

接到线索　迅速出击

7月11日中午11时40分，分局接到辽宁省公安厅国内安全保卫总队文保大队张大队长电话通报：省国土资源管理厅化石管理处接到群众举报，一韩国人从辽西购买了大批古生物化石，准备从吉林省珲春市走私出境。分局顾书成局长和房德明政委研究认为:线索重大,应立即到有关部门核实清楚。房政委会同省公安厅同志到国土资源厅化石管理处,找到该处赵宜宾副处长详细了解举报情况,共同分析了可能走私出境的渠道和方法。据举报得知,陪韩国人去辽西购买古生物化石的是一名珲春朝鲜族人,其右小臂的外侧有大面积疤痕,该人可能叫金石范。韩国人可能姓李,别人称其为李老板。此人为中年男子,体态较胖,常带墨镜。房政委马上将了解到的情况与分局顾书成局长进行了电话沟通。顾局长分别向沈阳海关肖亚农关长、阚玉林副关长作了汇报。两名关领导对此案高度重视,要求分局采取有力措施,迅速查清事实,人赃俱获,并作了详细部署。由分局房政委率侦查处一科副科长刘宏、侦查员金光太组成办案组,会同化石管理处的赵副处长、市场开发部徐主任等3名同志赶赴珲春市开展侦办工作。下午2时,办案组从沈阳出发,在途中房政委将案件线索及时通报长春海关走私犯罪侦查分局,请求长春分局部署珲春海关走私犯罪侦查支局协助工作,并尽快摸清金石范的有关情况。办案组一路冒雨高速行驶,连续奔波,于次日凌晨3时30分抵达珲春海关侦查支局。此时,珲春支局金龙善局长、侦查科寇传兴科长带民警正在等候办案组的到来。

严密布控　发现疑犯

7月12日,房政委、赵副处长等人到达珲春支局后,立即开展工作。沈阳和珲春警方相互交换了情况,共同分析研究了案情。房政委详细通报了案件线索,提出了侦办思路。认为目前我们对古生物化石的藏匿地点不清,购买古生物化石的韩国人是谁、在何处不清,走私出境线路不清。要突破此案,应重点围绕金石范做工作,顺藤摸瓜,找到货主,一举破案。另外,根据举报情况判断,这批走私货物应在本周四早晨或上午运到珲春,可能近日准备出境。金局长介绍:经过工作查到了与掌握的体貌特征相似的、叫金石范的朝鲜族人。该人一年前在珲春韩国独资企业东一纺织有限公司给老板开车,目前在珲春口岸专门为给韩国人出入境带工的人员筹集货源,其它情况不清。私货如果从珲春出境到韩国有两条渠道,一是通过从珲春长岭子口岸直接报关出境,公路运输至俄罗斯码头,再船运韩国。船期为每周二、四、六,若私货于近日出境,周六的可能性最大。二是通过集装箱运输出境,如果是集装箱运输,既可从珲春口岸出境,也可由大连港出境。最后,双方达成共识,进行了人员分工,确定兵分两路。一部分人员迅速摸清金石范下落,并实施跟踪守候,发现扩大线索;一部分人员到长岭子口岸和珲春海关集装箱监管中心实地考查,熟悉地形,了解货物过关查验及集装箱监测情况,为下步部署现场堵截做好准备工作。同时,立即向大连海关走私犯罪侦查分局发紧急协查函,请求对以珲春企业名义通过大连港报关出境的集装箱进行重点查验,一旦发现有古生物化石的立即扣押。负责查找金石范的一组民警,通过关系人查到了金石范居住在珲春市靖河街建兴委1组7号一单元4楼,并立即到其住处附近进行架网守候。当天下午1时30分许,侦查员发现金驾驶一辆吉H－19526松花江牌银灰色面包车回家。一小时后,金又开车外出,侦查员立即跟踪。发现金先后到了东一纺织公司附近的一个商店、建筑材料市场、珲春宾馆和市郊的一个农场等地方,下午5时左右回到家,侦查员在金家附近继续守候,实施不间断的监控。办案组领导对金去过珲春宾馆并进入宾馆内逗留一段时间的举动十分重视,立即派人对宾馆住宿旅客情况进行调查。重点摸清是否有姓李的韩国人住宿,经查未发现有姓李的韩国人登记住宿。

口岸堵截　人赃俱获

7月12日下午3时30分许,办案组领导拜见了珲春海关王建基副关长、珲春海关长岭子口岸金慧主任、珲春海关集装箱监管中心吴兴志副主任,向珲春海关领导通报了案情和前期工作情况,共同研究了在长岭子口岸和集装箱监管中心实施全面布控的方案。其中,对集装箱监控由珲春海关具体负责;对长岭子口岸货物的控制,由办案组和珲春支局共同负责。力争在私货报关后一举查获。7月13日早晨,办案人员在长岭子口岸未开关前即赶到现场,对在口岸堵截工件作了周密部署,布置了警力。8时30分,在金石范家守候人员,发现金从家中出来,开车直奔珲春宾馆,停车后进入宾馆。不一会,金同另一名中年男子出宾馆开车离去。同金一行的男子,其体貌特征与我们掌握的李老板十分接近,初步认定此人应为韩国人李老板。侦查员在跟踪时,发现金在珲春一市场附近雇了一辆蓝色货车,两台车一同开到市区一处平房前(后查明,为金石范的岳父家)。从房里搬出18件大小不一的纸箱装上货车,然后直奔长岭子口岸。跟踪人员随时将发现情况向办案组领导报告。10时30分许,两台车到达长岭子口岸,将货卸在口岸停车场的一个角落,货车便开出口岸。办案人员以搭车为由上了货车,待货车开出一段距离后,将货车控制住。卸货后,金石范便寻找带工人员,不一会找到一名韩国带工人员。12时左右,有12件纸箱已经通过带工人员带出口岸,装入集装箱。另外,有6件因包装有问题,带工人员不愿带,金同带工人员正在研究如何将货带出境。此时,集装箱已经装车准备启运,房政委认为行动时机已到,命令"立即收网!"办案人员迅速将金石范、李老板和带工人员擒获,并带人通过口岸大门,让他们指认集装箱中自己的货物。经现场初步讯问,李老板叫李哉勋,韩国人,纸箱中的古生物化石是他的;韩国带工人叫金宗显。同时,办案组领导决定,马上兵分四路,一组人员在口岸调查取证,另三组人员分别对金石范家、金的岳父家和李哉勋住宿的宾馆房间(经查,是以李的一位珲春朋友的司机名义开的房间)进行搜查,又搜出15箱古生物化石、部分购货单据。

扩大战果　全面告捷

将李哉勋、金石范、金宗显等人抓获后,办案组立即在珲春支局对他们进行了初步审讯。在强大的政策攻心下,逼使他们交代了走私古生物化石经过。据李交代:他在韩国筹备《中华奇石》展览,其中将展览一部分古生物化石,并列出购买古生物化石的清单。7月初,他带着金石范等人去的辽宁省义县,金为其当翻译,由金通过关系找到义县一名叫关志勇的人。并通过关志勇分别在义县和朝阳市花24万人民币,购买了2200多块鸟、龟、鳄、鱼、昆虫和植物等古生物化石,雇车于7月11日凌晨5时运达珲春市。当天上午,即通过带工金宗显(韩国籍)将6块鸟化石带到韩国。7月14日,沈阳海关走私犯罪侦查分局对李哉勋、金石范和金宗显执行刑事拘留,并押解回沈。分局顾局长、房政委对已经走私出境的6块鸟化石十分重视,担心如果不能及时追回,必将给国家造成无法挽回的损失。他们及时向沈阳海关肖亚农关长作了汇报,肖关长要求想方设法予以追缴。根据肖关长的指示,分局领导认真研究论证追缴工作,精心设计了最佳方案,并按照方案在短时间内将已出境的6块鸟化石(二级化石、相当于国家二级文物)全部追回。

7月15日和16日,由沈阳分局邀请辽宁省文物鉴定组和辽宁省古生物化石鉴定委员的专家,对扣押的古生物化石进行了技术鉴定。经鉴定:此案先期扣押的2280块古生物化石,均系中生代早白垩纪时期的生物化石,为国家禁止出境的古生物化石。其中:二级化石、相当于国家二级文物8块(均为鸟化石),三级化石、相当于国家三级文物37块(为龟、鳄、龙化石),一般化石、相当于国家一般文物2235块。

根据李交代的古生物化石是通过义县关志勇等人购买的线索,特别是在7月16日晚中央电视台《现在播报》已报道此案、可能对下步案件侦办产生不利影响的情况下,经分局领导研究部署,于7月17日晨,由顾局长、房政委亲自率侦查人员会同化石管理处赵、王二位副处长等人,押解李哉勋赶赴义县,开展抓捕关志勇等人的工作。到达义县后，让李哉勋给关志勇打电话，要其帮助再买一批古生物化石，并约好在义县新世纪酒店见面。当关志勇到新世纪酒店后，立即将其擒获归案。经突审了解到：李哉勋走私的古生物化石，是关志勇按照李为其提供的购买清单。大部分是从义县精益斋化石店老板刘德静和修补古化石人员张国全手中购买的。关还将自己以前留存的一些化石通过刘和张一同卖给了李哉勋。另外，一小部分是关带着李哉勋等人去的朝阳市几家化石店购买的。按照分局领导的决定，侦查人员继续采取“钓鱼”的方式，在新世纪酒店将张国全抓获。之后，分局一名男侦查员与化石管理处一名女同志化妆成大款夫妻，以要购买一大批化石的名义到精益斋化石店。当侦查人员到了精益斋，发现刘德静不在店中，侦查人员以看好店中的一批货要老板回来交易为借口，让店员给刘打电话。侦查员与刘通了话，要其马上回来。当刘德静信以为真返回店里时，将其当场抓获，并立即对该店进行全面搜查，扣押了 84 块二、三级古生物化石。7 月 19 日，分局又派出侦查人员前往朝阳市，到出售给李哉勋古生物化石的晏军化石店、宝堂化石店、恩远化石行进行调查取证。店主们均承认李哉勋在本店中购买过古生物化石，并提供了卖货收据。至此，李哉勋走私团伙走私古生物化石案全部告破。7 月 24 日，将 6 名犯罪嫌疑人呈请沈阳市人民检察院批准逮捕。

提高通关效率　改善投资环境
努力为扩大对外经济贸易多作贡献

深化通关作业改革、积极主动地做好和推动“大通关”工程。切实改善投资软环境，是贯彻落实“依法行政，为国把关，服务经济，促进发展”海关工作新方针的具体体现，也是认真实践江总书记“三个代表”重要思想的现实要求。2002 年，大连海关围绕“大通关”更新观念，扎实工作，学习先进经验，深化业务改革，加强与有关单位的协作配合，取得了较好的效果。主要完成了以下几项工作：

一、实施了口岸快速通关改革

大连海关通过调整通关作业流程，拓展监管时空，努力加快实现“提前报关，实货放行”为核心内容的新的口岸通关管理模式。即对于进口货物，船代公司在船舶驶离上一港口、抵港前 48 小时内（远洋航线在 96 小时内），传输舱单电子数据。海关确认后，货主可在舱单传输后船舶进境前提前办理报关手续。货到后直接验放（空港为航班在国外起飞后，即向海关传输电子数据，货未进境企业即可报关，货到港后即可验放）。对于出口货物，在货物抵达海关监管场所前即可向海关申报，抵达监管场所后只需办理查验放行手续即可装船出口。届时东北腹地的出口企业不必再担心货物未到大连而报不上关的问题。甚至货物还在生产线上，企业就可以向大连海关提前报关。此项改革将大大缩短货物在口岸的滞留时间，加快物流运转速度，从而提高了口岸的通关效率。同时，大连海关充分利用 H986 等高科技手段，提高查验效率。H986 集装箱检查系统扫描速度快，通过率高，每箱查验时间由过去人工平均 15——30 分钟缩短为现在的 2 分钟左右，还降低了开箱查验率，大大提高了通关效率。

与此同时，还在关区推广实施“快速转关系统”，实现了在主管海关“一次申报、一次查验、一次放行”的新模式；在大连地区实行企业可选择报关，直接到口岸交单提取或发送货物；不断扩大快速通道（F 通道)容量,适用F通道的企业已由过去的10家发展到100家;开展预审价和集中审价,将通关手续前置,提高通关效率,也体现了大连海关尊重成交价格的估价规则。

二、积极推行无纸通关与网上支付

无纸通关与网上支付系统是中国电子口岸的第二批联网应用项目。2002年7月1日开始,大连海关在辽宁时代服装、辽宁成大、中化辽宁、日本电产和万宝至马达等5家企业进行联网报关、无纸通关、网上支付系统试点。通过这项改革,企业在办公室就可以完成从报关单数据录入、申报到税费支付的全部过程,节省了企业的很多人力和物力,通关效率也明显提高。据测算,符合无纸通关条件的报关单,从申报到单证放行环节的总平均时间,由原来的61.7分钟缩短到31.8分钟;符合网上支付条件的报关单,从申报到单证放行环节的总平均时间,由原来的4.6个工作日缩短到1.3个工作日。

三、实施快件EDI通关改革

快件EDI通关改革是企业通过"快件通关管理系统"向大连海关传输快件清单和报关单数据(无须逐票手填KJ报关单)。海关通过该系统进行报关单审核、风险管理并完成快件的征税、验放和统计、查询工作。企业通过该系统读取验放指令后,进行自动分拣的全程电子通关。大连海关实行提前报关、货到放行,监管中心24小时全天候服务,进一步提高了通关效率。其中A类快件(占快件70%的无商业价值的文件、资料、票据等快件)、B类快件(限值内予以免税的物品)的通关时间,由原来的一个半小时缩短为现在的随到随放。C类快件(需纳税货物)实行提前担保放行后集中纳税的便捷通关方式,通关时间从以前的一至三天缩短到现在的一个小时,受到企业普遍欢迎。目前,大连地区所有快件公司都积极参与了该项改革。

四、完善了非正常业务应急处理制度,做到特事特办

大连海关在大窑湾、机场等业务繁忙现场实行24小时通关和节假日加班制。对鲜活、易腐等特殊出口货物,大连海关派员上门监管,设立专门窗口和快速通道,特事特办。成立专门的监管小组驻场监管,积极支持大连国际会展业的发展。成立处理通关应急事务工作组,对外公布咨询电话,一口对外协调处理各类通关应急事务,及时解决了近千项通关应急事务。把握"把关"与"服务"的平衡点,处理好涉案人员与涉案企业的关系。区别不同情况,尽量维护涉案企业正常生产经营活动。如对鞍山海城市一家加工贸易企业擅自内销原材料案和丹东椅新水产品加工有限公司倒卖保税原料案的查处,大连海关依照法律程序,在对案件直接责任人采取强制措施、并保证案件处于可控制状态的同时,尽量不查封、扣押、冻结企业的原料、产品和资金,维持其正常的生产、销售等经营活动。

五、推行关务公开,增强执法透明度,引导企业用足、用好相关政策

一是通过省市各类媒体、大连海关外部网站、触摸屏等载体,向社会各界、特别是相关企业广泛宣传海关政策。二是针对入世后相关法律、政策调整幅度较大的现实,与外经贸、外企协会等部门共同组织召开了4次政策说明(宣讲)会,加强相关政策的宣传,近400家中外企业代表参与。组织了10期、近4000人的报关员业务培训。三是编写、印制并免费散发《大连海关关务公开手册》、《减免税业务指南》、《进出口贸易管制政策海关实务》、《加工贸易政策法规及操作规程》等小册子近万份。四是取消或简化审批手续。对企业申请退税、办理临时注册手续等审批项目均下放了审批权限,简化了审批手续。2002年,大连海关仅减免税政策而言就累计审批减免关税和增值税近17亿元人民币。

六、加强海关统计工作,提供统计信息服务

充分发挥海关统计的监测、预警、监督、咨询服务作用，为省市政府、行业协会、商会以及外贸企业提供及时和准确的海关统计数据。加强统计分析，及时监测和反馈影响外贸出口的问题。积极参加地方政府举办的外经贸形势分析会，提供海关的意见和建议，为地方经济发展献计献策。全年，大连海关共撰写统计分析文章84篇，被中办采用5篇，国办采用5篇；省市领导批示5篇。

七、开展"开门评议整顿作风、推进服务型机关建设"活动，转变机关工作作风

大连海关成立了由一把手任组长的开展该项活动的领导小组。在全关进行全员动员，提高认识，端正态度。要求全体干部职工正确对待服务对象的评议，虚心听取服务对象的意见和建议，并把该项活动作为改进全关工作作风、提高通关效率和服务质量等通关软环境的重要举措。关领导带队走访了84家企业，协调解决了74个问题，征求63条意见和建议，召开专题会议逐条调查核实，制定整改措施，做到条条落实，件件回音。

以上措施对改善通关环境、提高通关效率产生了良好的作用。2002年，根据海关总署通关状况统计资料显示，大连海关在进出口通关效率与去年同期相比均有较大提高。大通关效率的提高得到了地方政府和企业界的广泛好评。《大连日报》在头版头条刊发题为《建设最便捷的通关系统——大连海关积极推进大通关工作纪实》的文章。对大连海关近年来推行通关作业改革、加快口岸通关效率、积极推动大通关建设方面的工作和成果进行了详细的报道。在大连市委、市政府召开的“开门评议整顿作风，推进服务型机关建设”总结大会上，省委副书记、大连市委书记孙春兰讲话指出：“大连海关对大连市的大通关工作非常支持、非常配合，市委、市政府非常感谢。”

重学习　抓服务　打造现代化国际机场

——大连周水子国际机场创文明单位先进事迹

大连周水子国际机场现开通国内航线72条，国际及地区航线14条，是国内主要干线机场和国际定期航班机场之一。2002年，大连周水子机场完成旅客吞吐量333.5万人次，同比增长8.8%；货邮吞吐量9.3万吨，同比增长16.8%；实现换算旅客吞吐量436万人次，同比增长15%。旅客吞吐量位于东北地区各航空港之首。

2002年，大连周水子国际机场通过了ISO9000质量管理体系认证，标志着该机场的基础管理工作又向前迈出坚实的一步。大连机场自2001年7月开始ISO9000质量管理体系认证工作。先后成立了专门的领导小组，组织编写了近100万字的ISO9000质量管理体系文件，包含19个程序文件、58个规章制度、50个作业文件和64个质量记录。该机场提出了“优质服务、确保安全、顾客满意、追求更好”的质量管理方针，确定了旅客、货主、航空公司有效投诉率分别不高于0.002‰人次、0.1‰吨、0.1‰架次等87项质量管理目标。在组织实施过程中，机场组织全体员工学习质量体系文件具体内容，并分阶段、分层次进行培训。根据《ISO9000质量管理体系文件》标准，结合各服务单位的工作性质，将质量目标细化分解，以指导规范各项质量管理活动，使质量管理工作沿着“文件、实施、检查、改进”的模式螺旋式上升。为强化质量管理，机场与10个窗口服务单位签订责任状，设立专项奖励基金和风险抵押金，在服务岗位引入星级服务员评定机制，实行奖金差额分配、动态管理，营造“比、赶、超”的竞争氛围，强化了全体

员工的责任意识。引入安全管理的“四不放过”原则，处理服务工作差错、服务质量投诉问题，有效促进了服务质量的持续改进。大连机场建立的ISO9000质量管理体系得到北京中设质量系认证中心和国家认可委专家的高度评价。2002年8月，北京中设质量系认证中心经过仔细认真的文件审查和现场审核，认为大连机场航空旅客运输地面服务、航空货物运输地面服务、航空公司地面保障等质量体系符合GB/T19001—2000 ISO9001:2000标准，并向大连机场颁发了体系认证证书。

大连机场高度重视理论和知识学习，提出建设学习型企业，并开展了扎实有效的工作。一是抓好多层次的学习。强化政治理论学习，设立机场讲坛；制定岗位技能培训计划，定时、定点、定人对员工进行有针对性的教育培训，2002年，对800余名干部职工进行了岗位技能培训，并收到良好效果。二是完善支持全体员工终身学习的机制。在支持职工个人学习的同时，选拔50名优秀业务和管理骨干外出培训进修，提升业务素质和管理水平，与澳门科技大学联合举办MBA学习班，让机场50余名管理干部进修工商管理课程，为机场培养管理人才。三是完善激励机制。鼓励职工利用业余时间学习，向自学成才并获得学历学位的职工予以一定奖励；四是构筑“学习支持硬件平台”。配备足够的教学器材，建设图书馆、阅览室和网络教室等，为职工学习创造条件。大连机场正在营造一个良好的学习氛围，人人学习、终身学习的理念已深入人心，为建设一支适应机场发展需要的高素质干部职工队伍打下了坚实的基础。

大连周水子国际机场作为服务窗口，十分重视提高服务质量，开展“假如我是一名旅客”大讨论，不断增长干部职工的服务意识。从小事入手，在服务细节上下功夫，制定了《星级服务员制实施方案》，开展了“对特殊旅客实行‘一站式’服务”、“服务于旅客开口之前的主动服务”、“心系老弱病残的精心服务”、“为旅客排忧解难的延伸服务”，深受旅客欢迎，为机场赢得信誉。

2002年，大连机场的基本建设也取得新的进展，扩建8.1万平方米停机坪于8月9日正式投入使用，建成4900平方米航管楼。12月12日，航站区3万平方米候机楼建设工程开工，大连市市长李永金等政府、民航和部队领导同志为工程奠基。新候机楼落成后，将成为大连标志性建筑，可满足年终端旅客吞吐量500万人次的需要，进一步提升机场的服务功能。

面对新的发展机遇，大连周水子国际机场决心进一步深化改革，加快基础设施和航线网络建设，为建成我国北方重要的区域性门户枢纽机场及环渤海地区的枢纽机场而努力奋斗。

创“安全温馨”服务品牌　树中海客运企业形象

——中海客轮有限公司创文明单位巡礼

中海客运成立4年来，在激烈的市场竞争中紧紧抓住服务品牌这一行业主题和群众性“三学四建一创”活动的创建重点，采取“窗口突破，梯次传导，船岸挂钩，整体推进”的思路和创建模式，在水上客运市场逐步确立了“安全温馨——中海客运”的企业信誉、形象和竞争优势，促进了公司整体素质的提高。1998年度，公司有13艘客轮荣获部省级综合荣誉称号，占同期客轮总数的三分之二；1999年度，公司海洋岛轮荣获“全国创建文明行业工作先进单位”；2002年，公司荣获2000—2001年度辽宁省文明单位。

真学真创——客运企业生存发展的内在要求

中海客运作为中海集团中唯一的客运行业，从组建挂牌以来就一直面临着相对狭小的客运市场、异常激烈的竞争环境、自身不合理的生产要素结构、沉重的亏损包袱等严峻的生存问题。正是这种求生存谋发展的危机感，迫使我们重新调整原有的工作思路，把“三学一创”为载体的精神文明建设工作始终摆在事关企业兴衰存亡的位置上。

首先，确立市场观念和忧患意识，把“三学四建一创”作为增强企业综合竞争力的根本途径。

近些年，随着铁路、民航、高速公路等交通基础设施建设的飞速发展，国内海上客运市场由南向北总体上萎缩。我们主要依托的渤海湾市场由其特殊的地理因素加上京津、山东、东北三大发达区域经济的拉动，尽管拥有一定的市场容量。但买方市场早已形成，众多客运船公司之间的竞争，已从船队数量的竞争、船型结构的竞争，发展到包括软、硬件在内的以质量为核心的全方位竞争。党委认为，我们这样的老字号国有企业固然有一定的人才、技术优势，但历史积累下来的不适应市场的船队结构、产业结构、人员结构、经营管理结构以及多年计划经济体制形成的陈旧思想观念，都是我们的劣势。摆在企业面前只有“华山一条路”，就是按照“三学四建一创”的本质要求，内强素质、外树形象，尽快实现中央提出的“两个根本转变”。为此，中海客运4年来一直按照这一既定方向不断地自我加压。如98年公司在重新修订《精神文明建设五年规划》时，明确提出“3—5年内建成文明行业”的目标。明确提出必须引导干部职工认清形势、转变观念，尽快树立依靠自己救自己的观念，闯市场找出路的观念，争创一流赢得竞争的观念，向改革和管理要效益的观念，企业脱困发展才是硬道理的观念，中海集团一盘棋的观念等等。明确提出“不换观念就换人”的口号；2000年获得市级文明单位命名后，党委在下发当年下半年工作思路文件中明确提出“争创2000—2001年度省级文明单位”的目标；今年尽管公司取得了省级文明单位称号，党政领导班子仍然坚持求真务实，淡看荣誉，重视薄弱环节，于年初精神文明建设工作会议上进一步提出深化认识，以“三个代表”为指针，以建设交通企业安全效益工程为重点，把创建工作提高到一个新水平的目标。公司上下都认识到无论哪个环节出了问题都会影响企业的生存发展，各个层面都感到了工作上的压力。企业要生存要发展的这种压力，也就转化为非“学”不可、不“创”不行的动力。

其次，吸引干部职工广泛参与，把“三学四建一创”作为提高自身“四有”素质的强大动力。

几年来公司根据职工队伍状况，按照“三学四建一创”提高职工队伍素质和企业文明程度的目标，以及吸引广大职工广泛参与的活动方式的要求，着重抓了四件事：一是关心职工切身利益，尽力解决实际问题。对富余人员尽可能做到转岗不下岗。常年实施“送温暖工程”和“再就业工程”，对特困职工实行帮困责任制。多次组织调研组就留局船员、伤病残职工生活待遇，一线老旧船舶的分配等问题进行专题调研，并作出适当政策调整，职工队伍呈现气顺心齐的局面。二是常年坚持分阶段实施有多项载体的形势任务教育、普法教育和公民道德教育，精心组织“企业精神”、“企业广告词”、及企业管理理念、营销理念、服务理念等企业文化大讨论和征集活动，干部职工同舟共济与时俱进的凝聚力不断增强。三是吸引广大船员深入开展“安全形势稳定，职工队伍稳定”、“党员身边无事故，党员身边无投诉”、“成本在我心中，节约在我手中”等活动，使船舶安全质量工作和三项成本控制工作有了更广泛的群众基础。四是随着船队结构调整在人多船少情况下，一方面加大劳务外派工作力度，一定程度地缓解了船员就业压力；一方面建立了竞争择优上岗机制，同时加大了船员培训力度。近几年公司每年对船员进行的岗位技能升级和履约培训都在3000人次以上，年培训费用达200多万元。这些完全符合职工切身利益的工作，也激励了广大员工主动参与改革和创建工作的积极性。

服务品牌——客运企业文明创建的工作重点

客运船公司生产经营的特点是为千千万万旅客服务，确保安全、优质服务是对我们生产经营活动的最基本要求。在10几家船公司竞争激烈的渤海湾，我们的服务水平、特色、信誉及社会评价，都直接关系着企业的市场份额和前途命运。“安全温馨——中海客运”的服务品牌，近些年愈益成为渤海湾客运市场中公认的亮点，其中凝结着公司全体员工开拓进取的智慧和拼搏奉献的汗水。

首先，巩固典型，提高创新，把“窗口”擦得更亮。

交通部于1996年底公布的全国30个“文明示范窗口”中，中海客运占有2席，即海洋岛轮和贺新轮。为促使这两个典型的文明服务再上台阶，公司党委要求两轮的文明创建工作必须做到巩固、提高、创新，着重抓了三个方面：一是抓交流，促成两轮结成“姐妹船”，组织两轮各主要岗位负责人多次进行了对口交流和换岗交流，相互学习对方的长处。二是抓问题，针对船舶各部门之间在文明服务方面存在的不平衡，重点解决以客运部为“龙头”，带动轮机部和甲板部比翼齐飞等问题。三是抓创新，重点开发知识服务、文化服务、信息服务项目，探索现代服务的方向和规律。通过“三抓”，两轮的优质文明服务在巩固、提高和创新中享誉南北方各港。随着贺新轮的退役，海洋岛轮和交通部“示范窗口”棒棰岛轮成为渤海湾文明服务中比翼双飞的新亮点。海洋岛轮对旅客服务工作精雕细刻，由微笑服务、承诺服务、主动服务发展到首创了“旅客星级礼仪服务规范”，即“3情到位”（对待旅客的态度要动真情、用深情、有亲情）；“4个第一”（同旅客见好第一面，说好第一句话，办好第一件事，留好第一印象）；“5做”（做盲人的眼睛，聋哑人的耳朵，残疾人的拐杖，小朋友的叔叔阿姨，老年人的儿女）；“8忌”（旅客上船迎客问候忌怠慢，与客同行客前我后忌抢先，旅客询问细心解答忌厌烦，旅客意见虚心接受忌申辩，座席旅客同样热情忌轻看，老弱病残重点照顾忌不管，旅客失误耐心解释忌埋怨，旅客下船礼仪相送忌催赶）；“8化管理”（船舶管理宾馆化，文明用语规范化，服务工作承诺化，重点照顾经常化，便民服务全面化，餐饮供应多样化，导游服务知识化，全程服务标准化）；“8主动”（主动迎客上船，扶老携幼，指引房间，送水到位，观察客情，介绍饭菜，征求意见，帮客所需）；“10送”（重点旅客送上船，送到舱，送到铺，送水，送饭，送医药，送下船，送出港，送上车，送到家）；“10个闪光点”（微笑露一点，嘴巴甜一点，说话轻一点，脾气小一点，度量大一点，脑筋活一点，行动快一点，做事多一点，理由少一点，效率高一点）。棒棰岛轮对滚装上船的车辆和车主的服务、对滚装运输方式中至为重要的汽车舱安全管理精益求精，首创了“车辆星级管理服务规范”，即“3个意识到位”（工作中做到品牌意识到位，安全意识到位，服务意识到位）；“4个第一”（时刻牢记船舶安全第一，岗位职责第一，车主利益第一，公司形象第一）；“5个环节”（重点抓好车、货隐患查验环节，车辆科学配载环节，行车引导服务环节，静车绑扎系固环节，车舱巡回检查环节）；“8主动”（掌握车情主动沟通港方信息，科学配载主动协调上车顺序，排除隐患主动查堵“三品三超”，鲜活车辆主动照顾后上先下，随车乘员主动引导旅客通道，车辆上船主动提示慢速进舱，车辆停稳主动提醒档、闸、电源，车辆下船主动提示依次启动）；“8确保”（确保着装整洁防护齐全，用语文明请字当先，站位合理精力集中，指挥手势准确果断，配载科学车距适当，绑扎系固严格规范，准时巡舱记录完整，上下车辆秩序井然）；“8化管理”（边沟清洁经常化，车线标识公路化，旗语手势标准化，文明用语规范化，轻重配载科学化，系固绑扎专业化，巡回检查制度化，应急演练实战化）；“巡舱10查”（重点查车辆电源，滴漏溢油，烟雾异味，货物异常，保鲜氧泵，绑扎松动，逃票人员，可疑声音，通风情况，各水密门）；“操作10要点”（精神集中一点，操作谨慎一点，观察仔细一点，站位合理一点，声音宏亮一点，指挥果断一点，配合密切一点，相互提醒一点，警惕提高一点，预见增强一点）。两轮的两个“3458881010”规范各有侧重，相得益彰,对客/车滚装运输中的旅客礼仪服务和车辆管理服务提供了示范性经验。

其次,推广典型,梯次传导,把“亮点”展现得更大。

为充分发挥“窗口”客轮的引导和辅射作用,进一步塑造中海客运“大窗口”形象,1999年以来党委通过多种方式大力宣传和推广典型,启动了“三学四建一创”整体推进工程。一是抓典型幅射、促整体升级,在“窗口”船与“非窗口”船舶之间常年组织对口交流、换岗交流、北方客轮与南方客轮之间的南北交流以及套派船员岗前随船进行的观摩学习交流。交流中除重点总结和宣传海洋岛轮、棒棰岛轮经验外,还先后总结和宣传了天鹰轮、长兴岛轮以及王祖元、宋振宝、王润来、于忠文、曹孟江、王淑慧、蒋晓斌等一大批先进集体和先进个人典型。参加交流的船员普遍认为百闻不如一见,“三学一创”既要借鉴“他山之石”,更要学习“墙内之花”。二是抓整改,采取船舶自查与专家检查相结合,组织所有客轮对照部颁文明客船43项标准严格自查整改,并请专家逐项考评打分,公司组织力量重点协助7艘客轮进行了检查整改,共完成含软、硬件在内的整改项目80余项。近3年来,公司所属所有客轮逐步做到完全按照与国际接轨的SMS安全管理体系进行严格管理和操作,连年通过国家船级社的严格审查,保持了良好的船舶整体安全状况。三是推广普及知识服务、文化服务、信息服务经验。进入新世纪以来,各客轮根据党委部署,认真探索服务的时代特征和内容,在深入研究旅客乘船不同层次需求的基础上,结合各自的船型特点,积极开办船舶卫星电话服务、船上摄影服务、零售当日报纸,举办“大风车音乐休闲屋”、“海上夏之夜舞会”,组织“游览现代大船、体味人类航海”的主题参观导游活动,向旅客介绍现代船舶科技知识、航海知识、自然地理知识、海洋环保知识、两港旅游信息等等,为旅客旅途中创造浓郁的知识、信息、文化氛围,受到旅客的广泛欢迎。据定期发放反馈的“旅客意见征询表”统计,4年来旅客乘坐公司船舶的满意率在98%以上,重大投诉为零,公司每年收到的感谢信都在2万封以上。

再次,船岸挂钩,整体推进,把管理抓得更实。

服务品牌的创立、巩固和完善靠典型引导,更靠一系列制度的制约和管理的控制。中海客运在“三学四建一创”活动中坚持把客运行业的服务工作重点与整个交通企业安全效益工程的创建重点紧密结合起来,将其共同的目标和要求纳入日常管理轨道。一是不断完善船舶的综合管理考核办法。在多年坚持实施的基础上,今年以来先后3次对《船舶综合管理考核细则》(包括《船舶精神文明建设考核细则》)作了修订,使其对船舶两个文明建设的各项要求更精炼明确,与SMS体系文件规定的船员岗位职责更一致,船舶相关人员两个文明建设一起抓的责任更清晰。二是靠监督制约机制解决文明创建工作在海上陆地之间的不平衡问题。公司于2000年实正式实施的《机关部室、陆地单位文明创建工作“百分考评制”和“横(纵)向评价制”》,体现了党委关于机关和陆地单位的创建工作要与海上船舶比翼齐飞的要求。三是实行船岸挂钩,突出落实“四建”中的安全效益工程。今年年初,公司将安全、收入、成本、利润等主要指标分解到单船,同时建立了机关部室挂钩船舶联合抓管理的制度,促使各部室随时与所挂钩的船舶就各项责任目标完成情况进行沟通预控,协助整改薄弱环节,按季度小结检查,促进了船舶安全及增收节支目标的顺利实现。

党政联手——创建工作持续深入的关键所在

“三学四建一创”是对企业综合素质的整体要求,是企业两个文明建设的交汇点和结合部,无论对于党委还是行政组织在领导和活动方式上都提出了更高的要求。中海客运近年来文明创建工作之所以能比较顺利地持续深入,关键在于党委和行政都认识到“三学四建一创”是共同的责任,从而高度重视,主动联手，共同决策，统一行动，形成了合力。这突出地表现在“三个统一”和“三个联合”上面。

首先，坚持“三个统一”的工作制度。一是统一的工作方针和目标，每年年初“两会”所部署的工作尽管党政所处的角度不同，但方针和目标完全一致。二是统一的组织协调机制，组织领导和工作协调上，纵向有公司党委会、总经理办公会、每季经济效益分析会、每月安全例会和政工例会、每日早间碰头会等。横向有党政联席会议、精神文明建设委员会，以及由海务部牵头协调行政技术业务工作标准、细则的修定、考核及汇总工作。党群、综合治理等方面则由文明办（宣传部）负责协调。三是统一的奖惩激励机制。即对船员每半年奖金的发放额度按考评其船舶“三学四建一创”综合管理的得分计算，使船员的收入与船舶各项工作的好坏直接挂钩。机关部室的年度奖金则取决于所挂钩船舶的安全、效益指标完成情况，按只罚不奖的原则兑现。此外，公司党政领导还达成共识，近几年对荣获国家级、部省级、集团级文明创建荣誉的 6 艘船舶分别重奖 6 万元至 2.4 万元，形成了弘扬先进，拉动后进，带动中间的创建局面。

其次，坚持“三个联合”的活动方式。一是党政联合现场办公。公司党政领导经常深入船舶查摆问题，现场研究整改措施，凡能拍板的措施当场拍板，需进一步研究的则由领导班子会议敲定后及时反馈。二是党政联合进行管理考核。对船舶管理的考核坚持由党政各部门共同参与、综合评价。三是党政联合开展有关重要活动。如“中海杯”劳动竞赛、春运暑运文明服务竞赛、食品卫生杯竞赛、成本控制巡回监察、安全月、节能周、消防周等集中的或阶段性活动，均分别确定牵头部门及配合部门，使党政各部门的工作从不同的角度协调一致地进行。

总之，中海客运 4 年来的文明创建工作，在集团党组的领导、关照和指导下，在结合客运生产经营特点方面做了一些工作，取得了一定成绩。今年头 11 个月情况看基本可以实现安全形势稳定和集团经理书记座谈会确定的减亏目标。但按集团党组对我们的要求和期望，对照建设交通企业安全效益工程的目标，特别是党的十六大提出的宏伟目标以及对国有企业的更高要求，我们认为，思想观念有待转变，工作水平有待提高。

当前学习贯彻党的十六大精神，我们感到关键是在深入学习、研究、吃透文件精神的基础上，紧密结合企业工作实际，按照全面建设小康社会和“三个代表”的要求，牢固树立与时俱进的思想。在新的起点上，深入研究探索公司明年及今后发展的大问题，切实做到“发展要有新思路，改革要有新突破，开放要有新局面，各项工作要有新举措”。

就渤海湾客运市场来看，滚装运输仍将是今后主要的运输方式。作为客运企业，安全、服务、效益仍然是重中之重。安全是前提，服务是重点，效益是命脉，广大旅客的旅行需求一是安全，二是服务。中海客运“安全温馨”的品牌，宗旨是体现企业对客户——广大人民群众的尊重、爱护和人文关怀，体现对社会的诚信、承诺和信誉，体现“三个代表”的要求。从严格意义上说，我们目前在安全和服务两方面做得都不是十全十美，安全形势总体比较稳定，但也总有这样那样的缺憾。服务质量总体还可以，但缺陷和不足随时能找到。软件不必说，硬件设施不好，你再微笑服务，旅客上船能笑得出来吗？今后，我们要以十六大精神为指导，从实践“三个代表”的高度进一步完善安全和服务两大重点，把中海客运“安全温馨”的品牌作为一个重点来开拓，作为一项资产来管理，作为一种文化来培育，软件和硬件两方面都要进一步针对薄弱环节，抓好整改、巩固、提高、创新。

狠抓规范化管理，塑造高素质干部队伍

——鲅鱼圈海关主要事迹摘要

2002年，鲅鱼圈海关坚持“依法行政，为国把关，服务经济，促进发展”的海关工作方针，狠抓规范化管理，努力塑造一支高素质的干部队伍。以大通关工作为中心，不断深化业务改革，强化服务意识，大力支持地方经济建设。努力寻求执法与服务的平衡点，做到规范服务，文明把关，各项工作取得了前所未有的成绩。2002年关税收入突破5亿大关，提前3个月完成税收任务，创历史最高记录。鲅鱼圈海关先后被国家评为全国打私先进单位；被海关总署记集体功；被海关总署评为全国海关基层建设先进单位；被辽宁省委、政府授予省级文明单位；被共青团辽宁省委授予青年文明号；被大连海关评为落实党风廉政建设责任制先进单位；被营口市委评为勤政廉政先进单位。涌现了一批先进人物，1人被评为中国优秀青年卫士；1人被总署记二等功；11名同志被记三等功；1人被海关总署评为全国海关优秀共产党员；1人被评辽宁省杰出青年卫士；1人被评为辽宁省优秀青年卫士；1人被评为全国海关监管工作先进个人；1人被评为全国海关通关工作先进个人；1人被评为营口市十大杰出青年卫士；1人被评为市级劳动模范；1人荣获营口市“五·一”劳动奖章；1人被营口市委评为勤政廉政先进个人。鲅鱼圈海关已经在海关系统和地方树立了先进形象。

一、队伍建设走上了规范化、制度化、科学化轨道，一支高素质的海关队伍正在成长。

坚持“严格管理、从严治关”是前两年鲅鱼圈海关队伍实现根本性转变的基本经验，“严格管理、从严治关”已得到全关的认同。2002年，鲅鱼圈海关提出了更高的目标，队伍建设要走上规范化、制度化、科学化的轨道，做到用制度管人。

（一）日常行政管理实行全员绩效考评制度，建立严格的奖惩机制。结合前两年行政管理的经验，鲅鱼圈海关制定了《鲅鱼圈海关基层建设处罚细则》，推行规范管理和量化评估的绩效考评机制，发挥奖金在“大通关”和目标管理中的作用。一是设立基层建设奖励基金，即由贡献奖、启动奖、达标奖、加时补贴、开发区补助津贴组成；二是把岗位责任、行政管理和奖励基金挂钩，并以“分”进行量化，满分为100分；三是包括了基层建设的各个方面，分为行政、业务、廉政、综合四类共一百条。

（二）深化完善科级干部管理三项制度。我关始终坚持科级干部管理的三项制度，并不断完善。谈话制度由原来的半年一次改为遇到问题随时谈话，加强了谈话的针对性。对科级干部进行了为期三个月的综合培训，重点针对我国加入WTO出台的一些新的法规政策进行系统学习，邀请了总关及地方的专家上课；同时对工作中出现的问题认真开展讨论，总结正反两方面经验光教训。季度测评制度逐步推广到全体党员。科级干部管理三项制度，已经成为我关加强科级干部管理、提高科级干部队伍素质的基本制度。

（三）从源头和制度上狠抓廉政建设。一是实行廉政建设责任制。年初关领导同各科长签订了《廉政建设领导责任书》，形成一级抓一级，一级对一级负责，层层抓落实的“廉政管理链”。二是建立了关内廉政预警谈话制度，及时了解关员的廉政状况，发现苗头及时进行谈话。及时调整工作岗位。年内共对4人次进行了廉政预警谈话，有效地减少了大的不廉洁行为的发生。三是通过收看录像片、学习材料、演讲、竞赛、考试等形式；开展系列活动加强正面教育，并与营口市检察院共同签定了《营口市检察院在鲅鱼圈海关开展预防职务犯罪工作的实施方案》。四是加强外部监督。请地方政府机关、人大、政协监督我们的工作，并深入到企业征求工作对象的意见，发放调查问卷，掌握廉政动态。廉政工作收效显著，受到了地方纪检和检察机关的高度评价。我关被营口市纪检委评为勤政廉政先进集体；刘玉升关长被评为勤政廉政先进个人。

（四）加强业务基础建设。业务建设是海关工作的基础。今年以来，我关从五方面加强了业务基础建设，一是重新修订了各业务工作岗位职责、工作流程、责任追究等工作制度。二是组织精干人员组成执法检查小组，每月对全关各工作岗位进行检查，规范业务行为。同时对每个业务关员的工作完成质量进行打分，并和奖金挂钩。三是规定科长每月拿出一周时间做具体业务工作，副科长必须做具体工作。四是树立培养一批业务尖子，用业务尖子带动全关业务水平的提高。五是定期进行业务知识和海关规章制度考试，考试成绩纳入到年终考评。

二、以大通关工作为中心，不断深化通关制度改革，努力提高通关速度，为繁荣口岸和地方经济积极贡献力量。

提高通关效率；积极采取措施为企业提供便捷顺畅的通关环境；积极推进大通关工作的展开。一是转变观念，上门为企业服务，宣传海关政策、法规，提高企业守法意识。关税水平下降后，对于椰壳纤维、精炼椰油等首次从本口岸进口的产品；主动帮助企业了解相关法律政策。二是进一步推进关务公开。在报关大厅树立大屏幕投影，滚动播放通关现场的机构设置、职责权限、负责同志姓名、职务、办公电话；滚动播放现场各项业务的作业流程图、办理各项业务需要提交的文件或准备的材料以及办理各项业务的时限承诺；在报关大厅设立宣传橱窗，公开最新发布的署长令、公告、总署标明可以公开的海关政策以及大连海关制发的规范性文件；定岗定责，给每位执法关员制作了胸牌。写明姓名。职务、岗位、工作编号，贴上照片。三是改进查验方式，提高通关效率。对集装箱场站监管进行改革，实行关员进驻场站巡视监管，全年为企业节省费用200多万元，深受企业好评。四是针对辖区内一些加工贸易企业产品季节性强、进口原材料急的特点，全力加快手册的审批速度。特别急的半个工作日办完手续，二级审批的手册随时办理，合同变更和结转手续当日办完。工作效率由过去的3个工作日提速到1个工作日。既为企业赢得了有效合同时间，又节省了因进口材料先到口岸手册未审批而征收的滞报金。大明不锈钢有限责任公司、一心箱包有限责任公司等十多家企业到当地政府反映鲅鱼圈海关工作效率高。我关积极推进“大通关”的做法，得到了省领导高国珠、省口岸办、营口市委、政府及企业的肯定。

三、加强正面监管，严厉打击走私违法活动，有力维护了口岸的正常贸易秩序。

针对口岸以出口大宗散杂货为主的特点，经过两年多来的实践探索，目前我关已初步形成了具有口岸特色的监管模式。在原来的风险布控小组、货管、船管、24小时港内巡查、调查、缉查小分队六个环节协同监管的基础上，进一步完善，形成了以出口大宗散杂货为监管目标的“一点二线六环节”监管模式。“一点”是在港口关键部门建立情报点，通过内线扩大情报来源。“二线”一是海关与口岸各仓储库进行计算机联网；将海关的监管向前期和后期延伸，使海关准确掌握出口货物出、入库情况。二是与港务局进行计算机联网，使海关及时准确掌握船舶进出港动态及港口作业情况。通过这两条线使海关完整、连续地掌握了口岸物流情况，形成了对口岸物流的链式跟踪。通过建立“一点二线”，为我关六个监管环节，在重点监管目标确立和出击的时机上，提供了更为科学的依据。对走私风险高的重点船舶我关还实行24小时船边查验。通过采取此种监管模式，使我关牢牢掌握了打击口岸走私的主动权。全年共查获走私违规案件38起、案值430多万元。通过布控和港内巡查环节，迫使企图少报多装的走私者多次补报，成功阻止10余起走私情况发生。

辽宁口岸大事记

2月25日

营口老港提前一个月零5天开港，封港期延期10天。使营口老港区的封港期由4个月缩短为2个半月。为港口生产赢得了时间，增加了效益。港口增加吞吐量15万吨，实现了历史性的突破。

3月19日

丹东至仁川客运航线首次增班试航，由每周两班增至每周三班。航期为：每周二、四当日入出境，周六入境，周日出境。

3月20日

沈阳—东京国际航线开通新闻发布会在沈阳举行，宣布沈阳—东京航线于4月18日正式通航，将采用空中客车A300—600型飞机，班期为每周二和周四。副省长、市长陈政高、副市长孙祥剑等领导同志和日本驻沈总领事冈崎清参加了新闻发布会。

4月3日

大连市交通口岸管理局召开“中海北方物流公司与大连果莱南运北调对接会”，以解决区市县果莱销售的问题为切入点，充分发挥现代物流对现代农业的牵动作用，寻求产、运、销合作，共同开拓大连市农产品市场的有效途径。

4月8日

营口口岸圆满完成本年度化肥疏运任务。共接卸化肥79.6万吨。使营口港成为东北地区化肥接卸疏运首选港，确保了营口港东北地区化肥接卸第一大港的地位。

4月9日

沈阳桃仙国际机场等17个口岸单位被辽宁省委省政府授予精神文明先进单位。

4月9日

辽宁省口岸委(办、局)主任会议在大连市召开，会议总结了2001年全省口岸工作，并对2002年口岸重点工作作出安排。

4月13日

辽宁省“改善服务功能，提高大通关效率”座谈会在沈阳召开。省委常委、副省长夏德仁出席了会议并讲话。

4月14日

国家质检总局局长李长江一行到辽宁沈阳、大连、鞍山等局视察指导工作。并于4月15日在辽宁局召开处级以上干部大会，宣布国家质检总局对辽宁局领导班子调整的决定，任命吉林出入境检验检疫局局长李延辉为辽宁出入境检验检疫局局长；李长江局长在辽宁视察期间，辽宁省副省长夏德仁及省政府领导、大连市委、市政府领导分别会见了李长江局长一行。

4月15日

北方公司文明乘务员表彰仪式在沈阳举行。沈阳市副市长孙祥剑代表市政府到会，并向获得荣誉称号的单位授予"文明乘务组"证书和牌匾。

4月15日

辽宁省委副书记、大连市委书记孙春兰会见专程赴连参加中集大连—欧洲航线首航仪式的中远集团魏家福总裁一行。大连市委副书记王会全、市委常委、常务副市长王承敏等出席首航仪式。

4月16日

"关于建议将沈阳海关升格为正厅级海关的请示"已由国办秘书三局转往海关部署。

4月23日

国务院对"关于在沈阳桃仙国际机场正式开展口岸签证业务的请示"批复，同意在沈阳桃仙国际机场口岸开展口岸签证工作。

5月13日

沈阳口岸办赴三关调研沈阳口岸客货包机运营和客货包机管理规定执行情况，征求三关对包机、公务机运营的意见。

5月14日

中国国家队和乌拉圭国家队热身赛在沈举行，沈阳市口岸办协助有关部门完成接待任务。

5月16日

丹东市政府召开"全市改善服务功能提高大通关效率"工作会议。

5月22日

大连市政府副市长宋增彬参加在上海召开的提高口岸工作效率现场会，并在会上做专题发言。

5月23日

大连北良港正式对外开放。该港是目前世界上技术最先进、规模最庞大、功能最齐全的粮食储运和中转港口之一。

5月23日

大连航运交易市场筹建工作小组在沪对上海航交所进行调研。

5月26日

经中朝铁路定期会晤商定，中方铁路首次加挂丹东至平壤联运客车驶离丹东，开赴平壤。铁路加挂客车开通运行，有效缓解了丹东鸭绿江大桥公路口岸的人员通行压力。

5月28日

大连市委、市政府召开加快港口发展研讨会，辽宁省委副书记、大连市委书记孙春兰、大连市市长李永金到会并做重要讲话。

5月29日

营口老港区第一条集装箱班轮航线营口港至福州集装箱班轮通航，结束了营口老港区开埠140年没有集装箱班轮的历史。

5月31日

开通香港丽星邮轮有限公司大连—韩国平泽旅游客班轮航线。

6月2日

大连—韩国仁川航线由原来的周二班增至周三班。

6月7日

旅顺新港列入国家“十五”口岸开放规划和2002年口岸开放审理计划(署岸发[2002]149号)。

6月13日

丹东边防检查站、大东港海关被省委省政府评为2000—2001年度文明单位。

6月18日

韩亚航空公司开通釜山—沈阳航线的首航仪式和新闻发布会在沈阳举行。

6月18日

大连航运交易市场筹建工作小组赴京到交通部水运司、体改法规司和中远集团进行调研。

6月19日

孙祥剑副市长、黄凯副秘书长、张宁副主任到沈阳边防检查站为首次荣获“辽宁省文明单位”的沈阳边防检查站授匾。

6月19日

沈阳市口岸办关完成《中国口岸年鉴》(2001年)沈阳口岸部分及《中国口岸实用名录》资料的收集、整理、报送工作。

6月20日

营口口岸提高大通关工作效率座谈会在营口市鲅鱼圈召开。

6月24日

辽宁省人民政府办公厅转发省通关工作协调领导小组关于全省口岸提高“大通关”工作效率实施意见的通知,使大通关工作有章可循。

6月24日

沈阳至大连高速公路封闭期间货物运输协调工作会议在沈阳召开。

7月1日

根据中华人民共和国质检总局、外经贸部、海关总署2001年14号公告和中华人民共和国质检总局第18号局长令,自2002年7月1日起,辽宁出入境检验检疫局依法对进口涂料的安全、卫生项目实施专项检验。

7月1日

沈阳海关在桃仙机场设立报关厅,部分货物可以实现在机场报关、报验。

7月1日

经大连市加速通关协调领导小组同意,对进出大窑湾集装箱码头有限公司(DCT)港区的集装箱,开始推行电子大门预约系统,简化集装箱交、提箱业务流程,提高集装箱运输工作效率。

7月4日

沈阳口岸“改善口岸服务功能，提高通关效率”座谈会在沈阳召开。

7月14日

大连庄河港隆重开工。这是由大连庄河市政府和韩国大宇株式会社合资建设的，总投资3.77亿人民币，计划2005年竣工并投入运营。

7月15日

国家认证认可监督管理委员会主任王凤清到辽宁省技术监督局和沈阳检验检疫局检查工作，辽宁局局长李延辉、副局长崔茂森会同辽宁局办公室负责同志赴沈阳呈接王凤清主任一行。在辽宁期间，省委书记闻世震、省长薄熙来、副省长夏德仁、省委副书记，沈阳市委书记张行湘、沈阳市市长陈政高会见了王凤清主任。

7月18日

大连市考察团赴新加坡、香港等地就建设航运交易市场问题进行调研。

7月20日

辽宁省通关工作协调领导小组办公室组成检查组，对全省七个口岸就落实《关于全省口岸提高大通关工作效率实施意见》的情况进行检查，并向省政府作出报告。

7月22日

沈阳市外办处以上领导及口岸处全体同志与沈阳边防检查站官兵一起，在沈阳军区现代化管理学院举办庆“八一”军民联欢会，共同庆祝中国人民解放军成立八十五周年。

7月24日

中央修补委员、鞍钢集团公司总经理刘玠专程到大连海关赠匾，感谢大连海关对鞍钢集团公司的大力支持。

7月25日

辽宁省委常委、政府副省长夏德仁视察大连市交通口岸管理局，对该局建设货运信息服务网络给予高度评价。

7月27日

省委常委、副省长夏德仁在《沈大高速公路封闭期间货物运输协调工作的简要汇报》上批示：“关于沈大高速公路扩建及封路期间减少的货运量由铁路部门接续上一事，口岸办做了大量工作，很有成效，予以表扬”。

7月31日

薄熙来省长在《全省口岸提高通关效率工作进展情况的报告》上批示，对大通关工作所取得的成绩给予充分肯定。

7月31日

省委常委、副省长夏德仁和省政府副秘书长傅万中视察沈阳海关，对沈阳海关制定新的工作思路和通关措施给予高度评价。

8月8日

“全省提高口岸工作效率现场会”在大连召开。省委常委、副省长夏德仁出席会议，并作重要讲话。

8月14日

国家质检总局党组成员，纪检组长郭汝斌同志及质检总局监察局有关领导来辽宁局参加指导辽宁局党组民主生活会。

8月15日

大连口岸新的货物进出口流程试运行。

8月15日

经中朝国境站长会议商定，铁路丹东站调整丹东至新义州列车运行图，有效解决丹东陆路口岸货场内进出境载货车辆的积压问题。

8月20日

辽宁省政府海铁联运现场办公会在沈阳召开，省委常委、副省长夏德仁和政府副秘书长傅万中出席会议，并视察了沈阳东站陆路口岸和沈阳站。

8月25日

以省口岸办主任李英鹏为团长的辽宁省口岸考察团对台湾进行考察。在台湾期间，与台湾海运业的港口、学校、社团等组织进行广泛接触，就不同关税地区的物流发展、物流通关模式、口岸管理等课题进行交流，了解海峡两岸“三通”动作进展情况。

9月12日

丹东市政府以丹政办发[2002]74号文件《转发市通关工作协调领导小组关于丹东口岸提高“大通关”工作效率实施意见的通知》。

10月8日

国家质检总局副局长葛志荣带工作组到辽宁局工作调研，听取了辽宁局的工作汇报，并与辽宁省副省长夏德仁就大窑湾局检验设施楼工程款官司问题交流了意见。

10月17日

国家质检总局在大连举办APEC/SPS能力建设项目—食品安全培训班，新加坡、澳大利亚、台湾、香港、中国等APEC成员方50名代表参加了培训。国家质检总局进出口食品安全局副局长李朝伟出席开幕式并致辞。

10月18日

沈阳市口岸办主办的第二届“沈阳口岸杯”篮球赛落下帷幕。

10月22日

向辽宁省政府呈报《关于庄河港口岸查验单位人员编制集查验设施投资问题的请示》(大政发[2002]104号)。

10月31日

编制出《丹东口岸设施建设发展规划》。

11月4日

航运交易市场功能及布局规划方案基本确定。

11月5日

对大连口岸大通关情况进行了抽样跟踪调查，取得通关时间的样本数据。根据对这些样本的综合分析，大连口岸海运平均“大通关”时间，进口为48小时，出口为20小时。

11月8日

大连市政府正式确立大连口岸物流网有限公司为大连口岸公共信息平台。

11月12日

辽宁省副省长杨新华就出口肉类企业国外注册认可问题专程来大连进行工作调研，并会见了新加坡农食局官员。辽宁出入境检验检疫局有关领导参加会见，并陪同视察。

11月24日

辽宁省口岸办组织各市口岸委(委、局)主抓精神文明建设工作的同志，特邀省文明办领导参加，对全省6个一类口岸的精神文明建设工作进行检查，以促进精神文明建设工作向规范化方向发展。省文明办的领导对口岸系统的精神文明建设工作给予高度评价。

11月25日

陈政高市长在沈阳市政府会见了大韩航空公司沈阳支店长金汀基先生。

11月26日

全省口岸系统精神文明建设检查组抵达东丹，省文明办主任王占山同志随团检查。

12月1日

桃仙国际机场新候机楼投入使用一周年仪式在沈阳举行，孙祥剑副市长、张宁副主任及驻机场查验单位的领导参加了仪式。宣布了沈阳桃仙国际机场再次被国家民航总局评为全国文明机场。

12月6日

向省政府呈报《大连市人民政府关于旅顺新港对外开放的请示》(大政发[2002]119号)。

12月11日

大连市交通口岸管理局召开大连口岸集装箱运输服务说明会，铁道部中铁中心、沈阳铁路局、哈尔滨铁路局、哈尔滨海关、沈阳海关、沈阳检验检疫局、哈尔滨检验检疫局和大连口岸查验单位负责人以及大连口岸港航企业、铁路等有关单位的负责人、进出口客户代表近200人到会。会议对东北地区客户普遍关心的内陆集装箱班列运营体系方面的情况进行了说明。

12月11日

大连口岸公共信息平台揭匾仪式在香格里拉大酒店举行。大连市委副书记王有为、大连市副市长宋增彬为大连口岸公共信息平台揭匾。

12月21日

广西南宁地区行政公署秘书长许扬辉、南宁口岸办主任罗绍贵一行18人来丹考察口岸设施建设。

12月23日

国家农业部、对外经济贸易部和国家质检总局联合检查组对辽宁省出口动物源性食品质量安全情况进行抽查，并听取了辽宁检验检疫局、辽宁省畜牧局、海洋水产部门的工作汇报，检查组对检查结果表示满意。辽宁省政府副秘书长傅万忠及辽宁检验检疫局、辽宁省畜牧局、辽宁省外经贸厅的有关领导陪同参加考察。

12月28日

大连航运交易市场航运交易功能起步工程试运行。航运交易功能起步工程主要包括海运订舱和班列订舱。

吉林省

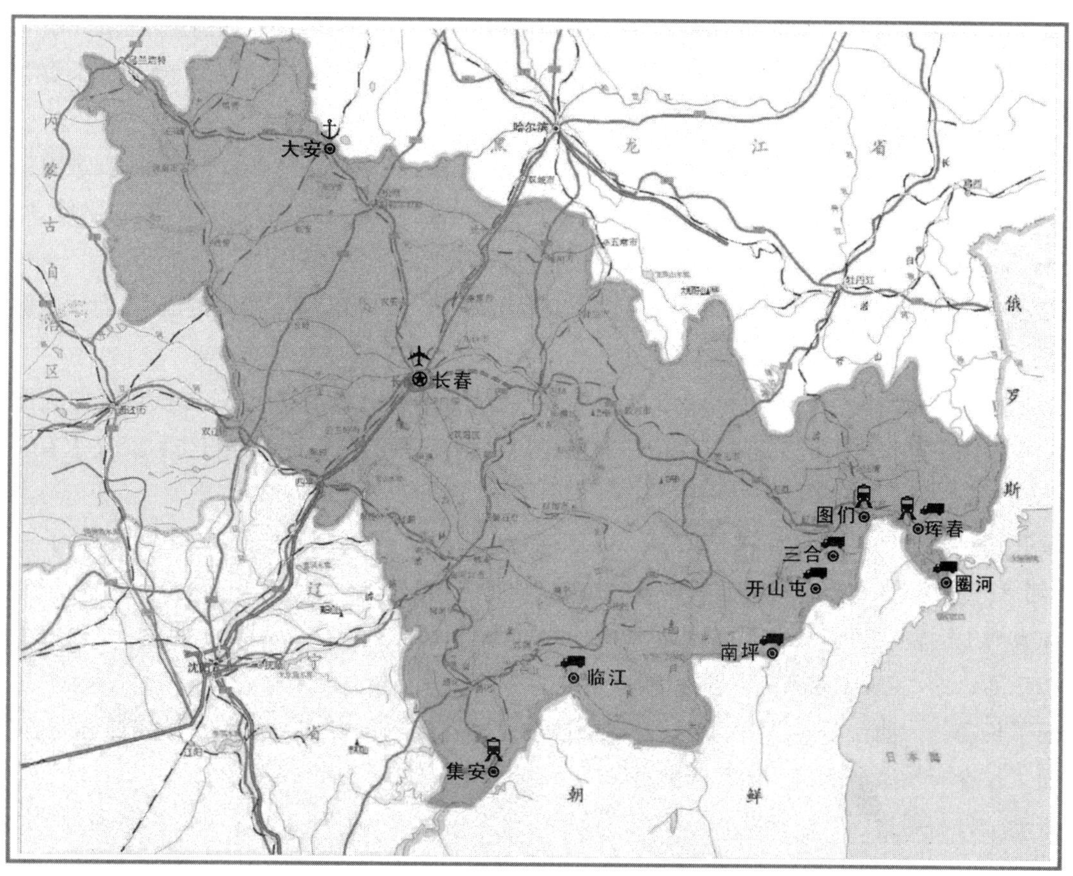

图　例

⊛	省级行政中心
⊙	口岸
🚆	铁路口岸
✈	航空口岸
🚚	公路口岸
⚓	海（河）运口岸

吉林口岸工作综述

吉林省是边境省份，东与俄罗斯接壤，边界线长 241.25 公里；东南隔图们江、鸭绿江与朝鲜民主主义人民共和国相望，边界线长 1206 公里。

【口岸数】 截止 2002 年底，吉林省共有国家一类口岸 11 个，其中：中俄 3 个，即珲春公路口岸、珲春铁路口岸、大安港内河水运口岸；中朝 7 个，即图们铁、公路口岸、集安铁路口岸、圈河、三合、开山屯、南坪、临江公路口岸；航空口岸 1 个，即长春国际航空口岸。地方二类口岸 4 个，即长白、古城里、沙坨子、老虎哨公路口岸。1 个长春内陆铁路货运口岸，1 个双目峰公务通道，11 个临时过货点。分布在长春、通化、白城、白山市、延边朝鲜族自治州。

【口岸客货运量】 2002 年全省口岸进出口货物 130 万吨，其中进口 65 万吨，出口 65 万吨；进出口货值 173250 万美元，其中进口 145150 万美元，出口 28100 万美元；出入境人员 69 万人次，其中出境 34.4 万人次，入境 34.6 万人次；进出境交通工具 9 万辆次，进境出境各 4.5 万辆次。

【口岸开放及开通国际航线】 吉林铁路内陆监管查验场所的申报工作，经过调研论证后，商国家驻吉林省查验部门同意，省政府已函报海关总署审批。

根据国家“十五”口岸开放规划和 2002 年口岸开放计划，编制完成了《关于延吉机场开辟为国际航空口岸的可行性研究报告》和《关于将长白口岸升为国家一类口岸的可行性研究报告》，经征求有关单位意见，省政府行文报国务院审批。

继续开通了珲春——波谢特港（俄）——束草港（韩），珲春——扎鲁比诺港（俄）——伊予三岛港（日），圈河——罗津港（朝）——秋田、新泻港（日）的定期客货班轮航线，图们——罗津（朝）边境旅游列车。在原有海上运输通道的基础上，延伸了珲春——扎鲁比诺港（俄）——束草港（俄）陆海联运航线至日本伊予三岛（日），实现了四条陆海联运航线。

开通了长春——仙台（日）空中定期航班；延吉——汉城（韩）、延吉——海参崴（俄）临时客运包机；恢复开通了长春——海参崴（俄）定期航班；长春——香港定期航班新增 1 个班次。

为带动全省与周边国家贸易发展，开展多边贸易，充分利用吉林东部丰富的旅游资源和边境线较长的特殊地理环境，继续开通珲春——罗津先锋市（朝）；集安——平壤市、满浦市、妙香山、板门店（朝）；长白——惠山市、普天郡、三池渊郡、长白山天池北坡（朝）的中朝旅游线路。

【口岸管理与协调】 作为口岸综合部门，协调工作是重要职能之一，也是搞好口岸管理的主要方法。各级口岸办非常重视加强对口岸工作的协调力度，做到有事共商、困难同担，形成了“同舟共济”的协作氛围，各级口岸联检单位充分展示出参与吉林省经济建设的精神风貌，改善了通关环境，提高了口岸工作效率，完善了口岸功能。

围绕落实国务院办公厅《关于进一步提高口岸工作效率的通知》精神，5 月 9 日在珲春市组织召开了全省口岸办主任工作会议。会议传达了国务院和省政府关于口岸开放和提高口岸工作效率的有关文件，总结了全省各地口岸工作经验，规范了口岸管理工作内容。重点分析了口岸促进经济发展的作用和现状，强调了我省口岸工作由单纯开放建设，逐步向活跃口岸经济上拓展。坚持口岸联络机制，每季度组织召开全省口岸工作联席会议，加强了与口岸查验、外事、外经、外贸、旅游、交通、民航、铁路等部门的联系，针对口岸运行过程中存在的问题，及时协调解决，促进了全省对外经贸和旅游业的发展。先后解决了长春机场国际厅口岸查验设施项目资金未列入总体规划；长春——海参崴包机出入境；珲春互市贸易区进口货物监管；珲春铁路口岸出境点边境管理区移交；长春铁路货运口岸扩建工程等一系列重大问题。

为了通关环境的不断改善，会同口岸查验、外事、铁路、交通、民航等部门，主动与俄、朝、韩、日等国家有关方面进行广泛的沟通，改善了通关环境，中俄就珲马铁路运行、中俄口岸实行12小时不间断工作制、中方援建克拉斯基诺口岸、珲春铁路轨道延伸至扎鲁比诺港、中韩就航空乘务后勤保障、中日就双方提高客流措施等问题达成了充分谅解，并形成了初步协议。

针对长白口岸无封闭，秩序较乱问题，当地口岸办多次召开口岸查验单位的联席会议，积极采取措施，在口岸封闭管理之前，先将空白地段100米焊铸了铁栅栏，对原有的200多米铁栅栏进行了修缮粉刷，在口岸管理区入口设置了岗哨，与长白边境检查站、长白海关、长白出入境检验检疫局联合制定了长白口岸封闭管理办法并公布于众，于2002年7月1日起正式对长白口岸实行封闭管理。

为保障长春新机场国际厅高标准建设，根据省政府领导的指示精神，组织召开了长春新机场口岸设施建设专题会议，根据长春新机场国际厅所需设施的总体要求和所需资金情况，逐项提出了意见和建议报送省政府，并形成了纪要；为保证新机场国际厅及联检单位办公楼建设科学合理，组织长春机场口岸查验单位和相关单位先后考察了沈阳、大连等国际机场，提出了合理化建议。为了使口岸管理及建设与国际接轨，不断提高口岸的管理水平和服务功能，口岸联检单位又对深圳、香港、澳门等地的国际机场进行了考察。

【口岸建设与改造】 为了进一步完善长春铁路货运口岸功能，经协调，铁路部门计划投资4800万元，对口岸基础设施进行改造，现已完成项目的立项和申报工作。

针对和龙南坪口岸没有国境桥，双方交通不便的情况，积极参与了中朝谈判，年内共进行了6次会谈，为保障口岸正常运行，维护国家形象，省政府已落实建桥资金，并决定对南坪口岸设施进行改造；为方便古城里口岸临时上岗查验人员的饮食，重新租用了食堂，购置了厨房用具和餐具，维修了房屋。

投资30万元，对长白口岸联检大楼进行了维修改造；投资20万元，对图们口岸联检楼进行了维修；对图们铁路口岸铁路桥两侧及公路口岸现场进行了铁栅栏封闭；投资31.6万元，完成了珲春、圈河口岸的封闭工程；新建了圈河口岸门垛和电动伸缩门；投资9万元，在圈河口岸新修了旗台、高档次二层岗楼和大桥铁艺大门；投资36万元，为珲春、圈河口岸查验楼安装了监控设施；投资3.8万元，绿化、美化了珲春、圈河两个口岸，改善了口岸环境；投资3万元，增设了珲春口岸、圈河口岸出入境边防检查隔断设施，改善了通道环境；投资2万元，维修改造了珲春口岸联检职工食堂，实行分餐制，大大改善了联检单位上岗人员的饮食环境；投资12万元，购置了面包车，解决了圈河口岸工作人员通勤难问题；投资1万元，完成了珲春口岸、圈河口岸、沙坨子口岸1∶500地形图的测量工作。

【口岸精神文明建设】 口岸精神文明建设作为口岸管理工作的重要内容，为提高职工队伍素质，加强职业道德建设，提高服务技能和工作水平，充分展现口岸联检部门的精神风貌，发挥了重要作用。如珲春市口岸联检部门中，开展“创三优、树形象、促发展”、“创文明窗口、争文明岗位”活动，以强化口岸精神文明建设，树立良好的口岸形象；并将管理融于服务中，在保证三个口岸供水、供暖、供电、就餐及通讯正常的情况下，积极为各联检单位提供优质服务，想他们之所想，急他们之所急，安排联检职工家属工作，安排子女就学。力争解决他们的后顾之忧。从而调动了联检单位工作人员的积极性，提高了服务质量，得到了广大客户的赞赏。

【信息工作】 6月14日，召开了全省口岸信息工作会议，探讨做好口岸信息工作方法和途径，制定了吉林口岸信息工作制度，组建了信息员工作队伍，加强了口岸信息工作的管理，使全省口岸各部门之间信息资源供享。

（王 影）

吉林各口岸业务统计表(一类口岸)

单位：吨(标箱)、人次、辆(架)次

	进出口货物				出入境人员				出入境车辆			
	进口	出口	合计	同比%	入境	出境	合计	同比%	入境	出境	合计	同比%
长春航空口岸	231	1113	1344		93261	93094	186355	44.1	922	922	1844	55.6
图们铁路口岸	209359	335564	544923									
图们公路口岸	3541	3914	7455	25.7	19509	19514	39023	0.42	3065	3065	6130	3.22
珲春公路口岸	22100	25479	47579	－5.2	67477	67142	134619	－37.7	5621	5618	10239	－31.1
珲春铁路口岸	11292		11292	－64.6	112	104	216		27	24	51	－61.9
圈河公路口岸	23568	106000	129568	－20.2	90956	90668	181624	12.1	20056	20461	40517	－0.17
三合公路口岸	3453	29764	33217	155	11140	11161	22301	33.1	3472	3472	6944	43.5
开山屯公路口岸	1457	623	2160	123	1422	1484	2906	18.1	274	259	533	20.8
南坪公路口岸												
临江公路口岸	8462	6506	14968	45.2	5142	5142	10284	12	2171	2791	4962	5.8
集安铁路口岸	31098	15400	46498	5.1	4419	4400	8819	－41.5	2178	2100	4278	－22.8
大安港口岸												

大安港口岸：从1992年起，该口岸未通行货物。

南坪公路口岸：2000年9月，因洪水冲毁临时国境桥，而暂时停止通行。

珲春铁路口岸：2002年4月10日，俄方提出其查检设施不具备通关条件，暂时停止口岸运输。今年4月25日恢复运行，由于我国“非典”疫情影响而暂时停止口岸运输。

吉林各口岸业务统计表(二类口岸)

单位:吨(标箱)、人次、辆(架、班)次

	进出口货物				出入境人员				出入境车辆			
	进口	出口	合计	同比%	入境	出境	合计	同比%	入境	出境	合计	同比%
长春铁路口岸	1089	3474	4563	403.6								
吉林铁路口岸												
长白口岸	22639	25826	48465	35.70	18279	18200	36479	14.50	5261	5161	10322	24.30
古城里口岸	34500	16500	51000	150	11130	11654	22784	38.6	3097	3097	6194	38.5
沙坨子口岸	2772	6597	9369	59.8	12189	12203	24392	9.1	1404	1408	2812	76.3
老虎哨口岸			9900	−13.2			4400	8.1			2473	15.2
青石口岸			18400	84.7			9053	415.5			4596	56.8
延吉机场					29063	26725	55788	48.3	213	212	425	44.6
珲春—束草陆海联运客货班轮航线	1150	1877	3027	51.8	21670	21815	43485	−7.10			120	

吉林口岸查验单位工作综述

长春海关

【概况】 长春海关下设吉林海关、图们海关、珲春海关、延吉海关、集安海关、临江海关、长白海关和长春经济技术开发区海关。2002年,为适应加入世贸组织后的新形势、新任务,长春海关确定了“两手抓,抓两头,突出两个重点”(即抓好海关业务建设与精神文明建设,抓好一汽——大众集团快速通关和珲春业务基础建设,突出打击走私和加强税收征管)的工作思路,依法治税,强化征管,全年税款实际入库数51.91亿元,同比(下同)增长114%,占全国海关税收总数的2%。税收增幅居全国第一,累计税收额全国排名第13位。全年监管进出口货物货运量129.7万吨,增长12.3%;价值17.3亿美元,增长21%。监管进出境集装箱46868万箱次,增长43%。监管进出境人员707132人次、进出境邮递物品112881件、印刷品和音像制品501171件、快递物品275532件,分别增长2.67%、4.38%、2.9%、17.54%。

【税收征管与综合治税】 提高税收征管质量,实行综合治税。加强税源分析,加大对纳税大户的政策宣传与扶持力度;严把审价关,强化归类估价基础工作,建立专业审价网页和二级价格风险参数库,按照《长春关区审定进出口货物完税价格及估价工作规程实施细则》,完成了35556条商品归类任务,纠正企业错误预归类申请1000余条,预归类企业64家。2002年,长春关区共审价补税2459宗,补税金额

2946万元，增长351%；归类补税金额574万元，增长387%，有效防止了价格瞒骗。强化对加工贸易的有效监管，严格减免税审批，实行专项减免税货物后续管理，共审核加工贸易进口料件备案合同1 370份，金额2.17亿美元，增长21%；加工贸易核销补税4223万元，确保税收征管应收尽收。

【打私工作】 在"联合缉私，统一处理，综合治理"的缉私体制指导下，长春海关与省内公安、边防、林业、铁路等部门密切联系，于2001年11月15日至2002年3月31日，开展了打击中朝边境汽车走私专项斗争，打掉重大走私犯罪团伙9个，抓获走私犯罪嫌疑人58名，查扣走私汽车54辆，挖掘机5台，汽车走私犯罪活动得到有效遏制。2002年，长春关区缉私、调查部门共办理走私案件39起，案值4036.4万元，涉嫌偷逃税额1290.2万元。其中结案30起，案值1459.1万元，追缴偷逃税款737.4万元。抓获犯罪嫌疑人116名，其中刑事拘留73名，经检察机关批准依法逮捕犯罪嫌疑人46名，移送起诉49人，经审判机关依法判决230人。

【风险管理与稽查】 建立海关风险管理机制，按照企业守法管理体系要求，促进企业守法自律。成立了长春关区风险管理委员会，编写《长春海关风险管理实施方案》，建立了长春关区重点企业风险数据库。积极做好企业年审和注册工作，开展了报关质量专项治理和企业专项稽查。2002年，实现稽查、调查补税共计2525.3万元；办理违规案件53起，案值2098万元，查获无合法进口证明汽车199辆，实现罚没收入2053万元。

【通关作业改革】 适应与外经贸、检验检疫、金融、交通运输等部门协调配合的"大通关"体系建设新形势，制定了《长春海关通关业务联系配合办法》；建立通关业务工作网站，实现了各通关业务现场与通关职能管理间的信息化、网络化；完善"快速通关"、"便捷通关"新模式，推行了无假日预约报关、加工贸易"大手册"联网监管措施；研究开发了《快速通关辅助管理系统》，将预归类、进口货物底帐传输、报关单审核、查验管理等业务纳入信息化管理，使"货物零通关时间"成为现实；成立了一汽集装箱监管场站报关厅，实现了海关对大型企业的"一条龙作业"、"一站式服务"。2002年6月1日正式在关区范围内启动便捷通关程序，14家A类生产企业率先在关区范围内适用便捷通关优惠措施，达到有效监管和快速通关相统一。

【监管工作】 组成物流监控执法检查组，并组建了关区机动巡查小分队，加强了实际监管，丰富了查验手段。在一汽—大众汽车有限公司试行了延伸式监管办法；对中俄互市贸易区、中韩束草航线、快件监管问题，制定相应监管重点，确保在海关依法行政的同时，体现国家优惠政策和服务意识，促进了地方对外经济贸易发展。加大了对非贸渠道各类禁限物品的查缉力度，全年查扣各类违禁品71 166件，其中印刷品50 051件，音像制品20 441件，毒品340件，查扣文物233件，其他违禁品101件。

【业务基础建设】 坚持"依法行政，为国把关，服务经济，促进发展"的海关工作方针，全面加强科技、物流、风险、廉政、队伍等方面建设。积极组织推动H986、电子地磅等物流监控设备的应用管理；完成了H883 V5.2版系统的全面升级；移植安装了便捷通关等25项系统；对网络传输系统、统计系统等30多个软件进行了升级，实现了长春海关与一汽场站的网络连接；重新规划并开发了长春海关内部网站，拓宽了办公自动化的应用范围；大力推进"红机网"建设和三网分离工作；建立网络运行巡监制度，研制开发了网络监控系统，确保网络监控能力和信息系统的使用安全；为211家企业办理了电子口岸业务，开通电子口岸外部咨询网站，实行电子口岸热线值班制度，及时解决企业遇到的各类问题，拓展了信息化建设和政务公开工作领域；2002年11月10日，长春海关在珲春召开了业务基础建设现场会，会议通过了《长春海关党组关于加强业务基础建设的决定》，确立了长春海关业务基础建设的基本思路和工作重点。

（宗义）

吉林省公安边防总队

吉林省公安边防总队担负着长春航空、珲春公路、珲春铁路、图们铁、公路、集安铁路、圈河、三合、临江、南坪、开山屯公路、大安内河水运11个一类口岸和沙坨子、长白、古城里、老虎哨4个二类口岸，双目峰、八道沟公务通道和青石临时过货通道人员和交通运输工具的边防检查任务。

2002年，吉林省公安边防总队深入贯彻2001年底全国公安出入境管理工作会议和全国上海出入境边防检查业务工作研讨会精神，以创建“文明窗口”、规范边防检查执勤为中心，强化各级检查人员的培训和管理，密切与地方政府配合，加强涉外工作联系，为维护国家安全与稳定和促进吉林省的经济建设创造了一个良好的通关环境。

2002年共检查出入境人员692,395人次（出境人员337458人次，入境人员339452人次，边民15485人次）比2001年减少2.1％；检查出入境汽车85678辆次（出境43031辆次、入境42647辆次）比2001年增加1.4％，飞机2082架次（出境1039架次，入境1043架次）比2001年增加31.7％，火车1360列次（出境680列次、入境680列次）比2001年减少15.8％。

贯彻落实全国公安出入境管理工作会议精神，开展创建“文明窗口”活动，推进边防检查工作规范化建设，提高边防检查机关服务质量，为出入境旅客营造良好的通关环境。2002年3月份吉林省公安边防总队与省公安厅出入境管理处联合筹备召开了全省出入境管理工作会议。推出了全省贯彻落实全国公安出入境管理工作会议精神的七项改革措施，同时要求有关单位抓好与公民出入境密切相关的四项工作。为提高边防检查机关的服务质量，吉林省公安边防总队在全省各边防（境）检查站中开展了创建“文明窗口”活动，在珲春、圈河和长春口岸设立了中国公民专用通道，并在全省范围内实现了旅游团组预录预检。为加强边防检查工作的规范化建设，5月份在珲春边防检查站开展了试点工作，总结规范化执勤经验，探索规范化执勤的方法和途径。8月份在珲春市召开了规范化执勤现场会，推广珲春边防检查站在规范化执勤方面取得的先进经验，有力地促进了全省边防检查站规范化执勤工作协调发展。为出入境旅客营造了宽松、方便、快捷的通关环境，受到地方政府、群众和出入境旅客的一致好评。

密切与地方政府配合，扩大口岸功能，促进地方经济建设发展。吉林省公安边防总队在边防检查警力不足的情况下从图们边防检查站抽调警力到延吉临时空港执行边防检查任务，请示部局同意开通图们至朝鲜罗津边境旅游列车，并圆满地完成了边防检查执勤任务。2002年2月积极与朝方沟通，通过正式会谈确定自2002年3月1日起扩大圈河－朝鲜元汀口岸功能，通行中朝两国的因私旅客。10月份，与俄罗斯联邦边防总局太平洋地区管理局进行了工作会晤，协商口岸通行的有关问题，为保证口岸畅通，促进中俄两国经济共同繁荣发展奠定了良好基础。进一步改善珲春、圈河口岸的硬件环境，使之设施更加完备，布局更加科学。

针对口岸偷渡的严峻形势，吉林省公安边防总队以偷渡活动多发的长春、珲春、图们口岸为重点，积极开展反偷渡工作专项斗争。年初，派员到长春站、延吉机场临时执勤点就做好2002年口岸反偷渡工作召开了座谈会，对近年来口岸反偷渡工作形势进行了认真分析和讨论，结合当前口岸工作实际进行了反偷渡工作部署。同时，针对近年来偷渡分子乘集装箱偷渡的问题，研究制定了打击利用集装箱偷渡活动的措施，有力地遏制了利用集装箱偷渡的势头。2002年吉林省公安边防总队共查获偷渡人员101人次(中籍偷渡人员97人次，外籍偷渡人员4人次)，接收由境外遣返人员28人。

为提高边防检查工作的科技含量，发挥科技在边防检查中的效用，吉林省公安边防总队先后在临江、珲春口岸建设了监控系统，为部分边检站配备了文件检测仪器和查控用计算机，使全省的边防检查查控工作全部实现计算机查控，提高了边防检查工作的科技含量，强化了全省边防检查能力。

2002年吉林省口岸出入境旅客统计表

项目		出入境旅客		合计
		入境	出境	
中国籍	因公	74309	72175	146484
	因私	89060	96162	185222
	香港	1052	916	1968
	澳门	31	34	65
	台湾	1276	1342	2618
外国籍		108448	101784	210232
华侨		2546	1945	4491
合计		276722	274358	551080

2002年吉林省口岸出入境员工统计表

项目		入境方式				出境方式				合计
		飞机	火车	汽车	小计	飞机	火车	汽车	小计	
中国籍	因公	7474	3422	32782	43678	7418	3408	33208	44034	87712
	因私			874	874	1		890	891	1765
	香港	6			6	5			5	11
外国籍		3445	1077	13650	18172	3431	1165	13574	18170	36342
合计		10925	4499	47306	62730	10855	4573	47672	63100	125830

2002年吉林省口岸出入境交通运输工具统计表

项目	入境方式				出境方式				合计
	飞机	火车	汽车	小计	飞机	火车	汽车	小计	
中国籍	623	654	30945	32222	621	655	31295	32571	64793
外国籍	420	26	11702	12148	418	25	11736	12179	24327
合计	1043	680	42647	44370	1039	680	43031	44750	89120

2002年吉林省口岸出入境边民统计表

项目	出入境边民		合计
	入境	出境	
中国籍	6472	7107	13579
朝鲜籍	975	931	1906
合计	7447	8038	15485

（肖志强）

吉林出入境检验检疫局

2002年，检验检疫出入境货物45240批，货值269738万美元。其中，检验检疫出境货物29947批货值110941万美元；出境货物检出不合格150批，货值385万美元。检验检疫入境货物15293批，货值158797万美元。入境货物检出不合格171批，货值1167万美元。签发普惠制产地证书4,516份，货值15605万美元，签发一般原产地证629份，货值2936万美元。

2002年，出入境人员监测体检56980人次，检出疾病4488人次，艾滋病监测60350人次，预防接种43590人次。

2002年，检疫出入境集装箱43476标箱，出境木质包装监督检疫1419批，数量31491件，入境木质包装监督检疫3720批，数量302726件。

【认真履行职能，服务地方经济】 严防有害生物和疫病疫情的传入传出吉林出入境检验检疫局充分发挥动检、植检、卫检、食检等部门的职能作用和技术中心、保健中心的技术保障作用，对涉及安全、卫生、环保、健康的出入境货物和出入境人员加强检验检疫和监督管理。建立科学有效的预警机制，加强疫病疫情的防范。加强国际旅行人员的传染病监测和预防接种。搞好有害生物监测工作。对重点出口货物实施严格的检验检疫。强化对入境动植物及其产品的检疫措施。

强化大宗进出口商品的检验监管.以出口玉米、鸡肉、活牛、服装为重点,实行分类管理。对重要进口商品特别是成套设备,加强到岸查验和后续监管。对《检验检疫目录》内的出口商品,把工作重点从重最终产品的检验检疫向重生产过程中的检验检疫和监督管理转移,从重品质项目的检验检疫向重安全卫生项目的检验检疫转移。

切实加强边境口岸的检验检疫.密切关注周边国家疫情。在口岸实施严格的检验检疫措施。加强对口岸出入境货物、集装箱、车辆、飞机以及木质包装的"消、杀、灭"卫生处理。

积极推进认证认可工作.加大认证许可工作的监管力度,将食品生产企业出口卫生注册登记作为重点。做好强制性认证的协调和调查工作。加强对获证企业的监督管理,发现不符合项,提出限期改进。做好评审培训工作。2002年颁证41家,复审换证31家,监督审核了80家,举办了7期ISO9000质量体系内审员培训班和1期ISO14000环境管理体系内审员培训班,近百家企业的715人参加了培训。

整顿和规范市场经济秩序 开展了以进口食品为对象的专项打假活动。检查大型商场、代理批发经销商店等共24个商家,150多个品种。根据国家质检总局《关于开展严厉打击冷冻肉类产品非法入境活动加强进口肉类检验检疫管理的紧急通知》的要求,会同质量监督部门检查了存放进口肉类制品的冷库。对来自发生疯牛病国家或地区的进口食品、化妆品,开展了市场监督检查。

【规范执法行为,提高把关水平】 深入学习新修改的《商检法》,重点抓好三个环节,确保学习人数。新《商检法》人手一册,采取自学、集中学和培训相结合的方式;注重学习效果。统一组织新《商检法》考试,检验和巩固学习成果;做好社会宣传。组织省内118家企业的150多人集中学习、宣传、贯彻新《商检法》。召开新《商检法》实施新闻发布会,利用省内主要新闻媒体介绍新《商检法》。

切实提高检验检疫工作质量,查堵逃漏检。品种落实到人,充分利用海关统计资料及口岸局进口货物流向单,加强对《检验检疫目录》内进出口商品的检验检疫。加强工作督查和质量稽查。制定《主要工作任务分解表》,明确工作标准、完成时限,进一步规范执法行为,加大工作督查和质量稽查的力度,确保工作质量。

【加强内部管理,增强发展后劲】 加强科技工作 做好科技管理。组织并协调完成了由吉林出入境检验检疫局承担的6个国家标样、9个行业标准的研制工作,已被国家标准委批准发布。11项地方标准,获准向社会发布。完成了国家认监委下达的标准计划项目的清理。有7项科研成果获国家质检总局科技兴检奖。抓好信息化管理。铺设了吉林检验检疫局至长春电信局的光缆,安装了光电转换调制设备,打破了制约局本部信息交流发展的瓶颈。完成了计算机中心机房的总体改造。局内公众网正式开通。加强实验室建设,临江、吉林市办事处及延边局保健中心通过了东北大区的实验室注册。通化局和珲春局的实验室通过了东北大区组织的监督检查。延边局实验室通过了CEAC的认可考核。转基因实验室获得国家认监委的认可,成为吉林省首家具有转基因产品检测资格的实验室。

【抓好精神文明建设】 2002年,吉林检验检疫局党组,决心实现精神文明建设的跨越式发展,着手创建"国家级精神文明建设先进单位"。明确了创建目标,规范了创建制度,采取了有力的创建措施,12月份,吉林出入境检验检疫局机关被中央精神文明建设指导委员会授予"全国精神文明建设工作先进单位"称号。

2002年度,国家质检总局授予珲春出入境检验检疫局为全国质量监督检验检疫工作先进集体;吉林省精神文明建设委员会授予吉林省检验检疫系统为精神文明建设先进系统；授予吉林出入境检验检疫局机关和通化出入境检验检疫局为精神文明建设标兵单位及精神文明建设先进单位。

（翟文阁）

吉林检验检疫局2002年出入境检验检疫及签证业务情况表(1)

金额单位：万美元

<table>
<tr><th colspan="4"></th><th>全年累计</th><th>出境</th><th>入境</th></tr>
<tr><td rowspan="14">货物检验检疫</td><td rowspan="4">合计</td><td colspan="2">批次</td><td>45240</td><td>29947</td><td>15293</td></tr>
<tr><td colspan="2">金额</td><td>269738</td><td>110941</td><td>158797</td></tr>
<tr><td rowspan="2">检验检疫不合格</td><td>批次</td><td>321</td><td>150</td><td>171</td></tr>
<tr><td>金额</td><td>1552</td><td>385</td><td>1167</td></tr>
<tr><td rowspan="2">商品检验</td><td colspan="2">批次</td><td>41945</td><td>27369</td><td>14583</td></tr>
<tr><td colspan="2">金额</td><td>62598</td><td>5302</td><td>57296</td></tr>
<tr><td rowspan="2">动物及动物产品检疫</td><td colspan="2">批次</td><td>2746</td><td>2326</td><td>420</td></tr>
<tr><td colspan="2">金额</td><td>7738</td><td>6896</td><td>842</td></tr>
<tr><td rowspan="2">植物及植物产品检疫</td><td colspan="2">批次</td><td>21032</td><td>18035</td><td>2997</td></tr>
<tr><td colspan="2">金额</td><td>79090</td><td>78060</td><td>1030</td></tr>
<tr><td rowspan="4">食品</td><td colspan="2">批次</td><td>2752</td><td>2507</td><td>245</td></tr>
<tr><td colspan="2">金额</td><td>5741</td><td>5580</td><td>162</td></tr>
<tr><td rowspan="2">检出问题</td><td>批次</td><td>6</td><td>5</td><td>1</td></tr>
<tr><td>金额</td><td>18</td><td>17</td><td>1</td></tr>
<tr><td colspan="2" rowspan="4">监测体验及预防接种(人次)</td><td colspan="2">监测体检</td><td>56980</td><td>54386</td><td>2594</td></tr>
<tr><td colspan="2">爱滋病监测</td><td>60350</td><td>52434</td><td>7916</td></tr>
<tr><td colspan="2">发现病例数</td><td>4488</td><td>4298</td><td>190</td></tr>
<tr><td colspan="2">预防接种</td><td>43590</td><td>43590</td><td></td></tr>
</table>

吉林检验检疫局2002年出入境检验检疫及签证业务统计表(2)

金额单位:万美元

<table>
<tr><th colspan="3"></th><th>全年累计</th><th>出境</th><th>入境</th></tr>
<tr><td rowspan="4">交通工具检疫</td><td colspan="2">火车(节)</td><td>15954</td><td>7415</td><td>8539</td></tr>
<tr><td colspan="2">汽车(辆)</td><td>89464</td><td>44032</td><td>45432</td></tr>
<tr><td colspan="2">轮船(艘)</td><td></td><td></td><td></td></tr>
<tr><td colspan="2">飞机(架)</td><td>1766</td><td>882</td><td>884</td></tr>
<tr><td rowspan="2">集装箱检疫</td><td colspan="2">合计</td><td>43476</td><td>7585</td><td>35891</td></tr>
<tr><td colspan="2">检出问题</td><td>46</td><td></td><td>46</td></tr>
<tr><td colspan="3">签发检验检疫证书(份)</td><td>42690</td><td>40065</td><td>2625</td></tr>
<tr><td rowspan="2">签发通关单</td><td colspan="2">份数</td><td>17874</td><td>7618</td><td>10256</td></tr>
<tr><td colspan="2">金额</td><td>131504</td><td>14168</td><td>116887</td></tr>
<tr><td rowspan="2">签发换证凭单</td><td colspan="2">份数</td><td>80848</td><td>80848</td><td></td></tr>
<tr><td colspan="2">金额</td><td>89705</td><td>89705</td><td></td></tr>
<tr><td rowspan="4">签发产地证</td><td rowspan="2">普惠制
产地证</td><td>份数</td><td>4516</td><td>4516</td><td></td></tr>
<tr><td>金额</td><td>15605</td><td>15605</td><td></td></tr>
<tr><td rowspan="2">一般
产地证</td><td>份数</td><td>629</td><td>629</td><td></td></tr>
<tr><td>金额</td><td>2936</td><td>2936</td><td></td></tr>
</table>

吉林口岸专稿

紧紧把握吉林省口岸特点　有针对性地做好口岸工作

吉林省与俄罗斯滨海边疆区毗邻,边界线长241.25公里。双方设有边境口岸2个,即珲春——克拉斯基诺公路口岸和珲春——卡梅绍娃亚铁路口岸。均为国家一类口岸,允许第三国客货通行。

吉林省与朝鲜两江道、咸镜北道和慈江道隔鸭绿江、图们江相望,边界线长1206公里,双方设有边境口岸、通道12个,其中国家一类口岸7个,分别为圈河——元汀、图们——南阳、开山屯——三峰、三合——会宁、南坪——茂山、临江——中江、集安——满浦(其中图们——南阳为铁、公路口岸、集安——满浦为铁路口岸,其它为公路口岸);地方二类口岸4个,分别为长白——惠山、古城里——三长、沙坨子——赛别尔、老虎哨——渭源公路口岸;公务通道1个,即双目峰——双头峰公务通道。另有11个临时过货点。中朝口岸中,只有图们铁路口岸允许第三国货物通行,图们公路口岸和圈河口岸对第三国客货通行,其它口岸只限中朝两国双边客货通行。

吉林省还有内陆国家一类口岸三个,分别为长春航空口岸(允许第三国人通行)、延吉航空口岸(允许第三国人通行)和大安港水运口岸(自92年关闭至今);二类口岸二个,即长春铁路货运口岸,吉林内陆港口岸。

吉林省边境口岸分布在延边朝鲜族自治州和通化、白山市境内;内陆口岸分布在长春、吉林和白城市境内。

据统计,截止2002年底,全省口岸进出口货物151万吨,进出口货值17.3亿美无,出入境人员68万人次。

依照国务院批准的国家“十五”口岸开放规划,我省还将向国家报批升格长白、古城里、沙坨子口岸为国家一类口岸;报批图们铁路口岸增加客运功能。其中长白公路口岸正在国务院审批中。今年还将向国务院申报古城里口岸升格为国家一类口岸、图们铁路口岸增加客运功能,调研论证工作正在进行中。

与兄弟省、区、市口岸相比,吉林省口岸具有以下特点:

一、边境口岸多。全省各类口岸通道和临时过货点共有30个,分布在中俄、中朝边境的就占25个,特别是中朝口岸,有史以来,两国边民往来频繁。

二、口岸各管理部门涉外工作频繁。由于边境口岸相邻两国需对等设置,双方口岸的开放建设及开闭关时间等必须同步进行,因此,双方口岸管理部门须定期会谈会晤,通报交流情况,研究解决工作中存在的问题,形成共识,才能保证口岸畅通。

三、口岸客货通行量较少。据不完全统计,我省口岸年吞吐能力,货物在1000万吨以上,人员在1000万人次左右,而实际年过货量最高年份也仅在300万吨以内,人员则在百万人次以内。分析其主要原因,一是对应国家欠发达,物资匮乏、交通落后;二是口岸多设在边远山区,距离中心城市较远;三是对方国家改革开放程度不高,人们思想观念相对滞后。

四、老口岸居多,基础设施陈旧。中朝12个边境口岸、通道有11个口岸设于30年代末期,11个临时过货点,设施就更加简陋,建于日伪时期,座落在鸭绿江、图们江上的6座公路国境桥,两座铁路国境桥,目前仍在使用。

五、中朝、中俄口岸管理,有法可依。1994年1月27日,中俄两国政府签订了《中华人民共和国政府和俄罗斯联邦政府关于中俄边境口岸协定》;2001年11月24日,中朝两国政府签订了《中华人民共和国政府和朝鲜民主主义人民共和国政府关于边境口岸及管理制度的协定》。全省口岸管理机关与俄罗斯滨海边疆区和朝鲜两江道、咸镜北道和慈江道有关部门依照两国政府协定,对口岸实施管理。

六、位于图们江地区的部分口岸,做为重要投资环境,对于推进东北亚地区的开发开放具有重要意义。

根据上述特点,重点抓了以下几项工作:

一、重视抓好边境口岸管理工作,维护边境地区睦邻友好和稳定

吉林省沿俄、朝边界共设有25个口岸点,涉及延边、通化、白山三个市(州),珲春、图们、龙井、和龙、安图、集安、临江、长白8个县(市),做好口岸管理工作,对于维护中朝、中俄睦邻友好,兴边富民,保持边境地区的稳定,在政治上具有重要意义。特别是在目前朝鲜半岛局势日趋紧张,不稳定因素逐步增加的形势下,依据中朝、中俄两国边境口岸管理协定,加强了口岸进出境人员、货物和车辆的管理,两国口岸管理和查验部门之间定期联络会晤,交流情况,研究问题,及时掌握对方动向,主动采取应对措施,维护了国家主权,保证了口岸畅通。

二、加大了口岸基础设施建设力度。

据不完全统计，自改革开放以来，全省用于口岸建设改造资金达 12 亿元人民币，新开放了 6 个国家一类口岸，2 个地方二类口岸，2 个临时过货点，对 9 个老口岸进行了大规模改造，新建了二座中朝口岸国境桥，修建了 100 多公里口岸公路，大大改善了我省口岸硬件环境。

三、延伸口岸服务功能，开辟借港出海通道

针对吉林省边疆近海优势，在国家驻省查验机关大力支持、省直有关部门和口岸所在地政府的共同努力下，先后开通了珲春——俄罗斯扎鲁比诺——日本伊予三岛、珲春——朝鲜罗津——韩国釜山、珲春——俄罗斯波谢特——日本秋田、珲春——俄罗斯扎鲁比诺————日本新泻定期集装箱航线和珲春——俄罗斯扎鲁比诺——韩国束草国际陆海联运客货班轮航线。延伸了口岸服务功能，增大了口岸客货通行量。

四、培育发展口岸经济，发挥口岸辐射作用

改革开放，已使口岸地区成为最富有活力的开发开放经济带。全省各口岸所在地政府充分发挥本地优势，积极做好口岸开放这篇大文章，围绕把口岸人流、物流、资源流做大做强开展工作，加大口岸招商引资力度，积极开展边境旅游，培育口岸经济，带动本地经济发展。争取做到开放一个口岸，搞活一地经济，富一方百姓。珲春市作为国家首批对外开放边境城市，充分利用与俄、朝地缘优势，培育发展口岸经济，先后建立了珲春边境经济合作区、珲春出口加工区和中俄互市贸易区，与俄罗斯哈桑自由经济贸易区和朝鲜罗津——先锋自由经济贸易区形成了区域经济互动格局，同时积极开展对俄、对朝边境旅游，带动了周围及腹地经贸旅游和服务业的发展。

五、规范口岸管理，创造宽松的口岸通行软环境

通过全省口岸管理部门的共同努力，吉林已形成了一整套口岸管理办法。针对吉林边境口岸毗邻国家欠发达，口岸管理国际化程度低的特点，积极促成了中俄、中朝两国政府签订了口岸管理协定，使双方口岸管理有法可依；与俄滨海边疆区建立了省级混合工作组定期会议制度，各口岸管理机关也相应建立了定期会晤制度；根据省政府办公厅转发国务院办公厅《关于进一步提高口岸工作效率的通知》精神，建立了口岸工作联席会议制度和口岸精神文明建设活动评比表彰制度；制定了《长春航空口岸管理暂行办法》和下发关于国际航空包机业务管理、开放口岸检查检验配套设施建设、临时口岸审批程序和《关于口岸收费实行明码标价的通告》等文件，推行口岸现场联合办公制度和“一条龙”服务模式，减化手续、减少环节、快速通关。改善了全省口岸通行软环境。

六、团结合作，协调服务，共同做好口岸工作

各级口岸办在当地政府的领导下，充分发挥综合管理、协调、组织、计划、监督和仲裁职能，主动了解口岸各部门的情况，虚心向各部门学习，认真听取各单位意见，深入口岸实际，调查研究，坚持口岸工作联席会议制度，及时调度掌握情况，为口岸查验部门办实事；口岸各查验部门顾全大局，牢固树立为经济建设服务思想，积极支持口岸办的工作。形成了团结合作，协调服务，共同做好口岸工作的局面。

（郭庆宏）

吉林口岸先进集体和个人事迹选编

忠于职守尽职责　扎根口岸献青春

——珲春边防检查站值勤业务一科先进事迹

珲春边防检查站担负着珲春口岸的出入境检查任务。执勤业务一科坚持内强素质，外树形象，出色地完成了以边防检查为中心的各项任务，为维护口岸出入境秩序和稳定，促进地方经济建设做出了突出贡献。珲春边防检查站也因此多次被公安部出入境管理局、边防管理局评为全国边防检查系统"为人民服务，树公安新风"活动先进单位、规范化建设先进单位和公安边防部队基层建设先进支队级单位，10人12次荣立三等功。

忠于职守，不负职责。近来年，共查获偷渡案件12起50人次，在控人员2起2人次。2000年8月19日，在对一赴韩国旅客实施出境检查时，发现其护照上有伪造嫌疑。经审查，此人为非法越境朝鲜人，企图假道珲春口岸偷渡到韩国，从而查获了全省首起朝鲜藉公民偷渡案件。2002年6月4日，在对赴韩国旅客实施边防检查时，发现15名身着中国足球队球迷服装出境旅客形迹可疑。经审查，这是一起以观看世界杯足球赛为名的集体偷渡案，是珲春边防检查站建站以来查获人数最多的偷渡案，也是"世界杯"期间，全国查获的第二大集体偷渡案。2002年8月，他们还积极协助沈阳海关，成功查获一起重大文物走私案，查获古生物化石288件，1亿年前的恐龙化石骨架10条。

内强素质，苦练精兵。为高标准完成边防检查任务，在严格按照"三个规范"、《国家对外开放口岸边防检查现场设施建设标准》、《公安边防部队基层正规化管理若干规定》的标准，结合口岸实际，重新调整确定了16个岗位、规范制定了32种执勤簿表。为提高检查人员综合素质，以加强外语和计算机培训为重点，培训业务尖子。组织俄语专业人员自编教材，帮助新检查员在较短时间内持章上岗。他们边执勤，边积累经验，总结出一套"听口音知籍贯、看肤色穿着知职业、察神态找疑点、对证照识伪假"行之有效的检查工作方法。

外树形象，服务为民。执勤业务一科积极开展争创"文明窗口"活动，广泛征求联检单位和口岸工作人员建议，开辟了"工作人员专用通道"，制作了"口岸工作人员"胸牌，在严格口岸现场管理的同时，为口岸工作人员创造了宽松的工作环境。2002年7月16日，一韩籍旅客不慎将手提包遗失，内有手机、价值3万余元人民币存折等贵重物品。检查员邹立辉立即帮助多方查找，将失物如数交还失主。8月17日，图们外贸公司职员不幸遭遇车祸，执勤官兵及时将其送往医院抢救，使其脱离危险。两年来，为出入境旅客做好事80余件，返还旅客失物折价5万余元，义务为出入境旅客及外贸单位提供翻译服务450余人次，为福利事业捐款捐物、捐资助学等多达4800余元。执勤业务一科连续多年被驻地党委、政府评为"精神文明先进集体"、"口岸工作先进单位"，树立了良好的边防卫士形象。

扎根口岸，奉献青春。珲春口岸地处东北高寒地区，受海洋性气候影响，自然环境恶劣，常年寒冷潮湿，气温低、温差大，科里多数同志都患有风湿性关节炎、皮肤病等疾病。2001年，珲春口岸实施改扩建工程，出入境检查在临时搭建的简易房内进行，夏天酷热干燥，冬天寒冷无比。正是这种恶劣的环境，检验和锻炼了检查人员，体现了当代边防军人不怕困难、乐于奉献的革命精神。2002年8月，检查员李文哲的父亲病重住院手术，站里准假回去照料，当时正是出入境高峰期，检查人员少，他仅在医院呆了半天，将病重的父亲托付给妻子，立即返回工作岗位；科长姜远鹏患有严重的胃病，医生要求他住院治疗，他只在医院门诊打了一个点滴，怀揣着药就出现在口岸现场……检查人员经常超负荷工作，有的两地分居、有的孩子无人照料，但全科人员在支部一班人的带动下，时时处处以大局为重，保障了各项检查工作的圆满完成。

吉林口岸大事记

1月26日

海关总署给长春海关调查局记集体三等功。

1月27日

珲春市口岸办召开口岸精神文明建设表彰会。

2月26日

长春海关金甲祚关长参加吉林省和俄罗斯滨海边疆区混合工作组第一次会议。

3月11日

经吉林省公安边防总队与朝方会谈协商，双方同意圈河口岸通行中朝两国因私旅客。

3月15日

国家认监委下发了《关于批准吉林出入境检验检疫局技术中心转基因实验室具有转基因产品检测资格的通知》，吉林省具有了首家转基因产品检测资格的实验室。

3月21日

公安部边防局孙川流副局长在省总队领导陪同下视察古城里口岸。

3月30日

海关总署以署办函[2002]51号批复省口岸办，同意延吉机场于4月1日至10月31日临时对外开放。

4月12日

国家质检总局调整吉林出入境检验检疫局领导班子，李元平任局长。

4月23日

检验检疫局长春机场办事处在对一名台湾籍旅客进行入境查验中，发现水果盒内有一活虫，经有关专家鉴定为德国蜚蠊害虫。

4月25日

海关总署以署办函[2002]115号批复吉林省口岸办，同意6月1日至9月30日开通延吉至海参崴临时包机航线。

4月28日

长春海关完成与一汽监管场站 H883/EDI5.1 系统联网工作，实现了海关“一条龙作业”、“一站式服务”的初步目标。

5月10日

省口岸办在珲春召开全省口岸办主任工作会议。

5月12日

省公安厅陈占旭厅长在省边防总队吕文彦总队长陪同下视察古城里口岸。

5月13日

中央机构编制委员会办公室、国家质量监督检验检疫总局下发《关于中华人民共和国图们出入境检验检疫局更名的批复》(中央编办复字[2002]80号)，图们出入境检验检疫局更名为延边出入境检验检疫局。

5月31日

吉林海关、延吉海关、图们海关与吉林铁路分局签定《关于海关监管货物以铁路方式运输的合作协议》。

6月6日

延吉航空口岸、长白口岸列入海关总署下达的《2002年年度口岸开放计划》。

6月9日

吉林省军区副司令员叶恩慧少将及参谋长一行7人视察南坪、古城里口岸。

6月12日

吉林省委书记王云坤、副省长杨庆财视察南坪口岸。

6月14日

省口岸办在集安召开全省口岸信息工作会议。

7月13日

长春海关走私犯罪侦查分局配合沈阳海关走私犯罪侦查分局在珲春口岸破获一起特大走私古生物化石、恐龙骨架案，查获1亿年以前的古生物化石2080件、恐龙骨架10条，抓获5名犯罪嫌疑人。

7月22日

国务院副秘书长崔占福同志带领国家有关部门领导到南坪、古城里口岸调研。

7月26日

全国人大常委会副委员长王光英同志到图们口岸视察。

8月22日

国家计委副主任兼国务院西部开发办副主任李子彬考察了珲春口岸、圈河口岸和出口加工区。

8月28日

长春海关在互联网上正式开通“长春海关电子口岸咨询网站”。

9月5日

中央纪律检查委员会常务副书记曹庆泽，考察了珲春口岸、圈河口岸。

9月22日

朝鲜惠山税关代理关长姜吉哲到长白海关访问。

10月16日

中共中央政治局委员、中央军委副主席、国务委员兼国防部长迟浩田视察珲春口岸，并慰问了口岸现场人员。

10月21日

省口岸办组织口岸查验部门和政府相关部门赴黑龙江省考察。

10月24至25日

总参作战部副部长兼国家边防委办公室副主任尚恒春带领总参、公安部、林业总局、沈阳军区、兰州军区、吉林省军区、省外办等一行16人检查和龙“九五”边防基础设施建设情况，视察了南坪、古城里口岸。

11月11日

吉林出入境检验检疫局产地证电子签证业务正式启动。

11月28日

长春经济技术开发区海关、长白海关、图们海关走私犯罪侦查支局被吉林省人民政府发展研究中心、吉林省社会事务调查中心评为吉林省服务满意单位。

12月

长春海关被评为2002年度吉林省信息工作先进单位。

黑龙江省

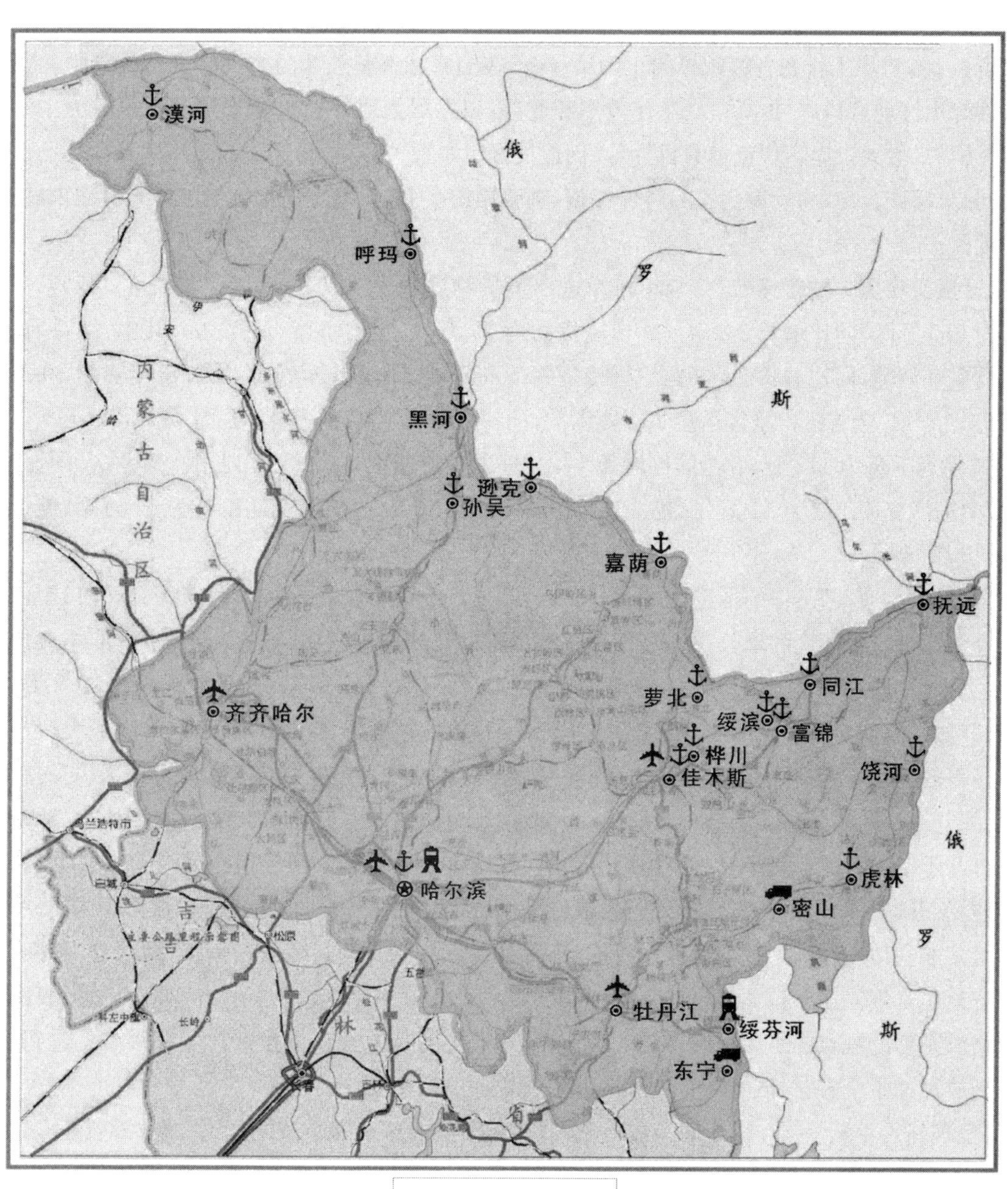

图　例

⊛	省级行政中心
⊙	口岸
🚆	铁路口岸
✈	航空口岸
🚚	公路口岸
⚓	海（河）运口岸

黑龙江口岸工作综述

2002年,全省口岸工作在各级领导的正确领导下,在国家和省有关部门的大力支持配合下,全省口岸工作以管好用好现有口岸,提高口岸工作效率和效益,以发展为对外经贸和旅游事业服务为中心,以增强口岸吸引力、增大口岸客货流量为目标,以创造良好口岸通关环境,树文明高效口岸形象为已任,各部门戮力同心、精诚合作,为发展全省的对外经贸、繁荣旅游事业、促进文化交流与友好人员往来做出了应有的贡献。

【口岸客货运量实现历史性新突破】 全年口岸进出境货物运量为665万吨,同比增长26.35%。其中进境货物为586万吨,同比增长24.54%。出境货物为79万吨,同比增长41.72%。其中:绥芬河口岸进出境货物538万吨,同比增长28.25%。进境货物509万吨,同比增长29.18%。出境货物30万吨,同比增长14.11%。全省进出境客运量224万人次,同比增长1%,其中进境客运量为112万人次,同比增长1%,出境客运量为112万人次,同比增长1%。进出境交通工具为21万列、艘、架辆次,同比增长12.3%,其中进境交通工具为11万列、艘、架辆次,同比增长11.7%,出境交通工具为10万列、艘、架辆次,同比增长11.4%。

在全国口岸"大通关"工作的推进下,全省口岸运输生产一派繁忙,绥芬河、东宁、同江等口岸,进出口货运量继续保持较大幅度的增长,一些名不见经传的口岸,如富锦、萝北等主动出击,采取招大户、揽货源,创造宽松环境和提供优质服务的做法,使口岸货运量由过去的几百吨、几千吨跃升为10几万吨。

【口岸扩大开放迈出新步伐】 2002年是全省口岸扩大开放的申请与落实最多、工作难度最大、也是实际效果最显著的一年,在省政府和哈尔滨市政府的共同努力下,在民航及各检查检验部门大力支持和配合下,成功的开通了哈尔滨—美国洛杉矶航线,为全省及吉林、内蒙等省区赴北美经贸洽谈、文化交流、旅游观光打开了空中大门。为了克服以往赴莫斯科、圣彼得堡旅游客人须经俄边境城市中转办理繁琐手续的不便,又开通了哈尔滨直飞莫斯科的旅游包机航班,为全省开展对俄包机跨国旅游探索出一条新路。齐齐哈尔航空口岸在国家批准对外开放10年后,历经艰辛的努力,终于在今年"绿博会"期间首次开通了齐齐哈尔—俄罗斯布拉戈维申斯克临时包机航线,迎来了第一批参会的俄罗斯经贸代表团,为"绿博会"增添了新的靓点。黑河机场、同江口岸东部作业区的对外开放工作都在紧锣密鼓的进行。口岸的扩大开放加速了全省对外经贸的发展,促进了国际合作与交流。

【口岸建设呈现新水平】 一年来,全省口岸各部门按照量力而行、确保重点的原则,多方筹资,不断加大口岸基础设施建设。绥芬河铁路口岸针对进出口货运量大幅增长,铁路站场通过能力与之不适应的问题,在铁道部的支持下,投资8000万元进行了铁路站场应急工程改造,新建和改建了换装线、待发线、旅客候检大厅、电子数据信息平台等,提高了口岸通过能力,全年进出境货运量达到538万吨,在上一年的基础上增加113万吨。铁道部等国家六部(委)在绥芬河铁路口岸召开了"大通关"现场会,总结和推广了绥芬河铁路口岸"大通关"的经验和做法。黑河口岸为方便进出境人员通关,投资50万元对旅检大厅进行了改造,压缩查验区、扩大候检区,提高了进出境人员的通关速度。萝北口岸按照"大通道"、"大通关"的要求,在国家和省市有关部门的支持下,累计投入资金3亿元,进行口岸通关环境的硬件建设。建成了连接口岸、县城和鹤岗市的国家二级公路；开通了万门程控电话和光缆通信；将名山码头改造为煤炭和散货装卸为一体的多功能码头，新建一座4200平方米的滚装式轮渡码头和一座年吞吐能力为13万立方米的木材专用码头，使萝北口岸成为全省设施完备、交通便利、货畅其流的口岸之一。富锦口岸为彻底解决松花江枯水期通航难的问题，在省航务局的支持下，投资190万元全面整治富锦至同江航道，确保低水位船舶正常航行；在哈尔滨铁路分局和佳木斯铁路局的支持下，使富锦铁路专用线享受国际联运待遇，解决了铁路配车不足和运费较高的问题；自筹资金200万元，新建一处趸台、两处立式码头，使该港区日装卸能力达3000吨以上，日疏港能力达2500万吨以上。

【口岸管理取得新进展】 全省口岸各部门以提高口岸服务质量，优化口岸通关环境为宗旨，把贯彻落实《国务院办公厅关于进一步提高口岸工作效率的通知》和上海“大通关”现场会议精神作为口岸的中心工作来抓，紧密结合全省口岸实际，围绕改善口岸通关环境，提高口岸通关效率，先后实行了“一站式”、“一条龙”优质服务，推广绥芬河口岸“大通关”典型经验等做法，收到了较好的效果。黑河、虎林、密山等口岸组成了由地方政府主要领导挂帅，查验运输等部门参加的口岸工作协调机构、综合协调口岸重大事宜。为保证中俄对应口岸同步运行，成立了中俄对应口岸所在地政府及相应部门参加的工作混合委员会，并建立了会谈会晤制度，协调解决对应口岸重大问题。各检查检验部门为促进地方经济的发展，确保“大通关”顺利实施，出台多项保障措施。哈尔滨海关成立了通关事务应急小组、实行现场值班制度、24小时预约审单制度和“首问负责制”。省检验检疫局实行了电子报检、电子转单、电子产地签证的三电工程。边防总队在全省范围合理调配人力，调整作息时间，加强人员培训，增加设施投入，将口岸“大通关”落到实处。

【口岸精神文明建设开创新局面】 紧紧围绕服务经济建设这个中心，把口岸精神文明建设与口岸业务紧密结合起来。在全省组织开展了以各市县口岸为单位的争创文明高效口岸活动。各单位积极踊跃参加，纷纷开展了政治教育、涉外纪律教育、职业道德教育和“便民、利民、为民”等活动。推行首问负责制，员工持证上岗、挂牌服务。建立了监督和激励机制。口岸各单位分工不分家、相互协作不拆台、密切配合讲团结，不断改进工作作风，变微笑服务为精品服务，变被动服务为主动服务，变定点服务为全程服务，努力提升服务层次。通过开展共建文明口岸活动，口岸管理水平、工作效率、服务质量、治安秩序以及口岸职工的政治和业务素质有了明显提高，一些口岸先进单位和个人不仅在口岸系统内部起到标兵带头作用，而且在口岸所在地区也起到窗口示范作用。其中绥芬河口岸、东宁口岸、黑河口岸、同江口岸、萝北口岸、哈尔滨航空口岸被评为2002年度全省文明高效口岸。

【口岸运行产生新需求】 一是绥芬河——波格拉尼奇内口岸站间国际铁路扩能改造。将该区间宽轨、单轨套用单线改建成宽轨、标轨并行复线。目前，该口岸货运量每年以100万吨的速度增长，2002年达到了515万吨，预计到2005年将远远超过800万吨。为适应对俄经贸发展需要，在铁道部和省政府的重视和支持下，绥芬河铁路口岸不断进行扩能改造，预计到2003年底，近期工程结束，换装和接发能力将达到1000万吨，可基本满足对外经贸发展需要。但绥芬河——波格拉尼奇内口岸站间国际铁路通过能力目前只有700万吨，如不及时进行单线改复线的扩能改造，2005年将达到饱和程度，严重影响口岸的发展。

二是东宁至乌苏里斯克国际铁路筹建工作。为加快黑龙江省与俄滨海边区经贸发展，缓解绥芬河铁路口岸过货能力的不足，筹建东宁至乌苏里斯克国际铁路已是大势所趋。目前，中方已完成工程可研报告编制工作，正在报请铁道部等有关部门立项。

三是黑河——布拉戈维申斯克黑龙江大桥建设。黑河与布拉戈维申斯克是中俄边境唯一一对规模最大、距离最近、功能齐全、交通便利的对应城市，为适应中俄两国经贸合作与友好往来需要，加快建设黑龙江大桥意义重大。现双方正在积极研讨，分别在国家进行立项。

四是洛古河——波科洛夫卡黑龙江大桥建设。洛古河通道是黑龙江省通向俄赤塔州森林资源密集地区最近的经贸通道，年过货量在不断增加，因只能冬季冰上运输，影响了双方的合作与发展。此桥的建成将为全省与赤塔州森林采伐、投资建厂和矿产开发等合作项目的运输提供可靠保证。现中俄双方地方政府已签署合作协议，正在进行立项申报。

2002 年全省口岸客货量统计表

单位：吨、人次

项目 / 口岸	货运量	其中：		客运量	其中：	
	合计	进口	出口	合计	入境	出境
全省合计	6616002	5850187	765815	2241022	1121535	1119487
铁路运输	5175471	5068654	106817	383699	172255	211444
船舶运输	638898	507477	131421	523108	261506	261602
汽车运输	797161	271335	525826	1124664	581074	543590
航空运输	761	442	319	209551	106700	102851
哈关现场	3711	2279	1432			
绥芬河	5380839	5085431	295408	892760	447840	444920
铁路运输	5149945	5059623	90322	383699	172255	211444
汽车运输	230894	25808	205086	509061	275585	233476
航空运输						
黑河	196000	136000	60000	452206	226544	225662
船舶运输	131715	92200	39515	368334	184223	184111
汽车运输	64285	43800	20485	83872	42321	41551
航空运输						
同江	205826	160937	44889	17340	8557	8783
船舶运输	204387	160256	44131	13159	6484	6675
汽车运输	1439	681	758	4181	2073	2108
哈尔滨	29998	11752	18246	209349	106618	102731
铁路运输	25526	9031	16495			
船舶运输						
航空运输	761	442	319	209349	106618	102731
哈关现场	3711	2279	1432			
佳木斯				202	82	120
航空运输						

项目 口岸	货运量	其中：		客运量	其中：	
	合计	进口	出口	合计	入境	出境
船舶运输				202	82	120
逊克	3088	2414	674	19207	9595	9632
船舶运输	1187	850	337	13131	6556	6575
汽车运输	1901	1564	337	6076	3019	3057
东宁	228992	103723	125269	321838	158582	163256
汽车运输	228992	103723	125269	321838	158582	163256
抚远	37920	15078	22842	93156	46456	46700
船舶运输	37920	15078	22842	93156	46456	46700
汽车运输						
密山	85683	1859	83824	178060	88914	89146
汽车运输	85683	1859	83824	178060	88914	89146
虎林	113854	28626	85228	11041	5450	5591
汽车运输	113854	28626	85228	11041	5450	5591
富锦	126441	122523	3918	627	499	128
船舶运输	126441	122523	3918	627	499	128
绥滨						
船舶运输						
嘉荫	2270	2206	64	552	280	272
船舶运输	1850	1786	64	462	235	227
汽车运输	420	420		90	45	45
萝北	114496	108936	5560	13847	6754	7093
汽车运输	11388	10888	500	2972	1472	1500
船舶运输	103108	98048	5060	10875	5282	5593
饶河	20024	557	19467	24004	11817	12187
船舶运输	15369	241	15128	20385	10130	10255
汽车运输	4655	316	4339	3619	1687	1932
漠河	70571	70145	426	6833	3567	3266
船舶运输	16921	16495	426	2979	1641	1338
汽车运输	53650	53650		3854	1926	1928

黑龙江口岸查验单位工作综述

哈尔滨海关

2002年，哈尔滨海关在海关总署党组的正确领导下，以“三个代表”重要思想为指导，深入学习贯彻党的“十六大”会议精神，认真贯彻海关工作新方针，按照“以人为本、以德治关、强化基础、全面发展”的关区工作总体思路，狠抓党组自身建设，不断强化业务基础建设和基层建设，正确理解和把握“把关”与“服务”的关系，为促进地方经济发展和边疆的繁荣稳定做出了积极的贡献。

2002年，哈尔滨海关关区税收入库总额6.8亿元，同比增长16.5%，比全年税收计划(5.7亿元)多收1.1亿元；监管进出口货物666.4万吨，同比增长26.4%；进出境运输工具36.2万辆(艘)次，同比增长17.3%；进出境人员218.7万人次，与上年基本持平；进出境邮递物品、印刷品98.8万件，同比增长42.1%。2002年，关区调查部门共立案92起，案值6863万元人民币，结案131起，案值9102万元人民币，罚没收入908万元人民币，稽查补税1096万元。侦查部门共受理案件20起，立案11起，案值3300余万元，移送起诉案件8起，对32名犯罪嫌疑人采取了强制措施。

一、全面贯彻落实2002年全国海关关长会议精神，形成了关区总体工作思路，确定了工作重点

2002年初召开了关区关长会议。会上，孔祥君关长作了《振奋精神、拼搏进取、努力开创关区工作新局面》的讲话，客观地回顾了去年工作，总结了做好海关工作的四点体会，提出了今后一个时期关区工作的总体思路，即以“三个代表”重要思想为指导，全面贯彻海关工作新方针，以人为本，以德治关，强化基础，全面发展。重点是“六抓”，一是抓海关新方针的贯彻落实，促进海关各项工作的全面开展。二是抓班子，带动队伍建设。三是抓廉政，促进党风好转。四是抓监督，保一方平安。五是抓基础建设和基层建设，提高整体管理水平。六是抓学习培训，促进素质提高。

二、严格依法行政，切实履行海关各项职能

2002年，哈尔滨海关认真贯彻落实全国海关关长会议精神，严格依法行政，较好地履行了各项职能。

围绕税收这一“轴心”，坚持依法治税和综合治税，确保了应收尽收。加强了对税收工作的统一领导和协调，关领导亲自主持召开税收形势分析会，提出了要求，采取了措施，加强了督促检查，应收尽收，调整税收计划，主动为国分忧。关税职能部门深入调查研究，充分发挥《关税分析监控系统》的作用，税收工作的科学化管理水平有了明显提高。

充分发挥刑事、行政执法合力，继续保持打击走私的高压态势。调整了侦查、调查部门职能，合理调配人员，明确了侦查、调查部门的任务和责任。积极组织开展打击涉税走私专项斗争，严厉查处中俄边境走私珍贵动物制品案件。坚持“综合治理”，进一步加强了与有关部门的协作配合。加强企业管理，强化稽查职能，进一步加强了案件审理工作。

进一步加大海关实际监管力度。通过推广应用舱单计算机管理系统，充分发挥审单中心的作用，定期检查查验量化指标的完成情况，推动了实际监管质量的提高。加强了对海关监管场所的管理，坚持严格审批、严格考察实地检查验收。做好转关运输监管工作，推广跨关区快速通关系统的应用。认真做好

企业年审工作，净化了报关市场环境。

加强统计基础工作，强化统计监督职能。在确保统计数据质量的基础上，全面实施执法评估，及时发布进出口统计数据，深入开展调查研究和专题分析，发挥了海关统计监督和辅助地方经济决策的作用，受到了总署和地方党政领导的好评。

此外，督查审计的作用得到了进一步的发挥，财务的监督保证作用得到加强，行政后勤、机关服务工作也较好地发挥了保障作用，关区基本建设的规范化管理水平进一步提高，行政复议、应诉，知识产权保护等法律工作、信息工作、理论研究工作也有了很大起色，哈尔滨海关学会正式成立。

三、抓基层，打基础，深化业务改革，不断提高海关管理水平

哈尔滨海关始终把抓基层、打基础作为重要工作贯穿于各项工作之中。

结合关区实际，认真贯彻落实全国海关基层建设工作会议精神。在学习讨论牟新生署长讲话的基础上，就关区基层建设的现状、存在的问题和如何贯彻总署会议精神进行认真的思考。召开了座谈会，就如何贯彻好会议精神进行了深入的讨论和研究，提出了加强关区基层建设的总体目标，制定了关区基层建设工作方案。

加强业务基础建设和规范化建设，强化了总关对全局工作的调控能力。认真落实了哈尔滨海关重大事项请示报告制度，进一步规范了层级事权管理。进一步明确和发挥了办公室业务综合协调职能。加强制度建设，重点解决了关区监管尺度管理办法和操作规程不尽统一的问题，制定和实施了53项业务制度和操作规程。开展风险管理工作，进一步完善通关作业改革，对部分处室的职能进行了调整。认真贯彻国务院和海关总署增收节支电视电话会议精神，加强预算管理和财务分析，重申财经纪律，制定了《哈尔滨海关财务改革实施意见》、《重大财务开支集体审批制度》和《日常开支管理制度》。

面向基层，转变作风，加强调研和指导。一年来，哈尔滨海关党组和各职能部门把深入基层调查研究、指导推动工作作为重点，平均每个党组成员都抽出了一个月左右的时间下基层，掌握了第一手资料，及时解决基层工作中遇到的问题，同时也为基层单位创造了良好的外部执法环境。

发挥科技先导作用，提高关区业务管理的科技含量。进一步完善通关系统，顺利完成H883/EDI5.2版通关系统的切换升级。加强关区网络管理，完成“红机网”设备的安装、调试等基础性工作，隶属绥芬河、黑河、密山海关完成了综合布线工程。隶属绥芬河、东宁海关H986工程如期完成顺利通过验收并受到总署表扬。完成了办公自动化系统的开发及在总关的应用推广工作。加强了计算机安全管理工作。

四、以加强党组自身建设为引领，带动关区各级领导班子建设和队伍建设

一年来，哈尔滨海关新一届党组始终把“抓班子，带动队伍建设”作为一项重要工作，始终抓住不放。

深入学习贯彻十六大精神。先后组织了三次党组中心组的集中学习，反复通读、精读报告。召开了关区关长工作会议对十六大的学习贯彻工作进行了全面部署，要求关区各单位、各部门要以强烈的政治责任感抓好十六大精神和“三个代表”重要思想的学习贯彻，以推动关区各项工作。我们还通过采取集中学习与自学、召开主题演讲会、座谈会等多种形式，保证了学习效果。

突出重点，加强党组自身建设。党组成员之间进一步增强了协作配合意识，完善了集体领导的形式，在各项工作中发挥了领导核心的作用。在认真落实《哈尔滨海关党组关于加强自身建设的决定》的基础上，制订了《党组议事规则》、《党组中心组学习制度》。坚持党内民主生活，定期召开党组民主生活

会，提出并认真坚持了班子成员的“约法三章”和“三不”的要求。

认真学习贯彻《条例》精神，加快干部人事制度改革步伐。制定实施了《哈尔滨海关非领导职务干部选拔任用暂行办法》等10余项制度、办法。进一步充实和加强了关区纪检监察力量，继续配齐配强基层海关的领导班子和中层干部，对7个隶属海关的领导班子进行了调整，通过竞争上岗，提拔处级干部11名，科级干部2人，副科级干部34人；公开选拔科级干部30人，主任科员3人，副主任科员100人，使一大批年富力强的中青年干部走上了领导岗位，在全关区初步形成了知识年龄结构合理，梯次分布的领导层。在总署党组关怀下，着手解决边关进人难的问题，从应届毕业生中招录了44名公务员，从地方为漠河海关招收了5名公务员。

坚持从严治关，进一步增强抓管理、带队伍的意识。党组对关区各级领导干部提出了五点希望，要振奋精神，加强自身的修养；要率先垂范，带好队伍；要明确思路，掌握科学的工作方法；要讲团结，顾大局，识整体；要服务基层，发挥好职能作用。要求各级领导干部进一步加强自身建设，做带头学习，不断提高自身素质的模范；做维护大局，严守纪律的模范；做严格自律，勤奋工作的模范；做关心群众，热爱同志的模范。在干部管理方面，提出了“六严”原则，即提出严格的要求，形成严密的制度，实行严格的管理，养成严谨的作风，进行严肃的教育，对违法违纪者要给予严厉的惩处。

强化廉政忧患意识，加强了党风廉政建设工作。建立了“党委统一领导，党政齐抓共管，监察组织协调，部门各负其责，依靠群众参与”的反腐败领导体制和工作机制，实现了“一岗双责”和“谁主抓、谁负责”的要求。抓整章建制工作，强化了内部管理。加强领导，建立起一支由46人组成的专兼职纪检监察干部队伍，使纪检监察工作覆盖全关区。积极落实2002年度的党风廉政责任制，关区四级责任体系初步建成。与省检察院联合开展了预防职务犯罪工作。

五、弘扬边关精神，活跃边关文化，创新新时期海关的思想政治工作

广泛开展“三珍惜、三热爱”活动。结合关区实际在广大关员中大力弘扬以“扎根边疆、安心边关、把关服务、无私奉献”为主题的边关精神，开展了青年志愿者活动，展现了新时期海关关员的精神风貌，赢得了地方党政领导和社会各界的高度赞誉。通过建设边关文化长廊，开展文艺汇演、主题演讲会、篮球赛等多种文体活动，创新方法，寓教于乐，很好地发挥了文化建设所特有的教育、激励、凝聚和交流功能。隶属绥芬河海关被文化部授予“全国基层文化工作先进单位”。

六、努力实践新方针，进一步增强为地方经济发展服务的自觉性

哈尔滨海关应对入世要求，积极推行贸易便利化措施，制定和实施了《哈尔滨海关支持企业扩大出口十条便捷通关措施》，加强关贸协作，加强了与俄罗斯海关的协作和行政互助。对扩大外贸出口、发展对俄经贸、边民互市贸易区建设等省政府确定的重点工作，我们都提出了积极的、建设性的意见，得到了省政府领导的高度重视并予以采纳。注重协调与地方的关系，主动向省政府主要领导同志汇报工作，听取意见和要求，争取地方政府的支持和关注。继续深入开展文明窗口建设，积极参加地方组织的“四好一满意”活动和“双评”活动，获得“四好一满意”先进单位的荣誉称号。

哈尔滨海关 2002 年业务统计表

项　　目	单　　位	2002 全年	同　　比(±%)
进出口报关单总数	份	172949	31.2
进　　口	份	127350	28.8
出　　口	份	45599	38.4
进出口商品总值	万美元	178286	29.3
进　　口	万美元	78539	21.0
出　　口	万美元	99747	36.8
进出口货运量	吨	6664229	26.4
进　　口	吨	5874897	24.5
出　　口	吨	789332	41.7
集装箱总数	标箱	8789	6.4
进　　口	标箱	3588	—12.1
出　　口	标箱	5201	24.5
监管进出境运输工具总数	辆(艘)	362289	17.3
进　　境	辆(艘)	182296	17.5
出　　境	辆(艘)	179993	17.1
查处违规案数	起	77	57.1
查处违规案值	万元	6848	23512.4
调查查获走私案数	起	15	—31.8
调查查获走私案值	万元	15	—99.1
调查结处走私案数	起	41	272.7
调查结处走私案值	万元	1770	2148536.6
侦查立案走私案数	起	11	83.3
侦查立案走私案值	万元	2082	392.1
侦查结案走私案数	起	6	500.0
侦查结案走私案值	万元	272	—
抓获案件犯罪嫌疑人	人	32	52.4
税收入库	万元	68273	16.5
关　　税	万元	15149	—4.6
进口环节税	万元	53124	24.4
罚没入库	万元	908	6.2
出入境人员	人次	2187330	0.2

黑龙江省公安边防总队

黑龙江省公安边防总队下属21个边防检查站，其中陆港站4个，空港站4个，水港站13个。担负黑龙江省各口岸出入境人员、交通运输工具及货物的边防检查任务。

2002年以来，全省边防检查机关严格执法，依法行政，深入开展“做让党放心，让人民满意的边防卫士”活动，狠抓正规化执勤和业务素质提高，严厉打击了口岸偷渡、走私等违法犯罪活动，较好地完成了边防检查工作任务，为促进地方经济发展做出了一定贡献。年内各边防检查站共检查中国内地公民和来自俄罗斯、美国、日本、韩国及港澳台等74个国家和地区的出入境人员2249238人次（其中旅客1955876人次，员工293362人次），检查入出境交通运输工具167038次（船舶19062艘次，飞机2324架次，火车6842列次，汽车138810辆次），比去年增长2.98%和7.6%，检查进出口货物6664229吨，比去年增长26.4%。行政执法工作中，共查处违法违规人员395人次，其中违反出入境管理法律法规的307人，企图实施口岸偷渡的不法分子50人，接收境外遣返45人；查获非法携带枪支弹药1人，查获仿真枪37支。对发现的问题，各边防检查站均依据有关出入境边防检查法律法规，做到妥善处理，其中登记放行41人，阻止入出境133人，其他处理67人。行政处罚中，警告3人，罚款102人，拘留16人，移交公安机关和其他司法部门39人，遣送出境1人，其他处理74人。

一、克服困难，积极工作，实现检查任务量再创历史新高

2002年是总队验放出入境人员数量最多的一年，也是继2000年连续三年突破200万大关的一年，总队所属各边防检查站全年共验放出入境人员2249238人次，比历史最高年份增加了二点九八个百分点，再创新高。其中绥芬河、哈尔滨、东宁等边防检查站年验放出入境旅客量均突破历史记录。针对口岸出入境旅客流量逐年增长、边防检查任务日趋繁重的严峻形势，黑龙江省公安边防总队采取了改善通关环境、延长通关时间、加大检查设备投放力度、提高检查员素质等一系列有效措施，做到超前预测、超前准备、超前工作，确保全年口岸畅通和出入境秩序稳定。工作中，各站根据中俄总理定期会晤委员会运输合作分委会口岸工作组的情况通报和国家有关出境旅游政策的调整内容，针对人员少、技术设备短缺等困难，能够急政府工作之所急，积极调剂人员，充实到检查一线，提前做好了设备、通道等准备工作，确保了7、8月份和“5·1”、“10·1”出入境客流高峰期边防检查工作顺利实施。工作中，牡丹江边防检查站针对1月15日口岸首次开通航线后检查人员成份新、经验不足等问题，及时组织岗位练兵，实行独立上台验证，使开通后的检查工作有条不紊。为提高口岸通关能力，东宁、密山、黑河边防检查站多次向地方政府建议，相继完成了口岸通道改造工作，缓解了由于通道数量不足而造成的候检压力。7月初，总队在得到齐齐哈尔市政府为促进当地经济发展，决定第二届绿色博览会期间正式开通国际临时包机消息后，本着为地方经济服务的主导思想，制定了详细的工作预案，并专门派出业务和技术人员前往指导工作，齐齐哈尔边防检查站克服人员和设备不足等困难，积极组织人员培训，确保了首航边防检查工作的顺利实施。为做好开通“上海—哈尔滨—洛杉矶”航线国际航班的出入境边防检查工作，按照省政府协调会精神，总队结合边防检查工作实际，就人员编制、通道改造、设施建设等方面提出了大量合理化建议。承担该航线出入境边防检查任务的哈尔滨边防检查站，严格按照部局和总队部署，坚持与政府意

识同步，提高认识，热情服务，克服了航班中转时间短、检查任务重等困难，当天验放出境赴美旅客207人，顺利完成了北美航线首航班机的出入境边防检查任务。绥芬河边防检查站针对执勤点多、散、远的特点，本着“好钢用在刀刃上”的原则，投入经费，解决了执勤业务科的供水和取暖问题。漠河边防检查站克服口岸距离远、交通不便等困难，领导与检查员同吃、同住、同工作，大大激发了一线执勤官兵的工作热情，圆满完成洛古河临时过货通道的边防检查任务。富锦边防检查站年内检查出入境船舶63艘次，进出口货物15.3万吨，创富锦口岸历史新高，对该站检查官兵们的辛勤劳动和所提供的优质服务，富锦市委高景峰书记给予了高度评价，他说：“富锦口岸过货量突破10万吨大关，边防检查站官兵功不可没”。

二、以旅客满意为标准，树立“窗口”服务意识，维护边防警察良好形象

为树立边防警察良好形象，给出入境旅客提供一流服务，让旅客满意，总队按照公安部边防局“双让”活动方案，大力开展文明执勤执法活动，强调要树立口岸窗口意识，适应全国公安出入境管理改革新形势发展需要。一是进一步落实警务公开制度。为增强边防检查站执勤执法工作的透明度，总队司令部制作了检查员执勤胸卡，达到了全省的规范统一。各边防检查站采取在口岸现场设立《边防检查工作制度》和《边防检查处罚公告》告示板及举报电话等办法，公开办公程序及处罚标准，大力开展文明执勤、礼貌验证活动。现场执勤工作中，哈尔滨边防检查站实行了“五个统一”（检查警容、上下岗、交接班内容、检查程序、处理业务问题），保证了勤务工作开展有条不紊。二是积极征求地方意见。工作中，各边防检查站经常与地方政府进行信息沟通，在社会上聘请廉政建设监督员，制作《征求意见书》，定期走访，征求意见，提出相应整改措施，主动为旅客排忧解难，既达到了让旅客满意，又有效地预防了职务犯罪。三是设立“中国公民通道”。为贯彻落实全国出入境管理工作会议精神和黑龙江省公安厅会议部署，增强国民的爱国意识和民族自豪感，总队派员认真论证，于3月1日在哈尔滨、绥芬河口岸正式设立“中国公民通道”。该通道的设置，加快了验放中国公民速度，同时也得到了外籍出入境旅客的认可，在社会各界引起强烈反响。四是延长通关时间，开设礼遇通道。为保证参加绥芬河2月26日“灯节”洽谈会的中外客商口岸通关便利，绥芬河边防检查站按照总队要求，日工作时间延长到21时，并允许俄方政府代表团乘小车进入绥芬河互市贸易区。6月30日，该站为做好中央政治局委员李铁映率领的中国社会科学院代表团入境和中国驻俄罗斯哈巴罗夫斯克总领事馆车辆出入境事宜，与对应俄边防检查机关多次举行会晤，并同口岸及联检部门取得沟通，解决了休息日口岸通关问题，正常给代表团21名成员检查礼遇。节假日期间，同江边防检查站采取与俄方会晤，增加“10·1”旅游黄金周口岸工作日，哈尔滨、萝北边防检查站要求检查员全部上岗，“哈洽会”期间开辟参会代表团成员专用通道。7月17日，黑河边防检查站严密组织勤务，圆满完成了黑河－布拉戈维申斯克市“中俄百名青年横渡黑龙江”大型活动的检查、监护任务。五是开展拥政爱民活动，为出入境旅客服务。工作中，牡丹江边防检查站组织全体检查员开展了以“假如我是一名旅客”为题的讨论会，对如何搞好文明执勤工作进行了探讨；东宁边防检查站借“爱民月”活动开展之机，组织官兵在执勤现场和机关驻地广泛开展爱民活动，受到出入境旅客和地方群众的普遍好评。1月27日，哈尔滨边防检查站检查员刘宏宇现场值勤时捡到一内存1.5万美元的手提包，及时找到并返回失主。据统计，2002年，各边防检查站共为旅客做好事280件，拾金不昧50多万元，受到了出入境旅客和地方政府的好评。

三、以提高素质为目的，开展各级人员培训，改善边防检查队伍建设现状

为提高全省边防检查队伍素质，按照总队年初提出的素质提高年活动安排，2002年着重加强了各站业务领导和检查员的培训工作。9月26日，经总队党委决定，在哈尔滨集中举办了一期全省各边防检查站科以上领导培训班。办班过程中，邀请了廊坊武警学院证件研究室和上海出入境边防检查总站的业务专家讲授新时期伪假证件的识别技巧，由总队司令部业务部门派员，结合黑龙江省口岸实际，对边防检查正规化执勤、行政执法、口岸查控、涉外工作和计算机应用等内容进行了讲解，探讨了边防检查业务档案的管理标准，编撰了《边防检查常用俄语手册》。培训采取了“请进来、走出去”和多媒体教学、现场座谈讨论等多种形式，达到了空前的培训效果，培训情况在部局公安网首页发布。为落实总队办班精神，各边防检查站加强领导，切实将业务培训工作列入党委工作日程，结合实际，统一思想，精心组织，克服了任务重、人员不集中等困难，合理安排时间和场所，采取全员培训、增加学习内容、精选教员、严肃考试纪律、公开考试成绩、实行优胜劣汰等多种有效途径，进行业务培训活动，做到了培训考核和勤务工作两不误。工作中，密山边防检查站结合总队边检业务培训班内容，制定工作措施：采取“望、闻、问、切”四步检查验证法，邀请当地交警对监护人员现场指挥车辆的手势进行规范，结合执勤动作，统一采用标准的指挥手势，坚持每周对检查科全体人员进行一次测验；饶河边防检查站提出“三重三看”和“三不要”(即重品质，看素质；重知识，看本事；重表现，看实绩；不要靠资格，不要靠关系，不要靠空想)；绥芬河、同江、黑河边防检查站站领导与参训官兵一起听课、作笔记，参加测试，以自身行动为官兵作出了表率，形成了讲学习、求上进的良好氛围；佳木斯、虎林、嘉荫边检站还分别派员前往业务量较大的哈尔滨、绥芬河、黑河边检站“取经”，进一步提高了人员素质，促进了边防检查规范化建设步伐。通过培训和考核，各边防检查站切身感到总队党委抓学习、提高人员素质的决心，认识到了形势的紧迫性，激发了检查员的学习热情、竞争意识和主观能动性，由督促学转变为主动学，由让我学变为我要学，形成了“只有不断提高自身综合素质，才能适应新时期边防检查工作需要”的共识，增强了改革开放新形势下开创边检工作新局面的使命感，进一步适应了“简化出入境手续，提高通关速度”改革形势的发展需要，为更好地开展边防检查工作打下了基础。

四、以科技强警为导向，增加边检站设备投入，提高检查任务完成质量

为使边防检查站业务工作上台阶、上水平，2002年在搞好各级人员素质培训的基础上，总队本着科技强警的思路，采取了请示上级下拨和自购的方式，着重加强了边防检查硬件建设。一是加大边检计算机和识别伪假仪器投放力度。年内共为边检站检查现场发放联想计算机115台，激光打印机20台，OCR机读护照阅读机82台，文检仪2台，INSPECTION KIT便携式文检包7个，VSC4C小型文检仪2台。请示公安部为哈尔滨和绥芬河边防检查站调拨现场闭路电视监控系统经费60万元。同时，针对目前口岸偷渡分子在伪造证件方面引入高科技的实际，适时调整工作重点，为偷渡案件易发的哈尔滨、绥芬河、黑河等地的边防检查站配发一批方便实用的伪假证件识别仪器，使现场设施真正达到部局要求的“四机”标准。二是统一了全省边检站验讫章管理设备。为加强边防检查验讫章管理工作，总队自筹资金，多次与哈尔滨飞云集团联系，制作了一批实用安全的验讫章柜和便携式密码箱，达到全省统一，使各边防检查站验讫章管理使用工作更为严密，有效预防了职务犯罪。三是顺利完成计算机边防检查系统升级工作。按照公安部《关于做好边防检查信息管理系统升级工作的通知》要求，总队司令部边检处会同技术处，及时组织人员进行培训和分片指导，各边防检查站严格按照部局要求工作，按时顺利地完成系统更新任务。五是实现了勤务电脑随机排班。根据部局有关通知要求，为使边防检查站现场勤务分

配更加科学与合理，有效预防职务犯罪，自年初开始，总队司令部责成业务和技术部门派出人员编写电脑排班程序，目前该程序已经研制出台，并发放至哈尔滨、黑河、绥芬河、东宁四个口岸通道数量较多的边防检查站运行。

五、以打击口岸偷渡、走私等不法活动为重点，坚持依法行政，维护口岸出入境秩序

对边防检查反偷渡工作，总队党委始终非常重视，提出要加大反偷渡工作力度，努力实现偷渡大幅减少，查获数多于境外遣返人数的工作目标。实施工作中，认真贯彻执行公安部有关反偷渡指示精神和工作部署，积极配合黑龙江省反偷渡领导小组工作，以“北方行动”方案为指针，以“打团伙，抓蛇头”为重点，坚持“打、防、管、建”并举，结合实际，完善勤务措施，增强执法能力，加强识别伪假证照培训，提高取消首次出境卡后的验证水平，扎实有效地开展反偷渡工作。一是把打击东北三省朝鲜族以旅游、经商、探亲等名义偷渡韩国活动作为工作重点，加强对出入境人员和交通运输工具的检查，采取询问、巡视和仪器鉴别的办法，发现可疑线索，分析偷渡等违法犯罪活动的发展动态和特点规律，做到主动掌握、及时出击、有的放矢。二是广开渠道，加强与报社、电视台等新闻单位的联系，充分利用新闻媒介对一些具有典型意义和重大偷渡案件的宣传作用，遏制偷渡活动的猖獗势头。三是严格执法，依法行政。部局《出境入境边防检查行政处罚办法》下发后，给边防检查站行政执法工作提供了更为具体的依据条文，各站在实施过程中，均能严格按照规定和程序对案件进行调查、取证、审理和处罚，杜绝了违法违纪、超越权限处理案件和标准尺度不一的现象，真正做到了事实清楚、证据确凿、程序合理、处理得当，未发生任何行政复议和诉讼问题。四是建立严密的监督机制，杜绝职务犯罪问题的发生。经常分析形势，加强对重点岗位、重点环节和重点人员的管理，畅通各种监督渠道，形成内部、社会、领导和群众等全方位的监督网络。五是加强证件研究工作，为反偷渡工作服务。按照部局《关于加强出入境证件研究工作的通知》要求，总队着重在出入境证件研究工作上加大力度，并将其纳入 5 月份与俄罗斯联邦边防局太平洋地区管理局会谈纪要内容，确定相互通报本国各类有效出国证照特征和详细资料，经常对中俄两国公民出入境所持证件真伪识别进行研讨，提高了双方边防检查人员对持用伪假证照的鉴别能力。各边检站证件研究小组积极工作，充分发挥职能作用，加强对边防检查工作中涉及到的世界各国伪假证件、签证和出境卡的分析研究，特别是将俄罗斯、韩国、日本现行护照的特征和防伪标记以及工作中发现的三国伪假证件作为重点研究对象，超前掌握资料，为有效开展边防检查反偷渡工作奠定了基础。由于措施得力，2002 年，各边防检查站共查获偷渡案件涉案人员 50 人。哈尔滨边防检查站自年初以来，针对口岸偷渡活动的新形势、新特点，认真研究对策，以检查赴韩国、日本、美国的航班为重点，采取得力措施，加大打击力度，查获偷渡案件涉案人 44 人，被黑龙江省公安厅评为反偷渡“北方行动”先进集体。

黑龙江公安边防总队 2002 年业务统计表

	旅客				员工			
	中国籍		外国籍		中国籍		外国籍	
	入境	出境	入境	出境	入境	出境	入境	出境
总计(人次)	356049	364758	622187	612882	56890	56957	89878	89637
同比%	−3.7	1.9	4.3	3.9	11.3	10.6	7.3	6.4

	交通运输工具							
	船舶		飞机		火车		汽车	
	中国籍	外国籍	中国籍	外国籍	中国籍	外国籍	中国籍	外国籍
总计	10229	8833	1291	1033	1384	5458	34755	104055
同比%	9.5	16	−17.3	21.7	12.2	46.5	0.8	7.4

黑龙江出入境检验检疫局

2002 年，是黑龙江出入境检验检疫系统双丰收的一年。全系统上下严格依法行政，积极应对入世挑战，提升科技实力，攻破技术壁垒，完善服务措施，服务地方经济，各项工作取得了重要突破，为检验检疫事业的发展和地方外经贸事业的发展做出了积极贡献。

【业务概况】 2002 年，全省出入境人员健康体检 272615 人次，检出各种患病人数 4759 例，其中传染病 2649 例，有效防止了疫病的传播；检疫出入境动植物及产品 66808 批，货值 56667 万美元，同比增长 44.4%、31.1%；检验出入境商品 93756 批，货值 137723 万美元，同比增长 42%、17.7%，查堵不合格入境商品 16897 批，货值 12043 万美元；对外出具索赔证书 13860 份，索赔金额 760 万美元；出入境食品卫生监督检验 2457 批，货值 5868 万美元；共检验木质包装 3387 批，130028 件；检验检疫出境旅客携带包裹 9348 批，113 万件；外商投资财产价值鉴定共受理报检 113 批；签发普惠制产地证书 6043 份，货值 21319 万美元；一般原产地证书 646 份，货值 10275 万美元；完成外商投资财产价值鉴定 75 批，申报价 354.29 万美元，鉴定价 275.76 万美元，平均降值率 22.17%，降值 78 万元；对 53 家企业进行 ISO9000 质量体系注册评审。

【把关重点向涉及安全、卫生、环保方面转移】 2002 年，黑龙江出入境检验检疫局加强对出入境商品的安全、卫生、环保等项目的检验检疫工作。对出口水果、蔬菜实行了“产地监督、贮存监管、实验室检验检疫”三位一体的检验检疫模式，出口果菜质量有了提高。针对一段时期内部分过货司机和游客大量偷偷携运外国奶制品、鱼、食品入境的现象，分别在客运和货运卡口开展专项整治工作，共截留销毁和退运不符合入境规定的俄国产、韩国产奶制品、肉制品、鱼、食品等 200 余批，保护了人民的身体健康。开展口岸鼠情监测和传染病调查，鼠情监测总面积25000平方米，基本上掌握了口岸鼠情的消长情况和优势鼠种。先后两次开展较大规模的口岸灭鼠工作，把鼠密度控制在国家规定的标准之内。针对旅客携运商业性货物品种多、来源杂的特点，重点对家电、食品加强了检验，促进了这类商品质量的提升。加强对出入境人员的健康检查及监督管理工作，全年检出150例性病、2例艾滋病病毒携带者、11例肺结核病例，全部按照有关规定及时上报有关部门。

【加大科技投入，攻克技术壁垒】 全系统重视科技工作，科技投入进一步加大，科技兴检水平有所提高。2002年，全系统在地方政府和国家质检总局的支持下，投入资金1430万元用于实验室仪器设备购置和计算机网络建设，这是“三检”合一以来投入最多的一年。全年承担国家质检总局批准的科研课题5项、制订标准8项。这也是“三检”合一以来，承担国家质检总局下达科研、制标项目最多的一年。应对我国加入世界贸易组织形势，出入境检验检疫部门突破和破解技术壁垒的职能作用得到有效发挥。我国出口产品，尤其是农产品、食品等遭到日本、美国、欧盟越来越多的拒绝、退货，面对越来越严格的国际检验检疫标准，检验检疫局将检验检疫工作与学习运用WTO规则紧密结合，采取了积极有效的措施，重点加强了全系统关键岗位技术力量的配备和实验室建设。目前，全系统22个实验室已被国家认监委批准为国家注册实验室。黑河局技术中心成为CCIBLAC认可实验室。

面对加入世界贸易组织的挑战，主动为地方领导、外贸企业讲授WTO知识。黑龙江出入境检验检疫局杨敏局长、滕玉生副局长应邀为“省领导干部WTO知识培训班”讲课。重点讲解了我国加入世界贸易组织后，检验检疫机关在国家贸易中的重要作用和关键性的地位，使地方政府和外经贸企业进一步了解了检验检疫机关及其相关的法律法规、有关WTO的规则协议。在此基础上，各级领导经常带队深入基层、深入企业，进行调研，了解情况，及时出台帮扶措施，引导和帮助企业打破国外技术壁垒，实现企业跨越式发展。引导帮助企业建立规范的质量保证体系，积极推动出口企业管理上水平，提高企业在国际市场上的竞争力。全年评审申请卫生注册企业40个，评审申请登记企业15个，考核申请质量许可证企业40个。通过咨询和技术服务，对51家企业进行ISO9000质量体系注册评审，对64家企业进行监督审核，对10家企业进行复审换证，对14家企业进行转版审核，原产地标记注册企业已有4家，实现原产地标记“零”的突破。

【加强法制建设，加大依法行政工作力度】 按照国务院和省委、省政府关于清理与世界贸易组织规则和我国加入世界贸易组织承诺不相符的地方性法律、法规和规范性文件的要求，制定了《黑龙江出入境检验检疫局关于清理地方性法规、规章和其他政策性、规范性文件工作实施方案》，全省检验检疫系统共清理查阅947份文件，废止地方法规1件，地方政府规章1件，规范性文件38份。

加大内部执法督察力度，组成行政执法督察组对全系统的行政执法工作进行全面检查。对全系统的执法人员进行上岗前培训，审核、印制和颁发执法证件，持证上岗，规范执法；成立了黑龙江出入境检验检疫局案件审理委员会，调整了复议委员会；完善制度建设，制定和下发了《黑龙江出入境检验检疫局行政执法责任制》等9项制度和措施，加大了《中华人民共和国进出口商品检验法》的宣传贯彻力度，加大普法工作力度，积极开展普法工作，制定了“四五”普法工作方案，提高全员的法律素质和法律意识。

加大了行政处罚力度。全系统先后对各分支机构的22起、省局的45起违法案件进行了行政处罚。对立案的“哈尔滨马利酵母有限公司变造检验检疫印章案”、“绥芬河外运公司代理出口非卫生注册厂冻猪肉案”、“哈尔滨酿酒总厂进口设备逃漏检案”进行立案查处，对绥芬河外运公司、哈尔滨酿酒总厂给予了全省通报批评，对哈尔滨马利酵母有限公司给予罚款五千元人民币处罚。通过严格依法行政，严格依法处罚，教育了外贸企业，使各企业守法的自觉性得以提高。

【精神文明建设取得明显成效】 我国正式加入世界贸易组织后，检验检疫工作的地位和作用明显提高。为了把好关，服好务，黑龙江出入境检验检疫局团结带领全省各口岸检疫检疫机关，严格依法行政，充分履行职能，强化内部管理，夯实基础工作，不断提高工作质量和工作效率，出色完成了2002年的工作，做到了各进出口企业满意，地方党委和政府满意，国家质检总局满意。全省系统16个分支机构全部跨入地市级以上文明单位行列；局机关连续8年被省委、省政府命名为省级文明单位；全省系统连续4年被省委、省政府命名为省级文明行业建设先进系统；局机关被省直机关工委授予“全民健身活动”先进单位；局“职工之家”被省直机关工会授予先进“职工之家”；绥芬河出入境检验检疫局局罗公平同志被国家人事部和国家质检总局授予“先进工作者”；绥芬河出入境检验检疫局被国家质检总局授予“先进单位”。

黑龙江出入境检验检疫局业务情况表

单位：万美元

	货物检验检疫																			
	总计				商品检验				动物及动物产品检疫				植物及植物产品检疫				食品			
	批次	金额	检验检疫不合格		批次	金额	检出不合格		批次	金额	检出不合格		批次	金额	检出疫情		批次	金额	检出问题	
			批次	金额			批次	金额			批次	金额			批次	金额			批次	金额
合计	95889	144036	16715	687	93087	139410	16705	678	661	1435			65889	55231	7	8	2450	5870		
出境	30937	55330	6	1	29481	53186	6	1	285	477			19977	25298			2275	5526		
入境	64952	88706	16709	686	63669	86224	16699	677	376	958			45912	29933	7	8	175	344		

	集装箱检疫(标准箱)		签发检验检疫证书(份)	签发通关单		签发换证凭单		产地证			
								普惠制		一般产地证	
	合计	检出问题		份数	金额	份数	金额	份数	金额	份数	金额
合计	4004			87447	111729	20384		6785	23988	767	10584
出境	1917			22442	27247	20384		6785	23988	767	10584
入境	2087			65005	84482						

黑龙江海事局

【坚持依法行政,健全法规体系】 积极地顺应形势与任务的需要,有针对性地修改完善区域性规章制度或规定中不适应的条款,先后修改完善了《黑龙江省乡镇船舶和渡口安全管理办法》等6部地方性法规和规章,同时完善了船舶管理、船员管理、船舶安全检查、事故调查处理等十余部区域性规定。参与修订了《中俄国境河流航行规则》、《中俄界河气垫船安全管理规定》、《中国黑河与俄罗斯布拉格维申斯克港区船舶航行示意图》。工作中做到了有的放矢,可操作性强,变被动为主动,增强了执法队伍依法行政的意识,为有法可依、依法行政迈出了扎实的一步。

【加强专项整治,确保监管到位】 积极开展"安全生产周"、"反三违月"以及"五一"、"十一"、"端午节"等安全专项整治活动,采取水上堵、陆上查的有效方式,加大监管力度,以形式多样的专项活动,丰富了"水上运输安全管理年"活动内涵。针对内河乡镇船舶安全管理的重点、难点问题,特别是安全责任的明确问题,进行了广泛细致的工作,开展法律、法规宣传周和"送法上门"活动,使有船单位和船舶所有人、经营人知法、懂法、守法。督促地方政府层层签订了安全责任状,制订安全制度,落实专门机构和专职人员,使乡镇船舶安全管理真正落到实处,辖区内基本上消除了"三无"船舶私拉偷运、客货混载的现象。

【加强危管防污,实施"碧水"行动】 让"航运更安全,让江水更清洁",使船舶污染物达标排放是我们海事工作的目标和任务所在。全局开展了"碧水"行动,到2002年10月,共审批散装油类码头34家,取得作业许可证27家。对船岸作业一律实行"双表"制度,累计发放"双表"2000余本。到目前止,辖区内主机功率22KW以上的船舶防污设施和文书的配备均已达到95%以上,国际航线船舶已全部配齐生活污水接收装置。一年来,累计检查各类船舶600多艘,处罚污染事故和各种违章行为40余起,对进口的30余艘废钢船实施全过程动态跟踪管理,全部按规定拆解完毕。

【严把四道关口,规范四种秩序】 将辖区水上交通安全管理重点进行分类,突出重点,带动一般,做到了把关严格、管理到位、秩序规范。规范市场准入秩序,严把船舶检验关。我们确定了以"三客一危"、"四区一线"及国际航线船舶为重点;在特检工作中,确定了以老旧船舶为重点;在营运检验工作中,确定了以防污设施为重点,由船检与危管防污两个部门共同对哈尔滨市区内申请检验的机动船舶所安装的防油污设备进行了水处理后的含油指标的化验;在车渡船检验工作中,对载重量进行重新核定,并按尺度和类型分别进行归类,有效地保证了渡船的航行安全;规范船舶秩序,严把现场监督关。根据黑龙江水系的实际情况,采取有针对性的措施,进行重点整治,严控水上交通事故的发生。坚持派员深入现场加强监督,对浅滩河段进行现场严防死守,抓住签证关,根据水位情况,要求船舶留足剩余水深,并根据实际情况实行"分段放行"的办法,防止了船舶搁浅和堵塞航道,保证了航道畅通。在港区和干线巡航检查方面,我们按照"巡航管理办法",对"四区一线"重点水域进行了巡航检查,强化了对船舶的安全管理。一年来,共检查港区700多次,干线巡航检查300多次,巡航里程2300多公里,有效的保证了良好的通航环境;规范船员秩序,严把适任关。以提高适任船员的安全技能和安全意识为目的,认真开展对船舶配员和船员适任证书有无、"船证不符"、"人证不符"、超航区或航线情况,以及船员培训、考试、发证等情况进行检查,重点是开展对航行于"四区一线"和"三客一危"船舶船员的操作技能和安全知识的考核检查，严格船员考试发证秩序，完善船员培训、考试、发证评估质量管理体系，实行了培训、考试、发证内部分离制，建立健全和规范了船员培训、考试、发证工作。按“谁培训，谁负责，谁考试，谁负责，谁发证，谁负责”的原则实行船员素质、技术水平责任追究制，有效地保障了船员的培训质量。在对持证船员的监督管理上建立了违章船员档案，实行违章船员跟踪监督制和违章计分制，强化了对船员的监督管理。2002 年共举办各类培训与考试 20 期，培训人数 4428 人次；规范通航秩序，严把监督检查关。我们按照“谁检查、谁签证、谁负责”的原则和《严格干线船舶签证管理十项规定》，把“三客一危”船舶作为监督管理的重点，实行客（渡）船、旅游船航前船长报告制和船舶安全检查“黑名单”制。对影响船舶安全航行隐患最大的采沙船、运砂船、乡镇船舶和渡口船舶的治理整顿，加大打击力度，取缔碍航作业等违章行为，确保了良好的通航环境。2002 年共检查船舶 1233 艘，发现问题 301 项，滞留船舶 52 艘，对存在严重缺陷、危及船舶、人身安全的责令立即整改，经复查合格后准许放行；对达到报废年限的船舶一律不予换证，强制其退出水运市场。

【加强中俄合作，维护界河稳定】 积极做好每年一次的中俄例会，按照例会上通过的中俄有关协议，严格执行《中俄界河船舶拖带木排安全管理规定》、《中俄界河汽垫船安全管理规定》。加强界河航行船舶的防污染管理和检查工作，避免了污染事故和被俄方滞留通报事件的发生。强化绕航管理，把好现场监督，确保绕航工作的顺利完成。加强中俄联合检查，对双方航行船舶界规执行情况进行了检查，并对违章船舶进行了处理和通报，维护了界河良好的通航环境。

【推行政务公开，提高服务质量】 作为海事人，结合省开展的“树新世纪黑龙江人形象”等活动，始终把强化素质建设作为重点，加大对监督执法人员的技术业务培训和政治理论水平学习力度，从转变工作机制入手，一面致力于制度建设，一面抓好口岸港务监督工作人员素质的提高。积极参加各政府及口岸部门组织的优质服务竞赛，通过一系列的措施，使口岸工作作风有了较大的转变、服务质量得到了提高，行业文明建设得到了加强。通过开展多层次、多方位的文明创建活动，开展警示教育，教育干部党员，廉洁自律，克已奉公，积极推行政务公开，实施阳光工程，印发了《政务公开指南》，聘请有船单位义务监督员 90 余名，全方位接受社会监督，密切了海事与有船单位、船员的关系。结合以前出台的《超常规服务措施》、《黑龙江海事局社会服务承诺制》、《中俄河运人员会话手册》以及一些相关的服务制度，全面接受全社会的监督，积极为港口、船舶提供优质、便捷的服务，极大地方便了进出口岸的船舶，做到了即严格监督、把关与管理，又做到了文明执法、热情服务，促进了口岸的繁荣，为我省边贸业的发展，为地方经济的发展起到了推动作用。在我局管辖的 2661 公里中俄界河上，中方在开放口岸设置的海事监管机构的管理人员，能够积极主动与俄方水上安全管理部门一道，本着“有礼、有节、文明、诚信”的工作理念，较好地处理了中俄双方海事间的事务，树立了中国海事新形象，展示了中国海事人的风采。同时，树立了一批先进典型和示范窗口，多个口岸海事部门受到了当地政府的的一致好评和先进表彰。

【坚持科技创新、追求技术进步】 把科技兴海事作为发展海事、振兴海事的基本战略，并紧密结合海事工作的特点，实施重点攻关，加速科技向生产力的转化，在监管手段上，技术含量明显加大，办公自动化程度明显提高，水上安全监管水平明显改善。同时，还注重科技信息的开发与运用，完成了局机关内部局域网络的硬件平台建设，开通了局域网范围内的 FTP 服务，完成了该局船舶检验处《黑龙江水系船舶寿命论证课题研究》科技研究成果的申报工作，用先进的科学技术装备海事系统，为黑龙江海事工作的发展挖掘新能源，提供强大的动力。

黑龙江口岸专稿

黑龙江省公安边防总队

2002年10月27日，铁道部召集六部委在绥芬河口岸召开了全国铁路口岸大通关工作现场会，共同探讨了国家提出的“大通关、大口岸”建设的宏伟蓝图。作为口岸联检部门之一的边防检查机关，如何应对高速发展的口岸通关需要，如何适应国家加入世贸组织后不断发展的对外贸易形势，是摆在所有边检官兵的首要任务。黑龙江省公安边防总队站在服务大通关战略、服务国家和地方经济建设的高度，超前预测、超前准备、超前工作，坚持把关与服务相结合，采取了改善通关环境、延长通关时间、加大设备投放力度、提高检查员素质等一系列有效措施，确保口岸安全稳定和畅通有序。

一、完善勤务工作制度，加强业务基础工作

按照口岸大通关的要求，总队做了大量业务基础工作，不断加强软硬件建设，提高效率。一是进一步完善勤务工作制度。依据公安部制定的《陆地口岸边防检查工作规范》要求，采取召开正规化执勤现场会等形式，完善上下勤、交接班等勤务制度，实行电脑随机排班，做到勤务工作的“五个统一”(检查警容、上下岗、交接班内容、检查程序、处理业务问题)，确保勤务工作有条不紊。二是提高边防检查科技含量，改进检查验证方式。在边检计算机和识别伪假仪器加大投放力度，采取了请示上级下拨和自购等方式，为边检站发放检查用计算机135台，OCR护照机读机82台，文检仪2台，请示公安部为哈尔滨和绥芬河边防检查站下拨现场闭路电视监控系统经费60万元。同时，总队自筹资金，为绥芬河、黑河等地的边防检查站配发夜用强光灯、伪假证件识别仪器等设备，使现场设施切实达到公安部要求的“四机”(摄像机、照相机、复印机、传真机)标准，满足工作需要。三是对检查一线使用的计算机边防检查信息管理系统进行更新换代，由原来的3.0升到3.1版，使系统功能更加完善，便于操作，提高验放速度。

二、强化服务意识，努力提高人员素质

为提高全省边防检查员队伍素质，确保边防检查工作质量，总队认真研究并拟定业务培训计划，并于2002年9月在哈尔滨举办了一期全省各边防检查站科以上领导业务培训班。办班过程中，邀请了廊坊武警学院证件研究室和上海出入境边防检查总站的业务专家前来授课，由总队业务部门派员，结合黑龙江省口岸实际，对边防检查正规化执勤、行政执法、口岸查控、涉外工作和计算机应用等内容进行了讲解。培训采取了“请进来，走出去”和多媒体教学、现场座谈讨论等多种形式，取得良好效果。各边防检查站在实施过程中，抢前抓早，将业务培训工作列入党委工作日程，结合实际，统一思想，精心组织，克服了任务重、人员不集中等困难，合理安排时间和场所，采取全员培训、增加学习内容、精选教员、严肃考试纪律、公开考试成绩、实行优胜劣汰等多种方法，进行业务培训活动，做到了培训考核和勤务工作两不误。工作中，各边防检查站之间以及与俄罗斯对应边防检查机关开展互访学习、联合考察和对检等多种活动，开阔检查员眼界，活跃学习气氛。其中绥芬河、同江、黑河边防检查站站领导与参训官兵一起听课、作笔记，参加测试，以自身行动为官兵作出了表率，形成了讲学习、求上进的良好氛围。通过培训和考核，各边防检查站检查员切身感到总队抓学习、提高人员素质的决心，认识到了形势的紧迫性，激发了检查员的学习热情、竞争意识和主观能动性，由督促学转变为主动学，由让我学变为我要学，形成了“只有不断提高自身综合素质，才能适应新时期边防检查工作需要”的共识，增强了改革开放新形势下开创边检工作新局面的使命感，进一步适应了“简化出入境手续，提高通关速度”改革形势的发展需要，实现了固基强本的目标，为更好地开展边防检查工作打下了基础。

三、坚持文明执勤，树立边防警察良好形象

为树立边防警察的良好形象，给出入境旅客提供一流服务，让旅客满意，总队积极调整工作思路，深入开展“树新风”活动，适应出入境管理改革发展需要。2002 年，统一制作了全省检查员执勤胸卡，进一步落实警务公开制度。各边防检查站积极与地方政府进行信息沟通，创建文明窗口，热情服务，为出入境旅客提供便利，并根据口岸现场建设实际，在软件上下功夫，采取设立《边防检查工作制度》和《边防检查处罚公告》告示板及举报电话，公开办公程序及标准，开展文明执勤、礼貌验证活动，在社会上聘请廉政建设监督员，定期走访，征求意见，提出整改措施，主动为旅客排忧解难。为贯彻落实全国出入境管理工作会议精神和省公安厅部署，增强国民的爱国意识和民族自豪感，总队积极开展实地论证，先后在哈尔滨、绥芬河、黑河口岸设立“中国公民通道”，加快了验放中国公民速度，得到了外籍出入境旅客的认可，在社会各界引起强烈反响。为保证参加绥芬河 2 月 26 日“灯节”洽谈会的中外客商口岸通关便利，绥芬河边防检查站日工作时间延长到 21 时，并允许俄方政府代表团乘小车进入绥芬河互市贸易区。哈尔滨边防检查站要求节假日期间检查员全部上岗，“哈洽会”期间开辟参会代表团成员专用通道，并给予礼遇。该站还根据省政府文件通知精神，对开通上海—哈尔滨—洛杉矶航线积极论证，并结合边防检查工作实际，就人员编制、通道改造、设施建设等方面提出了详细的意见和建议，确保了北美航线开通后边防检查工作能够顺利有效实施。牡丹江边防检查站于 1 月 15 日迎来新年首次入境航班后，针对检查人员成份新、经验不足等问题，及时组织岗位练兵，实行独立上台验证。东宁边防检查站借“爱民月”活动开展之机，组织官兵在执勤现场和机关驻地广泛开展爱民活动，受到出入境旅客和地方群众的普遍好评。

四、积极开展与俄罗斯边防机关的合作，提高口岸通关效率

为全面提高我省口岸通关效率，为出入境旅客提供便利，2002 年我总队进一步加强了与对应俄罗斯边防局远东和太平洋地区管理局的交往与合作，与俄共举行工作会谈 2 次，礼节性会见 1 次，相互信函往来 16 次，所属边防检查站与俄对应边防检查机关会谈 17 次，会晤 80 次，友好活动 6 次，直通电话联系 122 次。有效维护了国家主权与尊严，促进了双边地区经济发展。通过与俄会晤协商，使绥芬河公路、东宁、黑河口岸相继实现了 12 小时通关工作制。

新的号角催人奋进，新的形势令人振奋，而对大通关建设的机遇，省公安边防总队全体官兵将以“三个代表”重要思想和十六大精神为指针，与时俱进，开拓创新，全面加强部队建设不断改进工作方法，以一流的业务和一流的服务为口岸大通关战略提供优质高效的服务保障。

黑龙江口岸大事记

5月14日

俄罗斯边防总局太平洋地区司令塔拉先科上将到绥芬河口岸参观 H986 系统。

5月27日——30日

在俄罗斯圣彼得堡市召开中俄总理定期会晤委员会运输分委会口岸工作组第五次会议。双方重申:中俄边境公路口岸实行无午休工作制,工作时间不少于8个小时,绥芬河——波格拉尼奇内,东宁——波尔卡夫卡,工作时间不少于12小时,双方同意对俄边境地区政府关于延长公路口岸工作时间的建设进行研究,既绥芬河——波格拉尼奇内口岸24小时工作制。随着口岸设施的完善和口岸人员、货物运量的增加,密山——图里洛格口岸8小时工作制,双方建议,研究绥芬河——符拉迪沃斯托克列车上旅客直接接受边检、海关查验的可行性,双方同意继续就提高虎林——马尔科沃公路口岸通货能力问题进行研究,提请俄方加快该口岸设施建设。

6月7日

海关总署办公厅《关于同意佳木斯机场临时对外开放有关事宜的函》(署办函[2002]191号)同意佳木斯机场2002年6月1日至9月30日临时对外开放。

7月17日

海关总署办公厅《关于同意齐齐哈尔机场临时对外开放的复函》(署办函[2002]246号)同意2002年8月27日至10月15日,齐齐哈尔市举办中国第二届绿色食品博览会期间,齐齐哈尔机场临时对外开放。限我国籍客运包机出入境。

7月9日至27日

以中国口岸协会受海关总署口岸规划办委托,组成以孙民富副会长为组长的黑龙江省口岸布局情况调研组先后到我省哈尔滨、东宁、绥芬河、牡丹江、佳木斯、同江、富锦、齐齐哈尔、黑河等口岸考察调研。

8月12日

哈尔滨航空口岸开通哈尔滨至莫斯科航线

8月20日

国家质检总局党组成员、纪检组长郭汝斌在黑龙江出入境检验检疫局杨敏局长等领导陪同下,到绥芬河口岸视察工作。

8月25日

公安部副部长赵永吉、公安边防管理局局长朱家华少将在副省长王东华、省边防总队总队长朱万义大校、政委翟德新大校陪同下,视察绥芬河公路、铁路口岸执勤现场,并观看了监护中队军事汇报表演。

8月28日

中国第二届绿色食品博览会期间齐齐哈尔至布拉戈维申斯克临时包机航线首航

9月17日

全国人大常委于振武、全国人大财经委员会委员谷善庆、全国人大法律委员会委员隋永举到饶河口岸视察。

9月22日—30日

中俄总理定期合作委员会运输工作分委会口岸工作组对满洲里——后贝尔加尔斯克、绥芬河——波格拉尼奇内口岸和互市贸易区进行了联合调查并签署了《中俄总理定期会晤委员会运输分委会口岸工作组关于中俄边境口岸和互贸区联合调研纪要》。

9月28日

海关总署副署长李克农，在哈尔滨海关孔祥君关长、薛颖超副关长陪同下到绥芬河参加中俄互贸区调研会议。

10月11日

中央军委副主席迟浩田上将视察绥芬河口岸。

10月16日

海关总署驻署监察局副局长王平同志一行三人组成的调研组在哈尔滨海关党组成员、纪检组长常松涛、监察室主任杨景义的陪同下，到绥芬河海关检查指导工作。

10月22日

黑河海事局揭牌成立。

10月25日

由铁道部投资3.15亿元的铁路口岸扩能改造工程正式开工。

10月27、28日

在黑龙江省绥芬河市召开了全国铁路口岸大通关工作现场会，铁道部党组书记、副部长刘志军同志作了工作报告，黑龙江省副省长王利民同志到会讲话，国家经贸委、外经贸部、海关总署、公安部、国家质检总局的有关部门领导同志作了讲话。

11月11日

黑龙江省人民政府代表团与赤塔州政府代表团(以下简称双方)在黑龙江省哈尔滨市就中国洛古河——俄罗斯波科洛夫卡通道有关事宜进行会谈，并签署了《中国洛古河——俄罗斯波科洛夫卡季节性临时过货通道工作会谈纪要》。

12月25日

绥芬河检验检疫局被授予全国质检工作先进集体。罗公平局长被人事部和质检总局授予质检系统先进工作者。

上海市

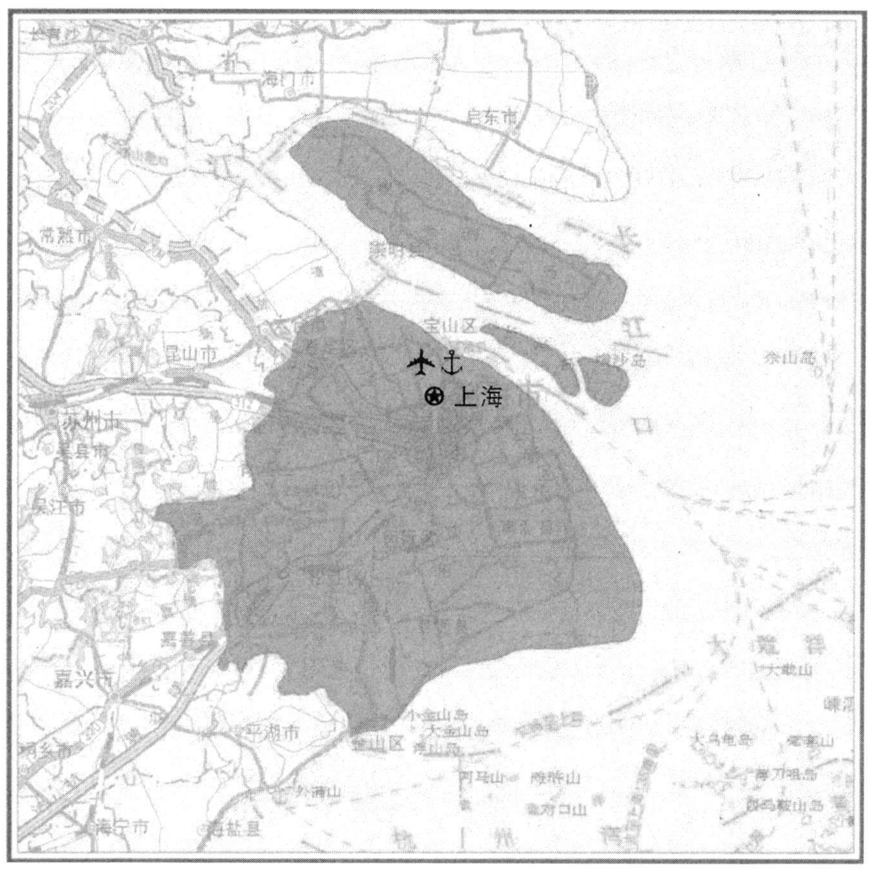

图　例

符号	说明
⊛	省级行政中心
⊙	口岸
🚆	铁路口岸
✈	航空口岸
🚚	公路口岸
⚓	海（河）运口岸

上海口岸工作综述

“提高口岸工作效率工程”(以下简称“大通关”),是一项系统工程,上海市政府提出的上海口岸2002年“大通关”目标,是上海口岸全年工作重中之重的中心任务。在推进“大通关”工作中,上海口岸办始终注意加强与上海海关、上海出入境检验检疫局等部门和方方面面的合作,坚持“三个依靠”:紧紧依靠市委、市府坚强有力的领导;紧紧依靠口岸各相关单位的大力支持和密切配合;紧紧依靠上海口岸工作队伍的勤奋开拓和扎实工作。把握“三个结合”:加强监管与提高效率相结合;通关模式创新和科技创新相结合;发挥地方政府对口岸工作的领导协调作用与主动接受中央部委的指导帮助相结合。勇于“四个创新”:通关观念创新、通关体制创新、通关模式创新和通关手段创新。

【加强机构建设,加大“大通关”工作组织协调力度】 在市主要领导的直接关心下,市府调整充实了上海口岸管理委员会及办公室,并于2002年4月8日举行了口岸办揭牌仪式,陈良宇市长亲自为上海口岸管理委员会办公室揭牌。揭牌仪式后,口岸办领导及时做了三件事,一是召开了上海口岸管理委员会办公室、市大通关工作领导小组办公室第一次主任办公(扩大)会议;二是建立了上海口岸管理委员会办公室主任、副主任成员单位联络机制。明确每半年召开一次联络会议,并根据全年“大通关”任务比较繁重的实际情况,暂定为每个月召开一次联络会议,及时研究解决有关问题。三是组织人员深入基层,先后开展了关于进一步简化通关操作流程、加快口岸电子信息化工作、提高口岸通关速度等专项工作的调研,针对问题,提出措施,大力推进“大通关”工作。

【精心组织准备,高质量做好“现场会”的有关工作】 2002年3月,国务院八部委组织调研组到上海召开“大通关”工作情况调研会;5月,国务院在上海召开了“提高口岸工作效率现场会”。在海关总署办公厅、市府办公厅、市府接待办、市府新闻办、市外经贸委(上海口岸办)和上海海关、上海检验检疫局等各有关方面的精心组织、密切配合、协同工作下,两个会议取得了圆满成功。会议期间,共接待了中央16个部委办、12个省市自治区领导和各口岸办负责同志133人,还接待了7家中央媒体和16家上海媒体的30多位记者。吴仪国务委员在听取市政府“大通关”工作汇报和视察通关现场后,对上海“政府牵头协调,统一信息平台,手续前推后移,加快实货验放,提高通关效率”的做法,尤其对“三网合一”、“信息共享”的成效,给予了充分肯定。

【强化督查机制,确保实现“大通关”工作目标】 依据“高标准、严要求”原则,积极实行跟踪管理,按照“大通关”工作进度时间节点表,加大督查力度,把每一项工作分解到单位、落实到人。口岸办多次到口岸相关单位走访、调研、了解情况,掌握第一手资料,及时与上海海关、上海检验检疫局等口岸查验单位加强联系和协调,及时沟通信息、督促检查有关问题的落实情况,及时提出意见和建议,确保“大通关”工作目标落实到实处。一是扩大试点范围。上海口岸办、上海海关、上海出入境检验检疫局先后于6月18日和6月26日,分别与上海外高桥保税区管委会和松江出口加工区管委会联合召开扩大通关试点范围通报会,明确公示将“空运直通式”试点范围扩大到外高桥保税区内所有加工型企业及与之配套的仓储企业;将“快速通关”试点扩大到松江出口加工区所有企业。还与上海海关、金桥出口加工区管委会研究,运用松江出口加工区“快速通关”模式和方法,做好金桥出口加工区内的“大通关”工作。二是协调完善“一门式”服务。航交所作为“大通关”一门式服务的模式，已被社会各界和中外企业认可。据上海海关统计：航交所报关的海运进出口货物分别占上海口岸的50%和80%。为了巩固和完善“一门式”服务，口岸办多次召开座谈会，听取各方意见，及时提出完善“一门式”服务的意见，进一步方便企业报检报关。三是坚持现场值班制度。“现场会”后，口岸办在航交所和浦东机场现场实行定人、定时、定点的值班制度，及时了解第一手资料，协调、解决报检报关和进出口货物通关中发生的有关问题。

【加大推进力度，切实解决“大通关”“四个象限”问题】 口岸工作效率问题涉及的部门较多，在工作中口岸办加强了与口岸各部门的合作，加大推进力度，切实解决突出问题。一是针对海运进口中存在提前申报率低的问题，在调研基础上，实施提前发布船舶动态信息、提前换取提单、提前受理申报的新措施。针对提货单须盖6个图章，办理时间过长的问题，督促相关部门使盖章手续在1小时内全部完成；同时开展提货单电子化试点工作。二是针对海运出口中存在单证多、操作复杂的问题，简化操作流程，并开展海运出口“十联单”电子化的探索和试点。三是针对空运进口中存在的地面代理理货时间较长的问题，进一步改革作业流程，缩短理货作业时间。口岸办选择了3家具备条件并自愿提供24小时服务的地面二级代理企业实施对外服务，加快地面一级代理理货速度，对有快速提货需求的企业，在4—5小时内完成理货工作，同时确保有需求的企业24小时内随时能够提取货物。四是针对空运出口中存在的空港区域内的计算机未实现完全联网的问题，推进浦东机场实现了空港区域计算机联网，在2002年10月27日“航班东移”前完成了浦东机场海关监管仓储区电子通关信息联网。

【制定应对措施，确保“航班东移”后空港货物安全通畅】 “航班东移”前，口岸办深入基层，听取企业意见，及时制定工作措施和工作预案。“航班东移”后，口岸办多次与上海海关、检验检疫局、空港办等单位沟通，共同召开专题协调会，明确通关中的货物作业流程与时间节点，及时协调解决机场监管区域电子通关信息联网和理货时间长的问题，确保了松江出口加工区内的重点企业“快速通关”模式和其它重点企业进出口不受影响，受到了中外企业的好评；松江出口加工区内的广达电脑公司和上海爱普生磁性器件有限公司专门写来感谢信，对外经贸委和口岸办表示感谢。

【运用信息技术，稳步推进“大通关”电子化试点工作】 市外经贸委、口岸办、上海海关、上海检验检疫局积极合作，共同推进通关电子化试点工作。一是认真做好中国电子口岸数据中心上海分中心的筹建和挂牌工作。2002年4月底前，由亿通公司完成筹建准备工作。5月22日在“提高口岸工作效率现场会”前举行了中国电子口岸数据中心上海分中心揭牌仪式。海关总署署长牟新生、市长陈良宇为上海分中心揭牌，国务委员吴仪对中国电子口岸数据中心上海分中心的正式运作给予了肯定。二是在有条件的区域实施了EDI无纸报关试点，推动海关与检验检疫部门实行通关单电子数据的联网传输和24小时无纸报关，完成监管部门与企业的联网。目前已有200多家资信好、业务量大的企业开始运用无纸报关。这些企业每年进出口量占上海口岸的50%以上，为上海口岸全面运用无纸报关，实现快速通关打下了扎实的基础。三是开展加工贸易企业联网管理试点。口岸办选择高新技术为主、出口量大、计算机管理水平高、资信好的英业达(上海)有限公司先行试点。2002年8月16日第一本电子账册试点成功，英业达公司获得中国电子口岸颁发的正式申报身份卡，结束了纸质加工贸易手册申报，成为全国第一家加工贸易企业联网单位。目前，试点企业已增加至19家。四是研究、制订口岸物流通关相关单证文件格式和数据编码标准。制订的标准将适用于口岸监管单位、金融税务部门、仓储运输企业和货主、代理公司等进出口业务信息、资金和货物流数据的交换。五是开展外经贸企业内部信息化建设。完善外贸企业资源管理(ERP)、客户关系管理(CRM)、加工贸易企业供应链管理(SCM)和仓储、运输管理系统等,为口岸通关数据平台的高效运转打下基础。

【开展立法调研,积极推进上海口岸法规建设】 为使口岸管理工作有法可依,口岸办积极与市法制办联系,抓紧制定和修订口岸相关管理办法,解决口岸管理的法律效力问题。2002年启动了《上海口岸管理办法》起草工作,完成了《办法》(草案)第八稿,并已进入专家咨询阶段。

【加大宣传力度,形成确保实现"大通关"目标良好氛围】 从2002年第四季度起,为确保大通关目标的实现,口岸办分三个阶段组织开展了"大通关"宣传工作;先后组织23家新闻媒体进行9次专题采访活动,在各新闻媒体上滚动报道"大通关"新闻。同时,编撰、印发了《上海"大通关"宣传手册》,并将《上海"大通关"宣传手册》的内容登入外经贸门户网站,便于企业上网查阅,也便于及时接受社会监督,以利于切实形成确保实现"大通关"目标的良好氛围。

2002年上海口岸主要指标一览表

项　　目	2001年	2002年	同比增长%
集装箱	633.98万标箱	861.3万标箱	35.8%
货物吞吐量	2.21亿吨	2.63亿吨	19.0%
国际航行进出口船舶	19655艘次	19788艘次	0.06%
海港口岸出入境旅客	5.40万人次	7.40万人次	37.0%
外贸货物	6413万吨	7586万吨	18.2%
外贸货值	1204.86亿美元	1425亿美元	18.3%
	进口524.80亿美元	进口607亿美元	15.7%
	出口680.06亿美元	出口818亿美元	20.3%
空港口岸出入境飞机	42775架次	59421架次	38.9%
空港口岸出入境旅客	722.19万人次	912.34万人次	26.5%
空港口岸进出口货物	61.69万吨	83.38万吨	35.1%
口岸出入境旅客总数	727.59万人次	919.74万人次	26.4%

上海口岸查验单位工作综述

上海海关

2002年,上海海关坚持"依法行政、为国把关、服务经济、促进发展"新时期海关工作方针,全面完成了上级下达的各项工作任务。全年共受理进出口报关单526万批,同比增长27.5%;征收税款582.76亿元,占全国海关税收总额的22.5%;监管进出口货物总值1425亿美元,同比增长18.3%;监管进出境集装箱 736.3 万标箱，同比增长 33.4%；监管进出境运输工具 7.85 万艘(架)次，同比增长 19.7%；查获走私违规案件 2325 起，案值 5.09 亿元，上缴罚没收入 1.11 亿元，立案侦查刑事案件 65 起，其中法院判决 23 起案件涉及 31 人；查获知识产权侵权案件 138 起，案值 1980 余万元。

【初步建立起上海海关物流监控体系】 一是严密了对各监管区域的动态、实时监控；二是清理并规范了关区内寄售维修型保税仓库；三是在承运海关监管货物的车辆中全面推广应用 GPS 卫星定位系统；四是在武警的协助下，加大了查验、卡口值守和巡视监管的力度，全年共出动警力 38.16 万人次；五是开展对专业报关公司的清理整顿，实施报关员违规或差错行为的企业连带责任追究制度；六是制定了风险管理体系实施方案，着手开展风险管理平台试运行工作；七是进一步增强海关统计的预警、分析和监督力度。

【深化通关作业改革，通关效率明显提高】 一是通过提高电子舱单提前传输比例和传输的准确性等有效措施来完善“提前报关、实货放行”作业模式；二是稳妥实施无纸通关试点，参与试点的企业数达到 660 家，日均受理进出口报关单 1200 票，通过无纸申报方式的进、出口货物的通关时间分别比传统方式下降了 32%和 85%；三是扩大“便捷通关”和“空运直通式”实施范围，参与企业分别增加到 64 和 61 家；四是加工贸易联网监管试点取得成功，实现了审批、备案和核销的无纸化。首批参与试点的英业达公司在联网后的月均出口 6310 万美元，是联网监管前的 5.1 倍；五是继续完善和推进跨关区“快速转关”作业模式，增强上海口岸的幅射功能。年内共办理进出口转关 32.13 万批，计 86.9 万标箱，926 万吨；六是计算机主机、网络和通信系统进一步整合，开发应用了出口预配舱单管理系统等一批重点项目，通关作业程序不断优化，科技、业务一体化日臻成熟。同时，作为上海“数字城市”基本框架重要组成部份的“中国电子口岸”数据中心上海分中心于 2002 年 5 月上旬揭牌，同年 12 月 29 日入驻上海信息大厦，并正式运作；七是加大提高口岸通关效率的综合治理的力度，为上海市提前实现“大通关”目标发挥作用，海关段作业时间从过去占整个口岸通关的 21%下降至 17%。

【打私合力得到进一步增强】 年内，上海海关对打私职能作了调整，确立了侦查局办案、调查局稽查的职能分工新格局；其中开展打击价格瞒骗等专项斗争，年内审价补税 1.3 万批，入库 1.9 亿元；查获毒品走私案 3 起；查获“法轮功”等反动、淫秽出版物 69.2 万余件、文物 1012 件、濒危动植物及其制品 5370 件、旅客超量携带外币出境案值 7228.8 万元；其中查获将象牙镶嵌藏匿于进口木材中的走私象牙 3.5 吨，为建国以来海关查获的最大一宗象牙走私案；全年稽查企业 1306 家，查获率达到 28.4%。查获知识产权侵权案件 138 起，案值 1980 万余元。

【队伍建设成效明显】 年内，上海海关以建章立制为重点，全员思想政治工作进一步走上规范化轨道。一是继续实施领导干部竞争上岗制度，年内有 50 名中、青干部走上处、科级领导岗位。同时，继续扩大干部的交流面，全关处、科级领导干部的交流面分别达到了 31.8%和 22.8%。二是加大教育培训的力度，全年参培 1373 人次。三是继续深入开展“三珍惜三热爱”理想信念教育活动，寓教育于多样性，有效地提高了干部思想政治工作的针对性。年内，上海海关 11 个集体、45 名个人分别受到海关总署和上海市的表彰，其中 1 人荣获“全国五一劳动奖章”。

上海海关 2002 年度业务量

内 容	2001 年	2002 年	同比增减(%)
进出口吨位(万吨)	6413	7586	18.29
进出口货值(亿美元)	1204.9	1425.0	18.27
集装箱数(万箱)	552	736.3	33.39
运输工具(万艘架辆)	6.6	7.85	18.94
报关单数(万份)	412.5	526.0	27.52
征收税款(亿元)	589.61	582.76	−1.16

上海出入境边防检查总站

2002 年,上海出入境边防检查总站在公安部出入境管理局党委领导下,在上海市公安局党委的关心和支持下,坚持以邓小平理论和“三个代表”重要思想为指导,认真贯彻落实全国公安出入境管理工作会议精神,紧紧围绕边检执勤工作中心,按照“抓机制、转作风、强保障”基本思路,与时俱进,开拓创新,力求实效,全面推进队伍建设、业务建设和后勤保障工作,圆满完成了第 35 届亚行年会安全保卫、空港“航班东移”和反偷渡“南方行动”等各项任务。一年来,空港边检站共检查出入境旅客 9123421 人次,比去年增长 26.5%;检查入出境机员 762023 人次,增长 24.9%;检查入出境飞机 59421 架次,增长 38.9%。海港边检站检查入出境旅客 74083 人次、船员 384460 人次;检查入出境船舶 16195 艘次;增长 12.8%;查获、审理偷渡案件 339 起 531 人,接收处理遣返人员 2744 人,有力维护了上海口岸安全和出入境秩序。

2002 年,随着上海市建设“一个龙头”、“四个中心”地位的确立,上海口岸出入境客流量高速增长,边检工作和维护稳定任务艰巨繁重。上海边检总站紧紧抓住这一战略机遇,自觉把边检业务工作纳入改革开放和经济建设大局,顺应形势,创新推进自身建设,为促进上海改革开放和经济建设,确保社会政治稳定,维护正常出入境秩序做出了新的贡献。

举世瞩目的中国共产党第十六次全国代表大会是我们党在新世纪召开的第一次代表大会。针对“恐怖”、“民运”、“法轮功”等分子企图潜入潜出,进行捣乱破坏,安全稳定形势异常严峻的局面,上海边检总站从讲政治的高度,确立“便捷通关,防止闯关,确保口岸安全,维护社会政治稳定”工作目标,全面落实各项安全保卫工作措施,坚决杜绝在上海口岸发生严重影响国家安全和社会政治稳定的重大案件、事件,切实维护上海口岸安全。十六大召开期间,空港边检站检查出入境旅客 221023 人次,查获偷渡分子 6 人。上海边检站辖区同时靠泊 4 艘大型豪华旅游船,出入境上下人员之多为历史之最,安全要求高,难度大,上海边检站加强了监护管理,确保了安全畅通。2002 年在上海召开的重大国际性会议多,特别是 5 月份召开的第 35 届亚行年会,是继 APEC 上海会议后我国政府承办的又一次规模较大、层次较高、影响广泛的重大国际会议。上海边检总站以维护口岸稳定为首要任务，精心组织部署，认真抓好各项措施和“处突”预案落实；主动与市外办等单位协调，明确职责，建立信息互通机制；开设专用通道，提供通关便利，为57个国家（地区）1 391人次与会人员办理了出境边检手续，其中部长以上政要70人次。以优质高效的服务，在外国政治家、企业家和社会名流面前，树立了中国边检机关的良好形象。同时，也形成了一套接待高规格大型国际会议人员入出境边防检查工作的方案。

根据全国反偷渡“南方行动”部署，上海边检总站深入开展打击口岸偷渡活动；坚持“高压、强打、严惩”方针，以“打团伙、抓蛇头”为重点，加大对上海口岸外国人非法入境、持伪假证件偷渡、转道偷渡、无证爬船偷渡，特别是利用集装箱偷渡等的打击力度，增强主动性，提高对偷渡的发现和打击能力。同时利用社会传媒做好宣传，增强公民反偷渡意识，整合社会力量进行集中整治。2002年发生在口岸偷渡案件比去年减少28.9%，取得了反偷渡“南方行动”的丰硕成果，维护了上海口岸的正常出入境秩序。在上海市公安局召开的反偷渡、整治外国人“三非”专项行动总结表彰会上，虹桥、浦东边检站调研队因工作出色，成绩突出，分获一、二等奖。

根据国家民航总局和上海市政府部署，自2002年10月27日起，原在虹桥机场起降的国际、港澳航班全部东移浦东机场，虹桥机场承担国际航班备降任务。上海边检总站把做好“航班东移”出入境边防检查工作作为检验边检各项工作，推进自身发展的难得时机，树立超前意识，未雨绸缪，整体规划。10月27日“航班东移”当天，浦东边检站办理出入境航班179架次，检查出入境人员33791名，分别比“航班东移”前一天增长135.5%和159.3%，实现了“航班东移”边检工作的平稳过渡，为上海城市发展和对外开放作出了积极的贡献。此外，上海边检总站认真做好洋山港边检站前期筹划工作，积极抓好新开放的上海外高桥造船有限公司码头和上海振华港口机械有限公司长兴基地码头出入境船舶、人员的边检工作，以改革创新边检工作的实际举措，积极支持上海的改革开放和经济建设。

2002年，上海边检总站继续推行“巡查为主、梯口监护为辅，电视监控、船方自管、厂方协管相结合”的船舶监护模式。边检站突出登轮管理工作重点，按照有利于维护合法打击非法，有利于方便生产和有利于减轻民警工作强度出发，推出了诸项改革措施。一是不断完善外高桥边检站电子门警系统功能，整合电子门警、电视监控、车辆巡查等要素，探索建立新型海港勤务运作机制，发挥科技强警的应有作用。二是在总结吴淞、上海边检站亮牌管理试点工作基础上，制定下发《关于开展“绿、黄、红”牌奖惩制度的实施办法》，2002年5月1日起对部分船舶（登轮单位）实施“绿、黄、红”牌奖惩制度管理，探索出了一条登轮管理的新路子。三是启动厂企专用码头外轮监管勤务改革试点工作，在外高桥边检站召开厂、企专用码头相关单位协调会，与护船公司签定了外轮监护委托合同，对护船公司监护协管理人员进行审核和培训，确保了改革顺利进行。四是规范登轮证件审批发放工作。配合电子门警的使用，对登轮证进行改革，签发使用磁卡式登轮证；建立登轮管理工作小组每月例会制度，严格证件发放的审查和审批，增强了公正性和公开性。五是召开登轮管理工作会议，从教育和机制上加强代理管理，使其自觉配合边检机关，从而提高了边防检查工作质量。

2002年上海出入境边防检查总站业务量统计表

空港边检站

	2002	2001	+或-	同比%
检查入出境飞机	59 421 架次	42 775 架次	+16 646 架次	+38.9
检查入出境机员	762 023 人次	610 250 人次	+151 773 人次	+24.9
检查入出境旅客总数	9 123 421 人次	7 213 619 人次	+1 909 802 人次	+26.5
检查入出境船舶	16 195 艘次	14 359 艘次	+1 836 艘次	+12.8
检查入出境海员	384 460 人次	320 005 人次	+64 455 人次	+20.1
检查入出境旅客总数	74 083 人次	54 020 人次	+20 063 人次	+37.1
查获审理偷渡案件	339 起,531 人次			

上海出入境检验检疫局

【业务工作】 2002年,上海检验检疫局完成进出口商品检验517055批,金额2266334万美元;与去年同期相比,分别增长24.95%和12.22%。经检验不合格的进出口商品共3031批,金额13840万美元,批次、金额不合格率分别为0.59%和0.61%,与去年同比,分别下降0.29和0.62个百分点。外商投资财产鉴定共339批,金额减少19.73%;签发普惠制产地证206095份,金额572024万美元,与去年同期比,分别增长17.57%和28.66%。签发一般产地证39516份,金额151196万美元,与去年同期比,分别增长17.15%和12.23%;出入境动植物及其产品检疫67824批次、货值221732万美元,发现二类以上疫情157批次;出入境集装箱查检检疫2219725标箱;出入境木质包装检疫215406批次,截获各类疫情650批。出入境船舶检疫15996艘次,飞机检疫60256架次,人员9448492人次;进境食品检疫20691批次,金额52111万美元,发现问题240批次,432万美元,发现问题率为1.16%;对出入境货物、交通工具实施卫生除害处理285627次,灭杀病媒昆虫和啮齿动物80批次;预防接种131485人次,监测体检48118人,爱滋病监测52059人,发现各种传染病3740例,其中HIV感染者10例,发现非传染病20468例。

【积极参与上海口岸大通关试点,凸现口岸执法和服务外贸的职能】 上海口岸是国务院指定的全国大通关工作的试点口岸,上海出入境检验检疫局根据国家质检总局和上海市政府的有关指示精神,针对上海口岸实际情况,对检验检疫的工作模式采取了多项改革和优化措施,推出了“提前报检、提前报关、实货放行”的通关模式,实施“空运直通式”和“快速通关”试点,研究“提单电子化”工作,大大提高了口岸通关速度,在外高桥保税区和松江出口加工区分别创造了10小时和4小时的通关新纪录。该局大力推广“三电工程”和“直通式”电子报检,做好“电子通关”和“一次报检、报关”的试点推广工作。目前,上海已有1400多家企业安装并通过电子报检系统办理报检手续,700多家企业安装并通过电子签证系统办理产地证申请，电子报检业务量达全局报检量的98%左右，电子签证率达60%以上，进口流向货物电子转单已达100%，每天有1000多批外地出口货物通过电子转单办理换证手续，出口电子转单达60%以上。“三电工程”的推广程度和应用水平已在全国检验检疫系统中处于领先地位。

【宣传贯彻新《商检法》】 新《商检法》于2002年10月1日起正式施行。这次《商检法》的修改是顺应入世形势所作的重大调整，也是今后各级检验检疫机构依法行政、依法管理的有力依据。为了应对入世形势，还组建了CIQ2000系统技术小组、WTO研究小组和技术措施(壁垒)研究小组3支队伍，并且已经开展了活动，提出了很好的意见和建议。

【联建示范实验室】 2002年9月4日，上海出入境检验检疫局和法国生物梅里埃中国有限公司合作建立的“上海检验检疫—生物梅里埃食品微生物学示范实验室”正式揭牌，标志着该局利用社会资源提升检测和科研能力又迈出了新的一步。该公司此次向联合示范实验室提供新研制的自动化微生物检测仪器，该局食品中心将利用这批仪器为进出口食品的检验检疫执法提供技术保障，大大提高了检测食品中致病菌的速度和精度，并向国内外客户提供食品微生物检测的技术咨询和服务。

【CQC上海分中心成立】 经国家质量监督检验检疫总局和国家认证监督委员会批准，10月18日，中国质量认证中心(CQC)上海分中心在上海出入境检验检疫局挂牌成立，该中心将承担本市企业申请3C认证的工厂检查和日常监督检查工作。经国家认监委授权，中国质量认证中心承担我国已公布的第一批强制性认证产品目录19大类132种产品中16大类124种产品的强制性认证工作。分中心的设立，方便了申请认证的企业，加快了认证速度，建立健全了CQC产品认证的全国网络，为CQC更好地完成所承担的强制性产品认证工作提供了充足的保障。

【创建国际卫生机场】 2002年10月15日，世界卫生组织对上海浦东国际机场创建国际卫生机场进行了考核验收工作，现场检查了东方航空食品有限公司、上航航空器、垃圾处理厂、医疗急救中心、候机楼以及上海出入境检验检疫局旅检工作现场、微生物实验室、细菌室、标本陈列室等，世界卫生组织官员对浦东机场的硬件设施和创建工作所取得的成效给予了充分的肯定。当日，世界卫生组织宣布上海浦东国际机场通过了世界卫生组织的考核验收，并当场与机场当局举行了签字仪式。挂牌仪式于10月23日举行。世界卫生组织官员们认为，中国(上海)在创建浦东国际卫生机场的工作中做的很好，是贯彻国际卫生条例最好的国家，有些设施和功能已超过了国际卫生条例的要求，这对保障健康和全球卫生非常有效。

【第四届亚太旅行卫生大会在沪召开】 2002年10月20日至23日，第四届亚太旅行卫生大会在上海国际会议中心召开，这是新世纪质检系统承办的第一个大型国际学术会议。全国人大常委会副委员长彭珮云，国家质量监督检验检疫总局党组书记、副局长李传卿，上海市副市长杨晓渡等领导出席了开幕式。在为期3天的会议期间，来自40多个国家的300多位资深学者、国际组织代表、政府官员、国际旅行医学学会全体执委及各专业委员会主席、亚太旅行医学学会全体执委和100多位中国临床医学、卫生防疫和检验检疫专家、领导聚首一堂，共同探讨保护旅行者乃至人类健康的百年大计。35个专题讲座，119人次交流发言，308篇学术论文，让整个会议弥漫着浓浓的学术氛围和对人类健康的人文关怀。

【严格执法把关】 2002年3月4日，国家质量监督检验检疫总局与卫生部发布2002年1号联合公告，禁止疯牛病疫区化妆品入境，上海出入境检验检疫局立即制定措施，封存来自疫区且不能提供出口国官方检疫证书的化妆品和原料10批，货值46万美元；并联合上海市卫生局对本市进口化妆品进行了专项大检查，对逾期未召回或无法提供相关证明的100多个产品强制撤柜封存。6月10日依法销毁了2批、16箱来自日本且无法提供官方检疫证书的进口化妆品。另外，根据农业部、国家质检总局联合发布的第197号公告禁止输入口蹄疫疫区韩国的偶蹄动物及其产品，该局迅速行动，在1个多月时间里，先后查封来自疫区的猪、牛肉2 000多公斤。2002年，上海出入境检验检疫局在入境货物中的疫情检出率明显上升，截获的有害生物无论在数量上还是种类方面均较上年有明显增加。先后三次从意大利进口的混配烟片中截获烟草霜霉病。有效防止疫病扩散，在出境和入境集装箱内发现病媒死鼠和活鼠，在一入境外轮上一举杀灭我国禁止进境的A类病媒昆虫——德国小蠊1万多头，数量之多为近年罕见。

2002 年上海出入境检验检疫业务量统计表

	总数	同比％	货值（万美元）	同比％	经检验不合格总数	不合格率	货值（万美元）	不合格率
发现疫情未发现疫情进出口商品检验	517 055 批	＋24.55	2 266 334	＋12.22	3 031 批	0.59	13 840	0.61
外商投资财产鉴定	339 批	－10.08	14 565	－19.73				
签发普惠制产地证	206 095 份	＋17.57	572 024	＋28.66				
签发一般产地证	39 516 份	＋17.15	151 196	＋12.23				
出入境动植物及其产品检疫	67 824 批次		221 732					
出入境木质包装检疫 截获各类疫情	215 406 批次 650 批							
进境食品检疫 发现问题	20 691 批次 240 批次		52 111 432					
出入境船舶检疫	15 996 艘次							
飞机检疫	60 256 架次							
集装箱查验检疫	2 219 725 标箱							
出入境人员检疫 卫生除害处理 预防接种 监测体检 爱滋病监测	9 448 492 人次 285 627 次 131 485 人次 48 118 人次 52 059							
人发现各种传染病 其中 HIV 感染者 发现非传染病	3 740 例 10 例 20 468 例							
灭杀病媒昆虫和啮齿动物	80 批次							

上海海事局

2002年,上海海事局全体干部职工努力实践"三个代表"重要思想,认真学习并全面贯彻党的"十六大"会议精神,继续围绕水上交通安全管理工作中心,深入开展"水上运输安全管理年"活动,与时俱进,开拓创新,不断开创上海港水上安全监督管理新局面。

随着上海国际航运中心地位的不断确立,进出港口的船舶显著增加,上海海事局努力适应形势要求,逐步建立安全管理长效机制,健全船舶管理网络,提高应急反应能力,确保上海口岸安全、高效、畅通。全年共发生水上交通事故263起、沉船54艘、死亡34人、经济损失5419万元,与2001年相比,四项指数分别下降22.6%、38.6%、5.5%和43.6%,水上安全形势明显好转。

以深入开展"水上运输安全管理年"活动为契机,海事局坚持专项整治和日常管理有机结合,严把船舶安全检查关,严格实行辖区签证制度,提高签证管理力度。全年共查验进出上海口岸国际船行船舶22265艘次,比2001年上升了13.27%。其中,进口船舶11088艘次(国轮1207艘次,外轮9881艘次),出口船舶11177艘次(国轮1270艘次,外轮9907艘次)。进行港口国检查397艘次,滞留外轮9艘次;开航前检查201艘次,对适检船舶的开航前检查率为100%,继续保持了受检国轮在国外的滞留率为零。

认真组织对上海口岸从事危险货物装卸作业的码头单位及其作业情况的检查。规范危险货物集装箱运输,严厉打击拒报、瞒报危险货物性质的违法行为。加强管理,防止作业引起水域污染。尝试利用国外资金与技术,以市场化模式建立上海东安海上溢油应急中心,提高应急反应能力。

强化履约培训、考试及发证工作,共完成船员适任证书考试和评估10394人次,专业特殊培训考试10083人次;签发船员适任证书15 142本,签发船员专业、特殊培训证书22544本,签发海员证10095本、船员服务簿1938本,满足了航运单位的需要。加大船员跟踪管理的力度,积极推行"船员违章记分制"和"船员违章黑名单制",减少人为因素对水上交通安全的影响。船员考试中心探索海船船员适任证书统考采用计算机考试模式取得成功。

按照交通部海事局的授权,海事局对654艘船舶实施了船舶检验质量检查,并汇总典型船检质量案例,在局内部网络予以公布;及时部署开展江浙沪验船人员过渡期考试与发证工作;编制完成《船舶法定检验质量管理规则》和《船舶法定检验质量体系审核细则》,对辖区内15家救生筏站进行年审,并编写了《气胀式救生筏检修人员通用培训教材》。

海事局继续深化ISM规则实施工作,年内完成上海片区26家公司的年审工作,使安全管理体系真正发挥在水运企业安全管理方面的作用,进一步推进国内安全管理规则的实施,确保国内船舶按期建立安全管理体系。

9月28日,2002年海上搜救综合演习在长江口水域成功举行。这次演习为上海口岸组织海上综合搜寻救助、灭火清污等积累了有效经验,同时也为完善上海海上搜救新机制迈出坚实步伐。

航标工作以战略思维、系统思想和发展眼光为管理定位,增强综合管理能力。2002年,东海海区管理各类公用干线航标1226座,完成航标维护工作量332568座天,航标正常率99.92%,航标维护正常率100%,均超过部颁标准;大力推广新技术、新光源、新材料的应用。东海海区基本完成固定航标的全太阳能化,浮动助航标志的再生能源应用面接近50%。

2002年,该局提前完成交通部海事局指令性港口航道图测量4978.64换算平方公里的年度计划;港口航道图完成70幅,制图优良率和出图及时率均达到100%;完成电子海图54幅;印刷港口航道图113幅、6.6万张,质量合格率和优良率均为100%。《鸡骨礁至横沙岛》图获得上海市和交通部优秀勘察成果三等奖。在确保计划任务的同时,还完成各类应急测绘工程25项。

2002年12月27日上海海事局洋山港海事处挂牌成立。

上海口岸专稿

上海口岸外贸概况

【上海市外贸进出口再上新台阶】 据统计,2002年,上海市外贸进出口总值726.46亿美元,比2001年增长19.30%。其中,进口406亿美元,增长22.03%,出口320.47亿美元,增长16.01%。

按企业分类,2002年,专业外贸公司出口41.88亿美元,增长5.66%;地方工贸公司5.35亿美元,增长2.58%;工业自营企业出口31.56亿美元,减少10.14%;中央部属企业出口4.31亿美元,减少9.38%;地方综合企业出口42.44亿美元,增长35.09%;私营企业出口3.27亿美元,增长700.59%;外商投资企业出口191.57亿美元,增长20.04%。

从贸易方式来看,2002年,一般贸易出口137.11亿美元,增长23.90%,加工贸易出口174.19亿美元,增长10.75%。

从出口商品来看,2002年,纺织原料及制品出口75.58亿美元,增长9.49%;机电产品出口168.27亿美元,增长18.41%;高新技术产品出口74.78亿美元,增长37.77%。机电产品和高新技术产品出口占上海出口比重分别增加到52.51%和23.33%。

从主要出口市场来看,2002年,对日本、美国、欧盟、香港四大市场合计出口225.99亿美元,增长14.37%。其中对日本、美国、欧盟、香港分别出口69.99亿美元、73.21亿美元、51.61亿美元、31.77亿美元,分别增长9.57%、24.13%、6.38%和18.89%。

【上海口岸外贸再创历史新高】 据上海海关统计,在世界经济增长乏力、全球贸易发展趋缓的严峻形势下,2002年上海口岸对外贸易却呈现出逆势上升的喜人态势,继续保持快速增长。全年进出口总额达1 425亿美元,比上年增长18.3%,增幅比上年提高8.1个百分点,再创上海口岸外贸进出口的历史新高。其中,出口818亿美元,增长20.3%;进口607亿美元,增长15.7%。

2002年,世界经济发展曲折,全球经济陷于低迷,然而上海口岸出口却好于年初预期,呈现出勃勃生机。

2002年上半年,出口增长比较平稳,增幅为10.6%。进入下半年以后,入世的积极效应逐渐显现,单月出口屡创新高,出口累计增速逐步攀升,全年出口呈现良好的增长态势。尤其是12月份达到单月出口最高，出口额为81亿美元，增长56.5%。

入世第一年，我国进一步放开外贸进出口经营权、加快出口退税速度，一系列有利于出口的政策实施，给上海口岸出口注入了强劲动力。尤其推动了一般贸易出口迅猛增长，全年出口473亿美元，增长24.4%。加工贸易继续保持稳步增长，出口334亿美元，增长15.2%。

出口市场的多元化以及与世界各国间日益频繁的贸易往来也是推动上海口岸出口增长的有力因素，尤其是入世后上海口岸对美国出口异常活跃，出口规模迅速扩大，出口额达175亿美元，增长24.9%，替代日本成为最大的出口市场。此外，对亚洲出口额达386亿美元，增长19.5%，其中对日本出口159亿美元，增长8.2%；对欧洲出口166亿美元，增长17%。在确保主要出口市场稳步增长的同时，外贸出口企业加大了对新兴市场的开拓力度。2002年上海口岸对东盟、拉丁美洲、大洋洲出口增长迅速，增幅分别达到30.9%、21.9%和27.7%。

2002年，上海口岸国有企业出口328亿美元，增长6.1%。三资企业继续保持强劲增势，出口395亿美元，增长26%，其中外商独资企业增幅高达45.6%。由于国家进一步降低企业进出口经营的入驻“门槛”，极大地调动了私营企业的出口积极性，私营企业出口35亿美元，增长2倍，成为上海口岸出口的新亮点。

在上海口岸的出口产品中，机电产品仍是上海口岸出口的最大宗商品，出口362亿美元，增长24.8%，所占比重升至44.3%，其中自动数据处理设备零部件、集成电路及微电子组件进口增长迅速，分别达到59.9%和76.8%。由于入世后取消了部分纺织品、服装的出口配额，使这两类传统产品的出口增幅明显加快，纺织纱线、织物及制品81亿美元，增长30.6%；服装及衣着附件174亿美元，增长10.9%。另外，医药品、塑料制品、家具、成品油等商品的出口增长迅速。

随着入世以后，关税税率下调和部分贸易管制条件的取消，上海口岸进口增速也较上年有所加快。

2002年上海口岸一般贸易进口增长平缓，进口额268亿美元，增长8.8%；加工贸易仍是进口最主要的贸易方式，进口209亿美元，增长22.3%；随着中国经济的发展和外商投资的迅速增长，去年外商投资进口设备物品进口55亿美元，增长15.8%。

2002年上海口岸自亚洲市场进口大幅增长，进口348亿美元，增长22.4%，占进口总额的近6成，其中日本、韩国、香港增长较为平稳，我国台湾地区表现非常活跃，增幅达46.6%。自欧洲进口142亿美元，增长8.6%，其中德国、荷兰增长较快。北美市场增长较慢，其中美国74亿美元，增长8.2%。

在上海口岸的进口商品中，机电产品进口仍保持首位，进口额为369亿美元，增长18.9%，其中汽车2万辆，增长1.7倍；手机119万台，增长3.3倍；自动数据处理设备的零件22亿美元，增长1.1倍。其他进口增长较快的商品还有钢材、初级形状的塑料、肥料和医药品。

【上海外贸出口:2年胜过46年，2002年突破320亿美元，增长16.01%】 上海外贸年出口攀上100亿美元、200亿美元和300亿美元三个台阶，分别用了46年、5年和2年时间。据上海海关和上海市外经贸委的统计，2002年上海外贸出口320.47亿美元，比上年增长16.01%。2年胜过46年，又一新的上海速度由此诞生。

1998—2002年是上海外贸出口增长最快的时期，全市各级政府和各类外贸企业先后克服亚洲金融危机和世界经济减速带来的影响，积极应对我国加入WTO的挑战，实现了外贸出口的持续攀升。5年累计出口1197.7亿美元，为前5年的2.14倍；5年年均增长19.05%，比同期全国年均增幅高出4个百分点。

坚持发展大外贸，壮大外贸经营主体队伍，为上海外贸出口的持续快速发展打下了坚实基础。

1998年，上海市降低在浦东设立外贸子公司“门槛”，104家外贸新企业当年获得外贸经营权。2002年，外经贸委再次降低在浦东设立外贸企业的“门槛”，一大批外贸新企业由此问世。到2002年底，上海市拥有外贸经营权的内资企业已达3899家，其中私营企业从1998年的5家升至1 904家(包括2002年新批的1 747家)。2002年，申城私营外贸企业出口3.27亿美元，比上年猛增7倍。

从2002年起，上海市构建市区两级外贸出口促进责任体系，外贸出口首次成为考核区县经济工作的重要指标之一。据统计，各区县外贸出口141.13亿美元，比上年增长29.37%，增幅超过全市外贸出口平均增幅13.36个百分点。排名前三位的区县分别是浦东新区(59.35亿美元)、松江区(22.97亿美元)和青浦区(18.78亿美元)，其中松江区增长最快，增幅高达69.54%。

上海外贸出口商品结构也不断优化。计算机、通信技术、电子、生命科技、电脑芯片等高新技术产品源源出国门，改变了过去上海出口商品技术含量低的状况。2001年，上海高新技术产品出口74.78亿美元，比上年猛增37.77%，超出全市外贸出口增速一倍多；高新技术产品出口占全市出口的比重达23.33%，首次逼近纺织品出口占全市出口比重(23.58%)；对上海外贸出口增量的贡献率攀升至46.36%。

不断改善贸易和投资环境，有力地推动申城外贸出口。原定2003年2月底前上海口岸实现“大通关”目标，到2002年底已提前2个多月实现。上海口岸，其通关效率已与中等发达国家和地区并驾齐驱：空运货物进出口通关提货、发货时间在12小时内，海运货物进出口通关提货、发货时间在24小时内。英特尔产品(上海)有限公司高层人士直言：上海通关效率已跨入世界先进行列。

【沪台贸易快速增长】 2002年，上海口岸与我国台湾之间贸易高速增长，贸易往来日趋紧密，机电产品是最主要的贸易货物。两地一般贸易增速明显加快，呈现出近年来少有的高速增长态势。其中上海口岸运往台湾的货值8亿美元，比上年增长48.4%；从台湾运往上海口岸的货值19亿美元，增长39.4%。加工贸易也保持了快速增长态势，其中上海口岸运往台湾的货值10亿美元，增长38.9%；从台湾运往上海口岸的货值34亿美元，增长53.3%。

国务院八部委“大通关”调研组
对上海“大通关”工作的反馈意见

这次国务院8部委的调研，是为了贯彻落实国务院办公厅下发的《关于进一步提高口岸工作效率的通知》精神，进一步总结经验，从而推动“大通关”工作在全国展开的具体行动。 在全市各部门的大力支持下，市外经贸委将整个调研活动安排非常紧凑，在短短的3天时间内，让调研组比较清楚地了解到上海在推进“大通关”工作中的改革步伐及所取得的成果。市政府在推行“大通关”工作中的超前思考、务实精神和改革魄力，得到了调研组肯定。

下面是这次调研组组长、海关总署副署长李克农同志2002年3月27日下午对上海“大通关”工作的反馈意见。

一、对上海口岸“大通关”工作的印象

在上海市委、市政府的正确领导和大力推动下，上海口岸各部门、企业密切配合，群策群力，使“大通关”工作取得了令人振奋的阶段性成果。给我们留下深刻印象的主要有以下几点：

（一）以“三个代表”思想为指导，通过思想观念的创新带动通关体制、通关模式和通关手段的创新

“三个创新”即通关体制创新、通关模式创新、通关手段创新始终贯穿在上海“大通关”工作的整个过程。但还有一个更为重要的创新，这就是思想观念的创新。思想观念的创新是通关体制创新、模式创新、手段创新的前提。主要体现在三个方面：

1、上海市从上到下，都把贯彻落实江总书记“三个代表”思想与实际工作紧密结合，积极解放思想，实事求是，勇于突破传统模式。领导班子在认识上高度一致，把推动“大通关”工作作为推进贸易便利、改善上海贸易投资环境、应对入世挑战、提升城市综合竞争力的需要；看成是支持西部大开发、服务全国经济发展的需要；看成是实现建设现代化国际大都市和建设国际经济、金融、贸易和航运中心目标的一项基础性工作。有了统一认识，上海市委、市政府等有关部门从上到下都目标一致，步调一致。

2、在推进“大通关”工作过程中，上海市政府及各个有关部门能够正确地处理好“管”与“通”的关系。政府部门不是一味地只是求快、求方便，而是能够以国家利益为重，坚持处理好“加强监管与提高效率”的关系，体现了“有效监管”和“高效服务”的双效目标。从实践效果来看，上海口岸“大通关”实施后，不仅通关效率比原来大大提高了，而且监管力度也大大加强，达到了中央对“大通关”工作的要求。从政府和企业角度讲，达到了管理者和被管理者双赢的目的。

3、上海市政府对“大通关”工作的认识比较早，动作比较大、效果比较好。在推进“大通关”的工作中，上海市政府所采取的措施与国务院办公厅《关于进一步提高口岸工作效率的通知》的要求是完全吻合的，并且走在了全国的前列。

（二）加强领导，形成合力，各负其责，共同推进通关体制创新

早在2001年2月，上海市政府就成立了由市长任组长、常务副市长任常务副组长、三位副市长任副组长的“大通关”工作领导小组，领导小组下面还有一个强有力的工作机构。这么大的领导力度，在全国是仅此一家。与此同时，有关开发区、保税区和有关部门，都相应成立了专门工作班子，上下呼应，体现了上海市政府领导对这项工作的高度重视，建立了一个完整的工作组织保证体系。各相关部门也把“大通关”作为自己份内的工作来抓落实，认识一致、目标一致，保证了这项工作顺利开展。

（三）实事求是，勇于改革，积极探索通关模式创新

在上海市政府指导下，市外经贸委、海关、检验检疫等单位积极开展调研，找出了制约“大通关”速度的主要问题和矛盾，有的放矢，提出解决措施，探索出一套比较完整的、实践证明很有效的新型通关模式，如“提前报检，提前报关，实货放行”。这些经验都很成功，值得在国内其他地区推广。从目前情况来看，新的通关模式试点进展顺利，效果明显。调研组所到之处，企业都一致反映通关效率有了明显提高，通关成本有了显著下降。

（四）充分运用信息化手段，整合信息资源，实现通关手段的创新

从上海大通关工作情况来看，各种通关模式的创新，都与先进的信息化技术紧密结合。比如：“大平台”为大通关打下了坚实基础。在市政府的协调推动下，成立了亿通公司，整合了原有的口岸物流信息资源，实现“三网合一”，建立了上海口岸物流信息的统一的“大平台”。统一数据标准和企业诚信库也在

积极探索之中。

二、推进口岸大通关工作的意义

“大通关”这个词是由上海最先提出的，原产地在上海。“大通关”工作受到了镕基总理等国务院领导的高度重视，上海在这方面走在了全国前列。许多跨国公司选择上海投资，主要原因就是看到了上海有着良好的投资环境，其中，包括了口岸通关环境。

——推行大通关，对适应现代生产的高新技术企业“零库存”、“第三方物流”等国际先进的管理方式，与国际通行做法相衔接，有着积极作用；

——推行大通关，在降低企业通关成本，节约货物流转时间，推动转口贸易发展，提高企业的国际市场竞争力等方面的效果也是十分显著的；

——推行大通关，对于当前提高通关效率、降低贸易成本、支持扩大出口也具有重要作用。

在调研中，我们感受到，如何帮助各类企业，包括外商投资企业提高国际竞争力是政府义不容辞的义务。这次调研，使我们对“大通关”工作提高了认识，也增强了做好这项工作的信心。

三、关于上海“大通关”工作中需要明确的几个问题

调研组，对上海市政府以及企业、港航、代理等单位提出了一些问题作出以下初步反馈意见：

(一)关于电子商务的立法问题

现在，中央已成立了信息化领导小组，由朱总理亲任组长，并成立了一个正部级办公室。可以说，电子商务的立法问题已提上了国家立法方面的议事议程，国务院已将它列入到今年的重点研究课题中，但没有列入到国务院今年的立法计划中，所以今年还不可能出台相关法律。目前，海关总署已要求政法司加强与国务院法制办的联系，以促进这项工作。虽然现行《海关法》已明确了电子数据报关单的法律效力，但由于国家尚未形成有关电子数据法律效力的相关法律规定，因此在具体的法律实践中，可能会存在一些法律问题。因此，在海关正在推行的“无纸报关”中，以《海关法》为依据，采取第三方(即电子口岸)存证的办法解决这一难题。海关和中国电子口岸、进出口企业签订三方协议，共同确认报关单(包括必要的随附单证如装箱单、发票等)电子数据的法律效力，从而有效的解决法律上的漏洞。

上海市政府提出的由政府制订相关规章的办法，也是一个很好的过渡办法，同时我们也将向国务院作一个汇报，请求加快推进电子商务的立法工作。

(二)关于中国电子口岸上海数据分中心建设问题

自 2001 年 8 月海关总署和上海市政府签署协议以来至今，上海数据分中心建设的实质性工作仍未启动。尽管国务院已于去年批准了“中国电子口岸”的机构，但因种种原因，“中国电子口岸”的牌子也还未挂起来。不过，目前中国电子口岸的班子已经建立，许多工作也正在开展之中，其中应用项目已经完成了 11 个。2001 年下半年，中国电子口岸的外汇项目已经完成，实现了全国联网，外汇核销、收汇管理问题已经解决了。针对朱总理和吴仪国务委员十分关心的退税问题，项目也已于 2002 年 3 月份完成，目前已对北京的 10 家企业进行了试点，效果很好。近期将在全市推广，如果进展顺利的话，下一步将在沿海 3—4 个省市试点，进一步将挑选 10 多个省市推广，下半年再在全国范围内推广。

近期，国务院和海关总署也都在不断给中国电子口岸提出新的任务。这次调研，听到上海市政府的汇报，调研组已督促中国电子口岸，关于上海口岸数据分中心的筹备工作必须在 5 月 1 日以前完成，所有的基础性工作都必须在 4 月底前完成，具体挂牌时间将由上海市政府考虑后再定。

关于上海市政府提出的统一数据标准、赋予分中心数据处理功能及实体运作等问题，我们认为这些都没有什么问题。只要在技术上加强研究，只要不影响该信息平台的跨地区使用，这些要求都是完全可以的。我们认为上海建设的这个“大平台”不仅仅是上海的平台，而是要服务全国。特别是上海要建立亚太航空枢纽港和国际航运中心，要面向全国、面向世界，因此这个平台也要能为外省市服务，可以为“异地报关、异地报检”等提供服务。我们同意上海市政府的建议，具体操作将由亿通公司和中国电子口岸共同来研究、实施。

(三)关于进口提货单要加盖6个图章，造成通关手续繁杂，耗时长问题

海运提单上需海关、检验检疫和理货、陆上运输管理、船代、港务等分别盖章，上海市政府已提出了初步解决方案，计划采取电子签章的办法来缩短盖章时间，以便在方法和手段上先行提速。对此，我们表示赞同。我们也将采取积极态度，加强研究。交通部态度也很明确，回去后将认真研究如何进一步解决这个问题。

(四)关于空运货物地面代理理货时间长问题

这个问题主要依靠上海市有关部门(如空港办)来协调解决，在一、二级代理仓库理货作业的衔接上，在仓库资质和管理要求上，采取有效措施来解决。我们认为，在“大通关”中，所有的企业、中介机构也应该进一步提高认识，加快改革自身的某些做法。这方面，上海已经做了很多工作，各部门都在规范做法，简化程序，甚至对国外的机构也按照“大通关”提出了相应的要求，可以说，在上海的这个问题已基本解决，但在全国还将存在。因此，调研组回去后，还将进行专题研究，制定新的规定以适应新形势的要求。由交通部和外经贸部、铁道部、民航总局对大通关涉及的有关管理和中介服务企业，制订行业管理规范，促使相关企业提高服务质量和水平。希望市政府也制定一些相应的规定。

(五)关于扩大直通式企业规模问题

扩大保税区“直通式”试点范围没有问题，对上海的做法，调研组将给予坚决支持。在扩大范围中，不论是采取直通式通关还是无纸通关模式，我们认为首先必须按照企业自愿原则。企业从自身生产和发展的需要出发，提出申请。其次，相关执法部门还要对申请企业的资信情况作分析，按照“守法便利”原则，首先要满足守法企业的需求。

(六)关于加强基础设施建设问题

在上海市政府的情况介绍中，提出了上海在下一步口岸规划中的“三个平台”建设问题，国务院已经批准《上海市城市总体规划》，明确了上海建成现代化国际大都市和“四个中心”的目标。到“十五”期末，上海要初步形成国际航运中心基本框架，初步建成亚太地区航空枢纽港。这些发展目标的定位都非常高，但实现“大通关”是基础，必须在规划、投资、功能确定和基础工作等方面跟上。如：

特定区域的基础设施建设还有待加强。如外高桥保税区，有众多的高新技术企业，但目前光缆还没有进区，企业通关仍要采用电话拨号方式上网。在一定程度上存在上网速度慢、易掉线等问题。

在浦东机场和洋山港的建设中，要统一规划和合理布局，希望提前考虑到大通关功能的实现，提前征询有关部门的意见和建议。

四、下一步推进“大通关”工作的基本想法

这次上海“大通关”调研活动结束后，调研组将形成一个专题调研报告报国务院，提出加快推进全国“大通关”工作具体建议。向国务院报告的主要内容是，建议在上海召开全国口岸大通关工作现场会，并

邀请国务院有关部委及进出口前10—20个省市自治区来上海学习“大通关”工作经验。为做好这项工作，近期要做好几项准备工作：

一是希望上海对“大通关”工作中的问题要继续深入研究；

二是希望上海将“大通关”中存在的需要中央有关部委帮助解决的问题提出来。

（上海口岸办）

在上海市“大通关”工作专题会上的讲话（摘要）

——市外经贸委副主任、市“大通关”工作领导小组办公室主任　徐逸波

（2002年4月4日）

一、关于接待国务院八部委调研组的工作总结

2002年3月25日至27日海关总署李克农副署长率国务院八部委调研组到上海调研“大通关”工作。这次调研的时间虽不长，只有三天，但调研的任务比较重、调研的单位比较多、调研的面比较广，这给上海口岸“大通关”相关单位认真准备汇报材料提出了较高的要求，也给接待工作带来了一定的难度。为了高质量、高水平、高效率的做好调研汇报和接待工作，上海口岸各单位在市府领导和口岸委领导直接关心和指导下，齐心协力做了大量工作，取得了较为明显的成效。我把它概括为“三个没有想到”：

第一个没有想到，市府主要领导对这次调研工作这样重视，接待的规格这样高。三天的时间里，先后有四位市长和四位市府副秘书长参加汇报和接待，从陈良宇市长、蒋以任常务副市长、周禹鹏副市长、严隽琪副市长到市府朱晓明、杨雄、胡炜、柴俊勇副秘书长，几乎每天都有市长和秘书长接待调研。

第二个没有想到，上海口岸各单位在处理重大问题、接待重要调研小组等方面相互之间配合这样密切。我原以为口岸单位这样多，涉及行业这样广，在这样短的时间里要较好地解决问题做到协调一致已经很难，更不用说高质量、高水平、高效率做好调研汇报和接待工作了，其难度则更大。但是，就是在这样的情况下，上海口岸各相关单位在接收了任务后，从各部门的实际出发，以高度的责任感，积极配合、认真做好接收检查和调研的准备工作，体现了上海口岸是一家，齐心协力办大事的精神风貌。

第三个没有想到，总署领导和市府主要领导对这次汇报材料和汇报内容评价这样高。海关总署李克农副署长和调研组的同志一致认为：一是上海的“大通关”工作在市政府领导强有力的领导下，“以‘三个代表’思想为指导，通过思想观念的创新带动通关体制、通关模式、通关手段的创新”。使“大通关”工作取得了令人振奋的阶段性成果；二是推进“大通关”工作过程中，上海市政府及各个有关部门能够正确处理好“管”与“通”的关系，认识一致、目标一致、步调一致，把“大通关”工作作为自己份内的工作来抓落实，体现了“有效监管”和“高效服务”的双效目标。“上海市政府所采取的措施与国务院的要求完全吻合，并且走在了全国的前列；三是感谢上海市政府在推进‘大通关’工作方面所做的不懈努力，为推进全国“大通关”工作提供了一套成型的经验。回去后将向国务院报告，建议在上海召开全国口岸大通关工作现场会。陈良宇市长也高度评价说：这次汇报工作准备充分，汇报材料内容充实，问题找得准，措施定得实，起到了示范作用。“你们出色地完成了任务”。

面对这样高的评价和这样好的收效，我有“四个感受”。

首先，这次调研汇报工作之所以取得良好的效果在于有市委市府领导的高度重视、身体力行的亲身实践以及强有力的领导。早在2000年9月28日，市委书记黄菊同志视察外经贸委、外资委时就提出：为了努力降低城市商务成本，提升上海城市综合竞争力，要加快上海口岸建设，早日把上海口岸建设成为“四个中心”的“大口岸”的战略设想。为了落实这一战略设想，同年11月6日，市府召开第78次常务会议明确决定，为实现“大口岸”战略，先从优化口岸环境，推进“大通关”入手，并要求“大通关”工作在2003年2月底前在全市范围实施“大通关”。今年以来市领导又先后3次召开专题会听取“大口岸、大通关”工作汇报。特别是今年3月25日市府第127次常务会议上陈良宇市长在听取接待国务院八部委调研组工作汇报时指出：“要准备充分，认真接待，争取有所突破”。蒋以任常务副市长、朱晓明副秘书长等领导还多次召开协调会，亲自协调解决加快“大通关”工作中的难点问题。

其次，在于上海口岸“大通关”各相关单位有一种强烈的工作责任感和“一盘棋”的意识。坦率地说，口岸工作是一项多功能、多兵种“联合作战”的工作，它需要由众多隶属关系不同的机构和单位一起协同行动，进行有条不紊的配合，环环相扣，才能取得最佳效果。“大通关”工作也是如此，它是一项系统工程，它也需要海关、检验检疫、海事、边检等国家监管查验机构，海运、空运等运输环节，以及船代、货代、仓储、银行、保险等单位进行有条不紊的配合工作。这次在接待调研组的工作中，“大通关”各相关单位之间发扬了这种密切配合、协同作战的“一盘棋”精神。如，上海海关作为口岸“大通关”检验单位在这次接待调研、汇报工作中，既精心准备每一次的汇报稿和ＰＰＴ演示稿，又积极配合政府做好接待调研的协调工作，为这次高质量、高水平、高效率的做好调研汇报和接待工作作出了积极的努力；又如，上海港务局在认真做好汇报工作，展示上海外高桥港区现代化管理新貌的同时，还积极配合市府接待部门安排“上海号”游轮，组织黄浦江夜景游览活动，为丰富调研组的活动，增添了多彩的一笔；再如，“大通关”各相关单位为了确保较好完成这次调研的汇报工作，不分机关、基层，不论机场、港口都能认真按照市“大通关”工作办公室的要求，积极认真的准备汇报材料，精心做好汇报发言和ＰＰＴ 演示，给调研组留下深刻的印象。

其三，在于上海“大通关”工作有一年多所取得的阶段性成效，为进一步加快通关速度打下了基础。过去一年多的“大通关”工作有许多明显的成效，概括地说有“三个亮点”：第一个亮点是外高桥保税区和松江出口加工区的通关试点；第二个亮点是实行了“提前报检、提前报关、实货放行”通关新模式；第三个亮点是实行了“放宽开设帐户、便利外汇结算”的外汇管理新模式。这些工作为今年进一步推动“大通关”工作，加快通关速度打下了扎实的基础。

其四，在于上海口岸有一支忠于职守、勤奋开拓、扎实工作的工作人员队伍。这次李克农副署长率国务院八部委调研组到上海调研“大通关”工作，对上海口岸单位的全体同志来说确实是一次严峻的考验。原因有三个：一是上海口岸机构尚在调整和充实中，工作多、人员少、精力不够；二是在这样短的时间里，接待这样大规模的调研小组，要求高、难度大，经验不多；三是上海“大通关”工作还在继续推进中，有些做法还需进一步完善和提高。但是，上海口岸工作人员在领导的带领下，以高度的工作责任感，忠于职守、勤奋工作，经受了考验。在工作中经常加班加点，不分昼夜，兢兢业业地做好汇报材料的起草工作和ＰＰＴ演示稿的制作工作。有时为了弄清“大通关”工作中的一些基础数据，跟着领导到保税区、到机场、到报关现场进行调研，较详尽的掌握第一手资料，并运用数学图表的方法进行分析，为找准问题，制定措施，准确确定“大通关”工作目标，提供了较为科学的依据，也为汇报材料充实了丰富的内容 。

以上是我对接待国务院八部委调研来沪调研组的工作总结。

二、关于落实国务院八部委调研组反馈意见的工作要求

刚才，上海海关副关长、市“大通关”工作领导小组办公室副主任顾振兴，外经贸委口岸处处长章式洪已经分别就认真落实国务院八部委调研组反馈意见的工作作了具体部署，我都同意，请各单位按照工作部署，结合本单位实际逐项予以落实。为了确保工作落到实处，这里我想再强调三点意见：

一要继续以高度的工作责任感和强烈的历史使命感，进一步做好“大通关”的推动工作。现在，上海“大通关”工作已经到了关键时刻，我们只有扬蹄奋进，不能后退半步。我们要抓住“入世”带来的新的发展机遇和国务院八部委调研组带来的东风，乘势而上，加快建立上海口岸数据分中心，实现口岸信息共享，合理改革和规范口岸进出口货物的单证流、货物流、资金流和信息流，使上海口岸“大通关”工作效率逐步达到国际先进水平。为此，我们必须从“高标准、严要求”入手，认真按照国务院八部委调研组提出的反馈意见，逐项改进工作，努力提高“大通关”工作效率。我认为，当前应着重做好“三个环节”的工作：一是“大通关”各相关单位要以只争朝夕的精神，按照“大通关”工作进度时间节点表，逐项改进工作；二是积极实行跟踪管理，加大“大通关”工作的督查力度，把每一项工作分解到单位、落实到人，确保国务院八部委调研组提出的反馈意见落到实处；三是要建立“大通关”工作的综合协调机制，以及“大通关”工作的投诉和监督机制，接受社会舆论的监督，及时改进“大通关”工作中的问题，形成良好的口岸通关工作氛围。届时，我们将组织人员到有关单位对上述这些工作进行督促检查。

二要继续以“敢为人先”、“先试先行”的胆略，以创新思维的精神，探索与上海国际大都市形象相适应的、世界一流的“大通关”管理模式。首先，要巩固和完善已有的“大通关”工作成功做法，扩大已有成果；其次，要用创新思维探索与上海国际大都市形象相适应的“大通关”管理模式。在“大通关”工作目标的制定上要遵循可持续发展规律；在“大通关”管理思想和方法的定位上要顺应经济发展的要求和趋势，将创新科学技术手段应用到“大通关”工作各个层面的运作上；在“大通关”管理模式上要运用矩阵式管理理论建立有效的综合管理体制和机制，发挥“大通关”各相关单位的整体效应。

三要继续发扬勤奋踏实、连续作战的精神，认真做好迎接国务院领导到上海召开现场会的准备工作。

1、单位领导思想上要高度重视，做到“三个到位”：一是对接待工作重要性的认识要到位。要把认真做好接待准备工作作为自我检查、自我督促、自我提高、自我完善的一项重要工作来抓。二是组建接待工作班子要到位。这次接待任务相当重，责任相当大，各单位主要领导要主动担负起责任，组织精兵强将，明确工作责任制，听从统一安排，做好接待工作。三是制定接待工作方案要到位。各单位要根据本单位的实际情况，利用已有的工作经验和优势，积极做好召开现场会的工作方案。

2、单位在起草汇报材料时要注意质量和效果的统一，做到形式与内容有机结合，内容上要突出写实，形式上要突出生动。各单位汇报工作不仅要有书面材料，而且还要有制作精美的演示稿。可以组织专门人才或请有关专家帮助制作。用形象生动的载体，把良好的形式与内容的结合有声有色的展示出来，给人以既实实在在的感觉，又留有难以忘却的深刻印象，确保汇报工作一次成功。要体现上海大通关的新成效。

3、单位要坚持实事求是原则，认真做好薄弱环节的补课和完善工作。从这次接待国务院八部委调

研组反馈意见的情况看，有些单位在实施“大通关”过程中存在着一些问题和不完善的地方，必须予以重视，要按照蒋市长提出的工作要求，想方设法及时给予解决。确保国务院领导到上海时，这些问题都得到圆满解决，以体现上海国际大都市的新形象。

（上海口岸办）

在中国电子口岸数据中心上海分中心揭牌仪式上的致词

——上海市市长陈良宇

（2002年5月22日）

经过9个多月的紧张筹备工作，由海关总署和上海市人民政府共同筹建的中国电子口岸数据中心上海分中心，今天在这里举行隆重的揭牌仪式，它标志着上海在推进实施“大通关”工程中的又一项重大举措——统一数据平台的建设取得了实质性进展。对此，我代表上海市人民政府向上海分中心的挂牌成立表示热烈的祝贺！

自2001年8月8日海关总署与上海市人民政府签署了《关于共同建设中国电子口岸数据中心上海分中心合作备忘录》以来，上海分中心建设的各项筹备工作始终得到了国务院领导的关心，国务院有关部委也给予了大力支持，海关总署领导多次指示，要加快推进这项工作，并对上海分中心的建设给予了充分的指导和帮助。对此，我代表上海市人民政府表示衷心的感谢！同时，对具体承担上海分中心筹建工作的海关总署科技司、上海海关、中国电子口岸数据中心的有关同志也表示衷心的感谢！

建设中国电子口岸数据中心上海分中心，是在国务院领导的直接关心下，由海关总署和上海市人民政府在新形势下所作出的一项正确决策。上海分中心成立以后，将作为中国电子口岸数据中心的派出机构，负责协调中国电子口岸应用项目在上海地区的推广，指导和管理中国电子口岸在上海地区的硬件设备和数据系统的运营工作，推进中国电子口岸在上海建设全国性的数据备份中心。因此，分中心的成立将有利于减轻中国电子口岸数据中心在数据存储、处理、传输等方面的压力，进一步提高数据运行的效率，并将与上海正在抓紧建设的、以地方口岸物流信息处理为主要功能的“大通关”数据平台实现优势互补。上海分中心的成立，将不仅仅是作为上海口岸的分中心，为上海经济的发展服务，而且要作为长江流域、华东地区的分中心，为全国其他省市经济的发展服务。

长期以来，上海市政府历届领导都明确要求：上海是全国的“上海”，上海只有融入全国的发展才能发展自己，只有在服务全国中发展，上海的发展才有持久生命力。事实上，上海实施的“大通关”工程不仅有利于改善上海的贸易投资环境，而且对周边省市经济的发展也起到了一定的推动作用。特别是近年来，在上海口岸贸易进出口总额中，外省市货源的比重已占了近一半，上海口岸通关效率的提高将为其他省市货物进出上海口岸提供更加高效、快速、便捷的口岸通关服务，对于发展我国的转口贸易也将起到十分重要的作用 。上海“大通关”工程的实施，将有利于上海更好的服务全国，带动我国西部省市经济的发展。

下一步，上海市政府将和海关总署一起，按照国务院的统一部署，进一步加快上海分中心的建设步伐，使上海分中心的各项功能不断完善，服务水平不断提高。上海市政府也将继续支持上海分中心的建设，并将分中心的建设与上海“大通关”数据平台的建设统一起来，利用统一的数据标准，统一的面向用户的窗口，统一的数据中心机房等基础设施，实现优势互补，充分发挥中央与地方口岸数据资源的整合效应，扩大数据增值服务的覆盖面，进一步方便进出口企业。

我相信，在国务院的领导下，在国务院有关部委的支持下，在海关总署的直接指导下，中国电子口岸数据中心上海分中心一定能够建设成为让海关总署和中国电子口岸最放心的分中心之一。

（上海口岸办）

建设口岸电子平台，为“大通关”做贡献

根据上海市政府推进“大通关”工程，整合口岸信息资源，实施大口岸物流信息和电子商务统一平台建设的战略决策，2001 年 7 月，由上海市计委、市外经贸委、市信息办以及上海海关、检验检疫局、港务局、交通局等部门联手协作，运用“政府推动、市场化运作、企业经营”的模式，对原上海经贸网络公司、上海市 EDI 中心和上海港航 EDI 中心三家公司进行重组，成立上海亿通国际股份有限公司，构建国际经贸领域进行物流信息数据交换的公共信息网络和电子商务平台。通过这个电子平台，相关部门可以有效地进行政府监管和服务，各类企业可以方便地开展标准化、电子化、网络化的通关物流业务和电子商务，从而达到改善政府形象、提高通关效率、降低交易成本、增加贸易机会、增强企业竞争力的目的。2002 年，亿通公司在上海市委、市政府的领导及口岸相关部门的大力支持和密切协作下，圆满完成口岸电子平台的建设工作，为实现“大通关”工作目标做出了贡献。

一、上海亿通国际股份有限公司简介

上海亿通国际股份有限公司由上海市信息投资股份有限公司、上海港集装箱股份有限公司、上海外经贸投资(集团)有限公司、上海交通投资(集团)有限公司、上海科思达电子技术发展中心、上海市信息中心、中国电信集团上海市电信公司、上海建悦商务咨询有限公司、上海交大产业投资管理(集团)有限公司、上海上实资产经营有限公司等企业发起设立的股份制企业。公司注册资本为人民币 1 亿元。公司董事长为蔡晓虹先生，总经理为刘亚东先生。

亿通公司受上海市政府委托，负责上海大口岸物流信息和电子商务统一平台的建设和运营，是上海国际经贸领域信息化建设和上海国际航运中心信息网络建设的主要实体。

二、2002 年口岸电子平台建设进展

(一)基本建成电子平台基础框架

1、建成了 1 100 平方米的中心机房，日数据处理能力达到 100 万笔，能够满足未来 3 至 5 年上海口岸进出口电子数据交换的需要；

2、建成了覆盖海港、空港口岸和相关单位的宽带网络，可提供 16 兆专线接入、60 门(可扩到 120 门)拨号接入和高速 INTERNET 接入，满足口岸所有相关单位数据传输接入的需求；

3、与海关总署合作共建中国电子口岸数据中心上海分中心，为争取国家把口岸信息化创新性项目放在上海先试先行(如加工贸易联网)，全面发挥地方口岸数据处理功能打下基础。

(二)初步形成电子平台服务功能

1、通关物流信息服务功能。2001 年 10 月开通了“亿通网”(www. easipass. com),通过 INTERNET 向口岸相关企业提供国际经贸、货物运输和政府监管等信息,开通了业务咨询、培训、提前报关通知、业务统计等在线服务。目前已有注册用户逾 20 000 家,日访问量达 3 000 人次,日访问页面达 40 000 页次。

2、电子单证传输和处理功能。单证的电子化和网络传输,是通关业务流程从串联式办理向并联式办理转变,实现提前报检报关的基础条件。目前,上海口岸 58 种通关物流单证中,已有 37 张实现电子化,占 63.8%。2002 年,企业在“在通关”电子平台上日均传输电子报文达 2.59 万份。单证电子化促进了口岸通关效率大幅提高。以海关通关环节为例,上海海关于 2002 年 2 月 1 日起实施无纸通关试点,截至 2003 年 5 月 7 日,共办理无纸通关进口货物 13.9 万票,出口货物 3 万票,海关平均进出口作业时间比有纸通关分别下降了 27%和 85%。

3、加工贸易联网监管功能。加工贸易手册监管模式,是制约具有“大进大出、快进快出”特点的电子产品制造类企业业务发展的瓶颈之一。在海关总署的支持下,上海依托“大通关”电子平台,进行加工贸易联网监管试点。2002 年 8 月,英业达公司试点成功,成为全国首家加工贸易电子帐册联网监管企业。联网监管大大提高了通关速度,使企业争取到更多订单,生产能力得到充分发挥。2002 年 1—8 月试点成功前,该公司只完成了 9 000 万美元的订单生产量。8 月份试点成功后到年底,就完成了 2.6 亿美元的出口额。

4、跨国采购信息服务功能。初步建成跨国采购信息服务系统,为跨国采购商和国内供应商提供交易配对、产品展示、运输、通关等信息服务,为实现国际贸易采购过程的电子化打下基础。

(三)建立电子平台的协调运行机制

电子平台建设在上海市“大通关”工作领导小组的统一领导下,各有关部门各司其职,密切配合,共同推进,初步形成了比较有效的协调运行机制。

1、市口岸办负责业务协调。组织研究制订总体工作计划,定期召开工作例会,推进电子平台的功能开发和应用推广。

2、市信息办负责电子平台建设项目的管理和技术指导。组织项目的申报、立项、评审等工作,协调落实项目建设资金。

3、上海海关、检验检疫、海事、边检等是口岸物流监管部门,港口、机场等是口岸物流管理和运作部门,共同参与电子平台总体建设方案的设计和应用项目的推广。

4、亿通公司受市政府委托,从事上海大口岸物流信息系统和电子商务统一平台的建设和运营,具体负责电子平台的技术开发、运行维护和用户服务。按照专业化分工协作原则,组织了亿马物流公司、美华系统公司、跨国采购电子商务公司等专业软件开发和信息技术服务公司,开发电子平台应用系统,基本满足了口岸相关单位和企业的信息技术服务需求。

上海口岸“大通关”电子平台的建设得到国家有关部委、上海市政府及口岸各部门的大力支持和协助,在 2002 年 5 月召开的提高口岸工作现场会上得到国务院领导、相关兄弟省市的充分肯定和积极评价。亿通公司将按照上海建设世界级城市、提高口岸综合竞争力和实现“一个龙头、四个中心”的战略,继续深化大口岸物流信息和电子商务统一平台的建设,使上海真正成为国内第一、国际一流的口岸信息枢纽。

（上海口岸办）

上海引资过百亿元

中国入世第一年，上海利用外资首次突破100亿美元大关。

2002年，上海市合同利用外资105.76亿美元，批准外商投资项目3 012个，比上年分别增长43.44%和22.5%。

2002年，上海利用外资呈现出一系列亮点：

——上海逐渐成为跨国公司聚集地。这一年，上海充分借助其特有的人文环境、地理环境等优势条件，以吸引外商投资大项目为切入点，推进一批国际著名的跨国公司落户上海。

——外商投资产业结构进一步优化。全年上海第二产业利用外资项目1 521个，合同外资65.63亿美元；第三产业利用外资项目1329个，合同外资31.78亿美元，占全市合同外资的32.5%，体现了随着入世之后市场准入条件的放宽，上海在服务业吸引外资上新的突破。

——房地产行业吸收外资掀起新高潮。随着上海城乡居民收入的增长，这一年上海城市旧区改造、黄浦江两岸开发、郊区“一城九镇”建设和城市综合功能开发等，上海房地产市场由复苏期转入高潮期，房地产领域吸收外商投资也出现了持续高涨的趋势。

——投资来源日趋多元化。这一年上海投资的国家和地区达到103个，新增的国别（地区）就有10个。在沪投资居前五位的国家和地区是英属维尔京群岛、香港、凯曼群岛、日本和美国。

2002年是上海吸引外商直接投资飞速发展的一年，上海紧紧围绕建设“一个龙头、三个中心”的发展战略目标，坚持“二产三产并举”、“数量质量并重”的产业发展方向，开拓思路，与时俱进，走出了一条具有中国特色、时代特征和上海特点的发展新路。

形成产业集聚优势

2002年，上海根据“十五”规划和产业布局调整的要求，结合世界工业向中国转移的趋势，加大了第二产业吸引外商投资的力度，积极推动工业支柱产业和高新技术产业的发展。加快引进国外资金、技术，对传统工业进行调整、优化，重点推进轻工、纺织、家电等行业的技术创新和产品升级换代。利用外资推动都市型工业发展，引导外商投资于技术密集、劳动密集的都市型工业，包括服装、食品、休闲旅游用品、印刷、保健品以及钻石加工等行业。

为了吸引外资大项目形成产业集聚，2002年上海在吸引外商投资工业大项目方面投入了较多的关注，推动了重点区域的招商引资工作，引导外商投资大项目向上海微电子、化工、汽车城和钢铁产业规化带聚集，吸引了宏茂微电子（上海）有限公司、巴斯夫化工有限公司等一批国际著名公司落户上海。

启动现代服务业

2002年，上海以中国加入WTO为契机，全面启动现代服务业，利用上海特有的区位优势、人才优势和竞争优势，充分发挥“先试先行”的政策优势，引来了一批国际知名的服务业跨国公司到上海来投资，不仅带动了上海服务业管理方式、经营理念和发展模式的更新，也促进了上海整体服务业的发展迈上了一个新的台阶。

根据国家新出台的《外商投资产业指导目录》的规定，上海借助政策优势，在外商投资物流、研发、房地产、金融、国际贸易等行业上实现了突破，引进了上海安吉天地汽车物流有限公司、上海东创生物科技有限公司等一批第三产业外资项目。

上海在积极扩大第二产业、第三产业吸收外资的同时，也加强了对国际产业结构调整和产业转移规律的研究。通过对东京、纽约和伦敦等世界级城市产业结构调整过程的对比发现，制造业与服务业并非此消彼长，而应该进退相长，交融相成。根据这一观点，结合上海逐渐显露出的物流、资金流、信息流三流合一的新趋势，以及上海提出的“国际化、法制化、市场化、信息化”的新理念，重点对国际上出现的一些介于加工业和服务业之间的新业态，如OEM、ODM和EMS等进行研究，并创造条件吸引外商投资的OEM、ODM和EMS项目。

增强政府服务功能

2002年上海改善外商投资环境的工作，在建设国际经济、金融、贸易和航运中心框架指导下，根据中国的入世承诺和WTO框架协议的要求，不断地提升机遇意识，提倡创新精神，抓住对外开放的“先发优势”，再一次把为外商投资企业的服务工作推进到了一个新的水平。

2002年上海为了建立适应入世要求的政府管理机制，不断改革涉外经济活动的管理方式、方法，借鉴国外的经验，进一步精简了政府机构，从而使政府职能从事无巨细一把抓，转变为着重做好吸收外资的宏观政策研究和规范审批管理，强化了为外商投资企业服务。在此基础上，大力推进行政审批制度改革，精简审批程序，减少审批内容，同时还始终坚持推行政务公开，定期编撰外商投资法规汇编、办事指南，向社会公开发送；开通政府网站，推行网上政务公开、网上办事和网上申请等，从而使上海外商投资的行政环境更加透明，操作更加规范，初步形成上海规范、高效的行政环境体系。

2002年上海外商投资企业协会举办了各种内容的报告会、讲座、沙龙等活动11次，3 830多人次参加，通过讲解政策、沟通情况，及时了解外商投资企业存在的困难和问题，从而达到为外商投资企业排忧解难的目的。

上海市外经贸委在上海海关等相关部门的积极配合下，在外高桥保税区和松江出口加工区开展了“空运直通式”和“快速通关”的试点，外高桥保税区空运进口货物提货时间，由原来的2—3天缩短为6小时，松江出口加工区的空运进口货物从飞机落地到进入企业，不超过4小时。

2000年，台商广达电脑集团到松江出口加工区投资设立生产笔记本电脑的达丰(上海)电脑有限公司时，希望上海口岸做到“四小时通关”，经过一年多的努力，2001年8月实现了四小时通关，最快记录曾达到2.5小时。广达集团以其切身体验，介绍上海的投资环境，又引来了10多家配套厂商和另一个台资大项目。

上海还十分重视外商投资企业的投诉问题。在原有23个外商投资企业投诉分中心的基础上，今年又增加了14个投诉受理协调部门，并成立了上海外经贸声讯咨询中心，按照“谁审批、谁管理”的原则，使上海受理外商投资企业的投诉渠道更通畅、快捷。这一年全市受理书面投诉180件，目前，已经结案151件，结案率达到83.9%。

拓展招商引资网络

2002年上海全面推行了月月特色招商计划。以美国、日本、欧盟、香港、台湾、新加坡作为招商引资重点区域，结合上海重点要发展的产业和重大项目，配合国内外一些大规模的展览活动，实现了每月一次的特色招商，如3月份华东交易会招商、5月份国际服装节招商、6月份亚太城市信息化论坛IT行业招商、11月份工博会招商等。

上海通过市外国投资促进中心，为国内外投资者积极地搭建招商平台。例如，组织上海农委、浦东新区、轻工集团等20家单位参加了“98厦门中国投资贸易洽谈会”:精心策划了“2002上海南汇投资环境展示会”，全面展示南汇良好的投资环境。这些洽谈会的举行，不仅向外国投资者介绍了上海，直接感受到了上海的魅力，更加突出了上海优良的投资环境和充满朝气的信息服务平台。

上海不断加大吸引外商投资网络的辐射面，不断地完善投资促进网络，积极建立招商引资“两张网络”。一方面与相关委办、开发区、工商联、著名中介机构建立良好的工作关系，为开展双向促进工作奠定基础。另一方面与各国驻沪领事馆商务处、商会、外商驻沪办事处、外资企业等建立良好的关系，达到“以外引外”的目的。

上海口岸引航成绩斐然

2002年，上海港引航管理站认真贯彻上级的各项方针、政策，积极应对形势的新变化，坚持“满足港航需要，确保港口畅通”的服务理念，环绕一个中心“安全引航”，做好两个服务，同时为港区和船公司服务好，正确定位，克服困难，确保了各项工作正常开展，引航形象显著提升，职工精神面貌得到改善，对外服务质量明显提高，为港航生产尤其是上海港集装箱吞吐量新目标的实现作出了应有的贡献。

上海港引航管理站2002年全年共引领各类中外船舶35832艘次，比上年增加4948艘次，同比增长16.02%，月月创历史同期最高纪录。有六个月突破三千艘次，其中12月份引领3185艘次，创历史最高。引领船舶中，进出口集装箱船舶数量上升，达14032艘次，占了40%左右，且对船期的要求更高。该站千方百计克服一线引航员不足、引航船船舶及设备老化等困难，强化基础管理，采取各项措施，全力以赴，确保了安全优质、准时准点。特别是保证了集装箱船舶和港区生产急需船舶的引领任务，改善了港口形象，提高了上海港口接纳能力。

2002年，该站克服了不少台风、大雾等恶劣气象影响所带来的困难，全站职工加班加点，紧张工作，引航员、船员奋战第一线，后勤部门做好保障工作，合理调配，及时将被迫积压的船舶引领进出口，保证了上海海港口岸正常生产。全年引航生产一直保持正常运转。两艘引航船克服引航作业区外移后风浪增大，接送不便、风险大的困难，千方百计，采取措施，确保了安全接送，共计在长江口安全接送各类中外船舶30858艘次，比上年增加4023艘次，同比增长15%。2002年，引航船舶具有邮轮多、军舰多、重点船多的特点，该站都作为重要政治任务来对待，全力以赴，安全优质地完成了任务。8月20日，成功引领了目前亚洲最大的长268.6米、宽32.2米、吃水8.2米、排水量7.68万吨的豪华邮轮“狮子星号”停靠外高桥二期码头一泊位，11月13日及15日，又成功地将该轮引领进黄浦江靠泊公平路码头和掉头开航，这是迄今为止进上海港黄浦江最大的客轮。除了常规定期客轮外，共安全引领了37艘次大型豪华邮轮。9月23日至27日的五天时间里，连续安全引领了新加坡、泰国、新西兰三国的四艘海军军舰，还安全引领了爱尔兰、菲律宾等国家的军舰访问上海港。该站克服宝山港池口门狭窄、水流湍急、制动距离短、回旋余地小等困难，全年顺利将3068艘次中外轮引进宝山港池，其中200米以上的大型船舶125艘次，包括引领进宝山港池吃水最深的长225米、宽32.2米、吃水10米的大型散货船“爱伦”轮、“埃德富”轮和船长最长的长277米、宽32.2米、吃水7.8米的超大型集装箱船“汉伯桥”轮、“纽波特桥”轮，有力地支援了口岸生产。大大地提高了集装箱泊位的利用效率，为缓解上海港集装箱码头通过能力不足与集装箱船舶大幅增加的矛盾作出了贡献。2002年，上海港引航站还圆满完成了许多高难度，包括首航上海港的“上海快航”轮在内的第六代超大型集装箱船和特种船舶的引领任务。有吃水11米的“汤姆旗”轮等多艘超大型重载散货船靠离华栈码头；有15万吨级以上的超大型矿砂船多次靠离3.5万吨级的罗泾码头；有装载首批磁悬浮列车的“泰斯科”号滚装船。12月3日，还成功引领30万吨超级油轮“中远川崎11号”轮进出长江口，该轮长333米、宽60米、吃水9.5米、排水量12万吨，不仅是目前国内制造的最大型船舶，也是上海港开埠以来到港的最大船舶。据不安全统计，2002年该站共收到港航单位各类表扬信14封、感谢电40余次，锦旗9面，匾额2块。在向35家客户单位的行风意见征询中，总体评价满意率达到100%，引航服务质量得到了一致肯定。

2002年，该站还完成绿华山过驳287艘次，吃水10米以上进出口1 344艘次，超大型集装箱船黄浦江掉头193艘次，进出北槽深水航道8935艘次。为确保船期，在大风天气中出动直升飞机接送船舶599艘次，多次同意将因大风浪而无法接下的引航员随出口船到下一港。吴淞交通船队完成接送13778艘次，增长了23.1%。外滩交通船队交通艇完成接送806艘次，游览船完成游江任务73批，接待中外宾客4000余人。汽车队安全行车139.1万公里，同比增加19.1万公里，接送引航员23 054车次，同比增加2800车次，无任何上报责任事故。该站还注意加强内部管理，优化经济运行质量，已形成科室、部门之间互相协调、配合、工作高效的良好局面，各项工作健康发展。

8月20日引航员成功地引领亚洲最大的豪华邮轮“狮子星号”通过杨浦大桥。

上海口岸先进集体和个人事迹选编

上海海事局2002年荣获“全国创建文明行业工作先进单位”称号

上海海事局是依法统一管理所辖水域水上交通安全监督管理的行政执法机关。多年来，该局以邓小平理论和“三个代表”重要思想为指导，以水上交通安全监督管理为中心，以“服务人民、奉献社会”为宗旨，坚持“两个文明一起抓”，扎扎实实开展创建文明行业活动，实现了两个文明协调发展。“九五”期间，处理辖区内各类违章72497次，辖区事故件数、沉船数、死亡人数、直接经济损失等水上安全四项指标逐年下降；查验进出口国际航线船舶75134艘次，经检查后的中国籍船舶在国外被滞留率连续5年为零，获交通部表彰；组织各类船员考试109660人/次，管理航标1112座；测绘总量22207.83换算平方公里，占全国港口航道图测绘总量的50%以上；组织水上搜救818次，救助遇险船舶728艘，抢救1772人，并在成功阻截“绿色和平号”非法侵入我国内水，APEC会议期间水上安全保障等重大事件中发挥重大作用，受到交通部、上海市的表彰。经过数年创建文明行业工作，职工队伍素质和单位文明程度明显提高,有5个单位获省市级文明单位称号,11个单位被交通部命名为“全国海事系统文明达标单位”;局两次被命名为“全国交通系统先进单位”;2001年再获“全国交通系统创建文明行业先进单位”和“全国直属海事系统先进单位”称号。

一、完善工作机制,文明行业创建有保证

(一)形成齐抓共建的领导机制。党委整体部署,制定规划,成立主要领导挂帅的精神文明建设委员会,构建党政工团齐抓共建的组织领导体系。

(二)形成持之以恒的推进机制。制定《文明单位标准及考核细则》等目标责任体系,把创建工作目标与水上交通安全监督管理工作指标融为一体加以推进,形成有专项工作要求、有中途管理、有制度落实、有检查考核的创建工作推进机制。

(三)形成有效制约的监督机制。聘请24名社会监督员,公布监督电话,召开港航单位座谈会等,征求社会对该局行风的意见,完善外部监督网络。标本兼治,纠建并举,把纠风工作纳入行业管理,健全内部制约机制。

二、丰富工作载体,文明行业创建有特色

(一)建设海事文化,创新工作载体,使创建活动具有群众性。持之以恒抓创建,开展“三学一创”、“五个一”工程、“交通行政执法素质形象工程”等争创活动;利用灯塔邮票发行等重大事件组织形式多样的群众性庆典活动,建设海事文化,使活动体现出时代特征、海事特色、群众特点。

(二)建设“素质工程”,树立先进典型,使创建活动具有示范性。突出“以人为本”创建理念,以执法队伍为重点建设“素质工程”。探索建立执法人员考任制,形成岗位能上能下、收入能高能低的激励机制。开展海事执法队伍“四项教育”活动,制定了14个重要岗位的职业道德规范。注重典型示范,培育了一大批先进典型。

(三)延伸创建内涵,拓展工作领域,使创建活动具有辐射性。通过开展“塑造水上门户形象工程”等主题活动,把创建活动延伸到基层班组。倡议发起“文明在浦江”活动,与沿岸各港航单位联手共建文明行业,发挥共建载体的联动作用,被列为上海市级文明创建活动。

三、树立服务理念,文明行业创建重实效

(一)观念创新,规范管理便航运。依法行政、勤政为民,以社会满意作为创建标准,推出了“现场审核一小时到位承诺”等一系列的便民措施,把维护国家利益与人民根本利益作为海事人员实践“三个代表”的具体行动。规范执法、便利航运,为社会提供了安全管理的“通关服务”、法律服务、信息服务和应急服务,得到了水运界及有关部门的高度评价。

(二)科技创新、改善手段建窗口。依托信息化建设,实现科技创新,以吴淞交通管制分中心(VTS)、船位报告系统等为标志,创建一流的“文明执法示范窗口”。率先在海事系统实行海事申报、审批业务集中受理、政务公开。开通INTERNET网站和局内局域网,实现了网上的政务公开。

(三)管理创新,尽心尽职保安全。认真开展“安全年”活动,组织水上安全大检查,加大重点工程的安全监管力度,精心组织通航环境的专项治理,为水上交通运输创造良好的安全环境。在完成上海APEC会议水上交通管制任务、长江口深水航道建设安全保障等重大任务及迅速处理水上重大事故中,发挥重要作用,确保了辖区一方平安,有力促进上海的经济建设。

上海海事局吴淞交管分中心荣获2002年全国"五一"劳动奖状

吴淞交通管制系统又称吴淞交管分中心(以下统称VTS),自1994年9月12日正式开通至今已8个年头。8年来,分中心靠着全体工作人员刻苦钻研,由初期的学习摸索走向成熟,使系统功能的开发使用越来越好,靠着大家高度的事业心和责任感,为国家水运事业保驾护航的实际行动,实施对VTS覆盖水域的全时空动态监管,起到了"无形卫士,有形监管"的作用。保障了辖区水域的安全,取得了明显的社会效益;长江口深水航道船舶航行秩序明显好转,通航能力不断提高,取得了良好的经济效益;航道中船舶任意抛锚的现象被杜绝;加强了锚泊的管理,提高了锚地的使用率;加强甚高频无线电话(VHF)通信管理,通信秩序明显好转;对重点水域、重点船舶、重点时段的监护有效地缓解了各种紧迫局面和避免了潜在危险,取得了良好的效果;对吴淞越江隧道工程作业区航道有效的单程通航管理,在支持市重点工程和港口生产上发挥了重要作用;为上海建设国际航运中心作出了贡献。他们所作出的努力,受到了国内同行的瞩目,得到了国际航运界的称赞,被南来北往的船员称为"水上保护神"。

一、爱岗敬业,团结协作

爱岗敬业,苦练内功,掌握过硬的操作本领。分中心组建之初,没有一个同志接触过这种设备,面对全新的工作,他们认真参加技术培训,虚心向外方技术人员请教,一批年轻的大学生刻苦钻研外文资料,加班加点习以为常,他们为了尽快掌握本领,自始至终参加系统的安装、调试、测试和验收工作,以能者为师进行传帮带,相互交流、促进,共同提高。要使VTS在管理中发挥作用,除了学会正确使用系统设备,还必须准确地掌握有关的管理规则,他们掀起了学习法规、掌握法规、准确运用法规的热潮,并且积极探索运用VTS进行船舶交通管理的方法,使上海港的VTS在很短的时间里就发挥出了重要作用。8年来,VTS值班员换了一茬又一茬,但参加创建的一批业务骨干对新加入的同志手把手地教,进行指导培训,通过严格考核上岗,一批业务骨干爱岗敬业的精神激励着年轻一代,起到了良好的示范作用,使分中心这个群体,形成了刻苦钻研业务技能的良好氛围,8年来,撰写了论文100多篇,20多篇论文被刊登在局内外的各种刊物上,一些好的建议还被运用到实际工作中,如《对吴淞口锚地的管理》、《长江口深水航道施工期内监控的建议》等,取得了很好的效果。几年来还为兄弟海事局培训了多名VTS操作员。

爱岗敬业,一丝不苟。2002年1月18日23:51时,一位值班员在监视屏上突然发现"大庆765"轮将上浚灯浮放在左舷出口,VTS立即予以指出,告之"你船已走在航道外,应尽快检查船位,修正方向",但该轮驾驶员对VTS提醒不以为然,仍认为自己是在航道中行驶,并称船上有卫导,不会错,该值班员仔细核对后再次提醒,告之其船位在上浚灯浮和78号灯浮联线以南的航道外,这才引起该轮驾驶员的重视,马上叫来船长。19日00:09时,该船船长请求VTS允许其原地抛锚,以便确定船位,00:15时,该轮报告,VTS提供船位正确,承认自己船位已在航道外,避免了一起船舶驾驶员盲目航行可能导致的海事,VTS开通以来,凭着值班员爱岗敬业、一丝不苟的工作态度,避免类似的海事还有许许多多,"水上保护神"当之无愧。

团结协作,使动态一体化管理效果日益明显。VTS覆盖的水域船舶交通流量大,船舶密度高,潮汐对航行船舶的影响大,季节性的捕捞作业对航道的影响严重,这一切对船舶航行及船舶的交通管理带来困难。VTS发挥信息处理量大,全水域,全过程覆盖,全时空监控的功能,与动态管理融为一体,使航政管理有效性得到了质的提高，管理效果日益明显。在多年的渔业捕捞管理中，根据VTS提供的挑网船侵占航道的时间、地点得出了“涨潮而出，落潮而收”的规律。据此，巡逻船在涨潮前到达指定航道，阻止挑网船在航道上形成阵势，收到了良好的效果。VTS还加强与处值班室沟通协作，及时通报重点护航船舶的实时船位，提高了护航船到位的正确率，分中心及时提供海事证据，使海事处理的正确性和时效性大大提高。在每次的海难抢险救助中，VTS更是发挥了团结协作精神，在巡逻船还未到达现场时，就以第一时间，调集各种力量和设备支持抢险救助，为巡逻船到达现场后组织施救提供了最大的方便，尤其是在气候恶劣、在黑夜里的抢险救助为现场监督员大大减轻了压力，化解了困难，提高了海事救助成功率。几年来VTS与监督科、海务科、船队等职能部门通力协作，使大脑、耳目、手脚成为一体，提高了监管信息的内部传递、处理和反应的及时性，吴淞海事处综合监管能力有了较大提高。

二、吃苦耐劳，乐于奉献

VTS的值班员工作在恒温室里，监视着彩色的显示屏，看似舒服也很平静，但事实上“时有风浪，常有险情”，他们平均每天跟踪的各类大型船舶300多艘，小型船舶800多艘，只要一坐上监视台就不得不全神贯注，VHF中时常会传来噪音，值班员为了不放过一句有用的信息，必须聚精会神，悉心守听，船舶交通密集，目标运动复杂，随时有违章、危险局面发生的可能，值班员必须勤于分析，快速反应，船舶报告彼落此起，重要信息接踵而来，电话铃声、VHF的呼叫声，有时会同时响起，要回答、要标识、要记录、要监视，还要分析、判断和提醒，使人的神经高度紧张，并产生烦躁和疲劳，但他们发扬吃苦耐劳的精神，履行着自己的职责。

“辛苦我一人，方便千万船”。1999年7月外高桥二期集装箱码头投入使用，码头上大型桥吊的阻挡，时而造成长兴雷达站与VTS微波传输中断，横沙、长兴雷达无视频，跟踪的目标大量丢失。这一切给VTS的监控带来了极大的困难，是消极对待，等上级拿出方案，还是克服困难，发挥主观能动性。VTS人选择后者，他们运用模拟跟踪的方法对船舶进行监控，克服模拟监控的不足，对每个值班员提出了“五勤二坚守”的工作要求（即勤守听、勤记录、勤核准、勤恢复、勤广播、坚守岗位、坚守职责）。每个值班员对VHF中的小信号决不放过，及时应答、询问或请他船转告，对进出口船舶用模拟跟踪符号按前后顺序进行模拟，便于及时恢复跟踪，并在恢复跟踪前，再一次逐一进行船位核准，保证跟踪准确，每遇微波受阻，马上进行信息广播，要求各船舶加强联系，就是长时间无雷达视频，仍然坚守岗位，坚持用VHF通讯。在长达半年的微波传输时而中断期间，硬是靠着每个值班员的敬业精神，在工作量成倍增长的情况下，使VTS仍然发挥着应用的作用，确保了这一繁忙水域的交通安全。

在2001年APEC会议的水域交通管制中，以及在2001年以来外环线隧道施工的7次交通管理中，VTS全体值班员，更是奏响了乐于奉献的强音。VTS根据分工职责，对所有值班员实施定时、定岗、定责，充分发挥VTS在远程监控中的优势，加大信息广播的密度并利用船位报告等机会进行宣传提醒，以便尽早实现船舶分流，减轻管制区现场巡逻船的压力，对于不遵守规定，甚至擅闯禁区的船舶，及时通报现场巡逻船进行处置，从而确保在管制时间无一艘船舶闯入禁航区。还例如在2002年4月8日E3管节拖运沉放的交通管制结束后，VTS领导根据经验判断大型船舶的出口将集中在落水时段，就主动与正在杨浦大桥处第一条出口的“江渝21”轮联系，通报安全信息，根据信息得知，从杨浦大桥至107浮航道内，有25艘大型船舶按序出口，但有一条海轮违章横越，VTS及时通报给巡逻船，被马上赶到的巡逻船制止，从而使航行秩序不受影响。

三、规范管理，优质服务

1994年9月吴淞VTS开通时，在全国还刚是第二家，所以无论是“管理”还是“服务”都找不到现成的答案，必须靠自己不断学习摸索，不断完善提高。前几年通过学习“华铜海”轮的先进事迹，联系实际逐步制订完善内部、外部的规章制度，这几年通过“三学一创”活动、“四项教育”看到自身存在的不足，在如何提高服务质量上动脑筋想办法。VTS的领导深知作为一个运用高科技手段进行水上交通安全监督管理的一个部门，抓管理提高服务质量的重要性，8年来，他们始终在“规范管理，优质服务”上下功夫，一步一个脚印，至今较好地形成了体现交管特色的内外部管理制度和服务标准。

在内部管理上，建立了“日议、周查、月评、季考”的管理制度。日议：即VTS的三位主任根据上级每天上班碰头会上，领导布置的重点工作，海事局总值班室下达的当天重点任务，综合成VTS一天的工作要点，分头布置落实到每个岗位；周查：即工作质量抽查，用录音重放检查值班员接受船舶报告、进行信息广播、信息服务、及时 发现违章和险情，进行纠违和助航的VHF通话工作质量；用录像重放检查值班员标识目标、核准跟踪恢复，重点船舶锚泊圈设置、违章险情及时发现等VTS监控工作质量；用结合录音、录像核对值班日志来检查值班员记录的工作质量；月评：即结合周查和一月的统计分析，进行班组和个人的月工作评比，与每月奖金挂钩；季考：即根据各季度工作的特点，工作中发生的一些典型案例及需要掌握的法律法规进行应知应会的考试。通过日议、周查、月评、季考工作制度的逐步实施和完善，使VTS在内部管理的规范化上提高了一大步，如几次部领导、局领导以及上级机关即时需要长江口深水航道的通航情况等资料，一个电话打过来，VTS就能以最快的时间提供全面详实的资料和数据，受到了领导机关和上级领导的赞扬，是规范管理出效率的明显例子。

在外部监督管理上积累和建立了比较全面的管理制度。如VTS外部管理工作职责和为了加强对重点船舶、重点水域、重点时段的管理，划分了岗位监控区域，制订了区域监控职责。根据新情况及时制定新制度，又如《长江口深水航道试航期安全管理办法》、《超大型船舶进出北槽监控要求》和《长江口深水航道安全信息广播规定》等，为了把这些外部管理制度落实到每个值班员工作中，他们不断修正完善，内部考核的标准和考核办法，不断提高值班员工作规范性和工作责任性。

通过规范管理，进一步提高了服务质量。VTS的全体同志，多年来做到了监督与服务的统一，他们时刻将深水航道的安全畅通，将外环线隧道的施工安全、航道畅通，将大型集装箱班轮、国际定班客轮的安全准点作为优质服务的“精品项目”来抓，他们在恶劣气象时，在通航密度高时，在突发事件时，以最快的速度，向船方提供服务，受到了各方的赞扬，如2001年元旦“新鉴真”轮从日本向VTS发来感谢信。感谢VTS为该轮在2000年里取得“安全、准点、优质服务”三个百分之百提供的优质服务。许多引航员以个人的名义送来感谢信，发自内心地道出：“日复一日的安全引航，得益于你们VTS人的默默奉献”的真情。据不完全统计，近几年里他们共收到表扬信150多封。

由于辖区水域船舶密度高，VHF通讯繁忙，为了提高VHF有效通话率，他们通过总结归纳，对辖区及船舶常见的几种情况提炼成“VTS监督安全服务规范用语”，既缩短了通话时间，又能一听就清楚。他们还每年以召开座谈会，邀请航运企业船长参观，发意见征询表等多种形式了解港航企业、船舶、船民所需所求，提供他们最需要的服务，如航运船舶最需的是安全信息，他们形成了从“双准点信息广播服务”到“即时的针对性安全信息服务”到现在“只要有船舶报告，就有为报告船提供安全信息服务”的服务标准。

四、奋发进取，开拓创新

VTS 自从成立以来，取得了不少成绩，得到了上级的各种表扬和奖励，先后荣获了团中央、交通部的“青年文明号”、上海市“共青团号”、海事系统“文明执法示范窗口”、交通系统“为人民服务，树行业新风示范窗口单位”等，2002 年又被授予全国“五一”劳动奖状这一崇高荣誉。这一系列荣誉的背后有一个不容忽视的内在动力，就是因为他们不满足于取得的荣誉作出的成功，他们在日常的工作中始终保持着一种奋发进取开拓创新的精神，这是他们不断进步的根本原因。

VTS 投入使用已经 8 年，在熟练运用的基础上，为使该系统更符合辖区船舶交通安全管理需要，他们利用系统中船名标识有 30 位的字长，增加该轮吃水深度的标识，从而为判断船舶的险情提供了依据，他们利用设备的功能在台风期间，在平时对锚泊的重点船舶加设警戒圈，有效地防止了走锚情况的发生。在 2000 年抗击“派比安”台风中，及时发现 17 艘大型船舶走锚，及时提醒船方，避免了事故发生；在外环线隧道施工单程交通期间，他们又以不断进取的精神，在船名标识符前，加注进出黄浦江的标注符，使值班员更清晰地对进出口船舶进行重点管理，为了提高预警预控能力，对交叉、对遇的船舶利用计算机自动计算的 CPA(最短会迂距离)、TCPA(最短会迂时间)功能，来判断何时交叉、何时交会、及交会时的最近距离来分析险情，达到尽早提醒，化解危险局面，确保水上安全的目的。长江口深水航道一期工程通航以来，由于通航量加大，值班员在高潮时十分忙碌，他们利用高潮前相对平稳的时机进行模拟目标的标注，从而充分提高了船舶进出口高峰时的准确标识。他们善于从各种信息的分析中，不断进取，提高全员的综合素质，他们经过对收到表扬信的分析发现，受到表扬的集中在 70%左右的人身上，通过海事分析发现，有监控失误的主要集中在 15%的人身上，还有 15%人属于一般状态，他们就重点做这“两个 15%”的人的工作，通过责任性教育，通过业务骨干的帮带，提高他们的工作责任性和业务能力，使 VTS 人员整体素质提高。

特别是这两年来，他们克服微波受阻，系统老化故障多等困难，以加倍的工作量去克服困难，始终将为国家水运经济建设服务，让港航企业、船员满意为工作的标准，他们为“一切为了水上交通安全”的目标作出了贡献。

1988 年《长江口万吨级船舶通过能力研究报告》理论计算一潮汐进出口 18－20 艘，而实际进出口只有 15－17 艘。他们通过不断的自我加压、挖潜，科学合理的交通组织和监控协调，在 2001 年 4 月 9 日创造了长江口深水航道一个潮汐进出口 41 艘大型船舶的新记录，2002 年 1 月 15 日 03：18 时连续 4 天的大雾开始好转，从 04：30 时第一艘大型船舶开始进口至 13：10 时最后一艘大型船舶进口结束，共 84 艘大型船舶安全通过长江口深水航道，再一次刷新记录，这一次次记录的刷新，如果没有 VTS 奋发进取，开拓创新精神所提供有力的交通组织、监控协调那是不可能做到的。

上海出入境边防检查总站虹桥检查站入境三队

2002 年荣获公安部直属机关“青年文明号”称号 35 名平均年龄不足 28 周岁的青年民警，用过硬的素质和一流的服务塑造了“45 秒”品牌，给数百万计的入境旅客留下了美好的“第一印象”。他们就是被誉为“上海第一岗”的上海出入境边防检查总站虹桥检查站入境三队。

“45 秒”是边检机关对社会公开承诺的查验一名旅客的时限。它虽然只是一个短暂的瞬间，但事关出入境口岸的安全与社会的稳定。在 45 秒内，入境三队的民警时刻面临着各种违法犯罪分子的较量。

45 秒是速度与质量的比拼，是正义与邪恶的较量，更是服务水平和警察精神的至高体现。他们把对祖国的忠诚和对旅客的热忱浓缩在“45 秒”内，在三尺验证台内用实际行动实践着“让祖国放心、让旅客满意”的青春誓言。

2002 年，他们先后为出入境旅客做好事 600 余起，拾金不昧折合人民币 36 万多元，收到各类锦旗、表扬信 30 面(封)。数字是枯燥的，但数字背后折射出民警崇高的精神境界。

他们的秘密“武器”是“温情工作法”，即做到“三神”、杜绝“四难”、倡导“五心”：对待候检旅客精神振作，脸神和蔼，眼神亲切；杜绝门难进、脸难看、话难听、事难办那种以管人者自居的不良风气；倡导解答旅客询问耐心，查验证件细心，服务旅客热心，对老、幼、病、残、孕旅客关心，让出入境旅客满意称心。由于他们在工作中始终以旅客满意为标准，做到以诚待人、以理服人、以情感人，至今没有发生过一起旅客投诉事件。

台上一分钟，台下十年功。为了打赢这场 45 秒的“无硝烟战争”，擦亮出入境边防检查“窗口”，让非法分子进不来、跑不了，正常旅客走得快、走得好，民警们在台下至少要经历 10 多万个 45 秒的艰苦磨练。从“精、通、快、准”的硬指标，到警容警姿、文明用语、接递护照、电脑录入的基本功，他们开展了“一对一”、“三步走”的大练兵活动，一项课目一项课目地训，一个动作一个动作地抠，一位民警一位民警地过。为了提高打字速度，一些民警休息时间都“泡”在电脑前，手腕磨起了厚厚的茧；为了练习发音和表情，一些男民警都习惯随身带面小镜子；为了熟记护照证件特征，掌握各国风土人情，一些民警起早贪黑像“拼命三郎”……耳听为虚，眼见为实。在现场采访时，笔者就切身体验到了练兵的氛围：利用航班间隙，带班领导正在详细讲解刚查获的一本美国护照的伪假特征及其鉴别方法，并不时用仪器加以演示，使每一位民警都能及时全面地掌握伪造证件的新特点和偷渡案件的新动态，在验证工作中做到活学活用。

经常由虹桥口岸入境的法国旅客史密斯先生感慨颇多，他说，每次到上海都有不同的感受，但有一点是相同的，那就是边检通关的速度和上海发展的速度一样天天在提速。据统计，2002 年上半年该队共验放入境旅客 70 多万人次，较去年同期增长了近 20 个百分点，执勤差错率不到十万分之一。

有付出就会有回报。职改后，他们年年被评为上海公安系统“共青团号”，2002 年 5 月又被公安部授予直属机关“青年文明号”荣誉称号。

随着上海建设“一个龙头、四个中心”步伐的加快，特别是亚太地区国际航空枢纽的形成，上海口岸出入境边防检查任务将日益繁重。这支训练有素的国门劲旅和他们塑造的“45 秒”品牌，定将在上海这座充满魅力和活力的大都市焕发出亮丽的青春风采。

上海海关走私犯罪侦查分局谭佳华荣获 2002 年“全国五一劳动奖章”

同伴们叫他阿谭，也有叫他佳华。可他从不夸夸其谈他的佳话。

他记得——建国初期，刘少奇主席十分形象地把新中国海关履行国家主权喻为“中国人民把国家大门的钥匙装进了自己的袋子里。”

眼下，阿谭换上了走私犯罪侦查分局的警服，可他原先海关制服佩带过的“金钥匙”，依然激励他为继续揭开走私案件之谜而当好一把“金钥匙”。面对着又一本走私案卷，阿谭紧锁剑眉。

多少个白昼黑夜，谭佳华就是这样与案件为伍，从蛛丝马迹中发现罅缝，用睿智解开秘密，以骁勇克敌制胜，从而抓获各类走私犯罪人犯，保卫了国家和人民的根本利益。

一、黑色证据

那是数年前的一个夜晚。夜色朦胧，树影婆娑。

一支由海关关员与公安干警联合组成的缉私小分队，悄悄潜入上海一家宾馆。身材魁梧的阿谭一挥手，队伍迅速呈扇形散开，一拨人分兵把守要道，其余的人急如星火朝二楼扑去。

阿谭拿着手机，明亮的双眸紧盯二楼一处灯火明亮的窗户……

片刻后，小分队将几名走私嫌疑对象带下楼来，向阿谭报告：“人在，可是没有找到证据。”

阿谭什么也没说，亲自带人重上二楼。

在二楼的拐弯处——一个隐蔽的地方——找到一只黑色拷克箱。

“这就是证据！”

在场的走私嫌疑分子沮丧的垂下了脑袋，一位兴奋不已的队员惊讶道：“谭队长，你怎么知道东西会藏在这里？”

“……刚才你们上楼的时候，我就在楼下盯着窗口，只有一个黑影将一件东西转移到窗外；等你们下楼的时候，又看见有人将东西从窗外转移到里面去了。我分析，这肯定是我们要找而他们要藏的东西。所以立即杀他个‘回马枪’。”周围的缉私队员无不啧啧称道。

二、200 辆“本田”轿车

1997 年 4 月，阿谭接到一条重要线报——国内一家 ZJ 公司在上海口岸报关进口日产“本田雅格”轿车 200 辆的“生意”有重大走私嫌疑。据悉，这天下午，有关走私嫌疑人将在上海宝隆宾馆秘密碰头。

事不宜迟，阿谭奉命率队追缉案情。他先与口岸海关取得联系，获悉 ZJ 公司确实申报进口“本田雅格”轿车 200 辆，其贸易性质是“易货贸易”。

单证核对，似乎无懈可击。可要从中发现蛛丝马迹，“不入虎穴，焉得虎子？”路上，阿谭琢磨：假如这笔价值 7 500 万元的大生意有走私性质，成交中，十有八九会露馅。到时候，再“就地取材”，随机应变。这么思索着，阿谭的双脚已经踏进了宝隆宾馆。

随即，按照事先获悉的成交地点，阿谭与队友们出现在那些公司的代表们眼前。双方一照面，气氛略显沉闷。在弥漫的烟雾中，阿谭十分沉着冷静，先是亮出“海关调查证”，随后请对方逐一自报“家门”。不料，参与这么大一笔生意的公司代表，居然没有一位是 ZJ 公司的。疑点，赫然醒目。

“请问，你们这里谁是主办这件事的？”阿谭边问，边细察动静。有人指向一位四五十岁的男子：“这位是刘先生，你可以问问他。”阿谭单刀直入：“你不是 ZJ 公司的代表，怎么经手这么大一笔交易呢？”

“哦，”刘先生迟疑了一下：“ZJ 公司的朋友委托我来上海……”

一时似乎并无破绽。双方静默相视，悄然中酝酿着灼人的对峙。

两兵相遇勇者胜。阿谭突然发话：“请把有关东西给我看看。”

对方不知海关摆的什么“布局”。于是打开一只黑色拷克箱。阿谭从中发现一份皱巴巴的汇票复印件。上面显示的是另一家公司发给广东佛山某汽配公司的 200 辆轿车的货款定金。另外还有两枚境外公司的印章。

不经沧海难为水。阿谭大喜过望，作为“易货贸易”，贸易双方不可能用定金。再仔细观察这两枚印章，上面刻的英文，是“南韩清水河某商社”，与他们向海关申报的“易货贸易”另一方明显不符。

从这两个疑点入手，阿谭和他的同伴迅速查明，这是一起采用伪造印章、伪造购货合同等单证，非法购取“易货贸易配额”以及“许可证”进而走私轿车的特大案件，案值达人民币 7 000 万元！

三、“藤条筐”里的秘密

1995 年，上海海关调查局在打击食用油走私油专项斗争中，查获一起案值 7 000 多万元的毛菜油走私大案。为了查清此案的来龙去脉，调查局调集精兵强将，分头到北京、汕头、张家港、牡丹江等地调查取证。

直奔北京的一路，是阿谭和两名队友。他们奉命去某警署押解走私嫌疑人倪某。

中午抵达警署时，警方指着一堆行李，告诉阿谭，这是倪某的东西。阿谭打开其中一只黑色皮包，浏览一番，随即与战友们匆匆去垫饥。返回再办理人犯交接手续时，阿谭忽然发生黑色皮包的份量轻了。不好！阿谭象一名好猎手立时嗅出了狐狸留下的气味。打开皮包一看，刚才看见的一本进料贸易加工手册不见了！一股热血顿时涌向阿潭的脑际。这，绝对是一份重要书证材料！阿谭一眼扫到来到面前的走私嫌疑人倪某，只见他眼神游移，表情诡谲。“在我们刚才外出吃饭时，肯定有人在这个皮包里动过手脚。”阿谭想，事不宜迟，赶紧找。根据初步判断，材料一定就在附近。阿谭吩咐战友们，迅速在周围搜寻。果然不出所料，片刻后，在走廊拐弯处公厕边的一个藤条筐里找到了皮包里的那本进料贸易加工手册。一追问，就是那个倪某利用海关与公安交接手续的间隙，迅速转移罪证所致。

那是一本空白的加工手册。假如没有问题，倪某为什么要动手脚？再仔细一搜，在那藤条筐里，还有一张被揉成一团的纸张。展开一看，原来是经过海关批注过的手册内芯。原来，倪某就是用这张内芯骗取海关的批注，然后将这本手册卖给有关企业，使走私货物披上合法的外衣。别看就这么一张内芯纸，这是偷逃海关税款达 600 万元的铁证。为了对付海关事后核销发现“猫腻”，倪某从手册中撕下这张有海关批注的记录，再利用新手册相同的空白内页粘贴在其中，万一遇及海关追根，他们可以借口本公司从未进口货物来进行搪塞。可倪某万万不曾料及海关与公安会逮住此案的疑点，将他作为嫌疑人犯抓获。更没有算计到这次碰到的海关缉私员如此精明，居然会明察秋毫，将他刚才神不知鬼不觉的“把戏”给彻底戳穿。

四、活捉“洋垃圾”奸商

记得 1997 年全国海关反走私展览上，曾经出现这么一个典型案例：

1996 年 7 月至 12 月，美藉商人威廉平・陈，冒用中国商品基地安徽公司和浙江畜产进出口公司名义，将在美国出口的、分装在 16 只集装箱的 238 吨固体废物，伪报成废纸和混合物，运往上海吴淞港区和外高桥港区。经上海海关会通商检、环保等单位开箱查验，确认是生活垃圾和医疗废物。海关依法将当事人移交司法部门，威廉平·陈被判处有期徒刑10年。

这起大案，是阿谭在全国海关系统开展堵截洋垃圾专项斗争中最为出名的“杰作”。当初，阿谭率领一支队伍深入现场，调查取证，搜寻洋垃圾进口案件的蛛丝马迹。

在上海外高桥保税区码头，阿谭他们在海关进口货物监管部门的帮助下，了解到有一批无主集装箱货物。一打开，全是散落着洋文字母的垃圾货色，乱七八糟，恶臭呛鼻。经有关部门检验，分明是对人体极度有害的洋垃圾。垃圾是露馅了，但可恶的货主是谁呢？阿谭知道，搞这种勾当的家伙，只要把垃圾运至目的地，就怀揣金钱逃之夭夭，他可不管你怎么处置。这在全国海关已经查获的洋垃圾案件中比比皆是。阿谭想，这次非要抓个首恶分子以震慑这伙坏蛋！那么，面对眼前状况，该如何追根寻源抓住罪犯呢？眉头一皱，计上心来——

调阅舱单。在现场海关与港务管理同志的帮助下，发现这些无主货的“收货人”是“中国商品基地安徽公司”与“浙江畜产进出口公司”。

进口货物卸在码头多时，而迟迟不见这两公司来人。看来，这里肯定有鬼！阿谭决计深入调查。分兵两路下公司，结果这两家公司都矢口否认与之有关。那么究竟是谁在背后捣鬼？是不是有人冒名顶替让这两家公司作“挡箭牌”或“替死鬼”呢？正确的判断，来源于周密的侦查。深查细问，获悉一条关键的情报：有个叫陈平一的外商，曾向这两个单位提议做一笔保证赚钱的大买卖——从美国进口一批废旧物资。只要抵达上海港，每吨货就是一大把美金！但是，这两家公司都没有答应。根据这条线索，阿谭想，陈平一是否在勾引这两家公司之后，自己就如此这般地干起这肮脏营生呢？

阿谭紧追陈平一的下落。经过支离破碎的线索再“拼装”验证，获悉陈平一在上海嘉定统一纸品有限公司当老总。

一切都在悄悄进行——通过内线，约请陈平一在上海新客站附近的的某宾馆咖啡厅谈“生意”！

下饵放线，这条“大鱼”会上钩吗？阿谭密切关注着“约会”。

陈平一自然没有察觉海关的秘密行动。他按期赴约了。就在陈先生露面之际，阿谭一声令下，收网捕“鱼”！尽管那家伙傲气十足，并在海关查问初期百般抵赖。但“狐狸再狡猾也斗不过好猎手”，在强大的政策攻心下，陈平一不得不交代了他冒用两家公司名义走私洋垃圾的全过程。当这个家伙交出他的护照，亮出真实姓名“威廉平·陈”以及他的“美国籍”时，海关领导以高度的政治敏感性向中央领导报告了这一重要消息。

案件全面告破。《人民日报》、《法制日报》纷纷登载这一重案。当时，西方国家某些舆论机构正攻击我“侵犯人权”，而阿谭他们以铁拳给予坚决的回击，同时也为我国在国际政治斗争中提供了一发有力的炮弹——洋垃圾进犯中国，到底是谁在侵犯人权?!

五、智解“乱麻”

2000年春节前夕，阿谭接到案情，某国际运输公司上海公司申报进口10吨化工原料碳酸钙，可在现场查验中发现竟然是汽车零配件。这是走私老手的故伎重演。作为海关，要缉拿“伪报品名”的始作俑者，似乎不是那么简单的事。现场一扣货，“耳目”的通风报信就让犯罪嫌疑人逃之夭夭。所有的线索，只有一个电话号码，并且藏匿于涉嫌走私的集装箱内。阿谭暗自寻思，假如我们发现的这个电话号码并不被对方察觉，也就未必会“打草惊蛇”。但我们必须“兵贵神速”。阿谭赶紧部署行动方案，根据这个隐蔽的电话号码很快找到两名报关员。随即扩大线索，将三名涉案对象“铆”住。然而，走私老手深谙黑道“业务”，狡兔三窟，深居简出。好，“玩”捉迷藏，我们就陪你“玩”。阿谭根据掌握的线索和事件发展的可能性，审时度势，引蛇出洞。两天后，主犯终于露脸。时值严寒季节，阿谭排兵布阵，几名侦查员分头出发，在几个伏击点通宵守候。经过八天七夜的连续奋战，终将五名犯罪嫌疑人悉数缉拿归案。

2002 年 1 月 5 日，海关走私犯罪侦查分局接报，对某公司涉嫌低报价格走私合金钢板材案件进行立案侦查。犯罪嫌疑人制作假发票低报价格走私合金钢板 580 吨，偷逃关税 353 万多元。由于此案涉及沪港两地，而且经侦查发现作案是在 1994—1998 年间，事过境迁，当时的报关资料已经很难找到。另外，涉嫌人用假发票做帐，对认定实际价格与申报价格的差额，显得十分棘手。

阿谭抽着烟，面对一团乱麻的案子，殚思竭虑。案子是难办，但再难的案子也得办，路在哪里呢？就看你是否用合乎必然逻辑的科学思维去查找实据，探寻根底！

在他周密的思考下，一套完整的方案指挥着有条不紊的缉私行动：调取相关文件、材料；询问公司财务，查清真实价格以及差额款项的去向；延缓对嫌疑人实行强制性手段，以迷惑还在“走”的走私对象。同时，派出侦查员前往深圳，询问在香港公司的有关人员，获得制作假发票的关键证据。另一名犯罪嫌疑人在法律的威慑下提供了在制假活动中往来的传真件，犯罪事实也基本得到证实。

阿谭为了侦破这起案件，有两个多月废寝忘食，全力以赴。在他的率领下，直属一队出动警力 50 多人次，扣押的财务帐册、记帐凭证居然高达 200 多箱，尽管直属队警力只有 20 来个人，还有日常需要经办的其他案件。即便如此，阿谭对查办这个案子的要求还是“丝丝入扣”：所有单证材料都要仔细审核、校对，不得有任何遗漏、差池。

经过阿谭与他的战友们的齐心协力，这块坚硬的“骨头”终于被“啃”了下来。

有阿谭这样的缉私骁将，法网恢恢，疏而不漏。4 月，检察机关对 3 名犯罪嫌疑人依法批准逮捕。

六、祖国高于一切

在阿谭的意识中，只要随身携带的 BP 机出现“案情”，即便家里有再大的困难，都得无条件让路。因为海关担负的光荣职责，就是维护神圣的国家利益！

BP 机啊 BP 机，你给阿谭带来军令，使他精神亢奋的同时，也给他带来难言的苦衷，他先前的女友就是受不了这个“折磨”，看电影经常是满兴而来败兴而归，几次下来，两人分道扬镳。

但是，宁可失恋不失事业的阿谭，毕竟有其忠诚与阳刚的魅力，不久，一名胡姓的姑娘便深深爱上了这位与众不同的“海关”。

阿谭很快有了爱情的结晶，但他象是戎马倥偬的骁将，很少有时间顾及自己温馨的小家庭。那一天，正是阿潭数日出差后难得的一个休息日，为了弥补自己对家庭的缺憾，他对周日上班的妻子说：今天你放心去工作，我来管孩子。不料，晌午时分，身边的 BP 机毫不客气地响了起来：发现重大案情，请速归队。阿谭实在不忍心撇下刚满周岁的孩子，但是军令如山，他只好将孩子轻轻放在婴儿床上，蹑手蹑脚地锁上房门。谁知就在这时候，孩子“哇”的一声哭了，小手乱舞小脚乱蹬。阿谭真想再去抱一抱亲一亲。然而 BP 机声声催征急，他一咬牙，头也没回，大步流星踏上了征程。在路上给岳母打了个请援电话，算是作了安排……直到案情突破，当他站在码头上看着被海关查扣的五艘油轮和大批油料时，这才想起躺在婴孩床上的孩子。

像这种为了国家利益牺牲个人利益的小故事，在阿谭身上屡见不鲜。那次查破毛菜油走私大案，当时阿谭借岳父的自行车去警署,一去就与警察弟兄们立即奉命赴京,三天后,当他满怀速战速决的喜悦回沪时,这才发现停靠在警署门外的那辆自行车不翼而飞了!阿谭挠挠头,嗨,车丢了,但是比起抓获价值7 000万元的走私案,就好比"抱了西瓜丢了芝麻",算个啥呀。

在艰辛的反走私战线上,夜以继日,废寝忘食,牺牲个人利益,奉献青春年华,是优秀缉私员的典型风格。阿谭对此无怨无悔,受累吃亏,他认了,认得完全彻底,从来不需要组织补偿他什么。

不过,与阿谭打交道的走私当事人,却恨不得他能接受哪怕是一星半点的"补偿"。一次,走私毛菜油的倪某被阿谭缉拿归案,在漫长的京沪铁路线上,曾不止一次在阿谭面前信誓旦旦道:只要你放我走,'酬劳'50万元。我保证!阿谭明白,只要我口一松,手一伸,走私分子就会逍遥法外,国家利益就会付之东流。这种肮脏交易,只有出卖国格人格的人才会做得出。于是,他嗤之以鼻道:你这是做梦。我劝你还是现实一点,好好考虑自己的问题,不要钻死胡同。

关于阿谭的故事,还有好多好多,他在维护国家利益的同时无私奉献的"插曲"恐怕更多。

拿他同事们的话来说,他的故事,你可以从上海海关自从1994年以来授予他的"调查业务能手"、"先进工作者"、"优秀党员",以及上海市人民政府乃至国务院打击走私办公室颁发给他的"打击走私先进个人"等鲜红的荣誉证书上,去读去看。阿谭曾率领的调查组,也被共青团上海市委命名为"共青团号"先进集体和"新长征突击队"。尤其是进入新世纪之际,国家越是改革开放,走私犯罪分子越是铤而走险,阿谭这把缉私尖刀也就越象流星闪电。而在他与同伴们屡屡建功立业的同时,"上海市劳模"、"十大杰出青年卫士"等荣誉的光环也接踵而来。如今,阿谭是上海海关走私犯罪侦查分局直属一队的副队长,1999年,他率领的"3.16团伙制假进出口走私大案"专案组,被海关总署走私犯罪侦查局荣记"集体二等功"。他所在的直属一队自成立以来,受理案件48起,立案33起,结案36起,案值约人民币3亿元,涉税人民币7 000余万元,抓获犯罪嫌疑人54人,批准逮捕40人,被法院判刑27人(最高徒刑15年)。

忠诚祖国,热爱人民,阿谭以自己的满腔热血和无悔青春,书写了一名共和国卫士的人生辉煌,授他一枚金灿灿的"全国五一劳动奖章",这是祖国东大门的光彩,更是中国海关的荣耀!

(盛新杨)

上海口岸大事记

1月1日

宝山北水道正式开通,从此,上海港进出长江浏河口上游各港口仅有宝山水道通道的历史宣告结束。

1月1日

上海港所有集装箱专用码头推出出口重箱装箱单电子化运作。

1月16日

交通部在沪举行《中华人民共和国国际海运条例》宣传贯彻会。交通部副部长洪善祥与有关省、市、自治区交通厅(局)领导,海关总署、国家税务总局、公安部出入境管理局、国家工商行政总局的代表,以及来自港航企业界人士共70余人参加了会议。

1月16日

上海海事局会同中国船级社上海分社,上海市水上消防站组成的联合检查组兵分3路对上海市投入春运的58艘客轮进行安全检查。

1月22日

上海船级社分社召开"上海地区2001年港口国检查通报会"上海地区27家公司35位代表出席了会议。

1月23日

挪威王国首相谢尔·马格纳·邦德维克率45名航运界人士访问中海集团,并出席由中海集团和挪威王国驻上海领事馆联合举办的"中挪海事研讨会"。

1月31日

陈良宇代市长、蒋以任副市长到上海振华港口机械(集团)有限公司调研,市外经贸委副主任徐逸波一同参加。

2月1日

EDI无纸报关系统在松江出口加工区和外高桥保税区试行。

2月4日

上海市人民政府召开入世第一次全市外经贸工作会议。 会上市外经贸主任朱晓明对2001年全市外贸工作作了回顾和总结,对2002年全市外经贸工作作了全面部署。 蒋以任副市长在会上作了重要讲话。 上海海关顾振兴副关长、国家外汇局上海分局方上浦副局长、市国税局谢和康局长、出入境检验检疫局詹思明副局长等就支持外经贸发展,支持扩大出口,做好配套服务工作作了讲话,漕河泾开发区发展总公司等七单位作了书面交流发言。

2月6日

中远集团最大的区域物流公司—上海中远物流有限公司在沪挂牌成立。

2月8日

市外经贸委(上海口岸办)、上海海关、上海检验检疫局、上海边检总站的领导召开新年恳谈会,蒋以任副市长出席会议并作重要讲话。

2月10日

机场集团与荷兰NACO公司签署了《上海浦东国际机场咨询合同》。

2月20日

中海集团所属的中海环球空运有限公司在浦东国际机场监管区内购置35.1亩土地,计划建造国际一流的航空货运物流监管仓库。

2月25日

上海海关召开2002年工作会议,上海市常务副市长蒋以任、上海市政府副秘书长、外经贸主任朱晓明出席了会议并讲话。

3月1日

集海、空运输，进出口货物仓储和配送服务，内陆、内河多式联运以及代理报关和信息服务于一体的“以里集运服务(中国)有限公司”，在沪成立。

3月1日

上海海关与64家信誉好，出口量大的企业签订了《EDI无纸报关协议书》，这是上海海关继今年2月1日起在松江出口加工区和外高桥保税区11空企业试行EDI无纸报关后，扩大试点范围的第二批企业。

3月4日

蒋以任常务副市长召开市“大通关”工作会议，听取上海海关、检验检疫局、亿通公司、外汇管理局上海分局、国税局、外高桥保税区、松江出口加工区的工作情况汇报；听取了《关于2002年上海口岸“大通关”工作的意见》(讨论稿)的汇报。最后蒋以任常务副市长、杨雄和朱晓明副秘书长分别作了讲话。

3月4日

上海口岸协会和上海市贸易促进委员会、WTO上海研究中心举办的“WTO知识系列讲座”在上海图书馆举行第一讲(共七讲)。

3月5日

由中央编制办公室、财政部、民航总局机关领导组成的调研组，在上海就民航华东地区管理体制改革的有关问题进行调研。

3月7日

市外经贸委副主任徐逸波率队到外高桥保税区调研“大通关”工作。听取保税区管委会关于“大通关”工作的汇报，实地考察了英特尔科技(中国)有限公司的通关工作情况。

3月19日

国际集装箱经营者理事会(ICCO)会议在沪召开。

3月21日

由中远集团、韩进海运，阳明海运、川崎汽船和胜利航运五大公司结成的国际航运界“航海”海运联盟—“CKYH”在上海诞生。

3月21日

中共中央政治局委员、上海市委书记黄菊、市委副书记、市长陈良宇到长江口航道建设有限公司，调研长江口深水航道治理情况。

3月21日

上海海关走私犯罪促查分局成功侦破一起涉嫌偷税款5900万元，案值2.24亿元重大走私案件。

3月25日

国务院八部委组织的调研组到上海召开“大通关”工作情况调研会。

3月25日

海关总署副署长李克农率国务院八部委调研组到上海空港调研“大通关”工作。市空港办主任夏克强、副主任肖金方，以及市外经贸委、上海海关、有关驻场单位和机场集团有关部门的负责人参加了调研会。

3月26日

中国口岸协会会长叶剑到上海口岸协会调研座谈，在听取上海口岸协会会长李会长的工作汇报介绍后，对上海口岸协会今后工作提出了四点要求。

3月29日

中海集团开通泰国—美西航线。

4月1日

上海港首次推出汽车滚装船班轮服务。

4月1日

上海空港新增的国际(地区)航班全部在浦东机场起降。

4月1日

上海市深水港工程建设指挥部宣告成立，作为投资主体的上海同盛投资(集团)有限公司也正式挂牌，大桥项目公司同时成立。

4月1日

中海集团首辟台湾—美西航线。

4月6日

上海市召开打击走私综合治理领导小组扩大会议，上海市有关委办、局各区县负责同志及有关行业协会负责人参加会议。上海市副市长、上海市打击走私综合治理领导小组组长冯国勤参加会议并讲话。

4月6日

最先进的第六代集装箱船“上海快航”号处女航首靠外高桥集装箱码头。该轮属德国赫伯罗特公司，最大载箱量7 500箱，为上海至欧洲航线的定期班轮。

4月8日

上海口岸管理委员会办公室举行揭牌仪式。市长陈良宇为上海口岸管理委员会办公室揭牌，常务副市长蒋以任讲话。

4月9日

世界上最新、最长的客机“空中客车A340－600”飞抵上海，这是A340－600首次在中国亮相。

4月16日

中海集团与荷兰JVMBOSHIPING. S. A合作的中海重大件运输有限公司在沪成立。

4月17日

继北京、西安、珠海等地相继查获来自疯牛病疫区的进口化妆品之后，“疯牛”首度现身上海口岸被成功拦截。

4月18日

中海集团物流有限公司在上海成立。

4月18日—19日

中国入世后第一次“中国航运市场与WTO高峰会议”在上海召开。来自政府有关部门、国际行业组织、港航、物流著名企业和相关协会的嘉宾及代表共200多人出席了本次盛会。

4月21日

上海港与西班牙第一贸易商港瓦伦西亚港签订协议。

4 月 21 日

上海海港口岸集装箱日吞吐量首次突破 3 万标箱(30329 标箱)大关。

4 月 22 日

上海口岸管理委员会办公室和上海市“大通关”工作领导小组办公室召开第一次主任办公(扩大)会议,听取“大通关”情况汇报和出口工作情况汇报;讨论了《上海口岸管理委员会办公室职责》和《关于建立上海口岸管理委员会办公室主任、副主任成员单位联络机制的意见》,徐逸波主任主持会议,汤庆福、顾振兴、徐国毅、张振明副主任参加了会议。

4 月 22 日

上海海事局在联合王国保赔协会及中国船级社上海分社的协力下,召开了“2002 年船舶污染海洋环境风险控制国际研讨会”。交通部海事局刘德洪副局长出席了会议,航运、港口、环保、保险单位、石油化工供应商、科研院校的部分外国驻华总领事馆的 182 名代表参加了会议。

4 月 24 日

日本邮船(NYK)新开辟的“上海—东南亚滚装船/专用汽车船定期班轮航线”的“亚洲繁荣”号从张华浜码头首航。

4 月 28 日

上海市深水港工程建设指挥部海港分指挥部今天宣告成立,作为工程投资主体的上海海港新城投资开发有限公司同时成立。

4 月 28 日

长江上海段水上 110 报警服务联动中心今天正式开通。长江上海段主要指长江上海区段和南通段。以往这个区域由许多职能部门分管,治安、海事、航运等方面发生什么事都要找专门负责的单位处理。110 报警服务联动中心开通后,报警中心可以管理刑事、治安、火警事故等多方面排险救助,做到一个电话解决问题。

4 月 29 日

上海海事局吴淞交管分中心荣获 2002 年全国“五一”劳动奖状。

5 月 1 日

上海边检总站在部分船舶和登轮单位推行了“绿、黄、红”牌奖惩制度,加大登轮管理力度。

5 月 9 日

中共中央总书记、国家主席、中央军委主席江泽民同志,在中共中央政治局委员,上海市委书记黄菊,上海市委副书记、市长陈良宇等同志的陪同下,到中远集运远洋大厦视察。

5 月 22 日～23 日

国务院在上海召开了“提高口岸工作效率现场会”。中共中央政治局候补委员、国务委员吴仪出席会议。吴仪国务委员在听取市政府“大通关”工作汇报和视察虹桥机场监管仓库通关现场后,对上海政府牵头协调,统一信息平台,手续前推后移,加快实货验放,提高通关效率的做法,尤其对“三网合一”、“信息共享”的成效,给予了充分肯定。

5 月 22 日

中共中央政治局候补委员、国务委员吴仪在国家海关总署署长牟新生的陪同下，视察上海空港“大通关”工程。上海市常务副市长蒋以任、市政府副秘书长朱晓明、市空港办主任夏克强，副主任杜春才、肖金方等陪同视察。市空港办和浦东国际机场海关分别就“大通关”工作作了汇报。吴仪在听取汇报后，实地视察了虹桥机场海关监管仓库。

5月22日

中国电子口岸数据中心上海分中心正式挂牌成立。海关总署署长牟新生，上海市市长陈良宇共同为分中心揭牌。

5月22日

上海外轮代理公司作为唯一一家参加“提高口岸工作效率工程现场会”的企业单位，在会上汇报了公司改进工作流程，加强信息服务，配合提高口岸工作效率工程推进的工程情况。

5月26日—29日

上海市会同交通主管部门，邀请来自全国各地的几十位权威专家和相关方面代表，分港区、大桥、配套和经济四大专题，在沪审查通过了洋山深水港区一期工程初步设计。

5月28日

国内首家合资的海上溢油应急中心在上海应运而生。

6月2日—4日

世界航空运输峰会(Word Ait Ttanspoit Swmmit)暨国际航空运输协会(IATA)第58届年在上海举行。全国政协会副主席胡启立、上海市副市长韩正、中国民航总局副局长鲍培德、国际民航组织理事会主席阿萨德博、澳大利亚前总理霍克、国际航协现任理事会长波埃尔·让纽、国际航协新任理事长吉尔万尼·比西格尼出席开幕式。

6月6日

上海航运交易所召开“无船承运人范本提单启用”新闻发布会，正式向我国航运界推出国内首份专门针对无船承运业务的范本提单。

6月14日

中远集运公司的“松子轮”运载着564只集装箱从上海港张华浜集装箱码头起航驶往日本。

6月17日

2002亚洲货主会议在沪召开。

6月19日

由IBC亚洲公司主办的2002港口与班轮公司中国会议在沪举行。

6月26日

上海国际航运中心洋山深水港区一期工程的建设主体—洋山同盛港口建设有限公司、上海同盛大桥建设有限公司，与5家银行组成的银团签订了75亿元的贷款合同。同时上海同盛投资(集团)有限公司还与10家银行组成的银团签订了170亿元的银企合作协议。

7月2日

我国首家物流系统合资企业一亿马物流系统公司在沪成立。上海市副市长严隽琪和马士其集团总裁苏德伯格先生等出席开业仪式。

7月3日

曾连续12年入选世界500强的中国化工进出口公司与上海港务局签署战略合作框架协议。副市长韩正、中化公司总裁刘德树出席了签字仪式。

7月5日

法国达飞海运集团新辟“中东快航”在沪首航。

7月10日

上海口岸管理委员会办公室召开第二次主任办公会议。会议由上海口岸办主任徐逸波主持。会上,讨论通过了上海口岸办2002年上半年工作总结和下半年工作重点,听取了关于召开上海“海运进口集装箱提货单电子化实施方案”专题会筹备工作汇报,讨论了上海口岸工作有关事项。

7月12日

海关总署驻上海特派员办事处在上海挂牌成立。上海市副市长冯国勤、海关总署副署长刘文杰、海关总署政治部主任甄朴出席挂牌仪式。上海特派办所辖范围为上海、南京、杭州、宁波、合肥、福州、厦门、南昌、青岛等海关和高等专科学校。

7月12日

上海边检总站从4月1日起为期三个月的反偷渡“南方行动”告捷,共查获、审理偷渡案件96起159人次,其中查获“蛇头”11人次,行政拘留28人,查获各类经济罪案总款达人民币6400万元。

7月24日

全国海船船员适任证书统考在上海开考。

7月27日

召开全体外贸出口工作会议,部署下半年外贸工作,常务副市长蒋以任出席会议并讲话。

7月29日

东方航空股份有限公司与日本航空公司在沪签署协议,在上海、青岛分别至东京、大阪的4条航线,实行全面代号共享合作。

8月2日—3日

由上海航交所主办,复旦大学现代物流管理研究中心协办的“创新与发展—企业物流与供应链管理,实施在中国研讨会”在沪举行。

8月5日

国内最大,能载直升机的一艘大型海事巡视船“海巡21”在东海海域进行的演练,三次升降,次次成功。

8月5日

上海空港检查人员查获一起自空港建成以来数量最大、纯度最高的夹带海络因案。

8月16日

上海口岸管理委员会办公室召开第三次主任办公会。徐逸波主任主持会议,会议审议了上海口岸办2003年工作思考和未来五年课题研究提纲;听取了英业达公司开展加工贸易试点情况;听取了深圳鸿富锦集团开展加工贸易联网管理的情况。顾振兴、张振明副主任,刘亚东、章式洪主任助理等和主任成员单位参加了会议。

8月16日

由中海集团承运的上海磁悬浮轨道列车首批动力控制设备，即俗称列车头，运抵上海港。

8月19日

外高桥保税区股份公司决定出资6400万元参与区域内物流中心的开发。

8月20日

万吨级的“巨无霸”豪华邮轮“狮子堡”号驶抵上海港。口岸查验、引航、代理等部门积极配合，做了大量工作。

8月20日

上海市政府在人民大厦召开国际地区航班迁移浦东国际机场动员大会。副市长韩正作了动员讲话。

8月30日

上海海关在外高桥港区成功查获了藏匿在进口集装箱中的非洲象牙3334.6公斤。这是建国以来中国海关在口岸查获最大一宗象牙走私案件。

9月1日

上海长江口水域实行公路化管理模式，从今日起，一切来往长江口水域的船舶必须严格按照船舶定线制航行。

上海海事局制定的长江口船舶定线，把长江口分为A区、B区和C区，各区由园形警戒区和若干条分隔带组成，同时对长江口锚地重新做了调整，以便减少船舶航行时交叉和对遇局面，确保船舶进出安全。

9月1日

从即日开始至本月底上海海事局将在上海港内开展为期一个月的液货船专项整治活动。

9月2日

上海召开外资工作会议，蒋以任常务副市长在会上提出今年上海要确保完成吸收合同外资80亿美元，实际到位外资45亿美元的任务。

9月2日

上海海关驻钻石交易所办事处正式成立，副市长周禹鹏出席挂牌仪式并讲话。

9月9日

中国大陆首座航站楼正式启用，旅客可以在航班起飞前2个半小时凭机票，有效身份证件在此换领登机牌，办理行李托运等手续，本人在航班离港前40分钟赶到浦东机场即可。

9月15日

阿联酋航空公司开通迪拜至上海的航线。

9月17日

2002中国国际港口航运博览会开幕，交通部副部长洪善祥、上海市政协副主席谢丽娟等出席开幕式。

9月17日

上海港和A.P.穆勒集团的合资成立上海沪东集装箱码头管理有限公司成立，公司的注册资本为1

500万人民币，其中，中方占51%，外方占49%，双方合作经营的外高桥四期码头包括长1 250米的四个集装箱泊位和163万平方米的陆域土地。

9月17日

第三届东北亚港口论坛在上海举行。

9月19日

上海长江口外某海域，一架S—76C+型搜索救援直升机与救助船“沪救捞5号”，进行海上立体救助落水人员训练。交通部副部长翁孟勇等领导来到塔台指挥室观看了演练。

9月22日

建国以来规模最大的水运建设工程—长江口深水航道治理一期工程通过了由国家计委组织的竣工验收。长江口航道通航水深由7米增加到8.5米。国家计委副主任张国宝、交通部副部长翁孟勇、上海市副市长韩正、江苏省副省长吴瑞林出席了验收仪式。

9月23日

“2002年中、日、韩航海学术交流会”在上海召开。主题是亚太地区航运现状及发展；新的世纪和新的航海技术；航海界和航海技术在新时代面临的新机遇和新挑战。

9月24日

由中国物流与采购联合会、中国船东协会、中国国际货运代理协会、中国民用航空协会、中国铁道学会、中国公路学会等七家有关协会联合主办的“中国国际物流高峰会”在沪召开。本届会议以务实、全面、启动中国物流消费市场为主题，采取主题演讲、对话、展览等多种形式，全方位、多角度探讨了我国入世后现代物流的发展。

9月27日

“2002年全国海上搜救学术研讨会”在沪召开。

9月28日

由中国海上搜救中心主办，上海海上搜救中心承办的上海有史以来规模最大、参演科目最多、参与队伍最广、救助力量最强的海陆空联合搜救演习在上海长江口海域举行。交通部副部长、中国海上搜救中心主任洪善祥担任总指挥，上海市副市长、上海海上搜救中心主任韩正应邀出席。300名军、地领导观察了海上搜救演习。

10月8日

波罗的海交易所主席Peter Kitching等一行到上海航运交易所进行了交流。

10月10日

目前国内最大的集装箱船—“新浦东”号(全长279.9米，宽40.3米，6.8万载重吨，可载5 668个标准箱，航速26节)在上海沪东中华造船厂下水。

10月11日—14日

由中国海商法协会主办、上海海运学院承办的“第五届海商法国际研讨会”在沪召开。

10月15日

由上海航运交易所和夏礼文律师事务所上海代表处联合主办的“国际海事仲裁专题讲座”在沪举行。

10月15日

上海浦东国际机场荣获国际卫生机场称号。

10月18日

中国目前最现代化的物流分拨中心之一的美集物流分拨中心在上海外高桥保税区落成。该中心占地14000余平方米，拥有可容纳15000个托盘的货位，配备先进的仓储和分拨系统，能对货物运行实行可视化实时追踪，可为客户增强库存管理、降低营运成本及缩短订单周期。美集物流运输（上海）有限公司同时宣告成立。

10月20日

第四届亚太旅行卫生大会在上海召开，全国人大常委会副委员长彭佩云、国家质检总局副局长李传卿、上海市副市长杨晓渡等出席会议。

10月21日

上海口岸管理委员会办公室召开第四次主任办公会。徐逸波主任主持会议，会议以贯彻市政府工作会议精神为主题，对“大通关”工作进展情况及会后口岸工作思路进行了研究和探讨。顾振兴、徐朝哲副主任，刘亚东、章式洪主任助理等和口岸办成员单位相关处室负责人参加了会议。

10月21日

国际卫生机场授牌仪式在浦东国际机场举行。

10月22日

浦东国际机场轨道交通车站工程通过竣工验收。该站于2001年4月30日开工，工程建筑面积为45 620平方米，南北长384米，东西宽50.2米，总高度为61.25米。地面以上两层，底层站台层安排有两条磁悬浮轨道线路，并预留地铁二号线延伸段。

10月23—26日

上海口岸办主任助理章式洪在全国口岸委（办）主任工作联席会上作了《坚持与时俱时，探索创新，努力开拓口岸工作的新局面》的主题发言，交流了“大通关”工作经验。

10月27日

虹桥机场的国际和港澳地区航班全部东移至浦东机场起降，虹桥机场保留国际机场的备降能力。航班东移后，浦东机场国际、港澳航班每日比东移前增加约100架次，平均每天起降航班375架次，占上海机场航班起降总量的60%左右。

10月28日

上海市人大副主任沙麟同志率领市人大有关领导一行8人，到上海边检总站听取工作汇报，视察浦东边检站执勤现场，看望并慰问了一线执勤民警。

10月29日

中外运空运发展股份有限公司上海浦东国际机场物流中心的开业典礼。

10月30日

上海市发展计划委员会召开了全市重点物流企业汇报会。

11月4日

交通部组织有关单位和部门组成验收委员会，对上海港外高桥港区三期工程进行竣工验收。

11月13日

亚洲最大邮轮“狮子星号”与船体略小的“白羊星号”一起驶进黄浦江，双双停靠高阳路码头。

11月20日

民航华东管理局局长夏兴华宣布民航在上海投资6.92亿，占地面积近20万平方米的上海区域管理中心，将于2004年底投入使用。

11月27日

上海机场(集团)有限公司荣获全国实施用户满意工程先进单位称号。

11月28日

会战洋山的挖泥填海船“新海龙”、“新海鲸”在上海航道局外高桥码头举行命名仪式，交通部副部长翁孟勇出席命名典礼。

11月28日

外国船级社驻华机构船检论坛在上海举行，来自美国、德国、挪威和中国的40余名中外代表参加会议。

11月28日

上海航运交易所隆重举行“成立六周年暨2002年会员大会”。

11月28日

上海外高桥造船有限公司与中国海洋石油总公司渤海公司在沪签订17万吨海上浮式生产储油轮(FPSO)建造合同。该轮长287.4米，为双底双壳结构，总储油量100万桶，自重约为4万吨。

11月28日—29日

上海边检总站在浙江嘉兴召开上海港国际航行船舶登轮管理工作会议。

12月3日

上海开埠以来所航行的最大吨位，我国自行建造的30万吨级“中远川崎11号”轮顺利通过长江口深水航道出海试航。

12月6日

上海航交所继开通中华航运网后，中华航运物流人才网和中华航运网英文版又相继开通。

12月11日

上海港今年集装箱吞吐量连续突破了700万箱和800万箱这两个大关。上海市市长陈良宇委托常务副市长韩正向上海港今年集装箱吞吐量突破800万箱表示祝贺。韩正和交通部副部长翁孟勇出席了庆典并致辞。

12月11日

上海机场(集团)有限公司第六次蝉联全国“旅客话民航”1 000万人次以上机场组第一名。同时还荣获“旅客话民航”评价活动10周年先进企业金奖。

12月11日

上海口岸协会和上海市贸促会、WTO上海研究中心联合举办的“WTO知识讲座”，最后一讲由刘光溪博士主讲《入世一周年谈思维方式与政府职能的转变》，宣告圆满结束。

12月18日

中国上海外轮代理公司在国际会议中心举行成立50周年庆典。

12月19日

全国港口管理工作会议在沪召开，交通部部长张春贤，上海市常务副市长韩正出席会议并讲话，交通部副部长洪善祥主持会议。

12月25日

上海公安边防总队召开总结表彰会，表彰在2002年海边防管理工作中表现突出的8个单位和50名个人。

12月27日

中国上海海事局洋山海事处正式挂牌成立，负责对大小洋山及附近水域的水上安全管理工作，建立港口运转监控，依法对水域的通航秩序、船舶的签证，海事调查和海上组织搜救，展开全方位工作。

12月28日

中国电子口岸数据中心上海分中心及上海口岸数据中心联合机房正式启用。

江苏省

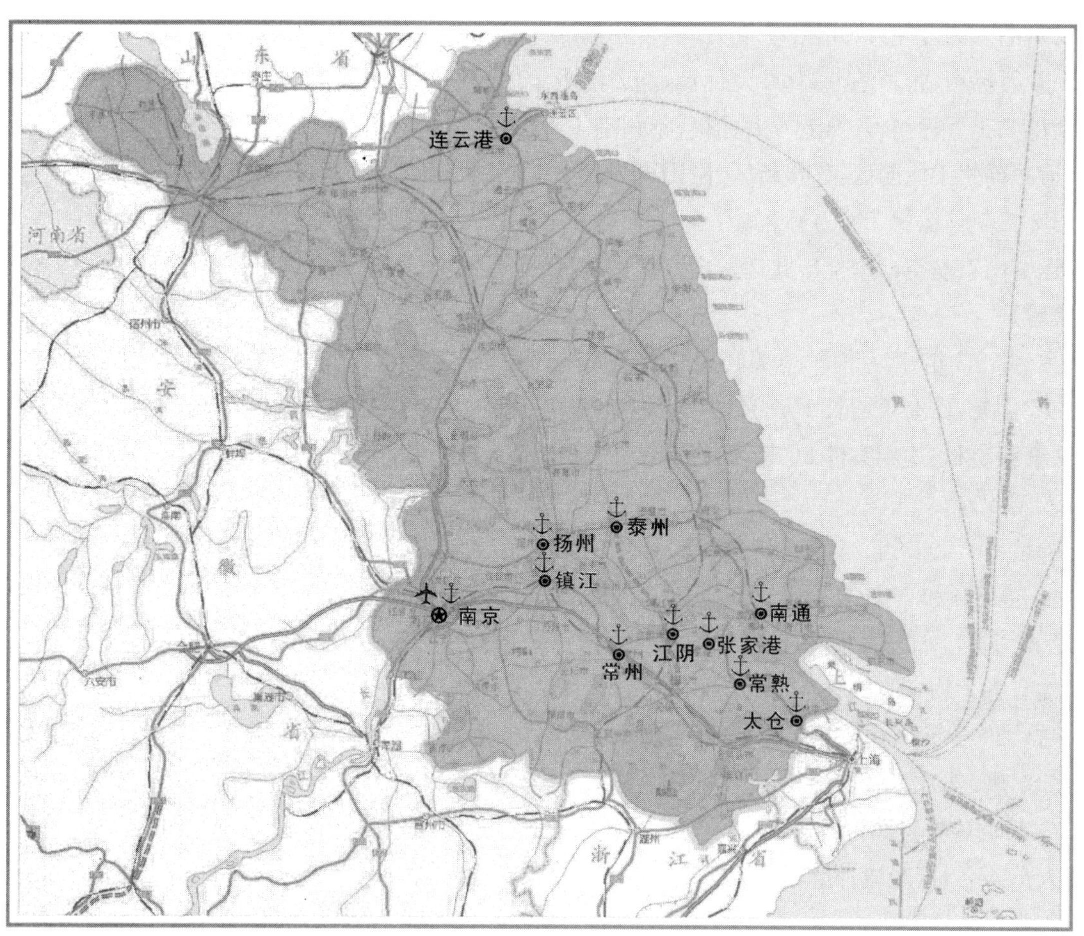

图　例

- 省级行政中心
- 口岸
- 铁路口岸
- 航空口岸
- 公路口岸
- 海（河）运口岸

江苏口岸工作综述

【对外运输】 2002年,全省口岸共完成外贸运量6817万吨,比上年增长16.7%;国际集装箱运量首次突破100万标箱大关,完成122万标箱,增长27%。

水运 全年各主要港口口岸完成外贸运量:连云港港2001.7万吨,张家港港1435.9万吨,南京港887.8万吨,南通港742.6万吨,镇江港609.9万吨,江阴港358.4万吨,常熟港313万吨,太仓港200.5万吨,扬州港133万吨,泰州港77.5万吨,常州港57.2万吨。国际集装箱运量:南京港30.4万标箱,南通港20.5万标箱,张家港港20.2万标箱,连云港港20.5万标箱,镇江港10.2万标箱,扬州港2.1万标箱,太仓港3.1万标箱,常熟港4万标箱、泰州港1万标箱、常州港1万标箱。

陆运 苏州工业园区、苏州新区、昆山开发区、南京铁路、无锡新区等陆路口岸共完成外贸运量40万吨,国际集装箱运量7.6万标箱。

空运 南京航空口岸全年共运送出入境旅客31.7万人次,比上年增长17%。

【检查检验】

海关 2002年,南京海关全关区共监管出入境货物6523万吨,比上年增长11.3%;征收并入库税款221.15亿元,比上年增长14.4%,其中关税51.95亿元,进口环节税169.2亿元;税收入库数列全国第三;共查获走私、违规案件36起,案值669.7万元;立案侦查案件29起,案值24244万元,抓获走私犯罪嫌疑人105人。

检验检疫 2002年,全省系统共检验检疫出入境货物61.37万批次,货值283.51亿美元,比上年分别增长36.3%和35.2%;查出不合格出口商品2235批,货值37786万美元。开展疾病监测体检81457人次,同比增长25.8%,查出各类病例7890例,同经上升25.9%。在进境检疫中截获各类动植物危险性有害生物39种、1079批次,分别增长5.4%和35%。

边防 2002年,全省共检查出入境人员2559491人次,比上年增长17.74%;检查出入境交通运输工具15587艘(架)次,同比增长17.74,其中船舶12407艘次,同比增长18.95%;飞机3180架次,同比增长13.25%;检查进出港外轮4774艘次,同比增长31.95%;共发现和查获偷渡案件17起38人次,遣返偷渡人员4名,接受境外遣返人员1名,查处其它违反出入境管理法规行政案件133起241人次维护了口岸正常出入境秩序。

海事 江苏海事局全年共监管国际航运船舶12450艘,监管"三超"船舶1400艘次,完成船舶签证27.9万艘次,全年辖区共发生一艘及以上事故105件,与去年减少21起,其中碰撞事故63件,比上年减少2起,未发生重特大恶性事故。

【口岸管理】 根据国务院办公厅和省政府关于进一步提高口岸工作效率文件要求,结合全国提高口岸工作效率上海现场会议精神,全省各口岸积极实施"大通关"制度,认真落实"大通关"制度的各项措施,进一步提高口岸工作效率,促进企业降低成本、增强国际竞争能力。省口岸办、省口岸协会通过实地调研、现场会、问卷调查等形式对全省口岸工作效率情况作了调查、汇总并形成了"全省口岸工作效率情况调查汇报",供有关方面决策参考。

【口岸开放】 常州港一类口岸经国务院批准后已经通过省级地方预验收。列入国家“十五”一类口岸开放规划的大丰港区累计完成投资2.3亿元，导堤、栈桥及港区基础建设进展顺利。作为口岸功能延伸，主要为开发区和出口加工区服务的海关直通点和监管点发展迅速，目前全省总数已达14个。经省口岸办倡议达成的江阴、靖江口岸开发会议进展顺利，受到省委、省政府领导的充分肯定和高度评价。全年共批准五家货主码头(张家港三家、常熟、常州各一家)对外开放。

江苏口岸查验单位工作综述

南京海关

2002年，南京海关在海关总署领导下，在省内各级地方党政及有关部门支持下，坚持以“三个代表”重要思想及海关工作方针为指导，着眼于海关工作大局，立足关区实际和特点，突出以队伍建设为基础，以改革创新为动力，求真务实，开拓进取，较好地完成了全年的各项任务，多项工作在全国海关系统保持领先地位。

一、认真履行职责，全面完成各项工作任务

海关税收取得历史最好成绩。2002年，南京海关积极应对入世挑战，努力克服关税税率大幅下调、实施WTO估价协议等不利因素的影响，紧紧围绕税收“轴心”工作，坚持依法征管，强化综合治税，确保应收尽收。2002年，全关区共征税221.15亿元，同比增长15.34%，完成全年税收任务的115.18%，占全国海关征税总额的8.54%，税收排名继续保持全国海关第3位。

打击走私取得明显成效。一年来，南京海关以打击价格瞒骗为突破口，充分运用刑事、行政执法手段，重拳出击，严防猛打，不断提高打私成效，成功突破了一批有影响的走私大要案，有力地震慑了走私违法犯罪分子，维护和净化了江苏口岸进出境秩序。全年共查获走私案件92起，案值5.1亿元；查获违规案件466起，案值7.9亿元。其中，立案侦查走私罪嫌疑案件29起，案值3.4亿元，对105名走私犯罪嫌疑人采取强制措施。上缴罚没收入1.6亿元，列全国海关第5位。

实际监管得到进一步加强。面对监管业务量迅速增长的巨大压力，南京海关在强化物流监控科技力量投入、认真改进监管手段的同时，积极开展风险分析，切实加大查验、稽核力度，积极发挥借调武警协助海关监管作用，不断提高对进出口各环节的监控能力，海关实际监管以及通关管理的针对性和有效性稳步提升。此外，进一步密切与省内口岸相关单位的协作配合，积极落实总署以及省政府关于“大通关”的各项部署，稳步推进加工贸易集装箱出口监管模式改革、船供油料、物料监管模式改革、陇海铁路跨关区大宗散货转关模式改革，口岸通关效率进一步提高，口岸通关环境进一步改善，有力地促进和支持了外贸进出口。年内，关区海关新增直通式海关监管点10个，新增投入运行H986系统1套，新增闭路电视监控、电子卡口、电子闸门等物流监控系统9套。全年关区海关共监管进出境货物6523万吨、470亿美元，同比分别增长11.3%和48.3%；监管进出境运输工具2.85万艘(架、辆)次，同比增长18.1%；监管进出行邮快件物品230万件，同比增长31.6%；验放进出境旅客63.55万人次，同比增长12.3%。

备案进口加工贸易保税料件384.3亿美元,涉及加工贸易备案合同5.36万份,同比分别增长98.9%和4.3%。通过查验查获知识产权侵权等各类走私违规案件涉及进出口货物1247票,货值9773.5万元,查获率3.26%;通过中期核查查获加工贸易领域走私违规案件153起,案值4249万元;通过稽查查获走私违规案件59起,案值1.09亿元。其中,借调武警协助查验查获走私违规案件36起,案值693万余元,为海关完成监管任务作出了积极贡献。

海关统计职能作用得到了较好发挥。关区海关在加强统计数据审核,保证数据上报质量的基础上,积极开展海关统计分析和统计执法评估工作,海关统计咨询服务作用得到了较好发挥,关区统计预警监测水平稳步提高。全年,经总署转报并被中办、国办采用的统计类信息达25余篇次;完成执法评估报告11期,开展统计监督15次,实施统计处罚199起,处罚金额42万余元;统计部门配合督察审计开展执法评估共核查补税2786.73万元、罚款1931.11万元。

二、深化业务改革,海关业务管理效能进一步提高

一年来,南京海关按照总署关于推进贸易便利化的各项要求,紧密结合关区实际,不断深化和创新业务改革,积极完善业务管理制度,较好地适应了江苏外贸持续、快速的发展需要。一是积极推进无纸通关改革试点,逐步将试点范围扩大到新生圩、张家港、南通、张家港保税区、昆山和苏州工业园区出口加工区等海关,全年采用无纸通关方式放行报关单9610份。目前,省内开展无纸通关试点的企业已达47家。二是认真落实吴仪国务委员指示,积极开展苏州地区"大通关"改革试点。2002年11月份与上海海关签订《上海—苏州工业园区空运进出口货物快速通关方案》,使园区空运进口货物转关时间由原来的1天至1天半减少到4—5小时,企业运输成本下降30%。三是继续完善出口加工区功能,认真组织开展深加工结转、模具和半成品外发加工等试点工作,分别完成了昆山出口加工区B区、南通、无锡出口加工区的验收和封区运作等工作。同时,与地方政府协商,首创海关协管队模式,有效缓解了海关监管力量不足的问题。招聘的首批10名队员已于去年底在昆山出口加工区正式上岗。省内4个出口加工区,特别是昆山出口加工区坚持高标准建设,不断加大工作力度,为全国出口加工区改革试点起到良好的示范作用,为扩大全省外贸出口,增强地方招商引资积聚效应,起到了积极的促进作用。2001年10月份,中国海关学会专门在昆山举办了中国出口加工区论坛和出口加工区分会成立仪式。四是继续深化加工贸易联网监管改革,在总结联网监管经验的基础上,按照"电子账册+联网核查"的思路,制定了关区统一的联网监管业务需求方案以及相关审批管理办法,并按此开发试点了新的联网监管程序。联网监管试点范围进一步扩大。目前,经南京海关批准同意和自行探索实施联网监管试点的企业已达47家,约覆盖关区加工贸易业务量的50%以上。同时,对吴江、江阴等联网监管区的新型管理模式进行初步探索。五是积极联合中国银行江苏分行以及交通银行南京分行实施口岸电子执法系统网上付税改革试点,已审批网上支付试点企业70家、联网报关企业39家。此外,2002年南京海关还实施并不断完善了大手册管理模式;批准22家企业在全国或江苏范围内适用便捷通关措施;开发运行了南京海关通关作业辅助服务系统,等等,受到省内进出口企业的广泛好评。

三、狠抓海关基层建设不松劲,关区干部队伍建设得到新的加强

关区基层领导班子结构进一步优化。2001年,共调整处级领导班子52个。其中,提任处级干部83人、科级干部283人,对14名处级领导干部进行了异地交流,至此,现任隶属海关关长在近3年内已全部交流了一遍。全年关区正在交流的处级领导干部共46人。另外,认真落实有关干部人事制度改革的

管理规定，坚持正确的用人导向，积极改革干部选拔任用机制，2001 年组织开展了第 2 批处、科级领导干部竞争上岗工作，有 57 名干部脱颖而出，为关区处、科级领导班子注入了新的活力。

党风廉政建设得到进一步加强。南京海关紧紧围绕党风廉政建设责任制这根主线，严格按照“谁主管、谁负责”的原则，注重从源头上治理和预防执法腐败，坚持高标准、严要求，狠抓各项工作的落实，并突出重点岗位，对高风险岗位预防失职渎职进行调查研究，制定防范措施和管理办法，切实加强对广大关员监督管理，较好地保证了关区海关的一方平安。2001 年，南京海关先后对盐城、淮安、徐州、太仓等 4 个海关的关长和常州海关驻溧阳办事处主任开展了离任经济责任审计；建立和完善了领导班子和领导干部定期考察、年度述职和考评制度。与此同时，南京海关不断加强教育培训力度，努力提高关区干部的综合素质。全年共举办处级干部培训班 1 期、科级干部培训班 3 期、其他培训班 43 期，累计培训干部 1436 人次。

思想政治工作收到显著成效。南京海关坚持思想政治工作“一把手”负责制，深入开展“三珍惜、三热爱”等主题教育活动，积极组织提合理化建议活动，大力加强以关区职工运动会、文艺演出、书画摄影展等为内容的凝聚力工程建设，不断强化文明窗口和文明行业建设，有力地推动了全关区精神文明建设的健康发展。2002 年，先后有 13 个集体、26 名个人先后受到总署记功、表彰。南通海关作为海关系统仅有的 2 个单位之一，被授予了“全国创建文明行业示范点”荣誉称号。苏州海关报关厅被共青团中央评为“全国青年文明号”，还有 3 个单位被评为省级青年文明号、2 个单位被评为省级机关青年文明号。组织排练的赴京参加全国海关关长会议的调演节目被评为二等奖优秀节目。

此外，海关新闻宣传、政务信息、档案管理继续在系统内保持领先地位；法制管理、财务装备、技术保障、后勤服务、海关学会等工作较好地发挥了服务、保障作用；法规清理、行政复议以及财务 4 项经费包干改革均取得良好成效；接受外部审计工作圆满完成。新办公楼按期竣工，机关顺利实现办公场所搬迁。

2002年南京海关业务统计综合表(一)

指标	单位	1至本月累计		
		2002年	2001年	增长
进出口报关单总数	张	733945	524479	39.9
进出口记录条总数	条	1573070	1021621	54.0
进出口总值	亿美元	445	317	40.4
进口	亿美元	277	192	43.9
出口	亿美元	168	124	35.1
进出口货运量	万吨	6457	5861	10.2
进口	万吨	4614	3885	18.8
出口	万吨	1843	1976	—6.8
集装箱总数	箱次	715792	551643	29.8
其中:重箱箱次	箱次	641154	494469	29.7
集装箱箱载货物	万吨	671	501	34.0
监管运输工具总数	辆艘	28302	24112	17.4
监管进出境总数	辆艘	15764	13696	15.1
其中:进出境船舶	艘	12654	11032	14.7
进出境飞机	架	3110	2624	18.5
查验货物报关单	份	37940	38961	—2.6
货物报关单查获	份	1237	366	238.0
出入境人员	人次	633799	565717	12.0
其中:进出境旅客	人次	293058	269943	8.6
邮、快递总数	万件	229	175	31.0
其中:邮递物品	万件	150	151	—0.4
快件	万件	79	24	228.8
备案加工合同	份	53029	51364	3.2
合同备案金额	亿美元	361.9	193.2	87.3
经批准内销补税	万元	109110	118183	—7.7

2002年南京海关业务统计综合表(二)

指标	单位	1至12月累计		
		2002年	2001年	增长
稽查企业数	家	404	369	9.5
稽查补税合计	万元	12905	4260	202.9
查获违规案件	起	466	658	−29.2
查获违规案值	万元	79487	123213	−35.5
查处违规案件	起	450	609	−26.1
查处违规案值	万元	28781	62543	−54.0
查获走私案件	起	92	112	−44.6
查获走私案值	万元	41334	88821	−53.5
查处走私案件	万元	95	130	−26.9
查处走私案值	万元	35570	65243	−45.5
其中：				
调查查获走私案件	起	63	117	−46.2
调查查获走私案值	万元	17090	46048	−62.9
调查查处走私案件	起	93	−37.6	
调查查处走私案值	万元	6699	2815	138.0
侦查立案走私犯罪案件	起	49	−40.8	
侦查立案走私犯罪案值	万元	42773	−43.3	
侦查终结走私犯罪案件	起	37	37	
侦查终结走私犯罪案值	万元	28871	62428	−53.8
侦查抓获犯罪嫌疑人	人	122	−13.9	
调查罚没合计	万元	−26.3		
缉私罚没合计	万元	26.5		
税收入库	亿元	221	193	14.4
关税入库	亿元	52	56	−6.8
进口环节税入库	亿元	169	138	23.0

江苏省边防总队

2002年，全省边检机关克服人员少、任务重的矛盾，科学组织勤务，合理派遣警力，较好地完成了江苏省开放口岸出入境边防检查任务，全年共检查出入境旅客、员工559491人次，同比增长13.70%；检查出入境交通运输工具15587艘(架)次，同比增长17.74%，其中船舶12407艘次，同比增长18.95%，飞机 3180 架次，同比增长 13.25％；检查进出港外轮 4774 艘次，同比增长 31.95％；查获偷渡案件 17 起 38 人次，遣返偷渡人员 4 名，接收境外遣返人员 1 名，查处其它违规违章案件 133 起 241 人。

一、充分发挥职能作用，维护正常的出入境秩序，确保社会政治稳定

省总队根据形势发展需要，及时制定下发了《口岸处置突发事件预案》、《口岸现场处置恐怖暴力突发事件预案》等总体预案，指导各边检站进一步完善了口岸突发事件处置预案，指挥了南京边检站的“处突”模拟演练，有力地提高了各边检站对口岸现场突发事件的处置能力。

二、加大反偷渡工作力度，努力提高识别伪假证件能力和打击合力

一年来，省总队所属各边检站从落实管理制度入手，不断强化边检措施，加大打击力度，不断探讨和实践内河口岸反偷渡的新途径、新手段，有力地打击了偷渡活动的嚣张气焰。

(一)突出反偷渡工作重点，力求取得实效。2002 年各边检站继续将打击持用伪假证件及利用远洋船舶偷渡出境列为工作重点，克服麻痹思想，充分认清反偷渡工作的重要性、必要性，增强工作责任感；认真分析偷渡活动的特点、规律，增强了反偷渡的预见性。各边检站均在反偷渡工作预案中明确了“站领导全面抓、业务部门具体抓”的垂直领导关系，保证口岸一旦接警，站指挥组立即部署开展工作、各行动小组及时到位、案件处置工作即时开始。在加强日常管理工作的同时，各站还根据上级部署，适时开展反偷渡专项治理行动，做到“组织有力、打击及时、卓有成效”。

(二)认真分析和研究，提高对各种偷渡迹象的洞察能力。各边检站均通过案例分析、伪证倒查、经验交流等方式，开展对有关国家的护照、签证样式和特点的分析、研究活动，提高检查员识别伪假证件的能力。检查员在查验工作中坚持查看证照与思考研判相结合、例行验证与重点询问相结合，注意发现偷渡分子的蛛丝马迹。针对当前国内利用集装箱偷渡活动比较猖獗的情况，省总队迅速派员进行调研，并就加强重点环节和部位的边检工作向各站做出了周密部署；同时，结合江苏省实际，向部局上报了《关于上报对利用集装箱偷渡活动的打击对策的报告》

(三)内外结合，偷渡犯罪活动得到综合治理。一是严格发证和监护工作，严禁无关人员上下外轮，确保不发生利用边防证件偷登上船进行偷渡的案件。二是加强对在港外轮和出境国轮的巡查巡视，及时堵塞漏洞，防患于未然。三是敦促出境的国内远洋运输船舶加强自身管理、落实“三查”工作。四是与各码头单位、“三定”船舶等签订了反偷渡责任状，进一步提高各方配合边检站开展反偷渡工作的责任心和积极性。五是加强与地方公安、港务、民航、远洋运输公司等单位的沟通与配合，严密反偷渡防范网络，增强了反偷渡的打击合力。

三、改革边防检查工作，提高口岸工作效率，进一步创造良好的通关环境

2002 年，省总队按照省委、省政府和部局的有关要求，在改革边检勤务、提高口岸通关速度方面着重抓了三项工作：一是完备出境旅游团队预申报、预录入工作，缩短了出境游客排队候检时间，提高了空港口岸疏导能力。二是严格落实国务院 175 号令，在各港口边检站开展船舶预检工作，便利了国际航行船舶进出江苏省开放口岸，缩短了出入境船舶非作业时间，提高了边检服务质量和工作效率。三是为减少同一非控旅客(与在控对象资料相同或相近人员)在同一出入境口岸的报警次数，切实提高边检服务质量，省总队指导各边检站在边检信息系统先后建立了“非控库”，不仅加快了旅客验放速度，而且维护了正常出入境人员的合法权益。此外，按照部局有关边检的改革要求，在南京边检站入境现场设立了中国公民通道，实行中外旅客分通道检查的措施，使中国公民享受到更便捷的通关服务，增强了中国公民

的荣誉感和自豪感。

四、大力加强和推进边检业务规范化建设

年内，江苏省各边检站按照上级部署，紧紧围绕依法行政和规范服务这一核心，将贯彻“规范”作为经常性基础工作常抓不懈，进一步规范、完善执勤现场查验设施，加强现场各类灯箱、标牌、公告栏、引导牌、投诉箱以及勤务用房、室内设施的维护保养，健全上下勤、验证、登记、报告、查控、调研和执法等勤务制度，规范业务资料管理和档案建设，继续深化依法、规范、文明执勤措施，努力解决出入境人员关心的难点、热点问题。

(一)统一边检业务台帐。为统一、规范江苏省各边检站的业务基础台帐，避免业务台帐“散、乱、不统一”的现象，使勤务记录本能够客观、真实反映江苏省各边检站的执勤情况，年初，省总队根据部局业务规范化建设的要求，结合机关正规化建设的目标与任务，在充分征求各边检站意见的基础上，对全省边检站业务基础台帐进行了统一制作，并于5月份下发各边检站正式使用。在2002年的年终考核中，考核组通过对各站业务台帐的检查，直观了解到各边检站业务工作开展的综合情况，给考核工作提供了有力的依据。

(二)推动边防执勤岗亭建设。为关心和爱护广大监护哨兵的身体健康，改善执勤条件，到目前为止，全省共新建执勤岗亭169个，使一线执勤条件得到明显改观。

五、抓好培训工作，进一步提高执勤人员业务水平

为继续贯彻执行部局《边检业务培训实施办法》，上半年，省总队针对英语培训的特点，本着“少花钱、办实事”的原则，利用总队与各边检站联网的优势，在总队网页上开设了“全国公共英语一级考试”、“全国公共英语二级考试”、“边检英语会话”、“日常英语会话”等培训教程，并指定专人负责英语网络培训，定期发布英语等级考试信息。每期指定部分参训人员解答网上试题，同时给予批改和答疑。使英语网络培训与检查员工作特点有效结合，取得了较好效果。4月份，组织南京边检站等单位参加了澳大利亚、加拿大驻上海领事馆签证官举办的护照、签证知识讲座(江苏省公安厅邀请，下同)。11月份，省总队又组织有关单位业务干部参加了加拿大签证官开办的业务讲座，详细了解了加拿大新版护照、移民卡防伪技术及常用证件伪造手段，从而扩展了检查人员的知识面，进一步提高了反偷渡业务水平，同时也密切了与使领馆之间的联系，增强了外事工作的主动权。

江苏出入境检验检疫局

【概况】 2002年，共检验检疫出入境货物61.37万批，货值283.51亿美元，同比分别增长了36.3%和35.2%。其中出境货物55.34万批、货值172.19亿美元，分别增长33.2%和36.6%；入境货物6.03万批、货值111.32亿美元。查出不合格出口商品715批、1588万美元；发现不合格进口商品1520批、货值36198万美元。查验出入境船舶15622艘次，飞机3271架次，集装箱65.72万标箱。开展疾病监测体检81457人次，同比增长25.8%；预防接种52994人次，查出各类病例7890例，同比上升25.9%。在进境检疫中截获各类动植物危险性有害生物39种、1026批次，同比分别增长了5.4%和28.4%。

【严格依法施检，履行保国安民职能】 加快工作重点转移，较好把住了进出口商品质量关。检验检

疫重点进一步向安全、卫生、健康、环保、反欺诈等方向实施转移。强化了对重点商品检验鉴定，保证了进出口商品质量。将涉及安全、卫生、环保、反欺诈的进口大型成套设备、旧机电、废物原料及进出口食品、动植物产品等作为检验工作的重点。对大型二手设备、大宗进口废物等开展了装船前检验。针对江苏进口旧复印机存在的质量问题，及时向总局提出了相关监管建议，还与南京海关协调，对旧复印机等产品实施了“通关前查验”。对进口废物统一加强了放射性检测，为省内各口岸配备了37.7万元的放射性设备，并举办了检测技术培训班。

进一步加强了安全卫生项目的周期性检测。组织了出口陶瓷、玩具的安全卫生及理化项目的周期检测，查出陶瓷不合格6批次、玩具不合格30批次。对出口食品中的色素、防腐剂、甜味剂等食品添加剂进行了备案登记，对出口蔬菜、水产品、蜂蜜等的卫生、农(兽)残等指标实施了不定期抽查。重点开展了对出口紫菜安全卫生项目特别是总砷与无机砷含量的监控检测。对进口服装面料等表外商品加强了质量抽查。重视抓好新开验商品的检验工作。对进口石材、涂料等新开验商品进行了深入摸底，保证了工作进展。化矿实验室首批承担总局涂料检测任务，积极组织攻关，顺利开验了涂料VOC、苯、游离甲醛、酸溶性重金属等项目的检测。

强化源头监管，全力以赴保证了外贸顺利出口。加强对外协作，齐抓源头监管。进一步加大了与相关部门的合作，如分别与省外经贸委、农林厅、海洋与渔业局等建立了联席会议制度，齐抓共管，强化源头控制，督促出口种养殖户科学种养，合理规范用药，保证了出口质量。苏州局率先与太湖渔业管委会合作，启动了太湖水生动物安全卫生工程。江苏局与省海洋渔业局签订了水产品安全质量工程合作协议，从螃蟹养殖场注册登记管理入手，将检验检疫工作延伸到螃蟹养殖全过程。同时与深圳、上海等局加强协调，达成了产地、口岸合作共识，防止和打击了螃蟹出口中的隐瞒、混装和未经检验检疫许可出境等违规行为。

针对年初以来日本对我出口蔬菜采取加严措施，欧盟对我动物源性食品实施禁令对出口造成的不利影响，积极采取应对措施，保证了正常出口。一是及时专题向省政府报告情况，并将有关规定通报各地政府及企业，提前采取措施。二是以蔬菜、螃蟹等水产品和蜂产品为重点，加强源头监控。重新制定落实了出口蔬菜基地的备案要求，加强了药残、农残的日常监督检查。三是加强检测，确保出口质量。专门挤出资金添置了酶免分析仪、液质联用仪等设备用于农残检测，并将连云港、苏州和张家港局技术中心定为承担农产品检测的实验室。四是强化监管，消除质量隐患。特别是对获得对外注册的食品企业，严格监督审核，先后取消了14家企业的对外出口注册资格。五是加强与企业沟通。及时向企业通报国外的相关规定，对4家被日方查出蔬菜农残超标的出口企业进行了重点指导。2002年全省蔬菜、肠衣、水产品的出口量同比分别增长了20%、38.5%和32.8%。

强化检疫监测，促进了疫情疫病检出率的持续提高。完善了风险预警快速反应机制。成立了全省风险预警工作领导小组，明确责任部门，同时加强了与卫生、公安、农林等部门的协调联系和省局、分支局相互之间的信息沟通，确保了总局各类预警通报在江苏的统一实施，保证了异常信息的迅速反馈。制定了炭疽、天花等重大疫病的应急预案，加强了对高危人群的体检监测。南京局和省局保健中心以暑期后入境留学生为重点，认真开展体检工作，在9月份连续检出3例艾滋病毒感染者。

加强疫情监测，降低了疫情疫病风险。积极配合总局对进境检疫许可证审批的调整，严把预审关。组织了2002年度全省性实蝇监测，检出实蝇4种26批次，其中3种为江苏首次发现。开展了全省口岸和出入境交通工具的医学媒介生物调查，在全省各口岸局建立了医学媒介生物室。泰州局针对2名出国劳务人员体检后感染浸润性肺结核被遣返的情况，组织随访并查出了原因。总局据此增加了出国体检的结核杆菌痰涂片、培养等检查项目。

加强重点排查，疫情疫病检出率进一步提高。针对全省疫病疫情截获不平衡的实际情况，多次召开了现场会，分析原因，统一做法，并每季向全省通报疫情截获统计情况。各分支局普遍结合实际，结合各地实际及进口货物的特点，加强重点检疫，促进了全省疫情检出率的持续提高，截获批次、种类增幅明显，其中一、二类批次同比增长了近20%。

加强对重点及敏感商品的检验检疫，取得了突出成效。按照总局统一部署，以日本、韩国及欧盟输华货物木质包装、欧盟进口动物源性食品为重点，严格检疫把关。先后从美国、日本、泰国、比利时等12个国家进口水产品、猪副产品、肠衣等11种进口产品中检出有毒有害物质20批次，共计6.76万吨。特别是2002年3月，从荷兰进口的1批25.48吨的猪肠衣中检出了氯霉素残留，并按规定实施了焚烧深埋处理。这一事件在国内外引起了重大影响，大大增强了我国对欧盟贸易谈判的力度，总局和外经贸部据此发布了关于禁止进口荷兰动物源性食品的联合公告。

强化认证认可工作，加速了与国际通行做法接轨。积极开展了民用商品入境验证和强制性产品认证工作。举办了入境验证培训，制定了《民用入境商品验证工作规范》及相关的说明，明确了工作流程。全省先后3次召开了强制性产品认证说明会，共有500多家企业到会。

严格“两证”监管，提高了认证效率。共办理出口食品卫生注册登记考核发证203份，出口质量许可证349份，18家企业因考核不合格未予发证，54家企业被责令整改。根据出口食品企业的安全卫生风险及国外敏感程度、分支局预评审质量及企业管理水平等改革了“两证”管理模式，确定了不同的评审方案，对获证企业实行了动态管理。全年凭分支局评审报告审核发证的达64份，占总发证数的30%。

继续加大了ISO9000、ISO14000等认证推广力度。认证业务进一步稳定增长，共完成ISO9000质量体系评审发证487家，累计获证数已达1425家；ISO14000环境管理体系发证30家，累计获证65家；全省申请OHSAS18000职业健康安全体系企业达8家。

【加大法制工作力度，提高了行政执法水平】 适应入世需要，进一步加强了法制工作。按照总局统一部署，对全省系统现行有效的规范性文件进行了全面清理，组织制定了《江苏检验检疫规范性文件起草办法》，将涉及检验检疫的法律法规、签证流程及时限、收费标准等对外公开，提高了执法透明度。完善了“标准有效性控制检索系统”，开展了标准有效性的自查和抽查，共查出作废标准382份，确保了全省系统依法施检的有效性。

大张旗鼓开展了《商检法》宣传贯彻。以《商检法(修正案)》颁布为契机，召开了“江苏省宣传贯彻《商检法》会议”，将《商检法》修订内容作为法律考试的重点。各分支局也普遍利用新《商检法》颁布之际，纷纷召开了宣传贯彻《商检法》新闻发布、座谈会、检验检疫工作会议，广泛宣传《商检法》，扩大了检验检疫影响，增强了全社会商检法制意识，为检验检疫执法提供了良好的法制环境。

加大行政处罚力度，树立了检验检疫执法权威。将严格执法和办理处罚案件数量作为衡量执法力度的重要依据之一，全省系统共实施行政处罚348起，罚款451.8万元，维护了检验检疫执法的严肃性。

强化执法监管，维护了检验检疫正常秩序。加大了对代理报检单位及外来检验鉴定机构的监督管理。对全省代理报检企业实行了登记注册，并严格按规定组织了年审。对少数管理混乱、守法意识淡薄、存在违法违规问题的代理报检机构依法给予了取缔。加强认证市场监管，开展了清理整顿认证咨询市场工作。强化了对检验鉴定市场秩序的管理，严格审批和备案手续。

【积极落实服务措施，为促进外贸出口做出新贡献】 深化检验检疫监管模式改革。检验监管模式转换的品种和范围进一步扩大。年内，先后下发了鞋类过程检验管理办法，统一开展了轻纺产品的模式转换，对洗衣机、自行车、电视机、插头插座、灯具等五类产品调整了检验模式，79家出口机电企业实行了“型式试验＋抽批检验＋工厂质量体系监督”的新模式。对进口石材和涂料采取了登记备案和实验专项检测相结合的检验模式，对张家港、江阴地区3家进口废物企业和连云港、无锡地区4家出口食品企业实施了检验监管模式转换试点。10月，省局和苏州局共同承担并被列为总局2002年重点科研项目的“出口商品过程监督检验模式的研究”顺利通过总局鉴定，标志着近年来率先开展探索并推广的检验检疫模式转换工作取得了突破性的成果。

全面推进“三电”工程，加快实施了检务改革。积极加强与上海局协调，单独加装了通关服务器平台，并从8月份开始全面试行了进口货物的电子转单业务。全省大多数分支局电子报检和电子签证率都达到了100％。泰州局根据泰兴、靖江办事处离本部较远的实际，积极筹措资金，重点加强了办事处“三电”工程建设，提高了出证效率。检务制度改革进一步深化，加速了外贸通关。专门组织人员开展了调研，提出了改革全省检务工作，进一步简化手续、方便进出的指导性意见。各分支局结合实际，推出了一系列方便企业、提高效率的检务改革新措施。

积极发挥自身优势，为外贸提供优质服务。加强签证指导，扩大了普惠制利用率。共签发普惠制证书25.77万份，货值78.83亿美元，同比分别增长24.6％和19.9％。原产地认证数量进一步增长，全省已有24个产品通过总局审核，17个产品正式使用地理注册标志；22个产品通过省局注册，获得原产国标记准用证。加快推行出口企业分类管理和免验推荐申报工作。全省实施分类管理的企业已达4235家，其中一类企业78家，二类企业1581家，三类企业2576家。积极帮助企业争取国外注册认证。为全省出口食品企业举办了HACCP培训2期，培训企业员工132名。中威咨询公司、商检公司等积极合作，主动为企业提供咨询，帮助企业建立HACCP体系。其中完成HACCP咨询23家，签订认证合同15份。

【完善内部管理，检验检疫工作质量稳步提高】 加强内部质量体系建设，体系运行水平稳步提高。加快体系转版步伐，持续提高体系运行水平。坚持以ISO9001内部质量体系标准作为管理工作的重中之重，不断强化全员贯标意识，加强日常审核，努力克服体系运行与实际工作脱节的“两张皮”现象。继省局年初通过2000版换版审核后，19个分支局均按计划完成了体系转版，获得了ISO9001:2000标准的认证证书。商检公司、钟山事务所为提升企业形象，扩大影响，分别建立了质量体系，发布了《质量手册》和相关的程序性文件。8月份，商检公司在全国系统国有商检公司中首家通过了CNAL现场评审。钟山事务所也向CNAL提出了认证申请。

加强科技管理，科研工作实现新突破。专门召开了全省系统科技专家座谈会，表彰慰问了对系统科技工作做出贡献的老中青专家。强化了科技基础管理，确保了全省系统科研、制标项目的进度，并对1993年以来全省系统承担的国家标准、行业标准项目进行了清理。开展了专业技术职称评聘，并进一步加强了技术、学术带头人的培养和管理，完成了江苏省“333二期工程”培养对象的选拔，其中南通局王杰同志被列为第二层次、张常印等8位同志被确定为第三层次培养对象。各分支局都将科研任务完成情况列入了全局年度目标，制定了相应的奖励办法，进一步调动了全省系统科研人员的积极性。今年，我省共有13个科研项目通过了总局鉴定；6个国家标准、14个行业标准通过了审定。在总局“科技兴检奖”评比中，全局共有17个项目获奖，获奖数位居全国系统前列。

加大实验室建设和管理，检测实力进一步提高。积极开展实验室注册认证工作。在全省系统的50个实验室中，已有27个获得了CNAL认可，位居全国系统首位。宜兴陶瓷实验室、省局食品实验室等通过了CCIBLAC的监督检查和扩项评审。省局动检、植检实验室分别建立完善了实验室管理体系，在全国检疫类实验室中率先通过了ISO/IEC17025的注册认可。江苏保健中心按照ISO/IEC17025标准，独立建立了传染病实验室的质量管理体系，8月份通过了国家认监委评审，成为全国系统第一家按ISO/IEC17020标准建立并通过CNAL评审的保健中心。在全国系统艾滋病实验室年度综合考核中，江苏省取得了总评成绩第一。其中省局艾滋病确认实验室获得全国第3名，8个艾滋病初筛实验室获得优秀，占全国优秀实验室总数的53.3%。苏州、扬州、镇江艾滋病初筛实验室因连续两年取得优秀，取得了总局颁发的有效期为两年的资格证书，占全国3/4。

江苏海事局

江苏海事局是国务院设在江苏省负责长江江苏段及江苏沿海水域水上交通安全监督管理的主管机关，下辖连云港、南京、镇江、扬州、江阴、张家港、南通、常州、泰州、常熟、太仓等11个直属机构，管辖水域包括长江南京至浏河口362.2公里(连同支流河段共约550公里)水域和8.6万平方公里海域。辖区内有11个一类开放口岸，各种大小码头泊位千余座。其中万吨级以上码头泊位230余座，千吨级以上码头泊位400余座；辖区港口货物2002年全年吞吐量已达27435.45万吨(其中危险货物6636.48万吨)，到港船舶已达279389艘(其中国际航行船舶12450艘)，长江航道日断面船舶流量已达25000艘次。

在江苏省人民政府和交通部海事局的正确领导下，省局全体干部职工共同努力，认真贯彻落实“三个代表”重要思想，解放思想，奋力开拓，本着既严格监督管理，又为港航贸和江苏地方经济建设发展做好服务工作的态度，克服任务重、人员少、点多线长等重重困难，圆满完成了国际航行船舶进出江苏口岸审批检查、港口国监督、码头开放审批、组织召开口岸检查查验工作联席会议等有关口岸方面的工作，履行了国家赋予的督察职能，维护了国家的主权和尊严，为江苏地方经济建设发展和口岸开放作出了应有的贡献。

一、建立行政执法责任制，强化内部管理，增强服务意识

为进一步做好口岸工作，省局从内部管理和各项制度的落实抓起，在全局范围内建立了行政执法责任制，狠抓依法行政、文明执法，做到严格按法定程序办理，做到事实清楚、依据准确、手续完备、文书规范，严格执行国家有关口岸管理的各项规定。实行行政执法公示制，主动接受港航贸等单位的监督。在加强安全监督管理的同时，为适应社会主义市场经济条件下的安全监督管理的需要，解放思想、转变观念，处理好“把关与服务”的关系，积极为港航贸做好服务工作，积极为地方经济发展和建设献计献策，做好服务工作。如在码头泊位对外开放工作中，主动并提前介入码头对外开放的前期工作，从码头建设立

项、设计、施工及对外开放管理等各个环节上献计献策，指导、督促码头单位建立起各项安全管理制度，提高码头建设的质量和管理水平，增强江苏口岸在全国和国际港口间的市场竞争力。

二、全面贯彻落实两个文件精神，提高口岸工作效率

为了提高口岸工作效率，省局全面贯彻落实《国务院办公厅关于进一步提高口岸工作效率的通知》(国办发明电[2001]38号)和《省政府批转省经贸委等部门关于进一步提高口岸工作效率、促进外贸发展的意见和通知》(苏政发[2001]174号)精神，及时召开了有关会议，对这两个文件进行了认真学习和贯彻落实，提高了对当前全球经济一体化形势下，特别是我国加入WTO后大力提高口岸工作效率重要性的认识，统一了思想，并就这两个文件中对海事管理方面所提出的要求制定了相关措施，确保口岸在海事管理方面的工作得到进一步的落实。

简化联检手续，提高办事效率。随着江苏口岸的进一步开放，进入沿江口岸的国际航行船舶也越来越多。为了保证船期，同时不给船舶、代理、码头等港航单位带来负担，省局全面贯彻落实口岸实施细则，进一步规范国际航行船舶进出口检查工作，简化国际航行船舶进出口检查手续，对办理检查检验的手续进行了改革，简化了联检手续，组织查验单位联合办公，只进一家门就能办好所有的查验手续。并取消了原来的条条船实施检查的做法，实行了一般船舶申报检查检验、重点船舶视情况登轮检查，大大降低了登轮次数，减轻了有关单位的负担，提高办事效率，树立了江苏口岸及海事系统的形象。

对进出省局辖区口岸的国际航行船舶实施全天候审批。为了使进出省局辖区口岸的国际航行船舶尽可能快地进出口岸，省局克服进出口船舶多、任务重、人员少等困难，实行24小时值班，对进出口岸的国际航行船舶采取了全天候申报审批，并进行了电子审批的试点，大力提高口岸的码头、泊位的利用率，以提高口岸的工作效率。

协调有关各方，积极做好码头(泊位)对外开放工作。在江苏口岸(港口、码头)对外开放工作中，省局解放思想、转变观念，处理好把关与服务的关系，主动并提前介入码头对外开放的前期工作，指导、督促码头单位完善安全设施和建立安全管理制度，主动协调有关各方，积极做好码头(泊位)对外开放和统一对外公布工作。同时，对申请进入未开放水域和申请靠泊开放口岸内未开放泊位的船舶，省局本着实事求是的精神，遵循“一船一议”的原则，尽可能服务于地方经济。

积极解放思想，进一步做好超大型船舶的进出江海事监督管理工作。随着船舶大型化发展的趋势，进出江苏长江口岸的船舶尺度越来越大。为了充分发挥江苏沿江口岸码头、泊位的效率，让更多的大尺度船舶直接进出长江为地方经济建设服务，省局在尊重科学和实事求是的基础上，结合辖区水域、航道、港口码头的具体情况，打破了原有的一些管理规定，制定了超大型船舶进出长江管理办法，完善了申报审批程序，实行了专家论证评估制度，规范了码头、船舶、引航及代理等各方面应负的安全责任，力求在确保船舶安全前提下，努力让更多的超大型船舶进出江苏口岸，以充分发挥江苏口岸效率。2002年，省局共完成超大型船舶进江审批1400艘次。

三、推进长江江苏段航路改革和锚地建设，以满足船舶进出口岸的要求

为改善长江江苏辖区水上通航环境，充分发挥黄金水道作用，让越来越多的进江海轮安全快捷地进出长江，省局用船舶定线制的先进理念，积极推进长江江苏段航路改革，实现了通航管理工作的新突破。省局对船舶各自靠右航行原则从立法层次上进行了研究，起草了《长江江苏段船舶定线制规定》，进行了航路改革实船试验，验证了航路设计的可行性，该航路改革方案已于2002年11月获交通部部务会正式

通过,正式进入实施前准备阶段。长江江苏段航路改革的实施,真正实现长江江苏段船舶航行与国际接轨,大大提高船舶航行效率和航行安全,并将使大型船舶夜航成为可能。推动长江江苏段的锚地建设,以满足逐年增加的国际航行船舶进出口岸的需要和缓解进出口岸国际航行船舶及进江海轮锚泊难的问题,充分利用长江下游黄金水道提高口岸效率,服务江苏外向型经济。

四、开展口岸共建活动,加强口岸查验单位之间的协作

省局在口岸查验工作中,积极发挥联检组长的作用,注意加强与各口岸查验单位之间的协调配合,组织开展了多种形式的口岸文明共建活动,并在工作中密切联系,相互沟通,为做好口岸查验工作打下了坚实基础。同时省局还定期走访港口、代理、引航和航运单位,征求、收集意见,对存在问题,及时召开口岸查验单位联席会议,在会上通报问题并商讨对策,制定措施,使各查验单位间进一步增进了信任和协作,极大地推动了口岸查验工作,保证了船舶进出口查验工作的顺利开展。

浙江省

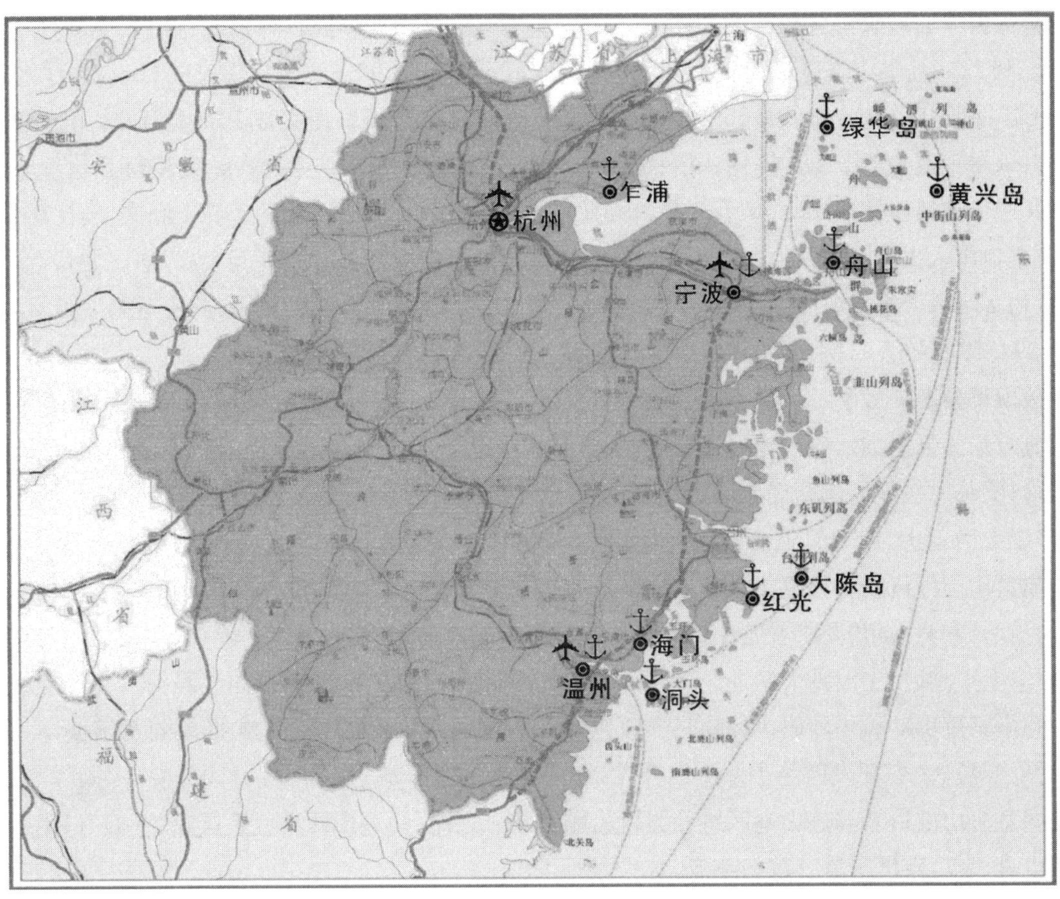

图例

- 省级行政中心
- 口岸
- 铁路口岸
- 航空口岸
- 公路口岸
- 海（河）运口岸

浙江口岸工作综述

【概况】 2002年,在党的十六大精神指引下,浙江省抓住改革开放的大好机遇,与时俱进,全力以赴,经济建设依然保持了强劲的发展势头,全年实现国内生产总值7670亿元,增长12.3%,财政收入1167亿元,增长13.2%,浙江省口岸工作根据年初确定的八个重点,在口岸开放,扩大口岸开放和临时口岸开放,加强口岸管理,改善口岸服务,提高口岸工作效率和共建精神文明等方面都取得了可喜的成绩。

【客货运输保持快速增长势头】 2002年,全省海运口岸共完成外贸进出口货物吞吐量7629.94万吨,同比增长19.2%,其中宁波口岸完成6241.63万吨,同比增长13.9%;温州口岸完成200.89万吨,同比增长36.62%;舟山口岸完成903.86万吨,同比增长61.15%;台州口岸完成116.2万吨,同比增长9.71%;嘉兴口岸完成167.39万吨,同比增长55.94%。全省海运口岸共完成国际集装箱吞吐量193.57万标箱(其中宁波口岸完成185.87万标箱),同比增长51.57%。入出境船舶14981艘次,同比增长15.78%。航空口岸入出境飞机5703架次,同比增长55.6%;入出境人员56.93万人次,同比增长29.9%,入出境货物13206万吨,同比增长35%。全省外贸进出口总额419.64亿美元(其中进口125.45亿美元,出口294.19亿美元),同比增长28%,全省实现贸易顺差168.7亿美元。

【口岸开放取得显著成效】 2002年,是浙江省历史上口岸开放,扩大开放和临时开放最多,工作难度最大,实际成效最为显著的一年。先后完成了:浙江省口岸办于3月和7月分别上报省政府《关于舟山西蟹峙油库码头临时接靠外国籍船舶的意见》和《关于舟山市政府要求批准外国籍船舶修理点的意见》。在空港口岸方面,5月17日开通了“杭州至韩国汉城临时航线”。10月17日,省人民政府向国务院上报《关于杭州萧山国际机场对外籍飞机开放的请示》;审核、申报宁波市“宁波—澳门飞机继续进出宁波机场口岸的请示”和舟山市“要求普陀山机场开通香港临时包机航线请示”的工作。2002年10月,审理上报了温州港七里港区、宁波港大榭港区25万吨级原油码头和BP华东液化石油汽码头及2万吨级多用途码头、舟山马迹山矿石中转码头等临时开放;国务院(国函[2002]93号)正式批复同意宁波港口岸大榭港区对外开放,大榭开发区经十多年的开发,终于获得港区开放;12月21日国务院(国函[2002]116号)批复同意舟山港口岸马迹山港区对外国籍船舶开放。大榭、马迹山两港区系国家“十五”口岸开放规划之中,也是2002年度口岸开放的重点。

【将“大通关”定为口岸管理工作的中心】 为了有效地提高工作效率,认真贯彻国务院办公厅《关于进一步提高口岸工作效率的通知》和上海现场会议精神,浙江省口岸办先后组织省内其他几个口岸办和相关单位至“华光国际货运代理公司”、“中外运浙江货运公司驻杭州机场办事处”、“东方通讯公司”、“浙江恺喜雅国际股份有限公司”等单位进行调研,结合各自实际,提出实施大通关的措施意见。宁波口岸办将“大通关”作为一项系统工程来对待,不断完善、不断提高、不断创新,将其内涵延伸至进出口货物到、离港、站所需的装卸作业环节和代理服务环节,挖掘潜力,有效加快通关进度,降低通关费用,对行政事业性收费,慎重而仔细地按国家有关规定进行逐一清理,共有各类收费项目93项,其中保留收费项目72个,取消14个,转经营服务项目5个,新增收费项目2个,年减收费约1000万元。初步达到四个明显:口岸环境有明显改善、通关速度有明显加快、工作效率有明显提高、综合费用有明显下降。

【共建口岸精神文明,弘扬正气,敬业爱岗】 为使浙江省口岸的共建精神文明活动再上新台阶,进一步促进口岸各项事业的顺利发展,省口岸办于3月28日下发了《关于评选2000—2001年度浙江省口岸共建社会主义精神文明先进的通知》及评比标准。7月4日又将初评的《先进推荐材料》及名单转发给各口岸办及各有关单位领导审阅,经几上几下各家评选征求各方意见,确定了全省先进口岸、先进集体和先进个人名单,受表彰的先进口岸3个,先进集体10对,先进个人34人,并召开表彰大会予以表彰奖励。同时,为宣传浙江口岸,浙江省口岸办组织各市口岸办和各查验等单位,编纂了《浙江口岸》,全面反映浙江口岸二十几年来的发展和历史轨迹,为浙江省口岸的发展保存完整的历史资料。2002年11月26日,浙江省口岸协会第二次会员代表大会在杭州召开,会议修订了协会章程,选举产生了新一届浙江省口岸协会领导,恢复了浙江省口岸协会的日常工作,使口岸协会又重新焕发青春,在今后的口岸工作中更好地发挥桥梁和纽带作用。

2002年浙江省口岸外贸海运统计表

单位:(吞吐量)万吨/(集装箱)标箱

项目 口岸	类别	全年完成量	比上年增长%	进口累计	比上年增长%	出口累计	比上年增长%
宁波口岸	吞吐量	5915.62	13.9	5289.98	9.8	625.64	20.3
	集装箱	1858688	53.2	922593	51.7	936095	54.8
温州口岸	吞吐量	200.89	36.62	166.09	38.01	34.8	30.37
	集装箱	66254	23.58	32188	17.33	34066	30.13
舟山口岸	吞吐量	903.86	61.15	872.41	61.5	31.45	52.12
	集装箱						
台州口岸	吞吐量	116.2	9.71	113.97	10.78	2.23	—26.4
	集装箱	10579	3.42	7893	17.86	2686	—23.9
嘉兴口岸	吞吐量	167.39	55.94	167.39	55.94		
	集装箱	170		34		136	
总计	吞吐量	7303.96	19.2	6609.84	16.19	694.12	21.68
	集装箱	1935671	51.57	962688	50.7	972983	53.37

2002年浙江省海港口岸大宗物资统计表

单位:万吨

口岸	项目	进口					出口		
		铁矿石	原油	成品油	煤炭	其他	成品油	非金属	其他
宁波口岸	全年累计数	2433.85	1554.58	220.26	113.23	786.23	142.89	27.02	774.43
	同比增长%	2	2.6	347.2	72	44.2	62	—0.44	46.6
温州口岸	全年累计数				2.74	153.17		6.48	29.48
	同比增长%	2	2.6	347.2	72	44.2	62	—14.29	31.96
舟山口岸	全年累计数	262	502	83	8.7		27.43		2.48
	同比增长%	106.4	42	—34		500	33.8		69
台州口岸	全年累计数					101.75			2.48
	同比增长%					6.97			4.9
嘉兴口岸	全年累计数		53.92	11.82	0.1	101.75			
	同比增长%		371.6	29		21.4			
总计	全年累计数	2695.85	2110.5	315.08	116.07	1151.6	170.32	33.5	978.11
	同比增长%	7.27	12.07	53.87	76.32	35.21	56.69	—0.34	76.42

2002年浙江省航空口岸客货出入境情况表

项目	出入境旅客(人次)							
	累计	同比增长	大陆	香港	澳门	台湾	华侨	外国籍
出入境人次	569308	29.9%	151387	132988	4989	186350	2927	90667
其中出境	285538	33%	89290	58004	2147	90210	1134	44753
其中入境	283770	26.9%	62097	74984	2842	96140	1793	45914
累计出入境货运量13206吨,与上年同比增长35%,其中出境6275吨,入境6931吨,其中转关7408吨。								
累计出入境飞机5703架次,其中出境2851架次,入境2852架次。								

宁波口岸工作综述

【概况】 2002年，宁波口岸紧紧围绕市委、市政府提出的“以港兴市，以市促港”战略和年初下达的港口货物、集装箱运输工作目标，积极实施新一轮口岸大通关建设，努力推进口岸扩大开放，优化口岸招商引资环境，提高口岸工作效率，做好口岸服务保障工作，较好地完成了年度口岸各项任务。

【宁波海港口岸】 全年外贸运输达到6241.7万吨，同比(下同)增长13.9%。集装箱运输达到185.87万标箱，增长53.3%。监管国际航行船舶8809艘次，增长21%；其中中国籍1116艘次，外国籍7693艘次；进出境中外籍船员10.86万人次，增长18.7%。

【宁波空港口岸】 共监管进出境飞机1287架次，增加8.8%；出入境旅客13.81万人次，机组人员11583人次，分别增加13.2%和8.8%。机场进出口货物共13101票3592吨，分别增加81.3%和98.5%；货值7.48亿美元，增加151%。出入境检验检疫进出口货值共10756批2.82亿美元，分别增加77.6%和34.3%。

【宁波陆路口岸】 铁路火车北站海关监管点共有50个车皮、1645只集装箱(其中20英尺514只、40英尺1131只)外贸货物出口，其中集装箱数量增加17.5倍。

【实施新一轮口岸大通关建设，新辟航线，外贸通道更畅】 2002年，宁波口岸大通关建设工作，在市委、市政府的领导、关心和支持下，口岸办会同有关部门在做好前期调研的基础上，围绕8个方面18项任务和上海现场会后追加的三项重点工作，集中半年时间实施了整改。全年新辟集装箱航线24条，创年航线增量新高。其中新增远洋干线11条；近洋航线已发展到25条；集装箱总航线已达到72条；集装箱月航班已达370班。航班准班率也有较大提高，其中远洋干线准班率已达到82%，近洋支线为75%，分别比去年提高5个百分点和3个百分点。

【搞好口岸文明共建，口岸工作合力成效显著】 2002年，宁波口岸系统共评出口岸新事10件，并有6对共建结对先进集体、21个口岸先进集体和33名先进个人受到表彰。

【宁波口岸协调委员会成立，口岸事务协调力度进一步加强】 为进一步做好宁波口岸各项工作，加强口岸事务协调力度，2002年7月29日，市政府发文《关于成立宁波市口岸协调委员会的通知》(甬政发〔2002〕75号)。市长金德水任协调委员会主任，副市长邵占维、吕国荣、邬和民任副主任，成员由宁波市外经贸局、计委、财税、交通、港务、邮政、监察、土地、规划、银行等相关部门，口岸查验单位和驻甬部队等32家有关单位的一把手组成，下设办公室(口岸办)。

(沈建豪)

2002年宁波口岸运量统计表

名称	项目	单位	2002年	2001年	同比增长
进出口外贸值		亿美元	214.58	161.4	+33%
海港口岸	外贸运输量	万吨	6241.7	5480.2	+13.9%
	国际集装箱	万标箱	185.9	121.3	+53.3%
	出入境船舶	艘次	8809	7282	+21%
	出入境船员	万人次	10.86	8.14	+33.4%
空港口岸	进出口货物	吨	3592	1810	+98.5%
	进出口货物值	万美元	7.48	2.98	+51%
	出入境飞机	架次	1287	1183	+8.8%
	出入境旅客	万人次	14.97	13.27	+12.8%

2002年宁波航空口岸客货出入境情况表

类别	出入境旅客(人次)							
项目	累计	同比增长%	大陆	香港	澳门	台湾	华侨	外国
出入境人次	138095	13.2	31998	26424	1868	59187	268	18350
其中出境	68815	17.9	19642	11625	856	27342	73	9277
其中入境	69280	8.8	12356	14799	1012	31845	195	9073
累计出入境货运量3592吨,与上年同比增长98.45%,其中出境1182吨,入境2410吨,其中转关2183吨。								
累计出入境飞机1287架次,其中出境644架次,入境643架次。								

浙江口岸查验单位工作综述

杭州海关

2002年,杭州海关在海关总署的正确领导下,在浙江省各级党委、政府及其相关部门的大力支持下,认真贯彻落实“依法行政、为国把关、服务经济、促进发展”的海关工作方针和全国海关关长会议精神,强化管理、改革创新、团结务实,较好地完成了各项工作任务。关区改革与建设事业稳步推进,队伍的精神面貌焕发出了新的生机与活力。

【税收征管】 坚持依法征管，综合治税，确保应收尽收。全年共征收两税合计 59.32 亿元，同比增长 5.77%，其中征收关税 10.68 亿元，进口环节税 48.64 亿元，比总署下达的 50 亿税收指标超额完成了 9.32 亿元，为国家财政作出了积极贡献。

【打击走私工作】 充分运用行政和刑事执法两种手段，以打击价格瞒骗为重点，着力规范企业进出口行为，严厉打击和防范各类走私违法活动。2002 年共查处走私违规案件 251 起，案值 5.68 亿元；稽查企业 314 家，查获违规案件 87 起，案值 2.30 亿元；侦查终结走私犯罪案件 28 起，案值 1.92 亿元，抓获犯罪嫌疑人 83 名，执行逮捕 40 名，移送检察院 65 名，法院判决 44 名。关区全年罚没收入 1.26 亿元。

【进出境监管工作】 2002 年共监管进出境货物 1513.1 万吨，货值 61.8 亿美元，同比增长 55.87%和 29.89%；监管运输工具 80840 艘(辆)次，同比增长 112.49%；行邮渠道加大对"法轮功"、"黄、赌、毒"的查禁力度，监管进出境人员旅客 53.43 万人次，行邮物品 248.73 万件；查扣违禁物品 3.40 万件，查获超量携带出境货币折合人民币 2581.2 万元。

【加工贸易管理工作】 2002 年共备案各种加工贸易合同 17373 份，同比增长 10.9%，备案金额 27.68 亿美元，与 2001 年基本持平，核销到期合同 14483 份，核销率达到 99.93%，核销补税 1.15 亿元，同比增长 3.6%。出口加工区和保税仓库进一步规范发展。

【统计工作】 在确保数据质量的基础上，加大统计分析工作力度，为党政部门提供及时、准确的统计数据 180 余万条。较好地发挥了预警、辅助决策功能。

【构建信息化内控管理系统】 2002 年，杭州海关利用现代信息网络技术，着力构建以"一个平台，六加三系统"为基本构架的科学、高效、严密的信息化内部控制系统。建立一个能即时地对业务和队伍建设的各个方面实行有效监督和工作绩效进行量化评估的管理体系，实现海关职能管理和职能实现方式的转变。系统的有效运行得到了海关总署领导和其他兄弟海关的充分肯定，其设计理念和思路被总署风险管理平台采纳，扩大了杭州海关的影响。

【深化通关作业改革】 加快无纸化通关试点进程。以全过程的电子数据作业代替了传统的人工作业模式，大大缩短了通关时间。二是扩大便捷通关措施的推广应用。杭州海关结合浙江省 "信用浙江"建设，确定 29 家企业在杭州关区范围内第一批适用便捷通关程序，使它们享受到便利贸易的最大优惠政策。三是继续推行跨关区快速通关模式，提高了转关货物的通关速度。四是加快出口退税联签发时间，在出口报关后 3 日内签发出口退税联，有效地降低了企业经营成本。

积极推动"口岸电子执法系统"建设。积极参与浙江省"大通关"建设。按照浙江物流建设总体要求，科学合理设置监管场地，推动义乌国际集装箱中转站的建设，杭州国际口岸物流中心的验收运作和嵊泗马迹山港、温州七里港正式开放等工作，促进了浙江省"大通关"环境的明显改善。

2002年杭州海关业务统计表

项　目	单　位	本　年	同　比%
进出口报关单总数	份	93260	
进　口	份	43793	
出　口	份	49467	
进出口商品总值	万美元	617916.55	29.87
进口	万美元	495520.09	35.36
出口	万美元	122396.46	11.53
进出口货运量	吨	15129302	55.85
进口	吨	14334921	57.47
出口	吨	794381	31.44
集装箱总数	万标箱	19.5	80.46
进口	万标箱	14.14	104.68
出口	万标箱	5.36	37.56
查验集装箱总数	标箱		
进口	标箱		
出口	标箱		
监管运输工具总数	辆艘卡	80840	112.49
监管汽车数	辆	67757	136.7
进口	辆	59570	148.09
出口	辆	8250	77.8
监管火车数	卡	2106	67.14
进口	卡	145	−62.72
出口	卡	1961	125.14
监管飞机数	架	4414	80.31
进口	架	2206	80.23
出口	架	2208	80.39
监管船舶数	艘	6563	14.94
进口	艘	3279	18.72
出口	艘	3284	11.4
查获违规案数(立案)	起	83	−10.75
查获违规案值(立案)	万元	16722.37	−57.49
调查查获走私案数立案	起	10	−54.55
调查查获走私案值立案	万元	2569.67	154.6
调查查处走私案数立案	起	8	−61.9
调查查处走私案值立案	万元	409.8	340.65

项目	单位	本年	同比%
走私犯罪立案案数	起	22	-12
走私犯罪立案案值	万元	14344.23	1
走私犯罪结案案数	起	28	33.33
走私犯罪结案案值	万元	19170.62	1.36
结案案件犯罪嫌疑人	人	82	70.83
税收入库	亿元	59.32	5.77
关税	亿元	10.68	-28.93
进口环节税	亿元	48.64	18.44
罚没入库	亿元	1.26	2.44
出入境人员	人次	53.43	31.28
进境	人次	26.87	
出境	人次	26.56	
邮递物品	件	248.73	14.57
快递物品	件		
邮政快递	件	754592	
进口	件	256568	
出口	件	498024	
非邮政快递	件	118727	
进口	件	38438	
出口	件	80289	
加工贸易备案合同	份	17373	10.91
加工贸易核销合同	份	14489	-7.92
经批准内销补税	万元	12221.16	
补关税	万元	3651.53	
补进口环节税	万元	8569.63	

宁波海关

2002年，宁波海关以“三个代表”重要思想为指导，全面贯彻“依法行政，为国把关，服务经济，促进发展”的海关工作方针，努力营造统一开放、公平竞争、规范有序的口岸环境，2002年共监管进出口货物5607万吨，进出口贸易总额214.58亿美元，征收税款119.14亿元，审批减免税16.6亿元，主要业务指标在全国海关系统居前10位，其中人均征税名列全国海关第二，不仅圆满完成了总署赋予的改革和建设任务，而且为宁波经济特别是开放型经济的发展作出了应有的贡献，实现了“把关”与“服务”的“双赢”，并荣获“宁波市开放型经济最佳服务奖”。

为进一步提高口岸通关效率，宁波海关认真贯彻“提高口岸工作效率工作会议”有关精神，积极开展大通关工作。落实IT企业和A类企业享受便捷通关相应措施，完善正常货物出口1小时通关的“绿色通道”，继续实施进口预约报关制度和大型高新技术企业“优先通关”、“上门验放”、“担保验放”等便捷通关措施，从快签发出口货物报关单(退税、收汇核销)证明联，完善通关效率分析系统，通关效率有了明显提高，进口货物平均每票海关通关时间已降到 26 小时，出口为 2 小时。推广应用“电子口岸”网上支付项目。2002 年共办理网上支付手续 270 票，征税 3937 万元；开展“无纸通关”试点，开发使用了无纸通关出口货物“电子装箱单网上申报系统”和“企业放行回执无纸系统”，实现了“出口无纸报关，实物无纸放行”全程无纸化通关模式，并率先开通了杭一甬跨关区出口无纸通关试点。进一步支持“三区一岛”和宁波空港的发展。推广应用“两水两陆”快速通关转关系统，完善保税区至宁波空港和上海空港、宁波空港至北京空港的“直通关”、宁波至杭州的“直通车”以及宁波至温州、台州、舟山和连云港的内支线，加快金华、义乌“无水港”建设，拓展港口辐射功能。探索实施通关、监管模式改革。推出“提前报关，实货放行”新通关模式，加快了口岸物流速度，提高了通关效率和口岸的竞争力；探索“多点报关，口岸放行”新型监管模式，打破关区限制，为企业报关提供更大的便利。加强与有关口岸单位的配合。通过签订 MOU 等形式，建立合作机制，推进联手共管，与港务部门建立进出境船舶船情预报制度，及时掌握船勤动态；与外轮理货公司建立进出口货物数量核对制度，控制货物的实际装卸数量；与外经贸部门、行业主管部门或行业协会联手，加强对企业进出口、报关、加工贸易等经营活动的管理。

宁波海关依托科技手段和管理创新，构筑了严密监管与高效运作结合的口岸物流监控体系，实际监管能力得到加强。2002 年开发应用监管车辆双信息放行系统、龙门吊集装箱联网称重风险分析系统和视频监控系统等先进监控手段，成立了北仑视频监控中心和大榭原油码头监控中心；扩大 H986 集装箱检查系统应用，全年共查验集装箱 4147 个 TEU，查获违规案件 33 起，案值人民币 590 万元。加强风险管理，建立风险分析制度，加强关区风险布控管理，开展对重点商品、重点企业的风险分析，对通关部门管理资源配置状况进行综合平衡与协调，减少风险布控的盲目性和重复性；设立风险分析布控和重点查验评估岗位，促进布控指令的有效性不断提高。整顿和规范进出口秩序，制定了《宁波海关关于进一步加强对进口废物监管的若干意见》，对进口废物实施“三专”管理模式，有效抑制了废物进口的势头；强化对出口货物的监管，严厉打击骗取出口退税行为；加强对报关员的管理，促进守法自律。加强“关警合作”，密切合作监管机制，开展关警共建活动，2002 年借调武警共出动警力 1.4 万人次，协助查获走私违规案件共计 46 起，案值人民币 1711 万元。借调武警部队因其出色表现荣获武警总部授予的“基层建设标兵团”称号，并荣立集体二等功。

继续保持打私高压态势，根据总署决定认真调整调查、缉私职能，运用行政执法和刑事执法两种手段打击走私，取得了较好的成效。2002 年共查处走私违规案件 200 起，案值 24613 万元，罚没入库收入 3458 万元，侦查案件终结 9 起，向检察院移送起诉 7 起 15 人和 3 单位，法院判决 6 起 16 人和 4 单位。

浙江省边防总队

2002 年，浙江省各级边防检查机关认真践行“三个代表”重要思想，以执勤规范化建设为主线，严密口岸查控，严厉打击偷渡活动，加大培训力度，注重提高检查员的综合素质，圆满完成了各项边防检查任务。2002 年共检查入出境飞机 5703 架次，船舶 10022 艘次，人员 785075 名；查处偷渡人员 68 名，办理其它违法违规案件起 864 人次。

【以反偷渡联合行动为契机,重拳打击偷引渡活动】 贯彻落实全国反偷渡工作会议精神,坚持以维护口岸稳定为大局,结合实际,突出重点,采取有力措施,积极做好口岸反偷渡工作,有力地打击了偷渡人员的嚣张气焰,震慑了违法犯罪活动。

【完善电视监控系统建设,加大业务工作的科技含量】 温州、舟山边检站分别在温州港七里港区和舟山港岙山原油码头建立了数字化电视监控设备。嘉兴边检站完成了乍浦港二期集装箱码头监控楼建设,北仑边检站开发了具有语音提示、证件识别、人像比对、闯关报警等功能的电子门警系统,使船舶监管增添了新手段,保证了口岸执勤工作的顺利开展。

【提高服务意识,树立“窗口”良好形象】 杭州、宁波机场边检站在“西博会”期间开辟了专用通道,方便国内旅客入境。宁波、大榭边检站进一步强化预检制度,方便了船舶靠港卸货和出入境,缩短了船舶滞港时间。台州、温州机场边检站开展“四亮”建设,即检查亮身份、收费亮标准、处罚亮依据、办检亮规定,将手续透明化,提高了工作效率,加快了通关速度,受到广泛好评。

2002 年浙江省口岸出入境旅客统计表

项目			出入境旅客		合计
			入境	出境	
中国籍	大陆	因公	6732	5006	11738
		因私	57595	85119	142714
	香港		74985	58005	132990
	澳门		2842	2147	4989
	台湾		96142	90229	186371
外国籍			46847	44828	91671
华侨			1794	1138	2932
合计			285143	285330	570473

2002年浙江口岸出入境员工统计表

项目			入境方式			出境方式			合计	同比%
			船舶	飞机	小计	船舶	飞机	小计		
中国籍	大陆	因公	50954	17506	68460	35243	17500	52743	121203	
		因私	0	1	1	0	1	1	2	
	香港		23	4298	4321	35	4303	4338	8659	
	澳门		0	206	206	0	206	206	412	
	台湾		293	3	296	462	3	465	761	
外国籍			44909	2675	47584	33311	2670	35981	83565	
合计			96179	24689	120868	69051	24683	93734	214602	14.2497

浙江出入境检验检疫局

2002年，浙江出入境检验检疫局以“三个代表”重要思想为指导，按照“发展要有新思路，改革要有新突破，开放要有新局面，各项工作要有新举措”的要求，依法行政，严格把关，坚持把发展作为执政兴检的第一要务，与时俱进，奋发有为，实现浙江检验检疫事业的快速发展，为促进浙江的对外开放和经济建设的持续快速发展作出了贡献。

【业务概况】 2002年，浙江出入境检验检疫系统检验检疫出入境货物47.36万批，货值140.18亿美元，分别比去年同期增长了40.6%和25.0%。其中出境46.05万批，货值110.86亿美元；入境1.31万批，货值29.32亿美元。检出不合格出境货物1497批，货值8659万美元；不合格入境货物660批，货值3865万美元。动植物及其产品检疫5.76万批，货值14.48亿美元。

共完成飞机检疫4422架次，轮船4385艘次，集装箱17.06万箱；签发各类证单54.04万份，普惠制及一般产地证28.14万份，涉及金额83.68亿美元。

监测体检36155人次、艾滋病监测36155人次，预防接种10.29万人次，发现各类病例7731人次，其中艾滋病4例，性病91例，肺结核54例、肝炎412例；截获疫情55批，其中一类害虫1种2批，是从香港和苏丹进口的咖啡豆中截获的咖啡果小蠹；二类害虫6批17种，三类害虫1种9批，一般害虫15种27批。

【依法施检，严守国门，把好“进口关”】 严把检疫关，制定了《口岸卫生监督管理办法》。对进境动植物、俄罗斯大马戏团的演出动物以及来自疫区的肉类和入境船舶进行了严格的检疫，先后多次截获老鼠等有害生物媒介，查获夹带的土壤，销毁了来自疫区的肉类制品等，有效地防止疫情传入，维护了农业生产安全和人民健康。针对进境货物木质包装提供虚假声明的情况，进一步加大查验力度，先后查获和处理了数十起提供虚假包装的违规行为，有效地防止了有害生物传入国内。

加大对进口废物的查验力度。浙江出入境检验检疫局制定了《废物检验检疫工作规范》,先后多次截获在进口废物中夹藏违禁废电器、废金属及“洋垃圾”,并按有关规定作了退运处理。为加强对进口废物的检验监管工作,浙江出入境检验检疫局成立了现场办公室,并针对进口环节中存在的问题,加强了与地方政府、海关的协调工作。

加大对进口商品的检验把关工作。比较突出的有:对余杭第一人民医院进口的西门子CT机进行了认真的检验,检出了存在的质量问题,为其索赔回了价值285万元的全新CT机,并为国家质检总局做出停止受理CT机报检的公告提供了首个案列。为温州医学院索赔回了价值300万元的菲利浦螺旋CT机;为国家重点工程台州桐柏抽水蓄能电站索赔回价值215万元的混凝土泵车;在乍浦港把住游离脂肪酸和碘价严重超标的1680吨不合格食用棕榈油,帮助企业索赔回了120万元的损失。

【履行职责,依法行政,严把“出口关”】 从源头狠抓治理。2002年,我局针对出口水产品中的氯霉素事件和出口鱼中注水现象,组织开展了对出口水产企业的清理和检查,大力清理整顿全省100多家对外注册的水产品出口企业,并严肃处理38家企业和吊销了这些企业的卫生注册资格,有效的把住了出口水产品的首道关。在浙江省范围启动实施了《浙江省出境植物产品安全质量控制工作计划》、《出口动物及动物源性食品药物残留监控计划》、《出口茶叶农药残留和重金属的监控计划》等,加强了对出口水产品、蜂蜜、肠衣、茶叶、桔子以及供港活猪等的残留监控。对出口节日灯、自行车等开展的型式试验工作进行了广泛的宣传,有效地增强出口企业的质量意识。

浙江省是供港活猪的主要产地之一,为确保供港活猪的安全质量,浙江出入境检验检疫局把供港活猪的检疫工作当作一项政治任务来抓,重点清理整顿了全省供港澳活猪注册饲养场和饲养生产场,抓好供港活猪运输车辆的消毒、起运、中转、押送管理,使活猪在运输途中染病率比去年明显下降。同时,结合我省实际制订了一系列管理措施,对生产供港活猪饲用饲料、添加剂的企业全部实行登记备案管理。

【发展创新,加强检验检疫业务建设】 为适应浙江对外贸易的快速发展,浙江出入境检验检疫局全面推行检验检疫业务改革。主要包括:一是全面推行检验检疫监管新模式,对所有涉检商品进行全面风险分析和评价。在此基础上,将涉检商品分成严格管理类、一般管理类和日常监管类,以便把有限的人力投入到重点商品、重点项目上。对出口工业品,全面推行分类管理及其他新的检验检疫监管模式,目前已对575家企业实行了周期检验、跟踪检验、过程检验或监督抽查检验,比去年同期增长95倍。新检验检疫模式的实施,既提高了工作效率,促进工作重点的转移,又加强了对出口企业生产过程的有效监管。二是实施“大通关”战略,加快“三电”工程的建设步伐。加大推行电子报检、产地证电子签证工作的力度,截止2002年底为止,已为3321家企业安装了电子报检及产地证电子签证企业端软件,其中今年新增2601家,增幅为361%,基本实现日报检量在3批以上的企业安装企业端软件。对月报检量小于3批的企业,则提供自助式报检,使全局的电子报检率和电子签证率分别达到了92%和80%以上。三电工程的实施,使企业足不出户就可以完成货物的报检、签证和退证修改工作,大大缩短了工作时间,受到广大企业的热情拥护。为加快“大通关”战略的建设,与上海局、宁波局签订了实施“绿色通关”备忘录,制订了“绿色通道”实施细则。截止2002年底经浙江出入境检验检疫局批准,已有48家浙江出口企业率先享受到了“绿色通道”的方便快捷。

为加快义乌、萧山等地的物流速度、分别在义乌国际物流中心和萧山出口加工区物流中心设立了现场办。加快我省企业的原产地标记注册工作,有效保护出口名牌。充分发挥优势,积极为省政府和有关部门献计献策，并组织研究了《SPS及我省的对策研究》、《TBT和对我省外贸出口影响及对策研究》及浙江机电产品、纺织行业，农产品、高新技术产品出口现状、存在问题及对策研究等12个应对WTO的课题，得到浙江省领导的好评，并获得了省长专项科研基金的奖励。为打破国外技术壁垒，系统地解决好浙江出口商品中存在的问题，在全省系统全面建立残留监控和检测体系，确保出口产品质量。加强技术执法，建立完善风险预警机制，提高应对突发事件的能力。

【严格管理，加大服务力度】 进一步理顺业务关系，减少业务交叉，切实加强制度建设，进一步完善政务公开工作，在2001年对外承诺和政务公开的基础上，又进一步公开检验检疫法律、法规、规章和部门的职责分工、检验检疫的规定要求、工作程序、行政复议以及廉政建设等十个方面的内容，以接受社会监督；推行首问责任制、急事急办、特事特办等做法，在口岸实现全天候、一条龙服务，预约报检，节假日值班等，方便口岸通关的服务措施；加强行风建设，严格检风检纪，树立良好形象。

2002年浙江检验检疫业务情况统计表

金额单位:万美元

货物检验检疫	总计				商品检验				动物及其产品检疫		植物及其产品检疫		食品及化妆品			
	批次	金额	检验检疫不合格		批次	金额	检出不合格		批次	金额	批次	金额	批次	金额	检出问题	
			批次	金额			批次	金额							批次	金额
合计	473626	1401788	2157	12524	413578	1299845	2136	12499	15145	79149	42444	65679	26385	63605	142	487
出境	460489	1108597	1497	8659	401592	1029976	1476	8634	13567	60727	41590	56188	25994	60870	136	284
入境	13137	293191	660	3865	11986	269869	660	3865	1578	18422	854	9491	391	2734	6	203

其它业务	监测体检及预防接种(人次)				交通工具检疫		集装箱检疫	签发检验检疫证书(份)	签发通关单		签发换证凭单(份)	签发不合格通知单(份)	产地证			
													普惠证		一般	
	监测体检	艾滋病监测	发现病例	预防接种	轮船(艘)	飞机(架)			份数	金额			份数	金额	份数	金额
合计	36155	36155	7731	102899	4385	4422	170559	69581	27683	325114	433079	1446	235492	688644	45922	148123
出境	31842	31842	7140	102896	1883	2241	104085	68103	15723	46050	433079	1446	235492	688644	45922	148123
入境	4313	4313	591	3	2502	2181	66474	1478	11960	279064	——	——	——	——	—	—

浙江海事局

2002年,浙江海事系统围绕水上安全监督管理工作中心,以深入开展“水上运输安全管理年”活动为工作主线,积极探索建立长效管理机制,切实加强安全监督管理力度,努力提升依法行政和规范执法水平。2002年组织巡航14842次,巡航里程139877海里。审核并发放水上水下施工作业许可证482份。发布航行通告300份、无线电航行警告144次。组织协调海上搜救行动119次,出动海事巡逻艇96艘次,协调出动专业救助船艇12艘次、部队舰艇16艘次、直升机3架次,救助遇险人员1327人次,获救船舶61艘次。办理国内航行船舶进出港签证326.3万艘次、外轮进出口岸审批手续10999艘次,实施港口国监督管理(PSC检查)177艘次、滞留9艘次,实施船旗国监督检查(FSC检查)2478艘次、滞留34艘次。组织各类船员培训849期,受训33735人次,办理各类船员证件86206本(份),组织全国海船船员考试2期1061人、过渡期考试2期114人、全省丁类海船船员考试2期886人。2002年,辖区水上安全形势保持基本稳定。

2002年浙江省海事业务数据统计表

项　　目	数据名称	数据量
一、搜救管理	搜救次数(次)	119
	搜救时间(小时)	4658
	获救船舶(艘)	61
	获救人员	1327
二、船舶监督管理	船舶办理进出港签证(万次)	326.3
	办理船舶登记证书及船舶最低安全配员工作(艘次)	
	船舶安全检查(艘)	2655
	安全管理体系审核(次)	62
	进、出港口船舶总吨(万吨)	
	进、出港口船舶艘次	
	船舶登记(艘)	12517
	客滚船现场监督管理时间(人次/小时)	

项　目	数据名称	数据量
三、通航管理	发布航行通(警)告次数(次)	444
	水上水下施工作业审批(项)	482
	主要航道船舶量(艘次)	
	水上水下施工作业现场监督管理(小时)	
	清除治理碍航天物(小时)	
	乡镇渡口渡船安全检查次数(次)	14842
	乡镇渡口渡船安全检查行程(公里)	139877
四、船员管理	船员考试(人数)	35796
	船员发证量(本)	86206
五、船舶检验(引航)	船舶检验艘次	2478
	验船总吨位(万吨)	
	船舶引航艘次(万艘)	
	船舶引航总吨(万吨)	
六、事故调查	事故调查(宗数)	303
七、海岸电台	无线电报总数(份)	
	无线电报总数(字)	
	无线电话话台通话时间(次)	
	无线电话话台通话时间(分钟)	
	DSC 报警开机时间(小时)	
	报警站点(个)	
	DSC 份	
	数接收遇险报警(份)	
	播发航行警告(次)	
	国际电传	
八、日常巡航	巡航时间(小时)	20194
	巡航次数	14842
	巡航里程(海里)	139877

项　　目	数据名称	数据量
九、危管防污	危险货物通过量(万吨)	
	监装危险品(艘次)	
	办理船舶装载危险品货物的审核手续(艘次)	23564
	处理船舶污染事故(起)	17
	危险品监管次数	
	非监装船舶艘次	
	危管防污处理污染事件(件)	16
	运输危险货物船舶进出港(艘次)	23564
	检查运输危险货物船舶(艘次)	14931
	检查危险货物集装箱(标箱)	270
	辖区防污检查(艘次)	5170
	油污水接收处理、垃圾接收处理等相关作业审批(次)	
	油污水接收处理、垃圾接收处理等相关作业审批现场监督(次)	

浙江口岸专稿

浙江省 2002 年外贸情况

2002 年浙江省进出口总额累计 419.6 亿美元,同比(下同)增长 27.9%。其中,出口 294.2 亿美元,增长 28.0%;进口 125.45 亿美元,增长 27.7%。出口总额继续列全国第 4,出口增幅继续居沿海主要省市前列,浙江省实现贸易顺差 168.7 亿美元,居全国第一。

主要特点:

一、一般贸易出口比重进一步提高。全年一般贸易出口达 242.7 亿美元,增长 32.9%,占浙江省出口总额的 82.5%,继续居全国首位。加工贸易出口缓慢增长,全年加工贸易出口 50.5 亿美元,增长 8.6%,大大低于浙江出口平均增幅,加工贸易出口占浙江省外贸出口的比重由 2001 年底的 20.24%下降到 17.2%。

二、经营主体多元化成效显著。截止 2002 年 12 月底,浙江省拥有自营进出口权的各类企业达 8500 家(不含外商投资企业),其中生产企业 7085 家(不含生产企业进出口公司),大部分是民营企业。

2002 年浙江省国有及国有控股企业、外商投资企业、集体私营企业分别出口 112.9 亿美元、92 亿美元、88.7 亿美元,出口之比从 2001 年底的 4.5:3.1:2.4 转变为 3.8:3.1:3.1。非国有企业累计出口 180.7 亿美元,同比增长 43.7%,出口增幅比国有企业高 34.7 个百分点;非国有企业出口占浙江省外贸出口的比重为 61.4%,首次超过 60%。

三、出口商品多元化有新进展。在保持传统商品出口优势的同时,机电产品、高新技术产品出口增势强劲。轻纺类产品(包括纺织品、服装、玩具、鞋类、家具、塑料制品、旅行用品及箱包)是浙江省出口的传统优势商品，2002年继续保持较快增长，全年共出口141.1亿美元，增长26.8%。特别是纺织品出口达40.9亿美元，增长42.8%；鞋类出口11.3亿美元，增长42.0%；塑料制品出口6.5亿美元，增长41.18%；家具出口4.6亿美元，增长47.1%等。机电产品、高新技术产品分别出口96.9亿美元和11.8亿美元，增长33.5%和28.2%。农副产品出口保持一定的增幅，全年出口达33.2亿美元，增长11.2%。

四、出口市场多元化再迈大步。对传统市场出口增势不减，新兴市场开拓效果明显。2002年，全省对美国、欧盟的出口继续保持较快的增长，分别出口56.9亿美元和59.4亿美元，增长29.3%和28.5%；对东欧、中东、非洲、俄罗斯、拉美等新兴市场出口比重已达30%左右。特别是对中东市场出口，2002年达到24.58亿元，增长61.13%，对该市场的出口额已占全省出口总额的8.36%，比2001年提高1.72个百分点。其中，对阿联酋出口一直保持高速增长，全年出口9.5亿美元，增长70.7%。对独联体国家出口7.9亿美元，增幅达到45.63%。对非洲、拉美市场的出口分别增长21.0%、16.3%。

2002年全省对发展中国家出口119.6亿美元，增长35.7%，占浙江省出口总额的比重为40.7%，比2001年底提高2.3个百分点。

五、进口商品结构合理，增长较快。2002年全省进口规模和增长速度呈先低后高的走势，下半年来单月进口连创新高。进口的商品结构基本上延续了2001年的特点。生产企业技术改造设备进口增长快，原材料进口依然强劲，通讯设备进口势头不减，进口商品结构合理。从进口企业看，2002年全省外贸企业进口31.23亿美元，仅增长9%，低于全省平均增幅19个百分点。生产企业进口增长迅速，全年进口40.4亿美元，占全省进口总额的三分之一，增长84.72%，生产企业进口主要是生产所需的原材料和技改设备。外商投资企业作为投资的设备、物品进口10.63亿美元，增长37.99%，保税仓库入境货物1.59亿美元，增长41.37%。

浙江口岸大事记

1月16日

上报省政府办公厅《关于对台州市玉环县大麦屿港划定对外开放范围的意见》

1月30日

召开全省口岸办主任会议，沈陇声主任(下同)作了《认清形势，改善服务，提高口岸工作效率，为促进浙江外向型经济领先发展作出新贡献》的总结。2月5日下发《2002年全省口岸工作要点》。

2月6日

上报海关总署《关于我省宁波——澳门临时包机航线续增航班的请示》。

2月8日

王永明副省长召开筹备省级“口岸大通关”领导小组会议。

2月22日

上报海关总署《关于开通我省普陀山机场至香港临时包机航线的请示》

3月1日

上报省政府办公厅《关于对舟山市政府要求调整舟山港对外开放范围的意见》。

3月7日

温州市政府林培云副市长兼口岸委主任一行七人赴上海拜会中远集运公司和中海集运公司。

在京出席九届全国人大五次会议的温州市全国人大代表向大会提交“增辟温州空港口岸国际航线”的建议。

3月14日

上报海关总署《关于舟山市马迹山宝钢矿石中转码头对外开放水域范围的报告》。

3月19日

上报交通部《关于要求宁波华东BP液体化石油气基地站码头临时接靠外国藉船舶的请示》、《关于要求延长宁波大榭25万吨级原油中转码头临时接靠外国藉船舶期限的请示》。

3月20日

上报省政府办公厅《关于舟山西蟹峙油库码头临时接靠外国藉船舶的意见》。

3月21日和4月11日

分别召开恢复浙江省口岸协会第一、第二次筹备会议。

3月23日

瑞安市人民政府与温州海关举行筹建温州海关瑞安办事处签约仪式。杭州海关关长张志南、温州市政府副市长林培云，温州市口岸委副主任叶世强等出席。

3月28日

下发《关于评选2000—2001年度浙江省口岸共建社会主义精神文明先进的通知》及评比标准。

4月1日

韩亚航空公司中国地区域本部金永根部长一行来浙江省商洽开通杭州至汉城航线事宜。

4月9日

召开杭州空港口岸第一季度例会，并发《纪要》。

4月17日

下发《关于成立〈浙江口岸〉编委会和编辑小组的通知》

4月22日

宝钢集团公司胡安田部长一行来浙江省汇报(马迹山)码头工程预收情况和接靠外轮准备工作。

同日，上报省政府《关于开通杭州至汉城航线有关事项的请示》。

4月24日

接待河北省口岸办一行8人来浙江省口岸考察。

5月9日

召开杭州——汉城首航仪式准备工作协调会议。

交通部批复浙江省口岸办《关于同意外国籍船舶临时进靠宁波华东BP液化石油气基地站码头的函》、《关于同意外国籍船舶临时进靠宁波大榭25万吨级原油中转码头的函》、《关于同意外国籍船舶继续临时进靠舟山嵊泗马迹山宝钢矿石中转码头的函》。

5月10日

省政府办公厅陈海玫、楼小东正副秘书长召开有关杭州—汉城首航仪式及航线开通协调会议。

同日，上报海关总署《关于要求同意韩亚航空公司开通杭州—汉城临时航班及首航仪式的紧急报告》。

5月11日

韩亚航空公司开通汉城——杭州航线(每周三、六)，浙江省副省长卢文舸、韩国驻华大使金夏中、省口岸办主任沈陇声等领导参加首航仪式。

5月16日

上报省政府《关于杭州萧山机场口岸开放问题的请示》要求转报国务院。

5月21日

沈陇声主任参加"口岸大通关"上海现场会议

同日，由沈陇声主任主持，召开嵊泗马迹山宝钢矿石中转码头临时接靠外轮协调会议。

5月23日

召开《浙江口岸》编纂小组会议，布置落实各口岸及有关部门的具体工作任务。

5月24日

沈陇声主任向叶荣宝副省长专题汇报"上海大通关现场会"精神，及大小洋山和杭州空港近期遇到的问题。

5月29日

上报海关总署《关于要求延期杭州——韩国汉城临时航线的请示》

6月3—5日

省口岸办一行3人赴"华光国际货运代理公司"、"东方通讯公司"、"凯喜雅股份有限公司"等单位进行"大通关"调研。

6月10日

上报交通部《关于要求延长温州港七里港区临时接靠外国籍船舶期限的请示》

6月12日

海关总署办公厅批复《关于同意杭州—汉城临时客运包机在杭州航空口岸入出境的函》

6月26日

海关总署就马迹山矿石中转码头开放水域范围召开协调会，省、舟山市、嵊泗县、宝钢等有关领导参加会议。

6月28日

海门边防检查站，更名为台州边防检查站。省边防局杨长中副政委、台州市委副书记陈聪道、副市长徐仁鹤等出席并讲话。

7月1日

上报省政府《关于舟山市要求批准外国籍船舶修理点的意见》

7月9日

上报海关总署《关于宁波大榭港区对外国籍船舶开放的补充资料的报告》

7月16日

厦门航空公司增加杭州——曼谷航线，每周两个航班。

同日，省、舟山口岸办、省海事局、宝钢赴东海舰队商洽马迹山矿石中转码头开放水域事宜。

7月22日

省政府函致南京军区，商报《杭州萧山机场对外国籍飞机开放》事宜。

7月25日

温州港龙湾滚装码头工程通过国家、省有关部门验收并交付试营运，结束了温州港无滚装码头历史。

7月29日

沈陇声主任带队率各查验单位赴上虞港为临时性开放口岸一事进行调研，并形成《上虞港口岸开放现场调研纪要》。

同日，交通部交函海[2002]220号批复同意外国籍船舶临时进靠温州港七里港区，限至12月31日。

8月2日

海关总署批复同意中国国际航空公司飞机在杭州航空口岸临时出入境。

8月10日

温州市委书记李强、市长钱兴中一行率有关部门负责人对七里港区进行调研，市领导对七里港区临时开放期间所做的工作给予充分肯定。

8月26日

上报交通部《关于要求宁波北仑港区三期集装箱码头临时接靠外国籍船舶的请示》。

9月9日—19日

温州市钱兴中市长率温州口岸有关单位负责人赴台湾考察高雄、基隆等港口，市口岸办主任叶世强随行。

9月10日

省口岸办专题协商保障韩国空军大学学员代表团专机从杭州空港出境事。

9月11日

南京军区函复省政府《关于杭州萧山机场对外国籍飞机开放事》、《关于舟山西蟹峙油库码头临时接靠外国籍船舶事》、《关于调整舟山嵊泗马迹山宝钢矿石中转码头对外开放水域范围事》。

9月13日

上报海关总署《关于补报舟山嵊泗马迹山宝钢矿石中转码头对外开放水域范围的报告》。

同日，上报交通部《关于要求舟山西蟹峙油库码头临时接靠外国籍船舶的请示》。

9月19日

省委常委、公安厅长俞国行在省边防局上报的《近期我省连续查获偷度案》一文批示：请边防局和出入境管理处加大查管力度。遏止住偷渡案件的多发，特别要严格依法查处假护照。

10月13日

联合国秘书长安南一行17人乘专机安全、顺利抵、离杭州。

10月15日

浙江省口岸办召开杭州空港口岸工作例会。

10月16日

上报海关总署等国家有关部门《关于要求延期杭州—汉城临时航线的请示》。

同日，浙江省口岸办印发《杭州萧山国际机场口岸现场管理暂行规定》。

10月17日

国务院(国函[2002]93号)批复同意宁波大榭港区对外开放。

同日，省政府上报国务院《关于杭州萧山国际机场对外国籍飞机开放的请示》。

10月22—27日

沈陇声主任等参加第十届全国口岸办(委)主任会议。

10月28日

宁波大榭口岸开放暨重大项目竣工和签约仪式。

10月31日

海关总署批复同意杭州—汉城延期至2003年4月底。

11月1日

上报交通部《关于要求延长宁波华东BP液化石油气基地站码头临时接靠外国籍船舶的请示》。

11月4日

上报交通部《关于要求宁波大榭25万吨级原油中转码头继续临时接靠外国籍船舶的请示》

11月15日

沈陇声主任向内蒙古自治区政府代表团汇报浙江口岸建设和发展情况。

同日，叶荣宝副省长批示：为了尽快发挥宁波北仑港三期集装箱码头工程的作用和尽快办妥整体对外开放的手续，请卢副省长帮助，疏通国家计委抓紧对该工程的验收。19日卢文舸副省长批示：请发展计划委抓紧商请国家计委组织验收。

11月26日

浙江省口岸协会第二届代表大会召开，选举产生新一届协会领导。

11月29日

交通部交函海[2002]340、341、342号批复同意外国籍船舶临时进靠舟山西蟹峙油库码头、宁波华东BP液化石油气基地站码头和宁波大榭25万吨级原油中转码头。

12月19日

沈陇声主任主持召开宁波北仑三期集装箱码头对外开放和宁波港大榭港口对外开放两个协调会，各有关单位参加了会议。

12月21日

国务院国函[2002]116号批复同意舟山嵊泗马迹山港区对外国籍船舶开放。

12月23日

交通部批复同意外国籍船舶临时进靠马迹山宝钢矿石中转码头。

12月28日

宁波北仑边检与北仑二期集装箱公司、上海成业科技有限公司合作，首台电子门警系统对船舶监管试用成功。

安徽省

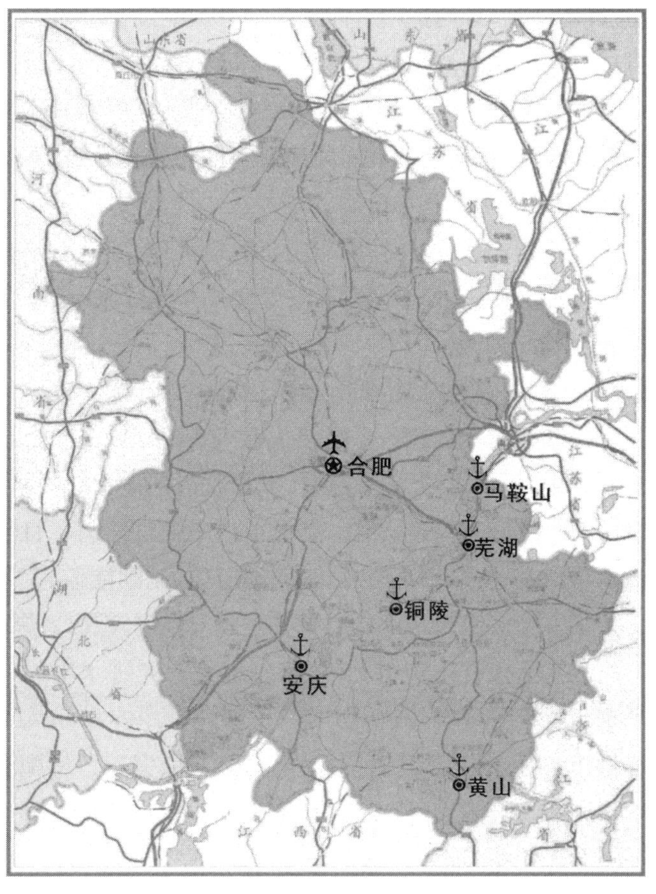

图　例

省级行政中心

口岸

铁路口岸

航空口岸

公路口岸

海（河）运口岸

安徽口岸工作综述

安徽省近海沿江，具有良好的区位优势，口岸发展前景良好。改革开放以来，安徽口岸工作发展较快，目前已基本形成水、陆、空运输方式齐全，各类口岸协调发展的良好格局，为安徽省全方位、多层次、宽领域对外开放创造了必要的条件。

【口岸开放布局】 1980年，国家批准芜湖港对外开放。以此为起点，1998年底至今，全省已有9个对外开放口岸。其中国务院批准的一类口岸有6个，即芜湖、安庆、铜陵、马鞍山港口岸和合肥、黄山航空口岸。省政府批准的二类口岸有3个，即池州港口岸和蚌埠、阜阳铁路陆运口岸。为适应安徽对外经济发展需要，沿江水运口岸现开辟到香港、日本、韩国及东南亚等地的国际(地区)直达航线42条，国际集装箱班轮每周54班，合肥、蚌埠、阜阳口岸已开展国际集装箱铁海联运业务。一个水陆空口岸齐备，各种运输方式齐全的立体化对外运输网络已基本形成。

口岸开放及海关、出入境检验检疫、边防检查、港监、船检等口岸查验机构的设立，改善了内陆省份安徽对外交通闭塞的局面，极大地促进了对外贸易、友好交往和国际旅游的发展，优化了投资环境，为安徽省经济和社会发展作出了积极的贡献。

【口岸基础设施】 安徽省充分利用多种渠道，加大口岸建设投入。据不完全统计，安徽口岸开放以来，国家和省、市地方政府累计投入建设资金达7.2亿元。近年来，基础设施重点建设项目有：新建池州外贸码头和马鞍山外贸码头，合肥、黄山机场国际联检厅扩建改造工程及蚌埠国际集装箱堆场建设等。与此同时，口岸装卸、仓储等配套设施建设步伐加快，扩大了口岸通过能力。目前主要开放口岸的查验机构办公、生活设施已建在建项目有：安徽省边防总队、芜湖海关、芜湖港监、芜湖出入境检验检疫局办公大楼，建筑总面积达3.7万平方米。池州水运口岸海关办公大楼、马鞍山口岸边防检查站办公大楼也在筹建中。有关查验机构办公、生活条件逐步得到改善，一批具有先进水平的口岸查验设施相继建成使用，为安徽口岸实现新的跨越奠定了坚实基础。

【口岸效益】 近年来，安徽口岸管理部门坚持把“加强协调管理、完善口岸配套设施、扩大客货运量、充分发挥口岸综合效能、促进开放型经济发展”作为口岸工作的重点，口岸运行质量显著提高。全省口岸外贸运量连续保持较快增长，年均增长达20%以上。2002年完成进出口运量168.56万吨，国际集装箱进出口运量5.4万标准箱，出入境旅客3.98万人次，分别同比增长14.2%、28.3%、11.5%。

【2002年工作基本情况】

(一)口岸运行态势良好，进出境人员及进出口运量为安徽口岸历年来最好水平。

1、航空口岸：进出境人员44951人次，同比增长32.6%。其中：合肥26617人次，同比增长42.6%；黄山18334人次，同比减少9.31%。

2、水、陆运口岸：进出口运量170.57万吨、货值8.94万美元，同比分别增长8.64%和18.70%。水运口岸进出口运量全面攀升，其中：芜湖35.15万吨，同比增长4.90%；马鞍山57.68万吨，同比增长15.36%；铜陵38.55万吨，同比增长10.14%；安庆5.22万吨，同比增长30.70%；池州25.04万吨，同比增长37%。但铁路二类口岸普遍完成不好，合肥3.77万吨；蚌埠5.01万吨；阜阳0.15万吨。均低于上年。从整体看，2002年口岸客货运量取得良好的成绩，是口岸各部门紧密配合，共同努力的结果。口岸查验部门积极支持地方建设，支持口岸工作，为本省口岸创造良好的通关环境，吸引大量货源。各口岸办在机构改革中坚守岗位，积极做好组织协调工作，保证口岸正常运行。

（二）加大口岸开放力度。

合肥航空口岸对外国籍飞机开放，池州、马鞍山水运口岸对外国籍船舶开放等三个项目已列入国家“十五”口岸开放规划，为了尽快落实，今年抓紧了前期工作。一是完善口岸基础设施，合肥骆岗机场国际联检厅改造工程由省政府投资600万元建设，7月份已经开工，预计2003年10月完工；二是池州、马鞍山要求市政府进行前期规划，目前两地口岸委的同志已在抓紧工作；三是进京汇报，3月份，黄岳忠副省长及省经贸委领导专门向海关总署领导商谈关于我省口岸开放事项，请求支持。省经贸委主要领导及分管领导更是多次做工作；四是请国家有关部门领导同志来安徽检查指导口岸工作，海关总署李克农副署长、总署党组成员叶剑、总署口岸规划办副主任等先后来安徽，在听取口岸开放工作汇报后，有关领导同志对安徽口岸工作提出具体意见和建议，为下一步正式实施开放打下基础。池州、马鞍山口岸办的领导也多次赴省到各部门进行汇报，工作取得一定成效。几年来，芜湖口岸办积极承担了芜湖出口加工区的申报工作，终于在2002年获得国家批准。

（三）积极扩大对外通道，改善我省对外交通及投资环境。

省口岸办积极落实省政府领导同志关于“要加密合肥—香港航班”的指示，并就增加航班的补偿费用与东航安徽公司、合肥市政府进行协调落实。目前，合肥至香港每周三个航班，乘座率保持56%以上，极大地便利旅客进出。黄山口岸积极运筹加密黄山至香港的航班，省口岸办积极协调，口岸查验部门给予支持，并就航班补偿问题提出协调意见。此外，为了满足出境游的需要，春节期间，合肥口岸为省国旅、中旅、青旅、康辉等旅行社增加十四个合肥至曼谷临时旅游包机，进出境旅客3340人次，取得良好的经济效益和社会效益。

（四）加强调查研究工作。

1、为贯彻落实国务院关于提高口岸工作效率通知的精神，适应我国加入世贸组织后对口岸工作新要求，省口岸办分别会同芜湖口岸委和合肥海关进行调研，并结合外省情况和全国口岸委办主任会议精神向省经贸委及省政府进行专题汇报。省经贸委分管领导、省政府三位副省长及秘书长和相关处室分别作了批示或圈阅。目前，正按领导要求起草正式报告报省政府。

2、根据省政府会议纪要，省口岸系统七月份组织海关、边检、检验检疫等单位到南京、上海机场进行学习考察；八月份组织民航、东航、旅行社等单位到日本、韩国、新加坡及香港考察航空口岸。为进一步促进我省航空口岸对外开放，改进口岸联检工作取得好的经验和借鉴。

（五）加快口岸信息化建设。

至2002年底，省口岸系统办公自动化及信息网络硬件及终端部分已基本建成。凡属经贸委内设机构，并同楼办公的各口岸委办即可联入经贸网，其他口岸委办目前可通过电子邮箱方式进行网络联系。此外，针对全省边防检查信息系统工程建设资金不足的实际，今年从口岸专项资金中给予补助，保证工程如期完成。

（六）口岸共建活动取得新进展。

一是作好口岸系统的全省劳动模范（先进工作者）的评选工作，安徽省人民政府决定在2002年国庆节前夕，表彰650名省级劳动模范（先进工作者），分配给口岸系统三个名额。省口岸办把这项工作作为共建精神文明口岸活动的重要内容，在口岸各部门和各市口岸委办的大力支持下，按要求完成三位先进工作者的评选工作。评选出省口岸办黄德夫、省检验检疫局王务平、芜湖海关章少侯三位同志为全省口岸系统的先进工作者。二是在常规活动方面，各口岸坚持发扬优良传统，在八一、春节期间组织口岸各部门开展“双拥”活动，慰问边防部队。

安徽口岸1997—2002年运量统计表

一、安徽水运口岸运量统计表（万吨）

	合　计	芜　湖	马鞍山	铜　陵	安　庆	池　州
1997	135.43	14.53	63.77	12.90	16.83	27.40
1998	111.11	18.03	51.73	21.96	2.84	16.54
1999	106.77	23.45	44.22	22.26	3.44	13.40
2000	125.80	30.79	57.93	27.34	4.42	15.32
2001	142.02	33.51	50.56	36.53	3.02	18.40
2002	168.56	37.56	65.45	34.12	4.10	27.33

二、安徽航空口岸1997—2002年运量统计表（人次/航次）

	合　计	合　肥	黄　山
1997	20384/360	15885/287	4499/73
1998	19585/287	11434/490	8151/97
1999	29248/346	16017/212	13231/134
2000	31511/407	17181/225	14330/182
2001	36828/471	16789/221	20039/250
2002	39800/582	23900/319	15900/263

安徽口岸查验单位工作综述

合肥海关

合肥海关于1989年5月建成开关，是直属海关总署领导的正厅级单位。下辖芜湖、安庆、马鞍山、黄山、蚌埠、铜陵、阜阳等7个隶属海关和芜湖海关缉私分局，统一管理安徽省内的海关业务。

2002年，合肥海关按照“团结、尽责、开拓、务实”的工作要求，狠抓从严治关，深化各项改革。2002年征收关税和进口环节税净入库6.95亿元，同比增长21.7%，创历史最好成绩。共查获各类走私违规案件53起，案值1.35亿元；抓获犯罪嫌疑人3名，移送起诉2起5人，协助办案42起，维护了正常的进出口贸易秩序。为全省办理各类减免税10.7亿元，同比增长24.4%。

【积极支持地方外向型经济发展】 2002年，合肥海关以科技创新为依托，实施风险布控及查验管理模式改革方案，不断提高税收征管质量和实际监管水平。一是提高通关效率。制定通关效率层级管理责任制，积极推行跨关区快速通关，实现转关运输“一次申报、一次查验、一次放行”，对应急出口货物经预约，提供无节假日二十四小时通关便利，对鲜活、易腐等特殊出口货物，派员上门监管。全年，合肥关区共监管进出口货物166.7万吨，进出口总值8.93亿美元，分别增长16.9%和18.7%。关区货物进出口通关效率在长江沿线各海关居领先位次。二是探索阳光执法。公开海关法律法规和执法程序，主动加强与企业双向沟通，建立关企联系人制度，实行服务前移。三是提供优质服务。开辟便捷通关的绿色通道，为企业提供提前报关、快速转关、上门验放、加急通关、担保放行便捷服务。四是加强统计分析，积极为当地政府提供统计信息咨询。2002年，合肥海关首次被安徽省委、省政府授予省级“文明单位”，并连续第6年获得安徽省直单位“三优文明机关”称号，各隶属海关均被评为省、市级文明单位。

【保持打私高压态势】 2002年，合肥海关认真贯彻“打防结合，以防为主”的打私工作思路，充分发挥稽查先导作用，逐步实现调查工作以查处个案为主向以规范企业行为为主的转变；充分发挥刑事执法和行政执法的双重威力，集中力量突破大要案；加强与公安、司法、纪检监察和行业管理部门的合作配合，形成打私合力。

【加强作风建设】 2002年，针对高风险岗位、节假日敏感期，合肥海关结合海关系统开展的“三珍惜，三热爱”活动，强化廉政教育。关区范围内层层签订廉政责任书，狠抓廉政责任管理，认真实施责任分解、责任分析、责任考核、责任追究“四个环节”，切实落实工作中廉政提醒、廉政汇报、廉政检查 “三项制度”。对内成立执法执纪监督委员会，从决策程序、执法要求、行政运转、廉政勤政等4个方面对行政执法实施监督，建立纪检监察部门与相关职能部门重大案件联系通报制度，跟踪监督案件查办情况；对外推行关务(警务)公开，从执法机关、新闻单位、企业聘请73名特邀监察员和义务监督员，增强监督的民主性和公开性，积极开展廉政工作社会问卷调查。与安徽省检察院签定《廉政共建协议书》、《预防职务犯罪协议书》，共同探索海关预防职务犯罪的有效途径。

安徽省边防总队

武警安徽省边防总队，担负着全省对外开放口岸出入境人员的护照、证件检查以及口岸出入境的交通运输工具的检查监护任务，是代表国家行使出入境边防检查、监督的管理机关。

武警安徽省边防总队（对内称安徽省公安边防总队），对所属合肥、黄山、芜湖、铜陵、安庆等5个边防检查站实行垂直领导。

武警安徽省边防总队牢固树立“把好国门、服务经济”的指导思想，为全省的对外开放和经济发展做出积极贡献。多年来共检查出入境旅客60.91万余人次，员工5.32万余人次，检查监护飞机、外轮8340架（艘）次。查获走私案1起，案值人民币20余万元；查处禁止出入境的违规物品价值10万元。依法执行对外籍轮扣押任务1次。查获偷渡案件22起30人，同时办理了1起跨5省、市的公安部督办偷渡案件，抓获境内外“蛇头”13名。查处各类手续不符合人员1208名，与公安、安全部门配合，出色地完成了多次反偷渡专项任务。几年来，边防总队出台了多项工作措施，服务地方经济建设。例如，规定各边防检查站实行24小时值班制度，保证飞机、船舶、人员、货物随到随检；合肥、黄山空港边检站在口岸开设专门通道，优先办理经贸和商务考察团（队）的出入境手续。1992年以来，省边防总队先后接待了64个到安徽省进行友好访问、经贸洽谈和文化交流的境外代表团及国际组织。芜湖、铜陵、安庆等港口边检站采取派员主动登轮服务和船方或其他代理人预先到边防检查站办理手续等灵活方法，方便出入。与此同时，省边防总队还积极承担马鞍山、池州港等二类口岸的外轮出入境检查监护任务。

省边防总队始终坚持一手抓好业务执勤建设，一手抓好精神文明建设。边防官兵在执勤中，广泛开展“讲文明，树新风”、“满意在口岸，满意在边防”等一系列文化执勤活动，竭诚为中外旅客提供优质服务。推出了《边防检查文明用语30句》、《忌语30句》、《边防检查承诺制》等公开服务项目，接受社会监督。精神文明建设取得了丰硕成果。所属各边防检查站10次被评为国家、省、部级“拥政爱民模范单位”、“警民共建先进单位”、“文明窗口单位”、“口岸共建精神文明先进单位”和“青年文明号”单位等。1998年，合肥边防检查站被公安部评为“为人民服务，树边检新风”先进单位；1人被授予“全国优秀人民警察”称号，1人荣立二等功，32人荣立三等功，23人分别被授予全国公安系统和口岸共建精神文明先进个人。

安徽出入境检验检疫局

安徽出入境检验检疫局下设17个管理部门、1个综合技术分中心、1个评估认证中心、1个国际旅游保健服务中心、1个机关服务中心。建有综合化验室、纺织材料实验室、农副土特产品实验室、家用电器实验室和金属材料实验室等5个通过国家局考核认定的二级实验室；并下辖芜湖、蚌埠、安庆、铜陵、马鞍山、黄山、阜阳出入境检验检疫局等7个处级分支机构。总体形成了与安徽对外开放水平相适应的、布局较为合理的、技术门类较齐全的、在国内外享有一定声誉的综合性检验监督管理机构。

随着安徽对外贸易的发展，安徽进出口检验检疫业务不断扩大，服务领域不断拓展。目前，该局不但拥有物理、化学、生物学等多学科现代化检测仪器，而且还有一套比较完善的质量保证体系，承担安徽进出口矿产品、农产品、纺织原料、金属材料、机械、家电、仪表和轻工产品、食品、畜产品的检验检疫以及各项鉴定业务。

2002年，安徽出境检验检疫局累计检验进出口商品17.68亿美元。为了维护安徽产品在国际市场上的良好信誉，先后对339家重点出口商品生产企业和出口食品厂(库)考核发放了质量许可证或卫生注册证书，促进了企业管理水平的提高。1993年起，开展了ISO9000系列认证工作。现已评审认证了合肥叉车集团、合肥ABB公司等449家，为这些企业更好地走向国际市场开辟了广阔的发展前景。加强了外商投资有形资产鉴定工作，先后受理安徽电力公司等421家企业的资产评估任务，鉴定786批，总值2.59亿美元，实际鉴定值为2.35亿美元，为企业挽回经济损失2458万美元，为使安徽更多的外资企业享受减免关税的优惠待遇，提高出口商品在国际市场的竞争力，大力宣传普惠制，已签发普惠制产地证书2.31万份，金额3.39亿美元，按平均减免10%的关税计算，已减免关税0.34亿美元。

安徽出入境检验检疫局将继续遵循“认真检验、严格把关、公正廉洁、热忱服务”的局风，为保障国家、企业和消费者权益，维护国家和企业在国际市场的良好信誉而努力工作。

出入境检验检疫业务统计

	货物检验检疫														监测体检及预防接种(人次)			
	总计				商品检验				动物及动物产品检疫				植物及植物产品检疫					
	批次	金额	检验检疫不合格		批次	金额	检出不合格		批次	金额	检出疫情		批次	金额	监测体检	艾滋病监测	发现病例数	预防接种
			批次	金额			批次	金额			批次	金额						
	5375	2451	6	4	4946	2417	5	4	97	44			473	107	385	385	65	200
出境	4938	1541	5	2	4667	1515	4	2	94	44			429	104	384	384	65	200
入境	437	911	1	2	279	902	1	2	3	1			44	4	1	1		
去年同期	4584	1753	1		4157	1733	1		18	15			474	99	354	354	36	357
出境	4205	1051			3830	1035			17	7			465	99	351	351	36	357
入境	379	702	1		327	698	1		1	8			9	1	3	3		
去年同期	791	698	5	4	789	685	4	4	79	30			—1	8	31	31	29	—157
出境	733	489	5	2	837	480	4	2	77	37			—36	5	33	33	29	—157
入境	58	209		2	—48	204		2	2	—7			35	3	—2	—2		
去年同期%	117.3	139.8	600	204	119	139.5	500	199	538.9	306.5			99.8	107.9	108.8	108.8	180.6	56
出境	117.4	146.5			121.9	146.4			552.9	661.2			92.3	105.1	109.4	109.4	180.6	56
入境	115.3	129.8	100	500.7	85.3	129.3	100	501	300	11.3			488.9	520	33.3	33.3		
去年累计	51570	17678	19	7	46805	17261	17	7	1115	460			5423	1356	8329	8322	900	7700
出境	48070	12477	14	3	44113	12166	13	3	1105	454			5301	1340	8302	8295	899	7700
入境	3500	5201	5	4	2692	5095	4	4	10	6			122	15	27	27	1	
去年同期累计	45416	16837	16	3	40141	15815	16	3	277	96			6382	1840	7198	7294	688	8147
出境	42678	12089	3		37818	11090	3		251	69			6258	1800	7173	7269	687	8147
入境	2738	4748	13	2	2323	4726	13	2	26	27			124	40	25	25	1	

同期累计±	6154	841	3	4	6664	1445	1	4	838	363			−959	−484	1131	1028	212	−447
出　境	5392	389	11	2	6295	1076	10	2	854	384			−957	−459	1129	1026	212	−447
入　境	762	453	−8	2	369	369	−9	2	−16	−21			−2	−24	2	2		
同期累计%	113.6	105	118.8	267.7	116.6	109.1	106	268	402.5	477.3			85	73.7	115.7	114.1	130.8	94.5
出　境	112.6	103.2	466.7	909.8	116.7	109.7	433	909	440.2	654.6			84.7	74.5	115.7	114.1	130.9	94.5
入　境	127.8	109.5	38.5	188.6	115.9	107.8	30.8	189	38.5	22.2			98.4	38.7	108	108	100	

	交通工具检疫				集装箱检疫		签发检验检疫证书(份)	签发通关单		签发换证凭单		产地证			
												普惠制产地证		一般房地证	
	火车(节)	汽车(辆)	轮船(艘)	飞机(架)	合计	检出问题		份数	金额	份数	金额	份数	金额	份数	金额
			22	44	1676		2168	714	708	4551	1010	2395	554	948	268
出　境			12	22	278		2127	381	189	4551	1010	2395	554	948	268
入　境			10	22	1400		41	333	520						
去年同期			23	34	913		1269	504	290	3759	686	2036	418	555	132
出　境			13	17	155		1209	334	182	3759	686	2036	418	555	132
入　境			10	17	758		60	170	108						
去年同期±			—1	10	765		899	210	418	792	124	359	136	393	136
出　境			—1	5	123		918	47	6	792	124	359	136	393	136
入　境				5	642		—19	163	412						
去年同期%			95.7	129.4	183.8		170.8	141.7	243.9	121.1	114	117.6	132.5	170.8	203.2
出　境			92.3	129.4	179.4		175.9	114.1	103.3	121.1	114	117.6	132.5	170.8	203.2
入　境			100	129.4	184.7		68.3	195.9	481.4						
去年累计			388	590	14304		19810	6288	5087	43997	10042	23059	5431	8061	2287
出　境			223	290	1856		19471	3728	2027	43997	10042	23059	5431	8061	2287
入　境			165	300	12448		339	2560	3059						
去年同期累计			292	467	12343		14672	5469	3764	36874	9497	20216	5421	6107	2212
出　境			183	229	1327		14305	3385	1870	36874	9497	20216	5421	6107	2212
入　境			109	238	11016		367	2084	1894						
同期累计±			96	123	1961		5138	819	1323	7123	545	2843	10	1954	76
出　境			40	61	529		5166	343	158	7123	545	2843	10	1954	76
入　境			56	62	1432		—28	476	1165						
同期累计%			132.9	126.3	115.9		135	115	135.1	119.3	105.7	114.1	100.2	132	103.4
出　境			121.9	126.6	139.9		136.1	110.1	108.4	119.3	105.7	114.1	100.2	132	103.4
入　境			151.4	126.1	113		92.4	122.8	161.5						

芜湖海事局

中华人民共和国芜湖海事局于2002年12月正式挂牌成立，原机构名称为中华人民共和国芜湖港务监督，是中华人民共和国长江海事局在长江安徽段设置的分支机构，负责辖区水上交通安全和防止船舶污染水域监督管理工作。主要工作职责是办理国内航行船舶登记、船舶进出港签证、船舶安全检查；审批国际航行船舶进出口岸；审核水上水下施工作业及其他水上活动；签发船员适任证书；水上通航秩序管理；查处船舶违章；调查处理水上交通事故和船舶污染事故。

芜湖海事局管辖范围：北岸线江口至驻马河口、南岸浅江口至慈湖河口，全长235公里。下设池州、铜陵、马鞍山三个海事处以及荻港、芜湖、朱家桥、裕溪口四个监督站，现配备海事囤船14艘，海事巡逻艇17艘。

维护国家主权，保障水上交通安全。

该局在外轮监督管理工作中，重点把好船舶进口审批关和出口查验关，加强对到港船舶的安全检查，做好危险货物作业现场的监督检查，切实把住船舶适航关。多年来，共审批办理国际航行船舶进出口岸1500余艘次，其中外轮400余艘次，查处违章30余艘次，进江外轮的防污染管理也逐步得到加强，维护了国家主权，树立了海事及口岸对外形象。

大力整顿通航秩序，为进江外轮创造良好的通航环境。

认真贯彻《长江下游分道航行规则》，扭转船舶无序航行的局面；治理非法采砂碍航，清除占据主航道的采砂船只；加强船舶通过险要航段的维护工作，十多年来共维护中外海轮约3000艘次，保障了主航道畅通和中外船舶的航行安全。

两个文明一起抓，积极开展口岸文明共建活动。

在加强管理的同时，该局全力为企业和船舶排忧解难，为船舶提供优质高效的服务。与有关航运公司、船舶代理单位建立定期联系制度，主动上门征求意见，通报辖区水上交通状况；提供义务咨询，告知航道、气象情况。在办理船舶出入境检查时，尽量简化手续，方便快捷，缩短船舶在港周期，在手续完善的情况下做到船舶进出口手续随到随办，为安徽口岸开放赢得了良好的声誉。文明共建口岸活动取得了显著成绩，1995年至1998年，连续4年被评为省口岸系统文明共建先进单位，1998年被芜湖市授予市级文明单位，2001年被安徽省授予省级文明单位。

2002年辖区水运口岸进出港国际航行船舶统计表

口岸	芜湖		马鞍山		铜陵		总计
	小计	其中外轮	小计	其中外轮	小计	其中外轮	
	186	68	64	0	210	126	460

注：池州口岸国际航行船舶进出口岸手续由安庆海事局办理。

安徽口岸专稿

提高池州口岸综合管理功能
为池州市对外开放和经济发展服务

池州市口岸办公室主任　　项志新

池州市地处皖西南，北临长江黄金水道，南依九华山佛教胜地，国家级旅游风景区。池州市是安徽省"开放皖江，呼应浦东"开放开发战略和安徽省"两山一湖"发展战略的重要组成部分，是"马芜铜"经济圈的重要辐射基地，随着池州市对外开放的不断扩大和经济的快速发展，口岸对外开放已势在必行。长江流经池州境内163公里，依城而建的池州港，全长16公里的岸线上，座落着码头9座，和即将建成投产的3000吨级和5000吨级深水泊位码头各1座。新码头建成后，池州港综合吞吐能力达到470万吨/年，形成金属矿、非金属矿、件杂货(集装箱专用码头)齐备，功能齐全，集疏便捷的外贸码头港区。为池州市实施以港兴市，发展外向带动战略，进一步扩大对外开放打好基础。2002年3月18日，国家海关总署行文将池州港列为国家"十五"对外籍轮开放口岸之一，因此，从事池州口岸工作的同志要转变观念，强化服务意识，当前，要特别在解放思想、提高认识上狠下功夫。

一、进一步树立机遇意识，尽快适应WTO和社会主义市场经济发展的要求，增强做好口岸工作的紧迫感和责任感

回顾几年来口岸工作，池州口岸抓住了一些机遇，也失掉了一些机会，"九五"期间，国家批准池州港对外开放，因口岸基础设施条件差等原因未果，使池州失去了一次很好的发展机遇。庆幸的是，在池州市委、市政府的高度重视下，加之池州港具备良好的经济效益和社会效益，特别是口岸外贸出口运量位居皖江五港前列，通过查验部门的支持，池州市口岸办的努力，在全国二类口岸清理整顿中被予以保留，并经国务院批准，列入国家"十五"期间对外开放规划之中。这是国家给予池州发展的一次重大历史机遇，对此，池州市委、市政府当机立断，果断决策，在省级池州市经济技术开发区内，迅速启动了池州海关、池州检验检疫局等口岸联检机构的在建工程。通过口岸开放，进一步提升池州市的城市品位，逐步把池州打造成生态强市、旅游大市和全方位、多层次、宽领域对外开放的长江沿岸新兴工贸城市。口岸开放后，经济效益和社会效益将进一步显现。

1、口岸直运量将快速增长。目前，与长江下游口岸相比，池州市外贸运量不是很大，原因是池州港基础设施条件较差，口岸未实行对外开放，外贸货物运输环节多，竞争不力，腹地货源大部分流失或过驳下游口岸出口。2002年，池州港直运量为25.4万吨，仅为港口外贸运量的一半。但随着池州港新港区的建成和口岸对外开放，"十五"期末，池州港的外贸直运量将达到40～60万吨/年。

2、贸易区域将不断扩大，对外贸易的种类和数量将不断增加。目前，池州口岸外贸出口主要面向日本、韩国和我国台湾地区，以非金属矿出口为主。随着我国入世关税的逐步降低，口岸一经对外开放，池州经济将实现真正意义上与世界经济接轨，所以池州市将在进一步巩固现有国际市场的同时，还要大力

开拓非洲、拉美、中东等具有发展潜力的市场。“十五”期间，重点发展以绿色食品为主体的农副产品深加工和冷冻食品的出口；以方解石、石灰石、白云石等资源为依托的非金属矿深加工及水泥等建材工业品的出口；以铅锌铜冶炼及其深加工为支撑的有色金属材料工业品的出口；以出口创汇为特征的纺织服装、毛绒玩具、鞋业制品、工艺品的出口等。并围绕重点出口产品原材料需求，调整产业结构，延伸产业链条。在出口企业积极推行产品质量认证体系，实施品牌战略，打好“九华牌”、“生态牌”，坚持以质取胜，提高出口产品的附加值和技术含量。同时，坚持“引进来”和“走出去”相结合的方针，大力发展进口业务，如：进口铜精砂、铅精砂、造纸原料、皮革原料等。预计到“十五”期末，池州市进出口品种将达到120多个。

3、促进池州市旅游业的发展，为扩大旅游发展战略做好服务。池州市旅游资源极为丰富，开发潜力巨大。旅游业作为池州市重要产业之一，按照“严格保护、统一管理、合理开发、永续利用”的方针，将以九华山为龙头，发展旅游群，大力开发韩国、日本、泰国及东南亚国家和地区的旅游市场，开辟国际旅游专线，增强旅游业的经济实力。

开放一口岸，致富一方人。“十五”期间，池州口岸对外开放将大大促进池州市外向型经济发展，提升池州市对外知名度。为此，我们要解放思想，查找差距，抓住机遇，开拓创新，坚持“发展是第一要务”，增强紧迫感和责任感，尽快完善池州口岸的硬件建设和管理工作，适应池州市经济迅速发展的需要。

二、进一步树立大口岸意识，实施口岸经济战略，大开市门，广招天下客。

池州港自1992年辟为二类口岸以来，外贸直运量和进港船舶数量均呈快速增长，截至2002年底，口岸接纳国际航行船舶425艘，其中外轮92艘次，运量1636万吨，其中直运量235万吨。预计“十五”期末，池州口岸将形成散货运输80～100万吨/年，集装箱运输5000个标箱/年的出口规模。随着东方钙业公司年产11万吨活性氧化钙、国风塑业公司年产100万吨超细方解石深加工、池州海螺公司日产1700吨水泥及巢东水泥公司2个10万吨重钙超细粉深加工等产品走向国际市场，集装箱数量将有大幅度攀升。池州市矿产资源丰富，其中石灰石储量达360亿吨、白云石10亿吨、方解石3亿吨、麦饭石0.8亿吨。另有江西部分地区和黄山等资源可争取经池州港转口。“十五”期末，随着池州口岸实行对外开放，口岸社会服务功能的进一步完善，池州市将大力发展口岸相关产业，实施口岸带动战略。发展高附加值的出口创汇企业，开辟保税区，建立保税仓库和保税工厂、保税集团，发展来料加工企业、外资企业、外贸企业和其它工业企业，积极发展出口贸易。“十五”期间，随着大电厂项目的实施和大水泥项目的启动，不仅要加快在建的牛头山港区和梅梗港区的进度，而且要规划建设一座煤炭专用码头。同时，铜九铁路池州段的开通，将大大改善池州市的交通环境。进而实现陆港联运，以港兴市，呼应西部开发，把池州口岸建设成长江干线上重要的外贸物资集散基地，力争外贸运量达皖江之首，成为四川、湖北、湖南、江西及安徽五省中最大的水运口岸之一。

树立大口岸意识，不能仅仅局限于口岸规模的大小，而是要确立服务于全国、服务于地方经济的思想。口岸作为地方对外的窗口，热情欢迎国内外、市内外的客商、部门和企业来池州投资、经商、办学。池州市近几年的城市面貌变化大，主要是加大了招商引资力度，制定了优惠政策，改善了投资环境，其中口岸无疑是最具有吸引力的。为了加快口岸基础设施建设，池州市将本着“谁投资、谁使用、谁受益”的原则，广泛吸引国内外投资者来池州兴办各种现代化交通设施。打破闭关自守和地方保护主义的思想障碍，让利在先、得利其中、实现双赢。口岸开放后，要充分利用保税区的政策，通过保税通道把保税区和池州港连接起来，利用港区一体化发展转口贸易和其他经贸活动，逐步拓展池州港的功能。同时，对市内外利用口岸进行贸易的客户一视同仁，树立口岸的信誉。并根据池州口岸的特点，结合池州市情，以开辟广阔的腹地资源为依托，发挥口岸经济的辐射作用。广泛征求腹地有关部门、企业、货主的意见和要求，改进服务，加强合作。积极为腹地利用外资、引进技术的有关项目牵线搭桥，把池州口岸的潜在效能尽快释放出来。要通过口岸这个窗口，充分展示池州物质文明、政治文明和精神文明建设的成果。

三、进一步树立市场经济意识，发挥口岸在池州市经济运行中的桥梁作用

对外开放是一项长期的基本国策。面对经济、科技全球化，池州将以更加积极的姿态迎接挑战，努力实现全方位、多层次、宽领域的对外开放格局，发展开放型经济，增强国际竞争力，促进经济结构优化和国民经济素质提高。作为经济建设和经济体制改革重要组成部分的口岸工作，一定要探清路子，找准位置。要与国际国内两个市场衔接，参与国际分工与竞争，实现国际间商品交换、资金融通、技术转化、劳务输出，为池州市经济发展同国际市场接轨提供优质服务。池州口岸服务面临着诸多压力：一是来自邻近兄弟口岸的压力，如铜陵、芜湖、马鞍山、安庆，它们经济实力强，开放程度高，以其富有吸引力的措施同我们争夺口岸货源。这几年铜陵、芜湖“以港兴市”给我们很好的启发。二是沿海、沿江港口同我们比技术、比实力、比效率，与我们争夺亚洲和美洲市场。在这场激烈的竞争中，谁的行动快，谁的办法多，谁的服务质量好，谁就占有主动权。为了赢得主动，必须扬长避短，发挥整体优势，特别是提供全方位的服务。本着这个思路，首先要认真搞好口岸开放建设和“十五”后期的规划工作，配合有关单位做好经济开发区、保税区、保税仓库的规划和建设，确保口岸开放后的质量和经济效益得到充分发挥。其次，要加大口岸管理协调力度，提高服务质量，简化查验程序，加快装卸速度，确保口岸文明、高效、安全、畅通，树立良好的对外形象，为池州的发展作出最大的贡献。

福建省

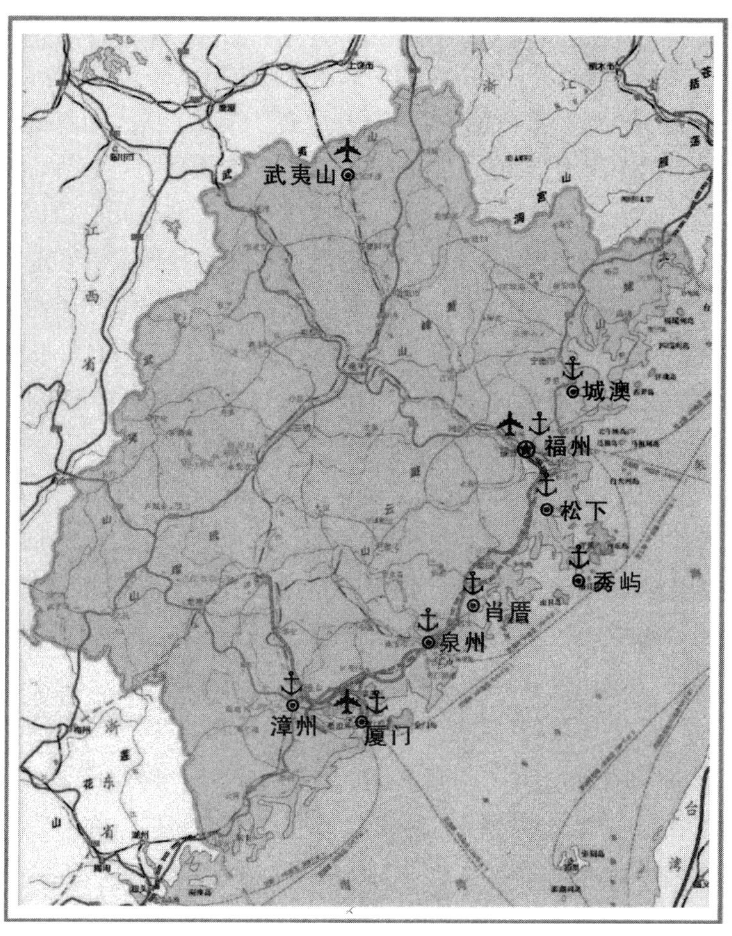

图　　例

符号	说明
⊛	省级行政中心
⊙	口岸
（火车图标）	铁路口岸
（飞机图标）	航空口岸
（汽车图标）	公路口岸
⚓	海（河）运口岸

福建口岸工作综述

【全省口岸客货运输】 2002年全省口岸客货运输生产实现三个突破。一是海港口岸外贸货运量突破4000万吨,达4003.41万吨,与上年比增(下同)21.07%,其中进口1677.69万吨,出口2325.72万吨,分别比增15.29%和25.37%。二是国际海运集装箱突破200万标箱,达217.99万标箱,比增24.95%。其中两岸试点直航运量突破50万标箱,达52.85万标箱,比增9.66%。三是全省空港口岸入出境旅客突破150万人次,达154.19万人次,比增18.23%。海港口岸入出境旅客接近20万人次,达17.97万人次,比增128.04%,其中"两马"、"两门"直接往来旅客突破5万人次,达5.73万人次,比增134.5%。

【口岸开放和临时开放】 做好扩大开放港区的审理报批工作。完成了福清松下港口岸江阴港区和泉州港口岸深沪港区扩大开放的上报工作。同时积极协调驻闽口岸查验部门,向交通部申报江阴港区临时开放,确保了江阴港区在正式开放前顺利对外营运。积极促进口岸临时开放,服务地方经济。平潭金井、晋江深沪临时对外籍船舶开放延期事宜获批准;积极协调莆田南日岛东岱湾临时靠泊外轮装运毛角石以海上过驳方式出口,并努力争取对金、马、澎货运直航的方式,以国轮装运毛角石输台;协调特批罗源湾活水鱼以海面交货形式出口日本;为支持晋江市建市十周年庆典活动,经申报批准厦航包机从澳门直飞晋江机场。协调并批准漳浦古雷头码头为漳州港开放水域新增作业点,审理批准宁德白马港开放水域内的福安市造船厂和福安马头修船厂为外轮维修点。

【口岸大通关】 成立了全省大通关协调领导小组及联络员办公室。各设区市也成立大通关协调小组和联络员办公室,在组织机构上保证大通关工作的顺利进行。建立了联络员工作机制。制定了联络员办公室工作职责,实行联络员责任制,建立通报反馈制度和联络员月报制度,实际运行效果良好,各查验主管单位联络员都认真履行职责,及时报送大通关工作情况。实行定期会议制度。召开一次协调小组全体成员会议和两次联络员会议,加强沟通,协调处理通关中急需协调解决的问题,如武夷山机场海关与检验检疫实行一机两屏事,通过协调获得解决。建立了大通关督查制度。9月到10月组织部分联络员开展全省口岸大通关工作情况督查,对全省口岸及口岸查验、生产、服务部门贯彻《进一步提高口岸大通关工作效率的具体措施》落实情况进行督查,并形成督查报告上报省政府。建立了大通关工作联动处置机制。7月1日开通省口岸大通关热线电话,受理并协调涉及全省和查验主管部门对外贸进出口货物、出入境旅客及交通工具在进出口岸通关中出现的问题。出台一系列提高口岸工作效率的具体措施。在5月召开的全省提高口岸工作效率会议上出台了省口岸海防办和福、厦关区查验主管部门等9单位联合制订的《福建省进一步提高口岸大通关工作效率的具体措施》;为贯彻省委七届三次全会精神,全面落实《福建省委关于进一步提高对外开放水平的决定》,结合我省实际,提出进一步促进大通关工作的具体措施,11月省政府以闽政办[2002]150号转发。两个文件的改革举措,重点在创新通关模式和监管手段上,并实行口岸快速通关承诺制,内容涵盖了大通关各个环节,为提高口岸效率提供了执行的依据。

【改进服务,提高效率】 福、厦海关分别从7月1日和8月1日起对进口货物实行"提前报关、实货放行"的提前申报制度,进一步实现监管时空的前推,缩短进口货物滞港时间,加快口岸物流通关速度。对高新技术企业便捷通关措施的全面落实、"快速通道"通关管理模式的扩大适用范围、"应税货物信任放行”企业风险管理机制的完善，以及预归类、预审价、船舶预审报等制度的实施，实现了海关作业环节的前置后移，有效地缓解了过于集中口岸通关现场的“瓶颈”制约，加快了通关速度。福建、厦门检验检疫局加快转移工作重点，不断创新监管手段，采取形式试验、过程检验等将检验检疫工作前推后移，通过风险分析，继续扩大对进出口企业和商品的分类管理，加快“三电”工程的推广应用，大大缩短了检验周期，既加快了通关速度，也减轻了企业负担。省边防总队在重点港区安装电子监控设备，使边防检查逐步从过去驻船和码头监护为主，向电子监控、港区卡口管理、巡视巡查相结合的动态管理方式转变，从而减少了警力投入、降低了登轮检查的比率。厦门边检总站开发应用“船舶网上检查管理系统”，进出境船舶在网上就可以进行报检，大大减少了船舶非作业性滞港时间。福建、厦门海事局坚持24小时值班制度，受理船舶进出口岸申报和办理手续；大力整顿通航环境，为夜航船舶、超大型船舶提供护航服务；支持二类口岸的开发利用，对砂石等大宗货物和活水鱼等鲜活货物，按照就地就近出口的原则，采取特殊措施，支持地方外向型经济的发展。据统计，2002年福州关区海关出口货物通关时间从电子申报到放行平均时间0.19天，进口货物通关时间为1.19天，进出口货物的当天放行率分别为52.95%和85.4%。厦门关区海关出口货物通关平均时间为0.4天，进口货物通关平均时间为1.45天，进出口货物当天放行率分别为42.48%和74.64%。

【对台直航口岸管理】 在“两门”、“两马”直接往来取得新的进展后，泉州、湄洲岛与澎湖的客运直航又取得突破，福、厦、漳、泉对金、马、澎的货运直航也开始全面启动。福建省口岸与海防办积极协调口岸查验部门，克服困难，服从大局，出色完成口岸查验任务，保证了直航工作的顺利进行。同时还组织福建省口岸考察团赴金门、马祖考察口岸基础设施和通关运作情况，通过对口商谈，求同存异，促进了直接往来工作向前发展。在认真总结我省沿海与金门、马祖、澎湖直接往来的口岸通关工作中存在的问题后，向省对台工作领导小组提交了《关于我省沿海与金、马、澎直接往来有关口岸工作的意见和建议》，并派员随省委黄瑞霖副书记专程赴北京汇报对台工作中与口岸有关的查验人员增编和大嶝岛直航金门问题，取得有关部委的支持与认可。

【海防管理】 刹住了少数沿海地区成批偷渡高发势头，沿海重点地区社会安定稳定。大力开展以打蛇头、挖团伙、堵源头为重点的专项行动，全年共查获偷渡案件213起1011人，基本刹住了成批乘船偷渡活动。在加大打击沿海各类违法犯罪活动工作中，坚持经济发展和社会治安热点、难点到哪里服务就跟进到哪里的好做法，充分发挥了“海上110”、“海上120”及海上民兵在管理、服务、防范和抢险救助中的作用，确保了人民群众生命财产的安全。注意加强了对重点区域，重点部位的管控，做好隐蔽战线斗争。保护海洋资源和生态环境的措施逐步得以推行，海上生产秩序进一步规范。下发了《福建省海域使用金征收管理办法》，对养殖、旅游等六类用海进行明确界定。针对近年来近海养殖无度造成海区污染、病害频发的问题，启动了大型抗风浪网箱建设工程，较好地解决了发展养殖业和海洋污染的矛盾。继续开展打击电炸毒鱼违法活动，坚决打击非法从事生产、运输、销售电炸毒鱼工具和海上强买强卖、电捕、滥捕等违法行为。加强了海防管理基础设施建设。利用第二次全国海防管理工作会议在我省召开的有利时机，做好了“厦门海上科技监控系统”演示项目建设。结合我省海防管理的实际，分别进行了在敏感地区船管站建设试点、复杂地区的海防监管站的建设试点、重要岛屿海防巡逻路建设试点，并对重点军港航道规范化管理试点做法在省内重点军港进行了推广。及时总结和推广加强海防基础设施建设的一些新做法，提高了快速反应和处置突发事件的能力。

【口岸精神文明建设】 口岸海防打私系统的精神文明建设出现了五个"第一次":第一次把海防打私纳入口岸系统的精神文明建设创建之中;第一次对全系统140多个先进单位(集体)、先进窗口候选单位进行硬件、软件综合考核;第一次实行末位20%的淘汰制,以突出竞争性,确保先进性;第一次与省妇联联合,在全系统开展创建"巾帼文明示范岗"活动;第一次与团省委联合,在全系统开展创建"青年文明号"活动。认真开展第三届(2000—2002年度)创建文明行业活动年度初评工作,经省委文明办组织的全省测评,口岸系统在参加考评的全省9个执法行业初评中综合分为249.5分,名列第三,其中专项调查满意率为74.3分,名列第一,从上届口岸系统位于省里第九位升到本届初评第三位。

(蒋乐超)

2002年福建省口岸外贸海运统计表

单位:(吞吐量)万吨、(集装箱)标箱

项目 口岸	类别	全年完成量	比上年增长%	其中进口累计	比上年增长%	其中出口累计	比上年增长%
福州口岸	吞吐量	1384.2349	34.47	258.9499	9.22	1125.2850	42.03
	集装箱	459661	14.73	225600	15.29	234001	13.80
其中 (福州福清口岸)	吞吐量	11.5854	−28.48	8.4929	−7.28	3.0925	−56.06
	集装箱	16706	−39.95	9399	−32.30	7307	−47.57
宁德口岸	吞吐量	27.5777	−58.98	4.0002	166.75	23.5775	−64.13
	集装箱		0.00		0.00		0.00
莆田口岸	吞吐量	161.8246	61.37	159.1083	78.23	2.7163	−75.32
	集装箱	7919	6.75	4181	−2.76	3738	19.88
泉州口岸	吞吐量	489.5838	−17.31	396.8619	−16.42	92.7219	−24.30
	集装箱	30621	−18.40	18012	−16.29	12609	−21.74
厦门口岸	吞吐量	1781.8319	26.79	762.1744	26.31	1019.6575	27.15
	集装箱	1663945	31.06	793057	29.49	870888	32.52
漳州口岸	吞吐量	127.9647	66.84	82.1361	121.07	45.8286	15.89
	集装箱	870	2.59	524	11.25	346	−8.22
其中 (漳州东山口岸)	吞吐量	14.4976	1.13	4.6525	181.32	9.8451	−22.36
	集装箱	178	−75.91	82	−76.57	96	−75.32
总　计	吞吐量	4003.4129	21.07	1676.3762	15.29	2322.7244	25.37
	集装箱	2179900	24.95	1050855	23.83	1128985	25.90

2002 年福建省口岸大宗物资统计表

单位:万吨

口岸	项目	进口					出口		
		粮食	化肥	钢材	成品油	原油	砂石	其中毛角石	其中砂
福州口岸	全年累计数	0.5000	0.4600	29.6142	7.3436		890.3517		882.9163
	同比增长%	−24.20		−35.67	9.32	−100.00	39.61	0.00	43.24
宁德口岸	全年累计数			0.0002			23.1710	19.9974	3.1736
	同比增长%	0.00	0.00	−98.66	0.00	0.00	−64.66	−59.06	−81.03
泉州口岸	全年累计数			13.3464	29.0520	388.0157	15.8980	16.7080	
	同比增长%	−100.00	0.00	−69.00	−12.83	−12.02	−69.36	−67.8	00.00
厦门口岸	全年累计数	14.5446	33.0067	58.0509	41.9154		0.1900		
	同比增长%	358.50	15.14	7.97	−15.02	0.00		0.00	0.00
漳州口岸	全年累计数	21.0700		22.8800	0.4200		36.9166	4.3800	27.6366
	同比增长%	517.88	0.00	33.85	−75.29	0.00	−15.62	−73.38	2.40
总计	全年累计数	36.1146	33.4667	123.8917	78.7310	338.0157	976.1960	41.0854	923.3952
	同比增长%	392.26	16.75	−22.55	−13.55	−12.28	19.21	−66.88	37.18

2002年福建航空口岸客货运情况表

项目 / 出入境	出入境旅客(人次)							
	全年合计	同比增长%	内地	香港	澳门	台湾	华侨	外国籍
出入境人次	1541911	18.23	457308	140111	6741	458123	3333	476259
其中 出境	793982	20.04	241136	70031	3426	226486	2004	250899
其中 入境	747929	16.37	216172	70080	3315	231637	1329	225360
全年出入境货运量53343.70吨，与上年同比增长73.14%，其中出境34566.50吨，入境18777.20吨，转关269.00吨。								
全年出入境飞机16537架次，其中出境8506架次，入境8031架次。								

2002 年福州航空口岸客货运情况表

项目 / 出入境	出入境旅客(人次)							
	全年合计	同比增长%	内　地	香　港	澳　门	台　湾	华　侨	外国籍
出入境人次	409339	6.23	127844	43840	1626	176741	2116	57136
其中　出境	201846	3.67	67908	19158	806	85270	965	27739
其中　入境	207493	8.85	59936	24682	820	91471	1151	29397
全年出入境货运量 7542.00 吨，与上年同比增长 25.43%，其中出境 3144.00 吨，入境 4398.00 吨。								
全年出入境飞机 4248 架次，其中出境 2122 架次，入境 2126 架次。								

2002年厦门航空口岸客货运情况表

项目 出入境	出入境旅客(人次)							
	全年合计	同比增长%	内地	香港	澳门	台湾	华侨	外国籍
出入境人次	1113662	23.39	328981	82286	5115	277571	1217	418492
其中 出境	582794	26.99	172947	43916	2620	139423	1039	222849
其中 入境	530868	19.66	156034	38370	2495	138148	178	195643
全年出入境货运量45801.70吨，与上年同比增长84.72%，其中出境31422.50吨，入境14379.20吨，转关269.00吨。								
全年出入境飞机12074架次，其中出境6277架次，入境5797架次。								

2002 年武夷山航空口岸客货运情况表

项目 / 出入境	出入境旅客(人次)							
	全年合计	同比增长%	内地	香港	澳门	台湾	华侨	外国籍
出入境人次	18910	16.34	483	13985		3811		631
其中 出境	9342	19.15	281	6957		1793		311
其中 入境	9568	13.71	202	7028		2018		320

全年出入境飞机 215 架次,其中出境 107 架次,入境 108 架次。

2002 年福建省海港口岸客运累计统计表

单位:人次

出入境 \ 项目		各地累计	与上年同比增长%	内地	香港	澳门	台湾	华侨	外国籍
福州口岸	入境	1931	6.86				1931		
	出境	2040	14.73				2040		
	合计	3971	10.76				3971		
莆田口岸	入境	229		92			137		
	出境	229		92			137		
	合计	458		184			274		
厦门口岸	入境	87176	132.28		60220		26956		
	出境	88045	133.77		61630		26415		
	合计	175221	133.03		121850		53371		
总计	入境	89336	127.10	92	60220		29024		
	出境	90314	128.99	92	61630		28592		
	合计	179650	128.04	184	121850		57616		

2002 年福建省两岸试点直航统计表

口岸 \ 项目		全年累计双向航行航次	与上年比增(%)	全年累计进港航行航次	全年累计出港航行航次	全年累计进出口运载量(标箱)	与上年比增(%)	全年累计进口运载量(标箱)	全年累计出口运载量(标箱)
福州口岸		732	20.00	361	371	193609	18.95	92994	100615
其中	闽方	383	−7.03	191	192	118980	−7.43	59778	59202
	台方	349	76.26	170	179	74629	118.05	33216	41413
厦门口岸		1210	−1.78	606	606	334877	4.92	171833	163044
其中	闽方	666	−3.05	335	333	186047	−1.18	104830	81217
	台方	544	−0.18	271	273	148830	13.71	67003	81827
总计		1942	5.42	967	977	528486	9.66	264827	263659
其中	闽方	1049	−4.54	526	525	305027	−3.27	164608	140419
	台方	893	20.18	441	452	223459	35.34	100219	123240

2002 年福建省两门两马直航统计表

口岸 \ 项目			全年完成量	与上年同比增长%
福州口岸	出入境旅客（人次）	入境	1931	6.86
		出境	2040	14.73
		合计	3971	10.76
	进出口货运完成量（吨）	进口		
		出口	16821	
		合计	16821	
厦门口岸	出入境旅客（人次）	入境	26956	156.65
		出境	26415	154.97
		合计	53371	155.81
	进出口货运完成量（吨）	进口	49	
		出口	15472	
		合计	15521	
总计	出入境旅客（人次）	入境	28887	134.66
		出境	28455	134.42
		合计	57342	134.54
	进出口货运完成量（吨）	进口	49	
		出口	32293	
		合计	32342	

厦门口岸工作综述

2002 年，厦门口岸以“三个代表”重要思想为指导，认真贯彻落实全国、全省经济工作会议精神，围绕着年初市委、市政府下达的工作目标，进一步提高口岸工作效率，不断完善通关环境，强化口岸管理和建设，为厦门市的改革开放、经济发展和对外贸易发挥了积极的作用。

【厦门海港口岸概况】 海港完成全港货物吞吐量 2734.50 万吨，比上年同期（下同）增长 30.28%。其中，外贸货物吞吐量完成 1781.83 万吨，增加 26.80%，占全年货物吞吐量 65.16%，国际集装箱完成 175.44 万标箱，增加 35.66%，居全国沿海港口排名第 7 位。旅客吞吐量完成 47.65 万人次，增加 49.40%。4 项主要生产指标大幅增长，显示了强劲的发展势头。厦门港跻身全球集装箱港 40 强，主要表现：

厦门集装箱呈高速增长态势。全年新增集装箱班轮航线26条，其中外贸线18条、内支线5条、内贸线3条。增辟至日本、欧洲、美西、波斯湾、南非等新航线，全港国际集装箱班轮航线达到57条，月航班量达到420班。超大型集装箱班轮的接待能力不断提高，“汉堡快航”、“铁行渣华.库克”等巴拿马籍集装箱巨轮先后成功进出厦门港。全球已有32家船公司参加厦门港货运，其中世界排名前20名的船公司登陆了厦门港。厦门集装箱干线港的地位进一步得到巩固和发展。

港口基础设施稳步推进。全年厦门港投入4.56亿元新建、改建集装箱码头。东渡13#—18#泊位、海沧港区1#及4#—6#泊位岸壁等在建项目进展顺利。完成海沧港区10#泊位、东渡港区三期工程的建设，建成海沧港区10#泊位进港航道和厦鼓航道工程，进一步改善通航环境，提高港口货物通过能力；东渡18#泊位、猴屿西航道、象屿码头调头区及进港航道池增深工程等项目陆续开工建设。海沧港区1#、5#、6#集装箱泊位及9#化工码头、7#、8#泊位段岸壁工程，东渡港区19#泊位技改工程、20#集装箱泊位工程，嵩屿港区1#—3#泊位工程和国际旅游客运码头等项目陆续进入前期准备阶段，“十五”计划确定的重点项目全面启动。

厦金客货运直航运行顺利。厦金客运直航成为定期航线，全年旅客吞吐量累计达到5.34万人次，比去年同期增长156.16%，占同期全港旅客吞吐量的11.21%；厦金货运直航平衡启动，2月27日“中州”号货轮首航金门，拉开了厦金货运直航的序幕，全年两岸试点直航完成33.27万标箱，比增4.22%，占全省68.6%。

内贸集装箱运输实现跨越式发展。内贸集装箱航线继续向南北两翼扩张，形成了南至黄埔、蛇口，北至营口、锦州的沿海内贸集装箱航运网。港口客运功能进一步向旅游转型，厦门—香港客运航线，成为定期旅游班轮航线。全港累计接待国际邮轮39艘次，比去年同期增长390%，国际邮轮接待量居全国沿海港口首位。

【厦门空港口岸概况】 完成旅客吞吐量425.86万人次，增加13.95%，居全国排名第10位，口岸入出境旅客完成119.74万人次，增加13.95%，居全国第4位；货、邮总量为13.92万吨，排全国第8位。旅客吞吐量及口岸出入境旅客快速增长，形成厦门经济发展的亮点。

空港共有31家航空公司在厦运营，经营101条国内航线和新加坡、马尼拉、吉隆坡、槟城、曼谷、大阪、雅加达、名古屋、汉城、东京及香港、澳门等12条国际(地区)航线，每周进出港航班1400多个，全年共飞行52611架次，其中每周境外航班200多个；全年新开通厦门—东京、厦门—汉城、厦门—香港—大阪、厦门—曼谷等定期国际航班，9月16日，还开通了东京—厦门首条境外货运航班。厦门空港成为我国东南沿海重要的国际航空枢纽港。

2002年航空港共完成固定资产投资9.3亿元 ，用来购置新飞机、新设备，加快了航空新货运站的建设，做好航空物流园区建设的前期工作，推动快件监管中心的建设，落实建设海空联运项目，完成了客运公司和大酒店的管理合并，进一步优化产业结构。为海峡两岸“三通”做了更加扎实的基础准备，同时以民航体制改革为契机，在主业可拓展项目上积极探索对外发展的有效途径。

【口岸管理工作要点】 2002年，大力实施“大通关”工程，进一步优化口岸通关环境，促进厦门外向型经济的发展。协助和推动口岸各单位出台各种通关提速措施。海关从8月1日起实行进口货物“提前报关，实物放行”，进口货物到港前48小时，收货人即可向海关申报，并扩大“应税货物信任放行”的范围和对A类船舶实行风险管理，最大限度方便A类船舶进港；检验检疫局启动直通式电子报检，电子报检率、转单率、签证率分别达到100%、78%、48%;边检总站从1月1日起实行国际船舶“网上报检”,缩短了办理边检手续的时间;海事局设立了海事政务中心,集中办理船舶进出口申报审批手续。

加强口岸综合管理和协调工作。一是建立通关协调机制,设立“口岸110”,接受通关问题咨询和通关效率的投诉,针对存在问题,积极牵头协调解决外货运输、旅客出入境出现的问题。二是配合有关部门抓好口岸中介组织的清理整顿、港口水域秩序的综合整治和港口使费的减免工作,协调解决超大型船舶进港、金厦直航、外资企业进口化工危险品码头装卸等相关问题,实行东渡、海天码头夜间及节假日船舶联合检查制度,实现厦门的船舶24小时不间断联检。三是协调空港口岸相关单位,解决开通货运航线和夜间客货航班的诸多问题,满足外资企业进出口货物空运的要求。

加快厦门口岸物流信息平台的建设。海港完成电子定舱一期工程,平台与部分船代、货代联网,完成“海运出口托运单”电子化改造。完善空港无纸化通关物流监控系统,完成平台与海关、厦航货站、机场货站的联网,实现出口货物进场信息、出口报关放行信息的电子化传送。

加快口岸配套设施建设。围绕口岸通关提速的要求,协助口岸单位做好联检中心窗口的调整和改造工作。配合相关部门加快厦门港十万吨级航道二期工程建设,协助加快海关东渡办公楼,海沧边检站查验设施的建设,做好空港保税区、空港货运监管中心和厦门软件中心的规划和进程工作。

2002年厦门口岸经济运行情况表

分类				单位	2002年	2001年	同比增长%
进出口外贸货值				万美元	213,382	165,859	28.65
海港口岸	港口吞吐量			万吨	2734.5	2098.91	30.28
	外贸吞吐量			万吨	1781.83	1405.24	26.8
	集装箱吞吐量			标箱	1754367	1293176	35.66
	出入境旅客			人次	87933	63482	38.52
	出入境船舶			艘次	283	161	75.78
	厦金直航	船舶	入境	航次	296	109	174.07
			出境		292	108	170.37
			合计		588	217	170.97
		旅客	入境	人次	26812	10405	157.68
			出境		26650	10403	156.18
			合计		53462	20808	156.93
	两岸试点直航	船舶	入境	航次	605	614	−1.47
			出境		603	618	−2.43
			合计		1208	1232	−1.95
		货物	入境	标箱	171537	150513	13.97
			出境		161136	168677	−4.47
			合计		332673	319190	4.22
空港口岸	出入境旅客			人次	1069260	899349	18.89
	出入境飞机			架次	12307	8873	38.7
	进出口货物			吨	39331	25702	53.03

福建口岸查验单位工作综述

福州海关

【概况】 福州关区总面积为6.5万平方公里，管辖全省9个市中的福州、莆田、三明、南平、宁德5个市及其所辖的37个县(市、区)，关区海岸线长1800公里。

福州海关共设有15个内设机构(缉私局、调查局为副厅级单位)、4个派驻机构(驻长乐国际机场办事处、驻邮局办事处、驻鳌峰洲办事处、现场业务处)、8个处级隶属海关(马尾、福州保税区、福清、莆田、三明、宁德、南平、武夷山海关)及1个机关服务中心；此外，在平潭县东澳、霞浦县三沙、莆田市秀屿、连江县官头设有科级海关办事处，主要负责对台小额贸易监管工作。福州关区一类、二类口岸共计23个(2个空港，21个海港)，其中一类口岸6个，二类口岸17个，主要口岸是：福州长乐国际机场空港、福州港、福清湾松下港、莆田秀屿港、宁德三都澳城澳港和武夷山机场空港。

——驻长乐机场办事处：负责福州长乐国际机场空港口岸进出关境航空器的监管，以及空运进出境货物、旅客行李物品的监管验放工作。

——驻邮局办事处：负责通过福州邮局进出关境的国际邮包、印刷品、音像制品及货物的监管验放工作。

——驻鳌峰洲办事处：负责福州港鳌峰洲作业区进出关境的运输工具、货物、物品及福州市区铁路运输、陆路运输的转关货物、物品的现场监管验放工作。

——现场业务处：负责福州市除马尾区、保税区、福清市、平潭县以外的县、市、区(以下简称福州市区)报关企业注册、备案、年审；福州市区有关企事业单位特定减免税的审批及加工贸易、免税品等业务的现场监管。

——马尾海关：负责福州市马尾区范围内的企业注册、备案、年审，特定减免税审批，加工贸易监管，以及福州市马尾区、福州港除鳌峰洲作业区外的其他作业区及长乐榕通码头作业区和连江县官头、连江县黄岐、罗源县碛头对台小额贸易监管点的进出境运输工具、货物的监管验放工作。

——保税区海关：负责福州保税区范围内的企业注册、备案、年审，特定减免税审批，以及加工贸易的监管工作。

——福清海关：负责福州市所属福清市、平潭县范围内的海关业务工作。

——莆田海关：负责莆田市范围内的海关业务工作。

——宁德海关：负责宁德市范围内的海关业务工作。

——三明海关：负责三明市范围内的海关业务工作。

——南平海关：负责南平市所属延平区、邵武市、建瓯市、顺昌县、光泽县、松溪县、政和县范围内的海关业务工作。

——武夷山海关：负责南平市所属武夷山市、建阳市和浦城县范围内的海关业务工作，以及武夷山机场空港口岸进出关境航空器的监管，空运进出境货物、旅客行李物品的监管验放工作。

2002年，福州海关在海关总署党组的正确领导下，以“三个代表”重要思想为指导，深入学习贯彻党的十六大精神，全面落实全国海关关长会议等一系列重要会议指示要求，坚持“依法行政，为国把关，服务经济，促进发展”的海关工作方针，与时俱进，开拓创新，努力夯实业务基础，找准“把关”与“服务”的平衡点，切实加强队伍与廉政建设，较好地完成了全年的工作任务。年内共监管进出口货物货值74.49亿美元，比上年增长(下同)6.7%，其中进口货值33.23亿美元，比增12.4%，出口货值41.26亿美元，比增2.5%；进出口货运量1398.82万吨，比降8.6%，其中进口381.52万吨，比增36.5%，出口1017.3万吨，比降18.6%；监管运输工具18691辆(艘)，比增102%。

【切实履行把关与服务职能，努力完成全年工作任务】 努力提高税收征管水平，应收尽收，为国家多作贡献。

2002年，福州海关坚持以税收工作为“轴心”，努力提高税收征管水平，全年共征收关税和进口环节税22.64亿元，比增2.44%，超额完成全年20亿元税收任务的13.2%，再创历史新高。主要采取以下工作措施:不断加强税源调查,提高税收分析监控水平;科学估价、依法归类,正确行使估价质疑权、估价权;制定原产地预确定操作规程,规范原产地确定工作;正确执行国家减免税优惠政策,严格减免税审批;制定关区《计税工作实施细则》,依法高效计核税款;加强税单数据管理,对税单数据质量进行全程监控。

保持打私高压态势,严防走私回潮

充分发挥行政执法和刑事执法两种手段的威力,深入开展打私专项斗争,坚持破大案、打团伙、追逃犯,先后开展了打击成品油走私、加工贸易渠道走私、价格瞒骗等专项斗争,打私工作取得新成果。缉私局全年共受理案件73起,案值6103万元,涉嫌偷逃税额2050万元;立案29起,案值5535万元,涉嫌偷逃税款1891万元,抓获犯罪嫌疑人100人,逮捕41人,移送起诉案件17起40人,案值16900万元,涉嫌偷逃税额5364万元。同时,积极推进反走私综合治理,密切与相关执法单位及行业主管部门的协作关系,签订《打私合作备忘录》。进一步规范企业行为,加强企业注册和年审工作,全年共注册企业3018家,年审报关员801人,年审运输企业19家,车辆134辆。成立福州报关协会并投入运行,培训报关员近300人,报关行业基本处于规范有序的状态。完善企业分类管理,开展企业守法评估工作,建立企业数据档案。

加强实际监管,健全物流监控体系

深化对各类海关监管场所的综合管理,严格监管标准,重点对港外堆场和监管仓库进行清理整顿,监管场所集约化、规范化管理水平进一步提高。加强对进出境货物、物品和运输工具的实体与信息监控,查获率和舱单管理质量明显提高。构建全关监控信息网络,加强集装箱检查系统、电子地磅、闭路电视监控系统和X光机等现有监管装备的使用管理,实现对全部监管场所24小时全程监控。密切关警合作,提高驻点武警官兵的监管业务水平,切实做好借调武警的后勤保障工作。加大非贸监管力度,对快件公司开展了为期半年的清理整顿。

规范加工贸易管理,夯实加工贸易管理基础

针对业务管理上的难点、弱点和廉政高风险环节,重新修订《福州海关加工贸易中期核查操作规程》、《福州海关核销操作规程》,制定下发《福州海关加工贸易监管业务审批权限》,规范了全关区加工贸易执法程序、执法尺度,统一了审批权限。开展加工贸易核销执法检查。建立加工贸易统计分析及报送制度,扩大数据统计范围,实现了对关区各加工贸易现场的业务处理和业务运行情况的跟踪分析。

积极应对入世挑战,规范执法行为

加强法制建设,清理规范性文件。增强规范性文件的透明度,凡是涉及行政管理相对人权利义务的规范性文件都对外公布。深化行政审批制度改革,减少不必要的审批项目。加强WTO知识和有关规则的培训,开展应对入世工作研讨活动。进一步加大知识产权海关保护的力度,保障知识产权权利人的合法利益。积极支持国内企业开展反倾销应诉工作,维护我国企业的合法权益。适应入世要求,强化贸管职能,规范贸管行为,提高了贸管执法整体水平。

统计监督预警职能进一步强化

加强海关统计,发挥进出口预警监测功能,较好地发挥了统计分析为领导决策、海关业务管理和地方经济服务的职能。进一步提高统计数据质量,实现贸易统计连续五年无差错,业务统计连续四年无差错的好成绩。努力推进执法评估工作,初步建立了"职责明确、相互协调;步骤完备、措施有效;开放有序、管理严密”的执法评估运行机制。积极开展统计咨询服务，为社会各界提供了丰富的海关统计信息。

【深化海关业务改革，提高管理效能】 推动“大通关”建设，提高通关效率，促进外经贸发展。

一是实行进口货物“提前报关、实物放行”的提前申报制度，努力做到进口货物“零滞港”，大幅降低企业贸易成本；二是深入推行“绿色通道”快速通关机制和“便捷通关”模式，不断扩大A类企业非涉证涉税进出口商品实行“绿色通道”制度，选择若干大型生产性A类企业实行“交单放行”(F通道)制度；三是运用“预归类”、“预审价”、“预申报”的“三预”办法，疏解通关“瓶颈”，将海关口岸监管的时空前推后移，建立关区大型、重点企业审单快速通道；四是推行通关分类管理，对关区前20位纳税大户进口货物经过通关部门规范性审核，暂按申报价格征税放行，稽查部门事后进行后续常规价格稽查；五是试行“无纸通关”，对试点企业无证无税的出口货物进行EDI试点，实行EDI无纸通关进口货物；六是在指定专门承运企业和提供担保的情况下，对保税区内的企业经青洲港进出口(境)的货物采取直通式的通关措施；七是加快“电子口岸”建设，正式开通“电子口岸”外汇核销系统，实现退税报关单网上核对，研究实行通关单联网，落实“一次报检、一次报关”等便捷措施，逐步提高了口岸信息化和“大通关”管理水平。

改革加工贸易管理模式，促进关区加工贸易的健康发展。

用电子帐册(大手册)核销的管理方式，根据企业在单位时间(通常为一年)内出口产品所需进口料件的总量办理一本手册、设立一个电子帐册，并实行企业与海关联网管理，用电子数据替代纸本手册核销，有效解决了企业因连续滚动生产造成的手册之间串料及进出金额倒挂问题，也解决了企业因多口岸进出手册周转不便的难题。以单耗数据库试点工作为契机，加强单耗管理，全关单耗数据库已初见雏形，在现场业务运作中发挥了重要作用。

积极探索，努力推进风险管理工作。

完善风险管理工作机制，拟定风险布控管理措施，采取实时监控、批量监控、岗位综合复审相结合的手段，以计算机信息化管理为基础，以企业为单元，以贸易管制、商品价格为线索，对报关数据和企业情况进行事中和事后风险分析和管理，提高风险布控的针对性、有效性。积极探索将风险管理理念和管理机制引入加工贸易监管工作中，制订《加工贸易物流监控风险评估办法》、《加工贸易物流监控操作规程》，将加工贸易监管的前、中、后期124个风险要素列入监控范围。

【加强党风廉政建设和反腐败工作】 一是落实党风廉政建设责任制。逐项细化分解全年党风廉政建设和反腐败工作的总体要求和目标任务，成立“一把手”任组长的党风廉政建设领导小组。组织开展党风廉政建设有关规定的考试，强化各级领导的廉政意识。制定《福州海关落实党风廉政建设责任制量化考评细则》，实行量化考评。落实党风廉政建设分析会、联系会、“三位一体”会制度。二是加强领导干部廉洁自律工作。突出抓好廉洁自律教育，开展领导干部遵守廉洁自律规定的监督检查，保证了各项廉政规定的落实。三是严厉查处违法违纪行为，党风廉政建设呈现出良好的态势。四是深入开展纠风工作，扎实推进行风建设。抓好以执行海关外勤工作纪律“九不准”为主要内容的职业纪律教育。开门纳谏，开门纠风，走访党政机关和企业300多家，召开纠风座谈会80多场，征集意见185条，把民评纠风工作与加强机关效能建设和文明窗口建设有机结合起来，顺利通过省级考评。五是标本兼治、综合治理，从源头上防治腐败。举办福州海关党风廉政建设展览，以大量的图片资料和音像资料，全面展示福州海关近几年来党风廉政建设和反腐败工作所走过的不平凡历程和取得的丰硕成果。以廉政展览为契机，在全关范围内开展形式多样的观后座谈会，反腐倡廉讨论会，掀起了爱岗敬业讲勤政、警钟长鸣促廉政、建功立业作贡献的热潮。开展专项执法监察,防范执法腐败行为的发生。六是加强纪检监察干部队伍自身建设,开展争先创优活动,强化纪检监察干部的业务培训,探索纪检监察信息化管理新路子,完善信访举报、党政纪处分、领导干部廉政档案计算机管理制度。

(福州海关办公室)

2002 年度福州海关主要业务统计表

<table>
<tr><th colspan="3">年度数据
项目</th><th>2002 年</th><th>2001 年</th><th>增减(%)</th></tr>
<tr><td rowspan="3">进出口货值(万美元)</td><td colspan="2">合计</td><td>744947</td><td>698488</td><td>6.7</td></tr>
<tr><td colspan="2">进口</td><td>332394</td><td>295854</td><td>12.4</td></tr>
<tr><td colspan="2">出口</td><td>412553</td><td>402634</td><td>2.5</td></tr>
<tr><td rowspan="3">进出口货运量(吨)</td><td colspan="2">合计</td><td>13988249</td><td>15298783</td><td>-8.6</td></tr>
<tr><td colspan="2">进口</td><td>3815239</td><td>2794377</td><td>36.5</td></tr>
<tr><td colspan="2">出口</td><td>10173010</td><td>12504406</td><td>-18.6</td></tr>
<tr><td rowspan="2">集装箱</td><td colspan="2">集装箱总数(标准箱)</td><td>465291</td><td>419426</td><td>10.9</td></tr>
<tr><td colspan="2">箱载货量(吨)</td><td>3772715</td><td>3392721</td><td>11.2</td></tr>
<tr><td rowspan="2">监管运输工具</td><td colspan="2">监管总数(辆艘)</td><td>18691</td><td>16969</td><td>10.2</td></tr>
<tr><td colspan="2">监管进出境总数(辆艘)</td><td>9432</td><td>8751</td><td>7.8</td></tr>
<tr><td rowspan="5">行 邮</td><td colspan="2">出入境人员(人次)</td><td>612438</td><td>/</td><td>/</td></tr>
<tr><td rowspan="2">其中</td><td>旅客(人次)</td><td>434889</td><td>/</td><td>/</td></tr>
<tr><td>运输工具服务人员(人次)</td><td>177549</td><td>/</td><td>/</td></tr>
<tr><td colspan="2">进出邮政、快(递)件</td><td>267583</td><td>/</td><td>/</td></tr>
<tr><td colspan="2">其中:印刷品进、出口(件)</td><td>345303</td><td>460061</td><td>-24.9</td></tr>
<tr><td rowspan="4">保 税</td><td colspan="2">保税企业备案数(家)</td><td>637</td><td>686</td><td>-7.14</td></tr>
<tr><td colspan="2">进口料件备案额(万美元)</td><td>505007.5</td><td>351944.5</td><td>43.49</td></tr>
<tr><td colspan="2">备案合同数(份)</td><td>5674</td><td>5759</td><td>-1.48</td></tr>
<tr><td colspan="2">核销合同数(份)</td><td>5948</td><td>6839</td><td>-13.03</td></tr>
<tr><td rowspan="3">企业注册(家)</td><td colspan="2">注册总数</td><td>3006</td><td>/</td><td>/</td></tr>
<tr><td rowspan="2">其中</td><td>自理企业</td><td>2667</td><td>/</td><td>/</td></tr>
<tr><td>代理报关</td><td>24</td><td>/</td><td>/</td></tr>
<tr><td rowspan="3">税 收(亿元)</td><td colspan="2">关税入库</td><td>7.34</td><td>8.17</td><td>-10.16</td></tr>
<tr><td colspan="2">进口环节税入库</td><td>15.3</td><td>13.93</td><td>9.83</td></tr>
<tr><td colspan="2">两税合计</td><td>22.64</td><td>22.1</td><td>2.44</td></tr>
</table>

续表

年度数据 项目			2002 年	2001 年	增减(%)
调查	查获走私案件(立案)(起)		69	81	−17.9
	案值(万元)		4264.5	18976	−77.6
	违规案数(起)		164	210	−25
	违规案值(万元)		8154	5962	37.4
	罚没收入(万元)		1754.4	2046.79	−14.29
侦查	立案	案数(起)	29	35	−17.1
		案值(万元)	5535	16797	−67.1
		偷逃税额(万元)	1891	6149	−69.3
		犯罪嫌疑人(人)	44	71	−38
	结案	案数(起)	27	24	12.5
		案值(万元)	20085	21036	−4.5
		犯罪嫌疑(人)	47	55	−14.5
知识产权案件	案件数(起)		28	15	86.6
	案值(万元)		268	263	1.9

注:“/”表示统计指标变化,不具可比性。

厦门海关

【概况】 2002 年全年,厦门海关进出口报关单总数 951590 份,与上年相比增长 26.82%;全年监管进出口货运量 2168.78 万吨,其中进口 1191.65 万吨,增加 15.64%,出口 977.13 万吨,减 0.62%;全年监管集装箱总数达到 172.89 万标箱,增加 35.49%,其中厦门港进出集装箱量为 168 万标箱,增加 38.2%;厦门关区外贸进出口总值 210.33 亿美元,增加 32.4%,其中出口 130.60 亿美元,增加 34.77%。全年实现税收入库 70.44 亿元,增加 15.04%。这是继 1998 年以来,厦门海关连续第 4 年刷新税款征收纪录。全年审批减免关税 8.21 亿元,实际办理减免关税 4.38 亿元;审批减免增值税 18.29 亿元,实际办理减免增值税 10.36 亿元。以“抓现行、破大案、打团伙”为重点,严厉打击走私犯罪活动。调查部门全年立案各类走私案件 172 起,案值合计 2173 万元;审结各类走私案件 151 起,案值合计 2042 万元。侦查部门全年受案 101 起,立案 48 起,案值 1.6 亿元;抓获犯罪嫌疑人 152 人,刑事拘留 116 人,执行逮捕 79 人。充分发挥统计宏观决策辅助作用,取得全国海关系统统计工作质量综合排名第 6 位的历史最好成绩。向管理、向科技要效益,千方百计提高海关各工作环节管理效能。整体推进风险管理建设,力争“高效运作”与“严密监管”并举;树立科技强关意识,强化科技基础建设,进一步提高海关科技应用水平。

【以队伍建设带动全局,为推进各项改革与建设提供强有力的组织保障】 明确提出阶段发展目标。2002 年初,厦门海关党组在“厦门海关关区工作会议”上,肯定了厦门海关通过近 3 年的努力,初步实现“摆脱阴影,走出低谷”的第一阶段工作目标;提出在此基础上用 3 年左右的时间,即从 2002—2004 年,通过不懈努力，力争实现“总署放心，地方肯定，群众满意”的第二阶段工作目标；然后再用2到3年的时间，努力实现“争一流工作业绩，创全国一流海关”的第三阶段工作目标。本年度是厦门海关实现第二阶段工作目标的起步年，全关上下以“依法行政，为国把关，服务经济，促进发展”的海关工作方针为指导，抓住工作重点，提高通关效率，深化队伍建设，各项工作稳步发展。

把管理领导干部摆在海关队伍建设的重要位置。一是完善、规范厦门海关处科两级领导干部竞争上岗制度，共提拔处级干部23人，其中17名副处级领导干部通过竞争上岗；二是在干部“能下”问题上有所突破，对试用期考核不合格的不予正式任命，在干部队伍中引起触动，为深化干部制度改革积累了经验；三是继续进行领导干部的调整、交流，全年交流处级干部12人，科级干部7人。四是认真履行对领导干部监督的职责，根据有关规定，对漳州、龙岩、泉州3个隶属海关离任关长进行任期经济责任审计。

全面推进本关基层建设上台阶。进一步规范中心组学习及考核制度；强化机关党建设工作的经常性和连续性；加强党风廉政建设和反腐败工作责任制；同当地检察院一起建立基建工作预防职务犯罪制度；开展形式多样、丰富多彩的文体活动，成功举办“厦门海关第一届田径运动会”，起到鼓舞士气，振奋精神，凝聚力量的作用。

广泛发动提合理化建议活动。3月份起，在全关范围开展提合理化建议活动，激发和调动广大关员、警员参政议政的积极性。收到合理化建议161件，采纳59件。其中有20多件已经实现成果转化，成效显著的5件合理化建议受到了关党组表彰。

开展案例剖析，增强执法意识。先后编发6个比较典型的正反两方面的案例。通过对发生在身边的这些案例进行深刻剖析，认真查找深层次问题，总结经验教训，堵塞漏洞，举一反三，不断提高执法水平和把关能力。

纠风整纪取得显著成效。查办案件动真格，信访举报明显下降；加强民主评议行风工作和文明窗口建设；开展珍惜和热爱我们所处的伟大时代，珍惜和热爱海关事业，珍惜和热爱自己的工作岗位的“三珍惜三热爱”教育活动，激发全关同志爱岗敬业的精神；开展创建文明行业活动，有2个单位分别被授予省级、市级“青年文明号”。在由厦门市有关部门组织的对全市23个参评单位的行风综合评比中，厦门海关综合考评得分名列第二，在5个重点被评议单位中名列第一，被评为2001—2002年度厦门市5个纠风先进单位之一。

【树立“大通关”意识，全力服务经济，促进发展】 采取积极措施，提高通关速度。面对近几年厦门口岸业务量每年递增30%多的大幅度增长的势头，厦门海关在确保严密监管的同时，努力提高通关速度。本年度厦门海关进、出口货物当天放行率分别稳定在41%和72%左右，通关效率处于沿海16个同类口岸海关中上游水平。主要措施：一是继上年对厦门市“A”类企业非涉税非涉证生产型出口货物试行“F通道”管理之后，2002年将“F通道”的适用范围扩大到关区所有生产型“A”类企业，并完善相关操作规范；二是规范、推广“应税货物信任放行”、“预归类”、“便捷通关”措施的应用范围；三是扩大海关与企业联网监管范围，与宇达出口监管仓库、厦门太古飞机工程有限公司等6家企业实行联网；四是对灿坤、厦华、柯达、万利达等加工贸易企业，改变过去以货物为单元的纸面手册管理的做法，推广应用“以企业为单元的企业帐册和电子帐册”管理；五是推动厦门出口加工区业务的开展，开始对2家入驻企业办理海关监管业务；六是设立“通关110”热线和投诉电话，建立通关应急处理机制；七是多次举办政策宣讲会、业务协调会，为企业提供政策咨询，解决实际问题；八是规范“首问负责制”、“一次性告知制”和“岗位替代制”等3项服务制度，加大关务公开力度；九是继续落实现场办公、下厂调研、上门验放等措施；十是进一步下放加工贸易、税收征管等审批权限；十一是选择太古、戴尔等5家企业的空运出口“无证无税”货物试点推行无纸通关；十二是对进口的大宗货物、危险品和鲜活货物和其它生产急需货物实行“提前报关、实货放行”的措施，将监管时空前推，缩短大宗货物滞港时间。

率先试行“国际航行船舶分类管理办法”。厦门海关驻东渡办事处在海关系统内率先试行对国际航行船舶实施分类管理办法。即，海关根据往返于厦门口岸东渡港的国际航行船舶经营人及船舶的经营管理状况、通关记录和守法程度以及舱单申报质量等风险因素，对国际航行船舶依次设置A、B、C三个风险管理级别，并施行不同的管理措施。船舶经营人对照具体规定进行级别申请，海关予以审核批准。与此同时，海关对船舶分类实施动态管理，一经发现有影响船舶分类管理情事的，立即对其管理类别进行相应调整，并及时通知船舶经营人和船舶。海关首批为厦门18家船公司的30艘国际航行船舶颁发了“A类船舶”荣誉证书。A类船舶享受进口即靠即卸，出口时可凭保函优先办理出口手续等优惠措施，办理通关时间实现“零待时”。

【树立“大关税”意识，综合治税，注重质量】 针对上半年一度严峻的税收形势，厦门海关党组要求职能部门结合实际，适应形势，制定措施，强调税收工作轴心位置；6月份以后，进一步强化税收工作核心意识，把税收工作提升为政治任务，为厦门海关税收再创佳绩奠定了基础。

营造齐抓共管、综合治税的税收征管环境。要求全体关员，特别是关税、监管、通关、加工贸易监管、调查、缉私、法规、财务等部门关员、警员，都要为“努力完成税收任务”作贡献。重点做到：将完成税收任务与开展“百日稽查”活动相结合，与开展打击货运渠道走私违法活动相结合，与开展反价格瞒骗专项行动相结合，与开展“税收征管基础工作专项检查”活动相结合。

开展专项检查，提高征管质量。组织专门小组，运用科技手段，对税收审价、归类、入库情况进行重点检查整改；充分运用海关的质疑权、估价权和核查权，在税前和税后稽查核查上下功夫，做好估价工作；加强减免税设备解除监管、设备转厂等审批工作；切实做好核销补税、稽查补税和后续管理补税工作，开拓税收征管渠道。

【树立“大治理”意识，进一步规范口岸进出口秩序】 一举查获“2.22”团伙走私香烟案。经过3个月的缜密侦查和布控，厦门海关侦查分局与石狮海关侦查支局于2月22—24日采取突击行动，成功端掉一走私香烟窝藏点。从深藏于石狮市永宁镇沙堤村蔡氏家族住房地下的烟库中起获香烟2883箱，案值1500余万元，涉嫌偷逃税900万元，并将蔡万和等首要走私犯罪人一一抓获移送司法机关惩办，极大地震慑了走私分子。中央电视台3月26日“焦点访谈”栏目以《豪宅里的秘密》为题，播出此案侦破经过。

连续查缉重大跨国走私毒品案。在厦门市公安局的支持配合下，厦门海关侦查分局经过周密部署，于1月29日在涉嫌制造、窝藏走私毒品的场所，当场查获氯胺酮(属国家二类精神管理药品，俗称“K”粉、迷奸粉、强奸粉)50千克左右、3－4亚甲二氧基甲基苯丙胺(俗称摇头丸)2980克、麻黄碱4800克，以及制毒工具搅拌机3台、塑料模板、胶囊空壳、塑料罐及制毒工具书一批等，先后抓获5名犯罪嫌疑人。3月20日，驻机场办事处海关人员接厦门高崎国际机场安检人员报称，对一航空快运货物进行检查时，在货物包装物——树脂工艺品的两侧的塑料泡沫包装物中，发现夹藏的9块可疑物品。经有关部门技术鉴定为高纯度海洛因，重3112克。随后，厦门海关侦查分局即组织警力运用多种侦查措施缜密侦控，先后抓获3名台湾籍犯罪嫌疑人。连续侦破“1.29”、“3.20”等跨国走私毒品案件，厦门海关得到海关总署侦查局和国家禁毒部门的充分肯定。

开展稽查百日大会战。7月，厦门海关调整稽查工作重心，在全关范围内组织开展“以查缉补税和规范企业行为”为目标的“百日稽查大会战”。在短短的3个多月时间里，稽查企业52家，查获违规等情事17家，查获率为32.7%，案值6616.98多万元，稽查补税及追补欠税入库5174.55万元。

深入开展打击走私专项斗争。一是反价格瞒骗专项行动，调查核查企业129家，涉税案值3733万元，涉税金额1456万元；二是提前完成“中央‘4.20’专案组”交付的各项任务，其中专案资产的处理已基本完成，比原定时间提前了一半；三是开展清理打私的历史积案专项行动，清理遗留案件378起；四是专项打击金厦海域涉台杂货、成品油走私活动，有效遏制海上走私。

严厉打击侵犯知识产权行为。主动适应加入WTO形势发展的需要，加大知识产权执法力度，严厉打击不法侵权行为，有效地保护权利人的合法权益，维护正常的贸易秩序，促进厦门关区对外贸易的健康发展。全年查获各种侵犯知识产权的案件108起，案值1600多万元，查获该类案件数和案值分别比增450%和230%。4月17日，在进出口环节查获全国首例侵犯奥林匹克标志专用权案件，社会反响强烈，中央电视台、《国际商报》、《厦门日报》等宣传媒体纷纷予以报道。重点查缉假冒我国企业知识产权的进出口货物，促使企业拿起法律的武器保护自己的合法权益。一批拥有自主知识产权的大型创汇知名企业，如安踏(福建)鞋业有限公司等企业在厦门海关的指导下，纷纷向海关总署办理了知识产权保护备案。与此同时，厦门海关积极引导企业增强尊重他人知识产权意识。

多方位协调，整合监管。加强对厦门关区内码头、堆场的清理整顿，将厦门港区原先的6个码头减至5个，15个堆场整合为5个；加大对高崎机场二级监管仓库的清理整顿力度；加大对转关运输企业和保税仓库的管理力度，撤销涉嫌走私和长期没有开展保税业务以及不符合海关监管条件的保税仓库共35家；对象屿保税区海关管理和区内企业经营问题进行专项调研，进一步规范保税区海关监管；规范进出境展品的监管，完善展品 “直通式”管理，促进厦门关区会展业的发展；积极筹备成立“厦门报关协会”；加强对中介机构清理整顿工作，抓好对报关员的培训和考核；积极支持厦门快件监管中心筹建工作，为规范、统一快件监管奠定基础；成立加工贸易机动小分队、单耗协调小组等机构，出台有关加工贸易业务管理审批权限规定等10多项操作规范，提高加工贸易的监管水平。

【树立“大风险”意识，推进风险管理基础建设】 建立风险管理体系职能机构并开展工作。根据海关总署统一部署，及时调整厦门海关风险管理委员会，成立风险管理处，编写建立风险管理体系实施方案，结合关区实际，确定“加工贸易监管”、“反价格瞒骗”两个风险管理重点突破课题，开展风险管理理论培训。

充分利用现有信息资源，开展风险评估工作。包括对执法评估系统、税收监控系统、督察审计系统、DC9710调查分析系统等各类动态分析系统进行资源调整后利用，对内加强执法监督，对外加强风险布控，努力提高海关监管实效，取得实际成效。

【海关统计质量排名创历史最好成绩】 充分发挥统计宏观决策辅助作用，完善数据保障机制，提高数据质量，运用统计执法系统，服务海关管理，提高咨询服务水平，推进统计信息社会化；加强统计分析，发挥决策辅助职能，有4篇统计分析文章被中共中央办公厅采用，6篇被国务院办公厅采用，另有大量统计分析文章引起福建省政府、厦门市政府及各有关部门重视。在海关总署对全国海关系统所有41个直属海关统计工作质量，按贸易统计、业务统计、统计分析、执法评估、统计监督等5个部分进行的综合评定中，厦门海关排名第6位，荣获2002年度全国海关统计工作综合质量一等奖，创本关统计工作历史最好成绩。

【充分发挥科技辅助监管的效益】 发挥科技应用的基础性、先导性作用，提高科技应用和保障水平。加强科技基础建设，特别是通过优化网络建设，为H2000①的推广和“三网”②改造奠定基础；提高科技应用水平，先后开发“快件监管系统”、“关税监控系统”、“象屿物流监控系统”、“宇达联网监管系统”、“航材保税仓库联网监管系统”等软件应用系统并投入运用；陆续建设厦门东渡、海沧、象屿等监管现场建设物流监控体系，在厦门港区海沧码头投入运行本关第2台集装箱检查设备，在相关现场配备电子地磅、电子卡门等技术设备。

稳步推进政务信息化建设，不断提高行政管理效率。提出今后3年内建成“厦门海关政务信息网”和“厦门海关内部办公业务网”的目标。“厦门海关网上办公系统”已经开始试运行，2003年初在全关区范围内推广。

（吴建华）

【注释】

①H2000：1988年3月，海关总署决定在海关系统内对海关业务管理立项开发自动化管理系统工程，即应用计算机信息、网络等技术辅助海关审单、征税、统计、查验、监控等管理。此项目即为“H883报关自动化信息管理系统”。H883系统至今已经过5次更新版本，可以说是海关管理系统的第一代技术产品。随着我国进出口外贸业务的大幅度增长，以及现代海关制度战略目标的确立，H883系统已不能满足海关管理思想、管理制度、管理方法和管理手段的需求。因此，海关又在2000年决定运用世界较先进的ORACLE数据库软件及最新信息、网络和数字技术，对H883系统进行升级换代成为海关管理系统的第二代技术产品。从H883系统切换到H2000系统后，其处理业务的能量加大、功能齐全、安全可靠，将为我国进出口外贸的大发展提供一条“大通关”的“高速公路”。H883系统与H2000系统中的“H”专指代表“海关”汉语拼音的打头字母；883、2000则分别指工程实施年月：1988年3月和2000年。

②三网：业务运行网、业务管理网、政务信息网。

厦门海关业务统计综合分析表

项目		单位	2002年12月	2001年12月	增减%	2002年	2001年	增减%
进出口报关单总数		份	91563	79250	15.54	951590	750368	26.82
进出口记录条总数		条	246475	185354	32.98	2321595	1485666	56.27
进出口总值	合计	万美元	213382	165859	28.65	2106330	1588473	32.6
	进口	万美元	82891	62288	33.08	799031	618459	29.2
	出口	万美元	130491	103571	25.99	1307296	970014	34.77
进出口货运量	合计	吨	2274553	1556945	46.09	21687745	20137715	7.7
	进口	吨	1294350	724363	78.69	11916475	10305175	15.64
	出口	吨	980203	832582	17.73	9771270	9832540	−0.62

项目		单位	2002年12月	2001年12月	增减%	2002年	2001年	增减%
集装箱	集装箱总数	箱次	181498	116290	56.07	1728916	1276028	35.49
	箱载货物	吨	1120675	899064	24.65	12295649	9639577	27.55
监管工具	监管进出境总数	辆艘架	2683	1709	56.99	22790	17163	32.79
	其中：进出船舶	艘	1216	1035	17.49	12504	9877	26.6
	进出飞机	架	1467	674	117.66	10286	7286	41.17
行邮	出入境人员	人次	142938	108332	31.94	1740939	1384245	25.77
	邮、非邮政快件	件	78745		_	783447		_
	没收扣退印刷品	件	435		_	6607		_
	没收扣退音像制品	件	121					_
税收	关税入库	万元	14210	14933			180841	−10.9
	环节税入库	万元	47651	33205	43.51	543313	431503	25.91
	两税合计	万元	61861	48138	28.51	704438	612344	15.04
减免税	审批减免关税	万元	6745	10635	−36.58	82121	99904	−17.8
	审批减免增值税	万元	12584	18293	−31.21	182879	141308	29.42
	实免关税	万元	4774	7044	−32.23	43828	64353	−31.89
	实免增值税	万元	8397	13463	−37.63	103586	89656	15.54
查获违规	违规案数	起	21	31	−32.26	295	524	−43.7
	违规案值	万元	281	192	46.35	9274	15396	−39.76
查私	查获案件	起	17	22	−22.73	155	249	−37.75
	案件估值	万元	159	11831	−98.66	1,986	16160	−87.71
	查处案件数	起	19	29	−34.48	171	227	−24.67
	私货总值	万元	909	365	149.04	2961	854	246.72
走私犯罪侦查	立案：案数	起	4	4	0	48	67	−28.36
	案值	万元	1206	227	431.28	16006	65006	−75.38
	偷逃税额	万元	309	157	96.82	4,390	20683	−78.77
	犯罪嫌疑人	个	5	4	25	79	117	−32.48
	结案：案数	起	7	2	250	45	43	4.65
	案值	万元	235	294	−20.07	10094	50850	−80.15
	偷逃税额	万元	99	67	47.76	2822	16292	−82.68
	犯罪嫌疑人	人	13	3	333.33	100	100	0

福建省公安边防总队

2002年，随着我国加入WTO效应逐步显现和公安部出台并落实一系列简化入出境手续的措施，特别是闽台海上直接往来不断扩大，福建省各口岸出入境人员和交通运输工具数量日益增长，边防检查管理和服务工作日趋繁重。福建省公安边防总队积极适应改革开放的新形势和口岸大通关建设的需要，以维护口岸安全稳定为首要任务，以服务地方经济建设、便利人员入出境为目标，坚持“积极、稳妥、循规、有效、安全”的方针，认真研究因应对策，与时俱进，开拓创新，狠抓勤务机制改革和科技强警，在部分边检站试点推广船舶网上边防检查管理系统，以计算机网络为纽带，把代理(船方)报检、查验、监护、案件管理、办证等工作全部纳入信息化管理，实现了远程、实时、共享的检查方式，进一步推动边检工作信息化向纵深发展，极大提高了工作效率，最大限度地简化了查验手续，受到了口岸有关单位的广泛好评。同时，积极建设和完善口岸边防检查执勤设施，在泉州口岸建设边防检查港区闭路电视监控系统，通过电视微波定点发射传输监控图像，解决了口岸远距离监控和图像传输的难题，很好地适应了我省口岸点多线长、高度分散的实际状况，增强了口岸管防能力。与此同时，各边防检查站进一步改进检查管理方式，大力加强船舶梯口监护、巡视巡查、卡口管理、港区监控相结合的勤务体系建设，营造口岸宽松环境，努力提高执勤执法能力，确保了各项边防检查任务的圆满完成。

2002年，总队所属9个边检站共检查出入境人员603214人次，其中，旅客425968人次，比增4.9%，交通运输工具员工177246人次，比增2.4%；检查出入境交通运输工具12169艘(架)次，比增1.43%，其中飞机4462架次，比增3.5%，船舶7707艘次，比增0.25%；查处违法违规行为943人次，偷渡案件101起160人，接收处理境外遣返人员45名。

2002年福建省公安边防检查工作统计表

项目		2002年	2001年	增减%
出入境人员	合计	603214	579034	4.18%
	旅客	425968	406038	4.91%
	员工	177246	172996	2.46%
出入境中国公民		518020	507819	2.01%
出入境外籍人员		85194	71215	19.63%
海港出入境人数		145885	141485	3.11%
空港出入境人数		457329	437549	4.52%
出入境交通运输工具	合计	12169	11998	1.43%
	飞机	4462	4310	3.53%
	船舶	7707	7688	0.25%
查获偷渡案件		160	81	97.53%
查处违法违规		943	698	35.10%
接收遣返情况		45	170	−73.53%

厦门出入境边防检查总站

2002年，厦门边检总站以“三个代表”重要思想为指导，认真贯彻落实全国出入境管理工作会议精神，紧紧围绕全党全国工作大局，以改进作风为主线，大力加强党委班子和队伍建设；以执勤为中心，充分发挥职能作用，全力维护口岸安全稳定；以服务地方经济建设为己任，积极采取措施改善通关环境，努力提高工作效率和服务水平，在业务工作、队伍建设和勤务保障等方面都取得了新的成绩。

【严把国门，提高执法水平】 随着我国加入WTO和改革开放的进一步深入，国际交往逐渐增多，出入境人员数量快速增长，与此同时，国际反恐局势的发展和国内“严打整治”斗争的深入进行，防范、打击敌对势力和不法分子利用开放口岸出入的任务不断加重。面对日趋复杂的口岸形势，我们一方面坚持以执勤为中心，充分发挥职能作用，严把国门，全力维护口岸安全与稳定，另一方面，严格公正文明执法，以出入境旅客满意为最高标准，努力提高执法水平。全年共检查出入境旅客员工1582622人次，检查出入境飞机船舶17145架/艘次，分别比上年度增长23.46%和25.14%，查获偷引渡人员232人次，接收境外遣返人员2898人，处理违反出入境管理法律法规人员1391人次。

在反偷渡方面，坚持专群结合、群防群治的指导方针，加强与有关部门的协调与协作，严厉打击非法出入境活动。以全国反偷渡专项行动为契机，总站及时研究制订实施意见和工作措施，确定了反偷渡工作重点。各检查站积极应对口岸偷渡活动的新动向、新特点，开展有针对性的防范和打击。高崎边检站在案件审理中发现在机场隔离区调换登机牌实施偷渡频发的动态后，采取有效对策，充分利用闭路电视监控系统，加强对机场重点区域的监管，遏制了此类案件增多的势头。东渡边检站针对港务集团所属码头公司企业重组后，港区安全防范工作受到一定影响的情况，积极探索码头监督管理的新路子，加强与联检单位和港航部门协作配合，充分调动“民力”，形成打击非法出入境活动的群防群治网络。

在执法过程中，总站认真履行法律赋予的职责，依法行政、依法管理、依法监督，努力提高行政管理和执法水平。以贯彻《公安机关执法质量考核评议规定》和《出入境边防检查机关执法质量考核评议实施办法》为契机，抓住执法程序、执法权限、审批制度、执法效率等执法办案的重要环节，加强执法检查，着重解决执法过程中存在的重实体、轻程序，习惯于经验办事和执法不严谨等问题，落实执法监督，严格执行留置措施备案规定，执法质量和执法效能明显提高。年内，认真应对、妥善处理行政复议案件和行政诉讼案件各1起。

【科技创新，推行“网上报检”】 2002年，厦门边检总站按照实施“大通关”的总体要求，深入贯彻落实全国出入境管理工作会议精神，坚持走科技强警之路，紧密结合口岸实际，努力探索应用现代科技手段提高边检工作水平的新方法、新路子，组织开发了“国际航行船舶网上检查管理系统”并投入运用，收到良好效果。2002年1月1日，经过认真调研论证和精心筹备，在上级机关的大力支持和悉心指导下，总站利用自行开发的“国际航行船舶网上检查管理系统”，在全国海港口岸率先开始推行“网上报检”。即通过网络平台为从厦门口岸出入境(港)的国际航行船舶和航行港、澳、台的船舶办理出入境(港)边防检查手续，船舶抵港前，代理人员在网上录入有关资料并向出入境边防检查机关提交，一经确认，船舶到港后即可装卸作业。实施“网上报检”，不仅有效缩短了船舶办理出入境边防检查手续的时间，减少了代理人员的来回奔波，加快了通关速度，同时彻底改变了长期以来依靠眼看手摸、手工劳作的检查方式，减轻了检查人员的工作负担、降低了劳动强度，提高了工作效率，得到船方、代理等相关单位的一致好评，受到地方政府和上级机关的充分肯定。在便利口岸生产，优化通关环境的同时，总站认真总结经验，按照“内紧外松、方便往来、保证安全”的原则，不断完善管理措施，建立健全量化管理考评制度和定期联系通报制度，积极推进分类管理，强化后续管理，有力保证了“网上报检”工作的顺利开展。目前，厦门口岸11家船舶代理公司全部参与了“网上报检”，2002年，总站所属东渡出入境边防检查站通过网络办理出入境(港)船舶边防检查手续7896艘次，占厦门海港口岸出入境船舶数量的86.67%，船舶出入境手续每艘次办理时间平均从20分钟左右减少到5分钟。

【争先创优，推动队伍建设】 队伍建设方面，总站继续以“争创优秀警队、争当优秀队长、争当优秀检查员”活动为主要形式和有效途径，将队伍的教育、管理、训练等均纳入其中，统一规范要求、加强组织领导、完善争创机制，不断增强针对性、实效性，使活动主题更加鲜明突出、内容更加系统全面、标准更加科学合理。通过争创活动的深入开展，进一步强化了基层警队的争创意识，激发了民警的上进心和荣誉感，调动了队伍的积极性和创造性，有效地促进了队伍建设的全面发展，带动了整体素质和工作水平的提高。

年内，有109名民警通过在职学习取得大学专科以上学历，队伍中具有大专以上学历民警比例由职改初期的47.6%上升到90.6%，进一步优化了队伍的知识结构。总站自办的日语培训班学员参加国际日本语能力考试取得优异成绩，在福建考区608名考生中，7名参训民警名列前10。与此同时，队伍的整体形象不断改善，全年未发生出入境旅客、员工的有效投诉。所属高崎、东渡边检站顺利通过福建省口岸与海防系统“省级文明单位”复查和“口岸海防打私系统先进单位”评审，东渡边检站九队被评为全省口岸海防打私系统“巾帼文明示范岗”，2个基层党支部、4名党员分别受到部局党委和厦门市直机关党工委的表彰。

【信息强警，实现资源共享】 为加快信息化建设步伐，不断提高科技应用水平，总站立足长远，超前规划，提速实施，取得了明显成效。2002年，为实现信息资源共享，提高办公自动化水平，组织开发了综合信息查询系统，实现了两级机关办公自动化系统、港口综合业务管理信息系统、固定资产管理系统和信息发布系统的互联互通，扩大了信息网络的覆盖面和使用面；结合旅检现场改造，加快内部光纤城域网络建设，目前已基本完成总站机关、各边检站机关至各旅检现场的光纤网络建设，执勤数据、图象能够实时传输到两级机关和业务值班室，提高了工作的科技含量。针对执勤中出现的无线通信能力不足的问题，积极向有关部门申请通信频点，对无线通信设备进行改造，实现无线集群对讲。年内，实现了公安部到总站2M线路提速，超级2000文检仪、OCR机读机等一批先进查验设备相继投入使用。边检工作的技术水平和科技含量稳步提高，有力地保障了一线执勤的需要。

2002年厦门口岸出入境旅客统计表

单位：人次

项目		出入境旅客		合计
		入境	出境	
中国籍	因公	17337	16023	33360
	因私	134277	154101	288378
	香港	70948	73905	144853
	澳门	2794	2890	5684
	台湾	160483	160887	321370
外国籍		198409	205371	403780
华侨		18175	15501	33676
合计		602423	628678	1231101

2002 年厦门口岸出入境员工统计表

单位:人次

项目		入境方式			出境方式			合计
		船舶	飞机	小计	船舶	飞机	小计	
中国籍	因公	54881	28854	83735	54586	30781	85367	169102
	因私	0	3	3	0	3	3	6
	香港	105	3283	3388	37	3286	3323	6711
	澳门	0	798	798	1	799	800	1598
	台湾	2747	35	2782	2758	34	2792	5574
外国籍		70836	11723	82559	74126	11845	85971	168530
合　计		128569	44696	173265	131508	46748	178256	351521

福建出入境检验检疫局

2002 年,福建出入境检验检疫局围绕国家质检总局和福建省委、省政府的工作部署,按照“适应入世新形势,以抓住机遇、加快发展为主线,以深化改革、科技进步为动力,以转变作风、加强领导为保证,严把国门、实现转变、改革创新、规范管理、加快建设,努力实践‘忠于职守、勇于负责、严格把关、保国安民’要求,为福建经济建设和社会发展做出新的贡献”的工作思路,在严把国门、应对入世、深化改革、实现转变、强化基础、加快建设、转变作风、提高效能、促进发展等方面取得了新成效。

【业务概况】 2002 年,福建出入境检验检疫局检验检疫出入境货物 347318 批,货值 979566 万美元,分别比增 22.8%和 15.3%。检验进出口商品 300830 批,货值 881578 万美元,比增 19.3%和 13.0%。检疫进出境动植物及其产品 45681 批,货值 106388 万美元,比增 27.4%和 56.4%。食品卫生监督 39750 批,货值 79227 万美元,比增 4.8%和-9.6%。交通工具检疫 12239 艘(架)次,比减 1.2%。集装箱检疫 483223 标箱,比增 1.5%。入境携带物检疫 16907 件,比增 29.0%。入境邮件检疫 125832 件,比增 98.6%。监测体检 42522 人次,比减 14.4%,其中发现病例 8796 人次,比减 0.2%。预防接种 66428 人次,比减 28.2%。艾滋病监测 47663 人次,比减 16.2%。木质包装检疫监管 22402 批,货值 121765 万美元,比增 7.7%和-27.8%。外商投资财产鉴定 579 批,货值 7898 万美元,比减 37.3%和 18.5%。出口包装检验 21073 万件,比增 17 .8%。签发通关单 149446 份,比增 14.5%。签发普惠制产地证 100770 份,签证金额 181242 万美元,比增 15.5%和 6.2%,通过“普惠证”的出口额占全省出口总量的 10%以上,享受进口国关税优惠约 1.5 亿元。签发一般原产地证 28961 份,签证金额 58044 万美元,比增 15.5%和 7.6%。

【强化执法,严把国门,忠实履行职责】 提高检出率,严防不合格产品出入境和疫病疫情传入传出。针对入世及国际贸易增幅、人流物流复杂、国外设限频繁和风险警示通报频发的新形势，切实加大对输往敏感国家或地区敏感产品的安全卫生项目的检验检疫力度，逐步建立起进出境动植物疫情监控系统和口岸传染病监测应急控制系统，检出率不断提高。2002 年，检出不合格出入境货物 1267 批，货值 5997 万美元，比增 53.0%和 31.1%；检出疫情 269 批，涉及货值 2093 万美元，比增 52.8%和 126.8%。

加大执法力度，维护出入境检验检疫秩序。2002 年，依法累计实施行政处罚 54 件，涉案金额 402.7 万美元；实施行政强制措施 4132 批，涉案金额 1692.9 万美元。注意抓住典型案件，对某公司逃避法检造成国家损失、新发现的伪造输出国官方检疫证书、骗取检验检疫证书等违法行为，依法作出处理。

积极开展涉台检验检疫工作，促进闽台经贸往来。2002 年，检疫两马直航船舶 188 艘次、团队 50 个、旅客 4740 人次、船员 1157 人次，其中发现病例 2 人；检疫旅客携带物 231 批，发现问题 29 批；检验对台小额贸易点货物 1880 批、货值 909.2 万美元。针对直航特殊性和台湾疫病疫情的复杂性，对直航船舶及人员严格检疫。为“两马”、泉州——澎湖直航，以及“福州商品金门博览会”、“马尾向马祖岛供水”、“湄洲妈祖金身巡安金门”等活动提供服务，还为“华航”空难的善后处理提供了政策咨询与支持。同时，建立了福建沿海地区与金门、马祖、澎湖直接往来检验检疫管理机制，开展闽台海上直航试点，健全对台贸易疫情风险评估机制和分类、分流监管措施，规范并支持闽台经贸交流。

【改革创新，实现转变，适应入世形势要求】 适应形势，推进检验检疫监管模式转变。研究提出与入世相适应的进出口商品检验监管工作体系总体框架，建立法检制度、认证制度和验证制度有机结合的业务运行工作模式，试点推广“产品确认＋企业质量管理体系评定＋日常检验监督”的出口工业品检验监管新模式。选择在电瓷件、灯具、建筑陶瓷、电池、石英钟等 5 种代表性出口商品共 100 家企业中开展新模式试点，产品检验周期平均缩短 2—3 天，电瓷件、建筑陶瓷、石英钟批次检出不合格率从 0.15%、0.50%、1.3%提高到 0.76%、1.13%、3.3%。新模式的实施，既落实了重点转移和模式转变，又强化了执法把关、降低了风险，有效缓解了检力不足与业务量大的矛盾。制定了竹木藤柳草制品、罐头、烤鳗、包装企业及出境集装箱检验检疫等 5 个管理办法。

结合辖区实际，深化业务重组等改革。一是省局积极调研业务管理与执行职能的进一步剥离重组，制订由“管理执行型”转变为“管理型”直属局的综合改革方案；二是各分支机构全面完成业务融合重组，如马尾局在口岸成立“综合查验办”，人员配置更加合理，提高了口岸工作效率；三是剥离非法定鉴定业务；四是加强片区协作，初步形成漳州、龙岩、东山局，泉州、晋江局和石狮办，南平局、武夷山办等三个业务协作片区，既优化资源、提高效能，又加快通关速度。

抓源头，强化认证认可，确保出口产品质量。按照国家认监委部署，规范“两证”管理，推动“关口前移”和认证认可工作延伸。运用许可证管理、分类管理、产品认证、专项检测、备案登记制度等源头管理手段，加强并形成与技监、农业、海洋渔业等部门的 6 项协作制度，逐步建立健全程序化的源头治理作业规范，形成有效的源头治理监督体系。制定“出口蔬菜基地备案管理程序”，建立以原料基地为中心、出口企业为监管主体的原料及农残监控体系，推进原料基地化建设，目前已实现豆类产品出口原料来源基地化。出台“从源头抓出口工矿产品质量的实施意见”，帮助企业逐步建立产品标准、计量检测和质量保证三大体系，提高企业作为产品质量主体的自律意识。大力推行 HACCP 体系，对卫生注册登记企业进行整顿，促进出口食品企业提高质量管理水平。截止 2002 年底，卫生注册 321 家，卫生登记 449 家，质量许可 253 家；国外注册 186 家，输美陶瓷铅镉认证 27 家；质量认证咨询签约 388 家，完成咨询 285 家，完成认证 510 家。

坚持“政事分开、政企分开”和“两个面向、两个提高”，企事业改革迈出实质性步伐。立足实际，整合评审中心、技术中心、商检公司的业务资源、人力资源和产权体制，组建了“福建海峡检验认证有限公司”，形成了检验、检测、认证“三位一体”的业务格局，并对全系统企业实体进行重组，形成辖区“小航母”以应对 WTO 的初步框架。在对直属单位内设机构和岗位进行重组的基础上，以事定岗、以岗定人，实行聘用，并实施分配制度改革。

【提高效率，发挥优势，积极服务地方经济发展】 提高口岸查验效率，推进“大通关”建设。调研解决影响口岸通关环境和通关效率的主要问题，协调检贸(企)、检验、关检等合作，合理调整工作流程，完善通关内外协调机制，提高通关整体效能。积极探索检验检疫监管模式与海关监管模式的结合点，推动与海关实现出入境货物查验的信息共享和协同执法；福建局及下属分支机构间、以及与相关直属局间全面实现电子转单；有 802 家企业使用电子报检软件，福建局辖区电子报检已近 100%；632 家企业使用电子签证软件。开发“业务信息语音查询”、“集装箱电子检疫”等应用软件，大大方便了企业。

积极向地方政府建言献策，主动服务地方经济工作。结合实际，为省政府提供应对国外技术壁垒、具前瞻指导性和实用性的建议，特别是在应对技术壁垒、防制疫情、改善出口商品结构等方面发挥了作用。2002 年，仅向省委省政府报送对策建议报告 20 多份和 600 多条业务信息，省领导高度重视，批示达 30 多条。积极参与全省“治理餐桌污染，建设食品放心工程”工作；与技监、卫生等部门加强协作，积极开展整顿和规范市场经济秩序活动。为海关、工商等部门打击走私和制售假冒伪劣行为提供技术支持，接受委托检测样品 547 个，检测项目 2605 个。

有效支持外贸扩大出口。组织对福建外贸出口结构及大宗敏感商品的风险调查，有针对性地开展农兽药残的检验检疫监管，加强相关检测，提升出口产品档次、质量，改善结构，提高附加值，促进出口。成立“鞋及鞋材技术规范研究小组”，广泛收集和研究技术规范和检验标准，为鞋类出口规避国外技术法规的限制提供了支持。与省外经贸厅联合召开“全省出口蔬菜及烤鳗安全卫生工作会议”，共同帮助企业。争取批复福建省筹建“进口动物隔离检疫场”。帮助企业用好用足普惠制，新注册企业 207 家、商品 793 种。支持漳州 2 批、3000 多头活牛顺利打入马来西亚市场，马哈蒂尔总理亲自关注，这是福建省乃至全国当前单批数量最大的活牛出口。帮助泉州寰球公司成为福建首家出口产品免验企业。帮助福清隆裕食品公司顺利通过美国 FDA 检查和漳州信华食品公司顺利通过日本农林水产省检查；帮助“惠泉”啤酒成功出口、莆田活鳗和福州菊花恢复对日出口。帮助 49 个品牌的名优特产品取得原产地标记注册保护，总量占全国近三分之一。

【强化管理，提高效能，增强事业发展后劲】 深化“三查”整改，保证和提高工作质量。以“三讲”和财务审计的精神，按照“一个加强，两个完善，一个提高”的目标要求开展业务“三查”活动，采用重点抽查、交叉检查和专项检查等方法，检查发现实际问题，确保“三查”扎实开展、不走过场。通过 13 场“三查”分析会，按“条条”、“块块”进行有横有纵的“拉网式”查摆问题、深入分析、研究措施，制定整改方案，及时跟踪、督促落实整改情况。并与各单位主要负责人签订了工作质量责任书。

加强财务管理，规范财务行为。继续抓好“收支两条线”管理，强化财务预算管理，做好收缴分离和向预算内管理转化的准备工作。加强对直属单位及分支机构的财务指导、管理和监督。积极推行政府采购工作。加强国有资产有效管理，推动资产合理配置和有效使用。加强内审，先后对东山局、漳州局、泉州局、莆田局、福清局的财务收支及其所办经济实体的政企分开、产权明晰情况进行了内部审计，并针对存在的问题提出整改方案。

调研学习，加强和改进业务工作。制定"年度调研计划"，确定了业务管理模式、片区业务协作、涉台工作、行政处罚、原产地工作、"三电"推广等调研课题，有步骤分阶段逐步开展，班子成员分项负责并到一线调研。对照 WTO 原则，对 67 件相关的业务规范性文件进行清理，废止 12 件。

减文压会，提高机关效能。严格执行会议、办班计划，规范会议、办班管理。能不发文的尽量不发文，可以内部阅办的，尽量不发正式文件。规范文档密管理，尤其是加强公文的审核把关，提高公文质量。采取并会和定期局务会方式，既达到贯彻目的，又减少会议和节约开支。2002 年文件、会议数量约比减 25%。

【加快建设，夯实基础，构筑事业发展新平台】 着力加强信息化建设。在广域网全面验收的基础上，充分利用现有网络资源，开发建成福建出入境检验检疫局系统内部 IP 长话系统和电话会议系统。参与"数字福建"建设，推进局机关及"国检广场"大楼全面提升信息化水平。成功开发运行检验监管信息网，实现系统内部信息资源共享，用信息化手段促进和保证工作质量。启动"干部人事信息管理软件系统"，推进干部工作的科学化和规范化，为人事工作提供了信息和决策依据。强化网络安全，顺利通过省安全厅和保密局组织的两次安全检查。

加快实验室建设，提高检测水平。加大仪器设备采购力度，提升检测实力。以整个技术中心为单位，按照 ISO/IEC17025 标准要求建立质量体系。积极开拓检测领域，新开验 12 个产品和 76 个检测新项目。福建局电气安全实验室被总局指定为进口灯具、插头插座型式试验实验室，化矿实验室被指定为进口涂料专项检测实验室。检测类实验室绝大部分通过总局认可或注册，泉州实验室已搬进新楼。积极筹建"国家鞋检中心"、"电器安全检测中心"、"动物隔离检疫实验室"、"生物安全防护实验室"和"福建省食品安全检测中心"等一批有较高起点和较强检测能力的实验室。

加强科技管理，推进"科技兴检"。上报 11 项科研课题和 4 项制标课题申请总局鉴定和审定，4 项成果申报登记。本局立项课题 47 项，经费投入 55.5 万元。有 10 项课题和 16 项制标课题被总局立项，有较大提高。承担 3 项国家标准的制订工作。有 2 项科研项目获得省科技厅立项；12 项课题与福建农大、农科院、南京地质所等院所、高校合作；参与 3 项福建农大、省农科院等牵头的向科技厅申报的课题，参与 4 项省农科院、浙江局、商检研究所、卫生部牵头的科技课题。

继续按照"质量、工期、规模和廉政"要求，抓好"国检广场"等项目建设。加强对系统内在建项目的管理力度。马尾局主楼新装修楼层及附楼、泉州局楼及肖厝港和安溪设施楼已经或即将完工或启用，福清、晋江局综合楼和莆田局二期工程相继开标。漳州、龙岩局新楼建设前期工作进展顺利。

【两手齐抓，与时俱进，树立检验检疫形象】 认真学习贯彻"三个代表"重要思想。结合检验检疫工作，深入领会、全面贯彻"三个代表"重要思想。继续加强班子建设。局党组致力加强自身作风建设、党性锻炼和严肃政治纪律。坚持大胆管理、科学管理，敢于和善于做好干部职工的思想政治工作。认真开展"条例"学习和检查评议活动。健全机制，扎实开展党风廉政建设，深入学习贯彻全国质检系统纪检监察工作会议精神，制订下发"2002 年党风廉政建设和反腐败工作任务分解表"，开展"党风廉政建设责任制"落实情况的专项检查。开展民主评议行风活动，针对去年的弱项，加强同当地纠风办、行评办的汇报沟通，完善以"公示时效服务模式"及其配套实行的"公示服务"、"规范运行"、"监督制"三个系统为主要内容的效能建设体系，使行风建设实现了廉勤并举、“一把手”负总责、全员参与的局面。

继续加强党建和精神文明建设。加强支部建设，坚持开好每季度一次的支部书记交流会，分析干部职工思想动态，介绍经验，交流体会，特别是针对事业单位改革，重点分析事业单位干部职工的思想情况，提出解决意见。与团省委共组福建局系统“青年岗位能手”和青年文明号争创工作领导小组，加大创建力度，新增创 1 个国家级、3 个省级青年文明号集体，使国家级青年文明号增至 5 个、省级 18 个。积极开展“青年岗位能手”竞赛活动，在全系统营造“比、学、赶、帮、超”的竞赛氛围。离退休老干部工作开展得生动活泼。继续加大对创建精神文明建设活动的领导，在已有 9 个省级精神文明建设先进单位的基础上取得新突破。漳州局被评为“创文明行业、建满意窗口”全国示范点，莆田局被评为全国创建文明行业工作先进单位。福建局人事处长、漳州局作为全国质检系统先进受到人事部和总局的联合表彰。

2002 年福建出入境检验检疫业务情况表

<table>
<tr><th colspan="3">项目</th><th>合计</th><th>出境</th><th>入境</th></tr>
<tr><td rowspan="16">货物检验检疫</td><td rowspan="4">合计</td><td>批次</td><td>347318</td><td>311046</td><td>36272</td></tr>
<tr><td>货值</td><td>979566</td><td>659563</td><td>320003</td></tr>
<tr><td>不合格批次</td><td>1267</td><td>892</td><td>375</td></tr>
<tr><td>不合格货值</td><td>5997</td><td>1561</td><td>4436</td></tr>
<tr><td rowspan="4">商品检验</td><td>批次</td><td>300830</td><td>273372</td><td>27458</td></tr>
<tr><td>货值</td><td>881578</td><td>609052</td><td>272526</td></tr>
<tr><td>不合格批次</td><td>1114</td><td>854</td><td>260</td></tr>
<tr><td>不合格货值</td><td>4441</td><td>1545</td><td>2896</td></tr>
<tr><td rowspan="2">动植物及其产品检疫</td><td>批次</td><td>45681</td><td>41674</td><td>4007</td></tr>
<tr><td>货值</td><td>106388</td><td>79579</td><td>26809</td></tr>
<tr><td rowspan="4">食品卫生监督</td><td>批次</td><td>39750</td><td>38531</td><td>1219</td></tr>
<tr><td>货值</td><td>79227</td><td>69247</td><td>9979</td></tr>
<tr><td>发现问题批次</td><td>383</td><td>369</td><td>14</td></tr>
<tr><td>发现问题货值</td><td>528</td><td>513</td><td>15</td></tr>
<tr><td colspan="3">交通工具检疫(架次)</td><td>12239</td><td>6294</td><td>5945</td></tr>
<tr><td colspan="3">集装箱检疫(标箱)</td><td>483223</td><td>288309</td><td>194914</td></tr>
<tr><td colspan="3">检出疫情批次</td><td>270</td><td>39</td><td>231</td></tr>
<tr><td colspan="3">检出疫情涉及货值</td><td>2093</td><td>36</td><td>2057</td></tr>
<tr><td colspan="3">发现疫情种类数</td><td>110</td><td>22</td><td>95</td></tr>
<tr><td colspan="3">入境携带检疫(件)</td><td>16907</td><td></td><td></td></tr>
<tr><td colspan="3">入境邮检检疫(件)</td><td>125832</td><td></td><td></td></tr>
<tr><td colspan="3">监测体检(人次)</td><td>42522</td><td>40527</td><td>1995</td></tr>
<tr><td colspan="3">其中：发现病例(人次)</td><td>8796</td><td>8395</td><td>401</td></tr>
<tr><td colspan="3">艾滋病监测</td><td>47663</td><td>40024</td><td>7639</td></tr>
</table>

项　　目	合计	出境	入境
预防接种(人次)	66428	66225	203
木质包装检疫监管批次	22402	13480	8922
木质包装检疫监管货值	121765	25231	96534
外商投资财产鉴定批次	579		579
外商投资财产鉴定货值	7898		7898
出口包装检验(万件)	21073	21073	
重量鉴定(吨)	5342352		
签发通关单份数	149446	116507	32939
签发普惠制产地证份数	100770		
签发普惠制产地证金额	181242		
签发一般原产地证份数	28961		
签发一般原产地证金额	58044		
注:金额、货值单位均为万美元。			

厦门出入境检验检疫局

2002年,厦门检验检疫局按照国务院领导“忠于职守、勇于负责、严格把关、保国安民”的要求,深化改革,依法把关,严格管理,热情服务,检验检疫工作迈出新的步伐。

【业务概况】 2002年,厦门检验检疫局受理出入境报检/申报38.21万批,货值106.43亿美元。实施货物检验检疫16.16万批,货值52.05亿美元。其中入境货物6.67万批,货值32.67亿美元;出境货物9.49万批,货值19.38亿美元。轮船检疫7573艘次,飞机检疫9742架次,集装箱检疫65万标箱,出入境人员检疫158.82万人次,健康体检7019人次。出入境快件检疫44.66万件,入境邮件检疫2.49万件。完成外商投资财产价值鉴定2935批,总报价14849.89万美元。其中经鉴定降值42批,报价803.96万美元,鉴定价568.44万美元,降值率29.3%;升值9批,报价65.34万美元,鉴定价138.65万美元,升值率112.19%。出口商品包装检验4692批。在鉴定业务中衡器计重、水尺计重、容量计重239.47万吨,集装箱适载检验5.72万标箱,残损鉴定19批。对各类违反检验检疫法律法规案件立案查处125件,配合海关等部门打击走私犯罪活动,进行品名鉴定131批。

【对台检验检疫】 认真做好金门—厦门直航检验检疫工作,促进两岸“三通”,共检疫两岸直航船舶636艘次、人员59067人次;检疫台轮398艘次、人员3767人次。年内对厦门口岸首次按一般贸易方式直航进境金门贡糖、金门高粱酒等参加“台博会”展销货物实行检验检疫全过程监管服务。

【改革检验检疫监管模式】 出台《厦门检验检疫局出口商品风险管理规程》,统一风险管理的原则,为检验检疫监管模式改革打下基础。各业务部门对所管辖的出口商品进行认真的风险分析,根据各种商品不同的风险采取不同的检验检疫监管方式。出口小家电“型式实验+质量体系监督+抽批检验”的检验监管模式,出口包装过程监管模式,木质包装分类检疫管理模式,出口集装箱适载检验采取集中检验监管模式等等。

【加强对出口蔬菜、水产品的源头管理】 针对国外对我出口蔬菜、水产品质量要求愈来愈高的情况，从口岸抽样检验为主的质量把关做法转移到抓出口生产企业的源头管理。对辖区内供出口的水产养殖场进行备案管理，建立用药登记制度，强调所有的出口加工企业只能收购经备案养殖场的原料。并与地方有关部门联合开展水产品药物残留专项整治工作，消除出口加工企业加工期间使用违禁药物现象。实施出口蔬菜种植基地登记备案制度及专职植保员培训考核制度，规范农药及肥料的采购、储存和田间使用，要求企业做好出口蔬菜加工前的有毒有害物质的检测。通过以上措施，确保出口蔬菜、水产品质量。

【认真开展“三查”活动】 按总局要求，用近3个月时间围绕检验检疫工作质量开展“三查”(查问题、查原因、查措施)活动。各业务部门(单位)认真检查存在的突出问题，实事求是地分析原因，制定和落实整改措施。结合“三查”活动，开展了口岸出口退运货物的调查工作，及时发现工作质量问题和隐患。在此基础上，召开全局第二次工作质量研讨会。

【完善风险预警和快速反应机制】 成立厦门局风险预警和快速反应机制领导小组，统一协调组织各类风险管理工作。在机场、港口设立口岸传染病监测工作点，指定疫情报告员，明确监测职责。培训疾病监测人员，基本建立厦门口岸疫病监测网络，加强对出入境人员的疾病监测。完成进出境动物临时隔离场考核注册65场次。总局风险预警及时通报各业务部门、分支机构以及有关外贸企业，口岸发现疫情立即上报，并采取有力处理措施。初步建立厦门口岸疾病监测、动植物疫情及食品安全卫生风险预警和快速反应机制，做到及时发现、及时反馈、及时控制、及时管理，切实防止各类疫病疫情的传入、传出。

【加强实验室建设和管理】 5个认可或注册实验室及保健中心、杏林局等实验室已基本完成ISO/IEC 17025：1999质量管理体系标准的转换或采用。3个认可实验室顺利通过CNAL组织的认可复审。加大对实验室建设的投入。完成保健中心实验室改造，积极创建艾滋病确认实验室。大力开展技术验证，通过涂料专项检测实验室申请的盲样考核，参加或主持国家总局和中南地区等组织的水平测试取得令人满意的成绩。出台科技项目管理、科技奖励、课题津贴等管理办法，调动科技人员开展检验检疫科研工作的积极性。

【进一步推广“三电”工程】 在成功试运行检验检疫综合业务计算机管理系统CIQ2000 2.0版的同时，加快电子申报、电子签证、电子转单的推广步伐。307家外贸企业申请使用“三电”企业端软件，电子报检量达到总报检量的100％，产地证电子签证量达到总签证量的65％，电子转单量占换发出境通关单总量的92％。进一步推广出境货物直通式电子报检，54家出口生产企业实行直通式报检。

【加强体系认证和产地证工作，增强企业出口竞争力】 新评审ISO9000质量管理体系企业257家，ISO14000环境管理体系9家，OHSAS18000职业安全卫生管理体系2家。做好出口质量许可证管理和出口食品加工企业注册登记工作，新颁发各类证书117份。做好申领普惠制原产地证和一般原产地证的宣传培训工作。签发普惠制产地证 78043份，货值13.71亿美元 。签发一般原产地证16117份，货值3.29亿美元。为企业减免关税1.1亿元。

【试行“绿色通道”制度 】 在对出口生产企业产品做充分的风险评估的前提下，对高新技术企业TDK公司、正新公司等实行“绿色通道”制度。即对出口产品重点实施过程检验和周期监管，除周期性检测和平时需抽查外，在受理企业报检后，直接出具通关单放行，后办理相关手续。把从报检到领通关单所需的时间从原来的1—2天缩短到10分钟，受到企业的广泛赞誉。凡经产地检验检疫合格到厦门口岸换发通关单的出口高新技术产品，直接验放，不再查验。

【加强与有关单位的协作配合，促进大通关】 与福建检验检疫局建立检检协作关系。定期召开业务协调会，及时沟通情况，统一做法，密切衔接，理顺口岸与产地的关系。与厦门市贸易发展局、外商投资局建立检贸协作关系。及时了解各外经贸企业对检验检疫部门的意见、建议，及时协调各种矛盾。与厦门海关建立关检协作关系，促进关检联动，做好实行电子通关的各项准备工作。

【实行检验检疫“一门式”服务】 保税区所有空运进口货物均由保税区办事处实行申报到检验检疫的“一门式”服务，减少企业往返机场时间，大大减轻企业负担。为跨国公司戴尔计算机物流配送服务的伯灵顿仓储有限公司实行“一门式”管理后，全年节省代理费用近百万元。

厦门出入境检验检疫局2002年检验检疫业务情况表

金额单位:万美元

项目	货物检验检疫																			
	总计				商品检验				动物及动物产品检疫				植物及植物产品检疫				食品及化妆品			
	批次	金额	检验检疫不合格		批次	金额	检出不合格		批次	金额	检出疫情		批次	金额	检出疫情		批次	金额	检出问题	
			批次	金额			批次	金额			批次	金额			批次	金额			批次	金额
合计	143150	437634	672	9423	114069	382375	218	2405	3706	9742	2	7	9555	17498	16	4460	9516	23953	75	72
出境	91414	187648	139	166	72201	167370	125	158	1774	4506			7415	8412	2		8132	18538	61	61
入境	51736	249986	533	9257	41868	215005	93	2247	1932	5236	2	7	2140	9086	14	4460	1384	5415	14	11

厦门出入境检验检疫局2002年检验检疫业务情况表

金额单位:万美元

项目	监测体检及预防接种(人次)				交通工具检疫				集装箱检疫		签发检验检疫证单(份)	签发通关单		产地证			
														普惠制		一般产地证	
	监测体检	艾滋病监测	发现病例数	预防接种	火车(节)	汽车(辆)	轮船(艘)	飞机(架)	合计	检出问题		份数	金额	份数	金额	份数	金额
合计	7019	6811	866	5043	0	0	7573	9742	649596	13	49099	322714	837008	78043	137058	16117	32902
出境	7019	6811	866	5043			3878	5015			17640	237130	473569	78043	137058	16117	32902
入境							3695	4727	649596	13	31459	85584	363439				

福建海事局

【概况】 2002年福建海事局积极履行海事执法和监督管理职能，认真开展第三个“水上运输安全管理年”活动，进一步深化体制改革和干部人事制度改革，加强执法队伍建设，推进管理观念创新、管理手段创新、管理模式创新、管理体制创新和管理机制创新，维护了辖区水上安全形势的基本稳定。辖区共办理船舶进出口签证59402艘次，10357万总吨，货物总吞吐量为4908.66万吨，船舶登记证书换证1192艘。评估船龄不详船舶51艘，对其中11艘作报废船龄处理，开展船员过渡期考试2期、全国统考2期、水手/机工适任考试24期，考试人数达2449人次，签发海员证3866本，办理新版适任证书2557本。2002年共处理遇险报警108次，组织搜救59起，成功救助遇险船舶34艘、遇险船员504人。辖区水域共发生水上交通事故16起，比上年同期下降63.5%；死亡和失踪13人，同比下降75.9%；沉船8艘，同比下降76.5%；经济损失3961.5万元，同比下降34.3%，四项指标全面下降，基本实现“四个明显，一个确保”工作目标。福建海事局获得福建省安全生产目标管理责任制先进单位。

【深入开展专项整顿活动，辖区水上交通安全形势明显好转】 2002年是开展“水上运输安全管理年”活动的第三年，福建海事局本着“巩固整顿成果、立足长效管理”原则，确定了“脱黑降滞”、“打击超载”、“整顿‘三无’船舶”、“强化海渡船管理”、“加强危险品船舶监管”五项重点工作，全力开展水运市场秩序、船舶管理秩序、通航秩序、船员质量管理等专项整治，“水上运输安全管理年”活动取得了显著成效。2002年全局共对2358艘次危险品船舶实施现场签证，现场签证率达100%；查处违超载船舶340艘次，处罚143艘次，警示教育船员418人次，强制减载卸砂5000立方米，有效遏制了闽江内河运砂船舶超载现象的蔓延；检查“黑名单”船舶110艘次，查出缺陷811项，开航前纠正536项，“黑名单”船舶检查率达到100%；11艘船舶脱离“黑名单”。2002年，全局实现“零滞留”。

【顺利完成“一省一局”体制改革，完善区域管理模式】 2002年9月1日厦门海事局由福建海事局作为分支局机构进行管理，这是海事系统进一步深化水监体制改革，优化资源管理，强化协调和统一，完善区域管理模式的重要举措。“一省一局”模式形成了统一政令、统一布局、统一监督管理、运转协调的福建海事管理新体系。

【加大基础设施建设，不断强化海事执法手段】 2002年审批通过福建海事局综合业务楼、宁德海事局综合业务楼和湄洲岛海事处、白马港海事处、平潭海事处、晋江海事处业务用房及福建海事局VHF(甚高频)等工程可行性研究报告；厦门海事局完成了VTS工程建设。福州海巡基地暨马江海事处业务用房、福州海上搜救中心部分业务用房、丰泽海事处业务用房等项目“工程可行性研究报告”已上报待批；一年来，先后有2艘17M、1艘20M巡逻艇和10部海事执法专用车投入使用，信息化一期工程已初步建成，总投资3880万元的福建海事综合业务大楼已动工兴建，总投资1110万元的VHF工程已进入初步设计，将于2003年正式启动。

【文明建设之花结硕果】 2002年福建局、厦门海事局、泉州海事局等7个分支局和基层海事处被省共建文明口岸领导小组评为2001—2002年度共建文明口岸“先进单位”。福州、泉州、莆田海事局已申报全国海事系统“文明达标单位”并在《中国交通报》上进行公示；3个分支局、7个基层海事处被授予福建海事系统“文明达标单位”;2个分支局已通过福建省第八届“文明单位”评比验收,福州海事局船舶报检中心、泉州海事局政务大厅、宁德海事局通航管理科被评为全省口岸系统2001—2002年度“先进窗口”。2个分支局、1个基层海事处被评为地厅级“文明单位”。

(林晨)

2002 年福建海事局辖区分国别进出港船舶统计表

	序号	进港船舶							出港船舶						
		艘数（艘）	总吨	总载重吨（吨）	客位（个）	船员人数（人次）	货物到达量（吨）	旅客到达量（人）	艘数（艘）	总吨	总载重吨（吨）	客位（个）	船员人数（人次）	货物发送量（吨）	旅客发送量（人）
甲	乙	1	2	3	4	5	6	7	8	9	10	11	12	13	14
总计	1	68143	123172640	156764914	1360554	701209	40346309	2415692	67014	123425336	157372824	1354968	706459	32812943	2455312
中国	2	62781	54340392	74328682	1269011	533128	28115988	2365180	61678	54258614	74768483	1274248	542682	19926683	2407310
其中:外贸船	3	3936	9677273	12193699	57716	65404	2338330	27196	3973	9171164	11249565	56508	61025	2548274	27028
日本	4	97	269849	289507		788	31458		96	267017	284807		825	21685.36	
阿联酋	5	2	30910	47236		61	16560		2	30910	47236		61		
埃及	6	2	71081	104515		61	9		2	71081	104515		61	2274	
安提瓜	7	72	1291245	1642299		1329	113956		74	1322814	1603509		1343	160694	
巴哈马	8	71	1979476	2474484		1483	410225	157	72	2040290	2306402		1524	228691	198
巴拿马	9	2254	24642640	25937349	74632	108825	3518963	45453	2222	24245808	26057810	65859	102751	3899407	38801
玻利维亚	10	4	11502	18230		49			3	9904	15230		49	5631	
伯利兹	11	283	703695	1134245		4010	159483.37		280	692355	1084096		4007	553822	
朝鲜	12	30	97059	147006		799	55387		29	95016	139079		805	29702	
丹麦	13	20	1426315	1607311		481	86703		20	1426315	1607311		483	98644	
德国	14	66	3136344	3654253		1407	151091		65	3047838	3473785		1353	282264	
俄罗斯	15	83	436894	548964		2215	148870		83	436894	520190		2215	131487	
法国	16	17	725419	879034		384	38487		17	725419	879034		384	85184	
菲律宾	17	5	61137	66529		99	14177		5	61137	66529		99		
韩国	18	165	1069716	1476417	1	2599	257418		169	1100960	1501583		2623	241816.8	
荷兰	19	38	2556970	2728443	1289	1454	134573		41	2668795	2837005		1495	211619	3873
洪都拉斯	20	96	356676	509736		2123	75022		97	358083	511836		2126	190689.3	
柬埔寨	21	96	292184	544653		2381	211620		101	329190	564314		2464	244967	

	序号	进港船舶							出港船舶						
		艘数（艘）	总吨	总载重吨（吨）	客位（个）	船员人数（人次）	货物到达量（吨）	旅客到达量（人）	艘数（艘）	总吨	总载重吨（吨）	客位（个）	船员人数（人次）	货物发送量（吨）	旅客发送量（人）
金斯顿	22	3	18488	38183		19			3	18488	38183		19	5400	
卡塔尔	23	3	101713	182396		97	120422		3	101713	182396		97		
开曼群岛	24	1	24844	40907		22	16649		1	24844	40907		22		
利比里亚	25	230	4698946	5664679	22	5693	823334		224	4702929	5403463		4888	543508	
马耳他	26	101	1340284	2077715		1668	790372		104	1391266	2083791		1705	933478	
马来西亚	27	13	376219	686116		215	520527		13	376219	664776		215		
马绍尔	28	14	377325	536031		272	227447.25		18	464516	571581		382	53033	
美国	29	73	3114342	3191346		1641	252595		75	3179600	3271883		1666	193572	
缅甸	30	3	24421	33857		98	9784.25		3	24421	33857		98		
挪威	31	9	510619	932999		232	589933		9	510619	932999		207		
塞浦路斯	32	207	3750419	5022563		4242	585722		203	3796635	5087497		4199	985087	
沙特阿拉伯	33	1	15455	23600		28	13244		1	15455	23600		28		
圣文森特	34	607	3489379	5028511		12847	855640		602	3585681	4630886		15220	10011351	
泰国	35	15	102666	130482		304	8347		14	96268	104208		284	16836	
土耳其	36	1	37519	68788		24	20000		1	37519	68788		24		
瓦努阿图	37	5	3418	2299		40			5	3418	2299		127		
乌克兰	38	1	12030	15062		19	12917		1	12030	15062		19		
希腊	39	39	2205341	2720881		950	336631		40	2335736	3842834		976	192898	
新加坡	40	255	4487894	5714154		4214	984616.56		260	4596533	5742239		4219	777095	
以色列	41	12	17506	30924		170	12528		12	17506	30924		170		
意大利	42	2	83924			44	916		2	83924			22	2473	
印度	43	9	194128	331809		273	152775		10	222867	293790		321		
印尼	44	10	41279	44693		168	13483		10	41282	52713		197	14617	
英国	45	22	1524097	1681046		550	93492		23	1604751	1768389		574	189759	
越南	46	14	126463	206075		317	124361		13	122367	199771		295	11651	
中国台湾	47	90	3960		14850	360		4895	90	3960		14850	360		5116
中国香港	48	220	2990455	4220902	745	3021	240577		210	2866340	3913224		2763	1576912	

2002年福建海事局辖区进出港船舶分货类货运量统计表

	计算单位	序号	货物到达量			货物发送量		
			合计	本国船	外国船	合计	本国船	外国船
甲	乙	丙	1	2	3	4	5	6
一、合计	吨	1	40346309	28115988	12230321	32812943	19926683	12886260
1、煤炭及制品	吨	2	9754057	8745451	1008606	93125	80125	13000
2、石油、天然气及制品	吨	3	7202732	4061654	3141078	2596393	2256208	340185
其中:原油	吨	4	3007097	460631	2546466	5238	1996	3242
3、金属矿石	吨	5	798503	272902	525601	87943	45499	42444
4、钢铁	吨	6	2682316	1840523	841793	568304	559841	8463
5、矿物性建筑材料	吨	7	937491	820323	117168	14726606	10712227	4014379
6、水泥	吨	8	698593	697411	1182	34780	34780	
7、木材	吨	9	230222	70202	160020	9361	9361	
8、非金属矿石	吨	10	641947	364021	277926	1694526	976087	718439
其中:磷矿	吨	11	9300	9300		550	550	
9、化学肥料及农药	吨	12	348982	137740	211242	7357	7357	
10、盐	吨	13	576545	543545	33000	86547	86547	
11、粮食	吨	14	2883580	2817468	66112	36418	36418	
12、机械、设备、电器	吨	15	63698	44275	19423	52188	35775	16413
13、化工原料及制品	吨	16	766379	355298	411081	81506	60869	20637
14、有色金属	吨	17	5630	4630	1000	1278	258	1020
15、轻工、医药产品	吨	18	98302	95728	2574	61681	61681	
其中:日用工业品	吨	19	46233	43659	2574	44984	44984	
16、农林牧渔业产品	吨	20	588962	182712	406250	37775	22751	15024
其中:棉花	吨	21	7266	7266		450	450	
17、其他	吨	22	12068370	7062105	5006265	12637155	4940899	7696256

厦门海事局

【概况】 厦门海事局为交通部驻厦海事机构,担负北起同安莲河、南至诏安宫口1000多公里岸线水域和台湾海峡中南部水域的交通安全监督管理和防止船舶污染、船舶及海上设施检验、航海保障等职能,并负责厦门海上搜救分中心办公室日常工作,机构规格副厅级。目前局机关内设12个职能处室,基层单位8个,人员283人。

2002年,厦门海事局坚持以海上安全监督管理为中心,深入开展第三个"水上运输安全管理年"活动，努力改善口岸通关环境，辖区海上事故四项控制指标全面下降，共发生一般等级以上事故11起，沉船4艘、直接经济损失约532.1万元，分别为福建省政府下达控制数的36.7%、28.6%和51.4%，没有发生死亡事故。辖区海上安全形势的稳定，有力促进了当地海运经济的发展。2002年，辖区进出港船舶77635艘次、15287万总吨，同比增长1.64%和28%，其中国际航行船舶9903艘次、12660万总吨，同比增长20%和24.6%。

【严格船舶监督检查】 坚持以“四客一危”船舶为重点，实施国轮安全检查412艘次，开航前检查33艘次，开航前检查率、经检查船舶在国外通过率均达到100%。港口国监督检查实现了年初确定的60艘目标，比上年增长40%。船舶专项监督检查取得成效，辖区“四客一危”船舶整体安全技术状况进一步好转，没有一艘船舶进入交通部海事局公布的“黑名单”。办理各类船舶登记605艘次，完成了辖区船舶的登记换证工作。积极推进国际安全管理规则的国内化进程，促使海达航运有限公司和厦门通海船务公司试行安全管理体系，完成了辖区持有“符合证明”的国际航运公司的换证和年度审核工作。

【加大通航环境整治】 进一步强化“一道四线” 即厦鼓水道和厦金航线、厦漳客运航线、旅游航线和客渡航线的现场监督，加大了通航管理、巡航和专项整治力度，全年共出动监督人员15143人次、巡航船艇3762艘次、巡航时间4100小时、巡航里程24805海里，纠正各类违章2503次，维护了良好的通航环境和通航秩序。积极参与厦门湾西海域整治行动，扩大了可航海域和船舶防台锚地。加强了节假日、旅游旺季、“9.8”贸洽会和各种博览会期间的海上现场安全监督。实施大型船舶进出港护航330航次，确保了厦金客运直航614航次和“狮子星”等豪华邮轮安全进出厦门港。完成水上水下工程审批78件，发放许可证59份，发布航行警(通)告226份，播发甚高频航行通告407份2262次，转接甚高频无线电话7237次/13224分钟。

【强化船员跟踪管理】 认真执行船员违法记分管理办法，将“四客一危”船舶船员“实际操作和安全知识”的检查日常化。办理各类适任证书1290本、海员证2918本、服务簿722本、海员出境证明940份，完成各类专业、特殊培训考试、评估和发证10403人次。根据辖区小轮船员管理实际，制定了《厦门湾小型船舶船员适任考试、评估和发证规则》及其过渡规定，填补了国内区域性小轮船员管理法规的空白。组织小轮船员过渡换证培训354人次，初步建立了小轮船员信息数据库，促进了小轮船员管理逐步规范。

【加大海域污染防治力度】 受厦门市政府委托，编制了《厦门海域溢油应急计划》，经专家评审通过，为建立厦门海域溢油应急体系打下基础。大力开展创建“绿色客轮”活动，制定了《绿色客轮守则》，倡议船公司、船舶进一步健全并遵守船舶防污染制度。“同安”、“海达元祥”、“海达元兴”和“海达元和”等四艘客轮荣获“绿色客轮”称号。按履约要求完成了辖区化学品船《船上海洋污染应急计划》的审批工作。组织对11个散装液货码头进行了审核发证。开展污染损害赔偿专题研讨活动，交流经验，探索新路。结合《国际危规》30套修正案的宣传贯彻，举办4期222人次的培训班，提高了危险品管理和申报人员水平。办理危险货物申报4246票、各类防污业务审批414项，实施危险品船舶现场监督检查633艘次。

【规范船舶检验管理】 按照部海事局授权，独立编制了《厦门港20m以下木质运输船舶检验暂行办法(2002)》，填补了我国木质运输海船检验规范在该领域的空白。认真实施船舶年度检验、坞内检验、定期检验等工作，进一步加大检验力度，规范船检管理秩序。做好过渡考试工作，全体验船人员都取得了国家验船师适任证书。完成了海上旅游船舶的稳性校核和辖区乡镇船舶修造企业的年度复查工作。检验船舶562艘次、28.7万总吨,进一步加强了船舶安全的源头管理。

【抓好搜救防台工作】 加强学习和培训,不断增强应急反应能力,及时有效实施救助和防抗台工作。实施海上搜救22次,获救船舶14艘,获救人员191人。重新编写了《海上应急反应预案》,严格搜救值班制度。在参与全国首次军警民海防联合演练中,组织协调各类参演船艇60余艘,圆满完成海上救生、消防、溢油应急处置和现场警戒等任务,展示了良好的组织、协调和指挥能力,得到了中央领导罗干同志、交通部副部长张春贤同志和有关方面的充分肯定。

【稳步推进海事法制工作】 受厦门市政府委托,由厦门海事局起草的《厦门市海上交通安全管理条例》,经厦门市人大常委会审议通过,报福建省人大常委会批准,2003年3月1日起实施。这是全国海事系统第一部综合性海上交通安全地方法规。它的实施,对加强厦门海域的安全监督管理,改善通航环境将产生深远的影响。进一步调整和明确了局属各执法机构的执法主体和权限,制订了《海事行政执法责任制实施办法》和《海事行政执法错案追究制度》等规定,不断完善行政执法监督机制。积极参与《海上交通安全法》、《船舶法》和《岸线管理规定》等相关法律法规的调研和修改工作,提出建议112条,得到了有关部门的重视。认真开展政务公开工作,公示了《政务指南》和《各项规费收费标准》,在局及所属海事机构设置了"监督台",促进了规范执法和文明执法。全年共处理行政处罚案件251起,罚款42.5万元,没有当事人申请行政复议和提起行政诉讼。

【努力提高通关效率】 认真贯彻省市关于提高口岸工作效率的会议精神,重点抓好服务承诺的落实工作,并在实践中加以完善和提高。制定了口岸通关效率指标,对国际航行船舶申办进出港手续和危险货物进出港手续,申报材料经审查合格的,10分钟内办理完毕;对国际航行船舶申请登轮办理进出港手续,停泊码头的半小时内登轮,停泊锚地的1小时内登轮。坚持做好海天码头值班点和轮渡值勤点24小时办理船舶进出港手续工作。进一步加强了窗口单位现场监管服务力量,把业务水平高、服务意识强的骨干充实到窗口一线,大大增强了一线人员整体素质,为加快通关速度提供了队伍保证。建立和完善了与船东、代理公司的联系渠道,积极向企业宣传有关规定和规则,及时为企业解决在通关工作中存在的困难和需求。

【深化海事文明建设】 坚持以口岸通关窗口建设为重点,创建精神文明活动迈上新台阶。海沧海事处开展"思想过硬、业务全面、手段完善、服务到位"的活动和鹭江海事处开展"共建安全文明厦鼓水道"的活动,都取得良好成效。漳州海事局、鹭江海事处荣获福建省口岸海防打私共建文明先进单位称号,海沧海事处被共青团厦门市委授予"青年文明号"称号,鹭江海事处被评为福建海事系统先进集体,东山海事处等6家单位通过局创建文明达标单位验收。王高耀、黄玉枝、陈鹭玲等一批骨干受到交通部、福建省和当地政府表彰。

【加快基础设施建设步伐】 厦门港及附近水域船舶交通管理系统(VTS)工程建设进展顺利,已进入设备安装调试的最后冲刺阶段,可望在2003年上半年投入试运行,建设周期比同类工程提前一年多。随着新综合楼的正式投入使用,网络综合布线系统和网络系统的迁移也同步完成。全面开通运行了内部电子邮件系统,实现了局机关与各基层单位的电子信息交换。局机关实现人手一台计算机,基层单位主要业务实现了计算机管理,大大提高了现代化办公水平。完成了国际航行船舶进口岸电子申报审批系统的安装并进入调试阶段。全国海事系统第一艘32米钢铝混合型巡逻船投入使用,实现了辖区巡航管理从港区到海区的转变。海沧海事专用码头建设的前期工作已经完成。漳州海事局和港尾海事处业务用房“工可”已经交通部批准。完成了厦门港东渡三期无线电通信工程设备安装工作。细化调整并上报了我局“十五”基建计划。

2002年海事业务数据统计表

项目	数据名称	数据量
一、搜救管理	搜救次数(次)	22
	搜救时间(小时)	208
	获救船舶(艘)	14
	获救人员	191
二、船舶监督管理	办理船舶进出港签证(艘次)	77635
	办理船舶进出港签证总吨(万吨)	15287
	办理各类船舶登记(艘次)	605
	国轮安全检查(艘次)	412
	港口国监督检查(艘次)	60
	开航前检查(艘次)	33
	安全体系审核(次)	3
三、通航管理	发布航行通(警)告(份)	226
	水上水下施工作业审批(项)78	
四、船员监督管理	各类船员适任证书(本)	1290
	船员服务簿(本)	722
	海员证(本)	2918
五、船舶检验	船舶检验艘次	562
	验船总吨位(万吨)	28.7
六、事故调查	事故调查(宗数)	34
七、海岸电台	无线电话话台通话时间(次)	7237
	无线电话话台通话时间(分钟)	13224
八、日常巡航	巡航时间(小时)	4100
	巡航次艘	3762
	巡航里程(海里)	24805
九、危管防污	危险货物通过量(万吨)	241
	监装危险品(艘次)	
	办理危险货物安全适运申报的审批手续(票)	4246
	危险品监管次数633危险防污处理污染事件(件)	1
	运输危险货物船舶进出港(艘次)	2013
	辖区防污检查(艘次)	82
	油污水接收处理、垃圾接收处理等相关作业审批(项)	414

福建口岸专稿

福建省外贸概况

2002年是我国加入世贸组织后的第一年，福建省对外经贸在国际形势错综复杂、全球经济和贸易增长缓慢、国际投资持续低迷、国际市场竞争更加激烈、贸易保护主义加剧和国内出口退税滞后、企业资金困难等国内外诸多不利因素的情况下，努力迎难而上，开拓进取，实现了较快发展。

【对外贸易形势良好】 据海关统计，2002年全省外贸进出口达284亿美元，比上年增长25.5%。其中出口呈现持续快速增长态势，达173.73亿美元，比增24.8%，高出全国平均水平2.5个百分点，仍居全国第六位。全年全省外贸出口呈现如下特点：

1.各种经营主体出口全面增长。国有企业出口51.48亿美元，比增10.2%；外商投资企业出口首次突破百亿美元，达到104.66亿美元，比增26.3%，其中冠捷电子和厦门戴尔年出口额都超过10亿美元；集体和私营企业出口17.59亿美元，比增82.4%。

2.加工贸易呈恢复性增长。全年加工贸易出口83.47亿美元，占全省出口总量的48%，比增25.4%；一般贸易出口81.58亿美元，比增24.7%；其它贸易方式出口8.69亿美元，比增71.4%。

3.机电产品和高新技术产品的出口高速增长。其中机电产品出口68.04亿美元，比上年增长41.4%，占全省出口总量的39.2%，增量占全省外贸出口增量的57.9%，拉动福建省外贸出口增长14.6个百分点；高新技术产品出口32.34亿美元，比2001年净增14.5亿美元，增幅达82.1%，占全省出口比重的18.6%，为促进全省出口的增长发挥了重要作用。

4.实施市场多元化战略取得新进展。对美国、日本、欧盟和香港等四大传统市场的出口分别为40.71亿美元、35.73亿美元、26.64亿美元和18.22亿美元，增长率依次为18.1%、38.8%、16.4%和24%，对东盟、中东、拉美、东欧、大洋洲等五大新兴市场的出口增势则强于传统市场，合计出口33.25亿美元，占全省出口比重的19.1%，比增28.4%。

【利用外资总体形势好于2001年】 2002年全省新批合同外资按往年的可比口径为69.44亿美元(按新口径为38.92亿美元)，比上年增长38.7%，外商实际到资按往年的可比口径为42.5亿美元(按新口径为38.38亿美元)，比增8.5%。至此，全省累计批准外商投资项目31238个，合同外资金额758亿美元，实际利用外资金额422亿美元。主要特点：

1.第二产业仍然是外商投资的重点。2002年外商投资第二产业的合同金额达59.31亿美元，比增58.9%，占全省合同外资的85.4%，外商投资第二产业比重比上年增加了近11个百分点。而农业和第三产业吸引外资只占2.8%和11.8%，分别比上年下降了0.7和10.7个百分点。在第二产业中，制造业合同外资又占了71.7%，全省吸收外资近61%投向了制造业。按行业划分，投向农林牧渔业合同外资达1.96亿美元，比增11.4%；电力、煤气及水供应业合同外资达15.54亿美元，增长18.9倍；建筑业合同外资达1.12亿美元，增长6.6倍。

2.外商投资企业规模有所扩大。2002年全省新签外商直接投资项目平均规模为380.5美元，比上年平均的 299.8 万美元，提高了 26.9 个百分点。其中新签千万美元以上的大项目 169 个，比上年同期增加了 30 个，比增 26%；合同外资 40.44 亿美元，比增 60.9%。

3.外商投资企业增资积极性不断提高。2002 年全省外商投资企业增资项目合同外资达 27.13 亿美元，比上年增长 1.9 倍，约占全省合同外资金额的三分之一以上。外商新增投资已成为福建省扩大利用外资的重要增长点。

4.投资来源地仍以港台为主。2002 年全省新签港商投资项目 758 个，比增 20.9%；合同港资 22.46 亿美元，比增 3.1%；港商实际到资 18.6 亿美元，比增 8.81%。台商投资项目 451 个，合同台资 22 亿美元，比增 104%；台商实际到资 5.3 亿美元，比增 4.9%。合同台资金额居全国第三位，占全省合同外资的近三分之一。另外，来自澳门的投资 7277 万美元，比增 40.5%；来自马来西亚的投资 7974 万美元，增长 4.93 倍。由于加大了拓展欧美日的招商活动，来自美国的合同外资 2.7 亿美元，比增 21.5%；来自日本的合同外资 2.3 亿美元，比增 1.77 倍。

【国际经济合作在高速中发展】 受暂停对台渔工劳务合作和输往新加坡、澳门、以色列劳务减少的影响，2002 年全省国际经济合作业务有所下降，但对外承包工程和境外投资则取得新进展。全省新签对外承包工程和劳务合作合同 890 项，比上年下降 64.9%；合同金额 4.09 亿美元，下降 28.9%，其中承包工程 2.38 亿美元，比增 46.14%，劳务合作 1.71 亿美元，比降 53.6%；完成营业额 4.64 亿美元，比降 6.9%，其中，承包工程 1.63 亿美元，比增 10.68%，劳务合作 3.01 亿美元，比降 10.8%；期末在外人数 5.05 万人，比降 15.4%，居全国第二位。新批境外投资企业 24 家，比增 20%，总投资额 1557.92 万美元，其中中方投资 1065.37 万美元，保持良好的发展态势。

大力推进口岸“大通关”建设
努力为福建省构建三条战略通道提供更好的服务

——2002 年福建口岸管理(大通关)工作综述

福建省地处我国东南沿海，东临台湾海峡，海岸线长 3324 公里，占全国海岸线的六分之一左右。全省对外开放的一类口岸共 11 个，其中海港口岸 8 个，分别是福州港、厦门港(含海沧)、泉州港(含石湖)、肖厝港、秀屿港(含湄洲岛客运码头)、松下港、城澳港(含白马港)、漳州港(含东山港)；空港口岸 3 个，分别是福州长乐国际机场、厦门高崎国际机场、武夷山机场。全省对外开放的海港二类口岸经过 1999 年清理整顿后，目前共有 23 个，陆路二类口岸 2 个。泉州晋江机场于 1998 年 12 月开通晋江至香港临时包机航线，1999 年 5 月开通晋江至马尼拉临时包机航线，作为临时对外开放的空港口岸，发挥了特殊的作用。福州、厦门两港 1997 年被交通部确定为海峡两岸海上试点直航口岸后，对促进祖国和平统一起到积极的作用。为了适应“十五”时期我国对外开放将进入新的阶段的需要和我省“十五”计划时期国民经济和社会发展主要奋斗目标和外向型经济发展的需求，本着“确有需要、合理布局、统筹规划、有利监管”的原则，我省又扩大开放并继续申请扩大开放一批新的口岸。福清江阴港作为松下港口岸的扩大开放作业区于 2002 年 12 月 12 日经批准，临时对外开港，晋江深沪港作为泉州港口岸的扩大开放作业区申报工作正在办理中,可望明年获得批准。随着福建省政府推行的项目带动战略的实施,一批大进大出的项目在沿海落地必定要求我省海港口岸进一步扩大对外开放。显然口岸处于对外开放通道的最前沿,这就要求我们不但在口岸布局上要合理,要适应构建三条战略通道(对外开放通道、对内连接通道、山海协作通道)的需要,而且要十分重视口岸的通关环境和通关速度,口岸的质量是确保对外畅通的关键。改革开放以来,国家和地方政府投入大量资金建设起一批设施完善的对外开放通道,我们要十分珍惜,十分爱护,要想尽一切办法,管好、用好口岸设施,提高口岸通过能力和通关速度,只有这样才能适应我国加入世贸组织后的新形势,才能适应我省构建三条战略通道的根本要求。为此,近年来我省不但在口岸开放方面做了大量工作,从口岸的数量上满足对外开放的需要,而且更加重视口岸的质量,在推进口岸"大通关"建设方面同样做了大量的卓有成效的工作。

认真贯彻国办《通知》,福建口岸工作跨上新台阶

2001年10月,国务院办公厅发出了《关于进一步提高口岸工作效率的通知》,省政府领导十分重视,采取了一系列措施加以贯彻落实。继2001年11月召开全省提高口岸工作效率电视电话会议之后,2002年5月又召开全省提高口岸通关效率工作会议,进一步查摆我省口岸通关环节中存在的主要问题,提出具体应对措施,着力推动口岸大通关工作,使口岸更好地为我省外经贸发展服务。福建省口岸各部门在以下几个方面做出了努力:

一是将改善通关环境的举措落到实处,形成高效顺畅的通关氛围。在福厦关区查验主管部门的共同努力下,重新修订了《口岸查验部门改进服务工作、优化通关环境的具体措施》(以下简称《措施》),发送到口岸查验生产和服务部门,使之落实到窗口和一线工作中去。省口岸海防办通过开展全省口岸提高通关效率调研,进一步摸清了全省口岸通关环境的现状和存在的问题,并提出了相应的对策和建议。国办《通知》下发后,各查验部门又提出了进一步加快口岸通关速度的新举措,并在全省电视电话会议上公开承诺,进一步推动加快口岸通关良好氛围的形成。

二是改进工作方式,不断加快口岸通关速度。福州海关根据外贸特点和规律,延长工作时间,全关区业务现场对出口货物实行法定工作日及8小时以外预约申报、预约查验加班制度,在业务繁忙的港区试行周五通关时间延至24点,同时成立了通关事务应急处理协调专门机构,及时协调处理通关过程中遇到的疑难问题。厦门海关扩大F通道的适用范围,企业出口一票货从6个环节压缩到3个环节,通关手续从2—3天,减少到不足2小时,同时扩大实行预归类范围和先放后征覆盖面。福建检验检疫局完善报检签证并增设窗口,实行"急事急办、特事特办"、"全天候"、"无假日"服务,同时积极开展"三电工程"推广应用,简化了办事程序。厦门检验检疫局改进口岸检验检疫工作方式,同时重新制定出口商品分类管理办法,对实行一、二类管理的出口商品减少报检比例。福建海事局在有外贸出口任务的口岸实行24小时值班,受理口岸船舶电讯申报,预先办妥口岸手续。省边防系统在办证审批环节推行"一张表格、一次说清"的办事制度,检查、办证、收费在同一地点集中办公简化了工作环节。厦门边检系统在东渡边检站实行"国际航行船舶网上报检",平均1分钟即可办妥原先要30分钟才能办妥的船舶入出境手续,大大提高了工作效率。

三是开展口岸中介组织清理整顿工作,营造良好的通关环境。近年来,先后对全省口岸报关行、报检行、国际货运代理、船舶代理等356家口岸中介企业进行清理整顿,对20多家内部管理混乱、擅自设立分部、让非正规企业挂靠、未明码收费等违规企业发出书面整改通知,限期整改;对3家严重违规的报

关行，移交海关缉私侦察部门查处，暂停其报关权；对7家无证经营的非正规货代交由工商部门查处，有的予以取缔。各中介主管部门也根据存在的问题，分别制订行业管理办法，进一步规范行业管理。通过清理整顿，基本达到“规范口岸中介服务，促进公平有序竞争，提高从业人员素质，优化口岸通关环境”的预期目的。

四是加强口岸综合管理和协调工作，提高口岸整体效能。厦门口岸建立通关协调机制，并设立口岸通关“110”，接受通关问题咨询和通关效率投诉，还针对存在的问题，积极牵头协调，实行查验单位船舶检查人员集中办公，24小时值班。泉州口岸通过完善联席会、口岸现场协调会、外贸运输分析会和船货代理季会等形式，构建管理有效、运转灵活的口岸协调机制，同时全面推行月份践诺检查通报制度，沟通情况、凝聚合力。我办在加强管理的同时还认真做好专项协调工作，使查验部门、生产部门和中介部门做到互相支持互相配合，达成共识齐心协力，提高口岸整体效能。

认真落实上海会议精神，全面启动“大通关”协调机制

2002年5月国务院5部委联合在上海召开了全国提高口岸工作效率现场会，十分明确地把“大通关”作为口岸一项非常重要的工作，要求全国各口岸认真推行。我省紧接着就在厦门召开了全省提高口岸工作效率会议，传达上海现场会议和吴仪同志讲话精神，介绍兄弟省市提高口岸工作效率的经验，并结合我省实际，提出了进一步提高口岸工作效率的具体措施。省委书记宋德福、原省长习近平都对提高口岸效率工作做了重要批示，希望口岸各管理部门认真学习、全面贯彻在上海召开的提高口岸工作效率现场会精神，改变观念、统一认识，上下联动、形成合力，各负其责、齐抓共管，切实改善服务，进一步提高口岸工作效率。根据省领导指示，在口岸系统各部门的共同努力下，福建省口岸工作在原有基础上又迈出新的步伐。

一是成立了福建省口岸大通关协调小组。协调小组由分管副省长任组长，成员由福、厦关区查验主管部门、交通、外贸、工商、物价、银税等20个综合部门的负责人组成，主要职责是组织实施全省口岸大通关工作，研究决定全省口岸通关中带全局性、关键性的问题；协调处理整体通关过程中各部门、单位之间出现的问题等。同时要求沿海各设区市也成立相应机构，接着各设区市大通关协调小组也相继成立，并开展工作。协调小组下设联络员办公室，由各成员单位负责口岸通关的业务处室负责人组成，办公地点设在省口岸海防办，并建立联络员工作机制，实行联络员责任制，建立通报反馈制度和联络员月报制度，实行定期会议制度。联络员办公室正式启动后，各项职能运作良好，对推进我省“大通关”做了大量具体的工作。

二是制定《福建省进一步提高口岸大通关工作效率的具体措施》。重点在创新通关模式和监管手段上，解决传统口岸管理条块交叉、分兵把守、政出多门的问题；规范作业流程，完善运行机制和办事程序，落实“便捷通关”措施，解决传统的口岸管理审批环节多、手续繁杂的问题；对大型出口企业以及高新技术企业实行“绿色通道”制度，进一步扩大分类管理适用范围；推广“快速通关”的转关运输模式，解决传统口岸管理中内地和口岸之间异地通关限制较多的问题；加强信息化建设，解决传统口岸管理信息化、网络化水平普遍较低的问题；对出口加工区推行新的监管模式，减轻口岸通关压力。这些改革举措，涵盖了“大通关”各个环节，出台后各方反映良好。

三是用新的实际行动加快大通关进程。福州海关提出实现有效监管和高效运作的“双效”目标，总体思路是改革通关监管模式，尽可能延伸通关时间和空间，通过实行进口货物的提前报关、预申报、预归

类等制度，实现海关作业的“前置”，通过实行进出口货物后续稽查制度，实现海关作业环节的“后移”，从而有效地解决过于集中在口岸通关现场的“瓶颈”制约，加快通关速度。厦门海关提出新措施：在东渡港将技术查验科目由每天一班增加至每天二班作业，即每天的工作由现行 6 小时延长至 12 小时，使集装箱过机比率大大提高，人工掏箱查验大幅下降，据测算每个集装箱查验费用由 1000 元降低到 100 元以内；扩大加工贸易联网监管，对加工贸易企业推广“大手册”管理；对国际航行船舶实施风险管理，设置 A、B、C 三个风险管理级别，A 类船舶可享受“即靠即卸”、“保函放行”等待遇；继续实行“6 天工作、7 天服务”，加大关务公开力度，拟在东渡联检中心业务现场开设“专业化审单窗口”，将过去一个窗口接单单证内部流转的“暗箱操作”式的审单作业流程改为设置“先放后税”、“便捷通关”等 20 余个专业接单窗口，实现关员与货主平等互动的透明规范式的作业流程。福建检验检疫局结合福建经济发展形势和辖区工作实际分析问题，查找差距、落实措施，积极转变检验检疫模式适应和促进“大通关”工作，着重从转变监管模式，创新监管手段入手，扩大推行生产企业的便捷措施，加快片区检验检疫业务协作步伐。厦门检验检疫局明确了大通关总体思路，找出了十大目标，并推出具体时间表，对符合条件的出口企业推广直通式报检，对高科技、大型出口企业等出口商品实施“绿色通道”制度。

坚决执行福建省委七届三次全会《决定》，再促口岸“大通关”全面提速

通过全省口岸系统全体员工的共同努力，2002 年我省口岸的通关速度实现了既定的目标，即：出口货物海关、检验检疫通关平均时间不超过 1 个工作日，进口货物海关通关平均时间不超过 2 个工作日，检验检疫通关平均时间不超过 1 个工作日。据统计，2002 年福州关区海关进出口货物的当天放行率分别为 52.95%和 85.4%。厦门关区海关进出口货物当天放行率分别为 42.48%和 74.64%。口岸大通关带来了口岸大流通，2002 年全省口岸外贸客货运输实现三个突破。一是海港口岸外贸货运量突破 4000 万吨，达 4003 万吨，与上年比增(下同)21.7%，其中进口 1676 万吨，出口 2327 万吨，分别比增 15.3%、25.4%；二是国际海运集装箱突破 200 万标箱，达 217 万标箱，比增 25%；两岸试点直航运载量突破 50 万标箱，达 52.85 万标箱，比增 9.7% ；三是全省空港口岸入出境旅客突破 150 万人次，达 154.19 万人次，比增 18.2%。海港口岸入出境旅客 17.97 万人次，比增 12.8%，其中“两门”、“两马”直接往来旅客突破 5 万人次，达 5.73 万人次，比增 134.5%。

福建省第七届党代会提出要构建三条战略通道，把对外开放摆在突出的位置，而口岸又处于对外开放的最前沿，显然，在构筑对外开放通道中的地位十分重要。去年 9 月，省委七届三次全会又做出《关于进一步提高对外开放水平的决定》，单列一条专门阐述“建立健全‘大通关’协调机制”的问题，对福建口岸工作提出了全新的要求，我们必须坚决贯彻执行。随后，省领导又多次对口岸大通关工作做出重要批示。省委、省政府给予口岸工作如此高度的重视，给全省口岸工作者以极大的鼓舞。在大家共同努力下，全省口岸大通关工作机制进一步理顺，工作力度进一步加大：

一是根据福建省口岸工作的新发展和省委、省政府的新要求，省口岸海防办又会同省内 8 家查验主管单位联合制定了《福建省进一步提高口岸大通关工作效率的补充措施》(以下简称《补充措施》)，并把各项任务进行分解，落实到单位，责任到窗口一线，再促“大通关”全面提速。

二是建立起口岸大通关工作督查机制。按照《措施》要求对口岸通关、口岸服务、口岸物流、口岸秩序等工作进行督查。接着又在福厦关区对《措施》和《补充措施》进行督查。

三是全面建立了大通关热线电话联动机制。在已经设立的大通关热线电话 0591－7575119 的基础

上，把各查验部门和各口岸大通关协调小组的电话和监督电话号码一起在报纸上公布，并制作“大通关联动卡”发给各企业和生产部门。各设区市也设立大通关热线并建立联动机制，协调解决口岸现场出现的问题。为确保热线电话内容处理的时效性，进一步健全大通关热线电话值班制度，将 8 小时值班增加到全天候 24 小时有人受理，及时协调解决通关中存在的问题。

四是开展《加快推进大通关建设研究》大型调研活动。组织福、厦关区口岸部门进行交叉调研，互相促进，提出了许多具有前瞻性、建设性的意见，形成课题论文，对今后的全省大通关工作起到重要的指导作用。

五是成立全省口岸大通关数据处理平台建设协调小组。大力整合口岸资源，把科技手段作为大通关新的突破口，缓解查验人员不足的矛盾，进一步提高工作效率。

六是开展全省海港口岸新增作业区清理工作。该整改的整改，该关闭的关闭，整合口岸资源，挖掘口岸潜力，为扩大对外开放提供全方位口岸服务。

当然，我们应该清楚地看到工作中仍存在的不足之处。正如叶双瑜副省长所指出的，“不仅要总结经验，更要找出差距。”从总体上看，福建省口岸大通关工作仍有很大潜力可挖，工作发展也很不平衡，口岸资源的整合仍然是篇大文章，口岸通关中电子化水平不高仍然是工作的瓶颈，再有就是大通关措施真正落实在到一线工作中还有一定距离等等，这些都影响着大通关效应的有效显现。

“大通关”建设是当前优化投资环境的重要内容，是政府外树形象的重要方面。要增强省“大通关”协调小组的权威性，下大力气组织实施“大通关”工作，形成各级政府、各有关部门共同关心支持“大通关”的良好氛围。在构建三条战略通道的机遇中，口岸建设需要我们共同的不懈努力，以二次创业的精神，再创福建口岸事业新的辉煌。

（林金贵）

改进边防检查工作　提高口岸通关效率

厦门出入境边防检查总站

一年来，我们认真贯彻国务院办公厅下发的《关于进一步提高口岸工作效率的通知》精神，按照省政府电视电话会议要求，统一思想，提高认识，以党和国家放心、人民群众满意为最高标准，紧紧抓住改进工作作风、提高工作效率、实现优质服务这一重点，克服各种困难，积极研究探索通关环节少、检查速度快、服务质量好的检查管理办法，认真制定落实切实可行的便民措施，为改善口岸通关环境、维护口岸安全稳定、提高口岸工作效率、服务地方改革开放和经济建设，做出了应有的贡献，产生了积极的影响，得到社会各界的广泛支持。

一、以人为本，不断加强队伍建设，适应形势和任务的发展需要。

我们认识到“安全、畅通、文明、高效”是衡量一个口岸管理水平高低的标准。除了口岸基础设施、有关单位的管理水平外，影响口岸形象至关重要的因素是人的素质。因此，我们十分重视做好人的工作。首先从解决思想认识、提高思想觉悟入手。针对少数民警服务意识淡薄、思想认识跟不上形势发展变化甚至出现利用职便违法违纪苗头的实际情况，在队伍中广泛开展宗旨教育、职业道德教育和勤政廉政教育，引导民警树立正确的世界观、人生观、价值观，激发他们爱岗敬业的荣誉感和责任感，秉公执法，忠于职守，并按照江总书记的讲话要求，教育每一位民警树立正确的权力观，自觉地把权力当责任，视职能为服务，正确处理把关与服务的关系，不断增强服务意识，改善服务态度，主动为服务对象排忧解难，杜绝“门难进、脸难看、话难听、事难办”的现象，增强大局观念，积极配合协助地方党委、政府的各项工作。我们还坚持高标准、严要求，大力加强基层基础建设。结合“为人民服务，树公安新风”活动，在总站范围内开展“争创优秀警队”活动。目的是通过开展这项活动，不断提高队伍的凝聚力和战斗力，全面规范各项勤务工作，进一步提高服务水平，从而保证各项出入境边防检查工作的顺利开展。其次是抓好培训工作，提高民警素质。面对边检职业化改革后警力相对减少与工作任务日益繁重的矛盾，我们牢固树立了“以人为本”的思想，坚定地走素质强警之路。一方面，加大人才引进力度，三年内共从各类高等院校和友邻公安机关引进人才 29 名。另一方面，按照公安部制定的《出入境边防检查机关教育培训三年规划》要求，我们及时组建了总站培训中心，组织检查员业务培训和计算机、外语等形式多样的技能培训 20 余次，参训人员达 400 多人次。各站也根据各自实际和工作需要举办了各类培训班，使民警的业务素质和工作能力得到明显提高。同时，我们还重点帮助以前在部队中由战士提拔为干部这类人员参加学历教育，通过自学提高个人综合素质。经过三年的不懈努力，目前总站大专以上学历民警比例已由职改之初的 47.6%上升到 90.6%，队伍的整体素质不断得到提高。

二、顺应形势，与时俱进，不断改进工作方法，营造宽松的口岸通关环境。

工作中，我们始终坚持边检工作服从和服务于地方经济建设需要，紧密围绕经济建设这一中心，结合厦门特区实际，坚持文明执法、热情服务，忠实履行服务承诺，合理改革勤务组织，努力提高通关效率，先后圆满完成了大型旅游船和大型定班客轮检查、厦金直航船舶检查等一些难度大、要求高的工作任务，为特区的改革开放和经济建设事业创造了文明、高效、快捷的口岸通关环境，得到了地方党委、政府的肯定。

我们在严格贯彻落实公安部制定的各项边防检查工作规范的同时，在不违反规范原则的基础上，结合工作实际，尽可能地采取灵活有效的工作方法，提供良好的服务。首先，在对进出口岸国际航行船舶的检查、监护和管理工作方面，我们认真按照国务院 175 号令要求，从单纯的强调管理向管理与服务并重的方向转变，不断增强服务意识，对办理船舶出入境手续的方式进行改革，原则上不再登轮办理，遇有特殊情况确需登轮检查的，必须经过批准，并严格控制比例。去年东渡边检站从未登轮办理船舶出入境手续。我们还从今年 1 月 1 日开始正式实行国际航行船舶“网上报检”，减少了代理往返奔波，缩短了办理边防检查手续时间，加快了通关速度。此举大大方便了船方、代理、货主和口岸作业单位。对进出口岸国际航行的外国籍船舶，取消全程监护，缩减梯口监护，以卡口监护、码头巡查、海上巡查、闭路电视监控为主的方式进行监管。在办理登陆、登轮、搭靠外轮等各类证件时，做到原则上一次性办妥；对手续不完备不能一次办妥的，填写《回执单》，注明需提供的有关资料，保证下次办妥。此外，我们还全面落实全天候服务制度。为方便船方、货主、代理等口岸有关单位，东渡边检站公开向社会承诺，坚持 24 小时值班制度，除了在海天、海沧联检报关中心联合办公外，还于去年 12 月在海天码头设立查验单位联合值班室，负责办理夜间和节假日船舶进出口岸手续，全面落实 1 周 7 日工作制和 24 小时工作制。据统计，2001 年东渡边检站共办理出入境(港)船舶手续 7143 单，其中夜间及节假日办理船舶手续 3745 单，占了总数的一半多。高崎边检站克服各种困难，积极完成早晨、夜晚和新增航班的检查任务，一线民警严重超时、超负荷工作,每天工作时间长达13小时,每周二、三、五、六遇有曼谷航班,工作时间更长;同时,实行值班留守待命工作制度,误点航班取消之前不撤岗。

其次,在出入境旅客检查方面,我们不断简化检查手续,开足验证通道,不让旅客排长队等候,做到检查员每检查一位旅客时间不超过45秒钟,92%旅客排队候检不超过30分钟,值班领导处理手续不符等问题在半个小时内作出决定。我们还针对大型旅游船载客量大、泊港时间短的特点,进一步分析研究,改进工作方法,营造更为快捷、宽松的通关环境,实现了我们对载客量2000人的旅游船的验放时间一般控制在一个半小时之内的承诺。

三、加大科技投入,不断提高边防检查工作效率和水平。

增加科技含量,是提高工作效率,实现边检工作上新台阶的重要一环。98年边检职改以来,我们先后投资1000多万元,帮助高崎、东渡边检站改善执勤设施,购置执勤设备。高崎边检站对旅检现场的计算机全部进行更新,按照《国家对外开放口岸边防检查现场设施建设标准》,改造了执勤现场旅客服务标识,设立了"外交、礼遇和需扶助人员通道"和"中国公民专用通道",在贵宾室设置了临时验证台,完善了现场触摸屏电脑查询内容,配备了自动读卡机等服务设施。此外,还投资数十万元,在执勤现场建成闭路电视监控系统。东渡边检站结合和平码头维修改造,扩大候检现场,增加旅客通道,安装了检查监控等技术设备,提高了科技含量,基本能够满足现有客流量的需要。为规范和加强巡查监护工作,总站还专门为东渡边检站的巡查队装备了执勤用船艇、汽车和摩托车,配发了通讯工具和检查仪器。执勤设施设备的改善,尤其是内部计算机网络的建成,为执勤工作的规范化建设提供了有力的保障。2001年,我们共检查出入境旅客员工125.5万人次,交通工具1.4万架(艘)次,查获偷渡人员160人,接收处理境外遣返人员2239人,查处各类违法违规人员1710人。基本做到了口岸无塞关、旅客无投诉,各界反映良好。我们深深体会到科技强警是做好边检工作的必由之路。

四、公开警务,接受监督,真正实施"阳光作业"。

各边检站认真落实各项警务公开制度,增加边防检查工作透明度。在执勤现场设立公告牌、执法服务台、投诉箱和三级投诉电话,公开检查人员守则、处罚依据及标准和群众常办事项所需手续、程序、时限。总站及高崎、东渡边检站都聘请了廉政监督员,接受社会各界对边防检查工作的监督,对旅客、船方、货主等工作对象的投诉或反映的问题高度重视,认真对待,及时反馈。此外,东渡边检站去年以来举办了6期报检员培训班,对近200名报检员进行了轮训。培训内容为办理边检手续的相关要求和注意事项。通过培训,公开了办事程序和工作要求,大大方便了船舶手续的报检工作。在办理各类证件手续时,切实作到亮证收费,严格执行上级有关规定,公开收费项目、收费标准,从未出现过擅自设立收费项目、提高收费标准的现象。

2002年一段时间,一些本省籍偷渡、遣返人员及其家属不明真相,四处找人说清,要求不移交当地公安机关查处或从轻处罚,被人蒙骗,损失钱财,也给边检机关造成不良影响。对此,我总站及时采取措施,在公开场合设立公示牌,向偷渡、遣返人员及其家属公开办案程序、处罚依据和标准,真正实施"阳光作业",不给不法分子以可乘之机,有力地维护了当事人的合法权益。

一年来,我们在各级党委、政府的统一领导下,根据国家出台的出入境法律法规,结合本单位实际,为提高口岸工作效率、促进地方经济建设做了一些有益的工作。随着我国加入世贸组织后,我们认识到,在检查管理工作中的观念、方法也应与时俱进,开拓创新,以不断适应形势、任务发展的需要。新的一年里，我们将按照“十五”期间公安出入境管理工作确定的“出入境管理工作要围绕全党和全国工作大局，紧密结合公安中心工作，为维护国家政治稳定和社会安定服务，为改革开放和经济建设服务”这一指导思想，着重抓好以下几项工作：

首先，要更新观念，增强服务意识，提高队伍素质，进一步适应形势发展变化的要求。去年，我国加入世贸组织、北京申奥成功，预示着我国国际交往和出入境活动将更加频繁，出入境人员、交通运输工具会进一步大幅度攀升，预计今年厦门口岸的出入境人员数量与去年相比将会增长10%。因此，提高口岸工作效率对于方便人员往来、改善投资环境、扩大外贸出口具有十分重要的意义。我们将紧紧围绕党和国家深化改革、扩大开放、加快经济建设步伐的中心工作，进一步转变观念，牢固树立边检工作为经济建设服务、为改革开放服务的思想。简化手续，把方便送给旅客、货主，把困难留给自己，注重后续管理，突出实效，真正体现边防检查工作中“内紧外松”的原则，创造宽松安全的通关环境。边防检查职改三年多来，民警综合素质和基层队伍建设呈现出可喜的局面。但随着我国入世后，检查人员的道德修养和能力水平的高低将决定着是否能够适应形势和任务发展的需要。我们将继续开展“为人民服务，树公安新风”和“争先创优”活动，强化宗旨教育、职业道德教育和业务培训，增强民警为人民服务的自觉性，提高民警的业务素质、执勤能力和执法水平。

其次，要进一步改进工作方法，提高口岸通行能力。今年我们要认真按照上级要求，努力改革出入境边防检查工作，方便人员和交通运输工具的往来，提高口岸的通行能力。我们要在去年底试运行的基础上，不断改进完善“国际航行船舶网上报检”软件系统和管理办法；并针对厦金直航客轮、大型邮轮和定班客轮的检查、在机场入境检查现场设置“中国公民通道”、对旅游团实行预报预检、启用“非在控人员库”、取消查验中国公民因私首次出境登记卡等具体工作，积极研究探索有效、便捷的检查管理措施，方便人员、交通工具往来，不断提高口岸通关能力。

第三、继续加大经费投入，不断提高边检工作科技含量。我们将继续坚持“科技强警”的方针，在现有的基础上，加大经费投入力度，加强基础设施建设，加快检查设施、装备的更新和改造。并且希望在地方政府的统一领导和支持下，广泛应用信息和网络技术，尽快全面实现“电子口岸”、“口岸电子执法系统”，真正在提高口岸管理工作效率上实现质的飞跃。目前，要针对厦门机场过站检查场所拥挤、检查通道少的情况，积极建议并配合地方政府及有关部门抓紧改造。

第四，合理调整警力，充分调动“民力”，保证各项工作任务的顺利完成。近些年来，随着各类航线、航班的不断增加，出入境人员、交通工具大量增加，边防检查工作任务的日益繁重与警力不足的矛盾凸现出来。面对现状，除了遵循“小机关、大基层”的原则、保证一线执勤警力外，我们在认真调研、充分论证的基础上，对基层警队的业务分工进行调整，对现有的警力进行科学合理的调配。此外，警力有限，“民力”无限，我们还要加强与口岸查验单位的协调配合，充分调动港航有关部门和职工群众的积极性，形成警民联手、群防群治，共同维护口岸安全、稳定的良好局面。随着口岸的不断发展和形势的不断变化，边防检查任务日益艰巨、繁重。我们将在公安部和地方党委、政府的领导下，认真贯彻落实党的十六大精神，转变作风，增强服务，注重实效，努力提高边防检查工作水平和工作效率，为维护国家安全稳定、保证口岸畅通、服务改革开放和经济建设再作贡献。

提高办事效率　加快船舶周转 履行服务承诺　优化通关环境

厦门海事局　池津光

提高办事效率，加快通关速度是港口发展外向型经济的重要环节。海事局是口岸查验成员单位之一，是船舶口岸把关的第一哨，也是船舶离开口岸的最后一岗，担负着为船舶安全航行提供良好通航环境和办理进出口手续等重要任务。多年来，我们始终致力于改善口岸通关环境，正确处理扩大开放与加强监管、依法把关与规范服务的关系，在确保辖区安全形势稳定的前提下，大力促进外向型经济的发展。2001年，厦门海事局共办理船舶进出口签证76384艘次、11900万总吨，分别比上年增长了45％和50％。

一、加强领导，提高认识，增强服务意识

保安全，促发展，提高办事效率，加快船舶周转是我局改善和优化通关环境的奋斗目标。为了实现这一目标，我们认真组织所属有关单位和部门认真学习贯彻国务院、省委省政府关于加快口岸通关速度，提高工作效率的指示精神，进一步增强干部职工的大局意识和服务意识，树立“我为口岸做贡献，口岸发展我发展”的主人翁责任感。积极研究制定有关措施，在厦门日报、电视台等新闻媒体上公布了改善口岸通关环境的十项服务承诺。为确保各项承诺措施落实到位，局主要领导经常深入一线调查研究，现场办公解决问题。如为海沧、东渡联检业务窗口配备了多媒体触摸屏系统，方便了管理服务对象的查询、使用和监督；为规范船员管理行为，提高办证效率，设立了船员证件受理台，配备和更新了电脑设备，使船员证件办理速度比原规定提前了5个工作日。此外，我局注意加强软件建设。在全局范围推行效能建设和政务公开，出台了《加强机关效能建设规定》和《首问责任制》、《办事时限制》、《否定报备制》等规章制度，编制了《政务公开指南》，设置了政务公开栏，印制了专项业务办事卡片，按规定调整公布了行政事业性收费项目和标准。对局属各执法单位和部门的执法程序、办理时限和办理结果等进行公示，公布了投诉、举报受理电话等。同时，我局还开展了以理想信念教育、宗旨教育、法制教育和职业道德教育为主要内容的“四项教育”活动，进一步激发干部职工爱岗敬业的工作热情，增强了依法行政和文明服务的自觉性，各项工作步入良性循环的轨道。

二、改善环境，依法治航，确保通航秩序畅通

随着厦门港口外向型经济的发展，特别是欧洲、美国、地中海和非洲等国际航线的开辟，进出厦门辖区的船舶日趋大型化、多样化，船舶数量不断增多，对辖区口岸通航环境提出了更高的要求。

根据辖区水域特点，我局以保障“安全畅通”为目标，进一步规范和加强水上巡航管理，出台了《厦门海事局水上巡航管理实施细则》。按照“依靠当地、协调各方、综合治理、齐抓共管”的工作方针，制定了整治行动方案，联合相关涉海单位，投入大量人力、物力，重点抓好港口航道、船舶交会区、施工区和事故多发区的现场监督管理工作。针对违章渔船、砂船和农用船挤占航道、违章航行的情况，实行了监督船艇24小时值班制度，加大夜间巡航力度，有效地阻止了渔船、砂船和农用船违章航行，为大型船舶特别是国际干线班轮的夜航安全创造了条件。根据厦门港航道的实际情况，我局应有关单位的请求，组织了

194 艘次大型船舶进出港的护航任务，为巩固和发展厦门港的远洋集装箱班轮干线作出了积极贡献。在去年“运鸿”号油轮沉没事故的抢险救助中，我们勇挑重担，不畏艰险，连续奋战，在最短时间内及时排除了险情，保障了厦门港航道畅通、锚地有序，每天数十艘大型船舶安全进出，国际干线班轮正常运转，港口生产没有受到任何影响。

三、履行承诺，提高效率，优化口岸通关环境

我局认真执行关于改善口岸通关环境的十项服务承诺，结合实际，进一步细化承诺内容，层层落实到具体岗位和现场人员，建立内部督查反馈工作机制，充分发挥社会监督员的作用，做到“有约必行，有诺必践”。

一是认真贯彻执行国务院[1995]175 号令，对船舶进出口岸查验不登轮，加强与口岸查验单位协作配合，缩短了办事时间，降低了企业经营成本。二是为确保国际邮轮和金厦直航客船准时安全靠泊，减少旅客在船上等候时间，我局在确保船舶安全进出港的同时，坚持将进出口手续的办理工作服务到船上。三是坚持全天 24 小时受理船舶申报和办理进出港手续，授权所属漳州海事局和东山海事处开展船舶进出口岸申请审批业务，在海天码头和轮渡码头新增设了两个 24 小时船舶进出港签证点，在申报、审验、办证、收费等环节实现“一个窗口办理、一次性办妥、一条龙服务”，方便了服务对象及时申报，大大提高了通关速度。四是实行每周 6 天工作、节假日和 8 小时以外预约加班制度，不额外收取任何费用。对符合办理条件、手续完备的事项随到随办；对手续不齐的，受理人员一次性告知，尽量减少办理时间。五是实行“就地一次性办结”制度。为方便船舶申报和办理有关手续，我们克服人员少、装备不足、工作量大等困难，努力创造条件，继续为靠泊海沧和东渡港区的各类船舶提供“就地办证”服务。六是继续做好两岸试点直航船舶的服务工作，对《台湾海峡两岸间水路运输许可证》和《台湾海峡两岸间船舶营运证》有效期内的船舶，申报进出口岸手续没有特殊情况不再查证。七是认真做好开航前检查工作。加强对国际公约和国内法律法规的跟踪研究，及时为船公司提供有关技术文件资料和咨询服务，主动指导帮助船公司解决安全管理方面的疑难问题，对存在需要开航前解决的缺陷，及时组织人员办理复查手续，确保船舶按时开航。去年经我局实施开航前检查的 53 艘船舶，在国外滞留率为零，有效地保护了船东、货主的利益。

几年来，我们在改善口岸通关环境方面做了应该做的工作。根据新情况、新形势的要求，我们要以江总书记“三个代表”重要思想为指导，认真贯彻这次会议的精神，改进作风，扎实工作，围绕加强水上安全监督管理这个中心，进一步优化口岸通关环境，加快船舶周转速度，减少船舶滞港时间，不断提高工作效率和服务水平。

一是继续履行十项服务承诺。认真履行《保安全促发展，加快船舶周转》十项服务承诺，结合机关效能建设，进一步简化办事程序，严格执行效能告诫和效能诫勉制度，强化效能监察，提高办事效率。继续加强与口岸各查验单位的协作配合，深入航运企业调查研究，及时了解社会各界对我局通关工作的意见和建议，发现情况解决问题，主动为服务对象排忧解难。

二是进一步改善通航环境。全面落实水上巡航管理实施细则，加强现场巡视检查，扩大夜间巡航水域，大力整治违章捕捞、挖砂和养殖等碍航堵航行为，不断改善通航环境；继续组织开展大型船舶护航工作，保证大型船舶特别是国际干线班轮的航行安全和准时进出港。要加快厦门海事局船舶交通管理系统建设的步伐，对进出厦门港的船舶进行跟踪监管，及时为进出港船舶和航运企业提供各种助航信息服

务，提高港口营运效率。

三是认真推行政务公开。在新办公楼增设受理大厅，实行“一栋楼办公，一个窗口对外”，逐步形成高效、便捷、文明的通关工作体系。进一步健全内外部监督机制，明确行政审批、行政许可等行政行为的内部运行过程、步骤、方式和权限，增加行政执法行为的公开度和透明度。加快海事信息化建设，开发建立通航管理、船舶监督、危管防污和船员管理等数据库和应用系统，完成与厦门市政府“金宏网”的接入，努力实现海事管理服务信息的共享化、公开化。

四是加强执法队伍建设。结合“四项教育”活动的开展，认真学习贯彻《国家公务员行为规范》，恪守“政治坚定、忠于国家、勤政为民、依法行政、务实创新、清正廉洁、团结协作、品行端正”的公务员行为准则，强化执法人员的责任意识和服务意识。进一步加强执法人员的教育培训工作，积极开展岗位技术(业务)练兵活动，提高执法人员特别是面向服务对象的一线窗口人员的业务水平和处理问题的能力。要继续以“创文明行业，建满意窗口”为载体，深入开展共建文明口岸活动。重点加强文明执法示范窗口建设，开展“海事行政执法队伍素质形象工程”活动，通过与航运企业、船舶、码头等服务单位开展共建文明航线、文明船舶和文明码头等形式，不断拓宽共建活动面，发挥典型的示范辐射作用，推动监管服务水平再上新台阶，为促进我省改革开放和外向型经济的持续快速发展作出新的贡献。

空港国门铸忠诚

——记全国青年文明号、全国“三八”红旗集体福州机场边检站女子旅检科

福州长乐国际机场是省会福州的东南大门，每年有 40 多万中外旅客从这里出入境。在这里，活跃着一支全部由青年女警官组成的边防检查队伍———福州机场边防检查站女子旅检科。

福州机场边防检查站女子旅检科组建于 2000 年 3 月 8 日，是公安边防部队第一支全部由女警官组成的基层科级单位，现有女警官 12 名，全部都是中共党员，80％以上达到大专以上学历，其中熟练掌握英语、日语和俄语专业人员达 50％。连续三年被公安部边防管理局评为公安边防部队基层建设“标兵单位”，先后被评为福建省“三八”红旗集体、全国巾帼文明示范岗、福建省十佳“青年文明号”、福建省“新长征突击队”，2002 年 3 月被全国妇联评为全国“三八”红旗集体，之后，又被共青团中央、公安部授予“全国青年文明号”称号。这群英姿飒爽的女边防警官，以女军人特有的坚毅和细腻，成为边防线上一枝靓丽的警花，有效维护了福州空港口岸正常出入境秩序，在神圣的国门前谱写了一曲曲感人肺腑的青春奉献之歌。

团结协作绘蓝图

长年奋斗在出入境检查第一线的边防女警官们，肩负着工作、家庭两副重担。开展好“青年文明号”等创建活动，不仅对于提高成员的全面素质，充分发挥她们的作用，而且对推动整个部队的全面建设都起着举足轻重的作用。特别是总队领导对“女子旅检科”的组建、成长和创建“青年文明号”活动倍加爱护和关注，为创建工作绘蓝图、提建议、出点子，在人力、物力和财力上，实行政策倾斜。

俗话说得好：火车跑得快，全靠车头带。把女子科建设成为：“思想境界高、警容警姿美、业务技能精、勤务管理严、执勤服务优”的行业典范，突破口在什么地方？支部一班人达成共识：抓龙头、严制度、

讲团结、集智慧、多创新、求进步。

她们把强化班子建设放在首位。支部“一班人”认识到提高班子成员素质，首先要做到思想作风上过得硬。支部一班人叫响了“三个对得起”——对得起领导的重托、对得起全体官兵的期望、对得起支部的荣誉，树立了以支部建设为己任的使命感和责任感，处处身先士卒，有困难先上、有问题先扛、有任务先做，分工不分家，补台不拆台。针对少数检查员存在的创建活动用不着“兴师动众”等模糊认识，注重引导大家对典型示范作用的认识，提高对创建“青年文明号”、“巾帼文明示范岗”为载体的一系列创建活动的重视。女子科在与现场其他科室开展的“比、学、赶、帮、超”活动中，既有力地鞭策和促进女子科全面建设，又更加明确了努力方向。同时党支部定期分析争创活动中存在的不足，广泛征求意见，特别是向部队党委、团省委、省妇联及时汇报在创建活动中遇到的新情况、新问题，认真听取他们的指导意见。及时向站党委提出《关于创建全国青年文明号活动的意见》、《女子旅检科关于创建活动的几个问题》、《关于对创建全国青年文明号进行自我检查自我完善的意见》，不断总结提高，不断为实现创建青年文明号典型示范的蓝图注入新的活力，切实做到“四个有”：部署工作有内容，汇报工作有情况，总结工作有经验，表彰先进有典型。

在营造团结协作氛围上，支部考虑到女子科人员不同的工作经历、性格和气质特点，力求使各自专业和特长互助互补，对她们的劳动予以尊重和肯定，注重发挥大家的主观能动性，检查员彼此之间乐于共事，特别是在荣誉面前有很高的姿态。许多干部家里都有一本难念的“经”，但大家都有一股建功立业的劲头，都想为部队建设留下一点业绩，做一点贡献，大家形成一种为集体利益而互相帮助、不计名利、甘为人梯的精神，从而激发最大潜能去克服困难、去努力冲刺。

出入境口岸是一个特殊的环境，面对物质和利益的诱惑，面对头顶上无数看似耀眼的光环，如果政治不合格，立场不坚定，作风不过硬，我们的干部就很容易陷入利欲的陷阱，会使荣誉变成“包袱”。支部结合“双让教育”、“三讲教育”、“三个代表”为主要内容的党性党风教育，做到“三个经常”：一是经常宣讲“为谁服务、怎样做人”的道理。以红其拉甫模范边检站、沙头角模范中队、三都边防所等先进典型的事迹为素材进行教育，经常性地组织干部回顾女子旅检科创建历程，增强“科兴我荣、科衰我耻”的集体荣誉感。通过组织学习案例汇编，结合身边的案件事故，及时进行正反两方面教育，做到警钟长鸣。二是经常校正人生坐标。针对个别同志因任务繁重、工作单调、待遇偏低等现实，而产生的到部队吃亏、工作热情消退的现象。支部适时组织进行爱岗敬业和革命传统教育，教育检查员认清献身边防、服务旅客的价值，摆正自己的位置，校正人生坐标。三是经常强化爱岗敬业教育。理顺“管理”与“服务”的关系，牢固树立“执勤规定就是我们的行为准则”、“文明执勤、热情服务就是我们的工作承诺”等观念，引导检查员进行“假如我是一名旅客”的换位思考，进一步增强了主人翁责任感，激发了奋发向上、爱岗敬业、无私奉献的精神。

女子旅检科成立以来取得了很多的荣誉，也锻炼培养了一批优秀干部，成立至今共有13人被记功嘉奖，1人被评为“全国优秀检查员”，1人被公安部边防局评为“优秀共产党员”，2人被评为“福建省优秀人民警察”，2人被福建团省委评为“福建省新长征突击手”，4人被福建省边防总队评为“优秀共产党员”。先后有10名同志提前晋职晋级、1名同志晋升为部门以上领导、4名同志晋升为科领导。

优质服务树品牌

“喊破嗓子不如干出样子”。

女子旅检科的检查员们认识到，再响亮的牌子不是靠吹出来、捧出来的，而是要实实在在地干出来。这个集体不仅仅只是在人员构成上有其独特之处，更重要的是努力在验证特点、精神风貌、执法水平、队伍建设等质方面体现与众不同，要做一个名副其实的“特色产品”。她们始终不忘“为人民服务”这一宗旨，积极推行青年文明号信用建设示范行动，严格遵守“诚信为本、有诺必践、恪敬职守、率先垂范”。用真诚的服务架起心与心沟通的桥梁，敞开接受社会各界监督的窗口。

她们深知素质是各项创优的关键所在。每天10小时以上的工作量，既要快速检查疏导大量旅客，发现和查处其中的违法出入境分子，又要始终保持精神饱满和微笑面容，做到一言一行、一举一动规范化，这些既需要娴熟的技能，又需要精炼的作风。为此，她们坚持高标准严要求，从难从细加强素质，狠抓“四化”：道德修养日常化、行为习惯规范化、业务水平标兵化、纪律约束自主化，实现“管理严、服务好、验证细、通关快、判断准”。

从行为仪表和工作姿态抓“三四五”。在执勤中做到“三神”：对旅客的眼神尊重、脸神亲切、精神振奋；“四快”：证件检查放行快、发现问题处理快、接受任务部署快、重大情况反映快；“五心”：解答问题耐心、查验证件细心、解答旅客热心、服务旅客真心、旅客出入称心。

从业务基础入手，强化业务基本功。开展经常性的法律法规、政策规定、验证技能、人文地理、外语培训，扩大知识面，以学广智。做到每个人要熟悉100多个国家的证照和签证种类、式样、特征、暗记以及我签发机关的印章、签署人的笔迹，了解全国各边检站验讫章及编号情况。积极开展业务研讨，定期通过案例手法分析、真假对照，掌握细微差异，提高识别和防伪能力，为验证打下良好的基础。对执勤过程中出现的新问题、新情况善于分析研究，及时发现和总结其内在的特点和规律，同时将经验通过电脑网络系统在边防系统内部进行广泛的交流。坚持做到“日有分析、周有研讨、月有总结”，不断为开创业务工作的新局面提供第一手材料和可借鉴的经验。

从规范勤务入手，营造良好通关环境。作为全国“青年文明号创建示范单位”，在争创“全国青年文明号”中，紧紧围绕文明执勤这个中心环节，抓好“四个规范”：(一)规范勤务设施，改善通关环境。在部队和地方有关部门多方帮助下，在勤务现场建立起了较为规范的出入境通道，还设立了被旅客赞誉为“边检绿色通道”的礼遇和应急通道，为老弱病残和重要宾客提供便利。在联检区设立了旅客须知公告牌、边防检查公开标准、咨询台和“触摸式电脑查询系统”；检查员统一挂牌上岗，设立执勤监督台，公开了三级投诉电话和当日值班领导姓名，增加了执法透明度。(二)规范执勤组织，确保航班正点率。一是统一列队上下勤，统一上下验证台，集合前检查警容、着装是否规范，佩戴工作牌是否按要求；二是坚持提前勤务准备。早班时间从上午8点提前到7点半；三是简化查验手续，不再设立“中国公民首次出境通道”；四是在国际候机厅关闭多余通道，严防不法分子混入混出。五是推出承诺制度。做到“三必帮，四个办”。即遇到老幼行动不便的必帮；不明了办事程序的必帮；遇到物品遗留等特急事件和困难的必帮；能办的事马上办、难办的事尽量办、份内的事认真办、份外的事积极办。出境航班正点率达到100%，成为福州机场365天24小时全天候一条龙服务的标兵单位，连续三年被评为空港口岸先进单位。(三)规范服务程序，提高服务质量。先后三次修订《服务规范手册》：规范验证程序，对接证、查证、填卡、加盖验讫章、电脑查控、资料录入等统一规范；规范执勤语言，对检查员的执勤文明用语，检查员、科(组)长的请示报告用语，疏导旅客用语等统一规范，任何情况下禁止使用服务忌语；规范执勤动作，对检查员接、取、退还旅客证件动作，劝导旅客的手势，执勤中的站姿等统一规范，禁止推拉旅客、抛丢证件、态度粗暴等不文明行为。(四)规范监督制度,实施科学管理。推行民主量化管理,在女子科的网页中设立了《量化管理一览表》,将检查员执勤情况、业务成绩、遵规守章等情况一一列出。从科领导严起,杜绝玩忽职守,不抓不管的现象;从岗位严起,杜绝擅离岗位,出勤不力,以权谋私的现象;从仪态严起,杜绝向旅客耍态度、轻漫刁难的现象。对每月验证量少、差错多、旅客投诉的实行扣分制,对完成任务好、查获率高、服务质量好的进行加分和奖励。通过把定量分析与定性分析结合起来,把工作实绩与个人奖惩结合起来,把领导者的管理与群众性的管理结合起来,起到奖勤罚懒、奖优罚劣的作用,减少了工作失误,增加了工作透明度,激发了检查员争先创优的积极性,提高了整体工作质量。目前,这种管理机制已在全站推广,起到了以点带面的作用。

当台风“飞燕”袭击时,福州长乐国际机场遭受打击重大。机场塔台指挥系统失灵,导航系统障碍,飞机的起飞和降落受到严重影响,上千名旅客因此被滞留在机场,机场内停水、断电。科里本着先保障旅客的原则,积极协助航空公司为旅客送水送餐。经过机场公司抢修,直至当日下午机场的电力情况仍只能最低限度地提供电脑系统运作和一部分照明。为了使旅客不在机场滞留太久,检查员们借着微弱的灯光、在闷热的封闭大厅内为旅客验证,不一会儿就挥汗如雨,尽管她们没有喝一口水,但没有一个检查员有怨言,她们只有一个心思:让旅客尽快安全到达目的地。

2002 年 9 月 26 日,检查员黄珍妮在台外督导时发现一位年轻的母亲在入境大厅的地上为婴儿换尿片,婴儿哭闹不止,而母亲手忙脚乱,急得满头大汗,经询问才知道婴儿得了腹泻。她不顾脏臭,抱着婴儿进了休息室一边帮助换尿片,一边打来温水给婴儿喂药水。这位母亲感激不已:“走过这么多的机场,就你们最热心,真是遇到好心人了。”当日,咨询员副教导员陈新丰在为一老妇人填写入境卡,发现她脸色苍白,喘气急促,一下就断定老人心脏病犯了,立即帮助从她的包中找出救心丸,一面请她到休息室休息,一面与她的家人联系,平安地把老人送到子女手中,老人不停地向家人说:“这些同志真好呀!”。

尽管只是小小的帮助,但女子科的检查员们对真心付出,而得到旅客的赞扬当成最大的回报。姑娘们真诚、善良与正直赢得了人们的信任和赞誉。一位来福州机场拍摄招商月工作的记者与检查员们在旅检现场共同生活了数日,临走的时候他忍不住问陈婉萍科长:“在国门前你们每天做了多少件好事?”陈科长被他问愣了:“做好事?你是说帮旅客提包,照看小孩?这是举手之劳;捡了东西还给人家,那更是应该的。为人民服务就是我们义不容辞的责任。”据不完全统计,成立以来拒绝请客送礼百余人次、拾金不昧 272 人次,计人民币 8000 元、美金 2580 元、台币 4300 元,机票 57 张、香烟 243 条、酒 31 瓶、玉器、金首饰多件,归还旅客遗失的护照证件 57 本,以及手表、衣物、各类房产、公证书等,受到旅客的感谢与赞扬,塑造了国门卫士的廉洁形象。

严格执法创佳绩

规范化的品牌意识除了真诚服务,严格把关是它的另一层涵义。对于女子科检查员而言,如果光讲微笑真诚,忘了祖国赋予的神圣职责,就会使把守的关卡变成偷渡者的天堂。为此,她们高度重视强化日常业务训练,在实践中通过学、钻、研、论,打基础、强素质。主要是利用航班间隙及轮休时间,采取“一帮一”的学习和开展业务、人文地理、计算机及外语培训提高检查员的综合素质,重点强化和提高阅读外国护照证件和签证的能力。每月定期对查获的偷引渡案件进行讨论和分析研究,以查获案件时的心里活动和伪假突破口为主要内容,通过对查获的偷渡案件常用手法进行分类总结,真假对照,掌握细微差异,提高识别和防伪能力,为验证打下良好的基础。无数次成功的实践证明,女检查员们扎实的业务功底和机智，击碎了偷渡者一次次的美梦。

2002年6月23日晚，由香港飞往福州的578次航班准点到达，边检大厅立刻变得热闹起来。在查验进入尾声时，一名旅客引起了检查员的注意。她一直躲躲闪闪地藏在侯检队伍的后面，神色慌张。当检查员查验到这名旅客时，不禁对她的真实身份产生了怀疑。该旅客的护照表明她是江西人，此次从英国返回。检查员当即问及其在江西的住址时，她却将江西弋阳说成江西戈阳，并对其在江西上饶读书的情况讲述不清，当问及她在英国一年多的经历时，更是吞吞吐吐，出示了在英国读书的学生证，却连简单的学校名称都说不出来。这样经不起再三细问，她承认说她是福建福清人，真名倪某，于23日上午持真实证件通过合法手续前往香港后，从蛇头手中买到这本经揭换照片的护照欲前往英国，因行程不顺遂返回，不料被查。

2002年7月25日下午，又有三名偷渡嫌疑人在女警官的慧眼之下现出原形。当日下午，对出境航班实施边防检查中，检查员黄珍妮、尹一静发现持用中普护照首次出境前往墨西哥的旅客郑某、陈某的墨西哥签证有伪假嫌疑。同时还发现护照内有伪假的某国临时身份证，特别是细心地发现两名旅客均未出境过，但其证件却为“多次往返有效”。当检查员问其该国有关情况时，两人都是答非所问。同时入境航班边防检查中又查获一名持用伪假墨西哥签证偷渡嫌疑人，尽管手段不相同，但他们的偷渡行为都逃不过心细如发、慧眼识奸的检查员的眼睛。

2002年11月13日上午，该科在执行出境检查中，发现请求关舱起飞的KA661航班登机旅客人数与通过边防检查人数不符，立即将这一情况上报值班领导，决定航班不得起飞。凭着对检查工作细致和验证技巧的自信，立即排除了漏验的可能性后，登机对KA661航班旅客进行检查，发现两名姓卢旅客所持中普护照上加盖的福州机场边检站出境验讫章有伪假嫌疑，同时检查员回忆起另一名旅客张某与二人一同登机且关系亲密，遂将他们一并带回讯问。经查这两名姓卢的旅客真实姓名是颜某、董某某，福建连江人，为达到偷渡M国的目的，在其家人的协助下与蛇头张某联系，以赴泰国旅游的名义申领了中普护照，并各花费六万多元办理了有关偷渡手续。11月13日上午，在“蛇头”张某的授意下，颜某、董某某持本人真实护照及另一航班(MU505航班)的登机牌办理了边防检查手续后，进入国际隔离区与“蛇头”张某在一家咖啡厅内接头。张某将事先准备好的飞往香港KA661航班的登机牌交给了颜某和董某某，三人登上了飞往香港的KA661航班。当边检人员登机检查时，张某将事先准备好的内含伪假验讫章的伪假护照交给颜、董两二人，企图蒙混过关，不想还是被边检人员识破。

据统计，成立以来共查验出入境旅客467526人次，员工38712人次，航班4962架次，查获偷渡案件和处理各类手续不符1298起1552人次，查获偷引渡86起107人次。同时还协助查获了中纪委交控的3名涉及重大经济案人员，骄人的业绩得到上级的肯定。

拓展服务谱新篇

作为全国著名的华侨大省，福建拥有众多的侨属、侨眷；作为全国知名的对外开放大省，福建又是众多偷渡客选择屡屡闯关的口岸之一。为了使边防检查站的工作得到更多的社会理解，使文明执勤、热情服务得到更多的社会支持，女子旅检科坚持走规范化管理与规范化服务相结合的路子。在确保服务效率、提高服务质量的同时，她们走上社会，认真地向过往的群众积极宣传党和国家的边境政策，仔细地为希望出国探亲、旅游的当地公民答疑解惑；她们深入侨乡、侨村，热情地为侨属侨眷辅导出国应注意的事项和应该办理哪些出关手续；她们走进偷私渡多发地，耐心地向当地群众宣传偷私渡行为对国家和个人带来的严重危害。

她们的延伸服务并不止于此,她们坚持走“请进来、走出去”的路子,加强对外宣传,扩大社会影响,提高社会知名度。一方面搞好帮扶结对、携手共建工作。2000年6月以来参加了全国妇联和中国少儿基金组织的“春蕾行动”,通过结对子的方式长期资助13名失学女童和贫困生。还在旅检现场设立了“捐助失学女童捐款箱”,积极宣传,唤起社会各界对失学儿童的关注,共定期资助和发动各界捐款捐物计2万余元。周宁县的徐玉秀因母亲病重,家庭困难面临失学的困境,副教导员陈新丰与其就读的四中取得联系的同时,又及时捐助200元钱,此后每学期都及时寄去学习费用,徐玉秀父亲在之后的来信中表示:自己的女儿今后要作为教导员的亲女儿一样来感恩。女警官们点点滴滴的关爱滋润着孩子们稚嫩的心田,现在这些女童和贫困生用一份份的优秀的成绩回报姑娘们对她们的支持与帮助,2002年2名贫困生考取了大学院校。营区附近的仙岐村有位女子旅检科的长期帮扶对象曾依财老人。这位74多岁、近50年党龄的老人孤身一人居住在一间不到10平方的破旧小屋中,靠每月一百多元的生活费,日子过得很清贫。女子旅检科得知情况后,立即组织全科党团员自发每月捐助老人生活费,定期送医送药。每逢休息日都要带着水果、生活用品等到老人家,帮助打扫卫生,力所能及地帮助老人解决生活上的一些实际困难,曾老伯高兴地说:“党和政府长期以来一直关心我的生活,有病可以医、有钱过生活,比过去强多了,现在你们常来帮助我,都是共产党教育得好啊!”检查员经常陪老人聊天,听这位当年的民兵老队长讲革命传统,在老人“听党的话,跟党走”的话语中检查员们受益匪浅,坚定献身祖国边防检查事业的决心和恒心。同时,姑娘们也把创建先进工作取得的成绩与老人一起分享,当老人听说女子科在部队各项建设获得优秀成绩时,高兴地说:“你们的成绩就是给我的最好礼物。”另一方面广泛宣传检查员良好的精神风貌。她们还与“全国青年文明号”仓山区工商分局、厦门航空公司乘务队等先进单位建立共建关系,互通有无、共同进步。女子科的事迹多次被中央电视台、人民日报、福建电视台、福建日报等新闻媒体报道,赢得了中外旅客的赞扬,也多次受到总队领导和全国妇联、团省委、省文明办领导的表扬,原福建省省长习近平也两次视察女子科的工作,对女子科的创建活动充分肯定,并为她们题词:国门警花。全国妇联副主席华福周专程慰问了女子旅检科,在了解到我们利用高科技手段特别是网络技术很好地完成了边检任务后,欣然题词:“国门女警一支花”。

“国门天使威武戎装,情系蓝天编织美的遐想。巾帼英姿动如英豪,心通五洲演奏动人乐章。淑女纤纤勇挑大梁,内陆长宏书写爱的诗行……”这是她们在国门线上以女性特有的忠诚和温柔、细心和热忱,谱写国门尊严的华美乐章和青春光辉,在八闽国门线上浇铸精神文明之花,树立新时代国门女警的良好形象。如今这支年轻的队伍正一步步走向成熟,不断充实“四个一流”以新的内容,不断赋予“四个一流”以新的内涵,不断注入“四个一流”以新的活力,用青春音符让“青年文明号”的号角更加响亮。

(丁际超)

福建口岸大事记

1 月 1 日

漳州口岸招银港区与后石电厂港区正式对外开放。

1 月 9 日

福建省口岸海防办转发交通部《关于同意泉州深沪港区继续临时接靠外国籍船舶的函》。

1 月 10 日

福建省口岸海防办向省整规办报送 2001 年整规工作(打私)总结。

1 月 13 日

福建省口岸海防办向省政府报送 2001 年工作总结和 2002 年工作思路。

1 月 17 日

全省共建文明口岸领导小组成员会议在福州召开。

1 月 29 日

福建省口岸海防办向省整顿综合办公室呈报《关于整顿和规范口岸市场经济秩序工作'十五'计划》。

1 月 29 日

福建省口岸海防办印发《2002 年全省机关效能建设工作意见》。

3 月 4 日

省口岸海防办下发《关于加强反走私工作的通知》。

3 月 11 日

福建省口岸海防办出台在全办公务员中开展学法用法活动和进行依法行政培训的实施方案。

3 月 13 日

福建省口岸海防办成立全省提高口岸通关效率工作会议筹备小组。

3 月 27 日—28 日

印尼总统梅加瓦蒂专机入出福州长乐国际机场。

4 月 3 日

福建省口岸海防办同意"瑞泰 2 号"外轮进入白马港马头造船厂维修。

4 月 5 日

福建省口岸海防办向省政府法制办报送清理地方性法规规章和其它政策措施工作情况。

4 月 16 日

福建省口岸海防办就全国政协九届五次会议第 0911、0916 号提案提出意见上报。

4 月 27 日

经省口岸海防办协调,厦门航空公司开辟福州马来西亚、吉隆坡正式航班。

5 月 4 日

在马祖地区持续干旱造成严重水荒的情况下，由福州口岸马尾港首次向马祖地区输运生活用水2400吨。

5月7日

台轮“太武号”载金门、乌丘岛居民由海上直航停靠湄洲岛3000吨级客运码头，首次实现秀屿港（含湄洲岛客运码头）一类口岸与金门、乌丘岛的客运直航。

5月14日—15日

全省口岸生产运行统计会议在福州召开。

5月16日

福建省口岸海防办发出编辑《福建口岸海防打私概览》的通知。

5月20日

福建省口岸海防办及福、厦关区8个查验主管部门联合印发《福建省进一步提高口岸大通关工作效率的具体措施》。省口岸大通关协调小组成立，副省长曹德淦任组长，省政府副秘书长张健、省口岸海防办主任李玉明任副组长。

5月30日—31日

福建省提高口岸通关效率工作会议在厦门召开。

5月31日

国务院台办1614号文明确：经国务院批准，增开泉州港为对台通航港口。

6月5日

福建省口岸海防办印发《关于在全省口岸、海防、打私系统开展创建“巾帼文明示范岗”活动的通知》。

6月13日

全省口岸系统创建文明行业工作座谈会在福州召开。

6月27日—28日

福建省口岸大通关协调小组第一次联络员会议在福州召开。

7月1日

开通省大通关热线电话7575119，受理并协调通关工作中需要应急处理的业务事宜。

7月10日

省委书记宋德福等领导一行到省口岸海防办调研。

7月15日

交通部以交函海[2002]190号函发出《关于同意外国籍船舶临时进靠泉州深沪港区的函》。福建省口岸海防办于7月17日转发。

7月17日

福建省口岸海防办同意福安市造船厂和福安市马头造船有限责任公司为白马港外轮维修点。

7月19日—20日

福建省口岸海防打私办主任座谈会在福州召开。

7月23日—8月11日

泉州口岸后渚港区多次对澎湖旅客直航。

7月23—26日

福建省口岸协会李玉明会长率省口岸考察团(经厦门)考察金门。

7月24日

福建省陈芸副省长到省口岸海防办调研并作重要讲话。

7月30日

福建省口岸海防办建议省政府提请省人大将制定口岸综合管理地方性法规列入2003年立法计划。

8月1日

福建省人民政府办公厅以闽政办函[2002]89号发《关于贯彻落实全国提高口岸工作效率上海现场会情况的函》。

8月1日—9月30日

福建省在重点地区组织开展了全省性反走私专项行动,共查获走贩私案件150多起,案值2887万元。

8月2日—4日

福建省口岸协会考察团(经福州)考察马祖。

8月5日

福建省口岸海防办向省对台工作领导小组报送关于我省沿海与金、马、澎直接往来有关口岸工作意见和建议的报告。

8月8日

福建省口岸海防办同意漳州联丰货运有限公司延期使用直通车指标。

8月14日

福建省口岸海防办复函省政府办公厅,拟同意将马尾办事处的职能等下放给福州市口岸与海防管理委员会办公室。

8月28日—29日

福建省口岸海防办与省妇联联合在泉州举办全省口岸、海防、打私系统"巾帼文明示范岗"短训班。

9月9日

福建省人民政府以省府84号文公布《福建省海防管理办法》。

9月10日

直通港澳运输车辆管理工作会议在福州召开。

9月11日

福建省口岸海防办发出开展全省提高口岸通关效率工作情况督查的通知。

9月13日

福建省口岸海防办印发《福建省直通港澳运输车辆管理规定》。

9月15日—10月20日

省口岸海防办李玉明主任等领导带队对全省口岸开展为期二个月的大通关工作情况和贯彻落实闽口海[2002]58号文情况督查,并形成报告上报省政府。

9月16日—17日

省口岸大通关协调小组第二次联络员会议在福州召开。

9月16日

福建省口岸海防办向省政府办公厅报送贯彻落实省委七届三次全会精神的意见和具体措施。

9月30日

泉州口岸后渚港区对金门货运直航。

10月8日

福建省人民政府办公厅以闽政办函[2002]127号发《关于同意将省口岸海防办马尾办事处下放福州市的函》。

10月8日

福建省口岸海防办向省政府WTO事务协调办公室报送应对加入WTO采取的措施、存在的问题和2003年的工作思路。

10月18日

省口岸大通关协调小组全体成员会议在省政府召开，曹德淦副省长主持会议。

10月28日

马尾华荣海运有限公司"明德1号"运载1000吨河砂直抵马祖福澳港，实现了53年来祖国内地货轮首次直航马祖。

11月1日

福建省口岸海防办向省人大法制委报送关于请求省人大将制定口岸综合管理地方性法规列入2003年立法计划的报告。

11月4日

福建省口岸海防办向省政府报送全省口岸大通关督查情况。

11月15日

泉州口岸后渚港区对马祖货运直航。

11月20日

福建省人民政府办公厅以闽政办[2002]152号《转发省口岸海防办及口岸查验部门关于福建省进一步提高通关效率的具体措施的通知》。

11月23日

"厦金驳"运载2000吨碎石由漳州口岸招银港区直航金门。

11月26日

福建省口岸海防办召开全体党员干部和离退休干部大会，学习中共中央《关于认真学习贯彻党的十六大精神的通知》，传达省委七届四次全会精神。

11月28日

交通部以交函海[2002]324号发《关于同意外国籍船舶临时进靠平潭县金井港区的函》。

11月28日

泉州口岸石井港区对金门货运直航。

12 月 3 日

海关总署办公厅以署办函[2002]391 号发《关于同意厦门航空公司飞行澳门至晋江临时客运包机在晋江机场入境的函》。省口岸海防办于 12 月 5 日转发。

12 月 12 日

交通部以交函海[2002]354 号《关于同意外国籍船舶临时进靠福清松下港口岸江阴港区的函》。

12 月 18 日

福清松下港口岸江阴港开港首航。

江西省

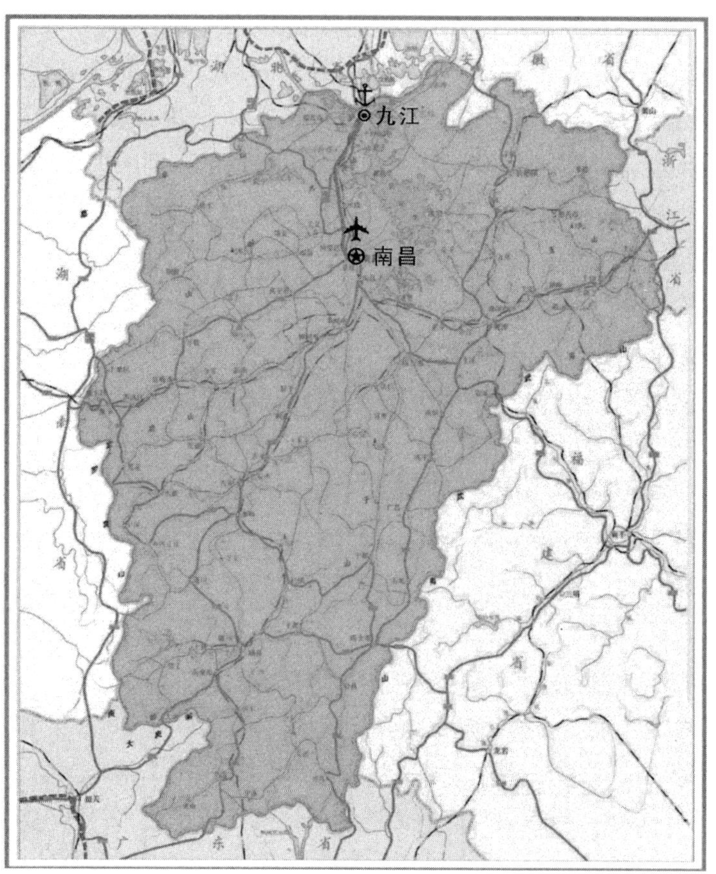

图 例

图标	含义
⊛	省级行政中心
⊙	口岸
🚆	铁路口岸
✈	航空口岸
🚚	公路口岸
⚓	海（河）运口岸

江西口岸工作综述

【概况】 2002年,江西省在省委、省政府的正确领导下,认真实践"三个代表"重要思想,全面落实党中央、国务院的一系列方针政策,按照省第十一次党代会确定的各项部署,以迎接、学习、贯彻党的十六大为动力,坚持扩大内需的方针,着力调整经济结构,努力扩大招商引资,改革力度进一步加大,开放步伐显著加快,全省宏观经济呈现出明显加速的良好发展势头,全省实现国内生产总值2450亿元,按可比价格计算,比上年增长10.5%。增幅同比加快1.7个百分点,是1998年以来首次出现两位数增长,高于全国平均水平2.5个百分点,财政总收入234.4亿元,比上年增长17.1%,其中地方财政收入完成140.5亿元,增长15.1%;全省对外贸易由降转升,出口形势呈现逐月好转的局面。全年全省货物进出口额16.95亿美元,比上年增长10.7%,其中:出口额10.52亿美元,增长1.3%;进口额6.42亿美元,上升30.6%。通过不断拓宽招商引资渠道,在加快与全球经济对接及与沿海地区互动中进一步拓宽了发展空间;利用外资保持着强劲的增长态势,全年合同引进境外、国外资金15.34亿美元,同比增长1.9倍;实际利用境外、国外资金12.47亿美元,增长1.3倍,其中:外商直接投资10.87亿美元,增长1.7倍;新批外商投资项目591个,增长91.3%;新批外商投资企业511个,增长81.9%。实际利用省外资金426亿元,同比增长1.3倍。全年全省新登记注册的"三资"企业511家,其中外商独资企业324家。年末实有"三资"企业2478家。全年对外承包工程、劳务合作和设计咨询新签合同金额8449万美元,比上年增长1.0%;实际完成营业额13477万美元,增长1.0%。

江西省国民经济的飞速发展,为口岸的发展奠定了坚实的基础,也对口岸工作提出了更高的要求。根据省委省政府关于"进一步优化外贸进出口环境,加强各类口岸设施建设。海关、出入境、检验检疫等部门要依法履行职责,努力为对外开放提供高效优质服务。"的指示和国务院"关于进一步提高口岸工作效率"的要求,省政府口岸管理机关在2002年以抓好"大通关"为主要内容,展开口岸各项工作,确保了口岸的安全、畅通、、文明、高效,较好的完成了全年的工作任务。

【口岸大通关】 省政府根据通关工作的实际情况和"大通关"的需要,于2002年12月3日下发了《关于调整省口岸工作协调领导小组组成人员的通知》(赣府厅字[2002]171号),对省口岸工作协调领导小组成员进行了必要的调整,调整后由省人民政府谭晓林副秘书长为组长、省外经贸厅周应华副厅长为常务副组长,在原有省交通厅、南昌铁路局、省民航局、南昌海关、江西出入境检验检疫局、江西省边防总队7个成员单位基础上增加了省计委、省财政厅、省国税局、省外管局和南昌市政府为新的成员单位。调整后的领导小组进一步明确了职能和运作制度,并就提高口岸通关速度、口岸规划布局等相关问题,召开了多次联络员会议和信息的编报工作会议。为进一步提高江西省口岸"大通关"效率,推进口岸"大通关"工作,8月中旬,口岸工作协调领导小组组织口岸查验部门及相关单位赴上海学习"大通关"经验,并对江西省口岸的通关情况进行了调查了解,结合江西省实际向省政府提交了《关于推行我省口岸"大通关"的报告》,查找了全省口岸通关中存在的主要问题,提出了进一步提高口岸"大通关"的措施和建议,省口岸工作协调领导小组及时批转了报告全文,并要求各单位加强协调,互相配合,认真贯彻执行。

【口岸开放】 根据《国家"十五"口岸发展规划要点(国函字[2002]106号),为进一步提高江西对外开放的程度，在省委省政府的高度重视下，口岸各单位集中力量抓了南昌航空口岸对外籍飞机开放工作。通过一年的努力，配合南昌市政府等有关单位，在中央有关部委(办)、海关总署和军队的大力支持下，于9月11日由南昌市政府与南空某部队正式签订了《关于南昌昌北机场对外开放涉及军事设施保护问题的协议书》，为对外籍飞机开放工作进入审批程序奠定了基础。同时为配合南昌航空口岸对外国籍飞机开放，先期开拓海外旅游市场，大力支持旅行社、东航江西分公司增开临时包机，国庆节期间经海关总署口岸规划办公室批准，开通了南昌至曼谷临时包机4个架次，共运输旅客412人次，乘座率达85.8%。

【口岸管理与协调】 2002年9月19日，南昌—香港航班因机器故障延时飞行，在处理旅客行李的查验工作中，东航江西分公司与南昌海关机场办事处产生意见分歧，经口岸办现场值班人员协调处理，化解了矛盾，并减少了旅客滞留时间。

加强了南昌货运口岸作业区的管理。配合消防部门的安全工作大检查，重点抓了口岸作业区的安全生产工作，并就李家庄作业区存放口岸查验消毒化学药品的仓库不符合消防要求的问题进行了调查了解，制定了整改措施，确保了口岸的安全畅通。由于南昌市道路改造和车辆交通管制，使滕王阁码头、李家庄、五纬路三个口岸作业区的进出口货物的集并受到影响。经积极与交警、市政工程部门进行了沟通，得到了他们的支持，取得了满意的结果。口岸查验部门广泛开展“调查研究年”活动，重点围绕“大通关”问题和扶持江西省集装箱运输，提高口岸集疏运能力两项工作进行考察调研，提出应对措施。

【口岸基础设施】 2002年3月18日，吉安出入境检验检疫局正式挂牌成立并开检。2002年5月18日，吉安海关正式挂牌成立并开关。吉安口岸查验机构的设立，进一步营造了良好的开放型经济环境，揭开了吉安对外开放崭新的一页，对促进地区经济和社会发展具有积极而深远的意义。

根据南昌航空口岸扩大开放的要求，由海关总署投资200万元建设的南昌海关机场办事处综合大楼于2002年10月28日竣工。

省政府在交通部的支持下，在南昌昌北经济技术开发区白水湖工业园的赣江北岸投资1.49亿人民币新建国际集装箱码头，并于7月12日进行专家论证，口岸配套设施建设的规划、调研、论证工作同时进行，通过论证，原计划港区占地面积从150亩，增加到243亩，对口岸配套设施建设也作了相应的修改和补充。南昌铁路南站货站积极进行开设口岸作业区的基础设施建设，完成监控探头的安装和调试，扩大国际集装箱一期工程堆场面积，达到1200平方米。

武警江西边防总队南昌机场边防检查站为适应大通关发展需要，保障口岸安全，根据国家公安部边防局的要求，对站局域网络进行建设，并于10月份竣工。

【口岸精神文明建设】 按照团省委的要求，配合创青年文明号组委会在口岸单位开展创“青年文明号”活动的检查评比工作。经过严格的考核检查，长江九江港务监督局监管科、南昌海关现场业务处机场办事处、江西省边防总队九江边防检查站监护中队、九江出入境检验检疫局综合业务科、上饶出入境检验检疫局检务窗口、景德镇出入境检验检疫局综合业务科等6个单位被评为省级青年文明号集体，江西出入境检验检疫局前台服务岗、江西省边防总队南昌机场边防检查站证检科、九江海关综合业务科、赣州海关综合业务科、赣州出入境检验检疫局等5个单位被重新认定为省级青年文明号，使口岸系统的精神文明建设工作上了一个新台阶。

【口岸客货运量】 2002年，全省口岸全年完成进出口货运量16.2130万吨，完成国际集装箱10104重标箱，比上年同期减少13.33和11.42%。南昌航空口岸出入境飞机396架次，比去年同期增加23.7%，运送旅客 22958 人次，比去年同期减少 1.33%，九江口岸完成进出口货运量 9.3183 万吨，国际集装箱 5225 重标箱，分别比去年同期增长 5.10%和 17.26%，完成出境外国籍船舶查验 2 艘次。南昌货运口岸完成进出口货运量 6.2315 万吨，国际集装箱 4263 重万标箱，分别比上年同期减少 34.23%和 34.64%。赣州陆运口岸完成国际集装箱 616 重标箱，比上年同期增长 43.59%。

（黄四方）

2002 年全省口岸运量情况表

	货运量(万吨)						客运量(万人次)					
	进出口累计	同比%	进口累计	同比%	出口累计	同比%	出入境累计	同比%	入境累计	同比%	出境累计	同比%
南昌航空口岸	0.0234	−30.77	0.0142	−49.82	0.0092	67.27	2.2958	−1.33	1.2139	−1.7	1.0819	−0.91
九江水运口岸	9.3183	5.1	3.0656	5.24	6.2527	5.03	—	—	—	—	—	—
其它监管点	6.8713	−29.93	3.0897	−50.8	3.7816	7.26	—	—	—	—	—	—

2002 年全省口岸集装箱运量情况表

单位：标箱

	进出口累计	同比%	出口累计	同比%	进口累计	同比%
九江	5225	+17.26	3449	+14.66	1776	+22.65
南昌	4263	−34.64	1748	+9.18	2515	−48.89
其它	616	+43.59	586	+50.26	30	−23.08

2002年全省口岸运行情况

项　目	单　位	2002年	同　比%
出入境人员	人次	22958	-1.33
进出口货物	万吨	16.2136	-13.33
集装箱吞吐量	万标箱	10104	-11.42

江西口岸查验单位工作综述

南昌海关

【概　述】 2002年，南昌海关以十六大精神为指导，深入学习领会“三个代表”重要思想，认真贯彻落实“依法行政，为国把关，服务经济，促进发展”的海关工作方针，正确处理“把关”与“服务”的辨证关系，忠实履行各项职责，大力推进关区队伍建设和业务改革，积极支持江西开放型经济发展。

【依法综合治税】 针对入世后关税工作出现的新情况，南昌海关进一步强化税收征管工作，围绕税收工作“轴心”，综合治税，合力征管。为了切实做到应收尽收，南昌海关加强了审价、归类和原产地认定工作，加大价格核查力度，严厉打击价格瞒骗行为。严格执行进口产品临时保障措施，强化属地纳税企业管理，加强减免税及退税管理，加大加工贸易核销补税和欠税的催缴力度，重视行邮税、滞纳金、滞报金等的征管。利用税收分析监控、执法评估系统及督察审计等手段，加强对税收征管的监督和检查。全年税款入库2.25亿元，完成了2.2 亿元的年度税收任务。

【高压态势反走私】 南昌海关针对入世后反走私斗争的新特点、新规律，适时调整工作重点和斗争策略，综合运用刑事执法和行政执法手段，开展以反价格瞒骗和打击加工贸易渠道走私、伪报瞒报、转关飞料为重点的反走私专项斗争。按照海关总署的统一部署，整合缉私职能。强化了对企业稽查、风险管理和企业分类管理等职能，规范企业进出口行为，发挥反走私综合治理的协调联络机制，配合税务、外汇等部门开展打击出口骗税、骗汇等活动。

【通关效率和质量】 南昌海关不断完善通关作业机制，提高监管效能，加快通关速度：一是围绕“指导、协调、服务、监督”的要求，积极推进职能管理方式的转变。以提高通关效率为重点，以职能整合为突破口，加强通关环节的业务协调，努力保障通关迅捷顺畅。二是稳步推行风险管理，拟订了关区风险管理实施方案，成立关区风险管理委员会，建立风险管理的工作机制，组织风险管理培训，开展了风险布控及其绩效评估与分析。三是开展通关效率与质量的调研分析，试行人工专业化审单内部限时制度，审单中心审单效率进一步提高；摸索审价、归类前推后移的方法，对大宗应税商品开展预归类、预审价。四是完善基础管理，利用执法评估、关税分析监控系统等开展分析、监督和自查工作，规范业务操作。五是完善快速通关作业改革，加快转关电子数据核销速度；加大“口岸电子执法系统”的应用，年内办理电子口岸入网企业200家。

【严密监管】 2002年，南昌海关本着"通关快，管得住"的总体要求，强化现场海关的查验责任，规范查验作业，改进查验方法。组织参加全国海关监管业务技能大赛，提高关员监管技能。通过进一步清理整顿、健全制度、明确责任、改造设备设施、坚持巡查及规范监管场所管理等措施加强实际监管，在创造良好的旅客通关环境同时，加强了对快件、行邮物品的监管，严厉查缉违禁品，全年查获反动、淫秽、散发性宗教印刷品和音像制品1000余件，古生物化石20件，象牙制品88件。加强了加工贸易与保税业务管理，严把合同备案、核查和核销关，加强单耗核定、深加工结转、核销补税等重点环节的监管。

【强化服务】 南昌海关努力提高通关效率，加强口岸"大通关"协作，以快捷、透明、优质、高效的服务支持扩大出口。继续坚持24小时值班或预约报关制度，加速出口货物验放，减少货物在通关环节停留的时间，降低企业通关成本。关领导和业务部门负责人到省内工业园区和企业调研，了解情况，听取意见，宣传海关政策法规和支持促进措施。认真解决企业在进出口环节中遇到的问题，帮助和促进企业顺利落户江西。认真落实税收优惠政策，支持外商投资、企业技术改造和基础设施建设，全年减免税7.87亿元。积极扶持加工贸易发展，引导扶持服装、纺织、航空制造、有色金属等优势产业开展加工贸易。积极为南昌航空口岸对外籍飞机开放等举措做了大量工作，并及时地向省委省政府和相关部门提供江西进出口等情况。

【法制管理 依法行政】 2002年，南昌海关开展了一系列活动，增强各级干部法制观念，强化依法办事意识。围绕适应入世对海关执法的要求，开展了行政审批制度、业务规章制度以及规范性文件的清理修订工作。积极探索建立法律工作协调机制，强化对海关事务的法律咨询与指导。规范海关行政复议和应诉，加强知识产权海关保护。结合"四五"普法宣传教育和"12.4"全国法制宣传日，开展了海关法律法规宣传教育活动，认真落实海关关务公开要求，采取多种方式公开海关工作职责和作业流程、政策法规及廉政纪律，自觉接受监督。

【班子建设】 2002年，围绕建设"勤奋敬业、团结务实、开拓进取，廉洁有为"的各级领导集体的目标，南昌海关努力提高海关队伍的素质能力，进一步加强了关区各级领导班子建设。以贯彻《党政领导干部选拔任用工作条例》为契机，进一步深化干部人事制度改革。狠抓党风廉政建设，继续加强教育、源头预防。按照反腐败三项工作格局的要求，对党风廉政建设和反腐败工作常抓不懈，强化各级领导干部"一岗双责"意识的养成，促进党风廉政建设责任制的落实。开展廉政系列教育及预防职务犯罪专题教育和知识竞赛活动，用身边的事教育身边的人，筑牢关员思想防线。紧贴海关行政执法开展执法监督，重点抓了高风险岗位廉政风险的预防。加强人财物管理的监督审计。同时加强了与地方纪检、监察、检察等部门的联系沟通和协调，同时继续加强了对关区专、兼职纪检监察人员的培训与管理，充分发挥职能作用，促进了关区党风廉政建设的平稳发展。结合外商投资企业对行政执法管理部门评议评价活动，深化海关行风建设，经相关部门与企业评议，南昌海关获得91.105分，受到了好评。进一步加强教育培训工作，利用专题讲座、在职轮训、以会代训和计算机教学等方式，多层次、多渠道开展教育培训。重点加强科处级干部的政治理论培训，新进关人员的岗前培训和关员的WTO、法律及业务知识更新培训。深入开展"三珍惜、三热爱"理想信念教育活动，引导关员牢固树立正确的世界观、人生观、价值观和奋发有为的精神状态。深入开展队伍思想状况调研分析和耐心细致的思想政治工作，加强基层党组织建设和党员队伍建设。2002年，南昌海关被省委、省政府授予"省级文明单位"，3个单位被命名为省级"青年文明号”,4 个单位被评为总署或省级专项先进单位或先进集体,5 名同志被总署授予先进个人。

【综合管理】 进一步发挥综合部门的决策辅助、协调督办职能,规范会议工作程序,改进信息管理方式,适时开展对外宣传,利用办公自动化手段提高办公质量和行政效率。按照“抓基层、打基础”的要求,推进基层建设,提高基层单位的执法能力和队伍素质。继续坚持科技强关,加强信息化建设,提高科技管理应用水平,增强信息安全意识和保密观念,确保网络畅通和系统、设备的稳定运行。学会、工会工作取得了新的进展。深化“艰苦奋斗、勤俭节约”意识和依法理财观念,积极适应海关财务管理体制改革,认真抓好税费、经费管理,严格执行“收支两条线”和各项财务制度与财经纪律,从严控制支出,提高资金的使用效益。关区安全稳定工作得到普遍重视,机构进一步健全,日常行政管理措施得到进一步加强和落实,安全隐患和苗头适时得以排除,年内无安全事故和突发性事件发生。

(陈 斌)

南昌海关 2002 年主要业务统计表

部门	项目	单位	数值	增减(%)
监管	进出口货物总值	万美元	37872.55	19
	进出口货物总量	吨	116149.01	−13.45
	报关单	份	6024	−4.94
	船舶	艘次	189	−12.9
	火车	个	200	−35.06
	汽车	辆次	630	10.33
	集装箱	个	10179	−9.38
	进出境飞机	架次	398	23.99
	进出境人员	人次	25652	0.2
税收	征收关税入库	万元	8008	−43.61
	进口环节税	万元	14495.23	−14.9
	税收入库总计	万元	22503.23	−27.95
审批减免税		万元	78729.35	56.77
保税	登记备案合同数	份	695	−8.55
	合同备案金额	万美元	13869.94	31.91

江西省公安边防总队

【概述】 2002 年,总队坚持以江总书记“三个代表”重要思想为指针,继续坚持“抓班子、带队伍,抓机关、带基层”的工作思路,在公安部边防管理局的正确领导下,以维护口岸安全稳定为重点,认真落实部局工作要点,按照年初总队党委扩大会议的工作部署,大力加强正规化建设,努力创建顺畅便利的大通关环境，圆满完成了边检执勤任务，南昌边检站执勤业务一科和九江边检站勤务中队双双被评为省级“青年文明号”。

【边检执勤】 全年共检查出入境旅客 22958 人次，比上年减少 1.3%，员工 3360 人次，比上年增长 30.9%，飞机 396 架次，比上年增长 23.8%，船舶 2 艘次。未发生一起执勤事故，维护了口岸正常出入境秩序。总队各级党委和领导始终坚持把边检执勤工作当作部队的中心工作来抓，精心部署，合理安排。按照部局《2002 年全国公安出入境管理和边防检查工作要点》和年初总队党委扩大会议精神，结合江西边防的工作实际，认真进行了研究，深入分析了当前边检工作面临的形势和存在的问题，明确了工作目标和重点。今年组织两站业务人员对近年来部六局下发的《旅客检查工作规范》、《查控工作规范》等一系列规范性业务文件进行集中学习和研究，并结合工作实际提出了修改意见，增强了业务人员对文件的熟知程度，进一步提高了执勤水平。在春节、“两会”、“五一”、党的十六大等特殊时期，均专门下发通知，各单位积极采取相应措施，充分做好应对准备，确保了重要时期边检执勤工作圆满完成。为加强边防检查的硬件建设，总队给两站配发了数码摄像机、数码相机、计算机等设备，提高了执勤人员对护照的鉴别水平，加强了对执勤现场的监控能力，同时也有利于获取业务资料。

【反偷渡】 近年来，偷渡活动出现新的趋势，逐渐从沿边沿海向内陆渗透，而且偷渡手段也更具隐蔽性，尽快提高业务人员的整体素质就成为摆在各级党委和领导面前急需解决的问题，为此，总队专门成立了素质训练指导小组，突出抓好法律、英语、计算机、公文写作四项主要训练内容，并根据知识的更新和变化，在去年素质训练考试题库的基础上及时对题库进行了补充、修改和完善，确保了素质训练工作稳妥有序地展开。在训练形式上，鼓励多种形式并取，一是借助网络平台，加强队伍建设，南昌边检站今年初为提高检查员素质专门组织有关人员制作了一个学习系统，涵括边防检查的法律法规、护照证件的基本知识等一系列内容，并及时根据日常检查工作中遇到的问题，对边检业务学习系统进行了完善，收集补充了护照证件的样式和基本的识别资料。各站今年在总队的指导下，利用现有条件建立了与总队、省厅和部局相联系，站机关各科室相配套的网络系统，并实现了从站机关到执勤现场的网络互联，增强了信息资源共享，为科技强警创造了条件，加强了检查员之间的知识和经验的交流，提高了整体业务水平。二是加强与外界的联系，拓宽知识层面，9 月底，南昌边检站业务人员参加了由省口岸办组织的识别伪假证件讲座，澳大利亚驻上海领事馆官员主讲，签证处 English 女士详细讲解了澳大利亚护照、签证的种类、仿伪标记等基本知识，进一步提高了检查员对澳大利亚护照证件的识别能力，九江边检站抓住自身优势，加强与司法部门的联系，邀请了九江市司法局法律援助中心的律师到站授课，每月一讲，提高了业务人员的依法办事意识。三是集中学习与自我学习相结合，注重实际操作，认真落实每日执勤“三小”制度，即小交班、小检查、小总结，每月召开边检执勤分析会，定期排查事故隐患，认真督查每个检查员的服务态度和执勤执法质量，促进他们加强自我学习，以提高自身的实际工作能力。通过一年的素质训练，业务人员整体素质有了比较大的进步，反偷渡工作能力也相应增强，全年共查获偷渡案件 1 起 5 人次，有力地打击了在江西口岸的偷渡违法活动。

【正规化建设】 今年在抓部队正规化建设当中，着重抓了部队的制度建设，始终坚持依法治警、从严治警的方针，因地制宜地采取了一系列有力措施，规范制度，加强管理，有力地推动了部队的正规化建设，尤其是部队开展执勤执法专项整顿工作以来，总队上下一心，认真贯彻落实贾春旺部长、赵永吉副部长指示和朱家华局长在部队执勤事故分析会上的讲话精神，吸取教训，总结经验，提高了部队的“两防”能力和官兵的执勤执法水平，进一步建立起正规的工作秩序。一是严格制度，规范工作程序，各站依据部局制定的有关规章制度，执勤方面，制定了《非控人员名单管理规定》、《现场查控室管理制度》、《执勤业务一、二科工作细则》等，执法方面，制定了《办案程序及流程图》、《办案责任制》，进一步完善了执法办案制度，逐步建立集体议案制、立案审核制、案件办结反馈制、办案程序把关制、羁押期限督察制、扣押财物集中保管制等一系列规章制度，同时对检查工作方案和处置突发事件方案进行了修改，并完善了责任追究制；二是加强依法办事意识，做到有法必依，执法必严，违法必究，废除了一系列与法律法规不相符的“土政策”、“土规定”、“土办法”，南昌站还结合省人大对省公安厅的执法检查，对历年来的案卷重新进行了审查和整理，制定整改措施和《办案责任制》，健全各项审批手续，突出抓“依据、定性、尺度”三个重点和“取证、告知、文书、案卷”四个环节，加强了对办案过程中各个环节的监督；三是抓住对外籍飞机开放契机，规范完善现场执勤设施，依据上级有关现场设施建设的标准和要求，在原有基础上，投入资金进行了改造和完善，增加了一些护栏和标识牌，对部分执勤办公室进行了改造，对过去公开、公布的内容遇有调整变化，及时进行更新，边检执法正规化水平进一步提高。

（王彦文）

江西省边防总队 2002 年业务量统计

	旅客(人次)		员工(人次)		交通工具		查获违法	
	飞机	船舶	飞机	船舶	飞机(架次)	船舶(艘次)	偷渡	其它
出　境	10819	0	1673	13	198	2	5	30
入　境	12139	0	1673	0	198	0	0	0
合　计	22958	0	3346	13	396	2	5	35

江西出入境检验检疫局

【概况】 2002 年是我国入世后的第一年，也是江西检验检疫事业不断发展的第 50 个春秋。江西检验检疫局坚持以“三个代表”重要思想为指导，解放思想，实事求是，与时俱进，认真贯彻“忠于职守、勇于负责，严格把关、保国安民”的方针，克服困难，积极开拓，扎实工作，严把国门，依法施检。为江西对外经济发展做出了积极的贡献。

江西检验检疫系统全年共完成出入境货物检验检疫 24139 批，货值 10.06 亿美元，同比分别增长 23%和 30.4%，检出不合格进出口货物 289 批 859 万美元，批次和货值不合格率为 1.2%和 0.85%，其中，动物及其产品检疫 1311 批 2800 万美元，植物及其产品检疫 2806 批 7677 万美元，食品卫生检验 2846 批 5295 万美元。

检疫出入境集装箱 8476 标箱，检疫飞机 395 架次。查验出入境人员 22965 人次，传染病监测体检

6151人次，进行预防接种6125人次，艾滋病监测5938人次。发现问题489人次，其中处理艾滋病和梅毒疑似患者各一人，肝炎18人次，肺结核11人次，性病7人次。

【严格执法把关，维护国家利益】 2002年，共检出不合格进出口货物372批，货值859万美元，其中进口不合格货物126批，对外索赔462万美元；截获入境有害生物177种次，首次截获了国家禁止入境的二类有害生物辣椒实蝇，查出违规携带物品的出入境人员81人次。加大了查办案力度，成立了案件审理领导小组，全局形成了执法网络，对企业逃避检验检疫、掺杂使假、非法进口、变造证单等违法行为，发现一起，查处一起，严厉打击。全年共立案调查违法案件共18起，已查处结案17起。

【加大监管力度，完善监控手段】 对全省供港澳活猪、活牛开展了口蹄疫等疫情监测和"7＋10"残留物质监控，确保1401批14.2万头合格活畜出口港澳。清理整顿出口食品生产企业，对27家水产品、蜂蜜等六类企业开展专项检查，强化了卫生注册管理，对省内114家出口食品生产企业颁发了新的卫生注册登记证书。对不符合卫生条件的和产品质量有问题的企业，分别作出了限期整改，暂停接受报检等处理。对国外技术壁垒新要求快速作出了预警反应。如针对日本、欧盟等国对烤鳗、蜂蜜提高药残检测指标，及时下发《关于加强出口烤鳗检管工作的通知》，对养殖场实施登记备案，加强对活鳗的检管，严格监控饲料、添加剂和药物使用；加强了出口蜂蜜中氯霉素残留的检测。加强了有害生物监测和本底调查。实蝇监测点从往年的122个增至200个，监测到的实蝇种类扩大到5种，有2种为江西首次发现。连续开展了3年口岸医学媒介生物监测和季节消长调查工作，对机场、码头等处7类生物进行了监测。

建立报检单位登记备案制度，健全企业监管档案，加强业务统计分析，对辖区内进出口企业生产经营情况实行了有效监控。对进口废金属、废塑料的经营公司和加工单位开展了调查，制定了《进口废金属、废塑料检验检疫操作规程》，实施备案登记管理，把住检验检疫关，全年共检验检疫进口废铜、废塑料160批，货值5865万美元，检出不合格货物46批，对外索赔16.5万美元。通过落实催验责任，跟踪1500余份进口流向单，提高了入境货物检验检疫覆盖率。

【加大服务力度，促进江西外贸发展】 2002年，继续实行"24小时报检"和"1小时出证"的承诺，实行节假日值班制度，坚持做到"特事特办、急事急办、特殊情况随到随办"，在重点进出口企业实行"一站式"服务等措施。全面启动"三电"工程，共有115家外贸企业实行了电子申报，已受理电子申报2176批，出入境货物电子转单2006票。积极宣传和开展原产地标记保护工作，对"长青"、"红叶"、"四特"、"山花"等一批知名品牌实施认证保护。普惠制利用出现大幅度增长势头，签发证书5610份，增长40.7%，签证金额20282万美元，增长45.4%。按享受10%的平均关税减让计算，可为外贸企业出口增加2000万美元经济效益。

【开拓创新，认证认可工作取得新突破】 2002年完成质量许可证和卫生注册登记证等评审250家，实施获证企业定期监督检查106家，推荐出口企业对外注册11家。ISO9000等认证工作取得了较好的业绩，2002年共审核发证489家，位居检验检疫系统第一；对江铃汽车集团公司进行了QS9000审核认证，颁发了CQC首份QS9000证书；在全国首次对特大型国有企业江西铜业公司在党建工作中导入ISO9000体系进行了审核认证，得到了中组部、国家认监委等部门的高度评价和充分肯定。中组部副部长李景田、认监委主任王凤清在人民大会堂颁证大会上向江西铜业公司颁发了证书。

【转变检管模式，提高把关水平】 抓住检验检疫工作重心向涉及安全、卫生、健康、环保和反欺诈领域转移，打破"批批检验"的传统观念，将把关职能前移。根据江西出口商品的特点，运用风险分析确定了重点和敏感商品，采取严加控制措施，实行企业分类管理。对出口机电产品有重点地推行“型式实验＋抽批检验＋质量体系监督”模式；对出口轻纺产品实行“周期检验＋抽批检验＋日常管理”模式，逐步向“过程监督检验”模式转变，使检验检疫模式符合 WTO 规则和 TBT/SPS 协议的要求。

【精神文明建设结硕果】 2002 年，江西出入境检验检疫局和赣州、九江、上饶、景德镇出入境检验检疫局均被评为省级“文明单位”，江西出入境检验检疫局报检大厅、机场办和赣州、九江、上饶、景德镇、吉安、宜春出入境检验检疫局的检务窗口先后被授予省、市级“青年文明号”，实现了精神文明“满堂红”。上饶出入境检验检疫局受到人事部和国家质检总局的联合表彰，荣获“全国质量监督检验检疫工作先进单位”荣誉称号。

（余静漪）

2002 年江西出入境检验检疫主要业务统计表

金额单位:万美元

	货物检验检疫																		
	进出口商品检验				进出境动物及其产品						食品卫生检验		出入境卫生检疫						
			检出不合格		动物及其产品		植物及其产品						监测体检及预防接种(人次)				出入境人员(人次)		交通运输工具
	批次	金额	批次	金额	批次	金额	批次	金额	检出疫情		批次	金额	监测体检	爱滋病检测	发现病例	预防接种			
									批次	金额									
出境	18535	53800	147	381	1273	2613	2763	7529			2824	5242					10817		4106
入境	1999	42760	110	462	38	188	44	147	77		22	53					12148		4370
合计	20534	96560	257	843	1311	2801	2807	7676	77		2846	5295	6151	5938	489	6125	22965	395	8476

九江海事局

【概况】 2002年是九江海事局厉行改革，全面提升工作水平的一年。全局以水上安全监督管理为中心，以“四个明显一个确保”为重点，深化人事制度和财务制度改革，强化内部管理，制订并落实业务例会、集体审批、检查督办、责任追究等若干业务工作制度，规范了业务工作，促进了监督管理工作的深入开展，形成安全工作齐抓共管的合力，积极探索船舶安全监督管理的新思路，为水上交通提供了安全畅通的通航环境，全局辖区未发生重大恶性事故，一般以上水上交通事故9件(其中:碰撞事故3件)、经济损失199万元、沉船5艘、死亡5人，综合安全指数66，与2001年相比，事故件数下降18%，碰撞事故件数下降25%，沉船艘数和死亡人数分别下降38%和74%，经济损失同比持平，实现了通航环境明显好转。由于工作的出色表现，九江海事局第三次蝉联江西省文明单位，并被评为江西省文明行业单位，监督科荣获省级青年文明号，彭泽、湖口、姚港、港区四站继续保持市级文明单位，武穴站已通过黄冈市文明单位验收。陈纪如局长被九江市委、市政府评为“为人民服务十大标兵”，张茂华和张永红同志分获长航系统“十佳青年”和九江市首届“十佳岗位能手”光荣称号。

【抓好季节性安全工作和专项整治工作】 九江海事局继续以“水上安全管理年”活动为主线，开展了“战枯水、安全生产月”和“反三违月”、“防汛”、“三防一禁”等季节性安全工作，认真开展安全生产大检查、黄砂船舶减载统一专项整治、四客一危船舶专项检查，认真抓好“十六大”等特殊时段的安全管理，巩固了出湖船舶严重超载、水上加油管理无序等影响辖区安全形势稳定的部分突出问题的整治成果。

为防止枯水期搁浅事故发生，九江海事局设立检查线，开展24小时专项检查，对严重超吃水、超载船舶实施强制减载。针对进出鄱阳湖运砂船流量大、缺陷多、超载严重、事故隐患突出的情况，充分发挥船舶整顿基地的作用，对运砂船进行24小时检查、整改和强制减载，使超载现象得到有效遏制。

针对小型吸砂船在辖区夜间偷采，严重影响船舶的正常航行的情况，九江海事局集中全局力量，开展专项整治13次，清除占道采砂船舶100余艘，滞留船舶10艘，确保航道畅通。

【加大巡航力度，抓好现场管理】 2002年监督艇巡航16279次，航时8854.3小时，同比增长249%和62%；单艇日均航时4小时，比2001年增加60%，巡航工作质量也相应提高，现场查船19389艘，纠正违法行为5970次，有效控制了事故发生。

【实行安检目标责任，提高安检工作质量】 九江海事局完善了各站安检机构，结合季节性安全工作和专项整治活动，开展8次安全检查专项治理，举办船公司内部安检人员培训班，推动安检工作开展。全年安全检查674艘，查出缺陷5237项，滞留25艘，同比增长85%、190%和13.6%。其中渡船检查率100%，到港小型危险品船检查率60%，提高了船舶安全航行的可靠性能。

【宣传推进ISM规则】 为使ISM规则在江西水上相关航运企业得到逐步推广，九江海事局主持召开了全省推进会，局领导亲自带队走访全省相关单位19家，宣传ISM规则的思想精粹。经过对相关单位的宣传、组织学习参观培训、上门指导，全省30家船公司纳入体系范围，首批7家公司体系编制进展顺利。

【规范船舶登记管理】 2002年，九江海事局被授予海船登记职权，全年办理海船所有权登记20艘，国籍登记23艘(其中临时国籍登记4艘)，换发最低安全配员证书25本，变更与换证登记107艘。坚持实行三级审核制度，坚持与各主管机关、各省船舶检验处、航运管理机关及原船舶登记机关的联系制度，加强核实与调查的力度，登记工作无差错。

【严格船员考试发证工作】 全年办理船员适任证书96本，较上年度增加50%，办理船员服务簿及签注190本(次)；推行新型船员管理方式，实施《船员违法记分办法》。

【加强危管防污工作】 规范了水上加油站管理，对辖区危险品码头、水上加油站开展全面现场检查，查出缺陷125项，并督促整改到位；加强危险货物的监督管理，全年共办理液化气船舶和外贸申报38次，办理油类危险品船舶申报1185次，申报无差错；办理液货船过驳审批手续21艘，未发生事故；组织开展“6.5”世界环境日活动，打捞长江船舶垃圾，开展宣传咨询，增强了群众的环境保护意识；督促80%的水上加油站和危险品码头配备了围油栏或吸油毡，铺设围油栏454次；落实了九江港第一艘垃圾接收船。

【为外贸集装箱班轮提供便捷服务】 为外贸集装箱班轮提供便捷服务是九江海事局口岸工作的重点。为保证外贸集装箱及时转口不误船期，九江海事局将把关与服务相结合，为集装箱班轮提供“24小时签证”服务，做到随到随签，并尽量做好服务，使班轮不因纠正缺陷而滞留延误船期。

2002年，九江海事局为两艘新造出口斐济的非公约渔船办理了出口手续，为丹麦航海家旅游办理了进出口岸手续，并派监督艇在现场提供良好服务。

【加强事故预防预控和搜救工作】 九江海事局积极作好事故的警示教育，增强船员安全意识，向过往船舶提供水文、气象、航道谘询服务，发布大风大雾航行警告监听事故信息。作好搜救工作，组织海难搜救25次，获救船舶30艘，获救人员363人，挽回经济损失2497万元。

【加强法制建设】 按照执法队伍三年上台阶的要求，完善了执法公示制度，坚持了违法统计分析制度，全年行政执法1374件无错案，行风有理举报为0，收受红包为0，开展了执法人员宣誓活动，加强了文明执法思想教育，以签订行政执法责任状和建立错案追究制度为主体建立了行政执法追究制度。

【加强内部管理，推进全面发展】 九江海事局一贯重视人员教育培训工作，大力推进学历教育，2002年，大专以上学历人员已达到51%，60%执法人员通过了国家计算机一级水平考试，310人次接受了不同层次的岗位培训，培训面达84%，提高了人员的综合素质；大力推行处、站“八个一”标准建设，为各站和业务部门配备了部分交通、通信、现场监控和自动化办公设备，改善了现场管理条件，提高了快速反应能力；继续推行设备达标，船艇完好率98.51%，可用率97.92%，在2001年9艘艇囤达标的基础上，2002年又有5艘艇囤达到二级达标；继续巩固档案管理达国家二级成果并有新发展，部分档案实行了电子化管理，档案利用率逐年提高；完成了1840年至2001年航政史的编辑工作，为九江海事事业的未来留下了一份宝贵的历史资料。

(刘晓梅)

江西口岸专稿

江西对外贸易经济合作综述

【概况】 2002年是我国加入世贸组织的第一年，面对新的形势，江西省外经贸工作紧紧围绕省第十一次党代会提出的加快以工业化为核心，以大开放为主战略，实现江西在中部地区崛起的奋斗目标，进一步解放思想，转变观念，以高度的政治责任感和使命感，迎难而上，奋力拼搏，全力推进大开放主战略的实施。通过重点抓外资，积极拓展外贸，大力调整结构，强化管理，外经贸发展步伐加快，各项工作取得了新的成绩，顺利实现了外贸、外资、外经同步增长的新局面。

外贸运行质量有新提高。2002年全省累计完成进出口总额16.95亿美元，增长10.7%。其中出口10.52亿美元，增长1.3%；进口6.42亿美元，增长30.6%，当年实现贸易顺差4.10亿美元。外贸进出口运行质量进一步提高，具体表现在：一是外贸出口实现正增长。2002年上半年，全省外贸出口一直处于低迷状态，进入下半年后，出口快速回升，特别是8—12月五个月当月出口平均增幅达22.96%。二是外商投资企业和集体民营企业出口快速增长。2002年外商投资企业和集体民营企业出口分别增长60.84%和78.20%，占出口总额的比重分别提高6.36和2.18个百分点，表明推进大开放主战略实施初显成效，并随着外资企业的引入和民营经济的发展，其比重将继续提高。三是进出口结构进一步平衡。进口大幅度增长，进口额占进出口总额的比重上升到37.91%，提高了5.78个百分点。四是设区市出口实现较快增长。全省11个设区市出口4.02亿美元，增长15.8%，有力地拉动了全省出口的增长。

利用外资水平有新突破。2002年全省新批外商投资企业591家，增长91.36%；合同外资额15.34亿美元，增长191.22%；实际利用外资12.47亿美元，增长130.78%，其中外商直接投资实际进资10.87亿美元，净增6.9亿美元，增长174.73%。截止2002年底，江西省累计批准外商投资项目7185个，其中外商直接投资6116项，合同外资额67.49亿美元，实际进资41.8亿美元。2002年江西省利用外资取得了历史性的突破，主要表现在：一是利用外资增长超常。2002年全省外商投资合同外资和实际进资增幅双双居全国第一，实际进资净增长额占全国净增长额的11.63%。二是外商投资进位超常。外商投资实际进资占全国的比重由2001年的0.84%提高到2002年的2.06%，提高了1.22个百分点，在全国的排位由2001年的16位提前到2002年的11位，前移5位。在中部八省市中，新批合同外资额居第一位，实际进资居第二位。三是工业项目增多，工业项目占新批外商投资项目的52%。

实施走出去战略有新成效。2002年江西省完成对外承包工程和劳务合作合同额8449万美元，营业额13477万美元，新派劳务2222人次，期未在外人数6372人次，合同额和营业额均增长1%。2002年全省外经工作主要在四个方面取得了新成效：一是承包工程业务有新发展。江西建工集团、南昌市对外工程公司、宜春海程公司在新加坡、马里、多哥、贝宁等国中标，萍乡矿业集团在阿尔及利亚草签了奥兰排污项目3322万美元，这是江西省有史以来金额最大的自营承包工程项目。二是外派劳务经营秩序整顿力度加强，2002年江西国际公司被评为“中国外派日本研修生十佳企业”。三是骨干外经企业发挥新作用。江西国际公司完成营业额3715万美元，同比增长11%；萍乡矿业集团实现营业额1447万美元，同比增长44%，有力地带动全省外经业务的发展。

【商品进出口贸易】 各类企业出口有升有降，但进口增长。2002年国有企业出口8.15亿美元，下降8.94%；外商投资企业出口1.81亿美元，增长60.85%；集体、私营企业出口5657万美元，增长78.17%。2002年国有企业进口4.08亿美元，增长27.31%；外商投资企业进口2.26亿美元，增长34.62%；集体、私营企业进口865万美元，增长195.22%。

一般贸易进出口均上升，加工贸易进出口均下降。2002年一般贸易出口9.46亿美元增长2.29%；加工贸易出口1.03亿美元，下降9.22%；其他贸易出口252万美元，增长3304.99%。2002年一般贸易进口4.62亿美元，增长24.38%；加工贸易进口5576万美元，下降16.08%；其他贸易进口1.25亿美元，增长130.29%。

工业制成品进出口均增长；初级产品出口下降，进口增长；机电产品出口持平，进口增长。2002年初级产品出口8893万美元，下降44.50%；工业制成品出口8.76亿美元，增长4.10%。其中，机电产品出口1.49亿美元，基本持平。2002年初级产品进口1.92亿美元，增长5.80%；工业制成品进口4.16亿美元，增长42.76%。其中，机电产品进口2.87亿美元，增长57.69%。

市场结构进一步改善。2002年江西与162个国家和地区进行了出口贸易，其中对亚洲出口5.92亿美元，占出口总额的56.27%；对欧洲、北美洲、拉丁美洲出口分别为15495、13731、6631万美元，分别占出口总额的14.17%、13.05%和6.30%。其中位于前10位的出口市场依次是：香港、日本、美国、韩国、阿联酋、印尼、新加坡、科特迪瓦、德国、我国台湾地区。2002年江西与67个国家和地区进行了进口贸易，其中从亚洲进口2.52亿美元，占进口总额的39.26%；从欧洲、北美洲、拉丁美洲进口分别为18871、9623、5984万美元，分别占进口总额的29.37%、14.98%和9.31%。其中位于前10位的进口市场依次为：美国、日本、香港、瑞士、我国台湾地区、德国、智利、秘鲁、意大利、荷兰。

【技术进出口贸易】 2002年江西省技术出口2707万美元，比上年增长15.34%，其中高新技术产品出口2653万美元；计算机软件技术出口54万美元，首次实现零的突破。从出口产品大类分析，主要是生物技术、生命技术、光电一体化技术、计算机及通信技术、电子技术、材料技术、航空航天技术、武器技术、软件技术等9个领域，其中生命技术出口1189万美元；计算机及通信技术出口491万美元；电子技术出口302万美元。从贸易方式分析，一般贸易出口2488万美元，来料加工、进料加工165万美元。从企业性质分析，国有企业出口2472万美元，占出口总额的91.32%；三资企业出口231万美元，占出口总额的8.53%。出口的国家和地区83个，主要是香港、美国、日本、韩国、巴基斯坦、我国台湾地区、印度尼西亚、印度、越南、巴西等。

2002年技术进口合同数43项，合同金额3655万美元，其中技术费1706万美元，占合同金额的47%。技术进口主要方式是技术咨询、技术服务、专有技术的许可或转让、计算机软件进口、为实施技术引进而进口的成套设备及关键设备和生产线等。技术引进主要国别地区是德国、美国、奥地利、香港、日本、芬兰、英国、澳大利亚。技术引进主要涉及行业是制造业、采掘业、房地产业、电力、煤气及水的生产和供应业、教育、文化艺术及广播电影电视业等。

【利用外资】 2002年共新批外商独资企业386家，合同外资额10.57亿美元，分别占全省新批外商投资企业总数和合同外资总数的65.3%和68.9 %。外商独资企业实际进资6.81亿美元，占全省外商投资实际进资总额的62.7%，同比增长276.9%。外商投资额超过1000万美元的项目有32个，合同外资额5.76亿美元,占全省合同外资总额的38%;实际进资在500万美元以上的项目35个,进资额4.84亿美元,占全省45%;外商投资项目平均外资额达259.54万美元,同比净增88.6万美元。外商投资产业结构日趋合理,三大产业呈现一产引资增长快,二产引资比重大,三产引资领域宽的特点。外资企业增资多。2002年全省有121家外商投资企业增加注册资本,合计增资1.78亿美元,占全年合同外资金额的11.6%。增资企业数量多,表明江西省投资吸引力在逐步增强。新批外商投资项目,分别来自40个不同的国家和地区。合同外资额居前五位的国家和地区依次为香港、美国、新加坡、台湾、澳大利亚,实际进资居前五位的国家和地区依次为:香港、台湾、新加坡、美国、日本。国际跨国公司来赣投资多,2002年又有5家世界500强大型跨国公司来赣投资。

各级开发(工业园)区正成为吸收外商投资的重要区域。2002年,江西省各级各类工业园新引进外商投资企业222家,合同外资7.36亿美元,实际进资3.88亿美元,分别占全省总数的37.5%、48%和35.7%。

【承包工程和劳务合作】 2002年江西省外派劳务派往68个国家和地区,主要国家和地区是日本、新加坡、塞班岛、约旦、马来西亚、阿尔及利亚、尼泊尔、以色列、沙特阿拉伯、阿联酋等;其中日本678人,新加坡387人,塞班岛552人,约旦270人,以色列80人。

2002年实施的对外承包工程重点项目有江西国际公司赞比亚、津巴布韦等国房建项目完成营业额3175万美元,江西省建工集团新加坡高速公路隧道项目完成营业额278万美元,南昌对外工程总公司的马里房建组项目完成营业额1005万美元,萍乡矿业集团阿尔及利亚机场塔楼和尼泊尔印德拉瓦迪项目完成营业额1447万美元。签订合同重点项目有萍乡矿业集团阿尔及利亚奥兰城市集中排污项目,合同额3322万美元;南昌对外工程总公司新签尼岛度假村别墅群房建项目,合同额500万美元;宜春海程新签斯里兰卡拉威农田水利第Ⅱ期和多哥培训中心、小学及职业教育项目,合同额2347万美元。

(黄四方)

江西口岸大事记

1月17日

就如何提高口岸工作效率,怎样抓好"现代物流"与WTO对接和口岸春节期间安全生产等问题,召开了南昌货运口岸作业区工作会议。

2月12日

年初一,省政府副秘书长胡咏在外经贸厅王中阳副厅长的陪同下前往南昌航空口岸慰问现场值班的全体人员,南昌海关陈华山关长、胡泽副关长、方幸福纪检组长,江西出入境检验检疫局刘九胜局长助理,江西边防总队杨伯佬总队长、闻小波参谋长一同前往。

3月7日

铁道部中铁集装箱运输中心付魁芳经理一行,在南昌铁路局就如何应对WTO,充分发挥现有运输资源潜力，形成具有江西特色的现代物流平台，促进江西的大发展召集座谈会。省经贸委交通处针对江西省当前存在的运输服务与查验配合问题提出了建设性建议。中铁集装箱运输中心付魁芳经理最后要求：铁路运输部门要彻底转变观念，努力提高管理水平，改进工作方法，拓展运输市场，各种运输方式要紧密配合，尽快使现代物流适应江西经济发展。

3月17日

国家质检总局党组成员、国家认监主任王凤清一行前来江西省参加吉安检验检疫局的挂牌仪式，省委书记孟建柱、省长黄智权、副省长朱英培等领导会见了王凤清一行。

3月18日

吉安出入境检验检疫局正式挂牌成立。国家质量监督检验检疫总局党组成员、国家认证认可监督管理局局长王凤清，副省长朱英培，省政协副主席王林森出席了开检仪式。

3月19—20日

国家质量监督检验检疫总局党组成员、国家认证认可监督管理局局长王凤清主任一行前往赣州出入境检验检疫局、瑞金市视察工作并到有关企业调研。

3月21日

江西检验检疫局局长陶武盛陪同国家质量监督检验检疫总局党组成员、国家认证认可监督管理局局长王凤清主任、朱英培副省长一行前往江铃集团，参加江西检验检疫局质量管理体系认证900家暨中国质量认证中心(CQC)首家QS－9000质量认证颁证大会，王凤清主任、朱英培副省长、陶武盛局长等分别在大会上讲话。

4月4日

海关总署署岸函[2002]106号通知，《国家“十五”口岸发展规划》已经国务院批准并开始执行，江西省南昌航空口岸对外籍飞机开放列入“十五”扩大开放口岸目录。

4月18日

国家质检总局蒲长城副局长、宇方成、张玉宽、吴清海副司长等一行到江西出入境检验检疫局检查指导工作，听取了局长陶武盛的工作情况汇报，参观了局实验室及有关处室。

4月25日

为进一步提高通关效率省口岸办公室召集有关单位在江西纸业集团有限公司召开了废纸入境管理现场协调会。从难度最大的废纸进口贸易入手，探索提高通关效率的途径，认真讨论并通过了《关于南昌港码头各口岸单位对废纸进口通关管理的联系配合办法》。

5月16日

召开全省口岸各有关单位的部门领导和南昌市区的部分口岸单位"青年文明号"号长参加的全省口岸创建青年文明号工作会议，结合口岸工作的实际贯彻落实团省委的会议精神。

5月18日

中华人民共和国吉安海关成立暨开关仪式在吉安市举行，省人民政府秘书长王飚代表省政府到会祝贺；海关总署发来了贺电。

5月19日

江西省政府首次从南昌航空口岸包机飞抵香港召开“江西(香港)投资洽谈暨旅游推介会”，参加此次招商团的有省长黄智权、副省长朱英培、以及省政府相关厅局的主要领导、各市、县的主要领导共计128人。在口岸各查验单位的共同努力下，顺利地完成了包机出境查验任务。

5月22日

江西出入境检验检疫局局长陶武盛前往九江检验检疫局及有关企业调研。

5月30日

江西出入境检验检疫局副局长孙工毅参加全省精神文明建设表彰会暨省文明委第五次全体会议。省局机关、赣州、九江、景德镇、上饶检验检疫局作为江西省第八届精神文明单位受到江西省委、省政府的通报表彰。

6月10日

根据团省委要求，与共青团省委青工部联合组织开展的全省口岸系统青年文明号创建工作大检查顺利结束。

6月16日

由江西江新造船厂建造的两艘200吨级斐济国籍渔船(WIN STAR 1T和WIN STAR 2T)从九江口岸外贸码头起航，直接出口到太平洋上的岛国斐济。这是九江造船企业为国外建造出口船舶十年来，首次利用九江口岸办理出口交接的两艘船舶。

6月23日

南昌边检站给予中华海外联谊会2002年港澳理事江西访问团19人入境礼遇。

6月24日

江西省边防总队长杨伯佬陪同省厅有关领导前往北京汇报开通九江至九龙直通列车的有关事宜。

7月9日

南昌市政府召开江西国际集装箱码头项目选址有关事宜协调会，确定了新建的江西国际集装箱码头选址于市赣江北岸昌北经济技术开发区的白水湖工业园以东的赣江边，预计2003年初开工建设。

7月17日

九江口岸系统具体落实上海“大通关”现场会议精神，在二季度外贸通关运输座谈会上，主管口岸工作的副市长冯静在会上要求：口岸各部门都应与时俱进的精神，努力提高口岸工作效率，要结合九江口岸当前的实际，切实找到制约口岸效率的难点和问题，要围绕九江经济发展的主题密切配合，相互协作；上下之间、部门之间都要以服务企业、支持九江的招商引资和外向型经济发展为目标简化手续、增加优质服务。

7月24日

省口岸工作协调领导小组在7月5日专题组织学习上海“大通关”现场会精神的基础上，召开专题会议研究贯彻意见。省政府副秘书长谭晓林主持了会议。

7月30日

省政府副秘书长、省口岸工作领导小组组长胡咏对江西省口岸办《关于解决江西出入境检验检疫熏蒸药品存放的请求》(赣口办字[200]19号文)批示：“同意省口岸办请示的意见。关于消防安全问题，请按整改方案抓紧实施以确保过渡期间的重要物资的安全。”

8月7日

根据省委孟建柱书记、常务副省长彭宏松的指示精神，省编办要求省口岸办提出对机构重新设置的意见。

8月19日

根据省口岸工作协调领导小组的指示，由省口岸办组织查验单位和口岸相关单位前往上海口岸进行为期三天的“大通关”考察。

9月1日

部队开通总队机关与省厅信息中心、南昌边防检查站2M光纤专线，南昌边防检查站完成站机关局域网和站机关到执勤现场100M光纤建设，实现口岸执勤现场与南昌站站部、总队机关、公安部数据互传。

9月2日

江西省政府副秘书长、江西口岸工作协调领导小组组长谭晓林前往江西出入境检验检疫局走访。

9月6日

共青团江西省委员会和江西省口岸办公室授予九江边防检查站监护中队“青年文明号”称号。

9月11日

南昌市政府与空八军正式签订《关于南昌昌北机场对外籍飞机开放涉及军事设施保护问题的协议书》

9月17—19日

国家质检总局李长江局长率计量司宣湘司长、科技司刘平均司长、财务司齐京安司长一行7人，来赣视察工作。在江西省政府副省长凌成兴、江西出入境检验检疫局局长陶武盛等陪同下，参观了报检大厅及实验室等场所，并前往井冈山、兴国、瑞金、赣州等质检系统基层单位视察。

9月19日

形成《关于推行大通关的报告》，向省政府提出了当前江西省口岸“大通关”工作中存在的主要问题及解决的办法。

9月20日

赣州出入境检验检疫局受理了赣州江钨钨铁合金有限公司出口到荷兰的100吨钨铁，填补了江西钨铁生产和出口的空白。

9月22日

南昌边防检查站在执行南昌至香港MU5017航班检查任务时，查获5名持因公护照涉嫌偷渡美国的人员。

9月26日

省口岸办派员与部份查验单位组成调查组，前往九江、景德镇、上饶以及南昌等地调查全省集装箱卡车公路运价，寻找口岸运量小的原因。

10月1日

南昌至曼谷包机航线经海关总署批准，开始黄金周的4个航班飞行。

10月6日

江西出入境检验检疫局驻昌北机场办事处在对从泰国进境旅客携带的250克泰国红辣椒实施检疫

的过程中，截获6只我国禁止进境的二类有害生物——辣椒实蝇。在江西省属首次截获。

10月7日

南昌至曼谷包机航线的全部四个航班全部完成，运送出入境旅客412人次，乘座率85.8%。

10月8日

江西省边防总队开通与九江边检站的2M光纤专线，实现全总队范围口岸数据计算机互传。

10月21日

江西出入境检验检疫局局长陶武盛陪同国家进出口评定认可中心副主任生飞一行前往江西铜业公司对党务管理工作导入ISO9000体系运用情况进行考察调研。

10月24日

根据工作需要，正式发文将原江西出入境检验检疫局鉴定管理处更名为江西出入境检验检疫局南昌口岸检管处。

11月4日

召开全省动植物源性食品检验检疫管理工作会议，江西出入境检验检疫局各有关部门、分支局近40人参加了会议。局长助理刘九胜参加了会议并讲话。

12月1日

江西出入境检验检疫驻机场办事处、九江、吉安检验检疫局，以世界艾滋病日确立的"相互关爱、共享生命"为主题，在各有关口岸和场所进行"世界艾滋病日"宣传活动。

12月3日

省政府根据人事变动和工作需要，以赣府厅字[2002]171号文，调整了省口岸工作协调领导小组成员。调整后由省政府新任副秘书长谭晓林为组长，省外经贸厅新任副厅长周应华为常务副组长。其成员在原有省交通厅、南昌铁路局、省民航局、南昌海关、江西出入境检验检疫局、武警江西边防总队7个单位的基础上，又新增加省计委、省财政、省国税局、国家外汇管理局江西分局、南昌市政府等5个成员单位。通过调整，扩大了口岸协调范围，加大了协调力度，有利于推行大通关政策措施在江西的贯彻落实，有利于口岸工作效率的提高。

12月10日

江西出入境检验检疫局局长陶武盛前往新余，与新余市委、市政府主要领导就新余检验检疫机构的设立问题进行了磋商，并达成了初步协议。

12月19日

江西省边防总队参谋长闻小波、九江站站长周志敏、参谋长李坚、副参谋长周玉利参加江西省公安厅组织的劝阻景德镇非法陶瓷展销出境人员工作组，分赴广西、云南、广东、深圳、上海等地开展工作。

12月24日

朱英培副省长、谭晓林副秘书长一行赴北京就南昌航空口岸对外籍飞机开放有关事宜走访海关总署、中编办、国家计委等部委(办)。

12月26日

江西评审中心评审的江西铜业集团公司对党建导入ISO9000质量管理体系在人民大会堂举行新闻发布会。江西出入境检验检疫局局长陶武盛参加了新闻发布会并在主席台就座，出席新闻发布会的有国家认监委主任王凤清，中组部副部长李景田，各相关单位、新闻媒体的代表120余人。在党建工作中首次导入ISO9000质量管理体系，是江西评审中心在质量管理体系认证工作中的一次重大创新，得到中组部、省委组织部等有关部门的充分肯定。

山东省

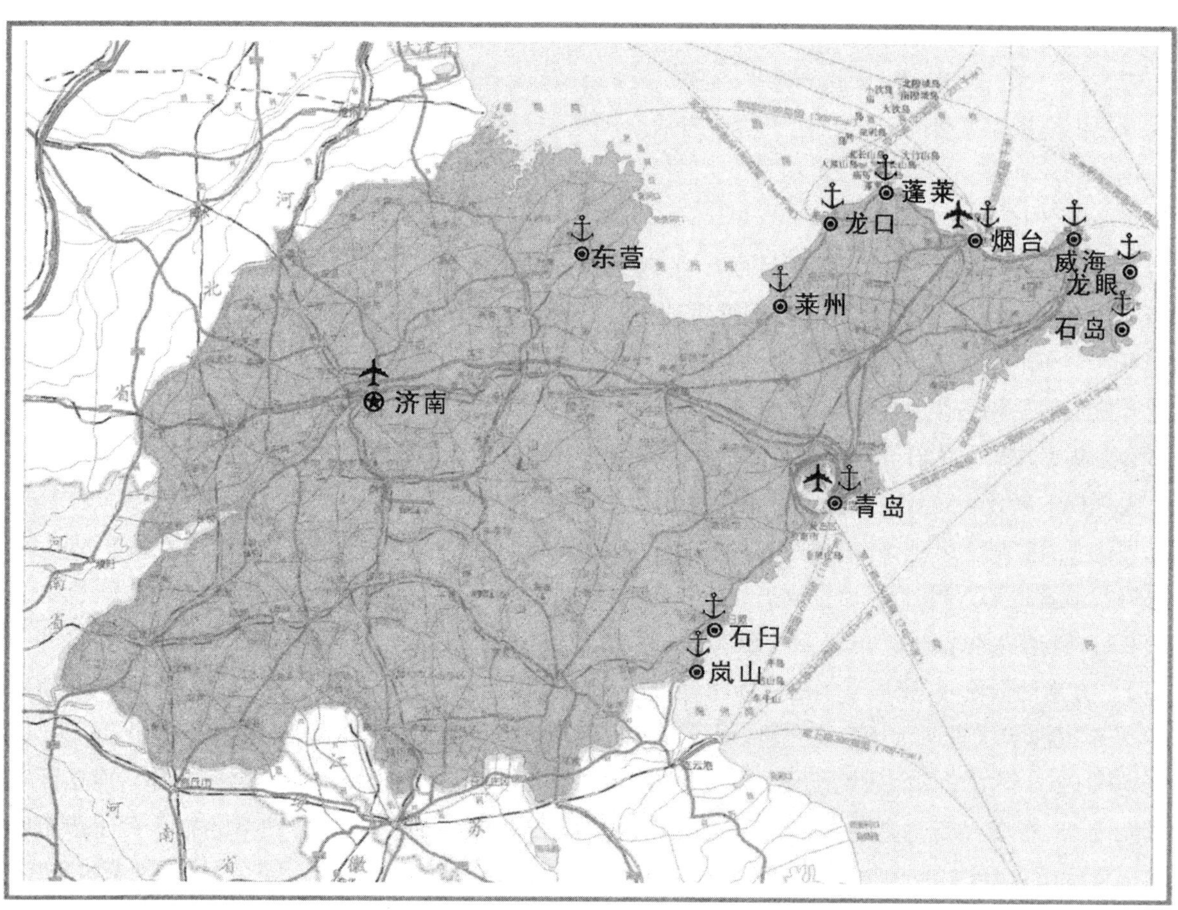

图 例

- 省级行政中心
- 口岸
- 铁路口岸
- 航空口岸
- 公路口岸
- 海（河）运口岸

山东口岸工作综述

【概况】 山东，金代以前为地理概念，泛指崤山、华山或太行山以东的黄河流域广大地区。因西周封邦建国时山东境内曾存有齐、鲁、曹、滕、卫诸国，周公旦封于鲁，所以山东又简称“鲁”。

山东省地处中国东部、黄河下游，是中国的农业大省、工业大省、海洋经济大省、旅游资源大省和主要沿海省市之一。地理坐标为北纬34°25′～38°23′和东经114°36′～122°43′之间，南北最长约420公里，东西最宽约700余公里，陆地总面积15.78万平方公里。境域东临渤海、黄海，与朝鲜半岛、日本列岛隔海相望，西接大陆，自北而南依此与河北、河南、安徽、江苏4省接壤。山东海岸线全长3024.4公里，大陆海岸线占全国海岸线的1/6，仅次于广东省居全国第二位。沿海岸线有天然港湾20余处，近陆岛屿296个。

青岛港、烟台港是山东沿海两个百年大港，经历了历史沧桑，发生了翻天覆地的变化。50年代初，烟台、青岛2个海港的年吞吐量还不足百万吨，现已达到1.45亿吨/年，国际集装箱吞吐量357万个标准箱/年。随着改革开放的深入，山东相继对外开放了威海、龙口、日照、岚山、石岛、东营、蓬莱、莱州、龙眼港等9个海港口岸，以及青岛、济南、烟台3个空港口岸。此外，山东还先后开放了15个二类口岸及位于开放水域的码头作业点，形成了以青岛港口岸为龙头，烟台、日照、威海等口岸为骨干，若干个二类口岸和各类专用码头为补充布局合理的沿海口岸群。为适应山东对外经贸的迅猛发展，海、空港口岸进行了大规模的新建扩建，迄今，全省沿海港口拥有大中小泊位285个，其中万吨以上深水泊位86个，通过能力达1.7亿吨。开通国际、地区的定期班轮航线48条，与世界140多个国家和地区的450多个港口保持着航贸往来。同时，斥巨资改扩建了青岛、济南、烟台三个空港口岸。青岛机场投资6.5亿元，征地650亩，跑道由原来的2200米延长至2600米，扩建了1万平方米的停车场、7万平方米的停机坪和1.5万平方米的候机楼，完成了军用机场和地方的交接及搬迁等工程；济南遥墙机场投资11亿元新建3600米跑道和市区直通机场高速公路，现可起降世界现有任何型号的客机；烟台航空口岸投资1.2亿元新建了9200平方米国际候机楼和2个登机桥，扩建了4万平方米停机坪。全省航空口岸现有国际和地区航线18条，其中青岛空港10条，分别至东京、大阪、汉城、澳门、福冈、香港、釜山、大邱、经上海至巴黎和东京货运；烟台空港5条，分别至汉城、香港、大邱、大阪和仁川货运；济南空港3条，分别至香港、汉城和俄罗斯货运。

【综述】 2002年，按照国务院《关于进一步提高口岸工作效率的通知》和省政府提高行政效率的要求，在全省口岸实施大通关工程。经过口岸系统广大干部职工的共同努力，各项工作均取得了较好成绩。口岸综合管理有所加强，口岸结构进一步优化，“大通关”工程成效显著，软硬件设施建设有所改善，共建文明口岸活动及对外服务水平不断提高，口岸运行安全畅通。全省口岸外贸运输生产持续稳定增长，口岸外贸运输量、国际集装箱吞吐量和经山东口岸入出境人数均创历史最好水平。尤其是在认真贯彻落实政府提速口岸提效上，始终把大通关的实施作为一项重要工作抓紧抓好。至2002年底，大通关已取得明显成效，初步实现了口岸软硬环境有明显改善，通关时间有明显缩短，综合费用有明显下降，直通运输有明显加快，口岸综合管理水平有明显提高的目标，口岸面貌和形象有了明显的改观。

【大通关】 口岸通关是山东省经济环境的重要组成部分，也是适应我国加入WTO要求，全面提高国际竞争力的重要因素。口岸大通关是一完整链条，涉及部门、单位和环节众多。以“实施大通关、服务大外贸、构筑大平台、建设大口岸”为总体要求的大通关工程实施以来，得到了国家驻山东检查检验部门、港口机场场站等口岸生产单位、口岸后勤保障服务系统以及相关部门的大力配合和支持。各级政府把推进“大通关”工作作为政府提速的重要内容，普遍建立了由分管副市长、部门负责人挂帅的口岸“大通关”领导协调机制；制定了工作方案，明确“大通关”的基本任务和目标；组织力量开展了多种形式的通关效率调研；分解任务，落实责任，实行目标管理；狠抓各查验单位和相关部门的协调配合；改进通关流程，简化程序，减少环节，改善环境，使全省口岸通关效率明显加快，服务质量明显提高，大通关工作取得了阶段性成果。现在，青岛口岸进口集装箱通关时间已由原来的48小时缩短到38.5小时，效率提高12.5小时；空港进口IT产品由年初的18.8小时提高至16.52小时，4小时以内送达的通关比率由年初的20%提高到53.7%。烟台口岸开通无纸通关业务，无证、无税出口货物从报关到放行只需7分钟，通关速度较以前提高20倍。日照口岸进出口货物平均通关时间由4.6天下降为2天，进口货物通关时间比2001年缩短1.1天，出口货物通关时间由平均2.3天下降至0.6天；港口车船货在港停时同比下降了18.4%。全省口岸旅客入境边防检查实行限时服务，基本达到每人不超过45秒钟的要求。目前我省口岸通关效率已进入全国先进行列。

【全省口岸外贸运输】 2002年，全省海港口岸货物吞吐量突破2亿吨大关，口岸外贸运输量创历史新高，达到12361.17万吨，比上年增长16.97%。其中进口完成7281.41万吨，同比增长17.37%；出口完成5079.76万吨，同比增长16.41%。国际集装箱吞吐量完成371.73万个标准箱，同比增长29%。外贸进出港船舶13728艘次，增长6.03%；国际航线进出空港飞机7711架次，增长20.9%。由于大通关工程在全省各口岸的顺利实施，通关效率成倍提高，口岸环境更加宽松，山东口岸外贸运输量在我国加入世贸组织后竞争日趋激烈的形势下保持了持续上升，其中青岛港外贸运量增长17.5%，日照港增长13.8%，烟台港增长21.8%，威海港增长11.4%，龙口港增长39.4%。

另外，2002年我省大的外事活动较往年有大幅增加，省及各市举办的各种节庆和国际交往、招商招展等商务活动频繁，吸引了较多的国内外客人，使得经山东口岸入出境旅客人数首次突破100万人次，达到118.89万人次，同比增长了21.14%。同时，在各级口岸办和口岸查验单位的密切配合下，省口岸办圆满完成了省政府交办的多项重大外事活动口岸入、出境通关和礼遇安排任务。

2002 年山东口岸运行情况

名称	项目	单位	2002 年	2001 年	同比增长
进出口外贸货值		亿美元	339.4	289.6	17.19%
海港口岸	进出口货物	亿吨	1.2372	1.0568	17.08%
	国际集装箱	万标箱	371.72	288.16	29.00%
	出入境船舶	艘次	13728	12947	6%
	出入境旅客	万人次	26.7382	23.5630	13.47%
航空口岸	进出口货物	万吨	5.5620	3.5746	55.59%
	出入境飞机	架次	7711	6378	20.89%
	出入境旅客	万人次	86.1737	74.5769	15.54%

【口岸建设与发展】 其一，进一步发挥现有口岸的资源优势，扩大口岸开放。按照我省“十五”期间要充分利用现有口岸资源，完善功能，做大做强的要求，省口岸办会同有关部门，先后对女岛港口岸整顿情况进行复验，批准其恢复口岸业务；威海港口岸崮山货主专用码头完善设施，可停靠外轮作业；对石岛港新增客运旅检业务工作进行验收，批准石岛至仁川客货班轮航线正式通航。其二，积极培育和开通国际航线，提高我省对外开放的水平。2002 年，我省三个航空口岸相继开通国际航线 5 条：1、日本全日空航空公司开通青岛—东京航班；2、青岛—上海—巴黎航班开通，结束了我省没有欧洲客运航线航班的历史；3、全日空航空公司开通青岛—东京货运航班，青岛流亭机场的国际航空运输由此进入了“客货并举”的新时代；4、烟台—韩国大邱航线，由东方航空公司山东分公司和大韩航空公司共同执飞；5、济南—汉城国际航线，由东方航空公司和大韩航空公司同时执飞。此外，各航空公司还积极增加航班，烟台—韩国仁川航线由每周 10 班增至 14 班；东航山东分公司将济南—香港航班由每周三班增加为每周四班。海上国际航线的培养和开通也是口岸工作的重点。2002 年全省海港口岸新增航线 24 条。青岛港还开通了青岛—平泽海上国际旅游航线，培育了两条航线：仁川航线由一条船增加到两条船，由每周两班增加到四班；下关航线从十月份换船加班，由两周三班增至两周四班。目前青岛港国际航线每月航班达到 200 班，与世界 140 多个国家和地区的 450 多个港口保持运输业务往来。

【启动航空国际物流】 为解决我省航空货物运输过冷和运输渠道不畅的问题，省口岸办把建立航空国际物流工作作为 2002 年调研的重点项目之一，本着“利用资源优势，开发物流需求，建立统一平台，逐步扩大范围”的原则，依托现有运输和代理企业，充分利用济南至俄罗斯货运包机和其它以客带货的客运航线，组建投资主体多元化的第三方物流服务企业，整合传统分散的物流业务，在探讨建立山东对俄贸易有形市场的基础上，积极推动，稳步发展，逐步扩大物流服务范围，建立起与我省社会经济发展水平相适应的航空国际物流系统。目前正在按工作方案组织实施。

【口岸综合管理】 第一，开展了反偷渡工作。针对利用我省口岸偷渡韩国、日本现象增多的苗头，省口岸办与省边防总队坚持“源头管理、打防并举、过程控制、综合治理”的方针，采取一系列对策，联手开展了对口岸偷渡活动的专项打击。省口岸领导小组还专门建立了反偷渡联席会议制度，在省边防总队设立了联席会议办公室，指导全省口岸反偷渡工作的顺利展开。该项工作已取得初步成效。第二，积极促进陆路口岸的联合发展。针对我省陆路口岸功能分散，货源不足的问题，省口岸办在规范经营行为的基础上，积极探索陆路口岸发展与创新的新路子，并制定了相应措施。同时委托省口岸协会将内陆口岸经营企业组织起来，变分散为集中，实行集约化经营，最大限度地发挥内陆场站的整体优势。目前济南、潍坊、淄博、临沂四场站已经组成了国际集装箱场站企业联合会，进行了社团组织注册，开始联合对外运作。第三，加大对口岸基础设施建设的投入，加快整合信息资源的步伐。省口岸办提出建设信息平台和工作平台的要求，并为困难较大的口岸查验部门争取了500万补助资金。目前各口岸信息平台的建设大都已经开始运作。第四，以大通关和口岸适应入世为主题，加强对口岸管理人员的业务培训。年内，采取学习、考察、研讨“三结合”的方式，组织了一期口岸管理干部培训研讨班，收到很好效果。同时，省口岸办还组织了口岸通关及国际客货运输考察团，到欧洲5国进行学习考察。第五，加强了口岸信息交流。一年来，加强了省市、部门以及与国家口岸协会间的信息交流，基本理顺了全省口岸的信息渠道，紧密结合口岸中心工作，及时与各口岸各查验部门进行沟通，及时汇总有关情况，及时编发《山东口岸》简报，及时向省和有关领导报送口岸信息。为提高全省口岸管理水平，省口岸办和省口岸协会在省社科联的具体指导下，联合举办我省第一次评选“山东省口岸管理优秀论文奖”活动，共有4篇论文入选。第六，坚持不懈地抓好共建文明口岸工作。年内，省口岸办遵照“三个代表”重要思想，以实施大通关为主线，对主要口岸开展共建文明口岸工作进行了调研，并在全省推广青岛、威海口岸办建设文明口岸的具体办法。各口岸结合口岸中心工作，以提高服务水平和执法水平为目标，开展了多种服务竞赛活动，热心为旅客及货主服务，口岸形象焕然一新。各检查检验部门把提高服务质量作为口岸工作的重要内容，分别推出“快速通关”、“绿色通道”、“限时服务”、“上门查验”、“网上报关”、“电子报检”和一系列急事急办、特事特办措施，使全省口岸服务水平有了明显提高。

（徐毓良）

山东口岸2002年出入境旅客统计表

项目＼口岸	青岛空港	烟台空港	济南空港	青岛海港	烟台海港	威海海港	石岛海港	龙眼海港	合计
累计	693449	177295	48081	46738	50850	95689	7529	64069	1183700
同比(%)	20.36	27.21	58.92	35.74	−2.56	−35.78			20.61
入境	348062	87590	24920	23079	25539	47709	3840	31247	591986
出境	345387	89705	23161	23659	25311	47980	3689	32822	591714

山东海港口岸2002年外贸运输统计表

项目 口岸	外贸进出口(万吨)		进口(万吨)		出口(万吨)		国际集装箱(TEU)	
	累计	同比%	累计	同比%	累计	同比%	累计	同比%
青岛港	8247.8	15.96	5404.6	12.02	2843.2	24.25	3410082	29.24
烟台港	1325.7	21.85	1047.9	32.08	277.8	−6.1	160126	33.42
日照港	2111	23.81	456.14	68.88	1654.9	15.32	13951	−3.59
威海港	241.37	−3.44	113.37	−8.42	128	1.51	75570	32.08
龙口港	241.3	41.19	158	75.56	83.3	2.97	52457	2.14
岚山港	105.87	−44.8	61.32	−26.85	44.55	−58.7		
石岛港	21.26	107.4	4.91	1301	16.35	1020	5086	
龙眼港	8.04		2.34		5.7		6317	
烟台地方港	26.3	55.62	20.8	230	5.5	−48.1		
蓬莱港	24.15	100.2	10.05	117.7	14.1	89.38		
莱州港	28	49.97	14.58	86.92	13.42	23.46		
合计	12372.71	17.08	7291.67	17.53	5081.04	16.44	3717272	29

青岛口岸工作综述

【主要指标】

外贸进出口货运量与总值

2002年,青岛海港口岸外贸进出口货运量达到8236.26万吨,比上年(下同)增长17.46%。其中,进口5394.34万吨,增长14.10%;出口2841.92万吨,增长24.47%。集装箱吞吐量达到341.01万标准箱,增长27.02%。全年青岛口岸外贸进出口总值达到313.03亿美元,增长11.82%。其中,进口124.07亿美元,增长6.86%;出口188.96亿美元,增长15.34%。贸易额顺差64.89亿美元。

出入境情况

全年青岛海港口岸进出港国际航行船舶10152艘次,增长9.03%;出入境旅客51916人次,增长49.03%。空港口岸起降飞机42443架次,增长10.04%;中外客流量达到321.98万人次,增长14.58%;货邮量6.52万吨,增长27.05%;出入境飞机5247架次,增长17.51%;出入境旅客69.34万人次,增长18.97%;进出口货物3.75万吨,增长38.81%。

【航线运行】

国际航线的开通和培育工作

2002年6月5日，海港口岸青岛—韩国平泽海上国际旅游航线试航，8月2日正式开航。这条航线是青岛口岸的第三条海上客运航线，为发展青岛乃至周边地区的特色旅游经济提供了方便。

2002年9月8日，空港口岸开通了青岛至东京全货机空中货运航线，"客货并举"初见端倪。

2002年11月1日，采用"一票到底、行李直挂、同程乘机、当日出境"的方式开通青岛－上海－法国巴黎航线，使其成为青岛乃至山东省第一条冲出亚洲的空中国际客运航线。

2002年4月20日，协助日本全日空航空公司恢复了青岛－日本东京航线。该航线于1998年7月2日开通，1999年3月22日停飞。

2002年4月11日，协调中国东方航空公司山东分公司恢复青岛—曼谷定期包机航线。时间是从2002年4月－2003年5月，计划飞行34个架次。该航线于2000年9月30日开通，由中国国际航空公司执飞，为季节性包机。同年11月停飞。

2002年，海港口岸依托老港区资源优势，通过多方工作，使仁川客货班轮由一条船增加到两条船，由每周两班增加到四班；下关客货班轮由两周三班增至两周四班。海港国际旅客运输量不断攀升，年增幅在40%以上。

【改善口岸通关环境】

口岸大通关取得阶段性成果

实施大通关，是青岛口岸近几年来涉及面最广、工作力度最大、针对性最强的一次口岸环境整治活动。"大通关"通过对口岸各种资源的优化整合，达到口岸环境的最大改善，从而使口岸能量得以充分释放，通关效率不断提高，通关成本大大降低。

青岛口岸大通关战役于2002年3月全面打响，整个战役分三个内容、一个目标，即打好三个战役(提高通关速度、规范港航后勤服务秩序、降低通关综合费用)、建设两个平台(口岸信息网络平台、口岸通关工作平台)、达到四个明显(口岸环境有明显改善，工作效率有明显提高，通关时间有明显缩短，综合费用有明显降低)、实现一个目标(实现正常情况下的货物通关时间，海运出口一般货物不超过24小时；保税区进出口货物不超过8小时；空运进口IT企业相关材料不超过4小时的目标)。

实施大通关已经取得了阶段性的成果。截至2002年底，海港口岸老港区进口集装箱通关时间由年初52小时缩短到38.5小时；空港进口货物平均通关时间由年初的18.8小时缩短到16.52小时；空运进口IT类相关产品达到4小时送达率由年初的20%提高到53.7%。青岛口岸大通关的做法，受到了国内同行的广泛关注。2002年4月，山东省在青岛召开"口岸大通关现场会"，推广青岛口岸大通关经验。5月，青岛市政府周嘉宾副市长在"全国提高口岸工作效率现场会"(亦称上海会议)上作了典型发言。

改善口岸软环境

2002年，青岛口岸进入了第七次共建活动阶段。口岸各单位坚持"两个文明一起抓、两个活动一起搞、两个成果一起要"的方针，积极配合大通关开展了共建文明口岸、创建文明城市、行业行风建设等项活动，口岸软环境有了明显改善，窗口意识有了明显增强，工作效率有了明显提高。坚持开展了有益于身心健康的文体活动，2002年4月举行了第四届"高博杯"足球比赛；2002年10月21日－30日，举行了青岛口岸第十三届"海事杯"篮球友谊比赛，青岛海关、青岛海事局分获冠、亚军。

【口岸管理协调服务】

外贸集装箱航线西移获得圆满成功

外贸集装箱航线西移是青岛实施“以港兴市”战略的重大举措，是经济发展重心西移战略的一次大跨越。但西移引发了西海岸集装箱业务的急剧增长，给口岸各单位，特别是检查检验单位带来了空前的压力和挑战。在这种情况下，市口岸办协调各单位从大局出发，积极面对挑战，发挥主观能动性，想方设法克服困难，配合西移采取了一系列重大措施。海关、检验检疫配合西移调整布局，加班加点；边防、海事调配人员，积极配合，保证了外贸集装箱航线西移的圆满成功。目前，前湾港区查验力量不足、配套设施滞后的矛盾已经得到有关方面的重视，并且开始得到解决。

（李新成）

山东口岸查验单位工作综述

青岛海关

【综述】 2002 年，青岛海关认真贯彻“依法行政，为国把关，服务经济，促进发展”的海关工作方针，积极适应形势发展要求，不断深化业务改革，努力加强队伍建设，圆满完成了以税收为轴心的各项工作任务。年内，在山东口岸监管进出口货物总值 395.76 亿美元，比上年同期增长 13.8%，其中出口货物总值 221.44 亿美元，比上年同期增长 14.8%，进口货物总值 174.32 亿美元，比上年同期增长 12.4%；备案加工合同 57754 个，比上年同期增长 10%；合同备案金额 83.2 亿美元，比上年同期增长 9%；合同核销 52439 份，比上年同期增长 14.4%。监管山东口岸进出口货物 10968 万吨，比上年同期增长 13%，其中进口货物 6857 万吨，比上年同期增长 22.6 %；出口货物 4111 万吨，比上年同期减少 0.1%。监管进出境船舶 14308 艘次，比上年同期增长 5.4 %；监管进出境飞机 6764 架次，比上年同期增长 14.4%；监管进出境集装箱 225.3 万箱次，比上年同期增长 11.3 %；监管进出境旅客 113.7 万人次，比上年同期增长 22.4%；监管运输工具服务人员 46.8 万人次，比上年同期增长 23.4%；监管进出境邮递物品 10.7 万件，比上年同期减少 57.1%；监管进出境印刷品和音像制品 134.8 万件，比上年同期增长 25.1%；征收关税 27.45 亿元，比上年同期减少 17.6%；征收进口环节税 117.74 亿元，比上年同期增长 8.7%；入库罚没收入 1.1 亿元，比上年同期减少 4.7%；查处涉嫌知识产权侵权案件 32 起，案值 420 万元；走私违规案件 1068 起，走私案值 4.2 亿元。

【税收征管】 面对加入 WTO 后的严峻税收形势，青岛海关以税收为轴心，抓基础不松手，向管理要税收，着力提高整体执法水平。制定下发了《青岛海关党组关于加强业务建设的决定》，对业务工作进行了全面部署；制定完善了关于加强税收征管、加工贸易监管、估价、报关单数据规范性审核、现场审单等方面的规范性文件 14 个，完善了审价、减免税、审单、加工贸易核销和内销补税等环节的操作规范，为税收征管提供了强有力的制度保障；以价格管理为切入点，通过运用征收水平、价格指数、定期发布青岛海关风险价格参数等方式，突出了对青岛海关税收征管的全方位监控和评估；严格审价、归类和原产地认定，加强对高风险报关单的审核力度，充分运用海关的质疑权、估价权，加大现场验估力度，积极开展价格质疑和磋商;严格加工贸易核销管理和内销审价操作,努力构筑反价格瞒骗体系,形成了各职能部门和业务现场各负其责、齐抓共管的综合治税合力。年内,在山东口岸规类补税2499万元;审价补税9484万元,同比增长48%;保税仓库内销征税7.5亿元,内销补税4.06亿元,同比增长45%;全年共征收税款145.19亿元,完成2002年税收任务的105%。山东口岸入库税款再创新高。

【打击走私】 加强了对缉私工作的领导,调整了部分缉私办案职能;进一步密切了缉私局与各隶属海关的协作关系,开展了为期5个月的打击价格瞒骗、加工贸易和转关运输渠道走私专项斗争;共立案侦查案件35起,涉税2947万元,抓获犯罪嫌疑人50名;集中开展了“积案清理”行动,对33起积案进行了集中清理,确保了在扣私货及时处理,在扣款项及时入库;加强了情报基础工作,广开情报渠道;加快海上缉私指挥中心和海上缉私基地建设,积极开展了海上集中巡查行动;加大了专项稽查和常规稽查力度,强化了企业管理,努力实现以办案为主向查缉为主、以查处个案为主向规范企业行为为主的转变,加大了非贸渠道“扫黄打非”力度,严查“法轮功”等反动及各类淫秽出版物;继续推进反走私综合治理,加强与公、检、法等执法部门的联系配合,形成打私合力。年内,在山东口岸共稽查企业553家,稽查补税1.6亿元;查获走私违规案件1068起,案值4.2亿元,抓获犯罪嫌疑人名;查获反动宣传品2524件,邪教出版物1240件;全年山东口岸入库罚没收入1.1亿元。

【依法监管】 以实现海关“无干扰监管”和“无障碍通关”为目标,成功启用了“电子闸口管理系统”,将集装箱识别、电子车牌、电子地磅等先进科技手段有机整合,实现了闸口采集信息与海关放行信息的自动比对,加强了对监管区物流的有效控制;调整了青岛大港的进出口集装箱流向,清理归并了青岛港集装箱场站,除保留必要的4个场站,取消了24家场站存储海关监管货物的资格;结合“无纸通关”试点,实行了驻站监管和实货放行;进一步完善了查验工作机制,在现场查验部门设立了风险布控,现场自主布控率和查获率不断提升,年内山东口岸货物进口查验率为11.5%,出口查验率为2.6%,查获率1.8%,同比增长1.5倍;H986等科技检查设备的应用水平明显提高,查验量不断加大;严密转关货物监管,加强口岸海关与内地海关的联系配合,充分运用信息联网、GPS监控、加验封志等手段,严密了监管货物途中监控;成功运行了快件通关系统,实现了A、B、C类快件无纸化报关,提高了信息化监管水平;严格执行新的中韩快件监管规定,“客带货”现象得到有效整治。年内,海关在山东口岸共监管进出境运输工具21072艘架次;同比增长8.2%;办理货物进口报关单42.99万份,出口报关单115.14万份,同比分别增长38.6%和53.5%。加工贸易推行“大手册”管理,在去年试点的基础上,又对关区29家大型加工贸易企业实行了“大手册”管理;拟定了试点框架方案,开发了联网监管的软件系统,并与1家企业进行联网监管试点;加强了加工贸易和保税货物的实际监管,加大了前期验厂、中期核查和下厂核销比例,严格了单耗管理和内销管理,有效堵塞了监管漏洞。年内,在山东口岸共备案加工合同57754份,合同金额83.20亿美元,同比分别增长10%和9.9%;合同核销52439份。

【海关统计】 统计工作紧紧围绕海关执法和进出口贸易走势两个重点进行综合分析和执法监督。结合入世后的新形势和口岸特点,有针对性地加强对进出口贸易动态的跟踪分析,撰写分析报告100余篇,被中央领导批示1篇,国办采用4篇,中办采用1篇;7月始,按月编辑《青岛海关主要统计数据》,及时发布常用的贸易和业务统计数据,年内共发布6期近300本;运用执法评估系统,对关区主要业务运行情况进行了综合评估;加强了统计数据质量管理,确保了统计数据的准确性,发挥了海关统计的监测预警和决策辅助作用。全年审核上报进出口记录243.5万条,业务统计数据2万余条。

【深化业务改革,实现高效运作】 作为海关总署首批试点单位,精心组织,周密安排,3月1日正式启用了出口"无纸通关"系统,批准适用"无纸通关"企业137家;4月1日与检验检疫部门试行了出境通关单联网传输,拓宽了出口"无纸通关"的适用范围,已有28380票"无纸通关"货物顺利通关,日最高放行单量452票;通关时间平均为1小时,通关效率提高了67%。

组建了调查局风险管理处,出台了《青岛海关风险管理体系实施方案》;参与海关总署风险管理平台的开发和测试及试运行工作,对平台600余项功能进行了准确性测试,为全国海关风险管理体系建立做出了贡献。

【坚持服务经济,促进经贸发展】 专门成立了"大通关领导小组",公开对外承诺海关要成为大通关链条上最宽松、最便捷的一环;确定60家企业为便捷通关企业,积极推行"网上付税"和"口岸快速通关",提高了通关效率,在青岛市口岸办进行的通关效率测评中,青岛海关所占青岛口岸通关时限的比重由年初的14%进一步下降至11%。此外,陆续推出了关务公开、下放部分审批权限、加强节假日值班、文明服务、价格预审核、预归类、鲜活易腐及大宗散货通关办法、扩大便捷通关企业范围等10项措施;加工贸易企业通关时间大幅缩短,企业手册备案、预录入、报关、港杂等费用成倍减少,社会效益和经济效益良好。先后在关区10多个地市和30多家企业进行调研和现场办公,同地方政府领导进行座谈,就促进地方经济发展的具体问题广泛听取意见,征求建议,对企业提出的在对外开放和加快发展方面,以及办理具体的进出口海关手续中遇到的困难和问题进行现场研究,明确答复或承诺。结合地方工作实际,努力做到严密监管和高效运作的有机统一,有力地促进了地方经济的快速健康发展。

全力支持青岛港西移专门成立了"港口西移领导小组"和"工作小组",加强统一领导,反复调研论证,形成了《关于青岛港集装箱业务西移海关监管问题的调查报告》等多份专项报告,制定整体应对方案,承诺绝不因海关原因而影响西移进程。在此基础上,调整了通关作业模式,统一调配了关区人力资源,完成了涉及近10个处级机构、27个科级机构、220多名关员的人事机构大调整,在后勤保障、监管设备、场所建设等方面进行了重大投入,平稳、顺利地实现海关主要业务现场的调整,保障了港口西移的顺利推进和进出口企业正常通关,受到海关总署和山东省领导的一致好评。

【队伍建设】 坚持"两手抓,两手都要硬",明确提出业务工作是海关的中心工作,队伍建设的成果应该充分反映在业务工作上,业务工作实绩是检验队伍建设成效的重要标准,坚定不移地抓好队伍建设。人事制度改革取得新突破,首次在关区内试行副处级领导岗位竞争上岗,有10名同志通过竞争走上领导岗位,开阔选人视野,拓宽用人渠道。思想政治工作成效明显,创建"文明窗口"和"青年文明号"活动取得新的进展。4月,青岛海关被中央文明办、国务院纠风办联合授予"全国创建文明行业示范点"称号,是全国海关唯一获此荣誉的直属海关;同月,青岛海关学会第二次会员代表大会召开,选举了新一届理事会;同月,承办了全国海关首届男子篮球赛青岛赛区的比赛;10月,举办了青岛关区第五届体育运动会;11月,承办了全国海关(北方片)文艺汇演;年内,青岛海关学会等关内43个单位获得地市级以上各类先进荣誉称号;7个部门获得海关系统先进集体;曹旭东等33人获得地市级以上各类先进个人荣誉称号。

(赵 猛)

海关业务统计表

项　　目	单　位	金　额	数　量	同比增减(%)
进出口货运量	万吨		10968	13
其中:进口	万吨		6857	22.6
出口	万吨		4111	-0.1
进出口总值	亿美元	395.76		13.8
其中:进口	亿美元	174.32		12.4
出口	亿美元	221.44		14.8
进出境集装箱	万箱		225.3	11.3
进出境飞机	架次		6764	14.4
进出境船舶	艘次		14308	5.4
运输工具服务人员	万人次		46.8	23.4
进出境旅客	万人次		113.7	22.4
进出口货物报关单	万份		158.12	49.2
进口货物报关单	万份		42.99	38.6
出口货物报关单	万份		115.14	53.5
进出口查验率	%			5
其中:进口查验率	%			11.5
出口查验率	%			2.6
备案加工合同	份		57754	10
合同备案金额	亿美元	83.2		9.9
核销合同	份		52439	14.4
稽查企业	家		553	
稽查补税	万元	15979.80		
内销补税	万元	40661		45
保税仓库内销补税	万元	75096		-13.9
审价补税	万元	9484		48
征收税款	亿元	145.19		2.5
其中:关税	亿元	27.45		-17.6
进口环节税	亿元	117.74		8.7
进出境邮递物品	万件		10.7	-57.1
进出境印刷品和音像制品	万件		134.8	25.1
邮政、快件	万件		163.2	37.8
扣退行李、邮递物品	件		25111	28.5
其中查获:反动宣传品	件		2524	-44.5
邪教出版物	件		1240	

项　　目	单　位	金　额	数　量	同比增减(%)
立案	起		35	
案值	亿元	4.2		
抓获犯罪嫌疑人	人		50	
罚没收入	亿元	1.1		

山东省边防总队

【综述】 2002年,山东省边防总队共检查出入境船舶13728艘次,其中外国籍船舶10574艘次,中国籍船舶3154艘次;出入境飞机7711架次,其中外国籍飞机3370架次,中国籍飞机4341架次;员工395598人次,其中外国籍员工186935人次,中国籍员工208663人次;旅客1129119人次,其中外国籍旅客823663人次,中国籍旅客305456人次;查获偷渡人员214人次;查处违法违规人员912人次;接收遣返人员314人次;查获在控人员22人次,不准入境人员12人次。

【紧跟时代步伐,积极推进边防执勤规范化建设】 为落实"全国公安边防部队正规化管理现场会"精神,省边防总队把建立规范化执勤秩序作为全面促进和提高边检规范化的一项主要工作来抓。一是加大软件建设力度,努力提高业务水平。各边防检查站依据边防检查勤务规范中有关岗位设置的要求,结合新编制情况,重新定岗定责,科学安排,合理分工,把业务素质较高的人员充实到检查一线。二是加大硬件设施投入,完善执勤设施建设。各边防检查站普遍对边防检查执勤现场设施进行了改造和更新,使执勤现场的面貌焕然一新。三是统一执勤标准,规范工作秩序。各边防检查站严格按照边防检查勤务规范开展工作,确保边防检查中人员姿态端正、警容严整、动作整齐、举止规范,勤务组织有序、衔接严密,切实提高了工作质量,增强了打击防范口岸违法犯罪行为的能力。四是适应形势要求,加大改革措施。省边防总队针对公安部提出的出入境管理工作"六项改革措施",以青岛机场边防检查站为试点设立了"中国公民通道",让中国籍旅客在我口岸入境时真正享受到"家"的感觉。青岛机场边检站还利用女同志多的优势成立了女子旅检科,为青岛口岸增添了一道靓丽的风景线。五是继续开展"树新风"活动,促进边检工作质量的进一步提高。省边防总队结合山东省政府提出的"政府工作全面提速"的要求,积极倡导各边检站围绕"口岸提效"这个主题,坚持文明执勤、热情服务,礼貌待客,创造性的开展"树新风"活动。威海边防检查站开展了"优质服务年"活动,实行24小时值班办证制度,船舶随到随办,为服务对象提供了全天候、全过程服务;龙口边防检查站突出抓了"三个服务"即窗口服务、预约服务和登门服务。

【强化打防措施,积极投入反偷渡联合行动】 针对偷渡活动出现的利用集装箱、中远轮、挂方便旗船舶进行偷渡的新动态、新特点、新情况,省边防总队在赴辽宁、厦门、江苏等地考察的基础上,召开了全省边检系统反偷渡工作研讨会,研究制定了《对中远、挂方便旗船舶检查管理工作的意见》、《防范利用集装箱偷渡的工作意见》、《对持用骗领证件非法出入国(边)境的处理意见》和《旅客检查现场处置突发事件预案》,用于指导各边检站开展反偷渡工作。同时,省口岸领导小组向各市政府、口岸有关单位下发了《关于做好口岸反偷渡工作的通知》,要求全省建立以边检站为核心,依靠各级政府,协调各有关部门齐抓共管的口岸反偷渡新机制。各边防检查站也结合自身工作实际,及时制定了反偷渡工作方案,加强了对中远轮和集装箱的管理，普遍与有关单位船舶公司签定了反偷渡责任状。

【严格依法行政，提高执法工作水平】 一是狠抓教育培训。各边防检查站通过举办执法办案培训班，聘请地方法律专家授课，纠正了执法办案过程中容易出现的违法问题，提高了检查人员的法律意识和执法水平，严格执法、依法执勤的观念得到进一步增强。二是进一步落实执法监督机制，有效规范执法水平。按照“规范、公开、公正、满意”的工作思路，坚持从贯彻落实“规范”入手，严格规范执法程序。三是强化执法监督机制，推行开门评警和警务公开，真正把执法工作置于群众监督之下，有效地促进了边检人员执法水平的提高。烟台边检站采取向涉外单位发放《执法情况问卷调查表》的形式征求对该站官兵执法水平的建议和意见；威海边检站通过从口岸有关单位聘请执法监督员的做法对执法活动进行监督，通过走访了解，各口岸单位对威海边检站执法工作的满意率达 95%以上。四是坚持政治建警、依法行政，深入开展了党风、党纪教育。各边检站组织干警深入学习“三个代表”重要思想和公安边防部队纪检保卫工作会议精神及各级关于党风廉政建设的重要论述，深入扎实地开展了“让党放心，让人民满意”活动，引导官兵树立正确的价值观，筑牢拒腐防变的思想防线，保证了队伍的纯洁性。

山东出入境检验检疫局

【综述】 2002 年，共检验进出口商品 461454 批，货值 205.85 亿美元，同比分别增长 13.21%和 9.37%。其中，检验出口商品 384282 批，货值 104.6 亿美元，同比分别增长 10.33%和 7.97%；检验进口商品 77172 批，货值 101.25 亿美元，同比分别增长 30.16%和 10.85%。经检验发现不合格进出口商品 1090 批，货值 7965 万美元。其中不合格出口商品 580 批，货值 1089 万美元，货值不合格率为 0.1%，与去年同比下降 0.04 个百分点；不合格进口商品 510 批，货值 6876 万美元，货值不合格率为 0.68%，与去年同比下降 0.58 个百分点。检疫出入境动植物及其产品 142875 批，货值 50.25 亿美元，同比分别增长 4.25%和 10.19%。其中，检疫出境动植物及其产品 128677 批，货值 31.21 亿美元；检疫入境动植物及其产品 14198 批，货值 19.04 亿美元。检验进出口食品 81962 批，18.19 亿美元，同比分别增长 4.49%和减少 3.07%。其中，检验出口食品 75503 批，16.15 亿美元，检验进口食品 6459 批，2.04 亿美元；共发现问题 128 批，1639 万美元。进行传染病监测体检 65666 人次，同比增长 15.32%，发现艾滋病 5 例，性病、肺结核、澳抗阳性、肝炎、皮肤病等 3806 例。检疫出入境船舶 13389 艘次，飞机 7771 架次，同比分别减少 4.26%和增长 20.09%。检疫集装箱 251.6 万标箱，集装箱卫生处理 14.1 万标箱。完成衡器鉴重 174.6 万吨；水尺计重 1858 船次，6966 万吨，同比分别减少 1.43%和增长 14.35%；容量计重 331 船次，1245.2 万吨，同比分别减少 4.61%和增长 4.89%。

完成外商投资财产价值鉴定 1332 批，外商总报价 1.94 亿美元，鉴定后价值为 1.92 亿美元。对价值进行调整的 96 批，其中高价低报的 9 批，鉴定后升值 89 万美元；低价高报的 87 批，鉴定后降值 348 万美元。共签发普惠制原产地证书 182751 份、37.9 亿美元，同比分别增长 17.12%和减少 22.42%；签发一般原产地证书 50233 份、14.32 亿美元，同比分别增长 26.22%和 19.15%。

【依法施检，严把国门】 为加强疫病疫情监测控制，成立了疫病疫情应急领导小组，制定了周密的应急预案，积极探索疫病疫情监测报告网络和快速反应机制，加强对国内外疫情的监测和疫情风险预警工作，全年共检出一类检疫危险性病菌烟草霜霉病 2 批，二类检疫危险性杂草假高粱、黑高粱 127 批，二类检疫危险性害虫双钩异翅长蠹 2 批，三类检疫危险性杂草 178 批，致病菌沙门氏菌等 17 批，一般性疫情 173 批，有效防止了疫病疫情的传入。在加强对涉及安全、卫生、健康、环保和反欺诈等敏感商品的检验检疫和监管方面，从 5 批进口大鲮鲆鱼中检出造血器官坏死性疾病病毒；从 23 批进口水产品、肉类、肠衣中检出沙门氏菌等致病微生物和药物残留；对大豆等转基因产品检出不合格的 87 批、106.7 万吨；从 1739 万件进口货物木质包装中检出 216 批木质包装有疫情；检验检疫进口废旧物品 5487 批、168.38 万吨，检出不合格 11 批、3724 吨。

【实施促进农副产品出口工程】 针对日本、韩国、欧盟等国家和地区利用技术壁垒限制我省农副产品输出的严峻形势，把促进农副产品出口作为一号工程进行了全面规划和部署，制定了《山东检验检疫系统促进农副产品出口工程实施意见》，提出从源头提高出口农副产品质量的检验检疫监管模式，采取以龙头带源头，从源头上控制产品质量，推行过程检验检疫监管新模式，建立和完善风险评估新机制，由过去的批批检验检疫过渡到对种植、养殖、加工、检测、存储等全过程监控。同时，加强疫病疫情监测和农兽药残留监控，以及对企业出口产品安全卫生自控体系的考核和监管。对全省系统 26 个农副产品检测实验室资源配置进行优化、整合，投入 3696 万元购置急需的先进检测设备，提高实验室检测能力和水平。指导企业按照国外标准建立质量控制体系，实现国外注册，帮助企业开拓新兴市场，弥补传统出口市场下降造成的损失。在冻品鸡肉出口受阻的情况下，帮助 31 家企业开发熟制品出口，全年出口熟制品 30.02 万吨，货值 1.03 亿美元，同比分别增长 31.71％和 32.48％。全省农副产品在异常严峻的国际市场环境下出口 52.3 亿美元，同比增长 17％。

【实施“大通关”工程，全面提高工作效率和服务水平】 制定了以“报检签证电子化、检验检疫科学化、出入放行便捷化”为目标的《山东检验检疫系统全面推进“大通关”工程建设的实施意见》。一是提出 5 条“提速”措施；二是推广“三电”工程；三是改革检验检疫监管模式，从批批检验检疫转向加强监管、抓源头控制的新型监管模式；四是对 165 家大型出口企业实行了“绿色通道”制度；五是与口岸 EDI 信息中心联网，通过现代信息流的超前性，实现入港货物分类存放、分类管理。

【深化改革，加强内部建设】 坚持民主推荐、评议制度，扩大群众在干部选任中的知情权、参与权、选择权和监督权。拓宽进人渠道，坚持公开、公正的选人机制。制定领导干部任期制、辞职、责任追究、奖励工作实施细则等规定。实施预算体制改革，修订会计工作考核、基建财务管理、政府采购等规定，对 5 个分支局负责人实行离任经济责任审计。加强对企事业单位改革的调研，制定企事业单位财务管理意见和激励企事业单位发展的措施。开展业务工作质量“三查”活动，将“三查”的目标、任务和要求逐项进行分解、细化，落实到科室、岗位，做到边查边改。制定《执法过错责任追究办法》，确保责任制落到实处。加大对检验检疫法律法规学习培训，抓好《商检法（修正案）》等检验检疫相关法律法规以及 WTO 有关规则的学习，并开展了学习《商检法》知识竞赛活动。

山东海事局

【综述】 2002 年，共办理国际航线船舶进出口岸手续 26620 艘次；进行船舶安全检查 1410 艘次；共组织船员培训21418人次;签发各类船员证书40093本;船舶溢油防治率达100%,审批签发水工许可证111份。共组织海上搜救106起,救助遇险人员585人,其中外籍人员60人,救助有效率达91%。青岛、烟台辖区VTS(船舶交通管理系统)中心对超大型船舶和一级危险品等特种船舶监视率达100%。共监控船舶238648艘次,较2001年增加52.9%;提供安全信息服务57918次,其中助航服务3531次;纠正船舶违章1288起,处理船舶违法行为31次,避免事故及各类险情64起。组织指挥巡航、护航809次;参与海上联合行动235起;通信联络始终保持畅通,收发无线电报11081份,转接无线电话8411次。辖区巡逻力度不断加大,海区巡航254航次,里程11802.3海里,港区巡逻1567航次,里程29931海里。

2002年,山东海事局荣获年度交通部直属海事系统"先进单位"称号,侯景华、徐智海获得先进个人称号。

【建立海事业务制度】 根据新形势下海事执法的需要,在客滚船监督管理、通航管理、海事调查、船舶安全检查、危险品管理、小型旅游船舶管理等方面制定了《海事管理手册(现场部分)》、《山东海事局重大险情应急预案》、《山东海事局搜救预案》等近60项内部管理规定,形成了较为完善的管理体系,为建立海事管理的长效机制奠定基础保障。

【搜救抢险】 年内辖区海上安全形势较好,重大事故及大事故下降趋势明显。共接收船舶报警总量423次,比去年同期增长154%,其中中国籍船舶报警总量138次,外籍船舶报警总量285次;组织搜救行动106次,比去年同期增长177%;获救人员585人,有效率91%,比去年同期增长189%;获救船舶58艘,成功率74%,比去年同期增长193%;派出舰船291艘次,其中海事系统67艘次,救捞系统16艘次,其他208艘次,飞机4架次。搜救合计时间约为756.5小时,比去年同期增长160%。

【通航环境】 依靠地方政府的支持,对辖区内各港口的通航环境进行专项整治,取得了显著成效。一是蓬长(蓬莱至长岛)水域和青岛、威海、岚山等港通过通航环境的治理,通航秩序明显好转。其中,蓬长水域2002年船舶交通流量较2001年增加了38%,致损养殖事故起数和经济损失分别下降了36%和50%。二是组织首次山东沿海巡航工作。巡航活动历时18天,航经6个市,9个港口,跨4个分支局辖区、航程910海里,检查锚地、养殖区20多处,检查校对助航标志40余座,检查船舶10余艘,巡视海上油田作业区30多海里,完成了各海区通信值守检查和海上通信盲点测试工作。

【船舶管理】 一是严格执行《登记条例》、《老旧运输船舶管理规定》,坚持三级审批制度,严把船舶登记关,大力推进航运公司安全管理体系的建立和运行工作,严把市场准入关。着力推进NSM规则(国内安全管理规则)的实施,如期指导辖区客滚船公司完成了建立安全管理体系的任务,并提前将工作重点转移到油船公司。二是采取集中行动,进一步加强对"四客一危"船舶、"三无"船舶、老旧运输船舶等重点船舶的监督管理。客滚船管理任务较重的烟台、威海两局,紧紧依靠地方政府,建立健全了行之有效的客滚船安全管理体系,确保了渤海湾客滚运输安全。三是充分发挥VTS(船舶交通管理系统)的技术优势,利用VTS船舶报告数据库对船舶航行动态的原始记录,从时间和位置上排查肇事船舶,利用海事监测鉴定技术,通过油样或漆样分析确认违法船舶,并予以查处。

【防污管理】 参与制定和实施《渤海碧海行动计划》(2001年经国务院批复的国家海洋环境保护重点项目),引进人才,努力改进对污染案件的侦破手段,辖区防污染工作取得了突破性发展。协助岚山港制定事故应急反应程序,组织专家评估,提前介入并强化对新船种、新货种作业的现场监督管理。烟台海事局并入后,就险情处置程序、部分搜救指挥程序相应变动,进一步修订并出台了《烟台海事局海事应急行动预案》。建立辖区海上船舶污染应急体系，制定重点港口溢油应急计划，并开展了溢油应急反应演习，培养防污管理能手，提高实战能力，加大防污的高科技投入。

【船员管理】 严格按照STCW78/95公约(1978年海员培训、发证和值班标准国际公约)的要求，年内顺利完成了履约任务。同时，逐渐转变船员管理工作职能，不断完善船员考试、评估和发证质量管理体系，努力提高船员管理中的科技含量，加大对培训机构的管理力度，辖区内船员业务培训素质、水平明显提高。年内交通部海事局已批准给予青岛船员学院的学生免考四科，享受与大连海事大学等四所本科航海类院校的同等待遇。目前青岛船员学院是全国唯一一所享受免考四科的专科院校。

(韩 丽)

山东口岸专稿

山东省外经外贸概况

2002年是我国加入世贸组织的第一年，也是十六大胜利召开的一年。在世界经济复苏缓慢，国际贸易保护主义加剧，各种技术壁垒不断增多的严峻形势下，山东省委、省政府把外经贸工作摆到更加突出的位置，作为全省经济工作的第一“亮点”来抓，各级各部门围绕培植第一“亮点”，加大工作措施和政策扶持力度，有力促进了全省对外贸易持续快速增长。据海关统计，全省进出口累计完成339.4亿美元，增长17.2%。其中，出口211.2亿美元，增长16.5%；进口128.3亿美元，增长18.4%。贸易顺差83亿美元，比上年增加了10亿美元。

(一)进出口总额突破300亿美元大关，国民经济对外贸的依存度上升。2002年，全年进出口比上年增长17.2%，高于全省GDP增速5.6个百分点。国民经济的外贸依存度达到26.6%，比上年提高1.1个百分点。出口突破200亿美元，拉动国民经济增长2.6个百分点。出口总额在全国的位次仍列广东(1185亿美元)、江苏(385亿美元)、上海(321亿美元)、浙江(294亿美元)之后，居第五位。发展对外贸易拓展了我省经济发展的空间，带动了经济结构的优化升级，提高了企业参与国际竞争的能力和水平，尤其是我省具有比较优势的蔬菜、水果、水产品、花卉等各类农副产品年出口已达52亿美元，对扩大就业，增加农民收入起到了极大促进作用。

(二)纺织服装、农副产品、机电产品三大类商品的支撑作用增强，高新技术产品增势迅猛。2002年，纺织服装、农副产品、机电产品三大类商品合计出口160.6亿美元，占全省出口总额的76%。纺织服装出口58.1亿美元，增长12.5%，占全省出口总额的27.5%，仍保持第一大出口商品的地位。其中纺织品出口26.4亿美元，增长21%；服装出口31.8亿美元，增长6.3%。农副产品出口52.3亿美元，增长16.2%，占出口总额的24.8%，居全国第一位。其中水产品增长10%，蔬菜增长14.7%，水果增长30.7%，花生及制品增长11.7%，冻鸡下降31.1%。机电产品出口50.3亿美元，增长32.5%，占出口总额的23.8%，比上年提高2.8个百分点。机电产品出口占全省出口增量的41%，成为拉动全省出口增长的主要力量。高新技术产品出口11.4亿美元，增长45.6%，比重比上年上升1.1个百分点，成为全省出口新的增长点。

（三）对日、欧、美、韩等传统市场出口增势平稳，对南亚、非洲、中近东等新兴市场出口快速增长。2002年，我省对日、欧、韩、美四大传统市场出口150.8亿美元，占出口总额的71.4%，分别增长3.4%、8.2%、26.6%和15.5%。日本仍是我省第一大贸易伙伴，占全省出口的25.4%，美国占17.7%，韩国占15.5%，欧盟占12.8%。对新兴市场出口呈高速增长态势，其中，对南亚出口增长97.6%，对大洋洲增长40.3%，对东南亚增长33.2%，对非洲增长31.7%，对中东增长27.1%，对拉美增长21.8%，对独联体及东欧增长20.8%。新兴市场对我省出口增长的贡献率接近50%。

（四）外经贸主体呈现多元化，外商投资企业和民营企业成为全省出口增长的主要力量。截至2002年末，全省获得进出口经营权的各类企业近18000家，其中外商投资企业12000家，内资企业近6000家。在新获权企业中，集体、私营企业占一半以上。2002年，集体、私营企业出口32.3亿美元，增长48.1%，对全省出口增长的贡献率达到35%，所占比重为15.3%，比上年上升了3.3个百分点，成为全省出口增长的一大亮点。外商投资企业出口109.9亿美元，增长19%，所占比重为52.1%，对全省出口增长的贡献率达到58.7%。国有企业出口68.9亿美元，增长2.7%，所占比重比上年下降4.4%。

（五）青、烟、威继续发挥出口主力军作用，西部城市出口实现高速增长。2002年，东部重点城市依然是拉动全省出口增长的主要力量，青、烟、威三市合计出口130亿美元，占全省的61.5%。其中青岛出口85亿美元，增长16.6%，占全省出口总额的40.2%；烟台出口25.7亿美元，增长19.1%，占12.2%；威海出口19.2亿美元，增长20.6%，占9.1%。潍坊、济南、淄博三市合计出口27.8亿美元，占全省出口总额的13.2%。其中潍坊出口12.8亿美元，占6%；济南、淄博出口均为7.5亿美元，占全省的比重各为3.6%。西部城市出口呈高速增长态势，其中增长较快的有，东营增长62.8%，菏泽增长51.7%，德州增长45.8%，临沂增长44.7%，济宁增长40.2%。西部11城市合计出口33.4亿美元，在全省出口的比重仅有15.7%。

（六）进口增速高于出口，机电产品进口数额最大，部分商品进口大幅上升，进口市场较为集中。2002年，全省进口增长18.4%，高于出口1.9个百分点。机电产品进口占份额最大，全年进口48.7亿美元，增长20.2%，占进口总额的38%。高新技术产品进口18.5亿美元，增长15.2%。因我国加入世贸组织后关税降低，有机化学品、钢材、纸浆、天然橡胶、大豆进口大幅上升，比上年分别增长81.3%、54.7%、48%、41.4%和30.2%。我省进口主要来自韩、日、欧、美四国，占进口总额的68%。其中从韩国进口最多，占32%，同比增长16.3%。从新兴市场进口亦呈高速增长态势，其中从非洲进口增长52.8%，中近东增长55.3%，东南亚增长50.3%，独联体及东欧增长41%，大洋洲增长30.2%。

2002年我省对外贸易在发展中也暴露出一些问题，尤其是与沿海先进省市相比，我省有明显的差距，一些长期积存的结构性矛盾仍比较突出，值得关注。一是进出口总量在全国所占比重偏低，与粤、苏、沪、浙等沿海先进省市差距明显。2002年，全省进出口总额仅占全国的5.5%。其中出口占6.5%，进口占4.4%。我省出口与广东相差973.5亿美元，与江苏相差173.5亿美元，与上海相差109亿美元，与浙江相差83亿美元。二是机电产品和高新技术产品的出口规模小、比重低。目前我省资源密集型和劳动密集型产品出口所占比重高达70%以上，机电产品所占比重不到1/4，全国已超过50%。高新技术产品所占比重仅为5.4%，全国已达到20.5%。广东、江苏两省机电产品出口所占比重已分别达到61.3%和55.1%，高新技术产品出口比重达到26.1%和31.3%。2002年，江苏机电产品出口已达

212亿美元，相当于我省出口的总量，是我省机电产品出口的4.2倍。可见，我省与江苏出口总量的差距主要是机电产品出口的差距。三是加工贸易增长缓慢。我省加工贸易出口所占比重仅为47.9%，广东接近80%，上海、江苏超过55%，尤其是能与跨国公司合作配套生产、进入跨国公司生产链条的高质量、大项目少。这些矛盾和问题的存在，制约了我省对外贸易的进一步持续健康发展，应引起高度重视。

山东口岸大事记

1月8日

济南机场空管中心成立。韩寓群副省长到会并讲话。

同日，山东省政府下发鲁政办发[2001]122号《山东省人民政府办公厅关于将青岛海关走私犯罪侦查分局列入省公安厅机构序列的通知》，确定青岛海关侦查分局在海关现行垂直领导管理体制下，列入山东省公安厅序列，对外称“山东省公安厅走私犯罪侦查局”，下属6个支局对外称“山东省公安厅走私犯罪侦查局xx支局”。

1月10日

省口岸领导小组、省文明办、省纠风办联合表彰第六次(2000—2001年度)共建文明口岸先进单位、集体、个人和口岸文明示范窗口。青岛空港、烟台港等6个口岸被授予“文明口岸”称号。

1月12日

海关总署李克农副署长到青岛海关视察“无纸化报关”工作。

1月31日—2月2日

2002年青岛关区海关关长会议在青岛召开。山东省副省长、青岛市市长杜世成出席会议并讲话。

2月25日

山东检验检疫局综合办公设施开工典礼在青岛中山路2号隆重举行。国家认监委主任王凤清，省委常委、青岛市市委书记张惠来，副省长、市长杜世成，副市长周嘉宾和山东检验检疫局局长邢德茂等领导出席奠基仪式。综合办公设施总面积为3.85万平方米，地上26层、地下2层，总投资近2.5亿元。

2月27日—28日

部分海关无纸通关试点动员会议在青岛召开，海关总署副署长李克农出席会议并讲话。

2月28日

山东省政府召开“提高行政效率，优化发展环境”电视会议，青岛海关和山东检验检疫局在会上作了发言。

3月1日

山东省口岸办发文，将口岸外供、仓储和熏蒸审批权下放各市口岸办办理。

3月3日

威海至日本下关、门司、博多港集装箱班轮航线开通。

3月13日

韩国青海津海运株式会社与山东海丰国际航运集团公司就经营韩国平泽至日照客货班轮航线签定“合作意向书”。

3月15日

韩寓群副省长会见并宴请马乐德总裁率队访鲁的欧洲空中客车(中国)公司代表团。省口岸办陪同接待。

3月18日

青岛港国际集装箱航线正式西移,经历4个阶段,历时231天,72条国际航线、每月310班班轮、40余家船东、10余家场站、数以千计的代理和货主由老港区移至前湾港。

3月26日

作为全国首批“电子放行通关”和“一次报关报检”试点单位的山东检验检疫局成功开通电子放行通关系统。

3月29日—30日

山东省口岸办在青岛召开全省“提高口岸工作效率现场会”,推介青岛口岸大通关的做法,对山东省下步口岸提效工作进行了部署。

4月2日

山东省口岸办协调安排董建华夫人由济南机场出港返回香港。

4月3日

赵克志副省长会见大韩航空公司副社长李钟熙先生一行。省口岸办领导参加会见。

4月17日

威海至韩国釜山集装箱班轮航线开通。

4月18日

青岛海关与适用便捷通关措施企业签字仪式在青岛举行。副省长赵克志和邹志武关长分别在会上作了重要讲话。于国明副关长代表青岛海关分别与海尔集团等31家适用便捷通关措施的企业签订了责任担保书。

4月20日

青岛—东京航线恢复正常运营。该航线由日本全日空航空公司于1998年7月2日开通,1999年3月22日停飞。

4月22日

海关总署刘文杰副署长在邹志武关长、济南海关负责同志的陪同下,拜会了省长张高丽、副省长林廷生。

5月1日

济南至汉城航线开通。该航线由大韩航空公司执飞。省口岸办苗俊礼、徐毓良参加首航仪式。

5月8日

烟台—大邱国际航线首航。该航线每周由韩国大韩航空公司和东方航空公司各执行2个航班。

5月22日

省经贸委副主任鲍言富、省口岸办主任苗俊礼参加海关总署会同国家7部委在上海召开的“提高口岸工作效率现场会”。青岛市副市长周嘉宾在会上作了发言。

5月27日

由东方航空公司执飞的济南至汉城航班首航，省口岸办主任苗俊礼随首航团访问大韩航空公司和仁川机场当局。

5月27日—6月2日

“山东。香港周”大型推介活动在济南举行。省口岸办负责所有出入境人员及展品的通关事宜。

6月9日

青岛—菏泽铁路直通口岸开通。山东省委常委、副省长杜世成参加了开通仪式，并为口岸正式开通剪彩。

6月20日

青岛海关“全国创建文明行业活动示范点”揭牌仪式在青举行。常务副省长林廷生和海关总署政治部主任甄朴为其揭牌。省口岸办主任苗俊礼参加仪式。

6月22日

省口岸办协调济南、烟台口岸，对新加坡陈原生先生一行访问山东给予入出境外交礼遇。

6月25—26日

河北省政协常委、财经委员会副主任李书和率省政协课题调研组到山东考察口岸工作。省经贸委副主任鲍言富，省计委、省口岸办、省交通厅港航局的负责同志分别与调研组进行了座谈和交流。

7月5日

省口岸办会同济南军区、国家驻鲁口岸查验单位和省有关部门，对威海港口岸崮山货主专用码头停靠外轮作业进行了验收。

7月15日—18日

王啸冬与省边防总队带队到大连、厦门和镇江等口岸考察打击集装箱偷渡工作。

7月18日

大宇船业专用码头顺利通过省政府验收正式对外开放。

7月29日

威海石岛至仁川客货班轮航线正式通航。

7月30日

王军民副省长主持召开海防基础设施建设协调会，会上提出增加口岸检测系统的要求。省口岸办领导参加。

8月2日

青岛—韩国平泽海上国际旅游航线正式开航。

8月4日—6日

上海口岸办一行6人到山东考察了解口岸法规。

8月14日—15日

牟新生署长在青岛海关关长邹志武的陪同下拜会了中共中央政治局委员、中共山东省委书记吴官正，省委常委、青岛市委书记、市长杜世成和省委常委、常务副省长林廷生。

8月29日

青岛海关被海关总署评为“全国海关推广口岸电子执法系统先进集体”。

9月8日

青岛至东京全货机空中货运航线开通，青岛空港口岸实现客货并举。

9月16日—17日

山东省边防总队在烟台召开全省边检系统反偷渡工作研讨会，研究制定了《对中远、挂方便旗船舶检查管理工作的意见》、《防范利用集装箱偷渡的工作意见》等措施。

9月20日—21日

省政府在济南举办山东省庆祝中日邦交正常化30周年旅游友好交流活动。省口岸办负责协调日本包机团入出境通关事宜。

9月26日

省口岸领导小组办公室召开口岸领导小组联络员会议，专题研究口岸反偷渡及“大通关”工作。

9月27—28日

全国进出口动物源性食品检验检疫管理工作会议在济南召开，全国各直属检验检疫局分管领导参加，总局葛志荣副局长、省政府林廷生副省长到会并讲话。

10月11日

威海至韩国釜山集装箱班轮航线开通。

10月14日

省口岸领导小组下发《关于做好口岸反偷渡工作的通知》，建立山东口岸反偷渡联席会议制度，办公室设在省边防总队。

同日，省政府和青岛市政府分别在济南和青岛举行山东检验检疫局“大通关”工作通报会。

10月19日

青岛海关在济南召开“口岸快速通关”、“网上付税”推介会暨第三批便捷通关企业授牌仪式。省委常委、副省长林廷生出席会议并讲话。

10月21日—30日

青岛口岸举行第十三届“海事杯”篮球友谊比赛，青岛海关、青岛海事局分获冠、亚军。

10月22日

王啸冬、谭征代表省口岸办出席在海南召开的全国口岸办(委)主任工作座谈会，并就我省口岸综合管理工作作了发言。

10月29日—30日

山东检验检疫局在威海召开“大通关”工作暨业务例会，于桦局长、张纳、姜宗亮副局长及各分支局有关人员参加了会议。

11月1日

青岛—上海—巴黎航线开通。该航线采用“一票到底、行李直挂、同程乘机、当日出境”的方式，是山东第一条冲出亚洲的空中国际客运航线。

11月13日

山东检验检验局在济南召开全面推进“大通关”工程推介会。省口岸办主任苗俊礼参加。

11月20日

省口岸办徐毓良副主任会同济南市口岸办协调空港查验单位，安排乌克兰库奇马总统专机出境事宜。

11月26日

威海至韩国平泽集装箱班轮航线开通。

11月27日

山东省外经贸厅致函海关总署对青岛海关支持山东省外经外贸发展表示感谢。

12月9日

张昭福副省长到青岛海关和山东检验检疫局视察。

同日，德州海关口岸直通监管场站举行开通仪式。省口岸办领导参加并表示祝贺。

12月15日

省口岸办王啸冬副主任参加在深圳召开的部分省市口岸办主任座谈会，会议主要座谈口岸管理体制问题。中办及国务院有关部门领导同志到会。

12月17日

省口岸办召开部分市口岸办主任工作座谈会，通报交流“大通关”情况，研究2003年口岸工作思路。

河南省

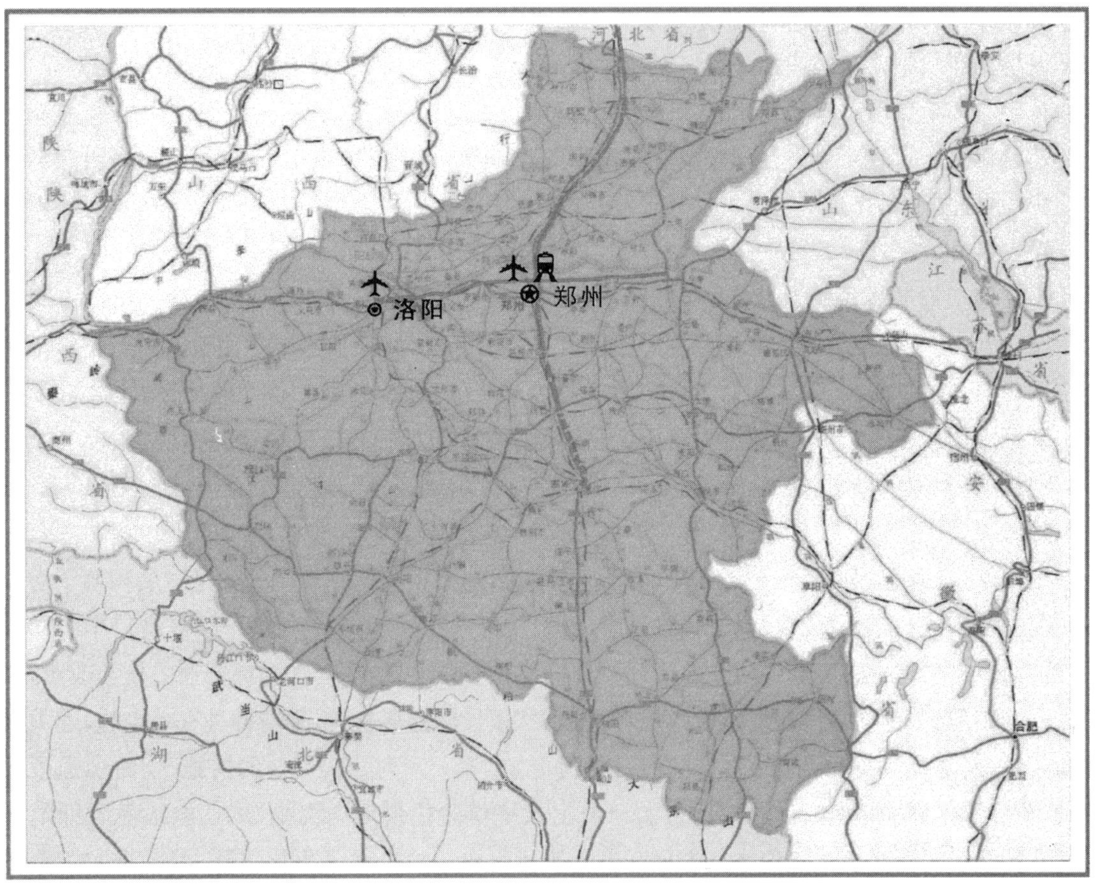

图例

- 省级行政中心
- 口岸
- 铁路口岸
- 航空口岸
- 公路口岸
- 海（河）运口岸

河南口岸工作综述

2002年，在河南省委、省政府的正确领导和各有关部门的大力支持下，河南口岸各有关单位坚持把关与服务并重，不断开拓创新，努力提高通关效率，优化口岸环境，河南口岸工作迈上一个新的台阶。全年郑州航空口岸出入境旅客45505人次，比上年增长16%，郑州铁路东站口岸进出口货运量比上年增长93.9%。

【新郑国际机场对外籍飞机开放和郑州铁路东站货运口岸顺利通过国家验收】 2002年，河南省政府把新郑国际机场和郑州铁路东站两个一类口岸建设作为大事来抓。省委、省政府主要负责同志李克强、李成玉先后视察了郑州航空口岸和郑州东站铁路货运口岸，张以祥副省长多次赴北京向国家有关部门汇报口岸的建设情况。省政府口岸办积极搞好协调服务，制定和完善了各项工作制度，与沿海沿边口岸的有关部门协商，确立了郑州东站进出口货物“直通”模式，优化了通关环境。5月10日，郑州新郑国际机场对外国籍飞机开放和郑州铁路东站货运口岸顺利通过国家有关部门组织的正式验收。

【加大投入，完善口岸基础设施】 2002年，省政府拨款840万元，用于郑州海关、河南出入境检验检疫局、河南省公安边防总队增编人员的生活用房建设及开办费。同时，又拨出专款用于郑州航空口岸综合联检楼空调、国际联检厅及海关货物监管仓库电子监控系统的安装，国际联检厅改造、增添微机及办公设施等。省民航局也投入大量人力、物力和资金，按照海关总署对一类口岸规定的标准，完善口岸各项设施。郑州铁路局为解决郑州铁路东站货运口岸集装箱场地拥挤、海关监管区狭小等问题，投资2800万元对东站海关监管区进行了扩建。扩建后的郑州东站海关监管区，面积由原来的13000平方米增加到50000平方米，可以基本满足东站近5年的运量要求，为郑州铁路东站口岸的长足发展积蓄了后劲。

【坚持把关与服务并重，全面提高口岸工作效率】 2002年5月，国务院在上海召开“提高口岸工作效率现场会”后，河南省口岸办认真组织协调口岸联检部门贯彻会议有关精神，大力抓好通关作业改革，加快实施“大通关”制度。各联检部门都相继成立了“大通关”领导和办事机构，采取种种有效措施，通关效率明显提高。比如，郑州海关通过采取“内抓管理，外树形象”等一系列扎实有效的措施，全面加强了业务基础建设，积极实施通关手续“一站式”服务。河南出入境检验检疫局全面推进“三电工程”(即电子报检、电子签证、电子转单)，于7月份在全省展开出入境货物检验检疫电子报检工作，共为全省200多家企业安装了电子签证、电子报检企业端软件。目前，全局电子报检率达到50%以上，电子签证率达到60%，出境货物电子转单率达到70%，为企业提供了方便、快捷的服务，节约了交通费、压港费等，大大降低了经营成本。河南省公安边防总队在执勤中开足通道，严格落实检查每名旅客不超过45秒、处理问题不超过30分钟的规定，减少旅客通关时间，受到了旅客和政府有关部门的好评。“大通关”战略的全面实施，给企业带来了明显的经济效益。以郑州日产汽车有限公司为例，该公司仅一年节约的运费就达2000多万元，而且在内地初步实现了“零库存”。

【加强同重点企业、口岸联检部门的联系】 2002年，河南省口岸办相继建立了同重点进出口企业、航空企业、旅游企业、货运企业等口岸相关企业的联系制度，经常深入企业走访调查、邀请企业座谈，及时掌握口岸货物流、客流信息和走向，了解和解决企业的实际困难与问题，增强了口岸工作的针对性。省政府口岸办领导还经常深入到郑州东站和新郑机场两个一类口岸现场，在实际跟班作业中发现口岸运行中的问题，并定期召开口岸联检部门联席会议，倾听和收集有关意见和建议，积极改进工作，认真研究解决。全年深入口岸现场办公多达100人次以上，组织召开口岸工作协调会30多次，保证了口岸建设和口岸工作的顺利进行。同时，为表扬先进，经省政府领导批准，开展了口岸系统评先创优活动。评选了9位口岸系统先进工作者并予以通报表彰，调动了大家的工作积极性。

【加强口岸宣传和对外联络工作】 2002年，河南省口岸办建立了与新闻媒体经常性的联系制度，及时向媒体通报口岸工作信息和宣传重点。在两个一类口岸正式通过国家验收后不久的6月份，组织召开了两个一类口岸正式对外开放的新闻发布会。7月份，组织《大河报》以“河南大通关”为题，用两个整版的版面报道了河南省实施“大通关”战略的整体情况。11月上旬，组织召开了“河南口岸建设与发展研讨会”。11月中旬，组织《河南日报》经济周刊以“河南口岸‘大通关’带动大开放”为题、全面报道了口岸“大通关”的影响，展望了口岸“大通关”未来发展的美好前景。同时，还编辑印发了19期《口岸工作简报》，提高了两个一类口岸的知名度，增强了河南口岸的吸引力。同时省政府口岸办密切了国家口岸管理部门和兄弟省、市、自治区口岸管理部门之间的联系，及时掌握国家有关口岸政策的走向，及时与兄弟单位沟通口岸工作信息。先后组织联检部门有关负责人员，到青岛、上海、宁波、深圳、厦门等口岸参观考察，相互交流口岸建设与发展的体会，在学习借鉴兄弟口岸先进经验的同时，也宣传了河南口岸，提高了河南口岸在全国的知名度。

河南口岸业务统计资料

郑州航空口岸

出入境人员(人次)			出入境飞机(架次)		
出境	入境	合计	出境	入境	合计
25422	24352	49774	225	226	451

郑州铁路东站货运口岸

进出口货运量(吨)			进出口货值(万美元)		
进口	出口	合计	进口	出口	合计
68499	26142	94641	14648	3032	17680

河南口岸查验单位工作综述

郑州海关

2002年，在海关总署和河南省委、省政府的正确领导和大力支持下，郑州海关以邓小平理论和“三个代表”重要思想为指导，认真贯彻“依法行政，为国把关，服务经济，促进发展”的海关工作新方针，坚持以德治关，从严治关，与时俱进，开拓创新，大力加强领导班子和干部队伍建设，不断深化业务改革，推进各项业务工作，较好地完成了各项任务。全年共监管进出口货运量83.9万吨，监管进出境飞机444架次，验放进出境人员49480人次，监管进出境邮递物品20多万件，查扣各类违禁品1.2万多件。两税入库56801万元(其中关税21618万元，进口环节税35183万元)，较上年增长23.1%，创历史最高水平。各类退税4675万元，审批减免税款85706万元。

【大力加强队伍建设，注重提高队伍活力】 郑州海关积极推进竞争上岗，全年共提拔处科级干部56名，其中正处3名，副处4名，正科11名，副科38名。在对关员的教育培训上，突出特色，重点抓好“深圳轮训洗脑子”和“学历学位核本子”两项工作，全年深圳轮训11批106人，5名党组成员集体赴深圳学习考察；核对学历学位证书268人98本。在思想政治工作中，坚持以人为本，加强干部职工思想道德教育。组织全关干部有计划、按步骤地系统学习政治理论，提高认识，转变观念，推进工作；以“道德规范进万家”活动为主线，积极参加河南省省直工委和省直文明办举办的道德实践活动和公民道德知识竞赛，获得一等奖和优秀组织奖；认真开展以“三珍惜、三热爱”为主题的理想信念教育活动，组织大家认真学习三代领导人关于理想信念的讲话，参观爱国主义教育基地，开展当一天工人活动，组织关员积极参加社会实践，激发了广大关员的工作热情。积极开展各种社会公益活动和文化活动，年内向困难职工和贫困地区捐款1.5万元，为驻村工作队所在地捐赠电脑14台，捐赠图书2000余册。

【认真落实责任制，全面加强党风廉政建设】 坚持标本兼治，综合治理，认真落实领导干部廉洁自律各项规定，进一步规范领导干部从政行为；加强纪检监察队伍建设，从各业务单位聘任17名兼职纪检监察员，形成监督网络，有效化解廉政风险；认真落实关务公开、服务承诺、优化企业经营环境等规定，自觉接受社会各界监督。通过全省行风民意问卷调查，对郑州海关工作满意率达98%，在省人大、政协、纪委、纠风办、投资办组织的全省投资环境考评中，被评为四个好的单位之一。

【深入细致地开展企业普查工作】 为真实、全面了解河南外贸企业的经营状况，郑州海关本着“对党负责、对政府负责、对人民负责、对企业负责”的求实态度，按照“扎实、微笑、低调”的原则，在关区首次开展大规模的企业普查活动，在保证业务正常开展的前提下，动用关区80%的人力，调用60余部机动车辆，对在关区注册备案的4658家企业进行全面普查调研，收到良好效果，受到省委、省政府和各市地的充分肯定和高度评价。省长李克强专门做出批示：郑州海关立足河南实际、想方设法为企业服务、推进河南外贸经济发展的务实工作作风值得全省各部门学习。新乡、漯河、济源等市政府对海关的这一举措表示欢迎和感谢，纷纷表示要与海关建立长期的合作关系，促进当地外向型经济的发展。

【完善海关监管布局，积极支持河南对外开放】 郑州海关认真落实河南省对外开放工作会议精神，转变作风，加强调研，采取措施，积极服务和促进河南外向型经济发展，取得明显成效。在人员编制紧张的情况下，结合关区实际，合理布局，拉大海关监管框架。2002 年 3 月 28 日，驻安阳办事处正式对外开办业务，主要承担豫北 3 市进出口业务的监管工作；同年 5 月，郑州航空一类口岸、郑州铁路东站一类口岸顺利通过国家验收，正式对外开放；为鼓励和支持豫东外向型经济发展，驻商丘办事处也在抓紧筹建。此外，郑州海关还积极协助省、市政府和有关部门做好郑州出口加工区的申报和筹建工作。

【积极支持河南大中型企业特别是高新技术企业和省重点项目建设，大力推进便捷通关】 为保证安飞集团项目的顺利建设，在项目手续办理过程中，采取保函形式，为企业先行办理海关手续，保证货物通关，为企业节省了工期和资金；为日产、安飞、宇通等大中型企业疏通转关渠道，为企业设计最佳通关路线，实行门对门服务，变被动执法为主动服务，促进企业发展。目前日产公司的通关时间由过去的 28 天缩短到 7 天，基本实现了生产进料“零库存”。

【始终保持打击走私的高压态势，努力营造良好的进出口环境】 针对入世后打私工作面临的新形势、新任务，郑州海关结合调查、侦查职能调整的新情况，全面贯彻打防结合、以防为主的工作方针，积极探索打私工作新思路，以打击价格瞒骗、加工贸易渠道和转关运输中的走私违法犯罪活动为重点，认真清理积案，大力加强综合治理，积极争取地方政府和其它执法机关以及社会各界的支持与配合，形成打私合力，严厉打击走私违法犯罪行为，为维护地方外向型经济的健康发展作出了积极贡献。全年查获走私违规案件 14 起，案值 1877.5 万元，罚没收入 66.1 万元。立案 3 起，案值 3685 万元，涉嫌偷逃税款 692 万元，侦查终结并移送检察机关审查起诉案件 1 起，案值 290 万元，涉嫌偷逃税款 40.36 万元，对 6 名犯罪嫌疑人采取了强制措施，执行逮捕 1 人。

郑州海关 2002 年主要业务统计指标

序号	业务指标	计量单位	2002 年	2001 年	同比±%
1	货运量	吨	839128	1188988	-29.4
2	其中:进口	吨	693715	1037341	-33.1
3	出口	吨	145413	151647	-4.1
4	货值	万美元	88006	66061	33.2
5	其中:进口	万美元	72430	45906	57.8
6	出口	万美元	15576	20155	-22.7
7	海关税收	万元	56801	46131	23.1
8	其中:关税	万元	21618	19307	12
9	代征税	万元	35183	26824	31.2
10	审批减免税	万元	85706	95559	-10.3
11	受理报关单	份	12335	10400	18.6
12	监管飞机	架次	444	374	18.7
13	监管人员	人次	49480	42565	16.2
14	查获走私案件	起	0	1	
15	走私案值	万元	0	38	
16	罚没收入	万元	66.1	391	-84.4
17	查获违规案件	起	14	22	-54.5
18	违规案件案值	万元	1877.5	290	-90.7
19	审价补税	万元	9	0	
20	内销补税	万元	4560	4415	3.3

注:上述指标 1—6、12、13、19、20 项数据按照总署要求截止到 12 月 28 日

河南省边防总队

2002 年,河南省边防总队坚持“重团结、强素质、抓规范、求发展”的工作思路,解放思想,实事求是,与时俱进,扎实工作,圆满完成了边防检查任务。全年共检查出入境飞机 451 架次,同比增长 21%;检查出入境人员 49774 人次,同比增长 16%。

【加强规范化建设,努力做好边防检查工作】 一是加强思想教育。坚持“边防检查工作服务于国家安全和社会稳定、服务于改革开放和经济建设、服务于中外出入境人员”的工作思路,正确处理了“把关与服务”的关系。坚持在工作中深入开展为出入境旅客服务活动,进一步强化了官兵全心全意为人民服务的意识,确保了各项任务的完成。二是严格落实规章制度。认真落实《边防检查旅客检查规范》,严格按规

范要求实施检查工作。坚持站领导带班，定岗定责，严格按规定程序处理在勤务中发现的问题。做到了全年无投诉案件发生。三是加强了文明执勤。坚持把旅客满意不满意作为边防检查工作的最高标准。认真落实《文明执勤语言行为规范》和《边防检查忌语忌行》。在检查中开足通道，严格落实检查每名旅客不超过45钞和处理问题不超过30分钟等规定，减少了旅客通关时间。专门安排官兵在现场维护秩序，为旅客排忧解难。四是进一步简化了查验手续。按照上级精神，及时取消了查验联程机票、中国公民首次出境卡和异地办证等项目，对持卡式通行证的旅客不再要求填写出入境卡片和加盖讫章，简化了手续，提高了通关速度。针对郑州经贸洽谈会、洛阳牡丹花会期间出入境旅客流量增大，应邀境外贵宾较多等情况，能及早布置，采取旅游团名单预申报、预录入和开设会议人员通道等方法，为会议代表和出入境旅客提供了快捷、便利、优质的服务。

【加强查控工作，确保万无一失】 一是认真组织各级人员学习上级有关指示，提高对查控工作重要意义的认识，坚持将边防查控作为各项工作的重中之重，始终保持高度的政治责任感和政治敏锐性。二是狠抓规章制度落实。认真落实了《边防检查查控工作规范》和《边防检查查控工作责任制度》，逐人逐级落实责任，形成了有效的查控工作机制。三是坚持重要时期突出抓。对“黄金周”、“十六大”、政治敏感期和法轮功敏感日等期间可能出现的新情况、新问题进行研究分析，不断完善处置突发事件预案，坚持事前有部署，期间有检查，事后有小结，做到了发现得了、控制得住、处置得当。全年，共接布控文件2153份，布控4960人，接撤控文件269份，撤控504人，查获在控特嫌分子3起3人次，受到了有关部门的好评。

【加强法制教育，坚持依法行政】 一是认真开展执勤执法专项整顿工作，提高了业务人员依法执勤、依法行政的意识。二是提高执法水平。认真落实《边防检查行政处罚实施办法》、《边防检查行政处罚程序规定》等法律法规和规范性文件。举办了行政处罚知识讲座。坚持抓好“依据、定性、尺度”三个准确和“程序、取证、文书、案卷”等四个规范，防止执法的随意性。三是加强监督制约。在执勤中严格按规定程序查处各种案件，明令各级人员不得超越职权处理问题。郑州边检站还聘请了警外监督员，向旅客发放征求意见卡，增加了边防检查工作的透明度。

【加强业务培训，提高检查员的业务素质】 一是举办了查控工作、边检信息系统、行政处罚、伪假证件识别、计算机操作、外语等多期培训班，提高了检查员的综合素质。二是坚持“走出去、请进来”，组织人员到上海参观，邀请有关专家到河南举办培训班，开拓了检查员的视野。三是提高了业务培训的科技含量。投资建设了多媒体教学室，完成了局域网络建设，使业务培训技术先进、形式多样、方法灵活，取得了较好的效果。

【积极配合地方政府，圆满完成了郑州航空口岸对外国籍飞机开放的验收工作】 在验收工作中，河南边防总队在河南省政府领导下，主要做了以下工作：一是重新设计制作了美观实用的验证台。二是重新制作了现场标牌、公告栏等，增设了触摸式边检信息查询系统。三是更新了计算机，对查验计算机系统进行了升级，保证了执勤工作的需要。四是为所有通道配备了新式的证件阅读机，提高了验放速度。五是为执勤现场配备了复印机、摄像机、照像机、扫瞄仪、紫光灯、放大镜等一系列查验、取证和通信器材。六是购置了部分证件鉴别设备。七是完成了业务综合数字网络的建设。八是组织了有针对性的业务培训，进一步完善了勤务管理有关规定。九是完成了营区、营房维修改造工作。十是积极做好向上级业务机关的工作报告，确保一次性通过国家验收。由于措施有力，推动了验收工作的顺利进行。

2002年河南口岸出入境旅客统计表

单位:人次

项目		出入境旅客		合计
		入境	出境	
中国籍	因公	336	355	691
	因私	4643	8362	13005
	港澳	3579	3260	6839
	台湾	10645	8702	19347
外国籍		3019	2604	5623
合计		22222	23283	45505

2002年,河南口岸出入境员工4269人次,其中入境2130人次,出境2139人次;出入境飞机451架次,其中入境226架次,出境225架次。

河南出入境检验检疫局

2002年,河南检验检疫系统认真贯彻党的"十六大"和全国检验检疫系统局长会议精神,全面开展"转变作风年,调查研究年"活动,依法施检,并采取切实措施加大支持外贸出口力度,抓"大通关"工程实施,全面提高工作效率,完成了国家赋予的检验检疫工作任务。全年共检验出入境商品32386批,货值180136万美元;检疫动物及动物产品4447批,货值19678万美元;检疫植物及植物产品共2876批,货值7371万美元;检验检疫出入境食品及化妆品2496批,货值8925万美元;检测体检出入境人员共计10726人次;检疫出入境火车411节,飞机463架次;签发普惠制产地证11668份,货值41299万美元;鉴定出口商品包装5858批,13844717件。

【加强疫病检测,有效防止疫病传入传出】 制定了《河南口岸鼠疫控制预案》、《河南口岸霍乱疫情预案》等检疫预案,同时利用局广域网开通了《卫生检疫预警及快速反应管理实施细则》执行报告终端,积极实施精密检疫,切实提高疫情疫病检出率。在全省15个地市布监测点240个,建立了检疫性实蝇疫情监测动态网。截获植物危险性有害生物21批次。

【加强检验鉴定工作,确保进出口商品质量】 2002年河南检验检疫局将工作重点向安全、卫生、环保、反欺诈方面转移。积极开展对日本三菱帕杰罗V73越野车和韩国产奔驰MB100旅行车安全质量隐患查处工作,促使日本方对24台已发生毂轴承质量问题的帕杰罗问题车给予免费更换;促使韩国方更换了MB100旅行车后制动油管228根。加强了危险品及危险品包装检验。按质检总局统一部署,对辖区内经销进口化妆品的部分商店进行了检查,对产于法国、爱尔兰、日本、德国、芬兰"疯牛病"疫区国家可能含有牛、羊动物源性原料成份的进口化妆品,采取了不许销售等措施。

【采取切实措施，确保供港澳活畜健康安全】 一是对全省供港注册饲养场和备案饲料加工企业进行“7＋10”药物残留普查工作。二是深入了解饲养管理过程中的薄弱环节和漏洞，采取相应措施，组织编写了《出口食用动物健康指南》，指导帮助养殖企业日常饲养管理。三是培训押运员和认可兽医近100人次，强化了检疫监督管理，保证了供港活畜健康。全年共检疫供港澳活猪1303批，177829头，货值543万美元；检验检疫供港澳活牛236批，4723头，货值416314万美元；活牛活猪到港合格率达100%。

【支持外贸出口，服务地方经济】 采取有力措施，扩大河南农产品出口。一是推动地方政府和出口企业建立健全疫病防治体系、药残监控体系和质量保证体系。二是通过确保供港澳活畜健康安全措施，带动了省内饲料、兽药、运输、农业等产业的发展，成为拉动河南省农村经济发展新的增长点，为近2万人提供了就业。三是完成了中国首批出口磨粉小麦检验检疫工作，确保了4.18万吨磨粉小麦顺利出口到新西兰和印度尼西亚、越南、菲律宾，受到河南省委李克强书记、省政府张以祥副省长的高度肯定。四是积极开展对外注册，帮助农产品生产企业开拓国际市场。在“河南省国外注册认证工作领导小组”的领导下，河南检验检疫局国外注册认证工作取得突出成效。全年新增对外注册备案企业23家次。

以标准应用为主线，帮助企业提高工艺和技术水平，服务地方经济发展。一是强化标准化基础工作。成立了“河南检验检疫局标准化工作小组，建立了“河南检验检疫局标准题录管理系统”和“河南检验检疫局内部信息网”，加强标准资料的收集管理工作，初步实现了标准管理的自动化、规范化。二是探讨建立标准预警机制。三是加强标准收集应用，加强了对美国、欧盟等重点市场的技术法规标准的研究，指导帮助洛阳北方易初摩托车有限公司获得欧盟CE认证，这是中国第一个获CE认证的中国摩托车品牌。

积极开展原产地标记保护、普惠制、名牌战略等扶优扶强措施。一是原地标记保护工作取得突破性进展。先后帮助九都唐三彩、汝阳杜康、洛阳牡丹、新郑红枣、信阳毛尖、王守义牌十三香等14项产品获得了总局地理标志注册。火神和金鸡牌搪瓷器皿、山阳牌日用炻瓷等12项产品获得原产国标记注册。二是帮助出口企业用足、用活、用好普惠制，扩大出口创汇。三是积极扶持河南省名牌产品走出国门。为推动新飞家用冰箱和冰柜占领国际市场，坚持急事急办、特事特办的原则，改革现行监管程序和模式，给予快速放行，使其产品远销南亚、中东、欧盟等地区，年出口冰箱30多万台，创汇2000多万美元。四是帮助企业获得进入国际市场通行证，使质量体系审核认证达到362家，认证范围覆盖了司法、行政、医疗、旅游、贸易、建筑、科研、房地产、生产制造等多个行业。2002年ISO14000认证实现了零的突破。全年向瑞士等8个国家和地区推荐卫生注册、备案企业68家次；5家企业获得输美陶瓷认证。

【实施“大通关”战略，提高工作效率和服务水平】 一是改革检验监管模式。完善了《河南出口商品生产企业分类管理办法》和《河南出口机电产品生产企业分类管理实施细则》等六个配套细则。完成了陶瓷、磨料、包装、纺织、服装、机电六大类企业的分类考核，确保了2003年按照新的检验监管模式运行。制定发布了《河南出入境商品监督管理办法(试行)》和《河南出入境商品监督管理类别目录(2002年度)》。按对安全、卫生、健康、环保的风险程度和检验检疫质量风险等级，将所有商品化分为三个不同类别，分别制定监管和检验方式。对部分企业实施了“批批检验与型式试验、抽批检验、过程检验、质量管理体系监督”相结合的检验监管模式，对小家电推行了“型式试验＋抽批检验＋工厂监督”的检验模式。二是加快信息化建设步伐。完成全系统连网，建立了信息交换平台，实现了信息共享。全面开通了“办公自动化系统”，实现了收发文件的电子化。积极推广“三电工程”。76家企业开通了电子签证、电子报检，省局本部电子申报率达到95%以上。三是积极实行政务公开、服务承诺制、首问责任制等制度。以公正、廉洁、高效为基本要求，以对权力运作监督为主线，通过设置公告栏、滚动电子屏幕、张榜公布等形式，公开报检规定、公开办事程序、公开收费标准、公开流程时限等，增加依法行政的透明度。在服务承诺上，对服务标准、办事时效、办事结果、工作纪律、监督投诉渠道以及违诺责任追究等方面，制定了严格规定。首问责任制上，明确了受理、移交、登记、联系、答复、办结和责任追究等程序，为推行“阳光操作”、实施“大通关”创造了条件。

河南出入境检验检疫业务情况表

	货物检验检疫																			
	总计				商品检验				动物及动物产品检疫				植物及植物产品检疫				食品及化妆品			
	批次	金额	检验检疫不合格		批次	金额	检出不合格		批次	金额	检出疫情		批次	金额	检出疫情		批次	金额	检出问题	
			批次	金额			批次	金额			批次	金额			批次	金额			批次	金额
合计	34110	183729	246	551	32386	180136	243	544	4447	19678	2	2	2876	7371			2496	8925	16	40
出境	27976	109708	139	257	26361	106914	139	257	2654	10209			2801	7260			2344	8328	13	33
入境	6134	74022	107	293	6025	73222	104	287	1793	9469	2	2	75	111			152	597	3	7

	签发检验检疫证书（份）	签发通关单		签发换证凭单		产地证				集装箱检疫	交通工具检疫		监测体检及预防接种（人次）			
						普惠制		一般产地证								
		份数	金额	份数	金额	份数	金额	份金	金额		火车（次）	飞机（架）	监测体检	艾滋病监测	发现病例数	预防接种
合计	19794	5580	54059	26122		11668	41299	2551	11580	6789	411	463	10726	10645	566	24022
出境	19434	1793	5879	26122		11668	41299	2551	11580	518	411	231	9960	9879	509	24022
入境	360	3787	48181							6271		232	766	766	57	

河南口岸专稿

河南出入境检验检疫局
被列为全国创建文明行业活动示范点

2002年4月24日，中央文明办、国务院纠风办发出《关于确定第三批全国创建文明行业活动示范点通知》，将河南检验检疫系统列为第三批全国创建文明行业活动示范点，并在《人民日报》进行了公示。

这是全国质量监督检验检疫系统首家被列入全国创建文明行业示范点单位，《中国国门时报》于2002年5月份，分10期以《千树万树梨花开》为题目，对河南出入境检验检疫系统精神文明创建活动进行了系列报道(第1期报道内容附后)。

开篇的话：这是一片古老的土地，处处充满神奇的传说；这是一片壮丽的山河，遍地结满文明的硕果。2002年的春天，河南检验检疫捷报频传，以精神文明创建活动为载体，全面推动两个文明的协调发展，先后获得“省级文明单位”、“省级文明单位建设先进系统”、“全国创建文明行业活动示范点”等多项荣誉称号，一举摘取全国厅局级系统第一家、河南省厅局级第一家、全国检验检疫系统第一家“三个第一”的桂冠，成为在《人民日报》公示的全国创建文明行业的示范点、排头兵，谱写了一曲曲检验检疫系统精神文明的赞歌。本报从今天起刊登河南检验检疫系统精神文明创建活动纪实系列报道，以飨读者。

河南检验检疫局是活跃在中原大地的一支劲旅，在中原这片北有太行耸峙，西有秦岭东来，南有大别、桐柏二山横亘，嵩岳中居，雄视河洛，把华北大平原的丰腴、秀美、宽广、深厚尽揽入怀的美丽土地上，河南检验检疫系统紧紧围绕国家质检总局提出的总体目标，严格依法行政，提高工作质量和服务水平，不断加强党风廉政建设和领导班子建设，抓文明行业创建活动，坚持了“两手抓，两手都要硬”方针。

千树万树梨花开

——河南出入境检验检疫系统精神文明创建活动纪实之一

高度重视　常抓不懈

以该局局长张全成为班长的党组一班子人，把精神文明建设作为统揽，目标明确，做到了机构改革、班子更迭，创建工作从未间断；职能转换，业务变化，“两手抓”的信念坚定不移；部门增减，人员调整，创建工作领导和办事机构保持稳定；实现了一把手负总责，局纪检组长朱秀珍同志负主责，党政工团分头抓落实的实施办法，使精神文明建设渗透到了每项工作，层层纳入了目标管理，上下协调，条块结合，齐抓共管，形成了创建工作深入人心，人人关心、支持、参与活动和创建工作与业务工作同步考核、同步发展的良好局面。

教育深入　活动扎实

河南检验检疫系统紧密结合不同时期的工作重点，把思想政治工作贯穿各项工作之中。开展多种形式的教育活动，全方位、高层次、多渠道地开展思想政治工作，提高了干部职工的思想道德和科学文化素质，起到了凝聚人心，团结联合体，振奋精神，鼓舞斗志的作用。

河南检验检疫系统抓创建活动以来，各级机构坚持党组中心组和支部学习制度，加强基层党组组织建设，定期制定下发学习教育计划，实行干部轮训，普及法律法规知识教育，提高执法服务水平；河南检验检疫局“唱好主旋律，打好主动仗”，1999 年 4 月，率先在省直机关和全国检验检疫系统召开了思想政治工作研讨会，省委、省政府的 4 位主要领导同志先后对此作出批示给予充分肯定。河南检验检疫局在创建活动中全面开展了文明窗口、文明处室、文明岗位、文明用语活动，组织外出学习考察，举办专题报告会，召开民主评议党员干部会，表彰模范人物，积极参与公益活动，扶贫捐资捐款 378 万元，落实扶贫项目 30 余个。同时重视发挥老干部参与精神文明建设的作用，离退休干部党支部被评为全国检验检疫系统先进党组织。

安阳检验检疫局两个文明建设的特色是前院（办公楼）后院（家属楼）一起抓，深入细致的创建活动化为一个个细胞工程，渗透到了每个职工家庭。家属院生活区里种有几十棵苹果树、桃树、梨树、石榴树等，每到秋天成熟季节，累累硕果压弯了树枝，伸手可得，有的被小鸟啄了，但安阳局的职工、孩子们却没有一个人去摘果子。去年秋收季节，河南省文明办和纠风办领导同志到安阳检验检疫局检查工作时，看到职工的孩子们在硕果满枝的树下尽情玩耍却“秋毫无犯”的情景，深为其文明风尚所感动。

规范制度　强化管理

在创建精神文明活动中，河南检验检疫局首先在系统实行了工作质量与党风廉政建设一票否决制和责任追究制，形成了管理有效、职责明确、有机协调、行为规范的行政管理体系和工作机制，连续五年被河南省纪委评为廉政目标测评考核优秀单位；省局机关连续六年被评为河南省政府目标管理先进单位。

河南检验检疫局分别 4 次在国家质检总局召开的全国性会议上，介绍了做好干部人事管理、计划财务管理、思想政治工作以及全面工作的经验，受到全行业的一致好评。

与时俱进　创新工作

河南检验检疫局结合实情，积极探索检验检疫工作新模式，努力实现监管到位，方便进出，安全高效。

一是主动协调多部门合作构筑河南动物防疫体系。河南是畜牧大省，过去由于是政府部门间缺乏协调，没有建立起有效的多部门联合动物防疫体系，难以做到抓源头，保安全。2001 年河南检验检疫局主动牵头就建立河南省动物防疫体系与河南省畜牧局、农业厅等部门多次沟通上门交流达成了共识，与河南省畜牧局联合下发了《关于加强河南出口肉类检验检疫工作的紧急通知》。明确畜牧部门要将当地动物疫情、疫苗、兽药、饲料等情况及时通报给检验检疫机构，检验检疫机构也要将出口肉类检出的疫病、残留等有关情况通报给畜牧部门，这些举措，有力地推动了河南省动物防疫体系的建立，促进了河南畜牧业发展。

二是千方百计确保供港澳活畜质量。河南是供港澳鲜活商品大省，为了让港澳同胞吃的放心，河南检验检疫局严把检验检疫机关，从源头狠抓供港澳活畜的质量，对全省肉类注册企业进行了全面考核，要求 10 家企业限期整改，吊销了 5 家企业注册资格。

三是加大对外注册力度。为使河南省有更多的出口企业的产品打入国际市场，河南检验检疫局在 2001 年河南省政协八届四次全会上，以政协提案的形式呼吁加强对外注册工作，引起政协委员们的高度重视。在河南检验检疫局的积极倡导和努力下，河南省政府成立了以张以祥副省长为组长、以河南检验检疫局、财政、农业等8个厅局负责同志为成员的河南省对外注册认证工作领导小组，使河南省对外注册认证工作进入了由省政府主管、省长亲自抓、政府职能部门参与的全新阶段，为河南出口企业抢占国际市场创造了条件，提供了保障，很快使全省获得国外注册的企业达到了39家。

四是推进质量体系认证。2000年以来，河南检验检疫局的质量认证工作发生了量的突破和质的飞跃，认证工作覆盖了司法、文化、教育、旅游等各个领域。迄今已完成150个单位的ISO9000、ISO14000、HACCP等体系认证工作，使签订咨询协议的单位达360家，创中西部省份体系认证数量最高纪录。

五是推行分类管理。河南检验检疫局以实现磨料、包装行业等分类管理为龙头，对质量好、信誉高的大宗商品逐步推行分类管理制度。制定了《河南出口商品生产企业管理办法》，对类别划分、监管模式、等级升降和动态管理进行了明确规定，将企业免验纳入了分类管理范畴。

六是拓展外商投资财产价值鉴定工作。打击不法外商高价低报、多进少报、逃漏关税和虚假验资等违法行为。近5年来，全省外商申报投资财产价值1.7亿美元，鉴定277批，价值1.3亿美元，平均降值率达20％，维护了国家利益和投资各方合法权益。

七是联合打假。在整顿规范市场经济秩序工作中，河南检验检疫局紧紧抓住直接关系人民群众切身利益、社会反映强烈、危害严重的重点商品、地区、市场、企业，从源头查起，深入开展打假联合行动。检查涉及安全、卫生、健康、环保的进口商品10多个种类、300多个品牌型号、上万个样品。

八是在帮助企业用足用活用好普惠制，扩大出口创汇。河南检验检疫局努力开拓原产地标记保护工作。先后帮助莲花味精、白鸽磨料磨具、新飞电器、双汇肉制品获得了《原产地标记注册证书》，帮助洛阳唐三彩和汝阳杜康酒获得了地理标志注册，实现了原产地标记注册工作零的突破。

河南口岸大事记

3月18日

李成玉副省长到郑州航空口岸和郑州铁路东站口岸视察工作。

4月17日—19日

由中国口岸协会主办、河南省人民政府口岸办公室协办的中国口岸协会信息工作座谈会在郑州召开。

4月27日

河南省机构编制委员会以豫编〔2002〕34号文批复，同意为省政府办公厅增加口岸工作人员行政编制4名，其中正处级领导职务1名。

5月10日

郑州铁路东站货运口岸和郑州航空口岸对外国籍飞机开放工作顺利通过国家验收。5月16日，海关总署正式批准这两个口岸对外开放。

6 月 21 日

李克强省长到郑州铁路东站货运口岸视察工作。

6 月 28 日

张以祥副省长主持召开会议，研究优化郑州铁路东站口岸周边环境、扩建海关监管区集装箱场地问题。

12 月 5 日

河南省政府在郑州召开全省口岸工作会议，张以祥副省长到会做了重要讲话。

12 月 25 日

郑州铁路东站货运口岸海关监管区扩建工程顺利完工。

湖北省

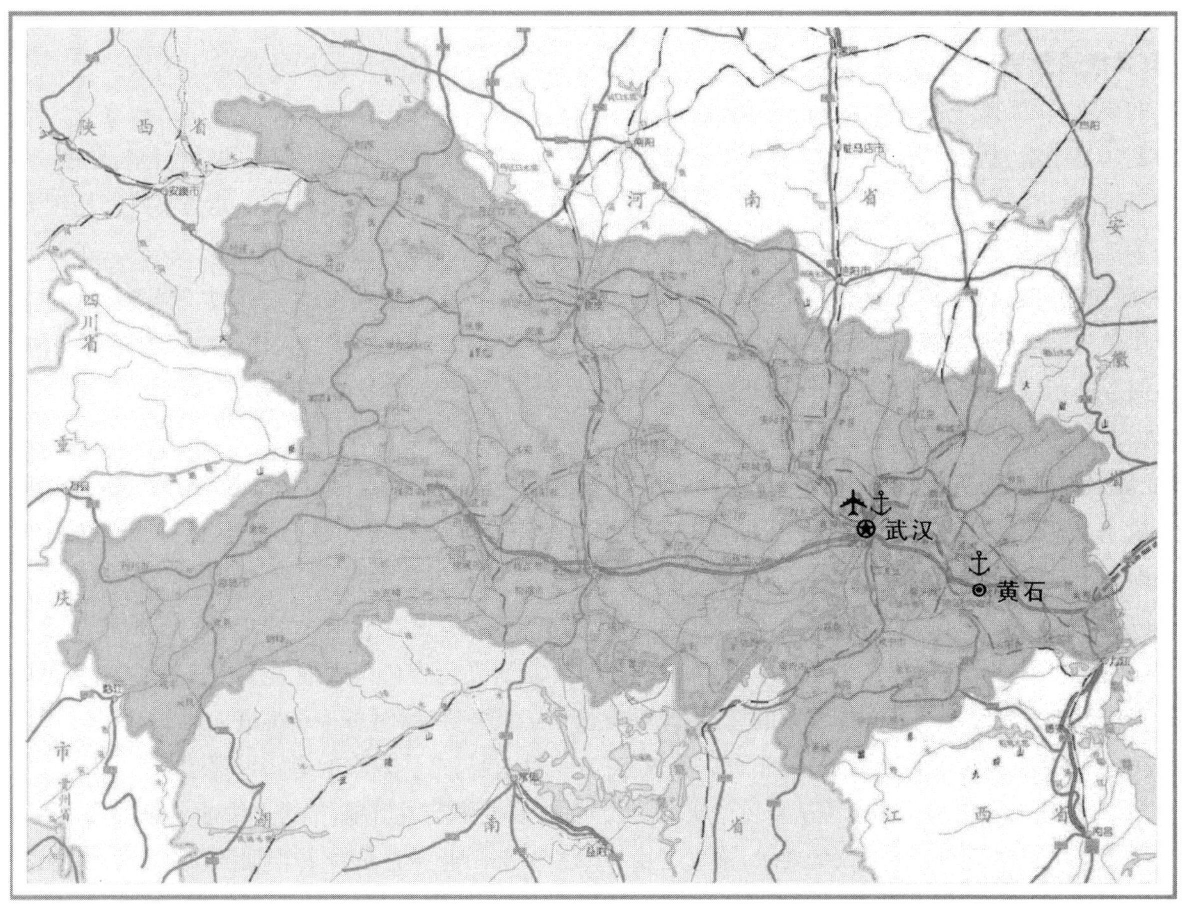

图例

- 省级行政中心
- 口岸
- 铁路口岸
- 航空口岸
- 公路口岸
- 海（河）运口岸

湖北口岸工作综述

2002年，全省口岸管理工作坚持为外经外贸服务的宗旨，围绕推进大通关建设，加快通关改革，口岸环境明显改善，工作效率进一步提高，口岸客货运量大幅度增长，口岸完成货运量177.97万吨，同比增长109.51%。进口121.70万吨，出口56.27万吨，同比分别增长290.1%和4.67%。其中，国际集装箱完成54528标箱，同比增长41.27%。航空口岸出入境人员161057人次，同比增长50.75%，其中入境人员81838人次，出境人员79219人次，同比分别增长50.33%和51.67%。

【认真贯彻国务院有关会议精神，努力推进口岸大通关建设】 2002年，按照国务院关于提高口岸工作效率的要求，积极抓好大通关工作的落实。一是在武汉口岸开展大通关工作试点。武汉市成立了大通关协调领导小组，制定了大通关工作方案，在扬泗港码头实施"一次移箱、一次开箱"的联合检验制度，简化办事程序，进一步提高了进出口货物的通关速度。二是在重点口岸推行现场联合办公模式。扬泗港码头和江岸车站两个口岸新联检楼相继建成投入使用，我们加强与海关、检验检疫局以及码头、车站的磋商，解决有关矛盾和问题，使这两个口岸基本实现了现场联合办公，报关查验"一条龙"服务。三是加强口岸单位之间的协调配合。海关、检验检疫、边防、海事等查验部门在加快通关作业改革的同时，积极推行服务公示制、服务承诺制，实行24小时预约服务制，口岸代理、运输及装卸作业密切配合，进出口货物口岸通关速度不断加快，口岸工作效率明显提高。

【建立健全口岸工作机制，加强口岸单位协调配合】 按照国务院关于提高口岸工作效率的要求，省政府批准成立了湖北省口岸工作领导小组，加强对口岸工作的领导。2001年5月上海会议后，韩忠学副省长当即做出批示，要求结合我省实际研究提出贯彻意见。按照韩省长的批示，做了大量的调查研究工作，并反复征求相关部门的意见，提出了《关于进一步改善口岸环境提高工作效率的意见》。8月23日，韩省长主持召开了全省口岸工作领导小组第一次会议，专题研究全省口岸大通关工作，讨论通过了《关于进一步改善口岸环境提高工作效率的意见》。韩省长作了重要讲话，对进一步推进大通关工作做出了部署。会后，省政府办公厅下发了《关于进一步改善口岸环境提高工作效率的通知》(鄂政办发[2002]76号)。各市口岸办及口岸相关单位认真传达贯彻会议精神，研究制定了措施，推进了大通关建设。

按照口岸工作领导小组会议的要求，成立了由口岸相关部门业务处负责人参加的口岸大通关协调办公室，具体负责大通关工作的协调落实。10月18日，协调办公室召开会议，研究制定了省口岸大通关协调办公室职责、会议协调制度、信息联络制度等三项工作规则；贯彻口岸工作领导小组会议精神，重点研究了提高口岸工作效率方面所要解决的八个方面的措施。将这八个问题逐项分解到相关部门，进行认真研究提出意见和解决办法逐步加以解决。通过建立健全口岸工作协调机制，完善工作制度，加强了口岸单位之间的协作配合，进一步推进了口岸大通关工作。

【加强重点口岸的协调，保证进出口货物快速通关】 扬泗港码头是湖北省国际集装箱进出的主要口岸，其运量占全省集装箱运量的80%左右。该码头5月上中旬发生了压船压港问题，外贸货主、代理反应很大。对此，韩省长连续两次做出批示。为解决这一问题，省口岸办先后到外经贸厅、船货代理公司、港口了解情况，听取方方面面的意见和建议。针对存在的问题，会同武汉市口岸办与海关、检验检疫局、武汉海事局进行磋商，研究解决办法，督促落实整改。武汉港务局投资 200 多万元购置装卸设备，对码头作业进行整顿，并且推出了改进服务质量的 12 条措施，使问题得到了解决。8 月下旬秋汛期间，武汉长江段全线封闸，扬泗港码头采取跨堤作业的方式坚持生产，抢运出口集装箱 1000 多标箱，同时采取措施分流集装箱班轮停靠白浒山外贸码头装卸，保证了汛期外贸货物运输的需要。

【加大黄石水运口岸整治力度，实现了口岸运量大幅度增长】 黄石水运口岸是湖北省三个一类口岸之一，由于工作不到位，长期效益低下，运转不正常。年初，口岸办到黄石专题调研，针对黄石口岸存在的问题，提出上半年要人员到位、工作到位，恢复正常运作。并作为全省口岸的一项重点工作提上重要议事日程。黄石市政府高度重视，市长在全市大会上提出，要实现“口岸运量 30 万吨，直航一条外轮”的目标。市政府成立了口岸工作领导小组，开展口岸资源调查，组织口岸相关单位到上海、南京、镇江等 6 个城市考察学习，提出了黄石口岸的发展思路和目标。市口岸办与全市 50 多家有进出口权的企业建立了工作联系制度，及时帮助企业解决进出口工作中遇到的矛盾和问题。黄石港务局先后投资 500 多万元改造港口设施，改善作业条件，口岸查验部门改进作风，加强服务，使口岸的吸引力大大增强，货运量大幅度上升。2002 年黄石口岸进出口货运量达 46.6 万吨，同比增长 2.6 倍，集装箱运量同比增长 34.3%。9 月 23 日，柬埔寨籍“平阳 5 号”海轮运载大冶有色金属公司出口电解铜 1000 吨，从黄石直航韩国釜山港；9 月 27 日，巴拿马籍“新海 5 号”海轮运载冶钢集团公司进口废钢 4000 吨，从日本仙台港直航黄石港。从而结束了黄石港开放多年无外轮直航的状况，实现了历史性突破。

【积极抓好口岸发展中的几个重点、难点问题】 三峡机场开放问题、武汉航空口岸落地签证权问题、口岸发展投入问题等，是关系到湖北省口岸发展的几个难点重点问题，是我省多年呼吁解决而未解决的难点问题。年初，省口岸办克服困难，积极争取，做了大量工作。一是认真办理省政协委员关于要求开放三峡机场的提案。在办理过程中，多次与宜昌市政府交换意见，讲明开放三峡机场的重要性及争取途径，引起市委市政府的高度重视，并且成立了以分管市长负责的工作专班，使三峡机场开放申报工作重新启动。二是努力争取武汉航空口岸落地签证权。上半年会同省外办、公安厅两次到北京向国务院秘书三局、公安部、外交部汇报，争取支持。省政府领导对此非常重视，作为重要议题向钱其琛副总理汇报，韩忠学副省长两次听取汇报，并亲自进京做争取工作。通过努力争取这一问题可望得到解决。三是积极争取省计委、财政增加口岸投入。从年初开始，始终抓住这项工作不放松，争取省计委安排了 10 万元的口岸建设资金。11 月 15 日，省政协常务副主席王重农带队组织政协委员视察口岸，对口岸管理、建设等问题向省委省政府提出建议，引起了省政府相关部门的重视，为解决相关问题打下了基础。

湖北省2002年口岸运量情况统计表

项目类别	货运量(万标箱)						客运量(人次)			
	进出口累计	同比%	进口累计	同比%	出口累计	同比%	出入境累计	同比%	入境	出境
水运口岸	170.44	122.98	121.07	304.86	49.37	6.1	42	42		
铁路口岸	7.07	−12.22	0.31	−66.9	6,76	−6.07				
航空口岸	4516	10.94	3304	0.18	1212	40.5	161057	36.45	81419	79638
公路邮运	0.016	−79.35	0.01	−82.09	0.01	−77.27				

湖北省口岸2002年国际集装箱运量情况统计表

项目类别	集装箱运量(标箱)					
	进出口累计	同比%	进口累计	同比%	出口累计	同比%
水运口岸	51569	43.26	24210	56.53	27359	33.28
铁路口岸	2959	13.76	538	−33.17	2421	34.8

湖北省各口岸2002年进出口货物量、出入境旅客情况统计表

项目	进出口货运量(万吨)						出入境人数(万人次)			
类别	全年累计	同比%	全年进口累计	同比%	全年出口累计	同比%	全年累计	同比%	入境	出境
合计	177.97	109.5	121.7	290.1	56.27	4.67	16.11	36.4	7.92	8.19
武汉港	103.65		60.2		43.45					
黄石港	46.56		45.4		116					
荆州港	3.02		0.79		2.23					
宜昌港	8.58		6.07		2.51					
江岸站	6.72		0.3		6.42					
十堰站	0.3		0.21		0.09					
襄樊站	1.05		0.77		0.28					
机场	0.45		0.33		0.12		16.11	36.4	7.92	8.19
其它	7.63		7.63		0.003					

湖北口岸查验单位工作综述

武汉海关

2002年，武汉海关认真贯彻党的十六大精神，正确执行“依法行政，为国把关，服务经济，促进发展”的工作方针，强化业务基础建设，继续完善通关作业改革，较好完成各项工作任务。全年关区税收实际入库16.9亿元，再创历史新高；共受理进出口报关单4.2万份，同比增长18.5%；监管进出口货物181.1万吨、货值22.5亿美元，验放进出境人员16.1万人次，同比分别增长113.2%、7.08%和36%；监管进出境邮、快递物品62.7万件，同比上升1.29%。

【强化综合治税，严格税收征管】 武汉海关强化税收“一盘棋”思想，树立综合治税意识，加强税源调研分析和税收监控工作，严格税收征管。加强审价、归类工作，严格减免税审批。畅通转关渠道，积极开展反价格瞒骗专项斗争，确保应收尽收。关区加大补税力度，全年共计补征税款5311万元；办理减免税4319笔，审批减免税共计20.48亿元。

【加强实际监管，提高查验效率】 加强对监管场所清理和企业年审工作，撤销了不符合海关监管要求的4家监管场所，注销了211家超期未年审企业。严格运输企业和运输工具管理，把好注册备案关。完善企业分类管理，关区共有118家企业被评定为A类企业。完善对加工贸易合同的管理，全年共备案加工贸易合同4005份，料件金额48331万美元；核销加工贸易合同3878份，合同核销率和结案率均超过100%。制定《武汉海关查验工作操作规程实施细则(试行)》，规范关区查验工作，不断降低查验率，进口查验率由2001年的23.77%降至2002年的16.22%，出口查验率由2001年的15.58%降至2002年的6.29%；提高查获率，进口查获率由2001年的1.26%升至2002年的2.31%，出口查获率由2001年的0.18%升至2002年的0.85%。

【进行职能调整，保持打私高压态势】 按照总署关于侦查、调查职能调整的要求，综合运用行政执法和刑事执法两个手段，充分发挥联合缉私整体效能，突出重点，严厉打击走私违法活动。全年侦查部门受理案件6起，立案6起，案值3547万元，涉税金额1150万元；移送检察院案件4起，案值13.99亿元。调查部门立案19起，案值2980万元，上缴罚没收入2548.7万元；稽查企业53家，查获涉嫌违规走私案件24起，案值1.34亿元；公开拍卖罚没货物276.26万元。

【发挥统计的监督预警和决策咨询作用】 加大统计数据审核力度，提高统计数据质量。执法评估工作有序开展，统计监督、统计分析、统计咨询水平不断提高。全年撰写业务统计分析文章10余篇，编发《海关统计与分析》22篇，为外单位提供专项咨询服务50余次。

【深化业务改革，促进地方外经贸发展】 一是积极探索通关新模式，改善通关环境，提高通关效率。试行进出口转关货物“提前报关、实货放行”的快速通关模式，继续扩大便捷通关适用范围，在2001年确定的11家企业适用便捷通关措施的基础上，今年又确定了22家企业在关区内适用便捷通关措施，长飞光纤光缆有限公司还作为全国适用便捷通关措施企业；制定《武汉海关党组关于进一步解放思想转变作风改善通关环境的意见》，实施通关大提速，目前进口通关平均时间为1.55天，出口通关平均时间为0.3

天，整体通关效率再次提高。二是加快“电子口岸”建设和口岸大通关建设。加强“电子口岸”联网项目的推广和运行管理，在省市政府的统一领导下，成立口岸大通关建设领导小组，推动口岸工作联络协调机制建设，提高口岸整体工作效率。汉阳港口岸、武汉机场航空口岸、武汉江岸火车站先后推广了“大通关”联络机制。三是积极探索加工贸易联网监管方式，制定了《武汉海关加工贸易企业联网监管方案》等规章制度，批准了5家企业试运行“大手册”，关区加工贸易管理基本形成了多种监管模式并行的格局，加工贸易单耗管理工作也迈出了可喜的第一步。四是紧紧围绕省内经济建设的战略重点和重大项目做好服务。对三峡工程、武汉中国光谷等重大工程项目以及几个国家级经济技术开发区，成立专门工作小组，实行联络员制度，跟踪进度，提供服务，排忧解难。此外，全面推进关区风险管理工作。湖北武汉出口加工区的监管工作也全面开展。

【大力加强干部队伍建设】 组织全关干部深入学习研讨海关工作新方针和十六大精神。认真开展“学、查、改”活动，切实转变机关作风，营造良好的经济发展软环境，湖北省省委、省政府把我关作为转变作风、服务企业的先进典型，要求省直各单位、各部门“学习武汉海关替企业着想，急企业所急，热情为企业服务的做法和经验”。湖北省代省长罗清泉指出：“政府各部门都要向武汉海关学习，转变职能，改进作风，进一步搞好学查改”。

积极贯彻全国海关基层建设工作会议精神，认真部署基层建设工作。大力加强思想政治工作和党组织建设，认真开展理想信念教育活动。加强精神文明创建工作，武汉海关关被市委、市政府授予“1999—2001年度市级文明单位”称号；机关党委被省直工委评为“先进基层党组织”；海关工会被省直工委评为“财务管理先进单位”；关团委被共青团湖北省委评为“五四红旗团委标兵”；4个基层单位被省直工委授予“青年文明号”。

进一步推进干部队伍廉政建设。认真落实党风廉政建设责任制，开展了对隶属海关“一把手”的离任审计工作。加强防范，从源头预防和治理腐败，与湖北省人民检察院共同制定了《预防海关职务犯罪工作办法》，签定了预防职务犯罪工作协议，加大从源头上防范职务犯罪的力度。加大工程项目的审计力度。全年审计关区大小基建工程30项，决算总金额3534.84万元，审计核减工程款411.24万元；审计政府采购项目4项，采购资金158871元，审计核减金额17166元。

不断深化人事制度改革，推进领导干部竞争上岗，在全关范围内进行了正、副科级和副处级领导干部竞争上岗。全年通过竞争上岗走上副科级和正科级领导岗位的有59人，走上副处级领导岗位的有13人。建立后备领导干部人才库，确定了6名同志为关级后备干部，上报总署，并进行跟踪管理、教育培养和定期考核。

武汉海关 2002 年业务统计表

项目		2002 年	2001 年	增减%
进出口报关单数(张)		42285	35670	18.54%
进出口记录条数(条)		85457	74279	15.05%
进出口货运值	合计(万美元)	224809	209946	7.08%
	进口(万美元)	146136	143364	1.93%
	出口(万美元)	78673	66582	18.16%
进出口货运量	合计(吨)	1811022	849471	113.19%
	进口(吨)	1217870	311998	290.35%
	出口(吨)	593152	537473	10.36%
进出境人员(人次)		161154	118437	36.07%
其中:港澳旅客(人次)		4696	20843	−77.47%
邮、快递总数(件)		626554	618596	1.29%
其中:印刷品(件)		458655	496424	−7.61%
保　税	备案企业数(个)	446		
	累计备案合同数(份)	4005	3972	0.80%
	累计核销合同数(份)	8700		
	核销补税额(万元)	2913	2742	6.23%
企业注册	注册总数(个)	2025		
	其中:三资企业(个)	0		
	代理报关(个)	25	31	−19.35%
税　收	关税入库(万元)	59265	56264	5.33%
	代征税入库(万元)	109891	108141	1.62%
	两税合计(万元)	168856	164405	2.71%

湖北省公安边防总队

2002 年,湖北公安边防总队认真贯彻落实公安部全国公安出入境管理工作会议精神,坚持以边防执勤为中心,严格落实“两个规范”,大力开展树“国门大使形象”和做合格军人、做合格警察的“双合格”活动,狠抓队伍建设和执勤执法规范化建设,不断加强反偷渡等维稳工作,健全执勤执法工作制度和程序,圆满地完成了各项边防检查和保卫任务,全年入出境检查人数创历史新高。共检查出入境人员 161099 人次,飞机 1459 架次,船舶 3 艘次;查获偷渡案件 3 起 6 人次,接收并处理境外遣返人员 3 起 4 人次;发现、处理违法违规 20 起 21 人次,有力维护了口岸稳定。总队党委在公安部边防局年底组织的总队及党委班子量化考评工作中获得内陆十省总队第一名；总队被武汉市授予“对外开放优质服务单位”荣誉称号；武汉站证检科被授予“全国青年文明号”荣誉称号，该科党支部被公安部边防局评为“先进党支部”；汉口站青山监护中队被团省委、省公安厅联合授予省级“青年文明号”荣誉称号；省委、省政府主要领导多次批示，对总队的工作给予了表扬和肯定。

【在执法工作中，坚持“严格、文明、公正执法”】 总队按照部局执勤执法专项整顿工作的部署，提出了执勤执法“零事故”的硬指标。结合公安部《出入境边防检查行政处罚实施办法》，制定出台《边防执法程序细则》、《执法工作流程图及图表说明》、《边防行政案件证据查找与保存》和《案件询问方法与技巧》等一系执勤执法规定。通过一手抓完善执法制度，一手抓规范执法行为，使总队执法工作向规范化、制度化的轨道迈进了一大步。认真开展执法质量考评和执法大检查工作，扎实进行执勤执法专项整顿。将执法程序、执法依据、执法内容作为检查员等级评定考试法律部分的重点内容，并将考试成绩与干部晋职晋衔挂钩，调动了执勤执法人员学法、用法的主观能动性。坚持警务公开，加强执法监督，提升执法透明度。总队成立执勤执法监督小组，开展经常性的内部执勤执法监督活动；聘请了社会义务执法监督员，定期征集意见、组织座谈，加大外部监督力度，确保了边防执法的“严格、文明、公正”。

【认真部署和开展反偷渡专项行动，进一步健全反偷渡协作机制】 总队依据全国反偷渡工作会议精神和公安部关于在全国开展反偷渡联合行动的有关通知要求及部署，制定了《湖北省反偷渡联合行动方案》，在全省范围内开展了联合专项治理，与出入境、治安、刑侦等警种协同作战。通过媒体广泛宣传了反偷渡战果，震慑了不法分子。以提高检查员识别伪假证件能力为突破口，成立了总队、站两级证件研究机构，积极与部局证件研究中心及兄弟单位开展交流，将研究成果应用于实战。总队业务部门配合协同吉林、广西边防总队，先后 5 次协助押送 44 名非法越境的朝鲜人在湖北省中转，吉林省公安厅专门发来感谢信，湖北省公安厅为总队有功人员记功嘉奖。全年多次协助了江苏、福建边防总队在汉侦办偷渡案件，保持了打击偷渡活动的高压态势。

【加大科技投入，增大边检工作科技含量，真正实现“向科技要战斗力”】 总队为执勤一线配备扫描仪、数码相机等高端设备用于对各种证件、资料的收集；购置了“UV－P”数字痕检鉴别系统，并与“EDISON”系统相结合，形成了功能更完备的鉴别系统。继 2001 年被部局评为“信息化建设先进单位”后，今年，总队着力提高信息化应用水平，把原来的 DDN 电路改造升级为 2M 的 SDH 数字电路，把公安信息网延伸至武汉站执勤现场，与全国公安业务信息实现共享，有效地配合了网上追逃等专项斗争。一线检查员在口岸执勤现场可快捷登录查询公安各类基础信息库，提高了边防检查工作效率。建立了业务文件和法律法规资料数据库，为检查员提高边检业务素质提供了新的途径，为口岸执勤工作的圆满完成提供了有力保障。

【提高服务意识，树立良好形象，开展塑造“国门大使”形象活动，打造具有湖北边防总队特色的品牌服务】 总队根据湖北省委省政府提出的“建设湖北口岸大通关制度”工作要求，确立了在口岸树立边检人员“严格公正，文明高效”执法者的良好形象，为省招商引资和经济发展做贡献的工作目标。为此，总队按照“双合格”(做合格的军人，合格的警察)要求，开展以“魅力服务”为标志的系列活动。制定了提高工作效率，方便旅客快速通关；推行警务公开，自学接受社会监督；提供文明热情服务，树立边防诚信形象等 22 条具体措施，为出入境旅客提供充满人文关爱的魅力服务，营造了方便、快捷的通关环境。省人大常委会高度赞誉部队出色完成了 AAPP 会议代表的边检礼遇勤务，赠送“亚洲议会和平协会第三届年会代表访鄂接待工作纪念”牌匾。总队被评为驻鄂部队中唯一的“省级文明单位”，同时被武汉市对外经济贸易委员会评为“对外开放优质服务单位”。

【抓好干部队伍量化管理和培训工作，提高官兵综合素质】 总队制定了《湖北边防总队干部量化管理办法》，采取“量化内容与职责相结合，细化打分与综合考评相结合，周统计、月公布”的实施办法，全面推开干部量化考评，调动了广大干部的积极性，促进了各项工作的积极开展。总队运用量化管理的做法开办边防执勤实用技能集训班，受到了公安部边防局傅宏裕副政委的肯定。举办了外语培训班，邀请地方院校老师对总队官兵进行英语、韩语培训。目前，总队干部大专以上学历者达到 88.6%，空港站检查员 40%达到外语四级以上水平，人均打字速度达到每分钟 60 字以上。

湖北口岸边防检查 2002 年业务统计表

<table>
<tr><th colspan="5"></th><th>入境</th><th>出境</th><th>合计</th></tr>
<tr><td colspan="5">出入境飞机(架次)</td><td>718</td><td>741</td><td>1459</td></tr>
<tr><td colspan="5">出入境船舶(艘次)</td><td>0</td><td>3</td><td>3</td></tr>
<tr><td rowspan="13">出入境人员(人次)</td><td colspan="4">总计</td><td>81838</td><td>79261</td><td>161099</td></tr>
<tr><td rowspan="3">出入境员工</td><td colspan="3">合计</td><td>6375</td><td>6612</td><td>12987</td></tr>
<tr><td colspan="3">中国籍</td><td>5260</td><td>5493</td><td>10753</td></tr>
<tr><td colspan="3">外国籍</td><td>1115</td><td>1119</td><td>2234</td></tr>
<tr><td rowspan="9">出入境旅客</td><td colspan="3">合计</td><td>75463</td><td>72649</td><td>148112</td></tr>
<tr><td rowspan="7">中国籍</td><td colspan="2">合计</td><td>48321</td><td>41586</td><td>89907</td></tr>
<tr><td rowspan="3">大陆公民</td><td>小计</td><td>9104</td><td>12428</td><td>21532</td></tr>
<tr><td>大陆因公</td><td>2283</td><td>2053</td><td>4336</td></tr>
<tr><td>大陆因私</td><td>6821</td><td>10375</td><td>17196</td></tr>
<tr><td colspan="2">港澳居民</td><td>12550</td><td>7103</td><td>19653</td></tr>
<tr><td colspan="2">台湾同胞</td><td>26667</td><td>22055</td><td>48722</td></tr>
<tr><td colspan="2">华侨</td><td>1062</td><td>422</td><td>1484</td></tr>
<tr><td colspan="3">外国籍</td><td>27142</td><td>31063</td><td>58205</td></tr>
<tr><td colspan="5">查处违法违规</td><td colspan="3">20 起 21 人</td></tr>
<tr><td colspan="5">查获偷渡</td><td colspan="3">3 起 6 人</td></tr>
<tr><td colspan="5">接收境外遣返</td><td colspan="3">3 起 4 人</td></tr>
<tr><td colspan="5">备注</td><td colspan="3">注：大陆因私旅客人数中含华侨人数</td></tr>
</table>

湖北出入境检验检疫局

2002 年，全年检验检疫进出口商品 26704 批，货值 16 亿美元，同比分别增长 21.6%和 20.8%。完成传染病监测体检 20775 人次，发现 HIV 抗体阳性 3 例。检疫出入境动植物及其产品 2678 批，货值 7021 万美元，检出疫情 14 批。检疫出入境飞机 1464 架次，检疫集装箱 79258 标箱。签发普惠制原产地证书 11289 份，同比增长 30.3%，签证金额 2.74 亿美元；签发一般原产地证 1633 份，5333 万美元，同比增长 68.7%和 44.7%。

【大力支持农产品扩大出口】 湖北局将支持农产品扩大出口作为一项重要工作，采取建立出口农产品安全卫生监控体系、加强对外注册、做好技术应对等一系列措施帮助扩大农产品出口，取得了显著成绩。

1、针对入世后我国农业面临的机遇与冲击，组织专班认真分析研究加入 WTO 后对我国农产品出口带来的影响，先后召开有农业、畜牧、水产等部门参加的有关会议 13 次，共同探讨出口农产品安全卫生监控计划的实施。

2、积极推荐企业国外卫生注册。按照欧盟、美国、日本、韩国等国卫生注册的要求，积极推行 HACCP，先后举办 6 期卫生注册和 HACCP 培训班，组织企业间相互学习、参观，为企业培训管理人员 89 名。完成新注册企业 6 家，复查换证企业 10 家，新登记企业 6 家，另外还对国外注册的 2 家企业进行了预评审。为我省更多的食品、水产品、农副产品进入发达国家市场取得了先决条件。

3、积极帮助企业开拓新市场。随州香菇是我省出口农产品中的拳头产品，过去主要销往香港和东南亚市场。随州办事处在调研中了解到美国、加拿大等国有客户需求该地香菇的意向，立即与出口企业联系，将北美国家的检疫要求通报给企业，为企业订立信用证提供可靠依据，并和企业一起迅速制定将香菇打入北美市场工作计划，将检验检疫工作延伸到企业加工生产阶段，共同把好香菇质量关。针对恩施山药销售渠道不畅，加工精度不够，进口国设置技术壁垒等具体困难，免费对山药产地土壤、水资源等污染元素和农药残留检测，指导企业改进加工工艺，使恩施山药终于走出了国门，在日本市场取得了良好反响。

4、制定并实施源头及全过程检验检疫监管新模式。针对全省蜂蜜生产、收购点多面广的实际，制定了《湖北地区出口蜂蜜安全监控计划》，加大对蜂农正确用药的宣传，严格原蜜收购，规范企业加工环节，采取措施防止原蜜桶重金属污染，研制并推广应用了快速测定铁含量的试剂盒，帮助加工企业建立完善的质量保证体系和 HACCP 体系，使我省蜂产品在全国率先进入了加拿大市场，出口量居全国第一，受到省政府领导表扬。并根据我省出口水产品的特点，制定了《湖北省出口水产品安全监控计划》，由于采取措施及时，在今年欧盟封禁我国动物源食品进口的严峻形势下，我省水产品仍保持了去年的出口量，略有增长。

5、增加投入，做好入世后技术上的应对准备。为应对入世后国外出现的技术壁垒等问题，围绕打破国外技术壁垒和为扩大出口服务这两个重点，积极探索和实践动植物疫病、转基因产品、环保项目、食品安全等检测技术。香港对供港禽畜开展“7＋37”种残留药物中的 17 种药物的检测，其中有 11 种药物需要采用放射免疫分析仪进行检测。为确保检测结果与香港方面一致，及时购置了开展这项工作所必需的放射免疫分析仪，开展了供港牲猪中 17 种药物残留的检测工作，还承担了湖南局、陕西局、上海局委托的样品测试工作。一年来湖北局共新开检了供港牲猪“7＋10”药残检测、室内装饰装修材料检测等 93 项检测项目。

【全力支持口岸大通关，确保“提速”措施落到实处】 一是根据湖北省委、省政府关于开展“学查改”以及“大通关”对口岸执法部门的要求，先后出台了十条支持口岸“大通关”的措施。二是加强业务建设。先后三次召开分局长、口岸办事处主任现场办公会，专题研究如何加强口岸业务建设问题。三是加强内部监督，确保“提速”措施落到实处。

【推行出口商品检验监管新模式，简化工作程序，快验快放】

1、积极推行分类管理。结合《分类实施细则》的要求逐一审核，并进行考核确定企业分类级次。

2、推行过程检验监管新模式，提高验放速度。对出口机电产品采取“出口产品型式试验＋跟踪检查＋分类动态管理”，对出口服装采取“分类动态管理”，将过去批批检验转变为过程检验，减少了抽查比例。积极为武汉经济技术开发区内的高新技术企业武汉恒冠电子公司实行过程检验监管模式，较好地满足了该企业因出口量大对检验检疫工作的需求，该企业今年初次出口 CRT 和 LCD 显示器 103 批 22.2 万台，出口额 2784.45 万美元。

【积极推广“三电工程”】 继续加快“三电工程”建设和应用工作步伐。对大型企业和进出口量大的企业采取“直通式”电子申报方式，已有 100 多家企业购买了企业端软件，可以方便地进行远程申报；对进出口量不大的企业为了不给企业增加负担，推出了“自助式”电子申报方式，在报检大厅设置了计算机，供企业报检人员自行录入，2002 年电子报检率达 90 以上。

【强化认证职能，提高企业管理水平】 为认真贯彻落实总局《强制性产品认证管理办法》，组织人员摸清了全省涉及第一批强制性产品认证的 100 多家企业的情况，并与 CQC 武汉分中心配合，举办了 2 期 3C 工厂审查员培训班，培训 3C 工厂审查员 60 余名，为下一步实施 3C 强制性产品认证打下了基础。严格执行“两证”管理制度。对涉及安全、卫生的出口商品生产企业加强注册、许可的考核工作，对已获证企业加强日常监管，凡违背注册、许可要求和“专厂专号专用”管理规定的取消出口资格，并加大对违规企业的处罚力度。积极推行质量体系认证。在出口企业中积极推行质量管理体系和环境管理体系认证，推行 UL、CE 标志的产品认证。ISO9000 咨询、评审工作稳步推进，评审认证领域不断拓展。全省已有 300 家企业获 CQC 湖北评审中心 ISO9000 证书，3 家企业获 ISO14000 证书，获 CE 标志认证产品 35 个，UL 标志认证产品 9 个。

【抓好重点企业和重点商品联系点工作】 2002 年，制定检验检疫联系制度，定期走访，对重点商品进行质量分析，及时了解和反馈信息，有针对性地采取措施加强质量管理，促进重点企业、重点商品扩大出口。年初武钢集团公司先后签定了出口巴基斯坦和孟加拉的 6.2 万吨钢轨合同，为使产品达到欧洲铁路标准 UIC，局驻武钢集团公司办事处立即开展了 UIC 与我国国标的比对，列出了有关产品检验和出口商品检验的重点和难点及时反馈到生产部门，通过与武钢生产、技术、销售等相关部门的密切协作，圆满地解决了 UIC 标准规格钢轨的出口问题。2002 年，武钢集团公司进出口额达 1.08 亿美元，对外索赔提赔金额 135.7 万元人民币，出入境检验检疫工作得到了武钢公司的高度评价。

【强化把关职能，加强涉及安全、卫生、环保及国家重点工程出入境商品的检验检疫】

1、加强风险预警及快速反应工作。根据总局关于“信息来源广泛；风险评估准确；预警措施适当；反应快速有效”的要求，积极探索出入境检验检疫风险预警及快速反应工作机制，并在实际工作中取得了初步成效。一是将有关风险信息及时传达给相关企业和有关部门。二是根据预警措施的要求，做好相关工作。三是加强了对湖北地区进出口企业情况的摸底调查，做到一旦有风险预警，能够立即明确涉及那些企业、多少商品，影响到哪些国家。四是加强了基础资料收集工作。

2、加强对出入境人员的传染病监测，强化对进口动植物产品、特殊物品和木质包装的检验检疫。加强对常驻鄂外国人员、留学生以及长期居外回国人员的验证和传染病监测，通过与公安、外事等部门的配合，及时掌握以上人员出入境动态，制定切实可行的措施，使传染病监测工作落到实处。加大口岸检疫查验工作力度，强化了对开放空港、港口及集装箱储运场地的卫生监督。先后从来自日本、巴西、德国的进境木质包装中检出12批次危险性病虫害，并及时采取了销毁、除害处理。

3、严把进口商品安全质量关。加强对进口机电产品的检验检疫监管力度。对美国某教育基金会向武汉市红十字会捐赠的一批货值达500万元人民币的旧医疗设备作销毁处理，。在武汉"东湖截污工程"中查出价值十多万美元的进口污水处理设备假冒产地、材质不合格等问题。

4、认真做好"三峡工程"左岸电站和输变电工程进口设备的检验工作。重点加强了对开箱检验后设备安装调试的监管措施，确保三峡工程的检验检疫工作万无一失，共实施进口检验检疫162批，货值20958万美元，集装箱总数502件，木箱及其他包装物5641件，出具数量和质量证书19份，疫情截获通知单6份，索赔金额157万美元。与去年同期相比，批次增加80%，货值增加32.6%。

【以开展工作质量"三查"活动为契机，努力提高依法行政水平和工作质量】

1、扎扎实实开展工作质量"三查"和"质量月"活动。根据总局关于"三查"工作的部署，成立了专班，先后从14个方面查问题，9个方面查原因，9个方面查措施，做到查问题不遮不掩，查原因实事求是，查措施是否有力。"三查"活动结束后，向总局上报了我局开展"三查"活动的专题自查报告。通过此次"三查"，有力地促进了检验检疫工作质量的提高。

10月份，继续组织开展了"质量月"活动。派出了三个检查组重点检查我局系统21个单位的证书质量，"四五"普法教育和新商检法的贯彻，《检验检疫作业指导书》的执行，重点企业、重点商品工作落实，计算机网络管理，封识、标志管理使用，空白证单及印章管理，"三电"工程实施等八个方面情况，并进行了公开打分、排名和讲评，极大地增强了检验检疫人员依法行政意识，质量意识和责任意识。

2、认真学习贯彻新《商检法》。4月28日，新的《商检法》颁布后，及时组织宣贯学习，举办了三期培训班，组织6名参加国家质检总局举办新《商检法》培训班的骨干，巡回为全局干部职工讲课，编印了培训学习材料500份，做到人手一册，学习结束后进行了考试，从考试结果看，全体干部职工对新《商检法》的学习做到了时间、人员、内容、效果四落实。

3、加强业务基础管理。一是及时清理文件。对全系统自1979年以来的规范性文件进行了全面系统地清理，共清理文件5659份，按照有关规定，废止文件172件，失效处理48件，并对现行有效的文件编印了文件目录，印发各单位作为执法依据。二是做好标准化基础工作，先后编制各类检验检疫作业指导书71份，质量记录162份和标准证稿96份，形成了较为完善的质量保证体系。三是加强了空白单证、业务用章、封识、标志的管理。严格执行总局"在任何情况下不得将空白单证和业务用章归一个人管理"的规定，严格空白单证管理制度，未出现证单管理事故。对封识、标志领用、核销严格按照管理规定办理，未出现任何问题。

4、加强科技创新，提高实力与水平。首先，对原有的科技资源进行了有效的整合，形成了以技术中心、保健中心为龙头，各专业实验室互补的实验室布局。其次，加大科技投入，提高检验检疫科技创新能力。一年中共计投入资金300多万元，购置了等离子发射光谱仪、原子荧光光谱仪、PCR仪、Charm II分析仪、配μECD的气相色谱仪等先进仪器设备，为科技创新工作做好铺垫。第三，加强技术创新工作。向总局申报科研立项14项，制修订标准3项。总局已批准我局科研立项共5项；完成科研项目鉴定7项，完成科技成果登记8项，经总局批准并发布的标准3项；评出“科技兴检”奖4项；完成了总局4项粮食标准征求意见稿审定，审定兄弟局标准8项，共计12项。第四、加强科技人才的培养。对已形成的一批在各学科中有一定影响的中青年专家队伍，给他们压担子，提供独立解决检验检疫技术问题的舞台，在实践中增长才干和技术能力。2002年，湖北局中青年专家发表论文15篇，有2篇论文获2001年国家质检总局检验检疫优秀科技论文三等奖；作为课题负责人完成科研课题并获总局成果登记号6项，完成总局下达的标准制订项目1项，5人5项技术革新项目正在申请专利，共有3项科技成果获湖北局“科技兴检”奖，其中一等奖1项，二等奖2项。中青年专家起到了技术带头人的作用。

2002年湖北出入检验检疫局情况统计表

<table>
<tr><th></th><th colspan="2">总数(批)</th><th colspan="2">货值(万美元)</th><th colspan="2">不合格</th><th colspan="2">货值(万美元)</th><th>发现疫情</th></tr>
<tr><td>出口商品检验</td><td colspan="2">21802</td><td colspan="2">92079</td><td colspan="2">49</td><td colspan="2">95</td><td></td></tr>
<tr><td>进口商品检验</td><td colspan="2">4928</td><td colspan="2">66437</td><td colspan="2">230</td><td colspan="2">1123</td><td></td></tr>
<tr><td>签发普惠制产地证</td><td colspan="2">11289</td><td>签证</td><td>27441</td><td colspan="2"></td><td colspan="2"></td><td></td></tr>
<tr><td>签发一般产地证</td><td colspan="2">1633</td><td>金额</td><td>5333</td><td colspan="2"></td><td colspan="2"></td><td></td></tr>
<tr><td>进境食品卫生检验</td><td colspan="2">100</td><td colspan="2">148</td><td colspan="2">1</td><td colspan="2">12</td><td></td></tr>
<tr><td>进境动物及产品检疫</td><td colspan="2">35</td><td colspan="2">126</td><td colspan="2"></td><td colspan="2"></td><td>1</td></tr>
<tr><td>出境动物及产品检疫</td><td colspan="2">792</td><td colspan="2">1308</td><td colspan="2"></td><td colspan="2"></td><td></td></tr>
<tr><td>进境植物及产品检疫</td><td colspan="2">77</td><td colspan="2">202</td><td colspan="2"></td><td colspan="2"></td><td>3</td></tr>
<tr><td>出境植物及产品检疫</td><td colspan="2">1786</td><td colspan="2">5431</td><td colspan="2"></td><td colspan="2"></td><td>5</td></tr>
<tr><td>进境木质包装检疫</td><td colspan="2">1370</td><td colspan="2"></td><td colspan="2"></td><td colspan="2"></td><td></td></tr>
<tr><td>出境木质包装检疫</td><td colspan="2">1684</td><td colspan="2"></td><td colspan="2"></td><td colspan="2"></td><td></td></tr>
<tr><td rowspan="2">进出境运输工具卫生检疫</td><td rowspan="2">船舶</td><td>进境</td><td></td><td rowspan="2">飞机</td><td>进境</td><td>723架</td><td rowspan="2">集装箱</td><td>进境</td><td>39163只</td></tr>
<tr><td>出境</td><td>1艘</td><td>出境</td><td>741架</td><td>出境</td><td>40095只</td></tr>
<tr><td>出入境旅客</td><td colspan="2">147842</td><td colspan="2">发现问题</td><td colspan="2">2261人</td><td colspan="2">监测体检</td><td>16095人</td></tr>
<tr><td>预防接种</td><td colspan="2">16955</td><td colspan="2">艾滋病监测</td><td colspan="2">14074</td><td colspan="2">进境邮包检疫</td><td>7831</td></tr>
</table>

武汉海事局

武汉海事局隶属交通部海事局直属海事局的中华人民共和国长江海事局，管辖范围上界为长江中游南岸大兴洲与北岸新滩口联线，下界为南岸泥矶与北岸涨渡湖闸联线，全长140公里，肩负水上交通安全管理和水域环境保护两大重任，同时，承担武汉长江水上搜救中心的日常事务。目前局机关设有船舶监督管理、通航保障管理及船员证件管理三个业务部门，基层单位6个，职工在册人数485人，其中高级职称6人，中级职称52人，初级职称74人。

2002年，武汉海事局围绕“水上运输安全管理年”活动主线，以“抓好三个重点，做到四个落实，达到五个明显一个确保"为重点，以提高水上安全监督管理的预控、监控能力为核心，大力加强水上安全监督管理，保持了水上安全形势的总体稳定，为武汉经济发展做出了新的贡献，被湖北省委、省政府授予2001—2002年度"文明单位"称号。

【大力加强安全专项整治】 季节性安全管理是长江水上交通安全管理的主要特点之一，为使"安管年"活动进行得有步骤、有重点、有成效，武汉海事局将安全管理年活动按工作实际分为四个阶段开展：第一季度以战枯水、保春运为主；第二季度以"反三违"、"安全生产周"、打"三无"消除隐患为中心；第三季度以战洪水、保安全、整秩序为重点；第四季度则做好整改、验收、评估、总结等工作。以"安管年"为载体，以季节性工作为切入点，组织、动员全局干部职工及水运企业参与到"安管年"活动中，将水上安全管理工作提高到新的水平，通过活动达到向管理要安全，以安全促改革，以安全保稳定，以安全促发展的目的。为保障水上安全，监督艇共巡航20174艘次、总航时11356.15小时、检查船舶20532艘次、检查渡口5804次、检查油区3218次、检查施工区1658次，检查锚地5319次，纠正违章5118艘，有效维护了辖段通航秩序的稳定。

【加强水上搜寻救助工作】 为迎接中国共产党第十六次全国代表大会的召开，维护好社会安定团结的大好局面，保护社会主义市场经济建设的成果，结合交通战备工作的落实，达到平战结合、捍卫国防的目的，保证面对突发事件时，能减轻事故损失程度，保护水资源环境，在武汉市人民政府的支持下，在搜救中心成员单位及相关部门的积极配合下，武汉海事局武汉长江水上搜救中心于2002年10月28日在武汉港区成功的组织了首次综合、大型水上搜救演习。此次演习共有25家单位、31艘各类船舶车辆、1架直升飞机以及近600名人员参加，武汉海事局共派出海巡艇11艘，有力确保了搜救演习的正常进行。省、市各新闻媒体均对该次演习进行了采访报道。

【全力落实口岸大通关工作】 为贯彻落实国家和省政府关于口岸大通关建设的指示精神，以适应国家外贸大发展的需要，武汉海事局领导根据湖北省口岸大通关协调办公室会议精神，组织职工对口岸大通关建设工作进行了认真的学习和讨论，分析了目前湖北省和武汉市外贸运输的状况，并对武汉海事局管理和服务的对象进行了走访，统一了思想，加强对职工的学习教育，增强职工为口岸、外贸服务的意识，努力提高我局管理人员特别是现场管理人员的思想、业务素质和管理水平，理顺正确处理依法行政、为国把关与简化手续、提高效率的关系，提高了武汉海事局职工对口岸大通关建设的认识，并以此为切入点，促进海事管理观念的转变。我国在加入WTO后，对外开放型经济加快发展，武汉海事局应在搞好对内河船舶、内贸货物的管理基础上，加强对国际、沿海、长江下游经济发达地区先进管理经验的学习，加强与口岸各查验部门的协调配合以及口岸各有关单位如代理、港口、运输单位的沟通，加快接轨步伐，以适应发展的要求，同时，根据"外事无大小"原则，武汉海事局准备制定口岸意外情况应急处理预案，站在口岸大通关的高度上，急管理对象之所急，为管理对象排忧解难，为湖北、武汉外贸大发展作好思想准备。深入开展口岸"比环境、比服务、比效率、比效益"活动，积极参加口岸系统共建精神文明建设，增强口岸凝聚力，将口岸文明共建与局精神文明建设、文明窗口建设有机结合起来，争创"口岸文明窗口"、"口岸先进单位"。

【稳步推进船舶安全检查工作】 结合长江实际情况，积极组织安检人员对进出港各类型船舶进行安全检查。全年共进行船旗国检查(FSC)1774艘次。推进国际安全管理规则取得新成绩，积极推进国内安全管理规则的宣传和指导工作。完成武汉海事局辖区十一家第一批实施国内规则船公司及三家其它类船公司的初次审核。

【增强科教创新意识，提高人员素质】 围绕海事科教创新，以人才培养为重点，全年共组织人员参加上级单位及本单位举办的各种培训班共计 45 期，参加人员共计 1124 人次。

武汉海事局 2002 年业务统计表

项目	数据名称	数据量
一、搜救管理	搜救次数(次)	65
	搜救时间(小时)	1003.9
	获救船舶(艘)	97
	获救人员	249
二、船舶监督管理	船舶办理进出港签证(艘次)	28042
	办理船舶登记证书及船舶最低安全配员工作(艘次)	3519
	船舶安全检查(艘次)	1774
	安全管理体系审核(次)	17
	进、出港口船舶总吨(万吨)	253.9
	进、出港口船舶的艘次	30114
	船舶登记(艘)	304
	客滚船现场监督管理时间(人次/小时)	
三、通航管理	发布航行通(警)告次数(次)	21
	水上水下施工作业审批(项)	17
	主要航道船舶量(艘次)	28042
	水上水下施工作业现场监督管理(小时)	355
	清除治理碍航物(小时)	
	乡镇渡口渡船安全检查次数(次)	12
	乡镇渡口渡船安全检查行程(公里)	152
四、船员证件	船员考试(人次)	19720
	船员发证量(本)	23251
五、船舶检验(引航)	船舶检验艘次	
	验船总吨位(万吨)	
	船舶引航艘次(万艘)	
	船舶引航总吨(万吨)	
六、事故调查	事故调查(宗数)	15
七、日常巡航	巡航时间(小时)	27022
	巡航次数	15231
	巡航里程(海里)	551469

项目	数据名称	数据量
八、危管防污	危险货物通过量	563.9万吨
	监装危险品(艘次)	98
	办理船舶装载危险品货物的审核手续(艘次)	2357
	处理船舶污染事故(起)	
	危险品监管次数	314
	非监装船舶艘次	655
	危管防污处理污染事件(件)	
	运输危险货物船舶进出港(艘次)	3242
	检查运输危险货物船舶进出港(艘次)	1135
	检查危险货物集装箱(标箱)	241
	辖区防污检查(艘次)	
	油污水接收处理、垃圾接收处理等相关作业审批(次)	12
	油污水接收处理、垃圾接收处理等相关作业审批现场监督(次)	15

湖北口岸专稿

2002年湖北外贸概况

2002年,全省外经贸工作取得了长足进步,全省完成进出口总额39.5亿美元,比上年同期增长10.5%,利用外资和外贸出口双双突破20亿美元,创历史最好水平,圆满地完成了省政府确定的责任目标。

【吸收外资,继续保持较高的增长速度】 2002年,全省吸收外资继续保持了较快的增长,全省新批外商投资企业486家,同比增长39.26%;合同外资金额14.2亿美元,同比增长13.67%;实际利用外资22.65亿美元,同比增长12.3%,其中外商投资实际使用外资17.6亿美元,同比增长12.77%,间接使用外资(外国借款)5.05亿美元,同比增长10.7%。全省吸收外资呈现出以下特点:

一是外商投资项目规模扩大。2002年,全省新批的外商投资项目中超过1000万美元的30个,1000万至3000万美元的项目27个,超过3000万美元的项目3个。跨国公司加快进入我省的步伐,截止到2002年底,世界500强中已经有46家进驻湖北。

二是服务贸易开放取得进展。根据我国经济发展需要和加入世贸组织谈判时的承诺,金融、保险、证券、外贸、旅游、科技、律师、医疗、教育、运输等绝大多数服务业领域已开始有条件地对外开放,目前,外商在房地产业的投资额增长显著。去年,全省新批房地产业的外资企业53个,合同外资金额1.46亿美元,实际使用外资金额4.75亿美元,同比分别增长55.88%、58.79%、170.19%。

三是外资对经济增长和社会发展的贡献显著提高。外资在省社会经济生活中所发挥的作用越来越大。目前,外商投资企业的出口额占我省出口总额的31.9%,有些地区新增建设资金的投入相当数量来自外商投资企业。2002年,全省国税涉外税收收入累计完成33.57亿元。外商投资企业还扩大了城镇劳动人口就业。

四是外商投资环境不断改善。各级政府都把改善投资环境，尤其是软环境作为一件大事来抓，树立“人人都是投资环境”的观念，坚持以“诚”引商、以“优”便商、以“信”安商、以“法”护商，为外商提供良好的投资软环境，使我省招商引资工作逐步从依靠优惠政策向依靠良好的投资环境转变。全省建立了招商引资责任目标体系，绝大多数县市实行了“全员招商”责任制，形成了“招商引资，人人有责”的良好氛围。全省普遍建立了外商投资服务体系，实行“一条龙”服务，集中办公，简化手续，提高了办事效率；实行挂牌服务，程序公开，增加了政策法规的透明度；实行统一标准，集中收费，有效制止了“三乱”。外商对联合办公反映良好，认为“一条龙”服务确实解决了很多问题。

【对外贸易有了突破性发展，出口结构有所改善】 根据海关统计，2002 年，全省进出口总值 39.5 亿美元，比上年同期增长 10.5%。其中出口 20.99 亿美元，突破了多年来在 20 亿美元之下徘徊的局面，同比增长 16.8%，完成全年出口目标的 111.06%，超额完成省政府年初下达的出口 18.9 亿美元的工作目标；进口 18.56 亿美元，同比增长 4.2%。单月出口额连创历史新高，增长速度快速平稳。全省外贸出口出现如下几个特点：

一是外贸经营主体逐步多元化。去年，全省新登记或核准进出口企业 377 家，同比增加 67 家。到年底，除外商投资企业外，全省获进出口经营资格的企业共 1458 家。近三年是全省进出口企业增加最快的时期，具有进出口经营资格的企业比 1999 年的 715 家增加了 743 家，新增加进出口企业数超过 1999 年以前的进出口企业总数。外贸经营主体结构趋于多元化、合理化，形成了外贸公司、国有企业、外商投资企业、民营企业、科研院所共同参与国际竞争的局面。2002 年外商投资企业出口 6.69 亿美元，同比增长 33.7%，占出口总额的 31.9%，比上年提高 4.1 个百分点；民营企业出口 2.19 亿美元，同比增长 50%，占出口总额的 10.4%，比上年提高 2.3 个百分点；国有企业出口 12.1 亿美元，同比增长 5.2%，占出口总额的 57.6%。

二是出口商品结构有所改善。机电产品、高新技术产品和农产品出口成为全省出口的增长点。全年机电产品出口 5.35 亿美元，同比增长 43.4%，占出口总额的 25.5%，比上年提高 4.3 个百分点；高新技术产品出口 1.83 亿美元，同比增长 26.6%，占出口总额的 8.7%；农产品出口也增长较快，其中，蘑菇罐头出口 3671 万美元，同比增长 157.6%。

三是加工贸易出口有较大幅度的增长。全年加工贸易出口 5.68 亿美元，同比增长 29.9%，占出口总额的 27%，比上年提高 2.7 个百分点。一般贸易出口 15.21 美元，同比增长 12.2%，占出口总额的 72.5%。

【对外承包工程和劳务合作稳步发展，实施“走出去”战略取得新进展】 2002 年，全省对外承包工程和劳务合作新签合同额 2.95 亿美元，同比增长 1.45 倍；完成营业额 1.59 亿美元，同比增长 8.3%，完成全年目标值的 102.3%。期末在外劳务人数 7102 人，同比增加 54 人，完成全年期末在外人数 7000 人的工作目标。新获澳大利亚政府无偿援助项目 1 个，继续执行联合国有关机构及欧盟无偿援助项目 3 个。去年，全省新批境外非贸易企业 8 家(其中境外加工贸易项目 5 个)，投资总额 1081.4 万美元，其中中方投资 720 万美元.目前我省在境外设立的合资、合作企业仍在运营和即将开业的有 42 家，项目投资总额 4582 万美元，其中中方投资 3254 万美元，其主要特点：

一是项目投资规模不断扩大。2000 年以前省最大境外投资项目是国家外贸发展基金支持的喀麦隆中国投资贸易中心,投资总额254万美元。去年最大项目是武汉星达经济发展有限公司与苏丹丹佛迪奥要苏丹合资设立的蓝尼罗船舶修造有限公司,投资总额550万美元,投资规模增幅较大。

二是境外加工贸易成为主要投资方式。近年来,全省经批准设立的境外加工贸易企业有13家。

三是对外投资主体呈多样化趋势。国有企业、民营企业对外投资步伐明显加快。

开展学查改活动　转变工作作风
改善我省外向型经济发展软环境

武汉海关关长　张道恒

2002年初,为改进机关工作作风,改善湖北投资环境,促进全省经济发展,省委、省政府决定在省直机关开展“学查改”专项活动,并把武汉海关作为转变作风、服务企业的典型。在成绩面前,关党组要求全关上下保持清醒头脑,正确认识自己,不能飘飘然,忘乎所以,而是要居安思危,如履薄冰,严格按照省委省政府的要求,借开展“学查改”活动的东风,真正使我关的工作作风有一个明显的转变,各项工作有一个大的进步。近一年的时间里,我们组织全体关员认真地、虚心地学习先进,全方位查找差距,扎扎实实改进工作,取得了一定的成效。

一、以思想解放为先导,打牢关员的思想基础

通过认真学习“三个代表”重要思想,学习俞正声书记在全省领导干部大会上的重要讲话,我们党组一班人认识到,开展“学查改”活动,首要的是解放思想,更新观念。 为此,我们把解放思想作为一条主线贯彻始终,“学查改”的过程成为我关干部职工不断解放思想、转变观念、促进工作进步的过程。我们连续开展了几次大的活动:

一是到沿海兄弟海关学习。沿海兄弟海关处在改革开放的前沿地带,他们转变观念、改进作风、服务经济的改革和探索可能对我们具有极大的参考价值和指导意义。我关几位关领导先后4次带领各分关以及有关职能处室的同志,前往上海、深圳、广州、南京、宁波等海关考察学习。回来后专门召开了一次全关性的会议,宣讲沿海海关解放思想、服务地方经济的一些好的做法,出台了适应形势发展需要的一些新举措。我关党组明确要求,凡是沿海海关能够做到的,我们必须做到;沿海海关没有做到的,只要企业有要求并且符合法律的,我们也要想办法尽量做到。

二是对照先进找差距。我们根据省委、省政府的要求,虚心学习省直先进单位的经验,结合海关工作实际,开展了全方位的查找差距活动,写出了21份约6万字的自查报告和整改计划。从5个方面查找出了100多个问题和差距。在分析这些问题时,大家普遍感到,问题的存在只是表象,根子还是在领导的工作,在领导的思想观念不够解放上。这使我们开展“学查改”活动有了明确的目标和方向。

三是开展了海关工作新方针的再学习。我们提出了5个问题在全关开展讨论,并初步达成了共识:第一,谁适应谁的问题。不能要求客观发展的经济形势来适应海关现有的规定,而应以积极的态度、改革的精神主动适应飞速发展的经济形势。第二,海关角色定位的问题。海关既是国家经济安全的守门员,也是经济建设的参与者,还应是服务企业服务经济的贴心人。第三,把握“把关”与“服务”平衡点的问题。海关的效率就是企业的效益。要坚定不移讲把关,理直气壮讲服务,旗帜鲜明讲效率。第四,海

关执法的目标问题。海关执法不应以惩罚为主,更不应以惩罚为目的。海关执法的最终目标是建立一个良好的进出口秩序和环境,以促进合法、正常的进出口贸易。第五,海关与进出口企业关系的定位问题。进出口企业是"纳税人",也是海关管理的相对人。多年的实践证明,我省绝大多数进出口企业是守法企业。海关与企业的关系不仅是管理者和被管理者的关系,也应该是平等的合作伙伴关系,要努力营造相互理解、相互支持的氛围,形成双赢局面。

通过以上活动,进一步打牢了全关干部职工的思想基础,使得在坚持依法行政的前提下,努力改进工作作风,服务经济促进发展成为全体关员的共识和自觉行动。

二、在三个方面下功夫,大力改进工作作风

有人指出,我国加入 WTO,面对国际竞争,最不适应的不是企业,而是还没有真正转变职能、摆正自己位置、转变工作作风的政府部门。作为担负国家进出境监管职责的海关,工作作风的好坏,直接影响着外经外贸工作的发展。针对作风建设方面存在的问题和不足,我们主要在三个方面下了一番功夫:

一是在放下"架子"上下功夫。党组明确要求,要大兴调查研究之风,规定关领导每月至少要有 5 天时间深入基层、业务现场或企业调查研究。在调研中,我们十分注重帮助企业想办法,出主意,解决企业反映的在外贸进出口中存在的困难和问题。

二是在降低"门槛"上下功夫。完善"关长接待日"制度,每月 10 日和 20 日下午都要安排一位关长专门接待企业来访,听取他们的意见和要求,解决通关过程中的困难和问题。坚持全天候无节假日 24 小时预约通关制度和通关 110 制度,上年共加班加点为企业办理进出口预约通关 120 多次,通关 110 接受咨询 1200 多次,接待企业来访 200 多人次,解决疑难问题 60 多个。

三是在纠正行业不正之风上下功夫。行业不正之风往往导致犯罪,这是产生执法腐败的一个重要因素。我们抓住关员与工作对象的关系这个"牛鼻子",坚持不懈地开展了纠风整纪治理工作。全关上下形成共识:不吃企业一餐饭、不拿企业一分钱、不受企业一份礼;如有违反,一律给予纪律处分。同时,在省文明委、省直机关工委的领导和指导下,按照"精神文明重在建设"的要求,我们进一步加大了文明创建的力度,大力开展了以文明窗口建设为重点的创建活动,不断提高服务质量和水平,取得了新进步。

三、以"三个有利于"为标准,积极支持外贸发展

2002 年 5 月底,我们出台了《武汉海关党组关于进一步解放思想转变作风改善通关环境的意见》,明确提出,要毫不动摇地以经济建设为中心,按照实践是检验真理的唯一标准,坚持用"三个有利于"判断工作的是非得失。在支持外贸发展方面,我们主要做了以下几方面的工作:

第一,紧紧围绕省市经济建设战略重点,开展海关工作。我们认识到,省市经济建设的重点也是海关工作的重点。在依法行政、为国把关的前提下,我们紧紧围绕全省经济建设的战略重点和重大项目做好服务。我们对三峡工程、武汉中国光谷等重大涉外工程项目以及几个国家级经济技术开发区,成立了专门工作小组,实行联络员制度,定期调研,跟踪进度,提供咨询,排忧解难。

第二,积极主动地宣传政策,当好参谋。一方面,对于海关系统出台的各项政策和法规,我们都及时地通过各种渠道,向各级领导和企业进行通报和宣传,另一方面,我们注重对全省进出口的情况以及重点商品实施动态监测,及时撰写各类分析文章,供省市领导决策参考。去年,我关编发《海关统计与分析》27 篇,其中 6 篇被省市领导批示。

第三,帮助企业享受好国家优惠政策。2002 年,我关共征税 16.88 亿元,占全国海关税收总额的比

例为 6.5‰，而去年我们共办理各类减免税 19.76 亿元，占全国减免税总额的 2.7%（其中：三资企业 2.9 亿，内资企业 11.25 亿，科教用品 1.06 亿，其他 4.55 亿）。

在省委、省政府的正确领导下，我关的"学查改"活动虽然取得了一定的成效。但我们深知，与先进兄弟单位比较，我们的工作离省委、省政府的要求还有一定的差距。今后，我们将按"学查改"的要求认真学习贯彻党的十六大精神，努力改进工作作风，不断提高服务水平和通关效率，使"学查改"的精神能够在我关得到继续贯彻，"学查改"的成果在我关得到继续巩固和落实，为进一步改善全省的投资环境做出应有的贡献。

武汉边防检查站证检科先进事迹材料

武汉边防检查站证检科担负着武汉天河国际机场口岸的出入境边防检查任务。科里现有 21 名干部，平均年龄 26 岁，是一个充满活力、富有创新意识的集体。

一直以来，证检科以争创"青年文明号"为载体，不断推动全面工作迈上新台阶。组建至今，共检查出入境旅客 100 多万人（次），飞机 1 万多架（次），查获偷引渡人员 260 多人（次）。一拨又一拨的检查员坚守着平凡的岗位，把青春和汗水洒在了三尺检查台上，圆满完成了以边防执勤为中心的各项工作任务。2000 年证检科被公安部评为"人民满意公安基层单位"；2001 年被公安部边防局评为"基层建设标兵单位"；2002 年，该科党支部被评为"全国青年文明号"、"全国边防系统先进党支部"。科里还先后涌现出了全国优秀人民警察 3 人、全国边防系统优秀共产党员 2 人、优秀科队长 1 人、优秀检查员 3 人、武汉市十大女杰 1 人。

【强化政治教育，培养"双让"（让党放心、让人民满意）合格军人】 边防检查人员身处国门前沿，时刻面临着腐蚀与反腐蚀，渗透与反渗透的考验。特别是边检人员手中掌握祖国和人民赋予的出入境检查权力，更容易成为偷引渡份子腐蚀拉拢的对象。如何将证检科建设成为一支让党放心，让人民满意的文明队伍，是证检科党支部一班人一直在思考和探索的问题。

针对新形势下出现的新情况、新问题，支部开展了"奉献与索取"、"文学锋"现象大讨论，引导全科人员正确对待物质利益的军地反差，自觉抵制拜金主义、享乐主义等腐朽思想的影响。坚持用三个代表的思想武装头脑，不断加强对世界观的改造，真正成为国门前一道拒腐防变的钢铁长城。几年来，科里从未发生过接受旅客吃请和受贿卖关现象。仅今年全科就谢绝旅客宴请 20 余次，拒收财物数万元。过硬的思想素质在工作中转化成为战斗力，科里涌现了许多无私奉献，舍小家为大家的感人事迹。湖北省委、省政协主要领导称赞武汉站证检科是一支"特别能吃苦、特别能战斗的队伍"，并专门批示，对同志们表示慰问和感谢。

【加强业务建设，个个争当执勤能手】 为提高通关效率，适应武汉空港口岸客流量巨增对边检工作提出的新要求，证检科加大证件研究小组、执法研究小组的工作力度，加强了对边检业务的培训，以提高执勤执法人员的业务素质。他们注重向科技要战斗力，加大计算机及网络、数码相机、扫描仪、纹检仪、光学显微镜等现代化装备在执勤中的运用。运用 FOXBACE 制作了方便快捷的业务文件查询系统；将日语、韩语边检常用百句制成多媒体课件，发布在公安网上供大家学习；利用 EDISON 系统中的资料和查获的伪假证件，制作多媒体课件，以更加直观的方式提高大家对伪假证件的识别能力。组建至今，该科查获偷引渡人员 260 多人(次)，其中 9·11 偷渡案查获人数为历年之最，有力打击了偷引渡份子的嚣张气焰。

【深化魅力服务，人人都是投资环境】 证检科结合本职岗位加强职业道德教育，注重点滴养成，深化魅力服务内涵，塑造国门大使新形象。他们推行的方便快捷服务、温馨热情服务、礼遇特别服务等举措受到武汉各大媒体的争相报道。原湖北省公安厅厅长、现武汉市市委书记陈训秋同志赞誉他们“是全省公安现役部队中的文明部队”。

急旅客之所急，想旅客之所想，以一流的服务来为出入境旅客营造方便、高效、快捷的通关环境是同志们追求的目标。科里检查员使用小键盘盲打录入护照号码，汉字输入速度达到平均 60 字/分，有效提高了查验速度；他们调查研究旅客旅途心理，摸索服务规律，成立了吴天祥活动小组，在出入境现场积极开展便民服务。总结出“四个一”、“六心”、“四个清楚”（“四个一”即一声亲切的问候、一张和蔼的笑脸、一副饱满的精神、一片热心的帮助；“六心”即检查员交还证件要细心、回答旅客提问要耐心、旅客刁难不伤心、清正廉洁领导放心、快捷高效旅客称心、方便老弱献爱心；“四个清楚”即处理问题时做到事实清楚、法律依据清楚、道理讲清楚、手续办清楚)等工作方法，受了航空公司和出入境旅客的高度赞誉。

历年来，武汉站证检科为省、市政府官员及来湖北省投资考察的港、澳、台同胞、国外大财团和国内出国企业人员办理礼遇手续 180 多批 800 余人次，圆满完成了每年的两会及其他重要边防检查任务。2001 年获武汉市“两会一节奉献奖”，今年，湖北省人大专程向证检科赠送了亚洲和平协会第三届年会代表访鄂接待工作纪念牌匾，对该科出色的完成了亚洲议会和平协会(AAPP)会议期间边防检查任务予以了高度赞扬。

【加强警民联系，共建社会主义精神文明】 证检科积极响应江主席“军队在精神文明建设上要走在全社会前列”的号召，同常二社区、海关、安检等 6 家单位建立了共建关系，积极开展双拥共建工作，充分利用节假日、执勤间隙、课余时间深入驻地为群众做好事、办实事，倡导社会主义精神文明新风尚。

证检科的同志主动与常二社区残疾作家曾庆杰一家结成了帮扶对子，不仅帮助他解决了生活上的诸多困难，还使一度失去生活信心的曾庆杰重新树立了人生目标，酷爱写作的他感激地说：我要好好地活下去、写下去，为读者提供更多、更好的精神食粮。科里同志定期到社区参加义务劳动，科队长参加了社区志愿者服务队，上门为群众排忧解难，居民们亲切的称边检官兵是“不拿工资的社区工作者”。该科发挥检查员队伍文化学历较高的特点，选派人员帮助社区构建了社区文化人才信息网络、社区服务专业人才网络、社区就业信息网络，帮助培训微机管理人员；选派英、日语专业毕业的检查员在社区开展外语普及班。这一系列活动有效地促进了警政警民团结，形成了良好的军地共建关系。

团结、务实、文明、进取、开拓、创新，证检科这个年轻的集体深化魅力服务内涵，拓展魅力服务外延，以文明之师、威武之师的形象出现在广大出入境旅客面前，在国门前筑起了一道亮丽的风景线。

湖北口岸大事记

1月28日

公安部副部长杨焕宁来湖北省边防总队检查指导工作。

2月6日

武汉海关被武汉市政府评为2001年度外商投资内资内联企业办公先进单位。

2月10日

在省直机关“学、查、改”动员大会上，省委书记俞正声号召向武汉海关学习。

3月10日

江岸铁路口岸600平方米新联检楼、海关监管区竣工验收合格交付使用。

3月18日

人民日报以《武汉海关成为外向型经济加速器》为题，报道武汉海关的先进事迹。

3月19日

全省口岸工作会议暨口岸精神文明共建表彰大会在武汉召开，省人大副主任张洪祥、省政府副省长韩忠学、省政协副主席陶醒世出席会议，并为2002年度口岸先进集体和先进个人颁奖。

3月23日

湖北省委办公厅发文号召省直机关单位学习武汉海关替企业着想，急企业所急，热情为企业服务的做法和经验。

3月26日

在全国海关监管工作会议上，武汉海关江汉办事处监管科荣获“全国海关监管工作先进集体”称号，邓勇华同志荣获“全国海关监管工作先进个人”称号。

3月29日

国家质检总局纪检组长郭汝斌一行到湖北出入境检验检疫局检查指导工作。

4月15日

襄樊车站投资1100万元，扩建国际集装箱堆场4050平方米。

4月20日

国家质检总局出入境动物检疫调研组到湖北进行为期10天的调研活动。

4月29日

湖北出入境检验检疫局三峡办事处被共青团中央命名为“全国青年文明号”。

5月16日

武汉港扬泗港国际集装箱码头2000平方米新口岸联检楼竣工验收合格交付使用。

6月7日

韩忠学副省长带领口岸相关单位负责人到北京汇报武汉航空口岸落地签证工作。

在武汉市创建文明城市表彰暨动员大会上，武汉海关、武汉边防检查站、汉口边防检查站被授予

“1999—2001年度文明单位”称号。

湖北省边防总队被武汉市委、市政府授予“武汉市对外开放优质服务单位”荣誉称号，并予通报表彰。

6月24日

韩忠学副省长对贯彻吴仪国务委员在提高口岸工作效率现场会上讲话作出批示，要求省口岸办结合我省情况研究提出贯彻意见。

6月25日

韩忠学副省长在湖北对外贸易简报上批示，要求对武汉港外贸进出情况进行调查，并采取措施改善口岸通关环境。

6月28日

武汉边防检查站证检科党支部被公安部边防局评为“先进党支部”，该科副连职检查员易冬梅被评为“优秀共产党员”。

武汉边防检查站被公安部边防局评为“基层建设标兵单位”。

7月17日

公安部边防局傅宏裕副政委一行来湖北省边防总队检查部队基层正规化建设工作。

8月4日

国家质检总局在宜昌召开全国棉花质量监督工作会议。国家质检总局党组书记李传卿、副局长蒲长城等深入湖北局、宜昌分局及三峡工程办事处检查指导工作。

8月23日

韩忠学副省长主持召开省口岸工作领导小组第一次会议，专题研究全省口岸大通关工作并原则通过了《湖北省人民政府关于进一步改善口岸环境提高工作效率的意见(讨论稿)》。

9月4日

丹麦NORDKAPEREN(诺德·卡伯伦号)游艇环球游抵达武汉港，武汉海事局做好停泊接待和水域安全工作，受到船主高度好评。

9月22日—29日

长江出现秋汛，武汉长江段全线封闸，扬泗港码头采取跨堤作业的方式坚持生产，抢运出口集装箱1000多标箱，同时采取措施分流进口集装箱班轮停靠白浒山外贸码头，保证了汛期外贸货物运输的需要。

9月23日

省人民政府办公厅以鄂政办[2002]76号文件下发《省人民政府办公厅关于进一步改善口岸环境提高工作效率的通知》，对大通关工作做出部署。

柬埔寨籍“平阳5号”海轮运载大冶有色金属集团公司出口电解铜1000吨，由黄石港口岸直航韩国釜山港。

9月27日

巴拿马籍“新海1号”海轮运载冶钢集团公司进口废钢4000吨，从日本仙台港直航黄石港口岸。

9月29日

召开全省口岸办主任会议，传达全省口岸工作领导小组会议精神，研究贯彻省政府办公厅 76 号文件的措施。

10 月 9 日

澳大利亚驻沪总领馆官员在省外办有关人员陪同下拜访湖北省边防总队领导，并进行了护照证件业务工作交流。

10 月 20 日

韩忠学副省长在湖北口岸信息专报上批示，黄石港作为一类口岸要加快建设发展，口岸相关部门要帮助解决有关问题，促使尽快发挥作用，黄石港要不断改进服务，真正成为我省对外开放的窗口。

10 月 28 日

武汉海事局在长江武汉水域举行了大型水上搜救演习。

11 月 15 日

省政协常务副主席王重农带领省政协外事委员会部分委员视察武汉口岸，就加强口岸管理、加快口岸建设等问题作了重要讲话。

12 月 11 日

人事部和国家质检总局联合发文（人发[2002]112 号）授予湖北出入境检验检疫局三峡工程办事处为“全国质检系统先进集体”，国家质检总局（国质检人[2002]364 号）授予湖北局技术中心副主任胡小钟同志为“全国质检工作先进个人”。

12 月 28 日

泰国大众航空公司开通武汉至泰国曼谷旅游包机航线。

湖南省

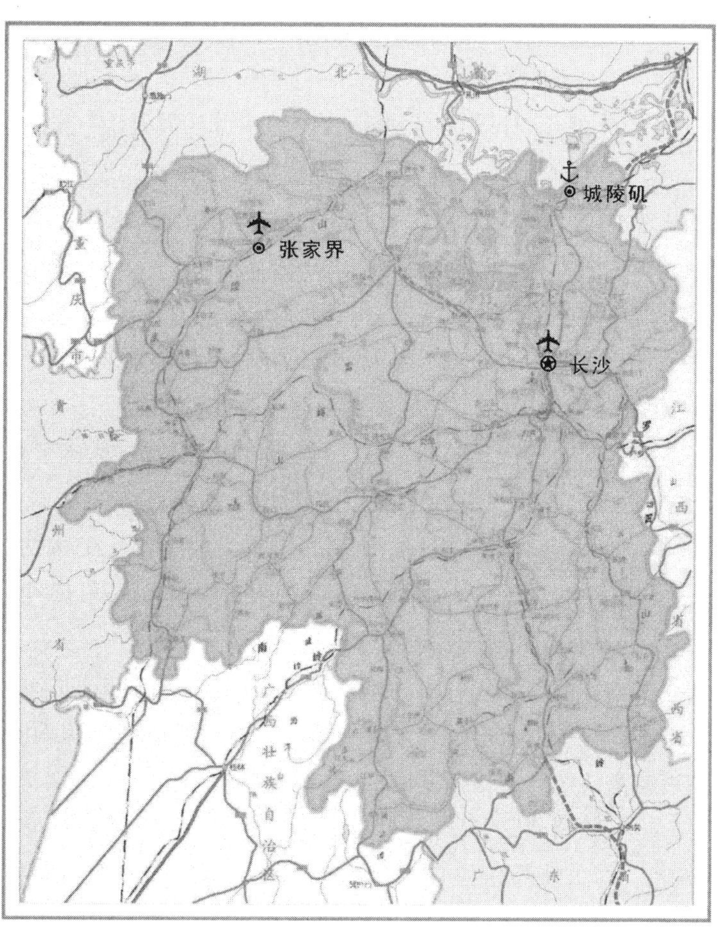

图　　例

符号	说明
⊛	省级行政中心
⊙	口岸
🚆	铁路口岸
✈	航空口岸
🚚	公路口岸
⚓	海（河）运口岸

湖南口岸工作综述

【口岸货运量】 2002年,全省口岸依法查验、有效监管出入境航班1003架次,与上年同比增加21架次;进出境旅客75521人次,同比增加796人次。其中,长沙航空口岸飞行航班801架次,运载出入境旅额62885人次;张家界航空口岸飞行航班202架次,运载出入境旅客12636人次。长沙航空口岸国际(地区)直达货物运输486.619吨,同比增加42%。其中,南航湖南公司运输235.3吨,同比增长30%;港龙航空公司运输251.319吨,同比增长57%。岳阳城陵矶内河口岸共完成外贸进出口货物32万吨,同比增长23%。

【口岸基础设施建设】 长沙霞凝港二类口岸建设初具规模。在长沙霞凝港一期工程完工,港区内外交通、环境、配套设施建设已基本到位的同时,口岸查验设施建设也紧锣密鼓地进行:整体布局和联检现场办事机构已经敲定,海关监管卡口设备已到位,正在兴建联检大厅和海关监管仓库,已将海关、出入境检验检疫电子信息联网纳入规划,预留1000亩地作为物流中心。

张家界荷花机场新国际厅候机楼竣工。10月,由民航湖南省局投资650多万,新建国际厅候机楼2557平方米,停机坪33458平方米,并于10月8日通过总验投入运营,大大改善了口岸的吞吐能力。

长沙黄花机场旧国际厅局部改造完工。8月,民航湖南省局主动实施旧国际厅局部改造,增加了60平方米的出境待检区和30平方米的到达旅客卫生检疫区;旅客办理登机牌、购置机场建设费及迎送人员休息区域扩大了462平方米;全面维护更换了消防、照明、通讯系统。

【口岸文明创建】 全省总结表彰大会和第二届口岸文艺汇演成功举办。2月,举办了2001年全省口岸系统总结表彰大会暨第二届口岸文艺汇演,表彰了省边防总队长沙边检站等13个"文明岗位"和54名"文明工作者"。各单位表演了具有浓郁口岸特色的13个文艺节目。

省内、外学习考察交流活动如期展开。5月,组织口岸查验单位、"两市"口岸办有关方面领导和骨干一行15人,到省内三个国家一类口岸进行了为期7天的学习交流活动。10月,组织长沙海关、湖南出入境检验检疫局、长沙霞凝港建设工程指挥部的10名领导和专家赴大连大窑湾港考察了口岸布局、通关、物流等情况。同时,重庆、锦州、葫芦岛等兄弟口岸办也相继组团到我省进行考察交流活动。

争先创优活动各具特色。海关修改完善关长接待日,制定《联检执法部门协调配合协作备忘录》等多项制度,实现了业务现场"文明窗口"活动与全员"满意在海关"活动紧密结合;边防开展勤务教育和边检业务研讨活动,进行执勤执法专项整顿,加强协作交流,修订《旅检规范》,编撰《边防检查勤务常见问题处理手册》;出入镜检验检疫开展"三优一满意"、创"青年文明号"和民主评议行风等活动,机场办坚持24小时全天候预约服务;民航加强教育培训,深化精品服务,巩固"文明机场"品牌优势;南航湖南公司坚持选派一流工作人员值机和进行空中服务,着重开展无人陪伴老人服务和轮椅服务,优先保证国际(地区)航班正点率。"两市"口岸办定期召开联席会议,组织调研考察,进行检查评比,坚持在查验现场解决问题。

服务质量不断提高。全省口岸办理礼遇通关18批次136人次,受到省委、省政府领导及港台知名人士的好评;审理捐赠免税事项两件,受到社会福利等单位的欢迎;为旅客排忧解难90余次,提供轮椅服务1105人次，受到中外旅客的充分肯定。8月25日，美国有线新闻网(CNN)记者理查德先生对湖南口岸的优质服务深表感谢。全年全省共涌现了创建文明口岸先进单位11个，先进个人50名。

信息工作卓有成效。全年省口岸办共编报空港统计表24份，办理香港直通车延期手续3家，编发《口岸工作简报》6期，共处理口岸系统发文43件。湖南政务公开网建立了口岸工作网页，口岸电子政务已经起步。按中国口岸协会要求，编写了《湖南口岸年鉴》(2001年)和《湖南口岸实用名录》。在省地方文献研究所的协助下开始编撰《湖南省口岸志》。

【口岸综合管理】 张家界国际旅游包机公司遗留问题圆满解决。张家界至香港包机改为国家定期航班后，张家界国际旅游包机公司退出航线经营有关方面应偿还的400万元口岸建设费一直未能圆满解决。2001年南航湖南公司已为此支持200万元。2002年，经省口岸办多次协调，余下200万元资金缺口已全部解决。

国际航班晚点和备降问题妥善处理。4月，针对长沙黄花国际机场国际航班连续出现了晚点和过往备降航班中存在的问题，省口岸办多次深入口岸现场调查了解情况，倾听旅客意见；多次与民航湖南省局、南航湖南公司以及长沙航空口岸各单位领导共同分析问题，查找原因，协调动作，并拟定了《备降、延误国际航班处理暂行办法》，终于使问题得到解决。国际航班屡次晚点的现象得到有效遏制，备降航班处理有序进行。

省边防总队编制问题引起上级有关部门关注。全省航空口岸出入境旅客由开航时的年均1万多人次急剧增加到现在每年7—8万人次，省边防总队编制不够，执勤官兵一直处于超负荷工作状况。省口岸办根据省边防总队的请示，及时向省政府领导汇报情况并取得积极支持，最后以省政府名义向国务院及中编办、海关总署、公安部反映问题。国务院对此十分重视，已责成公安部研办。

长沙霞凝港查验监管机构建设形成共识。9月，省口岸办召集长沙海关、湖南出入境检验检疫局、省交通厅、省外汇管理局、中国银行湖南分行、长沙市政府及长沙霞凝港建设指挥部等单位负责人，在霞凝新港召开进出口运输等问题专题会议，重点研究了完善配套设施、设置查验、监管机构等问题，各有关单位就设立查验监管机构的原则、建设查验监管机构的要求、查验监管部门应做好的工作取得了一致意见。

香港直通车管理模式开始转变。从1月开始，省口岸办即着手香港直通车指标管理方式改革的调研工作，相继对全省11家中外合作运输企业的经营情况进行全面调查与分析，先后派员到广东省外经贸厅陆空口岸处和深圳口岸学习、了解香港直通车指标管理的新经验、新方法。根据省行政审批办的要求，省口岸办提出了取消香港直通车指标分配、延期的行政审批，改由招标管理方案。这一方案已获通过，并于9月10日以省政府令第162号予以公布。

【口岸查验】 海关查验深入细致。长沙海关机场办共处理进出口空运货物报关单6436份，监管进出口空运货物1670吨，征收税款8270万元；监管机场免税商店销售免税商品62万余美元，征收行邮税14570元；查获各类违禁印刷品及音像制品3300件；查获非法携带外汇和人民币出境案一起，案值16万元；查获禁止进境象牙制品61件案；查获个人携带淫秽光碟案2起共46本。

边防检查万无一失。全年依法对所有出入境飞机、旅客进行了检查，加大了对执勤现场、隔离区、交通运输工具的管理力度，积极动员民航、公安、各联检单位实行群防群治，严厉打击偷渡等违法行为，查处违法违规182人次，未发生一起漏检事故，无旅客投诉现象，圆满完成了各项边检任务。

出入境检验检疫有的放矢。全年检出艾滋病毒携带者3人，梅毒7人，乙肝表面抗原阳性372人，其它疾病1210人；检疫货物3401批次28919件，查出货检不符的货物53批次，截获旅客携带的动植物及其产品334批，检出有害生物19批，其中二类检疫害虫4批；查获来自疯牛病疫区的化妆品213批，对来自监测传染病疫区的2300多标箱集装箱实施卫生处理；对口岸饮食单位、服务单位进行卫生监督。

民航安全检查一丝不苟。全年安检国际出发旅客30794人次，行李68330件次，监护国际航班388架次，查出管制刀具6把，烟花100余枚。按民航总局要求更换了全省口岸单位进入黄花国际机场控制区与航空器活动区的工作证和车辆通行证。全年没有发生任何严重差错以上不安全事件，实现了安全年的目标。

南航湖南公司安全生产常抓不懈。南航湖南公司先后召开党委会20次，安全委员会会议17次，安全工作紧急会议4次，空地协调会4次，专门研究解决安全生产中存在的问题；召开安全督查组会议30次，组织安全教育整顿12次，进行安全大检查12次，狠抓了安全生产各项制度、措施的贯彻落实。公司安全生产已步入经常化、制度化的轨道。全年安全托运行李34367件、245557公斤，没有发生飞行差错以上的问题，保证了飞行安全、空防安全和航空地面安全。

【口岸“大通关”】 执法透明度明显增强。省口岸办通过省政府政务公开网公布了公开办事程序、期限、行政审批有关事宜。长沙海关印制了关务公开手册，公开了现场机构设置、职责权限、作业流程、服务承诺、行政复议与赔偿、投诉渠道、海关纪律等。湖南出入境检验检疫局公开了工作流程、有关规定、收费标准等。

“一站式”、“一条龙”、“一个窗口”服务试点初见成效。8月，长沙黄花机场报关现场开始试运行，从接单、征税到统计、查验放行实现了“一站式”、“一条龙”、“一个窗口”作业，每票货物通过速度约为一小时，比以前节省了一半以上的时间。湖南出入境检验检疫局机场办主动与海关、机场货运、货代等单位协调，开展了航空口岸现场报检通关工作，货主能在机场现场办理报检、报关、通关、提货全部手续。

通关作业改革顺利进行。长沙海关出台了提前报关、加急通关、预约通关、上门通关、担保验放等多项措施，加快了行政审批速度，全面实现了转关货物的“一次申报、一查查验、一次放行”；对A类企业，鲜活货物实行了便捷通关。湖南出入境检验检疫局改革现场检验检疫监管模式，简化工作流程，实行风险管理，设立绿色通道，进行现场签证放行，大大缩短了通关时间。

电子口岸建设步伐加快。长沙海关投资30多万元，设置了电子触摸屏和电子滚动显示屏。湖南出入境检验检疫局加快了“三电工程”推广步伐，有227家企业开展了电子报检，2000余家进行了电子转单，125家实现了产地证电子签证。岳阳口岸办投入10万元建立了局域网系统。

2002 年度湖南航空口岸出入境旅客、航班统计资料

项目		年累计	长沙航空口岸（人次）	张家界航空口岸（人次）
合计		75521	62885	12636
中国籍	小计	67945	55551	12394
	因公	2235	2223	12
	因私	9945	9908	37
	港澳同胞	8448	6460	1988
	台湾同胞	47317	36960	10357
外国籍		7576	7334	242
航班数（架次）		1003	801	202

2002 年度长沙航空口岸国际（地区）直达货运统计资料

单位 项目	年累计	与去年同期累计比较		南航湖南公司		港龙航空公司	
		增减量（T）	增减百分比	年累计	合计	年累计	合计
合计	486.619	+144.909	+42.41%	235.3	19.7	251.319	17.146
出口	292.358	+93.291	+46.86%	110.7	6.1	181.658	9.938
进口	194.261	+51.618	+36.19%	124.6	13.6	69.661	7.208

湖南口岸查验单位工作综述

长沙海关

2002 年是我国加入 WTO 后的第一年，长沙海关以邓小平理论和“三个代表”重要思想为指导，坚持“依法行政，为国把关，服务经济，促进发展”的工作方针，深化业务改革，创新工作思路，不断提高管理效能和管理水平，较好地完成了打私、税收、监管、统计等各项工作任务。

【概况】 2002 年共受理报关单 21381 份，进出口总值 11.68 亿美元，监管进出口货物 122.63 万吨；征收关税和进口环节税 10.26 亿元；实际减免税额 7.58 亿元；加工贸合同备案 374 份，备案合同总金额 1.45 亿美元；监管进出境飞机 1003 架次，验放进出境旅客行李物品 83034 人次，验放邮递物品 407170

件;查处违规案件5起,立案侦查走私犯罪案件5起,案值1662亿元。

【加大综合治税力度】 一是成立了税收工作领导小组,进一步加强了对税收工作的领导;充分利用关税分析监控系统和执法评估系统,加强了对全关区税收质量和进度的分析、监控和预测。二是先后7次深入关区数十家大中型企业和3大科技工业园开展税源调查,按"属地管理"要求,了解、掌握税源大户的进口情况,摸清税收底数。三是积极帮助企业疏通转关运输渠道,争取了金沙利、三一重工、远大空调等企业货物转关到本关区报关。四是严格审价和商品归类,防止"跑、冒、滴、漏",严厉打击低瞒报价格,伪瞒报品名以偷逃国家税款的不法行为,全年共查获低瞒报价格情事208宗,补征税款269.45万元;归类补税151宗,补征税款380万元。五是加强了减免税审批和后续管理,从减免税货物审批中挖掘税源1000余万元,通过对减免税货物加后续管理补征税款400万元。六是加大了对加工贸易保税料件核销管理力度,2002年共完成加工贸核销补税3862万元,完成年度核销补税任务的138%,同时作为加工贸易单耗数据库第二批试点海关,长沙海关还统一规范了关区各加工贸易现场单耗执法标准,完成了金属铬加工贸易国家单耗执法标准的制订任务。关区税收提前25天完成了任务。

【保持打击走私的高压态势】 全关把打击加工贸易走私、价格瞒骗走私和跨关区快速通关转关运输渠道走私作为主攻方向,同时将大要案和现行走私犯罪案件作为打击重点,打私工作取得了四个明显成效:一是关区的走私犯罪得到有效遏制,立案数量开始下降,从2001年立案14起下降到2002年的立案5起。二是立案侦查的5起走私犯罪案件全部为现行案,且案发时间不过半年,年初制定的"突出重点,打击现行"的工作思路初见成效。三是查获的CD生产线进口走私案、锑锭出口走私案不但涉及偷税漏税的经济犯罪问题,而且涉及音像领域文化控制、政治领域反渗透等敏感问题以及国家进出口宏观调控政策,具有全国范围内的影响力。四是查获一起易制毒化学品出口走私案,实现了该关区查获毒品案件零的突破。该关的打私工作得到了部署的充分肯定,牟新生署长在视察该关缉警察队伍时,亲笔题词"国门雄师,威振三湘"。

【加强对进出口货物的实效监管】 一是改革查验方法和手段,努力提高查获率。总结查验技巧和方法,编写了简便、实用、易懂的《查验口诀》;调整了驻点监管模式,由以前的固定人员每月一轮换为随机配对,每星期流动轮换;完善了"掏箱查验"制度,将资信不好的企业、敏感商品和重点布控的报关单列为掏箱查验重点,查获了江西省机械设备有限公司伪报雨伞走私出口烟花鞭炮案等多起违规案件。二是积极疏通转关运输渠道。加强了对关区注册登记的承运企业及其运输工具的管理,严密防范可能出现的飞料走私等问题;与铁路运输部门签订了联系配合办法,在铁路货运室设立了专人管理的进口货物海关关封箱;先后13次派员前往上海、南京、黄埔、深圳等口岸海关协调转关运输事宜,通过口岸的快速通关和内地的快速验放,全面实现转关货物的"一次申报、一次查验、一次放行"。三是对监管场所、承运企业及其运输工具进行了清理整顿。对监管场所的区域标志、区域隔离、货物堆放等情况进行了严格检查,对不符合要求的取消其海关监管点资格;保留了7家承运企业、25辆监管车、42艘监管船舶,并全部实行计算机管理。四是认真抓好加工贸易监管。严把"前期验厂、风险评估、耗料核定"三关,避免了给"三无"企业办理合同备案;对重点合同、重点敏感商品和高风险企业全部下厂核查,最大限度防止保税料件走私和擅自倒卖料件、成品的情事;推行核销预警报告制,实现无隔年遗留合同,严防税收流失;对关区保税工厂、保税仓库进行了为期两个月的清理检查,共保留保税仓库2家,保税工厂4家,重新建立了企业档案并发放铜牌。五是加强对非贸物品的监管,在行李、邮递物品监管中,把查缉禁限物品作为查验重点，共查获反动宣传品、宗教性散发品、色情淫秽物品4761件。

【不断深化通关作业改革】 长沙海关坚持在“有效监管”与“高效运作”的结合上做好文章，不断推进通关作业改革。全关区推出了一系列配套举措：积极推行“口岸电子执法”系统，推广“大通关”系统工程建设，提高口岸整体工作效率；对长丰集团、LG曙光等13家高科技生产型企业适用了提前报关、加急通关、上门验放、担保验放等便捷通关措施；调整和扩大了绿色通道的比例，对非税、非证、非重点敏感出口商品不设查验指令，对鲜活、冷冻货物实行急事急办、特事特办；完善了关区8个进出口货物报关厅的建设，实行了以“二屏一栏一册”为主要形式的关务公开等；提高了专业化审单作业水平，将审单工作从仅对货物的管理延伸到对企业进行风险分析，并建立了疑难问题处理机制，对疑难问题实行专业化讨论认定，关区报关质量得到明显提高，通关速度明显加快；加强了对通关环节的风险分析，对部分重点敏感商品在审单环节实施报警布控，及时调整通道参数以保证部分高风险商品的报关单进入专业审单通道。目前，长沙海关通关效率在全国内陆海关中名列前茅，78.95%的出口货物和14.68%的进口货物能够在当日放行，出口、进口货物平均通关时间分别为1.56天和9.93天。

【大力规范企业进出口行为】 一是对湖南三源纸业有限公司、常德卷烟厂等10家企业开展了价格调查和贸易调查，涉及重点商品包括机电产品、纸张、卷烟辅料、光纤、光缆等，规范了企业进出口行为。二是充分运用调查、稽查两种手段，对10多种重点商品、30多家重点企业进行了重点稽查；对40多家企业开展了税收自查自报工作，开展了为期3个月的打击价格瞒骗违法活动专项斗争。三是认真开展企业管理工作，加强了对企业内控、规范帐册、自律守法等方面的信用管理，对专业报关行、代理报关行开展了专项治理。四是积极推动风险管理工作。采取即决式、预定式布控指令等有效的风险处置措施，努力发挥风险管理的效能；制定了关区风险管理工作实施方案，受到总署职能部门的肯定。

【努力加强统计工作】 一是为确保统计数据的准确性，加强了对业务统计数据的审核，及时维护了统计子系统的有关参数，对贸易统计数据进行了分时段审核，加强了对结关数据处理的监控。二是通过建立有效的统计分析工作机制，加强统计调研，疏通统计分析的报送渠道，提高统计分析的采用率，全年共被总署及地方有关载体采用统计文章20篇。三是扩大了统计咨询的服务范围，与湖南省对外经济贸易合作厅等四家政府部门及一家企业签定了长期提供海关统计数据的协议。四是提高了对报关单库的管理水平，全年共接待中央驻长审计办及近百家外贸企业查单。

【加快业务科技一体化进程】 一是努力完善关区科技应用环境。重点加强了基层系统的科技基础设施建设，确保了新报关现场的顺利联通；提高了隶属关办办公自动化应用水平及计算机病毒防范能力；网络扩容和IP电话程控机联网正在顺利进行；衡阳海关新院综合布线、岳阳海关技术设备更新、张家界基地电教室等项目进展良好；完成了“红机网”系统的机房建设及设备安装、系统调试、网络分离等项工作，确保了“红机网”系统正常投入运行使用；完成了通关业务管理系统的运行机和维护机的调整及数据整理，关区网络系统、邮件系统、网管系统的服务器调整与升级。二是做好科技应用项目的维护和推广。以H883/EDI系统为龙头，重点加强了网络信息系统安全，加快通关处理速度，规范了通关过程，逐步实施以政务系统为核心的办公自动化系统，为关区的信息化及现代化建设提供技术支持与保障；进一步完善了H883/EDI通关业务信息管理系统；积极开展了“口岸电子执法系统”在关区的推广应用工作；加强了信息安全管理及对技术检查设备的管理；安装、维护并开发了业务统计系统2.1版等信息系统，满足了相关部门的应用需求；建立了长沙海关网站。

【狠抓干部队伍建设】 一是加强政治理论学习。把学习党的十六大报告与海关工作实际紧密结合起来，用党的十六大精神统领、总揽、指导和推进关区各项工作。同时以开展“三珍惜、三热爱”为主题的理想信念教育活动，进一步加强了关区思想政治工作，坚定了全体关员、民警的政治方向。二是转变工作作风。全年由关领导带队组成了5个调研小组深入湖南省14个市、州开展调查研究和政策宣传，得到了地主党政和广大企业的一致好评。三是落实党风廉政建设责任制。认真落实领导干部不准收受有关单位和个人的现金、有价证券的规定，落实领导干部配偶、子女从业的有关规定，在全关区范围内展开了专项清理和检查；建立了领导干部廉洁自律民主生活会制度，定期召开廉洁自律民主生活会；建立了全关区副科长以上领导干部廉政档案，层层签订了《党风廉政建设责任书》。四是不断深化干部人事制度改革。认真遵照《党政领导干部选拔任用条例》，严格按照公开、平等、竞争、择优的原则做好了正、副科级行政领导职务的竞争上岗工作，对新任的15名科、处长进行了任前公示。五是进一步纠正行业不正之风。通过走访关区企业、开展行风评议和下基层检查督促等手段，保证了海关外勤工作“九不准”规定得到严格落实。六是积极开展文明创建活动。在全关区大力开展以了“爱岗敬业、公正执法、高效服务、文明廉洁”为主要内容的创建“文明窗口”活动，从领导重视、仪容仪表、态度作风、工作效率、廉洁自律等几个方面制订评分标准，认真考核，受到企业及社会各界好评。正式编印了《长沙海关规章制度汇编》，强化了岗位责任制及激励、监督机制。成功组织了全国海关首届男子篮赛西南区预赛活动，舞蹈剧《豪迈关魂》获总署二等奖，并被总署选定晋京演出。

【其它各项工作取得新的成绩】 精心组织关区各项经费预算编制和实施，重新制定了10个预算财务管理制度，确保了财务预算体制改革的稳步推进；通过对差旅费、电话费部门定点定额包干，对专项经费、基建资金跟踪问效等一系列措施，控制预算支出，保证了正常需要。以业务督察为重点，开展了督察审计工作，同时积极配合审计署驻长特派办对本关开展的3个月的外部审计工作，对审计中发现的问题认真进行了整改。加强了行政应诉和复议工作，建立了《司法建议书》和《行政复议建议书》回复制度，全年共办理各类案件10起。机关服务工作逐渐规范，后勤保障有力，全年安全供电358KW/H、供水20万吨、供液化汽18吨、使用燃油484吨，未发生任何人身、设备安全事故。机要保密、档案管理、外事接待均有新的起色，关档案室在晋升为“署特级”的基础上又被评为全国海关档案工作先进集体。张家界教育培训基地全年接待宾客11249人次，较好地完成了会议、集训、疗养、休假等各项保障任务。

长沙海关业务统计表(一)

指　　标	单 位	本　　年		上　　年		比上年同期(+,-)%	
		本 月	1至本月累计	本 月	1至本月累计	本 月	1至本月累计
进出口报关单总数	张	1966	21381	1792	18496	9.71	15.6
进出口记录条总数	条	3588	36333	3001	30159	19.56	20.47
进出口总值	万美元	12516	116157	9971	101219	25.52	14.76
出口	万美元	4047	42630	3310	37574	22.27	13.46
进口	万美元	8469	73527	6661	63646	27.14	15.52
进出口货运量	吨	85143	1236385	110791	747199	-23.15	65.47
出口	吨	33665	324070	26949	281021	24.92	15.32
进口	吨	51478	912315	83842	466176	-38.6	95.7
集装箱总数	箱次	3503	31443	2637	24002	32.84	31
集装箱箱载货物	吨	51002	416950	33763	272852	51.06	52.81
监管运输工具总数	辆艘	506	5767	494	5156	2.43	11.85
监管进出境总数	辆艘	76	1013	78	976	-2.56	3.79
其中:进出境汽车	辆						

长沙海关业务统计表(二)

指　　标	单 位	本　　年		上　　年		比上年同期(+,-)%	
		本 月	1至本月累计	本 月	1至本月累计	本 月	1至本月累计
进出境火车	辆	76				-2.56	
进出境船舶	艘	5137				-2.13	
进出境飞机	架	41885	1013	78	976	45.02	3.79
出入境人员	人次	30345	83671	5249	81634	88.01	2.5
邮、快递总数	件		407170	28883	419142		-2.86
其中:印刷品	件		280613	16140	327902		-14.42
报送企业注册数	个		1288		1213		
实有加工贸易生产企业	个		189				
累计备案合同	份		1053		737		
累计备案金额	万美元		44148		31949		
累计备案合同(本年度)	份		374		357		

指　　标	单 位	本　　年		上　　年		比上年同期(+,-)%	
		本 月	1至本月累计	本 月	1至本月累计	本 月	1至本月累计
累计备案金额(本年度)	万美元		14486		16588		
查处违规案数	起		5	1	21		-76.19
查处违规案值	万元		753	9	784		-3.95
查处违规罚款金额	元		1009000		266000		279.32
调查查获走私案件	起		2		5		60
调查查获走私案值	万元		1132		6891		-83.57
走私犯罪立案案数	起		5	1	13		-61.54

长沙海关业务统计表(三)

指　　标	单 位	本　　年		上　　年		比上年同期(+,-)%	
		本 月	1至本月累计	本 月	1至本月累计	本 月	1至本月累计
走私犯罪立案案值	万元		1662	113	10666		-84.42
立案案件犯罪嫌疑人	人		9	2	29		-68.97
走私犯罪结案案数	起		6	1	10		-40
走私犯罪结案案值	万元		3773	82	6853		-44.94
结案案件犯罪嫌疑人	人		13	1	22		-40.91
两税合计	万元	5828	102648	11373	118691	-48.76	-13.52
关税入库	万元	1776	34905	4158	51903	-57.29	-32.75
进口环节税入库	万元	4052	67743	7215	66793	-43.84	1.42
减免税审批总额	万元	10839	75756	8210	79832	32.02	-5.11
减免关税审批额	万元	3496	23858	4103	35198	-14.79	-32.22
减免增值税审批额	万元	7343	51898	4107	44634	78.79	16.27
关区实际减免关税	亿元	0.019	0.253	0.04	1.69	-52.5	-85.03
实际减免进口环节税	亿元	0.02	0.514	0.04	2.14	-50	-69.59

湖南省边防总队

2002年,湖南省边检业务工作在部局、省公安厅的正确领导及政府口岸办协调指导下,坚持以规范执勤为中心,以严格查控为重点,大力开展业务培训教育,积极落实出入境管理工作及全国反偷渡会议精神,加强对敏感、重点时期的防范控制,顺应我国加入WTO后的新形势,开拓创新,与时俱进,积极推进边防检查工作再上新台阶。

【加大教育培训力度】 为了提高官兵素质，总队在5、6月份组织了两期干部集训班，共有35人参加培训，32人通过考核合格。全年共选派3人参加部局组织的各项培训，2人荣获“优秀学员”。各边检站先后开展了“三个结合”、“四个教育”，“三个结合”指：勤务教育结合新形势、新任务，结合工作实际，结合各单位特点。“四个教育”指：警示教育（案例剖析、职责教育和法制教育），形势教育（WTO后边防检查工作面临的新形势、简化手续带来的影响及国、边境犯罪的新动向、新特点），素质教育（提高语言能力、计算机应用维护能力、识别伪假证件能力）和依法文明执勤教育。全年共有6名干部、4名士官参加在职的学习或培训。全总队90%以上的干部已具有本科以上学历，长沙站业务干部100%通过计算机等级考试。张家界站大部分业务干部已通过计算机等级考试。官兵适应边防检查工作的能力有了明显地提高。

【认真贯彻边检会议精神】 在北京出入境管理工作会议、上海边检业务研讨会议后，总队司令部迅速召开专门会议，确定了2002年及今后边防检查工作思路：以维护国家主权、安全和利益，便利出入境人员通行为已任，严格按照中央和公安部的工作部署，认真落实出入境管理工作改革措施，严格执法，热情服务，积极创造优质、文明、高效、快捷的通关环境。为中国公民自费出国旅游设置中国公民专用通道，启用2000新版《往来港澳通行证》及签注、口岸团体旅游签证、日本修学组团免办签证、《港澳同胞回乡证》不盖验讫章、泰国越南柬埔寨可办理落地签等新规定出台后，总队严密部署，认真研究，采取学习、检查、监督相结合的方法，积极贯彻落实各项改革措施，大力开展业务宣传活动，防止口岸边防检查中发生违反新政策、规定的现象，效果明显。

【开展反偷渡专项行动】 为贯彻落实公安部反偷渡联合行动方案及全国反偷渡工作会议精神，总队从提高一线检查人员反偷渡技能、规范边防检查规范入手，严厉打击口岸偷引渡违法犯罪活动，并于4月16日至6月30日开展反偷渡专项行动。活动开展以来，长沙、张家界边检站加大对执勤现场、隔离区、交通运输工具的管理力度，积极动员民航、公安、各联检单位等部门，实行群防群治，提高口岸综合控制能力；开展执勤业务学习培训活动，提高一线检查员识别伪假证件技能；加强同公安出入境管理部门的信息交流和协调配合，严厉打击偷渡人员非法办理证照的违法行为。总队司令部针对专项行动每阶段、步骤的具体行动，深入边检站一线检查、调研、指导，积极营造反偷渡的良好氛围，初步建立起反偷渡长效管理和反应机制。

【提高边检规范化水平】 根据湖南口岸边防检查工作面临的新形势和存在的问题，总队“一班人”明确提出要继续坚持把规范化建设作为边检工作的方向和主线来抓。全年围绕这一方向和主线，重点抓了三项大的工作。一是召开边检业务研讨会，讨论通过了《勤务教育活动方案》、《总队关于加强执勤现场管理和文明执勤工作的规范》、《执勤现场文明用语和规范说辞》，岳阳边检站结合实际制定了《船舶检查工作规范》。二是修订完善《旅检规范》，召开现场演示会。总队在《旅检规范》试行的基础上，对过去几年部队开展的边检业务规范化建设工作进行了认真的回顾和总结，并对加入WTO新形势的边防检查工作进行深入剖析，围绕维护中央事权和提高服务质量，提出一些改革和加强边防检查工作的有效措施，于10月初正式制定下发了《湖南省边防总队贯彻〈旅客检查规范〉实施细则》，重点加强了勤务组织、检查监督、请示报告和问题处理等几个环节，确定长沙站为规范示点单位。随后，总队又组织各边检站司令部参谋长召开了“深入贯彻规范化建设部署会”，对落实《实施细则》提出了具体的要求。三是编撰

《边防检查勤务常见问题处理手册》，提高问题处理效率和质量。总队司令部成立专门小组，搜集了北京、上海、深圳及省内各口岸的案例，归纳整理最新业务法律规定，编撰了5万余字的《边防检查勤务常见问题处理手册》，使广大执勤人员开阔了眼界，在问题处理过程中随时可以查到有关要求、规定，工作效率和质量大大提高。

【进行执勤执法专项整顿】 总队从6月25日至8月30日统一开展执勤执法专项整顿。此次专项行动，以坚持提高思想认识为关键，规范执勤为重点，查摆问题为突破口，提高执勤执法水平为目标。总队明确了查摆问题的范围和重点：工作态度、勤务组织、人员安排、旅客检查、查控工作，行政执法与处罚、勤务组织、人员安排、旅客检查、查控工作、行政执法与处罚、案卷卡片与印章管理、请示报告、防范职务性犯罪、检查监督和勤务教育等，并从工作程序上予以保证，从个人自查自纠、单位自查自纠到领导小组评议，坚持批评与自我批评，切实查找出工作中存在的问题与不足，最后制定整改措施。总队对执勤执法加强指导、检查和监督，派出人员深入张家界、岳阳、长沙边检站，调查了解勤务教育和专项整顿的情况，切实掌握第一手资料，增强工作指导的针对性和有效性。

【加强协作交流】 2002年总队司令部加强同外省兄弟单位、公安出入境管理部门、国外移民部门的联系，借鉴好的管理经验和做法，健全并完善有关业务工作制度、培训办法，积极推进业务工作再上新台阶。1月15日、5月21日，在省外事办的协调组织下，总队派员同澳大利亚驻广州总领事馆移民官员举行了会谈会晤，澳方为总队执勤一线官兵开设了知识讲座。通过会晤和讲座，部分干部对涉外交往有了一定的了解，外交水平及护照证件鉴别技能有了一定的提高，为今后更加广泛的协作交流打下了基础。

【推进信息化建设】 全年总队共投入信息化建设专项经费30万元，开通了总队机关到部局、省厅及全省各边检站2兆数字电路。通过IP资源统一规划，实现了与公安专网的无缝链接，内部语言和数据的互联互通，既节约了资源，又大大方便了工作。制定《网络管理规定》，严格网络管理。同时组织开发了总队网站，建成电视电话会议系统。各站网站建设已初具规模，总队办公自动化系统正在紧锣密鼓地筹备当中。

湖南出入境检验检疫局

2002年，按照国家质检总局的总体要求，湖南出入境检验检疫局结合湖南实际，紧紧围绕“服务经济，促进发展”这一中心任务展开工作，取得了显著成绩。

【概况】 全年共检验检疫出入境货物46803批次，货值17.16亿美元，分别比2001年增长33.6%和24.9%。其中，检验检疫出境货物4.1万批，货值11.13亿美元，分别增长27.6%和6.7%；检验检疫入境货物5695批，货值6.03亿美元，分别增加101.7%和82.2%。全年共检出不合格货物164批，货值554万美元，不合格率分别为0.35%和0.32%，较2001年批次下降0.1个百分点，货值下降0.71个百分点。其中，出境货物121批，货值288万美元；入境货物43批，货值266万美元。签发普惠制产地证书12248份，签证金额3.43亿美元，同比份数增加17.1%，金额减少10.7%。检疫查验交通工具3266批，其中出入境航班938架次，出入境人员82602人次，预防接种8018人次，查出各类检疫疾病1808例。检疫查验集装箱18928个。检疫出入境动植物产品6402批，货值9265万美元。

【出入境商品检验与监管】 以加快“三电工程”为切入点，提高工作效率。2002年，电子报检率已达95%，电子签证率达100%，电子转单率为90%以上。9月下旬，在长沙机场正式启动航空货物口岸现场报检通关工作，货主能在机场现场完成报检、报关、通关、提货全过程。

落实“以质取胜”要求，从源头上加强对质量和疫病疫情全过程监控。一是加强前期监管，严格控制农产品农残、兽残。二是集中精力抓好供港活猪、陶瓷、烟花爆竹等大宗敏感商品、质量不稳定企业进行分类管理，全年新增注册企业189家，注册总数达996家。三是针对出口花炮运输定级问题，积极组织定级试验和对策研究。

进境检验检疫监管工作加大力度。一是加强对外协调。2002年就加强进境货物把关问题先后同上海、深圳等口岸局建立了工作联系制度和进口流向信息反馈制度，争取了上海局优先开通湖南省进境业务的电子转单。同时与海关、外经贸厅等部门和重点企业加强联系，进一步完善了共管协调机制。二是制定了加强进境工作的十项措施，在西湖桥、南湖码头等地派驻工作组，加强口岸、货物集散地和入境邮件的监管。三是突出抓好重点企业和进境动植物、木质包装、成套设备、食品化妆品和废旧货物等重点检验检疫工作。四是注重抓好新开检业务，拓宽进口工作领域。五是开展进口执法检查，完善监管措施，严厉打击逃漏检行为。

【动植物检疫】 从源头抓起，对出口动物源性食品生产实施全过程管理。对83个注册饲养场进行年审，撤销不符合条件的注册饲养场12个，新增2个，提高注册饲养场水平。规范供宰动物来源，确保湖南出口肉类产品的卫生质量。全年检验检疫植物及植物产品6588批，检验检疫出入境邮寄物、快件14779件，截获禁止入境物、应施检疫物67批，536件。进境检验检疫截获有害生物214批共18种。对出境植物及植物产品生产企业实施检疫卫生登记32家。制订《进境植物性原料厂库考核办法和指南》，开展对进境植物产品使用企业的注册考核工作。加强了对经审批的进境植物产品的运输、存放、加工过程的动态检疫监管。建立覆盖全省的实蝇监测点290个。积极促进湖南杂交水稻种子出口。

【卫生检疫】 建设卫生检疫风险预警系统，加强口岸传染病检测管理，重点监控高危人群。全面加强卫生监督，对来自疫区的集装箱进行重点查检，对出境集装箱实行预报预检，与货场联合销箱制度。处理疫区来箱1000多标箱。加强对进口废旧物品实施卫生检疫，对出入境飞机的卫生监督检查，并首次对出入境航空器进行病媒监测。全面完成长沙空港口岸病媒生物本底调查，该项成果填补了湖南空港口岸病媒生物记录的空白。

【实验室建设和科研创新】 紧紧围绕提高“检出率”这一目标，加强实验室建设和科研创新开发。6个分支局实验室和省局包装、艾滋病初筛实验室全部通过注册考核。积极开展科研制标和检测新方法研究。先后完成科研制标4个、新方法研究17个，发表科研论文22篇。“进口机电产品检验监管综合管理信息系统”项目荣获全国质检系统2002年度“科技兴检”三等奖。实验室检测能力和水平显著提高，多次在有熏蒸证明的木质包装中检出拟松材线虫等有害生物，对机场截获的昆虫标本，及时孵化、培育、鉴定出二批桔小实蝇和爪实蝇二类检疫性害虫。

【宣传贯彻新《商检法》】 新《进出口商品检验法》于10月1日施行，以宣传贯彻新《商检法》为契机，开展全系统执法人员学法教育和严格执法大检查活动。一是组织全系统检验检疫人员深入学习。5月，派员参加国家质检总局举办的骨干培训班；6月，邀请总局法规司专家来湘讲课。11月8日，全体干部职工参加新《商检法》闭卷考试，成绩作为年度考核评优的重要内容。二是多形式进行宣传。9月26

日，与省人大法工委联合举行贯彻实施新《商检法》新闻发布会；制作宣传品，开辟宣传栏，散发各类宣传小册子3000余份；召开5次宣传贯彻会议，有200多家主要外贸企业负责人参加；张学文局长在《湖南日报》上撰文《依法施检，把关服务，促进对外经济贸易发展》，营造宣传氛围。三是深入开展执法大检查。对省内1600余家企业组织了自查和重点检查，查处了10余家违法企业，对烟花爆竹、出口食品、包装等重点企业进行了专项整治，维护了法律的尊严。

【认证认可】 认真贯彻全国首次认证认可会议精神，对全省出口认证机构进行登记管理，对检验检疫系统咨询认证业务进行了规范，保证了咨询认证业务健康发展，使认证认可业务实现了较快增长。2002年完成ISO1400注册审核企业170家，累计完成ISO9000注册审核企业527家，ISO1400注册企业6家，HACCP注册审核企业3家，监督审核企业250家。省农行个人业务通过ISO9000认证，创下全国省级金融机构首次获得此证的记录。

【入世对策研究】 根据湖南省委、省政府的部署，成立以张学文局长为组长的入世应对措施研究课题组，承担湖南省技术贸易壁垒应对措施研究课题。组织全局精兵强将对全省主要出口商品国外设限情况、产业现状、应对措施进行系统研究，撰写了《湖南省技术性贸易壁垒应对措施研究》课题报告。《湖南出口茶叶农残调查报告》、《动植物源性食品出口问题调查报告》分别对出口茶叶农残、动植物源性食品兽残提出了控制建议，不少建议被政府采纳，收到了良好的社会效益和经济效益。针对出口花炮运输定级问题，积极组织开展定级试验和对策研究。3月，组团出访德国、荷兰、用近200个十分珍贵的试验数据，与BAM、TNO等同行就解决定级问题进行了交涉。经过深入磋商，外方邀请湖南局作为观察员参加危险品行业的国际会议。这使中国在此问题上有了更多的发言权，为最终合理解决定级问题，促进湖南烟花爆竹出口奠定了基础。

湖南出入境检验检疫业务统计表(2002年12月)

金额单位:万美元

	货物检验检疫																			
	总计				商品检验				动物及动物产品检疫				植物及植物产品检疫				食品			
	批次	金额	检验检疫不合格		批次	金额	检出不合格		批次	金额	检出疫情		批次	金额	检出疫情		批次	金额	检出问题	
			批次	金额			批次	金额			批次	金额			批次	金额			批次	金额
本年累计	46805	171598	164	554	43252	64542	113	548	3441	6291	1	1	2962	2978	1		4774	8789	168	468
出境	41108	111344	121	288	38664	08483	81	284	3317	6071			2426	2623			4589	8002	167	468
入境	5697	60254	43	266	4588	56059	32	264	124	220	1	1	536	355	1		185	787	1	

	监测体检及预防接种(人次)				交通工具检疫				集装箱检疫		签发检验检疫证书(份)	签发通关单		签发换证凭单		产地证			
																普惠制产地证		一般产地证	
	检测体检	艾滋病监测	发现病例数	预防接种	火车(节)	汽车(辆)	轮船(艘)	飞机(架)	合计	检出问题		份数	金额	份数	金额	份数	金额	份数	金额
本年累计	6239	6239	1808	8018	1015	1313		938	18928		14667	11672	62274	31810	87138	12248	34291	1127	4672
出境	5503	5503	1523	8018	1015	1313		469	7495		14293	6190	17476	31810	87133	12248	34291	1127	4672
入境	736	736	285					469	11433		374	5482	44798						

岳阳海事局

2002年,岳阳海事筹备组在长江海事局的领导下,按照《交通部湖南省实施水上安全监督管理体制改革的协议》精神以及内部管理平稳过渡、衔接有序的要求,继续做好各项筹备工作,并实现了岳阳海事局的正式挂牌成立。

【建立内部管理机制】 在内部管理工作上,按照长江海事局管理程序和模式要求,整合内部管理机构,为岳阳海事局内部系统运行畅通有效打下基础。制定并落实了筹备组工作期间的"两会一规定"制度(工作例会、组务会、岳阳海事局筹备组工作暂行规定)。根据上级的精神,按照"精简、统一、效能"的原则,草拟了岳阳海事局内部管理制度汇编(草案)。申报并落实了监督艇设备配置计划,为岳阳海事局装备手段的现代化打下基础。

【维护团结与稳定】 由于筹备组成员分别来自不同的单位和不同的方面,在工作方式、方法上不尽相同,遇有问题,难免有各自不同的看法,鉴此,全体成员以大局为重,站在岳阳海事局未来发展的角度、站在岳阳海事局职工利益的角度思考问题,遵守筹备组内部制度的各项规章制度,发扬民主作风、充分尊重各成员的意见,营造了筹备组和谐的工作氛围。

【岳阳海事局正式成立】 按照长江海事局的部署和要求,配合参加了交通部与湖南省关于水监体改的谈判和划转单位的移交工作;根据上级的指示精神,在人手少任务重的情况下,完成了岳阳海事局揭牌仪式的组织工作,于2002年12月26日,岳阳海事局正式成立。为了岳阳海事局的建立和发展,前瞻性地做了基础性的工作;搭建了岳阳海事局建设的基本架构,构筑了岳阳海事局未来发展的平台。

湖南口岸专稿

湖南省对外经济贸易概况

2002年1—12月份,全省外贸完成进出口总值28.76亿美元,与上年同期相比,增长4.3%。其中,出口17.95亿美元,同比增长2.4%,进口10.81亿美元,同比增长 7.6%。全省外贸进出口总值、出口额、进口额三项指标均较好地完成了省政府年初提出的"确保持平,力求增长"的工作目标。

2002年全省外贸在中部九省区的排位,按出口总额排第5位;按进口总额,居第7位;按出口增幅,居第8位;按进口增幅,居第7位。

2002年全省外贸的主要特点及简要分析:

1、出口增长呈现前低后高态势,后阶段出口有所回升。1—12月全省进出口总体上保持了一定的增长速度,但增速缓慢,全年呈现出前低后高的走势。从全年情况来看,第一季度进口和出口均大幅下降,欠帐较多;第二季度进口大幅回升,出口仍然低迷;第三季度进口继续保持增长,出口止跌回升;第四季度进口和出口均有较快增长。

2、市、州外贸拉动了全省进、出口的增长。2002年市、州共计出口111326万美元，同比增长10.1%，较上年同期增加出口10224万美元，由年初占全省出口比重的54.1%上升到年底比重的62%；市、州累计进口90415万美元，同比增长19.8%，较上年同期增加进口14950万美元，由年初占全省进口比重的79.5%上升至年底比重的83.7%。市、州中，长沙、湘潭、衡阳、岳阳、常德、益阳、邵阳、郴州、永州、怀化出口均实现了两位数增长。2002年省级外贸企业累计进、出口分别完成17668万美元和68214万美元，同比下降29.3% 和9.9% ，较上年同期分别减少进口7322万美元、出口7495万美元。

3、集体、民营企业进出口发展迅猛，走势看好。2002年，我省集体企业进出口总值为1.76亿美元，增长35.9%，其中出口1.65亿美元，增长28.7%，进口1093万美元，增长778.5%；全省民营企业进出口总额为1.9亿美元，增长120.9%，其中出口1.3亿美元，增长88.5%，进口5926万美元，增长255.9%。集体、民营企业的出口额已占全省出口总额的16.5%，较上年同期提高了5.2个百分点。

4、大部分主要商品出口增长。2002年，全省出口1000万美元以上的主要商品主要有22种，其中15种商品出口实现增长，占主要出口商品的68%。出口增幅较大的商品有：钢材出口6924万美元，增长83.7%；鲜、冻猪肉1232万美元，增长39.5%；摩托车3257万美元，增长29%；塑料制品1015万美元，增长19.6%；花炮9883万美元，增长16%；陶瓷9056万美元，增长14.3%；箱包1375万美元，增长13.6%；印刷电路1349万美元，增长13.2%。出口大幅下降的商品为：金属锌出口9609万美元，下降25.2%；医药品出口1577万美元，下降25.7%。

5、以半数以上的进、出口国别和地区实现增长。2002年，全省有出口实绩的国别地区为159个，其中出口上1000万美元的38个，共对86个国家和地区出口实现增长，占全部出口市场的54%；有进口实绩的国家和地区61个，其中进口超1000万美元以上的国家和地区为21个，共对33个国家和地区的进口实现增长，占进口市场的54%。

6、“两高两低”结构性矛盾仍然突出。2002年全省外贸经营主体中，国有企业出口125672万美元，占全省出口比重的70%，比全国国有企业出口所占比重高出32个百分点；全省三资企业出口24303万美元，占全省出口比重13.5%，远低于全国三资企业出口所占比重的52%。

2002年全省贸易方式中，一般贸易出口为161953万美元，占全省出口比重的90.2%，高于全国一般贸易所占出口比重48个百分点；全省加工贸易出口为17448万美元，占全省出口比重的9.7%，远低于全国加工贸易所占出口比重的55%。

7、有出口实绩的企业占获权企业的比重低。从经营主体的数量分析，2002年全省已获进口经营权的企业共1225家(不含三资企业，比2001年增加77家)，而有出口实绩的企业为434家，有出口实绩的企业占获权企业的35.4%，平均进出口规模为413万美元。2002全省出口实绩的三资企业为278家，较上年增加4家，企业平均出口规模仅为87.4万美元。全省三资企业出口比重低、规模小的矛盾仍然突出。

湖南省主要进出口市场情况表

单位：千美元

进出口市场	本　月		本月累计		累计同比±%		累计占全省份额%	
	出口	进口	出口	进口	出口	进口	出口	进口
一、亚洲小计	8384	5829	92314	59510	2.7	11.6	51.4	55.1
香港	2874	254	29134	2713	16.3	—30.3	16.2	2.5
台湾	313	206	5749	2051	—0.3	—56.5	3.2	1.9
日本	1542	1376	16448	17687	—8.9	—3.2	9.2	16.4
韩国	920	3569	10852	29483	—0.1	41.6	6	27.3
印度	295	2	2606	2236	45.5	25.2	1.5	2.1
东盟	1260	362	15909	4058	—1.2	64.9	8.9	3.8
中东(含埃及)	777	0	7541	430	—14.3	—18.8	4.2	0.4
二、欧洲小计	3015	2205	35843	21892	—5.8	2.5	20	20.3
欧盟	2218	2041	27475	19640	—10.1	—1.8	15.3	18.2
俄东	714	100	7642	690	10.2	—31.7	4.3	0.6
三、北美洲小计	3473	805	33938	9253	12.7	—21	18.9	8.6
美国	3050	724	28940	7410	10.7	—15.4	16.1	6.9
加拿大	423	82	4998	1843	25.9	—37.6	2.8	1.7
四、拉美洲小计	706	909	7688	7532	—1.5	65.2	4.3	7
五、非洲小计	775	510	7528	4058	4.5	—9	4.2	3.8
南非	46	510	1046	3159	—20.7	—10.5	0.6	2.9
六、大洋洲小计	226	376	2231	5833	—3	49	1.2	5.4
澳大利亚	214	273	1891	5397	—1.2	53.3	1.1	5

湖南省分市、州进出口总值表

2002 年 12 月

单位:万美元

地(州)市	本月		1 至本月累计		累计比去年同期(+−)%	
	出口	进口	出口	进口	出口	进口
湖南省	16578	10634	179542	108079	2.4	7.6
长沙市	8685	7324	102198	64167	−2.5	6.4
株洲市	3603	679	30500	7500	−8.7	−13.8
湘潭市	958	488	11003	10557	55.4	−5.7
衡阳市	648	76	7211	1859	10.6	−34.5
邵阳市	194	38	1498	310	24.8	194.6
岳阳市	265	186	2891	5696	74.6	21.1
常德市	496	128	4185	3374	66.6	43.1
张家界市	1	2	2	17	−88.5	52.5
益阳市	244	676	2282	4870	33.2	318.2
娄底市	269	694	4100	3754	0	24.8
郴州市	500	84	4501	1669	15.8	799.2
永州市	22	246	315	4083	45.1	−13
怀化市	106	13	1920	132	28.1	−77.9
湘西自治州	587	0	6929	89	2	−85.1
湖南其他	0	0	0	0	0	0

把关、服务一面旗

——记长沙海关驻黄花机场办事处

长沙海关驻黄花机场办事处隶属于长沙海关现场业务处,是一个正科级机构,现有关员 12 人,担负着长沙黄花国际机场进出境运输工具及服务人员、进出境旅客行李物品、机场国际厅免税店的监管任务以及进出境空运货物的查验放行工作,是长沙海关对外的重要窗口之一。自 1990 年建立以来,人员换了不少,但机场办每位同志都能立足本职岗位,团结一致,无私奉献,坚持“依法行政、为国把关、服务经济、促进发展”的海关工作方针,出色地完成了各项工作任务。从 1990 年设立以来,驻黄花机场办事处多次授予“文明窗口”荣誉称号,并连续 10 年被湖南省人民政府口岸办公室评为湖南省口岸系统先进集体,有 6 名关员连续 8 年被省口岸办评为先进个人。该办 2001 年还被湖南省精神文明办授予“湖南省文明示范窗口单位”荣誉称号,并荣获 2001 年度湖南省“扫黄打非先进集体”称号。2002 年,被评为全国海关监管工作先进集体。

一、努力学习政治理论，保持全体关员政治上的坚定性和思想道德的纯洁性，奠定革命人生观的坚实根基。

机场办一贯坚持认真落实上级党组织的各项工作部署，积极组织关员学习马列主义、毛泽东思想、邓小平理论以及江泽民同志“三个代表”重要论述，学习党的基本知识。在关党组的统一部署下，组织学习领会江泽民同志“七一“讲话和党的十五届六中全会精神，使干部队伍的理论水平得到提高，作风建设进一步加强。首先端正学习态度，克服重业务、轻学习的倾向，加强理论学习，制定学习计划，确保学习时间。理论学习的时间每月不少于一天。该办还对存在的问题，有的放矢地学习。增强用辩证唯物论、历史唯物主义的方法、观点分析解决问题的能力，使全办真正从思想上、行动上与党中央保持一致。在深入揭批“法轮功”邪教本质的斗争中，每位关员都表现出了新时期海关干部应有的政治觉悟和坚定的政治立场。

二、正确贯彻“依法行政、为国把关、服务经济、促进发展”的海关工作方针，严格执行国家有关法律、法规和海关各项政策规定，认真履行职责，圆满完成各项工作任务。

根据该办对外服务窗口多、服务对象广、影响面大的具体情况，他们用江泽民“三个代表”的重要思想教育全体干部，正确处理了“把关”与“服务”的关系。全体关员充分认清每一个工作岗位都与湖南的对外开放和经济建设息息相关，关员的工作态度和言行举止都关系到海关的形象、湖南的形象、长沙的形象。他们在坚持依法行政，确保实际监管到位的前提下，对由空运货物渠道和旅检渠道随身携带进境的一些企业急需的生产设备零配件和原材料，尽量简化手续，采取凭保先放行后补办报关手续的方式来处理，保证了企业的正常生产，加快了通关速度，获得了企业的一致好评。

随着湖南对外经济的不断发展，长沙黄花国际机场的业务量逐年增长，该办的工作量也不断增大，以 2001 年为例，旅检方面：该办共监管进出境飞机 976 架次，验放进出境旅客行李物品 8.16 万人次，查获淫秽印刷品及音像物品 2561 件，查获反动宣传、宗教性印刷品及音像制品 342 件，查获非法携带人民币出境案两起，案值共计 15 万元。免税店监管方面：自 2001 年 4 月开办出境人员免税让业务后，免税店销售总额达 303.63 万元，月平均销售额 33.7 万元。货运方面：全年共受理进出口报关单 5337 份。另外，在案件查获方面，该办先后查获一名香港歌星非法携带 27.5 万港币出境和一起旅客携带 32 万美元出境大案，吴仪国务委员在总署《海关要情》第 47 期《长沙海关在旅检现场查获一起旅客藏带 32 万美钞出境大案》上作出批示，肯定了长沙海关的工作。

三、领导干部表率作用好，领导班子坚强有力，队伍团结，勤政高效，锐意改革，积极进取，工作业绩突出。

长沙海关现场业务处副处长兼机场办主任杨航军同志，自长沙海关建关以来一直从事旅检方面的业务和领导工作，工作一直兢兢业业、任劳任怨，从不计较个人得失。他十分注重队伍建设，充分发挥老党员的先锋模范作用，带领大家大兴勤政廉政之风，组织关员定期过好组织生活，带头在节假日期间加班。在他的带领下，全体党员都自觉地高标准严格要求自己，形成了一支肯吃苦、能战斗、讲团结的队伍。

机场办副主任贾博同志，在搞好本职工作的同时，积极参加总署和关区组织的各类活动。一次，贾博同志与关区另外两位同志代表长沙海关参加了海关总署在北京举办的一个重要活动。会后总署机关组织大家在北京参观旅游三天，但贾博同志放弃这个机会，会后第二天即启程回到长沙，马上投入到工作中。

机场办副主任夏彤同志，在工作中任劳任怨，服从分配。1998 年，组织上抽调他到基建办帮助工作，他愉快地接受了组织的派遣，圆满地完成了任务。

在领导的带领下，机场办全体关员你追我赶，争当先进，涌现了一批先进人物，曹榕、蒋萍、李莹、石莲、李辛柯等同志被评为湖南省口岸系统先进个人，余立羽同志在关区年度考核中评为优秀、李卫国同志被授予长沙关区查私先进个人，王旭初同志被评为长沙关区优秀党员。

四、监管基础工作扎实，各项规章制度健全，管理制度化、规范化，业务建设成效显著。

2001 年以来，该办为配合通关作业改革，对旅检、货检现场的工作程序和各个工作环节进行了相应的调整和规范，明确了各个岗位的工作职责，提高了工作效率和执法水准，制定了一系列工作职责和程序，如：《长沙海关驻黄花机场办事处工作职责》、《长沙海关机场办事处外勤查验岗位职责》、《登机联检关员职责》、《黄花机场免税店海关岗位职责》、《登机联检关员职责》、《机场办事处岗位责任制》、《机场办事处货运现场查验管理规程》、《技术检查关员岗位职责》、《旅检仓库管理员职责》、《现场调研岗位职责》、《旅检现场作业流程图》等，做到定岗定位，明确责任。

为加强对旅检现场的管理，该办还专门起草制定了《旅检现场接送旅客管理规定》，对接送旅客的情况进行了进一步规范。针对监管现场点多面广的特点，为确保上下一致、政令畅通，该办规定了上传下达的工作制度，对旅检和货管工作中遇到的特殊情况和问题都能及时地请示汇报。

五、监督制约机制完善，廉政制度有效落实，思想政治工作坚强有力，精神文明建设成效明显。

为确保关员清正廉洁，该办长期坚持细致的思想政治工作，讲明纪律、讲清危害、讲透道理。制订“三要三不”的规定，即：把关要严，服务要好，效率要好；旅游不去，吃请不到，送礼不收。加强廉政教育，严明工作纪律，积极提倡廉政勤政意识，认真学习中央纪委 5 次全会关于领导干部廉洁自律 6 项新规定，坚决贯彻落实海关总署“九个不准”的廉政规定，在历年的工作中没有出现“吃、拿、卡、要”的不正之风现象，也无一例投诉事件发生，多次拒绝货主吃请、送礼，在服务对象面前树立了良好的声誉，维护了海关公正廉洁的执法形象。一次，货主某工艺制品公司为感谢该办对企业的支持，给他们送来了其自己生产的水晶项链，该办贾博副主任对此婉言谢绝，并向其宣传了海关总署及长沙海关的有关廉政规定，并请其对他们的工作给予支持和配合。又如，湖南某电视台为“金鹰节”进口有关设备，由于是急需货物，该办关员加班加点为其查验放行，货主十分感激，盛情邀请关员吃晚饭，也被他们婉谢了，受到了货主的好评。此外，他们在旅检现场将最新的规章制度公开张贴，政工部门为旅客设置了检举意见箱，增加了办事透明度。不仅让旅客了解政策，同时能以制度监督检查自己。做到有法有依，有法必依，违法必究。这样一来，由于把关服务工作制度化、标准化、规范化，让关员切实感到压力，用各项制度规范自己的一言一行，减少了工作的随意性。

为了浏阳花炮甲天下

——记全国质检系统先进集体花炮科

湖南出入境检验检疫局化矿处花炮科与闻名世界的“花炮之乡”浏阳紧紧连在一起。在中国，当年一曲《浏阳河》唱遍大江南北，如今浏阳的花炮名震四海，独领风骚。近年来，浏阳花炮出口额连年翻番，目前，已占世界花炮市场的60%以上，成为世界最大的烟花产销基地。毋庸置疑，浏阳花炮产业前进的每一步，都凝聚着湖南检验检疫局花炮科全体同志的心血和汗水，他们用自己的聪明才智和无私奉献的敬业精神，以强有力的技术支撑浏阳花炮阔步迈上国际舞台，也以雄辩的事实证明花炮科是一个政治过硬、业务精湛、开拓创新、甘于奉献、清正廉洁、热情服务的先进集体。

一、以促进浏阳花炮出口为第一要务，坚持在把关中服好务，在服务中把好关，帮促浏阳花炮确立世界领袖地位。

浏阳是革命老区，生产花炮有上千年历史。为扶持浏阳花炮这一传统支柱产业的发展，该局于1990年在浏阳设立办事组，花炮科奉命派驻浏阳。进驻初期，浏阳花炮尚处在无序竞争状态，而且多是家庭作坊式生产，产品质量参差不齐，隐患较多，严重制约花炮出口。为迅速改变这种状况，花炮科的同志们克服生活上的诸多困难，扎根浏阳，全身心投入到工作中。一方面，积极走访当地政府及有关主管部门和企业，大力宣传《商检法》，争取各方面对检验监管工作的支持和配合；另一方面，根据浏阳实际，积极探索既能有效把关又方便企业的检验监管模式，确保出口花炮质量。在较短的时间内，使各项工作步入了正轨，有力促进了浏阳花炮持续快速健康发展。国家检验检疫局九号令颁布后，花炮科以宣传贯彻9号令为契机，进一步加大对出口烟花爆竹的检验监管力度。相继制定或修订了《湖南出口烟花爆竹检验管理实施细则》、《湖南出口烟花爆竹生产企业登记考核程序》和《湖南省出口烟花爆竹专职检验员管理办法》，并编写了近30万字的《出口烟花爆竹检验管理工作实务》、《出口烟花爆竹检验管理问答指南》和《出口烟花爆竹生产企业考核指南》。先后对320多人次的出口花炮专职检验员进行了培训，对215家企业进行了近300次登记考核，引导企业进一步规范生产和经营活动。在此基础上，重拳出击，集中整顿烟花爆竹生产经营秩序。查收非法生产烟花爆竹的厂家，吊销4家企业的登记代号，暂停7家企业报检，对22家企业进行行政处罚，使各种非法生产经营现象得到有效遏制，产品质量稳步提高，销售价格持续上扬。

十多年来，花炮科始终坚持把关与服务并重的工作方针，在严格把关的同时，热情为企业排忧解难。为更好地适应经济全球化发展要求，促使花炮向环保型、安全型、艺术型方向发展，花炮科加强对出口烟花爆竹的非常规检验。在对浏阳部分烟花爆竹企业的烟火药剂进行药物安全性检验抽查发现，不少产品药物感度偏高，装药量误差较大。及时将检测结果告知企业，帮助企业改进生产工艺，提高产品档次，确保安全生产。青草出口烟花厂厂长深有感触地说："花炮科的人懂行，是来'帮'我们的，不是来'管'我们的。"

为了使企业的管理走向科学化、规范化，花炮科大力推行ISO9000认证制度。目前，已有12家企业在花炮科的指导下通过了认证。这些获证企业均成为当地龙头企业，带动了整个企业的发展。

一份耕耘，一份收获。十年来，浏阳花炮步入了健康发展的快车道。仅2000年，经该局检验的出口浏阳花炮达2.3万批，近520万箱；2001年检验近4万吨，730余万箱；2002年1月到10月份检验3.7万批，800多万箱出口烟花爆竹。由于产品质量把关一刻也没有松懈，经检验合格的货物没有出现重大索赔和安全事故。这个令人折服的事实使许多企业认识到，花炮科的严格把关，带给企业的不是压力和负担，而是放心和效益；花炮科的同志是企业管理上的"扶贫者"、技术上的"带头人"。把关服务并举使检验检疫的地位与日俱增，客户看货下单，要先看花炮科对产品的检验结果和对企业的考核情况。

2002年10月21日，在浏阳闭幕的首届国际烟花与贸易大会上，世界20多个烟花主产销国的巨头们签署文件，一致推举浏阳为国际烟花协会总部永久所在地，浏阳花炮交易中心为世界烟花交易中心。不言而喻，浏阳花炮在国际烟花业的领袖地位已经确立。

二、以实验室为依托，勇于创新，应对挑战，用科学试验打破只有欧洲人才能拿出数据的神话，打破国外技术壁垒，为中国赢得发言权和主动权。

中国加入WTO以后，检验检疫工作面临着新的挑战。2000年，荷兰的一家烟花仓库爆炸，损失惨重。荷兰政府为通过对危险运输级别做文章达到对烟花控制的目的，在《联合国关于危险货物运输的建议书规章范本》和《联合国危险货物运输试验方法和标准手册》(简称小桔皮书)的基础上，肆意拔高烟花爆竹的危险级别，并于2001年7月，在联合国危险货物运输专家委员会会议上就危险品分类定级问题，提交了不利于中国的提案。如果该提案在联合国会议上得到通过，则仅湖南一省，每年近5千万美元的"礼花弹"、"盆花"、"火箭"等高价值的烟花产品将不能出口。荷兰人来过中国，来过浏阳，他们知道，不管中国人有多么丰富的安全运输和贮存的经验，如果拿不出实验报告和数据就没有发言权。而在10月的烟花爆竹工作小组会议上，只有欧洲代表拿出了试验数据。

如何尽快进行系统科学的实验，在12月份的会议上争取主动，避免不利结果，是摆在国内烟花爆竹检测人员面前的一个十分紧迫的问题。危险品分类定级试验，国内没有人完整做过，无现成的设备，无成熟的方法，要在短短十几天内，完成设备调研、场地选择、样品搭配等工作，其难度可想而知。花炮科的同志们没有屈服于挑战，他们集中力量，一边做理论推导，一边准备材料，一边组织设备，令人难以置信地在半个多月的时间里，圆满完成了22种样品的37次试验，拿到了近200个宝贵的数据。通过数据整理，提出了对荷兰提案的修改意见，降低了"礼花弹"、"带响火箭"、"喷花"、"电光花"、"造型玩具"等类别产品的危险级别。在12月份的专家委员会上代表中国提交文件，并展示中国的实验情况录像，获得了世界各国专家的高度关注和好评。

在2002年7月的大会上，荷兰提案没有获得通过。200个宝贵的数据有力地维护了中国烟花的形象和利益，为出口花炮企业在国际上争取到了新的更大的发展空间。同时，用无可争议的事实告诉世界，在烟花爆竹产业上，中国有发言权，中国人不但懂规则，也能参与制定规则。

三、盘活并利用学术资源，提升烟花研究学术品位；利用方法和设备优势，积极拓展检验领域，填补出口烟花爆竹检验无标准的空白。

2001年10月，首届国际烟花质量技术论坛在湖南浏阳举行。为保证论坛成功举办，花炮科的同志自始至终参加了论坛的筹备、组织和落实工作。他们专人驻守浏阳，指导论文征集工作，以最快的速度向国外相关单位和人员征集有关烟花爆竹质量管理、生产技术、产业标准和市场开拓等方面的文章，同时协助局秘书组加班加点进行论文的筛选和合法性、技术先进性的审定，参与论文的翻译工作。这次会议收集国内外论文51篇，经审查收录20篇论文出版，并选定其中12篇论文在论坛上宣讲。花炮科在论坛上宣讲的一篇高质量论文得到普遍好评。

此次论坛在烟花界规模空前，学术成果品位很高，得到国家质量总局的高度评价，受到社会各界的广泛关注和好评。

理论是实践的总结，又是实践的指南。花炮科针对礼花弹发射高度的测试在国内是个空白这一现状，积极向企业和经营公司推广发射高度的测试技术，很快得到企业的认同。2001年先后10次为企业进行了礼花弹发射高度的测试，准确快捷的检测数据指导企业产品质量控制和工艺改进。技术成果在研讨会上发表，得到了国内外同行的高度评价。

实践出真知。花炮科紧紧依托检验实践，不断开创理论新篇章。1994年的《出口烟花爆竹检验规程》、1996年的《出口烟花爆竹烟火药剂安全检验规程》填补了出口烟花爆竹检验标准的空白，均获国家局科技进步三等奖。在国际烟花学术论坛和国内专业刊物上发表论文40多篇。

四、以“三个代表”重要思想武装头脑，以认识上的清醒保证政治上的坚定，造就一支特别能战斗的队伍，用“苦”与“乐”的行动实现“满意在检验检疫”。

花炮科6名工作人员中有4名正式共产党员，一名预备党员，一名积极分子。在他们心目中，有一个共同的认识，那就是始终坚持政治思想建设和检验业务工作“两手抓两手都要硬”，自觉地用邓小平理论和“三个代表”重要思想武装头脑，以老区人民为榜样，艰苦奋斗，勤奋工作，为促进老区经济发展添砖加瓦。浏阳地处山区，前些年经济比较落后，交通也不发达，乘车到长沙要近三个小时，为不影响工作和增加老区人民负担，花炮科的同志就租用民房居住。近年来经济发展了，条件改善了，但工作任务也成倍增加。为适应外贸多出口、快出口的形势，他们又不得不经常加班加点，常常几个星期不能回家。有一次，副科长的小孩拉肚子脱了水，这位副科长含着眼泪坚守岗位没能赶回家。有一段时间，科长挂着点滴瓶上班。一位检验员的184个工作日中有98天出差在外，普迹出口花炮厂64岁的老厂长感慨地说：“象这样拼命工作的，现在真的不多了，我们还有什么不满意的呢？”在廉政建设方面，花炮科也是过得硬的，据不完全统计，近年来，共拒收红包、礼金、公款旅游数十人次，在浏阳百姓中树起了“不怕累不图利”的口碑。湖南检验检疫局花炮科就是这样一个集体：她锻炼了个人、造就了队伍、推进了工作，政府放心，企业满意；自1997年以来连续6年被评为湖南检验检疫局“先进科室”，2000年被评为全国检验检疫系统“先进集体”，2002年被评为全国质检系统先进集体。

质检科研排头兵

——记全国质检系统先进工作者黄志强

黄志强，男，现年40岁，中共党员，研究员，人事部批准的国家有突出贡献的中青年专家，国务院享受政府津贴的专家，现任湖南出入境检验检疫局检验检疫技术中心副主任兼技术负责人，国家质检总局检验检疫科学技术委员会委员，国家十五科技攻关项目“食品安全关键技术研究”课题负责人，湖南省精密仪器测试学会理事，中国色谱学会湖南分会副主任委员。在其主要从事的生化、食品科技领域，取得了丰硕的科研成果，获省部级科技进步一等奖3项、二等奖2项、三等奖8项，获湖南省第二届青年科技奖，获中国专利用项，发表论文30多篇，成为具有较大学术影响的学术带头人。2002年，被人事部、国家质检总评为全国质检系统先进工作者。

多年来，这位检验检疫系统迄今最年轻的研究员之一，始终瞄准检验检疫科技的制高点，将科研攻关重点对准阻碍我国出口的国外技术壁垒，完成了大量急重高难的科研任务，为外贸出口和检验检疫把关做出了突出贡献。在科技兴检的壮美舞台上，谱写了一曲检验检疫青年科技人员争当排头兵、抢占制高点、敢为天下先的青春之歌。

一、排难解急，决胜“主战场”，勇当突破国外技术壁垒排头兵。

1994年，德国政府颁布法令禁止在皮革制品和纺织品上使用20种有毒芳香胺制备的偶氮染料，一时间由于我国内地没有检测机构能检测禁用偶氮染料，都要送到香港或国外的检验机构检测，我国大宗的皮革制品和纺织无法对德出口。黄志强接到偶氮染料检测技术的研究任务后，加班加点，查阅了不计其数的国内外资料，在实验室反复试验，经过大量试验验证，很快建立了皮革制品和纺织品中禁用偶氮燃料的检验方法。在参加原国家商检局组织的能力验证试验中，取得了满意的结果，原湖南商检局检测中心被批准为首批从事德国禁用偶氮染料检测的技术机构。1996年他组织了偶氮染料的国际能力验证试验，取得了优良成绩。迅速解决了禁用偶氮染料检测技术难题，斩断了这根阻挠湖南皮革制品、轻纺产品出口的绳索。

茶叶是我国重要的出口商品，年出口20多万吨，创汇约4亿美元。近年来，发达国家对茶叶农残的规定日渐严格，成为制约我国茶叶出口的瓶颈。1998年欧盟98/82/EC指令颁布后，由于茶叶成分复杂，检测难度大，国外经销商纷纷臆断中国CIQ不能检测出口欧盟的茶叶农残，要求出口茶叶都寄到国外检测。当时，由于检测方法等问题，国内对茶叶中氰戊菊酯等118个农残检测项目尚不能做出定量分析，为了突破国外设置的技术壁垒，为CIQ争得检验认定权，他以实验室为家，不分昼夜做实验，在他的带领和指导下，湖南局技术中心终于在两个月的时间内建立了茶叶中多种农药残留量的气相色谱质谱分析方法和茶叶中有机磷农药残留量的检测方法。这些方法满足了欧盟对茶叶农残限量的要求，解决了检验检疫系统不能检验符合欧盟要求的茶叶农残检验问题。随后，他作为技术专家随国家局食品安全代表团访问欧洲，就茶叶农残等问题与欧盟委员会、德国卫生部、英国食品标准局进行交涉，使欧盟推迟实施新的限量规定，赢得了解决问题的时间。在国家局的领导和支持下，很快组织了全系统的茶叶农残检测技术交流会和能力验证测试，我国主要产茶区的9个直属检验检疫局技术中心通过了这次能力验证测试，全系统的茶叶农残检测水平大大提高。接着，他积极参与国家局与欧洲茶叶委员会(ETC)的协商，争取检验检疫系统实验室得到BTC认可。协助组织全系统9个直属局的实验室参加了ETC茶叶农残能力验证水平测试，均取得了良好的结果。2002年5月，ETC寄来9份认可证书，正式认可中国检验检疫系统9个实验室具备了输欧茶叶农残的检测技术能力。为了促进我国茶叶出口，通过多年来对出口茶叶农残和其它毒害物质含量的数据分析及国内外茶叶安全卫生标准、技术法规的跟踪研究，黄志强撰写了论文《中国茶叶卫生质量的现状与对策》，作为国家局和湖南省政府的决策参考，为国家局采取对策和对外交流提供了重要依据，受到了省政府领导的好评。

在他带领的科研课题组努力下，针对农药、兽药、重金属等毒害物质残留量的科研攻关正在向纵深拓展，从出口茶叶向畜禽、肉制品、水产品等主要农产品、食品延伸，相继启动了有关安全卫生的制(修)标、方法研究等科研课题12项，其中《食品安全关键技术研究——农兽药多残留系统检测技术的研究》，成为国家“十五”科技攻关项目，并被列为2002年国家12个重大科技专项行动之一。他积极倡导的出口农残监测控制计划，被省政府吸收采纳为全省推进农业产业化进程的重要课题，在全省建立了一批无公害出口茶园、猪牛繁育场、蔬菜种植基地，取得了较大的社会经济效益。

二、敢为人先，填补“空白点”，大胆开拓科技兴检促贸新领域。

科技是兴检促贸的第一生产力，运用科技手段，解决尚未解决的技术难题，始终站在科技检验检疫、为外贸服务的最前沿，是黄志强的“拿手好戏”。当年，为了应对输往苏联的出口柑桔有机磷农残的检验需要，在一无标准二无方法的情况下，该同志大胆摸索、大胆验证，建立了多种有机磷农药残留量的系统检验方法，开创了湖南局有机磷农残检测工作的新局面。香港特区政府禁销含有雌激素的检验方法，及时对200多个样品进行了检验出证。1998年“香港猪肺汤”事件后，为保证供港猪肉的安全质量，他很快建立了猪肉和饲料中克伦特罗残留量检验方法，指导外贸公司对湖南供港猪肉和饲料进行了克伦特罗残留量普查。他还先后建立了进口蚊香原料电热驱蚊药液和气雾剂气相色谱测定方法，解决了我国长期缺乏定量检测手段，无法对有害药剂成分进行有效控制的难题，为我国蚊香在国外获得注册，首次打入北美、欧盟市场发挥了关键作用。

他的开创性科研成果，不仅对检验检疫和外贸出口发挥了积极作用，而且系统内外产生了较大的影响，得到了广泛应用并取昨显著的社会经济效益，他主持研究的溴化法气相色谱测定蜂蜜中杀虫脒残留量的方法和残留分析微量化学法和多功能微量化学样品处理仪，在系统内外都得到较为普遍的推广应用；他研制的智能压降仪和卷烟滤棒长度自动测量仪通过了中国烟草总公司的审查认可，取得了国家专利，成为国家烟草专卖局推荐的卷烟滤棒检测仪器，智能压降仪已基本占领我国市场。

黄志强以其开阔的学术视野和敏税的专业眼光，在长期从事的生化、食品领域，率先开展了许多前瞻性、开创性的工作。他从20世纪90年代起，就开始了食品安全和应对入世的专题研究，提出了建立农产品安全卫生保障体系，建立我国技术性能措施的对策建议，对检验检疫实验室建设提出了一系列前瞻性、建设性构想，积极向企业宣传推广CAC(国际食品法典)和HACCP(危害分析和关键控制点)。他及时跟踪国际检验技术的进展，翻译了大量外文情报，将多残留同时分析方法、快速检测技术、样品前处理改进方法和设备、利用生物技术开发高灵敏度的残留分析方法等体现国际检测技术发展趋势，为检验检疫和外贸出口急需的课题作为自己的科研重点，取得了阶段性成果。

通过多年如一日的勤奋工作，黄志强同志取得了突出的科研成果和工作业绩。在担任局技术中心技术负责人，完成繁重的检测任务、实验室建设和行政管理工作的同时，他先后主持研制国家实物标准1项，主持起草行业标准7项，参加或指导起草行业标准8项，承担国家“十五”科技攻关项目1项，正在主持并组织实施的国家质检总局重点科研项目5项；先后在《武汉大学学报》、《分析化学》、《分析测试通报》、《色谱》等文献刊物及省级以上学术会议发表论文30多篇，其中2篇被国际会议录用并获国家商检局优秀科技论文三等奖，4编获国家局优秀论文三等奖，多数论文收入美国化学文摘，1篇论文被收入国际公认的科学引文索引－SCI；参加了FDA－PAM及AOAC分析方法的翻译出版工作，编写约13万字。参加编写了由高等教育出版社出版的《食品分析大全》和《保健食品》等专业教材和科技书籍。

三、无私奉献，潜心“后家院”，孜孜追求人生价值极限。

黄志强同志具有严谨求真的科学态度，对自身工作要求十分严格。为了撰写《中国茶叶卫生质量现状与对策》一文，他一连几个月扑在实验室和图书馆，广泛查阅国内外标准文献，并多次深入边远茶区现场取回茶样土样检测，掌握了大量翔实可靠的数据和材料。我国从80年代起就禁用DDT，茶叶中DDT含量很低，但从90年代中期后，发生了DDT含量异常超高现象。为解开其中奥秘，他反复排查，并多方到省茶科所、科技情报所搜集历年农药使用情况，终于发现原因在于我国90年代中后期大量生产三氯杀螨醇，而DDT是生产三氯杀螨醇的中间体，由于生产工艺问题造成三氯杀螨醇中含有大量DDT，从而导致茶叶DDT含量超标，找到了问题的症结。

2002年10月，技术中心的气相色谱质谱联用仪发生故障，出口检验受阻，此时他刚刚在武汉参加完科技委专业委员会会议，得知这一消息就直奔火车站往回赶，到长沙已是下午 4 点多，顾不上回家和吃饭，就来到了实验室，和同事们一道检查仪器，故障排除时已是凌晨 1 点。像这样为了工作而牺牲个人利益甚至家庭责任的事例在他身上屡见不鲜。

黄志强学的是生化专业，但他的学术科研成果却突破了专业所囿，涉及无机、机电、计算机等领域。对事业和知识的渴求，使他付出了常人难以忍受的艰辛。为了这些方法和仪器的研制，虽然他有一定的电子学和计算机软硬件基础，但毕竟作为一个学化学的人，要进行研制开发和维护维修，要付出比常人更多的时间去学习、去探索。他节假日很少休息，晚上经常工作到深夜。

在一些人眼里，实验室和科研工作不在"业务部门"，是干差累苦重活儿的"后家院"，但他始终以火热的工作热情和忘我精神全身心投入，克服了常人难以想像的困难。他以局为家，以实验室为家，在检测和科研任务紧张时，常常一连数日守在仪器边、电脑旁、资料堆里。2002 年 5 月初，根据科技部和质检总局的安排，他参加了 2002 年国家 12 大科技专项之一——"食品安全关键技术研究"的立项论证，他放弃了"五一"长假，夜以继日地投入项目论证和材料编写工作，在短时间内完成了约 3 万字的整套项目文件，终于获得了项目申报的成功，这是检验检疫系统首次进入国家重大科技攻关项目。

作为湖南局技术中心技术负责人，在他的影响和带领下，湖南局实验室和技术装备建设实现了历史跨越。他组织设计了湖南局实验室建设和科技发展蓝图，在技术中心建立了按 17025 导则运行的质量管理体系，并通过了 CCIBLAC 认证；茶叶农残检测获得了 ETC 的认可，并推动与瑞士检验机构 SQTS 的合作；加快了技术装备建设，武装了等离子发射光谱仪、气质联用仪等一大批先进仪器设备，使湖南局实验室综合实力位居全省第一，农残分析等检测能力进入全国前列。在他的鼓舞下，湖南局技术中心形成了奔事业、争上游、打硬仗的良好氛围，成为一支技术精湛、战斗力强的科技队伍，完成了湖南局 90% 以上的科研任务、获奖项目和科技论文。

湖南口岸大事记

2 月 2 日

省政府口岸办举办 2001 年度全省口岸系统总结表彰大会暨第二届文艺汇演。省边防总队长沙边检站等 13 个"文明岗位"和 54 名"文明工作者"获奖。

2 月 6 日

受贺同新副省长委托，省政府办公厅助理巡视员曾暑凡主持召开会议，专题研究张家界国际旅游包机公司退出张家界至香港航线经营的有关问题，并形成湘府阅[2002]11 号《会议纪要》。

2 月 9 日

南航湖南公司长沙至汉城航线首航。这是湖南公司成立以来，继开通长沙至曼谷、长沙至福冈、长沙至名古屋、广州至金边航线后的第五条国际航线。

3 月 21 日

长沙海关与长丰集团、远大等 10 家资信良好的企业，举行了便捷通关签字仪式。周培谦关长讲话，沈晓红副关长代表长沙海关与这些企业法人或法人代表签定《适用便捷通关责任担保书》，授予企业享受部分通关便利措施。

3月27日

长沙海关驻黄花机场办事处被评为“全国海关监管工作先进集体”，许澜、黄扬声同志获“全国海关监管工作先进个人”称号。

3月28日

《人民日报》(海外版)以“长沙海关驻株洲办事处为企业发展把关服务”为题，对该办提高服务水平和服务质量，在“实”字上做文章，促进企业发展的做法进行了报道。

4月15日

南航湖南公司开通了张家界直飞澳门航线，这一航线的开通为张家界旅游资源开发增加了一座新的桥梁。

5月16日

《人民日报》(海外版)以《常德海关既把关又服务，达门船舶出口递增》为题，报道了该关大力优化通关环境，支持企业扩大出口的举措。

5月19日—25日

省政府口岸办主任赵子冰、副主任徐双荣先后率长沙海关、湖南出入境检验检疫局、民航湖南省局、南航湖南公司、岳阳城陵矶内河口岸和张家界航空口岸等单位骨干一行15人，到省内三个国家一类口岸进行了考察交流活动。

5月26日

南航湖南公司建筑面积为4680平方米、投资936万元货运综合仓库投入使用。此仓库为湖南最大的航空货运综合仓库。主库跨度24.4米，航空货运年吞吐量可达60万吨。库内设出港、进港服务厅，国内、国际货物海关监管仓库。海关、卫检和航务签派现场指挥中心同时设在大楼内。电子安全检测系统、电子防监系统、消防自动报警喷淋系统一应俱全。

6月5日

海关总署H883/EDI工程组业务和技术人员对长沙海关H883/EDI原版库系统进行总体功能测试和技术整合，重点对无纸通关、电子帐册、H2000数据交接、加工贸易深加工结转等系统进行测试。

7月16日

国务院以国函[2002]49号文件批复，同意驻株洲办事处调整为株洲海关。经交通部批准，湖南远洋运输公司经营的长沙——上海集装箱内支线班轮航线加挂湘潭港，标志着湘潭——上海远洋内支线开通。

7月24日

中共湖南省委书记、省人大常委会主任杨正午，省委副书记、省长张云川会见了正在长沙关区检查工作的牟新生署长。杨书记、张省长充分肯定了长沙海关的工作，对海关总署及长沙海关为湖南经济发展作出的贡献表示感谢。牟署长对湖南省委、省政府给予长沙海关的关怀，尤其是对海关大院建设及各项工作的大力支持表示感谢。

8月16日

喜阳食品工业集团有限公司、湘西州对外经济贸易冷冻厂等7家肉类企业和泰松肠衣食品有限公司、长城肠衣有限公司2家企业，获得俄罗斯兽医局注册。

8月20日

长沙海关驻黄花机场办事处报关现场试运行，对外办理进出口空运货物的申报、征税、查验、结关、放行等海关手续。

9月10日

省政府颁布第162号令，取消香港直通车指标分配、延期的行政审批，改由招投标管理。

9月26日

受贺同新副省长委托，省政府办公厅助理巡视员曾暑凡主持召开会议，专题研究长沙市霞凝新港进出口运输等问题，并形成将该港建成我省二岸口岸的湘府阅[2002]98号《会议纪要》。

10月8日

张家界荷花机场国际厅建成并通过总验。新国际厅投资650多万，候机楼面积2557平方米，停机坪33458平方米，可双向四通道同时通关。

10月18日—19日

澳门特区民政总署官员来湘检查益阳肉联厂，该厂冻乳猪车间通过检查。

10月19日

湖南出入境检验检疫局浏阳办事处暨湖南出入境检验检疫局烟花爆竹检测中心挂牌成立，国家质量监督检验检疫总局副局长葛志荣、湖南省人民政府副省长贺同新出席挂牌仪式。

10月20日

省委书记、省人大常委会主任杨正午视察张家界航空口岸时，要求尽早开通张家界——韩国、日本包机航线，努力提高口岸品位。

12月5日

通过国家质检总局形式审查并予以公告，湘绣成为湖南省第一个施加原产地标记的名优产品，湖南省原产地标记认证工作实现了零的突破。

12月11日

湖南出入境检验检疫局技术中心副主任黄志强被国家质检总局、人事部评为全国质检系统先进工作者；化矿处花炮科被国家质检总局评为全国质检系统先进集体。

12月25日

湖南出入境检验检疫局烟花爆竹检测中心通过中国实验室国家认可委(CNAL)实验室认可和计量认证。

广东省

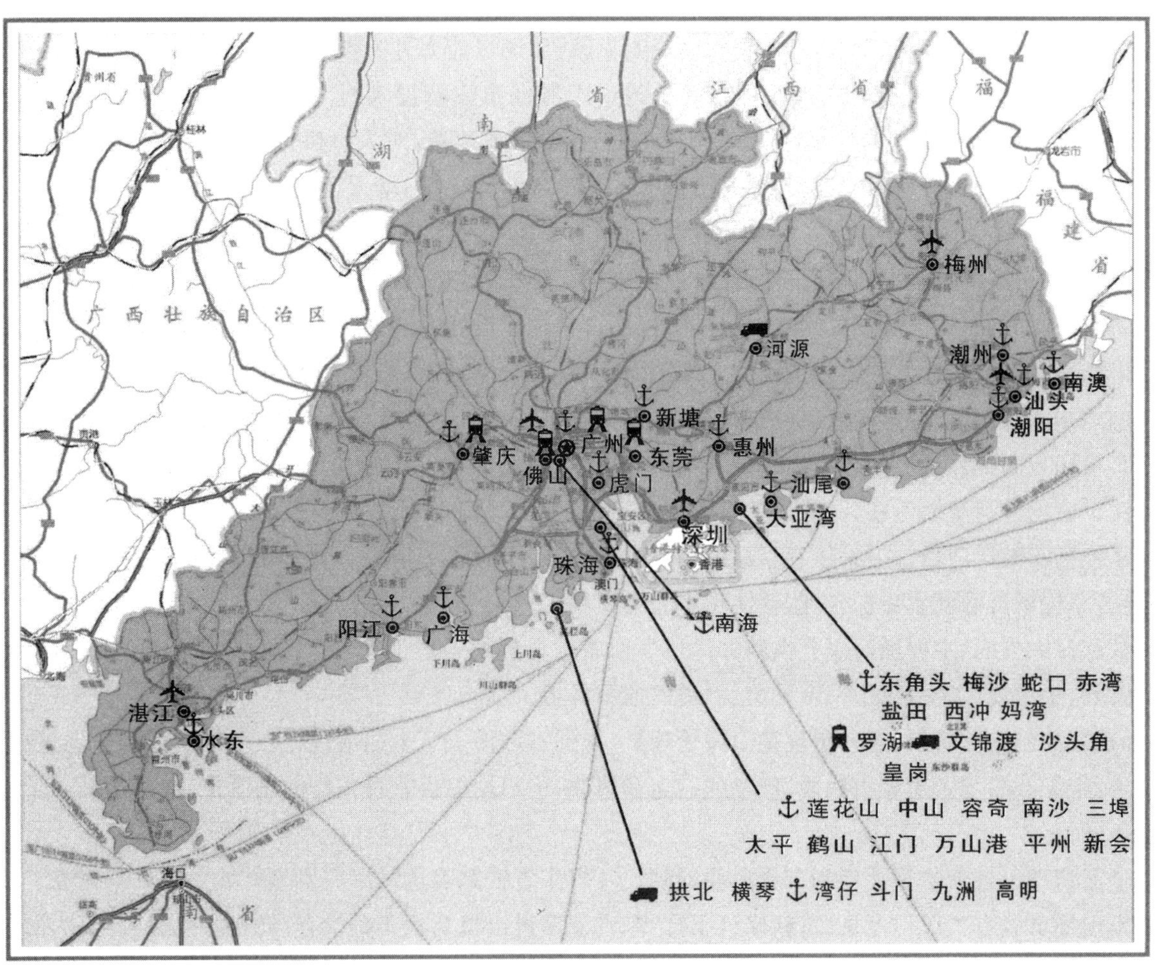

图例

⊛ 省级行政中心

⊙ 口岸

铁路口岸

航空口岸

公路口岸

海（河）运口岸

广东口岸工作综述

2002年,广东口岸综合管理部门深入学习"三个代表"重要思想和广东省九次党代会精神,认真贯彻"一个主题,两个转变,三个加强,四个提高"的工作要求,以创造"方便快捷、安全畅通"的通关环境为目标,团结协作,扎实工作,使全省口岸通关环境明显改善,通关效率明显提高,较好地适应和促进了广东省对外经贸的发展。

【突出重点,抓好主骨干口岸的改造、迁建和布局调整】 针对广东口岸进出的旅客、货物和交通运输工具迅猛增长,但口岸基础设施的建设规划明显滞后,不适应发展要求的现状,突出重点,认真抓好主骨干口岸的改造、迁建和布局调整,使口岸硬件设施明显改善,通过能力进一步增强。

陆路口岸方面,集中精力抓好罗湖口岸的改造。深圳市政府投入约7000万元(其中省政府拨款1000多万元),对该口岸旅检现场和消防等设施进行了全面的改造,对人行桥也初步加以拓宽。改造后的罗湖口岸联检楼大厅宽敞明亮,验证通道由137条增加至173条,增设了"外国人通道",且两层楼作为入境场地,两层为出境场地,使口岸的通过能力和通关速度大为提高。同时,为改善珠海横琴口岸的硬件设施,珠海市政府也投入600多万元对该口岸进行维护和整修,使口岸环境焕然一新。

航空口岸方面,积极协调广州新白云国际机场口岸配套设施的建设。根据省政府的要求,一是完成了该机场口岸查验综合办公大楼工程的立项工作;二是配合省计委、省财厅提出了资金计划,其中省政府补助4000多万元已经落实;三是积极向国家有关部门催办口岸查验部门人员编制的落实情况。

车检场方面,重点进行改造和布局调整。为改善车检场的硬件设施和通关环境,对广州石牌、惠州和湛江车检场进行实地考察,在征求并听取当地口岸主管部门和各查验单位意见后,及时批准了石牌和惠州车检场的搬迁项目。下半年,组织了对南海官窑、云浮罗定和清远车检场的验收。通过一系列整改,全省车检场资源配置更加合理,整体水平大为提高。

铁路口岸方面,主要抓好东莞铁路客运口岸新旅检场地的迁建工作,并于2002年4月对新旅检楼进行验收,给过境旅客提供了一个安全、舒适的通关环境。

【加强法规的制定和修改,进一步规范口岸管理】 根据省政府关于全面清理行政审批事项和法规、规章的要求,组织和参与了对相关法规、规章的制定和修改,为口岸综合管理工作的制度化、规范化打下了坚实的基础。

全面清理了各项法规文件和审批事项,起草了《广东省铁路客运口岸突发事件处置意见》,完成了初稿并发出征求省有关单位意见;重新修订了《广东省港澳进出境货运车辆检查场管理办法》,经多次征求意见、讨论和修改,已上报省政府审定。

参与制定了《直通港澳运输车辆管理办法》(粤府办[2002]39号),并按照省政府的要求抓好具体落实工作。

【加强综合管理和协调力度,进一步提高口岸整体协作水平】 根据国务院办公厅"关于进一步提高口岸工作效率的通知"精神,主动与各相关单位沟通联系和协调联动,使口岸的整体协作水平明显提高。

协调解决了深圳皇岗口岸增开夜间通道问题。为更大程度方便和满足运输公司及过往旅客的需要,会同深圳口岸办积极与各有关部门协调沟通,使皇岗口岸从10月1日起实现增开夜间货检通道,每天零时至7时出入境货检通道由3条增加到6条,港方落马州管制站也作了相应调整,基本满足了部分车辆对夜间通关的需求。为配合夜间通道开通,还会同深圳市口岸办和口岸查验单位等,清理夜间停放在口岸区域内过关不过境车辆及扩宽通道场地等。

积极推进东莞凤岗车检场陆路快速通关作业改革。根据海关陆路快速通关作业改革的要求,东莞口岸局积极支持并协调配合,使该项改革顺利开展,成绩显著,目前平均通过时间由每30分钟一辆车降到每8分钟一辆,78%的车辆10分钟内完成通关。

协调解决节假日高峰期口岸疏导问题。东莞铁路客运口岸继续实行增开东莞至九龙的"假日直通车";深圳增加节假日从皇岗、文锦渡、沙头角口岸入出境的巴士"特别配额",较好的满足了客流高峰期的需求。同时,认真抓好重大节假日的口岸安全工作。春运和国庆期间,组织口岸安全检查小组,对广州、深圳、东莞市等地口岸进行了重点检查,确保了两大重要节日期间口岸安全畅通。

深入研究当前港口口岸的新问题,根据口岸各查验单位机构和查验监管模式改革的新特点,针对查验单位、地方政府、企业之间的矛盾,运用"口岸整体一致"的原则,进一步强化协调工作力度,积极主动开展工作,有效地解决了珠海港一德石化公用码头、恒基达鑫公用化工码头对外开放问题;华光木材专用码头迁建并临时使用问题;开平客运口岸客轮航行香港中途停靠新会客运口岸问题;粤东四市水运口岸及内设码头清理整顿问题;东莞虎门港开放水域划定问题;南沙港货运生产性试航问题;珠海企人山、东银坑临时石料起运点问题;以及珠海万山口岸预验收的有关问题。

【加强沟通联络机制,促进粤港澳口岸合作和交流】 粤港澳口岸各项合作事项稳步开展,关系更加密切。

为减轻粤港两地口岸通关压力,尽早在深圳实施"一地两检"模式,多次组织并参加了探讨一地两检实施方案的会议,并提出了可行性建议方案。

先后组织了3次粤港口岸过境班次会谈预备会议和每年一届的粤澳口岸过境班次安排和管理正式会议,经过多轮磋商,最终与港方就增加文锦渡口岸过境班次配额、皇岗口岸班次套跑、班次管理问题达成共识。文锦渡口岸新增20个过境客运班次配额。另外,为配合口岸延关,在皇岗口岸安排20个"晚间配额",客运车辆仅限于晚上20:00—24:00时通关。

在粤澳合作联席会议上,积极配合澳方提出在拱北口岸关前新建边检大楼的动议,在澳方建边检大楼期间,将从拱北口岸出入境的营运车辆,临时分流到横琴口岸出入境,于2002年12月30日正式实施分流。

【深入基层调研,积极推进外经贸蓬勃发展】

为加快实现广东"建设外经贸强省"的目标,进一步改善广东投资软环境,组成调研小组赴广州、深圳、东莞、佛山、珠海、中山等地考察调研,对在口岸通关方面影响外贸投资发展的主要问题深入研究。如针对粤港口岸合作项目——开通香港机场至珠三角水路客运口岸航线问题、汕头港口岸开放水域范围重新划定问题、深圳盐田港区三期和蛇口港区二期对外开放等问题,通过调研,掌握了第一手资料,提出了意见和建议,为领导决策提供了可靠依据。

为保证外贸出口增长达到预期目标,2002年年初,到基层实地调研,听取了解当地外经贸的基本状况和实际困难,并及时把相关信息反馈主管部门。全年注重跟踪了解,以便及时发现和解决问题。

深圳口岸工作综述

2002年,在市委、市政府的正确领导下,深圳口岸系统坚持以邓小平理论和江泽民同志“三个代表”重要思想为指导,以确保深圳口岸顺畅、安全为总目标,正确把握把关与服务的辩证关系,进一步改善口岸通关环境,提高通关效率,口岸总体运作安全、顺畅。据统计,全年经深圳口岸出入境人员1.29亿人次,同比增长10.4%,占全国出入境总人数的56.35%;出入境车辆1249万辆次,同比增长9.9%,占全国出入境车辆总数的77.47%;进出口货物总量4077.6万吨,同比增长21%;港口集装箱吞吐量761.78万标箱,同比增长50.1%。经特管线进入特区人员3.1亿人次、车辆1.03亿辆次,同比分别增长14.8%和11.3%。目前,深港口岸在正常情况下,已实现“旅客通关不超过30分钟、车辆不超过1个小时”的目标要求。口岸通关环境的明显改善、通关效率的大幅提高,有力地促进了我市外经贸工作和经济发展。

【口岸“大通关”】 一年来,深圳口岸部门进一步密切合作,加强调查研究,推进深圳口岸“大通关”工程,切实提高口岸通关效率,不断适应高速增长的客、车、货流通关要求。

在组织领导方面,调整充实了市口岸管理委员会组成,增加了市政府相关部门作为口岸委成员单位,负责深圳口岸“大通关”工作的统一协调领导。

在查验合作方面,进一步加大口岸部门之间的合作力度,1月1日深圳海关和国检局在罗湖、沙头角、文锦渡、皇岗、蛇口、机场6个旅检口岸正式实施一机两屏、一机一屏同台查验,成为全国关检合作的首创。同时,双方还在预报关预报检、出入境车辆自动核放系统、无纸化通关等方面达成共识。

在加强调查研究方面,口岸办和深圳海关牵头,各口岸查验单位抽调人员成立了深圳口岸“大通关”工作小组,针对深圳口岸存在的主要问题,深入开展“大通关”调研工作,深入进行分析研究,并有的放矢地提出了改进措施。

【口岸规划建设】 口岸管理部门以改善口岸通关环境、提高口岸通关能力为目标,切实加强了口岸改造建设的工作力度。

陆路口岸方面,在时间紧、任务重、协调难度大的情况下,按计划在2002年7月份全面竣工完成罗湖口岸改造工程。改造后该口岸的入出境通道数由原来的137条增加到173条,口岸的日通过能力由原来的双向25万人次/日提高到40万人次/日以上,通关速度比过去提高26%。其中,原通关矛盾最突出的非港澳旅客出入境查验通道,由原12条增加到39条,通关能力相当于原来的300%以上。按照粤港合作联席会议第四次会议要求,深港采用统一设计、统一施工、分段管理、经费分担的模式,分两期对罗湖口岸人行桥进行改造。一期工程地面改造已于2002年上半年完成,二期桥梁全封闭工程正在抓紧进行。此外,抓紧做好沙头角口岸改造和文锦渡边检“快捷通”工程,以及西部通道口岸、皇岗地铁口岸有关前期准备工作。

航空、海运口岸方面,开通了深圳—澳门—台北等航空货运航线,使深圳国际航空货运航班从原来每周16班增加到32班。开通了深圳—香港和深圳—澳门商务直升机客运航班和福永码头至澳门水上客运航线。还开通了蛇口至香港、蛇口至越南大型邮轮国际航线。

【管理协调工作】 2002年，口岸管理部门切实加大管理和协调的力度，整合口岸资源，加强口岸合力，推动口岸工作上新台阶。一是制定实行了口岸联席会议制度。由口岸办牵头、口岸各查验单位负责人参加，定期沟通口岸运作情况，研究解决口岸通关中出现的问题，取得了良好效果。二是抓住通关主要矛盾，积极协调口岸部门采取应对措施。2002年7、8月份，针对过境人、车流出现拥塞的情况，在罗湖口岸增开非港澳旅客通道，将原12条通道增加到22条；从9月5日起，在罗湖口岸入、出境分别设置了2条和3条“外国人专用通道”，方便外国旅客过境；成立口岸指挥协调小组，制定口岸应急处理方案，加强口岸现场秩序的管理。三是开展形式多样的共建活动，以共建促进口岸的业务工作。文锦渡查验、服务单位相互之间签定了工作合作伙伴关系，使共建活动向深层次发展，有力促进了口岸通关工作。四是切实加强口岸综合治理和安全生产工作，建立多层次的领导责任制，认真落实社会治安综合治理各项措施，保障口岸安全稳定。2002年，着重对口岸区内的夜间停车场进行全面清理，解决了皇岗口岸部分出境车辆“过关不过境”、滞留口岸堵塞通道的问题。

【科技应用水平】 一年来，口岸部门通过不断提高科技含量，简化查验手续，提高通关效率。口岸办抓紧实施了“广域网”工程，基本完成了与省口岸指挥中心的联网，使深圳市口岸信息化建设上了一个新的台阶。深圳海关成功开发了货运车辆电子自动核放系统，并于2002年11月4日在皇岗口岸空车和转关通道投入使用，使该系统整体验放速度比原有方式提高效率50%以上，实现了以科技设备代替人工自动验放进出境车辆的飞跃。同时，加速推广加工贸易“联网监管”的进程，全年实现对195家企业联网监管，占加工贸易联网企业的77%。深圳边检总站5月在蛇口站成功试运行总站综合业务信息系统，新系统全面启用后将实现现场业务处理电子化、布撤控网络化、边防检查数据统计自动化，并积极研发“旅检自助通道系统”，进行了专家评审和实验运行。深圳国检局积极推进电子报检、电子转单、电子签证“三电”工程及电子收费试点，组织开发了“CIQ－IS2002检验监管业务系统”，对商品检验、企业监管义务进行电子化、无纸化管理试点。深圳海事局通过科技手段建立完善了海上搜寻救助快速反应机制，及时妥善处理了2002年11月巴拿马籍液化汽船“煤气诗歌”轮在深圳大鹏湾外海面发生的火灾事故。

【特管线建设管理】 一是抓紧做好有关规划建设工作。对新建工程溪冲检查站的外部配套设施进行了完善和改造，确保了该检查站在2002年4月30日正式全面开通。完成了清水河检查站站址的选点、检查站规划建设方案的论证、查验管理部门规模设置方案的初审工作等前期准备工作。二是根据特管线在新时期面临的新形势，积极组织开展二线管理改革调研。提出了简化边防证办理手续、取消《机动车辆进出经济特区查验证》收费、取消二线耕作口定时通关和凭过线作业证通行等改革措施。三是积极采取便利通关措施。深圳特检站推出了非繁忙时段对所有进特区车辆实行免下车检查，在南头、布吉、同乐分站实行24小时办理边境通行证，简化团体进关查验手续等改革措施；武警边防七支队简化了进出三洲田的查验手续，延长了布吉等的开放时间，由过去早上6:30时至晚上12时，延长为早晨5:30时至次日晨2时等。

广东口岸查验单位工作综述

海关总署广东分署

2002年，广东分署在海关总署党组的正确领导下，以党的十六大精神为指引，全面贯彻“三个代表”重要思想，坚持“依法行政、为国把关、服务经济、促进发展”的工作方针，以机关作风建设年为契机，切实加强和改进机关作风建设，积极应对入世，充分发挥组织、协调、监督、指导职能，在推动广东省内海关继续深化业务改革、提高税收征管工作质量、保持打击走私高压、加强队伍建设方面发挥了积极的作用。

【加强组织协调，不断推进省内海关业务改革】 积极推进加工贸易深加工结转监管模式改革。4月15日起在广州、深圳、拱北、汕头、黄埔关区组织改革试点，并通过与广东省政府新闻办联合召开新闻发布会等形式加大对外宣传力度，提高社会各界对改革工作的关注与支持。6月1日新模式在省内海关全面实施后，又密切关注新监管模式的运行情况，注意做好指导、协调和监督工作，主动开展问卷调查征求各方意见和建议，并对反映问题及时研究，统一做法。目前，新模式运行情况良好，结转环节从8个减少为4个，办结手续的时间由改革前的至少5—7天减至平均1天左右，在有效监管的前提下，加速了企业通关，大幅降低了企业办理结转手续的费用，有力推动了广东加工贸易出口，得到了李长春同志、广东省领导以及社会各界的高度评价。

完善陆路通关改革的配套建设。在2001年广东陆路通关改革取得成效的基础上，为进一步将转关车辆的途中运输情况纳入到海关的监控视野，提高中途监管能力，牵头组织了深圳海关和黄埔海关进行广东陆路转关GPS监控及电子关锁系统设计方案的开发工作，在皇岗口岸和风岗车检场开展试点，先后完成了相关的工作方案、阶段实施方案，并起草和上报了《海关关于承运海关监管货物车辆检查办法》、《海关关于对进出境集装箱检查办法》等配套性文件。目前，转关GPS监控系统已投入试运行。

大力推进“旅客通关管理系统”全省联网工作。牵头省内海关开展了研讨论证、实地观摩、人员培训及试点设备投入等准备工作，并制订出相应的管理办法和技术方案，使该系统于10月中旬起在试点海关顺利运行。

协助总署对省内海关其他重大业务改革进行协调。一是配合总署在深圳、黄埔和拱北三个试点海关启动无纸通关的试点工作，通过将海关手续前伸后延外置，缓解了作业现场的“瓶颈”压力。二是协助总署在黄埔海关开展广东陆路口岸快速通关作业改革的试点工作，于6月顺利召开了口岸快速通关作业改革试点验收暨阶段总结会议。三是组织省内海关对广州海关来往港澳小型船舶中途监管模式改革项目进行论证鉴定，并形成报告上报总署，为该项目在全省推广打下基础。

【积极应对入世挑战，努力提高省内海关税收征管水平】 受入世后关税税率下调、实施世贸组织估价规则等多重因素影响，年初以来广东海关税收征管工作呈现出“三低一大”的态势。分署根据总署税收工作会议和每季度召开的省内海关关长会议精神，把税收工作放在轴心位置来抓，加大了对全省海关协调、指导和监督力度，切实采取有力措施促进省内海关税收征管水平稳步提高。

一是组织省内海关关税部门、总署广州价格办、广州归类分中心、深圳海关价格处以及分署业务处、驻港组等多个部门共同组成广东省内海关价格联盟，充分发挥价格、关税等部门的职能作用，加强对进口商品的风险分析及价格监控，加强省内海关审价信息的交流与合作。

二是组织省内海关对税收形势进行分析研究，及时总结和推广省内海关加强税收征管工作的经验和做法，并以月报形式定期汇总和交流省内海关的税收情况。此外还通过粤港海关联络渠道向香港政府统计处了解掌握香港进口商品的区间价格资料，为省内海关审价工作提供指导。

三是加强加工贸易税收征管，协调省内海关做好内销补税工作，组织省内海关对加工贸易进口的不作价设备及进口减免税设备开展清查工作，确保应收尽收。

经过各方的共同努力，同时抓住广东外贸进口增长的有力时机，广东海关税收下滑的局面在下半年得到有力扭转，全年共征收关税和进口环节税 694.3 亿元人民币，比 2001 年同期增长了 3.7 亿元，并且超额完成全年税收计划 56.6 亿元。

【加强对省内海关反走私工作的组织、指导，不断提高反走私工作的针对性和有效性】 针对入世后走私活动出现的新情况、新问题，广东分署在总署的统一部署下，以有效打击价格瞒骗为突破口，整合广东关区打私力量，发挥整体作战优势，继续常备不懈、严防猛打，使反走私工作取得了明显成效，广东关区大规模的恶性走私得到了有效遏制。

加强调查研究，及时掌握广东关区反走私动态。一年来，广东分署赴香港及省内海关组织及参与反走私调研活动 30 多次，对能源走私、反价格瞒骗、毒品走私、报关行业管理、粤港及粤澳直通车走私、“水客”及“看水族”问题等多个方面的情况进行了摸底调查，在此基础上形成调研报告并提出工作建议，主动为总署决策提供参考，受到了署领导的充分肯定。

适时组织专项行动，始终保持打私高压态势。根据总署和广东省委、省府的工作部署，认真组织各关开展元旦、春节期间反走私专项行动、全国禁毒严打整治专项斗争、打击价格瞒骗违法行动、打击非法出版物专项斗争，并根据广东关区不同时期走私活动特点，组织省内海关开展以打击光盘、“两油”、毒品、汽车及其切割件、冻品、香烟、涉税、转关运输渠道、海上“蚂蚁搬家”和粤港、粤澳直通车渠道等为主要内容的区域性、阶段性专项行动近 20 次，取得了明显成效。

发挥指导协调作用，推动省内海关反价格瞒骗工作深入开展。年内分署组织力量多次赴省内收集情况，研究对策，积极与香港海关、警方、统计局等有关部门开展反价格瞒骗交流合作，及时召开全省海关反价格瞒骗现场会总结推广经验，牵头建立省内海关反价格瞒骗联系配合机制，协调开展反价格瞒骗专项斗争。此外注意发挥驻港组“窗口”作用，积极配合海关价格联盟开展情报和信息收集工作。经过努力，广东海关建立起价格联盟和反价格联盟机制，筑建反瞒骗“三道防线”，有效打击商业瞒骗，保证了今年税收任务的顺利完成，提高了税收征管水平。

树立省内海关一盘棋思想，增强全省海关打防结合的整体水平。每季度定期组织省内海关“两查”部门召开反走私工作会议，研究问题，共商对策。根据不同时期的反走私工作侧重点，召开省内分局侦查会议、海查工作例会、情报联络员会议、情报处长会议等各类专门会议，研究布置具体工作。协调、督促省内海关开展规范企业进出口行为、稽查工作，并结合广东关区的业务特点和分署职能定位，编写完成广东分署风险管理体系实施方案。此外，做好协调和指导省内海关跨关区办案工作。

落实反走私责任制，推进综合治理。年内分署与省检察院、环保、检验检疫部门、海事公安部门、省打私办、省交通厅、省渔业局等地方部门加强沟通合作，完善联系配合机制，保持经常性的信息交流，坚持查私案件通报制度，全年共向省有关部门通报走私案件 300 多宗。此外，积极参加地方党政牵头的各种联合行动和专项打击行动，参与整治重点市场，引导、规范企业经营行为，推动了反走私综合治理工作的深入开展。

认真开展粤港海关行政互助。一年来，广东分署经粤港联络员渠道，为省内海关缉私部门办理的55宗重大案件查询涉案资料68次，获取有价值资料3000多份，协助省内缉私部门赴港调查取证及与香港海关召开案件协调会议18次，组织开展粤港海关海上联合行动4次。注重教育资源优势互补，加强粤港海关培训互访，年内双方共计有140多人次接受了培训。此外，分署缉私局与香港警方之间初步建立起联络沟通渠道，进一步拓宽了今后与港方的合作领域。

【加强法制建设，提高执法水平】 加强行政复议工作。年内修改《海关总署广东分署审理行政复议案件内部工作细则》、《海关总署广东分署案件审理委员会操作规程》等案件办理管理规定，加大复议调查、听证程序的启动力度，加强制发复议意见书，全年共指导省内海关办理针对隶属海关行政行为的复议案件1100多宗，承办省内海关复议案件140起。

推动法制建设。参与总署有关行政法规的修订和完善工作，跟踪、监督省内海关制订规范性文件近1000件。适时开展调查研究，积极向总署提出“旅客违法携带货币进出境案件处理规定”等立、改、废法的建议近10项，协助地方政府清理规范性文件50多件。办理人大代表、政协委员提案、建议4份。

加强对省内海关法规工作的指导、协调。通过建立健全省内海关法规工作例会制度、创办《办案研究》专刊、开展“以案说法”活动等形式推动省内海关法规工作交流，纠正海关不当行政行为。指导省内海关对60多份行政法规、规章及规范性文件草案和地方法规、规章等进行了前期协调和论证，消除关区间执法差异。加强省内海关行政诉讼指导，全年共指导省内海关办理行政诉讼案件35宗。

此外，在知识产权保护、扫黄打非、贸易管制等多个方面加强海关之间、海关与地方有关部门之间的联系协作，全年共指导省内海关查获各类侵犯知识产权案件160起，案值3797多万元，为省内海关争取地方扫黄打非经费200万元，有效解决经费缺口问题，并牵头建立了由广东省19家贸管部门共同参加的广东省贸管联席会议制度，进一步畅通了贸管工作的合作渠道。

【改进机关工作作风，切实加强队伍建设】 2002年是分署“机关作风建设年”，分署在学习贯彻十五届六中全会、开展分署机关作风调查的基础上，进一步加大了抓分署机关作风建设的力度，有针对性地开展整改活动：一是制定并下发《加强和改进分署机关作风建设的决定》，对机关作风建设存在的问题和不足提出六条意见并且狠抓落实。二是密切联系群众，开展谈心、交心活动和召开季度征集群众意见例会，在分署网页开辟主任信箱和“转变机关作风专栏”，对群众普遍、集中反映的实际问题做好反馈并研究解决。三是加大下基层调研、指导工作的力度，从分署领导到机关各部门，都深入一线开展调查研究，与省内海关一道研究分析解决问题，强化服务基层意识。四是及时总结机关作风建设情况，树立先进典型，弘扬事迹经验，推动机关作风建设继续深入开展。通过加强和改进机关作风建设，分署机关干部的精神面貌和工作姿态有了明显的转变，职能作用得到了更好地发挥，领导和工作方法有了改进，而且进一步密切了与群众的联系，强化了为基层服务的意识，提高了工作效率，得到了海关总署、广东省委、省政府和省内海关的充分肯定和好评。

加强党风廉政建设。一是狠抓反腐败三项工作的落实，深入开展党风廉政建设和反腐败斗争，进一步规范领导干部从政行为，继续督促省内海关开展纠风整纪工作，继续做好信访工作，共向省内各直属海关转办信访件42件，并协助总署监察局、省纪委、省检察院等部门查办案件。通过对省内海关开展的外勤工作纪律“九不准”执行情况及行风状况调研综合分析结果显示，认为经过一段时期纠风整纪工作，海关的行风状况有很大好转和有所好转的，关员占93.3%，工作对象占82.8%。二是强化治本措施，认真抓好廉政教育，紧贴行政执法和业务管理开展调研工作，深化内部督察审计工作，建立健全有效的内部控制制度。三是加大对省内海关纪检监察工作的指导协调力度，组织召开省内海关纪检监察工作座谈会、督察审计工作座谈会，促进各关纪检监察部门的联系配合，并积极推进省内隶属海关关长任期经济责任审计工作。

【加强机关管理，完善内部建设】 规范内部管理。重新修订和制定了分署出国(境)管理办法、办公用品管理办法、通讯工具审批办法、交流干部住房管理办法、公房租住办法等30多项内部管理办法；认真开展财务预算、决算工作，抓好分署各项财务制度的落实，加强对分署、缉私局、海关学会、信息分中心、报关协会等多个部门的财务管理。倡导厉行节约之风，杜绝铺张浪费；严格后勤服务的审批管理，在确保高质量的前提下尽量节约各项费用。

抓好政务信息建设。改进分署智能化管理系统，完善办公自动化系统应用，加快红机网建设步伐，制定红机网保密、技术维护与具体操作管理办法，规范分署办文的程序和做法，加快公文送阅、呈办的运转速度，确保政令畅通。

加强外事合作与交流。年内共为分署人员办理出境报批及协调工作共计23批75人次，接待境外来访团体共8批约100人次。组织召开2002年粤港海关业务联系年度例会议，成功举办了第九届粤港澳泰四角地区海关足球邀请赛。此外，驻港组继续做好总署在港物业的管理工作及有关接待工作，全年共接待海关各类访港团体87批，434人次。

认真开展修志工作。上半年顺利通过了《广东海关志》的二审、三审工作，9月正式出版发行并结束首届修志工作；11月启动第二届修志工作。

启动全国海关信息中心广东分中心的各项筹备工作。根据分中心的建设目标和任务制定了各项技术方案和设备需求计划，向省保密局申请该工程为保密工程并获得通过。目前分署成立了“招投标评审小组”，开展工程招标工作。

广州海关

2002年，广州海关认真贯彻党中央、国务院和海关总署一系列重要指示精神，深入贯彻“依法行政，为国把关，服务经济，促进发展”海关工作方针，积极应对我国加入世界贸易组织后海关工作面临的新情况、新挑战和新考验，加强队伍建设，深化业务改革，较好地完成了各项工作任务。

【税收创历史新高】 积极应对入世后关税税率大幅下调、全面实施《WTO估价协定》和主要税源商品结构调整等诸多因素带来.的不利影响，以税收为“轴心”，形成了综合治税的大格局，采取整体监控等一系列有效措施确保应收尽收，税收征管质量得到明显提高，有力地推动了税收征管工作的开展。全年征收关税和进口环节税土29.86亿元，比2001年增长1.46%，超出计划6.36亿元，创历史新高。

【打私工作取得新成绩】 顺利完成查私职能调整，落实打私职能分工，进一步完善了缉私格局。组织开展了打击价格瞒骗专项斗争，成功查获某公司走私进口奶粉大案，打响了入世后全国海关反价格瞒骗战役的“第一枪”。大力开展国际刑事司法互助和警务合作，积极参加省市反走私联合行动，较好地实现了正面监管、现场查缉与案件侦破的有效结合，推动了综合治理。全年共查获走私案件765宗，案值4.3亿元，查获违规案件土042宗，案值土.5亿元，立案侦办走私罪嫌疑案件108宗，案值8.98亿元，执行逮捕170人，移送检察院起诉71一宗166人，罚没入库2.4亿元。

【监管工作不断加强】 不断强化监管基础性工作，加快物流监控设施的建设改造，提高整体监管效能。积极发挥科技设备作用，推进现场查验与风险分析的融合，有效提高了查获率。规范审单作业，初步建立了有效顺畅的通关运作机制，通关效率进一步提高，进口货物的当天放行率和出口货物4小时放行率分别为67.2土%和81.35g。全面推进非贸物品监管正规化建设，积极清理非贸法规和内部规范性文件，论证和提出了非贸监管正规化建设的总体方案。按照“从严要求”和“从优待警”原则，加强与驻点武警的联系配合，提高了关警合作水平。全年共监管进出口货物2304.27万吨，商品总值333.41亿美元，监管进出境邮递、快递物品3436.64万件，查获违禁印刷品、音像制品50.9万件。

【进一步深化业务改革】 一是顺利完成H2000试点及全关区推广工作，年底前全部完成了所有业务点的切换工作，基本实现全部报关单应用H2000系统进行审核，通过网络改造极大地提高了网络的速度、稳定性、可靠性和抗攻击性。二是“电子口岸”建设取得新进展。出口收汇子系统运行平稳；加工贸易联网监管改革在试点企业已进入实际运行阶段；出口退税子系统在广州地区已完成试点工作；积极推进网上支付项目试点工作，目前已有20多家大企业签署了用户协议；中国电子口岸数据中心广州分中心的筹建工作也基本完成。三是小型船舶快速通关改革取得突破性进展，安装GPS船载装置的小型船舶达100艘，并协助广东分署对系统进行了推广的论证、鉴定。四是“3e”电子快速通关改革向纵深发展，目前全关已有28家企业安装该系统，涉及IT、家电、汽车、航材等行业，实现了从一般贸易到加工贸易、从IT产业到传统产业、从生产企业到流通企业的推广。

此外，采取有效措施大力削减“文山会海”，机关办公秩序得到进一步规范。积极开展政研工作，成效显著。加强知识产权保护，开展规范性文件清理，法制工作水平不断提高。积极向地方政府报送进出口数据和分析，服务地方经济发展。大力推进干部人事制度改革，成立了政治部，力口大为业务改革和队伍建设提供组织保障工作的力度，认真贯彻《党政领导干部选拔任用工作条例》，落实党管干部原则，坚持用公开、平等、竞争、择优的原则选拔领导干部。强化监督制约，进一步狠抓了反腐败和党风廉政建设。

2002年广州海关主要业务量

项目		单位	合计	比上年增长(%)	进口	比上年增长(%)	出口	比上年增长(%)
进出口货物总量		吨	23042667	11.24	14072757	7.57	8969910	17.52
进出口货物总值		万美元	3334136	21.43	1558227	23.49	1775910	19.67
进出境运输工具	船舶	艘次	102453	7.87	53048	8.56	49405	7.13
	汽车	辆次	573121	12.0	124248	12.52	448873	11.85
	火车	卡次	82287	6.92	45738	16.67	36549	—3.21
	飞机	架次	16981	45.67	6978	19.10	10003	72.53
进出境集装箱		箱次	1966212	19.39				
进出境人员		人次	6934876	10.78				
邮递物品		件	34366386	11.22				
快递物品		件	6530478	20.04				
其中:邮政快递		件	2224044	27.34				
非邮政快递		件	4306434	16.1	774949	18.38	1191263	20.05
征收税款		万元	1298569	1.47	3392723	9.56	3542153	11.98
其中:关税		万元	382694	—18.97				
进口环节税		万元	915875	13.43				
查获违规案件宗数		宗	1042	16.04	841987	11.64	1382057	39.27
查获违规案件案值		万元	15393	—27.92	1101544	8.84	3204890	18.82
查获走私案件宗数		宗	765	—41.42				
查获走私案件案值		万元	42811	99.51				
走私犯罪立案案数		占	108	4.85				
走私犯罪立案案值		万元	89854	97.35				
罚没收入(已入库)		万元	23887	27.12				

深圳海关

【概况】 2002年,深圳海关关始终把创造性地贯彻“依法行政、为国把关、服务经济、促进发展”海关工作新方针作为实践“三个代表”重要思想的具体体现,正确把握“把关”与“服务”的辩证关系,以法为本,狠抓业务建设,不断实现管理观念、管理手段、管理制度的“三项创新”;以人为本,狠抓队伍建设,不断实现人员素质、行政效率、工作待遇的“三个提高”;以可持续发展为目标,狠抓人文环境建设,不断推进文化道德环境、执法环境、工作生活环境的“三个创建”。在全年工作中,始终注意把握“把关与服务”、“重点工作与改革创新”、“业务建设、队伍建设与人文环境建设”的“三个结合”,整体推进,务求实效,基本达到了中央、地方、企业和自身的“四个满意”。全年共监管进出口货物总值1037亿美元，同比增长29.5%，进出境运输工具1004.3万辆(艘、卡)次；监管进出境旅客行李物品1.31亿人次，增加11.8%，仍然居全国海关第1位；全年查获走私案件2205宗，案值1.41亿元，上缴罚没收入3.03亿元；统计报关单337.9万份，与去年同期相比增长22.2%，报关单记录条数928.4万条，与去年同期相比增长25.2%。

【关税征收】 2002年，深圳海关把完成税收作为一项政治任务、作为轴心工作来抓，确立了综合治税的总体思路:一是采取“贸易成本和不确定性成本”分析的办法，客观地分析了税收情况，确定了正确的思路。二是加强审价工作，严厉打击低瞒报价格的行为。三是探索建立信任管理的方法，与信誉良好的企业签订MOU，在确保税收应收尽收的基础上促进守法企业快速通关。四是建立纳税企业风险管理制度，加强税收监控和税费清理工作，防止了税收跑、冒、漏、滴。五是加大核销补税工作力度，对重点行业和进口不作价设备大户进行专项稽查。六是开展税收征管质量考评，建立以税收质量为核心的考核机制，促进税收征管水平的明显提高。全年征收税款283.8亿元，增加9.6%，超额24.9亿元完成全年的税收任务，取得历史性的好成绩。

【缉私工作】 2002年，深圳海关按照海关总署的要求，成功完成了调查、侦查职能调整，建立了行政执法和刑事执法协调统一的工作机制，海关缉私力量进一步壮大。在集中打击重点地区、重点渠道和重点商品的走私违法活动的同时，建立起可操作性强调查风险评估机制。对加工贸易渠道走私和价格瞒骗行为给予了重点打击。进一步优化办案程序，提高办案质量，适时开展打私专项行动，加大后续稽查力度。加强反走私综合治理，构筑全方位防线，形成以海关侦查、调查为主，各部门共同参与，齐抓共管“综合治理”的打私局面。全年查处走私案件3504宗，同比减少1.38%，涉案案值2.95亿元，减少47.5%，罚没收入30252.3万元，减少31.3%。侦查立案数205宗，减少22.1%，刑拘523人，执行逮捕381人，移送起诉395人。

【监管】 深圳海关采取积极有效措施，切实加强对进出口货物的正面监管，确保物流监控到位。一是把“由物及人”的工作理念转到“由人及物”上来，把单纯的强制执法转变为知法守法、守法自律为主的新机制上来。二是初步形成《风险管理运作机制》方案，有力地推动了风险管理运作机制建设。三是加强“两水两陆”的快速通关模式的配套建设，提高通关效率。四是继续落实提前报关、联网报关、快速通关、上门验放、加急通关、担保验放等6项便捷通关措施。五是改革行邮监管机制，推广罗湖旅客通关管理系统，确立快件监管新模式和审价机制，促进行邮监管工作的发展。六是加强与借调武警的联系配合，完善协作机制，提高海关整体监管能力。七是从2002年6月1日起，启用海关查验标志，明确海关与货主(代理人)的责任，体现了海关文明执法和诚信优质服务。全年共监管进出口货物6726.6万吨，货值1037亿美元，运输工具1004.3万辆(卡、艘)，行邮快件1313.7万件，出入境人员1.3亿人次。

【业务改革】 改革加工贸易和保税区管理机制，主动适应经济发展。一是2002年初，深圳海关将下属沙湾海关、南头海关、现场业务处作为属地管理型海关，分别负责办理深圳市龙岗区、宝安区、特区内的加工贸易企业合同备案、减免税审批、接单审核、书面核销等内勤业务；将布吉海关、同乐海关和驻特区办事处作为外勤海关，分别负责上述三区的加工贸易企业下厂稽查、核查、巡查和调查等外勤业务；梅林海关专门负责对联网监管的保税工厂实行专项管理。实现从不同角度、不同环节、以不同手段对同一监管对象进行连贯性的监控，突出监管重点，提高了监管效能。二是加速推广加工贸易“联网监管”的进程，进一步简化手续，完善系统，截止2002年底实现联网监管达195家。三是在深圳福田保税区启动了“保税区电子监管综合系统”，实现了福田保税区、沙头角保税区、盐田保税区“统一执法、统一模式、规范操作、提高效率”的目标。

【队伍建设】 2002年，深圳海关以政治部正式挂牌运行为契机，狠抓班子建设，推进人事制度改革，优化人力资源配置，对人事、教育、政工、党务、工青妇等部门进行整合，形成了“大政工”的思想政治工作组织构架，提出了“为中心工作服务、为基层服务、为群众服务”的口号，扎扎实实地推进队伍建设工作。具体措施如下：一是抓班子建设，出台了《深圳海关隶属关(处)长行为规范》等制度，抓好《廉政责任书》的签订及落实工作，要求各级领导班子将议事范围具体化、程序规范化。二是深化人事干部制度改革，优化领导了干部队伍年龄结构。进一步规范实施领导干部竞争上岗、任前公示制度，改进和完善干部选拔、任免制度；实行满负荷工作法，推广罗湖海关的月考核先进经验。三是不断加大廉政建设力度，制定党风廉政责任制考核办法，从源头上预防腐败；围绕权限调整，对重要业务改革进行调研，提出监察建议；坚决查处违法违纪案件。全年对14人进行了行政处分，保证了干部不出大的执法腐败案件。四是总结罗湖海关旅检查私能手郭惠绮为代表的缉私群英成熟的缉私经验，推出“郭惠绮工作法”并在全关学习推广。开展“业务尖子”评选活动，共评选出103名业务尖子。

【建立推广公路口岸通道自动核放系统】 2002年5月20日，深圳海关在皇岗海关进口转关通道试行了“自动核放系统”，实现了车辆自动识别、司机卡自动识别、电子地磅、电子闸门和物流监控等五种电子设施的系统联动，并实现了与H883/EDI系统的对接。7月1日，皇岗海关又试行了进口转关车辆电子数据和转关数据的捆绑发送。11月4日，该项目正式启用。自动核放系统实现了5大目标：严密了海关监管，提高了工作效率，降低了廉政风险，改善了工作环境，优化了口岸资源配置。海关总署刘文杰副署长指出：“建立电子自动核放通道改革，是海关监管模式上的重大突破，代表了中国公路口岸改革的基本方向”。

【推行海关“110”制度】 2002年初，深圳海关设立了通关业务咨询投诉中心(又称“深圳海关110”)，集中受理社会各界通过走访、信函、电话、网络等途径提出的业务咨询、投诉，在各隶属关(处)设了32个二级联络单位，形成了一个联系畅顺、反映迅速的咨询投诉工作网络，倍受社会和广大企业的欢迎。截止2002底，该中心共处理来信306件、来访约1500余人次、来电约14000余个、网上业务咨询7500余宗、关长电子邮件1400余件，其中业务咨询约占95%，办结率为100%，并多次受到各级领导的肯定和表扬。

【试行“满负荷工作法”，推行量化管理】 根据人性化管理思路，深圳海关在全关试行科学的“满负荷工作法”坚持以责定岗，实行以量定员，每个既定岗位以工作量的变化合理地安排人员，合理地设置岗位。通过引入绩效管理，对关员设置工作目标，使其在主观方面追求最大的工作容量、最高的工作效率和最好的工作质量，通过及时进行评价和奖励，一定程度缓和了业务量不断增长与人员编制相对不足地矛盾，开创了人力资源配置地新方法。同时，深圳海关还在全关推行量化管理，发挥激励机制应有地作用。通过考勤、考绩、考廉为重点，把出勤率、表扬和投诉率、质量好坏、效率高低、态度优劣等因素量化，完善了用制度管人的激励机制，并使之与培训提拔、评奖评先相挂钩，一定程度地解决了干好干坏、干多干少一个样的问题。

【深圳海关政治部成立】 2002年3月1日，深圳海关举行政治部成立挂牌仪式，该关政治部正式成立。

该关政治部将充分发挥“大政工”的思想政治和宣传舆论优势，创建与时俱进、开拓进取的海关人文环境，实现海关事业的可持续发展。

【惠州海关从黄埔海关移交深圳海关】 2002年9月1日，惠州海关从黄埔海关移交深圳海关。并从9月1日开始，惠州海关各项工作都正式启用深圳海关工作模式。

【国家八部委办领导考察调研团就深圳口岸通关问题进行考察】 12月16日，财政部部长项怀诚、国家港澳办公室主任廖晖、海关总署副署长刘文杰等一行组成的国家八部委办领导考察调研团，在广东省副省长汤炳权、广东省委常委、深圳市市长于幼军、广东分署主任孙松璞的陪同下，就深圳口岸通关问题进行调研。考察团考察了深圳罗湖、文锦渡、皇岗、沙头角等口岸通关情况及造成口岸堵塞的主要原因，听取了深圳海关负责人关于海关积极推进通关改革、提高通关效率以及工作中存在问题的情况汇报。考察团对深圳海关近年来为促进经济发展，锐意改革所取得的成效表示赞许。

深圳海关2002务量统计表

项　　目	单　　位	数　　量	比上一年增减	备　　注
进出口货物总值	亿美元	1037	+29%	
进出口货运量	万吨	6726.6	+15.8%	
进出境运输工具	(艘卡)次	1004.4	+6.9%	占98.91%
其中汽车万辆	万辆	993.5	+6.8%	
进出境人员	万人次	13071.6	+11.8%	占77.72%
其中港澳旅客	万人次	10159.3	+8.5%	
进出口印刷品	万件	272.3	+21.8%	
快递物品	万件	1313.7	+76.3%	
查获走私案数	宗	2205	−36.0%	
查私上缴罚没	亿元	3.03	−31.3%	
查扣违禁进口宣传品	百万件	0.28	−84.8%	
侦查立案	宗	205	−22.1%	
侦查执行逮捕人数	人	381	−27.8%	
征收税款	亿元	283.8	+9.6%	
统计报关单(份)	万份	337.9	+22.2%	
统计报关单(条)	万份	928.4	+25.2%	

拱北海关

2002年，拱北海关深入学习贯彻“三个代表”重要思想，狠抓业务建设和队伍建设，坚持把关与服务的统一，有效监管和高效运作的统一，全面履行工作职能，各项工作保持了良好的发展势头。全年共验放进出口货运量 9938 万吨，进出口货物总值 198 亿美元，进出境人员 5371 万人次，查获走私案件 1760 宗，案值约 9.1 亿元，分别比 2001 年增长 270%、37%、15.7%、0.5%和 125%；征收两税 38.1 亿元，完成全年任务的 106%。

【坚持把关与服务的统一，全面完成税收、打私、监管和改革等工作任务】 在税收征管方面，将税收工作作为各项业务工作的轴心，通过依法治税和综合治税，开展反价格瞒骗和税收专项检查行动，不断提高税收水平，超额完成税收任务。

在打私工作方面，不断理顺和完善缉私工作体制，集中力量对海上走私、加工贸易渠道走私、旅检渠道"水客"走私等进行了重点打击，保持对走私的高压态势，年内共查获共查获走私成品油 4861 吨，汽车 98 辆，光盘 645 万张；上缴罚没收入 1.8 亿元；抓获走私犯罪嫌疑人 336 名，移送起诉 122 起 232 人，法院判决 102 起 176 人走私上缴罚没收入 1.8 亿元。

在加强正面监管方面，通过不断提高风险管理应用水平，稳步推进查验作业改革，提高科技设备监管效能，加大中期核查力度等手段，不断提高物流监控和加工贸易监管水平，完成了第四届珠海航展现场监管服务等重点工作，确保监管到位。

在法制建设方面，根据 WTO 对海关工作的新要求，通过加强法制宣传教育，开展执法检查活动，清理"不成文规定"，提高了员工依法行政意识和文明执法水平。

此外，还大力推进信息化建设，不断深化通关作业改革。建立健全了中国电子口岸运行维护机制，实现了电子地磅信息与 H883 系统数据的联网对接，自行开发应用了进出口贸易管制系统，顺利推进深加工结转模式改革，并逐步形成预归类、预审价工作机制，取得了良好的效果。

【坚持有效监管与高效服务的统一，积极为推动贸易便利化营造良好的通关和投资软环境】

不断加大对重点企业的扶持力度，优化企业通关环境。大力贯彻落实各项扶持重点企业以及便捷通关、提前报关、快速转关和联网报关、无纸通关等措施，并出台了《拱北海关进一步支持促进外贸出口八项措施》和《拱北海关支持守法企业通关便利的九项措施》，不断扩大享受便捷通关待遇的大型生产企业的范围，加大对守法企业的支持力度。

加强对外联系配合，积极参与和推动口岸"大通关"建设。积极参与调整口岸布局，整合口岸资源工作，自行开发启用了"关港联网系统"，不提高口岸通关能力。同时采取得力措施，全力做好了闸口、横琴业务分流工作。

坚决落实关务公开，不断提高服务水平。向企业印发了《拱北海关关务公开手册》、《进出口企业办理海关业务须知》等合计近 9 万册，开设了拱北海关政策咨询网站；为全国、广东省政协澳门委员开通了热线电话，积极参与珠海市外贸"110"行动，自觉接收社会各界的监督和咨询。通过上述措施，加强了与企业的联系沟通，提高了通关效率，优化了通关环境。全年共收到企业表扬信、锦旗 80 多件；进出口货物通关速度均列全国海关前列。

【坚持从严治关，切实加强队伍建设】 一是加强领导班子建设，以好的班子带出好的队伍。各级领导不断加强学习制度，主动约法三章，带头改进工作作风，自觉接受群众监督。同时，通过大力推进干部人事制度改革，逐步形成结构合理、德才兼备、年富力强的各级领导班子；二是将学习贯彻十六大会议精神和"三个代表"重要思想作为年内队伍建设的重中之重，以加强基层建设为突破口，逐步构建全关基层建设工作网络和党政团三位一体的思想政治工作网络，通过开展"三珍惜、三热爱"等理想信念教育，不断创新工作方法,提高思想政治工作效果;三是坚持预防为主的原则,通过落实党风廉政建设领导责任制,配齐配强纪检监察特派员队伍,认真抓好对重点岗位、重点人员、重点时期的教育工作,完善重大决策公示制度,与珠海市检察院建立预防职务犯罪的联合工作机制等一系列措施,认真做好反腐败抓源头工作。四是切实关心群众生活,提高干部队伍凝聚力。年内成功承办了全国海关(南方片)文艺汇演、第九届粤港澳泰四角足球赛等大型活动,男子篮球队在全国海关系统首届男子篮球联赛中获得亚军。

2002年拱北关区主要业务指标

项　目	单　位	合　计	增减%
进出口货物总值	万美元	1976555	36.97
其中:进口		906583	38.68
出　口		1069972	35.55
进出口货运量	万吨	9938	270.41
其中:进口		566	8.02
出口		9372	334.09
集装箱	箱	1120405	16.72
进出境运输工具	辆艘次	2228385	5.59
进出口报关单	份	1199938	16.93
税收情况	万元	380945	—13.76
其中:关税		109872	—31.26
环节税		271072	—3.84
稽查	个		
其中:企业注册数		5839	2.24
稽查企业数		357	98.33
保税	份		
其中:备案合同数		21671	40.58
核销合同数		17439	5.28
行邮	万人次		
其中:出入境人员		5371	15.73
查获走私违规情况	起		
其中:走私查获案数		1760	0.51
案值	万元	91281	125.44
违规案数	起	1414	—5.73
案值	万元	22552	—5.13
走私犯罪情况	起		
受案情况:案数		697	81.51
案值	万元	93897	164.33

项　　目	单　　位	合　　计	增减%
立案情况:案数	起	133	11.76
案值	万元	92171	186.59
结案情况:案数	起	151	31.3
案值	万元	130584	320.28
抓获嫌疑人	人	338	22.91

汕头海关

【概述】 汕头海关关区范围包括粤东的汕头(含汕头经济特区)、汕尾、梅州、潮州和揭阳五个地级市及所属30个县(市、区),关区面积约3.1万平方公里,关区内有一类海运口岸5个(汕头港、汕尾港、南澳港、潮阳港、潮州港),航空口岸2个(汕头外砂机场、梅州机场),二类海运口岸12个,陆运验货场14个。

2002年,汕头海关在海关总署党组的正确领导下,坚持以邓小平理论和"三个代表"重要思想为指导,以"依法行政、为国把关、服务经济、促进发展"海关工作新方针统揽全局,认真学习贯彻党的十六大和全国海关关长会议等一系列重要会议精神,采取措施,狠抓落实,克服困难,负重奋进,认真履行把关服务职责,较好完成各项工作任务。全年共监管进出境运输工具14.21万辆(艘)次,比2001年(下同)增长5.15%;监管进出口货物459万吨,增长0.76%;验放进出境人员20万人次,减少15.86%;征收关税和进口环节税18.55亿元,减少33.18%;查获走私案件164宗,在扣私货价值0.67亿元,分别减少49.54%和53.47%;查获违规案件859宗,案值1.45亿元,分别增加23.24%和比减12.23%;上缴罚没收入1.05亿元,减少21.97%。

【开展口岸情况调研,清理粤东地区口岸码头】 为解决粤东地区口岸码头管理上长期存在的老大难问题,通过开展关区口岸情况调研,对各类海关监管码头的基本分布、经营状况、进出口业务量及海关监管情况等进行摸底调查,并形成口岸情况调研报告上报海关总署。认真配合海关总署等有关部门开展粤东口岸码头清理整顿工作,以"压缩数量、优化存量、提高质量"的总体思路为指导,下大气力,对关区口岸码头进行清理并加强管理,同时主动联系地方政府及主管部门,做好宣传解释工作,取得理解和配合。对多年没有装卸或存放进出口货物业务且监管设施不符合海关要求的12个货运临时监管场所予以撤销。清理撤销多年前批准、命名的28个"海关监管油(气)库"码头,这些油气库码头绝大多数设在海关监管区外,平时只在实际进口时才涉及监管环节,日常没有进行管理。对在两年前已自行停止业务的龙华码头,建议地方政府责成原审批部门正式发文撤销。

【规范口岸码头管理,提高监管效能】 采取有效措施,严密码头监控,加强巡查监管,改进监管码头卡口值守管理,提高监管效能。研究开发"海关所辖口岸及监管场所电子底帐系统",使海关对监管场所的管理做到"心中有数"。结合关区监管实际,明确要求装卸内贸货物码头与装卸进出口货物码头的场地应分开,建设符合海关监管规定的隔离设施。出台《汕头海关对海运进口油、气类货物的监管规定》,对油、气库起卸海运进口油、气实行逐批审核制,保证海运进口油、气业务的正常监管。在规范管理、清理口岸码头的同时,采取措施支持港口建设,积极上报将广澳港区纳入汕头港建设项目及列入"十五"规划，积极支持汕头加德士燃气码头和潮州虎屿华丰气码头临时接靠外轮，促进经济发展。

【推进口岸通关作业改革，加快通关速度】 稳步推进通关作业改革，顺利完成海关业务信息化系统H883/EDI 5.2版的切换工作；开展“中国电子口岸”出口退税子系统的联网试点工作；做好“广东省内跨关区深加工结转”项目的推广应用工作；开发“汕头海关通关速度查询系统”，使通关效率分析监控管理工作迈上新台阶；引进和完善“通关职能管理系统”，对海关通关作业流程全方位进行自动化运行监督和量化评估，提高通关管理整体效能。按照“既要把关、更要服务”的思路，研究制订5个方面25项促进措施，进一步加大促进关区外向型经济发展的力度。出台《汕头海关对出口企业实行F通道管理的操作规程》，对389家遵纪守法的外贸出口大户企业给予快速验放的通关便利，并加强规范管理。对全国便捷通关企业试行联网报关和网上付税，并逐步推广。协助地方建立企业信用体系，推进企业守法管理。根据企业守法的总体情况，适当调低了查验率。严格规定进出口货物通关作业时限，落实《海关通关现场关务公开基本标准》和行政审批项目“十公开”。全年进、出口平均通关速度分别为1.65天和0.08天，分别比上一年缩短了0.64天和0.10天。

【实施跨关区快速通关，提高口岸通关效率】 引进信息化手段，严密跨关区转关货物监控，推动转关业务“有效监管，高效运作”，全年共办理进出口转关单140843份及有关监管手续。1月1日，按照海关总署统一部署，启用了全国跨关区快速通关作业系统（修改版），各有关部门通力合作，认真做好修改测试工作，及早对外公告，向进出口企业、运输企业、驾驶人员做好宣传工作；及时与总署工程组和口岸海关联系沟通，并积极研究解决系统使用过程中出现的问题，保证了系统顺利实施和转关业务顺利开展，最大限度地减少进出口货物在海关监管场所的滞留时间。先后在11个陆运货检现场实行“电子地磅与H883系统联网”工作开展联网工作，为实现主管海关与口岸海关之间转关车辆电子地磅数据的双向传输打下基础。认真解决企业转关的疑难问题，支持促进地方经济发展，如对广东金刚玻璃科技股份有限公司转关出口的玻璃幕墙因超高无法装入标准货柜而给予特殊监管，使企业货物顺利出口。

【加大打击走私力度，维护口岸秩序】 坚持打击走私与整治和规范进出口通关秩序有机结合，加大打私力度，保持高压态势。召开打私工作会议，签订《反走私工作责任书》。开展了元旦春节期间、中秋国庆期间反走私专项行动、海上反走私专项行动、“扫黄打非”专项行动、打击进口汽车及其切割（零配）件走私、肉类冻品走私、能源走私、非法出版物走私、港澳直通车走私以及小型船舶“红油”走私等专项行动。全年共查获走私案件164宗，案值15876.18万元，在扣私货价值6691万元；查获违规案件859 宗，货值1.45亿元。对122名走私犯罪嫌疑人采取强制性措施，上缴罚没收入1.05亿元。

【加强税收征管，确保应收尽收】 坚持以税收工作为“轴心”，征税入库18.55亿元，提前25天完成税收计划。健全价格管理工作机制，提高审价工作水平，制定实施《汕头海关估价工作规程》等规范性文件，理顺通关环节审价作业流程，初步建立了关税职能部门以宏观监控为重点、审单中心以风险布控为重点、业务现场以实地审价为重点的价格管理工作机制。不断加大现场审价、验估磋商、价格监控、后续稽核力度，提高审价工作水平。一般贸易征收水平在全国海关排名大幅进步。先后开展两次打击低瞒报价格专项行动，查获低瞒报价格案件39宗，案值1.47亿元。审价补税4399 宗，补税5110万元，分别比增51%和54%。加强加工贸易中期核查和后续管理，对重点敏感商品合同加强跟踪监控，打击串料、倒卖料件等走私活动。严格单耗管理，加大内销补税、边角料补税力度，做到应补尽补，加工贸易内销补税9394万元，比增78.5%，内销补税水平达0.114元/1美元。

【加大从严治关力度，加强队伍建设】 以加强班子建设和廉政建设为着力点，从严治关，全面推进队伍建设。制订《汕头海关党组加强自身建设的决定》，加强班子建设。强化员工“四种意识”即依法办事意识、垂直领导意识、管理落实意识和服务促进的意识，促进指导思想转变。加强廉政教育和警示教育，增强廉洁自律意识。调整和续聘关风关纪监督员 212 名，充分发挥监督作用。制订了加强基层建设的工作思路和《2003－2005 年基层建设发展规划》，开展“三珍惜、三热爱”理想信念教育活动和纪律教育学习月活动，组织全关党员、团员认真学习、深刻理解并积极实践“三个代表”重要思想，加强党团组织建设。

汕头海关 2002 年主要业务情况一览表(一)

项目			单位	2002年 1－12月	2001年 1－12月	增减(%)
进出口报关单总数			张	235614	227571	3.53
进出口记录条总数			条	462957	450824	2.69
进出口总值	合计		亿美元	46.63	42.88	8.74
	进口		亿美元	19.07	20.11	－5.2
	出口		亿美元	27.56	22.77	21.06
进出口货运量	合计		万吨	459	455	0.76
	进口		万吨	287	304	－5.64
	出口		万吨	172	151	13.62
集装箱	集装箱总数		箱次	277336	287505	－3.54
	箱载货物		万吨	183	183	－0.04
监管运输工具	监管总数		辆艘	142059	135107	5.15
	监管进出境总数		辆艘	5232	6782	－22.85
	其中:进出境船舶		艘次	3614	4764	－24.14
企业	注册企业		个	3864	——	——
	其中:报关企业		个	3281	——	——
行邮	出入境人员		万人次	20	24	－15.86
	邮、快递总数		万件	15	12	19.08
	其中	邮递物品	万件	13	10	38.53
		快件	万件	1	3	－54.36
加工贸易	实有加工贸易企业		个	1180	——	——
	备案加工合同		份	2877	3508	－17.99
	合同备案金额		亿美元	10.4	11.58	－10.21
	经批准内销补税		万元	9394	5262	78.5

汕头海关2002年主要业务情况一览表(二)

项目			单位	2002年1－12月	2001年1－12月	增减(%)
走私案件	查获宗数		起	164	325	－49.54
	在扣私货价值		万元	6691.115	14380	－53.47
	案值		万元	15876.18	19523.5	－18.68
违规案件罚没收入	查获宗数		起	859	697	23.24
	案件货值		万元	14531.2	16556.17	－12.23
	海关罚没收入		万元	1946	1108	75.63
	缉私罚没收入		万元	8572	9167	－6.49
	缉私补税收入		万元	*	3204	*
	合　计		万元	10518	13479	－21.97
走私犯罪侦查	立案	案　数	起	28	71	－60.56
		案　值	万元	13806	26377	－47.66
		偷逃税额	万元	5268	11572	－54.48
		立案抓获犯罪嫌疑人	人	107	206	－48.06
	结案	案　数	起	73	35	108.57
		案　值	万元	43962	8824	398.21
		偷逃税额	万元	15109	4910	207.72
		犯罪嫌疑人	人	160	110	45.45
	受案抓获犯罪嫌疑人		人	317	507	－37.48
	其中	采取强制性措施	人	122	199	－38.69
		批准逮捕	人	106	93	13.98
税收	关税入库		万元	57094	106954	－46.62
	环节税入库		万元	128411	170681	－24.77
	两税合计		万元	185505	277635	－33.18
	其中	审价补税宗数	宗	4399	2911	51.1
		审价补税税额	万元	5110	3309.5	54.4
减免税(审批)	减免关税		万元	15281	17079	－10.5
	减免环节税		万元	32698	22454	45.6
	合　计		万元	47979	39533	21.4
减免税(实际进口)	减免关税		万元	12126.3	17258	－29.7
	减免环节税		万元	26572.1	22330	19
	合　计		万元	38698.4	39588	－2.2

黄埔海关

【概况】 2002年，黄埔海关以邓小平理论和“三个代表”重要思想为指导，全面贯彻党的十六大、中央经济工作会议和全国海关关长会议精神，根据加入WTO的新形势、新要求，结合黄埔关区实际，贯彻落实“依法行政，为国把关，服务经济，促进发展”的海关工作方针，围绕税收征管的轴心，加强队伍建设和廉政建设，深化各项业务改革，取得了较好的成绩。

全年监管进出口货值642.7亿美元，进出口货运量6116万吨，进出境运输工具249万辆(艘)；进出境旅客87.2万人次，加工贸易备案合同39791份，备案合同金额448亿美元，统计进出口报关单460万份，征收关税和进口环节税净入库166.63亿元，调查部门共查获走私案件462宗，案值1.99亿元，查获违规案件4803宗，案值8.9亿元，补税入库3.57亿元，罚没入库2.04亿元。侦查部门共受案580宗，案值6.8亿元，偷逃税1.38亿元；立案160宗，案值4.8亿元，偷逃税1.07亿元；抓获犯罪嫌疑人460人；向检察机关移送起诉案件102宗，移送犯罪嫌疑人225人。

【深入开展缉私工作】 以“破大案、打团伙、抓逃犯”为重点，全力侦办走私犯罪案件。共立案侦查案值百万元以上大要案86起，案值6.37亿元，偷逃税1.65亿元；千万元以上案件13起，案值4.45亿元，偷逃税1.26亿元；亿元以上大要案1起，案值1.89亿元，偷逃税4726万元。紧紧围绕海关中心工作，组织开展了反价格瞒骗专项斗争、打击涉税走私专项斗争。侦查部门共立案侦查涉税走私案件127起，其中立案侦查价格瞒骗案件6起，案值7669万元，偷逃应缴税额810万元。开展打击港澳直通车走私专项活动，查获转关运输案件1520宗，案值4973.9万元。

积极开展海上打私斗争，全年查获海上走私案件597起，案值2174万元。有重点地加大打击加工贸易渠道走私案件，重点打击加工贸易“飞料”、“假转厂”、“假核销”和擅自内销等走私活动。通过对进口商品的动态和风险分析，确定重点企业、重点商品实施重点稽查。建立海关帐册制度，规范企业经营行为。开展规范企业专项整治行动，制定了对加工贸易企业帐簿、单证的管理规定，健全检查和处理制度，加强企业分类管理。进一步规范报关市场，加大了对专业、代理报关企业和报关员的整治力度。

积极开展风险管理工作，建立了风险管理信息分析系统，提高了风险分析的针对性和准确性。组织编写黄埔海关《风险管理体系实施方案》。全年共下达各类布控指令311133条，捕获布控目标12039个，布控有效率为3.91%。加强与地方公、检、法等部门的联系配合，共同防范和打击走私。

【强化实际监管，提高监管效能】 改革查验制度，强化实际监管效能。引入风险管理机制，成立查验风险布控小组，实行决策、执行、监督的三权分解，化解查验风险。加大对重点敏感商品的监管力度，加强转关运输监管。实时监控关区一般贸易进口重点敏感商品，规范对进口废金属、废挖掘机配件的监管。

改革创新，不断提高行邮业务监管水平。稳步做好“中国海关快件通关管理系统”推广应用工作，建立与“快件系统”相适应的快件监管模式，不断提高机检设备使用效能。制定完善了《辐射防护规章制度》，加强H986设备的工作管理。3套系统全年共过机查验进出口货物22896多个标准集装箱，占同期各类查验总量的19.8%，过机查获总案件数为61件，总案值约263万元。

加强加工贸易实际监管，制定了核销工作绩效评估、风险监控等制度。组成机动小分队有重点下厂核查。加强对加工贸易前期备案、中期核查、结转和后续核销等环节的监督检查，提高监管有效性。

【加强税收征管，确保海关税收应收尽收】 围绕税收工作这个轴心，采取一系列措施，狠抓征管质量，确保应收尽收。适应WTO的要求，建立了估价审价新模式，制定《黄埔海关估价实施办法》、《黄埔海关价格磋商实施办法》。加强对税收工作的指导、监控，修订下发新的减免税操作规程，加强免税进口设备的后续管理工作。做好减免税等方面的日常工作，防止税收流失。全年共审批减免税项目备案1908宗，审批减免税20507宗，减免两税合计38.64亿元，清缴欠税2119万元。加强协调配合，实行综合治税，加大《海关估价协定》的对外宣传力度，进一步完善和推广"预审价"制度，简化通关作业环节，开发《先放后税货物管理子系统》，对先放后税货物实行计算机管理，积极推进网上支付系统项目的应用，提高通关效率。全年关区税收入库166.63亿元。

【深化各项业务改革】 做好陆路快速通关作业改革推广工作。凤岗车检场陆路快速通关作业改革于6月份通过海关总署的验收，并在关区内推广，实现转关运输货物"一次申报，一次查验，一次放行"；精心组织海运通关作业改革工作。海运改革后从企业向海关电子申报到放行的平均时间，进口货物缩短了6天09小时08分，出口货物缩短了2小时01分；认真组织实施无纸通关试点工作，全年采用无纸通关方式进出报关单24289 份，验放无纸通关进出口货物总值3.14 亿美元；抓好中国电子口岸"网上支付"应用项目的试点工作。全年共有264票税单实行了网上支付，金额7585万元。配合国税部门做好启动"出口退税"联网应用项目工作；全面开展加工贸易监管模式改革。推广加工贸易企业联网管理模式，推广加工贸易"电子备案"管理模式，试行加工贸易深加工结转新模式，根据关区实际情况设计了接单放行一体化程序，实行结转审批部门"窗口作业，即时出单"方案。

【加强队伍建设，全面提高干部队伍素质】 深入学习和贯彻十六大精神，重点学习《江泽民"5·31"重要讲话学习读本》、《江泽民论有中国特色社会主义》、十六大等理论书籍，发放学习资料共6000多册，举办了3期处级以上领导干部专题理论学习班。在全关深入开展了以"三珍惜、三热爱"为主题的理想信念教育，进一步增强广大干部职工的政治意识和理想信念。

坚决执行中纪委七次全会关于领导干部廉洁从政的要求和海关总署的《直属海关关长行为规范》，强化党内监督。认真抓好廉政教育，推进从源头上预防和治理腐败工作。认真开展纠风整纪工作，加强对廉政高风险环节的监督工作，开展创建文明窗口、关务公开、执法检查、行风专项治理、行风评议等活动。开展执法监察、效能监察、专项监察，积极开展常规督察和专项执法督察，充分运用执法评估系统开展联合督察。举办了1期纪检监察干部培训班，6期执法监督系统业务培训班。建立了职务犯罪联席会议制度，与广州市检察院共同开展预防职务犯罪工作。积极稳妥推进干部人事制度改革强化干部考核、考察的工作机制，认真贯彻《党政领导干部选拔任用工作条例》。

黄埔海关2002年主要业务情况一览表

分 类	项 目	单 位	2001年	2002年	同比%
进出口货值	合 计	万美元	5294873	6426887	21.4
	进 口	万美元	2514080	3111864	23.8
	出 口	万美元	2780793	3315023	19.2
进出口货运 量	合 计	万吨	5202	6116	17.6
	进 口	万吨	3416	3881	13.6
	出 口	万吨	1786	2335	30.7
集装箱	合 计	万标箱	306	332	8.5
监管运输工 具	合 计	万两艘	22624910.2		
	汽 车	万辆	219	241	10.1
	船 舶	艘	66176	67797	2.5
出入境人员	合 计	人次	1328876	1415086	6.5
加工贸易	企业备案当前数	个	20846	15519	-25.6
	备案合同数	份	40404	39791	-1.5
	备案合同金额	亿美元	378.38	448	18.4
税 收	合 计	万元	1695896	1666324	-1.7
	关 税	万元	657577	536736	-18.4
	进口环节税	万元	1038319	1129588	8.8
统 计	报关单数合计	万条	402	460	14.4
	进 口	万条	156	174	11.9
	出 口	万条	246	285	15.9
调查查私	查获案件	起	1133	462	-59.2
	案 值	万元	38753	19926	-48.6
	查处案件数	起	823	338	-58.9
	私货总值	万元	4171	5757	38.0
	罚没入库	万元	26696	20435	-23.5
走私犯罪侦 查	受案案数	起	504	580	15.1
	受案案值	万元	84260	67708	-19.6
	立案案数	起	150	160	6.7
	立案案值	万元	74240	47998	-35.4
	涉嫌偷逃税额	万元	22016	10749	-51.2

江门海关

【综述】 2002年,江门海关认真贯彻全国海关关长会议精神和“依法行政,为国把关,服务经济,促进发展”的海关工作方针,按照“突出重点,强化职能,狠抓基层,提高素质”的总体思路,进一步强化税收征管,加大实际监管力度,深化业务改革,积极推进风险管理,狠抓队伍建设,切实履行海关职能,各项工作取得新的成绩。

【税收征管工作得到强化】 坚持将税收征管作为业务的轴心工作来抓,以税收质量为前提,以反价格瞒骗为重点,以完成税收计划为目标的工作思路,加强征管。加强组织领导,完善税收征管制度,健全落实“三点一线、三位一体、三项核查模式”的税收征管格局,将价格风险管理和综合分析、价格审核、事后核查工作连成一线;风险管理小组、价格核查小组和缉查小分队形成一体;建立实时核查、重点核查、专项核查的三种核查模式。强化对税收征管的质量评估,充分利用新估价规程赋予海关的质疑权、估价权开展对价格的审核。积极推行加工贸易风险管理,把好加工贸易单耗、核销和内销“三关”。年内,该关征收税款净入库15.95亿元,完成税收计划的105.6%。同时,征收水平一般贸易方式在全国海关排名第23位,加工贸易方式在全国海关排名第21位。

【打击走私工作取得新的成绩】 以打私部分职能调整为契机,突出重点,增强合力,适时开展打击走私专项斗争,严厉打击走私违法行为。建立职能互补、齐抓共管、协调配合的价格核查工作机制,开展实时、重点、专项三种模式的价格核查,将反价格瞒骗工作前推后移,重点打击价格瞒骗行为。加大风险分析力度,加强情报工作,有力打击货运渠道、加工贸易渠道走私违法行为。同时,加大稽查工作力度,开展专项稽查和常规稽查,落实总署规范企业行为“三步走”战略,初步建立企业信用管理机制,并开展清理整顿报关市场行动。年内,共立案查处走私违规案件334宗,案值16605万元,涉税4862万元,比上年分别增长2.4%、36.9%及47.78%。

【加强物流监控,实际监管水平得到提高】 以风险管理为手段,围绕提高查获率,完善查验工作制度,设立专职风险分析岗位,加强对舱单的分析和核查,将查验工作前推后移。全年监管进出口货物462.84万吨,比上年增加6.3%;进出境船舶27,303艘次,比减10.97%;进出境运输车辆69,526辆次,比增18.23%;进出口集装箱35.97万箱次,比减7.6%;进出境旅客62.89万人次,比增13.71%;年内,该关进出口货物查验率比上年下降了3.6个百分点,查获率提高了0.3个百分点。

【积极支持外贸出口和外经贸发展】 落实《江门海关支持外经贸发展促进投资环境改善九项措施》和《江门海关支持外贸出口提高通关效率八项措施》,对符合海关监管条件的,实行预约加班、担保放行、门到门监管,落实24小时预约通关制度,方便企业及时出口。对高科技企业提供优惠便利,落实便捷通关措施。建立与地方沟通机制和与企业的互动机制,深入开展文明窗口活动。一年来,该关收到企业送来感谢信(函)和牌匾、锦旗等共有23次。

【业务改革取得成效】 推进“大通关”工作,积极做好“口岸电子执法系统”和无纸报关推广实施工作。从7月1日起运行无纸报关通关模式,对部分企业的出口货物通过电脑一条龙办理通关手续。积极开展“提前报关,实物放行”监管模式的改革,实现对小型船舶航线的全程监管,并通过舱单的提前申报,实现风险分析的前推，对小型船舶实现快速通关进行了有益的探索。通过深化改革，通关效率有了明显的提高，年内，该关对进出口货物当日放行率分别为45%和96%，出口货物当日放行率在全国保持领先水平。同时，推进加工贸易深加工结转的改革，从6月1日起按新的模式办理深加工结转手续，依托信息化手段提高加工贸易结转的效率。2002年6—12月，该关共办理深加工结转报关单9,525票，货物总值3.85亿美元，同比增长37%。同时开展加工贸易手册联网预审，联网预审加工贸易手册总金额约866万美元。

【队伍建设得到进一步加强】 强化领导班子建设。健全完善学习制度，坚持领导抓、抓领导，树立“一岗双责”意识，狠抓党风廉政建设责任制的落实。建立健全领导下基层的有关制度，改进工作作风。加强基层建设。将2002年作为基层建设落实年，召开了基层建设经验交流会，认真贯彻落实全国海关基层建设工作会议精神，提出了加强基层建设的意见。建立基层建设考评机制，在全关范围内开展基层建设达标活动。抓好思想政治工作，召开了关区思想政治工作座谈会，研究加强思想政治工作的各项措施。狠抓廉政建设。抓教育，开展文明教育月、廉政教育月和“强化责任，严肃纪律，落实制度”专项活动和“三珍惜，三热爱”理想信念专题教育活动。抓监督检查，开展了执纪检查和行风专项治理活动，对海关外勤工作纪律“九不准”的执行情况进行全面检查。抓源头，认真抓好反腐败抓源头方案的落实，开展廉政建设风险管理，采取措施堵塞漏洞。深化干部人事改革。完善竞争上岗机制，通过开展竞争上岗和公开选拔，提拔任用处级领导干部5名、科级领导干部35名。建立和完善激励奖惩机制，年内，共记二等功1人次、三等功6人次、嘉奖集体3次、嘉奖个人20人次。创新机制，提高教育培训质量，建立教育培训质量评估机制。年内，共举办各类型培训班25期，培训人员1,849人次，比上年分别增长39%和137%。

2002年江门海关进出口统计数据

口岸		江门全市(地区)		江门市区		新会海关		台山海关		三埠海关		鹤山海关		恩平海关		阳江海关	
项目	单位	2002年	对比%	2002年	对比%	2002年	对比%	2002年	对比%	2002年	对比%	2002年	对比%	2002年	对比%	2002年	对比%
进出境旅客	人次	628921		324402		76392		38995		75183		113949					
其中:入境	人次	318360		160225		42305		19225		37297		59308					
出境	人次	310561		164177		34087		19770		37886		54641					
进出口货运量	吨	5180243	7.4	985815	−17	2075733	19.3	270230	6.1	451208	−3.6	349823	−7.4	31296	−14.7	508000	71.9
其中:进口	吨	3189547	5.2	398958	−39	1298144	22.3	114798	−3.1	336872	−7.4	193376	−18.2	19820	−19	414000	127.8
出口	吨	1906196	10.6	586857	11	777589	14.5	155432	14.2	114336	9.9	156447	10.2	11476	−6	9500	17.1
集装箱	标准箱	377687	−6	144839	−22.4	71274	9.6	35570	46.5	49135	18.9	50875	−3.6	2312	−23.5	11841	26.7
进出口货值	亿美元	49.67	8.8	19.83	20.4	13.22	0.2	4.74	14.2	7.87	3.5	5.67	11.3	0.56	3.2	1.90	8.5
其中:进口	亿美元	19.06	0.4	6.01	−6.7	5.85	0.2	1.81	7.6	3.36	−5.1	2.10	−6.0	0.25	−11.2	0.81	57.6
出口	亿美元	30.61	14.8	13.82	37.9	7.37	0.3	2.93	18.7	4.50	11	3.57	24.7	0.31	19.0	1.09	11.9
进出境船舶	艘次	28257	−9.4	12985	4.3	6452	−29.7	1713	2.3	2628	−10.6	3442	0.6	65	−67.2	482	38.8
进出境车	辆车次	72811	21.1	23364	42	16993	28.2	5875	7.5	10589	5.4	8697	4.2	1622	16.1	1622	16.1

湛江海关

2002年，湛江海关在海关总署的正确领导和广东分署的直接指导下，以邓小平理论和江泽民同志“三个代表”重要思想为指导，全面贯彻“依法行政，为国把关，服务经济，促进发展”海关工作新方针，与时俱进，开拓创新，务实求真，扎实工作，狠抓队伍建设、业务建设，各方面工作都有了明显的进步。2002年，共监管进出口货物2994万吨，货值45亿元，已超过去年全年水平；实际入库税款41.41亿元，超额完成35亿元的税收任务；查获走私违规案件104宗，案值5008.99万元。

【强化税收征管工作，提高税收征管质量】 一是加强税收分析和监控，提高税收征管水平。进一步发挥了《湛关税收征管分析监控系统》的作用，对全关区的税收征管情况进行分析监控，使关税税收水平在省内海关名列第一位。二是完善估价规程，调整审价权限。根据海关总署价格分析评估显示，湛江关区价格指数在省内海关中一直名列前茅。三是逐步探索建立前推后移的估价工作模式，密切核查与稽查部门的联系配合，促进企业守法自律。四是依法减免，严格审批，扎扎实实开展后续管理。

【保持打私高压态势，严防走私回潮】 一是侦破大案要案，震慑走私分子。年内，成功侦破了国务院领导批办、海关总署督办，案值2.9亿元，偷逃税额5177万元的“9.26”专案，为国家挽回经济损失。二是加大稽查力度，规范企业行为。与关区7家大中型企业签订合作谅解备忘录(MOU)，取消了近几年无合同执行的26家企业的注册资格，进一步规范报关秩序。三是加强综合治理，形成打私合力。继续加强与地方党政、打私办、执法部门及行业主管部门的联系合作，建立协作配合机制，形成合力，综合治理。四是认真组织打私专项行动。先后开展了打击价格瞒骗、走私非法出版物等专项行动，取得了明显成绩。其中以增强海上打私力度为重点，保持较强艇力常驻雷州半岛以西海域，查获了各类渔船17艘和“大飞”4艘。

【提高物流监控水平，确保实际监管到位】 一是充分发挥监管设备作用，提高监管科技含量。H986工程(集装箱检查系统)建成并投入使用。电子地磅和电子闸门等监管设备与H883系统的联网成功实现，监管设备的合力进一步得到发挥。二是开展了专项行动，整顿规范了监管场所。逐步建立隔离设施、卡口管理，规范对监管场所的管理，为以后实施计算机联网管理奠定基础。三是推进风险管理工作。编写《湛江海关建立海关风险管理体系实施方案》。建立风险管理联络员制度，建立风险管理信息网，加强数据风险分析和信息资料收集，开发《终止布控指令申请表》电脑审批程序，实现无纸化审批。

【转变统计工作职能，发挥统计监督作用】 一是加强了对进出口动态的监测、预警工作和进出口动态监测分析，发挥决策辅助作用。二是努力提高海关统计信息利用的社会化程度，通过提供统计数据咨询服务，想方设法帮助企业了解市场、走进市场、占领市场。年内，根据关区进出口动态撰写7篇综合和专题评估报告，向地方政府、机关和企业提供120份咨询报告。

【深化通关作业改革】 一是抓好“无纸通关”和“网上支付”试点工作。湛江海关是第二批“无纸通关”试点海关，7月份“无纸通关”作业模式顺利通过技术测试并正式试点运行，有效地提高了通关效率，降低了通关成本，受到企业的好评。

二是积极参与和推动湛江市“大通关”调研和建设。起草了《湛江口岸大通关调研方案》，积极参加湛江市“大通关”调研，基本摸清湛江口岸的大通关情况，找出阻碍湛江口岸大通关效率的主要原因，分清了责任，化解了矛盾；湛江口岸各部门普遍接受了大通关的观念；口岸部门相互合作的意识大大增强，有关合作项目顺利开展。

三是继续加大信息化管理力度。关区网络安全扩容改造方案得到总署认可并在海关系统试点，为实施“三网分离”打下了良好的基础。顺利完成了 H966 系统的升级改造工程，并通过总署的验收。关区 IP 语音联网工程顺利竣工投入使用，为实现业务科技一体化打下了坚实的基础。

【加强“两基”建设】 一是切实抓好基层建设。根据海关总署《基层建设要点》，结合实际制定基层建设纲要实施方案，全面加强基层建设。同时，在人力资源配置、科技手段应用、执法环境改善、基础设施改造等各个方面加大了投入，进一步把严密监管和高效运作的有机结合真正落实到基层。

二是继续抓好制度建设。建章立制工作持续开展，努力建设与新方针的要求相适应、与 WTO 原则相符合、与新《海关法》及各项法规相配套的比较完备的规章制度体系。继续抓好新《海关法》的宣传教育，开展了声势浩大的“法制宣传教育年”活动，组织了全员法律考试和全关区法律知识竞赛，提高了关员的执法水平。

湛江海关 2002 年主要业务统计表

<table>
<tr><th colspan="2">项目</th><th>单位</th><th>数量</th><th>与去年比</th><th colspan="2">项目</th><th>单位</th><th>数量</th><th>与去年比</th></tr>
<tr><td colspan="2" rowspan="2">监管进出口货物总值</td><td rowspan="2">千美元</td><td rowspan="2">4504020</td><td rowspan="2">10.5%</td><td rowspan="2">进出境运输工具服务人员</td><td>进境</td><td>人次</td><td>50701</td><td>4.6%</td></tr>
<tr><td>出境</td><td>人次</td><td>49161</td><td>2.3%</td></tr>
<tr><td rowspan="2">其中</td><td>进口</td><td>千美元</td><td>3403330</td><td>8.5%</td><td rowspan="2">进出境旅客</td><td>进境</td><td>人次</td><td>15105</td><td>−32.2%</td></tr>
<tr><td>出口</td><td>千美元</td><td>1100690</td><td>16.8%</td><td>出境</td><td>人次</td><td>15102</td><td>−30.1%</td></tr>
<tr><td colspan="2">监管进出口货运量</td><td>万吨</td><td>2994</td><td>26.7%</td><td colspan="2">查获走私案件</td><td>宗</td><td>59</td><td>−34%</td></tr>
<tr><td rowspan="2">其中</td><td>进口</td><td>万吨</td><td>2480</td><td>35.1%</td><td colspan="2" rowspan="2">查获走私案值</td><td rowspan="2">万元</td><td rowspan="2">2102.16</td><td rowspan="2">−91.4%</td></tr>
<tr><td>出口</td><td>万吨</td><td>513</td><td>−2.6%</td></tr>
<tr><td colspan="2">征收税款</td><td>万元</td><td>414111</td><td>−3.1%</td><td colspan="2">查获违规案件</td><td>宗</td><td>45</td><td>58.6%</td></tr>
<tr><td rowspan="2">其中</td><td>关税</td><td>万元</td><td>33751</td><td>−30.8%</td><td colspan="2" rowspan="2">查获违规案值</td><td rowspan="2">万元</td><td rowspan="2">2906.83</td><td rowspan="2">−34%</td></tr>
<tr><td>代征税</td><td>万元</td><td>380360</td><td>0.4%</td></tr>
<tr><td colspan="2">进出口货物减免税</td><td>元</td><td></td><td>%</td><td colspan="2">登记备案合同</td><td>个</td><td>239</td><td>−8.4%</td></tr>
<tr><td rowspan="2">监管飞机</td><td>进境</td><td>架次</td><td>0</td><td rowspan="2">%</td><td colspan="2" rowspan="2">核销合同</td><td rowspan="2">个</td><td rowspan="2">597</td><td rowspan="2">130.5%</td></tr>
<tr><td>出境</td><td>架次</td><td>0</td></tr>
<tr><td rowspan="2">监管船舶</td><td>进境</td><td>艘次</td><td>2444</td><td>14.1%</td><td colspan="2">报关单</td><td>张</td><td>27850</td><td>14.6%</td></tr>
<tr><td>出境</td><td>艘次</td><td>2367</td><td></td><td colspan="2"></td><td></td><td></td><td></td></tr>
<tr><td rowspan="2">监管汽车</td><td>来自境内</td><td>辆次</td><td>1420</td><td rowspan="2">31%</td><td rowspan="2">其中</td><td>进口</td><td>张</td><td>10760</td><td>9.5%</td></tr>
<tr><td>去往境外</td><td>辆次</td><td>3458</td><td>出口</td><td>张</td><td>17090</td><td>18%</td></tr>
</table>

广州出入境边防检查总站

2002 年，广州总站按照公安部出入境管理局工作要点、全国公安出入境管理工作会议、全国反偷渡工作会议精神，全面落实各项业务工作，各级人员恪尽职守，认真履行职责，没有出现任何执勤事故案件，实现口岸安全、畅通、文明、守纪，圆满完成了全年的各项工作任务。

一、狠抓各个重要时期的勤务工作，做好处置突发事件演练，确保了口岸安全、畅通。

在元旦、春节、两会、五一、国庆、党的“十六大”等重要敏感时期，以及清明节、复活节两个港澳公众长假期、春秋两季的出口商品交易会期间,旅客出入境流量达到高峰,总站以确保口岸安全畅通、旅客满意、领导放心为工作目标,周密部署,严密控制,科学合理组织勤务,狠抓了口岸突发事件的预防和处置工作,在各口岸分别进行处置突发事件实战演练,提高了口岸执勤工作的警惕性和处置突发事件的应战能力。实行岗位处置突发事件责任考核,对处置突发事件的岗位、任务进行熟悉,确保遇有突发事件能及时、有效、妥善地处理。

二、规范行政执法,加大口岸反偷渡和情报调研工作的力度,有效打击口岸偷渡活动,维护了口岸正常出入境秩序。

总站在平时工作中注重加强对执法工作的检查、指导,业务部门与督察部门密切配合,不定期抽查执法工作,发现问题及时纠正,执法实体与程序并重,执法行为规范,执法依据清晰,力求在执法上立于不败之地。11 月中旬,按照公安部出入境管理局印发的《执法质量考核评议实施办法》的要求,总站成立了考评领导小组,制定了考评方案,在全总站范围内进行了边检执法质量考核评议并统一建档立案。白云、黄埔站评为“优秀”,其他站评为“达标”,全总站没有制定与国家法律抵触的文件,没有发生职务性犯罪案件。

同时,加强情报调研和识别伪假证件研究,提高反偷渡工作水平。一是落实全国反偷渡工作会议精神,加强了反偷渡信息的收集、研究和分析,建立了总站信息库,实现了信息资源共享。二是利用真伪证件资料组织民警学习、掌握当前口岸偷渡的主要特点、证件特征及偷渡手段等,提高了一线检查员识别伪假证件的能力。三是加强口岸现场的情报调研工作,通过与地方公安机关的横向联系与协作,增强了共同打击偷渡活动的合力。四是旅检口岸加强了闭路电视监控系统的运用,白云、天河、南沙等口岸均有通过监控系统发现疑点查获偷渡分子的案例。五是加强证件研究工作,在公安部下发有关设备的基础上,总站统一购置多功能翻拍仪、物证检验仪供一线检查员及证件研究使用。

三、与时俱进,改革创新,走科技强警之路,努力开拓业务建设新局面。

首先,认真贯彻全国公安出入境管理工作会议精神,落实会议提出的“七项任务”及六项重大改革措施,结合广州地区口岸实际进行了深入调查研究,分别在白云、天河口岸设立了“中国公民入境专用通道”;实行了对中国公民因私首次出境免查出境卡;不在港澳同胞回乡证上加盖验讫章等业务改革。

第二,召开了总站业务工作会议,逐项落实了勤务改革措施。分别是:根据广州港岸线长、水域广的实际,在黄埔站成立水上巡查队,实行陆地、水上巡查相结合,增强了对港口的监控能力;结合当前实际情况,制定警队执勤装备标准及管理使用规定,准备用二至三年时间,使基层警队的执勤装备规范化;落实了航行港澳小型船舶检查管理模式的改革,进一步方便内地航行小型船舶出入境。收到了良好的社会经济效益,对外反映良好。落实完善了客运口岸电脑验证设备的应急措施,确保在任何情况下都能正常开展验放工作。

第三,提高了执勤装备的科技水平。对边防检查验证电脑系统系进行了升级,开发更多的业务功能,使执勤工作能力得到提高,旅客过关速度进一步加快;为进一步落实好中央给予广东珠三角地区有关在香港、澳门的外国人组团入境旅游签证便利的政策,在省政府的支持下,组织专门技术人员,开发设立了“144 小时便利网站”,并经部局验收,作为部局的网站,于 3 月 28 日开始试运行。网站的开通,大大方便了旅游企业和旅游者,有关政府部门、旅游企业对此反映良好。年底,又借鉴兄弟边检总站开发“船舶电子报检系统”的经验,加强了“便利网”的使用,着手准备通过“便利网”实施国际航行船舶的网上报检。

四、以规范化建设为主线，全面提高业务建设及工作水平。

在改进和深化业务规范化建设中，加强了调查研究，把上级的要求与当前的国际国内形势结合起来，领会上级的真实意图，确定符合实际的工作方式，注重工作主动，站高一点，想深一层，抓实一些。总站根据公安部的要求，对各项勤务、行政执法工作等规范提出修改和加强意见。

（一）加强了出入境船舶档案的建设。总站对国际航行船舶、航行港澳小型船舶档案及管理办法进行了认真研究，对船舶的档案管理实行分类建设、统一管理的做法。并规范了具体的归档流程；建立和完善了三级承责、分权限查询、按月（或季度）分析以及保管等制度。使船舶边检档案建设和管理步入规范，实现了对船舶出入境的有效监管。

（二）规范了边检工作中的外事交流制度。研究制定了与外国驻穗领事馆联系工作规程，确定了联系工作的内容、范围、批准权限、联系方式等。同时，在外事活动中，严格外事纪律，加强请示报告。

（三）落实培训计划，提高民警的综合素质和业务工作水平。年初，依照部局的业务培训实施办法和总站的三年培训规划，对全年的业务培训工作进行了统筹安排并狠抓落实。一是举办了站长、办公室主任业务研讨班，针对当前业务、技术方面的热点、难点问题和各站在具体执勤、勤务组织等方面遇到的问题进行研讨，对存在的问题提出了合理的解决办法。二是举办了业务资料管理与使用培训班，讨论执勤规范所用的有关本、表的修改意见，学习、观摩、交流六站业务资料管理和执勤现场情况，从而使业务资料与管理水平得到一定的提高。三是进行了边防检查信息系统升级后的应用培训，针对信息系统在工作中的运用，对各站的岗位人员进行了专门的培训，使民警尽快熟练运用边检信息系统，发挥其在业务工作中的作用。四是举办了执勤队领导培训班，完成了两年内对所属执勤队长的综合业务轮训任务。主要以专题讲座、集中授课、研讨座谈、参观学习等形式进行，使执勤队领导的法律知识、边检执勤能力、业务水平、行政管理能力、思想政治教育水平有所增强。五是举办情报调研和反偷渡培训班，邀请了部局证件研究室专业教员授课，介绍出入境证件的制作及识别伪假证件的方法，进一步提高民警对情报信息的综合分析和研究水平，增强识别伪假证件的工作能力。

总站不仅注重边检队伍素质的提高，同时也注重向与边检相关的口岸经营、旅游等单位宣传边防检查及相关政策规定。对此，总站及广东省旅游局共同在华南师范大学举办了144小时便利措施系统培训班，旅游部门共有195家400多人参加，广州、深圳、珠海、汕头总站、边防局及下属旅检站约60人参加了培训。培训内容包括便利系统的主要内容、用户使用说明、网站使用说明、资料的准确输入、动态口令的使用等。通过培训，各使用单位人员能正确用好144便利网。黄埔站、洲头嘴站还为船舶代理公司报检人员举办边防检查报检培训，使口岸经营单位能更好地配合边防检查站的工作，既提高了工作效率，也方便了经营单位。

五、认真做好会谈会晤，加强沟通，增进了解。一年来，总站分别与澳大利亚、美国驻广州总领事馆官员进行了会谈会晤；接待了瑞士联邦司法警察部访问团、香港特区政府入境事务助理员工会访问团以及香港特区政府入境事务处访问团。同时，也派出人员到境外参观、学习，借鉴境外同行好的经验及做法。如派员参加在马来西亚举办的APEC商务人员流动组伪假证件识别培训班；组织考察组参观了香港机场，学习、借鉴其在出入境管制方面的运作和先进经验。

六、认真抓好新口岸的建设和口岸现场执勤设施设备的改造工作。

总站将新白云国际机场迁建的边检筹备工作作为近二至三年内的一件大事，成立了专门的工作小组，指定专人负责，总站领导、机关各部门与白云站一起，积极跟进新机场迁建有关边检设施的建设工作。同时，也加强了其他口岸现场执勤设施设备的改造工作，以适应形势发展的需要，提高边检工作质量和效率。总站投入200多万元，改造、更新了天河站的现场验证台及验证系统网络设备等。

广州出入境边防检查总站二OO二年边防检查统计数据

项目 口岸	旅客	员工	交通工具
天河	1742468	83437	4378
白云	2024271	168523	14754
番禺	879585	140760	16585
莲花山	270773	18320	2276
广州开发区	120581	25372	3083
新塘	38228	19857	2823
黄埔	2652	186478	18637
洲头嘴	0	75426	10151
新港	24	88245	11516
新沙	0	6761	518
合计	5078582	813179	84721

深圳出入境边防检查总站

2002年是深圳出入境边防检查工作任务十分繁重的一年。一年来，在"三个代表"重要思想和党的十六大精神指导下，深圳边检总站紧紧围绕公安中心工作，认真贯彻上级的决策和部署，坚持"一手抓业务工作，一手抓队伍建设"，全体民警牢记职责，团结一致，迎难而上，奋力拼搏，圆满完成了以出入境边防检查为中心的各项工作任务。全年共查验出入境人员128654236人次，占全国同类业务量56.35%，同比增长10.4%；汽车12496246辆次，占全国同类业务量77.47%，同比增长9.87%，确保了深圳各口岸的安全、文明、畅通，为维护国家安全与社会政治稳定，促进经济建设作出了新的贡献。

一、严厉打击口岸违法犯罪活动，全力维护国家安全与社会政治稳定。

随着国际政治局势的复杂变化和国内形势的发展，影响国家安全和社会稳定的因素大量存在，由于深圳毗邻港澳，处在改革开放的最前沿，维护国家安全和社会政治稳定的任务更为艰巨。深圳边检总站采取一系列切实有效的措施，认真开展敌社情教育，不断增强民警的政治敏感性和工作责任感，确保各级执勤人员保持高度警惕，以饱满的热情和严谨的态度投入到工作之中。加强组织领导，明确岗位责任，完善规章制度，充分利用科技手段，加大打击力度，不断提高口岸控制能力，相继完成了美国总统布什访华、“两会”、“六四”、“701”、党的“十六大”、“第十六届世界会计师大会”等敏感期的出入境边防检查和安全保卫任务，实现了把影响国家安全和社会政治稳定因素降为“零指标”的工作要求。针对口岸可能发生的暴力恐怖事件，制定和完善了“处突”预案，组织民警进行“处突”演练，掌握突发事件的处置方法，提高应变和控制能力。根据公安部2002年3月召开的全国反偷渡工作会议精神，加大了打击口岸偷引渡活动的力度。进一步完善对持中国护照、《往来港澳通行证》、“台胞证”旅客“蛇形”排队候检措施，有效防止了“蛇头”事前指定通道进行的偷引渡活动；努力拓宽情报信息来源，加强与公安出入境管理部门、港方以及口岸有关单位的合作与交流，及时获取口岸非法出入境活动的信息，并有针对性地制定防范和打击措施；充分利用闭路电视监控系统，运用公开和秘密手段相结合，严密对口岸限定区域的巡视监管，在罗湖口岸联检大楼改造期间，加强了现场巡查，对重点部位采取重点控制措施；盐田站还研究制定了东部二类口岸管理规定，定期巡查，有效地防止了非法出入境活动及其他事故的发生；加强了港口检查站的散装码头、装卸点、临时作业点以及未装船集装箱的检查监护，特别是对小型船舶采取了一船一报、一报一检、人证对照的措施；充分利用VSC文检仪等设备，提高后台鉴别伪假证件的能力；开展专项斗争，在政治敏感期集中警力打击非法出入境活动，取得显著成效。据统计，全年共查获各类违法人员25444人次，涉案总值人民币14.15亿元。

二、不断提高通关速度，努力为经济建设服务。

在边防检查任务日益繁重而警力又严重不足的情况下，积极采取有效措施，确保口岸畅通。一是开展全能检查员培训。检查员全面掌握边防检查业务知识，既熟识车辆和船舶检查业务也掌握旅检业务，使值班室可根据车辆和旅客流量及时调配警力，保证了口岸的畅通。二是科学调整勤务，提高通关效率。罗湖口岸场地改造后，共设173条通道，比改造前增加了36条，对四层查验场地实行“两进两出”的方式，口岸通关情况受到深港两地和社会各界人士的深切关注。为确保罗湖口岸的畅通，总站长葛万新多次带领有关人员，对罗湖站的现有警力、口岸客流量、执勤时间、通道的开设等方面情况进行了深入调研，在对各项数据进行精密计算的基础上，进行了勤务调整，将原有的9个证件查验队合并为6个队，实行“三班人员两班倒”的勤务组织方式，在警力严重不足的情况下，保证了验证通道的利用率。三是加大勤务改革力度。将出入境船舶“预检”的实施范围扩大为70%，大幅提高了通关速度，受到深圳市政府和码头公司、船方的好评；该站还针对西港区的对外开发和盐田港业务不断发展的情况，组建了检查二队，将国际航行船舶和港澳航行船舶分开检查，提高了工作效率和质量。四是做好节假日期间旅客疏导工作。针对节假日出入境旅客大幅度增加的情况，密切与港方联系，共同制定疏导措施，在旅客高峰期，互相通报客流情况，双方及时采取有效的疏导措施。特别是在重大节假日期间，停止民警休假和正常轮休，抽调机关民警充实一线力量，保证开足通道；成立应急小分队，快速有效地处置突发事件，保证了节假日期间口岸的畅通。国庆黄金周期间，出境游旅行团大幅增加，总站采取了各旅行团队名单提前24小时申报的措施，并在罗湖、皇岗口岸区域设立专门候检区，确保了出境旅游团队的安全和通关快捷，受到出入境旅客广泛的好评。五是加强与深圳市口岸办及口岸单位的协调配合。及时通报有关情况，交流有关信息，有针对性地采取措施，共同做好口岸疏导工作。六是设置外国人通道。根据深圳地区口岸出入境人员的实际情况，于今年9月份在罗湖口岸设置了5条外国人专用通道，专供外籍旅客使用，此举加快了验放速度，有利于合理安排警力。开通后共验放了961698名外籍旅客，受到广泛好评。10月22日，香港保安局局长叶刘淑仪向总站长葛万新来函，对我总站在深港陆路口岸不断推出措施，有效疏导旅客，提高通关速度表示感谢。

三、坚持改革创新，努力建设现代高效的边防检查信息体系。

随着深港交流合作日益密切，近年深圳各口岸出入境人员和交通运输工具逐年大幅递增，如何创造快捷方便的通关环境，为经济建设提供优质高效的服务，显得尤为重要，而我总站警力严重不足、边防检查查验系统老化的问题也更加突出。为此，总站加大了科技投入，坚持改革创新，向科技要警力，向科技要效率，努力建设现代高效的边防检查信息系统。

一是全面规划、分步实施总站综合业务信息系统。投入1900多万元，为罗湖、皇岗、蛇口、文锦渡、机场、盐田、沙头角七个站购置了13台口岸计算机涉外系统主机，按照大口岸化为小口岸、现场业务和前台统计、查询等业务分开的原则，完成了综合信息系统需求分析和详细设计；经过两个月的测试和修改完善，新系统于5月份在蛇口站试运行成功后，已在蛇口站全面启用。新系统全面启用以后，将有效解决目前总站三套系统数据库不同、互不兼容、难以整合的问题，达到全总站同一信息系统、同一平台、同一主机、信息共享的目的，实现多项执勤管理方式创新：现场业务问题处理电子化、布撤控网络化、边防检查数据统计自动化。二是建设总站综合信息千兆城域网。经多方艰苦努力，完成了总站的光纤网络的铺设工作，完成了计算机主干网设备的购置和千兆网络的开发设计，建成了以总站为中心的连接各口岸涉外计算机查验系统的千兆主干城域网，形成了一个以总站为中心的边防检查大口岸概念。该网与各站正在建设的局域网联接后，将实现业务执勤指挥、办公自动化功能，形成现代高效的边防检查指挥通讯数码港。三是完善“畅通网”功能，充分发挥信息平台和宣传载体的作用。对“畅通网”应用系统进行修改完善，扩大了网站的应用范围，在144小时便利签证、港澳和海外旅行团资料网上传输功能的基础上，增加了国内出境游旅行团资料网上预录入传输功能、系统管理功能，完善了查询打印功能，增强了系统硬件的备份功能和容错能力等。还开通了旅行团资料查询、统计、出入境法律知识、出入境指南、注意事项、投诉等栏目。“畅通网”成为集执勤应用、宣传、投诉监督等功能于一体的多功能对外网站，充分发挥了信息平台和宣传载体的作用，成为密切警民关系的“连心网”。据统计，全年共通过“畅通网”受理外国人便利签证网上预录45159团、539845人次，国内境外游旅行团8041团，154347人次。四是更新现场执勤设施。按照总站制定的目标，采用统一规格、统一标准、统一技术，完成了罗湖、皇岗、蛇口、文锦渡、沙头角、机场六个口岸通道显示屏的建设；配合罗湖口岸改造，完成了罗湖口岸现场改造的有关技术工作，设置173条通道，实行“两进两出”的方式，动态分配港澳旅客和“四种人”通道；结合口岸计算机查验系统的更新换代，一次性更换了罗湖、蛇口两站执勤现场前台验证工作站；对罗湖站涉外计算机查验系统主机房进行了改造，安装了气体消防系统，提高了系统运行的安全性；为罗湖、皇岗、蛇口三站的查验系统更换了更安全稳定的UPS设备，为沙头角、机场两站的UPS设备更换了电池。

四、大力加强法制化、规范化建设，保障和促进严格公正文明执法。

年内，先后举办了三期科(队)长培训班、业务值班员培训班、执法培训班、情报调研知识培训班，培训内容包括依法治国和依法行政思想、出入境边防检查有关的法律法规、行政复议和行政诉讼的有关知识、执勤问题的处理、规范化建设等。为提高执法质量，将贯彻落实《出入境边防检查机关执法质量考核评议规定》(试行)作为执法工作的重点，成立了执法质量考核评议小组，不定期地对各站执法工作进行检查，促进了民警法律意识和执法水平的提高。针对出入境人员依法维权意识增强的趋势，切实抓好了行政复议及应诉指导工作，全年共办理行政复议案件14起，其中维持10起，撤销3起，不予受理1起，应诉案件2起均胜诉，在保护了公民合法权益的同时，也使各站依法行使职权的行为得到有效的维护。同时，及时将典型案例通报执法部门和各站交流学习，促使民警严格公正执法。通过一系列措施，广大民警的法律意识普遍增强，执法水平和执法质量明显提高，基本上做到了“三个准确、四个规范”，即：处罚依据准确、案件定性准确、处罚尺度准确，程序规范、取证规范、文书规范、案卷规范。

为进一步提高规范化执勤水平，结合各项执勤工作的特点，组织业务骨干对落实“五个规范”制定了实施细则并狠抓落实；加大投入，更新现场执勤设施，规范各类指引标志，统一制作了通道电子显示屏，完善了公告牌、意见箱，充实了警务公开的内容，使得检查现场设施规范，标志醒目；坚持文明执勤，热情服务，开展文明执勤标兵评选活动，成立“学雷锋小组”、“便民小组”，积极扶助老、弱、病、残出入境人员，为旅客做好事、做实事，切实为旅客服务；加强专用通道的管理，按规定开设外交礼遇和需扶助人员通道，在“两会”、“701”、“十六大”、深圳国际“高交会”等重要会议和活动期间，设置会议代表专用通道，选派业务精通、综合素质高的检查员为享受优检待遇旅客和与会人员办理出入境手续，赢得广泛好评。吉林省省长洪虎带领吉林省赴港招商团在安全快捷地出入境后，给总站发来了热情洋溢的感谢信，称赞总站的优质服务。

深圳出入境边防检查总站2002年出入境边防检查数据统计表

	单　位	入　境	出　境	总　数	百分比	全国排名
人员	深圳总站	64062370	64571194	128633564	56.35	1
	罗　湖	46725497	47549298	94274795	41.298	1
	皇　岗	12837527	12783269	25620796	11.224	3
	文锦渡	2062751	1973572	4036323	1.768	7
	沙头角	1375355	1188154	2563509	1.123	8
	蛇　口	498738	537263	1036001	0.454	15
	福　永	403604	375318	778922	0.341	19
	盐　田	65090	70650	135740	0.059	67
	赤　湾	43785	49959	93744	0.041	79
	妈　湾	32077	27249	59326	0.026	98
	深圳机场	6803	6240	13043	0.006	158
	笋　岗	5440	5440	10880	0.005	168
	东角头	5703	4782	10450	0.005	170
汽车	深圳总站	6202919	6293327	12496246	77.0465	1
	皇　岗	4308928	4521771	8830699	54.742	1
	文锦渡	1445177	1372105	2817282	17.465	2
	沙头角	448814	399451	848265	5.258	4
列车	深圳总站	1360	1508	2868	7.65	6
	笋　岗	1360	1508	2868	7.65	7

	单位	入境	出境	总数	百分比	全国排名
人员	深圳总站	64062370	64571194	128633564	56.35	1
	罗湖	46725497	47549298	94274795	41.298	1
	皇岗	12837527	12783269	25620796	11.224	3
	文锦渡	2062751	1973572	4036323	1.768	7
	沙头角	1375355	1188154	2563509	1.123	8
	蛇口	498738	537263	1036001	0.454	15
	福永	403604	375318	778922	0.341	19
	盐田	65090	70650	135740	0.059	67
	赤湾	43785	49959	93744	0.041	79
	妈湾	32077	27249	59326	0.026	98
	深圳机场	6803	6240	13043	0.006	158
	笋岗	5440	5440	10880	0.005	168
	东角头	5703	4782	10450	0.005	170
飞机	深圳总站	1359	1442	2801	1.398	14
	深圳机场	1359	1442	2801	1.398	16
船舶	深圳总站	31312	31499	62811	14.857	3
	蛇口	10283	9899	20182	4.774	2
	盐田	7516	7752	15268	3.611	10
	赤湾	4514	5694	10208	2.415	15
	福永	4488	4415	8903	2.106	18
	妈湾	3936	3189	7125	1.685	21
	东角头	575	550	1125	0.266	65
说明	表列数据由公安部出入境管理局边检处提供。其中，“百分比”指该项内容占全国总数的百分比。					

珠海出入境边防检查总站

【概况】 2002年，珠海出入境边防检查总站（下称“珠海总站”）在公安部党委、公安部六局党委的正确领导下，认真学习贯彻十六大精神和“三个代表”重要思想，带领全体民警工人团结一致、克服困难、开拓进取，圆满地完成了以边防检查为中心的各项工作任务，保证了队伍的安全稳定和口岸的安全畅通。全年共查验旅客5300多万人次、查验交通运输工具220多万辆（艘）次，分别比上一年度增长了17.86%和7.16%；查获和处理各类偷渡案件350多人次及一批控制对象。拱北口岸查验旅客数量首次突破5000万人次大关，创了历史新高。一年来，总站共有5个单位荣立集体三等功、81名同志荣立个人三等功；247名同志受嘉奖；49名党员分别被评为优秀共产党员和优秀党务工作者。

【业务执勤】 年内，珠海总站在编制不足、人员缺少、任务加重的情况下，紧紧围绕召开党的十六大对公安工作的要求，立足公安边检工作的实际，继续深入开展规范化建设，以查控查堵工作为重点，努力提高执法水平，圆满完成了各项边防检查工作任务，确保了口岸的安全畅通。一是全力做好查控工作，确保口岸安定。2002 年，总站以查堵打击“法轮功”邪教组织、“疆独”等暴力恐怖分子、重大刑事、经济犯罪分子为工作重点，严格落实查控工作责任制，全力以赴做好查控工作。继续深化查控业务规范化、制度化建设，明确查控工作职责和权限，严密查控工作措施，加强对重点、敏感时期口岸查控查堵工作的督导和检查，强化了处突能力，制定了详细的“处突”方案和应急处置措施，确保了口岸的安全和稳定。二是推进规范化建设，提高边检工作质量。总站以公安部出入境管理局规定的各项执勤规范为依据，不断修订健全各项业务执勤的规章制度，对现场执勤各环节的工作进行规范。 三是继续加大反偷渡工作力度，维护口岸的安宁。总站认真贯彻落实全国反偷渡工作会议精神，开展反偷渡专项斗争，重点打击持伪假证件偷渡、持合法证件出境后转道偷渡第三国和藏匿交通运输工具特别是集装箱等的集体偷渡。并结合各口岸特点，加强了对出入境证件和交通运输工具的检查，加强了对口岸限定区域的管理，加大对重点岗位和重点环节的检查力度。2002 年，共查获和处理各类偷渡案件共 350 多人次，接收港澳警方遣返人员 1000 多人次，有力地打击了口岸偷引渡活动，确保了口岸的安全、畅通。

【科技强警】 珠海总站继续坚持“科技强警”的战略目标，以提高边检工作科技含量为主导，增加投入，加大力度，积极向科技要警力、要战斗力。一是抓好硬件建设，为入出境人员提供快速、良好的通关环境。在计算机查验设备方面，为保证万山客运口岸开通，投入资金为万山口岸配备了机房服务器、前后台计算机查验系统、UPS 电源系统，完成了万山站现场网络综合布线工程及现场电子公告栏、电子显示屏、执勤牌、标语牌等设施建设；为横琴口岸更换了计算机查验系统前台工作站，安装了视频光纤传输设备，建设完成了计算机语音培训中心；为九洲口岸更换了 UPS 电源系统备用电池；为拱北口岸入出境大厅旅客检查通道安装了旅检通道电动门。在闭路电视监控系统方面，完成了斗门口岸闭路电视监控系统的建设工作；改造了拱北、九洲口岸闭路电视监控系统线路，为拱北口岸退货车通道和九洲港码头增装了监控设备。在技术通信网络方面，完成总站程控交换机系统中继和用户设备的扩容和主机系统升级工作；完成了横琴口岸光纤布放和终端设备安装工作； 完成了总站大院、炮台山生活区通信交接箱、斗门站通信电缆、万山站交换机系统的搬迁工作。据统计，全年铺设通信光、电缆 4.5 公里，安装交换机用户 120 多门，有效地保证了技术通信网络的安全畅通。二是抓好软件的开发应用，向科技要警力。对拱北口岸主机进行了系统优化，并投资 100 多万元安装了 H85 备用主机系统； 搞好了拱北口岸联检楼综合布线、总站办公楼弱电系统和总站计算机网络安全及各站技术系统的维护工作；完成了总站办公自动化系统调试、运行工作，并在机关各处(室)启用试运行；对各站边防检查信息数据的传输工作，做好了设备安装调试和计算机病毒的防治工作； 对总站遣返审查所档案管理系统进行了升级，细化信息采集项目，增加指纹采集功能；完善了拱北口岸电子印章管理系统(ESMS)，并已在拱北口岸投入使用，有力地加强了对验讫章的保管。

【队伍管理】 珠海总站认真贯彻从严治警、依法治警的方针，大力加强队伍的规范化建设。2002 年，总站适应新形势、新任务的要求，积极改进管理教育的方式方法，通过完善规章制度，提高队伍的整体素质，增强队伍的活力，进一步强化和规范队伍的管理工作。一是加强队伍的思想教育和思想工作，努力提高民警工人的思想政治素质。总站把“打牢思想基础，坚定理想信念”作为队伍思想政治工作重点，采取集中学习、举办讲座、开展讨论、组织参观等多种形式，组织民警工人认真学习江泽民同志“5.31”讲话和党的十六大精神，深入开展马克思主义发展史教育和形势政策、法律法规教育。引导教育民警工人全面深入地领会“三个代表”重要思想的科学内涵和精神实质，牢牢把握“三个代表”重要思想的根本要求，提高思想素质，坚定理想信念，增强爱岗敬业、无私奉献的自觉性和坚定性。二是改革干部人事制度，加强干部管理工作，增强队伍活力。总站认真贯彻《党政领导干部选拔任用工作条例》，以完善激励鞭策机制为重点，积极推进干部人事制度改革，加强干部队伍的管理。(一)严格程序，严密组织竞争上岗，把好“选拔关”。总站先后组织了正副处级和正副科级共 4 个职级 39 个职位的竞争上岗工作，严格按照公开、平等、竞争、择优的原则选拔领导干部。(二)严格标准、严格考核，积极推进“能上能下”。全年总站对 32 名处级领导干部进行考核，1 名正处级领导干部和 2 名副处级领导干部被调整改任非领导职务，同时还对 14 名处级领导干部和 16 名科级领导干部进行了岗位交流。三是抓好教育培训，努力提高队伍的整体素质。一方面，研究制定了加强处级领导干部理论学习的九条措施，组织全体处级领导干部分阶段系统地进行政治理论、法律知识、边检业务和公文写作等四个方面的集中培训，有针对性地加强学习辅导和学习组织工作，保证学习任务的落实。另一方面，以民警任职资格考试为重点，抓好民警的全员培训工作。共组织法律、边检业务、后勤业务和机要业务等各种内容培训 13 期，培训 421 人次，并组织 78 名晋升三级警督民警到珠海市警察学校进行为期 1 个月的集中培训。

【文明执法】 为配合珠海市搞好机关作风建设活动，给广大旅客出入境创造良好的软环境，珠海总站把开展“机关作风建设”活动和贯彻执勤工作规范紧密地结合在一起，使勤务组织、检查程序、问题处理等工作达到规范统一。首先，规范上下勤会议制度。上勤时对执勤人员的岗位和任务作出安排，对重要事项进行部署，下勤时总结经验教训，表扬先进，指出问题；其次，规范交接制度。规定以科队为单位统一列队到达执勤岗位，实行集体统一制度，严格履行交接登记手续，防止岗位执勤中断；第三，规范查验旅客制度，严格要求检查员按验放程序和规定动作验证，执勤中遇到业务问题必须遵守请示报告制度，明确站、队、组领导的处理权限，严禁任何人擅自超越权限处理业务执勤问题，防范事故案件的发生；第四，规范检查员的查验动作，杜绝抛证、甩证等不文明行为，制订相应的文明执勤用语及验证执勤中的忌语，做到“请”字开头，“谢”字结尾，要求检查员在执勤中要热情耐心地解答旅客提出的各种问题。杜绝了工作中闲谈、吸烟、看报等不良现象，较好地规范了检查员的执勤行为。 在元旦、春节、清明、五一等节日期间，各旅检站都成立了文明服务小组，在口岸现场热情为广大入出境旅客服务。拱北站针对节日期间老弱病残人士过关困难的实际情况，派出服务小组主动扶送他们到优先通道查验，受到广大旅客的好评。湾仔站五队担当了“护花使者”任务，不辞辛苦为到澳门卖花的花农服务，每天 5 点多钟就到码头查验花农证件。九洲站教育民警从一个微笑、一个问候、一点帮助等小事做起，关心出入境旅客的冷暖、留心旅客的需要，遇到矛盾纠纷时，要保持高度的克制，做到依法行政、热情服务、为警清廉。3 月 30 日，塞浦路斯籍船舶“阿兹亚”号已办理完出境手续准备出境，该船俄罗斯籍水手长突然急性腹膜炎发作，必须到条件好的陆地医院进行治疗。九洲站得知情况后，迅速将该名水手长送到珠海市中医院进行治疗。俄罗斯籍水手长病愈返航时，紧紧握住我站民警的手激动地说：“中国警察才是世界上最可爱的人”。此事迹先后被中央电视台、中央人民广播电台、《南方日报》、《大众报》等多家新闻媒体宣传，赢得了社会各界的一致好评。

【服务地方】 为适应我国加入世贸组织后经济建设新形势，珠海总站大力贯彻公安部各项出入境工作改革措施，正确处理严格把关和热情服务的关系，结合工作实际情况积极探索新的工作思路和工作方法，提高服务质量，努力为地方经济建设服务。一是建立有效的出入境信息发布渠道，进一步公开执法的透明度。2002 年公安部对出入境边防检查工作的改革力度进一步加大，各项改革措施纷纷出台，为了让广大旅客及时了解这些政策，珠海总站通过在各口岸的出入境大厅的边检咨询台、电子公告栏以及地方的电台报纸等新闻媒体对外进行宣传，让广大旅客真切地感受到出入境边防检查工作的改革趋势，切实维护了群众的出入境权益。二是充分发挥边检工作职能，为地方经济的发展做出贡献。总站下属的六个口岸担负着入出境船舶的查验工作，为支持地方经济建设，在保障口岸边防检查工作正常运转的情况下，总站根据当地政府的要求，克服人员紧张的困难，努力支持一批船舶作业点、起运点和作业码头的开设，较好地为地方政府和企业解决了实际困难。如为了满足香港迪斯尼公园建设需要，受珠海市政府的要求在外伶仃海上设立临时采沙石作业点，所采沙石出售给港方。1—5 月份作业点临时开放期间，边检执勤人员共查验入出境作业船舶达 2600 多艘次，外国籍船员 7 万多人次，为珠海市政府创造了较高的经济利益。高栏口岸为做好珠海港恒基达鑫石化码头的开通工作，主动配合珠海市政府做好码头的开办工作，认真抓好边防检查设施的建设，保证了该码头按时开通。九洲口岸应南方航空公司的请求，在该公司在对海上石油平台进行医疗救援的情况下，为其办理紧急包机出入境手续。业务部门为方便航行港澳小型船舶办理《航行港澳船舶证明书》等资料，对符合办证手续的船务公司实行 365 天办公，只要船务公司急需，即便是休息日也会为其加班办理证件，避免了船务公司因办证延误而造成的经济损失。三是积极支持政府相关职能部门工作的开展。根据广东省统计局和旅游局的请求，总站每月为两局抄送边防检查数据。同时还不定期地向珠海市口岸局、市统计局、市台办等单位提供入出境边防检查数据，对提高有关部门决策水平和工作效率起到重要作用。四是为在国内投资的客商提供出入境便利条件。 为方便在国内投资的客商往来珠澳两地，总站为在国内投资的客商办理优检证件的便利措施，一年来，严格办证程序和手续，全年为符合条件的投资客商共签发优检证件 4000 多张，为广东省和珠海市的经济建设发挥了积极的作用。五是热心公益事业，树立边检机关良好形象。为帮助灾区人民重建家园和支助贫困地区人民生活，珠海总站积极响应地方政府的号召，发动民警工人对贫困地区和受灾地区进行捐助。组织民警为贫困地区捐献财物(其中捐款 9377 元，捐衣物 2930 件)；开展“奉献爱心、助残济困”捐助活动，共捐款 7.94 万元；开展了“资助万名特困儿童上学行动”活动，共认捐特困儿童 50 名，为他们筹得助学金共 45000 元；开展了“万千扶万户”捐助活动，共捐款 453000 元。这些活动既支援了贫困地区的建设，也树立了边检的良好形象。

珠海出入境边防检查总站一直将维护口岸正常出入境秩序，确保口岸安全、畅通，促进地方经济建设发展和改革开放作为自身重要的工作任务来抓，密切配合地方政府搞好各项工作，在珠海市开展的各项活动中成绩突出，曾被评为“珠海市扫黄打非工作先进集体(其中先进个人 4 人)”、“珠海市社会治安综合治理达标单位”、“珠海市加强机关作风建设‘万人评政府’活动达标单位”。

珠海出入境边防检查总站2002年出入境边防检查数据统计表

项　　目		2002.01—12(单位:万)	增减百分比
出入境人员总数		5369.08	17.87%
入境人员		2738.26	18.65%
出境人员		2630.82	17.07%
出入境旅客		5115.71	18.44%
出入境员工		253.37	7.31%
中国公民	小计	5294.53	17.83%
	内地因公	202.92	−2.93%
	内地因私	490.27	102.75%
	港澳居民	4444.07	14.10%
	台湾同胞	157.28	6.41%
外籍人员		74.55	20.92%
从海港出入境人数		193.28	3.68%
从陆港出入境人数	小计	5175.8	18.83%
	汽车	284	14.18%
	徒步	4891.8	19.11%
	总计	227.63	7.16%
交通运输工具	船舶	3.86	−20.82%
	机动车辆	223.77	7.82%

汕头出入境边防检查总站

2002年汕头出入境边防检查总站在上级部门和总站党委的正确领导下,认真贯彻党的十六大精神,以“三个代表”重要思想为指导,认真贯彻落实《公安部关于进一步改革和加强公安出入境管理工作的意见》,始终把维护社会政治稳定放在首位,进一步深化改革,加强管理,扩大科技应用,通过抓队伍思想作风建设、队伍管理、规范化执勤和依法行政,总站队伍建设、业务建设上了一个新台阶,各站领导班子建设,队伍素质,边防检查规范化执勤水平和能力明显提高,并逐步走向规范化、法制化、现代化,圆满完成了出入境边防检查工作任务。

一年来,总站加强和规范行政执法工作,努力提高依法行政水平。边检机关是国家设立在口岸履行边防检查职责的执法机关,是公安队伍中的重要执法力量,其执法水平的高低,关系到国家主权、安全、尊严和口岸通关秩序,关系到国家的改革开放、经济建设和文明建设。今年以来,总站十分重视边检执法工作,按照“依法治国,建设社会主义法治国家”的方略,继续狠抓严格执法、规范执法和文明执法,在提高队伍执法水平、加强执法监督上下功夫，使边防检查执法工作进一步适应任务和形势的需要。全年共查处违反出入境法律法规案件85起，无受到投诉和复议情况。

根据公安部《公安机关执法质量考核评议实施办法》，总站制订实施细则，并成立了执法质量考核评议组，通过组织全体民警学习，增强执法人员的法律意识、执法质量意识和严格、公正、文明执法的责任感，推进边检业务工作和队伍建设。

针对口岸偷渡活动的规律和特点，采取有效措施，坚决打击反偷渡活动。总站针对偷渡活动有组织化和国际化的明显趋势，严厉打击有组织偷渡和外国人持伪假证件偷渡活动。为执勤一线配备了一批技术含量高的证件鉴别仪器，从而有效地提高一线识别伪假证件的能力，全年共查处偷渡人员19人次。

为适应国家加入WTO后的新形势，为"大通关"建设服务。总站在坚持抓勤务改革、公正执法、热情服务的同时，积极营造"五个环境"，促进口岸大通关建设。1、适应当地对外开放和经济建设新形势，深化勤务改革，为大通关创造较好的效率环境；旅客检查方面，建立二线处置突发问题的机制，对台上发现需处理的情况，及时移交二线处置，确保不影响整体验放速度。2、挖掘潜力增加科技投入，为口岸大通关提供较好的技术环境；通过安装港区闭路电视监控系统、配备证件鉴别仪器等手段，解决有限警力，提高检查水平。3、积极开展知识培训，为大通关创造必要的人才环境；总站坚持实施专业知识培训、任职资格培训、业务技术培训等，不断提高民警的业务素质和水平。4、大力开展学法用法和依法行政，总站制定执法检查实施细则，开展执法检查和平时督察，为大通关创造良好的法制环境；5、积极开展"树新风、创满意"活动，为大通关创造良好的服务环境。

广东出入境检验检疫局

【概况】 2002年，广东出入境检验检疫部门共检验检疫出入境货物483.8万批，货值1432.4亿美元；发现不合格的10569批，货值9.9亿美元；其中检验检疫出境货物283.8万批，货值645.4亿美元，检验检疫入境货物200万批，货值787亿美元；检疫出入境交通工具1628.5万架(辆、艘)次；检疫集装箱1800.6万个标箱；监测体检出入境人员16.7万人次，检出各类传染病17062例；预防接种16.4万人次(含口岸从业人员和交通员工)。从出入境人员中检出HIV阳性30例；从进出口动植物及其产品中检出有害生物12553批次。从进境大中活动物中检出猪传染性胸膜肺炎、猪蓝耳病、山羊关节一脑炎、副结核病、禽型结核；从进口肉类产品中检出沙门氏菌、O—157大肠杆菌、李斯特氏菌和疫区产品；首次从欧盟、韩国等国家进境货物木质包装中截获暗褐断眼天牛、褐梗天牛、松墨天牛等危险性林木害虫。率先在白菜种子中检出欧文氏杆菌；首次在中东海枣中截获到国家一类检疫对象—非洲大蜗牛；进口动物产品上检出O—26大肠杆菌，这在全国口岸尚属首次。鉴定外商投资财产3430批，查出高价低报的768批，升值率18.9%；查出低价高报的592批，降值率为10.8%，挽回直接经济损失743.8万美元。签发一般产地证47.3万份，签证商品金额109.6亿美元。签发普惠制产地证131.2万份，签证商品金额262.2亿美元，按5%计算，可为广东出口商品享受关税优惠约13.1亿多美元，提高了出口商品的竞争力。

【出入境卫生检验检疫】 开发建立了"卫生检疫风险预警及快速反应网络系统"，有效地解决了卫生检疫疫情时限性和保密性对疫情信息管理的困扰,为科学决策提供了技术支持。由于该网络系统技术先进,效果良好,国家质检总局11月在全国检验检疫系统推广应用。一是加强传染病疫情的防治工作。密切注视印度发生的肺鼠疫和东南亚地区出现的登革热以及在广东发现的数例霍乱等疫情,抓好口岸检疫查验,加强国境口岸、出入境交通工具的卫生监督,重点加强对水产品的检测和供应交通工具的食品、饮用水的监测。对重点区域、重点人群注意抓源头,落实疫源调查和检索。二是加强口岸对特殊物品检验检疫。完善口岸查验手段和措施,对特殊物品、废旧物品、可能携带媒介生物或致病微生物的物品实施严格的检疫查验和卫生处理。共查出进口特殊物品24批(其中人体器官3批,血制品21批),均按规定办理了入境检疫审批手续,并进行了严格的检验检疫和后续监管。在入境旅客检疫查验中查获旅客携带的丙种球蛋白5批,在入境邮件中查获丙种球蛋白1批,按规定办理了退货手续。三是加大对进出口食品、化妆品监管的力度。加强了对进口乳制品亚硝酸盐、进口蒸馏酒杂醇油、进口葡萄酒二氧化硫、进口蜜饯类食品微生物、进口果汁防腐剂、进口糖果人工着色剂等食品安全卫生项目的检验以及进口预包装食品的标签检验;严格了"疯牛病"疫区进口化妆品的监督管理;制定了出口食品企业日常监管的规定,加强了对出口食品企业的监管,对出口食品被外国检测超标的企业及时进行了处理。

【进出口动植物及其产品的检验检疫】 做好供港澳鲜活农产品的检验检疫工作,维护港澳繁荣稳定。春节期间,香港第三次爆发高致病性禽流感,造成鸡场饲养的活鸡大批死亡。为了保证香港市场鲜活商品的正常供应,采取了一系列措施:一是开展对供港澳活禽注册场的生产情况排查和疫情监测工作。二是引进计算机信息管理系统,对供港澳活禽实行"户籍式"管理,实现了对注册禽场的饲养情况和疫情状况的动态管理以及对香港反馈信息的及时跟踪处理,收到了较好的效果;三是核实供港澳活鸡来源,保证监装工作到位;四是加大对违规事件的迅速查处力度。取消了2个涉案注册鸡场的注册资格。从香港第三次禽流感爆发到疫情基本平息的4个月时间内,经检验检疫的供港活鸡数量由原来占总配额的约50%上升为70—80%,保证了香港市场活禽需求。从源头杜绝蔬菜农残,打击不法违规行为,保证了供港澳蔬菜的安全卫生质量。已连续5年未发生广东供港澳蔬菜农药残留引起港澳市民中毒事件,深受港澳政府主管部门赞扬。加强对进出口动物及其产品的检验检疫工作。狠抓肉类的实验室检验,规范操作规程,加强执法监督检查力度;针对我国对冻禽肉类取消配额管理制度的情况,加强对冰鲜家禽肉类检验检疫管理工作;与省外经贸厅对广东地区60多家已注册和准备申请注册肉类加工企业进行了有关法规的宣传和指导。加强对进出境木质包装和进境原木、苗木的检验检疫工作。认真做好输美、加、欧盟等国家的货物木质包装的热处理工作,保证了木质包装质量。

【进口敏感商品检验监管】 对重点工程检验项目进口大型成套设备坚持严格把关;加强对进口汽车空调器制冷工程实施环保项目检测;建立进口汽车检测站计算机查询系统;对广东局辖区内的韩国产奔驰MB 100的质量问题进行调查,并停止进口报检;对美国ATL公司生产的B超、圣犹达公司生产的TEMPO系列心脏起搏器、德国西门子公司生产的CT机质量问题进行调查,停止了部分产品的进口报检;对进口废物原料严格实行批批检验检疫,百分之百开柜查验和放射性检测。

【学习宣传贯彻新《商检法》,积极配合整顿和规范市场经济秩序】 与有关部门联合开展了声势浩大的百日打假联合行动,共出动执法人员23499人次,检查生产、经销单位和仓库8163家,查获制假窝点278个,假冒伪劣产品总货值3402万元,查办案件2697宗。配合技术监督部门对全省生产、加工、销售豆芽质量进行监督抽查,组织落实对各地技术监督部门抽查豆芽样品的使用违禁物质的检测工作。积极学习宣传贯彻新《商检法》。组织新《商检法》知识竞赛和新《商检法》学法考试。

【科技兴检】 研制的 20 个科研项目和 15 项检验检疫标准分别通过国家质检总局成果鉴定和标准审定。其中有的项目达到了国际领先或国际先进水平。“国外危险性实蝇传入应急对策研究”、“食用油脂中转基因植物成份定性 PCR 检测方法”和“食品中转基因植物成份定性 PCR 检测方法”达到国际先进水平;一个项目获国家自然科学基金资助;三个项目列入 2002 年广东省科技项目计划,首次获得科研经费资助。加强“标准题录信息管理系统”成果推广工作;积极探索按专业类别组建实验室联合舰队的可能性;在部分条件较好的实验室引入实验室信息管理系统;电气实验室成为全国 68 家指定强制性认证检测机构之一;轻工实验室被国家质检总局指定为承担出口自行车型式试验的四个实验室之一;动植物与食品检验检疫技术中心被国家人事部批准为博士后科研工作站,并被省科委指定为广东省重点实验室。

【认证认可】 发放检疫卫生注册证书 145 份、卫生登记证书 145 份;推荐在美国 FDA 备案的输美日用陶瓷企业共 233 家,占全国备案数量的 51%。对 900 家出口企业实施了出口商品质量许可和卫生注册登记评审,审批发放出口商品质量许可证 1101 份,出口临时质量许可证 978 份,审批发放出口包装质量许可证 170 多家,出口包装临时许可证 500 多家;烟花爆竹登记 10 多家;打火机、点火枪登记 8 家,集装箱场站登记 105 家。38 个实验室分别通过国家总局注册评审和 CNACL 认可评审。审核上报 15 家认证咨询机构已获批准。质量体系认证工作取得突破性进展,全年共签订企业认证合同 578 份,其中包括 ISO14000、OHSAS18000、HACCP 等认证合同;认证企业 410 家。

【检验监管模式改革】 积极探索建立以质量体系为基础、过程监督检验为主要方式的检验监管模式,提高通关效率。开展“过程质量监控”模式的试点工作。摸索纺织品服装监管企业模式。严格出口食品原料基地监管,控制农残、兽残、渔残。在分析食品工艺和风险性的基础上,对各种产品制定不同的下厂监管频率。改革出口货物木质包装检疫监管方式,实行全程监控,把好木质包装检疫关。

【支持外贸出口】 依靠科技提速,积极落实大通关战略,提高通关效率。转变检验监管模式;加快“三电”工程(电子报检、电子转单、电子通关)的运用步伐,制定了《出境货物直通式电子报检操作办法》,全面推广了直通式电子报检,方便了企业;加强与海关等有关部门的联系,在番禺沙湾办事处试行电子通关业务;积极帮助广东名优农产品开拓海外市场,通过各种途径敦促美国、南非、澳大利亚等国家加快对我介质盆景、荔枝和龙眼等农产品解禁,帮助广东龙眼首次打入海外市场;采取有效措施,突破国外技术壁垒,扶持广东富贵竹出口,提高广东鳗鱼在日本等海外市场的竞争力;围绕应对加入 WTO,全面深入地开展调查研究工作,取得了一大批调研成果;配合省政府开展专题调研,提出的应对反倾销的意见,被省政府领导批示印发给省内各地级市领导参阅。

【查获来自疫区动物产品】 8 月 1 日,番禺海关在番禺大罗塘查获从深圳入境的 4 个拼装进口肉类产品冷冻集装箱,怀疑携带来自疫区的动物产品,请求广东检验检疫局鉴别。经广东局核实,该 4 个集装箱均有疫区产品,其中一个集装箱有三分之一装载巴西(新城疫疫区)鸡翼和法国(猪瘟疫区)猪耳,另外三个集装箱携带德国(猪瘟疫区)猪小排。8 月 22 日,广东检验检疫局和广东省质量技术监督局联合开展了番禺地区冷冻品市场清查行动,在行动中查获来自疫区巴西的鸡、牛副产品 685 件、9785 千克,阿根廷的牛副产品 518 件、9680 千克,法国猪副产品 61 件、610 千克,德国猪副产品 354 件、3540 千克及夹带入境的英国猪副产品 13110 千克,此外还有一部分可能是改换包装的美国猪副产品。广东检验检疫局按规定对以上来自疫区的肉类产品作监督销毁处理。

【检出进口涂料有害物质含量超标】 2002年7—11月,广东检验检疫局从受理报检的室内装饰装修用进口涂料中发现9个品牌、15种型号的有害物质含量超过国家有关标准要求,原产地分别为台湾、西班牙、意大利、美国、泰国等,检测超标的主要有害物质项目为挥发性有机物(VOC)、游离甲醛和甲苯二异氰酸酯(TDI)等。涂料中的各种有害物质超标,将会对人体健康产生不同程度的危害。 为此,该局积极采取应对措施。一是对进口的室内装饰装修用涂料加强有害物质含量的专项检测,不合格的不予进口备案;二是要求进口的室内装饰装修用超标涂料更改其使用用途,并联合有关部门加强后续管理,采取严厉措施禁止其作为室内装饰装修涂料使用;三是加大对同类进口涂料的抽查和监管力度,要求检测合格后方可进口。

【从美国进口的小麦和面粉中查出TCK】 广东鹤山某公司从美国进口、用于加工返销香港的300吨褐北春小麦,分装于15个20尺集装箱运抵黄埔港集司码头。2002年1月7日镜检发现典型TCK孢子,含量约110个/50克,并在所抽取的小麦样品中发现6粒病瘿碎片。2002年9月6日,对来自美国奥克兰的"易福"号实施船舶入境检疫时,在其食品舱采集少量美国产面粉样品检验,鉴定其含有TCK。小麦矮腥黑穗病菌(TCK)是麦类黑穗病中危害最大、防治最难的且具有毁灭性危害的病菌,检验检疫人员对小麦和面粉及时作了处理。

【从美国进口废纸中首次查出优阜蝇】 2002年9月6日,广州检验检疫局对美国进口集装箱装废纸检疫时,发现一纸箱水果沙律、面包、肉类、牙刷、汽水瓶等生活垃圾并检获4只实蝇。检疫人员立即按规定对上述垃圾作了处理,并将4只实蝇送中山大学昆虫研究所鉴定。11月29日,实蝇专家最后确定该4只实蝇属丽蝇科、优阜实蝇属。这是国内首次发现且尚未分布的新蝇种。

【旅检首次截获一类危险性害虫——苹果蠹蛾】 广州机场检验检疫局从泰国——广州航班的约旦旅客携带入境的1.5千克苹果中截获幼虫,经实验室培养羽化出成虫,确认为一类危险性害虫——苹果蠹蛾。这是广东旅检口岸首次截获该类害虫,现已作销毁处理。

【从欧盟输华木质包装中截获天牛】 11月13日,番禺检验检疫局对来自意大利的一批两个集装箱货物的木质包装查验时,发现木质包装虽附有输出国出具的官方熏蒸证书,但仍检出大量虫孔、虫粪,经进一步查验,截获天牛幼虫数头,并按规定对木质包装作除害处理,进一步鉴定害虫样品。天牛科昆虫绝大部分种类危害木本植物,其幼虫时期主食树干、枝条及根部,是林业及果树生产业的主要害虫之一。

【首次截获新白蚁属】 黄埔检验检疫局从来自非洲的莫桑比克原木中截获大量白蚁,经鉴定确认为白蚁科 Termitidae 锯白蚁属 Microcerotermes 和木白蚁科 Kalotermitidae 新白蚁属 Neotermes,其中从非洲原木中截获新白蚁属在我国尚属首次。新白蚁属的种类除危害树木外,还危害木结构的房屋建筑和经济林木。

【广东省第一家企业获得原产国标记注册】 广东名瑞(集团)股份有限公司出口的连衣裙、女便服套装、婚纱礼服获得原产国标记注册。这是广东省第一家企业获得原产国标记注册。在WTO《与贸易有关的知识产权协定》中,明确将原产地标记列入知识产权保护的重要内容。按照国际惯例,产品一旦在国内获得注册,在国外同样受到法律保护。广东检验检疫局经过筛选比较,确定2000年获得出口商品免验证书的名瑞(集团)公司基本具备原产国标记注册条件,积极帮助其准备翔实的申报材料,经广东检验检疫局初审、国家质检总局批准,名瑞产品顺利获得原产国标记注册。此后,还审核通过了深圳市金威啤酒和刀唛花生油两个原产地标记注册。

【为 TCL 挽回近 500 万美元损失】 2002 年惠州 TCL 集团有限公司从法国进口手机射频模块 439.18 万个，惠州检验检疫局逐批受理报检并实施检验，检出 6.66 万个模块存在缺少元件或接收/发射信号不良等质量问题。该局按合同技术要求判定这些模块为不合格品，并出具检验不合格证书。TCL 集团公司凭不合格证书将不合格手机模块全部退货，直接挽回损失近 500 万美元。

深圳出入境检验检疫局

【概况】 2002 年，共检验检疫出入境货物 104.6 万批，货值 453.4 亿美元，其中出境货物 44.0 万批，货值 160.7 亿美元；入境货物 60.6 万批，货值 292.7 亿美元。检出不合格商品 4008 批，涉及货值 2.49 亿美元。检疫监管出入境人员 12008.96 万人次，体检 6.1 万人次，发现传染病病例 7240 人次，预防接种 18237 人次。检疫进出境动植物产品及其 27.5 万批，货值 31.5 亿美元。检疫出入境交通工具 1287.4 万次。查验集装箱 1243.7 万标箱。签发一般原产地证书 17.1 万份，签证货值 35 亿美元；签发普惠制产地证书 56.7 万份，签证量同比增长 10.3%，超过历史最高值，签证货值 92.9 亿美元。检验进口废物原料 2.66 万批/164.69 万吨，货值 2.92 亿美元，检出不合格废物 30 批，不合格率为 0.11%。退运不符合环保要求的 60 个集装箱共 947.9 吨进口饮料瓶。财产鉴定 475 批，鉴定金额 2.79 亿美元。评审 ISO9000、ISO14000、QS9000 企业 1368 家。

【监管与执法把关】 2002 年，认真做好了包括供港蔬菜、供港鲜活冷冻食品、进口食品、进口废料以及进口安全质量许可证商品、出口质量许可证商品等敏感商品的检验检疫工作。建立了 7+10 种药物残留检测机制、考核整改了供港冰鲜家禽加工厂、制订了供港食用水生动物养殖场监管方案及其产地检疫和离境检疫程序、建立供港活鸡禽流感预警风险机制。进境植物检验检疫共截获一、二、三类危险性病、虫、杂草 40 种 1715 批，其中发现 TCK 共 6 批，小麦印度黑穗病菌 1 批，咖啡果小蠹 7 批，菜豆象 6 批，检出一般性有害生物 116 种 2922 批；出境植物检验检疫检出有害生物 94 种 1283 批次。检验检疫出口到美国、英国、荷兰、德国等国的鲜荔枝 3813 吨，其中深圳荔枝 3316 吨。从美日输华木质包装上截获松材线虫 52 批，是全系统截获松材线虫最多的直属局之一。没有发生出口货物被进境国销毁或退货的检验检疫质量事故。罗湖口岸还首次截获了槟榔实蝇和根结线虫，为深圳地区外贸出口起到了保驾护航作用。2002 年 6 月，针对国际和周边地区进入霍乱等肠道传染病高发季节，深圳检验检疫局成立了霍乱防治领导小组，组织落实了深圳口岸各项霍乱防治应急措施，加强对来自疫区的入境交通工具、人员、货物等的检疫查验和传染病的监测工作，严格做到“逢泻必检”。各口岸局对辖区范围内的食品、饮用水及服务行业开展了卫生大检查，及时消除隐患，确保了深圳口岸无霍乱发生。继续加强对进口成套设备、旧机电产品的检验监管，将检验中发现的以旧充新、化整为零、工作电压不合要求的进口旧复印机、旧机床等旧机电产品堵在了国门之外。2002 年，对 62 种机电产品实施入境验证。同时还加强了进口轻纺产品的检验，并在出口轻纺产品企业中推行分类管理，把工作重点转移到对质量风险较高的企业及产品的监管检验上。

【业务开拓】 2002年,新增受理进出口食品标签申请4564份,初审合格通过1100份,受理申请工作量在全系统名列前茅。为适应WTO的要求,对已进行卫生注册评审的92家企业中的48家按照新规定的要求进行了评审,进一步提高了出口食品生产企业的整体素质和产品质量,培育了"维他奶"、"喜上喜"、"金龙鱼"等一批全国知名的深圳食品品牌。此外,国际邮包、航空快件以及供港东江水的检验检疫工作是深圳检验检疫局相继开展的新业务。为了尽快使这几项新业务走上规范化、制度化的轨道,有关部门进行了积极的探索。邮政快件按照机电、化矿、轻纺、动检、植检、卫检、食检七大类,分门别类制定了操作规程,规范各项业务的报检、现场查验、送检、处理、收费及出证等各个环节的运作,特别加强了对动物源性成分产品的查验。深圳检验检疫局严格按照国家质检总局《出入境快件检验检疫管理办法》,在CIQ2000系统下对出入境航空快件实施了全面监管,取得了明显的成效,重点把住了涉及"安全、卫生、健康、环保"等重点物品的进出口关。全年共检验检疫监管出入境邮政快件42.9万件,货值8536.4万美元;查验航空快件1149批,货值1052.7万美元;检验检疫供港东江水7.15亿立方米,较好地保障了供港东江水的卫生和安全。为做好进口石材、涂料的开验工作,召开了进口石材、涂料的法定检验开验工作会,向有关企业人员宣传了政策,提出了要求。组织各分支局的有关人员一起学习了检管要求、检验程序,统一了做法。此外,创建"盐田国际卫生海港"是深圳检验检疫局继成功组织创建深圳国际卫生机场后的又一开拓性工作。深圳盐田港经过十多年的发展,现已成为国际性的现代化集装箱海港。拥有国际航线49条,30多家国际船务公司每月近千艘船往返全球50多个国家和地区的80多个港口,是华南地区最繁忙、挂靠国际干线班轮最多的港口之一。盐田港提出创建国际卫生海港的计划后,深圳检验检疫局组成专家组,起草了《创建国际卫生海港规程》,开展了对港区公共卫生的环境监测、卫生处理的技术指导工作,并在原有的深圳检验检疫局检验中心和疾病预防控制研究室的基础上,建立了盐田分支局医学媒介生物实验室。目前,该项创建工作正在积极进行。

【科技开发与信息化建设】 2002年,新开通电子报检企业254家,电子收费企业171家。"电子收费"和"报检员培训考试"项目的科研课题通过了国家局组织的课题评定,受到了专家和国家局有关部门的好评。结合互联网等新的技术手段,组织开发了"CIQ－IS2002检验监管业务系统",对检验检疫业务部门的商品检验、企业监管业务进行电子化、无纸化管理试点,为实现业务管理手段的根本转变,尽快实施"大通关"战略以及"绿色通道"制度奠定了良好的基础。与深圳海关的关检合作工作取得了良好进展。1月1日开始,在罗湖、沙头角、文锦渡、皇岗、蛇口、机场6个旅检口岸与海关正式实施一机两屏、一机一屏同台查验,成为全国检验检疫系统首个实现与海关同台查验的单位。局机关除三密件外已基本实现在网上运转,公文运转速度得到了明显的提高,目前已成为国家局办公自动化系统升级版试点单位。进一步加强了计算机网络系统的安全管理,对全局重点保密单位和涉密计算机进行了安全检查。2002年,在中央、省、市各级报刊、电视台、电台和《国门时报》上发表新闻宣传报道210多篇;被国家质检总局《质检信息》采用的上报信息35条,其中上报国务院《质检专报》11条,被国务院《昨日要情》采用6条,并获国务院领导特别批示2条,全年累计积分640分,列全系统直属局第三位;被深圳市委市政府《信息快报》采用的上报信息25条,政务信息累计积分463分。

【服务外贸】 积极探索进出口商品的检验工作新模式,提高行政效率,优化投资环境。共签发产地证67.3万份,与2001年同比增长11.59%。为继续推广信息化"大通关"中的电子签证,召开电子签证企业座谈会,与企业进行良好的沟通,解答了企业在电子签证中的疑难问题,并在硬件、软件方面进行改进，使电子签证速度比2001年提高了一倍，年签证量在100份以上的企业基本实现了电子签证。到2002年底，已开通电子签证企业851家，达到办证企业总数的80%。电子签证证书27.8万份，同比增加292.7%，全局电子签证率已达60%。此外，还实现了深圳地区原产地标识保护工作零的突破，审核通过了深圳市金威啤酒和刀唛花生油两个原产地的标识保护，为深圳市名优产品走向世界起到了保驾护航的作用。

【科研制标和实验室建设】 组织完成了水生动物等7个项目标准审定和科研鉴定会，推荐了8个科研项目参加总局的“科技兴检”奖的评奖。还制定了实验室建设规划，按照ISO/IEC 17025标准，规范了实验室管理，推动了我局实验室认可、注册工作。完成了全局13个实验室的内审员培训工作，完成了食品实验室CCLBLAC考核评审前的内审工作。

【队伍建设与廉政建设】 加强干部队伍的建设，全面提高全体干部职工的素质，提拔任用了15名处级非领导职务干部、224名科级干部；对全局106名科级干部进行了轮岗和交流；对非编人员也进行了合同期内的考核工作。还选拔了深圳检验检疫局首届中青年专家学者11名，为后备专业人才的培养做好了积极的准备。与此同时，全体干部职工还学习了“三个代表”重要思想、江泽民同志的“七一”讲话、“5.31”讲话、十五届六中全会、党的十六大会议的精神，组织撰写的《以创建青年文明号为载体　做好新形势下的思想政治工作》的论文在质检总局首届思想政治工作研讨会上荣获一等奖。第三次被深圳市评为文明单位，在深圳市组织的全市机关工作作风评比中，名列中央驻深单位的第一位，局团委被评为市“五四红旗团委”。文锦渡局与笋岗局动检科同时被评为“深圳市文明示范窗口”，笋岗局动检科被共青团中央评为“全国青年文明号”。党风廉政建设工作进一步加强，实行了党风廉政建设责任制，将责任制逐级分解，进一步规范了责任考核制度，加大了责任追究力度。在积极开展各项廉政和党风党纪警示教育活动的同时，还认真做好了严肃查办违法违纪案件工作。对所有举报投诉事件都进行了严肃认真地调查核实，对其中10人提出进行岗位轮换的监察建议，对犯有轻微违纪行为的6名干部进行了约谈和教育。继续在各政府部门和企业聘请了社会廉政监督员108人，定期召开社会廉政监督员座谈会，与企业签署廉洁守法公约，不定期到企业明察暗访，听取意见，为不断改进工作作风，树立良好检验检疫形象起到了积极的作用。

深圳出入境检验检疫局业务统计表

机构	机构代码	出入境	总批次	总金额	总不合格批	总不合格金额	商检批次	商检金额	商检不合格批	商检不合格金额
合计	47000000	A—合计	1034572	4481155	4150	29768	688447	3072460	1742	16925
	47000000	E—出境	439861	1607416	2205	2052	278176	1391064	860	2033
	47000000	I—入境	594711	2873739	1945	27717	410271	1681396	882	14892
深圳局本部	47000000	A	352	1661	0	0	350	1661	0	0
	47000000	E	0		0	0		0		
	47000000	I	352	1661	0		350	1661	0	
蛇口局	47010000	A	55583	520171	264	26805	38051	458291	217	14132
	47010000	E	35859	231630	25	14	18866	180261	16	14
	47010000	I	19724	288541	239	26791	19185	278030	201	14118
皇岗局	47020000	A	349234	2022707	722	842	176925	943542	337	757
	47020000	E	41327	100657	55	93	11885	83574	54	92
	47020000	I	307907	1922049	667	748	165040	859968	283	664
罗湖局	47030000	A	8734	7653	9	1	6060	4652	9	1
	47030000	E	5000	5936	0		3831	3885	0	
	47030000	I	3734	1717	9	1	2229	766	9	1
文锦渡局	47040000	A	254313	388209	984	96	205092	329650	363	77
	47040000	E	106787	116324	80	21	73719	106895	31	16
	47040000	I	147526	271885	904	75	131373	222755	332	61
沙头角局	47050000	A	51322	165973	24	19	47494	131655	15	13
	47050000	E	15354	100126	11	10	12909	77555	11	10
	47050000	I	35968	65847	13	8	34585	54100	4	2
盐田局	47060000	A	47074	116410	64	74	10359	48370	20	41
	47060000	E	17973	18439	3	2	1548	2384	1	2
	47060000	I	29101	97972	61	73	8811	45986	19	39
龙岗局	47070000	A	85291	429961	1161	682	72184	400750	271	682
	47070000	E	75138	377628	1155	677	62043	348457	265	677
	47070000	I	10153	52333	6	5	10141	52293	6	5
宝安局	47080000	A	127977	724293	428	1135	105702	675571	421	1135
	47080000	E	106615	624364	420	1135	84362	575690	413	1135
	47080000	I	21362	99929	8	1	21340	99880	8	1
笋岗局	47090000	A	36754	68490	456	101	9953	48538	69	88
	47090000	E	35806	32307	456	101	9011	12359	69	88
	47090000	I	948	36182	0		942	36179	0	
机场局	47100000	A	17938	35627	38	14	16277	29781	20	0
	47100000	E	2	3	0		2	3	0	
	47100000	I	17936	35624	38	14	16275	29778	20	

机构	机构代码	出入境	动检批次	动检金额	动检不合格批	动检不合格金额	植检批次	植检金额	植检不合格批	植检不合格金额
合计	47000000	A—合计	111159	123578	91	21	171873	204415	825	20123
	47000000	E—出境	59413	47935	53	5	89834	86141	26	6
	47000000	I—入境	51746	75642	38	17	82039	118274	799	20117
深圳局本部	47000000	A	1	1	0	0	4	7	0	0
	47000000	E	0		0		0		0	
	47000000	I	1	1	0		4	7	0	
蛇口局	47010000	A	707	4038	0	0	8338	62365	49	20078
	47010000	E	435	1977	0		6446	11695	0	
	47010000	I	272	2060	0		1892	50670	49	20078
皇岗局	47020000	A	5734	13414	1	0	46579	28262	13	0
	47020000	E	50	19	0		16338	8362	0	
	47020000	I	5684	13396	1		30241	19900	13	
罗湖局	47030000	A	47	3	0	0	1211	34	0	0
	47030000	E	42	3	0		849	31	0	
	47030000	I	5	0	0		362	3	0	
文锦渡局	47040000	A	54195	47984	67	5	61993	20711	680	3
	47040000	E	26889	16022	53	5	33831	9159	0	
	47040000	I	27306	31962	14		28162	11552	680	3
沙头角局	47050000	A	15625	22792	0	0	9359	25375	6	3
	47050000	E	27	17	0		2414	22553	0	
	47050000	I	15598	22775	0		6945	2822	6	3
盐田局	47060000	A	2166	2746	22	16	23904	41155	30	29
	47060000	E	73	67	0		9982	8354	0	
	47060000	I	2093	2679	22	16	13922	32801	30	29
龙岗局	47070000	A	2030	1903	0	0	5845	4994	0	0
	47070000	E	1956	1873	0		5693	4650	0	
	47070000	I	74	310		152	344	0		
宝安局	47080000	A	4636	10206	0	0	10234	18391	15	2
	47080000	E	4163	8078	0		10149	18257	15	2
	47080000	I	473	2128	0		85	134	0	
笋岗局	47090000	A	25974	20360	0	0	4148	3089	11	5
	47090000	E	25777	19881	0		4132	3080	11	5
	47090000	I	197	479	0		16	10	0	
机场局	47100000	A	44	131	1	0	258	33	21	4
	47100000	E	1	0	0		0		0	
	47100000	I	43	131	1	0	258	33	21	4

机构	机构代码	出入境	食品及化妆品批次	食品及化妆品金额	食品及化妆品不合格批	食品及化妆品不合格金额	监测体检	艾滋病监测	发现病例数	预防接种
合计	47000000	A—合计	46217	118471	139	2068	61039	52982	7240	18237
	47000000	E—出境	15920	67718	43	78	11088	3614	1173	6890
	47000000	I—入境	30297	50753	96	1991	49951	49368	6067	11347
深圳局本部	47000000	A	341	1638	0	0	52214	51943	6232	16134
	47000000	E	0		0		2575	2575	175	4787
	47000000	I	341	1638	0		49639	49368	6057	11347
蛇口局	47010000	A	1957	16098	22	1931	0	0	0	0
	47010000	E	1361	4338	2	3	0	0	0	0
	47010000	I	596	11760	20	1928				
皇岗局	47020000	A	7512	11576	46	16	0	0	0	0
	47020000	E	297	801	0		0	0	0	0
	47020000	I	7215	10774	46	16	0	0	0	0
罗湖局	47030000	A	506	13	0	0	0	0	0	0
	47030000	E	304	12	0		0	0	0	0
	47030000	I	202	1	0					
文锦渡局	47040000	A	21461	51277	25	10	7322	1039	947	2103
	47040000	E	5151	32612	1		7322	1039	947	2103
	47040000	I	16310	18665	24	10				
沙头角局	47050000	A	4448	2466	3	0	0	0	0	0
	47050000	E	25	13	0		0	0	0	0
	47050000	I	4423	2453	3	0				
盐田局	47060000	A	778	4665	4	36	0	0	0	0
	47060000	E	274	1050	1		0	0	0	0
	47060000	I	504	3615	3	36	0	0	0	0
龙岗局	47070000	A	2848	9251	10	28	0	0	0	0
	47070000	E	2785	9176	10	28	0	0	0	0
	47070000	I	63	75	0					
宝安局	47080000	A	3426	16081	9	9	0	0	0	0
	47080000	E	3262	15556	9	9	0	0	0	0
	47080000	I	164	525	0		0	0	0	0
笋岗局	47090000	A	2686	5305	20	38	0	0	0	0
	47090000	E	2461	4159	20	38	0	0	0	0
	47090000	I	225	1146	0					
机场局	47100000	A	254	100	0	0	1503	0	61	0
	47100000	E	0		0		1191	0	51	0
	47100000	I	254	100	0		312	0	10	0

机构	机构代码	出入境	火车一节	汽车一辆	轮船一艘	飞机一架	集装箱合计	集装箱检出问题
合计	47000000	A—合计	23695	1.3E+07	50494	2872	12436596	72
	47000000	E—出境	19500	6500404	25443	1404	6584220	0
	47000000	I—入境	4195	6296905	25051	1468	5852376	72
深圳局本部	47000000	A	0	0	0	0	0	0
	47000000	E	0	0	0	0	0	0
	47000000	I	0	0	0	0	0	0
蛇口局	47010000	A	0	0	26772	0	760495	72
	47010000	E	0	0	13338	0	310775	0
	47010000	I	0	0	13434	0	449720	72
皇岗局	47020000	A	0	9029363	0	0	6853764	0
	47020000	E	0	4619566	0	0	3472500	0
	47020000	I	0	4409797	0	0	3381264	0
罗湖局	47030000	A	0	0	0	0	0	0
	47030000	E	0	0	0	0	0	0
	47030000	I	0	0	0	0	0	0
文锦渡局	47040000	A	0	2874346	0	0	1043196	0
	47040000	E	0	1411652	0	0	521845	0
	47040000	I	0	1462694	0	0	521351	0
沙头角局	47050000	A	0	889869	0	0	105216	0
	47050000	E	0	466612	0	0	52608	0
	47050000	I	0	423257	0	0	52608	0
盐田局	47060000	A	0	0	14772	0	3615168	0
	47060000	E	0	0	7663	0	2203736	0
	47060000	I	0	0	7109	0	1411432	0
龙岗局	47070000	A	0	0	8	0	46	0
	47070000	E	0	0	0	0	0	0
	47070000	I	0	0	8	0	46	0
宝安局	47080000	A	0	0	0	0	0	0
	47080000	E	0	0	0	0	0	0
	47080000	I	0	0	0	0	0	0
笋岗局	47090000	A	23695	0	0	0	10913	0
	47090000	E	19500	0	0	0	6118	0
	47090000	I	4195	0	0	0	4795	0
机场局	47100000	A	0	3731	8942	2872	47798	0
	47100000	E	0	2574	4442	1404	16638	0
	47100000	I	0	1157	4500	1468	31160	0

珠海出入境检验检疫局

【概况】 2002年,珠海出入境检验检疫局共检验检疫进出境货物33.9万批,货值109.7亿美元;其中检验检疫出境货物19.4万批,货值49.7亿美元,检出不合格商品80批,货值49.4万美元;检验检疫进境货物14.5万批,货值60.1亿美元,检出不合格进口商品108批,货值1536.7万美元;检疫出入境交通工具197.9万艘(辆)次,检疫集装箱32.5万个,共截获危险性有害生物和重要林木害虫1536批次:出境人员疾病监测体检14885人次,预防接种1299人次,检出各种传染病1963人次。

【从源头上把好产品质量关】 按照质检总局狠抓源头,严把国门,确保安全的工作要求。该局把关口前移,认真组织检验检疫人员深入生产厂、加工厂、种植养殖场,对出口产品从生产到出口实行全程监控,完善检验检疫监管模式,建立企业监管档案,及时掌握产品质量信息,认真做好重点商品质量分析和出口退货调查,与此同时,各口岸认真做好现场查验工作,严把口岸换证关,这样,把产地监管和口岸查验紧密结合,切实有效地把好了"厂门"和"国门"。在质量把关时,该局特别加强对涉及安全、卫生、健康、环保、反欺诈和关系国计民生货物的抽查,高度重视动植物检疫、危险品检验、大宗敏感商品、集装箱、食品、化妆品和旧机电、旧服装的进出口检验检疫、进口石材的放射性检测和国境检疫放射性监测,严格检测进口涂料中的有毒有害物质,维护国民健康。高度重视供港澳鲜活商品、食品的检验检疫,与澳门有关部门建立了较好的合作关系,完善了沟通机制,及时解决了供澳水禽检出禽流感抗体阳性遭退运、供澳活动物内脏遭废弃处理和猪肉渗水等问题,继续严格监管供澳蔬菜生产、出口各个环节,引导菜农走集约化生产道路,确保供澳蔬菜卫生质量。

【认真做好疫病疫情防制】 积极收集疫情信息,为国家质检总局提供动植物疫情通报,为口岸一线卫生检疫工作提供有效的疫情报告。加大传染病监测和卫生监督力度,2002年共检出艾滋病携带者8例、梅毒感染者27例,其它各种传染病1900多例,从进出境交通工具、集装箱中查获各种病媒生物100多只,加大对旅客携带物的查验力度,做好国际邮包检验检疫工作,从美、日等国输华木质包装中共截获危险性有害生物和重要林木害虫1536批次,首次截获一类植物害虫菜豆象。还加强了对国境口岸饮食服务行业和仓储行业的监督。

建立和完善检验检疫风险预警和快速反应机制,分别成立卫生检疫风险预警及快速反应专家组、艾滋病预防与控制领导小组、处置生物恐怖袭击事件领导小组以及处置核和辐射恐怖袭击事件小组,加强了动植物产品和食品的风险分析和风险评估,初步建立起检验检疫风险预警及快速反应的机制和网络。

严格进境动植物检疫审批和食品、化妆品标签审核。完成了进境动物和动物产品检疫初审工作,协助质检总局核实从马来西亚进口工业奶粉300吨的许可证,避免了可能从染疫国家进口奶粉而传入口蹄疫的风险。配合珠海市有关部门开展打假、打私工作,参加珠海市打假办组织的每季度一次的市场抽查活动,查出来自"疯牛病"疫区而未能提供输出国动物检疫证书的化妆品94种,来自禽流感疫区巴西、瑞典的鸡翅60公斤,不能提供有效检验检疫证书的进口肉类产品17767公斤,均按规定进行处理。

加强珠澳地区疫情监测。继续认真开展检疫性实蝇监测、口岸传病媒介生物本底调查和口岸鼠间鼠疫、鼠间流行性出血热抗体监测。同时,应澳门特别行政区民政总署邀请,派出专业人员前往澳门指导蚊媒调查工作，并达成今后在蚊媒鉴定方面继续提供技术协助的协议。

【科技兴检取得显著成绩】 实验室建设迈上新台阶。该局技术中心7个实验室全部于3月份通过了CCIBLAC认可；保健中心实验室于12月份通过国家质检总局中南大区考核小组ISO/IEC17025注册现场评审。

科研、制标成果丰硕，2001年立项的科研和制标项目至2002年已基本完成，《动物蛋白饲料中动物源性成份的鉴别》等7个项目顺利通过专家鉴定。2002年7个科研项目获得质检总局立项，有两项结合珠海农业养殖业的选题通过珠海市有关部门审批并获20万元科研经费支持，有的被定为重点科研项目。全年共有9篇论文获珠海市第三届优秀论文奖；2002年承担的15项制标项目中有9个通过专家审定。

进一步完善了本局科技组织机构和管理制度，加强了技术交流与合作，虚心学习国内外同行的先进经验和好的做法，不断提高检测人员的专业素质和技术水平，通过了亚太实验室认可合作组织食品微生物学水平测试，并成功举办了第四届珠澳检验检疫研讨会。该局还承担了对口支援西藏樟木检验检疫局的任务，帮助樟木局培训6名实验室建设骨干，还派出3名技术骨干赴藏帮助樟木局建设食品卫生实验室和艾滋病初筛实验室。

【认证认可工作有新发展】 认真宣传国家将全面实施新的强制性产品认证制度的有关政策法规，与珠海市技监局联合开展"CCC"强制性产品认证工作，做好涉证企业调查，积极为企业提供咨询，帮助企业制定认证计划；对珠海地区已获出口质量许可证和卫生注册登记的食品、机电、玩具、包装、输美日用陶瓷企业进行复查、帮助未获证企业获证，全面核发了出口食品生产企业新卫生注册登记证书，同时积极推荐符合条件的出口企业申请国外注册。

ISO9000、ISO14000等质量管理体系认证工作有新的突破，积极开拓认证市场，新签认证合同67份，完成认证审核40家，监督审核33家，对澳门地区中资机构，对地方政府结算中心，对拍卖行、物业公司等的认证工作都取得新进展。

【为外贸企业提供优质服务】 为了提高把关服务水平，该局认真开展查问题、查原因、查措施的"三查"活动，征求外贸企业意见，接受社会监督，推动了机关作风建设，加大了政务公开、检务公开的力度，重新出台促进外贸出口扩大服务十五项措施，提高工作效率，缩短检测周期，全面做好"三电"工程和"大通关"业务的基础建设，营造口岸"绿色通道"，对出口大户继续实施政策倾斜，主动支持珠海市重点园区、重点企业扩大出口。

为适应加入WTO之后的新形势，大力宣传有关发达国家的法规和技术要求，为企业提供信息和技术服务。帮助企业用足用好普惠制，严格按照有效给惠方案，把好普惠制注册关。开展特色检验检疫业务和检验检疫特色服务，以优质服务确保了第四届航展参展物资和参展人员顺利通关，对"万胜"号游轮靠泊珠海港口岸实施联检查验，恢复办理南航珠海直升机公司紧急包机出入境联检手续，扶持北京天客隆公司在澳门开办超市，促进国产名优商品出口。2002年，由于该局强化窗口服务和现场服务，全面落实促进外贸扩大出口的各项措施，在珠海市2002年度中央省驻珠单位机关作风民主测评中名列第一，这是该局连续第二年被珠海市评为优质服务第一名。

【加强队伍建设】 党组坚持中心组学习制度，带动了全局政治理论学习的开展，一年来组织党员干部就"三个代表"重要思想、江泽民"5.31"讲话、"十六大"精神、保持共产党员先进性等专题开展学习，使全局形成了讲学习、讲政治、讲正气的良好氛围。

深化干部人事制度改革，修订了《处、科级领导选拔任用工作规定》，坚持依据国家人事部出台的《干部任用条例》规定的标准严格选拔德才兼备的干部。重视党建工作，实行党支部工作责任制，及时督促支部按程序换届、增补和改选。抓好党支部"三会一课"，认真做好组织发展工作，重视吸收知识分子中的先进分子加入共产党，使党组织增加了一批新鲜血液。

开展创建活动，推进精神文明建设。贯彻《全国检验检疫系统精神文明建设规划》精神，开展争创"文明单位"、"青年文明号"、"巾帼文明示范岗"活动，全局25个单位都积极争创"文明单位"，10个科室争创"青年文明号"，9个科室开展争创"巾帼文明示范岗"，形成了学先进赶先进、积极向上、乐于奉献的良好风气。

（王均宏　何抗生）

广东海事局

广东海事局辖区现有港口一类口岸29个、二类口岸91个。为加强和规范口岸监督管理，做到有法必依，维护国家主权，广东海事局制定和颁布了《广东海事局船舶进出口岸监督管理暂行办法》，规范国际航行船舶进出对外开放口岸的申请、批准及进出非对外开放水域的申报程序。

2002年全局共办理船舶进出港签证和查验手续242.48万艘次，进出港船舶总吨位9.98亿吨，总载重量9.13亿吨，进出港货物吞吐量4.45亿吨，进出港旅客吞吐量2198万人次。

2002年广东海事局积极配合地方政府，解决三埠至香港客运中途靠泊台山、新会二港查验问题；对二类口岸的南海沙头码头的迁移、珠海港的一德码头、恆基码头的口岸查验工作提出可行的意见；对潮州的华丰、汕头的加德士码头、东莞华润水泥厂码头临时靠泊国际航行船舶的问题，积极与部海事局和有关部门联系，尽快得到批复。对万山港一类口岸的查验设施和开放水域范围的划定，锚地和航线的划定，做了大量工作，使口岸在今年一月能顺利通过国家验收。同时协助地方政府，对虎门港口岸和南沙港口岸的建设做了大量工作，争取这两个口岸早日通过国家验收。在工作中，广东海事局坚持既监督又服务，密切与地方政府和有关部门的关系，积极为企业解决水上生产运输问题，受到政府和企业的好评，从而提高海事部门的威信。

由于历史的原因，目前除新会港口岸、万山港口岸桂山作业区的开放水域已确认，虎门港口岸水域已经广州军区同意，正在办理手续外，其它口岸都没有明确开放水域。2002年国务院专题调研组完成粤东地区调研后，向省政府提出尽快把各开放口岸的开放水域范围报国务院确认。2002年11月我局配合广东省外经贸厅对粤东地区三个市的开放水域范围划定做了布置。

国务院关于已开放港口口岸新建码头启用等有关问题的批复（国函[2002]120号）明确了加强和规范口岸管理的工作程序，广东海事局积极配合政府做好这项工作。

深圳海事局

2002年，深圳海事局紧紧围绕“水上运输安全管理年”活动主线，着眼于提高水上交通安全的预控、监控能力，坚持专项整治与长效管理相结合，安全监管与机制创新相结合，全面推进各项海事业务建设，使辖区安全形势在面临较为严峻考验的情况下总体保持稳定，为深圳港航业乃至经济社会发展作出了新的贡献。2002年，深圳港完成港口吞吐量8766万吨，集装箱处理量761万标箱，同比分别增长32%、50%。进出船舶136462艘次，同比增长8.5%，发生水上交通事故50宗，同比上升31.58%，沉船18艘，同比上升50%，死亡6人，同比下降33.33%，直接经济损失12319万元，同比上升1251.69%，但事故发生率为0.037%，低于0.04%的预期控制目标。深圳海事局被评为2002年度深圳市政府部门安全管理突出贡献单位。

【通航水域整治】 全年利用船舶交通管理系统(VTS)、工业电视(CCTV)、巡逻船艇等手段，接受船舶报告77678艘次，跟踪船舶26335艘次，纠正和处理船舶违法行为为24艘次，提供助航服务1021艘次。组织打捞沉船13艘，占沉船总数的72.22%。审批水工作业50宗、参加作业船舶340艘次，无一作业因审批不当导致安全事故。组织水上巡航3526次，巡航里程18493海里、巡航时间3509小时、出动船舶1420艘次、纠正违章467艘次，均比上年有较大提高。积极整治渔船碍航捕捞、船舶超载和违法航行行为，净化了通航环境。

【专项安全管理活动】 “安全生产月”、“反三违月”期间，共出动执法人员250人次，执法船艇150艘次，执法车辆140台次，检查船舶370艘次，查处违法船舶76艘次。“元旦”、“春运”、“五一”、“十一”和台风季节，抓住重点区域、重点船舶、重点设施，加大安全管理力度，及时发现和消除事故隐患。

【船舶监督管理】 督促区、镇、村落实乡镇渡口和渡船安全管理责任制，改善了乡镇渡口和渡船安全管理状况。对东部非法载客渔船进行大规模专项整治，引起有关政府部门的高度重视，有效遏止了渔船非法载客行为。全年实施船舶安全检查489艘次，其中海船船籍国检查(FSC)252艘次，河船船籍国检查(FSC)125艘次，港口国检查(PSC)112艘次，同比分别增长22.93%、14.68%、75%。完成换发新版船舶登记证书，船舶登记工作顺利通过交通部海事局检查。

【推进国际安全管理规则】 推进国际安全管理规则(ISM规则)工作取得新成效。加大船公司安全管理体系(SMS)审核力度，提前完成第一批实施SMS国内化船公司的审核，还完成审核全国首家客滚船SMS。加强对船公司落实ISM规则的跟踪检查，促进船公司和船舶提高安全管理水平，在PSC会战检查中无一船舶被滞留。

【海上危险货物运输管理和海域污染防治】 利用“6·5”世界环境日国际纪念活动在深圳举行的有利时机，发起组织深圳建市以来最大规模清洁深圳河深圳湾行动，引起社会各界对海洋环保的高度关注。在狠抓第30套《国际危规》、《危险化学品安全管理条例》培训的同时，深入码头现场，检查安全状况，处理违法行为，促进了水上危险货物运输规范化。开展液货船专项整治，共检查船舶27艘次，查出缺陷179项，滞留船舶4艘次。以大亚湾、南山辖区为试点，推动各码头初步建立溢油应急联防机制，提高了对抗溢油污染的能力。

【船员管理】 全年签发各类船员证书17300份，同比增长61%，其中海员证6105份，同比增长305%，居全国第6位。按照交通部海事局统一部署，开展船员培训机构整顿、船员实际操作检查，并实施船员违法记分办法。针对辖区培训机构投入不足、培训项目单一、师资水平不高等问题，在加强规范管理的同时，积极拓展船员专业和特殊培训项目，获准新增船员培训机构3家、培训项目18项。适应市场经济发展要求，积极筹建深圳(国际)海员服务、培训、考试三个中心，已完成可行性研究，并提出初步方案。

【海上搜寻救助】 在交通部海事局和深圳市政府的支持下，完成组建快速反应基地，不仅为提高辖区搜救能力，也为探索搜救体制改革走出重要一步。全年组织、协调搜救行动59次，出动各类船艇454艘次，飞机4架次，成功救助船舶25艘次、人员329人次，成功率分别达78%、98%，挽回经济损失27573万元。特别是"3·15"、"11·23"重大海难救助，严格遵循国内法律法规和国际公约，本着有理有节、合情合法的原则，沉着应对、快速反应、协调行动，将事故损失降到最低，维护和体现了我国政府形象。2002年，深圳海事局获广东省海救中心通报表彰。

【海事研究】 与交通部海事局、交通部科学研究院完成《建立我国船舶油污损害赔偿机制实施办法的研究》，并通过部评审。成功承办首次由交通部海事局主办的海事论坛，围绕建立我国船舶油污损害赔偿机制进行深入探讨，为推动机制建立提供了理论准备和舆论支持，也显著提高了论坛的知名度和影响力。完成《IMO船舶定线制和报告制》、《包括危险品、有害物质和/或海洋污染物事故报告指南在内的船舶报告制和船舶报告要求的一般原则》和《船舶报告制的导则和标准》的编译。开展了"中国船舶定线制"实地调研并取得进展。"水上餐饮旅游设施和载客船舶安全管理"、"适应社会主义市场经济发展的船员管理模式"等一批课题研究取得突破。针对公沙水道西南季风期间事故频繁的问题，研究提出对策措施并加以推广，有效遏止了类似事故的发生。组织草拟了《水上运输危险货物和防治船舶污染水域现场监督指南》。

【依法行政】 努力推进依法行政，提高按国际惯例办事的能力。积极推动海事立法，《深圳经济特区海上交通安全管理条例》取得交通部、深圳市共同支持，纳入市一类立法计划，并已形成送审稿上报，《中华人民共和国深圳海事局游艇驾驶人员培训、考试和发证管理办法》、《小海船船员适任考试评估和发证办法》、《非机动海船船员适任考试评估和发证办法》、《渡船船员考试发证办法(暂行)》、《深圳公务船船员适任考试和发证暂行办法》等出台。坚持依法行政，全年行政处罚案件580宗，涉及金额198万元，行政复议和有理投诉为零。强化行政执法监督，建立《深圳海事局行政执法责任制实施办法》等4个制度，通过新闻媒体和互联网，公开政务80项，接受社会监督。积极开展新颁布法律法规的宣贯培训，包括第30套《国际危规》、《中华人民共和国安全生产法》、《中华人民共和国内河交通安全管理条例》、《危险化学品安全管理条例》及《船员违法计分管理实施细则》。

【基础设施建设】 计划统计工作得到加强和改进，《深圳海事局"十五"发展规划》、《深圳海事局"十五"发展纲要》编制完成，进一步明确了"十五"率先基本实现海事工作现代化的基本任务、奋斗目标和评估标准，统计工作通过运用科技手段，提高了规范性、时效性和准确性。重大项目建设进展顺利，市下达计划建造的污油回收船、垃圾回收船1450万元资金到位，西部工作船码头竣工并投入使用，宝安海事处办公楼工程完成用地手续、地质勘探及初步设计，东部VTS工程完成初步设计评审、选址用地手续、路桥施工设计及招标，大亚湾、南山海事处办公楼和蛇口海事处政务大厅完成装修并启用，首批10台海事执法车投入使用。信息化建设取得突破，在保证与交通部海事局统一规划兼容的前提下，大胆开拓创新，初步建立多功能、协同办公的办公自动化系统，成功开发船舶载运危险货物申报和船舶进出口签证系统并投入试运行。

深圳海事局2002年业务统计表

项目	数据名称	数据量
一、搜救管理	搜救次数(次)	59
	搜救时间(小时)	845.5
	获救船舶(艘)	25
	获救人员	724
二、船舶监督管理	船舶办理进出港签证(艘次)	49397
	办理船舶登记证书及船舶最低安全配员工作(艘次)	556/179
	船舶安全检查(艘次)	
	安全管理体系审核(次)	
	进、出港口船舶总吨(万吨)	53544.5
	进、出港口船舶艘次	136462
	船舶登记(艘)	
	客滚船现场监督管理时间(人次小时)	
三、通航管理	发布航行通(警)告次数(次)	141/168
	水上水下施工作业审批(项)	70
	主要航道船舶量(艘次)	
	水上水下施工作业现场监督管理(小时)	
	清除治理碍航物(小时)	
	乡镇渡口渡船安全检查次数(次)	
	乡镇渡口渡船安全检查行程(公里)	
四、船员证件	船员考试(人次)	3781
	船员发证量(本)	8594
五、船舶检验(引航)	船舶检验艘次	
	验船总吨位(万吨)	
	船舶引航艘次(万艘)	
	船舶引航总吨(万吨)	
六、事故调查	事故调查(宗数)	58
	项目数据名称数据量	
七、海岸电台	无线电报总数(份)	
	无线电报总数(字)	
	无线电话话台通话时间(次)	
	无线电话话台通话时间(分钟)	

项目	数据名称	数据量
	DSC 报警开机时间(小时)	
	报警站点(个)	
	DSC 份数	
	接收遇险报警(份)	
	播发航行警告(次)	
	国际电传	
八、日常巡航	巡航时间(小时)	3509
	巡航次数	3526
	巡航里程(海里)	18493
九、危管防污	危险货物通过量(万吨)	1338.7
	监装危险品(艘次)	6848
	办理船舶装载危险品货物的审核手续(艘次)	7738
	处理船舶污染事故(起)	31
	危险品监管次数	6848
	非监装船舶艘次	890
	危管防污处理污染事件(件)	31
	运输危险货物船舶进出港(艘次)	6848
	检查运输危险货物船舶(艘次)	
	检查危险货物集装箱(箱次)	
	辖区防污检查(艘次)	
	油污水接收处理、垃圾接收处理等相关作业审批(次)	
	油污水接收处理、垃圾接收处理等相关作业审批现场监督(次)	

广东各口岸工作概述

广州口岸

2002 年,广州口岸入出境旅客 508 万人次,比去年同期上升 10%;进出口货物 4659.5 万吨,同比上升 24.7%;海关征收税款 213.7 亿元,同比上升 2.8%。

一是以提高口岸工作效率为目标,积极推行通关作业改革,口岸通关环境得到进一步改善。

为贯彻落实《国务院办公厅关于进一步提高口岸工作效率的通知》(国办发明电[2001]38 号)和"提高口岸工作效率上海现场会"精神,口岸各部门结合各自实际工作,认真采取措施,加强管理,提高口岸工作效率。由各口岸单位派员参与的广州口岸大通关调研组通过抽样调查、外出学习考察、召开座谈会征求意见等形式，对影响广州口岸通关效率的情况进行深入调研，制定了《关于提高广州口岸工作效率工程实施方案》。该方案从广州口岸实际出发，按照把握重点，从易到难，先试点后推广，分阶段、分步骤实施的工作原则，确定广州口岸争取2004年初实现“大通关”的目标，并提出了实施“大通关”的具体措施。在市领导的关心和黄埔海关等相关部门的积极配合下，10月份在新港集装箱口岸推行以海关通关作业为主要内容的通关改革试点。经过两个多月的试点，新港集装箱口岸的通关效率有了明显提高，受到各有关单位的肯定。

二是以增强广州国际竞争力为动力，大力推进口岸配套设施建设，重点口岸建设取得新的进展。

广州新白云国际机场口岸综合办公楼是新机场的重要配套设施，是新机场对外开放的前提条件之一，必须与主体工程同步完工。面对时间短、资金缺的困难，市政府口岸综合管理部门积极协调各有关部门推进筹建工作，专门成立广州新白云国际机场口岸综合办公楼筹建联席会议制度及项目办。根据筹建工作安排，该工程预计2003年10月份完工，2004年上半年正式投入使用。

番禺南沙港货运口岸检查检验综合办公大楼主体工程、生活用房等配套设施基本完成，口岸现场的安全监管设施基本符合要求，顺利通过省外经贸厅及中央驻广东口岸部门组成的“省验收组”的预验收，并同意报请国家验收，争取2003年正式对外开放。

萝岗出入境货运车辆检查场于11月正式进入全面施工阶段，预计2003年下半年完工并投入使用。

三是以整合口岸网络资源为手段，积极推进口岸物流信息平台建设。

整合网络资源，建立统一平台，尽快实现口岸各单位物流信息共享，是实施“大通关”制度的重要内容。9月中旬，张广宁常务副市长带领市府办公厅、市计委、市交委、信息中心、港务局和驻穗部分查验单位负责人考察了上海、大连口岸信息网络的建设情况，并制定了广州口岸物流信息平台的建设方案。拟建设的广州口岸物流信息系统采用政府主导、企业运作的模式运作。该平台以三方物流为主体，整合海关、检验检疫、边检、海事、外经贸、银行、税务、铁路、港口、机场和部分大中型企业等单位现有资源的基础上建成，并与国内、国际有关技术标准接轨。为保证有关工作的落实，市专门成立协调机构，张广宁常务副市长亲自担任总负责人。

四是以服务经济发展为根本，积极为企业办实事、办好事，口岸经济得到进一步发展。

各口岸单位都把支持外贸企业扩大出口，改善通关环境，加快进出口物资流转，吸引更多客、货源进出广州口岸，作为口岸工作的重要内容，一项一项抓落实。如广州海关推行快速通关“3E”工程、黄埔海关选择新港集装箱口岸进行通关作业改革的试点、广州检验检疫局推行新的监管模式的做法都受到各企业的欢迎，广州海事局在协调解决非开放水域临时靠泊国际航行船舶方面做了大量的工作，边检系统在加强队伍建设、提高服务水平方面取得了新的成效。目前，随着广州经济社会的发展，国际性的经贸活动多。在去年的交易会、“汤尤杯”羽毛球赛、留学人员交流会、茶文化节、服装节等重大活动期间，各口岸单位都能为进出境人员及设备提供方便，得到社会各界的好评。

五是以求实创新、服务口岸发展为指导，积极开展共建文明口岸工作，为口岸发展提供智力支持和保障。

各口岸单位紧紧围绕“重在建设、服务中心、虚功实做、讲求实效”的共建工作思路，以促进“大通关”为目标，不断加强和改进共建工作。主要体现在如下几方面：一是抓学习，促十六大精神在口岸系统贯彻落实。各口岸单位把迎接十六大、宣传十六大、贯彻十六大作为共建文明口岸工作的首要任务，在口岸系统掀起学习、宣传、贯彻党的十六大精神的热潮。二是抓服务，促口岸工作效率的提高。口岸工作离不开把关与服务。各口岸单位紧紧围绕服务经济建设这一中心，努力在提高服务意识、改善服务态度、拓展服务空间、丰富服务内涵、提高服务档次等方面下功夫，并取得明显成效。三是抓管理，促口岸各项建设上台阶。各单位都能把共建纳入行政管理工作，加强管理，较好地克服“两张皮”现象，使共建和口岸队伍、业务等各项建设相互促进。各单位都能把落实服务承诺作为行政业务和共建文明口岸的重要工作来抓，召开货主座谈会征求意见，不断改进服务工作，使承诺服务的各项内容在实际操作中不走样。四是抓典型，促口岸良好氛围的形成。市口岸共建办先后组织人员对广州海关新风办事处、黄埔检验检疫局、天河边检站、内港海事处、天河铁路口岸这5家市级文明服务示范单位的检查、考核，通过《广州口岸简报》、口岸例会等形式宣传推广他们的创建经验，并组织有关单位到他们哪里观摩学习，以点带面，从而推动全市口岸精神文明建设工作的开展。

珠海口岸

珠海市现有拱北、横琴二个陆路口岸。2002年经拱北、横琴口岸出入境旅客约5172万人次（拱北口岸突破5000万人次），验放过境车辆225万辆次，进出口货物106万吨，较好地促进珠海市对外开放和经济发展。

2002年，珠海口岸管理部门认真实践“三个代表”，积极协调各查验单位和口岸服务经营单位，做好日常口岸管理、业务改革，不断提高通关效率的同时，着重抓好口岸基础建设，强化服务意识，确保口岸安全畅通。

推行口岸改革，发挥口岸潜能。经珠澳双方协商，决定横琴口岸实施延关，并于2002年1月1日顺利实施，使拱北、横琴口岸达到口岸功能互补。

实现了拱北口岸入出境车辆分流到横琴口岸入出境。为配合澳门联检楼建设，需将从拱北口岸入出境的车辆分流到横琴口岸，经过珠澳双方政府共同努力，于12月31日起顺利实施，由此带旺横琴经济的发展。

完善功能，抓好口岸基础建设。2002年4月1日拱北口岸出境货运通道顺利开通启用，拱北口岸自此实现了原设计的人、车分流，安全系数大大提高。

注重效果，抓好口岸管理。配合澳门新边检大楼的顺利建设，抓了拱北口岸部分迁建工程建设，并于6月1日与澳门划分了新的边境线。

抓机场临时口岸开放，确保航展顺利实施。为确保第四届航展顺利进行，及时报批机场临时口岸，组织了51名查验人员上岗，大家克服困难，较好地完成任务。

强化服务意识，确保口岸安全畅通。解决了拱北口岸东边货车通道前信禾集团临时车站的难题；与澳门代表协商，解决歧关的车辆继续在口岸内摆渡的问题等。

横琴查验单位永久性办公、生活楼尚未交付问题，经积极协调相关部门，解决了各种矛盾和问题，从根本上解决了查验单位的办公、生活问题。

汕头口岸

【概况】 汕头市位于广东省东部韩江三角洲南端，素有“岭东之门户，华南之要冲”的称誉。是我国五大经济特区之一，也是全国著名侨乡。汕头市2003年实施行政区划调整后，现辖龙湖、金平、濠江、澄海、潮阳、潮南六个区和南澳县；全市总面积2064平方公里，人口468万人，其中市区面积1950平方公里，人口454万人。汕头市自然条件优越，韩江、榕江、练江三江在境内汇入南海，北回归线横贯全境，全市属亚热带海洋气候，冬无严寒，夏无酷暑；汕头市海岸线曲折绵长又多岛屿，有岸线长289公里，周围分布着大小岛屿近40个，沿岸有汕头湾、达濠企望湾、潮阳海门、澄海莱芜、南澳后江等众多天然良港。

汕头市早在1861年便辟为通商口岸，历来是粤东、赣南、闽西南一带的交通枢纽和商品集散地。改革开放以来，汕头口岸建设日新月异。目前全市有汕头港、汕头空港、潮阳港、南澳港4个一类口岸，有永泰、西堤、莱芜等6个二类口岸和市区4个陆运车检场，基本形成了海、陆、空俱全，客、货运兼备的多层次口岸格局。通过口岸汕头已与世界40多个国家(地区)的210多个港口发展运输、经济、文化交流和友好往来。

【口岸客货运量】 2002年，汕头市进出口货运量321.6万吨，比增2.2%；入出境旅客122342人次，比减26.5%；入出境交通工具64160艘(架、辆)次，比减4.2%。其中，汕头航空口岸入出境飞机1631架次，入出境旅客122342人次；水运口岸入出境船舶2051艘次，进出口货物270万吨，含集装箱120078标箱；港澳货运车辆检查场共查验入出境货运车60478辆次，进出口货物51.6万吨。

【口岸开放】 1、南澳港口岸加紧一类口岸的配套设施建设，继续做好申报验收的各项准备工作。一是水域开放方案已与汕头水警区、南澳海防一团商定并送省军区征求意见；二是南澳海事处办公楼已动工建设，南澳边检站和检验检疫处办公、生活设施问题，已与南澳县政府达成协议，工程图纸正在设计之中。2、根据海关总署的统一部署，对一、二类口岸开展调查研究和清理整顿。潮阳港口岸因经营单位涉嫌走私被“八·一五”工作组查封整顿，查验单位办公楼停建，直接影响了潮阳港申报国家验收正式对外开放。潮阳市正筹集资金优先收购潮阳港的权属，力争在明年底完成对外开放的准备工作。关埠港口岸因涉嫌走私被查封，暂停运作。

【口岸管理工作】 二○○二年汕头口岸工作，认真贯彻《国务院办公厅关于进一步提高口岸工作效率的通知》和上海“大通关”现场会精神，加强管理和协调，保证了口岸各项工作的有序开展，为外向型经济的发展创造了良好的通关环境。全年主要抓了几项工作。一、建立了口岸工作联络协调机制，口岸管理协调进一步加强。1、建立了口岸“大通关”工作效率信息专报制度。每季度将全市口岸系统工作信息汇总上报海关总署、省外经贸厅和市政府。2、成立了汕头空港口岸工作联络协调小组，制订了工作目标和任务，建立了季度工作例会制度，一年来就空港航班计划、航班开闸时间、国际厅布局流程改造、口岸单位停车场以及生活补贴等问题进行了研究探讨，提出了改进意见并付诸实施。3、成立澄海市跨部门口岸工作通关协调办公室，一年来，口岸主管部门多次组织办公室有关人员深入基层，宣传法规政策，了解企业需求，及时与查验单位沟通信息，商讨改进工作方法，并督促落实服务承诺，促进了澄海口岸通关效率的提高。二、汕头港口口岸开放水域重新划定方案已上报省政府，并做好了海测的准备工作。1、根据省外经贸厅《关于组织对汕头港口岸开放水域范围重新划定问题进行调研的函》和2002年汕头市政府第174次工作会议纪要精神，召开专题会议，研究划定汕头港、潮阳港和南澳港开放水域范围。2、为解决广澳港区码头靠泊外国籍船舶的问题，由市政府分管领导任组长成立领导小组，研究落实查验人员增编和查验单位现场办公用房问题，并由市政府以《关于要求批准汕头港广澳港区正式对外国籍船舶开放的请示》上报省政府。三、树立起服务思想，积极开展调研和协调，为企业排忧解难。1、做好清理、整顿汕头水运口岸码头的专题调研工作。根据《汕头海关关于清理整顿一、二类口岸码头有关情况的函》和省外经贸厅特急明传电报《关于赴粤东开展专题调研的通知》精神，为配合省外经贸厅、驻省查验单位组成的联合调查组和国家五部门组成的联合调查组来汕调研，市口岸主管部门先后多次对全市各口岸的经营、管理情况进行专题调研，实事求是地提出清理整顿意见。潮阳市正视辖区内潮阳港、关埠装卸点经营单位涉嫌走私的现实，认真配合上级工作组，做好清理整顿及善后工作。一方面从潮阳经济发展的需要考虑，搜集整理有关资料，为上级决策提供依据，力争保留住口岸；另一方面，认真吸取教训，在管理工作中加强守法经营教育，督促落实管理、服务措施，使潮阳车检场工作卓有成效。通过清理整顿，汕头水运口岸监管更加严密，管理、服务工作得到进一步规范。2、针对夏秋季香港、曼谷航班执行时刻较晚且多变，正点率低，旅客反映较强烈的情况，市口岸主管部门坚持深入现场开展调研，把第二季度航班执行情况、存在问题和改进措施逐月报告市政府并通报口岸个单位，为改进工作提供依据。3、十二月八日晚，汕头航站接到金鹿公务机公司汕头至新加坡DER992/3航班急救飞行任务要求。口岸局连夜进行紧急协调，落实任务，并按要求牵头组织口岸查验单位人员会同航站保障部门在停机坪为飞机办理出境查验手续，圆满地完成汕头空港首次国际急救飞行任务。4、按照省外经贸厅的统一部署，认真做好《广东省口岸通关情况调查问卷》的发放、归纳、整理工作，及时将口岸通关环境存在的主要问题和建议向市政府和省主管部门作报告，报告在市政府《每日要情》转载并发送口岸有关单位，为优化口岸通关环境发挥了积极作用。

【口岸建设】 克服困难，多方筹资，大力推进口岸基础设施建设。1、市机构改革后，口岸局在年初恢复建设了汕头口岸局域网。七月份，经市编委批准，口岸局在陆空科加挂“汕头口岸应急指挥中心”牌子，担负起汕头口岸局域网建设、信息传递、报表统计等任务。口岸局域网的建设和指挥中心的设立，促进了口岸信息化建设，有效地提高了口岸工作效率。2、汕头港广澳港区一期工程于11月18日开工，预计投资3.5亿多元，建设2个5万吨级泊位，年通过能力达150万吨。

2002年汕头水运口岸货运情况表

单位＼项目	出入境船舶		进出口货物		(其中)集装箱	
	艘次	同比%	量(吨)	同比%	标箱(个)	同比%
汕头港	1153		2623535	6.8	115376	4.8
潮阳港						
南澳港						
永泰装卸点	536	−36.1	28810	−43.1	2845	−55.3
西堤装卸点	350	−46.6	37096	−50.9	1857	−50.6
莱芜装卸点	12	−33.3	10559	2		
关埠装卸点						
合计	2051		2700000	4.1	120078	9.1

2002年汕头航空口岸客运情况表

单位＼项目	设计能力	出入境飞机		出入境旅客	
		艘次	同比%	人次	同比%
汕头机场	300万人次	1631	−18.7	122342	−26.5

2002年汕头市车检场货运情况表

单位＼项目	设计能力	出入境车辆		进出口货物	
		辆次	同比%	吨	同比%
汕头车检场	1250辆次/日	38516	1	236040	−11.6
广澳车检场	100辆次/日	2434	18	30597	7.4
澄海车检场	200辆次/日	10194	−31.8	104741	−23
潮阳车检场	200辆次/日	7334	9.7	144204	−8.3
合　计	1750辆次/日	60478	−2.3	515582	−7.1

韶关口岸

2002年韶关口岸认真实践"三个代表",紧紧围绕"加强口岸综合管理,提高口岸通关效率"这个中心,积极开展工作,努力改善口岸大通关环境,完善口岸协调服务机制,强化口岸服务,确保口岸通关畅顺,为韶关市招商引资工作和外向型经济发展创造了良好的口岸环境,取得较好的成绩。全年实现进出口货运量近62.9万吨,比去年同期增加39.5%,其中进口59.5 万吨,出口3.4万吨。进出口商品总值达1.34亿美元,比去年同期增长6.59%,其中进口0.82亿美元,出口0.53亿美元。

口岸建设和规划工作有较大的发展,一是韶关检验检疫局新办公大楼顺利动工并已完成主体工程;二是口岸电子信息化建设成效显著,电子口岸网络系统逐步完善,韶关海关H2000电子报关系统成功切换联网作业,铺设了海关大楼、电信局和查验场之间的大容量光纤通讯电缆,查验场的电脑终端显示器也已升级更换为液晶显示器,保障了与广州海关的电子通关作业,韶关口岸局域网顺利迁建开通使用。三是完成检验场的查验设施改造,配置了10千瓦的备用发电机,购置了2.5吨集装箱叉车等一批查验工具,加快了通关作业速度,提高服务质量和通关效率。四是积极做好韶关港口岸装卸点和口岸公共保税仓项目的规划和申报工作,协助完成编制《韶关港(大坑口港区)100万吨综合型外贸码头工程建设项目建议书》。

完善口岸协调服务机制,以优质服务促进韶关招商引资和外向经济发展。一是在查验场设立了口岸办事处,加强查验现场的综合管理和服务工作,做好共建口岸文明活动,掌握口岸现场动态,及时协调解决企业在通关环节上的问题与困难;二是健全口岸联席会议制度。每季度召开了由外经局、查验单位和企业参加的联席会议,听取企业的意见,深入企业调研了解情况,现场解决企业困难与问题;三是加大口岸协调力度。积极地与相关查验单位、企业沟通协调,寻求各方面的支持与配合,想方设法为企业排忧解难,为地方经济发展服务。例如韶钢进口铁矿砂转属地报关、纳税的问题,口岸办在深圳、广州黄埔,蛇口海关先后多次召开了现场协调会议,妥善解决了韶钢进口铁矿砂转关难的问题,实现地方、企业、海关"共赢"的良好局面。

河源口岸

一、为适应中国加入WTO后的形势发展要求,河源口岸各单位广大干部积极参加各级举办的WTO规则及有关知识的学习培训,应训率达到100%。

二、加强了口岸的协调管理,提高了通关速度,保证了口岸的安全、畅通。

1、根据省市有关指示精神,建立了口岸工作联络机制。河源海关、河源出入境检验检疫局、车检场、报关企业都指定有联络员,进一步加深了口岸各单位之间的联系和了解,互通情况、密切协作。

2、加强了市入出境车辆检查场的硬件和软件建设。主要是争取市政府及查验单位的支持,投入资金搞好查验台的建设、场地维修及入出境车辆消毒消防用的水池、沙池和消毒房的建设。同时协助车检场成立了货物装卸队，购买了叉车，规范了装卸管理，较好地提高了装卸速度和服务质量。

3、协助河源海关搞好机构改革和职能转变。河源海关2002年9月划归广州海关管辖后，重新调整了各科室的业务职能和检查检验方法，报关、预录入、预审、检查、检验直接进驻车检场，大大提高了工作效率和通关速度。

4、协调河源海关和龙川县政府为解决龙川县企业进出口货物查验的实际困难，成立了龙川县进出口货物检查预约外检点。

5、深入企业调研，积极宣传有关口岸查验的政策、法规。为了解外商反映口岸入出境车辆卸货查验增多的问题，根据市有关领导的意见，局组成以分管领导为组长的调查组，分别到有关外资企业调查了解，同时积极向他们宣传有关口岸查验的政策、法规，正确对待把关与服务的关系。这样，一方面增进了企业的理解和信任度，另一方面促进了查验工作的改进。

6、恢复了因方方面面原因中断的口岸广域网，建立了河源口岸网页，保证了河源口岸与省口岸指挥中心及其他有关部门的联系，达到了互通信息、资源共享的基本要求。

7、口岸业务统计报表基本做到了专人负责，按时准确上报。

8、争取市政府支持100万元，较妥善地处理了口岸建设部分债务。

梅州口岸

2002年，梅州口岸各工作部门，面对入世后的新形势和新要求，紧紧围绕强化工作质量，严格依法把关，坚持为经济建设服务，有效地保护了国家和企业的利益，促进了对外经济的发展。至12月底止，共监管出入境飞机206架次，验放旅客14960人次；查验进出境车辆1949辆次，进出口货物17126吨，进出口贸易总值9615万美元；征收两税入库1990.35万元；全年共检验检疫出入境货物12375 批，货值26513万美元；监测体检出入境人员2186人次。

强化责任意识，增强把关能力，确保工作质量。为了强化监管工作，梅州海关采取了三项措施：一是狠抓税收征管；二是严厉打击走私犯罪行为；三是加强风险管理。为确保工作质量，梅州检验检疫局突出抓三方面的工作：一是改革把关模式，制订了《关于改革检验检疫模式，扶优扶强，促进出口的若干措施》；二是调整科室职能；三是抓技术装备更新配套，抓实验室管理。梅州边检站围绕警务规范化建设，重点抓两方面的工作：一是扎实抓好业务建设；二是认真推进警务规范化。

认真履行“服务”职能，促进地经济发展。口岸各部门主动从服务职能着手，想办法出措施，一是积极推进文明高效优质服务。二是认真履行“服务职能”。三是认真抓好现场设施的维护维修工作。

继续抓好政治思想教育工作，努力促进队伍素质提高。口岸各单位坚持把加强队伍建设和开展思想政治工作作为重要工作来抓，从而保证了各项工作任务的顺利完成。一年来，主要抓四方面的工作：一是狠抓干部职工和官兵的思想政治教育工作。二是坚持“从严治关”抓队伍建设。三是坚持抓“党风廉政建设”。四是继续开展口岸精神文明共建活动，坚持举办一年一次的口岸运动会，以增进口岸队伍的彼此沟通，团结协作。

惠州口岸

【概述】 惠州市位于广东省东南部、珠江三角洲东北端，南临南海大亚湾并毗邻香港与深圳，北接河源市，东连汕尾市，西邻东莞市和增城市。全市总面积1.13万平方公里，人口310万。现辖惠城区、惠阳区和惠东、博罗、龙门3个县，设有大亚湾经济技术开发区和仲恺高新技术产业开发区2个国家级开发区。

惠州地处通衢要冲，素称粤东门户，是衔接粤东和内陆省区并连接港、澳、台及东南亚的交通枢纽。陆路距香港80公里、广州162公里、汕头318公里，有广汕、深汕、深惠等多条高速公路和等级公路直达和经过惠州区域，又是京九铁路除深圳外距离香港最近城市；空运有惠阳机场，已开通国内10多条航线；海岸线长223公里，有大亚湾优良港湾，已建有四个港口，惠州港仅距香港47海里，有连接世界国际海运航线，也是京九铁路南端最便捷的出海通道。惠州区域优势得天独厚，经济地理条件十分优越，交通网络四通八达。

惠州口岸历史悠久。1899年(清光绪二十五年)，清政府被迫从香港撤出九龙海关后，便在惠州海域的沱泞列岛之三门岛上设立三门海关，惠州沿海各港口便辟为与港(香港)、澳(澳门)通商口岸。直至民国末期，三门岛上仍设置海关，沿续担负着对来往香港与粤东及大亚湾各口岸民船货物的查验和征税工作。新中国成立后，海关设址虽曾多次变动与撤并，但大亚湾内的澳头和惠东的港口等口岸，仍是出口物资起运点。过去，由于经济条件的制约，加之各级对口岸的地位、作用认识不足，港口建设受到制约，口岸规模很小，直至1980年，港口年吞吐能力仅为16万吨，年进出口货运量约为3万吨。

随着惠州市经济的发展，特别是1979年对外开放，国家给予广东特殊政策，使惠州的经济建设、对外贸易、技术交流和友好往来得到了前所未有的蓬勃发展，口岸建设也进入了新的发展阶段。从1982年国务院批准澳头口岸对外开放以来的18年中，全市先后投入建设资金28.2亿元进行口岸和港口建设。建成有对外国籍船舶开放、客货运功能俱有的惠州港1个国家一类口岸，改造和扩建了地方二类口岸有惠东的港口(大澳塘码头)、碧甲及博罗的红海港3个进出口货物装卸点和惠东亚婆角出口货物起运点；同时还建有陆路的惠州市区、惠东平山、惠阳淡水、博罗红海4个港澳货运车辆检查场。口岸查验机构设置有惠州海事局、惠州边防检查站、惠州海关、惠州港海关、惠东海关、惠州出入境检验检疫局、惠州港出入境检验检疫局。作为市政府口岸管理部门的市口岸办，在2001年机构改革后更名为市口岸局，下设三个科室:办公室、规划建设科、管理协调科；派出机构:口岸局古塘坳办事处、惠州港办事处；下属事业单位:惠州港澳货运车辆检查场、市口岸指挥中心。惠州市辖区范围内的惠阳区、惠东县、博罗县、大亚湾经济技术开发区均设有口岸管理机构。

2002年通过惠州口岸入出境货运车辆388831辆次，比上年增长15.5%；出入境船舶7410艘次，比上年增长3.1%；进出口货物1115.99万吨，比上年增长2.3%；进出口货值预计111.62亿美元，预计比上年增长26.4%，其中外贸出口预计59.19亿美元。

海关全年征收关税和进口环节税34.37亿元，比上年下降4.6%。

边防检查全年检查入出境服务员工、旅客452473人次，检查入出境交通工具396241艘次。

出入境检验检疫局检验检疫出入境货物232645批次，货值773258万美元，其中入境货物129738批次，货值438545万美元；出境货物102907批次，货值334713万美元；检验检测出入境人员1924人次；检疫出入境交通工具6408辆(艘)，其中入境3211艘次，出境3197艘次；签发普惠制产地证51459份，签发一般原产地证18093份。

【口岸综合管理】 在2002年的口岸工作中，口岸检查检验单位顺形势、找准位，努力提升服务水准，纷纷出台支持地方经济发展的配套措施。一是海关全面实施“五个一”工程(即一个目标，就是要支持惠州的外贸进出口活动，促进地方经济发展；一个机制，就是整合惠州市内各海关机构的管理和业务运作；一项改革，就是全面进行通关及监管制度改革，以推行EDI联网监管模式为主，促进加工贸易的发展，并积极推进通道作业改革以确保快速通关；一个重点，就是以支持壳牌项目建设为重点，促进惠州外向型经济的发展)，以实际行动支持地方经济发展。二是检验检疫局压力为动力。针对“万众评公务”活动中各界提出的意见和建议，检验检疫局认真反思，寻找差距，扎实整顿，提高效率，承诺以“四不变”精神做好检验检疫工作(即一是依法把关、严守国门、按法规政策做好检验检疫工作的原则不变；二是始终支持地方经济发展，服务进出口企业的宗旨不变；三是以惠州出口生产骨干企业作为检验检疫扶持服务的重点不变；四是虚心听取各方意见，不断改进工作作风的态度不变)，并积极探索严把国门、优质服务、配合大通关战略实施的报检通关新模式，努力为支持惠州外贸扩大出口服务。三是边防检查、海事局等部门在打击和防范偷渡外逃等违法犯罪活动、维护口岸正常入出境秩序和船舶安全进出港口等方面做了大量工作，有力地保护了地方经济活动正常有序进行。

【口岸建设】 2002年，惠州口岸致力改善口岸通关硬环境，努力搞好口岸建设。一是市区口岸新区建设严格遵循“政府决策、企业行为、市场运作，依法管理”模式，迅速组建了项目建设营运公司，超常规地完成斜下22号小区土地盘整 、用地勘查、总体功能规划、资金筹措渠道等工作，做好项目设计和施工准备。二是博罗红海口岸车检场搬迁工程，顺利完成征地和办理土地证件工作，筛选出符合红海口岸实际的最佳方案。三是根据深圳海关关于设置博罗县园洲监管场会议纪要，博罗园洲镇投资三千多万元新建了园洲监管场及办公大楼，为园洲镇的外向型企业发展提供了良好的口岸环境。四是经署岸函[2002]16号文《海关总署关于印发〈国家“十五”口岸发展要点〉的通知》批准，惠东县港口大澳塘、平海碧甲、稔山亚婆角三个二类水运口岸已纳入“十五”口岸开放规划。在市、县口岸规划部门的共同努力下，已按一类口岸标准要求作出具体规划，并就工程责任和期限作出明确界定。

【开展共建文明口岸活动】 一年来，秉承共建传统，在继承和发展的有机结合中创造性开展共建工作。一是组织领导不断完善和加强。年初市共建文明口岸领导小组下发了《关于认真开展2002年共建文明口岸活动意见》，提出了共建工作的要点和部署。二是共建与业务工作更加密切结合。围绕文明把关、提高服务质量，分别开展了“规范口岸窗口”、“便民、利民、为民”、“文明执勤”、“青年文明号”、“百家企业评口岸”、“评选最佳检查检验员”等一系列活动，有效地促进服务质量和工作效率的提高。三是在开展形式多样的“共建”同时积极鼓励“自建”。根据口岸实际，抓住时机开展形式多样的共建活动，如“八一”建军节前组织市区、大亚湾和惠阳口岸单位到边防检查站进行实弹射击；组织口岸单位部分领导外出参观考察，学习外地先进管理经验；组织市区、惠阳口岸、边检站搞联欢晚会等。同时也因应形势发展，考虑经常统一开展共建活动会因各单位隶属关系、工作业务、人员情况不同给组织工作增加难度等问题，逐渐向推广“自建”倾斜，鼓励各单位开展“自建”活动。四是进一步加强口岸队伍自身建设。各口岸把提高人的素质作为重要内容来抓，加强业务建设、廉政建设和职业道德建设，力促队伍思想素质的提高和制约监督机制的形成。

口岸名称	运输方式	货运量(万吨)		服务员工		交通运输工具(艘、架、列、辆次)			
						入境		出境	
		进口	出口	入境	出境	中国籍	外国(地区)	中国籍	外国(地区)
惠州港	海运	692.79	0.18	8896	9123	760	78	739	77
惠阳澳头	海运	24.8058	0	17667	17530	2145	0	2133	0
惠阳车检场	陆运	55.8281	55.8279	74435	74435	74435	0	74435	0
惠东	陆海运	25.6789	45.7578	19000	18122	17035	102	16113	102
博罗	陆海运	47.2672	38.8372	17057	21134	14455	0	18532	0
惠州车检场	陆运	55.6538	66.493	62379	108800	62379	0	108800	0
一类口岸合计	海运	717.5958	0.18	26563	26653	2905	78	2872	77
二类口岸合计	陆海运	184.428	206.9159	172871	222491	168304	102	217880	102

汕尾口岸

2002年，汕尾口岸工作在市委市政府和上级口岸主管部门的领导下，深入学习党的“十六大”精神，坚持以“三个代表”重要思想为指导，贯彻落实国家和上级机关口岸工作方针政策，在检查检验单位的支持配合下，共同做好口岸的各项工作。本年度，汕尾口岸运作平稳，口岸运转安全畅通，口岸工作效率有明显提高。一年来无发生重大事故和突发事件。根统计，全年入出境口岸码头和车检场的货物185525吨，同比增长19%，交通工具21199次/艘(辆)，同比增长1%。

口岸管理方面。汕尾口岸管理部门按照口岸管理工作要求与驻汕口岸检查检验部门严格按照“依法把关、监管有效、方便进出、服务优良”的要求，互相配合，各司其职，制订出相应管理制度和规定，公开服务承诺，规范办事程序和服务行为，转变作风，深化通关改革，建立口岸工作联络协调机制，共同维护口岸现场运作秩序，强化海关监管力度，设置卡口等管理设施，切实加强口岸管理区的管理。

口岸建设。口岸建设坚持围绕以经济建设为中心，服从服务地方经济发展的实际，坚持远期规划与短期目标相结合，努力改善口岸硬件环境。2002年口岸基本建设项目，重点是疏浚出海航道港池和口岸基础设施建设。同时，根据上级主管部门的通知要求，初步提出了《重新划定汕尾港口岸开放水域范围的方案》。

配合上级开展口岸调研。由省厅、广东海关分署组成的口岸调研和海关总署牵头、国家和省等10多个部门联合的粤东口岸码头调研组分别于3月和6月对口岸进行专题调研。市委市政府领导非常重视，认真布置工作并到会做了指示。口岸管理部门、检查检验单位、口岸所在地政府部门以及有关单位，积极配合调研活动，实地察看口岸码头，有关部门作了工作汇报。二次调研活动顺利开展，富有成效，对今后做好口岸工作具有指导作用。

东莞口岸

【概况】 1981年5月4日东莞县人民政府设置了口岸办公室，是代表政府规划、建设、管理东莞口岸和协调处理口岸问题的职能机构。2001年机构改革中，东莞市人民政府口岸办公室更名为东莞市口岸局（正处级），编制44人。内设人秘、业务、财务3个科，下设太平、沙田、常平、凤岗、长安、篁村6个正科级口岸分局。口岸局下辖东莞市港澳货运车辆检查场管理服务中心（正科级事业单位，编制296人）和东莞市口岸建设发展有限公司。

东莞口岸20年来，市政府累计投资超过6亿元，建成和开通了11个口岸。其中太平客运口岸和东莞铁路口岸为一类口岸。太平客运口岸位于东莞市西南部的虎门镇，地处珠江口东侧，是广州——深圳——香港和广州——珠海——澳门两条经济走廊的交汇点，又是广深珠高速公路的立交点。水陆交通四通八达，南距深圳70公里，水路距离香港47海里，澳门48海里；北至广州90公里，距东莞市区25公里；西邻广州市番禺区44公里，公路干线连接107国道，水上国际航线可达世界各大港口。1984年7月经国务院正式批准为对外开放一类口岸，太平至香港的客运航线，每天往返香港、太平的豪华客轮，航程不到2小时。东莞铁路口岸，位于东莞市东部的常平镇内，地处京九、广梅汕、广深准高速铁路三线交汇点，是东莞市对外开放的重要通道之一。1994年8月国务院批准开设东莞常平铁路客运口岸，1994年10月正式对外开放。1997年5月，经国务院批准，京九、沪九直通旅客列车经停东莞常平铁路客运口岸，并在此办理出入境的有关手续。1997年12月，国务院批准常平铁路客运口岸更名为东莞铁路口岸。1998年12月开通了进出口货运业务，东莞铁路口岸成为广九线上，也是广东省首个客货运功能兼备的铁路口岸。

东莞市现有港澳货运车辆检查场4个（凤岗、长安、篁村、虎门〈临时〉车检场），二类水运口岸5个（太平、沙田、莞城、麻涌、中堂进出口货物装卸点）。其中凤岗车检场是全国最大、最繁忙的二线车检场。

东莞口岸设立的检查检验单位有：东莞海关（正处级），下设凤岗、常平2个副处级办事处；太平海关（正处级），下设长安、沙田2个副处级办事处；新沙海关（正处级）；东莞出入境检验检疫局（正处级），下设太平、长安、凤岗、沙田、常平5个副处级办事处；东莞边防检查站（正团级），下设常平、沙田2个副团级边防检查站；东莞海事局（正处级），下设沙田、太平2个副处级办事处和莞城、长安、中堂、麻涌、石龙5个正科级办事处；广州沙角海事处（正处级）。配置的经营服务机构有：外轮代理、中国银行、港澳客运公司、航运公司、市外贸进出口公司和庞大的报关服务业。东莞口岸已经初步形成了客、货运兼有，水路、公路、铁路多通道，检查检验和经营服务机构齐全，人员、货物、交通工具进出境比较方便快捷的口岸网络。

【口岸设施建设】 1999年前，东莞原有3个车检场：凤岗车检场、篁村车检场、虎门〈临时〉车检场。这3个车检场场地破旧、狭小，总设计日通过能力仅1150车次左右，不适应东莞港澳货运车辆大幅度增加的形势要求，造成这三个车检场超负荷运作，塞车严重。1996年开始新建长安车检场和搬迁凤岗车检场。投资1.1亿元的长安车检场于1996年10月动桩建设，1999年5月28日通过验收，于同年6月1日开通启用。该车检场停车面积5.3万平方米，停车位400个，设计验放能力2000车次/日。2000年扩建了1.2万平方米停车场地，2002年再扩建1.3万平方米，使停车场地达到7.8万平方米。

投资1.2亿元的凤岗车检场(新场)于1996年12月动桩建设，1999年10月22日通过验收，10月26日开通使用。该车检场停车面积6.7万平方米，停车位450个，设计验放能力3000车次/日。凤岗车检场的车流量约占全市的1/2左右，最大日车流量达到4500车次。

篁村车检场于1988年8月1日开通启用，占地面积7580平方米，其中停车场面积约7000平方米，设计通过能力400车次/日。

虎门〈临时〉车检场于1988年8月10日设立，占地面积4900平方米，其中停车场面积4000平方米，设计日通过能力为150辆次。

太平客运口岸旅检现场1996年重新装修，总建筑面积为1545平方米，设有进境通道6条，出境通道4条。航班每日“三进三出”共1788座席。

东莞铁路(客运)口岸现场从1997年5月19日开始承担新开行的京九、沪九直通旅客列车的查验和监管任务。2001年东莞铁路客运口岸现场进行了改造，扩大了旅客候检、候车面积。2002年5月17日新旅检现场通过验收，2002年5月23日正式开通使用。新旅检现场建筑面积3450平方米，设有进出境通道各10条，客运直通列车每日“四进四出”共1620座席，节假日增开假日直通旅客列车后“五进五出”共2792座席。

1997年6月27日，国务院批复同意将东莞沙田货运港和太平客运港合并，定名为虎门港(含广东省沙角电厂和东莞虎门电厂的专用码头)，并对外国籍船舶开放，开展客货运输业务。李鹏总理为虎门港题写了港名。虎门港口岸的开放范围包括：沙田作业区、麻涌作业区、沙角作业区和长安作业区4个作业区。其中拟首期组织验收和对外开放的码头包括：沙田作业区的国际货柜码头、荣轩货柜码头、海腾货柜码头、飞虎石化码头、华润水泥厂码头、金明石化码头以及沙角作业区的宏远货柜码头等7座码头。目前虎门港口岸查验单位的办公、生活配套设施已基本完成，国家有关部门正准备根据《国务院关于同意广东东莞虎门港对外国籍船舶开放的批复》(国函[1997]59号)文件的有关精神进行组织验收。

【口岸陆路快速通关改革的背景和成效】 东莞是全国加工贸易企业最为密集的地区之一，全市现有加工贸易企业13800多家，出口值占全国加工贸易总额的七分之一，全市进出口货物共约有5000—6000万吨。由于地缘关系，东莞口岸进出口货物中70%以上依赖公路运输，每天进出境的转关运输车辆达6500多辆次，其中凤岗车检场更是全省最繁忙的二线车检杨，日平均验放的进出境转关运输车辆达3500多辆次。过去，由于车检场受旧通关模式的局限，难以及时处理大规模集结，高速度运转的转关车流。转关车辆从进入车检场到办结验放手续离场一般需两个半小时左右，导致大量车辆被迫在公路上排队等候，最长时达数公里，企业、司机及附近居民对此一直反映强烈。旧的通关模式已严重影响了投资环境和对外经济的发展，必须建立一个严密监管、高效运作的新通关模式。陆路快速通关作业的改革显得十分迫切和必要。

东莞陆路快速通关改革工作得到海关总署和黄埔海关的大力支持，从2000年9月底开始至今年初，根据上级的统一部署和安排，在凤岗车检场进行了三次陆路快速通作业改革。第一次是在2001年1月1日，对原来要在东莞、深圳两个海关办理两套手续的转关车辆，实行“一次申报、一次查验、一次放行”，通关所需时间由150分钟减少为30分钟；第二次是在2001年7月2日，实行了以“提前递单申报，通道验放”为主要内容的改革，使报关和车辆运输在时间上完全分离，通关速度从30分钟缩短到14分钟；第三次是在2002年1月开始，在第二次改革的基础上实行“改革车检场布局，完善内部流程，实现电子监管”为主要内容的第三次改革，使车辆通关时间减少为7分钟。风岗车检场实施快速通关改革后，工作效率明显提高。目前风岗车检场每日可验放转关运输车辆5000辆次，是改革前3000辆次的1.67倍，验放能力明显增加。2002年9月1日，长安车检场启动快速通关改革，实施“先递单，后进场”的通关新模式，有效地解决了车检场单证积压和车辆积压的顽症。通过提前申报，审核，为各有关部门全面介入进行风险分析和风险布控创造了条件，从而进一步完善了海关监管，降低车检场的通关风险，进一步加快通关的速度。东莞铁路口岸货运，于2002年9月6日，正式开通“东莞——香港集装箱班列”，为莞港间的物流增添了一条新的快速通道，推出了多项优质服务措施，一是铁路公路联运，实行“门对门”的一条龙服务，货主只需要将提货单交给工作人员，交运货物就能安全抵达货主指定的地点和厂家；二是承诺东莞至香港24小时内将货物运达；三是上门收货，并免费提供空集装箱给厂家使用，在价格上，班列的收费也实行优惠，基本与公路运输持平，有的甚至低于公路运输价格，大大节省了企业时间和运营成本。东莞口岸快速通关改革取得了明显的效果，达到了预期目的，使加工贸易企业的通关成本降低，增强了产品的国际竞争力。

【共建文明口岸】 东莞铁路口岸被评为1994——1996年度全国、全省文明口岸和1997——1999年度全省文明口岸，2000年东莞铁路口岸荣获东莞“十佳”窗口服务单位称号。1994——1996年度常平海关和常平边防检查站被评为全国、全省“结对共建文明口岸先进集体”。1996年12月东莞出入境检验检疫局被国家卫生检疫局评为卫生检疫“金蛇奖”，2002年12月东莞出入境检验检疫局被国家人事部、国家质量监督检验检疫总局授予“全国质量监督检验检疫系统先进集体”荣誉称号。1997年1月太平海关被海关总署、人事部评为全国海关先进集体。1997年市口岸局常平分局被推荐为全省口岸综合管理系统的文明服务示范单位，并于1998年荣获市文明单位标兵称号。2003年3月5日，东莞市口岸局凤岗分局口岸建设资金收费组被团市委授予“青年文明号”称号。

市口岸局高度重视文明口岸共建工作，把共建文明口岸纳入精神文明建设轨道，做到自建与共建相结合，共建与口岸查验业务相结合，围绕提高口岸工作效率和服务质量，一是大力推行政务公开，在口岸各现场设立宣传栏，及时公布查验单位新的规定和办事程序，增加口岸执法的透明度；二是以座谈会等多种形式广泛听取各方面的意见，并反馈到口岸有关部门，广泛开展职业道德教育和“便民、利民、为民”活动；三是继续开展创建文明窗口，微笑服务，创建青年文明号活动。2001年口岸局积极参与市文明办开展的《走进文明单位——东莞市文明单位一日工作观摩采访活动》，组织市人民代表、政协委员、文明委成员和各战线领导到东莞出入境检验检疫局检查、观摩和指导，以此推动口岸精神文明建设开展；四是发挥市口岸局各分局的作用，开展形式多样的共建活动，推动共建文明口岸工作深入开展。常平分局督促口岸各单位将改进机关作风、提高办事效率的措施转化为文明服务的承诺。在工作中，口岸单位严格按照承诺的内容，切实为出入境旅客排忧解难。边检、海关、出入境检验检疫机构设置了咨询值班台，认真解决旅客反映的各种问题。太平口岸分局认真抓好两个共建对子：东莞边检站旅检科和太平海关旅检科共建对子，东莞边检站和虎门港澳客运公司共建对子。组织检查检验单位开协调会，确保口岸各单位在工作中团结协作、互相支持，共同创造文明、高效的国门形象。凤岗口岸分局联合海关、出入境检验检疫办事处经常召开香港8大运输公司司机代表开会，虚心听取他们的意见，进一步理顺车检场的通道、完善车检场有关设施，加强高峰期交通疏通工作，使车检场的通关速度得到了进一步提高。篁村口岸分局，为了解决车检场陈旧、窄小及外围道路修路而引起的塞车现象，采取增加人力、延长通关时间，加大道路疏通的力度，为通关车辆排忧解难。

1996——2002年东莞口岸入出境综合情况一览表

项目 年份	入出境旅客(人次)	增长率	进出口货物(万吨)	增长率	入出境货运车(辆次)	增长率	入出境船舶(艘次)	增长率
1996	404096	9.30%	983.7	33.90%	1136648	30.40%	12544	34.80%
1997	474746	17.50%	1209.7	23.00%	1318776	16.00%	18019	43.60%
1998	500910	5.50%	1386.6	14.60%	1382559	4.80%	18686	0.20%
1999	584465	16.70%	1727.8	24.60%	1609459	16.40%	15108	−19.10%
2000	591080	1.10%	2002.3	15.90%	1910679	18.70%	14888	−1.50%
2001	663278	12.20%	1995.7	−0.30%	1925266	0.80%	15652	5.10%
2002	707217	6.60%	2284.9	14.50%	2178164	13.10%	15308	−2.20%

中山口岸

【简况】 2002年，贯彻落实市委、市政府"工业强市"和外向型经济的战略方针，口岸工作重点致力于增加中山港往返香港的客运航班；延长办理口岸进出口货物通关时间，加强口岸安全管理工作。经中山市口岸入出境旅客为1000259人次，比上年同期增长20.4%；进出口货物为405.27万吨，同比增长11.5%，其中集装箱运输量70.5万标箱，同比增长22.9%；出入境货运车辆9.34万车辆次，同比增长25.5%。口岸运作良好，客、货运口岸安全畅通。

【延长客运口岸开放时间】 为适应对外经济发展需要，方便中山与香港两地人员往来，中山港口岸于3月26日起试开通中山港往返香港客运夜航班次。经报省外经贸厅批准，从2002年10月30日起，中山港客运口岸开放时间由原来的8:00—20:00时调整为8:00—24:00时，客运班次增加至9个往返航班，节假日增加至12个往返航班。

【建设神湾装卸点】 神湾装卸点位于神湾磨刀岛，占地12万平方米，2001年12月28日奠基后，2002年投入全面建设，口岸查验监管设施、办公生活场所建设与主体工程第一期工程同步进行。经各单位的努力，神湾装卸点一年的建设，已建成了1000吨级泊位2个；建筑仓库、综合楼、集装箱堆场和查验、监管、办公、生活场所配套设施共27400平方米，定于2003年3月18日正式对外开放，口岸通过能力为100万吨/年，其中进出口集装箱15万标箱。

【制订口岸应急施救预案】 为有效防范安全生产事故的发生和确保事故应急施救工作高效有序，最大限度减轻事故灾害，根据《国务院关于特大安全事故行政责任追究的规定》和市政府有关指示精神，结合中山口岸实际，制订《中山市口岸安全生产事故应急施救预案》，经3次反复征求口岸有关单位意见修改完善，于2002年5月份开始执行。

江门口岸

【概况】 2002年，广东省江门市共有一类港口口岸5个：江门客运港、新会客货运港（包括新会客运港区和天马货运港区）、台山广海客货运港（包括公益客运港区和在建的鱼塘货运港区）、开平三埠客运港、鹤山客运港，直航香港水路客运航线5条。二类港口口岸10个：江门的外海、高沙、荷塘，新会的河口、牛牯岭，台山的公益，开平的三埠、水口，鹤山货运港，恩平的横板等10个进出口货物装卸点，来往港澳货运车辆检查场6个。全市口岸建有码头总长4620米，泊位87个，其中集装箱船泊位19个，最大可靠泊5000吨的货轮。仓库面积41.7万平方米，堆场面积72.4万平方米，各类装卸运输机械设备400多台(套)，最大起重能力45吨。拥有快速豪华客轮8艘，客位2523个，每天有18个航班往返香港。江门市口岸群体的客货运稳定发展和渐趋合理的整合，进一步促进了江门五邑地区的外经贸事业、旅游事业和对外文化、民间交往的发展。

【口岸客货运量稳定增长】 2002年，通过江门市口岸进出境的旅客64.2万人次，比上年增长14.7%，其中入境旅客32.42万人次，比上年增长13.2%，出境旅客31.77万人次，比上年增长16.2%。全年，通过江门市口岸进出口货物457.38万吨，比上年增长10.4%，其中进口265.57万吨、比上年增长12.2%，出口191.81万吨、比上年增长8%；在货物总量中，通过水运集装箱33.86万个标箱。全年，通过江门市口岸进出口货值47.77亿美元，比上年增长8.8%，其中进口18.25亿美元、比上年增长0.4%，出口29.52亿美元、比上年增长14.8%。全年口岸运作主要数据详见该文后面《2002年江门市口岸运行情况》表。

【按规划推进口岸建设与开放】 2002年，江门市按照发展规划进一步推进口岸建设，主要抓住两个重点：一是完善新会口岸天马货运港区的配套设施建设，以适应港区首期开放的运作需要；继该港区首期于2001年底被批准正式扩大开放并投入使用以来，进一步完成了海关H986集装箱检查系统、连接客运港的边检数字通信光缆及端机等设备设施的配套；该港区正式开放一年里，已直接靠泊外籍船舶18艘次；新会市(是年9月起改为新会区)还以该港区为龙头，对相邻几个口岸点的进出口货运进行整合，进出口货物量强劲增长。二是创造条件加快台山口岸广海港鱼塘货运港区的基础建设，至是年底已累计完成工程量约1.15亿元，码头和泊位的主体工程基本完成，进港道路的改造扩建也已展开。此外，江门五邑各市还为不断完善口岸配套设施，筹集资金帮助查验部门解决有关设施的完善和更新改造问题。例如，江门市拨出专款，帮助江门边防检查站完成驻地新营区的迁建，解决了江门市直口岸边检查验专用电脑的全面更新和检验检疫有关设施设置等问题；江门五邑各有关市、区积极协调筹集资金，帮助驻地边检部门解决“通行港澳的外国人进入珠三角地区144小时免签证”便利措施所需的建站连网设施，等等。

【适应“大通关”改善口岸环境】 2002年，江门五邑各级口岸管理和查验部门，为适应将要推行的“大通关”，进一步协调推进口岸通关手段的改革，努力提高通关效率和改善口岸环境。江门海关采用了GPS卫星定位、EDI联网报关、H986集装箱检查等先进系统，推进“提前报关，实物放行”和“无纸报关”等业务模式的改革，进一步加快通关速度，提高进出口货物当天放行率；边检部门实施了业务信息系统联网快速验放的业务革新；检验检疫部门积极推进货物出境电子报检、电子签证、电子转单业务；海事部门采取多项简化办事程序、24小时全天候验放船舶的措施。江门市政府主管口岸的管理部门，还牵头组织了口岸有关查验单位和外汇管理、国税部门以及口岸货运经营单位，围绕进一步推进“大通关”问题，组团前往华东地区考察取经，学习先进经验。通过口岸各单位的共同配合，江门五邑地区口岸的通关环境进一步优化。

【不断加强口岸管理与协调工作】 一是搞好机构改革和行政区划变动的口岸管理衔接。江门五邑各县级市口岸管理机构的调整随本级政府机构改革于2002年第一季度内相继完成，先行重组并主管全市口岸管理工作的江门市外经贸局，及时进行了全市口岸管理系统的工作衔接，并针对机构改革中各级口岸管理部门领导班子和人员也有相应调整的情况，组织了一期全市口岸管理干部业务知识培训班，确保了全市口岸管理工作的平稳衔接。是年9月，原新会市撤市设区并入江门市区，原新会荷塘等镇划入江门市蓬江区，属二类口岸的荷塘装卸点涉及口岸管理转接的一系列问题，有关部门及时协调进行有关管理转接，确保该口岸点和有关进出口企业的正常运作。二是继续健全和完善各级口岸联席会议、工作例会、现场值班等协调管理制度，强化有序管理，并坚持把口岸安全畅通作为重中之重，督促落实各项安全管理责任制，加强安全教育、培训和检查监督，搞好口岸安全管理和治安综合治理，确保了全市口岸全年的安全运作。三是加强调查研究，努力做好口岸的综合协调工作。各市、区口岸管理部门积极会同口岸查验部门，分别就进出口货源与货运、口岸通关效率与部门协作、车检场管理等专题开展了大量的调查研究，深入口岸现场、客货运经营单位和进出口企业了解情况，听取企业、货主、旅客、报关员等各方面的意见，并及时召开专门协调会和现场协调会，解决需要协调的问题，不断改进和完善口岸的各项工作。根据口岸客运形势的变化，江门五邑地区的口岸客运需要进行综合利用资源、使之渐趋合理的调整，通过大范围的协调和协作，从2002年10月份起，新会、开平三埠、台山公益三个客运口岸港顺利实行了挂港营运。

【坚持抓好共建文明口岸工作】 江门五邑各口岸继续深入开展共建文明口岸活动，营造良好的口岸环境。在此过程中，口岸各单位进一步做了大量的工作，一是深入开展政治思想教育，通过学习中共十六大精神和开展口岸各部门的专项教育，进一步贯彻“三个代表”重要思想，增强口岸各级各类人员的服务观念，不断处理好把关与服务的关系。二是加强廉政建设，提高依法行政水平和拒腐防变能力。口岸各行政公务部门进一步落实行政执法责任制，推进关务、警务、检务、政务公开，依法规范行政公务，接受社会监督。三是加强协调、沟通、协作、配合，在口岸各单位之间不断营造工作关系融洽、顾全大局、团结协作的良好风气，并开展丰富多彩的文娱康乐活动，增进各单位的联系和友谊。四是进一步开展“微笑在口岸”、文明礼貌月、文明窗口、文明示范岗等文明礼貌和热情服务活动。该年度，口岸各单位在共建文明口岸活动中，又涌现出不少先进集体和先进个人。

2002年江门市口岸运行情况

项目及单位 \ 口岸及年份		全市合计			江门		新会	
		2002年	2001年	对比%	2002年	对比%	2002年	对比%
进出境旅客	万人次	64.19	55.99	14.7	32.34	21.4	8.81	-4.8
其中:入境	万人次	32.42	28.65	13.2	15.96	17.3	4.72	-1.9
出境	万人次	31.77	29.32	16.2	16.38	25.6	4.08	-7.9
进出口货物量	万吨	457.38	414.9	10.4	117.08	-12.3	210.28	29.3
其中:进口	万吨	265.57	236.65	12.2	52.37	-27.69	134.39	50
出口	万吨	191.81	177.54	8	64.71	5.9	75.88	4
国际集装箱	万标箱	33.86	29.57	4.1	18.02	1.8	4.61	-11.4
进出口外贸货值	亿美元	47.77		8.8	19.83	20.4	13.22	0.2
其中:进口	亿美元	18.25		0.4	6.01	-6.7	5.86	0.2
出口	亿美元	29.52		14.8	13.82	37.9	7.37	0.3
进出境车辆	车次	57905	51716	12	15758	-0.4	16863	27.2

项目及单位 \ 口岸及年份		台山		开平		鹤山		恩平	
		2002年	对比%	2002年	对比%	2002年	对比%	2002年	对比%
进出境旅客	万人次	3.98	2.1	8	1.6	11.07	33		
其中:入境	万人次	1.97	2.1	3.98	-0.3	5.8	34.3		
出境	万人次	2.01	2.1	4.03	3.6	5.27	31.6		
进出口货物量	万吨	33.4	1.2	46.43	11.4	47.48	18.9	2.71	-21.7
其中:进口	万吨	16.44	2.4	34.12	8.3	26.6	7.2	1.66	-26.1
出口	万吨	16.97	0.1	12.31	21.2	20.89	38.1	1.04	-13.5
国际集装箱	万TEU	3.37	77.6	4.08	18.8	3.78	-9.8	0.01	-94.5
进出口外贸货值	亿美元	4.74	14.2	7.87	3.5	5.67	11.3	0.56	3.2
其中:进口	亿美元	1.81	7.6	3.36	-5.1	2.1	-0.6	0.25	-11.2
出口	亿美元	2.93	18.7	4.5	11	3.57	24.7	0.31	19
进出境车辆	车次	4575	86.1	10497	4.5	8681	-1.1	1531	11.8

佛山口岸

2002年,全市口岸管理、查验、经营单位团结协作,口岸运作正常,客货运量保持较高的水平,实现了安全畅通。全市进出口货运量1104万吨,比去年同期增长25%,其中进口693万吨、出口411万吨,分别比去年同期增长23%和29%。经佛山客运口岸出入境旅客97万人次,比去年同期下降3%,其中入境旅客44万人次,出境旅客53万人次。

抓好口岸安全生产,确保口岸安全畅通,口岸是进出境人员、货物和交通工具汇集、流通的场所,安全至关重要。口岸一出事就是大事情,口岸安全确实重要。因此市外经贸局一直把口岸安全摆在突出位置,要求各基层口岸坚持“安全第一、预防为±”的方针,健全安全工作责任制,落实各基安全措施。主管局长基本上每季度都带队到基层口岸检查安全生产，重点到危险品码头、仓库以及人流量大的客运口检查，督促各项安全措施的落实，排查安全隐患。由于各级口岸管理部门高度重视，基层口岸安全工作落到实处，今年全市口岸没出现大的安全事故，保证了口岸安全畅通，做好口岸建设改造工作。经过调查了解，制订了全市口岸建设计划，上报省外经贸厅，并且对照检查建设计划的落实情况。今年口岸建设改造项目比较多，其中项目较大的有两项，一项是南海华光作业码头迁建，另一项是南海官窑车检场搬迁。华光作业码头迁建工程投资3000多万元，在旧码头下游两公里处新建一座岸线长300米的码头，年吞吐能力达300万吨，是旧码头的6倍。官窑车检场搬迁工程占地50亩，投入资金1500万元，建设了3385平方米的联检大楼，设置了16个查验台.这两个项目建成后，大大改善了原有场地的硬件设施，适应了货运量日益增长的需要。新车检场和新码头具备开通投入使用的条件后，市外经贸局口岸部门及时报告给省外经贸厅陆空处和港口处。新的车检场于9月11日通过由省厅陆空处组织的验收，9月25日投入使用。新码头由省厅港口处组织召开联席会议研究，批准该码头于10月24日临时投入使用。

开展口岸"大通关"调查。9月份市外经贸局配合省外经贸厅进行一次口岸"大通关"调查研究。在这次口岸"大通关"，调研活动中，在禅城、南海、高明区召开了4个有关生产企业、贸易企业和中介企业业务负责人以及口岸现场查验单位领导参加的座谈会，发放了300份《广东省口岸通关情况调查问卷》，在南海三山港开展口岸货物通关效率抽样跟踪调查活动，较大范围地听取了企业对目前口岸通关的意见和建议，在认真分析、整理调研情况的基础止，撰写了调研报告上报省外经贸厅。通过这次调研活动，初步找出影响通关效率的主要问题，为下一步推进口岸"大通关"的步伐做好前期准备工作。

阳江口岸

【概况】 2002年，阳江口岸工作在市委、市政府的领导和上级口岸主管部门的指导下，认真贯彻党的十六大精神，忠实地实践"三个代表"的重要思想，积极应对入世的挑战，努力拼搏，取得了进出口货运量创历史新高的好成绩。从阳江口岸进出口货物55.4万吨，比去年同期增长89%。其中进口41.4万吨，比去年同期增长125.1%；出口14.1万吨，比去年同期增长28.5% 。集装箱吞吐量达1.0834万标箱，比去年同期减少28%。船舶进出境491 艘次，比去年同期减少40%。其中进境241艘次，比去年同期减少41%；出境249艘次，比去年同期减少39%。进出境货运车辆4320辆次，比去年同期增长12%。其中进境48辆次，比去年同期减少51%；出境4272辆次，比去年同期增长13.1%。出入境服务员工5523人次，比去年同期减少66.33%。

【查验监管与通关改革】 阳江口岸查验单位坚持以经济建设为中心，既把关又服务，进一步深化口岸监管制度的改革，营造依法、守法、文明、高效、宽松的口岸工作环境，切实提高通关效率，以实际行动落实市委、市政府提出的打好"民营、海洋、旅游""三张牌"的工作思路，有效地促进地方经济的建设。阳江边防检查站按"严格执法、热情服务"的总要求，深入开展"做让党放心、让人民满意的边防卫士"的活动，采取有力措施深化通关制度的改革，建立快速便捷的通关制度。实行警务公开、边防检查程序公开、收费标准公开等制度，做到特事特办、急事急办、24小时现场值班和随叫随到。既维护了国家安全，又确保了口岸的畅通和正常的出入境秩序。阳江海关一方面进一步改进集中审单管理，通过合理设置信道参数，加强业务数据风险分析，切实增强查验的有效性、针对性、降低查验率。另一方面进一步推行“两水两路”快速通关系统和“口岸电子执法系统”等项通关改革工作，在阳江港海关监管现场安装了电子地磅，并实现电子地磅与H883系统联网。阳江检验检疫局在转变监管模式，对出口商品实业分类管理的同时，全面推行“三电”工程，提高办事效率。“三电”工程经过去年的宣传和发动，2002年以来，全市又有32家企业开通电子报检和电子签证，提高了报检效率。阳江海事局狠抓辖区航道畅通和阻碍航道的渔排、网桩等问题的清理工作，维护船舶通航水域的畅通，确保航行的安全。特别是对装载危险品的船舶和危险品装卸作业进行严格、规范的安全监督。对进入阳江港油气码头的液化气船进行清道护航，保证了液化气船进出港口的航行安全。

【口岸管理与协调】 一是积极调研。先后多次组织阳江海关、阳江检验检疫局、阳江口岸报关行等部门，深入各县(市、区)和100多家企业或单位进行现场办公式的调查研究，了解企业生产、经营情况和征求他们对口岸运作的意见。把企业提出的具体意见分门别类，能现场解决的就现场解决，不能即时解决的，就让各查验单位“带回去”限时解决，取得较好的效果。还组织召开口岸经营服务单位经理座谈会，就阳江口岸的中介经营服务和外贸货代、货运市场等经营问题，向市政府作了“存在问题、原因及对策”的专题报告。特别是针对阳江市港澳运输公司2月份因经营等原因而停航的问题，3月1日及时向市政府作《关于港澳运输公司停止经营的情况报告》。市政府采纳报告中的建议，对该公司进行整改，于2002年8月恢复了航班。二是密切配合。2002年年初，市委书记林华景同志在工作调研时，根据我国加入WTO后非关税贸易壁垒增多的新形势，提出“密切与商品检验部门联系，强化海产品的质量认证，扩大海产品出口”的工作要求。根据市委的要求，密切配合阳江检验检疫局和阳江海关，狠抓企业质量认证等工作，取得明显成效。2002年全市有17家企业获ISO9001等质量认证，提高产品出口的竞争力。三是认真协调。根据阳江口岸运作的特点，密切协调查验单位，通过优质的通关服务和快速通关等积极方式，配合企业拓展国内外市场。以市场带动企业货物的进出口量，有效促进口岸的运作。如海洋石油阳江实业有限公司经营的阳江港油气码头，2002年进口天燃气达27万吨，上缴利税达1.06亿元。

【口岸整顿】 通过全面的清理整顿，阳西县溪头港二类口岸基本完成清理整顿工作。

【口岸建设】 在省外经贸厅和市政府的大力支持下，2002年完成阳江口岸局域网的建设。阳江边检站干部战士宿舍楼也于2002年8月破土动工，预计2003年上半年竣工。

【精神文明建设】 加强党风廉政建设和职业道德建设，以建立廉洁、勤政、务实、创新、高效的机关作风为目标，以企业满意为标准，开展口岸各职能部门的精神文明建设。首先，推行政务公开和规范办事程序等活动。口岸各职部门均增设政务公开、关(站、局)务公开专栏，公开办事程序和服务承诺。既做到依法行政，又接受群众的监督。其次，进一步完善首问责任制度。阳江海关开展了“端正行风，树立形象，我为服务添光彩”为主题的文明服务教育活动和“假如我是企业业主，需要海关怎么的服务最满意”为主题的大讨论，启发关员运用换位思考的方法触动自我，提高关员的服务质量。阳江海事局制定“我为企业真诚服务活动”的八条措施，进一步强化服务工作。口岸各单位的文明执法，优质服务和良好的社会监督，树立了阳江口岸新形象。

湛江口岸

【概况】 湛江口岸位于中国大陆的最南端——雷州半岛，是祖国的南大门，濒临南海，背靠大西南，居粤、桂、琼三省区的中心位置，是我国环北部湾、大西南、华南、中南地区的重要运输枢纽，亦是我国沿海与非洲、欧洲、东南亚、中东、大洋洲海上运距最短的港口，在运输成本上具有很大的优势。湛江口岸历史名望悠久，是2000多年前秦汉时期的“海上丝绸之路”；是解放后我国第一个自行设计建造的现代化深水良港。1956年开放以来，湛江口岸已由1个一类口岸发展到4个一类口岸，7个二类口岸，2条海、空客运航线，1个对台小额贸易点和1个外轮修理点以及1个来往港澳货运车辆检查场，形成一个具有综合功能的口岸群。2002年，湛江口岸进出境货运量创历史同期最高纪录达到1789万吨，客运量达9万多人次，国际集装箱运输达5万多标箱，湛江这一“门户”越来越显示其重要性。

【口岸出入境客货运量】 全年口岸完成进出境货运量1789万吨，与去年同期相比增长32.7%。其中进口1451万吨，与去年同期相比增长46.1%；出口338万吨，与去年同期相比增长4.8%。货运量中，对东南亚国家进出口 321.4 万吨，与去年同期相比增长19.4%；对欧洲国家进出口109.3万吨，与去年同期相比增长74.5%；对非洲国家进出口116.5万吨，与去年同期相比增长57.8%；对大洋洲国家进出口196.2万吨，与去年同期相比增长58.9%。

全年口岸进入境旅客为19194人次，与去年同期相比减少41%。其中入境9598人次，与去年同期相比减少42%；出境9596人次，与去年同期相比减少40%。

海运国际集装箱运输情况　全年口岸出入境海运国际集装箱5.1万标箱，货运量40万吨，与去年同期相比分别增长13.3%和17.6%；其中进口2.5万标箱，货运量9万吨，与去年同期相比分别增长8.7%和11.1%；出口2.6万标箱，货运量31万吨，与去年同期相比分别增长18.2%和14.8%。

往来陆路港澳货柜车运输情况　全年口岸往来港澳货柜车3475辆，货运量4.2万吨，与去年同期相比分别增长29.8%和82.4%。

管道运输情况　全年口岸管道输送进口石油606万吨，与去年相比增长6.5%。

【口岸出入境交通工具】 全年口岸出入境交通工具2715艘架次，与去年同期相比增长6.1 %。其中入境1392艘架次，与去年同期相比增长2%；出境1323艘架次，与去年同期相比增长10.7%。

【口岸管理工作综述】 2002年口岸管理工作继续坚持口岸例会制度，以贯彻国办发明电[2001]38号文件为主线，围绕建设大口岸、推进大通关、发展大物流和建设大西南、华南物流中心两大主题，重点做好改善通关环境、提高口岸效率工作。如为提高口岸国际集装箱通关效率，针对内地到湛江进出口集装箱货物报关查验手续繁琐、人工开箱查验时间长等影响通关效率问题，协调检验检疫局、港口积极支持配合湛江海关开通内地到湛江集装箱出口货物“一次报关、一次查验、一次放行”的“直通车”，原来一票出口集装箱货物需要4至5天时间，现在两天即可全部办完通关放行手续；投资近3000万元建设粤西地区第一台先进的自动化集装箱检查系统(H986)正式启用，使一个40尺的集装箱过去采用人工开箱查验少则15至30分钟，多则几个小时，现在仅仅用了2分钟时间就通过了检查。根据国家、省和市关于提高口岸工作效率的要求，在市政府的领导和重视下，组织成立了“湛江口岸大通关调研工作协调领导小组”，协调海关、边检、海事局、检验检疫局对通关各环节进行一次全面彻底的调研，对影响口岸“大通关”问题提出针对性整改措施，推出 一系列“大通关”建设新举措，包括“无纸通关”作业模式正式试点运行、网上付税工程、出口水产品过程检验检疫监督电子化管理等新的监管模式和24小时通关值班、预约监管、上门监管等便利通关措施，报关单平均放行时间进口为3天，出口为1.2天，与年初比分别提高26.7%和16%。

【口岸开放】 针对台小额贸易量大幅度下降问题，组织海关等口岸单位对硇州对台小额贸易口岸进行了调查研究和清理整顿工作，据对台小额贸易公司要求和会商口岸查验单位同意，市政府正式下文批准对台小额贸易点由硇州移回霞山长桥口岸。

【口岸规划建设】 随着我国加入WTO和西部大开发的推进以及广东省区域协调发展战略的实施，华南、中南、大西南经湛江港进出口货物呈现大幅增长态势，为进一步发挥湛江口岸内通三南、外连五洲的区位优势，市委、市政府确立了“把湛江港建设成为粤西及环北部湾地区最大、辐射服务西南、华南广大腹地的大型中转加工贸易物流中心”的发展思路，把港口口岸建设列入政府工作议事日程，重点抓好2000年开始实施的湛江港“三大工程”建设。一是10万吨级航道疏浚二期工程，2002年交通部、湛江港务局分别投入建设资金4650万元、2673万元完成了航道疏浚及浮标投放，5月份已试通航，乘潮可进出15万吨级船舶，是华南地区目前最深的航道；二是30万吨级油码头工程，2002年湛江港务局投入2673万元进行建设，9月份完工并通过验收已投入使用，年吞吐能力1050万吨，是我国目前最大的陆岸油码头。三是湛江港20万吨级矿石专业码头工程10月份开始动工，2002年交通部、湛江港务局分别投入建设资金540万元、13540万元，完成了水工码头基槽挖泥、方桩预制工程和15%的钢管桩制作工程。

霞海港口岸为适应“入世”后地方外经贸进出口货运量增长的需要，加快口岸建设步伐，2002年投入2265万元建设资金完成了5万吨级和5千吨级码头扩建技改后期工程。2001年开始施工的霞海港外贸码头扩建5万吨级货运码头技术改造工程，9月份已完工投产使用，年吞吐能力150万吨；1999年开始施工的霞海港扩建5千吨级货运码头工程，6月份完工投产，年吞吐能力60万吨。

遂溪北潭二类水运口岸完成了整改工作，准备通过省验收后恢复二类口岸正常运作。1998年以来，遂溪北潭口岸被省暂停正常运作后，县政府和北潭镇多方筹集资金700多万元进行口岸整改建设，2月份建立了北潭港口岸监管区，现有500吨级泊位4个3车道的沥青疏港公路、仓库、堆场、吊车、水、电、通讯、口岸查验单位联检工作室和休息室等，各项口岸设施齐备，3月份已通过市级查验单位验收。

茂名口岸

口岸改革情况：2002年，茂名海关做好了新版跨关区快速通关作业系统运作、广东省海关加工贸易深加工结转监管新模式实施等10多项业务改革应用工作、开发原油实时监控系统。茂名海关在茂名永业(集团)股份有限公司实行无纸通关，这是湛江关区首家无纸通关试点企业。

口岸建设情况：

1、博贺港二类口岸的整治情况：根据省政府粤府[1999]38号文精神，博贺港停业整治，经市、县两级政府历时三年的共同努力，至2002年底，博贺二类口岸各项配套设施已基本完善，恢复运作的条件已经成熟。恢复运作指日可待。

2、口岸建设情况

2002年市政府同意关于建设茂名直通港澳货柜车检查场的请示，立项并明确了建设用地。

2002年，检验检疫局兴建了动植物检疫实验室、卫检强毒实验室，做好艾滋病初筛实验室的复审考评工作，做好CIQ2000系统的升级完善工作。

目前,水东港三万吨级综合码头仍在继续建设中,正在兴建的三十万吨级单点系泊装置预计近年可建成投产。

3、口岸综合管理情况:2002 年,市外经贸局牵头,茂名海关协助,同心协力做好茂名口岸大通关调研的前期准备工作。茂名检验检疫局水东办事处与茂名海关驻水东港办事处举行了工作联系备忘录的签字仪式,明确了双方的职责和义务。海关、检验检疫局携手合作,共同营造大通关格局。

有关业务数字:2002 年茂名港进出口货物总量 979.41 万吨。茂名海关征收关税 21.77 亿元;茂名出入境检验检疫局检验检疫出入境货物 4754 批,货值 175,381 万美元,检验检疫出入境船舶 1223 艘次,检验检疫出入境集装箱 13753 标箱次,检疫出入境人员 20334 人次;茂名边检站共检查出入境船舶 1238 艘次,人员 21700 人次;茂名海事局办理船舶进港签证手续 2480 艘次,安检船舶 134 艘,审批装卸危险船舶 1458 艘次,安全引领中外籍船舶 586 艘次,其中单浮超大型油轮 70 艘次。

肇庆口岸

【概况】 2002 年,通过肇庆口岸出入境旅客 116637 人次,比上年增长 6%;其中入境旅客 61219 人次,出境旅客 55418 人次,分别增长 5%和 8%。通过肇庆口岸进出口货物 43.5 万吨,比上年增长 6%;其中进口货物 14 万吨,出口货物 29.5 万吨,分别增长 12%和 3%;进出口货物总值 11.85 亿美元,增长 20%。

【建立"大通关"协调机制,确保口岸安全、畅通】 2002 年,围绕口岸"大通关"的要求,加强协调管理工作,确保口岸高效、安全、畅通,为招商引资、扩大出口服务。

组织落实,互通有无,确保畅通。根据上级建立"大通关"专报制度的指示精神(粤外经贸[2002]14 号),组织召开肇庆边防、海关、检验检疫、海事局等口岸协调机制成员会议,成立了"大通关"信息专报组,建立了定期通报信息的制度,做到有问题早发现,早解决,保持口岸的安全畅通。

提高服务质量,改善口岸设施。为了提高口岸工作效率,改善肇庆口岸的通关环境。一方面,口岸各查验部门都从简化手续,提高服务入手,开展"文明把关,优质服务"活动:如边防开展"三满意"(旅客满意、群众满意、政府满意)活动和一系列承诺制度;海关实施的货物担保放行措施;肇庆检验疫局的"三电"(电子签证、电子报检、电子转单)工程;市外经贸局与口岸查验单位联合召开了市直进出口企业座谈会和外商投资企业座谈会,宣传有关政策,倾听企业对口岸"大通关"的意见,进一步改进通关的软环境等。在市举办国际旅游文化节、世界同乡联谊会暨市直经贸洽淡会期间,两个客运口岸同时开通专门通道,受到广大客商的好评。另一方面,在资金紧缺的情况下,对客运口岸现场进行装饰美化,改善窗口形象,边防在旅检现场安装电脑触摸屏,海关推广应用小型船舶"全球卫星定位系统(GPS)"和"3E"电子快速通关系统,海事局则全面实施电脑快速验证,有效地提高了口岸工作效率。

深入调研,加强沟通。注意发挥口岸协调联络机制的作用,加强与查验单位沟通联系,团结协作,共同做好口岸工作。经常深入企业、口岸现场和查验部门了解情况,听取意见,解决工作上的困难和问题,并使这一做法经常化、制度化;组织了查验单位到华东地区参观学习口岸"大通关"的经验和做法,使大家开了眼界,又联络了感情,收到较好的预期效果。

【恢复口岸广域网的应用，宣传肇庆投资环境】 根据省口岸指挥中心的指示，2002 年 5 月开始，把设在原口岸办的口岸广域网迁移到外经贸局并恢复运作，从而建立了处理口岸突发事件的快速反应处理机制，通过全省联网，达到资源共享、信息快速传输，提高效率的作用，同时又宣传了肇庆的投资环境。目前，网页所需的文字图片资料已经完成，并派员参加省口岸指挥中心的业务培训。为了更好地宣传肇庆，口岸科还根据中国口岸协会和省厅的要求，完成 2001 年《肇庆口岸年鉴》和《肇庆口岸实名录》编写工作。

【完成四会口岸"两场合一"工程】 根据省厅的指示，四会马房装卸点在 2001 年 8 月 15 日重新开通启用的同时，要求将四会港澳货运车辆检查场搬迁到马房，实行"两场合一"。这一工程列入了 2002 年口岸建设计划，并经常深入马房检查工程的落实情况。如今，"两场合一"的运作基本正常，达到上级"两场合一，分开管理"的要求。

【政务公开，依法行政】 通过政务公开转变机关工作作风，增强机关办事透明度，提高办事效率，达到依法行政的总体要求。市外经贸局按照市委、市府的要求，一方面搞好本局的政务公开工作，把科室布局、工作职责、办事程序、公开承诺和投诉电话等公布上墙，接受群众监督；另一方面，经常组织查验部门和出口企业座谈会，解答货主各种疑难问题，对车场、铁路、港口码头的公布宣传栏定期进行检查。规范经营单位的各项管理制度、收费标准、办事程序，并提出意见和要求。

【健全口岸安全管理制度，确保安全畅通】 成立了口岸"春运"领导小组，保证口岸的安全畅通。春运期间，由外经贸局牵头，成立口岸查验部门和经营单位参加的口岸"春运"小组，做到组织、人员、责任三落实，使口岸"春运"安全无事故。定期检查，堵塞漏洞，防范于未然。平时，口岸科经常组织有关人员对港口、车站进行安全检查，督促企业、经营单位做好安全生产、安全运输以及"三防"工作。2002 年肇庆口岸做到安全无事故，确保安全畅通。

2002年肇庆口岸客货统计表

项 目	单位	进 口(入境)		出 口(出境)		进出口(入出境)	
		合计	增长%	合计	增长%	合计	增长%
出入境旅客	万人次	6.12	5	5.54	8	11.66	6
出入境车、船	次					1457	0
进出口货物总量	万吨	14	12	29.5	3	43.5	6
进出口货物总值	亿美元					11.85	20
进出口车、船	次					28091	6

潮州口岸

一、口岸运作简况

2002年,潮州(含饶平)口岸部门共验放进出境交通工具41788辆(艘)次(其中船舶250艘次),货物63.5万吨,货值73351万美元;征税5537万元,其中关税1063万元,代征税4009万元;查获走私违规案件19宗,案值520万元;办理减免税65份,减免税额2861万元。检验检疫进出口商品48400批次,货值80796万美元;签发普惠制产地证13511份,签证金额7455万美元;查截不合格商品78批次,为企业办理ISO9000认证累计36家。边检部门检查进出境船舶253艘次,登轮监护外籍船舶84艘次,检查进出境员工3615人次。海事部门组织实施船舶检查254艘次,船舶进出港签证457艘次,航道清障59次,查处违章案件7宗。

二、口岸与协调管理

2002年,口岸工作按照“大通关”的要求,以提高工作效率,加快通关速度为主要目标,认真落实各项工作措施,做好口岸协调管理工作,使口岸工作有新发展。

管理方面:一是加强对陆运口岸管理。针对现有潮州车验场规模小、接受检查车辆日益增多,海关监管方式改革等问题,市外经贸及时同车检场领导研究制订新的工作措施和对策,帮助其建立健全各种岗位责任制和各项设施建设,并在夜间派员轮流进驻该场及不定期到临时停放点检查督促工作,确保该场运作有序。今年来,该场共验放车辆37148辆次,比去年同期增长37%,取得较好的社会效益和经济效益。二是深入调查研究,一做好新车检场选址论证工作。多次派员到潮安县国土局、凤塘镇政府等单位调研,选择新车验场建设地点,并发函潮州海关、市规划局、市交警支队、枫溪区管委会等有关部门征求意见。同时召开了重点进出口企业座谈会,听取企业的意见和建议,归纳各方意见形成考察报告报市政府主管领导,得到市政府的高度重视。11月上旬骆文智常务副市长率领市直有关部门和潮州海关领导到现场考察,初步选定在凤塘镇凤岗村新建车检场。三是根据市政府领导指示精神,按照“现实需求、科学合理、长远规划”的要求,草拟了新车检场建设规划和投资概算方案,上报市政府,作为市领导决策参考。四是积极向省厅争取口岸建设资金，为完善口岸配套设施建设打好基础。五是按照实事求是原则，向省、国家口岸考察小组汇报工作。今年3、6月份省和国家先后派工作组到粤东进行口岸码头清理整顿专题调研，市外经贸局精心组织资料汇报，陈述口岸码头保留、整顿的理由和意见，使各级领导对口岸情况有更详细了解。同时，把各级领导的指示精神贯彻到港口口岸规划发展的过程之中，结合实际情况，多次对潮州港口岸独立对外开放筹备方案进行调整，力求做到既能减轻地方财政压力，又具有可操作性。争取在2003年底，完成潮州港口岸通过验收，对外公布独立开放。六是派专人会同潮州检验检疫局、潮州海关走私侦查支局办理原潮州卫检局人员宿舍和原口岸办公楼的转移手续，改善驻潮查验单位办公、生活条件。

协调方面：一是协调海关检查组、车检场、报关员等各方面的关系，及时处置各种突发事件，使各种矛盾解决在萌芽状态。二是密切联系凤新派出所和市交警部门，加强对潮州大道临时停站点的秩序管理和安全保卫工作，尽量减少对市区交通的影响，实现全年无事故。三是协调有关部门，处理好潮州港新亿公司及大明码头部分存在的问题。针对潮州港务码头新亿公司和大明码头因故处于瘫痪状态，工作场所断水断电，影响驻该码头海关工作人员及武警的正常工作的问题。市外经贸局主动配合市港务局、饶平县政府开展调查研究，同饶平电力部门协商，重新架设值班用电线路，使问题得以解决。四是协调口岸各查验单位，为新增码头试业提供方便。潮州市华丰集团公司在饶平所城虎屿投资2.3亿多元，建设5万吨级油气专用码头和8万立方米冷冻气库，需办理接靠外轮申报手续。口岸管理部门经多次到现场考察后，召开驻饶平口岸查验单位协调会，要求有关部门在政策允许范围内，本着促进了港口经济的繁荣，带动周边经济发展精神，为该码头试营业提供方便。并协助该公司到省、国家主管部门介绍情况、办理申报手续。

三、口岸规划与建设

根据省外经贸厅省《关于上报2003年度口岸建设计划的通知》(粤外经贸港函[2002]89号)精神，结合实际情况，对未来口岸发展作了较全面规划：

(一)拟迁(扩)建潮州港澳货运车辆检查场。

潮州港澳货运车辆检查场迁(扩)建的规划，要求融现实要求、科学合理和发展趋势于一体。规划使用周期为25年，规划用地71亩，铺筑混凝土停车场30000平方米，可同时停放车辆300部，设置查车台50个，建仓库1600平方米，日通过车辆600部。并采用整体规划，分二期建设，边建设边投入使用的办法完成车检场的迁建任务。

首期投资2007.9万元规划建设：

铺筑钢筋混凝土停车场面积15000平方米，可同时停放车辆150部；

设置查车台20个，可日查车300辆；

建设仓库600平方米；

建设海关、检验检疫、车检场管理处、口岸管理人员的办公、生活设施1870平方米(含申报厅、会议厅、食堂等配套设施)；

建设配电(备用)房120平方米。

第二期建设视发展情况，再筹资续建。

(二)潮州港口岸独立对外开放配套设施建设规划

根据国务院国函[1994]117号《国务院关于同意开放广东潮州港口岸的批复》的精神，结合实际，按照市领导提出的确保正常运行，逐步搞好基础(配套)设施，争取尽快通过验收，公布对外开放的思路，经深入调研和征求意见，计划投资2580.25万元，完善潮州港口岸查验配套设施：

1、征用潮州海湾投资开发有限公司位于饶平县井洲镇小红山进港公路东侧的土地30亩，建办公楼三幢：海关大楼、边检大楼、口岸综合楼(检验检疫、海事、口岸管理)。

2、征用饶平县黄冈镇龙眼城村位于国道324线南侧，饶平县交警办公楼西侧的土地10亩，建宿舍楼三幢：海关、边检、检验检疫(含海事)各一幢。

考虑地方财政的承受能力和潮州港口岸目前的运作状况，潮州港口岸建设的总原则是利用潮州港口岸的现有条件接受验收，查验单位增编人员的办公及生活设施建设，拟分期建设、逐步完善。即分二步走：一是按照海关增编40人的建设标准，先在已定点的小红山规划建设综合办公楼1座，作为海关、边检、检验检疫、海事部门的临时办公场地。边检、检验检疫、海事部门在今后市政府提供给办公场地后再从综合办公楼搬出，交给海关使用。二是对边检、检验检疫局、海事部门的办公楼及各查验单位的生活用房由市政府作承诺，分三年建成投入使用。

揭阳口岸

【口岸概况】 2002年，查验部门共监管、验放进出口车辆17624辆(次)，船舶179艘(次)，监管进出口货物217900吨。

【口岸现状】 目前，揭阳口岸仍为二类口岸。口岸点分为陆运口岸和港口口岸。

陆运口岸：有直通港澳货运车辆检查场3个。分别是：揭阳车检场、普宁车检场和惠来车检场。

港口口岸：经批准的进出口货物装卸点4个，进出口作业码头8座。为配合海关总署2002年6月会同公安部、交通部、质检总局等部门对粤东地区口岸码头的清理整顿工作，一方面深入到有关码头、口岸点认真分析各个码头情况，注重口岸的布局及其发展前景，对尚有保留价值，发展前景好且企业极力要求保留的码头、口岸点，积极向上级有关部门提出申请，要求予以保留。市政府还专门向省政府上报了《关于要求保留我市部分二类口岸码头的请示》，阐明当地的意见和建议。另一方面，对部分“名存实亡”的码头、口岸点，则配合有关部门积极开展清理整顿工作。

【为国把关、依法行政，为地方经济发展做贡献】 2002年，口岸各查验部门通力合作，上下配合，在各自的工作岗位上做出了新的成绩。

榕城海关共监管进出口货物135010吨，同比(下同)增加10.55%，货值18830万美元，增加38.56%；验放进出口车辆5874次，增加41.6%；监管船舶172艘次，增加10.3%；征收关税和进出口环节税共3307.9万元，增加56.85%；办理自理报关注册企业54家，办理加工贸易合同备案203份；料值4522万美元；审批减免税物资45宗，价值525万美元。

揭阳检验检疫局全年共检验检疫出入境货物13552批，货值26669万美元；一般包装性能鉴定377批，502万件；签发普惠制产地证书2234份，签证金额3101万美元；签发一般产地证书1931份，货值2178万美元。出入境人员监测体检及预防接种805人次。发现乙肝表面抗原阳性18人次，HIV抗体初筛检测124人次，霍乱预防接种91人次，黄热病预防接种27人次。在2001年被广东局授予文明单位、文明报检大厅的基础上，2002年继续通过广东局组织的“文明单位”、“文明报检大厅”的复查，局下属机构普宁办事处获得广东局授予的“文明窗口”荣誉称号，惠来检验检疫办公室被揭阳市委、市政府授予“文明窗口”光荣称号。

揭阳海事局全年共检查船舶14950艘次，其中查处“三无”船舶9艘次，超载船舶74艘次。纠正违章289艘次；办理船舶进出口签证6480艘次，装卸危险品87万吨，清道护航610航次，船舶安全检查52艘次，审批水上水下施工项目5项，发布航行通告6次，检查码头(渡口)2616座次。检验船舶358艘次，换发船员服务簿66本，核发船员适任书175本，举办过渡期持证船员培训班4期共175人次。

【口岸管理与建设】 一年来，针对清理整顿后正常运行的进出口码头、口岸点少，而任务重的特点，经常深入基层，了解掌握情况，在口岸管理、建设和基础设施的完善等方面多为企业出谋献策，使现有的进出口码头、口岸点在经济建设中发挥应有的作用。在抓好现有口岸管理的同时，结合当地实际，注重口岸的建设规划，积极支持和指导准备开设或正在建设中的新的口岸点的工作。

【外贸实绩】 2002年，市外经贸部门坚定不移地实施“外向带动”战略，振奋精神，克服困难，上下配合，扎实工作，为揭阳的经济发展做出了新的成绩。据统计，2002年度全市外贸出口额4.43亿美元，增加48.9%，其中一般贸易出口2.98亿美元，增加90%，进料加工出口1.27亿美元，增加7.7%，全市新批外商直接投资项目36个，合同利用外资1.31亿美元，增加33,8%，实际利用外资2.02亿美元，增加31%。外贸出口增幅居全省首位；实际利用外资增幅超过全省平均水平5.4个百分点，荣获全省2002年度吸收外商直接投资二等奖。

外贸出口方面：一般贸易出口仍为出口的主要方式。2002年，一般贸易出口2.98亿美元，增加90%，占全市外贸出口总额的67.3%，比上年提高18.7个百分点。

利用外资方面：在新批的项目中，利用外资金额超过100万美元的项目有13个，超过1000万美元的项目有4个。平均项目利用外资额370万美元，增加70%。

云浮口岸

2002年云浮市口岸工作做到安全畅通、文明高效，较好地完成各项工作和任务。1—12月全市口岸进出口货物通过量45.8万吨，同比增长14%，其中 ：进口25.5万吨，出口20.3万吨；进出口运载交通工具9996车(船)次，同比增长22%。

一、抓好“海关监管示范区”建设

年初，广州海关监管处对云浮口岸六都港码头物流监管现场进行专题调研，对部分监管设施及管理措施提出整改意见：一是港口海关监管区域没有实行完全的封闭式管理。二是海关查验专用的电子地磅没有设在监管区范围内。三是港口监管区域的卡口管理制度不健全。四是港口海关监管区域布局不合理。五是港口海关监管区域内的海关监管仓库管理制度不配套。配合建立海关监管示范区工作需要，针对上述意见，口岸管理部门积极组织有关部门，认真研究制定方案，确定整改目标，明确分阶段整改的时限和要求，多方筹措资金，并争取政府的大力支持。在云浮海关的具体指导下，经过8个多月整改。一是重新明确海关监管区域范围，并合理规划功能布局；二是按海关对港区封闭监管的要求，码头管理部门设置符合隔离条件和高度标准的监管区域隔离设施；三是按要求重建港区卡口闸门，并把海关查验专用的电子地磅纳入监管区域内;四是完善港区管理制度特别是卡口管理制度和监管仓库管理制度;五是增设监管区内电子监控设备。使六都口岸的软、硬件建设有了明显的改善。山区经济板的“海关监管示范区”顺利通过了验收,并在广州关进行推广,广州关以《云浮海关物流监控设施取得初步成效》进行了通报表扬。

二、完善云浮腰古车检场的物流监管改造

腰古车检场,年初被广州海关监管处定为物流现场监管的试点,并腰古车检场部分监管设施配置货物装卸设备、专门搬运装卸海关监管货物的人员、海关查验的电子地磅配置没达到要求,以及卡口管理制度不健全,就按照要求并结合云浮山区情况,因地制宜进行监管现场物流监控设施建设,加强对入出境腰古车辆检查场的物流监管改造,使腰古车检场监管现场一是购置搬移、装卸货物的叉车和液压提升机;二是健全车场管理制度特别是卡口管理制度和相关工作细则,加强了对监管区域进出口货物、车辆和人员管理;三是落实若干名专门从事海关监管货物搬移、装卸的理货人员。基本达到广州海关的要求。

三、罗定车检场的迁建

罗定车检场是位于现罗定市泷洲南路3号,该车场规模小,监管功能差,不适应对外经济发展的需要和海关等检查部门的要求,为了改变口岸建设滞后,适应对外经济的发展需要,指导和积极协助罗定市外经贸局做好车场的迁建工作。该车检场总面积8500平方米,有8个查验台,车辆停放2850平方米,监管仓200平方米,货仓1200平方米,车场实行全封闭管理。该车场于2002年12月6日通过省口岸部门组织海关广东分署、广东检验检疫局等部门的验收,12月中旬正式投入使用。

四、成立云浮市进出口货物熏蒸服务队

入世后,进出口货物采用木箱包装及集装箱运的比例大幅增加,根据国家检验检疫的有关法规,凡进出口美国、日本和欧盟等国家和地区的木包装及进口废旧金属、旧机械设备泥土等均需实施熏蒸消毒处理。因尚未成立出入境检验检疫局,该业务一直以来都是由肇庆检验检疫局办理,或等候肇庆局派员来现场处理,或将货物运送到肇庆进行处理。这一状况既不利于快速通关,又给进出口企业增加经营成本,带来不便。经过几个月的筹建,云浮市进出口货物熏蒸服务队于2002年11月挂牌正式开展熏蒸业务。

五、申报设立云浮检验检疫局

云浮是全省唯一未有设立检验检疫局的地级市。根据市府的要求和局的工作部署,口岸部门全力协助做好申报“云浮检验检疫局”的前期工作。一是做好计划,争取口岸业务部门的大力支持。把申报“云浮检验检疫局”的计划上报省口岸业务部门,并得到他们的高度重视,派专人了解情况,并一起到广东检验检疫局的有关处室衔接此项工作。二是积极争取肇庆检验检疫局的支持。就申报事宜,多次前往肇庆局联系,并得到他们的支持,提出建议和意见。三是加强与广东检验检疫局的密切联系,力争尽快申报成功。

2002年云浮市(六都码头、腰古车场、罗定车场)口岸进出口情况

时间	本年实绩				去年同期				本年与去年对比±%			
	重量(万吨)		车/船次		重量(万吨)		车/船次		重量(万吨)		车/船次	
	当月	累计	当月	累计	当月	累计	当月	累计	当月	累计	当月	累计
一月	2.9	2.9	719	719	3.1	3.1	601	601	-6.45%	-6.45%	19.63%	19.63%

时间	本年实绩				去年同期				本年与去年对比±%			
	重量(万吨)		车/船次		重量(万吨)		车/船次		重量(万吨)		车/船次	
	当月	累计	当月	累计	当月	累计	当月	累计	当月	累计	当月	累计
二月	1.8	4.7	500	1219	5.6	8.7	526	1127	-67.86%	-45.98%	-4.94%	8.16%
三月	3.8	8.5	848	2067	3.4	12.1	714	1841	11.76%	-29.75%	18.77%	12.28%
四月	3.6	12	858	2925	3.3	15.4	661	2502	9.09%	-22.08%	29.80%	16.91%
五月	4.7	16.8	875	3800	3.3	18.7	675	3177	42.42%	-10.16%	29.63%	19.61%
六月	4.8	21.5	943	4743	2.7	21.4	650	3827	77.78%	0.47%	45.08%	23.94%
七月	4	25.6	912	5655	2.5	23.9	678	4505	60.00%	7.11%	34.51%	25.53%
八月	4.4	30	865	6520	3	26.9	759	5264	46.67%	11.52%	13.97%	23.86%
九月	3.9	33.9	859	7379	3.2	30.1	767	6031	21.88%	12.62%	11.99%	22.35%
十月	4	37.8	803	8182	3.3	33.4	701	6732	21.21%	13.17%	14.55%	21.54%
十一月	4.34	42.1	942	9124	3.17	36.57	764	7496	36.91%	15.12%	23.30%	21.72%
十二月	3.68	45.8	872	9996	3.4	40	712	8208	8.24%	14.59%	22.47%	21.78%

广东口岸专稿

罗湖桥的爱与忠诚

——罗湖出入境边防检查站五队走笔

深圳出入境边防检查总站罗湖检查站　黄菊照　尹　萧

引　子

天蓝草碧，云白风清。

1950年，整个中国大地都沉浸在欢乐喜庆的气氛中，刚刚从战火中熬过来的中国人民，敲锣打鼓庆贺自己翻身解放，当家作主。一列从广州开往深圳的火车上，8名全副武装的军人，抑住满怀的激动，把凝重的目光注视着前方。他们都是从抗美援朝志愿军中挑选出来的精英。此行是奉命组建深圳口岸，执行出入境边防检查和边境武装巡逻警戒任务的。其中那个愣头愣脑的胖小伙儿，看上去不过十六七岁，一副稚气未脱的样子——他就是后来被称为“边防之鹰”，抓获50多名美蒋特务和内地犯罪分子，9次立功，受到过毛主席亲切接见的老边检李梓惠。

站在深圳河边，群山相望，田垅欲接。一条简易的木桥横跨桥上，见证着历史的变迁和时代的衰荣。深圳河日夜流淌，流淌的是中华民族屈辱的泪；罗湖桥栉风沐雨，承载的是骨肉同胞割不断的亲情。李梓惠望着我与英租界之间一道道铁丝网，一股为国守边关的豪情油然升起。他忘不了临行前，广州边防局朱满清局长语重心长的话语：“你们虽然不能亲历战火纷飞的战场，但在与香港仅一河之隔的前沿阵地——深圳，一样能感受到对敌斗争的激烈。你们是经过严格挑选出来的战士，相信你们一定能克服各种困难，出色完成党和人民交给你们的光荣使命。那里对敌斗争复杂、尖锐，既有金钱、美女的诱惑，又有公开和隐蔽斗争的错综交织。你们是祖国的卫士，党和人民信任你们，支持你们。希望你们在复杂的环境中要像荷花一样，出淤泥而不染。”

他们在罗湖桥头附近找了一间空置的神庙，简单地打理一下就算安了家。当时，他们只有一个信念：越是条件艰苦越显光荣，只要能够使祖国安宁、人民幸福，就是脱皮掉肉也无怨无悔。

已经离开边检30多年的李梓惠，每当回忆起当年那段激情燃烧的岁月就激动不已，每每动情地说，那些年，我们每晚是背诵着保尔.柯察金那段关于生命意义的格言进入梦乡的。他们以自己的忠诚和信念为新生的祖国站好了第一班岗。

如今，五十年过去了，前辈们为之洒下青春和热血的巍巍雄关，经过无数风风雨雨的洗礼，现在怎么样了呢？老局长语重心长的嘱托，在下一代边检人的身上实现了吗？

心中的界碑

白驹过隙，五十载春秋，弹指一挥间。罗湖口岸也从有边无防，到政治边防；从过关要背诵毛主席语录到服务经济保驾护航；从当年的“打特工、清逃匪”到反偷渡保畅通。他们检查的证件也从听口音、看长相，到《出入通行证》，到《港澳同胞回乡介绍书》，再到《回乡证》；检查手段也从原始的脑记、眼看到计算机查验系统，发生了质的变化。但那一面代表着祖国尊严、荣誉的国旗，还是那样鲜红艳丽，猎猎飘扬在罗湖桥上！

“你看，这是机场、蛇口、皇岗；那是盐田、沙头角、文锦渡；你再看这，”笔者顺着深圳边检总站站长葛万新的手势望去，《深圳口岸分布图》中间位置一个突出的红点清晰在目，“这就是享誉世界的罗湖口岸，亚洲最大的陆路旅检口岸，我们罗湖出入境边防检查站的民警们就驻扎在这里，担负着中外旅客的出入境边防检查和口岸监护任务。”

五队，这个英雄的群体，就是他们当中一个突出的代表。

罗湖出入境边防检查站五队现有民警81人，主要担负着从罗湖口岸出境中外旅客的边防检查及执勤现场的监护任务。罗湖口岸地处深圳特区前沿，是国家对外开放的重要窗口，年通关人数约占全国出入境总人数的45%，口岸环境复杂，边检执勤任务繁重。五队民警以自己看似平凡却艰辛的付出和努力，自1989年被中央组织部评为“先进基层党支部”以来，年年创优，月月争先。1998年起又连续三年被深圳出入境边防检查总站评为先进基层党支部；1998年被深圳市政府评为“共建社会主义精神文明先进单位”；1999年至2001年更是连续三年被共青团中央、公安部联合命名为“全国公安系统青年文明号”，是全国出入境边防检查机关中唯一获此殊荣的单位。近日，被公安部评为“2001—2002年度全国公安优秀基层单位”，并荣立“集体一等功。”

在这些耀眼的光环背后，是民警们的一腔热血、滴滴汗水和一串串感人的故事——

难见的“徐南建”

队长徐南建是一位有着二十多年兵龄的老边检。自任五队队长以来，他在这个岗位上一干就是十年。这十年，是他风华正茂的十年，是他壮志正酬的十年，也是他最无悔无憾的十年。十年树人。可以说，他在五队的工作史就是五队的奋斗史、荣誉史。

“只要我们多奉献一点点，就能给旅客带来许多方便”。这是他常对民警们讲的一句话，也是他自身行动的写照。去年“五一黄金周”期间，徐队长碰巧得了重感冒，高烧近四十度，同事们都劝他休息，可他咬紧牙关，硬是撑了下来。早上五点多他就匆匆从市区赶往值勤点，调整好现场的勤务，保证口岸的安全畅通。平时，他总是起早摸黑，从没迟到早退，队里的事没少管，队里的活动没少参加，一心扑在了口岸上。因此，有同事笑称："徐难见(徐南建)？口岸见"。

找茬的香港记者

五队响当当的名声引来了不同的目光。除钦佩赞许以外，也有怀疑和不以为然的。2000年清明节，香港某报记者刘某，为了对五队民警验放水平的报道进行检验，趁节日出入境旅客流量高峰期，把目标锁定在五队检查员徐文凯身上，通过抵近、盯死，想从他的一举一动中寻找破绽。但毫不知情的徐文凯严格按照"两个规范"的要求，接证、验证、还证，礼貌周到，动作无可挑剔，始终保持着和蔼的微笑和端庄的警姿，遇到刚好是生日的旅客，总忘不了送上一句"生日快乐"的祝福。本来想找些漏洞的记者不得不由衷地敬佩。回到香港后他在报上赞道："罗湖边检站民警素质过硬，服务一流，真是好样的。"2001年俄罗斯边防局上将耶列明到罗湖口岸访问时，亲眼目睹了五队民警高效的验放速度和工作效率后，惊奇地说道："中国的Police，太棒了！"

验证台上的新婚之夜

那年春节，五队的陈金洪副队长终于走进了结婚礼堂。"洞房花烛夜，金榜题名时"乃人生一大喜事。亲朋好友和一帮同事欢聚在一起，准备给他热热闹闹庆祝庆祝，婚礼正在进行时，现场值班室一个急电打了过来：口岸旅客爆棚，请五队立即赶到现场增援！

正在参加婚礼的徐队长，便立即集合在场的所有五队民警准备回口岸加班。临行时非常歉意地拍着小陈的肩膀说："今天你大喜，你好好陪陪新娘和这帮亲朋好友们，我们就先行一步了。"谁知话音刚落，小陈附在新娘耳边轻声地说了几句话，一个箭步抢到前面就往外走：

"队长，快，回现场！"平时里碰上加班，五队有的民警还会喊几声累，那天晚上，没有一个人有什么言语，大家鼻子酸酸的，默默地卖命地干着活。

小陈的新婚之夜就这么在执勤中度过了。

快乐着你的快乐

在采访中，罗湖边检站政治处主任黄大姐告诉我，她1976年当兵就在这里，28年了，所有的春节都是在执勤的岗位上度过的。在罗湖，像她这样的老边检，十几二十年没有休过节假日的太多了，太正常了。越是别人阖家团圆、欢乐的时候，越是他们最忙的时候。只是从今年开始，他们才规定了春节期间，每个80多号人的队可以有一个人正常休假回去探探亲。这在常人眼里再正常不过的事，在这里成了令人羡慕、令人眼热的奢望。

去年春节，小邹年迈的父母念子心切，从山东坐火车来深圳看望已经四年未见的儿子。并打算陪儿子过个团圆年。小邹也做足了准备，要带难得出一趟远门的父母好好逛一逛世界之窗，看一看大梅沙的海。但终因太忙，几天里竟没有陪父母吃过一顿饭，更不用说抽出一天时间来。爹妈看到小邹大过年的还早出晚归、满身疲倦的样子觉得很是纳闷。为了探访究竟，有一天，父母趁儿子上班时便来到罗湖口岸，当他们看到大厅里汹涌的人潮和儿子在台上忙碌的身影，老人一切都明白了。于是他们为了不影响儿子的工作，第二天就悄悄购买了回程车票回了山东。当小邹下班后，看到的是父母的留言："好好干，爹妈理解你"。

此时，这位倔强的山东大汉也忍不住嗓子眼发噎，热泪双流。没能带爹妈去看海成了他长时间的心痛和遗憾。

看到小邹他们这些年轻的大学生民警，兢兢业业，朝气蓬勃，一位“老边检”深情地说：“看到他们，仿佛又看到了我们当年的情景。”

是的，我们边检在一代又一代新老传承中，改变的只是条件和环境，永远不变的是使命和忠诚。

猎手的眼睛

五十多年前，罗湖边检经常是这样戏剧性的场景：不管你是哪国人，任何手续证件都不需要。人来了，用广东白话问一句：“讵边度(去哪里)？”要是来人也用广东白话回答，即可放行；要是用客家话或汕头话对答，就得多盘问几句。如果回答者使用的是普通话，那么“返转头(回去)”，不准入境。

如今，出入境证件已换了几代，防伪技术越来越先进，但同时，造假手段也越来越高。所谓“道高一尺，魔高一丈。”多年来，五队民警在工作中摸索出了一整套行之有效的验证诀窍：一是看人照是否相符；二是听口音辨籍贯；三是观神情断心态；四是验印章识真伪；五是摸相片是否揭换。一次次让企图非法出境的不法分子在他们的钢铁大门前止步。

1999年年底，正是旅客出入境的高峰期。素有“猎手”称号的老检查员黄烈云在检查一名中年男子的回乡卡时，凭直觉感到有问题，但从表面上几乎看不出任何破绽。他不动声色，再一次仔细的甄别，终于他发现照片上的水纹与周围的衔接不上，纹路也不规则，经过进一步查验，确认了这张OCR卡为揭换相片的伪造证件！它的做工相当精细，没有非凡的专业眼光是根本辨别不出来的。

这是当时全国发现的首例OCR卡伪假证件。

2001年10月的一天，检查员贾军生在查验一名旅客所持用的新版《大陆居民往来港澳通行证》时，刚拿到手里就感觉证件的纸张有点不对劲，再仔细观察，他发现这本通行证纸质粗劣、颜色较深，证件上的字体也有点模糊，凭着多年的经验，贾军生判断这本证件有问题。通过巧妙的问询，该旅客终于露出了马脚。经证实，这是罗湖口岸发现的首例伪假新版通行证，为边防检查机关后来查获同类伪假证件提供了重要依据。

检查员冼霞仪，自1997年从广州指挥学校毕业到五队工作，经常虚心向老同志请教有关伪假证件知识，认真领悟查验技巧。去年9月6日，当她在查验一名气质非凡的中年妇女时，发现其回乡证上的入境验讫章的字体编排有些歪斜。小冼想，这本证件肯定有问题！便巧妙地问：“请问你是一个人回香港吗？有没有同伴？”一听这话，中年妇女暗喜，以为可以蒙过去了，立刻向后招招手，后面的另一旅客立刻挤上来，并递上一本同样的证件。小冼于是礼貌地“请”她们到了处理室。经审查，这两位旅客的证件都是伪造的。由于连续查获两起持伪假证件企图偷渡案件，小冼在去年第三季度的工作竞赛中因此获得业务执勤标兵奖。

据统计，自1998年边检民警职业化改革以来，五队就检查出境旅客5100多万人(次)，年均验放旅客近1100万人(次)，人均年验放旅客20万人(次)以上，个人最高验放量达29万人(次)，几乎相当于内地一个边防检查站全年的业务量。5年来，先后查获各类偷引渡分子195名，伪假证件477宗，其他各类不法分子173名，为国家挽回经济损失2亿多元，未出现任何业务差错，以一流的工作业绩为维护国家安全、社会稳定和经济建设做出了积极贡献。

诱惑面前气定神闲

罗湖口岸毗邻香港，既是祖国南疆的桥头堡，也是不同制度、不同文化的交汇处。不乏形形色色的反华敌特，偷引渡分子，在时时觊觎、窥视着它，企图利用糖衣炮弹、金钱美色撕开这难以逾越的钢铁大门。

在这里，腐蚀与反腐蚀的斗争从未停止过。五队民警时时刻刻都要经受各种考验和诱惑。在心中时时树立起一方不倒的界碑。用五队民警的话说："既然我们选择了这份神圣的职业，就要对得起党和人民的嘱托，对得起头上的国徽。"

民警邓海洋的姑妈下岗后，借钱在深圳开了一家手机用品店，以贴补一家的生活和孩子的学费。她听说香港手机便宜，便想托人从香港带一批手机回来，但由于手机关税重，想请小邓利用工作之机行个方便。1999年春节，当小邓与姑妈一家人吃团圆饭时，姑妈求小邓帮忙。小邓听后面色凝重地对姑妈说："我知道您从小就对我好，刚才您还说为我骄傲，但我如果答应您，我不就违了法，犯了罪吗？我是警察，能去做这种事吗？再说，违法赚来的钱，您用着安心吗？"任凭姑妈怎样哭诉、请求，小邓还是毅然拒绝了，并将口岸的法律法规对姑妈一一讲解，直到劝说姑妈惭愧地放弃了这个想法。临走时，小邓将身上所有的钱都塞给了姑妈，说："姑妈，有困难时来找我，咱们再穷也不能做那违法的事！"

2001年7月，港客陈某的回乡证遗失，为快捷出境，他找到正在哨位上执勤的五队民警韦勉，拿出500元港币，想让小韦帮忙。小韦礼貌拒绝了他，并耐心地给陈某讲解了口岸的规定，陈某以为他嫌钱少，又拿出1000元港币。小韦不但严词拒绝，而且对其进行了一番教育，最后又告诉了陈某如何尽快补好证件。2002年4月6日，一名叫张港生的旅客回乡证过期，因有要事急需返港。他于是在回乡证里夹了1000元港币递到民警王少喜的台前。王少喜当场拒绝，并严厉地批评了他不按法规企图用金钱走捷径的行为。

2002年7月的一天，一位西装革履的旅客来到检查员陈政的验证台前，微笑地递过证件。陈政打开证件一看，里面夹着1000元港币，当即引起了警觉，但他不动声色，仔细查看了他的证件，发现这本回乡证是拼凑起来的假证件。这位旅客见陈政神情严肃，知道事已败露，哀求道："放我过去吧，交个朋友，日后再报答你！""你既违法，又行贿，错上加错！"陈政说完，连人带证交给了值班领导处理……

这样的事对五队来说，实在是太多、太频繁、太平凡了，请原谅我不能唠唠叨叨地一一列举。但我们绝不能因为平凡而忘记和忽略了他们不平凡的贡献。

多年来，五队民警经受住了权力、金钱、人情、美色等种种考验，以浩然的正气彰显了国门卫士的铮铮本色。18年来，五队没有发生一起职务性违法违纪案件；职业化改革以来，共拒收旅客赠送的红包1500多个，拒贿50多起。仅2002年全队民警就拒贿41人(次)，折合人民币近7万元。

真爱无限

由于与香港一桥之隔的特殊地理位置，历史似乎特别垂青这块沉寂得太久的土地，在中央公布的第一批对外开放的四个沿海经济特区中，深圳，醒目地排在了前头。从这一刻起，"政治边防"开始向服务经济转变，罗湖边检的任务和重心也发生了前所未有的变化。作为行政执法单位，他们不但要保障国门的安全和畅通，还要当好"服务员"的角色，用一流的服务质量，让外宾感受到中国这个礼仪之邦的文明内涵；让投资者感受到出入的方便和快捷；让港澳台同胞和海外侨胞替回到祖国母亲的温情和厚爱。当然，这是他们自加的负重，是在更高层面上的提升。在这里执勤，不仅仅代表个人，更代表着祖国，代表着国门卫士的形象。"一人之风貌，国家之缩影；一人之举动，民族之形象"。中华民族素有"礼让、帮扶、谦逊、包容、变通"的美德，而罗湖边检则把这一风范演绎得淋漓尽致。

每天，当朝霞生起的时候，只要我们伫立在罗湖桥头静静地瞩望，那群迎着朝阳而来的少年儿童，总能撩起我们难以抑制的感动与希望。香港回归祖国后，随着粤港两地经济、文化交流日趋紧密。香港居民在内地购房已成趋势，但他们的子女大部分仍在香港上学，每天要单独往返深港之间，家长对子女过关的安全问题十分担心。针对这一情况，五队每早都派出两名女民警，负责组织照顾小孩从专用通道过关，数年如一日，从不间断。在深圳购房的香港居民李氏夫妇，一说起这件事便感动不已："我家小孩每次过关都是五队民警领着，优先办理。有时过关的人太多，他们怕孩子有闪失，还专门派人把孩子送到桥头。孩子回来常常对我说，妈咪，关口的警察叔叔、阿姨真好。"

——2001 年 9 月 15 日，一名 60 多岁的香港老人在排队候检时突然晕倒在地，情况相当危急，当时在现场值勤的民警梁罗康是医学院毕业的大学生，经过初步诊断，老人是心脏病突发，如果不及时抢救会有生命危险！他们迅速拿来队里为旅客配备的急救箱，拿出对症药品给老人服下，一面通过按摩辅助治疗，使老人的病情很快得到了控制。为了使老人能安全地回到香港，五队的民警们用担架将老人送到罗湖桥头，移交给了香港警方。事后，病情康复的老人携带家人眼含热泪地专程来口岸向五队致谢。

——1989 年 9 月 13 日晚，已临近关闸时间，一香港旅客王国辉突然从联检大楼的二楼天桥上摔下，头部流血不止，并处于昏迷状态。当时很多见此情景的行人都惟恐避之不及。五队队长郑金和和民警陈雄标、何汉光等同志闻讯后，顾不得工作一天的辛劳，立即前去救人。他们找了一块木板作担架，将王国辉送到了离口岸最近的铁路医院门诊部。门诊部认为伤者伤势严重必须马上送大医院抢救。郑队长和民警们立即到路边拦了一辆中巴车将伤者送往深圳市人民医院。抢救期间，民警们一直守候在病房外。伤者的亲友闻讯赶来了，病人脱险了。而我们的民警又在晨曦中，赶往口岸，上勤了。

——张海平，一名在罗湖口岸工作近二十年的老检查员。他长得又高又壮，常常有同事说，看到他就看到了人民警察的威武形象。可就是这个老张，对旅客却是出了名的热情和好脾气。那一年的冬天，五队晚班，老张正在验证。一名香港男子摇摇晃晃地走过来。他满脸通红，双眼迷茫，一股酒味 5 米之外就能闻到。到了验证台前，他掏了半天才掏出证件，证件还未放好人就要往下滑。老张知道遇上了醉酒的旅客，并赶紧下台扶住他，往休息室搀。不料，这名旅客突然对着老张骂了一堆脏话，又摇晃着挥拳往老张脸上一阵乱打。挨了打的老张始终没有还手，仍然坚持把旅客扶到了休息室。等旅客清醒过来，得知他将扶他的检查员打了一顿的时候，是又惭愧又激动，赶紧跑到老张的台前向老张道歉。当他看到老张脸上青一块紫一块时，他感动地泪如雨下，直打着自己的嘴，骂自己："我不是人啊，检查员同志，你怎么不揍我呀！"老张笑笑安慰他说："别这样，你也不是有心的，你能平安过境才是我们最看重的，再说不打不相识嘛。"

——一天下午，罗湖口岸三楼出境验证大厅人山人海。突然，一位神色慌张的老阿婆来到当值的副教导员何少鹏面前，对他说："阿 SIR，我忘记了带回乡证，请帮个忙。"原来，这位姓吴的阿婆家住香港新界。前几天回了一趟老家惠阳，走时匆忙间将回乡证忘在了家里。更倒霉的是，在车上她的钱包又被扒手盗走。何少鹏了解情况后，和蔼地对阿婆说：

"您别着急，我先送您回老家去取回乡证，然后再回到这里出境。"他边说边搀扶着老阿婆来到火车站广场的巴士站，将她送上了车，临走时还递给了阿婆 100 元人民币。阿婆感动得老泪纵横，连声道谢。

——真挚的爱是不分内外不分地域的。虽然他们工作在特区，拿的却是内地的工资，收入实在不算高，但 2000 年当他们得知贵州贫困女童因为交不起每年 160 元的学费而面临失学时，全体民警纷纷自愿捐款，资助了准备上四年级的王克松和二年级的赵培丽。为了更好的了解她们的实际情况，2001 年春节前，五队一名副队长和一名民警代表专程赴贵州看望她们，并带去一千元慰问金和书本、衣物及食品。看到当地的落后和孩子们渴望读书的眼睛，通过电话联系，支委决定再一次性资助三名失学女童到六年级的学费。当时年仅八岁的赵培丽，接过我们资助的学费时，眼泪哗哗地流了下来。现在五队人最开心的一个时刻,就是孩子们来信的时刻。

以上这些事随时都在发生,对于五队来讲,这些都是很平常的事,根本不需要做作和宣扬。然而,正是这些习以为常的小事,处处闪耀着至真至爱的人性光辉。

据不完全统计,职业化改革以来,五队民警在执勤中就做好人好事18280多件,拾金不昧983人(次),共计385740元,收到旅客口头表扬、电话感谢的300多人次,还有的写来感谢信、送来锦旗。他们的先进事迹多次被《人民公安报》、《南方日报》、《广州日报》、《深圳特区报》、香港《大公报》等多家境内外媒体以较大篇幅进行了专题报道,展现了出入境边防检查机关的良好风貌。

不是尾声

边关,在古代是"大漠孤烟"的苍凉,是"金戈铁马"的雄壮。当战争的硝烟被和平的春风拂去时,它是主权和尊严的象征,在改革开放的年代里,它又是联接友谊的桥梁和面对世界的窗口。如今的"戍边人",不再是四肢发达孔武威猛的别称,更多的是信念、知识、理想和敬业。

采访中,我偶然听到一个刚死于癌症的副主任科员的故事。这位1984年就从军戍边的老边检,临终最大的遗憾是没有去过香港!

在离香港最近的地方站岗近20年,想着平时遛弯都过去了,更不用说买菜了。没有到过香港?太令人难以置信了。但,这是不争的事实。边检民警告诉我,一般检查员不但没有因公机会去,就是自己掏钱去也不行,因为他们的职业和身份的特殊。

这个捡来的故事,对我的震撼是太大了,它长久地撞击着我的灵魂,也从另一个侧面形象地诠释了什么是国门卫士的忠诚。

——原载《深圳法制报》2003年6月15日,有删节。

2002年度深圳海关先进模范人物简介

龙玄　男,出生于1964年6月,中共党员,大学本科学历,现任深圳海关技术处高级工程师,负责计算机信息安全管理科工作。龙玄同志参与了海关总署《广东陆路通关实施方案》的制定和修改工作,参加了海关总署广东分署"广东陆路转关系统"简简版开发工程组,并负责现场改造、技术设备的配置的有关工作。由于工作成绩突出,2000年,龙玄同志被深圳市和广东省评为"先进工作者"。2001年分别被深圳海关、深圳口岸系统、海关总署评为"优秀党员"。2002年4月25日,龙玄同志荣获全国"五一"劳动奖章荣誉称号。

杨捷　男,出生于1952年12月,汉族,中共党员,1984年开始从事海关内部审计工作,1989年被总署评为审计师,现任深圳海关督察审计室副主任。1999年,杨捷同志针对深圳海关每年船舶维修费用大的情况,组织开展了深圳海关的船舶维修审计,并对海关812缉私艇的维修进行了审计,核减了3万元维修费。2000年,对901缉私艇维修审计,核减了18万元。2000年,根据海关总署督察办的要求,编写了《海关业务审计》教材的部分章节。由于在督察审计工作中作出突出贡献,2002年1月,杨捷同志被国家审计署评为"全国内部审计先进工作者"。

深圳口岸大事记

1月16日

深圳机场航空物流园区正式动工，该园区是深圳市政府重点规划建设的六大物流园区之一，分二期建设，占地总面积116公顷，设有四大功能区域：空运中心、保税贸易仓区、临港工贸园区、海运中心。

1月21日

由公安部副部长赵永吉率领的公安部慰问团在广东省委常委、政法委书记、公安厅厅长梁国聚，深圳市委副书记、政法委书记庄礼详等领导陪同下视察深圳口岸，看望和慰问在口岸一线工作人员。

2月2日至21日

春忙期间，深圳出入境边防检查总站共检查验放出入境旅客665万人次，比2001年同期增加10%。

2月3日

全国人大常委、中央政府驻香港特区联络办公室主任姜恩柱一行8人，到深圳皇岗、罗湖口岸考察春节期间旅客出入境情况，并向坚守岗位的口岸工作人员致以节日问候。

2月5日

深圳海事局首次组织人员赴香港举办客船船员特殊培训考试和评估。

2月7日

深圳海事局被评为2000—2001年度深圳市“文明单位”，盐田海事处被评为深圳市“文明示范窗口”，范莉同志被评为深圳市“精神文明创建活动积极分子”。

2月7日

深圳检验检疫局被评为深圳市精神文明建设先进单位，连续三届荣获“文明单位”殊荣，张柏龄局长被评为创建精神文明先进个人。

3月1日

深圳海关政治部正式挂牌成立。

3月5日

全国人大法工委卞耀武副主任率领《商检法》修订调研组一行4人到深圳口岸进行实地调研。

3月8日

广东省副省长汤炳权到深圳口岸考察工作。

3月10日

深圳福永——澳门高速客船航线试运营，标志深圳至澳门海上客运正式开通。

3月14日

广东省委常委、深圳市委副书记、市长于幼军和副市长宋海到深圳出口加工区调研。

3月15日

香港海关关长黄鸿超、澳门海关关长徐礼恒走访深圳海关。这是香港、澳门海关首次联合走访该关。

3月15日

一国内无名高速小船与新加坡籍集装箱班轮“WANHAI 301”在深圳东部三门岛以南15海里海域发生碰撞，小船倾覆沉没，船上7人生还、4人死亡、1人失踪。

3月22日

总参谋部通信部部长、国家信息化领导小组成员徐小岩到深圳海关考察电子通关系统。

3月27日

深圳海事局网络二期工程完成。

4月1日至12日

深圳海事局开展2002年第1次水上设卡活动。共出动船艇28艘次，人员90余人次，检查船舶165艘次，发现缺陷106项，其中涉嫌“三无”船舶2艘。

4月初

深圳海关调查局受到中宣部等7部委的联合表彰，被授予“扫黄打非”先进集体称号。

4月7—13日

以越南海关总局信息技术局副局长阮孟松为副团长的越南海关考察团到深圳海关进行考察。

4月11日

泰国海关总署署长率领的泰国海关考察组到深圳大鹏海关参观集装箱检查系统。

4月15日

海关总署副署长刘文杰到深圳海关就做好监管、通关职能调整后的工作进行专题调研。

4月15—16日

深圳海关成功试运行广东海关加工贸易深加工结转监管新模式。

4月16日

由交通部海事局、科学研究院及深圳海事局共同承担的部重点软科学研究项目“建立我国船舶油污损害赔偿机制实施办法的研究”通过专家评审。

4月17日

深圳海关龚正关长、缉私能手郭惠绮当选为广东省第九次党代表大会代表。

4月25日

深圳海关龙玄同志荣获全国“五一”劳动奖章荣誉称号。

4月28日

深圳海关保税区监管新模式试点改革正式启动。

5月1日

深圳西部监督船码头水工工程竣工。

5月13日

香港保安局局长叶刘淑仪考察皇岗口岸，并就口岸旅客疏导、一地两检等问题交换了意见。

5月15日

深圳海事局首批10辆海事执法车正式启用。

5月16日

老挝财政部部长苏甘.马哈拉到福田保税区参观访问。

5月23日

粤港合作统筹小组组长蔡洁如,副组长何金炳、高智乐等人考察深圳口岸,并就加强口岸建设、提高口岸通关效率、深港口岸试行一地两检等问题与深圳市口岸办曹绍业主任进行了交流和磋商。

5月26日

深圳海事局联合团市委、市环保局、市城管办、市治河办、市义工联等单位共同举行大规模清洁深圳河深圳湾行动。这次行动共有社会各界人士500多人参加,投入船舶29艘、运输车7辆,回收垃圾40吨,是深圳经济特区建立以来规模最大、参与范围最广、动用资源最多的一次。

6月6—8日

海关总署署长牟新生、副署长盛光祖、党组成员杨国勋等领导视察深圳海关。

6月12日

台湾关税协会访问团访问深圳海关。

6月19日

香港海关关长黄鸿超到深圳海关考察物流业发展和海关监管情况。

6月26日

粤(深)港澳2002年“6·26”国际禁毒日联合销毁毒品大会在深圳市体育场举行。

6月27日

公安部部长贾春旺、常务副部长田期玉视察罗湖口岸,并检查指导该总站“701”安全保卫工作。

7月2日

深圳口岸第一次联席会议召开,标志着深圳口岸联席会议制度的正式实施。

7月15日

深圳正式启动了联网监管报关报检一体化项目。

7月26日

为使企业了解检验检疫工作的重点和发展趋势,指导企业顺利办理有关业务,深圳检验检疫局与深圳外商投资企业协会联合举办政策通报会,对企业关心的问题作了详细的解答。

7月26日

广东省委常委、深圳市委副书记、市长于幼军,深圳市委常委、常务副市长李德成,到罗湖口岸视察口岸改造工程的进展情况。

7月29日至31日

2002年全国海事系统危管防污工作会议在深圳召开。

7月30日

深圳海事局首次对香港籍高速客船进行PSC检查。

7月31日

团中央书记处书记胡伟同志到深圳,为荣获全国“青年文明号”称号的深圳检验检疫局下属笋岗局动检科授牌。

7月

由深圳市口岸办负责组织实施的罗湖口岸改造工程全面竣工，改造后该口岸的入出境通道由137条增加到173条，日通过能力由原来的双向25万人次/日提高到40万人次/日，通关速度比原来提高26%，改善了口岸通关环境，有力提高了通关速度。

8月1日至2日

交通部海事局主办、深圳海事局承办的2002年“海事论坛”在深圳五洲宾馆举行，会上发表了《尽快建立我国油污损害赔偿机制》倡议书。

8月2日至23日

交通部海事局主办、深圳海事局承办的海事调查官培训班举行，这是交通部海事局首次在直属局举办该类培训班。

8月

深圳出入境边防检查总站“出入境边防检查业务信息系统”在蛇口站执勤现场成功试运行。

8月22日

以色列海关特拉维夫和中部地区调查主任艾尼尔、亚太区代表毕奥迪走访深圳海关，就风险管理和反走私等工作交流了经验。

9月1日

惠州海关举行揭牌仪式。从9月1日开始，惠州海关各项工作都正式启用深圳海关工作模式。

9月5日

罗湖口岸正式开通外国人通道。

9月10日

广东省副省长汤炳权率领省政府有关厅局负责人到罗湖口岸检查工作。

9月12日

深圳海事局颁布《深圳公务船船员适任考试和发证暂行办法》和《深圳公务船船员适任考试大纲》，在全国率先将公务船船员纳入规范化管理。

9月13日

国际足联苏黎士总部委托国际足联亚太区代表兼法律顾问白瑞德先生向深圳海关发来感谢信，对深圳海关查缉假冒“FIFA”产品显著成绩表示赞赏。

9月18日

深圳海事局颁布《中华人民共和国深圳海事局游艇驾驶人员培训、考试和发证管理办法》，解决非营运游艇驾驶人员的考试、发证及管理问题。

9月19日

深圳海事局印发《关于对深圳旅游观光船(艇)驾驶人员进行专项整顿的通知》，进一步规范和加强旅游观光船(艇)驾驶人员管理。

9月27日

深圳皇岗口岸共验放出入境车辆30713辆次，首次突破了3万大关，创下该口岸自89年开通以来的最高记录。

9月27日

澳门海关关长徐礼恒率代表团一行9人，到深圳海关参观访问，并乘坐缉私艇出海进行海上缉私情况调研。

9月30日

日本青年代表团一行30多人，到深圳口岸进行参观访问。

10月1日

深圳海事局及所属分支机构开始以海事局(处)名义履行海事行政执法职能，并正式启用新业务专用章，原"中华人民共和国深圳港务监督"印章及"中华人民共和国深圳港务监督"业务专用章停止使用。

10月1日

深圳海事局开始施行《深圳海事局行政执法责任制实施办法》、《深圳海事局行政执法错案责任追究制度》、《深圳海事局行政执法考核与评议办法》和《深圳海事局海事行政执法社会监督制度》。

10月2日

广东省委常委、深圳市委副书记、深圳市市长于幼军和深圳市委常委、常务副市长李德成到深圳口岸视察国庆节期间旅客疏导情况。

10月7日

内地与台湾之间首条经澳门中转的货运航线在深圳开通。

10月11日

深圳海事局签发首批船舶初、中级专业技术资格证书。

10月12日

信息产业部副部长苟仲文到深圳海关联网监管监控中心考察联网监管模式。

10月12日至17日

口岸部门采取多种措施，深圳出入境边防检查总站设立"高交会与会人员专用通道"，及时处理高交会与会人员所遇到的入出境问题，为第四届中国国际高新技术成果交易会与会人员提供优质高效的出入境服务。

10月17日

交通部副部长胡希捷到深圳海事局指导工作。

10月29日

深圳海事局首次签发引航员适任证书。

10月31日

韩国海关驻华关税官携韩国商会会长、会员等一行到深圳海关访问。

11月4日

深圳海关货运车辆电子自动核放系统在皇岗口岸空车和转关车道投入使用，使整体验放速度提高50%以上，实现了以科技代替人工验放的飞跃。

11月13日

市人大常委会副主任刘秋容、李友烈一行到深圳海事局考察指导工作，这是市人大领导首次带队到深圳海事局调研。

11月21日

美国海关驻华代表团一行6人抵达深圳海关，就CSI合作项目进行实地考察。

11月22日

交通部副部长洪善祥、部海事局党委书记何建中到深圳盐田港视察指导工作。

11月23日

巴拿马籍液化气船“煤气诗歌”在深圳大鹏湾海域发生起火燃烧事故。深圳口岸部门启动应急反应体系，组织开展救助，并特事特办及时办理船员入境手续。

11月24日

公安部常务副部长田期玉视察深圳皇岗口岸，并与到访的香港警务处副处长李明逵进行了座谈。

11月24日至28日

由公安部主办、深圳出入境边防检查总站协办的亚太地区打击偷渡、贩卖人口及相关跨国犯罪问题部长级会议“第二次专家组会议”暨“执法和识别伪假证件”国际研讨会在深圳召开。来自亚太地区32个国家、地区的外交、移民和警察部门的八十多名代表出席了会议，与会代表还参观了皇岗口岸。

11月

香港特别行政区政府保安局局长叶刘淑仪致函深圳口岸管理部门，对深圳口岸部门不断改善口岸通关环境所作的努力表示感谢。

12月3日

交通部海事局正式批准蛇口液化气船船员特殊培训中心、蛇口船务分公司船员培训中心、深圳市海斯比高速船船员培训中心分别开展油轮、原油洗舱、高速船、客船、滚装客船等9项船员专业和特殊培训。

12月5日

香港特别行政区行政长官董建华一行在广东省委副书记、深圳市委书记黄丽满，广东省委常委、深圳市市长于幼军，深圳市委常委、常务副市长李德成等领导陪同下，到深圳罗湖口岸就通关效率问题进行视察。

12月11日

广东省副省长汤炳权视察深圳罗湖、皇岗口岸。对口岸工作人员在提高通关效率上所做的工作表示赞赏，并强调要进一步提高口岸通关效率，创造更好的通关环境。

12月14日

中共中央委员、海关总署署长牟新生到深圳海关视察工作。

12月16日

深圳海事局召开中层干部大会，宣布对局领导班子成员调整的决定：张建斌同志任局党组成员、副局长(副局级)，主持行政工作；马建华同志任巡视员(副局级)，不再担任局党组副书记、成员、纪检组组长职务；王国华同志任局党组副书记兼纪检组组长(副局级)。

12月16日至17日

国务院财政部部长项怀诚、国务院港澳办主任廖晖率领由国务院八个部委(办)负责同志组成的调研组前来深圳现场考察口岸通关情况，研究从根本上解决通关不畅问题的治本之策。

12月19日

原中共中央政治局常委、全国人大常委会委员长乔石考察了皇岗口岸。

12 月 23 日

客滚船“梧桐山”轮在珠江口水域发生船舱失火，深圳海事局积极参与应急救援，安全转移 351 名乘客。

12 月 24 日

深圳市政府在五洲宾馆举行巴拿马籍液化气船火灾事故处理工作新闻发布会。

12 月 30 日

深圳海事局快速反应基地正式揭牌启用。

12 月 31 日

深圳海事局颁布《小海船船员适任考试、评估和发证办法》、《非机动海船船员适任考试、评估和发证办法》、《渡船船员考试发证办法(暂行)》，自 2003 年 2 月 1 日起实施。

海南省

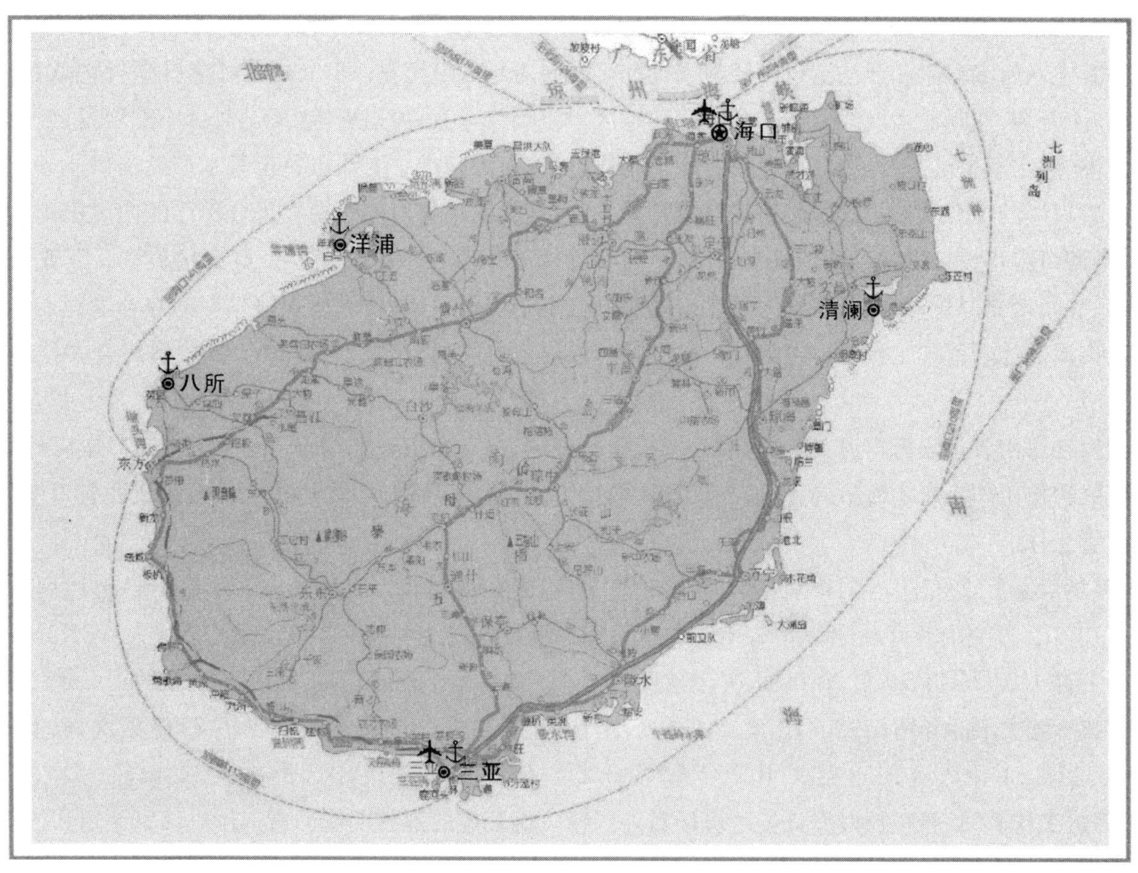

图　例

- ⊛ 省级行政中心
- ⊙ 口岸
- 铁路口岸
- 航空口岸
- 公路口岸
- 海（河）运口岸

海南口岸工作综述

【概况】 2002年,海南省口岸格局与上年相同,共有7个一类口岸和4个二类口岸。一类空港口岸是:海口美兰机场口岸(仅限开展国际客运包机业务)、三亚凤凰国际机场口岸。其中海口美兰机场设计第一期工程年旅客通过能力650万人次,现有国际航线8条。自1999年起至今,旅客吞吐量稳居全国第八位;三亚凤凰国际机场设计第一期工程年旅客通过能力200万人次,现有国际航线14条。2002年旅客吞吐量居全国第29位,一类海港口岸是:海口港口岸、洋浦港口岸、八所港口岸、三亚港口岸、清澜港口岸。其中八所港口岸和洋浦港口岸经国家批准可开展对越边境贸易。5个一类海港口岸货物总吞吐能力1064万吨,国际货运航线通往9个国家和地区。二类口岸有:海口新港(又是对台小额贸易点)、澄迈马村港、陵水新村港、琼海潭门港。其中陵水新村港、琼海潭门港主要从事鱼苗等水产品出口业务。

全省口岸的综合管理工作由海南省口岸管理办公室(为海南省对外贸易经济合作厅的内设机构)负责,省会海口市不设口岸综合管理机构,其口岸综合管理工作由省口岸管理办公室直接负责。三亚市、东方市、文昌市口岸管理办公室(均为所在市政府办公室的内设机构)负责所在地口岸的综合管理工作。洋浦港口岸的综合管理工作,由洋浦经济开发区管理局口岸管理办公室(与洋浦经济发展局合并挂牌)负责。

国家在海南省设立海口海关、海南出入境检验检疫局、海南公安边防总队(负责除海口口岸以外其它口岸的边检工作)、海南海事局,海口出入境边防检查总站(负责海口口岸边检工作),负责我省口岸的查验监管工作。

【口岸客货运量】 2002年,全省口岸进出口货物98.8万吨,比上年增长2%。其中进口58.4万吨,比上年增长40%;出口40.4万吨,比上年减少26.8%。出入境人员733405人次,比上年减少7.7%。其中入境人员377271人次,比上年减少5.1%;出境人员356134人次,比上年减少10.2%。入出境船舶2548艘次,比上年增长6.6%。其中入境1346艘次,比上年增长9.3%;出境1202艘次,比上年增长3.9%。空港出入境飞机2997架次,比上年减少15.1%。其中入境1498架次,比上年减少15.2%;出境1499架次,比上年减少14.9%。

【口岸开放工作】 1、积极抓好海口美兰机场对外国籍飞机开放的准备工作。省口岸办多种渠道积极筹措口岸查验基础设施的建设资金,由海口美兰机场有限责任公司出资1000万元并无偿提供18亩建设用地,省政府财政拨款400万元,国家计委拨款222元。该机场的口岸查验基础设施于6月正式动工兴建,截至年底,总面积11170平方米的主体工程已基本建成。10月17日,国务院批复同意海口美兰机场为对外国籍飞机开放的国际机场(见国函[2002]94号文),但要经过国家有关部门对开放条件进行验收后,才能正式对外国籍飞机开放。2、马村港对外籍船舶开放的准备工作取得进展。该港口拟通过扩大海口港口岸开放水域,将其纳入海口港口岸开放水域内而实现对外开放。截至2002年底,马村港口岸综合大楼(总投资1400万元,总建筑面积7000平方米)已通过工程验收。港区的内外贸货物仓库(堆场)、监管卡口、检查场地及航道、锚地等通过了省内各口岸单位的验收,为下一阶段申请国家验收创造了条件。

【口岸综合管理工作】 2002年,海南省口岸综合管理工作以“三个代表”重要思想为指针,以贯彻国务院办公厅《关于进一步提高口岸工作效率的通知》为主线，大力推动“大通关”工程，使口岸环境得到进一步改善。1、8月省政府召开“大通关”工作会议，正式启动“大通关”工程。计划用二年左右的时间，通过改革现行口岸通关模式，运用现代化手段，使海南省口岸通关效率达到全国先进水平，进一步改善全省的贸易投资环境。为加强对这项工作的领导，省政府成立了省“大通关”工作领导小组，由省委常委王守初任组长，省政府副秘书长周公卒、省对外贸易合作厅副厅长彭瑞林任副组长，成员由省口岸办等16个部门的领导担任。10月11日，省政府办公厅印发《海南省“大通关”工程工作方案的通知》(琼府办[2002]64号)，对这项工作进行了具体部署。2、积极协调解决口岸工作中的重大难题。一是建立口岸联席会议制度，定期研究口岸工作重要事宜，及时协调在口岸工作中产生的矛盾，研究解决企业在通关过程中遇到的问题，进一步完善口岸协调机制；二是协调报批并组织监管外籍船舶进出非开放水域开展外贸运输业务，有力支持海南省经贸发展。全年经国家有关部门特批外籍船舶进出马村港60航次，装卸外贸货物36.7万吨。特批外籍小型特种船舶进出三亚、文昌等水域18艘次，装运鱼苗出口362万尾，创汇500多万美元；三是制定《中外籍民用飞机在海口美兰机场临时出入境的报批程序》，规范了临时航班计划的通报义务。解决航班动态与组织查验工作之间互相脱节的状况。2月8日，香港CX700航班在执行曼谷—香港航线飞行途中，飞机尾部货仓发生火警讯号，紧急迫降海口美兰机场，由于有了良好的通报机制，口岸各单位都能迅速赶赴现场紧急处置事态。四是精心组织协调，较好地完成2002年博鳌亚洲论坛首届年会的口岸接待保障服务工作。五是做好海口至越南海上旅游航线的服务工作，确保该航线正常运营。全年该航线完成203航次，出境旅客44833人次，均比去年翻了一番。3、做好全国口岸委(办)主任联席会议的组织工作。会议于10月23日至27日在海南省召开，来自全国25个省、市、自治区和沿海计划单列市及部分地级市的口岸委(办)负责人共150人参加了会议。李礼辉副省长出席了会议。在会议期间，与会代表认真研究我国加入WTO后，口岸管理面临的新形势、新问题和新任务，对今后如何进一步加强口岸管理，提高口岸工作效率，应对入世挑战提出了意见和建议。

2002年全省口岸进出口货物统计表

项目 / 口岸	进口		出口		进出口合计	
	货物(万吨)	同比增减	货物(万吨)	同比增减	货物(万吨)	同比增减
海口港	31.9	+6.7	27.5	+25.0	59.4	+14.4
八所港	1.8	−56.1	6.5	−75.3	8.3	−72.8
三亚港	(567)	+28.8	1.8	−28.0	1.8	−28.0
洋浦港	21.2	+332.6	4.6	+2.2	25.8	+174.5
清澜港	3.5	+25.0	0	0	3.5	+25.0
合计	58.4	+40.0	40.4	−26.8	98.8	+2.0

2002 年全省口岸出入境人员统计表

项目/口岸	入境		出境		合计	
	人次	同比增减	人次	同比增减	人次	同比增减
海口港	140493	+30.3	119902	+10.1	260395	+20.1
八所港	3709	−23.4	1096	−28.7	4805	−24.7
三亚港	78704	−17.1	78680	−16.3	157384	−16.7
洋浦港	1641	+100.6	1322	+98.2	2963	+99.5
清澜港	393	+1.8	376	−6.0	769	−2.2
海口美兰机场	87767	−13.1	85560	−10.3	173327	−11.7
三亚凤凰机场	64564	−26.6	69198	−27.7	133762	−27.2
合　计	377271	−5.1	356134	−10.2	733405	−7.7

全年出入境船舶 2548 艘次，同比增加 6.6%；其中入境 1346 艘次，出境 1202 艘。

全年出入境飞机 2997 架次，同比减少 15.1%，其中入境 1498 架次，出境 1499 架次。

海南口岸查验单位工作综述

海口海关

【进出境监管】 海口海关通过规范监管场所、充分发挥电子检查设备的作用等措施，加强了对进出境货物、运输工具的实际监管。2002 年共受理进出口货物报关单 1.85 万份，比上年增长 4.2%，其中进口报关单 1.07 万份，减少 2.7%，出口报关单 0.78 万份，增长 15.8%。监管进出口货物 404.88 万吨，比去年减少 3.23%，其中进口 121.12 万吨，减少 9.72%，出口 283.75 万吨，减少 0.17%；进出口货值 15.25 亿美元，比去年增长 16.75%，其中进口 10.29 亿美元，增长 21.8%，出口 4.96 亿美元，增长 7.5%。监管进出境运输工具 6297 艘(架)次，比上年减少 9.15% ，其中进出境飞机 2946 架次，减少 18.9%，国际航行船舶 3256 艘次，减少 0.09%。监管进出境人员 79.86 万人次，比去年减少 4.88%，其中出入境旅客 50.62 万人次，减少 9.46%，运输工具服务人员 29.23 万人次。监管进出境邮递物品 9393 件。查扣反动、淫秽物品 1136 件(份)，比上年减少 69.53%。查获违规携带货币 162 万元 。

在严密监管的同时，海关采取有效措施，切实提高通关效率。实行了“一次告知”、出口优先报关、便捷通关、快速通关、无纸通关等措施，积极推动了“大通关”工程的建设，为守法企业提供通关的最大便利，报关单流转速度大大加快，通关效率明显提高。年内，海关进口报关单的平均通关时间由年初的 21 小时减少到 11 小时，24 小时通关率由 36.5%提高到 56.8%；出口报关单的平均通关时间由年初的 15 小时减少到 5 小时，24 小时通关率由 40%提高到 86.3%。

【海关税收】 海口海关全年征收税款入库9.72亿元，比上年减少0.6%，其中关税3.64亿元，进口环节税(增值税、消费税)6.08亿元，超额完成8.5亿元的税收任务。

围绕税收“轴心”工作，海口海关坚持依法治税，综合治税，树立全关一盘棋的“大关税”意识，发挥关税等职能部门及各征管现场的作用，做好审价、归类、减免税审批、后续管理等工作，打击价格瞒骗，大力追缴欠税，防堵“跑、冒、滴、漏”。特别是采取行政、法律手段，侦查、关税、通关、监管、法规等部门联手追踪，冻结欠税企业银行存款，追缴欠税1138万元，归类补税168.15万元，审价补税478.6万元。

【查缉走私】 海口海关充分发挥行政执法和刑事执法职能作用，继续保持高压态势，严厉打击走私违法活动。侦查部门共受理案件51宗，刑事立案14宗，案值12294.44万元，涉税2892.74万元，侦结案件18起，对74名犯罪嫌疑人采取了强制措施，其中刑拘62人，执行逮捕43人，移送起诉14宗57人，法院判决6宗25人；调查部门共查获走私违规案件106宗，案值1332.67万元，罚没收入2750万元。

海关侦查部门有效组织警力，突出重点，打团伙，抓现行，追逃犯。特别是侦办了陈连启团伙走私香烟案，将18名犯罪嫌疑人缉拿归案，震慑了流窜于琼、粤海域的团伙走私分子。海关调查部门积极履行新的职能，积极规范企业行为，探索建立风险管理机制，开展了对关区6家重点企业的专项稽查，大力追缴海南瑞银公司长达5年的欠款400万元；查获走私套牌汽车6辆，案值约200万元；与烟草、外管等3家单位签订打击走私合作备忘录，推进反走私综合治理。

【海南口岸进出口统计】 2002年海南口岸进出口出现较大幅增长，这是自1999年来本省口岸进出口的最高值。全年进出口总值15.26亿美元，比去年同期(同下)增长16.75%，其中进口10.29亿美元，出口4.97亿美元，分别增长21.8%和7.5%。主要特点是：

1、主要贸易方式进出口呈增长之势。一般贸易进出口9.44亿美元，增长30.26%，占海南口岸进出口总量的61.9%，其中，进口4.47亿美元，增长27.3%，出口4.04亿美元，增长8.3%；租赁贸易进口4.71亿美元，增长35.9%；加工贸易出口9184万美元，增长11.41%。

2、进口商品以机电产品为主，出口以资源型商品为主。机电产品进口7.67亿美元，其中，飞机及其零件进口4.71亿美元，机械设备进口1.47亿美元，分别占进口的比重是45.77%和14.2%；天然气出口2.92亿美元，增长16.2%，占口岸出口总量的58.75%，水海产品出口6262万美元，增长16.6%，占口岸出口总量的12.61%。

3、外商投资企业成为海南口岸进出口的主力军，国有企业居第二位。外商投资企业进出口值9.62亿美元，增长19.14%，占口岸进出口值的63.05%；国有企业进出口3.04亿美元，下降17.05%，占口岸进出口值的19.92%。

【支持海南外贸发展的措施】 海口海关推行了支持海南外贸发展的以下措施：

1、实施“快速通关”、“便捷通关”、“无纸通关”等措施，简化通关手续，提高通关效率。对出口商品实行提前报关、优先审单、预归类制度，提前解决归类疑难问题，以提高报关质量和加快通关速度；改进查验方式，降低查验率，加快出口验放，对正常报关出口的货物实行“一次查验、一次放行”的监管模式；从海南实际出发，培育和壮大A类企业队伍，为资信好的外贸企业出口货物，实行优先通关，从快从简验放；为鲜活、易腐等出口货物设立快速通道，特事特办，加速验放，并为本地产品如鱼苗出口在非监管地(如锚地)办理验放手续；对集装箱运输和特殊商品的装运，及时派员上门监管；对重点工程、重点项目和高新技术产业实行全程服务，急事急办，优先办理验放手续；积极支持、介绍有条件的本省外贸企业异地出口货物，方便其在内地海关办理出口手续；加强海关内部的业务衔接与协调，理顺作业流程，简化作业环节。

2、进一步改进工作作风，不断提高服务质量。一是全面推行关务公开，提高海关执法透明度。在报关大厅和码头、机场等业务现场设立公告栏、电子触摸屏、宣传栏和咨询台，公开海关作业流程、岗位职责、收费标准、办事时限和监督电话等，公布和宣传国家政策、海关法律法规，增强海关行政执法的透明度。抓好关务公开内容的及时更新，接受企业和社会的监督。二是继续实行 企业咨询服务“首问负责制”。即采取“先一口接收、后内部分工”的做法，确保业务咨询一旦发生，就能得到海关及时而满意的答复。三是全天候验放，24 小时通关。各业务现场实行“全天候，无假日” 预约工作制度，对企业在正常办公时间以外申报的出口货物，海关根据企业预约安排人员值班，保证正常出口货物顺畅通关；并在各业务现场实行领导带班制度，及时解决现场紧急疑难问题。四是发挥海关统计的监测、预警和信息服务的作用。加强对出口情况的统计和分析，为政府、商业组织和外贸企业提供及时、准确的统计数据，为促进外贸献计献策。

3、积极推动“电子口岸”和“大通关”的建设。继续做好“电子口岸”的推广应用，方便企业在网上办理进出口手续，降低出口企业的贸易成本；积极支持、参与海南省“大通关”工程的建设，为促进外贸出口提供良好的通关环境。

4、整顿和规范进出口经营秩序，严厉打击走私违法活动，促进企业守法自律，维护企业的合法权益，创造有利于海南对外贸易健康发展的良好环境。

海口海关业务统计月报表

类别	指标名称	单位	本年数	上年同期数	与上年同期比	本年度累计数
监管	货运量	吨	4048795	4184100	—3.23	4048795
	进口	吨	1211257	1341708	9.72	1211257
	出口	吨	2837538	2842392	—0.17	2837538
	货运值	万美元	160072	138476	15.6	160072
	进口	万美元	104171	81589	27.68	104171
	出口	万美元	559012	56886	—1.73	559012
	集装箱数量(标准)	箱次	40884	27414	49.14	40884
	进口	箱次	20421	13500	51.27	20421
	出口	箱次	20463	13914	47.07	20463
	监管运输工具	辆艘	6297	6931	—9.15	6297
	船舶	艘	3256	3259	—0.09	3256
	飞机	架	2946	3627	—0.19	2946
	企业注册、备案(累计)	个	1806	—	—	1806
	自理报关企业	个	1787	—	—	1787
	代理报关企业	个	13	—	—	13
	专业报关企业	个	2	—	—	2
	加工生产企业	个	4	—	—	4
	进出口货物报关单	份	18527	17764	4.2	18527
	进口	份	10697	11004	—2.7	10697
	出口	份	7830	6760	15.8	7830
	货物报关单查验数	份	4339	5811	—25.33	4339
	进口	份	3338	2943	13.42	3338
	出口	份	1001	2868	—65.1	1001

2002年海南口岸主要进出口商品

单位:万美元

进口商品	价值	出口商品	价值
飞机(小型)	35668	天燃气	25352
飞机	11398	硅锰铁	1901
汽车零件、附件	3428	桉木片及木粒	1576
渡锡原板	3138	胸罩	1541
液化石油气及其烃类气	2770	冻带鱼	1384
对苯二甲酸	1915	冻对虾仁	971
车辆用零件、附件	1558	其他木家具	946
发动机	1471	冻罗非鱼片	831
螺钉及螺栓	967	其他木框架坐具	785
压缩机	848	冻带壳对虾仁	779

2002年海南口岸主要进出口国家(地区)

单位:万美元

进口国家(地区)	价值	出口国家(地区)	价值
美国	51290	香港	28594
日本	26365	日本	7478
泰国	2748	美国	4497
韩国	2581	韩国	3225
台湾	2568	台湾	1585
越南	1994	泰国	665
马来西亚	1926	马来西亚	501
德国	1908	法国	353
意大利	1465	新加坡	307
新加坡	1310	英国	262

海口出入境边防检查总站

【综述】 2002年,海口出入境边防检查总站坚持用“三个代表”重要思想指导出入境边检工作,大力推进规范化建设,努力建立管理规范、防范严密、反应快捷、高效文明的边检工作运行机制。实行多种便利通关举措,不断提高执法水平、工作效率和服务质量,全年共检查出入境旅客和员工433721人次;检查入出境交通运输工具3432艘(架)次,(民航飞机1706架次,船舶1726艘次);查获在控对象25人次,协助公安机关查缉网上追逃疑犯3人次;查获偷渡分子8人,查处违反出入境管理法规130人次。

【完成“博鳌亚洲论坛”保障工作】 4月12日至13日,“博鳌亚洲论坛”在琼海市博鳌镇隆重举行,为了确保出入境边检工作和服务质量,总站认真制定了《关于对参加“博鳌亚洲论坛”首届年会代表实施出入境边防检查的方案》,慎密部署了一系列方便通关和“处突”的应对措施,并多次组织预演。拨出专款30多万元购置了一批高科技检查、通信设备配置一线。科学调整警力,设置五个勤务小组,明确岗位职责,对所有参加执勤人员进行礼貌知识等相关业务培训。会议期间,近百名民警枕戈待旦,直接参与执勤和勤务保障工作。总站主要领导靠前指挥勤务工作,及时指导处置各类问题,保证了各个工作环节顺畅。圆满完成了对日本、韩国、泰国等48个国家和地区政府首脑、前政要员以及2000多名工商企业界知名人士和记者的出入境边检任务和专机监护任务。与会贵宾及交通运输工具均安全、顺利、快捷通关。受到了海南省委、省政府、博鳌亚洲论坛年会秘书处和中外嘉宾的高度赞扬。

【边检工作改革】 2002年,总站具体实施了如下勤务改革举措:1、完善“旅客电子名单”与“边防检查信息管理系统”的对接功能,成功将船方预报的旅客名单转换成“边防检查信息管理系统”的电子名单,使旅客资料的利用率达到100%,进而实现“无录入预查控”和“核对式验放”,使“狮子星”号大型邮轮的旅客入出境候检时间缩短三分之一。2、在美兰机场入出境现场实行了“蛇形队”候检方式,既平衡了旅客候检时间,又完善了预防“买关卖关”的措施。3、对港口入出境国际船舶实行预检、预查的检验方法,让船舶先装卸货物后办理正常检查手续,使船方节省停泊时间,减少停泊经费。

【增强服务意识,改善服务态度】 1、主动加强同上级机关和有关部门沟通协调,推进了马村港、海口美兰机场对外开放及琼越旅游航线发展新的旅游项目。2、进一步规范21国旅游团来琼15天免办入境签证的边防检查程序,主动为37家在琼注册国际旅行社提供有关出入境法律、法规、政策及边检业务咨询服务,免费提供业务培训,有力地支持了海南旅游业发展。3、主动服务,实行了多种便利通关举措。年内,共批准53艘次国际运输船舶就近靠岸装卸货物,为1290艘次前往港澳和边贸船只提供便利服务,直接创造经济效益数百万元。一次性办妥《搭靠外轮许可证》、《登轮证》和签发《船员登陆证》1万多份(本)。

【光荣榜】 2002年,总站被海南省委、省政府评为“服务工作先进单位”。

海南省公安边防总队

【概述】 2002年,海南省公安边防总队以执勤为中心、以规范化建设为突破口、以人员素质建设为推动力,促进业务水平和服务质量提高,圆满地完成了各项边防检查任务。共检查出入境人员280878人次,其中旅客173899人次,服务员工106979人次,比去年同期分别减少26%、30%、20%;检查出入境交通工具2082架(艘)次,其中飞机1291架次,船舶791艘次,与去年同期相比分别减少23%、30%、8%;查处违法违规人员623人次,查获在控分子4人次。

【加强规范化建设】 2002年,总队把"巩固成果,固本强基,开拓创新,再上台阶"作为规范化建设的目标,以港口口岸边检工作规范化建设作为重点。加强组织领导,在全省各港口边防检查站全面开展规范化建设。1、严格落实《港口业务规范》。根据港口边检站工作的实际,对照《港口业务规范》的要求,有针对性地进行整改。在勤务组织、检查内容和程序、签发证件、交通运输工具监护、问题处置、请示报告等方面,积极推广三亚边检站业务规范化试点成果,细化、量化工作标准,将工作任务、责任分解到每个岗位,落实到人,明确整改的时间、内容、步骤和措施,确保规范化建设工作的顺利实施。通过一年的努力,较好地解决了各港口口岸检查工作标准和要求不一、执法随意性较大的问题,提高了执勤效率和执法质量,达到预期效果。2、统一订制《勤务登记本》等八种文书记录本,规范勤务记录,将出入境卡片、船舶档案、机组人员档案等信息进行整理并录入电脑。统一刻制业务印章12类200枚,下发各站,同时制定了《业务印章使用管理暂行办法》,使业务印章的规格、使用和管理得到了进一步的规范。3、规范行政案件办理程序,加强文明执法。针对基层单位办理行政案件程序混乱、标准不高的情况,从进一步严格执法程序入手,加大对执法工作的整改力度,全面实施《出入境边防检查机关执法质量考核评议实施办法》,加强监督考核。

【提高工作效率】 为进一步提高工作效率,总队制定了《强化执勤工作六项措施》,进一步改进工作方法,提高验放速度。在出入境船舶的检查、管理方面,缩小登轮检查比例,取消全程监护,缩减梯口监护。实施船舶出入境手续预检制度,24小时内办结船舶进出手续。实行一周7天24小时窗口办证工作制,并规定办理证件尽量"一次办妥","两次发《回执》"制度。在旅客检查方面,对大型旅游船的出入境旅客采取了凭卡上下船制度,取消港澳旅客加盖验讫章作法。对三亚凤凰国际机场旅客,实行免签团预录名单、预查控制度,缩短团队旅客的候检时间。

【反偷引渡和情报调研】 1、落实全国反偷渡工作会议精神,全力配合"南方行动"。根据公安部反偷渡联合行动方案的要求,总队成立了反偷渡工作领导小组,制定工作计划和方案,并狠抓落实。一是从各边检站抽调2至3名业务骨干组成证件研究小组,对伪假证件进行深入研究,编制学习材料供检查人员学习交流。并举办2期识别伪假证件培训班,邀请广州边检总站、桂林边检站、省公安厅出入境管理处的同志授课。通过培训,干警识别伪假证件能力得到明显加强,业务水平得到提高;二是在凤凰机场执勤现场安装使用闭路电视监控系统,加强现场的监控力度。年内共查获偷渡案件2起16人次。遣返越南"三非"人员115名。2、加强口岸情报调研工作。通过与口岸联检单位、公安机关、安全部门及出入境管理部门的横向联系和协作,并积极向涉外酒店、宾馆及售票点联系,扩大情报信息面。。

【提高人员素质】 按照公安部《边防检查培训制度》要求，总队制定了《检查员持证上岗暂行规定》，对检查员所需掌握的业务知识、法律知识、电脑、英语、基本技能等提出了具体的要求，并规定检查员一律持证上岗。全年共举办业务、英语、计算机知识等各类培训班17期，有179人获得了《上岗证》。为开拓眼界，总队组织业务骨干到上海、深圳等地大口岸考察学习，并派人参加了加拿大、韩国领馆组织的伪假证件知识交流活动。

【重要保障工作】 为做好“亚洲博鳌论坛”的保障工作，制定了《亚洲论坛首届年会与会人员入出境边防检查工作方案》，并派 人到三亚凤凰机场边检站蹲点，适时加强执勤工作部署，靠前指挥。为做好“十六大”会议期间安全保卫工作，防止敌对分子和“法轮功”人员滋事，总队制定工作方案，组织各边检站于4月和10月分别进行2次“防闯关”和“防恐”等处理突发文件的演练，锻炼部队快速反应能力。保证了口岸安全稳定，维护了国家主权和安全。此外在香港—三亚国际帆船比赛，国际太极拳比赛活动期间，为出入境人员提供优质服务，确保了比赛顺利进行。

【加大科技投入】 年内，投资280万元改善三亚凤凰机场边检站、八所港边检站、三亚边检站的办公、生活条件。投资80万元安装了机场电视监控系统1套，配备OCR证件阅读机50部，紫光灯80部，同轴光灯30部，配备EDISON系统1套，文检仪1台。

2002年全省口岸旅客出入境表

项目 口岸	入境		出境		合计	
	人次	2001	人次	2001	人次	2001
三亚港	26845	43058	26802	42999	53647	86057
三亚凤凰机场	57807	78854	62445	86445	120252	165299
八所港	0	0	0	0	0	
洋浦港	0	0	0	0	0	
清澜港	0	0	0	0	0	
合计	84652	121912	89247	129444	173899	251356

2002年全省口岸员工出入境表

项目 / 口岸	入境		出境		合计	
	人次	2001	人次	2001	人次	2001
三亚港	42485	40589	42461	40609	84946	81198
三亚凤凰机场	6757	9080	6753	9277	13510	19307
八所港	3853	4783	952	1547	4805	6330
洋浦港	1612	770	1351	645	2693	1415
清澜港	337	363	418	347	755	737
合计	55044	65932	51935	62827	106979	128759

2002年全省口岸出入境交通工具表

项目 / 口岸	入境		出境		合计	
	艘(架)次	2001	艘(架)次	2001	艘(架)次	2001
三亚港	87	107	79	114	166	221
三亚凤凰机场	646	924	645	930	1291	1854
八所港	307	372	60	95	367	467
洋浦港	112	62	92	48	204	110
清澜港	25	32	29	34	54	66
合计	1177	1497	905	1221	2082	2718

海南出入境检验检疫局

【概述】 2002年海南检验检疫机构检验检疫出入境货物14086批，货物总额达60555万美元，出入境卫生检疫454600人次，交通工具检疫5431架(艘)次，集装箱检验检疫49797个标准箱。

【进出口商品检验】 2002年海南出入境检验检疫机构检验进出口商品10006批，商品货值52480万美元，分别比上年度减少22.72%和7.80%。经检验把住不合格或不符合合同规定要求的进出口商品127批，货值2137万美元。其中完成进口商品检验6490批，货值35192万美元，批次和货值分别比上年度增加18.94%和7.63%。经检验把住不合格或不符合合同规定要求的进口商品有85批，货值为2125万美元。共向外索赔回193.713万美元。完成出口商品检验3616批，货值14286万美元，批次和货值分别比上年度减少25.55%和17.89%。经检验把住不合格商品42批，货值为12万美元。

【进出口商品鉴定】 2002 年共完成重量鉴定 103 批/40.2 吨，比上年度分别减少 21.96%和 33.33%，其中衡器计重 57 批/12.87 万吨，容量计重 30 批/6.13 万吨，水尺计重 16 批/21.2 万吨；出口木片检验鉴定 12 批/22.8 万吨，比上年度增长 12%；进口原木检验 162 批/6.42 万立方米，与上年度相比批次增加 3.18%，数量减少 20.83%；出口包装性能检验 490 批/307.41 万件，与上年度相比批次和数量分别增加 12.12%和 65.14%，其中一般出口包装性能检验 486 批/307.41 万件，危险货物包装性能检验 4 批/0.14 万件；完成进出口集装箱检验鉴定 49797 个标准箱，与上年底相比增加 55.31%，其中进口集装箱拆箱检验 25465 个，出口集装箱验箱鉴定 24332 个，经检验鉴定发现有问题的标准箱有 137 个；完成涉外财产鉴定 473 批，总货值达 1376.06 万美元，经鉴定发现高价低报的有 12 批/27.8 万美元，平均升值率为 64.74%。

【商品产地签证】 2002 年共签发产地证书 4027 份，签证金额达 11654 万美元，与上年度相比分别增加 11.58%和 5.94%。其中，一般产地证签证 958 份，签证金额达 4187 万美元；普惠制签证 3069 份，签证金额达 7467 万美元，为海南出口商品获得进口国减免关税达 746.7 万美元。

【百日打假活动】 2002 年 1 月，根据国家质检总局的要求，海南检验检疫局与海南省技术监督局联合开展“百日打假活动”，重点检查各进口肉类产品冷库、各大宾馆酒店、快餐店的食品冷库和进口食品消费场所。在这次活动中，共检查 20 家进口肉类产品的冷库和宾馆酒店、快餐店的食品冷库以及 2 家进口食品消费场所，发现韩国产的 72 瓶蓝妹啤酒、美国产的 48 瓶莱特啤酒、墨西哥产的 12 瓶科罗娜啤酒、法国产的 148 瓶富维克天然矿泉水已超过保质期，对 185 盒/袋进口食品、394 瓶/盒进口洋酒、616 瓶进口啤酒、436 箱/5000 公斤进口冷冻肉类进行封存候待处理，对 20 盒无生产日期、无保质期的进口鹰粟粉进行销毁，保证进口食品的质量和消费安全。

【出入境动植物检疫】 2002 年海南口岸出入境动植物及产品经海南出入境检验检疫机构检疫的共有 2969 批，货值 13604 万美元，与上年度相比批次和货值分别增加 18.19%和 22.55%。

检疫出入境动物及其产品 1582 批，货值 8678 万美元，与上年度相比批次和货值分别增加 33.38%和 32.26%。其中检疫出境动物及产品 1497 批，货值达 8140 万美元，与上年度相比批次和货值分别增加 34.26%和 28.12%；检疫入境动物产品 85 批，货值 537 万美元，与上年度相比批次和货值分别增加 19.71%和 158.17%。

检疫出入境植物及产品 1387 批，货值 4926 万美元，与上年度相比批次和货值分别增加 4.60%和 8.38%。其中检疫入境植物及产品 483 批，货值 1497 万美元，与上年度相比批次和货值分别减少 16.58%和 18.64%；检疫出境植物及产品 904 批，货值 3429 万美元，与上年度相比批次和货值分别增加 21.01%和 26.76%。在检疫中发现有疫情 203 批/707 万美元，截获有害生物 62 批/7 种，其中截获二类危险性害虫 6 批/3 种、三类危险性害虫 19 批/2 种。

【实蝇监测】 2002 年海南检验检疫局在完成 1933 个监测点的基础上，又承担国家质检总局下达的 37 个监测点的监测任务，全年在 1970 个监测点共诱捕实蝇样本 57 种/441686 只，比上年度多诱捕实蝇 378686 只，其中海南检验检疫局植物处诱捕实蝇样本 47 种/389700 只，比上年度诱捕实蝇种类多 28 种/327323 只。

【出入境卫生检疫】 2002 年海南出入境检验检疫局共检疫进出境飞机 2966 架次，比上年度减少 18.65%，其中检疫出境飞机 1485 架次、入境飞机 1481 架次；检疫进出境船舶 2475 艘，比上年度增加 5.31%；实施出入境人员监测体检 3229 人，比上年度减少 13.43%，其中出境人员监测 888 人、入境人员监测 2341 人，共检出各种传染病 260 例，其中梅毒 8 例、肺结核 4 例、传染性肝炎 32 例，乙肝表面抗原（HBsAg）阳性 221 例。接种预防 4469 人，其中霍乱疫苗接种 3275 人、黄热病疫苗接种 131 人、其他疫苗接种 1063 人。

【科技工作】 2002 年海南检验检疫局科技工作取得明显成绩，经评选获得检验检疫科技一等奖有 4 项、二等奖有 9 项、三等奖有 19 项，鼓励奖 3 项。其中《进出口螺旋藻粉中藻蓝蛋白、叶绿素含量的测定方法》经国家质检总局批准，作为行业标准颁布实施，《棕榈象甲检疫鉴定方法》、《椰子红环腐线虫检疫鉴定方法》、《国境口岸黄热病检验规程》已经国家质检总局审定，将作为行业标准颁发实施，《进出口非织造布检验规程》、《进出口速溶咖啡检验规程》、《出口胡椒粉检验规程》、《出口钛精矿三氧化二铬含量的测定》、《出口钛精矿五氧化二钒含量的测定》、《出口椰子汁检验规程》已经国家认证委员会同意作为同类标准进行审定。

2002 年海南检验检疫局积极稳妥地推进“三电工程”建设，在确保联网线路畅通、平台运行稳定安全的基础上，新增 DDN 联接的广域网建设，扩大电子报验业务，取得明显成绩。今年在去年的基础上又增加了 40 家企业申请电子报验业务，到目前为止，海南实行电子报验的企业已经突破 100 家。同时进行海南电迅检疫系统软件开发，为进出境船舶和航空器电迅检疫工作提供先进的管理手段和技术保障，提高检疫效率，促进大通关。11 月 8 日和 20 日分别在海口港、三亚凤凰机场试行，取得很好的效果。

2002 年海南检验检疫局实验室建设取得明显成绩。一是食品产品、化矿产品、轻纺产品、包装产品、机电产品、动物产品、植物产品等 7 个实验室一次性通过 CCIBAC 评审认证，开创全国出入境检验检疫系统的先例，也是第一家通过动植物检疫评审认证的实验室。二是检测技术明显提高。完成对茶叶农残的 DDE、DDT、DDD、DDC、硫丹、氰戊菊酯含量的技术检测攻关任务和利用原子荧光明仪开发了砷、汞、镉等重金属检测项目。

海南海事局

【概述】 2002 年，全局共办理船舶进出港签证 6.618 万艘次，审批外国籍非军用船舶通过琼州海峡 2490 艘次，国际航线船舶进出口岸查验 3114 艘次；开展船舶安全检查 869 艘次，外轮港口国检查 33 艘次（滞留 4 艘次）；处理船舶违章 118 艘次；审批危险品船舶进出港 1946 艘次；发布航行通（警）告 151 起；签发各类船员证书 9720 本，签发船舶国籍证书 223 本；完成船员培训、考试和评估 123 期 4039 人次；完成接转海上无线电话 8165 次/24724 分钟；开展海区巡航 90 艘次、港区巡航 1882 艘次，巡航里程达 31656 海里。全年辖区共发生水上交通事故 13 起，死亡和失踪 9 人，船舶沉没或全损 7 艘，直接经济损失 1180.4 万元。全年共组织搜救 33 次，协调出动船舶 54 艘次，飞机 4 架次，成功救助遇险人员 644 人。

【海事工作】 2002 年，在交通部、部海事局和海南省委、省政府的领导下，海南海事局以“三个代表”重要思想为指导，按照“标本兼治，远近结合，综合治理，狠抓落实”的原则，深入开展“水上运输安全管理年”活动，进一步推进海南海事工作：1、开展“安全生产月”和“反三违月”活动、液货船专项检查活动、水路包装和散装固体危险货物专项检查活动等；2、深入宣传贯彻《内河交通安全管理条例》，积极推进国内安全管理规则的实施，促进我省乡镇渡口管理中机构、人员、经费、责任的四落实；3、继续加强琼州海峡通航环境的整治，清理碍航渔网，划定海峡航路，研究制定了海峡船舶定线制和报告制，保障了海峡航路的畅通；4、积极研究解决粤海铁路火车渡轮安全管理中出现的新问题，制定可行的方案，确保粤海铁路火车渡轮按时开通和航行安全；5、积极为博鳌亚洲论坛年会、“力神杯”国际横渡琼州海峡大奖赛、全国青年帆船锦标赛和部队海上演练保驾护航，维护了海南辖区的水上交通安全，取得了良好的社会效益。

海南口岸专稿

在口岸工作中如何实践“三个代表”思想

——学习党的“十六”大报告体会

海南省口岸管理办公室主任　鲁久顺

口岸是对外开放的门户，是人员、货物、交通运输工具合法出入境的通道，在对外开放的条件下，口岸工作的效率对进出口贸易、服务贸易等有重大的影响，已成为当今评价一个国家或地区投资和贸易环境优劣的重要标准。我国加入WTO后，进出口岸的人流、物流、资金流、信息流迅速增加，口岸工作进一步受到党中央和国务院的高度重视，要求各级地方政府要把进一步提高口岸工作效率作为认真贯彻执行党中央、国务院当前重大部署的一项具体工作来抓。

我省现有7个经国务院批准对外开放的一类口岸(其中海港口岸5个、空港口岸2个)，4个省级人民政府批准设置的二类口岸，属口岸较多的省份，如何做好口岸的建设和管理工作，发挥口岸整体功能，为加快海南发展和扩大对外开放做好促进和服务工作，这既是我们每一个口岸工作者的重要使命，又是当前面临的重大课题。下面我就如何用“三个代表”思想和党的十六大精神指导口岸工作，切实做到解放思想，实事求是、与时俱进、开拓创新，努力开创我省口岸工作的新局面，谈谈自己的学习体会：

一、是否始终坚持促进发展的方针，是做好口岸把关与服务的关键

政党的先进性是一个政党的生命，关系到一个政党在社会发展进程中起什么样的作用，是推动社会发展还是阻碍社会进步。但政党的先进性不是靠自我标榜的，关键是要看它是否能代表先进生产力的发展要求。江泽民同志要求党要始终代表先进生产力的发展方向，要把发展作为我们党执政兴国的第一要务，这就是要求我们无论做什么工作，做什么决策，都要看是否有利于社会生产力的发展，是否有利于综合国力的提高，是否有利于提高人民群众的生活水平。

口岸把关与服务是口岸工作的核心，所谓把关就是指要把好国门，打击走私与其它在进出口岸活动中的违法犯罪活动，保障祖国正常的经济秩序，维护稳定的发展环境，保护人民生命财产安全。而服务是指口岸各查验单位、运输单位及其它服务单位要共同营造良好的服务环境，为中外客商、出入境旅客提供优质服务。把关与服务的最终目标是一致的，都是为了促进发展。而且在实际工作中这二个方面

是融为一体、相互渗透的，在把关中有服务，在服务中有把关；但两者时常又是矛盾的，重把关轻服务，就会严重影响通关效率，损害中外投资者、客商的积极性。但重服务轻把关，又会造成国门失守、经济秩序紊乱的严重后果。因此把握好两者的关系、两者的度十分重要。而要做到这一点，就必须首先在思想上牢固树立马克思主义在发展观，在实践中始终坚持发展是硬道理，把是否有利于促进发展作为处理把关与服务这对矛盾的出发点。只有这样，我们才能把口岸的把关与服务工作真正做到位。

二、要重视抓好共建精神文明口岸活动，使口岸成为对内对外展示先进文化的窗口。

对一个来访的外国人来说，口岸是他到达中国的第一印象，也是离去时的最后印象。而对来我省的中外来访者来说，口岸也同样是展示我省精神文明面貌的第一窗口。因此在一定意义上，我省口岸的执法水平代表着国家和我省的执法水平，我省口岸的工作效率代表着国家与我省的工作效率，我省口岸的形象代表着国家与我省的形象。这充分说明大力抓好我省口岸的精神文明建设十分重要。对于口岸工作者来说，这是实践“三个代表”思想不可回避的一项重要任务。

由于在口岸工作的单位众多，而且互无隶属关系，所以口岸的精神文明活动必须各方面齐抓共管、步调一致才能取得统一的效果。各口岸单位必须从实践“三个代表”、贯彻党的十六大精神的高度来统一思想认识，牢固树立大局意识，以积极的姿态投入到共建精神文明口岸活动中去，充满自信地对内对外展示我省口岸的文明形象，展示海南经济特区的文明形象。我认为开展共建精神文明口岸活动，必须按照十六大报告的要求，抓好以下环节：

(一)加强爱国主义教育，弘扬民族精神

口岸工作人员都是涉外工作者，是否有坚定的爱国主义信念是作好本职工作的思想基础，因此必须加强爱国主义教育，要充分认识到作为一名口岸工作者，其一言一行都代表着国家形象，其工作的态度和效率都体现着海南的软环境，增强把好国门、服务发展的使命感和责任感。要加强涉外纪律教育，提高奉公守法的自觉性。

(二)要把提高口岸工作效率作为共建活动的落脚点

开展共建活动的目的就是要加强各口岸单位之间的团结协作，增强凝聚力，发挥口岸的整体功能，确保口岸文明、高效、安全、畅通。因此要把开展共建活动与口岸改革及业务工作紧密结合起来，通过共建活动，使各单位的改革措施能有机地衔接与配套，使各项业务工作做到分工合理、衔接有序，使各单位相互信任，密切配合，避免政出多门、重复查验、重复收费现象，进一步提高口岸整体工作效率，共同提高口岸把关与服务水平。

(三)加强思想道德教育，建设一流的口岸队伍

口岸工作的特殊性，要求口岸工作队伍必须是党和人民信得过的、思想素质好、业务素质高的队伍，因此无论是单位自身的精神文明建设，还是共建文明口岸活动，都必须把创一流口岸队伍作为重点，坚持不懈地抓紧抓好。为此要大力开展党的基本理论、基本路线、基本纲领和“三个代表”重要思想的宣传教育，牢固树立中国特色社会主义共同理想，树立正确的世界观、人生观、价值观，增强防腐拒变的能力，能切实承担起“国门卫士”的光荣职责。

三、牢固树立执政为民意识，做好口岸协调和裁决工作

立党为公，为绝大多数人谋利益，这是我们党区别于其它政党的重要标志，也是我们党执政的目的和归宿所在。口岸工作涉及方方面面的利益，需要口岸综合管理部门去协调和裁决，这就要求我们要时

刻牢记“三个代表”的思想，把最广大人民群众的利益摆在首位，才能把握好协调与裁决的尺度，正确履行好口岸综合管理的职责。那么，在实际工作中如何真正做到代表人民群众的根本利益？我认为要处理好以下两个关系：

（一）要处理好全局利益与局部利益的关系

在口岸工作中常常涉及到国家利益与地方利益、全省利益与部门利益、部门之间的利益、政府执法部门与企业利益之间的矛盾，在处理这些矛盾时，必须坚持局部利益服从全局利益，切不可片面追求局部利益而损害了全局利益。把握住这一点，就不会自觉或不自觉地犯方向性的错误，就能始终同党的基本路线保持一致。在这方面，“湛江走私案”、“厦门远华走私案”等等，为我们提供了生动的反面教材。

（二）要正确处理好长远利益与眼前利益的关系

要做到这一点，首先必须分清楚什么是长远利益，什么是眼前利益；其次在工作中要注意兼顾两个方面，当两者发生矛盾时，应该眼前利益服从长远利益。因为损害了长远利益，最终也会损害眼前利益。在口岸工作中，我们严格限制洋垃圾进口、限制疫区动植物进口，优先放行重点项目、重点产品，这些措施都体现了这一原则。

加强口岸综合管理，为扩大对外开放作贡献

海南省口岸管理办公室空港口岸管理处

我处的主要职责是指导、检查、督促全省空港口岸综合管理工作，并直接负责海口航空口岸的综合管理工作，具体包括组织、协调、督促、裁决口岸查验工作、口岸集疏运及代理等相关服务工作，负责口岸开放的有关准备工作。海口航空口岸是我省主要的人员进出集散地，航空口岸的把关和服务的状况如何，对于我省的对外交往、投资环境、旅游业乃至保护人民群众的身体健康都有重要的影响。多年来，我们始终坚持以“三个代表”重要思想为指针，以管好国门、促进发展、扩大开放为己任，解放思想，勇于创新，求真务实，勤奋工作，认真履行好口岸综合管理职责，把各口岸单位紧密地凝聚在一起，团结协作，密切配合，充分发挥口岸整体功能，完成了多项重要的工作任务，确保了航空口岸的畅通，受到各方面的充分肯定。自 1993 年以来，海口航空口岸多次被国家有关部门评为先进口岸。2002 年 8 月省政府授予我处“人民满意的公务员集体称号”。以下是近几年来我处工作主要情况的汇报。

一、胸怀大局，迎难而上，为海口美兰机场正式对外籍飞机开放创造条件

海口美兰机场是达到国际 4E 级标准的现代化机场，客流量居全国第八位，是我省对外开放的重要门户。该机场于 1999 年通航后，由于缺乏必要的查验基础设施，一直未能获准对外籍飞机开放。这不仅大大限制了机场的经营业务，而且与我省扩大对外开放的形势很不适应。如前几年来我省参加博鳌亚洲论坛的各国政要、来宾，因飞机不能直接飞海南而不得不转道北京、香港等地。这种状况一度引起了省委、省政府和社会各界的极大关注。我省的全国人大代表为此曾向全国人大提出相关议案。

按照国家的有关规定，开放航空口岸要做的准备工作很多，首先要建设口岸查验基础设施，这就涉及资金、土地问题，而我省财力有限，怎么办？其次，要向国家各有关部门（涉及 7 个部门）报批口岸单位的机构设置、人员编制，需要上下左右协调，难度很大。再次，要通过国家口岸验收小组的验收。除此之

外还有许多细致的工作要做。我处只有4位同志，要承担起这项艰巨的工作任务，困难多，压力大。但同时我们更意识到，海口航空口岸的开放问题，事关我省对外开放的大局，不管难度有多大，我们都要承担起这一重任。2001年下半年我们启动了这项工作，并下决心在今年的“博鳌亚洲论坛”召开以前完成。一年多来，在厅领导、办领导的直接领导下，我们积极开动脑筋，克服困难，富有成效地开展了下述工作：

一是改变口岸查验基础设施建设完全依赖政府投资的传统观念，按照谁投资谁受益的原则，多渠道筹集资金，共筹集资金1600万元，其中机场公司出资1000万元，省政府出资400万元，申请国家补助200万元。较好地解决了建设资金问题。与此同时，我们还通过协调，说服机场公司提供必要的建设用地(18亩)，从而为机场口岸的查验基础设施建设创造了必要的条件。

二是主动上门向有关方面宣传口岸开放的重要意义，争取得到各有关方面的大力支持，加快了规划报建速度，减免了各项税费，加强了工程的质量监管，保障了工程的施工秩序。

三是组织协调我省各口岸单位做好机构、编制的报批工作，我处还多次派人赴京走访、汇报机场开放准备工作的进展，追踪情况，及时向省政府反馈信息。经过努力，国务院于去年10月正式批复同意海口美兰机场为对外籍飞机开放的国际机场，机场的口岸单位机构设置和人员编制也同时批复。

四是抓好机场口岸开放的验收工作。经过一年多的努力，海口美兰机场建成了口岸查验基础设施11170平方米，机构和人员配备基本就绪。今年四月我们申请国家口岸验收小组前来验收并获一致通过，使海口美兰机场实现了对外籍飞机开放的目标。

二、适应新形势的要求，把进一步提高口岸工作效率作为重中之重来抓

口岸的工作效率历来是衡量一个国家或地区贸易和投资环境的重要标准，也是反映一个国家或地区对外开放程度的一面镜子。我国加入WTO后，对口岸工作效率提出了新的更高的要求。为此国务院于2001年底发出了进一步提高口岸工作效率的通知，要求各级政府要把这项工作当作贯彻党中央、国务院重大战略部署抓紧抓好。按照省口岸办的统一部署，近两年来，我们认真学习国务院的指示精神，根据我省航空口岸工作的实际，研究新举措，努力“提速”，取得明显进展。我们的做法是：

(一)通过改进查验方式提速

在机场口岸实施了边检管人、海关管物、其他单位二线监管的旅客查验模式，海关、检验检疫对旅客行李物品采取抽查的方法，不搞人人过机，从而降低了查验率，加快了出入境旅客的通关速度。我们还多次组织口岸单位赴上海、广东、山东、福建、香港等地考察，学习借鉴现代通关流程和管理办法，开阔眼界，活跃思维，为进一步改革创新达成共识。

(二)通过加强协调力度提速

在口岸工作的单位多、工作环节多，一个环节出问题，往往会影响全局。例如在旅客查验中，一个单位不按时上岗，其他单位也无法工作，旅客就无法通关。因此协调工作对口岸通关效率有直接的影响。在这方面我们主要抓以下环节：一是针对临时航班计划通报不及时，造成航班动态与组织查验工作之间相脱节的情况，我处经过调查研究，在征求各方意见的基础上，制定了《中外籍民用飞机在海口美兰机场临时出入境的报批程序》，规范了有关方面的通报义务，并召开由口岸查验单位及机场公司、航空公司等十几个客运业主或代理人参加的会议，进行交流和沟通，达成了共识。今年2月28日，香港国泰航空公司CX700航班在执行曼谷—香港航线飞行途中，飞机尾部货舱发生火警信号，紧急迫降海口美兰机场。

由于有良好的通报机制，我处很快就接到了报告，并迅速组织各口岸单位赶赴现场疏散安置旅客。对外体现了良好的口岸人员素质和高效的工作效率。二是健全协调制度。协调工作是我处经常性的工作，有人形容口岸办的协调工作是“没权的管有权的、没钱的管有钱的、级别低的管级别高的”，这说明我们的工作有较大的难度。如何能把协调工作做到位，我们的体会是，不能仅靠讲人情，更要靠制度。因此我们十分重视抓好制度建设，坚持每月召开一次口岸联席协调例会。在具体工作中，注意做到事前协调、主动协调为主，尽量避免被动协调的局面。这项制度有效地加强了各口岸单位的团结和沟通，增强了各口岸单位的凝聚力，使我们在承担各项重大工作任务时，都能保持步调一致，出色完成任务。如近几年来我们共同参与并完成了“全球化论坛”、“博鳌亚洲论坛”、“东盟高官磋商会”、“亚太合作论坛暨地方政府国际联盟亚太区执委会”及“海岛行动”（即对美军侦察机在陵水机场折运的监管）等等重大外事活动的口岸保障工作，表现出良好的精神风貌，维护了祖国的荣誉和尊严，受到省政府、国家和省外事部门的好评。

三、贯彻促进为主的方针，积极为企业服务

在口岸工作中，我们始终坚持把促进发展、为企业服务作为实践“三个代表”思想的重要内容来抓，只要对发展有利、对扩大开放有利，我们都能主动协调、主动服务。如前年由海口华兴航空服务有限公司经营的海口—新加坡和海口—汕头—吉隆坡两个航线复航，因我省与汕头两地对有关规定的理解不一致，造成在海口经检查放行的旅客，到了汕头又得上下飞机办理查验手续，旅客意见很大，但航空公司也无能为力。我们了解情况后，主动予以协调，一方面与我省各口岸查验单位交换意见，形成共识；另一方面走访汕头有关部门协商减化查验环节的方法，提出具体解决方案，报国家有关主管部门批准执行，顺利地解决了这个问题。又如我们还积极帮助金鹿公务机有限公司开展公务包机新业务，充分保障了该公司开展承运政界、商界要人来我省出席重要会议、活动的业务等等。

四、加强队伍建设，提高人员思想和业务素质

口岸工作处在对外开放的前沿，口岸工作者代表着国家的形象、海南的形象，必须具备良好的素质。我处人手少，工作任务重，上班路途远，如果没有爱岗敬业的精神、没有严格的组织纪律性，就不能履行好自身的岗位职责。因此长期以来，我们始终坚持不懈地抓好内部队伍建设。在思想建设方面，我们一是认真组织学习“三个代表”重要思想和党的十六大精神，力求掌握其精神实质，提高政治敏锐性和判断力，使我们在履行协调、裁决职责时，能把握好大方向；二是加强爱国主义与涉外纪律教育，牢固树立大局意识，树立“口岸无小事”的观念，增强管好国门的责任感。在业务学习方面，我们坚持以学习法律法规，提高依法行政水平为重点，这是我们进行组织、协调、督促、裁决职责的业务依据和基础，做到学用结合，不断提高每一个工作人员在工作现场独立观察、分析、处理和解决问题的业务能力。在勤政廉政方面，我们要求要在口岸单位中带好头，正人先正己。多年来我处从未发生利用职权在口岸通关中以权谋私的现象，也从未发生因我处不及时上岗而延误通关的现象。每年春节，我们都和各口岸单位的干部职工一道，辛勤工作在“春运”的工作岗位上，尽管牺牲了假日，但都毫无怨言，用心血和汗水迎来每一个新年。

五、坚持开展文明口岸建设活动

开展精神文明共建、共创文明空港口岸，是我处历年来常抓不懈的一项工作，它对增强口岸团结，促进口岸工作起着积极推动作用。近两年，积极组织查验单位的领导给机场公司一百多名干部职工进行

口岸查验有关政策、法规及操作程序、规范要求的宣传演讲；组织查验单位参加机场公司服务承诺宣传、座谈和征求意见活动，增进了感情，加强了沟通，并解决了多年来遗留下的一些矛盾和具体问题；在开展“齐心塑造海南形象”活动中，围绕加强精神文明建设的中心，塑造廉洁、务实、高效、优质服务的文明机关，在机场口岸形成重视和加强精神文明建设的氛围。

海南口岸大事记

1月16日—18日

公安部赵永吉副部长、公安部边防局朱家华局长视察海南边防总队，慰问全体官兵。省委副书记王广宪等省领导陪同。

1月24日

中央电视台“心连心”艺术团在海南省文昌东郊椰林进行慰问演出，海南海事局负责渡口渡船安全管理工作，共安全渡运旅客8000多人次。

1月29—31日

CCIBLAC评审组对海南检验检疫局食品、化矿、轻纺、包装、机电、动物、植物等7个实验室进行认可评审，并获得CCIBLAC认证证书。

2月8日

香港国泰航空公司CX700航班执行曼谷—香港飞行任务途中，飞机尾部货舱发生火警信号，于11时32分紧急迫降海口美兰机场。口岸各单位高效处置了这一突发事件。

3月22日

海南检验检疫局在马来西亚产的进口“美极”牌咖喱快食面中首次检出我国禁止使用的添加剂—甲醛次硫酸。

3月31日和4月6日

经海关总署特批泰国海南会馆包泰国籍航空公司飞机往返海口美兰机场2架次。

4月4日

海南海事局所属“海巡1805”轮进驻博鳌水域，负责博鳌亚洲论坛首届年会的水上安全监督管理工作。

4月8日—14日

海南省公安边防总队凤凰边防检查站完成“博鳌亚洲论坛”与会外国领导人(26人次)的出入境服务工作。在会议期间，该总队出动警力6500人次，车辆350台次，船艇109艘次，做好安全保卫工作。

5月17日

海南省公安边防总队实施反偷渡联合统一行动，将115名越南“三非”人员通过广西东兴口岸遣送至越南境内。

5月18日

海南省邮政局、海南海事局和海南省临高县人民政府联合举行“临高灯塔特种邮票首发式暨2002年临高旅游推介会”,海南海事局管辖的临高灯塔正式上了国家邮政局发行的《历史文物灯塔》邮票。

5月27日

八所检验检疫局首次从入境的日本货物木质包装中截获二类危险性害虫——松材线虫。

6月19日

经局党组决定,聘请林平等9位同志为海南检验检疫局首届中青年科技专家。

7月12日

交通部批准外国籍船舶临时靠泊马村港装卸货物(交函[2002]198号),解决了马村港的外贸货物进出口。

7月16日

八所检验检疫局获得中国质量认证中心(CQC)颁发的ISO900:2000质量管理体系认证证书,成为海南省第一家获得质量体系认证的行政执法单位。

7月18日

海口港开辟了海口—香港—台湾—日本—香港—海口集装箱航线,承运船舶是“东方九洲”、“东方濑户”(巴哈马籍),二条船每星期对开一个航次。

7月26日

《海南省人民代表大会常务委员会关于修改〈海南经济特区口岸管理条例〉的决定》在海南省二届人大常委会第二十八次会议上通过,8月7日公布并从即日起实施。

8月13日

省委、省政府授予海南省口岸管理办公室空港管理处“人民满意公务员集体”光荣称号。

8月

根据公安部“公政治(2001)544号”文件精神,海南公安边防总队正式组建警务督察队。

9月

根据公安部边防局《关于组建刑事案件侦查队的通知》精神,总队成立海南省公安边防总队刑事侦查队 。

9月25日

因受台风影响,CE3030香港飞三亚的航班22时10分备降海口美兰机场,各单位反应迅速,圆满完成了查验监管任务,受到省政府的通报表扬。

9月30日

《琼州海峡航路划定方案》正式公布实施。

10月17日

国务院国函[2002]94号文批复同意海口航空口岸扩大对外国籍飞机开放。

10月23日至27日

全国口岸委(办)主任联席会议在我省博鳌召开。这次会议由我省口岸办主办。来自全国25个省直辖市、自治区及沿海计划单列市及部分地级市的口岸委(办)的代表共150人参加了会议。

10月23日

八所检验检疫局在进口设备检验中发现中海油富岛化肥厂从法国进口的4批68万美元的碳素钢管件和法兰存在严重的质量问题，并积极协助该厂向外商索赔。外商同意按商检证书付赔。

11月15日

海南公安边防总队综合业务数字宽带专网开通，实现总队到公安部、全省团级单位，电话、计算机宽带、语音、数据、传真和图像专网传输。

12月12日

海南省公安边防总队参加公安部“全国公安系统‘情铸边关’文艺汇演”。所有节目全部获奖，获金奖1个、银奖1个、铜奖4个、鼓励奖1个、优秀奖2个，受到了公安部领导的高度评价。

12月30日

八所检验检疫局和海南检验检疫局海口港办事处陈海清分别被评为全国检验检疫系统先进单位和先进个人。

广西壮族自治区

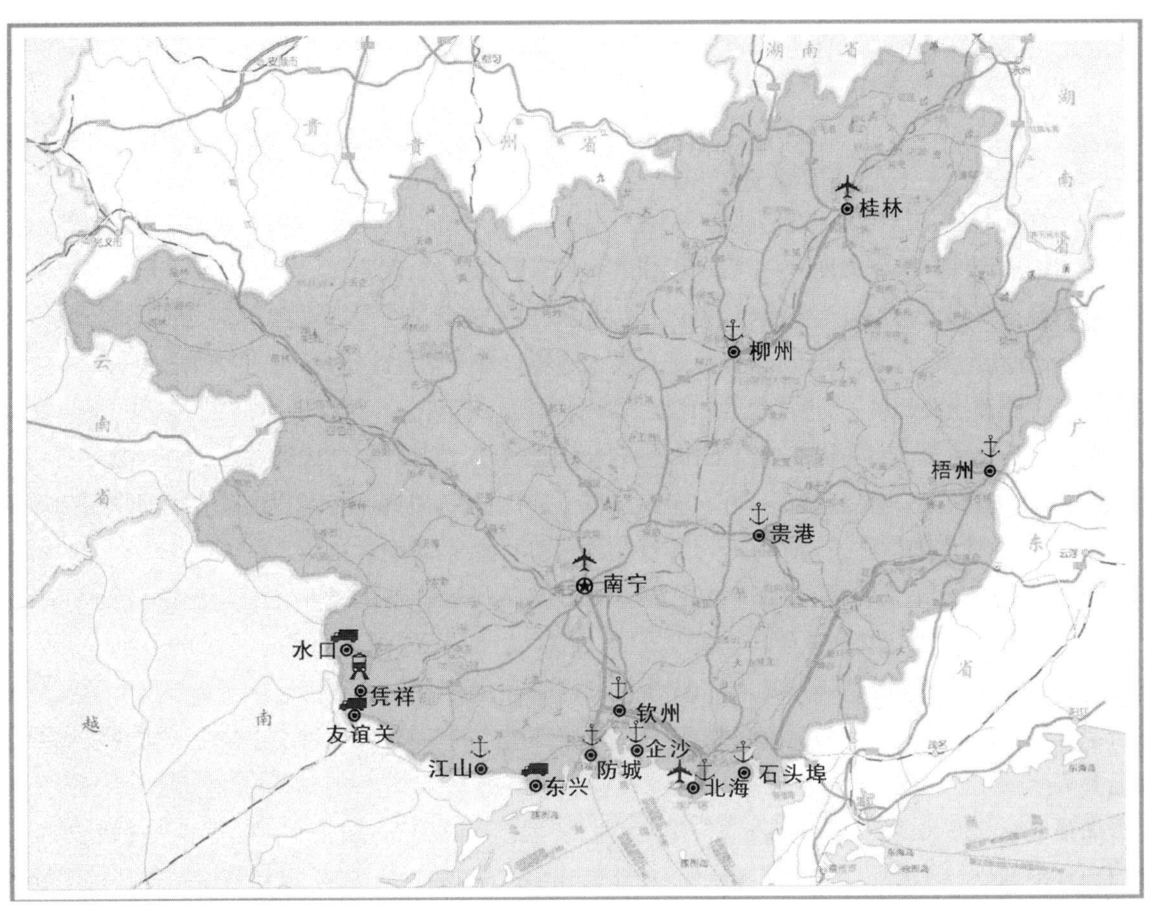

图例

- 省级行政中心
- 口岸
- 铁路口岸
- 航空口岸
- 公路口岸
- 海（河）运口岸

广西口岸工作综述

【概述】 2002年，广西口岸根据国家有关部委在上海召开进一步提高口岸工作效率现场会议精神，按照自治区党委、政府的统一部署，以点带面，全面开展口岸“大通关”工作，建立口岸“大通关”长效机制，提高管理水平。同时，自治区政府和各级地方政府十分重视口岸基础设施建设，全年共投入5100多万元用于边境口岸联检楼和联检配套设施的建设，改善口岸通关环境得到了明显改善。由于各级政府和口岸部门统一思想，把握大局，转变口岸管理职能，建立了适应社会主义市场经济发展需要的口岸管理和运行机制，口岸的通关效率得到了明显的提高，保证了口岸在促进对外交往、发展地方经济方面应有的积极作用。

【口岸管理和建设】 2002年，全区大部分口岸已建立了口岸工作协调机制或口岸联席会议制度，进一步推动口岸现场联合办公制度。现已建立、完善“一条龙”、“一站式”服务的口岸现场办公模式，加大了口岸各部门的横向综合协作力度，口岸管理工作逐步形成了制度化、规范化。

口岸基础设施建设得到进一步完善。自治区人民政府年内安排了专项资金3600万元，地方政府自筹配套资金1500多万元，共计5100多万元资金投入边境口岸基础设施建设，进一步改造和完善了边境口岸的配套设施和通关环境，为边境地区加快对外开放创造了条件。

【调查研究】 为全面贯彻落实提高口岸工作效率上海现场会议精神，改善“大通关”试点口岸通关环境，自治区人民政府召开办公会专题讨论，并召集口岸单位进行座谈，研究制定了贯彻落实上海现场会议精神、提高口岸工作效率的措施。为掌握全区推行“大通关”的情况，及时解决“大通关”工作中存在的困难和问题，8—9月份，区口岸办先后组织了4次调研，以防城港海运口岸、桂林航空口岸和东兴公路口岸3个试点单位为重点，对全区口岸软硬环境情况及“大通关”情况进行了调研。通过召开座谈会、专题研讨会、情况交流会，甚至微服私访等形式，对口岸现场工作流程、通关手续、工作效率、服务态度以及收费情况进行综合调研，摸清了情况，找出了问题，提出了建议和措施，同时较好地解决了企业反映比较集中的过境通关等问题。

为加强口岸管理和建设，进一步推动口岸“大通关”工作，10月份，由区口岸办牵头分别组织了口岸部门和查验单位赴境内外口岸进行考察学习。以走出去、请进来的方式学习和借鉴国内外口岸管理的先进经验和建设经验，使我区的口岸管理尽快向国际惯例靠拢，进一步实现口岸管理现代化。

【口岸“大通关”工作】 2002年，根据进一步提高口岸工作效率上海现场会议的精神，自治区人民政府于2002年8月组织召开了全区提高口岸通关效率工作会议，部署口岸“大通关”工作，成立了口岸工作协调小组。将防城港海运口岸、桂林航空口岸、东兴公路口岸确定为“大通关”建设试点。目前，三个试点口岸“大通关”工作已初见成效。

防城港口岸　2002年，防城港口岸查验单位在市政府统一领导下，全力以赴支持口岸“大通关”工作，分别出台提高口岸工作效率的新举措。其中海关推行了预约报关制度；延长查验、放行工作时间；对特种货物实行上门检查；对业务量大、信誉好的企业，可实行担保放行的制度；推行可提前报关制度。出入境检验检疫局全面推行“六个一”工作程序（一次报检、一次取样、一次检验检疫、一次卫生除害处理、一次计收费、一次签证放行);实行“三电”工程(电子报检、电子转单、电子签证);推行“自助式”报检(检验检疫部门提供电脑、客户自己录入、检验检疫部门再审单);投资安装电子触摸屏,为企业提供报检和有关检验检疫业务咨询;对货物及其包装的检验检疫及卫生除害处理等工作前移;实行分类管理,改变分批检验的传统做法;加强“关检”协作,实行“箱随货报”;延伸检验服务,发挥检测技术优势,帮助企业做好出口前的把关工作,对手续齐全的货物,采取先检疫、后报检的灵活措施,及时通关。防城边防检查站将实施“大通关”工程与“严格执法,依法行政,文明执勤,热情服务”紧密结合,完善制度,落实措施,进一步规范业务工作的各个环节。港务局实行货商中心一个窗口对外的“一站式”服务,实行“查验箱预约制”,配备的专门人员随叫随到;投资3000多万元购买新设备,提高装卸效率,缩短非报关报检通关时间,提高企业竞争力。在口岸各单位的共同努力下,通关效率明显提高,货物进出口通关时间比实施“大通关”工程前缩短0.4天左右。口岸软硬环境的改善,带来了进出口货量的增长。全年完成货物吞吐量1116万吨,同比增长11.3%。海关税收完成7.94亿元,约占全区海关税收的60%。

桂林口岸　桂林口岸各单位根据自治区政府的统一部署,积极采取各项有效措施,全面贯彻落实口岸“大通关”工作。桂林海关继续实行节假日预约通关服务,落实24小时预约通关制度,对出口货物和生产急需的进口物资提供“全天候、无假日”的通关服务;设立特殊通道,对鲜活、易腐等时效性较强的特殊货物实行优先报关、上门查验;成立通关事务应急小组,及时研究解决企业通关过程中遇到的困难。作为南宁关区的“无纸通关”试点单位,桂林海关对桂林南药公司、苏柏西公司、皮尔金顿玻璃公司等三家企业实施无纸通关。此外,还针对现代加工贸易批次多、批量小、加工周期短、交货期限紧的新特点,对传统的手册管理模式进行改革,在桂林苏柏西公司试行“大手册”管理,以进一步简化监管手续,促进加工贸易健康发展。桂林边防检查站在原有入境通道的基础上,改造、增设了“中国公民通道”。这一通道的开通,既提高了通关速度,又激发了中国公民的民族自豪感和祖国荣誉感,激发了港、澳、台人士及海外侨胞热爱祖国、投身国家建设的政治热情,对促进桂林市经济发展起到了积极的作用。此外,在查验台配备了证件阅读机,简化了查验程序,加快了验放速度,平均每个旅客的验放速度比原来减少了10秒钟左右。桂林检验检疫局投入60多万元搭建“大通关”信息平台,顺利完成了“三电”(电子报检、电子签证、电子转单)第一、二期工程和广域网的建设;CIQ2000系统投入试运行,出口企业通关速度大幅提高。

东兴口岸　2002年7月,为方便广大客商及中外旅客出入境经商、旅游,经自治区人民政府批准,东兴口岸通关时间由原来的上午8时至下午17时改为上午8时至下午20时,通关时间延长了3个小时,此举受到了投资商家及旅客的普遍欢迎。8月份,东兴口岸查验大厅扩建工程竣工并投入使用,查验通道由原来的7条增至18条,最大通过能力达2万人次/日。“十一”黄金周,旅游总人数达2.8万人次,比上年同期增长了75%。由于通关速度加快,解决了口岸旅客滞留现象,出入境秩序井然。口岸全年出入境人员为227万人次,其中出入境旅游人数达64.7万人次,同比增长40.3%;进出口贸易总额达11.5亿元人民币,其中出口6亿元,进口5.5亿元,同比分别增长38%、41%、36%。

【新增航线】　2002年3月,利进达船务公司巴拿马籍“明辉公主号”豪华邮轮替代原“新上海”邮轮,海上旅游航线由原来的北海—下龙湾增改为海口—北海—下龙湾;3月8日,凭祥至越南河内旅游专列正式运行。8月3日,“梧州”号由防城港至越南下龙湾海上航线试航成功。

2002年全区口岸运量情况表

内容 \ 项目	货运量(万吨)					
	进出口累计	同比%	进口累计	同比%	出口累计	同比%
海运口岸	1239	14.21	727	20.87	512	5.94
河运口岸	58.6	33.03	15.9	18.04	42.7	39.63
公路口岸	126.1	43.5	72.1	27.5	54	72.41
铁路口岸	14.25	−8.65	1.95	400	12.3	−19.13
航空口岸	0.73	17.74	0.7	32.08	0.03	−66.67
合计	1438.68	16.69	817.65	21.6	621.03	10.8

内容 \ 项目	客运量(万人次)					
	出入境累计	同比%	入境累计	同比%	出境累计	同比%
海运口岸	7.14	11.21	3.39	5.61	3.75	16.82
河运口岸	0	0	0	0	0	0
公路口岸	306.77	6.07	153.97	7.53	152.8	4.64
铁路口岸	0.97	11.49	0.56	14.29	0.41	5.13
航空口岸	44.5	2.16	21.1	0.72	23.4	3.49
合计	359.38	5.68	179.02	6.67	180.36	4.71

2002年全区各口岸进出口货物量、出入境旅客情况表

项目 名称	货物进出口(万吨)		进口(万吨)		出口(万吨)	
	本年累计	同比%	本年累计	同比%	本年累计	同比%
防城港	1005.1	8.35	625.07	16.05	380.03	—2.3
北海港	156.93	64.17	53.64	95.34	103.29	51.61
钦州港	35.42	13.74	15.84	41.81	19.58	—1.95
江山港	20.52	99.22	19.86	99.4	0.66	94.12
石头埠港	5.11		4.65		0.46	
企沙港	16.25	32.65	8.21	1.36	8.04	93.73
梧州港	24.93	44.19	7.82	42.7	17.11	44.88
贵港港	15.82	25.76	6.13	2.17	9.69	47.26
柳州港	12.38	32.83	1.17	—33.9	11.21	48.48
南宁港	5.47	—40.93	0.77	—70.61	4.7	—29.22
友谊关公路	42.97	41.07	23.87	39.26	19.1	43.39
东兴公路	16.73	0.66	10.34	—21.55	6.39	85.76
水口公路	17.55	36.36	7.79	—9.84	9.76	130.73
平孟公路	13.68	148.73	5.64	95.16	8.04	208.05
龙邦公路	21.57	97.35	18.43	93.19	3.14	125.9
凭祥铁路	14.24	—18.16	1.95	261.11	12.29	—27.11
桂林空港	0.73	17.74	0.7	37.25	0.03	—72.73

项目 名称	出入境旅客(万人次)		入境(万人次)		出境(万人次)	
	本年累计	同比%	本年累计	同比%	本年累计	同比%
北海港	6.84	11.4	3.09	4.04	3.75	18.3
友谊关公路	28.69	27.68	14.13	28.57	14.56	26.83
东兴公路	226.13	—1.46	113.22	—0.18	112.91	—2.71
水口公路	9.34	7.36	4.84	7.8	4.5	6.89
平孟公路	7.23	158.21	3.62	160.43	3.61	156.03
龙邦公路	10.94	203.89	5.47	207.3	5.47	200.55
凭祥铁路	0.97	11.49	0.56	21.74	0.41	0
桂林空港	37.72	3.17	17.7	3.87	20.02	2.56
南宁空港	6.12	2.17	3.07	5.86	3.05	—1.29
北海空港	0.66	112.9	0.33	106.25	0.33	120

广西口岸查验单位工作综述

南宁海关

2002年，南宁海关坚持“依法行政，为国把关，服务经济，促进发展”的海关工作方针，深化通关作业改革，加强正面监管和税收征管，保持反走私高压态势，抓好队伍建设，全面完成各项工作任务。全年监管进出口货物1494万吨，货值24.59亿美元；进出境运输工具15.33万辆(艘、架)次；进出境人员306.27万人次。审批加工贸易备案合同392份，金额2.61亿美元。税收入库13.46亿元。查获走私案件1302起，案值11521万元；立案侦查36起，案值2281.6万元，抓获走私犯罪嫌疑人161人；稽查企业62家；上缴罚没收入5406万元。

【通关管理】 2002年，南宁海关深化业务改革，不断提高口岸工作效率，积极做好口岸“大通关”建设，促进广西外向型经济的发展。通过加强口岸软硬件设施建设，认真做好电子口岸、跨关区快速通关系统、无纸通关试点等应用项目的推广和运行管理工作，加强审单管理，推广使用通关效率监控分析系统，完善了通关现场处理问题协调机制。同时，加强与口岸各部门的合作，共同参与和推动广西“大通关”工作。一年来，经过海关的努力和各方的配合，通关效率已明显提高，海关通关管理效能也因此得到增强。全年审核报关单5.98万份，同比增长27%。进口平均通关时间从上年的2.7天下降到2.2天；出口平均通关时间从上年的2天下降到1.5天。通关效率分别提高21.01%和22.73%。办理节假日通关1827票，占报关单总数的3.05%。

【海关监管】 物流监控　2002年，南宁海关完善监管业务规章制度，加大科技投入，顺利完成防城口岸H986集装箱检测系统工程建设，开发运行关区监管场所计算机管理系统，初步构筑起关区外部业务信息交换平台，建立监管工作风险管理运行模式框架，增强查验工作的针对性和有效性。全年共监管进出口货物1494万吨，货值24.59亿美元，同比分别增长18.3%和12.2%。监管进出境运输工具15.33万辆(艘)，监管集装箱6.97万箱，同比分别增长5.3%和67.1%。查验率和查获率分别为29.52%、1.65%，同比分别下降19.6%和上升1.5%，实际监管能力已明显提高。

边贸管理　开展对边贸管理工作的全面深入调研，加强与地方的沟通和协作，坚持整治与疏导相结合，规范管理和促进发展相结合，解决关区边境口岸和边民互市点(通道)的分类管理等问题，建立边贸特殊商品快速通关机制，促进边贸健康发展并带动边境地区经济贸易发展。全年关区边贸进出口总值3.45亿美元，其中进口1.39亿美元，出口2.06亿美元，同比分别增长106.3%、26.6%和258.3%。

加工贸易监管　建立健全业务规章制度，加强和完善单耗管理，推行“大手册”管理试点，加大对加工贸易合同的监控和实地检查力度，加强与地方外经贸主管部门的配合，积极研究解决管理中的实际问题，简化加工贸易审批手续，加工贸易监管工作不断规范和深入。全年审批备案加工贸易合同392份，备案金额2.61亿美元。核销合同420份，核销率99%。

行李邮递物品监管　按照有效监管、高效服务的要求，积极开展“文明窗口”创建活动，严厉查缉反动、淫秽、散发性宗教类等违法印刷品和音像制品，维护社会稳定。全年监管进出境飞机4751架，人员306.27万人(次)，监管邮递物品46.91万件，查扣各类违禁物品1.7万件。

【打击走私】 2002年，南宁海关认真落实“打防结合，以防为主”的缉私工作思路，将打击走私纳入整顿和规范市场经济秩序的工作范围，坚持打击、治理和疏导相结合，组织开展一系列打击重点商品走私专项行动，大力推进反走私综合治理，走私势头得到有效遏制，案数、案值明显下降。全年共查获走私案件1302起，案值11521万元，同比分别下降31.87％和69.9％；查处违规案件120起，案值4516万元，同比分别下降5.5％和22.1％；立案侦查36起，案值2281.6万元，同比分别下降67.9％和89％；抓获走私犯罪嫌疑人161人，其中刑拘131人，逮捕95人，移送审查起诉125人，已判决102人。

打击走私专项行动　针对辖区走私态势，不断充实缉私装备和力量，建立布点合理、出警迅速、策应有力、打击有效的反走私防线，围绕重点地区、重点商品、重点渠道，适时开展打击海上、非设关地、进出口贸易渠道走私专项行动。全年共查获成品油4349吨、香烟2385箱、白酒(含洋酒)1264箱、冻品337吨及其他货物、物品一批。根据入世后的新形势，加大了对进出口贸易渠道走私的打击力度，全年共查获价格瞒骗案件7起，案值1602万元

走私犯罪侦查工作　坚持从严治警，加大海上巡查力度，初步建立起集中统一指挥的关区海上缉私新机制，积极开展情报工作，加强对走私源头的监控，组织开展缉私专项行动和“破大案、打团伙、端窝点、追逃犯”行动，加快案件侦结和追逃力度。一年来，成功侦结了“8.25”特大走私香烟辅料案等大案要案，同时查获毒品走私案件5起，查获海洛因1637.2克，鸦片1855克，易制毒化学品3.44吨。

调查工作　积极适应缉私职能调整要求，努力实现调查工作新职能的转变，建立了反价格瞒骗协调配合机制。以高值、高税、内销量大的商品为重点，加强贸易调查、市场调查和价格核查。深入企业开展调研，规范企业进出口行为，加大稽查力度，加强对企业的分类管理，促进企业守法自律。全年稽查企业62家，补税779万元，查处违规事项7起，案值1015万元。

反走私综合治理　深入开展反走私宣传教育，积极参与自治区政府牵头组织的进村驻点宣教活动。加强与地方党政的联系沟通，密切与有关执法单位的合作，联合开展缉私行动，推进反走私综合治理责任制的落实。加强缉私策略研究，不断改进方式方法，缉私执法环境明显改善。

【关税征管】 2002年，南宁海关坚持以税收为轴心，严格税收征管考核监督，实施税收征管考核办法，落实估价新规则框架下的质疑、磋商、估价、告知、审批备案等各环节工作，加强审价、归类、化验及减免税管理，建立以税收大户为重点的税收工作联系配合机制，加大税收分析监控力度，加强综合治税。全年共入库税款13.46亿元，同比增长18.77％，完成关区税收计划的117％，创历史最好成绩。其中，审价补税639万元，稽查补税779万元，加工贸易核销补税1569.4万元。

【风险管理】 组织制定关区风险管理实施方案，建立和完善有关风险管理工作的制度，加强协调配合，开展风险管理平台试点工作。逐步推进风险管理重心从以货物为主向货物与企业并重转移，提高管理效能，方便合法进出。全年共下达风险布控指令8077条，查获有问题的报关单123份，平均布控有效率1.52％。

【服务经济】 2002年，南宁海关全面贯彻“依法行政，为国把关，服务经济，促进发展”的海关工作方针，辩证掌握把关和服务的关系，强化服务宗旨，增强工作主动性，支持和促进广西经济发展。积极完善以通关作业改革为中心的各项改革，深入开展调查研究，解决企业在进出口环节中遇到的相关困难和问题，不断提高管理效能和通关效率。继续抓好支持广西实施西部大开发政策7方面20项措施和支持广西扩大出口18项措施的落实，制定关区便捷通关程序审批办法并核准适用10家重点企业，千方百计支

持广西发展外向型经济。在关区各主要业务现场实行“全天候,无假日”预约通关制度,推行关务公开,落实服务承诺,提高办事效率和服务质量。进一步加大知识产权海关保护力度,维护企业合法权益,全年共查获侵权案件58起,价值450万元。积极提供海关统计信息和政策咨询服务,共向自治区人民政府及外经贸部门报送海关信息150篇,接待政府部门和进出口企业咨询2594次。

2002年南宁关区业务统计表

项目	单位	累计	同比%
进出口报关单	万份	5.98	27
进口	万份	2.399	21.6
出口	万份	3.585	30.9
监管进出口货物	万吨	1494	18.3
进口	万吨	946	38
出口	万吨	547	—5.2
进出口货值	亿美元	24.59	12.2
进口	亿美元	12.88	45.6
出口	亿美元	11.7	—10.4
监管集装箱	万箱次	6.97	67.1
进口	万箱次	3.42	64.44
出口	万箱次	3.55	69.77
监管运输工具总数	辆(艘、架)	153321	5.3
其中:进出境汽车	辆	127052	5.1
进出境火车	节	3284	—36.5
进出境船舶	艘	13462	41.6
进出境飞机	架	4751	48.4
境内转关运输工具	辆(艘、架)	4772	—31.1
出入境人员	万人次	306.27	7.1
入境	万人次	146.35	4.3
出境	万人次	159.92	9.7
监管邮递、快递物品	万件	46.91	—33.6
查扣各类违禁物品	万件	1.7	—15
边贸进出口总值	亿美元	3.45	106.3
进口	亿美元	1.39	26.6
出口	亿美元	2.06	258.3
审批加工贸易备案合同	份	392	—15.5
备案金额	亿美元	2.61	48.1
核销合同	份	420	—21

项　　目	单　　位	累　　计	同　　比%
查获走私案件	起	1302	−31.87
查处走私案值	万元	11521	−69.9
查处违规案件	起	120	−5.5
查处违规案值	万元	4516	−22.1
立案侦查	起	36	−67.9
立案侦查案值	万元	2281.6	−89
抓获走私犯罪嫌疑人	人	161	53.74
查获侵权案件	起	58	600
稽查企业	家	62	51
补税	万元	779	168
入库税款	亿元	13.46	18.77
上缴罚没收入	万元	5406	−1.76

广西边防局

2002年，广西边防检查工作以党的十六大精神和“三个代表”重要思想为指针，不断强化边检队伍管理，狠抓业务规范化建设，较好地完成了以边检执勤为中心的各项边防检查工作任务。年内，共检查持护照及其代用证件出入境800779人次，同比增长9.1%，其中旅客657951人次，增长8.7%；服务员工142828人次，增长10.5%。检查出入境交通运输工具11229艘(架、列、辆)次，增长8.5%。其中船舶4934艘次，增长13%；飞机4703架次，增长5.4%；火车1064列次，减少1%；汽车528辆次，增长18.4%。查处偷渡案件21起35人。全区陆地边防检查站、边境检查站共检查持《中华人民共和国中越边境地区出入境通行证》人员3664625人次，同比增长8%。

【全面落实各项业务规范，不断完善勤务工作】 广西公安边防总队坚持把业务规范化建设作为边防检查一项长期性和经常性的工作来抓。年内，在巩固航空、海港口岸业务规范化建设的基础上，重点加强陆地口岸边检业务建设，结合中越边境的实际，在边境一类口岸制定试行了《陆地口岸限定区域管理实施办法》、《持用〈中越边境地区出入境通行证〉人员出入境边防检查实施办法》和《陆地口岸边贸车辆边防检查实施办法》，对陆地边防检查站和边境检查站的查验工作进行规范。同时，为提高二类口岸边境检查站的业务水平，组织各站参观了东兴边防检查站规范化建设的现场，并推行了该站规范边民查验的措施，逐步统一查验程序、方式及人员、交通工具、口岸管理等工作。与此同时，还把边检信息系统的管理使用作为业务规范化建设的重要内容。从制定管理制度入手，认真落实系统的软硬件维护使用规定，进一步提高了处理故障的效率，保障勤务正常，促进了全区边检业务规范化建设的全面深入开展和总体水平的提高。

【努力提高服务质量，确保口岸通行的安全高效】 在抓好边检业务规范化建设的同时，广西公安边防总队不断强化管理和服务意识，提高服务质量，积极创造良好的出入境环境。一是认真落实公安部出入境管理改革措施。总队及时指导桂林边防检查站进行检查通道的调整、设置和执勤警力的调配等各项工作，率先在桂林口岸正式开通“中国公民通道”，加快了中国公民的验放速度，增强了中国公民的自豪感和民族意识，大大提高了中国公民的政治地位和待遇。二是不断完善口岸执勤现场的设施、设备，提高口岸通关效率。总队在加强口岸执勤现场的硬件建设中，认真贯彻落实公安部主要领导在罗湖口岸视察时的指示精神，积极主动与地方政府和相关部门沟通，加大资金投入。在南宁、友谊关、东兴口岸执勤现场增设了边检查验通道13条，更新或增加了验证台、计算机等执勤设施设备，为执勤工作的顺利开展和出入境检查工作效率的提高创造了良好的条件。三是积极做好有关新开旅游线路的边防检查工作。围绕凭祥至越南河内旅游专列和海口—北海—越南下龙湾海上客运航线的相继开通，主动与越方和区外有关边检部门协商，落实了旅游人员出入境所需证件的查验问题，保证了新增旅游线路顺利开通。四是圆满完成博鳌亚洲旅游论坛及巴拿马籍“双子星”号豪华邮轮的边防检查任务。

【加大反偷渡工作力度，维护口岸正常出入境秩序】 广西公安边防总队十分重视新形势下口岸反偷渡工作，加强分析研究，加大了打击力度。一是加强对偷渡活动的分析研究工作。结合广西口岸实际，对出入境管理工作改革各项措施落实后口岸偷渡活动的规律、特点进行了分析预测，明确了口岸反偷渡工作的具体措施和要求。同时，坚持把证照真伪识别作为口岸反偷渡的重点，多方收集、组织整理了一批常遇护照证件资料，汇总制作了真伪证照识别演示光盘，并自行研制出了证照鉴别仪器，提高了反偷渡工作的科技含量。二是进一步完善反偷渡工作机制。在抓好各项勤务制度落实的基础上，建立了证照鉴别审查和遣返审核机制，健全各项责任，规范偷渡案件的查处工作。促进了检查人员的工作责任心和钻研业务的积极性，有效防范了职务犯罪案件的发生。三是加大口岸打击偷渡活动的合力。总队以落实全国、全区反偷渡工作会议精神为契机，建立健全反偷渡信息联系通报制度，保证偷渡人员有关资料、证件信息的反馈和偷渡案件的移交等工作渠道畅通，进一步增强了口岸打击偷渡活动的能力。年内，全区共查获偷渡案件21起35人，有效地维护了正常的出入境秩序。

【强化业务培训，提高检查队伍素质，增强检查工作效率】 广西公安边防总队根据形势变化，不断拓宽边防检查业务培训的深度和广度，全面提高边检队伍的业务素质，向素质要警力、向素质要效率。一是加强业务培训的组织领导。年初，结合检查队伍素质建设的实际，研究确定了年度全区边检系统开展业务培训的内容、要求和组织形式，并认真指导检查，督促全区各边防检查站按时按质按量完成年度培训任务。二是规范培训内容，丰富教学形式。针对边防检查业务培训的特点，总队编印了《出入境边防检查业务文件选编》一、二册，组织制作了场景英语会话多媒体教学软件，整理下发了证照真伪识别、信息系统功能简介、案卷制作等内容的教学光盘。三是坚持开展检查员岗位资格考核工作。针对新检查员增加的情况，总队进一步完善了检查员岗位资格考核工作，有效促进了一线检查人员整体业务水平和执勤能力的提高。同时按照公安部的统一部署，总队认真开展调查研究，积极探索边防检查员等级评定工作，为完善队伍管理、提高素质、保留骨干、稳定队伍开创了新的模式。

【充分发挥职能作用，认真做好口岸涉外工作】 一是认真落实陆地边境口岸边检机关的会晤制度。各陆地边防检查站定期或不定期与越方边检机关进行会晤，及时解决违法违规人员的遣送遣返、口岸通关时间调整和打击违法犯罪协作等问题。年内，全区陆地边防检查站共与越方进行会晤40次，开展友好活动10次。二是积极开展涉外联系，加强对外合作。总队派人参加了与美国、加拿大、澳大利亚驻广州总领事馆移民官员的座谈，就反偷渡信息双边或多边交流与协作等达成共识，增强了打击非法出入境活动的工作合力，树立了涉外执法的良好形象。三是做好口岸的遣送遣返工作。全年，共接收审查境外移民机关遣返人员13名，协助地方公安机关接收和遣返非法越境、违法犯罪、刑满释放等各类人员35批182人。

2002年广西口岸出入境旅客统计表

项目		出入境旅客		合计
		入境	出境	
中国籍	因公	7791	8062	15853
	因私	75403	84788	160191
	香港	25289	23732	49021
	澳门	509	534	1043
	台湾	106512	100413	206925
外国籍		100028	124890	224918
华侨		2421	916	3337
合计		315532	342419	657951

2002年广西口岸出入境员工统计表

单位：人次

项目		入境方式					出境方式					合计
		船舶	飞机	火车	汽车	小计	船舶	飞机	火车	汽车	小计	
中国籍	因公	25917	15003	5802	158	46880	41834	15414	5802	153	63203	110083
	因私	31	26	0	0	57	104	26	0	0	130	187
	香港	21	2491	0	0	2512	24	2493	0	0	2517	5029
	澳门	0	283	0	0	283	0	304	0	0	304	587
	台湾	14	20	0	0	34	14	18	0	0	32	66
外国籍		9521	3437	39	111	13108	10168	3449	39	112	13768	26876
合计		35504	21260	5841	269	62874	52144	21704	5841	265	79954	142828

广西出入境检验检疫局

【概述】 2002年，广西检验检疫系统以“忠于职守，勇于负责，严格把关，保国安民”为职责，以服务外贸、促进出口为己任，紧紧围绕年初全国检验检疫系统局长会议的工作部署和广西局党组提出的“观念更新，体制更新，标准更新，管理方式更新，技术更新，知识更新，转变作风和改善服务”的要求，依法行政，严格把关，加强管理，各项工作均取得了明显的成效。全区系统共检验检疫出入境货物 73492 批次，货物总值 22.16 亿美元，其中检验检疫不合格出入境货物 741 批次，总值 2.45 亿美元。签发各类检验检疫证书 21566 份；签发通关单 48316 份，签证金额 15.95 亿美元；签发换证凭单 32612 份，金额 8.12 亿美元；签发普惠制产地证书 12220 份，金额 4.2 亿美元；签发一般产地证书 7603 份，金额 2.21 亿美元。检验检疫出入境集装箱 6.38 万个标准箱。共检疫出入境交通工具 13.88 万辆(艘、架)次；检疫出入境人员 254.3 万人次；检疫国际邮件 2.25 万件；预防接种 1.15 万人次；监测体检 3.12 万人次，检出艾滋病毒感染者 22 例，其它传染病 3172 例；从进境植物及其产品中共检出大豆疫病、咖啡果小蠹、假高粱、桔小实蝇等一、二类疫情 50 批次 65 种；从出入境人员中检出艾滋病 22 例。

【严格执法，严守国门】 广西作为大西南主要出海口，具有沿海、沿边、沿江，海陆空口岸齐全、种类多的特点，严格执法，守好国门，责任重大。广西检验检疫局一是根据检验检疫工作重点向涉及安全、卫生、健康、环保和反欺诈转移的要求，积极调整检验检疫监管方式。对重要进出口商品和对我国经济、社会、环境安全具有潜在风险的进口动植物及其产品，实行严格审批、登记注册、境外预检、到岸查验和后续管理的全过程监控检验检疫体系。加强对来自重点疫区人员、货物、交通工具、集装箱的检验检疫监管。加强国际旅行卫生保健服务、媒介生物本底调查、国境口岸食品生产经营单位监管和对来自炭疽高危国家或地区的邮寄物的检验检疫工作，严把疾病关、媒介关、食品卫生关、特殊物品关，严防疫病疫情传入传出。二是加强对进境动植物及其产品携带疫情的监测和查验。通过与越方对应机构的合作与交流，建立协调、磋商和通报机制以及疫病疫情监控体系，发挥快速反应及预警作用，有效防止疫病疫情的传播。三是中越边境检验检疫机构加大对口岸、边贸入境货物和出入境人员及其携带物的检疫查验，对越南入境的运输交通工具的防疫消毒处理。深入边境通道巡查，坚决查禁和封堵越南偶蹄动物及其产品入境。全年，中越边境口岸共截获、销毁、退回非法入境冻乳猪约 21000 多头，销毁其他进境偶蹄动物或动物产品约 520 多吨。

【打破技术壁垒，促进企业出口】 2002 年，广西检验检疫局及时制订了《广西检验检疫局关于促进广西外贸出口的若干意见》，充分发挥检验检疫人才、技术和信息等方面的优势，帮助企业以质取胜。针对加入 WTO 后，国外对我出口产品中涉及安全、卫生、健康和环保的技术标准要求越来越高的趋势，重点做好区内大宗传统出口商品检验监管，加大收集和研究国外的有关技术法规、标准的力度，建立健全出口商品的预警机制。指导企业更新产品技术标准，先后帮助出口越南摩托车、出口美国和日本等国家地区的金属硅、出口欧盟的八角、出口欧美的打火机等出口生产企业，冲破进口国家地区的技术壁垒，有效地促进了企业产品的出口。结合广西作为农业大省的实际，指导区内企业按照出口标准，建立一批特色果蔬基地、禽畜出口生产基和水产品养殖基地等，进一步促进广西农副业发展和农副产品参与国际市场竞争。

【加强和改进检验检疫监管工作】 2002 年，广西检验检疫局进一步加强认证认可工作。对全区 172 家出口食品卫生注册登记企业开展专项清理整顿检查工作，对存在不符合项的进行跟踪检查和落实整改，取消了 28 家不合格注册或登记企业。全年全区系统共对出口商品、包装质量许可证考核发证 51 家，输美陶瓷认证 8 家；卫生注册登记审核发证 44 家；推荐并获得欧盟、美国、韩国注册企业 15 厂次。进一步加大 ISO9000 质量管理体系推广评审工作，全年共完成新认证审核企业 22 家，使全区通过 ISO9000 认证的企业达到 152 家，并帮助企业培训内审员 300 多人次。

【开展质量监督检查工作】 为了确保检验检疫工作质量，广西检验检疫局认真开展查问题、查原因、查措施的“三查”活动。将检查内容细化为33个方面250个问题，在每个检验检疫人员、科室、单位（部门）自查和个人、科室和单位（部门）之间开展复查、分片互查、组织抽查，先后抽查近3000份单证。从检查结果看，需整改的250个问题，有220个已全部整改到位，整改完成率达到88.8%。通过这些监督检查，比较彻底地发现或揭露了过去一个时期工作质量存在的问题，找出了存在问题的原因，研究了改进措施，纠正和解决了检验检疫工作中执法不力、把关不严等问题。

【加快“三电工程”建设】 努力采取措施，加快“三电工程”（电子报检、电子签证和电子转单）的推广应用步伐。年内广西局和柳州、防城港、梧州、北海、凭祥、桂林等6个分支机构开通了“三电工程”。积极向企业宣传、推广应用“三电工程”，帮助已安装软件的企业解决使用中的问题，做好出口企业推广应用“三电工程”工作。据统计，全年共实施电子签证3621票，电子报检5840票，电子转单10682票。安装电子签证和电子报检软件的企业增加到73家。另外，有38家企业已提交了安装使用申请书。

【检验检疫基础设施建设】 2002年，广西检验检疫局集中精力把2001年立项的12个项目建设作为实践“三个代表”重要思想和“抓基层，强基础”、重塑广西检验检疫新形象的一项重要工作来抓。加强了基建工作的领导、管理和监督，严格把好立项审批、规划设计、预（概）算审核、公开招标、工程进度款拨付、施工质量和进度监督关，确保基建项目按质、按期完成，并建设成为“阳光工程”、“形象工程”、“达标工程”。截至年底，12个基建项目除水口局办公楼正在进行主体施工外，桂林局办公大楼、水口局住宅楼、河池办事处综合楼和住宅楼先后竣工验收，陆续投入使用；玉林局办公大楼和局培训中心综合楼完成了土建工程，正在进行装饰装修；企沙港、龙邦、峒中、平孟、江山港、爱店和浦寨7个口岸办事处的基建项目已全部竣工，也将陆续投入使用。不仅大大改善了检验检疫把关服务的条件，而且还成为了当地的标志性建筑和一道亮丽的风景，树立了检验检疫良好的国门卫士形象。

【科技兴检成效显著】 2002年，广西检验检疫局实验室考核注册和认证认可工作继续取得新的进展。南宁国际旅行卫生保健中心的HIV确认实验室顺利通过了卫生部的考核，成为检验检疫系统西南片第一个HIV确认实验室。有5个分支机构的动植物实验室、家电包装实验室、综合实验室通过了西南大区的注册考核，使全区系统通过认可、注册的实验室总数增加到21个。配合国家实验室认可管理委员会，完成了对4个CCIBLAC认可实验室的跟踪复审工作。科学安排科技资金和仪器设备，重点改善和加强北海出口烟花爆竹检测中心、公路危险货物包装实验室、贺州出口打火机实验室等重点实验室的技术装备。将重复、闲置的设备调拨到设备紧缺或边境口岸现场实验室，合理安排资金和设备、优化组合，实现资源的最佳配置。

【开展原产地标志保护工作】 2002年，制定了《广西检验检疫局原产地标记审核注册工作程序》，积极开展原产地标记保护工作，为传统的名优产品巩固和拓展国外市场提供服务。年内被誉为广西名优产品的“桂林三宝”—桂林辣椒酱、桂林豆腐乳、桂林三花酒3家企业，顺利通过了地理标记注册考核，实现了广西自治区原产地标记注册零的突破。

【精神文明建设】 2002年，广西检验检疫局围绕检验检疫要为国门把关和树立对外窗口的特点，精心设计主题鲜明的活动载体，积极开展精神文明建设活动。与共青团区委联合举行了广西检验检疫系统争创“青年文明号”、“青年岗位能手”活动，全区系统有30个单位加入了争创“青年文明号”活动行列。全年共有4家单位荣获自治区级“文明单位”，有7家单位被授予全国、自治区和县、市级“青年文明号”。

2002年广西出入境检验检疫业务情况统计表

	货物检验检疫																			
	总计				商品检验				动物及动物产品检疫				植物及植物产品检疫				食品及化妆品			
	批次	金额	检验检疫不合格		批次	金额	检验检疫不合格		批次	金额	检验检疫不合格		批次	金额	检验检疫不合格		批次	金额	检验检疫不合格	
			批次	金额			批次	金额			批次	金额			批次	金额			批次	金额
合计	73140	219711	779	19680	55589	198470	540	6379	3948	8358	2		22154	42214	57	16365	10551	21235	78	2168
出境	53158	124206	196	206	40409	110375	111	183	2369	2940	2		15914	22349	35	26	7309	8994	31	87
入境	19982	95506	583	19474	15180	88096	429	6196	1579	5418			6240	19865	22	16339	3242	12240	47	2080

	监测体检及预防接种（人次）				交通工具检疫				集装箱	签发检验检疫	签发通关单		签发换证凭单	产地证			
														普惠制		一般产地证	
	监测体检	艾滋病监测	发现病例数	预防接种	火车（节）	汽车（辆）	轮船（艘）	飞机（架）	合计	证书（份）	份数	金额（万美元）	份数	份数	金额（万美元）	份数	金额（万美元）
合计	31175	29351	4030	11450	9037	112850	12348	4621	63839	21467	48381	159534	32529	12220	41973	7603	22077
出境	27496	26472	3602	10857	4561	50842	5652	2236	33035	19754	29591	66443	32529	12220	41973	7603	22077
入境	3679	2879	428	593	4476	62008	6696	2385	30804	1713	18790	93091					

广西海事局

2002年，广西海事局按照自治区党委、政府关于"富民兴桂新跨越"发展战略，以水上交通安全监督管理为己任，以加快自身的建设和发展、建设水上绿色通道为主题，坚持专项治理整顿与建立长效管理机制相结合，使得各项工作有了长足的进步与发展。目前，已基本形成了与改革的新体制的要求和水运生产力的发展相适应的水上交通安全监督管理新格局和管理模式。

【海事管理新体制进一步完善】 经交通部批准，广西海事局合理调整了直属海事局和派出机构的布局。下设9个直属海事局、一个直属海事处，均为正处级。各直属海事局下设33个派出机构，其中3个副处级、30个正科级。全自治区所有地级市驻地均设有海事机构，基本覆盖了辖区所有通航水域。全局上下统一以海事局(处)名义履行海事行政执法。各级机构业务职责分工按照部海事局的规定进行了划分、调整，海事业务实行三级管理。广西海事局以宏观管理为主，各分支海事局以业务管理为主，各派出机构以现场管理为主，为整个系统规范、协调、高效运转奠定了基础。

【船舶监督管理取得新的突破】 广西海事局培养了31 名港口国安全检查官，获得了交通部关于对外国籍船舶进行港口国安全检查(PSC)的授权。沿海各海事局全面开展了对外国籍船舶的港口国安全检查(PSC)，结束了广西不能开展对外国籍船舶进行港口国安全检查的历史。各级海事机构强化对客船、客滚船、旅游船、油船、化学品船、液化气船的现场签证和监督管理，推行现场签证责任制。对屡次违章、不服管理或逃避管理的15艘船舶实施了重点跟踪检查。对船舶超航区航行、"大船小证"和持用假证、超载等违法行为的监督检查形成了联动态势，促进了船舶适航技术状况的明显改善。

【安全专项整顿活动力度不断加大，整改了许多问题和隐患】 各级海事机构以开展"水上运输安全管理年"活动为主线，以"四客一危"船舶以及桂林旅游航区、北部湾海区、水上水下施工作业水域和事故多发航段、滩险、库区等水域为监管重点，连续开展对船舶秩序、通航秩序、船员秩序、水路危险化学品运输安全秩序的专项整顿活动。自治区人民政府采纳了广西海事局的建议，统一部署，由各市(地)政府(行署)牵头，组织交通、海事、公安、渔业、水利等部门协同开展了以乡镇船舶安全管理、"四客一危"运输安全、渡口管理、乡镇船舶修造厂(点)等四项整顿为重点的水上交通安全专项整治行动。各种专项整顿活动整改了许多突出的问题和隐患。广西海事局向自治区人民政府建议将北海内港安全管理问题、防城港务局危险品码头、藤县太平镇健安渡口、天生桥库区的水上交通事故隐患列为重点跟踪整改对象。河池地区组织东兰、大化两县督促船主建造了200多艘安全技术合格的钢质船，组织淘汰各渡口不合格的木质船舶。贵港市桂平、平南两县(市)按"统一设计、统一建造、统一管理"的要求，筹建钢质客渡船31艘，解决了六陈水库水泥船长期违章载客存在安全隐患的问题。其他地、市也采取了许多有效的措施，大力整治"三无"船舶等各种危害运输安全的问题，使水上交通安全状况有了不同程度的改观。

【《国内安全管理规则》实施工作取得阶段性成果】 广西海事局培养了A和B级SMS审核员21名，举办了航运公司领导实施《规则》知识大型讲座和两期航运公司安全管理体系(内审员)培训班，23家船公司的77人取得内审员证书。为船公司编写体系文件、开展内部审核、试运行等工作培养了一批骨干，保证了《国内安全管理规则》实施工作的稳步推进。在强制实施规则的第一批15家公司中，有10家通过了审核。广西梧州同舟船务运输有限公司、北海海运总公司分别成为两广地区第一家通过审核的散装化学品公司、滚装客船公司。航运公司安全管理意识得到强化，促进了航运企业和船舶安全管理水平的提高。

【通航秩序管理进一步得到加强】 2002年，出台了《广西海事局水上巡航管理办法》，建立健全了巡航执法有关工作台帐和工作程序，使广西海事系统的水上巡航检查逐步走向检查规范化、考核制度化、报告标准化。适当调整了各航区监督艇的布局，加大巡航力度，确保重点水域的巡航检查。全年完成内河港区巡航79260公里、内河辖区巡航168288公里，沿海港区巡航7566海里、沿海海区巡航1174海里。组织对内河的梧州、贵港、南宁、柳州、桂林航区，以及沿海的茅岭江海域、北海港区及北海至合浦海域的碍航行为，进行大规模的综合整治行动，使通航环境、通航秩序得到明显改善。

【船员管理工作进一步规范和加强】 广西海事局组建广西沿海船员、内河船员考试委员会，集中广西海事系统船员管理力量，在职权范围内进行统一的命题、组卷和考试工作，规范管理，解决多年来各航区对船员管理工作要求不同、对船员考核标准不一的问题。同时，确定了广西局与各分支局考试发证的分工，统一了广西内河、沿海船员管理模式。广西辖区履行《海员培训、发证和值班标准国际公约》(STCW78/95国际公约)的船员培训、考试、发证工作全面完成，共培训船员9028人次。年内还组织内河船员考试6972人次，海船船员考试1820人次。

【依靠科技进步，快速反应能力显著增强】 依靠上级的支持，广西海事局加大了技术装备的投入。各级海事机构配备了喷涂统一标志和颜色的海事巡察车；一批性能先进的新型巡逻船先后交付梧州、贵港、柳州、南宁等航区使用；信息化一期工程实现与交通部海事局网络系统的连接，海事监管朝着“反应快速化、管理信息化、执法规范化”的发展目标大步迈进。全局上下建立和完善了搜救值班制度和《广西海事局水上交通险情报告制度》，2002年，共组织指挥水上搜救33次，获救人数496人，获救船舶18艘，挽回直接经济损失2578万元，应急反应和处置能力明显增强。

【海事行政执法水平明显提高】 各级海事机构不断规范内部管理，提高全员素质，统一推行政务公开制度和海事行政执法监督制度。加强文明行业创建工作，发挥文明执法示范窗口的导向作用，涌现出了一批文明单位和先进集体。贵港海事局2002年被全国文明委命名为“全国精神文明建设工作先进单位”；桂林海事局被评为2002年交通部直属海事系统先进集体；桂林海事局和北海海事局分别获地市级文明单位；防城江海事处、田阳海事处被交通部海事局命名为“全国海事系统文明示范窗口”。

2002年广西海事业务数据统计表

项目	数据名称	数据
搜救管理	搜救次数(次)	33
	搜救时间(小时)	171.3
	获救船舶(艘)	18
	获救人员	496
船舶监督管理	船舶办理进出港签证(艘次)	5161
	船舶安全检查(艘次)(沿海/内河)	179/9107
	安全管理体系审核(次)	12
	进出港口船舶总吨(万吨)(沿海/内河)	4544/5083
	进出港口船舶艘次(沿海/内河)	13087/377071
	船舶登记(艘)	12044
	船舶检验艘次	9286
通航管理	发布航行通(警)告次数(次)	164
	水上水下施工作业审计(项)	285
	水上水下施工作业现场监督管理(小时)	7023
船员证件	船员考试(人次)	9028
	船员发证量(本)	4300
事故调查	事故调查(宗数)	58
日常巡航	巡航时间(小时)	31983
	巡航次数	5309
	巡航里程(海里)	97233
危管防污	危险货物通过量(万吨)	498.7
	办理船舶半截危险品货物的审核手续(艘次)	4162
	处理船舶污染事故(起)	1
	危管防污处理污染事件(件)	1
	运输危险货物船舶进出港(艘次)	5607
	检查运输危险货物船舶(艘次)	547
	检查危险货物集装箱(标箱)	346
	辖区防污检查(艘次)	5498

广西口岸专稿

广西检验检疫局采取措施全力促进外贸出口

贯彻落实自治区党委、自治区政府关于“富民兴桂新跨越”的发展战略，促进广西对外经济贸易的发展，是广西检验检疫部门的一项重要任务。我国加入WTO后，为广西对外贸易发展提供了良好机遇。随着广西国企改革和产业结构调整的不断深入，现代化大生产必将到来。现代化的大生产，需要现代化的大流通，而“大通关”则是大流通的一个重要环节。广西检验检疫部门处于“大通关”的前沿，既要把好国门，防止疫病疫情传入传出，又要最大限度提高口岸查验工作效率，为企业提供便捷服务。为支持广西对外经济贸易的发展，更好地促进和扩大外贸出口，根据广西检验检疫的实际，采取如下措施：

1. 充分发挥检验检疫部门的职能优势，做好广西陶瓷、电池、滑石(粉)、锡锭、锌锭、铅锭、重晶石、钛白粉、打火机、摩托车、柴油机、烟花爆竹、松香、桐油、竹芒编制品、土特产、供港活猪、实验猴、食品罐头等大宗传统出口商品的检验检疫监管。组织收集和研究国外对我国出口产品涉及安全、卫生、健康、环保等设置的技术法规，建立健全出口商品的预警机制，帮助企业打破国外技术壁垒，巩固和扩大广西产品的出口。

2. 指导和帮助企业建立一批特色果蔬出口生产基地。重点指导建立灵山和桂平荔枝、玉林龙眼、容县沙田柚、百色芒果、桂林柑橘、桂东南的“无公害蔬菜”基地，帮助企业从源头上控制农残超标问题的发生。

3. 指导和帮助企业建立一批特色畜禽出口生产基地。重点指导建立巴马和环江的香猪、玉林的肉猪、钦州的果园鸡、广西实验猴养殖基地，加强饲养管理和动物疫病防疫及疫情监测工作，保证出口禽畜没有检疫性疫病的发生和不含违禁药物，符合国外及港澳地区的卫生要求。

4. 积极推行ISO9000国际质量体系认证和UL、CE 等产品安全认证。帮助摩托车散件生产企业通过国家强制性认证(3C认识)。使广西企业获得更多的国际“通行证”，增强广西出口产品在国际市场的竞争力。

5. 认真落实出口质量许可制度，加强出口陶瓷质量许可证管理。积极推动有条件的企业获得输美认证，打开进入美国市场的大门，扩大广西陶瓷产品的出口。

6. 加强出口食品和水产品加工企业的卫生注册管理，全面推行HACCP(危害因素分析及关键控制点)、GMP(良好操作规范)管理模式，使企业在建立卫生质量控制体系方面高起点，少走弯路，节约成本。

7. 针对“入世”后普惠制应用的最新动向，积极帮助企业解决利用普惠制过程中遇到的困难。引导企业按照给惠国普惠制方案的要求进行生产和出口，提高企业利用普惠制的积极性，扩大广西制成品的出口。

8. 充分利用各种媒体广泛宣传原产地标志注册，热情指导和帮助有关部门申请办理原产地标志注册，实现广西原产地标志注册零的突破。推动原产地标志注册工作，扶持名牌产品出口。

9. 加强信息化建设，提高工作效率。大力推进电子报检、电子转单、电子签证的进程，争取电子报检率达到100%。争取与省外、特别是广东检验检疫机构联网，为广西产品的出口创建快车道。

10.全面推广自助报检方式，解决中、小企业开展电子报检、产地证电子签证中存在的问题。扩大电子报检、产地证电子签证的覆盖率。

11.进行“全天候”直通式电子报检的尝试。每天24小时接受报检，让企业通过公司电脑输入报检资料直接进行报检申请，实现远程办理出入境检验检疫报检业务，加快通关速度，为客户节省时间和人力、物力、财力。

12.加强与海关等有关部门的协作，建立关检协调机制。在条件成熟的口岸进行一次报关报检的试点，缩短货物查验时间，加快货物通关速度。

13.转变检验检疫监管模式。实现管理模式从重最终产品检验检疫转向重生产过程的监管，从重品质检验转向重安全、卫生、健康、环保的检验把关，以适应“大通关”的需要。

14.推行出口商品和生产企业分类管理制度，切实从批批检验中解放出来。对划为一、二类企业的，在报检报验和通关验放中给予优惠。

15.认真开展出口免验产品的试点工作，扩大广西知名产品的出口。有计划地扩大广西出口商品的免验范围。

16.调整实验室建设布局，重点加强生物安全实验室如农残检测、分子生物学、实蝇监测、鼠疫强毒等实验室的建设。加强对实验室快速检测技术和检疫处理技术的研究，提高出口农产品检验检疫技术水平和不合格产品的检出率。

17.继续实行节假日预约报检、全天候检、急事急办、特事特办等便利外贸企业的措施，最大限度地提高出口产品通关速度。

甘做老黄牛

——记全国质检系统先进工作者、北海检验检疫局动植检科科长邓波

没有轰轰烈烈的动人事迹，没有大风大浪的壮阔雄浑。北海检验检疫局动植检科科长、高级兽医师邓波，在平凡的岗位上，兢兢业业、任劳任怨地“耕作”二十多个春秋。他用自己对党的忠诚和对事业的执著，实践“三个代表”重要思想，切实履行“忠于职守、勇于负责、严格把关、保国安民”的神圣职责。守护着一方平安，促进着一方经济发展，始终保持着一个共产党员表率带头作用和廉洁奉献本色。

勇于负责，敢挑重担

邓波同志工作起来有一股“牛脾气”，单位有人戏称邓波为“牛头”。有一个原因就是面对压力和困难，他有着一股牛的犟脾气，勇于进取，百折不挠。1994年，邓波在北海机场旅检现场从旅客行李中检查发现45公斤的香肠等动物产品，按照规定予以截留处理。对方对此不理解，很快就通过市里某位领导打电话给邓波，以这些物品是某大型外资企业外籍员工自用品为由，要求他马上放行。邓波耐心细致地向那位领导和当事人作了解释，坚持“我们全力支持企业的发展，但不能拿整个北海地区甚至广西的畜牧生产安全来冒险”的原则，最终让当事人心悦诚服地接受了检疫处理。

2001年5月，内蒙古自治区计划从北海口岸一次引进澳大利亚良种奶牛1363头。一次性引进

1363头大型活动物，这在当时广西口岸乃至全国尚属首次。虽然在1998年北海口岸也检过一批1000多头进口牛，但当时有区外一些兄弟局的支持。这次是北海局第一次全面、独立地完成大规模进口牛的检疫项目，能不能干好确实是个未知数。摆在北海局面前有两条路：一是向上级部门如实反映困难，建议改在其它口岸进口；二是知难而上，迎接这次对广西局、北海局技术和管理等诸方面的挑战。邓波同志在认真分析各个环节的工作后，以口头形式向各级领导写了一份决心书：干，技术和管理上自己可以克服困难；不干，广西局、北海局这方面永远出不了头。邓波以他自己克服困难的信心和决心向领导表了态。

为了争取这个机会，广西检验检疫局党组高度重视，立即批示北海局做好进口牛的检疫监管工作。北海局党组迅速成立进口牛检疫工作领导小组，由邓波同志作技术总负责。为了做好今后的检疫监管，邓波同志组织人员设计《临时隔离场修复方案》，亲自考核临时隔离场，仔细检查防疫消毒工作的落实及准备情况，其中仅一份草图他就反复斟酌修改十多次。为了保证隔离检疫期间动物的安全，他主持制订了《检疫管理实施方案》等一系列检疫管理规定，做到以制度管场，防止疫病传入传出隔离场。为保证检验结果的准确、迅速，邓波组织检疫技术人员突击进行“充电”，对进口牛的7种病8个检疫项目都严格按照《中国从澳大利亚输入牛的检疫和卫生条件》的规定，进行理论知识学习、检疫实验操作，对可能遇到的问题作出正确的分析并提出解决方案。在较短的时间内，工作人员不仅做到人人会操作，而且能熟练检验标准。2001年11月15日，北海口岸迎来了我国当时进口批量最大的澳大利亚1363头奶牛种牛，并顺利进入临时隔离场接受检疫监管。当时中央和广西各大新闻媒体纷纷对北海检验检疫局严把奶牛入境检疫关作了报道。货主的心情由担心到放心，并铁心做好下一批2000多头种牛入境的计划。第一批奶牛隔离检疫期满，货主十分满意，给北海检验检疫局送上“秉公执法、为国为民”的锦旗，这是对北海检验检疫局工作的肯定，也是对邓波同志工作的高度赞扬。

勤于钻研，严格把关

邓波勤于钻研，对检验检疫技术工作始终做到精益求精。从事本专业工作20多年来，注重钻研业务，是北海局的技术骨干。针对大批量进口牛工作的技术要求，近两年来，邓波同志阅读大量科技文献。通过上网查找到大量信息材料，进行了上百次BT、BK细胞培养、种毒效价测定等精细实验操作工作，不断改进检牛的方式方法，提高了工作效率和检验结果的准确性。在对第二批进口牛进行检疫时，邓波同志决定采用国产连续注射器进行结核、副结核皮试注射，使原计划五天才能完成的采血、皮试工作，最后只用了两天半就圆满完成。

为了做到严格把关，每批进口牛运抵口岸后，他总是第一时间赶到现场。带领登轮检疫小组进行登轮检疫，询问了解运输途中牛群健康情况，索要输出国检疫单证，亲自下到铺满牛粪臭气熏天的底舱内对牛逐头进行临床检查，而且一干就是大半天。2001年11月，第一批1363头奶牛入境和隔离检疫时，年届50的邓波同志每天要进行3次检查。检查中要逐头采血，时时观察牛群精神、食欲、呼吸等状况，甚至要连续工作十几个小时，他却从没叫苦叫累。由于他细致地工作，及时发现有20多头牛体温升高到39.5—41.5℃，并逐日增多，食欲减少或废绝，牛群消瘦严重，在种牛入境后的第7天和第10天各有1头牛死亡，疫病可能有大发展的趋势。货主不知所措，其雇请的1位兽医害怕负责任，辞职回家。邓波带领技术人员及时对疫病进行深入细致的调查，反复取样进行病毒、细菌、寄生虫等多方面的实验室检验。经过连续几天加班加点至深夜1点多钟，最终在进口澳大利亚牛中检出附红细胞体，这在全国进口牛检疫中尚属首次。虽然附红细胞体病不属于中澳双方检疫协议规定的7种病的检验范围,但为了货主利益,邓波管定了这件事。他2次带领货主前往广西南宁购买治疗药物,并指导兽医进行牛群治疗,保证了牛群不再发生体温升高和死亡。为彻底扑灭疫情,保证按期放行动物,发挥引进良种的经济效益,他又连续三次亲自采血跟踪检验。结果证实牛群感染的附红细胞体全部消失,血液中的红细胞完全正常,为货主挽回不必要的经济损失达30多万元。邓波同志想货主之所想、急货主之所急,严格把关、热情服务的工作作风及严谨踏实的工作态度,得到了货主及当地政府部门的高度赞赏。

由于首次从入境牛中检出附红细胞体病,本着对科学严谨负责的态度,邓波建议国家质检总局把本病列为从澳大利亚进口牛的检疫项目。进口商要在与外商签定贸易合同时,订立本病的检疫条款,并在动物输出前用药物进行预防性治疗注射,这对防止境外疫情传入我国将起到积极作用。

国家有关部门有段时间曾禁止从澳大利亚引进奶牛,但由于北海局把关工作得力,2002年10月中旬,经国家质检总局批准,第三批进口牛2300头将于2003年上半年继续从北海口岸入境隔离检疫。

牢记党的教导,热情服务

作为一名老共产党员,邓波同志始终没有忘记党的全心全意为人民服务的教导,为了检验检疫事业,他默默无闻地耕作。为了国家、人民群众的利益,他俯首甘为儒子牛。

多年以来,大家都知道邓波不仅业务上精通,而且是个能干的热心人。科室或家中的电器出了故障,第一个求助对象就是邓波。而老邓只要有空总是随叫随到,还常常手到“病”除。原来他通过自己的摸索,悉心钻研,加上在这方面的天赋,无师自通地学会了小家电的修理技术。凭这技术,他还经常和大家一道参加义务为民服务的活动呢。

当然更多地,邓波还是结合自己的专业特长为当地的企业排忧解难。早在80年代初期,北海出口鹅养殖曾饱受过疫病的困扰。邓波和其他同志一起积极对疫病进行诊断研究,并用鸭瘟疫苗进行免疫防治试验取得成功,每年就为国家和企业挽回经济损失20多万元。在90年代初,针对某外贸公司出口美国的冻虾饺因原料硼酸检验问题屡遭国外销毁或退货的情况,邓波带领其他同志在大量查阅国内外有关资料的基础上,潜心研究,摸索出用自制的姜黄试纸对出口动物产品作含硼酸定性检验的一套方法。他帮助企业解决了收购冻虾时硼酸检验凭手触口试的老大难问题,使其产品顺利通过美国FDA的检验,打入美国市场,也填补了国内这方面的技术空白。此后,他结合当地的实际,相继进行了出口冷冻水产品检验方法的研究、加工低菌冷冻蟹肉蒸气灭菌的研究、加工低菌冷冻虾仁漂白粉有效灭菌浓度的筛选、养殖虾黑腮症的病原分离及防治研究等多项研究,为企业解决了相应的技术难题,促进了外贸经济的发展。

为了让农户放心,在近两年大批量的牛进口后,邓波同志还不辞劳苦,深入北京、内蒙等地进行考察。将把关服务工作延伸到“牛家”,切实做好进境动物后续监管工作,受到当地牧民的热烈欢迎。内蒙的一位牧民说:“进口的每头牛每年至少可给牧民带来5000元的纯利润”。经有关部门统计,从北海口岸入境检疫后,健康奶牛输往山东、北京、内蒙等地,每年给地方创造的经济效益将达到1700多万元。此外,北海口岸每进一批奶牛,就能为北海当地港口、运输、农户、服务业拉动500多万元的消费空间。检验检疫部门为地方经济发展做出了突出的贡献,邓波同志更是功不可没。

以身作则,团结拼搏

邓波作为一名基层党员干部,他热爱检验检疫事业,关心身边每一个同志的进步,精诚团结科里的同志，在思想上、工作上和生活上关心身边的每一个同志，调动大家的工作积极性。认真组织学习邓小平理论，学习党的方针政策，学习模范人物的先进事迹，把大家思想统一到为检验检疫事业做贡献上来。

在他手下工作，大家明显感觉到邓科长身教重于言教。要求别人做到的，他必定自己先做到。他一直教育鼓励科里的年轻人多做实际工作，在工作中开动脑筋出成果。2000 年 6 月，他与业务人员在进口日本货物木质包装中分离到活的寄生线虫时，曾经查找了不少资料，但有关这种线虫的记录却不多。为了研究其寄生危害性，他发动大家做进一步的研究。其中，有项就是验证其在针叶树上的致病性，而当时手头又没有可控制的接种树木。在自己重感冒发高烧未好的情况下，他不顾南方的夏季高温，带领两个年轻人，顶着烈日，开辆三轮摩托车就出去寻找供试松树。经过奔劳几天，费尽九牛二虎之力将其移栽，保证了试验的顺利进行。虽然邓波是动物检验检疫专业出身，但基于多年的工作经验和生物试验的共性，他积极研究植物检验检疫方面的课题，并将自己多年的技术和经验积累毫无保留地传授给年轻同志。对于许多精细复杂的试验技术，如 BK 和 BT 的细胞培养、种毒效价测定等，他总是手把手地传授。一次不成，就两次，三次，甚至多达六七次之多，直到新手能熟练操作为止。在他的悉心指导下，科里从事动检的年轻同志在动物检验检疫技术上个个能独挡一面。

对于年轻人，邓波给予的更多是关心和鼓励。科里不论是谁，只要思想情绪上有波动，第一个发现的人肯定是邓科长。发现这类情况时，老邓总是能体现他豪放性格的另外一面——细腻：从侧面了解情况，找出根结所在，给予有效的帮助，辅以循循善诱的政治思想工作。这样，他总是能及时化解大家思想上的疙瘩。有段时间，科里有位年轻同志心事重重，闷闷不乐。邓科长很快了解到这位同志主要是因为家中孩子小，无人照顾，老母亲又久病在身。他很快托人帮这位同志物色到一个勤快能干的小保姆。又打听到对治疗风湿性关节炎有效的民间偏方告诉了这位同志，帮助他解决了后顾之忧。很快，这位年轻同志又全身心地投入到工作中。在邓波的领导下，工作起来轻松愉快，有积极性，这点已成为全科室的共识了。

在他的教育帮助下，近两年来先后有 3 名同志光荣地加入了党组织。邓波作为一名业务科长，带领全科同志严格按照“三个代表”要求，与时俱进，满腔热情地做好保国安民工作。2000 年至 2002 年底，邓波带领动植检科截获国家禁止进境的一二类动物传染病和有害生物 24 批次，一般有害生物 157 批次，检出不符合贸易合同要求的商品 9 批次，涉案货值达 12800 万元。无论工作上还是生活上，邓波已被全科同志当作“领头牛”。20 多年来，他在工作岗位上默默奉献，视名利淡如水，视事业重如山。他常告诫自己并提醒同事：“不属于自己的东西不能拿，不义之财不能取，切记不要吞下自己肠胃消化不了的苦果。”在他的影响下，全科同志廉洁自律蔚然成风，大家自觉做到请吃不到，送礼不要，所在的科室近几年多次被评为北海局先进科室。

广西口岸大事记

1月16日

交通部胡希捷副部长视察友谊关口岸。

1月22日—25日

国家质检总局党组成员、副局长蒲长城等领导,先后深入广西检验检疫局技术中心、东兴、北海口岸和防城港企沙办事处检查工作。

1月24日

海关总署党组成员叶剑到南宁关区慰问、视察工作。自治区政府副主席张文学会见了叶剑一行。

2月2月

越南第一军区司令阮克研少将率领的越南军区代表团一行9人,在结束对我国军事友好访问后,途经友谊关口岸回国并参观了友谊关口岸。

2月4日

桂林边防检查站正式开通“中国公民通道”。

3月8日

凭祥至越南河内旅游专列正式运行。

3月15日

海口—北海—越南下龙湾海上客运航线正式开通。

3月28日

中共中央政治局常委、国家副主席胡锦涛同志到东兴口岸视察。

3月30日

中共中央政治局常委、国家副主席胡锦涛在自治区党委书记曹伯纯、自治区政府主席李兆焯的陪同下,视察防城港口岸。

3月

防城港检验检疫局从进口的美国大豆中截获了我国禁止入境的一类危险性病害—被称为“大豆杀手”的大豆疫病菌。这是广西口岸检验检疫中首次检出该病菌。

3月、12月

广西公安边防总队先后两次派员,参加了由区公安厅组织的与美国驻广州领事馆移民官员的座谈,并在南宁、北海组织有关边检站参加加拿大、澳大利亚驻华使领馆移民官员的证照讲座。

4月2日

海关总署批复同意将南宁海关驻靖西办事处与龙邦海关合并重组为龙邦海关(正处级)

4月18日

南宁海关举行“关区首批便捷通关企业命名仪式”,首批命名广西柳州钢铁(集团)公司等10家企业为“南宁关区便捷通关企业”,并向企业颁发了证书及牌匾。

4月19日—20日

国家质量监督检验检疫局党组书记李传卿和党组成员、纪检组组长郭汝斌等，深入东兴、防城港、北海口岸进行工作调研。

5月21日

日本熊本县副知事黑田武一郎先生到东兴口岸参观。

6月8日

载重吨位达17.19万吨的希腊籍货轮“安那格”号靠泊防城港，这是广西有史以来靠泊载重吨位最大、装载货物最多的货轮。

6月9日—10日

由中国共青团中央书记处书记杨岳和越南胡志明共青团中央书记陶玉容率领的中越国际青年志愿者医疗服务团在友谊关口岸举行中越青年友好之夜文艺晚会和中越青年拒毒害国际禁毒宣誓签名仪式。

6月10日

中越海关边境会晤在广西北海市举行，两国代表团签署了会谈纪要。

6月11日—13日

全国第一次西部地区口岸办主任联席会议在广西桂林市召开，云南、贵州、四川、重庆、陕西、新疆、西藏、内蒙古、甘肃、湖南、湖北、吉林、海南、河北、山东、广西等省(区)口岸委(办)领导出席了会议，会议代表交流了西部地区口岸工作情况，探讨我国加入WTO及西部大开发战略部署实施以后，西部地区口岸工作如何适应形势发展需要等问题。

7月1日

南宁关区出口无纸通关试点在北海、防城、梧州和桂林等口岸正式运行。

东兴口岸通关时间由原来的上午8时至下午17时改为上午8时至下午20时，通关时间延长了3个小时。

7月9日

峒中口岸联检大楼开工兴建。

7月22日

交通部批复了广西海事局派出机构设置方案，对广西海事局派出机构布局进行了调整。其中：百色海事处升格为正处级机构，直属广西海事局管理；新增东兴海事处(副处级)、玉林海事处(副处级)、漓江海事处(正科级)；横县海事处升格为副处级机构。调整后，广西下设9个直属海事局、1个直属海事处，33个派出机构。

7月27日

国家统计局局长朱之鑫视察友谊关口岸。

7月31日

我国驻新加坡大使张九恒到东兴口岸视察。

8月1日

南宁关区海上缉私集中统一指挥系统正式启动。

8月2日

自治区政府在南宁召开全区提高口岸通关效率工作会议。会议决定成立“广西口岸工作协调小组”，并在防城、东兴及桂林口岸进行“大通关”工作试点。

8月3日

“梧州”号防城港至越南下龙湾海上航线试航成功。

8月21日

中央电视台《中国实录——今天口岸生活》栏目摄制组到友谊关口岸拍摄，反映凭祥口岸建设和口岸经济发展情况的《众人说口岸》、《数字印象》、《我这五年》短片，作为迎接党的十六大召开的系列专题片在中央电视台播出。

8月24日

广西出入境检验检疫局局长黄涛与中检公司总经理刘生明在香港签署《检验业务合作协议书》，恢复中检公司广西业务部，由防城港检验检疫局负责具体运作和管理。

9月7日

国家财政部副部长张佑才视察友谊关口岸。

9月9日

全国政协常委、民族宗教委员会副主任黄璜到东兴口岸视察。

9月10日

交通部部长黄镇东视察友谊关口岸。

9月12日

南宁关区风险管理工作会议在南宁召开，关区风险管理体系建设工作正式启动。

9月23日

由中国共青团、中央书记处书记黄丹华和越共中央委员、越南胡志明共青团中央第一书记黄平均率领的第三届中越青年友好代表团的会见活动，在友谊关口岸拉开帷幕。

9月30日

南宁海关侦查分局举行列入地方公安机关机构序列揭牌仪式。南宁海关侦查分局在地方公安序列中称为广西壮族自治区公安厅走私犯罪侦查局。

10月

防城港检验检疫局在对攀钢集团进口的142647吨铁矿的检验鉴定中，测算出该批货物短少3616吨，短重率为2.5%，货值64万元人民币。为此，该局依法为企业对外出具索赔证书。这是迄今为止防城港口岸开港以来检出货物短重数量最多的一次。

10月23日—25日

以全国政协副主席张思卿为团长的全国政协常委视察团到东兴、友谊关口岸视察。

11月16日—20日

博鳌亚洲旅游论坛在桂林举行，20多个国家的政府要员及与会代表500多人出席。这是党的十六大结束后广西首次举办的国际性会议，桂林边防检查站圆满完成博鳌亚洲旅游论坛的边防检查任务。

12月1日

全国政协副主席郝建秀到东兴口岸视察。

12月1日

南宁海关公共信息网正式开通。

12月7日

自治区政府副主席高虎城深入龙邦、水口、凭祥、东兴和防城口岸。对边境地区边境贸易、口岸建设、海关监管等情况进行调研。

12月11日

由南宁地区行署和自治区旅游局主办、凭祥市人民政府承办的中越边关(凭祥)国际旅游节,在友谊关口岸举行开幕式。

12月24日

外交部驻外使节考察团到东兴口岸视察。

12月27日

广西海事局获得交通部授权开展对外国籍船舶的港口国安全检查,结束了广西不能对外国籍船舶进行港口国安全检查的历史。

12月

贵港海事局被全国文明委命名为“全国精神文明建设工作先进单位”;桂林海事局被评为交通部直属海事系统先进集体。

四川省

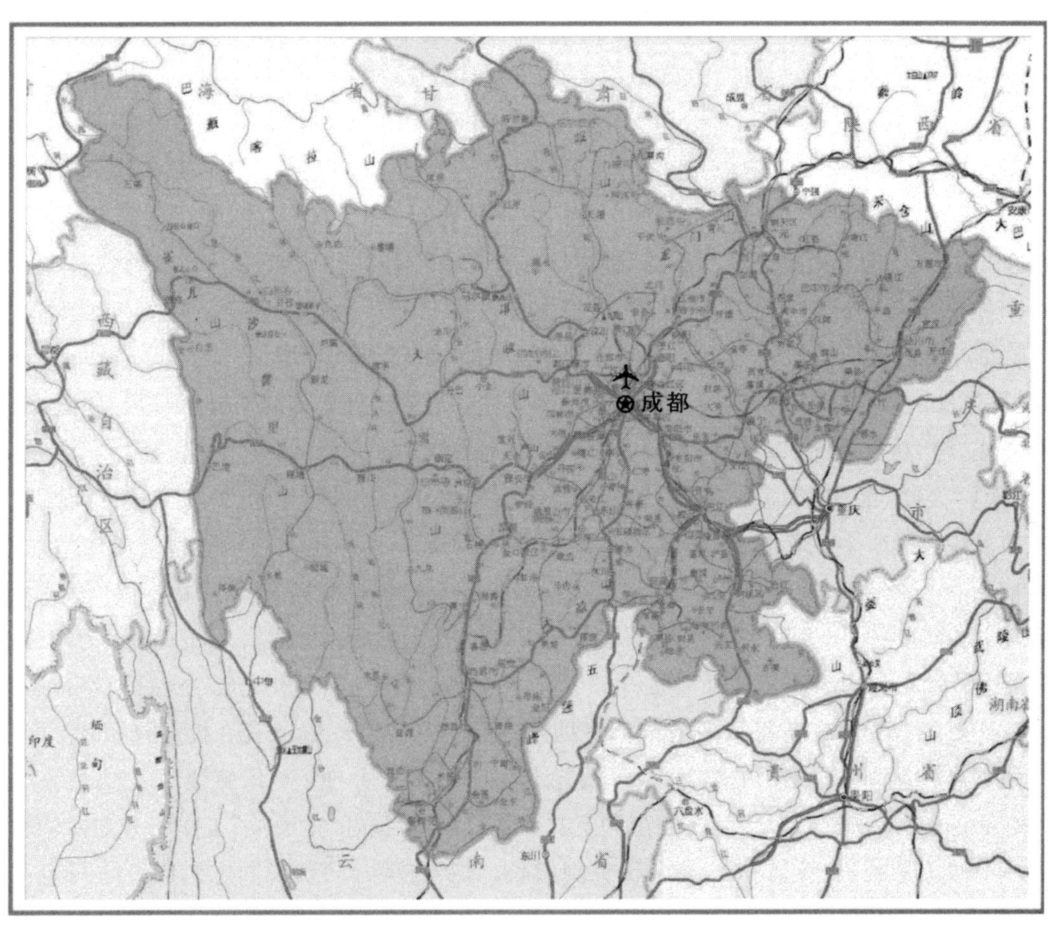

图　　例

符号	说明
⊛	省级行政中心
⊙	口岸
(铁路图标)	铁路口岸
(飞机图标)	航空口岸
(汽车图标)	公路口岸
⚓	海（河）运口岸

四川口岸工作综述

2002年,四川省口岸管理部门会同口岸各查验部门、交通运输部门和有关涉外服务部门,认真学习十六大精神,积极贯彻"三个代表"重要思想,落实国务院、省政府有关做好"大通关"工作的要求,齐心协力做好四川省口岸各项工作,为四川经济的新跨越作出了成绩,有力地促进了四川开放型经济的快速发展。全省各开放口岸做到了安全、畅通,无任何事故发生。

【航空口岸】 2002年,通过成都航空口岸,全年共验放出入境飞机3886架次,比2001年增长30%;验放出入境的中外旅客40.33万人次,比2001年增长33.64%;验放中外航空公司员工4.45万人次;运输进出口商品4668吨。该口岸还为入境的外籍人员、旅游团组5918人次办理了口岸签证。

【铁路口岸】 2002年,通过成都火车东站铁路口岸、成都青白江铁路口岸、绵阳铁路口岸全年共运输外贸物资44.13万吨,比2001年增长41.45%(其中:成都铁路口岸19.05万吨,同比增长3%;成都青白江铁路口岸11.77万吨,同比增长28%;绵阳铁路口岸13.27万吨,同比增长271%);共运输国际集装箱41308个标箱,比2001年增长74%(其中:成都火车东站11577个标箱,同比下降7%;成都青白江铁路口岸11596个标箱,同比增长28%;绵阳铁路口岸18135个标箱,同比增长712%)。

【国际邮件】 2002年,成都国际邮件互换局、成都海关驻邮局办事处总计交换、监管进出境国际邮件总包11.29万袋,与2001年持平;国际邮件398.24万件,比2001增长41%。

【进出口监管】 2002年,成都海关为四川省监管进出口货物30.8万吨,货值20.1亿美元;根据政策为四川省减免关税人民币14.37亿元;查处走私、违规案件21起。四川出入境检验检疫局为四川省检验检疫进出口商品43421批、货值24.18亿美元;共检验出不合格进口商品87批、货值571万美元,不合格出口商品37批、货值71万美元;出据普惠制证书8141份,受惠商品货值2.54亿美元;为四川省出国人员预防接种2.02万人次,查出各种传染病695例。四川省边防局除顺利完成对成都航空口岸出入境飞机、旅客、企业员工的检查任务外,还在口岸查处偷渡案件13起16人,查获在控对象9人。四川省公安厅口岸签证办公室为临时来川的境外人员、旅游团组5918人次办理了口岸签证。

【积极开展"大通关"工作】 2002年,按照国务院的部署,我省对搞好"大通关"工作十分重视,成立了省政府常务副省长为组长,分管副省长、秘书长为副组长,省级有关部门负责同志为成员的四川省"大通关"工作协调小组,其日常工作由省政府口岸办公室负责;省政府向省内各市、州政府和省级有关部门下发了做好"大通关"工作通知。根据省政府的要求,我省口岸的管理、口岸查验、民航、铁路、交通、国税、外汇管理、外经贸等部门和有关市、州政府,按其职责,认真落实相关工作。成都海关、省外经贸厅、省国税局、广安市政府等,由分管领导挂帅,成立了开展"大通关"工作的业务机构。在开展"大通关"工作,解决所涉问题时,有关省级部门和市、州政府,做到了积极主动、协同配合、遇事不推诿。据企业反映,通过开展"大通关",政府执法、服务部门的工作作风有了明显改变,工作效率明显提高。

【贯彻执行中央"调查研究年"、"转变作风年"的情况】 遵照中央2002年为"调查研究年"、"转变作风年"的部署,根据省委、省政府的具体要求,我省口岸系统各部门加强了深入基层、调查研究转变作风的工作。上半年,除各部门自主开展的工作外,我省口岸系统多次组织工作组,先后到成都、绵阳、攀枝花、泸州、乐山、雅安、南充、广安、凉山等市(州)调研,向当地政府、企业征求意见,及时解决口岸建设、口岸查验、通关不畅等方面存在的问题。

2002 年,省口岸办还两次组团赴省外,对“西南公路出海通道”进行了全程考察,向上海、宁波学习“大通关”经验。省政府口岸办公室、成都海关撰写的调研材料,受到省领导和各方肯定。

【口岸服务与保障】 2002 年,四川省口岸系统各部门及航空运输企业圆满完成了我省举办的“2002 年第三届中国西部博洽会”、“中国成都科协年会”、“中国西部农业博览会”、“中国四川中医药博览会”、“亚洲中学生篮球赛”的服务、保障工作。全年共为境外来川访问的重要客人、团组 115 批 2206 人次提供了口岸礼遇和乘机方便。这些重要客人或团组有:巴基斯坦总统、摩洛哥国王、哈萨克斯坦副总理、世界银行行长、新加坡国家发展计划部部长、韩国建设部部长、德国工业联合会主席和加拿大中国访问团、邵逸夫先生访问团、南非普马加南省省长访问团、香港中信泰富集团总裁访问团、德国 SMM 公司首席执行官访问团、美国百事饮料国际集团总裁访问团、英特尔公司总裁访问团等。

【新增对外航线及通道】 2002 年,在口岸查验、民航部门的大力支持下,四川省于 1 月 2 日支持泰国大众国际航空公司开通了“曼谷至成都”的国际航班;于 3 月 31 日支持中国国际航空公司开通了“成都经上海至日本福冈”的国际航班;于 4 月 26 日支持中国西南航空公司开通了“成都至日本东京”的国际航班;于 7 月 18 日支持中国西南航空公司开通了“成都至日本大阪”的国际航班。口岸查验部门于 5 月 24 日支持成都公路国际物流中心启动公铁、公水联运业务。铁路、口岸查验部门大力支持长虹厂外销商品的运输,确保长虹厂平均每天开行一列专列。省交通厅、省航务局会同省口岸有关部门完成了泸州水运口岸的基建任务并积极筹备开通“泸州至上海”的集装箱班轮业务。

【口岸专项工作】 (1)在省政府的直接领导下,由省政府口岸办公室和双流国际机场于 2002 年 4 月完成了成都双流国际机场旧候机楼“国际线”改造工程(面积由原来的不足 2000 平方米增加到 10000 多平方米),优化了我省对外窗口的环境,使旅客的待检、办理手续、候机条件等得到改善。同时,省口岸办重新修订了《成都航空口岸管理办法》。(2)口岸各部门积极参与双流国际机场“北指廊”的前期筹建、评审工作,为该项目的按期动工争取了时间。(3)泸州水运口岸(国际集装箱码头)于 10 月 18 日通过省交通厅的竣工验收,于 12 月 28 日通过了省政府口岸验收工作组的验收。由此,省政府即行文批准同意该口岸于 2003 年 1 月 1 日正式对外开放。从此,四川省通江达海的外贸物资即可从泸州口岸进出。(4)我省于 2002 年 5 月获海关总署同意成立成都海关泸州办事处的政策后,省政府会同泸州市、成都海关积极进行筹备,成都海关泸州办事处办公大楼于 12 月 28 日正式破土动工。(5)成都海关于 2002 年 12 月 5 日批准在成都国际邮件互换局设立“成都沙湾快件监管中心”,该中心于 2002 年 12 月 30 日正式对外挂牌营业。(6)积极支持乐山市政府在乐山火车站筹建铁路口岸。(7)我省于 2002 年 3 月获得国家同意将西昌青山机场列入全国“十五”口岸开放规划要点的政策后,在省政府的领导下,省口岸办积极与凉山州委、州政府研究启动筹建西昌航空口岸有关工作;省政府分管副省长于 2002 年 8 月在西昌市主持召开了专题办公会议。(8)积极向海关总署申报在南充、宜宾设立海关机构,以解决川东北地区和宜宾市的通关、报关问题。(9)促进攀枝花铁路口岸基础设施及联检楼的施工进度。(10)向国家申报在绵阳设立航空口岸事宜。(11)口岸查验部门支持成都公路国际物流中心于 2002 年 5 月试营业,并积极配合业主单位修建业务综合楼。

2002 年四川省口岸运行情况

项目名称	单位	2001 年	2002 年	同比增长
航空口岸　进出境飞机	架次	2989	3886	30%
进出境人员	人次	302218	403340	33%
进出境货物	吨	6930	4668	-33%
落地签证人员	人次	7801	5918	-24%
铁路口岸　进出境货物	吨	312000	441300	41%
国际集装箱	标箱	23729	41308	74%
国际邮件	万件	283	398	41%

四川口岸查验单位工作综述

成都海关

成都海关是国家设立在四川省境内的进出境监督管理机关，是海关总署直接领导的正厅级海关机构，关区管理范围为四川省行政区域。2002 年，成都海关认真学习贯彻“三个代表”重要思想和党的“十六大”精神，贯彻落实海关总署工作部署，圆满完成全年各项工作任务。

【强化税收征管，确保完成税收任务】 受“入世”后大部分进口商品税率下调影响，2002 年上半年全国海关税收呈下降趋势，总署和国务院领导对此高度重视，对加强税收管理，确保完成税收任务做出重要指示。成都海关成立了以裘希关长为首的税收工作领导小组，对下属业务单位实行税收目标管理，全关上下形成落实全年税收任务的“一盘棋”。一是强化进出口货物的税收征管，加强对进出口货物的审价、商品归类分析、原产地认定等税收稽征；二是密切监控成都关区税收动态，向总署及时反馈重要信息；三是开展反价格瞒骗专项斗争、开展企业专项稽查，防止税收流失。2002 年成都海关全年税收入库 13.95 亿元，是总署下达税收任务的 116%，超额完成全年税收任务。

【深化海关业务改革，为实现严密监管与高效运作目标努力】 2002 年成都海关按照总署的统一部署，积极稳妥地推进海关业务改革，向建立现代海关制度、实现严密监管与高效运作相统一的目标迈进。该关实施的业务改革内容主要有：全国海关跨关区快速转关系统在该关开通运行；推进电子口岸外汇管理子系统和出口退税子系统在省内进出口企业的运用；对省内 7 家进出口大型骨干企业实行便捷式通关新措施；对省内两家大型进出口加工贸易企业进行海关与企业计算机网络联网监管的改革试点。通过海关业务改革的不断深化，该关在进出境监管的观念上、方法手段上和技术装备上都发生了新的飞跃。

【保持打私高压态势，缉毒工作取得历史性突破】 成都海关认真履行打私职责，常备不懈，保持打击走私的高压态势。2002 年召开两次打私办工作座谈会，向成员单位传达朱镕基总理重要讲话精神，通报形势，沟通情况，研究措施，落实联合缉私、统一处理、综合治理的缉私方针。根据关区特点，重点打击毒品走私犯罪活动。1月9日，成都海关邮办处在进境快件中查获摇头丸毒品(共计28克)。侦查分局迅速出动，抓获嫌疑人10余名，实现了该关区毒品查缉工作零的突破。10月24日，由侦查分局立案侦办的“1.18”跨国毒品走私大案成功告破，抓获犯罪嫌疑人6名，收缴大麻类毒品9箱、263公斤。这是四川省迄今破获的最大宗大麻脂走私案。该关还积极开展“扫黄打非”工作。特别在“法轮功”反动宣传品的查缉工作中成绩突出，今年以来共查获“法轮功”违法物品24963件，多次受到省委610办公室的表扬；同时查扣散发性宗教物品28638件，为维护社会稳定作出了贡献。

【增强海关工作主动性，为地方经济建设服务】 按照海关工作新方针要求，成都海关在严格把关、严密监管的同时，加强海关工作主动性，把握好“把关”与“服务”的平衡点。主要开展了以下工作：

(一)努力做好小通关，着力推进大通关。该关在深化通关作业改革，着力提高海关通关效率的同时，还积极推进大通关建设。根据上海提高口岸工作效率现场会议精神，该关成立了“优化大通关环境”课题组，对四川省大通关环境进行了一次详细、深入的调查分析，向地方领导及有关部门报送了专题调研报告，引起了极大的反响。省里成立了由省委副书记、副省长蒋巨峰牵头的大通关工作协调小组，并以省政府名义下发了加强大通关工作的文件。目前成都海关按省政府要求积极推动大通关工作，并取得了新成效。

(二)适应入世要求，为四川对外开放献计献策。该关主动为四川省应对入世挑战行动提供政策、信息服务，成立了“入世对四川外向型经济发展的影响和对策”课题组，从不同侧面撰写了10篇调研报告，分析了入世后四川农业、纺织业、医药化工业等面临的机遇、挑战和相应对策，这些调研成果得到省领导和有关部门的充分肯定。

(三)增强主动性，服务地方对外开放和经济建设。成都海关将海关工作融入到四川发展新跨越的思路中，找准结合点，配合参与地方的中心工作和重要经济活动；对四川省的一些重点企业和重点项目，不折不扣用好税收优惠政策，较好地使减免税优惠转化为生产力，促进了经济发展；对重点招商引资项目，如英特尔公司拟在成都投资3.5亿美元建芯片加工项目，全力做好政策咨询等服务工作；关领导带队多次到长虹集团、五粮液集团、四川丰田、成都出口加工区内重点企业调研，现场解决企业通关中存在的问题；进一步完善“5天上班、2天值班、7天服务、24小时预约通关”的工作制度，全力支持外贸出口。绵阳海关全关仅20余名员工，为长虹出口快速增长实行全天侯服务，2002年累计加班600余人次。成都海关还充分发挥海关统计对外贸的预警、监测、服务作用，为地方党政部门报送120篇统计分析文章。

2002年成都海关工作统计表

项目	单位	数量	上年同比
进出口货物总值	亿美元	20.1	+35.33%
进出口货运量	万吨	30.8	+122.5%
征收税款入库	亿元	13.9	−10.87%
进出境运输工具　汽车	辆	1210	+99.67%
飞机	架次	3886	30%
进出境人员	万人次	403340	33%
进出境邮递物品	万件	398	41%
查获走私案件	宗	2	
查获走私案值	万元	914	
上缴罚没收入	万元	741	
统计进出口报关单	万份	2.5	+27.62%

四川省公安边防总队

四川省公安边防总队担负着成都双流国际机场8条定期国际(地区)航线和10余条不定期包机、货机、调机、专机等国际航线的交通运输工具、旅客、员工的出入境边防检查任务。2002年,四川省公安边防总队坚持"严格执法、热情服务",把人民满意作为衡量公安边检工作的根本标准,确立了"以'三个代表'重要思想为指导,紧紧围绕服务四川经济建设这个中心,以维护社会政治稳定为首要任务,以严守国门、严管队伍、严防事故为重点,达到确保边检执勤工作和队伍建设不出问题,让出入境旅客满意,让地方党委、政府满意和让公安部边防局和省公安厅满意"为目标的整体工作思路,不断改革旧的管理模式和工作方法,进一步简化出入境手续,使公安边检工作更好地服务于社会,服务于出入境旅客,为维护社会稳定和四川省的经济建设创造良好的口岸通关环境。

2002年,该总队共检查出入境人员447896人次(首次突破40万,创成都口岸历史新高),比2001年增长32.9%;检查出入境飞机3886架次,增长30%。在执法工作中,全面推进"严格、公正、文明执法",建立了执法责任制度、执法检查制度、执法督察制度、执法质量考核评议制度,认真开展了执法工作大检查、执法专项整顿和专项督察活动,将执法依据、执法程序、执法内容的合法性和公正性、有无乱用强制措施、乱收费、乱罚款作为检查、督察的重点,进一步规范了执法行为,杜绝了乱收费、乱罚款、执法犯法等问题出现。同时,坚持警务公开,在执勤现场公开了执法依据、收费标准等内容,自觉接受广大旅客的监督,主动征求口岸各联检单位、航空公司和企业的意见、建议,强化执法监督,保障了执法工作的严格、公正和文明。年内,共查获违反出入境法律、法规人员157人次,行政处罚金额达49300元人民币,无一起行政复议和行政诉讼。

为提高干警服务意识，树立良好形象，该总队在广大干警中广泛开展了“做让党放心，让人民满意的合格国门卫士”、“创建文明窗口”活动，积极向出入境人员和交通运输工具提供优质、高效的服务，使整体服务工作再上一个新台阶，总队被四川省公安厅评为2002年度“文明处室”。

针对口岸偷渡的严峻形势，四川省公安边防总队努力提高反偷渡工作能力，切实加大反偷渡工作力度，依法严厉打击以偷渡为目的的各种非法出入境活动。2002年3月份，全国反偷渡工作会议结束后，总队与省公安厅出入境管理、刑侦、治安等部门联合开展了“打团伙，挖蛇头”、清理遣返外国“三非”人员的反偷渡联合行动，建立了协作办案和信息通报机制，取得了阶段性成果，向公安机关移交偷渡案件6起6人，提供“蛇头”线索5条，并根据信息通报在口岸挡获了6名企图趁韩日世界杯比赛偷渡出境的“假球迷”。总队综合信息网上专门设立了反偷渡信息库，便于全国边防和公安部门查询、掌握成都口岸查获的偷渡案件信息。4月份，举办了“2002年反偷渡培训班”，邀请了上海、广东等兄弟单位和省公安厅出入境管理处、户证处的有关专家授课，提高执勤人员发现偷渡和识别真假证件的能力。一年来，四川省公安边防总队共查获偷渡人员案件13起16人，抓获境外“蛇头”1名，接收由境外遣返人员14人。成都边防检查站被公安部边防局评为2002年“反偷渡先进集体”。

为充分发挥科技在执勤工作中的效用，2002年，四川省公安边防总队落实公安部提出的“金盾工程”，坚持以科技为依托，不断加大先进设施投入，提高了对现有技术的应用水平。为提高验证的准确性，总队在执勤现场建立了证件鉴别室，配备了先进的DOCUBOX500文检仪和EDISON护照证件样本系统，形成了“前台验证，后台鉴定”的有效工作机制。为提高验证速度，为每个验证台安装了OCR机读机，80%的旅客证件资料实现了自动采集录入，大大提高了旅客通关速度。为有效预防职务犯罪，加大对勤务工作的监控力度，总队投资80余万元在执勤现场安装了电视监控系统。为实现全国公安系统联网和提高办公效率，建立了四川公安边防总队综合信息网并自行开发了办公自动化管理系统，充分发挥了网上指挥、网上查询、网上传输数据等功能。

为创造整洁有序、宽敞顺畅的通关环境，2002年，在省政府的关心支持下，四川省公安边防总队共投入33万余元，大力改造执勤现场硬件设施，出入境检查通道由原来的11条增加到了20条，分别设置了“中国公民通道”、“外交、礼遇和需扶助人员通道”和“工作人员通道”，出入境候检厅面积由原来的300多平方米增加到800多平方米；重新制作了执勤公告栏、标识牌和验证台，增加了填卡台和取卡机，有效解决了每逢节假日大量的出入境旅客拥挤排长队的问题，实现了快速通关。

为实现“内强素质”，总队加大了对广大干警的文化知识培训，干警中88%达到了大专以上文化程度，30多人取得了英语、日语、法语、德语、俄语等外语等级证书。全体执勤干警还取得了国家语委会认可的普通话三级甲等以上资格证书，干警的专业水平和工作能力取得了进一步提高，为实现边检工作国际化要求奠定了人才基础。

2002年成都边防检查站出入境旅客统计表

单位:人次

项目		入境旅客	出境旅客	合计
中国籍	因公	6604	6218	12822
	因私	45508	58486	103994
香港		15495	15380	30875
澳门		67	69	136
台湾		42283	35819	78102
外国籍		88587	88824	177411
华侨		654	641	1295
合计		198544	204796	403340

2002年成都边防检查站出入境员工统计表

单位:人次

项　目		入境员工	出境员工	合计
中国籍	因公	15314	15433	30747
	因私	134	128	262
香港		2039	2029	4068
澳门		46	48	94
台湾		91	90	181
外国籍		4602	4602	9204
合计		22226	22330	44556

四川出入境检验检疫局

【基本情况】 2002年,四川局检验检疫总批次43421批,总货值241889万美元,同比分别增长96.9%和96.6%;检验进出口商品37187批,货值222873万美元,同比分别增长68.6%和96.3%。其中,进口商品3494批,货值80801万美元;出口商品33693批,货值142072万美元;发现不合格进口商品87批,货值571万美元,不合格出口商品37批,货值71万美元;检疫出入境动物及其产品1628批,货值8509万美元,比去年同期大幅增长803.0%和353.5%;检疫出入境植物及产品2755批,货值5465万美元,同比分别增长68.3%和21.5%;检疫进出口食品及化妆品3703批,货值12752万美元,同比分别增长

14.9%和9.7%；检疫运输工具4014架/节，集装箱5437个，同比分别增长27.7%和72.6%；对42879名出入境人员进行了疾病监测体检和预防接种，同比减少17.4%，查出各种传染病患者647人次；签发各类检验检疫证单112213份，同比增加8.2%；其中签发各类出入境货物检验检疫证单65937份，同比增长30.0%；签发出入境交通工具检验检疫证单3938份，同比增长11.3%；签发出入境人员卫生健康及预防接种证单34785份，同比减少16.3%；签发普惠制及产地证证书、一般产地证书分别为7386份、1755份，同比分别增加24.4%和57.4%。

【探索和改进监管模式】 根据国家质检总局的要求和四川外贸的特点，把工作重点主要放在严把国门、狠抓源头、积极探索与实践新形势下检验检疫监管新模式上来。突出"保国安民"的重要职责，强化对进境货物的检验检疫和口岸卫生检疫监管。首先从建立和完善风险预警与快速反应机制入手，专门成立了传染病疫情处理领导小组，建立疫情报告员制度，加强与地方卫生部门的联系，尽快掌握国际国内传染病疫情动态。同时，进一步完善了动植物及其产品预警和快速反应机制，积极参与总局组织的植物有害生物风险分析(PRA)工作，承担了《进境花烛属植物检疫风险分析》，通过工作的开展，弄清了花烛属植物是香蕉穿孔线虫的主要寄主之一，提高了对检验检疫突发事件的应对能力。加强对涉及安全、卫生、健康、环保进口商品和进境货物的检验检疫和口岸查验，严格按规定做好进境动物及其产品检疫审批工作；加大宣传力度，强化进口食品、化妆品的检验检疫，就规范进口食品、化妆品工作制定了具体措施。强化在进境口岸对进境货物、集装箱的查验检疫，特别是对美、日木质包装和大型设备木质包装进行重点检疫，发现问题及时采取措施，不留隐患。根据2002年日本、韩国、蒙古及泰国相继发生疯牛病、口蹄疫、登革热的情况，加强了对来自疫区航班货物的检疫；同时，也加强了对来自疫区的邮寄物品和快件查验监管。1—10月，检疫木制包装1671批，截获禁止进境物136批，810公斤，检出禁止进境邮寄物品140件，263公斤。同时，加强与国际邮件互换局的联系，建立疫情通报制度，防治有害生物和疫病随邮件传入。

【加强出口肉食品和肠衣的残留控制】 冻肉、肠衣是四川传统的大宗出口商品，其中冻猪肉主要出口港澳、俄罗斯，猪肠衣主要出口欧盟，二者在四川农副产品的出口中具有不可替代的地位。2002年2月德国从我国进口的肠衣中检出氯霉素后，欧盟理事会6月通过决议对来自中国的动物源性食品和肠衣按20%的比例抽样检测残留物质，并将氯霉素的检测限量从10PPB调整为0.1PPB。3月，俄罗斯以从中国进口的冻肉中检出四环素族抗生素等为由，做出了暂停进口中国肉类的决定，香港也对供港的食用动物及产品做出了不得含有盐酸克伦特罗等7种禁用药、37种抗生素及化学物质不得超标的规定。四川肉食品出口面临着前所未有的严峻形势。四川局及时将主要进口国的检测标准、规定、要求等信息及时通报给政府有关部门和企业，便于有关部门有针对性地加强管理；同时还积极协助地方政府对乡镇干部、畜牧人员、养殖大户进行培训，编写有关技术材料和教材。初步建立起了对动物源性食品残留控制齐抓共管的系统工程。同时，认真抓好饲料认可和养殖场登记备案工作。目前为止，抽样检测了11个饲料厂及添加剂厂的产品，对检测合格的饲料进行了认可，准其用于出口生猪的养殖；还配合地方政府建立以出口肉类加工企业为龙头的订单式的集约化、规模化、产业化生猪养殖业，按统一防疫消毒、统一供应饲料、统一使用药物、统一收购屠宰的要求管理养殖场，积极推行前期监管和后续管理，建立和完善卫生注册、登记制度、标识管理制度和所有商品各大类检验检疫工作程序，加强生产、加工、仓储、转运和发运全过程检验检疫和监装，切实保证产品质量、卫生和货证相符。在此基础上，按照"成熟一家开通一家”的原则，恢复了对 6 个企业供港澳冻猪肉的报检工作。四川局还派员深入到蜂蜜原产地的川西高原地区，对养蜂户用药情况进行调查，对蜂药使用的品种、用量、休药期等管理和使用方面提出了具体的意见和建议，确保了蜂产品的顺利出口。

【采取措施化解植物产品农残危机】 针对出口蘑菇甲醛残留问题，对蘑菇主产区 13 家有代表性的菇农种植户进行了调查，对栽培料、鲜菇、盐菇等进行了抽样对比测试，经调研发现蘑菇中的甲醛来自于栽培过程中堆肥和大棚使用甲醛消毒处理。针对问题原因，该局提出了增温菌肥和自然发酵、产品煮沸和烘烤以减少甲醛含量的解决方案；并将有关情况通报给地方政府和有关部门企业，还及时召开了食用菌无公害丰产栽培技术培训会，共 12 个蘑菇主产区县的专业大户、加工企业、运销大户、县乡技术人员 100 多人参加了培训，促使生产企业放弃不良生产方式；还对各类出口农产品存在的卫生质量状况和发生、传带有害生物的风险进行分析。依据分析结果，将四川出口农产品安全卫生等级分为高、中、低风险类型及检疫高、中、低风险类型，分别进行风险分类管理，使有限的管理资源用到了关键的部位。经过不懈的努力，促进了四川植物产品的出口，2002 年 1—10 月植物产品出口批次和货值同比分别增长 23%和 60%。

【改进检验监管模式】 积极探索新形势下科学有效的检验检疫监管模式，依据 HACCP 的基本原理，提出了过程监管的检验检疫模式，将检验检疫工作向生产的全过程延伸，协助企业全面控制和提高产品质量。选定了已通过 ISO9001 认证和获出口商品质量许可证、卫生注册、产品工艺定型、企业检测设备和手段比较完备且企业出口商品近三年未发生索赔或因产品质量问题而引起贸易纠纷的五粮液集团公司、长江起重机有限公司、泸州鑫益包装公司作为试点企业，推行过程监管模式。通过试行，过程管理取得了初步成功。以五粮液集团公司为例，实施过程管理后，将抽样方式按出口批次改为按生产批次，抽样比例下降了 80%，节约了大量的人力、物力；由于手续的简化和检验频次的下降，也大大提高了通关效率。试点取得成功后，于 6 月在宜宾五粮液集团公司召开了过程监管现场会，在全省范围内推广过程监管模式。目前，过程检验监管模式已在全省化矿、纺织、服装、轻工、机电等出口企业逐步推开，取得了良好的效果，受到了企业的拥护。

【突破国外技术壁垒】 深入产地调查，坚持实施疫情监测，获取检疫解禁所必须的疫情数据资料和科学证据。通过努力，四川水果出口取得了突破性进展，100 吨四川猕猴桃于 3 月顺利出口日本，实现了四川水果输日零的突破。针对输日冻干蔬菜所面临的技术壁垒，乐山局深入种植基地进行摸底调查，对基地病虫害防治、农药使用、土壤种植历史及周边环境等进行分析，加强 HACCP 危险性分析，从源头上控制蔬菜农药残留，使乐山天成公司输日蔬菜顺利出口，批次和货值大幅增长。

【加大对企业扶持力度】 局领导带队及时深入有关部门和企业进行调研，制定了建议和引导政府、企业优化资源配置、集中力量做大优势农产品、提高农产品质量；合理调整分支局及各处室职能分工；强化对特色企业服务等具体措施。各有关部门积极深入企业，加大了对企业的扶持和服务力度。长虹集团公司在四川占有重要的经济地位，为加强对“长虹”的服务，确保其产品顺利出口，绵阳检验检疫局及时对长虹集团实施分类管理，对其一般性出口商品采取过程监管和成品抽检相结合的检验监管方式；对彩电、空调等不宜进行成品检验的产品实行过程检验，在生产过程中重点对涉及安全的耐压、漏电电流、绝缘电阻等进行检验；将检验检疫工作模式由单纯的检验型过渡到检验监管型，充分利用长虹集团自身的技术力量，把好产品的质量关；24 小时接受该公司的电话、传真、电子等方式的报检，为长虹公司提供全天候、无节假日等全方位的服务，确保了长虹集团顺利出口。对其他机电产品的检验进行分类管理，在保证产品质量的前提下，最大限度地降低其成本、简化其手续，针对有些企业交货合同期短的实际实施过程监管。依据合同有关内容和出口商品的种类，设置关键控制点，将检验工作尽量向前延伸，把主要精力放在生产过程的把关上，既加快了通关效率，又有效地提高了产品质量，促进了机电产品的出口。四川省丝绸公司作为四川最大的丝绸出口经营企业，为了谋求发展，近几年先后收购了南充、内江、绵阳等地的许多茧丝绸企业。按原来的检验检疫业务管辖范围，该公司的出口丝类商品的检验工作将分别由四川局机关、内江局、南充局、绵阳局负责，不但给企业带来了很大的不便，而且还增加了企业的成本。为解决这一矛盾，四川局研究决定，将该公司的所有出口商品的检验工作及时调整为由四川局统一负责，很好地解决了这一问题，受到了企业的好评。

【实施原产地规则，贯彻“名牌战略”】 按照WTO统一的原产地规则，进一步抓好原产地标记保护工作。在宜宾五粮液系列白酒成为全国白酒行业首批、四川首批通过原产地标记注册审核论证产品的基础上，加大宣传力度，又成功地对剑南春、绵竹大曲、泸州老窖特曲、国窖1573进行了原产地地理标识注册；汉源花椒、清香园调味品两个品牌也在办理之中，大大促进了四川出口商品国际名牌的快速生长。

【提高全员的执法水平和整体素质】 从建立健全内部规章制度入手，保证规章制度的严谨性、科学性、连续性，并达到用制度管理人、用制度保障工作的正常开展、用制度规范四川局的执法行为的目的。对过去制定的24项内部管理规定进行了逐一清理，对17项与现行法律法规和WTO规则不相适应的规章进行了修订。制定了《2002年制定规范性文件和内部管理规定计划》，将内部规章制定工作纳入计划管理，严格审查。加强“四·五”普法教育，提高全员的法律意识和执法水平。举办普法培训班，邀请有关专家对《宪法》、《立法法》、《行政复议法》、《行政诉讼法》、《国家赔偿法》等基本法律和行政法规进行讲解，并对检验检疫部门所执行的几部法律和《商检法修正案》进行了专题讨论。新《商检法》颁布后，又及时组织了新《商检法》知识竞赛，促进新《商检法》的学习。按照国家质检总局要求，4月成立了“三查”活动领导小组，并有计划有重点地将“三查”活动分为“全面自查”、“拉网式全面检查”和“落实整改、总结提高”三个阶段，进一步树立了工作质量意识，建立健全了工作质量责任制度和工作质量事故责任追究制度，确保了检验检疫工作质量。

【狠抓系统行风建设】 遵照国家局对2002年纠风工作的部署，四川局将纠风工作任务纳入党风廉政建设责任制进行考核，严格执行国家规定的计收费标准和总局提出的降低收费、减轻企业负担的要求；局机关和各分支局均在报验大厅设置了电脑触摸屏和政务公开栏，按要求将有关内容予以公开，接受监督；内江等5个分支局还实行了首问责任制和服务承诺；还向近500家外贸企业发放了行风民主评议调查表，反馈意见为满意或基本满意的占90%以上，并对反映出的工作效率等问题进行了整改，优化了检验检疫工作流程，提高了效率，加快了企业的物流速度。狠抓纠风工作的制度建设，印发了《四川检验检疫局公务员违反执法规定和廉政纪律行政处分实施办法》，把违反“十不准”外勤工作纪律的各种行为纳入了行政处分范围，坚决防止检验检疫人员与工作对象发生不正当利益关系。

2002年四川出入境检验检疫业务情况表

金额单位：万美元

	动物及动物产品									
	检疫批次	金额	检验检疫不合格批次	金额	检出不合格批次	金额	检出疫情批次	金额	检出问题批次	金额
合计	43421	241889	131	645	37187	222873	124	642	1628	8509
出境	35098	147144	39	71	33693	142072	37	71	1538	8109
入境	8323	94745	92	574	3494	80801	87	571	90	400

	监测体检及预防接种（人次）				交通工具检疫					集装箱检疫
	监测体检	爱滋病监测	发现病例数	预防接种	火车（节）	汽车（辆）	轮船（艘）	飞机（架）	合计	检出问题
合计	10474	11504	695	20	206	138	38	86	5437	27
出境	9335	10102	683	20	206	138	19	70	632	
入境	1139	1402	12				19	18	4805	27

	植物及植物产品			食品			化妆品	
	批次	金额	检出疫情	批次	金额	检出问题	批次	金额
合计	2755	5465	5	13	3703	12752	14	6
出境	2640	5231	1		3536	12448	13	6
入境	115	234	4	13	167	303	1	

四川口岸大事记

1月4日—6日

巴基斯坦总统对四川省进行友好访问后，通过成都航空口岸进出境回国。

1月29日

成都海关关长裘希向中共四川省委书记、省委副书记、省长张中伟通报全国海关关长会议精神，转达了吴仪国务委员、牟新生署长对省领导的问候，并将成都海关2001年工作及2002年工作安排作了汇报。

2月9日

成都市委副书记、市长李春城等市委、市人大、市政府、市政协领导赴四川省公安边防总队对全体官兵进行春节慰问。

2月10日

摩洛哥国王对四川省进行友好访问后，通过成都航空口岸出境回国。

2月17日

四川省副省长李达昌率慰问组对四川省公安边防总队进行春节慰问。

2月20日—28日

省政府口岸办公室主任李毅组织口岸查验、交通运输等部门领导赴贵州、广西、广东，考察“西南公路出海通道”情况。

3月21日

华南片化验工作研讨会在成都海关都江堰后勤基地召开。裘希关长看望了全体代表。

3月28日

韩国建设部长对四川省进行友好访问后通过成都航空口岸回国。

3月31日

中国国际航空公司开通了成都经上海至日本福冈的国际航班。

4月11日

成都海关关长裘希当选中共四川省第八次党代会代表。

4月26日

中国西南航空公司开通了成都至日本东京的国际航班。

5月5日

成都边防检查站在检查成都至汉城OZ324航班出境旅客时，查获3名浙江籍人员持用《中华人民共和国入出境通行证》欲偷渡前往德国，并现场挡获1名协助偷渡的玻利维亚籍人员。

5月9日—14日

四川省人民政府口岸办公室主任李毅同志组织口岸查验、交通运输等部门领导赴上海、宁波学习“大通关”经验。

5月30日

海关总署以署人发[2002]138号文批复同意设立成都海关驻泸州办事处，机构为正处级。全称："中华人民共和国成都海关驻泸州办事处"。

5月30日—6月4日

新加坡发展计划部部长马宝山一行经成都航空口岸进出境，对四川省进行友好访问。

6月3日

中国海关和香港海关联合承办的世界海关组织(WTO)亚太地区执法研讨会在成都举行。海关总署党组成员端木君在蓉会见蒙古海关副关长巴图木尔(BATTUMUR)先生，双方希望进一步加强今后的交流与合作。成都海关裘希关长参加了会见。

6月22日

成都边防检查站顺利完成哈萨克斯坦副总理马西莫夫专机的边防检查工作。

7月12日

国家质量检验检疫局党组成员、纪检组长郭汝斌赴四川局检查工作。

7月15日

成都海关关长裘希以书面形式将朱镕基总理等国务院领导同志视察海关总署的有关情况、牟新生署长的重要讲话以及成都海关贯彻会议精神的情况向四川省委书记周永康，省委副书记、省长张中伟，副省长李达昌等领导同志作专题汇报。

7月18日

中国西南航空公司开通了成都至日本大阪的国际航班。

7月19日

四川省政府召开"大通关"工作会议，省级口岸管理、口岸查验等有关部门参加会议。

7月31日

四川省省长张中伟，副省长李达昌、黄小祥，成都市市长李春城、副市长何绍华等领导在成都海关裘希关长，廖小波、肖力副关长的陪同下到海关总署汇报工作。总署牟新生署长、刘文杰副署长、党组成员杨国勋等领导热情接待了张中伟省长一行。

8月2日

海关总署李克农副署长在成都关区视察工作。

9月5日

四川出入境检验检疫局局长陈博文向国家局党组副书记王秦平汇报工作。

10月15日

南非普马兰加省长通过成都航空口岸对四川省进行友好访问。

10月17日

中国认证认可监督管理委员会副主任梁杰、中国质量认证中心主任李怀林、四川省副省长李达昌、四川出入境检验检疫局局长陈博文、副局长赵英豪出席中国质量认证中心成都分中心挂牌仪式。

10月23日

成都海关侦查分局成功告破总署交办的"1.18"跨国毒品走私案，抓获犯罪嫌疑人8名，缴获毒品9

箱，其中大麻脂139.1公斤，大麻117.9公斤，大麻油6.5公斤，该案涉及中国、美国、日本、尼泊尔、香港四国一区，是成都关区迄今破获的最大一宗大麻脂跨国走私案。

10月25日

海关总署盛光祖副署长、总署侦查局李晓武副局长一行到成都海关视察工作，并看望了“1.18”特大毒品走私办案干警。

11月12日

四川出入境检验检疫局副局长赵英豪与成都市政府副秘书长胡昌年及市政府有关部门负责同志专题研究四川出入检验检疫局新建检验检疫大楼的有关问题。

11月28日

海关总署赵光华副署长在成都海关裘希关长陪同下视察成都海关驻自贡办事处。

11月29日

海关总署副署长赵光华、总署党组成员杨国勋在成都主持召开部分海关关长座谈会。其间分别拜会了四川省、成都市党政领导。

12月28日

四川省泸州水运口岸(国际集装箱码头)通过四川省政府验收工作组验收。

12月28日

成都海关驻泸州办事处大楼正式破土动工，省政府王恒丰副省长等省、市领导为办事处大楼奠基。

12月30日

成都沙湾快件监管中心正式挂牌对外营业。

重庆市

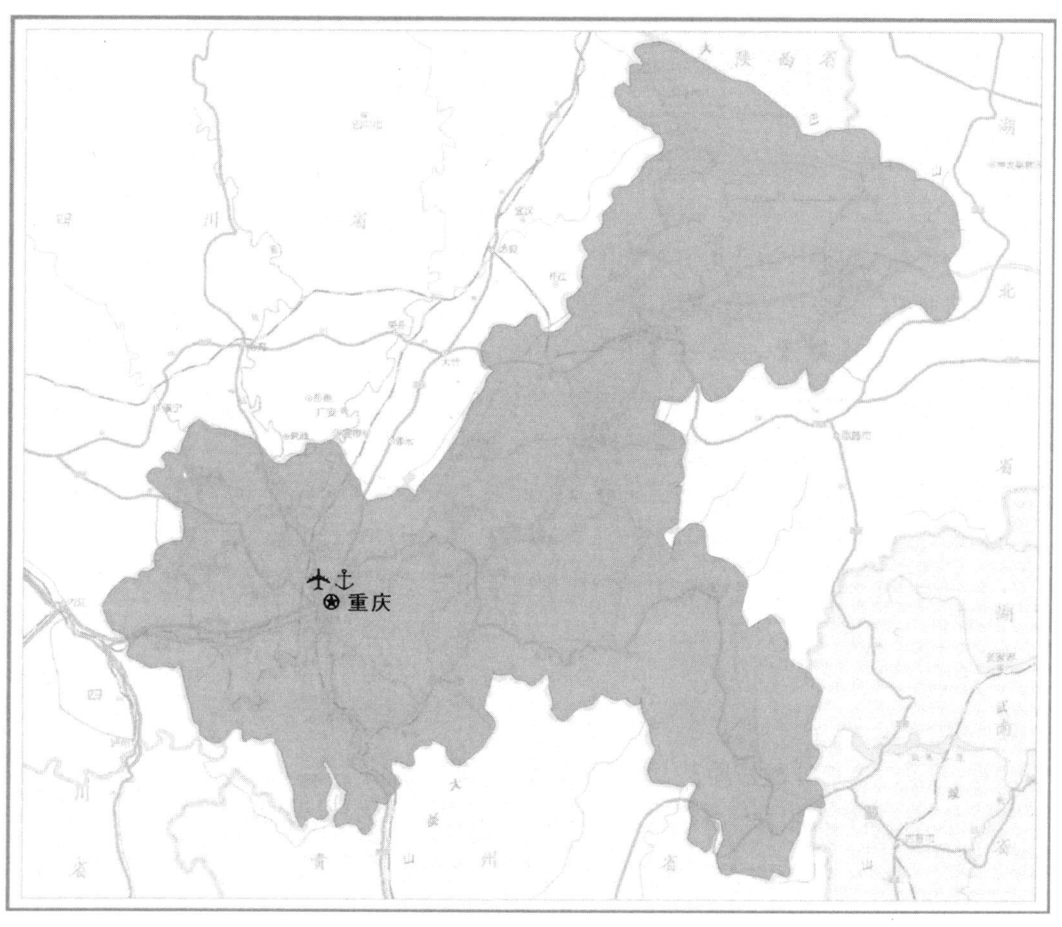

图　　例

符号	说明
⊛	省级行政中心
⊙	口岸
🚆	铁路口岸
✈	航空口岸
🚚	公路口岸
⚓	海（河）运口岸

重庆口岸工作综述

2002年重庆市政府口岸办紧紧围绕"改革通关抓推进，强化管理抓服务，开拓创新求发展"的工作思路，与时俱进，努力工作，为重庆市扩大对外开放、促进对外贸易、加强对外交往打下了良好的基础。

【管理创新，提高口岸工作效率】 2002年重庆市口岸单位努力适应新形势的发展要求，学习借鉴国际先进经验，合理配置口岸资源，改革通关作业流程。各单位在管理思想现代化、管理体制高效化、管理手段规范化和多样化方面做了大量有益的尝试。重庆海关、检验检疫、边防等口岸检验单位通过广泛地调查研究，结合企业生产需要，改变传统货物通关手续的办理方式，实行"提前报检、提前报关、实物验放"的通关模式。提供24小时预约通关服务，建立和实行"一站式"、"一条龙"、"一个窗口"等形式的联合办公模式。重庆海关与市外经贸委、港务集团共同在因特网上建立起"关港贸"信息平台，方便了企业出口退税，有效地解决了转关出口货物舱单异常数据回执问题。为扩大重庆进出口总量，相关单位主动做工作，争取到长虹等出口大户通过重庆口岸转关进出口；为减少三峡大坝截流对外贸货物经长江水上运输造成的影响，各口岸单位积极想办法，主动与有关方面协商，妥善解决翻坝运输问题等。

【扩大开放，推进口岸"大通关"】 2002年重庆市口岸单位为进一步拓宽出口渠道，切实为外贸企业服务，积极寻找扩大对外交往的新渠道，与广西凭祥市协商，成功建立起了"重庆—凭祥口岸大通关协作机制"，充分发挥重庆市工业企业多、出口产品多和凭祥大边关、大通道的优势，借出口越南市场而进军东盟市场，积极参与"中国—东盟自由贸易区"的建立。此项工作受到国家海关总署的高度评价，受到重庆市委、市政府的高度重视。市委、市政府为此专门下发了渝委发[2002]29号文件，进一步提出了加快建立"重庆—凭祥口岸大通关协作机制"的具体要求，把建立出口大通道工作作为培育出口产业、稳定出口改革，实现外贸出口正增长的重要措施之一。广西凭祥市政府为此出台了一系列政策，对重庆市企业通过凭祥口岸进出口或到凭祥投资办企业给予诸多的优惠政策，"大通关"促进了大开放，大开放推动了大发展。

【加快口岸建设，形成全方位开放格局】 2002年，重庆市口岸建设主要抓了基础设施的加强和完善。航空方面：民航重庆市管理局根据国际航班不断增加、口岸旅客量增长较快的情况，依据查验单位提出在工作流程上需要改进的意见，认真整改，并定期对国际厅的设备进行检修，最大限度地改善了口岸环境，方便了查验单位和航空公司的工作，营造了良好的口岸环境。水运方面：港务集团经重庆海关批准，在九龙坡港区建设了面积大、设施先进、功能完善、管理规范的集装箱监管场所和散货堆场。投入数百万元购置了集装箱拖车、集装箱平板车、掏装箱作业叉车等设备。并开始实施港区二期改造扩能工程。铁路方面：重庆铁路分局对外贸货运仓库、车站业务大厅和验检大楼进行了改造，进一步规范出入境货物的堆存管理，新建的进出口货物监管场所通过海关初步验收。公路方面：公路口岸投资方——重庆市公路运输总公司正在出口产品加工区附近征集口岸建设用地，相关手续在办理中。为加快对外交往步伐，发展航空业，2002年，国航重庆公司开通了重庆——东京航线；澳门航空公司恢复开通了重庆——澳门航班；德国LTU航空公司恢复了重庆——杜塞尔多夫市国际航班。

【规范管理，促进口岸协调发展】 2002年，重庆市口岸管理部门切实履行协调管理职能，促进了口岸工作整体协调发展。一是开好口岸联席会议。坚持每季度召开一次口岸联席会议制度。二是开好口岸协调管理会议。定期召开协调会议,有效地协调口岸单位和服务单位之间的关系。三是加强口岸信息交流。口岸办及时将口岸单位提供的口岸信息编辑成刊,通过月报、快报、简报、工作研究、专题会议纪要等形式,传递口岸信息,交流工作经验,反映口岸工作者的精神面貌,促进了口岸单位的配合协作。2002年重庆市口岸单位共报送信息资料148篇,领导批示16篇,涌现出4个信息工作先进单位和4名信息工作先进个人。四是组织考察调研。2002年,市口岸办组织联检部门和航空、港口、铁路口岸单位的业务人员赴港、澳考察调研,学习其机场和港口的先进管理经验和查检方法;组织公路口岸的建设、设计及今后的驻场查验单位考察深圳皇岗口岸和苏州工业园区的公路口岸建设情况等;边防、海关、检疫等查验单位还自行组织业务骨干到外地学习,主动加强与外地口岸单位的工作协作。

【优质服务,创造口岸良好环境】 2002年重庆市口岸各查验、经营、服务部门文明执法,诚实经营,全力为出入境旅客、外贸企业、进出口生产企业服务。在口岸系统形成了一种一切为旅客着想、一切为经济服务的良好风尚。2002年,在重庆市举办的“一会一节”、AAPP会议、重庆—香港周大型会展、世界银行信息年会等期间,航空、港口、铁路各口岸联检单位圆满完成了口岸出入境检查接待任务,确保了各类大型会议、会展的成功举办。2002年重庆市铁路东站海关办事处被海关总署评为全国优秀海关办事处,重庆市九龙坡区检验检疫局党支部被国家质检总局评为优秀党支部。

重庆口岸查验单位工作综述

重庆海关

2002年重庆海关监管进出口货物49.5万吨,货值15.6亿美元,分别比上年增长46.3%和19.3%;征收税款9.7亿元,比上年减少22.4%;减免税6.1亿元,比上年减少10.7%;验放进出境旅客23.1万人次,比上年增长44.5%;监管邮递物品、印刷品及音像制品35.1万件,比上年减少19.7%;加工贸易合同备案153份,比上年减少36.5%;核销加工贸易合同137份,比上年减少18.9%;清理遗留加工贸易手册81本。重庆海关认真执行国务院对三峡库区“先征后返”的优惠政策,在有关部门的配合下,全年共办理三峡库区企业退税1650万元;查扣反动、淫秽印刷品和音像制品及散发性宗教宣传品1494件;受理走私案件4宗,立案3宗,案值1331万元,涉嫌偷逃税406万元,依法对4名犯罪嫌疑人采取了强制措施,保持了打击走私的高压态势。

一、推行海关关务公开

严格按照海关总署规定的关务公开标准,对外统一了关务公开的内容、标准和形式。海关现场开展文明服务,推出“文明服务用语12条”和“文明服务忌语12条”。与重庆市外经贸委、港务局合作,共同在因特网上建立“关、港、贸”信息平台,扩大海关信息的查询范围和信息量。对海关外勤工作纪律和行风社会调查显示,88.7%的被调查对象认为海关行风比较好。

二、完善跨关区快速通关

针对“跨关区快速通关系统”运行中出现的出口货物存在大量的口岸舱单回执数据异常问题，重庆海关进行深入调研分析，主动与市外经贸委(国际货代协会)商上海海关和口岸货(船)代理公司，提出“构建内地企业与上海港国际海船公司之间进出口货物海运仓单 EDI 传输模式”的解决方案，得到上海海关、上海港内支线代理公司、上海港集装箱公司和 5 家国际知名海船公司的一致认同。在此基础上，与市外经贸委、港口管理局共同开发建立了“重庆口岸物流信息交换中心”，连通了重庆—上海港之间的江海联运舱单 EDI 传输，较好地规范了重庆地区进出口贸易通关，对整个长江流域的内支线转关出口舱单异常数据的解决有着积极的示范意义。整顿规范了海关监管场所，对九龙坡港区外贸散货堆场和铁路外贸专用线进行了规范化整改，完成了邮政速递局海关监管仓库的改造。

三、利用“二次转关”提升重庆口岸辐射力

利用长江黄金水道，启动完善二次转关操作系统，开展“二次转关”运输监管，主动加强与成都、贵阳海关等的联系配合，疏通进出口转关运输渠道，吸引四川长虹集团等周边企业通过二次转关方式转道九龙坡港出口。2002 年，九龙坡港海关监管货物占重庆关区进出口货运量的 80%以上。2002 年 9 月，重庆港集装箱月吞吐量首次历史性地突破单月 1 万标箱大关，集装箱运输转运能力迈上了一个新台阶。针对长江三峡大坝二次截流将对重庆及周边地区企业外贸运输造成的影响和困难，重庆海关认真调研长江碍航、断航期间外贸翻坝运输监管问题，并多次与口岸海关、承运人、企业、港务部门进行会商和实地考察，拟制了《重庆海关三峡截流期间长江运输转关货物监管操作规程》，将三峡截流对外贸运输的影响降低到最低的程度。

四、建立反价格瞒骗工作机制

针对入世后走私违规的新特点，重庆海关建立了反价格瞒骗工作机制，成立了反价格瞒骗领导小组，明确各部门在反价格瞒骗工作中的职责和联系制度。2002 年 5—8 月，在全关区范围内开展了为期三个月的打击价格瞒骗专项斗争，共进行价格磋商 140 起，对 36 家企业进行了价格核查，对 58 家企业进行了价格稽查和调查，查获案件 6 起，案值 5660 万元，涉税 500 万元，取得了阶段性成果。充分发挥海关统计预警监测作用，及时向市领导、市级各部门提供有价值、有分量、有深度的统计分析和研究报告 29 份，提供进出口统计数据百余次(条)，对农产品及电动工具出口、开拓摩托车国际市场、“临保”钢材等起到了较强的预警监测和决策咨询作用。

五、重庆出口加工区正式封关运作

为全力支持重庆出口加工区筹建，重庆海关主动加强与管委会的协调、协商，主动参与建设方案的研究和审查，主动深入施工现场进行技术协调和指导，保证了出口加工区筹建工作的进度。2002 年 8 月 28 日，重庆出口加工区一次性通过海关总署等国家八部委的验收，正式封关运作。时任重庆市委书记贺国强、市长包叙定，副市长王鸿举、陈际瓦以及海关总署赵光华副署长出席了封关授牌仪式。重庆海关驻出口加工区办事处对外积极宣讲国家对出口加工区的政策，对内狠抓基础建设，强化内部管理，规范业务运作，实行“一次申报、一次审单、一次查验”的通关新模式，为企业提供“24 小时、全天候”通关服务。2002 年共有重庆美心、麦森门业有限公司等五家企业正式入驻重庆出口加工区。

六、创新监管模式支持企业进出口

针对重庆长安福特汽车公司全球采购、分散进口的特殊情况，重庆海关认真开展调研，提出相应的监管措施和办法。2002 年 11 月 25 日，海关总署正式批复了重庆长安福特汽车公司进口汽车散件监管方案，解决了现行外贸许可证制度与海关通关程序中货物原产地、贸易国、汇率、税率等疑难问题，确保了该重点项目的顺利实施。契合重庆地区企业出口多元化发展需求，开展了与广西凭祥的铁路、公路转关出口监管业务，促进重庆地区摩托车及其零配件出口。根据三峡库区以盐、矿和化肥等资源性产品出口为主的地域经济特点，积极与出境地海关配合开展散货转关出口，启动大宗散货出口转关监管业务。树立服务意识，帮助企业解决实际困难，在重庆海关驻港口办事处、驻东站办事处开设接单/征税业务。对渝一合高速公路建设进口的近60000吨沥青，海关派员到施工现场或卸船现场就近监管验放，提供无障碍服务，为企业节省了迂回运输费用。

七、发挥缉私调查职能，规范进出口贸易秩序

认真落实海关总署调整打击走私违规行为职能的部署，组建了刑事技术处和查私科。全年共获取走私违法犯罪情报线索34条，案值1331万元人民币，涉嫌偷逃税款406万元人民币。其中，立案3起，移交重庆市公安局经侦总队作另案处理1起。结案2起，刑事拘留4人、办理取保候审6人、监视居住1人、执行逮捕2人。全年为兄弟缉私分局协查案件41起，共抓获犯罪嫌疑人2人。先后分4批共7人次参加了汕头“8.15”案和成都“3.16”案专案行动，有力地支持了海关总署组织的专案侦办工作。调查工作初步实现了“三个转变”：由办理车案向调查查稽进出口业务环节违规行为转变，由依靠现场被动调查查稽向通过数据分析主动出击查稽违规行为转变，由业务管理的随意性、经验性向依靠制度规范和数据管理转变。全年调查立案25件，结案18件；审理案件32件，审结29件，案值1479万元；执行案件38件，补税入库140.92万元；稽查企业39家。

重庆海关2002年工作业务统计表

类　别	工　作　量		单位	比去年同期±%
	2002年	2001年		
进出口货物	49.51	33.84	万吨	46.3
其中:进口	9.93	7.64	万吨	30.1
出口	39.58	26.2	万吨	51.1
进出口货物总值	15.61	13.09	亿美元	19.3
其中:进口	7.54	7.99	亿美元	−5.6
出口	8.07	5.1	亿美元	58.2
进出境旅客	23.06	15.96	万人次	44.5
邮递物品	1.65	1.93	万件	−0.7
印刷品和音像制品	33.39	41.68	万件	−20.4
快递物品	3.36	3.15	万件	6.6
罚没入库	431	429	万元	0.5
征税税款	9.71	12.52	亿元	−22.4
其中:征收关税	3.5	5.7	亿元	−38.4
进口环节税	6.21	6.83	亿元	−9
减免税总额	6.09	6.82	亿元	−10.7
备案加工贸易合同	153	241	个	−36.5
核销加工贸易合同	137	169	个	−18.9

重庆市公安边防总队

2002年,重庆市公安边防总队大力提高检查员的综合技能,严格执法,热情服务,树立良好形象,促进业务工作迈上了新台阶,保证了国门安全。

【出入境检查任务量创历史新高】 截止2002年重庆航空口岸已开通直达香港特别行政区、澳门特别行政区、日本名古屋、日本 东京、泰国曼谷、韩国仁川、德国慕尼黑7条地区或国际航线,每周有定期航班46个。全年检查出入境航班2158架次,检查出入境人员212454人次,比去年同期分别增加37.92%和37.78%,检查任务量创历史新高。

【反偷渡、布查控工作取得突出成绩】 2002年,查获在控对象30人次,其中重控2人次。8月22日,我总队还首次查获了两名“法轮功”人员携带反运宣传资料入境的案件。查获偷渡案件4起,处理偷渡人员3人,“蛇头”3人,查处其他违反出入境管理法律、法规50人次。总队查获的加拿大籍“蛇头”陈本枝已被重庆市第一中级人民法院判处了有期徒刑,极大地打击了出入境违法犯罪活动。

【大力加强业务建设】 2002年4月成立了边防检查处，隶属于总队司令部。边防检查处下设执勤业务一科、二科、三科和查控科。为了适应新形势的需要，2002年上半年，制定了总队《检查员业务培训实施办法》，把业务培训工作纳入正规化、制度化管理轨道；组织编写了《边防检查证件基础知识》、《边防检查验证基本技能》两本基础业务教材，对所有检查员进行了三次伪假证件识别培训，还邀请旅行社的员工为业务科检查员培训了12课时的韩语，大大提高了检查员的“七种能力”。8—10月先后组织业务科长举行了6次专题业务讲座，重点培养科队长政策掌握能力、判断能力和处理业务问题能力。总队还根据公司部《出入境边防检查行政处罚实施办法》，进一步统一了执法程序和工作标准。举办业务研讨会议，加大业务研讨力度，指导一线执勤。制定《执勤执法专项整顿实施方案》、《执勤执法专项整顿查摆剖析内容要点》和《业务管理措施十七条》等执勤执法专项整顿措施，全力抓好执勤执法专项整顿。积极落实全国反偷渡工作会议精神，配合反偷渡南北方行动，先后三次召开反偷渡专题讨论会，研究对策，制定打击防范口岸偷渡活动的措施。

【全力推进文明执法和热情服务】 总队在AAPP会议举办期间，先后为来自十多个国家包括柬埔寨拉那烈亲王在内的40多名议长和议会代表提供了优质、便利、高效、安全的礼遇检查服务，成功地保卫了AAPP会议的安全，得到了与会各国代表的高度评价，总队及部分官兵还受到了重庆市委、市政府和重庆市公安局的表彰奖励。在日常执勤工作中推进网上电脑排班，实行警务公开。在现场设置了边防检查公告牌，公开边防检查标准，发放《中国出入境边防检查指南》，从社会各界聘请了9名“边防执法社会监督员”。总队对现场部分警务公开设施进行了更新，重新制作了值班领导、科长公告栏和旅客投诉箱，公布部局和总队投诉电话，设置旅客意见簿，向旅客发放执勤执法问卷调查表，及时收集社会各界对总队执勤执法的反馈信息，利于及时解决执勤执法中存在的问题。还积极为出入境旅客和中外客商提供便利，开设专门通道，优先验放老、弱、病、残、幼、孕等旅客，积极为出入口岸的老台胞解决实施困难。充分发挥口岸优势，积极与在渝投资的外商建立联系，向他们宣传重庆市的招商引资政策，主动为他们的出入境提供方便。总队根据重庆市委、市政府为提升重庆直辖市城市定位的要求，每月、每季度、半年、全年给市政府提供口岸出入境数据及分析报告，为重庆市政府增开国际航线，制定口岸发展规划提供参考依据，对重庆经济发展做出了贡献。

重庆出入境检验检疫局

【概况】 2002年，重庆检验检疫局共检验检疫进出口商品31363批，货值152538万美元，较上年同期批次增长47.1%，货值增长16%。检疫交通工具2346架(台)次，较上年同期增长61.5%；国际邮件10764件，较上年同期增长15.5%；集装箱39550箱，较上年同期增长105.2%。查验出入境人员229864人次，较上年同期增长48%；实施监测体检6395人次，较上年同期增长51.8%；办理国际旅行健康证，预防接种23783人次，较上年同期增长27.3%。签发通关单10626份；普惠制产地证4226份，签证金额17178万美元。接受价值鉴定申请66批，申报价值2204万美元，全年总降值101万美元，总升值115万美元。在动物检疫中，查获从口蹄疫区印度进口的牛肚28吨；在集装箱和木质包装检疫查验中，多次截获中对长小蠹、滑刃线虫、米扁虫、凹缘大蠊、二带黑菌虫、天牛、尘虱、毛蕈甲等检疫害虫；

在邮件查验中，截获植物种子、海产品、肉制品等6批禁止进境物，珍稀蝴蝶标本、中药植物2批禁止出境物；在国际机场检疫和卫生监督中，检查出水果、蔬菜、肉制品、土壤等禁止入境旅客携带物50批，从国际航班上查出20袋生活垃圾作卫生处理，灭杀蟑螂173只；在出入境人员健康体检中，发现艾滋病、梅毒等多种疾病病例1099例。推动企业建立先进质量管理体系取得新的进展，质量体系评审194家企业。

【签证管理】 重庆检验检疫局全年共签发检验检疫证书11641份、通关单10626份。全市进出口企业1656家，已在重庆检验检疫局备案登记为报检单位的1028家(其中代理报检单位38家)。培训报检员或代理报检员284名并颁发报检员证，累计发放报检员证930个。

全年签发普惠制产地证4226份，签证金额17178万美元，一般产地证1630份，签证金额8587万美元。普惠制产地证签证份数及金额居前列的给惠国有日本、德国、法国、荷兰、意大利、英国。一般原产地证签发的贸易国家和地区主要为美国、德国、日本、英国、香港等。申办产地证较多的出口企业有汉斯.安海.酉阳进出口公司、石化四川维尼纶厂进出口公司、重庆四方制装有限公司、重庆四维瓷业进出口公司、重庆伍达畜产公司等。所签产地证书中，产品含有进口成分的不多，表明重庆市出口产品绝大多数系完全原产品。新办理产地证注册单位61家，累计注册单位495家。

进出口货物检验检疫“电子签证、电子转单、电子报检”(简称“三电”)的签证管理改革进入全面推广期。190家企业(累计272家)安装“三电”软件，实现足不出户即可办结报检手续。截至2002年12月，电子报检已占同期报检总批量的78.4%，电子签证占34%，电子转单占50.7%。

【出境检验检疫及管理】 重庆检验检疫局全年检验检疫动植物及其产品、食品、纺织品、轻工品、化矿产品、金属产品、机电产品等出境货物24541批，货值84620万美元。其中不合格产品1批，不合格原因主要为品质规格不符合要求。检验检疫出境集装箱34164箱，检疫出境飞机1066架(次)。

实施传染病监测，监测体检出境人员5957人次，艾滋病监测8316人次，发现监测性病例1264例，其中艾滋病毒携带者2例，梅毒38例，预防接种23783人次。发现的传染病阳性数和阳性率为历年最高。重点监测出境劳务人员，占监测人数的69.7%，劳务人员多集中前往非洲和亚洲各国。在所在类别的人群中，出国劳务群体的健康状况较其他群体差，仅乙肝病毒携带者就达11.28%，远高于出入境人群平均水平8.13%。查出的艾滋病病毒携带者2例全为出国劳务人员，38例梅毒患者中出国劳务人员占到32例(84.21%)。

新考核出口食品卫生注册企业13家，复查4家。向19家企业颁发了临时出口质量许可证，向18家企业颁发出口商品包装容器质量许可证。俄罗斯兽医专家到重庆考察对俄出口企业，重庆7家出口食品注册企业通过考核，重庆肉类产品恢复对俄出口。对24家出口罐头食品厂、小食品厂进行了专项检查，3家小食品厂被建议取消卫生注册资格。

完成了重庆市20个区县230个布点的实蝇监测和调查工作，捕获实蝇12556头，主要实蝇种群为南瓜实蝇，其次为黑实蝇和具条实蝇。九龙坡港区病媒生物本底调查进展顺利，发现黑线姬鼠等鼠种9类。对航空口岸及饮食服务单位进行了摸底调查，保证了西南航空公司飞机顺利通过国外卫生检查。

丝绸是重庆的传统大宗出口产品。2002年，重庆市共有30个企业生产出口生丝和双宫丝。重庆检验检疫局全年检验出口丝绸8481批，货值5098.6万美元。其中，生丝5780批，货值3189.7万美元，双宫丝2701批，货值1198.3万美元，坯绸139批，货值710.6万美元。出口双宫丝和生丝主要销往印度，少量销往欧洲市场。重庆双宫丝质量在国内处于领先地位，产量占全市80%以上的永川昌州、圣水、金凤三家企业，双宫丝平均品位在特级96以上，金凤丝厂产品达到双特级。重庆生丝以低品位丝为主，质量逐年提高。2002年，全市生丝品位为2A89，为历史最高水平。3A级以上高品位生丝占检验量64.33%。

2002年共受理出口摩托车整车、发动机及散件检验4579批，货值39034万美元，与上年相比批次下降3.5%，货值下降13.3%。其中整车(套件)2642批，货值21976万美元，发动机(套件)1439批，14738万美元，摩托车零配件498批，2320万美元。摩托车出口货值占机电产品出口货值的88.9%。出口摩托车多为中低档、小排气量的摩托车，出口市场由主要集中在越南，逐步扩大到伊朗、印度尼西亚、尼日利亚、巴基斯坦等多个市场。对越南的出口货值比率由上年的77.1%下降到不足30%。在检验中发现共5批，货值33万美元的摩托车散件有部分包装不合格，一些零部件存在表面缺陷，经返工后合格。

【进境检验检疫及管理】 重庆检验检疫局2002年检验检疫动植物及产品、食品、纺织品、轻工品、矿产品、金属及制品、化工品、机电产品等进境货物6822批，货值67917万美元。其中不合格产品28批，53万美元，不合格原因主要为品质规格、数重量不合要求。

2002年，国际传染病疫情仍十分严峻，鼠疫、黄热病、霍乱、登革热、埃波拉出血热等时有发生。重庆检验检疫局加强口岸卫生监督执法，“突出重点，严把四关”，加强风险预警和快速反应机制建设，有效把住了口岸疾病关、媒介关、食品卫生关、特殊物品关。全年检验检疫入境集装箱5386箱，检疫入境飞机1280架(次)，对澳大利亚总理专机、AAPP会议专机各一架次实施了国境卫生监督。实施入境人员监测体检438人次，艾滋病监测110人次，发现96例监测性传染病。

入境商品风险预警快速反应机制逐步完善，重庆检验检疫局先后妥善处理了印度牛肚、爱尔兰学儿乐奶粉、韩国鱼罐头、奔驰MB100旅行车等检验检疫预警事件，做到了及时发现、即时报告、快速处理。

2002年检验进口机电仪商品592批，货值13322万美元。重庆检验检疫局共出具索赔证书78份，索赔金额165.2万美元。索赔货值占检验货值的1.24，索赔金额下降34.5%。进口机电仪商品主要以一般单机机械设备和医疗器械为主。从日本进口4346.6万美元，占进口货值的32.6%，从美国进口3677.5万美元，占进口货值的27.6%，从欧盟进口3614.5万美元，占进口货值的27.1%。进口商品中，主要索赔商品范围是电子产品和机械加工设备。索赔原因主要是品质不良和短少。索赔商品的国家和地区，以日本和德国为主，分别为索赔货值的44.2%、29.9%。进口机电仪商品中，医疗设备是重点监管对象。全年共检验进口医疗设备194批，货值1918万美元，占进口机电仪批次的32.7%、货值的14.4%。共出具索赔通关证书7份，索赔金额2.7万美元，占进口医疗设备货值的0.14%。进口医疗设备质量明显提高，与上年相比，索赔金额下降95.2%。

【重庆农产品出口遭遇壁垒仍保持增长】 2002年，出口农产品遭遇进口国非关税性技术壁垒的情况日趋严重，影响重庆市出口农产品、食品的正常贸易。欧盟、俄罗斯、日本、韩国及港澳特别行政区对进口的动物源性食品中抗生素、农残、激素、重金属等有毒有害物质残留限量要求越来越高；美国要求更高。重庆检验检疫局认真研究、掌握与WTO相关的技术性措施和方法的基础上，根据检验检疫工作中掌握的信息技术资料，向政府、外贸企业提供信息支持服务。加强对出口企业的监督管理，对企业原料、生产加工、储藏、运输等过程实施过程控制，要求企业推贯ISO9000国际标准认证、危害分析、关键控制点管理(HACCP)、良好作业规范(GMP)。指导7家肉联厂通过对俄罗斯注册复查,使重庆肉制品恢复对俄出口。2002年,重庆检验检疫局检验检疫动植物及其产品、食品5558批,货值1.56亿美元,重庆动植物源性产品实现扩大出口,肉类增长260%,肠衣增长15%,茶叶增长16.7%。

重庆海事局

2002年,重庆海事局实现了长江干线重庆段(重庆局和万县局)的两监合并,并于10月18日顺利揭牌。

【安全监督管理】 2002年,局辖段(庙河至九层岩)共发生一般以上事故46件,其中碰撞事故为14件,沉船30艘,死亡75人,经济损失1127.8万元,与去年同期相比,分别上升9.5%、上升16.7%、下降5.1%、上升20.8%、上升84.5%,辖区安全状况综合评估指数为89,安全状况基本稳定。监督艇出航75304航次,计42083.56小时,巡航执行率为98%,查处违法1928件,罚款201.4万元,行政执法错案率为零。完成船舶安全检查3331艘次,完成了全年任务的151.4%,查出缺陷数22555项,缺陷整改率100%,滞留船舶24艘。业务考核体系重要项目和主要项目合格率99%。2002年4月,重庆及万县局出色地完成了AAPP会议有关水上安全维护工作,得到了重庆市委、市府,交通部、长江局的嘉奖。

【强化内部管理】 以深化方针目标管理为主线,将内部改革与水监体改有机结合,充实完善各项制度。一是深化方针目标管理;二是充分发挥基层处、站作用;三是加强财务管理;四是水监体制改革有序推进;五是抓好海事机构的运转。通过强化内部管理,拓展了安全管理的开放性和社会性。实行了向政府汇报水上安全工作制度及与航道企业联席制度,完善了辖区通航环境公示制度,促进了与地方交通部门,以及航道、通信、船检等支持保障部门的密切配合,定期召开会议,互通情况,共商对策。大力推进《国内安全管理规则》工作,分期分批派员指导和帮助企业建立健全其国内安全管理体系。2002年已有17家船公司、21艘船舶通过认证。加强了新闻宣传与舆论监督。现基本达到各种媒体每周有2篇有关水上安全工作的宣传报道,从而增进了全员的安全意识。2002年,船艇完好率为97.2%,计划修船6艘,完成率100%,船艇可用率为94.35%,成立质量管理小组18个,其活动率100%,各类档案完整率100%,无刑事、治安、政治案件和黄赌毒,无重大责任事故,监督艇趸无一般以上事故。

【基本建设】 2002年,完成下达投资计划966万元,完成全年计划的100%,项目当年开工2个,其开工率66.7%,项目当年完工率100%,基建合格率100%。在业务用房方面,完成了朱扬溪站房的初设,江津、忠县站房的交工,涪陵处业务用房的竣工,红溪沟站房的开工,万州船员培训中心的开工,奉节站房的合建及巫山站房的开工。在划转项目方面,完成了涪陵、丰都、石柱港监所(处)淹没复建项目的申报,其中丰都所工程年内开工。在码头工程方面,实现了朝天门,丰都码头的开工,涪陵、忠县(158M以下)、红溪沟(主体)、云阳(主体)码头,巴东码头的完工,奉节码头的初设。

【科教兴局】 完成了局"十五"人才引进和培训计划上报,推荐了20人为"115"人才工程后备人选,并制定了培养措施,其措施实施率达80%,制定实施了至2004年10%的执法人员达英语四级水平和70%执法人员达计算机一级水平的目标计划,举办各级各类人员培训班27期,共890人次,完善了继续教育登记制度,在岗干部参加学历教育、岗位培训、继续教育人员达到在岗位干部人员总数的78%,开通了局机关与各海事处电子邮件,实现了局机关微机联网及无纸化办公。

【精神文明建设与党风廉政建设】 一是加强领导班子建设,提高领导干部综合素质;二是加大干部调整力度,不断活化用人机制;三是加大思想政治工作力度,加强道德建设;四是加大党建工作力度,加强和改进作风建设;五是广泛深入开展“三学四建一创”活动,扩大文明创建成果;六是进一步加大党风行风廉政建设工作力度;七是发挥工会和共青团组织的作用。2002 年副科以上干部廉洁自律自查率 100%,政治理论学习面 100%,党风廉政教育面 100%,党支部合格率 100%,党员合格率 100%,实现了行风有理举报为零和收受红包为零的目标,全年无违纪案件,信访办结率 100%,分别召开了职工大会,推行了局(处、站)务公开制度,团支部合格率 100%,计划生育率 100%。

贵州省

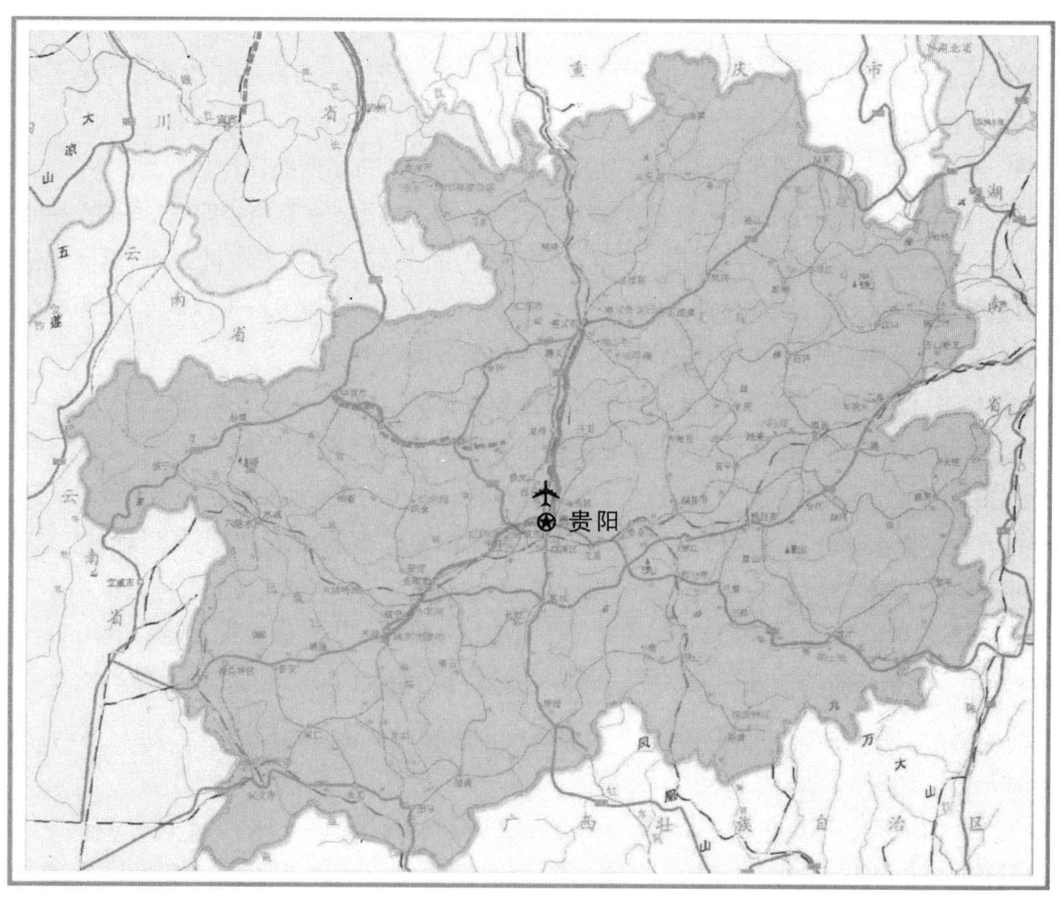

图　例

- ⊛ 省级行政中心
- ⊙ 口岸
- 铁路口岸
- 航空口岸
- 公路口岸
- 海（河）运口岸

贵州口岸工作综述

【概 况】 贵州，位于祖国西南腹地，东毗湖南，南邻广西，西接云南，北连四川，地处长江和珠江上游的分水岭，是华北、华东和华南等地区重要的生态屏障。全省现有九个地州市，土地总面积17.6万平方公里，人口3710万，世居民族有汉、苗、布依、侗、水等17个，是一个多民族聚集的省份。口岸处于三不沿(不沿边、不沿疆、不沿海)的现状。

改革开放以来，贵州经济社会面貌发生了巨大的变化。在落实国家西部大开发战略中，省委、政府加快了基础设施的建设，具有现代化水准的4D级贵阳龙洞堡机场的开通，推动了贵州口岸的扩大和开放，促进了贵州经济的发展。

【口岸分布】 贵州口岸主要分布在贵阳地区，分为航空口岸及货运口岸两类。

贵阳航空口岸，位于贵阳市龙洞堡机场距离市区10公里，属国家一类空港口岸。机场占地5600亩，跑道长3200米，宽60米，按国际先进水平4D级标准建设，具有一类仪表着陆系统、国际先进的导航系统和雷达管制设施，可满足B737、B757、A320等中小型客机全载起降，还可以满足B747、A340等大型客机减载起降，承担了成都、重庆、昆明机场国际飞行的备降任务。

贵阳货运口岸，位于贵阳市东郊龙家寨贵阳市对外贸易储运公司铁路专用线、属二类口岸，与西南最大的铁路编组站贵阳南站相距2公里，是具有集装箱专用货区及设备的货场。

【口岸客货运量】 2002年，口岸办与西南航空公司、南方航空公司一道，为贵阳至港澳航线的营运创造必要的条件，在保持原港澳航班的基础上，每月增开四个贵阳至香港的航班，提高了口岸的整体效率。2002年通过贵阳口岸出入境的飞机架次426，出入境的人员36355万人次，其中入境人员18073万人次，出境人员18282万人次。

铁路货运进出口货运量为198522吨，同比增长252%，其中进口161402吨，同比增长929%，出口37120吨，同比减少9%。省内出口物资主要是本省生产的黄磷、硅、锰、铁合金等矿产品及酒类、方便食品等特色产品。

【口岸管理工作】 2002年以提高贵州口岸工作效率为重点，认真贯彻国务院《进一步提高口岸工作效率的通知》精神，加强了口岸的协调工作，下发了《关于进一步提高贵州省口岸工作效率的实施意见》，成立了由省政府牵头，口岸管理、海关、铁路、交通、外贸、检验检疫、边检、民航组成的“提高贵州省口岸工作效率协调领导小组”协调全省口岸管理工作，定期召开联席会议，及时研究解决口岸管理中的矛盾和问题，改进了口岸通关流程，提高了口岸的通关效率。

此外，积极协调各有关部门，研究解决口岸运行中的问题，加强口岸通道中各部门之间的协作，不断提高口岸管理水平。

【口岸规划建设】 省委、省政府非常重视贵州省口岸扩大开放工作，把口岸扩大开放列入贵州省落实国家西部大开发的一项重要任务。2002年，重点做了贵阳龙洞堡机场对外国籍飞机开放的基础工作，按要求尽力解决相适应的人员编制、配套设施等问题，2002年争取到国家有关部门和省对口岸建设的部分投资，加大口岸基础设施的投入，为2003年贵阳龙洞堡机场对外国籍飞机开放打下了一定的基础。

目前,贵州省已建成贵阳至兴义的高等级公路,连接了贵州与广西的南下出口通道,现有的物流中心已不能适应货物进出的需要,因此,发展公路货运口岸已成为经济发展的需要。口岸办将此项工作纳入调研计划,积极发展外向型经济,与地区政府共同调查、了解,进行可行性的研究分析,为地区物流、货运的发展提出建议,提高公路货运的疏运、集散能力。

【口岸通关情况】 改革和规范口岸作业流程。采用先进的技术和管理办法,进一步提高口岸现代化管理水平,建立"一站式"等形式的口岸管理部门的联合办公模式,密切协调配合,提高签发出口退税的工作效率,规范收费标准,加大打击走私、骗税、骗汇的力度。实现口岸管理网络化、信息化进程,尽快推进口岸各部门一个电子平台运作方式,联网监督、无纸通关,不断提高海关验放速度,贵阳海关安装了软件程序,解决了手册核销问题。检验检疫部门推进了电子报检、电子签证和电子转关的工作。

贵阳边防检查站为解决非在控旅客重复检查受阻问题,建立和使用了非在控人员库,提高旅客通关速度;对出入境的中外旅游团队实行预报预检制度,进一步提高通关速度,检查一名旅客不超过45秒;并通过建立业务档案、开展业务培训、加强了对旅游团队管理,既保障广大人民群众利益,又有力打击各类偷渡犯罪。

【共建精神文明,增进口岸凝聚力】 2002年,口岸办把口岸共建和文明示范窗口的活动与贵阳龙洞堡机场的文明创建活动结合起来,与民航、海关、出入境、边防等有关部门共同策划,共同执行,取得了很大的成效。在贵阳龙洞堡机场获得2001年全国文明机场的基础上,进一步把共建文明活动与行风建设、口岸日常管理、业务工作、服务质量结合起来,建立服务承诺制度,公开办事程序和规则;建立健全内、外监督检查制度,深入开展反腐倡廉活动,落实党风廉政建设责任制。此外,还经常组织口岸查验单位开展文体活动,自编自演,自娱自乐,促进了解,增进了口岸凝聚力。

贵州口岸查验单位工作综述

贵阳海关

2002年,贵阳海关坚持"依法行政、为国把关、服务经济、促进发展"的工作方针,积极应对入世,充分发挥把关服务职能,为贵州外向型经济发展和实施西部大开发战略服务。2002年,贵阳海关共监管进出口转关运输货物19.85万吨,总值1.57亿美元,征收关税和进口环节税1.54亿元人民币,分别较上年增长2.54倍、0.32%和2.29倍;审批减免税2.45亿元人民币,较上年减少4.95%。注册备案经营企业126家,监管进出境旅客3.45万人(次),监管行李物品6.02万件。查处走私违规案件5起,案值2713万元,分别较上年减少7.6%和5.45%,上缴罚没收入231万元。

【加快通关速度,促进外贸发展】 2002年,贵阳海关积极适应入世,立足西部大开发,贯彻海关工作新方针,辩证处理把关与服务的关系,树立"把关不是堵关"的理念,深化通关作业改革,继续简化作业流程,实行贸易便利化措施,支持贵州外贸发展。建立通关"快车道",兑现服务承诺,实行24小时报关和预约报关制度;树立"大通关"理念,参与"一站式"口岸联合办公,方便企业合法进出;坚持关务公开,实施阳光操作,接单、审单、出口退税联签发,结关时间明显缩短,分别为10分钟、15分钟、半天、1天。按照世贸规则办事,在守法诚信的基础上支持关区内高新技术企业——京瓷振华、贵州轮胎厂等重点企业发展,达到双赢的目标。关领导分别多次率队深入到061、011基地、遵义铁合金厂、老干妈等国有、私营企业和遵义、都匀、凯里、安顺等地、州、市开展工作调研,宣讲海关政策,为企业排忧解难,为地方经济发展出谋划策。对国家“西电东送”、贵州省三大军工生产基地国资项目等重点建设项目热情服务,特事特办。

【强化税收征管】 2002年,随着中国入世,受关税减让和税率下调的双重影响,贵阳海关面临严峻的挑战和巨大的压力。对此,贵阳海关积极应对,在对本关区税源情况进行了认真调查摸底和分析论证的基础上,制定了实事求是的7600万税收计划。为保证税收任务的完成,海关采取了以下措施:一是树立全关一盘棋思想,一把手亲自挂帅,各部门相互协作,提高综合治税能力;二是解放思想,积极拓展税源,加强对“税收大户”企业生产经营情况的走访跟踪调查,关领导、各业务部门今年到企业调研、走访达200多人次。加大对新的税收增长点(如京瓷振华等企业)的扶持帮助。大力拓展转关运输业务,争取更多的企业在贵阳报关,努力涵养、扩大税源,到贵阳海关报关的企业大幅增加,增加25%;三是进一步完善、发挥“关税分析监控系统”、“执法评估系统”的作用,不断提高税收征管质量;四是加强减免税、加工贸易管理,认真开展催缴欠税工作;五是防止税收工作中的跑、冒、滴、漏现象,不因税少而不为,应收尽收。由于工作到位,全年共征收两税1.54亿元,是上年的3.5倍,创历史最好水平。

【打击走私违法,维护贸易秩序】 2002年,贵阳海关走私犯罪侦查分局以列入地方公安序列为契机,加强与公、检、法的联系配合,提高发现和打击走私犯罪的能力,在抓好自侦案件的同时,搞好协查协办。全年共接受案件线索18起,受理案件13起,案值2255万元。协查协办案件28起,协办案件抓获犯罪嫌疑人3人,出警513人次。分局干警经过1年多时间侦办,号称“贵州走私第一案”的走私油菜籽特大案件,2002年12月在遵义市中级人民法院开庭审理,极大地震慑了犯罪分子。

贵州省公安边防总队

贵州省公安边防总队在公安部边防局和省公安厅领导下,以“三个代表”重要思想为指导,根据部局党委扩大会议精神和年度公安边防工作要点,紧密结合贵州公安边防实际,夯实基础、狠抓落实,坚持“两手抓,两手都要硬”,以转变领导班子作风、确保部队集中统一、安全稳定和提高官兵执勤执法能力为重点,脚踏实地、扎实工作,圆满完成了各项边防保卫任务,有力促进了地方各项经济发展。

2002年贵州省公安边防总队共检查贵阳至泰国、香港、澳门等国家和地区出入境航班426架次(入境214架次,出境212架次),检查出入境人员36355人次(旅客32192人次,员工4163人次)。出入境旅客中,内地因公269人次,内地因私10745人次,港澳居民5081人次,台湾同胞14164人次,外国籍1933人次。查处偷渡案件2起4人次;查处违法违规事件34起34人次。由于今年上半年增开贵阳至澳门航班,与去年同期相比,服务员工增加4.23%,航班增加0.95%。

【严格执法、热情服务,全力维护国家主权、安全和社会政治稳定,确保党的十六大胜利召开】 在“五一”、“七一”、“十一”、“十六大”期间和贵州“白云国际风筝节”、“都匀国际摄影博览会”、“国际健美节”等重大节假日加强对重点人员、重点航线的查控力度，严防境内外敌对分子、民运分子、民族分裂分子、邪教分子和严重经济、刑事犯罪分子潜入潜出，进行破坏。并协助国家安全部、公安、法院、检察院、纪检等部门核查各类违法嫌疑人，接收境外遣返人员，协助遣返不准入境人员，共计 50 余人次，多次受到部局和省公安厅领导高度赞扬和肯定。

【严密勤务组织，严厉打击偷渡，维护口岸正常的出入境秩序】 认真落实全国反偷渡会议精神，加大对口岸偷渡活动的打击力度。成立了反偷渡工作领导小组，加强了反偷渡工作的检查、指导力度；认真学习研究部局下发的偷渡信息资料、分析研究当前全国偷渡活动的特点、规律；大力开展伪假证件识别培训，不断提高全体执勤人员伪假证件识别能力；并突出对贵阳至曼谷航线、出国旅游团队人员实施重点检查。由于高度重视、周密部署、措施得当，全年共查处变造身份资料、骗领护照偷渡案件 2 起，查获偷渡分子 4 人，收缴伪假证照一批，有力地打击了偷渡分子的嚣张气焰。去年共检查贵阳至泰国、香港、澳门等国家和地区的航班 399 架次、出入境旅客 30500 人次、交通工具员工 3910 人次，查处各类违法违规人员 25 起 29 人次，均做到定性准确、裁量适当、程序合法，无诉讼、复议，无执勤事故。

【发挥口岸优势，积极为地方改革开放、经济建设和西部大开发服好务】

积极研究省情、市情，加强对官兵的省情、市情教育，让官兵牢固树立边检工作为贵州省改革开放和经济建设服务、为贵州西部大开发战略的实施和国家加入 WTO 服务的思想观念。向省、市党委、政府宣传国家出入境边防政策和法律法规，报送促进贵州省对外开放、经济发展和西部大开发的 10 项措施和 6 条建议，并通过《贵州边检信息》及时反映出入境信息，为省市党委、政府领导提供决策参考。强化对旅行社的指导工作，通过建立业务档案、开展领队业务培训、实行预报预检制度，提高中外旅游团队通关速度，改善了口岸通关环境。对省市政府要客和老弱病残幼等旅客提供专台检查等礼遇服务，为入出境考察投资、经贸洽谈和进行经济科技文化交流 10 余批 400 余人次提供礼遇服务，多次得到省、市党委、政府领导和出入境人员高度赞扬。

【推行以干部量化考核为重点的干部制度改革，提高部队整体素质】 党委根据贵州边防实际，从去年 7 月起出台了《干部量化管理考核规定》，将干部“德、能、勤、绩、廉”与日常工作作风、纪律进行公开、公平、公正的综合评定，并与干部提拨、晋职晋衔挂钩，奖勤罚懒、奖优罚劣，大大地激发广大干部积极性和工作热情，初步建立了用制度管人的良好机制。

【以稳定思想和提高素质为主线，开展各种经常性和专题性思想政治教育】 党委按照“真抓、早抓、主动抓”的方针，以稳定思想和提高素质为主线，扎实开展教育工作。开展“三项教育”再学习活动、贯彻部局党委扩大会议精神、“三项治理”教育、学习贯彻全国边防部队纪检保卫工作会议精神。狠抓部队经常性思想教育工作，统一部署，开展“让党放心、让人民满意”主题教育，安排了六个专题 42 课时教学，通过考试、笔记检查、心得评比等办法，使官兵牢固树立了宗旨意识、服务意识、责任意识。学习江总书记“三个代表”重要思想、十五届六中全会精神、“5·31”讲话、“七一”讲话、收看十六大实况、学习十六大精神，达到统一思想、认清形势、提高觉悟，树立了正确的人生观、价值观、奉献观的目的。开展艰苦奋斗的革命传统教育、组织参观遵义会址、息峰集中营等活动。通过教育，全体官兵在工作要求高、任务重而福利待遇降低的情况下，思想稳定、工作安心、树立了艰苦奋斗、奋发有为、爱岗敬业的主人翁思想，增强了部队凝聚力、向心力。部队先后为贵州省灾区人民和失学儿童捐款近 3000 元和一批衣物；6 月上旬，两名战士在前往昆明考试途中，见义勇为、勇斗歹徒，保护了人民生命财产，分别被总队荣立三等功和嘉奖一次;一人荣获全国公安边防部队首届“边防卫士杯”乒乓球比赛广西赛区女子组第二名;先后共有五人被分别评为公安厅“三项教育”先进个人、部局“优秀共产党员”、总队“优秀共产党员”,年终总结表彰先进单位三个、优秀干部4名、优秀士兵3人、嘉奖12人、表扬9人。

【大力加强对外宣传力度,积极树立公安边防部队和国门卫士的良好形象】 在建队十周年之际,我们积极与新华社贵州分社、贵州电视台、贵阳电视台、贵州日报、贵州都市报、贵阳晚报等多家新闻机构建立宣传合作关系,积极宣传出入境边防检查政策、法规,宣传部队建设的新人新事新风尚,和服务地方改革开放和经济建设的情况,出版了《苗岭边防风采》画册,向省市党委、政府报送了《贵州边检信息》。全年在电视、电台、报刊、杂志、网站发表新闻近90篇,较好地树立了国门卫士威武之师、文明之师的良好形象。

【加大技术建设力度,向科技强警迈出坚实步伐】 去年我们派出干部10余人次,参加了技术通讯、机要等培训班,全面开展技术建设。更新配置了12台机读仪,为执勤现场配置了扫描仪、数码相机等设备,提高了资料、证据收取、分析、查对能力。在总队机关建立了局域网,开通与部局广域网直接高速联接,加快与部局和各地信息交换,初步实现资源共享和办公信息化。建设安装的电视电话视频会议系统调试通过,投入运用。

【大力加强军事训练,不断提高部队战斗力】 根据边防部队军事训练大纲要求,结合部队实际,围绕“实战、实用”的原则,克服无场地、器械等诸多不利因素,总队有针对性地开展了队列、擒敌拳、射击、体能等4个科目120余课时的军事训练,保证了“时间、人员、内容、效果”四落实,训练水平有较大提高。经考核均取得了良好以上成绩,总队射击队在全省19个队参加的警用手枪应用射击比赛中获得了团体总分第五、女子团体第六的好成绩,达到以训促管,全面提升部队战斗力之目的。

2002年,经过总队全体官兵的不懈努力,团结一致,艰苦奋斗,终于一改以前懒、散、凝聚力不强、战斗力较弱的局面,党委班子的“两个能力”不断提高,核心领导作用得以充分发挥,各级组织的思想、组织和作风建设不断得到增加,总队班子在年底公安部边防局组织的考评中获得内陆总队第四名的成绩,真正建设了一支让党放心和人民满意的公安边防队伍,为贵州省的经济建设和改革开放作做了新的贡献。

贵州出入境检验检疫局

2002年是贵州检验检疫事业不断发展的一年,全局广大干部职工在总局和贵州省委、省政府的正确领导下,高举邓小平理论伟大旗帜,努力实践“三个代表”重要思想,牢记朱镕基同志“忠于职守、勇于负责、严格把关、保国安民”的嘱托,以支持西部大开发,服务高原外经贸为己任,团结拼搏、迎接挑战、开拓创新、与时俱进,为贵州的改革开放和外经贸事业的发展做出了积极的贡献,树立了西部高原“国门蓝盾卫士”的良好形象。

【出入境检验检疫基本情况】 共检验鉴定进出口商品6713批,货值5.07亿美元,同比分别增加20.6%和18.2%。其中,检验鉴定进口商品1181批,货值1.74亿美元,同比分别增加44%和11.5%;检验鉴定出口商品5532批,货值3.33亿美元,同比分别增加了16.6%和24.7%。发现不合格商品13批,货值78万美元,同比分别减少62.9%和81.6%。接受外商投资财产价值鉴定4批,申请额97.47万美元,同比批次减少 63.6%、申请额增加 3.5%。鉴定出口包装 1387 批、831 万件,同比批次减少 16.3%、数量增加 41.7%。

检疫进出境动植物及其产品 661 批次,货值 3541 万美元,同比批次减少 21.5%,货值增加 18.9%;检疫出入境木质包装及竹木制品 421 批 9275 件;检疫出入境旅客携带物 70 人次 82 批,截获包括国家二类检疫对象——桔小实蝇、辣椒果实蝇在内的有害生物 17 种。对截获疫情的货物、旅客携带物及木质包装分别进行了熏蒸和销毁处理,有效地保护了人民身体健康,保护了旅游资源和生态环境的安全。

出入境人员传染病监测体检 1368 人次,霍乱和黄热病预防接种 6285 人次;检出乙肝表面抗原阳性 37 例,性病 11 例,肺结核 2 例,甲肝 1 例,非传染性疾病 134 例。检疫查验出入境航班 424 架次、出入境人员 35841 人次。

【考核认证与执法检查】 完成 134 家企业的质量许可证、卫生注册证、口岸卫生许可证、企业注册证等监管类证书的交接清理、换证和考核工作,清理后注册发证 113 家。受理进出口食品标签审核、登记 108 份。签发一般原产地证 574 份,签证金额 3504 万美元;签发普惠制原产地证 1237 份,签证金额 5461 万美元。

完成贵州醇酒厂生产的南盘江牌贵州醇酒和利多牌奇香贵州醇酒的原产地保护标记注册审核,使之获得总局颁发的原产地保护标记注册证书,实现了原产地保护标记注册工作零的突破。

根据口岸局转来的“入境货物调离通知单”以及入境货物电子转单提供的信息和线索,督促有关单位报检,落实入境货物流向业务 128 批次,货值 1230 万美元,有效地防止了逃漏检现象。对全省 6 个地区的 21 家企业和 8 家医院进行了专项执法大检查,对查处的违法单位分别给予了相应的处罚和移交兄弟局处理。

评审 ISO9000 质量体系认证企业 90 家,ISO14001 环境管理体系认证企业 3 家,复审换证 13 家,其中省外认证 7 家。培训国家注册审核员 20 名、企业内审员 91 名。

【市场后续监管】 对贵阳市主要大型商场、专卖店、批发市场、美容店、酒店、夜总会等 38 家经营进口食品、化妆品的部门进行后续监管巡查 46 次,检查进口化妆品 31 个品牌、193 个品种,其中手续不全的 13 个品牌、36 个品种;检查进口食品 71 个品牌、132 个品种,其中手续不全的 25 个品牌、59 个品种。对查获的 5 批不合格商品进行集中销毁处理。

【建立风险预警及快速反应机制,严把国门】 2002 年 1 月,对一封寄自国外装有“粉末状物质”的可疑信件按《贵州口岸炭疽病应急处理方案》进行检查,排除了携带炭疽病菌的可能并将信件移交有关部门处理,使风险预警和快速反应机制得以实战演练。根据国家质检总局的部署,制定了处置生物、核和辐射恐怖袭击事件的预案,建立了领导小组和专家组并明确其相应职责,提出了对生物、核和辐射恐怖袭击事件的处置措施,为维护国家安全和社会稳定,保护公民生命安全提供了组织和技术保障。

【加强实验室建设,努力提高实验室检测水平】 在实验室建设方面着重做了以下工作:一是根据总局的部署和贵州局实验室建设发展规划,新组建了动植物检疫实验室和机场口岸微生物实验室,增强了把关能力。二是新添置了气质联用仪(GC-MS)、更新了 X 光机、等离子发射光谱仪(ICP)、酶标仪等仪器设备共 67 件,价值人民币 220 万元,重点加强涉及安全、环保、卫生、健康及反欺诈等项目的科技建设,有效改善了装备水平。三是建立和健全实验室质量保证体系,大力开展注册认可工作。6 月化矿金属实验室通过总局实验室认可委员会评审组的认可考核并获得评审组专家推荐,成为贵州局第一个以

ISO/IEC17025—1999 标准建立质量保证体系并通过 CCIBLAC 认可的实验室；包装实验室建立了规范的实验室档案，采用了先进的国际标准，《质量手册》、程序文件、操作规程已编写完毕并达到较高水平；已注册的农畜实验室完成了 ISO/IEC17025 标准的转版工作；传染病监测实验室下属的艾滋病初筛实验室通过了总局 2002 年度艾滋病初筛实验室质量考评，成绩良好，被认定具备 HIV 抗体检测初筛实验室资格。12 月 8 日，总局注册实验室西南大区考核领导小组对贵州局传染病监测实验室、包装实验实以及新组建的动植物检疫实验室进行考核，对实验室建设给予了高度评价，三个实验室顺利通过评审。四是新增了一批原来未能开展的检测项目，化矿实验室、农畜实验室、动植物检疫实验室分别开展了硫脲、甜味剂、防腐剂以及农残、兽残等检测项目，提高了检测技术水平。五是通过“请进来、走出去”的方式，加强实验室人员的学习培训，不断进行知识更新，努力提高技术水平和实际操作能力。

【加大科技投入，强化科技工作】 加强了对科技人员的培养，结合实际，做好学科带头人的选拔、培养、管理工作，不断推动技术水平的提高。根据“全国检验检疫科研和标准计划项目讨论会”精神，有重点地加强科研项目的立项工作，与厦门局合作的“锰硅合金标样的研制”获得了总局的科研立项。在科技人员的辛勤努力下，贵州局制定的行业标准《出口有机肥、骨粒(粉)检验规程》经总局批准于 2002 年 1 月正式发布并于 6 月 1 日起在全国施行，实现了科研工作的新突破。

【继续加强信息化建设】 在总局的大力支持下，检验检疫综合业务管理系统、信息服务系统、办公自动化系统的建设得到加强和完善，完成了 CIQ2000 综合业务管理系统的两次升级；对内部局域网进行了部份改造和一次全面维护，将接入互联网的方式由 ISDN 改为 ADSL，促进了工作效率的提高；继续推广“三电”工程，使“三电工程”的推广取得积极进展，实施电子转单 1532 份，为贵州省外贸企业进出口货物顺利通关、快速通关创造了更为便利的条件；11 月开展了“电子报检”业务，至 2002 年末已有 19 家外贸企业实现了电子报检，占出境货物报检量的 70%以上。

【充分利用技术手段，突破国外技术壁垒】 选定贵州领先食品股份有限公司、贵州安顺地区冷冻厂作为首批开展 HACCP 认证的企业。在悉心帮助和指导下，使企业初步建立了 HACCP 体系。积极探索检验检疫与监管相结合、质量许可证制度和质量体系认证与分类管理相结合、前期监管与后续管理相结合的检验检疫监管模式，把检验检疫关口向前延伸。积极推行前期监管，针对贵州畜牧业养殖没有走上规模化、集约化道路，肉牛质量参差不齐的现状，严格管理加工过程，控制活牛进厂前的严格检疫，做到既把国门，又把厂门，一举促进了贵州牛羊肉加工厂生产的冻牛肉恢复出口俄罗斯。加大对企业的指导力度，对生产环节实施全过程技术服务，使贵州生产的热带鱼类—罗非鱼和反季节蔬菜—荷兰豆顺利进入加拿大和日本市场，实现了贵州水产品和新鲜蔬菜出口零的突破。

2002年贵州出入境检验检疫业务情况统计表

	货物检验检疫																			
	总计				商品检验				动物及动物产品检疫				植物及植物产品检疫				食品			
	批次	金额	检验检疫不合格		批次	金额	检出不合格		批次	金额	检出不合格		批次	金额	检出疫情		批次	金额	检出问题	
			批次	金额			批次	金额			批次	金额			批次	金额			批次	金额
合计	7003	51002	101	1303	6713	50701	13	78	39	165			622	3376	1	7	243	1735	5	6
出境	5813	33558	98	1301	5532	33273	11	77	37	161			615	3364	1	7	222	1704	5	6
入境	1190	17444	3	2	1181	17428	2	1	2	4			7	12			21	31		

	监测体检及预防接种(人次)				交通工具检疫	签发检验检疫证书(份)	产地证			
							普惠制产地证		一般产地证	
	监测体检	艾滋病监测	发现病例数	预防接种	飞机(架)		份数	金额	份数	金额
合计	1368	1064	172	6285	424	4378	1237	5461	574	3504
出境	1368	1064	172	6285	211	4256	1237	5461	574	3504
入境					213	122				

贵州口岸专稿

青　春　热　血

——贵阳海关现场业务处先进事迹材料

贵阳海关现场业务处是一支政治强、业务精、纪律严、作风正的年轻队伍。他们在海关这个特殊的岗位上，与时俱进，开拓进取，日复一日，年复一年，9 为国把关，为经济建设服务。2002 年，被共青团中央授予“青年文明号”光荣称号。

(一)高效服务

2002 年，一个春光明媚的周末，年轻的海关关员何刚，次仁欧珠等，正在家中与家人准备外出春游的物品。突然一阵手机铃声，一批京瓷公司从日本运来的新型手机 KZ620 材料已达到贵阳货运场，需马上通关。

按正常程序，这批货应等到星期一班后，才能进行通关手续。但京瓷公司有关负责人向海关反映，由于路途耽误，货已晚点到达，而他们原计划请来为企业讲解如何组装这款手机知识的日本专家，归期早已确定，若按正常通关时间，企业拿到这批材料，日本专家早已飞离贵阳，手机生产被延期希望海关能帮助企业渡过这一难关。

贵阳海关决策层在接到企业求援信息后，一致认为，手机生产耽误一天，在当今瞬息万变的手机行业，也许就是被耽误了一个时代。海关领导决定，马上对这批货物进行紧急通关。

接到任务后的何刚、次仁欧珠等贵阳海关现场业务处贸易物品监控科的关员们，立马纷纷打的赶赴工作现场，爬上一列列货车，钻进黑呼呼的货运仓中，寻找入关物品的进行查验，连续奋战三个小时，终于全部查验完毕。货物顺利通关了，而关员们在早春时节，浑身都湿透了。

这批材料很快摆上了京瓷公司的生产线上。日本专家离开贵阳时，对贵阳海关，对现场业务处年轻的关员们高效的通关效率竖起了大拇指。京瓷公司敲锣打鼓为贵阳海关现场业务处送来了大红感谢信，他们说：“这款手机得以第一时间抢占国际、国内市场，为企业赢来了丰厚的效益，加快了贵州外贸经济发展，海关功不可没。”

在工作程序上。现场业务处除了 24 小时预约的通关外，还根据贵阳关区范围广、企业分散的实际情况，坚持监管仓库验放和到厂验放相结合，避免了进出口货物全部集中在机场、车站开箱验放，使许多进口设备无法恢复原包装，而给企业造成的经济损失和极大不便。

在这种灵活的机制下，贵州轮胎厂保税仓库、南方汇通保税仓库等一批批海关移仓陆续诞生。应运而生的贵阳海关移仓业务，也在全国内地城市海关中屈指可数。

对于正常工作时间不能满足企业要求的，现场业务处还提供超时服务，对鲜活商品、救灾货物做到随到随验。

为加快贵州企业进出口货物的速度，降低企业经营成本，现场业务处多次派人到口岸海关联系转关业务。他们先后与上海、深圳、湛江等 40 余个海关建立了转关运输协作关系，为贵州企业架起了一条条快捷高效的通关桥梁，加快了企业与世界接轨的步伐。

转关业务极具吸引力，贵州钢绳厂、瓮福磷矿、息烽磷矿等外贸企业，纷纷从上海关、湛江等海关转到贵阳海关报关、既服务了企业，又促进了地方经济的发展，得到企业和政府的高度赞扬。

（二）为国把关

每当贵阳上空一架架国际航班的飞机划过天际，人们可曾想到，它们的升空、降落，都有贵阳海关现场业务关员的汗水。

2002 年一个闷热的傍晚，贵阳机场国际厅海关监管通道上，整齐地站着非贸易物品监控科的关员陈坦、陆勇等，前往香港的旅客依次将行李放在 X 光机镜柜前接受检查。突然关员们发现，一名旅客的行李中有两大本书，但看不出是什么内容，于是他们请旅客打开行李。结果，两大本书内页是空的，里面全是珍稀蝴蝶标本。

在此后的一年时间里，关员们就查获走私出境蝴蝶标本 7000 枚。最近两年，贵阳海关还查获违禁携带入境的“中华民国邮票”近 3000 枚，出境的我国古钱币 500 多枚，我省恐龙化石、海百合化石数 10 件。查禁、退还各种禁限类物品 117 件次。

用非贸监控科关员的话说，他们已经百忍成金了。但他们心里仍然有难过的时候；每逢中秋、春节，他们不能和家中老人、孩子一起过节。关员陈坦每年年三十下午，他儿子都会拉着他的手不放，不让他去上班，他心里真一种说不出的滋味。陆勇是父母身边唯一的子女，自从 1997 年分到非贸监控科以来，整整 7 年都地在机场吃的年夜饭。父母都非常理解他，为了避免孤独，他们每年都到外婆家去过。

非贸监控科的关员们都清楚这样一件事：当他们站在工作岗位上时，他们正在守护着庄严的国门。这是一种不容玷污的尊严。

在东帝汶维和的日子

——记贵阳边防总队干事陈浩先进事迹

陈浩，男，1974 年出生，汉族，贵州省贵阳市人。1993 年 9 月入伍，就读于武警学院边防系，1996 年 3 月入党，大学本科文化，法学学士学位。分配到贵州边防总队工作后，历任学员、参谋、检查员、副政治指导员、政治指导员、干事等职，1999 年因破获“4·26”专案，曾荣立三等功一次。2001 年 10 月 11 日，经层层考试选拔后，陈浩受公安部派遣，作为出征东帝汶第四批维和警察中的一员，肩负着公安部的重托，赴联合国驻东帝汶维和任务区执行维和任务。一年的维和生活，陈浩与战友们一起战胜了恶劣的自然环境和各种疾病的困扰，克服极其复杂而独特的人际关系，充分发扬了我边防军人特别能战斗，特别能吃苦的优良传统，出色地完成了维和任务。执行维和任务一年来，陈浩在任务区没有违反任何组织内部规定和联合国任务区的规定，没有发生一起交通事故，获得了地区司令颁发的贡献奖状，获颁了联合国和平勋章。基于陈浩维和一年来的踏实工作和出色表现，由维和警察总部行政人事总长推荐，10 月 10 日，警察总部副总警监 DENIS McDERMOTT 在中国警队出发前，为陈浩同志单独颁发了一份联合国警察嘉奖证书，为中国警队增添了荣誉。

一、立场坚定，展现共产党员本色

在任务区的一年内，陈浩同志一直紧紧团结在临时党总支周围，坚持政治理论学习，不断增强政治辨别力，牢固树立正确的人生观、世界观和价值观，力求圆满地完成党和人民赋予的使命。虽然远离祖国，身在异国他乡，但陈浩始终坚持把加强政治理论学习放在首位，积极参加临时党总支和各支部的学习和生活会。认真学习和贯彻党中央、国务院的各项指示精神，始终坚持与党中央保持高度一致，做到了忠于党、忠于祖国、忠于人民。东帝汶维和任务区广播通讯设施较为落后，听不到来自祖国的声音，陈浩就想方设法去获取有关信息，通过因特网下载相关材料等方法进行学习，以切实领会并紧跟党和国家在新形势下的路线方针和政策。在与各国同行共同工作的过程中，陈浩对外积极宣传祖国的改革开放政策，坚决支持和拥护我国政府所采取的一切行动和措施，用事实和改革开放成果回答外国同行的疑问。通过耐心宣传，大多数外国同事都能在计划生育等问题上给与充分的理解。2002 年 3 月，由于工作出色，群众基础好，经维和临时党总支推荐、公安部外事局党委批准，陈浩同志被增补为中共东帝汶维和警察临时党总支支委。成为支委后，陈浩关心团结同志、踏实努力工作，协助临时党总支和公安部做好我外派警察的管理工作，同时主动接受我驻东帝汶大使馆的领导，积极配合我国政府在东帝汶的外交活动。在东帝汶建国期间，与中国警队其他成员一起成功地完成了唐外长出访前的形势评估以及我国与东帝汶建交和唐外长一行出访的协助工作。得到了我驻东大使馆和临时党总支及同志们的充分肯定。

二、恪尽职守，圆满完成维和重任

随第四批维和警察的派出，陈浩于 2001 年 10 月 14 日踏上了东帝汶任务区这片位于赤道的贫脊而焦灼的土地。

刚到达任务区时，眼之所及，尽是残垣断壁，无业游民，到处是印着 UN 字样的车辆在运送物资进行巡逻，在这个完全陌生而充满危险的世界，陈浩还没来得及喘口气，就马上投入到了紧张而繁杂的工作中。每天除了要将绝大部分精力要投入到完成高强度的工作、保证自身与装备的安全的同时，还要与艰苦的生活条件及热带疾病蚊虫作“不屈不挠”的斗争，每天都要自行解决三餐及一宿，一天下来总是极为疲劳不堪。

2001 年 12 月，经过一个多月艰苦而危险的巡逻工作之后，陈浩已适应维和工作的特点，语言障碍也已突破。根据自己在计算机和行政管理工作方面的经验和优势，陈浩提出申请，成功地通过地区局的考试后，被调任帝力警局行政部门，任地区人事警官；

2002 年 2 月，由于工作出色，陈浩被推荐参加维和警察总部人事部的职位竞争，经过严格的考试和面试之后，陈浩以总分第一的成绩击败来自其他 7 个国家的竞争对手，调总部任人事官。在维和警察总部任职期间，陈浩在完成有关调动、面试、地方雇员及快速反应部队的人事管理工作的同时，积极配合中国警队完成内部各项工作，协助我警队成员竞争更高职位。

2002 年 4 月，东帝汶进行首届总统大选，由于警力不足，维和警察总部决定从总部抽调二十人下到地区去协助、监督当地的选举进程。陈浩与另两名在总部工作的中国警察被列入了名单，目的地是一个叫“VIQUEQUE”的偏远山区。在选举过程中，陈浩机智冷静地处理了近百人的选民闹事事件，及时取得了维和部队的支援，在增援的快速反应小组的配合下成功地完成了投票点的保卫及护送选举材料工作。

2002 年 5 月 21 日，是东帝汶的独立日，包括我国外交部唐家璇外长在内的各国政要应邀前来观礼。为确保独立大典的顺利进行，由维和部队、维和警察、空中管制、电子通讯部门和葡萄牙快速反应营组成了一个联合指挥中心来指挥东帝汶全境内历时三天的独立庆典活动的所有安全保卫工作。陈浩和上海的黄菁同志被维和总部抽调到联合指挥中心工作，在指挥中心的三天里，陈浩时刻都要从电台接收、分析、筛选、分送信息到相关部门，并作出反馈、发布指令，神经一直绷得紧紧的，吃饭也大多是以几块饼干应付，每天这样分分秒秒地绷着神经工作10多个小时。在完成好庆典保卫工作的同时，陈浩同志及其他支委积极与我驻东帝汶大使馆联系，主动配合唐外长来访期间的外交及安全事宜，过硬的政治素质和出色的工作能力得到了大使馆、唐外长的充分肯定和高度评价。

2002年7月，基于在总部人事部门工作的表现和成绩，陈浩于7月26日被总警监任命为CTO/REGISTRY(机要及人事档案、考勤)部门负责人，负责管理全任务区一千多名联合国警察的人事档案、考勤记录及机要通讯。

三、临危不惧，铸塑人民警察英姿

2002年10月12日，一年维和任务的风风雨雨本应该在这一天划上一个完满的句号，可谁也没有想到，恐怖与暴力并没有随中国警队离开东帝汶的土地而远去，反而在他们前方设置了更为严峻的考验。

12日凌晨四点，结束任务的中国警队一行三十三人早早起身，前往机场搭乘联合国安排的专机。于当地时间上午8点到达了登帕萨机场。由于一年维和任务带来的疲劳，陈浩早早就休息了。不知道睡了多久，突然一声惊天的巨响穿透墙壁，轰地一下将陈浩震起，整个房间似被一股巨大的力量给揉了一下，窗玻璃全碎了，房顶不断往下朴簌簌地掉东西，断电使得四周一片漆黑，透过破碎的窗户可以看到折射过来的火光。陈浩摸索着走到门边，发现门已经变形，一脚将门踹开后，只见房屋背后冲天的火光，而且不断有碎物、火星子从天上往下掉。世界出奇地沉默了几钞钟后，撕心裂肺的尖叫声从四周响起。陈浩当时还不敢贸然冲出屋去，马上摸到衣物穿上鞋，确定房门外没有危险后，才迅速离开变了形的房间。由于他们所住的旅店所有房屋都是上下两层的结构，因此没有倒塌。人们已纷纷逃出房屋，以澳大利亚人为多，大家在冲天的火光中极为恐慌地互相询问："发生什么事了?"每个人都明白，眼前发生的是一桩极大的惨祸，而且，他们正处于危险中。

此次回国，中国警队共分成三个小组，临时党总支指派陈浩为第一组的负责人。与陈浩在旅店同屋的杨东卫同志是第二组的负责人，在当时情况下，他们清楚首要的是寻找一处安全的地方，当时许多人都吓傻了，站着不知道怎么办，好些人开始哭，陈浩急着联系别的中国警队成员，毕竟经历了多年的专业培养和一年的维和煅炼，中国警队成员没有像别国旅游者那样六神无主，他们很快互相传递消息，迅速到游泳池边上集合，同时也告诉那些西方游客，先往相对安全的游泳池边跑。中国警队大部份人在几分钟之内就集和到了游泳池边，但仍有七八名同志没有出现，他们统一分析情况，确定房屋建筑结构的安全、没有余爆的迹象后，每个同志可以尽快回去穿好衣物，以及方便行动的鞋，带上最贵重的物品，以及应急物资，同时再继续寻找并通知失散的同志，十分钟后再回到时后游泳池边集合。凌晨1点左右，爆炸引起的大火越烧越大，赶来的警车、消防车和救护车的警报声响成一片。眼见大火就要漫延过来了，经征求来自消防部队的战友的意见，陈浩他们决定往一墙之隔的另一家酒店撤离，因他们所往旅店出口已完全被大火封住，只好从隔墙越过去。大家四处找来了铺垫物，衣服厚的同志将衣物捐出，铺在扎满尖钉的墙头，开始组织越墙，先帮女同志越过了，然后传送行李，最后男同志过，墙那边是一所相当豪华的酒店，受冲击波的影响满地都是碎瓦，几乎所有落地玻璃窗都碎了，伤者也很多，转移到那个酒店最大的好处是即使大火漫延过来，也还有出口可以往海边跑，火漫延的速度是非常快的，尤其是在巴厘这个以木结构房屋为主的地方。大家都撤到墙那边，陈浩与杨东卫和赵宇同志留了下来，继续寻找、接应失散的同志。随着时间的推移，对于失踪战友的担忧进一步加深。几人商量了之后，决定分头去寻找，可是出去不久又纷纷被炸毁的道路、戒严的部队堵了回来，除了面目全非的街道、一路的瓦砾、淋淋的鲜血和残肢断臂，他们没有得到一点儿失踪战友的消息。凌晨2点左右，接到医院通知，目前医院里已有一名中国伤者，是史灏同志。13日上午8:00左右，中国警队所有成员都已取得了联系，除两名同志在爆炸中受伤外，其余都安然无恙。临时党总支马上向公安部进行汇报，维和办韩处长要陈浩向大家转达部领导对大家的亲切慰问，外交部已指示我驻雅加达大使馆，全力配合伤员的救治、警队的撤离等事宜。为保证通讯的畅通，陈浩与其他四名支委一起，将身上的钱凑出了几百元，作为与国内联系费用，同时将所有在位人员排班，进行战备值班，轮流值守旅店总台的电话，以待我国政府和公安部的进一步批示，并监视事态发展。

10月14日，陈浩圆满完成维和任务，回到了祖国的怀抱。

检徽映照黔州大地

——记贵州检验检疫局化矿检验处

贵州地处云贵高原，是西部大开发省(市、区)份之一，有着丰富的矿产资源，这些资源及其产品是全省外贸出口的大宗产品，其中铁合金、磨料出口量名列全国各省(市、区)前茅。贵州检验检疫局化矿处的工作之一就是日复一日、年复一年地检验这些资源及其产品。这些工作看起来、做起来是如此的平凡、普通，甚至有些“琐碎”，然而，正是这平凡普通的检验工作，留下了经济卫士们“忠于职守、勇于负责、严格把关、保国为民”的一串串足迹。那枚由国徽、蛇杖、天平、长城和橄榄叶构成的检徽在美丽的黔州大地上闪闪发光。

上篇　检验艰辛路

改革使原本就“藏龙卧虎”之地龙腾虎啸。贵州检验检疫局化矿处于1999年11月“三检”合一时在原贵州商检局二处的基础上调整部分职能和人员后建立的，现共有职工18人，承担着全省进出口矿产品、铁合金、有色金属、化工产品等的检验管理和出口危险货物包装使用鉴定等职能，内设磨料科、铁合金科、有色金属科、化工及矿产品科四个科室，同时还承担着化矿金属实验室所有检测项目。由于贵州局没有下属检验分支机构，所以上述进出口商品的检验管理工作均由化矿处承担，自1999年11月成立至2002年，共完成进出口检验鉴定业务8716批次，141.6万吨，货值达4.92亿美元，各种证单、证书12491份，连年超额完成目标考核任务，以实际行动为贵州省外经贸事业的发展做出了贡献、为检验检疫事业增光添彩。赵刚军处长荣获2000年度全国检验检疫系统先进工作者、党支部荣获2001年度贵州局先进党支部、化矿处荣获2002年度全国质量监督检验检疫工作先进单位等荣誉称号。这些成绩使全体职工感到骄傲，同时更感到肩上的担子重大。

一、精诚团结，金石为开

化矿处是一个团结协作，勇于拼搏的集体。作为涉外行政执法机关的具体执法部门，既要执行上级的安排部署，发挥承上启下的作用，又要承担具体的检验监管工作。几年来，他们根据贵州省地处云贵高原经济欠发达、交通不便等实际情况，采取切实可行的检验监管模式，加快验放速度，促进了贵州外经贸快速发展。首先，充分发挥党支部的战斗堡垒作用，从处领导做起，三位处长以身作则，发挥带头作用，使全处人员团结、协作、融洽、规范行政执法行为，避免工作中的随意性；其次，最大限度地调动工作人员的积极性、主动性和创造性，尽可能地挖掘职工的潜能和释放激情，激情是创造事业的原动力，激情可以演绎出人生最精彩的篇章，使全体职工在工作中都发挥了个人的长处；三是当职工工作生活中遇到困难时，组织上给予热情的帮助，使职工无后顾之忧心情舒畅地去工作，增强了全处职工的凝聚力和战斗力。

二、严格把关，热情服务

走进贵州检验检疫局化矿处有色金属科的办公室，一面鲜艳的锦旗首先映入眼帘："严格把关，热情服务"八个金色大字格外醒目，这是厦门千信合进出口有限公司为了感谢有色金属科多年来对该公司给予的扶持和帮助而赠送的一面锦旗。这面锦旗凝聚了有色金属科同志们辛勤的劳动和汗水，也浓缩了化矿处用检徽映照黔州大地的串串足迹，更是全处工作的真实写照和外贸企业对他们工作的充分肯定。

贵州是一个交通欠发达的西部贫困省，但有着丰富的矿产资源，为了使这些矿产资源出口创汇，化矿处的经济卫士们常年奔波在艰险的盘山公路上。贵州龙里龙腾铁合金有限公司是一家引进外贸生产硅锰合金的大型企业，拥有 18 台总容量 12 万 KVA 电炉，年产量达 23 万吨；贵州施秉县恒盛冶金有限责任公司拥有 26 台 6300KVA 电炉，年产金属硅达 12 万吨，像这些由化矿处检验监管的企业在全省各地有 120 多家，最远的距局机关 500 多公里。为了使这些企业的产品全部符合出口要求，化矿处的检验人员几乎每天都在工厂与局机关之间奔波，往返一次少则要一、两天，多则近一周。到工厂取样之后赶紧返回局里作检测，发现问题又及时赶到工厂帮助解决，有时还要深入生产第一线进行技术指导。这样周而复始的奔波，再加上道路的艰险，所以遭遇堵车等上数十小时对他们来说已如平常事一般，而偶遇车祸也是难以避免的，现在一位检验员的腿上还留有钢钉将陪伴她度过终生。至于饿了嚼包方便面、困了车上打个盹，更是司空见惯的事。但为了检验检疫事业，为了更好地服务外经贸，他们没有讲过苦和累，没有提出任何要求，而是用自己辛勤的汗水谱写了贵州检验检疫事业一曲又一曲辉煌的篇章，多年来经化矿处检验的出口货物无一批因检验质量而引起索赔。

中篇　科技兴检路

"科学技术是第一生产力"，构筑科技兴检路在化矿处人的头脑中已是根深蒂固的观念。建一流实验室，向科学技术要检验质量，以高度的责任心和过硬的技术本领为外经贸保驾护航。

一、CCIBLAC(中国国家进出口商品检验实验室认可委员会)来考核

化矿金属实验室早在 1994 年就是经原国家商检局考核通过的一级实验室，1996 年又获国家级科技成果检测鉴定机构。机构改革后，化矿处把实验室建设的目光又瞄准了更高的目标。当 ISO/IEC17025—99 标准一颁布，实验室不等不靠，立即组织人员按照新标准编写《质量手册》和程序文件。在人员紧张，日常检验监管业务又多的情况下，大家身兼数职，既抓管理，又抓业务，既要完成日常的检验监管业务，又要按照自己制定的"高起点、高标准、高质量"的要求加快实验室建设和注册步伐。为此，处领导带领大家通过加班加点来完成《质量手册》和程序文件的编写工作。有的职工由于爱人经常出差，晚上加班只好把孩子带到单位，加班到深夜是常事，孩子睡在单位更是常事。但他们无怨无悔，因为

在他们的心理始终装着神圣的检徽。

由于基础工作扎实，在申请西南大区实验室注册考核中一次性获得通过，考核小组组长张元福高级工程师用“这是我参加实验室评审以来见到的西南地区最好的实验室”一句话来给予了高度的评价。

尽管实验室获得注册，评审也给予了较高的评价，但化矿处有更高的目标，决心一鼓作气通过 CCIBLAC 的认可考核，使实验室的测试能力和管理水平再上一个新的台阶。为了顺利通过认可考核，化矿处作了大量认真、细致、艰苦的准备工作，几乎所有职工都放弃了节假日等休息时间，加班近 300 人次，许多同志带病坚持工作。大家一致提出：“轻伤不下火线”的口号，可还是因过度劳累，有色金属科科长吴雅同志和化工矿产科科长张贵明同志相继累到在实验台前，被同事们强行送到医院住院治疗。通过全体党员职工高度的责任感和可贵的敬业精神，终于在 2002 年 6 月 7 日使化矿金属实验室通过了由中国国家出入境检验检疫实验室认可委员会组织的评审组进行的 CCIBLAC 认可考核并获评审组专家推荐，成为贵州局第一个以 ISO/IEC17025—1999 标准建立质量体系并通过 CCIBLAC 认可的实验室。

二、WTO(世界贸易组织)来培训

“西部大开发”这一伟大的战略和我国加入“WTO”又把贵州检验检疫部门推到了历史的前沿，化矿处作为检验检疫部门执法的前哨，如何准确理解 WTO 协议和我国对外承诺的具体内容，怎样打破国外技术性贸易壁垒，实施党中央、国务院提出的“走出去”战备，维护我国对外贸易的信誉。此外处里非常重视提高职工政治业务素质，多次组织职工认真学习 WTO 有关协议和规则，加强法律法规的培训，加强业务培训，科研工作，几年来在法律法规和 ISO/IEC17025 国际标准以及在 ICP 等离子发射光谱仪等大型精密仪器操作培训等方面，共组织和参加了培训 20 余期近 300 人次，从整体上提高了全处职工的法律意识和检测技能。此外，化矿处十分重视科研工作，2002 年在《轻金属》、《冶金分析》等国家核心刊物上公开发表了科技论文 10 余篇，推动了全处科技水平的发展。与此同时，该处今年一项科研项目“硅锰合金标样的研制”也获得国家质检总局的科研立项，为贵州局的科技兴检工作又添上了浓重的一笔。

下篇　精神文明路

常言道：“打铁必先自身硬”。化矿处坚持以江泽民“三个代表”重要思想为指导，以抓精神文明建设为保证，着力抓好全处职工的思想作风建设，抓好行政执法的力度，抓好内部管理和对外服务，抓好艰苦奋斗、无私奉献、廉洁自律等一系列教育。始终坚持从检验检疫事业的大局和爱护每一个职工的高度来抓精神文明和廉政建设，对职工严格要求、管理考核，开展争创文明处室、文明岗位和文明职工的活动；始终坚持工作质量无小事，廉政建设无小节；坚持将工作和廉政建设一起布置，一起检查，一起考核，坚持开展广泛的谈心活动，做深入细致的思想工作。使全处职工理想信念坚定，思想觉悟提高，道德水平升华。他们积极参与公益活动，在全局带头向灾区捐款捐物，救助贫困；同时还拓展服务内容，以服务对象满意为标准，全面提升为外贸企业服务水平。他们考虑到许多企业距局机关较远，往返一次不但花费很多时间，而且还增加开支，为此他们为这些企业邮寄有关单证。从化矿处可以提炼出贵州检验检疫人新世纪检验检疫精神、检验检疫职业道德和检验检疫形象。

化矿处人少事多的矛盾是突出的，解决这一矛盾靠什么？靠的是用“爱”凝聚而成的合力，并由此而焕发出的冲天干劲。以团结协作的作风形成了一个坚强有力的战斗堡垒。起到了凝聚人心，团结队伍，振奋精神，鼓舞斗志的作用。几年来，他们多次拒绝宴请，拒收礼金数十次，在工厂里进行技术指导或采样时偶尔赶上吃饭时间，也是同工人一起到食堂吃工作餐，更没有放行过一批不符合质量要求的产品。

久而久之，一个廉洁自律、文明执法的经济卫士形象悄然展示在黔州大地，如同丰碑，屹立在大山之颠，为全局的精神文明建设做出了表率。

结 语

谁想抛家舍业，都愿全家团圆，化矿处的经济卫士们，舍去与亲朋团聚的天伦之乐，舍去节假日全家温馨的氛围，用青春、挚诚抒写着爱岗敬业，无私奉献的平凡业绩。虽然看不到重大索赔的天文数字，更没有出口创汇的悦目巨额，然而他们无私的奉献精神铸就了我国检验检疫战线上的丰功伟绩，是全国守卫国门的经济卫士甘愿一生献身于祖国检验检疫事业的真实写照。

贵州口岸大事记

1月16日

由贵州出入境检验检疫局制订的《出口有机肥、骨粒(粉)检疫规程》经国家质检总局批准正式发布，自2002年6月1日起在全国实施。

1月26日

贵阳海关开展“海关接待日”活动，组织关员上街开展宣传海关政策法规，介绍世界海关组织，接受群众的咨询。

1月28日

贵阳海关侦察分局正式列入公安机构系列，名称为：贵州省公安厅走私犯罪侦察局。

2月8日

省口岸办组织贵州省口岸各联检单位迎春联欢晚会。

2月9日

贵州省经贸委副主任金隆昆同志主持召开了各联检单位联席会议。通报省边防总队和省政府口岸办领导班子调整情况；抓紧做好贵阳航空口岸扩大对外国籍开放的工作；开展民航体制改革工作，全国民航体制改革在我省实施的前期准备工作；继续加强贵阳口岸文明执法形象建设；做好我省铁路二类口岸建设工作；加强各联检单位和航空公司的协调、衔接工作；航班调整或变更的要求。

2月9日

贵阳市委、市政府授予贵阳海关“1999年—2001年红旗文明单位”称号。

2月12日

贵阳海关获得2001年贵州省省直机关目标管理一等奖。

2月22日

贵州省副省长陈大卫到贵阳海关听取海关工作情况汇报，提出希望。

2月28日

根据公安部边防局党委决定，边防总队完成了新领导班子的组建，两名分别由广西、四川交流至边防总队的总队主官到位任职。

3月6日

贵州省出入境检验检疫局首次在来自泰国的木质包装箱中截获小囊虫、蚁科害虫、杂草种子等有害生物。

3月7日

贵州出入境检验检疫局被中共贵阳市委、市人民政府评为贵阳市1999－2001年度“红旗文明单位”称号。

4月15日

贵阳海关党组书记、关长王松当选为贵州省第九次党代会代表。

4月26日

海关总署督察办李茂龙副主任一行到贵阳海关开展执法督察调研，对贵阳海关执行总署审计决定情况进行调研检查。

6月30日

召开省口岸系统“开展精神文明联谊活动座谈会”，会议主要内容为：增进口岸各联检单位的相互了解、相互交流、相互沟通、相互学习，开展口岸精神文明建设，提高口岸工作效率。

7月15日

公安部边防局傅宏裕副政委前来贵州边防总队视察工作

7月19日

召开口岸各查验单位“贯彻落实2002年5月上海“提高口岸工作效率现场会”会议精神和吴仪国务委员在会上的重要讲话精神”座谈会，落实提高贵州省口岸工作效率的实施意见。

8月7日

省委常委、省政法委书记、公安厅厅长姜延虎同志专题听取了贵阳边防总队马凌总队长、马壮政委作的工作情况报告。

8月23日

省人民政府下文成立省提高口岸工作效率协调领导小组。

9月26日

经省人民政府同意，省口岸办下发《关于进一步提高贵州省口岸工作效率的实施意见》。

10月11日

国家质检总局李长江局长到贵州出入境检验检疫局视察工作，对实验室、职工培训、精神文明建设等工作给予高度评价。

11月13日

贵州出入境检验检疫局电子报检工作正式实施。

11月7日

经贵阳市政府会议决定，同意贵州边防总队在贵阳机场高速公路旁征地40亩作为办公用地。

12月27日

孙淦副书记、王正福副省长等省主要领导到贵州边防总队慰问官兵。

云南省

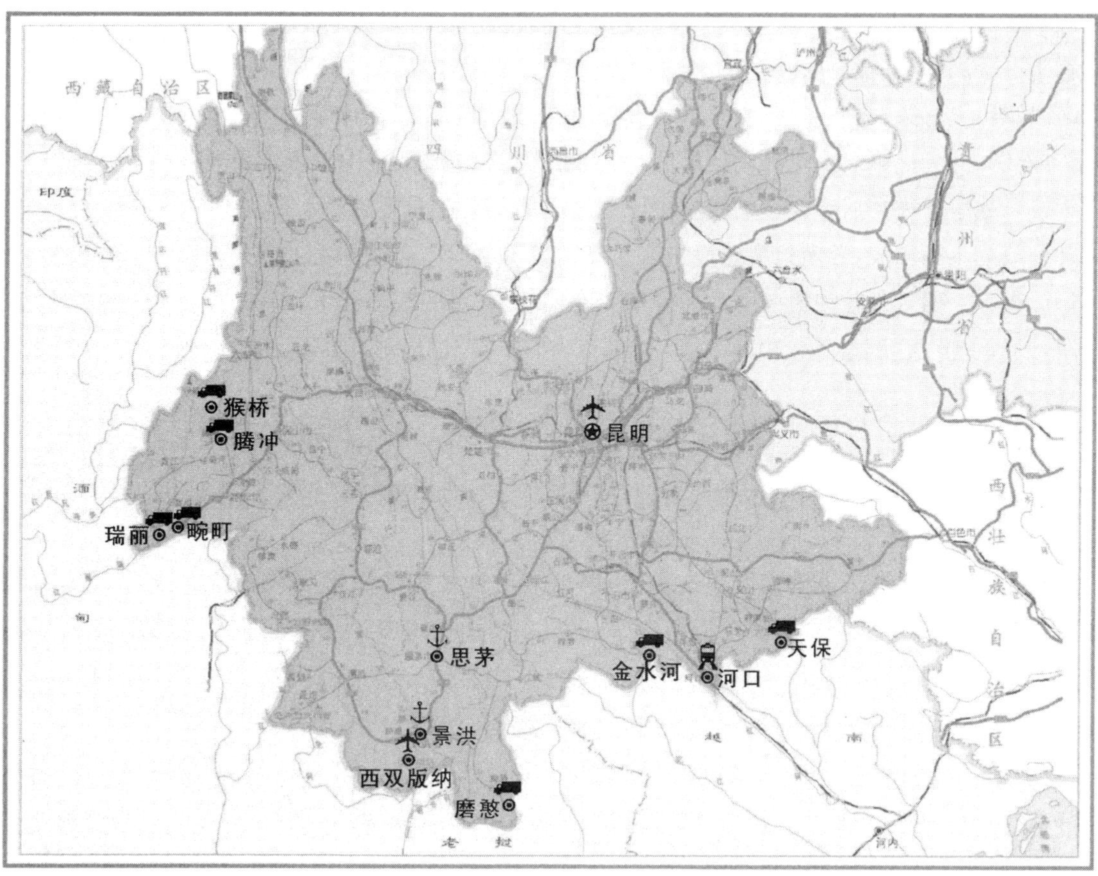

图　　例

- 省级行政中心
- 口岸
- 铁路口岸
- 航空口岸
- 公路口岸
- 海（河）运口岸

云南口岸工作综述

【概况】 云南地处中国西南边陲。东西跨度864.9公里,南北纵距990公里,总面积39.4万平方公里,东面与贵州省、广西壮族自治区为邻;东北面以金沙江为界与四川省隔江相望;西北面紧靠西藏自治区;西南面与缅甸接壤;南面和老挝、越南毗邻。边界线全长4060公里,其中中缅边界1997公里,中老边界710公里,中越边界1353公里。有8个边境地州市共26个边境县市,与3个邻国的6个省(邦)32个县(市、镇)接壤,其中11个县(市)与邻国城镇隔江(界)相望。全省25种少数民族中,有15种民族与境外居民同属于一个民族,跨境而居。

云南口岸历史悠久,早在2000多年前,云南就是中国从陆上通向南亚、中东和东南亚的门户,史称之为"南方丝绸之路"。第二次世界大战期间,云南的口岸在抗日战争中发挥了重要作用,著名的史迪威公路成为抗日战争通往大后方的运输线和中国取得国际援助的重要通道。十一届三中全会以来,随着我国对外开放的不断扩大,云南口岸建设进入了新的发展阶段。通往周边国家的公路、铁路、航空、航道已基本形成东、中、西3条较为集中的对外通道。在4060公里的国境线上,有11个国家一类口岸,9个省级口岸,90个边民互市通道和103个边贸互市点,在全省范围内形成了陆、水、空齐全,全方位开放的口岸格局。

【口岸客货运量】 2002年,通过云南口岸出入境人员1371.4万人次,同比增长27%;其中入境591.1万人次,同比增长13%,出境780.3万人次,同比增长40%;进出境货物315.4万吨,同比下降10%,其中进口230万吨,同比增长12%,出口85.4万吨,同比下降42%。

【加大口岸投资力度,基础设施建设明显改善】 按照省政府关于口岸"形象工程"建设实施方案,2002年省财政投资2000万元。完成了腾冲猴桥口岸、河口口岸山腰国境站、章凤省级口岸联检楼工程建设,通过省级验收。完成了瑞丽口岸联检中心主体工程和室内装修。通过调研论证,完成了天保、孟定、盈江口岸和景洪港关累码头的联检设施建设可行性论证和选址工作。

【搞好口岸改革,口岸通关效率明显提高】 按照国务院2002年5月上海"大通关"现场会议精神,根据上海的做法和经验,结合云南省口岸实际拟定了实施方案。并在昆明国际机场口岸和昆明铁路东站集装箱货场进行"大通关"试点,摸索经验。特别在昆明机场、河口、景洪港等主要口岸进行了"一站式"服务试点,主要口岸实行了24小时报关、报检制度和其它口岸实行8小时以外预约报关、通关制度后,全省口岸流量明显增加。其中,瑞丽口岸的人、车、货值分别比去年同期增28%、19%、18%。河口口岸的人、车、货值分别比去年同期增8%、78%、23%。

【清费治乱,口岸收费走向规范化】 省口岸办配合省有关部门对全省20个一、二类口岸收费情况进行了清理整顿,除"一关二检"按政策法规收费外,共取消各级地方部门不合理收费7项。目前,除瑞丽、畹町、河口三个口岸按国务院要求继续保留收取口岸建设费和过货管理费外,其余口岸已在年内全部取消了收取口岸建设费和过货管理费。

【加强口岸业务培训,提高口岸管理人员业务水平】 为搞好口岸的建设、规划、管理和协调,不断提高口岸管理部门的综合管理水平,由省经贸委组织在河口口岸举办了全省8个边境地州、21个县市口岸办

91 人参加的口岸业务培训班。这次培训规模大,学习内容针对性强。通过培训,全体参培人员提高了认识,增强了搞好口岸工作的信心和责任。

上半年,省经贸委还组织完成了《全国口岸年鉴》《全国口岸名录》云南口岸的编撰工作,编撰工作受到上级的通报表扬。

2002 年云南省进口货物流量统计表

名　　称	进　口		出　口		合　计	
	货物（吨）	同比增减（%）	货物（吨）	同比增减（%）	货物（吨）	同比增减（%）
水运口岸	112245	－24	50677	－24	162922	－24
公路(铁路)口岸	2168964	15	781627	－44	2950891	－10
空运口岸	16618	－18	22398		39016	－8
合　计	2297827		854702		3152829	

2002 年云南省口岸入出境人员流量统计表

名　　称	入　境		出　境		合　计	
	人次	同比增减（%）	人次	同比增减（%）	人次	同比增减（%）
水运口岸	8175	116	8296	84	16471	98
公路(铁路)口岸	5538214	12	7426449	41	12964663	27
空运口岸	364807	25	368428	24	733235	24
合　计	5911196		7803173		13714369	

云南口岸查验单位工作综述

昆明海关

【概况】 2002 年昆明海关根据全国海关关长会议精神,紧紧围绕加强党组自身建设,合理调整配备各级领导班子,从严治关带好队伍;全面深入学习,实践新方针,积极应对入世;认真开展纠风整纪工作,切实转变机关作风;强化税收征管和打私;运用科技手段,深化通关改革,提高通关效率的工作重点。转变观念,不断探索,大胆改革,各项工作取得了一定成绩。

全年共监管进出境货物279万吨，同比增长21.8%；监管进出境运输工具54万辆(架)次，同比增长45.2%；监管进出境旅客242万人次，同比增长73%；征收税款5.5亿元；侦查立案案件50起，案值4,273万元。

【采取积极措施，超额完成税收任务】 2002年，昆明海关在税收工作中，一是认真贯彻落实国务院领导视察海关总署时对税收工作的重要指示以及年内总署召开的一系列加强税收征管、增收节支工作会议精神，结合关区实际，制定切实可行的措施，推动综合治税，保证税收任务的顺利完成；二是充分发挥执法评估系统和税收分析监控系统的作用，进一步加大价格核查和审价补税力度，认真做好商品归类和原产地认定工作；三是严密加工贸易的实际监管，严格执行总署关于对耗料征税的管理规定，同时加大了加工贸易核销补税工作；四是严格对减免税的审批，严防税收流失；五是制定了《昆明关区反价格瞒骗联系配合办法》，以反价格瞒骗为重点，坚决打击进出口贸易渠道偷逃税活动；六是加大对欠税企业的税款追缴工作的力度。全年共征收税款5.5亿元，其中关税1.2亿元，进口环节增值税4.3亿元，超额完成全年计划税收任务7,000万元。

【口岸实行多种通关模式，不断提高口岸通关效率】 根据国务院关于口岸"实行'大通关'、提高通关效率"的指示，为进一步加快通关速度，提高通关效率，支持扩大出口。结合云南实际，向省政府上报了云南实施"大通关"工程的意见和建议，积极配合省政府、省口岸办、昆明机场、昆明铁路局，在昆明国际机场、昆明火车东站集装箱货场率先开展了"大通关"服务试点工作。根据总署《口岸快速通关作业改革总体框架方案》，制定了《昆明海关口岸快速通关作业改革实施方案》，对进出口货物分别实行了跨关区快速通关等多种通关作业模式。成立了出口通关事务应急小组，坚持领导现场值班制度，在业务繁忙的口岸实行24小时通关和预约报关制度。初步建立健全了企业档案，对信誉良好的企业实行快捷、方便的通关办法。口岸实行多种通关模式，进一步提高口岸通关效率，受到入出境人员的好评。

【严密监管，促进外经贸工作健康发展】 昆明海关以监管到位为重点，突出制度创新，加强了监管、通关作业基础工作，完善了审单、查验、放行、转关运输、行邮监管、企业管理等一系列通关监管制度，作业流程和岗位职责，做到有章可循、操作规范、合理调配人力资源，加强和保证了监管查验力量。进一步完善边境监管模式，加强边民互市进出境物品管理、加强边境机动车辆进出境的管理和巡查力度，加强了与邻国海关之间的联系和合作。拟定了《昆明海关关于对边民互市贸易进出口管理办法》和《昆明海关关于云南边境口岸机动车辆进出境管理办法》。在非贸物品监管工作中，重点加强了对反动、淫秽物品，尤其是"法轮功"反动宣传品的查缉力度。全年共监管进出境人员242万人次，监管进出境邮递物品26万件，查获反动、淫秽、宗教宣传品及"法轮功"出版物3586件。

【为"东盟10+3"自由贸易区的建立和澜沧江——湄公河次区域经济合作进行前瞻性的工作准备】 成立了"昆明海关澜沧江——湄公河次区域合作领导小组"，开展有关信息收集、跟踪研究，提出有关意见和建议。开展了"一站式"检查试点。承办了"大湄公河次区域海关便利跨境管理研讨会"，加深了与邻国海关的合作与了解。

【理顺"两查"工作职能，加大查私、缉毒和稽查工作力度】 昆明海关调查局、侦查局进行了职能调整。调查局在职能转变后，加强对全关区调查工作的指导。开展了反价格瞒骗和贸易调查工作，加大了稽查力度，进一步强化了企业管理和风险管理工作，制定了《昆明海关风险管理体系实施方案》。全年共稽查企业36家，稽查补税916.67万元；成功地查处了走私进境全套光盘生产线大案；查获价格瞒骗走私、违规案件 6 起,案值 2006.39 万元,补缴税款 810.6 万元。

侦查部门坚持政治建警,从严治警,依法治警,不断完善缉私新体制,推动了反走私综合治理严格了依法办案程序,加大了打击走私力度。

全年共受理案件 82 件,立案 50 件,案值 4273 万元,抓获犯罪嫌疑人 102 人,立案侦查涉嫌走私毒品案 32 件,查破万克以上海洛因大案 3 起,万克以上鸦片大案 1 起,抓获走私毒品犯罪嫌疑人 54 人,缴获各类毒品 135821 克。2002 年昆明海关缉私警察队伍 1 个集体荣立二等功,2 人荣立二等功,5 人荣立三等功,10 人受到嘉奖。

【加大科技投入,加快信息化建设步伐】 在有关业务现场安装、配备了 H986 集装箱检查设备、电子地磅、X 射线检查设备等。通过加大科技投入,强化了监管工作的科技含量,逐步实现了对进出口货物全过程、多方位、不间断的实际监控,不断提高查获率,有效打击了走私违法犯罪活动。同时,加大电子政务建设和通关作业网络化建设力度,完成了“红机网”(政务网)的平台建设和部分应用项目的开发,实现了昆明海关与省政府的电子信息交换,建立了昆明海关网页,开发了“昆明海关政务信息网”,有力地推进了办公自动化和通关业务电子化的进程。

昆明海关 2002 年业务统计表

项目				单位	2002 年	与上年同期限增减%
进出口总值	进口			万美元	51212	—0.6
	出口			万美元	78251	19.1
	合计			万美元	124063	10.1
进出口总量	进口			吨	1462716	9.2
	出口			吨	1329347	14.9
	合计			吨	2792063	11.8
报关单	进口			份	18489	40.6
	出口			份	33098	24.6
	合计			份	51587	22.4
出入境人员	边民			人次		
	旅客			人次	2338508	66.83
保税	备案合同数			份	70	—38.6
	核销合同数			份	10	—91
税收	关税入库			元	133660167	—15.7
	环节税入库			元	433614359	21.2
	两税合计			元	567274526	9.9
审批减免税	审批减免税证明			份	1173	—6.7
	审批减免税货值			亿美元	1.99	—24.07
	审批减免关税			亿元	1.52	
	审批减免进口环节增值税			亿元	2.97	
	审批减免税两税合计			亿元	4.49	—27.47
走私犯罪	侦查（立案）	其中经济性	案件数	起	11	22.2
			案值	万元	4975	1322
		走私毒案件	案件数	起	32	6.7
			毒品数(不含罂粟壳)	克	83138	—69.7
		抓获走私犯罪嫌疑人		人	53	—60.2
	调查	其中：	案件数	起	466	—2.9
		经济性	案值	万元	3138	—1.3

云南省公安边防总队

【概况】 2002 年，全省出入境边防检查工作，坚持以江总书记“三个代表”重要思想和“5.13”重要讲话为依据，认真落实总队党委“抓班子作表率，抓队伍保稳定，抓业务上台阶”。的工作思路，大力加强法制化、规范化建设，不断提高依法行政水平；狠抓业务培训，不断提高队伍整体素质和执法水平；深化改革，加强管理，不断提高管理水平和服务质量；严厉打击非法出入境和贩枪贩毒活动，不断提高管理控制和查处打击能力。

全年共检查入出境人员 8802947 人次(出境 4346043，入境 4456904 人次；中国籍 3986388 人次，外国籍 4816559 人次)。其中，检查入出境旅客 841204 人次、比去年增加 12.7%(其中空港 733235 人次，比去年增加 13.8%；水港 24610 人次，是去年流量的 11 倍；陆港 83359 人次，比去年下降了 2.5 倍)、管理出入境边民 6450878 人次，比去年下降 1.8%(缅甸籍 3727694 人次，老挝籍 84384 人次，越南籍 2638800 人次)。共检查入出境交通运输工具 714925 辆(架、艘、列、)次，比去年增加 80%。其中飞机 8809 架次，比去年增加 72%；船只 2273 艘次，比去年增加 39%；火车 2586 列次，比去年增加 3.5%；机动车辆 703457 辆次，比去年增加 81.6%。查获边控对象 128 人次；查获贩毒案件 74 起 119 人，缴获海洛因 1232700 克，鸦片 1429.56 两；查获偷渡案件 83 起 268 人，发现处理违法违规 1733 起 3109 人，接收遣返 53 起 155 人，向境外遣返外国人 105 起 217 人，查获走私案件 12 起 26 人，军用子弹 464 发；与邻国对口业务部门会谈 24 次、会晤 12 次，举行友好活动 26 次。

【打击偷渡活动取得明显效果】 2002 年始终把反偷渡工作作为边检工作的重点。一是针对口岸偷渡活动不断发展变化的规律和特点，加强了对偷渡活动的研究，有针对性地部署反偷渡工作。昆明边检站制定了《打击偷渡方案》，坚持站每季度、科每月召开一次反偷渡研讨会。磨憨边检站针对南亚、非洲国家人员经老挝借道我国偷渡第三国问题，加强对重点人员的证件检查和旅费盘查，先后多次阻止了手续不符的外国人入境。西双版纳边检站成功地阻止了 6 名山西籍回族学生欲借旅游之名前往泰国学经、朝觐，受到了上级表扬，并在部局《公安边防工作》上转载。二是加大对伪假证件的识别能力。根据上海会议精神，各边检站对世界各国和地区的护照证件、签证、验讫章等资料进行收集整理，并根据收集来的资料制作教学光盘，通过组织培训、学习，不断提高了检查人员识别伪假证件的能力。三是按照部局《南方行动》要求，积极开展反偷渡活动专项斗争。昆明边检站在《南方行动》中侦破“4.30”、“6.21”、“7.18”偷渡案，打掉团伙 4 个，抓获偷渡分子 44 人，“蛇头”12 人，移送司法机关追究刑事责任 9 人。四是加强反偷渡情况通报和信息交流。共转发、下发 11 份反偷渡情况通报，及时将口岸偷渡的新情况、新特点、新动向通报各边检站。一年来共查获偷渡人员 268 人，抓获“蛇头”13 人。及时有效地打击了偷渡活动，保证口岸安全、畅通。

【依法执勤水平不断提高】 全省边防检查工作，按照“依法治国，建设社会主义法治国家”的方针，以贯彻《行政处罚》、《行政复议法》。“两法”、《条例》等法律法规为主线，坚持公开、公正、公平执法，使边检执法工作跃上新台阶。一是狠抓执法人员素质培训。总队每举办一次业务培训班，都把法律学习作为重点。把法律、法规学习作为一项经常性工作常抓不懈。二是进一步规范了依法执勤。认真开展自查、自纠,查摆问题,着力解决不按规定管接移送偷渡案件,以罚代刑,以罚代拘,以及乱收监护费、食宿费,乱批证件等问题。年内,在省政府、省公安厅的统一部署下,对澜沧江——湄公河的收费进行了清查,取缔了景洪港边检站。依照地方财政、物价部门制定的规定,收取船员管理费的做法。三是健全督促机制,加强执法监督,昆明、瑞丽、畹町、河口边检站实行了岗位轮换。磨憨、瑞丽边检站成立了督查队,实行了纪检部门主管错案责任追究制。一年来共依法处理违法违规人员3109人,没有因行政处罚引起复议、诉讼、听证案件,树立了边防检查队伍执法的良好形象。

【加强口岸业务培训,提高口岸工作效率】 一年来全省11个边检站共举办各类业务培训班25期,培训人员900余人次。组织了4批32名骨干到泰国、上海、南京、广州等地进行业务学习和交流。昆明、瑞丽边检站聘请地方老师对站干部进行了计算机培训,昆明边检站65名,瑞丽站47名检查员取得了国家计算机一级等级证书。畹町、河口、天保、金水河、磨憨边检站还分别进行了越语、老语、缅语培训。通过各类业务培训,边防检查整体业务素质迈上了一个新台阶。昆明、西双版纳、河口、景洪港边检站在口岸设立了"中国公民入境候检通道",使中国公民享有更便捷的通关服务。在11个国家一类口岸开设旅游团队预录窗口,采取旅游团队提前预申报预检措施,缩短旅游团队在口岸的停留时间,切实解决了"旅游黄金周"出入境排长队的问题。通过启用"非在控人员数据库",减少出入境旅客与在控人员资料相同或相似受阻的问题。在关累码头完成了景洪港边检站与西双版纳边防支队麻木树边防工作站的勤务调整任务,避免了重复检查,确保了澜沧江——湄公河枯水季节人员和船只正常出入,有效地支持了地方经济建设。

云南省公安边防总队2002年边统计表

名　称	入出境人员		入出境交通工具	
	人次	同比增减(%)	交通工具(辆架艘)	同比增减(%)
水运口岸	5915	35%	2273	39%
公路(铁路)口岸	180194	12%	706043	20%
空运口岸	733235	28%	6609	28%
合　计	919344	40%	714925	20%

云南出入境检验检疫局

【概述】 2002年,云南出入境检验检疫机构认真实践"三个代表"重要思想,围绕"建设云南边陲安全卫生检验检疫屏障"的总体工作目标,深入开展"调查研究年、转变作风年和开拓创新年"主题活动,严格把关,服务外贸,积极应对我国加入WTO的挑战,在"屏障"建设上迈出了重大步伐,有力地促进了云南省对外开放和对外经济贸易的持续发展,全年共检验检疫出入境货物12.2511万批次、货值19.12亿美元;出入境人员239.85万人次,交通工具19.72万辆(架、艘、节)次。其中检出不合格进出口商品213

批、货值772.29万美元；对外索赔约300多万美元。检出植物有害生物3475批次，其中危险性病虫害287批次，有害生物检出率13.9%，疫情检出率1.15%。对3.9万人次进行了传染病监测，共检出各类传染病941例；对11.7万人进行了预防接种；对7.45万人实施了国际旅行预防服药；对口岸地区2312名从业人员进行体检及培训；对20.58万辆(架、艘、节)次交通工具及5万批次货物进行卫生处理；在口岸地区对1266家单位进行了100次卫生监督；检验进口食品6170批，货值6.3亿元。完成外商财产鉴定49批次，为出口企业签发普惠制证书4090份、一般原产地证书2930份。

【“屏障”建设迈出新步伐】 全省检验检疫系统围绕建设“云南边陲安全卫生检验检疫屏障”的宏伟目标，一是把好口岸动植物检验检疫和食品安全关。严格执行质检总局25号令，规范进境动植物及其产品的检疫审批；进一步做好进境水产品的检验检疫监管工作；对出入境动植物及其产品进行分类管理；加强对进口食品的检验检疫和监管，规范进口食品标签管理，建立进口食品安全卫生预警与快速反应机制。2002年云南口岸疫情检出率在全国检验检疫系统名列第二，两次受到质检总局表扬，有效防止了境外危险性动植物疫情的传入。二是稳步推进“屏障”建设。全局上下在经费计划、人员调配及培训、设备仪器购置、实验室布局改造、科研以及日常工作安排等各方面，向“屏障”建设重点倾斜。建立“疫情监测＋风险预警＋快速反应”的屏障体系。如德宏检验检疫局及盈江办事处通过在21个边境村寨聘请并培训了疫情信息员，开展边境疫情疫病信息监测工作，初步建起了疫情疫病监测网络。一些局制订了加强“屏障”建设的具体《实施办法》。通过准确掌握疫情，有效地进行风险分析和预警，及时采取快速反应措施，提高了应对和控制突发性、大规模疫情疫病的能力。三是强化传染病的监测、检疫与预防控制工作。认真开展口岸啮齿动物和病媒昆虫的本底调查及疫情监测工作，加大了对口岸饮食服务行业检查监督力度，拓展了口岸卫检业务。思茅检验检疫局制作了目前全国品种最全、数量最多的蚊标本，具备了建立西南片区中心蚊库和培训基地的条件。四是监管工作重点向进境前后期延伸。加强入境货物的仓储调运监管，对疫情风险性大或涉及卫生、安全、环保及健康的商品，进行不定期的调运监管、核查，严防漏报、漏检，并组建了入境货物后续监管执法队伍，扩大监管范围。深化烟草、花卉等重点出口商品的生产、加工、存放和储运过程的前期监管，推进实施预检制度，将出口产品的质量问题解决在生产加工过程，以加快通关速度；严格实施质量许可制度和卫生注册制度，年内有64家出口食品企业通过了卫生注册登记考核。

【实验室建设和科技工作上新台阶】 全局将实验室建设作为“屏障”建设系统工程中的一个重头戏。共投入3250万资金，建成的6个专业实验室中，生物安全三级实验室在全国也仅有2—3个，截止11月5日，全省系统所有分支局实验室通过了注册/认可，省局技术中心(含6个实验室)通过了中国实验室国家认可委员会的认可考核，10个分支局HIV初筛实验室建成并通过质检总局组织的合格评审考核，省局HIV检测确认实验室通过了卫生部专家组的验收考核。2002年度共申报国家质检总局、国家认监委和省科技厅等各种科研制标项目40项，其中14项获得资助。已完成20项科研、制标任务，创历史最高纪录。组织鉴定了2项科研成果和4项非标方法，有2项科研成果荣获2002年云南省科技进步三等奖，有4篇科技论文分别荣获国家质检总局检验检疫优秀科技论文二等奖和三等奖。

【行政执法和打假维权力度加大】 通过加强法制建设，成立执法稽查大队，规范行政执法行为，依法严肃处理极少数公司逃避检验检疫的严重违法事件，加大了对违法案件的查处力度，维护了法律的严肃性。积极配合技术监督、工商等部门开展打假工作“八大战役”，参与整顿和规范市场经济秩序工作，对流通领域进口商品开展了执法检查，全年对620家单位进行了检查，发现430家涉嫌经营假冒伪劣进口商品，占检查总数的69.35%，涉及货值1.135亿元；消检中心检测进口商品2477批，发现48批不合格，打假维权工作成效显著。

【开展"调查研究年、转变作风年"活动】 2002年，局党组成员深入到分支局、口岸一线，以及外贸、生产企业，农业生产加工基地等进行调研达36人次。调研中针对云南边境线长，周边国家疫情严重的特点，提出了"构筑云南边陲安全卫生检验检疫屏障"的构想，分析和研究入世对云南检验检疫工作的影响以及全局适应入世需要和对策、提出全省花卉产业发展的重大问题及建议。如通过加强对进口越南花卉的检验检疫，针对其品质低、携带有害生物种类多、包装粗糙等问题，依照我国法律法规规定，提出严格报检手续、实施检疫处理、基地卫生登记等检验检疫方法，有效地限制了质次价低的花卉进境，保护了我省花卉产业的健康发展。为适应怒江州和大理外贸发展及对外开放的需要，扩大怒江、大理检验检疫覆盖面，组建了怒江办事处，成立了大理工作组，推进了滇西北屏障建设进程。

【服务外贸成效突出】 通过加快"三电"工程的建设步伐，进一步简化办事程序，缩短工作流程，提高工作质量，加快了通关速度。坚持实行全天候24小时值班服务等25项承诺，方便外贸企业。为外贸企业举办了多期报检员培训班，进行报检知识、法律法规、WTO相关知识的培训。积极为在昆举行的"旅交会"、"昆交会"等国际大型活动的顺利召开提供了优质快捷的检验检疫服务。大力帮助企业加强认证工作，推行出口企业的分类管理制度。共对108家企业进行了ISO 9000：2000版认证、2家企业进行ISO14000环境管理体系认证、1家企业进行HACCP体系认证，加快了我省企业与国际接轨步伐。结合口岸实际，继续对进境木材采取消毒除害等11项技术措施，帮助云南省主导产业及出口企业应对国外技术壁垒。针对国外利用隐蔽手法，采取技术手段限制我省松茸出口的情况，积极应对和深入调查，及时向省政府和质检总局反馈情况，提供对外交涉检测资料，帮助企业建立健全质量保证体系，使出口情况趋于恢复。

2002年云南出入境检验检疫局业务统计表

金额单位：万美元

	进出口商品检验				进出境动植物及产品检疫						出入境卫生检疫								
	批次	金额	检出不合格		动物及动物产品		植物及植物产品				监测体检及预防接种(人次)				出入境人员(万人次)	交通工具			
			批次	金额	批次	金额	批次	金额	检出疫情		监测体检	艾滋病监测	发现病例数	预防接种		火车(节)	汽车(辆)	轮船(艘)	飞机(架)
出境	40099	103620	110	193	846	666	12984	22233	802	2033	30382	27733	747	148506	107		72494	1405	3308
入境	18628	54084	120	302	3737	2632	12027	18716	2673	3039	7866	4238	175	75	133	17919	91917	1319	3323
合计	58727	157704	230	495	4583	3298	25011	40949	3475	5072	38248	31971	922	148581	240	17919	164411	2724	6631

云南口岸专稿

云南口岸边贸概况

【概述】 2002年,云南省的边境贸易取得了较好的成绩,进出口总额达到近十年来的第二个高峰年。全年完成边贸进出口总额3.17亿美元,较上一年增长7.4%。略低于云南边贸历史上进出口总额最高年1993年的3.73亿美元。但进口达1.4亿美元,较上一年增长20.8%。超过历史最高年1993年的1.22亿美元。为减少边贸顺差,平衡贸易,作出了贡献。

【进出口总额增长的因素】 边境外经仍是边贸重要形式,全年审批项目28个,合同金额4493万美元,其中工程承包和劳务合作项目16项,金额2270万美元,增长132.2%,工程项下带动设备出口192万美元;境外投资项目12个,合同金额2223万美元。

对缅边贸仍是主力军,全年完成进出口总额27981万美元,增长9.65%,占全省边贸总额的75.33%,其中出口17257万美元,占出口总额的74.53%,进口10724万美元,占进口总额的76.7%。

对越边贸保持增长势头。全年完成边贸进出口总额8318万美元,增长0.4%,占全省边贸总额的22.39%,其中出口5649万美元,占出口总额的24.39%,进口2669万美元,占进口总额的19.8%。

对老边扭转连续2年下滑局面。但所占份额有限。全年完成边贸进出口总额844万美元,增长6.83%,占全省边贸总额的2.28%,其中出口248万美元,占出口总额的1.07%,进口596万美元,占进口总额的4.26%。

进出口大宗商品保持稳定。进出口大宗商品有:木材7567万美元,比去年净增1584万美元,龙眼干807万美元,净增113万美元。腰果712万美元,净增592万美元,硫化橡胶制品533万美元,净增515万美元,钢材213万美元,净增199万美元,以上商品是支撑进口增长的主要因素。

出口商品中机电产品52825万美元,净增816万美元,增长19.1%,占边贸出口22%,稻谷种1177万美元,增长8.5%。建筑材料、钢材、五金制品、农具等商品也保持了稳定增长。

边贸骨干企业作用突出。上百万美元的边贸企业有82户,仅占边贸企业总数的10%,,但完成了66.2%的边贸进出口任务,其中进入全省进出口100强的边贸企业共27户,进出口总额达19220万美元,占边贸进出口总额的51.7%。特别是涌现出德宏、河口、文山的5户上千万美元的边贸企业,成为边贸企业的亮点。其中德宏州3户进出口额上千万美元的边贸企业,边贸进出口额占全州边贸进出口总值的23.3%。其它如西双版纳州任达公司,按海关统计完成边贸进出口额607万美元,占全州边贸进出口总值的12.8%。

边境口岸的进出口总额持续增长。边境七地州市的陆地口岸进出口额达54731万美元,较上年增长13.1%。其中文山增长91.8%,思茅增长86.2%;有的海关如思茅关增长431.4%,金水河关增长100%,打洛关增长59.2%。

【边贸增长的主要措施】 巩固对缅贸易对边贸占全省边贸的76.3%,然而2002年对缅贸易面临着困难重重,首先缅甸对中国商品的进口严格管制,缅币大幅度贬值;二是暂停对缅出境伐木及国家5部委联发同缅特区政府交往有关政策规定,限制了对缅贸易;三是国家应退税款不能及时足额到位等诸多困难和问题的情况下，各地千方百计扩大进出口，企业在做活边民互市的同时，充分用好加工贸易、易货贸易、境外替代种植和出口贴息、出口退税等优惠政策、合理调整进出口商品结构，利用昆交会、边交会、曼德勒洽谈会，请进来，走出去，探索和实践对外贸易发展的新路子，使对缅贸易有了全面发展。

拓展对越贸易。对越贸易是我省边贸发展的新的增长点。2002 年在越南贸易保护主义抬头、国际有色金属价格下跌及滇越铁路运力严重不足等情况下，各级、各有关部门、各边贸企业一方面发挥自身优势，依靠政策和创新积极拓展越南市场，降低口岸收费，提高办事效率和改善服务，加大对口岸的宣传力度，想办法吸引有经营实力的外地企业到口岸开展业务搞活口岸；二是调整铁路运输的商品结构，增强铁路运输能力，把部分低价值商品，调到公路运输，充分利用滇越铁路及越南海防港出海通道优势，开展过境或转口贸易，突破了多年来单一的边贸为主的贸易方式，吸引了一些大商品，通过比较优势转移出口通道。三是加大进口商品研究。缩小贸易顺差，扩大双边贸易，保持了对越贸易增长势头。

推动老挝贸易。虽然对老贸易所占份额有限，但 2002 年各地、各企业认真贯彻执行“走出去”的战略，多次到老挝北部、中部地区进行调研考察和经贸洽谈，与老挝在商业、种植业、加工等方面积极开展经济技术合作，特别是充分利用国家罂粟替代种植项下进口优惠政策开展了卓有成效的合作，加大了对老商品进口，实现对老贸易扭转了连续 2 年下滑局面。

根据国内市场对部分商品需求，积极推动进口增长。支撑边贸进口增长 20.8%的大宗商品主要是木材、龙眼干、腰果、硫化橡胶制品、钢材、橡胶等产品。其中木材进口额比去年增长 26.5%。占今年边贸进口增长额的 65.9%；以上名列的几种商品均属去年进口增长较大的商品，既满足了国内需求，又扩大了进口，减少了顺差。另外，去年替代种植项下进口的农副产品总值达 1000 余万美元，同比增长 71.9%，也有力地促进了进口。

利用办展扩大交流。为扩大双边交流，推动贸易发展，在办展方面，除昆交会专设边贸馆外，还分别对周边三国在景洪、河口、木姐办展或参展，另外还组团到越南河内和缅甸曼德勒举办滇缅企业对口洽谈会，组团到老挝万象举办中国云南——老挝商品展销会，专题召开对越经贸调研座谈会。这些工作为边贸企业实施“走出去”创造了有利条件。

发展和激活边贸企业，为边贸增添活力。2002 年各地州的边贸企业大多已实行改制，增强了活力，调动了积极性，扩大了业务。同时全省去年新批边贸企业 108 户，新批企业成了边贸的生力军。

相关部门方面的大力支持协助，各方面政策的兑现，为企业增强了后劲。国税、银行、财政、海关、检验检疫局等到有关部门在出口退税、退税质押贷款、机电产品出口奖励、中小企业开拓市场等政策方面均给予了企业积极的支持帮助，兑现了在关政策，为企业增加了流动资金，降低了成本，增强了后劲。我国驻缅、老、越三国使领馆及三国驻昆总领馆也给予了云南拓展周边市场诸多帮助。

“十五”期间红河州口岸建设与发展

面临的机遇和挑战

“十五”期间，我国的现代化建设将进入一个新的发展阶段，随着中国加入WTO以及中国——东盟自由贸易区建设和国家西部大开发战略的实施，为云南加快经济发展，扩大对外开放提供了极其难得的历史机遇。红河州有两个国家级口岸，口岸的建设与管理，将因此面临着新的机遇和挑战，怎样抓住机遇，顺势而谋，使“建一座口岸、兴一方经济、富一方边民”的效应在红河州得到体现？怎样适应国际大环境的氛围，树立经营口岸的理念，全方位激活口岸功能，为红河州的社会经济发展服务？这是我们不得不面对的新课题。

“九五”口岸取得的成就回眸

“九五”期间，红河州口岸的建设和发展，基本上适应了红河州经济发展的需要和对外开放的要求，口岸通关环境不断改善，整体功能不断完善，基础设施建设不断加快，管理和协调工作不断加强，货畅其流，客乐其行，口岸上举行的各项重大国事活动和迎送任务得到圆满完成，口岸的地位和作用明显提高。

【口岸体系初步形成，口岸运行态势良好】 红河州位于云南省南部，与越南接壤，所辖河口、金平、绿春三县与越南老街省、莱州省毗邻，边界线长848公里，其中水界178公里。现有河口、金水河两个国家一类口岸和老卡、新店、坝洒、马鞍底、十里村、平河6个边民互市通道。口岸的恢复开通极大地促进了红河州以及全省对外开放和对外经贸、旅游的发展，成为红河经济发展的支柱之一。“九五”期间，州委、州政府按省委、省政府“建立周边国际大通道”的战略，定位红河州口岸建设以河口、金水河陆路口岸为主导，滇越铁路河口山腰国境站铁路货运口岸为配套，按照在公路、铁路、水路等方面构筑设施现代化、服务优质化、功能多样化的国际大通道这样一个基本发展思路，加快建设，加强管理，初步形成了红河州全方位、多功能的口岸开放新格局，加大了对滇越大通道——河口口岸的建设力度。随着河口中越公路大桥、口岸联检中心、国门、口岸边境贸易区以及山腰国际货运编组站进站公路油路改造等项目建成投入，使河口口岸的功能明显加强。河口口岸由过去只有一条出入境通道变成了两条出入境通道，形成了铁路、公路并举，火车、汽车、人员分流，有序、快捷、安全的出入口岸大通道，极大地提高了口岸的通关能力，促进了对外贸易的发展。特别是河口口岸联检中心建成后，口岸部门以优质、快捷、服务为中心，借鉴外地口岸管理的先进经验，实行了一幢楼、一条龙服务的模式，把联检中心二楼设为报关报验中心，原分散各处的“一关两检”及相关部门集中一起联合办公，实行报关、报检、报验“一条龙”作业，实现电子化办公的口岸管理模式，缩短了报关时间，方便了货主，提高了效率，为对外贸易的发展提供了宽松、快捷的通关环境。

由于红河州口岸环境的改善和口岸的扩大开放，特别是河口口岸环境的改善，吸引了省、州大贸企业从河口口岸开展进出口业务，使红河州口岸流量稳步增加。红河州口岸在加快构建现代化口岸体系的同时，始终保持了良好的运行态势，客货吞吐量逐年递增，口岸运营形势十分喜人。据统计，2002年从河口出入境人员1473674人次，出入境交通工具34471辆、列次，进出口货物839763吨，进出口货值

180892万元，居全省前列。金水河口岸外经贸发展正呈现进出口基本平衡，顺差缩小，大贸显著增长，边贸互市活跃等良好发展势头。2000年金水河口岸边贸总额达到5131万元。2001年边境贸易总额达8485.05万元，到2002年，金水河口岸进出境人员达到135000人次，出入境交通工具2576辆、列次，进出口货物19960吨，进出口货值15000万元，各项指数均呈现逐年增长的趋势。

【基础设施建设步伐加快，口岸整体功能不断完善】 为使红河州建成具有铁路、水路多层次、宽领域、全方位开放的口岸网络，根据中央关于“进一步扩大对外开放”和省委、省政府提出的实施开放带动战略精神，“九五”期间，经过坚持不懈的努力，红河州口岸的基础设施建设跃上一个新台阶。1993年河口口岸复通以来，边贸进出口总额就始终保持着两位数的增长速度，带动了边境贸易、跨国旅游、餐饮娱乐服务行业的快速发展，而相关产业的形成和发展同时对口岸的建设提出了更高的要求，促成了建设河口口岸公路大桥和口岸联检中心大楼。建筑面积为5485平方米，概算总投资为1337.46万元的河口联检大楼与交通部门负责的中越河口口岸公路大桥同时投入使用，提高了口岸通关速度，为塑造国门良好形象，提高口岸综合效益，拓展对越贸易，进一步发展对越友好交流与合作创造了条件。

金水河口岸是红河州乃至大西南对越开放和贸易的另一个重要通道，金水河口岸正式升格为国家一类口岸后，其建设与发展历经10年，先后完成了2000余万元人民币的建设投入，建成街道38800余平方米，人行道1万余平方米，绿化面积13400余平方米，并先后修建邮电、通讯、学校、医院、联检等基础设施。金水河口岸基础设施建设已初具规模，口岸管理机构基本健全，并拥有一定数量的矿业、建材、木材等加工企业和餐饮服务等个体工商户。1998年12月26日开通了金平至越南封土县国际公路货运和客运，进出口贸易和边境小额贸易稳步发展。

“九五”口岸存在的问题

回眸“九五”期间红河州口岸建设的成绩，是十分让人欣喜的，但根据当前形势的要求，口岸发展上也存在一些值得关注的问题：1、如何树立“经营口岸”的理念，把口岸作为重要资产、资源加以经营，把口岸通道建成国际大通道的服务窗口、对外开放的试验示范区、发展外向型经济的“引擎”、如何树立“大通关”意识等，还远未形成广泛的共识。对口岸在发展红河州经济的地位和作用认识不足，这仍然是红河州 口岸建设和发展的最重要制约因素。2、口岸功能上的不适应。尤其是金水河口岸，由于基础设施和配套设施不完善等原因，导致目前口岸发展不平衡，与其它国家级口岸相比较反差大。3、口岸基础设施建设亟待加强。建设与管理资金的投入与建设现代化国际大通道所需口岸体系仍不相适应，基础设施有待进一步完善。4、尚未形成具有口岸特色的产业基础。口岸的发展对其周边县市经济发展的带动作用还不够突出。 5、口岸管理体制有待进一步理顺。目前口岸管理体制条块分割、职能交叉的问题仍较突出，造成“有职能的没手段，有手段的没职能”，“不执法的管执法的，职位低的管职位高的，没钱的管有钱的”，影响了口岸管理的统一性和有效性。

“十五”面对机遇与挑战

“十五”时期，我国的现代化建设将进入一个新的发展阶段，红河州口岸的建设与管理，将因此面临着新的机遇和挑战。

【世纪之初红河州口岸发展面临的新形势】 新的世纪开始，世界经济全球化步伐正在加快，中国经济融入世界经济的步伐正在加快，红河州经济迈向世界的步伐也要加快。特别是中国进入WTO后，国界的概念淡化，取而代之的是区域经济的兴起。北美、非洲、东南亚、欧洲都有了自己的区域经济。朱容基总理去年11月4日在金边出席第六次中国与东盟领导人会议时发表讲话，建议启动中国和东盟自由贸易区进程，推进双方全面经济合作。中方支持将2010年确定为自由贸易区的建成目标。在这样的形势下，我们的经济和外经贸就必须顺应潮流，和东南亚等国结成合作伙伴，把建立区域经济作为重中之重。因此，口岸作为对外经贸的重要基础设施和对外交往的重要通道，其地位和作用日益显现。

【红河州经济结构的战略性调整对口岸建设提出新要求】 州委、州政府自1999年以来，就采取了一系列鼓励外经贸发展的政策措施，制定了《关于鼓励扩大外经贸出口的决定》，出台了"建立奖励机制，鼓励企业出口"、"大力改善口岸环境，促进边贸快速发展"等多项鼓励政策。"十五"时期，红河州经济结构战略性调整的步伐将继续加快，在我国加入世贸组织后竞争加剧，锡铅锌等产品价格下跌的不利情况下，由于全州上下高度重视对外开放工作，进一步降低收费，活跃口岸，全州对外贸易进出口总值仍达2.1亿美元，增长12%，继续在全省保持领先行列。锡、化肥由河口出境，通过越南转口量日益扩大，使河口口岸进出口货物总量在云南省各边境口岸中保持第一位。

2002年1月20日，中国南方机车厂工业集团公司四川资阳内燃机车厂生产的10台新型内燃机经河口出口越南，这笔价值763万美元的生意创造了河口口岸的几项新记录：单笔贸易交易量最大、创汇最多、交易级别最高，一方是越南交通部，一方是国内知名大型企业；本地公司首次成为大宗跨国贸易的合作伙伴。10台新型内燃机经河口出口，也是红河州构建滇越贸易大通道的一次成功尝试。随着机电和有一定科技含量产品的出口比重进一步增大，出口商品结构正在发生转变，科技"龙头"的作用有所体现，整体竞争力将得到提升。红河州口岸现代物流体系建设步伐将进一步加快，依托口岸的信息流、物流、商流和资金流，将会进一步增多。这些调整和变化趋势，表现在口岸上就是进出口货物的持续增加和对口岸电子商务需求的加大。红河州口岸的建设与发展必须要适应由此带来的这种变化和要求。形势的发展和红河州经济结构的战略性调整，将对红河州口岸建设提出更高的要求。

【新时期红河州口岸建设与管理面对的挑战】 随着新世纪来临，我们面对的是中国已经加入WTO和进行西部大开发战略的新时期，中国与东盟自由贸易区10年建成和中国参与"电子东盟"、澜沧江—湄公河次区域经济合作提出发展次区域经济走廊、在云南省提出建设泛亚铁路，即中国连接东南亚和南亚国际大通道的东线方案、建设中越方向的国际大通道等等，这些都是国际形势的风云变幻给我们口岸建设与发展带来的机遇和无限广阔的空间。河口面对的越南老街省，面积8044平方公里，辖二市七县，总人口 60.8万人，拥有贵沙铁矿、生权铜矿、甘塘磷矿。为加快老街的发展，越南政府将老街省的谷柳、全星、新铺、沿海、老街五区合并为老街市管辖后，又将老街市与相距12.5公里的甘塘市共同合并为一个三级都市，计划于2005年建成越南北部地区政治、经济、文化、交通、国际旅游和贸易中心，使之成为越中边境地区最繁华的、全新的国际商贸、旅游口岸省会城市。2002年，越方提出建设"河口——老街两个国家，一个城市"的构想。并已向亚洲开发银行贷款建设老街至河内300公里的公路，全面升级为四车道高等级公路，已于2003年开工建设，三年建成，使老街至海防港的公路高等级化。将于2008年开始分两期建设一条老街直达河内的铁路，提高一倍的铁路运输货物能力。2002年底投资1000多亿越盾，在老街国际口岸兴建一座面积22000平方米、高17层的国际口岸商贸中心，目前正在建设之中。同时还在老街口岸西北方向1.5千米处，建成一个具有市场、仓贮、宾馆、饭店、娱乐、休闲、展销中心等服务的金城商贸区。为了加快老街口岸的建设步伐，越南还制定和颁布了一系列加速老街口岸建设的优惠政策。这对我们的工作确实是一种新的挑战。

“十五”口岸建设与发展对策

红河州口岸建设与发展以邓小平理论和江泽民同志“三个代表”的重要思想为指导，从红河州口岸所处的区位优势和功能出发，紧紧抓住中国加入世界贸易组织带来的发展机遇和红河州经济结构战略性调整带来的变化，利用口岸自身优势，提升口岸整体功能，发挥口岸整体效益，促进具有口岸特色产业基础的形成和区域经济的发展，为红河州党政领导机关服务，为日益扩大的国际交往服务，为推进绿色经济强州、矿业经济强州、民族文化大州、个开蒙城市群、滇越大通道的建设目标服务，为发展全州社会经济服务。

【围绕红河州口岸建设与发展的方针】 按照红河州经济的发展方向和河口、金平县城镇建设的总体规划，因地制宜，不断强化和完善口岸服务功能，体系建设与突出重点相结合，硬件与软件建设相结合，经济效益与社会效益相结合；动态适应，效益优先，兼顾公平，建设规模上既要循序渐进，符合红河州社会经济发展水平的要求和能力，有利于促进具有口岸特色产业基础的形成，有利于具有口岸特色的区域经济的发展，又要坚持超前发展与整体功能配套的原则，在口岸的发展规划上，要有高起点、高标准的思想。

【加快红河州口岸建设与发展的措施】 为适应红河州经济发展战略和对外交往需要，在充分发挥口岸查验部门职能的基础上，进一步加强协调，运用现代科技手段，实现信息共享，完善口岸服务。在布局上，以公路口岸为主，铁路口岸为辅，积极规划开放红河河口航运水港二类口岸，全面构建红河州现代化口岸体系；在效益上，以管好、用好现有口岸为基础，进一步完善和提升口岸功能，全面提高口岸运行质量；在管理上，以依法把关，监管有效，方便进出，优质服务为出发点和落脚点，进一步加强精神文明建设，全面促进口岸通关环境的改善和服务效率的提高。针对河口口岸与越南老街口岸的特点，利用便利的公路、铁路、航运优势，河口要在中国——东盟自由贸易区建设中先行一步。要进一步解放思想，按照“集贸易、加工、仓储、旅游为一体”的功能定位，搞好边境贸易区的规划和建设，把河口口岸建设成为高于越南老街，永远领先于老街的国际大口岸，形成对东南亚、南亚全方位开放的国际口岸。

云南口岸大事记

1月3日

临沧边防支队孟定边防派出所抓获一名网上在逃人员谢彬。

1月7日

昆明海关被云南省政府评为2001年度中国国际旅游交易会的先进单位。

1月8日

云南省副省长邵琪伟会见了海关总署党组成员端木君，听取了昆明海关工作汇报并考察了海关总署昆明海关教育培训基地。

1月8日

经公安部、云南省边防总队批准，正式组建了中华人民共和国腾冲猴桥边防检查站。

1月10日—12日

云南省省委书记白恩培视察了中缅边境德宏段畹町、瑞丽、章凤口岸。白书记对“一关两检”工作给予了充分肯定和赞扬。

1月13日

昆明边防检查站在对老挝万象至昆明QV817航班进行检查时，查获2名巴勒斯坦籍偷渡人员。

1月17日

云南省省委副书记杨崇汇到木康公安边防检查站视察工作，看望了全体官兵，对木康站在边防执勤、部队管理、缉枪缉毒方面取得的成绩，给予了充分肯定。

1月17日

云南省副省长邵琪伟到昆明海关听取工作汇报，并对昆明海关的工作提出了希望和要求。

1月17日—19日

云南省省委常委、省政法委书记李明朝到临沧边防支队视察并慰问了支队永和、芒卡等6个边防工作站，向每个单位赠送慰问金5000元。

1月17日—19日

云南省公安边防总队副总队长郭天明随中国代表团参加联合国亚太经社会在泰国清莱举行的大湄公河商业航行次区域研讨会。

1月18日

磨憨边防检查站在出入境检查中查获偷渡嫌疑人5名。

1月27日

法国驻华大使让.皮埃尔.拉丰一行8人在德宏边防支队领导的陪同下，到木康公安边防检查站考察禁毒工作情况，他对该站在禁毒工作中取得的成绩非常赞赏。

2月4日

西双版纳边防支队大开河公安边防检查站查获三名在逃杀人嫌疑人。临沧边防支队孟定边防派出所查获一名网上在逃人员。

2月16日

德宏边防支队瑞丽边防大队查获红河州公安局网上通辑人员宁星功。

3月1日

思茅边防支队破获一起特大贩毒案，缴获冰毒12.793千克，抓获犯罪嫌疑人4名。

3月9日

云南省副省长黄炳生到思茅边防支队大黑山边防工作站视察，他充分肯定了边防官兵为边疆经济建设做出的积极贡献。

3月12日

公安部部长贾春旺签署命令，给云南文山边防支队董干边防工作站、怒江边防支队利沙底边防派出所、瑞丽边防检查站调研科三个单位记集体二等功；给瑞丽边防检查站副政治委员刘晋才记二等功，表彰他们在“严打”斗争中取得的突出成绩。

3月12日

省委政法委书记李明朝在思茅地委领导和孟连县委领导陪同下，对孟连口岸进行了调研。

3月12日

省委宣传部部长晏友琼在思茅地委宣传部长黎素美、孟连县委书记姚国华等领导陪同下，到孟连口岸考察。

3月14日

德宏边防支队弄岛边防派出所在姐冒查获一起武装贩毒案，缴获海洛因3.4千克，“五.四”式军用手枪1支，子弹8发，抓获嫌疑人2名。

3月8日

昆明海关被评为2001年云南省反假币先进集体。

3月21日

海关总署人教司给予腾冲海关包利波因成功指挥破获货车走私毒品大案，记个人二等功奖励。

3月22日

泰王国清莱府尹仑立·玛格拉蓬为团长的清莱府代表团在思茅行署副专员龚丕富、公安局长胡吉安、外办主任王德学、口岸办主任李曙功、外经贸局局长纪纳，思茅市副市长杨亚林等领导陪同下，代表团一行41人参观了思茅港。

3月23日

保山边防支队根据情报，在德宏泰隆宾馆破获一起特大贩毒案，缴获冰毒14.933千克，手机2部，抓获犯罪嫌疑人3名。

3月27日

云南省委副书记、省长徐荣凯在思茅地委书记李元书、行署专员卯稳国等领导陪同下视察了思茅港。

3月27日

云南省政府副省长梁公卿在思茅行署副专员龚丕富、孟连县县长刀立富等领导陪同下，考察孟连口岸。

4月3日

中央军委委员、中国人民解放军总参谋部副参谋长郭伯雄上将在成都军区副司令员金仁燮中将的陪同下视察了瑞丽和畹町口岸。看望边防官兵，听取了口岸管理工作的汇报。

4月3日

云南省委政法委书记李明朝在怒江调研工作，看望并慰问了怒江边防支队亚谷边防工作站官兵。

4月5日

云南检验检疫局支毅隆副局长出席由联合国开发计划署在昆明举行的“澜沧江——湄公河次区域发展中国家经济合作”项目启动会议。

4月7日—16日

云南检验检疫局程迪龙局长参加云南省政府经贸代表团，赴越南出席中越贸易投资展洽会。

4月10日

腾冲海关正式进驻猴桥口岸和滇滩两条通道监管点。

4月15日

陈纪元关长参加了由云南省省长徐荣凯率领的云南经贸代表团在越南胡志明市举办的“中国云南——越南经济贸易合作洽谈会。”

4月15日

畹町海关被共青团云南省委授予“云南省省级青年文明号荣誉”称号。

4月25日

昆明边防检查站在新加坡至昆明的MI912航班上查获一起持伪造97版中国普通护照偷渡入境案件，抓获偷渡人员3名。

4月29日

昆明海关机关团委、侦查局团委被团工委授予“五四红旗团支部”。

4月29日

云南省副省长邵琪伟和省有关厅局领导到昆明国际机场口岸有关部门视察，对口岸检验工作给予了高度评价，并作重要指示。

4月29日

昆明边防检查站与思茅边防支队联合破获一起偷渡案，在中缅边境思茅孟连县境内抓获偷渡嫌疑人8名，“蛇头”及运送者3名。

5月4日

文山边防支队金厂边防派出所破获一起贩枪案，缴获苏制“59”式军用手枪1支，抓获犯罪嫌疑人2名。

5月13日

全国海关反价格瞒骗业务培训及研讨会在昆明海关举行。

5月13日

云南省省委书记白恩在红河州视察工作期间，亲切看望了红河边防支队和天保、河口海关关员边防检查站官兵，充分肯定了口岸工作者在维护边疆稳定、促进边疆经济发展作出的贡献。并强调，省州应该很好地重视研究和发挥边境口岸的作用，使口岸对全州全省经济发展起到龙头带动作用。

5月14日

由省经贸委牵头组成的调研组到河口口岸就口岸收费问题进行调研并与当地政府领导、一关两检、企业界等相关部门进行座谈。

5月20日—25日

由海关总署和亚洲开发银行共同举办的首次“大湄公河次区域海关培训班”在昆明海关举行。

5月23日

德宏边防支队木康公安边防检查站因缉毒成绩突出，国家禁毒委在木康站举行授车仪式，奖励该站缉毒专用车一辆。

5月30日

昆明边防检查站在老挝万象至昆明的3Q476航班上查获一起外籍人员偷渡案,抓获持用假护照偷渡入境的伊拉克籍人员4名。

6月2日

总队依法遣返了西双版纳边防支队抓获的6名企图偷渡老挝的朝鲜人。

6月11日—12日

云南省省长徐荣凯在省政府有关领导的陪同下,视察了中缅边境德宏段瑞丽、畹町和章凤口岸,充分肯定了口岸查验部门在口岸查验工作中取得的成绩。

6月13日

缅甸克钦军根据我方通报在其境内对杀害我"缉毒勇士"尹铭志烈士的凶手之一老平进行抓捕,老平被缅军击伤后畏罪自杀。

6月20—23日

云南检验检疫局刘宝玉副局长率工作组赴勐腊对云南电视台《今日话题》报道的有关情况进行调查。

7月6日

海关总署党组成员叶剑视察河口海关。

7月12日

台湾高雄海关、台湾正大国际关系研究中心一行五人到昆明市海关参观。

7月13日

中越两国陆地边界云南段河口———老街界碑立碑仪式分别在中国河口口岸和越南老街口岸隆重举行。标志着两国陆地边界全线即将进入实地勘界立碑阶段。外交部副部长王毅,云南省副省长邵琪伟和越方裴鸿福在立碑仪式上分别致词,王毅、邵琪伟为界碑揭幕。外交部、国防部、公安部、国家测绘局和成都军区、广州军区,云南省、广西壮族自治区有关部门代表出席立碑仪式。中国驻越南大使齐建国率团出席了同时在越南老街口岸举行的立碑仪式。

7月14日

中华人民共和国外交部副部长王毅率外交部、财政部、总参谋部、公安部、国家测绘局有关领导及中华人民共和国驻越大使、广州军区、成都军区等领导在云南省人民政府邵琪伟副省长等领导的陪同下,到天保口岸进行工作调研。

7月23日

昆明海关应蒙自县政府要求,向"云南省爱国主义教育基地"—— 蒙自海关内设的云南省第一关陈列馆提供了18本旧书籍,7件旧海关关产及部分档案资料。

7月26日

中华人民共和国外交部亚洲司管木副司长、云南省政府副秘书长崔质涛、文山州政府副州长金慈昆、麻栗坡县委书记王林等州、县有关部门领导共45人到天保口岸参加天保口岸中越陆地边界261号界碑的立碑仪式。

8月5日

打洛海关被评为全国打击光盘走私有功集体,记集体二等功一次;马坚记个人二等功一次。

8月7—11日

省政协副主席王兆民率部份省政协委员及省计委、省建设厅的有关领导到红河州就沿边地区的城镇化建设与经济发展的情况进行专题调研，其中对河口口岸建设情况及自由贸易区建设问题尤为关注，并到河口口岸实地考察。

8月11—12日

海关总署党组成员叶剑一行到腾冲海关检查指导工作。

8月11—16日

云南省政府副秘书长崔质涛率我省口岸有关部门的领导一行22人赴上海考察学习“大通关”经验。

8月16日

解放军总参谋部副总参谋长隗福临上将在成都军区副司令员桂全智中将、云南省军区司令员王继堂少将的陪同下，到河口、天保边防检查站视察。

9月1日

中越陆地边界金水河——马鹿塘界碑立碑仪式活动在两国边境同时举行。中国外交部张愉大使、云南省政府副秘书长崔质涛 、副州长杜勇和越南外交部副部长、中越边界政府级谈判代表团团长黎功奉，莱州省委副书记、省人民委员会主席冠文兵等主要官员分别出席了双方口岸界碑立碑仪式活动。

9月5—10日

由国家认监委夏铮铮副主任和国务院法制办赵晓光副司长率的国务院法制办立法调研组一行5人到云南检验检疫局开展论证认可立法调研。

9月11日

为加快口岸通关速度，海关总署制发《昆明海关关于云南边境口岸机动车辆进出境管理办法》。

9月25日

公安部白景富副部长签发《贺电》，对云南公安边防总队成功侦破“8.13”特大贩毒案的全体干警表示祝贺。

10月2日

印尼金光集团总裁黄志运为团长的印尼金光集团考察团在副省长黄柄生、思茅地委书记李元书、专员卯稳国等领导陪同下考察思茅港。

10月8日

泰王国驻昆副总领事塔利扎荣华先生一行5人到云南检验检疫局拜会程迪龙局长及有关部门负责人，双方举行了座谈。会后，泰方客人还参观了技术中心实验室。

10月9日

云南检验检疫局在胜利堂召开全省新《商检法》宣贯动员大会。省人大副主任吴光范、省政府副秘书长崔质涛到会并讲话。

10月10—24日

国家边防委办公室工作组对云南省“九五”期间已建边防基础设施进行了检查验收，对云南中缅边境基础设施建设取得的成果给予了充分肯定。

10月12日

公安部党委委员、纪委书记祝春林在云南省公安厅江普生厅长和边防总队长陈伟明的陪同下，到打洛边境检查站视察调研，并慰问了边防官兵。

10月12日

全国政协副主席周铁农一行在云南省政协有关领导的陪同下，视察了河口口岸。

10月16日

全国政协副主席周铁农视察畹町口岸，并与现场关员合影留念。

10月19日

西双版纳海关关长韦强在景洪与泰国海关总署副署长进行友好交谈。

10月22日

泰国工业部部长助理(SATIT)一行到西双版纳海关进行业务咨询。

10月22—23日

昆明海关召开“WTO与海关工作研讨会”，并对评选出的39篇论文进行颁奖。

11月3日

西双版纳公安边防支队景洪公安边防大队在景洪市银通大厦抓获1名福建籍网上在逃人员。

11月8—14日

云南省公安边防总队共派出执勤兵力3768组16380人次，查获贩毒案58起，缴获各类毒品65000余克、抓获犯罪嫌疑人71名；查破贩枪案件2起，抓获犯罪嫌疑人4名，缴获猎枪46支、小口径手枪支1支、子弹60发；在口岸查车验证和办证中，查获网上在逃人3名。

11月10—13日

云南省公安边防总队总队长陈伟明率总队代表团一行12人，到越南莱州省奠边府与越南莱州、老街、河江三省边防部队指挥部代表团举行了第四次省级边防业务会谈。

11月15日

海关总署制发《昆明海关口岸快速通关作业改革实施方案》。

11月15日

云南省政府在昆明东站集装箱货场召开现场办公会议，省口岸有关部门领导出席了会议。

12月3日

章凤口岸联检楼建设工程通过省级验收投入使用。

12月6日

孟连海关参加了在思茅市举行的“中国——缅甸第二特区政府第二次会晤”。

12月8—12日

云南省口岸业务干部培训班在河口口岸举办。全省8个边境地州、21个市县口岸办近百人参加了培训。省口岸办、河口县和驻河口“一关两检”领导到会作指导。随后与会人员还参观了中国河口——越南老街口岸管理流程。

12月11日

腾冲海关举行“腾冲海关建关一百周年研讨会”。

12月16日

云南省省长徐荣凯一行视察天保口岸。

12月16日

昆明海关瑞丽支局破获一起重大毒品走私案，支局干警刘传利英勇负伤，海关总署发来慰问信表示亲切的慰问。

12月30日

临沧边防支队班老边防工作站根据线索，在班老公路11公里处设伏堵卡，从一辆入境的拉货矿车上查获海洛因38.5千克，抓获犯罪嫌疑人1名。

陕西省

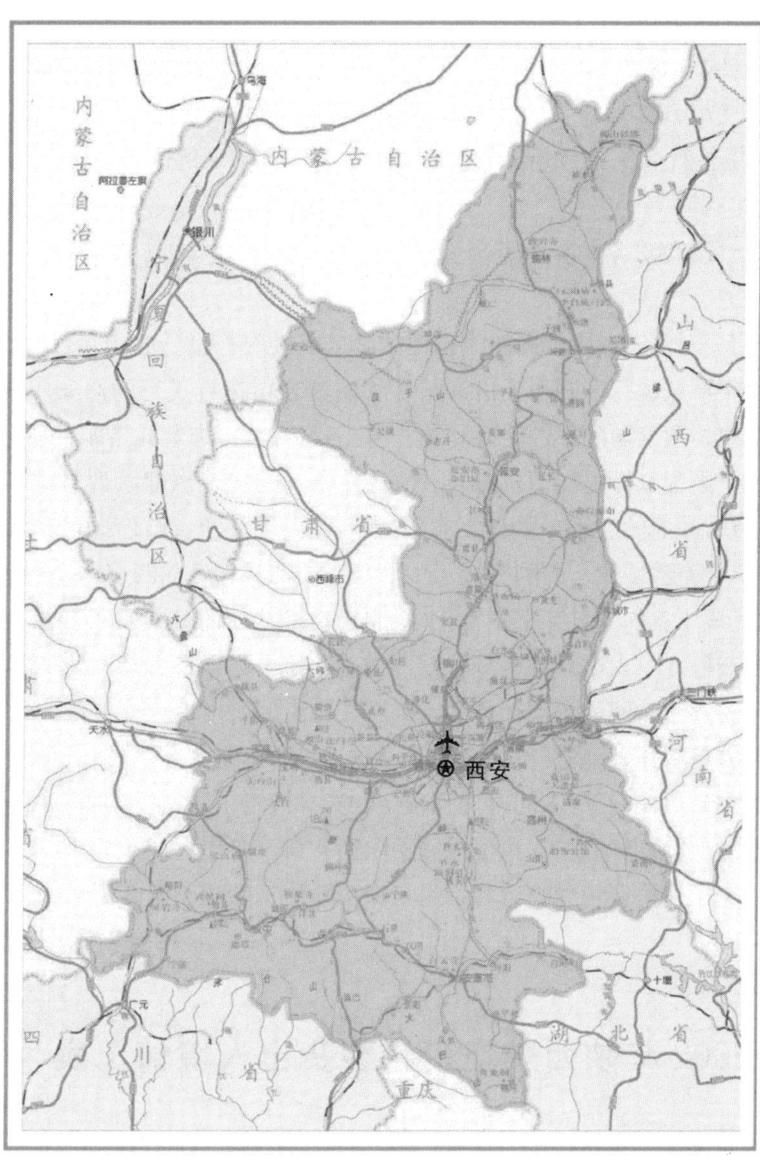

图　　例

- 省级行政中心
- 口岸
- 铁路口岸
- 航空口岸
- 公路口岸
- 海（河）运口岸

陕西口岸工作综述

【客货运输保持增长势头】 货物吞吐量:2002年陕西口岸完成货物吞吐量16.54万吨,与上年相比增长12.9%,其中进口7.87万吨,增长18.5%,出口8.67万吨,增长8.2%。

2002年进出口贸易总额9.86亿美元,比上年增长5.6%,其中外贸进口7.49亿美元,出口2.37亿美元。

航空口岸客货吞吐量:2002年共查验进出境行李物品28万人次,增长6.4%,其中进境13.47万人次,出境14.53万人次。

【口岸工作迈上新台阶】 对西安咸阳国际机场扩建国际候机楼的查验场地和办公场所进行了合理布置和分配,预计明年下半年可试运行。开通了由泰国曼谷航空公司执行飞行的西安—曼谷—西安的定期航班,每周往返四个班次。西安国际邮件交换局在我省正式运营,标志着我省邮件业务与国际接轨。

【公正执法,文明服务】 经国家有关部门批准,2月23日顺利完成恭送迎陕西省法门寺佛骨舍俐子到台湾的供奉活动。按照省政府的安排布置和要求,圆满地完成了陕西省政府国际高级经济顾问团会议第一届会议代表的进出境查验工作。顺利完成了中国第三届特殊人奥林匹克运动会运动员及相关贵宾的查验工作。圆满地完成了参加中日邦交正常化30周年庆祝活动的日本贵宾及旅客从西安航空口岸入出境的查验任务,共查验853人次。圆满地完成了来陕参加"两会一活动"、"西部论坛"、"陕西农高会"等活动的代表及来陕考察访问的香港知名人士邵逸夫先生的入出境查验工作。

【加强口岸综合管理和协调工作】 坚持每月定期召开空港口岸工作例会,总结上个月的工作,部署下个月的工作,积极协调各口岸单位的工作,同时加强领导和指导现场工作,坚持24小时现场值班。

【加强口岸管理机构】 经省政府同意10月份成立了陕西省口岸工作协调领导小组,并召开了第一次会议,同时成立了航空口岸工作协调领导小组和货运口岸工作协调领导小组。同时,在积极筹建成立陕西省口岸协会。

2002年陕西航空口岸客货出入境情况表

项目 出入境	出入境旅客(万人次)					
	累 计	同比增长%	大 陆	港澳台	华 侨	外国籍
出入境人次	28	6.4				
其中出境	14.53	6.6				
其中入境	13.47	6.2				
累计出入境货运量16.54(万吨)与上年同比增长12.9%,其中出境8.67(万吨), 入境7.87(万吨)						
累计出入境飞机5045(架次)						

陕西口岸查验单位工作综述

西安海关

【基本情况】 2002年，在海关总署的正确领导和陕西省委、省政府的亲切关怀下，西安海关以邓小平理论和党的十六大精神为指针，认真学习贯彻“三个代表”的重要思想、国务院领导视察海关工作的重要讲话及全国海关关长会议精神，根据加入世贸组织后的新形势、新要求，结合西安关区的实际，坚持“依法行政，为国把关，服务经济，促进发展”的海关工作方针，继续深化通关作业改革，全力支持扩大出口，切实加强基础建设、业务建设和干部队伍建设，圆满完成了各项工作任务。2002年7月，陕西省省长贾治邦视察西安海关工作时，对严格把关，热情服务，努力提高通关效率，积极为政府部门提供分析信息等做法给予了充分肯定。全年共接受报关单2.52万张，监管进出口货物16.54万吨，征收税款9.61亿元，审批减免税金额12.25亿元，监管进出境航班及包机5045架次，查验进出境旅客行李物品28万人次，登记备案加工贸易合同244份，备案进口料件金额17.01亿元，审结走私违规案件75起，案值7398万元。

【税收征管】 全年共征收税款9.61亿元，比2001年增长0.7%，其中关税2.36亿元，进口环节税7.25亿元，为西安海关建关18年来最高征税额。针对关税税率下调，上半年税收持续下降的严峻形势，采取了一系列行之有效的税收征管措施：一是多次深入企业调查，重点了解关税下调对关区税收的影响程度，摸清“税源大户”的生产经营和进出口情况，在认真分析税收征管形势的基础上拟定了税收计划和征管方案。同时，多次走访企业，宣传国家优惠政策，帮助企业解决通关中的实际困难，支持企业加快发展，稳定税源，扩大税基；二是明确责任，强化领导。关党组加强了对税收征管工作的组织领导，每月召开关区税收联席会议，及时沟通情况，分析形势，部署工作；三是继续实施综合治税。征税、审单、监管、保税、统计、稽查等部门齐抓共管，杜绝“跑、冒、滴、漏”。关内还成立了商品归类技术小组，研究解决归类中的疑难问题。加大了催缴欠税力度，全年共催缴欠税入库1.14亿元，审价、归类、核销、调查共计补税2302万元；四是根据总署的统一部署，开展了为期3个月的反价格瞒骗专项斗争，对报关价格波动较大的14家进出口企业和5种重点商品进行了专项稽查，补税180万元，查获案件1起及重要线索2条；五是实行了税收进度周报和税款入库旬报制度，加强了对税收信息的评价、分析和监控。

【监管工作】 进一步提高实际监管能力和海关通关效率。一是全面清理了各监管场所和外商驻陕办事处，对不符合海关监管要求的限期整改，对303家多年未到海关年审的办事处提出撤销意见，对3家外汇商品供应站进行了清理，完善了各监管场所的报批手续，建立健全了企业档案管理；二是从25个方面对业务一线及隶属海关的监管通关工作进行了全面检查，针对检查中发现的问题进行了整改；三是积极开展“电子口岸”在陕西省的推广应用工作，召开陕西省电子口岸用户资格审查单位联席会议，及时协调解决各有关部门在联合审批中的工作衔接问题，提高工作效率，热情服务企业；四是进一步加强了对保税货物的监管，建立了边角料补税估价联系和到期合同催报登记制度，增设了检查核销岗位，全年到期合同核销率100%。对关区内23家保税工厂、保税仓库进行了清理检查和整顿。顺利完成了“加工贸易管理系统单耗数据库”的试点工作，积极探索对加工贸易企业实行大手册管理，受到了企业的欢迎；五是大力推进风险管理工作，制定了实施方案，开通了风险管理网页，风险管理工作迈出了坚实一步；六是西安海关驻邮局办事处正式对外开办业务，使陕西省的进出境邮件可以在西安报关，对扩大陕西省的对外交流、改善投资环境起到了积极的促进作用。

【打击走私】 严厉打击走私违法犯罪活动。一是通过对进出口企业的经营状况和重点、敏感、高税商品及其销售市场的调研摸底，有针对性地开展反走私斗争，重点打击价格瞒骗行为和利用加工贸易、减免税渠道进行的走私违法活动；二是根据总署的统一部署，分阶段、有重点地开展了“追逃战役”、“打击价格瞒骗”、“打击非涉税走私”等专项斗争，抓获逃犯 7 名，侦破涉税走私案件 8 起，案值 7034 万元；三是狠抓大要案的侦破工作，成立了专案组，相继破获了 3 起案值千万元以上、在社会上有较大影响的大案；四是进一步加大了对毒品等非涉税走私犯罪活动的打击力度，积极与地方警方联系，成功摧毁一个即将投入生产的地下毒品加工厂，抓获犯罪嫌疑人 5 名，缴获一支仿制式手枪和一批制毒设备及化学品；五是加大了对走私犯罪案件的侦办力度，全年共侦查终结各类走私罪嫌疑案件 8 起，其中移送检察机关起诉 7 起、8 人，移送起诉率达 100%；六是逐步建立起了以稽查为先导的调查工作新机制，重点对 14 家进出口减免税设备企业和加工贸易企业进行了专项稽查，对查出的问题要求其限期整改；七是充分发挥陕西省打私办的职能作用，召开了全省打私办主任联席会议，部署了全省打私工作。据统计，2002 年，我关调查部门共审结走私违规案件 50 起，案值 7389 万元；缉私部门共受理涉嫌走私罪案件 10 起，案值 1.25 亿元，涉嫌偷逃税款 1562 万元，有力地遏制了走私违法活动，保护了合法进出。

【服务经济】 一是及时、准确地为省市党政领导和有关部门提供高质量的进出口数据和信息，为此强化了统计监督职能，保证了数据质量；二是积极开展调研，多次走访企业，加强了统计数据的综合分析。全年共撰写专题和综合统计分析文章 61 篇，其中分析陕西省近年来加工贸易出口情况的文章被中办先后 2 次采用，针对陕西省与四川省外贸出口差距明显拉大撰写的分析文章受到有关门部的充分肯定和高度重视。三是积极配合省委、省政府做好鼓励企业出口奖励办法的落实工作，编制“出口贴息商品数据采集程序”，为 350 家企业出具了产品出口证明，为企业享受优惠政策提供了便利；四是积极宣传落实国家的税收优惠政策，支持陕西省的重点工程、重点项目建设。全年共审批减免税 12.25 亿元，比上年增长 1.4%。派出业务骨干到 40 多家大中型企业、大专院校和西安高新技术开发区、杨凌国家农业示范区等地区集中宣传国家对鼓励发展产业的优惠政策，引导企业用足用好国家的税收优惠政策。同时，积极开展设立西安出口加工区相关业务的调研和前期准备工作，提出加工区硬件设施配置方案，并编写宣传材料，向企业介绍出口加工区监管政策；五是及时研究解决企业通关中的具体问题，提高通关效率。先后多次派员对企业通关情况进行全程跟踪调研，进一步理顺了与口岸海关的业务联系，对转关不畅等影响通关速度的“瓶颈”问题及时研究解决，确保了三峡工程进口变电设备等重点项目的正常通关，保证了企业的正常生产。

【队伍建设】 一是为了适应我国加入 WTO 的新形势，先后组织了 3 次 WTO 基本知识的全员培训，还对业务一线关员进行了 WTO 海关估价规则、原产地规则等相关内容的培训；二是清理并修改业务规章制度和操作规程 220 项，建立完善了规范性文件的随时清理和报备制度；三是加大了对外宣传力度，组建了讲师团，向进出口贸易管理职能部门、企业以及报关员宣讲海关税收优惠政策、快速通关程序等相关内容 13 次，共有 130 多个单位的 334 人次参加了培训；四是认真落实《海关通关现场关务公开基本标准》，在报关现场设立了业务咨询触摸屏，公开了办事程序和有关规定，扩大了关务公开，提高了海关工作的透明度。狠抓了基础建设;五是进一步建立健全了各部门、各单位工作及其“结合部”的各项岗位职责和操作规程共计 353 项,促进各项工作规范化、制度化;六是加强基层建设,由关领导带队先后到天津、青岛海关学习调研,并结合实际确定了以规范化建设和提高干部队伍素质为重点,以“文明窗口”创建活动为载体,全面推进基层工作的总体思路;七是积极推进机构调整、职能转换和干部人事制度改革。根据总署的统一部署,对关税、统计、监管、通关、调查、侦察等部门进行了机构和职能调整,抽调业务骨干充实基层,合理配置现场人力,确保了一线监管工作的顺利开展。继续深化干部人事制度改革,重点推行处级领导干部竞争上岗,处级行政领导职位竞争上岗率达 88.9%。进一步完善了贡献奖考核发放办法,有针对性地开展教育培训工作,形成了“统一管理、三级负责”的教育培训体制,全年共举办多类培训 112 次,培训人数达 2391 人次;八是根据机构调整和人员变化情况,重新在关、处级领导干部中签订了党风廉政建设责任书,并狠抓了落实。采取定期定点检查的方式,加强了对节假日前等高风险时期和风险岗位关员执行廉政规定情况的检查力度,并在全关范围内开展外勤纪律“九不准”的专项检查,向企业发放了调查问卷,向特邀行风督察员征求意见,并组成检查组深入基层,检查各部门、各单位的落实情况,对存在的问题及时进行整改。初步形成了关党组统一领导、党政齐抓共管,纪检监察组织协调,部门各负其责,群众积极参与的工作局面。同时,在陕西省政府网站开通了西安海关网页,增设了海关廉政规定内容,扩大了外部监督;九是加强和改进思想政治工作,精神文明建设取得新成效。通过集中学习、座谈讨论、赴革命圣地延安参观、举办报告会和演讲会等形式,在全关范围内开展了以“三珍惜、三热爱”为中心内容的理想信念教育活动。组织学习了江泽民同志“5.31”讲话和十六大报告,编发辅导材料,收到良好效果;开展了历时 4 个月的“提合理化建议活动”,共收到合理化建议 184 条。机关党的工作得到进一步加强,选举产生了新一届机关党委,健全了基层党组织。继续推行了“文明窗口”、“文明科室”创建活动,形成了争先创优的良好局面。

陕西省公安边防总队

2002 年是陕西省公安边防总队落实新编制新体制调整的第一年,在公安部边防管理局党委的领导下,在上级业务部门和省、市两级政府的支持和指导下,坚持以邓小平理论和党的十五届三中全会和党的十六大精神为指针,自觉践行“三个代表”重要思想,以开展“让党放心,让人民满意”主题教育为主线,以贯彻部局党委扩大会议和全国出入境管理工作会议精神为重点,以支持西部大开发、促进陕西经济大发展为具体内容,内强素质,外树形象,不断强化队伍建设,确保勤务安全,有力打击了口岸非法出入境活动。维护了国家的主权安全和社会稳定,为陕西的改革开放和经济发展作出了积极贡献。

全年,共检查出入境人员 247359 人次,其中旅客 222778 人次,交通工具员工 24581 人次;比去年增长了 5%;检查出入境航班 2347 架次,比去年同期增长了 14%;查获各类违法违规 55 起 116 人次,查获偷渡案件 3 起 8 人次;接收遣返并审查 6 起 10 人次。

一年来,陕西省公安边防总队紧紧围绕执勤工作这个中心,按照抓管理促业务的工作思想,积极探索,大胆创新,以旅客满意、地方政府满意为标准,圆满完成了法门寺佛骨舍俐子赴台供展护送团、迎归团和护法团及记者 399 人的检查任务;陕西省人民政府国际高级经济顾问会议第一届会议代表的入出境检查任务;中国第三届特殊人奥林匹克运动会运动员、教练员和其亲友及相关贵客的入出境检查任务;参加中日邦交正常化30周年庆祝活动的日本贵宾及旅客的入出境检查任务;来陕参加“两会一活动”、“西部论坛”、“陕西杨陵农高会”等活动的中外代表以及来陕考察访问的香港知名人士邵逸夫先生一行的入出境检查任务。官兵们良好的形象、严谨的作风受到了中外旅客和省市领导的好评。执勤业务二科被公安部边防局评为2002年“基层建设达标先进单位”和“基层先进党支部”、全国公安系统“青年文明号”、检查员吕朝辉同志被部局评为2002年度全国边防系统“百名优秀检查员”和“优秀共产党员”。总队后勤部杨成山同志荣立部局三等功一次。

陕西出入境检验检疫局

【概述】 2002年,陕西检验检疫局(以下简称陕西局)围绕总局的工作思路和要求,结合陕西实际,以“三个代表”的重要思想为指导,深入贯彻落实江泽民同志重要讲话精神及十五届六中全会和十六大精神,紧紧抓住西部大开发和入世的有利时机,切实转变观念和作风,强化依法行政,加强科技工作,逐步建立和完善与世贸规则相适应的工作机制,努力提高把关服务水平,积极促进外贸出口,为陕西的经济和社会发展做出了贡献。

2002年,共检验检疫进出境货物12399批,货值7.32亿美元,同比分别增加18%和16%;其中出境10911批、货值4.63亿美元,同比分别增长16%和19%;入境1488批,货值2.69亿美元,同比分别增长44%和10%。

检验检疫监管进出境动植物及其产品、包装物等4715批,货值5963.6万美元,同比分别增长79%和136.3%。

传染病监测体检5773人次,预防接种6638人次,同比分别下降6%和10%。检疫出入境飞机3578架次,同比增长11%;查验出入境旅客23.18万人次,同比增长6%。

签发一般产地证3307份/8476万美元,同比分别增长31%和2%。签发普惠制产地证13161份,金额33430万美元,同比增长21%和28%。

【坚持以发展为主题,实现把关服务的新突破】 强化风险预警,建立了疫情快速反应机制。2002年初,根据某些地方动物疫病情况,调整了供港活牛的出口。7月,总局紧急通知要求加强对输日食盐和含盐产品中亚铁氰化钾检测,立即与省盐务管理局联系,紧急组织不含亚铁氰化钾的食盐,解决了出口食品生产企业的急需。在查处来自“疯牛病”国家/地区化妆品行动中,对来疫区的动物源性化妆品实施了登记,建议将来自“疯牛病”国家的进口保健品“羊胎素”等列入禁止进口和销售范围,风险预警工作及时主动。

重点加强对口岸来自疫区的人员、货物、交通工具和集装箱等检验检疫监管工作,切实履行职责。5月15日,在对曼谷航空公司PG620航班检疫查验时,截留旅客携带的芒果、龙风果、山竹等水果达86公斤。是近年来截留数量最大的一批。6月18日,又从香港航班旅客携带入境物中截获27公斤鲜荔枝,检出二类危险性有害生物——桔小实蝇。陆运口岸建设取得明显成效,进驻了西安火车东、西站和宝鸡站,成功实现了对进境集装箱的全面监管。全年集装箱检疫7184标箱,同比增长了459%。在集装箱检验检疫中多次发现了松材线虫、弓背蚁、美洲蜚蠊等有害生物，引起了公众的关注，陕西电视台和《国门时报》等媒体都先后作了报道。

工作重点向涉及安全、卫生、健康、环保、反欺诈和关系国计民生等方面转移。首先，从抓食品卫生安全入手，制定了《陕西地区进口食品卫生监督检验实施办法》，对进出境食品经营、加工与储运及使用单位实行备案登记制度，已备案126家。对于医疗器械和设备这类特殊商品，除了做好日常的检验监管外，建立了“陕西地区进口医疗器械经营单位档案”，及时向用户通报了德国西门子公司的CT机情况。在《陕西日报》发布了《陕西进口民用商品入境验证公告》，严格验证工作。按照总局的部署，对陕西地区94辆存在安全质量隐患的韩产奔驰MB100旅行车进行了登记，取得了较好的社会效果。

积极发挥部门协作和配合作用，进一步强化口岸传染病的监管。在充分调研的基础上，结合陕西出入境人员实际情况，与陕西省公安厅等7个部门联合，召开了出入境人员卫生检疫监管工作会议，形成了齐抓共管的良好局面。

【坚持改革创新，实现WTO应对措施的新突破】 陕西局坚持改革创新，加强对技术性贸易壁垒规则及应对措施的研究，提出了“陕西出入境检验检疫局应对国外技术性贸易壁垒的十项措施”，提高检验检疫工作的应对能力。按照“监管有效，方便进出”的原则，进一步加强分类管理工作。在全省机电、生丝、食品等出口产品企业积极推行分类管理的检验检疫监管模式。

针对我国加入WTO后，纺织品出口工作面临的新形势，从全面加强管理入手，进一步完善了《陕西地区出口纺织品企业质量注册及分类管理办法》，深化出口纺织品分类管理工作，率先在陕西地区对出口坯布实施物理性能跟踪检验检测，发现了一些新的质量问题，有效地从源头上保证了出口纺织品的质量。并组织对陕西出口纺织品9个企业的出口坯布，19个品种的外观、品质、包装质量等项目进行监督检查，促进了企业产品质量的提高，将抓源头促发展工作落到了实处。

对植物产品检验检疫试行了风险分类管理，实现了分类管理工作的新突破。对季节性强，卫生指标要求严的产品进行批批监管验放，对一般性产品实行加工监管，分批验放，减少产地检验次数，降低了成本，促进了出口。对于陕西省的一些重点商品监管也作了积极的探索，如对金堆城钼的出口检验监管采取了过程检验与跟踪检验相结合，正常检验与抽检、对比试验相结合的检验监管模式，加快了速度，保证了质量，取得了较好的成效。

2002年，陕西地区浓缩苹果汁产量近15万吨。陕西局在抓紧完成“陕西地区出口浓缩苹果汁、苹果中农药残留量普查及降解与快速检测技术”研究的同时，进一步做好检验检疫监管工作，率先在果汁企业全面推行HACCP认证，确保陕西果汁的顺利出口。为适应出口浓缩苹果汁迅速发展的要求，在保证工作质量的前提下，对原批批检验检疫的监管模式进行了调整，试行分类与风险分级管理，缩短检验检疫签证工作周期，保证外贸出口畅通。

【坚持与时俱进，进一步做好“科技兴检”工作】 从信息化建设入手，以此作为“科技兴检”的重点工作。制定信息化建设整体方案，积极实施了陕西检验检疫广域网建设工程。安装了科技信息查询系统，大大方便了科技信息、标准的查询，节约了查询费用。制定了办公自动化工程实施方案，搭建起办公自动化的模拟环境，进行办公自动化知识及实际操作的初步培训。

积极推广“三电”工程。安装了触摸屏多媒体查询系统，为企业提供了便捷服务。实施了电子报检和电子转单，提高了工作效率。根据陕西困难企业较多，能实行远程电子报检的单位少的情况，安装了自助式电子报检系统,使电子报检量达到了90%,为全面实施电子转单和大通关奠定了基础。

进一步加强实验室建设,积极开展农兽残检验检疫监控工作。继续加大投资力度,对实验室进行了建设和改造。2002年元月,食品实验室和微生物实验室顺利通过注册评审。5月,总局正式批准注册。至此,陕西局检验检疫技术中心实验室全部通过了检验检疫系统注册。8月8日,汉中检验检疫局综合实验室也顺利通过大区实验室注册考核小组的现场考核,并已上报总局。同进,按照ISO/IEC17025标准,对已注册的化矿实验室和纺织实验室建立新的质量体系,完成了转版(注册)评审。

加强对学科带头人的管理,充分发挥科技带头人的作用。对三名按要求完成任务目标的学科带头人予以奖励。《李属坏死坏斑病毒RT—PCR—cRNA探针杂交及基因序列测定检测鉴定报告》获总局优秀科技论文二等奖,其它论文还获得了2项三等奖。对已立项的16个科研项目进展情况进行跟踪检查,及时研究解决存在的问题,保证各项目的进度。在开展陕西苹果和苹果汁农残普查及降解研究课题的基础上,向陕西省政府提出保证农副产品安全出口的6条建议,受到高度重视,促成地方出台了《陕西省关于全面推进无公害果品生产保障果品与果汁安全出口的实施意见》。

【冲破技术壁垒,陕西苹果首次输入加拿大】 2000年,为了开辟国际市场,陕西局协助企业编制了陕西苹果、梨的有关出口解禁技术文件,含概了水果生产管理状况,环境和气象条件,病虫害发生和防治以及加工、储运情况等,提交给加拿大和澳大利亚。同年,在全省果区开展了水果实蝇监测,监测点遍布全省各地,在关中和渭北果区增加布点密度。经过三年的工作,基本摸清了水果实蝇的发生状况,为解禁工作积累了基本资料。2002年6月收到了加拿大的"中国苹果输加解禁法令草案",明确以陕西、山东苹果作为加拿大解禁产品。陕西局参加了对该草案的讨论修改,经过总局与加方进一步磋商,2002年10月28日,加拿大正式批准陕西、山东苹果出口加拿大。12月13日,举行了"陕西苹果出口加拿大"的首发仪式,省委副书记袁纯清,国家质检总局党组成员、动植司司长夏红民出席。此次陕西苹果输入加拿大的解禁,是我国按照WTO规则,打破国外技术壁垒,实现农产品贸易的一个成功范例,提高了陕西水果的国内、国际知名度,加快了陕西果业走向世界的步伐。3月,18吨红富士苹果、21吨酥梨和红地球葡萄输入苏里兰,成功地使陕西水果打入了南美市场。葡萄实现了首次出口外销。陕西优质水果的国际市场进一步得到拓宽。

甘肃省

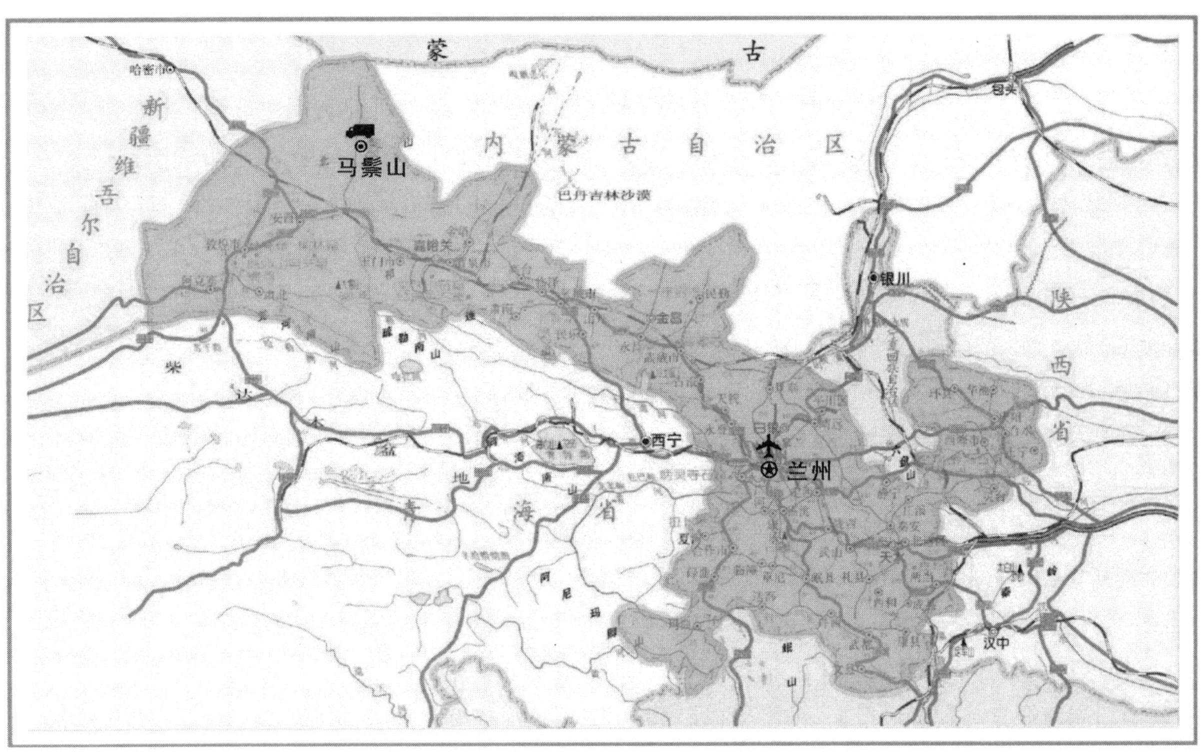

图 例

省级行政中心

口岸

铁路口岸

航空口岸

公路口岸

海（河）运口岸

甘肃口岸工作综述

2002年,在省委、省政府的直接领导和关怀下,在各有关部门的共同努力下,甘肃省实施了“四点一线”的口岸开放战略。2002年6月8日,省长陆浩、副省长杨志明视察了兰州航空口岸中川机场国际联检厅,对口岸建设和开通兰州—香港定期航班做了重要指示。陆浩省长强调,要把口岸工作提到重要的议事日程,纳入到全省国民经济发展的总体规划中,制定出切实可行的政策措施,促进口岸建设和发展;要进一步提高对外开放水平,扩大对外开放程度,全面推进甘肃省全方位、多层次、宽领域的对外开放新格局。对促进改革开放,加快招商引资步伐,开拓国际市场,扩大进出口贸易,充分发挥我省旅游资源优势,推动全省经济的发展发挥了重要作用。

【实施了“四点一线”的对外开放战略】 2002年年初,经过大量的调查研究和反复的论证比较,甘肃省经贸委、甘肃省口岸办向省委、省政府正式提出了“以兰州航空口岸、马鬃山口岸、新设敦煌航空口岸、兰州铁路集装箱接点站”为四个点,以新欧亚大陆桥西陇海经济带的甘肃段为“线”,全面推动甘肃省对外开放的新格局。为了使这一决策尽快落到实处,2002年年初,甘肃省经贸委领导带领有关方面的同志就兰州航空口岸开通兰州/香港定期航班、新设敦煌航空口岸、马鬃山口岸的复通、兰州铁路集装箱接点站的选址进行了实地踏勘,并认真听取了有关方面的汇报。之后,前往国家经贸委、海关总署口岸规划办进行了专题汇报,得到了国家有关方面的支持,也得到了甘肃省委、省政府的高度重视。

【兰州至香港定期航班已正式通航】 兰州航空口岸是省口岸工作的重点。2002年6月8日,陆浩省长视察了兰州航空口岸,提出了全方位、多层次、宽领域的推进我省对外开放的要求和指示。6月9日,兰州航空口岸在关闭近四年之中,又一次实现了新加坡国际旅游包机的两次国际航班的飞行(四个架次);7月22日,中国国际航空公司首次执行日本秋田—兰州的国际包机,获得成功。7月20日,开通了每周一班的兰州至香港的往返定期航班。另外,设立兰州航空口岸货物中心的工作目前正在抓紧进行。此项目已向国家商务部机电司进行了汇报,机电司对此项目十分关注,表示将给予政策上的支持。

【马鬃山口岸复通正在加紧进行】 马鬃山口岸是1992年经国务院批准设立的一类口岸,是甘肃省唯一的陆路边境口岸。1993年8月马鬃山口岸由于蒙古国单方面的原因,终止了口岸经贸活动。2002年,根据甘肃省政府领导的多次批示,加大了工作力度,先后组织有关方面人员对马鬃山口岸进行了两次踏勘,通过外交途径与蒙古国方面进行协商。2002年6月陆浩省长会见蒙古国新闻代表团时,明确提出,希望蒙方尽快恢复马鬃山口岸的边贸活动。经过积极努力,2002年8月18日,甘肃省政府办公厅、省经贸委、省外办、省口岸办组成的代表团,前往新疆哈密巴里坤口岸与蒙古国戈壁阿尔泰省办公厅秘书长桑布率领的代表团举行了会谈,并就恢复经贸活动一事达成一致意见,签署了备忘录。之后,及时向外交部、公安部、海关总署进行了汇报。2002年10月24日蒙古国戈壁阿尔泰省行政官府致函甘肃省口岸办,就戈方所做的工作向甘肃省口岸办进行了通报。

【兰州铁路口岸和敦煌航空口岸正在加紧工作】 2002年,兰州铁路集装箱接点站和敦煌航空口岸也进入了实质性阶段。兰州铁路集装箱接点站,经过艰苦的努力,正在进行选址和初步设计阶段,铁道部工作组专程到甘肃省进行了实地考察论证,目前选址工作基本结束,最后待铁道部通过后,即着手编制预可行性研究报告,进行规划设计。敦煌口岸论证工作已经开展,2002 年 10 月 17 日,甘肃省经贸委、省口岸办对敦煌机场进行了实地考察,并认真听取了有关方面的情况汇报。目前设立敦煌航空口岸已提上了议事日程。至此,以兰州航空口岸为中心的四大口岸建设已取得了一些突破性或者是实质性的进展。

【新陇海线经济带甘肃段的工作已有突破】 在国家海关总署关怀和支持下,在省、市有关部门的共同努力下,天水海关监管点的基础设施已完成,2002 年 11 月 3 日兰州海关与天水市政府正式鉴定协议,并对办公室及查验场地进行了验收,现已具备运营条件。河西设立海关监管点工作也已提到了重要议事日程。力争兰州海关河西监管组早日挂牌。为省新陇海经济带企业的发展发挥重要作用。

甘肃口岸查验单位工作综述

兰州海关

2002 年,在海关总署党组和地方党政的正确领导下,在全关同志的齐心努力下,兰州海关以“三个代表”重要思想和国务院领导视察海关工作讲话精神为指导,认真贯彻落实海关工作方针,紧密结合我国加入 WTO 的新形势、新要求,积极贯彻落实全国海关关长会议以及各项专题会议精神,以改革和发展统揽全局,狠抓各项决策任务的贯彻执行,全面加强业务建设和干部队伍建设,大力开展党建工作和思想政治工作,狠抓廉洁自律不放松,深化各项业务改革,提高通关效率,积极支持扩大出口,继续保持打私高压态势,圆满完成了全年各项工作任务。

全年共监管进出口货物 65 万吨,货运总值 28145 万美元;征收税款入库 10039 万元;审批减免税 6.65 亿元,实际减免税 4.69 亿元;加工贸易合同备案 39 份,备案金额 8268 万美元;全年关区注册企业 314 家,办理新报关企业注册 98 家;实现稽查补税入库 443 万元,调查补税入库 357 万元;加工贸易核销补税入库 724 万元;审价归类补税入库 78 万元;查处走私案件 1 起,案值 40 万元;查处违规案件 9 起,案值 859 万元;上缴罚没收入 292 万元;走私犯罪立案案件 2 起,案值 2019 万元;结案 1 起,案值 5 万元;抓获走私犯罪嫌疑人 2 人;监管进出境人员 5708 人。

【坚持综合治税、依法征管,超额完成全年税收任务】 一是坚持综合治税,加强协作配合,齐抓共管,防止跑、冒、滴、漏。发挥关税征管工作领导小组作用,对重要涉税问题统一研究处理;坚持税收形势月分析例会,充分利用关税分析监控系统,逐月分析、评估税收、商品、价格结构等指标与全国平均水平的差幅等,随时掌握征、减、免、欠税情况,积极采取应对措施,严格把握税收进度和税收征管质量;制订税收征管评估制度,税收奖励制度,落实税收征管责任制,把税收任务完成和征管水平情况与年度考核挂钩。成立归类核定小组,进一步统一和规范关区归类业务,做好价格资料的收集、整理和利用。二是认真做好税源调研,积极协调转关,广开税源。由关领导带队组成税源调研小组,分赴省外经贸主管部门、关区重点、国有大中型企业、纳税大户企业开展税源调研摸底工作,建立并完善纳税大户动态管理资料档案,做到对关区税源心中有数;与口岸海关加强沟通联系,协助解决企业进出口实际困难,疏畅转关渠道,使大宗税源商品应转尽转，属地纳税额和属地纳税企业比例较去年明显增加。三是认真实施WTO海关估价规则，税收征管水平明显提高。针对入世后价格瞒骗突出的特点，加强了对完税价格的审核力度，开展了卓有成效的价格磋商，提高了归类准确性；与风险管理工作紧密结合，加强价格资料的收集、分析和利用；建立关区贸易调查、价格稽查工作规程，充分行使海关对成交价格的质疑权、估价权，积极开展价格核查和价格稽查，共补征税款22万元；坚持先税后放，加强税收监控分析，堵塞征管漏洞，税收征管水平在全国直属海关名列前茅，税收增幅列全国直属海关第二位。四是坚持依法审批减免税，加强中期核查和后续监管。结合审计结论，对2001年以来的减免税项目进行复核，对不符合减免税政策规定的及时调整补税，通过审计找出工作中的不足，认真加以改进。五是缴补税工作收效明显。针对关区历史欠税久拖不清的实际，成立专门清欠领导小组，积极追缴历史欠税，清缴欠税356万元；加工贸易、稽查、调查、审价、归类加大补税力度，各类补税总额达1602万元，其中调查、稽查补税800万元；加工贸易核销补税724万元；审价、归类补税78万元。

【强化物流监控，严密海关监管，监管水平进一步提高】 一是认真落实全国海关监管工作会议精神，认真执行《海关对进出境货物查验规定》，总结适合关区特点的查验方法，坚持领导带班、派班工作制度，提高风险信息的采集和风险布控质量，对夹藏、伪、瞒报可能性较大的商品加大查验力度，稳定查验率，提高查获率，全年共查处报关单异常情况27起，移交调查案件1起，查获率7.2%。二是充分应用跨关区快速通关系统，密切联系口岸海关，加强对转关回执的核查核销，确保对转关运输货物的有效监管。三是拓展监管工作领域，认真开展旅检工作。建立和完善旅检工作制度及操作规程，建立了紧急、非正常情况的应变处理机制。全年监管进出境运输工具41架次，监管进出境人员5708人。四是进一步规范了对海关监管场所、空运监管仓库、监管运输车辆的管理，重点加强了对空运进出口货物的监管；加大对违规企业的处罚力度，加大对报关单位、货代企业人员培训力度，促使企业守法经营，海关监管外部环境不断好转。五是认真执行和落实承诺制度、“一次退单、两次办结”制度、首问责任制，落实大型生产企业提前报关、预约报关、上门验放、担保验放等便捷通关措施，改进服务态度，提高服务质量，加快通关速度，为企业提供优质服务。

【发挥两查职能作用，坚持打击走私综合治理，打私工作取得明显成效】 一是与风险管理工作相结合，逐步建立企业动态管理机制。按照守法便利原则推行信任管理，对违法企业降低管理类别和实施处罚；围绕加工贸易税收、减免税设备后续管理等，对重点企业、重点商品、重点合同项目开展常规稽查和专项稽查。全年常规稽查企业16家，专项稽查企业4家，查获有违规违法情事7起。二是根据两查职能调整，完善相关工作联系配合办法。各部门建立定期信息交流反馈和协作配合机制，形成管理合力，规范企业进出口行为；成立了反价格瞒骗专项行动领导小组和信息评估小组，有针对性地开展反价格瞒骗专项斗争，有力地打击了价格瞒骗活动。全年调查立案1起，案值40万元；罚没款入库292万元，同比增加711%。三是风险管理工作初见成效。根据总署对风险管理工作总体部署，建立了风险管理数据库及其操作平台；开展了对风险信息联络员的培训，提高风险意识和实际应用水平；加强了对企业的风险管理力度，建立了企业管理信息定期反馈机制，加强了风险信息的采集、整理、分析和处置，及时将风险信息转化为风险布控指令，全年共下达布控指令396条，通过布控捕捉涉及有问题的报关单24票，捕中率为6%。四是发挥海关在全省打私工作中的牵头作用，推进反走私综合治理。调整全省打私领导小组成员，健全机构，完善机制；推动MOU工作并发挥其作用，目前已与甘肃省工商局、兰州铝业股份有限公司等签订 MOU;与各有关执法部门、口岸相关单位以及行业主管部门密切配合,齐抓共管,形成打私合力,维护正常的市场经济秩序。五是侦查工作加大在侦案件处理和协办案件工作力度,严厉打击走私违法犯罪活动。对关区走私动态、走私手法、重点走私商品进行综合分析,在减免税设备倒卖、加工贸易擅自内销等方面有重点地开展打击走私专项斗争;加强在侦案件的侦办和"追逃"工作。全年侦查新立案件 2 起,案值 2019 万元,抓获犯罪嫌疑人 2 名,取保候审 1 人,移送检察院审查起诉 1 起。

【严格审批,加强核查核销,加工贸易管理水平不断提高】 一是进一步完善加工贸易企业分类管理制度,对加工贸易"AA"类企业尝试信任管理;严格异地加工贸易回执反馈,加大实际核销补税力度,严把核销结案关;首次开展了保证金台帐"实转"。二是严格前期审批管理,对重点企业及合同实施全程动态监控,降低管理风险,同时采取计算机办理续册等方法,提高审批质量;对执行中的合同实行跟踪管理,加强单耗核定,严把中期核查和到期核销关,核销率达 100%;初步建立了关区二级单耗数据库。三是加大对 33 本历史遗留手册处理力度,已核销 23 本手册。通过采取以上措施,2002 年关区加工贸易企业数达到 18 家,年审批手册 39 本,备案金额 8268 万美元,同比增长 52%。关区企业加工贸易进出口总值超过 2.4 亿美元,同比增长 71%,占全省进出口总值的 32%,创历史最高水平,保持良好的发展势头。

【积极参与"三个环境"建设大讨论、"改善投资环境年"活动】 认真开展提合理化建议、作风纪律整顿活动,关风关貌有了较大改观,全员服务意识得到加强。 一是集中三个月时间,积极参与甘肃省委、省政府开展的营造良好的"投资、建设、干事创业"三个环境大讨论活动和兰州市委、市政府开展的"改善投资环境年"活动。结合以上活动,开展了以兰州海关发展为主题的提合理化建议活动,共征集有关业务、队伍、作风建设等方面建议 277 条,为进一步完善和规范兰州海关各项工作提供了决策参考。二是针对关内纪律作风方面存在的问题,认真扎实开展了作风纪律整顿工作。下发了《兰州海关党组关于加强和改进机关作风建设的决定》,结合作风建设方面存在的问题,提出"六个坚持、六个反对",号召大家认真组织讨论,深入查找个人和部门存在的问题并加以整改。通过作风整顿,使海关的作风建设有了较大改观,促进了队伍健康成长和各项工作的有效开展。三是对在 "三个环境"大讨论、作风纪律整顿活动中查摆出的问题和建议,进行梳理、归类,并明确部门抓好落实。对排查出急需解决的热点、敏感问题,由关党组亲自抓好落实。

【强化内部管理,做好服务保障】

(一)加强信息化建设,提高科技应用水平

按照总署总体部署,大力开展 H8835.2 版通关系统以及电子口岸的推广、应用工作;推进政务信息网(红机网)建设,提高政务信息化应用水平;围绕各部门技术需求项目,有重点地开发或移植应用程序,做好技术跟踪服务;确保了办公楼改造过程中机房及设备的顺利搬迁,保证网络通畅和安全。

(二)发挥统计监督预警作用,为领导决策提供参考

修订和完善了相关操作规程及管理办法,开展统计监督,利用总署反馈数据开展内部执法评估工作;加强统计调研和分析,确保统计数据的准确和完整,为地方党、政、各相关部门提供决策参考。

(三)加强内部管理,做好服务保障。提高政务服务质量,发挥参谋助手作用。信息工作成效明显,召开了信息点评会,在总署和甘肃省委、省政府高层次信息载体采用量明显增加。全年总署、地方采用 108 条,比 2001 年增长 54%;完善了督查督办制度,改进督办方式,在电话督办、网上督办基础上,新推

出了《重大事项督办单》制度，通过以上措施，使督办工作走上正规。以“四五”普法教育为契机，建立健全法制教育培训制度，强化全员法制意识；加强关区执法监督和法律把关工作，制定《兰州海关规范性文件的管理规程》。落实在天水设立海关办事机构事宜，与天水市政府签定了《设立兰州海关天水监管组的协议》，现办公和生活基本条件已经具备，近期有望揭牌办理业务。

兰州海关 2002 年业务统计表

项目		单位	2001 年	2002 年	同比±%
监管进出口货运量		吨	450542	651140	45
其中	进口货运总量	吨	435332	644045	48
	出口货运总量	吨	15210	7095	—53
监管进出口货运值		万美元	19992	28145	41
其中	进口货运总值	万美元	15579	26189	68
	出口货运总值	万美元	4413	1956	—56
税款入库		万元	5412	10039	85
其中	关税	万元	1315	2234	70
	进口环节税	万元	4097	7804	90
审批减免税金额		亿元	4.09	6.65	63
审批减免税宗数		宗	763	686	—10
实际减免税金额		亿元	2.98	4.69	57
备案加工贸易合同		份	47	39	—17
备案进口料件金额		万美元	5278	8268	57
经批准内销补税		万元	169	143	—15
稽查补税		万元	423	443	5
违规补税		万元	23	357	1445
查处走私案件		起	5	1	—80
走私案件案值		万元	128	40	—68
查处违规案件		起	5	9	80
违规案件案值		万元	374	859	129
走私犯罪立案数		起	3	2	—33
走私犯罪立案案值		万元	1427	2019	41
上缴罚没收入		万元	36	292	711
监管进出境人员数		人次	1104	5708	417

兰州边防检查站

2002年兰州边检站在上级党委的正确领导下，以江总书记“三个代表”重要思想为指针，认真贯彻落实“打牢基础起好步，重点建设上台阶”的工作思路，全面加强业务建设，逐渐完善了各项勤务制度，圆满完成了全年边防检查任务。

【以“两个规范”为依据，严格执法，热情服务，圆满完成出入境航班边防检查任务，确保了口岸的安全畅通】 近年来，随着国家西部大开发战略的深入实施，甘肃对外开放程度进一步扩大。特别是今年兰州至香港的定期航线复航后，出入兰州口岸的旅客数量迅速增加，业务工作量增大，边防检查工作既面临机遇，又面对挑战。对此，兰州站党委高度重视，专门召开业务工作分析会，提出了“落实‘两个规范’，提高业务能力，服务西部开发”的总要求。明确指出检查员必须牢固树立为人民服务的意识，严格执行“两个规范”，要以“规范”促工作，靠“规范”创佳绩。各级人员在执勤现场做到警容严整，仪表端庄，精神饱满，文明上岗，对待旅客“请”字开头，“谢”字结尾，杜绝了对群众冷横硬的现象。同时，还加强了与口岸各联检单位的联系，互通情况，互相协作，以实际行动践行“三个代表”重要思想。截止12月底，兰州边检站以严谨的工作作风和良好的精神风貌，圆满完成了33个航班架(次)，3590人(次)的出入境边防检查任务，赢得了各级领导和中外旅客的赞扬。同时，在今年省政府有关部门召开的口岸联席会议上，兰州边检站也多次受到表扬，树立了良好形象。

【强化软件建设，狠抓边防检查员的培训和学习，注重提高检查员队伍的综合素质】 兰州边检站按照部局下发的《业务培训实施办法》和制定的《业务培训三年规划》，多渠道、多方式的对检查员队伍进行了培训。一是在4月份组织了7名同志赴昆明、贵阳、重庆、成都边检站进行了近一个月的考察学习，使检查员开阔了视野，增长了见识，进一步熟悉了当前边防检查工作的新情况、新动态，提高了检查员实际操作水平。二是狠抓业务基础知识学习。针对检查员业务基础薄弱的问题，两个业务科有重点、有针对性的组织自培自训，坚持业务学习制度，做到周有计划、月有安排，坚持每周一测试、半月一考核，极大的调动了干部学业务、钻业务的热情和自觉性。三是找准突破口，重点抓了计算机和英语的学习。四是开展边防检查业务知识普及。经过一年有针对性的培训，兰州边检站业务人员素质得到普遍提高。

为贯彻“十五大”提出的“依法治国”方略，适应法制化进程中人民群众法律意识日益增强的实际情况，强化业务人员的法律意识和提高执法办案能力，8月份兰州边检站认真开展了执勤执法专项整顿。整顿过程中，通过自查自找、上级指点、征求联检单位意见等形式，查找出了执勤执法中存在的八个方面的问题，针对存在的问题和不足，制订了整改措施并责任到人，限期整改，建立长效机制，有效促进了以执勤为中心的各项业务工作的提高。

【进一步加强边检业务基础建设，严格落实规章制度，确保以边防检查为中心的各项任务的完成】 兰州边检站为进一步确保边检任务的完成，严格按照“两个规范”要求，建立健全了各项制度措施，进一步完善了勤务制度、验讫章管理、查控工作制度等规定；根据实际需要，建全了各类业务表、薄、册和登记制度，建立起了《验讫章现场使用登记本》、《勤务工作综合登记本》、《执勤问题处理登记本》、《查控工作登记本》、《查控工作检查登记本》、《查控数据维护情况登记表》等多种表、薄、册，印制了十余种执勤所用的表格、卡片等,使各项业务工作都有了详细记录,对今后研究、发展边检业务提供了详实的资料;修订并上报了《处置口岸突发事件预案》,提高处置口岸突发事件的能力;结合实际工作,编写了《中国护照、证件、签证(注)知识手册》、《签署人字样名册》、《国内及港澳台证照样本册》,参与编写了总队印发的《出入境边防检查知识手册》。通过完善制度,边检执勤工作进一步走向了正规化、规范化。

【完善并严格落实查控制度,确保查控工作万无一失】 在日常工作和执勤中,兰州边检站严格落实《查控工作规范》和《查控工作责任制度》,坚持双人布控,一人录入,一人校对的原则,做到分工明确,责任到人。今年7月香港航班复航前,组织有关业务人员对历年查控数据进行了一次彻底的、全面性的清理和维护,并建立了查控数据定期清理维护制度,每月对数据库进行一次清理维护。对查控工作进行定期和不定期检查抽查,并对数据维护情况进行详细登记。

【与口岸单位密切协作,较好地解决了执勤现场的办公设施】 自新修建的候机楼启用后,兰州边检站领导多次与口岸办等单位联系,协调解决了执勤现场办公用房,配备了办公设施和用品等,为边检执勤工作的顺利开展提供了有力的保障。同时,与民航等部门协商,在检查现场设置了"公示栏"和"宣传栏",向出入境旅客宣传了有关的出入境法律、法规,公开有关的制度和规定,自觉接受群众的监督。

综上所述,2002年兰州边检站在业务建设方面取得了一定的成绩,业务基础建设进一步加强,业务人员素质不断提高,但同时也暴露了一些问题和工作中存在薄弱环节。因此,在今后的工作中要继续立足本职,扎实工作,保持和发扬优点,克服工作中的不足,确保兰州空港口岸畅通,力争圆满完成边防检查任务,为西部大开发贡献力量。

兰州边检站2002年业务统计表

出入境航班架(次)	33
出入境人数(人)	3590

甘肃出入境检验检疫局

2002年,甘肃出入境检验检疫广大干部职工在国家质检总局,甘肃省委、省政府的领导下,紧紧围绕甘肃产业结构的调整和外贸发展的要求,在加强WTO规则的学习研究中拓展新思路;以开拓创新为全年首要工作导向;以主动应对入世作为驾驭全局的重要策略;以改革发展作为全局的核心任务;以强化管理作为实现全年目标的重要保证。面对新形势、解决新问题,依法行政,严格把关,为甘肃经济建设做出了显著的成绩。

一、致力于思想观念的创新,用创新的思维观察和分析事物,研究和解决问题,改进和推动工作

按照国家质检总局李长江局长"统一思想、加强团结、振奋精神、开拓进取"的指示精神,甘肃局把党组的建设作为首要任务,按照"集体领导、民主集中、个别酝酿、会议决定"的要求,努力做到互相信任、互相谅解,团结协作,力争把党组建设成为能够担当起重任、能够经得起历史考验的领导核心,真正成为带

领全局的坚强力量。其次加强省局与地区局之间的团结，加强省局各部门之间的团结，加强各部门内部的团结，现在全局职工的大局意识、责任意识、团结意识明显增强，士气旺、人气盛、正气足。人事制度改革方案和非领导职务的设置办法也相继出台，为甘肃局今后强化干部队伍建设，实现干部队伍的“四化”标准奠定了基础。

1月24日、4月15日，国家质检总局党组书记、副局长李传卿先后两次到甘肃局视察工作，并对甘肃检验检疫工作提出了新要求。甘肃局结合全国质检系统局长会议精神反复学习讨论李传卿书记讲话，将全局职工的思想统一到局长会议精神上来，团结一心，振奋精神，提出了“五个坚持”、“五个反对”，即坚持解放思想，实事求是，反对因循守旧，不思进取；坚持无功便是过，反对不求有功，但求无过；坚持自强不息，奋发有为，勇于干大事业，求大发展的强烈发展意识，反对小进则满，小富即安，不思进取，得过且过的守摊子思想及等靠要思想；坚持从有利于促进外向型经济的发展、有利于提高工作质量、有利于强化把关服务、有利于调动职工的积极性出发，反对干多干少一个样，干与不干一个样；坚持挖掘特色，培育特色，发展特色，壮大特色的意识，反对甘肃局是小局，在全系统无足轻重的思想。

“五个坚持”、“五个反对”的思想，成为全局的主导思想，狠抓落实蔚然成风，风正、气顺、心齐的局风正在形成，开拓创新的干事创业环境日益浓厚。正确的舆论导向，有力地推动了全局各项工作任务的全面完成。

二、检验检疫工作取得了明显进展

出口商品检验方面，共检验监管进出口商品4870批，货值6.47亿美元，同比分别增长17.5%、40.6%。其中，检验监管出口商品4009批，货值3.6亿美元，同比分别增长17.1%、44.3%。出口商品经检验不合格32批，货值84万美元，检验监管进口商品861批，货值2.87亿美元，同比分别增长19.4%、36.2%；进口商品不合格3批，货值2万美元。经严格审核，签发普惠制产地证书2231份，签证金额9600万美元，签发一般原产地证书393份，签证金额2751万美元。

动植物检疫方面，共检疫进出境动植物及动植物产品1485批，货值3980万元。

卫生检疫方面：完成出入境人员体检2126人次，检出疾病40例，预防接种6868人次，确保了出入境人员健康和国家经济安全的各项工作任务。

三、强化认证认可职能，促进进出口商品质量的提高

加强认证认可工作是提高检验检疫工作效率和执法把关有效性的重要手段，是从源头上提高进出口商品质量，把好国门的重要举措。

1.结合ISO9000认证工作的开展，从增强企业自身的“造血”功能入手，指导帮助企业建立和完善质量保证体系，形成保证产品质量的自律机制。甘肃局评审中心1—11月份共签订ISO9000认证合同60家，ISO14001合同6家，OHSAS18001合同4家。还积极开拓新的业务领域，寻找新的增长点，在HACCP、ISO14001、OHSAS18001，产品自愿性认证方面实现了零的突破，在甘肃省内首创了几个第一。3月底，甘肃通达果汁有限公司成为获得HACCP认证的甘肃省第一家企业，评审中心还与天水长城开关厂和天水铁路电缆厂签订了ISO9000、ISO14001、OHSAS18001三个体系的一体化审核合同，使两证或三证一体化审核迈出了新的一步，并参与了在新疆、陕西、厦门等地的现场审核，锻炼了队伍，为“走出去”奠定了基础。

2.加强对检验检疫服务对象的管理。对出口食品、动植物产品及重点商品出口企业继续实行卫生

检疫注册和出口质量许可证制度。在“三证”考核中，科技认证处注意规范程序，将 ISO9000 质量体系认证列入到考核工作中，保证了考核工作质量。考核包装生产企业 3 家，对 2 家包装生产企业进行了抽查，注销了 2 家不符合要求的包装生产企业的质量许可证。对庆阳宏达农贸公司、庆阳县陇东土畜产贸易公司、庆阳县华兴土特产公司等 3 家出口食品厂进行了熏蒸、消毒资格的考核，对多家新申请的出口食品生产企业进行现场指导和咨询。

3、加强动物产品和动物源性食品的检验检疫监管工作。针对欧盟全面禁止我国动物源性食品的进口，动植检处对出口欧盟的其他非限制性的动物源性食品坚持检验检疫，特别是加强残留的检测工作，对不符合欧盟标准的货物坚决不予放行，对于符合欧盟标准的产品，在签发检验检疫证书的同时，实行跟踪监管，密切注视出口产品在欧盟口岸的通关情况，做到万无一失。为了防止其他非动物源性产品在进入欧盟市场后引发连锁反应，动植检处对出口欧盟的大宗产品工业干酪素的生产企业加大了监管力度，要求企业在产品卫生质量工作上下大力气，保证卫生质量不出问题。与此同时，我们对全省 6 家干酪素出口企业的卫生管理情况进行了全面检查，对每个企业的产品进行了认真的抽样检验，对 1 家卫生管理较差的企业，提出了严厉的批评，并限期整改，在此期间，停止对该企业的出口报检。在继续抓好动物源性食品残留监控计划工作的实施中，结合甘肃省动物源性食品出口的现状，有针对性地做好牛羊肉和肠衣残留含量的监测工作，还对出口到香港的冻带皮黑山羊的屠宰、加工、储存等全过程实施有效监管，做到批批检验检疫，保证了出口质量。

四、严把国门，构筑甘肃安全检验检疫屏障

1. 对奔驰 MB100 安全隐患反应迅速，处理果断、快捷。3 月 26 日，中国石油甘肃公司向甘肃局机电处反映该车队的奔驰 MB100 轻型客车后制动油管被排气管压扁。这一涉及行车安全的重大隐患，引起了机电处的高度重视，3 月 27 日，机电处即派有关人员前往修理厂检验。3 月 28 日，机电处又派人前往该公司进一步核实情况，当即决定，避开事故车，对其在用的具代表性的 5 辆车出证索赔。与此同时，甘肃局向国家局有关部门作了详细汇报，并在更大范围内对该车安全质量进行调查，4 月 4 日，又向国家局上报了《关于奔驰 MB100 轻型客车存在严重质量隐患的紧急报告》，报告内容翔实，点面结合，为国家局领导全面了解情况，进而作出正确判断提供了可靠依据。国家局相继作出了反映：4 月 28 日发出预警通告，5 月 17 日在兰州召开了由 14 名权威专家组成的 MB100 轻型客车安全鉴定会，专家一致认为：奔驰 MB100 轻型客车在制动管路的布置方面存在严重设计缺陷问题，是右后轮制动油管被砸扁的直接原因，5 月 23 日，国家局发布公告，要求各地检验检疫机构暂停办理韩国双龙汽车公司生产的 MB100 轻型客车的报检通关和相关检验检疫手续，禁止其入境。中央电视台、新华社、中国国门时报及甘肃省各大新闻媒体都对这起事件进行了详细报道，社会各界对检验检疫的把关有了更直观的认识，扩大了检验检疫的影响力和知名度，保护了消费者的人身、财产安全。

2. 加强对外制种工作管理，与内检协作共同开展产地检疫。从 7 月 22 日开始，动植检处与省植保植检站，联合开展了对酒泉、张掖、武威三个市、9 个县的对外制种基地进行了以检疫性病虫害为主的田间病虫调查。调查发现病害 57 种，虫害 15 种。调查后，对近几年病虫害发生特点及趋势进行了分析，提出了对外制种工作中存在的问题和建议，防止了病虫害的蔓延和扩散。

3. 积极建立和完善信息灵通、反应迅速、处置果断的风险预警机制，加快了出入境人员的传染病监测及旅客携带物的检查和监管，严防霍乱、埃波拉出血热、炭疽等传染病的传入。加强了进境集装箱媒介生物的监督检查，制定了卫生处理规程，规范了卫生处理用药及操作规程。

4. 对进出口食品和化妆品进行安全卫生控制。卫检处主动上门为企业提供技术咨询服务，千方百计支持我省食品出口，对甘肃省主要出口食品浓缩苹果汁、番茄酱、啤酒、马铃薯等产品实施产前、产中、产后动态管理、帮助和指导企业提高产品质量。

5. 卫生保健中心还积极做好艾滋病实验室达标工作，利用节假日开展了单位体检、职工体检、学生体检及征兵体检共计1000余人次，开拓了社会体检市场，提高了设备利用率，扩大了保健中心的社会知名度，为今后社会体检工作奠定了坚实的基础。

五、加大了对处级干部的交流力度和事业单位的改革力度

甘肃局本着用其所长、组织集体决定的原则，加大了处级干部的交流力度，优化了领导班子年龄结构和知识结构，发挥了每个人的潜力，充分调动了处级干部的积极性。

6月份，商检公司真正建立了以自主经营、自负盈亏、权责明析、管理科学的现代企业管理体制，提高了工作效率，拓宽了业务领域，化解了市场风险，各项业务指标均比去年同期有大幅度增长。保健中心11月1日起，财务相对独立，按照地区局的财务管理办法，划拨经费，实行保健中心门诊部自负盈亏，为探索事业单位的改革之路迈出了坚实的一步。

六、优化服务，创新检验检疫监管模式

1. 围绕促进外贸扩大出口，进一步增强服务意识，优化甘肃外贸工作外部环境。认真落实为甘肃外贸发展服务的新10条措施，加快"三电"工程建设步伐，利用先进手段提高办事效率，加快通关速度，在严格履行检验检疫执法把关职责的前提下，最大限度地保证当地政府决策措施的有效贯彻实施。

2. 继续加强外商投资财产价值鉴定工作，维护投资各方的合法权益，促进利用外贸健康有序地开展，共完成外商投资财产鉴定5批，原申报价510万美元，鉴定价375万美元，降价率26.5%。其中甘肃亚盛集团同以色列耐菲姆公司合资兴建的亚盛耐菲姆公司，外商以设备抵款投资，投入的4条滴灌生产设备原报价共计440万美元，经我们认真勘查，多方搜集相关资料，鉴定价为312万美元，贬值130万美元，降值率30%。

3. 积极探索新的检验监管模式。化矿处加强重点商品和特色商品的检验监管，并实行分类指导，对凡涉及安全、卫生、环保的商品及敏感商品、质量不稳定商品实行批批检验，如：铁合金、碳化硅、氯化钠、炸药、黄药、氧化剂等。对国有大型企业质量稳定的出口商品实行分类管理或委托检验，并定期抽验检查，如铝锭、锌锭、稀土等。实行一类分类管理的企业6家，实行委托检验的企业12家，还对出口商品包装实行周期性检验，这种监管模式，既提高了出口商品质量，又加快了验放速度。

4. 积极支持和参与甘肃省的口岸建设，为兰州空港口岸恢复运行提供服务，对开航前的检验检疫工作进行了充分的准备，确保我省口岸的正常运行和检验检疫工作的顺利进行。7月20日兰州至香港正式恢复通航。

5. 充分发挥检验检疫协会的桥梁纽带作用，为会员单位提供高质量的信息服务，通过《简报》，加强了企业与政府的沟通与联系。积极宣传讲解产地保护的意义，目前部分企业已开始其产品的地理标志申报工作。

2002年甘肃出入境检验检疫局业务统计表 1

金额单位:万美元

	总计				商品检验				动物及动物产品检疫				植物及植物产品检疫				食品及化妆品检验			
	批次	金额	检验检疫不合格		批次	金额	检出不合格		批次	金额	检出疫情		批次	金额	检出疫情		批次	金额	检出问题	
			批次	金额			批次	金额			批次	金额			批次	金额			批次	金额
本年																				
累计	4866	63917	47	109	4249	62891	46	109	233	1348			1248	2614			800	2847	3	1
出境	4005	35079	34	86	3530	34131	33	86	206	907			1068	2437			798	2844	3	1
入境	861	28838	13	23	719	28760	13	23	27	441			180	177			2	2		
上年																				
累计	4143	45990	28	207	3646	44999	27	207	61	577			1091	2388	1		1127	2939	10	14
出境	3422	24914	10	14	3041	24177	10	14	26	133			949	2322			1117	2935	10	14
入境	721	21075	18	194	605	20822	17	193	35	444			142	66	1		10	4		
比上年																				
累计±	723	17927	19	−98	603	17892	19	−98	172	771			157	225	−1		−327	−93	−7	−13
出境	583	10165	24	72	489	9954	23	72	180	774			119	114			−319	−91	−7	−13
入境	140	7762	−5	−170	114	7938	−4	−170	−8	−3			38	111	−1		−8	−2		
比上年																				
累计±%	17.5	39	67.9	−47.3	16.5	39.8	70.4	−47.2	282	133.6			14.4	9.4	−100	−100.1	−29	−3.2	−70	−92.7
出境	17	40.8	240	521.8	16.1	41.2	230	521.8	692.3	581.7			12.5	4.9			28.6	−3.1	−70	−92.7
入境	19.4	36.8	−27.8	−88	18.8	38.1	−23.5	−88	−22.9	−0.6			26.8	168.1	−100	−100.1	−80	−42.4		

2002年甘肃出入境检验检疫局业务统计表2

	监测体检及预防接种(人次)				交通工具检疫				集装箱检疫	
	监测体检	艾滋病监测	发现病例数	预防接种	火车(节)	汽车(辆)	轮船(艘)	飞机(架)	合计	检出问题
本年累计	2126	2126	40	6868				47	82	
出境	2019	2019	36	6868				23		
入境	107	107	4					24	82	
上年累计	2364	2364	39	6954	33			4	62	
出境	2295	2295	37	6954	33			2		
入境	69	69	2					2	62	
比上年累计										
±	−238	−238	1	−86	−33			43	20	
出境	−276	−276	−1	−86	−33			21		
入境	38	38	2					22	20	
比上年累计										
±%	−10.1	−10.1	2.6	−1.2	−100			1075	32.3	
出境	−12	−12	−2.7	−1.2	−100			1050		
入境	55.1	55.1	100					1100	32.3	

甘肃口岸专稿

贯彻海关工作新方针，促进地方经济发展

2001年4月，新一届海关总署党组根据海关工作面临的新形势、新要求，提出端正海关业务指导思想，正确处理“依法行政，为国把关”和“服务经济，促进发展”的关系，把握好“把关”和“服务”的平衡点，并在全国海关系统开展了大讨论，经过一段时期的实践，2002年，在全国海关关长会议上，正式将“依法行政，为国把关，服务经济，促进发展”确立为海关工作新方针。这一方针是对海关工作历史经验的继承和发展，是对海关自身工作规律认识的升华，是海关工作贯彻“三个代表”重要思想的具体体现。在海关总署的统一部署下，为了全面准确地理解和把握新方针的理论内涵和实践意义，认真履行海关职责，忠实服务地方经济发展，高质量地完成党和国家交给的税收、打私等任务，维护公平的进出口环境和合法企业的权益，为国家经济发展服务，兰州海关认真组织开展了形式多样的新方针学习讨论活动，进一步统一了思想认识，增强了全体关员为促进地方经济发展服务，树立海关良好形象的自觉性。同时，兰州海关把学习贯彻新方针和省委、省政府关于开展“三个环境”大讨论，市委、市政府关于“兰州市发展投资环境年”活动结合起来，把贯彻落实好海关工作新方针作为对“三个环境”建设最有力的促进，作为全面实践“三个代表”重要思想、促进生产力发展和社会进步的重要内容。在学习讨论过程中，兰州海关按照省委、省政府“三个环境”建设的要求，结合国家西部大开发战略的需要，转变观念，改进作风，深化通关作业改革，落实跨关区快速通关，加大关务公开力度，强化全员服务意识，提高业务素质，减少环节，简化手续，缩短货物报关滞留时间，加速验放，降低企业经营成本，为企业进出口做好服务，提供方便，积极参与支持地方经济建设，为促进地方外经贸发展做出了一定的贡献，受到社会各界好评。

一、认真开展“三个环境”建设大讨论，贯彻落实“营造发展环境年”活动精神，抓好提合理化建议活动

一是抓好“三个环境”大讨论活动。召开全关大会进行动员，精心研究制定落实方案。围绕服务经济、促进发展的主题，以更新观念、改进作风、提高效率、强化责任意识、营造良好的进出口环境为落脚点，集中三个月时间，通过学习讨论、撰写笔记、论文交流、查摆问题、落实整改等方式，提高关员思想认识，查找并制订措施，解决兰州海关在思想作风、工作作风等方面存在的突出问题。二是深入地方党政、企业进行调研。就海关外勤纪律、行风状况开展问卷调查，进行关务公开执行情况调研、通关效率评估，业务执法检查等，加大内部执法检查和监督；征求外界对海关工作的意见和建议，对外调查表明，企业和外界对海关工作的满意率大大提高，树立了海关良好形象。三是调动全员参与积极性，围绕兰州海关发展的主题，开展提合理化建议活动，共征集合理化建议277条，通过梳理、归纳、征求意见和提出消化吸收方案等加以落实，为进一步完善和规范兰州海关各项工作提供了决策参考。通过大讨论活动，全员思想觉悟和理论水平有所提高，大局意识、服务意识、工作责任意识有所增强，工作效率有了一定提高。

二、落实快速通关改革，加快通关速度，提高通关效率

一是按照海关海关总署关于进一步加大跨关区快速通关的有关精神，调整了通关作业机构，重新确定了岗位职责，制定了作业流程和操作规程，从机构设置、职责权限、制度措施等方面落实了事权分离、

责权明晰、运转协调的业务运行管理机制，从源头上提高了物流监控水平。二是增强主动服务意识，提高服务质量。积极采取措施，提高通关效率，落实24小时预约通关和领导带班制度，对A类企业、重点国有大中型企业进口的技改设备和货物实行上门服务，进行"门到门"验放，提高通关效率；拓展服务领域，积极配合省口岸办开展对进出中川机场的进出境航班的旅检业务，支持东航甘肃公司和省民航局空运监管仓库建设。三是加快通关速度，对通关作业时限作出了服务承诺，并通过报纸对外公告：对出口货物经审单和现场部门审核确定无需开验和纳税的，自接受货物申报起4小时内予以放行；需要查验的货物，情况正常的验货完毕后2小时内予以放行；应税货物于海关收到盖有开户银行收讫戳记的《税款缴纳通知书》或者企业保证金后2小时内予以放行；经海关同意，凭有效担保接受申报的货物，比照上述作业时限予以放行。据测算，兰州海关报关出口货物平均通关时间由原来的2.2天缩短为0.14天，进口通关时间由原来的2.78天缩短为1.21天，受到社会各界的好评。

三、增强服务意识，提高服务质量

一是为了加强服务，为企业提供通关便利，加速货物验放，协调处理通关过程中的各类问题，成立了由朱仪仁关长任组长、各业务部门领导为成员的通关事务应急处置小组，及时研究处理通关过程中出现的疑难问题。同时，结合关区实际，制定了"一次退单、两次办结"制度：规定在对外窗口部门使用《退单通知书》，通过书面的形式一次向企业说明办理海关手续所需的单证、应具备的条件或应符合的监管要求，使企业最多两次就办结海关手续，减少企业不必要的奔波，达到提高通关效率的目的，为西部大开发和甘肃经济发展服务。二是出台《兰州海关首问责任制》，并通过新闻媒介向社会公开。"首问责任制"按照"一口对外、内部协调"的原则，规定工作对象在本关办事或通过电话咨询，第一个被问到的本关关员为首问责任人，不论事项与自己有关无关，首问责任人均须热情接待认真答复，或把咨询者介绍到有关部门才属责任终止。"首问责任制"的实行，对于加强内部管理、接受外部监督、提供文明服务、加大政策宣传及加速通关都起到了积极的促进作用。三是重新修订并推出了兰州海关支持扩大出口服务十项措施。包括：加大关务公开力度，提高执法透明度；严格通关作业时限，加快通关速度；积极推进"中国电子口岸"建设；进一步发挥海关统计的监测、监督、服务和辅助决策的作用；进一步改进工作作风，主动为地方外经贸主管部门和企业提供咨询服务等。四是结合"三个代表"的学习和实践活动，统一思想认识。重点把握"把关"与"服务"的关系，在坚持严格依法行政，严打走私犯罪，保障守法企业不受非法经营活动的侵害，维护良好的、公平竞争的经济秩序的同时，又牢固树立服务意识，坚持为多数守法企业提供全方位、高效率的优质服务，得到了地方党政的肯定和企业的好评。

四、积极推行企业信任管理，为守法企业提供通关便利

一是在2001年企业分类管理的基础上，根据守法记录情况对企业管理类别实行动态管理和及时调整。二是新出台了《兰州海关A类企业信任管理办法》，重点扶持A类企业。该办法以合作备忘录的形式，要求关区内A类企业在海关信任放行的基础上履行自己的义务，如有违反海关法律、法规的情事发生，将随时降低管理类别，取消信任优惠。同时，对A类企业提供"三优先"服务：即"优先政策咨询，优先办理货物报关、优先查验放行"。包括：对A类企业进出口货物在通关过程中，缺少除进出口许可证、进出口配额证明以外的单证，如能证实该单证正在办理过程中或无法提供单证正本的，可暂凭传真件、复印件，视具体情况凭企业或企业主管机关保证函予以信任放行，免收保证金；对其他按规定允许担保的货物须收取保证金的，视具体情况，凭企业或企业主管机关保证函予以信任放行，免收保证金；对A

类企业进出口货物一般不查验，对必查必验的，提供24小时预约查验服务；为方便企业存储、提取和使用货物，应企业要求上门服务，优先实行"门到门"验货，提高通关速度；对A类企业加工贸易，除国家另有规定的外，不实行银行保证金台帐制度，并集中下厂核销。

五、加大关务公开力度，增强执法透明度

按照海关海关总署和省委、省政府和市委、市政府关于加大政务公开的通知精神，兰州海关积极采取措施，加大关务公开力度。一是印发了关务公开手册1000本，公开各业务部门工作职责、海关办事程序、职业纪律，并且增设关长热线，公开有关办公电话和业务收费标准，通过甘肃省贸经厅、各地、州、市外经委及本关企管部门，向关区进出口企业免费赠送手册，为企业办理海关手续提供方便，提高了海关行政执法透明度。二是在报关大厅设置电子大屏幕显示屏、报关实用手册多功能触摸屏查阅系统，及时维护查阅系统内容，即时向企业宣传国家和海关最新政策、法规，提供报关自动化各种信息及报关有关法规咨询，极大的方便了企业。

六、进一步改进工作作风，完善机构设置，主动为地方外经贸主管部门和企业服务

一是深入企业调研，切实采取措施，促进地方经济发展。针对甘肃省企业对外贸易比较薄弱的实际，关领导经常与职能部门深入国有大、中型企业开展调研，为企业发展谏言献策。兰州连城铝厂是甘肃省大型有色金属生产企业，过去产品主要以内销为主，从未开展出口业务，兰州海关领导在调研中发现后，针对企业产品在国际市场上具有一定竞争力这一优势，积极宣传有关政策，主动为企业出谋划策，指导帮助企业开展加工贸易业务，开拓了国际市场，并当年见效。2002年，出口铝锭8.4万吨，实现利润9500万元人民币，创汇1.249亿美元，成为甘肃省出口创汇第一名，也是多年来甘肃省内唯一一家"双A"类和出口创汇过亿元的企业。二是灵活掌握运用政策，急企业之所急，和企业共同研究探讨降低成本，增强竞争力等问题，帮助企业扩大出口。如，2002年10月，连城铝厂根据对市场的跟踪判断，预测氧化铝国际市场行情将上涨，向兰州海关提出在氧化铝价格尚处于底部价位时采购10万吨氧化铝，并在铝锭价格尚处于较高价位时签订出口合同，锁定目标利润。经计算，再接受审批10万吨氧化铝，意味着会超过企业生产能力，同时也超出政策规定范围，面对政策规定和氧化铝价格一路攀升的国际、国内行情，兰州海关高度重视，当即由副关长韩森带队奔赴连城铝厂，与厂长陈春明座谈，经了解，连城铝厂技术改造项目于2003年即将完成，生产能力问题将得到解决。基于企业的良好信誉和同兰州海关的良好合作伙伴关系，我们本着"把关"与"服务促进"并重的原则，灵活掌握运用政策，在对企业进口料件管好、管住的前提下，按备料方式办理了审批手续。随后氧化铝国际市场价格不断上涨，不到三个月，每吨上涨超过40美元。此举为企业节约原料成本6000多万元，极大地降低了企业成本，提高了参与市场竞争的能力。在帮助指导连城铝厂开展加工贸易取得成效基础上，兰州海关认真总结分析关区业务特点，并在全省范围内推广，使甘肃省加工贸易业务大幅增长。2000年关区加工贸易出口创汇占全部出口创汇的5%，2001年占到25%，2002年达到37%。下一步我们将积极采取措施，找有条件的企业，研究设立保税工厂和保税仓库，尽最大努力方便企业，把关区的加工贸易做强做大。三是为了进一步支持甘肃省外向型经济发展，方便甘肃省东西部地区企业办理进出口海关手续，积极参与在甘肃省设立海关分支办事机构的调研论证工作，邀请海关海关总署领导来兰，分赴天水、河西实地考察，积极筹建海关驻外办事机构，这两个办事机构的建成将解决甘肃省兰州以东、以西地区进出口企业就地办理报关手续的问题，为方便企业通关，降低费用成本，起到积极的推动和促进作用。四是每季度定期向甘肃省各地、市

外经贸部门提供有关进出口方面的综合信息，包括：企业年审、通关政策法规、报关员培训、进出口贸易统计数据等情况，使企业及时了解相关信息，减少奔波劳累之苦，节约经费、提高贸易效率。五是积极对企业提供咨询，开展业务培训，提高效率、规范操作。针对新的通关管理模式运行后，多数企业及报关员不熟悉的实际，举办报关员培训班，为报关员讲授新的通关知识；多次派员为省经贸厅举办的企业负责人和报关员培训班讲课；派员赴300公里以外的天水、酒泉两地市为地方政府举办的外贸知识培训班授课。举办各类政策发布会，通过报刊、电视等媒体及深入企业广泛宣传100余次，印发各类宣传材料3000余份，及时宣传国家最新政策、跨关区快速通关和A类企业管理办法等方面的情况，使企业充分享受政策。六是认真执行政策，积极支持西部开发。针对实施西部大开发战略以来，国家对西部地区基础设施建设投资和利用国债资金对大中型国有企业技术改造项目明显增多，科研项目减免税增加的实际，兰州海关坚持执行政策，依法减免，积极支持基础建设、技术改造及科研项目投资，支持地方经济发展。2002年，审批减免税6.75亿元，同比增长65%。

七、积极建立与外经贸部门的联系协调机制，促进甘肃省对外贸易的健康发展

加强了与铁路、外贸及口岸海关等联系配合。与兰州铁路北站签定了《关于加强铁路进出口货物运输监管工作的联系配合办法》，疏通了一条严密、规范、有序的进出口货运渠道；与省经贸厅签订了《关于建立联系协调机制的合作备忘录》，建立了定期或不定期的厅与关、处与处领导之间的沟通联系空间，进一步加强了沟通、协调和配合，为企业服务。通过以上卓有成效的工作，极大的方便了企业，提高了通关效率，为降低企业进出口成本做出了积极的努力。

建设文明窗口　服务地方经济

——兰州边防检查站建站10周年巡礼

兰州边防检查站1992年成立，至今已走过整整10年的历程。这10年，是全站广大官兵艰苦创业、顽强拼搏、开拓创新、求实奋进的历程，也是全省航空口岸对外开放事业蓬勃发展的历程。

在公安部边防局、省委、省政府和省公安厅的关心支持下，在省边防总队党委的正确领导下，历届站领导班子始终坚持以边检业务建设为中心，认真贯彻江主席“五句话”总要求，不断加强部队思想政治建设、军事业务建设、作风纪律建设和后勤保障建设，努力提高检查员队伍综合素质，积极为甘肃的经济发展和改革开放提供优质服务，给中外旅客树立了我省边防检查官的良好形象。建站10年来，共检查出入境航班377架(次)，中外籍旅客20000余人(次)，帮助旅客做好人好事200余件(次)。查获偷渡分子6人，处理手续不符30余人(次)，有效维护了口岸安全畅通。

坚持“政治建警”方针，充分发挥政治工作优势，增强官兵思想政治素质，确保了部队“打得赢、不变质”。历届站党委班子一直把政治工作摆在部队建设的首位，狠抓各项政治工作任务的落实，使部队党的建设、领导班子建设、干部队伍建设及部队整体政治素质均上了新台阶，保证了出入境边防检查任务的完成。建站初，执勤车辆装备十分落后，唯一的一辆“山花”牌面包车还坚持“带病工作”，在去机场的路上，经常发生“人推汽车”的现象。面包车上没有暖气，检查员们冬天穿着军用棉衣和帆布毛皮鞋，戴着军用皮帽子和皮手套，全面武装后乘车到达机场，女检查官常常因为“线条”得不到充分展示而烦恼。

虽然条件艰苦，但检查员们为边防检查事业无私奉献的信念始终没有动摇，艰苦创业、顽强拼搏的敬业精神始终没有改变。现在，不论是工作条件，还是生活条件，都发生了天翻地覆的变化。官兵换了一茬又一茬，可是建站之初首批创业者走过的感人足迹还一直激励着一批又一批的新人。10 年来，该站荣立集体三等功一次，15 人荣立个人三等功，有 80 余人受到各级嘉奖，4 人被公安部出入境管理局树为全国优秀检查员，1 人被省团委评选为全省民族团结进步先进个人。

坚持"素质强警"思路，狠抓两个"规范"的落实，提高执法水平和服务质量，促进地方经济的迅猛发展。边防检查站是国家出入境管理的门户和窗口，处于改革开放的第一线，在经济建设中发挥着重要作用。边防检查工作既是一个服务过程，也是一个执法过程。建站 10 年来，历届领导班子确立"两手抓，两手都要硬"的思想，既坚持严格执法管理，严厉打击各种犯罪，正确处理执法与服务的关系，为地方经济建设创造良好条件。又坚持抓队伍的素质训练，在合格不合格、过硬不过硬的问题上狠下功夫，内强素质，外树形象。通过内部自训、以老带新、岗位自学、研讨交流、外出考察、现场实习、集中培训、专题授课、知识竞赛、表彰奖励等方式，狠抓了检查员的法律法规学习，外语、计算机训练，丰富了检查员的知识，提高了检查员的执法水平。根据公安部边防局的统一部署，兰州边检站还曾组织官兵认真开展了"为人民服务，树公安新风"活动、争创优秀检查员、优秀科(队)长、优秀站长、文明口岸、精神文明建设先进单位等活动极大地调动了干部的工作积极性，维护了优良的出入境秩序有力地促进了业务建设和队伍建设的共同发展。1996 年 7 月，破获了一起持用伪假护照非法偷渡案，抓获偷渡分子 6 人，"蛇头"1 人，产生了极大的震慑作用。特别是去年以来，该站积极响应省委省政府提出的营造"三个环境"的号召，认真研究分析新情况，严格落实《出入境边防检查旅客检查规范》和《出入境边防检查查控工作规范》，进一步完善了《处置口岸突发事件的预案》，做好了随时将犯罪分子、法轮功分子、民运分子、恐怖分子、偷渡分子等不法人员阻止于外的准备，在杜绝口岸非法活动发生的同时，积极支持甘肃海外旅游事业的发展，为旅游者出入境提供方便，促进了我省地方经济建设的稳定发展，圆满完成了黄金周直飞国外的旅游包机的检查任务和外国元首专机的出入境检查任务。

坚持"从严治警"方针，落实正规化管理措施，培养了官兵过硬的作风和严明的纪律，维护了井井有条的工作秩序。兰州边防检查站这支队伍既执行公安业务，具有公安工作的地方性特点；又执行部队管理体制，具有军事工作的属性和特点。因此，历届站党委认为，在抓好边检业务工作的同时，必须认真贯彻"从严治警"方针，抓好经常性管理教育，锻造军人的过硬作风，保证部队的内部安全。坚持进行"条令学习周"和"条令学习月"活动组织官兵认真学习条令条例，适时开展教育整顿，修订完善规章制度，建立健全各种表、簿、册，严格规范部队的执勤、训练、工作、生活秩序，使官后养成了按条令办事的习惯，增强了遵纪守法的自觉性，有效地预防了事故案件的发生。在保证完成中心工作任务的同时，每年集中一定时间组织军事训练活动，按照《军事训练大纲》要求，对队列动作、擒敌技术、军事体育、射击技能等科目进行强化训练，巩固和提高官兵军事素质，培养和锻炼了官兵作风纪律，部队整体形象大大改善。目前，干部量化考核制度已正式实施，新的士兵管理制度已颁布施行，竞争激励机制已初步形成，部队精神面貌发生了可喜变化。特别是部边防局制定的《公安边防部队机关正规化管理规定》和《基层正规化管理规定》转发后，兰州边检站根据"全省公安边防部队管理教育现场会即军政主官培训班"精神，借鉴青岛边检站正规化建设的先进经验，从内务设置、工作程序等方面进行了严格规范，部队全面建设得到有力加强。

坚持"后勤固警"方针，加强标准制度的落实，增强后勤人员的服务意识，促进后勤保障水平的全面提高。俗话说："兵马未动，粮草先行"。可见部队后勤建设的重要性。兰州边检站始终坚持"党委当家，后勤理财"的原则，树立"严制度抓服务"的思想，教育后勤人员强化"把关"和"服务"双重职能，严格落实标准和制度充分发挥每一笔经费、每一件装备物资的最大效能；顺应发展变化形势，改进服务方式和内容，努力提高保障水平。从而使后勤建设达到了管理上层次、服务上水平、保障上台阶目的，规范了管理，堵塞了漏洞，避免了浪费。十年来，共培养等级厨师 10 名，战士驾驶员 20 名，种植养殖专业人才 4 名。今年上半年，接总队命令，兰州边检站担负起了西果园后勤基地的建设发展任务，经过紧张筹备规划建设，蔬菜大棚、猪圈、鸽舍目前已投入使用，整体发展已初具规模，发展前景看好。

十年来，兰州边检站不管在干部队伍建设，还是边检业务建设，不管是硬件方面，还是软件方面，都取得了长足发展，形势喜人。伴随着我省对外开放事业发展的铿锵脚步，兰州边检站将在西部大开发、甘肃大发展中发挥越来越重要的作用。

甘肃口岸大事记

1 月 10 日

甘肃省口岸办公室率口岸联检单位负责人赴敦煌、马鬃山进行实地考察，为新开敦煌航空口岸和恢复马鬃山边境贸易活动进行前期调研。

1 月 21 日

甘肃省纪委党风廉政建设责任制考核工作组一行四人到兰州海关检查党风廉政建设责任制执行情况，兰州海关在党风廉政建设和纠正行业不正之风等方面取得的成效表示肯定。

1 月 31 日—2 月 1 日

海关总署副署长盛光祖、财装司司长甘荣坤一行六人到兰州海关慰问、调研。期间，听取了兰州海关新党组班子成立以来的工作情况，慰问了全体关员，并拜会了甘肃省委、省政府主要领导。

2 月 22 日

兰州海关侦查分局被公安部评为全国公安系统"三项教育"先进单位。

兰州海关办公室被甘肃省政府办公厅评为甘肃省人民政府 2001 年度报送信息先进单位。

2 月 30 日

甘肃省口岸办进京就新设敦煌航空口岸和恢复马鬃山边境贸易活动等口岸工作情况向海关总署口岸规划办的领导做了详细的汇报。

3 月 25 日—26 日

兰州海关副关长韩森，党组成员、纪检组组长王旭东分别带队走访连云港海关、深圳海关，就两地海关在转关运输工作中的联系配合办法开展调研。

4月5日

兰州海关走私犯罪侦查分局正式列入甘肃省公安厅机构序列，其机构名称为：甘肃省公安厅走私犯罪侦查局，内部序列为：甘肃省公安厅第二十四处。

4月8日

兰州海关与甘肃省工商行政管理局共同签订了关于打击走私、贩私活动合作备忘录。

5月15日—18日

兰州海关关长朱仪仁率办公室、人教处、现场业务处等有关部门负责人赴天水，与天水市政府及天水有关部门领导座谈，商讨天水设立海关办事机构等问题，并到企业开展调研。

5月30日

甘肃省政府拨款10万元解决了兰州航空口岸联检单位的办公设施，改善了办公条件。

5月31日—6月4日

兰州海关副关长韩森率现场业务处、综合业务处有关人员一行三人专程走访天津海关，首都机场海关，两关就业务问题进行协调沟通。

6月8日

甘肃省口岸办在兰州中川机场召开兰州航空口岸兰州—香港航班复航暨口岸建设座谈会。

7月5日

兰州海关现场业务处通关科被甘肃省人民政府评为全国创建文明行业工作先进单位。

7月20日—23日

甘肃省口岸办公室率口岸各联检单位赴香港举行兰州至香港复航首航式新闻发布会。

8月18日

甘肃省政府代表团赴新疆巴里坤就马鬃山口岸复通一事与蒙古国戈壁阿尔泰省政府代表团举行了会谈，并签署了备忘录。

9月3日

总署人教司副司长潘伟平一行四人来海关检查指导工作，就在天水市设立海关办事机构事宜听取工作汇报，开展调研。

10月16日

兰州海关与甘肃省外汇管理局就建立联系配合机制达成共识，双方同意先建立畅通的联系配合机制，相互指定专人，联系方式和电话，加强信息交流，加强业务沟通，为下一步双方签定合作备忘录创造条件。

12月18日

兰州海关现场业务处加工贸易监管科被兰州市人民政府评为“兰州发展环境年活动”先进集体。

新疆维吾尔自治区

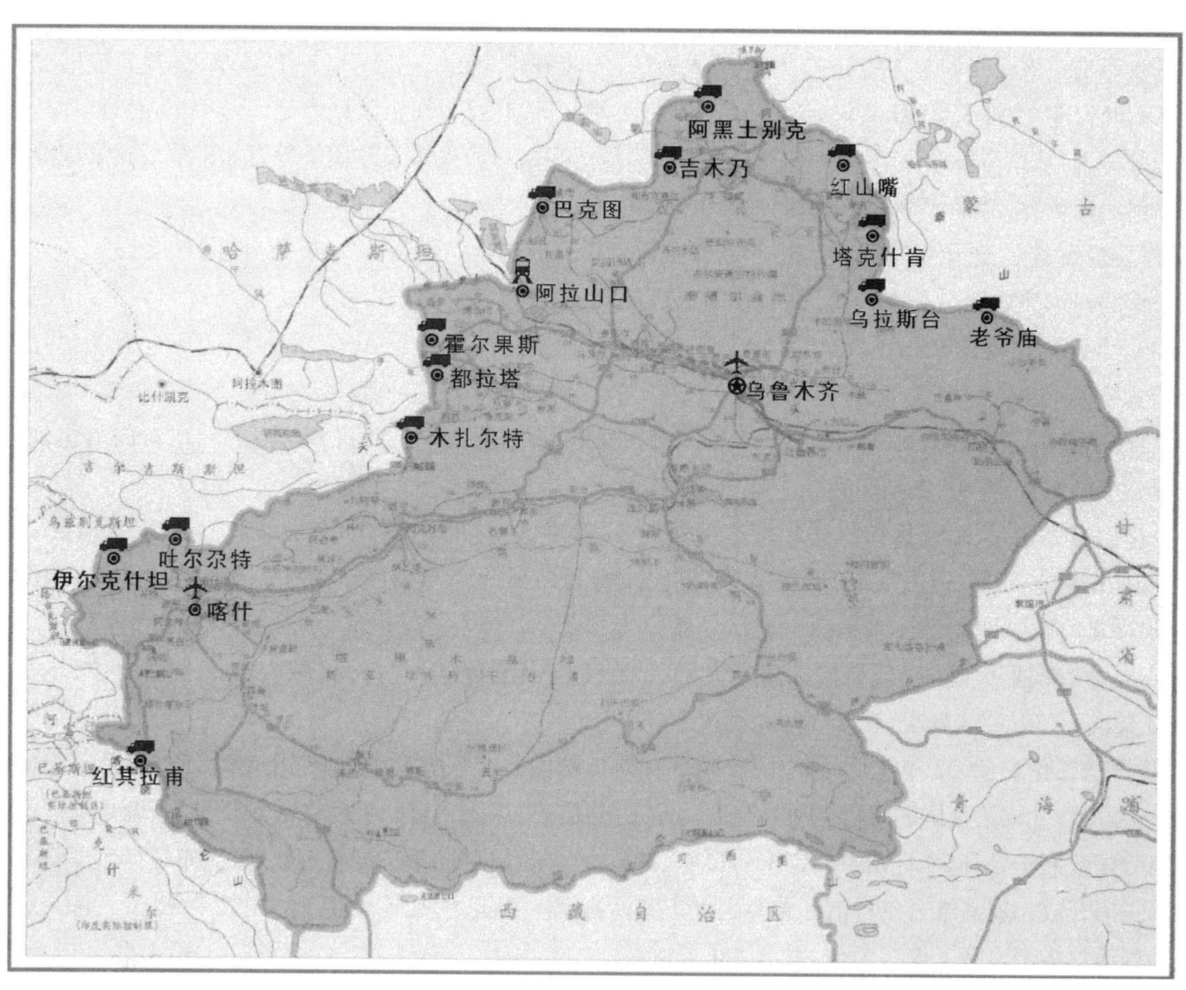

图例

- 省级行政中心
- 口岸
- 铁路口岸
- 航空口岸
- 公路口岸
- 海（河）运口岸

新疆口岸工作综述

新疆维吾尔自治区共有国家批准开放的一类口岸 16 个，自治区批准开放的二类口岸 10 个，是我国西北对外开放口岸最多的地区。发展双边的科技、经济、贸易和人员友好往来，确保口岸安全、畅通，是全疆口岸工作的重要任务。自治区党委和自治区政府十分重视口岸工作，坚持把搞好口岸工作作为一项重要任务来抓。年初，自治区党委副书记艾斯海提·克里木拜召集口岸有关部门认真学习国务院办公厅《关于进一步提高工作效率的通知》精神，研究并确定了 2002 年全区口岸工作任务。全区成立了自治区政府副主席张舟同志为组长的自治区"大通关"工作领导小组。并于 8 月 28 日及 11 月 20 日先后再次召开口岸"大通关"工作会议，学习先进经验，对照自身的差距，提出改进措施。一年来，经过口岸多部门的努力，从口岸各个环节入手，在通关效率、严格把好国门和提高服务质量等方面都取得了好成绩，为新疆走向世界，世界了解新疆作出了一定的贡献。

【口岸客货运量】 进出口货物　2002 年新疆全区口岸完成进出口货物 659.36 万吨，同比增长 12.3%。其中铁路口岸完成 581.1 万吨，公路口岸完成 76.5636 万吨，航空口岸完成 1.6557 万吨。进口货物 536.9 万吨，同比增长 12.4%，出口货物 122.4 万吨，同比增长 12.3%。一般贸易出口 95.6 万吨，同比增长 8.25%；边民互市 17.8 万吨，同比增长 87.5%；旅游购物 9 万吨，同比减少 19.6%。主要进口的货物是：废旧金属、木材、原油、棉花、化工产品、化肥、医药品、有色金属工业机械、矿石等，出口的货物是：焦炭、汽油、粮食、轻纺、农副产品等。

进出境客运量　全区口岸进出境客运量为 625208 人次，同比增长 26%。其中，旅客 346924 人次，同比增长 9.05%；边民互市 12047 人次，同比减少 11.9%；员工 143765 人次，同比增长 3.73%；旅游购物 33584 人次，同比增长 31%。

出入境交通工具　全区口岸入出境交通工具 88888 辆(列架)次，同比减少 7.32%。其中，飞机 2303 架次，火车 5003 列次，汽车 81582 辆次。

【口岸开放工作】 2002 年 1 月，经中国和哈萨克斯坦两国外交研究磋商，确定中哈边境吉木乃口岸向第三国开放，允许第三国的人员、货物、交通运输工具从该口岸出入境。经海关总署批准，新疆自治区政府与哈国政府于 3 月 20 日在中方吉木乃口岸一侧联合举行口岸向第三国开放仪式，宣布口岸自即日起对第三国开放。新疆维吾尔自治区党委副书记艾斯海提·克里木拜、哈萨克斯坦东哈州州长灭特·维塔利列活尼维奇出席了仪式大会，并作了重要讲话。

2001 年 6 月，中吉边境伊尔克什坦口岸通过国家验收。7 月 12，日海关总署致函新疆自治区政府，批准伊尔克什坦口岸正式对外开放。经与吉尔吉斯斯坦政府外交协商，新疆自治区政府与吉国政府、乌兹别克斯坦政府于 5 月 20 日在中方伊尔克什坦口岸一侧联合举行口岸正式对外开放仪式，宣布自即日起口岸正式对外开放，允许中哈两国及第三国的人员、货物、交通运输工具从该口岸出入境。新疆维吾尔自治区副主席艾力更·伊明巴海、吉尔吉斯斯坦奥什州州长卡西耶夫、外交部副部长扎基洛夫、乌兹别克斯坦国家海关委员会第一副主席奥利波夫出席了仪式大会，并作了重要讲话。

喀什新怡发二类口岸经过两年的投资建设，口岸联检厅、查验部门现场办公用房、封闭仓储设施、购物商铺楼和口岸交通、水、电、暖等基础设施建设于2002年上半年竣工完成。口岸管理、检查检验机构人员也已确定落实。9月19日,新疆自治区政府组织人员对口岸开放前的准备工作进行了检查验收,并以新政函[2002]129号批文同意喀什新怡发二类口岸对外开放。喀什地区行署于10月1日举行了隆重盛大的口岸开放仪式,宣布口岸对外开放。

为运送中国政府向阿富汗临时政府提供的500吨紧急援助物资,经海关总署批准,喀什机场航空口岸于2002年3月25至31日临时开放7天。

经申报请示国务院,并与巴基斯坦政府研究磋商,因"9·11"事件而关闭的中巴边境红其拉甫口岸于2002年5月1日正式恢复开关。

为集中检查检验力量,解决检查检验单位人手不足的矛盾,整合口岸资源,提高口岸综合效能,新疆自治区在海关总署要求全面整顿清理二类口岸取得阶段性成果的基础上,对辖区内的二类口岸又一次进行了调整。将伊宁口岸、伊犁巴音岱口岸合并为伊宁口岸,撤消关闭喀什市中西亚国际贸易市场二类口岸。至此,全区共有国家批准开放的一类口岸16个,其中已开通运行12个,临时过货1个;由新疆自治区政府批准开放的二类口岸10个。

【口岸管理工作】 2002年1月,新疆维吾尔自治区党委副书记艾斯海提·克里木拜召集有关部门召开会议,学习国务院办公厅《关于进一步提高口岸工作效率的通知》等文件,研究确定了2002年全区口岸管理工作和精神文明工作任务。

2001年12月,巴基斯坦海关对进口中国商品的巴商人征收高额关税,而商人以我承运车辆代替仓库,在其苏斯特口岸造成压港,向海关施压。至2002年1月,滞留在苏斯特口岸的中方车辆约有400余辆,司乘人员达500余人。由于气候严寒、食物缺乏,我司乘人员生存极度困难。鉴于此,1月20日,新疆维吾尔自治区副主席艾力更·伊明巴海紧急召集会议,研究解决办法。根据会议安排,自治区外办与我驻巴使馆取得联系,要求巴方尽快组织人员卸货,保证我车辆和司乘人员返回中国;交通厅清除道路积雪,确保道路畅通;口岸办组织人员携带食物和生活用品到巴苏斯特口岸接济滞留人员,并与巴海关交涉卸货。经过各方积极努力,滞留问题很快得到了顺利解决。

2002年1月,阿拉山口口岸因进口的废旧金属放射性物品超标,无法退运,而积压口岸的货物约800多车,火车站场被占,列车进出困难。经自治区政府和有关部门等共同研究后,决定采取应急措施。一方面,由乌鲁木齐铁路局、新疆口岸办与我驻哈萨克使馆积极联系,通过外交途径促使哈方尽快收回向我输出的放射性超标废旧金属;另一方面,由口岸海关、国检向哈德鲁日巴口岸有关部门转达新疆自治区政府关于限期收回被我退运的放射性超标的废旧金属,并保证不再输出损害我环境和人民生命安全的产品,否则,暂时关闭口岸。通过对外交涉,哈方在规定的期限内将其全部收回。

2001年12月底,一些不法商人,利用我对蒙口岸即将关闭,1到4月间闭关,货物无法退运的困难,大量组织国家禁止进口的偶蹄类动物及其产品进境。同时,组织人员对海关监管、准备退运的这些货物进行哄抢。针对这一情况,新疆自治区政府多次召开会议,研究加强对蒙口岸管理的问题及采取的措施,对在对蒙口岸进行对外贸易的外经贸企业、工商个体户进行了教育整顿,加强国家进出口法制学习,规范其贸易行为;制定了《加强对蒙口岸进口货物管理的意见》,调整了通道管理和货物监管交接程序;收缴焚烧了从蒙古国非法进境的偶蹄类动物及其产品。

为提高新疆口岸的工作效率,新疆自治区政府在收到国务院办公厅《关于贯彻落实"提高口岸工作效率上海现场会"精神的通知》后，自治区领导批示政府办公厅、口岸办，向口岸各单位和各地州政府全文印发吴仪国务委员在上海现场会上的讲话，并组织人员深入外经贸企业对全区口岸通关中存在的问题进行摸底调查。在精心准备的基础上，自治区于8月28日和11月20日，两度在乌鲁木齐召开了由新疆军区、自治区外事、外经贸、计委(物价)、财政、外汇、铁路、民航、国税、口岸各检查检验单位领导及基层口岸委办主任参加的全区口岸"大通关"工作会议和阿拉山口铁路口岸"大通关"工作会议。会议认真传达学习了吴仪国务委员在上海现场会上的讲话和全国铁路口岸"大通关"工作现场会会议纪要，听取了上海、宁波等口岸提高口岸工作效率的先进材料介绍，认真查找了我区口岸在通关中存在的问题，研究部署了解决的办法措施，制定了工作实施计划，成立了以自治区副主席张舟同志为组长的自治区"大通关"工作领导小组。自治区党委副书记艾斯海提·克里木拜同志、自治区副主席张舟同志亲临会议，并作了重要讲话。要求口岸各有关部门进一步解放思想，更新观念，牢固树立"大通关"的思想，密切配合、勤勉工作，扎扎实实地做好口岸各项工作，把我区口岸建设成为"成本低、服务好、效率高"的国家一流口岸，为自治区经济发展、社会稳定做出贡献。与会人员紧密联系新疆口岸实际，积极发言、认真讨论，一致认为搞好口岸"大通关"工作是我区外向型企业求生存求发展的中兴之举，也是新疆走向世界，世界了解新疆的一个具体行动。功在当代、利在千秋。要积极搞好口岸"大通关"工作，从口岸进出口的各个环节入手，简化手续、优化环境、降低费用，为企业减负松绑，使其轻装上阵，加入世界经济全球化的大循环中，直接参与国际竞争。会后，以自治区政府名义形成了会议纪要，连同自治区领导讲话一并印发全区各级政府和口岸各有关部门，要求认真学习并贯彻落实。

为提高口岸通关效率，自治区口岸各部门不等不靠，积极出主意、想办法，简化手续，加快口岸运转速度，建立健全口岸工作制度，完善检查检验协调配合机制。乌鲁木齐海关对关区内的44家企业实行提前报关、加急通关的便捷通关方法，并主动调整大宗进口货物废钢、原油、球团矿的监管作业流程，实行弹性工作制，保证当天申报的报关单电子数据当日审结完毕。还自主开发了"通关事务电子联系系统"，解决通关的各项申请和批复事宜。这一系列措施的实施，使进口货物的平均海关通关时间从去年的5.2天缩短为现在的3.4天。出口货物的平均海关通关时间从去年的2.8天缩短为现在的1.5天。新疆出入境检验检疫局完善"六个一"(报检、抽样、检验检疫、卫生除害处理、收费、聘请放行)管理模式，实施"三电工程"(报检、转单、签证)，推行出口商品分类管理制度，加强对商品的前期监管和后续管理工作，积极运行出口商品质量许可和食品及动植物产品卫生注册事宜。主动降低检验检疫收费，实行1/3收费措施，对来料加工和进料加工的出口品质检验费按标准的50%收取，直接受惠于企业。自治区边防局承诺，办理一名旅客入出境手续不超过45秒，被阻旅客的放行阻止决定不超过30分钟下达，旅客候检时间不超过30分钟；允许新的旅行社组织互免旅游团；同意第三国旅游团队从双边开放口岸临时出入境；实行临时入境许可制度，允许没有入境签证的人员先入境，后补办手续；建立备勤制度，做到旅客、交通工具随到随检随放；对旅游购物包机不收费，积极创造条件为出入境人员和外经贸旅游企业服务。乌鲁木齐铁路局、民航局和口岸各单位主动建立协作配合机制，投入财力、物力和人力，加快口岸电子信息联网建设，并与对方口岸对口部门沟通协调，解决其随意检查收费、随意罚款扣留等问题，为企业和出入境人员清除外部障碍，实现口岸大进大出的既定目标。

鉴于上海口岸"大通关"工作起步早、模式新、效果好，受国务院表彰的情况，以及满洲里、绥芬河口岸情况虽然与新疆口岸相似，但通关工作却好于新疆口岸，并且已经吸引在新疆口岸过货的一些外经贸企业向其转移的实际，自治区口岸办，根据自治区领导的指示精神，于2002年11月组织自治区口岸有关部门赴上海、满洲里、绥芬河口岸进行了学习考察。通过观摩学习，口岸各单位开阔了眼界、提高了认识、明确了思路。对如何简化手续、加强管理、方便服务企业、提高口岸工作效率，基本上做到了心中有数。

2002年12月12日，国家质检总局、农业部以国质检动联函[2002]871号致函新疆自治区人民政府，同意新疆边境地区从中亚五国进口偶蹄动物皮毛。允许进口的口岸为吐尔尕特、霍尔果斯、阿拉山口3个口岸，要求进口的皮毛须在进口口岸30公里内的企业中就地加工。

2002年，霍尔果斯口岸体制进一步理顺。随着新疆地州党政机构改革的全面实施，原属伊犁州和霍城县管理的工商、税务、财政、城建等11个行政管理部门划归口岸管委会直接管理，解决了长期以来制约口岸发展的财税紧张和口岸管理部门事权交叉、职责不清的问题。

【口岸规划建设】 2002年，阿拉山口口岸投资2.1亿元，完成了口岸6条道路改扩建工程、口岸城区上下水管网改造工程，建成了火车站站前广场和中心广场。

2002年，国家铁道部批准立项投资3.7亿元对阿拉山口铁路进行扩建改造。工程完工后，口岸的年过货能力将提高到1000万吨，远期将达到1300万吨。

国家水利部同意投资2亿元，从哈拉吐鲁克河引水到阿拉山口，解决口岸生活、生产用水紧张和费用昂贵的问题。工程建成后，年引水量为3000万立方。

阿拉山口口岸调整修改口岸总体规划，计划将口岸原有的15平方公里的规划面积扩大到27平方公里。

为提高口岸工作效率，全面实施“一站式”联合办公。2002年11月20日，新疆自治区铁路口岸“大通关”会议决定，铁路口岸联检大楼面积由原来的3600平方米扩大到6000平方米。因扩大面积而产生的528万元缺口资金由口岸办、企业、中介机构共同融资解决。

2002年，霍尔果斯口岸投资260万元，完成工业园区道路2.1公里。

浙江卡森集团在霍尔果斯口岸工业园投资2亿元，兴办霍尔果斯皮革有限公司，一期投资8800万元。至2002年底，已配置并建成年加工牛羊皮500万张的机器设备、车间厂房。

2002年6月，喀什新怡发二类口岸经过两年多的施工建设，各项工程已基本完工。口岸占地194亩，已完成投资2.5亿元，建成商贸城一期工程169660平方米、口岸联检大楼2800平方米、海关监管库6000平方米、验货平台12000平方米。检查检验单位所需要的局域网、电子监控系统等办公查验设施也已调试安装完毕。

由原国家计委拨款200万元兴建的吉木乃口岸货检厅工程于2002年10月竣工，已通过专家验收并全面交付使用。

老爷庙口岸总体规划和口岸新址方案，经新疆自治区投资建设专家和检查检验单位论证研究，于2002年10月一致投票通过。

2002年新疆口岸运行情况汇总表

表一

口岸名称	旅客(人次)			员工(人次)			交通工具(辆架列次)			边民互市(人次)	旅游购物(人次)
	入境	出境	小计	入境	出境	小计	入境	出境	小计		
阿拉山口(公)	2794	3070	5864	6153	6048	12201	2518	2453	4971		
阿拉山口(铁)	19032	17926	36958	12922	12855	25777	2490	2513	5003		
巴克图	6124	6779	12903	2015	2282	4297	2015	2282	4297		2232
霍尔果斯	54369	62507	116876	14878	15058	29936	14468	14654	29122	12047	
都拉塔	0	0	0	3102	3102	6204	1551	1551	3102		
红其拉甫	5024	5275	10299	2713	2782	5495	2713	2782	5495		
吐尔尕特	6649	6920	13569	6084	5990	12074	6187	6058	12245		
伊尔克什坦	0	0	0	3084	3084	6168	3084	3084	6168		
吉木乃	1455	1772	3227	610	609	1219	610	609	1219		1237
塔克什肯	259	251	510	4892	4850	9742	4903	4866	9769		27140
红山嘴	79	71	150	564	559	1123	565	259	824		2975
乌拉斯台	3340	3301	6641	1496	1506	3002	1496	1506	3002		
乌鲁木齐机场	67154	71126	138280	12787	12277	25064	1191	1112	2303		
老爷庙	812	835	1647	781	682	1463	584	784	1368		
合计	167091	179833	346924	72081	71684	143765	44375	44513	88888	12047	33584

2002年新疆口岸运行情况汇总表

表二

口岸名称	货物量(万吨)					贸易额(万美元)					关税(万元)
	进口	出口			小计	进口	出口			小计	
		一般贸易	旅游购物	边民互市			一般贸易	旅游购物	边民互市		
阿拉山口(公)	0.0815	3.518	0	0	3.5995	107349.7	22389.7	0	0	129739.4	13.55
阿拉山口(铁)	515.4696	65.6682	0	0	581.1378						
巴克图	1.8252	2.3931	3.5527	0	7.801	407.2748	2283.1171	2581.18	0	5271.5719	
霍尔果斯	2.1842	13.7947	2.66	15.3904	34.0293	2198.6272	13453.088	2778.6935	15257.496	33687.925	0.212
都拉塔	0	0	0	2.4242	2.4242	0	0	0	4527.1	4527.1	
红其拉甫	0.3972	2.6147	0	0	3.0119	336.5384	1937.5809	0	0	2274.1193	
吐尔尕特	11.7985	2.3612	0	0	14.1597	2974.5319	2471.9316	0	0	5446.4635	
伊尔克什坦	4.1516	3.4666	0	0	7.6182	1447.7743	5299.9591	0	0	6747.7334	
吉木乃	0.704	0.3508	0.5291	0	1.5839	256.4132	108.0987	378.8881	0	743.4	
塔克什肯	0.0697	0.8646	0.7783	0	1.7126	136.4736	246.9157	274.4485	0	657.8378	
红山嘴	0	0	0.0125	0	0.0125	0	0	3.2535	0	3.2535	
乌拉斯台	0.0028	0.0278	0	0	0.0306	2.9255	43.3036	0	0	46.2291	
乌鲁木齐机场	0.1959	0	1.4598	0	1.6557	12114.929	0	13962.96	0	26077.889	
老爷庙	0.054	0.5262	0	0	0.5802	42.503	248.9256	0	0	291.4286	
合　计	536.9342	95.5859	8.9924	17.8146	659.3571	127267.69	48482.621	19979.424	19784.596	215514.35	

新疆口岸查验单位工作综述

乌鲁木齐海关

2002年,乌鲁木齐海关认真落实中央经济工作会议和全国海关关长会议的部署,以全面加强基层建设为龙头,提高税收征管水平,严厉打击走私违法活动,建立风险管理机制,继续推进"大通关"制度。深化干部人事制度改革,强化监督制约机制,积极探索思想政治工作的新途径,全面推进了各项改革和建设事业。

【坚持打防结合,缉私工作实现突破性进展】 2002年,乌鲁木齐海关坚决克服"边疆经济落后地区无私可打,无大案可查"的错误认识,牢固树立"破案才是硬道理"的思想,始终保持反走私的高压态势。有针对性地开展了打击货运渠道走私、打击非法出版物走私等一系列专项斗争。综合运用刑事和行政执法两种手段,注重情报信息的收集和整理,抓大案、破要案。2002年,共查获走私案件19起,案值278万元;查获违规案件84起,案值10486万元;侦查部门立案27起,案值8.5亿元。抓获犯罪嫌疑人112人,批捕16人,向检察院移送起诉30人。6月,一举查获伪造原产地证明偷逃税款达1.01亿元的特大案件,其案值之高、涉案企业之多,在关区历史上是前所未有的。

【紧紧围绕税收"轴心",切实加强税收征管】 2002年,把完成税收任务作为全年工作的第一要务,作为考核领导班子和领导干部政绩的重要标准。一是克服"税收基数小,征多征少无关大局"的模糊认识,强化"海关多征收一分钱的税,就为中央财政多做一份贡献"的观念,建立综合治税工作机制。二是发挥执法评估系统和税收分析监控系统的作用,适时开展税收监控和绩效评估,每日关注税收进度,及时解决税收工作中存在的问题。三是适应加入WTO实施新的估价规则,建立反价格瞒骗联系配合制度,与A类管理企业签订反价格瞒骗MOU,规范估价工作操作办法。四是对加工贸易企业加强规范管理,加大核销补税力度,防止税款"跑、冒、滴、漏",做到应收尽收。全年共征收税款15.63亿元,同比增长17.3%。审批减免税16.03亿元,实际减免税13.4亿元。其中审价补税1503万元,稽查补税115.47万元。

【进一步加强监管力度】 2002年,调整增加重点口岸的查验力量,充分发挥H986工程、X光机、电子地磅等各类技术设备的作用,加强物流监控力度,严防武器弹药、毒品、反动宣传品、散发性宗教印刷品进入国境。全年共监管进出口总值26.91亿美元,同比增长52.2%;进出口货运量606万吨,同比增长14.0%;监管运输工具总数276180辆架次;出入境人员47.4万人次;共查获和收缴反动宣传品、淫秽音像制品、散发性宗教印刷品7307件(盒)。

【推进通关作业改革,建立"大通关"运作模式】 年内,组织开展新疆口岸通关现状专题调研,针对疆内不同类型的口岸,分别提出了"大通关"运作模式,向自治区提出了实行"大通关"运作模式和提高口岸通关效率的具体意见。重点推动博州党委和政府成立了阿拉山口口岸"大通关"协调领导小组,促进海关、国检、铁路等部门共享的信息平台建设。该口岸全年过货量达到532万吨,同比增长11.6%。乌鲁木齐海关经常向地方党政领导、外贸主管部门汇报、通报国家政策法规变化情况和海关工作情况,参与出口加工区、保税区的论证、申报工作。派员与沿海、内地海关协商解决通关过程中的实际困难,与天津海关建立了直通式转关货物监管作业模式。选派技术人员考察学习和参与H2000通关系统试点工作。

成立了通关事务应急小组，在业务现场实行24小时值班制度和预申报、预约查验制度，实现了关区各关之间转关运输货物“一次申报、一次查验、一次放行”的目标，极大地提高了转关运输货物的通关速度。对从铁路口岸进口的原油、废钢、球团矿等大宗商品，实行“先报检，先换装、后报关”的监管作业模式，减少单证流转环节，使口岸近30%的进口货物实现无阻碍通关。对石油焦、焦炭等主要出口货物实行分通道申报管理，开辟专用通关窗口，提高了口岸过货能力。对A类管理企业比照“三高一大”企业，给予“便捷通关”的优惠措施，并使新疆的A类管理企业都享受到了高新技术企业的通关优惠措施，有力地促进了新疆对外贸易的健康发展。2002年，关区进口报关单海关平均通关周期为3.4天，同比缩短了1.7天；出口货物报关单平均通关周期为1.4天，同比缩短了2.6天。

【认真贯彻十六大精神，加强党组班子自身建设】 健全并坚持党组中心组理论学习制度，全面落实党的十六大提出的党建要求。党组成员认真研读十六大报告，带头撰写学习心得和理论文章。建立了重大事项党组集体审批制度、党组成员分工联系机制。积极实践“从我做起，向我看齐，对我监督”，坚持深入业务一线调查研究，面对面地与现场关员座谈，了解实情，沟通民意，现场解决基层工作中存在的突出问题。

【以干部人事制度改革为突破口，提高干部队伍的整体素质】 针对干部队伍中新关员多、民族成份多、知识结构和文化水平差别大的实际，坚持以教育培训为依托，以逐步实施全面的竞争上岗为动力，以完善考察考核制度为保证，确立了“大教育培训”的工作思路，进一步提升教育培训在各项工作中的地位。选派了15名科级干部参加总署举办的培训班。建立了关区兼职教师队伍，采取以会代训、岗位实习、远程教育、开辟网上论坛等方式，全年共对224人次的干部进行了培训。首次在关区全面推行竞争上岗工作，通过资格审查、笔试、面试、考核、公示等12个环节，择优提拨领导干部。

【加强廉政建设和作风建设，确保干部队伍的廉洁】 教育和引导全体同志树立“艰苦贫困地区不可能自然成为拒腐防变的天然屏障和防线，已经发生过的案件不会使我们自然而然地对腐败产生免疫力”的思想，强化“于无声处听惊雷”和“如履薄冰”的忧患意识。进一步健全监督制约机制，配齐了5名专职纪检监察特派员和25名兼职纪检监察员，面向社会和企业聘请了27名廉政义务监督员和25名执法督察员，逐级签订了党风廉政建设领导责任状。继续坚持对人事任免、经费开支、基建和采购招标，以及后勤管理等工作的监督制约。在各业务现场，利用多种媒介，实行关务、警务公开，诚恳接受社会各界的监督。

【突出边关特色，增强思想政治工作的有效性】 坚持与时俱进，开拓创新，不断赋予“四特”精神以新的内涵，引导广大关员在艰苦的环境里争创一流的工作业绩，自觉提高对国家的贡献度。组建了关区理论宣讲团、文化艺术团和科技推广团，成立了机关党校、团校和市民文明学校，开展形式多样的宣传教育活动。成功地举办了关区第三届文化艺术节。选送3个节目参加了全国海关的文艺调演。全部获奖，并被海关总署确定进京参加向中央领导的汇报演出；组织开展了关区首届青年归类岗位能手、缉私岗位能手和监管技能竞赛。选派两位同志代表乌鲁木齐海关参加全国海关首届监管技能大赛，双双进入决赛并分别获得三等奖和优秀奖。霍尔果斯海关查验二科、塔城海关报关大厅被团中央命名为“全国青年文明号”。

2002年乌鲁木齐海关主要业务统计表

序号	项目		单位	2002年	2001年	增减(%)
1	进出口总值		亿美元	26.91	17,71	52.22
2	其中	出口	亿美元	13.08	6.68	95.8
3		进口	亿美元	13.83	11.02	25.7
4	进出口货运总量		万吨	606	569	14
5	其中	出口	万吨	80	67	28.4
6		进口	万吨	525	502	12
7	监管运输工具总数		辆架次	276,180	270,807	1.98
8	出入境人员		人次	474,000	451,429	4.99
9	侦查	立案	起	27	17	58.8
10		案值	万元	85000	2500	3300
11	调查	查获走私案件	起	19	54	-64.8
12		走私案件案值	万元	278	1115	-75.06
13		查获违规案件	起	84	64	31.25
14		违规案件案值	万元	10486	7402	41.7
15	税收	关税	亿元	2.708	3.12	-13.21
16		进口环节税	亿元	12.922	10.2	26.69
17		合计	亿元	15.63	13.32	17.3
17	审批减免税	减免关税	亿元	3.13	4.6507	-32.83
18		减免进口环节税	亿元	12.9	11.686	10.39
19		合计	亿元	16.03	16.3367	-1.88
20	实际减免税	减免关税	亿元	2.6	4.1109	-36.75
21		减免进口环节税	亿元	10.8	9.9372	8.68
22		合计	亿元	13.4	14.0481	-4.61

新疆公安边防总队

2002年,新疆边防检查工作按照全年工作部署,坚持以维护边境地区社会稳定为目标,以打击"三股势力"(民族分裂努力、宗教极端努力、暴力恐怖努力)和提高队伍素质为重点,结合敌情形势,突出查控地位,严格依法行政,认真履行了边防保卫与服务职能,严厉打击了各种非法出入境活动,维护了正常的出入境秩序,确保了全区口岸的安全、文明、畅通。

2002年,共检查入出境人员487911人次,同比增长3%。其中:外籍313819人次,中籍174092人次,同比分别减少3%和增长16%;入出境旅客361553人次,交通运输服务员工126358人次,同比分别增长6.6%和减少6%。检查入出境交通工具83652辆(列、架)次,其中飞机2294架次,汽车76683辆次,火车4675列次,同比分别减少32%、减少10%和增长8%。

共查获偷渡人员28起64人,查获其它违法违规人员935人次,查获子弹177发、反动宣传品8本,猎隼2只,黄色书刊31本。

总队与周边国家进行高层次会谈2次,各边检站与周边国家边检(移民)机关举行会谈16次,会晤211次,友好活动2次。

在边防检查工作中进一步强化查控工作。总队把查控工作摆在重中之重的位置,强化各级责任意识,加强对查控工作的组织领导,认真落实《边防检查查控工作规范》和《查控工作责任制》。结合对敌斗争形势,及时研究制定对策,认真部署查控工作。受"9·11"事件的影响,全区口岸出入境情况与2001年相比,出现了一些新的变化。为进一步统一各级人员查控意识,增强敌情观念和责任感,总队多次下发通知、通报,有针对性地提出具体要求。针对年初吉尔吉斯比什凯克吐尔巴扎市场发生火灾,部分在吉中国公民护照被烧毁的情况,主动与驻吉使馆、自治区公安厅、外办联系,取得境外申领旅行证人员的资料,及时部署口岸查控工作。通过对持旅行证人员的重点检查,乌鲁木齐等边检站先后查获多名开放分裂分子。5月份,红其拉甫口岸恢复开关后,将"9·11"前后出境的人员作为入境检查的重点,加大对其审查力度,有效防止了美国对阿富汗实施军事打击后新疆籍维吾尔族参战人员溃散入境的企图。加强重点时期查控工作的部署,国庆、十六大前夕,根据敌人预谋在境内搞暴力恐怖的信息,总队及时向各边检站提出要求,时刻保持高度戒备,坚决克服麻痹轻敌和厌战情绪,牢固树立"敌人就在眼前,斗争长期存在"的查控思想。同时,要求各边检站加强口岸形势分析,充分利用每月形势分析会和每日勤务小结会,认真分析口岸动态,仔细查找工作隐患。乌鲁木齐、红其拉甫、霍尔果斯等边检站利用总队开发的出入境人员统计系统,随时了解本口岸人员类别的变化情况,及时调整查缉对策,提高了查控工作的针对性,防止了"敌情说在嘴上,工作干在纸上"的形式主义做法。在严格落实各项查控工作制度的同时,深入研究查缉非在控民分分子的有效方法,不断完善查缉"三种分子"手段,确保口岸查控工作的顺利开展。一是按照《出入境边防检查查控工作规范》和总队相关制度规定,严格落实布控阅签单、双人布控、复查、卡片录入、复查等查控制度。进一步强化岗位职能,严密工作环节,做到布控及时准确、护照资料录入准确、卡片复查核对准确、报警问题处置准确。同时,坚持总队与各边检站"边控资料月核查"制度,将核查结果通报全区,切实增强了各边检站查控工作责任感。二是针对"三种分子"伪造证件技术手段日趋科技化,人员性质由在控向非在控转变的现状,继续坚持把"识别伪假证件作为打击民分分子的突破口"。2月,组织召开了全区识别伪假证件研讨会,并指导各边检站开展培训活动,促进了全区检查员识别伪假证件能力的进一步提高。三是在深入分析研究全区敌情动态和历年查获案件的基础上,研究制定了《加强查缉在控人员的主要方法》、《查缉非在控民分分子的主要方法》和《车体、行李物品和货物的查验方法》,将实际、管用的查缉手段系统化,有效增强了各边检站的查缉水平,对"三种分子"查缉工作取得了突破性进展。通过以上三种"方法"的实际运用,吐尔尕特边检站于9月27日当天查获了4名企图入境、进行勾联破坏活动的非在控民分分子;红其拉甫边检站于10月8日在1名入境维吾尔族旅客行李中,查获了境内外民分组织联络暗语纸条。四是积极与自治区公安厅联系,取得全区因私护照底册和全国身份证资料查询权,实现了对因私入出境人员护照原始资料及其身份证底卡的即时查询,方便了对民分嫌疑人员的排查和核查工作,提高了查控质量和效率。五是为防止民分分子乔装打扮、改容易貌从口岸蒙混入境，研究开发了容貌微机处理软件，丰富了形象记忆内容，提高了检查人员对在控人员的发现和甄别能力。六是为了随时了解各边检站查控工作开展情况，确保查控严密、有序，总队加强了对各边检站查控工作的检查、督导。在十六大前夕专门派出工作组赴乌鲁木齐、阿拉山口、伊尔克什坦等重点方向边检站调查研究，及时扭转工作偏差，加大工作力度。由于各边检站思想重视，措施得力，2002 年各边检站共查获非在控民分分子 10 人。年内，进一步加强了孔道监管力度，重点加强长距离孔道前沿的控制，注意对入境车辆车体和行李物品的检查。7 月 27 日，吐尔尕特边检站通过行李物品检查，在孔道前沿旅客行李中发现一批反动书籍。同时，严密对联检厅等限定区域的管理，维护了正常的检查秩序，防止了不法分子的混入混出。为遏止内地公民从新疆口岸偷渡活动重新抬头的势头，各边检站在查处非法入出境人员过程中不是一罚了之，而是利用边防对三类六种案件的侦办权，加大审查办案力度，力争发现蛇头线索，打掉偷渡团伙。10 月份，乌鲁木齐边检站连续查获 5 起、23 名内地人员偷渡案。

加强规范化建设，推动业务工作全面开展。为深化边检规范化建设，年内，总队主要从三方面入手，狠抓全区规范化建设：一是要求全区边检机关按照部局新编制，合理调配人员。依据部六局三个《规范》，进一步规范执勤流程，严密工作环节，强化岗位职责。积极与部局新编制实现成功对接，确保新编制落实后，全区边检工作的顺利开展。二是加强监督制约。指导全区边检机关严格执行部局和总队廉政建设有关规定，落实“发现问题处理移交表”检查员回签制度和勤务工作三级领导带班制度。加强上下监督和制约，严防职务犯罪案件的发生。一年来，全区未发生一起职务性违法违纪案件，树立了边检机关的良好形象。三是筹备召开了全疆边检落实规范座谈会。为了进一步深化边检站勤务规范化建设，抓好以点带面和示范幅射作用，总队于 7 月在霍尔果斯边检站成功召开了“全疆边检落实‘规范’座谈会”。认真总结了近几年落实“规范”工作的成果，分析了全区边检工作的现状和面临的形势。通过各边检站相互交流经验和做法，明确了查缉工作的思路和科技创新的途径，交流推广了《查缉在控人员的主要方法》、《车体、行李物品及货物查验方法》、《查缉非在控民分分子的主要方法》和《边防检查业务综合管理系统》，提高了全区边检机关的科技运用水平。此次会议的召开，掀起了全区边检业务建设的高潮，为边检工作的深入开展起到了积极的指导作用。为进一步贯彻落实“座谈会”精神，各边检站在下半年均进行了重点部署，制定了工作方案，明确了任务和目标，加大落实力度，积极促进会议成果的转化，使口岸查缉水平和人员素质有了明显提高，有力地推动了全疆规范化建设迈向新台阶。

狠抓科技强警。向科技要警力，以科技求创新，是边检工作发展的必由之路。2002 年，总队将提高边检科技含量作为一项重要工作来抓。一是研制开发了《边防检查业务综合管理系统》，实现了对出入境人员数据的即时定量分析和查询，对证件、印章及签署人式样进行比对，对边检执勤表本、业务档案、出入境卡片实现微机化管理以及全区口岸出入境违法违规资料的共享和实时查询等等。拓宽了部局现有《边防检查信息管理系统》采集数据的使用价值，建立了统一、高效、便捷的中心数据库，基本实现全区有关边检数据、资料的统一收集，信息共享，提高了边防检查工作的微机化管理水平。二是加大设备投入，筹资 20 余万元，为全区边检站统一购置了电子显微镜和前台物证鉴别仪。改变了传统手工检查的单一模式，实现了查缉手段的软硬结合，发挥了仪器在查缉工作中的积极作用，提高了查缉质量和发现问题的准确性。

扎实开展边检执法、执勤工作。2002 年，是总队第二个“执法三年规划”的第一年。总队为了进一步规范边检站行政执法行为，提高依法行政能力，采取了各项有效措施，一是指导各边检站加强政策、法规学习、培训。各边检站按照总队部署，加强了《边防检查条例》、《两法》及其实施细则、《中华人民共和国行政处罚法》等为主要内容的法律法规学习、培训，提高了政策法规的掌握和运用水平。二是认真落实部局《出入境边防检查机关执法质量考核评议实施办法(试行)》。部局实施《办法》下发后，总队结合实际，制定了《新疆公安边防总队执法质量考核评议办法(试行)》，明确了执法质量考核的内容、标准及考核方法。将执法质量考核评议工作纳入边检站"双争"活动，不断提高各站执法水平。三是深入开展"执勤执法专项整顿"工作。根据部局《关于在全部队开展执勤执法专项整顿的通知》的要求，总队在深入分析全区边检执勤执法工作形势的基础上，下发了《关于在全区部队开展执勤执法专项整顿的通知》，认真部署专项整顿活动。通过跟踪检查指导，重点解决了基层执勤执法中普遍存在的重实体、轻程序的问题，提高了官兵依法行政意识和执法质量。四是针对性地开展执法指导。5月份，总队针对各边检站部分勤务问题处置不统一的问题，及时下发了《边检勤务有关问题处理办法的通知》，规范了勤务，统一了做法。

狠抓边检队伍业务素质。边防检查工作要上台阶，队伍素质是关键。年内，总队积极采取有效措施，加强业务培训和考核，全面提高了全区边检队伍的业务素质。一是抓骨干培训。为提高一线检查员识别伪假证件能力，总队于2月份召开了"全疆边检站识别伪假证件研讨会"，召集各边检站业务领导和骨干检查员进行专题培训。通过多媒体教学、专家讲授、组织观摩和交流研讨等多种方式，使与会人员了解了自治区公安厅和外办制作、颁发因私及因公护照的程序，丰富了对真、伪证件的鉴别方法，掌握了文检仪等高科技设备的使用方法，完善了查缉民分分子的手段。既增强了感性认识，又提高了实际操作水平，取得了良好的效果。3月中旬，各边检站相继举办了为期一周的识别伪假证件培训班，授训人员达500余人。扩大了培训面，提高了执勤一线检查员的识别伪假证件水平。全年共查获伪假护照30本。二是抓系统培训。指导各边检站按照《边防检查站业务培训工作三年规划》开展业务培训，各边检站按照总队要求，均制定了2002年度业务培训计划。建立了周学习、月考核、季考评制度和检查员业务考评档案，加强对检查员的考评力度。在充分总结2001年乌鲁木齐和霍尔果斯边检站等级检查员考核试点经验的基础上，对新疆公安边防总队《出入境边防检查工作人员上岗等级资格考核评审办法》进行了修订和完善，继续推行检查员等级评审机制。部局《关于印发〈现役制边防检查站检查员等级评定暂行规定〉的通知》下发后，总队按照《规定》要求，积极采取业务培训、聘请教员授课等一系列行之有效的方式，大力开展业务学习练兵活动。12月中旬，对全区边检工作人员进行了一次系统、全面的模底考核，进一步积累经验，为落实部局检查员等级评审机制奠定了基础。三是抓队伍激励机制。调动检查员的工作积极性，充分体现"干在平时、争在平时、比在平时"的原则。总队将检查员业务考核、现场执勤和平时工作情况与干部量化管理有机结合，把平时的积分、考核与年底的评先、评优挂钩。对全年查获在控人员、非在控民分分子和反偷渡成绩突出的人员进行精神和物质奖励。通过这些活动，有效提高了检查员工作、学习的积极性，保证了工作的质量和效率。

圆满完成高层会谈及其它专项工作任务。年内，与应邀来访的吉尔吉斯斯坦民族安全部边防检查总局和蒙古国边防军管理局代表团分别于6月15至19日、9月3日至8日在乌鲁木齐进行了工作会谈。双方就入出境检查和管理中共同关心的问题进行了磋商。中方着重围绕打击"三股势力"(民族分裂势力、宗教极端势力、暴力恐怖势力)这一主题，向对方阐明了观点。就合作打击"三股势力"、武器弹药偷运、贩毒等违法犯罪活动方面达成了共识，并与吉方代表团签署了会谈纪要。两次会谈取得了圆满成功。双方增进了友谊，加深了了解，明确了合作方向，为维护口岸正常的出入境秩序、共同打击犯罪、促进双方边防检查工作的不断合作与发展奠定了良好的基础。

全年，部署完成了解除战备后红其拉甫、吐尔尕特口岸开关的准备工作；顺利完成了吉木乃、伊尔克什坦口岸向第三国开放，喀什机场、都拉塔口岸临时开通以及公安部“510”、“1013”援助吉尔吉斯斯坦专项任务和总参援助阿富汗、吉尔吉斯斯坦；中吉联合军事演习和土耳其副总理专机出境的边防检查工作；积极参加了自治区中吉混委会会谈，落实了全国口岸大通关会议精神，确保了全区“两会”、朝觐工作、“新疆风情万里行”、“乌鲁木齐经济贸易洽谈会”、国庆及十六大期间口岸的安全、畅通。

按时上报了“全区各边检站基本情况资料”档案、总队与哈萨克斯坦、吉尔吉斯斯坦、巴基斯坦等国边检机构工作交往情况资料；提出了对三个《规范》的修改意见；完成了全区边防检查信息管理系统和统计系统的安装、升级和调试工作。

边防检查综合统计月报表（2002 年 01 月—12 月）

表 1

	总计	入境合计	出境合计	入出境人员																		
				入出境旅客（人次）											入出境员工（人次）							
				合计	入境方式					出境方式					合计	入境方式				出境方式		
					小计	飞机	火车	汽车	徒步	小计	飞机	火车	汽车	徒步		小计	飞机	火车	汽车	小计	飞机	火车	汽车
甲	1	2	3	4	5	6	7	8	9	10	11	12	13	14	15	16	17	18	19	20	21	22	23
总计 A	487911	238866	249045	361553	175341	60364	17864	92283	4830	186212	64332	16480	100492	4908	126358	63525	11943	10854	40728	62833	11362	10816	40655
中国籍 合计 B	174092	80592	93500	136397	61709	26149	4475	28873	2212	74688	34228	5868	32344	2248	37695	18883	6703	4852	7328	18812	6591	4850	7371
中国籍 内地公民 小计 C	169389	78147	91242	131694	59264	23730	4474	28849	2211	72430	31997	5863	32322	2248	37695	18883	6703	4852	7328	18812	6591	4850	7371
中国籍 内地公民 因公 D	71367	34551	36816	33975	15824	8855	400	5556	1013	18151	10624	399	6109	1019	37392	18727	6677	4852	7198	18665	6589	4850	7226
中国籍 内地公民 因私 E	98022	43596	54426	97719	43440	14875	4074	23293	1198	54279	21373	5464	26213	1229	303	156	26	0	130	147	2	0	145
中国籍 香港 F	2310	1425	885	2310	1425	1410	1	14	0	885	865	4	16	0	0	0	0	0	0	0	0	0	0
中国籍 澳门 G	21	9	12	21	9	7	0	1	1	12	12	0	0	0	0	0	0	0	0	0	0	0	0
中国籍 台湾 H	2372	1011	1361	2372	1011	1002	0	9	0	1361	1354	1	6	0	0	0	0	0	0	0	0	0	0
外国籍 I	313819	158274	155545	225156	113632	34215	13389	63410	2618	111524	30104	10612	68148	2660	88663	44642	5240	6002	33400	44021	4771	5966	33284
华侨 J	221	71	150	221	71	25	13	22	11	150	102	32	15	1	——	——	——	——	——	——	——	——	——

表 2

			入出境交通运输工具									
			合计	飞机架次			火车(列次)			机动车辆(辆次)		
				小计	入境	出境	小计	入境	出境	小计	入境	出境
甲			24	25	26	27	28	29	30	31	32	33
总计 A			83652	2294	1174	1120	4675	2337	2338	76683	38372	38311
中国籍	合计 B		16460	1118	549	569	1943	967	976	13399	6681	6718
	内地公民	小计 C	16456	1114	548	566	1943	967	976	13399	6681	6718
		因公 D	————	————	————	————	————	————	————	————	————	————
		因私 E	————	————	————	————	————	————	————	————	————	————
	香港 F		4	4	1	3	0	0	0	0	0	0
	澳门 G		0	0	0	0	0	0	0	0	0	0
	台湾 H		0	0	0	0	0	0	0	0	0	0
外国籍 I			67192	1176	625	551	2732	1370	1362	63284	31691	31593
华侨 J			————	————	————	————	————	————	————	————	————	————

新疆出入境检验检疫局

2002年，新疆出入境检验检疫局在国家质检总局和自治区党委、政府的领导下，以“三个代表”的重要思想为指导，围绕国家质检总局的各项工作部署和要求，立足新疆口岸检验检疫工作实际，把支持和保障具有新疆特色、有出口前景的产业和产品上规模、上档次，扩大外贸出口作为工作的出发点和落脚点，加强基层建设，推进检验检疫业务改革，为出口生产企业服务，为提高产品质量服务，为促进外贸扩大出口服务。以严把国门、确保安全、带好队伍为重点，提高管理水平，加快出入境货物的通关效率。在维护国家经济安全和人民身体健康、促进新疆外经贸和地方经济发展等方面都做出了可喜的成绩。

【业务概况】 全年共检验检疫出入境货物91157批、货值24.69亿美元。其中检验检疫出境货物26558批、货值8.81亿美元，检出不合格出境货物1631批、涉及货值3280万美元；检验检疫入境货物64599批、货值15.89亿美元，检出不合格入境货物1781批、涉及货值8615万美元。

检疫出入境动物及其产品782批、货值2399万美元。其中检疫出境动物及其产品94批、货值657万美元，未发现疫情；检疫入境动物及其产品688批、货值1742万美元，发现疫情1批。

检疫出入境植物及其产品19468批、货值36708万美元。其中检疫出境植物及其产品16696批、货值35068万美元；检疫入境植物及其产品2772批、货值1640万美元。

监测体检出入境人员35326人次，艾滋病监测34270人次。发现各类传染病2940人次，其中艾滋病病毒感染者22例，性病151例，肺结核5例，澳抗阳性470例，肝炎305例，其他疾病1987例。预防接种8854人次，其中接种霍乱疫苗21404人次、黄热病疫苗41人次、其他疫苗7409人次。

检疫查验出入境交通工具159025辆(架)次，其中飞机2376架次、火车103303节、汽车53346辆。检疫集装箱6586标箱次，其中出境3432标箱次、入境3154标箱次。

检验检疫出入境食品及化妆品2237批、货值17724万美元。其中出境食品及化妆品2122批、货值17587万美元，检出不合格23批、货值24万美元；入境食品及化妆品115批、货值138万美元。

监督检疫出境货物木质包装298批、96823件(木托盘214件、木箱49656件、其他46953件)，涉及货值3933万美元。监督检疫入境货物木质包装523批、6510件，涉及货值8277万美元。

【从源头抓好出口产品质量监管】 新疆检验检疫部门切实转变职能，将把关服务的工作重点转移到抓源头、把好企业产品质量和出口“两关”上来。通过深入企业生产过程，开展出口商品质量分析。针对企业在生产和管理上存在的问题，帮助企业进行产品技术改造，建立行之有效的质量管理体系。加强企业产品质量监督管理，为企业提供技术和信息服务，从源头上帮助企业提高产品质量，千方百计扩大外贸出口。其中检验检疫出口番茄酱3629批、38.89万吨，同比增长62.25%，创历史新高；检验检疫出口棉花15350批、31.97万吨，同比增长55.86%；检验检疫出口香梨51批、982吨，同比增长18.53%；检验检疫出口哈密瓜18批、405吨，同比增长69.38%。

【对出口生产企业实施分类管理】 根据建立与国际通行规则相适应的检验检疫体制以适应加入世界贸易组织对检验检疫工作的要求，建立了出口企业分类管理制度。针对各类企业产品质量状况和管理水平，实现科学管理。对一些产品质量稳定，管理上等级的企业，运用分类管理手段，改变批批检验模式，实施过程监控和动态管理。由此调动企业的积极性，促进企业提高管理水平及稳定产品质量，降低成本，扩大出口。年内先后对出口机电、化工、轻工、纺织产品、食品和出口商品包装生产企业进行分析，对涉及安全、卫生的出口产品和生产企业实行了分类管理。

【严把口岸进口关】 加大对禁止入境物检疫查验力度，严把口岸食品卫生关、口岸媒介关、特殊物品关。积极开展高风险进口商品装运前检验监管制度和进口动植物境外预检制度。重点做好对废旧金属、旧机电产品、外商投资旧机器设备等的装运前检验监管，以及活动物、木材的境外预检。在哈萨克斯坦对废旧金属进行了装运前检测和监视监装，共检测 283.467 万吨废旧金属，实际进口 151.76 万吨，堵住了放射性污染、易燃易爆物、生活垃圾进境；在加拿大共检疫 403 头种牛，由于疫病等淘汰了 108 头牛，经过进一步隔离检疫，最后挑选了 200 头种牛进口。

【适应入世新形势，改进工作作风】 围绕国家质检总局提出的“转变作风年”和“调查研究年”的工作部署，各级领导多次深入基层部门和出口企业，调查研究行政执法和业务管理工作中存在的问题及企业的需求，及时帮助解决。通过办学习班、开研讨会等形式，加强了对进出口企业人员的培训，帮助企业提高突破国外技术壁垒、适应世贸组织规则的能力。举办检验检疫业务知识培训班，培训局机关和分支局人员 43 名；举办 HACCP 培训班，培训了 40 多家企业的 100 多人；举办 ISO9000 内审员培训班 9 期，培训人员 360 人。

【采取措施确保口岸通关的快捷和畅通】 进一步优化口岸大通关流程，改善通关环境，提高工作效率。一是推行政务公开和检务公开制度，公开办事程序、工作流程、收费项目标准，增加工作透明度。实行急事急办、特事特办、预约(电话、传真)报检，提前报检，铁路口岸 24 小时值班服务。主动接受社会各界监督，完善监督制约机制，规范执法行为，确保外经贸的各项措施落到实处，塑造检验检疫良好形象。二是加快 CIQ2000 报检系统和“三电工程”推广应用，缩短检验检疫签证时限，方便外贸货物进出。在新疆各口岸全面开通“电子转单”业务。三是为适应加入世界贸易组织对检验检疫工作的要求，提高口岸检验检疫工作效率，加快口岸通关速度，扶持外贸扩大出口，制定了《新疆检验检疫局支持外贸加快大通关进程的十项措施》。同时，还制定了一套内部督办规章，以确保各项措施落实到位。

【建立风险预警制度】 新疆检验检疫局为加强对疫病疫情和有害物的防范和监控，设立了传染病疫情、动物疫情、植物疫情和废旧金属放射性有害物监控组织，建立了重大疫病疫情应急防范措施，实施风险预警和快速反应机制。在新疆口岸区域建立传染病疫情监测网络，完善了传染病监测体检、预防接种及签证工作规范，制定了相应的预案，更好地应对突发事件。通过网上等多渠道查询、收集、传递信息，密切关注周边国家、地区传染病流行趋势和动植物疫情动态，对国外发生的疫情及时果断防范布控。在口岸区域内建立进境木材检验检疫区，按规定进行熏蒸除害处理，对原木加工的废料、树皮的销毁进行监督。在全疆范围开展了实蝇监测。对进口废旧金属和废旧物资加大查验力度，更新检测仪器设备，改善检测方法，提高检出率。对检测出放射性超标的废旧金属坚决退运出境。对连续发生放射性超标的进境废旧金属，采取紧急控制措施，实施国外发货站登记，停止受理该国外车站废旧金属进境和报检，把住了国门。由于采取了上述这些应急防范措施，有效地防止了疫病疫情及有害物的传入传出。

【监管认证】 2002 年，新疆检验检疫局共考核申请办理出口包装质量许可证企业 14 家，办理食品卫生注册、登记 37 家。对从源头抓质量、帮助企业提高管理水平，生产合格产品、创名优产品，把不合格产品堵在厂门内发挥了积极的作用。对 6 家肠衣企业进行欧盟注册的监督审核，使 6 家肠衣企业获得欧盟的注册。积极推行质量体系认证，完成 ISO9000 质量管理体系认证审核 63 家，监督审核 43 家，ISO14000 环境安全体系认证审核 7 家，HACCP 食品卫生安全体系 6 家，三合一审核（ISO9000/ISO14000/OHSMS18000）1 家。全疆已有 176 家出口企业通过了 ISO9000 质量体系认证，提高了企业的管理水平，树立新疆企业良好形象，为扩大出口奠定了基础。

【整顿和规范市场经济秩序】 根据国家质检总局关于整顿和规范市场经济秩序的统一部署，与自治区工商、质监等部门组织执法人员检查了商场、酒店、批发市场、冷库等进口商品经营场所和单位，共查出违规经营场所 30 多家，查出 1000 多件有问题的各类进口商品，依法作了相应处理。在对进口食品、化妆品等商品的专项检查中，共查扣就地封存了进口保健品、食品、糖果、轮胎 3195 件，货值近 20 万元人民币。查处了 26 个品牌、98 种不合要求的进口化妆品。查扣了英国产动物源性化妆品 3 种；受理标签审核 9 批，主要有染发剂、护发素、沐浴液、牙膏等，原产国分别为巴基斯坦、土耳其。在冷库专项检查出来自国外疫区的动物产品 16 件、160 公斤，对其依法进行了销毁处理。

【鉴定业务】 2002 年，新疆检验检疫局完成进口原油重量鉴定 622 批、73.87 万吨，重量短少 1495.89 吨；进口石油产品重量鉴定 45 批、25978.58 吨，重量短少 103.91 吨；进口木材材积鉴定 160940 立方米；鉴定出口商品包装 1142 批、6683651 件。其中一般包装性能鉴定 970 批、5647281 件；危险货物包装性能鉴定 38 批、865768 件，危险货物包装使用鉴定 134 批、170602 件。外商投资财产鉴定 2 批，原报价金额 40 万美元，鉴定金额 24 万美元，总值下降 39.26％，挽回经济损失 16 万美元。

【普惠制签证】 在普惠制的利用上，帮助和引导更多的企业利用国际贸易中的优惠政策，用好用足普惠制，降低出口成本，增强外贸出口产品竞争力。2002 年，共签发普惠制产地证 1905 份，签证商品金额 14396.15 万美元；签发一般产地证 773 份，签证商品金额 5213.48 万美元。

【实验室建设】 实验室是检验检疫部门执法把关的基础，新疆检验检疫局对全局系统的实验室装备、技术状况进行评估和调研。依据新疆地区产业结构和外向型经济发展的实际和趋势，适应入世需要，制定新疆检验检疫实验室建设和发展规划。合理调配实验室设备和技术人员，优化资源配置，确定了重点领域和重点方向的 20 个实验室。年内，20 个实验室已全部完成国家质检总局实验室认可/注册考核工作。按照生物安全水平 P2 实验室标准，正在组建以检疫炭疽、霍乱、鼠疫等烈性传染病为主要项目的强毒实验室。同时根据新疆检验检疫实际，加快转基因、农残、放射性、炭疽杆菌、结核杆菌等项目研究和开发，提高检测能力和技术水平，促进执法水平和工作效率的提高。2002 年，完成科研成果 5 项，其中 SN 标准 2 项（苹果蠹蛾鉴定方法，马铃薯甲虫鉴定方法）；科研课题 3 项（《不同废物放射性屏蔽作用研究报告》、《口岸本底调查 12 报告》，《集装箱屏蔽作用报告》）。

2002 年新疆出入境检验检疫工作统计表

金额:万美元

项　　目		合　计	出　境	入　境
货物检验检疫	总批数	91157	26558	64 599
	总货值	246949	88070	158880
	不合格批数	3412	1631	1781
	不合格货值	11895	3280	8615
商品检验	批数	85067	26511	58556
	货值	231318	87987	143331
	不合格批数	3377	1621	1756
	不合格货值	11854	3268	8586
动物及动物产品检验	批数	782	94	688
	货值	2399	657	1742
	检出疫情批数	1		1
	检出疫情货值	6		6
植物及植物产品检疫	批数	19468	16696	2772
	货值	36708	35068	1640
	检出疫情批数	8	7	1
	检出疫情货值	19	9	10
食品及化妆品	批数	2237	2122	115
	货值	17724	17587	138
	不合格批数	23	23	
	不合格货值	24	24	
交通工具检疫	飞机(架)	2376	1201	1175
	火车(节)	103303	18471	84832
	汽车(辆)	53346	24942	28404
集装箱监督检疫	标箱数	6586	3432	3154
监测体验及预防接种	疾病监测人数	353263	3798	1528
	艾滋病监测人数	34270	30500	3770
	发现病例数	2940	2863	77
	预防接种人次	28854	28818	36
签发一般原产地证书	份数	773	773	
	货值	5213	5213	
签发普惠制产地证书	份数	1905	1905	
	货值	14396	14396	

项　　目		合　计	出　境	入　境
签发通关单	份数	85833	11279	74554
	货值	174650	30189	144461

新疆口岸专稿

青春奉献雪域　谱写“四特”壮歌

——全国质量监督检验检疫工作先进单位吐尔尕特检验检疫局

在祖国最西部的雪域高原上，活跃着一支头戴蓝盾的国门劲旅。他们远离繁华喧嚣的都市，常年在荒漠戈壁中坚守，在雪雨风沙里穿行，用青春、用忠诚铸造了西部国门的辉煌，以热血、以生命谱写出辉映时代的壮歌。

2000年5月，当国家质检总局局长李长江一行在来到吐尔尕特检验检疫局视察工作。当一路体验当地的恶劣自然环境后，特别是看到伊尔克什坦口岸检验检疫人员至今仍长年在铁皮箱里工作、生活的情景，李局长一行受到了深深地震撼，对吐尔尕特检验检疫局多年来所形成的“特别能吃苦，特别能战斗，特别能忍耐，特别能奉献”精神，给予了高度的总结和肯定。李局长说：“四特”精神十分难能可贵，值得在全系统推广。由此，“四特”精神开始从这里走向全疆检疫检验系统，并很快在全国检疫检验系统中传为佳话。

艰苦视如清风　职业重于生命

20年前，作为新疆第一批对外开放的吐尔尕特口岸，检验检疫队伍从住帐篷开始起家，在常年积雪、海拔达3800多米的高原上为国把关。就从那时起，这支队伍开始了漫漫征程的艰苦跋涉。

原吐尔尕特口岸，自然条件和气候环境是新疆16个国家一类口岸中最恶劣的。全年无霜期只有13天，年平均气温12℃(冬季最低气温达零下40℃左右)，没有人在那儿种活过任何农作物。那里的风既大又多，无论春夏秋冬，大风一刮就是10级，刮得到处昏天黑地。随之气温会骤然降到0℃以下，空气中的含氧量(只有陆地平原的50%)也会大幅减少。检验检疫人员除了进行必须的工作外，所能选择的就是或坐或躺，静静地大口喘气吸氧。环境虽然艰苦，但让他们欣慰的是，口岸过货量每年都在10—13万吨之间，批次在4000批左右，几乎每天都有活干。这样的工作量，又是这样恶劣的环境，加之难以保障的饮食和蔬菜的供给，使当时在口岸工作原“三检”的15个人中，几乎都程度不同的患有雪盲、肝炎、高山哮喘、风湿性关节炎、胃病和心室肥大等疾病，而他们那时的平均年龄都还不到30岁。

1992年春节前，检验员周力兵不慎得了感冒，因为还有几天就要闭关下山，他想坚持坚持也就过去了。可到了后半夜，持续的高烧烧醒了睡梦中的他。他查了体温计一看，38.7℃。他知道，在这3700米的高原上得感冒，一旦治疗不及时，就会变成肺水肿，那可是三两个小时就致人死命的病呀。他想了很多很多，便大着胆子吃了4、5种药，并睁着眼坚持到了天亮。从那以后，周力兵学会了自己给自己治病，自己给自己打针。

今年56岁的种纵仓，是较早在老吐尔尕特口岸从事检验工作的创业人员之一。1987年4月，在一次对进口钢材实施扦样过程中，他从下午16点一直干到天黑，先后用断了40多根钢锯条。当他背着样品返回宿舍时，大家都被他那黑紫黑紫的脸膛吓坏了，围上来问长问短。可老种却说没事，坐一会多吸几口氧气就缓过来了。1990年元月，老种在山上验完最后几批货回到山下时，终于再也忍受不住胃病的折磨，倒在了向局领导汇报工作的现场。这时，大家才知道老种的胃病严重到了这种程度。送到医院一检查，血色素仅有7.5克，医院马上做出了大剂量输血、特级护理的决定。40天后，种纵仓又出现在3800米高的口岸上。

1997年7月，吐尔尕特检疫检验局负责的第二个口岸—伊尔克什坦口岸宣布开关。杨建中、李雄、刘锋、依明江等一大批创业元老们便来到这个长年冰冻三尺的雪山脚下，一边工作，一边摸索口岸贸易的管理路子。当时口岸的供电问题还没有得到解决，用铁皮、石棉、塑料和木板组成的房间，是不能生火取暖的。他们每天就只好往返20多公里，到山下一个小村庄里租了几间简陋的闲置民房用以吃住。那两年的冬天，每当他们忙完了一天的工作，直到晚上11、12点才回到冰窑似的小民房里时。既要生火做饭，又要整理好一天的单证，其劳累程度可想而知。对此，李雄很有感概地说："那时我们真的感到很累、很乏。当时货场有几个小伙子实在支持不住，就辞职下山去了。可我们的位置就在这儿，价值也只有在这儿才能得到最大体现。"

面对艰苦的环境，繁重的工作，近二十年来，吐尔尕特检验检疫没有出现一起因惧怕艰苦而退缩辞职的人和事。相反，随着爱岗敬业，爱检如家，岗位争先等活动的蓬勃开展，大家的思想觉悟不断提高，对检验检疫事业的感情更为深厚。在年复一年的艰苦创业中，实践着共产党人的奋斗誓言。

奉献视为己任　工作勤勉敬业

为贯彻落实中央提出的实施西部大开发战略，吐尔尕特检验检疫局着眼长远，从抓制度、强基础，抓管理、促服务，抓质量、塑形象等活动入手，不断探索检验检疫口岸工作的新模式、新领域。把行政执法与优质服务结合起来，把检验检疫业务与扩大外贸出口融合起来，努力营造良好的口岸通关环境，为地方经济建设和外贸发展服务。

多年来，吐尔尕特检验检疫局党组善于思进、奋进。为了促使地方外贸经济再上一个新台阶，他们提出：要干大事业，谋大发展，就必须破除满足现状的消极思想，树立起远大的理想和报负，励精图治，勇于超越的目标。他们认为，没有"千里"目标，就不会有"足下"起步的动力。局党组以"三讲"、"三思"、"三个代表"教育为契机，注重结合实际，开展分层施教，做到教管并举。以干部群众喜闻乐见的各种活动为载体，把各项教育内容渗透到每一个层次和角落。使大家通过学习，思出了方向，思出了信念，思出了精神，思出了干劲，思出了凝聚力，从而培养了队伍迎难而上、忘我拼搏的坚强斗志，推动了各项工作的蓬勃开展。

今年8月份，正值吐尔尕特口岸出入境货物高峰期，不巧的是，吐尔尕特口岸又暴发了历史上罕见的特大山洪，洪水造成口岸供水、供电中断长达一个多月。为了保证口岸检验检疫工作的连续性，局领导派人找来了发电机自己发电，保证了各项工作的正常运转，从未出现任何间断。晚上，大家又点起蜡烛，挑灯夜战，完成好当天的全部工作。没有水，大家齐心协力到3、4公里外的河滩上提水。除保证了职工食堂用水外，还救活了院内大量的树木。就这样，没有一个人叫苦，没有一个人喊累，确保了检验检疫工作的正常开展，得到了外贸企业的高度称赞。

进口废金属放射性检测是一项责任重大、需要耐心细致才能做好的工作。不仅要付出艰辛，而且要付出健康和生命的代价，而辐射对人体的生理都有着很大的影响。今年1——9月，吐尔尕特局检验检疫出入境货物7,926批，货值6921.88万美元，重量16.16万吨，已超过去年全年出入境货物50%。其中进口废金属占吐尔尕特口岸进口总量的99%以上。目前为止，吐尔尕特局检出退运放射性超标进口废金属60批、606.36吨、143.64万元。有力地维护了国家尊严与利益，保障了我国人民生命健康安全。在检验检疫过程中，许多老同志主动承担了大量的一线检验检疫工作。他们说："我们已经有了孩子、有了后代，老同志多干点没有什么，年轻人尽量不要接触放射性金属"。彭红军同志是一位有着近二十年检龄的普通检验检疫员，今年9月的一天，在货场对进口废金属放射性检测过程中，由于全神贯注检测，不料脚底一滑，扭了脚脖子。当时左脚就肿起老高，疼痛难忍。领导和同志们劝他赶快下口岸治疗，可他却说："我虽然不能到货场验货，可给你们打打证还可以吧"。就这样，彭红军同志每天穿着拖鞋一瘸一拐上下班，忙着拟稿制证，坚持了一个星期。等到下口岸看病时，才知道是左脚踝关节错位，需要卧床静养，但彭红军至今仍在口岸坚持工作着。

今年以来，吐尔尕特局将转变干部职工思想作风和工作作风紧密同实际结合到一起。在人员少、，工作量大、劳动强度高的情况下，局领导根据实际情况，将检验检疫一科和二科实行内部合并，分工不分家，人员互相调配使用，从而大大提高了工作效率。通过公开政务，设立各项服务咨询设施，开展争创"文明窗口"活动，提倡微笑服务，周到服务等措施，为企业和客户提供更加优质、高效的服务，进一步缩短了与服务对象的距离。把加快通关速度作为提高服务质量、改变工作作风的最终目标，在工作中不断地查找问题，研究对策，及时改进，并以此作为提高工作质量和工作效率的有力手段。已步入中年的赵惠琴，作为一个女同志，由于工作需要不能经常回家。为了不影响口岸工作，将11岁的儿子送到了乌鲁木齐寄宿学校。在口岸工作中，她从未因私人原因请过一天假，相反她经常为工作加班加点至深夜，却从未向任何人提起过。阿地力是一位年近50岁的少数民族同志，父母、爱人和孩子都在500多公里外的和田地区。近五年来，他始终工作在口岸，有时3—4个月才能回上一趟家。今年8月，阿地力同志刚踏上回家的路仅半天多时间，因单位有急事，他接到电话后，立即掉转方向连夜返回了口岸。

相敬如同一家　热心帮贫扶困

新疆是一个多民族聚居地，吐尔尕特局也是由维吾尔、柯尔克孜等三个民族组成集体团队。针对这一特点，该局利用多种形式经常对干部职工进行民族团结和民族政策教育，牢固树立"三个离不开"的思想。在解决干部职工的政治观点和政治立场上，始终不渝的把凝聚集体的团队精神作为一项重要工作常抓不懈。多年来，该局各民族同志共同工作，共同生活，不分你我，亲如一家。无论遇到大小事都能做到相互尊重，相互理解，共同研究，从未有过红脸争吵。由于大家都能自觉地维护团结稳定的大局，做到心连心、同呼吸、共命运，为检验检疫各项工作的顺利开展奠定了良好的基础。何邵新同志连续在口岸工作了一个多月，在周末准备下口岸与家人团聚时，听到依明江同志的孩子病了的消息他立即放弃休息，主动找到依明江同志说："你赶快回家看孩子，我替你值班。"依明江同志激动地紧紧握住何邵新的手说不出一句话。类似这样的事在吐尔尕特局数不胜数。

在坚持不懈地抓好民族团结和廉政建设教育的同时，全局还结合贯彻落实《公民道德建设实施纲要》，提高干部职工的职业道德修养，促使"三大创建"、综合治理、安全保卫、绿化美化等精神文明建设工作相辅相成，齐头并进。2002年，该局积极响应地方政府号召，开展了多种形式的扶贫捐款、慰问子弟兵活动，展现了检验检疫队伍崭新的精神风貌和高度的思想觉悟。全局捐助1.2万元(其中职工捐款6000元)的托云乡牲畜品种改良扶贫项目，改良当地的绵羊品种，增加牧业产值，使贫困牧民得到了实惠，增加了收入。该项目也已得到了乌恰县党委、政府的高度肯定并召开现场会向全县推广，引起社会的广泛关注。这些活动的开展，都对树立检验检疫队伍的良好形象起到了积极的作用。

情系国门　爱在口岸

——记阿拉山口检验检疫局检验员李国江

李国江，在他走上工作岗位的短短11年间，已先后在新疆的四个边境口岸默默奉献了10年。从“诺海风”呼啸的吉木乃(口岸)，到“雪海孤岛”红山嘴(口岸)，从“荒野小山村”塔克什肯(口岸)，到“西部第一关”阿拉山口。10年间，他出色地完成了组织上赋予的每一项工作任务，特别是他先后四次在危难关头挺身而出挽救他人生命、用血肉之躯扑灭大火的壮举，在新疆口岸广为传播，成为佳话。

今年8月24日(星期六)中午，李国江和同事途径口岸一水库时，突然从远处传来小孩哭着喊救命的声音。闻讯后，他和同事立即朝呼救声方向飞奔而去。只见离水库大坝二十多米处，有一个十几岁的维吾尔族小孩抱着一块木头，在水中挣扎。他顾不得脱掉身上的衣服，一头扎进了水中，竭尽全力，把小孩救了出来。“水里还有一个人”，刚上岸的李国江，听到喊声后，把救上来的孩子交给同事抢救，又一次跳进了水中。由于岸上的小孩看到两个同伴落水，吓得不知所措，根本说不清同伴落水的地方，再加上水库库底是锅底形状，人沉入水底后要沿着库底向深处滑动。李国江在水里找了一遍又一遍，5分钟过去了，10分钟过去了，他不知疲倦地一次次潜入3米多的水中，最后终于找到了沉入水底的孩子。李国江用双手抱着他，凭着两条腿的蹬力，游到了岸边。上岸后，李国江又顾不上脱掉湿衣服，和同事一起对落水孩子进行人工呼吸，但终因落水时间太长，孩子已经停止了呼吸。看到家长和公安人员到来后，他和同事疲惫的身子悄悄离开了现场。这件事过去了许多天后，直到公安局的同志到单位了解情况，大家才知道李国江的救人事迹。当局领导在大会对他提出表扬时，他平静地说:这是做人最起码的良知，谁遇上了都会这么做的。

2001年7月，李国江和朋友在阿勒泰刺芽子沟玩时，发现了两名因喝醉酒而落水的哈萨克族壮汉。当时朋友们都不在身边，当他一个人把两个壮汉(其中一个身高1.9米、体重100多公斤)救上岸时，身高仅1.66米、体重只有60多公斤的李国江，累的在岸边躺了20多分钟才恢复了体力。

关于李国江舍身救人的事迹，还不止这些。1995年9月的一天晚上，李国江到朋友的毡房做客时，主人家的发电机突然起火，熊熊大火裹着浓烟，映红了整个夜空。加满汽油的发电机随时都有爆炸的危险，面对这万分危急的情况，许多人都吓得四处乱跑。关键时刻，李国江迅速浇湿自己的外衣，冒着生命危险扑向大火，由于火势太猛，用外衣根本盖不住，他来不及细想，找来一条被子，再次扑向大火。并把自己的身体全部压在被子上。火终于被扑灭了，他用勇敢和智慧制止了一场灾难的发生。

李国江同志不但在关键时候能奋不顾身、挺身而出，在日常生活中他也能够时时处处严格要求自己，吃苦在前、享乐在后。1993年5月，他放弃了在乌鲁木齐市工作的优越条件，主动向领导提出到当时条件最差的吉木乃口岸。当时的吉木乃口岸一片荒凉、百废待兴，没有办公场所，他们只好租一间破房子当办公室，有时干脆在一辆旧吉普车上办公。由于人手少，他常常一个人在口岸一呆就是七八个月。后来吉木乃口岸条件好了，商检局有了自己的办公室，可他经常还是孤孤单单的一个人在口岸上。白天要验货、出证、计费收费，晚上还要做饭、打扫卫生、烧锅炉。不管是在吉木乃口岸、红山嘴口岸、塔克什肯口岸，还是现在工作的阿拉山口口岸，他始终是一头脚踏实地、默默无闻、甘愿奉献的“老黄牛”。每逢过年过节，他总是放弃与家人团聚的机会，主动向领导提出留在口岸值班。

李国江具有“钉子”精神，在工作上刻苦钻研、勇于探索。1996 年 12 月，组织上派他到四川局学习成套设备检验业务，面对新知识、新名词、新术语，他又钻研起来。他认真听讲、虚心请教、刻苦钻研，记了大量的笔记，反复实践，很快掌握了成套设备检验技术。1997 年 5 月，阿尔泰阿山皮革厂从法国、德国和西班牙三个国家进口成套设备。李国江利用自己所学的知识，对这些进口设备进行认真检验，从包装到配件，每个细节都不放过。在检验过程中，他发现部分设备有残损、残缺现象，通过及时出具索赔证书，为企业挽回经济损失 140 万元。成为阿尔泰商检局成立以来，第一起进口设备索赔成功的案例，得到了进口企业和外贸部门的一致好评。

“我们被称为国门卫士，就要担负起国门卫士的神圣职责”李国江经常用这样的话来鞭策自己。他在工作中的认真劲是出了名的，每次检验进出口货物，他都非常仔细。2001 年 10 月，李国江在对一批进口废不锈钢进行放射性检测时，发现在进口废不锈钢中央带着一些与不锈钢外表相近，但又不像不锈钢的物质，这种微小的区别立刻引起了他的注意。通过抽样、进一步检验，最后确定，这批进口废钢中夹带有价值昂贵的镍铬合金。后来，阿拉山口海关通过他提供的品质鉴定，破获了一起利用进口废不锈钢走私镍铬合金的案件，截获走私镍铬合金 3.6 吨、货值 14 万元。

作为一名党员，李国江同志能够做到以身作则，廉洁奉公，能够经得起金钱和名利的考验。今年 3 月，当李国江检出某公司进口的废金属放射性超标时，该公司老板塞给他 1 万元人民币，请他给予放行，被他严厉拒绝了。每当发现进口废金属中夹带放射性超标物或易燃易爆物时，李国江同志总是冲在最前面，用自己的实际行动，书写着党员的先锋模范带头作用。调入阿拉山口局一年多来，他检出的夹带放射性超标或易燃易爆物的废金属 20 多批、1000 多吨，他用自己的青春捍卫了国门卫士的神圣使命。

李国江同志不但热爱检验检疫事业，他还经常参加社会公益事业，这里还有一个他关心、帮助失足青年的故事。

今年夏天，李国江到湖南老家探亲时，邻村一位素不相识的老大爷找到他，请他回新疆后，到石河子劳改农场看看老大爷的儿子。老大爷的儿子因为盗窃罪，被判无期徒刑，已经在石河子劳改农场劳教了 13 年。老大爷不知道儿子的具体地址，只有儿子几年前留下的信箱地址。为了不辜负老大爷的重托，李国江提前告别体弱多病的父亲，返回了新疆。回新疆后，李国江多方打听，终于找到了老大爷的儿子。老大爷的儿子因为被判了无期徒刑，13 年来从没有人看过他，对生活失去了信心，背上了思想包袱，经常不参加劳动，在劳教所滋事生非。李国江征得劳教所管教的同意，多次看望他，给他做思想工作，并经常给他买了一些书籍和日用品，用真情感化他，使他重新对生活充满了信心。现在，老大爷的儿子因为在劳教所表现积极，已由无期徒刑减为有期徒刑 19 年。

认识李国江的人都知道，他既不会用豪言壮语来引人注目，更不会用哗众取宠来博得他人欢心，而是时常用一颗善良正直的心去关心和温暖着身边的每一个人。听说同事的母亲安装心脏起搏器需要钱，他立刻捐出了自己的部分工资；听说博州牧区遭受旱灾，他又伸出了友谊的手。他平时非常注重自己各方面的修养，连续两年被评为新疆检验检疫系统先进个人。他还利用业余时间学习法律知识，参加全国司法考试。他说：加入WTO后，检验检疫工作就要与国际接轨，不懂法，就不是合格的国门卫士。

2002年，李国江同志被国家人事部、国家质检总局授予“全国质量监督检验检疫先进工作者”荣誉称号。

阿拉山口铁路口岸

阿拉山口站是中国西部地区唯一的铁路边境口岸站，是新疆对外开放的重要窗口，与哈萨克斯坦共和国铁路边境口岸站德鲁日巴站相距12.15公里。自1996年以来，口岸过货量一直位居全国9个铁路口岸第二位。近年来，乌鲁木齐铁路局认真贯彻党中央、国务院对口岸工作的一系列指示精神和要求，特别是认真落实2002年5月提高口岸工作效率上海现场会和10月在绥芬河召开的铁路口岸大通关工作现场会的精神，把口岸工作作为加快我国对外贸易，促进国民经济发展，实现新时期三大历史任务的战略来抓，坚持提效与扩能并举，环境与协调并重，深入实施“大通关”工程。在指导思想上，坚持把口岸运输工作摆在运输工作的首位，集全局之力，千方百计保口岸畅通、保口岸发展，适应口岸运输快速发展的需要。1998年，阿拉山口进出口运量为236万吨，1999年以来，实现了快速发展，年递增20%以上。2002年，口岸过货量突破580万吨大关，与全国其他铁路口岸相比，阿拉山口创造了货运量增长速度第一、出口货物运量第一、口岸进出货物品类第一的优异成绩。

一、以提高认识、强化领导为前提，集全局之力保口岸畅通

针对口岸快速增长的现状，乌鲁木齐铁路局把口岸运输“大进大出、畅通无阻”，努力适应国家经贸发展需要作为一项重要的政治任务，提高认识，统一思想，采取超常规措施，加大口岸工作力度。

强化责任意识，加大工作力度。口岸运输不仅是经济问题，更是政治问题，国务院和铁道部、自治区领导对此高度关注。要求我局必须站在讲政治、讲大局的高度，充分认识口岸工作的重要性，切实把口岸运输作为首中之首的工作。针对口岸过货量快速增长而口岸站能力没有大的改观的现状，铁路职工以解放思想、转变观念为先导，树立政治责任意识、大局整体意识和勇于挑战意识，努力克服畏难思想，向加强运输组织要效率，向无私奉献精神要运量，向挑战自我要发展。为使口岸运量上一个新台阶，2001和2002年第四季度两次组织开展口岸大会战。广大职工顶风雪、战严寒，付出了巨大艰辛努力，充分体现了铁路职工为国争光、乐于奉献的精神。正是这种大局意识、责任意识激励着铁路职工作好口岸运输和口岸管理的各项工作。

加强组织领导，建立口岸工作责任制。为使口岸站各项工作落到实处，乌鲁木齐铁路局建立了口岸运输生产、扩能施工局长负责制，成立了以局长为组长、主管运输副局长为副组长及有关业务处室为成员的国际联运及口岸管理领导小组，加强对国际铁路联运和口岸工作的领导；成立了以局长为组长、主管工程副局长为副组长的北疆线改扩能领导小组，加强口岸扩建施工的领导指挥，使国际联运及口岸各项工作从管理机制上得到了保证。在日常工作中，把口岸运输作为突出重点，纳入重要议事日程。局领导经常深入口岸现场办公，开展调查研究，解决各种问题，并与哈萨克斯坦铁路部门高层领导会晤，较好地解决了口岸通过能力紧张、哈铁运输组织不均衡、调车能力不足、大宗货物快速通关、口岸站扩建等问

题。由于各级组织高度重视口岸工作，充分调动了各部门协调配合力量，特别是使结合部上的问题得到快速解决，取得了明显效果。

二、以加强组织、扩大能力为重点，采取有力措施满足运量快速增长需要

为确保口岸运量增长需要，坚持做到提效与扩能并举，加大软件、硬件的投入，开展全方位的攻关，狠抓落实，务求实效。

突出口岸重点，强化运输组织管理。为加强口岸运输调度指挥，坚持集中统一指挥的原则，按照“口岸优先”的运输方针，发挥调度在口岸运输上的组织职能作用。强化口岸站日班计划管理，实现进出口货物流程与货运、列车和机车工作的紧密衔接，确保口岸过货、换装和排空。为加大口岸排空力度，铁道部、铁路局对口岸运输给予了政策上的倾斜，努力作到优先保口岸用车。在全国铁路运输高峰时期，为保障口岸用车，铁道部组织从广州局、济南局、郑州局长距离排空车。仅 2002 年 11 月一个月，铁道部就向乌鲁木齐铁路局连续下达 13 条排空命令，共排空车 157 列，保证了口岸正常换装需要。同时对口岸备用车也由 150 辆增加到 260 辆，全路限制口对口岸全部放开。为改善运输组织和换装工作，在口岸站采用了“定点取送、定时换装、定量装卸、定人转关”的四定工作方法。探索和完善换装作业的最优方案，把换装作业组织的“三定”(定时、定点、定线)工作标准细化到车种、货物品类及每一条线。尤其对废钢、废铝、废铜等换装及装载加固难点问题进行攻关，找出多快好省的办法，充分发挥人力和机械设备的效能，并保证了行车安全。为减轻口岸站编组压力，充分利用口岸站相邻站以及就近区段站、编组站的能力，对进入口岸站的空车按口岸站需要进行编组。对口岸站换装提不出流向到站的货车，拉到就近有条件的车站保留，缓解口岸站能力不足的矛盾。狠抓车辆周转，向管理要效率，努力压缩宽、准轨车辆停时，实现口岸过货大进大出。两年来在口岸站的设备能力没有增加的情况下，而过货量却以年均百万吨的增长，这些都是广大铁路干部职工克服重重困难，以超常规的工作组织运输生产，团结协作，共同努力的结果。

加大硬件投入，提高口岸接运能力。近几年，铁道部、乌鲁木齐铁路局对口岸站扩能改造非常重视，加大资金投入。对口岸站的发展，铁路局按照“满足近期、运筹长远”的思路，多次对站场能力进行论证，准确做好了站场的规划、设计，为口岸大进大出铺垫坚实的基础。在资金极度紧张的情况下，克服依赖思想，不等不靠，先后筹资 1.68 亿元，对阿拉山口站场进行了四次较大规模的改造，使口岸综合运输能力从原设计能力 250 万吨提高到 500 万吨。2002 年下半年，经国家批准，铁道部决定对阿拉山口车站进行扩能改造。改造后的阿拉山口车站站场，边检检查条件、货物的监管条件、车站接运能力将得到全面的改善和提高，接运能力将达到 1300 万吨。

加大口岸科学技术的投入。自 1998 年开始，就将建立铁路口岸电子信息平台思路纳入攻关项目。先后投入 560 万元，修建了 2 条 2 兆宽带，将阿拉山口与乌鲁木齐的信息网络沟通。自行开发了国际联运信息系统和架设了全站场的监控系统，为铁路口岸电子信息平台建设打下了良好的基础，并为近几年提高口岸工作效率和保证过货量的增长起到积极的促进作用。为了加快口岸电子平台的建设，提高通关效率，铁道部决定投资 2000 万元，建立全国铁路口岸电子信息平台，并实现与海关、出入境检验检疫局通关电子信息平台联网，“三网合一”，整合信息资源，实现信息共享。

加强协调组织，创新口岸作业流程，建立新的管理模式。口岸工作是一个共同协作的联合体，近几年阿拉山口口岸的发展和过货量的增长，是铁路与地方政府、国家职能部门通力合作，共同努力的结果。

为了加快通关效率，阿拉山口口岸站在与口岸查验部门的协调配合下，先后对提高货物通过能力、改进进口大宗货物的作业流程、加速出口大宗货物放关等方面建立了新的管理模式，使口岸的接运能力有了很大的提高。一是在提高通过能力方面，边检增加检查人员、调整班次，将检查时间压缩到1小时之内，将宽轨的机车、车辆的返还时间压缩到2.5小时，使口岸宽轨通过能力从原来的每日5列增加到每日6列。二是在优化作业流程方面，海关、出入境检验检疫部门对宽轨进口大宗货物实行先换装、后办理通关手续的作业流程，使原先宽轨进口的原油、球团矿等待换装的时间从平均24小时压缩到5个小时。大宗货物通关效率的提高，部分缓解了口岸站扩能改造期间运力紧张的矛盾，为铁路外贸运输创造了便利的工作环境。实践证明，铁路口岸“大通关”势在必行，铁路口岸“大通关”大有可为。

三、优化环境，加强协作，提高质量，千方百计为对外开放和外贸进出口服务

清理口岸收费，下调部分运费，创造良好的外贸运输环境。1999年以来，铁路局多次对口岸收费进行了清理，先后取消了取送车费、货车补偿费，对口岸建设费下浮50%，对落地货物免费保管，对哈铁车辆使用费实行优惠政策。2002年3月，对过境北疆铁路段集装箱运费下调了30%，使过境中国路段集装箱运费为0.134美元/箱、公里，大大低于哈萨克斯坦铁路部门提出的0.144美元/箱、公里的水平。同时，还进一步规范了口岸货物加固费、取消铁路专用线仓储费等。以上这些改革措施，都为扩大口岸外贸运输和繁荣新疆边境贸易创造了良好的条件。

立足本地，千方百计扩大出口运量。为改变出口不畅、特别是散堆装货物运不出去的问题，乌鲁木齐铁路局多次与哈方铁路部门协商研究，制定各种措施和办法，努力为新疆外贸物资出口提供便利条件。一是利用哈铁卸后空车及哈铁提供的免收换轮费、核减3天车辆使用费的优惠条件，组织出口焦炭、石油焦等散堆装货物。近几年共组织该类货物出口达90.2万吨。二是利用哈铁换轮过轨空油罐车出口成品油10.6万吨。

树立服务理念，提高服务质量。坚持以满足货主需求为中心，认真研究市场变化，积极改进服务水平。阿拉山口口岸站在干部、职工中大力开展“国门人”和“三新”教育活动，树立口岸服务新理念、新形象。大力简化运输手续，主动提供货主急需的服务，做到“四公开”(作业程序公开、服务项目和收费标准公开、车皮分配公开、举报电话公开)，实行“四方便”(实行一个窗口、一次办理、一次收费，24小时受理，货主随到随办，为货主提供免费查询服务，允许货主有组织的进入站场查验货物)，坚持经常走访货主、代理单位，征求对铁路的意见，积极加以改进。在干部职工中牢固树立“货主就是上帝”的观念，热诚服务，无私奉献。2002年元旦，口岸天气骤变，气温降到—35度，风力11级，口岸液压机械设备全部冻坏。为保证换装作业的进行，车站领导亲自深入一线组织，采取措施，保证设备的正常运转，使换装作业没有受到影响。2002年6月，外贸单位进口的冰铜不符合合同质量要求，但因已经办理交接手续，哈方铁路部门不同意按退运办理。眼看外贸单位经济利益将受到损失，经与哈铁多次协商，并找到发货人协调后，此问题才得到圆满解决。仅2002年通过此办法办理退运货物50多车，为外贸单位挽回近千万元的经济损失。

为联检部门和报关企业提供良好的工作条件。为了更好地改善口岸联检部门的工作条件，根据口岸发展需要，将原设计的联检大楼由3600平方米扩建到6000平方米。在联检楼的设计中充分考虑了网络办公和现代化办公的需要，这将为各部门联合办公提供良好的条件，也为口岸“大通关”工程，建立“一站式”、“一条龙”的联合办公模式提供办公场所。联检楼的建成，将会成为口岸快速通关、联合办公、

信息交流的中心。

通过深入实施“大通关”工程，阿拉山口铁路口岸运输取得了历史性的新突破，为促进贸易的便利化和新疆的经贸发展做出了应有的努力。

新疆口岸大事记

1月4日

中华人民共和国外交部与哈萨克斯坦外交部就吉木乃——迈哈布其盖口岸向第三国开放问题达成协议。

1月11日—13日

新疆检验检疫工作会议和乌鲁木齐关区关长会议在乌鲁木齐召开。自治区党委副书记艾斯海提·克里木拜和副主席张舟出席会议并讲话。

1月14日

外交部以外条函[2002]36号通知新疆自治区政府，吉木乃——迈哈布其盖口岸向第三国开放。

1月30日

滞留在巴基斯坦苏斯特口岸的中国司乘人员在新疆政府各部门的积极工作下，全部返回祖国。

2月20日—21日

新疆检验检疫局、乌鲁木齐海关、铁路局与哈萨克斯坦政府代表团关于阿拉山口进口废旧金属检验及退运有关问题会晤，并达成协议，压港滞留阿拉山口口岸的超标废旧金属逐步退运出境。

3月15日

新疆检验检疫局与自治区质量技术监督局在乌鲁木齐华凌贸易城联合举行“3·15”宣传活动。

3月19日

中哈两国铁路及检验检疫部门在阿拉山口口岸进行会晤。双方就落实2002年2月21日签订的废旧金属检验会谈纪要进行了磋商，达成了办理放射性超标废旧金属退运的具体方案。

3月20日

中国新疆自治区政府与哈萨克斯坦政府联合在中方吉木乃口岸一侧举行吉木乃——迈哈布其盖口岸向第三国开放仪式。

3月25日

喀什机场口岸临时开放，举行中国援助阿富汗物资启运仪式，外经贸部、外交部、南疆军区及有关部门负责人参加了仪式。

4月1日

全疆口岸检验检疫“电子转单”业务全面开通。

5月1日

因“9·11”事件而关闭的红其拉甫口岸恢复正常开关。

5月8日

新西兰驻中国大使馆正式将新疆出入境检验检疫局国际旅行保健中心作为其指定的健康体检机构。

5月16日

霍尔果斯检验检疫局从截留入境旅客携带种苗中检出一类危险性害虫——马铃薯甲虫。

5月20日

中国新疆自治区政府与吉尔吉斯斯坦、乌兹别克斯坦政府联合在中方伊尔克什坦口岸一侧举行伊尔克什坦口岸正式开放仪式。乌鲁木齐海关、新疆出入境检验检疫局分别举行伊尔克什坦海关和伊尔克什坦出入境检验检疫办事处揭牌仪式。

5月28日

全国政协副主席杨汝岱在新疆维吾尔自治区政协副主席玉素甫.艾沙等的陪同下,到霍尔果斯口岸视察工作。在口岸国门前,杨汝岱副主席亲切接见了霍尔果斯边防检查站执勤一线的官兵,并与官兵们亲切交谈,询问了解了官兵们的工作、生活及口岸的贸易往来等情况,并合影留念。

6月26日

新疆检验检疫局开始隔离检疫由加拿大进口的200头种牛,这是新疆历史上一次进口种牛数量最大的一次。

7月7日

全国政协副主席朱光亚到霍尔果斯口岸视察工作。在口岸接见了海关、检验检疫、边防检查站一线工作人员,并与边检官兵们合影留念。

7月9日

乌鲁木齐机场检疫人员从比什凯克入境的航班旅客携带的苹果中检出一类危险性有害生物——苹果蠹蛾。

7月12—15日

国家质检总局局长李长江、副局长蒲长城一行在乌鲁木齐、伊犁、霍尔果斯口岸,对新疆质检工作进行调研考察。并与新疆自治区党委副书记艾斯海提·克里木拜、自治区副主席张舟及新疆16家外贸企业座谈。

7月29日—8月1日

国家质检总局卫生监管司副司长王保林带艾滋病初筛实验室考核专家组对新疆国际旅行卫生保健中心、喀什、塔城、阿勒泰、阿拉山口、伊犁检验检疫局6个艾滋病初筛实验室进行了全面严格的考核。考核结果良好,全部顺利通过国家质检总局的注册验收。

8月12—15日

全国植物种苗与繁殖材料检验检疫协作组工作会议在乌鲁木齐召开。全国20多个检验检疫局的40余名协作组成员参加了会议。

8月13日

新疆检验检疫局完成了对新疆金牛生物股份有限公司从加拿大进口的200头种牛的检验检疫。从中检出7头病牛，其中二类动物传染病——流行性白血病阳性牛1头、副结核病和禽型结核病双阳性6头。新疆检验检疫局依法对上述7头病牛进行了扑杀和销毁处理。

8月14日

全国最高人民法院院长肖扬来霍尔果斯口岸视察工作。在国门前哨，看望了武警新疆霍尔果斯边防检查站执勤一线的官兵。

8月28日

新疆口岸"大通关"会议在乌鲁木齐举行，自治区党委副书记艾斯海提・克里木拜、自治区副主席张舟亲临会议指导，并作了重要讲话。

8月29日

中共中央政治局委员、国务院副总理吴邦国在新疆自治区主席阿不来提・阿不都热西提、伊犁州党委书记林天锡等领导的陪同下视察了霍尔果斯口岸，详细了解了口岸的建设情况。

9月4日

中共中央政治局候补委员、国务委员吴仪，国家质检总局局长李长江一行在新疆维吾尔自治区党委副书记艾斯海提、自治区副主席张舟及伊犁州党委书记林天锡的陪同下视察了阿拉山口、霍尔果斯口岸。

9月7日

国务委员吴仪、国家质检总局局长李长江在视察巴州期间，看望了库尔勒检验检疫局干部职工并听取了工作汇报。

9月15日

全国人大副委员长铁木尔・达瓦买提在新疆伊犁州州长农尔兰等党政领导的陪同下，视察了霍尔果斯口岸。

9月16日

全国人大副委员长姜春云在新疆维吾尔自治区党委常委、政法委书记、公安厅厅长张秀明等自治区人大领导及伊犁州党政领导的陪同下，视察了霍尔果斯口岸。

9月19日

新疆自治区政府组织人员对喀什新恰发二类口岸开放前的准备工作进行了检查验收，并以新政办函[2002]129号批文同意口岸对外开放。

9月18—21日

"全国检验检疫系统思想政治工作座谈会"在新疆检验检疫局召开，国家质检总局机关党委及21个直属检验检疫局的代表参加了会议。

10月1日

喀什地区行署举行喀什新恰发二类口岸对外开放仪式，宣布口岸对外开放。

11月20日

新疆铁路口岸"大通关"工作会议在乌鲁木齐铁路局召开。

11月25日

中国哈萨克斯坦经贸混委会在北京举行，哈方提出在霍尔果斯口岸跨边界建立中哈国际边贸城。

12 月 28 日

哈萨克斯坦经贸部副部长来霍尔果斯口岸考察中哈国际边贸城建设项目。

西藏自治区

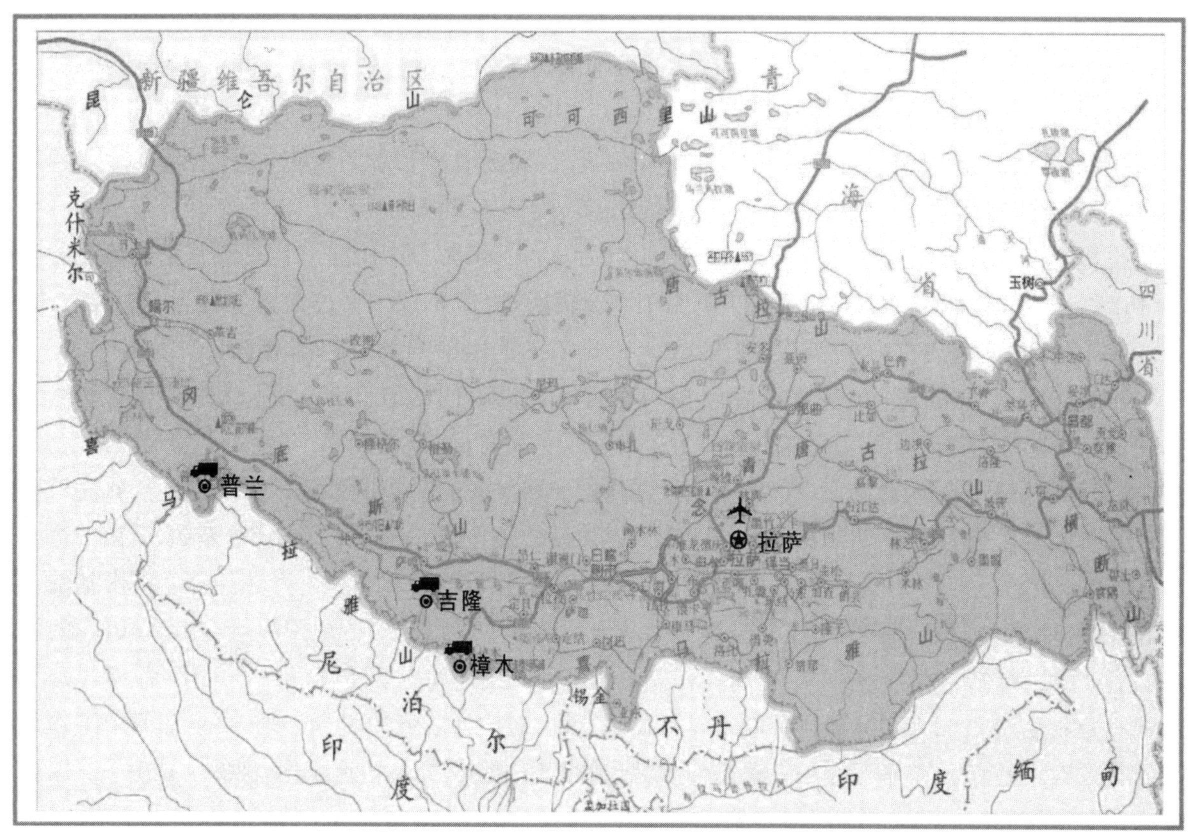

图 例

省级行政中心

口岸

铁路口岸

航空口岸

公路口岸

海（河）运口岸

西藏口岸工作综述

【口岸数量】 截止 2002 年 12 月 30 日，西藏自治区经国家批准开放的一类口岸 4 个，西藏自治区人民政府批准开放的二类口岸 1 个。按运输方式划分：航空口岸 1 个，陆路口岸 4 个。除航空口岸外的 4 个口岸中，位于中印、尼边境 1 个，位于中尼边境 3 个。

一类口岸是：樟木、普兰、吉隆陆路口岸，拉萨航空口岸。二类口岸是：日屋陆路口岸。

【口岸客货运量】 全区 2002 年口岸运量情况：

进出境货物运输：全区口岸进出口货物运量为 104971 吨，同比增长 177.8%。其进境货物为 36517 吨，增长 307%。出境货物为 68454 吨，增长 137%。

进出境客运量：全区口岸进出境客运量为 86488 人次，同比增长 72.2%。其中进境客运量为 41216 人次，增长 104%；出境客运量为 45272 万人次，增长 66%。

进出境交通运输工具：全区口岸进出境交通工具为 30444 辆次，同比增长 31.3%，其中进境交通工具为 15222 辆次，增长 31.3%；出境交通工具为 15222 辆次，增长 31.3%。进出境飞机为 179 架次，同比减少 16%，其中进境飞机为 90 架次，减少 13.5%；出境飞机为 89 架次，减少 17.6%。

进出境贸易总值：全区进出境贸易值为 12901.984 万美元，同比增长 3.04%，其中进境贸易值为 5057.3205 万美元，增长 3.07%；出境贸易值为 7844.6590 万美元，增长 5% 。

【口岸建设和管理】 普兰、吉隆两口岸的基础设施建设前期准备工作全部就绪。为了使普兰、吉隆口岸建设的管理和运作更为规范，组织相关地区主管口岸建设的领导和“一关两检”人员赴新疆、云南的边境口岸进行实地考察。抓紧落实了普兰、吉隆两口岸基础设施建设投资 2243.64 万元。普兰口岸基础设施建设于 2002 年 10 月 1 日正式开工。向地方财政申请经费 89 万元，对拉萨国际航空口岸联检楼、住宅等进行了全面维修。为“一关两检”创造了一个更为舒适的工作和生活环境。

严格审批制度 2002 年共审批国际航班飞行计划 7 次，对估计航班的飞行计划，要求在两个工作日内报批。同时，积极做好各联检单位及民航西藏区局和西南航空公司的协调工作，确保了拉萨——加德满都——拉萨国际航班和香港包机航线的安全飞行。

【突出服务职能，提高工作效率】 为了贯彻落实国务委员吴仪在“提高口岸工作效率现场会上的讲话”精神，为了加快通关速度，根据西南航空公司的提议，西藏口岸办公室与西藏“一关两检”和相关部门协调研究，实行了成都——拉萨、拉萨——加德满都航线“一程到底”的模式运输。也就是改变了以往从内地乘坐拉萨至加德满都航班的旅客需要提前一天抵达拉萨，次日乘机前往加德满都，从加德满都返回的旅客也需要在拉萨停留一天，次日才能返回内地，给旅客增加旅行成本以及带来极大不便的情况。拉萨航空口岸还利用现有条件，对原有拉萨航空口岸出入境通道进行了改造，由原来的四条出入境通道增加为现在的六条通道，并且设置了中国公民专用通道。

【实事求是，重视调查研究】 与地方有关领导对口岸工作的各方面进行调查研究，为上级及有关部门决策和制定相关的政策提供了依据。

【加强精神文明建设】 2002 年，西藏口岸办工作人员认真学习领会了中共中央十五届六次全会和西藏自治区党的六届二次会议精神、江主席“七一”讲话及马列主义、毛泽东思想、邓小平理论以及“三个代表”重要思想。全体同志思想认识有了提高，进一步端正了思想作风、学习作风、工作作风、生活作风，进一步加强了责任感、使命感，使“三个代表”重要思想以及中央确定的新世纪初西藏工作的指导思想在工作中得到贯彻落实，并与口岸办的工作实际相结合。西藏处于遥远边疆，工作条件简陋，生活艰苦，这要求工作人员发扬“老西藏”精神，扎根西藏，不畏艰苦。口岸建设涉及到多个项目的审批和财务管理的审批，口岸办工作人员在工作中不断净化思想、提高觉悟、拒腐防变。在普兰、吉隆等多个项目审批、建设过程和日常工作中，工作人员自觉遵守《廉政准则》的各项规定，主动接受纪检监察部门的监督，从不以权谋私，没有借机吃请送礼、泄漏机密等违反党纪国法的行为。

2002 年全区口岸运量表

项目 类别	货运量(吨)						客运量(人次)					
	进出口累计	同比±%	进口累计	同比±%	出口累计	同比±%	出入境累计	同比±%	入境累计	同比±%	出境累计	同比±%
公路口岸	44633	+18%	9331	+4%	35302	+22%	128465	−20%	62826	−21%	65639	−19%
航空口岸	49	+48%	12	−14%	37	+95%	18922	−18%	10283	−15%	8639	−21%
合计	44682	+18%	9343	+4%	35339	+20%	147387	−20%	73109	−18%	74278	−21%

2002 年全区各口岸进出口货物量、出入境旅客情况表

项目 名称	货物进出口(万吨)		进口(万吨)		出口(万吨)		出入境旅客(万人次)		入境旅客(万人次)		进境旅客(万人次)	
	本年累计	同比±%	本年累计	同比±%	本年累计	同比±%	本年累计	同比±%	本年累计	同比±%	本年累计	同比±%
樟木口岸	4	持平	0.9	+12.5	4	+33%	13	−19%	6	−25%	7	−13%
普兰口岸												
吉隆口岸												
拉萨航空口岸							2	持平	1	持平	0.8	−20%
全年合计	4	持平	0.9	+12.5	4	+33%	15	−16%	7	−22%	8	−11%

西藏口岸查验单位工作综述

拉萨海关

2002年，拉萨海关以邓小平理论和“三个代表”重要思想为指导，认真学习贯彻党的十六大精神，切实落实海关工作方针。领导班子建设进一步加强，干部的思想观念进一步转变，精神面貌大为改观，整个队伍的政治及业务素质明显提高。不断完善各项业务工作，切实提高海关执法能力和管理水平，在严密海关监管、高效通关、加强税收征管、打击走私违法等方面取得了一定的成绩，完成了2002年初关长会议制定的各项任务。

【完善通关作业改革，提高通关效率】 根据海关总署的要求和实际通关工作的需要，拉萨海关认真总结以往通关作业改革的基本经验，巩固改革成果，加快改革步伐，进一步完善通关作业改革各项措施，努力实现管理科学、制度严谨、操作规范、办事公开、注重实效的目标。在海关总署的统一安排下，着手进行通关系统从“H883”向“H2000”的平稳过渡；进一步加大“电子口岸”的推广工作，为实行大通关制度奠定基础；从拉萨海关的实际出发，调整机构设置，合理调配人员，制定和完善各项规章制度和岗位职责，进一步提高海关执法管理的整体水平，不断提高通关效率，为实现“严密监管”和“高效运作”做出积极努力。

【加强税收征管，努力完成税收任务】 2002年拉萨海关的税收任务较为严峻，在海关党组的再三强调和严格要求下，关区上下高度重视税收工作，不断加强对税收征管各环节的管理，强化各部门综合治税能力。根据西藏地区的进出口贸易实况，认真分析税源状况，深挖潜力；认真贯彻执行国家给予西藏的各项优惠政策，做好关税返还和减免税的工作；以提高查获率为目标，强化各监管现场对货物的实际查验；打击价格瞒骗、出口骗税以及进出口关税返还环节的走私违法活动，坚决堵塞税收的“跑、冒、滴、漏”；认真研究拉萨海关现行估价方法，切实加强审价、归类等基础工作，在税前程序和税后稽查上下功夫。提高了税后征管质量，确保了税款应收尽收。2002年，拉萨海关共征收关税570.2991万元、进口环节税444.0672万元，超额1.4%完成年度税收任务。

【强化物流监控，提高监管水平】 2002年，拉萨海关继续加大对实际监管的投入，特别是加强了对口岸物流的实际监管。关区各海关、各业务部门基本做到了物流监控人员、监控措施、技术装备到位，加强了部门之间的协作配合，消除了关区内的监管盲区，使所有通过口岸的海关监管货物、行邮物品、运输工具以及监管场所等都始终处于海关有效监管之下，进一步提高了对贸易和非贸易两个渠道的监管质量。同时，加强了对转关运输货物的监管，密切与内地海关的联系，实现转关数据联网核对，实施途中监管，确保了对转关货物的监管到位。2002年，拉萨海关共监管进出口货物10.4971万吨(其中进口3.6517万吨，出口6.8454万吨)、进出境运输工具1.0011万辆(架)次、出入境人员14.7387万人次、邮递物品1.0412万件。西藏自治区进出口贸易总值达12902万美元(其中进口5057万美元，出口7845万美元)。

【保持打击走私高压态势，维护进出境正常秩序】 拉萨海关密切关注西藏边境地区走私违法犯罪的新动向，适时调整海关缉私重点的缉私力量。进一步加强与有关部门的协作配合，加强情报调研工作，把打击走私工作重点放在边境地区非贸易渠道走私违法活动上，重点查缉毒品、文物、黄金、武器弹药、反动宣传品、濒危物种的进出境走私活动。配合有关部门做好反分裂破坏、反恐怖事件的相关工作，坚决维护口岸及边疆地区的局势稳定。同时，综合运用风险分析技术和稽查手段，加强对各类企业进出口行为的有效监控，规范企业行为，打击和防范贸易渠道价格瞒骗、骗税、骗汇等各种新的走私犯罪行为，不断提高打击走私违法活动的准确性，坚决维护进出境环境的正常秩序。2002 年拉萨海关共查获走私案件 8 起，案值 77 万元；查处违规和其他案件 14 起，案值 233 万元；上缴罚没收入 325 万元。查获了毒品大麻脂 74 公斤、羚羊绒 356 公斤等。

【以人为本，干部队伍建设长抓不懈】 2002 年，拉萨海关以加强领导班子建设为先导、以强化思想政治工作为主线、以提高干部政治和业务素质为核心，采取一系列措施，狠抓队伍建设，取得了一定的实效。拉萨海关党组始终认为加强各级领导班子建设是队伍建设的重中之重，因此拉萨海关一直把各级领导班子自身建设作为头等大事，长抓不懈，形成了团结进取的领导集体。拉萨海关坚持举办各类培训班，并动员干部积极参加学习海关总署举办的学习班，使拉萨海关干部关员的素质得到持续的提高。拉萨海关探索和进一步完善了关区内干部交流制度，加大了援藏干部交流力度，有计划地选拔和培养年轻干部，使海关事业的持续发展后继有人。拉萨海关把政治工作贯穿于关区各项工作当中，认真开展了“三珍惜、三热爱”理想信念教育、“四观”教育和“三个离不开思想”教育，并以多种形式积极向阿里地区雪灾受灾群众、困难地区学校、儿童福利院的孤儿们捐助，这些活动激发了关员爱国、爱党、爱藏的热忱，巩固了反对分裂、维护祖国统一和民族团结的根基。

拉萨海关 2002 年主要业务情况统计报表

类别	业务	进口	出口	与去年同期±%	
	货运量	36517 吨	68454 吨	+307	+137
	贸易值	50573205 美元	78446590 美元	+309	−5
其中	一般贸易	43832180 美元	22592213 美元	+552	+258
	外商投资设备	426342 美元		+387	
	援助设备	439797 美元		+20	
	边境小额贸易	4792638 美元	55496751 美元	−4	−27
	进料加工	957268 美元	357612 美元	+370934	+100
	捐赠物质	124180 美元		+23	
	进出境人员	73109 人次	74278 人次	−26	−29
运输工具	飞机	进出境共计:173 架次		−26	
	汽车	进出境共计:9838 辆次		−15	
	邮递物品	5701 件	4711 件	−5	+48
	录音录像制品	177 件	1333 件	+14	+531
	没收邮递物品	5241 件		+4	
	关税	5702991 元		−19	
	进口环节税	4440672 元		−7	
	查获走私案件	7 起	1 起		
	私货总值	743000 元	22100 元		
	上缴罚没收入	3250762 元		−68	

西藏边防总队

2002 年,西藏自治区公安边防总队在上级领导和指导下,以邓小平理论和“三个代表”重要思想为指针,落实《2002 年全国公安出入境管理和边防检查工作要点》,结合西藏实际和国家当前的形势,圆满完成了以“出入境边防检查”为中心的各项业务工作。2002 年,西藏边防总队主要以查控分裂主义分子、疆独恐怖分子、“法轮功”分子为重点,以“出入境旅客满意”为目标,保卫了国家主权,维护了社会稳定,为西藏改革开放和经济建设的顺利进行做出了应有的贡献。

2002 年,西藏边防总队各边检站对出入境人员以及交通工具进行了检查和查控。其中聂拉木边检站共检查出入境人员 66413 人次(出境 36518 人次,入境 29895 人次);交通运输工具 30444 台次(出境 15222 台次,入境 15222 台次);拉萨边检站共检查出入境人员 18514 人次(出境 8180 人次,入境 10334 人次);飞机 179 架次(出境 89 架次,入境 90 架次);普兰边检站共检查出入境 1561 人次(出境 574 人次，入境987人次）。

随着改革开放的不断深入，2002年前往西藏旅游、探亲、探险、经商、朝圣以及科学考察的中外旅客逐年增加。加之境内外的民族分裂分子、恐怖分子等想乘机搞一些破坏活动，"十六大"期间，我区各边防检查部门为了确保"十六大"安全保卫工作的顺利完成，各边防检查站狠抓了查控工作的落实，并针对"达赖集团"民族分裂分子企图闯关的情况，制定了"处突"预案，认真分析和研究了境内外对敌斗争形势，积极开展形势任务、敌情观念和保密教育，增强广大官兵的使命感和责任感。总队认真贯彻执行上级在各个时期对查控工作提出的要求和《出入境边防检查查控工作规范》，并结合我区反分裂、反恐怖暴力活动、防范民运分子"闯关"和武器弹药从口岸入境的工作实际，及时修订和完善了查控工作制度。制定了重大节日、敏感日期的防范工作预案，加强对边境一线的设卡、堵截。严格现场管理，堵塞值勤漏洞，在接控、布控、查控、处置等各环节，能够做到人员、时限、工作落实，杜绝漏控、漏查事故的发生。西藏边防总队针对阿里"马年神山佛事"活动，组织了代号为"圣虎"的佛事期间安全防范工作。2002年7月份，拉萨机场边检站担负了十一世班禅出藏的专机警卫任务，经过各级领导重视和总队严密布置，此次警卫任务顺利完成，受到了国务院办公厅和公安部八局领导的表扬。

近年来，西藏自治区的偷渡活动越来越突出，已经成为复杂、尖锐的社会、政治问题，给国家的形象和西藏社会的稳定以及经济的发展带来了极坏的影响。2002年西藏边防总队开展了一场声势浩大的打击非法出入境活动的"严打"斗争，各级边防检查机关按照总队有关"严打"的精神和公安部《关于加强中尼边境反偷渡工作有关问题的通知》精神和"打防并举、标本兼治、综合治理"以及"堵源截流、打头断线、堵防结合、依法打击"的工作方针，加强了反偷渡工作的组织与实施，认真分析偷渡活动的各种原因、危害和特点，制定了相应的反偷渡手段。西藏边防总队建立了藏族旅客持因私护照出入境数据库，随时掌握出入境人员的动向；利用EDISON系统对护照证件进行分析研究，提高了识别伪假证件的能力；各边防站坚持巡逻与设卡相结合、公开与隐秘相结合的工作方法，都收到了良好的效果。仅2002年1至10月份，全区边防检查部门查获偷渡人员共计164人次，并掌握了其主要特点：从民族结构看，以藏族为主；从职业看，农牧民居多；从年龄看，青年占绝大多数；从地域看，主要来源于西藏、四川、青海、甘肃的藏区；从偷渡路线看，主要集中于，我区非开放的同外山口道路；从偷渡手段看，以无证偷越国（边）境最为突出。

2002年，西藏边防总队深入开展了"为人民服务，树公安边防新风"活动，并以此为契机，结合今年国务院召开的"提高口岸工作现场会"精神，各边防检查站结合各口岸实际努力提高工作效率。各边检现场设立了礼兵哨，营造了良好的通关环境，执勤人员在工作中规范执勤文明用语，通过这样的活动，各边检人员端正了服务态度，提高了服务质量，增强了公仆意识，塑造了西藏边检人员的良好形象。拉萨机场边检站为了方便旅客，克服了场地有限的实际困难增加了"中国公民通道"，并根据实际情况，开设了"藏族通道"，不但为旅客创造了良好的通关环境，还大大提高了边防检查的工作效率。边防司令部领导非常重视出入境边防检查信息化建设，对信息系统的调试安装工作给予了大量的支持，拉萨边检站顺利完成了CFIC系统的安装，确保了拉萨机场边检站的出入境数据准确和及时传输。高科技系统的建立与应用，不但提高了边检工作的效率和数据准确性，还大大提高了边检人员工作的积极性，使西藏边检工作步入良性发展。

2002年西藏边防总队边检处主要业务统计表

单位：(人员:人次　交通工具:台次　飞机:架次)

	聂拉木边检站		拉萨边检站		普兰边检站
	人员	交通工具	人员	飞机	人员
总计	66413	30444	18514	179	1561
出境	36518	15222	8180	89	574
入境	29895	15222	10334	90	987

西藏出入境检验检疫局

2002年西藏检验检疫系统面对入世后的机遇和挑战，在国家质检总局和西藏自治区党委政府的领导下，紧紧围绕年初制定的"加强队伍建设，保证稳定不出事；切实加强管理，保证运转不误事；切实转变作风，促进发展多干事"的总体工作目标，严格履行各项职责，依法检验检疫和监督管理；深化检验检疫改革，加强基础工作和行政管理；努力落实"忠于职守，勇于负责，严格把关，保安国民"的要求，较好完成了全年的各项工作任务，维护了国家的经济安全，保护了人民群众的生命健康，有力支持了西藏的经济的稳定发展和改革开放局面的顺利开展。

【业务概况】 2002年，西藏检验检疫系统共检验检疫进出境货物1778批次，总值4252万美元，检验出不合格货物3批次。其中进行商品检验1756批次，金额4224万美元，检验出不合格商品3批次，对动物以及动物产品检疫110批次，金额154万美元；对植物及植物产品检疫697批次，金额825万美元；对食品及化妆品检验69批次，金额74万美元，检验出有问题商品3批。监测体检469人次，其中艾滋病监测30人次，发现病例5人次；预防接种427人次。检疫交通工具13274辆(架)次，其中汽车13102辆次，飞机172架次。

【加强检验检疫把关力度，规范行政执法行为】 2002年，西藏检验检疫系统认真履行了检验检疫职能，严把了"三关"：一是严把质量关，特别是对涉及安全、卫生、健康、环保和人民健康等敏感商品加大检验检疫把关力度；二是严把疫情关，将容易诱发疫病疫情的商品作为重点，坚决做到拒疫病疫情于国门之外；三是严把口岸检验关，针对当前国内外疫情的发生、流行和传播情况，对外来疫区的人员、物品、包装、运输工具等严格把关。

积极配合开展了整顿和规范市场经济秩序的工作。按照《国务院关于整顿和规范市场经济秩序的决定》和国家质检总局的统一部署西藏检验检疫局继续积极做好整顿和规范市场经济秩序的相关工作，配合有关部门开展执法检查，得到了良好的社会效益，维护了国家经济利益和人民群众的生命健康安全以及消费者的合法权益。2002年"3·15"宣传活动日期间，西藏检验检疫局遵照总局的要求，结合西藏地区的实际，在突出质检系统"忠于职守，勇于负责，严格把关，保安国民"的特点情况下，开展了富有成效的宣传、咨询活动。

【加强科技兴检和实验室建设】 西藏检验检疫局十分重视科技工作，成立了局科技委员会，积极开展了多项科技情报和行业标准制定工作，并下发多个强调科技管理的文件，初步构建了科技发展体制。在湖北和珠海检验检疫局的帮助和支援下，西藏检验检疫局将资金投向重点转移到实验室建设上，陆续为实验室添置了原子吸收、气相色谱、紫外分光光度计、电池检测等大型骨干仪器。形成了由可以检测150多个项目的技术中心和HIV初筛实验室、临床检测室为主体的保健中心组成的实验室体系。2002年8、9月份，西藏检验检疫局检验技术中心和国际旅行保健中心两个综合实验室包括樟木检验检疫局实验室先后通过了国家检验检疫注册实验室西南大区的现场评审，HIV初筛实验室也通过了国家局考核注册。由此形成了在ISO/IEC17025质量体系下有效运作的多个实验室和技术中心组成的具有西藏特色的实验室运转模式。同时西藏检验检疫局加强技术力量培训，使全局相关人员的业务素质方面得到很大程度的提高。这些都标志着西藏检验检疫局技术能力的检测水平的提高，同时也为执法把关和外贸企业服务提供了有力的技术支持和保证。

【完善措施，优化服务】 2002年，西藏检验检疫局积极推进电子报检、电子转单、电子签证为内容的“三电工程”建设，为进一步简化办事程序，提高工作效率奠定了坚实的基础。西藏检验检疫局通过《中国检验检疫》、《国门时报》、《检验检疫信息》、《科技情报》等信息渠道及时向企业通报国内外市场状态，主动给企业提供有价值的经济、技术信息和相关方面的服务。为了帮助西藏的企业提高产品质量、扩大出口、建立名牌，西藏检验检疫局主动派员到金珠集团、拉萨啤酒厂、圣雅药业中草药中心等32家企业进行宣传、推广质量体系认证工作。最终在2002年内，西藏有6家食品生产企业到香港举办产品展销会，喜马拉雅矿泉水和雅古都红景天饮料也提高了国际竞争力，这些为树立西藏自己的名牌奠定了基础。西藏检验检疫局突出了为企业服务的宗旨，启动认证、认可和卫生注册工作，引导帮助企业在质量管理方面提高水平。2002年7月份，湖北检验检疫局专家在西藏举办了有20人参加的ISO9000主任审核员培训班，有13人取得了CQC颁发的主任审核员证书。2002年11月底，喜马拉雅矿泉水和日喀则雅江食品有限公司两家出口企业已正式向西藏检验检疫局提出了食品卫生注册、食品标签审核及HACCP体系认证申请，这项工作的开展将实现西藏检验检疫局食品卫生注册零的突破。

【加强党的建设，培养高素质的干部队伍】 西藏地处祖国边疆，自然条件艰苦，处于分裂与反分裂的前沿，切实开展党风建设具有很重要的现实意义。局干部职工深入开展了思想政治学习，认真学习了邓小平理论和“三个代表”重要思想，提高了干部职工的思想理论水平。结合西藏地区特殊的政治社会环境，有针对性的教育干部职工把揭批达赖分裂集团的罪行同维护祖国统一和民族团结联系起来，使广大干部职工牢固树立“三个离不开”思想和正确的祖国观、文化观、宗教观。廉政建设和行风建设的好坏直接影响到检验检疫把关服务工作能否顺利进行以及检验检疫系统在外贸企业中的形象，局党组组织召开了全局纪检监察工作会议，传达了全国质检系统纪检监察工作会议精神，部署了局系统反腐倡廉工作。局里面十分重视干部队伍建设在加强思想教育的同时，认真执行干部队伍革命化、年轻化、知识化、专业化和德才兼备的方针，开展多种形式的学习教育和培训，努力造就了一支多民族组成的团结奋斗开拓进取的干部队伍。

2002 年西藏出入境检验检疫业务表

金额:万美元

项目 类别	货物检验检疫											
	总计			商品检验			动物及动物产品			植物及植物产品		
	批次	金额	不合格批次	批次	金额	不合格批次	批次	金额	检出疫情批次	批次	金额	检出疫情批次
本年总计	1778	4252	3	1756	4224	3	110	154		697	825	
出境	1229	2871	3	1214	2846	3	104	151		360	428	
入境	549	1381		542	1379		6	2		337	397	

食品及化妆品			检测体检及预防接种人次				交通工具检疫			
批次	金额	检出问题批次	检测体检	艾滋病检测	发现病例数	预防接种	火车节数	汽车辆数	轮船艘数	飞机架数
69	74	3	469	30	5	427		13102		172
16	6	3	454	19	4	427		6551	86	
53	68		15	11	1			6551		86

西藏口岸大事记

3 月

西藏公安边防总队参与了吉隆口岸的选址与口岸规划建设工作。

5 月

为了贯彻落实“提高口岸工作效率现场”会精神,西藏公安边防总队加大对口岸高科技边防检查设施的投入,增加了 EDISON 等高科技的检查仪器,大大提高了口岸的通关速度。

5 月至 8 月

西藏公安边防总队各边防检查站圆满完成了阿里马年塔钦佛事活动安全保卫工作。

6 月

西藏公安边防总队聂拉木边防检查站圆满完成了墨西哥外长访藏的边防检查工作。

6 月至 9 月

西藏公安边防总队普兰边防检查站共检查赴神山、圣湖朝圣的印度香客 16 批共 886 人次。

6月至10月

西藏公安边防部门协助联合国粮食计划署运输粮食等物资两次。

7月

针对机场通道少，通关速度慢的现状，对边检现场进行改造，由原来的四条增加为现在的六条出入境通道。

西藏公安边防总队拉萨、聂拉木边防检查站圆满完成了拉萨——加德满都汽车集结赛的边防松树工作。

西藏公安边防总队拉萨机场边防检查站圆满完成了十一世班禅出藏专机警卫任务，国务院及公安部有关领导对此给予了高度评价。

10月1日

普兰口岸联检楼基础设施建设正式开工建设。

樟木口岸出入境检验检疫局被国家人事部、国家质检总局评为“2002年全国质检系统先进集体”。

第三篇

口岸工作论文选编

口岸工作论文选编

论口岸“大通关”建设

天津市政府口岸办　孙方奎　黄占学　米树彤

在党中央、国务院的关怀下，天津港取得突飞猛进的跨越式发展，如今已经成为我国北方大港和国际知名的重要口岸。伴随天津港的发展，如何发挥口岸整体优势，尤其是如何提高口岸工作效率，促进港口建设和外经贸的迅速发展已显得尤为重要。今天在探讨如何发挥天津港的综合优势，加快天津港集装箱运输发展的论题时，有必要与大家一起讨论提高口岸工作效率，即口岸“大通关”的问题。

一、口岸“大通关”的提出

随着经济全球化的加速和我国加入世贸组织，进一步提高口岸工作效率，改善我国外经贸投资环境的呼声越来越强烈。2001年10月国务院办公厅为此印发《关于进一步提高口岸工作效率的通知》(国办发明电[2001]38号，以下简称《通知》)；2002年5月经国务院批准，在上海又召开了提高口岸工作效率现场会，标志着“大通关”工作已经成为口岸工作的当务之急和“重中之重”。

(一)“大通关”的本质属性

“大通关”是指在特定区域和范围的“提高口岸工作效率工程”的简称。在有关货物、人员和交通工具进出境整个过程中，通过运用现代管理、信息化和高科技手段，对通关的过程进行有效整合，使之合理、规范、便捷、畅通，以较短的时间，最低的成本为客户提供最好服务，体现政府行政监管协调的能力和口岸综合效率。“大通关”是口岸各相关部门共同工作的作业流程的总和，涉及口岸监管查验单位、海港和空港管理部门、税务、金融机构、各种方式运输企业以及生产企业、货主和代理部门。

(二)“大通关”的时间属性

对外开放的海、陆、空口岸作为国门通道将面临着通关的永恒主题；不同时期口岸有不同的通关内容和要求；通关将伴随口岸对外开放的全过程。纵观口岸发展的历史，无论是百年以上的老口岸，还是近年新辟口岸，通关都是一个共同的话题，只是内容的差异。回顾上世纪八十年代初的压船、压货、压港，构成了口岸通关的主要矛盾；而今，随着港口接卸能力的加强和集装箱化的迅猛发展，又出现新的制约通关的诸因素，需要政府出面运用科学有效的方法进行整合，以进一步发挥口岸整体功能，提高口岸工作效率。

(三)“大通关”的区域属性

“大通关”的狭义概念系指口岸所在地的货物、人员和交通工具自报检、报关起至必要的程序结束的过程；从广义概念理解应是超出口岸所在地的物流及全过程。天津港作为我国北方的重要口岸，自古以来就是华北、西北地区的传统口岸，物流和人流自此通关向腹地的广阔区域流通。随着对外开放，社会主义市场经济的确立和发展，担负通关使命的天津口岸的服务领域、服务区域在不断扩大；口岸在区域经济中的作用进一步增强。目前兼有海港、空港、内河码头和海面油田的天津口岸成为天津市的最大优势。

二、口岸“大通关”的意义及实际中的应用

党中央、国务院历来十分重视口岸工作。新中国建立后、尤其改革开放以来，国家大力投入海陆空口岸设施建设，形成全方位、宽领域、多层次、立体化的对外开放格局。为适应口岸的需要，提高口岸工作效率，国务院从建立组织机构、出台法规文件、抓好改革试点，到实行“大通关”制度，全面推行口岸“大通关”。我们认为其意义所在：

（一）口岸“大通关”成为口岸流通的至关重要环节，也是现代物流的助推器

口岸是一个国家或地区同世界接轨的交汇点。作为国际的两种资源、两个市场的流通枢纽，通关的每个环节都将影响和制约着物流和人流。自上世纪九十年代开始，伴随着信息技术快速发展，现代物流新理念已融入经济领域，尤其是国际上跨国公司的“供应链”、生产的“零库存”等经营理念的出现，需要在流通环节上最大限度的畅通无阻。因此世界一些先进国家的口岸，采用国际先进的通关模式，借助现代信息技术，提高口岸工作效率，有效地促进现代物流的发展。

（二）口岸“大通关”成为外商投资的重要条件，也是改善投资环境的第一位工作

对外开放创造了我国参与全球经济合作与竞争的机会；中国的“入世”则使我们的综合环境接受新考验。事实证明口岸工作效率不仅是外商衡量投资决策于某地区的评判指标，更重要的是关系到一个国家或地区对外形象、国际地位和影响力的重要标志。目前由于“国民待遇”的兑现，外商对投资环境的着眼点，已经不单单是具体的优惠政策，而是倍受关注的口岸“大通关”。通关已经成为外商十分看重的投资环境的中心话题。随着改革开放逐步深入和外向型经济的快速发展，口岸通关的提速和便捷已成为一个十分重要的投资条件。

（三）口岸“大通关”将促进口岸及相关部门工作效率的提高，从而提高社会效益和经济效益

赋予口岸“大通关”的新观念，是对口岸每一个单位和部门陈旧观念的有力冲击，也是对口岸传统管理模式的严肃挑战。建立“大通关”机制，不仅促使口岸各管理查验部门必须转变职能、改进服务，提高管理水平，而且对原先不适应的管理模式和工作程序进行必要的整合，采用现代信息技术，实行口岸有效而便捷的监管，直接或间接地促进了外商和国内现代企业经济发展。天津口岸在环渤海的内支线港口及区域和华北地区、西北及其他地区有广阔的腹地，有着密切的经济联系，这些地区的外贸量、贸易值已占天津口岸外贸吞吐量和货值近60%，且呈上升趋势。“大通关”提升了口岸的服务能力和水平，为拉动区域经济和促进社会效益发挥了巨大作用。

三、关于口岸“大通关”中的问题

（一）关于口岸整体意识问题

1、部门利益意识与口岸整体意识的冲突。市场经济规则要求作为市场个体的经济部门追求利润最大化。因此，部门利益意识必然成为经济部门在经营决策、生产运行和市场营销等经济活动中重点考虑的因素。而口岸在通关中，必须实行整体有序运行，讲求整体效益，突出强调的是口岸整体意识。因此，在通关中不可避免地存在着部门利益意识与口岸整体意识的冲突。口岸是一个由多部门组成的服务综合体，服务水平集中反映着口岸整体素质。它包括：基础设施、科技水平、文明程度、服务环境和人员素质等。这些内容的不断完善和质量的不断提高直接影响并加大部门经济成本，因此导致服务与效益优先之间的矛盾。

2、竞争与协作配合的矛盾。口岸运行、通关环环相扣，形成“链条”。因此，经济部门在市场中的竞争与在口岸运行、通关“链条”中的协作配合是一对矛盾关系。

（二）关于口岸通关“链条”的衔接问题

1、进出口手续繁杂，影响通关速度。由于口岸业务涉及海关、检验检疫、税务、外贸、银行、外汇管理、港务管理、航运公司、船代、货代等诸多机构，口岸通关需要经过多个环节，这些环节衔接有时必须“串联”，但缺乏同时运作的“并联”过程，影响了通关时效。

2、口岸查验业务改革尚未整合到位。“三检合一”后，商品品质检验、动植物检疫、卫生检疫等几个环节尚未整合完善，形成多个“内部窗口”；口岸船舶查验“各自为战”，没能集中联合办公。

3、口岸管理体制还存在一些深层次的问题，改革尚未完全到位，口岸管理条块交叉，政出多门，地方协调，权力有限，不利于“大通关”的统一高效。口岸主体企业有待建立符合市场规则的现代企业制度。

4、口岸仓储企业良莠混杂，部分企业经营状况堪忧，远不能满足日益发展的“大通关”需求。

5、中介服务质量总体不高，市场管理有待规范。一是部分报关、报检人员素质差，直接影响了通关的高效运作；二是代理行业多头审批，造成代理市场混乱。目前天津市从事货运代理的大小企业有2000多家，其中经外经贸部批准具有国际货代资格的企业只有180多家。不规范的代理加剧了市场的无序竞争，造成口岸使费提高，相应提高了口岸物流成本。

6、口岸综合服务以及保障机制需要进一步强化；口岸执法、管理部门和服务性企业推行的政务公开、服务承诺的标准以及兑现质量有待进一步提高。

（三）关于口岸大通关信息整合问题

随着口岸现代物流的发展，我国沿海主要口岸信息化建设已初具规模。但是，由于口岸多个部门的信息网络自行开发建设，信息平台相对独立，不能实现充分的数据交换、信息共享。使“大通关”分割在各个平台上运作。针对这种状况，建设口岸综合信息平台已成为当务之急。目前，上海口岸信息化建设全面提速，将原分散管理、独立运行的“上海经贸网”、“港航信息网”和“航运商务网”进行重新开发和合并运行，形成集国际经贸信息、港口物流信息和政府监管信息于一体的口岸通关物流信息统一发布窗口——“亿通网”，构成一个大平台。天津口岸正在筹建口岸信息平台，但整合资源信息需要各单位的配合，国家主管部门的支持；当然也需要资金的投入。另外，在纸质单证取消之前，天津口岸还应考虑有关单位的集中办公问题，因为客户仍在多头办理这方面业务。

（四）关于口岸外部环境对口岸通关的制约和影响问题

1、铁路、公路建设和路政管理不适应港口的发展。作为港口集疏运重要交通枢纽的铁路建设滞后，运力严重不足。随着我国公路交通网的建设，公路运输为疏通港口起到了重要作用。但是，目前公路收费站多，收费标准高，加之动辄罚款，致使运输企业联合上调运价，在一定程度上把增加的成本转嫁到货主身上。

2、口岸腹地货物转关或直通仍存在制约因素。

3、路桥运输和多式联运发展缓慢，尚未形成高效、低成本的物流运作方式之一。

4、口岸需要扩充和提升临港产业。要形成发达的口岸“分拨中心”、“物流园区”、“出口加工区”以及与口岸经济相关的金融、保险、商贸、服务等产业。

（五）海、空港发展规划没能充分考虑“大通关”因素

1、基础设施建设单打一，配套不能同步；同时，查验设施也未能做到配套同步建设，以致影响及时对外开放。

2、相应区域不同功能区的发展规划，个别地方相克，没能形成互补。部分码头建设和接卸货类没能充分考虑环保和保护生态环境。

四、口岸“大通关”的对策及建议

(一)提高思想认识，进一步加大政府对“大通关”的组织推动力度

1、从全局和战略的高度提高对“大通关”工作的认识。国务院办公厅《通知》明确要求：“各地区、各有关部门要站在全局的高度，统一思想，提高认识，把进一步提高口岸工作效率作为认真贯彻执行党中央、国务院当前重大部署的一项具体任务抓紧抓实。各级地方人民政府要主动出面研究解决当前影响口岸工作效率的各种问题，推动提高口岸的总体工作水平和效率。”去年5月，国家在上海召开了“提高口岸工作效率现场会”，吴仪同志自始至终参加会议并做重要讲话，她说：“把握经济全球化背景下的国际物流运行的规律和特点，构筑新型的便捷通关管理模式，提高口岸工作效率，是当前政府口岸执法和相关服务部门的一项十分重要的任务。”同时，她又说：“实行‘大通关’，难点不在技术，也不在资金，关键在认识。各级领导的认识一定要先行。要认识‘大通关’在市场经济，在对外经济贸易的活动中占有很重要的地位”。因此我们要从讲大局、讲政治和发展战略的高度，来认识和对待“大通关”工作，统一思想，提高认识，摆正局部利益与全局利益、市场竞争与协作配合的关系，摈弃狭隘的部门利益和门户观念，在市委、市政府的领导下，统一行动，密切配合，真抓实干，在全市努力形成关注“大通关”、支持“大通关”、参与“大通关”的良好氛围。

2、抓住机遇抢占“大通关”工作的制高点。从全国而言，上海市先行一步，制定并组织实施“大通关”战略，形成了上海经验，其他口岸如广州、深圳、宁波、青岛等也都各有优长。从天津自身情况看，天津口岸在通关中也有其良好的传统和创新，比如我们在八十年代创建的通关联席会和船舶联检曾被全国推广；近两年又形成了“三个机制、四项制度”、“京津口岸直通”以及“便捷通关”，“加工贸易企业网上报关”，“提前报检、报关，实货放行”，“空中申报、落地放行”，“分批出区、集中报关”等天津特色的通关模式和措施。不同时期赋予了“大通关”不同的内容和要求。随着天津港这次大规模的改造、扩建以及“大通关”被越来越多的认知、认同和重视，我们认为，天津口岸的建设和发展特别是“大通关”工作已经步入一个新的阶段。我们应该紧紧抓住这个机遇，高标准、大力度地打造天津口岸的“大通关工程”，在抓好口岸硬件建设的同时，解放思想，敢为人先，创新工作，全面改善和优化口岸通关软环境；在工作标准上，我们要瞄准先进口岸，不仅要学习上海经验，而且要超过上海水平，达到国内领先，世界一流，努力实现戴相龙市长提出的“全面实施大通关措施，提高通关效率，建设一流口岸”的目标。

3、建立密切协同高效工作的组织推动机制。国务院办公厅的《通知》指出：“口岸工作涉及众多部门、多道环节，提高口岸整体工作效率需要口岸各管理部门的密切配合。要求各地根据本地实际情况，成立由地方政府牵头、口岸管理有关部门参加的协调机构，及时研究解决问题，做好本地区口岸管理协调工作。”按照《通知》要求，去年我们成立了天津口岸工作领导小组，相继召开会议对“大通关”工作进行部署和推动，下发了《转批市口岸办关于进一步改善口岸环境提高工作效率的通知》(津政发[2002]32号)，并建立、启动了天津口岸“三个机制、四项制度”。今年又对口岸工作领导小组做出调整，由夏宝龙常务副市长直接领导“大通关”工作，同时还成立了“信息平台特别协调小组”，口岸“大通关”的组织领导

工作得到逐步加强。从现实和今后的发展要求看，应当解决口岸管理深层次的问题，首先在国务院设置口岸管理协调机构，具体负责全国口岸“大通关”工作，其次，地方的口岸管理部门应当是既受国务院口岸管理机构委托，同时又代表地方政府管理协调口岸的办事机构。为更好地促进口岸通关工作，在现有的基础上，建议吸收海关、检验检疫、海事、边检、交通、以及港航等部门的主要领导同志成为口岸管理办公室的领导班子成员，对口岸工作领导小组和市政府负责，处理协调口岸“大通关”的日常工作；成立由口岸办牵头，口岸查验部门和有关单位业务骨干参加的口岸政策研究室，重点研究“大通关”的政策、措施、管理、服务以及通关业务等有关事项，为领导决策和通关工作服务；在此基础上，建立领导联合办公制度或例会制度，工作研究制度，同时修改和完善“三个机制、四项制度”以及口岸通关量化目标月报统计制度。建立起与当前任务和形势发展相适应的密切协同高效工作的“大通关”组织协调机制，组织和推动天津口岸“大通关”上质量、上水平。

（二）整合网络资源，尽快建成天津口岸信息综合平台

当前，口岸的竞争是综合实力的竞争，最根本的是科技实力的竞争，越是发展，科技竞争的差异越明显。现代网络信息科技在口岸中的应用与推广，已经成为“大通关”工作能否顺利推进的关键。国务院办公厅《通知》要求“尽快使口岸各部门在一个平台上运作，实现口岸管理信息化、网络化”。上海“大通关”包括国际上其他先进口岸的成功之处，最根本的一条经验就是运用现代网络科技，建立口岸综合信息平台，使口岸通关工作最大限度地得益于现代科技的支撑和支持。天津口岸要实现现代意义上的“大通关”，其出路在于必须学习借鉴外地经验，整合网络资源，实现多网合一，建立一体化信息平台。从去年开始，我们在调研论证的基础上着手进行这项工作。在夏宝龙常务副市长和“特别协调小组”的直接领导下，按照“政府推动、市场运作、企业经营”的模式，加快了工作步伐，年内实现一期功能目标；同时争取国家有关部门的支持，为今后实现二期功能目标打下基础。

（三）改革管理模式，优化口岸通关环境

1、转变政府职能。从某种意义上说，口岸工作效率的快慢，是政府职能、工作作风和工作效率的集中体现。因此，贯彻国务院办公厅《通知》精神，顺利实施通关工作，政府各有关部门特别是口岸各有关部门要按照入世的要求，按照规范、透明、高效、诚信、创新、廉洁的要求，按照提高口岸工作效率的要求，切实转变观念，转变职能，转变作风，强化服务意识，把为经济发展服务、为企业服务、为通关服务作为一切工作的出发点和落脚点。自觉实践“三个代表”，加强自身建设，牢牢把握提高口岸工作效率这一工作主线，使工作作风、工作方法和工作程序都适应通关工作和服务基层的需要，达到政府工作提速与口岸工作提效的统一；进一步清理、修订部门规章和行业规定，减少审批事项，简化管理手续，压缩工作流程，减少行政收费；坚持从实际出发，正确把握管理、执法与服务的关系，多给企业送温暖、排忧解难，给企业以宽松的环境和更多的扶持与优惠；进一步完善服务承诺制，搞好政策、法规宣传，坚持公开办事原则，自觉接受监督，不断改进工作。

2、改革通关模式。随着“大通关”的深入进行，各地口岸依托现代科技相继推出了一系列新的通关模式，天津口岸在这方面也进行了许多尝试，并取得了明显成效。通关政策的调整和通关模式的改革，为“大通关”注入了生机与活力，解决了过去依靠行政协调难以解决的许多问题，为实现通关提速起到了十分重要的作用。从天津口岸的实际情况看，改革通关工作的领域还很宽，通关提速的潜力还很大。一是要巩固已有的通关改革模式，扩大诸如“提前申报、实货放行”等应用范围；二是加快试点工作，扩大联

网范围，由点到面全面推开“无纸通关”等方便快捷的通关模式；三是积极探讨和试行“船舶网上通关”和大宗整船散货新的通关模式；四是继续推行风险分类管理模式，扩大适用范围，为更多的企业建立“绿色通道”。

3、规范口岸市场。口岸市场主体包括运输、港航、代理等中介服务企业，这些企业是口岸“大通关”的重要组成部分，直接关系到口岸通关工作的推进。鉴于我市的实际情况，我们认为，规范口岸市场应做好四个方面的工作，一是发挥政府宏观指导、管理的作用，深化企业改革，走市场化、企业化的路子；二是按照“天津不高于外地、南疆不高于北疆”的原则，进一步调整和降低有关收费标准；同时学习外地口岸“一个口岸、一口对外”的经验，建立天津口岸统一的行业作业规范和收费标准；三是加强行业自律，整顿代理市场，优化企业组合，减少数量，提高质量，形成规模、规范性经营；四是完善口岸代理企业预备力量和从业人员的教育、培训与考核管理，提高从业人员的整体素质和服务水平。

(四)扩大对外开放，提高口岸的集聚辐射能力

随着我国入世、腹地开发和我市“强港兴市”战略的实施，对口岸开放的要求越来越高，进一步做好口岸开放与延伸，不断增强其对内、对外的辐射集聚效能，这是加快发展的前提和依托。一是按照港口建设规划和海河下游多功能港口经济区开发规划，抓好口岸查验配套设施建设，及时做好新增泊位的对外开放工作；二是积极支持渤海海域各油田的开发，争取国家有关部门的政策支持，简化开放审批手续，及时做好海面油田新增交货点的对外开放，使其成为我市外贸出口新的增长点；三是巩固和发展已有的6个腹地口岸直通和转关工作，配和口岸有关单位加强宣传造势，组织开发货源，提高“五定班列”运行质量；四是扩大腹地直通转关范围，逐步开辟天津至河北、山西、内蒙等腹地直通转关绿色通道；五是着眼西北部相邻国家口岸市场，在争取国家有关部门的支持下，组织实施外访调研，用数年时间，逐步在蒙古、俄罗斯、乌兹别克斯坦、塔吉克斯坦等中亚国家的中心城市建立国际陆港，通过国际货运高速铁路直接通达天津海港口岸，使这些国家拥有便捷的国际出海通道，构筑新型的“丝绸之路”，从而促进我国及天津市与这些内陆国家的经贸发展和友好往来。这是国际经济全球化的必然结果，也是天津港自身发展的巨大的潜在市场。

(五)改善交通环境，切实解决影响港口发展的问题

交通运输是港口物流发展的动脉。目前，天津港的铁路、公路运输面临巨大压力，货物集疏运十分不畅，已经严重影响货物的进出。我们认为，在抓好港内改扩建工程的同时，改善交通环境应列为外部配套工程的首位。一是打通公路交通瓶颈。按去年统计，汽车运输进出港货物7620万吨，占港口总吞吐量的59%，已经远远超出公路负荷能力，随着港口吞吐量的逐年增长，由于汽运具有“门对门”的便利，今后的汽运比重将越来越大。根据我市建港工作会议精神，建议超前规划建设好进出港区公路通道，包括打通天津港与京津塘、唐津、京福高速公路直通线，港内应解决公路、铁路道口交叉造成堵车的问题；同时建议市政府直接协调公路收费、养路费、罚款等问题。二是提高铁路运输能力。建议按照我市建港工作会议精神，做好李港铁路、蓟港铁路、铁路塘沽站、北塘西、南疆港前站、天津西站以及各编组站扩能和增设南北疆联络线等工作，同时依据天津港的扩能建设，参照“大秦线”、“朔黄线”、连云港陇海线以及青岛—济南—邯郸、大连—沈阳—哈尔滨通道模式，从长计议，研究如何打通天津直接通达我国西部特别是煤炭等能源出口地的铁路通道，确保货源不流失，并吸引和集聚更多的货物从天津口岸通过。

发扬创新精神　做好口岸工作

深圳市人民政府口岸办公室主任　曹绍业

党的十六大报告指出，创新是一个民族进步的灵魂，是一个国家兴旺发达的不竭动力，也是一个政党永葆生机的源泉。改革开放以来，深圳口岸得以迅速发展，靠的正是这种创新的精神。没有创新，就不能冲破旧体制的束缚，就没有深圳口岸的今天。实现十六大确定的战略目标，实现深圳建设国际化城市的宏伟蓝图，必然要求我们继续解放思想、实事求是、与时俱进，在更高的起点上实现更大的发展，有更大的突破。要通过观念的创新、科技的创新、体制的创新，不断改善口岸的通关环境，提高口岸通关效率，建设国际一流的深圳口岸，为深圳率先基本实现社会主义现代化提供顺畅的口岸保障。

创新促进深圳口岸发生巨大变化

深圳口岸是随着改革开放的不断深入而不断发展壮大的。从某种意义上说，口岸的繁忙程度也是一个地区经济活跃程度的“风向标”，口岸的繁忙显示了深圳、珠江三角洲乃至全国外贸经济的欣欣向荣。

1989年，皇岗口岸才刚刚建成使用，平均通车日流量只有900辆次左右，目前已成为平均日流量超过2.5万辆次的最繁忙的公路口岸。经全市口岸出入境的人、车流量也是逐年激增，据统计，2002年，经深圳口岸出入境的旅客达1.29亿人次，日均35.25万人次，同比增长10.4%；经深圳口岸出入境的车辆共1249万辆次，日均3.42万辆次，同比增长9.9%；全市进出口货物总量4077.6万吨，同比增长21%，其中进口2253万吨，出口1824.6万吨；全市港口集装箱吞吐量完成761.78万标箱，同比增长50.1%。

深圳口岸的发展壮大得益于深圳经济特区作为改革开放“窗口”的特殊地位，得益于我国改革开放事业的不断推进，也得益于国务院、省、市有关领导和部门对口岸工作的高度重视、改革和体制等方面的不断创新。1995年7月，国务院正式下发了《深圳口岸管理体制改革试点方案》，正式拉开了深圳口岸改革的帷幕。通过一系列的改革措施，减少了查验环节、理顺了查验关系、调整了查验格局，大大提高了口岸通关效率。近几年来，深圳口岸管理部门在市委、市政府的大力支持下，通过对老口岸进行改造等途径，进一步改善了口岸通关环境，加强了口岸部门之间的协作与配合，不断适应社会经济发展的需要。如2001年底到2002年7月，口岸办牵头组织对罗湖口岸联检楼进行了改造，改造后该口岸的出入境通道数由原来的137条增加到173条，口岸的日通过能力由原来的双向25万人次/日提高到40万人次/日，通关速度比过去提高26%。深圳口岸环境的不断改善，得到了过境旅客和香港有关部门的充分肯定。香港特别行政区政府原保安局局长叶刘淑仪于2002年底致函口岸办负责人，对深圳口岸部门不断改善口岸环境所作的努力表示感谢。

通过近两年的口岸工作实践，使我深深地认识到，口岸工作事关重大，口岸的畅通与否，直接影响到深圳的形象，也影响到深港两地经贸的发展。随着我国加入WTO，通关压力将越来越大，口岸疏导的任务也将日益繁重，我们口岸工作者一定要对面临的形势有清醒的认识，与时俱进，开拓创新，把口岸工作推上新台阶。

以创新的思路开创口岸工作新局面

随着中国加入WTO以及世界经济格局的不断发展，口岸面临更大的机遇和挑战，形势逼人，时不我待。我们要按照十六大和“两会”精神，以开拓创新的思想，抓紧做好口岸各项工作。重点是进一步改善口岸通关环境，提高人员、车辆通关速度，为经贸发展和人员往来提供更为便捷的口岸环境。

（一）集中精力抓好新口岸建设与老口岸改造，进一步优化口岸通关环境。今年将是口岸建设和改造任务最繁重的一年，也是口岸规划建设全新的一个时期。要全力以赴、统筹兼顾、抓好落实。一是按照市政府的统一部署，抓好西部通道和皇岗地铁两个新口岸的建设，完成施工前的各项准备，争取尽快施工。其中，西部通道工程属特大工程，要求在2005年底完工，时间十分紧迫，难度很大。目前各有关方面正在紧锣密鼓地推进各项工作。为加快工程建设进度，市政府已决定把西部通道口岸部分的建设任务全部交给口岸办来组织实施。这在以前是没有过的。这一方面说明市政府对我们口岸系统的信任，另一方面对我们工作也是一个考验。我们口岸各单位一定要加强相互的配合和支持，集中全力开展工作，力保打一场漂亮仗，圆满完成建设任务。二是抓紧抓好两座新建跨境公路桥的各项准备和施工，力争一年半左右建成使用。三是完成罗湖口岸人行桥、沙头角口岸改造和文锦渡口岸“快捷通”工程三项改造工程进度，进一步改善口岸通关环境，缓解口岸的疏导压力。

（二）继续推进“大通关”措施的落实，实现口岸通关进一步提速。要进一步健全和完善口岸联席会议制度，并创新口岸协调机制、改善口岸协调手段和方法，加强口岸单位的协调联系。要继续加强与推进关、检合作，提高查验部门协作联动效率，将“关检合作”向“一次申报、一家取样、一家化验、结果共享”方向发展；要进一步规范、整顿报关、报检等中介服务机构，继续做好规范企业行为工作，促进企业守法自律；要建立完善口岸应急处理机制，研究制订应对各种突发事件的应变预案，提高口岸突发事件的快速反应能力；要按照上级有关部署，组织对深港口岸实行“一站式查验模式”改革进行调研论证，争取有新的突破；要积极探索加强深港口岸资源整合力度的措施，加强与港方的协调联系，实现两地口岸的联动和互动；要加强口岸高峰时段的疏导工作，努力实现深港口岸“旅客通关不超过30分钟、车辆通关不超过1小时”的目标；要从服务“大通关”大局的高度出发，积极稳妥地推进“二线查验模式”改革，进一步提高通关效率。要深入开展口岸文明共建活动。在这一方面，文锦渡海关、边检、检验部门和口岸管理部门已取得了很好的经验，可供各单位借鉴，我们要积极组织推广。

（三）切实加大口岸科技建设力度，提高口岸科技应用水平。要抓紧完成文锦渡、沙头角口岸边检“快捷通”工程，进一步推广、完善“电子自动核放系统”建设，依托科技提高效率并完善监管，年内实现公路口岸全程电子通关模式，进一步提高口岸通关效率；要加大口岸信息资源整合力度，努力实现通关单证电子化，建设、扩充、完善以现有电子口岸系统为基础的统一数据处理平台，逐步形成标准统一的口岸通关信息化服务体系；要巩固和完善海关保税加工贸易管理机制和监管制度改革，继续做好EDI联网监管模式推广工作，基本实现出口超千万美元企业、保税区企业联网，实现有效监管下的高效运作；要争取全面实现提前报关、报检，推广应用“提前报检——提前报关、集中申报、现场验核”的通关模式，

（四）强化口岸日常管理，树立口岸和关口良好形象。搞好口岸的日常管理，是改善通关环境的重要方面，是口岸系统经常性的工作。为此，今年要在这方面加大力度。首先，要切实规范口岸区域的管理，对影响口岸形象的东西必须进行整治，同时要加强口岸缓冲场和口岸区道路上的交通管理，使车辆有序

进出。其次，要采取措施维护口岸安全生产秩序，切实加强口岸、检查站治安秩序和消防安全整治，定期不定期地组织检查，发现隐患及时整改，避免意外事故发生，确保口岸安全。第三，加强口岸后勤服务保障工作，同时在口岸、检查站组织开展环境整治活动，使口岸综合环境有明显的改善，树立良好的城门关口形象。第四，要积极推进盐田“国际卫生海港”的创建工作。创建“盐田国际卫生海港”是创建“深圳国际卫生机场”后的又一开拓性工作。为推进这项工作，国检部门去年已经做了大量卓有成效的工作，今年要继续加强创建力度，争取早日摘取“国际卫生海港”的殊荣。第五，要认真总结三年来开展“水上运输安全管理年”活动的好的经验和做法，进一步加大水上安全监管力度，积极探索水上交通安全长效管理机制，切实维护水上安全形势的稳定。

（五）加强口岸队伍建设，进一步提高广大干部员工的素质。主要是通过组织学习党的十六大精神，把干部员工的思想统一到十六大精神上来，把大家的积极性充分调动起来，并落实到做好当前口岸各项工作之中。要加强对干部员工的教育培训工作，做到理论学习、业务学习、科学文化学习相结合，进一步提高干部队伍的综合素质，更好地适应新形势新任务的要求。要大力加强法制建设。要建立健全各项制度，广泛开展法制宣传和法制教育，规范执法程序，强调执法监督，增强全体员工法制意识，提高执法水平。

全面实施“大通关”战略　努力建设高效率口岸

——成都关区大通关调研报告

成都海关　肖力　张仁灏

内容导读：建设现代物流体系，实施大通关战略，是我国外贸经济发展的重要目标，也是深化海关业务改革，提高通关效率的重要任务之一。加快口岸建设，提高口岸管理、服务水平，是实施大通关战略的重点方向。由于口岸管理体制涉及多个部门，不是海关一家能够“包打天下。需要依靠政府的综合协调、统筹规划、政策导向等多方面的支持。本文立足大通关构想，用实施大通关战略的眼光来看四川省口岸建设、管理和服务等方面存在的突出问题，提出了加快四川省口岸建设、提高通关效率的五条建议，得到了地方党政领导和相关部门的高度重视。?

大通关是指进出口货物自其收发货人或其代理人开始办理报检报关起，到提取进口货物或将出口货物运抵沿海沿边口岸出境及办理相应的前期审批和后续管理的全过程。大通关环节包括了海关、口岸管理、外经贸、外汇管理、检验检疫、国税等政府管理和执法部门；铁路、民航等交通运输部门；货运代理、报关代理，快递，仓储等口岸服务企业。大通关是否顺畅，与这些部门的执法水平、整体服务质量以及政府的宏观管理与协调密切相关。推进大通关，是经济全球化、贸易便利化的大势所趋；是我国加入WTO，应对各种挑战的迫切要求；是政府进一步转变职能，提高效率，改进服务的体现；是优化现行口岸管理体制的基础；也是企业降低贸易成本，增加竞争力的需要。?

加入WTO后，四川省的外经外贸发展面临崭新的机遇和严峻的挑战。四川省企业面对新经济的浪潮和跨国集团的冲击，要实现追赶和跨越，必须加快出口步伐，积极参与国际竞争。推动大通关建设，改进大通关环境，构建大物流格局，是实现四川省与全球经济全面接轨的前提条件和基础工程。

为进一步促进四川省大通关建设，积极应对入世后的挑战，成都海关于 2002 年初成立了由肖力副关长任组长的四川省大通关课题调研组。近半年来，课题组对成都关区（指成都海关业务管辖范围，与四川省行政区域相同）报关进口值列前 10 名的企业（在成都关区报关进口值占关区报关进口总值的 74%）；出口前 10 名的企业（在成都关区报关出口值占关区报关出口总值的 65%）；在沿海口岸报关出口前 20 名的企业（在沿海口岸报关出口值占关区企业在沿海口岸报关出口值的 48%）的进出口通关情况开展了调查研究，力求准确反映关区大通关环境中存在的问题，为改善四川省大通关环境提出合理化建议。

一、成都关区进出口通关现状及基本评估

（一）四川企业在成都关区和沿海口岸进出口报关现状

1. 进口报关——2001 年，四川企业进口总值 15.2 亿美元，比上年增长 31.8%。其中在成都关区报关进口的为 9.2 亿美元，比上年增长 23%；占同期进口总值的 61%。绝大部分进口货物选择在成都关区报关，反映出四川省进口大通关环境总体上是比较好的，基本能满足企业的要求。成都海关及各口岸执法部门和服务机构不断改进工作，简化办事程序，提高办事效率的努力取得了成效。

2. 出口报关——2001 年四川企业出口总值 15.8 亿美元，比上年增长 13.5%。其中在成都关区报关出口 3.2 亿美元，比上年同期下降 16%；占出口总值的 20%。到沿海报关出口的货物，主要集中在丝绸、纺织、服装等专业外贸公司经营的时效性强、交货期急的商品以及东电、攀钢、泸天化、鸿鹤化工、峨铁、川投电冶等集团公司出口的大宗货物。此外，由于受到四川省技术水平和加工能力的限制，一些专业外贸公司积极拓展业务，到四川省外的地区组织货源；东方电器等个别大型企业已经实现在全国范围内组织采购和加工境外承包工程需要的设备和配套件，这些产品均直接从四川省外的地区出口，相应报关也选在沿海口岸。这部分出口货物价值 1.7 亿美元。虽然存在以上客观原因，但较多的货物选择到沿海口岸报关，反映出四川省出口大通关环境与沿海口岸相比存在一定的差距。由于四川地处内陆，存在着进出口路线长，交通运输不便，信息不畅，进出口风险大，口岸基础设施相对落后等弱势；一些企业长期在沿海口岸报关，已形成熟悉的渠道和固定的模式。因此，到沿海报关成为不少企业的合理选择。虽然成都海关和口岸各部门为支持出口采取了很多措施，但仍未能完全适应形势发展的需要，不能完全满足企业的要求。与上海等口岸设施齐备、机构完整、服务优良的大通关环境相比，存在明显差距。

（二）海关环节通关评估

成都海关对 2001 年海关环节通关进行了电子监控分析，列表如下：

表 1、成都关区放行货物通关时间表

（以电子数据申报和电子数据放行时间为标准）

	进口放行时间	出口放行时间
成都关区	2.38 天	0.92 天
全国平均	2.57 天	1.46 天
同比时间	—0.19 天	—0.54 天
同比比率	—7.4%	—34.9%

表 2、成都关区转关运输出口报关单结关平均周期情况表

（时间以电子数据申报和电子数据结关时间为标准）

	空　运	海　运	铁　路	公　路	其　它
成都关区	9.52 天	20.42 天	15.03 天	20 天	3.5 天
全国平均	9.42 天	9.18 天	10.34 天	1.86 天	4.28 天
同比时间	0.1 天	11.24 天	4.69 天	18.14	—0.78
同比比率	1.1%	122.4%	45.4%	975.4%	—18.2%

表 3、成都关区非转关运输出口报关单结关平均周期情况表

（时间以电子数据申报和电子数据结关时间为标准）

	空　运	其　它
成都关区	3.11 天	5.07 天
全国平均	3.57 天	3.88 天
同比时间	—0.46 天	1.19 天
同比比率	—12.9%	30.7%

以上分析显示：

自申报起到放行止这一监管过程：成都关区进口货物的放行时间为 2.38 天，略少于全国平均 2.57 天的时间；出口货物的放行时间 0.92 天，比全国平均水平 1.46 天短三成多。数据表明成都关区海关环

节整体的通关效率较全国平均水平高。自申报起到结关止这一监管过程:成都关区进口货物结关时间较短较快,而出口货物结关时间比全国平均水平长,其中最多的高出全国平均水平九倍多。问题似乎较严重,但仔细分析,扣除放行时间0.92天,结关前其它大量的时间耗用在以下环节:出口货物的境内运输,货物在口岸等待换装运输工具,口岸海关在货物到口岸后进行转关核销操作,内陆海关在货物离境后进行结关核销操作等。这些影响通关速度的因素来自于先天不足的地理条件的限制和现行通关体制的制约,涉及大通关的诸多环节,是短时间内不可避免的。仅就海关监管环节而言,为了提高进出口通关效率,成都关长期致力于改进服务,一直积极与有关口岸海关就转关运输进行协调,与大部分主要口岸海关单独签定了联系配合制度。2001年,在总署领导下,该关实行了跨关区快速通关作业制度改革,极大地简化了通关环节,提升了通关效率。但由于内陆货物出口和转关运输监管的特殊性,仍不如直接从沿海报关发货快捷。

二、四川省大通关环节存在的主要问题

(一)运输问题是严重制约四川省大通关顺畅的瓶颈,也是大通关高风险集中环节,更是相当部分企业选择到沿海报关的主要原因。运输方面的问题,既有四川省地处内陆先天不足的客观因素,也有主观上的原因。主要反映在五对矛盾上:

一是铁路运输与海运不能及时衔接的矛盾,即内陆到沿海铁路运输路线长风险大与船期固定的矛盾。如果选择在成都报关,通过转关运输以"海铁联运"的方式到沿海口岸放行,则需在成都报关前预订好海轮船期。在出口时企业严重依赖铁路运输的安全准时。选择普列运输有时发生差错,安全性不高,如果车皮因编组等原因滞后,使货物不能按期到港装船,会给企业带来较大的损失。这是企业普遍担心的问题。不少企业为了规避运输风险,长期在沿海口岸租赁仓库,提前将货物运至口岸囤积,以保证及时装船发货。当然,此类风险可以通过选择以专列、远程快运或五定(定点、定线、定价、定车次、定发到时间)班列等安全快速的运输方式降低。但在专列、远程快运或班列有限的情况下,企业自然愿意选择到沿海报关。

二是在交货时间急的前提下,内陆到沿海运输路线和时间长、安全要求高与班列过少之间的矛盾。目前成都至上海一周只有一班五定班列,无法满足企业快速和安全运输的要求。尤其是四川省传统出口大户省丝绸、纺织、服装三家专业外贸公司,由于出口的货物交货时间要求急,批次多,客户要求越来越高,运输问题的制约日益明显。这些长期在成都海关报关并得到海关重点支持的企业近年来被迫到沿海报关。1999年,三家企业在口岸报关总值为1000多万美元,2000年上升为1.4亿美元,到了2001年则达到2.3亿美元,占当年关区出口货物口岸报关总值的18%。在绵阳关区,由于长虹集团的出口猛增,导致绵阳地区其他企业出口货物搭乘班列运输受到很大影响,迫使一部分企业选择到其他口岸报关。

三是运输和装卸能力不足与出口货运量快速增长的矛盾。如攀钢集团、峨铁、鸿鹤化工等企业的大宗散货,由于铁路运力的不足,只能采用分批将货物运至口岸存放,再集中装船的办法出口,相应的通关手续也只能选择在沿海办理;在绵阳,虽然海关采取了很多措施支持长虹集团的货物办理报关手续,但因为运输和装卸的制约,随着出口量的猛增,长虹集团不得不开始计划将相当部分货物转移到重庆采取江海联运的方式出口,相应的报关也将随之到成都海关以外的地方进行。

四是运输费用高与企业降低出口成本的需要之间的矛盾。目前四川省水运口岸尚未开通,由于水运的费用平均比铁路低15%，导致不少企业选择关区外的重庆报关。如泸天化考虑到出口的大宗货物铁路运价与水运相比较高，企业为了节约成本，采取长江水运到重庆报关再通过江海联运出口的方式。此外，自贡距成都和重庆公路距离大致相当，但自贡至成都段的运价为自贡至重庆段的近2倍，由于某些垄断因素的限制，从成都东发往自贡的公路运价还要另外加价。这些因素无疑促使了企业选择到重庆等其他关区报关。

五是集装箱的数量和调配能力不足与企业出口的特殊要求的矛盾。如绵竹龙蟒集团因集装箱无法保障，2001年价值1765万美元的货物不得不转往其他口岸办理报关手续。

(二)口岸基础建设明显滞后于进出口货运量的迅速增长，口岸建设步伐日益不能满足外贸快速发展的要求，也是制约大通关顺畅的重要因素。口岸建设投入不足，基础设施建设发展缓慢，铁路口岸设施管理不达标，是四川省口岸建设滞后长期存在的问题。这个问题在成都、绵阳两地的铁路口岸表现得尤其突出。在成都铁路东站，由于货物堆场的不足以及管理不够规范，长期不能满足海关对监管货物须集中堆放、与国内货物应有明显区隔的管理要求，增加了海关监管的风险。海关监管区域分散，除火车东站外，还有青白江、省外运，市外运几个监管点。监管区域不集中，不利于海关监管，特别是对青白江海关监管点的监管存在极大的隐患。监管仓库按照海关总署的要求，必须全封闭，设立卡口，与海关实现微机联网等，而关区铁路监管仓库无一达标。甚至铁路与海关的仓单联网都没有实现。为了维持口岸进出口监管的运转，成都海关承受了极大的压力。在绵阳铁路口岸，随着长虹出口的猛增，货物堆场、仓库、车站装卸设施已远远不能满足出口的要求。尤其是自2002年以来，由于绵阳车站的堆放、装卸和运输能力不足，长虹待出口货物沿青白江、二仙桥、绵阳、广元沿线的车站一路堆放。绵阳海关为了支持其出口，打破原有机构建制，将全关人员统一划分为5个监管组，24小时随时办理海关手续，海关和企业的人员都苦不堪言，勉强能应对出口货物报关的要求。这些现象如不能尽快解决，势必影响长虹乃至整个绵阳关区货物的出口。除此之外，口岸建设的相对滞后还表现在：乐山、自贡等地无铁路口岸的问题已经严重制约了该地区货物的进出口；达州、南充等川东地区无口岸和海关等机构的问题日渐显露；整个成都关区的口岸配套设施(如海关监管仓库、川南地区出口货物熏蒸等问题)的完善和规范也需要抓紧落实。

(三)口岸执法部门的整体执法水平和服务意识存在差距，是影响关区大通关效率的重要症结。成都关区大通关综合执法和服务环境与上海口岸相比差距明显。在上海口岸，除海关外，检验检疫等部门在各现场设立了办事机构，实现了“一条龙”服务。企业普遍反映，上海口岸大通关环境好是吸引他们前去报关的重要原因之一。从近一半的四川省出口货物选择到上海办理出口通关手续这一现象也深刻地反映了这种差距。口岸执法环境的差距主要表现在两个方面：一是各部门均不同程度的存在重管理轻服务现象。如有的部门服务意识不强，办事效率不够高，服务质量不佳；有的部门收费政策不规范；有的部门对外办公时间过短等等，影响了大通关整体环境的改进。这种重管理轻服务，强调权利而忽视义务的工作作风，与政府职能向以企业为导向转变的思路冲突，也与加入WTO后政府执法透明化要求相违背。二是各口岸执法和管理部门间存在机构设置不统一，机制不同步，工作不协调等现象。部门间不协调主要体现在以下几方面：有关部门对同一政策执行中的一些具体问题在理解上有时存在分歧，不能很快很好地协调，直接影响政策的实施和货物通关；口岸查验部门按照自己的工作程序，分别对相同的进出口货物移箱、开箱、查验、取样，这种重复开箱查验，企业意见较大；企业反映某些大通关环节的执法部门程序不如以前简化，出口货物在内地要检，到了沿海口岸还要检；有的部门在地区设立相应机构，但配套工作没有及时跟进，影响机构职能的运行。

（四）口岸配套服务机构的服务不够规范，服务质量不高是大通关软环境建设中的薄弱环节。口岸配套机构服务质量不高、不规范影响了通关效率，也损害了口岸服务形象。口岸配套服务的问题主要反映在四个方面：一是在成都关区进出口货物二次转关运输市场秩序存在不规范现象。某些部门利用其垄断优势，独揽进入火车站拉货的业务，出站后转包，既造成不公平竞争，又影响口岸秩序；二是企业在向有关部门申请成都至口岸运输车皮时存在不规范行为。由于管理上的漏洞，有时导致有车皮而无货物运出不规范交易；三是代理运输和代理报关市场的秩序需要整顿，有出口的没有车皮，出口企业为了及时获得车皮，不得不进行一些清理整顿。代理报关企业和专业报关企业存在过于重视利益而轻视内部管理和对外服务的现象。为了争取业务，超出规定范围从事代理运输和报关业务，出现问题后推卸责任，影响口岸环境。四是一些经批准专门从事口岸仓储业务的仓储企业，由于缺乏有效监督和公平竞争，收费过高。这些现象，不同程度地影响了通关环境，如果泛滥，其严重性不可低估。

（五）电子联网中存在的数据丢失现象在一定程度上影响了通关顺畅，是大通关作业在改革中产生的新缺陷。国家统一实施通关制度改革后，海关与外汇、国税等部门进行电子联网，内陆海关与口岸海关之间也普遍实现了全面的电子联网。去年，电子口岸执法系统海关与外汇核销子系统正式开通，今后还要陆续开通海关与其他大通关管理部门间的子系统。电子联网的目的是要简化手续，严密监管，对加快转关运输出口的放行结关和退税都带来积极作用。但是，不少企业也反映，由于传输线路、通讯技术和具体操作的原因，有时会发生电子数据丢失的现象，影响企业外汇核销和出口退税。负面影响目前集中反映在进出口外汇收付汇核销和出口退税与海关的电子数据核对上。如果企业选择在成都地区报关，其影响还不太严重，成都海关与国税和外管部门可以通过纸质单证及时进行“二次核对”，进行补救。但如果企业选择在口岸海关报关，当四川省国税和外管部门发现电子数据的丢失和疑问后，由于与口岸海关沟通的困难，就会严重影响外汇核销和出口退税的进行。? 此外，在涉及电子数据一些具体的业务问题，如对商品归类的确定上，国税、外管与海关也存在不协调现象。这些都是国家统一推行的大通关作业制度改革引发的新问题，也只能随作业制度的改革和技术手段的完善逐步解决。

三、实施“大通关”战略，改进大通关环境，要坚持把关与服务的辨证统一原则，既要依法行政，又要优质服务；既要严密监管，又要快捷通关。

不但要努力建设“高效率的口岸”，还要建设“最放心的口岸”。要实现这个目标，关键要处理好四个关系：一是要处理好宏观协调与部门具体抓落实的关系；二是处理好直属机构与地方部门的关系；三是处理好政府适度管理与企业高效运作的关系；四是处理好有计划的局部重点优先发展与整体稳步推进的关系。具体建议如下：

（一）加大口岸建设力度，加快口岸建设步伐。包括两个方面的工作：一是尽快争取在乐山、自贡等地设立“海关后续监管区”（即设立口岸）；二是要加大对口岸基础设施建设的投资力度，进一步改进成都铁路东站，绵阳火车站的海关监管区的基础设施的建设（如货场，吊装设备，监管仓库），加快泸州水运口岸的建设。

（二）全面提升运输尤其是铁路运输水准，切实降低出口运输风险，推动国际物流体系的建立。要实现这个目标，需要有关部门督促运输部门对症下药，解决好四方面的问题：根据关区的实际创建国际物流中心，形成进出口大物流格局；适时增开到沿海班列，扩大安全快速运输范围；合理增加集装箱数量，提高集装箱使用效率；切实整顿运输秩序，提高工作效率；进一步清理二次转关环节的收费等。通过这些措施，保证四川省出口通道建立在一个层次更高、渠道更多、效率更佳、成本更低、管理更严、安全快捷的大物流平台上，大力降低运输中的不确定因素给出口造成的负面影响，客观上缩短我省经济与国际接轨的空间和时间距离。

（三）围绕改进服务这一核心，实施大通关工程软环境建设。一是要发挥政府主管部门的职能，进一步整顿口岸服务秩序、提高各执法部门和配套服务机构的服务质量，为大通关的顺畅提供过硬的软环境。口岸办、外经贸部门应强化综合协调和职能管理作用，建立对口岸执法部门的监督评估机制和对口岸服务部门的检查监督机制，组织对大通关环节收费的清理和整顿，及时为大通关的种种阻塞消肿，确保大通关环境的净化。二是要加强部门间的协作，形成大通关综合问题和突发问题快速反应能力和协调解决机制。要建立和完善三种机制：充分发挥口岸管理部门在大通关工程建设中的指导和协调机制，加强对大通关建设的统一领导和整体协调；巩固和完善运转良好的关贸协作机制，在改进大通关效率的工作中发挥主导作用；三是尽快建立海关与外管、国税部门的协作机制，切实解决三个部门通关电子数据传输核对中存在的问题。

（四）加快口岸信息化建设，建设符合关区实际的“信息港”刻不容缓。建设大通关工程，需要全面提高口岸信息化建设：建设“高效口岸”，需要科学的信息化管理的支撑；建设“放心口岸”，需要全方位的信息监控；协调各部门的行动，需要多渠道信息沟通；提高对进出口企业的服务水平，需要信息公开和共享。口岸信息化管理的最基本的内容是海关通关作业系统与港口、机场、铁路的仓单系统的联网。目前，全国各海运港口和空运口岸已实现了与海关的仓单系统的联网，成都关区也不例外。当务之急是要尽快完成铁路和海关的仓单系统的联网，实现货物从铁路运输、仓储到海关的自动对接，提高大通关管理的效率，并逐步推进整个口岸的信息化建设。

（五）高度重视对企业的培训，为通关作业的顺畅奠定坚实基础。由于大通关涉及部门多，近年来国家相关政策调整频繁，各部门业务不断改革，企业办事人员必须及时掌握政策法规、了解办事程序。这些都对企业人员提出了很高要求，如在通关环节中较为突出的电子数据删改问题，据统计一半以上是由于企业办事人员和负责人对各部门办事程序及有关规定了解不够，工作责任心和业务能力不能完全适应目前较为严格的作业要求造成的。作为政府管理部门和执法机构，要高度重视企业在通关环节中的重要作用，高度重视企业办事人员在通关活动中的重要角色，有计划、分阶段、不间断地开展对企业有关办事人员和责任人的政策业务培训已经成为改进大通关的不可或缺的基础工作，是新型通关模式的最基本的要求。政府各有关职能管理部门应加强政策法规和业务作业制度的培训，有计划地组织对企业的培训工作，形成固定的培训机制，为保证大通关各项作业的顺畅打下牢固基础。总之，根据上海、宁波等地口岸实施“大通关”的成功经验，要使“大通关”真正做到畅通和优化，必须加大政府的参与力度、推动力度和协调监督力度，必须把相关部门的认识和步伐统一起来，实行总体推进。政府要把这件事真正列上议事日程，不仅在于强调、务虚，重要的在于抓紧与落实。这样，我们四川就能在西部大开发之机，在经济新跨越之时，开创一个“大通关”的崭新局面。

正确理解“大通关”含义　努力提高“大通关”效率
促进深圳投资软环境的发展

深圳海关　欧阳晨

当前,随着经济全球化和贸易自由化步伐的加快,通关效率成为贸易投资环境的重要组成部分,在这种背景下,实施“大通关”战略,实现整个口岸通关环境优化,无疑对推动我国经济发展、提高国家综合竞争力具有重要而深远的意义。对此,国务院及地方政府非常关注,朱总理在去年中央经济工作会议上明确提出要“实行大通关制度,提高通关效率”,要求口岸部门尽快出台有效措施,切实提高工作效率和服务水平。深圳特区作为改革开放的前沿地区,外向型经济对整个深圳经济的发展起着举足轻重的作用,对于提高口岸通关效率,改善投资环境的要求尤为迫切。深圳海关在建立大通关的过程中重要性不言而喻,使命所系,责无旁贷。

一、明确“大通关”的概念

吴仪同志指出“实行大通关,难点不在技术,也不在资金,关键在于认识”。目前关于“通关”、“大通关”的解释和理解有很多,存在着以偏概全、认识不足等问题。一般来说通关的概念有三个层次:

一般人认为“通关”是狭义的“通关”,理解为“关”就是“海关”,因此把通关理解为货主或其代理办理货物进出口报关手续,海关对其呈交的单证和有关货物进行审查、查验、征税、放行这一过程的“通关”范畴,这实则是当事人办理海关手续的“小通关”。

从口岸实际运作和我国对外贸易管理来看,“通关”也可理解是指包含了边检、国检、货代、外汇、港务等口岸管理部门和船代、货代、报关、理货、运输、仓储等环节的“通关链”。我们把它当作“中通关”的范畴。

高层次上的对“通关”的理解才是“大通关”的概念,它是把握经济全球化背景下的国际物流运行规律和特点,构筑新型的便捷通关管理模式,实现国际物流“零风险”下的“无障碍”的通关模式,是现代化大物流实现现代化大流通在通关前、中、后的全过程。除了包括“小、中通关”外,还应包含所有对进出境有影响的政府职能部门和口岸管理单位。只有从这个层次上去理解大通关的含义才能正确采取针对性的措施,从根本上提高大通关效率。

二、深圳经济要实现新的大发展,必须要大力推动大通关建设,全面优化投资发展环境

大力推动大通关建设,既是改革开放发展到新阶段的必然要求,也是中国加入世贸组织后积极应对挑战的一个重要举措。深圳作为中国重要的口岸,外向型经济占有很大的比重,面对全球的经济竞争尤为明显,将在更大范围内和更深程度上参与国际经济合作与竞争。特别是加入世贸后,深圳将进一步扩大对外开放领域,国际经贸的竞争日趋激烈,而口岸的通关效率作为改善贸易投资环境的重要组成部分,可以降低企业的通关成本,节约货物流转时间,增强企业的市场竞争力,为中外企业创造更多的贸易投资机会。因此,搞好大通关建设,提高口岸通关效率有利于树立深圳口岸良好的对外形象,有利于提升深圳在国际上的地位和影响力,有利于扩大吸引外资,为深圳产业结构调整优化提供充分的资金和技

术支持。可以说,深圳的经济发展与口岸通关效率休戚相关,深圳要掀起新的经济发展热潮就必须要大力推动大通关建设,努力提高大通关效率。

深圳海关把实施“大通关”战略作为贯彻落实“三个代表”重要思想和“依法行政,为国把关,服务经济,促进发展”海关工作新方针的具体行动。自2001年新一届党组成立以来,以“创新观念、创新制度、创新手段”为主导,坚持有效监管和高效运作相结合,把“提高大通关效率”作为重中之重的工作来抓,推出了一系列改革措施:一是继续完善通关作业制度改革;二是调整部分口岸海关业务功能,实现口岸海关管理专业化;三是加强与口岸联检部门的配合,大力推进综合治理的力度;四是采取各项措施大力推行关务公开;五是深入推行电子口岸建设,积极开展无纸化通关试点工作;六是加大了科技应用的力度,向科技要效率,在公路口岸应用通道自动核放系统。同时,为促进口岸物流畅通,将影响口岸现场通关占80%的加工贸易业务进行功能整合,进一步提高了加工贸易企业在口岸海关的通关效率。

目前,深圳海关的通关效率创造了历史新高,在全国海关中名列前茅,并不断取得新的突破。尤其是在皇岗海关试行自动核放系统以来极大的提高了陆路公路口岸通道验放速度,并达到了严密监管,提高工作效率,降低廉政风险,改善工作环境的目标。建立自动核放通道的改革是海关监管模式上的重大突破,代表了中国公路口岸改革的基本方向,也是大力推进大通关建设,促进深圳地区投资环境优化强有力的举措。中央政治局常委李长春同志曾在视察工作时举过一个例子:某一外国大公司在决策投资时,用不为海关所知的方式,对包括深圳海关在内的几个口岸海关的通关速度进行了测试,结果由于深圳海关的通关效率最高,该公司决定将一个特大型的投资项目放在深圳。这在一定程度上证明深圳海关快速通关的努力成果已经得到了社会各界的广泛认可,为优化深圳投资发展环境作出了积极贡献。

海关的通关效率的提高一定程度上带动了口岸整体通关效率的提高,但是,目前深圳口岸的整体通关效率仍然不能让广大的企业满意。长期以来形成的许多深层次矛盾和问题影响了大通关整体效率的提高,对进一步改善投资环境产生了不利影响,主要有:一是国际物流一站式管理体制、机制尚未建立;二是口岸建设缺乏总体规划,口岸通关能力不足;三是进出口管理条块分叉,审批环节多,手续繁杂;四是港航、运输、中介代理等行业市场意识不强,运营管理和服务质量和效率不高;五是政府进出口管理的信息化、网络化应用水平不高。因此,研究解决提高通关工作效率的深层次矛盾和问题,真正把“大通关”作为一项制度加以完善,是目前深圳所有对进出境有影响的政府职能部门和深圳口岸各单位十分紧迫的工作任务。

三、深圳口岸要提高大通关效率,必须要改变传统的通关管理理念,创建国际物流一站式通关模式

大通关建设涉及众多部门,多道环节,影响通关效率的因素具有复杂性和多样性,必须要改变传统的管理理念,改革传统的通关模式,创建国际物流一站式通关模式,使大通关制度落在实处,在有效监管的前提下全面提高通关速度,真正实现国际物流“零风险”下的“无障碍”通关,以进一步改善深圳的投资环境。为此,深圳市所有对国际物流通关有影响的政府职能部门和中介代理机构都要积极推动大通关建设,要与时俱进,大胆创新,改革管理模式和管理手段,在进一步简化审批手续、提高服务水平、完善运行机制和办事程序的基础上,广泛应用信息技术,建立国际物流通关信息大平台,实现真正意义上的一站式通关。

当前,深圳口岸创建国际物流一站式通关模式,推动大通关建设的关键是要做好以下几个工作:

一是各级政府和口岸要强化大通关意识,加快建立“虚拟大关区”。政府和涉及进出口环节的有关

部门要按照“严密监管、高效运作”的原则，要把工作的着力点放在加快进出口货物口岸现场通关速度，加强前期监管和后续管理上来，不断加大工作力度，提高通关效率。

二是深化管理模式改革，加快口岸现代化建设的步伐，奠定大通关建设的基础。市政府要加大口岸改造的力度，提高口岸通关能力。调整现有口岸布局，规范口岸基础建设，增加投入，扩充口岸的通关能力。各管理部门要清理、修订部门规章和行业规定，简化管理手续和业务流程。同时积极采用风险管理，突出监管重点，通过对企业的守法状况和违法可能进行动态评估，按照“守法便利”的原则，对不同类型的企业采取不同的管理措施，促使进出口企业守法经营。

三是要建立健全大通关工作协调机制。建立省市各级口岸协调机构，加大口岸单位的协调力度，解决好地方各职能部门在外贸进出口管理衔接中存在的一些问题，处理好直属机构与地方部门的关系。对于深圳来说，口岸办、外经贸部门应强化综合协调和职能管理作用，建立对口岸执法部门的监督评估机制和对口岸服务部门的检查监督机制，及时为大通关疏通种种阻塞，确保大通关环境的净化。同时要解决好海关、边检、国检等部门有关职能交叉的问题，建议对于查验和检验方面的事情可以实行海关、边检、国检联合查验，实现一条龙或一个岗位服务。

四是加大科技的运用力度，向科技要效率和效益。建设大通关工程，需要全面提高口岸信息化建设；建设“高效口岸”，需要科学的信息化管理；各个通关环节要加大信息网络等先进技术应用，建立信息化管理平台，实现对通关全过程信息化管理和资源共享。当前深圳口岸要尽快解决好海关与外管、国税、国检、港务等部门的有关通关作业系统的数据单证格式统一、规范问题，建立标准化规范化的数据传输信息系统，切实提高口岸通关效率，为深圳的投资环境作出新的贡献。

（本文作者现任惠州海关关长）

突出口岸建设重点　实现深圳经济的可持续发展

深圳海关副关长　吴荣昌

为加快物流发展，促进深圳经济建设，深圳海关按照海关总署和广东省、深圳市发展的要求，去年以来加快了通关业务各项改革。以“加工贸易联网监管改革”为突破口，深圳海关在海运、陆路口岸实施了全方位的提速工作。目前，深圳海运口岸进口货物从卸船到货主提货出闸平均需要 4.25 天。其中海关作业时间 0.53 天即 12.7 小时，占口岸平均通关时间的 12.5%；口岸其他单位作业时间 3.72 天，占口岸平均通关时间的 87.5%；出口货物从入闸到装柜上船离境平均需要 1.55 天。其中海关作业时间 0.06 天，占口岸平均通关时间的 4%；口岸其他单位作业时间 1.49 天，占口岸平均通关时间的 96%。深圳陆路口岸进口车辆平均通关时间为 63.7 分钟，其中，海关平均作业时间为 8.7 分钟，占通关时间的 13.7%；出口车辆平均通关时间为 53.5 分钟，其中，海关平均作业时间为 6.5 分钟，占通关时间的 12.1%。海关通关效率得到了大幅度提高，但由于货物实质“通关”包含了海关、边检、国检等口岸联检单位和码头、船代、货代、报关、理货、运输、仓储等环节的“通关链”，称之为“大通关”。在口岸，一批进出口货物及进出境运输工具能否在较短时间内完成“大通关”，直接取决于在口岸大通关中各个环节各个部门管理水平的高低、工作效率的快慢。特别是深圳海运、陆运发展不平衡,陆路口岸地处城市中心区,受地域限制,深圳物流的整体发展较为缓慢。如何提高整体通关效率,促进深圳物流和经济发展。我们认为要从目前深圳物流发展状况以及充分考虑港口、陆路运输发展优势,从全局上进行战略转移,要突出港口建设重点,大力发展国际集装箱运输业务,才能实现经济可持续发展。

鉴于此,深圳海关组成专门调研小组,以深圳市海运口岸盐田、SCT、凯丰三个集装箱码头为对象,对深圳海运口岸国际集装箱进出口通关和运作情况进行了调研。现将有关情况和建议总结如下,希望能对深圳物流发展和经济建设有所裨益。

一、基本情况

近年来,深圳海运口岸国际集装箱进出口业务发展迅猛,年均以超过25%的增长率高速增长。据统计,1999年国际集装箱吞吐量279万标箱,2000年达371万标箱(其中盐田、SCT、凯丰三个码头合计332万标箱,占总量90 %),比上年增长33 %;2001年在全球经济萎缩的情况下,全年进出口集装箱吞吐量508万标箱(其中盐田、SCT、凯丰三个码头合计414万标箱,占总量82 %),比上年同期增长28%(见附表一)。

目前,海运口岸港口设施(见附表二)不断完善。各通关管理部门(海关、边检、检验检疫、港监等)通关管理制度逐渐规范、工作效率不断提高。2001年,在深圳海关党组的大力推动下,在盐田港以及蛇口港的SCT、凯丰等几个主要集装箱码头实现了海关与码头公司的计算机联网,实行了码头闸口的计算机自动验放,在SCT、凯丰两个码头进行的集装箱国际中转监管制度改革试点也取得显著效果。2001年,蛇口港上述两个码头国际中转比重达29.5%,与仍按旧模式运作、占0.16%比重的盐田港形成鲜明的对比。虽然海关环节非国际中转业务的决定因素,但其重要促进作用是不言而喻的。

从调查的总体情况看:目前深圳海运口岸国际集装箱进出口业务运作基本正常,发展势头良好。但若就所面临的形势和发展的要求看现状,依旧是机遇与挑战共存。

二、从严峻的形势看深圳港面临的挑战与机遇

(一)深圳海运口岸现有通关能力与进出口贸易增长的需求相距甚远。随着我国加入WTO,无歧视、市场准入、公平贸易与竞争、贸易便利化等国际贸易规则逐渐实施,加上“9.11”事件对欧美投资商的影响,外商对华投资将持续增长。因关税调低和贸易便利降低了生产成本的我国境内外资企业,其进出口也将大幅增长。由于目前集装箱运输的物流量占世界物流总量60%以上,西方发达国家更高达80%以上,海运口岸国际集装箱运输随之增长的趋势是可以预期的。但目前深圳两大海运口岸的三大码头的生产能力、三个公路口岸通过能力均处于饱和状态,如无重大措施出台,从下半年起至明后两年深圳海陆口岸势必面临更大的通关压力。

(二)国内集装箱海运同业的战略举措对深圳海运口岸形成巨大的压力。首先是策划中的以南沙为中心的珠三角经济协作区,对于以珠江三角洲为主要货源的深圳海运口岸国际集装箱业冲击迅猛而直接。其次是上海市分三期、投资300亿元人民币在舟山市大、小洋山兴建的大型深水港集装箱码头,两三年后即建成一期工程,极大地吸纳众多内地货源。再次是沿海开放城市抢占周边国家集装箱国际中转业务的战略行动纷纷展开,其中青岛市在去年日本地震后,成功实现了神户港向青岛港的转移。

(三)周边国家、地区和内陆港口正在进行一场寻找新的国际中转“基本港”的洗牌。据业内人士介绍,因种种原因,周边国家和地区均正在谋求转移。原在日本中转的船公司因日本地处频繁的地震带,

已经或正在转移(神户转青岛即一例);我国台湾高雄港,因台湾当局的渐进式台独而政局不稳、经济不景,欲随台湾工业投资的大势谋求转往大陆;香港一些船代公司和内地湛江、海口、汕头、厦门、福州等地,因中转费用过高及目前货运量不大等原因,也在寻找中转出路。

综上,未来两三年将是深圳国际集装箱海运业务发展机遇和挑战并存的关键阶段。如果应对得当,深圳港以 2001 年增幅 28%、总吞吐量达 508 万标箱的优势,成为全国最大的集装箱国际中转中心港大有希望。

三、从潜在的需求看深圳集装箱业务的发展空间

通过对国际物流发展各项因素比较分析,可以看出,目前深圳物流业的发展大有希望,存在较为广阔的发展空间。

(一)从货物流通的成本看,货物直接经深圳海运口岸出口较之经香港中转成本低。但深圳海运货物占整个深圳口岸进出口总量不到 20%,与货物低流通成本要求形成强烈的反差。以宝安、龙岗两区的企业为例,从盐田港、蛇口港直接发运整箱集装箱货物至国外,较通过公路口岸经由香港发往国外,每箱减少费用达 2000 多港元;在深圳出口监管仓直接拼装货物经盐田港、蛇口港发往国外,较通过公路口岸出口至香港拼装后再发往国外,每箱减少费用约 3000 港元(见附表三)。从上述数据可以看出,货物直接经深圳海运口岸出口较之经香港中转成本低。但目前,深圳海运货物占整个深圳口岸进出口总量不到 20%。随着国际市场竞争的加剧,企业降低货物流通成本的要求日益强烈,企业选择海运口岸进出口货物将成为必然。这为海运口岸的发展提供了更广阔的需求空间。

(二)从陆路通关货物销往"国别"的情况看,经深圳三个公路口岸进出境的集装箱近 90%是由香港中转至第三国的。目前,深圳三个公路口岸日均进出境车辆达三万多辆,2000 年出入境集装箱即达 883 万标箱,其中重车占 63%(50%以上为集装箱整箱货物)、空车占 37%。据香港有关部门统计,上述货物在本港消费的仅占 5.5%,其余 94.5%均再销往国外,2000 年由吨车运载经三个公路口岸出境后在香港拼装销往国外的达 182 万标箱(见附表四)。而公路口岸近七成货物可通过海运口岸分流,并可较大幅度降低发运费用。按上述空重车比例数据计算,去年从三个公路口岸进出境而经香港港口进出口的货物达 738.29 万标箱(其中整箱货物 556.29 万标箱,拼装货物 182 万标箱)。即:

1. 按 1.5 标箱为一车次计算,共 710 万辆次,约占三个公路口岸进出境货运汽车总流量的 76.8%。

2. 按深港两地发运费用差价折算,发运费用总差额为 165.90 亿港元,其中整箱货物总差价 111.30 亿港元,拼装货物总差价 54.60 亿港元(对于码头公司和拖头公司来说,因空柜与重柜运作收费差价并不大,因此实际差额当在 200 亿港元以上)。

从上述数据可以看出,企业从减少货物流通环节、提高流通速率的角度考虑,未来经深圳海运口岸进出货物的需求将进一步扩大。与此同时,目前深圳海运口岸国际中转业务所占比例不足一成,这与一些国际大港中转业务占七成的比例相差甚远。随深圳未来物流业的进一步发展,国际中转业务将成为深圳海运口岸未来发展强劲动力之一。

(三)从经济效益看,国际集装箱运输业的直接经济效益与间接经济效益为 1:8(即海运业直接收入为"1"时,相关产业的收入为"8")而深圳国际集装箱业直接与间接经济效益之比约为 1:3,极大的限制了以港强市功能的发挥。据统计,香港港口航运业及其相关行业的产值占 GDP 比重达 20%,就业人口占香港总就业人数的 20%;深圳海运及相关行业的产值占 GDP 比重仅为 8%—10%,就业人口占总就

业人数的比例虽无统计,相信也不高。从深港两地港口航运业在本地区经济中的地位和效益来看,深圳港口航运业推动地方经济发展的作用尚未完全显现,潜在的发展空间仍相当大。

(四)从外贸增长发展看,扩大海运集装箱的发展将为深圳经济发展提供更大的空间。据统计,2001年深圳口岸累计进出口货物总值为801.22亿美元,较2000年增长了2%。其中,三个陆运口岸为1264734万美元,海运口岸为1604115万美元。海运口岸在深圳外贸经济发展中所发挥的作用越来越重要。同时,深圳口岸进出口业务量的持续增长,也为深圳口岸的进一步发展提供了动力。但深圳三大陆路口岸多年来一直超负荷运作,加之三个陆路口岸均是货运、旅检多项业务汇集,进一步发展有较大难度。而目前深圳海运口岸中,盐田港区已开通了47条国际航线,2001吞吐量已达274万标箱,占全省港口集装箱吞吐量的四分之一,远洋集装箱吞吐量的一半以上。以单个码头计,盐田港集装箱的吞吐量已雄居全国之首。2001年7月盐田港三期工程启动,计划建成4个集装箱专用泊位,可停靠第五代集装箱船舶,并兼顾第六代集装箱船舶的靠泊需要,年设计吞吐能力160万标箱,并留有进一步扩大集装箱吞吐能力的可能性。蛇口港区在2001年集装箱进出口量也已达到168万标箱,比2000年同期增长了35%,呈逐年增长的态势。由此可见,随着深圳海运口岸基础设施进一步完善,国际集装箱业务已逐渐成为深圳海运口岸的重点,海运集装箱业务即将成为未来深圳外贸发展的主力军。

此外,由于三个陆路口岸地处我市中心区域,进出境车辆给市政交通运输造成了巨大压力,口岸通关量已处于饱和状态。就近年政府财政对三个陆路口岸的建设投资效果来看:随着政府财政对陆路口岸改造投入的增加,经陆路口岸进出的车辆增多,进而进一步增加市政建设的压力。与此同时,海运口岸的实际货源流失就越大,物流业的收益就越小。因此,从长远着想,应该在保证公路口岸畅通的同时,以发展深圳港口国际集装箱业务为重点,实现口岸建设投资重点由陆路向海运的战略转移。这不但能从根本上解决公路口岸"通关难"问题,减轻两地政府管理压力以及对市政道路交通和居民生活带来的影响,而且能充分发挥深圳"物流业"对其他产业的联动效应,给投资者创造更多的商机,从而进一步加强深港两地的经济合作和互补关系。

现代物流以实现资本效益最大化的"零库存"为目标,是先进生产力在流通领域的体现。结合深圳的实际,调整政府投资策略,促进港口经济发展,既符合现代物流业发展趋势,也符合最广大人民群众的根本利益,是我们在经济工作中发展先进生产力,实践"三个代表"的具体行动。

四、几点建议

面对当前深圳海运口岸国际集装箱业务的大好机遇和严峻挑战,政府、各部门和相关行业必须从建成国际海运枢纽港和国际中转中心港的战略高度,从外资高度集中、外贸进出口量大的港口新兴城市的角度,全力以赴,努力实现"以港强市":

(一)政府、企业均要切实转变管理和经营的理念、方式。在政府和通关管理者方面,加入"WTO"后,一是要在管理方式上,废除或改革与先进生产力发展、市场规律、国际贸易规则、惯例不相适应的制度和措施,坚持"效率优先、效益优先"的管理原则和"法无授权不行政"的行政执法原则,确保经营者在"法无禁止可行为"的民权原则范围内自主经营;二是要在管理手段上,从行政手段向法律手段和经济手段转变,从传统的手工操作向运用现代化科技手段转变。同时要采取现代化的先进管理手段,最大限度地防止执法盲目性和随意性给企业带来的经济损失。

在经营者方面,一是要树立客户至上,效益优先的观念,克服"大鸡不吃小米"、"等客户上门"等官商经营思想，主动完善配套服务，争取客户，抢占市场；二是要根据“法无禁止可行为”的民权原则，更新陈旧、单一的经营观念和方式；三是要坚持“信誉第一、守法经营”的原则，遵守法律法规，按市场规则运作，提高公信力。

（二）加大口岸管理协调力度，发挥整体效能。根据西方经济学家著名的“水桶原理”，要针对效率低下的环节，加大管理和协调力度。建议借鉴上海的成功经验，成立单个的“深圳国际航运交易中心”，政府管理部门和各通关管理部门实行合署办公的“一条龙”作业，为企业提供“一站式”服务：一是以良好的运作环境和优惠的租赁价格，把各通关管理部门、相关企业（包括码头、船代、报关、运输等）集中在“中心”内运作；二是以初具规模的“深圳市物流信息平台”（鹏海运）为基础，建立“中心交易网络”并与各通关管理部门和相关企业实行联网，各部门在网上发布运作程序、航班信息、交易价格、服务条件等动态信息，实现网上交易；三是政府派出专门机构，专司解决日常管理和成员单位间协调配合问题。

（三）整顿秩序，加强管理，营造良好的通关环境。要发挥政府“看得见的手”的作用，将整顿海运口岸通关秩序作为当前“两个整顿”的重要内容来抓。对管理不善、信誉不良、违法经营的企业，分别限期整改、停业整顿、取消经营资格；对管理完善、信誉良好、有一定管理水平和经营规模的企业，要给予支持、指导和扶持。在此基础上，一要帮助相关行业成立行业协会，建立自我协调和约束机制。二要鼓励和帮助企业“强强联合”，发挥规模效益。三要考虑在必要时对码头、外供、报关等关键行业实施政府投资控股，以形成强有力的服务配套。

（四）多管齐下，扩大深圳港在国内物流市场的覆盖面和占有率。一要加大招商力度，借鉴由上海、青岛、宁波等经验，打政府牌，以深圳海运口岸优越的地理条件、丰富的物流资源、良好的通关环境和低廉的运作成本，广招国际知名船公司、船务代理来深设点。二要发挥地缘优势，全面推广蛇口港改革试点的成功经验，吸引更多国际航班挂靠深圳港，发挥国际中转的联动效应，形成“航线多了，航班也多了，船代来了，货源也来了”的良性循环局面。三要协调通关管理部门，进一步简化手续，吸引更多地区货物经深圳海运口岸出口（2000 年，仅珠江三角洲经香港港口进出口货物即达 826 万标箱）。此外要坚持以拓展远洋干线为目标、以扩大近海支线为支持的发展策略。鉴于广西、云南、贵州、四川、重庆等西南部省市的出口货物大都是从湛江、北海、防城三港出境、经香港中转出口，建议政府以此为开端逐渐开辟近海国内支线的物流运输业务，喂给干线，以使壮大。

（五）加快港口扩建工程和相关配套设施项目的建设。首先，加速本市三个国际集装箱码头的扩建进程（5 万吨集装箱专用泊位 10 个，其中盐田港 4 个、SCT 5 个、凯丰 1 个），务使提前竣工并投入使用。其次，为港口提供足够的发展腹地，解决外轮免税物资（如油料、设备部件、生活资料等）的“供应难”、外轮海员旅游娱乐服务项目、疏港公路规划与建设、拼柜业务运作困难和空箱周转站场等问题。

总之，发展深圳海运口岸的国际集装箱业务，是关系到深圳未来能否得到可持续发展的重大问题，也是市委、市政府经济发展战略中发展“物流业”的关键环节。要发挥深圳的地域优势、先发优势。在海运集装箱运输方式日渐成为世界物流的主要方式，市场需求和适箱货物比重正逐步扩大的情况下，抓住机遇，抓住重点，就一定能够在未来三、两年内成为全国最大的国际集装箱运输中心港。

（原载《深圳特区报》）

实施“大口岸、大通关”战略 努力为经济建设服务

深圳出入境边防检查总站盐田检查站站长　陈　滨

党的十六大提出了全面建设小康社会的奋斗目标，确立了全面贯彻“三个代表”的指导思想，十六大报告指出：“贯彻‘三个代表’重要思想，必须把发展作为党执政兴国的第一要务，不断开创现代化建设的新局面”、“发展必须坚持以经济建设为中心，立足中国现实，顺应时代潮流，不断开拓促进先进生产力和先进文化的新途径。”学习贯彻党的十六大精神，必须紧密结合出入境边防检查工作实际，从党执政兴国的第一要务出发，围绕党的中心工作，更新观念，改革创新，为经济建设提供更多更好的服务。

当前，随着我国加入 WTO 和改革开放的不断深入发展，我国的对外经济、政治、文化、科技交流急剧扩大，出入境人员、交通工具迅猛增长，边防检查工作面临前所未有机遇和挑战。以盐田出入境边防检查站为例，2002 年 1—11 月份，共检查出入境船舶 14 198 航次，比 2001 年同期 10 619 航次增长 33.7%，检查出入境员工 123 824 人次，比 2001 年同期 93 598 人次增长 32.3%。整个深圳港今年的集装箱吞吐量也突破 700 万标准箱，由 2001 年的排名世界第八上升到世界第六，成为深圳乃至华南地区经济发展的龙头之一。深入学习贯彻十六大精神，在维护国家安全，维护社会政治稳定的前提下，必须不断改革创新，配合深圳市政府提出的“物流经济”、“口岸经济”发展目标，整合现有的人力、物力、财力资源，确立“大口岸、大通关”的战略思路，提高执勤效率，加快口岸通关速度，促进地方经济发展。

一、积极适应新形势的发展要求，正确认识实施“大口岸、大通关”的重要性和必要性

（一）正确分析当前情况，深刻认识边防检查工作面临的新形势和新任务。十六大报告中提到，目前我国处在经济持续快速发展，综合国力迅速增强的关键时期，在错综复杂的国际形势和日趋激烈的国际竞争中，我国的发展挑战和机遇并存。报告指出：“全党同志一定要增强忧患意识，清醒地看到前进道路上的困难和风险”。作为守护国门的边防检查机关，我们一方面要同形形色色的出入境违法犯罪活动、民运分子、法轮功分子、境外敌对势力、恐怖主义作坚决而有效的斗争，维护国门的的安全和社会政治稳定；另一方面，我们又要为广大合法的出入境人员、货物、交通工具服务，以促进我国的对外开放和政治、经济、文化的交流，可谓任务艰巨繁重。我们面临三方面的任务和挑战：第一，要在边防检查执勤任务不断急剧增加的情况下带好队伍、圆满完成出入境边防检查工作。第二，要转变观念，增强服务意识，树立“窗口”单位的良好形象，这也是服务对象范围的不断扩大和法律意识不断提高情况下对我们执法单位的必然要求。第三，树立“大口岸、大通关”意识，把边防检查与促进经济发展相联系、与政府的发展战略相联系。盐田站执勤的盐田及东部各口岸就是深圳对外经济交流的重要窗口，2002 年货物吞吐量达 400 万标准箱，其进一步发展壮大是深圳成长为华南地区物流中心的根本条件之一。

（二）实施“大口岸、大通关”战略是完成下一步边防检查工作的必由之路。十六大报告指出，“必须抓住一切机遇加快发展，发展要有新思路”。我们的边防检查工作也一样要在前进中发展，用新的思路解决我们碰到的问题。

1. 要跳出旧有的圈子，冲破束缚，提高对“大口岸、大通关”的正确认识。过去我们对口岸的理解可能只是一个边防线上的特殊检查区域，甚至只是我们边防检查站自身，从而产生认识上的局限，没有把边防检查对象(人、物、交通工具)、联检单位、地方政府、区域经济发展密切联系起来，分析问题不够深刻、工作思路不够广阔，影响了边防检查的工作效果和边防检查事业的更大发展。现在，口岸的经济功能越来越明显地表现出来，尤其在深圳，由于和香港相连的历史地理条件，口岸经济战略成为地方发展的重要一环，“东西两港齐飞，建设华南地区物流中心”、建设“环口岸经济圈”都成为政府最重要的发展战略之一。我们要在边防检查事业发展中有所作为，就要准确把握这一历史时机，正确认识“大口岸、大通关”的必然性，在深圳“物流经济”、“口岸经济”中大有作为，做出自己的贡献。

2. 实施“大口岸、大通关”战略对我们提出了更高的要求。第一，要把边防检查工作和国家政府形象紧密联系起来，无论是勤务组织、硬件设备，还是民警仪表、服务态度，都要高度重视，树立良好的国门形象。第二，把边防检查工作和地方经济发展紧密联系起来，站在区域经济发展的高度研究边防检查勤务工作，确保口岸高效运转，保持畅通。第三，要把边防检查工作和对外交流紧密联系起来，充当对外交流的重要桥梁，在我国扩大对外交流中扮演重要角色。第四，要把边防检查工作和为人民服务、代表广大人民群众根本利益联系起来，让人民充分享受按法律规定合法出入国境的权利。第五，要把出入境边防检查工作同依法治国、以德治国紧密结合起来，在严格执法体现以法治国的同时，建设一支德才兼备的边防检查队伍。

二、以创新的观念推行创新的举措，创造快捷高效口岸“大通关”环境

十六大报告指出：“发展要有新思路，改革要有新突破，开放要有新局面，各项工作要有新举措。”这就要求我们要在“三个代表” 重要思想的指引下，与时俱进，拓宽视野，拓展思路，坚持站高一步，看远一步，想深一步，以有前瞻性的新观念、新举措促进边检事业的突破性改革，准确把握当前边防检查工作的基本思想，即以坚持“文明执法、热情服务”为基本要求，以“安全、高效、文明、畅通”为基本目的，以实现“大口岸、大通关”战略、促进对外交流、经济发展为根本目标，努力开创边防检查事业新局面。

(一)牢固树立“大口岸、大通关”的新思路，全面促进边防检查工作观念的转变。思想和观念是指导我们前进的智力保障，决定着我们边防检查工作的方向和事业的成败。学习贯彻十六大精神，就要把“大口岸、大通关”战略融入到我们的工作实践中，变成自觉的行动。要达到这一目的，必须实现边防检查工作思想和观念的创新，实现“五个转变”：第一，促进边防检查工作从“防范型”向“开放型”转变。要从“怕”出入境人员、交通工具不断增加，给“防”带来难度而产生工作中的畏难情绪，清醒认识这是边防检查事业发展的必然趋势，是促进经济发展的客观要求，是挑战但也是边防检查事业发展的重大机遇，不躲不靠不怕，要迎头赶上，取得事业的成功。第二，促进边防检查工作从“管理型”向“服务型”转变。要从“管”中有卡、压现象、内向管理转为管理、服务并重，管理内外结合，形成“管理中重服务，服务中有管理”的良性发展局面，提高服务意识，重视出入境人员需要，增强服务的主动性。第三，促进边防检查工作从‘控制型’向“保障型”转变。不能单纯的以“控制”为目标，管得严、卡得死、不灵活，要多从对外交流、经济发展、对外影响的角度考虑问题，根据实际，在“管好”的情况下，特事特办，为扩大交流提供必要的保障。第四，促进边防检查工作从“保守型”向“前瞻型”转变。要改变部分民警甚至少数领导中或多或少存在的“求稳不求进”、“只求过的去、不求过的硬”的不正确观念，满足现状，不求发展，思路不开阔，而是要看到发展的趋势和前景，避免执勤设施、业务建设等“刚建设就受限制、刚发展就受制约”的局面，

站高一步，看远一步，想深一步，长期目标和中近期目标结合，稳步推进边防检查各项事业发展。第五，促进边防检查工作从“传统型”向“科技型”转变。要改变以往执勤任务一重就是“加人、加班、加钱”的习惯性思维，要从科技强警上想办法；在口岸建设上，要在充分考虑规模、实用的基础上，在高科技、信息化、智能化、网络化上设计、建设；在人员上，要强化民警的计算机、英语水平，增强素质，提高运用新技术、新装备的能力，大大加强工作效率。

（二）以不断改革的新举措力求取得边防检查工作的新突破。观念转变的根本目的在于促进新举措、新方法、新思路的产生，并在实际工作中深入广泛的应用，以求取得事业的成功。我们要在转变观念的基础上，紧密围绕“大口岸、大通关”这个主题，通过以下举措，促进边防检查工作的新发展：

1. 以勤务改革打造“大通关”。改革是我们事业前进的动力。十六大报告指出，“坚持用时代发展的要求审视自己，以改革的精神加强和完善自己”。在执勤任务急剧增加，人员编制没有及时跟上的情况下，我们不能等，不能拖，不能靠，要从整合现有人、财、物资源，改革执勤方式，不断探索有利于提高执勤效率的新方法。以盐田站为例，该站通过逐步扩大船舶预检范围，极大地提高了检查效率，一年就为码头节约一亿多元。下一步我们还将通过建设统一的边检报检中心，集中受理咨询、审批、检查、办证等所有边检业务，改变营区和执勤现场脱节的现状，以及对船舶公司的自查自管情况进行调查和实施量化管理，稳妥扩大预检等措施进一步提高边检工作效率，促进码头的发展。

2. 以高新技术加速“大通关”。随着执勤任务的迅猛增长，边防检查工作对信息技术提高出了更高的要求。我们要立足科技建警，科技强警，为加快执勤改革和提高执勤效率提供充分的技术装备。加大投入，加快科技强警力度，对有关查验系统、监控系统、通信系统进行设备维护、更新，以提高运转效率，使技术装备跟上实际执勤需要，适应勤务改革的要求。盐田站下一步将积极配合深圳出入境边防检查总站的局域网建设，实现边检内部的信息资源共享，提高处理问题的能力，加快处理问题的速度；装备电子门警系统，扩大监控范围，提高执勤安全性，降低民警劳动强度；加强对代理的管理，让他们熟悉边检的政策法规，进一步理解支持边检的工作；在未来的报检中心建立边检报检咨询系统，让船公司、代理等相关单位了解边检的业务工作程序，力争尽快实现网上报检，减少办理业务的中间环节。

3. 以提高素质保证“大通关”。先进的技术装备，离不开民警的操作使用。有了过硬的政治思想素质、工作责任心，必须还要加强科技、外语等和边检工作密切相关的知识的学习，才能使民警的素质全面提高，适应边检工作的发展趋势，把以后的执勤工作搞好。盐田站领导清醒地认识到这一点，非常关心民警学习需要，不断强化民警教育培训力度，改善民警学习条件。盐田站平均每年投入10余万元作为教育培训经费，还一次性投资40万元建成了多媒体教室，通过公开招标配置了性能优良的电脑及语音设备，为民警提高电脑、英语水平提供了良好的条件；还在总站党委的关心和站党委的争取下，盐田站成为全总站英语培训试点单位之一，开始了为期半年的公务员英语培训，为实施“大口岸、大通关”提供人才保证打下坚实的基础。

4. 以优质的服务推动“大通关”。作为对外开放的窗口单位，我们的一举一动代表国家的形象，“严格执法，热情服务”是对我们边防检查的基本要求之一。民警只做到依法执勤，按章办事，不以权谋私，不吃拿卡要还不够，还要在热情服务上下功夫，要变被动为主动，主动为出入境人员提供方便，如：公开服务承诺、公开办事程序、建立现场边防检查查询系统等，为他们排忧解难，提供一流服务，树立良好的国门卫士形象。

5. 以优化环境促进“大通关”。要针对实际，改善执勤、生活环境，为加快勤务改革提供有力的保障。以盐田站为例，一方面正在积极筹建盐田港边防检查报检中心，把边检所有业务放在现场，使边防检查工作集中统一，减少以往代理、值班领导及有关民警在营区和执勤现场的往返奔波，既浪费时间精力，又影响工作效率；另一方面，盐田站积极实行从优待警，使民警福利逐年有所增加，同时还通过实施警心工程，如：修建营区花园、图书室、文体活动中心、组织民警家属参加各类活动等措施，不断美化营区的生活环境，丰富民警的业余生活，使他们倍加珍惜自己的工作，激发工作热情，增强工作责任心，从而促进民警在本职工作岗位上多做奉献。

三、大力加强队伍建设，为“大口岸、大通关”战略提供有力的组织保障

（一）建设坚强有力的基层边防检查站党委领导班子，充分发挥党委的核心作用。十六大报告指出：“党的基层组织是党的全部工作和战斗力的基础”。抓好队伍建设，关键在班子，要圆满完成上级赋予的的边防检查任务，就要根据这一思想的指引，建设有理论思想水平、有管理队伍经验、有组织领导能力、有开拓创新思路的“四有”党委领导班子。第一，加强理论学习，坚定理想信念。党委班子要通过学习党的十六大精神和“三个代表”重要思想，深刻认识我国当前的形势，坚定全面建设小康社会，开创中国特色社会主义新局面的信念，并为之而努力奋斗。第二，贯彻组织原则，坚持集体领导。要坚决按照民主集中制的要求，发扬民主，广开言路，坚持重大决策由集体研究决定，减少工作失误，增强领导班子团结，提高领导班子凝聚力。第三，认真履行职责，保持良好精神状态。党委班子要始终保持良好的精神状态和积极向上的工作态度，保持较强的事业心、责任感，对工作分工明确，认真负责，正确履行自己的职责，敢于承担责任，使整个班子有魄力、有能力、有活力、有动力。第四，执行廉政规定，防止腐败发生。加强班子的拒腐防变的能力，要在加强班子成员思想教育，建立牢固的思想防线的同时，严格执行有关廉政规定，正确行使手中权力，不以权谋私，正确使用钱物，重大工程集体研究公开招标，较大开支进行政府采购，从思想上和制度上双管齐下，杜绝腐败现象的发生。

（二）加强对民警的教育管理，建设一支作风过硬的民警队伍。一流的工作业绩，来自一流的队伍，要带出一支有高度的组织纪律性和凝聚向心力，文明、高效，特别能吃苦、特别能战斗的边防检查队伍是顺利实施“大口岸、大通关”的重要条件。第一，抓好政治教育，提高思想觉悟。要通过多种途径提高民警的思想认识水平，使他们自觉认识到爱岗敬业，努力工作的重要性，从而坚守岗位，为边防检查事业多做贡献。第二，强化学习培训，提高民警素质。要适应边防检查发展信息化、网络化、规范化的趋势，必须对他们进行计算机、英语、法律等方面的知识培训，掌握技能，提高应用水平。第三，开展有益活动，激发敬业精神。一方面要对民警存在的各种困难和问题都要高度重视，及时解决，抓好“警心工程”的落实；另一方面要多开展健康有益的活动，丰富民警的业余生活，从而激发民警爱岗敬业的热情。第四，要进行岗位交流，优化用人机制。通过人员岗位交流，落实人事制度改革，加强民警对业务知识的掌握，提高民警的工作积极性，在民警的执勤能力、执法水平不断提高的同时，发掘人才，取长补短，做到人尽其才。第五，要严格执勤执法监督，建设队伍管理长效机制。要不断完善考勤管理机制、监督制约机制、考核激励机制、警务保障机制，促进队伍管理的科学化、规范化，不断加强民警队伍的组织纪律性和战斗力。

总之，我们坚信在十六大精神和“三个代表”重要思想的指引下，在公安部、公安部出入境管理局党委的正确领导下，深圳边防检查事业将获得突飞猛进的发展，“大口岸、大通关”战略的实施将会进一步

推动深圳乃至华南地区"口岸经济"、"物流经济"的巨大发展，我们将向国外先进口岸的建设管理看齐，积极适应不断深入的对外开放对边检工作的更高要求，为建设一流口岸而不断努力，边防检查将在深圳的经济发展史上扮演更为重要的角色，为国家更好的守好国门，共同迎接更美好的明天。

坚持稳定压倒一切的方针 切实做好出入境边防检查工作

上海出入境边防检查总站副总站长　张振明

党的十六大报告中，把"坚持稳定压倒一切的方针，正确处理改革发展稳定的关系"，作为建设中国特色社会主义必须坚持的十条基本经验之一，深刻阐述了稳定对于改革与发展的极端重要性。公安出入境边防检查机关作为维护政治、社会治安稳定的一支重要力量，要做好新形势下的维护稳定工作，必须时刻以十六大精神作为理论基础和行动指南，以巩固共产党执政地位，维护社会长治久安，保障人民群众安居乐业为奋斗目标，坚持稳定压倒一切的方针，以居安思危的忧患意识，以改革创新的切实举措，努力开创出入境边防检查工作新局面。

一、正确处理改革发展稳定的关系，必须准确把握稳定的实质和内涵

改革是发展的动力，给发展带来高速度和高效益。发展是改革的目标，是硬道理，它使我们明确改革的价值取向和工作方向。几十年奋斗的实践证明，没有改革与发展，国家就没有前途，民族就没有希望。改革与发展要以稳定作为前提和基础。保持稳定是先进生产力发展的必然要求，是先进文化的基本保证，是最广大人民根本利益的重要体现。维护社会政治稳定，对经济发展和改革开放有着举足轻重的作用。党中央特别重视社会稳定，提出了"抓住机遇，加快发展，深化改革，扩大开放，保持稳定"的基本方针，把改革的力度、发展的速度和社会可承受的程度统一起来，重视和把握处理好改革发展稳定关系的结合点，从而保证了十三年持久的稳定，保证了改革顺利进行，使国民生产总值持续快速增长，人民生活水平不断提高。我们所珍视和追求的稳定，不是消极的稳定，静止的稳定，而是推进着改革和发展，并由改革和发展支撑着的稳定，是促进和保障社会和经济目标实现的稳定。一句话，是与时俱进的稳定。

二、维护社会政治稳定，始终是出入境边防检查工作的出发点和落脚点

出入境边防检查机关是国家设在对外开放口岸的公安行政管理部门，肩负着维护国家主权和安全，维护口岸出入境秩序，便利出入境人员和交通运输工具通行的基本任务。必须始终以维护口岸安全、畅通、便捷、有序为己任，保证口岸持续稳定，服务国家的改革开放和经济建设。我们看到，当前我国面临的国内外形势是好的。但影响国家安全和社会稳定的因素仍十分突出。随着改革的深化，各种社会矛盾和"热点"问题也不断显露出来，在我们出入境边防检查工作中都有直接间接的反应。一是敌我斗争形势严峻。境内外敌对势力始终亡我之心不死，不断加紧在意识形态方面西化分化中国；利用我国内民族、宗教、群众利益等矛盾，推波助澜，煽动闹事；刺探我国政治、经济、军事情报，进行颠覆、破坏活动。二是恐怖主义威胁时刻存在。对此，口岸管理机关必须有清醒的认识。在全球化背景下，大规模的恐怖

主义活动作为新型的国际安全问题，其组织结构、所属成员、资金筹措、行动计划及后果都日益国际化。影响我国西北边疆稳定的“东突”势力与国际恐怖主义相呼应，把我国一些地方作为实施恐怖袭击的目标，给我国反恐斗争造成新的压力。边检机关处在“反恐”斗争第一线，肩负任务艰巨而繁重。三是重大违法犯罪分子外逃现象增多。随着我国现代化建设第三步战略部署的实施，在经济发展、经济结构战略重大调整和变革时期，各类经济和刑事犯罪也处在高发期。同时，随着严打整治斗争和反腐败工作深入开展，迫使一部分重大刑事和经济犯罪分子为逃避法律惩处，企图潜往外国。2002 年全国边检机关共查获各类在控对象 25555 人次，敌对分子 17596 人次，经济犯罪分子 2477 人次，涉案值达 800 亿人民币。这些害群之马是直接危害我国社会稳定发展的重要打击对象。四是偷渡暗流涌动不止，越来越趋于国际化。发展中国家向发达国家偷渡，低收入国家向高收入国家移民，已成为某些人摆脱贫穷的自然选择。我国入世以后，随着经济结构调整、劳务输出市场开放以及国内生存竞争加剧，城镇居民就业形势严峻，部分人出境挣钱的心理被境内外“蛇头”利用。资料显示，2002 年，全国口岸边检部门查获非法出入境人员 4623 人次，接收境外遣返 25460 人次，抓获偷渡组织者、运送者 1405 人。偷渡活动国际化、智能化趋势更加明显。面对这样一个机遇与挑战并存、希望与困难同在的新形势，出入境边防检查机关必须牢记公安机关的功能定位，牢牢把握反恐怖、反渗透、反破坏、反偷渡斗争主动权，居安思危，善谋实干，加大打击各类口岸违法犯罪活动力度，为改革开放创造稳定和谐的社会环境，以实际行动保护和促进生产力发展。

三、多年来，出入境边防检查机关坚持“稳定压倒一切”的方针，为维护国家安全与稳定发挥了不可替代的作用

多年来，出入境边检查机关认真履行法定职责，坚持“全国一盘棋”工作思路，努力做到在工作谋划上，强化大局意识；在维护社会长治久安上，强化政权意识。利用合法公开的检查，大力加强查控与反渗透、反偷渡工作，严格把关，守好国门，为维护国家政治、社会稳定发挥了任何单位不可替代的作用。

(一)加强口岸查控工作，严防潜入潜出破坏活动

口岸查控是发现、制止境内外敌对势力、敌对分子潜出潜入的首要一环。出入境边防检查机关在工作中，始终把查控工作置于边检各项工作的首位，严密“接、布、核、查、处理”环节，实行总站机关统一布控，在机制、程序方面完善查控工作机制，保障查控工作目标实现。积极配合公安机关开展“网上追逃”、“打黑除恶”斗争，使一大批危害国家安全、损害民族利益的敌对分子、重大犯罪分子纷纷落网。1999 年 9 月上海边检总站查获非法组织全美学自联主席黄自萍，成功阻止了其到天安门闹事的入境企图。2000 年 4 月，虹桥边检站在 CA176 航班查获全国最大骗汇案主犯萧洪彬，其涉案金额高达 7.8 亿美金。

(二)创造良好的投资环境，及时发现和查处违法违规活动

边检职业化改革以来，针对警力严重不足、执勤任务日趋繁重的矛盾，出入境边防检查机关始终以维护稳定为己任，积极进行勤务组织形式改革，推出了一系列切实有效的举措，增强了口岸管控能力，维护了出入境秩序和良好投资环境。国际航行船舶监管方式由一船一岗转向以港区、码头巡查为主，梯口监护、卡口管理为辅，船方自管、港方协管等多种方式相结合的管理模式，提升了国际航行船舶监管的综合能力。积极推行科技强警战略，努力提高边检勤务科技含量，在有条件的码头安装了闭路电视监控系统，给基层一线配发了执勤用车(船艇)；探索将科技设备与边检勤务有机结合的新方式，充分运用电视监控系统覆盖面广、隐蔽性好、精确度高，勤务车辆、船艇机动性能好、快速反应强的特点，构建码头巡

查、电视监控、江面巡视“陆、空、江”三位一体的立体监管防范体系，近年来发现和查处了多起无证登轮、偷渡、非法经营、走私物品、套购外汇等违法违规案件。这些都对维护良好的码头生产秩序，震慑不法活动发挥了积极作用。

（三）坚持齐抓共管，实现口岸三位一体综合治理

出入境边防检机关贯彻专门工作与依靠群众相结合的方针，加强与口岸相关单位协作配合，建立联防协作机制，加大口岸综合治理力度。空港边检站与机场、航空公司建立了良好的合作关系。海港边检站也在口岸管理中，设立了三道防线：一是港区门卫防线。通过与港区公安部门联系，加强对入出港区大门人员的证件检查，把住不法人员进出港区关口。二是建立社会信息员网络。聘请码头作业人员、经常性登轮单位中政治素质好、责任心强的工作人员，担任外轮管理工作信息员，群策群力，发挥协管作用。三是要求船方加强自管和防范，明确船方责任。初步形成了主管机关、协管单位和船舶自管“三位一体”的口岸综合安全防范体系。出入境边检机关借助这一体系，发现并查获了一大批违反口岸管理规定的不法事件和不法人员。多年实践证明，职业化的边防检查机关在维护政治社会稳定目标上又胜一筹。

四、认真贯彻“十六大”精神，创新边防检查工作，提高维护稳定的新水平

出入境边防检查工作要以维护稳定作为出发点和落脚点，这是贯彻落实“十六大”精神的根本要求。要提高边检机关维护稳定的新水平，必须坚持工作创新，努力提高口岸控制能力。

（一）增强出入境边防检查队伍的维护稳定意识

经验证明，口岸是国内外形势的“晴雨表”。边检工作与国际形势重大变化、与改革开放的历史进程紧密相连。当前维护国家主权、安全与社会稳定面临大量新情况、新问题。伴随改革开放、经济社会不断发展的新的历史条件，出入境边防检查机关必须进一步确立既能确保国家安全与社会稳定，又与改革开放和社会主义市场经济体制相适应的新理念、新思路、新举措。要坚持用邓小平理论和“三个代表”重要思想教育民警，时刻保持清醒头脑，增强政治敏锐性和政治责任感；坚持时事政策教育，既要看到稳定与发展的主流，也要看到国际重大事件对我国产生的影响，国内不安定复杂因素仍大量存在。教育边防检查队伍增强保持政治意识、责任意识、忧患意识、大局意识和高度警觉性。

（二）正确处理管理与服务的关系，坚持两手抓，两手都要硬

在完成出入境边防检查机关的根本任务，就必须从强化管理和服务两项职能入手，正确处理好管理与服务的关系。边防检查机关主要是通过管理体现为改革开放和经济建设服务。服务是个大概念，不能仅仅狭隘理解为具体劳务性的为民做好事。打击非法，严格把关，维护秩序，这些都是直接服务，也是基本职能。要在管理中体现服务，在服务中守好国门，使二者相互促进，真正做到“严格执法、热情服务”。必须明确把关是做好出入境边防检查工作的前提，清醒认识维护口岸稳定的复杂性、艰巨性，不断加大查控力度，坚决阻止敌对势力闯关入境活动，依法打击非法移民活动，维护正常合法的出入境秩序。同时，提高通关速度、改善通关环境、简化手续、方便旅客，适应开放。这也是必须坚持的工作原则，两者相辅相成，不可偏废。

（三）推行科技强警战略，提高边检科技应用水平，适应上海建立“信息港”发展要求

上海市“十五”发展规划明确提出“三港”（即国际集装箱深水枢纽港、亚太地区航空枢纽港和信息港）建设目标。这“三港”建设与我们边检工作密切相关，给我们上海边检机关提出了很高的要求。如何

适应口岸规划需要，使边检业务建设与城市发展相协调，为“三港”目标实现发挥应有的积极作用，边检工作大有可为。为此，边检机关必须大力推进科技强警工作，牢固树立向科技要警力、要战斗力、要效益的观念，坚持把科技应用作为推动出入境边防检查工作发展的动力，努力建立健全科学、统一、高效、完善的出入境边防检查信息网络，推动边检工作实现信息化、数字化、智能化，不断提高科技应用的水平。我们当前要做的工作主要是：坚持以信息化建设为龙头，在现有基础上，进一步完善部局、总站、站、科(队)四级计算机网络信息系统，实现出入境人员和交通运输工具网络化管理；加快边检查验、监护设备现代化建设步伐，研发识别速度更快、真伪分辨率更高、操作更为方便的伪假出入境证件识别系统，大力加强海港“数字勤务”建设，建成集数据、语音、图像三位一体，高度信息化的综合快速指挥反应系统；切实抓好边检机关与口岸查验单位、生产作业单位及代理公司等计算机联网工作，实现管理资料信息共享，增强边检机关对口岸的管理和控制能力，这是做好维护稳定和口岸安全工作的根本出路。

(四)在充分发挥出入境边防检查机关职能同时，多策并举，综合治理，建立跨部门、跨口岸、跨地区维稳机制体系

维护国家社会政治稳定，不仅是出入境边防检查机关的职责，也是地方政府部门和公安机关的职责；不仅是一个国家的要求，更是世界上所有负责任政府的愿望。出入境边防检查机关在履行自身职能，做好口岸维稳工作同时，应强化口岸整体观念，加强与其他公安机关和地方有关部门的协作，加强与其他国家移民部门的配合，建立信息沟通制度和工作例会制度，适时进行联合执法与办案，从而形成地区间齐抓共管、综合治理，国际间通力合作、共同维稳的局面。

要继续坚持综合治理和群众路线，加强与口岸单位联系，积极构筑群防群治立体防线。继续在船舶、登轮单位中推行“红、黄、绿牌”和“信得过”船舶管理制度，分解责任，突出边检机关安全保卫的工作重点，调动船方与登轮单位的工作积极性，加强自身管理。与有关部门协作，继续探索行之有效的集装箱偷渡防控机制，研究解决国际大型旅游船出入境管理存在安全隐患问题。经常走访口岸有关单位，增进了解，互通情况，密切关系，争取配合支持，共同做好口岸安全稳定工作。

综上所述，出入境边防检查机关要以贯彻落实十六大精神为动力，正确处理改革、发展、稳定的关系，始终把维护稳定作为出入境管理的首要任务，立足边检事业的长远发展，通过不断更新观念和理性思考，推动工作机制和制度创新，推动边检任务圆满完成，为充分发挥公安边防检查机关的职能作用，实现十六大提出的全面建设小康社会而奋斗。

发展现代物流　促进经济发展

成都海关　窦志民　李之和　刘加柱

【内容摘要】 随着经济的持续发展和科学的突飞猛进，物流作为现代经济的重要组成部分和工业化进程中最为经济合理的综合服务模式，正在全球范围内得到迅猛发展。特别是近十年来，伴随着物流供应链管理理论的形成，现代物流从理论到实践都有了很大飞跃，物流理论不断丰富，物流的内涵和功能不断拓展。物流管理普遍朝着专业化、集约化、标准化和信息化经营方向发展。其中，航空物流由于其不

可代替的特殊优势愈发得到重视。我国入世后，承诺在今后三年到五年内逐步放开运输服务市场。面对这一形势，四川省物流建设要更新观念，加快与国际物流发展接轨的步伐，努力提高四川物流在国内、国际两个市场的竞争能力，用加快现代物流发展来推动四川经济实现跨越式快速发展。目前影响四川省物流快速发展的主要因素是：

1.外资进占国内市场，使本土物流企业面临严峻考验。

2.本土物流企业规模小、服务单一、经营分散，难以同国外企业竞争。

3.省内生产企业对发展现代物流的重要意义缺乏认识，还在走自己生产、自己运输的老路，制约了物流市场的需求增长。

加快四川省物流业发展的对策和建议：

1.政府的政策导向和加强管理

2.开展积极的现代物流产业投资和建设

3.大力培养现代物流管理人才，组织现代物流管理理论研究

4.物流企业进行有效的资源整合，开展联合、合作经营，按照现代物流服务标准，为客户提供多功能、全方位的物流服务，使客户实现物流的最低成本、最佳效益。

一、现代物流的基本概念

物流是以现代信息为基础的，通过组织、计划、管理等活动，对货物进行的有效运输和储存及其他相关活动；是充分利用现代科技手段，把货物的制造、运输、销售等环节统一起来的综合服务模式。它不同于一般意义上的运输和仓储活动。现代物流虽然仍以储运为主，但管理模式、经营方式较之传统的储运业已发生了革命性的飞跃。现代物流的基本职能还包括货物的加工、包装、配送、废旧物的回收与处理，是一个在现代信息技术条件下形成的物流信息服务网络。现代物流作为一个新兴产业包括了四大行业：交通运输业、仓储业、配送业和通运业（即专门从事托运和货运委托人的行业）。物流自二十世纪30年代提出，50年代兴起，历经半个世纪的发展，服务项目、营销观念、技术措施和经营组织都发生了深刻的变化。现代物流主要具有以下几个特点：

1.服务项目多样化。物流服务项目不断增加、丰富。如美国的物流业能提供30多种服务项目。物流服务的多样化发展，既是社会分工的变化，社会对物流实际需求的反映；又是现代科技提供物流技术支持的结果。

2.服务范围的区域化。物流服务范围从单一的企业扩大到多个企业和企业集团，形成电子信息物流网络，服务网络甚至可以覆盖到全球区域。

3.服务响应迅捷化。运用现代信息技术实现物流的完善运行和高效管理，随时满足用户的各种特殊要求，适时提供用户所需的各种服务。

4.物流系统的合理化。主要指物流设施、物流硬件的建设以及货物流向的合理科学。货物包装规范化，以运输工具为基础，建立起运输—包装系统的统一的国际标准，改变了传统的只从生产环节确定包装规格的分散状况，确定国际通用的物流包装基础模数尺寸，实现物流装卸、运输的机械化和自动化，大大降低了运输成本。在现代物流形成广泛的覆盖网络的同时，第三方物流也应运而生，成为现代物流中的新行业。第三方物流是为了适应市场需要，应用现代物流条件而形成的专门从事物流管理，通过区域化、全球化的物流管理，为客户提供优质服务的一种物流形式。随着市场条件的变化和企业生产经营

方式的变革，企业从纵向一体化直接控制资源转向横向一体化对资源的合理应用。借助其他企业的资源实现及时响应市场需求变化的目的。企业的主要资源放在自己的关键业务上，而将其他非核心业务交给专营企业，即第三方物流企业。第三方物流与传统的物流委托明显不同。传统的物流外包只是将本企业的物流运输和中转储运交给代理人，而库存管理、物流系统设计运作仍由自己承担。接受物流运输代理业务的第三方只负责按企业要求完成货物运输，收取代理服务费。第三方物流企业则是站在货主的立场，以货主的物流合理化、最大效益化为目标，为货主制定一整套物流系统运输方案。把货主的货物库存、包装、运输、配送、废旧物回收等一系列物流活动都承揽下来，成为企业产品营销的合作伙伴。第三方物流可以不直接从事储运业务，只负责货主的物流系统的管理和代理，但是要对货主的物流运营承担责任。跻身于世界500强的企业集团“英国空运”对四川省“乐山一非尼克斯”公司的物流服务即是一例。“英空”使该公司的产品迅速发送到海外用户手中，且物流成本在同行业中最低。第三方物流具有市场潜力大，高成长性特点。国外第三方物流服务商的经营规模越来越大，目前欧洲的企业中，使用第三方物流服务的比例约为76%，美国约为58%；还有更多的企业正在积极考虑使用第三方物流服务。如果说在我国现代物流刚刚起步的话，那么第三方物流在我国还处于萌芽状态。四川省的物流企业需要抓住机遇，转变观念，努力开拓第三方物流市场，推动四川省现代物流事业的发展。

二、我国物流业现状及发展趋势

(一)发展现代物流业已引起各级政府的高度重视

在国务院制定的《中国经济十五计划纲要》中指出：“积极引进新型生态和技术，推进持续经营、物流配送、代理制、多方联运、改造提升传统流通业、运输业和邮政服务业。”《纲要》还特别指出要健全包括航空运输在内的综合运输体系，为发展我国现代物流提供了政策依据。2001年，国家经贸委等六部(委)联合下发《关于加快我国现代物流发展的若干意见》，发展现代物流已列入国务院有关部门的工作日程。国家民航总局在“十五”期间重点建设北京首都、上海浦东和广州新白云山3个大型枢纽机场，国家科技部将现代物流列入“十五”期间重点科技攻关项目，国家教育部已批准部分高校开设物流本科和研究生课程。许多省市地方政府也制定了城市物流发展规划并积极实施。东部沿海各主要城市已开展了拓展物流中心的激烈争夺。深圳市政府把发展现代物流业作为深圳三大支柱产业之一，规划建设8大物流园区。上海市政府出台了《上海市“十五”现代物流产业发展规划》，力争成为中国及至世界的物流中心。据资料统计，未来五年内，全国建立区域性物流中心的数量将达到30余家。

(二)国际跨国物流企业抢滩中国物流市场

面对高速增长的我国经济和广阔的市场前景，跨国物流企业凭借雄厚的资金实力、先进的技术管理、遍布全球的物流网络优势，开始进入我国物流市场。如日本通用株式会社已在上海、大连和深圳建立了物流公司。在四川省物流市场，出现了如“马士基”、“联邦快递”、“敦豪”等国际知名的物流企业的相互争夺。可以预见，外国一流的物流企业在四川省的市场竞争在抢占四川省企业的物流市场、使省内物流企业面临严重挑战的同时，也会刺激省内物流企业的快速发展。竞争将有力推动国际竞争的国内化和国内竞争的国际化。物流竞争的结果将会为四川省外贸企业提供更好的“货畅其流”的优质服务，加速四川省经济面向全球化的发展进程。

(三)省内国际物流业发展现状

一个城市能否成为物流中心，取决于该城市的地缘辐射力、基础设施水平以及物流业和制造业的发达程度。成都市的物流业虽然刚起步，还没有规模效应和竞争优势，但经过几年的发展，还是取得了一定的进步。从目前的国际航线数量和国际货物运量来看，都领先于西部其他城市，初步具备中国西部物流中心的基础条件。

1.物流基础设施建设取得较大成绩：投资十几亿元的新国际机场投入使用，货物装卸配套设施具有现代化水准。完备的铁路运输和省内高速公路网络既通达江海，又连通整个西部内陆地区。由国家发展计划委员会批准立项的成都西南国际物流中心正在建设，这是继上海、深圳、天津之后经国家批准立项的第四个国家级物流中心。

2.具有多条稳定的地区和国际航线。目前成都已开通香港、澳门地区和新加坡、汉城、加德满都、东京、大坂、曼谷等国际航线。西航并入国航后，为四川省开辟海外直达航线提供了有更多机会。一批境外航空公司如港龙、泰航、韩亚等也进入成都国际货运市场。同时，还可由成都空港启运，经北京、上海、广州等地转运出境。

3.具有一批专业水准较高的货运代理企业。如中外运、大通、中远等货运货代公司。还有一批有外资背景的国际货代如马士基、全球货运、敦豪、英空等在成都设立了办事处。同时国航(西南航)也有一批自己的代理公司开办空运业务。

4.四川外贸发展为省内国际物流业提供了稳定增长的基础条件。四川外贸呈逐年上升趋势，一是省内企业外贸逐年增长，二是外商投资逐年增加。目前，世界500强企业中有37家在四川省有投资项目，国务院批准成都建立了出口加工区，成为吸引外资的又一有利条件。2001年，成都国际机场空运进出口货物7000多吨，货值24亿美元。成都海关以转关运输监管方式，使经成都空港的进出口货物辐连重庆、昆明、拉萨、乌鲁木齐、西安、武汉等整个中西部地区，成都的区位优势明显。发展四川省现代物流，虽然具有以上有利条件，但我们也应看到，四川省的物流业离现代物流标准还相差甚远，经营规模偏小、经营观念和经营方式还未摆脱传统的模式。主要差距有以下几点：

(1)物流企业的经营范围还局限于传统的储运方式，为货主提供的是单项的、分段的物流服务项目，而在流通加工、物流信息服务、成本核算、特别是物流方案设计、承担全程服务、形成物流供应链方面都不能与国外的跨国物流公司相提并论。

(2)省内工贸企业利用现代物流谋求自我发展的紧迫感不够。许多企业缺乏现代物流意识，尚未认识到现代物流对企业降低生产经营成本、实现最大效益化的重大意义，还热衷于搞生产、运输、派发一条龙式的营销模式；有的企业仍然习惯于建立庞大的车队运送自家产品的做法，承担了大量的返程空载损失。企业对物流的需求程度低，使物流业发展受到制约。

(3)缺少现代物流经营管理的专门人才。现代物流管理模式的关键在于使生产企业与产品销售市场保持紧密联系，能够为生产企业设计最优化的物流体系，包括为生产企业建立适应市场需求变化的分销中心、配送中心，为生产企业提供准确的货物流向信息，使企业在产品销售过程中充分调动产品资源和信息资源，实现销售的最大化和最佳途径。现代物流集运输、信息处理、仓储管理和营销策划等多个部门为一体，要求管理者具有多方面的专业管理知识和经验，进行综合运用。这种对人才的较高要求是四川省物流企业难以满足的。

(4)物流基础设施建设总体落后。一是没有形成规模经营的物流配送中心，这种物流中心不属于某个行业或某个企业专用，而是开放式经营，为区域物流服务。二是没有形成功能健全的、供需双方互换共享的物流服务信息网络，既不为生产企业提供优质的物流信息服务，同时也制约了物流企业对物流需求的市场开拓。

(5)政府主管部门的管理观念与发展现代物流还不相适应。现代物流是市场经济发展的产物，它的所有特征都与市场经济规律相吻合。一切资源配置都应在效益最大化的前提下考虑，在市场竞争机制下实现最佳资源配置。而我国目前如公路、铁路、水运等物流资源隶属不同的行政管理部门，各自为政的条块式运输管理体制制约了现代物流的加快发展。

三、入世对四川物流业的影响根据

我国的入世协定，涉及国际物流的内容主要有：放开国际货物运输代理服务和包装服务，允许外国货运代理在我国设立合资经营企业，我国入世后的5年内，允许设立外商独资企业。开放我国的国际货运代理服务，实行普遍国民待遇，必将加快我国物流业市场化的进程，有助于引入竞争机制，强化本国物流企业的竞争意识，有助于缩小本土企业与国外企业的差距。但另一方面，本土的国际货代企业在渡过3年至5年的保护期后，也必将面临外资进入的严峻竞争局面。一是本土企业在国内物流市场上的份额下降，显而易见，国外的货代在资金、技术、管理等方面都有本土企业难以匹敌的巨大优势，国外的跨国物流公司拥有庞大的营销网络，将使国内本土物流企业处于不利的竞争地位。其次，国外的产业集团到一国投资办厂，与其结成同盟关系的跨国物流企业也跟随在后，在他国产地照样保持全程物流服务的协作关系。这种现象在四川省的物流市场已有突出表现，如“乐山－非尼克斯”和“英空”的合作，使“英空”独家经营该公司全部进出口货物的运输代理业务，这种外商投资与外国物流公司相伴而来的现象使本土物流企业束手无策。国外物流企业进入国内市场，在抢占我国物流市场份额的同时，还将与我本土企业争夺物流管理人才，造成本土企业人才流失。国际货代有很强的专业性，包含着很大的知识经济成分。从业人员需要具备过硬的国际贸易、法律、惯例等多种专业知识。随着外国的国际物流企业的大量涌入，国内的专业人才必将是又一激烈竞争的领域。

四、对策和建议

四川省的国际物流业应采取何种对策来面对入世带来的机遇和挑战？整合现有的本土物流资源，规范物流市场、壮大物流经济，增强企业实力，提高企业的国际竞争力，是今后四川省发展现代物流的总目标。

第一、政府应深刻认识物流产业在未来经济建设中的重要地位，大力推动本土国际物流业的快速发展。一是要加强政府部门间(工商、税务、外经委、海关等部门)的协调，为国际物流业的发展营造良好的管理环境。在政策方面，坚持物流业的对外开放和对内开放并重，吸引国外及国内的优质物流企业落户四川，共同构筑与国际物流连通的省内物流网络。近年来，四川省民营企业、多元化股份制企业发展迅速，企业规模和市场份额逐年上升，是省内物流产业中最为活跃的因素。政府要加强管理、积极引导，建立一个公平、公正的竞争环境，让各种成分的物流企业在市场竞争中优胜劣汰、发展壮大。二是要继续加大对物流设施的投入，提高物流业的专业化水平和资源利用效率。同时要防止搞形式主义、重复建设、盲目投资。以成都为例，目前成都已制定了物流中心和物流园区的规划布点，但对已有的物流场点的整合和有效利用不高，物流状况难见根本好转。如在成都国际机场内，进出口物流分为不同的航空企业主体分散经营，各自进行“揽货”式的单一方式经营；都在提供物流服务，又都不能满足客户的各种需求。政府应积极规划，尽快以各企业参股方式，建立公共型国际航空物流中心，为社会提供综合性物流服务，如开办包装、储运、配送、通关、保险等综合服务，提高成都物流的经营管理水平和竞争能力。三是大力倡导物流企业的业务合作与联营，发展一票到底式的多程联运。国外物流企业走出了一条集航空、铁路、公路、仓储、配送等不同企业为同一联运体的路子，我们可以积极借鉴，对现有物流资源进行改造整合，实现资源配置的最优化。

第二、加强国际合作，重视现代物流管理的专业培训和理论研究，大力培养本土物流人才。现代物流是一个知识性、技术性密集的新兴产业，它不仅吸纳了许多代表当今社会科技发展水平的现代化技术，也在不断创新和开发许多高新技术。我们应努力普及物流管理领域的教育培训，加强政府、企业和高校的合作，形成产、学、研相结合的良性循环，培养高素质人才，提高现代物流理论研究水平。

第三、本土物流企业应加快自身建设，提高服务水平，增强市场竞争力。我国入世后，将在3—5年内取消对国际货物代理的市场限制。四川省物流企业应抓住这几年保护期的有利条件做大做强，缩小与国外物流企业的差距。不同企业主体可在利益均沾、目标一致的条件下组成合作关系，通过合作联营，为客户提供全程式服务；与生产制造企业结成同盟，建立长期、稳定的业务合作关系，做到企业的生意做到哪里，物流服务就跟随到哪里，为生产企业实现效益最大化服务。

浅谈入世后公安边防工作应注意的几个问题

浙江省边防局办公室　王青

入世后，WTO的规则和原则体系将适用我国，由此约制、规范、营造的大环境，也必将对我国的政治、经济、法律、观念、文化等领域产生重大而深远的影响。在公安工作方面，运行体制、管理体制、自身发展也将面临重大改革和调整。公安边防机关是率先直接面对入世影响和冲击的警种之一，如何与时俱进，敢于争先，抓住机遇，积极适应入世后公安边防工作将出现的新情况、新问题，是摆在当前的一个紧迫课题。

一、提高认识，充分认清入世后公安边防工作面临的形势

WTO的加入，意味着我国进一步融入世界经济体系，并按照国际惯例，在大融合、大吞吐、大回流的国际格局中牢固发展对外的双边和多边关系。从根本上说，加入世贸组织，符合我国的根本利益，也为我国的社会稳定奠定基础，有助于我们更好地做好公安边防工作。但是，国际交往的频繁、国际竞争的加剧、涉外问题的大量涌现，都将对公安边防工作产生直接或间接、深刻或表面、暂时或长远的影响。

（一）社会政治稳定的影响

1、隐蔽战线的敌情将更加突出、更趋复杂。当前，国际国内各种敌对势力、敌对分子加紧勾联整合，伺待机而动。入世后，他们就会千方百计地进入经济领域，通过“以商养政”的方式逐步向政治、军事、文化和社会生活等领域渗透，拓展其生存空间，妄图与我进行长期较量。同时，他们还会不择手段地利用入世磨合时期可能出现的宗教、民族及社会生活中出现的各种矛盾大作文章，煽风点火，蛊惑人心，以达到其政治目的。不可忽视的是，入世给西方间谍的渗透提供了诸多便利，使他们有机会延伸至更多的角落和领域，更便捷地收集到更广泛的情报。台情报机关也乘机加紧活动，国际恐怖组织和人员在全球范

围内的活动也可能更加频繁。

2、由人民内部矛盾引发的群体性事件的可能性增大。受市场冲击、结构调整、失业增多、差距加大的影响，必然使社会的热点问题增多，而且呈现出行为激烈、有组织和连锁反应的动向。主体的多样化（除国内人员外，外国人闹事也会出现），诱因的多样性，使群众体性事件的形式也会呈现多样化的特点，从而决定了群众性事件的复杂性。其中相当一部分是相当棘手的问题，有的是合理与不合理的、合法的与不合法的相互交织，有的是中国人和外国的矛盾相互交叉，有的是几种矛盾集中爆发，上诉闹事同时出现，相互影响，使原本互不相关的几个利益群体联成一体，情况更加复杂。

3、类似"法轮功"式的反动组织有再生的可能。在入世之后变革和震荡之中，将有一部分失意或失利者，他们不从自身问题找原因，可能盲目寻求精神寄托，或滋生反社会情绪，因而类似李洪志式的人物和"法轮功"式的组织有再现的可能。还有一些群众有可能被反动组织欺骗、蒙敝、利用，成为反社会的工具，这些组织可能隐藏更深，手法更新，隐患更大。

（二）对公安边防行政法治建设的影响

我国现行的出入境管理法律、法规基本的是在80年代陆续颁布实施的，随着改革开放的不断深入和社会主义市场经济的逐步完善，现行法律、法规已很难适应出入境管理实践的需要。"WTO的绝大部分规则是以政府的行为为内容并以政府的管理活动为对象"因此，WTO对行政法治建设的影响将不可避免地凸现出来。对公安边防行政法治建设的影响主要表现在以下几个方面。

1、关于公安边防行政管理的公开化。按照WTO的透明度原则，要求将有关法律、法规、行政规章、司法判决迅速加以公布，并在其境内统一、公正和合理地实施各项法律。凡是不公布的，就不能执行。因此，以往暗箱操作的内部文件不能再制订实施。早在中美达成协议前两天，即1999年12月23日，贾春旺部长就强调指出：各级公安机关要在拓展警务公开的层次和范围、改进和完善警务公开的方法上下功夫，只要法律允许，能公开了都要公开，不能强调特殊，不能搞"禁区"。但目前涉及出入境的10余部法律、法规在体系仍然比较松散，调整的主客体关系交叉过多，体制、权限、程序和审批条件滞后，必须在有效整合的基础上才能加以公布公开。

2、关于公安边防行政权力作用方式的转变。加入WTO后，市场经济的发展和贸易自由化客观上要求公安边防机关及时改革不适应国际规则的行为方式，实现与国际规则的运行机制与国际惯例有效对接，以顺应入世的正效应。在这转变过程中，"温和、服务型的行政权作用方式将更为明显，政府将承担更多的服务职能，要以服务导向代替传统的政府中心主义"，"规则导向型将取代权力导向型。"具体而言，公安边防机关要正确处理管理与服务的关系，坚持服务寓于管理之中、管理与服务互为手段的目的。要彻底纠正管理与服务割裂开来、对立起来和以"管理者自居"、"一管就死，一放就乱"的错误思想，同时也要摒弃放开不管，或一味强调管严、管死，对有些政策范围内的东西也不敢放开，甚至即使政策放开了，但思想上仍有抵触，在行动上严管、死管的错误意识。

3、关于公安边防行政管理模式的转变。加入WTO后，生产要素国际间流动的加速，必然要求出入境管理工作实行全方位的高效动态管理。从目前情况看，在管理体制，我们仍然沿用过去计划经济体制时以块为主的"属地管理"以及出入境与边检、公安与外事相脱离的"部门管理"，形成了省际地区之间、警种之间、部门之间各管一方、各管一段、各管一摊的"割裂"局面，没有形成一个统一高效的动态管理体制，从而带来了信息不畅、配合不力等问题，缺乏动态管理的主动权和有效性；在管理方式上，主要是以审批办证为主的静态管理，就事管事，走出去动态管理的条件和自觉性；在管理力量上，缺乏相关职能部门齐抓共管的联动性。

（三）对公安边防部队队伍建设的影响

加入WTO后，党委、政府及广大人民群众对公安边防民警素质要求更高，从政治素质上，必须有坚定的政治信念，远大的革命理想，牢固的全心全决心书为人民服务的宗旨观念。从业务素质上，必须是既懂法律，又懂经济，既熟悉公安知识、边防业务技能，又了解外贸、金融、保险等领域的常识，既能熟练运用国内法律，又善于运用国际“游戏规则”维护国家利益；既能运用现代科技知识为现实斗争服务，又能掌握一、两门外语直接参与国际间警察工作的对话和交流。当前，我们公安边防队伍整体素质还不高，特别是执法水平及驾驭复杂局势、处理复杂问题的能力有待提高。另外，公安队伍的思想观念、思维模式有待更新。这些都已成为了公安边防工作发展的桎梏。

同时，由于受到外国文化的影响和冲击，一些资产阶级的拜金主义、腐朽思想、生活方式等也令通过各种途径传播过来，影响队伍的稳定。特别是国外警界高薪养廉的做法，国内其他行业收入水平不断提高等因素的影响，都势必加大稳定公安边防队伍、提高队伍战斗力的难度。

二、理清工作思路，明确下一步需重点解决的几个问题

面对入世后给公安边防工作带来的压力和挑战，笔者认为，下一步公安边防工作需紧紧抓住以下几个重点。

（一）强化政权观念，扎实有效地维护社会政治稳定的工作。面对入世后国际国内渗透破坏活动将不断加剧的形势，我们必需切实把反颠覆、反渗透、反破坏，反和演变和维护社会政治稳定工作摆上重要日程，努力化解不安全因素，为改革开放和经济发展创造良好的治安环境。一要大力加强情报信息工作，同时，要进一步拓展境外情况调研工作，积极开展对台政治联络工作，做到早发现、早报告、早控制。强化入出境管理、边防查控和架网控制工作，严密查堵敌对分子的“闯关”和非法入境活动。针对“法轮功”等邪教组织的非法活动的新特别、新动向，要认真贯彻“长期打算、公秘结合、主动进攻、防止危害”的方针，讲究斗争策略，善于设计用谋、努力获取证据和内幕性情报，不断提高打击的质量。

（二）牢固树立入世观念，主动适应公安边防工作面临的新形势。应当说，WTO行为规则和运行机制很多内容对我们来说都是全新的。我们必须及时转变观念，才能更好地适应WTO客观要求。笔者认为，除牢固树立管理就是服务的思想，切实更进和提高管理、服务水平，积极主动为企业发展排扰解难外，至少还应该树立以下几个观点：一是“无问题推定”观念。长期以来，我们在审批管理工作中往往实行有问题推定，审查环节多，周期长，认为宁可少批也不能出问题。入世后，我们要调整管理观念，逐步使各类证照只作为国际间旅行的身份证明，弱化证照“国家许可”的特性，最终达到有需求就可申办证照出境的目的，以满足多进多出、快进快出的需要。二是树立“有所为和有所不为”的观念。加入WTO引入的是国际竞争机制，对公安边防机关来说，就要强化效益意识，实现最优决策，这就要求有所为有所不为，在纷繁复杂的公安边防工作中抓住主要矛盾，实现统揽全局的目的；要改变粗放经营的方式，走内涵式发展道路，从而更加有力地维护社会治安，服务经济建设。三是树立“小限制、小方便”的观念。要把管理寓于服务之中，坚持依法管理，简化手续，快速便捷，优质服务的原则，坚决纠正和制止以管理为名，滥用职权，设置障碍，影响经济建设的行为。

（三）构建良好通关环境，为改革开放和经济建设提供高效服务。几年来，我国在出入境边防检查管

理模式上进行了不断的改革，口岸出入境旅客通关速度不断加快。团体名单预录入，船舶预检，缩小监护比例等业务制度的出台，基本改变了过去的旧的检查管理方式，取得了较好的社会效益，维护了国家安全和稳定。在今后一个时期内，出入境边防检查工作应本着："从严，从宽"的原则，放宽中国公民因私首次出境检查，对通过正当渠道取得外国签证的，无论是境外取得的，还是境内取得的，只要是真实的，一律可出境；扩大外国人 48 小时或 72 小时免办签证口岸范围；船舶检查可全面推行代理先行检查制，实行代理公司人员申请边检手续资格认证制度，计算机与代理公司实行联网，提高边防检查管理效率；在固定班轮中全面推行"信得过"船舶评比制度，对被评上"信得过"的船舶，在出入境检查管理中给予优惠待遇，以此促进船方自管。在监护勤务改革中，可扩大港区巡查范围，并借助科技力量，对港区码头实行远程闭路电视监控，缩小监护范围，进一步营造"内紧外松"的口岸通关环境。

(四)以作风建设和正规化建设带动队伍建设，努力建设一支人民满意的公安边防队伍。一要大力加强作风建设，认真贯彻落实《军队道德建设实施纲要》，按照《人民警察职业道德规范》的要求，大力加强职业道德教育，引导官兵切实为人民掌好权、用好权。二要以完善干部量化考核机制为动力，进一步加强干部队伍建设。不断深化和完善干部管理工作，力求达到全面、客观、公正使用干部。加强干部队伍的计划管理，建立健全后备干部管理档案，实行动态管理，使后备干部队伍管理日趋制度化、规范化。加大干部培训力度，重点抓好干部的晋职培训和在职培训，拓宽培训渠道，不断提高干部队伍的文化层次、专业水平和组织管理能力。三要以正规化管理为主线，进一步规范部队各项秩序。认真贯彻《共同条令》和两个管理《规定》为重点，认真抓好正规化管理。进一步规范部队四个秩序。要把条令条例的贯彻落实与日常养成、落实规章制度、搞好军事训练、规范内部关系紧密结合起来，结合任务特点，认真抓好基础性训练和适应性训练，适应反暴力恐怖活动的任务要求，认真制定处置预案，加强演练，提高处突能力。坚持"岸上苦练、海上精练"原则，积极开展岗位练兵活动，有重点地加强转移海区编队训练和锚地集训，提高海上执勤能力。

实施阳光管理治关方略探索海关基层建设新途径

北京海关　李庆祝

2002 年 10 月 22 日，在全国海关基层建设工作会议上，海关总署牟新生署长指出："基层建设是海关事业发展的根本"，"是海关队伍建设和业务建设的综合体现"，把海关基层建设推到了一个具有全局意义的高度来认识。多年来，北京海关领导面向基层，着眼发展，从严治关，在基层建设方面做了大量艰苦细致的工作，并取得了成效，培养了一支政治意识强，业务素质硬，文化层次高的干部队伍。新一届领导班子成立后，立足关情，乘势而上，再接再厉，积极探索带队伍、抓管理的新思路，提出了"阳光管理"的治关方略，并积极付诸实施，在推动海关基层建设方面进行了有益的尝试。

一、"阳光管理"的基本内涵

概括地说，"阳光管理"就是以人性化为导向的一种管理，通过精心设计和营造人性化的整体工作环境和氛围，在珍视、发掘、实现大多数人自我生命价值的过程中，达到工作和管理的目标。其出发点是尊重人、相信人、爱护人、培养人、依靠人、激励人;其特点是集中体现管理的“透明”与“温暖”;其最终目的是把管理从外在的约束变为自觉的行为,达到个人价值与管理目标的和谐统一。“阳光管理”的内涵可概括为“一个核心,两个原则,三个特色”。

“一个核心”是“以人为本”。海关基层建设的根本实质是对人的管理,人的问题解决了,关员的工作积极性调动起来了,创造性发挥出来了,管理的目的也就达到了。以人为本的管理,要照顾到人的七情六欲,人不是工具,更不是机器,以往种种机械、生硬的管理方法早已过时。人是复杂的、有着高级情感和思想的动物,既有物质上的需要,也有精神上的追求。生活就是在对这些欲望的不断追求和相对满足的过程中进行和实现的。工作是生活的一部分,其间无可避免渗透着种种复杂的情感因素,“以人为本”的管理,其“标的物”不在“物”,而在“人”,其根本目的和最高境界并不局限于实现工作目标,而在于以工作和事业为载体,珍视、发掘和实现人的价值。

“两个原则”指“充分信任原则”和“顺从人性原则”。“以人为本”的管理首先要求的是对“人”,即广大关员的充分信任。“充分信任”是一种最高的精神奖赏,她能唤起广大关员“主人翁”的责任感和使命感;能在人们心中激发出巨大的前进动力、高昂的干劲和非凡灵动的创造才情;能为人们开辟一片自由挥洒的天地,升华人们的工作境界,引领人们充满自信、充满豪情地献身海关事业。“充分信任”得到的回报是“充分信赖”,对于一个领导来说,还有什么能比得到广大群众的信赖和拥戴更强有力的支持呢!“以人为本”的管理同时还是“顺从人性”的管理。“顺从人性”就是迎合和满足人的生理和心理正常的感性需求。我们所有的管理规定、制度、政策、办法,都是给“人”制定的,都需要“人”去遵守和执行,“顺从人性”就是在不违背法律、不丧失原则的前提下,尽可能的合乎人情常理,所谓有“人情味”。这既区别于冰冷的“纯理性”,也与庸俗的、不讲原则的“送人情”格格不入。“顺从人性原则”的实质,是要求一切管理措施最大限度地符合和体现广大群众的根本利益,最大限度地关照和满足广大群众的合理需求。

“阳光管理”在管理方式方法上具有三个鲜明的特色,即“阳光的透明”、“阳光的温暖”和“阳光的曝晒”。制度公开透明,上下交流渠道畅通,广大关员最大限度地享有知情权、参与权和决策权,这是“透明”的基本要求。实施“透明”式管理,首先需要一种勇气,它让海关工作的方方面面,包括所有的权利、所有的制度、所有的决策、所有的程序、所有的环节、所有的部门,以及所有的人都暴露于“光天化日”之下,都置身于群众的广泛监督之下,遮遮掩掩不行,“半透明”也难以过关。只有“身正不怕影子斜”、“心底无私天地宽”的领导人和管理者才有敢于“透明”、坦然“曝光”的勇气;其次,“透明”是一种承诺,它带给广大群众的是这样一种信息:施行“阳光管理”,海关的运作将从机制上确保高效廉洁。阳光之下容不得“老牛破车”式的工作效率,容不得“暗箱操作”以及其它种种可能滋生腐败的阴暗死角。“阳光的温暖”体现于物质上和精神上双重的人文关怀,从“关心人、爱护人、理解人”出发,大处着眼,小处入手,于细微处见真情。用阳光般温暖的方式启迪心灵,提高素质,升华精神,用感人、纯朴而且美好的价值观念去激发关员的热情,最终实现高度的自我管理。“温暖”式管理的另一个特点是“无处罚”,人无完人,孰能无过。只要不是触犯党纪国法,出现这样那样缺点错误的同志所面对的,将不是凌厉苛责的目光,更不是严厉处罚的尺板,而是充满信任与宽容的温暖的阳光、和煦的春风。在这样的氛围下工作生活,广大群众能不倍感自由舒畅,能不更加自爱自律、自强不息吗!“阳光管理”的最后手段是“阳光的曝晒”。是在阳光管理透明、温暖的主旋律下所必须的制约机制;是肯定主流,凝聚大部分,感化一部分,形成积极主流的必要方法;是对极少数缺少素养的人无视阳光的恩泽、离心离德、以怨报德、越矩违规屡教不改所采取的一种无奈的选择。任何有效的管理形式都必须恩威并重，宽严相济，否则，对一些“害群之马”心慈手软就无以约束，无以服众。“阳光的曝晒”是严厉的，是不容情面的，但其最终目的依然是教育大多数，保持海关队伍较高的素质和良好的风尚。

“一个核心，两个原则，三个特色”形成了“阳光管理”的基本架构。“阳光管理”具有阳光的一切特性。阳光是圣洁的，不掺杂一丝的偏狭和私欲；阳光是慈祥的，使万物欣欣向荣、蒸蒸日上；阳光也是威严的，她横扫阴霾，驱逐黑暗；阳光是七色的，这寓示“阳光管理”的方式方法也是丰富多样的；阳光不仅仅有明媚的春日、绚烂的秋光，也有严寒的苍白、酷暑的炙烈，这寓示“阳光管理”不仅仅是和风细雨、温暖如春，也应有雷鸣电闪、秋风落叶；阳光是普照的，被泽人间，这寓示“阳光管理”是面对所有人的，不偏不倚，一视同仁。阳光是生命要素，是万物赖以生长的条件，“阳光管理”则是北京海关进一步发展壮大、每个关员实现自我生命价值的希望所在。

二、“阳光管理”的理论渊源和实践意义

纵观管理学发展历史，大致经历了“古典学派”、“人际关系学派”、“管理科学”三个阶段。第一阶段把“人”作为一种生产工具或工作机器看待，采取的管理措施基本以管束、制约为主，是纯理性的管理方式。第二阶段把管理的重点放在了“人”的身上，提出了“以人为本”的管理理念，并作为解决“个人需求与组织目标相协调”管理课题的理论基础。第三阶段对“人的因素”有了更加深刻的认识，认为人是“追求自我实现的人”，更加注重人的价值和尊严，管理者的任务就是要创造一个工作环境、工作氛围，以便充分发挥人的潜力和才能，发挥个人的特长和创造力。“阳光管理”的特色，如“阳光的透明”、“阳光的温暖”等，正是现代管理理论将人本思想付诸实践的有效形式。现代管理不仅注重规章、制度等单方面的人性化设计，更强调围绕“人”的整体工作环境、工作氛围的营造。我们倡导的“阳光管理”，追求的是一种海关管理策略的整体优势和良好的集体感受，这与现代管理理论是相吻合的。

进入 21 世纪，中国社会发生了深刻的变化，经济全球化，社会生活方式时尚化，社会从业方式相对自主，人们的文化素质提高，思维方式活跃。特别是我国加入 WTO 之后，西方意识形态影响更加直接，我们关员的个性释放会更具开化性，独立意识和民主意识大大增强，使我们的基层建设，特别是思想政治教育和队伍建设面临新的挑战和考验。在这样的背景下，提出以人为本的管理理念，注重人文教育，重视人文知识的传播和人文精神的高扬，激发人在工作中的快悦情感，塑造人的高尚情操，唤起人的崇高的人格境界，不仅符合我党坚持群众路线，依靠群众、相信群众、尊重群众的一贯宗旨，而且也是现阶段“三个代表”重要思想在海关管理实践中的具体体现。

实施“阳光管理”也是贯彻海关“十六字”工作方针，从严治关，加强基层建设，创建现代海关制度的需要。“十六字”方针的提出，为海关行政管理制度的建设提出了新的要求，海关需要解决包括人力资源配置，提高关员政治业务水平，加速行政管理公开化、民主化进程在内的诸多深层次问题。与此同时，建立现代海关制度目标的确立，也要求海关在业务改革的同时，实现管理方式、管理方法和管理手段的创新。阳光管理的实施就是创新海关行政管理模式的一种尝试。

三、“阳光管理”的实践形式

理论服务于实践，“阳光管理”作为管理的一种方法和手段，只有转化为管理实践的具体形式，运用于实践，指导实践，才不会流于空洞苍白，才能具有鲜活的生命力。经过近一年来的实践，我们体会，只有把“阳光管理”渗透于基层建设的各个层面，贯穿于各个环节，才能更有效地发挥其积极的作用。

（一）倡导人性化，加强制度建设

建章立制是实施基层管理的基本条件，以往我们也不乏重视和强调，但往往因忽视人的因素，而在管理制度的主观意图、方式方法、操作步骤等方面表现得“不近情理”，甚至沦为僵死的教条，客观上导致了“有令不行”、“禁而不止”、“上有政策、下有对策”等现象的出现，造成制度失效，管理失控。实行“阳光管理”，就要求在完善规章制度的基础上加强人性化设计，即以人为中心，在充分了解掌握本单位的群体特点和每个人的个性能力特征基础上，因势利导、因地制宜、周密妥贴的健全完善管理的各项基本制度和规范，大到业务规范小到操作细节、言行举止，人人有所适从，达到组织管理与个人的有机协调，有效的降低基层的管理成本，提高管理效能。譬如干部选拔、后勤保障、业务协调、决策论证等各方面的制度，我们都需要把他程序化、细化、固化、责任到人、到岗，管理一目了然。

（二）实行透明化，推进民主建设

在现行行政管理权责体系的法律框架内实行广泛的民主，是实践“阳光的透明”的必然要求和重要方法。对于广大基层关员群众来说，最主要的民主权利就是充分享有“知情权”、“参与权”和“决策权”。民主不是空泛的，扩大群众的“三权”，形式上要扩大信息交流，加强上下沟通，建立健全咨询、建议、提案、来信来访、团体决策等制度，扩大行政授权，推行群众监督、民主考评；内容上应涵括法律、职权所允许和赋予的一切关乎海关事业、群众利益的实质性事项。要使广大关员群众通过充分行使民主的权利，真正感受到主人翁的地位，真正“以关为家”，真正以海关事业为已任，以高度的责任感和使命感，将个人命运与集体的兴衰结合起来，荣辱与共，甘苦与共。

（三）培植亲和力，改进领导作风

实践“阳光管理”，领导干部和管理者首先应具有阳光般的心态和开放性的思维。心澄如镜，坦荡无私，胸怀宽广，亲民爱仁，宽以待人，严于律已，寄情于广大群众，奋志于海关事业，这就是阳光心态；与时俱进，勇于创新，兼收并蓄，从善如流，既有坚定的原则性，又不失务实的灵活性，这就是开放思维。其次，各级领导干部应按照“阳光管理”的要求，切实转换管理角色。要跳脱单纯行政命令式的管理模式，扭转简单粗暴的家长式的工作方法，要以情感人、以理服人、以法治人，从尊重关员、爱护和关心关员的立场出发，以平等的身份教育关员，批评错误的言行，表扬正确的言行，在尊重、关怀、平等的基础上，使关员焕发出潜能。在运作中要用感情与交流关怀人，用利益与价值激励人，用事业与目标凝聚人。时刻以阳光环境的设计者、阳光氛围的调节人的角色发挥管理作用，时刻以努力创造适宜条件，尽可能满足关员群众获得知识，施展才能，形成自尊、自重、自主、利他、创造等自我实现的需要为已任，从而充分调动群众的积极性和主动性，实现“阳光管理”的目标。

（四）培育“现代人”，提高关员的整体素质

“阳光管理”在一定意义上是一种高度的群众自我管理，建立在较高的群众整体素质基础之上。提高关员整体素质，既是推行“阳光管理”的条件，也是其目的之一。要按照“现代人”的标准，加强公共道德和基本行为规范的修养；按照国家公务员的标准，加强行政执法能力和水平的培养；按照共产党员的标准，加强党性修养，提高政治素养；按照海关关员的标准，加强岗位学习培训，提高业务能力，强化廉政意识，提高拒腐防变能力；按照“阳光管理”以及汲取其它一切管理理念和科学理论的养料，提高各级领导干部的管理水平，加强领导艺术。提高群众整体素质关键在教育，而最好的教育方式是自我教育。推行“阳光管理”，就要大力营造一种自我学习、自我教育的良好环境和氛围，使广大关员能够始终适应社

会的发展，跟上时代的步伐，使之无论在海关事业上，还是在社会生活中，都能够一展现代人所应具有的自信与风采。

（五）增强凝聚力，坚持三个“文明”一起抓

江泽民总书记提出“物质文明、政治文明、精神文明”要一起抓。作为首都海关，推行“阳光管理”既要加强政治素质的教育，又要从物质和精神方面为广大关员群众开辟追求的广阔空间，提供实现的最大可能，让“阳光的温暖”充溢每个关员的心灵。在精神层面，要通过学习教育、通过各级领导的言传身教，率先垂范，引导广大关员树立正确的人生观、世界观和价值观。要在深刻的实践总结和理论探索的基础上，精心构建、大力宣传北京海关特有的“海关文化”，鼓励广大关员紧紧依托组织的理念和目标树立理想，施展抱负，张扬个性；在物质层面，各级领导要关心群众生活，真心实意为广大关员着想，排忧解难，千方百计解决群众最关心、最迫切的问题。要有现代经营的意识，切实为群众当好家、理好财，为北京海关的发展奠定雄厚的物质基础。

把握海关工作新方针的基本点和落脚点
为西部经济腾飞营造起飞平台

兰州海关关长　朱仪仁

海关总署党组根据海关工作面临的新形势、新要求，提出端正海关业务指导思想，正确处理“依法行政，为国把关”和“服务经济，促进发展”的关系，把握好“把关”与“服务”的平衡点。新的业务指导思想，得到了全国海关各级领导班子和广大干部职工的一致拥护，也得到了各地党、政领导和进出口企业的广泛赞同。经过一段时间的实践，继而将其确定为海关工作新方针，无疑是慎重和正确的。

“依法行政、为国把关，服务经济、促进发展”的海关工作新方针，完全符合江泽民总书记“三个代表”的重要思想，是“三个代表”重要思想在海关工作中的具体体现，是指导海关工作有力的思想武器。那么，怎样才能贯彻好海关工作新方针，使其不偏不倚，为经济建设服务，为促进生产力的发展服务？经过学习、讨论和一段时间的实践，笔者认为，要全面贯彻好海关工作新方针，必须全面理解、准确把握和正确处理新方针的基本点、落脚点和平衡点：即坚持“依法行政、为国把关”的基本点不动摇；把握为促进生产力发展服务的落脚点不降低；正确处理“依法行政、为国把关”与“服务经济、促进发展”的关系，找准其平衡点不偏不倚。本文拟就这三点的认识，谈点粗浅的看法，以期各位同仁指正。

一、“依法行政，为国把关”是海关工作新方针的基本点，必须坚持不动摇

（一）发展社会主义民主和法制，建立社会主义法治国家，是一项长期的战略任务，依法行政是依法治国的重要组成部分，是国家机关行使权力的基本准则，必须长期坚持不动摇，这是依法治国的基本要求

早在1980年1月，邓小平同志在中央召集的干部会议上就指出：“我们坚持发展民主和法制，这是我们党的坚定不移的方针”。同年12月，在中央工作会议上所作的《贯彻调整方针，保证安定团结》的讲话中，邓小平同志再一次强调：“要继续发展社会主义民主，健全社会主义法制。这是三中全会以来中央

坚定不移的基本方针，今后也决不允许有任何动摇”。1985年，邓小平在党的全国代表会议讲话时再次指出：“究竟什么是我们党的政策的连续性呢？这里当然包括独立自主、民主法制、对外开放、对内搞活等内外政策，这些政策我们是不会改变的”。

根据邓小平坚持发展民主法制的一贯思想，在社会主义现代化建设新的历史时期，党和国家的一系列重大决策，都包含有发展民主和法制的明确要求。江泽民同志在党的十五大报告中，从建设有中国特色社会主义政治、继续推进政治体制改革的高度，提出了“依法治国，建设社会主义法治国家”的治国方略。这一方略，是对邓小平民主法制理论的继承和发展，是党领导人民治理国家的基本方略，是发展社会主义市场经济的客观需要，是我国民主法制建设历史上一座新的里程碑。

建设社会主义法治国家，必须依法治国，而要做到依法治国，首先必须做到依法行政。依法行政，就是各级行政机关要依据法律规定行使行政权力，管理国家事务。依法行政是依法治国的前提和必备条件。没有依法行政，依法治国就成为一句空话，只有通过依法行政，才能达到依法治国，进而达到建设社会主义法治国家的目的。依法治国是一项长期的战略任务，因此，依法治国从客观上要求国家各行政管理部门、司法部门、行政执法机关必须长期坚持在法律、法规规定的范围内依法行政、公正办事不动摇。同样，海关作为国家行政执法机关，担负着守护国家经济大门的光荣职责，必须明确“依法行政，为国把关”是自己的基本点，任何时候都不能改变和动摇，也不允许改变和动摇。这是发展社会主义民主和法制，建立社会主义法治国家的基本要求。

（二）建立社会主义市场经济是我国社会主义经济体制改革的目标，市场经济的本质是法制经济，要求行政管理必须法制化。“依法行政，为国把关”是建立社会主义市场经济体制和实现政府职能转变的内在要求

党的十四大确定了建立社会主义市场经济体制的目标。市场经济的本质是法制经济。它从客观上要求各执法部门的行政管理必须法制化。从法律的角度说，计划经济是一种命令经济。虽然计划经济时期也有法律，但由于企业是政府的附属物，行政机关常常直接掌握企业的人、财、物、产、供、销等。因此，行政命令常常具有最高的权威性和最终的决定性。但市场经济不同，企业一旦真正成为独立的市场主体，其活动只能受法律的调节和约束，行政命令就失去了计划经济时期的威力。要规范、影响经济的变化和发展，就只能依靠法律，只有依靠法律的规范性和普遍性，才能建立起市场主体的活动和竞争规则；也只有依靠法律做出的行政命令，才具有法律强制力的保障。我国已经加入世界贸易组织（WTO），在国际经济交往中，也需要按国与国之间约定的规则和国际惯例及世界贸易组织公约办事。这些都是市场经济的内在要求。政府职能必须适应市场经济发展的客观实际，在宏观调控和微观管理方面都应适应广大企业和不同利益主体的共同要求，使各项行政管理法制化。只有这样，才能最终形成统一的、稳定的、有良好秩序而又充满活力的市场经济体制。海关作为国家对进出境活动实施监督管理的行政管理机关，站在国家经济改革的前列，必须义不容辞的坚持依法行政不动摇，以维护进出口贸易秩序，促进公平竞争，适应社会主义市场经济发展的需要。

（三）海关是国家的行政执法机关之一，依法把守国家经济大门是海关的法定职责，坚持“依法行政，为国把关”不动摇，是海关履行基本职责的客观要求

海关是国家的进出境监督管理机关。其主要是监管、征税、查私和统计四项基本任务。概括的说，就是依法把关。应从四个方面来理解：一是“依法行政，为国把关”是法律赋予海关的神圣使命，《海关

法》规定:“中华人民共和国海关是国家的进出境监督管理机关”。这一规定用体现国家最高意志的法律形式确定了海关工作的性质,就是“依法”把守国家的经济大门,这也是海关的基本职责,不允许有第二种选择。二是海关作为国家上层建筑的组成部分,体现的是国家权力意志,并代表国家依法独立行使进出境监督管理的权力。海关实施的是国家法律所授予的对进出关境活动的管理职能,就是对所有进出关境的运输工具、货物、物品进行监督管理。这一基本职责,要求海关对外要维护国家的权益和形象,对内要体现整个国家与全社会的整体利益,而只有法律才具有这样普遍的公正性。三是国家赋予海关的权力,是出于对落实海关四项基本任务的需要。把好国家经济大门,维护良好的进出口秩序,直接关系到国家的安危和经济的兴衰、关系到国家利益与国家尊严的体现,而只有法律才具有这样强大的保障力。四是海关发展的历史,经历的坎坷,湛江案件、厦门案件等,多次说明和验证了这一事实;就是啥时候脱离了依法行政,啥时候就要犯错误,就要被历史所惩罚;啥时候坚持了依法行政,任凭它风吹浪打,只要你坚持不动摇,也不会偏离航向。这一血的教训,海关的各级领导干部和广大关员务必清醒认识和牢牢汲取。因此,海关在执法方面,必须以国家的法律、法规为依据,公正执法,这一基本点是不允许随意改变的,也是不允许随意动摇的。

二、“服务经济,促进发展”是新方针的落脚点,必须坚持为促进生产力发展提供高效、文明服务

(一)海关工作新方针,反映了江泽民“三个代表”的基本要求,尤其是把落脚点集中在为促进生产力发展服务这个中心上,意义非常重大

海关工作新方针,是江泽民同志“三个代表”思想在海关工作中的体现。海关工作必须适应先进生产力发展的根本要求,必须为建设先进文化提供有力保障,必须最大限度地体现最广大人民群众的根本利益。新方针完全符合江总书记“三个代表”的重要思想,是指导海关各项工作的强大思想武器。

对于这个问题的认识,首先要搞清楚生产力与生产关系、经济基础与上层建筑之间的关系。生产力是人们征服自然改造自然的能力。在生产力与生产关系,经济基础与上层建筑这两对矛盾中,生产力决定生产关系,生产关系反作用于生产力,经济基础决定上层建筑,上层建筑对经济基础具有反作用。但在这些诸因素中,生产力是最终的决定力量。它要求生产关系和上层建筑必须适应生产力的发展要求,否则就要不断的对其不适应的部分进行调整和变革,使其与生产力的发展相适应,以达到服务和促进生产力发展的目的。海关作为上层建筑的组成部分,海关的各项工作都对生产力的发展有一定的影响:海关的征税工作使国家的财政收入得到平衡,促进了民族工业的健康发展,海关的监管工作使国家和企业的对外贸易活动得以有序实现,海关的统计工作为国家的宏观调控提供依据和支持。海关的打击走私工作,使国家的对外贸易秩序得到维护,所有这些,都直接或间接的影响着生产力的发展。因此,海关工作新方针申明“服务经济,促进发展”,既反映了生产力发展的根本要求,又体现了上层建筑对经济基础的服务促进作用。

(二)海关工作新方针把落脚点放在为促进生产力发展服务上,我们工作中还存在着诸多与生产力发展不相适应的因素,必须予以调整和变革

随着改革开放的不断深入,我国经济贸易快速增长,信息科技突飞猛进,生产力的诸要素也发生了日新月异的变化。经过几年的艰苦努力,海关工作虽然有了长足的发展进步,但与活跃快速发展的生产力相比,仍存在着不相适应的诸多方面:一是思想观念不相适应。我国的经济体制改革启动较早,而政治体制改革启动相对滞后,加上一部分领导干部和关员不善于学习、不善于思考,其思想仍然停留在计

划经济时代的阴影里，不能正确对待自己的位置，不能正确处理"依法行政，为国把关"与"服务经济，促进发展"的关系，把行政管理同社会的进步、经济的发展割裂开来看待问题、处理问题。善管、不善服务，管中看不到服务，服务中意识不到促进，还用老观点看待新问题，用老作风对待新形势。二是不能正确评价自身工作的成绩与不足，看自身成绩多，看别人缺点多，用自己的成绩比别人的不足，对自己的不足视而不见、见而迁就、放任自流。三是管、卡思想、特权思想、本位主义、享乐主义、官僚主义严重，服务意识、创业意识、促进意识淡薄。四是管理方法和手段不相适应。海关虽然对通关作业进行了改革，管理手段和方法也发生了一定变化，但相当部分仍属计划经济时代的传统管理方式，仍然存在手段陈旧、手续烦琐等问题。五是科学技术应用程度不相适应。近几年，海关在计算机应用方面虽有普及，但关与关、关与部门、关与企业间的计算机联网还没有跟上，各地区、各部门的重视程度和应用程度还有差异，这些都跟不上大通关、大物流、大发展的需要，也直接影响着海关的执法水平和质量，影响着企业的经营和发展。因此，海关必须对此进行调整和改进，以为促进生产力的发展服务。

（三）海关作为政府职能部门，在西部大开发和我国加入世界贸易组织（WTO）的新形势下，要做到为经济基础服务，为促进生产力发展服务，最重要的就是要和政府及相关职能部门一道，共同为西部经济发展和腾飞营造和提供一个类似航空母舰式的起飞平台，使企业在这个平台上孕育、浮化、成长、腾飞，这是最大的服务，也是最大的促进

我国改革开放以来，东部地区以其得天独厚的便利条件和国家的各项优惠政策，率先发展了起来，东部的生产力发展比西部先行了一步。东、西部地区的经济状况和生产力发展状况也产生了较大的差异。正是在这种差异继续拉大的情况下，国家及时作出了开发重点向西部转移的战略部署，这一战略转移，就是为了加快西部生产力发展的速度，解决东西部发展差距大，贫富悬殊的问题，以达到实现全国人民共同富裕的目的，其意义非常重大。这对西部地区政府及相关职能部门和企业带来了千载难逢的机遇和巨大的挑战。

在这一伟大的开发发展中，各级政府及其相关职能部门，怎样面对挑战和机遇，怎样才能最大限度地为西部经济发展和促进生产力发展服务，是摆在我们面前光荣而艰巨的任务。从人类社会生产力发展的实际出发，作为上层建筑领域的各级政府及相关职能部门是不能直接发展生产力的，但是可以为促进生产力发展提供最大的服务，这一服务就是要为企业生产、经营和发展营造和提供一个腾飞的发展平台，使企业在这一平台上孕育、浮化、成长、发展、腾飞。这一平台要求政策透明，环境宽松适宜，适应范围广阔，秩序井然，规则公正、公平、合理，程序合法、保障有力等。营造和提供这一平台，不只是海关一家行政机关就能独立完成的，也不是某一级政府就能独立完成的，它需要各级政府及其相关的行政管理职能部门，如各级政府、外经贸、工商、海关、税务、检验检疫、交通等，司法部门如检察院、法院等，执法机关如公安等的共同努力，形成强大合力保驾护航才能实现。从某种意义上来讲，海关处在国家开放的前列，对营造和提供这个平台所发挥的作用应该更积极更大一些，但绝不是包打天下，也包打不了天下，一定离不开地方政府及其相关部门的支持和共同协作配合，这一点一定要清楚。所以，我们要在充分认识自己使命的同时，适应形势发展的要求，内强素质，外树形象，首先抓好自身的各项建设，为营造和提供这一平台贡献力量。

三、正确处理"依法行政，为国把关"与"服务经济，促进发展"的关系，找准其平衡点，使其不偏不倚，必须坚持两手抓两手都要硬

（一）贯彻“依法行政，为国把关”、“服务经济，促进发展”的方针，首先必须正确认识，深刻领会、准确把握其涵义

江泽民同志在党的十五大报告中指出：依法行政，就是依照法律行使行政权力、管理社会事务。依法行政的主体是国家行政机关，依法行政的核心是以法律为标准。国家的主体是人民群众，国家是人民群众利益的代表者。国家制订的法律，既体现了人民群众的意志，同时也规范着人们的各种行为。行政机关依法行政，既是维护国家的利益，同时也是用法律的标准规范着人们的行为。

什么是“依法行政，为国把关”、“服务经济，促进发展”呢？这里的“依法行政，为国把关”，就是依据国家对进出境的货物、物品、运输工具实施监督管理的有关法律、法规，对进出口货物、物品、运输工具等实施监督管理，通过这种监督管理，把好国家的进出口大门，维护正常的、高效的、良好的进出口贸易秩序。“服务经济，促进发展”，就是在“依法行政，为国把关”的前提下，通过履行监管、征税、查私和统计等职能，维护正常的对外贸易秩序，为企业提供高效、文明、快捷的通关便利和及时的政策咨询、宣传和指导，为政府提供海关统计资料服务，从而达到服务国家经济建设，为促进生产力发展服务的目的。这一方针的特点：一是具有唯一性，是指“依法行政、为国把关”的依据具有唯一性，这就是只能以国家的法律、法规，包括地方出台由国家认可的某些法规为依据。除此而外，任何个人、任何组织的意志都不能替代国家的法律、法规而作为依据。二是具有服务性。是指“依法行政、为国把关”是为经济建设，为促进生产力发展服务的。三是具有同一性，概括的说是依据人民的意志为经济建设和促进生产力发展服务，实现了手段和目的的统一。四是具有不可分割性。“依法行政，为国把关”是手段，“服务经济，促进发展”是目的，手段和目的互相联结，互为存在的条件，二者是有机结合的统一体。

（二）正确认识和处理“把关”与“服务”的关系，准确把握“把关”与“服务”的平衡点

牟新生署长在全国海关科技工作会议上的讲话中提出：要正确处理好“依法行政，为国把关”和“服务经济，促进发展”的关系问题。他指出：“把关”与“服务”是辩证的统一，“把关”之中有“服务”。“服务”之中不能忽视“把关”。这一讲话对我们在现实工作中正确理解“把关”与“服务”的关系，有着十分重要的指导意义。

早在1999年，海关总署党组提出“依法行政，为国把关”方针的时候就反复强调，“依法行政，为国把关”不是不要服务，在社会主义市场经济条件下，海关严格依法行政，严厉打击走私，保护公平竞争，维护进出口贸易秩序，就是最好的为国民经济发展服务，就是对经济发展最大的促进和贡献，严格执法和热情服务是海关工作新方针同等重要的两个方面，不可偏废任何一方。

“服务经济，促进发展”，是在坚持“依法行政，为国把关”方针基础上的完善和发展。“把关”与“服务”是手段和目的的关系。具体地说：“依法行政，为国把关”是手段，“服务经济”和“促进发展”才是目的，“依法行政，为国把关”与“服务经济，促进发展”是手段和目的的辩证统一，是法规和利益的辩证统一。就是说，要想促进经济发展，就必须依法行政，公正执法；要为促进生产力发展服务，就必须在简化通关手续，提高办事效率，优化服务质量上下功夫。如果只强调目的，而不重视手段，很容易导致无原则执法；反之，只片面强调手段，而不重视目的，又容易走向封闭、保守、教条和关、卡、压的极端，使得办事拖沓，效率低下，也必然会制约经济发展。因此，离开“把关”讲“服务”，或只强调“服务”而忽略“把关”，都是不对的，都会导致执法偏差，影响经济的正常发展。所以，只有牢牢地把握住促进经济发展，为生产力发展服务这一落脚点，坚持“依法行政，为国把关”这一基本点不动摇，不论采用何种方式或方法，只要

有利于这一目的的实现，这种方式和方法就应该坚持。正确的方法应该是明确“服务经济，促进发展”的目的；坚持“依法行政，为国把关”这一基本点不动摇，二者都要抓，两手都要硬，不断改进工作方式和方法，提高工作效率。从而使海关真正成为目的明确，手段合法，方法合理，廉洁高效，受企业和社会欢迎的进出境管理机关，真正实现“依法”“把关”与“服务”“促进”的有机统一。这就是找准了新方针的平衡点。

（三）贯彻好新方针要牢固树立“四个意识”，处理好两个关系：

1、牢固树立法治意识

“法治”就是依据法律、法规来治理国家事务。法治的依据是法律，法律是人民意志和利益的最高体现，也是国家统治意志和利益的最高体现。法治意识，就是要在思想上，摆正权与法、个人与组织、地方利益与国家和人民利益的从属关系，明确法律所代表的国家意志和人民利益高于一切。任何人、任何组织的利益和意志都是处于从属与服从的地位这一思想原则。

江泽民同志在党的十五大报告中指出“依法治国，就是广大人民群众在党的领导下，依照宪法和法律规定，通过各种途径和形式管理国家事务、管理经济文化事业、管理社会事务，保证国家各项工作都依法进行，逐步实现社会主义民主的制度化、法律化，使这种制度和法律不因领导人改变而改变，不因领导人看法和注意力的改变而改变”。这段话始终把“民主制度与法律制度”放在首位，这就是我们要树立的“法治意识”。

2、牢固树立把关意识

海关是国家进出境监督管理机关，这是法律的规定性所决定的。它的职责就是依法把守国家的进出境大门。这个职责是其他任何机关、团体和个人都不能拥有和替代的。把关意识体现了国家人民的利益高于一切。所以要履行好这一职责，就必须增强为国把关的责任感、使命感，牢固树立“把关意识”充分发挥海关的职能作用，把海关建设成为把守国家经济的钢关铁门。

3、牢固树立服务意识

海关的服务意识，应建立在维护社会主义市场经济秩序，促进对外贸易和科技文化交流的健康发展，为社会主义现代化建设和为促进生产力发展服务的根本宗旨上；着眼于体现国家人民的最高意志这一基本点，服务于人民的最大利益；着眼于爱岗敬业、公正执法，加强反腐倡廉的自身建设上；着眼于提供高质、高效、文明、现代的海关服务这一思想范畴。

4、牢固树立经济意识

马克思主义政治经济学认为，物质资料的生产是人类社会赖以生存和发展的基础。但是，人类生存和发展单靠物质资料的生产还远远不够，还离不开对物质资料进行交换和再分配的经济活动。人们对这一生产过程和再分配的经济活动的认识和反映就是经济意识。我们现在进行的经济体制和政治体制改革以及西部大开发，都是为了最大限度的发展生产力，生产物质资料，满足社会发展和人们对物质资料的需求。从表面上看，物质资料的生产是企业的事情，实际上，它离不开政府及其职能部门的管理和服务。市场经济的主体是企业，企业的生产经营要讲求经济效益，海关管理的目的是为了促进企业创造更大的经济效益，所以国家制定政策，海关制订制度、采取措施，实行改革，以及办理海关手续等，都要从维护国家的经济利益、减少费用、降低企业经营成本、促进企业的经济效益为出发点来考虑，这样才能使服务的手段和措施与达到的目的相一致，这就是我们要树立的经济意识。

5、正确把握和处理好“全局利益”和“局部利益”的关系

在正常情况下，国家整体利益和地方局部利益的冲突是不存在的。因为从海关工作的最高宗旨看，讲维护国家的主权和利益，保障社会主义现代化建设也好，讲促进对外经济贸易和科技文化交往也好，国家和地方的利益基本是一致的。但有时地方也会提出一些对地方经济发展有利，但法律、政策不明朗的问题，或者是有些做法国家法律、法规不允许。这时候摆在海关面前，就有了“国家整体利益”与“地方局部利益”的冲突。这时候作为国家垂直领导机关的海关，就必须把国家整体利益放在第一位，对不明朗的做法应迅速向上级请示、报告。对法律、法规不允许的事项坚决不予办理。同时要向地方、政府和企业做好解释宣传工作。这种情况的出现，大部分是由于地方、企业不了解国家的法律、法规和政策造成的。所以，正确认识和处理好这个关系，会使海关关员更加坚定地坚持依法行政。

6、正确处理业务改革和队伍建设的关系

方针、政策已经制定，人便是执行方针、政策的灵魂。贯彻海关工作新方针，首先要靠具体的制度和手段，但最终要靠人的行动来落实。业务改革是物质基础，但任何法律法规最终都要靠人去执行，所以，在加强管理，从严治关，提高队伍的政治素质、执法水平、业务水平的同时，注意充分调动队伍的积极性，激发队伍的创造性，是贯彻落实新方针的重要方面。如果关员素质低下，纪律涣散，甚至腐败堕落，公正执法也不可能实现。同时，没有好的制度和手段，就不可能有高效的行政和高效的服务。所以，加强业务改革和队伍建设，是实现依法行政的基础。在处理这两个方面的关系时，一定要坚持两手抓，两手都要硬，不能偏废任何一方。

西陇海经济带的开发与海关监管

——浅谈内陆海关在西部开发中的作用

兰州海关　任六九

江总书记两次视察甘肃，提出了在西部开发战略中，甘肃的重点应放在西陇海经济带的开发上。这既是对甘肃在西部开发战略中的总要求，也是国家经济建设特别是开发西部总体战略的一部分。

地处西部的兰州海关如何适应这个发展战略，服务这个大局，本文就这一问题提出粗浅的看法，以期引起大家的讨论。

一、西陇海经济带的战略构想

西陇海经济带是指以陇海铁路西段为主的经济开发带。东起甘肃的天水，西至万里长城最西端的嘉峪关市，长约1000余公里的沿线十余个地市为重点的经济带。提出这样一个经济发展战略，是基于甘肃的基本条件为前提的。

一是依托陇海铁路的便利交通，实施大开发。陇海铁路是第二条亚欧大陆桥途经我国西部的路段，仅甘肃境内就占有2000余公里。特别国家投资建设的兰新复线和国道312高速公路的启动，为西陇海经济带的开发提供了非常便利的交通条件。

二是兰乌通信光缆线的铺设沿西陇海路全线贯通甘肃全境、为西部大开发中信息技术迅速发展与

国际信息联通合作提供了保障。

三是甘肃的骨干企业大都集中在西陇海线上。全省十四个地州(市),有八个地市集中在西陇海路沿线,已初步建成为甘肃经济发展的基地。拥有十大企业集团和现代企业148家,其中132家集中在西陇海路一线。99年以来列省基建项目30个,列国家重点项目5个,技术改造项目8个。止目前,已完成42个,占98%,建成了石油、化工、钢铁、铜、镍、铝、电子等基础工业,据统计西陇海经济带工业年总产值占全省的74%以上,农业总产值占58.7%,粮食产量占全省60%以上,是西部开发坚实的基础。

四是矿产资源丰富,为西部开发和持续发展提供了保障。矿产资源丰富,矿种多,类型齐全,多集中在西陇海路沿线各地。已发现各类矿种173种,占全国已发现矿种的95%,探明储量的达98种,居全国前五位的有32种,已开采利用的达65种,镍、钴、铂金、硒等矿种居全国第一,锌、铊、碲居全国第三,铜、镉居全国第四,铝、镁、锑居全国第五。丰富的矿产资源为西部开发、持续发展奠定了坚实的物质基础。

五是以兰州为中心的科研机构,提供可靠的科研技术服务和技术保障。中科院兰州分院,下属十二个科研所,不但有现代物理等高新类科研成就,同时也有石油开发、生物制品、冰川冻土、沙漠开发、大气物理等方面专门的科研所为西陇海经济带的开发提供可靠的技术保障。各集团公司庞大的科研队伍是本企业重要的技术力量。

六是西陇海路沿线,人口密集,商业发达,是重要的商品集散地,甘肃全省共86个县,42个县1376万人口,集中在西陇海路沿线,占全省总人口的54%,辐射地区6个,40个县市,人口1100余万。其中兰州、天水、张掖、武威等地市是甘肃乃至西北主要的商品集散地,不但辐射甘肃全境和周边青海、宁夏、西藏、新疆,而且远销中亚、西亚各国,著名的丝绸之路在历史上曾经创造过人类的辉煌。

七是西陇海路沿线,有雄厚的历史文化沉绩。我国四大石窟,在甘肃就占有敦煌莫高窟和天水麦积山石窟,加之丝绸之路风情等诸多景点是开展旅游的黄金热线,每年吸引国内外游客上千万人。可以以旅游搭台,经贸唱戏,向外商展示西部开发的前景,吸引外资,加快西部开发和建设;

八是在西部大开发中,为了扩大出口,提高后劲,改变传统出口产品的升级换代,建设了十大出口产品基地。主要有,以天水、兰州为中心的机电产品,锌、铝、矿产品,硅铁合金出口基地;以白银、金昌为中心的铜、镍有色金属基地;以酒钢为主体的钢铁生产基地;以兰州为中心的生物、药物加工出口基地;以兰州、武威为基地的毛纺产品;以张掖、天水为基地的农副产品加工出口。这些基地正在发挥着积极的作用。是西部吸引外资走向世界的骨干企业。

九是外资企业和98%的进出口货物集中在西陇海路沿线各地,特别是加工企业和进口料件成品出口全部集中在西陇海路沿线。因此,海关的监管工作也集中在以兰州为中心西陇海路沿线。

近几年来,当地政府针对开发西陇海经济带这一经济发展总体思路,采取积极的措施,投入了许多精力、人力和物力,进行了大规模的开发,特别在基础工程建设和投资环境的改善等方面,取得了重大进展,从而带动了全省经济持续快速发展的好势头,在西北这样贫困的地区,每年都保持了8—9%的高速发展态势。

二、西陇海经济带开发中与海关管理存在的主要困难

面对西部大开发这样一个大局,当地政府要求各职能部门给予积极的支持,创造一个良好的投资环境,促进地方经济健康、快速、持续发展。兰州海关是承担甘肃省进出口的主要监管职责。但从目前的

机构设置和通关管理的工作实践中,还有很多工作需要理顺,企业在进出境方面遇到很多困难需要进一步研究和解决。为开发西陇海经济带作出贡献。

一是企业进出境报关困难,物流不畅,费用高、负担重。

由于兰州地处内陆,虽设有海关,却没有直通口岸。兰州海关监管的货物都从进境地海关转关而来。企业在兰州海关办理通关手续,即造成兰州以东地区的进口货物发生倒流。从而增加双倍运杂费;兰州以西进口货物在兰州落地,则要增加 1/3 的运杂费;如地处河西的酒钢,去年进料加工出口钢坯,仅成品从厂运至出口地,运杂费为 90 元/吨,而在兰州报关出口,每吨还需增加 30 元中途落地费用(进口原料落地产生的费用还未计算在内),5 万吨则增加运杂费 150 万元,仅此一项,就可使企业亏本经营。无奈之下,企业只有直接到出口地海关报关。而天水、陇南地区年产 12 万吨锌矿砂出口,张掖地区的种子番茄酱、脱水菜等大宗商品加工出口,都由沿海一带的企业承包出口。出口退税等项政策优惠,也因此由外地承包企业享受,本地企业,生产不获利。自己的产品优势转变不了效益劣势,两头受损失。为了帮助企业,解决报关方面的困难,兰州海关采取了货物运到目的地验放的举措,监管科的同志常年奔波在西陇海路沿线。虽然避免了货物倒流和中途落地给企业增加的经济负担。但其他通关手续不能就地办理,还需要企业从东、西两地驱车 800—1500 公里的长途爬涉,到兰州办理。因此,陇东地区和河西地区大部分企业,避开兰州海关,直接到进出口海关通关。这样,使兰州海关的业务量一降再降,近 6 年来,从 1994 年的 18 万吨降至 2000 年的 2 万吨,下降 88.9%。

二是海关监管,点多线长,高度分散,困难重重。

甘肃省经营进出境业务的企业,特别是从事加工贸易的企业大多分散在东起天水,西至敦煌的 1500 余公里的西陇海路沿线,计 10 个地市,上百个点。这种地域分布无形中拉大了兰州海关监管的范围,增加了业务量。如对 370 余公里的天水市几家加工企业的验厂、验货、核销,仅一个手册前后最少需要往返六趟,行程 2200 余公里。至于对河西,特别对敦煌地区加工企业的监管,办理核销一个手册需要往返 7200 余公里,这对于不足百余人的兰州海关而言,不但造成了工作上的忙碌和被动,而且负担十分沉重。

三是企业、政府要求各职能部门为开发西部创造良好的投资环境。

就全国而言,区域经济协调发展和西部大开发,已经成为我国宏观经济运行中的一个突出问题。这是关系到我国国民经济持续、快速、健康发展以及社会安定等重大现实问题。西部大开发战略,不仅仅是解决西部地区的贫困,加快西部地区发展的问题,它也是建设现代化国家,实现共同富裕和中华民族振兴的问题。而西部的开发必须最终与国际接轨。国际物流发展水平落后在很大程度上阻碍了西部经济的快速发展。影响了企业的市场竞争力和商品市场占有率的提高。兰州每年的"兰洽会"吸引不少外商前来洽谈,各地区也准备了很多好项目,外商纷纷看好西部的资源优势,都有不少投资协议。但一经考察,认为远离口岸进出境困难,物流不畅而作罢。因此,当地政府、企业要求各职能部门采取积极的态度和措施,创造方便、快捷的投资环境,支持外商对西部的投资和大开发。故此,政府和企业都非常希望海关能在天水市和张掖地区设立海关机构,为支持扩大开放帮助、支持企业外商引资作出具体贡献。

三、转变观念,支持西陇海经济带的开发

一是要转变传统观念,树立发展创新意识。

随着经济全球化和信息技术迅速发展,企业生产资料的获取与产品的生产、营销等发生了深刻变化，社会生产在组织规模上进行跨国兼并，提高产业的集中度和市场份额；在企业管理上实施优化流程，变化组织结构，回归人本管理；在经营方式上，实行网络开发，大规模控制、全球采购、即时供货和零库存策略。新的商业模式的不断涌现、不断创新，都是为了降低物资消耗，提高劳动生产率，创造最佳效益，实现最大利润的考虑。与此同时，被视为“第三利润源”的现代物流业也悄然兴起，并成为企业竞争的另一块“黑土地”。国际经济的发展，跨国公司的跨国投资、经营、采购、销售等活动，不可避免地带来国际物流的高速发展。企业在国际经营中寻求国际物流的最佳效益，从采用最适宜的运输工具，最便捷的联运，最短的运距，最适宜的包装，最少的仓储，最短的时间、最快的信息和最佳的服务等八个方面环环考虑。这除了企业本身的选择外，还要求运输部门、仓储部门、通关管理部门都要提供优质、快捷的服务，支持企业，合理合法的获取最大效益，加快发展。

海关作为国际物流进出境的管理部门，必须要顺应经济全球化形势发展的要求，认真把握国际物流的发展规律和特点，努力构筑新型的便捷通关流程，实现国际物流的无障碍通关，最大限度的满足企业竞争的需要，促进经济和贸易的发展。而要达到这一点，必须打破条条框框，树立实事求是的思想，转变“与已无关”的思想观念，树立支持企业竞争的意识；改革传统的通关制度和模式，树立快捷、方便、无障碍通关，形成海关自己的有特色的体制体系、机构体系和通关管理体系。更好的“依法行政、为国把关、服务经济、促进发展”。

二是建立科学、统一、高效的海关机构体系。

为适应西部大开发和西陇海经济带开发的需要，拟在天水市和张掖市分别建立兰州海关隶属机构，形成“三点一线”的海关管理体制。

其一、地理位置优越。甘肃是一个狭长带，东西长2000余公里，南北宽则几十公里，天水距兰州370余公里，张掖距兰州700余公里。两市是西陇海路经济带的两个重要城市，是第二条亚欧大陆桥上的中心城市。可以辐射全省十个地市，是本省经济相对发达地区，集中了全省47%的进出口企业，在西部大开发中，已经打下了很好的基础，是中外商家看好的投资地区之一。近三年来，货运量累计达113.1万吨。中国加入WTO后，可极大地吸引外资，加大开发，在此建关，将促进货运量将进一步扩大。

其二、两市已有很好的工业基础。天水是甘肃省进出口企业相对集中的地区之一，是电子、机械、锌矿产品等三大基地所在地，进出口企业13家，外商投资企业19家，投资项目46项，仅电子、机械、果业加工出口创汇1.4亿美元，在西部大开发中，进出口货物逐年上升。同时该地区处在陇东五地市的东大门，是甘肃东部的商品集散地和进出口货物集散地。地处河西走廊的张掖市，是甘肃的商品粮基地。目前，现有种子生产基地20万亩，从事制种业的农户达1.2万户，种子种类达100多个，出口创汇100多万美元。10余种蔬菜种植、脱水及蕃茄酱，加工出口远销日本、欧美、意大利等国。100万亩制种基地正在建设中，17个开发项目总投资10.04亿元。另外，食品、轻工、医药、冶金、能源、建材等63个项目也是西部开发中的重点项目。同时，张掖还可幅射，镍都——金昌市和酒钢地区大型企业及河西五地州。

其三、进一步加强了海关的监管力度。兰州海关“三点一线”的监管体系的形成，不但方便企业进出口，可以使兰州海关的业务量增加90%以上，更好地发挥海关职能作用。同时加强海关现场监管，堵塞漏洞。

三是开展直通式运输，建立新型的便捷通关。

开展直通式运输，即把进出口货物直接运送到目的地。改二次通关为一次性通关，减少中途落地通关环节，减轻企业负担，同时可以减轻口岸海关的压力，增加内陆海关的业务量。开展直通式进出境货物运输，实际上是把进口口岸沿伸至内地，创造更加快捷、顺畅的货物进出境通关环境。这要涉及进出境地海关、港务、海运、铁路与进出境企业等方面。但从调查显示，直通式运输不但加快了国际物流的畅通，而且方便进出境企业，同时对各运输部门都有利。在实践中必须加强海运与铁路、进口地海关与主管地海关的协调，相互配合，建立规范、统一、协调的工作制度和程序，以保证直通运输，方便、快捷、安全、无障碍的进行，实现进出境物流的顺利通关。

四是建立综合保税货物库。

西部加工企业主要以氧化铝、铁矿砂、铜金矿及化工原料进口加工为主。但这些原料与成品在国际市场的价格周期很短。以氧化铝为例，价额周期约为5—8个月，而且高价位与低价位差别很大，如氧化铝原料进口价为140美元/吨—340美元/吨，差价200美元/吨左右，铝锭出口价为1500美元—2300美元/吨之间，差价800美元/吨左右，对加工企业来说，及时掌握市场信息，抢抓机遇，低价位进料，高价位出货就可以创造最佳效益，增加经营者的利润。反之，则丧失良机，一事无成。地处西北地区的企业，捕捉信息迟、行动慢，加之原料进口与成品出口运距长、费用高，即使有了信息，再进料加工出口，已赶不上国际市场的周期变化。经营企业处于高度紧张与被动之中，为了改变这种不利局面，企业和外贸主管部门一致要求在兰州建立以加工贸易为主的综合保税库。对企业来说可以抢抓市场机遇，创造最佳效益。对海关来说，可以改变在加工贸易管理中“两头不见货”只凭一张报关单进行监管的被动局面，加强了实地监管，支持了企业发展。

检验检疫对促进贵州区域经济发展和扩大出口的作用

贵州检验检疫局　王志文

党的十六大报告明确指出：积极推进西部大开发，促进区域经济协调发展。贵州省人民政府制定的《贵州省国民经济和社会发展第十个五年计划》也把发展区域经济作为结构调整的三大重点（产业、所有制、区域经济）之一。贵州省作为西部省份之一，一方面有着传统的产业项目、丰富的资源优势、良好的气候特点、独具的区位优势等有利因素；另一方面区域经济发展缓慢，特别是在带动外贸发展上没有发挥出区域经济的优势。2002年，全国外贸出口达到3256亿美元，而贵州只有4.4亿美元，仅占全国的0.14%；外贸的增长对全省GDP的拉动作用也远远低于全国25%的平均水平，不到5%；贵州检验检疫局2002年检验检疫进出口货物总值5.07亿美元，比2001年增长了0.84亿美元，增长了近20%，但只占2002年全国检验检疫进出口货物总值3590亿美元的0.14%。面对机遇与挑战，如何发挥检验检疫部门在促进区域经济发展和扩大出口中的作用，是摆在我们面前的重要任务。

我国加入WTO后，经济已逐步融入国际经济体系，这对发展贵州省的区域经济，实施“走出去”发展战略提供了良好的机遇。如何把握机遇，迎接挑战，趋利避害，加快全省区域经济带动外贸经济的发展和扩大出口，变区域优势为经济优势，是检验检疫部门紧贴的第一要务。贵州出入境检验检疫局作为技术执法和宏观调控进出口的职能部门，要紧紧围绕促进贵州区域经济发展和扩大出口为中心，严格把关，严格执法，大力扶持出口企业，大力实施名牌战略和“走出去”发展战略，推进检验检疫业务改革，不断提高工作质量和把关能力。

一、检验检疫部门在促进区域经济发展和扩大出口中面临的困难与挑战

1、思想观念上面临着挑战。面对我国加入 WTO 后的新形势，检验检疫业务工作还有许多不适应之处，如对加入 WTO 之后检验检疫面临的挑战认识不足，对入世后检验检疫对策深入细致的研究还不够，结合贵州实际促进区域经济发展和扩大出口方面的具体措施还不多。在新的发展时期，检验检疫工作面临考验的同时，我们的思想观念、管理方法、技术手段、人员素质和法规建设等方面在适应国际惯例上意识还不强，步伐较慢。

2、国外技术壁垒严格。在我国加入 WTO 以前，如果说关税、配额、限制出口量等国家政策是影响我省扩大出口的主要障碍的话，那么在加入 WTO 后，国外日益苛刻的技术性贸易壁垒则是阻挡我省扩大出口的瓶颈。主要表现形式有苛刻的技术标准、严格的认证制度和繁琐的检验检疫程序等。如美国、欧盟、日本、韩国等对进口我国货物使用的木质包装提出严格的处理措施和技术标准；欧盟、日本、加拿大等进口我国农副产品除规定农药、兽药残留的限量外，还严格规定了允许使用的农药、兽药的种类；香港地区对进口大陆肉类产品规定了“7＋19”（使用的农药、兽药中不准检测出的有 7 种，可以检测出，但有严格限量标准的有 19 种）检测项目和“五统一”（统一供应疫苗、统一防疫消毒、统一供应饲料、统一使用药物、统一加工厂购屠宰）等严格要求……。目前，技术壁垒已经成为我国出口面临的第一大非关税壁垒。从技术壁垒的发展趋势看，已经从针对产品本身的性能、质量标准发展到产品生产、包装、运输的全过程。随着我省乃至我国区域优势产品出口潜力的进一步发挥，可能会导致其他国家更为强烈的抵制，并且会更广泛采用技术性贸易壁垒的方式。这些都极大地限制或阻碍了我省相关产品的出口，从而也在一定程度上制约了区域经济的发展。

3、检测技术和人员素质有待进一步提高。目前，贵州出入境检验检疫局的检测设备、科技人员的技术水平还不能适应国外检验检疫的要求，少数国外新提出的检测项目还不能检测。我国加入 WTO 后，进一步提高技术执法、技术把关的水平已成为检验检疫部门促进区域经济发展和扩大出口的工作主流，单纯地依靠行政手段扩大出口已不可能。所以尽快更新和添置必要的检测设备，提高检测人员的科学技术水平是我们的当务之急。

4、由于贵州省目前区域经济发展缓慢，国家投资有限和自身积累能力差，使企业资金捉襟见肘，技术改造开发投入严重不足，科技成果转化率低，技术优势难以发挥，自我发展的能力不足，使技术水平的提高困难重重。企业主要依靠资源优势生产原材料等缺少高附加值的初级产品，高、精、尖产品没有很好地转化为产业经济，区域经济也没有充分发挥作用。有区域特色的产品出口结构不合理，呈现“三多三少”，即初级产品多，高档次、高技术含量、高附加值的加工制成品少；大路货多，代表区域特色，起到促进区域经济发展的商品少；传统产品多，创新产品少。出口特色产品层次低；优质率、商品率和创汇率不高；出口市场结构不合理，大宗产品集中于港澳、东南亚等地区，进入欧美市场较少，而且过分集中的市场容易受到发达国家保护主义措施的打击，不利于区域产品出口贸易的发展。

二、入世后，检验检疫部门促进区域经济发展和扩大出口的作用和对策

1、坚持与时俱进，不断更新观念，勇于迎接挑战。加入 WTO 后，检验检疫职责由过去的把关、服务扩展到用技术手段维护国家利益，保护国家经济安全，促进经济发展上来，责任十分重大。所以在科技

进步日新月异、综合国力竞争日趋激烈的新形势下，检验检疫人员必须视压力为动力、视挑战为机遇，增强紧迫感、危机感，认真研究解决我国加入 WTO 后检验检疫工作面临的新情况、新问题，不断开拓贵州检验检疫事业的新局面，促进区域经济发展和扩大出口。

2、求真务实，努力开拓贵州检验检疫工作新局面。面对入世的挑战，要认真学习、深入研究并熟练运用与检验检疫业务有关的世贸组织协议、规则，结合贵州实际有针对性地搞好业务改革，使广大干部职工在思想观念、管理方法、执法效率、技术储备、工作质量等方面适应入世要求和技术规范，加快更新检验检疫方法、标准和技术法规步伐，主动参与检验检疫领域开放所带来的市场竞争，提高工作效率，保证工作质量，努力开拓业务工作的覆盖范围，实现新的发展、新的突破，从而保证我们事业的长足发展，在促进区域经济发展和扩大出口的实践中有所作为。

3、改革检验检疫监管模式。我们要运用经济全球化的观点、市场经济的竞争观点，用发展的眼光审视出入境检验检疫工作，大胆探索，有针对性地改革检验检疫监管模式，把业务工作放在中心位置，加大能带动区域经济发展的大宗出口产品的检验检疫监管力度和扶持力度，加大对进出境动植物及其产品、食品卫生检验检疫和出入境人员安全控制和监管的投入，对一般出口产品实现由批批检验向抽查认证、分类管理等检验监管模式的转移；监管的重点由对一般产品的检验检疫向涉及安全、卫生、环保、健康、反欺诈等产品或检测项目转移；监管的方式由产品检验向生产全过程监管与测试转移，加强对国外技术壁垒的研究，以对企业负责、对国家负责的态度，尽快缩小与国外先进水平的差距，努力提高依法检验检疫能力和把关服务水平，切实为促进区域经济发展做出贡献。

4、加快科技发展，加强人才资源的开发和储备。我国加入 WTO 后，检验检疫工作面临人才方面的严峻挑战。我们要营造良好的学术氛围，创造公平的竞争环境，充分体现科学知识和人才应有的价值，鼓励他们在竞争中创新创业，积极发挥专家队伍的科技带头作用，推进科技创新，完善激励机制，实现人才培养制度化，不断提高检验检疫队伍的整体素质，用科技人才促进区域经济发展。

5、检验检疫部门要继续发挥职能优势，促进区域经济发展和扩大出口。要依靠科技手段，千方百计帮助企业提高有区域特色的出口产品生产加工水平和质量水平，从源头抓起，把好出口产品质量关，从根本上增强带动区域经济发展的出口产品的国际竞争力。同时大力推行电子报检、电子转关，进一步强化服务意识，加大对贵州大宗出口产品、区域特色产品等的扶持力度，支持出口基地建设，努力创造更优美、更良好的把关服务环境和更快捷的通关环境，及时向外贸和出口生产企业提供检验检疫标准，认证、检测等方面的服务和信息，向企业大力宣传原产地证和普惠制原产地证等的优惠政策以及认证、质量体系评审等。2002 年，贵州检验检疫局签发原产地证和普惠制原产地证共计 1811 份，签证金额达 8965 万美元，按平均可获减关税 7.5%计算，可为全省出口企业直接获得 672.4 万美元的关税优惠，对扩大出口起到了积极的作用。此外，贵州检验检疫局 2002 年还完成了 134 家企业的质量许可证、卫生注册证、口岸卫生许可证、企业注册证等监管类证书的交接清理、换证和考核工作，帮助食品生产企业按 HACCP（危险分析与关键控制点）标准建立质量保证体系，强化卫生质量关键控制点，增强这些企业在国际市场上的竞争力。同时，积极推进 ISO9000 质量体系认证和 ISO14001 环境管理体系认证，全年评审 ISO9000 质量体系认证企业 90 家，ISO14001 环境管理体系认证企业 3 家，使这些企业的商品获得了国际市场通行证。

6、帮助企业以品牌打天下。扶持企业紧紧扼住入世这一契机，树立现代意识，及时调整产业结构，立足于区域优势与资源优势的开发，提高全省区域特色产品的品质和档次，打出自己的特点，如荷兰豆、中药材等。不局限于能源、原材料供应，不停留在“原”字号的初级产品，适度发展区域资源加工转换产业，延伸产业链条，增加产品附加值，把资源优势变为产业优势。如“老干妈”依靠贵州最具区域发展特色的辣椒资源，而一举开发出系列香辣食品，“老干妈”也成了同业中全国知名的品牌。此外，还要积极发挥龙头企业的带动作用，发挥龙头企业在资金、品牌上的优势，增加发展区域经济和扩大出口的支撑力，实现从名牌产品到发展区域经济的跨越。同时对带动区域经济发展的特色产品加快申请原产地标记保护工作的步伐。

7、建议政府在宏观调控管理下，以市场为导向来确立区域经济的发展和产业结构的调整，从资金和政策等方面大力扶持能带动区域经济发展的出口大宗产品和支柱产业规模化发展。尽快改善全省地方特色领域的投资环境，加快基础设施建设，积极吸引外界资金和人才，促进本地资源比较优势向产业竞争优势转化。结合各地区域经济发展水平的差异和不同的区域优势，因地制宜制定吸引外商投资，进一步加强区域经济利用外资项目的管理，优先选择有区域特色、有出口创汇能力、能带动相关产业快速发展的项目，提高外资的使用效益，推动我省区域特色产品在国际市场中的主动性和应变能力。

谈用WTO新规则规范和引导厦门口岸货代市场的认识

厦门海关　吴明祥　林文举

当前，国际货运代理业务发展迅猛，成为对外贸易不可缺少的重要组成部分。但货代市场长期以来游离于严格监督管理之边缘，以及受利益的驱动，出现经营无序、运作混乱，甚至违规操作、扰乱口岸正常秩序并严重影响口岸执法现象，给海关的监管工作带来了极大的困惑。我国加入WTO半年多了，面对日趋激烈竞争经济场面，货代市场若不能尽快改变现状，将会在市场经济多极竞争的环境中难于随波逐流。本文结合加入WTO后的海关工作实践，谈一些规范和引导货代市场的认识。

一、货代市场与WTO的新规则、海关监管的关系

(一)“入世”后政府对货代市场逐步对外开放

我国已经是世界贸易组织成员，并作为发展中国家不可避免地参与了开放服务贸易市场。而国际货运代理作为国际服务贸易的一个细目，必须坚持非歧视、市场准入、公平竞争和公平贸易等一系列规则。根据上述规则，中国对国际货运代理有限制、逐步地对外开放。我国政府已经作出承诺，即2002年12月11日之后，合资企业允许外方持有控股权；2004年12月11日之后，允许设立外商独资附属公司，合资企业在开业1年后可设立分支机构(每家分支机构增加注册资本12万美元)，外资货运代理在首家合资企业开业5年后，可设立第二家合资企业。可以预见，将来的3、4年时间，国际货运代理市场将由封闭式到开放式发展、由国内市场走向国际市场，这给货代市场的生存与发展既带来机遇，同时又不可避免面地带来许多新情况、新难题的挑战。主要表现：

1.在市场准入方面。外资货代的加盟，拉动外贸进出口业务量的增长，促使国内货代向进出口贸易

提供高质量、高效率的服务;同时,国外货代进入国内市场,他们将以更加低廉的价格进入中国,挤占中国市场,构成对国内货代在短时间内难以承受的强有力冲击。

2．非歧视原则。对政府已经承诺开放的货代市场,过去政府给与的种种扶持和援助会逐渐消失,任何性质的特殊照顾将不复存在。货代企业必须依靠自身的力量在WTO的冲击下求的生存和发展,从容地面对严峻的挑战。

3. 竞争力的挑战。国内货代企业管理落后,从业人员素质不高,从事业务范围较狭窄,竞争力不强,与发达国家的企业特别是实力雄厚的国际货代公司相比存在较大的差距。国内货代参与激烈竞争时将处于不利地位。

中国货代要与世界接轨,需要有一个过程,当前必须按照WTO的新规则去了解、观察、探索、适应国际货运市场,借鉴、吸收先进的管理经验,不断积蓄后劲力量并增强抗冲击能力。

(二)从海关监管角度看货代市场

从层面上看,当前货代市场的发展与海关的联系似乎不大,但实质上对海关监管工作的影响却非同小可。海关的严密监管和通关效率的提高离不开货代市场的密切配合,任何货运代理的瘕痂必将严重影响海关执法严密和通关效率。打击非法货代就是为了改善通关条件和执法环境,这与海关实现严密监管与高效运作的守法便利管理目标相一致。

近年来,海关在世界经济和国际贸易竞争发展的情况下,面对政府、企业和社会要求提高贸易效率、加大贸易便利的呼声,尤其是一些跨国公司的"零库存"、"全球采购"等经营方式的出现,海关承受到巨大的压力和冲击。对此,海关实行了通关作业改革、推行电子口岸执法系统、快速转关、出台高新技术产业的通关便捷措施等一系列措施,初步建立一个通畅、便捷、高效的通关环境,有力地推动经济的发展。然而,要真正实现通关效益最大化的"大通关",决不是海关一家所能驾驭的。货代公司作为整个通关环节的重要一环,对通关正常运作和提高通关效率将会产生重要影响。但是,当前由于货代市场疏于管理、监督,尤其是出口货运方面存在伪报瞒报、走私逃税、侵犯知识产权等现象甚是严重,直接影响和干扰海关执法环境的改善。

(三)货代市场亟待规范和治理

2002年中央经济工作会议和朱总理的《政府工作报告》中指出,"大力整顿和规范市场经济秩序,是扩大内需、促进经济良性发展的迫切要求,是加入世贸组织、对外开放迈出新步伐的必然选择,也是完善社会主义市场经济体制的重大举措,直接关系我国现代化事业的成败"。因此,整顿和规范市场经济秩序是当前的一项重要工作,我们要积极转变观念,提高认识,趋利避害,按照WTO新规则对市场运行机制的要求,建立"统一、开放、竞争、有序的大市场",这也是我国加入WTO后参与经济全球化的重要的体制保证。当前,厦门口岸货代市场的非法代理严重扰乱口岸正常进出口秩序,主要原因是地方封锁和地方保护主义作祟,必需重拳出击,采取有力措施,拆掉"篱笆墙",破除稳性化地方本位主义,消除市场分割,整顿和规范口岸经济秩序,建立一个统一的大市场,营造公平有效、公开透明的市场竞争环境。

二、当前货代市场经营运作存在的主要问题

(一)厦门货代市场的现状及运作特点

由于历史原因,厦门口岸的货代市场一直是由中国外贸运输公司垄断经营。但从20世纪80年代实行对外改革开放政策时起,情况有了较大的变化,出现了大通公司国际货运有限公司等。改革开放后，为适应对外贸易的迅速发展和从事国际海上运输多家经营局面的要求，政府允许国际货运代理业务逐步放开，实行多家经营。20世纪90年代运输部门、生产企业纷纷投资货代行业，使国际货代业成为一个跨部门、多种经营成份、不同所有制并存的具有一定规模的行业。伴随着改革开放20年来外贸的高速增长，厦门市货代业的发展方兴未艾，已成为一个初具规模的新兴服务产业，并由独家经营向多元化市场经营发展。

1.货代市场的发展带动厦门港的发展。

厦门对外贸易的迅速发展推动了厦门国际货运代理业的发展，从而也为厦门开展对外贸易创造了条件。特别是改革开放以来，国际货代走进市场经济，引入竞争机制，发展更为迅速，并成为推动厦门外贸进出口的一支生力军，为厦门市实现“以港兴市”的战略目标做出积极的贡献。主要表现：

(1)拓展了业务范围。随着国际货物流、信息流的加快、客户需求的提高，货运代理不单单只是提供运输代理，而且提供快件邮递、进口货物拆箱、出口货物拼箱、物流分拨等服务，并将高科技、高附加值的产品以及鲜活商品和生产急需的料件，提供时间运输短、时效要求高、资金周转快的航空运输代理服务也纳入其经营范围。

(2)涵养了货源。据从厦门贸发局了解，2001年，厦门口岸出口货物外地货源占比32%，其中大部分是由没有货代经营权的揽货人揽货，客观上促进了厦门港外贸进出口的货运量，对厦门港的发展起到了积极的促进作用。

(3)缓解部分就业问题。到目前为止，经厦门市报批的国际货运代理企业共110家，从业人员约5000人。据了解，厦门市挂靠货代企业的私人小货代约450家，即所谓的二级货代，从业人员约10000人，整个厦门市从事货运代理人员共有15000人，在一定程度上解决了部分人员就业的困难。同时，也带动了其他行业的发展。

2.厦门货代市场运作存在的主要问题。

目前，一个多级竞争的国际货代市场在我市已初步形成，除了注册登记110家中自己开展业务的45家货代企业外，其余的为外地货代在厦门设立的分支机构，这些分支机构大部分没有自己开展货运代理业务，而是让私企、私人挂靠，从中收取“挂靠费”。他们每月只要向挂靠单位交付一笔2000—3000元的“挂靠费”即可以借以货代的名义从事货物运输代理活动。

从整体上看，厦门市目前的国际货代经营现状令人担忧，可用四个字来概况——“杂”(市场经营成份复杂)、“差”(可信任度差)、“乱”(经营无序，运作不规范)、“扰”(非法揽货，扰乱正常经济秩序)。具体有以下几个方面：

(1)市场经营成份复杂。目前，厦门国际货运市场不规范运作经营的行为比较突出。主要问题在于经营国际货代经济成份比较复杂，有两种未经批准的经营者直接参与国际货代市场。一是国内货代。即经工商注册登记的国内货代公司，因营业执照上的经营范围为“货运代理”，容易造成混淆和错觉；二是未经工商注册的“二级货代”或“小货代”。即游兵散勇，单兵作战，四处揽货，非法代理。上述两种货代公司系非正规货代，与正规货代相比经营成本低，自主独立性强，手段较为灵活、机动，代理费用方面较为优惠。

(2)可信任度差。在厦门货代业中，特别是二级货代，人员不多，除了办公设备外，没有其他运输设备，资金不足导致发展业务受到了限制。大部分私人货代未经正规的业务培训，对进出口贸易业务一知半解，甚至根本就不了解。为了追求经济效益的最大化，他们向工厂、企业承揽更多的货物，并挂靠有进出口经营权的大型的外贸公司“自找货源、自签合同、自行报关、自己结汇”，可以说是“一条龙服务”。在通关环节出现问题往往把责任推给外贸公司，可信任度差。

（3）市场竞争无序。随着垄断经营的取消，货主对货运代理完全具有自主的选择权，可以从服务质量、服务费用、信息提供、信用程度等各方面权衡选择，各货代之间展开了以质量竞争为中心的业务竞争，使国际货运代理行业注入了市场因素。但由于经济利益的作祟，货代之间在同一平台上展开激烈的竞争，各尽所能、不择手段承揽货物，不管企业有何要求均予接受代理。如为保证货物按期装船出口，货代竟然将同一票货物多头向船代订舱就是显明的例子。

（4）非法揽货，扰乱正常经济秩序。由于市场货代数量之多，竞争之激烈，在利润诱惑和生存欲望的驱使下，那些所谓的二、三级货代千方百计、不分青红皂白招揽货物，合法也好，违规违法也罢，能做一票算一票。纵然被执法部门查控，也能把责任推得一干二净，甚至杳无音信，最后承担责任的却是外贸公司。上述现象给正常经营的货代公司带来冲击，致使某些守法经营的货代公司也随之效仿，甚至误入歧途，扰乱了经济秩序。

（5）货代与其它中介组织的关系千丝万缕。一是与船代或船公司的关系。目前，船代公司之间、船公司之间的竞争愈演愈烈，长期由船代公司或船公司承载的货物，船代公司、船公司则给予关系货代最优惠的运价，并且给一定的运价回扣，互相寻利，互相滋长。二是与报关行的关系。货代与报关行的委托关系除了书面委托以外，基本上是口头委托，货物的清单、发票等有关单证是由货代制作的。报关行可以说是不负责任地拉客户，遇到报关问题，报关行“一问三不知”。在责任划分上更是互相推诿，造成货物退单、退关现象严重。三是货代与小货代之间的关系。其间关系更为复杂，许多货代设有“货代一部”、“货代二部”，名义上一、二部属于货代内设机构，而实际上不相隶属，所谓的一部、二部只不过是挂靠的“二级货代”或“小货代”。

（二）货代市场经营无序影响口岸通关环境，破坏进出口秩序

客观上讲，厦门货代市场的迅速发展拉动了厦门外贸进出口业务量的增长，也促进了厦门市外向型经济的发展。但在日趋激烈的竞争环境中能否进一步适应外贸发展的需求，以及与国际经济一体化对货代的质量要求相比，厦门货代市场还有许多不尽如人意之处，影响了口岸的整体形象和通关环境。

从厦门口岸看，因受利益的驱使，货代非法收取代理费现象较为突出，骗取出口退税及买卖外汇核销单现象时有发现；从海关执法角度看，厦门口岸货代市场规避海关监管的迹象屡见不鲜。上述现象影响了厦门口岸的通关效率，扰乱口岸经济秩序。主要表现在以下几个方面：

1. 采取非法经营手段，规避海关监管。

大部分货代公司是未经主管部门正式批准设立的，从业人员素质低、守法意识差，在竞争激烈的市场机制下，除了正常收取代理费用外，往往力图通过不正当经营手段，规避海关监管，牟取非法暴利。主要有：

（1）提供、制售假报关单证，骗取通关手续。如，2002 年 3 月 28 日，江苏苏帝国集团通过货代公司委托东港报关行申报出口一批运动套装，经海关审核发现其提供的合同系“专供报关报检用”非正本合同，且无买方签字，海关予以退单。同日，该公司仍持此份合同再次向海关递单申报，但在“买方栏”上多一个无法鉴别符号。经向报关行及自称“货主”的货代公司人员查证，货代公司承认该符号系货代公司

人员自行在“买方栏”上假冒签名。随即该公司先后向海关提供了出口合同及信用证，经海关审核，均与其出口发票不符，并非正本合同。

(2)采用伪报、瞒报货物品名等手段，走私出口假冒香烟。如2002年5月13日，中侨联厦门开发有限公司以一般贸易方式向厦门海关驻海沧办事处申报出口尼日利亚塑料餐具947箱。经海关现场查验发现实为假冒英国产“ROTHMANS KINGSIZE”牌香烟947箱，涉嫌伪报品名闯关走私。其原因也是由私人货代非法揽货后委托“中侨联”出口，使用的出口收汇核销单和出口合同均为塑料餐具，但货物却是假烟。

(3)利用外汇核销单向海关申报多票货物，夹藏走私货物出口。从申报货物看，货代公司委托报关行申报均是利用外贸公司，特别是省外公司，采用一般贸易方式伪报品名出口，利用收购来的外汇核销单，在向海关报关时一般采用一次同时申报多票且海关查验率相对较低的货物，便于规避海关监管。如某货代公司利用深圳一公司提供的外汇核销单一次性向海关申报出口8票货物，经查验，其中1票为伪报品名出口假烟。

(4)利用堆场管理的漏洞进行走私违法活动。如大顺货运代理公司四部承揽的一票石头出口货物，进堆场后向海关报关。之后，该货代向堆场经营人谎称，货主漏掉7件货物样品，要求在堆场予以补装。堆场在未经海关准许的情况下，擅自补装。后经海关巡查发现并开箱查实，所装的7件货物样品实际为VCD机。据调查并非系货主要求，而是货代公司自身要求装运出口的，以规避海关监管。

(5)擅自闯关出口货物。如一货代公司委托报关行申报出口9票货物，其中一票经海关查验发现未向海关申报，并已装运出口。后经调查，此货柜属退载货物，货代公司在向海关办理退关换载手续时，故意不办理此票货物退关手续，而造成该票货物连同其他8票正常货物出口。

2.买卖外汇核销单甚至制造假单现象突出。

目前，一些民营企业因自身没有外贸进出口经营权，为完成国外客户订单，只有向货代公司购买外汇核销单来达到产品出口，而货代公司手中的外汇核销单的来源是多种多样的。主要有三种方式:一是零星买卖。即货代公司从不同的外贸公司业务员手中买来。二是长期买断。即货代公司长期向外贸公司交纳一笔费用，可在一年内无偿享有该外贸公司的外汇核销单。三是任务式。即外贸公司无偿地向货代提供外汇核销单，但货代必须交纳一笔保险押金，并且在一年里完成外贸公司提出的外汇额度。诸如此类的现象还很多，这种无序的买卖关系，既影响了厦门进出口贸易秩序，也给海关的物流监控工作带来一定的难题。如，某货代公司委托经贸报关行申报出口一票货物，海关查验发现此票货物品名、数量与申报不符。经调查部门处理后，要求重新申报，但货代公司没有到海关办理相关的删单、退关手续，却利用自购的外汇核销单，以一家进出口公司的名义委托另一家报关行向海关申报，并自查放行出口，致使海关在核单时发现该份报关单一直未办理删单手续。此外，制造假外汇核销单现象屡有发生。其炮制者往往是货代公司人员。

3.出卖经营权滋生了货代非法经营的温床。

外贸公司出卖经营权以及三资企业出卖手册现象在厦门口岸较为隐蔽。主要是货代公司通过购买经营权或企业手册，从事进出口贸易活动，涉及到税、证和通关问题一律由货代公司自理，从而出现了包证、包税、包通关“三包”现象。货代公司正是利用这“三包”，对价格、品名容易混淆的进出口商品进行伪报品名、瞒报价格的非法代理活动。

4.随意揽货,多头配载严重,人为造成退关。

货代非法揽货、多头订舱现象在厦门口岸较为突出。货运代理收入来源主要是代理佣金和运费差价和回扣,揽货越多,收入越多。为争取客户,货代一旦得到货运信息或货主委托,立即不假思索地安排货运业务。为了造成货物即已交货托运的事实,避免货源流入竞争对手手中,同时为保证所代理的货物能在信用证规定的装运期内出运,货代通常通过各种渠道为同一票货物联系多家承运人,甚至一票货物重复办理订舱手续,使原先预定的其他舱位只好取消,容易造成船公司虚假爆舱,致使其后合法经营者的货物被退关,这也是海关统计退关率居高不下的主要原因之一。

5.货代违规经营引发报关行无序竞争。

报关行接受货代办理进出口报关业务应建立书面委托关系,而长期以来报关行为了与货代企业建立工作关系,在不确定货代所揽的货物的情况下,根据货代提供的发票、清单等相关资料,由报关行独自包办,自行填写报关单向海关报关。至于所揽的是什么样的货物是否真实或虚假,则不闻不问。报关行这种不负责任的工作态度,给海关的严密监管带来极大的困难。

6.骗取出口退税现象不可忽视。

2002年2月9日,福建省晋江市对外贸易公司委托厦门鹭江国际船舶代理有限公司以一般贸易方式申报出口1×40’HQ集装箱运动鞋(PU面)820箱,共计9840双,价值40326美元。经关员核对出口集装箱封志时,发现封志完整,打开柜门竟是空箱。经分析,发生此类情事的原因多半是企业利用出口空箱骗取退税,而直接经手此事的人员仍是货代公司的业务人员。

7.非法收取代理费用,影响口岸声誉

一些中小的民营企业担心通关手续的繁琐,为避免麻烦,宁愿花上一笔钱让货代代理办理通关手续。而货代向企业报的有关运价等费用远远高于实际费用。甚至一些货代公司利用接受代理省外公司的进出口业务,擅自向企业索取“通关费”、“查验费”,严重影响了海关乃至厦门口岸的对外形象。如北方某一公司接到货代通知称该公司的出口货物海关要派查,并要求货主付给“查验费”,并称企业在一周内出口3票货物且每票货物海关均作查验,责问海关为何对其出口货物查验率有如此之高。后据查实,该公司委托厦门一家货代代理工艺品出口,货代公司为了获取利益而谎称是海关所需“派查”。

三、充分运用WTO规则,规范、引导货代市场,提升厦门口岸的大通关效率

长期以来受计划经济的影响,“大而全”、“小而全”的经营体制在货代行业依然存在,加之由于认识局限性和监督管理不力,目前在厦门形成了一个“无处不代理”的货代市场。按照“入世”后对货代市场开放的时间表要求,要在短时间内规范货运代理行为任务非常艰巨。“穷则变”,“变则通”,“通则久”。当务之急就是尽快熟悉WTO新规则、运用WTO新规则,对进一步开放的货代市场采取措施纠正货代市场的不规范行为,引导货代市场的健康发展。

(一)实施“大整顿”,规范货代市场经营秩序

首先,切实转变政府职能,培育和维护有效的市场环境。WTO的规则体系是以市场经济为基础的,要求政府按市场经济规则运作。入世后,政府的职能作用是否恰当,不仅要考虑国内因素,而且还将受到WTO规则的规范。政府职能转变的关键在于培育并维护一个有效的市场环境。因为国际市场的竞争,本质上是各国市场机制是否有效的竞争,是市场环境是否完善的竞争。政府虽然不等于市场,但也不等于对市场放任不管,无所作为。政府应当围绕创造一个有效率的市场环境,行使好调控、培育、维

护、监督和服务的职能，彻底打破地方保护主义；按照WTO规则和政府对维护市场秩序的承诺，大力整治包括货代市场在内市场经济秩序，坚决打击各种违法乱纪、不守信用、制假贩假、偷税逃税等扰乱市场秩序的行为，强化政府的依法行政职能和维护国家经济安全职能。

其次，严格审查各类市场主体的资质，把好市场准入关。我国已加入WTO，服务贸易即将逐步开放，国际货运代理将面临来自国外的货代企业的竞争，货代行业如果不彻底改变现状，业务竞争将处于不利地位，将影响行业的进一步成长，影响厦门口岸进出口业务量的增长，也必将影响整个厦门口岸的对外形象。因此，对未经批准经营的任何货代和个人不得经营货代业务，从根本上遏制非法货代的“遍地开花”的现象；按照WTO规则和政府对开放市场的承诺，取消对货代准入市场的外资的限制，减少审批，改为登记备案制度，把着眼点放在创造符合WTO规则的投资经商的环境上来。

第三，制定市场规则，纠正市场失灵。政府必须通过自身政权权威的发挥和职能的履行，制定各种法规和货代市场规则，规范货代市场主体与市场行为，维护市场契约关系和市场秩序，努力创造良好的竞争环境。政府在价格、市场准入方面予以干预和监督，保证其为社会提供更好的服务。同时，加强诚实信用建设，促使优质服务专业化。逐步在货代市场形成诚信为本、操守为重的良好风尚。加快建立中介机构的信用档案，使有不良行为记录者付出代价，名誉扫地，直至绳之以法。广泛采用现代化监管手段，综合利用信息网络资源，实现互联互通、信息共享。对一些不按规定经营的货代企业，给予“红、黄”牌警告、停业整顿乃至取消经营资格。

（二）实施“大治理”，引导货代市场健康发展

首先，发挥行业协会的作用。口岸协会、报关协会、货代协会、外商、台商投资企业协会、经贸企业协会要积极发挥各自的优势和作用，加强对所属企业和人员的反走私宣传教育，建立规范企业经营行为的行业自律机制和反走私责任机制，完善行业内部管理。对于不按照国家有关法律、法规和行业管理规定，违法经营货代业务，或直接参与走私、为走私提供方便及经销走私物品的单位和个人，在执法部门依法处理的同时，应按照货代行业管理规定进行处理，并及时向经贸主管部门和海关反馈处理结果。

其次，发挥联络合作机制的作用。充分利用业已建立起来的海关与市政府、外经贸主管部门及企业、中介组织协会的“一个交流”（即信息交流）、“二个机制”（即关贸协作联络机制、通关事务应急处理机制）、“三个会议”（即通关协调会、工作午餐会、政策宣讲会）的联络合作机制，及时协调解决企业在货代通关方面遇到的困难，争取货代行业的支持和配合，赢得工作的主动权。

第三，按照建立统一开放、公开竞争的国内市场的要求，大力整顿市场经济秩序。这既是本国经济发展的需要，也是WTO的规则的要求。海关作为把守国家经济大门，要切实负起维护国家经济安全的重大责任，并与港务部门、船代公司、检验检疫、码头、理货公司公司实现计算机联网，签订MOU，进一步清理、整顿非法货代，共同建立厦门口岸“大通关”、“大口岸”、“大关贸”立体监管体系。

（三）强化培训工作，从容应对入世带来的机遇与挑战

服务业的对外开放的根本目的不是让出市场，而是发展我国相对落后的服务贸易和服务业，增强其国际竞争力为最终目标。“入世”后，货代市场的人才环境将面临新的竞争，人才竞争将更加激烈，表现出“国内竞争国际化、国际竞争国内化”的特点。按照政府的承诺，将有更多的人才进入中国，许多企业将在我国落户生根，他们采用“人才本土化战略”。因此，提高货代从业人员的素质将是提升厦门口岸货代市场竞争力最为基本的要素，在开放货代市场的过渡期内，抓紧对货代企业法人及相关从业人员的业

务政策法规、进出口业务、WTO知识和从业人员基本素质的培训甚有必要。目前厦门多数货代仍处于经营粗放、管理落后的状况,客户需求也是低层次地得到满足。随着客户需求度的提高,通过培训来提高服务质量,提高工作效益,不断在业务操作、员工素质、企业管理文化按专业化服务的标准规范企业行为,已成为货代市场健康发展的一条途径。

为确保厦门口岸吞吐量的可持续增长,我们应采取积极稳妥的办法,协助经贸主管部门全面治理货代市场,以鼓励、示范、引导为主,直接打击为辅,逐步规范,改善经营环境。届时,面对对外开放的货代市场方能从容应对WTO的新规则,为口岸货代的繁荣做出贡献。

辽宁省口岸偷渡成因、特点及打击对策

近年来,随着市场经济逐步成熟和改革开放的进一步深入,我国的经济建设、对外交往以及国际影响日益增强,从我国出入境的人员和交通运输工具骤增,给口岸管理带来了许多新情况、新问题,特别是口岸偷渡问题尤为突出。口岸偷渡活动扰乱了社会稳定和辽宁省治安环境,严重影响了我国对外交往和国际形象。现就辽宁省口岸偷渡的特点、原因及防范对策谈些看法。

一、口岸偷渡成因

(一)经济利益的诱惑。一是一些人在国外高收入和优越物质条件的诱惑下,盲目追求国外生活,物质欲望不断膨胀。加之,辽宁省为老工业区,企业倒闭、工人下岗问题较为突出。有些群众思想不健康,生活困难,脱贫无术,在通过正当途径无法出国的情况下,受暴富心理的驱使,铤而走险,实施偷渡。二是一些人利用组织偷渡,获取高额收入。偷渡集团每送一个人去日本、韩国,要向当事人索取5至15万元的手续费。因此,偷渡组织者不惜铤而走险,秘密组织、策划偷渡活动,以获取巨额收入。

(二)国际市场的“需求”。由于日本、韩国受“泡沫经济”和货币危机的影响,造成经济发展不景气。某些行业因雇用国内劳工价格昂贵,暗中为雇用廉价劳动力敞开大门,大量吸纳非法入境人员。

(三)地理位置的“优越”。由于辽宁省地理位置与日本、韩国相毗邻,乘飞机1个多小时即可到达目的地,乘船也只需十几个小时。因此,辽宁省各口岸成为偷渡韩国、日本的热点地区。

(四)偷渡组织的“信誉”。偷渡组织者为吸引群众偷渡,逐步改变了偷渡收费方式。前几年偷渡者事先要向蛇头交纳数万元的费用才能偷渡。近年来,偷渡者只需向蛇头预付少量定金即可偷渡。为了吸引一些人员偷渡,蛇头还对偷渡人员实行四包:包中途吃住、包被抓后所交纳的罚款、包境外介绍打工。待偷渡成功后,再收取偷渡费用。这些做法极大刺激了不法分子的偷渡欲望,致使偷渡活动屡禁不止,屡打不绝。

(五)民族相同的“优势”。辽宁省朝鲜族聚居区较多,蛇头利用语言相同的优势组织进行偷渡。韩国蛇头经常采取境外遥控指挥组织偷渡,甚至直接入境组织偷渡活动。他们入境时多持合法证件,打着投资或考察的幌子与地当蛇头勾结在一起,高价出卖韩国护照或以培训合资企业员工的名义,组织进行偷渡。

(六)偷渡方式的“安全”。与海上偷渡相比,持用伪假证件从口岸偷渡,不会对偷渡人员人身造成伤

害，“安全”系数较高。因此，口岸偷渡是偷渡分子极易看好的偷渡方式。即使偷渡分子被查获，罚款也由蛇头承担，偷渡分子并无经济损失。

二、口岸偷渡特点

（一）持用伪造、涂改的证件或签证，仍是我省口岸偷渡的主要方式。从我总队查获的口岸偷渡案件来看，持用伪造的证件和签证仍是偷渡的主要方式，特别是伪造签证、揭换照片案件所占比例较大，约占偷渡总人数的70%左右。

（二）通过非法渠道获取证件、签证，以培训、考察名义骗取证件偷渡，仍占较大比例。由于骗领的证件与执证人资料相符，属“合法”证件，所以这种偷渡活动发现难、审查难、取证难，偷渡分子容易蒙混过关。

（三）偷渡人员仍以东北三省朝鲜族和福建人为主。从偷渡人员的构成看，一半以上是东北三省的朝鲜族人，这是由于中国朝鲜族人与韩国同根同源，互相血脉相连、语言相同，而且思维与生活方式也基本一样，朝鲜族人员偷渡到韩国后比较容易找到工作。因此，很多东北朝鲜族人把偷渡去韩国打工当作是发财致富的捷径。同时，福建籍人员已成为我省口岸偷渡人员的另一个主要群体。由于福建人多以偷渡日本为主，而我省多数口岸都有航班或货轮前往日本，这就使得为数不少的福建籍偷渡人员选择从我省口岸出境。据统计，自1999年以来，查获福建和东北三省朝鲜族偷渡人员约占总数87%。

（四）利用集箱偷渡案件呈现出多样化趋势。随着我总队各海港边检站不断加大打击集装箱偷渡的力度，偷渡分子为了逃避打击开始寻求新的偷渡方式，利用集装箱进行偷渡在我省已呈现出多样化趋势。一是由利用标准箱向活鱼箱等非标准箱方向转变；二是由单一口岸（大连大窑湾）向丹东、营口鲅鱼圈等多个口岸扩散。

（五）转道第三国或迂回偷渡案件逐步上升。因边防检查站对中国公民首次出境检查较细，许多偷渡人员在检查人员的询问下大多会露出破绽，所以偷渡组织者会先组织偷渡人员前往较容易取得签证的国家。出境后，改持偷渡组织者已准备好的伪假证件，再入境骗取我入境验讫章，然后再偷渡第三国。我总队所属沈阳、周水子、大连等边防检查站相继查获类似案件。2002年7月11日，沈阳边防检查站查获一起持用伪假蒙古官员护照迂回偷渡案件。经查明，黑龙江人赵龙云，在蛇头的安排下，于7月6日以旅游名义办理了一次性旅游护照，经满洲里出境到俄罗斯。在俄通过“蛇头”购买了一本伪造的蒙古官员护照，并于7月9日从沈阳口岸入境，骗取了入境验讫章。7月11日，赵欲从沈阳出境前往韩国时被沈阳边防检查站查获。2003年3月12日，大连边防检查站查获一起偷渡案件。2名福建籍偷渡人员，以高价从蛇头购买了与其本人姓名一致的洪都拉斯护照（护照上有真实的一次入境有效的中国旅游签证）。同时，2人又申领了中国因私护照出境前往香港旅游。返回途中，2人将中国因私护照销毁，持洪都拉斯护照入境，从广东某口岸骗取入境验讫章。随后，企图从大连口岸偷渡第三国时被查获。以上两起案件，均系经蛇头安排，偷渡人员通过正常渠道出国后，分别在境外换持伪假的外国护照，企图入境并骗取我入境验讫章后，再实施迂回偷渡出境。

（六）利用远洋轮、挂方便旗、保鲜船等船舶进行偷渡，也逐渐成为偷渡活动的新方式。2002年12月26日，玻利维亚籍“阳光”轮在日本被查出有52名中国籍偷渡人员。据调查，蛇头买通造船厂工人，在船舶进厂大修时，对船体内部结构进行了改造。将船上压载仓分割出一定空间，做为藏匿偷渡人员的密舱。并把入口设在机舱的污水池中，偷渡人员进入密舱后，将污水池注满污水，入口便被污水淹没，十分隐蔽。如不将污水完全排出，根本无法发现。

（七）偷渡活动的智能化、集团化的趋势越来越明显。

一是偷渡组织的集团化。从我总队各边防检查站查获的偷渡案件来看，偷渡组织者很少有单打独斗的个人行为。大部分都是依附一个偷渡集团或团伙，而且往往有境外人员参与。团伙内部分工明确，从联系偷渡人员、伪造证件到办理登机手续、引带出境，实行一条龙“服务”。他们还采取类似于“传销”的方法组织偷渡，并预先垫付路费，甚至在被抓获后代交罚款，连偷渡的费用也可在偷渡成功后交付，所以对群众的欺骗性较大。而且，偷渡人员与“蛇头”之间、“蛇头”与“蛇头”之间，都是单线联系，整个团伙隐藏得很深。二是伪造证件的智能化。偷渡组织者伪造证件的手段越来越高明，科技含量越来越高。而且伪造的手段不断变换，周期不断缩短。三是偷渡方式的多样化。上半年，各站相继查获持用伪造证件入境的偷渡人员。这说明偷渡分子在继续沿用传统的偷渡方式之外，已逐步开始研究新的偷渡方式。

三、所采取的打击对策

（一）提高认识，加强对反偷渡工作的组织领导。各级人员必须提高对反偷渡工作重要性的认识。没有认识上的高度一致，就不会有行动上的高度统一；没有领导的高度重视，反偷渡工作就不能扎实有效地开展。因此，我们必须把反偷渡工作做为一项重要工作来抓，始终把反偷渡工作列为党委的重要议事日程。

（二）积极争取各级党委、政府的支持。反偷渡工作是一个事关社会稳定、国际影响的大事，仅依靠公安边防部门的力量是远远不够的。我们要积极争取各级党委、政府的支持。在地方党委、政府的支持下，才能扎实有效地开展好反偷渡工作，在全社会形成齐抓共管的反偷渡氛围。同时，依靠新闻媒介的作用，进一步加大宣传力度，使群众自觉做到不参与、不支持偷渡活动，创造反偷渡良好社会氛围。

（三）加大科技投入，提高反偷渡工作能力。目前，偷渡活动科技手段和智能化趋势越来越明显。手摸、眼看的传统方式，已不能适应反偷渡现时工作的需要，文检仪等先进的识别伪假证件设备，是我们进一步做好口岸反偷渡工作的必要保障。因此，我们必须加大科技投入力度，不断提高反偷渡工作能力。

（四）提高办案质量，加大对“蛇头”的打击力度。抓捕、打击“蛇头”是反偷渡工作的重点，要根据“抓现行、挖团伙、打蛇头、严惩处”的要求，深挖和追捕“蛇头”。对重大蛇头，实行挂牌督办，力争抓获一个，挖出一伙，带出一串，依法予以严惩，杜绝以罚代刑的现象。

（五）加强与检、法等有关部门的合作，形成打击偷渡合力。为更有效地打击口岸偷渡活动，各边防检查机关应加强内部之间以及与有关部门的合作。内部之间的合作，通过加强信息交流和协调配合，以提高整体做战能力。加强与检、法部门的合作，力争对偷渡案件和“蛇头”快审、快判、快结，形成打击合力。同时，对正在抓捕的“蛇头”要根据公安部《出入境边防检查机关反偷渡信息通报制度》，加强信息通报，并报总队批准进行边控。

（六）适时开展反偷渡专项行动，打击、震慑蛇头和偷渡分子。口岸偷渡活动有一定的规律性，如利用集装箱偷渡季节性较强，从口岸持伪假证件偷渡受国际环境和签证国政策变化影响较大，如“世界杯”期间及旅游黄金季节等。根据这些规律，可适时开展反偷渡专项行动，在地方政府的支持和领导下，会同有关部门共同打击偷渡活动。

（七）结合口岸实际情况，制定切实可行工作措施。根据我省口岸实际工作情况，主要应抓好以下几个方面工作。一是加大对口岸限定区域的管理和监护工作。我省海、陆、空港口岸限定区域仍需加大管理和监护力度，特别是空港口岸，应进一步明确边防检查的口岸限定区域范围，加大警力投入，切实做好口岸限定区域的管理和监护工作。二是加大打击口岸持用伪假和骗领证件偷渡力度。目前，我总队各有旅客检查任务的边防检查站，已基本配备了文检仪、文检包等设备。总队成立了证件研究室，实现了“前台查验，后台识别”的良好工作格局。下一步有旅客任务的边防检查站仍需不断发挥高科技设备的优势，加强与发证机关的沟通，提高对伪假证件的发现和识别能力，及时、准确地判定证件的合法性。三是加大打击利用集装箱偷渡。打击利用集装箱偷渡首先应争取地方政府的支持和领导，同时加强与相关职能部门的配合，如大窑湾边防检查站对敏感航线的集装箱采取“反偷渡封志”、与海关联合检查等措施，形成“边防牵头，政府挂帅，齐抓共管，综合治理”的工作局面。另外，有条件的港口可以安装先进的电子门警或闭路监控系统，对上下船人员和集装箱进行严密监控。同时，对封闭条件较好的口岸可实行卡口监护，加强对重点港区的巡查、巡视。

口岸反偷渡工作是出入境边防检查机关的一项长期而艰巨的工作任务。多年来，在上级主管部门及省委、省政府和省公安厅的领导下，我省口岸反偷渡工作取得了一定的成效，为维护社会稳定促进经济发展做出了应有的贡献。今后，我们将在上级主管部门及省委、省政府和省公安厅的领导下，积极采取有效措施，扎扎实实，进一步做好口岸反偷渡工作。

现代海关制度下完善保税区监管工作的思路探索

福州保税区海关　张茂怡

现代海关制度建设作为海关全面实现现代化发展的蓝图，规划了在本世纪头10年海关实现现代化的目标和任务，在现代海关制度下，保税区应如何规范运作，如何最大限度地发挥保税区功能，海关应如何全面加强监管，提升依法行政水平，这是摆在我们面前的一个需要进行认真思考和着力解决的问题。

一、现代海关制度对保税区监管工作的要求

现代海关制度建设，是中国海关发展史上具有时代特征的概念，1998年，海关总署确立现代海关制度两步走的发展战略，要求通过管理思想、管理制度、管理方法和管理手段的现代化，全面地、高质量地实现海关执法、税收以及进出境监管和服务等各项职能。多年来，经过全国上下的共同努力，现代海关制度第一步发展目标已经基本达到。在北京召开的全国海关关长会议，海关总署牟新生署长代表署党组郑重提出：全面建设现代化海关，实现建立现代海关制度的第二步发展目标，即在通关作业基本完成、初步实现现代海关制度第一步发展目标的基础上，再用8年左右的时间，基本建立起与全面建设小康社会相适应，与完善的社会主义市场经济体制和更具活力、更开放的经济体系相配套，与国际海关通行规则相衔接，严密监管与高效运作相结合的现代海关制度。把我国海关建设成科学、文明、高效、廉洁的现代化海关。

由此可见，现代海关制度是一项牵涉方方面面的系统性工程，海关各方面工作都应当围绕现代海关制度目标，努力在现有基础上实现量的积累和质的飞跃。保税区是国务院批准设立的由海关实施监管的特殊区域，海关在保税区监管上担负重要职责，在有关管理部门中处于特殊地位，从现代海关制度要求看，保税区的管理与海关监管工作至少要求达到以下基本要求：

第一，法制健全。海关现代化的基础是法制建设现代化，法制健全、规范，不仅是市场经济体制下依法治国的前提，而且也是海关依法行政的根本要求。对于保税区来说，法制建设实际上包括两方面的要求，一是国家对保税区的立法规范，二是海关在具体实施监管中的行政法规、规章，这是保税区的功能定位所决定的。因此，在保税区实现现代海关制度，健全法制是首要的根本的要求，是不可或缺的前提。

第二，运作规范。对保税区进行集中、封闭式的严格管理，是设立保税区的基本管理要求，从设区的初衷到前些年进行的市场经济秩序整顿，从现代海关制度的提出，到具体实施步骤，无不强调保税区的运作应当合法、规范。因此可见，依照国家政策运作、实行规范化管理，是保税区健康发展的保证，现代海关制度在保税区的实施正是建立在规范运作、规范管理基础之上的，一个规范、有序、科学、文明的保税区运作体系，无疑对海关现代化起着催化作用。

第三，管理高效。现代海关制度提出管理现代化的目标是“规范、统一、协调、高效”。海关对保税区各项工作的管理必须遵从这个目标，这不仅是海关职能的本质要求，更是海关现代化建设进程的一项迫切期待，正因为如此，管理工作的科学、高效当然成为现代海关制度在保税区管理中的基本内容。

第四，环境优良。中国现代化建设需要相对平和的国际国内环境，同样，海关现代化也需要在一个比较和谐的环境中进行，海关的垂直领导体制突出地表明，现代海关制度的建设，离不开地方各级党政和有关部门的支持、离不开社会各界和企业的配合、理解。在保税区监管工作中实现现代海关制度，除了政策法规环境因素外，还要大力依靠地方党政特别是地方政府设立的保税区管委会的关心和支持、依靠参与保税区运作的各经济实体的配合和支持、依靠各有关部门包括新闻媒体的理解和支持。除此之外，当然还包括海关自身环境的建设。只有创造优良的海关执法环境和人文环境，海关现代化才能顺利进行。

二、目前保税区管理和海关监管工作的主要状况

自从1990年经国务院批准设立上海外高桥保税区以来，到目前为止，经国务院批准设立的保税区共有15个。各地保税区在当地政府的领导和海关等部门的支持下，充分发挥地缘和政策优势，开拓创新，艰苦创业，在引进外资、先进技术、推动出口等方面，取得了很大的成绩，对我国改革开放和经济建设事业发挥了独特的作用：一是保税区经济发展成效明显，截止2002年底，全国15个保税区总面积38.62平方公里，实际封关运作面积31.9平方公里，基础设施建设比较齐全，累计完成固定资产投资679.69亿元，2002年完成国内生产总值1003.12亿元人民币，与上年同比增长38.7%(下同)；二是招商引资成绩显著，截止2002年底，保税区累计批准设立企业管理32671家，其中批准外资企业14784家，批准国内投资企业17887家，累计投资额达348.76亿美元，其中2002年合同利用外资38.19亿美元，同比增长26.5%，实际利用外资21.17亿美元，同比增长21.6%；三是外贸发展势头强劲。2002年，实现进出口总值304.33亿美元，同比增长57.72%，比全国增长幅度高出36个百分点，其中，进口197.27亿美元，出口107.06亿美元；四是对国家贡献业绩显赫。各地保税区不仅为当地政府创造了丰厚的财政收入，辐射、带动了多种产业的发展，而且为中央财政作出相当大的贡献，仅2002年度，就为国家上缴关税和进口环节增值税227亿元人民币，同比增长51%，在不到40平方公里面积土地上，创造出这样的业绩，充分体现了保税区经济是中国经济精华的浓缩。

保税区的发展成绩是肯定的，但也不可否认，在保税区的发展过程中，还存在一些亟待解决的问题，

其中比较突出的有以下几条：

（一）、立法滞后，政策定位不统一。按照国际贯例，设立自由贸易区、保税区的国家如美国、巴西等都是先立法后设区，以完善的法律法规，保障自由贸易区的运作与发展。而我国自1990年设立第一个保税区以来，至今尚无全国性的保税区条例，由于国家立法的滞后，使得一些地方只能通过当地人大立法，而海关对保税区的监管只能凭国家政策法规，使一些保税区政府管理与海关管理上出现对政策理解的不同，给具体执行部门带来一定的难题。1997年经国务院批准的《保税区海关监管办法》是目前海关对保税区企业监管的主要依据，但随着实践的发展，这个《办法》已经显现诸多不足和问题。保税区原有的外汇管理规定，对区内企业经营曾带来一系列的不便，国家外管局已着手解决这一问题，但税务部门主管的出口退税问题、外经贸部门主管的区内企业进出口经营权问题至今仍未得到很好解决。上述政策法规问题，使区内企业在具体运作中步履维艰，困惑重重，也影响了海关行政执法效率。

（二）、保税区功能开发缺乏统一引导，运作不够规范。在经济运作过程中，一种经济形式的结构决定它特有的经济功能，而这种功能的最大限度发挥，除了微观经济单元自身努力外，还需要政府从宏观上予以引导、扶持。保税加工、保税仓储、国际贸易是保税区的三项基本功能，加上商品展示，也可以概括为“三个半功能”，在过去的实践中，各地保税区在这些功能的开发上，基本上靠自己所处的地缘优势来发挥，形成了什么业务方式好运作，就选择做什么业务，有的保税区靠近境外，便于开展加工贸易，就侧重保税加工，有的保税区争取到国家限制性的专营项目，就以专营商品作为区内贸易主导，而有的保税区圈地围栅后，保税业务拓展无力，只好利用区内仓库、厂房搞一些与进出口贸易无关的项目，经营非保税商品的仓储、代理等，把保税区当作非保税区使用，在功能上进行自我降格，不仅造成国家赋予保税区政策资源的浪费，有的还或多或少带来“不规范运作”的原则问题，给海关监管带来较大难度。

（三）、监管手续繁琐，通关效率不够理想。目前，保税区在监管方式上，并没有采取国际上通行的自由经济区关于“境内关外”的海关管理办法，即放松一线，管住二线。而是一线二线都管紧管严，如在进出区手续方面目前的做法是进出境备案和进出口报关“二次报关”，与口岸海关相比，削弱了保税区的优势。再就是加工贸易管理上，尽管区内免设帐册，但也存在制约因素，如区内企业无进出口经营权，若区内企业需要从普区（国内非保税区）进一些生产原料，还得委托区外有进出口经营权的企业办理；在退税政策上，需入区产品实际离境后再办理退税手续，周期长、手续多。虽然近年来各地海关在行风建设和通关改革中推出一系列便捷措施，但由于缺乏统一性、稳定性，就全国而言仍没有从根本上简化保税区通关手续，特别是有的保税区与港口之间尚未建立直通式的联系配合办法，未能实行区港联动，造成货物迂回报关，重复查验，既费时、又费财，无形中影响了经济运行效率。

（四）、信息化管理资源的开发运用参差不齐，缺乏统一模式。保税区的卡口封闭式管理和区内企业实力相对雄厚、相对集中的特点，使一些属地政府对保税区信息化建设产生积极性，部分保税区海关在当地政府的支持、配合下，也进行了富有成效的区域性信息化管理系统的开发和运用。但在具体实践中也引出两个问题：一是各地信息资源的开发由于缺乏统一标准和统一规划，基本上是各自为战，必然造成资金与资源的浪费；二是海关信息与企业信息在联网、对接过程中是否存在安全问题，有关信息屏障是否符合技术要求等。除此之外，全国保税区还热切希望尽早出台《保税区海关信息化管理系统》，希望通过海关信息现代化，带动区内管理部门与企业生产经营的信息化进程，共享数字化革命带来的管理升级和运行效率。

(五)、招商引资泡沫现象突出,企业管理相对乏力。保税区的设置,本身就是一块形象招牌,各地政府在招商引资中比较重视打出保税区牌子,但是根据保税区项目效应测验,与招商宣传实绩比较,真正立足保税区发展的企业仅占少数,一些企业"来也匆匆、去也匆匆",进区不久就被淘汰出区或其他原因离开保税区。据了解,产生这些问题的原因除了这些企业本身不具竞争力和保税区政策不完善外,还与在投资选择时受到误导有关,有的人把保税区理解为除了"黄(黄色行业)、白(毒品)、黑(武器)"不能进区外,其他都可以进区生产、经营。其实不然,现有保税区政策规定中还有一条"除国家另有规定外"的受限条件,这另有规定中就包括一些敏感产业。因此,在招商引资过程中,海关提前介入进行政策咨询解答,弯路可能会少一些,否则就可能出现上述波折。目前各地保税区还存在一个比较突出的问题,一些进区企业海关注册后,由于经营及其他原因而倒闭,企业法人代表销声匿迹,但大量保税货物留在区内,因现行管理规定中有一条"进区仓储保税货物不受时间限制",因此,使海关在监管或处理这些遗留问题时存在极大难度。

上述问题从面上看,相当部分是中央政府和属地政府以及有关部门需要重点研究解决的问题,但从海关对保税区的监管职能上看,在解决这些问题的过程中,海关所起的作用是举足轻重的,目前,国家对保税区运作的监管基本上赋予海关相应职责。因此,我们认为,在推进现代海关制度建设、全面实现海关现代化进程中,海关应当重视保税区发展中存在的问题,积极主动提请中央政府、地方政府、有关部门协力解决存在的问题,并加强自身改革,完善海关各项监管工作,努力使海关现代化与保税区经济发展相呼应,并争取在保税区提前实现海关现代化目标。

三、适应现代海关制度要求,完善保税区政策功能定位,提升海关监管水平

现代海关制度的提出和海关现代化目标的确定,为保税区发展和海关对保税区的监管都提供了动力。在全面推进海关现代化建设的进程中,我们应当紧紧抓住这个历史性机遇,促进保税区政策功能的进一步完善,大力推进海关规范化管理,以管理思想、管理制度、管理方法和管理手段的创新,实现海关在保税区监管工作的现代化。

(一)、加快保税区法制建设进程。法制建设是海关现代化建设的重要组成部分,是海关依法行政、规范管理的根本前提,在保税区的相关法制建设中,急需进行三项工作:一是加快《保税区条例》的立法与实施工作,这是解决人们对保税区功能定位不清、政策不一致等困惑,促进保税区可持续发展的规范和纲领,也是将保税区立法从地方行为上升为国家行为、消除部门与部门之间政策不统一问题的根本措施。我国保税区经过十多年的发展和运作,已经积累了一定的经验,对保税区的认识也逐步深化,因此,根据我国保税区建设发展的实际,借鉴国际通行做法,尽快制定具有全国性法规是可行的,也是成熟的。海关总署在组织草拟法规、牵头征求意见中可以发挥更积极的重要的作用,尽早促成国务院正式颁布实施这一规范性法规;二是加快修改《保税区海关监管办法》,随着保税区实践发展,在当时历史条件下制定的《保税区海关监管办法》已经明显不适合形势发展需要,而这个办法对海关行政执法意义是重大的。去年,我们本着实事求是、与时俱进态度,对办法中存在的十个方面不足问题,向全国保税区会议提出修改建议。根据保税区现代物流发展的新趋势和海关总署在现代海关制度发展规划中提出的要求,《办法》的修改还应注重解决在保税区开展加工贸易、发展现代物流业的相关问题,这样才能从政策机制上促进保税区功能的有效发挥;三是大力促成其他相关部门完善管理办法,保税区目前存在的出口退税不顺问题、区内企业无进出口经营权问题和一些地方保税区管理机制不够健全等问题,都应加以全面改

进、完善。通过这些努力，为保税区发展提供宽松、统一的政策环境，也为各管理部门更好地履行管理职能提供政策法律支撑。

（二）、力促保税区功能的最大释放。保税区的功能未能得到全面发挥问题，也正是挖掘保税区发展潜力之最好契机。我们认为，根据当前国际国内市场经济运行特点，保税区在挖掘发展潜力上应当做好发展物流业和加工业两篇文章。第一，加快现代物流业在保税区的发展。在发达国家，现代物流业被视为“成本经济的最后防线”和“经济领域里的黑大陆”，物流成本降低的潜力胜过其它任何经济活动，因而成为社会经济发展中最引人注目、最具运营价值和创造潜力的新领域之一。上世纪 90 年代以来，我国经济领域里还出现了企业运营实行“零库存”、“网上交易”等新理念和追求。在这种经济发展背景下，我国保税区应当把主体功能定位在发展现代物流业上，因为它不仅为保税区带来自身的繁荣，而且能对周边经济起巨大的带动、辐射作用。根据我国沿海设区的实际情况，保税区可以在以下方面开发物流功能：1. 保税货物分拨；2. 外商投资企业产品、生产原料的配套、分拨；3. 国内市场进口零配件的供应；4. 进、出口货物的拼、拆柜业务；5. 过境货物中转；6. 境外货物寄存；7. 进出口业务在保税区相机抉择；8. 简单商业性加工；9. 商品展示等。从这些功能作用上看，发展物流业实际上是与世界经济紧密对接的一种趋势，只要我们抓住机遇，灵活运作，保税区物流业的前景一定更加可观。第二，在发展加工贸易方面，将普区加工贸易引入保税区，对保税区的保税加工功能的发挥是一项意义重大的举措。保税区在发展保税加工方面具有得天独厚的条件：如进区货物免证免税；区内加工贸易免设台帐；区内企业之间料件结转方便；进区加工的保税原料不受仓储时间、种类、数量限制；加工半成品、成品返销境外报关手续方便；从普区采购进区用于加工的国内原料享受出口退税补贴；保税区近港近城等，这些优惠政策都是普区不可比拟的优势。因此，在全国加快小康社会、海关致力现代化发展进程中，将加工贸易引入保税区，形成区域化、集约式管理规模，作为实现保税区二次创业的重头戏，其潜力是巨大的、意义也是深远的。在促进保税区上述功能的释放中，关键是做好政策引导和完善相关管理办法，在这方面，一是加快保税区海关与大型物流企业的信息化、集约化管理的对接，使进区物流企业在办理海关手续上更顺畅、更便捷；二是制定保税区开展加工贸易更便利的政策措施，解决海关管理的具体问题，特别是解决出口退税问题和保税区企业经营权问题，使加工企业进区一家，稳定一家，发展一家。

（三）、实现区港一体化。区港一体化的最大益处在于减少货物进出保税区的环节，为便捷通关提供前提和条件。我国保税区有的直接与境外接壤，有的直接建在港口边，有的虽不在港口，但与港口相距并不太远，为区港一体化的通关改革奠定了良好基础。当前要突破进出保税区货物以转关运输形式的二次报关、重复查验的通关瓶颈问题，根本的出路在于推进区港一体化改革。近年来，一些保税区对区港一体化进行试点，其效果是非常好的，如福州保税区海关试行的直通式监管模式，是区港一体化的一个序曲，据统计，试行直通式前，一票进口货物需以转关形式进行，平均通关时间为 6 个工作日，而直通式改革后，不到 1 个工作日就可完成，如遇非验非税货物，进口办关的时间会更加提前；出口货物向保税区海关办理出口手续后再转关到口岸海关办理实际离境手续，至少也要 3 天时间，直通式后 1 个小时就可办完通关手续，由于海关加快了通关速度，节省了企业不少费用，受到企业的普遍欢迎。由此可见，区港一体化改革的迫切性和重要性。最近，海关总署拟将选择个别保税区作为区港一体化的试点单位。我们认为，就区港一体化的改革操作上，难度并不是很大，港口在管理上与保税区管理有相同点，两区域都有严密的货物进出规定，都是封闭式卡口管理，都有建立电子信息管理系统，只要双方达成共识，具体的操作并不是个问题。目前，总署已加快试点总结和推广工作，在借鉴国外自由港区一体化做法和试点经验的基础上，建议尽早实行区港一体化改革，并以此突破通关瓶颈，实现通关提速，为现代海关制度建设构筑高速通道。

（四）、改革海关监控模式。按照国际惯例，保税区属于“境内关外”性质，但我国目前的保税区管理实际是“境内关内”性质。这种监管方式与国际惯例和现代海关制度要求的差距是很大的，我们认为，实现现代海关制度目标，规范保税区运作、规范海关监管，关键在于改革现有的监管方式，即：对保税区的监管改革为“境内关外”形式，实行“一线放开、二线管住、区内自由”，努力实现与国际惯例接轨，一线放开，就是除国家明令禁止进出境及其他特别规定的外，进出区货物可以在保税区与境外之间自由进出，免征关税、免领许可证，由海关实行帐册备案管理，区内货物可以在区内企业之间自由流动；二线管住就是管住保税区运往国内非保地区的进口货物，对进入国内非保地区的货物严格按规定办理进口手续。我们设想，能否将现在出口货物需出口、出境两次报关（出口至保税区报关、从保税区出境报备）改革为一次报关，将同时通过保税区进境、进口的货物也改革为一次性报关。实行这项改革既给保税区经济注入活力，又为海关工作减轻压力，是一项具有双赢效应的举措，值得认真思考和大胆实践。

（五）、提升海关行政效率。保税区的性质决定它是一个开放度很高的特殊区域，这种特殊地位决定海关应当加快行政效能建设，提升行政效率。由此，我们认为，现代海关制度下，保税区海关的职能应体现在“行为规范、运转协调、公正透明、廉洁高效”上。具体应着重从以下五方面努力：一是营造刚性的制度环境。决定行政效能高低的第一要素是行政制度的完备程度，“没有规矩不成方圆”，要使行政过程不发生推诿、扯皮，关键还是制度建设，要全面完善适合保税区海关行政的各项规章制度，在制定、修改过程中还应充分考虑制度的刚性要求，只有刚性的制度与纪律，才能营造出检验行政效率、追溯行政责任的刚性环境，这是保税区海关跨向现代化的第一道门坎；二是实行量化绩效考核。现代化与传统管理的区别之一在于前者体现的是高生产率、高行政效率，而后者则无明显的效能考核指标。现代海关制度对有关业务、行政工作提出的量化标准，其用意当然也在于检验行政效率是否达到现代化。保税区海关行政监管工作，有特定的量化要求，在推进现代化建设上，应做到早准备、早介入，科学测算，合理分解，力求通过量化达到总体效能的提高；三是加快电子海关建设进程。经济全球化、管理信息化，以及电子商务活动，强烈地冲击着海关现有行政管理方式，虽然全国保税区相对普区来说具有比较先进的政务和监控电子信息系统的优势，但这种优势在瞬息万变的电子信息时代既显得落后、也显得单薄，当前在全面加强电子海关建设上，当务之急是尽快推广全国保税区信息化管理系统的应用，整合政务管理、电子监控、通关网络及政府管理系统的有效资源，从本质上提升海关行政执法和处理各类事务的科技手段，促进数字化海关的早日形成，这是检验海关现代化的硬性标准，也是促进保税区监管效率的最佳途径；四是强化保税区海关物质保障。任何现代化都是建立在雄厚的物质基础之上的，没有可靠的物质保障体系，要实现现代化是不可能的，同样，要实现海关对保税区的现代化管理，也应当有步骤地对海关基础配套工作进行投入，要本着需用、实用、效用原则配置相关设施，使海关现代化建立在坚实的、先进的科技装备上；五是提升全员素质。在海关现代化进程中，人的要素仍然是第一的、能动的要素，海关工作人员的价值观念、理想信念、知识水平、业务能力、创新意识、廉洁自律等，对政务、监管工作的规范化、科学化、效能化具有影响力，建设高素质的海关公务员队伍是海关事业全面实现现代化的关键，在这方面，需要做的工作很多，但归根结底只有一条，那就是通过各种措施，建设一支努力创造并能全面适应海关现代化的高效、文明、公正、廉洁的公务员队伍。

总之,海关现代化建设与保税区的经济繁荣是一个互动发展过程,在全面推进现代海关制度建设的进程中,我们肩负规范、促进保税区可持续发展的历史责任。在新的历史条件下,海关工作只有常葆与时俱进、开拓创新的精神状态,以"三个代表"重要思想和海关工作方针为指导,积极努力,稳妥推进,大胆实践,敢于胜利,我们就一定能够在现代海关制度建设中实现预期的目标,我们就一定能够在推进海关现代化的实践中,迎来保税区繁荣的又一春天。

探索进出境集装箱检验检疫监管模式
积极投入厦门口岸"大通关"建设

厦门检验检疫局　洪节省　林国成

厦门口岸作为我国东南沿海的进出口贸易、加工、货物运输的集装箱中转枢纽港口,目前已拥有生产性泊位76个,其中万吨级泊位16个,最大靠泊能力10万吨级,开辟了日本、韩国、新加坡、菲律宾、美国东西海岸、欧洲、地中海等国家的集装箱班轮33条,每月通往各地的航班240航次。2000年厦门口岸集装箱吞吐量首次突破百万标箱,并以每年20%的速度递增,预计2002年集装箱吞吐量将达到160万标箱,目前已跻身于世界集装箱港口50强。随着我国对外贸易的快速发展和加入世界贸易组织,以及现代物流业的快速发展,集装箱作为一种金属容器用于装运货物在全球范围内周转和重复使用,容易造成箱体内外的二次污染,可能携带或残留国家禁止进境物、有害生物及生活垃圾。因此对进出境集装箱实施检验检疫尤其重要。面对快速发展的经济形势和日益繁重的进出境集装箱检验检疫监管工作、人员紧缺的问题日益突出,如何建立科学、规范、高效的出入境集装箱检验检疫的监管模式,已经成为当前检验检疫工作中的一个重要课题。鉴定管理处坚持深化改革、勇于创新,为了适应新形势,积极探索出入境集装箱检验检疫新的监管模式,真正做到"监管有效、方便进出"。通过加强集装箱场站的管理,采取对出境集装箱适载集中检验和进境空箱先检验检疫后报检的模式等措施,不仅实现对出入境集装箱检验检疫的有效监管,而且促进厦门口岸大通关的建设。下面着重介绍进出境集装箱的管理模式和所采取的措施。

一、深入调研,建章立制,积极推行集装箱适载检验管理模式

鉴定管理处通过对辖区内的集装箱场站的调查摸底,根据《商检法》和国家局颁布的《进出境集装箱检验检疫管理办法》及其相关规定,结合厦门辖区出境集装箱检验的实际情况,制定并完善了《厦门出入境检验检疫局出境集装箱适载检验管理办法》。确定出境集装箱检验模式为:逐批检验和场站集中检验管理。

(一)逐批检验:是指对报检的每批次集装箱逐个按有关规定实施检验。经检验合格的集装箱按报检批次出具《结果单》。

(二)集中检验:是指将一定数量经企业自检合格的集装箱向检验检疫机构集中申报,经检验检疫机构检验合格的集装箱按每个集装箱为单位出具《结果单》。集中检验申报可不受发货人及拟装货物名

称、船名、航次等的限制。

根据《厦门出入境检验检疫局出境集装箱适载检验管理办法》拟定的集装箱场站实行集中检验管理考核细则，对集中检验管理的企业申请条件、考核办法、检验抽查方式、日常的检验监管、年度审核等都作了具体的规定。对申请考核的企业，组织检验检疫人员深入企业帮助培训集装箱适载检验员，指导企业制定集装箱适栽检验管理制度，完善内部质量管理体系，提高企业质量意识，从源头抓质量管理。通过把不适合装载要求的集装箱控制在场站内。开展集中检验可以做到检验、出证、放行一次完成。同时，检验检疫部门对实行集中检验管理场站实行动态管理，对违反规定或弄虚作假的，取消集中检验管理资格。

三年来，鉴定管理处积极推行集中检验管理，不断总结经验和提高管理水平，实施风险评估及提高防范水平。首先，狠抓集装箱场站工作质量，提高抽检合格率，使检验检疫工作质量得到有效保证，又减轻检验检疫部门的工作量、提高检验检疫工作效率。其次，简化工作程序，减少货代报检的中间环节，缩短了检验周期。场站可全天候为货主提供经检验合格的集装箱，缓解集装箱的供需矛盾和场站与检验部门的矛盾。再次，对冷藏集装箱 PTI 检测进行跟踪管理，减少集装箱吊装、运输、插电的次数，降低生产成本，提高企业的经济效益。自开展集中检验管理后，共为企业检验出境集装箱 42000 个标箱，据企业测算每个标箱节约成本约 80 元，共计节约成本 300 多万元。

二、结合场站登记对进境空箱实施先检验检疫后报检的模式

(一)场站登记:2001 年 12 月，鉴定管理处积极贯彻落实国家质检总局关于《进出境集装箱场站登记细则》的有关规定，起草拟定进出境集装箱场站登记考核条件及内容，指导和帮助企业制定进出境集装箱检验检疫内部管理制度及操作规程，对涉及进出境集装箱检验检疫的场站管理员进行培训，提高场站管理者的责任意识，建立完善的查验制度。经考核共有 18 家企业符合存储进出境集装箱场站登记的一般条件；其中 17 家企同时具有冷藏集装箱性能检测的专用场站；考核认可 4 家企业作为进口废旧物原料检验检疫的集中查验专用场站；考核认可 12 家企业作为进出口集装箱熏蒸业务的专用场站；考核认可 7 家企业符合开展出境集装箱适载检验集中检验管理。

通过场站考核登记，实行经营进出境集装箱业务的场站准入制度，进行动态管理，要求各场站在闸口进场前和出口装货前柜柜开箱查验，发现问题及时与我处联系，并填好查验登记表，每月 5 日前将登记表上报我局，同时，我处视情况采取不定期抽查，对未登记或不严格按规定配合的场站，则不同意堆存进境空箱。

(二)进境空箱检验检疫的监管模式:采取先检验检疫后报检，且每船进境空箱按 10%的抽查结合场站 90%的查验。

按原定程序是先报检后检疫，由于码头 24 小时连续作业，空箱流通量大(每年约 30 万标箱)，堆存场地受到限制。如果等接到报检单后再去检疫，就会因一批空箱分散到各堆场而增加检疫的难度和时间，而检疫周期的延长导致有的集装箱未经检疫就被使用或转运到外地。为此，我们采取先检验检疫后报检的办法，即船舶未靠岸前由代理公司提供进境空箱的有关单证，审核相关内容，并按进境空箱的 10%左右确定应抽检的箱数及箱号，将之统一集中卸到指定的空箱检疫场，待我检验检疫人员查验；其余 90%空箱分流到登记的场站，由各场站闸口管理员负责查验。经检验检疫合格后，以船名、航次为单位，出具《集装箱检验检疫结果单》，检务处核对该结果单后，接受办理该船所有进境空箱的报检并出具

《入境货物通关单》。

此项工作模式既能达到检验检疫的目的，又不影响码头24小时的作业，进境空箱能得到及时有效的分流，适应大通关的要求，具有较好的经济效益和社会效益，深受代理公司和码头公司的一致好评；并在国家局召开的集装箱工作会议上进行大会交流，得到国家局的充分肯定。

三检合一以来，在进境空箱检疫中共发现携带生活垃圾28批，其它废弃物10批，危险性病虫害4批，一般生活害虫57批；其中有10批次做为典型案例上报国家局。

三、积极采取有效服务措施，促进大通关建设

（一）根据集装箱检验检疫存在时效性、季节性强等特点，为确保出口货物不延误装船期，做到急事急办，特事特办，企业有困难想办法帮着办。开展六天工作七天服务、八小时外预约加班，延长工作时间，满足企业需要。

（二）根据《集装箱检验检疫结果单》的内容，开发《结果单》计算机处理程序，建立数据库，集输机、打印、汇总、统计、查询分析等功能的处理系统软件，有效地减轻工作人员劳动强度，解决了人员少、检验工作量大、人工统计繁琐的矛盾，把工作重点放在场站的监管方面。

（三）为解决占检验量60%的由货主及相关货代报检的出境集装箱检验业务，积极与码头相关部门协调，在海天港区附近设立出境集装箱集中查验点的场地，统一集中在查验点检验，解决了检验点多、线长、工作量大、检验人员不足的矛盾，同时为客户提供快速的检验通道。

综上所述，加强进出境集装箱检验检疫工作，是法律法规赋予我们的职责，要求我们依法施检，严格把关，热情服务，保护国家经济安全。认真贯彻国家“走出去”的外贸战略，积极推动“大通关”建设，要求我们转变观念，与时俱进，积极探索检验检疫新模式，促进外贸发展。

第四篇

2002 年颁布的
口岸工作有关法规

中华人民共和国海关总署令

第90号

《中华人民共和国海关关于〈扶贫、慈善性捐赠物资免征进口税收暂行办法〉的实施办法》经2001年12月7日署办公会议审议通过，现予发布。本办法自2002年1月1日起施行。

署　长：牟新生

二〇〇一年十二月十三日

中华人民共和国海关关于《扶贫、慈善性捐赠物资免征进口税收暂行办法》的实施办法

第一条　根据《中华人民共和国海关法》和《扶贫、慈善性捐赠物资免征进口税收暂行办法》（以下简称《暂行办法》，见附件1）及国家有关法律、法规的规定，特制定本实施办法。

第二条　《暂行办法》所称的受赠人，是指国务院有关部门和各省、自治区、直辖市人民政府，以及从事人道救助和发展扶贫、慈善事业为宗旨的全国性的社会团体。包括中国红十字会总会、全国妇女联合会、中国残疾人联合会、中华慈善总会、中国初级卫生保健基金会和宋庆龄基金会。

本实施办法所称的使用人（使用单位），是指捐赠物资的直接使用者或负责分配该捐赠物资的单位或个人。

第三条　《暂行办法》所称的“公共图书馆和公共博物馆”是指：

（一）经省级以上文化行政管理部门认定、向社会开放的县（市）级以上单位管理的公益性图书馆。

（二）经省级以上文物行政管理部门认定、向公众开放的县（市）级以上单位管理的各类公益性博物馆。

第四条　《暂行办法》第六条各项所列的用于扶贫、慈善公益性事业的捐赠物资可予免税，其中：

（一）“基本医疗药品”是指用于急救、治疗、防疫、消毒、抗菌等用途的药品和人体移植用的器官，但不包括保健药和营养药。

（二）“基本医疗器械”是指诊疗器械、手术器械、卫生检测器械、伤残修复器械、防疫防护器械、消毒灭菌器械。

（三）“教学仪器”是指《暂行办法》规定的学校、幼儿园专用于教学的检验、观察、计量、演示用的仪器和器具。

（四）“一般学习用品”是指《暂行办法》规定的学校、幼儿园教学和学生专用的文具、教具、婴幼儿玩具、标本、模型、切片、各类学习软件、实验室用器皿和试剂、学生服装（含鞋帽）和书包

等。

（五）“直接用于环境保护的专用仪器”是指环保系统专用的空气质量与污染源废气监测仪器及治理设备、环境水质与污水监测仪器及治理设备、环境污染事故应急监测仪器、固体废物监测仪器及处置设备、辐射防护与电磁辐射监测仪器及设备、生态保护监测仪器及设备、噪声及振动监测仪器和实验室通用分析仪器及设备。

第五条　国际和外国医疗机构在我国从事慈善和人道医疗救助活动，供免费使用的医疗药品和器械及在治疗过程中使用的消耗性的医用卫生材料比照本规定办理。

第六条　扶贫、慈善捐赠进口物资由本规定第二条所述的受赠人接受捐赠并向海关出具接受捐赠物资进口证明申请免税。具体免税手续由最终使用人（使用单位）向项目所在地直属海关办理。国务院有关部门、本规定第二条所述的全国性的社会团体等受赠人接受境外捐赠的项目，由受赠人统一向北京海关申请免税。

第七条　扶贫、慈善捐赠进口物资的进口按以下规定办理免税手续：

（一）扶贫、慈善捐赠进口物资的使用人向其所在地直属海关申请免税时应当向海关提供如下单证：

1. 境外捐赠函正本；

2. 由受赠人出具的《政府部门或社会团体接受境外扶贫、慈善性捐赠物资进口证明》，并应随附《捐赠物资分配使用清单》（均为正本，详见附件 2）；

3. 属于国家规定限制进口商品应提交的有关许可证件（或其他单证）的复印件；

4. 海关规定应提交的其他单证。

（二）有关项目所在地直属海关凭前款所述的单证、对照《暂行办法》规定的免税物品范围进行审批后，办理扶贫、慈善性捐赠物资免税手续，出具《进出口货物征免税证明》，对超出《暂行办法》免税物资范围的，应照章征税。

由北京海关统一办理捐赠物资免税手续的，应将项目审批情况书面通知使用人（使用单位）所在地直属海关。

（三）有关直属海关对上述免税审批工作要运用《减免税管理系统》进行，并与有关进口地海关加强联系，密切配合。

（四）海关对上述减免税审批工作，应在受理申请之日起 10 个工作日内办结。如提交的有关材料不齐全或不准确的，海关应在接到申请之日起 5 个工作日内通知受赠人或使用人补充有关材料后再予受理。

第八条　对免税进口的扶贫、慈善捐赠物资，免征海关监管手续费。

第九条　上述免税进口物资属海关监管货物，在海关监管期限内，未经海关许可，不得抵押、质押、转让、移作他用或者进行其他处置。有关项目所在地海关应按现行规定做好后续监管工作。对违反本办法的，海关将依照《中华人民共和国海关法》及国家有关法律、法规的规定予以处罚。

第十条　本办法由海关总署负责解释。

第十一条　本办法自 2002 年 1 月 1 日起实施。

附件：1. 扶贫、慈善性捐赠物资免征进口税收的暂行办法

2. 受赠人（政府部门或社会团体）接受境外扶贫、慈善性捐赠物资进口证明（略）

扶贫、慈善性捐赠物资
免征进口税收的暂行办法

（2001年1月15日经国务院批准，财政部、国家税务总局、海关总署发布）

第一条　为促进公益事业的健康发展，规范对扶贫、慈善事业捐赠物资的进口管理，根据《中华人民共和国公益事业捐赠法》有关规定，制订本办法。

第二条　对境外捐赠人无偿向受赠人捐赠的直接用于扶贫、慈善事业的物资，免征进口关税和进口环节增值税。

第三条　本办法所称扶贫、慈善事业是指非营利的扶贫济困、慈善救助等社会慈善和福利事业。

第四条　本办法所称境外捐赠人是指中华人民共和国关境外的自然人、法人或者其他组织。

第五条　本办法所称受赠人是指：

（一）经国务院主管部门依法批准成立的，以人道救助和发展扶贫、慈善事业为宗旨的社会团体。

（二）国务院有关部门和各省、自治区、直辖市人民政府。

第六条　本办法所称用于扶贫、慈善公益性事业的物资是指：

（一）新的衣服、被褥、鞋帽、帐篷、手套、睡袋、毛毯及其他维持基本生活的必需用品等；

（二）食品类及饮用水（调味品、水产品、水果、饮料、烟酒等除外）；

（三）医疗类包括直接用于治疗特困患者疾病或贫困地区治疗地方病及基本医疗卫生、公共环境卫生所需的基本医疗药品、基本医疗器械、医疗书籍和资料。

（四）直接用于公共图书馆、公共博物馆、中等专科学校、高中（包括职业高中）、初中、小学、幼儿园教育的教学仪器、教材、图书、资料和一般学习用品。

（五）直接用于环境保护的专用仪器。

（六）经国务院批准的其他直接用于扶贫、慈善事业的物资。

前款物资不包括国家明令停止减免进口税收的二十种商品、汽车、生产性设备、生产性原材料及半成品等。捐赠物资应为新品，在捐赠物资内不得夹带有害环境、公共卫生和社会道德及政治渗透等违禁物品。

第七条　进口的捐赠物资，由受赠人向海关提出免税申请，海关按规定负责审批并进行后续管理。经批准免税进口的捐赠物资，由海关进行专项统计。

第八条　进口的捐赠物资按国家规定属配额、特定登记和进口许可证管理的商品，受赠人应向有关部门申请配额、登记证明和进口许可证，海关凭证验放。

第九条　经批准免税进口的捐赠物资，依照《中华人民共和国公益事业捐赠法》第三章有关条款进行使用和管理。

第十条　免税进口的扶贫、慈善性捐赠进口物资，不得以任何形式转让、出售、出租或移作他用。如有违反，按国家有关法律、法规处理。

第十一条　（一）外国政府、国际组织无偿捐赠的扶贫、慈善性物资按《中华人民共和国海关法》第五十六条和《中华人民共和国增值税暂行条例》第十六条有关规定继续执行，不适用本办法。

（二）经国务院特别批准的免征进口税的捐赠物资，不适用本办法。

第十二条　本办法由财政部会同国家税务总局、海关总署解释。

第十三条　海关总署根据本办法制定具体实施办法。

第十四条　本办法自发布之日起施行。

中华人民共和国海关总署令

第91号

《中华人民共和国海关关于超期未报关进口货物、误卸或者溢卸的进境货物和放弃进口货物的处理办法》已经2001年12月7日署办公会议讨论通过，现予发布，自发布之日起施行。

署　长：牟新生

二〇〇一年十二月二十日

中华人民共和国海关关于超期未报关进口货物、误卸或者溢卸的进境货物和放弃进口货物的处理办法

第一条　为加强对超期未报关进口货物、误卸或者溢卸的进境货物和放弃进口货物的处理，根据《中华人民共和国海关法》第三十条的规定，制定本办法。

第二条　进口货物的收货人应当自运输工具申报进境之日起十四日内向海关申报。进口货物的收货人超过上述规定期限向海关申报的，由海关按照《中华人民共和国海关征收进口货物滞报金办法》的规定，征收滞报金；超过三个月未向海关申报的，其进口货物由海关提取依法变卖处理。

第三条　由进境运输工具载运进境并因故卸至海关监管区或者其他经海关批准的场所，未列入进口载货清单、运单向海关申报进境的误卸或者溢卸的进境货物，经海关审定确实的，由载运该货物的原运输工具负责人，自该运输工具卸货之日起三个月内，向海关申请办理退运出境手续；或者由该货物的收发货人，自该运输工具卸货之日起三个月内，向海关申请办理退运或者申报进口手续。

前款所列货物，经载运该货物的原运输工具负责人，或者该货物的收发货人申请，海关批准，可以延期三个月办理退运出境或者申报进口手续。

本条第一款所列货物，超过前两款规定的期限，未向海关办理退运出境或申报进口手续的，由海关提取依法变卖处理。

第四条　进口货物的收货人或其所有人声明放弃的进口货物，由海关提取依法变卖处理。

国家禁止或限制进口的废物、对环境造成污染的货物不得声明放弃。除符合国家规定，并办理申报进口手续、准予进口的外，由海关责令货物的收货人或其所有人、载运该货物进境的运输工具负责人退运出境；无法退运的，由海关责令其在海关和有关主管部门监督下予以销毁或者进行其他妥善处理，销毁和处理的费用由收货人承担，收货人无法确认的，由相关运输工具负责人及承运人承担；违反国家有关法律法规的，由海关依法予以处罚，构成犯罪的，依法追究刑事责任。

第五条　保税货物、暂时进口货物超过规定的期限三个月，未向海关办理复运出境或者其他海关有关手续的；过境、转运和通运货物超过规定的期限三个月，未运输出境的，按照本办法第二条的规定处理。

第六条　超期未报关进口货物、误卸或者溢卸的进境货物和放弃进口货物属于《出入境检验检疫机构实施检验检疫的进出境商品目录》范围的，由海关在变卖前提请出入境检验检疫机构进行检验、检疫，检验、检疫的费用与其他变卖处理实际支出的费用从变卖款中支付。

第七条　按照本办法第二条、第三条、第五条规定由海关提取依法变卖处理的超期未报、误卸或者溢卸等货物的所得价款，在优先拨付变卖处理实际支出的费用后，按照下列顺序扣除相关费用和税款：

（一）运输、装卸、储存等费用；

（二）进口关税；

（三）进口环节海关代征税；

（四）滞报金。

所得价款不足以支付同一顺序的相关费用的，按照比例支付。

扣除上述第（二）项进口关税的完税价格按照下列公式计算：

$$\text{完税价格}=\frac{\text{变卖所得价款}-\text{变卖费用}-\text{运储费用}}{\dfrac{1+\text{关税率}+\text{增值税率}+\text{关税率}\times\text{增值税率}}{1-\text{消费税率}}}$$

实行从量、复合或者其他方式计征税款的货物，按照有关征税的规定计算和扣除税款。

按照本条第一款规定扣除相关费用和税款后，尚有余款的，自货物依法变卖之日起一年内，经进口货物收货人申请，予以发还。其中属于国家限制进口的，应当提交许可证件而不能提供的，不予发还；不符合进口货物收货人资格、不能证明对进口货物享有权利的，申请不予受理。逾期无进口货物收货人申请、申请不予受理或者不予发还的，余款上缴国库。

第八条　按照本办法第四条规定由海关提取依法变卖处理的放弃进口货物的所得价款，优先拨付变卖处理实际支出的费用后，再扣除运输、装卸、储存等费用。

所得价款不足以支付上述运输、装卸、储存等费用的，按比例支付。

按照本条第一款规定扣除相关费用后尚有余款的，上缴国库。

第九条　按照本办法第七条规定申请发还余款的，申请人应当提供证明其为该进口货物收货人的相关资料。经海关审核同意后，申请人应当按照海关对进口货物的申报规定，补办进口申报手续，并提交有关进口许可证件和其他有关单证。不能提交有效进口许可证件的，由海关按照《中华人民共和国海关法行政处罚实施细则》对“无证进口”的规定处理。

第十条　进口货物的收货人自运输工具申报进境之日起三个月后、海关决定提取依法变卖处理前申请退运或者进口超期未报进口货物的，应当经海关审核同意，并按照有关规定向海关申报。申报进口的，应按照《中华人民共和国海关征收进口货物滞报金办法》的规定，缴纳滞报金（滞报期间的计算，自运输工具申报进境之日的第15日起至货物申报进口之日止）。

第十一条　本办法第二条、第三条、第五条所列货物属于危险品或者鲜活、易腐、易烂、易失效、易变质、易贬值等不宜长期保存的货物的，海关可以根据实际情况，提前提取依法变卖处理。所得价款按照本办法第七条、第九条的规定办理。

第十二条　“进口货物收货人”，指经对外经济贸易主管部门登记或者核准有货物进口经营资格，并经海关报关注册登记的中华人民共和国关境内法人或者其他组织。

第十三条　进出境物品所有人声明放弃的物品，在海关规定期限内未办理海关手续或者无人认领的物品，以及无法投递又无法退回的进境邮递物品，由海关按照本办法第二条、第四条等有关规定处理。

第十四条　本办法由海关总署解释。

第十五条　本办法自2001年12月20日起实施。

中华人民共和国海关总署令

第92号

《中华人民共和国海关行政裁定管理暂行办法》已经2001年12月7日海关总署办公会审议通过，现予发布，自2002年1月1日起施行。

署　长：牟新生

二〇〇一年十二月二十四日

中华人民共和国海关
行政裁定管理暂行办法

第一条　为便利对外贸易经营者办理海关手续，方便合法进出口，提高通关效率，根据《中华人民共和国海关法》的有关规定，特制定本办法。

第二条　海关行政裁定是指海关在货物实际进出口前，应对外贸易经营者的申请，依据有关海关法律、行政法规和规章，对与实际进出口活动有关的海关事务作出的具有普遍约束力的决定。

行政裁定由海关总署或总署授权机构作出，由海关总署统一对外公布。

行政裁定具有海关规章的同等效力。

第三条　本办法适用于以下海关事务：

（一）进出口商品的归类；

（二）进出口货物原产地的确定；

（三）禁止进出口措施和许可证件的适用；

（四）海关总署决定适用本办法的其他海关事务。

第四条　海关行政裁定的申请人应当是在海关注册登记的进出口货物经营单位。

申请人可以自行向海关提出申请，也可以委托他人向海关提出申请。

第五条　除特殊情况外，海关行政裁定的申请人，应当在货物拟作进口或出口的3个月前向海关总署或者直属海关提交书面申请。

一份申请只应包含一项海关事务。申请人对多项海关事务申请行政裁定的，应当逐项提出。

申请人不得就同一项海关事务向两个或者两个以上海关提交行政裁定申请。

第六条　申请人应当按照海关要求填写行政裁定申请书（格式见附件），主要包括下列内容：

（一）申请人的基本情况；

（二）申请行政裁定的事项；

（三）申请行政裁定的货物的具体情况；

（四）预计进出口日期及进出口口岸；

（五）海关认为需要说明的其他情况。

第七条　申请人应当按照海关要求提供足以说明申请事项的资料，包括进出口合同或意向书的复印件、图片、说明书、分析报告等。

申请书所附文件如为外文，申请人应同时提供外文原件及中文译文。

申请书应当加盖申请人印章，所提供文件与申请书应当加盖骑缝章。

申请人委托他人申请的，应当提供授权委托书及代理人的身份证明。

第八条　海关认为必要时，可要求申请人提供货物样品。

第九条　申请人为申请行政裁定向海关提供的资料，如果涉及商业秘密，可以要求海关予以保密。除司法程序要求提供的以外，未经申请人同意，海关不应泄露。

申请人对所提供资料的保密要求，应当书面向海关提出，并具体列明需要保密的内容。

第十条　收到申请的直属海关应当按照本办法第六、七、八条规定对申请资料进行初审。对符合规定的申请，自接受申请之日起3个工作日内移送海关总署或总署授权机构。

申请资料不符合有关规定的，海关应当书面通知申请人在10个工作日内补正。申请人逾期不补正的，视为撤回申请。

第十一条　海关总署或授权机构应当自收到申请书之日起15个工作日内，审核决定是否受理该申请，并书面告知申请人。对不予受理的应当说明理由。

第十二条　有下列情形之一的，海关不予受理：

（一）申请不符合本办法第三、四、五条规定的；

（二）申请与实际进出口活动无关的；

（三）就相同海关事务，海关已经作出有效行政裁定或者其他明确规定的；

（四）经海关认定不予受理的其他情形。

第十三条　海关在受理申请后，作出行政裁定以前，可以要求申请人补充提供相关资料或货物样品。

申请人在规定期限内未能提供有效、完整的资料或样品，影响海关作出行政裁定的，海关可以终止审查。

申请人主动向海关提供新的资料或样品作为补充的，应当说明原因。海关审查决定是否采用。

海关接受补充材料的，根据补充的事实和资料为依据重新审查，作出行政裁定的期限自收到申请人补充材料之日起重新计算。

第十四条　申请人可以在海关作出行政裁定前以书面形式向海关申明撤回其申请。

第十五条　海关对申请人申请的海关事务应当根据有关事实和材料，依据有关法律、行政法规、规章进行审查并作出行政裁定。

审查过程中，海关可以征求申请人以及其他利害关系人的意见。

第十六条　海关应当自受理申请之日起60日内作出行政裁定。

海关作出的行政裁定应当书面通知申请人，并对外公布。

第十七条　海关作出的行政裁定自公布之日起在中华人民共和国关境内统一适用。

进口或者出口相同情形的货物，应当适用相同的行政裁定。

对于裁定生效前已经办理完毕裁定事项有关手续的进出口货物，不适用该裁定。

第十八条　海关作出行政裁定所依据的法律、行政法规及规章中的相关规定发生变化，影响行政裁定效力的，原行政裁定自动失效。

海关总署应当定期公布自动失效的行政裁定。

第十九条　有下列情形之一的，由海关总署撤销原行政裁定：

（一）原行政裁定错误的；

（二）因申请人提供的申请文件不准确或者不全面，造成原行政裁定需要撤销的；

（三）其他需要撤销的情形。

海关撤销行政裁定的，应当书面通知原申请人，并对外公布。撤销行政裁定的决定，自公布之日起生效。

经海关总署撤销的行政裁定对已经发生的进出口活动无溯及力。

第二十条　进出口活动的当事人对于海关作出的具体行政行为不服，并对该具体行政行为依据的行政裁定持有异议的，可以在对具体行政行为申请复议的同时一并提出对行政裁定的审查申请。复议海关受理该复议申请后应将其中对于行政裁定的审查申请移送海关总署，由总署作出审查决定。

第二十一条　行政裁定的申请人应对申请内容及所提供资料的真实性、完整性负责。向海关隐瞒真实情况或提供虚假材料的，应当承担相应的法律责任。

第二十二条　本办法由海关总署负责解释。

第二十三条　本办法自 2002 年 1 月 1 日起实施。

附件：中华人民共和国海关行政裁定申请书（略）

中华人民共和国海关总署令

第 93 号

修订的《中华人民共和国海关暂准进口单证册项下进出口货物监管办法》已于 2001 年 8 月 3 日经署办公会议审议通过，现予发布。自 2002 年 1 月 1 日起施行。原《中华人民共和国海关暂准进口单证册项下进出口货物监管办法》（号令第 66 号）同时废止。

署　长：牟新生

二〇〇一年十二月二十四日

中华人民共和国海关暂准进口单证册项下进出口货物监管办法

第一条　为方便暂准进出口货物的收发货人办理海关手续，根据《中华人民共和国海关法》和中国政府加入的《关于货物暂准进口的 ATA 单证册海关公约》（简称《ATA 公约》）及其相关附约的规定，制定本办法。

第二条　暂准进口单证册（以下简称 ATA 单证册，见附件 1）项下的暂准进口货物，限于我国加入的上述公约及附约中规定的展览会、交易会、会议或类似活动（以下简称“活动”）项下的货物，主要包括：

（一）在上述活动中展示的货物；

（二）在上述活动中为展示境外产品所需用的货物，如为展示境外机器或仪器在演示过程中所需用的货物等；境外展览者设置临时展合用的建筑材料及装饰品，包括电器装置；为宣传示范境外展览品所需的广告品及展示物品，如录像带、影片、幻灯片及装置物品等；供国际会议使用的设备，如翻译用具、录音机及具有教育、科学或文化性质的电影片等；

（三）其它经海关批准用于展示的货物。

超出上述范围的ATA单证册项下的暂准进口货物，不适用本办法。

第三条 ATA单证册项下的暂准出口货物，海关凭中国国际商会签发ATA单证册验放。

第四条　中国国际商会为我国ATA单证册的担保协会和出证协会，并负责向中国海关报送ATA单证册的中文电子文本。

第五条 ATA单证册项下的进出口货物，由持证人或其代理人向海关办理报关手续。

第六条　海关总署在北京海关设立ATA单证册核销中心。海关总署授权核销中心负责对ATA单证册的进出口凭证进行汇总、核销、统计及追索，并对全国海关ATA单证册的有关核销业务进行协调和管理。

第七条　ATA单证册核销中心在业务活动中统一使用中英文对照的“中华人民共和国海关ATA核销中心业务专用章”、《ATA单证册追索通知书》、《ATA单证册核销通知书》、《ATA单证册缴款通知书》(分别见附件2、3、4、5)。

第八条　中国海关接受用中文或英文填写的ATA单证册的申报。用英文填写的ATA单证册，海关可要求提供中文译本。用其它文字填写的ATA单证册必须附有忠实原文的中文或英文译本。

第九条　ATA单证册项下暂准出口货物属于国家限制性出口或需交纳出口税的货物，由中国国际商会统一向海关总署提供总担保。

第十条　ATA单证册项下的暂准进出口货物，持证人免填报关单，免向海关提供担保，免纳进出口关税和其他由海关代征税费，免领进出口货物许可证。ATA单证册项下的暂准进口货物属于除进口许可证、配额以外的其他限制进口范围的，如基于公共道德或秩序、公共安全、公共卫生保健、动植物检疫、濒危野生动植物保护或知识产权方面的考虑而实施的限制措施，持证人应按照有关规定办理相关手续。

第十一条　海关签注的准予暂准进出口期限应在ATA单证册有效期内。暂准进出口期限一般不超过自货物进出境之日起六个月。超过六个月的，需报经进境地或展出地直属海关批准。超过一年的，需报经海关总署批准。

第十二条　ATA单证册有效期需要延长的，须向原出证协会申请续签，续签的单证册经ATA核销中心确认后可替代原单证册。续签的单证册只能变更有效期，其他项目均须与原单证册相同。续签的单证册起用时，原单证册失效。

第十三条　发生ATA单证册毁坏、丢失或被窃等特殊情况，持证人应向海关提供原出证协会补发的ATA单证册。ATA单证册在中国境内发生毁坏、丢失或被盗等情况，持证人在得到补发的ATA单证册后，需持单证册到ATA核销中心进行确认。补发的ATA单证册所填项目应与原单证册相同。

第十四条　对ATA单证册项下的过境、转运、通运货物，海关可凭ATA单证册中的过境联办理进出境手续。

第十五条　ATA 单证册项下暂准进口货物应原状复出口，不得在境内进行任何加工或修理。

第十六条　ATA 单证册项下暂准进口货物属于海关监管货物，未经海关许可，持证人不得将其在境内出售、转让或移作他用。确需在境内出售、转让或移作他用的，须经海关批准，并按有关规定办理进口报关手续。

第十七条　持证人决定放弃 ATA 单证册项下货物的，由海关提取依法变卖处理。

ATA 单证册项下货物，由于毁坏、丢失、被窃等特殊原因，不能复出口时，持证人应向海关办理核销和进口报关手续；因不可抗力遭受毁坏或灭失而不能复出口的，海关根据其受损状况，减征或免征关税和进口环节税。

第十八条　根据展示活动的性质、规模及观众人数等情况，在合理数量和总值范围内，下列物品可免税进口：

（一）展示的小件样品，包括原装进口的或在展示期间用进口的散装原料制成的食品或饮料（不含酒精）的样品。这些样品应当符合以下条件：

1. 由参展商免费提供并在展示期间免费分送给观众个人使用或消费的；

2. 单价很小的广告样品；

3. 无商业用途，单位容量明显小于最小的零售包装容量的；

4. 食品及饮料的样品虽未按本项 3 规定的包装分发，但确系在活动中消耗的。

（二）展示活动中，为示范操作机器或器件所需，并在展示过程中消耗或损坏的物品。

（三）展示活动中，为修建、布置或装饰展出台所需的一次性廉价物品，如油漆、涂料及壁纸等。

（四）参展商免费提供并在展示期间用于向观众免费散发的与活动有关的宣传性印刷品、商业目录、说明书、价目单、广告招贴、广告日历及未装框照片等。

（五）供各种国际会议使用或与其有关的档案、记录、表格及其它文件。

本条不适用于含酒精饮料、烟叶制品及燃料。

第十九条　第十八条第一款第（一）项所列货物，超出合理数量和总值的，超出部分应照章纳税；第（二）、（三）项所列物品，其未使用或尚未被消耗的部分，如不复运出境，应按规定办理进口手续并照章纳税；第（四）项所列物品如在展示期间未分送完毕，展示结束后需留在境内的，持证人或其代理人应按照我国对有关印刷品进口的管理规定办理进口手续并照章纳税。

第二十条　凡货物已按本办法第十六至第十九条的规定处理的，应由海关在 ATA 单证册相关联上批注。

第二十一条　ATA 单证册项下暂准进口货物复运出境时，如因故未经我国海关核销、签注的，另一缔约方担保协会或海关可向我国海关 ATA 核销中心提供由境外海关在暂准进口单证上签注的该批货物从该国进口或复进口的证明，或我国海关认可的能够证明该批货物已实际离开我国境内的其它文件，作为货物已从我国复运出境的证明，ATA 核销中心可凭以核销。

第二十二条　我国海关 ATA 核销中心可应成员国担保人的要求，依据有关原始凭证，提供货物已从我国进口或复出口的证明。

第二十三条　若发生本办法第二十一条所列情况，持证人应向海关交纳调整费，金额为每票

ATA 单证册人民币 350 元。在我国海关尚未发出“追索通知”前，如果持证人凭其他国海关出具的货物已远离我国关境的证明，要求予以单证册核销的，海关免收调整费。

第二十四条　ATA 单证册项下暂准进口货物不能按规定复出境时，在海关规定的暂准进口期限或同意展期的期限届满后向海关申报留购的，海关按规定办理进口手续，并加收补偿金。补偿金金额应为关税、增值税及消费税总额的 10%。

在海关规定的暂准进口期限或同意展期的期限内向海关申报留购的，海关按规定办理进口手续，并免收补偿金。

第二十五条　ATA 单证册项下货物若未能履行暂准进（出）口或过境规定的，海关将提出追索。自追索提出之日起九个月内，担保人向海关提供货物已复出（进）口、或已办理正常进出口手续的证明，海关可撤销追索。如果九个月期满后仍未提供上述证据，则由担保人向海关缴纳税款和补偿金。

第二十六条　持证人违反本办法规定的，海关按照《中华人民共和国海关法》及《中华人民共和国海关法行政处罚实施细则》的有关规定予以处罚。对构成走私罪的，依法追究刑事责任。

第二十七条　本办法下列用语的含义：

“暂准进口单证册”，是指世界海关组织通过的《暂准进口公约》及其附约 A、附约 B1，以及《ATA 公约》中规定的用于替代各缔约方海关暂准进出口货物报关单和税费担保的国际性通关文件。

第二条中的“活动”，包括下列范围：

（一）贸易、工业、农业或手工业展览会、交易会或类似的陈列或展出；

（二）主要为慈善目的举办的展览会或会议；

（三）主要为促进学术、艺术、手工艺、体育、科技、教育、文化、旅游活动或民间友谊而举办的展览会或会议；

（四）由国际组织或国际组织集团所召开的代表会议；

（五）官方或纪念性的代表会议。

上述活动不包括个人在商店或营业场所以销售境外货物为目的而组织的展览会。

“担保人”，指担保协会。由缔约方海关当局核准的、在其境内负责对 ATA 单证册项下货物应付关税及其它各税费及补偿金进行担保并隶属于国际商会联保系统的协会。

“出证协会”，指经缔约方海关核准签发 ATA 单证册并直接或间接隶属于国际商会国际局联保系统的协会。

“海关调整费”，指 ATA 单证册项下货物运离我国关境时，ATA 单证册未经海关正常核销、批注，我国海关接受另一成员国担保协会出具的证明货物已从我国境内复运出境的证明时收取的费用。

“持证人”，指 ATA 单证册的持有人或其代理人。

第二十八条　本办法由海关总署负责解释。

第二十九条　本办法自 2002 年 1 月 1 日起实施。原《中华人民共和国海关暂准进口单证册项下进出口货物监管办法》同时废止。

中华人民共和国海关总署令

第94号

《中华人民共和国海关关于〈亚洲及太平洋经济和社会理事会发展中国家成员国关于贸易谈判的第一协定〉项下进口货物原产地的暂行规定》已于2001年12月25日经署办公会议讨论通过，现对外发布。本规定自2002年1月1日起施行。

署　长：牟新生

二〇〇一年十二月三十日

中华人民共和国海关关于《亚洲及太平洋经济和社会理事会发展中国家成员国关于贸易谈判的第一协定》项下进口货物原产地的暂行规定

第一条　为实施《中华人民共和国海关进出口税则》对《亚洲及太平洋经济和社会理事会发展中国家成员国关于贸易谈判的第一协定》(以下简称《曼谷协定》)项下进口货物的优惠税率和特惠税率(以下统称为曼谷协定税率)，正确确定《曼谷协定》项下进口货物的原产地，特制定本规定。

第二条　本规定适用于从与中国签有双边协议的《曼谷协定》成员国(以下简称受惠国，名单见附件1)进口的《曼谷协定》项下产品(产品清单详见《中华人民共和国海关进出口税则》)。

第三条　适用曼谷协定税率的进口货物的原产地应按以下规则确定：

(一)对完全在某一受惠国获得或生产的货物，获得或生产该货物的受惠国即为该货物的原产国。

“完全在某一受惠国获得或生产的货物”是指：

1. 在该国领土或领海开采的矿产品；
2. 在该国领土或领海收获或采集的植物产品；
3. 在该国领土出生和饲养的活动物及从其所得产品；
4. 在该国领土或领海狩猎或捕捞所得的产品；
5. 由该国船只在公海捕捞的水产品和其他海洋产品；
6. 该国加工船加工的前述第5项所列物品所得的产品；
7. 在该国收集的仅适于原材料回收的废旧物品；
8. 该国加工制造过程中产生的废碎料；
9. 该国利用上述1—8项所列产品加工所得的产品。

(二)对于非完全在某一受惠国获得或生产的货物，如果对货物进行的最后加工制造工序在该国境内完成，且用于加工制造的非原产于受惠国及产地不明的原材料、零部件等成份的价值占进口货物离岸价的比例不超过50%，则进行最后加工制造的受惠国即为该进口货物的原产国。

第四条　享受曼谷协定税率的进口货物应由受惠国直接运输进入中华人民共和国关境。

“直接运输”是指下列情况之一：

（一）货物运输未经非受惠国关境；

（二）货物虽经一个或多个非受惠国关境，但其有充分理由证明过境运输完全出于地理原因或商业运输的要求，并能证明货物在运输过程中未在非受惠国关境内使用、交易或消费，及除装卸和为保持货物良好状态而接受的简单处理外，未经任何其他处理。

经非受惠国运输进口的货物适用曼谷协定税率时，应进口地海关要求，进口货物收货人应提交过境海关签发的对上述事项的证明或其他证明材料。

第五条　对于非直接运输进境的货物，不能适用曼谷协定税率，海关依法确定进口货物的原产地，并据以确定适用税率。

第六条　适用曼谷协定税率的货物应取得出口该货物的受惠国政府指定机构签发的原产地证明书（原产地证明书的签发机构、签章和格式见附件2）。

海关有理由怀疑货物原产地或原产地证明书的真实性时，可对进口货物按曼谷协定税率开具税款缴纳书，并按最惠国税率或公开暂定税率与曼谷协定税率的差额征收税款保证金，待核实情况后，按适用税率转税或退还保证金。

第七条　进口货物收货人在《曼谷协定》项下货物进口报关时，应向海关提交受惠国政府指定机构签发的原产地证明书作为报关单随附单证。如不能提交原产地证明书的，由海关依法确定进口货物原产地，并据以确定适用税率。货物征税放行后，收货人在货物进境之日起90日内提交原产地证明书的，经海关核实，仍应对原进口货物实施曼谷协定税率的，对按原税率多征的部分应予以退还。

第八条　原产于最不发达受惠国（见附件1）的产品适用本规定第三条规定的百分比时，享受10个百分点的特别优惠，即第三条中的百分比为不超过60%。

第九条　进口货物收货人可申请对进口货物的原产地进行预确定。

第十条　对违反本规定的，海关按中华人民共和国《中华人民共和国海关法》和《中华人民共和国海关法行政处罚实施细则》的规定处理。

第十一条　本规定由中华人民共和国海关总署负责解释。

第十二条　本规定自2002年1月1日起执行。

附件：1. 适用曼谷协定税率的受惠国名单

2. 受惠国原产地证明书的签发机构、签章和格式（略）

适用曼谷协定税率的受惠国名单

适用曼谷协定税率的受惠国为韩国、孟加拉国、斯里兰卡，其中孟加拉国为最不发达国家。

中华人民共和国海关总署令

第95号

《中华人民共和国海关审定进出口货物完税价格办法》已于2001年12月25日经署办公会议讨论通过，现对外发布，自2002年1月1日起施行。1992年9月1日起实施的《中华人民共和国海关审定进出口货物完税价格办法》和1999年10月1日起实施的《中华人民共和国海关审定加工贸易进口货物完税价格办法》同时废止。

署　长：牟新生

二〇〇一年十二月三十一日

中华人民共和国海关审定进出口货物完税价格办法

第一章　总　则

第一条　为了正确审定进出口货物的完税价格，根据《中华人民共和国海关法》和《中华人民共和国进出口关税条例》及其他有关法律、行政法规的规定，制定本办法。

第二条　海关应当遵循客观、公平、统一的估价原则，依据本办法审定进出口货物的完税价格。

第二章　进口货物的完税价格

第三条　进口货物的完税价格，由海关以该货物的成交价格为基础审查确定，并应当包括货物运抵中华人民共和国境内输入地点起卸前的运输及其相关费用、保险费。

进口货物的成交价格是指买方为购买该货物，并按照本办法第四条、第五条的规定调整后的实付或应付价格。

进口货物的成交价格应当符合下列要求：

（一）买方对进口货物的处置或使用不受限制，但国内法律、行政法规规定的限制、对货物转售地域的限制、对货物价格无实质影响的限制除外；

（二）货物的价格不得受到使该货物成交价格无法确定的条件或因素的影响；

（三）卖方不得直接或间接获得因买方转售、处置或使用进口货物而产生的任何收益，除非能够按照本办法第四条的规定作出调整；

（四）买卖双方之间没有特殊关系。如果有特殊关系，应当符合本办法第六条的规定。

第四条　在确定进口货物的完税价格时，下列费用或价值应当计入：

（一）由买方负担的以下费用：

1. 除购货佣金以外的佣金和经纪费；

2. 与该货物视为一体的容器费用；

3. 包装材料和包装劳务费用。

（二）可以按照适当比例分摊的，由买方直接或间接免费提供或以低于成本价方式销售给卖方或有关方的下列货物或服务的价值：

1. 该货物包含的材料、部件、零件和类似货物；

2. 在生产该货物过程中使用的工具、模具和类似货物；

3. 在生产该货物过程中消耗的材料；

4. 在境外进行的为生产该货物所需的工程设计、技术研发、工艺及制图等。

（三）与该货物有关并作为卖方向中华人民共和国销售该货物的一项条件，应当由买方直接或间接支付的特许权使用费。

（四）卖方直接或间接从买方对该货物进口后转售、处置或使用所得中获得的收益。

前款所述的费用或价值，应当由进口货物的收货人向海关提供客观量化的数据资料。如果没有客观量化的数据资料，完税价格由海关按照本办法第七条至第十一条的规定估定。

第五条　在确定进口货物的完税价格时，下列费用如果单独列明，不得计入：

（一）厂房、机械、设备等货物进口后的基建、安装、装配、维修和技术服务的费用；

（二）货物运抵境内输入地点之后的运输费用；

（三）进口关税及其他国内税。

第六条　买卖双方之间有特殊关系的，经海关审定其特殊关系未对成交价格产生影响，或进口货物的收货人能证明其成交价格与同时或大约同时发生的下列任一价格相近，该成交价格海关应当接受：

（一）向境内无特殊关系的买方出售的相同或类似货物的成交价格；

（二）按照本办法第九条的规定所确定的相同或类似货物的完税价格；

（三）按照本办法第十条的规定所确定的相同或类似货物的完税价格。

海关在使用前款价格作比较时，应当考虑商业水平和进口数量的不同，以及本办法第四条、第五条所列各项目和交易中买卖双方有无特殊关系造成的费用差异。

第七条　进口货物的完税价格不能按照本办法第三条的规定确定时，海关应当依次使用下列方法估定完税价格：

（一）相同货物成交价格方法；

（二）类似货物成交价格方法；

（三）倒扣价格方法；

（四）计算价格方法；

（五）合理方法。

如果进口货物的收货人提出要求，并提供相关资料，经海关同意，可以选择倒扣价格方法和计算价格方法的适用次序。

第八条　海关在使用相同或类似货物成交价格方法时，应当以与被估的进口货物同时或大约同时进口的相同或类似货物的成交价格为基础估定完税价格。

按照前款的规定估定进口货物的完税价格时，应当使用与该货物相同商业水平且进口数量基本一致的相同或类似货物的成交价格。但应当以客观量化的数据资料对该货物与相同或类似货物之间由于运输距离和运输方式不同而在成本和其他费用方面产生的差异进行调整。

在没有前款所述的相同或类似货物的成交价格的情况下，可以使用不同商业水平或不同进口数量的相同或类似货物的成交价格，但应当以客观量化的数据资料对因商业水平、进口数量、运输距离和运输方式不同而在价格、成本和其他费用方面产生的差异作出调整。

按照本条的规定估定进口货物的完税价格时，应当首先使用同一生产商生产的相同或类似货物的成交价格，只有在没有同一生产商生产的相同或类似货物的成交价格的情况下，才可以使用同一生产国或地区生产的相同或类似货物的成交价格。

如果有多个相同或类似货物的成交价格，应当以最低的成交价格为基础估定进口货物的完税价格。

第九条　海关在使用倒扣价格方法时，应当以被估的进口货物、相同或类似进口货物在境内销售的价格为基础估定完税价格，按该价格销售的货物应当同时符合下列条件：

（一）在被估货物进口时或大约同时销售；

（二）按照进口时的状态销售；

（三）在境内第一环节销售；

（四）合计的货物销售总量最大；

（五）向境内无特殊关系方的销售。

按照前款的规定估定进口货物的完税价格时，下列各项应当扣除：

（一）该货物的同等级或同种类货物在境内销售时的利润和一般费用及通常支付的佣金；

（二）货物运抵境内输入地点之后的运费、保险费、装卸费及其他相关费用；

（三）进口关税、进口环节税和其他与进口或销售上述货物有关的国内税。

按照本条第一、二款的规定估定进口货物的完税价格时，如果被估的进口货物、相同或类似进口货物没有在被估货物进口时或大约同时在境内销售，可以在符合本条第一款规定的其他条件下，将在境内销售的时间延长至海关接受被估货物申报之日起的90天内。

如果被估的进口货物、相同或类似进口货物没有按照进口时的状态在境内销售，应进口货物的收货人的要求，可以在符合本条第一款规定的其他条件下，使用经进一步加工后的货物的销售价格估定完税价格，但加工增值额也应当同时扣除。

按照本条的规定确定扣除的项目时，应当使用与国内公认的会计原则相一致的原则和方法。

第十条　海关在使用计算价格方法时，应当以下列各项的总和估定进口货物的完税价格：

（一）生产该货物所使用的原材料价值和进行装配或其他加工的费用；

（二）与向境内出口销售同等级或同种类货物的利润和一般费用相符的利润和一般费用；

（三）货物运抵境内输入地点起卸前的运输及相关费用、保险费。

按照前款的规定估定进口货物的完税价格时，海关在征得境外生产商同意并提前通知有关国家或地区政府后，可以在境外核实该企业提供的有关资料。

按照本条第一款的规定确定有关价值或费用时，应当使用与生产国公认的会计原则相一致的原则和方法。

第十一条　海关在使用合理方法时，应当根据本办法的估价原则，以在境内获得的数据资料为基础估定进口货物的完税价格，但不得使用以下价格：

（一）境内生产的货物在境内的销售价格；

（二）可供选择的价格中较高的价格；

（三）货物在出口地市场的销售价格；

（四）以本办法第十条第一款规定之外的价值或费用计算的价格；

（五）出口到第三国或地区的货物的销售价格；

（六）最低限价或武断、虚构的价格。

第三章　特殊进口货物的完税价格

第十二条　加工贸易进口料件及其制成品需征税或内销补税的，海关按照本办法第二章的规定审定完税价格。其中：

（一）进口时需征税的进料加工进口料件，以该料件申报进口时的价格估定；

（二）内销的进料加工进口料件或其制成品（包括残次品、副产品），以料件原进口时的价格估定。

（三）内销的来料加工进口料件或其制成品（包括残次品、副产品），以料件申报内销时的价格估定；

（四）出口加工区内的加工企业内销的制成品（包括残次品、副产品），以制成品申报内销时的价格估定。

（五）保税区内的加工企业内销的进口料件或其制成品（包括残次品、副产品），分别以料件或制成品申报内销时的价格估定。如果内销的制成品中含有从境内采购的料件，则以所含从境外购入的料件原进口时的价格估定。

（六）加工贸易加工过程中产生的边角料，以申报内销时的价格估定。

第十三条　从保税区或出口加工区销往区外、从保税仓库出库内销的进口货物（加工贸易进口料件及其制成品除外），以海关审定的从保税区或出口加工区销往区外、从保税仓库出库内销的价格估定完税价格。对经审核销售价格不能确定的，海关应当按照本办法第七条至第十一条的规定估定完税价格。

如果前款所述的销售价格中未包括在保税区、出口加工区或保税仓库中发生的仓储、运输及其他相关费用的，应当按照客观量化的数据资料予以计入。

第十四条　运往境外修理的机械器具、运输工具或其他货物，出境时已向海关报明，并在海关规定期限内复运进境的，应当以海关审定的境外修理费和料件费以及该货物复运进境的运输及其相关费用、保险费估定完税价格。

第十五条　运往境外加工的货物，出境时已向海关报明，并在海关规定期限内复运进境的，应当以海关审定的境外加工费和料件费以及该货物复运进境的运输及其相关费用、保险费估定完税价格。

第十六条　对于经海关批准的暂时进境的货物，应当按照本办法第七条至第十一条的规定估定完税价格。

第十七条　租赁方式进口的货物，按照下列方法估定完税价格：

（一）以租金方式对外支付的租赁货物在租赁期间以海关审定的租金作为完税价格；

（二）留购的租赁货物以海关审定的留购价格作为完税价格。

（三）承租人申请一次性缴纳税款的，经海关同意，按照本办法第二章的规定估定完税价格；

第十八条　对于境内留购的进口货样、展览品和广告陈列品，以海关审定的留购价格作为完税价格。

第十九条　减税或免税进口的货物需予补税时，应当以海关审定的该货物原进口时的价格，扣除折旧部分价值作为完税价格，其计算公式如下：

$$完税价格＝海关审定的该货物原进口时的价格\times（1-\frac{申请补税时实际已使用的时间（月）}{监管年限\times 12}）$$

第二十条　以易货贸易、寄售、捐赠、赠送等其他方式进口的货物，应当按照本办法第七条至第十一条的规定估定完税价格。

第四章　出口货物的完税价格

第二十一条　出口货物的完税价格由海关以该货物向境外销售的成交价格为基础审查确定，并应包括货物运至中华人民共和国境内输出地点装载前的运输及其相关费用、保险费，但其中包含的出口关税税额，应当扣除。

出口货物的成交价格是指该货物出口销售到中华人民共和国境外时买方向卖方实付或应付的价格。

第二十二条　出口货物的成交价格不能确定时，完税价格由海关依次使用下列方法估定：

（一）同时或大约同时向同一国家或地区出口的相同货物的成交价格；

（二）同时或大约同时向同一国家或地区出口的类似货物的成交价格；

（三）根据境内生产相同或类似货物的成本、利润和一般费用、境内发生的运输及其相关费用、保险费计算所得的价格；

（四）按照合理方法估定的价格。

第二十三条　出口货物的成交价格中含有支付给境外的佣金的，如果单独列明，应当扣除。

第五章　进出口货物完税价格中的运输及其相关费用、保险费的计算

第二十四条　进口货物的运输及其相关费用、保险费应当按照下列方法计算：

（一）海运进口货物，计算至该货物运抵境内的卸货口岸，如果该货物的卸货口岸是内河（江）

口岸，则应当计算至内河（江）口岸；

（二）陆运进口货物，计算至该货物运抵境内的第一口岸。如果运输及其相关费用、保险费支付至目的地口岸，则计算至目的地口岸。

（三）空运进口货物，计算至该货物运抵境内的第一口岸。如果该货物的目的地为境内的第一口岸外的其他口岸，则计算至目的地口岸。

第二十五条　陆运、空运和海运进口货物的运费，应当按照实际支付的费用计算。如果进口货物的运费无法确定或未实际发生，海关应当按照该货物进口同期运输行业公布的运费率（额）计算。

第二十六条　陆运、空运和海运进口货物的保险费，应当按照实际支付的费用计算。如果进口货物的保险费无法确定或未实际发生，海关应当按照“货价加运费”两者总额的千分之三计算保险费。

第二十七条　邮运的进口货物，应当以邮费作为运输及其相关费用、保险费。

第二十八条　以境外边境口岸价格条件成交的铁路或公路运输进口货物，海关应当按照货价的百分之一计算运输及其相关费用、保险费。

第二十九条　作为进口货物的自驾进口的运输工具，海关在审定完税价格时，可以不另行计入运费。

第三十条　出口货物的销售价格如果包括离境口岸至境外口岸之间的运费、保险费的，该运费、保险费应当扣除。

第六章　完税价格的审定

第三十一条　进出口货物的收发货人应当向海关如实申报进出口货物的成交价格，提供包括发票、合同、装箱清单及其他证明申报价格真实、完整的单证、书面资料和电子数据。海关认为必要时，进出口货物的收发货人还应当向海关补充申报反映买卖双方关系和成交活动的情况，以及其他与成交价格有关的资料。

第三十二条　海关为审查申报价格的真实性和准确性，可以行使下列职权：

（一）查阅、复制与进出口货物有关的合同、发票、账册、结付汇凭证、单据、业务函电和其他反映买卖双方关系及交易活动的书面资料和电子数据；

（二）向进出口货物的收发货人及与其有资金往来或有其他业务往来的公司、企业调查与进出口货物价格有关的问题；

（三）对进出口货物进行查验或提取货样进行检验或化验；

（四）进入进出口货物收发货人的生产经营场所、货物存放场所，检查与进出口活动有关的货物和生产经营情况；

（五）向有关金融机构或税务部门查询了解与进出口货物有关的收付汇资料或缴纳国内税的情况。

海关在行使前款规定的各项职权进行价格核查时，进出口货物的收发货人及有关单位、部门应当如实反映情况，提供账簿、单证等有关书面资料和电子数据，不得拒绝、拖延和隐瞒。

第三十三条　海关对申报价格的真实性或准确性有疑问时，应当书面将怀疑的理由告知进出口货物的收发货人，要求其以书面形式作进一步说明，提供相关资料或其他证据，证明其申报价格是真实、准确的。自海关书面通知发出之日起15日内，进出口货物的收发货人未能提供进一步说明，或海关审核所提供的资料或证据后仍有理由怀疑申报价格的真实性或准确性时，海关可以不接受其申报价格，并按照本办法第七条至第十一条或第二十二条的规定估定完税价格。

第三十四条　海关有理由认为买卖双方之间的特殊关系影响成交价格时，应当书面将理由告知进口货物的收货人，要求其以书面形式作进一步说明，提供相关资料或其他证据，证明双方之间的关系未影响成交价格。自海关书面通知发出之日起15日内，进口货物的收货人未能提供进一步说明，或海关审核所提供的资料或证据后仍有理由认为买卖双方之间的关系影响成交价格时，海关可以不接受其申报价格，并按照本办法第七条至第十一条的规定估定完税价格。

第三十五条　海关不接受申报价格按照本办法第八条或第二十二条第一款（一）、（二）项的规定估定完税价格时，为获得合适的相同或类似进出口货物的成交价格，可以与进出口货物的收发货人进行价格磋商。

第三十六条　进出口货物的收发货人可以提出书面申请，要求海关就如何确定其进出口货物的完税价格作出书面说明。

第三十七条　海关为确定进出口货物的完税价格需要推迟作出估价决定时，进出口货物的收发货人可以在依法向海关提供担保后，先行提取货物。

海关对于实行担保放行的货物，应当自具保之日起90天内核查完毕，并将核查结果通知进出口货物的收发货人。

第三十八条　海关对于买方、卖方或贸易相关方提供的属于商业秘密的资料予以保密。

第三十九条　进出口货物的收发货人对海关的估价决定有异议时，可以依照《中华人民共和国海关法》、《中华人民共和国进出口关税条例》的有关规定申请复议。

第七章　法律责任

第四十条　违反本办法规定的，由海关依照《中华人民共和国海关法》和《中华人民共和国海关法行政处罚实施细则》的规定处理；构成犯罪的，应当移交司法机关，依法追究刑事责任。

第八章　附　则

第四十一条　本办法下列用语的含义是：

“境内”，指中华人民共和国海关关境内。

“实付或应付价格”，指买方为购买进口货物直接或间接支付的总额，即作为卖方销售进口货物的条件，由买方向卖方或为履行卖方义务向第三方已经支付或将要支付的全部款项。

“购货佣金”，指买方为购买进口货物向自己的采购代理人支付的劳务费用。

“经纪费”，指买方为购买进口货物向代表买卖双方利益的经纪人支付的劳务费用。

“特许权使用费”，指买方为获得与进口货物相关的、受著作权保护的作品、专利、商标、专有技术和其他权利的使用许可而支付的费用。但是在估定完税价格时，进口货物在境内的复制权费不得计入该货物的实付或应付价格之中。

“相同货物”，指与进口货物在同一国家或地区生产的，在物理性质、质量和信誉等所有方面都相同的货物，但表面的微小差异允许存在。

“类似货物”，指与进口货物在同一国家或地区生产的，虽然不是在所有方面都相同，但却具有相似的特征，相似的组成材料，同样的功能，并且在商业中可以互换的货物。

“大约同时”，指在海关接受被估的进口货物申报进口之日的前后各45天以内。

“公认的会计原则”，指在有关国家会计核算工作中普遍遵循的原则性规范和会计核算业务的处理方法。包括对货物价值认定有关的权责发生制原则、配比原则、历史成本原则、划分收益性与资本性支出原则等。

第四十二条　有下列情形之一的，应当认定买卖双方有特殊关系：

（一）买卖双方为同一家族成员；

（二）买卖双方互为商业上的高级职员或董事；

（三）一方直接或间接地受另一方控制；

（四）买卖双方都直接或间接地受第三方控制；

（五）买卖双方共同直接或间接地控制第三方；

（六）一方直接或间接地拥有、控制或持有对方5%或以上公开发行的有表决权的股票或股份；

（七）一方是另一方的雇员、高级职员或董事；

（八）买卖双方是同一合伙的成员。

买卖双方在经营上相互有联系，一方是另一方的独家代理、经销或受让人，如果符合前款的规定，也应当视为有特殊关系。

第四十三条　本办法第九条所称“利润和一般费用”应当根据进口货物的收货人提供的资料来确定。如果进口货物的收货人的利润和一般费用与在境内销售的同等级或同种类货物的利润和一般费用不一致的，应当根据在境内销售的同等级或同种类货物的利润和一般费用来确定。

“一般费用”包括有关货物销售的直接和间接费用。

“加工增值额”应当依据与加工成本有关的客观量化数据资料、该行业公认的标准、计算方法及其他的行业惯例计算。

第四十四条　本办法第十条所称“原材料价值和进行装配或其他加工的费用”应当根据境外生产商提供的有关生产进口货物的账册为基础确定。

“利润和一般费用”应当根据境外生产商提供的资料来确定。如果该资料所反映的数据与其他生产商向境内出口销售的同等级或同种类货物的数据不一致时，海关可以使用其他资料来确定。

“一般费用”包括有关货物的生产和销售的直接和间接费用。

第四十五条　准许进口的进境旅客行李物品、个人邮递物品及其他个人自用物品的完税价格和涉嫌走私的进出口货物、物品的计税价格的核定不适用本办法，其办法由海关总署另行制定。

第四十六条　本办法由海关总署负责解释。

第四十七条　本办法自2002年1月1日起实施。1992年9月1日起实施的《中华人民共和国海关审定进出口货物完税价格办法》和1999年10月1日起实施的《中华人民共和国海关审定加工贸易进口货物完税价格办法》同时废止。

中华人民共和国海关总署令

第96号

《中华人民共和国海关加工贸易单耗管理办法》已经2001年12月25日署办公会审议通过，现予发布，自2002年5月1日起实施。

署　长：牟新生

二〇〇二年三月十一日

中华人民共和国海关
加工贸易单耗管理办法

第一章

第一条　为了规范加工贸易单耗管理，打击伪报单耗的不法行为，促进加工贸易的健康发展，根据《中华人民共和国海关法》和国家有关加工贸易管理的规定，制定本办法。

第二条　本办法用语含义：

（一）单耗是指加工贸易企业在正常生产条件下加工生产单位出口成品（包括深加工结转的成品和半成品）所耗用的进口保税料件的数量。单耗包括净耗和工艺损耗。

（二）单耗标准是指海关在加工贸易单耗管理中，对加工贸易企业申报的生产加工的实际耗料和对海关执法监管核定的单耗，规定应共同遵守并在一定期限内重复使用的规则。

第三条　本办法适用于海关对加工贸易项下进口保税料件和出口成品（包括深加工结转的成品和半成品）的备案、核查和核销的单耗管理工作。

第四条　加工贸易单耗标准的制定应遵循下列原则：

（一）符合加工贸易企业的生产实际；

（二）贯彻国家产业政策、财税政策和外贸政策；

（三）以国家、行业标准或该行业的平均生产水平为基础；

（四）促进加工贸易企业的技术进步和公平竞争；

（五）便于海关依法行政和有效监管。

第五条　国家和关区的单耗标准适用于出口加工区等海关特殊监管区域以外的加工贸易企业单耗的备案和核销。对出口加工区等海关特殊监管区域以内的加工贸易企业的成品单耗，不适用国家和关区单耗标准，海关按加工贸易企业生产的实际单耗予以核定和核销。

第六条　加工贸易成品的单耗标准有一定的幅度范围，对加工成品的单耗设定最高上限值，对出口应税成品的单耗还设定最低下限值。

第七条　海关总署根据国务院决定，会同国家有关部门制定并公布全国海关统一适用的加工贸易单耗标准（以下简称国家单耗标准）。海关总署负责国家单耗标准数据库的维护。

对尚未制定国家单耗标准的加工贸易成品，各直属海关可根据单耗标准制定的原则结合本关区加工贸易企业的加工实际，制定仅适用于本关区范围的单耗标准（以下简称关区单耗标准），各直属海关负责关区单耗标准的维护，并报总署备案后执行。

某项加工贸易成品一经颁布国家单耗标准，该项成品的关区单耗标准即行废止。

第八条　海关应在成品出口或结转前，在成品单耗标准的幅度值和执行期内按加工贸易企业生产实际核定成品的加工单耗。如加工贸易企业加工成品的单耗超出国家单耗标准或关区单耗标准的幅度值时，应分别按本办法第十七条和第十八条规定办理。

第九条　国家单耗标准自批准生效之日起执行。国家单耗标准生效前在海关备案商品的加工贸易合同，仍按海关原核定的单耗标准核销。

第二章　净耗及工艺损耗

第十条　本办法中相关用语的解释：

（一）净耗是指加工生产中物化在单位出口成品（包括深加工结转的成品和半成品）中的加工贸易进口保税料件的数量。

（二）工艺损耗是指因加工生产工艺要求，在生产过程中除净耗外所必需耗用，且不能完全物化在成品（包括深加工结转的成品和半成品）中的加工贸易进口保税料件的数量。

第十一条　下列情况不列入工艺损耗范围：

（一）因生产过程中突发停电、停水、停汽或人为原因等造成保税料件、半成品、成品的损耗；

（二）对加工贸易企业未经加工或组装的保税料件、半成品、成品在运输移动和仓储放置过程中发生的各种损耗（遗洒、蒸发、挥发、沾罐、沾管、挂壁、挂仓等）；

（三）因失窃、丢失、破损等原因造成的保税料件、半成品、成品的损耗；

（四）因不可抗力等客观因素引起的保税料件、半成品、成品的损毁、灭失或短少等损耗；

（五）因进口保税料件或出口成品（包括深加工结转）的品质、数量不符合合同要求或约定，以致造成加工用料增加或成品短少的损耗；

（六）加工生产过程中被检测出的不合格进口保税料件，以及因工艺性配料所用的非进口料件所产生的损耗；

（七）加工生产过程中完全不物化在成品中的消耗性材料的损耗；

（八）经海关认定，其他不属于工艺损耗的情况。

第三章　企业单耗的报备、报核

第十二条　加工贸易企业应按照海关单耗管理的统一要求，建立本企业各种加工成品的单耗资料库。有条件的加工贸易企业可通过与海关计算机联网的方式接受单耗管理。

第十三条　加工贸易企业的单耗资料库应存储已加工、待重复加工和正在加工成品的单耗资料。加工的合同定单、排料图、下料单、配料表一经确定，应及时将成品的加工生产单耗数据存入单耗资料库。

第十四条　加工贸易企业单耗资料库的成品单耗经海关核实确认后，即可成为海关对该加工贸易企业核销该成品加工的单耗标准。经海关核定确认单耗的成品，在不同合同中重复加工时，海关可不再审核该成品的单耗。

第十五条　加工贸易企业加工的成品实际加工出口或深加工结转前，应如实申报成品的单耗，如海关认为必要，还应提交以下资料：

（一）原材料、成品样品或其影象图片、图样及其品质、成分、规格、型号等相关数据和资料；

（二）工艺流程图、排料图、工料单、配料表，质量检测标准等能反映成品加工的质量技术要求、加工工艺过程及相应耗料的有关资料；

（三）加工合同、生产报表、成本核算等有关帐册；

（四）财政、税务、审计部门对企业稽查审计的结果和报告资料等；

（五）其它能反映单耗、净耗和工艺损耗情况的资料。

加工企业不得以商业秘密为由，拒绝向海关提供有关资料，海关对企业提供的信息资料中属于商业秘密的负有保密义务。

第十六条　加工贸易企业在生产中的实际成品单耗与其向海关备案时申报的单耗不符时，应在成品实际报关出口（包括深加工结转）前主动向主管地海关申报办理变更手续，海关按规定办理变更。

第十七条　加工贸易企业加工成品的单耗超出国家单耗标准的，按以下程序办理：

（一）加工贸易企业应向主管海关提出书面申请，对其进口料件和出口成品的品名、商品编码、品质、规格、数量、单耗、净耗和工艺损耗、生产工艺流程以及超出国家单耗标准的理由作出具体说明，并随附加工贸易合同以及海关认为必需的其他有关文件和资料。

（二）主管海关或现场业务部门在接受加工贸易企业书面文书后，应按规定程序对企业生产的实际单耗做必要的核查，随附本关正式意见报请直属海关审核，直属海关同意后报海关总署审批。

（三）海关总署在接到直属海关上报的文件后，将会同国家有关部门，对该商品的国家单耗标准是否需要调整进行研究并予以回复。

第十八条　加工贸易企业加工成品的单耗超出关区单耗标准，应按以下程序办理：

（一）加工贸易企业应向主管海关提出书面申请，对其进口料件和出口成品的品名、商品编码、品质、规格、数量、单耗、净耗和工艺损耗、生产工艺流程，以及超出关区单耗标准的理由作出具体说明，并随附加工贸易合同以及海关认为必需的其他有关资料。

（二）主管海关在接到加工贸易企业书面申请并按规定程序和方法对加工贸易企业生产的实际单耗进行必要的核查，并随附本关正式意见，报直属海关审批。

（三）直属海关的关区单耗标准，可以根据加工贸易企业的申请和主管海关的核查意见，经调查核实后，按照实事求是的原则进行调整，并将调整后的关区单耗标准报总署备案。

第四章　附　则

第十九条　违反本办法的，由海关按照《中华人民共和国海关法行政处罚实施细则》及有关法律、行政法规和规定予以处理。

第二十条　本办法由海关总署负责解释。

第二十一条　本办法自 2002 年 5 月 1 日起实施。

中华人民共和国海关总署令
第 97 号

《中华人民共和国海关计核涉嫌走私的货物、物品偷逃税款暂行办法》已于 2002 年 7 月 26 日经署办公会议讨论通过，现予发布。自 2002 年 11 月 10 日起施行。

署　长：牟新生

二〇〇二年十月八日

中华人民共和国海关计核涉嫌走私的货物、物品偷逃税款暂行办法

第一章　总　则

第一条　为加强海关对涉嫌走私的货物、物品偷逃税款的计核工作，保障计核工作的公正性、科学性和权威性，根据《中华人民共和国海关法》、《中华人民共和国进出口关税条例》及有关法律、行政法规，制定本办法。

第二条　海关办理走私案件，涉嫌走私的货物、物品偷逃税款的计核工作适用本办法。

第三条　走私毒品、武器、弹药、核材料、伪造的货币、国家禁止出口的文物，国家禁止进出口的珍贵动物及其制品、珍稀植物及其制品、淫秽物品，国家禁止进境的固体废物和危险性废物等不以偷逃税额作为定罪量刑及认定走私行为、作出行政处罚标准的货物、物品，不适用本办法。

第四条　中华人民共和国海关是负责涉嫌走私的货物、物品偷逃税款计核工作的法定主管机关，其授权计核税款的部门（以下简称“计核部门”）是负责计核工作的主管部门。

第五条　海关出具的计核结论，经海关走私犯罪侦查机关、人民检察院和人民法院审查确认，可以作为办案的依据和定罪量刑的证据。

第二章　计核程序

第六条　因办理走私案件需要计核偷逃税款的，海关走私犯罪侦查机关、海关调查部门（以下简称“送核单位”）应当持《涉嫌走私的货物、物品偷逃税款送核表》（以下简称《送核表》）送交其所在海关的计核部门。

《送核表》应当包括以下内容：

（一）走私案件的名称；

（二）走私方式；

（三）涉嫌走私的货物、物品已缴纳税款情况；

（四）涉嫌走私的货物、物品的品名、牌号、规格、型号、原产地、数量、以及进出口日期等；

（五）查获的时间、地点；

（六）其他需要说明的情况。

第七条　送核单位送交《送核表》，应当根据计核部门的要求和案件的性质随附下列单据或材料：

（一）涉嫌走私的货物、物品的报关单、合同、商业发票、提（运）单、保险单、加工贸易备案登记手册、国内增值税发票以及其他商业单证；

（二）涉嫌走私的货物、物品的说明书及其他技术资料；

（三）涉嫌走私的货物、物品的使用、损坏程度的记录以及照片；

（四）涉嫌走私的货物、物品的价格、规格、市场行情等有关的材料；

（五）有关计核所需的其他单证或者材料。

对于上述所列的单据、材料，因故无法提供的，送核单位应当向计核部门作出书面说明。

第八条　海关计核部门接到送核单位送交的《送核表》及随附的单证、材料时，应当认真审核，对于填制不清楚或者随附的单证或者材料有遗漏的，可以要求送核单位补充。

第九条　海关计核部门在计核过程中，需要送核单位进行以下工作的，送核单位应当予以配合：

（一）对涉嫌走私的货物、物品进行查验取样；

（二）提供与计核工作有关的帐册、文件等资料；

（三）提留货样送海关化验机构或者其他法定或者国家授权的专业部门，出具品名、成分、用途、质量、等级、新旧程度、价值等项的鉴定结论报告；

（四）委托国内有资质的价格鉴证机构等单位出具对涉嫌走私的货物、物品的国内市场批发价格、出厂价格的评估资料；

（五）需要送核单位进行的其他工作。

第十条　送核单位送交的《送核表》及随附单证、材料符合计核要求的，除第九条规定的情况以外，海关计核部门应当自接受计核之日起7个工作日内作出计核结论，向送核单位出具《涉嫌走私的货物、物品偷逃税款海关核定证明书》（以下简称《证明书》），加盖海关税款核定专用章，并随附《涉嫌走私的货物、物品偷逃税款计核资料清单》（以下简称《计核资料清单》）。

第十一条　《证明书》应当包括以下内容：

（一）计核事项；

（二）计核结论；

（三）计该依据和计核方法要述；

（四）计核人员签名。

《计核资料清单》应当包括涉案货物、物品的品名、原产地、规格、数量、税则号列、计税价格、税率、汇率等内容。

第十二条　走私犯罪侦查机关、海关调查部门、人民检察院、人民法院对海关出具的《证明书》有异议，或者因核定偷逃税额的事实发生变化，认为需要补充核定或者重新核定的，应由原送核单位向出具《证明书》的海关计核部门重新送交《送核表》并附书面说明。海关计核部门接到要求补充核定的《送核表》后，应当依照本办法第十条规定进行补充核定或者重新核定。

第十三条　走私犯罪嫌疑人、被告人或其辩护人对海关出具的《证明书》有异议的，应当向办案机关提出重新核定的申请，经海关走私犯罪侦查机关、人民检察院或者人民法院审查同意后，由原送核单位按照本办法第十二条规定的程序重新核定。

第十四条　海关进行补充核定或者重新核定的，应当另行指派计核人员进行。

第十五条　海关税款计核部门的计核人员，遇有下列情形之一的，应当回避：

（一）计核人员是计核案件当事人的近亲属；

（二）计核人员本人及其近亲属与计核案件当事人有利害关系的；

（三）与计核案件当事人有其他关系，可能影响计核工作的公正性的。

第三章　计核方法

第十六条　涉嫌走私的货物能够确定成交价格的，其计税价格应当以该货物的成交价格为基础审核确定。

第十七条　涉嫌走私的货物成交价格经审核不能确定的，其计税价格应当依次以下列价格为基础确定：

（一）海关所掌握的相同进口货物的正常成交价格；

（二）海关所掌握的类似进口货物的正常成交价格；

（三）海关所掌握的相同或者类似进口货物在国际市场的正常成交价格；

（四）国内有资质的价格签证机构评估的涉嫌走私货物的国内市场批发价格减去进口关税和其他

进口环节税以及进口后的利润和费用后的价格，其中进口后的各项费用和利润综合计算为计税价格的20%，其计算公式为：

$$计税价格=\frac{国内市场批发价格}{1+\frac{进口关税率+消费税率+增值税率+进口关税率\times增值税率}{1-消费税率}+20\%}$$

（五）涉嫌走私的货物或者相同、类似货物在国内依法拍卖的价格减去拍卖费用后的价格；

（六）按其他合理方法确定的价格。

第十八条　对于已陈旧但尚有使用价值的涉嫌走私的货物，如不能按照本办法第十六条规定核定其计税价格且海关难以认定其新旧程度，应当根据国家质量监督检验检疫机构出具的新旧程度的鉴定结论报告按照本办法第十七条的规定核定其计税价格。

第十九条　涉嫌走私进口的黄金、白银和其他贵重金属及其制品、珠宝制品以及其他有价值的收藏品，应当按国家定价或者国家有关鉴定部门确定的价值核定其计税价格。

第二十条　对于无法确定成交价格的涉嫌走私的非淫秽音像制品，应当以固定的价格作为计税价格。具体价格由海关总署另行确定。

第二十一条　对于涉嫌走私的假冒品牌货物，其计税价格由海关总署另行确定。

第二十二条　涉嫌走私的国产品牌货物，应当以相同或者类似货物正常的出口价格核定其计税价格；出口价格不能确定的，其计税价格应当以相同或者类似货物在国内的正常的出厂价格（不含增值税）为基础核定。

第二十三条　擅自内销保税货物涉嫌走私的，能够确定原申报进口货物成交价格的，其计税价格应当以原申报进口货物的成交价格为基础核定；原申报进口货物的成交价格不能确定的，应当按照本办法第十七条的规定核定的原申报进口货物的价格作为计税价格。

第二十四条　擅自内销特定减免税货物涉嫌走私的，其计税价格应当以该货物原进口时的成交价格为基础核定，计算公式为：

$$计税价格=原进口时的海关完税价格\times(1-\frac{擅自内销时已进口时间（月）}{监管年限\times12})$$

成交价格不能确定的，应当按照本办法第十七条的规定，并按上述公式计算计税价格。

第二十五条　涉嫌通过携带、托运和邮递方式走私的货物、物品，应当按本办法第十六条和第十七条的规定核定其计税价格。

第二十六条　在核定涉嫌走私的货物计税价格时，应当包括货物运抵境内的运费、保险费。

第二十七条　对于涉嫌走私的货物或者物品，应当按照《中华人民共和国海关进出口税则》规定的归类原则，归入合适的税则号列，并按照《中华人民共和国进出口关税条例》及其他有关税率适用的规定采用正确的税率确定偷逃税款。

第二十八条　在计核涉嫌走私的货物或者物品偷逃税款时，应当以走私行为案发时所适用的税则、税率、汇率和按照本办法第十六条至第二十五条的规定审定的计税价格计算。具体计算办法如下：

（一）有证据证明走私行为发生时间的，以走私行为发生之日计算；

（二）走私行为的发生里连续状态的，以连续走私行为的最后终结之日计算；

（三）证据无法证明走私行为发生之日或者连续走私行为终结之日的，以走私案件的受案之日（包括刑事和行政受案之日）计算；同一案件因办案部门转换出现不同受案日期的，以最先受案的部门受案之日为准。

第二十九条　在计核涉嫌走私的货物偷逃税款时，应扣除海关按照走私犯罪嫌疑人的申报计算的应缴税款。

第三十条　违反海关监管规定的其他违法行为涉及到税款计核的，如不能确定涉嫌违规的货物或者物品的接受申报进口之日的，可以比照本办法办理。

第四章　附则

第三十一条　本办法由海关总署负责解释。

第三十二条　本办法自 2002 年 11 月 10 日起实施。

中华人民共和国海关总署令

第 98 号

《海关规范性文件制定管理办法》已经 2002 年 10 月 11 日署办公会议审议通过，现予发布，自 2003 年 1 月 1 日起施行。

署　长：牟新生

二〇〇二年十月二十八日

海关规范性文件制定管理办法

第一章　总　则

第一条　为了加强海关规范性文件的管理，规范制定程序，保证海关规范性文件的质量，根据《中华人民共和国立法法》和国家有关行政法规，结合海关工作实际，制定本办法。

第二条　本办法所称的海关规范性文件，是指海关总署、直属海关依法在权限范围内按照规定程序制定的、涉及行政管理相对人权利、义务、具有普遍约束力的文件，包括海关总署依照《规章制定程序条例》制定的规章及其解释、海关总署公告及各直属海关公告。

上述文件以外的其他文件的起草及管理适用海关总署及直属海关关于公文处理的有关规定，但其中有涉及管理相对人权利义务内容的，应当按照本办法制定海关规范性文件。

第三条　海关规范性文件的立项、起草、审查、决定、发布、备案、解释、修改、废止等适用本办法。

第四条　制定海关规范性文件应当符合下列原则：

（一）符合宪法、法律、行政法规和其他上位法的规定；

（二）保障行政管理相对人的合法权益；

（三）体现海关的职权与责任相一致；

（四）科学规范行政行为，正确履行政府职能；

（五）实事求是，保证规范性文件切实可行，便于操作；

（六）保证规范性文件的公开透明；

（七）符合精简、统一、效能的要求。

第五条　海关总署法制机构负责对全国海关规范性文件制定工作进行指导、监督，承担对海关总署制定的规范性文件的计划、组织起草、审查、监督等工作，负责与全国人大法制机构、国务院法制机构进行联系、协调及规章备案等工作，负责与国家有关部门法制机构就法规管理工作进行联系。

广东分署法制机构负责协助海关总署法制机构指导、协调广东地区海关规范性文件的管理工作，根据海关总署的授权行使监督职能。

直属海关法制机构负责对本关区的规范性文件进行计划、组织起草、审查、协调、公布、备案等工作。

第六条　海关规范性文件在发布前应当经海关法制机构审查。

第七条　起草海关规范性文件应当结构严谨、内容完备、形式规范、条理清楚、用词准确、文字简洁。

第八条　海关规范性文件应当通过海关因特网站、海关公告栏等途径向社会公开。

第九条　下列文件不得在海关行政执法过程中作为执行依据：

（一）与法律、行政法规、海关总署规章及其解释等上位法相抵触的；

（二）海关公文中有涉及行政管理相对人权利义务内容但未按规定制定规章或公告的；

（三）海关规 范性文件未经法制机构审查的。

第二章　规　章

第一节　立项

第十条　关于海关某一方面行政管理关系的较为完整全面的规范，并涉及管理相对人权利义务的，应当由海关总署制定规章。

第十一条　制定规章应当经过立项、起草、征求意见、法制机构审查、提交审议、署办公会议审议、发布等程序。

第十二条　海关总署实行立法年度制度，每年的3月1日起至次年2月底为一立法年度，按照立法年度制定需要制定和修改规章的年度立法计划。

年度立法计划应当严格执行，在特殊情况下，经主管署领导同意法制机构可对计划进行调整。

第十三条　海关总署各业务部门认为需要制定或修改规章的，应当在新的立法年度开始前提出立项申请，报海关总署法制机构。

第十四条　报送制定规章的立项申请，应当包括制定规章的必要性、可行性、拟解决的主要问题、当前的现状、拟确立的主要制度以及起草单位项目负责人、经办人、拟完成起草的时间等内容的说明。

拟订立项申请应当征求相关部门的意见。

第十五条　直属海关认为需要制定或修改规章的，可以在新的立法年度开始前向海关总署法制机构提出立法建议书，并抄报有关业务部门。立法建议书的内容参照立项申请的有关内容。

第十六条　海关总署法制机构对制定规章的立项申请进行汇总、协调，确定本年度的立法项目以及负责起草的部门，拟定海关总署的年度立法计划，经署办公会议讨论通过后执行。

第十七条　年度立法计划应当包括规章的名称、起草部门、项目负责人、拟完成时间和各阶段时间安排等。

第十八条　海关总署法制机构负责对年度立法计划执行情况进行检查、督促和调整。

下一立法年度开始前，海关总署法制机构对上一年度立法计划执行情况进行检查、评估，并向署领导提出报告。对于列入立法计划但未能按期完成起草任务的项目，起草部门应当就未能完成的原因向海关总署法制机构作出书面解释，并明确新的完成时间。

第二节　起　草

第十九条　综合性规章由海关总署法制机构负责起草或组织起草，其他规章由有关业务主管部门负责起草。在特定地区适用的规章也可委托有关直属海关起草。

第二十条　负责起草的部门应当确定一名行政领导为项目负责人，并至少确定一名熟悉海关业务，同时具有法律专业知识的人员具体负责起草工作。

起草规章如涉及多个部门时，可由有关部门共同派人组成联合起草小组，由主要起草部门负责牵头组织。

第二十一条　起草规章应当根据情况进行立法调研，了解实践中存在的问题，研究国内外的先进经验，并写出调研报告。

第二十二条　对某一方面的海关行政管理关系做出部分或者比较全面规定的规章应当称为“规定”；对某一项海关行政管理关系做出比较具体规定的规章应当称为“办法”；根据上位法做出的比较全面而具体的操作性的规章称为“细则”。

第二十三条　规章应当明确规定如下内容：

（一）制定的目的和依据；

（二）适用范围；

（三）主管机关或部门；

（四）管理原则；

（五）具体管理措施和办事程序；

（六）海关和行政管理相对人的权利和义务；

（七）法律责任；

（八）实施日期；

（九）需要修改或废止的有关文件中的条款；

（十）其他需要规定的内容。

第二十四条　规章起草完毕后应当形成征求意见稿，听取有关单位、署内有关部门、直属海关及行政管理相对人等各方面的意见。听取意见可以采取书面征求意见、座谈会、论证会、听证会等多种形式。

第二十五条　有以下情形之一的应当将规章草案向社会公布，必要时可举行听证会：

（一）涉及行政管理相对人切身利益的；

（二）征求意见时存在重大分歧的。

第二十六条　起草规章应当撰写起草说明。起草说明应当包括下列内容：

（一）立法必要性，包括管理现状、主要问题等；

（二）立法的主要依据；

（三）现行的有关规范性文件规定，是否需要修改或废止；

（四）起草过程；

（五）拟采取的管理措施及可行性分析；

（六）征求意见情况及协调情况；

（七）需要说明的其他问题。

第三节　审　查

第二十七条　报送审查的规章送审稿应当由起草部门负责人签署后报法制机构审查。

几个部门共同起草的规章送审稿，应当由起草部门负责人共同签署后报法制机构审查。

第二十八条　下列材料应当与规章送审稿一并报送法制机构审查：

（一）起草说明；

（二）国内外有关立法的背景材料；

（三）有关法律依据；

（四）与此规章内容有关的规范性文件；

（五）汇总的各方意见；

（六）听证会笔录；

（七）有关调研报告；

（八）如需制定实施细则，应当提交实施细则的主要内容和实施细则拟出台的时间；

（九）其他需要报送的材料。

其中（一）、（三）、（四）、（五）项为必备材料。

第二十九条　法制机构主要从以下方面对送审稿进行审查：

（一）是否符合法定权限和程序；

（二）是否符合立法原则；

（三）是否与其他规章相协调、衔接；

（四）是否已对有关不同意见进行协调；

（五）是否具有可行性；

（六）是否符合立法技术要求；

（七）需要审查的其他内容。

第三十条　海关总署法制机构可以就送审稿有关问题征求有关方面意见，还可召开座谈会、听证会。必要时可再次进行调研。

第三十一条　除特殊情况外，海关总署法制机构应当自收到送审稿之日起 30 日内对送审稿提出审查报告，对草案涉及的有关法律问题、协调过程中的争议问题以及修改情况作重点说明，得出审查结论。由法制机构负责人签署的书面审查报告应当反馈起草单位。

第三十二条　规章送审稿有下列情形之一的，海关总署法制机构可以予以缓办或退回起草单位：

（一）制定规章的基本条件尚不成熟的；

（二）起草单位未与有关部门进行协商的；

（三）有关部门对送审稿的内容有较大争议且理由较为充分的；

（四）送审稿所附材料不齐全的；

（五）未按规定程序办理的；

（六）其他不宜提交署办公会议审议的情况。

被缓办或退回的规章送审稿经起草单位按要求改正符合报审条件的，可按规定程序重新报送法制机构审查。

第三十三条　起草单位根据海关总署法制机构提出的审查意见对送审稿进行修改，形成规章草案。

法制机构审查过程中提出重大修改意见的，应当与起草单位协商。

第三十四条　规章需要与国务院有关部门会签的，规章草案经海关总署法制机构审查并经署领导签批后送有关部门。

第四节　审议与公布

第三十五条　海关总署法制机构根据审查结果决定是否将规章草案提交署办公会议进行讨论。决定提交讨论的，海关总署法制机构负责人应当签署《提交署办公会议审议建议书》。

第三十六条　规章应当经署办公会议审议决定。审议规章草案时，起草单位负责人对规章草案作起草说明，海关总署法制机构负责人就审查情况进行说明。委托直属海关起草的规章也可由委托的有关业务部门作起草说明。

第三十七条　规章草案经署办公会议审议并原则通过后，起草部门根据审议中提出的修改意见会同海关总署法制机构对草案进行修改，并起草署令，经署领导签发以海关总署令形式予以公布。

对审议中存在重大原则性分歧意见未予通过的草案，由起草部门根据署办公会议要求，会同海关总署法制机构、有关业务部门和有分歧意见的部门再次协调、讨论，提出修改稿，提交海关总署办公会议再次审议。

第三十八条　海关总署与国务院其他部门联合发布的规章应当在草案经署办公会议讨论原则通过并由署领导签发后送联合发布的部门签发。

由国务院其他部门主办并与海关总署联合发布的规章由署领导签发。

第三十九条　海关总署令应当载明序号、规章名称、署办公会审议通过日期、有关规定的废止情况、施行日期、署长署名、公布日期等内容。

海关总署与国务院其他部门联合发布的规章由署长及联合制定部门的首长共同署名公布，使用主办机关的命令序号。

除特殊情况外，规章应当自公布之日起 30 日后施行。

第四十条　规章签署公布后应当在《海关总署文告》上刊登。

第四十一条　规章公布后 30 日内，由海关总署法制机构按照有关行政法规规定的程序和要求向国务院法制机构办理规章备案手续。

第四十二条　规章的文本以《海关总署文告》刊登的文本为正式文本。

第四十三条　规章的外文正式译本，应当由海关总署法制机构组织翻译，或进行审定。

第五节　修改与废止

第四十四条　遇有下列情形之一的，规章应当及时修改：

（一）因有关法律、行政法规的修改或废止，需要作相应修改的；

（二）因实际情况发生变化，需要增减或者改变内容的；

（三）其他应当予以修改的情况。修改规章的程序参照制定规章的程序。规章修改后应当将全文重新发布。原规章应当明文废止。

第四十五条　遇有下列情形之一的，规章应当及时废止：

（一）因有关法律、行政法规废止或者修改，失去制定依据或者没有必要继续执行的；

（二）因规定的事项已执行完毕或者因实际情况变化，没有必要继续执行的；

（三）新的规章已取代了旧的规章的；

（四）其他应当予以废止的情况。

第四十六条　对需要废止或者已经失效的规章由海关总署明文废止或者宣布失效。

对新制定的规章可以替代旧的规章的，应当在新的规章中列出详细目录，明文废止被替代的规章。

第六节　规章的解释

第四十七条　规章的解释权归海关总署，海关总署各部门及直属海关均无权对规章进行解释。

第四十八条　规章有下列情形之一的，可以进行解释：

（一）规章的规定需要进一步明确具体含义的；

（二）规章制定后出现新的情况，需要明确适用规章依据的。

第四十九条　直属海关可以向海关总署提出对规章进行解释的请示，海关总署也可主动对规章进行解释。

第五十条　规章解释可以由规章的原起草部门起草，也可由海关总署法制机构起草。规章解释起草完毕后应当连同起草说明一并报海关总署法制机构进行审查。经海关总署法制机构审查同意后，提交署办公会议审议决定，并参照公布规章的程序以海关总署令形式予以公布。

第五十一条　海关总署对规章作出的解释与规章具有同等效力。

第五十二条　行政法规授权海关总署进行解释的比照上述程序办理。

第三章　海关总署公告

第五十三条　海关总署可就涉及行政管理相对人权利义务的具体事项向国内外发布公告。公告不得设定对行政管理相对人的行政处罚。

第五十四条　海关总署公告起草完成后应送海关总署法制机构审查。

第五十五条　海关总署法制机构在对海关总署公告草案进行审查时应当注意审查以下方面：

（一）合法性，是否有与法律、行政法规、规章相抵触的内容，是否符合规定的程序；

（二）公开性，对外公告内容是否与对内通知分开；

（三）规范性，发文形式、用语等方面是否规范；

（四）协调性，与其他规范性文件是否协调、衔接；

（五）其他应当审查的方面。

第五十六条　海关总署法制机构在审查中对海关总署公告草案有不同意见的，应当与起草部门协商。

第五十七条　海关总署公告经海关总署法制机构审查通过后，应当报署领导签发。

第五十八条　以公告形式发布的内容如需要修改或废止，应当以公告形式重新发布。

第四章　直属海关公告

第五十九条　直属海关制定的关于本关区某一方面行政管理关系的涉及管理相对人权利义务的规范，应当以公告的形式对外发布，有关的管理规范可作为公告的附件。直属海关制定的公文中有涉及管理相对人权利义务内容的，应当就有关内容对外发布公告。

第六十条　直属海关依照本办法制定公告限于以下情形：

（一）本关区特有的情况；

（二）根据海关总署规范性文件制定的涉及行政管理相对人权利、义务的具体操作规程。

直属海关制定公告的内容属于海关总署尚未明确事项的，应经海关总署批准。

第六十一条　直属海关制定公告由本关法制机构或业务部门起草。起草部门起草过程中应当听取本关区有关单位及行政管理相对人等各方面的意见。听取意见可以采取书面征求意见、座谈会、论证会等多种形式。

第六十二条　直属海关业务部门起草的公告在起草完毕后应当送法制机构审查。直属海关法制机构审查业务部门起草的公告参照海关总署法制机构审查公告的要求办理，并提出书面审查报告。必要时可再次征求本关区各有关部门及行政管理相对人的意见。

第六十三条　直属海关制定公告，其内容属于需报海关总署批准的或属于其他重要事项的，应当经关务会或关长办公会议审议决定。

第六十四条　经海关总署批准的公告应当以直属海关名义对外发布。

第六十五条　直属海关制定的公告，应当自发布之日起5日内报送海关总署备案。

第六十六条报送备案的直属海关应当以关发文形式将备案报告及有关公告径送海关总署法制机构，并按规定报送电子文本，同时抄报总署有关业务主管部门。

第六十七条　直属海关的法制机构负责本关发布的公告的备案工作。海关总署法制机构对备案工作进行检查监督。

第六十八条　海关总署法制机构对于报送备案的直属海关公告进行监督审核，符合规定的予以备案登记，不符合规定的，不予备案登记，并可责令报送海关自行纠正或撤销。

第六十九条　经备案登记的直属海关公告由海关总署法制机构定期公布目录。

第五章　附　则

第七十条　海关总署起草行政法规参照本办法规定的程序办理。

第七十一条　对于违反本办法制定的规范性文件，海关总署可责令限期改正、对有关规范性文件予以撤销，并可根据情况对有关单位和责任人员给予通报批评或者行政处分。

第七十二条　本办法自2003年1月1日起施行。1999年12月2日下发的《海关总署关于制定规范性文件的管理规定》（署法〔1999〕795号）同时废止。

中华人民共和国海关总署公告

2002 年　第 1 号

加入世界贸易组织后，中国海关已全面实施《WTO 估价协定》，为规范海关估价行为，增加透明度，根据 2002 年 1 月 1 日实施的《中华人民共和国海关审定进出口货物完税价格办法》第三十六条的规定，现公告如下：

从 2002 年 1 月 7 日起，对经海关审核不接受进出口货物申报价格的，海关应根据《中华人民共和国海关审定进出口货物完税价格办法》重新审定进出口货物的完税价格，进出口货物的收发货人可以提出书面申请，要求海关就如何确定进出口货物的完税价格做出书面说明，海关将以《海关估价告知书》（见附件）的形式将估价理由及估价方法书面告知进出口货物的收发货人。

特此公告。

二〇〇二年一月四日

2002 年　第 2 号

为履行我国加入世界贸易组织的关税减让义务，经国务院批准，自 2002 年 1 月 1 日起，对 21 个税号的科研用胶卷（详见附件）的关税税率按 5%计征，增值税率照章征收。

享受上述关税税率的科研用胶卷的认定手续按照海关总署关于下发《关于〈科学研究与教学用品免征进口税收暂行规定〉实施办法》的通知（署税〔1997〕585 号）的有关规定执行。

特此公告。

附件：进口科研用胶卷适用税目税率表

二〇〇二年一月八日

附件

进口科研用胶卷适用税目税率表

序号	税则号列	商品描述	进口税率
1	37013090	未曝光其他用途的摄影感光硬片及软片，任何一边超过 225 毫米	5%
2	37019100	彩色摄影用未曝光硬片及平面软片	5%
3	37019990	其他用未曝光软片及硬片	5%
4	37023100	彩色摄影用未曝光无齿孔胶片，宽度不超过 105 毫米	5%
5	37023290	其他涂卤化银乳液无齿孔胶片，宽度不超过 105 毫米	5%
6	37023990	其他无齿孔感光胶片，宽度不超过 105 毫米	5%
7	37024100	彩色摄影用未曝光无齿孔胶片，宽度超过 610 毫米，长度超过 200 米	5%
8	37024290	非彩色摄影用，其他未曝光无齿孔胶片，宽度超过 610 毫米，长度超过 200 米	5%
9	37024390	其他用未曝光无齿孔胶片，宽度超过 610 毫米，长度不超过 200 米	5%
10	37024490	其他用未曝光无齿孔胶片，宽度超过 105 毫米，但不超过 610 毫米	5%
11	37025100	彩色摄影用未曝光胶片，宽度不超过 16 毫米，长度不超过 14 米	5%
12	37025200	彩色摄影用未曝光胶片，宽度不超过 16 毫米，长度超过 14 米	5%
13	37025410	非幻灯片用，彩色摄影胶卷，宽度为 35 毫米，长度不超过 2 米	5%
14	37025490	非幻灯片用，其他彩色摄影用胶片，宽度超过 16 毫米，但不超过 35 毫米，长度不超过 30 米	5%
15	37025590	其他未曝光彩色摄影胶片，宽度超过 16 毫米，但不超过 35 毫米，长度超过 30 米	5%
16	37025690	其他未曝光的彩色摄影用胶片，宽度超过 35 毫米	5%
17	37029100	未曝光非彩色摄影用胶片，宽度≤16 毫米，长度不超过 14 米	5%
18	37029310	其他未曝光非彩色摄影用胶卷，宽度为 35 毫米，长度不超过 2 米	5%
19	37029390	其他未曝光非彩色摄影用胶片，宽度超过 16 毫米，但不超过 35 毫米，长度不超过 30 米	5%
20	37029490	其他用未曝光非彩色摄影用胶片，宽度超过 16 毫米，但不超过 35 毫米，长度超过 30 米	5%
21	37029590	其他用未曝光的非彩色摄影用胶片，宽度超过 35 毫米	5%

注：以上 3702 各子目的胶片均为成卷的，用纸、纸板及纺织物以外的任何材料制成。

2002 年　第 3 号

根据中国政府加入的《协调制度公约》对缔约国权利义务的有关规定，现公告如下：

中国海关进出口税则和统计目录自 2002 年 1 月 1 日起采用世界海关组织制定发布的 2002 年版《商品名称及编码协调制度》（简称“协调制度”或 HS）。

世界海关组织为使各缔约国能够统一理解、执行协调制度，编制了《商品名称及编码协调制度注释》（简称“协调制度注释”或 HS 注释），该注释是关于协调制度各品目的商品范围及所涉及商品的唯一解释。

根据协调制度，海关总署制定了《海关进出口税则一统计目录商品及品目注释》(简称“税则注释”或“统计目录注释”)，作为海关对进出口商品进行税则归类或统计目录归类的法律依据之一。

二〇〇二年一月二十八日

2002年 第4号

根据国务院关税税则委员会审议通过的《2002年入境旅客行李物品和个人邮递物品征收进口税税率表》，海关总署重新修订了《入境旅客行李物品和个人邮递物品进口税税则归类表》和《入境旅客行李物品和个人邮递物品完税价格表》，现予以公布，自2002年3月1日起施行。

对2002年3月1日前已携运或邮递进境、3月1日后办理海关征税手续的物品，按从低原则执行。

特此公告。

附件：1.《入境旅客行李物品和个人邮递物品进口税税则归类表》

2.《入境旅客行李物品和个人邮递物品完税价格表》

二〇〇二年二月九日

附件1

入境旅客行李物品和个人邮递物品进口税税则归类表

(中华人民共和国海关总署2002年2月9日修订)

本表未列名物品的归类原则：

1. 按物品的主要功能（或用途）归类；

2. 物品的主要功能（或用途）无法确定时，按该物品各项　功能（或用途）中税率最高的税号归类；

3. 物品不能按照上述1、2条归入相应税号时，按第1税号归类；

4. 已归入某一税号的物品按其主要功能（或用途）归入相应项。主要功能（或用途）无法确定时，归入其各功能中所适用完税价格最高的项。

第1号　书报、刊物、教育专用的电影片、幻灯片、原版录音带、录像带，金、银及其制品，食品、饮料及本表2、3税号没有包括的物品　[税率10%]

税号	品　　名
101	书报、刊物及其它各类印刷品
102	教育专用的电影片、幻灯片、原版录音带、录像带、地球仪、解剖模型、人体骨骼模型、教育用示意牌
103	金、银、珠宝及其制品，包金饰品
104	食品、饮料：各种食用植物果实、蔬菜、肉类及其制品、水产品、乳制品、糖制品、咖啡、茶叶等
105	补品：鹿茸，各种参及其制品，其它保健品、补品
106	农作物种子：各种谷物种子、菜籽、草籽、花籽及其它种植用种子
107	医疗、保健器材：包括各种医疗用仪器、器具；机械治疗、按摩器具；治疗用呼吸器具；矫形器具；夹板及其它骨折用具；人造的人体部分；助听器及为弥补生理缺陷或残疾而穿戴、植入人体内的其它器具；病人用拐杖，病人用轮椅，其它医疗器材及上述器材的配件、附件；各种保健器具、用具，按摩床、椅；化妆、美容专用工具
108	测量、计量用仪器、仪表：包括游标卡尺，绘图仪器，计算尺，显微镜，天平，气压表，万能表，示波器，精密计度、计量器等
109	各种药品、药料：包括各种治疗、抗生、抗菌及预防用的药品和制成药品，水解蛋白素，人造血浆，中成药，各种药用油、药品原料，化学药品，人用疫苗、血清。动物药料和香料：柱角（广牛角），蛇颠角，牛黄，猴枣，马宝，牛草结，羊草结，鹿肾，鹿鞭，海狗鞭，蛇胆及其它动物胆，蛇干，龙骨，龟板，墨鱼骨，鹿茸趸，鹿角丝，斑蝥，全蝎，蜈蚣，姜虫，彭鱼腮，海龙，海马，海雀，金蝉花，蟾酥，石决明，珍珠粉及其它动物药料。植物药料：豆蔻，豆蔻花，肉豆蔻，砂仁，肉桂，香茅油，丁香，丁香油，咸薄荷，薄荷油，天麻，巴戟，杜仲，炮天雄（炮附子），冰片，梅片，玉桂，琥珀，红花，番红花，霸王花，麻黄，石斛，冬虫草，白花蛇舌草，槟榔，贝母，当归，甘草，茯苓，大黄，杞子，白芷，北芪（黄芪），党参，沙参，田七（三七），川莲，沉香，陈皮，珠灵豆，胡椒根，紫草茸，茶辣及其它植物药料。矿物药料：包括辰砂，朱砂，硼砂，雄黄，咸秋石等
110	打字机：包括手动打字机，电动打字机，电子打字机，电传打字机，打字带及其他配件
111	体育用品：包括各种球类、棋类，一般体育活动、体操、竞技、游泳及其它户内外活动用具及其配件、附件，如航空、航海模型，各种体育用球、球拍、球网，各种棋类、棋盘，汽枪、猎枪及子弹等
112	厨房、卫生间用具：包括炊具、餐具、灶具、厨具、卫生用具、洁具。例如手动绞肉机，食品研磨机及搅拌器，水果或蔬菜榨汁机，微波炉，电烤箱，电炉灶，煤气灶，煤气点火器，家用洗碗机，菜刀，各种材料制的锅、碗、餐具，厨房、卫生间陶瓷用具等
113	各种橡胶、塑料材料制品：热水袋，橡胶布、片、管圈，生胶片，补胶，海绵，轮胎，蛇管，机器皮带，塑料花卉，塑料布、线、盒、桶、席，有机玻璃制品等
114	工具：包括各种手提式手动工具及电动工具，例如千斤顶，各种手动刀、剪、锉、磨、锯、钻、刨工具，丈量工具，修表工具，锤，斧，凿，钳子，各种钉子，打包机，电烙铁，测电笔，电刨，电钻等
115	文化用品：各种书写用具及材料，照像簿，集邮簿，印刷日历、月历，放大镜，绘图用具，绘图用颜料，装订用具，手摇、电动削铅笔器，电子计算器，电子字典，算盘，誊写钢板等
116	乐器：包括各类键盘弦乐器、风琴、手风琴、管乐器、打击乐器，电声乐器、节拍器、音叉和各种定音器等，上述乐器的配件、附件
117	鞋靴：包括各种材料制鞋、靴，鞋面、底、跟，鞋带，鞋油，鞋粉，橡胶及塑胶屐皮等
118	家具：包括各种材料制的沙发、组合式家具、柜、橱、台、桌、椅、床、床垫、坐垫等

税号	品　名
119	杂项物品:包括花卉、苗木,润滑油,油漆,室内装修用品,酒精,手提包、箱,各类玩具,钓鱼用具,吸尘器,电风扇、电熨斗,地板打蜡机,电动剃须刀,电动毛发推剪器,吹风机,充电器,电压整流器,电插头,开关,灯具,除湿冷暖风机,增、除湿机,电暖器,热水器,空气清新机,电话机,电话传真机,家用地毯洗涤机,电子游戏机,缝纫机,毛衣编织机,便携式小型望远镜,眼镜,上述物品的配件、附件;洗涤用品,护发用品,发夹,艺术品,收藏品及古物等
120	邮票:包括中国及境外各种邮票、小型张、纪念封
121	其它物品

第 2 号　纺织品及其制成品，照相机、数码相机、摄像机、摄录一体机、其它电器用具，自行车、手表、钟表及其配件、附件，化妆品　[税率 20%]

税号	品　名
201	棉花(包括原棉、子棉、废棉)、木棉、麻皮、丝棉、人造棉、合成棉
202	棉,麻,毛,真丝,人造丝及其它材料制线、丝、纱、绳
203	棉、麻、毛、真丝、人造纤维、合成纤维纺织品和针织品，皮革
204	各种材料制衣着、头巾、围巾、领带、帽子、手套、袜子、手帕、床上用品、毛巾、浴巾、桌布、窗帘布及其它纺织制成品,皮革制成品
205	电视接收机:包括电视机,电视收音联合机,电视收音录音联合机,电视录像联合机,视频投影仪,投影电视,上述物品的配件、附件
206	电冰箱及其配件、附件
207	洗衣机、洗衣干衣一体机、干衣机(烘干机),上述物品的配件、附件
208	收(放、录)音机:包括收音机、录音机、收录音机,手提式收、录、放音、电唱、激光唱盘一体机,数码录放音器,上述物品的配件、附件,录音带、激光唱盘
209	收录放音(像)组合机:音响组合机、(单)功能座、音箱、自动伴唱机、卡拉 OK 混音器
210	录(放)像机:包括录像机、放像机、激光视盘机,上述物品的配件、附件,录像带、激光视盘
211	空气调节器及其配件、附件
212	自动数据处理设备及其配件:包括微计算机及其外部存储、输入、输出设备和附件、零部件
213	摄影(像)设备及其配件、附件:照相机,数码照相机,摄像机,数码摄像机,电影摄影机,电影放映机,照相制版机及其配件、附件;银幕,照相机镜头,放大机,各种胶卷,胶片,感光纸,镜箱,闪光灯,闪光灯泡,滤色镜,测光表,曝光表,遮光罩,半身镜,接镜环,取景器,自拍器,三脚架,洗像盒,显影罐及其它照相器材,冲洗设备和冲洗用化学剂等
214	便携式复印机、幻灯机、图片投影仪及其配件、附件,幻灯片
215	自行车,三轮车,上述车辆配件、附件
216	各种手表,怀表,秒表,带有计算器的手表,上述表用配件、附件
217	闹钟,座钟,挂钟,台钟,落地钟,钟用配件、附件
218	化妆品:包括各种香水,香粉,花露水和其它化妆品

第 3 号　烟、酒　[税率 50%]301 烟草及烟草代用品的制品:包括香烟,雪茄烟,烟丝,烟叶,嚼烟,鼻烟,碎烟,烟梗,烟末 302 各种内服的酒、健身酒、药酒(只适宜外用的药酒归入税号第 1 号)

2002年　第5号

经研究，决定对《中华人民共和国海关对企业实施分类管理办法实施细则》附件4《海关取消A类管理通知书》（以下简称《通知书》）式样进行修改。经修改附后的《通知书》式样自2002年4月1日起实施，原《通知书》式样同时废止。

附件：《海关取消A类管理通知书》（修改后式样）

二〇〇二年三月十九日

附件

编号：_____

海关取消A类管理通知书

（修改后式样）

____________________：

根据《中华人民共和国海关对企业实施分类管理办法》、《中华人民共和国海关对企业实施分类管理办法实施细则》及有关补充规定，经海关审核，决定自即日起取消对你单位实施A类管理，调整为按______类管理。

根据《中华人民共和国行政复议法》，如对上述决定不服的，可在接到本通知之日起60日内向本海关上一级海关（________海关、海关总署）申请复议；也可以在接到本通知之日起3个月内直接向______________中级人民法院起诉。

（关　印）

年　　月　　日

2002年　第6号

为有效实施海关对奥林匹克标志的保护，制止侵犯奥林匹克标志专有权的货物进出境，根据《奥林匹克标志保护条例》、《中华人民共和国海关法》和《中华人民共和国知识产权海关保护条例》，现公告如下：

一、自2002年4月1日起，海关对奥林匹克标志权利人根据《奥林匹克标志保护条例》享有并在海关总署备案的奥林匹克标志专有权（以下简称奥林匹克标志专有权）实施保护。

二、海关发现涉及奥林匹克标志专有权的货物即将进出境的，有权要求收发货人申报其合法使用奥林匹克标志的状况并提交有关文件或者证据。

海关认为进出口货物涉嫌侵犯奥林匹克标志专有权的，应当予以扣留。

三、海关经调查，认为进出口货物侵犯了奥林匹克标志专有权的，应当依法予以没收并对收发货人处以罚款。

四、收发货人对海关扣留侵权嫌疑货物或者行政处罚决定不服的，可以根据有关法律法规，向海关提出异议、申请行政复议或者向人民法院提起诉讼。

特此公告。

二〇〇二年四月三日

2002 年　第 7 号

按照《中华人民共和国海关关于转关货物监管办法》（以下简称《监管办法》）的规定，海关对进出口转关货物施加海关封志。跨关区快速通关作业系统推广全国后，各种方式的转关货物和过境货物均施加海关封志办理转关。考虑到内支线船舶中转和铁路承运的转关、过境方式中，运输工具换驳驶离时限性强、运输途中风险性小的特点，各海关采取了不同程度的便利、简化措施。为保证统一执法，在有效监管的前提下，简化可以简化的环节以提高通关效率，经研究决定，放宽内支线船舶中转、铁路承运的转关和过境集装箱货物的施封要求。现对《监管办法》的第二条补充规定如下：

一、对内支线船舶中转和铁路承运的转关、过境集装箱货物，在其商业封志完好条件下，海关可不必施加封志。

二、为确保有效监管，海关对上述不施封转关作业按以下操作：

（一）转关申报单“关锁号”栏目录入商业封志号；

（二）进境地或启运地海关须确定一定的比例，凭船舶舱单或铁路运单，抽查核对货物商业封志是否完好无误；指运地或出境地海关凭电脑转关申报单记录和船舶舱单或铁路运单，验核商业封志，办理海关手续；

（三）其余操作仍按《监管办法》的相关规定办理。

三、对已经海关开箱查验或做换箱运输的转关货物，仍按现行规定，施加海关封志，办理有关转关手续。

本公告自 2002 年 4 月 25 日起执行。

特此公告。

二〇〇二年四月十七日

2002 年　第 8 号

为实施《奥林匹克标志保护条例》，海关总署已于 2002 年 4 月 3 日发布了《中华人民共和国海关总署公告》(2002 年第 6 号)。国际奥林匹克委员会、第 29 届奥林匹克运动会组织委员会和中国奥林匹克委员会已向海关总署提出了奥林匹克标志专有权保护申请并获核准。为便于社会了解和自觉尊重奥林匹克标志专有权人的有关权利，现将《奥林匹克标志专有权备案目录》予以公布。

特此公告。

附件：奥林匹克标志专有权备案目录

二〇〇二年五月二十日

奥林匹克标志专有权备案目录

一、权利人：国际奥林匹克委员会

代理人：第 29 届奥林匹克运动会组织委员会

(一)奥林匹克五环图案标志

(二)奥林匹克格言

更快、更高、更强，

Citius. Altius. Fortiu

(三)奥林匹克、奥林匹亚、奥林匹克运动会及其简称等专有名称

奥林匹克，

奥林匹亚，

奥林匹克运动会，

奥运会，

奥运，

Olympic，

Olympics，

Olympiad，

Olympic Games，

Olympique，

Olympiques，

Olympiade，

Jeux Olympiques

二、权利人：第 29 届奥林匹克运动会组织委员会

(一)北京 2008 年奥林匹克运动会申办委员会名称

北京 2008 年奥林匹克运动会申办委员会，

北京奥林匹克运动会申办委员会，

2008 年奥林匹克运动会申办委员会，

北京 2008 年奥运会申办委员会，

北京奥运会申办委员会，

2008 年奥运会申办委员会，

北京 2008 年奥运会申办委，

北京奥运会申办委，

2008 年奥运会申办委，

北京 2008 年奥申委，

北京奥申委，

2008 年奥申委，

奥申委，

Beijing 2008 Olympic Games Bid Committee，

BOBICO，

(二)北京 2008 年奥林匹克运动会申办委员会标志

(三)第 29 届奥林匹克运动会组织委员会名称

第 29 届奥林匹克运动会组织委员会，

第 29 届奥运会组织委员会，

第 29 届奥运会组委会，

北京奥运会组委会，

奥运会组委会，

北京奥组委，

奥组委，

Beijing Organizing Committee for the Games of the XXIX Olympiad，

BOCOG，

(四)第 29 届奥林匹克运动会口号

新北京，新奥运；

New Beijing，Great Olympics；

绿色奥运，科技奥运，人文奥运；

Green Olympics，

Hi—Tech Olympics，

People′s Olympics；

(五)北京 2008

北京 2008，

Beijing2008，

北京二〇〇八，

北京二零零八，

(六)第29届奥林匹克运动会及其简称

第29届奥林匹克运动会，

第29届奥运会，

北京奥运会，

2008年奥运会，

三、权利人：中国奥林匹克委员会

(一)中国奥林匹克委员会名称

中国奥林匹克委员会

中国奥委会(中文简称)

CHINESE OLYMPIC COMMITTEE

COC

(二)中国奥林匹克委员会会徽

(三)奥林匹克委员会商用徽记

(四)中国体育代表团标志

2002年　第9号

根据中华人民共和国对外贸易经济合作部公告(2002年第30号)的规定，自2002年5月24日起，对普通中厚板、普薄板、硅电钢、不锈钢板、普盘条、普通条杆、普通型材、无缝管和钢坯等9类48个税号的进口钢铁产品(见附件1)实施关税配额管理的临时保障措施，中华人民共和国海关总署负责临时保障措施的具体监控和实施。经商有关部门同意，现将海关管理的具体办法公告如下：

一、自2002年5月24日起180天内分别统计上述9类48个税号的钢铁产品(以下简称"钢铁产品")实际进口量。具体计算口径是：

(一)除从境外进入保税区、保税仓库和出口加工区(以下简称"两区一库")的外，所有贸易方式项下进口的钢铁产品都计入关税配额总量或国别进口限定总量内。

(二)从"两区一库"出区、出库进入境内的钢铁产品，无论何种贸易方式均计入关税配额总量内或国别进口限定总量。

(三)原产于乌克兰、白俄罗斯、哈萨克斯坦3个与我签有双边钢铁贸易协议的非WTO成员国的钢铁产品实行进口限定数量管理，其进口不计入关税配额总量内，但计入国别进口限定总量内(见附件2)。

(四)单类产品进口份额不超过我国该类产品进口总量3%的原产于发展中国家或地区(见附件3)的钢铁产品进口，不计入关税配额总量内。如其某类产品进口份额超过我国该类产品进口总量的3%，则其后的进口自动计入关税配额总量内，计入口径与上述第(一)、(二)项相同。

二、当某一类钢铁产品的实际进口数量达到该产品配额总量的50%时，海关总署将通过新闻媒体开始向社会公布该类产品的实际进口情况。

三、进口企业进口钢铁产品，应按以下规定办理进口通关验放手续：

（一）进口企业进口钢铁产品须凭国家经贸委授权机构签发的《重要工业品自动进口许可证明》或外经贸部授权机构签发的、加盖外商投资企业自动进口许可专用章的《自动进口许可证》（以下统称“自动进口许可证件”）以及原产地证明验放。其中原产地证明自2002年6月15日起开始提供；

（二）钢铁产品由境外进入“两区一库”不需提供自动进口许可证件和原产地证明，但从“两区一库”出区、出库进入境内的，海关凭自动进口许可证件和原产地证明办理通关验放手续；

（三）货样广告品、外商投资企业投资额度内进口自用的和加工贸易项下进口的钢铁产品，不需提供自动进口许可证件，但须提供原产地证明；

（四）加工贸易转内销的钢铁产品须凭自动进口许可证件和外经贸部授权机构签发的《加工贸易保税进口料件内销批准证》验放，不需提供原产地证明。

四、进口钢铁产品溢短装问题仍按现行规定执行，钢铁产品允许溢短装数量为±3%。

五、对原产于中华人民共和国境内的上述钢铁产品按现行规定办理。

六、进口上述钢铁产品，仍按现行的有关税收政策规定执行，并按现行适用的税率计征关税和进口环节税，以及反倾销税。当上述某类钢铁产品实际进口量达到该类配额总量时，海关将根据有关部门发布的征收特别关税的公告，自规定的起征特别关税之日起，对公告规定应征收特别关税的类别及国别，在现行适用的关税税率基础上加征7%—26%的特别关税（见附件1）。加征特别关税的税收基本计算公式为：

进口关税税额＝关税完税价格×（关税税率＋特别关税税率）

进口环节增值税税额＝（关税完税价格＋进口关税税额）×进口环节增值税税率

七、海关征收特别关税时，对以下述方式进口或内销的，按以下规定办理：

（一）加工贸易进口和从境外进入“两区一库”的，仍按现行的保税政策执行；

（二）保税区内加工企业使用上述进口钢铁原材料加工生产的不属于实施临时保障措施范围的制成品销往区外时，应按制成品征收关税和进口环节税的，不加征特别关税；应按制成品中所含进口原材料征收关税和进口环节税的，应同时按原材料所适用的特别关税税率加征特别关税。如加工生产的制成品属于实施临时保障措施范围的，应按制成品征税的，同时按制成品适用的特别关税税率加征特别关税；应按所含原材料征税的，同时按原材料所适用的特别关税税率加征特别关税；

（三）出口加工区内加工企业使用上述进口钢铁原材料加工生产的不属于实施临时保障措施范围的制成品销往区外时，不加征特别关税。如加工生产的制成品属于实施临时保障措施范围的，应同时按制成品适用的特别关税税率加征特别关税；

（四）保税区、出口加工区以外的加工贸易企业使用上述进口钢铁原材料加工生产的制成品、残次品以及节余、剩余的原材料经批准内销的，应同时按原材料所适用的特别关税税率加征特别关税；对经批准内销的边角料，不加征特别关税；

（五）对外商投资企业投资额度内进口自用的，应加征特别关税；

（六）对进口原产于中华人民共和国境内，属于实施临时保障措施的钢铁产品，不加征特别关税；

（七）对货样广告品，不加征特别关税；

(八)对实行加工贸易保证金台账“实转”的,在征收台账保证金时,对实施临时保障措施的钢铁产品,都应同时计入特别关税。

八、从乌克兰、白俄罗斯、哈萨克斯坦3国进口的钢铁产品不得超出国别进口限定数量,超出部分,暂不予进口。

九、自起征特别关税之日起,进口企业进口钢铁产品时不能提供原产地证明的,一律加征特别关税。

十、加工贸易企业进口钢铁产品,在实施临时保障措施180天内,超过海关核销期(包括经批准的延长期),既不能出口也未能提交有关内销批件及自动进口许可证件的,海关按海关总署第76号令第八条的规定办理,如涉及计征税款的同时执行本公告第六、七条的有关规定。

十一、对实行临时保障措施180天期间内,走私进口上述钢铁产品的,海关按在现行关税税率的基础上加征特别关税计算偷逃税款金额,并按相关法律、法规的规定进行处罚。

十二、本公告未具体列明的情况,均按照现行相关管理规定办理。

特此公告。

附件:1.《临时保障措施适用的产品、关税配额数量及加征的特别关税税率表》(略)

2.《国别进口限定数量表》(略)

3.《适用临时保障措施的发展中国家/地区产品表》(略)

二〇〇二年五月三十日

2002年 第10号

为保证世界各国应用《商品名称及编码协调制度》(简称“协调制度”或HS)的一致性,解决因归类争议而引起的国际贸易纠纷,世界海关组织协调制度委员会将其历届会议对较重要的或各国有争议的商品所作出的归类决定向各缔约国公开发布。

根据中国政府加入的《协调制度公约》对缔约国权利义务的规定,中国海关对进出口货物的税则或统计目录归类应与世界海关组织的协调制度归类决定一致。

为使进出口货物的经营单位或其代理人了解进出口货物的协调制度归类,准确申报,方便货物通关,海关总署根据世界海关组织2001年以前发布的协调制度商品归类决定,制定了《海关总署商品归类决定》,向社会公开出版发行,作为海关对进出口商品进行税则归类或统计目录归类的法律依据之一。

《海关总署商品归类决定》的执行日期为归类决定作出时的日期。

二〇〇二年六月三日

2002年　第11号

根据《中华人民共和国海关法》的有关规定，现将因海关对进出口货物的收发货人或其代理人所申报的商品归类进行事后审核，发现原归类错误引起关税及海关依据有关法规征收的其他进口环节税（下称海关代征税）的退税、补税问题公告如下：

一、凡在《中华人民共和国海关进出口税则》（以下简称《税则》）中有具体列名的商品，在税则的类注释、章注释、子目注释、税目结构和《海关进出口税则一统计目录商品及品目注释》（以下简称"税则注释"或"统计目录注释"）中已明确归类的商品，及海关总署或海关商品归类分中心已制发文件（包括归类决定）并对外公开或向进出口货物的收发货人或其代理人明确归类的商品，如因进出口货物的收发货人或其代理人申报的归类错误造成少征或漏征税款的，海关应自缴纳税款或者货物放行之日起3年内予以追征。

二、非收发货人或其代理人原因造成少征或漏征税款的，海关应自缴纳税款或者货物放行之日起1年内予以追征。

三、海关多征的税款，海关发现后应立即退还；纳税义务人自缴纳税款之日起1年内，可以要求海关退还。

四、海关总署改变已作出的归类决定造成执行税率不同时，所涉及商品的原征税款不予调整。如有特殊情况需要调整税款的，应报海关总署核批。

五、本公告自2002年7月1日起执行。

二〇〇二年六月十七日

2002年　第12号

根据中华人民共和国对外贸易经济合作部公告（2002年第30号）第五条和中华人民共和国海关总署公告（2002年第9号）第八条的规定，对从乌克兰、白俄罗斯和哈萨克斯坦3国进口的钢铁产品实施国别限量管理，超出限量部分暂不予进口。根据海关统计，截止6月19日，原产于哈萨克斯坦的普通中厚板（商品编码72085200）和原产于乌克兰的钢坯（商品编码72071200）实际进口数量已达到国别进口限定总量。现决定自2002年6月22日零时起，各海关暂停接受上述商品的进口申报。

特此公告。

二〇〇二年六月二十一日

2002年　第13号

为有效配合中国电子口岸试点工作的推进，适应海关信息化业务管理系统进一步发展的要求，便利企业办理进出口申报相关手续，决定对报关单填制要求和报关单打印格式进行必要的局部调整，现将有关要求公告如下：

一、进口货物报关单“进口日期”栏目填报的日期必须与运载所申报货物的运输工具申报进境的实际日期一致。进口货物收货人或其代理人在进口申报时无法确知相应的运输工具的实际进境日期时，该栏目允许为空。进口货物收货人或其代理人未申报进口日期或申报的进口日期与运输工具负责人或其代理人向海关申报的进境日期不符的，应以运输工具申报进境的日期为准，由海关予以更正。无实际进出境的报关单填报办理申报手续的日期，以海关接受申报的日期为准。

二、已运行“中国电子口岸”联网申报子系统的海关关区，除可使用预先印制的空白《进(出)口货物报关单》套打报关单之外，也可使用空白A4打印纸直接打印。直接打印的报关单经海关签章后，与套打的报关单具有同等效力。海关现行报关单审核、接单、出具证明联作业流程不变。

特此公告。

二〇〇二年六月二十五日

2002年　第14号

经国务院关税税则委员会同意，自2002年7月15日起，海关对分期缴纳税款的租赁进口货物，按各期付税时填发税款缴款书之日该进口货物所适用的税率计征进口关税和进口环节税。此前已按租赁进口货物原进口时所适用的税率征收的税款不予调整。

特此公告。

二〇〇二年六月二十一日

2002 年　第 15 号

根据中华人民共和国对外贸易经济合作部公告 2002 年第 30 号第五条和中华人民共和国海关总署公告 2002 年第 9 号第八条的规定，对从乌克兰、白俄罗斯和哈萨克斯坦 3 国进口的钢铁产品实施国别限量管理，超出限量部分暂不予进口。根据海关统计，截止 7 月 18 日，原产于乌克兰的普通中厚板（商品编码 72083700、72085200）实际进口数量已达到国别进口限定总量。现决定自 2002 年 7 月 20 日零时起，各海关暂停接受上述商品的进口申报。

特此公告。

二〇〇二年七月十九日

2002 年　第 16 号

根据中华人民共和国海关统计，截止 2002 年 7 月 31 日，实施钢铁产品临时保障措施项下的钢坯（税号：72071200）进口数量已经达到该类产品的关税配额总量。根据中华人民共和国对外贸易经济合作部公告 2002 年第 30 号和中华人民共和国海关总署公告 2002 年第 9 号的规定，自 2002 年 8 月 1 日起，对申报进口的该类产品加征 13％的特别关税。

特此公告。

二〇〇二年七月三十一日

2002 年　第 17 号

根据中华人民共和国海关统计，截止 2002 年 8 月 12 日，实施钢铁产品临时保障措施项下的冷轧普通条杆（税号：72151000、72155000、72159000）进口数量已经达到该类产品的关税配额总量。根据中华人民共和国对外贸易经济合作部公告 2002 年第 30 号和中华人民共和国海关总署公告 2002 年第 9 号的规定，自 2002 年 8 月 13 日起，对申报进口的该类产品加征 7％的特别关税。

特此公告。

二〇〇二年八月十二日

2002 年　第 18 号

为规范海关对进出境物品的管理，海关对中韩海运航线进出境物品的监管做如下调整：

一、从 2002 年 9 月 1 日起，对中韩海运航线以快件形式进出境的货物和物品，海关分别按照进出境货物、个人行李物品的规定办理相应的进出口手续。

二、对中韩海运航线的短期内多次进出境旅客(15 日内进出境 2 次或 2 次以上者)免税携带进境的物品，仅限为旅客本人本次旅行自用的物品，即旅客本人在旅行中必需的衣着及日常生活用品。其中，可携带进境香烟 100 支，或雪茄 25 支、或烟丝 125 克。各类酒不允许携带进境。

该类旅客携带旅途自用的照相机、便携式收录音机、小型摄影机、手提式摄录机和便携式微型计算机进境，须报海关核准，并交纳与应税税款等额的保证金后允许携带进境。复带出境时，经海关核实确属原携带进境的，退还其所交纳的保证金。

该类旅客携带或者以托运、分离运输方式进境的物品超出上述范围的，一律予以退运。

三、对中韩海运航线的其他进出境旅客携带的行李物品，按照《中华人民共和国海关对进出境旅客行李物品监管办法》(海关总署令第 9 号发布)、《中华人民共和国海关关于进出境旅客通关的规定》(海关总署令第 55 号发布)、《中华人民共和国海关对中国籍旅客进出境行李物品的管理规定》(海关总署令第 58 号发布)办理验放手续。

四、自 2002 年 9 月 1 日起，下列文件停止执行。

(一)《海关总署关于对来自韩国旅客进境物品加强管理的通知》(署监〔1994〕591 号)

(二)《监管司关于中韩航线进出境快件和旅客行李物品监管问题的通知》(监管〔2000〕158 号)

(三)《关于执行监管〔2000〕158 号通知有关问题的意见》(监管传〔2000〕149 号)

(四)监管传〔2000〕153 号

(五)《监管司关于对中韩航线短期内多次进出境旅客行李物品和进出境快件有关监管问题的通知》(监管〔2000〕250 号)

特此公告。

二〇〇二年八月九日

2002 年　第 19 号

根据中华人民共和国海关统计，截止 2002 年 8 月 15 日，实施钢铁产品临时保障措施项下的热轧普薄板(税号：72081000、72082600、72082700、72083800、72083900、72084000、72085300、72085400)、镀锌板(税号：72103000、72104100、72104900、72123000)、冷轧不锈薄板(税号：72193200、72193300、72193500、72202000)、普盘条(税号：72139100)进口数量已经达到该类产品的关税配额总量。根据中华人民共和国对外贸易经济合作部公告 2002 年第 30 号和中华人民共和国海关总署公告 2002 年第 9 号的规定，自2002年8月16日起，对申报进口的上述产品依次分别加征26%、23%、18%、15%的特别关税。

对于既征收反倾销税又征收特别关税的冷轧不锈薄板，其《进口特别关税缴款书》上的税率及税额分别是两项税率和两项税额之和。

特此公告。

二〇〇二年八月十五日

2002年　第20号

根据中华人民共和国海关统计，截止2002年8月21日，实施钢铁产品临时保障措施项下的彩涂板(税号:72107000)进口数量已经达到该类产品的关税配额总量。根据中华人民共和国对外贸易经济合作部公告2002年第30号和中华人民共和国海关总署公告2002年第9号的规定，自2002年8月22日起，对申报进口的该类产品加征18%的特别关税。

特此公告。

二〇〇二年八月二十一日

2002年　第21号

根据中华人民共和国海关统计，截止2002年9月4日，实施钢铁产品临时保障措施项下的镀锡板(税号:72101200、72121000)进口数量已经达到该类产品的关税配额总量。根据中华人民共和国对外贸易经济合作部公告2002年第30号和中华人民共和国海关总署公告2002年第9号的规定，自2002年9月5日起，对申报进口的该类产品加征25%的特别关税。

特此公告。

二〇〇二年九月四日

2002年　第22号

经国务院批准同意，出口加工区区内企业在确有需要时，可将有关工模具、半成品等运往区外进行外发加工。由接受委托的区外企业向加工区主管海关缴纳货物应征关税和进口环节增值税等值保证金或保函后办理出区手续。委托加工的货物按期返回区内的，出口加工区主管海关在办理验放核销手续后，应及时退还保证金。

特此公告。

二〇〇二年九月十日

2002年　第23号

我国于2001年5月23日正式成为《关于亚洲及太平洋经济和社会理事会发展中国家成员国关于贸易谈判的第一协定》(简称《曼谷协定》)成员，这是我国加入的第一个具有实质性优惠关税安排的区域贸易协定。为使我国出口至韩国、斯里兰卡的《曼谷协定》项下的特定产品，享受韩国、斯里兰卡给予的关税优惠待遇，现将韩国、斯里兰卡《曼谷协定》项下的货物原产地规则及关税减让表予以公布。

自2002年10月1日起，国家质量监督检验检疫总局设在各地的出入境检验检疫机构开始签发《曼谷协定》出口货物原产地证明书。有关《曼谷协定》出口货物原产地证明书签证管理规定及要求由国家质量监督检验检疫总局另行公布。

特此公告。

附件：1.韩国原产地规则(略)

2.韩国减让清单(略)

3.斯里兰卡原产地规则(略)

4.斯里兰卡减让清单(略)

海关总署　国家质量监督检验检疫总局

二〇〇二年九月六日

2002年　第24号

根据中华人民共和国海关统计，截止2002年9月19日，实施钢铁产品临时保障措施项下的不锈中厚板(税号：72191200)进口数量已经达到该类产品的关税配额总量。根据中华人民共和国对外贸易经济合作部公告2002年第30号和中华人民共和国海关总署公告2002年第9号的规定，自2002年9月20日起，对申报进口的该类产品加征17%的特别关税。

特此公告。

二〇〇二年九月十九日

2002年　第25号

现将经国务院批准，对部分进口税收优惠政策进行适当调整的有关事项公告如下：

一、调整1996年4月1日以前批准的有关投资项目的税收政策

自2002年10月1日(指进口报关日)起，对1996年4月1日以前批准的技术改造项目、基本建设项目(含重大建设项目)、外商投资项目(包括享受外商投资政策的外国政府贷款和国际金融组织贷款项目)在剩余额度内进口的商品，统一按照《国务院关于调整进口设备税收政策的通知》(国发〔1997〕37号)规定的税收政策执行，即在项目额度或投资总额内进口的自用设备及其按照合同随设备进口的技术及配套件、备件，除《国内投资项目不予免税的进口商品目录》、《外商投资项目不予免税的进口商品目录》所列商品外，免征进口关税和进口环节增值税，上述范围之外的货物一律照章征税。

2002年10月1日前对上述项目已按照原政策审核出具《征免税证明》(以下简称《证明》)的进口货物，在《证明》有效期内且货物于2002年12月31日前(含当日)进口并报关的，可按原规定的范围免税，但《证明》不得再延期。对有效期超过12月31日的《证明》，签发海关应立即通过《减免税管理系统》将《证明》有效期统一截止至12月31日。

二、调整《外商投资产业指导目录》中"产品全部直接出口的允许类外商投资项目"(以下简称"全部出口项目")政策的实施办法

(一)凡2002年10月1日(含当日)以后批准的(指项目可研性批复日期)的《外商投资产业指导目录》中"全部出口项目"的进口设备，一律先照章征收进口关税和进口环节增值税。自项目投产之日起，由外经贸部会同有关部门组成联合核查小组，对产品直接出口情况进行核查，核查期5年，具体核查办法由外经贸部会同有关部门制定。经核查后如情况属实，每年返还已纳税额的20%，5年内全部返还；如情况不实，当年税款不再返还，同时追缴该项目已返还的税款，并依法予以处罚。

(二)政策调整实施之日前已批准的全部出口项目仍需继续进口该项目项下设备的，仍执行免税政策，但自项目投产之日起5年核查期内，有关部门需对产品直接出口情况进行调查；政策调整实施之日前已批准的"全部出口项目"已完成设备进口的，对政策调整实施之日前的产品出口情况不再核查，在政策调整实施之日后的剩余核查期内，对产品出口情况有选择地进行调查。对于上述核查中发现的问题将依法进行处理。具体办法由外经贸部会同有关部门制定。

(三)新批准的"全部出口项目"进口设备5年内返还税款的办法，按照《财政部　国家经贸委　税务总局　海关总署关于对部分进口商品予以退税的通知》(〔94〕财预字第42号)的规定执行。

特此公告

二〇〇二年九月二十三日

2002年　第26号

根据中华人民共和国海关统计，截止2002年9月28日，实施钢铁产品临时保障措施项下的冷弯普通型材（税号：72166100、72166900、72169100、72169900）进口数量已经达到该类产品的关税配额总量。根据中华人民共和国对外贸易经济合作部公告2002年第30号和中华人民共和国海关总署公告2002年第9号的规定，自2002年9月29日起，对申报进口的该类产品加征7%的特别关税。

特此公告。

二〇〇二年九月二十八日

2002年　第27号

根据国务院关税税则委员会的决定，自2002年10月1日起至2002年12月31日止，对申报进口的印刷电路板制造用宽光致抗蚀干膜（税号37024221、37024422），覆铜箔板用玻璃纤维布（税号70195900）实行暂定最惠国税率（详见附件）。

特此公告。

附件：印刷电路板制造用宽光致抗蚀干膜等产品暂定最惠国税率表（略）

二〇〇二年九月二十八日

2002年　第28号

根据中华人民共和国海关统计，截止2002年9月29日，实施钢铁产品临时保障措施项下的冷轧普薄板（税号：72091500、72091700、72091800、72092600、72092700、72092800）进口数量已经达到该类产品的关税配额总量。根据中华人民共和国对外贸易经济合作部公告2002年第30号和中华人民共和国海关总署公告2002年第9号的规定，自2002年9月30日起，对申报进口的该类产品加征26%的特别关税。

特此公告。

二〇〇二年九月二十九日

2002 年　第 29 号

根据中华人民共和国对外贸易经济合作部公告 2002 年第 30 号第五条和中华人民共和国海关总署公告 2002 年第 9 号第八条的规定，对从乌克兰、白俄罗斯和哈萨克斯坦 3 国进口的钢铁产品实施国别限量管理，超出限量部分暂不予进口。根据海关统计，截止 9 月 28 日，原产于乌克兰的普薄板（商品编码 72083800、72083900、72091700、72092600、72092700）实际进口数量已达到国别进口限定总量。现决定自 2002 年 9 月 30 日零时起，各海关暂停接受上述商品的进口申报。

特此公告。

二〇〇二年九月二十九日

2002 年　第 30 号

根据中华人民共和国海关统计，截止 2002 年 9 月 30 日，实施钢铁产品临时保障措施项下的热轧普通型材（税号：72163100、72163300、72164010、72165090）进口数量已经达到该类产品的关税配额总量。根据中华人民共和国对外贸易经济合作部公告 2002 年第 30 号和中华人民共和国海关总署公告 2002 年第 9 号的规定，自 2002 年 10 月 1 日起，对申报进口的该类产品加征 18%的特别关税。

特此公告。

二〇〇二年九月三十日

2002 年　第 31 号

经国务院批准，国务院关税税则委员会决定，自 2002 年 1 月 1 日起，对原产于法属波利尼西亚、新喀里多尼亚、圣皮埃和密克隆、瓦利斯和浮图纳的进口货物，适用最惠国关税税率，自 2002 年 1 月 1 日起多征税款准予退还。

特此公告。

二〇〇二年九月三十日

2002年　第32号

经国务院批准，国务院关税税则委员会决定，自2002年9月20日起，对原产于马约特岛的进口货物，适用最惠国关税税率，自2002年9月20日起多征税款准予退还。

特此公告。

二〇〇二年九月三十日

2002年　第33号

根据中华人民共和国海关统计，截止2002年10月8日，实施钢铁产品临时保障措施项下的硅电钢(税号:72251100、72251900)进口数量已经达到该类产品的关税配额总量。根据中华人民共和国对外贸易经济合作部公告2002年第30号和中华人民共和国海关总署公告2002年第9号的规定，自2002年10月9日起，对申报进口的该类产品加征9%的特别关税。

对于既征收反倾销税又征收特别关税的硅电钢，其《进口特别关税缴款书》上的税率及税额分别是两项税率和两项税额之和。

特此公告。

二〇〇二年十月八日

2002年　第34号

为了适应我国加入世界贸易组织和政务公开的要求，增强海关法律、法规的透明度，及时公布涉及管理相对人权利义务的海关法规及规章措施，为社会各界提供权威和易获取的海关规范性文件，经新闻出版总署批准，海关总署自2002年11月起，定期出版《海关总署文告》，向国内外发行。现将有关事项公告如下：

一、《海关总署文告》系中华人民共和国海关总署对外公布海关规范性文件的权威性官方期刊，发布海关法律、行政法规、规章、行政裁定、行政解释及其他需要管理相对人了解的规范性文件，供社会各界了解、掌握和获取完整的海关法规信息。

二、《海关总署文告》为月刊，每月10日出版，第1期将于2002年11月中旬发行。中国标准刊号：ISSN 1672－0822，CN11－4930/D。

三、《海关总署文告》由海关总署办公厅主办，《海关总署文告》编辑部编辑，《海关总署文告》发行部发行。

四、《海关总署文告》发行部

地　　址:北京市朝阳区光华路甲10号北京海关

邮政编码:100026

联 系 人:杨东河　赵黎明　刘　银(财务)

联系电话:010—65396066,010—65396059

010—65396223(财务)

传　　真:010—65396080

开户银行:中国银行北京市分行建外分理处

户　　名:北京海关机关服务中心

二〇〇二年十月三十一日

2002年　第35号

根据中华人民共和国海关统计,截止2002年11月8日,实施钢铁产品临时保障措施项下的无缝管(税号:73041000、73042100、73042900)进口数量已经达到该类产品的关税配额总量。根据中华人民共和国对外贸易经济合作部公告2002年第30号和中华人民共和国海关总署公告2002年第9号的规定,自2002年11月9日起,对申报进口的该类产品加征8%的特别关税。

特此公告。

二〇〇二年十一月八日

2002年　第36号

根据中华人民共和国对外经济贸易合作部2002年第48号公告(以下简称"外经贸部48号公告")的规定,自2002年11月20日起,对部分钢铁产品实施最终保障措施(详见附件),最终保障措施的实施期限为3年(包括临时保障措施的实施期限),即自2002年5月24日起至2005年5月23日止,现将有关问题公告如下:

一、自2002年11月20日起,停止执行中华人民共和国海关总署2002年第9号公告关于对部分钢铁产品实施临时保障措施的规定,不再对进口钢铁产品加征临时保障措施特别关税(以下简称"临保特别关税"),并取消暂停进口原产于乌克兰、白俄罗斯和哈萨克斯坦的钢铁产品的措施。

二、自2002年11月20日起,海关对申报进口实施最终保障措施的钢铁产品,按照外经贸部48号公告规定的国别/地区配额和全球配额，统计各类涉案产品的进口数量，并定期对外公告。各进口经营单位必须如实向海关申报进口钢铁产品的商品名称、税则号列、规格型号、原产国别、进口数量、成交价格等内容。

三、对于不适用最终保障措施的临时保障措施涉案钢铁产品，已征收临保特别关税的，纳税义务人可以自海关填发征收临保特别关税税款缴款书之日起1年内，持原税款缴款书原件及报关单，向原征收临保特别关税的海关申请退还已征收的临保特别关税，逾期不予办理。

四、实施最终保障措施加征关税的有关规定另行公告。

特此公告。

附件：《最终保障措施适用的产品、关税配额量及加征关税税率表》

二〇〇二年十一月十九日

2002年　第37号

海关对进出口货物的归类是按照货物报验时的状态，根据税则/统计目录的归类原则确定的。现将中华人民共和国海关进出口货物的“报验状态”认定的规定公告如下：

一、进出口货物的收发货人或其代理人向海关申报进出口时的实际状态称为报验状态，对于进口货物的同一收货人使用同一运输工具同时运抵的货品，应同时申报，并视为同一报验状态的货物，据此确定其归类。

二、申请减免税的进口货物，可将申请人向海关申请减免税时所提交的进口货品清单所列货品视为同一报验状态，并按据此确定的归类审核其减免税性质，但这些货品在实际进口时仍按上述第一条的规定确定归类。

三、加工贸易保税料件及成品经批准内销的，仍按原进口料件归类，但生产加工所产生的边角料应按内销时的状态确定归类；出口加工区、保税区内开展的加工贸易，其制成品或料件运往区外的，仍按现行规定执行。

四、上述规定自2002年12月15日起执行，此前所征税款不予调整。

二〇〇二年十一月二十五日

2002年　第38号

根据中华人民共和国对外贸易经济合作部2002年第48号公告的规定，自2002年11月20日起，对热轧普薄板、冷轧普薄板(带)、彩涂板、无取向硅电钢、冷轧不锈薄板(带)等5类进口钢铁产品(以下简称“涉案产品”，见附件1)实施最终保障措施。现将实施最终保障措施的有关问题公告如下：

一、最终保障措施采取关税配额管理的形式，关税配额总量分为全球配额数量和国别/地区配额数量，其中，全球配额数量是指附件1所列热轧普薄板、冷轧普薄板(带)、冷轧不锈薄板(带)项下的“其他”配额数量和彩涂板、无取向硅电钢项下的“合计”配额数量。以上全球配额，适用于附件1未列名的其他适用最终保障措施的国家(地区)的进口涉案产品。

二、附件2所列不适用最终保障措施的发展中国家/地区产品表中，标“*”号的涉案产品适用最终保障措施，即原产于韩国、哈萨克斯坦和乌克兰的热轧普薄板、冷轧普薄板(带)，以及原产于韩国的冷轧不锈薄板(带)适用国别/地区配额；原产于韩国的彩涂板、无取向硅电钢和原产于马来西亚的彩涂板适用全球配额。

三、对进口的涉案产品，不论是否达到或超过规定的配额数量，都应按现行的有关进口和税收政策规定执行，并按现行适用的税率计征关税和进口环节税，以及反倾销税；当某类涉案产品实际进口量达到该类产品的全球配额数量或国别/地区配额数量时，海关总署将发布公告，对超出配额数量进口的部分在现行适用的关税税率基础上再按照适用的加征关税税率加征关税。超过规定配额数量进口的涉案产品进口税收计算公式为：

进口税额＝进口关税税额＋进口环节增值税税额

进口关税税额＝进口关税完税价格×(进口关税适用税率＋加征关税税率)

进口环节增值税税额＝(进口关税完税价格＋进口关税税额)×进口环节增值税税率

对于需征收反倾销税的涉案产品，其进口关税税额的计算公式为：

进口关税税额＝进口关税完税价格×(进口关税适用税率＋反倾销税税率＋加征关税税率)

四、当原产于附件1所列国家(地区)的某类涉案产品的进口量达到该类产品的国别/地区配额数量时，只对原产于该国家(地区)的该类产品超配额进口部分加征关税。

当某类涉案产品的进口量(附件1所列国家(地区)的同类涉案产品的进口量除外)达到该类产品的全球配额数量时，原产于适用该全球配额的所有国家和地区的该类产品超配额进口部分均加征关税。如果此时原产于适用该类产品国别/地区配额的国家(地区)的该类涉案产品的进口量尚未达到相应国别/地区配额数量，则不对其加征关税。

五、自海关总署公告规定的加征关税之日起，进口企业申报进口该类涉案产品时，不能提供不适用最终保障措施的国家(地区)的原产地证明或尚不应加征关税的适用最终保障措施的国家(地区)的原产地证明，或者海关对其所提供的原产地证明的真实性有怀疑的，如经海关审核有关单证(包括合同、发票、提运单等)及对货物实际验估能够确定原产地的，应按照本公告的相关规定处理；如仍不能确定原产地，且进口企业也不能进一步提供能够证明原产地的其他材料的，应在现行适用的关税税率基础上，按照相应的涉案产品适用的加征关税税率加征关税。

在海关审核认定原产地期间，进口企业可在提供相当于全部税款的保证金担保后要求先行验放货物。

六、海关加征关税时，对以下述方式进口或内销涉案产品的，按以下规定办理：

(一)加工贸易进口和从境外进入保税区、出口加工区和保税仓库的，仍按现行的保税政策执行。

(二)保税区内加工企业使用进口涉案产品作为料件加工生产的不属于实施保障措施范围的制成品

销往境内其他地区时，按制成品征收关税和进口环节税的，不加征关税；按制成品中所含进口原材料征收关税和进口环节税的，应同时按所含涉案产品适用的加征关税税率加征关税。

保税区内加工企业使用进口涉案产品作为料件加工生产的属于实施保障措施范围的制成品销往境内其他地区时，按制成品征收关税和进口环节税的，应同时按制成品适用的加征关税税率加征关税；按制成品中所含进口原材料征收关税和进口环节税的，应同时按所含涉案产品适用的加征关税税率加征关税。

（三）出口加工区内加工企业使用进口涉案产品作为料件加工生产的不属于实施保障措施范围的制成品销往境内其他地区时，不加征关税；如加工生产的制成品属于实施保障措施范围的，应同时按制成品适用的加征关税税率加征关税。

（四）保税区、出口加工区以外的加工贸易企业使用进口涉案产品作为料件加工生产的制成品、残次品以及节余、剩余的涉案产品经批准内销的，应同时按涉案产品适用的加征关税税率加征关税；对经批准内销的边角料，不加征关税。

（五）外商投资企业投资额度内进口自用的涉案产品，应加征关税。

（六）减免税进口的涉案产品，应加征关税（另有规定的除外）。

（七）经海关核准先行申报进口的，如在海关接受先行申报后至货物实际进境时，海关已公告开始加征关税，先行申报进口的涉案产品应加征关税。

（八）从境外进口原产于中华人民共和国境内的涉案产品，不加征关税；但对于保税区和出口加工区内企业使用非原产于我国境内的进口涉案产品作为料件加工生产的制成品销往境内其他地区时，如该制成品属于保障措施范围，且应按制成品征收关税和进口环节税的，即使原产国别为“中国”，也应按制成品适用的加征关税税率加征关税。

（九）货样广告品，不加征关税。

（十）实行加工贸易保证金台账“实转”的，在收取台账保证金时，应将加征关税税额计入保证金。

七、海关在星期六、日和法定节假日期间不接受最终保障措施涉案产品的进口申报。

八、走私进口涉案产品的，海关按照适用的关税税率加上加征关税税率计算偷逃关税税款金额，并按相关法律、法规的规定进行处罚。

九、本公告未具体列明的情况，均按照现行相关管理规定办理。

特此公告。

附件：1.《最终保障措施适用的产品、关税配额数量及加征关税税率表》

2.《不适用最终保障措施的发展中国家/地区产品表》

二〇〇二年十二月三日

2002年　第39号

经国务院批准，自2003年1月1日起，对《中华人民共和国海关进出口税则》的税目、税率进行调

整。有关详细情况见2003年版《中华人民共和国海关进出口税则》(法律出版社出版)。现就有关事项公告如下:

一、调整进口税则的部分税目,调整后进口税则的税目总数共计7445个,比2002年增加129个税目。

二、降低了进口税则中3019个税目的最惠国税率,调整后关税算术平均总水平由12%下降至11%;进口税则普通税率维持不变。

三、继续对冻鸡、啤酒、摄像机等51个税目的商品实行从量税或复合税,其税率较2002年有不同程度的降低。

四、继续对小麦、豆油等10种农产品和尿素等3种化肥实行关税配额管理,其配额外税率较2002年有不同程度的降低,配额内税率未作调整。

五、对部分适用信息技术协议(ITA)税率的15种商品,其是否适用ITA税率,由企业所在地主管海关审核确定。进出口货物收发货人或其代理人应于货物实际进口前15个工作日向所在地海关递交《进口部分适用ITA税率的商品用途申报表》(简称《申报表》,详见附件1),海关审核后确定其适用ITA税率的,出具《进口部分适用ITA税率的商品用途认定证明》(简称《用途证明》,详见附件2),进口地海关据此按ITA税率征税。

六、对原产于韩国、斯里兰卡、孟加拉国和老挝的757个税目的进口商品实行曼谷协定税率;对原产于孟加拉国的20个税目的进口商品实行特惠税率。

七、增列1个出口税则税目,出口税则税率未作调整。

八、对216种进口商品实行年度最惠国暂定税率,对23种出口商品实行年度暂定税率,截止日期为2003年12月31日(指申报日期)。

九、对新闻纸实行单一的从价税税率,不再实行滑准税。

特此公告。

附件:1.《进口部分适用ITA税率的商品用途申报表》

2.《进口部分适用ITA税率的商品用途认定证明》

二○○二年十二月二十五日

中华人民共和国公安部
办理劳务人员出国手续的办法

为规范和简化劳务人员出国审批手续，促进我国对外劳务合作事业的发展，现发布《办理劳务人员出国手续的办法》，自2002年4月1日起执行。经国务院办公厅批准，《关于办理外派劳务人员出国手续的暂行规定》（[1996] 外经贸合发第818号）同时废止。

办理劳务人员出国手续的办法

第一章　总则

第一条　为适应我国改革开放和经济建设的需要，进一步简化劳务人员出国审批手续，逐步与国际通行做法接轨，促进我国对外经济合作业务发展，特制定本办法。

第二条　本办法所称“对外劳务合作经营公司”（以下简称“经营公司")系指经对外贸易经济合作部许可并持有对外经济合作经营资格证书的企业。

第三条　本办法所称的“劳务人员”系指经营公司按照与国（境）外的机构、企业或个人（以下简称“外方”）所签订的劳务合作、承包工程、设计咨询等合同规定而派出的人员，经营公司的经营管理人员除外。

第二章　护照的申办

第四条　劳务人员出国，应向公安机关申办中华人民共和国普通护照（以下简称“护照”)。

第五条　申请办理劳务人员护照时，应向公安机关提交下列材料：

（一）经营公司出具的对外劳务合作项目说明；

（二）申请人的户籍证明和填写完整的《中国公民因私出国（境）申请审批表》；

（三）经营公司的对外经济合作经营资格证书复印件。

第六条　公安机关依据《中华人民共和国公民出境入境管理法》及其实施细则受理劳务人员出国申请，并主要审查以下内容：

（一）经营公司是否具有对外经济合作经营资格；

（二）劳务人员的身份资料；

（三）劳务人员是否具有法定不准出境的情形。

第七条　经营公司为跨省（自治区、直辖市和计划单列市）招聘的劳务人员申办护照时，劳务人员户口所在地的公安机关应按本办法予以办理。

第八条　办理劳务人员护照，应当按国家物价部门核准的收费标准交费。

第九条　劳务人员办妥出国手续后因故不能出国（境）的，经营公司应当向原发照机关登记备案。

第十条　公安机关应在受理之日起15个工作日内完成护照办理工作。对于外方要求时间紧迫的对外劳务合作项目，公安机关应当按急件在5个工作日内办结。

第三章　签证的申办

第十一条　劳务人员的签证由经营公司统一通过外交部或其授权的地方外事办公室（以下简称“外事部门”）或自办单位办理。

第十二条　外事部门在受理经营公司签证申请时，主要审查下列内容；

（一）经营公司是否具有对外经济合作经营资格；

（二）省、自治区、直辖市及计划单列市外经贸主管部门（以下简称“地方外经贸主管部门”）对经营公司的对外劳务合作项目的审查意见。

第十三条　外事部门应公布经当地物价部门核准的签证代办费及各国签证的相应收费标准和收费项目。

第十四条　外事部门受理经营公司签证申请后，应在5个工作日内送至外国驻华使（领）馆。如遇特殊情况，应向经营公司说明原因。

第十五条　办理海员、渔工等特殊行业劳务人员的签证，经营公司应按我国及有关国家和地区的签证规定办理。

第十六条　外事部门负责协调和管理劳务人员的签证申办工作。

第四章　罚则

第十七条　经营公司违反本办法的，由地方外经贸主管部门给予警告处罚，有违法所得的，处以人民币30000元以下罚款；无违法所得的，处以人民币10000元以下罚款。构成犯罪的，依法追究刑事责任。

第十八条　个人以出国劳务为名，弄虚作假，骗取出入境证件供本人使用的，依照《中华人民共和国公民出境入境管理法》及其实施细则的有关规定处罚。单位和个人在对外劳务合作经营活动中，为他人骗取出入境证件编造情况、出具假证明，有违法所得的，由县级以上公安机关处以人民币30000元以下罚款；无违法所得的，由县级以上公安机关处以10000元以下罚款。违反前两款规定，构成犯罪的，依法追究刑事责任。

第十九条　在对外劳务合作工作中失职、渎职的国家工作人员，其所属单位应依法给予行政处分。构成犯罪的，依法追究刑事责任。

第五章　附则

第二十条　本办法适用于劳务性质的外派研修生。

第二十一条　向我国香港、澳门特别行政区和台湾地区派出劳务人员，不适用本办法。

中国公民出国旅游管理办法

第一条　为了规范旅行社组织中国公民出国旅游活动，保障出国旅游者和出国旅游经营者的合法权益，制定本办法。

第二条　出国旅游的目的地国家，由国务院旅游行政部门会同国务院有关部门提出，报国务院批准后，由国务院旅游行政部门公布。任何单位和个人不得组织中国公民到国务院旅游行政部门公布的出国旅游的目的地国家以外的国家旅游；组织中国公民到国务院旅游行政部门公布的出国旅游的目的地国家以外的国家进行涉及体育活动、文化活动等临时性专项旅游的，须经国务院旅游行政部门批准。

第三条　旅行社经营出国旅游业务，应当具备下列条件：

（一）取得国际旅行社资格满 1 年；

（二）经营入境旅游业务有突出业绩；

（三）经营期间无重大违法行为和重大服务质量问题。

第四条　申请经营出国旅游业务的旅行社，应当向省、自治区、直辖市旅游行政部门提出申请。省、自治区、直辖市旅游行政部门应当自受理申请之日起 30 个工作日内，依据本办法第三条规定的条件对申请审查完毕，经审查同意的，报国务院旅游行政部门批准；经审查不同意的，应当书面通知申请人并说明理由。

国务院旅游行政部门批准旅行社经营出国旅游业务，应当符合旅游业发展规划及合理布局的要求。

未经国务院旅游行政部门批准取得出国旅游业务经营资格的，任何单位和个人不得擅自经营或者以商务、考察、培训等方式变相经营出国旅游业务。

第五条　国务院旅游行政部门应当将取得出国旅游业务经营资格的旅行社（以下简称组团社）名单予以公布，并通报国务院有关部门。

第六条　国务院旅游行政部门根据上年度全国入境旅游的业绩、出国旅游目的地的增加情况和出国旅游的发展趋势，在每年的 2 月底以前确定本年度组织出国旅游的人数安排总量，并下达省、自治区、直辖市旅游行政部门。

省、自治区、直辖市旅游行政部门根据本行政区域内各组团社上年度经营入境旅游的业绩、经营能力、服务质量，按照公平、公正、公开的原则，在每年的 3 月底以前核定各组团社本年度组织出国旅游的人数安排。

国务院旅游行政部门应当对省、自治区、直辖市旅游行政部门核定组团社年度出国旅游人数安排及组团社组织公民出国旅游的情况进行监督。

第七条　国务院旅游行政部门统一印制《中国公民出国旅游团队名单表》（以下简称《名单表》），在下达本年度出国旅游人数安排时编号发放给省、自治区、直辖市旅游行政部门，由省、自治区、直辖市旅游行政部门核发给组团社组团社应当按照核定的出国旅游人数安排组织出国旅游团队，填写《名单表》。旅游者及领队首次出境或者再次出境，均应当填写在《名单表》中，经审核后的《名单表》不得增添人员。

第八条　《名单表》一式四联，分为：出境边防检查专用联、入境边防检查专用联、旅游行政部门审验专用联、旅行社自留专用联。

组团社应当按照有关规定，在旅游团队出境、入境时及旅游团队入境后，将《名单表》分别交有关部门查验、留存。

出国旅游兑换外汇，由旅游者个人按照国家有关规定办理。

第九条　旅游者持有有效普通护照的，可以直接到组团社办理出国旅游手续；没有有效普通护照的，应当依照《中华人民共和国公民出境入境管理法》的有关规定办理护照后再办理出国旅游手续。

组团社应当为旅游者办理前往国签证等出境手续。

第十条　组团社应当为旅游团队安排专职领队。

领队应当经省、自治区、直辖市旅游行政部门考核合格，取得领队证。

领队在带团时，应当佩戴领队证，并遵守本办法及国务院旅游行政部门的有关规定。

第十一条　旅游团队应当从国家开放口岸整团出入境。

旅游团队出入境时，应当接受边防检查站对护照、签证、《名单表》的查验。经国务院有关部门批准，旅游团队可以到旅游目的地国家按照该国有关规定办理签证或者免签证。

旅游团队出境前已确定分团入境的，组团社应当事先向出入境边防检查总站或者省级公安边防部门备案。

旅游团队出境后因不可抗力或者其他特殊原因确需分团入境的，领队应当及时通知组团社，组团社应当立即向有关出入境边防检查总站或者省级公安边防部门备案。

第十二条　组团社应当维护旅游者的合法权益。

组团社向旅游者提供的出国旅游服务信息必须真实可靠，不得作虚假宣传，报价不得低于成本。

第十三条　组团社经营出国旅游业务，应当与旅游者订立书面旅游合同。

旅游合同应当包括旅游起止时间、行程路线、价格、食宿、交通以及违约责任等内容。旅游合同由组团社和旅游者各持一份。

第十四条　组团社应当按照旅游合同约定的条件，为旅游者提供服务。

组团社应当保证所提供的服务符合保障旅游者人身、财产安全的要求；对可能危及旅游者人身安全的情况，应当向旅游者作出真实说明和明确警示，并采取有效措施，防止危害的发生。

第十五条　组团社组织旅游者出国旅游，应当选择在目的地国家依法设立并具有良好信誉的旅行社（以下简称境外接待社），并与之订立书面合同后，方可委托其承担接待工作。

第十六条　组团社及其旅游团队领队应当要求境外接待社按照约定的团队活动计划安排旅游活动，并要求其不得组织旅游者参与涉及色情、赌博、毒品内容的活动或者危险性活动，不得擅自改变行程、减少旅游项目，不得强迫或者变相强迫旅游者参加额外付费项目。

境外接待社违反组团社及其旅游团队领队根据前款规定提出的要求时，组团社及其旅游团队领队应当予以制止。

第十七条　旅游团队领队应当向旅游者介绍旅游目的地国家的相关法律、风俗习惯以及其他有关注意事项，并尊重旅游者的人格尊严、宗教信仰、民族风俗和生活习惯。

第十八条　旅游团队领队在带领旅游者旅行、游览过程中，应当就可能危及旅游者人身安全的情况，向旅游者作出真实说明和明确警示，并按照组团社的要求采取有效措施，防止危害的发生。

第十九条　旅游团队在境外遇到特殊困难和安全问题时，领队应当及时向组团社和中国驻所在国家使领馆报告；组团社应当及时向旅游行政部门和公安机关报告。

第二十条　旅游团队领队不得与境外接待社、导游及为旅游者提供商品或者服务的其他经营者串通欺骗、胁迫旅游者消费，不得向境外接待社、导游及其他为旅游者提供商品或者服务的经营者索要回扣、提成或者收受其财物。

第二十一条　旅游者应当遵守旅游目的地国家的法律，尊重当地的风俗习惯，并服从旅游团队领队的统一管理。

第二十二条　严禁旅游者在境外滞留不归。

旅游者在境外滞留不归的，旅游团队领队应当及时向组团社和中国驻所在国家使领馆报告，组团社应当及时向公安机关和旅游行政部门报告。有关部门处理有关事项时，组团社有义务予以协助。

第二十三条　旅游者对组团社或者旅游团队领队违反本办法规定的行为，有权向旅游行政部门投诉。

第二十四条　因组团社或者其委托的境外接待社违约，使旅游者合法权益受到损害的，组团社应当依法对旅游者承担赔偿责任。

第二十五条　组团社有下列情形之一的，旅游行政部门可以暂停其经营出国旅游业务；情节严重的，取消其出国旅游业务经营资格：

（一）入境旅游业绩下降的；

（二）因自身原因，在1年内未能正常开展出国旅游业务的；

（三）因出国旅游服务质量问题被投诉并经查实的；

（四）有逃汇、非法套汇行为的；

（五）以旅游名义弄虚作假，骗取护照、签证等出入境证件或者送他人出境的；

（六）国务院旅游行政部门认定的影响中国公民出国旅游秩序的其他行为。

第二十六条　任何单位和个人违反本办法第四条的规定，未经批准擅自经营或者以商务、考察、培训等方式变相经营出国旅游业务的，由旅游行政部门责令停止非法经营，没收违法所得，并处违法所得2倍以上5倍以下的罚款。

第二十七条　组团社违反本办法第十条的规定，不为旅游团队安排专职领队的，由旅游行政部门责令改正，并处5000元以上2万元以下的罚款，可以暂停其出国旅游业务经营资格；多次不安排专职领队的，并取消其出国旅游业务经营资格。

第二十八条　组团社违反本办法第十二条的规定，向旅游者提供虚假服务信息或者低于成本报价的，由工商行政管理部门依照《中华人民共和国消费者权益保护法》、《中华人民共和国反不正当竞争法》的有关规定给予处罚。

第二十九条　组团社或者旅游团队领队违反本办法第十四条第二款、第十八条的规定，对可能危及人身安全的情况未向旅游者作出真实说明和明确警示，或者未采取防止危害发生的措施的，由旅游行政部门责令改正，给予警告；情节严重的，对组团社暂停其出国旅游业务经营资格，并处5000元以上2万元以下的罚款，对旅游团队领队可以暂扣直至吊销其领队证；造成人身伤亡事故的，依法追究刑事责任，并承担赔偿责任。

第三十条　组团社或者旅游团队领队违反本办法第十六条的规定，未要求境外接待社不得组织旅游者参与涉及色情、赌博、毒品内容的活动或者危险性活动，未要求其不得擅自改变行程、减少旅游项目、强迫或者变相强迫旅游者参加额外付费项目，或者在境外接待社违反前述要求时未制止的，由旅游行政部门对组团社处组织该旅游团队所收取费用2倍以上5倍以下的罚款，并暂停其出国旅游业务经营资格，对旅游团队领队暂扣其领队证；造成恶劣影响的，对组团社取消其出国旅游业务经营资格，对旅游团队领队吊销其领队证。

第三十一条　旅游团队领队违反本办法第二十条的规定，与境外接待社、导游及为旅游者提供商品或者服务的其他经营者串通欺骗、胁迫旅游者消费或者向境外接待社、导游和其他为旅游者提供商品或者服务的经营者索要回扣、提成或者收受其财物的，由旅游行政部门责令改正，没收索要的回扣、提成或者收受的财物，并处索要的回扣、提成或者收受的财物价值2倍以上5倍以下的罚款；情节严重的，并吊销其领队证。

第三十二条　违反本办法第二十二条的规定，旅游者在境外滞留不归，旅游团队领队不及时向组团社和中国驻所在国家使领馆报告，或者组团社不及时向有关部门报告的，由旅游行政部门给予警告，对旅游团队领队可以暂扣其领队证，对组团社可以暂停其出国旅游业务经营资格。

旅游者因滞留不归被遣返回国的，由公安机关吊销其护照。

第三十三条　本办法自2002年7月1日起施行。国务院1997年3月17日批准，国家旅游局、公安部1997年7月1日发布的《中国公民自费出国旅游管理暂行办法》同时废止。

台湾渔船停泊点边防治安管理办法

第一章　总　则

第一条　为了加强台湾渔船停泊点的边防治安管理，促进两岸同胞交往，维护沿海、港口的治安秩序，根据国家有关法律、法规，制定本办法。

第二条　对台湾渔船及船员的边防治安管理，遵循确保安全、方便往来的原则。

第三条　台湾渔船需要在祖国大陆（以下简称大陆）沿岸停靠的，应当在国务院主管部门批准的台湾渔船停泊点（以下简称停泊点）停泊。因遇台风等不可抗力的事由或者不可预见的紧急情况，台湾渔船可以就近在国家有关部门批准的台湾渔船避风点停泊。不可抗力的事由或者不可预见的紧急情况消除后，应当立即航离。

第四条　凡在停泊点停泊的台湾渔船及随船人员，除法律、法规另有规定外，应当遵守本办法。

第五条　台湾渔船及船员在大陆沿岸停靠期间的边防治安管理工作由公安边防部门负责。

第二章　泊　港

第六条　湾渔船进入停泊点后，船长应当及时向停泊点边防工作站申报，出示船舶证书、船员证书或其他有效证件，说明来靠原因及泊港时间，接受边防执勤人员的检查。

第七条　边防工作站对进港的台湾渔船，应查验其船舶证书、船员证书及其他有效证件，核对人数；台湾渔船泊港期间，其船舶证书由边防工作站代为保管，离港时发还。边防工作站对台湾渔船实施检查时，应当对船体及船上货物、行李物品进行重点检查，台湾渔船的船长应当在现场协助边防执勤人员进行检查。边防执勤人员对台湾渔船实施检查时，应当出示其执勤证件。

第八条　台湾渔船泊港期间，必须在指定的停泊区（段）锚泊，接受边防工作站的监护和管理。

第九条　台湾渔船泊港期间，除遵守国家法律、法规外，还应当遵守下列规定：

（一）不得悬挂、显示有损一个中国原则和祖国统一的标志；

（二）不得播放分裂祖国、破坏祖国统一内容的广播；

（三）不得擅自启用电台；

（四）不得传播、散发各种违禁物品及不利两岸正常往来的物品，不得携带违禁物品上岸；

（五）不得擅自引带大陆居民登船；

（六）不得擅自搭靠其他船舶；

（七）不得从事其他有损两岸关系的活动。

第三章　登陆与登轮

第十条　台湾渔船泊港期间，国家有关部门的工作人员需要登船执行公务的，应当事先通报边防工作站，边防执勤人员凭其本人有效证件放行；其他人员需要登轮的，须经边防工作站同意，并办理临时登轮手续后，方可登轮。

大陆船舶需要搭靠台湾渔船的，应当由船长向边防工作站申请办理搭靠手续。

第十一条　台湾渔船上的台湾居民需要登陆的，应当持船员证书或其他有效身份证件，向边防工作站申请办理《台湾居民登陆证》，在港口所在的县（市、区）范围内活动，不得进入军事禁区和军事管理区。

《台湾居民登陆证》的有效期不超过本航次航行期限。登陆的台湾居民应当在证件有效期内返回登船，并从原上岸停泊点乘原船离港。特殊原因，需要延期或改乘其他台湾船舶的，应当在证件有效期内向上岸停泊点所在地县（市）公安边防部门提出申请，经地（市）公安边防部门批准后，由上岸停泊点边防工作站核发证件。

第十二条　台湾渔船上的人员有下列情形之一的，不予批准上岸：

（一）无证件证明是台湾居民的；

（二）提供假证件的；

（三）依法被限制或者禁止入境的。

第十三条　台湾渔船泊港期间需要从事小额贸易、招聘短期劳务人员、处理海事或渔事纠纷等事务的，由有关部门按照规定办理。

第十四条　应聘到台湾渔船从事近海作业的大陆劳务人员必须持《对台劳务人员登轮作业证》。申办《对台劳务人员登轮作业证》必须具有《渔业船员专业培训合格证》、《外派劳务人员培训合格证》、《出海船民证》和本人身份证件。首次登台轮作业的须持常住户口所在地公安派出所出具没有本办法第十六条规定情形的证明。

第十五条　大陆劳务人员申办《对台劳务人员登轮作业证》，应当由对外贸易经济合作部核准的经营公司凭地方外经贸主管部门的批文和与台湾渔业公司或船东、船长签定的合同及第十四条所规定的相关证件，到经营公司所在地县（市）公安边防部门办理。

第十六条　大陆劳务人员有下列情形之一的，不予办理《对台劳务人员登轮作业证》：

（一）刑事案件的被告人或者犯罪嫌疑人；

（二）人民法院通知有未了结民事案件不能出海的；

（三）被判处刑罚正在服刑的；

（四）正在被劳动教养的；

（五）出海后有可能给国家安全造成危害或者对国家利益造成重大损失的；

（六）身体和精神状况明显不适合登船作业的。

第十七条　大陆劳务人员应当在指定的停泊点登、离台湾渔船，接受边防工作站的检查和管理。

第十八条　台湾渔船的船长、船员对受聘大陆劳务人员不得歧视、体罚；不得擅自将大陆劳务人员带至台湾地区或者其他国家和地区的港口登岸；劳务合作期满，应当及时将大陆劳务人员送回原登轮港。

第十九条　台湾渔船离港前应当向边防工作站提出申请，经边防执勤人员检查，核对证件、人员，交纳监护费，缴回《台湾居民登陆证》后，方可离港。已办理离港手续的，不得无故滞留。

第二十条 台湾居民遗失《台湾居民登陆证》，大陆劳务人员遗失《对台劳务人员登轮作业证》，应当及时向原签发证件部门报失。经调查核实无误后，由原签发证件部门补发。

第四章 处罚

第二十一条 应聘到台湾渔船从事近海作业的大陆劳务人员有下列行为之一的，对其处以人民币（或等值外币，以下同）500元以下的罚款：

（一）申请《对台劳务人员登轮作业证》时编造虚假情况，提供假证明的；

（二）涂改《对台劳务人员登轮作业证》或将证件转让他人使用的；

（三）未在指定的停泊点登、离台湾渔船的；

（四）携带违禁物品及国家机密资料，尚未构成犯罪的。

第二十二条 违反本办法规定有下列行为之一的，对台湾渔船船长和直接责任人处以警告，责令其改正，或处以人民币1000元以下的罚款。拒不改正的，不予停泊或强制航离：

（一）擅自启用电台的；

（二）在港内播放分裂祖国、破坏祖国统一内容的广播的；

（三）停泊期间，悬挂、显示有损一个中国原则和祖国统一标志的；

（四）从事其他有损两岸关系的活动的。

第二十三条 违反本办法规定有下列行为之一的，对台湾居民处以人民币1000元以下的罚款，同时，对船长处以人民币2000元以下的罚款：

（一）擅自引带大陆居民登船的；

（二）未经批准擅自上岸的；

（三）涂改证件或者将证件转让他人使用的；

（四）持《台湾居民登陆证》登陆人员，不按规定时间返回或者超出指定范围活动的；

（五）在沿海、港口传播、散发违禁物品及不利两岸正常往来物品或携带违禁物品上岸的；

（六）体罚、殴打大陆劳务人员，未造成轻微伤害的；

（七）不服从管理，扰乱停泊点管理秩序的。

第二十四条 违反本办法规定有下列行为之一的，对台湾渔船船长处以人民币3000元以下的罚款：

（一）未按规定办理进出港手续的；

（二）泊港期间擅自搭靠其他船舶的；

（三）擅自雇用大陆居民登船作业的；

（四）擅自将大陆劳务人员带至台湾地区或者其他国家和地区港口登陆的；

（五）未经边防部门检查擅自离港的；

（六）办理离港手续后无故滞留的。

第二十五条 台湾渔船无不可抗力的事由或者不可预见的紧急情况，不在指定的停泊点、避风点停泊的，对其船长处以人民币10000元以下的罚款。

第二十六条　对违反本办法的处罚，警告、人民币200元以下的罚款，由边防工作站（边防派出所）决定；人民币200元以上、3000元以下的罚款由县（市）公安边防部门决定；人民币3000元以上、10000元以下的罚款由地（市）公安边防部门决定。

第二十七条　台湾渔船及随船人员在大陆沿岸停靠期间有其他违法犯罪行为的，由有关部门依照有关法律、法规处理。

第二十八条　公安边防执法人员违反本办法规定，滥用职权、徇私舞弊或者有其他违法失职行为，情节轻微的，给予行政处分；情节严重，构成犯罪的，依法追究刑事责任。

第五章　附则

第二十九条　本办法所称“台湾渔船”，是指航靠大陆、在台湾地区注册具有台湾地区港籍与船籍的渔船、小额贸易船等船舶。

第三十条　《台湾居民登陆证》、《对台劳务人员登轮作业证》由公安部统一制作。

第三十一条　本办法中的“等值外币”，是指处罚裁决当日，按照国家外汇管理的规定，相同罚款数额的人民币可兑换的外国货币。

第三十二条　本办法中的以下，包括本数在内。

第三十三条　本办法自2002年3月1日起施行。

中华人民共和国国家质量监督检验检疫总局令

第 16 号

《进口食品国外生产企业注册管理规定》已经国家质量监督检验检疫总局局务会议审议通过，现予公布施行。原国家出入境检验检疫局 1999 年 12 月 30 日公布的《进口食品国外生产企业注册管理规范（试行）》同时废止。

局　长：李长江

二〇〇二年三月十四日

进口食品国外生产企业注册管理规定

第一章　总　则

第一条　为保护我国农、林、牧、渔业生产安全和人体健康，加强对进口食品的检验检疫和监督管理，根据《中华人民共和国进出境动植物检疫法》及其实施条例、《中华人民共和国食品卫生法》和《中华人民共和国进出口商品检验法》及其实施条例的有关规定，制定本规定。

第二条　本规定适用于向中国输出食品（含食用性动植物产品，下同）的国外生产、加工、存放企业（以下简称国外生产企业）的注册管理。

第三条　根据国务院的授权，中华人民共和国国家认证认可监督管理局（以下简称国家认证认可监督管理局）统一管理进口食品国外生产企业注册和监督管理工作。

第四条　国家认证认可监督管理局负责制定、公布《实施企业注册的进口食品目录》（以下简称《目录》）。

第五条　凡向中国输出《目录》内产品的国外生产企业，须向国家认证认可监督管理局申请注册。

未获得注册的国外生产企业的食品，不得进口。

第六条　本规定所称“食品”，系指各种供人食用或者饮用的成品和原料。

第二章　注册条件

第七条　申请注册的国外生产企业所在国家（地区）的兽医服务体系、植物保护体系、公共卫生管理体系须经国家认证认可监督管理局评估合格。

第八条　申请注册的国外生产企业所在国家（地区）应为非疫区。应提供必要的资料，证明向中国输出的食品所用动植物原料来自非疫区。

第九条　申请注册的国外生产企业应是经所在国家（地区）主管当局批准的并在其有效监管之下

的企业，其卫生条件应符合中国法律法规和标准规范的有关规定。

第三章　注册申请及批准

第十条　国外生产企业申请注册，应当向国家认证认可监督管理局提出正式书面申请，并提供以下资料：

（一）本国（地区）的动植物疫情，兽医卫生、公共卫生、植物保护和农药、兽药残留监控等方面的法律、法规；所在国家（地区）主管当局机构设置和人员情况以及法律法规执行等方面的书面资料；

（二）申请注册的国外生产企业名单；

（三）所在国家（地区）主管当局对被推荐企业的检疫、公共卫生实际情况的评审报告；

（四）所在国家（地区）主管当局关于企业符合中国法律、法规要求的承诺；

（五）企业的有关资料（厂区、车间、冷库的平面图，工艺流程图等）。

第十一条　国家认证认可监督管理局组织专家对输出国家（地区）提供的上述资料进行审查。符合要求的，派出评审组对所推荐的国外生产企业进行实地评审并向国家认证认可监督管理局提交评审报告，经国家认证认可监督管理局批准后对符合条件的国外生产企业予以注册。

第四章　监督管理

第十二条　国家认证认可监督管理局对进口食品国外生产企业的注册实施监督管理，必要时对已获得注册的国外生产企业进行复查。

第十三条　对复查不符合要求的国外生产企业，国家认证认可监督管理局将通知企业所在国家（地区）主管当局，由其督促企业在规定的时间内整改或取消该企业的注册资格。企业若继续申请保留注册，在其整改完成后，所在国家（地区）主管当局应向国家认证认可监督管理局提交书面整改报告。经审查批准后，恢复其对中国的出口。

第十四条　已获得注册的国外生产企业必须在其所在国家（地区）主管当局的监督下，从事向中国输出食品的生产、加工和存放，在合格产品包装上标注国家认证认可监督管理局认可的注册编号。

第十五条　已获得注册的国外生产企业的产品在进口时，由出入境检验检疫机构依法实施检验检疫。

第十六条　已获得注册的国外生产企业的产品经检验检疫不合格时，依照中国的有关法律、法规的规定，予以退回、销毁或者作卫生除害处理，情节严重的吊销其注册资格。

第十七条　进口食品国外生产企业注册编号专厂专用，不得将注册编号转让他人使用。若发现已获得注册的国外生产企业向中国输出非本企业产品或者将注册编号转让给其他企业的，国家认证认可监督管理局将吊销其注册资格。

第五章　附　则

第十八条　国际组织或者输出国家（地区）主管当局发布疫情通告，或产品在进口检验检疫中发现疫情、公共卫生失控等严重问题时，由中华人民共和国国家质量监督检验检疫总局以公告形式暂停进口该国家（地区）所有相关产品。

第十九条　输出国家（地区）主管当局应当协助国家认证认可监督管理局派出的评审组完成实地评审工作。

第二十条　已获得注册的国外生产企业发生变更时，输出国家（地区）主管当局应当及时通知国家认证认可监督管理局。

第二十一条　提交给国家认证认可监督管理局的有关注册的文字材料须是中文或英文本。

第二十二条　本规定由国家质量监督检验检疫总局授权国家认证认可监督管理局负责解释。

第二十三条　本规定自公布之日起施行。原国家出入境检验检疫局 1999 年 12 月 30 日公布的《进口食品国外生产企业注册管理规范（试行）》同时废止。

中华人民共和国国家质量监督检验检疫总局令

第 18 号

《进口涂料检验监督管理办法》已经 2002 年 3 月 27 日国家质量监督检验检疫总局局务会议审议通过，现予公布，自 2002 年 5 月 20 日起施行。

局　长：李长江

二〇〇二年四月十九日

进口涂料检验监督管理办法

第一章　总　则

第一条　为了保护我国人民居住环境，保障人体健康，根据《中华人民共和国进出口商品检验法》及其实施条例、《中华人民共和国货物进出口管理条例》的有关规定，制定本办法。

第二条　本办法所称涂料是指《商品名称及编码协调制度》中编码为 3208 项下和 3209 项下的商品（具体商品名称及编码见附件 1）。

第三条　国家质量监督检验检疫总局（以下简称国家质检总局）主管全国进口涂料的检验监管工作。国家质检总局设在口岸的出入境检验检疫机构（以下简称检验检疫机构）负责对进口涂料实施检验。

第四条　国家对进口涂料实行登记备案和专项检测制度。

第五条　国家质检总局指定涂料专项检测实验室（以下简称专项检测实验室）和进口涂料备案机构（以下简称备案机构）。

专项检测实验室根据技术法规的要求，负责进口涂料的强制性控制项目的专项检测工作，出具进口涂料专项检测报告。

备案机构负责受理进口涂料备案申请，确认专项检测结果等事宜。

第二章　登记备案

第六条　进口涂料的生产商、进口商或者进口代理商（以下称备案申请人）根据需要，可以向备案机构申请进口涂料备案。

第七条　备案申请应当在涂料进口至少2个月前向备案机构提出，同时备案申请人应当提交以下资料：

（一）《进口涂料备案申请表》（附件2）；

（二）备案申请人的《企业法人营业执照》的复印件（加盖印章），需分装的进口涂料的分装厂商《企业法人营业执照》的复印件（加盖印章）；

（三）进口涂料生产商对其产品中有害物质含量符合中华人民共和国国家技术规范要求的声明；

（四）关于进口涂料产品的基本组成成份、品牌、型号、产地、外观、标签及标记、分装厂商和地点、分装产品标签等有关材料（以中文文本为准）；

（五）其他需要提供的材料。

第八条　备案机构接到备案申请后，对备案申请人的资格及提供的材料进行审核，在5个工作日内，向备案申请人签发《进口涂料备案申请受理情况通知书》（附件3）。

第九条　备案申请人收到《进口涂料备案申请受理情况通知书》后，受理申请的，由备案申请人将被检样品送指定的专项检测实验室，备案申请人提供的样品应当与实际进口涂料一致，样品数量应当满足专项检测和留样需要；未受理申请的，可按照《进口涂料备案申请受理情况通知书》的要求进行补充和整改后，可重新提出申请。

第十条　专项检测实验室应当在接到样品15个工作日内，完成对样品的专项检测及进口涂料专项检测报告，并将报告提交备案机构（报告包含内容见附件4）。

第十一条　备案机构应当在收到进口涂料专项检测报告3个工作日内，根据有关规定及专项检测报告进行审核，经审核合格的签发《进口涂料备案书》（附件5）；经审核不合格的，书面通知备案申请人。

第十二条　《进口涂料备案书》有效期为2年。当有重大事项发生，可能影响涂料性能时，应当对进口涂料重新申请备案。

第十三条　有下列情形之一的，由备案机构吊销《进口涂料备案书》，并且在半年内停止其备案申请资格：

（一）涂改、伪造《进口涂料备案书》；

（二）经检验检疫机构检验，累计两次发现报检商品与备案商品严重不符；

（三）经检验检疫机构抽查检验，累计3次不合格的。

第十四条　备案机构定期将备案情况报告国家质检总局。国家质检总局通过网站（<http://www.aqsiq.gov.cn>）等公开媒体公布进口涂料备案机构、专项检测实验室、已备案涂料等信息。

第三章　进口检验

第十五条　已经备案的涂料，在进口报检时除按照规定提交相关单证外，应当同时提交《进口涂料备案书》。

检验检疫机构按照以下规定实施检验：

（一）核查《进口涂料备案书》的符合性。核查内容包括品名、品牌、型号、生产厂商、产地、标签等。

（二）专项检测项目的抽查。同一品牌涂料的年度抽查比例不少于进口批次的10%，每个批次抽查不少于进口规格型号种类的10%，所抽取样品送专项检测实验室进行专项检测。

第十六条　对未经备案的进口涂料，检验检疫机构接受报检后，按照有关规定抽取样品，并由报检人将样品送专项检测实验室检测，检验检疫机构根据专项检测报告进行符合性核查。

第十七条　按照第十五条及第十六条规定检验合格的进口涂料，检验检疫机构签发入境货物检验检疫证明。

第十八条　按照第十五条及第十六条规定检验不合格的进口涂料，检验检疫机构出具检验检疫证书，并报国家质检总局。对专项检测不合格的进口涂料，收货人须将其退运出境或者按照有关部门要求妥善处理。

第四章　附　则

第十九条　本办法由国家质检总局负责解释。

第二十条　本办法自2002年5月20日起施行。

中华人民共和国国家质量监督检验检疫总局令

第20号

《出口食品生产企业卫生注册登记管理规定》已经2002年3月27日国家质量监督检验检疫总局局务会议审议通过，现予公布，自2002年5月20日起施行。原国家进出口商品检验局1994年11月14日发布的《出口食品厂、库卫生注册细则》和《出口食品厂、库卫生要求》同时废止。

局　长：李长江

二〇〇二年四月十九日

出口食品生产企业卫生注册登记管理规定

第一章　总　则

第一条　为加强对出口食品生产企业的监督管理，保证出口食品的安全和卫生质量，根据《中华人民共和国食品卫生法》、《中华人民共和国进出口商品检验法》及其实施条例的有关规定，制定本规定。

第二条　国家对出口食品生产、加工、储存企业（以下简称出口食品生产企业）实施卫生注册、登记制度。

凡在中华人民共和国境内生产、加工、储存出口食品的企业，必须取得卫生注册证书或者卫生登记证书后，方可生产、加工、储存出口食品。

第三条　国家认证认可监督管理委员会（以下简称国家认监委）主管全国出口食品生产企业卫生注册、登记工作。国家质量监督检验检疫总局（以下简称国家质检总局）设在各地的直属出入境检验检疫局（以下简称直属检验检疫局）负责所辖地区出口食品生产企业的卫生注册、登记工作。

未经卫生注册或者登记企业的出口食品，国家质检总局设在各地的出入境检验检疫机构（以下简称检验检疫机构）不予受理报检。

第四条　国家认监委根据出口食品的风险程度，公布和调整《实施出口食品卫生注册、登记的产品目录》（以下简称《注册目录》，附件1）。对《注册目录》内食品的生产企业，实施卫生注册管理；对《注册目录》以外食品的生产企业实施卫生登记管理。

第二章　申　请

第五条　申请卫生注册的出口食品生产企业，应当按照《出口食品生产企业卫生要求》（附件2）建立卫生质量体系。

申请卫生登记的出口食品生产企业，应当根据产品特点并参照《出口食品生产企业卫生要求》建立卫生质量体系。

第六条　出口食品生产企业在新建、扩建或者改建前，应当向所在地的直属检验检疫局申请选址、设计的卫生审查，审查合格方能施工。

第七条　出口食品生产企业在生产出口食品前，应当向直属检验检疫局申请卫生注册或者卫生登记，填写并提交《出口食品生产企业卫生注册/登记申请书》（一式三份）。总厂、分厂、联营厂以及不在同一厂区的加工车间应当分别提出申请。

第八条　出口食品生产企业在提交《出口食品生产企业卫生注册/登记申请书》时，应当提供本企业的卫生质量体系文件、厂区平面图、车间平面图、工艺流程图等有关资料。

第三章　评审和发证

第九条　直属检验检疫局接受出口食品生产企业提交的卫生注册申请书和有关资料后，组成由主任评审员任组长、1—2 名具备资格的评审员参加的评审组，在 10 个工作日内完成该申请书和有关资料的审核。经审核不符合要求的，受理申请的直属检验检疫局应当在 10 个工作日内通知出口食品生产企业在 30 日内补正，逾期未补正的，视为撤回申请；经审核符合要求的，由评审组组长负责制定评审计划，并与出口食品生产企业商定评审的具体时间，按时进行评审。

第十条　评审依据

㈠《出口食品生产企业卫生要求》；

㈡对列入《卫生注册需评审 HACCP 体系的产品目录》（附件 3）的出口食品生产企业的评审依据为《出口食品生产企业卫生要求》和国际食品法典委员会《危险分析和关键控制点（HACCP）体系及其应用准则》。《卫生注册需评审 HACCP 体系的产品目录》由国家认监委公布和调整。

第十一条　评审组在进行现场评审前，应当将评审的目的、依据、范围、方法和要求告知出口食品生产企业，并听取其有关情况的报告。

第十二条　评审组应当采取提问、查阅记录、现场检查、抽样验证等方式进行评审并做好记录。

第十三条　在评审结束后，评审组应当将评审情况告知出口食品生产企业，对存在的问题提出不符合项报告和限期改进的意见。

出口食品生产企业应当在限期内将整改情况报告受理申请的直属检验检疫局。

评审组组长在评审工作结束后，应当向直属检验检疫局提交评审报告。

第十四条　直属检验检疫局对评审组提出的评审报告和出口食品生产企业的整改情况进行审核，并在 15 个工作日内做出评审结论。对评审不合格的，签发评审不合格通知；对评审合格的，批准注册并颁发卫生注册证书。证书编号规则由国家认监委另行公布。

经评审不合格的出口食品生产企业，自不合格通知发出之日起 6 个月内不得重新提出卫生注册申请。重新提出申请的，在申请前应当认真整改。

第十五条　卫生注册证书和卫生登记证书有效期为 3 年。卫生注册证书由国家认监委统一印制，由直属检验检疫局向卫生注册企业颁发。卫生登记证书由国家认监委统一印制，以直属检验检疫局名义向卫生登记企业颁发。

第四章　监督管理

第十六条　直属检验检疫局对注册企业实施监督管理。监督管理的主要内容包括：

㈠检查企业是否持续符合规定的卫生注册条件；

㈡卫生质量体系是否有效地运行；

㈢卫生注册编号使用管理情况；

㈣出口产品原料、辅料和成品的安全卫生质量状况及出口检验检疫等情况。

第十七条　对注册企业监督管理的方式包括：

㈠日常监督管理。由检验检疫机构派员对卫生注册企业实施日常监督管理。

㈡定期监督检查。直属检验检疫局组织卫生注册评审员对卫生注册企业定期实施监督检查。对肉类、水产、罐头、肠衣类卫生注册企业，每年至少组织一次全面监督检查。对季节性出口产品的卫生注册企业，应当按照生产季节进行监督检查。对获得国外卫生注册的企业，应当至少每半年（或者生产季节）进行一次全面监督检查。对其他卫生注册企业，直属检验检疫局可视具体情况确定监督检查次数。定期监督检查应当包括日常监督管理中发现问题的改正情况。

㈢换证复查。出口食品注册企业应当在证书有效期满前3个月向直属检验检疫局提出复查申请。受理申请的直属检验检疫局按照本规定第三章规定的评审要求，对申请企业进行复查，合格的予以换证，不合格的或者未申请换证的不予换证。

监督管理工作应当做好记录，并将发现的问题书面通知被检查企业。

第十八条　在对卫生注册企业的监督管理过程中，有下列情形之一的，直属检验检疫局应当书面通知企业限期整改，并暂停受理其出口报检，直至确认企业整改符合要求：

㈠发现有对产品安全卫生质量构成严重威胁的因素包括原料、辅料和生产加工用水（冰）等，不能保证其产品安全卫生质量的；

㈡经出口检验检疫发现产品安全卫生质量不合格，且情况严重的。

第十九条　在对卫生注册企业的监督管理过程中，有下列情形之一的，由直属检验检疫局发出通知，吊销其卫生注册证书：

㈠有本规定第十八条第（一）项或者第（二）项所列情形，且在限期内未完成整改的；

㈡企业因原料、生产、加工、储存内部管理等原因，其产品在国外出现卫生质量问题造成不良影响的；

㈢企业隐瞒出口产品安全卫生质量问题的事实真相，造成严重后果的；

㈣企业拒不接受监督管理的；

㈤借用、冒用、转让、涂改、伪造卫生注册证书、注册编号、卫生注册标志，或者本企业未注册食品使用本企业注册食品的注册编号的；

被吊销卫生注册证书的企业，自收到吊销通知书之日起1年内不得重新提出卫生注册申请。

第二十条　有下列情形之一的，视为企业的卫生注册资格自动失效：

㈠卫生注册企业的名称、法人代表或者通讯地址发生变化后30日内未申请变更的；

㈡卫生注册企业的生产车间改建、扩建、迁址完毕或者其卫生质量体系发生重大变化后30日内未申请复查的；

㈢1年内没有出口注册范围内食品的；

㈣逾期未申请换证复查的。

第二十一条　国家认监委对直属检验检疫局的卫生注册工作实行监督检查，必要时可以组织专家对卫生注册企业进行监督抽查。

第五章　附　则

第二十二条　对申请卫生登记的出口食品生产企业的评审、发证和监督管理由直属检验检疫局参照《出口食品生产企业卫生要求》以及本规定第三章、第四章的有关规定实施。

第二十三条　出口食品生产企业需要办理国外卫生注册的，必须按照本规定取得卫生注册证书或者卫生登记证书，依照《出口食品生产企业申请国外卫生注册管理办法》的有关要求，向所在地直属检验检疫局提出申请，由其向国家认监委申请推荐。

第二十四条　本规定由国家质检总局授权国家认监委负责解释。

第二十五条　本规定自2002年5月20日起施行。原国家进出口商品检验局1994年11月14日公布的《出口食品厂、库卫生注册细则》(国检监〔1994〕79号）同时废止。

中华人民共和国国家质量监督检验检疫总局令
第21号

《供港澳蔬菜检验检疫管理办法》已经2002年3月27日国家质量监督检验检疫总局局务会议审议通过，现予公布，自2002年7月1日起施行。

局　长：李长江

二〇〇二年四月十九日

供港澳蔬菜检验检疫管理办法

第一章　总　则

第一条　为做好供港澳蔬菜的检验检疫和监督管理工作，保证供港澳蔬菜的卫生质量，根据《中华人民共和国进出口商品检验法》及其实施条例、《中华人民共和国进出境动植物检疫法》及其实施条例、《中华人民共和国食品卫生法》等有关法律法规的规定，制定本办法。

第二条　本办法适用于对供港澳新鲜和保鲜蔬菜的检验检疫与监督管理工作。

第三条　本办法所称“菜场”是指有固定连片种植场地或者适当规模的室（棚）的供港澳蔬菜种植场所。

本办法所称“收购站”是指有固定场所和有一定加工能力的供港澳蔬菜加工点或者加工企业。

第四条　国家质量监督检验检疫总局（以下简称国家质检总局）统一管理全国供港澳蔬菜的检验检疫与监督管理工作。国家质检总局设在各地的出入境检验检疫机构（以下简称检验检疫机构）负责所辖地区供港澳蔬菜的检验检疫与监督管理工作。

第二章　注册登记

第五条　检验检疫机构对供港澳蔬菜的菜场、收购站实行注册登记制度。未获得注册登记的菜场、收购站的蔬菜不得输往港澳。

第六条　国家质检总局设在各地的直属出入境检验检疫局（以下简称直属检验检疫局）负责所辖地区菜场、收购站的注册登记的审批与发证工作；其下属的分支检验检疫机构负责其所在地的菜场、收购站注册登记的受理与初审工作。

第七条　申请注册登记的菜场应当具备下列条件：

（一）菜场周围环境无污染源；

（二）300 亩以上的固定连片种植面积或者适当规模的室（棚）种植面积，足以生产出相应数量的供港澳蔬菜；

（三）有专用的农药保管仓库，适合农药存放；

（四）设有专职植保员，负责对菜场安全合理使用农药的技术指导、施药培训以及供港澳蔬菜的农药残留控制工作；

（五）有健全的农药管理制度。有专人负责农药的采购、保管，有农药购进、领取以及使用记录。

第八条　申请注册登记的收购站应当具备下列条件：

（一）有固定的清洁、卫生的收购场地，适合蔬菜收购加工；

（二）有固定的菜农提供货源，菜农的菜地周围环境无污染源，有提供货源菜农的名单；

（三）设有专职植保员，负责对提供货源菜农的安全合理使用农药的技术指导、施药培训以及收购供港澳蔬菜的农药残留控制工作；

（四）对固定货源菜农有健全的农药使用监督管理制度。

第九条　申请注册登记的菜场向所在地检验检疫机构办理申请手续，填写《出口蔬菜菜场、收购站注册登记申请表》（一式三份，附件 1）并提交如下材料（一式三份）：

（一）菜场有效的租地合同复印件；

（二）菜场经营者、场长、植保员身份证复印件；

（三）菜场制定的农药管理制度；

（四）农药安全使用保证书。

第十条　申请注册登记的收购站向所在地检验检疫机构办理申请手续，填写《供港澳蔬菜菜场、收购站注册登记申请表》（一式三份）并提交如下材料（一式三份）：

（一）收购蔬菜验收管理制度（须规定自查农药残留条款）；

（二）收购站经营者、植保员身份证复印件；

（三）收购站与提供蔬菜货源菜农签订的有关生产、收购合约及提供蔬菜货源菜农名单；

（四）收购站制定的农药管理监督制度。

第十一条　检验检疫机构受理菜场、收购站注册登记申请时应当根据本办法第七条至第十条的规定，对申请材料进行审核，并在15个工作日内作出是否同意受理的决定。经审核不予受理的，应当向申请者说明理由。经审核同意受理的，对申请菜场、收购站进行实地考核，初审合格的，报直属检验检疫局审批。

第十二条　直属检验检疫局对下属的分支检验检疫机构报批的菜场、收购站注册登记材料进行审核。对符合注册登记条件的，给予注册登记编号，发给注册登记证书。对不符合注册登记条件的，不予注册登记，并由初审检验检疫机构书面通知申请菜场或者收购站。

第十三条　已取得注册登记的菜场、收购站变更登记内容的，应当提前向所在地检验检疫机构申请办理变更手续或者注销手续。所在地检验检疫机构将有关资料上报直属检验检疫局审批。

第三章　监督管理

第十四条　检验检疫机构对所辖地区内获得注册登记的菜场、收购站实行日常监督检查和年度审核相结合的监督管理方式。

第十五条　检验检疫机构每月至少一次派员到菜场、收购站进行日常监督检查，检查内容包括：

（一）菜场、收购站的周围环境及状况、管理人员情况、种植面积及田间蔬菜品种和生长情况；

（二）田间蔬菜病虫害情况；

（三）菜场农药购买、存放、领取及使用情况；

（四）菜场采收蔬菜情况及供港澳记录；

（五）供港澳蔬菜系挂标识情况；

（六）菜场、收购站自查蔬菜农药残留情况；

（七）抽取菜样进行农药残留检测；

（八）其它应当检查的内容。

第十六条　检验检疫机构与香港、澳门特别行政区政府有关管理部门对陆运供港澳蔬菜实施《供港澳蔬菜检验检疫监管卡》（以下简称《监管卡》）和《供港澳蔬菜农药使用报告单》（以下简称《农药报告单》，附件4）管理制度。《监管卡》分黄卡和白卡，其分别为收购站用卡（附件2）和菜场用卡（附件3）。

《监管卡》和《农药报告单》由各直属检验检疫局按照附件格式印制。

菜场、收购站所在地的检验检疫机构根据对菜场、收购站的日常监督检查情况核发《监管卡》。菜场、收购站应当在供港澳蔬菜发运的当天如实填写《农药报告单》。

《监管卡》和《农药报告单》第一联均由运菜司机随车携带，供香港或者澳门特别行政区政府有关管理部门核查。

第十七条　菜场、收购站应当在每年 2 月份前向所在地检验检疫机构提出年度审核申请。检验检疫机构每年第一季度对所辖地区内菜场、收购站进行年审，填写《供港澳蔬菜菜场、收购站年审考核表》（附件 5）和《供港澳蔬菜菜场、收购站年审情况登记表》（附件 6）。

经年审考核合格的菜场、收购站，注册登记资格继续有效；考核不合格的，责令限期整改；整改后仍不合格的，取消注册登记资格。

菜场、收购站在规定期限内未提出年度审核申请的，按自动放弃注册登记资格处理。

第十八条　菜场、收购站应当按照规定安全、合理使用农药，不得购买、存放和使用禁用的剧毒、高毒农药。菜场、收购站使用的农药必须经国务院农业行政主管部门登记并来源于有合法资格的农药经营单位。

第十九条　供港澳蔬菜的出口企业应当从已取得检验检疫机构注册登记资格的菜场、收购站组织货源。

第四章　检验检疫

第二十条　检验检疫机构对供港澳蔬菜实行产地检验检疫、口岸查验的管理方式。

第二十一条　符合下列要求的供港澳蔬菜，检验检疫机构方可受理报检：

（一）已取得注册登记的菜场生产的各类蔬菜；

（二）已取得注册登记的收购站收购的瓜豆类、根块类、茄果类、香辛类蔬菜以及椰菜、花椰菜、西兰花、大白菜（韶菜、黄芽白）等少量生产期长的球型叶菜和花菜类蔬菜。

第二十二条　供港澳蔬菜应当在农药安全间隔期之后采收，并经菜场、收购站按照规定自查确认其符合农药残留的限量规定。

第二十三条　供港澳蔬菜的包装物上应当系挂统一内容格式的标识（附件 7）。各菜场、收购站的标识应当送所在地检验检疫机构备案。

第二十四条　检验检疫机构对供港澳蔬菜进行抽查检验，并根据日常监督检查和检验检疫情况，签发《出境货物通关单》或者《出境货物换证凭单》。

第二十五条　用于供港澳蔬菜的《出境货物通关单》和《出境货物换证凭单》有效期不超过 7 天。

第五章　附则

第二十六条　出口企业、菜场、收购站有下列行为之一的，检验检疫机构按照以下规定处理：

（一）转让、借用《监管卡》的，收缴并停发《监管卡》15 天；

（二）收购登记菜场以外蔬菜供港澳的，或者在农药安全间隔期内采收蔬菜供港澳的，或者由于管理不善使蔬菜受周围环境污染造成农药残留超标的，收缴并停发《监管卡》30天；

（三）同一年度内两次出现本条第（二）项情况的，收缴并停发《监管卡》60天；同一年度内3次出现本条第（二）项情况的，收缴并停发《监管卡》180天；

（四）使用禁用农药的，收缴并停发《监管卡》；

（五）其他违反本办法规定的行为，情节特别严重的，收缴并停发《监管卡》，并依照有关法律法规的规定予以处罚。

第二十七条　本办法由国家质检总局负责解释。

第二十八条　本办法自2002年7月1日起施行。原有关供港澳蔬菜检验检疫管理办法、规定与本办法不一致的，以本办法为准。

中华人民共和国国家质量监督检验检疫总局令
第23号

《进出口商品免验办法》已经2002年7月1日国家质量监督检验检疫总局局务会议审议通过，现予公布，自2002年10月1日起施行。

局　长：李长江

二〇〇二年七月二十四日

进出口商品免验办法

第一章　总　则

第一条　为保证进出口商品质量，鼓励优质商品进出口，促进对外经济贸易的发展，根据《中华人民共和国进出口商品检验法》及其实施条例的有关规定，制定本办法。

第二条　列入必须实施检验的进出口商品目录的进出口商品（本办法第六条规定的商品除外），由收货人、发货人或者其生产企业（以下简称申请人）提出申请，经国家质量监督检验检疫总局（以下简称国家质检总局）审核批准，可以免予检验（以下简称免验）。

第三条　国家质检总局统一管理全国进出口商品免验工作，负责对申请免验生产企业的考核、审查批准和监督管理。

国家质检总局设在各地的出入境检验检疫机构（以下简称检验检疫机构）负责所辖地区内申请免

验生产企业的初审和监督管理。

第四条　进出口商品免验的申请、审查、批准以及监督管理应当按照本办法规定执行。

第二章　免验申请

第五条　申请进出口商品免验应当符合以下条件：

（一）申请免验的进出口商品质量应当长期稳定，在国际市场上有良好的质量信誉，无属于生产企业责任而引起的质量异议、索赔和退货，检验检疫机构检验合格率连续3年达到百分之百；

（二）申请人申请免验的商品应当有自己的品牌，在相关国家或者地区同行业中，产品档次、产品质量处于领先地位；

（三）申请免验的进出口商品，其生产企业的质量管理体系应当符合ISO9000质量管理体系标准或者与申请免验商品特点相应的管理体系标准要求，并获得权威认证机构认证；

（四）为满足工作需要和保证产品质量，申请免验的进出口商品的生产企业应当具有一定的检测能力；

（五）申请免验的进出口商品的生产企业应当符合《进出口商品免验审查条件》的要求（见附件1）。

第六条　对下列进出口商品不予受理免验申请：

（一）食品、动植物及其产品；

（二）危险品及危险品包装；

（三）品质波动大或者散装运输的商品；

（四）需出具检验检疫证书或者依据检验检疫证书所列重量、数量、品质等计价结汇的商品。

第七条　申请人应当按照以下规定提出免验申请：

（一）申请进口商品免验的，申请人应当向国家质检总局提出。申请出口商品免验的，申请人应当先向所在地直属检验检疫局提出，经所在地直属检验检疫局依照本办法相关规定初审合格后，方可向国家质检总局提出正式申请。

（二）申请人应当填写并向国家质检总局提交进出口商品免验申请书一式三份（见附件2），同时提交申请免验进出口商品生产企业的ISO9000质量管理体系或者与申请免验商品特点相应的管理体系认证证书、质量管理体系文件、质量标准、检验检疫机构出具的合格率证明和初审报告、用户意见等文件。

第八条　国家质检总局对申请人提交的文件进行审核，并于1个月内做出以下书面答复意见：

（一）申请人提交的文件符合本办法规定的，予以受理；不符合本办法规定的，不予受理，并书面通知申请人。

（二）提交的文件不齐全的，通知申请人限期补齐，过期不补的或者补交不齐的，视为撤销申请。

第三章 免验审查

第九条 国家质检总局受理申请后，应当组成免验专家审查组（以下简称审查组），在3个月内完成考核、审查。

审查组应当由非申请人所在地检验检疫机构人员组成，组长负责组织审查工作。审查人员应当熟悉申请免验商品的检验技术和管理工作。

第十条 申请人认为审查组成员与所承担的免验审查工作有利害关系，可能影响公正评审的，可以申请该成员回避。审查组成员是否回避，由国家质检总局决定。

第十一条 审查组按照以下程序进行工作：

（一）审核申请人提交的免验申请表及有关材料；

（二）审核检验检疫机构初审表及审查报告；

（三）研究制定具体免验审查方案并向申请人宣布审查方案；

（四）对申请免验的商品进行检验和测试，并提出检测报告；

（五）按照免验审查方案和《进出口商品免验审查条件》对生产企业进行考核。

（六）根据现场考核情况，向国家质检总局提交免验审查情况的报告，并明确是否免验的意见，同时填写《进出口商品免验审查报告》表（见附件3）。

第十二条 国家质检总局根据审查组提交的审查报告，对申请人提出的免验申请进行如下处理：

符合本办法规定的，国家质检总局批准其商品免验，并向免验申请人颁发《进出口商品免验证书》（以下简称免验证书）。

对不符合本办法规定的，国家质检总局不予批准其商品免验，并书面通知申请人。

第十三条 未获准进出口商品免验的申请人，自接到书面通知之日起1年后，方可再次向检验检疫机构提出免验申请。

第十四条 审查组应当对申请人的生产技术、生产工艺、检测结果、审查结果保密。

第十五条 对已获免验的进出口商品，需要出具检验检疫证书的，检验检疫机构应当对该批进出口商品实施检验检疫。

第四章 监督管理

第十六条 免验证书有效期为3年。期满要求续延的，免验企业应当在有效期满3个月前，向国家质检总局提出免验续延申请，经国家质检总局组织复核合格后，重新颁发免验证书。

复核程序依照本办法第三章规定办理。

第十七条 免验企业不得改变免验商品范围，如有改变，应当重新办理免验申请手续。

第十八条 免验商品进出口时，免验企业可凭有效的免验证书、外贸合同、信用证、该商品的品质证明和包装合格单等文件到检验检疫机构办理放行手续。

第十九条 免验企业应当在每年1月底前，向检验检疫机构提交上年度免验商品进出口情况报告，其内容包括上年度进出口情况、质量情况、质量管理情况等。

第二十条　检验检疫机构负责对所辖地区进出口免验商品的日常监督管理工作。

第二十一条　检验检疫机构在监督管理工作中，发现免验企业的质量管理工作或者产品质量不符合免验要求的，责令该免验企业限期整改，整改期限为 3 至 6 个月。

免验企业在整改期间，其进出口商品暂停免验。

第二十二条　免验企业在整改限期内完成整改后，应当向直属检验检疫局提交整改报告，经国家质检总局审核合格后方可恢复免验。

第二十三条　直属检验检疫局在监督管理工作中，发现免验企业有下列情况之一的，经国家质检总局批准，可对该免验企业作出注销免验的决定：

（一）不符合本办法第五条规定的；

（二）经限期整改后仍不符合要求的；

（三）弄虚作假，假冒免验商品进出口的；

（四）其他违反检验检疫法律法规的。

第二十四条　被注销免验的企业，自收到注销免验决定通知之日起，不再享受进出口商品免验，3 年后方可重新申请免验。

第五章　附　则

第二十五条　检验检疫机构对进出口免验商品在免验期限内不得收取检验费。

对获准免验的进出口商品需出具检验检疫证书、签证和监督抽查的，由检验检疫机构实施并按照规定收取费用。

第二十六条　申请人及免验企业违反本办法，有弄虚作假、隐瞒欺骗行为的，按照有关法律法规的规定予以处罚。

第二十七条　检验检疫工作人员在考核、审查、批准或者日常工作过程中违反本办法规定，滥用职权、玩忽职守、徇私舞弊的，根据情节轻重，按照有关法律法规的规定予以处理。

第二十八条　本办法由国家质检总局负责解释。

第二十九条　本办法自 2002 年 10 月 1 日起施行。原国家商检局 1991 年 9 月 6 日公布的《免验商品生产企业考核条件（试行）》和 1994 年 8 月 1 日公布的《进出口商品免验办法》同时废止。

中华人民共和国国家质量监督检验检疫总局令

第25号

《进境动植物检疫审批管理办法》已经2002年7月1日国家质量监督检验检疫总局局务会议审议通过，现予公布，自2002年9月1日起施行。

局　长：李长江

二〇〇二年八月二日

进境动植物检疫审批管理办法

第一章　总　则

第一条　为进一步加强对进境动植物检疫审批的管理工作，防止动物传染病、寄生虫病和植物危险性病虫杂草以及其他有害生物的传入，根据《中华人民共和国进出境动植物检疫法》（以下简称进出境动植物检疫法）及其实施条例和《农业转基因生物安全管理条例》的有关规定，制定本办法。

第二条　本办法适用于对进出境动植物检疫法及其实施条例以及国家有关规定需要审批的进境动物（含过境动物）、动植物产品和需要特许审批的禁止进境物，以及《农业转基因生物安全管理条例》规定的过境转基因产品的检疫审批。

国家质量监督检验检疫总局（以下简称国家质检总局）根据法律法规的有关规定以及国务院有关部门发布的禁止进境物名录，制定、调整并发布需要检疫审批的动植物及其产品名录。

第三条　国家质检总局统一管理本办法所规定的进境动植物检疫审批工作。国家质检总局或者国家质检总局授权的其他审批机构（以下简称审批机构）负责签发《中华人民共和国进境动植物检疫许可证》（以下简称《检疫许可证》）和《中华人民共和国进境动植物检疫许可证申请未获批准通知单》（以下简称《检疫许可证申请未获批准通知单》）。

各直属出入境检验检疫机构（以下简称初审机构）负责所辖地区进境动植物检疫审批申请的初审工作。

第二章　申　请

第四条　申请办理检疫审批手续的单位（以下简称申请单位）应当是具有独立法人资格并直接对外签订贸易合同或者协议的单位。

过境动物和过境转基因产品的申请单位应当是具有独立法人资格并直接对外签订贸易合同或者协议的单位或者其代理人。

第五条　申请单位应当在签订贸易合同或者协议前，向审批机构提出申请并取得《检疫许可证》。

过境动物或者过境转基因产品在过境前，申请单位应当向国家质检总局提出申请并取得《检疫许可证》。

第六条　申请单位应当按照规定如实填写并提交《中华人民共和国进境动植物检疫许可证申请表》(以下简称《检疫许可证申请表》)，需要初审的，由进境口岸初审机构进行初审；加工、使用地不在进境口岸初审机构所辖地区内的货物，必要时还需由使用地初审机构初审。

申请单位应当向初审机构提供下列材料：

(一) 申请单位的法人资格证明文件（复印件）；

(二) 输入动物需要在临时隔离场检疫的，应当填写《进境动物临时隔离检疫场许可证申请表》；

(三) 输入动物肉类、脏器、肠衣、原毛（含羽毛）、原皮、生的骨、角、蹄、蚕茧和水产品等由国家质检总局公布的定点企业生产、加工、存放的，申请单位需提供与定点企业签订的生产、加工、存放的合同；

(四) 按照规定可以核销的进境动植物产品，同一申请单位第二次申请时，应当按照有关规定附上一次《检疫许可证》(含核销表)；

(五) 办理动物过境的，应当说明过境路线，并提供输出国家或者地区官方检疫部门出具的动物卫生证书（复印件）和输入国家或者地区官方检疫部门出具的准许动物进境的证明文件；

(六) 因科学研究等特殊需要，引进进出境动植物检疫法第五条第一款所列禁止进境物的，必须提交书面申请，说明其数量、用途、引进方式、进境后的防疫措施、科学研究的立项报告及相关主管部门的批准立项证明文件；

(七) 需要提供的其他材料。

第三章　审核批准

第七条　初审机构对申请单位检疫审批申请进行初审的内容包括：

(一) 申请单位提交的材料是否齐全，是否符合本办法第四条、第六条的规定；

(二) 输出和途经国家或者地区有无相关的动植物疫情；

(三) 是否符合中国有关动植物检疫法律法规和部门规章的规定；

(四) 是否符合中国与输出国家或者地区签订的双边检疫协定（包括检疫协议、议定书、备忘录等)；

(五) 进境后需要对生产、加工过程实施检疫监督的动植物及其产品，审查其运输、生产、加工、存放及处理等环节是否符合检疫防疫及监管条件，根据生产、加工企业的加工能力核定其进境数量；

(六) 可以核销的进境动植物产品，应当按照有关规定审核其上一次审批的《检疫许可证》的使用、核销情况。

第八条　初审合格的，由初审机构签署初审意见。同时对考核合格的动物临时隔离检疫场出具《进境动物临时隔离检疫场许可证》。对需要实施检疫监管的进境动植物产品，必要时出具对其生产加工存放单位的考核报告。由初审机构将所有材料上报国家质检总局审核。

初审不合格的，将申请材料退回申请单位。

第九条 同一申请单位对同一品种、同一输出国家或者地区、同一加工、使用单位一次只能办理1份《检疫许可证》。

第十条 国家质检总局或者初审机构认为必要时，可以组织有关专家对申请进境的产品进行风险分析，申请单位有义务提供有关资料和样品进行检测。

第十一条 国家质检总局根据审核情况，自收到初审机构提交的初审材料之日起30个工作日内签发《检疫许可证》或者《检疫许可证申请未获批准通知单》。

属于农业转基因生物在中华人民共和国过境的，国家质检总局应当在规定期限内作出批准或者不批准的决定，并通知申请单位。

第四章 许可单证的管理和使用

第十二条 《检疫许可证申请表》、《检疫许可证》和《检疫许可证申请未获批准通知单》由国家质检总局统一印制和发放。

《检疫许可证》由国家质检总局统一编号。

第十三条 《检疫许可证》的有效期分别为3个月或者一次有效。除对活动物签发的《检疫许可证》外，不得跨年度使用。

第十四条 按照规定可以核销的进境动植物产品，在许可数量范围内分批进口、多次报检使用《检疫许可证》的，进境口岸检验检疫机构应当在《检疫许可证》所附检疫物进境核销表中进行核销登记。

第十五条 有下列情况之一的，申请单位应当重新申请办理《检疫许可证》：

（一）变更进境检疫物的品种或者超过许可数量百分之五以上的；

（二）变更输出国家或者地区的；

（三）变更进境口岸、指运地或者运输路线的。

第十六条 有下列情况之一的，《检疫许可证》失效、废止或者终止使用：

（一）超过有效期的自行失效；

（二）在许可范围内，分批进口、多次报检使用的，许可数量全部核销完毕的自行失效；

（三）国家依法发布禁止有关检疫物进境的公告或者禁令后，已签发的有关《检疫许可证》自动废止；

（四）申请单位违反检疫审批的有关规定，国家质检总局可以终止已签发的《检疫许可证》的使用。

第十七条 申请单位取得许可证后，不得买卖或者转让。口岸检验检疫机构在受理报检时，必须审核许可证的申请单位与检验检疫证书上的收货人、贸易合同的签约方是否一致，不一致的不得受理报检。

第五章　附　则

第十八条　申请单位违反本办法规定的，由检验检疫机构依据有关法律法规的规定予以处罚。

第十九条　检验检疫机构及其工作人员在办理进境动植物检疫审批工作时，必须遵循公开、公正、透明的原则，依法行政，忠于职守，自觉接受社会监督。

检验检疫机构工作人员违反法律法规及本办法规定，滥用职权，徇私舞弊，故意刁难的，由其所在单位或者上级机构按照规定查处。

第二十条　本办法由国家质检总局负责解释。

第二十一条　本办法自2002年9月1日起施行。

中华人民共和国国家质量监督检验检疫总局令
第26号

《进出境肉类产品检验检疫管理办法》已经2002年7月1日国家质量监督检验检疫总局局务会议审议通过，现予公布，自2002年10月1日起施行。

局　长：李长江

二〇〇二年八月二十二日

进出境肉类产品检验检疫管理办法

第一章　总　则

第一条　为加强进出境肉类产品检验检疫及监督管理，保障进出境肉类产品安全卫生，防止动物疫情传入传出我国，保护我国农牧业生产安全和人体健康，维护对外贸易信誉，根据《中华人民共和国进出口商品检验法》及其实施条例、《中华人民共和国进出境动植物检疫法》及其实施条例、《中华人民共和国国境卫生检疫法》及其实施细则和《中华人民共和国食品卫生法》等法律法规的规定，制定本办法。

第二条　本办法适用于对进出境肉类产品的检验检疫及监督管理。

第三条　本办法所称肉类产品是指动物屠体的任何可供人类食用部分，包括胴体、肉类、脏器、副产品以及以上述产品为原料的制品（不含罐头）。

第四条　国家质量监督检验检疫总局（以下简称国家质检总局）统一管理全国进出境肉类产品检验检疫和监督管理工作。国家质检总局设在各地的出入境检验检疫机构（以下简称检验检疫机构）负责进出境肉类产品检验检疫和监督管理。

第二章　进境检验检疫

第五条　向中国输出肉类产品的国家或者地区政府主管当局应当与国家质检总局签订检验检疫议定书，确定相应的检验检疫要求。检验检疫机构按照检验检疫议定书和中国法律法规的有关规定实施检验检疫。

国家质检总局根据需要可以派员到输出肉类产品的国家或者地区进行预检。

第六条　国家质检总局对向中国出口肉类产品的加工企业实施注册登记制度。未经国家质检总局注册登记的国外加工企业生产的肉类产品不得向中国出口。

第七条　国家质检总局对进境肉类产品实行检疫审批制度。进境肉类产品的货主应当在贸易合同签订前办理检疫审批手续，取得进境动植物检疫许可证。

第八条　进境肉类产品只能从国家质检总局指定的口岸进境。进境口岸应当具备下列条件：

（一）具有与进境肉类产品数量相适应的存储冷库。存储冷库的条件应当符合《进境肉类产品存储冷库检验检疫要求》（附件）。直属检验检疫局负责对所辖地区用于存储进境肉类产品的冷库实行备案管理；

（二）进境口岸的检验检疫机构具备实施进境肉类产品实验室检验检疫的必要设施，并配备相应的专业技术人员。

第九条　肉类产品进境前或者进境时，货主或者其代理人应当持进境动植物检疫许可证、输出国家或者地区政府官方签发的检验检疫证书（正本）、原产地证书、贸易合同、信用证、提单、发票等单证向进境口岸检验检疫机构报检。

第十条　检验检疫机构对报检所提交的单证进行审核，符合要求的，受理报检，并对审批数量进行核销。

对无输出国家或者地区政府官方检验检疫证书或者检验检疫证书不符合要求的，以及无有效进境动植物检疫许可证的，作退回或者销毁处理。

第十一条　对装运进境肉类产品的集装箱应当在进境口岸检验检疫机构的监督下实施箱体防疫消毒处理。

未经检验检疫机构许可，进境肉类产品不得卸离运输工具。

第十二条　进境口岸检验检疫机构依照下列规定对肉类产品实施现场检验检疫：

（一）核对单证与货物的名称、数（重）量、集装箱号码、输出国家或者地区、生产加工厂家名称或者注册号、包装、铅封号、检验检疫标志或封识等是否相符；

（二）检查集装箱温度记录是否符合要求；

（三）查验包装：外包装上应当有明显的中英文标识，标明品名、规格、产地、生产日期、保质期、储存温度、工厂注册号和目的地等内容，目的地必须注明为中华人民共和国，封口处应当加施一次性检验检疫标识；内包装必须使用无毒、无害的全新材料，并标明品名、注册厂号；

（四）查验有无腐败变质，有无异味、毛、血、粪污等杂质及其它有害杂质。

第十三条　根据现场检验检疫的情况，对进境肉类产品分别作如下处理：

（一）货证不相符或者不符合我国标准规定的，作退回或者销毁处理；

（二）腐败变质或者受有害杂质污染的，作退回或者销毁处理；

（三）疑似受病原体污染的，应当立即采样送检，并作封存处理。

第十四条　进境肉类产品经现场检验检疫合格后，运往检验检疫机构指定的储存冷库存放。同时，检验检疫机构根据有关规定采样进行实验室检验。

第十五条　采样应当遵守以下要求：

（一）采样时，应当避免样品被污染；使用专用样品袋存放样品，或者直接抽取原包装；采集的样品应当保持在与运输环境近似的温度下（可放冰内、冰箱的冷盒内或低温冰箱内保存）；

（二）采样后在盛装样品的容器或者样品袋上应当加贴标签，标明样品名称、报检单号、来源、数量、采样地点、采样人及采样日期等，并出具《抽/采样凭证》。

第十六条　实验室应当对送检样品进行感官特性检验，检查其新鲜度、色泽、气味是否正常；是否有毛、血、粪污等杂质；是否有出血、淤血等，必要时进行挥发性盐基氮、蒸煮试验。

第十七条　对抽取的进境肉类产品样品进行微生物检验，并按照《动物源性食品有毒有害物质残留监控计划》对重金属、农药残留、兽药残留等理化指标进行监测。

肉类产品的微生物学检验项目包括强制性进行细菌总数、沙门氏菌、致病性大肠杆菌（包括O157和O157：H7）检验和监测性进行单核细胞增生李斯特杆菌、弯曲杆菌等检验；肉制品还必须强制性进行金黄色葡萄球菌检验。

根据输出国家或者地区的动物疫情状况，对可能受动物传染病原、寄生虫感染的肉类产品，必须进行相关病原和寄生虫的检测。

第十八条　进境口岸检验检疫机构根据检验检疫结果，对进境肉类产品按照出入境检验检疫签证管理的有关规定作如下处理：

（一）经检验检疫合格的，签发《入境货物检验检疫证明》，准予生产、加工、使用；

（二）经检验检疫不合格的，签发《检验检疫处理通知书》，在检验检疫机构的监督下，作退回、销毁或者无害化处理；

（三）需要对外索赔的，签发相关证书。

第十九条　货主或者其代理人未取得检验检疫机构出具的《入境货物检验检疫证明》前，不得擅自转移、生产、加工、使用进境肉类产品。

第三章　出境检验检疫

第二十条　出境肉类产品必须经检验检疫机构检验检疫合格，方准出境。

第二十一条　国家质检总局对出境肉类产品的生产、加工、存放企业实行注册登记管理。

第二十二条　检验检疫机构应当按照下列要求对出境肉类产品实施检验检疫：

（一）中国法律、行政法规和国家质检总局规定的检验检疫要求；

（二）中国政府与输入国家或者地区政府签订的双边检验检疫协议、议定书、备忘录等规定的检验检疫要求；

（三）输入国家或者地区检验检疫要求。

第二十三条　检验检疫机构向出境肉类产品加工企业派出兽医，对出境肉类产品的生产、加工、仓储、运输、出境的全过程进行监督管理。生产、加工、存放企业应当为检验检疫机构派出的兽医（以下简称派出兽医）提供必要的工作条件。

派出兽医的主要职责是：

（一）按照检验检疫要求和有关规定对屠宰动物实施宰前、宰后检验检疫；

（二）对加工企业生产、加工过程中的安全卫生条件进行监督检查，并根据检验检疫需要抽样，送实验室检验；

（三）完成国家残留监控计划和疫病监测方案中规定的抽样工作；

（四）负责申领和保管出境肉类产品所需检验检疫印章、标志，并做好使用登记。

第二十四条　货主或者其代理人应当在出境肉类产品生产、加工前向生产、加工企业所在地检验检疫机构预报检。

检验检疫机构受理预报检后，应当检查确认检验检疫要求，并对生产、加工企业周围地区、供屠宰动物来源地的动物疫情情况和农药、兽药的使用情况进行调查。符合出口要求的，方可同意生产、加工。

第二十五条　供屠宰动物应当来自经过检验检疫机构注册或者备案的饲养场。注册或者备案工作参照供港澳活动物有关检验检疫管理办法进行。

供屠宰动物的饲养应当由出境肉类产品生产、加工企业实行“五统一管理方式”管理（即统一供应鸡苗、仔猪等、统一防疫消毒、统一供应饲料、统一使用药物、统一收购屠宰）。动物出场前应当经其所在地检验检疫机构实施检验检疫并出具证明，出境肉类产品加工厂所在地检验检疫机构凭证明准予屠宰加工。

第二十六条　检验检疫机构对宰前动物进行动物疫病监测。没有《动物产地检疫合格证明》或者疫情监测、残留监控不合格的动物不得用于屠宰、加工出境肉类产品。

非饲养的供屠宰动物须经宰前检疫合格，并对有毒有害残留物质检测合格。

第二十七条　出境肉类产品加工企业应当按照国家有关标准及输入国家或者地区的要求，对微生物和有毒有害物质残留进行检测和自控。

第二十八条　检验检疫机构应当按照本办法第二十二条的规定对出境肉类产品中微生物和有毒有害残留物质进行检测，并对企业的卫生状况进行监测。

第二十九条　用于出境肉类产品包装的材料应当符合卫生标准，包装箱（袋）上应当按照输入国家或者地区的要求标明品名、数（重）量、生产企业名称、注册编号、生产日期、保质期、保存条件等。需要加施检验检疫印章或者标志的，应当按照有关规定，在派出兽医的监督下进行。

第三十条　在派出兽医监督下生产、加工的肉类产品，由检验检疫机构派出兽医进行登记，填写监管记录，并结合检测结果，确认生产加工的产品是否符合进境国家或者地区的检验检疫要求。符合要求的，由派出兽医签发肉类产品出厂检验检疫合格证明。

第三十一条　货主或者其代理人应当在出境肉类产品启运前，凭派出兽医签发的货物出厂检验检疫合格证明向出境肉类产品生产、加工企业所在地检验检疫机构报检。

第三十二条　运输出境肉类产品的运输工具必须具备良好的密封性能和制冷设备，保证运输过程中所需要的温度条件，其所提供的装载方式能有效地避免肉类产品受到污染，并在检验检疫机构的监督下进行严格的清洗消毒处理。

第三十三条　检验检疫机构对出境肉类产品的发运实施监装。出境肉类产品装运时，检验检疫机构派员对装运过程进行监督，并填写监督装运记录。

检验检疫机构根据需要，可以按照有关规定对检验检疫合格的出境肉类产品、包装容器、运输工具等加施检验检疫标志或者封识。

第三十四条　检验检疫机构对出境肉类产品的出厂检验检疫合格证明、检测结果报告、监督装运记录等进行审核。符合规定的，签发有关检验检疫证单；不符合规定的，签发不合格通知单。

第三十五条　存放出境肉类产品的中转冷库应当经所在地检验检疫机构登记，并接受监督管理。

出境肉类产品运抵中转冷库时应向其所在地检验检疫机构申报。中转冷库所在地检验检疫机构凭生产、加工企业所在地检验检疫机构签发的检验检疫证单监督入库。

出境肉类产品出库时由中转库所在地检验检疫机构换证。

第三十六条　出境冷冻肉类产品应当在生产加工后 6 个月内、冰鲜肉类产品应当在生产加工后 72 小时内出境。输入国家或者地区政府另有要求的，按照其要求执行。

第三十七条　国家质检总局对签发检验检疫证书的兽医实行备案管理制度，未经备案的兽医不得签发证书。

第四章　附　则

第三十八条　进出境肉类产品的货主或者其代理人违反本办法规定的，由检验检疫机构依照有关法律法规的规定予以处罚。

第三十九条　检验检疫机构及其工作人员在对进出境肉类产品实施检验检疫和监督管理工作中，应当依照法定职权和法定程序严格执法，遵守职业道德，忠于职守，文明服务。违反法律法规及本办法规定的，由其所在单位或者上级机构按照规定查处。

第四十条　本办法由国家质检总局负责解释。

第四十一条　本办法自 2002 年 10 月 1 日起施行。

附件：进境肉类产品指定存储冷库检验检疫要求

中华人民共和国国家质量监督检验检疫总局令
第29号

《认证违法行为处罚暂行规定》已经2002年10月18日国家质量监督检验检疫总局局务会议审议通过，现予公布，自2002年12月15日起施行。

局　长：李长江

二〇〇二年十一月六日

认证违法行为处罚暂行规定

第一条　为加强对认证活动的监督管理，规范认证市场，打击认证违法行为，维护认证工作秩序，根据国家认证认可法律、行政法规的规定，制定本规定。

第二条　国家质量监督检验检疫总局（以下简称国家质检总局）负责统一管理认证违法行为的行政处罚工作。国家认证认可监督管理委员会（以下简称国家认监委）负责组织查处认证违法行为。

各地质量技术监督机构和出入境检验检疫机构按照职责分工负责所辖地区的认证行政处罚工作。

第三条　认证机构、认证培训机构、认证咨询机构（含外商投资认证机构、认证培训机构、认证咨询机构，下同）未经国家认监委批准或者认证机构、认证培训机构未按国家认监委要求获得认可机构认可，擅自从事认证、认证培训、认证咨询活动的，责令其停止相关活动，处3万元罚款；由国家认监委予以公告。

第四条　认证机构、认证培训机构、认证咨询机构在设立过程中出具虚假证明骗取批准资格，责令其停止认证、认证培训、认证咨询活动，处3万元罚款；由国家认监委撤销其批准资格，并予以公告。

第五条　认证机构、认证培训机构、认证咨询机构及其分支机构有下列行为之一的，处3万元罚款；由国家认监委暂停或者撤销其批准资格，并予以公告：

（一）从事虚假认证、认证培训、认证咨询活动的；

（二）出卖认证证书、认证标志等认证证明文件的；

（三）超越国家认监委批准的业务范围进行认证、认证培训、认证咨询活动的。

第六条　认证机构、认证培训机构、认证咨询机构及其分支机构有下列行为之一的，处1万元以上3万元以下的罚款；由国家认监委暂停其批准资格，可予以公告：

（一）进行虚假或者误导性宣传的；

（二）使用不正当竞争手段恶意竞争或者从事损害认证公正性和有效性活动的；

（三）其他违反认证工作基本准则的。

第七条　产品认证机构出具虚假证明的，依据《中华人民共和国产品质量法》第五十七条规定给予处罚，由国家认监委暂停或者撤销其批准资格，可予以公告。

第八条　产品认证机构出具的认证证明不实，造成重大损失的，由国家认监委暂停或者撤销其批准资格，可予以公告。

第九条　认证机构违反《中华人民共和国产品质量法》第二十一条的规定，未依法履行认证跟踪检查职责的，由国家认监委暂停或者撤销其批准资格，可予以公告。

第十条　认证机构、认证培训机构、认证咨询机构的办事机构（含外国认证机构、认证培训机构、认证咨询机构的在华常驻代表机构）直接从事认证、认证培训、认证咨询活动的，责令其停止认证、认证培训、认证咨询活动，处3万元罚款，并予以公告。

第十一条　认证机构、认证培训机构、认证咨询机构被国家认监委暂停或者撤销批准资格的，自被暂停批准资格期间或者被撤销批准资格之日起，不得从事认证、认证培训、认证咨询活动。违反上述规定的，按照本规定第三条进行处罚。

第十二条　认证机构、认证培训机构、认证咨询机构被国家认监委撤销批准资格的，国家认监委3年内不再受理以该机构名义提出的机构设立申请。

第十三条　认证机构、认证培训机构、认证咨询机构的工作人员违反认证基本准则的，由认可机构暂停其认证从业资格；情节严重的，由认可机构撤销其认证从业资格。

认证机构、认证培训机构、认证咨询机构的工作人员被暂停认证从业资格期间或者被撤销认证从业资格之日起，任何认证机构、认证培训机构、认证咨询机构不得聘用其从事认证、认证培训、认证咨询工作。违反上述规定的，按照本规定第六条进行处罚。

第十四条　转让、买卖、伪造或者冒用批准文件、认可标志、认可证书、认证证书以及其他认证证明文件的，责令改正，并处3万元罚款。

第十五条　认证违法行为情节严重，构成犯罪的，应当依法移交司法机关追究刑事责任。

第十六条　国家认证认可法律、行政法规以及部门规章已经明确规定认证违法行为的行政处罚的，从其规定。

第十七条　各地质量技术监督机构、出入境检验检疫机构实施行政处罚，应当遵守国家质检总局规定的行政处罚程序。

第十八条　行政相对人对行政处罚不服的，可依法申请行政复议或者提起行政诉讼。

第十九条　国家认监委统一组织对国家认证认可制度执行情况进行监督检查，对重大认证违法案件进行督办和业务指导。

第二十条　本规定由国家质检总局负责解释。

第二十一条　本规定自2002年12月15日起施行。

中华人民共和国国家质量监督检验检疫总局令

第30号

《质量监督检验检疫行政执法证件管理办法》已经2002年10月18日国家质量监督检验检疫总局局务会议审议通过，现予公布，自2003年1月1日起施行。

局　长：李长江

二〇〇二年十一月六日

质量监督检验检疫行政执法证件管理办法

第一章　总　则

第一条　为加强质量监督检验检疫行政执法证件监督管理，规范行政执法行为，促进行政执法队伍建设，根据《中华人民共和国行政处罚法》及质量监督检验检疫有关法律法规的规定，制定本办法。

第二条　质量监督检验检疫行政执法证件包括质量技术监督系统行政执法证件和出入境检验检疫系统行政执法证件。证件名称分别为《中国质量技术监督行政执法证》和《中华人民共和国出入境检验检疫行政执法证》(以下统一简称《行政执法证》)。

第三条　本办法适用于行政执法人员的资格考核和《行政执法证》的管理工作。

第四条　《行政执法证》实行分级管理制度。

国家质量监督检验检疫总局（以下简称国家质检总局）负责《行政执法证》的制式设计、批准、制作和监督管理工作。

各省（自治区、直辖市）质量技术监督局负责本行政区域内质量技术监督《行政执法证》的申请、初审、核准、发放和使用管理工作。

各直属出入境检验检疫局负责业务辖区内出入境检验检疫《行政执法证》的申请、初审、核准、发放和使用管理工作。

第五条　《行政执法证》应当载明持证人的姓名、工作单位、发证日期、有效期限、证件编号，并附有持证人的一寸免冠彩色照片，照片上加盖“国家质量监督检验检疫总局证件章”(见附件1)。

第六条　《行政执法证》是行政执法人员从事行政执法工作的身份证明。

第二章　资格考核与申领

第七条　行政执法人员须经行政执法岗位培训、考核合格取得行政执法资格。行政执法资格考核，按照国家质检总局制定的有关规定进行。

各省（自治区、直辖市）质量技术监督局或者各直属出入境检验检疫局对具备行政执法资格的人员实行登记备案制度。

第八条　申领《行政执法证》的人员必须同时具备以下基本条件：

（一）从事质量监督检验检疫行政执法工作的公务员、依据国家法律法规授权或者受行政机关委托从事质量监督检验检疫行政执法工作的事业单位人员；

（二）经质量技术监督或者出入境检验检疫行政执法岗位培训、考核，获得行政执法资格；

（三）具备大专以上文化程度，或者从事质量监督检验检疫工作 3 年以上；

（四）近两年年度工作考核获得称职以上评定；

（五）近两年无违法违纪行为记录。

第九条　《行政执法证》的申办工作按下列程序进行：

（一）申请：

申请人填写《××局行政执法证申请表》（以下简称《申请表》，见附件 2），向所在单位提出领证申请。

申请人提交《申请表》时，应同时附上着春秋季制式服装、免冠、正面、1 寸彩色近照 2 张（其中 1 张贴在《申请表》上）。

（二）初审：

申请人所在部门或者单位对申请人提交的《申请表》进行初审，并填写《××局行政执法证申领表》（以下简称《申领表》）（见附件 3），将《申领表》以及申请人的《申请表》、照片送交所属省（自治区、直辖市）质量技术监督局或者直属出入境检验检疫局。

（三）核准：

省（自治区、直辖市）质量技术监督局或者直属出入境检验检疫局对本局及下属机构提交的《申请表》、《申领表》及有关申请材料进行核准。

（四）批准：

省（自治区、直辖市）质量技术监督局或者直属出入境检验检疫局核准后将《申请表》和统一汇总的《申领表》及有关申请材料报国家质检总局，国家质检总局据此批准发证人员范围并制作证件，由省（自治区、直辖市）质量技术监督局或者直属出入境检验检疫局发放《行政执法证》。

第三章　证件使用

第十条　质量监督检验检疫行政执法人员实施行政执法行为时，应当出示《行政执法证》。

第十一条　持证人应当妥善保管《行政执法证》，不得损毁、涂改或者转借他人。

第十二条　《行政执法证》遗失或者损毁后，持证人应当及时报告其所在单位，由该单位逐级报所属省（自治区、直辖市）质量技术监督局或者直属出入境检验检疫局。查证属实的，在当地省级媒体进行公告遗失后，由所属省（自治区、直辖市）质量技术监督局或者直属出入境检验检疫局报国家质检总局予以补办。

第四章　年度审核

第十三条　《行政执法证》自发放之日起，5年内有效。有效期满的，依据本办法重新申请《行政执法证》。

第十四条　《行政执法证》实行年度审核制度。省（自治区、直辖市）质量技术监督局或者直属出入境检验检疫局每年第一季度对所管辖持证人上年度的行政执法情况进行审核。

第十五条　省（自治区、直辖市）质量技术监督局或者直属出入境检验检疫局根据年度审核的情况分别做出以下处理：

（一）经审核合格的，同意持证人继续使用《行政执法证》；

（二）无正当理由不参加《行政执法证》年度审核的或者审核不合格的，注销原持证人的行政执法资格，并收回《行政执法证》。

第五章　监督管理

第十六条　持证人因调动、辞退、辞职或者退休等原因不再从事行政执法工作的，应当由其所在单位收回其《行政执法证》，并逐级报请予以注销。

第十七条　持证人有下列情形之一的，由其所在单位报请省（自治区、直辖市）质量技术监督局或者直属出入境检验检疫局暂扣其《行政执法证》：

（一）超越法定权限或者违反执法程序，尚未造成不良后果的；

（二）应当出示而不出示《行政执法证》，被投诉3次以上的；

（三）故意损毁、涂改《行政执法证》或者将其转借他人使用，尚未造成不良后果的；

（四）参加行政执法业务培训考核不合格的。

第十八条　暂扣《行政执法证》期限为30天。被暂扣《行政执法证》的行政执法人员必须向所在单位做出书面检查，扣证期间不得从事行政执法工作。暂扣《行政执法证》的期满后，由其所在单位视本人检查纠正情形报请省（自治区、直辖市）质量技术监督局或者直属出入境检验检疫局决定是否发还《行政执法证》。

第十九条　持证人有下列情形之一的，由所属省（自治区、直辖市）质量技术监督局或者直属出入境检验检疫局取消其行政执法资格，并吊销其《行政执法证》：

（一）《行政执法证》被暂扣累计2次的；

（二）超越法定权限或者违反执法程序，造成不良后果的；

（三）将《行政执法证》转借他人进行违法违纪活动的；

（四）有徇私舞弊、玩忽职守等渎职行为的；

（五）受到辞退或者开除公职行政处分的；

（六）受到治安拘留处罚、劳动教养或者刑事处罚的。

第二十条　《行政执法证》被吊销后2年之内不得重新申领。

第二十一条　暂扣、吊销《行政执法证》时，应当分别填写《××局暂扣行政执法证审批表》（见附件4)、《××局吊销行政执法证审批表》（见附件5)，并分别对当事人发出《××局暂扣行政执法证决定书》（见附件6)，《××局吊销行政执法证决定书》（见附件7)。

第二十二条　行政执法人员对暂扣、吊销《行政执法证》决定不服的，可以自收到《暂扣行政执法证决定书》或者《吊销行政执法证决定书》之日起10个工作日内向做出暂扣或者吊销决定的单位提出申诉；受理申诉的单位应自接到申诉之日起10个工作日内做出答复。

第二十三条　各省（自治区、直辖市）质量技术监督局或者直属出入境检验检疫局应当做好《行政执法证》的使用、暂扣、吊销以及持证人奖惩等情况登记备案工作。

第六章　附　则

第二十四条　锅炉压力容器压力管道特种设备安全监察员证件的管理依据国务院有关规定实施。

第二十五条　本办法由国家质检总局负责解释。

第二十六条　本办法自2003年1月1日起施行。原国家出入境检验检疫局2000年7月3日公布的《出入境检验检疫行政执法证管理办法》废止，原国家技术监督局1991年5月11日公布的《技术监督行政执法证件和徽章管理办法》中有关执法证件的管理以本办法的规定为准。

中华人民共和国国家质量监督检验检疫总局令
第31号

《进出境水产品检验检疫管理办法》已经2002年10月18日国家质量监督检验检疫总局局务会议审议通过，现予公布，自2002年12月10日起施行。

局　长：李长江

二〇〇二年十一月六日

进出境水产品检验检疫管理办法

第一章　总　则

第一条　为加强进出境水产品检验检疫及监督管理，保证进出境水产品的质量安全卫生，保护渔业生产安全和人体健康，根据《中华人民共和国进出口商品检验法》及其实施条例、《中华人民共和国进出境动植物检疫法》及其实施条例、《中华人民共和国国境卫生检疫法》及其实施细则、《中华人民共和国食品卫生法》等有关法律法规规定，制定本办法。

第二条　本办法适用于进出境水产品的检验检疫及监督管理。

第三条　本办法所称水产品是指供人类食用的水生动物（不含活水生动物及其繁殖材料，下同）及其制品，包括头索类、脊椎类、甲壳类、脊皮类、脊索类、软体类等水生动物和藻类等水生植物及其制品。

第四条　国家质量监督检验检疫总局（以下简称国家质检总局）统一管理全国进出境水产品检验检疫和监督管理工作。国家质检总局设在各地的出入境检验检疫机构（以下简称检验检疫机构）负责所辖地区进出境水产品的检验检疫和监督管理工作。

第二章　进境检验检疫

第五条　检验检疫机构依据国家法律、行政法规和国家质检总局规定以及我国与输出国家或者地区签订的双边检验检疫协议、议定书、备忘录等规定的检验检疫要求，对进境水产品实施检验检疫，必要时组织实施卫生除害处理。

第六条　国家质检总局对进境水产品实行检疫审批制度。进境水产品的货主或者其代理人应当在贸易合同签订前办理检疫审批手续，取得《进境动植物检疫许可证》。未取得《进境动植物检疫许可证》的水产品，不得进口。

第七条　国家认证认可监督管理部门对列入《实施企业注册的进口食品目录》的水产品，实施国外生产加工企业注册登记制度。列入《实施企业注册的进口食品目录》的水产品，未获得的国外生产加工企业注册登记的，不得进口。

第八条　国家质检总局可以根据需要，派员到输出国家或者地区进行进境水产品预检。

第九条　进境水产品必须从国家质检总局认可的口岸进境。

水产品的进境口岸应当具备下列条件：

（一）具有与进境水产品数量、规模相适应的存储库；存储库应当符合《进境水产品存储库检验检疫要求》（见附件 1），并经所在地的直属检验检疫局备案；

（二）口岸检验检疫机构具备实施进境水产品检验检疫的必要专业技术人员和设施。

第十条　水产品进境前或者进境时，货主或者其代理人应当持进境动植物检疫许可证、输出国家或者地区官方签发的检验检疫证书正本、原产地证书、贸易合同、信用证、提单、发票等相关单证向进境口岸检验检疫机构报检。对列入《实施企业注册的进口食品目录》的水产品，报检时还应当提供注册编号。

水产品随附的输出国家或者地区官方检验检疫证书，应当符合《进境水产品输出国家或者地区官方检验检疫证书基本要求》（见附件 2）。

第十一条　检验检疫机构对货主或者其代理人提交的相关单证进行初步审查，符合要求的，正式受理报检，并对《进境动植物检疫许可证》审批数量进行核销。有下列情形之一的，作退回或者销毁处理：

（一）未依法办理检疫审批手续取得《进境动植物检疫许可证》或者《进境动植物检疫许可证》无效的；

（二）无输出国家或者地区官方签发的检验检疫证书或者检验检疫证书不符合要求的；

（三）对列入《实施企业注册的进口食品目录》中的水产品，其生产企业未获得注册登记的。

第十二条　来自疫区的装运进境水产品的运输工具，应当在进境口岸检验检疫机构的监督下实施防疫消毒处理；未经检验检疫机构许可，任何单位或者个人不得擅自将进境水产品卸离运输工具。

第十三条　检验检疫机构应当按照下列要求对进境水产品实施现场检验检疫，并按照规定采集或者抽取样品，供实验室检测用：

（一）核对单证并查验货物；

（二）查验包装是否符合《进境水产品包装基本要求》（见附件3）；

（三）实施易滋生植物害虫的进境盐渍或者干制水产品的植物检疫。

第十四条　进境水产品经现场检验检疫有下列情形之一的，作退回或者销毁处理：

（一）货证不符或者货物不符合检验检疫要求的；

（二）腐败变质或者受有毒有害物质污染的；

（三）包装不符合《进境水产品包装基本要求》的。

第十五条　经现场检验检疫合格的进境水产品，应当运往经直属检验检疫局备案的水产品存储库存放、以备实验室检测，未经允许，不得擅自调离、加工。

第十六条　凡列入国家公布的年度残留物质监控计划的进境水产品，检验检疫机构除按照规定完成必要的实验室检测外，还必须按照年度残留物质监控计划要求进行实验室检测。

第十七条　检验检疫机构应当按照规定对样品进行感官、理化、微生物实验室检测，并根据进境水产品的风险程度确定具体的检测项目。

第十八条　进境口岸检验检疫机构根据实验室检测结果，按照签证管理规定分别进行以下处理：

（一）检验检疫合格的，签发《入境货物检验检疫证明》；

（二）检验检疫不合格的，签发《入境货物检验检疫处理通知书》，并监督作无害化处理或者退回、销毁。

货主需要对外索赔的，可以向进境口岸检验检疫机构申请签发相关证书。

第三章　出境检验检疫

第十九条　检验检疫机构依据我国法律、行政法规、国家质检总局规定和我国与输入国家或者地区签订的双边检验检疫协议、议定书、备忘录以及输入国家或者地区官方检验检疫要求，对出境水产品实施检验检疫。

第二十条　国家质检总局对出境水产品实施残留物质监控制度。凡列入国家公布的年度残留物质监控计划的出境水产品，检验检疫机构除按照规定完成必要的实验室检测外，还必须按照年度残留物质监控计划要求进行实验室检测。

第二十一条　国家认证认可监督管理部门对出境水产品生产、加工、存放企业实施卫生注册登记制度。未获得卫生注册登记的水产品生产企业，不得生产、加工、存放出境水产品。

第二十二条　输入国家或者地区政府主管当局对我国出境水产品生产企业有注册要求的，由国家认证认可监督管理部门统一对外推荐申请国外注册，并公布获得国外注册的企业名单。

第二十三条　水产品出境前，货主或者其代理人应当按照出入境检验检疫报检规定向产地检验检疫机构报检。

第二十四条　经检验检疫合格的，检验检疫机构按照签证管理规定签发有关证单；输入国家或者地区对检验检疫证书有明确要求的，按照其要求出具相关检验检疫证书。

经检验检疫不合格的，检验检疫机构签发不合格通知单，并分别作如下处理：

（一）安全、卫生项目不合格的，不准出境；

（二）其他项目不合格的，允许作技术处理；经技术处理后，可以重新报检。

第二十五条　检验检疫机构按照国家质检总局有关规定，对经检验检疫的出境水产品加施检验检疫标志或者封识。

第二十六条　经产地检验检疫的出境水产品，出境口岸检验检疫机构在口岸查验时发现货证不符或者证单内容不符合规定要求的，不予放行。

第二十七条　检验检疫机构依据《出口食品生产企业卫生注册登记管理规定》和《出口水产品加工企业注册卫生规范》及国外相关规定，建立对出口水产品生产、加工、存放企业日常监督管理制度，对出口水产品养殖、生产、加工、存放等过程实施监督管理。对违反监督管理要求的养殖、生产、加工、存放企业，检验检疫机构按照有关规定予以处理。

第二十八条　检验检疫机构依据有关法律法规和国家质检总局规定，可以对出境水产品实施监装。

第二十九条　出境水产品检验检疫有效期为：

（一）冷却（保鲜）水产品：2天；

（二）干冻、单冻水产品：4个月；

（三）其他水产品：6个月　。

出境水产品超过检验检疫有效期的，必须重新申请报检。

第四章　风险预警管理

第三十条　国家质检总局按照有关规定对进出境水产品实施风险预警管理制度。

第三十一条　已经被采取风险预警措施或者快速反应措施的进出境水产品，除执行本办法相关规定外，还应当符合风险预警管理的有关规定。

第五章　附　则

第三十二条　对违反本办法规定的，依照有关法律法规的规定予以处罚。

第三十三条　本办法由国家质检总局负责解释。

第三十四条　本办法自 2002 年 12 月 10 日起施行。原国家进出口商品检验局 1996 年 4 月 12 日公布的《出口水产品检验管理规定》(国检检〔1996〕82 号)同时废止。

中华人民共和国国家质量监督检验检疫总局令
第 32 号

《强制性产品认证代理申办机构管理办法》已经 2002 年 10 月 18 日国家质量监督检验检疫总局局务会议审议通过，现予公布，自 2002 年 12 月 10 日起施行。

局　长：李长江
二〇〇二年十一月六日

强制性产品认证代理申办机构管理办法

第一章　总　则

第一条　为加强对强制性产品认证代理申办机构的管理，规范代理行为，维护委托人和代理申办机构的合法权益，保证强制性产品认证制度的顺利实施，根据有关法律、法规的规定，制定本办法。

第二条　本办法所称强制性产品认证代理申办机构(以下简称代理申办机构)是指受产品生产者、销售者或者进口商(以下简称委托人)的委托，在委托权限范围内，以委托人的名义申请办理强制性产品认证相关事宜的中介组织。

第三条　国家认证认可监督管理委员会(以下简称国家认监委)对代理申办机构实行注册制度。

第四条　代理申办机构应当向国家认监委申请注册，取得国家认监委颁发的注册证书后，方可从事强制性产品认证代理申办业务(以下简称代理业务)。

第五条　取得注册证书的代理申办机构，应当向经国家认监委指定的承担强制性产品认证工作的相关机构(以下简称指定机构)提出代理业务申请，并接受其业务指导和监督。

第六条　代理申办机构应当遵守强制性产品认证制度规定，并根据委托人申请提供代理业务，对其代理业务的真实性和合法性负责，对其代理行为依法承担法律责任。

第二章　资格审定和注册

第七条　代理申办机构申请注册应当具备下列条件：

（一）境内代理申办机构应当具有工商行政管理部门颁发的《企业法人营业执照》；境外代理申办机构应当具有相关管理部门的证明文件；

（二）有固定的营业场所和开展代理业务所需设施及办公条件；

（三）有健全的组织机构和规章制度；

（四）从事代理业务的人员应当具有3年以上从事代理业务的工作经历，具备编制和组织申请文件的相应专业能力和语言能力，了解所代理产品的认证实施规则的有关规定，并经国家认监委指定的机构培训、考核合格，取得合格证书；

（五）至少具有2名符合本条第四项规定的人员；

（六）有关法律、法规规定的其他条件。

第八条　代理申办机构申请注册时应当提交下列文件资料：

（一）由法定代表人签名并加盖印章的代理申办机构注册申请表；

（二）境内代理申办机构应当具有工商行政管理部门颁发的《企业法人营业执照》及其复印件；境外代理申办机构应当具有相关管理部门的证明文件；

（三）固定营业场所的证明；

（四）企业的章程（中文）；

（五）从事代理业务人员的培训合格证书；

（六）公章印模和授权签字人的签名样式；

（七）其他需要提交的有关文件。

第九条　代理申办机构注册程序：

（一）代理申办机构向国家认监委提出注册申请，并提供本办法第八条规定的文件资料；

（二）国家认监委对代理申办机构提供的文件资料进行书面审查，必要时可以进行实地调查；

（三）国家认监委对符合要求的代理申办机构颁发注册证书。

第十条　注册证书自发证之日起3年内有效。需要延期的，代理申办机构应当在注册证书有效期满前3个月内向国家认监委提出申请，按照本办法规定重新办理注册手续。

第三章　代理业务

第十一条　代理申办机构在办理代理业务时，应当按照强制性产品认证制度的规定要求，向指定机构提出申请并提交下列文件资料：

（一）代理申办机构业务员的培训合格证书；

（二）代理申办机构的注册证书副本；

（三）委托人的委托书、委托合同副本和其他相关合同副本。委托书应当载明委托人和与代理申办机构双方的名称、地址、法定代表人姓名以及代理事项、权限和期限、双方责任等内容，并有法定代表人签名和加盖双方公章；

（四）有关代理业务需要提交的其他资料。

第十二条　代理申办机构应当按照国家认监委及其指定机构的要求，提供委托人和与代理业务有关的文件、资料、样品等。

第十三条　代理申办机构不得与行政机关或者指定机构有行政隶属关系或者其他利益关系。

第十四条　代理申办机构不得转让代理业务，不得从事所代理业务的样品检测、工厂审查等活动。

第十五条　代理申办机构应当建立代理业务账册和有关营业记录，真实、准确、完整地记录其代理业务中的所有活动，并在规定的期限内完整保留代理业务中的各种单证、票据、函电等。

第十六条　代理申办机构对代理中知悉的商业秘密负有保密义务。

第十七条　代理申办机构应当及时将指定机构出具的申请费用或者购买标志费用等票据交付委托人。

第十八条　代理申办机构因为合并或者分立，变更法人的，应当按照本办法重新申请注册后，方可从事代理业务。

第十九条　代理申办机构应当接受国家认监委对其业务记录的核查，并配合国家认监委对代理业务中的违法、违规行为进行调查和处理。

第四章　监督管理

第二十条　国家认监委定期对获准注册的代理申办机构名录进行公告。

第二十一条　国家认监委对代理申办机构实行年审制度。代理申办机构应当在每年 3 月 31 日之前向国家认监委提交上一年度的《年审报告书》和《注册证书》，办理年审手续。

《年审报告书》的主要内容包括：上一年度代理业务量和业务情况分析；代理活动中的差错及其原因；执行有关规定的情况；经营管理、自我评估等情况。

第二十二条　代理申办机构有下列行为之一的，国家认监委应当暂停其 6 个月的代理申办资格，并责令改正：

（一）因管理不善，对强制性产品认证制度的实施造成不良影响的；

（二）未按照规定参加年审或者无正当理由不参加年审的；

（三）未按照规定建立账册和营业记录，或者未能完整保留有关单证、票据、函电的；

（四）其他违反强制性产品认证制度规定的。

第二十三条　代理申办机构有下列行为之一的，国家认监委应当撤销其从事代理业务的资格并在 3 年内不予受理其注册申请：

（一）代理申办机构在申请资格认定或者资格复审时弄虚作假的；

（二）被暂停代理业务后，拒不整改的；

（三）已不具备注册条件的；

（四）年审不合格的；

（五）采用虚报、隐瞒申请费用或者购买标志费用等手段欺骗委托人，获取不当利益的，或者有其他欺诈行为的；

（六）拒绝接受国家认监委的核查，或者对国家认监委调查和处理代理业务中的违法、违规行为不予配合的；

（七）注册后，连续2年未开展代理业务的。

第五章　附　则

第二十四条　本办法由国家质检总局负责解释。

第二十五条　本办法自2002年12月10日起施行。原国家出入境检验检疫局2000年5月31日公布的《进口商品安全质量许可申请代理机构管理办法》同时废止。

中华人民共和国国家质量监督检验检疫总局令

第33号

《出入境检验检疫报检员管理规定》已经2002年10月18日国家质量监督检验检疫总局局务会议审议通过，现予公布，自2003年1月1日起施行。

局　长：李长江

二〇〇二年十一月六日

出入境检验检疫报检员管理规定

第一章　总　则

第一条　为加强对出入境检验检疫报检员（以下简称报检员）的管理，规范报检员的报检行为，维护正常的报检工作秩序，根据《中华人民共和国进出口商品检验法》及其实施条例、《中华人民共和国进出境动植物检疫法》及其实施条例、《中华人民共和国国境卫生检疫法》及其实施细则、《中华人民共和国食品卫生法》等法律法规的规定，制定本规定。

第二条　本规定所称报检员是指获得国家质量监督检验检疫总局（以下简称国家质检总局）规定的资格，在国家质检总局设在各地的出入境检验检疫机构（以下简称检验检疫机构）注册，办理出入境检验检疫报检业务（以下简称报检业务）的人员。

第三条　国家质检总局主管全国报检员管理工作，检验检疫机构负责组织报检员资格考试、注册及日常管理、定期审核等工作。

第四条　报检员在办理报检业务时，应当遵守出入境检验检疫法律法规和有关规定，并承担相应的法律责任。

第二章　报检员资格

第五条　报检员资格实行全国统一考试制度。报检员资格全国统一考试办法由国家质检总局另行制定。

第六条　参加报检员资格考试的人员应当符合下列条件：

（一）年满18周岁，具有完全民事行为能力；

（二）具有良好的品行；

（三）具有高中或者中等专业学校以上学历；

（四）国家质检总局规定的其他条件。

第七条　资格考试合格的人员，取得《报检员资格证》。2年内未从事报检业务的，《报检员资格证》自动失效。

第三章　报检员注册

第八条　获得《报检员资格证》的人员，方可申请报检员注册。

第九条　报检员注册应当由在检验检疫机构登记并取得报检单位代码的企业向登记地检验检疫机构提出申请，并提交下列材料：

（一）报检员注册申请书；

（二）拟任报检员所属企业在检验检疫机构的登记证书；

（三）拟任报检员的《报检员资格证》；

（四）检验检疫机构需要的其他证明文件。

第十条　检验检疫机构对提交的材料进行审核，经审核合格的，予以注册，颁发《报检员证》。

第十一条　《报检员证》是报检员办理报检业务的身份凭证，不得转借、涂改。

未取得《报检员证》的，不得从事报检业务。

第十二条　报检员调往当地其他企业从事报检业务的，应当持调入企业的证明文件，向发证检验检疫机构办理变更手续；调往异地企业从事报检业务的，应当向调出地检验检疫机构办理注销手续，并持注销证明向调入企业所在地检验检疫机构重新办理注册手续。经核准的，检验检疫机构予以换发新的《报检员证》。

第十三条　代理报检单位的报检员不得同时兼任两个或者两个以上代理报检单位的报检工作。

自理报检单位的报检员不得同时兼任两个或者两个以上自理单位的报检工作。

第十四条　报检员遗失《报检员证》的，应当在7日内向发证检验检疫机构递交情况说明，并登报声明作废。对在有效期内的，检验检疫机构予以补发。未补发《报检员证》前报检员不得办理报检业务。

第十五条　有下列情况之一的，报检员所属企业应当收回其《报检员证》交当地检验检疫机构，并以书面形式申请办理《报检员证》注销手续：

（一）报检员不再从事报检业务的；

（二）企业因故停止报检业务的；

（三）企业解聘报检员的。

因未办理《报检员证》注销手续而产生的法律责任由报检员所属企业承担。

第四章　报检员职责

第十六条　报检员依法代表所属企业办理报检业务。报检员应当并有权拒绝办理所属企业交办的单证不真实、手续不齐全的报检业务。

第十七条　报检员应当对所属企业负责，接受检验检疫机构的指导和监督，并履行下列义务：

（一）遵守有关法律法规和检验检疫的规定；

（二）在办理报检业务时严格按照规定提供真实的数据和完整、有效的单证，准确、清晰地填制报检单，并在规定的时间内缴纳有关费用；

（三）参加检验检疫机构举办的有关报检业务的培训；

（四）协助所属企业完整保存各种报检单证、票据、函电等资料；

（五）承担其他与报检业务有关的工作。

第五章　监督管理

第十八条　检验检疫机构负责对经其注册的报检员的业务培训、日常管理和定期审核工作。

第十九条　检验检疫机构对报检员的管理实施差错登记制度。

第二十条　《报检员证》的有效期为2年，期满之日前1个月，报检员应当向发证检验检疫机构提交审核申请书。

第二十一条　检验检疫机构结合日常报检工作记录对报检员进行审核。

经审核合格的，其《报检员证》有效期延长2年。

经审核不合格的，报检员应当参加检验检疫机构组织的报检业务培训，经考试合格后，其《报检员证》有效期延长2年。

未申请审核或者经审核不合格，且未通过培训考试的，不予延长其《报检员证》有效期。

第二十二条　报检员有下列行为之一的，由检验检疫机构暂停其3个月或者6个月报检资格：

（一）不履行本规定第十七条规定，情节严重的；

（二）1年内出现3次以上报检差错行为，情节严重的；

（三）转借或者涂改报检员证的。

第二十三条　报检员有下列行为之一的，由检验检疫机构取消其报检资格，吊销《报检员证》：

（一）不如实报检，造成严重后果的；

（二）提供虚假合同、发票、提单等单据的；

（三）伪造、变造、买卖或者盗窃、涂改检验检疫通关证明、检验检疫证单、印章、标志、封识和质量认证标志的；

（四）其他违反检验检疫法律法规规定，情节严重的。

第二十四条　报检员在从事报检业务活动中有其他违反法律法规规定的，按照相关法律法规规定处理。

第六章　附　则

第二十五条　《报检员资格证》和《报检员证》由国家质检总局统一印制。

第二十六条　本规定由国家质检总局负责解释。

第二十七条　本规定自2003年1月1日起施行。

中华人民共和国国家质量监督检验检疫总局令
第34号

《出入境检验检疫代理报检管理规定》已经2002年10月18日国家质量监督检验检疫总局局务会议审议通过，现予公布，自2003年1月1日起施行。

局　长：李长江

二〇〇二年十一月六日

出入境检验检疫代理报检管理规定

第一章　总　则

第一条　为加强对代理报检行为的监督管理，规范代理报检行为，根据《中华人民共和国进出口商品检验法》及其实施条例、《中华人民共和国进出境动植物检疫法》及其实施条例、《中华人民共和国国境卫生检疫法》及其实施细则、《中华人民共和国食品卫生法》等法律法规的规定，制定本规定。

第二条　本规定所称代理报检，是指经国家质量监督检验检疫总局（以下简称国家质检总局）注册登记的境内企业法人（以下称代理报检单位）依法接受进出口货物收发货人的委托，为进出口货物收发货人办理报检手续的行为。

第三条　国家质检总局统一管理全国代理报检工作，负责对代理报检单位的注册登记；各直属出入境检验检疫局（以下简称直属检验检疫局）负责所辖地区代理报检单位的初审和年度考核工作；各地出入境检验检疫机构（以下简称检验检疫机构）负责代理报检单位的日常监督管理工作。

第四条　代理报检单位应当经国家质检总局注册登记，未经注册登记的单位不得从事代理报检业务。

第五条　代理报检单位在接受委托办理报检等相关事宜时，应当遵守有关出入境检验检疫法律法规规定，并对代理报检各项内容的真实性、合法性负责，承担相应的法律责任。

第二章　代理报检单位的注册登记

第六条　申请代理报检注册登记的单位（以下简称申请单位）应当具备下列条件：

（一）取得工商行政管理部门颁发的《企业法人营业执照》；

（二）注册资金人民币150万元以上；

（三）有固定营业场所及符合办理检验检疫报检业务所需的设施；

（四）有健全的管理制度；

（五）有不少于10名取得《报检员资格证》的人员；

（六）国家质检总局规定的其他条件。

第七条　申请单位应当向所在地直属检验检疫局提出申请并提交下列材料：

（一）《代理出入境检验检疫报检注册登记申请书》；

（二）《企业法人营业执照》复印件（同时交验正本）；

（三）拟任报检员的《报检员资格证》复印件（同时交验正本）；

（四）代理报检企业的印章印模；

（五）国家质检总局规定需提交的其他文件。

第八条　直属检验检疫局对申请单位的申请进行初审，初审合格的，报国家质检总局审核，经审核合格，颁发《代理出入境检验检疫报检登记证书》（以下简称《登记证书》）。

取得《登记证书》的代理报检单位，应当在国家质检总局批准的区域内从事代理报检业务。

第九条　代理报检单位名称、地址、法定代表人、经营范围等重大事项发生变更的，应当在变更之日起15日内以书面形式报所在地直属检验检疫局。

第三章　代理报检行为

第十条　进口货物的收货人可以在报关地和收货地委托代理报检单位报检，出口货物发货人可以在产地和报关地委托代理报检单位报检。

第十一条　接受委托的代理报检单位应当完成下列代理报检行为：

（一）办理报检手续；

（二）缴纳检验检疫费；

（三）联系配合检验检疫机构实施检验检疫；

（四）领取检验检疫证单和通关证明；

（五）其他与检验检疫工作有关的事宜。

第十二条　代理报检单位接受收发货人的委托，应当遵守法律法规对收发货人的各项规定。

第十三条　代理报检单位在报检时，应当向检验检疫机构提交报检委托书。

报检委托书应当载明委托人的名称、地址、法定代表人姓名（签字）、机构性质及经营范围；代理报检单位的名称、地址、代理事项，以及双方责任、权利和代理期限等内容，并加盖双方的公章。

第十四条　代理报检单位应当按照相关规定规范报检员的报检行为，并对报检员的报检行为承担法律责任。

第十五条　代理报检单位应当按照检验检疫机构的要求，负责落实检验检疫场地、时间等有关事宜。

第十六条　代理报检单位对实施代理报检中所知悉的商业秘密负有保密义务。

第十七条　代理报检单位应当按照规定代委托人缴纳检验检疫费，不得借检验检疫机构名义向委托人收取额外费用。

代理报检单位应当将向检验检疫机构的缴费情况以书面形式如实通知委托人，检验检疫机构对此可随时进行抽查、核实。

第十八条　代理报检单位应当严格按照有关规定向委托人收取代理报检中介服务费。

第四章　监督管理

第十九条　检验检疫机构对代理报检单位实行年度审核制度。代理报检单位应当在每年 3 月 31 日前向所在地直属检验检疫局申请年度审核，并提交上一年度的《年审报告书》。

《年审报告书》的主要内容包括：年度代理报检业务情况及分析，财务报告，报检差错及原因，遵守检验检疫相关规定情况及自我评估等。

获得国家质检总局注册登记不满 1 年的，本年度可不参加年审。

直属检验检疫局应当将代理报检单位年审情况报国家质检总局备案。

第二十条　代理报检单位应当配合检验检疫机构对其所代理报检的事项进行调查和处理。

第二十一条　代理报检单位不得以任何形式出让其名义供他人办理代理报检业务。

第二十二条　代理报检单位应当建立、健全代理报检业务档案，真实完整地记录其承办的代理报检业务，并自觉接受检验检疫机构的日常监督和年度审核。

第二十三条　代理报检单位可以以电子方式向检验检疫机构进行申报，但不得利用电子报检企业端软件进行远程电子预录入。

第二十四条　代理报检单位有下列情况之一的，直属检验检疫局可以暂停其 3 个月或者 6 个月的代理报检资格：

（一）有违反检验检疫报检规定行为的；

（二）提供不真实情况，导致代理报检的货物不能落实检验检疫的；

（三）对报检员管理不严，多人次被取消报检资格的；

（四）未经检验检疫机构同意延迟参加年审的；

（五）违反本规定第十六条规定，泄露实施代理报检中所知悉的商业秘密的；

（六）违反本规定第十七条规定，未按照规定代委托人缴纳检验检疫费或者未将向检验检疫机构的缴费情况以书面形式通知委托人的，或者借检验检疫机构名义向委托人收取额外费用的；

（七）违反本规定第十八条规定，未按照规定向委托人收取代理报检中介服务费的；

（八）违反本规定第二十条规定，对检验检疫机构对其所代理报检事项进行的调查和处理不予配合的；

（九）违反本规定第二十一条规定，出让其名义供他人代理报检业务的；

（十）违反本规定第二十二条规定，未建立、健全代理报检业务档案，不能真实完整地记录其承办的代理报检业务的；

（十一）违反本规定第二十三条规定，利用电子报检企业端软件开展远程电子预录入的；

（十二）因其他原因需暂停报检的。

第二十五条　代理报检机构有下列情况之一的，国家质检总局可以取消其代理报检资格：

（一）代理报检企业发生变化，不具备本规定第六条条件的；

（二）未参加年审或者年审不合格的；

（三）有本规定第二十四条所列行为之一，情节严重的；

（四）不按代理权限履行义务，影响检验检疫工作秩序的；

（五）不如实报检，骗取检验检疫单证的；

（六）伪造、变造、买卖或者盗窃检验检疫单证、印章、标志、封识和质量认证标志的；

（七）因其他原因需取消代理报检资格的。

第二十六条　代理报检机构及其报检员在从事报检业务活动中违反检验检疫法律法规的，按照法律法规规定处理。

第二十七条　检验检疫机构和工作人员不得以任何形式成立代理报检单位，进行代理报检工作，从中谋取任何不正当利益。

第二十八条　检验检疫机构工作人员不得与代理报检单位有任何利益关系。检验检疫机构工作人员和按国家有关规定应予回避的人员以及离开检验检疫工作岗位 3 年内的人员，不得在代理报检单位任职并按照有关规定实行回避制度。

第五章　附　则

第二十九条　本规定所称的代理报检不包括生产企业接受贸易公司的委托，为该贸易公司收购本企业产品进行报检的行为。

第三十条　国家质检总局鼓励进出口企业以电子方式直接向检验检疫机构报检。

第三十一条　本规定由国家质检总局负责解释。

第三十二条　本规定自 2003 年 1 月 1 日起施行。

中华人民共和国国家质量监督检验检疫总局令

第37号

《进口旧机电产品检验监督管理办法》已经2002年12月19日国家质量监督检验检疫总局局务会议审议通过，现予公布，自2003年5月1日起施行。

局　长：李长江

二〇〇二年十二月三十一日

进口旧机电产品检验监督管理办法

第一章　总　则

第一条　为加强进口旧机电产品的检验监督管理，保障人身和财产安全，保护环境，防止欺诈行为，根据《中华人民共和国进出口商品检验法》及其实施条例以及中华人民共和国缔结或者参加的国际条约、协定的有关规定，制定本办法。

第二条　本办法适用于国家允许进口的、在中国境内销售、使用的旧机电产品的检验和监督管理。

第三条　本办法所称旧机电产品是指符合下列条件之一者：

（一）已经使用，仍具备基本功能和一定使用价值的机电产品；

（二）未经使用但存放时间过长，超过质量保证期的机电产品；

（三）未经使用但存放时间过长，部件产生明显有形损耗的机电产品；

（四）新旧部件混装的机电产品；

（五）大型二手成套设备。

第四条　进口的旧机电产品必须符合我国有关安全、卫生和环境保护的国家技术规范的强制性要求。

第五条　国家质量监督检验检疫总局（以下简称国家质检总局）主管全国进口旧机电产品检验监督管理工作。国家质检总局设在各地的出入境检验检疫机构（以下简称检验检疫机构）负责所辖地区进口旧机电产品检验监督管理工作。

第六条　国家根据需要，对涉及国家安全、环境保护、人类和动植物健康的旧机电产品实施装运前预检验和到货检验，并以到货检验结果为准；对其他进口旧机电产品实施到货检验。

第七条　进口旧机电产品未经检验或者经检验不符合我国有关安全、卫生和环境保护等国家技术规范强制性要求的，不得销售、安装和使用。

第二章　装运前预检验　　第八条　装运前预检验内容包括：

（一）检验货物是否与国家审批项目相符；

（二）核查货物数量、规格、新旧、残损情况是否与合同、装箱单所列相符；

（三）对安全、卫生、环境保护项目做出初步评价。

第九条　根据有关规定，旧机电产品进口前需取得外经贸部门签发的证明文件的，进口旧机电产品的收货人或者其代理人应当按照有关规定，取得相应的证明文件，并在贸易合同或者协议生效之后、进口旧机电产品到货90日前，根据下列情况办理备案手续：

（一）进口旧机电产品由外经贸部机电办公室签发允许进口证明文件的，应当持证明文件到国家质检总局办理备案手续。需要进行装运前预检验的，由国家质检总局出具《进口旧机电产品装运前预检验备案书》；不需要进行装运前预检验的，由国家质检总局出具《进口旧机电产品免装运前预检验证明书》。

（二）进口旧机电产品由地方机电办公室签发允许进口证明文件的，应当持证明文件到所在地直属检验检疫局办理备案手续。需要进行装运前预检验的，由直属检验检疫局出具《进口旧机电产品装运前预检验备案书》；不需要进行装运前预检验的，由直属检验检疫局出具《进口旧机电产品免装运前预检验证明书》。

第十条　根据有关规定，旧机电产品进口前不需要外经贸部门签发进口证明文件的，进口旧机电产品的收货人或者其代理人应当到所在地直属检验检疫局备案。需要进行装运前预检验的，由直属检验检疫局出具《进口旧机电产品装运前预检验备案书》；不需要进行装运前预检验的，由直属检验检疫局出具《进口旧机电产品免装运前预检验证明书》。

第十一条　装运前预检验机构应当按照中国有关的国家技术规范的强制性要求对进口旧机电产品进行预检验。

第十二条　装运前预检验机构应当在货物装运前完成预检验工作，并出具《装运前预检验报告》报国家质检总局。经国家质检总局审核合格的，换发《旧机电产品装运前预检验证书》。

第十三条　国家质检总局负责对可实施装运前预检验机构的认可工作及对实施装运前预检验人员资格的认可和培训工作。未经认可的机构或者人员不得从事进口旧机电产品装运前预检验工作。

装运前预检验机构和装运前预检验人员的管理办法另行制定。

第三章　到货检验

第十四条　进口旧机电产品运抵口岸后，收货人或者其代理人应当持国家质检总局或者直属检验检疫局出具的《进口旧机电产品免装运前预检验证明书》（正本）或者《进口旧机电产品装运前预检验备案书》和《旧机电产品装运前预检验证书》（正本）以及其他必要单证办理进口报检手续。旧机电产品进口前需取得外经贸部门签发的证明文件的，报检时应当同时提供允许进口的证明文件。

第十五条　检验检疫机构接受报检后，核查单证，签发《入境货物通关单》，并在《入境货物通关单》上注明为旧品，必要时实施查验。

第十六条　进口旧机电产品货物使用地检验检疫机构负责对进口旧机电产品实施到货检验。未明确使用地的进口旧机电产品，由进境口岸检验检疫机构负责实施到货检验和监督管理。

第十七条　需异地实施检验的，入境口岸检验检疫机构签发《入境货物通关单》后，应当及时将《进口旧机电产品免装运前预检验证明书》（正本）或者《旧机电产品装运前预检验证书》（正本）、其他报检资料及《入境货物通关单》第三联寄送到货地检验检疫机构。入境口岸检验检疫机构应当将《进口旧机电产品免装运前预检验证明书》（正本）复印件或者《旧机电产品装运前预检验证书》（正本）复印件、其他报检资料复印件存档备查。

第十八条　进口旧机电产品到达使用地 6 个工作日内，其收货人或者代理人应当持有关报检资料向货物使用地检验检疫机构申报检验，货物使用地检验检疫机构应当及时安排检验。

第十九条　进口旧机电产品到货后的检验项目包括：开箱检验，安全、卫生、环境保护项目检验。

（一）开箱检验包括核对旧机电产品的名称、品牌、规格型号、数量、新旧情况和包装情况；

（二）安全项目检验按照国家有关机电产品电气安全和机械安全的强制性标准实施检验，检查机件安全状况是否良好、操作功能是否正常、电气系统是否灵敏可靠、防护装置是否安全可靠等；

（三）环境保护项目检验按照国家有关环境保护的国家技术规范强制性要求实施检验，对货物进行辐射检测，检查有无漏水、漏油、附着或者夹带污物、泥土、超标准排烟及噪音超标准等。

第二十条　经检验合格的，出具《入境货物检验检疫证明》；经检验不合格的，出具《入境货物检验检疫证书》。

第二十一条　经检验，进口旧机电产品安全、卫生、环境保护等项目不符合国家技术规范强制性要求的，由检验检疫机构责令收货人退货或者销毁。

第四章　附　则

第二十二条　对于不如实申报进口旧机电产品，逃避国家对进口旧机电管理的，一经发现，按照《商检法》及其实施条例以及有关规定处罚。

第二十三条　对于加工贸易项下外商提供的不作价进口设备解除海关监管的检验问题，以及使用新机电产品的进口证明文件报检进口旧机电产品的处理，按照有关规定执行。

第二十四条　本办法由国家质检总局负责解释。

第二十五条　本办法自 2003 年 5 月 1 日起施行。原国家进出口商品检验局、原国家出入境检验检疫局制定的有关规定与本办法不一致的，以本办法为准。

中华人民共和国国家质量监督检验检疫总局令

第38号

《国际航行船舶出入境检验检疫管理办法》已经2002年12月19日国家质量监督检验检疫总局局务会议审议通过，现予公布，自2003年3月1日起施行。

局　长：李长江

二〇〇二年十二月三十一日

国际航行船舶出入境检验检疫管理办法

第一章　总　则

第一条　为加强国际航行船舶出入境检验检疫管理，便利国际航行船舶进出我国口岸，根据《中华人民共和国国境卫生检疫法》及其实施细则、《中华人民共和国进出境动植物检疫法》及其实施条例、《中华人民共和国进出口商品检验法》及其实施条例以及《国际航行船舶进出中华人民共和国口岸检查办法》的规定，制定本办法。

第二条　本办法所称国际航行船舶（以下简称船舶）是指进出中华人民共和国国境口岸的外国籍船舶和航行国际航线的中华人民共和国国籍船舶。

第三条　国家质量监督检验检疫总局（以下简称国家质检总局）主管船舶进出中华人民共和国国境口岸（以下简称口岸）的检验检疫工作。国家质检总局设在各地的出入境检验检疫机构（以下简称检验检疫机构）负责所辖地区的船舶进出口岸的检验检疫和监督管理工作。

第四条　国际航行船舶进出口岸应当按照本办法规定实施检验检疫。

第二章　入境检验检疫

第五条　入境的船舶必须在最先抵达口岸的指定地点接受检疫，办理入境检验检疫手续。

第六条　船方或者其代理人应当在船舶预计抵达口岸24小时前（航程不足24小时的，在驶离上一口岸时）向检验检疫机构申报，填报入境检疫申报书。如船舶动态或者申报内容有变化，船方或者其代理人应当及时向检验检疫机构更正。

第七条　受入境检疫的船舶，在航行中发现检疫传染病、疑似检疫传染病，或者有人非因意外伤害而死亡并死因不明的，船方必须立即向入境口岸检验检疫机构报告。

第八条　检验检疫机构对申报内容进行审核，确定以下检疫方式，并及时通知船方或者其代理人。

（一）锚地检疫；

（二）电讯检疫；

（三）靠泊检疫；

（四）随船检疫。

第九条　检验检疫机构对存在下列情况之一的船舶应当实施锚地检疫：

（一）来自检疫传染病疫区的；

（二）来自动植物疫区，国家有明确要求的；

（三）有检疫传染病病人、疑似检疫传染病病人，或者有人非因意外伤害而死亡并死因不明的；

（四）装载的货物为活动物的；

（五）发现有啮齿动物异常死亡的；

（六）废旧船舶；

（七）未持有有效的《除鼠/免予除鼠证书》的；

（八）船方申请锚地检疫的；

（九）检验检疫机构工作需要的。

第十条　持有我国检验检疫机构签发的有效《交通工具卫生证书》，并且没有第九条所列情况的船舶，经船方或者其代理人申请，检验检疫机构应当实施电讯检疫。

船舶在收到检验检疫机构同意电讯检疫的批复后，即视为已实施电讯检疫。船方或者其代理人必须在船舶抵达口岸 24 小时内办理入境检验检疫手续。

第十一条　对未持有有效《交通工具卫生证书》，且没有第九条所列情况或者因天气、潮水等原因无法实施锚地检疫的船舶，经船方或者其代理人申请，检验检疫机构可以实施靠泊检疫。

第十二条　检验检疫机构对旅游船、军事船、要人访问所乘船舶等特殊船舶以及遇有特殊情况的船舶，如船上有病人需要救治、特殊物资急需装卸、船舶急需抢修等，经船方或者其代理人申请，可以实施随船检疫。

第十三条　接受入境检疫的船舶，必须按照规定悬挂检疫信号，在检验检疫机构签发入境检疫证书或者通知检疫完毕以前，不得解除检疫信号。除引航员和经检验检疫机构许可的人员外，其他人员不准上船；不准装卸货物、行李、邮包等物品；其他船舶不准靠近； 船上人员，除因船舶遇险外，未经检验检疫机构许可，不得离船；检疫完毕之前，未经检验检疫机构许可，引航员不得擅自将船舶引离检疫锚地。

第十四条　办理入境检验检疫手续时，船方或者其代理人应当向检验检疫机构提交《航海健康申报书》、《总申报单》、《货物申报单》、《船员名单》、《旅客名单》、《船用物品申报单》、《压舱水报告单》及载货清单，并应检验检疫人员的要求提交《除鼠/免予除鼠证书》、《交通工具卫生证书》、《预防接种证书》、《健康证书》以及《航海日志》等有关资料。

第十五条　检验检疫机构实施登轮检疫时，应当在船方人员的陪同下，根据检验检疫工作规程实施检疫查验。

第十六条　检验检疫机构对经检疫判定没有染疫的入境船舶，签发《船舶入境卫生检疫证》；对经检疫判定染疫、染疫嫌疑或者来自传染病疫区应当实施卫生除害处理的或者有其他限制事项的入境船舶，在实施相应的卫生除害处理或者注明应当接受的卫生除害处理事项后，签发《船舶入境检疫证》；对来自动植物疫区经检疫判定合格的船舶，应船舶负责人或者其代理人要求签发《运输工具检疫证书》；对须实施卫生除害处理的，应当向船方出具《检验检疫处理通知书》，并在处理合格后，应船方要求签发《运输工具检疫处理证书》。

第三章　出境检验检疫

第十七条　出境的船舶在离境口岸接受检验检疫，办理出境检验检疫手续。

第十八条　出境的船舶，船方或者其代理人应当在船舶离境前4小时内向检验检疫机构申报，办理出境检验检疫手续。已办理手续但出现人员、货物的变化或者因其他特殊情况24小时内不能离境的，须重新办理手续。

船舶在口岸停留时间不足24小时的，经检验检疫机构同意，船方或者其代理人在办理入境手续时，可以同时办理出境手续。

第十九条　对装运出口易腐烂变质食品、冷冻品的船舱，必须在装货前申请适载检验，取得检验证书。未经检验合格的，不准装运。

装载植物、动植物产品和其他检疫物出境的船舶，应当符合国家有关动植物防疫和检疫的规定，取得《运输工具检疫证书》。对需实施除害处理的，作除害处理并取得《运输工具检疫处理证书》后，方可装运。

第二十条　办理出境检验检疫手续时，船方或者其代理人应当向检验检疫机构提交《航海健康申报书》、《总申报单》、《货物申报单》、《船员名单》、《旅客名单》及载货清单等有关资料（入境时已提交且无变动的可免于提供）。有第十九条所列情况的，应当提交相关检验检疫证书。

第二十一条　经审核船方提交的出境检验检疫资料或者经登轮检验检疫，符合有关规定的，检验检疫机构签发《交通工具出境卫生检疫证书》，并在船舶出口岸手续联系单上签注。

第四章　检疫处理

第二十二条　对有下列情况之一的船舶，应当实施卫生除害处理：

（一）来自检疫传染病疫区；

（二）被检疫传染病或者监测传染病污染的；

（三）发现有与人类健康有关的医学媒介生物，超过国家卫生标准的；

（四）发现有动物一类、二类传染病、寄生虫病或者植物危险性病、虫、杂草的或者一般性病虫害超过规定标准的；

（五）装载散装废旧物品或者腐败变质有碍公共卫生物品的；

（六）装载活动物入境和拟装运活动物出境的；

（七）携带尸体、棺柩、骸骨入境的；

（八）废旧船舶；

（九）国家质检总局要求实施卫生除害处理的其他船舶。

第二十三条　对船上的检疫传染病染疫人应当实施隔离，对染疫嫌疑人实施不超过该检疫传染病潜伏期的留验或者就地诊验。

第二十四条　对船上的染疫动物实施退回或者扑杀、销毁，对可能被传染的动物实施隔离。发现禁止进境的动植物、动植物产品和其他检疫物的，必须作封存或者销毁处理。

第二十五条　对来自疫区且国家明确规定应当实施卫生除害处理的压舱水需要排放的，应当在排放前实施相应的卫生除害处理。对船上的生活垃圾、泔水、动植物性废弃物，应当放置于密封有盖的容器中，在移下前应当实施必要的卫生除害处理。

第二十六条　对船上的伴侣动物，船方应当在指定区域隔离。确实需要带离船舶的伴侣动物、船用动植物及其产品，按照有关检疫规定办理。

第五章　监督管理

第二十七条　检验检疫机构对航行或者停留于口岸的船舶实施监督管理，对卫生状况不良和可能导致传染病传播或者病虫害传播扩散的因素提出改进意见，并监督指导采取必要的检疫处理措施。

第二十八条　检验检疫机构接受船方或者其代理人的申请，办理《除鼠/免予除鼠证书》（或者延期证书）、《交通工具卫生证书》等有关证书。

第二十九条　船舶在口岸停留期间，未经检验检疫机构许可，不得擅自排放压舱水、移下垃圾和污物等，任何单位和个人不得擅自将船上自用的动植物、动植物产品及其他检疫物带离船舶。船舶在国内停留及航行期间，未经许可不得擅自启封动用检验检疫机构在船上封存的物品。

第三十条　检验检疫机构对船舶上的动植物性铺垫材料进行监督管理，未经检验检疫机构许可不得装卸。

第三十一条　船舶应当具备并按照规定使用消毒、除虫、除鼠药械及装置。

第三十二条　来自国内疫区的船舶，或者在国内航行中发现检疫传染病、疑似检疫传染病，或者有人非因意外伤害而死亡并死因不明的，船舶负责人应当向到达口岸检验检疫机构报告，接受临时检疫。

第三十三条　检验检疫机构对从事船舶食品、饮用水供应的单位以及从事船舶卫生除害处理、船舶生活垃圾、泔水、动植物废弃物等收集处理的单位实行卫生注册登记管理；对从事船舶代理、船舶物料服务的单位实行登记备案管理。其从业人员应当按照检验检疫机构的要求接受培训和考核。

第六章　附则

第三十四条　航行港澳小型船舶的检验检疫按照国家质检总局的有关规定执行。

第三十五条　往来边境地区的小型船舶、停靠非对外开放口岸的船舶以及国际海运过鲜船舶的检验检疫参照本办法执行。

第三十六条　违反本办法规定的，按照国家有关法律法规的规定处罚。

第三十七条　本办法由国家质检总局负责解释。

第三十八条　本办法自2003年3月1日起施行。原国家动植物检疫局1995年5月8日发布的《国际航行船舶进出中华人民共和国口岸动植物检疫实施办法》（试行）和原国家商品检验局1994年12月29日发布的《装运出口商品船舱检验管理办法》同时废止。其他有关规定与本办法不一致的，以本办法为准。

中华人民共和国国家质量监督检验检疫总局令

第39号

《进出口商品抽查检验管理办法》已经2002年12月19日国家质量监督检验检疫总局局务会议审议通过，现予公布，自2003年2月1日起施行。

局　长：李长江

二〇〇二年十二月三十一日

进出口商品抽查检验管理办法

第一章　总　则

第一条　为了加强进出口商品的抽查检验工作，规范进出口商品的抽查检验和监督管理行为，维护社会公共利益，根据《中华人民共和国进出口商品检验法》（以下简称《商检法》）及其实施条例的有关规定，制定本办法。

第二条　本办法所称的进出口商品是指按照《商检法》规定必须实施检验的进出口商品以外的进出口商品。

第三条　抽查检验重点是涉及安全、卫生、环境保护，国内外消费者投诉较多，退货数量较大，发生过较大质量事故以及国内外有新的特殊技术要求的进出口商品。

第四条　国家质量监督检验检疫总局（以下简称国家质检总局）统一管理全国进出口商品的抽查检验工作，确定、调整和公布实施抽查检验的进出口商品的种类。国家质检总局设在各地的出入境检验检疫机构（以下简称检验检疫机构）负责管理和组织实施所辖地区的进出口商品抽查检验工作。

第五条 国家质检总局根据情况可以公布抽查检验结果、发布预警通告、采取必要防范措施或者向有关部门通报抽查检验情况。

第六条 进出口商品抽查检验项目的合格评定依据是国家技术规范的强制性要求或者国家质检总局指定的其它相关技术要求。

第七条 检验检疫机构实施进出口商品抽查检验，不得向被抽查单位收取检验费用，所需费用列入检验检疫机构年度抽查检验专项业务预算。

第八条 各有关部门应当支持检验检疫机构的抽查检验工作。被抽查单位对抽查检验应当予以配合，不得阻挠，并应当提供必要的工作条件。检验检疫机构按照便利外贸的原则，科学组织实施抽查检验工作；不得随意扩大抽查商品种类和范围，否则企业有权拒绝抽查。

第九条 检验检疫有关人员在执行抽查检验工作中，必须严格遵纪守法，秉公办事，并对拟抽查单位，抽查商品种类及被抽查单位的生产工艺、商业秘密负有保密义务。

第二章 抽查检验

第十条 国家质检总局每年制定并下达进出口商品抽查检验计划，包括商品名称、检验依据、抽样要求、检测项目、判定依据、实施时间等，必要时可对抽查检验计划予以调整，或者下达专项进出口商品抽查检验计划。

第十一条 检验检疫机构根据国家质检总局下达的抽查检验计划，经过必要调查，结合本地区相关进出口商品实际情况，确定被抽查检验单位，制订具体实施方案，并报国家质检总局备案。

第十二条 检验检疫机构应当按照国家质检总局对抽查检验工作的统一部署和要求，认真组织实施本地区的抽查检验。

第十三条 实施现场抽查检验时，应当有 2 名以上（含 2 名）人员参加。抽查检验人员应当在抽查检验前出示抽查检验通知书和执法证件，并向被抽查单位介绍国家对进出口商品抽查检验的有关规定及要求。有关证件不符合规定时，被抽查单位有权拒绝抽查检验。

第十四条 对实施抽查检验的进口商品，检验检疫机构可以在进口商品的卸货口岸、到达站或者收用货单位所在地进行抽样；对实施抽查检验的出口商品，检验检疫机构可以在出口商品的生产单位、货物集散地或者发运口岸进行抽样。

第十五条 抽取的进出口商品的样品，由被抽查单位无偿提供。样品应当随机抽取，并应当具有一定的代表性。样品及备用样品的数量不得超过抽样要求和检验的合理需要。

第十六条 抽样后，抽查检验人员应当对样品进行封识，并填写抽样单。抽样单应当由抽查人和被抽查单位代表签字，并加盖被抽查单位公章。特殊情况下，由检验检疫机构予以确认。

第十七条 对不便携带的被封样品，抽查检验人员可以要求被抽查单位在规定的期限内邮寄或者送至指定地点，被抽查单位无正当理由不得拒绝。

第十八条 销售商应当及时通知供货商向检验检疫机构说明被抽查检验进口商品的技术规格、供销情况等。

第十九条　承担抽查检验的检测单位应当具备相应的检测资质条件和能力。检测单位应当严格按照规定的标准进行检测，未经许可严禁将所检项目进行分包，并对检测数据负有保密义务。

第二十条　检测单位接受样品后应当对样品数量、状况与抽样单上记录的符合性进行检查，并在规定的时间内完成样品的检测工作，所检样品的原始记录应当妥善保存。

第二十一条　检测报告中的检测依据、检测项目必须与抽查检验的要求相一致。检测报告应当内容齐全，数据准确，结论明确。检测单位应当在规定的时限内将检测报告送达检验检疫机构。

第二十二条　验余的样品，检测单位应当在规定的时间内通知被抽查单位领回；逾期不领回的，由检验检疫机构做出处理。

第二十三条　检验检疫机构在完成抽查检验任务后，应当在规定的时间内将抽查结果上报国家质检总局，并将抽查情况及结果等有关资料进行立卷归档，未经国家质检总局同意，不得擅自将抽查结果及有关材料对外泄露。

第三章　监督管理

第二十四条　检验检疫机构应当将国家质检总局公布的抽查检验结果、预警通告等及时通报给当地有关部门和企业，指导协助有关出口企业提高产品质量，协助有关进口单位采取必要措施防范可能的风险。

第二十五条　经检验检疫机构抽查合格的进口商品，签发抽查情况通知单；对不合格的进口商品，签发抽查不合格通知单，并做出以下处理：

（一）需要对外索赔的进口商品，收用货人可向检验检疫机构申请检验出证；只需索赔，不需要换货或者退货的，收货人应当保留一定数量的实物或者样品；需要对外提出换货或者退货的，收货人必须妥善保管进口商品，在索赔结案前不得动用。

（二）对抽查不合格的进口商品，必须在检验检疫机构的监督下进行技术处理，经重新检测合格后，方可销售或者使用；不能进行技术处理或者经技术处理后仍不合格的，由检验检疫机构责令当事人退货或者销毁。

第二十六条　经检验检疫机构抽查合格的出口商品，签发抽查情况通知单；不合格的，签发抽查不合格通知单，并在检验检疫机构的监督下进行技术处理，经重新检测合格后，方准出口；不能进行技术处理或者经技术处理后，重新检测仍不合格的，不准出口。

第二十七条　无正当理由拒绝抽查检验及不寄或者不送被封样品的单位，其产品视为不合格，根据国家质检总局规定对拒绝接受抽查检验的企业予以公开曝光。

第二十八条　检验检疫机构不得对同一批商品进行重复抽查检验，被抽查单位应当妥善保管有关被抽查的证明。

第二十九条　被抽查单位对检验检疫机构做出的抽查结论有异议时，可以按照《进出口商品复验办法》申请复验。

第三十条　违反本办法规定的，按照《商检法》及其实施条例的有关规定处理。

第四章　附　则

第三十一条　本办法由国家质检总局负责解释。

第三十二条　本办法自2003年2月1日起施行。原国家进出口商品检验局1994年4月5日发布的《进出口商品抽查检验管理办法》同时废止。

中华人民共和国国家质量监督检验检疫总局令
第40号

《进境动物和动物产品风险分析管理规定》已经2002年10月18日国家质量监督检验检疫总局局务会议审议通过，现予公布，自2003年2月1日起施行。

局　长：李长江

二〇〇二年十二月三十一日

进境动物和动物产品风险分析管理规定

第一章　总　则

第一条　为规范进境动物和动物产品风险分析工作，防范动物疫病传入风险，保障农牧渔业生产，保护人体健康和生态环境，根据《中华人民共和国进出境动植物检疫法》及其实施条例，参照世界贸易组织（WTO）关于《实施卫生和植物卫生措施协定》（SPS协定）的有关规定，制定本规定。

第二条　本规定所称动物和动物产品风险分析，包括对进境动物、动物产品、动物遗传物质、动物源性饲料、生物制品和动物病理材料的风险分析。

第三条　国家质量监督检验检疫总局（以下简称国家质检总局）统一管理进境动物、动物产品风险分析工作。

第四条　开展风险分析应当遵守我国法律法规的规定，并遵循下列原则：

（一）以科学为依据；

（二）执行或者参考有关国际标准、准则和建议；

（三）透明、公开和非歧视原则；

（四）不对国际贸易构成变相限制。

第五条　当有关国际标准、准则和建议不能达到我国农牧渔业生产、人体健康和生态环境的必要保护水平时，国家质检总局根据风险分析的结果可采取高于国际标准、准则和建议的措施。

第六条　风险分析过程应当包括危害因素确定、风险评估、风险管理和风险交流。

第七条　风险分析应当形成书面报告。报告内容应当包括背景、方法、程序、结论和管理措施等。

第二章　危害因素确定

第八条　对进境动物、动物产品、动物遗传物质、动物源性饲料、生物制品和动物病理材料应当进行危害因素确定。

第九条　危害因素主要是指：

（一）《中华人民共和国进境一、二类动物传染病寄生虫名录》所列动物传染病、寄生虫病病原体；

（二）国外新发现并对农牧渔业生产和人体健康有危害或潜在危害的动物传染病、寄生虫病病原体；

（三）列入国家控制或者消灭计划的动物传染病、寄生虫病病原体；

（四）对农牧渔业生产、人体健康和生态环境可能造成危害或者负面影响的有毒有害物质和生物活性物质。

第十条　经确定进境动物、动物产品、动物遗传物质、动物源性饲料、生物制品和动物病理材料不存在危害因素的，不再进行风险评估。

第三章　风险评估

第十一条　进境动物、动物产品、动物遗传物质、动物源性饲料、生物制品和动物病理材料存在危害因素的，启动风险评估程序。

第十二条　根据需要，对输出国家或者地区的动物卫生和公共卫生体系进行评估。

动物卫生和公共卫生体系的评估以书面问卷调查的方式进行，必要时可以进行实地考察。

第十三条　风险评估采用定性、定量或者两者相结合的分析方法。

第十四条　风险评估过程包括传入评估、发生评估、后果评估和风险预测。

第十五条　传入评估应当考虑以下因素：

（一）生物学因素，如动物种类、年龄、品种，病原感染部位，免疫、试验、处理和检疫技术的应用；

（二）国家因素，如疫病流行率，动物卫生和公共卫生体系，危害因素的监控计划和区域化措施；

（三）商品因素，如进境数量，减少污染的措施，加工过程的影响，贮藏和运输的影响。

传入评估证明危害因素没有传入风险的，风险评估结束。

第十六条　发生评估应当考虑下列因素：

（一）生物学因素，如易感动物、病原性质等；

（二）国家因素，如传播媒介，人和动物数量，文化和习俗，地理、气候和环境特征；

（三）商品因素，如进境商品种类、数量和用途，生产加工方式，废弃物的处理。

发生评估证明危害因素在我国境内不造成危害的，风险评估结束。

第十七条　后果评估应当考虑以下因素：

（一）直接后果，如动物感染、发病和造成的损失，以及对公共卫生的影响等；

（二）间接后果，如危害因素监测和控制费用，补偿费用，潜在的贸易损失，对环境的不利影响。

第十八条　对传入评估、发生评估和后果评估的内容综合分析，对危害发生作出风险预测。

第四章　风险管理

第十九条　当境外发生重大疫情和有毒有害物质污染事件时，国家质检总局根据我国进出境动植物检疫法律法规，并参照国际标准、准则和建议，采取应急措施，禁止从发生国家或者地区输入相关动物、动物产品、动物遗传物质、动物源性饲料、生物制品和动物病理材料。

第二十条　根据风险评估的结果，确定与我国适当保护水平相一致的风险管理措施。风险管理措施应当有效、可行。

第二十一条　进境动物的风险管理措施包括产地选择、时间选择、隔离检疫、预防免疫、实验室检验、目的地或者使用地限制和禁止进境等。

第二十二条　进境动物产品、动物遗传物质、动物源性饲料、生物制品和动物病理材料的风险管理措施包括产地选择，产品选择，生产、加工、存放、运输方法及条件控制，生产、加工、存放企业的注册登记，目的地或者使用地限制，实验室检验和禁止进境等。

第五章　风险交流

第二十三条　风险交流应当贯穿于风险分析的全过程。风险交流包括收集与危害和风险有关的信息和意见，讨论风险评估的方法、结果和风险管理措施。

第二十四条　政府机构、生产经营单位、消费团体等可了解风险分析过程中的详细情况，可提供意见和建议。

对有关风险分析的建议和意见应当组织审查并反馈。

第六章　附　则

第二十五条　术语解释

“风险”是指动物传染病、寄生虫病病原体、有毒有害物质随进境动物、动物产品、动物遗传物质、动物源性饲料、生物制品和动物病理材料传入的可能性及其对农牧渔业生产、人体健康和生态环境造成的危害。

“风险分析”是指危害因素确定、风险评估、风险管理和风险交流的过程。

“危害因素确定”是指确定进境动物、动物产品、动物遗传物质、动物源性饲料、生物制品和动物病理材料可能传入病原体和有毒有害物质的过程。

“有毒有害物质”是指对农牧渔业生产、人体健康和生态环境造成危害的生物、物理和化学物质。

“风险评估”是指对病原体、有毒有害物质传入、扩散的可能性及其造成危害的评估。

“风险管理”是指制定和实施降低风险措施的过程。

“风险交流”是指在风险分析过程中与有关方面进行的信息交流。

“传入评估”是指对危害因素的传入途径以及通过该途径传入的可能性的评估。

“发生评估”是指危害因素传入后，对我国农牧渔业生产、人体健康和生态环境造成危害的途径以及发生危害的可能性的评估。

“后果评估”是指危害因素传入后，对我国农牧渔业生产、人体健康及生态环境所造成的后果的评估。

“风险预测”是指对传入评估、发生评估和后果评估的结果综合分析以获得对进口风险的估计。

“定性分析”是指用定性术语如高、中、低或者极低等表示可能性或者后果严重性的风险评估方式。

“定量分析”是指用数据或概率表示风险分析结果的风险评估方式。

第二十六条　本规定由国家质检总局负责解释。

第二十七条　本规定自 2003 年 2 月 1 日起施行。

中华人民共和国国家质量监督检验检疫总局令

第 41 号

《进境植物和植物产品风险分析管理规定》已经 2002 年 12 月 19 日国家质量监督检验检疫总局局务会议审议通过，现予公布，自 2003 年 2 月 1 日起施行。

局　长：李长江

二〇〇二年十二月三十一日

进境植物和植物产品风险分析管理规定

第一章　总　则

第一条　为防止外来植物检疫性有害生物传入，保护我国农、林业生产安全及生态环境，根据《中华人民共和国进出境动植物检疫法》及其实施条例，参照世界贸易组织（WTO）关于《实施卫生与植物卫生措施协定》（SPS 协定）和国际植物保护公约（IPPC）的有关规定，制定本规定。

第二条　本规定适用于对进境植物、植物产品和其他检疫物传带检疫性有害生物的风险分析。

第三条　国家质量监督检验检疫总局（以下简称国家质检总局）统一管理进境植物、植物产品和其他检疫物的风险分析工作。

第四条　开展风险分析应当遵守我国法律法规的规定，并遵循下列原则：

（一）以科学为依据；

（二）遵照国际植物保护公约组织制定的国际植物检疫措施标准、准则和建议；

（三）透明、公开和非歧视性原则；

（四）对贸易的不利影响降低到最小程度。

第五条　当有关国际标准确定的措施不能达到我国农、林业生产安全或者生态环境的必要保护水平时，国家质检总局根据科学的风险分析结果可采取高于国际标准、准则和建议的科学措施。

第六条　有害生物风险分析包括风险分析启动、风险评估和风险管理。

第七条　风险分析完成后应当提交风险分析报告，重要的风险分析报告应当交由中国进出境动植物检疫风险分析委员会审议。

第二章　风险分析启动

第八条　出现下列情况之一时，国家质检总局可以启动风险分析：

（一）某一国家或者地区官方植物检疫部门首次向我国提出输出某种植物、植物产品和其他检疫物申请的；

（二）某一国家或者地区官方植物检疫部门向我国提出解除禁止进境物申请的；

（三）因科学研究等特殊需要，国内有关单位或者个人需要引进禁止进境物的；

（四）我国检验检疫机构从进境植物、植物产品和其他检疫物上截获某种可能对我国农、林业生产安全或者生态环境构成威胁的有害生物；

（五）国外发生某种植物有害生物并可能对我国农、林业生产安全或者生态环境构成潜在威胁；

（六）修订《中华人民共和国进境植物检疫危险性病、虫、杂草名录》、《中华人民共和国进境植物检疫禁止进境物名录》或者对有关植物检疫措施作重大调整；

（七）其他需要开展风险分析的情况。

第九条　首次向我国输出某种植物、植物产品和其他检疫物或者向我国提出解除禁止进境物申请的国家或者地区，应当由其官方植物检疫部门向国家质检总局提出书面申请，并提供开展风险分析的必要技术资料。

第十条　国家质检总局根据有关输出国家或者地区提交申请的时间、提供技术资料的完整性、国外植物疫情的变化以及检验检疫管理等情况确定开展风险分析的先后顺序。

第十一条　国内有关单位或者个人因科学研究等特殊需要引进禁止进境物的，应当提出申请并提供必要的技术资料。

第十二条　出现本规定第八条第（四）、（五）、（六）项情形之一的，国家质检总局自行启动风险分析。

第十三条　在启动风险分析时，应当核查该产品是否已进行过类似的风险分析。如果已进行过风险分析，应当根据新的情况核实其有效性；经核实原风险分析仍然有效的，不再进行新的风险分析。

第三章　风险评估

第十四条　国家质检总局采用定性、定量或者两者结合的方法开展风险评估。

第十五条　风险评估是确定有害生物是否为检疫性有害生物，并评价其传入和扩散的可能性以及有关潜在经济影响的过程。

第十六条　确定检疫性有害生物时应当考虑以下因素：

（一）有害生物的分类地位及在国内外的发生、分布、危害和控制情况；

（二）具有定殖和扩散的可能性；

（三）具有不可接受的经济影响（包括环境影响）的可能性。

第十七条　评价有害生物传入和扩散应当考虑以下因素：

（一）传入可能性评价应当考虑传播途径、运输或者储存期间存活可能性、现有管理措施下存活可能性、向适宜寄主转移可能性，以及是否存在适宜寄主、传播媒介、环境适生性、栽培技术和控制措施等因素；

（二）扩散可能性评价应当考虑自然扩散、自然屏障、通过商品或者运输工具转移可能性、商品用途、传播媒介以及天敌等因素。

第十八条　评价潜在经济影响应当考虑以下因素：

（一）有害生物的直接影响：对寄主植物损害的种类、数量和频率、产量损失、影响损失的生物因素和非生物因素、传播和繁殖速度、控制措施、效果及成本、生产方式的影响以及对环境的影响等；

（二）有害生物的间接影响：对国内和出口市场的影响、费用和投入需求的变化、质量变化、防治措施对环境的影响、根除或者封锁的可能性及成本、研究所需资源以及对社会等影响。

第十九条　国家质检总局根据风险分析工作需要，可以向输出国家或者地区官方检疫部门提出补充、确认或者澄清有关技术信息的要求，派出技术人员到输出国家或者地区进行检疫考察。必要时，双方检疫专家可以共同开展技术交流或者合作研究。

第四章　风险管理

第二十条　国家质检总局根据风险评估的结果，确定与我国适当保护水平相一致的风险管理措施。风险管理措施应当合理、有效、可行。

风险管理是指评价和选择降低检疫性有害生物传入和扩散风险的决策过程。

第二十一条　风险管理措施包括提出禁止进境的有害生物名单，规定在种植、收获、加工、储存、运输过程中应当达到的检疫要求，适当的除害处理，限制进境口岸与进境后使用地点，采取隔离检疫或者禁止进境等。

第二十二条　当境外发生重大疫情并可能传入我国时，或者在进境检疫截获重要有害生物时，根据初步的风险分析，国家质检总局可以直接采取紧急临时风险管理措施；并在随后收集有关信息和资料，开展进一步的风险分析。

第二十三条　国家质检总局拟定风险管理措施应当征求有关部门、行业、企业、专家及 WTO 成员意见，对合理意见应当予以采纳。

第二十四条　国家质检总局应当在完成必要的法律程序后对风险管理措施予以发布，并通报 WTO；必要时，通知相关输出国家或者地区官方植物检疫部门。

第五章　附　则

第二十五条　对进境植物种子、苗木等繁殖材料传带限定的非检疫性有害生物的风险分析，参照本规定执行。

第二十六条　术语解释

“禁止进境物”是指《中华人民共和国进境植物检疫禁止进境物名录》中列明的和我国公告予以禁止进境的植物、植物产品或者其他检疫物。

“限定的非检疫性有害生物”是指存在于供种植的植物中且危及其预期用途，并将产生无法接受的经济影响，因而受到管制的非检疫性有害生物。

第二十七条　本规定由国家质检总局负责解释。

第二十八条　本规定自 2003 年 2 月 1 日起施行。

中华人民共和国国家质量监督检验检疫总局令

第42号

《中华人民共和国实施金伯利进程国际证书制度管理规定》已经2002年12月31日国家质量监督检验检疫总局局务会议审议通过，现予公布，自2003年1月1日起施行。

局　长：李长江

二〇〇二年十二月三十一日

中华人民共和国实施金伯利进程国际证书制度管理规定

第一章　总　则

第一条　为履行国际义务，维护非洲地区的和平与稳定，制止冲突钻石非法交易，根据我国有关法律法规规定和联合国大会第55/56号决议以及金伯利进程国际证书制度的要求，制定本规定。

第二条　本规定所称的毛坯钻石是指未经加工或者经简单切割或者部分抛光，归入《商品名称及编码协调制度》7102. 10、7102. 21和7102. 31的钻石。

第三条　中华人民共和国国家质量监督检验检疫总局（以下简称国家质检总局）是我国实施金伯利进程国际证书制度的管理部门。国家质检总局指定的出入境检验检疫机构（以下简称检验检疫机构）负责对进出口毛坯钻石的原产国（地）或者来源国（地）进行核查，并对毛坯钻石进行验证、检验、签证。

第四条　金伯利进程国际证书是具有法律约束力的官方证明文件。

第五条　本规定适用于金伯利进程国际证书制度成员国（以下简称成员国）之间的毛坯钻石进出口贸易。检验检疫机构只受理成员国之间的毛坯钻石进出口的申报。

第六条　一般贸易项下进出口毛坯钻石的受理申报、核查检验和签发《出/入境货物通关单》，由国家质检总局设在上海钻石交易所内的办事机构办理。金伯利进程国际证书制度中的有关价值核定工作由国家质检总局许可上海钻石研究鉴定中心在上海钻石交易所内承担。

加工贸易项下进出境毛坯钻石的受理申报、核查检验和签发《出/入境货物通关单》，由国家质检总局指定的检验检疫机构办理。

从境外进入保税区、保税仓库和出口加工区以及从保税区、保税仓库、出口加工区和出口监管仓库出境的毛坯钻石的受理申报、核查检验和签发《出/入境货物通关单》，由国家质检总局指定的检验检疫机构办理。

第二章　注册登记

第七条　国家对毛坯钻石进出口实施注册登记管理。

凡在中华人民共和国境内从事毛坯钻石进出口的企业或者其代理人以及承运人必须向检验检疫机构申请并获得注册登记后，方可从事毛坯钻石进出口相关业务。

第八条　申请注册登记时应当提供以下资料：

（一）《中华人民共和国实施金伯利进程国际证书制度注册登记申请表》（附件 1）；

（二）遵守金伯利进程国际证书制度的声明；

（三）企业工商营业执照复印件；

（四）其它需要提供的材料。

第九条　检验检疫机构经审核和调查，对符合注册登记条件的予以办理注册登记手续，并签发《中华人民共和国实施金伯利进程国际证书制度注册登记证》（以下简称注册登记证）（附件 2）。注册登记证的有效期为 2 年，期满前 1 个月内，可以申请延期。

第三章　进口核查检验

第十条　毛坯钻石入境前，毛坯钻石的进出口企业或者其代理人以及承运人（以下简称申报人）应当向其注册登记地检验检疫机构提交注册登记证、《中华人民共和国进口毛坯钻石申报单》（附件 3）、毛坯钻石出口国政府主管机构签发的金伯利进程国际证书正本等有关资料，办理入境申报手续。未提供上述单证的，不予受理申报。

第十一条　检验检疫机构受理申报后，应当严格审查所提交的金伯利进程国际证书，必要时可以进行成员国间核对，并按照金伯利进程国际证书制度的要求，审核申报内容是否与出口国政府主管机构签发的金伯利进程国际证书相符。

第十二条　检验检疫机构应当在指定地点及申报人在场的情况下，核查货物原产地标记、封识及内外包装；检查原产国（地）/来源国（地）、受货人、证书编号等是否与随附的金伯利进程国际证书所列内容一致；对申报金额进行核定；对毛坯钻石的克拉重量（数量）等按照金伯利进程国际证书制度的要求实施检验。

经查验，对符合要求的，签发《入境货物通关单》，海关凭《入境货物通关单》验放。

第十三条　核查、检验结束后，检验检疫机构应当签发进口毛坯钻石确认书，发送至货物原产国（地）/来源国（地）政府主管机构，同时以电子邮件方式确认该批钻石已到达目的地。

第十四条　检验检疫机构应当将《中华人民共和国进口毛坯钻石申报单》、毛坯钻石出口国政府主管机构签发的金伯利进程国际证书正本和进口毛坯钻石确认书副本等有关资料一并归档。档案保存期为 3 年。

第四章　出口核查检验

第十五条　毛坯钻石出境前，申报人应当向其注册登记地检验检疫机构提交注册登记证、《中华人民共和国出口毛坯钻石申报单》(附件4),声明所申报的出口毛坯钻石为非冲突钻石、目的国为成员国,并保证出口毛坯钻石储存在防损容器中运输,同时提供合同、发票及价值证明文件以及其他证明毛坯钻石合法性的有关资料。

第十六条　检验检疫机构受理申报后,应当在指定地点及申报人在场的情况下,对毛坯钻石原产地的真实性等进行核实,对毛坯钻石的克拉重量(数量)进行检验,并对申报金额进行核定。在确认申报人所申报的内容正确无误后,对符合金伯利进程国际证书制度要求的毛坯钻石及其包装容器进行封识,加施原产地注册标记,并签发《金伯利进程国际证书》和《出境货物通关单》,海关凭《出境货物通关单》验放。

检验检疫机构签发《金伯利进程国际证书》后,应当以电子邮件方式将相关信息发送至进口国。

第十七条　检验检疫机构在收到进口国政府主管机构发出的进口毛坯钻石确认书后,应当将确认书、《中华人民共和国出口毛坯钻石申报单》、《金伯利进程国际证书》副本以及合同、发票等有关资料一并归档。档案保存期为3年。

第五章　统计管理

第十八条　检验检疫机构应当按照金伯利进程国际证书制度要求,对毛坯钻石进出口贸易相关数据进行统计管理,建立统计数据库。统计数据包括:HS编码、原产国(地)和来源国(地)、贸易国别、进出口企业、克拉重量(数量)、金额、签证份数、证书编号、确认证书份数等。统计信息保存期为3年。

第十九条　国家质检总局按照金伯利进程国际证书制度的要求及时交换数据,统一对外发布有关信息。

第二十条　申报人要保存完整的贸易证单,同时对有关贸易数据进行统计,统计内容主要包括:客户名称、进出口毛坯钻石的克拉重量(数量)和金额等。贸易证单和统计数据保存期为3年。

第六章　附　则

第二十一条　对过境毛坯钻石,检验检疫机构在申报人确保毛坯钻石密封包装容器未开封和未受损情况下,可以不予核查金伯利进程国际证书。

第二十二条　为方便贸易,便于监管,有关钻石交易机构应当配合检验检疫机构工作,并提供必要的条件。

第二十三条　对未如实申报毛坯钻石的原产国(地)和来源国(地)的,伪造、涂改金伯利进程国际证书等有关证单的,违反金伯利进程国际证书制度有关规定、从事冲突钻石进出口的,按照有关法律法规规定予以处罚。

第二十四条　与本规定有关的金伯利进程国际证书制度术语定义见附件5。

第二十五条　本规定由国家质检总局负责解释。

第二十六条　本规定自2003年1月1日起施行。

中华人民共和国国家质量监督检验检疫总局公告

2002年第2号

为进一步规范进境动植物检疫审批工作，根据《中华人民共和国进出境动植物检疫法》及其实施条例和其他有关规章的相关规定，现将须办理检疫审批的进境动植物、动植物产品和其他检疫物名录予以公布（见附件）。有关事项公告如下：

一、凡名录中规定须办理检疫审批的动植物、动植物产品和其他检疫物，进口单位均须按照有关进境动植物检疫审批的规定，到国家质量监督检验检疫总局（以下简称国家质检总局）办理进境检疫审批手续。

二、西藏自治区与邻近国家开展的边境小额贸易并在西藏自治区内销售使用的进境动植物产品，除偶蹄动物产品外，由西藏检验检疫局审批。

三、对名录中规定须办理检疫审批的动植物、动植物产品和其他检疫物，口岸检验检疫机构必须凭《中华人民共和国进境动植物检疫许可证》正本接受报检。

四、2001年各直属检验检疫局已经发放的《中华人民共和国进境动植物检疫许可证》至2002年2月28日全部废止。

五、引进植物种子和苗木的进境审批办法，按农业部、国家林业局的相关规定执行。

二〇〇二年一月八日

2002年第4号

广东出入境检验检疫局日前从美国进口的（注册代号为P—7987的加工厂）冻鸡腿中检出大肠杆菌O157：H7。根据《出入境检验检疫风险预警及快速反应管理规定》（总局令第1号）及《中美农业合作协议》的有关规定，现通告如下：

1、自即日起，停止从美国进口注册代号为P—7987加工厂的肉类产品。

2、要加强对从美国进口禽肉产品的检验检疫，如发现新问题、新情况，应及时上报总局。

二〇〇二年一月二十一日

2002年第6号

根据《原产地标记管理规定》及其《实施办法》的有关规定，我局组织专家对汝阳杜康系列白酒：中华杜康酒、汝阳杜康酒、汝阳杜康大曲酒（汝阳杜康牌）和洛阳唐三彩（九都牌）生产企业的原产地标记保护申请进行了形式审查和现场实地审查，确认合格，现予以公告。

有关单位或个人对上述产品原产地标记保护申请有异议的，可以自即日起一个月内向我局提出。上述产品原产地标记保护申请资料存放在我局备案。

二〇〇二年一月二十八日

2002年第7号

根据《原产地标记管理规定》及其《实施办法》的有关规定，我局组织专家对漳州水仙花（宜春牌、圆山牌）、漳州片仔癀系列药品（片仔癀牌片仔癀和片仔癀胶囊、龙江牌复方片仔癀软膏）、仙游度尾文旦柚（度尾牌）、安溪铁观音（凤山牌、八马牌）、武夷山正山小种红茶（元正牌）、永春老醋（桃溪牌）生产企业的原产地标记保护申请进行了形式审查和现场实地审查，确认合格，现予以公告。

有关单位或个人对上述产品原产地标记保护申请有异议的，可以自即日起一个月内向我局提出。上述产品原地标记保护申请资料存放在我局备查

二〇〇二年一月二十九日

2002年第8号

根据世界卫生组织（WHO）报告，自2001年11月1日科索沃暴发兔热病以来，截止到2002年1月17日，共发现疑似病人282例，其中59例已确诊。为防止兔热病传入我国，保护前往疫区人员的健康安全，现公告如下：

一、来自疫区的旅客，如发现有发热，淋巴结肿大，皮肤溃疡，眼结膜充血、溃疡等症状的，要立即向出入境检疫检验机构申明。检验检疫人员对病人或疑似病人要采取必要的控制措施，并及时报告。

二、入境检疫检验机构对来自上述疫区的交通工具、货物、集装箱、邮包等加强检疫查验，必要时可依法实施消毒、除虫。如带有动物皮毛、肉制品时，需经检验检疫合格后方可卸下，必要时可对其实施卫生处理。

三、对前往上述疫区的人员，出入境检疫检验机构和旅行保健中心，可提供有关疫情信息和国际旅行卫生保健咨询服务。

二〇〇二年二月一日

2002年第9号

根据《原产地标记管理规定》及其《实施办法》的有关规定，我局组织专家对湖笔（天官牌、双羊牌）生产企业的原产地标记保护申请进行了形式审查和现场实地审查，确认合格，现予以公告。

有关单位或个人对上述产品原产地标记保护申请有异议的，可以自即日起一个月内向我局提出。上述产品原产地标记保护申请资料存放在我局备查。

二〇〇二年二月十日

2002年第16号

根据《原产地标记管理规定》及其《实施办法》的有关规定，我局组织专家对景德镇瓷器（红叶牌高档日用细瓷）生产企业的原产地标记保护申请进行了形式审查和现场实地审查，确认合格，现予以公告。

有关单位或个人对上述产品原产地标记保护申请有异议的，可以自即日起一个月内向我局提出。上述产品原产地标记保护申请资料存放在我局备查。

二〇〇二年二月二十五日

2002年第17号

根据《原产地标记管理规定》及其《实施办法》的有关规定，在山东、烟台、济南、聊城、石岛出入境检验检疫局初步审核的基础上，我局组织专家对张裕葡萄酒（张裕牌）、东阿阿胶（东阿牌、福牌、东阿镇牌）、荣成大花生（圣农牌）生产企业的原产地标记保护申请进行了形式审查和现场实地审查，确认合格，现予以公告。

有关单位或个人对上述产品原产地标记保护申请有异议的，可以自即日起一个月内向我局提出。上述产品原产地标记保护申请资料存放在我局备查。

二〇〇二年二月二十五日

2002年第18号

据世界卫生组织（WHO）2月20日报告，印度喜马偕尔邦（Himachal Pradesh State）2月4日暴发肺鼠疫。截止2月19日已报告16例病人，其中4例已死亡。为防止鼠疫传入我国，保护前往上述疫区人员的健康安全，根据《中华人民共和国国境卫生检疫法》及其《实施细则》的有关规定，现公告如下：

1. 来自疫区的旅客如有高热、淋巴结肿大、胸痛、咳嗽、咳痰、出血等症状的，要立即向出入境检验检疫机构申明。检验检疫人员对鼠疫染疫人和染疫嫌疑人依法采取控制措施。

2. 出入境检验检疫机构对来自上述疫区的交通工具、货物、集装箱、行李、邮包要加强检疫查验，加强对鼠类、蚤类等媒介的控制，必要时可依法实施卫生处理。

3. 出入境检验检疫机构和旅行保健中心对前往上述疫区的人员，可提供疫情信息和国际旅行卫生保健服务。

二〇〇二年二月二十七日

2002年第19号

根据《原产地标记管理规定》及其《实施办法》的有关规定，我局组织专家对山西老陈醋（水塔牌、东湖牌、美和居牌）生产企业的原产地标记保护申请进行了形式审查和现场实地审查，确认合格，现予以公告。

有关单位或个人对上述产品原产地标记保护申请有异议的，可以自即日起一个月内向我局提出。上述产品原产地标记保护申请资料存放在我局备查。

二〇〇二年三月一日

2002年第20号

根据《原产地标记管理规定》及其《实施办法》的有关规定，在河北、张家口出入境检验检疫局初步审核的基础上，我局组织专家组对沙城长城葡萄酒（长城牌）生产企业的原产地标记保护申请进行了形式审查和现场实地审查，确认合格，现予以公告。

有关单位或个人对上述产品原产地标记保护申请有异议的，可以自即日起一个月内向我局提出。上述产品原产地标记保护申请资料存放在我局备查。

二〇〇二年三月四日

2002 年第 21 号

原国家出入境检验检疫局于 2000 年先后颁布了《进出口食品标签审核管理办法》（原国家出入境检验检疫局 2000 年第 19 号局令）和《进出口化妆品监督检验管理办法》（原国家出入境检验检疫局 2000 年第 21 号局令），现就以上两个管理办法实施事宜公告如下：

一、自 2002 年 7 月 1 日起，根据原国家出入境检验检疫局 2000 年颁布的第 19、21 号令中的有关规定，进出口食品、化妆品均须凭标签审核证书（或受理证明）办理报检手续。

二、办理进出口食品、化妆品标签审核时可同时获得《标签审核受理证明》。已经申请标签审核但尚未取得标签审核证书的产品，2002 年 11 月 1 日前可凭《标签审核受理证明》到出入境检验检疫机构办理报检手续。

三、如进口商事先未办理标签审核但货物已经到港，可在到货口岸出入境检验检疫机构申请办理标签审核，凭《标签审核受理证明》在有效期内办理进口手续。2002 年 11 月 1 日后均须凭《标签审核证书》办理报检手续。进口食品、化妆品的标签均须符合中国有关标准的规定。

四、各受理进出口食品、化妆品标签审核申请、初审的出入境检验检疫机构，必须严格按照规定时间完成各自的工作。

五、各进出口商可到国家质量监督检验检疫总局设在各地的出入境检验检疫机构或标签终审机构查询有关事宜。

二〇〇二年三月一日

2002 年第 22 号

根据《原产地标记管理规定》及其《实施办法》的有关规定，我局组织专家对吕四海蛰（三宝牌）生产企业的原产地标记保护申请进行了形式审查和现场实地审查，确认合格，现予以公告。

有关单位或个人对上述产品原产地标记保护申请有异议的，可以自即日起一个月内向我局提出。上述产品原产地标记保护资料存放在我局备查。

二〇〇二年三月六日

2002 年第 28 号

根据《原产地标记管理规定》及其实施办法的有关规定，我局通过了对小站稻米（津沽牌）生产企业的原产地标记保护申请的形式审查和现场实地审查，现予以公告。

有关单位或个人对上述产品原产地标记保护申请有异议的，可以自即日起一个月内向我局提出。上述产品原产地标记保护申请资料存放在我局备查。

二〇〇二年四月八日

2002年第29号

根据《原产地标记管理规定》及其实施办法的有关规定，我局通过了对阳山水蜜桃（太湖阳山牌）、太湖翠竹茶（歌牌、斗山牌）、锡山黄酒（惠泉牌、锡山牌）生产企业的原产地标记保护申请的形式审查和现场实地审查，现予以公告。

有关单位或个人对上述产品原产地标记保护申请有异议的，可以自即日起一个月内向我局提出。上述产品原产地标记保护申请资料存放在我局备查。

二〇〇二年四月八日

2002年第30号

根据《原产地标记管理规定》及其实施办法的有关规定，我局通过了对通化葡萄酒（通化牌、天池牌）和大泉源白酒（大泉源牌）生产企业的原产地标记保护申请的形式审查和现场实地审查，现予以公告。

有关单位或个人对上述产品原产地标记保护申请有异议的，可以自即日起一个月内向我局提出。上述产品原产地标记保护申请资料存放在我局备查。

二〇〇二年四月八日

2002年第31号

据世界卫生组织（WHO）4月4日报告，布基纳法索卫生部报告该国自今年初暴发流行性脑膜炎，截至4月3日，共报告病人6145例，其中813例死亡（病死率13%）。目前疫情已蔓延到26个地区，600万人受到威胁，为防止流脑传入我国，保护前往上述疫区人员的身体健康，特公告如下：

1. 来自上述疫区的旅客，如有发烧、头痛、恶心、呕吐、颈项强直、皮肤粘膜瘀斑等症状的，入境时应当向出入境检验检疫机构申明，检验检疫机构应当对其采取必要的控制措施。入境后出现上述症状的，应当立即就医，并向医生说明近期的旅行史，以便及时得到诊断和治疗。

2. 前往上述疫区的旅行者，可以向检验检疫机构和旅行保健中心了解该地区的疫情，必要时，可进行流脑预防接种或预防性服药。如在国外发现流脑症状，应立即就医，及时诊断和治疗。

二〇〇二年四月十日

2002 年第 32 号

据世界卫生组织（WHO）报告，巴西里约热内卢州暴发登革热，截至 4 月 2 日，里约热内卢市卫生当局共报告登革热病人 67867 例和登革出血热病人 460 例，其中 29 人死亡。目前里约热内卢州的登革热病人已超过 12 万，死亡 40 人。为防止登革热传入我国，保障前往上述疫区人员的身体健康，特公告如下：

1. 来自上述疫区的旅客，如有发烧、头痛、肌肉、皮疹和面、颈、胸部潮红（即三红征）等症状的，入境时应当向出入境检验检疫机构申明，检验检疫机构应当采取必要的控制措施。入境后出现上述症状的，应当立即就医，并向医生说明近期的旅行史，以便及时得到诊断和治疗。

2. 来自上述疫区的交通工具和集装箱等，入境前要实施灭蚊处理，入境时不得携带活蚊。检验检疫机构将在入境时实施严格的检疫查验或灭蚊处理。

3. 前往上述疫区的旅行者，可以向检验检疫机构和旅行保健中心了解登革热和登革出血热的有关疫情信息和咨询灭蚊、防蚊等个人防护措施。

二〇〇二年四月十日

2002 年第 33 号

根据《原产地标记管理规定》及其实施办法的有关规定，我局组织专家对鄂尔多斯羊绒系列产品（鄂尔多斯牌）和通辽肥牛企业的原产地标记保护申请进行了形式审查和现场实地审查，确认合格，现予以公告。

有关单位或个人对上述产品原产地标记保护申请有异议的，可以自即日起 1 个月内向我局提出。上述产品原产地标记保护申请资料存放在我局备查。

二〇〇二年四月十一日

2002年第35号

据世界卫生组织（WHO）4月5日通报，马拉维暴发霍乱。自2001年10月28日至2002年3月9日，该国共报告霍乱病人22023例，其中609例死亡（病死率2.8%）。为防止霍乱传入我国，保护前往上述地区人员的健康安全，根据《中华人民共和国国境卫生检疫法》及其实施细则的有关规定，特公告如下：

1. 来自上述疫区的旅客，如有呕吐、腹泻等症状的，要立即向出入境检验检疫机构申明。检验检疫人员对霍乱染疫人和染疫嫌疑人以及有症状且处于霍乱潜伏期的人员，要依法采取控制措施。

2. 出入境检验检疫机构对来自上述疫区的交通工具、货物、集装箱、邮包等，要加强检疫，必要时可依法实施消毒、除虫处理。如带有水产品、水果、蔬菜、饮料及其他食品，须经检验检疫合格后方可卸下，必要时可对其实施卫生处理。

3. 出入境检验检疫机构和族行保健中心对前往上述疫区的人员，可提供有关传染病疫情信息和国际旅行卫生保健服务。

二〇〇二年四月十八日

2002年第37号

为保证我国出口禽肉的卫生质量和食用安全，促进禽肉出口，结合《中国动物及动物源食品中残留物监控计划》的有关规定，现发布出口肉禽《禁用药物名录》和《允许使用药物名录》（见附件1、2）。自本公告发布之日起，禁止任何企业将在饲养过程中使用了《禁用药物名录》中的药物和《允许使用药物名录》以外的药物的肉禽直接用于出口或加工禽肉出口。原国家质量监督检验检疫总局《关于加强出口肉禽饲养用药管理的通知》（质检食函［2001］36号）所附的名录同时废止。

特此公告。

二〇〇二年四月十九日

2002年第38号

根据《原产地标记管理规定》及其实施办法的有关规定，我局组织专家对洛阳牡丹、伊川杜康酒（杜康牌）、杞县大蒜（金杞牌）生产企业的原产地标记保护申请进行了形式审查和现场实地审查，确认合格，现予以公告。

有关单位或个人对上述产品原产地标记保护申请有异议的，可以自即日起一个月内向我局提出。上述产品原产地标记保护申请资料存放在我局备查。

二〇〇二年四月二十四日

2002年第39号

据世界卫生组织（WHO）4月18日报告，非洲贝宁、科特迪瓦、冈比亚、几内亚、马里、塞内加尔、多哥、埃塞俄比亚、加纳、毛利塔尼亚、布基纳法索、尼日尔、索马里、苏丹、坦桑尼亚等15个国家暴发流行性脑膜炎，截止4月18日，共报告病人20341例，死亡2100例（病死率10.5%）。为防止流脑传入我国，保护前往上述疫区人员的身体健康，根据我国有关法律法规的规定，现公告如下：

1. 来自上述疫区的旅客，如有发烧、头痛、恶心、呕吐、颈项强直、皮肤粘膜瘀斑等症状的，入境时应当向出入境检验检疫机构申明，检验检疫机构应当对其采取必要的控制措施。入境后出现上述症状的，应当立即就医，并向医生说明近期的旅行史，以便及时得到诊断和治疗。

2. 对流脑病人密切接触者，入境时发放就诊方便卡，同时可口服磺胺嘧啶，成人4－6g/d，儿童0. 1g/（kg. d），分两次服用，首剂加倍，连服3－5天，均需同时服用等量苏打。

3. 前往上述疫区的旅行者，可以向检验检疫机构和国际旅行卫生保健中心了解该地区的疫情和有关流脑防治知识。必要时，可进行流脑预防接种或预防性服药。流行期间要做到早发现、早报告、早诊断、早就近住院治疗。

4. 要经常清扫周围环境和室内卫生，注意通风换气，勤晒衣被和儿童玩具。

5. 流脑流行期，应避免大型集会、探亲访友，不带儿童去公共场所。

附：非洲流脑疫区分布图

二〇〇二年四月二十五日

2002年第41号

据世界卫生组织（WHO）2002年4月9日、5月9日报告，加蓬卫生部5月6日正式宣布，该国于2001年12月暴发的埃波拉病毒出血热疫情结束。本次暴发共报告病人65例，死亡53例，最后一例病人死于3月19日，经过两个最长潜伏期的时间没有新的病例报告。鉴于上述情况，自本公告发布之日起，中华人民共和国国家质量监督检验检疫总局2001年第45号公告同时废止。

二〇〇二年五月十四日

2002年第43号

根据《原产地标记管理规定》及其实施办法的有关规定，我局通过了对南阳玉器（拓宝牌）和南阳黄牛生产企业的原产地标记保护申请的形式审查和现场实地审查，现予以公告。

有关单位或个人对上述产品原产地标记保护申请有异议的，可以自公告之日起一个月内向我局提出。上述产品原产地标记保护申请资料存放在我局备查。

二〇〇二年五月十七日

2002年第44号

根据《原产地标记管理规定》及其实施办法的有关规定，我局通过了对黄山毛峰（漕溪牌）生产企业的原产地标记保护申请的形式审查和现场实地审查，现予以公告。

有关单位或个人对上述产品原产地标记保护申请有异议的，可以自公告之日起一个月内向我局提出。上述产品原产地标记保护申请资料存放在我局备查。

二〇〇二年五月十七日

2002年第45号

近日来，西门子公司生产的SOMATOM系列BALANCE和EMOTION两种型号的CT机连续发生多起滑环短路事故，严重的甚至引起使用医院的电路瘫痪。经调查，发现该机型存在滑环易短路、系统不稳定等故障，给医疗诊断带来严重的安全隐患。

为确保人身安全，根据《中华人民共和国进出口商品检验法》和《出入境检验检疫风险预警及快速反应管理规定》（中华人民共和国国家质量监督检验检疫总局令［2001］第1号），现公告如下：

一、自公告之日起，各地检验检疫机构停止办理西门子公司生产的SOMATOM系列BALANCE和EMOTION两种型号CT机的报检通关和相关的检验检疫手续。

二、各使用单位应立即进行安全检查。若发现有类似问题，应及时采取措施，确保医疗安全。

三、西门子中国有限公司应遵照中华人民共和国有关法律法规，及时对上述问题进行处理，彻底消除事故隐患。

二〇〇二年五月二十一日

2002年第46号

2002年4月中旬，甘肃出入境检验检疫局发现甘肃地区部分韩国产奔驰MB100轻型客车行驶中排气管与制动油管、后车轴发生碰撞，造成制动油管被砸扁、油路不畅、后轮制动失灵等安全质量隐患。经在全国范围内进行普查和专家分析，初步认定该型号车存在安全质量隐患。

为确保人身安全，根据《中华人民共和国进出口商品检验法》和《出入境检验检疫风险预警及快速反应管理规定》（中华人民共和国国家质量监督检验检疫总局令［2001］第1号）的规定，现公告如下：

一、自公告之日起，各地检验检疫机构暂停办理韩国双龙汽车公司（SSANGYONG MOTOR COMPANY）生产的：

（一）商标为MERCEDES－BENZ，型号为：MB100K，MB100D2.3，MB100D2.9，MB1002.3，MB140D2.9，MB1402.3

（二）商标为SSANGYONG，型号为：ISTANA（MB100），OMNI（MB140）轻型客车报检通关和相关检验检疫手续，禁止其入境。

二、中国境内的奔驰MB100轻型客车的用户应尽快进行安全检查。对已发生后制动油管砸扁或磨损的用户，请立即停止使用，以避免安全事故。

三、梅塞德斯－奔驰中国有限公司（Mercedes－Benz China Limited）和韩国双龙汽车公司（SSANGYONG MOTOR COMPANY）应遵照中华人民共和国的有关法律法规的规定，尽快采取措施，消除奔驰MB100轻型客车的安全隐患。

二〇〇二年五月二十三日

2002年第53号

据世界卫生组织（WHO）报告，马拉维（Malawei）4月16日暴发腺鼠疫，截止5月27日已报71例病人。为防止腺鼠疫传入我国，保护前往上述疫区人员的健康安全，根据《中华人民共和国国境卫生检疫法》及其实施细则的有关规定，现公告如下：

一、来自疫区的旅客如有高热、淋巴结肿大、胸痛、咳嗽、咳痰、出血等症状，应立即向出入境检验检疫机构申明。检验检疫人员对鼠疫染疫人和染疫嫌疑人要依法采取控制措施。

二、出入境检验检疫机构对来自疫区的交通工具、货物、集装箱、行李、邮包，要严格进行检疫查验，加强对鼠、蚤等病媒的监控，必要时可依法实施卫生处理。

三、出入境检验检疫机构和旅行保健中心对前往疫区的人员，可提供有关疫情信息和国际旅行卫生保健服务。

特此公告。

二○○二年六月十一日

2002年第55号

根据圣犹达医疗用品（香港）有限公司上海代表处关于Tempo心脏起搏器回收情况的汇报及有关资料显示，美国圣犹达公司（公司英文名称：St. Jude Medical，Inc.）生产的概智兄弟公司销售的Teletronics Tempo系列1102、1902、2102、2902型号的植入式心脏起搏器，由于在相邻连接器间的焊剂搭接问题可能造成电池过早耗尽，安全可靠性降低。

为保障我国患者生命安全，根据《中华人民共和国进出口商品检验法》和《出入境检验检疫风险预警及快速反应管理规定》（中华人民共和国国家质量监督检验检疫总局令［2001］第1号），现公告如下：

一、自公告之日起，各地检验检疫机构停止受理美国圣犹达医疗用品公司生产的Teletronics Tempo系列1102、1902、2102、2902型号的进口心脏起搏器的报检及相关检验检疫手续。

二、从公告之日起，各地检验检疫机构暂停受理美国概智兄弟公司（包括Getz Bros. &Co.，Inc.，概智兄弟（上海）医疗用品有限公司、概智兄弟医疗设备（广州）有限公司）进出口产品的报检通关及相关检验检疫手续。

三、请有关医疗机构对已使用上述产品的患者进行跟踪随访，以确保患者生命安全。

特此公告。

二○○二年六月二十四日

2002年第59号

据世界卫生组织（WHO）报告，萨尔瓦多暴发登革热及登革出血热，截止6月15日，共报告登革热病人1200例和登革出血热病人101例。此外，目前一些国家已进入登革热及登革出血热流行季节。为防止登革热及登革出血热传入我国，保障前往疫区人员的身体健康，特公告如下：

一、来自疫区的旅客，如有发烧、头痛、肌肉痛、皮疹和面、颈、胸部潮红（即三红征）等症状的，入境时应当向出入境检验检疫机构申明，检验检疫机构应当采取必要的控制措施。入境后出现上述症状的旅客，应当立即就医，并向医生说明近期的旅行史，以便及时得到诊断和治疗。

二、来自疫区的交通工具和集装箱等，入境前要实施灭蚊处理，入境时不得携带活蚊。检验检疫机构将在其入境时实施严格的检疫查验或灭蚊处理。

三、前往疫区的旅行者，可以向检验检疫机构或保健中心了解登革热和登革出血热的有关疫情信息和咨询灭蚊、防蚊等个人防护措施。

二〇〇二年六月二十七日

2002年第60号

为进一步明确实施强制性产品认证的产品适用范围，根据《第一批实施强制性产品认证的产品目录》（国家质量监督检验检疫总局、国家认证认可监督管理委员会2001年公告第33号）及2002年海关通关业务系统《商品综合分类表》，国家质量监督检验检疫总局、国家认证认可监督管理委员会制定了《＜第一批实施强制性产品认证的产品目录＞中产品的适用范围》。现予以公告，自公告之日起施行。

特此公告。

二〇〇二年七月一日

2002年第62号

据世界卫生组织（WHO）6月28日报告，莫桑比克暴发霍乱。自2002年1月1日至2002年6月17日，该国共报告霍乱病人2028例，其中17例死亡（病死率0.84%）。为防止霍乱传入我国，保护前往该地区人员的健康安全，根据《中华人民共和国国境卫生检疫法》及其实施细则的有关规定，特公告如下：

一、来自该疫区的旅客，如有呕吐、腹泻等症状的，在入境时应当立即向出入境检验检疫机构申明。检验检疫人员对霍乱染疫人和染疫嫌疑人以及有症状且处于霍乱潜伏期人员要依法采取控制措施。

二、出入境检验检疫机构对来自该疫区的交通工具、货物、集装箱、邮包要加强检疫查验，必要时可依法实施消毒、除虫处理。如带有水产品、水果、蔬菜、饮料及其他食品，须经检验检疫合格后方可卸下，必要时可对其实施卫生处理。

三、出入境检验检疫机构和旅行保健中心对前往该疫区的人员，可提供有关传染病疫情信息和国际旅行卫生保健咨询服务。

二〇〇二年七月四日

2002 年第 63 号

根据《原产地标记管理规定》及其实施办法的有关规定，我局通过了对琯溪蜜柚（平和琯溪蜜柚牌）、诏安红星青梅（青果/干湿梅）、白芽奇兰茶（天崇牌、彭溪牌、白芽奇兰牌、九丰牌、白芽牌）生产企业的原产地标记保护申请的形式审查和现场实地审查，确认合格，现予以公告。

有关单位或个人对上述产品原产地标记保护申请有异议的，可以自即日起 1 个月内向我局提出。上述产品原产地标记保护申请资料存放在我局备查。

特此通告。

二〇〇二年七月二十二日

2002 年第 64 号

根据《原产地标记管理规定》及其实施办法的有关规定，我局通过了对漳港海蚌（漳港牌）、莆田枇杷（秋芦牌、常太牌、书峰牌）、建宁白莲（闽江源牌、文鑫牌）生产企业的原产地标记保护申请的形式审查和现场实地审查，确认合格，现予以公告。

有关单位或个人对上述产品原产地标记保护申请有异议的，可以自即日起 1 个月内向我局提出。上述产品原产地标记保护申请资料存放在我局备查。

特此通告。

二〇〇二年七月二十二日

2002 年第 65 号

据世界卫生组织（WHO）报告，阿富汗喀布尔暴发急性水样腹泻综合征。阿富汗公共卫生部门在过去的 3 周共报道了 6691 例病人，其中 3 例死亡，3 例被确定为霍乱弧菌感染。该菌株对强力霉素和四环素敏感。为防止霍乱传入我国，保护前往阿富汗人员的健康安全，根据《中华人民共和国国境卫生检疫法》及其实施细则的有关规定，特公告如下：

一、来自阿富汗的旅客，如有呕吐、腹泻等症状的，在入境时应当立即向出入境检验检疫机构申明。出入境检验检疫人员对霍乱染疫人和染疫嫌疑人以及有症状且处于霍乱潜伏期人员，要依法采取控制措施。

二、出入境检验检疫机构对来自阿富汗的交通工具、货物、集装箱、邮包要加强检疫查验，必要时可依法实施消毒处理。如带有水产品、水果、蔬菜、饮料及其他食品，须经检验检疫合格后方可卸下，必要时可对其实施卫生处理。

三、出入境检验检疫机构和旅行保健中心对前往阿富汗的人员，要提供有关传染病疫情信息和国际旅行卫生保健咨询服务。

特此通告。

二〇〇二年七月二十二日

2002 年第 66 号

根据《原产地标记管理规定》及其实施办法的有关规定，我局通过了对吴江丝绸（龙之练牌、茶花牌、龙桥牌）、阳澄湖大闸蟹（阳澄湖牌）、项城芝麻及其制品和新郑红枣（新郑灰枣牌、新郑鸡心枣牌）生产企业的原产地标记保护申请的形式审查和现场实地审查，确认合格，现予以公告。

有关单位或个人对上述产品原产地标记保护申请有异议的，可以自即日起 1 个月内向我局提出。上述产品原产地标记保护申请资料存放在我局备查。

特此公告。

二〇〇二年七月二十四日

2002 年第 67 号

根据《原产地标记管理规定》及其实施办法的有关规定，我局通过了对贵州醇白酒系列（南盘江牌）、奇香贵州醇白酒系列（LEADDORY 牌）生产企业的原产地标记保护申请的形式审查和现场实地审查，确认合格，现予以公告。

有关单位或个人对上述产品原产地标记保护申请有异议的，可以自即日起1个月内向我局提出。上述产品原产地标记保护申请资料存放在我局备查。

特此公告。

二〇〇二年七月二十四日

2002年第68号

据世界卫生组织（WHO）7月19日报告，布隆迪暴发霍乱。自2002年6月17日至2002年7月15日，该国共报告霍乱病人217例，其中2例死亡。为防止霍乱传入我国，保护前往布隆迪人员的健康安全，根据《中华人民共和国国境卫生检疫法》及其实施细则的有关规定，特公告如下：

一、来自布隆迪的旅客，如有呕吐、腹泻等症状的，在入境时应当立即向出入境检验检疫机构申明。检验检疫人员对霍乱染疫人和染疫嫌疑人以及有症状且处于霍乱潜伏期人员要依法采取控制措施。

二、出入境检验检疫机构对来自布隆迪的交通工具、货物、集装箱、邮包要加强检疫查验，必要时可依法实施消毒、除虫处理。如带有水产品、水果、蔬菜、饮料及其他食品，须经检验检疫合格后方可卸下，必要时可对其实施卫生处理。

三、出入境检验检疫机构和旅行保健中心对前往布隆迪的人员，可提供有关传染病疫情信息和国际旅行卫生保健咨询服务。

二〇〇二年七月二十五日

2002年第69号

据世界卫生组织（WHO）7月19日报告，洪都拉斯暴发登革热及登革出血热。截止6月29日，共报告登革热病人3993例（其中8例死亡）及登革出血热病人545例。为防止登革热及登革出血热传入我国，保障前往洪都拉斯人员的身体健康，特公告如下：

一、来自洪都拉斯的旅客，如有发烧、头痛、肌肉痛、皮疹和面、颈、胸部潮红（即三红征）等症状的，入境时应当向出入境检验检疫机构申明，检验检疫机构应当采取必要的控制措施。入境后出现上述症状的，应当立即就医，并向医生说明近期的旅行史，以便及时得到诊断和治疗。

二、来自洪都拉斯的交通工具和集装箱等，入境前要实施灭蚊处理，入境时不得携带活蚊。检验检疫机构将在入境时实施严格的检疫查验或灭蚊处理。

三、前往洪都拉斯的旅行者，可向检验检疫机构或保健中心了解登革热及登革出血热的有关疫情信息和咨询灭蚊、防蚊等个人防护措施。

二〇〇二年七月二十五日

2002 年第 70 号

2002 年 7 月 7 日，丹麦畜牧业和食品管理局对外宣布：丹麦 Videbak 的 Arinco 公司 2002 年 1 月 3 日至 2002 年 6 月 28 日生产的婴儿奶粉曾被包含油、润滑剂油脂和细小铁质微粒约 0．5—0．75 升的润滑油污染，涉及产品为 1110 吨，Arinco 公司已主动从市场上收回其产品。经证实，在中国销售的受污染的婴儿奶粉是 Arinco 公司在上述期间为美国雅培制药有限公司生产的：培乐 1 婴儿配方袋装奶粉，黄色外包装，批号 87635X、87636X；培乐 2 较大婴幼儿配方袋装奶粉，粉色外包装，批号 85601YX、85602YX、86631YX、86632YX、86633YX。

为保障我国人民的身体健康，根据《中华人民共和国食品卫生法》第九条的规定，现公告如下：

一、自公告之日起，各地检验检疫机构暂停办理美国雅培制药有限公司于 2002 年 1 月 3 日—6 月 28 日丹麦生产的上述 7 个批号的婴幼儿奶粉的报检通关和相关检验检疫手续，禁止其入境。

二、禁止邮寄或旅客携带美国雅培制药有限公司丹麦生产的婴幼儿奶粉入境，一经发现，一律作没收处理。

三、各地检验检疫机构要对已入境的上述奶粉展开调查，仍在仓储、库存的，立即封存，作退货处理；已进入市场销售的，作下架、召回处理；已销售的，请购买者立即停止食用。

四、消费者如因食用奶粉引起不良反应等问题，请及时与当地检验检疫部门联系。

特此公告。

二〇〇二年八月一日

2002 年第 71 号

2002 年 5 月 23 日国家质量监督检验检疫总局发布了 2002 年第 46 号公告，初步认定韩国双龙汽车公司生产的奔驰 MB100（MB100K、MB100D2．3、MB100D2．9、MB1002．3、MB140D2．9、MB1402．3）、双龙 ISTANA（MB100）和 OMNI（MB140）（以下简称 MB100）轻型客车存在安全质量隐患；各地检验检疫机构暂停其报检通关和相关检验检疫手续，禁止其入境。2002 年 7 月 4 日和 11 日，戴姆勒—克莱斯勒（中国）投资有限公司和韩国双龙汽车公司分别致函国家质量监督检验检疫总局，表示接受并服从国家质量监督检验检疫总局 2002 年第 46 号公告，明确由戴姆勒—克莱斯勒（中国）投资有限公司和戴姆勒－克莱斯勒韩国有限公司全权处理韩国双龙汽车公司生产的MB100轻型客车安全隐患相关事宜，并承诺为MB100轻型客车的中国用户无偿更换重新设计的后制动油管，且更换后的车辆在使用期间不发生排气管与右后制动油管发生碰撞的安全质量隐患。更换工作于2002年8月底前完成。

现公告如下：

一、请MB100轻型客车的用户及时到戴姆勒－克莱斯勒（中国）投资有限公司指定的特约维修站更换重新设计的右后制动油管。重新设计的MB100轻型客车右后制动油管的照片和戴姆勒－克莱斯勒（中国）投资有限公司指定的特约维修站一览表将公布在国家质量监督检验检疫总局网站上（网址http：//www. aqsiq. gov. cn/）。

二、各地检验检疫机构要对辖区内MB100轻型客车用户更换右后制动油管的工作实施监督管理。

三、各地检验检疫机构仍执行国家质量监督检验检疫总局2002年第46号公告中关于暂停MB100报检通关的规定。对于国家质量监督检验检疫总局2002年第46号公告规定的已通关入境但暂停办理相关检验检疫手续的MB100轻型客车，可在更换了右后制动油管后办理相关的检验检疫手续。

二〇〇二年八月一日

2002年第76号

据世界卫生组织（WHO）报告，尼日尔暴发霍乱。自2002年6月6日至2002年7月22日，该国共报告霍乱病人104例，其中8例死亡（病死率7. 70%）。为防止霍乱传入我国，保护前往尼日尔人员的健康安全，根据《中华人民共和国国境卫生检疫法》及其实施细则的有关规定，现公告如下：

一、来自尼日尔的旅客，如有呕吐、腹泻等症状的，在入境时应当立即向出入境检验检疫机构申明。检验检疫人员对霍乱染疫人和染疫嫌疑人以及有症状且处于霍乱潜伏期人员要依法采取控制措施。

二、出入境检验检疫机构对来自尼日尔的交通工具、货物、集装箱、行李、邮包要严格进行检疫查验，必要时可依法实施消毒、除虫处理。如带有水产品、水果、蔬菜、饮料及其他食品，需经检验检疫合格后方可卸下，必要时可对其实施卫生处理。

三、出入境检验检疫机构和旅行保健中心对前往尼日尔的人员，可提供有关传染病疫情信息和国际旅行卫生保健服务。

特此公告。

二〇〇二年八月六日

2002年第77号

因西门子公司生产的SOMATOM BALANCE及SOMATOM EMOTION两种型号的CT机（X射线断层扫描仪）在中国境内接连发生7起滑环短路的事故。国家质量监督检验检疫总局于2002年5月21日发布了2002年第45号公告，对该两种型号的CT停止办理检验检疫及有关报检通关手续。对此，西门子公司表示服从法规规章的要求和接受监督管理，并于2002年6月15日完成中国境内全部有关型号CT机的维修改进工作。经维修改进后的CT机运行一段时间后，未出现类似质量问题。现就该两种型号CT机有关事宜公告如下：

一、从公告之日起，各地检验检疫局恢复办理西门子公司生产的SOMATOM BALANCE及SOMATOM EMOTION两种型号的CT机的检验检疫及有关报检通关手续。

二、西门子公司保证自公告之日起，出口到中国的有关型号的CT机全部消除安全质量隐患。同时对经维修改进的CT机的使用单位，承诺180天的滑环质量保证期，保证期自完成维修措施之日算起。

三、各地检验检疫局应加强对西门子公司有关CT机的进口检验监管，并继续对辖区内的经维修的该型号的CT机质量进行监督。

二〇〇二年八月六日

2002年第80号

据世界卫生组织（WHO）8月13日报告，科特迪瓦暴发霍乱。截至2002年7月14日，该国共报告霍乱病人581例，其中19例死亡（病死率3. 27%），且其病例数从2002年7月开始明显增多。为防止霍乱传入我国，保护前往科特迪瓦人员的健康安全，根据《中华人民共和国国境卫生检疫法》及其实施细则的有关规定，现公告如下：

一、来自科特迪瓦的旅客，如有呕吐、腹泻等症状的，在入境时应当立即向出入境检验检疫机构申明。检验检疫人员对霍乱染疫人和染疫嫌疑人以及有症状且处于霍乱潜伏期人员要依法采取控制措施。

二、出入境检验检疫机构对来自科特迪瓦的交通工具、货物、集装箱、行李、邮包要严格进行检疫查验，必要时可依法实施消毒、除虫处理。如带有水产品、水果、蔬菜、饮料及其他食品，未经卫生检疫机关许可，不准卸下。

三、检疫机构和旅行保健中心对前往科特迪瓦的人员，可提供有关传染病疫情信息和国际旅行卫生保健服务。

特此公告。

二〇〇二年八月十五日

2002年第81号

据世界卫生组织（WHO）报告，厄瓜多尔暴发登革热和登革出血热。截止8月2日，共报告登革热疑似病人5833例（其中344例已被确认）和登革出血热疑似病人158例（其中11例已被确认）。为防止登革热和登革出血热传入我国，保障前往厄瓜多尔人员的身体健康，现公告如下：

一、来自厄瓜多尔的旅客，如有发烧、头痛、肌肉痛、皮疹和面、颈、胸部潮红（即三红征）等症状的，入境时应当向出入境检验检疫机构申明，检验检疫机构应当采取必要的控制措施。入境后出现上述症状的，应当立即就医，并向医生说明近期的旅行史，以便及时得到诊断和治疗。

二、来自厄瓜多尔的交通工具和集装箱等，入境前要实施灭蚊处理，入境时不得携带活蚊。检验检疫机构应对其实施严格的检疫查验或灭蚊处理。

三、前往厄瓜多尔的旅行者，可以向检验检疫机构或保健中心了解登革热和登革出血热的有关疫情信息和咨询灭蚊、防蚊等个人防护措施。

特此公告。

二〇〇二年八月二十六日

2002年第85号

根据《原产地标记管理规定》及其实施办法的有关规定，我局通过了对古井贡酒（古井贡牌）、古井酒（古井牌）、金种子酒（金种子牌、种子牌、三秋牌、颖州牌）生产企业的原产地标记保护申请的形式审查和现场实地审查，确认合格，现予以公告。

有关单位或个人对上述产品原产地标记保护申请有异议的，可以自公告之日起一个月内向我局提出。上述产品原产地标记保护申请资料存放在我局备查。

特此公告。

二〇〇二年八月二十九日

2002年第86号

根据《原产地标记管理规定》及其实施办法的有关规定，我局通过了对官井洋大黄鱼（岳海牌）生产企业的原产地标记保护申请的形式审查和现场实地审查，确认合格，现予以公告。

有关单位或个人对上述产品原产地标记保护申请有异议的，可以自公告之日起一个月内向我局提出。上述产品原产地标记保护申请资料存放在我局备查。

特此公告。

二〇〇二年八月二十九日

2002 年第 87 号

根据《原产地标记管理规定》及其实施办法的有关规定，我局通过了对奉化水蜜桃（锦屏山牌）和信阳毛尖生产企业的原产地标记保护申请的形式审查和现场实地审查，确认合格，现予以公告。

有关单位或个人对上述产品原产地标记保护申请有异议的，可以自公告之日起一个月内向我局提出。上述产品原产地标记保护申请资料存放在我局备查。

特此公告。

二〇〇二年八月二十九日

2002 年第 88 号

2002 年 4 月 19 日，国家质量监督检验检疫总局、对外贸易经济合作部根据《中华人民共和国食品卫生法》、《出入境检验检疫风险预警及快速反应管理规定》和中国有关法律规定，联合发布第 36 号公告，暂停进口来自荷兰的动物源性食品，根据荷兰政府主管当局最新提供的相关技术信息和承诺以及中方专家进行的风险评估结果，国家质量监督检验检疫总局、对外贸易经济合作部现决定解除对部分来自荷兰的动物源性食品的进口禁令，具体规定如下：

一、自本公告生效之日起，对来自荷兰的阿拉斯加狭鳕鱼、真鳕鱼、红鱼、蓝鳕、平鱼、黑线鳕、鲱鱼、黄盖鲽、墨斗鱼、鲽鱼、太平洋鲑鱼等海捕冷冻鱼类及其制品、海产软体动物、食用蛋类及蛋制品、明胶（不含来源于牛、羊等反刍动物的明胶）等动物源性产品准予进口。

二、上述产品进口时须附有荷兰官方的卫生证书，证明其符合欧盟的相关卫生要求，适合人类消费。

三、自本公告生效之日起 90 天内，各口岸检验检疫部门应对来自荷兰的上述产品进行 20%的任意项目检测，以确保产品中不含有危害公共卫生的有毒有害物质。

四、本公告自 2002 年 8 月 31 日起生效执行。

特此公告。

二〇〇二年八月二十九日

2002年第89号

据世界卫生组织（WHO）报告，美国暴发西尼罗热。截止2002年8月26日，WHO协作中心，美国疾病预防和控制中心（CDC）共报告了425例西尼罗病毒导致的人类西尼罗热病例，其中20例死亡。2002年，在41个州和哥伦比亚特区发现了西尼罗病毒的活动的证据。为防止西尼罗病毒传入我国，保护前往该病疫区人员的健康安全，现公告如下：

一、来自美国的旅客，如有发烧、头痛、皮疹、淋巴结肿大等症状的，要立即向出入境检验检疫机构申明。出入境检验检疫机构要立即采取有效的控制措施。

二、来自美国的交通工具、集装箱等，不得带有蚊子等西尼罗病毒传播媒介。出入境检验检疫机构对来自疫区的交通工具、集装箱等要依法实施严格的检疫查验，如发现蚊子等媒介时，要进行除虫等卫生处理。

三、目前，对西尼罗热尚无特效治疗药物和预防疫苗。前往疫区的旅行者，应向当地检验检疫机构了解有关疫情，并作好个人防护，避免蚊虫叮咬。一旦发现西尼罗热的症状，应当立即就医，及时诊断和治疗。

特此公告。

二〇〇二年九月三日

2002年第90号

据世界卫生组织（WHO）报告，非洲大湖地区布隆迪、卢旺达、坦桑尼亚三国暴发流行性脑膜炎。其中，布隆迪共报告269例病人，30例死亡（病死率11%）；卢旺达共报告173例病人，27例死亡（病死率15．6%）；坦桑尼亚共报告90例病人，4例死亡。为防止流行性脑膜炎传入我国，保护前往上述疫区人员的身体健康，现公告如下：

一、来自上述疫区的旅客，如有发烧、头痛、恶心、呕吐、颈项强直、皮肤粘膜瘀斑等症状的，入境时应当向出入境检验检疫机构申明，检验检疫机构应当对其采取必要的控制措施。

二、对与流脑病人密切接触者，入境时检验检疫人员应发给就诊方便卡，同时建议其预防性服药。入境后出现流脑症状的人员，应当立即就医，并向医生说明近期的旅行史，以便及时得到诊断和治疗。

三、前往上述疫区的旅行者，可以向检验检疫机构了解该地区的疫情，必要时，可进行流脑预防接种或预防性服药。如在国外发现流脑症状，应立即就医，及时诊断和治疗。

特此公告。

二〇〇二年九月三日

2002 年第 95 号

据世界卫生组织（WHO）报告，利比里亚暴发霍乱。截至 2002 年 9 月 1 日，WHO 共报告了该国霍乱病人 661 例。为防止霍乱传入我国，保护前往利比里亚人员的健康安全，根据《中华人民共和国国境卫生检疫法》及其实施细则的有关规定，现公告如下：

一、来自利比里亚的旅客，如有呕吐、腹泻等症状的，在入境时应当立即向出入境检验检疫机构申明。检验检疫人员对霍乱染疫人和染疫嫌疑人以及有症状且处于霍乱潜伏期人员要依法采取控制措施。

二、出入境检验检疫机构对来自利比里亚的交通工具、货物、集装箱、行李、邮包要严格进行检疫查验，并依法实施消毒、除虫处理。如带有水产品、水果、蔬菜、饮料及其他食品，未经许可，不准卸下。

三、出入境检验检疫机构和旅行保健中心对前往利比里亚的人员，可提供有关传染病疫情信息和国际旅行卫生保健服务。

特此公告。

二〇〇二年九月十八日

2002 年第 96 号

根据《原产地标记管理规定》及其实施办法的有关规定，我局通过了对牛栏山二锅头系列白酒（牛栏山牌）和北京醇系列白酒（华灯牌）生产企业的原产地标记保护申请的形式审查和现场实地审查，确认合格，现予以公告。

有关单位或个人对上述产品原产地标记保护申请有异议的，可以自公告之日起一个月内向我局提出。上述产品原产地标记保护申请资料存放在我局备查。

二〇〇二年九月二十三日

2002 年第 97 号

据世界卫生组织（WHO）报告，刚果民主共和国暴发霍乱。至 2002 年 9 月初，刚果民主共和国卫生部共报告霍乱病人 2636 例，其中 67 例死亡（病死率 2. 5%）。为防止霍乱传入我国，保护前往刚果民主共和国人员的健康安全，根据《中华人民共和国国境卫生检疫法》及其实施细则的有关规定，现公告如下：

一、来自刚果民主共和国的旅客，如有呕吐、腹泻等症状的，在入境时应当立即向出入境检验检疫机构申明。检验检疫人员对霍乱染疫人和染疫嫌疑人以及有症状且处于霍乱潜伏期人员要依法采取控制措施。

二、出入境检验检疫机构对来自刚果民主共和国的交通工具、货物、集装箱、行李、邮包要严格进行检疫查验，并依法实施消毒、除虫处理。如带有水产品、水果、蔬菜、饮料及其他食品，未经许可，不准卸下。

三、出入境检验检疫机构和旅行保健中心对前往刚果民主共和国的人员，可提供有关传染病疫情信息和国际旅行卫生保健服务。

特此公告。

2002 年第 100 号

据世界卫生组织（WHO）报告，加拿大安大略省暴发西尼罗热。截止 2002 年 9 月 17 日，加拿大卫生部门报告在安大略省共发现西尼罗热病人 3 例，西尼罗热疑似病人 14 例，其中 1 例死亡。目前，对西尼罗热尚无特效治疗药物和预防疫苗。为防止西尼罗病毒传入我国，保护前往该地区人员的健康安全，现公告如下：

一、来自加拿大安大略省的旅客，如有发烧、头痛、皮疹、淋巴结肿大等症状的，要立即向出入境检验检疫机构申明。出入境检验检疫机构要及时采取有效的控制措施。

二、来自加拿大安大略省的交通工具、集装箱等，不得带有蚊子及传播西尼罗病毒的媒介。出入境检验检疫机构对来自该地区的交通工具、集装箱等要依法实施严格的检疫查验，如发现蚊子等媒介时，应采取相应的卫生处理措施。

三、前往加拿大安大略省的旅行者应向当地检验检疫机构了解有关疫情，并做好个人防护，避免蚊虫叮咬。一旦发现有发烧、头痛、皮疹、淋巴结肿大等症状，应当立即就医，及时诊断和治疗。

特此公告。

二〇〇二年九月二十五日

2002 年第 101 号

根据《原产地标记管理规定》及其实施办法的有关规定，我局通过了对玉环柚（楚门文旦牌）

生产企业的原产地标记保护申请的形式审查和现场实地审查，确认合格，现予以公告。

有关单位或个人对上述产品原产地标记保护申请有异议的，可以自公告之日起一个月内向我局提出。上述产品原产地标记保护申请资料存放在我局备查。

二〇〇二年九月三十日

2002 年第 102 号

据世界卫生组织（WHO）报告，塞内加尔暴发黄热病，该国卫生部共确认了 12 例黄热病患者。为防止黄热病传入我国，保护前往塞内加尔人员的健康安全，现公告如下：

一、来自塞内加尔的人员，入境时必须向检验检疫机构出示有效的黄热病预防接种证书。对无有效黄热病预防接种证书的人员，检验检疫机构可从该人员离开感染环境的时候算起，对其实施 6 日留验。　　二、来自塞内加尔的人员，如有发烧、出血、黄疸等症状的，入境时应向检验检疫机构申明，检验检疫机构将对其采取隔离等必要的控制措施。入境或回国后，出现上述症状的，应当立即就医，并向医生说明近期的旅行史，以便及时得到诊断和治疗。

三、来自塞内加尔的交通工具和集装箱，入境前要实施灭蚊处理，并在入境时出示灭蚊证书。检验检疫机构在入境时要实施严格的检疫查验或灭蚊处理。

四、准备前往塞内加尔的旅行者，应向检验检疫机构了解黄热病的有关疫情信息，并接种黄热病疫苗。

特此公告。

二〇〇二年十月十五日

2002 年第 103 号

根据《原产地标记管理规定》及其实施办法的有关规定，我局通过了对牛栏山二锅头系列白酒（牛栏山牌）和北京醇系列白酒（华灯牌）生产企业的原产地标记保护申请的形式审查和现场实地审查，确认合格，现予以公告。

有关单位或个人对上述产品原产地标记保护申请有异议的，可以自公告之日起一个月内向我局提出。上述产品原产地标记保护申请资料存放在我局备查。

特此公告。

二〇〇二年十月十五日

2002 年第 104 号

根据《原产地标记管理规定》及其实施办法的有关规定，我局通过了对国窖.1573（国窖牌）、泸州老窖特曲（泸州牌）、剑南春系列白酒（剑南春牌）和绵竹大曲系列白酒（绵竹牌）生产企业的原产地标记保护申请的形式审查和现场实地审查，确认合格，现予以公告。

有关单位或个人对上述产品原产地标记保护申请有异议的，可以自公告之日起一个月内向我局提出。上述产品原产地标记保护申请资料存放在我局备查。

特此公告。

二〇〇二年十月十五日

2002 年第 105 号

根据《原产地标记管理规定》及其实施办法的有关规定，我局通过了对宝丰酒（宝丰牌）、信阳紫云英种子（信源牌）和驻马店十三香清真调味品（王守义牌）生产企业的原产地标记保护申请的形式审查和现场实地审查，确认合格，现予以公告。

有关单位或个人对上述产品原产地标记保护申请有异议的，可以自公告之日起 1 个月内向我局提出。上述产品原产地标记保护申请资料存放在我局备查。

特此公告。

二〇〇二年十二月二日

2002 年第 107 号

鉴于戴姆勒－克莱斯勒（中国）投资有限公司已采取有效措施，基本完成了对我国内韩国产奔驰 MB100（MB100K、MB100D2.3、MB100D2.9、MB1002.3、MB140D2.9、MB1402.3）、双龙 ISTANA（MB100）和 OMNI（MB140）（以下简称 MB100）轻型客车后制动油管的更换工作，并向我局提交了 MB100 轻型客车更换后制动油管后能安全使用的有关台架和道路试验报告。各直属检验检疫局对 MB100 轻型客车更换后制动油管后跟踪检验证明能消除安全隐患。为此，决定解除 2002 年第 46 号公告的禁令，从即日起恢复受理 MB100 轻型客车的进口报检。

特此公告。

二〇〇二年十月十八日

2002年第108号

根据《原产地标记管理规定》及其实施办法的有关规定，我局通过了对云南下关沱茶（松鹤牌）、云南红葡萄酒（滇云牌、柔红牌）、桂林三花酒（桂林牌）、桂林辣椒酱（花桥牌）和桂林腐乳（花桥牌）生产企业的原产地标记保护申请的形式审查和现场实地审查，确认合格，现予以公告。

有关单位或个人对上述产品原产地标记保护申请有异议的，可以自公告之日起1个月内向我局提出。上述产品原产地标记保护申请资料存放在我局备查。

二〇〇二年十月二十四日

2002年第116号

根据《原产地标记管理规定》及其实施办法的有关规定，我局通过了对永川豆豉（永川牌）、磐安香菇（绿丰牌、磐峰牌）、固始鸡和固始鸡蛋生产企业的原产地标记保护申请的形式审查和现场实地审查，确认合格，现予以公告。

有关单位或个人对上述产品原产地标记保护申请有异议的，可以自公告之日起1个月内向我局提出。上述产品原产地标记保护申请资料存放在我局备查。

特此公告。

二〇〇二年十一月十八日

2002年第117号

根据《原产地标记管理规定》及其实施办法的有关规定，我局通过了对特香型四特系列白酒（四特牌）和宁波蔺草编制品（开诚牌、华升牌、金坚牌、黄古林牌、野草牌、梁祝牌）生产企业的原产地标记保护申请的形式审查和现场实地审查，确认合格，现予以公告。

有关单位或个人对上述产品原产地标记保护申请有异议的，可以自公告之日起一个月内向我局提出。上述产品原产地标记保护申请资料存放在我局备查。

特此公告。

二〇〇二年十一月十八日

2002 年第 118 号

根据香港《公众卫生（动物及禽鸟）（化学物残余）规例》和《食物内有害物质规例》，继 2001 年开始实施对“7＋10”种药物残留管制以来，香港特别行政区政府将从 2003 年 1 月 31 日起增加对卡巴氧（carbadox）、二氢链霉素（dihydrostreptomycin）、二甲硝咪唑（dimetridazole）、呋喃他酮（furaltadone）、呋喃唑酮（furazolidone）、交沙霉素（josamycin）、甲硝唑（metronidazole）、链霉素（streptomycin）、甲氧苄氨嘧啶（trimethoprim）等 9 种药物残留的管制。为了保证供应香港的动物、动物产品药物残留符合其最高限量的食品安全要求，现将对供港动物及其产品的生产、经营和检验检疫的有关要求公告如下：

一、各供港动物及其产品的生产、加工、经营企业和检验检疫机构要在“7＋10”管理经验的基础上，从 2003 年 1 月 31 日起将上述 9 种药物纳入管理范畴。

二、各供港动物养殖场（含用于屠宰、加工供港肉（脏）类的动物养殖场，下同）要加强对药物的管理，严禁在养殖场使用、存放内地和香港规定禁止使用的药物，对其他有限量要求的 19 种药物的使用，要严格遵照药物停药期、用量和用药方法的规定。

三、各供港动物养殖场及饲料生产企业必须遵守《出口食用动物饲用饲料检验检疫管理办法》（原国家出入境检验检疫局令 1999 年第 5 号）的有关规定，严禁在饲料或饲料添加剂中添加内地和香港规定禁止使用的药物。各养殖场要加强对动物饲料的管理，对添加限用药物的饲料要科学地把握添加剂量和停止饲喂的时间，防止药物残留超标。

四、各出入境检验检疫机构要加强对供港动物及其产品生产、经营环节的药物、饲料使用的监督管理，从源头上控制药物残留。

五、各地外经贸主管部门要密切配合当地出入境检验检疫机构，了解和掌握国家有关兽药管理的各项规定，密切跟踪本地区供港产品的卫生质量状况，并加强对本地区出口企业的监督。

六、驻港澳代理机构要主动与两地检验检疫主管部门保持密切联系，及时向两地主管部门、出口企业和供货企业反馈内地供港澳商品的卫生质量状况，提出改进建议。

七、对违反规定的饲料生产、经营企业、养殖场、加工厂和出口企业，国家质检总局和外经贸部将依据有关规定予以处罚。

八、对供澳门食用动物及动物产品的药物残留控制和监测，参照本公告执行（另有规定的除外）。

特此公告。

二〇〇二年十一月二十六日

2002 年第 120 号

近日，美国惠氏公司正在召回由惠氏公司美国费蒙特（Vermont）工厂在 2002 年 7 月 12 日—9 月 25 日期间生产的以牛奶为主要原料的配方奶粉。召回原因是美国食品与药品管理局（FDA）在上述产品中检出坂歧肠杆菌（E. Sakasakii）。坂歧肠杆菌（E. Sakasakii）是一种食源性致病菌，主要危害对象是早产儿等免疫力低下的新生儿。上述产品罐底的 6 位字号码批号组合中，前 4 位的号码为：K12N 至 K17N，L07N 至 L30N 和 N03N 至 N25N。

由美国费蒙特工厂生产并出口到中国的产品是：爱儿乐妈妈（S—26 MAMA）孕产妇配方奶粉和爱儿素（NURSOY）婴儿豆基配方粉。为保障我国人民的身体健康，根据《中华人民共和国食品卫生法》的有关规定，现公告如下：

一、自公告之日起，各地检验检疫机构暂停办理对上述批号 2002 年 7 月 12 日—9 月 25 日美国费蒙特工厂生产的惠氏爱儿乐妈妈（S—26 MAMA）孕产妇配方奶粉和爱儿素（NURSOY）婴儿豆基配方粉的报检通关和相关检验检疫手续。对已抵达上海、深圳等地的上述产品由当地检验检疫局进行监督销毁处理。

二、禁止邮寄或旅客携带美国费蒙特工厂 2002 年 7 月 12 日—9 月 25 日生产的惠氏孕产妇配方奶粉和婴幼儿豆基配方粉入境。一经发现，一律作没收处理。

特此公告。

二〇〇二年十一月十八日

2002 年第 121 号

根据《原产地域产品保护规定》，我局已组织通过了对镇江恒丹酱醋有限责任公司等 8 家企业（企业名单见附录）提出的镇江香醋原产地域产品专用标志使用申请的审核，现予以注册登记。

自即日起，上述 8 家企业可以按照有关规定在其产品上使用镇江香醋原产地域产品专用标志，获得原产地域产品保护，并依法接受监督。

特此公告。

二〇〇二年十一月二十八日

2002 年第 122 号

根据《原产地域产品保护规定》，我局已组织通过了对浙江大山进出口贸易有限责任公司等 4 家企业（企业名单见附录）提出的庆元香菇原产地域产品专用标志使用申请的审核，现予以注册登记。自即日起，上述4家企业可以按照有关规定在其产品上使用庆元香菇原产地域产品专用标志，获得原产地　　域产品保护，并依法接受监督。

特此公告。

二〇〇二年十一月二十八日

2002年第123号

根据《原产地标记管理规定》及其实施办法的有关规定，我局通过了对湘绣（金球牌）生产企业的原产地标记保护申请的形式审查和现场实地审查，确认合格，现予以公告。

有关单位或个人对上述产品原产地标记保护申请有异议的，可以自公告之日起1个月内向我局提出。上述产品原产地标记保护申请资料存放在我局备查。

特此公告。

二〇〇二年十二月九日

2002年第124号

根据《原产地域产品保护规定》，我局通过了对道口烧鸡原产地域产品保护申请的审查，现批准自即日起对道口烧鸡实施原产地域产品保护。道口烧鸡原产地域范围以河南省滑县人民政府《关于划定道口烧鸡原产地域产品保护范围的请示》（滑政文［2002］78号）提出的地域范围为准，为滑县现辖行政区域。

特此公告。

二〇〇二年十二月五日

2002年第125号

根据《原产地域产品保护规定》，我局通过了对沙城葡萄酒原产地域产品保护申请的审查，现批准自即日起对沙城葡萄酒实施原产地域产品保护。沙城葡萄酒原产地域范围以河北省张家口市人民政府《关于将沙城葡萄酒列入原产地域产品保护的请示》（政字［2002］66号）提出的地域范围为准，为桑干河、洋河交汇处的怀涿盆地内怀来县的东花园镇、瑞云观乡、小南辛堡乡、官厅镇、桑园镇、沙城镇、西八里乡、东八里乡、大黄庄乡、新保安镇、存瑞乡、土木乡、狼山乡、北辛堡乡；涿鹿县的武家沟镇、张家堡镇、城关镇、保岱镇、栾庄乡、辉耀乡、黑山寺乡、矾山镇、温泉屯乡、东小庄乡、五堡镇、卧佛寺乡等26个乡镇现辖行政区域。

特此公告。

二〇〇二年十二月九日

2002年第126号

根据《原产地域产品保护规定》，我局通过了对独流老醋原产地域产品保护申请的审查，现批准自即日起对独流老醋实施原产地域产品保护。独流老醋原产地域范围以天津市静海县人民政府《关于划定独流老醋原产地域范围的请示》（静政请［2001］16号）提出的地域范围为准，为静海县现辖行政区划。

特此公告。

二〇〇二年十二月二日

2002年第127号

根据《原产地域产品保护规定》，我局通过了对洞庭（山）碧螺春茶原产地域产品保护申请的审查，现批准自即日起对洞庭（山）碧螺春茶实施原产地域产品保护。洞庭（山）碧螺春茶原产地域范围以江苏省苏州市吴中区人民政府《关于划定苏州洞庭山碧螺春茶原产地域范围的批复》（吴政发［2001］69号）提出的地域范围为准，为苏州市吴中区东山镇和西山镇现辖行政区域。

特此公告。

二〇〇二年十二月九日

2002年第128号

根据《原产地域产品保护规定》，我局依法受理了饶河东北黑蜂、怀山药、怀菊花、怀地黄、怀牛膝、方城丹参、河源米粉、石柱黄连、江津白酒、宁夏枸杞酒等原产地域产品保护申请，经形式审查合格，现予公告。拟划定的原产地域范围如下：

一、根据黑龙江省饶河县人民政府的提议，饶河东北黑蜂原产地域范围拟划定为饶河县现辖行政区域。

二、根据河南省焦作市人民政府的提议，怀山药、怀菊花、怀地黄、怀牛膝的原产地域范围拟划定为焦作市现辖行政区域。

三、根据河南省方城县人民政府的提议，方城丹参原产地域范围拟划定为方城县现辖行政区域。

四、根据广东省河源市人民政府的提议，河源米粉原产地域范围拟划定为河源市现辖行政区域。

五、根据重庆市石柱土家族自治县人民政府的提议，石柱黄连原产地域范围拟划定为石柱土家族自治县现辖行政区域。

六、根据重庆市所辖津江市人民政府的提议，津江白酒原产地域范围拟划定为津江市现辖行政区域。

七、根据宁夏回族自治区人民政府的提议，宁夏枸杞酒原产地域范围拟包括惠农县的燕子墩乡、西永固乡、礼和乡、尾闸乡、红果子镇、简泉农场；平罗县的惠北乡、黄渠桥镇、灵沙乡、下庙乡、姚伏镇、高庄乡；贺兰县的金山乡、金贵镇、习岗乡、立岗乡、常信乡、南梁农场；银川郊区的镇北堡镇、芦花乡、通贵乡、永固乡、兴源乡、新泾镇、西湖农场、贺兰山农牧场、银川林场、芦花台园林场；永宁县的增岗乡、胜利乡；表铜峡市的中滩乡、广武乡、蒋顶乡、大坝乡、立新乡、叶盛乡、瞿靖乡、邵岗乡；中宁县全境(17个乡、2个农场)；中卫县的东园乡、宣和镇、柔远乡、镇罗镇、永康乡；同心县的羊路乡、同心镇、石狮镇、河西镇、纪家乡；红寺堡开发区等共10个市(县)的68个乡(镇)和农场。

有关单位或者个人对上述产品原产地域保护申请如有异议，可自公告之日起3个月内向我局提出；以上产品的原产地域保护申请资料存于我局原产地域产品保护机构备查。

特此公告。

二〇〇二年十二月九日

2002年第129号

根据《原产地域产品保护规定》，我局通过了对延边苹果梨原产地域产品保护申请的审查，现批准自即日起对延边苹果梨实施原产地域产品保护。延边苹果梨原产地域范围以吉林省延边朝鲜族自治州人民政府《关于成立延边朝鲜族自治州苹果梨原产地域产品保护领导小组的通知》（延州编发[2000] 2号）提出的地域范围为准，为延边朝鲜族自治州的延吉市、图门市、珲春市、龙井市、和龙市、汪清县等6个县（市）现辖行政区域。

特此公告。

二〇〇二年十二月九日

2002 年第 130 号

根据《原产地域产品保护规定》，我局通过了对吉林长白山人参原产地域产品保护申请的审查，现批准自即日起对吉林长白山人参实施原产地域产品保护。吉林长白山人参原产地域范围以吉林省人民政府《关于成立吉林长白山人参原产地域产品保护申报小组的复函》（吉政办函［2002］25 号）提出的地域范围为准，为抚松县、靖宇县、长白朝鲜族自治县、江源县、通化县、集安市、辉南县、敦化市、安图县、汪清县、珲春市、蛟河市、桦甸市、临江市等 14 个县（市）现辖行政区域。

特此公告。

二〇〇二年十二月二十五日

2002 年第 131 号

根据荷兰政府主管当局提供的相关技术信息和承诺以及中方专家进行的风险评估结果，8 月 30 日国家质量监督检验检疫总局和对外贸易经济合作部联合发布了第 88 号公告，自 8 月 31 日起，解除对来自荷兰的阿拉斯加狭鳕鱼、真鳕鱼、红鱼、蓝鳕、平鱼、黑线鳕、鲱鱼、黄盖鲽、墨斗鱼、鲽鱼、太平洋鲑鱼等海捕冷冻鱼类及其制品、海产软体动物、食用蛋类及蛋制品、明胶（不含来源于牛、羊等反刍动物的明胶）的进口禁令。但进口时需荷兰官方证明符合欧盟的相关卫生要求，适合人类消费并实施 90 天的 20％抽样有毒有害物质项目检测。

根据为期 90 天的检查结果和近期荷兰政府主管当局提供的进一步补充信息和保证，国家质检总局、外经贸部决定再次解禁部分来自荷兰的动物源性产品。现公告如下：

一、自本公告生效之日起，解除 88 号公告第一款所列产品的 20％抽样检测，恢复为常规水平抽样。

二、自本公告生效之日起，对来自荷兰的双线鳞鲽（Rock Sole）、新西兰无须鳕（Hoki）、安康鱼（Monkfish）、宽突鳕（Saffran cod）、阿拉斯加箭齿鲽（Arrowtooth flunder）等各种海捕鱼；管鞭虾属（Solenocera），鹰爪虾属（Trachypenaeus），新对虾属（Metapenaeus），赤虾属（Metapenaeopsis）、仿对虾属（ Parapenaeopsis）等，包括中华管鞭虾（Solenocera crassicornis），大管鞭虾（ Solenocera melantho），高脊管鞭虾（Solenocera alticarinata），鹰爪虾（Trachypenaeus curvirostris），周氏新对虾（Metapenaeus joyneri），中型新对虾（Metapenaeus intermedius），须赤虾（ Metapenaeopsis barbata），哈氏仿对虾（Parapenaeopsis hardwickii），享氏仿对虾（Parapenaeopsis hungerfordi）等海捕虾；天然野生小龙虾（Crawfish），北极甜虾和以非养殖鱼类为原料的模拟蟹肉（Surimi），蜂蜜，蜂王浆准予进口。上述产品进口时须附有荷兰官方的卫生证书，证明其符合欧盟相关卫生要求，适于人类食用。

三、自本公告生效之日起 90 天内，各口岸的检验检疫部门应对第二款所列产品进行 20％的任意项目检测，以确保产品中不含有危害公共卫生的有毒有害物质。

四、本公告自发布之日起生效。

特此公告

二〇〇二年十二月二十五日

2002 年第 133 号

根据《原产地标记管理规定》及其实施办法的有关规定，我局通过了对岷归及其制品（岷州牌、顺和牌、华兴牌、岷归牌、洮鸿牌、老家货牌、汇利牌）、太湖莼菜（太湖叶牌）、太湖河鳗（渔洋牌）、太湖蟹（万顷牌）、太湖大闸蟹（七帆牌）、阳澄湖大闸蟹（苏阳牌）生产企业的原产地标记保护申请的形式审查和现场实地审查，确认合格，现予公告。

有关单位或个人对上述产品原产地标记保护申请有异议的，可以自公告之日起 1 个月内向我局提出。上述产品原产地标记保护申请资料存放在我局备查。

二〇〇二年十二月三十日

2002 年第 134 号

根据我国出入境检验检疫有关法律、法规，国家质量监督检验检疫总局对《出入境检验检疫机构实施检验检疫的进出境商品目录》（国家质量监督检验检疫总局、海关总署联合公告 2001 年第 49 号）作了相应调整。现将调整部分予以公告，自 2003 年 1 月 1 日起施行。

二〇〇二年十二月二十七日

中华人民共和国交通部公告

第3号

关于公布首批国际班轮运输业务经营者名单的公告

根据《中华人民共和国国际海运条例》的规定，中远集装箱运输有限公司等首批57家企业符合国际班轮运输业务经营资格条件，予以颁发《国际班轮运输经营资格登记证》，准予从事进出中华人民共和国港口的国际班轮运输业务。现将57家企业名单公告如下：

上 海 市：中远集装箱运输有限公司
中海集装箱运输有限公司
上海仁川国际轮渡有限公司
上海浦海航运有限公司
上海长江轮船公司
中日国际轮渡有限公司
上海市锦江航运有限公司
上海国际轮渡有限公司

山 东 省：烟台中韩轮渡有限公司
威海威东航运有限公司
山东省国际海运公司
山东省烟台国际海运公司

福 建 省：福建省厦门轮船总公司
福建省轮船总公司
福建外贸中心船务公司
福建鑫安船务有限公司

江 苏 省：南京远洋运输股份有限公司
连云港船务公司
江苏省海洋运输总公司

浙 江 省：宁波远洋运输公司

重 庆 市：民生轮船有限公司

中国香港：东方海外货柜航运有限公司
宝威船务有限公司
京汉海运有限公司
达通国际航运有限公司
环球船务有限公司

中国台湾：万海航运股份有限公司
阳明海运股份有限公司

建恒海运股份有限公司
日　　本：川崎汽船株式会社
商船三井株式会社
日本邮船株式会社
神原汽船株式会社
日本大米兴产株式会社
韩　　国：东南亚海运株式会社
高丽海运株式会社
兴亚海运株式会社
泛洋商船株式会社
南星海运株式会社
东暎海运株式会社
泛洲海运株式会社
韩国大仁轮渡有限公司
现代商船株式会社
丹　　麦：马士基有限公司
德　　国：赫伯罗特货柜航运有限公司
马 耳 他：北欧亚航运有限公司
以 色 列：以星轮船有限公司
泰　　国：泰国宏海箱运有限公司
新 加 坡：太平船务有限公司
印　　度：印度国家航运公司
意 大 利：意大利邮船公司
美　　国：美国总统轮船有限公司
马来西亚：马来西亚国际船运有限公司
挪　　威：华轮威尔森航运公司
法　　国：法国达飞海运集团
智　　利：智利南美轮船公司
瑞　　士：地中海航运公司

自本公告公布之日起，上述公司新开、停开挂靠中国港口的国际班轮航线，或变更国际班轮运输船舶、班期、挂靠港口等，不须再报经交通部批准，但应当提前 15 日向社会公布，并在自行为发生之日起 15 日内向交通部（水运司）备案。未经公布并取得《国际班轮运输经营资格登记证》的公司发生上述行为，仍应向交通部申请并取得批准。

特此公告。

二〇〇二年四月八日

第5号
关于实施《中华人民共和国国际海运条例》的公告

为了贯彻实施《中华人民共和国国际海运条例》，根据海运条例的规定，现将有关事项公告如下，自公布之日起施行。

第一条　境外国际船舶运输公司所经营的船舶不挂靠中国港口，但在中国境内签发提单或者相关运输单证，承揽货物、收取运费、从事进出中国港口国际集装箱班轮运输的，应当按照海运条例第7、8条的规定，取得无船承运业务资格后，方可从事进出中国港口的国际货物运输。

上述规定特别适用通过租舱或者支线船服务在中国港口承揽货物后运抵境外港口中转的国际船舶运输公司。

第二条　从事进出中国港口国际集装箱班轮运输的境外国际船舶运输公司和无船承运业务经营者，应当在中国境内指定一个政府交通主管部门可以联络的机构。该联络机构的主要责任是：

（一）负责该公司执行海运条例有关程序和有关司法程序的联络；

（二）负责该公司履行海运条例及国家有关规定义务的联络；

（三）负责有关法律文件和政府文书的送达。有关法律文件和政府文书送达联络机构之后的合理时间内，即表明该公司已收到该类文件或文书。

指定的联络机构应当在中国境内有固定的住所。

在华设立有独资船务公司的境外国际船舶运输公司，如果没有特别申明，该独资船务公司即为其联络机构，不须另外指定；其他境外国际船舶运输公司在不同港口委托有多家国际船舶代理公司的，应当指定其中一家为联络机构。境外国际船舶运输公司和无船承运业务经营者的在华代表（办事）处，可以担任该公司的联络机构，但须指定。

境外国际船舶运输公司和无船承运业务经营者，应当在申请资格登记时，将联络机构的名称、住所及联系方式、公司与联络机构的协议或委托书副本等，向交通部备案。已经取得经营资格的航运公司和无船承运经营者，应当在本公告发布之日起20日内完成备案。指定联络机构发生改变时，应提前15天向交通部备案。

第三条　在中国境内没有经营性分支机构的境外无船承运业务经营者，应当委托在当地具有无船承运业务经营资格的经营者代理签发提单业务。中国无船承运业务经营者在没有设立分支机构的地区从事无船承运业务，需要委托代理签发提单的，该代理也应当具有无船承运经营资格。

没有取得无船承运业务经营资格者，不得接受其他无船承运业务经营者委托，为其代理签发提单。

第四条　境外无船承运业务经营者与其投资设立的中外合资公司，可在下列两种方式中选择申请无船承运业务资格登记：

（一）境外无船承运业务经营者在华设立的中外合资公司，可以合资公司身份申请无船承运业务经营资格。以合资公司身份申请经营资格时，须提交属于该合资公司制作并使用的提单格式样本。境外同一无船承运业务经营者在中国境内投资设立有多家中外合资公司的，如果这些合资公司制作并使用名称相同的提单，可对其中一家以总公司名义申请资格登记，其他公司按照分支机构条件办理资格登记。

在此种情形下，如果该境外无船承运业务经营者在中国从事业务，须另依法取得经营资格。

（二）境外无船承运业务经营者在华设立的中外合资公司，可以境外无船承运业务经营者的在华分支机构身份申请经营资格。境外无船承运业务经营者投资设立的中外合资公司，不制作并使用本公司提单的，在该境外无船承运业务经营者依法取得在中国经营无船承运业务的资格后，可将中外合资公司按照该境外无船承运业务经营者的在华分支机构办理资格登记。但这类合资公司不得制作并使用本公司提单。

第五条　中国法人企业投资设立的独资子公司或者控股公司，在其母公司依法取得无船承运业务经营资格后，独资子公司或者控股公司签发其母公司提单的，可对独资子公司或者控股公司按照分支机构的条件办理资格登记。

独资子公司或者控股公司制作并使用本公司名称提单的，不适用前款规定。

第六条　同一家公司对两个或者两个以上商号申请资格登记时，申请人能够提供材料，证明这些商号、提单均为同一家公司所拥有或持有，并承担法律责任的，可以对该公司的多个商号、多份提单一并办理资格登记。

第七条　有关无船承运业务经营资格登记的程序规定：

（一）中国企业法人申请无船承运业务经营资格，应当通过当地省级交通主管部门转报申请材料；境外无船承运业务经营者申请从事无船承运业务，可通过其指定联络机构所在地的省级交通主管部门转报申请材料。大连、青岛、厦门和深圳市交通局（委）可直接受理转报。申请材料包括：

（1）从事无船承运业务申请书；

（2）公司工商登记文件影印件；

（3）证明公司工商登记文件真实有效的公证文书；

（4）企业章程；

（5）提单格式样本；

（6）指定联络机构的名称、住所、联系方式及委托书副本（适用本公告第二条规定的情况）。

有关交通主管部门应当在自收到上述材料后的10日内转报交通部。

申请人在交通部指定银行交存保证金后的银行凭证，由申请人直接寄达交通部。

（二）新投资设立公司从事无船承运业务，应当按照本公告规定的程序，向交通部提出申请。申请材料包括：

（1）从事无船承运业务申请书；

（2）投资者资信证明文件；

（3）公司章程；

（4）两名高级管理人员具有从事国际海运业三年以上资历的证明材料。

有关交通主管部门应当在自收到上述材料后的8日内转报交通部。上述材料齐备有效的，交通部在7日内出具筹备设立经营无船承运业务公司的证明文件。申请人持证明文件向工商部门办理工商登记，并向外汇、税务和海关等部门办理相关手续后，在交通部指定银行交存保证金，并将保证金银行凭证和提单格式样本寄达交通部办理无船承运业务资格登记证书。

第八条　鼓励国际船舶代理公司或者其他投资者依法在港口以外的内陆地区设立分支机构或者国际船舶代理公司，接受船舶所有人、船舶承租人或者船舶经营人的委托，经营海运条例第 29 条第（二）、（三）、（四）、（五）、（六）、（七）等项业务。

在内陆地区设立分支机构或者国际船舶代理公司，应当通过当地省级交通主管部门，向交通部提交下列文件，由交通部办理资格登记：

（一）设立分支机构或者国际船舶代理公司申请书；

（二）公司章程；

（三）投资者资信证明文件（不适用设立分支机构的情况）；

（四）两名以上高级管理人员具有从事 3 年以上国际海运业资历的证明文件。

在特殊情况下，申请人可直接向交通部提交申请。

第九条　交通部关于实施《中华人民共和国国际海运条例》的第 1 号公告、《关于贯彻实施〈中华人民共和国国际海运条例〉有关事项的通知》（交水发［2002］51 号）与本公告不一致的，以本公告为准。

二〇〇二年五月十四日

中华人民共和国海事局
关于检查与 STCW95 公约有关的海船船员证书的公告
第 1 号

国际海事组织（IMO）《<1978 年培训、发证和值班标准国际公约>1995 年修正案》（STCW95 公约）将于 2002 年 2 月 1 日起，检查海员的 STCW95 适任证书，现将有关事宜公告如下：

一、对未按规定配备应持有甲、乙类适任证书类适任证书海员的中国籍船舶，海事管理机构按照《中华人民共和国船舶最低工安全配员规则》第二十五条的规定处理。

二、对未按规定配备应持有丙、丁类适任证书海员的中国籍船舶，如海员持有《中华 人民共和国海船船员考试发证规则》规定的适任证书，关满足最低安全配员的要求，在 2002 年 7 月 31 日前，海事管理机构对该船的船长进行口头或书面警告后准予其离港；自 2002 年 8 月 1 日起，必须持有丙、丁类适任证书，并配足最低安全配员的要求，否则按照《中华人民共和国船舶最低安全配员规则》第二十五条规定处理。

三、根据国际海事组织 2002 年发布的 STCW. 7/Circ. 12 通函的建议，在 2002 年 7 月 31 日前，对满足最低安全配员要求，但海员未持有 STCW95 证书的外国籍船舶，海事管理机构对该船的船长进行口头或书面警告后准予其离港。

特此公告。

2002 年 1 月 22 日

中华人民共和国海事局
关于做好配备“通用船载自动识别系统（AIS）设备”工作的公告
第 2 号

国际海事组织（IMO）第 73 届海安会于 2000 年 12 月 5 日以海安会 MSC. 99（73）号决议通过了《1974 年国际海上人命安全公约》（SOLAS74 公约）修正案，该修正案将于 2002 年 7 月 1 日生效。根据修正的 SOLAS74 公约第五章的规定，所有 300 及 300 以上总吨并从事国际航行的船舶和 500 及 500 以上总吨、非国际航行的货船以及不限尺度的客船，，将强制配备“船载自动识别系统（AIS）”设备，最后安装限期如下：

1、2002 年 7 月 1 日及以后建造的船舶，应于建造完工前安装；

2、2002 年 7 月 1 日以前建造的从事国际航行的客船，应不晚于 2003 年 7 月 1 日安装；

3、2002 年 7 月 1 日以前建造的从事国际航行的散装液货船，应于 2003 年 7 月 1 日或之后进行的第一次设备安全检验之前安装；

4、除客船、散装液货船以外，2002 年 7 月 1 日以前建造并从事国际航行的 50，000 总吨及以上吨位的船舶，应不晚于 2004 年 7 月 1 日安装；

5、除客船、散装液货船以外，2002 年 7 月 1 日以前建造并从事国际航行的 10，000 总吨以上且低于 50，000 总吨的船舶，应不晚于 2005 年 7 月 1 日安装；

6、除客船、散装液货船以外，2002 年 7 月 1 日以前建造并从事国际航行的 3，000 总吨以上且低于 10，000 总吨的船舶，应不晚于 2006 年 7 月 1 日安装；

7、除客船、散装液货船以外，2002 年 7 月 1 日以前建造并从事国际航行的 300 总吨以上且低于 3，000 总吨的船舶，应不晚于 2007 年 7 月 1 日安装；

8、2002 年 7 月 1 日以前建造的从事国内航行的船舶，应不晚于 2008 年 7 月 1 日安装；

第 2—8 项所属的船舶在最后安装期后的 2 年内将永久退役的，海事局可准予其申请免除安装 AIS 设备。

请各海事局及从事国际、国内航线航行的航运企业按照上述要求，做好相应的准备工作，认真的履行该国际公约。

各海事局负责本船籍港船舶配备 AIS 设备工作的宣传、指导和监督工作。

对于 AIS 设备的技术条件，有我局另行规定。

第五篇

全国口岸运行主要数据统计表

2002年进出口商品总值表(一)

【2002年01—12月】

单位:百万元人民币

年份	进出口总值	出口总值	进口总值	差额（+出超、-入超）	比上年增减±%	
					出口	进口
1981年	73534	36761	36773	-12		
1982年	77138	41383	35754	5629	12.6	-2.8
1983年	86015	43833	42182	1651	5.9	18
1984年	120103	58056	62047	-3991	32.5	47.1
1985年	206671	80886	125785	-44899	39.3	102.7
1986年	258037	108211	149826	-41615	33.8	19.1
1987年	308416	146995	161421	-14426	35.8	7.7
1988年	382178	176672	205507	-28835	20.2	27.3
1989年	415592	195606	219986	-24380	10.7	7
1990年	556012	298584	257428	41156	52.6	17
1991年	722575	382710	339865	42845	28.2	32
1992年	911962	467629	444333	23296	22.2	30.7
1993年	1127102	528481	598621	-70141	13	34.7
1994年	2038190	1042184	996006	46179	97.2	66.4
1995年	2349994	1245181	1104813	140367	19.5	10.9
1996年	2413386	1257643	1155743	101899	1	4.6
1997年	2696724	1516068	1180656	335411	20.5	2.2
1998年	2684969	1522354	1162614	359740	0.4	-1.5
1999年	2989622	1615977	1373646	242331	6.1	18.2
2000年	3927325	2063444	1863881	199563	27.7	35.7
2001年	4218362	2202444	2015918	186526	6.7	8.2
2002年	5137815	2694787	2443027	251760	22.4	21.2

2002 年进出口商品总值表(二)

【2002 年 01—12 月】

单位:百万元人民币

年份	进出口总值	出口总值	进口总值	差额(+出超、-入超)	比上年增减±%	
					出口	进口
1981 年	44022	22007	22014	-7		
1982 年	41606	22321	19285	3036	1.4	-12.4
1983 年	43616	22226	21390	837	-0.4	10.9
1984 年	53549	26139	27410	-1271	17.6	28.1
1985 年	69602	27350	42253	-14903	4.6	54.2
1986 年	73847	30942	42904	-11962	13.1	1.5
1987 年	82653	39437	43216	-3779	27.5	0.7
1988 年	102784	47516	55268	-7752	20.5	30.6
1989 年	111678	52538	59140	-6602	10.6	8.1
1990 年	115437	62091	53345	8746	18.2	-9.8
1991 年	135633	71843	63791	8052	15.7	19.6
1992 年	165525	84940	80585	4355	18.2	26.3
1993 年	195703	91744	103959	-12215	8.0	29.0
1994 年	236620	121006	115614	5393	31.9	11.2
1995 年	280863	148780	132084	16696	23.0	14.2
1996 年	289880	151048	138833	12215	1.5	5.1
1997 年	325162	182792	142370	40421	21.0	2.5
1998 年	323949	183712	140237	43475	0.5	-1.5
1999 年	360630	194931	165699	29232	6.1	18.2
2000 年	474296	249203	225094	24109	27.8	35.8
2001 年	509651	266098	243553	22545	6.8	8.2
2002 年	620766	325596	295170	30426	22.4	21.2

2002 年出入境人员排序表

【2002 年 01—12 月】

序号	口岸名称	出入境人员(人次)	比重(%)	比去年同期±%
0	合　计	234754175	100.0	9.9
1	广东口岸	193942110	82.6	12.9
2	上海口岸	9714366	4.1	21.2
3	北京口岸	8360626	3.6	13.9
4	云南口岸	3306529	1.4	—63.8
5	广西口岸	3062660	1.3	7.1
6	福建口岸	2353377	1.0	20.0
7	内蒙古口岸	2350392	1.0	20.0
8	黑龙江口岸	2187330	0.9	0.2
9	辽宁口岸	1950470	0.8	20.0
10	山东口岸	1605385	0.7	22.9
11	浙江口岸	844769	0.4	30.0
12	海南口岸	818350	0.3	—2.5
13	天津口岸	718237	0.3	19.2
14	吉林口岸	707132	0.3	2.7
15	江苏口岸	635462	0.3	12.3
16	乌鲁木齐口岸	474382	0.2	6.5
17	成都口岸	463004	0.2	36.8
18	陕西口岸	339298	0.1	7.1
19	重庆口岸	230670	0.1	44.5
20	湖北口岸	161154	0.1	36.1
21	西藏口岸	147387	0.1	—27.6
22	河北口岸	92514	0.0	—2.8
23	湖南口岸	83671	0.0	2.5
24	安徽口岸	51113	0.0	17.6
25	河南口岸	49480	0.0	16.2
26	贵州口岸	48826	0.0	32.4
27	江西口岸	26564	0.0	3.8
28	山西口岸	23209	0.0	—28.5
29	甘肃口岸	5708	0.0	446.7

2002年监管邮递物品、印刷品和音像制品、快递物品进出口排序表

【2002年01—12月】

序号	海关名称	邮递物品		印刷品和音像制品		快递物品	
		数量(件)	同比±%	数量(件)	同比±%	数量(件)	同比±%
0	合计	5912176	12.4	91620533	5.7	44965238	31.6
1	北京口岸	2374516	1.3	35384831	2.7	4397789	6.3
2	广东口岸	988125	17.4	30223711	10.5	21986711	46.3
3	辽宁口岸	628768	−19.6	6387968	8.7	1621157	21.6
4	上海口岸	475753	−10.5	4950610	13.0	10961907	19.6
5	浙江口岸	316971	22.3	1297214	4.5	873319	30.2
6	福建口岸	273755	−20.8	614394	−11.0	1190147	13.3
7	天津口岸	122667	−16.8	5041427	−8.1	468310	0.5
8	吉林口岸	112881	4.4	501171	2.9	275532	17.5
9	江苏口岸	109985	−33.2	1397466	3.8	796832	232.1
10	山东口岸	106937	−57.1	1347934	25.1	1632159	37.8
11	黑龙江口岸	103639	0.5	740506	56.6	143756	20.6
12	河南口岸	49366	107.0	167278	2.9	56638	−4.3
13	湖南口岸	44333	10.3	280613	−10.5	79224	−23.5
14	四川口岸	42345	24.4	1661001	34.0	161999	26.7
15	广西口岸	33844	27.0	402665	−37.9	32586	1.7
16	湖北口岸	32975	−9.0	461692	−7.5	131887	58.4
17	云南口岸	24942	−40.6	207521	−4.2	27665	3.7
18	重庆口岸	16524	−0.7	333933	−20.4	33594	6.6
19	内蒙古口岸	16371	112.7	77454	−40.8	28397	42.5
20	河北口岸	11987	153.2	12623	−69.3	−100.0	
21	新疆口岸	11906	−97.9	75268	29.1	20201	52.6
22	海南口岸	9492	−35.0	37542	−24.3	21654	11.3
23	西藏口岸	4078	7.0	7174	47.4	670	46.6
24	贵州口岸	15	114.3	36	−78.6		
25	山西口岸	1		1	−93.8		
26	安徽口岸						
27	江西口岸	8537	−43.5	256			
28	陕西口岸	22811					
29	甘肃口岸						

2002年进出口商品口岸总值表

【2002年01—12月】

单位:千美元

境内目的地/货源地	进出口总值		出口		进口	
	金额	比重%	金额	比重%	金额	比重%
总值	620766074	100.0	325595970	100.0	295170104	100.0
北京口岸	17567736	2.8	6450309	1.9	11117427	3.7
上海口岸	142430923	22.9	81757267	25.1	60673656	20.5
天津口岸	36514057	5.8	20167769	6.1	16346288	5.5
重庆口岸	1560531	0.2	807408	0.2	753123	0.2
河北口岸	3102577	0.5	1911911	0.5	1190665	0.4
山西口岸	633377	0.1	258359	0.0	375018	0.1
内蒙古口岸	2847395	0.4	291959	0.0	2555436	0.8
辽宁口岸	26502328	4.1	14426264	4.4	12076069	4.0
吉林口岸	1714426	0.2	272623	0.0	1441803	0.4
黑龙江口岸	1783694	0.2	997461	0.3	786233	0.2
江苏口岸	38448998	6.1	14295302	4.3	24153696	8.1
浙江口岸	27516276	4.3	13503518	4.0	14012759	4.6
安徽口岸	893464	0.1	286957	0.0	606506	0.2
福建口岸	28477509	4.5	17183009	5.2	11294500	3.8
江西口岸	378375	0.0	126708	0.0	251668	0.0
山东口岸	39568522	6.3	22136100	6.7	17432422	5.9
河南口岸	644826	0.1	157403	0.0	487423	0.1
湖北口岸	2077695	0.3	724630	0.2	1353065	0.4
湖南口岸	1160929	0.1	425888	0.1	735042	0.2
广东口岸	237004150	37.8	125384709	38.1	111619441	37.4
广西口岸	2378426	0.3	1130538	0.3	1247888	0.4
四川口岸	2005897	0.3	790165	0.2	1215732	0.4
贵州口岸	205603	0.0	51743	0.0	153860	0.0
云南口岸	1240114	0.2	727765	0.2	512350	0.1
西藏口岸	74130	0.0	68591	0.0	5539	0.0
陕西口岸	985140	0.1	236465	0.0	748675	0.2
新疆口岸	2584700	0.4	973056	0.2	1611643	0.5
甘肃口岸	281589	0.0	18030	0.0	263559	0.0

2002年进出口商品国别(地区)总值表

【2002年01—12月】

单位:千美元

进口原产国(地) 出口最终目的国(地)	2002年			2001年		
	出口	进口	出入超	出口	进口	出入超
总　值	325595970	295170104	30425866	266098209	243552881	22545328
亚　洲	170358976	190283058	—19924082	140917976	147136598	—6218623
阿富汗	19911	80	19831	17265	162	17104
巴林	57918	51758	6160	52087	77677	—25590
孟加拉国	1066271	32359	1033912	955155	16699	938455
不丹	616	21	596	1604	15	1589
文莱	21024	241813	—220789	17156	148238	—131082
缅甸	724747	136889	587858	497349	134188	363161
柬埔寨	251556	24550	227007	205654	34804	170849
塞浦路斯	225150	762	224389	116276	1334	114943
朝鲜	467539	270685	196854	573099	166739	406360
香港	58463145	10726243	47736902	46541242	9422498	37118744
印度	2671164	2273871	397293	1895833	1699093	196739
印度尼西亚	3426452	4508345	—1081893	2835706	3887887	—1052181
伊朗	1393303	2346269	—952966	888580	2423971	—1535391
伊拉克	420819	96243	324576	394941	73022	321919
以色列	899440	517647	381793	832612	483240	349372
日本	48433840	53465999	—5032158	44940524	42787308	2153216
约旦	304758	53274	251485	226153	48307	177846
科威特	262978	464351	—201373	192256	450197	—257940
老挝	54305	9649	44655	54410	7458	46952
黎巴嫩	276071	4200	271871	235687	2591	233095
澳门	876121	142267	733853	742357	119120	623237
马来西亚	4974207	9296295	—4322088	3221098	6203976	—2982878
马尔代夫	2975	2	2973	2099	103	1996
蒙古	140026	223417	—83390	122845	239497	—116653
尼泊尔	105073	5277	99796	148543	4632	143911
阿曼	60180	1446471	—1386291	66736	1609582	—1542846
巴基斯坦	1242111	557497	684614	814968	581874	233095

单位:千美元

进口原产国(地) 出口最终目的国(地)	2002 年			2001 年		
	出口	进口	出入超	出口	进口	出入超
巴勒斯坦	4393	90	4302	4891	51	4840
菲律宾	2042241	3217161	—1174920	1619112	1945208	—326096
卡塔尔	49543	174006	—124462	31556	377048	—345492
沙特阿拉伯	1671544	3435351	—1763807	1354115	2715895	—1361781
新加坡	6984217	7046562	—62345	5790711	5128281	662430
韩国	15534561	28568008	—13033447	12518778	23376945	—10858168
斯里兰卡	336752	14336	322416	386446	10141	376306
叙利亚	356940	14135	342805	223157	14	223142
泰国	2957345	5599597	—2642252	2337109	4713848	—2376739
土耳其	1089044	288786	800258	674007	230938	443069
阿拉伯联合酋长国	3450904	445361	3005543	2377322	447610	1929713
也门共和国	305233	425865	—120632	209692	451364	—241672
越南	2148380	1115892	1032489	1797775	1010786	786990
中华人民共和国	—	14980192	—14980192	—	8765500	—8765500
台湾省	6585715	38061389	—31475674	4999603	27338758	—22339156
亚洲其他国家(地区)	464	95	369	1468	—	1468
非　洲	6961205	5427154	1534051	6005929	4793044	1212885
阿尔及利亚	351905	81897	270008	222226	69988	152238
安哥拉	61311	1087049	—1025738	45722	721828	—676106
贝宁	420855	17006	403849	520457	60	520397
博茨瓦那	18978	5	18972	14232	14232	
布隆迪	2227	491	1736	1155	2	1153
喀麦隆	43971	114657	—70686	29311	183699	—154388
加那利群岛	30240	30240	33982	33982		
佛得角	1839	0	1839	2213	2213	
中非	687	1257	—570	567	1390	—822
塞卜泰(休达)	1687	0	1687	554	554	
乍得	1712	1534	178	283	11	272
科摩罗	764	764	457	42	415	
刚果	39609	251274	—211666	38164	181404	—143240
吉布提	49810	21	49789	47319	322	46997
埃及	852923	91854	761069	873208	80318	792890
赤道几内亚	3288	382726	—379438	3355	508581	—505226
埃塞俄比亚	96426	3685	92741	78798	1770	77028
加蓬	4704	231943	—227239	5889	259354	—253465
冈比亚	81899	81899	72507	72507		

单位：千美元

进口原产国(地) 出口最终目的国(地)	2002 年			2001 年		
	出口	进口	出入超	出口	进口	出入超
加纳	182305	30145	152160	145885	36601	109284
几内亚	43377	11536	31841	44060	43	44018
几内亚(比绍)	4504	4504	8299	8299		
科特迪瓦共和国	219720	14131	205589	257651	7775	249876
肯尼亚	180562	5798	174764	138807	5878	132929
利比里亚	30106	55586	−25480	112723	28787	83936
利比亚	111531	1218	110313	40981	54201	−13220
马达加斯加	40204	11320	28884	72864	8840	64024
马拉维	6518	605	5913	4493	403	4091
马里	21621	1730	19891	22928	1019	21909
毛里塔尼亚	51997	9766	42231	29869	4369	25500
毛里求斯	90002	4671	85331	87184	8952	78233
摩洛哥	451261	122148	329113	299880	84349	215531
莫桑比克	25932	22578	3354	22041	11194	10847
纳米比亚	20182	28930	−8748	21217	11263	9954
尼日尔	14743	0	14742	6483	6483	
尼日利亚	1047147	121308	925838	917183	227157	690026
留尼汪	8736	8736	7702	7702		
卢旺达	3862	5191	−1330	2891	6370	−3479
圣多美和普林西比	155	155	1258	1258		
塞内加尔	57680	1072	56608	52556	376	52181
塞舌尔	1463	14	1449	1115	51	1064
塞拉利昂	14410	157	14253	11993	3	11990
索马里	1833	1560	273	1115	515	601
南非	1310635	1268766	41869	1048574	1173201	−124627
西撒哈拉	374	374	893	893		
苏丹	392387	1157585	−765198	219948	938127	−718179
坦桑尼亚	121419	6620	114799	90147	3286	86860
多哥	138472	5350	133122	108752	225	108527
突尼斯	144113	38297	105817	106155	3204	102951
乌干达	28059	5603	22457	16240	1236	15004
布基纳法索	5818	702	5116	4060	4060	
民主刚果	18988	12473	6515	13127	7885	5242
赞比亚	37191	46092	−8901	38836	35924	2912
津巴布韦	32161	159593	−127432	33265	114892	−81627
莱索托	24508	24508	16765	1129	15636	

单位：千美元

进口原产国(地) 出口最终目的国(地)	2002年			2001年		
	出口	进口	出入超	出口	进口	出入超
梅利利亚	844	844	987	987		
斯威士兰	4726	11089	−6363	2992	7014	−4021
厄立特里亚	6025	5	6020	2835	9	2825
马约特岛						
非洲其他国家(地区)	802	113	688	777	777	
欧　洲	59221758	53412249	5809510	49227905	48390136	837769
比利时	2875847	2022047	853800	2529807	1720944	808863
丹麦	916979	636798	280181	898368	625700	272668
英国	8059425	3335960	4723465	6780523	3526939	3253584
德国	11371850	16416415	−5044565	9751100	13772190	−4021090
法国	4071863	4253115	−181252	3686499	4104763	−418264
爱尔兰	770132	689456	80676	530235	612508	−82273
意大利	4827435	4319465	507970	3991555	3784278	207277
卢森堡	51298	49984	1314	38942	57999	−19058
荷兰	9107559	1571574	7535985	7278427	1456696	5821731
希腊	731847	55055	676792	693839	58500	635340
葡萄牙	300880	82706	218174	260568	71460	189108
西班牙	2578051	900175	1677876	2260766	714407	1546359
奥地利	481424	892918	−411494	353629	662052	−308423
芬兰	1153635	1512770	−359134	910209	2376264	−1466056
瑞典	910015	1791032	−881017	931508	2167406	−1235898
阿尔巴尼亚	18686	85	18601	16113	1	16112
安道尔	275	13	262	173	173	
保加利亚	97603	21475	76129	89018	28463	60555
直布罗陀	786	0	785	888	888	
匈牙利	1448830	168832	1279998	1030578	130361	900218
冰岛	18496	14425	4071	32273	18585	13688
列支敦士登	332	4603	−4271	1120	420	700
马耳他	115638	179605	−63968	80278	71491	8787
摩纳哥	3143	2619	523	2207	1473	734
挪威	527158	923228	−396071	410992	570676	−159684
波兰	1164615	218649	945966	1016094	226389	789706
罗马尼亚	361961	390941	−28980	250414	103760	146653
圣马力诺	350	350	383	18	365	
瑞士	637818	2036791	−1398972	651849	1730010	−1078160
爱沙尼亚	137157	36047	101110	262867	10848	252019

单位:千美元

进口原产国(地) 出口最终目的国(地)	2002年			2001年		
	出口	进口	出入超	出口	进口	出入超
拉脱维亚	67510	5235	62275	47055	5049	42006
立陶宛	98231	11805	86426	58895	4435	54460
格鲁吉亚	7996	3514	4482	3712	3292	420
亚美尼亚	1939	6660	−4721	2270	1174	1096
阿塞拜疆	94028	1455	92573	10767	4276	6491
白俄罗斯	16222	63778	−47556	8753	34505	−25752
哈萨克	600097	1354645	−754548	327719	960651	−632932
吉尔吉斯	146156	55718	90438	76639	42221	34418
摩尔多瓦	1687	4208	−2521	2150	12637	−10487
俄罗斯联邦	3520742	8406690	−4885948	2710472	7958795	−5248323
塔吉克	6501	5886	615	5301	5452	−151
土库曼	86780	735	86044	31488	1224	30264
乌克兰	527447	706315	−178868	247158	610437	−363279
乌兹别克	104374	27403	76971	50684	7617	43067
南斯拉夫	73457	2631	70826	87412	9985	77427
斯洛文尼亚	95438	29546	65893	77113	12701	64412
克罗地亚	112649	5745	106904	142120	5124	136997
捷克	807330	154605	652725	523818	92246	431572
斯洛伐克	91728	37868	53860	61357	12893	48464
前南斯拉夫马其顿	17276	642	16634	10256	150	10106
波斯尼亚—黑塞哥维那	3085	383	2701	1543	674	869
梵蒂冈城国						
欧洲其他国家(地区)						
拉丁美洲	9488241	8336157	1152084	8235806	6702299	1533508
安提瓜和巴布达	2951	1	2950	1195	0	1195
阿根廷	185369	1239464	−1054095	573696	1281027	−707331
阿鲁巴岛	2764	41	2723	3622	34	3588
巴哈马	62869	58	62810	34767	22	34745
巴巴多斯	10235	128	10108	5414	58	5356
伯利兹	9043	159	8884	6275	6275	
玻利维亚	9553	12081	−2528	7737	9515	−1778
博内尔	13		13			
巴西	1466382	3003020	−1536638	1350925	2347233	−996308
开曼群岛	2095	1	2094	503	503	
智利	998263	1567091	−568827	814782	1303461	−488679
哥伦比亚	287264	29118	258146	205273	26933	178341

单位:千美元

进口原产国(地) 出口最终目的国(地)	2002年			2001年		
	出口	进口	出入超	出口	进口	出入超
多米尼加	45432	742	44690	87596	901	86695
哥斯达黎加	81651	184494	—102843	63098	26508	36590
古巴	310656	115687	194968	331444	114049	217394
库腊索岛	41289	41289	46542	46542		
多米尼加共和国	105476	1814	103662	38208	224	37984
厄瓜多尔	194476	13570	180906	134051	28097	105955
法属圭亚那	669	0	669	602	602	
格林纳达	294	0	294	253	253	
瓜德罗普岛	1589	1589	1705	1705		
危地马拉	244669	575	244094	162915	211	162704
圭亚那	13719	3997	9722	12408	2371	10037
海地	23469	4	23466	14450	27	14423
洪都拉斯	58766	766	58000	64841	113	64729
牙买加	65957	48803	17154	85136	33929	51207
马提尼克岛	794	794	774	774		
墨西哥	2863655	1114957	1748698	1790217	761276	1028941
蒙特塞拉特	9	0	9	37	37	
尼加拉瓜	49165	32	49132	34545	87	34458
巴拿马	1272660	3715	1268945	1239625	1951	1237674
巴拉圭	79031	7874	71158	72097	2832	69265
秘鲁	246644	731614	—484971	176520	498019	—321500
波多黎各	104299	23460	80840	75570	17431	58139
萨巴	7	0	7	14	0	14
圣卢西亚	2688	2688	3021	3021		
圣马丁岛	978	978	1595	1595		
圣文森特和格林纳丁斯	8207	24	8183	13075	13075	
萨尔瓦多	132574	1899	130675	99589	433	99156
苏里南	15150	2565	12585	12643	4082	8561
特立尼达和多巴哥	42344	4811	37533	34943	67	34876
特克斯和凯科斯群岛	3	0	3			
乌拉圭	94954	78067	16887	188950	95526	93424
委内瑞拉	332670	144956	187714	443349	145774	297575
英属维尔京群岛	16010	564	15446	545	545	
圣其茨—尼维斯	272	272	106	14	92	
圣皮埃尔和密克隆						
荷属安地列斯群岛						
拉丁美洲其他国家(地区)	1215	5	1210	1151	94	1057
北美洲	74269259	30876928	43392331	57637238	30238292	27398946
加拿大	4303458	3626878	676580	3345577	4027799	—682222
美国	69945793	27237637	42708156	54279510	26199944	28079566

单位:千美元

进口原产国(地) 出口最终目的国(地)	2002年			2001年		
	出口	进口	出入超	出口	进口	出入超
格陵兰	144	12394	-12250	429	10461	-10032
百慕大群岛	19592		19592	11090	4	11086
北美洲其他国家(地区)	273	19	254	631	84	547
大洋洲	5289196	6833675	-1544479	4073355	6292364	-2219009
澳大利亚	4585039	5850572	-1265532	3569446	5425925	-1856480
库克群岛	67	125	-59	267	113	155
斐济	30567	1401	29166	26084	247	25836
盖比群岛	152	1	151	9		9
马克萨斯群岛	3	0	2	3		3
瑙鲁	422		422	395		395
新喀里多尼亚	3666	10	3656	3052	614	2438
瓦努阿图	1406	264	1142	1151	320	830
新西兰	595973	803344	-207371	434861	736742	-301881
诺福克岛	117		117	38		38
巴布亚新几内亚	27253	159665	-132412	19127	122383	-103256
社会群岛	2736		2736	3127	57	3070
所罗门群岛	1068	18217	-17149	1023	5940	-4917
汤加	4826	10	4816	1170	12	1158
土阿莫土群岛				36		36
土布艾群岛				1		1
萨摩亚	2788		2788	2317		2317
基里巴斯	490		490	497		497
图瓦卢	3		3			
密克罗尼西亚联邦	1302		1302	1862	10	1852
马绍尔群岛共和国	23694	11	23684	1823		1823
帕劳共和国	292		292	1628		1628
法属波利尼西亚						
瓦利斯和浮图纳						
大洋洲其他国家(地区)	7331	54	7277	5439		5439
国别(地区)不详	7335	884	6452		148	-148
东南亚国家联盟	23584474	31196753	-7612279	18376082	23214674	-4838593
欧洲联盟	48208240	38529469	9678771	40895975	35712106	5183869
亚太经济合作组织	238657948	226325945	12332003	193759326	181763577	11995748

注释:

东南亚国家联盟包括:文莱、缅甸、柬埔寨、印度尼西亚、老挝、马来西亚、菲律宾、新加坡、泰国、越南。

欧洲联盟包括:比利时、丹麦、英国、德国、法国、爱尔兰、意大利、卢森堡、荷兰、希腊、葡萄牙、西班牙、奥地利、芬兰、瑞典。

亚太经济合作组织包括:文莱、香港、印度尼西亚、日本、马来西亚、菲律宾、新加坡、韩国、泰国、越南、中华人民共和国、台湾省、俄罗斯、智利、墨西哥、秘鲁、加拿大、美国、澳大利亚、新西兰、巴布亚新几内亚。

2002年进出口商品构成表

【2002年01—12月】

单位:千美元

商　　品	出　　口		进　　口	
	金额	比重%	金额	比重%
总　　值	325595970	100.0	295170104	100.0
一、初级产品	28539607	8.7	49270646	16.6
0类　食品及活动物	14620743	4.4	5237783	1.7
00章　活动物	343879	0.1	53414	0.0
01章　肉及肉制品	1384106	0.4	652433	0.2
02章　乳品及蛋品	101686	0.0	274304	0.0
03章　鱼、甲壳及软体类动物及其制品	4480133	1.3	1558430	0.5
04章　谷物及其制品	1876639	0.5	531817	0.1
05章　蔬菜及水果	4243585	1.3	695517	0.2
06章　糖、糖制品及蜂蜜	380444	0.1	281293	0.0
07章　咖啡、茶、可可、调味料及其制品	611556	0.1	105060	0.0
08章　饲料(不包括未碾磨谷物)	430761	0.1	772034	0.2
09章　杂项食品	767955	0.2	313482	0.1
1类　饮料及烟类	983593	0.3	387479	0.1
11章　饮料	550935	0.1	144441	0.0
12章　烟草及其制品	432658	0.1	243038	0.0
2类　非食用原料(燃料除外)	4402458	1.3	22736180	7.7
21章　生皮及生毛皮	13375	0.0	775385	0.2
22章　油籽及含油果实	461610	0.1	2641251	0.8
23章　生橡胶(包括合成橡胶及再生橡胶)	81619	0.0	1656507	0.5
24章　软木及木材	468318	0.1	3336130	1.1
25章　纸浆及废纸	15623	0.0	2899914	0.9
26章　纺织纤维及其废料	902049	0.2	2865367	0.9
27章　天然肥料及矿物(煤、石油及宝石除外)	1099381	0.3	864503	0.2
28章　金属矿砂及金属废料	209332	0.0	7273939	2.4
29章　其他动、植物原料	1151151	0.3	423183	0.1
3类　矿物燃料、润滑油及有关原料	8435229	2.5	19284554	6.5
32章　煤、焦炭及煤砖	3495535	1.0	338802	0.1
33章　石油、石油产品及有关原料	4054604	1.2	17224719	5.8

单位:千美元

商　品	出　口		进　口	
	金额	比重%	金额	比重%
34章　天然气及人造气	266706	0.0	1597025	0.5
35章　电流	618384	0.1	124009	0.0
4类　动植物油、脂及蜡	97584	0.0	1624651	0.5
41章　动物油、脂	7150	0.0	119938	0.0
42章　植物油、脂	80433	0.0	1411128	0.4
43章　已加工的动植物油、脂及动植物蜡	10001	0.0	93585	0.0
二、工业制品	297056363	91.2	245899458	83.3
5类　化学成品及有关产品	15324944	4.7	39035952	13.2
51章　有机化学品	4102490	1.2	10978190	3.7
52章　无机化学品	3021616	0.9	1194603	0.4
53章　染料、鞣料及着色料	1391614	0.4	2134110	0.7
54章　医药品	2323574	0.7	1434108	0.4
55章　精油、香料及盥洗、光洁制品	677952	0.2	509046	0.1
56章　制成肥料	337593	0.1	2349969	0.7
57章　初级形状的塑料	816462	0.2	13869190	4.6
58章　非初级形状的塑料	683258	0.2	2244844	0.7
59章　其他化学原料及产品	1970386	0.6	4321892	1.4
6类　按原料分类的制成品	52954500	16.2	48488752	16.4
61章　皮革、皮革制品及已鞣毛皮	1451653	0.4	2687621	0.9
62章　橡胶制品	1816513	0.5	800755	0.2
63章　软木及木制品(家具除外)	2370724	0.7	824453	0.2
64章　纸及纸板;纸浆、纸及纸板制品	1645658	0.5	3939584	1.3
65章　纺纱、织物、制成品及有关产品	20561997	6.3	13059787	4.4
66章　非金属矿物制品	6144893	1.8	3021587	1.0
67章　钢铁	3322467	1.0	13599075	4.6
68章　有色金属	3828905	1.1	7523433	2.5
69章　金属制品	11811689	3.6	3032456	1.0
7类　机械及运输设备	126976032	38.9	137009711	46.4
71章　动力机械及设备	3725595	1.1	6243062	2.1
72章　特种工业专用机械	2863847	0.8	15646959	5.3
73章　金工机械	701111	0.2	4809558	1.6
74章　通用工业机械设备及零件	9405339	2.8	12202036	4.1
75章　办公用机械及自动数据处理设备	36227811	11.1	17094038	5.7
76章　电信及声音的录制及重放装置设备	32016800	9.8	14149886	4.7
77章　电力机械、器具及其电气零件	31898293	9.7	55381532	18.7
78章　陆路车辆(包括气垫式)	7596459	2.3	6444745	2.1

单位:千美元

商　　品	出　　口		进　　口	
	金额	比重%	金额	比重%
79章　其他运输设备	2540777	0.7	5037895	1.7
8类　杂项制品	101152539	31.0	19800950	6.7
81章　活动房屋;卫生、水道、供热及照明装置	3063707	0.9	156614	0.0
82章　家具及其零件;褥垫及类似填充制品	6680003	2.0	293228	0.0
83章　旅行用品、手提包及类似品	4410728	1.3	41865	0.0
84章　服装及衣着附件	41301516	12.6	1356419	0.4
85章　鞋靴	11090084	3.4	304065	0.1
87章　专业、科学及控制用仪器和装置	3382757	1.0	9883503	3.3
88章　摄影器材、光学物品及钟表	4330927	1.3	3378870	1.1
89章　杂项制品	26892817	8.2	4386386	1.4
9类　未分类的商品	648349	0.1	1564092	0.5

2002年进出口商品类章总值表

【2002年01—12月】

单位:千美元

类　章	出口		进口	
	金额	比重%	金额	比重%
总　值	325595970	100.0	295170104	100.0
第一类　活动物;动物产品	4730234	1.4	2708767	0.9
01章　活动物	343879	0.1	53414	0.0
02章　肉及食用杂碎	664518	0.2	626936	0.2
03章　鱼、甲壳动物、软体动物及其他水生无脊椎动物	2873473	0.8	1564549	0.5
04章　乳品;蛋品;天然蜂蜜;其他食用动物产品	193916	0.0	272233	0.0
05章　其他动物产品	654449	0.2	191635	0.0
第二类　植物产品	5861441	1.8	4063379	1.3
06章　活树及其他活植物;鳞茎、根及类似品;插花及装饰用簇叶	43062	0.0	32940	0.0
07章　食用蔬菜、根及块茎	1883151	0.5	194194	0.0
08章　食用水果及坚果;甜瓜或柑桔属水果的果皮	554558	0.1	378315	0.1
09章　咖啡、茶、马黛茶及调味香料	551575	0.1	23133	0.0
10章　谷物	1650286	0.5	481759	0.1
11章　制粉工业产品;麦芽;淀粉;菊粉;面筋	118296	0.0	95237	0.0
12章　含油子仁及果实;杂项子仁及果实;工业用或药用植物;稻草、秸秆及饲料	939545	0.2	2777080	0.9
13章　虫胶;树胶、树脂及其他植物液、汁	77125	0.0	36384	0.0
14章　编结用植物材料;其他植物产品	43842	0.0	44336	0.0
第三类　动、植物油、脂及其分解产品;精制的食用油脂;动、植物蜡	108077	0.0	1580255	0.5
15章　动、植物油、脂及其分解产品;精制的食用油脂;动、植物蜡	108077	0.0	1580255	0.52
第四类　食品;饮料、酒及醋;烟草、烟草及烟草代用品的制品	6700663	2.0	1979460	0.6
16章　肉、鱼、甲壳动物、软体动物及其他水生无脊椎动物的制品	2327246	0.7	19447	0.0
17章　糖及糖食	226967	0.0	279695	0.0
18章　可可及可可制品	35989	0.0	79915	0.0
19章　谷物、粮食粉、淀粉或乳的制品;糕饼点心	454433	0.1	148557	0.0
20章　蔬菜、水果、坚果或植物其他部分的制品	1757173	0.5	109694	0.0
21章　杂项食品	460709	0.1	179262	0.0
22章　饮料、酒及醋	597209	0.1	148263	0.0
23章　食品工业的残渣及废料;配制的动物饲料	408279	0.1	771588	0.2
24章　烟草、烟草及烟草代用品的制品	432658	0.1	243038	0.0
第五类　矿产品	9839116	3.0	24477692	8.2

单位：千美元

类　　章	出口		进口	
	金额	比重%	金额	比重%
25 章　盐；硫磺；泥土及石料；石膏料、石灰及水泥	1222940	0.3	875637	0.2
26 章　矿砂、矿渣及矿灰	180872	0.0	4280721	1.4
27 章　矿物燃料、矿物油及其蒸馏产品；沥青物质；矿物蜡	8435304	2.5	19321334	6.5
第六类　化学工业及其相关工业的产品	14614129	4.4	24301749	8.2
28 章　无机化学品；贵金属、稀土金属、放射性元素及其同位素的有机及无机化合物	3029433	0.9	1947554	0.6
29 章　有机化学品	5567158	1.7	11156031	3.7
30 章　药品	789975	0.2	1130288	0.3
31 章　肥料	349723	0.1	2353471	0.7
32 章　鞣料浸膏及染料浸膏；鞣酸及其衍生物；染料、颜料及其他着色料；油漆及清漆；油灰及其他类似胶粘剂；墨水、油墨	1387373	0.4	2088166	0.7
33 章　精油及香膏；芳香料制品及化妆盥洗品	518336	0.1	201104	0.0
34 章　肥皂、有机表面活性剂、洗涤剂、润滑剂、人造蜡、调制蜡、光洁剂、蜡烛及类似品、塑型用膏、“牙科用蜡”及牙科用熟石膏制剂	488432	0.1	567875	0.1
35 章　蛋白类物质；改性淀粉；胶；酶	206942	0.0	504776	0.1
36 章　炸药；烟火制品；火柴；引火合金；易燃材料制品	319210	0.0	2009	0.0
37 章　照相及电影用品	522628	0.1	567844	0.1
38 章　杂项化学产品	1434917	0.4	3782630	1.2
第七类　塑料及其制品；橡胶及其制品	10026835	3.0	19846098	6.7
39 章　塑料及其制品	8036055	2.4	17378440	5.8
40 章　橡胶及其制品	1990780	0.6	2467658	0.8
第八类　生皮、皮革、毛皮及其制品；鞍具及挽具；旅行用品、手提包及类似品；动物肠线(蚕胶丝除外)制品	9333373	2.8	3537852	1.1
41 章　生皮(毛皮除外)及皮革	965202	0.2	3260860	1.1
42 章　皮革制品；鞍具及挽具；旅行用品、手提包及类似容器；动物肠线(蚕胶丝除外)制品	7828005	2.4	91379	0.0
43 章　毛皮、人造毛皮及其制品	540166	0.1	185613	0.0
第九类　木及木制品；木炭；软木及软木制品；稻草、秸秆、针茅或其他编结材料制品；篮筐及柳条编结品	3566279	1.0	4169203	1.4
44 章　木及木制品；木炭	2830210	0.8	4142786	1.4
45 章　软木及软木制品	8832	0.0	17797	0.0
46 章　稻草、秸秆、针茅或其他编结材料制品；篮筐及柳条编结品	727237	0.2	8620	0.0
第十类　木浆及其他纤维状纤维素浆；纸及纸板的废碎品；纸、纸板及其制品	2338647	0.7	7373752	2.4
47 章　木浆及其他纤维状纤维素浆；纸及纸板的废碎品	15623	0.0	2899914	0.9
48 章　纸及纸板；纸浆、纸或纸板制品	1707885	0.5	4136723	1.4
49 章　书籍、报纸、印刷图画及其他印刷品；手稿、打字稿及设计图纸	615139	0.1	337115	0.1
第十一类　纺织原料及纺织制品	57849396	17.7	16992816	5.7
50 章　蚕丝	767294	0.2	96117	0.0

单位:千美元

类 章	出 口		进 口	
	金额	比重%	金额	比重%
51章 羊毛、动物细毛或粗毛;马毛纱线及其机织物	1068547	0.3	1831268	0.6
52章 棉花	4894167	1.5	3327310	1.1
53章 其他植物纺织纤维;纸纱线及其机织物	501629	0.1	334566	0.1
54章 化学纤维长丝	2426168	0.7	3332217	1.1
55章 化学纤维短纤	2523351	0.7	2995080	1.0
56章 絮胎、毡呢及无纺织物;特种纱线;线、绳、索、缆及其制品	364601	0.1	434152	0.1
57章 地毯及纺织材料的其他铺地制品	557043	0.1	35258	0.0
58章 特种机织物;簇绒织物;花边;装饰毯;装饰带;刺绣品	1155095	0.3	647224	0.2
59章 浸渍、涂布、包覆或层压的纺织物;工业用纺织制品	624114	0.1	1195252	0.4
60章 针织物及钩编织物	2006379	0.6	1431997	0.4
61章 针织或钩编的服装及衣着附件	15983674	4.9	523263	0.1
62章 非针织或非钩编的服装及衣着附件	20582500	6.3	765001	0.2
63章 其他纺织制成品;成套物品;旧衣着及旧纺织品;碎织物	4394836	1.3	44110	0.0
第十二类 鞋、帽、伞、杖、鞭及其零件;已加工的羽毛及其制品;人造花;人发制品	13405213	4.1	399963	0.1
64章 鞋靴、护腿和类似品及其零件	11090084	3.4	304065	0.1
65章 帽类及其零件	747466	0.2	6222	0.0
66章 雨伞、阳伞、手杖、鞭子、马鞭及其零件	589922	0.1	11198	0.0
67章 已加工羽毛、羽绒及其制品;人造花;人发制品	977742	0.3	78478	0.0
第十三类 石料、石膏、水泥、石棉、云母及类似材料的制品;陶瓷产品;玻璃及其制品	5460775	1.6	2082456	0.7
68章 石料、石膏、水泥、石棉、云母及类似材料的制品	1313841	0.4	268868	0.0
69章 陶瓷产品	2332544	0.7	146719	0.0
70章 玻璃及其制品	1814391	0.5	1666868	0.5
第十四类 天然或养殖珍珠、宝石或半宝石、贵金属、包贵金属及其制品;仿首饰;硬币	2842768	0.8	1332398	0.4
71章 天然或养殖珍珠、宝石或半宝石、贵金属、包贵金属及其制品;仿首饰;硬币	2842768	0.8	1332398	0.4
第十五类 贱金属及其制品	18907476	5.8	26281319	8.9
72章 钢铁	2307112	0.7	13240138	4.4
73章 钢铁制品	7261984	2.2	2771411	0.9
74章 铜及其制品	752475	0.2	5667665	1.9
75章 镍及其制品	50870	0.0	426913	0.1
76章 铝及其制品	2284655	0.7	2441016	0.8
78章 铅及其制品	243457	0.0	37010	0.0
79章 锌及其制品	492216	0.1	312172	0.1
80章 锡及其制品	166432	0.0	111375	0.0
81章 其他贱金属、金属陶瓷及其制品	616588	0.1	197534	0.0

单位:千美元

类　　章	出　　口		进　　口	
	金额	比重%	金额	比重%
82 章　贱金属工具、器具、利口器、餐匙、餐叉及其零件	2620456	0.8	631811	0.2
83 章　贱金属杂项制品	2111231	0.6	444274	0.1
第十六类　机器、机械器具、电气设备及其零件;录音机及放声机、电视图像、声音的录制和重放设备及其零件、附件	115920979	35.6	125388385	42.4
84 章　核反应堆、锅炉、机械器具及零件	50807100	15.6	52143473	17.6
85 章　电机、电气设备及其零件;录音机及放声机、电视图像、声音的录制和重放设备及其零件、附件	65113879	19.9	73244911	24.8
第十七类　车辆、航空器、船舶及有关运输设备	10547689	3.2	11518964	3.9
86 章　铁道及电车道机车、车辆及其零件;铁道及电车道轨道固备、精密仪器及设备;钟表;乐器;上述物品的零件、附件	2391726	0.7	385995	0.1
90 章　光学、照相、电影、计量、检验、医疗或外科用仪器及设备、精密仪器及设备;上述物品的零件、附件	7362081	2.2	13478876	4.5
91 章　钟表及其零件	1661969	0.5	837150	0.2
92 章　乐器及其零件、附件	498868	0.1	104673	0.0
第十九类　武器、弹药及其零件、附件	17843	0.0	4064	0.0
93 章　武器、弹药及其零件、附件	17843	0.0	4064	0.0
第二十类　杂项制品	23333587	7.1	1143161	0.3
94 章　家具;寝具、褥垫、弹簧床垫、软坐垫及类似的填充制品;未列名灯具及照明装置;发光标志、发光名牌及类似品;活动房屋	9854222	3.0	404026	0.1
95 章　玩具、游戏品、运动用品及其零件、附件	11600682	3.5	353224	0.1
96 章　杂项制品	1878683	0.5	385912	0.1
第二十一类　艺术品、收藏品及古物	22892	0.0	4633	0.0
97 章　艺术品、收藏品及古物	22892	0.0	4633	0.0
第二十二类　特殊交易品及未分类商品	645640	0.1	1563039	0.5
98 章　特殊交易品及未分类商品	645640	0.1	1563039	0.5

2002年进出口商品贸易方式总值表

【2002年01—12月】

单位:千美元

贸易方式	进出口总值		出口		进口	
	金额	比重%	金额	比重%	金额	比重%
总　值	620766074	100.0	325595970	100.0	295170104	100.0
一般贸易	265297832	42.7	136186872	41.8	129110959	43.7
国家间、国际组织无偿援助和赠送的物资	246626	0.0	160133	0.0	86492	0.0
其他境外捐赠物资	12878	0.0		0.0	12878	0.0
补偿贸易	18362	0.0	18225	0.0	137	0.0
来料加工装配贸易	81653408	13.1	47473530	1194.5	34179878	11.5
进料加工贸易	220474395	35.5	132453934	40.6	88020461	29.8
寄售代销贸易	8075	0.0	526	0.0	7549	0.0
边境小额贸易	5693659	0.9	1825826	0.5	3867833	1.3
加工贸易进口设备	1726447	0.2		0.0	1726447	0.5
对外承包工程出口货物	551406	0.0	551406	0.1		0.0
租赁贸易	1413082	0.2	5668	0.0	1407413	0.4
外商投资企业作为投资进口的设备、物品	17142580	2.7		0.0	17142580	5.8
出料加工贸易	45935	0.0	21646	0.0	24290	0.0
易货贸易	81637	0.0	73462	0.0	8175	0.0
免税外汇商品	18300	0.0		0.0	18300	0.0
保税仓库进出境货物	8311102	1.3	3132936	0.9	5178166	1.7
保税区仓储转口货物	16680637	2.6	3252566	0.9	13428070	4.5
出口加工区进口设备	373404	0.0		0.0	373404	0.1
其他	1016311	0.1	439239	0.1	577072	0.1

2002年出口商品贸易方式企业性质总值表

【2002年01—12月】

单位:千美元

企业性质 贸易方式	合计 金额/±%	国有企业 金额/±%	中外合作 金额/±%	中外合资 金额/±%	外商独资 金额/±%	集体企业 金额/±%	私营企业 金额/±%	其他 金额/±%
总值	325595970	122845589	11695074	62076504	96213509	18853127	13780498	131669
	(22.3)	(8.5)	(14.9)	(14.7)	(39.5)	(32.5)	(159.4)	(−12.4)
一般贸易	136186872	78997201	2910798	17561857	11342151	13230835	12142922	1110
	(21.7)	(7.3)	(35.4)	(25.2)	(43.4)	(37.5)	(163.4)	(−75.8)
国家间、国际组织无偿援助和赠送的物资	160133	126486	371	327	32949			
	(−21.7)	(−32.1)	(−25.8)	(51.9)	(87.5)			
补偿贸易	18225	15143	3082					
	(0.0)	(−16.9)						
来料加工装配贸易	47473530	28298015	1900129	4618556	10116694	2181151	358984	
	(12.4)	(9.0)	(13.0)	(−5.7)	(30.3)	(19.3)	(258.1)	
进料加工贸易	132453934	10595537	6837103	38465695	72654875	3070511	830213	
	(25.9)	(6.6)	(9.1)	(13.4)	(39.5)	(18.0)	(95.1)	
寄售代销贸易	526	475			16	35		
	(−60.2)	(−8.5)	(−100.0)	(−100.0)	(−97.4)	(−100.0)		
边境小额贸易	1825826	1348336	188468	289023				
	(117.2)	(111.7)	(78.2)	(194.7)				
对外承包工程出口货物	551406	548480		459		1537	929	
	(14.6)	(14.4)		(−16.6)		(34.4)		(−100.0)
租赁贸易	5668	3857	1238	574				
	(−38.4)	(−52.0)	(−50.8)					
出料加工贸易	21646	8899	5328	5698	1266	210	245	
	(−8.7)	(−37.8)	(74.3)	(34.4)	(210.7)	(−87.7)		
易货贸易	73462	73005	114	343				
	(30.9)	(30.6)	(−17.8)	(434.2)				
保税仓库进出境货物	3132936	2001113	36072	813433	147848	22841	19053	92575
	(13.5)	(29.1)	(137.8)	(−16.1)	(10.4)	(629.9)	(63.3)	(23.3)
保税区仓储转口货物	3252566	602931	2535	609105	1840367	147173	50454	
	(95.5)	(141.6)	(−62.0)	(119.6)	(70.0)	(665.8)	(76.5)	

单位:千美元

企业性质 贸易方式	合计 金额/±%	国有企业 金额/±%	中外合作 金额/±%	中外合资 金额/±%	外商独资 金额/±%	集体企业 金额/±%	私营企业 金额/±%	其他 金额/±%
出口加工区进口设备								
	(−100.0)	(−100.0)						
其他	439239	226113	25	463	110291	9916	87396	5036
	(−39.5)	(−57.7)	(−99.9)	(−91.8)	(21294.9)	(−75.9)	(145.3)	(−90.5)

2002年进口商品贸易方式企业性质总值表

【2002年01—12月】

单位:千美元

企业性质 贸易方式	合计	国有企业	中外合作	中外合资	外商独资	集体企业	私营企业	其 他
	金额/±%	金额/±%	金额/±%	金额/±%	金额/±%	金额/±%	金额/±%	金额/±%
总 值	295170104	114473053	8403248	60795031	91056109	9476340	9558459	1407864
	(21.1)	(10.5)	(8.6)	(7.8)	(47.4)	(18.4)	(180.8)	(−49.7)
一般贸易	129110959	81445610	1375382	23435645	9800559	5717537	6754387	581840
	(13.8)	(9.6)	(3.5)	(2.4)	(60.1)	(13.9)	(206.1)	(−64.7)
国家间、国际组织无偿援助和赠送的物资	86492	53277				652	1313	31251
	(−37.0)	(−38.4)		(−100.0)		(−34.4)		(−36.8)
其他境外捐赠物资	12878	2395				2	195	10286
	(2.2)	(−14.3)				(−97.5)	(1,714.5)	(5.7)
补偿贸易	137	137						
	(−50.4)	(−50.4)						
来料加工装配贸易	34179878	19817511	1439593	3318039	7858866	1452939	292930	
	(18.4)	(17.4)	(12.4)	(−7.5)	(33.4)	(25.4)	(287.1)	
进料加工贸易	88020461	4688394	4771647	23328329	53411292	1323040	497755	3
	(35.1)	(8.4)	(13.1)	(20.6)	(48.4)	(22.0)	(190.7)	(−88.4)
寄售代销贸易	7549	7549						
	(7.9)	(7.9)						
边境小额贸易	3867833	2443716				331917	1092200	
	(17.7)	(1.1)				(−2.0)	(106.6)	
加工贸易进口设备	1726447	1273348	15,316	80710	265908	80574	10592	
	(6.8)	(1.8)	(−36.4)	(16.8)	(28.6)	(27.0)	(294.2)	
租赁贸易	1407413	909772	56	488672	1522		7392	
	(−22.8)	(−38.2)	(−93.7)	(39.8)	(890.9)		(15500.9)	
外商投资企业作为投资进口的设备、物品	17142580		775459	6268927	10098194			
	(18.1)		(−10.4)	(3.7)	(32.8)			
出料加工贸易	24290	18666	493	3374	1576	15	166	
	(28.6)	(81.6)	(−58.4)	(−19.2)	(178.1)	(−99.4)		
易货贸易	8175	7287				233	655	
	(−38.8)	(−45.3)				(914.7)		
免税外汇商品	18300	18300						
	(−64.7)	(−63.4)				(−100.0)		(−100.0)

单位:千美元

企业性质 贸易方式	合计 金额/±%	国有企业 金额/±%	中外合作 金额/±%	中外合资 金额/±%	外商独资 金额/±%	集体企业 金额/±%	私营企业 金额/±%	其 他 金额/±%
保税仓库进出境货物	5178166	2207017	12021	2084437	121476	330624	29171	393421
	(−0.8)	(26.1)	(39.7)	(−26.5)	(4.7)	(90.4)	(27.4)	(24.6)
保税区仓储转口货物	13428070	1481000	8191	1739956	9099774	231137	868013	
	(61.0)	(67.3)	(36.1)	(42.8)	(60.2)	(49.8)	(119.5)	
出口加工区进口设备	373404	120	840	1917	365951	3987	4	585
	(150.4)		(127.9)	(−5.9)	(151.6)	(217.8)		
其他	577072	98955	4252	45025	30992	3685	3685	390477
	(−38.5)	(−13.9)	(29.5)	(54.6)	(71.5)	(12.5)	(412.6)	(−49.2)

2002年进出口商品经营单位所在地总值表

【2002年01—12月】

单位:千美元

经营单位所在地	进出口总值		出口		进口	
	金额	比重%	金额	比重%	金额	比重%
总值	620766074	100.0	325595970	100.0	295170104	100.0
北京市	52505287	8.4	12613864	3.8	39891423	13.5
北京新技术产业开发实验区	471471	0.0	224732	0.0	246739	0.0
北京经济技术开发区	1485860	0.2	252101	0.0	1233759	0.4
天津市	22811403	3.6	11631689	3.5	11179715	3.7
天津新技术产业园区	578747	0.0	273195	0.0	305552	0.1
天津经济技术开发区	11335097	1.8	5639492	1.7	5695606	1.9
天津港保税区	1903293	0.3	137376	0.0	1765917	0.5
河北省	6665251	1.0	4594114	1.4	2071137	0.7
石家庄市	2146567	0.3	1774252	0.5	372315	0.1
石家庄高新技术产业开发区	24175	0.0	3595	0.0	20580	0.0
秦皇岛市	1400370	0.2	967094	0.2	433276	0.1
秦皇岛经济技术开发区	418546	0.0	157536	0.0	261011	0.0
山西省	2311543	0.3	1661613	0.5	649929	0.2
太原市	1642156	0.2	1180048	0.3	462109	0.1
内蒙古自治区	2434023	0.3	806669	0.2	1627355	0.5
呼和浩特	370167	0.0	278413	0.0	91754	0.0
二连浩特	322184	0.0	31619	0.0	290564	0.0
满洲里市	998272	0.1	23011	0.0	975261	0.3
辽宁省	21739646	3.5	12366555	3.7	9373090	3.1
沈阳市	2835810	0.4	1380414	0.4	1455396	0.4
沈阳南湖科技开发区	979845	0.1	505881	0.1	473964	0.1
大连市	14601886	2.3	8381287	2.5	6220599	2.1
大连经济技术开发区	6211466	1.0	3406580	1.0	2804886	0.9
大连市高新技术产业园区	179498	0.0	95267	0.0	84231	0.0
大连大窑湾保税区	976358	0.1	311865	0.0	664493	0.2
丹东市	1433344	0.2	902491	0.2	530853	0.1
吉林省	3702477	0.5	1768494	0.5	1933983	0.6
长春市	2887728	0.4	1272846	0.3	1614882	0.5
长春新技术开发区	88596	0.0	15694	0.0	72902	0.0

单位:千美元

经营单位所在地	进出口总值		出口		进口	
	金额	比重%	金额	比重%	金额	比重%
珲春市	132731	0.0	89230	0.0	43501	0.0
黑龙江省	4349151	0.7	1986645	0.6	2362506	0.8
哈尔滨市	1670317	0.2	768469	0.2	901848	0.3
哈尔滨高技术开发区	67003	0.0	25702	0.0	41301	0.0
黑河市	142051	0.0	100005	0.0	42046	0.0
绥芬河市	1543989	0.2	525968	0.1	1018020	0.3
上海市	72627109	11.7	32037388	9.8	40589720	13.7
上海漕河泾新兴技术开发区	2221365	0.3	1068127	0.3	1153239	0.3
上海经济技术开发区	91209	0.0	28946	0.0	62262	0.0
上海浦东新区	36885886	5.9	13594562	4.1	23291325	7.8
上海外高桥保税区	11928474	1.9	3125599	0.9	8802875	2.9
江苏省	70288544	11.3	38465120	11.8	31823423	10.7
南京市	10091994	1.6	6008801	1.8	4083194	1.3
南京高新技术外向型开发区	511771	0.0	180497	0.0	331274	0.1
苏州市	36377798	5.8	18511697	5.6	17866100	6.0
苏州工业园	5845455	0.9	2552560	0.7	3292895	1.1
南通市	3742547	0.6	2408753	0.7	1333794	0.4
南通经济技术开发区	934031	0.1	497338	0.1	436692	0.1
连云港市	746945	0.1	503161	0.1	243783	0.0
连云港经济技术开发区	251061	0.0	95187	0.0	155875	0.0
浙江省	41955756	6.7	29410680	9.0	12545076	4.2
杭州市	13103378	2.1	8477883	2.6	4625495	1.5
杭州高新技术产业开发区	719914	0.1	173989	0.0	545925	0.1
宁波市	12262748	1.9	8154914	2.5	4107834	1.3
宁波经济技术开发区	1993927	0.3	1053922	0.3	940005	0.3
温州市	3100339	0.4	2389815	0.7	710524	0.2
温州经济技术开发区	166675	0.0	129802	0.0	36873	0.0
安徽省	4180968	0.6	2453126	0.7	1727842	0.5
合肥市	2298478	0.3	1502338	0.4	796140	0.2
合肥高新技术产业开发区	70402	0.0	36397	0.0	34005	0.0
芜湖市	277160	0.0	101868	0.0	175292	0.0
福建省	28397368	4.5	17370626	5.3	11026742	3.7
福州市	8171482	1.3	5040504	1.5	3130978	1.0
福州经济技术开发区	1104966	0.1	311647	0.0	793320	0.2
福州市科技园区	6678	0.0	6665	0.0	13	0.0
厦门市	15182958	2.4	8792465	2.7	6390493	2.1

单位：千美元

经营单位所在地	进出口总值		出　口		进　口	
	金额	比重%	金额	比重%	金额	比重%
厦门特区	11894607	1.9	7095250	2.1	4799357	1.6
厦门火炬高技术产业开发区	2000462	0.3	1464815	0.4	535647	0.1
江西省	1694469	0.2	1051982	0.3	642488	0.2
南昌市	909121	0.1	727381	0.2	181740	0.0
九江市	167983	0.0	38129	0.0	129854	0.0
山东省	33934483	5.4	21107831	6.4	12826653	4.3
济南市	1492393	0.2	694833	0.2	797560	0.2
济南市高技术产业开发区	5817	0.0	4877	0.0	940	0.0
青岛市	13720711	2.2	8586636	2.6	5134075	1.7
青岛经济技术开发区	724945	0.1	333030	0.1	391915	0.1
烟台市	3950150	0.6	2210572	0.6	1739578	0.5
烟台经济技术开发区	914745	0.1	348833	0.1	565912	0.1
威海市	2073489	0.3	1332950	0.4	740539	0.2
威海火炬高技术产业开发区	353578	0.0	209904	0.0	143674	0.0
河南省	3203161	0.5	2118623	0.6	1084539	0.3
郑州市	1038357	0.1	685106	0.2	353251	0.1
郑州高新技术产业开发区	30532	0.0	17875	0.0	12656	0.0
湖北省	3953137	0.6	2098258	0.6	1854879	0.6
武汉市	2203126	0.3	1090435	0.3	1112691	0.3
武汉东湖新技术开发区	228517	0.0	87892	0.0	140625	0.0
湖南省	2875835	0.4	1795284	0.5	1080551	0.3
长沙市	1663396	0.2	1021921	0.3	641475	0.2
长沙高新技术产业开发区	29173	0.0	15502	0.0	13671	0.0
岳阳市	59376	0.0	27429	0.0	31946	0.0
广东省	221096306	35.6	118462736	36.3	102633569	34.7
广州市	27923446	4.4	13776339	4.2	14147107	4.7
广州经济技术开发区	2851164	0.4	1400363	0.4	1450801	0.4
广州天河高新技术产业开发区	285104	0.0	15739	0.0	269365	0.0
广州保税区	978793	0.1	297547	0.0	681246	0.2
深圳市	87215998	14.0	46542004	14.2	40673994	13.7
深圳特区	45381527	7.3	22229221	6.8	23152306	7.8
深圳科技工业园	1280397	0.2	562392	0.1	718005	0.2
深圳保税区	11335212	1.8	5894686	1.8	5440525	1.8
珠海市	12834812	2.0	5203432	1.5	7631380	2.5
珠海特区	8987598	1.4	3505439	1.0	5482158	1.8
汕头市	2891002	0.4	1569777	0.4	1321225	0.4

单位：千美元

经营单位所在地	进出口总值		出口		进口	
	金额	比重%	金额	比重%	金额	比重%
汕头特区	2277027	0.3	1129749	0.3	1147278	0.3
湛江市	1194247	0.1	545705	0.1	648542	0.2
湛江经济技术开发区	170743	0.0	86513	0.0	84230	0.0
中山市	9340899	1.5	5724091	1.7	3616808	1.2
中山火炬高技术产业开发区	27073	0.0	4179	0.0	22894	0.0
广西壮族自治区	2430488	0.3	1507455	0.4	923033	0.3
南宁市	546518	0.0	447565	0.1	98953	0.0
桂林市	246460	0.0	140213	0.0	106247	0.0
桂林新技术产业开发区	22483	0.0	3384	0.0	19098	0.0
北海市	404094	0.0	108024	0.0	296070	0.1
凭祥市	115697	0.0	80933	0.0	34764	0.0
东兴县	72195	0.0	31527	0.0	40668	0.0
海南省(全省为特区)	1866795	0.3	819304	0.2	1047491	0.3
海口市	1707812	0.2	729115	0.2	978698	0.3
海南洋浦经济技术开发区	29538	0.0	9414	0.0	20124	0.0
四川省	4468530	0.7	2711626	0.8	1756904	0.5
成都市	2064607	0.3	1212945	0.3	851663	0.2
成都高新技术产业开发区	288004	0.0	178066	0.0	109937	0.0
重庆市	1793071	0.2	1091013	0.3	702058	0.2
重庆高新技术产业开发区	13651	0.0	8994	0.0	4657	0.0
贵州省	691468	0.1	441832	0.1	249636	0.0
贵阳市	572609	0.0	375115	0.1	197494	0.0
云南省	2226761	0.3	1429709	0.4	797052	0.2
昆明市	1474861	0.2	888562	0.2	586299	0.1
畹町市	19719	0.0	13389	0.0	6330	0.0
瑞丽县	76306	0.0	67693	0.0	8612	0.0
河口县	89678	0.0	72188	0.0	17490	0.0
西藏自治区	130368	0.0	81124	0.0	49245	0.0
拉萨市	117527	0.0	71729	0.0	45799	0.0
陕西省	2224034	0.3	1376034	0.4	848001	0.2
西安市	1868480	0.3	1123606	0.3	744874	0.2
西安新技术产业开发区	245418	0.0	104767	0.0	140651	0.0
甘肃省	877397	0.1	548910	0.1	328487	0.1
兰州市	618506	0.1	423681	0.1	194825	0.0
兰州新技术产业开发区	37718	0.0	22159	0.0	15559	0.0
青海省	196641	0.0	150995	0.0	45646	0.0

单位:千美元

经营单位所在地	进出口总值		出　口		进　口	
	金额	比重%	金额	比重%	金额	比重%
西宁市	160990	0.0	134451	0.0	26539	0.0
宁夏回族自治区	442906	0.0	328175	0.1	114731	0.0
银川市	207268	0.0	154360	0.0	52908	0.0
新疆维吾尔族自治区	2691697	0.4	1308496	0.4	1383201	0.4
乌鲁木齐市	620275	0.1	411334	0.1	208941	0.0
乌鲁木齐经济技术开发区	62945	0.0	44721	0.0	18224	0.0
博乐市	980695	0.1	224461	0.0	756234	0.2
伊宁市	307841	0.0	247460	0.0	60382	0.0

2002年进出口商品境内目的地/货源地总值表

【2002年01—12月】

单位:千美元

境内目的地/货源地	进出口总值		出口		进口	
	金额	比重%	金额	比重%	金额	比重%
总　值	620766074	100.0	325595970	100.0	295170104	100.0
北京市	26702111	4.3	8336846	2.5	18365265	6.2
北京新技术产业开发实验区	479564	0.0	140893	0.0	338671	0.1
北京经济技术开发区	1472968	0.2	238384	0.0	1234584	0.4
天津市	22850197	3.6	11083867	3.4	11766329	3.9
天津新技术产业园区	345883	0.0	143581	0.0	202302	0.0
天津经济技术开发区	10748785	1.7	5280197	1.6	5468588	1.8
天津港保税区	1937936	0.3	153534	0.0	1784402	0.6
河北省	6829076	1.1	4157684	1.2	2671392	0.9
石家庄市	2120764	0.3	1517302	0.4	603462	0.2
石家庄高新技术产业开发区	24820	0.0	3740	0.0	21079	0.0
秦皇岛市	943022	0.1	403813	0.1	539208	0.1
秦皇岛经济技术开发区	180299	0.0	95584	0.0	84715	0.0
山西省	3597389	0.5	2751547	0.8	845842	0.2
太原市	1424120	0.2	944019	0.2	480101	0.1
内蒙古自治区	2665377	0.4	1032120	0.3	1633257	0.5
呼和浩特	358216	0.0	216913	0.0	141303	0.0
二连浩特	278304	0.0	30774	0.0	247530	0.0
满洲里市	811746	0.1	1330	0.0	810415	0.2
辽宁省	23426326	3.7	12059890	3.7	11366436	3.8
沈阳市	3817242	0.6	1427598	0.4	2389644	0.8
沈阳南湖科技开发区	178307	0.0	41003	0.0	137304	0.0
大连市	13966339	2.2	7347999	2.2	6618339	2.2
大连经济技术开发区	5494854	0.8	2632099	0.8	2862755	0.9
大连市高新技术产业园区	121345	0.0	53480	0.0	67866	0.0
大连大窑湾保税区	1008178	0.1	311775	0.0	696403	0.2
丹东市	1407423	0.2	856678	0.2	550745	0.1
吉林省	4074320	0.6	1868103	0.5	2206217	0.7

单位:千美元

境内目的地/货源地	进出口总值		出　　口		进　　口	
	金额	比重%	金额	比重%	金额	比重%
长春市	2164650	0.3	548763	0.1	1615887	0.5
长春新技术开发区	56662	0.0	4733	0.0	51928	0.0
珲春市	101213	0.0	75960	0.0	25253	0.0
黑龙江省	4687655	0.7	2412393	0.7	2275262	0.7
哈尔滨市	2045052	0.3	1133261	0.3	911791	0.3
哈尔滨高技术开发区	51107	0.0	13450	0.0	37658	0.0
黑河市	40594	0.0	4922	0.0	35672	0.0
绥芬河市	886565	0.1	34614	0.0	851951	0.2
上海市	72251289	11.6	31012883	9.5	41238407	13.9
上海漕河泾新兴技术开发区	2309840	0.3	1110220	0.3	1199619	0.4
上海经济技术开发区	107712	0.0	34246	0.0	73466	0.0
上海浦东新区	35369354	5.6	12446178	3.8	22923177	7.7
上海外高桥保税区	12168458	1.9	3131896	0.9	9036562	3.0
江苏省	74488884	12.0	39014818	11.9	35474066	12.0
南京市	9230790	1.4	5109197	1.5	4121593	1.3
南京高新技术外向型开发区	333847	0.0	73384	0.0	260463	0.0
苏州市	37779490	6.0	18600915	5.7	19178575	6.4
苏州工业园	5840426	0.9	2576751	0.7	3263675	1.1
南通市	4225199	0.6	2609935	0.8	1615264	0.5
南通经济技术开发区	853248	0.1	429689	0.1	423559	0.1
连云港市	1145625	0.1	359413	0.1	786212	0.2
连云港经济技术开发区	246038	0.0	92968	0.0	153069	0.0
浙江省	46354817	7.4	31564710	9.6	14790107	5.0
杭州市	12606690	2.0	8070375	2.4	4536315	1.5
杭州高新技术产业开发区	704781	0.1	164070	0.0	540711	0.1
宁波市	14416564	2.3	8470806	2.6	5945758	2.0
宁波经济技术开发区	1794005	0.2	971981	0.2	822024	0.2
温州市	3508524	0.5	2672444	0.8	836081	0.2
温州经济技术开发区	144035	0.0	125532	0.0	18503	0.0
安徽省	4204727	0.6	2326305	0.7	1878422	0.6
合肥市	1890309	0.3	1196537	0.3	693772	0.2
合肥高新技术产业开发区	64791	0.0	31372	0.0	33418	0.0
芜湖市	395340	0.0	162039	0.0	233301	0.0
福建省	30329176	4.8	18387268	5.6	11941908	4.0
福州市	7876688	1.2	4597779	1.4	3278909	1.1
福州经济技术开发区	507551	0.0	89668	0.0	417883	0.1

单位：千美元

境内目的地/货源地	进出口总值		出口		进口	
	金额	比重%	金额	比重%	金额	比重%
福州市科技园区	2711	0.0	2709	0.0	1	0.0
厦门市	12983191	2.0	6714650	2.0	6268541	2.1
厦门特区	9459171	1.5	4850885	1.4	4608286	1.5
厦门火炬高技术产业开发区	307484	0.0	163740	0.0	143744	0.0
江西省	1996782	0.3	1057917	0.3	938866	0.3
南昌市	800068	0.1	588289	0.1	211779	0.0
九江市	358584	0.0	71531	0.0	287053	0.0
山东省	37369542	6.0	21500687	6.6	15868855	5.3
济南市	1527481	0.2	681958	0.2	845524	0.2
济南市高技术产业开发区	6329	0.0	4829	0.0	1500	0.0
青岛市	14737487	2.3	7919561	2.4	6817925	2.3
青岛经济技术开发区	709488	0.1	336630	0.1	372857	0.1
烟台市	4800961	0.7	2420812	0.7	2380149	0.8
烟台经济技术开发区	909059	0.1	343884	0.1	565175	0.1
威海市	2123673	0.3	1368614	0.4	755059	0.2
威海火炬高技术产业开发区	349408	0.0	206710	0.0	142698	0.0
河南省	3730420	0.6	2335713	0.7	1394707	0.4
郑州市	959644	0.1	608887	0.1	350757	0.1
郑州高新技术产业开发区	30259	0.0	17669	0.0	12590	0.0
湖北省	4532139	0.7	2073348	0.6	2458791	0.8
武汉市	2292160	0.3	878736	0.2	1413424	0.4
武汉东湖新技术开发区	243855	0.0	98798	0.0	145057	0.0
湖南省	3273366	0.5	1803552	0.5	1469814	0.4
长沙市	1429807	0.2	795785	0.2	634022	0.2
长沙高新技术产业开发区	27685	0.0	14917	0.0	12768	0.0
岳阳市	266026	0.0	47559	0.0	218467	0.0
广东省	225451384	36.3	119091564	36.5	106359820	36.0
广州市	26950791	4.3	12246020	3.7	14704771	4.9
广州经济技术开发区	2479071	0.3	1123049	0.3	1356023	0.4
广州天河高新技术产业开发区	287704	0.0	13901	0.0	273803	0.0
广州保税区	988079	0.1	296876	0.0	691202	0.2
深圳市	85765488	13.8	44824436	13.7	40941052	13.8
深圳特区	33161668	5.3	17563327	5.3	15598341	5.2
深圳科技工业园	708388	0.1	292118	0.0	416270	0.1
深圳保税区	11367382	1.8	5909693	1.8	5457688	1.8
珠海市	10417106	1.6	4821085	1.4	5596021	1.8

单位:千美元

境内目的地/货源地	进出口总值		出口		进口	
	金额	比重%	金额	比重%	金额	比重%
珠海特区	6420603	1.0	3128337	0.9	3292266	1.1
汕头市	3147498	0.5	1652792	0.5	1494706	0.5
汕头特区	2157761	0.3	941487	0.2	1216274	0.4
湛江市	1650008	0.2	514159	0.1	1135849	0.3
湛江经济技术开发区	134890	0.0	85333	0.0	49557	0.0
中山市	9954373	1.6	6231731	1.9	3722642	1.2
中山火炬高技术产业开发区	3323	0.0	2325	0.0	998	0.0
广西壮族自治区	2606940	0.4	1476650	0.4	1130290	0.3
南宁市	465695	0.0	274006	0.0	191689	0.0
桂林市	295430	0.0	175209	0.0	120221	0.0
桂林新技术产业开发区	17760	0.0	2728	0.0	15032	0.0
北海市	405425	0.0	108479	0.0	296945	0.1
凭祥市	47855	0.0	69	0.0	47786	0.0
东兴县	38887	0.0	3202	0.0	35685	0.0
海南省(全省为特区)	1793120	0.2	674612	0.2	1118508	0.3
海口市	1250239	0.2	292964	0.0	957275	0.3
海南国际科技工业园	5	0.0	5	0.0		
海南洋浦经济技术开发区	34662	0.0	3800	0.0	30862	0.0
四川省	4461445	0.7	2629836	0.8	1831609	0.6
成都市	1805621	0.2	984652	0.3	820969	0.2
成都高新技术产业开发区	170208	0.0	86005	0.0	84202	0.0
重庆市	2023132	0.3	1116151	0.3	906981	0.3
重庆高新技术产业开发区	21602	0.0	11268	0.0	10334	0.0
贵州省	980291	0.1	565514	0.1	414777	0.1
贵阳市	672464	0.1	369151	0.1	303313	0.1
云南省	2327581	0.3	1294028	0.3	1033553	0.3
昆明市	1666687	0.2	841617	0.2	825069	0.2
畹町市	1966	0.0	1126	0.0	840	0.0
瑞丽县	11505	0.0	3962	0.0	7543	0.0
河口县	7354	0.0	6206	0.0	1148	0.0
西藏自治区	125205	0.0	68157	0.0	57048	0.0
拉萨市	111512	0.0	60344	0.0	51167	0.0
陕西省	2784125	0.4	1577390	0.4	1206735	0.4
西安市	1870808	0.3	917917	0.2	952891	0.3
西安新技术产业开发区	185858	0.0	74807	0.0	111051	0.0
甘肃省	1038287	0.1	510469	0.1	527818	0.1

单位:千美元

境内目的地/货源地	进出口总值		出　口		进　口	
	金额	比重%	金额	比重%	金额	比重%
兰州市	621896	0.1	374367	0.1	247529	0.0
兰州新技术产业开发区	22704	0.0	17493	0.0	5211	0.0
青海省	234436	0.0	162276	0.0	72160	0.0
西宁市	147454	0.0	116948	0.0	30507	0.0
宁夏回族自治区	494215	0.0	359383	0.1	134832	0.0
银川市	205943	0.0	148773	0.0	57170	0.0
新疆维吾尔族自治区	3082318	0.4	1290288	0.3	1792030	0.6
乌鲁木齐市	1242904	0.2	766552	0.2	476352	0.1
乌鲁木齐经济技术开发区	47074	0.0	33123	0.0	13952	0.0
博乐市	728383	0.1	40083	0.0	688300	0.2
伊宁市	168147	0.0	108518	0.0	59629	0.0

2002年进出口商品运输方式总值表

【2002年01—12月】

单位:千美元

运输方式	进出口总值		出口		进口	
	金额	比重%	金额	比重%	金额	比重%
总值	620766074	100.0	325595970	100.0	295170104	100.0
江、海运输	385838742	62.1	216959049	66.6	168879694	57.2
铁路运输	7899890	1.2	2352246	0.7	5547644	1.8
汽车运输	136683481	22.0	71392171	21.9	65291310	22.1
空运	87727676	14.1	32901532	10.1	54826144	18.5
邮运	579101	0.0	299233	0.0	279868	0.0
其他	2037184	0.3	1691740	0.5	345444	0.1

2002年进出口商品前40位国别(地区)总值表

【2002年01—12月】

单位:千美元

经营单位	出口额	名次	经营单位	进口额	名次
总　值	325595970		总　值	295170104	
美国	69945793	1	日本	53465999	1
香港	58463145	2	台湾省	38061389	2
日本	48433840	3	韩国	28568008	3
韩国	15534561	4	美国	27237637	4
德国	11371850	5	德国	16416415	5
荷兰	9107559	6	中华人民共和国	14980192	6
英国	8059425	7	香港	10726243	7
新加坡	6984217	8	马来西亚	9296295	8
台湾省	6585715	9	俄罗斯联邦	8406690	9
马来西亚	4974207	10	新加坡	7046562	10
意大利	4827435	11	澳大利亚	5850572	11
澳大利亚	4585039	12	泰国	5599597	12
加拿大	4303458	13	印度尼西亚	4508345	13
法国	4071863	14	意大利	4319465	14
俄罗斯联邦	3520742	15	法国	4253115	15
阿拉伯联合酋长国	3450904	16	加拿大	3626878	16
印度尼西亚	3426452	17	沙特阿拉伯	3435351	17
泰国	2957345	18	英国	3335960	18
比利时	2875847	19	菲律宾	3217161	19
墨西哥	2863655	20	巴西	3003020	20
印度	2671164	21	伊朗	2346269	21
西班牙	2578051	22	印度	2273871	22
越南	2148380	23	瑞士	2036791	23
菲律宾	2042241	24	比利时	2022047	24
沙特阿拉伯	1671544	25	瑞典	1791032	25
巴西	1466382	26	荷兰	1571574	26
匈牙利	1448830	27	智利	1567091	27
伊朗	1393303	28	芬兰	1512770	28
南非	1310635	29	阿曼	1446471	29
巴拿马	1272660	30	哈萨克	1354645	30

单位：千美元

经营单位	出口额	名次	经营单位	进口额	名次
巴基斯坦	1242111	31	南非	1268766	31
波兰	1164615	32	阿根廷	1239464	32
芬兰	1153635	33	苏丹	1157585	33
土耳其	1089044	34	越南	1115892	34
孟加拉国	1066271	35	墨西哥	1114957	35
尼日利亚	1047147	36	安哥拉	1087049	36
智利	998263	37	挪威	923228	37
丹麦	916979	38	西班牙	900175	38
瑞典	910015	39	奥地利	892918	39
以色列	899440	40	新西兰	803344	40

2002年出口商品排序表(前100位)

【2002年01—12月】

单位:千美元

商品编号	商品名称	数量单位	数量	金额
	总值		—	325,595,970
84733090	8471所列其他机器的零件、附件	千克	830493650	11359248
84716010	显示器	台	42677674	5725890
85252022	手持(包括车载)无线电话机	台	63139002	5279974
85219010	激光视盘放像机	台	75489007	3570684
64039900	其他橡、塑或再生皮革外底,皮革鞋面的鞋靴	双	655611100	3013259
64029900	未列名橡胶或塑料制外底及鞋面的鞋靴	双	1324444645	2472780
95039000	其他玩具	个/千克	13272670069	2470362
				1309508638
42021290	塑料或纺织材料作面的提箱、小手袋等	个	2193277429	2383104
95041000	与电视接收机配套使用的电子游戏机	台/千克	40327290	2281503
				75363555
84713000	重量≤10公斤的便携数字式自动数据处理设备	台	2619904	2202279
61103000	化纤制针织钩编套头衫、开襟衫、外穿背心等	件/千克	850855563	2060177
				300341322
85273100	其他收录(放)音组合机	台	74344452	1944920
42031000	皮革或再生皮革制的衣服	件/千克	62901898	1925175
				88579452
62046200	棉制女裤	条/千克	662096460	1887946
				303397539
85229030	视频信号录制或重放设备的零件、附件	千克	47615079	1886591
85299020	手持式无线电话机零件	千克	9355148	1824208
27011290	其他烟煤	千克	63909236387	1796874
61091000	棉制针织或钩编的T恤衫、汗衫、背心	件/千克	1483116113	1792413
				263706932
39269090	未列名塑料制品	千克	1233369944	1714226
84717010	硬盘驱动器	台	29921890	1686913
85281293	彩色电视机,屏幕尺寸>52cm	台	10323026	1621797
84716032	激光打印机	台	9739207	1587679
84717030	光盘驱动器	台	102913465	1583931
95034100	填充的玩具动物	个/千克	2214470578	1470496

单位：千美元

商品编号	商品名称	数量单位	数量	金额
				350662343
61102000	棉制针织钩编的套头衫、开襟衫、外穿背心等	件/千克	592619361	1389430
				204843082
62034290	棉制其他男裤	条/千克	427947443	1367684
				227943576
85426000	混合集成电路	个/千克	3138056550	1355524
				3026670
27101110	车用汽油和航空汽油	千克	6121972645	1351746
27090000	石油原油及从沥青矿物提取的原油	千克	7664627271	1296176
85340090	四层及以下的印刷电路	块 /千克	4262344660	1290574
				54298936
64031900	橡、塑或革外底，皮革制鞋面的其他运动鞋靴	双	215847629	1265593
85299090	8525 至 8528 所列其他装置或设备用其他零件	千克	25923400	1201986
85422120	0.18＜线宽≤0.35 微米的数字式单片集成电路	个/千克	891188737	1179282
				1215523
86090020	40 英尺集装箱	个	403954	1176436
10059000	玉米，种用除外	千克	11673250594	1166842
39264000	塑料制小雕塑品及其他装饰品	千克	800439315	1160158
84715040	微型机的数字式处理部件	台	2766324	1106415
84733010	大、中、小型计算机及其部件的零件、附件	千克	20237006	1082837
95051000	圣诞节用品	千克	466331232	1038365
85171100	无绳电话机	台	68809112	1035849
64021900	橡胶或塑料制外底及鞋面的其他运动鞋靴	双	309896791	989427
85229090	8519 至 8521 所列设备的未列名零件、附件	千克	35640847	972287
84714140	其他微型数字式自动数据处理机	台	892271	964931
27040010	焦炭及半焦炭	千克	13570160297	957136
94036099	未列名木家具	件	54195689	946808
85044090	未列名静止式变流器	个	706695855	936157
85011099	其他电动机，P≤37.5W	台	1075734607	934421
54075200	聚酯变形长丝≥85％染色布	米/千克	1072946331	923334
				258504075
84716033	喷墨打印机	台	17586132	914053
85199910	激光唱机	台	61284689	910495
85254050	其他数字照相机	台	16706417	900866
94054090	未列名电灯及照明装置	千克	337817188	900426
73239300	不锈钢制餐桌、厨房或其他家用器具及其零件	千克	263730257	892655
85422900	其他单片集成电路	个/千克	2454336276	888913

单位：千美元

商品编号	商品名称	数量单位	数量	金额
				2675957
76011000	未锻轧的非合金铝	千克	620494306	868356
64041900	其他橡胶或塑料外底，纺织材料鞋面的鞋靴	双	622820561	845990
85043190	未列名额定容量≤1KVA的变压器	个	2589719280	844440
90091290	其他通过中间体转印的静电感光复印设备	台	1291538	842610
03042090	其他冻鱼片	千克	371426341	839312
90138090	未列名液晶装置和未列名光学仪器及器具	个	1399371635	836521
42032910	皮革或再生皮革制的劳保手套	双/千克	749010861	812378
				115102985
62019390	未列名化纤男式带风帽防寒短上衣、防风衣等	件/千克	134868567	811234
				108207999
85165000	微波炉	个	20334257	801824
60062200	棉制染色其他针织或钩编织物	千克 /米	214450577	788650
				634991446
84716070	键盘、鼠标器	台	321034392	777650
68022300	花岗岩碑石或建筑用石及其制品	千克	3450960868	775556
69111010	瓷餐具	千克	1236941733	761769
85445190	其他有接头电导体，80V<耐压≤1000V	千克	304358673	760165
73269090	未列名钢铁制品	千克	705587491	758289
71131919	其他黄金制首饰及其零件	克	85446940	737407
40112000	客车或货运机动车辆用新的充气橡胶轮胎	条	22402350	733865
62052000	棉制男衬衫	件/千克	218234042	728520
				71332962
94032000	其他金属家具	千克	690730528	709283
94049040	化纤棉填充的其他寝具及类似用品	千克	148751714	683400
85091000	真空吸尘器包括干式及湿式真空吸尘器	台	55342026	682572
84733029	其他打印机零件、附件	千克	61949086	657199
73089000	其他钢铁结构体；钢结构体用部件及加工钢材	千克	820498095	655971
84672100	手提式各种电钻	台	47894380	643297
62034390	合成纤维制其他男裤	条/千克	201364983	641705
				72150469
90065300	其他使用胶片宽度为35毫米的照相机机	架	76896176	641532
62029390	未列名化纤女式带风帽防寒短上衣、防风衣等	件/千克	97931914	638568
				68911128
71023900	其他非工业用钻石	克拉	1815225	636946
85401100	彩色阴极射线电视显像管	只	13460526	633779
84701000	不需外接电源的电子计算器	台	409748964	633677

单位：千美元

商品编号	商品名称	数量单位	数量	金额
85061000	二氧化锰原电池(组)	个	15152036360	632640
39249000	塑料制其他家庭用具及盥洗用具	千克	418984576	629655
52094200	棉≥85％色织粗斜纹布(劳动布)平米重＞20	米/千克	401181014	622768
				195958018
42022200	塑料片或纺织材料作面的手提包	个	568116286	620598
27160000	电力	千瓦时	9704076363	618384
84718000	自动数据处理设备的其他部件	台	23125863	616649
61099090	未列名纺材制针织或钩编T恤衫、汗衫、背心	件/千克	467923384	609740
				104243625
94053000	圣诞树用的成套灯具	套/千克	569194629	609315
				272353281
39232100	供运输或包装货物用的乙烯聚合物制袋及包	千克	620497433	608251
61109090	其他纺材针织钩编套头衫开襟衫及外穿背心等	件/千克	201081105	594941
				76720411
63079000	6301至6307的未列名制成品,包括服装裁剪样	千克	134219301	590787
44219090	未列名木制品	千克	422280434	589376
94017900	其他金属框架坐具	个	93673312	587432
16041910	制作或保藏的(河)鳗鱼,整条或切块的	千克	6996477	586594
94051000	枝形吊灯及天花板或墙壁上的电气照明装置	千克/个	282411946	584552
				219046023
90099990	复印设备的其他零件、附件	千克	65313327	580155

2002年进口商品排序表(前100位)

【2002年01—12月】

单位:千美元

商品编号	商品名称	数量单位	数量	金额
	总值		—	295170104
27090000	石油原油及从沥青矿物提取的原油	千克	69406409273	12757314
85422900	其他单片集成电路	个/千克	22777512373	10306360
				22171235
84733090	8471所列其他机器的零件、附件	千克	11460042	5776750
85422110	线宽不超过0.18微米的数字式单片集成电路	个/千克	1853597962	4772718
				2236305
85422120	0.18<线宽≤0.35微米的数字式单片集成电路	个/千克	2795947577	4640472
				3243543
90138090	未列名液晶装置和未列名光学仪器及器具	个	1210899220	4051757
85426000	混合集成电路	个/千克	3303146182	3715369
				5192400
84798990	未列名具有独立功能的机器及机械器具	台	480213	2864773
12010091	黄大豆	千克	11314355618	2482834
85252022	手持(包括车载)无线电话机	台	17196453	2377300
26011100	未烧结的铁矿砂及其精矿	千克	384471458	2368215
85299020	手持式无线电话机零件	千克	6259116	2310607
27101922	5—7号燃料油	千克	14106218921	2220143
29173610	对苯二甲酸	千克	4296879260	2099433
84733010	大、中、小型计算机及其部件的零件、附件	千克	13058836	1924174
74031100	未锻轧的精炼铜阴极及阴极型材	千克	1163964734	1904013
85340090	四层及以下的印刷电路	块/千克	7774735451	1742334
				46323328
39033000	初级形状丙烯腈—丁二烯—苯乙烯共聚物	千克	1637508455	1676747
85422190	线宽超过0.35微米的数字式单片集成电路	个/千克	3080738947	1657690
				2096502
39021000	初级形状的聚丙烯	千克	2441899972	1635289
88024010	45000≥空载重量>15000公斤的飞机等航空器	架	52	1553395
98010010	单项记录价值≤¥2000非税、证进口商品	千克	1	1493124
84733029	其他打印机零件、附件	千克	54573955	1469535
39011000	初级形状的聚乙烯,比重小于0.94	千克	2425148966	1457594

单位:千美元

商品编号	商 品 名 称	数量单位	数 量	金 额
85229030	视频信号录制或重放设备的零件、附件	千克	24955253	1374961
84717010	硬盘驱动器	台	17763369	1370974
85404000	彩色数据/图形显示管,荧光点间距<0.4mm	只	23183171	1281505
39012000	初级形状的聚乙烯,比重在0.94及以上	千克	2133733030	1240263
39031900	其他初级形状的聚苯乙烯	千克	1452502605	1164802
87089990	8701至8705所列其他车辆用未列名零、附件	千克	134505504	1127747
85411000	二极管,但光敏二极管或发光二极管除外	个/千克	47632716777	1119455
				13782616
74040000	铜废碎料	千克	3080036323	1069017
29025000	苯乙烯	千克	1798514729	1057289
88024020	空载重量>45000公斤的飞机等航空器	架	17	1051592
85389000	8535、8536或8537所列装置的其他零件	千克	58682823	1024895
85415000	其他半导体器件	个/千克	8646228493	1018132
				1799838
85412100	耗散功率小于1瓦的晶体管	个/千克	26062883787	1011849
				8698747
44032000	其他方法处理的针叶木原木	立方米	15780586	997006
39041000	初级形状的聚氯乙烯,未掺其他物质	千克	1701143914	983904
84717030	光盘驱动器	台	25376847	960758
88033000	飞机及直升机的其他零件	千克	3268914	956785
85299090	8525至8528所列其他装置或设备用其他零件	千克	10888753	954924
85414000	光敏半导体器件;发光二极管	个/千克	11847545297	909913
				3154314
38249090	未列名化学工业及相关工业化学产品及配制品	千克	442023853	899034
29053100	1,2—乙二醇	千克	2145723395	886202
31053000	磷酸氢二铵	千克	4925038120	859458
87032314	汽油小轿车,1500ml<排量≤2500ml	辆	49178	852376
72091700	仅冷轧,0.5≤厚≤1mm普通钢铁卷材	千克	2556289525	843445
90318090	其他未列名测量或检验仪器、器具及机器	台	466332	837972
47032900	半漂白或漂白非针叶木烧碱木浆或硫酸盐木浆	千克	2043773503	833888
72044900	未列名钢铁废碎料	千克	7459853463	820480
26030000	铜矿砂及其精矿	千克	2065393294	809448
85369000	其他连接用电气装置,线路V≤1000V	千克	27379414	792122
39074000	初级形状的聚碳酸酯	千克	415324410	784643
31042090	其他氯化钾	千克	6648133148	768321
85229090	8519至8521所列设备的未列名零件、附件	千克	23701075	766215
28182000	氧化铝,但人造刚玉除外	千克	4571091171	752952

单位：千美元

商品编号	商品名称	数量单位	数量	金额
85312000	装有液晶装置或发光二极管的显示板	个	246028340	749560
47032100	半漂白或漂白的针叶木烧碱木浆或硫酸盐木浆	千克	1761111397	738730
85340010	四层以上的印刷电路	块 /千克	464896990	738567
				6587893
85429000	集成电路及微电子组件的零件	千克	5234400	730405
85322410	片式多层瓷介电容器	千克/千个	2855066	715171
				161407597
72103000	电镀锌的铁或非合金钢平板轧材	千克	1558147471	710432
85416000	已装配的压电晶体	个 /千克	8055758594	699427
				2742346
72193400	冷轧不锈钢板材，0.5mm≤厚≤1mm	千克	503318833	696617
85401100	彩色阴极射线电视显像管	只	9806332	692397
51011100	未梳含脂剪羊毛	千克	147878504	689395
87082990	车身(包括驾驶室)的未列名零件、附件	千克	86573470	689190
85179090	8517 所列其他设备的零件	千克	5642014	685766
52052200	棉≥85%，232≤细度＜714 分特精梳单纱	千克	298773400	681,339
84798962	自动贴片机	台	5240	657060
71023100	未加工或简单锯开、劈开或粗磨的非工业钻石	克拉	4293691	653230
72083900	其他仅热轧，厚＜3mm 的普通钢铁卷材	千克	2,733439780	650024
85011099	其他电动机，P≤37.5W	台	724529655	643050
84771010	注塑机	台	16477	639026
23012010	饲料用鱼粉	千克	958151378	633504
72107000	涂漆或涂塑普通钢铁板材	千克	1066687755	632151
72104900	其他镀或涂锌普通钢铁板材	千克	1517661891	626577
44039990	未列名非针叶木原木	立方米	5593825	623640
39269090	未列名塑料制品	千克	145703392	622566
15119010	棕榈 液油(熔点 19－24℃)	千克	1558861469	619263
54074200	尼龙等聚酰胺长丝≥85%的染色布	米 /千克	791601726	610695
				127534681
84314990	8426、8429 及 8430 所列机械的其他零件	千克	206110824	609717
27111390	其他液化丁烷	千克	2476890539	606030
72091800	仅冷轧，厚＜0.5mm 普通钢铁卷材	千克	1683340011	605712
27111990	其他未列名液化石油气及其他烃类气	千克	2322294937	597598
70112000	制阴极射线管用未封口玻璃外壳及其玻璃零件	千克	403332630	592844
72191300	热轧不锈钢卷材，3mm≤厚＜4.75mm	千克	514820168	591486
85366900	插头及插座，线路 V≤1000V	个/千克	9913201975	575533
				20058604

单位：千美元

商品编号	商品名称	数量单位	数量	金额
85412900	耗散功率1瓦及以上的晶体管	个/千克	11342953807	574956
				5534449
54076100	含聚酯非变形长丝≥85%的机织物	米/千克	421365464	570054
				70434856
85045000	其他电感器	个	18871382355	565021
84716010	显示器	台	2644211	557674
38180090	其他经掺杂用于电子工业的已切片化学元素等	千克	131640	548154
84099199	其他点燃式活塞内燃发动机的零件	千克	73646020	545446
44079990	未列名经纵锯、或切的非叶木木材,厚>6mm	立方米	2637256	537415
85179010	数字式程控电话或电报交换机的零件	千克	2312161	528408
3036000	冻鳕鱼,但鱼肝及鱼卵除外	千克	457948352	528208
41044990	其他牛、马干革(坯革)	千克	60869614	515469
84807100	塑料或橡胶用注模或压模	套/千克	529356	511415
				328007574

2002年进出口商品经营单位排序表(前100位)

【2002年01—12月】

单位:千美元

经营单位	出口额	名次	经营单位	进口额	名次
总　　值	325595970		总　　值	295170104	
东莞市对外加工装配服务公司	7294034	1	中国国际石油化工联合有限责任公司	6691936	1
深圳市宝安外经发展有限公司	6493398	2	东莞市对外加工装配服务公司	6381800	2
鸿富锦精密工业(深圳)有限公司	4387112	3	深圳市宝安外经发展有限公司	4356751	3
深圳市龙岗区对外经济发展有限公司	3929615	4	鸿富锦精密工业(深圳)有限公司	3531689	4
摩托罗拉(中国)电子有限公司	2775477	5	摩托罗拉(中国)电子有限公司	2610907	5
希捷国际科技(无锡)有限公司	1223324	6	深圳市龙岗区对外经济发展有限公司	2347750	6
戴尔计算机(中国)有限公司	1172417	7	五矿钢铁有限责任公司	1947827	7
长城国际信息产品(深圳)有限公司	1125062	8	珠海振戎公司	1921970	8
鑫茂科技(深圳)有限公司	1121799	9	中化国际石油公司	1601998	9
顺德市顺达电脑厂有限公司	1096623	10	综合信兴仓运(深圳)有限公司	1327121	10
名硕电脑(苏州)有限公司	1057885	11	名硕电脑(苏州)有限公司	1310096	11
广东省东莞机械进出口公司	968408	12	希捷国际科技(无锡)有限公司	1271524	12
北京首信诺基亚移动通信有限公司	963709	13	中国石化国际事业有限公司	1242649	13
乐金电子(惠州)有限公司	930151	14	联想进出口有限公司	1176263	14
中国国际石油化工联合有限责任公司	902886	15	中国联合石油有限责任公司	1129018	15
达丰(上海)电脑有限公司	883519	16	鑫茂科技(深圳)有限公司	1063469	16
冠捷电子(福建)有限公司	861085	17	中国航空技术进出口总公司	1034602	17
东莞诺基亚移动电话有限公司	807573	18	伟创力实业(珠海)有限公司	1014173	18
明基电通信息技术有限公司	790134	19	中化国际化肥贸易公司	1010424	19
四川长虹电器股份有限公司	740492	20	达丰(上海)电脑有限公司	1003573	20
大连中联油国际贸易有限公司	733401	21	一汽一大众汽车有限公司	991059	21
仁宝电脑工业(中国)有限公司	730029	22	上海宝钢国际经济贸易有限公司	976074	22
伟创力实业(珠海)有限公司	698588	23	大连西太平洋石油化工有限公司	942297	23
中海石油(中国)有限公司	690241	24	上海大众汽车有限公司	919269	24
金朋(上海)有限公司	662633	25	顺德市顺达电脑厂有限公司	897819	25
吉林粮食集团进出口有限公司	634401	26	北京首信诺基亚移动通信有限公司	831855	26
中国煤炭工业秦皇岛进出口有限公司	610811	27	中芯国际集成电路制造(上海)有限公司	816550	27
广东核电合营有限公司	597850	28	广东省东莞机械进出口公司	758085	28
深圳开发科技股份有限公司	580515	29	中国南方航空进出口贸易公司	720236	29
英特尔科技(中国)有限公司	568808	30	中国石油物资装备(集团)总公司	703561	30

单位:千美元

经营单位	出口额	名次	经营单位	进口额	名次
苏州爱普生有限公司	567963	31	中国农业生产资料集团公司	701209	31
大连西太平洋石油化工有限公司	557826	32	乐金电子(惠州)有限公司	696311	32
仁宝电子科技(昆山)有限公司	535059	33	TCL 集团股份有限公司	691021	33
飞利浦电子元件(上海)有限公司	525623	34	明基电通信息技术有限公司	678403	34
神华煤炭运销公司	522731	35	上海西门子移动通信有限公司	645071	35
佳能珠海有限公司	520785	36	厦门伯灵顿仓储有限公司	641873	36
深圳三洋华强激光电子有限公司	498463	37	中国航空器材进出口总公司	636799	37
东方国际集团上海市丝绸进出口有限公司	481530	38	冠捷电子(福建)有限公司	630686	38
才众电脑(深圳)有限公司	477441	39	宁波波导股份有限公司	622805	39
深圳市勤辉投资开发有限公司	469877	40	东方国际集团上海市对外贸易有限公司	615608	40
深圳海量存储设备有限公司	459102	41	金朋(上海)有限公司	611965	41
上海西门子移动通信有限公司	454000	42	中国原子能工业公司	604710	42
爱普生技术(深圳)有限公司	445607	43	仁宝电脑工业(中国)有限公司	566870	43
广东省东莞市对外贸易发展集团公司	439445	44	深圳开发科技股份有限公司	566212	44
恩斯迈电子(深圳)有限公司	429045	45	旭电(苏州)科技有限公司	553068	45
山西煤炭进出口集团公司	427534	46	苏州爱普生有限公司	551005	46
东莞三星电机有限公司	420226	47	英特尔科技(中国)有限公司	544993	47
伟创力科技(珠海)有限公司	416730	48	飞利浦电子元件(上海)有限公司	536051	48
理光(深圳)工业发展有限公司	414597	49	中国烟草进出口(集团)公司	533890	49
南京纺织品进出口股份有限公司	404810	50	四川长虹电器股份有限公司	516914	50
惠州三星电子有限公司	402801	51	仁宝电子科技(昆山)有限公司	512254	51
珠海三美电机有限公司	395375	52	东莞诺基亚移动电话有限公司	501299	52
中国航空技术进出口总公司	389653	53	伟创力科技(珠海)有限公司	491206	53
唯冠科技(深圳)有限公司	383581	54	华为技术有限公司	488740	54
中国煤炭工业进出口集团日照有限公司	382045	55	海南航空股份有限公司	483319	55
中国华录松下电子信息有限公司	372918	56	上海浦东国际机场进出口有限公司	476872	56
东莞福安纺织印染有限公司	371820	57	中国人民银行深圳市中心支行	471572	57
海尔集团电器产业有限公司	370941	58	青岛朗讯科技通讯设备有限公司	463635	58
厦门建发股份有限公司	370940	59	北京金长科国际电子有限公司	459651	59
宁波市慈溪进出口股份有限公司	367311	60	深圳海量存储设备有限公司	453249	60
旭丽电子(广州)有限公司	363294	61	深圳三洋华强激光电子有限公司	452603	61
上海振华港口机械(集团)股份有限公司	355564	62	中国石化仪征化纤股份有限公司	427964	62
山东省机械进出口集团公司	352127	63	中国技术进出口总公司	424421	63
苏州飞利浦消费电子有限公司	351144	64	广东省东莞市对外贸易发展集团公司	421222	64
深圳市盐田港出口货物监管仓有限公司	342939	65	中化广东进出口公司	420134	65
江苏苏豪国际集团股份有限公司	342175	66	深圳市怡亚通商贸有限公司	408083	66
惠阳市对外加工装配服务公司	341723	67	五矿有色金属股份有限公司	402029	67

单位：千美元

经营单位	出口额	名次	经营单位	进口额	名次
高创(苏州)电子有限公司	340333	68	UT 斯达康通讯有限公司	400131	68
佛山普立华科技有限公司	338349	69	上海宏力半导体制造有限公司	398184	69
厦门灿坤实业股份有限公司	334198	70	上海通用汽车有限公司	394873	70
三宝电脑(沈阳)有限公司	332090	71	爱普生技术(深圳)有限公司	379002	71
广东省东莞丝绸进出口公司	331338	72	英业达(上海)有限公司	373362	72
江苏舜天股份有限公司	322404	73	中化国际贸易股份有限公司	372721	73
富士施乐高科技(深圳)有限公司	316309	74	恩斯迈电子(深圳)有限公司	365854	74
顺德市美的家用电器有限公司	315648	75	中国三九进出口(集团)有限公司	363244	75
天津三星电子有限公司	315119	76	珠海三美电机有限公司	362364	76
北京爱立信移动通信有限公司	312823	77	鞍钢集团国际经济贸易公司	336790	77
广东省中山食品水产进出口集团有限公司	307427	78	东莞福安纺织印染有限公司	336721	78
深圳国际商业机器技术产品有限公司	301950	79	唯冠科技(深圳)有限公司	334678	79
厦门太古飞机工程有限公司	297244	80	才众电脑(深圳)有限公司	333655	80
英业达(上海)有限公司	295364	81	英特尔产品(上海)有限公司	323891	81
广东粤港供水有限公司	294224	82	中国粮油食品进出口(集团)有限公司	318776	82
乐金电子(天津)电器有限公司	291167	83	中国华录.松下电子信息有限公司	318240	83
东莞市石龙镇对外加工装配服务公司	283407	84	东海粮油工业(张家港)有限公司	317216	84
友利电电子(深圳)有限公司	282472	85	中国电子进出口总公司	313149	85
浙江东方集团股份有限公司	274606	90	广州本田汽车有限公司	306192	90
浙江省丝绸进出口公司	274323	91	阿拉山口新天国际经贸有限责任公司	305890	91
华宇电脑(江苏)有限公司	270183	92	汤姆盛光学主件(深圳)有限公司	305182	92
东莞德永佳纺织制衣有限公司	268630	93	戴尔计算机(中国)有限公司	303919	93
大连东芝电视有限公司	267904	94	湛江东兴石油企业有限公司	303883	94
常州市新科数字技术有限公司	267299	95	江苏省对外经贸股份有限公司	301087	95
上海宝钢国际经济贸易有限公司	264928	96	东莞三星电机有限公司	299855	96
中基宁波对外贸易股份有限公司	263171	97	三宝电脑(沈阳)有限公司	299779	97
四海电子(昆山)有限公司	261948	98	华宇电脑(江苏)有限公司	298904	98
广州纺织品进出口集团有限公司	260455	99	深圳市国电科技商贸物流有限公司	295473	99
天津三星电机有限公司	259238	100	深圳国际商业机器技术产品有限公司	295205	100

2002年全国口岸进出口货运量统计表

【2002年12月】

指标	单位	进出口		进口		出口		累计比去年同期±%		
		本月	累计	本月	累计	本月	累计	进出口	进口	出口
合计(货运量)	吨	139076448	1616142424	38668029	462672552	100408419	1153469872	124.9	15.9	261.2
海运	吨	63342647	736143982	34616201	415597382	28726446	320546600	14.4	15.7	12.7
其中:转关运输	吨	3069034	30381585	1591062	16429950	1477972	13951635	58.3	54.8	62.7
集装箱数量	箱次	2982132	29752136	1449558	13889183	1532574	15862953	42.0	32.7	51.3
重箱数量	箱次	2165179	22022532	770141	7518633	1395038	14503899	43.7	26.0	54.9
集装箱载货量	吨	18253923	188744368	7544521	78497193	10709402	110247175	35.0	14.0	55.4
转关监管货物	吨	2288067	22900650	962193	7642883	1325874	15257767			
接收转关申报单	份	31118	316173	13001	126328	18117	189845	−36.5	6.6	−49.9
核销转关申报单	份	29625	313015	12940	125774	16685	187241	−40.2	−13.7	−50.4
铁路运输	吨	2323913	26251616	2004049	22996663	319864	3254953	22.0	28.9	−11.7
其中:转关运输	吨	129206	1219796	38252	330478	90954	889318	10.3	69.8	−2.4
集装箱数量	箱次	6908	68746	3068	28804	3840	39942	22.9	14.6	29.7
重箱数量	箱次	6088	59344	2508	24519	3580	34825	21.9	6.9	35.3
集装箱载货量	吨	58231	646521	28326	306839	29905	339681	14.3	16.6	12.4
转关监管货物	吨	517013	6179001	382263	4744061	134750	1434940			
接收转关申报单	份	5070	49553	1986	17622	3084	31931	33.1	40.5	29.3
核销转关申报单	份	4994	47177	1926	15529	3068	31648	41.5	25.7	50.8
公路运输	吨	4328373	51434783	1995080	23514594	2333293	27920189	10.0	12.6	8.0
其中:转关运输	吨	1614889	20266122	752734	9273092	862155	10993031	−4.7	6.2	−12.2
集装箱数量	箱次	410757	5059946	173972	2127922	236785	2932024	1.1	0.0	1.8
重箱数量	箱次	275163	3376600	80075	935052	195088	2441548	3.9	13.9	0.6
集装箱载货量	吨	1779570	21449427	813677	9444421	965894	12005005	5.0	15.7	−2.1
转关监管货物	吨	2951017	33693937	1133295	13533447	1817722	20160490			
接收转关申报单	份	361321	4184351	104643	1179039	256678	3005312	39.1	30.5	42.8
核销转关申报单	份	361464	4183811	105915	1169846	255549	3013965	41.3	30.2	46.1
空运	吨	143629	1638313	49802	473688	93827	1164626	−7.0	7.2	−11.7
其中:转关运输	吨	21970	212700	10245	95433	11725	117268	16.1	22.0	11.7
集装箱数量	箱次	2	37		2	2	35	640.0	100.0	775.0
重箱数量	箱次	2	37		2	2	35	640.0	100.0	775.0
集装箱载货量	吨	9	117		1	9	116	−51.7	−99.4	87.1
转关监管货物	吨	7860	1508489	4578	635108	3282	873381			

指标	单位	进出口		进口		出口		累计比去年同期±%		
		本月	累计	本月	累计	本月	累计	进出口	进口	出口
接收转关申报单	份	24786	304944	14398	165484	10388	139460	－36.7	－39.4	－33.1
核销转关申报单	份	24941	287159	14684	159789	10257	127370	－29.5	－34.2	－22.5
邮运	吨	392.7	4464	252	2660	141	1804	－8.9	－11.7	－4.3
其中:转关运输	吨	140	1743	83	955	57	788	－5.1	－16.4	13.2
集装箱数量	箱次		61		40		21			
重箱数量	箱次		61		40		21			
集装箱载货量	吨									
转关监管货物	吨	20	1345		1	20	1344			
接收转关申报单	份	1021	9060		187	1021	8873	－8.3	－93.6	27.4
核销转关申报单	份	868	7761	1	188	867	7573	18.3	9.9	18.6
其他	吨	68937493	800669266	2645	87566	68934848	800581700	15688.2	－90.9	19366.8
其中:转关运输	吨	2295	14303	2292	12655	3	1648	－95.2	－94.6	－97.3
集装箱数量	箱次	87	1257	7	572	80	685	7756.3	3475.0	
重箱数量	箱次	87	836	7	151	80	685	5125.0	843.8	
集装箱载货量	吨	310	10671	46	1161	264	9510	10465.3	1632.8	27870.6
转关监管货物	吨	153411	1213441	153224	1210061	187	3380			
接收转关申报单	份	236	3252	143	1453	93	1799	－76.6	225.8	－86.6
核销转关申报单	份	165	3131	80	1387	85	1744	－76.5	692.6	－86.7

2002年全国口岸出入境人员统计表

【2002年12月】

指标	合计（人次）	出境（人次）	入境（人次）	比去年同期±%		
				合计	出境	入境
合计	21350516	10642496	10708020	11.1	12.0	10.1
（累计）	234754175	117640672	117113503	9.9	9.5	10.4
进出境旅客	19215273	9575917	9639356	10.8	12.1	9.5
（累计）	210170673	105409512	104761161	9.7	9.5	9.9
运输工具服务人员	2135243	1066579	1068664	13.5	11.2	15.8
（累计）	24583502	12231160	12352342	12.2	9.3	15.1

2002年全国边防检查主要统计数据表

项目		2002年	2001年	增减百分比
出入境人员总数		228276868	201897844	13.07%
出入境旅客		206273149	181454308	13.68%
出入境员工		22003719	20443536	7.63%
出入境中国公民	合计	201485018	179505862	12.24%
	大陆因公	13908569	11359465	22.44%
	大陆因私	18998397	12818912	48.21%
	港澳居民	161301006	148474285	8.64%
	台湾同胞	7277046	6853200	6.18%
出入境外国籍人员		26791850	22391982	19.65%
海港出入境人数		13566761	12677125	7.02%
陆港出入境人数		186036553	165318193	12.53%
空港出入境人数		28673554	23902526	19.96%
出入境交通运输工具	合计	16792010	15230575	10.25%
	船舶	422774	415437	1.77%
	飞机	200371	158304	26.57%
	火车	37489	31929	17.41%
	机动车辆	16131376	14624905	10.30%

2002年各边防检查站出入境人员数据排序一览表

序号	代码	检查站名称	出入境人员				出入境旅客	出入境员工
			总数	百分比	入境	出境		
1	414	罗湖	94274795	41.30%	46725497	47549298	94274795	0
2	417	拱北	51168547	22.42%	26130730	25037817	48963656	2204891
3	444	皇岗	25620796	11.22%	12837527	12783269	17459378	8161418
4	001	北京机场	7892195	3.46%	4019514	3872681	7291015	601180
5	007	虹桥	5185405	2.27%	2532378	2653027	4780200	405205
6	055	浦东	4700039	2.06%	2239224	2460815	4343221	356818
7	415	文锦渡	4036323	1.77%	2062751	1973572	1452402	2583921
8	416	沙头角	2563509	1.12%	1375355	1188154	1908634	654875
9	012	白云	2192794	0.96%	1052601	1140193	2024271	168523
10	413	天河	1825905	0.80%	913534	912371	1742468	83437
11	233	九洲	1467968	0.64%	725719	742249	1353968	114000
12	401	满洲里	1304276	0.57%	652587	651689	1061890	242386
13	237	中山	1185723	0.52%	595344	590379	1000259	185464
14	011	高崎	1147468	0.50%	558412	589056	1056024	91444
15	229	蛇口	1036001	0.45%	498738	537263	831450	204551
16	283	番禺	1020345	0.45%	500598	519747	879585	140760
17	411	绥芬河	892760	0.39%	447840	444920	794910	97850
18	005	周水子	780991	0.34%	388189	392802	710951	70040
19	315	福永	778922	0.34%	403604	375318	685352	93570
20	277	顺德	764573	0.33%	357368	407205	603829	160744
21	402	二连	762400	0.33%	382627	379773	620271	142129
22	017	昆明	719414	0.32%	357913	361501	654500	64914
23	021	青岛机场	693459	0.30%	348062	345397	639981	53478
24	478	横琴	589276	0.26%	306016	283260	550978	38298
25	466	常平	546825	0.24%	294880	251945	516234	30591
26	004	沈阳	473229	0.21%	232814	240415	422644	50585
27	412	黑河	452206	0.20%	226544	225662	378985	73221
28	016	成都	447889	0.20%	220762	227127	403334	44555
29	009	杭州	438563	0.19%	218206	220357	405118	33445
30	015	桂林	414643	0.18%	196879	217764	378682	35961
31	238	江门	407192	0.18%	201001	206191	325364	81828
32	215	东渡	401478	0.18%	199101	202377	141401	260077
33	010	福州机场	368982	0.16%	184729	184253	339318	29664

序号	代码	检查站名称	出入境人员				出入境旅客	出入境员工
			总数	百分比	入境	出境		
34	002	张贵庄	344830	0.15%	173993	170837	311666	33164
35	291	南海	343989	0.15%	155961	188028	202080	141909
36	008	南京	337668	0.15%	171019	166649	309653	28015
37	436	东宁	321847	0.14%	158587	163260	288935	32912
38	225	东莞(原太平)	309030	0.14%	145074	163956	191792	117238
39	403	丹东	307670	0.13%	145199	162471	228187	79483
40	226	莲花山	289093	0.13%	145646	143447	270773	18320
41	242	海口	260395	0.11%	140493	119902	114156	146239
42	018	西安	246549	0.11%	117060	129489	222156	24393
43	232	湾仔	236176	0.10%	104746	131430	208394	27782
44	022	重庆	212454	0.09%	106232	106222	189089	23365
45	252	吴淞	212430	0.09%	110244	102186	77	212353
46	006	哈尔滨	208655	0.09%	106317	102338	186537	22118
47	049	烟台机场	192220	0.08%	95051	97169	174108	18112
48	224	黄埔	189130	0.08%	83958	105172	2652	186478
49	038	长春	186357	0.08%	93261	93096	166963	19394
50	487	圈河	181994	0.08%	90956	91038	141476	40518
51	433	密山	178060	0.08%	88512	89548	167898	10162
52	013	海口机场	173326	0.08%	87767	85559	158433	14893
53	025	武汉	161054	0.07%	81835	79219	148111	12943
54	205	上海	154394	0.07%	76684	77710	68942	85452
55	447	佛山	149992	0.07%	77594	72398	50289	99703
56	036	宁波机场	149456	0.07%	75261	74195	138107	11349
57	019	乌鲁木齐	148001	0.06%	72307	75694	124696	23305
58	428	霍尔果斯	146241	0.06%	68996	77245	116625	29616
59	247	肇庆	146125	0.06%	74404	71721	108385	37740
60	336	广州开发区	145953	0.06%	75002	70951	120581	25372
61	201	天津	145919	0.06%	72628	73291	74673	71246
62	030	外砂	143206	0.06%	69798	73408	127389	15817
63	256	鹤山	142826	0.06%	74152	68674	110058	32768
64	419	河口	138624	0.06%	69490	69134	114924	23700
65	243	三亚	138593	0.06%	69330	69263	53647	84946
66	218	青岛	136519	0.06%	68152	68367	46385	90134
67	278	盐田	135740	0.06%	65090	70650	0	135740
68	438	珲春	134684	0.06%	67357	67327	123261	11423
69	048	凤凰机场	133762	0.06%	64564	69198	120252	13510
70	318	新会	126714	0.06%	66221	60493	78761	47953

序号	代码	检查站名称	出入境人员				出入境旅客	出入境员工
			总数	百分比	入境	出境		
71	203	大连	125789	0.06%	64127	61662	51650	74139
72	320	万山	117673	0.05%	58832	58841	0	117673
73	220	威海	108524	0.05%	52418	56106	86432	22092
74	292	高明	107750	0.05%	54051	53699	84452	23298
75	249	北海	104162	0.05%	41023	63139	65183	38979
76	219	烟台	102438	0.04%	53115	49323	50844	51594
77	270	斗门	97416	0.04%	49166	48250	80196	17220
78	240	三埠	96890	0.04%	48339	48551	75574	21316
79	265	赤湾	93744	0.04%	43785	49959	0	93744
80	352	龙眼港	92728	0.04%	45835	46893	76444	16284
81	434	抚远	92068	0.04%	45763	46305	78716	13352
82	241	湛江	89699	0.04%	44350	45349	19194	70505
83	332	新港	88269	0.04%	44877	43392	24	88245
84	258	丹东港	85885	0.04%	41483	44402	56422	29463
85	418	友谊关	82325	0.04%	39736	42589	81976	349
86	214	福州	82198	0.04%	37568	44630	3844	78354
87	456	甘其毛道	77529	0.03%	39491	38038	69113	8416
88	306	外高桥	76193	0.03%	44214	31979	4196	71997
89	274	北仑	76001	0.03%	45118	30883	300	75701
90	223	洲头嘴	75426	0.03%	36689	38737	0	75426
91	406	图们	71242	0.03%	36623	34619	50914	20328
92	026	长沙	68731	0.03%	34830	33901	62427	6304
93	423	聂拉木	66413	0.03%	29895	36518	34593	31820
94	446	阿拉山口	65069	0.03%	33350	31719	35693	29376
95	276	黄岛	63840	0.03%	27214	36626	31	63809
96	421	瑞丽	63056	0.03%	34545	28511	63053	3
97	014	南宁	62148	0.03%	30740	31408	56273	5875
98	275	妈湾	59326	0.03%	32077	27249	0	59326
99	448	磨憨	58582	0.03%	26799	31783	58347	235
100	324	新塘	58085	0.03%	30678	27407	38228	19857
101	033	济南	54197	0.02%	28022	26175	47648	6549
102	245	惠州	50768	0.02%	25389	25379	0	50768
103	311	东港	50589	0.02%	32405	18184	255	50334
104	202	秦皇岛	50566	0.02%	22863	27703	2846	47720
105	239	台山	50067	0.02%	24790	25277	39826	10241
106	209	张家港	48904	0.02%	25090	23814	0	48904
107	023	郑州	48287	0.02%	23576	24711	44154	4133

序号	代码	检查站名称	出入境人员				出入境旅客	出入境员工
			总数	百分比	入境	出境		
108	286	大连大窑湾	47481	0.02%	20536	26945	0	47481
109	443	东兴	45112	0.02%	22955	22157	44927	185
110	208	连云港	45070	0.02%	25525	19545	2703	42367
111	462	策克	44761	0.02%	22432	22329	37126	7635
112	480	塔克什肯	37227	0.02%	18688	18539	27579	9648
113	032	贵阳	36355	0.02%	18073	18282	32192	4163
114	449	凭祥	34662	0.02%	18620	16042	22980	11682
115	262	石岛	33371	0.01%	17006	16365	7246	26125
116	050	温州机场	30671	0.01%	15309	15362	26093	4578
117	206	南京港	29721	0.01%	15795	13926	0	29721
118	272	龙湖	28657	0.01%	15338	13319	1637	27020
119	467	端州	28328	0.01%	14596	13732	10411	17917
120	052	石家庄机场	27428	0.01%	13690	13738	14501	12927
121	207	南通	26688	0.01%	12617	14071	3	26685
122	024	合肥	26617	0.01%	13006	13611	24017	2600
123	273	镇海	26584	0.01%	14562	12022	0	26584
124	027	南昌	26304	0.01%	13812	12492	22958	3346
125	458	阿日哈沙特	26303	0.01%	13274	13029	20357	5946
126	213	舟山	25475	0.01%	13723	11752	837	24638
127	426	吐尔尕特	25365	0.01%	12558	12807	13908	11457
128	430	饶河	24627	0.01%	12257	12370	6926	17701
129	250	防城	24496	0.01%	11944	12552	38	24458
130	287	塘沽	23597	0.01%	11179	12418	102	23495
131	264	镇江	23517	0.01%	10151	13366	1	23516
132	044	太原	23266	0.01%	11110	12156	8050	15216
133	222	日照	22002	0.01%	10417	11585	0	22002
134	267	茂名	21700	0.01%	10771	10929	0	21700
135	303	景洪港	21601	0.01%	9084	12517	5875	15726
136	437	逊克	19161	0.01%	9552	9609	17739	1422
137	047	武夷山	19038	0.01%	9714	9324	17556	1482
138	034	拉萨	18948	0.01%	10484	8464	16069	2879
139	298	江阴	18515	0.01%	10732	7783	5	18510
140	037	黄山	18334	0.01%	10044	8290	15767	2567
141	405	临江	18170	0.01%	9023	9147	11960	6210
142	296	南疆	17948	0.01%	7384	10564	10	17938
143	257	鲅鱼圈	17351	0.01%	8609	8742	2	17349
144	410	同江	17340	0.01%	8557	8783	11518	5822

序号	代码	检查站名称	出入境人员				出入境旅客	出入境员工
			总数	百分比	入境	出境		
145	429	巴克图	17220	0.01%	8407	8813	12923	4297
146	259	大连湾	16539	0.01%	8711	7828	0	16539
147	408	三合	15863	0.01%	7907	7956	9572	6291
148	427	红其拉甫	15627	0.01%	8103	7524	10254	5373
149	251	金山	15526	0.01%	8228	7298	868	14658
150	028	梅州	15068	0.01%	7364	7704	13398	1670
151	212	海门	14638	0.01%	9880	4758	0	14638
152	454	天保	14408	0.01%	6947	7461	11067	3341
153	054	张家界	14278	0.01%	7354	6924	12636	1642
154	309	高栏	14059	0.01%	7122	6937	0	14059
155	051	西双版纳	13801	0.01%	6881	6920	12211	1590
156	450	萝北	13720	0.01%	6653	7067	10485	3235
157	486	伊尔克什坦	13055	0.01%	6495	6560	5800	7255
158	035	深圳机场	13043	0.01%	6803	6240	4807	8236
159	328	常熟	12399	0.01%	7276	5123	67	12332
160	263	岚山	12247	0.01%	6683	5564	0	12247
161	248	梧州	12045	0.01%	6272	5773	0	12045
162	031	呼和浩特	11903	0.01%	5841	6062	7201	4702
163	216	泉州	11517	0.01%	7365	4152	654	10863
164	439	黑山头	11454	0.01%	5712	5742	6850	4604
165	457	珠恩嘎搭布其	11427	0.01%	5754	5673	5652	5775
166	321	太仓	11314	0.00%	6280	5034	0	11314
167	435	漠河	11165	0.00%	5407	5758	3528	7637
168	464	笋岗	10880	0.00%	5440	5440	0	10880
169	432	虎林	10681	0.00%	5255	5426	4041	6640
170	266	东角头	10485	0.00%	5703	4782	0	10485
171	211	温州	10320	0.00%	6242	4078	16	10304
172	217	漳州	10245	0.00%	5624	4621	0	10245
173	484	乌拉斯台	9762	0.00%	4880	4882	6760	3002
174	404	集安	8791	0.00%	4490	4301	2600	6191
175	261	锦州	8225	0.00%	3809	4416	0	8225
176	042	北海机场	7882	0.00%	3899	3983	6754	1128
177	323	嘉兴	7827	0.00%	4364	3463	2	7825
178	221	龙口	7402	0.00%	3328	4074	0	7402
179	316	福清	6774	0.00%	3557	3217	0	6774
180	305	新沙	6761	0.00%	4105	2656	0	6761
181	455	金水河	5988	0.00%	2986	3002	3586	2402

序号	代码	检查站名称	出入境人员				出入境旅客	出入境员工
			总数	百分比	入境	出境		
182	295	扬州	5695	0.00%	3119	2576	0	5695
183	483	吉木乃	5657	0.00%	2727	2930	4439	1218
184	210	宁波	5538	0.00%	3344	2194	0	5538
185	294	阳江	5523	0.00%	2797	2726	0	5523
186	039	兰州	5306	0.00%	2585	2721	4854	452
187	053	牡丹江	5153	0.00%	2459	2694	4297	856
188	326	肖厝	4866	0.00%	2480	2386	0	4866
189	244	八所	4805	0.00%	3853	952	0	4805
190	260	和尚岛	4760	0.00%	2369	2391	9	4751
191	285	唐山	4742	0.00%	2125	2617	6	4736
192	288	贵港	4534	0.00%	2421	2113	0	4534
193	313	柳州	4394	0.00%	2188	2206	0	4394
194	204	营口	3662	0.00%	1327	2335	0	3662
195	327	莆田	3630	0.00%	1889	1741	456	3174
196	279	洋浦	3381	0.00%	1859	1522	0	3381
197	271	潮州	3251	0.00%	1415	1836	1	3250
198	485	老爷庙	2976	0.00%	1487	1489	1612	1364
199	333	蓬莱	2944	0.00%	1330	1614	0	2944
200	334	莱州	2826	0.00%	1287	1539	0	2826
201	407	开山屯	2734	0.00%	1341	1393	2213	521
202	335	潮阳	2729	0.00%	1424	1305	0	2729
203	293	铜陵	2587	0.00%	988	1599	1	2586
204	302	思茅港	2139	0.00%	1873	266	117	2022
205	299	宁德	2090	0.00%	1123	967	0	2090
206	310	钦州	1901	0.00%	854	1047	0	1901
207	482	红山嘴	1711	0.00%	868	843	1264	447
208	420	畹町	1655	0.00%	732	923	1654	1
209	280	芜湖	1637	0.00%	745	892	20	1617
210	424	普兰	1561	0.00%	987	574	1561	0
211	040	洛阳	1487	0.00%	776	711	1351	136
212	297	南宁港	1337	0.00%	362	975	0	1337
213	330	安庆	1240	0.00%	187	1053	0	1240
214	442	水口	1138	0.00%	513	625	1138	0
215	003	海拉尔	845	0.00%	346	499	649	196
216	235	汕尾	771	0.00%	389	382	0	771
217	289	清澜	755	0.00%	337	418	0	755
218	255	富锦	557	0.00%	326	231	5	552

序号	代码	检查站名称	出入境人员				出入境旅客	出入境员工
			总数	百分比	入境	出境		
219	431	嘉荫	438	0.00%	226	212	282	156
220	046	齐齐哈尔	232	0.00%	116	116	192	40
221	041	佳木斯机场	202	0.00%	89	113	148	54
222	351	葫芦岛	139	0.00%	89	50	0	139
223	409	南坪	28	0.00%	14	14	28	0
224	281	九江	14	0.00%	0	14	0	14
225	282	汉口	14	0.00%	0	14	0	14
226	301	黄石	10	0.00%	0	10	0	10
合　计			228276868	100.00%	114212871	114063997	206273149	22003719

2002年各边防检查站出入境船舶数据排序一览表

排序	代码	检查站名称	总数	百分比	入境	出境
1	237	中山	24001	5.68%	12082	11919
2	229	蛇口	20182	4.77%	10283	9899
3	224	黄埔	18637	4.41%	7762	10875
4	277	顺德	18533	4.38%	9259	9274
5	291	南海	17990	4.26%	9771	8219
6	320	万山	17589	4.16%	8795	8794
7	283	番禺	16585	3.92%	8522	8063
8	225	东莞(原太平)	16432	3.89%	8297	8135
9	233	九洲	15552	3.68%	7802	7750
10	278	盐田	15268	3.61%	7516	7752
11	447	佛山	13632	3.22%	7144	6488
12	412	黑河	12259	2.90%	6125	6134
13	332	新港	11516	2.72%	5860	5656
14	238	江门	11147	2.64%	5554	5593
15	265	赤湾	10208	2.41%	4514	5694
16	223	洲头嘴	10151	2.40%	4962	5189
17	252	吴淞	10024	2.37%	4902	5122
18	315	福永	8903	2.11%	4488	4415
19	232	湾仔	8219	1.94%	4116	4103
20	215	东渡	7336	1.74%	3597	3739
21	275	妈湾	7125	1.69%	3936	3189
22	318	新会	6117	1.45%	2914	3203
23	245	惠州	5763	1.36%	2907	2856
24	214	福州	3979	0.94%	1809	2170
25	247	肇庆	3914	0.93%	1867	2047
26	292	高明	3501	0.83%	1735	1766
27	256	鹤山	3435	0.81%	1748	1687
28	218	青岛	3301	0.78%	1607	1694
29	274	北仑	3298	0.78%	1926	1372
30	306	外高桥	3248	0.77%	1905	1343
31	203	大连	3194	0.76%	1626	1568
32	276	黄岛	3112	0.74%	1333	1779
33	336	广州开发区	3083	0.73%	1920	1163
34	209	张家港	2832	0.67%	1439	1393

排序	代码	检查站名称	总数	百分比	入境	出境
35	324	新塘	2823	0.67%	1632	1191
36	240	三埠	2766	0.65%	1426	1340
37	434	抚远	2755	0.65%	1377	1378
38	241	湛江	2641	0.62%	1291	1350
39	286	大连大窑湾	2436	0.58%	1079	1357
40	208	连云港	2373	0.56%	1217	1156
41	202	秦皇岛	2331	0.55%	1042	1289
42	226	莲花山	2276	0.54%	1138	1138
43	311	东港	2244	0.53%	1421	823
44	201	天津	2205	0.52%	1105	1100
45	270	斗门	2175	0.51%	966	1209
46	430	饶河	2095	0.50%	1048	1047
47	205	上海	2005	0.47%	1065	940
48	303	景洪港	1956	0.46%	881	1075
49	272	龙湖	1935	0.46%	1002	933
50	262	石岛	1843	0.44%	939	904
51	219	烟台	1747	0.41%	952	795
52	287	塘沽	1743	0.41%	795	948
53	242	海口	1726	0.41%	802	924
54	207	南通	1694	0.40%	775	919
55	213	舟山	1667	0.39%	868	799
56	206	南京港	1637	0.39%	878	759
57	273	镇海	1619	0.38%	875	744
58	239	台山	1613	0.38%	786	827
59	212	海门	1609	0.38%	1088	521
60	248	梧州	1369	0.32%	709	660
61	250	防城	1317	0.31%	639	678
62	267	茂名	1238	0.29%	618	620
63	264	镇江	1224	0.29%	535	689
64	258	丹东港	1216	0.29%	595	621
65	266	东角头	1125	0.27%	575	550
66	222	日照	1097	0.26%	521	576
67	257	鲅鱼圈	1051	0.25%	471	580
68	259	大连湾	964	0.23%	491	473
69	309	高栏	952	0.23%	473	479
70	410	同江	949	0.22%	474	475
71	249	北海	945	0.22%	427	518
72	298	江阴	938	0.22%	506	432

排序	代码	检查站名称	总数	百分比	入境	出境
73	251	金山	918	0.22%	424	494
74	296	南疆	777	0.18%	319	458
75	263	岚山	777	0.18%	416	361
76	328	常熟	750	0.18%	442	308
77	220	威海	704	0.17%	298	406
78	216	泉州	678	0.16%	411	267
79	321	太仓	673	0.16%	372	301
80	211	温州	643	0.15%	377	266
81	217	漳州	638	0.15%	326	312
82	313	柳州	526	0.12%	262	264
83	288	贵港	526	0.12%	281	245
84	305	新沙	518	0.12%	361	157
85	450	萝北	508	0.12%	258	250
86	316	福清	497	0.12%	265	232
87	210	宁波	456	0.11%	260	196
88	221	龙口	429	0.10%	180	249
89	323	嘉兴	424	0.10%	244	180
90	261	锦州	402	0.10%	184	218
91	294	阳江	389	0.09%	197	192
92	352	龙眼港	383	0.09%	190	193
93	204	营口	374	0.09%	144	230
94	244	八所	367	0.09%	307	60
95	437	逊克	300	0.07%	150	150
96	295	扬州	286	0.07%	149	137
97	260	和尚岛	282	0.07%	131	151
98	302	思茅港	273	0.06%	237	36
99	271	潮州	248	0.06%	105	143
100	285	唐山	242	0.06%	107	135
101	279	洋浦	238	0.06%	132	106
102	326	肖厝	235	0.06%	118	117
103	327	莆田	197	0.05%	102	95
104	299	宁德	196	0.05%	101	95
105	334	莱州	194	0.05%	85	109
106	293	铜陵	171	0.04%	65	106
107	243	三亚	166	0.04%	87	79
108	297	南宁港	153	0.04%	41	112
109	333	蓬莱	141	0.03%	65	76
110	335	潮阳	117	0.03%	60	57

排序	代码	检查站名称	总数	百分比	入境	出境
111	310	钦州	98	0.02%	45	53
112	235	汕尾	97	0.02%	49	48
113	280	芜湖	89	0.02%	39	50
114	435	漠河	84	0.02%	42	42
115	330	安庆	70	0.02%	10	60
116	255	富锦	64	0.02%	37	27
117	289	清澜	54	0.01%	25	29
118	431	嘉荫	48	0.01%	24	24
119	351	葫芦岛	5	0.00%	3	2
120	281	九江	2	0.00%	0	2
121	301	黄石	1	0.00%	0	1
122	282	汉口	1	0.00%	0	1
合　计			422774	100.00%	212032	210742

2002年各边防检查站出入境火车数据排序一览表

排序	代码	检查站名称	总数	百分比	入境	出境
1	401	满洲里	7047	18.80%	3506	3541
2	411	绥芬河	6842	18.25%	3414	3428
3	446	阿拉山口	4675	12.47%	2337	2338
4	413	天河	4378	11.68%	2189	2189
5	419	河口	2987	7.97%	1493	1494
6	402	二连	2933	7.82%	1405	1528
7	464	笋岗	2868	7.65%	1360	1508
8	403	丹东	1555	4.15%	722	833
9	449	凭祥	1064	2.84%	532	532
10	466	常平	1062	2.83%	531	531
11	404	集安	738	1.97%	369	369
12	467	端州	718	1.92%	357	361
13	406	图们	571	1.52%	284	287
14	438	珲春	51	0.14%	27	24
合　计			37489	100.00%	18526	18963

2002年各边防检查站出入境汽车数据排序一览表

排序	代码	检查站名称	总数	百分比	入境	出境
1	444	皇岗	8830699	54.74%	4308928	4521771
2	415	文锦渡	2817282	17.46%	1445177	1372105
3	417	拱北	2205427	13.67%	1103237	1102190
4	416	沙头角	848265	5.26%	448814	399451
5	421	瑞丽	463252	2.87%	243985	219267
6	401	满洲里	176805	1.10%	88573	88232
7	420	畹町	113576	0.70%	58530	55046
8	402	二连	103261	0.64%	51783	51478
9	403	丹东	74339	0.46%	37013	37326
10	411	绥芬河	52949	0.33%	26243	26706
11	479	腾冲猴桥	48591	0.30%	25678	22913
12	478	横琴	48116	0.30%	26149	21967
13	487	圈河	40517	0.25%	20056	20461
14	436	东宁	33324	0.21%	16831	16493
15	448	磨憨	31916	0.20%	16036	15880
16	423	聂拉木	30444	0.19%	15222	15222
17	428	霍尔果斯	28342	0.18%	14110	14232
18	412	黑河	22188	0.14%	11154	11034
19	426	吐尔尕特	11458	0.07%	5746	5712
20	438	珲春	11225	0.07%	5613	5612
21	433	密山	10168	0.06%	5067	5101
22	480	塔克什肯	9769	0.06%	4903	4866
23	419	河口	9553	0.06%	4783	4770
24	454	天保	8559	0.05%	4316	4243
25	456	甘其毛道	8416	0.05%	4204	4212
26	462	策克	7631	0.05%	3812	3819
27	435	漠河	7387	0.05%	3668	3719
28	486	伊尔克什坦	7267	0.05%	3632	3635
29	432	虎林	6582	0.04%	3296	3286
30	458	阿日哈沙特	6384	0.04%	3181	3203
31	408	三合	6291	0.04%	3154	3137
32	405	临江	6210	0.04%	3105	3105
33	406	图们	6206	0.04%	3103	3103
34	427	红其拉甫	5377	0.03%	2720	2657

排序	代码	检查站名称	总数	百分比	入境	出境
35	439	黑山头	5087	0.03%	2567	2520
36	446	阿拉山口	4771	0.03%	2422	2349
37	429	巴克图	4286	0.03%	2140	2146
38	430	饶河	4267	0.03%	2137	2130
39	457	珠恩嘎搭布其	3813	0.02%	1939	1874
40	455	金水河	2663	0.02%	1329	1334
41	484	乌拉斯台	2583	0.02%	1288	1295
42	485	老爷庙	1316	0.01%	646	670
43	483	吉木乃	1220	0.01%	607	613
44	450	萝北	811	0.01%	406	405
45	410	同江	578	0.00%	287	291
46	437	逊克	556	0.00%	278	278
47	407	开山屯	535	0.00%	270	265
48	482	红山嘴	448	0.00%	224	224
49	418	友谊关	345	0.00%	172	173
50	443	东兴	183	0.00%	94	89
51	003	海拉尔	138	0.00%	68	70
合　计			1613137610	100.00%	8038696	8092680

2002年各边防检查站出入境飞机数据排序一览表

排序	代码	检查站名称	总数	百分比	入境	出境
1	001	北京机场	42088	21.01%	20822	21266
2	007	虹桥	30244	15.09%	15228	15016
3	055	浦东	29177	14.56%	15092	14085
4	012	白云	14754	7.36%	7318	7436
5	011	高崎	9809	4.90%	5081	4728
6	017	昆明	6271	3.13%	3149	3122
7	005	周水子	5520	2.75%	2765	2755
8	021	青岛机场	5247	2.62%	2627	2620
9	009	杭州	3933	1.96%	1964	1969
10	015	桂林	3892	1.94%	1968	1924
11	016	成都	3886	1.94%	1951	1935
12	004	沈阳	3622	1.81%	1819	1803
13	010	福州机场	3528	1.76%	1763	1765
14	008	南京	3172	1.58%	1585	1587
15	002	张贵庄	3109	1.55%	1556	1553
16	035	深圳机场	2801	1.40%	1359	1442
17	006	哈尔滨	2210	1.10%	1083	1127
18	022	重庆	2153	1.07%	1070	1083
19	019	乌鲁木齐	2140	1.07%	1032	1108
20	018	西安	2101	1.05%	1046	1055
21	038	长春	1844	0.92%	920	924
22	049	烟台机场	1755	0.88%	878	877
23	013	海口机场	1706	0.85%	849	857
24	030	外砂	1533	0.77%	766	767
25	044	太原	1468	0.73%	733	735
26	025	武汉	1459	0.73%	741	718
27	052	石家庄机场	1345	0.67%	664	681
28	048	凤凰机场	1291	0.64%	645	646
29	036	宁波机场	1287	0.64%	645	642
30	026	长沙	801	0.40%	400	401
31	033	济南	709	0.35%	355	354
32	014	南宁	677	0.34%	339	338
33	031	呼和浩特	558	0.28%	278	280
34	050	温州机场	484	0.24%	243	241

排序	代码	检查站名称	总数	百分比	入境	出境
35	034	拉萨	455	0.23%	227	228
36	023	郑州	4360.22%	218	218	
37	032	贵阳	426	0.21%	212	214
38	027	南昌	396	0.20%	198	198
39	051	西双版纳	362	0.18%	181	181
40	024	合肥	313	0.16%	154	159
41	037	黄山	258	0.13%	129	129
42	406	图们	238	0.12%	119	119
43	028	梅州	208	0.10%	104	104
44	054	张家界	200	0.10%	100	100
45	047	武夷山	193	0.10%	96	97
46	042	北海机场	134	0.07%	67	67
47	053	牡丹江	104	0.05%	52	52
48	039	兰州	41	0.02%	20	21
49	040	洛阳	15	0.01%	7	8
50	003	海拉尔	8	0.00%	6	2
51	041	佳木斯机场	6	0.00%	3	3
52	046	齐齐哈尔	4	0.00%	2	2
合　计			200371	100.00%	100629	99742

附　录

全国口岸综合管理部门
主要查验部门名录

北京口岸

北京市人民政府口岸办公室 地址:北京首都国际机场货运路2号联检楼 邮编:100621
主　任:吴依孚 副主任:杨国栋　助理巡视员:高俊岭 副主任:吴开锵
北京海关 地址:北京市朝阳区光华路甲10号 邮编:100026
关　长:李庆祝 副关长:孙方勇、唐麒麟、邱月玲、解进勇
首都机场海关 地址:首都机场 邮编:100621
关　长:都平发 副关长:孙志杰　赵儒霞
北京出入境边防检查总站 地址:首都机场航安路1号 邮编:100621
总站长:俞国海 政委:朱际青　副总站长:满聚友　顾明兴
北京出入境检验检疫局 地址:北京市建国门外大街12号 邮编:100022
局长:魏传忠 副局长:刘申茹　伦立广　崔宝祥　李德山
首都机场出入境检验检疫局 地址:首都机场南路东里19号 邮编:100621
局长:伦立广 副局长:杨　杰　白继月　田恩深

天津口岸

天津市人民政府口岸管理办公室 地址:天津市塘沽区新港二号路26号 邮编:300456
天津口岸工作领导小组办公室副主任、天津市外经贸委副主任:周德洪
天津海关 地址:天津市河东区六纬路2号 邮编:3000123
关长:赵桂芬 副关长:靳晨光　赵志坚　王则光　刘来久　郑维群
新港海关 地址:天津市开发区宏达路15号 邮编:300457
关长:刘来久 副关长:褚建营　马振泰
开发区海关 地址:天津市开发区宏达路15号 邮编:300457
关长:张强 副关长:王大隆　张明
保税区海关 地址:天津港保税区海滨5路1号 邮编:300456
关长:史新鸣 副关长:叶刚
武清海关 地址:天津市武清开发区泉州路2号 邮编:301700
关长:史国旺 副关长:张杰
蓟县海关 地址:天津市蓟县人民东路28号 邮编:301900
关长:由庆顺 副关长:张秀清
机场海关 地址:天津市滨海国际机场机场路 邮编:300300
关长:肖军 副关长:郑晓阳
天津出入境检验检疫局 地址:天津市开发区第二大街兆发新村8号 邮编:300457
局长:赵国庆 副局长:孙传贤　苏琪信　杨金良　毕玉国

天津空港出入境检验检疫局 地址:天津市河西区友谊路 33 号 邮编:300201
东港出入境检验检疫局 地址:天津市塘沽区新港 6 米 邮编:300456
静海出入境检验检疫局 地址:天津市静海县京福路 30 号 邮编:310600
宝坻出入境检验检疫局 地址:天津市宝坻区环城南路 32 号 邮编:301800
天津开发区出入境检验检疫局 地址:天津市开发区第二大街兆发新村 8 号 邮编:300457
天津出入境边防检查总站 地址:天津市河东区卫国道 216 号 邮编:300162
总站长:宋庆维 政委:李栓锁 副总站长:宿鹏翔
天津边检站 站长:马瑞树
张贵庄边检站 地址:天津滨海国际机场 邮编:300300
站长:马贞存
塘沽边检站 站长:高东卫
东港边检站 站长:赵景发
南疆边检站 站长:郭如营
天津市公安边防总队 地址:天津市经济技术开发区第二大街 69 号 邮编:300457
总队长:郝勋功 政委:王永华 副总队长:高存杰 戴文萃
海警支队
支队长:杨群 政委:李凤文 副支队长:郑书成 副政委:李培平
滨海边防支队
支队长:周学利 政委:田学东 副支队长:辛晓波 副政委:周秀生
天津海事局 邮编:300456
地址:天津市塘沽区新港办医街 13 号
局长:徐津津 党委书记:肖维强 副局长:魏占超 赵亚兴 孔繁弘 黄 何 党委副书记:李振清
新港海事处 地址:天津新港港埠一公司 邮编:300456
处长兼书记:乐春生 副处长:郭 泉 副书记:梅传东
海河海事处 地址:天津市塘沽区永泰路 3 号 邮编:300456
处长兼书记:李恩成 副书记:杨洪卷
南疆海事处 地址:天津市塘沽区河口街 1 号 邮编:300456
处长兼书记:赵 阳 副处长:王长青

河北口岸

河北省人民政府口岸办公室 地址:石家庄市维明南大街 46 号 邮编:050053
副主任:范红喜
秦皇岛市口岸办公室 地址:秦皇岛文化北路 356 号中房大厦门 4 楼 邮编:066001
主任:张晓光 副主任:孟宪京 宋 岩
唐山市口岸办公室 地址:唐山市西山道 5 号 邮编:063000
主任:郜振华
沧州市人民政府口岸办公室 地址:沧州市解放西路 18 号 邮编:061001

主任:王博平

邯郸市人民政府口岸办公室	地址:邯郸市中华大街 66 号	邮编:056002
主任:郭海潮		
石家庄海关	地址:石家庄市工农路 515 号	邮编:050051
关长:姚宝德	副关长:连文生　陈冀川　张季平	
秦皇岛海关	地址:秦皇岛市河北大街西段 1 号	邮编:
关长:赵立成	副关长:高鸿飞　高音　杨建勋　张增瑞	
唐山海关	地址:唐山市卫国路	邮编:
副关长:刘力　刘会功		
保定海关	地址:保定市朝阳北路 205 号	邮编:
关　长:田炳阳	副关长:刘温燕	
廊坊海关	地址:廊坊市开发区创业路	邮编:
关　长:魏　恭	副关长:顾正武	
河北省公安边防总队	地址:石家庄市西环北路 217 号	邮编:050081
总队长:王振法	副总队长:李新广　副政委:蒋守国	
黄骅边防检查站	地址:沧州市黄骅港黄骅边防检查站	邮编:
站长:李秀刚	政委:白宝廷　副站长:张华玉	
唐山边防检查站	地址:唐山市海港开发区唐山边防检查站	邮编:
站长:刘国志	政委:张亚民　副站长:徐顺利	
秦皇岛边防检查站	地址:秦皇岛市海港区南山街 123 号	邮编:
政委:赵广来	副站长:王树全　王维民	
石家庄机场边防检查站	地址:正定县新城铺石家庄边防检查站	邮编:
站长:李平	政委:冯建斌　副站长:李宝中	
河北出入境检验检疫局	地址:石家庄市翔翼路 2 号	邮编:050071
局　长:郭富荣	副局长:张国宝　王同玉	
秦皇岛检验检疫局	地址:秦皇岛市海滨路 51 号	邮编:
局　长:严宏弟	副局长:陈勇俊　佟景仁　李俊成	
邯郸检验检疫局	地址:邯郸市滏园路 18 号	邮编:
局长:刘　育	党组书记:高占来　副局长:李自力	
张家口检验检疫局	地址:张家口市桥西西沙河后街 42 号	邮编:
局　长:续延卿	副局长:韩发昌　王铁林	
沧州检验检疫局	地址:沧州市朝阳中街	邮编:
局　长:王海民	副局长:刘东庆　杨洪轩	
廊坊检验检疫局	地址:廊坊市广阳道 11 号	邮编:
局　长:段文仲	副局长:吴俊宁　李联合	
保定检验检疫局	地址:保定市朝阳北路 201 号	邮编:
局　长:刘福昌	副局长:张继东　许国栋	
邢台检验检疫局	地址:邢台市桥西中华路 118 号	邮编:
局　长:孙卫东	副局长:孟东升	

唐山检验检疫局 地址:唐山市路北区北新西道 35 号 邮编:
局　长:郑占勤 副局长:唐克俭　孙廷杰
承德检验检疫局 地址:承德市南园南 47 号 邮编:
局　长:兆希达 调研员:朱秀霞　纪检组长:梁国志
河北海事局 地址:秦皇岛市海港区海滨路 75 号 邮编:066002
局长:杨盘生　党委书记:徐俊池　副局长:赵兴林　李世新　杨敏君　党委副书记:庞海燕
秦皇岛海事局 地址:秦皇岛市海港区南山街副 8 号 邮编:066002
局长:王玉亭　党委书记:裴玉章　副局长:王家新　闫克俭　局长助理:班宗生
唐山海事局 地址:唐山市海港开发区口岸办公楼 邮编:063611
局长:李晓明 党委书记:刘建新　副局长:佟海森　刘建军
黄骅海事局 地址:沧州市黄骅港开发区 邮编:061110
局　长:王鹤荀　党委书记:张彩林　副局长:刘利军　赵树华

山西口岸

山西省人民政府口岸办公室 地址:太原市府东街 261 号 邮编:030002
主　任:王锐颖
太原海关 地址:太原市学府街 396 号 邮编:030006
关长:梁克义 副关长:孙发贵
大同海关 地址:大同市民航街西侧 邮编:037008
关　长:何永生 副关长:阎晓春
侯马海关 地址:侯马市新田路 邮编:043000
关长:李天海
太原边防检查站 地址:太原市太榆路 32 号太原机场边防办公楼 邮编:030031
站长:郝晓斌 政委:孟宪仁　副站长:崔元平
山西出入境检验检疫局 地址:太原市漪汾街 20 号 邮编:030024
局长:林盛梁 副局长:张原生　任传永
大同出入境检验检疫局 地址:大同市新开南路文化里 23 号楼 邮编:037006
局　长:张日斌 副局长:陈贵和　冯德智
阳泉出入境检验检疫局 地址:阳泉市开发区大连路与青岛路交汇处 邮编:045000
局　长:贾明文 副局长:贾金发　闫玉芳
长治出入境检验检疫局 地址:长治市延安南路 33 号 邮编:046000
局　长:李虎则 副局长:韩文儒
侯马出入境检验检疫局 地址:侯马市呈王路 11 号 邮编:043000
局　长:于明月 副局长:翟金义

内蒙古口岸

内蒙古自治区人民政府口岸办公室	地址:呼和浩特市中山西路138号	邮编:010020
主　任:孟贵玺	常务副主任:李 凤 展　　副主任:于双喜　刘松	
呼伦贝尔市口岸办	地址:海拉尔市胜利大街7号	邮编:021008
主　任:马万福		
满洲里口岸管理委员会	地址:满洲里市东二道街	邮编:021400
主　任:张敬华	副主任:孙立新　刘伟和	
二连浩特口岸管理委员会	地址:二连浩特市友谊路北疆街	邮编:011100
主　任:史满录	副主任:陈丽华　李维	
额尔古纳市口岸管理委员会	地址:额尔古纳市中央大街	邮编:022250
主　任:张海生	副主任:卢凤琴　常贵传　蔡国良	
新巴尔虎右旗外事口岸办公室	地址:呼盟新右旗阿拉坦额莫勒镇四道街	邮编:021300
主　任:许　恩	副主任:陈铁柱　张慧霞　领小	
新巴尔虎左旗口岸办公室	地址:呼盟新左旗	邮编:021200
主　任:德　俊	副主任:扎立根	
陈巴尔虎旗口岸办公室	地址:陈巴尔虎旗	邮编:021500
主　任:布仁达来		
兴安盟外经贸局口岸办公室	地址:乌兰浩特兴安北大路17号	邮编:137400
主　任:孟凡志		
阿尔山市外事口岸办公室	地址:阿尔山市共建街23号	邮编:137800
主　任:白海宝		
锡林郭勒盟口岸办公室	地址:锡林浩特市行政公署	邮编:026000
主　任:乌云达来		
锡盟东乌旗口岸办	地址:锡盟东乌旗	邮编:026300
主　任:胡日勒		
包头外经贸局口岸办公室	地址:包头市昆区市政府综合楼5楼	邮编:014025
主　任:刘雪峰	副主任:乔　鑫	
包头市达茂旗旅游口岸局	地址:包头市达茂旗政府楼	邮编:011901
局　长:冀全柱		
巴盟外经贸局口岸办公室	地址:临河市新华东街	邮编:015000
主　任:马良斌	副主任:肖忠民	
巴盟乌拉特中旗口岸办公室	地址:巴盟乌拉特中旗政府	邮编:015300
主　任:赵　英	副主任:周志华　郝建国　黄志亮	
阿拉善盟口岸领导小组办公室	地址:阿拉善盟阿左旗巴彦浩特镇	邮编:750306
主　任:陈哈斯巴根		
阿盟额济纳旗外事口岸办	地址:额济纳旗达来库布镇	邮编:735400

主　任:王守海

呼和浩特海关 地址:呼和浩特市新城区东库街 101 号 邮编:010050
关　长:冯德文 副关长:长江　周凤琴　王富宽

满洲里海关 地址:满洲里市迎宾大街 邮编:021400
关　长:刘国光 副关长:霍守义　张国强

二连浩特海关 地址:二连浩特市新华街 9 号 邮编:011100
关　长:韩翔 副关长:高军　马卫国

包头海关 地址:包头市青山区钢铁大街 2 号 邮编:014030
关　长:程宏飞 副关长:赵景

海拉尔海关 地址:呼伦贝尔市海拉尔胜利三路 邮编:021000
副关长:张志忠

额尔古纳海关 地址:额尔古纳市新城街道办事处 邮编:022250
副关长:张弘涛

内蒙古自治区边防总队 地址:呼和浩特市爱民路 337 号 邮编:010051
总队长:那顺巴雅尔 政委:章文权　副总队长:张俊　汪旭东 副政委:孟卫

满洲里边防检查站 地址:满洲里市一道街 83 号 邮编:021400
站长:刘文仁 政委:于建成　副站长:阚永新　李文弟 副政委:刘国民

二连边防检查站 地址:二连浩特市新华街 1 号 邮编:012600
站长:宝　音 政委:焦嵘峥　副站长:韩巴图　前德门　白凌智 副政委:叶振卫

呼和浩特边防检查站 地址:呼和浩特市白塔机场 邮编:010070
站长:吕志强 政委:李钢华　副站长:道布丹　高庆武

黑山头、室韦边防检查站 地址:呼伦贝尔盟额尔古纳市 邮编:022250
站长:赵永强 政委:白金　副站长:韩德富　包国良

海拉尔边防检查站 地址:呼伦贝尔盟海拉尔市伊敏小区 9 号楼 邮编:021008
政　委:杨志荣 副站长:张志荣

阿日哈沙特边防检查站 地址:新巴尔虎右旗阿拉坦额莫勒镇四道街 邮编:021300
站长:张德山 政委:王金山　副站长:高云

珠恩嘎达布其边防检查站 地址:锡林郭勒盟东乌珠穆沁旗 邮编:026300
站长:赵国良 政委:余宝军　副站长:青格勒图

甘其毛道边防检查站 地址:巴彦淖尔盟乌拉特中旗 邮编:015300
站长:王彤林 政委:韩巴雅尔　副站长:贺立平

策克边防检查站 地址:阿拉善盟额济纳旗 邮编:735400
站长:巴图 政委:云波　副站长:赵黄扣

内蒙古出入境检验检疫局 地址:呼和浩特市赛罕区昭乌达路 466 号 邮编:010010
局　长:刘兴范 副局长:布奎　徐华良　斯勤夫

满洲里出入境检验检疫局 地址:满洲里市二道街商检大厦 邮编:021400
局　长:王新力 副局长:姜学政　关淑英　赫军　卢宏杰

二连浩特出入境检验检疫局 地址:二连浩特市前进北路 19 号 邮编:011100
局　长:冀生耀 副局长:安格日格　刘四海　于卫东　游文广

额尔古纳出入境检验检疫局 地址:额尔古纳市中央大街 邮编:022250
局　长:姜书亭 副局长:陈雪松
包头市出入境检验检疫局 地址:包头市昆区少先18号街坊 邮编:014010
局　长:孟传金 副局长:石贵成　太正文　邬海涛

辽宁口岸

辽宁省口岸办公室 地址:沈阳市皇姑区北陵大街45—2号 邮编:110032
主　任:江　瑞 副主任:刘　丹　秦　虹
沈阳市口岸办公室 地址:沈阳市市府大路260号 邮编:110013
主　任:方向东
大连市交通口岸管理局 地址:大连市沙河口区中山路401号 邮编:116021
局　长:汪集刚 副局长:张仙俊　党委副书记:牟桂云
营口市对外贸易经济合作局 地址:营口市渤海大街西号 邮编:115003
局长:崔凤麟
营口市口岸管理委员会 地址:营口市鲅鱼圈区新港大街 邮编:115007
副主任:闵　春
丹东市口岸办公室 地址:丹东市文化大厦A区四楼 邮编:118000
副主任:刘恒刚
葫芦岛市口岸办公室 地址:葫芦岛市龙湾新区口岸大厦 邮编:125000
副主任:贺福华　张　清
锦州口岸管理委员会 地址:锦州市市府路68号 邮编:121001
主任:李　广
大连海关 地址:大连市中山区人民路75号 邮编:116001
关　长:王克光 副关长:孙庆发　张　宏　臧玉健　荣晓帆　王　炜
沈阳海关 地址:沈阳市沈河区青年大街56号 邮编:110014
关　长:肖亚农 副关长:吴东权　刘德旭　石修建
沈阳经济技术开发区海关 地址:沈阳经济技术开发区开发大路3号 邮编:110141
关　长:李秉权 副关长:王琪英
锦州海关 地址:锦州市太和区市府大路61号 邮编:121013
副关长:刘剑波　毕克胜
葫芦岛海关 地址:葫芦岛市龙岗区龙湾大街2号 邮编:125000
副关长:范志军
丹东海关 地址:丹东市振兴区十纬路5号 邮编:118000
关　长:仲惟光
大东港海关 地址:东港市桥南经济开发区东港南路149号 邮编:118300
关　长:王立永

营口海关 地址:营口市辽河大街东 60 号 邮编:115002
关　长:李治国
鲅鱼圈海关 地址:营口市经济技术开发区新港大街 邮编:115007
关　长:刘玉升
辽宁省边防局 地址:沈阳市皇姑区泰山路 72 号 邮编:110031
总队长:吕文彦 政　委:邵振翔
沈阳边防检查站 地址:沈阳市桃仙国际机场 邮编:110169
站　长:王炳和 政委:王洋
周水子边防检查站 地址:大连市甘井子区迎客路 90 号 邮编:116033
站　长:庞军 政委:林源
大连边防检查站 地址:大连金州区新港街道迎宾路 71 号 邮编:116601
站　长:方振民 政委:王黎明
丹东边防检查站 地址:丹东市振兴区十纬路 2 号 邮编:118000
站　长:郭永权 政委:尤旭
丹东港边防检查站 地址:丹东市山上街 101 号 邮编:118000
站　长:沈继鹏 政委:张闯勇
鲅鱼圈边防检查站 地址:营口经济技术开发区新港路 邮编:115007
站　长:王勇 政委:张永革
营口边防检查站 地址:营口市新光街得胜桥南里 89 号 邮编:115004
站　长:胡道刚 政委:王怀柱
大连湾边防检查站 地址:大连市甘井子区大连湾镇李家村 邮编:116113
站　长:刘景平 政委:张文波
大窑湾边防检查站 地址:大连开发区海青岛大窑湾外事区 邮编:116610
站　长:马奎先 政委:张顺
锦州边防检查站 地址:锦州市经济技术开发区 邮编:121007
站　长:刘志强 政委:杜树伦
和尚岛边防检查站 地址:大连市甘井子区大连湾新街 4 号 邮编:116113
站　长:毕忠齐 政委:杨会福
葫芦岛边防检查站 地址:葫芦岛市龙港区口岸大厦 邮编:125000
站　长:王景澎 政委:焦凤荣
辽宁出入境检验检疫局 地址:大连市中山区人民路 81 号 邮编:116001
局　长:李延辉 副局长:孙玉刚　时　强　王喜进　王吉顺　崔茂森
沈阳出入境检验检疫局 地址:沈阳市沈河区大南街 433 号 邮编:110016
局　长:王运涛 副局长:姜明谦　张立明　黄明彦
锦州出入境检验检疫局 地址:锦州市中央大街二段 11—1 号 邮编:121000
局　长:张世华 副局长:魏龙江　李德彦　李立新
丹东出入境检验检疫局 地址:丹东市振兴区十纬路 1 号 邮编:118000
局　长:强榆林 副局长:边玉民　杜　林　李广华　邴晓红
营口出入境检验检疫局 地址:营口市站前区金牛山大街东 8 号 邮编:115000

局　长:刘洪德　副局长:曹蕴良　胡伟明　徐　彭

鲅鱼圈出入境检验检疫局　地址:营口市鲅鱼圈新港路　邮编:115007

局　长:周兴伟　副局长:李德智　喻国大　宋宝常　张建国

大窑湾出入境检验检疫局　地址:大连开发区海青岛外事区　邮编:116610

局　长:吴荣富　副局长:李居良　钟连滨　梁贵洲

东港出入境检验检疫局　地址:东港市银河路22号　邮编:128300

局　长:王克清　副局长:宋成民　张文志

葫芦岛出入境检验检疫局　地址:葫芦岛市龙港区龙湾大街37—3号　邮编:125000

局　长:周凤翱　副局长:吴大为　王贵峰

辽宁出入境出入境检验检疫局长海办事处　地址:大连市长海县大长山岛镇　邮编:116500

主　任:初本杰　副主任:张云林

辽宁海事局　地址:大连市中山区长江路25号　邮编:116001

局长:王金付　党委书记:武军　党委副书记:戴东　副局长:杨春　郭子瑞　林波

营口海事局　地址:营口市鲅鱼圈区新港路　邮编:115007

局长:王杰武　党委书记:李广平　副局长:李国平　王兴邦　党委副书记:柳絮深

大连海事局　地址:大连市中山区长江路29号　邮编:116001

局长:韩士民　党委书记:王家生　局长:王玉洋　白　刚

丹东海事局　地址:丹东振兴区兴一路8号　邮编:118000

局长:李　辉　党委书记:刘瑞根　副局长:吕德军　黄义诚

锦州海事局　地址:锦州市南京路4段20号　邮编:121000

局长:杨之梁　党组书记:佟延增　副局长:刘锦航

葫芦岛海事局　地址:葫芦岛市龙港区龙湾大街口岸大厦　邮编:125000

局长:吴玉光　党委书记:李信标　副局长:鲁学林

吉林口岸

吉林省人民政府口岸办公室　地址:长春市新发路11号　邮编:130051

主　任:郭庆宏

长春市口岸办公室　地址:长春市北安路70号　邮编:130056

副主任:程辉

吉林市口岸办公室　地址:吉林市松江路65号　邮编:132001

主　任:常旭

通化市口岸办　地址:通化市新华大街　邮编:134001

主　任:牛斯文

延吉州口岸办　地址:延吉市建工街光华路252号　邮编:133001

主　任:金虎善

白山市口岸办　地址:浑江大街152号　邮编:134300

主　任:孙桂林

图们市口岸办公室　　地址:图们市文化街 2 号　　邮编:133100

主　任:崔正龙

集安市口岸办公室　　地址:集安市建设南街 10 号　　邮编:134200

主　任:张正均

辉春市口岸办公室　　地址:珲春市河南街 1 号　　邮编:133300

主　任:金洪哲

临江市口岸办公室　　地址:临江市建国街　　邮编:134600

主　任:周杰

龙井市口岸办公室　　地址:龙井市吉安街 6—9 号　　邮编:133400

主　任:宋林

和龙市口岸办公室　　地址:和龙市文化路 24 号　　邮编:133500

主　任:郑勋

长春海关　　地址:长春市自由大路 4448 号　　邮编:130033

关　长:金甲祚　　副关长:李　录　梁　财　黄键平　于　明

吉林海关　　地址:吉林市松江东路 23 号　　邮编:132001

关　长:杨秉家

延吉海关　　地址:延吉市天池路 167 号　　邮编:133001

关　长:朴惠淑

集安海关　　地址:集安市东盛北街 50 号　　邮编:134200

关　长:崔恒利

图们海关　　地址:图们市图们大路 3 号　　邮编:133100

关　长:杨绍泽

珲春海关　　地址:珲春市靖和街站前委　　邮编:133300

关　长:李忠一

临江海关　　地址:临江市新市街　　邮编:134600

关　长:李东明

三合海关　　地址:龙井市三合镇　　邮编:133419

关　长:崔美花

开山屯海关　　地址:龙井市开山屯镇　　邮编:133417

关　长:王燕

南坪海关　　地址:和龙市南坪镇　　邮编:133512

关　长:金顺子

吉林省公安边防总队　　地址:长春市青年路 71 号　　邮编:130062

总队长:朱万义　　政　委:李万寿

长春边防检查站　　地址:长春市迎宾路 26 号　　邮编:130111

站　长:闫景宽　　政　委:周建中

图们边防检查站　　地址:图们市口岸大街　　邮编:133100

站　长:马兆玉　　政　委:朱德忠

集安边防检查站 地址:集安市迎宾路9号 邮编:134200
站　长:田景云
珲春边防检查站 地址:珲春市靖和街新兴委 邮编:133300
站　长:朴凤哲 政　委:盖兴海
临江边防检查站 地址:临江市新市街 邮编:134600
站　长:赵明 政　委:江崇利
三合边防检查站 地址:龙井市三合镇 邮编:133419
站　长:连军 政　委:朴明国
开山屯边防检查站 地址:龙井市开山屯镇 邮编:133417
站　长:倪阅 政　委:郑明俊
南坪边防检查站 地址:和龙市南坪镇 邮编:133512
站　长:闵东基 政　委:宛云海
吉林出入境检验检疫局 地址:长春市普阳街45号 邮编:130062
局　长:李元中
延边出入境检验检疫局 地址:图们市图们大路50号 邮编:133100
局　长:张广儒
延边出入境检验检疫局 地址:图们大路50号 邮编:133100
局　长:张广儒
集安出入境检验检疫局 地址:集安市迎宾路11号 邮编:134200
局　长:王吉
珲春出入境检验检疫局 地址:珲春市靖和街靖和路 邮编:133300
局　长:孙宝政

黑龙江口岸

黑龙江省口岸办公室 地址:哈尔滨市动力区和平路173号 邮编:150040
主　任:于德辉 副主任:兰国刚
黑河市人民政府口岸办公室 地址:黑河市王肃街11号 邮编:164300
主　任:白树升 副主任:张　斌　张　静　曹国臣
佳木斯市口岸管理办公室 地址:佳木斯市顺和路39号 邮编:154002
主　任:朱喜堂 副主任:吕平洋　姜伟斌　徐澎
绥芬河市口岸管理委员会 地址:绥芬河市站前路联检综合楼 邮编:157300
主　任:张仲有 副主任:李普祥　齐玉平　刘　杰
东宁县口岸管理委员会 地址:东宁县东宁镇南山路 邮编:157200
主　任:张峻峰 副主任:朱孝有　王喜
哈尔滨市口岸管理委员会 地址:哈尔滨市道里区安康街35号 邮编:150016
主　任:朱绍清

密山市口岸办公室	地址:密山市政府四楼	邮编:158300
主任:舒振兴	党委书记:张大莉　副主任:高胜强　刘　辉	
嘉荫县人民政府口岸办公室	地址:嘉荫县朝阳镇江山路	邮编:153200
主　任:李英李	副主任:刘　波　江文广	
同江市口岸委员会	地址:同江市杏林路中段	邮编:156400
主　任:杨金中	副主任:李志伟 李　忠 侯士忠 徐成富	
饶河县外事口岸办公室	地址:饶河县饶河镇口岸办公楼	邮编:155700
主　任:董树学	副主任:王　雷　宋苏里	
虎林市外事口岸办公室	地址:虎林市建设西路 114 号	邮编:158400
主　任:李桂文	副主任:董艾青　李仁伟　孙福明　史国良	
富锦市口岸委员会	地址:富锦市新开路北段口岸大楼	邮编:156100
主　任:顾世祥	副主任:狄库连	
大兴安岭地区外事侨务口岸办公室	地址:大兴安岭加格达齐区	邮编:165000
主　任:奚维民	副主任:文景贵	
漠河县外事口岸办公室	地址:漠河县西林吉镇	邮编:156530
主　任:左泽文	副主任:王志杰	
逊克县外事口岸办公室	地址:逊克县口岸边疆镇繁荣东路	邮编:164400
主　任:王远辉	副主任:陆敬锦	
萝北县口岸委员会	地址:萝北县凤翔镇凤翔大街 173 号	邮编:154200
主　任:刘德成	副主任:郭丙川	
呼玛县口岸办公室	地址:呼玛县呼玛镇	邮编:165100
主　任:尤本荣	副主任:杨　光	
孙吴县口岸办公室	地址:孙吴县四季屯镇	邮编:164200
主　任:邵伟刚	副主任:张兴安	
绥滨县口岸办公室	地址:绥滨县人民政府	邮编:156200
主　任:于祝涛	副主任:蒋振军	
齐齐哈尔市人民政府口岸办	地址:齐齐哈尔市新明街 27 号(党政办公中心)	邮编:161006
主　任:薛广好	副主任:刘彦锐	
抚远县口岸办公室	地址:抚远县友谊路	邮编:156500
主　任:王新亮	副主任:薛昌禹　张玉宝　刁　烁	
桦川县经济计划局口岸办公室	地址:桦川县	邮编:154300
主　任:贾兴华		
哈尔滨海关	地址:哈尔滨市南岗区嵩山路 88 路	邮编:150008
关　长:孔祥君	副关长:刘树和 姚艳茹 苏胜民 薛颖超 常松涛	
黑河海关	地址:黑河市王肃街 130 号	邮编:164300
关　长:杨春杰	副关长:于景维　潘智东	
佳木斯海关	地址:佳木斯市杏林路 452 号	邮编:154002
关　长:周　力	副关长:毕四方	
绥芬河海关	地址:绥芬河市中心广场通天路 175 号	邮编:157300

关　长:杨更顺　　副关长:刘尊启　张　林　闵　勇

东宁海关　　地址:东宁县东宁镇中华南路　　邮编:157200

关　长:张喜今

密山海关　　地址:密山市海关办公大楼　　邮编:158300

关　长:王殿坤　　副关长:赵永峰

嘉荫海关　　地址:嘉荫县朝阳镇江山路　　邮编:153200

关　长:郭玉

同江海关　　地址:同江市大直路西段　　邮编:156400

关　长:宋智法　　副关长:韩泰平　鲍淑琴

饶河海关　　地址:饶河县饶河镇口岸办公楼　　邮编:155700

关　长:孙宏炜　　副关长:孙万杰

虎林海关　　地址:虎林市解放西路　　邮编:158400

关　长:张永涛

富锦海关　　地址:富锦市新开路北段海关大楼　　邮编:156100

关　长:周　力　　副关长:周洪胜

齐齐哈尔海关　　地址:齐齐哈尔市永安大街137号　　邮编:161005

关　长:马诗兵

逊克海关　　地址:逊克县边江镇繁荣路　　邮编:164400

副关长:王树刚

萝北海关　　地址:萝北县凤翔镇凤翔大街173号　　邮编:154200

关　长:曹冶

齐齐哈尔海关　　地址:齐齐哈尔市永安大街137号　　邮编:161005

关　长:马诗兵

抚远海关　　地址:抚远县向阳路　　邮编:156500

关　长:许凯

黑龙江省公安边防总队　　地址:哈尔滨市动力区和平路32号　　邮编:150040

总队长:周书奎　　政　委:翟德新

黑河边防检查站　　地址:黑河市龙源路　　邮编:164300

站　长:徐晶锐　　政　委:郭大成　副站长:刘景玉

佳木斯边防检查站　　地址:佳木斯市保卫路中段　　邮编:154002

站　长:赵世文　　政　委:杨学军　副站长:周勇　梁继双

绥芬河边防检查站　　地址:绥芬河市民政局楼内　　邮编:157300

站长:熊星斗　　政委:郭艳伟

东宁边防检查站　　地址:东宁县东宁镇南山路　　邮编:157200

站　长:刘　斌　　政委:蒋希福

哈尔滨港边防检查站　　地址:哈尔滨市道里区安康街35号　　邮编:150016

站　长:孙石　　副站长:姜明杰　高士军

哈尔滨机场边防检查站　　地址:哈尔滨市太平国际机场　　邮编:150079

站　长:刘　洋　　副站长:孙俭斌

密山边防检查站	地址：密山口岸联检办公楼密山镇永固路1号	邮编：158300
站　长：姜克强	副站长：尹铁军	
嘉荫边防检查站	地址：嘉荫县朝阳镇江山路	邮编：153200
站长：张乐文	政　委：马荣贵　副站长：柏永禄	
同江边防检查站	地址：同江市大直路西段	邮编：156400
站长：于长海	政委：刘伦竹　副站长：刘　千	
饶河边防检查站	地址：饶河县饶河镇口岸办公楼	邮编：155700
站　长：靳　飞	政委：郜德中	
虎林边防检查站	地址：虎林市建设西路114号	邮编：158400
站长：元明洙	政　委：李　强　副站长：王柏青	
富锦边防检查站	地址：富锦市新开路北段口岸大楼	邮编：156100
站长：牛伟	政委：毕宝才　副站长：于洪学	
漠河边防检查站	地址：漠河县西林吉镇	邮编：156530
站长：王国辉		
逊克边防检查站	地址：逊克县边江镇繁荣路	邮编：164400
站长：杨文宝	政委：周科　副站长：张贵财	
萝北边防检查站	地址：萝北县凤翔镇凤翔大街173号	邮编：154200
站　长：付德利	政委：李绍英	
齐齐哈尔边防检查站	地址：齐齐哈尔市龙沙区安居小区火电3号楼	邮编：161005
站长：徐德寿	政委：迟铁军　副站长：张玉刚	
抚远边防检查站	地址：抚远县友谊路	邮编：156500
站长：张福民	政委：王明利　副站长：陆　健	
黑龙江出入境检验检疫局	地址：哈尔滨市开发区赣水路9号	邮编：150001
局　长：杨　敏	副局长：滕玉生　张春青　朱宽胜　邓　杰	
黑河出入境检验检疫局	地址：黑河市海兰街136号	邮编：164300
局　长：赵文金	副局长：刘林阁　车成利　关国强　陈　波	
佳木斯出入境检验检疫局	地址：佳木斯市杏林路456号	邮编：154002
局　长：冯崇刚	副局长：杨　升　石殿华　李佐民	
绥芬河出入境检验检疫局	地址：绥芬河市北山新区	邮编：157300
局　长：罗公平	副局长：井庆华　苏永泉　周广亮　罗学锋	
东宁出入境检验检疫局	地址：东宁县东宁镇中华路	邮编：157200
局　长：王德		
密山出入境检验检疫局	地址：密山市口岸联检办公楼	邮编：158300
局　长：吴翕清	副局长：马忠森	
同江出入境检验检疫局	地址：同江市友谊路中段	邮编：156400
局　长：史会葆	副局长：刑殿忠　韩云鹏	
饶河出入境检验检疫局	地址：饶河县饶河镇口岸办公楼	邮编：155700
局　长：魏永刚	副局长：杜忠河	
虎林出入境检验检疫局	地址：虎林市建设西路114号	邮编：158400

局　长：许振东　　副局长 ：王修志 牛志兴

富锦出入境检验检疫局　　地址：富锦市新开路北段口岸大楼　　邮编：156100

局　长：王兴刚　　副局长：卢明清

逊克检验检疫局　　地址：逊克县边江镇繁荣路　　邮编：164400

局　长：赵文金　　副局长：施维国

萝北出入境检验检疫局　　地址：萝北县凤翔镇凤翔大街 173 号　　邮编：154200

局　长：魏永刚

齐齐哈尔出入境检验检疫局　　地址：齐齐哈尔市龙沙区丰恒路 1 号　　邮编：161005

局　长：张有才　　副局长：郭树军　焦东江　唐　鹰

抚远出入境检验检疫局　　地址：抚远县友谊路　　邮编：156500

局　长：佟剑波　　副局长：战士铭

黑龙江海事局　　地址：哈市道里区一面街 110 号　　邮编：150010

局长：孙晓秋　　书记：卢晓萍　副局长：王广德　金永灿　邵长青

黑河海事局　　地址：黑河市西兴路 1 号　　邮编：164300

局　长：于宪志　　副局长：袁云岭　张焕红

佳木斯海事局　　地址：佳木斯市西林路东段　　邮编：154002

局　长：孙国臣　　副局长：王立强　李朝阳

哈尔滨海事局　　地址：哈尔滨市道里区友谊路 294 号　　邮编：150016

局　长：付征新　　副局长：孙德庆

上海口岸

上海口岸管理委员会办公室　　地址：上海市娄山关路 55 号　　邮编：200336

主　任：徐逸波　　副主任：汤庆福　主任助理：刘亚东（兼）、章式洪（专职）

上海海关　　地址：上海市中山东一路 13 号　　邮编：200002

关　长：鲁培军　　副关长：谢玉和、金玉根、陈帼培、顾振兴、郑建民、王杰

浦东海关　　地址：上海市浦东新区陆家嘴西路 153 号　　邮编：200120

关　长：陈正光　　副关长：吴晓明、何胜华、刘海勇

浦东国际机场海关　　地址：上海市浦东新区启航路 866 号　　邮编：201202

关　长：李善芬　　副关长：许惠根、刘松山、张万安、张葛德

吴淞海关　　地址：上海市宝山区宝杨路 800 号　　邮编：200940

关　长：史文炎　　副关长：姚俊康、王荣军、匡宪成

浦江海关　　地址：上海市虹口区太平路 1 号　　邮编：200080

关　长：马衍　　副关长：柯道益、顾红梅、姚建曙

外高桥保税区海关　　地址：上海市浦东新区杨高北路 2015 号　　邮编：200131

关　长：卞祖耀　　副关长：汤志伟、陈建明

闵行开发区海关　　地址：上海市闵行区文井路 140 号　　邮编：200245

关　长:梁新宁　副关长:郝晓兵、林连元

奉贤海关　地址:上海市奉贤区南桥镇南奉公路 57 号　邮编:201400

关　长:张帮松　副关长:徐加强

莘庄海关　地址:上海市闵行区沪闵路 6209 号　邮编:201100

关　长:张解伦　副关长:葛孝同、孔良

嘉定海关　地址:上海市嘉定区嘉罗公路 221 号　邮编:201822

关　长:徐玉品　副关长:刘田淑、何兰芬

金山海关　地址:上海市金山区卫新路 11 号(金山石化内)　邮编:200540

关　长:王阿才　副关长:黄恩培、姜纯钢

青浦海关　地址:上海市青浦区公园路 55 号　邮编:201700

关　长:金远嘉　副关长:颜兆安、陈美华

松江海关　地址:上海市松江区人民北路 211 号　邮编:201600

关　长:韩金喜　副关长:钱国宝、邓宏亮

上海出入境边防检查总站　地址:上海市武宁南路 318 号　邮编:200042

总站长:杨祥大　政委:邹成友　副总站长:张振明

上海出入境边防检查站　地址:上海市陆家浜路 307 号　邮编:200011

站长:陈俊　政委:程光亮　副站长:朱国进、顾金才

外高桥出入境边防检查站　地址:上海市港电路 1 号　邮编:200131

站长:张仕昌　政委:胡亚兴　副站长:徐林坤、李华超

浦东出入境边防检查站　地址:上海市启航路 868 号　邮编:201202

站长:张宝明　政委:蒋国民　副站长:郁忞　沈仁依　尹仲利

金山出入境边防检查站　地址:上海市松泾公路 140 弄 1 号　邮编:201512

站长:严高林　政委:周天云　副站长:胡溯浩、范卫东

吴淞出入境边防检查站　地址:上海市淞滨路 316 号　邮编:200940

站长:李文武　政委:吴永兴　副站长:沈德林、沈金龙

上海出入境检验检疫局　地址:上海市民生路 1208 号　邮编:200135

局长:吴仕良　副局长:杨杰明、詹世明、徐朝哲、陈心尧

上海国际机场出入境检验局　地址:上海市启航路 888 号　邮编:201202

局　长:朱伟祖　副局长:江珊毅、金亦民、谢才璋

浦东出入境检验检疫局　地址:上海市民生路 1208 号　邮编:200135

局　长:钱葆龙　副局长:邹惠康、刘学忠、卢钟山、董超

浦江出入境检验检疫局　地址:上海市中山东一路 13 号　邮编:200002

局　长:黄小路　副局长:林建伟、郑桂陶、钱天荣、谢秋慧

外高桥检验检疫局　地址:上海市杨高北一路 90 号　邮编:200137

局　长:宋晓萍　副局长:曹正威、陆伟、徐国强

吴淞检验检疫局　地址:上海市场中路 855 号　邮编:200434

局　长:朱金福　副局长:查利文、吕祥宝

崇明出入境检验检疫局　地址:上海市崇明城内—江山路 508 号　邮编:202150

局　长:施卫保　副局长:樊岳校

奉贤出入境检验检疫局 地址:上海市奉贤区南桥镇华苑路 2 号 邮编:201400
局　长:戴雪伟 副局长:李志信
南汇出入境检验检疫局 地址:上海市南汇区惠南镇南路 398 号 邮编:202130
局　长:韩世民 副局长:吴传龙
闵行开发区出入境检验检疫局 地址:上海市闵行区文井路 165 号 邮编:200240
局　长:陆锡天 副局长:曹卫平、黄健康
上海海事局 地址:上海市四平路 190 号 邮编:200086
局长:王志一　党委书记:周尤喜 副局长:周尤喜、徐国毅、张云龙、俞成国 党委副书记:陈正伟

江苏口岸

江苏省人民政府口岸办公室 地址:南京市北京西路 16 号苏兴大厦 邮编:210008
副主任:徐斌　鲍俊平
南京海关 地址:南京市龙蟠中路 360 号 邮编:210001
关长:陈正恭、陈纪元、杨树林、盛占省
苏州海关 地址:苏州市三香路 157 号 邮编:215004
关　长:周学兆
苏州工业园区海关 地址:苏州市东郊金鸡湖畔 邮编:215001
关　长:柏华冰
新生圩海关 地址:南京市栖霞区新港大道 129 号 邮编:210038
关　长:张震元
张家港海关 地址:张家港市人民中路 34 号 邮编:215600
关　长:顾洪所
南通海关 地址:南通市青年西路 42 号 邮编:226006
关　长:陈　莉
无锡海关 地址:无锡市湖滨路 36 号 邮编:214071
关　长:严　楠
常州海关 地址:常州市新区河海中路 85 号 邮编:213022
关　长:杨文家
镇江海关 地址:镇江市东吴路 118 号 邮编:212008
关　长:杨建国
连云港海关 地址:连云港市中华西路 46 号 邮编:222042
关　长:王荣军
江阴海关 地址:江阴市滨江中路 211 号 邮编:214431
关　长:沈建明
扬州海关 地址:扬州市文昌西路 142 号 邮编:225009
关　长:吴熹初

盐城海关	地址:盐城市建军东路 105 号	邮编:224002
关　长:朱柏林		
徐州海关	地址:徐州市淮海东路 138 号	邮编:221003
关　长:吴琪琳		
淮安海关	地址:淮安市健康西路 146 号	邮编:223001
关　长:许　滨		
泰州海关	地址:泰州市青年南路 59 号	邮编:225300
关　长:李念农		
江苏省公安边防总队	地址:南京市鼓楼区定淮门大街 9 号	邮编:210036
总队长:吴广良		
江苏出入境检验检疫局	地址:南京市白下路 1 号	邮编:210001
局长:车文毅		
南京检验检疫局	地址:南京市白下路 1 号	邮编:210001
局　长:曹阿义		
徐州检验检疫局	地址:徐州市西安南路	邮编:221000
局　长:丁根宝		
淮安检验检疫局	地址:淮阴市北京北路 32 号	邮编:223001
局　长:刘宝荣		
盐城检验检疫局	地址:盐城市通榆中路 45 号	邮编:224002
局　长:姜昕		
连云港检验检疫局	地址:连云区中山中路 339 号	邮编:222042
局　长:何学忠		
南通检验检疫局	地址:南通市人民西路 96 号	邮编:226006
局　长:朱建明		
泰州检验检疫局	地址:泰州市青年南路 222 号	邮编:225300
局　长:张锦丽		
扬州检验检疫局	地址:扬州市文昌西路 107 号	邮编:225009
局　长:王锦		
苏州检验检疫局	地址:苏州市三香路 185 号	邮编:215004
局　长:陶向阳		
常熟检验检疫局	地址:常熟市海虞北路 50 号	邮编:215500
局　长:张汀		
昆山检验检疫局	地址:昆山市长江中路 428 号	邮编:215300
局　长:许康廉		
太仓检验检疫局	地址:太仓市上海路 18 号	邮编:215400
局　长:奚菊芬		
吴江检验检疫局	地址:吴江市江陵南路 28 号	邮编:215200
局　长:胥锦荣		
无锡检验检疫局	地址:无锡市华夏中路 10 号	邮编:214101

局　长:周传铭

宜兴检验检疫局　　地址:宜兴市东山西路58号　　邮编:214206

局　长:王瑞元

常州检验检疫局　　地址:常州市浦南路1号　　邮编:213001

局　长:汪秋霞

镇江检验检疫局　　地址:镇江市东吴路84号　　邮编:212008

局　长:徐文久

张家港检验检疫局　　地址:张家港港区镇长江中路　　邮编:215633

局　长:郭喜良

江阴检验检疫局　　地址:江阴市滨江中路209号　　邮编:214431

局　长:徐洪钢

江苏海事局　　地址:南京市建宁路263号　　邮编:210015

局长:陈爱平

浙江口岸

浙江省人民政府口岸办公室　　地址:杭州市体育场路479号　　邮编:310007

主　任:沈陇声　　副主任:陈林泉

宁波市口岸办公室　　地址:宁波市解放北路91号　　邮编:315010

主　任:林勇　　副主任:张华燕、叶志耀、王俊岩

温州市口岸办公室　　地址:温州市墨池坊1号　　邮编:325000

主　任:叶世强

舟山市口岸办公室　　地址:舟山定海区环城西路66号融信商务楼5楼　　邮编:316000

主　任:陈五星

台州市口岸办公室　　地址:台州市椒江区建设路16号涉外大楼　　邮编:318000

主　任:胡宗飞

嘉兴市口岸办公室　　地址:嘉兴市广场路1号　　邮编:314000

副主任:陈云龙

杭州海关　　地址:杭州市黄龙路7号　　邮编:310007

关　长:张志南　　副关长:施昌虎、叶德云、徐蔚葳、胡方友

宁波海关　　地址:宁波马园路19号　　邮编:315012

关　长:邢强　　副关长:阎志辉、王永华、叶平、姚苏东

镇海海关　　地址:宁波市镇海区城关沿江东路376号　　邮编:315200

关　长:朱毓成　　副关长:江友了

宁波保税区海关　　地址:宁波市北仑区保税区发展大厦　　邮编:315800

关　长: 徐汝昌　　副关长: 谢良根

北仑海关　　地址:宁波市北仑区明州路199号　　邮编:315800

关　长：田德明　　副关长：林志雄、张东昂

大榭海关　　地址：宁波市大谢开发区行政商务区　　邮编：315812

关　长：施文虎　　副关长：方　宏

温州海关　　地址：温州市黎明中路海关大楼　　邮编：325003

关　长：徐建业　　副关长：林江、刘勇、裘阳涛

舟山海关　　地址：舟山市定海区环城南路 130 号　　邮编：316000

关　长：曾马凯　　副关长：徐跃、张军、许光生

台州海关　　地址：台州市椒江区建设路 28 号　　邮编：318000

关　长：陈声聪　　副关长：王臻、周勤训、张格萍

嘉兴海关　　地址：嘉兴市越秀路 882 号　　邮编：314001

关　长：陈继陆　　副关长：汤彪、冯仲良

浙江省边防局　　地址：杭州市秋涛路 548 号　　邮编：310016

局长：姚　鲁　　政　委：傅洪裕　副局长：詹乃东、李军林、徐宽宥　、杨长中

杭州萧山机场边防检查站　　地址：杭州萧山机场内　　邮编：311207

站　长：牟金初

宁波边防检查站　　地址：宁波市江北区新马路 67 号　　邮编：315020

站长：王如根　　政委：吉加树　副站长：张昌儿

宁波大榭边防检查站　　地址：宁波大榭开放区滨海南路　　邮编：315812

站　长：罗法根

宁波机场边检站　　地址：宁波市栎社机场　　邮编：315154

站　长：陆健青

宁波北仑边防检查站　　地址：宁波市北仑区苏州路 1 号　　邮编：315800

站　长：梁建国

温州边防检查站　　地址：温州市黎明西路 12 号　　邮编：325003

站　长：叶荣山

温州机场边防检查站　　地址：温州市永强机场内　　邮编：325024

站　长：朱彻

舟山边防检查站　　地址：舟山市定海区解放西路 309 号　　邮编：316000

站　长：徐超敏

台州边防检查站　　地址：台州市椒江区建设路 16 号涉外大楼　　邮编：318000

站　长：张世通

嘉兴边防检查站　　地址：嘉兴市昌盛西路　　邮编：314000

站　长：丁永夫

浙江出入境检验检疫局　　地址：杭州市文三路 2 号　　邮编：310012

局　长：慎仁安　　副局长：谢丽娟、李法忠、徐宝根、何幼康

宁波出入境检验检疫局　　地址：宁波市柳汀街 318 号　　邮编：315012

局　长：徐金记　　副局长：应启达、贺水山、余良中、王松青

北仑出入境检验检疫局　　地址：宁波市北仑区新矸镇明州路 33 号　　邮编：315800

局　长：应炎煊　　副局长：鲁国苗、谢荣耀

温州出入境检验检疫局 地址:温州市车站大道检验检疫大楼 邮编:325003
局　长:胡建峰 副局长:徐河祥、蒋锡础、徐建设
舟山出入境检验检疫局 地址:舟山市定海区环城南路 505 号 邮编:316000
局　长:张荣生 副局长:徐志宽、王平、马卫星
嵊泗出入境检验检疫局 地址:舟山市嵊泗县菜园镇东海路 51 号 邮编:202450
局　长　刘信华
台州出入境检验检疫局 地址:台州市椒江区建设路 16 号涉外大楼 邮编:318000
局　长:王鸣 副局长:郑云福、丁仁章、何滨、陈建荣
嘉兴出入境检验检疫局 地址:嘉兴市中山西路桥 210 号 邮编:314001
浙江省海事局 地址:杭州市中河北路 108 号 邮编:310014
局长:邱云龙 党委书记:顾德裕　副局长:张宝晨、冯俊、何易培、施石根
宁波海事局 地址:宁波市人民路 415 号 邮编:315020
局　长:高军 书　记:董永芳　副局长:何易培、周荣祥、亓卫国、梁永铭
温州海事局 地址:温州市江滨路江润大楼 邮编:325000
局长:金德力 书　记:赵青云　副局长:陈悦平、余兴楷
舟山海事局 地址:舟山市定海区环城南路 368 号 邮编:316000
局　长:何敏捷 书　记:魏敏　副局长:谭绪明、翁光明、解超
台州海事局 地址:台州市台州大道 216 号 邮编:318000
局　长:陈兴柱 书　记:蒙培春　副局长:邱道满、叶兴良
嘉兴海事局 地址:嘉兴市栅堰路 42 号 邮编:314001
局长兼书记:徐忠汉 副局长:叶根荣、杨卫强

安徽口岸

安徽省口岸办公室 地址:合肥市屯溪路 306 号 邮编:230061
主　任:黄德夫
黄山市人民政府口岸办公室 地址:黄山市屯溪区机场大道 邮编:245000
主　任:方日根
芜湖市口岸管理办公室 地址:芜湖市北京东路 66 号 邮编:241000
主　任:刘　萍 副主任:金　盛、程世明
铜陵市经贸委口岸办公室 地址:铜陵市北京路 16 号 邮编:244000
主　任:孙全吉
安庆市口岸办公室 地址:安庆市龙山路 223 号 邮编:246004
主　任:蔡　峰 副主任:谢兴富、朱　强
马鞍山市人民政府口岸办公室 地址:马鞍山市湖北路 20 号 邮编:243000
主　任:张德经
池州市口岸办公室 地址:池州市贵池区百牙路 13 号 邮编:247000

主任:项志新		
合肥海关	地址:合肥市长江西路 669 号	邮编:230088
关　长:孙毅彪	副关长:俞圣乐、贾　江、许宗茂	
黄山海关	地址:黄山市屯溪区前园南路 50 号	邮编:245000
关　长:曹琪林	副关长:范保玉	
芜湖海关	地址:芜湖市九华山中路 290 号	邮编:241000
关　长:戴志成	副关长:姜河、杜武杰、王佩	
铜陵海关	地址:铜陵市北京西路	邮编:244000
关　长:徐正英	副关长:周小平	
安庆海关	地址:安庆市沿江东路 172 号	邮编:246003
关　长:谢晓鸥	副关长:李永春	
马鞍山海关	地址:马鞍山市湖南路 76 号	邮编:243000
关　长:高景川	副关长:朱红兵	
安徽省边防局	地址:合肥市安庆路 282 号	邮编:230061
合肥边防检查站	地址:合肥市经济技术开发区莲花路	邮编:230601
站　长:郭本林		
黄山边防检查站	地址:黄山市屯溪区机场大道	邮编:245000
站　长:解　明、汪宪国	政　委:康宣贵、胡　健	
芜湖边防检查站	地址:芜湖市银湖中路	邮编:241000
站　长:何银江	副站长:张政亮　　副政委:储节应	
铜陵边防检查站	地址:铜陵市北京路 16 号	邮编:244000
站　长:方习明		
安庆边防检查站	地址:安庆市人民路东端	邮编:246003
政　委:李贤斌	副站长:储节应、王群力、陈朝蓬	
安徽省出入境检验检疫局	地址:合肥市芜湖路 367 号	邮编:230061
黄山出入境检验检疫局	地址:黄山市屯溪区机场大道	邮编:245000
局　长:陈光前		
芜湖出入境检验检疫局	地址:芜湖市褚山西路 65—1	邮编:241001
局　长:吴宁	副局长:田小虎、陈敏敏	
铜陵出入境检验检疫局	地址:铜陵市铜官大道	邮编:244000
局　长:陶德行	副局长:阙南平	
安庆出入境检验检疫局	地址:安庆市菱湖南路 533 号	邮编:246002
局　长:李德好	副局长:洪德涛、王文林	
马鞍山出入境检验检疫局	地址:马鞍山市花雨路 93 号	邮编:243000
局　长:谬龙祥	副局长:杨丛秀、唐虚林	
芜湖海事局	地址:芜湖市银湖路南路 10 号	邮编:241000
局长:朱汝明　党委书记:汪吉发	副局长:王燕辰、张水兵、汪振才	

福建口岸

福建省口岸与海防管理委员会办公室	地址:福州市华林路 259 号 9—10 层	邮编:350013
主　任:李玉明	副主任:王爱平、张光生、王晓阳、陈松青	
福州市口岸与海防管理委员会办公室	地址:福州台江区八一七中路 798 号金安大厦三层	邮编:350004
主　任:赵汝棋	副主任:林永生、傅子杰	
福建省口岸与海防管理委员会办公室福州机场办事处	地址:福州长乐市漳港镇机场口岸园区	邮编:350200
处　长:段世震	副处长:许晓东	
泉州市口岸与海防管理办公室	地址:泉州市泉秀路中段	邮编:362000
主　任:黄国泰	副主任:褚培林、林泗河	
莆田市口岸与海防管理委员会办公室	地址:莆田市城厢荔城大道口岸大楼	邮编:351100
主　任:陈文宗	副主任:郑文孔、陈金堂、何福林	
福清市口岸与海防管理委员会办公室	地址:福清市政府大院物委大楼二层	邮编:350300
主　任:陈力奇	副主任:钟章珠、郑昆祥	
宁德市口岸与海防管理委员会办公室	地址:宁德市蕉城区署前路 14 号	邮编:352100
主　任:冯新婷	副主任:黄国坤	
漳州市口岸与海防管理委员会办公室	地址:漳州市胜利西路 118 号 10 号楼	邮编:363000
主　任:黄源泉	副主任:许达海、吴大汉	
漳州东山县口岸与海防管理委员会办公室	地址:铜陵镇大沃路 2 号东发大楼 403 室	邮编:363401
主　任:吕小波	副主任:陈伟猛	
武夷山市人民政府口岸办公室	地址:南平武夷山市环岛西路口岸园区	邮编:354300
主任:王公经　书　记:王仁望	副主任:陈建华	
福州海关	地址:福州市五一北路 110 号	邮编:350001
关　长:周卓为	副关长:刘华生、王继军、陈荣水、殷　宁、王安保	
马尾海关	地址:福州市马尾区青洲路口	邮编:350015
关　长:程纪元	副关长:詹国雄、陈长金、常建国、吴银霞	
福州保税区海关	地址:福州市马尾区罗星路东段	邮编:350015
关　长:翁小芳	副关长:王晋冀	
泉州海关	地址:泉州市温陵路南段	邮编:362000
关　长:陈成群	副关长:郑卫星、张伟耕、郭献德	
石狮海关	地址:泉州石狮市八七路	邮编:362700
关　长:吕义良	副关长:黄　榕、肖　萍	
莆田海关	地址:莆田市城厢荔城文献路 665 号	邮编:351100
关　长:陈香平	副关长:黄典顺、郭俊平、刘占喜	
福清海关	地址:福州福清市元洪路	邮编:350301
关　长:王国富	副关长:王　平、林跃飞	

宁德海关 地址:宁德市蕉城南路 109 号 邮编:352100
副关长:黄瑶茜 副关长:陈利俤
漳州海关 地址:漳州市元光北路 邮编:363000
副关长:鲁建民、王金杰、林　伟
东山海关 地址:漳州市东山县铜陵镇 邮编:363401
关　长:林丁山 副关长:刘友炎、郑炳川
武夷山海关 地址:南平武夷山市五九南路 2 号 邮编:354300
关　长:王大捷 副关长:张　郁
福建省公安边防总队 地址:福州市二环西路 邮编:350003
第一政委:张建生 总队长:程　晟　政委:周迎生
副总队长:王昌太、边志强 副政委:雍金发
福州边防检查站 地址:福州市马尾区港口路 7 号 邮编:350015
站长:林火焱　政委:陈建祥 副站长:傅炎兴、蔡　辉　副政委:林銮强
福州机场边防检查站 地址:福州长乐市漳港镇机场口岸园区 邮编:350209
站长:陈泽宏　政委:魏建生 副站长:黄天云、罗　骥、吕春香　副政委:陆泽书
泉州边防检查站 地址:泉州市鲤城区江南镇火炬工业区 邮编:362000
站长:王春林 政委:苏　航　副站长:林繁荣　副政委:张文胜
肖厝边防检查站 地址:泉州市泉港区南山路口岸园区 邮编:362111
站　长:陈一飞 政　委:陈贤明　副站长:邵国平
莆田边防检查站 地址:莆田市城厢南门沟头口岸园区 邮编:351100
站　长:李日平 政　委:林长鸣　副站长:钟如永、薛开英
福清边防检查站 地址:福州福清市福仁路中段 邮编:350300
站　长:郑小敏 政　委:张景臣
宁德边防检查站 地址:宁德蕉城站前路 3 号 邮编:352100
站　长:刘正勇 政　委:温端松　副站长:李新方
漳州边防检查站 地址:漳州市东环城路(立交桥旁) 邮编:363000
站　长:王建国 政　委:余友平　副站长:林水法
武夷山边防检查站 地址:南平武夷山市五九大道机场旁 邮编:354301
站长:江振荣 政委:翁秋官　副站长:林瑞成、赵树华
福建出入境检验检疫局 地址:福州市湖东路 312 号 邮编:350001
局　长:王志民 副局长:庄家深、吴绍炳、谢少华　局长助理:于竞竞
马尾出入境检验检疫局 地址:福州市马尾区罗星路 邮编:350015
局　长:陈佳木 副局长:段东平、阮祥胜　局长助理:林小峰
泉州出入境检验检疫局 地址:泉州市刺桐东路南段 邮编:362000
局　长:何心全 副局长:蔡桂英、翁瑞泉、蔡光增
晋江出入境检验检疫局 地址:泉州市晋江青阳洪宅安 邮编:362200
局　长:赖维平 副局长:傅捷云、黄晋峰
莆田出入境检验检疫局 地址:莆田市城厢荔城南路 89 号 邮编:351100
党组副书记、副局长:郑志雄 副局长:杨佳琪

福清出入境检验检疫局 地址:福州福清市清荣大道口岸园区 邮编:350300
局　长:陈　军 副局长:李今中、肖　武　局长助理:李少平
宁德出入境检验检疫局 地址:宁德市蕉城南路78号 邮编:352100
局　长:江信健 副局长:陈能铭、雷永铁　局长助理:任忻生
漳州出入境检验检疫局 地址:漳州市胜利西路14号 邮编:363000
局　长:陈志荣 副局长:辛锡龙、林　瑜、陈枝华
东山出入境检验检疫局 地址:漳州市东山县铜陵镇口岸园区 邮编:363401
局　长:陈　雯 副局长:吴文宗
福建海事局 地址:福州市华林路84号B座 邮编:350003
局长:吴德训　党委书记:邱志雄 副局长:池津光、胡江山、陈志武　党委副书记:申亚平
福州海事局 地址:福州市马尾区港口路35号 邮编:350015
局　长:郑卓凡 副局长:郑位、廖建清、林巍　党委副书记:陈　明
泉州海事局 地址:泉州市田安路外代大厦8—9层 邮编:362000
局长:蔡忠荣 党委书记:吴友恩　副局长:林志超、孙雷锭
莆田海事局 地址:莆田市城厢南门沟头口岸园区 邮编:351100
局　长:宋剑华、郑义钦 党委副书记:陈顺高
宁德海事局 地址:宁德市后岗开发区双福楼四层 邮编:352100
局　长:陈尔全 副局长:郭其香、张广宁　党委副书记:郑建新
漳州海事局 地址:漳州市延安北路港务大楼3层 邮编:363000
局　长:张全镇 副局长:蔡云国

江西口岸

江西省口岸办公室 地址:南昌市站前路200号 邮编:330002
主　任:魏耕夫 副主任:罗　莎、万细社
九江市政府口岸办公室 地址:九江市十里大道225号 邮编:332000
主　任:毛文霞、李烈勇 副主任:曾　凯
赣州市口岸办公室 地址:赣州市红旗大道30号 邮编:341000
主　任:李　伟 副主任:罗向群、廖达厚
吉安市口岸办公室 地址:吉安市井冈山大道82号 邮编:341000
主　任:郭庆亮 副主任:雷达仲
南昌海关 地址:南昌市沿江南路695号 邮编:330002
关　长:陈华山 副关长:胡　泽、唐贇峰、魏　斌
九江海关 地址:九江市龙开河路5号 邮编:332000
关　长:王志民 副关长:毕晓明
赣州海关 地址:赣州市红旗大道106号 邮编:341007
关　长:游早明 副关长:宋伟峰

吉安海关 地址:吉安市青原大道1号 邮编:343009
关　长:张晓文 副关长:庄立文

江西省公安边防总队 地址:南昌市洪城路782号 邮编:330002
总队长:杨伯佬 政　委:戴进森

南昌边防检查站 地址:南昌市昌北机场 邮编:330114
站长:黄春民 政委:梅柏林　副站长:黄春民

九江边防检查站 地址:九江市开发区向湖二路31号 邮编:332000
站长:周志敏 政委:曹天刚　副站长:曹作高

江西出入境检验检疫局 地址:南昌市洪都中大道145号 邮编:330002
局　长:陶武胜 副局长:孙工毅

九江出入境检验检疫局 地址:九江市庐山路189号 邮编:332000
局　长:贾鸿宾 副局长:曹向明

赣州出入境检验检疫局 地址:赣州市环城路78号 邮编:341000
局　长:丁嘉凌 副局长:周战刚、李光金

景德镇出入境检验检疫局 地址:景德镇市新厂 邮编:333001
局　长:魏业和 副局长:李　锋

上饶出入境检验检疫局 地址:上饶市沿河东路20号 邮编:334000
局　长:温珍才

宜春出入境检验检疫局 地址:宜春市袁山大道东段 邮编:336000
局　长:桂家祥 副局长:吕宏伟

吉安出入境检验检疫局 地址:吉安市青原区青原大道 邮编:343000
局　长:赖庆伦 副局长:晏礼峰、施小华

九江海事局 地址:九江市庾亮北路1号 邮编:332000
局长:陈纪如　书记:章世国　副局长:龙营华、柯霖、石钦、刘小平　副书记:高春泉

山东口岸

山东省口岸办公室 地址:济南市省府前街1号 邮编:250011
主　任:苗俊礼 副主任:王啸冬、徐毓良

济南市人民政府口岸办公室 地址:济南市经二路193号 邮编:250001
市政府副秘书长、主任:迟景安 副主任:裘卫民　牟云芳

青岛市人民政府口岸办公室 地址:青岛市香港中路11号市人民政府前楼 邮编:266071
主　任:杨子英 副主任:程绍田、宋遵兰、王裕中

烟台市口岸管理委员会办公室 地址:烟台市北马路155号 邮编:264000
主　任:于慧敏 副主任:王　宾　张淑春　姜保周

威海市口岸办公室 地址:威海市昆明路9号 邮编:264200
市政府副秘书长、主任:丛忠信 副主任:王　涛　毕可珍

日照市人民政府口岸办公室 地址：日照市黄海一路35号 邮编:276826
主　任:赵理民 副主任:张邦坤　金月启　赵吉友　孟庆彪
龙口市人民政府口岸办公室 地址：龙口市龙港经济开发区环海路18号 邮编:265700
主　任:于洪明 副主任:霍学伟　孙汝璞　王显诚　王延忠
荣成市口岸办公室 地址：荣成市府前街9号 邮编:264300
主　任:刘昌建 副主任:郭　华　刘策锋
蓬莱市人民政府口岸办公室 地址:蓬莱市钟楼东路便民服务大楼8楼 邮编:265600
主　任:赵永光 副主任:张善硕　刘吉兴　段成瑛
莱州市口岸办公室 地址：莱州市经济开发区玉山西街16号 邮编:261400
主　任:丁爱民 副主任:单浩祥
东营市口岸办公室 地址：东营市府前街251号 邮编:257091
主　任:郝高生 副主任:柴　杰
济宁市口岸办公室 地址：济宁市红星中路19号 邮编:272019
主　任:冯作礼 副主任:俞庄宗
潍坊市人民政府口岸办公室 地址:潍坊市奎文区新华路16号 邮编:261041
主　任:刘恩明
聊城市口岸办公室 地址：聊城市东昌西路24号 邮编:252000
市政府副秘书长、主任:吕昭岭 副主任:李庆和
临沂市口岸办公室 地址：临沂市兰山区沂蒙路206号 邮编:276001
主 任:王兆武
菏泽市口岸办公室 地址：菏泽市中华东路37号 邮编:274020
主　任:郭志杰
淄博市口岸办公室 地址：淄博市张店区人民西路8号 邮编:255003
主　任:齐兴武
泰安市口岸办公室 地址：泰安市青年路100号 邮编:271000
主　任:韩春利
枣庄市口岸办公室 地址：枣庄市中区解放北路279号 邮编:277101
主　任:侯志斌
德州市口岸办公室 地址：德州市东方红路64号 邮编:253012
主　任:胡述云
文登市口岸办公室 地址：文登市龙山路38号 邮编:264400
主　任:解英明 副主任:孙国华
乳山市人民政府口岸办公室 地址：乳山市胜利街东首 邮编:264500
主　任:曹建国
青岛海关 地址：青岛市西陵峡二路2号 邮编:266002
党组副书记　副关长:李书玉(主持工作)、于国明　副关长:张银喜、宫云岐
济南海关 地址：济南市英雄山路288号 邮编:250002
关　长:张龙军 副关长:远　林　马永奎　郭文进
大港海关(筹) 地址：青岛市港青路7号 邮编:266011

主　任:曾建武　　副主任:马光程　陈　健　王亚利

前湾港海关　　地址:青岛市黄岛区前湾港内奋进路中段　　邮编:266555

关　长:陶　行　　副关长:王继军 李延香 周建国 曹庆五 岳进波

青岛保税区海关　　地址:青岛市黄岛区保税区江山中路　　邮编:266555

关　长:崔一兵　　副关长:张觉民

青岛机场海关　　地址:青岛流亭机场　　邮编:266108

关　长:段梅芬　刘魏巍　　副关长:朱一民　戴文涛

烟台海关　　地址:烟台市北马路1号　　邮编:264000

关　长:曲春辉　边佩全　　副关长:王　迪　王献国　张　凯

威海海关　　地址:威海市海滨北路47号　　邮编:264200

关　长:宫云岐　　副关长:吕昭华　于占胜　孟建成

日照海关　　地址:日照市泰安路39号　　邮编:276826

关　长:王　强　　副关长:于树模

石岛海关　　地址:荣成市石岛镇黄海南路64号　　邮编:264309

关　长:傅元进　　副关长:鞠　波　侯成臻

龙口海关　　地址:龙口市龙港经济开发区龙中路29号　　邮编:265700

关　长:杨清庆　　副关长:陈志峰

蓬莱海关　　地址:蓬莱市北关路抹直口社区南　　邮编:265600

关　长:施　炜　　副关长:张中炜

莱州海关　　地址:莱州市经济开发区玉山西街8号　　邮编:261400

关　长:董中央　　副关长:辛业山

东营海关　　地址:东营市府前街200号　　邮编:257091

关　长:刘中茂　　副关长:张　越

济宁海关　　地址:济宁市海关路1号　　邮编:272117

关　长:史衍臣　　副关长:冯吉平　张　辉

潍坊海关　　地址:潍坊市奎文区胜利东街246号　　邮编:261041

关　长:张曙光　　副关长:吴　瑕

临沂海关　　地址:临沂市兰山区海关路112号　　邮编:276004

关　长:傅元进　　副关长:杨培广

淄博海关　　地址:淄博市张店区中心路140号　　邮编:255040

关　长:远　林

泰安海关　　地址:泰安市东岳大街159号　　邮编:271000

关　长:张海菁

德州海关　　地址:德州市经济开发区晶华路2号　　邮编:253000

关　长:张俊才

山东公安边防总队　　地址:济南市山大路262号　　邮编:250014

总队长:冯海龙　政委:隋援军　　副总队长:姜善模　杜保民　韩杰锋　副政委:孙希良

济南边防检查站　　地址:济南市遥墙机场　　邮编:250107

站长:周　曙　　政委:张宝洪　副站长:王　磊　林　波

青岛机场边防检查站 地址：青岛市福州北路137号 邮编：266034
站　长：李永宝 政　委：刘永健　刘绍玉（兼党委书记）
副站长：张同臻、刘汉杰、宫本浩 副政委：王显敏

青岛边防检查站 地址：青岛市宁夏路276号 邮编：266071
站　长：杨玉山　政　委：荆淑华　栾兆贵（兼党委书记）　副站长：孔凡基、乔永涛

烟台边防检查站 地址：烟台市新环海路6号 邮编：264000
站　长：高利亚　张晓东 政　委：张晓东　王德全　王治安
副站长：杨志刚　张开斌　亓钦章　冯　岩 副政委：苏　新

烟台机场边防检查站 地址：烟台市世回尧路26号 邮编：264002
站长：林存良 政委：王行良　副站长：张习军　刘　平　陈铎山

黄岛边防检查站 地址：青岛市黄岛区崇明路150号 邮编：266500
站　长：孙志刚　政　委：逄　勇　马仁雷　副站长：曹建友　于培光　副政委：王元江　初元志

威海边防检查站 地址：威海市经济技术开发区海埠路298号 邮编：264205
站长：姜家平　政委：杨西凯　副站长：徐自仁　丛培斌　副政委：陈怀涛

日照边防检查站 地址：日照市黄海一路107号 邮编：276826
站　长：张继明　贺长江 政　委：王宗素　姜传文
副站长：程道杰　孙升田　杨德坤　宋玉庆 副政委：初元志

岚山边防检查站 地址：日照市岚山办事处佛手湾 邮编：276808
站长：程道杰 政委：伏广廷　副站长：张正立　孙升田　马金光

石岛边防检查站 地址：荣成市石岛镇黄石路18号 邮编：264309
站长：刘　勇 政　委：冷文波　副站长：陈守存　连中文

龙眼港边防检查站 地址：荣成市荣山大道 邮编：264300
站　长：栾　毅　邢玉威　政　委：邢玉威　宫本浩　副站长：王忠堂　曹彦民

蓬莱边防检查站 地址：蓬莱市北关路抹直口社区南 邮编：265600
站长：孙树志 政委：田其培　副站长：宋奎林　候云波

龙口边防检查站 地址：龙口市龙港经济开发区新港路2—1号 邮编：265700
站长：梁孝安 政委：张习军　副站长：韦昌成　王振平

莱州边防检查站 地址：莱州市开发区玉山西街12号 邮编：261400
站　长：逄　勇 政　委：刘永林　副局长：尹德华　王长银

东营边防检查站 地址：东营市府前街201号 邮编：257091
站　长：李　兵 副站长：傅长伟

潍坊出入境检验检疫局 地址：潍坊市奎文区四平路39号 邮编：261041
局　长：宋振平 副局长：刘克增　王建平

聊城出入境检验检疫局 地址：聊城市东昌西路140？号 邮编：252000
局　长：王黎民

临沂出入境检验检疫局 地址：临沂市河东区凤凰大街西段 邮编：276034
局　长：刘瑞录　苗振国 副局长：王裕太　吉卫国

山东出入境检验检疫局 地址：青岛市翟塘峡路70号 邮编：266002
局　长：于　桦 副局长：张　纳　张海波　姜宗亮　高玉潮　王作佳

济南出入境检验检疫局	地址：济南市二环路中段5812号	邮编:250014
局　长:卢化俊	副局长:毕延庚　原永兰　张柏青	
青岛出入境检验检疫局	地址：青岛市高科园仙霞路临2号	邮编:266101
局　长:王可珍	副局长:姜宗亮　王志中　昃向军　孟广校	
国黄岛出入境检验检疫局	地址：青岛市黄岛区黄河东路99号	邮编:266500
局　长:刘风志	副局长:宋吉田 马学军 吴德茂 张祥义 胡正明	
烟台出入境检验检疫局	地址：烟台市北马路66号	邮编:264000
局　长:杨俊峰	副局长:王洪兵　王　彦　孙崇然　宋本政	
威海出入境检验检疫局	地址:威海市海滨北路64号	邮编:264200
局　长:陈建华	副局长:邵立洪　毕月芝　陈俊新　丛培忠	
日照出入境检验检疫局	地址：日照市连云港路99号	邮编:276826
局　长:胡明义	副局长:常明金　叶向勇　郑家利　王昭才	
岚山出入境检验检疫局	地址：日照市岚山办事处佛手湾	邮编:276808
局　长:刘玉亮	副局长:刘长生　许崇慈	
石岛出入境检验检疫局	地址：荣成市石岛镇黄海南路21号	邮编:264309
局　长:曲保才	副局长:商振海　常建华　黄　强	
莱州出入境检验检疫局	地址：莱州市掖县东路18号	邮编:261400
局　长:尚京亮	副局长:姚旭光　班涛	
东营出入境检验检疫局	地址：东营市府前街198号	邮编:257091
局　长:苟学敏	副局长:崔洪九　张凤和	
济宁出入境检验检疫局	地址：济宁市洸河路64号	邮编:272117
副局长:姜德忠　高　涛		
龙口出入境检验检疫局	地址：龙口市龙港经济开发区振兴路90号	邮编:265700
局　长:王义之	副局长:王兆勇　李国华	
淄博出入境检验检疫局	地址：淄博市柳泉路	邮编:255000
局　长:李华森		
菏泽出入境检验检疫局	地址：菏泽市中华东路60号	邮编:274010
局　长:宋连义		
泰安出入境检验检疫局	地址：泰安市岳大街161号	邮编:271000
局　长:王杰锋		
枣庄出入境检验检疫局	地址：枣庄市兴华路8号	邮编:277102
局　长:秦伟胜		
德州出入境检验检疫局	地址：德州市德兴北路85号	邮编:253000
局　长:黄谦存		
山东海事局	地址：青岛市巫峡路21号	邮编:266002
局长:姜 勇	党委书记:范河林 副局长:曲启文 王玉成 李国祥 马玉清	
济南海事局	地址：济南市燕子山路8号	邮编:250013
局长:曲启文	党委书记:郑东兵　副局长:吴绍煜　高法清	
青岛海事局	地址：青岛市港青路6号	邮编:266011

局长：许仁华　党委书记：蔡云杰　副局长：王宏进　强颖

烟台海事局　地址：烟台市芝罘区环海路8号　邮编：264000

书　记：钟　阳　副局长：王俊波　李炳岩　韩鲁蓬

威海海事局　地址：威海市海滨北路39号　邮编：264200

局长：林　波　党委书记：马玉清　副局长：彭合同　丛培宁

日照海事局　地址：日照市北京路中段　邮编：276826

局长：徐增福　党委书记：杨克元　副局长：张辉侠　王建军

河南口岸

河南省人民政府口岸办公室　地址：郑州市纬二路10号　邮编：450003

主　任：薛云伟　副主任：宋林　张宝元

洛阳市人民政府口岸办　地址：洛阳市南昌路南段　邮编：471003

主　任：李长胜　副主任：吴家云

南阳市人民政府口岸办公室　地址：南阳市中州路291号　邮编：473068

主　任：张伟　副主任：张荣彦

商丘市人民政府口岸办公室　地址：商丘市凯旋中路518号　邮编：476000

副主任：谢为彦

漯河市人民政府口岸办公室　地址：漯河市沙北行政区黄河路751号　邮编：462000

主　任：王志华　副主任：黄书民

郑州海关　地址：郑州市农业路东30号　邮编：450008

关　长：周冀中　副关长：刘玉广、高建军、常开建

洛阳海关　地址：洛阳市涧西区周山东路1号　邮编：471003

关　长：龚文涛　副关长：程　航

南阳海关　地址：南阳市伏牛路1号　邮编：473000

关　长：胡　明　副关长：丁亚平

河南省边防总队　地址：郑州市107国道与金水路交汇处南　邮编：450046

总队长：杨建平　政委：张清国　副总队长：郭　群

郑州边防检查站　地址：郑州新郑机场　邮编：451162

站　长：罗卫东　政　委：赵玉琴　副站长：江正福

洛阳边防检查站　地址：洛阳南昌路口岸基地　邮编：471003

站　长：李富超　政　委：刘海中

河南出入境检验检疫局　地址：郑州市机场路69号　邮编：450003

局　长：张全成　副局长：周善田　秦太铮　韩明伦

洛阳出入境检验检疫局　地址：洛阳市南昌路口岸基地　邮编：471003

局　长：徐敬杰　副局长：周延黎　吕金刚　赵　奇　白正明

南阳出入境检验检疫局　地址：南阳市兴隆路6号　邮编：473036

局　长:郭云超　　副局长:毛志军　刘志红

焦作出入境检验检疫局　　地址:焦作市建设西路95号　　邮编:454001

局　长:王凤楼　　副局长:刘怀智　王献国

漯河出入境检验检疫局　　地址:漯河市嵩山中路581号　　邮编:462000

局　长:王月玲　　副局长:左满村　李志远

安阳出入境检验检疫局　　地址:安阳市文峰大道中段　　邮编:455000

局　长:李　峰　　副局长:张会岭　李　霞

信阳出入境检验检疫局　　地址:信阳市金牛山白坡　　邮编:464000

局　长:李俊良　　副局长:刘　强　王富晓

商丘出入境检验检疫局　　地址:商丘睢阳区南京路396号　　邮编:476100

局　长:钱　成　　副局长:胡加彬　邓　敏

湖北口岸

湖北省人民政府口岸办公室　　地址:武汉市武昌阅马场南方大厦九楼　　邮编:430060

主　任:杜哲兴

武汉市人民政府口岸办公室　　地址:武汉市汉口洞庭街127号妇女大厦13楼　　邮编:430014

主任:杨德华

黄石市人民政府口岸办公室　　地址:黄石市交通路特1号　　邮编:435000

主任:潘龙坤

荆州市人民政府口岸办公室　　地址:荆州市政府院内　　邮编:420400

主任:邵明成

宜昌市人民政府口岸办公室　　地址:宜昌市一马路9号4楼　　邮编:443000

主任:望作润

襄樊市人民政府口岸办公室　　地址:襄樊市荆州街73号　　邮编:441021

主任:李元家

十堰市人民政府口岸办公室　　地址:十堰市柳林路34号　　邮编:442000

主任:车庆海

鄂州市人民政府口岸办公室　　地址:鄂州市鄂城区南浦路86号　　邮编:436000

主任:何大刚

黄冈市人民政府口岸办公室　　地址:黄冈市政府院内　　邮编:436100

主任:林胜章

麻城市人民政府口岸办公室　　地址:麻城市四大家办公楼　　邮编:438300

主任:胡直新

武汉海关　　地址:武汉市汉口沿江大道86号　　邮编:430021

关　长:张道恒　　副关长:荣　华　张良柱　郭　山

沌口海关　　地址:武汉经济技术开发区沌阳一路　　邮编:430056

关长:纪洪国	副关长:方亚平	
黄石海关	地址:黄石市团城山经济开发区桂林北路	邮编:4350000
关长:张有益	副关长:许建刚	
襄樊海关	地址:襄樊市春园西路 186 号	邮编:441003
关长:吕伟金	副关长:王　健	
湖北省公安边防总队	地址:武汉市红光二路 1 号	邮编:430023
总队长:崔子兰	政委:孙伯建	
武汉边防检查站	地址: 武汉市天河机场	邮编:432202
站长:张清安	政委:李福安	
汉口边防检查站	地址:武汉市红光二路 1 号	邮编:430023
站长:左　杰	政委:段红艳	
黄石边防检查站	地址:黄石市团城山经济开发区桂林北路	邮编:435000
站长:陈大宏	政委:王　涛	
湖北出入境检验检疫局	地址:武汉市汉口万松园路 3 号	邮编:430022
局　长:周天华	副局长:邱长源　谢模刚　陈礼和	
黄石出入境检验检疫局	地址:黄石市师院路 8 号	邮编:435000
党组书记、局长:汪建华	副局长:王正健　房　洪	
荆州出入境检验检疫局	地址:荆州市沙市区太岳北路 33 号	邮编:434007
局长: 雷先智	副局长:刘　群　任家龙	
宜昌出入境检验检疫局	地址:宜昌市沿江大道 115 号	邮编:443000
局长:吴平芬	副局长:刘言中　余　良	
襄樊出入境检验检察院疫局	地址:襄樊市春园西路 1 号	邮编:442003
局长:罗捍东	副局长:林　申	
武汉海事局	地址:武汉市汉口鄱阳街 7 号	邮编:430023
局长:高江峻	党委书记:钟儒昆	
	副局长:徐为民　张继杰　朱延清　贾万山	
黄石海事局	地址:黄石市沿江大道	邮编:435000
局长:李南光		
宜昌海事局	地址:宜昌市沿江大道 176 号	邮编:443000
局长:陈良华	党委书记:朱建荣　副局长:陶吉明　杜力军	

湖南口岸

湖南省人民政府口岸办公室	地址:长沙市五一中路 69 号	邮编:410011
主任:赵子冰	副主任:徐双荣	
岳阳市人民政府口岸办公室	地址:岳阳市琶琵王路	邮编:414000
主任:黄俊钧	副主任:宋振权	

张家界市人民政府口岸办公室	地址:张家界人民政府口岸办	邮编:427000
主任:杨中汉		
长沙海关	地址:长沙市雨花区火焰村一片	邮编:410001
关长:周培谦	副关长:周成村、何署坤、沈晓红	
岳阳海关	地址:岳阳市南湖大道 28 号	邮编:414000
	副关长:汤　浩、易　屏、曹传清	
衡阳海关	地址:衡阳市蒸湘北路 80 号	邮编:421001
关长:熊松海	副关长:于瑞华、石小燕	
常德海关	地址:常德市武陵大道北段 25 号	邮编:415000
关长:侯彦昌	副关长:易启桂、伍祥刚	
株洲海关	地址:株洲市河西天台路	邮编:412007
关长:张榆林	副关长:程碧云、曾仲萍	
韶山海关	地址:湘潭市芙蓉路口	邮编:411001
关长:齐宪生	副关长:刘冬煌、刘　立	
湖南省边防总队	地址:长沙市车站北路 12 号	邮编:410001
总队长:肖斌	政委:魏灿伟	
长沙边防检查站	地址:长沙市黄花国际机场	邮编:410141
站长:李立顺	副站长:田　宏、刘　红	
岳阳边防检查站	地址:岳阳市边防检查站	邮编:414002
	副站长:郑卫国、彭庆文	
张家界边防检查站	地址:张家界市政府口岸办口岸大院	邮编:427000
政委:彭又沙	副站长:骆红平	
湖南出入境检验检疫局	地址:长沙市雨花区赤黄路 48 号	邮编:410007
局长:张学文	副局长:伍建国、郭晓勇、李　勃	
岳阳出入境检验检疫局	地址:岳阳市螺丝港 6 号	邮编:414000
副局长:王象贤		
怀化出入境检验检疫局	地址:怀化市顺天大道	邮编:418000
副局长:盛胜平		
常德出入境检验检疫局	地址:常德市五陵中路 20 号	邮编:415000
局长:李庚英	副局长:欧阳健	
郴州出入境检验检疫局	地址:郴州市飞虹路 24 号	邮编:423000
局长:杨定国	副局长:王正良	
株洲出入境检验检疫局	地址:株洲市河西桥头南侧	邮编:412001
局长:易祥龙	副局长:廖　衔、倪润民	
衡阳出入境检验检疫局	地址:衡阳市高新区长湖南路	邮编:421000
局长:朱华裕	副局长:何文斌	
岳阳海事局	地址:岳阳市金鄂西路市地税局后院	邮编:414000
局长:王潮	党委书记:龚德平　副局长:章少平、杜国平、夏乐群　副书记:汪阳生	

广东口岸

广东省外经贸厅 地址：广州市天河路351号广东外经贸大厦 邮编:510620
副厅长:翁宗勇 陆空口岸处处长:唐松年 副处长:符永革
港口口岸处处长:郑名乾

广州市府办公厅口岸管理处 地址:市政府大院一号楼416室 邮编:510032
处长：贾金业 副处长：王丽萍、麦少雄

增城市口岸局 地址:增城市新塘海关大道口岸大厦 邮编:511340
局长:顾海城 副局长:陈锡军

从化市人民政府口岸办公室 地址:从化市街口镇口岸路1号 邮编:510900
主任:汤国坚 副主任:冯鉴洲

深圳市人民政府口岸办 地址：福田南路10号口岸指挥中心 邮编:518045
主任:曹绍业 副主任:蒋兴仕、王铁良 主任助理:盘美昌
机关党委副书记:伍云胜

珠海口岸局 地址:珠海市香洲人民东路19号 邮编:519000
局长:熊灿均 副局长:梁慧芳

汕头市外经局(市口岸局) 地址:汕头市金涛庄东区47栋 邮编:515041
副局长:屈明安

潮阳市口岸局 地址:潮阳市棉城镇柳园路 邮编:515100
局长:王奕婵 副局长:张成泉

韶关市外经局口岸办公室 地址：风度北路125号市府大楼七楼 邮编:512000
副局长:陆贵山 主任:严乙庆 副主任:余构华、陈云芳

河源市外经局口岸管理科 地址:河源市源城区凯丰路1号 邮编:517000
局长:叶细初 副局长:张志纯 科长:廖宝明

梅州市口岸局 地址:梅州市江南新中路3号 邮编:514021
局长:丘庆和 副局长:黄淡华

惠州市口岸局 地址:惠州市江北行政中心1号楼 邮编:516003
局长:朱　强 副局长:陈志德、罗金星

汕尾市外经局口岸工作科 地址:汕尾市区香城路中市外经贸大厦 邮编:516600
副局长:黄英灼 科长:连俊辉 副科长:林　增

东莞市口岸局 地址:东莞市南城区建设路1号 邮编:523072
局长:李流明 副局长:钟佐江、祁达洪、姚洪超

东莞市口岸局太平分局 地址:东莞市虎门镇港口路6号之一 邮编:523905
副局长:黄海棠

东莞市口岸局沙田分局 地址：沙田镇横流工业大道2巷18号 邮编:523979
分局长:何执好

东莞市口岸局常平分局 地址:东莞市常平镇口岸大道 邮编:523560

分局长:莫国源　　副分局长:郑德强

东莞市口岸局长安分局　　地址:东莞市长安镇二环路口岸大楼　　邮编:523885

分局长:徐欢来　　副分局长:欧阳汉

东莞市口岸局篁村分局　　地址:东莞市南城区建设路篁村车检场　　邮编:523011

分局长:何惠超

中山市外经局口岸管理科　　地址:中山市石岐中山二路 57 号　　邮编:528400

副局长:苏权波　　科长:刘沃伦　　副科长:赖晓生

江门市外经局口岸科　　地址:江门市西区大道 9 号　　邮编:529000

局长:伍启明　　副局长:李汉高　国家口岸科长:曾美莲　副科长:温绍敏　地方口岸科长:严胜开

佛山市外经局口岸管理科　　地址:佛山市汾江南路 76 号　　邮编:528000

副局长:陈和旭　　科长:陈伟棠　　副科长:何艾文

阳江市外经局口岸管理科　　地址:阳江市金山南路口岸新村　　邮编:529500

副局长:黄承志　　科长:黄晓华　　副科长:朱绍清

湛江市外经局(口岸局)　　地址:赤坎区南方路 31 号　　邮编:524038

局长:李　中　　副局长:林明超、罗　坚

茂名市外经局(口岸办)口岸业务科　　地址:茂名市光华北路 10 号大院　　邮编:525000

副局长: 胡繁　　科长: 杨国　　副科长: 陈艳梅

肇庆市外经局口岸科　　地址:肇庆市江滨西路 18 号　　邮编:526020

副局长: 林洪凯　　科长: 古锦洪　　副科长: 谭家坤

清远市外经局口岸管理科　　地址: 新城北江三路市外经贸局大楼　　邮编:511515

副局长: 肖满荣　　科长: 周伟锋

潮州市外经局口岸管理科　　地址:潮州市潮州大道南段　　邮编:521011

副局长: 辜森章　　科长: 陈少华

揭阳市外经局口岸管理科　　地址:揭阳市政府大楼一楼　　邮编:522000

副局长: 陈展雄　　科长: 郑振福

云浮市外经局口岸管理科　　地址:云浮市云城兴云中路 61 号　　邮编:527300

副局长: 叶成枢　　科长: 程剑平

顺德市经济贸易局口岸科　　地址:顺德市大良区德文路市政府二楼　　邮编:528333

副局长: 廖建新　　科长: 彭守跃

海关总署广东分署　　地址: 广州市沙面五街 2 号　　邮编:510130

主任:孙松璞　　副主任:倪志安、龚维钊、刘　浩、张祥海、沙少娟

广州海关　　地址:广州市沙面五街 2 号　　邮编:510130

关长:孙松璞(兼)　　副关长:郗治安、何力、谢汉通、陈大进、孙玫、陈建文

广州天河车站海关　　地址:广州市天河区东站路 1 号　　邮编:510610

关长:李　娜　　副关长:严　敏、梁巍巍、郑　军、郝　玉

白云机场海关　　地址:广州白云国际机场海关大楼　　邮编:510406

关长:毕列佳　　副关长:杨希明、向妙珍、施宏图

佛山海关　　地址:佛山市佛山海关　　邮编:528000

关长:叶震林　　副关长:封灿宏、钟志坚、杨兆锑

番禺海关　　地址:番禺区市桥清河东路41号　　邮编:511400

关长:潘史军　　副关长:詹火车、李立常、赵伟、广战

顺德海关　　地址:顺德市容桂区容奇大道东5号　　邮编:528303

关长:谭巍雄　　副关长:李勤明、巫东原

南海海关　　地址:南海市平洲区永安路1号　　邮编:528251

关长:张跃民　　副关长:江列平、周建华、陈美凤

肇庆海关　　地址:肇庆市端州七路　　邮编:526060

关长:黄健玲　　副关长:吴海宁、彭兆明

韶关海关　　地址: 韶关市　　邮编:512000

关长:余卫东　　副关长:李忠、林细德、冯庆坚

清远海关　　地址: 清远市　　邮编:511510

关长:胡少军　　副关长:马　骏、陈炳富、郑恒均

花都海关　　地址: 花都市新华镇建设北路　　邮编:510800

关长:劳健坤　　副关长:孙歧沙、关伟雄

三水海关　　地址: 三水市西南镇　　邮编:528100

关长:向　莉　　副关长:叶　涛

高明海关　　地址:高明市荷城区沿江路323号　　邮编:528500

副关长:林　坚、国　伟

大铲海关　　地址: 广州市(广州海关转)　　邮编:510130

关长:王庆华　　副关长:苏志荣、邱　林

从化海关　　地址: 从化市街口镇106国道南侧　　邮编:510900

关长:姜裕平　　副关长:苏小秀

云浮海关　　地址: 云浮市建设南路　　邮编:527300

关长:李振宽　　副关长: 罗才明

罗定海关　　地址: 罗定市迎宾路　　邮编:527200

副关长: 符应秋

河源海关　　地址:河源大道北　　邮编:517000

关长:宋富成　　副关长:李载福

深圳海关　　地址: 深圳市和平路1087号　　邮编:518017

关长:龚　正　　副关长:马忠源、吴荣昌、钟保华、李国、叶金球

文锦渡海关　　地址:新安路1号　　邮编:518052

关长:王学理　　副关长:何义军、郭梓成、黄彪、师志峰、王晓平

罗湖海关　　地址:罗湖口岸联检大楼1楼　　邮编:518052

关长:曾华生　　副关长:翁一凡、张绍雄、钟素霞、刘子健

皇岗海关　　地址:福田南路6号　　邮编:518033

关长:王国刚　　副关长:严亚美、刘莉珍、蔡慧如、刘镇、李思明、李建华、张茂辉

沙头角海关　　地址:深沙路79号　　邮编:518081

关长:马欣勤　　副关长:黄虹、陈永明、陆世强、杨念友

蛇口海关	地址:南山区南油内环路	邮编:518054
关长:叶运胜	副关长:李福民、舒小舟、伍穗、李胜、谭华	
大鹏海关	地址:盐田区盐田港海关大楼	邮编:518083
关长:唐龙军	副关长:刘理文、周燕、张志强	
深圳机场海关	地址:机场路	邮编:518128
关长:罗培先	副关长:陈生、胡东、李广维	
福田保税区海关	地址:福田保税区桂花路1号	邮编:518038
关长:赵国光	副关长:杨明、许楚淑、钟文	
惠州港海关	地址:惠州市大亚湾澳头镇安惠大道7号	邮编:516084
关长:刘美焕	副关长:叶小杨、黄锦光、龚志宏、张明河	
惠东海关	地址:惠东县平山镇	邮编:516300
关长:严博坚	副关长:刘怀郁、徐成年、黄林高	
笋岗海关	地址:深圳北站路5号	邮编:518023
关长:黄炳坤	副关长:黄坤道、何柳青、马穗茂	
南头海关	地址:南头联检楼	邮编:518052
关长:董少华	副关长:黄乐、曾小波、史吉民、韩华	
沙湾海关	地址:沙湾口岸楼	邮编:518114
关长:叶炳培	副关长:张志坚、曾忠明、钟国雄	
布吉海关	地址:深圳梅观路10号	邮编:518012
关长:卢瑞彪	副关长:钟鉴棠、赵瑞华、何光明	
梅林海关	地址:深圳梅观路10号	邮编:518049
关长:陈惠发	副关长:张维聪、刘程远、梁钦	
同乐海关	地址:深圳宝安区新安3路28号	邮编:518101
关长:王显光	副关长:朱广远、许忠俊、聂庆华	
惠州海关	地址:惠州市鹅岭南路	邮编:516001
关长:欧阳晨	副关长:蒋卫泉、彭东、陶志强、李松友、陈两文	
拱北海关	地址:珠海市拱北	邮编:519020
关长:龚维钊	副关长:高石森、龙志强、黎对贞、叶广才、何应欢(纪检组长)	
中山海关	地址: 中山市安栏路	邮编:528400
副关长:葛志勇(主持工作)、席申生、王植均(兼)、陶永洲、曹会芹		
九洲海关	地址:珠海情侣南路545号	邮编:519015
关长:梁建华	副关长:梁逸鹏	
斗门海关	地址:珠海市斗门区白蕉镇连桥路125号	邮编:519125
关长:许　可	副关长:佘容强(兼)、庞宇明、刘红华	
湾仔海关	地址:珠海市湾仔海关大楼	邮编:519030
关长:何炳权	副关长:钟扬、梁伟忠	
高栏海关	地址:珠海港区海关大楼	邮编:519031
关长:吴　旺	副关长:简伟任	
横琴海关	地址:珠海市横琴镇天河街21号二楼	邮编:519031

关长:刘长林　副关长:梁佩玲、安晓星

万山海关　地址:珠海市桂山镇海关大楼　邮编:519080

关长:郑晓凯　副关长:陈洪斌

汕头海关　地址：汕头市龙湖北路2号　邮编:515041

关长:陈立平　副关长:栗洪显、邢海潮、谢建年

潮阳海关　地址:潮阳海关大楼　邮编:515100

关长:陈怡然　副关长:林育生、曾　庆

南澳海关　地址:南澳县后宅镇东升路海关大楼　邮编:515900

副关长:张和武

汕尾海关　地址:汕尾市区通航路　邮编:516600

关长:范海昆　副关长:林炎德、郭增文

梅州海关　地址：梅州市江南新中路二号　邮编:541021

副关长:李跃辉、陈广文

榕城海关　地址：揭阳市东山区　邮编:522000

关长:余云庭　副关长:辜跃生

潮州海关　地址:潮州市潮枫路中段　邮编:515600

关长:何可钦　副关长:陈　平

饶平海关　地址:潮州市饶平县黄巾镇　邮编:515700

关长:冯锡发　副关长:黄立文

外砂海关　地址:澄海市324国道澄莱路口　邮编:515800

关长:刘桂书　副关长:张坚生

保税区海关(广澳海关)　地址:汕头市达濠区　邮编:515071

关长:吴权添　副关长:韦泳亮、李亮、朱海东

黄埔海关　地址:广州市经济技术开发区　邮编:510730

关长:王社建　副关长:方美广、庞业光、陈世积、杨　建、郑汉龙

党组成员、纪检组长:宋浩

广州保税区海关　地址：广州市经济技术开发区　邮编:510730

关长:韩凯平　副关长:杨映隆、罗茂繁、林长兴

黄埔老港海关　地址:广州市黄埔区港湾路103号　邮编:510700

关长:梁浩城　副关长:刘义、黄志平、刘穗霞、卢志鸿

黄埔新港海关　地址:广州市黄埔区新港　邮编:510000

关长:王立群　副关长:罗兴荣、张镜波、毛明曦

新塘海关　地址:增城市新塘镇海关大道3号　邮编:511340

关长:刘奇彬　副关长:刘红军、宋兆华、俞熙方

东莞海关　地址：东莞市莞太路　邮编:523071

关长:张志民　副关长:黄运城、姜　伟、劳志扬、刘湘怀、王永坚

太平海关　地址:东莞市虎门镇沿江路3号　邮编:523906

关长:邓燕飞　副关长:张明、夏雪春、李永新、马惠生、何志忠、李晓平

新沙海关　地址：经济技术开发区志诚大道　邮编:510730

副关长：周泽升、刘政生、肖伟华

江门海关 地址：江门市北街海傍街43号 邮编：529000
关长：李蓝雪 副关长：徐祥勋、赖树佳、王　洪

三埠海关 地址：开平市长沙沿江东路54号 邮编：529300
关长：叶超俊 副关长：关　海　、曾宁波

台山海关 地址：台山市新宁大道88号 邮编：529200
关长：何毅明 副关长：吴雄杰

鹤山海关 地址：鹤山市新鹤路239号 邮编：529700
关长：吕文龙 副关长：陈玉超　、敖　江

新会海关 地址：新会区汾江路23号 邮编：529100
关长：区焯文 副关长：吴锦添、李细兰、王　冰

阳江海关 地址：阳江市金山路1号 邮编：529500
关长：温建伟 副关长：肖　捷　、阮获强

恩平海关 地址：恩平市小岛南堤东路65号 邮编：529400
关长：陈伟干 副关长：宋　华

湛江海关 地址：湛江市人民大道中54号 邮编：524022
关长：尹志忠 副关长：李国权、关彩莲、陈巧文

茂名海关 地址：茂名市人民南路178号 邮编：525000
副关长：莫谦、蔡宁(侦查支局局长)

霞山海关 地址：湛江市霞山区人民东一路6号 邮编：524001
副关长：徐兆光、杨伟力

徐闻海关 地址：徐闻县徐城镇徐海路153号 邮编：524100
关长：万宁 副关长：陈光荣、郑江强(侦查支局局长)

深圳出入境边防检查总站 地址：深圳市沿河南路1068号 邮编：518013
总站长：葛万新 副总站长：周木亮、曾照光、刘顺义、陈锡源

汕头出入境边防检查总站 地址：汕汾公路旁汕洋综合区 邮编：515011

罗湖出入境边防检查站 地址：深圳市沿河南路1068号 邮编：518013
站长：韩进保 政委：林　杉　副站长：纪义明、潘玖明、罗安明

皇岗出入境边防检查站 地址：深圳市福田南路4号 邮编：518045
站长：罗国朋 政委：公　正　副站长：郭毅波、吴　伙、元晓涛

蛇口出入境边防检查站 地址：深圳市南山区蛇口兴工路17—19号 邮编：518067
站长：陈谦和 政委：邹继良　副站长：马新龙、李锦德

文锦渡出入境边防检查站 地址：深圳市锦联路 邮编：518002
站长：刘振海 政委：邹炳林　副站长：谢芳平、李顺亮

深圳机场出入境边防检查站 地址：深圳市宝安区机场六道19号 邮编：518128
站长：张　发 政委：陈海根　副站长：李文彬、冯乙明

盐田出入境边防检查站 地址：深圳市沙盐路1111号 邮编：518083
站长：陈　滨 政委：谢映辉　副站长：王才能、陈智云

沙头角出入境边防检查站 地址：深圳市沙深路113号 邮编：518024

站长:吴鸿信 政委:吴泽勋 副站长:张 辉、陈清桂

笋岗出入境边防检查站 地址:深圳市泥岗东路1102号金豪花园 邮编:518024

站长:李文学 政委:杨道荣 副站长:律智民

广州出入境边防检查总站 地址:广州市中山大道中818号 邮编:510660

总站长:劳恒光

阳江边防检查站 地址:阳江市金山南路口岸新村 邮编:529500

站长:谢庆林政委:魏小科

深圳出入境检验检疫局 地址:深圳市福强路1011号 邮编:518045

局长:张柏龄 副局长:刘胜利、曲海峰、林苗、谢月华 党组成员:张秉轩、钟文强

蛇口出入境检验检疫局 地址:深圳市南山区蛇口工业八路89号 邮编:518067

局长:王采华

皇岗出入境检验检疫局 地址:福田南路20—22号皇岗入境报关楼2楼 邮编:518045

局长:钟胜坤

文锦渡出入境检验检疫局 地址:深圳市沿河南路2011号惠州大厦6楼 邮编:518002

局长:刘兆京

罗湖出入境检验检疫局 地址:深圳建设路联检大楼五楼 邮编:518010

局长:赵新柳

沙头角出入境检验检疫局 地址:深圳沙头角园林路 邮编:518081

局长:陈应秋

盐田出入境检验检疫局 地址:深圳市盐田港口岸大楼 邮编:518081

局长:吴荣恩

宝安出入境检验检疫局 地址:深圳宝安23区洪浪北路 邮编:518101

局长:曾伯前

龙岗出入境检验检疫局 地址:深圳市龙岗区龙岗镇植物园路372号 邮编:518116

局长:元达礼

深圳机场出入境检验检疫局 地址:深圳黄田国际机场机场道10号 邮编:518128

局长:陈小英

笋岗出入境检验检疫局 地址:罗湖区北站路中贸大厦三楼 邮编:518020

局长:张名级

广州出入境检验检疫局 地址:广州市珠江新城花城大道66号 邮编:510623

局长:黎庆翔

阳江出入境检验检疫局 地址: 阳江市金山南路口岸新村 邮编:529500

局长:余毓海

深圳海事局 地址:福田区滨河路229号海安中心大楼 邮编:518032

局长:吴显基 副局长:张建斌 党组副书记兼纪检组组长、机关党委书记:王国华

党组书记:万松义 副局长:祁军辉、林志豪

广州海事局 地址:广州市黄埔区荔香路7号 邮编:510700

局长:钟国青

阳江海事局 地址: 阳江市江城区石觉头新港路22号 邮编:529500

局长:王小祁

海南口岸

海南省口岸管理办公室 地址:海口市琼苑宾馆专家楼 邮编:570203
主 任:鲁久顺 副主任:翁秀琼
海口海关 地址:海口市滨海大道61号 邮编:570105
关 长:赵晓航 副关长:王天贵 刘凤林 李明新 陈 宏 吴中杰
海口出入境边防检查总站 地址:海口市南海大道西21号 邮编:570311
总站长:汪兴中 政 委:王 雄 副总站长:刘龙安、何坤柱
海南省公安边防总队 地址:海口市人民大道55号 邮编:570208
总队长:张琪利 政 委:陈新中 副总队长:尹湘东 罗 生 副政委:郑惠光
海南出入境检验检疫局 地址:海口市海秀西路165号 邮编:570311
局 长:朱炳石 副局长:涂阳纯 局长助理:杨祖江
海南海事局 地址:海口市滨海大道137号 邮编:570311
局 长:欧阳宝奎 党委书记:林嘉祥 副局长:王同礼、杜梦怀、吴辉 党委副书记:夏建兰

广西口岸

广西壮族自治区口岸办公室 地址:南宁市民乐路1号 邮编:530012
主任:邱元平
南宁市口岸办公室 地址:南宁市嘉宾路1号邮编:530028
主任吴小淙
桂林市口岸办公室 地址:桂林市叠彩路8号 邮编:541001
副主任:刘万行
北海市口岸办公室 地址:北海市湖南路 邮编:537100
主任:黄泽军 副主任:黄伟先
钦州市口岸办公室 地址:钦州市城东区口岸新村 邮编:535000
主任:马从坤
防城区口岸办公室 地址:防城港市防城区防北路 邮编:538021
主任:钟勇
防城港市港口区口岸办公室 地址:防城港市港口区经济贸易局 邮编:538001
主任:吴尚贵
防城港市口岸办公室 地址:防城港市中心区大道 邮编:538001
主任:李创权 副主任:黄泰龙
柳州市人民政府口岸办公室 地址:柳州市潭中大道口岸大厦 邮编:545006
副主任:胡绪荣 杨正刚 李玉亮

贵港市口岸办公室	地址:贵港市中山路口岸小区	邮编:537100
主任:梁锦庆		
东兴市人民政府口岸办公室	地址:东兴市新华路	邮编:538100
主任:黄永标		
梧州市口岸办公室	地址:梧州市西江四路 22 号	邮编:543001
副主任:周志强		
凭祥市人民政府口岸办公室	地址:凭祥市西园小区 D—48 号	邮编:532600
主任:林武文	副主任:黄普阳　梁　坚	
龙州县人民政府口岸办公室	地址:龙州县龙州镇康平街 28 号	邮编:532400
主任:邓国忠	副主任:岑伟汉	
宁明县人民政府口岸办公室	地址:宁明县江滨路	邮编:532500
主任:李乔江	副主任:黄宏纲　郑振国	
大新县人民政府口岸办公室	地址:大新县民生街 83 号	邮编:532300
主任:农永生	副主任:许日武	
靖西县人民政府口岸办公室	地址:靖西县人民街	邮编:533800
主任:王　伟	副主任:黄法宝	
那坡县人民政府口岸办公室	地址:那坡县城乡镇玉街 130 号	邮编:533900
主任:毛　轲	副主任:李孟相	
南宁海关	地址:南宁市桃源路 65 号	邮编:530021
关长:丁学辉	副关长:唐德凤　张金城　高福源	
桂林海关	地址:桂林市七星路 73 号	邮编:541004
关长:林国忠	副关长:林莲秀　谢汝灿	
北海海关	地址:北海市海关路	邮编:536000
关长:何柳元	副关长:陆明扬　陈锦锋	
钦州海关	地址:钦州市城东区口岸新村	邮编:535000
关长:黄广博	副关长:班华良　何万青　钟卫华	
防城海关	地址:防城港市中华大道	邮编:538001
关长:覃祖云	副关长:刘维伦　蓝蔚业	
柳州海关	地址:柳州市潭中大道海关大厦	邮编:545006
关长:廖克忠	副关长:徐新吉　谢文明	
贵港海关	地址:贵港市中山路口岸小区	邮编:537100
关长:黄亚珊	副关长:闭政伦　廖寨祯	
东兴海关	地址:东兴市新华路	邮编:538100
关长:李剑洪	副关长:陈建华　曾海华	
梧州海关	地址:梧州市西江四路 5 号	邮编:543001
关长:张　宁	副关长:杨保清　龙　涛	
凭祥海关	地址:凭祥市狮子山路 115 号	邮编:532600
关长:姜小丰	副关长:岑立廷　梁向东　林桂庭	
水口海关	地址:龙州县龙州镇独山路	邮编:532400

关长:符东华　　副关长:唐俊民　刘明基

广西壮族自治区公安边防总队　　地址:南宁市望园路15号　　邮编:530022

总队长:陆家平　　政委:尹俊士　　副总队长:张利德　陈良纪　李培荣　钟允成

南宁边防检查站　　地址:南宁市福建路8号　　邮编:530031

站长:钟　宏　　政委:覃宪军　　副站长:韦敏忠　　副政委:杨　锐

南宁港边防检查站　　地址:南宁市福建路8号　　邮编:530031

站长:贺应安　　政委:吴建华　　副站长:霍仁盛

桂林边防检查站　　地址:桂林市瓦窑西路二巷二号　　邮编:541003

站长:叶江雄　　政委:岑楚华　副站长:张锋　副政委:张玉琳

北海边防检查站　　地址:北海市北部湾西路　　邮编:536000

站长:陈少章　　政委:林德全　副站长:康健远　陈炮寅　副政委:苏松清

北海机场边防检查站　　地址:北海市北海大道东段　　邮编:536000

站长:陈　彪　　政委:赵裕荣　　副站长:潘能均　鲁贤基

钦州边防检查站　　地址:钦州市城东区口岸新村　　邮编:535000

站长:黄海林　　政委:李　光　　副站长:满友谊　叶绍雄

防城边防检查站　　地址:防城港市中心区大道　　邮编:538001

站长:刘国清　　政委:何　斌　　副站长:韦　东　陈敬东　　副政委:覃添甲

柳州边防检查站　　地址:柳州市海关路9号　　邮编:545006

站长:苏红华　　政委:韦贵禄　　副站长:曾祥华、莫增康

贵港边防检查站　　地址:贵港市金港大道　　邮编:537100

站长:梁修智　　政委:谢世师　　副站长:吴桂农　韦进泰

东兴边防检查站　　地址:东兴市新华路　　邮编:538100

站长:崔　勇　　政委:黄一胜　　副站长:张天德　韦廷顺　　副政委:韦俊猛

梧州边防检查站　　地址:梧州市下三云路49号　　邮编:543002

站长:徐　勇　　政委:蓝景宁　　副站长:陈家安　张明生

友谊关边防检查站　　地址:凭祥市南大路　　邮编:532600

站长:唐洪富　　政委:韦　炜　　副站长:谢义平　邓甲友

凭祥边防检查站　　地址:凭祥市南大路　　邮编:532600

站长:吕振民　　政委:梁　海

水口关边防检查站　　地址:龙州县水口镇新街　　邮编:532403

站长:邓燕华　　政委:周世华　　副站长:陆国华　张友学　　副政委:蒙　奎

广西出入境检验检疫局　　地址:南宁市滨湖路38号　　邮编:530028

局长:黄　涛　　副局长:高达礼　邓润祯　易克钦

桂林出入境检验检疫局　　地址:桂林市漓江路25号　　邮编:541004

局长:张正平　　副局长:王湛军

北海出入境检验检疫局　　地址:北海市广东路康宇大厦　　邮编:536000

局长:谢殿智　　副局长:陈亚敏　花其伟　梁小峰

钦州出入境检验检疫局　　地址:钦州市城东区口岸新村　　邮编:535000

局长:韦可伟　　副局长:蔡　洁　　副局长:吴志勇

防城出入境检验检疫局	地址：防城港市兴港大道	邮编：538001
局长：莫伟媛	副局长：周　婷　蔡荣金	
柳州出入境检验检疫局	地址：柳州市海关路6号	邮编：545006
局长：覃木金	副局长：范柏坚　冉孟刚	
贵港出入境检验检疫局	地址：贵港市中山路口岸小区	邮编：537100
局长：韦兆清	副局长：苏志廉　陈　勇	
东兴出入境检验检疫局	地址：东兴市新华路	邮编：538100
局长：陈元懋	副局长：陶增全　陈斌韶　林洛洪	
梧州出入境检验检疫局	地址：梧州市蝶山二路蝶苑里54号	邮编：543002
局长：房　龙	副局长：邓正源　张杜鹃　李揆英	
凭祥出入境检验检疫局	地址：凭祥市南大路1支9号	邮编：532600
局长：农尚积	副局长：阎广生　陈武恒　陈德保　蔡　科	
水口出入境检验检疫局	地址：龙州县龙州镇独山路	邮编：532400
局长：黎洋海	副局长：黄繁星　廖祖漫	
广西海事局	地址：南宁市嘉宾路2号	邮编：530028
局长：耿文福	副局长：刘玉彬　李华成　黄开元　张志颖　芦庆丰　副书记：梁　宇	
南宁海事局	地址：南宁市江南区南岸路8号	邮编：530031
局长：雷炳伦	副局长：唐海波	
北海海事局	地址：北海市北部湾西路23号	邮编：536000
局长：钟月生	副局长：詹世昆	
钦州海事局	地址：钦州市城东区口岸新村	邮编：535000
副局长：李　东　李小波		
防城港海事局	地址：防城港市友谊大道	邮编：538001
局长：戴小杰	副局长：宋志强	
柳州海事局	地址：柳州市滨江西路2号	邮编：545001
局长：阳杰强	党组书记：覃宝钦　副局长：林文南	
贵港海事局	地址：贵港市中山路口岸小区	邮编：537100
局长：朱泽旭	副局长：何元华	
梧州海事局	地址：梧州市桂江二路4号	邮编：543001
局长：黄鉴权	副局长：吕文伟	

四川口岸

四川省政府口岸办	地址：成都市督院街30号	邮编：610012
主任：李毅	副主任：王建中　王怀林	
绵阳市口岸办	地址：绵阳市警钟街87号	邮编：621000
主任：陈玉玖	副主任：李道新	

泸州市口岸办 地址:泸州市大山坪 邮编:646000
主任:张传耀
攀枝花市口岸办 地址:攀枝花市临江路 169 号 邮编:617000
主任:黄德利 副主任:苏毅
凉山州口岸办 地址:西昌市长安中路 60 号 邮编:615000
主任:钟承先
成都海关 地址:成都市通锦桥路 30 号 邮编:610031
关长:裘希副 关长:廖小波 肖力 窦志明
绵阳海关 地址:绵阳市花园路 8 号 邮编:621000
关长:薛尤仲
乐山海关 地址:乐山市南安路 34 号 邮编:614000
关长:鲜学政
攀枝花海关 地址:攀枝花市临江路 174 号 邮编:617000
关长:孙永和
四川省公安边防总队 地址:成都市人民南路南四段 53 号 邮编:610041
总队长:李维际 政委:曲清贵 副总队长:邹长俊
四川出入境检验检疫局 地址:成都市一环路南四段 28 号 邮编:610041
局长:陈博文 副局长:赵英豪 张祖昌
南充出入境检验检疫局 地址:南充市西河北路 18 号 邮编:637000
局长:刘正华 副局长:薄林康
内江出入境检验检疫局 地址:内江市环成路 199 号 邮编:641000
局长:赵蜀军 副局长:刘彬
达州出入境检验检疫局 地址:达州市凉水井街 邮编:635000
局长:王准 副局长:周池江
绵阳出入境检验检疫局 地址:绵阳市南河路 5 号 邮编:621000
局长:周清华 副局长:邓明辉
攀枝花出入境检验检验局 地址:攀枝花市临江路 175 号 邮编:617000
局长:谢克林 副局长:庞万里
乐山出入境检验检疫局 地址:乐山市春华路南段 77 号 邮编:614000
局长:胡小平 副局长:李丹明
泸州出入境检验检疫局 地址:泸州市江阳西路 邮编:646000
副局长:高玉明 李跃
广元出入境检验检疫局 地址:广元市利州开发区滨河路东段 邮编:628000
局长:杨锡和 副局长:陈胜

重庆口岸

重庆市人民政府口岸管理办公室	地址:重庆市渝中区 232 号	邮编:400015
主　任:张苏源	副主任:周永明	
重庆海关	地址:重庆市江北区建新北路 82 号	邮编:400020
关　长:陶济生、赵民	副关长:杨浩时、宋小林、高云	
重庆市公安边防总队	地址:重庆渝北区加州花园 c—3 区	邮编:401147
总队长:刘鹏利	政　委:龚贵金	副总队长:王智
重庆检验检疫局	地址:重庆市江北区杨河一村 76 号	邮编:400020
局　长:刘式尧	副局长:陈异林 吴子灿 宋定明	
重庆海事局	地址:重庆市渝中区陕西路 3 巷 4 号	邮编 400011
筹备组组长:陈　勇	筹备组副组长:何爱平	

贵州口岸

贵州省人民政府口岸办公室	地址:贵阳市中华北路 187 号	邮编:500004
主　任:刘　江	副主任:张同珏	
贵阳海关	地址:贵阳市遵义路 9 号	邮编:500002
关　长:王　松	副关长:曹灵孝　须卫平	
贵州省公安边防总队	地址:贵阳市宝山路 76 号	邮编:500001
总队长:马　凌	政　委:马　壮	副总队长:张志刚
贵州出入境检验检疫局	地址:贵阳市北京路 2 号	邮编:500004
党组书记、局长:管正东	副局长:祝一方、潘路生　局长助理:田　虹	

云南口岸

云南省口岸办公室	地址:昆明市东风东路 209 号	邮编:650041
主任:何光烈		
红河州外事口岸办公室	地址:个旧市中山路 61 号	邮编:661000
主任:王宁		
河口县外事口岸办公室	地址:河口县河口口岸联检中心四楼	邮编:661300
主任:陈家光		
金平县外事和对外经济贸易局	地址:金平县文化路 14 号	邮编:661500

局长:文祖光

文山州外事口岸办公室 地址:文山县开化镇东风路44号 邮编:663000

主任:崔为民

麻栗坡县外事口岸办公室 地址:麻栗坡县 邮编:663000

主任:廖开科

富宁县外事口岸办公室 地址:富宁县新华镇新华路4号 邮编:663400

主任:杜刚祥

马关县外事口岸办 地址:马关县外事办 邮编:663700

主任:蔡碧凌

思茅地区行署口岸办公室 地址:思茅市月光路1号 邮编:665000

主任:李曙功

孟连县口岸办公室 地址:孟连县政府大院内 邮编:665800

主任:刘春华

西双版纳州外事口岸办公室 地址:景洪市景洪东路6号 邮编:666100

主任:王继能

西双版纳州景洪市外事口岸办公室 地址:云南省景洪市 邮编:666100

主任:岩宰

勐腊县外事口岸办公室 地址:勐腊县迎宾路18号 邮编:666300

主任:李国平

勐海县外事口岸办公室 地址:勐海县保健路9号 邮编:666200

主任 :岩香海

临沧行署外事口岸办公室 地址:临沧地区行署大院内 邮编:677000

主　任:周朝相 副主任:杨枫梅

耿马县外事口岸办公室 地址:云南省耿马县委大院内 邮编:677500

主任:李成良

镇康县外事口岸办公室 地址:云南省镇康县南伞口岸 邮编:677704

主任:杨忠诚

沧源县外事口岸办公室 地址:云南省沧源县城南路 邮编:677400

主任: 肖炳荣

德宏州口岸办 地址:潞西市芒市镇青年路6号 邮编:678400

主任:杨明友

瑞丽市口岸办 地址:瑞丽市联检服务中心 邮编:678600

主任: 何文忠

畹町经济开发区口岸办公室 地址:瑞丽市畹町经济开发区民主街2号附3号 邮编:678500

主任:龙汝林

盈江口岸办 地址:盈江县平原镇永胜路东段 邮编:679300

主任:张景邦

陇川章凤口岸办 地址:陇川县章凤镇勐宛路 邮编:678700

主任:杨绍龙

保山市外事口岸办公室 地址:保山市隆阳区同仁街18号 邮编:678000
主任:濮进才
腾冲县外事口岸办公室 地址:腾冲县政府大楼二楼 邮编:679100
主任:钱怒益
怒江州外事口岸办公室 地址:泸水县六库镇排路坝芭蕉河南路6号 邮编:673100
主任:木里夺
昆明海关 地址:昆明市北京路618号 邮编:650051
关长:陈纪元 副关长:赵春荣、张治洲、夏绵
昆明机场海关 地址:云南省昆明机场 邮编:650200
关长:李立源
河口海关 地址:河口县滨河路 邮编:661300
关长:史光平
金水河海关 地址:金平县金河小区 邮编:661500
关长:刁力
天保海关 地址:麻栗坡县麻船路 邮编:663600
关长:陈昌龙
田蓬海关 地址:富宁县新华镇城北开发区 邮编:663400
副关长:宋传宝
马关海关 地址:马关都龙镇 邮编:663700
关长:刘国云
思茅海关 地址:思茅市人民东路5号 邮编:665000
关长:吴一平
西双版纳海关 地址:景洪市版昆康小区 邮编:666100
关长:韦 强
勐腊海关 地址:勐腊县城南路6号 邮编:666300
关长:高 敏
打洛海关 地址:勐海打洛开发区 邮编:666212
关长:李文进
孟定海关 地址:云南省耿马县孟定镇 邮编:677500
关长:王平
南伞海关 地址:云南省镇康县南伞口岸 邮编:677704
关长:何勇
沧源海关 地址:沧源县城西路海关院内 邮编:677400
关长: 李茂山
芒市海关 地址:云南省芒市大街中段 邮编:678400
副关长:包利波
瑞丽海关 地址:瑞丽市瑞宏路中段 邮编:678600
关长:段培红
畹町海关 地址:瑞丽市畹町经济开发区国防街6号 邮编:678500

关长 :黄孝荣

盈江海关	地址:盈江县平原镇盈东路 14 号	邮编:679300
关长:黄孝荣 王平 李佳		
章凤海关	地址:陇川县章凤镇三象路	邮编:678700
关长:丁瑞		
腾冲海关	地址:保山市腾冲县腾越镇华园路中段	邮编:679100
关长:杨 磊		
云南公安边防总队	地址:云南昆明市	邮编:650032
总队长:陈伟明	政委:苏少军	
昆明边防检查站	地址:云南省昆明机场	邮编:650200
站长:付平波	政委:和向东	
河口边防检查站	地址:河口县人民路 8 号	邮编:661300
站长:段嘉祺	政委:余大礼	
金水河边防检查站	地址:金平县仙人洞小区	邮编:661500
站长:郭大祥	政委:韩政文	
天保边防检查站	地址:麻栗坡县	邮编:663600
站长:刘 忠	政委:陈明奇	副站长:张学华
田蓬边防检查站	地址:富宁县田蓬镇	邮编:663416
站长:许晓辉 陈仕品	政委:蒋树松	
思茅港边防检查站	地址:思茅市凤凰路 5 号	邮编:665000
站 长:卢金显	政 委:刘亚玲 副站长:寸立冬	
孟连公安边防大队	地址:孟连县城东路	邮编:665800
大队长:李自祥	政 委:王 炽	
勐阿边防检查站	地址:孟连县勐马镇勐阿经济开发区	邮编:665800
站 长:杨学安	政 委:马增良 副站长:姜成玖	
景洪港边防检查站	地址:景洪市江北路	邮编:666101
站 长:刘忠	政 委:王正洪 副站长:高树荣、张志学	
西双版纳边防检查站	地址:景洪市南过境路旁	邮编:666100
站长:白根和	政委:张可明	
磨憨边防检查站	地址:勐腊县新城区磨憨边防检查站	邮编:666300
站长:卢有权	政委:方家祥	
打洛边防检查站	地址:勐海县打洛镇	邮编:666212
站长:郑 新 郑 勇	政委:罗凤全	
清水河边境检查站	地址:耿马县孟定镇清水河片区	邮编:677500
站 长:尹琨荣	副站长:刘玉忠	
南伞边境检查站	地址:云南省镇康县南伞口岸	邮编:677704
站长:邱安邦		
沧源县永和边境检查站	地址:沧源县永和边境检查站	邮编:677400
站 长:许国才	教导员:蒋志良 副站长:杨 军	

瑞丽边防检查站 地址:瑞丽市瑞宏路糖厂旁 邮编:678600
站 长:张琪 政 委:杨正宏 副站长:廖春城 旺尔甲 李来泉 副政委:施炎辉
畹町边防检查站 地址:瑞丽市畹町经济开发区国防街3号 邮编:678500
站 长:何跃 副站长:梁永毓 杨学武 副政委:张美佳
盈江县公安边防大队 地址:盈江县平原镇永胜路 邮编:679300
大队长:龚祖光 政 委:左林基 副大队长:吴思告、寸待成
章凤边防检查站 地址:陇川县章凤镇拉影 邮编:678700
政 委:罗文 副站长:李维富
猴桥边防检查站 地址:腾冲县光华西路延长线 邮编:679100
站长:何仲祥 政委:陈丽辉
云南出入境检验检疫局 地址:昆明市滇池路严家地 邮编:650228
局长:程迪龙
红河出入境检验检疫局 地址:个旧市建设路88号 邮编:661000
局长:罗建国
河口出入境检验检疫局 地址:河口县滨河路27号 邮编:661300
局长:王志坚
文山出入境检验检疫局 地址:文山开化镇上田坝心 邮编:663000
局长:杨建明
思茅出入境检验检疫局 地址:思茅市凤凰路3号 邮编:665000
局长:付天文
西双版纳出入境检验检疫局 地址:景洪市勐泐大道 邮编:666100
局长:付天文、洪应松
勐腊出入境检验检疫局 地址:勐腊县新城区检验检疫局 邮编:666300
局长:王学艺
临沧出入境检验检疫局 地址:云南省耿马县 邮编:677500
局长:兰建云
德宏州出入境检验检疫局 地址:云南省芒市大街中段 邮编:678400
局长:李云
瑞丽出入境检验检疫局 地址:云南省瑞丽市乐城街 邮编:678600
局长:李奇磊
腾冲出入境检验检疫局 地址:腾冲县腾越镇华严路 邮编:679100
局长:杜建宁

陕西口岸

陕西省人民政府口岸办公室 地址:西安新城省政府大楼 邮编:710004
主 任:丁盈川 副主任:毛宗明 姚 烨

西安海关	地址:西安市朱雀大街 397	邮编:710061
关　长:徐秋跃	副关长:张季平　赵龙池　冯健鄂	
陕西省公安厅边防局	地址:西安市丰镐路 2 号民航大院内	邮编:710082
局　长:赵日军	政　委:赫登文　副局长:贺世民　马继霆	
西安边防站检查站	地址:西安咸阳国际机场内	邮编:710000
站　长:赵平均	政　委:何永安　副站长:郭永利　副政委:葛宝生	
陕西省出入境检验检疫局	地址:西安市含光北路 10 号	邮编:710068
局　长:李玉生	副局长:王彦魁　段勇鹏　王成德	

甘肃口岸

甘肃省口岸办公室	地址:兰州市中央广场一号	邮编:730030
主任:廖永远	副主任:崔景瑜　张永晖	
兰州海关	地址:兰州市城关区滨河东路 527 号	邮编:730030
关　长:朱仪仁	副关长:韩　森　王旭东	
兰州边防检查站	地址:兰州市嘉峪关东路 603 号	邮编:730020
站长:张玉林	政委:李燕	副站长:杜修华
马鬃山边防检查站	地址:肃北县马鬃山镇	邮编:365000
站长:寇志君	政委:张鸿贵	
甘肃出入境检验检疫局	地址:兰州市城关区嘉峪关东路 387 号	邮编:730020
局长:王　新		

新疆口岸

新疆维吾尔自治区口岸管理办公室	地址：乌鲁木齐市文化巷 6 路	邮编:830002
副主任:韩德坤　贾士兵		
乌鲁木齐市口岸管理办公室	地址:乌鲁木齐市西虹东路 52 号	邮编:830063
主任:艾尼瓦尔	副主任:艾力肯　贾辉中	
阿拉山口口岸管理委员会	地址：博州阿拉山口口岸委综合楼	邮编:833418
主任:迪力木拉提	书记:朱剑峰　副主任:尤占军	
霍尔果斯口岸管理委员会	地址：霍尔果斯口岸委综合楼	邮编:845000
主任:刘水	书记:贾伊生　副主任:梁新渊	
巴克图口岸管理委员会	地址：塔城市新华路 229 号	邮编:834700
主任:单德生	副主任:阿迪力	
阿勒泰口岸管理委员会	地址：阿勒泰市解放路 8 号行署办公室	邮编:836500

主任:巴合提　书记:谭卫平　副主任:邹利军

红其拉甫口岸管理委员会　地址:喀什市可孜都维路253号　邮编:844000

主任:林宏信　书记:扎依提　副主任:魏孔生

吐尔尕特口岸管理委会员　地址:克州吐尔尕特口岸委　邮编:845350

书记:何建华

伊尔克什坦口岸管理委员会　地址:克州伊尔克什坦口岸委　邮编:845350

主任:周军令

乌拉斯台口岸管理委员会　地址:昌吉州政府延安北路　邮编:831100

主任:韩世禄　副主任:王新元

老爷庙口岸管理委员会　地址:哈密市建国路18号　邮编:839000

主任:张建忠　副主任:巴棒

乌鲁木齐海关　地址:乌鲁木齐市北京南路17号　邮编:830011

关长:张砚甲　副关长:库　甫　宋立强　克依纳木

喀什海关　地址:喀什市色满路152号　邮编:844000

关长:于志力　副关长:卡斯木・阿西木

吐尔尕特海关　地址:克孜勒苏柯尔克孜自治州阿图什市　邮编:845358

关长:艾尔肯　副关长:吕继新　常　堤

红其拉甫海关　地址:塔什库尔干塔吉克自治县新区中巴友谊路39号　邮编:845250

关长:刘苏静　副关长:米力干・艾海提　吕忠明

伊尔克什坦海关　地址:喀什市色满路152号喀什海关收转　邮编:844000

关长:吴怀明　副关长:尔肯江　费立新

伊宁海关　地址:伊宁经济合作区北京路　邮编:835000

关长:库拉提　副关长:郭　泉　多里坤・吾甫尔

阿拉山口海关　地址:博尔塔拉蒙古自治州阿拉山口口岸　邮编:833418

关长:张中民　副关长:马拉提　郭永刚

霍尔果斯海关　地址:伊犁哈萨克自治州霍尔果斯口岸　邮编:835221

关长:张安民　副关长:白克吐尔逊　刘　剑

塔城海关　地址:新疆塔城市　邮编:834700

关长:高原　副关长:唐合群

阿勒泰海关　地址:阿勒泰市团结路23号　邮编:836500

关长:叶尔江　副关长:龙　军　关　勇

新疆边防总队　地址:乌鲁木齐市团结路305号　邮编:830001

总队长:赵士忠　政委:崔亚洲　副总队长:李风海、刘学银、曹水成、郑静远、马合木提　副政委:马小安

乌鲁木齐机场边防检查站　地址:乌鲁木齐边防检查站　邮编:830016

站长:苏荣新　政委:冯新礼

博州阿拉山口边防检查站　地址:阿拉山口边检综合楼　邮编:833418

站长:张立潮　政委:于永强

伊犁霍尔果斯边防检查站　地址:霍尔果斯边检综合楼　邮编:835000

站长:张良　政委:李建江

塔城巴克图边防检查站	地址:塔城市开发区塔巴公路	邮编:834700
站长:张大宁	政委:何为民	
阿勒泰吉木乃边防检查站	地址:吉木乃县 186 团	邮编:836801
站长:李继烈	政委:周立国	
阿勒泰塔克什肯边防检查站	地址:青河县塔克什肯镇	邮编:836500
站长:吴斌	政委:袁坤富	
昌吉乌拉斯台边防检查站	地址:昌吉市红星西路 6 号	邮编:831100
站长:吴东升	政委:孙东平	
哈密老爷庙边防检查站	地址:哈密市八一路	邮编:839000
站长:孙全明	政委:赵天明	
喀什红其拉甫边防检查站	地址:塔什库尔干红其拉甫边防检查站	邮编:845250
站长:张岩群	政委:于月江	
克州吐尔尕特边防检查站	地址:克州吐尔尕特口岸边防检查站	邮编:845358
站长:吕新民	政委:王建军	
克州伊尔克什坦边防检查站	地址:克州伊尔克什坦口岸边防检查站	邮编:845450
站长:王小彦	政委:罗平跃	
新疆出入境检验检疫局	地址:乌鲁木齐市南湖路 76 号	邮编:830063
局长:库来西	党组书记:邱栋久 副局长:徐日新 尔肯·吐尔逊	
阿勒泰出入境检验检疫局	地址: 阿勒泰市解放南路 60 号	邮编:836500
局长:鲍拉提·再尼尔	副局长:巩旭军	
阿勒泰吉木乃出入境检验检疫局	地址:新疆吉木乃口岸	邮编:836801
副局长:潘福江		
塔城出入境检验检疫局	地址:新疆塔城市巴克图路	邮编:834700
副局长:魏争鸣		
博州阿拉山口出入境检验检疫局	地址:新疆博乐阿拉山口新丝路	邮编:833418
局长:于文江	副局长:朱敏杰 彭定希 龙继光	
伊犁出入境检验检疫局	地址:新疆伊宁市伊犁河路 304 号	邮编:835000
局长:袁建军	副局长:陈舒方	
伊犁霍尔果斯出入境检验检疫局	地址:新疆伊犁霍尔果斯口岸神州路	邮编:835221
局长:赛铁尔汗	副局长:李惠杰 文启贤	
库尔勒出入境检验检疫局	地址:新疆库尔勒市石化大道	邮编:841000
局长:杨杰	副局长:李新	
阿克苏出入境检验检疫局	地址:新疆阿克苏市解放中路 20 号	邮编:843000
局长:张勇明	副局长:韩冬艳	
喀什出入境检验检疫局	地址:新疆喀什市解放南路 116 号	邮编:844000
局长:木合特·萨依木	副局长:刘文平	
克州吐尔尕特出入境检验检疫局	地址:新疆克州吐尔尕特口岸	邮编:845358
局长:郝宝盛	副局长:格热提·卡斯木	

西藏口岸

西藏自治区口岸办公室	地址:拉萨市林廓北路 15 号	邮编:850000
负责人:次诚		
日喀则地区经济贸易委员会口岸办公室	地址:日喀则地区	邮编:857000
负责人:李孝军		
日喀则地区聂拉木口岸管理委员会	地址:日喀则地区聂拉木县樟木镇	邮编:858400
负责人:佟爱东		
阿里地区经济贸易委员会口岸办公室	地址:阿里地区狮泉河镇	邮编:859000
负责人:漆剑		
拉萨海关	地址:拉萨市北京中路 72 号	邮编:850000
关　长:荣　华	副关长:张祖林、张卫民、塔杰、拉巴顿珠	
聂拉木海关	地址:喀则地区聂拉木县樟木镇	邮编:858400
负责人:刘虹剑		
狮泉河海关	地址:阿里地区狮泉河镇	邮编:859000
负责人:白玛次仁		
西藏自治区边防总队	地址:拉萨市德吉路 18 号	邮编:850000
拉萨机场边防检查站	地址:山南地区贡嘎县甲竹林镇	邮编:850009
站长:柯昌明	政委:边久	
聂拉木边防检查站	地址:日喀则地区聂拉木县樟木镇	邮编:854000
站长:刘文德		
普兰边防检查站	地址:阿里地区普兰县贡嘎路 11 号	邮编:859500
站长:查其	政委:许黎明	
吉隆边防检查站	地址:日喀则地区吉隆县吉隆镇	邮编:858700
站长:克珠	政委:邓光伟	
西藏自治区出入境检验检疫局	地址:拉萨市北京西路 267 号	邮编:850002
负责人:周建安		
樟木出入境检验检疫局	地址:日喀则地区樟木镇	邮编:858400
负责人:达瓦次仁		
普兰出入境检验检疫局	地址:阿里地区普兰县	邮编:859500
负责人:次仁桑珠		

建设国际一流能源公司

------中国海油的国际化发展道路

中国海油已走过了21年的发展历程。在这21年发展中中国海油采取“引进来”、“走出去”的方式，实现了高速高效的跨越式发展，为国家的能源建设做出了突出的贡献。

从20世纪80年代开始主要采取大规模海外招标的方式引进外国石油公司在我国海域进行油气勘探、开发，建成了26个油气田，油气产量达2600万吨，利用外资达70亿美元。1990年代初开始参与海外油气田的勘探、开发。

来

1994年中国海油出资1910.8万美元收购了印尼马六甲区块39.51%的权益，成为了该区块最大的权益股东。1994年10月装载着中国海油从印尼马六甲油田获得的第一船份额原油到达南京这也是我国石油企业参与国外油气勘探开发所获得的第一船海外份额原油。

1999年中国海油进行了大规模重组，2001年在纽约和香港上市成功，从此进入了国际化发展的新阶段。

2002年1月18日，中海油斥资5.85亿美元收购了西班牙RepsolYPF公司在印尼的油田，成为印尼最大的海上石油生产公司并且担任油田作业者。这起中国上市公司大型跨国收购事件，完全按照国际收购准则和惯例进行，在国际资本市场引起轰动，反响良好。

2002年1月30日，中海油又以2.75亿美元的价格向BP收购了印尼东固项目12.5%的权益。此举增加了公司的天然气储量，为广东LNG项目准备了资源进一步巩固了公司在印尼的地位。

2003年5月15日，中海油与澳大利亚西北大陆架天然气项目（NWS天然气项目）签署产量及储量权益购买协议，投资3.48亿美元获得该项目特定生产许可证、租赁所有权及勘探许可证大约5.3%的权益，同时，获得其合资企业25%的股权。

NWS天然气项目是澳大利亚最大的天然气资源项目，合作伙伴包括BP、ChevronTexaco、Shell等，因此，此项收购不仅带来产量和储量的增长，还为公司打开了进入世界级天然气项目、与世界级伙伴在海外合作的大门。

上述并购不仅增加了中海油的净探明可采储量、油气日生产量而且通过国际并购，中海油的作业区域由中国近海扩大到印尼、澳大利亚的海域，增加了我国进口石油天然气的渠道，有利于增强国家能源供应的安全可靠性。标志着中国海油的国际化发展战略取得了实质性的进展，为建设国际一流能源公司打下坚实基础。

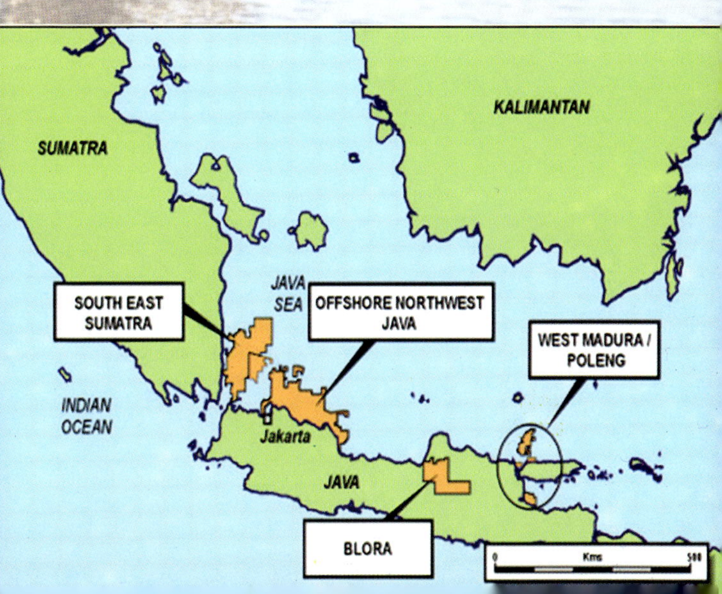

中国远洋运输的

中远集团的前身中国远洋运输公司成立于1961年，是新中国最早的远洋运输专业公司。 在一代代远洋人的辛勤耕耘下，中远日益发展成为以国际航运为主的大型跨国企业集团，目前拥有和经营着540余艘现代化远洋船舶，总计超过2600万载重吨，规模和实力位居世界前列。当中国加入WTO后国内企业纷纷尝试海外发展时，中远集团已在国际航运市场打拼了40余年，目前在全球50多个国家设有专业公司和驻外机构， 海外员工近5000名，印有醒目“COSCO”标志的中远船舶足迹遍及世界 160多个国家和地区的1300多个港口。

除了强大的远洋运输实力，中远集团在长期发展中，逐步形成了以物流、贸易、工业、上市公司、金融、IT等航运相关及支持产业。为加快实现中远由单一的全球航运承运人向以航运为依托的全球物流经营人转变，中国远洋物流公司于2002年北京宣告成立，标志中远过去的以远洋船舶运输为载体、以遍布全球港口为连线的货运网络正在向建立海运、铁路、 公路、空运全方位的物流网络的目标迈进；在工业领域，中远集团所属中远船务工程集团在南通和大连拥有2座全国最大的15万吨级浮船坞，被誉为中国修船业的“航母”。同位于南通的中远川崎船舶工程有限公司，是中国首家中外合资大型造船企业，能够承造世界最先进集装箱船舶和30万吨级巨型油轮。

“旗舰”——中远集团

中远集团是国内最早进入国际资本市场的企业之一。目前中远在境内外拥有包括“中远投资”、“中远太平洋”、“中远航运”、“中远发展”等7家上市公司。其中“中远太平洋”于2003年正式晋身香港恒生指数蓝筹股，是香港市值最大的上市公司之一；“中远投资”在新加坡被评为年度管理完善、透明度最高的上市公司；“中远航运”有中国远洋第一股之美誉。

在企业文化建设领域，中远长期以“求是创新、图强报国”为企业精神，凸显了中远人在持续的创新发展中，坚持以热爱祖国、报效国家，以振兴民族航运业为己任的崇高品德和高尚境界。把支部建到船上，使之成为“浮动国土”凝聚人心、打造“海上长城”的坚强堡垒，是中远党建和精神文明建设的鲜明特点。面对全球客户，中远以“服务客户最优、回报股东最大”为基本的价值观，积极实践以“全球承运、诚信全球”为核心的经营理念，努力建立具有远洋特色的企业文化体系。以先进文化理念引领企业、以精品服务赢得客户，以品牌饮誉市场，为全球客户提供优质、安全、快捷的个性化品牌服务，实现企业的利润和价值最大化，已经成为中远新世纪实现新目标、跨越新高度的矢志追求。

湖南长风汽车

公司简介

长丰集团始建于1950年，前身为中国人民解放军第七三一九工厂。1996年10月改制成立了长丰（集团）有限责任公司。2001年9月移交湖南省管理。集团拥有总资产23亿元，员工3200多人。其核心子公司湖南长丰汽车制造股份有限公司，是全国最大的轻型越野汽车生产厂家，2000年已通过ISO9002国际质量体系认证。子公司湖南长丰汽车沙发公司也于2000年通过了QS9000/ISO9002质量体系认证。2002年4月，我国最大的高档越野车生产基地在该公司长沙长丰基地建成投产；7月，“猎豹”系列汽车又通过了国家低污染排放小汽车生产一致性现场审查，11月，公司顺利通过了ISO14000国际环境管理体系认证。

长丰集团始终坚持以“创新发展”为经营理念，走科技兴企之路，50多年来，使企业由小到大，由弱到强发生了巨变。1992年被国家统计局列为全国行业500家最大工业企业；1993年跨入中国机械设备制造行业百强企业，综合经济指标居第43位； 2000年各项指标综合评比，在全国1000家大型企业中排名第384位。2000年、2001年、2002年公司各项经济技术指标连续三年跃居全国轻型越野汽车生产企业榜首，2002年公司实现工业总产值30亿元。连续三年进入全国工业企业500强。企业连续18年盈利，各项经济指标平均增长速度均超过40%，资产规模增长了100倍。公司先后荣获“全国五一劳动奖状”、“全国模范职工之家”等70多项省、军级以上荣誉称号。集团公司董事长李建新先后荣获“全国优秀经营管理者”、“全国五一劳动奖章”、“全国劳动模范”等荣誉称号、并于2003年元月当选为第十届全国人大代表。

目前，公司的主导产品有“猎豹”牌 CJY6470E/F/H、 CFA6470G、CFA2030A/B/C/D (V6-3000)“猎豹·飞腾”等轻型越野系列汽车、汽车座椅、线束、前后桥、动力转向器、内装饰件、橡胶杂件、传动轴、汽车空调等。公司产品销售和售后服务网络健全，已建立31家销售分公司，153家地市级二级销售店，218家特约经销专卖店。当前，猎豹汽车占据全国越野车43%以上的市场份额。

2002年，长丰集团被湖南省政府列为推进省工业化进程的十大标志性企业，成为湖南省重点扶植的年销售收入过100亿元的大型企业集团。

到2005年，长丰集团将建成以工业为主，集工业、科研、贸易、金融投资为一体的特大型企业集团，猎豹汽车生产规模将达到8至10万辆，实现工业总产值200亿元，销售收入200亿元，使企业跨入中国汽车10强行列。

摩托罗拉公司1987年进入中国，先在北京设立办事处，1992年在天津开发区注册成立摩托罗拉（中国）电子有限公司。2002年，在中国政府和合作企业的大力支持下，摩托罗拉在中国取得了辉煌的业绩，销售额达57亿美元，出口额26亿美元，纳税48亿人民币，是中国电子领域最大的外商投资企业。

天津是摩托罗拉全球最大的生产基地所在地，建有亚洲通讯产品生产基地（在泰达）和天津半导体集成生产中心（在西青），包括手机厂，半导体厂，基站厂，对讲机厂和能源电子厂5家现代化工厂，总投资额达30亿美元，员工近万名。面对新的市场形势，摩托罗拉公司提出了未来5年在中国发展的“2+3+3”发展战略，其核心内容是“双赢”、“扎根中国”和“做社会好公民”。

“2”个中心：把中国建设成摩托罗拉世界级的生产基地和研发基地；

“3”个新的业务增长点：数字集群、半导体、宽带业务；

“3”个100亿美元：到2006年，在华年产值将达到100 亿美元；到2006年，在华累计投入总额达到100亿美元，其中包括合资、合作伙伴的投入；在未来5年内，累计从中国采购100亿美元的产品和服务。

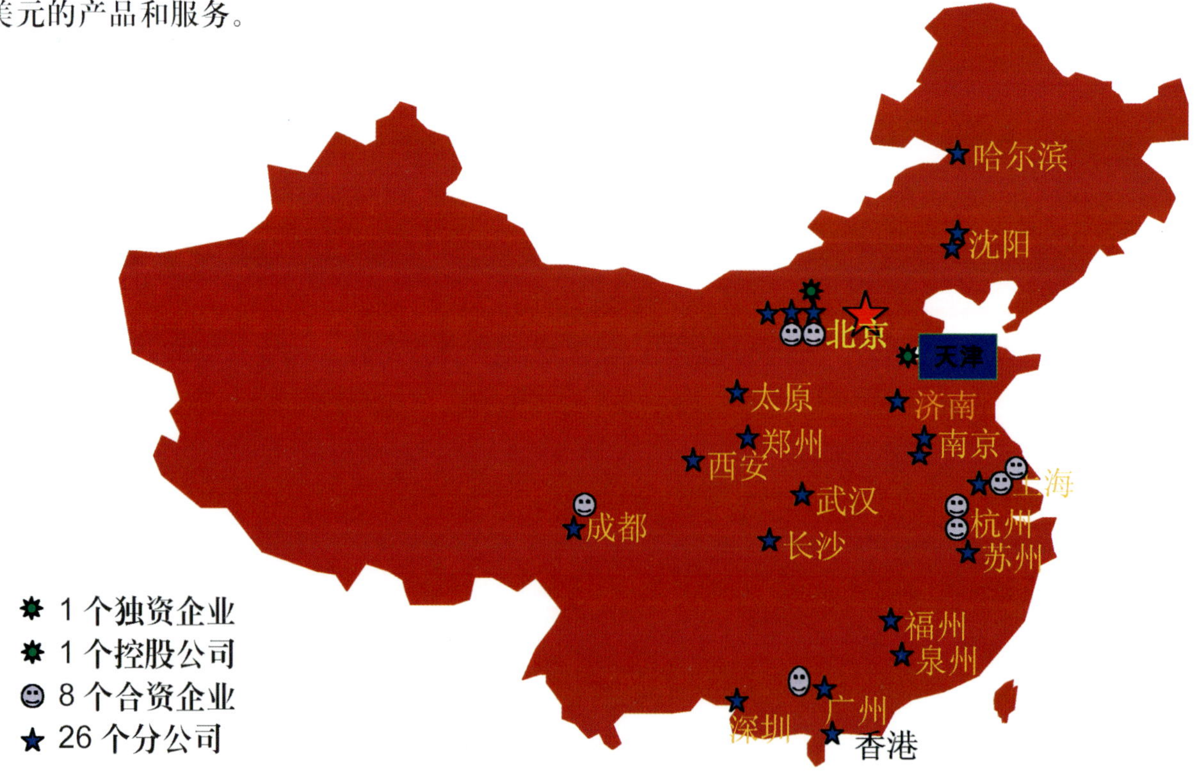

摩托罗拉（中国）电子有限公司

[技术支持]

在全球高新技术迅猛发展的今天，赞华公司一直遵循“诚信与合作，创新与发展”的理念，为用户提供全方位的系统解决方案。赞华公司始终用专业精神对待客户的每一个项目，不论项目大小公司都会成立专门的项目实施小组，并配备项目管理人员和相关的技术人员。赞华公司现拥有资深售前和售后工程师共30余人，均获得美国EMC、StorageTek、NetApp、Veritas等公司存储、备份产品及Cisco、3Com和Brocade等公司网络产品的资格认证，雄厚的技术储备和丰富的项目管理经验为项目规划、实施、运行提供了强有力的保障。在众人瞩目的H2000海关工程中，赞华设计的方案技术先进、论证严谨科学，一举战胜对手而中标，在后期实施中也不负众望，顺利完成任务，为海关信息化建设作出自己的贡献。

[售后服务]

赞华公司以技术和服务为本，并坚持以客户需求为导向，提供多种技术支持和售后服务方式，如对7*24小时不间断运行系统的客户，提供24小时电话支持热线服务；2小时及时响应；对异地客户提供“远程诊断”以及“现场支持”服务；对所有客户进行定期巡访及现场维护；并通过电子邮件及传真等方式提供服务咨询支持。在“非典”期间，赞华工程师仍然奔波在白山黑水间，深入每个偏远的海关关区进行安装调试，保证了项目按时高质量完成，因而得到海关用户的称赞。

[我们的客户和成功案例]

赞华公司作为专业的网络及存储设备集成商，在许多重大的信息化系统工程项目中中标，通过这些项目的实施，赞华公司的技术和服务得到了广大用户的认可，并与用户建立了长期良好的合作关系。赞华公司的主要客户有：海关总署、国家统计局、国家税务总局、国家专利局、中国工商银行、中国光大银行；主要项目有：海关总署H2000工程数据存储与备份项目、海关总署H883应用系统数据存储与备份项目、全国海关网络安全扩容改造项目、中国工商银行数据存储项目、中国光大银行数据存储及远程数据备份项目、中国民航数据SAN存储备份系统项目。这一系列项目名单是我们的骄傲，也是赞华矢志不移地为提高国家信息化建设和IT应用水平，专注存储集成领域和数据安全的里程碑。

联想集团简介

联想集团成立于1984年，2002财年营业额达到202亿港币，目前拥有员工12000余人，于1994年在香港上市（股份编号992），是香港恒生指数成份股。2002年度，联想电脑在中国的市场份额达27.3%（数据来源：IDC），从1996年以来连续7年位居中国市场销量第一，至2003年3月底，联想集团已连续12个季度获得亚太市场（除日本外）第一（数据来源：IDC）；2002年第二季度，联想台式电脑销量首次进入全球前五，其中消费电脑世界排名第三。

联想集团公司在北京、上海和广东惠阳各建有一个现代化的生产基地，生产台式电脑、服务器、笔记本电脑、打印机、掌上电脑、主机板等产品，年生产能力达到500万台（电脑）；同时在厦门设有大规模的手机生产基地。

未来的联想将是：

高科技的联想

服务的联想

国际化的联想

北京现代汽车有限公司

公司概况

北京现代汽车有限公司（Beijing Hyundai Motor Company），成立于2002年10月16日，是由北京汽车投资有限公司和韩国现代自动车株式会社共同出资设立的。北京现代项目经国家对外经贸部批准，由国家工商局授权北京市工商局登记注册，注册资本为27.1亿元人民币，总投资45亿人民币，中韩双方各占50%，企业性质为中外合资经营企业，合资期限30年。

法人代表：徐和谊（XU,HEYI）

公司地址：北京市顺义林河工业开发区顺通路18号

经营范围：设计、开发、生产和销售轿车、RV、卡车整车、发动机及其零部件；为合资公司生产并销售的产品提供售后服务；从事其他相关业务。

北京现代是中国加入世界贸易组织后批准的第一个汽车生产领域的合资项目，这个项目得到了中韩双方的大力支持和高度重视，并被北京市确定为振兴北京现代制造业的龙头项目。

北京现代项目从谈判到签约仅用了6个月，从签约到成立也只用了5个月的时间，这些都创造了北京工业的奇迹，被誉为"现代速度，汽车精神"。2002年10月18日，北京现代汽车有限公司正式揭牌开业，12月23日第一辆融合了现代简约美学和古典风格的索纳塔（SONATA）轿车下线，2003年4月9日第一万辆索纳塔（SONATA）轿车下线。

根据企业发展规划，北京现代将在2003年形成产销5万辆的规模，2005年达到产能30万辆的规模，2010年达到55万辆的规模。

企业的最高价值——"为中国人民的幸福生活创造一片美好的蓝天"

企业经营理念——"追求卓越品质，共创幸福生活"

韩方：韩国现代自动车株式会社

代表理事：郑梦九（会长）

成立日期：1967年12月29日

社训：勤勉、朴素、博爱

经营方针：信赖经营、现场经营、开放经营

企业目标：世界一流汽车公司、能得到回报的企业、赢得世界信赖的企业

中方：北京汽车投资有限公司

法人代表：徐和谊

成立日期：2002年6月27日

注册资金：11.7亿人民币

注册地址：北京市宣武区南纬路31号

股东构成：北汽控股有限公司、首钢总公司、北京国有资产经营有限公司等9家股东。

经营范围：汽车及相关产业的投资及管理、投资咨询、技术服务、销售汽车（含小轿车）、汽车进出口、汽车配件、机械和电器设备等。

企业宗旨：以全新的经营机制、精细的专业管理、一流的人才队伍、强大的政府支持为北京汽车产业调整发展提供专业化投融资服务。

北京现代汽车有限公司

法人代表：徐和谊

成立日期：2002年10月16日

企业性质：中外合资经营企业

注册资金：27.1亿人民币，中韩双方各占50%。

公司地址：北京市顺义林河工业开发区顺通路18号（101300）

经营范围：设计、开发、生产和销售轿车、RV、卡车整车，发动机及其零部件；为合资公生产并销售的产品提供售后；从事其他相关业务。

股东构成：北京汽车投资有限公司、韩国现代自动车株式会社

企业宗旨："追求卓越品质，创造幸福生活"

员工人数：2003年1600名，2004年达到2400人规模。

中德合作 开拓进取

--（BISC）北京国际交换系统有限公司简介

北京国际交换系统有限公司（BISC）成立于1990年11月16日，是由中方四家企业控股与德国西门子公司合资经营的生产销售EWSD局用数字程控交换系统和数据网络方案的高新技术企业，是西门子享誉世界的EWSD在海外最大的生产、研发、服务基地。

公司自成立后，以其EWSD优秀的品质、稳定的运行、及时全面的服务和灵活的组网能力迅速取得了用户的信任而赢得了市场。在短短几年内便几乎覆盖了全国所有省、市、自治区和直辖市。市场占有率逐年上升并出口海外。截止到2002年底，EWSD全国销售总量超过5600万端口，成为国内交换机市场主力机型之一。为此，BISC先后获得"中国500家最大工业企业"、"电子行业百强企业"、"北京市十佳外商投资企业"、"中国500家最大外商投资企业"、"中国电子信息百强"等荣誉称号。党和国家领导人江泽民、吴邦国、贾庆林、邹家华都曾先后到BISC视察指导工作。德国前总理科尔、信息产业部前部长吴基传、德国邮电部部长Mr. Boetsch，德国西门子公司总裁冯必乐博士都曾亲临公司参观、视察并予以高度评价。同时，作为北京市合资企业的优秀典范，市领导刘淇、张茅、陆昊也都曾亲临公司视察指导工作。正因如此，BISC人以更加规范的企业行为、更加合作的双赢态度、更加卓越的产品品质和创新的技术回报政府、客户和社会。BISC产品技术国产化率不断提高，自主研发能力不断加强，最新版本的系统软件已全部由中方人员开发完成并投入使用。BISC先后通过了ISO9002、ISO9001：2000版质量管理体系认证和ISO14001环境管理体系认证。BISC已将环境意识纳入生产经营流程当中。同时，BISC积极参与各类公益事业，对抗洪救灾、三江源保护及希望小学积极捐资捐物，在企业文化的层面上塑造现代BISC人的风貌。

中国有句古语："未雨绸缪"，西门子的经营理念中有一句："永续经营"。中西方文化的结晶使BISC永远注重技术与市场发展的前瞻性。伴随着电信运营商竞争格局的逐步形成，为满足电信业务进一步发展的需要，BISC在产品、服务和公司管理等几方面不断改进以适应变化。目前，BISC的交换类产品、接入类产品、NGN下一代网络产品、宽带无线接入产品以及路由器产品等五大产品系列已日臻完善。BISC将用最优化的整体解决方案使运营商搭建的网络达到性能最优并保护其原有投资。同时，BISC在保持原有卓越服务质量的前提下将学习、求变、诚信、规范、发掘业务新机遇作为服务核心理念，积极打造服务品牌，为未来运营商提供完美服务。另一方面，在公司内部积极开展流程再造项目，加快了产品技术更新和研发的速度，加强了快速满足市场需求、填补服务空白的能力，加大了对市场风险的抵御能力，完成了从管理体制和思想上将BISC从单一产品供应商向未来产品、服务全方位供应商的转型。BISC以崭新的面貌迎接着新一轮的机遇与挑战。在与中国电信事业共同经历了改革、发展步入辉煌的13年的风风雨雨后，真诚的BISC人相信，我们必将携手赢得更加辉煌灿烂的电信业的明天！

冠捷电子（福建）有限公司

AOC
冠捷显示器

冠捷电子（福建）有限公司是1990年12月在福建省福清市融侨经济开发区创立的一家大型高科技外商投资企业，主要从事各种电脑显示器的研究开发、制造和销售业务。投资金额逾8000万美元，注册资本4000万美元，资产总值逾5亿美元，占地面积400亩，建筑面积8万1千平方米，现有员工6300余人，产量位居全球第二。

冠捷公司始终坚持以市场为导向，以研究开发为龙头，在生产流程中，积极推行全面品质保证制度，成效卓越。公司分别于1993年和1994年先后通过ISO9002及ISO-9001品质认证，1997年在电脑显示器行业首家通过ISO14001环保体系认证，2002年又通过ISO9001：2000质量管理体系认证。同时也凭借整个集团管理层的远见卓识及丰富的专业经验，庞大的市场行销网络及大批优秀的科研人才，使公司得以在竞争激烈的市场中产量逐年攀升，业务不断拓展，累计92年至2002年总产量4417万台，营业额507亿人民币，出口总额378亿人民币。2002年度产值达129亿人民币，国内销售35亿人民币，出口86亿人民币。2003年预计产量1800万台，产值约20亿美元。

1997年集团又在北京合资成立北京东方冠捷电子有限公司，兴建新厂，一方面提高了整体生产量，另一方面也拓展了集团在华北市场覆盖率。冠捷之控股公司（冠捷科技有限公司）于1999年10月8日在香港、新加坡成功上市后，各项业务更是如虎添翼。由于控股公司管理的需要，2002年 6月，转投资在冠捷厂内设立了福建捷联电子有限公司，从冠捷公司中剥离出来，主营LCD显示器、LCD电视等业务。

2002年，冠捷电子（福建）有限公司的的销售收入102.5亿人民币，名列全国外企500强第13位，2002年中国进出口企业200强第20位（14.92亿美元），其中出口为8.6亿美元。福建捷联电子有限公司的进出口总值为3.37亿美元，出口为1.55亿美元。

在机遇与挑战并存的环境中，冠捷公司将会持续加强研发能力，发挥管理团队的专业才能与经验，在竞争激烈的市场中争取更多商机，并充满信心迎接更高的目标。

BenQ

明基电通成立于1984年，初期以电脑外设产品为业务重心，后逐渐扩展至多媒体与通讯领域。2001年12月明基推出新品牌“BenQ”，立志以“Bringing Enjoyment and Quality to Life（享受快乐科技）”为理念，打造数字时尚领导品牌。目前BenQ是全球第二大液晶显示器制造商，名列美国《商业周刊（Business Week）》2002年100大科技公司之林。

胸怀世界 以全球为舞台

身为IT产业的领导者，BenQ在产品的营销、制造、研发等各方面均达全球化规模：于欧洲、美洲、亚太各国及中国大陆设有分公司，从事行销及客户服务；在中国苏州、台湾、马来西亚槟城及墨西哥墨西卡利设有生产基地；拥有位于台北、桃园、新竹、苏州及美国加州的研发中心，研发工程师2000多位，各类专利千余项。2002年，BenQ的年营业额为30亿美元。

国际品牌 从中国出发

以中国作为全球品牌行销的根据地，制造与行销的相互依托，是BenQ拓展本土市场的一大优势。1993年，明基在苏州新区投资成立苏州明基电脑有限公司。1997年，明基开始开拓中国内地市场，并在短短数年间树立起强大的品牌影响力，不仅成为液晶显示器、光驱、刻录机、键盘、扫描仪等传统电脑外设市场的重要品牌，更凭借Joybook（笔记本）、Joybee（MP3）、数码相机、液晶电视等网络时尚新品的加入，为品牌注入源源不断的“快乐”因子。现以苏州为核心，已建立起18家分公司和办事处，营销网络遍布全国各地；明基中国营销总部员工人数也从两三人发展到800多人。

一个优秀品牌的背后，是世界级工厂的强大支持：明基中国制造总部占地60万平方米，拥有员工8000多名，具有年产400万台彩色显示器、800万只键盘、400万台扫描仪、2000万台光驱和500万支手机的能力。不仅所有工厂均通过ISO-9001国际品质认证，还于1998年3月通过了ISO-14000环境认证，是中国制造高科技电脑产品的龙头工厂，同时也是明基集团全球四大生产基地中最重要的一个生产基地。

2001年3月，明基更名为明基电通信息技术有限公司，同年12月成功建立自有品牌BenQ。

产品优势整合 享受快乐科技

在多元化产品策略引导下，BenQ丰富的产品线不但可以互相支持，更打开无限的商机：

视讯产品：液晶显示器、CRT显示器

数位媒体产品：Joybook、Joybee、投影机、等离子显示器、液晶电视

影像存储产品：扫描仪、数码相机、光驱、刻录机、DVD、盘片

网络通信产品：无线网络等

BenQ产品还包括：Q-desk桌面系列、键盘、光电鼠标等

BenQ集合了在信息、数码显示、影像、数字媒体及无线通讯领域的优势，创造出独具新意的网络时尚产品，让每个使用者在工作、休闲、学习与娱乐中，都能享受无尽的便利与乐趣。BenQ的愿望是为消费者建立数字化的互享网络（Enjoyment Network），期望透过整合化的网络时尚产品，让用户轻松享受多元的数字生活。

以人为本年轻、活力、创新

秉承“平实务本，追求卓越，关怀社会”的企业文化，打造学习性组织，明基所拥有的人才队伍及他们的知识，构成了明基最核心的竞争力所在。

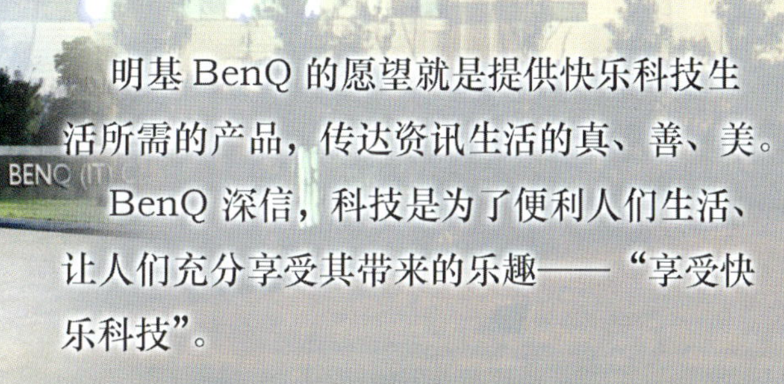

明基BenQ的愿望就是提供快乐科技生活所需的产品，传达资讯生活的真、善、美。BenQ深信，科技是为了便利人们生活、让人们充分享受其带来的乐趣——“享受快乐科技”。

北京吉普汽车有限公司

北京吉普汽车有限公司(BJC)是北京汽车工业控股有限责任公司与戴姆勒．克莱斯公司、戴姆勒．克莱斯公司中国投资公司的中、美、德合资经营企业，1983年5月5日签约，1984年1月15日正式开始营业，是中国汽车行业第一家合资企业，也是目前国内最大的轻型越野汽车生产厂家。2002年6月6日，BJC的合资经营合同修订及重述本获得了中国有关政府机构的批准，中外合资双方在中国的合作将延长到2033年。BJC的经营目标是走新型工业化道路，走可持续发展的道路，把企业建成一个具有国际竞争力的汽车公司。BJC目前已构建豪华、高档、中挡在内的全系列SUV产品，包括jeep 4700顶级V8以及jeep 4000豪华型与舒适型车型在内的三个梯次价位的全系列豪华jeep产品；2003年一季度投产上市的从日本三菱汽车公司引进的帕杰罗速跑（SPORT)系列车型，这是在中国生产的第一个以三菱品牌命名的产品。2003年5月，BJC又成功地投产并上市了被称为“中国经济型SUV旗舰"的jeep 2500系列新车型。2004年一季度，BJC将引进投产三菱公司2002年9月推出的最新的Outlander（欧蓝德）动感四驱轿车。

中国外运股份有限公司简介

中国外运股份有限公司由中国对外贸易运输（集团）总公司独家发起，于 2002 年 11 月 20 日在中华人民共和国注册成立，2003 年 2 月 13 日在香港联合交易所成功上市（股票代码：0598）。

经过重组，中国外运股份有限公司承继了中国外运集团在广东、福建、上海、浙江、江苏、湖北、连云港、山东、天津、辽宁等沿海、沿江及其它战略性地区的核心业务及相关资产，并拥有中国船务代理有限公司、中国外运国际联运代理有限公司、中国外运网络科技有限公司三家专业子公司，直接控股中外运空运发展股份有限公司，成为中国外运集团集中发展运输与综合物流业务的旗舰。

中国外运股份有限公司以货运代理、国际速递、船务代理为核心业务，以仓储和码头服务、汽车运输、海运为支持性业务。在此基础上，为客户提供一站式、个性化的综合物流服务。物流业务范围包括全程物流设计、一体化的供应链管理、跨境物流连续作业、RDC 运作和区域分拨、配送等服务。中国外运股份有限公司的设立和境外上市是中国外运集团改革发展史上重要的里程碑。

中国外运股份有限公司上市以来，业绩稳定增长，受到国际资本市场及投资者的广泛青睐，先后入选摩根士丹利银行 MSCI 中国自由指数和恒生综合指数成份股。

凭借中国外运明确的发展战略、品牌优势与在行业内的领先地位，“求实创新，追求卓越”的企业精神，完善的综合物流网络，中国外运股份有限公司积极推进企业变革，不断提高物流的服务水平，致力于成为物流客户最优方案的提供者、最专业的执行者和最可信赖的合作者，全力打造世界级的物流品牌，努力成为全球领先的综合物流服务提供商。

长期以来，中国外运的发展一直得益于广大客户的充分信任和社会各界的热情支持，中国外运股份有限公司将继续发扬中国外运集团“客户至上、服务社会”的优良传统，进一步提高服务能力和水平，为客户、社会和股东创造更大的价值。

北京天竺出口加工区

北京天竺出口加工区于 2000 年 4 月经国务院批准成立，是全国首批 15 家出口加工试点之一，是首都北京唯一一家国家级出口加工区，出口加工区为海关实施封闭管理的特殊区域， 实行境内关外的监督管理模式， 按国际惯例操作运行，为出口加工型企业提供更为便利的经营环境。

北京天竺出口加工区目前已引进项目 12 个，吸引投资 2.5 亿美元。其中，世界 500 强企业日本 SMC 公司在北京天竺出口加工区投资 2 亿美元。三年内将建成亚洲最大的气动元器件生产基地。

北京天竺出口加工区

北京天竺出口加工区始终坚持以“高科技，外向型”为标准，重点发展电子通讯、生物医药、光机电、新材料为主导的高科技企业。 北京天竺出口加工区将建设成为首都外向型企业最集中、出口规模最大的出口创汇基地，成为首都对外开放程度最高的地区之一， 成为北京市高新技术产业化先导区、出口创汇重点区、加工贸易示范区， 并探索出一条与国际惯例接轨的管理模式和运行机制。

北京海关驻出口加工区办事处

天津出口加工区

投资者是帝王　项目是生命线！

天津出口加工区是由国务院批准设立的首批 15 个出口加工区之一。以经济实力雄厚的天津经济技术开发区为依托，形成两区优势互补，同时得到天津市政府的大力支持。作为环渤海经济圈的中心，发挥着极其重要的作用。

在此从事商务即意味着贵公司立足于一个具有战略性的地理位置，因为这里为您提供了一个在中国最具有经济活力地区开拓市场的机会。

- 四通八达的立体交通网络大大提高企业的物流效率；
- 完备的基础设施为企业的生产提供尽善尽美的基础保障；
- 专业化的商务服务为企业营造良好的商务氛围；
- 雄厚的科技实力及多学科高级科技人才将为您的投资带来更大程度的回报；
- 高质量的生活环境为投资者在此生活增添几多温馨。

“投资者是帝王，项目是生命线”是天津出口加工区的座右铭，

天津出口加工区期待您的到来。

联系人：侯敬　林浩

电话：(022) 25201724 25202234

传真：86 22 25201021

信箱：houj@tdb.teda.tj.cn

linh@tdb.teda.tj.cn

网址：www.teda.gov.cn

联系地址：天津经济技术开发区宏达街 19 号

邮编：300457

北京陆港物流有限公司

北京陆港国际物流有限公司（以下简称"陆港公司"）成立于1999年5月，注册资本2.05亿人民币，总投资3.8亿人民币，是北京市唯一的海港——朝阳口岸的经营主体。陆港公司占地782,000平方米拥有监管进口仓库10,536平方米，出口仓库6,400平方米，冷藏仓库960平方米，装卸平台3,200平方米，集装箱堆场32,000平方米，集装箱监管运输车30辆，叉车及各种配送车辆20余部。陆港公司具有国际货运代理、道路运输、专业报关行等各类专业物流执照，能提供国际货代、代理报关检、租船订舱、监管、保税仓储、配送、代理进出口、集装箱堆存等通关快捷的一条龙服务。陆港公司于2003年1月通过了ISO9001-2000质量体系认证。随着京津口岸直通的开始，陆港公司将为各类客户提供更为优质、便捷的通关服务。

大通国际运输有限公司

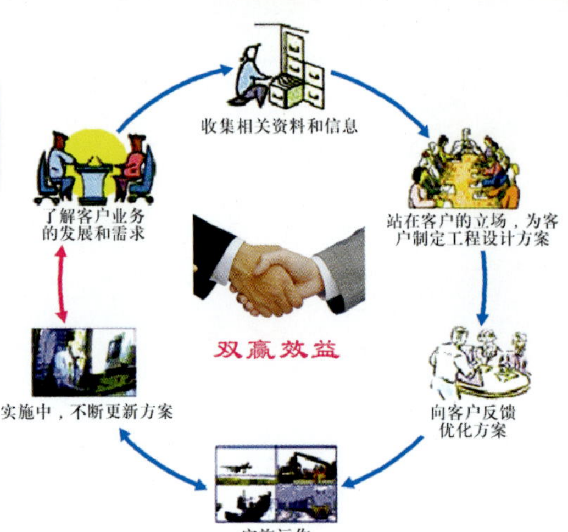

大通国际运输有限公司成立于1985年，是中国首批被国际航空运输协会（IATA）认可的、通过了ISO9001国际标准质量体系认证的、拥有3400余名中外员工的大型专业化国际物流企业。

业务范围

包括空运进出口、海运进出口、国际快件、国内快件和综合物流服务。

服务网络和服务实力

国内近100家分公司和办事处，在德国汉堡、西班牙马德里以及新加坡等9个城市建立了大通国外分支机构，与200多个国家、地区的同行建立了合作伙伴关系。在北京、上海、广州、深圳、厦门、大连、武汉、成都等地拥有区域性物流分拨中心，服务覆盖国内1100多个城市。

服务优势

- 实施集中统一管理模式，使公司整个系统的运做对客户保持统一的承诺和服务水准。
- 拥有综合物流服务包含的各种功能，为客户提供量体裁衣式的和双赢的物流解决方案。
- 较为完善的服务网络，为客户提供全程门到门的服务。
- ISO 9001 质量保证系统，使整个大通系统的运做更加规范化。
- 拥有为DELL、HP、NOKIA、KODAK 、3M、FOXCONN 等国际跨国公司提供物流项目运做管理经验。
- 覆盖全国的计算机广域网络和宽带的互联网接入，可实现对货物实时监控、跟踪、查询和仓储管理。客户可通过8008103188免费客服电话咨询货物的状态，或通过INTERNET 大通网站查询货物的状态。

战略重组

2002年4月，大通国际运输有限公司与上海实业物流控股有限公司进行了具有里程碑意义的股权重组，这是建立在双方优势互补、资源互补基础上的重大举措。重组后的大通公司作为上海实业发展现代物流产业的主要平台，将致力于以“生产经营、资本经营、知识经营”为主要手段，以满足客户需求为宗旨，通过整合业务资源，实现专业化管理的经营模式、为客户提供安全、准时、快捷、节省的综合性物流服务。

中国广东核电集团简介

中国广东核电集团由核心企业——中国广东核电集团有限公司及17家主要成员单位组成。中广核集团是国务院批准的大型试点企业集团之一，在国家计划中实行单列。目前，中广核集团已拥有400万千瓦的核电装机容量（大亚湾核电站及岭澳核电站各200万千瓦），年发电能力近300亿千瓦时，拥有约100万千瓦的常规电力权益容量，年发电能力近30亿千瓦时。至2002年底，中广核集团拥有总资产546.24亿元，净资产（不含少数股东权益）157.67亿元。根据财政部2002年公布的资料显示，在中央直接管理的169家企业中，2001年中广核集团经营效绩评价得分在全国资产总额超过100亿元的企业中名列第21位，在全国电力行业中名列第1位。

经国务院批准，位于大亚湾核电站及岭澳核电站区域的广东核电大亚湾专用码头为国家一类口岸，由中国广东核电集团有限公司负责管理，广东核电大部分建设运行物资从该口岸直接进口。

为适应国家能源结构调整和加快电力发展的需要，加快推进广东核电的后续发展，中国广东核电集团根据国家提出的“统一技术路线，采用先进技术，适度发展核电”的核电发展方针，正积极推进岭东和阳江核电等新项目开发筹建工作。

按照党的十六大提出的“调整国有经济布局和结构”，真正发挥国家大型国有企业的骨干和带动作用的要求，中国广东核电集团有计划、分步骤实施了集团战略重组，进一步强化和突出核心业务，不断提高核心竞争力，加快壮大经济实力。中广核集团将成为以核电为主、集环保型的常规电力、金融、保险、高科技、实业于一体的大型国有企业集团。集团的各项管理水平要稳居国内前列，并逐步向世界500强迈进。

广东北电通信设备有限公司

Guangdong Nortel Telecommunications Equipment Co. Ltd.

广东北电成立于1995年3月，是中国电信集团广东省电信公司，中国网通集团河南省通信公司、河北省通信公司，广东万家乐股份有限公司，加拿大北电网络有限公司和北电网络（中国）共同投资兴建的，注册资本8250万美元，总投资为1.8亿美元，拥有世界上最先进的程控交换机、接入网、数据通信、多媒体通信、移动通信等产品的生产能力和一流的生产设备。

同年12月，广东北电在广州中山大学成立了公司的核心技术部门——研究开发中心，同时也是北电网络全球研究开发体系的重要组成部分，是北电在亚太地区研发的主要力量和技术支持的窗口。广东北电是一个具有研发、制造、市场能力的，全面的，具有独立发展能力的企业。

广东北电以产品质量作为市场的基石，提出“质量承诺、卓越超群”的质量方针，为客户研究、生产出比以前更快、更好、更为有效的可靠的优质产品，为客户提供即时及全面的平台，富于创新的应用，服务也非同凡响。在人才管理方面，把加拿大北电网络先进的管理经验与自身的特点相结合，形成了一套科学的管理体系，培养了一批现代经营管理人员和一支朝气蓬勃的员工队伍，是一个有朝气、有活力的团体。

伴随着中国电信业日新月异的发展，广东北电在生产和研发方面不断取得进步，迅速发展，现在不仅成为包括中国电信、中国网通、中国移动、中国联通和其它专网在内的网络运营商的主要设备供应商，产品还出口到美国、加拿大、法国、巴基斯坦、尼泊尔、印度、柬埔寨、印度尼西亚、澳大利亚、日本、巴布亚新几内亚、泰国等多个国家。

2001、2002年，广东北电先后赢得中国联通2.75亿美元、2.8亿美元的CDMA供货合同，为中国七个省市提供先进的CDMA通信设备。2002年，广东北电加强出口，努力扩展出口业务。全年出口额超3000万美元，比2001年增长3倍。广东北电是北电网络在中国的通信设备生产基地，同时为北电网络向整个亚太地区的客户提供电信设备和技术服务。

广东北电通信设备有限公司

顺德总部：广东省顺德容桂容里工业区六横路　528306

电话：（86 765）6621515

传真：（86 765）6621525

网址：// www.gdnt.com.cn

東方國際集團
上海市對外貿易有限公司
ORIENT INTERNATIONAL HOLDING
SHANGHAI FOREIGN TRADE CO., LTD.

中国西部空中门户

----成都双流国际机场

成都双流国际机场是中国西南地区重要的航空枢纽港和客货集散地，国际口岸机场，是中国国际航空公司西南公司、四川航空公司的基地机场。

机场生产规模在中国各大机场中位居前七位， 国内外 20 多家航空公司开通了国际国内航线 80 多条，日起降航班超过 200 架次，连续 15 年保持安全记录。

机场先后通过了 ISO9002 国际质量标准认证和美国标准化认证委员会关于机场 ISO9002 质量体系的认证，具备完善的服务和保障体系。

机场飞行区等级达到 4E，主跑道长可起降目前世界上最大的波音 747-400 型客机；候机楼面积 10 万平方米，可满足全年 700 万人次的旅客吞吐量。正在建设的国际候机厅将新增候机面积 38000 平方米。。

二十一世纪，成都双流国际机场将成为中国西部面向世界的重要空中门户

关港合作共建大通关

——广州集装箱码头有限公司

中国加入WTO后，随着改革开放的进一步深入、法制得到进一步健全，关税也逐步下调，跨国企业更是看了中国蕴涵巨大商机的市场，纷纷加大对中国的投资力度。作为改革开放的前沿地区—广州市，也吸引了一大批跨国企业，其中包括我们所熟悉的HONDA、NISSAN、PANASONIC、JVC、P &G、统一等等，除此之外，广州还拥有一批国内知名的企业。为这些企业提供优质的物流服务有利于促进地区经济发展，也是体现政府创造有利的经济环境，支持企业发展的扶持政策。

广州集装箱码头有限公司（简称GCT）是广州港务局和新加坡港务集团在2001年7月份合资经营的专业化集装箱码头公司，码头位于广州经济开发区，完善的水路和陆路运输网络，使GCT与珠江三角洲、内陆省市的联系更为紧密。GCT秉承以客为尊的服务思想，为客户提供优异的港口物流服务，不断创新和发展，2002年在海关等口岸部门和广大客户的大力支持下完成了吞吐量超一百万TEU的重大突破，2003上半年在去年高速发展的基础上完成了64万TEU，比去年同期增长36.5%，增长迅速。 GCT之所以有如此大的发展速度，和海关部门的支持是分不开的，海关总署在全国关长会议上将“大通关”作为一项重要的改革来抓，推行快速通关、便捷通关、无纸通关，推行关务公开，接受社会的监督，取得了货主的好评，也为GCT创造了宽松的通关环境。

大通关是通过运用电子化的手段，改革现行的口岸物流通关流程，建立统一的口岸数据平台，规范、畅通口岸进出口货物的信息流、单证流、货物流和资金流，实现口岸数据信息共享。“大通关”是“提高口岸工作效率工程”的代名词。通俗地说，就是在货物的进出口通关过程中，口岸在最短的时间、以最低的成本，为企业提供最好的服务。实行口岸“大通关”制度，不仅是中国进一步扩大开放的需要，对推进中国口岸物流发展，促进国民经济增长，都具有重大意义。大通关的顺利实施，会使货物就地实时运输出港，能加快口岸物流速度，明显缩短进口货物滞港时间，甚至有可能实现“零库存”生产，而由此节余下来的仓储空间和运输时间对企业发展的意义非同小可，因为在激烈的市场竞争中，时间就是企业的生命。

海关对在GCT实施的通关大改革，在各个方面给予了大力支持，顺利实施了以下有利措施：

1、推行无纸化报关，出口贸易通关效率比以前提前了3-4倍。对于大的信誉企业，对出口货物可以在出口后七天集中一起完税，不用分票完税，实行大通关后，报关压缩的时间达到70%。在关区内报关的平均可以在1-4天内完成。提前报关的可以在货到港1小时完成。

2、进口提前报关，提前缴税。对于经常在关区进出口的企业、信誉度高的可以在未签约时入境，可以实现网上报税，减少企业的报关的麻烦。

3、快速的船舶联检，大大缩短了船舶在港时间。联检部门实行流水线办公，可以提前申报船舶以及船员资料，以前大船联检需要3-4小时，而现在只要1-1.5小时。为船公司节约了成本的同时还加快了码头泊位的周转。

4、为客户开辟绿色通道。全面实行出口货物“绿色通道”制度，对质量稳定、信誉度高的出口企业，其产品在产地检验合格后免予口岸查验，出具《出境货物通关单》即可放行。

海关通关改革的目的是为客户提供宽松快捷的通关环境，这是企业可持续发展的重要前提，因此积极配合海关的大通关改革是GCT义不容辞的工作。

1、GCT在信息系统上与海关连网，开发与码头系统兼容的EDI传输系统，使信息能与海关系统连接。

2、加大对IT的投入，使客户可以在GCT的网站查询货物到港情况，船公司可以对集装箱的动态实时跟踪。

3、加强与客户的沟通，加强海关“大通关”改革有关政策的宣传。

4、改革码头的业务流程，简化业务受理程序，以配合通关改革的要求。

5、加大对有利于通关改革码头设施的投入。

海关在全国范围内实施的“大通关”改革，为有进出口业务的企业提供了巨大的方便，也给政府向“服务型政府”的职能转变带了个好头。GCT正在实施新型“大通关”模式，以良好的进度逐步实现大通关，口岸贸易效率显著提高，竞争力日益凸现。 提高通关效率，顺利实现“大通关”，达到简化程序、降低费用、提高效率的最终目标并不简单。但我们相信，在海关部门的重视下，相关各方的努力配合下，大通关改革一定会更加成功，发挥更大作用。

锦州新时代集装箱码头有限公司

JINZHOU NEW AGE CONTANER TERMINAL CO.,LTD.

锦州新时代集装箱码头有限公司成立于2001年8月18日，是中国沿海发展建设最快的港口——锦州港与中国航运界资深企业——中海码头发展有限公司强强联手、合资合作的结晶。

公司成立之初博采众长，实行特色经营和个性化服务，凭借锦州港的区位优势和地域优势与中海集团快捷、便利、四通八达的航线优势，使公司迅速步入发展快车道。2003年上半年累计完成吞吐量35812TEU，实现同比增长60%，成为覆盖东北地区的又一个集装箱快速增长的集疏运网络。

公司注册资本2000万元人民币，股东双方优势互补、密切合作，共同经营海上国际集装箱港口装卸和集装箱内陆中转、仓储、堆存、拆装箱等集装箱相关业务。公司现有一个3.5万吨级集装箱专用泊位，泊位全长262米，吃水-12米，港阔水深、不冻不淤，年设计吞吐能力20万TEU，可接卸大型集装箱专业船舶。岸边装卸桥、场桥、40吨多用途门机、正面吊、集卡拖车，空重叉车等专用设备配套完善，码头前沿10万平米封闭堆场、3000平米装拆箱库使作业功能完善、设施齐全，200个固定冷藏箱电源插座，可接卸多种特殊箱型，并设有检查桥，铁路直达CFS，具备海铁联运功能。随着股东双方投资力度的加大，新一代装卸桥、场桥将在年底陆续到位，两个水深-14米、泊位全长533米的集装箱专用泊位也将在明年初开工建设。到2005年公司将拥有3个不同吨位、配套设施完善的集装箱泊位，可实现年吞吐能力60万TEU，后方广阔的陆域面积，为接卸不同货种、不同船型提供可靠保证。公司航线布局本着“以内为主、内外兼顾”的原则开发干线直航班轮，不断加密船期、改善船型，内贸中海、南青干线班轮可直航上海、广州，初步形成连接东南沿海及长江内河水系的“T”型网络布局；外贸环渤海内支线、浦海航线通过大连、天津转口直达世界各地，基本形成“内外并举，良性互动”的有序格局，使方便、快捷、高效的集装箱运输服务体系初具规模。

公司下设综合部、财务部、市场部和操作部四个职能部门，现有员工59人，负责整个港口集装箱业务操作。公司全体员工以诚信为本、周到服务，竭诚为广大客户提供全方位、全过程、一站式服务。公司自成立之初就以“客户至上、服务第一”为宗旨，以“岗位就是家庭、客户就是朋友”为经营理念，充分发挥自身优势，为广大客户提供多功能、全方位、现代化集装箱服务，努力营造锦州口岸快速发展集装箱业的良好氛围，不断向内贸基本港、外贸喂给港的目标迈进！

中兴通讯引领中国通信产业驰骋世界

中兴通讯是中国最大的通信设备制造业上市公司、中国政府重点扶持的520户重点企业之一。1985年公司成立。1997年，中兴通讯A股在深圳证券交易所上市。2002年主营业务收入达110亿元。目前，13000名员工中，博士、博士后300多人，硕士4000人，本科以上学历占员工总数的75%。

中兴通讯是中国通信设备制造业的开拓者和中国通信基础设施建设的主要设备供应商之一，拥有无线产品、网络产品、终端产品三大产品系列，具备多种通信网综合解决方案提供能力，营销、服务网络遍布全国。

国际市场是中兴通讯的战略市场。从1995年起，公司推行国际化战略，已取得了令人瞩目的成绩。通过设在海外的8个大区，中兴通讯为世界70多个国家和地区提供营销工程服务支持，CDMA、交换、接入、光传输、GSM、视讯等多元化产品已进入全球40个国家和地区市场，同时在深圳、南京、上海、北京、西安、重庆、成都及美国、韩国等地设立了13个研究开发机构，以保持在通信领域与世界最新技术同步发展。

未来中兴通讯将以人才国际化为根本，市场国际化为重点，资本国际化为依托，积极迎接挑战，打造全球范围的中兴通讯（ZTE）品牌，建设世界级的卓越企业。

广东省中山食品水产进出口集团有限公司

广东省中山食品水产进出口集团有限公司是国家200强外贸企业之一。该集团公司成立于1955年，是一家集科研、养殖、深加工、出口于一体的综合性外向型企业。经过数十年的经营发展，该集团公司目前已壮大成为生产有基地、收购有站点、加工有厂场、保鲜有设备、储存有冷库、运输有车船、出口有口岸、销售有市场的大型外贸集团公司。自1994年以来，该集团公司已连续8年实现出口创汇超亿美元。2002年该集团公司出口创汇3.0745亿美元，在中国出口额最大的200家企业中位居第100位，其中农产品出口创汇达5000万美元，被认定或推评为“全国外经贸质量效益型先进企业”、“广东省文明单位”、“广东省先进集体”、“广东省农业龙头企业”、“广东省渔业产业化龙头企业”、“广东省高新技术产品出口先进企业”、“广东省大型出口企业突出贡献奖”、“广东省出口创汇先进企业”以及“中山市扩大出口突出贡献奖”、“中山市民营企业创汇大户”、“中山市先进民营企业”等一批荣誉称号。

董事长、总经理：何荣洪

为充分发挥农业龙头企业在生产、加工、资金、技术、人才、品牌、信息等方面的优势，该集团公司针对我国农产品生产养殖技术较为落后，“两残”（药物的使用残留、重金属污染残留）污染严重导致扩大出口困难的状况，以中国水产科学研究院珠江水产研究所、华南农业大学、香港理工大学、澳大利亚海洋学院等科研院校为技术后盾，进一步摸索形成了“公司+基地+科研机构+农户”的农产品出口产业化经营模式，先后在中山古镇、小榄、南头、东凤、横栏、东升、港口、民众、板芙、坦州等南北各镇开展“公司+农户”的模式达8万多亩水面，在养殖生产上全面推行无公害、无污染的绿色养殖模式。为此，该集团公司还创建了我国首家“四大家鱼”绿色养殖基地2000多亩，在广东省农业厅和国家农业部的两级评审中都一次性获准通过，从而使该公司成为了全国第一家拥有四大家鱼类“绿色认证”的水产食品养殖基地。该集团公司在大力推广优质水产品养殖的同时，通过开展水产品深加工业务，积极采用国际权威认证体系，有力地增加了水产品的附加值和竞争力。公司属下的新兴水产品加工厂现有厂房5000多平方米，冷库容量1100吨，急冻能力可达15吨／日，

该厂早在1995年就获得了法国农业部注册、美国FDA、HACCP验证以及欧共体认证。公司属下另一家企业宝利罐头厂引进台湾先进生产线，年产水产罐头5000吨，该厂的宝和牌罐头也于1995年获得美国FDA低酸登记注册和HACCP验证，从而顺利地打进了检验苛刻的美加市场。目前该集团公司是广东省少数几家水产品直接出口欧美远洋市场的外贸公司之一。一业兴，百业旺。近年来，为进一步发挥农业龙头企业的巨大辐射作用，该集团公司还大力发展禽畜等农产品养殖业，先后与专业生产户合股合资建立了三个经广东省检验检疫局注册的，年生产100万只肉鸡的饲养场和一个年产3万头肉猪的大型现代化猪场。在大力开展自营出口的同时，该集团公司凭借自己广泛的国际关系、雄厚的经济实力、出色的服务水准，在代理出口等业务上获得了广大客户的一致认可。目前，该集团公司拥有10个规范专业的进出口业务部门，近百名高素质的国际贸易骨干队伍，客户遍及美加、欧盟以及东南亚地区，主要代理机电类、纺织服装类、五金产品类等各类商品的进出口业务，是中国机电产品进出口商会、中国纺织品进出口商会、中国轻工工艺品进出口商会等六大商会的成员之一。

公司地址：广东省中山石岐中山三路华苑大街113号

联系电话：(0760) 8310882　8314467　　图文传真：(0760) 8311207

邮政编码：528403

电子邮箱：shuichu@shuichu.com　　公司网址：www.shuichu.com

英业达（上海）有限公司

创立于1975年的英业达股份有限公司，是从电子计算器制造起家，不久就成为全球最大的计算器制造公司。1985年开始生产多功能电话机，再逐年随着科技的进步与电脑、通讯的普及、拓展到办公室自动转接电话系统、传真机、电脑辞典、笔记型电脑、PDA、伺服器、资讯家电IA产品、WAP手机、网络终端机、无线电话、网络电话、数位相机等。产品的演进从消费电子发展到电脑相关产品，再进步到网路社会的电脑通讯设备。集团营业额也随着产品的多元化而高速成长。在二十多年的历程中，一直以创新思维和作法使企业获得快速稳定的成长，2000年起英业达运用企业复制的概念，将各事业群独立成六家子公司，所研发制造的产品遍及消费性电子、通讯、资讯及网路应用等领域，营运据点遍布中国台湾、中国内地、美国、英国、马来西亚等地。在世界科技产业中，英业达已成为具有EMS（E：Enterprise　M：Mobile　S：Software）产品策略的电子科技集团！

Company

为扩增在中华营运体系（Greater　China　Operation），英业达因此运用双塔（Dual　Tower）策略，以台北为全球营运总部，并在上海漕河泾新兴技术开发区，成立英业达（上海）有限公司，于2001年底正式投产，并通过ISO9001质量管理体系认证以及ISO14001环境管理体系认证。成为英业达笔记本电脑及服务器的量产制造重心。英业达将台北及上海两栋独立建筑，代表Dual　Tower　的两座塔台，在其中安排了研发、生产、组装及出货等全部作业流程，全方位功能配合健全完整的组织规模，结合上海充沛人力与技术支持。而在积极培植当地软硬件技术人才，及台北经验传承与技术交流中，上海更可快速导入新产品开发作业，充分发挥当地的科技实力。在透过高速专线与卫星通讯，结合完整的ERP企业资源规划系统，进行迅速有效的沟通与管理。结合台北厂区和上海厂区优势的Dual Tower策略，使英业达在卓越研发、快速制造、完美品质及符合成本的条件中，不仅为客户创造更高的利益，更将进一步取得全球市场领先地位。

地址：上海市宜山路1295号　　电话：021-54261366
传真：021-54261297　　邮编：200233
网址：www.inventec.com

浙江物产国际贸易有限公司

浙江物产国际贸易有限公司是一家经国家外经贸部正式批准成立的专业进出口公司，主要从事钢铁、化工、汽车、机电、纺织服装、轻工艺、燃料油等产品的进出口贸易，系中国进出口500强企业之一，2002年进口额居浙江省外贸领域第1位。

控股股东浙江省物产集团公司是国务院120家试点企业集团之一，也是中国最大的钢铁、化工和汽车销售商之一，2002年名列“中国企业500强”第68位。

公司是一家完全按照现代企业制度规范运作的现代企业。现有管理团队年富力强，在外向型知识型企业管理方面具有丰富的经验。公司视人力资本为企业最重要的财富，现有员工队伍中77%具有本科以上学历，平均年龄30岁，是一支朝气蓬勃非常具有竞争力的团队。公司自成立以来，始终以“与客户共创价值”为核心理念，经营业绩取得了高速增长，2002年销售额达41.5亿元，进出口额达3.3亿美元，净利润持续大幅增长。公司经营已融入了国际市场供应链，与三井物产、日本丸红、英国米兰、奥钢联、美国工商五金、韩国浦项制铁、宝山钢铁厂、上海石化等大批知名企业建立了长期、稳固的战略合作关系。在北京、上海、天津、广州、香港、贵阳，我们设立或正在设立多家分支机构，以拓展我们的市场网络。

目前，公司正在实施股本扩张，希望通过国际资本市场，发展为一家规范高效、富有活力、竞争优势显著的国际化大企业，为客户、股东、员工以及社会创造更多的财富。

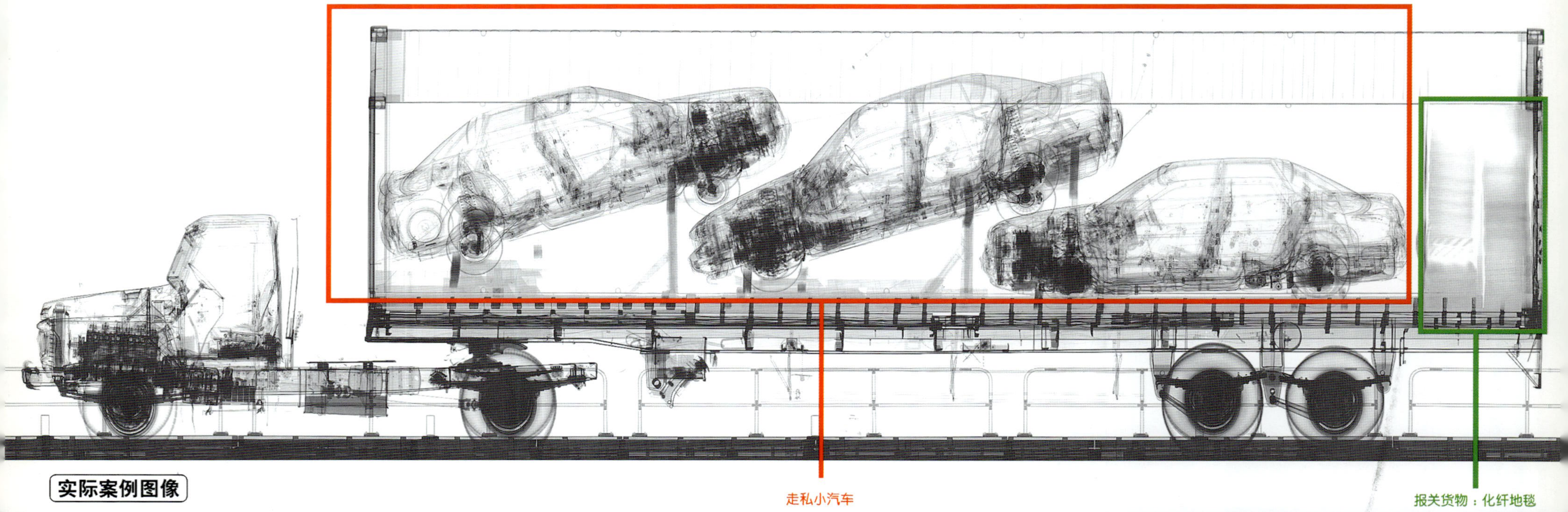

西南铝业（集团）有限责任公司

西南铝业（集团）有限责任公司是中国铝业公司直属企业，成立于2000年12月18日。其前身是西南铝加工厂，1965年动工建成，1970年正式投产。经过30多年的建设和发展，西南铝已成为中国生产规模最大、技术装备最先进、品种规格最齐全的综合性特大型铝加工企业，中国高精铝材制造及开发基地。西南铝荟萃了中国现代铝加工技术设备的精华，装备有3万吨模锻水压机，1.25万吨卧式挤压机、2800毫米热轧机和冷轧机“四大国宝”，具有国际先进水平的1850毫米特薄板轧机、1700毫末铝箔轧机、8000吨卧式挤压机、彩色涂层机列、建筑型材及表面氧化处理生产线等设备。投产以来，西南铝为国民经济各部门提供了各类铝材上百万吨，为中国军民用飞机、"长征"系列火箭、人造卫星、"神舟"号飞船、北京正负电子对撞机等国防军工项目及高新技术工程提供了上千种高品质铝材。西南铝坚持精品战略，以市场为导向，以科技为依托，全方位开展产品经营和资本经营，快速成长、迅猛发展，形成了以铝加工业为主导的产品、产业结构。主要产品有铝及铝合金板、带、箔、管、棒、型材和模锻件、自由锻件、压铸件、铝焊件、铝锂合金、高温合金、彩色涂层铝板及彩色涂层钢带等产品，形成了航天航空、交通运输、包装、电子家电、印刷、建筑装饰用铝材等6大系列支柱产品。西南铝现有中国工程院院士1名，享受政府特殊津贴专家22名，大专以上学历人员3000多名，专业技术人员占总人数的25%以上。在国内外拥有11个子公司，并建有17个集销部，服务于一体的营销分公司及销售部。西南铝拥有实力雄厚的技术中心，与国内著名高等学府建立了长期的技术合作关系，紧跟国际先进铝加工技术水平的发展。西南铝与世界30多个国家和地区保持着经济贸易往来，产品远销欧美、东南亚、中东、南美、非洲，年出口量万吨以上，面对知识经济的挑战，西南铝凭借其雄厚的科技实力和人才优势，朝着资本多元化、经营国际化、管理科学化的大型铝业集团公司的目标前进。

会员的纽带

会员的纽带
行业的代表
政府的桥梁

中国船舶代理行业协会 （CHINA ASSOCIATION OF SHIPPING AGENCY，简称 CASA）是经民政部批准的由从事国际船舶代理业务和无船承运人业务的企业组成的行业组织，于二00一年六月八日在北京成立。它是在中华人民共和国民政部注册登记的全国性社会团体，依法享有社团法人资格，接受交通部的业务指导和民政部的监督管理。

本协会以为会员服务为宗旨，中国外轮代理总公司为会长单位，中国船务代理有限公司、中海船务代理有限公司为副会长单位。目前，有会员单位 329 家，其中，理事单位 80 家，常务理事单位 34 家。另下设无船承运人业务（NVOCC）专业委员会及上海办事处（山东和广州办事处筹建中）。

中国船舶代理行业协会将加强与国际同行业间交流合作，积极参与国际航运有关活动，努力沟通协调各方关系，为全球海运事业的共同繁荣，进行不懈的努力。

中国船舶代理行业协会

CHINA ASSOCIATION OF SHIPPING AGENCY

上海海关高等专科学校

学校办公楼

海关总署领导视察校园

WTO 专题研讨班开学典礼

上海海关高等专科学校的前身是1908年建于北京的税务学堂。上海海关学校由对外贸易部正式创办于1953年9月，1996年4月，经国家教委批准，更名为上海海关高等专科学校。1997年8月学校由原址汾阳路正式迁入浦东新区。2000年10月海关总署党组决定，海关管理干部学院由广州迁址上海，形成了两块牌子，一套班子的管理机制。

学校在教学和科研方面，形成了以法学、经济学、管理学为基础、多学科渗透互补的海关管理学科专业体系。现设有海关管理、税务、审计、国际经济法和国际物流与报关等5个专业，在校学生规模近1500人。学校承担全国海关高中级关员、缉私警察及专项业务的培训任务，并承担境外海关人员短期海关制度和业务的培训任务。学校注重对学生、学员进行海关职业精神、职业道德、职业意识、职业纪律的培养，实施准军事化管理。

学校现设有教学实体和科研部门等18个。学校现占地近200亩，建有教学楼、图书馆、综合楼、办公楼和学生宿舍楼等建筑，建筑面积约5万平方米，绿化面积占地50%以上，并配有先进ATM的校园局域网和多媒体的教室、阅览室等先进设施。

学校教学区

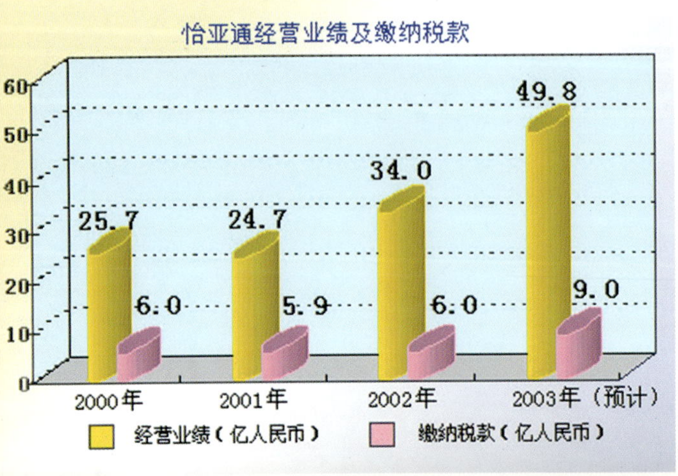

舟山外轮理货公司

中国外轮理货总公司分公司于1981年4月成立，为航行于国际航线的船舶及进出口货物提供公正理货的涉外服务机构。公司机关设业务调度部、办公室、财务部、质量管理办公室，下设定海理货队、老塘山计量队、沈家门理货队。经营范围：国际、国内航线船舶的理货业务；国际、国内集装箱理箱业务；集装箱装、拆箱理货业务；货物的计量、丈量业务；监装、监卸业务；货损、箱损检定等业务。理货宗旨：严守公正立场，遵循实事求是原则，维护委托方的正当权益。

公司成立以来，一直从事木材、钢板、冻品等外贸件杂货理货，20世纪90年代开始，为适应海运方式转变。积极开展集装箱理货，装拆箱理货和内外贸委托散货计量业务。合计为首都钢铁公司在舟山老塘山港区矿砂中转内贸计量、舟山嵊泗大洋山石料出口外贸水尺计重、舟山海砂出口水尺计重、老塘山浙江电煤中转计量几千万吨，赢得了客户的肯定和赞誉。

厦门TDK有限公司系日本TDK株式会社台湾东电化股份有限公司香港东电化股份有限公司于1994年共同在厦门投资设立的外商投资企业。厦门TDK坚持以市场为导向。研究开发为龙头，利用高技术，高性能原材料及高精度制造工艺进行生产，经过多年发展壮大，目前公司投资总额达7920万元，已成为世界瞩目的具有强大生产能力的电子元器件制造厂商，其产品包括片式电容、瓷介电容、线圈、变压器、滤波器、电源、铁氧体磁铁芯、电脑读写磁头及DVD磁头等大类多系列产品，其中35%内销，65%外销往美国、新加坡、台湾、欧洲、日本等国家和地区，公司于1997年被确认为高新技术企业，2002年公司销售额达17亿人民币，出口创汇1亿5千万美元。自1999年来，公司连续三年被评为厦门市纳税额超过1亿元的“厦门市纳税大户”。

公司实行全面质量管理，积极推行环境保护管理活动，宣言要成为“关怀环境之地球企业”，成效卓越：分别于97年、2000年和2001年取得ISO9002质量体系认证、QS9000认证和ISO14000认证，自1999年起厦门TDK有限公司先后在上海、深圳、苏州、绵阳设立分公司，辐射内陆、华南、华东及华北地区，以便更好地服务于中国电子信息产业。

成绩是成长的动力，在机遇与挑战并存的环境中，厦门TDK公司将秉持“以创造贡献于文明与产业”的公司宗旨，继续加强产品研发及市场开拓能力，不遗余力地回馈社会。